Entwurfs- und Konstruktionstafeln für Architekten

4., aktualisierte und erweiterte Auflage

 Mit CD-ROM

Herausgegeben von
Prof. Dr.-Ing. Klaus Holschemacher

Mit Beiträgen von
Prof. Dipl.-Ing. Th. Ackermann
Prof. Prof. Dr. techn. Dr. phil. K. Bergmeister • Prof. Dr.-Ing. K. Berner
Prof. Dr.-Ing. F. Höfler • RA Dr. phil. T. Eichberger
Prof. Dr.-Ing. K. Holschemacher • Prof. Dr.-Ing. D. Hosser
Prof. Dr.-Ing. M. Jablonski • Architekt Dipl.-Ing. E. Kuhlmann
Prof. Dipl.-Ing. H. Meyer-Abich • Prof. Dr.-Ing. H. Milke
Prof. Dr.-Ing. Gerd Möller • Prof. Dr.-Ing. Gunnar Möller
Dr. phil. Chr. Petermann • Prof. Dr.-Ing. K. Peters
Prof. Dr.-Ing. U. Pottgiesser • Prof. Dr.-Ing. M. Puche
Prof. Dipl.-Ing. W. Pützschler • Prof. Dr.-Ing. K. Rautenstrauch
Dr.-Ing. E. Richter • Prof. Dr.-Ing. R. Richter
Architekt Prof. Dipl.-Ing. G. Sahner • Prof. Dr.-Ing. D. Schmidt
Dipl.-Ing. T. Schoch • RA Dr. B. H. Uhlenhut • Prof. Dr.-Ing. R. Wagner
Prof. Dr.-Ing. B. Weller • Dr.-Ing. E. Widjaja

Bauwerk

Bibliografische Information Der Deutschen Bibliothek
Die Deutsche Bibliothek verzeichnet diese Publikation in der Deutschen Nationalbibliografie; detaillierte bibliografische Daten sind im Internet über http://dnb.ddb.de abrufbar.

Holschemacher (Hrsg.)
**Entwurfs- und Konstruktionstafeln
für Architekten**

4., aktualisierte und erweiterte Auflage
Berlin: Bauwerk, 2009
ISBN 978-3-89932-244-6

© Bauwerk Verlag GmbH, Berlin 2009
www.bauwerk-verlag.de
info@bauwerk-verlag.de

Alle Rechte, auch das der Übersetzung, vorbehalten.

Ohne ausdrückliche Genehmigung des Verlags ist es auch nicht gestattet, dieses Buch oder Teile daraus auf fotomechanischem Wege (Fotokopie, Mikrokopie) zu vervielfältigen sowie die Einspeicherung und Verarbeitung in elektronischen Systemen vorzunehmen.

Zahlenangaben ohne Gewähr

Inhalte von DIN-Normen wurden mit Erlaubnis des DIN Deutsches Institut für Normung e.V. wiedergegeben. Maßgebend für das Anwenden der DIN-Norm ist deren Fassung mit dem neuesten Ausgabedatum, die bei der Beuth Verlag GmbH, Burggrafenstrasse 6, 10787 Berlin, erhältlich ist.

Druck und Bindung:
Offizin Andersen Nexö, Leipzig

Vorwort zur 4. Auflage

Die "Entwurfs- und Konstruktionstafeln für Architekten", in denen die wichtigsten Bereiche des Bauwesens in kompakter und übersichtlicher Form dargestellt werden, erscheinen als aktualisierte Neuauflage. Gegenüber der letzten Auflage wurden die Kapitel 1A Baustoffe, 3A Bauphysik und 3B Gebäudetechnik und EnEV vollständig überarbeitet, alle anderen Kapitel an den aktuellen Stand der Normung bzw. Gesetzgebung bis zum Ausgabedatum Juli 2009 angepasst.

Erstmals liegt den Entwurfs- und Konstruktionstafeln für Architekten eine CD bei, auf der einige für Praxis und Studium nicht täglich benötigte Buchkapitel enthalten sind. Damit wurde dem vielfach geäußerten Wunsch der Nutzer dieses Buches nach einer Verschlankung des Werkes Rechnung getragen.

Die "Entwurfs- und Konstruktionstafeln für Architekten" werden damit ihrem Anspruch, nicht nur Berechnungsgrundlagen und -hilfsmittel, sondern auch wichtige Hilfen für den Entwurf der Baukonstruktionen in praxisgerechter Form bereitzustellen, noch besser gerecht. Durch viele Zahlenbeispiele wird das Verständnis des dargestellten Stoffes erleichtert, so dass die "Entwurfs- und Konstruktionstafeln" sowohl für in der Praxis tätige Architekten, als auch Studierende eine wertvolle Unterstützung bei der täglichen Arbeit bieten können. Das bewährte Daumenregister trägt zur einfachen Handhabung des Buches bei.

Allen Autoren danke ich für die engagierte Mitarbeit, dem Bauwerk Verlag für die stets gute und vertrauensvolle Zusammenarbeit.

Meinen Dank möchte ich aber auch allen Lesern ausdrücken, die durch sachkritische Zuschriften und Vorschläge zur Weiterentwicklung der "Entwurfs- und Konstruktionstafeln für Architekten" beigetragen haben. Hinweise, die der Verbesserung des Buches dienen, werden auch weiterhin von Verlag und Herausgeber gern entgegengenommen.

Leipzig, im Juli 2009

Klaus Holschemacher

Althaus

Fibel zum konstruktiven Entwerfen
Über den spielerischen Umgang mit Physik und Materie.

2., erweiterte Auflage

2005. 227 Seiten.
19 x 18 cm. Kartoniert.
Mit 350 Abbildungen.

EUR 25,–
ISBN 3-89932-057-3

Fibeln lehren das ABC. Sie setzen keine Kenntnisse voraus.

Diese Fibel widmet sich dem Grundwissen zum konstruktiven Entwerfen: den Naturgesetzen (Physik und Baustatik) und der Materie (Baustoffe).

Leicht lesbar und mit Randskizzen illustriert wird geschildert, was am Bauwerk vorgeht – ohne verwirrende Formeln und Tabellen.

Die Fibel nutzt auch im Büro, wenn den Mitarbeitern graue Routine die Wurzel verdeckt hat. Sie bietet selbst Vollblut-Baumeistern manches „Heureka" – und das im unterhaltsamen Plauderton.

Autor:
Prof. Dr.-Ing. Dirk Althaus ist Architekt und lehrt Baukonstruktion und Entwerfen an der FH Lippe. Er ist Mitautor des Grundlagenwerkes "Ökologisches Bauen" und Autor des Buches "Müll ist Mangel an Phantasie".

Bauwerk www.bauwerk-verlag.de

1 Baustoffe, Bauschadensvermeidung

		Seite
1A	Baustoffe	1.1
1B	Bauschadensvermeidung	1.35

1A Baustoffe

Prof. Dr.-Ing. Detlef Schmidt

Inhaltsverzeichnis

		Seite
1	**Einleitung**	1.2
2	**Mineralische Baustoffe**	1.2
2.1	Mineralien und Gesteine	1.2
2.2	Gesteinskörnungen	1.5
2.3	Lehm	1.6
2.4	Mauermörtel, Putzmörtel, Estriche	1.2
2.5	Beton	1.9
2.6	Keramische Baustoffe	1.12
2.7	Glas	1.14
3	**Metallische Baustoffe**	1.15
3.1	Baustahl	1.15
3.2	Betonstahl	1.16
3.3	Spannstahl	1.17
3.4	Nichteisenmetalle	1.18
4	**Organische Baustoffe**	1.19
4.1	Holz	1.19
4.2	Kunststoffe	1.22
4.3	Bituminöse Baustoffe	1.25
5	**Dämmstoffe**	1.26
6	**Baustofftabellen – Baustoffeigenschaften**	1.27

1 Einleitung

Baustoffe übernehmen in Bauwerken u.a. konstruktive, schützende und gestalterische Funktionen. Sie haben im Ausbau von Bauwerken großen Einfluss auf die Wirkung der Räume und beeinflussen damit die Nutzung und das Raumempfinden der Menschen. Baustoffklassifizierungen helfen bei der Bewertung der vielfältigen Eigenschaften und bilden die Grundlage zur gezielten Baustoffauswahl auf der Basis von Variantenvergleichen. Mit den Eigenschaften, die i.d.R. nach in Normen festgelegten Prüfverfahren bestimmt werden, wird es möglich die technische Eignung der Baustoffe zu bewerten und eine fundierte Baustoffauswahl zu treffen. Wichtige Kriterien über die Baustoffeigenschaften hinaus, wie z.B. Verfügbarkeit, Anwendungs- und Verarbeitungsverhalten sowie die Wirtschaftlichkeit des Einsatzes entscheiden über die Eignung für die Bauaufgabe.

Wesentliche Eigenschaften – ausgedrückt durch Baustoffkenngrößen - für die Baustoffanwendung sind zum Beispiel:

- Massen- und Volumenkenngrößen: Reindichte, Rohdichte, Schüttdichte
- Porositätskenngrößen: Gesamtporosität, offene Porosität, Porengrößenverteilung
- Feuchtekenngrößen: Feuchtegehalt, Wasseraufnahme, Gleichgewichtsfeuchte, Sättigungsfeuchte
- Festigkeitskenngrößen: Druckfestigkeit, Zugfestigkeit, Spaltzugfestigkeit, Biegezugfestigkeit
- Formänderungskenngrößen: Elastizitätsmodul, Dehnung, Kriechen, Relaxation, Schwinden
- Härtekenngrößen: Shore-Härte, Brinell-Härte, Vickers-Härte
- Beständigkeitskenngrößen: Frostbeständigkeit, chemische Beständigkeit
- Bauphysikalische Kenngrößen: Wärmeleitfähigkeit, Diffusionswiderstand.

Für die Anwendung von Baustoffen kommen der Ökobilanz und der Energieeffizienz, einschließlich des Primärenergieverbrauches bei deren Herstellung, zunehmend eine höhere Bedeutung zu. Es gilt nachhaltige Baustoffe zu entwickeln und anzuwenden.

Bedeutung hat auch die Entwicklung und Anwendung innovativer Baustoffverbunde, die dadurch gekennzeichnet sind, dass der Verbund Eigenschaften aufweist, über die keiner der Einzelbaustoffe verfügt.

2 Mineralische Baustoffe

Mineralische Baustoffe entstehen aus in der Erdkruste entstandenen meist anorganischen und vielfach kristallin vorkommenden Verbindungen. Diese entstanden bei Schmelz-, Kristallisations- und oder Sedimentationsvorgängen.

2.1 Mineralien und Gesteine

Mineralien und Gesteine kommen in der Natur als Bestandteile der Erdkruste und des Erdmantels vor. Mineralien bilden die Gesteine.

Nach den Eigenschaften, wie Kristallform, Dichte, Härte, Spaltbarkeit, Glanz, Farbe, Strich und Lichtbrechung unterscheidet man Mineraltypen. 13 Mineralarten bilden 90 % der Erdkruste.

Als Gesteine werden homogene Mineralgemenge bezeichnet, die einen geometrisch ausgedehnten selbstständigen geologischen Körper ausbilden. Sie bauen die Erdkruste bzw. den oberen Erdmantel auf. Nach den Bildungsprozessen unterscheidet man magmatische Gesteine, Sedimentgesteine und metamorphe Gesteine.

Mineralische Baustoffe

Tafel 1.3a: Mineralien und ihre Härte

Mineral	Ritzhärte nach Mohs	Ritzen mit Stahlmesser
Talk	1	ritzt leicht
Gips	2	ritzt leicht
Kalkspat	3	ritzt leicht
Flussspat	4	ritzt schwer
Apatit	5	ritzt schwer
Feldspat	6	ritzt schwer
Quarz	7	ritzt nicht
Topas	8	ritzt nicht
Korund	9	ritzt nicht
Diamant	10	ritzt nicht

Tafel 1.3b: Physikalische Eigenschaften von ausgewählten Mineralien

Mineral	Dichte in g/cm³	Schmelzpunkt in °C
Orthoglas	2,57...2,59	1150 [1]
Quarz	2,65	1600
Augit	3,35...3,45	1390
Hornblende	3,06...3,45	-
Granat	1,70...1,89	-
Kalkspat	2,71	900 [1]
Dolomit	2,87	-
Gips	2,32	100 [1]
Anhydrit	2,96	1450
Steinsalz	2,17	800
Flussspat	3,18	1392
Korund	4,02	2040
Graphit	2,23	-
Diamant	3,50	-

[1] Temperatur bei Zersetzung

Tafel 1.3c: Physikalische Eigenschaften von Erstarrungsgesteinen

Gesteinsart	Rohdichte kg/m³	Druckfestigkeit N/mm²	Wärmeleitfähigkeit W/m·K	Wärmeausdehnungskoeffizient mm/m·K	Wasseraufnahme Masse-%
Granit	2600...2800	130...270	2,8	0,008	0,1...0,9
Syenit	2600...2800	160...240	3,5	0,008	0,2...0,9
Diorit	2800...3000	170...300	3,5	0,0088	0,2...0,4
Gabbro	2800...3000	170...300	3,5	0,0088	0,2...0,4
Rhyolith	2500...2800	180...300	3,5	0,0125	0,2...0,7
Basalt	2900...3000	240...400	3,5	0,009	0,1...0,3
Diabas	2800...2900	180...250	3,5	-	0,1...0,4

Tafel 1.3d: Physikalische Eigenschaften von Sedimentgesteinen

Gesteinsart	Rohdichte kg/m³	Druckfestigkeit N/mm²	Wärmeleitfähigkeit W/m·K	Wärmeausdehnungskoeffizient mm/m·K	Wasseraufnahme Masse-%
Sandstein	2000...2700	30...150	2,3	0,012	0,2...10
Grauwacke	2600...2650	150...300	2,3	-	0,2...0,5
Kalkstein	2600...2900	75...240	2,3	0,0075	0,1...0,3
Muschelkalk	2600...2900	80...180	2,3	0,003...0,006	0,2...0,6
Dolomit	2600...2900	75...240	2,3	0,0075	0,1...3
Travertin	2400...2500	20...60	2,3	0,0068	2,0...5,0
Kalktuff	1700...2200	30...50	0,85...1,7	0,003...0,007	1,0...10,0

1A Baustoffe

Tafel 1.4a: Physikalische Eigenschaften von Metamorphen Gesteinen

Gesteinsart	Rohdichte kg/m³	Druckfestigkeit N/mm²	Wärmeleitfähigkeit W/mK	Wärmeausdehnungskoeffizient mm/m·K	Wasseraufnahme Masse-%
Mamor	2600...2900	75...240	3,5	0,003...0,006	0,1...3,0
Quarzit	2600...2700	150...300	3,5	0,0125	0,2...0,5
Tonschiefer	2700...2800	50...80	2,2	-	0,5...0,6
Orthogneis	2600...3000	100...200	3,5	0,005...0,008	0,3...0,4
Serpentenit	2600...2800	140...250	3,5	0,005...0,01	0,3...2,0
Migmatit	2600...3000	100...200	3,5	0,005...0,008	0,3...0,4
Paragneis	2600...3000	100...200	3,5	0,005...0,008	0,3...0,4
Glimmerschiefer	2600...2800	140...200	2,2	-	0,2...0,4

Tafel 1.4b: Mechanische Eigenschaften einiger Plutonite

Plutonite	Rohdichte [kg/dm³]	Druckfestigkeit [N/mm²]	Biegezugfestigkeit [N/mm²]	Abriebfestigkeit Verlust in cm³ auf 50 cm²
Granit	2,54...2,80	160...240	10...20	5...8
Syenit	2,56...2,97	160...240	10...20	5...8
Diorit	2,80...3,15	170...300	10...22	5...8
Gabbro	2,80...3,15	170...300	10...22	5...8

Tafel 1.4c: Mechanische Eigenschaften einiger Vulkanite

Vulkanite	Rohdichte [kg/dm³]	Druckfestigkeit [N/mm²]	Biegezugfestigkeit [N/mm²]	Abriebfestigkeit Verlust in cm³ auf 50 cm²
Basalt	2,74...3,20	250...400	15...25	5...8,5
Diabas	2,80...2,90	180...250	15...25	5...8
Basaltlava	2,20...2,45	80...150	8...12	12...15
Quarzporphyr	2,55...2,80	180...300	15...20	5...8

Tafel 1.4d: Mechanische Eigenschaften einiger Sedimentite

Sedimentite	Rohdichte [kg/dm³]	Druckfestigkeit [N/mm²]	Biegezugfestigkeit [N/mm²]	Abriebfestigkeit Verlust in cm³ auf 50 cm²
Grauwacke	2,58...2,73	150...300	13...25	7...8
Kalkstein, Dolomit	2,65...2,85	80...180	6...15	15...40
Kalkstein, weich	1,70...2,60	20...90	5...8	–
Travertin	2,40...2,50	20...60	4...10	–
Quarzsandstein	2,00...2,65	30...180	3...15	10...14
Quarzitischer Sandstein	2,60...2,65	120...200	12...20	7...8

Mineralische Baustoffe

Tafel 1.5a: Mechanische Eigenschaften einiger Metamorphite

Metamorphite	Rohdichte [kg/dm^3]	Druckfestigkeit [N/mm^2]	Biegezugfestigkeit [N/mm^2]	Abriebfestigkeit Verlust in cm^3 auf 50 cm^2
Gneis	2,65...3,00	160...280	13...25	4...10
Marmor	2,65...2,85	80...180	6...15	15...40
Serpentinit	2,60...2,75	140...250	25...35	8...18
Tonschiefer	2,60...2,80	–	–	–
Quarzit	2,60...2,65	–	–	–
Dachschiefer	2,70...2,80	50...80	–	–

2.2 Gesteinskörnungen

Gesteinskörnungen (früher als „Zuschläge" bzw. „Mineralstoffe") verwendet man als in der Korngröße abgestufte Schüttgüter, als Bestandteile von Mörtel und Beton zur Ausbildung des Gefüges von Bettungen, Tragschichten von Straßen (Straßenbeton, Asphalt), von Fugen (Mauermörtel im Mauerwerk), von Deckschichten auf Wänden (Putzmörtel), von horizontalen Nutzschichten (Estriche) und für tragende Konstruktionsbaustoffe (Zementbeton).

Natürliche Gesteinskörnungen werden durch Aufbereitung von Lockergesteinen (z.b. durch Klassieren von Kiesen und Sanden) oder von metamorphen bzw. magmatischen Gesteinen (z.B. Brechen und Klassieren zu Splitt und Schotter).

Künstliche Gesteinskörnungen werden durch aufbereitete Schlacken, Blähtone und Blähschiefer gebildet.

Tafel 1.5b: Übersicht über die wichtigsten Arten von Gesteinskörnungen für Beton und Mörtel

Gesteinskörnung	Natürliche Gesteinskörnungen		Künstliche Gesteinskörnungen
	natürlich gekörnt	mechanisch zerkleinert (gebrochen)	
Normale Gesteinskörnungen nach DIN EN 12620 Kornrohdichte $\geq 2,0... < 3,0$ kg/dm^3	Flusssand, Flusskies, Grubensand, Grubenkies, Moränensand, Moränenkies, Dünensand	Brechsand, Splitt und Schotter aus geeigneten Natursteinen	Hochofenschlacken, Metallhüttenschlacken, Klinkerbruch, Sintersplitt, Hartstoffe (künstlicher Korund und Siliciumkarbid)
Leichte Gesteinskörnungen nach DIN EN 13055-1 Kornrohdichte $0,1 ...\leq 2,0$ kg/dm^3	Bims, Lavakies, Lavasand	gebrochener Bims, gebrochene Schaumlava, gebrochene Tuffe	Blähschiefer, Blähton, Hüttenbims, Ziegelsplitt, Perlit, Vermikulit, Schaumglasgranulat, Schaumkunststoffe

Nach der Dichte unterscheidet man normale (Kornrohdichte: 2,0 ... 3,0 kg/dm³), schwere (Kornrohdichte: ≥ 3,0 kg/dm³) und leichte (Kornrohdichte: ≤ 2,0 kg/dm³) Gesteinskörnungen.

Mineralstoffe, die aus Abbruchmaterial aus Sanierung, Umbau und Straßenbau stammen, können zu rezyklierten Gesteinskörnungen unter Beachtung von DIN EN 12 620 bzw. DIN 4226-100 aufbereitet werden. Je nach Zusammensetzung werden folgende 4 Liefertypen unterschieden:

- Typ 1: Betonsplitt / Betonbrechsand,
- Typ 2: Bauwerksplitt / Bauwerkbrechsand,
- Typ 3: Mauerwerksplitt / Mauerwerkbrechsand,
- Typ 4: Mischsplitt / Mischbrechsand.

Tafel 1.6a: Übersicht über Eigenschaften leichter Gesteinskörnungen

Art	Kornrohdichte kg/dm³	Schüttdichte kg/dm³	Reindichte kg/dm³	Kornfestigkeit (verbal)
Naturbims	0,7...1,6	0,4...0,7	2,2...2,4	niedrig
Schaumlava	1,7...2,2	0,8...1,0	2,8...3,1	mittel bis hoch
Hüttenbims	1,0...2,2	0,4...1,1	2,9...3,0	niedrig bis mittel
Sinterbims	0,9...1,8	0,4...1,0	2,6...3,0	niedrig bis hoch
Ziegelsplitt	1,2...1,8	1,0...1,5	2,5...2,7	mittel
Blähton Blähschiefer	0,6...1,4	0,3...0,8	2,5...2,7	niedrig bis hoch
	0,6...1,4	0,3...0,8	2,5...2,7	niedrig bis hoch

Tafel 1.6b: Übersicht über Eigenschaften hochwärmedämmender leichte Gesteinskörnungen

Art	Kornrohdichte kg/dm³	Schüttdichte kg/dm³	Reindichte kg/dm³	Kornfestigkeit (verbal)
Blähglas	0,3...0,9	0,2...0,4	2,5...2,7	Niedrig bis mittel
Kieselgur	0,2...0,4	0,2...0,3	2,6...2,7	sehr niedrig
Blähperlit	0,1...0,3	0,05...0,15	2,1...2,4	sehr niedrig
Blähglimmer	0,1...0,35	0,06...0,17	2,5...2,7	sehr niedrig

Tafel 1.6c: Übersicht über Eigenschaften natürlicher schwerer Gesteinskörnungen

Art	Kornrohdichte kg/dm³	Strahlenschutzrelevante Bestandteile
Baryt	4,0...4,3	$BaSO_4$-Gehalt ≥ 85 %
Magnetit	4,65...4,8	Fe-Gehalt: 60...70 %
Hämatit	4,7...4,9	Fe-Gehalt: 60...70 %
Ilmenit	4,55...4,65	Fe-Gehalt: 35...40 %

Tafel 1.6d: Übersicht über Eigenschaften künstlicher schwerer Gesteinskörnungen

Art	Kornrohdichte kg/dm³	Strahlenschutzrelevante Bestandteile
Ferrophosphor	6,0...6,2	Fe-Gehalt: 65...70 %
Ferrosilicium	5,8...6,2	Fe-Gehalt: 80...85 %
Eisengranalien (Fe)	6,8...7,5	Fe-Gehalt: 90...95 %
Stahlsand	7,5	Fe-Gehalt: ~ 95 %

2.3 Lehm

Lehmbaustoffe wendet man als Baustoff wegen ihrer großen Verfügbarkeit seit Jahrtausenden an. In Mittelasien und Ägypten entstanden vor ca. 5000 Jahren in den großen Flusstälern die ersten Städte in Lehmbauweise.

Die aktuelle Bedeutung der Lehmbauweise ist in der großen Energieeffizienz und Nachhaltigkeit des Baustoffes „Lehm" und an der Erfüllung höheren Erwartungen an ein behagliches gesundes Wohnraumklima zu sehen.

Anwendung finden Lehmbaustoffe z.B. im Lehmsteinbau, Lehmstampfbau, zur Ausfachung von Holzfachwerk und als Füllungen in Holzbalkendecken. Nach der Rohdichte unterscheidet man Schwerlehm (Rohdichte: 2000 ... 2400 kg/m³), Massivlehm (Rohdichte: 1700 ... 2000 kg/m³), Faserlehm (Rohdichte: 1200 ... 1700 kg/m³) und Leichtlehm (Rohdichte: 300 ... 1200 kg/m³).

Für die Anwendung ist die Feuchtigkeitsempfindlichkeit des durch Austrocknung erhärteten Baustoffes zu beachten. Um die Wiederherstellung des plastischen Zustands, die für die Wiederverwendung als Vorteil gilt, während der Nutzung zu verhindern, muss das Eindringen und die Einwirkung von Feuchte verhindert werden. Dies betrifft den Schutz vor aufsteigender Bodenfeuchte, vor Spritzwasser im Sockelbereich und den Wetterschutz in der Fassade.

Tafel 1.7a: Rohdichte ausgewählter Lehme

Lehmart	Rohdichte kg/m³
Sandiger Lehm und Lößlehm	1750
Mittelfette Lehme	1850
Fette Lehme	1900
Fette Lehme mit Kiesanteil	2000
Sehr fette und steinige Lehme	2200...2400

Tafel 1.7b: Diffusionswiderstandszahlen und Wärmeleitfähigkeit von Lehmbaustoffen

Art	Dichte kg/m³	Diffusionswiderstandszahl	Wärmeleitfähigkeit W/m·K
Massivlehm	2000	9,0...12,0	0,93
Strohlehm	1200...1700	8,0...10,0	0,47
Leichtlehm	300...900	4,0...8,0	0,23

Tafel 1.7c: Trockenschwindmaße von Lehm

Lehm (nach Bindigkeit)	Schwindmaß	Längenänderung [1] mm
Magerer Lehm	0,010...0,025	2...5
Mittelfetter Lehm	0,020...0,035	4...7
Fetter Lehm	0,035...0,055	6...10
Ton	0,045...0,075	8...20

[1] Für Probekörperlänge: 22 cm

2.4 Mauermörtel, Putzmörtel, Estriche

Mörtel bestehen aus einem Gemenge von Bindemitteln und Gesteinskörnungen, wobei dessen Größtkorn auf 4 mm begrenzt ist.

Baustellenmörtel werden in Volumenanteilen (Raumteilen), Werkmörtel im Mischwerk nach Masseteilen zusammengesetzt.

Werkmörtel (nach DIN EN 998) kann als Trockenmörtel, dem auf der Baustelle Wasser entsprechend der geforderten Verarbeitungseigenschaften zugesetzt wird, oder als gebrauchsfertiger Frischmörtel geliefert werden.

1A Baustoffe

Als Bindemittel kommen je nach den durch die geplante Anwendung geforderten Frischmörtel- und Festmörteleigenschaften sowohl einzelne als auch Mischungen verschiedener zum Einsatz.

Hierbei werden unterschieden: Baukalkmörtel, Zementmörtel, Mörtel mit hydraulischen Bindemitteln, gipshaltige und anhydrithaltige Mörtel und Magnesiamörtel.

Nach Anwendungsbereichen verwendet man Mörtel als Mauermörtel, Putzmörtel und für Estriche. Vergussmörtel dienen dem Verfüllen von Aussparungen und tragen zur Übertragen von Kräften zwischen Stahlbetonbauteilen und Anlagenteilen über vergossenen Anker bei.

Die Eigenschaften der Vergussmörtel sind in der Richtlinie des Deutschen Ausschusses für Stahlbeton „Vergussmörtel und Vergussbeton" geregelt.

Tafel 1.8a: Anforderungen an Mauermörtel nach DIN EN 998-2 und DIN V 20000-412

Mörtelgruppe nach DIN 1053	Druckfestigkeitsklasse	Trockenrohdichte kg/m³	Wärmeleitfähigkeit W/m·K	Verbundfestigkeit N/mm² [1)]
I	M 2,5	≥ 1500	keine Forderung	-
II	M 5	≥ 1500	keine Forderung	≥ 0,04
IIa	M 10	≥ 1500	keine Forderung	≥ 0,08
III	M 15	≥ 1500	keine Forderung	≥ 0,10
IIIa	M 30	≥ 1500	keine Forderung	≥ 0,12
LM 21	M 10	≤ 700	≤ 0,18	≥ 0,08
LM 36	M 10	>700; ≤1000	≤ 0,27	≥ 0,08
DM	M 15	≥ 1500	-	≥ 0,2

[1)] Verbundfestigkeit nach DIN EN 1052-3

Tafel 1.8b: Klassifizierung der Eigenschaften Festmörteln – Putzmörtel nach DIN EN 998-1

Eigenschaft	Kategorie	Kennwerte
Druckfestigkeit nach 28 Tagen	CS I	0,4...2,5 N/mm²
	CS II	1,5...5,0 N/mm²
	CS III	3,5...7,5 N/mm²
	CS IV	≥ 6,0 N/mm²
Kapillare Wasseraufnahme	W 0	Nicht festgelegt
	W 1	≤ 0,40 kg/m²· min ^{0,5}
	W 2	≤ 0,40 kg/m²· min ^{0,5}
Wärmeleitfähigkeit	T 1	≤ 0,1 W/m·K
	T 2	≤ 0,2 W/m·K

Tafel 1.8c: Bezeichnung der Estriche

Kurzbezeichnung	Bedeutung
CT	Zementestrich (Cementious screed)
CA	Calciumsulfatestrich (Calcium sulfat screed)
CAF	Calciumsulfat-Fließestrich

Tafel 1.8d: Eigenschaften von Estrichen

Bezeichnung	Dichte kg/dm³	Druckfestigkeit N/mm²	E-Modul 10^3 N/mm²	Lineare Wärmeausdehnung 10^{-4} K^{-1}	Wärmeleitfähigkeit W/m·K	Spezifische Wärmekapazität kJ/kg·K
Anhydritestrich	2,1...2,2	18...50	17...18	-	0,7...1,2	0,84...1,0
Fließestrich	1,8...2,0	28...40	17...18	-	1,38...1,87	
Gussasphaltestrich	2,0...2,3	-	-	-	0,70...0,90	1,05
Lehmestrich	1,7...2,0	3...4	-	5	0,81...1,16	1
Magnesiaestrich	1,4...2,3	12...60	-	-	0,47...0,70	1,5
Zementestrich	2,0	18...80	-	-	1,40	1,13

Mineralische Baustoffe

Tafel 1.9a: Eigenschaften von Putzen

Bezeichnung	Dichte kg/dm³	Druckfestigkeit N/mm²	Zugfestigkeit N/mm²	E-Modul 10^3 N/mm²	Lineare Wärmeausdehnung $10^{-4} K^{-1}$	Wärme-Leitfähigkeit W/m·K	Spezifische Wärmekapazität kJ/kg·K
Gipsputz	1,0...1,2	3	0,3	5	12	0,36...0,47	0,85
Gipskalkputz	1,4...1,6	2	-	-	8...12	0,7...0,87	0,85...0,96
Luftkalkputz	1,6...1,8	1,5	0,1	5	5...12	0,87	0,96
Hochhydraul. Kalkputz	1,6...1,8	4...20	0,2	5...6	5...12	0,87	0,96
Kalkzement-Putz	1,8	2,5...4	0,3	6	12	0,87...0,9	0,96...1,13
Zementputz	1,8...2,0	15	1,5	15	6...10	1,40	1,13
Kunstharzputz	1,1	5	1,0	5	15	0,7	-
Silikatputz	1,75	5	0,3	7	12	0,7	0,84
Leichtputz	1,3	2,5...3,0	0,3	1,8...6	3...15	0,3	-
Wärmedämmputz	0,3...0,6	0,7	0,1	1	15	0,15...0,25	-
Dämmputz mit Perliten	0,55	0,7	0,1	-	-	0,15	0,90
Sanierputz	<1,4	<4	0,3	-	3	15	-	-

2.5 Beton

Als Beton bezeichnet man den aus einem Gemenge von Zement, Gesteinskörnung, Betonzusatzstoffen, Betonzusatzmitteln und Wasser hergestellten künstlichen Stein. Die Zusammensetzung des zum Zementstein durch Hydratation erhärtenden Zementleimes bestimmt maßgeblich die Eigenschaften des Betons. Die Größe des Wasserzementwert und der Hydratationsgrad, d.h. die Umsetzungsrate des Zementes mit dem Wasser durch ausreichende Nachbehandlung (nach DIN 1045-3), bestimmt Festigkeit und Dauerhaftigkeit des Betons. Durch dichte Einbettung des Bewehrungsstahles bei Einhaltung von Mindestzementgehalt, Mindestdruckfestigkeit (Druckfestigkeitsklassen nach DIN EN 206-1) und ausreichend großer Dicke der Betondeckung (min. c; nom c) wird der Korrosionsschutz (Expositionsklassen nach DIN EN 206-1) und Brandschutz gesichert.

Die für die verschiedensten Anwendungen erforderlichen Festbetoneigenschaften werden durch notwendige die Verarbeitung beeinflussende Frischbetoneigenschaften erreicht.

Nach der Trockenrohdichte teilt man Beton ein in:

- Leichtbeton (Kurzzeichen: LC; Trockenrohdicht: 0,8 ... 2,0 kg/dm³)
- Normalbeton (Kurzzeichen: C; Trockenrohdichte: > 2,0 ... 2,6 kg/dm³)
- Schwerbeton (Kurzzeichen: C; Trockenrohdichte: > 2,6 kg/dm³).

Tafel 1.9b: Einteilung der Betone nach der Rohdichte entsprechend DIN 1045

Bezeichnung	Kurzbezeichnung	Trockenrohdichte kg/m³	Gesteinskörung (Beispiele)
Leichtbeton	LC	0,8 ... 2,0	Blähton, Blähschiefer
Normalbeton	C	>2,0 ... 2,6	Sand, Kies, Splitt
Schwerbeton	C	>2,6	Schwerspat, Baryt

Tafel 1.10a: Druckfestigkeitsklassen für Normal- und Schwerbeton nach DIN 1045

Druckfestigkeitsklasse [1]	Charakteristische Zylinderdruckfestigkeit in N/mm²	Charakteristische Würfeldruckfestigkeit in N/mm²
C 8/10	8	10
C 12/15	12	15
C 16/20	16	20
C 20/25	20	25
C 25/30	25	30
C 30/37	30	37
C 35/45	35	45
C 40/50	40	50
C 45/55	45	55
C 50/60	50	60
C 55/67	55	67
C 60/75	60	75
C 70/85	70	85
C 80/95	80	95
C 90/105 [2]	90	105
C 100/115 [2]	100	115

[1] Betone ab C 55/67 werden als hochfeste Betone bezeichnet.
[2] Zusätzliche Nachweise erforderlich.

Tafel 1.10b: Druckfestigkeitsklassen für Leichtbeton nach DIN 1045

Druckfestigkeitsklasse	Charakteristische Zylinderdruckfestigkeit in N/mm²	Charakteristische Würfeldruckfestigkeit in N/mm²
LC 8/9	8	9
LC 12/13 [1]	12	13
LC 16/18	16	18
LC 20/22	20	22
LC 25/28	25	28
LC 30/33	30	33
LC 35/38	35	38
LC 40/44	40	44
LC 45/50	45	50
LC 50/55 [2]	50	55
LC 55/60	55	60
LC 60/66	60	66
LC 70/77	70	77
LC 80/88	80	88

[1] LC 12/13 darf nur bei vorwiegend ruhenden Lasten verwendet werden.
[2] Leichtbeton ab LC 55/60 wird als hochfester Leichtbeton bezeichnet.

Tafel 1.10c: Rohdichteklassen von Leichtbeton

Kenngröße	D 1,0	D 1,2	D 1,4	D 1,6	D 1,8	D 2,0
Trockenrohdichte in kg/m³	≥800 …1000	>1000 …1200	>1200 …1400	>1400 …1600	>1600 …1800	>1800 …2000

Tafel 1.11a: Ausbreitmaßklassen mit Konsistenzbereichen

Ausbreitmaßklasse	Ausbreitmaß in mm	Konsistenzbereich
F 1	≤340	steif
F 2	350 ... 410	plastisch
F 3	420 ... 480	weich
F 4	490 ... 550	sehr weich
F 5	560 ... 620	fließfähig
F 6	≥630	sehr fließfähig

Tafel 1.11b: Verdichtungsmaßklassen

Verdichtungsmaßklasse	Verdichtungsmaß in mm	Konsistenzbereich
C 0	≥ 1,46	sehr steif
C 1	1,45 ... 1,26	steif
C 2	1,25 ... 1,11	plastisch
C 3	1,10 ... 1,04	weich
C 4 [1]	<1,04	-

[1] Gilt nur für Leichtbeton.

Tafel 1.11c: Eigenschaften von Normalbeton (Rohdichte 2000 ... 2400 kg/m³) – Orientierungswerte

Druckfestigkeit N/mm²	Biegezugfestigkeit N/mm²	E-Modul N/mm²	Lineare Wärmeausdehnung $10^{-4} K^{-1}$	Wärmeleitfähigkeit W/(m·K)	spez. Wärmekapazität kJ/(kg·K)
5	2,6 ... 3,2	-	10	1,5 ... 2,1	1,1 ... 1,13
10	4,0 ... 5,2	22000	10	1,5 ... 2,1	1,1 ... 1,13
15	5,0 ... 7,0	26000	10	2,03 ... 2,10	1,1 ... 1,13
25	6,9 ... 10,2	30000	10	2,03 ... 2,10	1,1 ... 1,13
35	8,4 ... 12,9	34000	10	2,03 ... 2,10	1,1 ... 1,13
45	9,8 ... 15,5	37000	10	2,03 ... 2,10	1,1 ... 1,13

Tafel 1.11d: Eigenschaften von Leichtbeton (Orientierungswerte)

Bezeichnung	Dichte kg/dm³	Druckfestigkeit N/mm²	Biegezugfestigkeit N/mm²	E-Modul N/mm²	lineare Wärmeausdehn. $10^{-4} K^{-1}$	Wärmeleitfähigkeit W/(m·K)	Spez. Wärmekapaz. kJ/(kg·K)
Blähtonbeton, haufwerksporig	0,6...1,1	1,7...4,0	0,3...1,05	500 ...4000	10	0,16 ...0,42	1,1 ...1,13
Blähtonbeton, haufwerksporig	1,1...1,7	4,0...20	1,05...2,5	4000 ...16000	10	0,16 ...0,42	1,1 ...1,13
Blähtonbeton, dicht	1,1...1,8	14...28	-	9000 ...175000	10	0,43 ...0,67	1,1 ...1,13
Porenbeton	0,4...1,4	2,5...10	0,5...2,0	1200 ...2500	8	0,12 ...0,29	1,0
Holzspanbeton	0,6...0,8	2,0	-	-	8	0,14 ...0,27	1,5
Hüttenbimsbeton	0,9...1,6	25	-	5000 ...10000	8	0,52 ...0,63	1,13
Polystyrolbeton	0,4	1,0	0,5	800	12	0,14	1,4
Polystyrolbeton	0,6...1,0	2,2...6,0	0,7...1,5	1000 ...3000	12	0,21 ...0,42	1,4

Tafel 1.12a: Eigenschaften von Fasern zur Herstellung von Faserbeton

Material	Durchmesser µm	Länge mm	Dichte g/cm³
AR-Glas	10...20	10...50	2,6
Aramid	10	6...65	1,45
Polypropylen	50...4000	20...75	0,9
Stahl	100...1000	10...60	7,85

Tafel 1.12b: Mechanische Eigenschaften verschiedener Fasern

Material	E-Modul 10^3 N/mm²	Zugfestigkeit N/mm²	Bruchdehnung %
AR-Glas	70...80	1400...2000	2...4
Nylon	<4	800	13
Aramid	60...150	ca. 3000	1,5...3
Polypropylen	8...10	400	8
Polyester	12...15	2000...3000	-
Carbon	200...450	2500...5000	1,2...1,8
Stahl	210	700...2000	3,5

2.6 Keramische Baustoffe

Unter dem Begriff „Keramische Baustoffe" fasst man Baustoffe zusammen, die künstlich hergestellt werden. Der Begriff leitet sich aus dem Griechischen „keramos" ab, welcher deutsch „gebrannte Erden" bedeutet. Historisch war Ausgangspunkt die Anwendung von getrocknetem Lehm und Ton als Baustoff. Durch Brennen dieser „Erden" wurden die Wasserbeständigkeit, die Druckfestigkeit, die Abriebfestigkeit und die Dauerhaftigkeit deutlich verbessert.

Je nach Brenntemperaturbereich erreicht man differenzierte Eigenschaften für die Anwendung keramischer Baustoffe:

    900 ... 1100 °C Ziegel
    1150 ... 1300 °C Steinzeug, Klinker
    1100 ... 1300 °C Steingut
    1300 ... 1450 °C Porzellan
    1300 ... 1800 °C feuerfeste Steine

Durch unterschiedliche Aufbereitung des Rohmaterials nach Korngröße und nach zu erreichender Porengrößenverteilung und Kristallgröße im gebrannten Scherben wird in Grob- und Feinkeramik unterteilt.

Tafel 1.12c: Bezeichnung von Mauerziegeln

Ziegelart	Kurzbezeichnung	Rohdichteklassen kg/dm³	Festigkeitsklassen N/mm²
Hochlochziegel	HLzA; HLzB	1,2 ... 1,6	4 ... 28
Vormauerhochlochziegel	VHLzA; VHLzB	1,4 ... 1,6	12 ... 28
Vollziegel Vormauerziegel	Mz VMz	1,6 ... 2,0	12 ... 28
Hochlochklinker	KHLzA; KHLzB	≥1,9	28
Leichthochlochziegel	HLzA; HLzB; HLzW	0,6 ... 1,0	4 ... 12
Mauertafelziegel	HLzT	0,8 ... 1,0	6 ... 28
Vollziegel Hochlochziegel Vollklinker Hochlochklinker	Mz; VMz HLz; VHLz KMz KHLz	1,2 ... 2,2	26 ... 60
Vollklinker Keramikhochlochklinker	KK KHK	1,6 ... 2,2	60

Mineralische Baustoffe

Tafel 1.13a: Ziegelformate für Vollziegel und Hochlochziegel

Kurzbezeichnung	DF (Dünnformat)	NF (Normalformat)	2 DF	3 DF
Länge in mm	240	240	240	240
Breite in mm	115	115	115	175
Höhe in mm	52	71	113	113

Tafel 1.13b: Ziegelformate für Hochlochziegel

Kurzbezeichnung	5 DF	6 DF	10 DF	12 DF	16 DF
Länge in mm	300	240	300	365	490
Breite in mm	240	365	240	240	240
Höhe in mm	113	113	238	238	238

Tafel 1.13c: Bemessungswerte nach DIN V 4108-4

Ziegelart	Rohdichte kg/m³	Wärmeleitfähigkeit W/m·K	Wasserdampfdiffusionswiderstandszahl
KMz; KHLz; KK	2200	1,2	50/100
	2000	0,96	50/100
	1800	0,81	50/100
Mz; HLz; VMz; VHLz	2000	0,96	5/10
	1800	0,81	5/10
	1600	0,68	5/10
	1400	0,58	5/10
	1200	0,50	5/10
HLzA; HLzB	1000	0,45	5/10
	900	0,42	5/10
	800	0,39	5/10
	700	0,36	5/10
HLzW	1000	0,39	5/10
	900	0,36	5/10
	800	0,33	5/10
	700	0,30	5/10

Tafel 1.13d: Eigenschaften ausgewählter keramischer Baustoffe

Bezeichnung	Rohdichte kg/dm³	Druckfestigkeit N/mm²	E-Modul 10^3 N/mm²	lineare Wärmeausdehnung 10^{-4} K^{-1}	spezifische Wärmekapazität kJ/(kg·K)
Vollziegel	1,5...1,8	10...25	5...20	5	0,92
Lochziegel	0,6...1,4	2,5...25	5...20	5	0,92
Klinker	2,0	60	20...70	5	0,88
Vormauerziegel	1,8	25...50	9	5	0,92
Dachziegel	1,8	-	5...20	4,5...5	0,9
Klinkerplatten für Böden	2,0...2,1	150	-	-	0,88...0,9
Klinkerplatten für Wände	2,0	-	-	-	0,9...0,92
Wandfliesen, inn.	1,7...2,0	-	-	9	0,9
Bodenfliesen in Zementmörtel	2,3	-	-	9	0,9

2.7 Glas

Glas ist ein aus anorganischen Stoffen bestehender amorpher (griech. „formlos") Feststoff. Der amorphe Feststoff entsteht durch schnelle Abkühlung einer Schmelze ohne Kristallbildung. Der Zusammensetzung nach handelt es sich bei Bauglas i.d.R. um Silikatgläsern mit den Hauptbestandteilen Quarz (SiO_2), Alkalioxiden (Na_2O und K_2O) und Erdalkalioxiden (CaO und MgO). Die silikatische amorphe Struktur verleiht dem Glas einerseits hohe chemische Beständigkeit, hohe Lichtdurchlässigkeit, große Härte und hohe Druckfestigkeit, andererseits große Sprödigkeit. Durch vielfältige Vergütungsverfahren können Eigenschaften für weitreichende Anwendungen erzielt werden.

Tafel 1.14a: Färbung von Gläsern durch Metalloxide

Metalloxid	Chemische Formel	Farbe
Eisenoxid	FeO; Fe_2O_3	blaugrün
	FeO; Cr_2O_3	tiefblau
	Fe_2O_3; CoO	grau
Nickeloxid	NiO	graubraun
Manganoxid	MnO	violett
Kupferoxid	CuO	rot
Selenoxid	SeO	hellrot
Kobaltoxid	CoO	tiefblau
Chromoxid	Cr_2O_3	hellgrün
Silberoxid	AgO	gelb
Goldoxid	AuO	gelb

Tafel 1.14b: Zusammensetzung von Gläsern (in Prozent)

Bestandteil	Silikatglas	Quarzglas	Emaille
Quarz (SiO_2)	72,5	100	40,5
Natriumoxid (Na_2O)	14,5	-	9
Calciumoxid (CaO)	6,5	-	-
Magnesiumoxid (MgO)	4,5	-	1
Tonerde (Al_2O_3)	1,3	-	1,5
Eisenoxid (Fe_2O_3)	0,1	-	-
Kaliumoxid (K_2O)	0,6	-	6
Borat (B_2O_3)	-	-	10,2
Bleioxid (PbO)	-	-	3,7
Titanoxid (TiO_2)	-	-	15
Fluoride	-	-	13

Tafel 1.14c: Eigenschaften (Richtwerte) von Gläsern

Eigenschaft	Silikatglas	Quarzglas
Härte nach Mohs	6...7	7
Härte nach Vickers	400...800	710
Druckfestigkeit in N/mm^2	900	2300
Zugfestigkeit in N/mm^2	50...80	115
Biegezugfestigkeit in N/mm^2	40...60	50
Zuläss. Biegezugfestigkeit in N/mm^2	8...30	-
Dichte in kg/dm^3	2,5	-
Elastizitätsmodul in 10^3 N/mm^2	70	76,3
Querdehnzahl	0,25	-
Wärmeleitfähigkeit in $W/(m \cdot K)$	0,70...0,93	1,20
Wärmedurchgangskoeffizient in $W/(m^2 K)$	5,8	-
Wärmeausdehnungskoeffizient in K^{-1}	$9 \cdot 10^{-6}$	$5 \cdot 10^{-7}$
Erweichungstemperatur in °C	560...580	-

Tafel 1.15a: Bezeichnungen von Glaserzeugnissen

Glaserzeugnis	Kurzbezeichnung
Einscheiben-Sicherheitsglas	ESG
Einscheiben-Sicherheitsglas mit Heat-Soak-Test	ESG-H (für Brüstungen in Ganzglasfassaden)
Teilvorgespanntes Glas	TVG
Verbund-Sicherheitsglas	VSG
Verbundglas	VG

3 Metallische Baustoffe

Metalle sind chemische Elemente, deren Atome sich untereinander zu Kristallstrukturen verbinden, wobei freie Elektronen vorhanden bleiben. Mit dieser Metallbindung lassen sich alle wesentlichen physikalischen Eigenschaften, z.B. hohe Dichte, hohe Festigkeit, hoher Schmelzpunkt, gute Wärmeleitfähigkeit, hohe elektrische Leitfähigkeit der Metalle erklären. Metalle zeichnen sich durch hohe Verformungsmöglichkeiten, z.B. durch Walzen, Schmieden, Pressen, Ziehen. Eine besondere Eigenschaft metallische Baustoffe ist das plastische Verformungsvermögen (das sog. „Fließen"). Deshalb werden Festigkeitswerte auf definierte Verformungswerte bezogen, z.B. 0,2 %-Dehngrenze als Streckgrenze.

Nach der Affinität zu Sauerstoff und der Oxidationsneigung unterscheidet man zwischen unedlen Metallen, die sehr leicht Oxide bilden, Halb-Edelmetalle (z.B. Zinn, Nickel, Kupfer) und Edel-Metalle, die nur sehr schwer Oxide bilden (z.B. Gold, Silber, Platin).

Entsprechend ihrer Dichte teilt man die Metalle ein in Leichtmetalle (Dichte < 4,5 kg/dm^3; Beispiele: Aluminium, Magnesium, Titan) und Schwermetalle (Dichte > 4,5 kg/dm^3).

Eisen und seine Legierungen bezeichnet man als Eisenmetalle (auch: Schwarzmetalle), andere die kein Eisen enthalten, als Nichteisenmetalle.

3.1 Baustahl

Als Baustahl bezeichnet man unlegierte und niedrig legierte Stähle, die wegen ihrer Zugfestigkeit und Streckgrenze als Konstruktionswerkstoff in der Bautechnik Anwendung finden. Nach der chemischen Zusammensetzung ist Stahl eine Eisen-Kohlenstoff-Legierung mit einem Kohlenstoffgehalt bis zu 2,06 % und durch Schmieden und Walzen verformbar.

Tafel 1.15b: Warmgewalzte unlegierte Baustähle nach DIN EN 10025-2

Bezeichnung [4]	Desoxidationsart [3]	Streckgrenze N/mm²		Zugfestigkeit N/mm²		Bruchdehnung %	
Nenndicke in mm		≤16	>80 ≤100	<3	≥3 ≤100	≥3 ≤40	>63 ≤100
S 235JR	FN					26 [1]	24 [1]
S 235J0	FN	235	215	360... 510	360... 510	24 [2]	22 [2]
S 235J2	FF						
S 275JR	FN					22 [1]	20 [1]
S 275J0	FN	275	235	430... 580	410... 560	20 [2]	18 [2]
S 275J2	FF						
S 355JR	FN					22 [1]	20 [1]
S 355J0	FN	355	315	510... 680	470... 630	20 [2]	18 [2]
S 355J2	FF						
S 355K2	FF						
S 450J0	FF	450	380	-	550... 720	17 [1]	-

[1] Probenlagen in Walzrichtung
[2] Probenlage quer zur Walzrichtung
[3] FN: beruhigte Stähle; FF: vollberuhigter Stahl (mind.0,020 % Al$_{ges}$); Unberuhigte Stähle nicht zulässig!
[4] Gütegruppen JR, J0 und J2: Kerbschlagarbeit (Spitzkerb-Langproben) von 27 Joule bei +20 °C (JR); bei 0 °C (J0); bei -20 °C (J2); bei 40 Joule bei -20 °C (K2)

1A Baustoffe

Tafel 1.16a: Vergleich der Bezeichnungen unterschiedlicher Regelwerke

Bezeichnung nach EN 10027-1 (10.2005)	Bezeichnung nach EN 10027-2 (09.1992)	Bezeichnung nach DIN 17100 (01.1980)
S 235JR	1.0038	RSt 37-2
S 235J0	1.0114	St 37-3 U
S 235J2	1.0117	-
S 275JR	1.0044	St 44-2
S 275J0	1.0143	St 44-3 U
S 275J2	1.0145	-
S 355JR	1.0045	-
S 355J0	1.0553	St 52-3 U
S 355J2	1.0577	-
S 355K2	1.0596	-
S 450J0	1.0590	-

Tafel 1.16b: Technische Daten wichtiger korrosionsbeständiger Stähle

Werkstoffnummer	Kurzname	Streckgrenze N/mm^2, quer	Zugfestigkeit N/mm^2	E-Modul $10^3 \, N/mm^2$	Wärmeausdehnung zwischen 20...100 °C $10^{-6} \, K^{-1}$
1.4016	X6Cr17	280	450/600	220	10
1.4301	X5CrNi18-10	230	540/750	200	16
1.4541	X6CrNiTi18-10	220	520/720	200	16
1.4401	X5CrNiMo17-12-2	240	530/680	200	16
1.4571	X6CrNiMo17-12-2	240	540/690	200	16,5

3.2 Betonstahl

Betonstahl dient der Bewehrung von Beton. Der Stahl nimmt im Verbundbaustoff Stahlbeton Zug-, Scher- und Biegespannungen auf. In der Regel haben Betonstähle einen nahezu kreisrunden Querschnitt. Die gerippte Oberfläche verbessert die Verbundwirkung zwischen Stahl und Beton.

Die Alkalität des Betons führt zur Ausbildung einer Passivschicht auf der Stahloberfläche, die den Stahl aktiv vor Korrosion schützt.

Betonstahl wird in Form von Einzelstäben, als Betonstahlmatten sowie z.B. als Stahlgitterträger angeboten.

Tafel 1.16c: Duktilitätskategorien für Betonstahl nach DIN 1045-1

Kategorie	$f_t / f_y \, (R_m/R_e)$ [1]	$\varepsilon_{su} \, (A_{gt})$
Normale Duktilität (A)	≥1,05	≥2,5 %
Hohe Duktiltität (B)	≥1,08	≥5,0 %

Tafel 1.16d: Eigenschaften von Betonstahl

Eigenschaften		BSt 500 S(A); BSt 500 M(A) BSt 500 S(B); BSt 500 M(B)	Quantilwert
Bezogene Rippenfläche f_R für Nenndurchmesser d_s in mm	4,0...4,5	0,036	min. 5
	5,0...6,0	0,039	
	6,5...8,5	0,045	
	9,0...10,5	0,052	
	11,0...40,0	0,056	
Unterschreitung des Nennquerschnittes in %		4	max. 5
Biegerollendurchmesser beim Rückbiegeversuch für Nenndurchmesser d_s in mm	6...12	5 d_s	min. 1
	14...16	6 d_s	
	20...25	8 d_s	
	28...40	10 d_s	

Metallische Baustoffe

Tafel 1.17a: Eigenschaften von Betonstahl nach DIN 1045-1

Bezeichnung [1]	BSt 500 S(A)	BSt 500 M(A)	BSt 500 S(B)	BSt 500 M(B)	Quantil-wert in %
Erzeugnis	Betonstahl	Betonstahl-matten	Betonstahl	Betonstahl-matten	
Duktilität	normal	normal	hoch	hoch	
Streckgrenze f_{yk} in N/mm² [2]	500	500	500	500	5
Verhältnis $(f_t / f_y)_k$ [3]	≥1,05	≥1,05	≥1,08	≥1,08	min. 10
Verhältnis f_y / f_{yk} [4]	–	–	≤1,3	≤1,3	max. 10
Stahldehnung unter Höchstlast ε_{uk} in ‰	25	25	50	50	10
Kennwert für Ermüdungs-festigkeit [5]	215	100	215	100	10

[1] S: Betonstahl; M: Betonstahlmatte; A: normale Duktilität; B: hohe Duktilität
[2] f_{yk}: charakteristischer Wert der Streckgrenze
[3] f_t: Zugfestigkeit in N/mm²; $(f_t / f_y)_k$: charakteristischer Wert von (f_t / f_y)
[4] f_y: tatsächliche Streckgrenze
[5] Kennwert für die Ermüdungsfestigkeit $N = 2 \cdot 10^6$ in N/mm² (obere Spannung ≤ 0,6 · f_y)

3.3 Spannstahl

Spannstähle und deren Verankerungen benötigen eine Allgemeine Bauaufsichtliche Zulassung. Spannstähle der Festigkeitsklassen $R_{0,2}/R_m$ werden hergestellt als kaltgezogener Spannstahl-draht, als Spannstahllitze, als Spannstabstahl bzw. vergüteter Spannstahldraht.

Tafel 1.17b: Eigenschaften zugelassener Spannstähle

Bezeichnung [1]	Herstel-lungs-verfahren	Ober-fläche	Durch-messer Ø [mm]	Chemische Zusammensetzung [M.-%]				Mechanische Kennwerte [N/mm²]					[%]
				C	Si	Mn	Rest	$R_{p0,01}$	$2\sigma_A$ [2]	A_{10}	A_G	$\Delta\sigma$ [3]	
St 835/1030	warmge-walzt, ge-reckt, angelassen (naturhart)	rund – glatt	26...36	0,65... 0,80	0,65... 0,85	1,10... 1,70	–	735	320	7	4	3,3	
		rund – gerippt	26,5...26						230	–	–	–	
St 1080/1230		rund – glatt	26...36	0,65... 0,80	0,65... 0,85	1,10... 1,70	0,1... 0,4 V	950	320	6	4	3,3	
		rund – gerippt	26,5...36						230	–	–	–	
St 1420/1570	vergütet	rund – glatt	6...14	0,45... 0,65	1,60... 2,0	0,40... 0,80	0,20... 60 Cr	1220	340	6	2	2,0	
		rund, oval, eckig – gerippt	5...14 (40...120 mm²)						295	–	–	–	
St 1375/1570	patentiert gezogen, angelassen (stabilisiert)	rund – glatt	8...12,2					1150 (1200)	320	6	2	7,5 (2,0)	
St 1470/1670		rund – glatt	6...7,5					1250 (1300)	430 (585)	–	–	–	
		rund – profiliert	5,5...7,5	0,70... 0,90	0,10... 0,35	0,50... 0,90	–		300 (350)	–	–	–	
St 1570/1770		rund – glatt	4,0...5,5					1300 (1350)	540	–	–	–	
		rund – profiliert	5						270	–	–	–	
		7-drähtige Litze	9,3...15,3					1150 (1350)	340... 210	–	–	–	

1.17

3.4 Nichteisenmetalle

Nichteisenmetalle werden unterschieden in schwere Nichteisenmetalle (Dichte > 4,5 g/cm³), hierzu zählen: Blei, Kupfer, Nickel, Zink und Zinn, und leichte Nichteisenmetalle (Dichte < 4,5 g/cm³), wie z.B. Aluminium und Magnesium. Zu den Nichtmetallen gehören auch deren Legierungen, z.B. Bronze (80 ...90 % Kupfer und 10 ...20 % Zinn) und Messing (65 % Kupfer und 35 % Zink).

Tafel 1.18a: Eigenschaften von Aluminium

Dichte	ρ	[g/cm³]	2,7
Schmelztemperatur	ϑ_S	[°C]	660
Wärmeleitfähigkeit	λ	[W/(m · K)]	204
Wärmedehnzahl	α_T	[1/K]	$24{,}6 \cdot 10^{-6}$
Zugfestigkeit	β_Z (ggf. R_m)	[N/mm²]	Reinstaluminium 40 bis 100 Reinaluminium bis 200 Al-Legierung bis 500
E-Modul	E	[N/mm²]	70000
Bruchdehnung	A	[%]	4...50

Tafel 1.18b: Eigenschaften von Kupfer

Dichte	ρ	[g/cm³]	8,9
Schmelztemperatur	ϑ_S	[°C]	1083
Wärmeleitfähigkeit	λ	[W/(m · K)]	385
Wärmedehnzahl	α_T	[1/K]	$17 \cdot 10^{-6}$
Zugfestigkeit	β_Z (ggf. R_m)	[N/mm²]	Bleche, Bänder 200 bis 360 weiches Cu (F 22) 220 bis 250 halbhartes Cu (F 25) 240 bis 300
E-Modul	E	[N/mm²]	100000 bis 130000
Bruchdehnung	A_5	[%]	Bleche, Bänder 2 bis 40 weiches Cu (F 22) ≥ 45 halbhartes Cu (F 25) ≥ 15

Tafel 1.18c: Eigenschaften von Zink

Dichte	ρ	[g/cm³]	7,2
Schmelztemperatur	ϑ_S	[°C]	419
Wärmedehnzahl	α_T	[1/K]	reines Zink $29 \cdot 10^{-6}$ Titanzink $20 \cdot 10^{-6}$
Zugfestigkeit	β_Z (ggf. R_m)	[N/mm²]	reines Zink 120 bis 140 Titanzink > 190
E-Modul	E	[N/mm²]	100000
Bruchdehnung	A	[%]	reines Zink 52 bis 60 Titanzink 35

Organische Baustoffe

Tafel 1.19a: Eigenschaften von Blei

Dichte	ρ	[g/cm³]	11,3
Schmelztemperatur	ϑ_S	[°C]	327
Wärmedehnzahl	α_T	[1/K]	$29,1 \cdot 10^{-6}$
Zugfestigkeit	β_Z (ggf. R_m)	[N/mm²]	Weichblei 10 bis 20 Hartblei (Legierung) bis 60
E-Modul	E	[N/mm²]	18000

4 Organische Baustoffe

Organische Baustoffe setzen sich aus organischen Verbindungen zusammen. Sie können als bearbeitete Naturstoffe (z.B. Holz) oder als umgewandelte Naturstoffe (z.B. Harze, Kunststoffe) Anwendung finden.

4.1 Holz

Holz ist ein natürlicher organischer, inhomogener, anisotroper Baustoff. Hauptbestandteile sind Zellulose, Lignin und Hemizellulose. Anisotropie, Faserverlauf, Inhomogenität, Holzfehler und eine Vielzahl verschiedener in das Holz eingelagerter Stoffe bestimmen die Holzeigenschaften.

Wichtige Eigenschaften sind:

Anisotropie (Abhängigkeit der wichtigen Eigenschaften von der Wuchsrichtung); Hygroskopie (Feuchtegehalt in Abhängigkeit vom umgebenden Klima, gekennzeichnet durch relative Luftfeuchte und Lufttemperatur); geringe Wärmeleitfähigkeit bei guter Wärmespeicherkapazität; hohe Festigkeit bei geringer Dichte.

Holz lässt sich auf verschiedenster Art bearbeiten und veredeln.

Nach dem Zellaufbau wird in Nadel- und Laubhölzer unterschieden.

Die Dauerhaftigkeit von Holzkonstruktionen ist abhängig von der Einhaltung der Maßnahmen des chemischen und baulichen Holzschutzes.

Tafel 1.19b: Kennwerte wichtiger Bauholzarten (Nadelholz - NH)

Holzart	Kurz-zeichen	Roh-dichte g/cm³	Zug-festigkeit N/mm²	Druck-festigkeit N/mm²	Biegung N/mm²	E-Modul 10^3 N/mm²	Resistenz-klasse
Douglasie	DGA	0,54	100	50	80	12	3
Fichte	FI	0,47	80	40	68	10	4
Kiefer	KI	0,52	100	45	80	11	3-4
Lärche	LA	0,50	105	48	93	12	3
Tanne	TA	0,47	80	40	68	10	4

Tafel 1.19c: Kennwerte wichtiger Bauholzarten (Laubholz - LH)

Holzart	Kurz-zeichen	Roh-dichte g/cm³	Zug-festigkeit N/mm²	Druck-festigkeit N/mm²	Biegung N/mm²	E-Modul 10^3 N/mm²	Resis-tenz-klasse
Buche	BU	0,69	135	60	120	14	5
Eiche	EI	0,67	110	52	95	13	2
Teak	TEK	0,69	115	58	100	13	1

1A Baustoffe

Tafel 1.20a: Resistenzklassen nach DIN 68364 des ungeschützten Kernholzes gegen holzzerstörende Pilze

Resistenzklasse	Beschreibung
1	sehr resistent
1 – 2	sehr resistent bis resistent
2	resistent
2 – 3	resistent bis mäßig resistent
3	mäßig resistent
3 – 4	mäßig bis wenig resistent
4	wenig resistent
5	nicht resistent

Splintholz aller Holzarten ist den Klassen 4 und 5 zuzuordnen.

Tafel 1.20b: Holzfeuchten als mittlere Gleichgewichtfeuchten im Gebrauchszustand von Holzwerkstoffen

Holzfeuchte	Beschreibung der Umgebungsbedingungen
$9 \pm 3\%$	bei allseitig geschlossenen Bauwerken mit Heizung
$12 \pm 3\%$	bei allseitig geschlossenen Bauwerken ohne Heizung
$15 \pm 3\%$	bei überdeckten offenen Bauwerken
$18 \pm 6\%$	bei Konstruktionen, die der Witterung allseitig ausgesetzt sind

Tafel 1.20c: Einteilung der Holzfeuchten in Nutzungsklassen

Nutzungsklasse	Holzfeuchte	Umgebungsklima
Nutzungsklasse 1	$\leq 12\%$	Holzfeuchtegehalt bei einer Temperatur von 20 °C und 65 % relativer Luftfeuchte, der nur für einige Wochen pro Jahr überschritten wird.
Nutzungsklasse 2	$\leq 20\%$	Holzfeuchtegehalt bei einer Temperatur von 20 °C und 85 % relativer Luftfeuchte, der nur für einige Wochen pro Jahr überschritten wird.
Nutzungsklasse 3	$> 20\%$	Alle Klimabedingungen, die zu höheren Feuchtegehalten führen als in Nutzungsklasse 2 angegeben.

Tafel 1.20d: Rechenwerte für Quell- und Schwindmaße von Holzarten

Holzart	Quell- und Schwindmaß in % bei einer Holzfeuchteänderung von 1 %		
	radial	tangential	längs
Fichte	0,16	0,32	0,01
Kiefer	0,16	0,32	0,01
Lärche	0,16	0,32	0,01
Buche	0,20	0,40	0,01
Eiche	0,16	0,32	0,01

Tafel 1.20e: Schnittholzeinteilung nach DIN 4074-1 (2003)

Schnittholz	Dicke d bzw. Höhe h in mm	Breite b in mm
Latte (nicht bei Laubholz)	$d \leq 40$	$b < 80$
Brett	$d \leq 40$	$b \geq 80$
Bohle	$d > 40$	$b > 3d$
Kantholz und Balken	$b \leq h \leq 3b$	$b > 40$

Organische Baustoffe

Tafel 1.21a: Sortierklassen für visuelle Sortierung

Sortierklassen (DIN 4074)	Festigkeitsklassen (DIN EN 338)	Beschreibung
S 7	CD 16	Schnittholz mit geringer Tragfähigkeit
S 10	CD 24	Schnittholz mit normaler Tragfähigkeit
S 13	CD 30	Schnittholz mit überdurchschnittlicher Tragfähigkeit

Tafel 1.21b: Sortierklassen der maschinellen Sortierung

Sortierklassen (DIN 4074)	Festigkeitsklassen (DIN EN 338)	Beschreibung
MS 7	CD 16	Schnittholz mit geringer Tragfähigkeit
MS 10	CD 24	Schnittholz mit normaler Tragfähigkeit
MS 13	CD 35	Schnittholz mit überdurchschnittlicher Tragfähigkeit

Tafel 1.21c: Rechenwerte der charakteristischen Festigkeits-, Steifigkeits- und Rohdichtekennwerte für Nadelholz

Festigkeitsklasse nach EN 338 Sortierklasse nach DIN 4074	CD 16 S 7	CD 24 S 10	CD 30 S 13	CD 35 MS 13	CD 40 MS 17
Festigkeitskennwerte in N/mm²					
Biegung f_{mk}	16	24	30	35	40
Zug parallel $f_{t,0,k}$ rechtwinklig $f_{t,90,k}$	10 0,4	14 0,4	18 0,4	21 0,4	24 0,4
Druck parallel $f_{c,0,k}$ rechtwinklig $f_{c,90,k}$ [1)]	17 2,2	21 2,5	23 2,7	25 2,8	26 2,9
Schub und Torsion f_{vk}	2,7	2,7	2,7	2,7	2,7
Rollschub f_{Rk} [3)]	1,0	1,0	1,0	1,0	1,0
Steifigkeitskennwerte in N/mm²					
Elastizitätsmodul parallel $E_{0,mean}$ [2)] rechtwinklig $E_{90,mean}$ [2)]	8000 270	11000 370	12000 400	13000 430	14000 470
Schubmodul G_{mean} [2) 3)]	500	690	750	810	880
Rohdichtekennwerte in kg/m³					
Rohdichte ρ_k	310	350	380	400	420

[1)] Bei unbedenklichen Eindrückungen dürfen die Werte für $f_{c,90,k}$ um 25 % erhöht werden.
[2)] Für die charakteristischen Steifigkeitskennwerte $E_{0,05}$, $E_{90,05}$ und G_{05} gelten die Rechenwerte: $E_{0,05} = 2/3 \cdot E_{0,mean}$, $E_{90,05} = 2/3 \cdot E_{90,mean}$, $G_{05} = 2/3 \cdot G_{mean}$.
[3)] Der zur Rollschubbeanspruchung gehörende Schubmodul darf mit $G_{R,mean} = 0,10 \cdot G_{mean}$ angenommen werden.

Tafel 1.22a: Vergleich zwischen Bauschnittholz und homogenem Brettschichtholz

Festigkeitsklasse des Holzes und Brettschichtholzes		BS 24h [1] (BS 11)	BS 28h [1] (BS 14)	BS 32h [1] (BS 16)	BS 36h [1] (BS 18)	CD 24 (S 10) als Vgl.
Festigkeitskennwerte in N/mm²						
Biegung	f_{mk}	24	28	32	36	24
Zug parallel	$f_{t,0,k}$	16,5	19,5	22,5	26	14
rechtwinklig	$f_{t,90,k}$	0,5	0,5	0,5	0,5	0,4
Druck parallel	$f_{c,0,k}$	24	26,5	29	31	21
rechtwinklig	$f_{c,90,k}$	2,7	3,0	3,3	3,6	2,5
Schub und Torsion	f_{vk}	3,5	3,5	3,5	3,5	2,7
Rollschub	f_{Rk}	1,0	1,0	1,0	1,0	1,0
Steifigkeitskennwerte in N/mm²						
Elastizitätsmodul parallel	$E_{0,mean}$	11600	12600	13700	14700	11000
rechtwinklig	$E_{90,mean}$	390	420	460	490	370
Schubmodul	G_{mean}	720	780	850	910	690
Rohdichtekennwerte in kg/m³						
Rohdichte	ρ_k	380	410	430	450	350

[1] Die Festigkeit der Brettschichthölzer wird durch unterschiedliche Festigkeitsklassen der Lamellen erzeugt; z.B. BS24h wird mit C24er Lamellen und BS32h mit CD35er Lamellen hergestellt.

4.2 Kunststoffe

Die Herstellung der Kunststoffe geschieht in der Regel aus fossilen Rohstoffen, wie Erdöl, Erdgas und Kohle und den daraus gewonnenen niedermolekularen Ausgangsstoffen, wie z.B. Ethen und Propen. Aus diesen Monomeren lassen sich vielgestaltige Makromoleküle verschiedenster Eigenschaften herstellen.

Geringe Rohdichte, geringe Wärmeleitfähigkeit, großer Wärmeausdehnungskoeffizient, hohe Zugfestigkeit, niedriger Elastizitätsmodul u.a. sind typische Eigenschaften der Kunststoffe.

Nach der Art der Makromolekülbildung unterscheidet man Polymerisation, Polykondensation und Polyaddition. Es entstehen kettenförmige, verzweigte bzw. vernetzte Makromoleküle. Nach dem Vernetzungsgrad teilt man Kunststoffe in Thermoplaste und Elastomere ein.

Tafel 1.22b: Kurzbezeichnungen ausgewählter Kunststoffe

Kunststoff	Kurzzeichen
Polyethylen, weich	PE-LD
Polyethylen, hart	PE-HD
Polypropylen	PP
Polybuten	PB
Polyisobutylen	PIB
Polyvinylchlorid, hart	PVC hart
Polyvinylchlorid, weich	PVC weich
Polyvinylacetat	PVAC
Polystyrol	PS
Polyacetal	POM
Polymethylmethacrylat	PMMA
Polytetrafluorethylen	PTFE

Organische Baustoffe

Tafel 1.22b: Kurzbezeichnungen ausgewählter Kunststoffe (Fortsetzung)

Kunststoff	Kurzzeichen
Polyamid 6	PA 6
Polyamid 11	PA 11
Polycarbonat	PC
Polyethylenterephthalat	PETP
Phenolformaldehydharz	PF
Harnstoffformaldehydharz	UF
Melaminformaldehydharz	MF
Epoxidharz	EP
Polyurethanharz	PUR
Ungesättigtes Polyesterharz	UP
Silikone	SI

Tafel 1.23: Haupteigenschaften von ausgewählten Kunststoffen

Kunststoffbezeichnung		Dichte	maximale Gebrauchstemperatur	Wärmedehnzahl	Wärmeleitzahl	Anhaltswerte bei Raumtemperatur		
						Zugfestigkeit	Druckfestigkeit	E-Modul
		10^2 kg/m³	°C	10^{-6}/K	W/(m · K)	N/mm²	N/mm²	N/mm²
PE	hart	9,4...9,7	100...120	–	0,419	25,0	30,0	1000
	weich	9,1...9,3	85	200	0,326	11,0	–	200
PP		9,1	130	160	0,157	34,0	–	1400
PIB		9,3	60...120	Folien mit gummielastischem Verhalten				
PVC	hart	13,9	60	80	0,157	45,0...60,0	80,0	3000
	weich	12,0...13,9	55	200	0,163...0,233	13,0...30,0	–	30
PMMA		12,0	75	80	0,174	74,0	120,0	3000
PVAC		–	–	–	–	–	–	–
PS	hart	10,6	50...70	70	0,203	55	100,0	3200
	Schaum	0,15...0,65	70...90	–	0,031	0,2...1,3	0,08...0,05	–
PTFE		22,0	250	70...180	0,233	13,0...27,0	–	400
PA		11,0	80	90	0,302	35,0...75,0	–	2000
UP		12,0	bis 120	140	0,163	40,0...80,0	120...190	4000
EP		13,0	bis 200	75	–	40,0...80,0	90,0...170,0	4000
PUR	hart	12,0	100	160	0,35	20,0...56,0	–	900
	Schaum	0,32...3,0	80...120	–	0,026...0,037	0,2...2,0	1,2...7,0	–

1A Baustoffe

Tafel 1.24a: Eigenschaften von Hartschaumkunststoffen

Eigenschaften	Einheit	Phenol-harz	Harnstoffharz	Polystyrol		Polyurethan-schaum
		PF	UF	PS	EPS	PUR
Rohdichte	[kg/m³]	40...100	5...15	15...30	40	20...100
Zugfestigkeit	[N/mm²]	≥ 0,5	–	≥ 0,5	≥ 0,5	0,2...1,1
E-Modul (Biegung)	[N/mm²]	6...27	–	2...20	> 15	2...20
Wärmeleitzahl	[W/(m · K)]	0,04	0,05	0,04	0,04	0,03...0,04
Langzeitige Gebrauchstemperatur	[°C]	130	90	75	80	80
Wasserdampfdiffusionswiderstandszahl	[–]	30...300	4...10	30...70	150...300	30...130

Tafel 1.24b: Beständigkeit von Kunststoffen gegenüber chemischem Angriff

Kunststoffe		Angriffsstoffe														
		Säuren					Laugen		Lösungsmittel					Treibstoffe und Öle		
		schwach	stark	oxidierend	Flusssäure	Halogene	schwach	stark	Alkohole	Ester	Ketone	Ether	CKW	Benzol	Benzin	Treibstoffgemische	Mineralöl	Fette, Öle
PE	hart	+	–	+	+	–	+	+	+	+	+		⊕		⊕	⊕	⊕	+
	weich	+	–	+	+	–	+	+			–	–	–	⊗	–		⊗
PP		+	–		+	⊗	+	+	+	⊕	⊕	O	⊗	⊗	⊕	O	+	+
PIB		+	+	O	+	O	+	+	+	–	O	–	–	–	–	–	–
PVC	hart	+	+	⊕	⊕	O	+	+	+	–	–	–	⊗	–	+	⊗	+	+
	weich	+	⊕	O		–	+	O	O	–	–	–	–	⊗	–	O	O
PMMA		+	+	O	O	O	+	+	O	–	–	O	–	–	+	–	+	+
PVAC										–	–	–	–	–	⊕		⊕	
PS	hart	+	⊕	+	⊕	–	+	+	+	–	–	–	–	–	O	–	O	+
	Schaum																
PTFE		+	+	+	+	+	+	+	+	+	+	+	+	+	+	+	+	+
PA		–	–	–	–	–	+	O	+	+	+	+	+	+	+	+	+	+
UP		+	O	⊗	⊗	⊗	O	⊗	⊕	⊗	–	–	–	⊗	+	+	+	+
EP		+	+	–	⊕	+	⊕	⊕	+	O	⊕	+	O	+	+	+	+	+
PUR	hart	O	–	O	⊗		+	–	⊕	O	⊗	+	O	+	+	O	+	O
	Schaum	+	O	–	–	–	O	O	⊕	–	–	⊕	–	⊗	+	O	+	+
Si		+	–	–	–	+	⊕	⊗	⊗	+	–	–		O	O	O	⊕
MF		O	–			+	–	+	+	+	+	+	+	+	+	+	+
PF, Pressmasse		+	–			+	–	+	+	+	+	+	+	+	+	+	+

+ = beständig
O = bedingt beständig
– = unbeständig
⊕ = bedingt beständig bis beständig
⊗ = bedingt unbeständig bis unbeständig

Organische Baustoffe

4.3 Bituminöse Baustoffe

Zu den bituminösen Baustoffen zählen alle organischen Produkte, deren Hauptbestandteil Bitumen ist.
Als Bitumen werden die dunkelfarbigen, halbfesten bis springharten Rückstände der Erdöldestillation (DIN EN 12 597) und der im Schwefelkohlenstoff löslichen Anteile der Naturasphalte bezeichnet.
Teer entsteht als Bindemittel bei der chemischen Zersetzung von Steinkohle.
Pech fällt als Bindemittel bei der Destillation von Steinkohlenteer an.
Asphalt entsteht als Gemenge aus Gesteinskörnungen mit Bitumen als Bindemittel.

Tafel 1.25a: Eigenschaften ausgewählter bituminöser Baustoffe

Kurzbezeichnung	Dichte (Flächengewicht)	Höchstzulässige Zugkraft längs	Höchstzulässige Zugkraft quer	Dehnung		Wärmeleitfähigkeit	spez. Wärmekapazität
				längs	quer		
						λ	c
	kg/m³ (g/m²)	N	N	%	%	W/(m·K)	kJ/(kg·K)
Bitumen	1200-1400	–	–	–	–	0,14-0,17	1,0-1,26
Asphalt	2000	–	–	–	–	0,7	1,05
Gussasphaltestrich	2100-2300	–	≥ 8	–	–	0,7-0,9	1,05
Nackte Bitumenbahn	1200 (333-500)	240-280	140-180	2	2	0,17	1,0

Tafel 1.25b: Eigenschaften ausgewählter bituminöser Baustoffe

Kurzbezeichnung	Dichte (Flächengewicht)	Höchstzulässige Zugkraft längs	Höchstzulässige Zugkraft quer	Dehnung		Wärmeleitfähigkeit	spez. Wärmekapazität
				längs	quer		
						λ	c
	kg/m³ (g/m²)	N	N	%	%	W/(m·K)	kJ/(kg·K)
Bitumendachbahn	1200 (200-500)	400-1000	300-1000	2-40	2-40	0,17	1,5
Bitumendichtungsbahnen	(220-500)	200-800	200-800	2-15	2-15	0,17	1,5
Bitumenschweißbahnen	(60-300)	400-800	300-800	2-40	2-40	0,17	1,5
Polymer-Bitumendachdichtungsbahnen	(200-300)	600-800	500-800	40	40	0,17	1,5

1.25

5 Dämmstoffe

Dämmstoffe sind Baustoffe, die über eine niedrige Wärmeleitzahl und große Wärmedämmung verfügen.
Bezüglich der Rohstoffe unterscheidet man anorganische, mineralische Dämmstoffe und organische Dämmstoffe.
Dämmstoffe können aus natürlichen und synthetischen Rohstoffen bestehen.
Nach der Struktur gibt es Faserdämmstoffe, geschäumte Dämmstoffe und Granulate bzw. Schüttungen.

Tafel 1.26: Eigenschaften ausgewählter Dämmstoffe

Kurzbezeichnung	Dichte	Zusammendrückung unter Last	Dyn. Steifigkeit	Wärmeleitfähigkeit	Spez. Wärmekapazität	Dampfdiffusionswiderstand
	ρ			λ	c	μ
	kg/m³	%	MN/m³	W/(m·K)	kJ/(kg·K)	-
Glaswolle	60–180	25	0,14-0,20	0,043-0,045	0,6	1
Glaswolle-Trittschalldämmplatte	140-170	10	0,21	–	–	1
Steinwolle	10-100	20	0,18-0,23	0,046	0,6	1
Steinwolle-Trittschalldämmplatte	10-100	10	0,18-0,26	0,041	0,6	1
Schlackenwolle	130-180	20-25	0,95-2,62	0,035-0,07	–	4
Schaumglas (Foamglas)	110-150	0	15000	0,045-0,06	0,8	dampfd.
Perlite, ungebunden	70-100	–	–	0,046-0,06	0,9-0,94	2-5
Perlite, bitumengebunden	280	–	–	0,07	0,9	–
Vermiculite	100-180	25	2,63	0,05	0,88	3-4
Bimskies	1200	–	–	0,19	–	–
Blähton (4–8)	300-700	–	–	0,10-0,16	–	1-8
Flachs	16-20	–	0,035-0,045	0,04	n. b.	1-1,5
Holzfaserdämmplatte	150-300	–	–	0,45-0,65	2,1-2,5	4-9
Holzweichfaserdämmplatte	250-370	–	–	0,07	2,1-2,5	4-9
Holzwolleleichtbauplatte	310-570	0	5,25	0,073-0,15	2,0-2,1	2-5
Hobelspäne	50-75	–	–	0,055	1,6	2
Kokos	60-140	15-20	0,18-0,35	0,46-0,57	2,0-2,1	1-2
Kork	90-300	0	10-30	0,04-0,053	2,0	5-30
Kork, bitumengebunden	200-400	10	1,1	0,047-0,093	–	–
Schafwolle	25	–	–	0,035-0,04	–	–
Schafwolle-Trittschalldämmplatte	–	–	–	–	–	–
Schilfbauplatten	180-300	–	–	0,072	–	1-1,5

Baustofftabellen – Baustoffeigenschaften

Tafel 1.26: Eigenschaften ausgewählter Dämmstoffe (Fortsetzung)

Kurzbezeichnung	Dichte ρ [kg/m³]	Zusammendrückung unter Last [%]	Dyn. Steifigkeit [MN/m³]	Wärmeleitfähigkeit λ [W/(m·K)]	Spez. Wärmekapazität c [kJ/(kg·K)]	Dampfdiffusionswiderstand μ [-]
Cellulose, lose	35-120	–	–	0,04-0,045	1,8	1-1,5
Cellulosedämmplatten	70-100	–	–	0,04	1,8	1-1,4
Baumwolle	20	–	–	0,04	–	1-2
Strohschüttung	150	–	–	0,056-0,1	–	1-1,5

6 Baustofftabellen – Baustoffeigenschaften

Tafel 1.27: Wärmeleitfähigkeit einiger Baustoffe

Baustoff		Rohdichte ρ kg/m³	Wärmeleitfähigkeit λ W/(m·K)
Steine Mörtel Betone	dichte Natursteine	2800	3,50
	porige Natursteine	1600	0,55
	Gipsputzmörtel	1400	0,70
	Kalkputzmörtel	1800	0,87
	Zementmörtel	2200	1,40
	Leichtmörtel LM 36	≤ 1000	0,36
	Leichtmörtel LM 21	≤ 700	0,21
	Normalbeton	2200	1,60
	Leichtbeton, dicht	1600	0,81
	Porenbeton, dampfgehärtet	600	0,19
Mauerwerk	Kalksand-Vollstein	1800	0,99
	Vollziegel-Mauerwerk	1800	0,81
	Hochlochziegel-Mauerwerk	1200	0,50
	Porenbeton-Mauerwerk	600	0,24
Holz- und Holzwerkstoffe	Fichte, Kiefer, Tanne	600	0,13
	Eiche, Buche	800	0,20
	Sperrholz	800	0,15
	Faserplatten, porös	≤ 400	0,07
	Flachpressplatten	700	0,13
Dämmstoffe	Faserstoffe, mineralisch	8...500	0,035...0,045
	Faserstoffe, pflanzlich	8...500	0,040...0,050
	Holzwolle-Leichtbauplatten	360...460	0,065...0,090
	Korkplatten	80...500	0,045...0,055
	Schaumkunststoffe	10...50	0,025...0,045
	Schaumglas	100...150	0,045...0,060
Sonstige Stoffe	Glas	2500	0,80
	Stahl	7850	50
	Aluminium	2700	200
	Blei	11300	35
	Kupfer	9000	380

1A Baustoffe

Tafel 1.28a: Zahlenwerte der spezifischen Wärmekapazität, Rohdichte und Wärmespeicherfähigkeit einiger Baustoffe

Baustoff		Spezifische Wärmekapazität c J/(kg·K)	Rohdichte ρ kg/m³	Wärmespeicherfähigkeit, (volumenbezogen) Q'_{sp} kJ/(m³·K)
Steine	Gipsmörtel	838	1700	1592
Mörtel	Kalkmörtel	838	1900	1675
Betone	Zementmörtel	838	2200	1926
	Normalbeton	1050	2400	2512
	Bimsbeton, porig	1050	800	837
	Leichtbeton, dicht	1050	1700	1884
	Porenbeton	1050	600	628
Mauerwerk	Kalksand-Vollstein	860	1800	1507
	Vollziegel-Mauerwerk	860	1800	1507
	Lochziegel-Mauerwerk	860	1200	1005
	Porenbeton-Mauerwerk	860	800	670
Holz- und	Fichte	1465	600	837
Holzwerk-	Sperrholz	1465	600	837
stoffe	Faserplatten	1465	300	440
	Pressplatten	1465	400	586
Dämmstoffe	Faserstoffe, mineralisch	838	100	84
	Faserstoffe, pflanzlich	1047	100	105
	Holzwolle-Leichtbaupl.	1340	200	272
	Korkplatten	1675	160	272
	Schaumkunststoffe	1382	25	33
Sonstige	Kunststoffe, dicht	1256	1100	1382
Stoffe	Glas	840	2500	2093
	Stahl	502	7850	3936
	Aluminium	896	2700	1340
	Blei	126	11300	1423
	Kupfer	395	9000	3391

Tafel 1.28b: Wärmedehnzahlen einiger Baustoffe

Baustoff		Lineare Wärmedehnzahl α_T 10^{-6}·1/K
Metallische Baustoffe	Stahl	12
	Kupfer	12
	Messing	19
	Zink	33
	Aluminium	24
	Blei	30
Mineralische Baustoffe	Beton	9...12
	Porenbeton	6...8
	Bimsbeton	8...10
	Granit	5
	Sandstein	3
	Kalkstein	1,5
	Ziegel, Klinker, Fliesen	5...8
	Glas	8...9

Tafel 1.28b: Wärmedehnzahlen einiger Baustoffe (Fortsetzung)

Baustoff		Lineare Wärmedehnzahl α_T $10^{-6} \cdot 1/K$
Holz	Vollhölzer ∥ zur Faser	3...10
	Vollhölzer ⊥ zur Faser	25...60
Kunststoffe	PVC-hart	70...80
	PVC-weich	125...180
	PP	160...180
	PE-H	115...185
	PE-N	200...230
	PMMA	70...80
	PIB	70...80
	PS	60...80
	PA	70...120

Tafel 1.29a: Erläuterungen und Beispiele zu den Baustoffklassen nach DIN 4102

Baustoffklasse		Erläuterungen	Beispiele
A nicht brennbare Baustoffe	A1	anorganische Stoffe und Stoffe mit einem organischen Anteil ≤ 1 %	Stahl, Metall, Sand, Lehm, Kies, Gips, Zement, Beton, Glas, Steine, Steinzeug, Keramik, Mineralfaserplatten
	A2	Baustoffe, die zwar brennbare Bestandteile enthalten, jedoch nur ein geringes Brandrisiko darstellen	Gipskartonplatten, Mineralfaserplatten mit organischen Bindemitteln
B brennbare Baustoffe	B1	enthalten nennenswerte Mengen brennbarer Bestandteile, deren Entflammbarkeit durch verschiedene Maßnahmen reduziert wurde	Holzwolle-Leichtbauplatten, Gipskartonplatten
	B2	normal entflammbare Baustoffe	Holz und Holzwerkstoffe mit einer Dicke $d > 2$ mm; PVC-Beläge, Linoleum, Dachpappen etc.
	B3	Einsatz im Bauwesen untersagt	Holz $d < 2$ mm, Papier

Tafel 1.29b: Baustoffklassen nach DIN EN 13 501-1

Baustoffklasse		Erläuterungen
A nicht brennbar	A1	leisten in keiner Phase des Brandes, einschließlich des voll entwickelten Brandes, einen Beitrag
	A2	halten einer Beanspruchung durch einen einzelnen brennenden Gegenstand mit ausreichend verzögerter und begrenzter Wärmefreisetzung stand; liefern unter den Bedingungen eines Vollbrandes keinen wesentlichen Beitrag zur Brandlast und zum Brandanstieg
B schwer entflammbar		wie Klasse C, aber mit strengeren Anforderungen
C schwer entflammbar		wie Klasse D, aber mit strengeren Anforderungen
D normal entflammbar		halten dem Angriff einer kleinen Flamme ohne wesentliche Flammenausbreitung über einen längeren Zeitraum stand; halten einer Beanspruchung durch einen einzelnen brennenden Gegenstand mit ausreichend verzögerter und begrenzter Wärmefreisetzung stand
E normal entflammbar		halten dem Angriff durch eine kleine Flamme ohne wesentliche Flammenausbreitung für eine kurze Zeit stand
F leicht entflammbar		Bauprodukte, für die das Brandverhalten nicht bestimmt wird oder die nicht in eine der Klassen A bis E klassifiziert werden können

1A Baustoffe

Tafel 1.30a: Kennwerte für Trass und Gesteinsmehle

Eigenschaften/ Kennwerte		Trass nach DIN 51043	Gesteinsmehl nach DIN 4226-1	
			Quarz	Kalkstein
Spezifische Oberfläche	[cm²/g]	≥ 5000	≥ 1000	≥ 3500
Glühverlust	[M.-%]	≤ 12	0,2	ca. 40
Sulfat (SO_3)	[M.-%]	≤ 1,0	≤ 1,0	≤ 1,0
Chlorid (Cl)	[M.-%]	≤ 0,10	≤ 0,02	≤ 0,02
Dichte [1]	[kg/dm³]	2,40...2,60	2,65	2,60...2,70
Schüttdichte [1]	[kg/dm³]	0,70...1,00	1,30...1,50	1,00...1,30

[1] Richtwert für bisherigen Erfahrungsbereich.

Tafel 1.30b: Eigenschaften von Mörteln, Putzen und Estrichen

Kurzbezeichnung	Dichte	Druckfestigkeit	Zugfestigkeit	E-Modul	Lineare Wärmeausdehnung	Wärmeleitfähigkeit	Spez. Wärmekapazität
	ρ	f_c	f_t	E	α	λ	c
	[kg/m³]	[N/mm²]	[N/mm²]	[N/mm²]	[10^{-4} K]	[W/(m·K)]	[kJ/(kg·K)]
Anhydritestrich	2100-2200	18-50	–	17000-18000	–	0,7-1,2	0,84-1
Fließestrich	1800-2000	28-40	–	17000-18000	–	1,38-1,87	–
Gipsestrichplatten	1000	–	–	–	–	0,25-0,47	–
Gipsfaserestrichplatten	1000	–	–	–	–	0,27	–
Gussasphaltestrich	2000-2300	–	–	–	–	0,70-0,90	1,05
Lehmestrich	1700-2000	3-4	–	–	5	0,81-1,16	1
Magnesiaestrich	1400-2300	12-60	–	–	–	0,47-0,70	1,5
Zementestrich	2000	18-80	–	–	–	1,40	1,13
Gipsputz	1000-1200	3	0,3	5000	12	0,36-0,47	0,85
Gipsmörtel mit Sand abgemagert	1200-1400	3	–	–	12	0,700	0,85
Gipskalkputz	1400-1600	2	–	–	8-12	0,7-0,87	0,85-0,96
Luftkalkputz	1600-1800	1,5	0,1	5000	5-12	0,87	0,96

Baustofftabellen – Baustoffeigenschaften

Tafel 1.30b: Eigenschaften von Mörteln, Putzen und Estrichen (Fortsetzung)

Kurz-bezeichnung	Dichte	Druck-festigkeit	Zug-festigkeit	E-Modul	Lineare Wärme-ausdehnung	Wärme-leitfähigkeit	Spez. Wärme-kapazität
	ρ	f_c	f_t	E	α	λ	c
	[kg/m³]	[N/mm²]	[N/mm²]	[N/mm²]	[10^{-4} K]	[W/(m·K)]	[kJ/(kg·K)]
Hochhydraulischer Kalkputz	1600-1800	4-20	0,2	5000-6000	5-12	0,87	0,96
Kalkzementputz	1800	2,5-4	0,3	6000	12	0,87-0,9	0,96-1,13
Zementputz	1800-2000	15	1,5	15000	6-10	1,40	1,13
Kunstharzputz	1100	5	1,0	5000	15	0,7	–
Silikatputz	1750	5	0,3	7000	12	0,7	0,84
Leichtputz	1300	2,5-3	0,3	1800-6000	3-15	0,3	–
Wärmedämmputz	300-600	0,7	0,1	1000	15	0,15-0,25	–
Dämmputz mit exp. leichten Gesteinskörnungen	600-800	0,7	0,1	1000	–	0,19-0,28	0,90-0,92
Dämmputz mit Perliten	550	0,7	0,1	–	–	0,15	0,90
Sanierputz	< 1400	< 4	0,3	3000	15	–	–

Tafel 1.31: Normalbeton, Leichtbeton, Platten und Dachsteine

Kurz-bezeichnung	Dichte	Druck-festigkeit	Biege-festigkeit	E-Modul	Lineare Wärme-ausdehnung	Wärme-leitfähigkeit	Spez. Wärme-kapazität
	ρ	f_c	f_t	E	α	λ	c
	[kg/m³]	[N/mm²]	[N/mm²]	[N/mm²]	[10^{-4} K]	[W/(m·K)]	[kJ/(kg·K)]
Normalbeton	2000-2400	5	2,6-3,2	–	10	1,5-2,10	1,1-1,13
Normalbeton	2000-2400	10	4,0-5,2	22000	10	1,5-2,10	1,1-1,13
Normalbeton	2000-2400	15	5,0-7,0	26000	10	2,03-2,10	1,1-1,13
Normalbeton	2000-2400	25	6,9-10,2	30000	10	2,03-2,10	1,1-1,13
Normalbeton	2000-2400	35	8,4-12,9	34000	10	2,03-2,10	1,1-1,13

Tafel 1.31: Normalbeton, Leichtbeton, Platten und Dachsteine (Fortsetzung)

Kurz-bezeichnung	Dichte	Druck-festigkeit	Biege-festigkeit	E-Modul	Lineare Wärme-ausdehnung	Wärme-leitfähigkeit	Spez. Wärmekapazität
	ρ	f_c	f_t	E	α	λ	c
	[kg/m³]	[N/mm²]	[N/mm²]	[N/mm²]	[10^{-4} K]	[W/(m·K)]	[kJ/(kg·K)]
Normalbeton	2000-2400	45	9,8-15,5	37000	10	2,03-2,10	1,1-1,13
Normalbeton	2000-2400	55	11,1-17,9	39000	10	2,03-2,10	1,1-1,13
Stahlbeton	2000-2500	5-55	–	22000-39000	10	2,1-2,30	1,1-1,13
Blähtonbeton (Haufwerk)	600-1100	1,7-4	0,3-1,05	500-4000	10	0,16-0,42	1,1-1,13
Blähtonbeton (Haufwerk)	1100-1700	4-20	1,05-2,5	4000-16000	10	0,16-0,42	1,1-1,13
Blähtonbeton, dicht	1100-1800	14-28	–	9000-17500	10	0,43-0,67	1,1-1,13
Gasbeton	400-1400	2,5-10	0,5-2	1200-2500	8	0,12-0,29	1,0
Holzspanbeton	600-800	2,0	–	–	8	0,14-0,27	1,5
Hüttenbimsbeton	900-1600	25	–	5000-10000	8	0,52-0,63	1,13
Kalksandstein	1000-1400	12-35	–	–	8	0,56-0,77	0,9
Kalksandstein	1800	4-60	–	–	8	0,99	0,9
Polystyrolbeton	400	1,0	0,5	800	12	0,14	1,4
Polystyrolbeton	600-1000	2,2-6,0	0,7-1,5	1000-3000	12	0,21-0,42	1,4
Ziegelsplittbeton	1600	–	–	–	–	0,73-0,87	0,92
Gipsbauplatten	800-1200	10-35	3-7	–	–	0,29-0,58	0,8
Gipsfaserplatten	1000	–	7,0	–	37	0,27	0,84
Vermiculite-Brandschutzplatten	350-950	–	1,0-6,0	–	–	0,11-0,14	–

Baustofftabellen – Baustoffeigenschaften

Tafel 1.31: Normalbeton, Leichtbeton, Platten und Dachsteine (Fortsetzung)

Kurzbezeichnung	Dichte	Druckfestigkeit	Biegefestigkeit	E-Modul	Lineare Wärmeausdehnung	Wärmeleitfähigkeit	Spez. Wärmekapazität
	ρ	f_c	f_t	E	α	λ	c
	[kg/m³]	[N/mm²]	[N/mm²]	[N/mm²]	[10^{-4} K]	[W/(m·K)]	[kJ/(kg·K)]
Mineralfaser-Brandschutzplatten	430-900	–	3,4-7,6	–	–	0,08-0,17	–
Betondachstein	2400	–	–	–	–	2,1	1,1-1,13
Dachplatten	1700	–	6,0	15500	10	0,35	1,0

Tafel 1.33a: Eigenschaften ausgewählter keramischer Baustoffe – Steine, Dachziegel, Platten und Fliesen

Kurzbezeichnung	Dichte	Druckfestigkeit	E-Modul	Lineare Wärmeausdehnung	Wärmeleitfähigkeit	Spez. Wärmekapazität
	ρ	f_c	E	α	λ	c
	[kg/m³]	[N/mm²]	[N/mm²]	[10^{-4} K]	[W/(m·K)]	[kJ/(kg·K)]
Vollziegel	1500-1800	10-25	5000-20000	5	0,46-0,83	0,92
Lochziegel	600-1400	2,5-25	5000-20000	5	0,13-0,50	0,92
Klinkerziegel	2000	60	20000-70000	5	0,8-1,16	0,88
Dachziegel	1800	–	5000-20000	4,5-5	0,46-0,69	0,90
Vormauerziegel	1800	25-50	9000	5	0,96	0,92
Spalt- und Klinkerplatten für den Fußboden	2000-2100	150	–	–	1,05-1,11	0,88-0,90
Wandspalt- und Klinkerplatten	2000	–	–	–	0,96-1,05	0,9–0,92
Wandfliesen, innen	1700-2000	–	–	9	0,87-1,04	0,90
Bodenfliesen in Zementmörtel	2300	–	–	9	1,28	0,9

Tafel 1.33b: Lichtdurchlässigkeit von technischen Gläsern

Glasart	Lichtdurchlässigkeit [%]
Fensterglas	90...92
Kristallspiegelglas	90...92
Gartenglas	88...90
Drahtspiegelglas	88
Gussglas, Drahtglas	80...90
Verbundsicherheitsglas, Mehrscheibenglas	85...90

Böttcher

Sanierung von Holz- und Steinkonstruktionen
Befund, Beurteilung, Maßnahmen, Umbauten

2008. 292 Seiten.
17 x 24 cm. Gebunden.
EUR 59,–
ISBN 978-3-89932-165-4

Autor:
Dipl.-Ing. Detlef Böttcher ist öffentlich bestellter und vereidigter Sachverständiger für konstruktive Denkmalpflege sowie für Tragwerke des Holz- und Mauerwerkbaus (Statik und Konstruktion).

Dieses Buch bietet umfassende Angaben zum Vorgehen im Befund, der Beurteilung und den Ursachen von Problemen und deren Lösung im Gesamtzusammenhang der Bauteile eines Gebäudes.

Durch den Rückschluss der vorhandenen Schäden (Risse, Verformungen, Verrottungen usw.) auf die Ursachen ist eine genaue Beurteilung möglich und die meisten Maßnahmen können als Reparaturen ausgeführt werden. Die Erfahrungen aus über 500 Projekten in der über 20-jährigen Tätigkeit des Verfassers sind in die Lösungen zur Denkmalerhaltung und Sanierung eingeflossen.

Aus dem Inhalt
- Erhaltung und Sanierung historischer Bauten seit 1800
- Definitionen, Rechenansätze, Bezeichnungen
- Befund
- Ursachen
- Holzkonstruktionen:
  – Materialwerte
  – Dächer
  – Decken
  – Unterzüge
  – Fachwerk
  – Gründungen
- Steinkonstruktionen:
  – Materialwerte
  – Gewölbe, Bögen
  – Wände, Säulen
  – Gründung
- Nutzungsänderungen, Abstützungen:
  – Dächer
  – Decken
  – Wände
  – Keller
  – Gründungen

Bauwerk www.bauwerk-verlag.de

1B Bauschadensvermeidung

Prof. Dipl.-Ing. Wolfgang Pützschler

Inhaltsverzeichnis

		Seite
1	**Einleitung**	1.36
2	**Ursachenbereich „Feuchtigkeit"**	1.37
2.1	Schwinden	1.37
2.2	Dampfdiffusion	1.38
2.3	Wasseraufnahme	1.41
2.4	Feuchtemessung	1.43
3	**Ursachenbereich „Frostangriff"**	1.44
3.1	Frostbeständigkeit von Baustoffen	1.44
3.2	Einflussfaktoren und Formen der Schädigung	1.46
3.3	Kombination mit Tausalzen	1.46
4	**Ursachenbereich „Chemischer Angriff"**	1.46
4.1	Wasser, Boden, Luft	1.48
4.2	Nutzung, Betrieb	1.48
4.3	Reinigung/Pflege	1.49
4.4	Einordnungsvorgaben am Beispiel Beton	1.50
5	**Ursachenbereich „Verschleiß"**	1.51
5.1	Verschleißarten	1.51
5.2	Baustoffanforderungen (Beton, Industrieböden, Fliesen)	1.52
6	**Ursachenbereich „Verformung"**	1.54
6.1	Verformung unter Belastung	1.54
6.2	Temperaturverformung	1.55
6.3	Schwindverformungen	1.58
6.4	Setzungen	1.58
7	**Ursachenbereich „Rissbildung"**	1.58
7.1	Rissursachen	1.59
7.2	Erfassung von Rissmerkmalen	1.59
8	**Ursachenbereich „Verbundwirkung"**	1.61
8.1	Einsatzbereiche	1.61
8.2	Anforderungen	1.61
8.3	Taupunktbildung	1.62
8.4	Mangelhafte Trocknungsverfahren	1.62
9	**Ursachenbereich „Personal/Qualifikation"**	1.63
9.1	Einflussbedeutung	1.63
9.2	Häufige Qualifikationsmängel	1.64

1 Einleitung

Der Bauschadensvermeidung kommt im Strukturwandel des Bauwesens eine überproportional steigende Bedeutung zu, da bei sinkender Auftragslage und Gewinnerwartung jede Schadenssituation und der hieraus entstehende Beseitigungsaufwand den unternehmerischen Erfolg für alle in Planung, Bemessung, Ausführung und Überwachung von Baumaßnahmen Beteiligten schmälert, aufhebt oder gar bis zur Leistung von über den kalkulierten Gewinn hinausgehenden Beseitigungskosten umkehrt.

Beim gleichzeitig steigenden und im Bereich des Hochbaus [3. Bauschadensbericht] schon bei mehr als 50 % Anteil an der gesamten Bauleistung angekommenen Betätigungsfeld innerhalb Instandhaltung, Modernisierung und Instandsetzung ist zur Vermeidung von Bauschäden, anders als im reinen Neubaudenken, stets auch die vorhandene Bausubstanz mit Blick auf die verwendeten Stoffe, die eingesetzten Techniken und sich hieraus möglicherweise ergebenden Kombinationsausschlüssen zu hinterfragen. Durch das beim Nutzer bestehende Bewusstsein bezüglich vormals baulich vorhandener Schwächen und der vorrangig auf eine nachhaltige Verbesserung ausgerichteten Zielsetzung wird daher gerade beim Bauen im Bestand ein noch größeres Augenmerk auf die Vermeidung erneuter Baumängel gelegt.

Für den Aufbau eines gezielteren Bewusstseins zur Bauschadensvermeidung ist zunächst eine Verdeutlichung der maßgeblichen Einflussfaktoren notwendig. Die nachfolgende Auflistung zeigt zunächst wesentliche Ansätze von häufiger zu Bauschäden führenden Aspekten auf.

- Auftrags-, Zeit- und Preisdruck
- Ausreizung von Personalressourcen
- Planungs- und Ausführungsfehler
- Vielfalt und Spezialisierung bei Materialien und Verfahren
- Nicht ausreichend aktuelle Sachkenntnis der am Bau Beteiligten

Der Ausrichtung des vorliegenden Entwurfs- und Tabellenwerks folgend soll mit diesem Abschnitt vorrangig durch eine knappe Vorstellung von häufig wiederkehrenden Schädigungsmechanismen und eine ausgewählte Angabe zugehöriger Materialkenndaten oder Grenzwertaufstellungen ein nutzbringendes Hilfsmittel mit dem Ziel einer verbesserten Erkennung und einer konsequenteren Vermeidung von Bauschäden zur Verfügung gestellt werden.

Üblicherweise wird Information durch gezielte Auswahl von Themenbezügen wie Bauphysik, Baukonstruktion, Stahlbau o. Ä. beziehungsweise zu nach Baustoffgruppen geordneten Themenschwerpunkten wie zum Beispiel Holz, Kunststoffe oder mineralische Werkstoffe vermittelt, weil hierdurch verbesserte Zuordnungs- und Suchmöglichkeiten gegeben sind. Innerhalb der Bauaufgabe ergeben sich jedoch ständig komplexe Verschmelzungen von Fachbezügen und baustofflich kombinierten Anwendungen. Dieser Tatsache folgend werden in diesem Kapitel Informationen auf Ursachenbereiche von Bauproblemen ausgerichtet und dazu überschaubar und direkt vergleichbar Kriterien, Hinterfragungen oder Kenndaten in exemplarischer Auswahl hinterlegt.

Bauschadensvermeidung lässt sich nicht in Tabellenform oder mit checklistenartigem Denken erledigen, sondern erfordert eine ständige Bereitschaft zur Filterung und Vorerkennung von problematischen Zusammenhängen oder Stoffanwendungen. Erst danach kann im Bestreben um eine konsequente Bauschadensvermeidung die gezielte Suche nach gekonnten Lösungen in ausführlichen Tabellen und zu exakten Materialangaben oder sogar speziell herangezogenen Produktdaten einzelner Hersteller erfolgen.

Es handelt sich somit um eine übergeordnete Thematik, welche vom Verständnis grundlegend vorgehalten werden muss, um im Erkennungsfall mit besonderem Problembewusstsein und gezielt auf exaktere Ermittlungen und Materialkriterien zurückgreifen zu können.

2 Ursachenbereich „Feuchtigkeit"

Dem Problemkreis Feuchtigkeit kommt im Bauwesen schon seit jeher eine erhöhte Bedeutung zu, was sich in der jüngeren Vergangenheit durch ein allgemeines Bestreben um besonders kurze Bauzeiten zusätzlich verstärkt. Die inzwischen geradezu zum Maßstab von Bauleistungsfähigkeit gewordene Herabsetzung von Zeitbedarf zwischen Bau- und Nutzungsbeginn ist dabei meist ohne Veränderungen im Trocknungs- oder Baustoffverhalten erfolgt.

Grundsätzlich kann bei Baustoffen durch völlig unterschiedliche Vorgänge eine erhöhte oder veränderliche Feuchtesituation vorliegen.

Tafel 1.37: Einflussfaktoren auf Baustofffeuchten im Bauzustand und bei Nutzungsbeginn

- Überschusswasser aus der Baustoffherstellung/-gewinnung
- Planmäßige Vor- oder Nachbehandlung mit Wasser
- Aufnahme von Bodenfeuchte
- Bewitterung in der Bauphase
- Aufnahme der im Neubau noch erhöhten Luftfeuchte
- Wassereinsatz bei Reinigungsmaßnahmen
- Tauwasserbildung im ersten Winter durch noch zu hohe Feuchtewerte
- Besondere Vorkommnisse (Rohrbruch, Undichtigkeiten usw.)

In Abhängigkeit von der im Bauwerk noch bestehenden Abgabemöglichkeit des Wassers ergeben sich aus den Feuchtezusammenhängen und der Dampfdiffusion sehr unterschiedliche Transportvorgänge. Durch danach erst entstehende Austrocknungen kann schließlich eine zum Teil beträchtliche Schwindung bei hierfür anfälligen Baustoffen eintreten.

Während im Bauwesen Güteklassifizierungen von Baumaterialien anhand von Festigkeits- oder Wärmedämmeigenschaften o. Ä. allgemein geläufig sind, bleibt das abrufbare Wissen um den Themenbereich Baustofffeuchte meist verhältnismäßig gering, obwohl die daraus erwachsenden Schadenszusammenhänge für Bauteile und Bauwerke von erheblicher Bedeutung sein können.

2.1 Schwinden

Unter Schwindung von Baustoffen ist eine mit der Austrocknung von Baumaterialien verbundene Volumenverringerung zu verstehen, welche durch gute Trocknungsbedingungen wie erhöhte Umgebungstemperaturen, Sonneneinstrahlung, Wind oder in Bauwerken bei mit der Nutzung eintretender Beheizung ganz erheblich beschleunigt oder verstärkt werden kann. Bei größeren Bauteildicken und/oder nur einseitig möglichen bzw. verringert gegebenen Trocknungsbedingungen kann dieses Problem allerdings über mehrere Jahre andauern und bezogen auf die Auswirkungen für das Bauteil sehr ungleich verlaufen.

Problematisch wird es vorrangig dann, wenn die zwangartig auftretende Verformung infolge fester Anbindung der betroffenen Bauwerksbereiche oder Bauteile durch unverschiebliche Lagerung oder Verbund mit benachbarten Konstruktionselementen behindert wird. Die dann auftretenden Zugspannungen überschreiten häufig die beim Material bis dahin erreichten Zugfestigkeiten und führen so zu Rissbildungen (häufig bei Beton, Estrich, Putz, Mauerwerk). Dies wiederum macht nicht selten Rissverfüllungen notwendig, weil zum Beispiel die Tragfähigkeit, Dichtigkeit oder die Dauerhaftigkeit des Bauteils gefährdet ist.

Die nachfolgende Tafel enthält Wertstellungen für die Schwindverformung unterschiedlicher Baustoffe und liefert somit einen Anhalt für das infolge Schwindung bestehende Gefährdungspotenzial.

Tafel 1.38: Schwindverkürzung verschiedener Baustoffe

Werkstoff	Baustoff	Schwindverkürzung mm/m
Mit mineral. Bindemitteln gebundene Stoffe	Normalbeton noch plastisch	0,5 – 3,0
	Normalbeton erhärtet	0,1 – 0,8
	Zementmörtel	1 – 2
Naturstein	Lehmbaustoffe	10 - 50
	Granit, Basalt, Kalkstein dicht	um 0,1
	Sandstein	0,3 – 0,7
Holz (unterhalb der Fasersättigung)	Vollholz, in Faserrichtung	4
	Vollholz, tangential	80
	Vollholz, radial	40
Mauersteine	Mauerziegel	0
	Kalksandsteine	0,2
	Porenbetonsteine	0,2

Für einige der häufig im Bauwesen verwendeten Stoffe liegen bezogen auf die Einschätzung der Schwindwirkung in Verbindung mit bestimmten Gegebenheiten auch Bewertungshilfen vor.

2.2 Dampfdiffusion

Beim aus der Bauphysik hinreichend bekannten Vorgang der Dampfdiffusion durchdringt Wasserdampf planmäßig und berechenbar Baustoffschichten und ganze Bauteilkonstruktionen. In Abhängigkeit von der Durchlässigkeitswirkung der hierbei durchwanderten Baumaterialien ergeben sich dabei unterschiedliche Sperrwirkungen, welche bautechnisch durch die Wasserdampfdiffusionswiderstandszahl μ eines Stoffs beschrieben werden.

In der Baupraxis zeigt sich jedoch ein für dieses wichtige Bewertungskriterium auch bei langjährig tätigen Baubeteiligten nur geringfügig ausgeprägtes Einschätzungsgefühl. Die Hintergründe für diesen (anders als bei Baustoffeigenschaften wie Rohdichte, Druckfestigkeit, Wärmedurchlässigkeit) vermehrt auftretenden Missstand sind vorrangig in den nachfolgenden Zusammenhängen zu sehen.

a) Die Bewertung des Dampfdiffusionsproblems erfolgt typischerweise formalistisch.

b) Selbst die formale Abhandlung der erforderlichen Nachweise wird überwiegend durch den Einsatz von Rechenprogrammen und dabei auch noch einmalig und auf wenige Beteiligte reduziert erledigt.

c) Die Wertstellungen der Wasserdampfdiffusionswiderstandszahlen umfassen selbst in Zehnerpotenzen ausgedrückt ein ganz erhebliches Spektrum und erschweren damit bei der insgesamt auch noch enorm gewachsenen Vielfalt von Bauprodukten die Entwicklung eines abrufbaren Praxisgefühls.

d) Die eigentliche Sperrwirkung für den Wasserdampfstrom ergibt sich erst durch Multiplikation der Dampfdiffusionswiderstandszahl μ mit der Schichtdicke des Stoffes, wodurch sich nochmals Zehnerpotenzen erreichende Unterschiede ergeben können.

Unter Berücksichtigung der vorstehend aufgeführten Zusammenhänge wird als Ansatz für eine bessere Vorstellbarkeit der tatsächlichen Sperrwirkung einer Baustoffschicht innerhalb von Bauteilkonstruktionen zu einer nutzerbezogenen Datenaufbereitung geraten.

Ursachenbereich „Feuchtigkeit"

Tafel 1.39: Dampfdiffusionswiderstand bei praxisüblichen Schichtdicken von Baustoffen

Werkstoff	Baustoff	Dampfdiffusionswiderstandszahl μ	Bautypisches Dickenbeispiel der Schicht mm	Schichtdickenbezogener Dampfdiffusionswiderstand m
Luft	„Luftschicht"	1	120	0,12
Mit mineral. Bindemitteln gebunden	Beton	60 – 150	300	18 – 45
	Kalk-, Zementmörtel	15 – 35	15	0,225 – 0,525
	Gipsmörtel	ca. 10	15	ca. 0,15
	Anhydritestrich	15 – 20	60	0,90 – 1,20
	Sanierputz	Soll < 12	20	< 0,24
Naturstein	Lehmbaustoffe	5 – 10	150	0,75 – 1,50
	Granit, Basalt, Marmor	ca. 10.000	30	ca. 300
	Sandstein, weicher Kalkstein	30 – 40	30	0,90 – 1,20
	Kalkstein	150 – 200	30	4,50 – 6,00
Holzbaustoffe	Vollholz	20 – 100	100	2,00 – 10,00
	Spanplatte	10 – 50	20	0,20 – 1,00
	Sperrholz	50 – 250	20	1,00 – 5,00
Mauerwerk	Mauerziegel	5 – 10	240	1,20 – 2,40
	Klinker KMz	50 – 100	115	5,75 – 11,50
	Kalksandstein	5 – 10	240	1,20 – 2,40
	Kalksandstein-Verbl.	15 - 25	115	1,725 – 2,875
	Porenbetonstein	5 – 10	300	1,50 – 3,00
Anstriche, Beschichtungen	Innenfarbe waschfest	100 – 500	0,10	0,01 – 0,05
	Disp.-Fassadenfarbe	1.000 – 3.000	0,15	0,15 – 0,45
	Epoxydharz	ca. 30.000	3	ca. 90
	Acrylharz	ca. 15.000	0,25	ca. 3,75
	Polyurethan	ca. 50.000	3	ca. 150
	Kunstharzputz	50 – 200	3	0,15 – 0,60
Dämmstoffe	mineral./pflanzlich	1 – 10	100	0,10 – 1,00
	Kunststoffe	1 – 300	100	0,10 – 30
	Schaumglas	praktisch dicht	100	praktisch dicht
Sonstige Stoffe	Glas, glasierte Fliesen	praktisch dicht	6	praktisch dicht
	Bitumenbahnen	2.000 – 80.000	6	12 – 480
	Kunststoffbahnen	> 10.000	1,5	> 15
	Linoleum	800 – 1.000	3	2,40 – 3,00

Die mit der vorausgehenden Tafel aufgezeigte Aufstellung und Aufbereitung von Daten ist für Baubeteiligte im PC mit wenig Aufwand möglich und im Laufe weniger Bauvorhaben unternehmensbezogen bereits sehr brauchbar aufgebaut sowie jederzeit einfach ergänzbar und sogar mit Produktangaben zu versehen.

Für planerische Ansätze wird damit die tatsächliche Sperrwirkung einer typischen Baustoffschicht wesentlich transparenter und auch überschlägliche Umrechnungen im Hinblick auf andere Schichtdicken bzw. abweichende Wasserdampfdiffusionswiderstandszahlen einfach möglich. Außerdem ergibt sich gerade bei Anstrichstoffen erst mit dem Schichtdickenbezug die in der folgenden Tafel vorgestellte Bewertbarkeit.

Tafel 1.40a: Einteilung der Wasserdampfdurchlässigkeit von Anstrichen [Stark 97]

Klasse	Diffusionswiderstand s_d bei $s = 200 \cdot 10^{-6}$ m	Einstufung als	Zuordnung der Anstriche
I	< 0,1 m	mikroporös, wasserdampfdurchlässig	Silikonharze, Kalkanstriche, Zementschlämme
II	0,1 – 0,5 m	wasserdampfdurchlässig	Dispersionssilikatfarben, Polymerisatharze
III	0,5 – 2,0 m	wasserdampfbremsend	Dispersionen, Polymerisatharze
IV	> 2,0 m	wasserdampfdicht	gas- und wasserdampfdichte Anstriche, Betonsanierungssysteme

Im Zusammenhang mit dem Vorgang der Dampfdiffusion und insbesondere mit Blick auf die Vermeidung von Bauschäden muss ganz besonders auch auf die nachträglich möglichen Verringerungen des Dampfdurchganges hingewiesen werden.

Die nachstehende Tafel stellt exemplarisch verschiedene bautypische Situationen mit möglicherweise erheblichem Einfluss auf das Dampfdiffusionsverhalten von Stoffen vor und gibt dabei auch Hinweise auf zu erwartende Schädigungen.

Tafel 1.40b: Beispiele für nachträgliche Veränderungen der Dampfdiffusionsmöglichkeit von Bauteilen und dadurch mögliche Schädigungen

Oberflächenveränderung	Schädigende Wirkung
Flächige Oberflächenverdichtung von nicht hinterlüfteten Natursteinfassaden durch zunehmend dichte Verkrustungen aus Schmutz, Ruß usw.	Gerade bei sonst sehr offenporigen Natursteinen wie zum Beispiel bei Sandsteinen können derartige Verkrustungen so maßgeblich werden, dass es bei Dampfdiffusion zu allmählichen Stauwirkungen mit Druckaufbau und Gefahr von Frostabsprengungen im Winter kommt.
Nachträgliche Oberflächenbehandlung von Außenfassaden (aus Naturstein- oder Verblendmauerwerk bzw. Putz) zur Gestaltung, Abdichtung oder Verfestigung	Bei nicht ausreichender Abstimmung des aufzubringenden Materials bezüglich des Saugverhaltens der bisherigen Fassadenoberfläche bzw. hinsichtlich Auftragsmenge oder Schichtfolge der Behandlung kann es ebenfalls zu den vorgenannten Erscheinungen kommen.
Aufbringung von weiteren Folgeanstrichen auf Fassaden ohne Entfernung oder Öffnung der Altanstriche	Diese häufig wiederkehrende Bauaufgabe erfordert stets die Frage nach einer bei Folgeanstrichen noch ausreichend vorhandenen Diffusionsoffenheit, da sonst Blasenbildungen, Anstrichablösungen oder Frostabsprengungen nach Wasserstau die Folge sind.

Ursachenbereich „Feuchtigkeit"

Fortsetzung Tafel 1.40b

Beschichtung oder dampfdichte Belegung von erdberührten Sohlen	Bei noch in großer Menge vorhandener Feuchtigkeit oder gar dauerhaft anzunehmender Zuführung derselben besteht die Gefahr eines sich stationär einstellenden Wasserdampfdurchganges in Richtung der Sohlenoberfläche und damit ein möglicherweise ganz erhebliches Dampfdruckproblem mit entsprechenden Ablösungsschäden an Belägen oder Beschichtungen. Bei Anwesenheit von organischen Schichten (zum Beispiel Kunstharzkleber unter Bahnenware) können außerdem Fäulnis- und Zersetzungserscheinungen eintreten.
Nachträgliche Verblendung mit dichter oder glasierter Keramik	Besonders bei nicht hinterlüfteten Außenfassaden kann es hierdurch nach flächiger Aufbringung zu einer erheblichen Sperrwirkung mit den bereits geschilderten Schadensfolgen kommen.

2.3 Wasseraufnahme

Die Wasseraufnahme eines Baustoffs hängt vorrangig von seiner Porenstruktur ab. Hierbei ist jedoch nicht nur entscheidend wie viel Porenraum zur Verfügung steht, sondern insbesondere auch, ob es sich um ein zusammenhängendes Porensystem handelt. In Abhängigkeit von diesen Voraussetzungen nehmen Baustoffe im Bauzustand oder auch wiederkehrend entsprechend der Bauteilnutzung (Beregnung, Reinigung o. Ä.) angebotene Feuchtigkeit allgemein mehr oder weniger rasch bis zur vollständigen Sättigung auf.

2.3.1 Kapillare Wasseraufnahme

Die kapillare Wasseraufnahme kann in Abhängigkeit von Baustoffart, Vergleichbarkeit der Ausgangsstoffe oder Gleichmäßigkeit im Herstellprozess nicht unerheblich variieren. Die nachfolgende Tabelle soll einen Eindruck von der Unterschiedlichkeit einiger Baustoffe im Hinblick auf die Wasseraufnahmefähigkeit gesamt und auch mit zeitlichem Bezug der Wasseraufnahme vermitteln.

Tafel 1.41: Wasseraufnahme einiger Baustoffe (unter Atmosphärendruck)

Werkstoff	Baustoff	Wasseraufnahme Gew.-%	Wasseraufnahme-koeffizient $kg/m^2h^{0,5}$
mit mineral. Bindemitteln gebundene Stoffe	Beton	3 – 10	1 – 2
	Zementmörtel	5 – 15	2
	Kalkputz	25	< 25
	Gipsmörtel	40	< 30
Mauerwerk	Mauerziegel	15 – 22	20 – 30
	Klinker KMz	9 – 10	2 – 5
	Kalksandstein		4 – 8
	Porenbeton	> 40 möglich	Ca. 5

1.41

Fortsetzung Tafel 1.41

Naturstein	Lehmbaustoffe		30
	Sandstein	0,2 – 9	
	Kalkstein dicht (sonst)	0,2 – 0,6 (bis 10)	
	Granit	0,2 – 0,5	
Holz	Heimisches Vollholz	ca. 30 (bis Fasersättigung)	1 – 3
Dämmstoffe	Polystyrolschaum EPS		3
	Polystyrolschaum XPS		< 1
	PUR-Schaum		< 1
	Schaumglas	praktisch 0	praktisch 0

Wie von der nur allmählich oder aber mit sehr aufwändigen Trocknungsmaßnahmen möglichen Bauentfeuchtung bekannt ist, geben Baustoffe die oft bereits in wenigen Stunden oder Tagen mit erheblicher Sättigungswirkung aufgenommenen Wassermengen häufig nur sehr langsam wieder an die Umgebung ab. Trocknungsvorgänge laufen dabei nicht selten über Wochen und Monate. Gerade bei in Neubauten noch erhöht vorhandenem Feuchteniveau der Umgebung kann sich der Trocknungsprozess auch über Jahre hinziehen.

2.3.2 Gleichgewichtsfeuchte

Die Hinweise zur kapillaren Wasseraufnahme haben bereits verdeutlicht, dass der Feuchtehaushalt von Baustoffen vom jeweils vorhandenen Wasserangebot abhängt. Auch ohne ein Vorhandensein von tropfenförmigem Wasser nehmen Baustoffe das Wasser aus der Luftfeuchte auf und passen sich somit den Verhältnissen der Umgebung an. Diese Anpassung des Baustofffeuchtegehaltes wird Gleichgewichtsfeuchte oder Ausgleichsfeuchte genannt und im weiteren Sprachgebrauch oft auch als so genannte Haushaltsfeuchte bezeichnet.

Durch diese sachliche Eingrenzung von Vorgang und Abhängigkeiten wird deutlich, dass bei wechselnden Feuchtegehalten der Luft ein ständiges Anpassungsbestreben besteht, wobei mit der Umgebungstemperatur eine weitere Beeinflussungsgröße vorhanden ist.

Die nachfolgende Tabelle verdeutlicht die erhebliche Bandbreite von Ausgleichsfeuchtewerten unterschiedlicher Baustoffe bei gleichartigen Umgebungsbedingungen.

Tafel 1.42: Ausgleichsfeuchte einiger Baustoffe bei 20 °C, nach DIN 4108 alt (da aussagefähiger)

Baustoff	Wassergehalt in Vol.-% bei rel. Luftfeuchte [%]				
	60	70	90	97	100
Mauerziegel	0,2 ... 1,0	0,2 ...1,0	0,2 ...1,0	0,5 ... 2,3	0,6 ... 4,0
zement- u. kalkgeb. Steine	0,6 ... 9,0	0,7 ... 9,0	1,0 ... 12	1,3 ... 13	2,0 ... 13
Normalbeton Leichtbeton Porenbeton	1,2 ... 1,6 1,0 ... 5,5 1,8 ... 2,0	1,5 ... 1,8 1,2 ... 6,0 2,2 ... 3,0	1,7 ... 2,0 2,0 ... 8,0 3,0 ... 5,0	2,5 ... 3,0 4,0 ... 11	3,0 ... 4,0
Holz (Mittelwert)	3,5 ... 11	4,0 ... 15	6,5 ... 20	7,5 ... 25	12 ... 35
organische Dämmstoffe	1,0 ... 17		2,0 ... 28	2,3 ... 55	9,0 ... 55

2.4 Feuchtemessung

Die Feuchtemessung von Baustoffen erfolgt im Bauwesen überwiegend durch die drei nachfolgend aufgelisteten Verfahrensweisen.

- Darrprüfung (durch Trocknung)
- CM-Gerät (Calciumcarbid-Methode)
- Messungen nach elektrischen Verfahren (Vielzahl von Einzelmethoden vorhanden!)

Der Beurteilung von Feuchtegehalten kommt bei der Einschätzung von Bauzuständen im Hinblick auf die Belegreife oder noch zu erwartende Verformungen eine erhebliche Bedeutung zu. In der Baupraxis werden diese Überprüfungen trotz der allgemein sehr einfachen Durchführbarkeit jedoch oft gänzlich unterlassen oder aber auch beim Vorhandensein von Messwerten falsch interpretiert. Der Hauptgrund für Fehlinterpretationen von Messergebnissen ist in der fehlenden Vergleichbarkeit von Prüfaussagen der oben genannten Messverfahren begründet, was auf den in der nachfolgenden Tabelle vorgestellten Hintergründen beruht.

Tafel 1.43: Hinweise zu Feuchtemessverfahren

Darr-prüfung	Materialtrocknung über 100 °C zum Verdampfen des gesamten Feuchtegehaltes einschließlich der enthaltenen Kernfeuchte. Dadurch ergeben sich allgemein erhöhte Feuchtewerte. Außerdem wird bei Baustoffen mit Kristallwasserbindung (Gips, Anhydrit) eine fehlerhafte Wertstellung ermittelt.
CM-Prüfung	Da die Carbid-Methode auf dem Prinzip einer chemischen Reaktion mit dem angetroffenen Wasser basiert und diese Reaktion lediglich mit dem an der Oberfläche oder in oberflächennahen Poren vorhandenen Wasser erfolgt, verändert sich der Messwert in Abhängigkeit vom Zerkleinerungsgrad und von der Porigkeit des Materials. Demnach liegen allgemein gegenüber dem vorgenannten Darrverfahren etwa um die Kernfeuchte verkleinerte Messwerte vor. Fälschlicherweise wird häufig auch nur der direkt abgelesene Tabellenwert ohne Umrechnung auf das noch vorliegende Trockengewicht der Probe angegeben.
Elektrische Verfahren	Da diese Verfahren physikalischen Gesetzmäßigkeiten folgen und hieraus eine Annahme zum vorhandenen Feuchtegehalt des Materials treffen, steht die Korrektheit der Feuchtegehaltsangabe stets in einem enormen Zusammenhang mit der Geräte-Kalibrierung auf den jeweils vorliegenden Baustoff. Gerade bei aus unterschiedlichen Komponenten zusammengesetzten Materialien (zum Beispiel Beton, Estrich, Mörtel, Putz und verschiedenen künstlichen Steinen) muss selbst bei gleichartigem Ausgangsmaterial durch die unterschiedlichen Zusammensetzungen bereits mit nennenswerten Messwertveränderungen gerechnet werden. Wegen der einfachen Handhabbarkeit und des geringen Aufwands derartiger Messungen eignet sich dieser Gerätetyp jedoch auch ohne eine Kalibrierung hervorragend für schnelle Vergleichsmessungen und damit feststellbare Feuchteunterschiede zu prüfender Bauteile (hierdurch sind dann auch gezielt Stellenfestlegungen für Probenahmen und Auswertungen nach den beiden vorausgehenden Messverfahren möglich). Vorsicht ist allerdings auch hier bei Widerstandsmessungen und Versalzungen (Elektrolyte!) von Stoffen geboten.

Zur Vermeidung von Fehleinschätzungen wird folgende Vorgehensweise bei der Angabe von Messergebnissen empfohlen:

- Gew.-% bei Bestimmung durch Darrprüfung
- CM-% bei Bestimmung durch CM-Prüfung
- Skalenteile und Geräteinstellung bei elektrischen Verfahren

3 Ursachenbereich „Frostangriff"

3.1 Frostbeständigkeit von Baustoffen

Bekanntermaßen dehnt sich gefrierendes Wasser aus und kann dabei einen nicht unerheblichen Sprengdruck erzeugen. Folglich kann deshalb vereinfacht der Annahme gefolgt werden, dass Baustoffe mit einem hohen Anteil an wasserzugänglichen Poren frostgefährdeter sind als dichte Baustoffe. Als besonderes Naturbeispiel kann hierzu auf unsere heimischen Bäume verwiesen werden, welche genau aus diesem Grund hinsichtlich ihres Wasserhaushaltes für den Winter „außer Betrieb" gehen, um sich nicht durch Frost sprengen zu lassen (Bäume aus wärmeren Gebieten leiten diesen Vorgang nicht ein und müssen geschützt werden). Dennoch in Ausnahmefällen an Nutzholz erkennbare Frostrisse führen bereits beim Einschlag oder im Sägewerk zur Aussortierung der betroffenen Stammteile.

Bei Festbaustoffen wird die versuchstechnisch nachweisbare Wasseraufnahmefähigkeit aus gleichem Grund häufiger zur Beurteilung der Beständigkeitsaussage gegenüber Frostangriff herangezogen (zum Beispiel bei Fliesen für den Außenbereich).

Demnach ist vom Planer vor einem Baustoffeinsatz stets abzuschätzen, ob Baumaterialien innerhalb der Anwendung auch stärkeren Durchfeuchtungen ausgesetzt sind und in diesem Zustand auch Frosteinwirkungen unterliegen.

Ein echter Nachweis der Frostbeständigkeit wird dagegen nur für Baustoffanwendungen geführt, deren Nutzung eine derartige Kombination unweigerlich vorbestimmt. Demgegenüber erfüllen aus gleichartigen Ausgangsmaterialien hergestellte Baustoffe mit einer Bestimmung für andere Einsatzgebiete häufig weder den Anspruch auf Frostbeständigkeit noch werden sie auf einen solchen hin überprüft. Die nachfolgende Tafel gibt einen Überblick zu derartigen Frostbeständigkeitsunterscheidungen in Abhängigkeit vom Anwendungsgebiet.

Tafel 1.44: Unterschiede der Frostbeständigkeit von ausgewählten Baustoffen

Baustoff	Nachweis der Frostbeständigkeit gesichert	Nachweis der Frostbeständigkeit nicht geführt
Steine aus Porenbeton	-	Stets
Mauerziegel	Klinker und Vormauersteine	alle außer Angaben mittlere Spalte
Kalksandstein	Verblender und Vormauersteine	alle außer Angaben mittlere Spalte
Dachziegel und Betondachsteine	stets	-
Spaltplatten	stets	-
Fliesen	mit Nachweis für Außenverwend.	für Innenraumfliesen
Bodenklinkerplatten	stets	-
Beton	nur bei besonderer Zusammensetzung	alle außer Angaben mittlere Spalte
Estrich	nur bei besonderem Nachweis	für Innenraumestriche
Gesteinskörnung (für Beton o. Ä.)	nach Einzelnachweis	alle außer Angaben mittlere Spalte
Naturstein	bei sehr geringer Wasseraufnahme bzw. nach Frostprüfung	alle außer Angaben mittlere Spalte

Ursachenbereich „Frostangriff"

Einen anschaulichen Eindruck von der Vielschichtigkeit innerhalb der Einschätzung und Behandlung der Frostproblematik liefert die folgende Zusammenstellung mit dem im Bereich von Betonanwendungen notwendigen Festlegungsbedarf bei Frostangriff.

Tafel 1.45: Expositionsbedingungen und Anforderungen an die Zusammensetzung von Beton gemäß DIN 1045-2 (August 2008) bei Frostangriff

Klassen-bezeichnung	Beschreibung der Umgebung	Beispiele für die Zuordnung von Expositionsklassen (informativ)
XF1	mäßige Wassersättigung, ohne Taumittel	Außenbauteile
XF2	mäßige Wassersättigung, mit Taumittel	Bauteile im Sprühnebel- und Spritzwasserbereich von taumittelbehandelten Verkehrsflächen, soweit nicht XF4; Bauteile im Sprühnebelbereich von Meerwasser
XF3	hohe Wassersättigung, ohne Taumittel	offene Wasserbehälter; Bauteile in der Wasserwechselzone von Süßwasser
XF4	hohe Wassersättigung, mit Taumittel	Verkehrsflächen, die mit Taumittel behandelt werden; überwiegend horizontale Bauteile im Spritzwasserbereich von taumittelbehandelten Verkehrsflächen; Räumerlaufbahnen von Kläranlagen

Expositionsklassen	XF1	XF2		XF3	XF4	
Höchstzulässiger w/z	0,60	$0,55^g$	$0,50^g$	0,55	0,50	$0,50^g$
Mindestdruck-festigkeitsklasse^b	C25/30	C25/30	$C35/45^e$	C25/30	$C35/45^e$	C30/37
Mindestzementgehalt kg/m³	280	300	320	300	320	320
Mindestzementgehalt bei Anrechnung von Zusatzstoffen in kg/m³	270	270^g	270^g	270	270	270^g
Mindest-Luftgehalt in %	-	f	-	f	-	f, j
Andere Anforderungen	Gesteinskörnungen für die Expositionsklassen XF1 bis XF4					
	F_4	MS_{25}		F_2		MS_{18}

b Gilt nicht für Leichtbeton.
e Bei langsam und sehr langsam erhärtenden Betonen (r < 0,30) eine Festigkeitsklasse niedriger. Die Druckfestigkeit zur Einteilung in die geforderte Druckfestigkeitsklasse ist auch in diesem Fall an Probekörpern im Alter von 28 Tagen zu bestimmen.
f Der mittlere Luftgehalt im Frischbeton unmittelbar vor dem Einbau muss bei einem Größtkorn der Gesteinskörnung von 8 mm ≥ 5,5 % (Volumenanteil), 16 mm ≥ 4,5 % (Volumenanteil), 32 mm ≥ 4,0 % (Volumenanteil) und 63 mm ≥ 3,5 % (Volumenanteil) betragen.
Einzelwerte dürfen diese Anforderungen um höchstens 0,5 % (Volumenanteil) unterschreiten.
g Die Anrechnung auf den Mindestzementgehalt und den Wasserzementwert ist nur bei Verwendung von Flugasche zulässig. Weitere Zusatzstoffe des Typs II dürfen zugesetzt, aber nicht auf den Zementgehalt oder den w/z angerechnet werden. Bei gleichzeitiger Zugabe von Flugasche und Silikastaub ist eine Anrechnung auch für die Flugasche ausgeschlossen.
j Erdfeuchter Beton mit w/z ≤ 0,40 darf ohne Luftporen hergestellt werden.

3.2 Einflussfaktoren und Formen der Schädigung

Die Ausgeprägtheit von Befrostungsschäden hängt von einer ganzen Reihe von Einflussfaktoren ab, welche nachfolgend aufgelistet werden.

- Durchfeuchtungsgrad eines grundsätzlich frostgefährdeten Baustoffs
- Noch bestehender Ausweichraum im Material bei entstehendem Eisdruck
- Hohe Geschwindigkeit des Einfriervorgangs
- Häufigkeit von Frost-Tauwechseln
- Schnell ablaufende Auftauvorgänge
- Gleichzeitiger Einsatz von Auftaumitteln

Die auftretenden Schädigungsformen reichen in Abhängigkeit vom Mangel an Frostbeständigkeit des befrosteten Materials, den vorstehenden Beeinflussungskriterien und auch Konstruktionsbedingungen von Abmehlungserscheinungen über kleinformatige Oberflächenabsprengungen bis hin zu schollenartigen Abscherbelungen von Oberflächenbereichen und Ablösungen ganzer Schalen (insbesondere bei rückwärtiger Durchfeuchtung und Vorhandensein dichter Oberflächen).

3.3 Kombination mit Tausalzen

Kommt bei einem Frostangriff auf Bauteile oder Bauwerksoberflächen gleichzeitig auch noch ein Einsatz von Auftaumitteln hinzu, dann entsteht eine erhöhte Gefährdung, weil sich zusätzlich ein Kälteschock ergibt. Der dabei für den Auftauvorgang von Eis benötigte Energiegewinn wird aus der Umgebung und damit besonders auch aus dem bereits gefroren vorliegenden Bauteilbereich gezogen, wodurch es in sehr kurzer Zeit zu einer noch weiteren Temperaturabsenkung im oberflächennahen Bereich und einer wesentlichen Erhöhung der Gefahr von Oberflächenschäden kommt.

Die Schädigungsgefahr nimmt auch überall dort gegenüber einer reinen Befrostung im stark durchfeuchteten Zustand erheblich zu, wo häufig wiederkehrend rasche Auftauvorgänge vorgenommen werden. Die Angaben der Tafel 8.59 aus der Betonnormung verdeutlichen die konsequente Umsetzung von erhöhten Materialanforderungen bei Taumitteleinsatz durch die Vorgabe von schärferen Grenzwertanforderungen bei der Betonzusammensetzung.

Während bei für den Außeneinsatz geeigneten Fliesen und den typischerweise in Bereichen mit Taumitteleinsatz verwendeten Natursteinplatten an Eingangssituationen, Außentreppen und verkehrswegnahen Sockelbereichen über geringe Wasseraufnahmewerte auch eine geringe Gefährdung gegenüber Frost und Auftaumitteln gegeben ist, muss für andere Baustoffe und Bauteiloberflächen im Erfassungsbereich von Tausalzeinsätzen zu bewussterer Planung und eindeutiger Klärung geraten werden. Dies gilt insbesondere für saugfähige Baustoffe, da sich bei Taumittelaufnahme und anschließender Trocknung häufig zusätzlich unerwünschte Ausblüherscheinungen ergeben können. Bei der Bildung von Ausblühprodukten im oberflächennahen Bereich können sich auch Kristallisationsdrücke ergeben, welche ebenfalls zur allmählichen Schädigung der Oberflächen beitragen.

4 Ursachenbereich „Chemischer Angriff"

Baustoffe setzen sich ausnahmslos aus chemischen Elementen zusammen, welche auch in der Erdkruste zur Verfügung stehen. Auch bei unseren künstlich hergestellten Baustoffen erzeugen wir im Herstellprozess gewollte oder durch die Behandlung entstehende Veränderungen innerhalb der chemischen Zusammensetzung (zum Beispiel durch Brennen, Schmelzen, Hydratation, Kontaktreaktion usw.).

Allgemein steht dabei das Bestreben im Vordergrund, die Eigenschaften von Baumaterialien und damit fast immer auch die Dauerhaftigkeit möglichst günstig zu beeinflussen.

Ursachenbereich „Chemischer Angriff"

Bei dieser selbstverständlichen Vorstellung wird manchmal vernachlässigt, dass Baustoffe auch weiterhin chemische Verbindungen darstellen, welche noch immer das Bestreben besitzen, mit anderen Stoffen oder Stoffbestandteilen in Kontakt zu kommen und mit diesen zu reagieren (zum Beispiel Korrosion von Metallen und Carbonatisierung von Beton). Da durch diese meist ungewollten Reaktionen die ursprünglichen Baustoffeigenschaften zum Teil ganz erheblich verändert oder sogar völlig aufgehoben werden, ist eine Berücksichtigung von möglichen Kontaktierungen mit Veränderungskonsequenz innerhalb der Bauplanung und Baustoffauswahl von erheblicher Bedeutung.

In der Praxis wird eine Belastung durch chemischen Angriff häufig nur in Verbindung mit dem Grundbegriff „Chemie" für danach sofort erkennbare Benutzungssituationen von Baustoffen einbezogen (zum Beispiel Industrie-Gebäude oder -Fußböden, Medizintechnik, Kläranlagen, Abfallentsorgung usw.). Nachdem aber gerade unsere Baustoffentwicklungen in den letzten Jahrzehnten rasant zugenommen haben und somit zu einer nicht immer sofort erkennbaren bzw. vom Ausbildungswissen erfassten Vielfalt oder Erweiterung der chemischen Zusammensetzung unserer Baustoffe geführt haben, ist eine Sensibilisierung für derartige Zusammenhänge und ein noch konsequenteres Einhalten oder Hinterfragen von Anwendungsvorgaben für Bauprodukte zur Vermeidung von späteren Schädigungszuständen wichtiger denn je.

Bevor zur Verdeutlichung von Angriffssituationen auf verschiedene Herkunftsbereiche eingegangen wird, zeigt die nachfolgende Aufstellung wesentliche Grundvoraussetzungen und Beeinflussungsgrößen für chemische Veränderungen von Baustoffen.

Tafel 1.47a: Voraussetzungen für die chemische Angreifbarkeit von Baustoffen

- Chemische Zusammensetzung des Baustoffs lässt Angreifbarkeiten erkennen (zum Beispiel eine kalkige Bindung des Materials).
- Anteil der gefährdeten Bestandteile im Baustoff ist mengenmäßig hoch.
- Dichtigkeit der Oberfläche/des Bauteils gegen Eindringen des Angriffsmediums/ Reaktionspartners ist nicht besonders hoch einzuschätzen
- Konzentration und/oder Dauer des Angriffs sind groß.
- Feuchtezustand des Baustoffs zur Zeit des Angriffs bzw. der Reaktion lässt Angriff zu oder begünstigt ihn sogar.
- Temperaturbedingungen während der Fremdbeaufschlagung/Reaktion sind hoch und wirken damit beschleunigend.
- Die Reaktionspartner sind kontaktiert im Baustoff oder in der Bauweise enthalten.

Bauteile oder Baustoffe werden innerhalb ihrer Verwendung häufiger unvermeidbar oder auch planmäßig chemischen Angriffen oder unverträglichen Kontakten ausgesetzt. Da beim Planer oder Nutzer nicht immer ein Bewusstsein für das Erkennen oder die Tragweite entsprechender Risiken vorliegt, können sich sowohl sehr rasch ausgeprägte als auch allmählich über längere Zeiträume entwickelnde Schadenszustände ergeben.

Innerhalb dieses zur Sensibilisierung bezüglich Bauschadensvermeidungen dienenden Abschnitts wird bei der großen Vielfalt chemischer Angreifbarkeiten unterschiedlichster Baustoffe nicht angestrebt, Schadensmechanismen zu erörtern oder ein möglichst vollständiges Bild zur Angriffsvielfalt zu liefern.

Als sehr gute Zielorientierung innerhalb dieses für Baubeteiligte im Allgemeinen nur bedingt abrufbaren Sachgebiets sind einleitend zunächst stets die nachfolgenden Fragen zu stellen.

Tafel 1.47b: Grundsätzliche Fragen zu chemischen Angriffen im Rahmen von Planungsfestlegungen

1. Ergeben sich aus Lage, Nutzung, Umgebung oder durch außergewöhnliche (aber absehbare) Ereignisse chemisch wirkende Risiken für Baustoffe oder Bauteile?

2. Auf welche chemischen Risiken würden die innerhalb der Planung vorgesehenen oder ausgewählten Baustoffe, Bauteile oder Bauweisen schadensträchtig reagieren?

3. Existieren bei aus den Fragen 1 und 2 erkannten Risiken gegebenenfalls sogar völlig unproblematische Ausweichlösungen oder etwa einfache aber zwingend erforderliche Sicherheitsvorkehrungen?

Die konsequente Abarbeitung dieses einfach wirkenden Fragenpaketes erfordert jedoch einige Grundinformationen, welche durch die nachfolgenden Vorstellungen von gängigen Angriffsrisiken in komprimierter Form aufgezeigt werden sollen.

4.1 Wasser, Boden, Luft

Wie bereits im einleitenden Teil zu diesem Kapitel angedeutet, befindet sich eine große Vielzahl von chemischen Reaktionspartnern für unsere Baustoffe durch Wasser, Boden, Luft im natürlich wirkenden Umgebungsbereich. Da aber gerade diese Umgebungsbedingungen anders als manche künstlich oder ungewollt erzeugten Beaufschlagungen 24 Stunden am Tag und dies über Jahre oder Jahrzehnte in flächiger Kontaktierung mit Bauwerksaußenflächen stehen, kann dem chemischen Angriff hieraus auch bei geringer Konzentration auf Dauer eine erhebliche Bedeutung zukommen.

Häufig unterbleiben die für eine gezieltere Baustoffauswahl notwendigen Hinterfragungen, weil die hierfür notwendigen chemischen Kenntnisse bei den Baubeteiligten nicht vorliegen oder aber in Anwendungsvorgaben von Baustoffen oder Bauprodukten nicht eindeutig oder ausdrücklich genug auf entsprechende Randbedingungen hingewiesen wird.

Es ist daher zur Vermeidung von aus chemischen Angriffen herrührenden Schädigungen stets angeraten, bei der Auswahl von Baustoffen oder Vorgaben zum Verwendungszweck zunächst neue Überlegungen allgemeiner Art bezüglich der Bauwerksumgebung anzustellen.

Die folgende Tafel gibt Hinweise zum Angriffsverdacht aus der Bauwerksumgebung.

Tafel 1.48: Vorkommen von Angriffsbedingungen chemischer Art in der natürlichen Bauwerksumgebung

Wasser	Regenwasser, Flusswasser, Moor- oder Sumpfgebiet, Gebirgswasser, Meerwasser, Sickerbereiche Altdeponien, Zulaufbereiche intensiver Landwirtschaft
Boden	Moorböden, sulfathaltige Böden, Altdeponiebereiche, langzeitige Industrie-Standorte, intensive oder besondere landwirtschaftliche Nutzung
Luft	Ballungsgebiete, Industriestandorte, Lufteinfluss aus Verbrennung oder chem. Reinigung, Faulgasentstehungsbereiche, Massentierhaltung

4.2 Nutzung, Betrieb

Gegenüber der Einschätzung von chemischen Auswirkungen aus dem Bereich Wasser, Boden, Luft stellt die Beurteilung von Angriffen chemischer Art aus dem Nutzbetrieb von Bauwerken den Planenden häufig vor eine nicht mehr unabhängig vom Bauherrn/Nutzer lösbare Aufgabe. Zur Sicherstellung langfristig schadensfreier Bauzustände ist dann auch der Auftraggeber zur möglichst exakten Vorgabe genutzter oder anfallender Einzelstoffe (Art, Menge, Konzentration) und möglicherweise zusätzlich auch zur Angabe von kombiniert auftretenden Einwirkungen etwaiger Fremdbeaufschlagungen im Betrieb einzubeziehen.

Jedoch gerade dieser Abstimmungs- und Vorgabebedarf bereitet den Vertragsparteien bei der Vorbereitung von Baumaßnahmen in der Regel die größeren Schwierigkeiten, da sich die Bauvertreter nur selten in den chemischen Zusammenhängen des Nutzbetriebs auskennen und die Bauherrenseite in der Abforderung von exakten Angaben zu anfallenden Stoffen sehr häufig das reine Bestreben von Haftungsausschlüssen der Baubeteiligten sieht.

Als Folge dieser Begleiterscheinungen ziehen sich beide Vertragsseiten in einer Vielzahl von Fällen auf letztlich wenig sagende Allgemeinformulierungen wie „für Produktionsbetrieb geeignet" o. Ä. zurück, was im Schadensfall auch juristisch von großer Bedeutung sein kann.

Mit der nachfolgend beispielhaft zusammengestellten Tafel soll die Vielfalt von Nutzungssituationen mit möglichen Baustoffangriffen chemischer Art angedeutet und die Notwendigkeit zu gezielteren Abfragen aufgezeigt werden.

Erst der Abgleich zwischen Anforderungsprofil der Bauaufgabe und Leistungsfähigkeit der zu verwendenden Baustoffe oder Bauteile (möglicherweise sogar unter Hinzuziehung von Sonderfachleuten oder Produktherstellern) trägt maßgeblich zur Schadensvermeidung bei.

Tafel 1.49a: Nutzungsbeispiele mit sehr unterschiedlich möglichem Potenzial chemischer Angriffe

Nutzungen mit meist klar umrissenen Angriffsspektren	Öffentliches Klärwerk, Molkereien, Schlachthäuser, Kompostierwerke, Landwirtschaftliche Viehhaltung, Gärbehälter und Silageanlagen, Fahrzeughallen und Parkhäuser, Großküchen
Nutzungsbereiche mit besonderen Angriffssituationen	Chemische Industrie, Galvanik, Feuerverzinkung, Reinigungen, Verbrennungsanlagen, Abfallbewirtschaftung, Betriebsklärwerke, Auffangwannen
Nutzungsbereiche mit undefinierten oder als veränderlich erklärten Angriffssituationen	Gerade bei Wechselnutzungen oder Angabedefiziten muss auf Klärung gedrängt werden oder ein Ausschluss über die Aufstellung eines Beständigkeitsprofils erfolgen (z. B. im Sinne einer Betriebsanleitung).

4.3 Reinigung / Pflege

Während die aus Nutzung und Betrieb zu erwartenden chemischen Einwirkungen auf Bauteiloberflächen typischerweise noch durch notwendige Aufstellungen des baulichen Anforderungsprofils einer bewussten Handhabung unterliegen, tritt mit den Reinigungsaspekten häufig geradezu eine von der Bauplanung nicht mehr erfasste Verselbständigung ein.

Im Vergleich zu jedem einfachen Haushaltsgerät mit Gebrauchsanweisung und darin enthaltener Reinigungsempfehlung verbergen sich in der Pflege von Bauteiloberflächen vielfältige Fehlermöglichkeiten und somit Ansätze für die Entstehung von Schäden.

Zur Verdeutlichung des Fehlerspektrums ist zunächst die Kenntnis der grundsätzlich zu unterscheidenden Pflegeschritte erforderlich.

Tafel 1.49b: Bei der Bearbeitung von Bauwerksflächen zu unterscheidende Pflegeschritte

Grundreinigung/ Bauendreinigung	Bei etlichen Bauteiloberflächen wird vor der Übergabe an den Bauherrn oder Nutzer eine grundlegende Beseitigung von aus der Bauphase verbliebenen Verschmutzungen durchgeführt (z. B. bei Sichtmauerwerk, Fliesen- und Plattenbelägen, Natursteinanwendungen, Metalloberflächen). Dieser Leistungsschritt beinhaltet häufiger intensive Angriffswirkungen chemischer Art und erfordert daher neben entsprechender Fachkunde und Baustoffanpassung auch ein meist sehr gezieltes Vorgehen (hinsichtlich Konzentrateinsatz, Einwirkdauer, Vornässung, Nachspülung, Temperatur- und Luftfeuchtebedingungen, mechanischer Unterstützung usw.).
Grundpflege/ Einpflege	Vielfach benötigen neu hergestellte und grundgereinigt vorliegende Bauteiloberflächen noch vor Beginn von Nutzungseinwirkungen eine besondere Erstpflege, welche gerade auch bei chemischen Einwirkungen die unbedingt erforderliche Funktion einer Versiegelung wahrnimmt. Dementsprechend muss die Durchführung bei korrekter Handhabung noch vor der ersten Beaufschlagung mit angreifenden Medien erfolgen.

Fortsetzung Tafel 1.49b

Dauer-/ Nutzungspflege	Diese auch Erhaltungspflege genannte Form ist nutzungsbegleitend zu sehen und beinhaltet somit die Aufrechterhaltung der Schutzfunktion im Nutzungszeitraum. In besonderen Fällen kann es auch erforderlich oder ratsam sein, die Schutzwirkung in größeren oder bestimmten Zeitabständen neu beginnend mit einer Grundreinigung aufzubauen.

Wenngleich Baubeteiligte in planender oder ausführender Funktion sich häufig nicht mehr in einer Klärungsverpflichtung für diese Behandlungsschritte sehen, so muss dennoch gerade gegenüber baufachlich unkundigen Bauherrn oder Nutzern zu entsprechenden und dokumentierten Hinweisen geraten werden, um unnötigen Ansprüchen aus möglichen Schädigungszuständen nachhaltig zu begegnen.

Besonderer Hinweis: Im Zusammenhang mit chemischen Angriffen in Verbindung mit Reinigungsmitteln wird ausdrücklich darauf hingewiesen, dass in ungünstigen Fällen auch Baustoffschädigungen erst durch eine Zusammenwirkung von umgebungs- oder nutzungsbedingten Ablagerungen und dem Reinigereinsatz möglich werden können. Ausblüherscheinungen oder Farbveränderungen stellen dabei häufig eine erste und leider sehr auffällige Veränderungsfolge dar.

4.4 Einordnungsvorgaben am Beispiel Beton

Exemplarisch für die Eindeutigkeit von Angriffsdefinitionen und sich daran orientierender Materialwahl wird am Beispiel Beton mit den folgenden Tafeln ein entsprechender Entscheidungsablauf aufgezeigt.

Tafel 1.50: Grenzwerte für die Einordnung der Expositionsklassen von Beton gemäß DIN EN 206-1 / DIN 1045-2 bei Angriff durch aggressive chemische Umgebung nach DIN 4030-1 (Juni 2008)

Chemisches Merkmal	Referenzprüfverfahren nach	XA1	XA2	XA3
Grundwasser				
SO_4^{2-} mg/l	DIN EN 196-2	≥ 200 und ≤ 600	> 600 und ≤ 3.000	> 3.000 und ≤ 6.000
pH-Wert	ISO 4316	$\leq 6,5$ und $\geq 5,5$	$< 5,5$ und $\geq 4,5$	$< 4,5$ und $\geq 4,0$
CO_2 mg/l angreifend	DIN EN 13577: 2007	≥ 15 und ≤ 40	> 40 und ≤ 100	> 100 bis zur Sättigung
NH_4^+ mg/l	ISO 7150-1: 1984	≥ 15 und ≤ 30	> 30 und ≤ 60	> 60 und ≤ 100
Mg^{2+} mg/l	DIN EN ISO 7980	≥ 300 und ≤ 1.000	> 1.000 und ≤ 3.000	> 3.000 bis zur Sättigung
Boden				
SO_4^{2-} mg/kg insgesamt	DIN EN 196-2	≥ 2.000 und ≤ 3.000	> 3.000 und ≤ 12.000	> 12.000 und ≤ 24.000
Säuregrad	DIN 4030-2	> 200 Baumann-Gully	in der Praxis nicht anzutreffen	

Der schärfste Wert für jedes einzelne chemische Merkmal bestimmt die Klasse. Wenn zwei oder mehrere angreifende Merkmale zu derselben Klasse führen, muss die Umgebung der nächsthöheren Klasse zugeordnet werden, sofern nicht in einer speziellen Studie für diesen Fall nachgewiesen wird, dass dies nicht erforderlich ist.

Tafel 1.51: Expositionsbedingungen und Anforderungen an die Zusammensetzung von Beton gemäß DIN 1045-2 (August 2008) bei chemischem Angriff

XA1	chemisch schwach angreifende Umgebung	Behälter von Kläranlagen, Güllebehälter
XA2	chemisch mäßig angreifende Umgebung	Betonbauteile, die mit Meerwasser in Berührung kommen, Bauteile in betonangreifenden Böden
XA3	chemisch stark angreifende Umgebung	Industrieabwasseranlagen mit chemisch angreifenden Abwässern, Gärfuttersilos und Futtertische in der Landwirtschaft; Kühltürme mit Rauchgasableitung

	Betonangriff durch aggressive chemische Umgebung		
Expositionsklassen	XA1 (schwach)	XA2 (mäßig)	XA3 (stark)
Höchstzulässiger w/z	0,60	0,50	0,45
Mindestdruck-festigkeitsklasse [b]	C25/30	C35/45^{d,e}	C35/45^d
Mindestzementgehalt in kg/m³	280	320	320
Mindestzementgehalt bei Anrechnung von Zusatzstoffen in kg/m³	270	270	270
Andere Anforderungen	-	-	l

b Gilt nicht für Leichtbeton.
d Bei Verwendung von Luftporenbeton, z. B. aufgrund gleichzeitiger Anforderungen aus der Expositionsklasse XF, eine Festigkeitsklasse niedriger. In diesem Fall darf Fußnote ^{e} nicht angewendet werden.
e Bei langsam und sehr langsam erhärtenden Betonen (r < 0,30) eine Festigkeitsklasse niedriger. Die Druckfestigkeit zur Einteilung in die geforderte Druckfestigkeitsklasse nach 4.3.1 ist auch in diesem Fall an Probekörpern im Alter von 28 Tagen zu bestimmen. In diesem Fall darf Fußnote ^{d} nicht angewendet werden.
l Schutzmaßnahmen siehe DIN 1045-2, Abs. 5.3.2

Hinweise zur **Beständigkeit von im Bauwesen verwendeten Kunststoffen** sind dem Kapitel Baustoffe zu entnehmen.

5 Ursachenbereich „Verschleiß"

Innerhalb der Baupraxis werden in diesem Zusammenhang auch Begrifflichkeiten wie: erhöhter Verschleißwiderstand, Abriebfestigkeit oder mechanischer Angriff zur Andeutung einer Schädigungsgefahr herangezogen.

5.1 Verschleißarten

Mit Blick auf die erheblichen Unterschiede innerhalb der mechanischen Wirkung von Verschleiß erzeugenden Belastungen sollten stets rollende, schleifende, schlagende und ritzende/schneidende Einwirkungen als Arten der Beeinflussung differenziert werden.

Bereits die bloße Aufzählung macht die besonderen Unterschiedlichkeiten bei Angriffsart und zu erwartenden Auswirkungen deutlich. Bei gleichzeitig nur selten durch Materialprüfverfahren gegebener Vergleichbarkeit der nachgestellten Angriffe wird auch erkennbar, dass jegliche Nachlässigkeit innerhalb der Beschreibung von zu erwartenden Belastungen zwangsläufig zur frühzeitigeren Schädigung beiträgt.

1B   Bauschadensvermeidung

Tafel 1.52a: Arten von mechanischem Verschleiß mit Praxisbeispielen

Rollende Einwirkungen	Typisch hierfür ist eine Nutzung der Oberfläche durch Räder (Fahrzeuge, Gabelstapler, Hubwagen usw.), wobei jeweils Unterscheidungen zur Bereifungsart (luftbereift, Vollgummi, Elastomer, Hartkunststoff, Stahl) erforderlich werden und auch Vorgaben zu Radgrößen, Frequentierungszahlen und gleichzeitig bestehenden Schmutzbeaufschlagungen einbezogen werden sollten.
Schleifende Einwirkungen	Ziehen oder Verschieben von Lagergut (Paletten, Lastkörbe, Getränkekästen, Paketumschlag o. Ä.)
	Verschiebewirkung durch Schüttgüter, Geröll oder Eisgang bzw. in Verbindung mit Befahrungs- oder Rangiervorgängen bei gleichzeitig schleifmittelartig vorhandenen Ablagerungen auf der Oberfläche
	Oberflächenbündige Bewegungs- oder Aufnahmevorgänge von Schüttgütern durch Ladeschaufeln
Schlagende Einwirkungen	Abkippen von stückartigem Schüttgut
	Regelmäßig zu erwartendes Herabfallen von Material oder Werkzeugen (zum Beispiel Werkstattbetrieb, Produktionsbereich)
Ritzende/ schneidende Einwirkungen	In Abhängigkeit von der Materialhärte lassen sich Oberflächen durch Ritzeinflüsse unterschiedlich stark schädigen. Derartige Schnittwirkungen fallen zum Beispiel an bei: Lagerung und Verladung von scharfkantigen Teilen (Metall-, Naturstein-, Betonfertigteilindustrie), Lagerung oder Zulieferung von Waren, Werkzeugen o. Ä. auf Paletten, Körben oder Boxen aus Metall.

Wegen der besonderen Belastungskombination und der Vielfalt von Nutzbodenbeeinflussungen wird an dieser Stelle ausdrücklich auf die bei größerer Nutzungsfrequenz auch durch Fußgängerverkehr gegebene Verschleißbeanspruchung hingewiesen. Gerade bei unter dem Einfluss von Straßen- oder Arbeitsschuhen stehenden Oberflächen ergibt sich durch Fußgängerverkehr infolge der im Profil enthaltenen Fremdbestandteile mit hoher Materialhärte insbesondere bei Drehbewegungen oder Aufenthalten auf einer Stelle eine auf Dauer enorme Verschleißwirkung.

Tafel 1.52b: Nutzungsbereiche mit erhöhter Verschleißbeanspruchung durch Fußgängerverkehr

Eingangsbereiche und Treppen in öffentlich zugänglichen Gebäuden oder Betrieben
Hauptverkehrswege in Industriehallen, Messegebäuden, Kaufhäusern und Märkten
Zentrale Warte- und Aufenthaltsbereiche in Bahnhöfen, an Marktständen, in Kassenbereichen, Schulen, Hotels sind besonders kritisch zu bewerten.

Besonderer Hinweis: Sollten sich durch Umgebungsbedingungen, Nutzung oder Reinigung gleichzeitig Angriffsbedingungen chemischer Art ergeben und eine Schwächung der Oberflächensituation erzeugen, dann muss auch dies zur Erreichung einer ausreichenden Schadensfreiheit oder Nutzungsdauer durch die Wahl einer höherwertigen Ausführung mit Dauerhaftigkeitserwartungen gegenüber beiden Angriffswirkungen führen.

5.2   Baustoffanforderungen (Beton, Industrieböden, Fliesen)

Die nachfolgenden Beschreibungs- und Klassifizierungsansätze aus bestehenden Regelwerken verdeutlichen für verschiedene Baustoffe die Problematik und den objektbezogen notwendigen Klärungsbedarf. Gleichzeitig wird erkennbar, dass beim häufiger vorkommenden

Kombinationsfall von Beanspruchungen stets Zuordnungsentscheidungen für die Einzelsituation innerhalb von Planung und Stoffauswahl erforderlich werden.

Tafel 1.53a: Expositionsklassen und Anforderungen an die Zusammensetzung von Beton gemäß DIN 1045-2 (August 2008) bei mechanischem Angriff

XM1	mäßige Verschleiß-beanspruchung	Tragende oder aussteifende Industrieböden mit Beanspruchung durch luftbereifte Fahrzeuge
XM2	starke Verschleiß-beanspruchung	Tragende oder aussteifende Industrieböden mit Beanspruchung durch luft- oder vollgummibereifte Gabelstapler
XM3	sehr starke Verschleiß-beanspruchung	Tragende oder aussteifende Industrieböden mit Beanspruchung durch elastomer- oder stahlrollenbereifte Gabelstapler. Oberflächen, die häufig mit Kettenfahrzeugen befahren werden. Wasserbauwerke in geschiebebelasteten Gewässern, z. B. Tosbecken

Expositionsklassen	Betonangriff durch Verschleiß		
	XM1 (mäßig)	XM2 (stark)	XM3 (sehr stark)
max w/z	0,55	0,55	0,45	0,45
Mindestdruckfestigkeitsklasse [b]	C30/37 [d]	C30/37 [d]	C35/45 [d]	C35/45 [d]
Mindestzementgehalt in kg/m³	300 [i]	300 [i]	320 [i]	320 [i]
Mindestzementgehalt bei Anrechnung von Zusatzstoffen in kg/m³	270	270	270	270
Andere Anforderungen	-	Oberflächenbehandlung [k]	-	Einstreuen von Hartstoffen nach DIN 1100

b und d siehe Tafel 8.65a
h Es dürfen nur Gesteinskörnungen nach DIN EN 12620 verwendet werden.
i Höchstzementgehalt 360 kg/m³, jedoch nicht bei hochfesten Betonen.

Tafel 1.53b: Gruppen mechanischer Beanspruchung bei hochbeanspruchbaren Estrichen (Industrieestriche) gemäß DIN 18560-7

Beanspruchungsgruppe	Beanspruchung durch Flurförderzeuge Bereifungsart [a], Arbeitsabläufe und Fußgängerverkehr – Beispiele	
I (schwer)	Stahl und Polyamid	Bearbeiten, Schleifen und Kollern von Metallteilen, Absetzen von Gütern mit Metallgabeln, Fußgängerverkehr mit mehr als 1000 Personen je Tag
II (mittel)	Urethan-Elastomer (Vulkollan) und Gummi	Schleifen und Kollern von Holz, Papierrollen und Kunststoffteilen. Fußgängerverkehr von 100 bis 1000 Personen/Tag
III (leicht)	Elastik und Lufttreifen	Montage auf Tischen, Fußgängerverkehr bis 100 Personen je Tag

[a] Gilt nur für saubere Bereifung. Eingedrückte harte Stoffe und Schmutz auf Reifen erhöhen die Beanspruchung

Tafel 1.54: Verschleißfestigkeit von Fliesenglasuren gemäß DIN EN 154 (ersetzt durch DIN EN ISO 10545)

Gruppe I	Sehr leichte Beanspruchung, niedrige Begehungsfrequenz mit weichem und sauberem Schuhwerk, für Schlaf- und Sanitärräume im Wohnbereich geeignet.
Gruppe II	Leichte Beanspruchung, mittlere Begehungsfrequenz mit normalem Schuhwerk, für Wohnräume geeignet.
Gruppe III	Mittlere Beanspruchung, für kratzende Verschmutzung bei mäßiger Verkehrsfrequenz geeignet, z. B. für Treppen, Küchen, Flure, Hotelzimmer.
Gruppe IV	Stärkere Beanspruchung, für kratzende Verschmutzung mit höherer Verkehrsfrequenz geeignet, z. B. in Verkaufsräumen, Hotels, Schulen, Büros.

Bei hoher Frequenz durch Personen mit Straßenschuhen ist zu bedenken, dass die Glasuren der Fliesen nie die Härte der an Schuhsohlen haftenden Quarzkörner erreichen können.

Neuere Hartglasurentwicklungen verbessern die Einsatzfähigkeit von Fliesen durch inzwischen noch höhere Verschleißfestigkeiten [Scholz 07].

Weitere Verschleißkennwerte (Ritzhärte nach Mohs bzw. Abriebfestigkeit) sind für natürliche Gesteine im Kapitel Baustoffe enthalten.

6 Ursachenbereich „Verformung"

Typischerweise wird bei der Betrachtung und Vorstellung der Materialeigenschaften das Festigkeitsverhalten von Baustoffen in den Vordergrund gestellt und sehr häufig auch zum Bestandteil der Gütebezeichnung gemacht. Innerhalb der baulichen Verwendung tritt jedoch mindestens gleichrangig auch die Beurteilung der Verformbarkeit auf, da Materialien trotz vergleichbarer Beanspruchung außerordentlich unterschiedlichen Verformungen unterliegen. Mit Blick auf die Tatsache, dass Baukonstruktionen oder Bauwerke stets vom Funktionieren einer Kombination der verschiedensten Verwendungsteile abhängen, muss stets auch die Verträglichkeit der dabei auftretenden Verformungen berücksichtigt werden.

Da Verformungen auslösende Faktoren hinsichtlich der Verursachung außerordentlich unterschiedlich sind, im ungünstigsten Fall jedoch ohne jegliche Abhängigkeit auch gleichzeitig auftreten können, liegen im Zusammenhang mit Verformungen zum Teil erhebliche Schädigungspotenziale für Bauteile und Bauwerke verborgen. Gerade dieser Wertstellung soll mit den nachfolgenden Einzelbeschreibungen nachgegangen werden.

Als Einzelursachen für Verformungen werden dazu in diesem Abschnitt behandelt:

- Verformung unter Belastung
- Setzungsverformungen
- Schwindverformungen
- Temperaturverformungen

6.1 Verformung unter Belastung

Bei den vorrangig auftretenden Druck- oder Zugbeanspruchungen von Baustoffen wird die zugehörig zu erwartende Verformung über den baustoffabhängigen Elastizitätsmodul in Ansatz gebracht, solange das Spannungs-Dehnungsverhalten im Proportionalbereich des Hooke'schen Gesetzes liegt. Danach nehmen die Verformungen im Verhältnis zur Erhöhung der Spannung zu und der so genannte E-Modul stellt das Verhältnis zwischen aufgebrachter Spannung und dabei erzeugter Dehnung dar.

Die in der nachfolgenden Tafel exemplarisch vorgestellte Baustoffauswahl liefert einen anschaulichen Vergleich zum Verformungsbestreben unter Lasteinfluss. Die

Unterschiedlichkeit der Wertstellungen gibt dabei für gleiche Spannungen oder Spannungssteigerung unmittelbar das Verformungsverhältnis der betrachteten Stoffe an.

Tafel 1.55: Druckelastizitätsmoduln verschiedener Baustoffe

Werkstoff	Baustoff	E [N/mm²]
Mineral. gebunden	Normalbeton	20.000 – 40.000
	Zementputz	15.000
	Kalk-, Gipsputz	5.000
	Anhydritestrich	17.000 – 18.000
Mauerwerk (abhängig von Mörtel- und Steinfestigkeit)	Mauerziegel	1.200 – 20.000
	Kalksandsteine	1.000 – 16.000
	Porenbetonsteine	600 – 4.200
Naturstein	Granit	40.000 – 80.000
	Sandstein	5.000 – 40.000
	Kalkstein (dicht)	40.000 – 90.000
	Quarzit	20.000 – 70.000
Holz, heimisch (nur bei mittlerer Feuchte)	Vollholz in Faserrichtung	10.000 – 14.000
	Vollholz quer zur Faser	400 – 2.300
Kunststoffe	PVC hart, EP, PMMA	ca. 3.000
	EP-Mörtel 1:3	ca. 10.000
	EP-Mörtel 1:9	ca. 25.000
Metalle	Stahl	210.000
	Aluminium	70.000

Die exemplarische Auswahl innerhalb der Tafel verdeutlicht die im Vergleich zur Druckfestigkeit gängiger Baustoffe erheblichen Unterschiedlichkeiten in der Verformbarkeit. Gerade verformungsempfindliche Bauteile, Konstruktionen oder Bauwerke sind jedoch besonders gezielt auf die Einhaltung von Verformungsbedingungen und damit in Kombination der verschiedenen Stoffbeteiligungen zu konzipieren. Diesem Aspekt muss gerade bei Bauaufgaben im Bestand und bei nicht eindeutiger Einschätzung des Materialverhaltens von bereits vorhandener Bausubstanz eine besondere Bedeutung beigemessen werden.

6.2 Temperaturverformung

Bekanntermaßen unterliegen Stoffe einer Längenveränderung in Abhängigkeit von der jeweiligen Stofftemperatur. Wiedergegeben wird diese Materialeigenschaft durch die Angabe des jeweils zugehörigen Temperaturausdehnungskoeffizienten.

Das Wissen um das Temperaturverhalten von Baustoffen ist grundsätzlich überall dort gefragt, wo sich bei gleicher Temperaturveränderung unterschiedliche Verformungen von benachbart oder im Direktverbund eingebauten Bauwerksteilen ergeben und schädigungsfrei gestattet werden müssen. Dies ist zum Beispiel verstärkt bei jeglicher Art von Verbundkonstruktionen, der Bemessung von Bauteil- oder Bauabschnittslängen, Dimensionierungen von Fugen oder aber auch Festlegungen von Lagereinstellungen von großer Bedeutung.

1B Bauschadensvermeidung

Da es sich bei den Ausdehnungskoeffizienten um zahlenmäßig im Proportionalitätsverhältnis stehende Materialangaben handelt, ergibt sich bereits bei der Durchsicht der nachfolgenden Tabelle eine sehr anschauliche Vorstellung bezüglich der Unterschiedlichkeit von Längenveränderungen verschiedener Baustoffe infolge Temperatur.

Tafel 1.56: Lineare Wärmedehnung einiger Baustoffe

Stoffgruppe	Baustoff	Wärmedehnungskoeffizient α_T $10^{-6}/K$
Mineralisch gebundene Stoffe	Beton, Zementmörtel	5 – 14 (Rechenwert 10)
	Kalkmörtel	5 – 12
	Gipsmörtel, (Gipskartonplatten)	12, (35)
Mauerwerk	Mauerziegel	5 – 8
	Kalksandsteine	7 – 9
	Porenbetonsteine	7 – 9
Naturstein	Granit	5 – 11
	Sandstein	10 – 12
	Kalkstein	4 – 10
	Lehm	ca. 5
Holz, heimisch	Vollholz in Faserrichtung	3 – 9
	Vollholz quer zur Faser	30 – 40
Kunststoffe	PVC hart, EP, PMMA	70 – 80
	EP-Mörtel 1:9 (mit Quarzsand)	ca. 20
	EP-Mörtel 1:14 (mit Quarzsand)	ca. 12
Metalle	Stahl	10 – 17 (Rechenwert 12)
	Aluminium	23 – 24
	Kupfer	17

Beispiel: In die 6 m breite Toröffnung einer Stahlbetonwand soll passgenau eine Aluminium-Abschlussschiene am Sturz angebracht werden. Zum Zeitpunkt der Montage herrscht eine Temperatur von 5 °C. Im Sommerhalbjahr erreicht die Betonwand eine maximale Bauteiltemperatur von 35 °C, während die volltonfarbene Schiene bei Sonneneinstrahlung eine Aufheizung auf bis zu 55 °C erhält.

Der interessierende Unterschied der Längenausdehnung setzt sich demnach aus den beiden nachfolgenden Anteilen zusammen.

Ausdehnungsdifferenz beider Materialien zwischen 5 °C und 35 °C (= 30 K):
30 K · [(24 – 10) · 10^{-6}/K] · 6000 mm = 2,5 mm

Zusätzliche Ausdehnung der Schiene zwischen 35 °C und 55 °C (= 20 K):
20 K · (24 · 10^{-6}/K) · 6000 mm = 2,9 mm

Demnach ergibt sich insgesamt der Längenausdehnungsunterschied 2,5 + 2,9 = 5,4 mm, welcher beim Einbau der Schiene sowohl bei den Befestigungsüberlegungen als auch beim Längenzuschnitt berücksichtigt werden muss. Dabei wird deutlich, dass bei passgenauem Einbau unter den vorgegebenen Bedingungen mit einem erheblichen Beulungsverhalten der Schiene zu rechnen gewesen wäre.

Ursachenbereich „Verformung"

Wie auch im vorangehenden Beispiel deutlich wird, darf bei Berechnungen zum Temperaturverhalten nie allein von Überlegungen zur Außentemperatur ausgegangen werden. Häufig ergeben sich sehr große Ausdehnungsunterschiede durch Sonnenbestrahlung und dabei zusätzlich in Abhängigkeit von den Farbgebungen der Materialoberflächen. Weiterhin ist zu beachten, dass dünne und sehr gut Wärme leitende Bauteile wesentlich schneller in der Lage sind, die an den Materialoberflächen absorbierte Wärme der Sonneneinstrahlung als Bauteiltemperatur anzunehmen. Im Übrigen führen einseitig oder in Teilbereichen durch Sonneneinstrahlung erhöhte Temperaturen im Sommer und Winter wiederkehrend zu erheblichen Verkrümmungsbestrebungen, welche innerhalb der Konstruktion ebenfalls Berücksichtigung finden müssen.

Zur Verbesserung einer Vorstellung von der Einflussgröße „Sonneneinstrahlung" zeigen die beiden nachfolgenden Diagramme exemplarisch die Auswirkungen der Bauteillage zu den Himmelsrichtungen bzw. bei unterschiedlicher Farbgebung von Oberflächen auf.

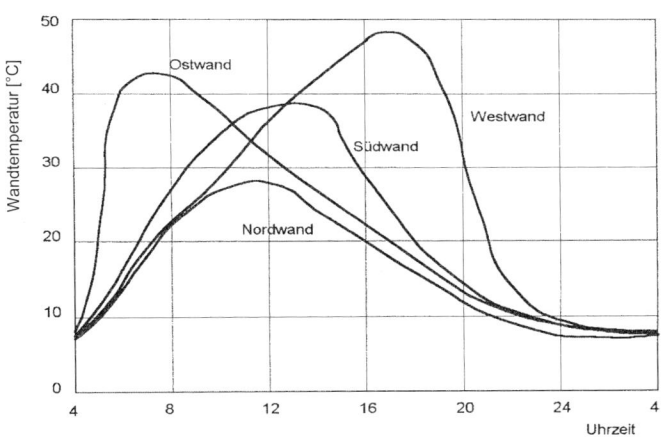

Abb. 1.57a: Oberflächentemperaturen auf verputzten Außenwänden an einem Sommertag [Künzel 74]

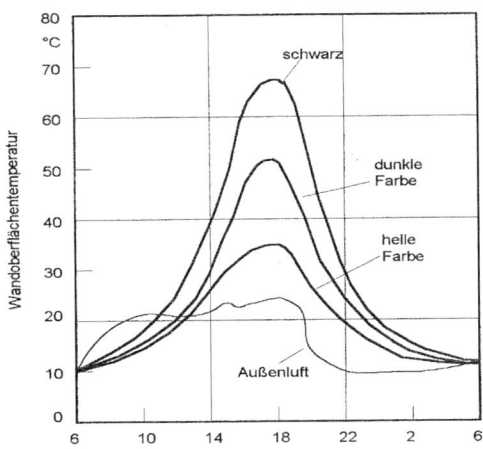

Abb. 1.57b: Wandoberflächentemperaturen farbig geputzter Westwände im Hochsommer [Künzel 73]

1.57

6.3 Schwindverformungen

Die wesentlichen Zusammenhänge dieses Verhaltens, der Einflussgrößen und markanter Kennwerte wurden bereits im Abschnitt 2.1 dieses Kapitels im Zusammenhang mit dem Feuchteverhalten von Baustoffen abgehandelt und können hinsichtlich Erklärungen und Materialkennwerten von dort übernommen werden.

6.4 Setzungen

Die Setzung von Bauwerken oder Bauwerksteilen stellt ein besonderes Problem im Verformungsverhalten dar, wobei der Baugrund als weiteres Beeinflussungselement innerhalb der Bauaufgabe einbezogen wird. Prinzipiell kann daher wie bei den Verformungen unter Belastung auch davon ausgegangen werden, dass dem Boden baustoffartig eine bei jeder Baumaßnahme zu bewertende Federsteifigkeit und eine daraus ableitbare Setzung im Sinne einer Stauchung zugeordnet werden kann.

Da es sich bei diesen Beeinflussungsgrößen aus Grundbau und Bodenmechanik um ein sehr eigenständiges und vielfältiges Gebiet handelt, sollen mit der nachstehenden Aufzählung lediglich häufige Fehlermöglichkeiten für Bauwerke mit gängigen Gründungen aufgezeigt werden.

Tafel 1.58: Ursachen für fehlerhaftes Setzungsverhalten von Baugründen

- Unterschiede bei Boden- und Verdichtungsqualität in einem Bauwerksbereich.
- Bauwerkslage im Hangeinschnitt.
- Sehr unterschiedliche Höhen bei der Auffüllung eines Baugeländes.
- Verdichtung von Teilbereichen durch erhebliche Befahrungswirkung im Bauzustand.
- Befahrung des Planums von Bodenplatten oder Hallensohlen.
- Untergrundaufweichungen durch partielle Wassereinwirkungen vor, bei oder nach der Bauwerksherstellung.
- Unterspülungsvorgänge bei Wasserbauwerken.
- Planmäßige Unterschiede von Bodenpressungen bei Gründungsteilen eines Bauwerks.
- Festauflagerung von Gründungs- oder Sohlenteilen auf Fundamentkörpern, Kanälen usw. bei sonst elastischer Bettung.
- Unterschiedliche Gründungswirkung durch nur in Teilbereichen vorgenommene Unterkellerung, Pfahlgründung o. Ä.
- Frosteinwirkung oder Wasserauftrieb in Teilbereichen eines Baukörpers.

7 Ursachenbereich „Rissbildung"

Risse stellen in sehr unterschiedlichen Anwendungsbereichen des Bauwesens Mangelzustände dar, da von Rissbildungen nicht selten weitere Gefährdungen wie der Zutritt von Feuchtigkeit, Gasen oder Schadstoffen ausgehen oder an Bauteilen anschließend auch noch Undichtigkeiten, Schmutzeintritt, Korrosionszustände oder Verbundstörungen im Rissbereich drohen.

Rissbildungsprobleme sind daher in Verbindung mit den vorgenannten Zusammenhängen stets besonders bei Bauaufgaben im Beton- und Mauerwerksbau, bei Estrich- und Putzarbeiten sowie Belägen aus Parkett, Fliesen, Natur- oder Werksteinen bzw. Anstrichen und Beschichtungen zu beachten.

In völligem Gegensatz zum allgemein bestehenden Beschäftigungsauftrag mit diesem baulich weit verbreiteten Problem muss auch unmissverständlich an dieser Stelle deutlich gemacht werden, dass die Kompliziertheit von Rissmechanismen und die darauf begründeten Schwierigkeiten der Beurteilung nur zu Denkanstößen durch die nachfolgenden Erklärungsansätze führen können.

7.1 Rissursachen

Als Ursachen für Rissbildungen kommen allgemein und überwiegend unabhängig von den vorgenannten Anwendungsbereichen die nachfolgend aufgeführten Einflussgrößen in Frage.

- Zu frühe oder zu hohe Belastung
- Setzungen oder übermäßige Verformung benachbarter Bauteile
- Schwinden (fehlende Nachbehandlung, Windbelastung, Sonneneinstrahlung, Beheizung, Feuchteentzug durch Untergrund usw.)
- Temperaturbelastungen (infolge von Unterschieden: Tag/Nacht, Sommer/Winter, Beregnung, Verdunstungskälte, Nutzung o. Ä.)

Genau genommen wiederholen sich mit der vorstehenden Aufzählung von Ursachen die einzelnen Verformungskriterien des Abschnitts 6 dieses Kapitels. Dies ist letztlich auch schlüssig, weil Rissbildungen allgemein nichts anderes als die Folge einer übermäßigen, vom Material nicht mehr ertragbaren Verformung darstellen. Unter „ertragbar" ist dabei vorrangig das Erreichen der Materialzugfestigkeit und auf der Ursachenseite die Summe aller Zugspannungseinflüsse zu verstehen. Dabei ist im Hinblick auf die Vermeidung von Bauschäden ganz besonders darauf hinzuweisen, dass auch kurzzeitige Ursachenkombinationen oder z.B. auch bei Beton, Estrich, Putz oder Mauerwerk reifebedingt noch nicht erreichte Festigkeitsbedingungen unglücklicherweise zur bleibenden Schädigung führen können. Da derartige Rissbildungen auch bei einer nachfolgenden Vollausbildung der Baustoffreife und -festigkeit nicht wieder „zusammenwachsen", liefern sie für die planmäßige Nutzung und Verformung häufig bleibende Schwachstellen und die Ausgangsgröße für Mangelansprüche.

7.2 Erfassung von Rissmerkmalen

Auch die Verfüllung von aufgetretenen Rissbildungen ist nicht unkritisch, da im Hinblick auf Kraftschlüssigkeit, Abdichtungswirkung oder Ausschluss optischer Erkennbarkeit häufig hohe Anforderungen bei der praktischen Umsetzung bestehen. Gleichzeitig tritt mit der Behandlung von Bauwerksrissen die Verpflichtung zur Vermeidung erneuter Schadensträchtigkeit ein.

Aus diesem Grund wird von Regelwerksseite vor jeglicher Bearbeitung eine durch sachkundige Planungsingenieure zu erstellende Vorerfassung von Rissmerkmalen zwecks eindeutiger Ursachenerkundung gefordert. Die nachfolgende Tafel verdeutlicht dies am Beispiel des Baustoffs Beton. Diese Einschätzungen können jedoch auch bei verwandten Baumaterialien oder Anwendungen wie zum Beispiel Estrichen oder Industriefußböden herangezogen werden. Für gerissene Putze an Fassaden bestehen dagegen mit dem WTA-Merkblatt 2-4-94 eigene und ebenfalls sehr weit reichende Vorgaben für die Beurteilung und Instandsetzung von Putzrissen in Außenfassaden.

Tafel 1.59: Erfassung von Rissmerkmalen gemäß DAfStb-Richtlinie Schutz und Instandsetzung von Betonbauteilen (RL SIB 01)

	Merkmal	Erfassungs- und Untersuchungsmethode	Dokumentation
	1	2	3
1	Rissart	Inaugenscheinnahme, gegebenenfalls Bohrkernentnahme[1]	Unterscheidung nach oberflächennahen und Trennrissen
2	Rissverlauf	Inaugenscheinnahme	Zeichnerische Darstellung, gegebenenfalls pauschale Angaben (z. B. Biegerisse in Abständen von ..., Netzrisse mit Maschenweite von ...)

Fortsetzung Tafel 1.59

3	Rissbreite		Linienstärkenmaßstab, Risslupe (Genauigkeit 0,05 mm)	Angaben mit Datum, gegebenenfalls Messort bei Rissbreitenänderungen nach Zeilen 4.1 und 4.2 auch mit Uhrzeit und Witterungsbedingungen, gegebenenfalls Bauteiltemperatur[3]
4.1	Rissbreitenänderung	kurzzeitig	Wegänderungen, z. B. mit Wegaufnehmer	Höchständerung mit Datum, Uhrzeit und Witterungsbedingungen
4.2		täglich	Wegänderungen, z. B. mit Messuhr, Setzdehnungsmesser, Wegaufnehmer	Änderungen zwischen Morgen- und Abendmesswert mit einem Zeitabstand von ca. 12 Stunden, mit Datum, Witterungsbedingungen und Bauteiltemperatur
4.3		langzeitig	Kleben von (gegebenenfalls kalibrierten) Marken, Setzdehnungsmessung	Änderungen in großen Zeitabständen (u. U. mehrere Monate) mit Angabe des Datums und der Witterungsbedingungen, ggf. Bauteiltemperatur[3]
5	Hohlraumeigenschaften		Bohrkernentnahme, Endoskopie	Lage und Ausmaße des hohlraumreichen Gefüges, Durchgängigkeit
6	Zustand der Risse		Inaugenscheinnahme, gegebenenfalls Bohrkernentnahme [1]	Angabe über Feuchtezustand[2], Verschmutzung, Aussinterung
7	Vorangegangene Maßnahmen		Bauwerksbuch, Erkundungen	Unterscheidung gemäß Definition, gegebenenfalls Abschätzung der Wahrscheinlichkeit wiederkehrender Rissursachen
8	Beurteilung der Rissursache oder Hohlraumursache		Inaugenscheinnahme, Erkundungen einschl. Herstellungsbedingungen, Wertung der Ergebnisse von Zeile 1 – 4, gegebenenfalls Berechnungen	Angaben über frühere Maßnahmen, z. B. Füllung der Risse

[1] Bohrkernentnahme nur in Ausnahmefällen und mit geringem Durchmesser (50 mm).

[2] Ermittlung des Feuchtegehaltes durch Inaugenscheinnahme oder mit Labormethoden.

[3] Angaben der Bauteiltemperatur ist notwendig, sofern die Witterungsbedingungen keine Rückschlüsse zulassen (z. B. Straßentunnel, Parkhäuser o. Ä.).

Für Bauwerke im Bereich des Bundesministeriums für Verkehr galt früher eigenständig die ZTV-Riss 93, welche inzwischen in die neu geschaffene ZTV-ING 03 eingegangen ist.

Alle genannten Regelwerke enthalten neben der Erfassung von Rissmerkmalen auch sehr umfangreiche Festlegungen zu Materialverwendung, Verfahrensweisen, Geräte- und Personalanforderungen sowie Überwachungsmodalitäten. Gerade wegen der nur einmalig in vollem Umfang zur Verfügung stehenden Behandlungsmöglichkeit einer Rissfüllung wird daran der besondere Anspruch zur Nutzung dieser Chance und Vermeidung neuer Schäden nach einer Bearbeitung deutlich sichtbar.

8 Ursachenbereich „Verbundwirkung"

8.1 Einsatzbereiche

Die Erfolgsaussicht für das Erreichen einer ausreichenden Verbundfähigkeit ist nicht nur von der Haftfestigkeit des Untergrundmaterials abhängig, sondern kann in ganz erheblichem Maße auch von der Untergrundfeuchtigkeit und selbst bei insgesamt zulässiger Materialfeuchte von einer auch nur kurzzeitig gegebenen Taupunktbildung an der Untergrundoberfläche beeinflusst werden. Außerdem verringern sämtliche trennend wirkenden Substanzen wie zum Beispiel Verschmutzungen, Ausblühungen, Kalkaussinterungen, Altanstriche, Einsatz von Reinigern oder ursprünglich erfolgte Aufträge von Nachbehandlungs- oder Entschalungsmitteln die Oberflächenqualität vieler Materialien ganz erheblich. Aus diesem Grund kommt einer entsprechenden Prüfung der Verbundfähigkeit von Untergründen vor der Applikation hiervon abhängiger Baustoffschichten eine sehr wichtige Rolle zu.

Hinzu kommt, dass sich das Angebot an inzwischen selbstverständlich im Bauwesen eingesetzten Bauhilfsstoffen und Sonderprodukten auf dem Sektor von kunststoffartigen oder kunststoffmodifizierten Systemen rasant erweitert hat. Bei einem erheblichen Anteil dieser Materialien wird ebenfalls innerhalb der Anwendung zwingend eine ausreichend feste Verbindung zum Untergrund benötigt und vom Hersteller gefordert.

Zum Zeitpunkt der Verarbeitung im Zusammenhang mit der Untergrundbeschaffenheit besonders zu beachtende Anwendungsbereiche können sich beispielsweise bei Bauaufgaben der nachfolgenden Tabellenübersicht ergeben.

Tafel 1.61: Einsatzbeispiele für verbundabhängige Arbeiten im Bauwesen

- Verbundbauweisen bei Beton und Estrich
- Aufbringung von Putzschichten oder Wärmedämm-Verbundsystemen
- Spritzbetonverstärkungen
- Einbau von Betonersatz bei Instandsetzungen
- Aufbringung von Verschleißschichten bei Industriefußböden
- Parkettverklebungen
- Verbundeinbau von Hirnholzpflaster
- Verlegung von Fußbodenbelägen
- Ausführung von Fußbodenbeschichtungen
- Fliesenverlegung mit Dünnbettmörteln (Zement- oder Reaktionsharzbasis)
- Verwendung von Fließspachteln
- Anstrich- und Lackierarbeiten
- Spachtelung von Abdichtungs- oder Nivelliermassen
- Verklebungen bei Verbundsystemen
- Vorbereitung und Einbau von Fugenfüllstoffen
- Einbau von kunstharzgebundenen Ausgleichs- oder Reprofilierungsschichten
- Durchführung von Riss- und Hohlraumverfüllungen
- Quellverschweißung von Abdichtungsbahnen (Flachdächer, Behälter)
- Klebedübeleinsatz auf Baustellen (zum Beispiel Verbundanker)
- Industrieverklebungen von Fassadenplatten aus Metall

8.2 Anforderungen

Bei den meisten industriell gefertigten Baustoffen oder Stoffsystemen erfolgt die Vorgabe von Anforderungen zur Beschaffenheit und Verbundfähigkeit der vorhandenen Untergründe durch den Hersteller im technischen Merkblatt der zu applizierenden Produkte. Hier finden sich neben eventuellen Angaben zum maximal zulässigen Feuchtegehalt gegebenenfalls auch wertmäßige Forderungen zu Mindestwerten der Oberflächen-Abreißfestigkeit.

1B Bauschadensvermeidung

Beim Vollverbund von Massivbaustoffen mit der Erfordernis von Kraftübertragungswirkungen (möglich zum Beispiel bei Beton, Betonersatz, Estrichen und Industriefußböden) werden als Oberflächenabreißfestigkeit vom Untergrund vorwiegend Mittelwerte von min. 1,5 N/mm² und kleinste Einzelwerte über 1,0 N/mm² gefordert.

Wie die nachfolgende Tafel am Beispiel der Instandsetzungsrichtlinie besonders deutlich zeigt, sind Verbundforderungen zum Teil auch sehr differenziert in Regelwerken verankert.

Tafel 1.62: **Verbundanforderungen am Beispiel der Betonbehandlung gemäß DAfStb-Richtlinie Schutz und Instandsetzung von Betonbauteilen (RL SIB 01)**

Schutz- bzw. Instandsetzungsmaßnahme: Örtliche Ausbesserung bzw. flächige Beschichtung	Mindestwerte der Oberflächenzugfestigkeit N/mm²	
	Mittelwert	kleinster Einzelwert
Mörtel und Beton	1,5	1,0
OS 2 (OS B)	0,8	0,5
OS 5 (ohne Feinspachtel) (OS D)	1,0	0,6
OS 4 (OS C), OS 5 (OS D), OS 9 (mit Feinspachtel) (OS E)	1,3	0,8
OS 11 (OS F), OS 13	1,5	1,0

8.3 Taupunktbildung

Während Taupunkt-Zusammenhänge allgemein im Abschnitt Bauphysik beschrieben und berechnet werden, ist ergänzend in Abänderung der dort meist auf Bauteildurchgänge ausgerichteten Sichtweise eine häufig in der Bauphase vernachlässigte Berücksichtigung der Taupunktbildung an zu bearbeitenden Oberflächen hervorzuheben.

Bei vielen der unter Abschnitt 8.1 aufgeführten Anwendungsbeispiele ist eine Überprüfung der Taupunktverhältnisse an den zu bearbeitenden Bauteiloberflächen grundsätzlich anzuraten bzw. in den technischen Merkblättern der Produkthersteller auch ausdrücklich gefordert.

In den meisten Fällen kann von einer ausreichenden Ausführungssicherheit ausgegangen werden, wenn die zur Bearbeitung anstehenden Untergrundflächen eine Oberflächentemperatur aufweisen, die mindestens 3 K (Temperaturunterschied von 3 °C) über der rechnerischen Taupunkttemperatur liegen. Im Kapitel Bauphysik ist eine für die Beurteilung nötige Taupunkttabelle enthalten.

> **Beispiel:** Die Außenrampe eines Einkaufsmarktes soll mit einer Bodenbeschichtung auf Epoxydharzbasis versehen werden. Es herrschen vor Ort folgende Bedingungen:
>
> Lufttemperatur: 15 °C, Luftfeuchte: 75 %, Temperatur der Rampenoberfläche: 9 °C
>
> Gemäß Ablesung in der Taupunkttabelle bildet sich Kondensat unter diesen Bedingungen bereits bei einer Temperatur von 10,6 °C, was bei der ermittelten Bauteiltemperatur von nur 9 °C zur Verschiebung der Arbeiten oder Einhausung/Beheizung des Arbeitsbereiches führen muss.

8.4 Mangelhafte Trocknungsverfahren

Innerhalb der immer häufiger auf kurze Bauzeiten ausgerichteten Bautätigkeit wird auch auf Trocknungsvorgänge zur Beschleunigung der Weiterbehandlungsmöglichkeit von Bauteiloberflächen zurückgegriffen. Allerdings können diese mit Vorteilserwartungen eingesetzten Arbeitsschritte verfahrensbedingt zu erheblichen Negativeffekten auf die

Verbundwirkung führen. Die nachfolgende Tafel führt beispielhaft entsprechende Fehlermöglichkeiten von Trocknungsverfahren auf.

Tafel 1.63: Fehlermöglichkeiten beim Einsatz einfacher Trocknungsverfahren

Druckluft-Trocknung	Beim Einsatz von Druckluftkompressoren ist maßgeblich darauf zu achten, dass die abgegebene Luft öl- und wasserfrei ist, was wesentlich von der Kompressortechnik abhängt und nicht grundsätzlich gegeben ist.
Trocknung mit offener Flamme (Gasbrenner)	Neben möglicherweise entstehenden Materialstörungen im oberflächennahen Bereich wird bei dieser Vorgehensweise eine rasche Oberflächentrocknung erreicht, bei saugfähigen Materialien jedoch tatsächlich nur kurzfristig vorgetäuscht und schnell durch noch gespeicherte Feuchtigkeit ersetzt.
Einsatz von Trocknungsöfen	Vielfach zur einfachen Beheizung von Baustellenbereichen herangezogene Verbrennungsöfen enthalten im Abluftstrom zum Teil noch nennenswerte Mengen an Rußpartikeln oder Ölbestandteilen, welche sich auf vorbereitete und noch zu behandelnde Oberflächen niederschlagen.
Durchführung von künstlichen Belüftungen	Bei der Vornahme intensiver Belüftung (z. B. Einblasen von Frischluft) ist eine Kontrolle von Feuchte und Temperatur der eingebrachten Luft sowie der Oberflächentemperatur der zu trocknenden Bauteiloberflächen unerlässlich, da Kondensatbildungen die Feuchteprobleme sonst auch verstärken können.

Im Gegensatz zu klimatechnisch aufwändigen und geregelt arbeitenden Trocknungsgeräten sind die vorgenannten Verfahrensweisen häufig in Ausführungsunternehmen ohnehin vorhanden. Wie die Anmerkungen jedoch zeigen, kann der hilfsweise Einsatz bei unüberlegter Handhabung trotz Zeit- und Kostenaufwand zu erheblichen Schwierigkeiten führen und die Verbundwirkung der zur Vorbereitung anstehenden Oberflächen/Untergründe zusätzlich abmindern.

9 Ursachenbereich „Personal/Qualifikation"

9.1 Einflussbedeutung

Qualifiziertem Personal kommt im Zusammenhang mit der Vermeidung von Bauschäden eine immense Bedeutung zu, da der prozentual größte Anteil bei Schadenszusammenhängen der Planung und Ausführung von Bauleistungen zuzuschreiben ist [3. Bauschadensbericht].

Während demnach eine breit gefächerte, generalistische Aus- und Weiterbildung wünschenswert wäre, ergeben sich zunehmend Spezialisierungseffekte, welche wiederum zur Erzielung des vollen Bauerfolges eine vermehrte Koordination zwischen den Beteiligten erforderlich machen.

Weiterhin muss unmissverständlich festgehalten werden, dass Qualifikation stets Zeit, unmittelbare Produktivität und auch zusätzlich Geld kostet. Bei angespannter Auftragslage und Personaldisposition werden damit aber gerade die eine gute Qualifizierung anstrebenden Unternehmen, Büros und Institutionen zunächst weiter im Preiswettbewerb benachteiligt.

Innerhalb einer Kosten- und Nutzen-Betrachtung muss der Personalqualifikation langfristig dennoch auch unternehmerisch mit Blick auf die beim Auftreten von Bauschäden allgemein sehr hohe Bereitschaft zu juristischen Auseinandersetzungen eine besondere Rolle beigemessen werden. Durch die prozentual wohl auch künftig nur gering bleibenden Gewinnerwartungen bei Baumaßnahmen muss eine der Hauptzielsetzungen darin bestehen, erbrachte Leistungen nicht nur vollständig abrechnen zu können, sondern diese Einnahmen auch nachträglich nicht durch

Zeit- oder Mittelbereitstellung im Rahmen von Mangelbeseitigungen zu schmälern oder möglicherweise sogar vollständig zu verlieren.

9.2 Häufige Qualifikationsmängel

Die nachfolgende Aufstellung enthält wesentliche Risikoansätze und -Hintergründe zum Einflussspektrum „Personal und Qualifikation". Je nach Schwierigkeitsgrad der Bauaufgabe, kritischer Einschätzung der Baubeteiligten oder der Zeit- und Kostensituation sollten die vorgestellten Kriterien vermehrt in die Auftragsdurchführung einbezogen werden und zur bewussten Aufdeckung von Schwachstellen führen.

Tafel 1.64: Abfragehilfen zur Personalqualifikation

Normen, Regelwerke	Gerade mit Blick auf die laufenden Internationalisierungen sind zum Teil sehr umfangreiche und einschneidende Umbrüche im Regelwerkswesen eingetreten oder noch zu erwarten.
	Abfrage: Liegt für die Bauaufgabe die jeweils zutreffende Regelwerksgeneration vor und hat das eingesetzte Personal (planend, berechnend, bauleitend, ausführend, prüfend) ausreichende Kenntnis von der Handhabung?
Baumaterialien	Die Vielfalt oder Modifikation von Baustoffen und Baustoffsystemen hat erheblich zugenommen und teilweise zu sehr eng umrissenen Einsatzgrenzen geführt. Fachlich Beteiligte haben nicht selten innerhalb der eigenen Ausbildung nie eigene Kenntnisse zu derartigen Anwendungen erlangt. In der Praxis hinzugewonnene Vorstellungen sind oft lückenhaft oder mit Fehlern behaftet.
	Abfrage: Verfügt das eingesetzte Personal über hinreichende Kenntnis/Schulung zur Anwendung der zum Einsatz gelangenden Baustoffe oder Kombinationen?
Neubau/ Instandsetzung	Vermehrt wird zur Erhöhung der Beauftragungsquote sowohl im planenden als auch im ausführenden Bereich wahllos von nahezu reiner Neubauausrichtung auf Bauen im Bestand gewechselt. Ohne ausreichende Qualifikation innerhalb der Zustandserfassung von Bauwerken oder den veränderten Hintergründen von Baustofftechnologie, Bauphysik, Baukonstruktion und Statik ergeben sich möglicherweise jedoch erhebliche Einschätzungsprobleme und Risiken.
	Abfrage: Bestehen verbindliche Vorgaben für Entscheidungswege innerhalb von Planung und Bauausführung ausgerichtet auf qualifiziert vorhandenes und koordinierend tätiges Personal?
Fremdgewerke/ Sonderbereiche	Bei allgemein knapper Auftragslage werden von Auftragnehmern vermehrt auch bisher fremd vergebene Leistungen selbst übernommen. Hierfür sind häufiger jedoch weder die technischen Kenntnisse noch die Erfahrungen in der praktischen Umsetzung ausreichend gegeben.
	Abfrage: Ist der wirtschaftliche Aspekt zur Erbringung von Sonderleistungen mit eigenem Personal zutreffend eingeschätzt und die Maßnahme als „Lernobjekt" hinsichtlich Umfang und Zeitfaktoren wirklich geeignet?
Fachberatung/ Verkauf	In vielen Lieferbereichen des Bauwesens sind fachliche Qualifikationen von Verkaufsorientierungen verdrängt worden. Die Fachberatung wird dabei auch hinsichtlich der juristischen Wertstellung veränderten Regelungen unterworfen und das Risiko der Verantwortlichkeit häufig nahezu vollständig auf den Nutzer oder Anwender verlagert.
	Abfrage: Wird Fachberatung von bauberuflich qualifizierten Beteiligten und in für die jeweilige Maßnahme eindeutig dokumentierter Form abgegeben?

Fortsetzung Tafel 1.64

Sonder-qualifi-kationen	In vielen Bereichen des Bauwesens werden von den innerhalb Planung und Bauausführung tätigen Beteiligten besondere, zum Teil durch gesonderte Anerkennungsnachweise bescheinigte Fachkenntnisse gefordert. Dies beginnt zum Beispiel mit dem Einsatz überwachungspflichtiger Betonsorten, dem Umgang mit Kunststoffen im Bauwesen und reicht bis zur Handhabung von Abfall- und Gefahrstoffen. Die Qualifikationsunterschiede von Planern oder Unternehmen sind gerade in diesen Sonderbereichen besonders auffällig.
	Abfrage: Ist die besondere erforderliche Fachkenntnis der Baubeteiligten gemäß den für die Baumaßnahme anzuwendenden Regelwerken gegeben und gegebenenfalls durch vorhandene Nachweise belegt?
Sprachen-vielfalt	Auf dem Weg zur Internationalisierung wird gerade die Bauausführung durch Mängel in der sprachlichen Verständigung belastet. Neben der häufig nicht durchgängig vorhandenen Mitteilungsmöglichkeit ergeben sich dabei zur Zeit Fehlermöglichkeiten auch durch nicht direkt vergleichbares Wissen aus Ausbildung oder Vorschriftenwesen.
	Abfrage: Bestehen im Unternehmen und auch in der jeweils betroffenen Arbeitsgruppe verbindliche und funktionsfähige Ablaufvorgaben für die sprachliche Vermittlung von Informationen und Anweisungen?
Gutachter/ Sach-verständige	Zunächst ist festzuhalten, dass beide Bezeichnungen nicht geschützt sind und daher noch nichts über die Qualifikation aussagen. Erst der eindeutige Hinweis auf eine Bestellungskörperschaft und die Angabe eines Sachgebietes helfen dem Nutzer auf der Suche nach kompetenter Unterstützung.
	Abfrage: Ist der Sachverständige von einer Bestellungskörperschaft (Industrie- und Handelskammer, Handwerkskammer, Ingenieurkammer o. Ä.) für das interessierende Sachgebiet öffentlich bestellt und vereidigt worden?

Wie die Informationen der Tafel und die aufgestellten Fragen verdeutlichen, kommt der personellen Qualifikation von Baubeteiligten gerade auch mit Blick auf die Vermeidung von Bauschäden eine außerordentlich vielfältige Rolle zu. Leider wird gerade das hieraus ableitbare Absicherungspotenzial aus Unkenntnis oder aber auch bewusst (zum Beispiel zur Erzielung von Kostenminimierungen) von den jeweils beauftragenden Stellen nicht konsequent genutzt. Gerade aber diese systematischen Unterlaufungen von zur Qualitätsverbesserung dienenden Anforderungen an personelle Fachkompetenz erhöhen das Bauschadensrisiko und erschweren zudem kompetent besetzten Büros oder Unternehmen den mit den vorgegebenen Regelungen eigentlich gewollten Beauftragungszugang. Gerade bezüglich der letzten Aussage muss deutlich darauf hingewiesen werden, dass ein Fehlen von zu fordernder Personalkompetenz im Schadens- und Streitfall auch auf die jeweils baufachlich beteiligten Beauftragungsstellen zurückwirkt.

Böttcher

Sanierung von Holz- und Steinkonstruktionen
Befund, Beurteilung, Maßnahmen, Umbauten

2008. 292 Seiten.
17 x 24 cm. Gebunden.
EUR 59,–
ISBN 978-3-89932-165-4

Autor:
Dipl.-Ing. Detlef Böttcher ist öffentlich bestellter und vereidigter Sachverständiger für konstruktive Denkmalpflege sowie für Tragwerke des Holz- und Mauerwerkbaus (Statik und Konstruktion).

Dieses Buch bietet umfassende Angaben zum Vorgehen im Befund, der Beurteilung und den Ursachen von Problemen und deren Lösung im Gesamtzusammenhang der Bauteile eines Gebäudes.

Durch den Rückschluss der vorhandenen Schäden (Risse, Verformungen, Verrottungen usw.) auf die Ursachen ist eine genaue Beurteilung möglich und die meisten Maßnahmen können als Reparaturen ausgeführt werden. Die Erfahrungen aus über 500 Projekten in der über 20-jährigen Tätigkeit des Verfassers sind in die Lösungen zur Denkmalerhaltung und Sanierung eingeflossen.

Aus dem Inhalt
- Erhaltung und Sanierung historischer Bauten seit 1800
- Definitionen, Rechenansätze, Bezeichnungen
- Befund
- Ursachen
- Holzkonstruktionen:
  – Materialwerte
  – Dächer
  – Decken
  – Unterzüge
  – Fachwerk
  – Gründungen
- Steinkonstruktionen:
  – Materialwerte
  – Gewölbe, Bögen
  – Wände, Säulen
  – Gründung
- Nutzungsänderungen, Abstützungen:
  – Dächer
  – Decken
  – Wände
  – Keller
  – Gründungen

Bauwerk www.bauwerk-verlag.de

2 Baukonstruktion, Glasbau, Befestigungstechnik

		Seite
2A	Baukonstruktion Neubau	2.1
2B	Baukonstruktion Altbau	2.27
2C	Baukonstruktion Ausbau	2.49
2D	Glasbau	2.83
2E	Konstruktive Details in der Befestigungstechnik (siehe beiliegende CD)	2.113

2A Baukonstruktion Neubau

Prof. Dr.-Ing. Bernhard Weller, Dipl.-Ing. Ulrich Koenitz

Inhaltsverzeichnis

		Seite
1	**Baugruben**	2.3
1.1	Geböschte Baugruben	2.3
1.2	Verbaute Baugruben	2.3
2	**Gründungen**	2.3
2.1	Grundlagen	2.3
2.2	Streifenfundamente	2.3
2.3	Einzelfundamente	2.4
2.4	Plattenfundamente	2.4
3	**Abdichtungen**	2.5
3.1	Grundlagen	2.5
3.2	Beanspruchungen	2.5
4	**Wände**	2.9
4.1	Grundlagen	2.9
4.2	Außenwände	2.9
4.3	Innenwände	2.10
5	**Fenster und Türen**	2.11
5.1	Fenster	2.11
5.2	Türen	2.12
6	**Putze**	2.13
7	**Fassadenbekleidungen**	2.13
8	**Decken**	2.14
8.1	Holzdecken	2.14
8.2	Massivdecken	2.14
8.3	Verbunddecken	2.15
9	**Fußbodenaufbauten**	2.16
10	**Treppen**	2.17
11	**Balkone**	2.19
12	**Geländer**	2.20

13	**Geneigte Dächer**	2.21
13.1	Dachformen	2.21
13.2	Dachtragwerke	2.21
13.3	Dachdeckungen	2.22
13.4	Dachausbau	2.22
14	**Flachdächer**	2.23
14.1	Grundlagen	2.23
14.2	Abdichtungen für Fugen und Anschlüsse	2.24
14.3	Dachbegrünungen	2.24
15	**Schornsteine**	2.25

Vorbemerkungen

Die Ausführungen zu Baukonstruktionen für neu zu errichtende Gebäude beinhalten eine Übersicht der grundlegenden Konstruktionen. Exemplarisch sind spezielle Ausbildungen detailliert dargestellt. Die Gliederung nach Bauteilen sowie der Inhalt der einzelnen Gliederungspunkte sind nicht als vollständige Zusammenstellungen zum Thema zu betrachten. Für die Planung von Gebäuden sind die Anforderungen der Normen und der jeweiligen Landesbauordnung zu berücksichtigen. Weiterführende Literatur ist am Ende des Buches in einem gesonderten Abschnitt angegeben.

1 Baugruben

1.1 Geböschte Baugruben

In Abhängigkeit von den Platzverhältnissen auf dem Baugrundstück, der Gründungstiefe und den Baugrundverhältnissen wird die Ausbildung der Baugrube festgelegt. Geböschte Baugruben stellen in der Regel wirtschaftliche Lösungen dar, da kostenintensive Verbauten nicht erforderlich werden. Die Größe des Böschungswinkels ist von der Bodenart abhängig.

DIN 4124
Material ist in einer Entfernung von ≥ 0,60 m hinter der Böschungskante zu lagern.
Der Arbeitsraum zwischen der Baugrubenbegrenzung und der Außenseite des Bauwerks bzw. der Schalung muss ≥ 0,50 m betragen.

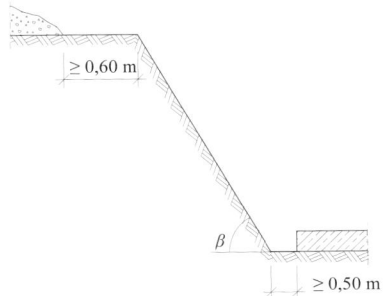

Böschungswinkel β
≤ 45° bei nichtbindigen Böden, weichen bindigen Böden
≤ 60° bei mindestens steifen bindigen Böden
≤ 80° bei Fels

Bei Überschreitung der angegebenen Böschungswinkel oder bei Böschungshöhen > 5,00 m ist die Standsicherheit geböschter Wände rechnerisch nachzuweisen.

Abb. 2.3a: Baugrube mit Böschung

1.2 Verbaute Baugruben

Ist die Böschung einer Baugrube nicht möglich, müssen die Begrenzungsflächen gestützt und gesichert werden. Diese Verbaukonstruktionen werden in der Regel senkrecht ausgebildet und können bei Bedarf im Erdreich verankert werden.

Verbauarten (siehe auch Abschnitt Geotechnik):
- Trägerbohlwände
- Spundwände
- Bohrpfahlwände
- Schlitzwände
- Injektionswände
- Bodenvernagelung

2 Gründungen

2.1 Grundlagen

Fundamente übertragen die Lasten des Bauwerks auf den Baugrund. Die Grundfläche der Fundamente muss so bemessen sein, dass der maximal zulässige Sohldruck des Baugrunds nicht überschritten wird.

DIN 1054

Um die Standsicherheit und die Nutzungsfähigkeit eines Gebäudes zu gewährleisten, ist eine frostsichere Gründung unbedingt erforderlich. In Deutschland liegt die Frostgrenze i. d. R. bei 0,80 m bis 1,20 m Tiefe. In den meisten Gebieten ist ein Durchfrieren des Bodens nur bis 0,80 m unter Oberkante Gelände zu erwarten, so dass ein entsprechend tief geführtes Fundament keine Hebungen und Senkungen infolge gefrorenen Bodens erfährt.

2.2 Streifenfundamente

Durchgehende Wände werden auf Streifenfundamenten, welche in Bezug zur aufgehenden Wand in der Regel breiter angelegt sind, gegründet. Um eine Lastverteilung über die gesamte Fundamentgrundfläche zu gewährleisten, ist die Ausbildung als bewehrtes Betonfundament sinnvoll.

Bei außermittiger Belastung eines Streifenfundamentes kann das entstehende Biegemoment durch eine anschließende Bodenplatte aufgenommen werden.

Abb. 2.3b: Streifenfundament ohne und mit Bodenplattenanschluss

2.3 Einzelfundamente

Bei Tragwerken mit einzeln stehenden Stützen ist es sinnvoll punktuelle Fundamente anzuordnen. Einzelfundamente werden in der Regel in Stahlbeton mit einer relativ großen Auflagerfläche hergestellt.

Einzelfundament mit eingespannter Ortbetonstütze: Lage und Übergreifungslänge der Anschlussbewehrung unter Beachtung der erforderlichen Betondeckung berücksichtigen.

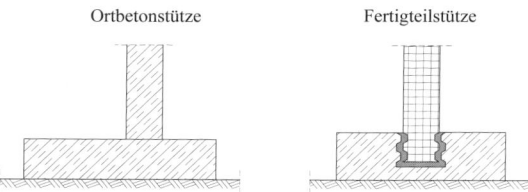

Ortbetonstütze   Fertigteilstütze

Abb. 2.4a: Einzelfundamente

Blockfundament mit Fertigteilstütze: Die Fuge zwischen Stütze und Hülse (strukturierte Bauteiloberflächen) muss kraftschlüssig ausbetoniert werden.

Die Abtreppung von Fundamenten sowie die Ausbildung von Köcherfundamenten werden aufgrund des hohen Schalungsaufwandes nur noch selten angewandt.

Als Hülsen werden in Blockfundamenten vorgefertigte Aussparungskörper aus profiliertem Blech verwendet, eine ausreichende Auftriebssicherung ist bis zum Aushärten des Betons unbedingt erforderlich.

2.4 Plattenfundamente

Sehr große Gebäudelasten, die Ausbildung einer Weißen Wanne oder die Optimierung des Schal- und Bewehrungsaufwandes sowie der Erdarbeiten sind Gründe für die Ausführung von Plattengründungen. Verbleiben bei der Abtragung von Lasten über Streifen- und Einzelfundamente nur noch wenige fundamentfreie Flächen unter dem Bauwerk, ist die Herstellung einer Fundamentplatte sinnvoll.

Das Verstärken von Fundamentplatten durch Vergrößerung der Plattendicke unter Bauteilen mit sehr großer Belastung (Stützen, aussteifende Wandscheiben, Kerne) ist für die Vermeidung von Spannungsspitzen von erheblicher Bedeutung, damit wird eine gleichmäßigere Lastverteilung auf den Baugrund erzielt.

Aus bauphysikalischen Gesichtspunkten können waagerechte Dämmschichten aus druckfesten Materialien auch unter der Fundamentplatte angeordnet werden.

Liegt die Unterkante der Plattengründung nicht im frostfreien Bereich (z. B. keine Unterkellerung), ist eine Frostschürze im Randbereich der Platte anzuordnen. Bodenfeuchtigkeit kann somit nicht seitlich unter die Platte gelangen und bei Durchfrieren des Bodens Hebungen verursachen.

Der Einbau einer Perimeterdämmung erhöht die Frostsicherheit bei aufsteigender Feuchtigkeit.

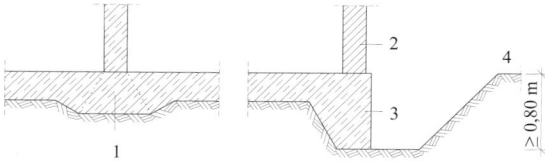

Abb. 2.4b: Fundamentplatte

1 Fundamentplattenverstärkung
2 Außenwand
3 Frostschürze
4 Oberkante Gelände

Bewehrte Fundamente werden in der Regel auf einer ca. 5 cm dicken Betonsauberkeitsschicht hergestellt.

Streifenfundamente, Einzelfundamente und Plattenfundamente bezeichnet man als Flachgründungen.

Stehen tragfähige Bodenschichten erst in größerer Tiefe an, ist es erforderlich, besondere Gründungskonstruktionen auszubilden, welche die Lasten sicher in die tiefer liegenden Bereiche abtragen. Tiefengründungen können als Pfahlgründungen (Bohrpfähle, Rammpfähle) oder als Senkkastengründungen ausgeführt werden.

In Fundamente der Außenwände bzw. im Randbereich vor Plattengründungen sind Fundamenterder als geschlossener Ring nach VDE-Vorschrift aus verzinktem Bandstahl 30 x 3,5 bzw. 26 x 4 mm (hochkant) oder aus verzinktem Rundstahl einzubauen (Betondeckung ≥ 5 cm). Im Bereich eines Technikraumes ist ein 1,50 m langer Anschluss hoch zu führen.

3 Abdichtungen

3.1 Grundlagen

Abdichtungen sollen Bauwerke vor eindringender Feuchtigkeit wirksam schützen. Kenntnisse über die Geländeform, die Bodenart (Wasserdurchlässigkeit), den Bemessungswasserstand und die Nutzung des Bauwerks sind für die Planung der Abdichtungen von Bedeutung.

Der Untergrund für Abdichtungen muss eben, fest, frei von Nestern, klaffenden Rissen und Graten, frostfrei, trocken sowie ohne Verunreinigungen sein. Gegebenenfalls sind Voranstriche notwendig.

Abdichtungen gegen von innen drückendes Wasser sind nicht Gegenstand dieses Abschnitts.

3.2 Beanspruchungen

Tafel 2.6. enthält die erforderlichen Abdichtungen in Abhängigkeit der Wasserbeanspruchung und der Einbausituation. In den abgebildeten Ausführungsbeispielen werden exemplarisch Abdichtungen gegen Bodenfeuchte, nichtstauendes Sickerwasser und drückendes Wasser dargestellt.

Stark durchlässiger Boden, Abdichtung gegen Bodenfeuchte und nichtstauendes Sickerwasser (DIN 18195-4):

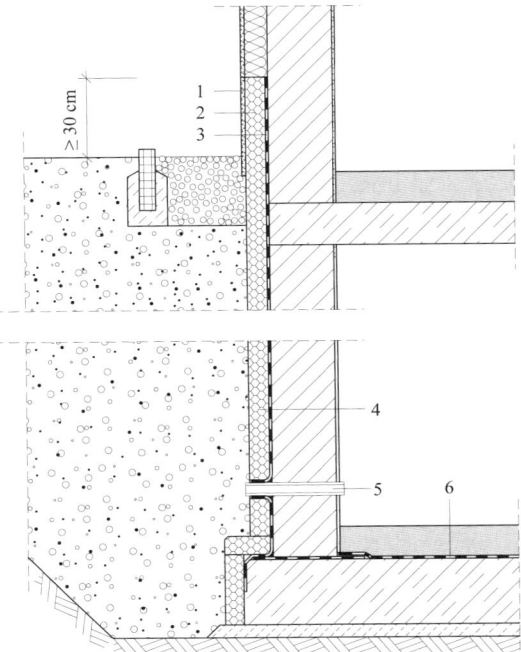

Abb. 2.5: **Abdichtung gegen Bodenfeuchte und nichtstauendes Sickerwasser**

DIN 18195 (08.2000)

Alle erdberührten Wände sind bis 30 cm über Gelände an den Außenflächen gegen Feuchtigkeit abzudichten. Fußbodenbereiche auf Bodenplatten erhalten eine Abdichtung gegen aufsteigende Feuchtigkeit.

Baupraktisch haben sich kunststoffmodifizierte Bitumendickbeschichtungen (KMB, 3 bis 5 mm dick) für vertikale Abdichtungen bewährt. Bei großen Flächen ist teilweise der Einbau von Abdichtungsbahnen wirtschaftlicher.

Für horizontale Abdichtungen eignen sich Bitumenschweißbahnen (4 bis 5 mm dick) und Kunststoffbahnen besonders.

Im Spritzwasserbereich von ungedämmtem Mauerwerk kommt meistens ein Sperrputz auf einer mineralischen Dichtungsschlämme zur Anwendung. Ist im Sockelbereich eine Dämmung vorhanden, sind bituminöse Abdichtungen unterhalb einer Sockeldämmplatte sinnvoll.

1 Sockelputz (Sperrputz)
2 Sockeldämmplatte
3 Abdichtung (z. B. KMB)
4 Perimeterdämmung
5 Anschluss Rohrdurchführung (abgedichtetes Hüllrohr)
6 Abdichtung (z. B. Bitumenschweißbahn)

Abdichtungen müssen wirksam vor Beschädigungen geschützt werden (z. B., Perimeterdämmplatten, Noppenbahnen).

Vor- und Rücksprünge sind in Abdichtungsbereichen auf die unbedingt notwendige Anzahl zu beschränken.

Bauteilkanten müssen gefast und Übergänge zu vorspringenden Konstruktionen ausgerundet (Hohlkehle) sein. An Durchdringungen sind Abdichtungen ebenfalls hohlkehlenartig anzuarbeiten.

Tafel 2.6: Zuordnung der Abdichtungen nach DIN 18195 zu Wasserbeanspruchung und Einbausituation

Nr.	1	2	3	4	5	6
1	Bauteilart	Wasserart	Einbausituation		Art der Wassereinwirkung	Erforderliche Abdichtung nach
2	Erdberührte Wände und Bodenplatten oberhalb des Bemessungswasserstandes	Kapillarwasser Haftwasser Sickerwasser	stark durchlässiger Boden [8)] > 10^{-4} m/s		Bodenfeuchte und nichtstauendes Sickerwasser	DIN 18195-4
3			wenig durchlässiger Boden [8)] < 10^{-4} m/s	mit Dränung [1)]		
4				ohne Dränung [2)]	aufstauendes Sickerwasser	9 von DIN 18195-6
5	Waagerechte und geneigte Flächen im Freien und im Erdreich; Wand- und Bodenflächen in Nassräumen [3)]	Niederschlagswasser Sickerwasser Anstaubewässerung [4)] Brauchwasser	Balkone u. ä. Bauteile im Wohnungsbau Nassräume [3)] im Wohnungsbau [6)]		nichtdrückendes Wasser, mäßige Beanspruchung	8.2 von DIN 18195-5
6			genutzte Dachflächen [5)] intensiv begrünte Dächer [4)] Nassräume (ausgenommen Wohnungsbau) [6)] Schwimmbäder [7)]		nichtdrückendes Wasser, hohe Beanspruchung	8.3 von DIN 18195-5
7			nicht genutzte Dachflächen, frei bewittert, ohne feste Nutzschicht, einschließlich Extensivbegrünung		nichtdrückendes Wasser	DIN 18531
8	Erdberührte Wände, Boden- und Deckenplatten unterhalb des Bemessungswasserstandes	Grundwasser Hochwasser	jede Bodenart, Gebäudeart und Bauweise		drückendes Wasser von außen	8 von DIN 13195-6
9	Wasserbehälter, Decken	Brauchwasser	im Freien und in Gebäuden		drückendes Wasser von innen	DIN 18195-7

[1)] Dränung nach DIN 4095
[2)] Bis zu Gründungstiefen von 3 m unter Geländeoberkante, sonst Zeile 8
[3)] Nassraum: Innenraum, in dem nutzungsbedingt Wasser in solcher Menge anfällt, dass zu seiner Ableitung eine Fußbodenentwässerung erforderlich ist. Bäder im Wohnungsbau ohne Bodenablauf zählen nicht zu den Nassräumen.
[4)] Bis etwa 10 cm Anstauhöhe bei Intensivbegrünungen
[5)] Beschreibung siehe 7.3 von DIN 18195-5: hoch beanspruchte Flächen (s. S. 2.8)
[6)] Beschreibung siehe 7.2 von DIN 18195-5: mäßig beanspruchte Flächen (s. S. 2.8)
[7)] Umgänge, Duschräume
[8)] Siehe DIN 18130-1: Bestimmung des Wasserdurchlässigkeitsbeiwerts; siehe auch Abschnitt 6 Geotechnik dieses Buches, Tafel Bodenkennwerte

Abdichtungen

Wird bei wenig durchlässigem Boden eine Dränung ausgeführt, ist eine Abdichtung gegen Bodenfeuchte und nichtstauendes Sickerwasser möglich (DIN 18195-4):

Ist der Einbau einer Dränung nicht möglich, muss bei wenig durchlässigen Böden gegen zeitweise aufstauendes Sickerwasser nach Teil 6 der DIN 18195 abgedichtet werden (s. S. 2.8).

Abdichtungen gegen zeitweise aufstauendes Sickerwasser können bei Gründungstiefen bis 3 m unter OK Gelände ausgeführt werden, wobei die Unterkante der Kellersohle mindestens 30 cm über dem Bemessungswasserstand liegen muss.

Der Bemessungswasserstand ist der höchste ermittelte Grundwasserstand und im Einzugsbereich von Gewässern der höchste Hochwasserstand.

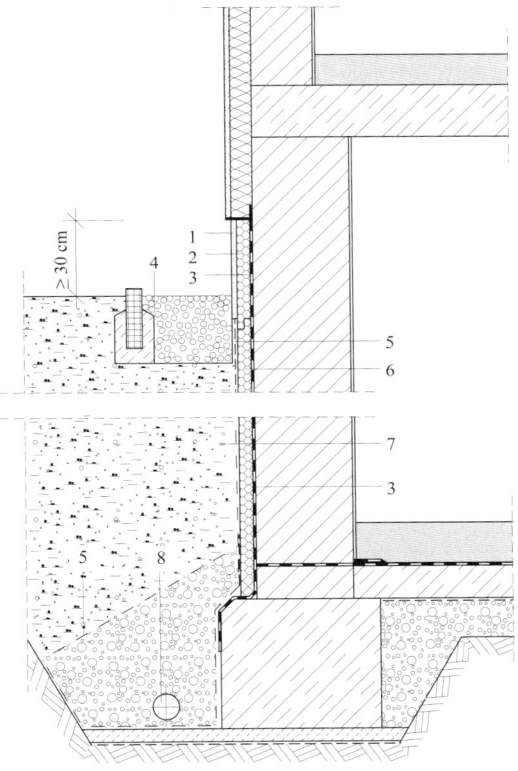

1 Sockelputz (Sperrputz)
2 Sockeldämmplatte
3 Abdichtung (z. B. KMB)
4 Sickerstreifen Grobkies mit Randeinfassung (Betonbord) in Beton
5 Filtervlies
6 Sickerschicht (Dämmung)
7 Auffüllung mit Bodenaushub (bindiger Boden)
8 Sickerpackung Grobkies oder Splitt 8/16 mit Dränrohr DN 100

Überlappungen von Abdichtungen:
≥ 10 cm allgemein,
≥ 20 cm bei waagerechten Abdichtungen in oder unter Wänden.

Abb. 2.7a: Außenwand mit Dränung

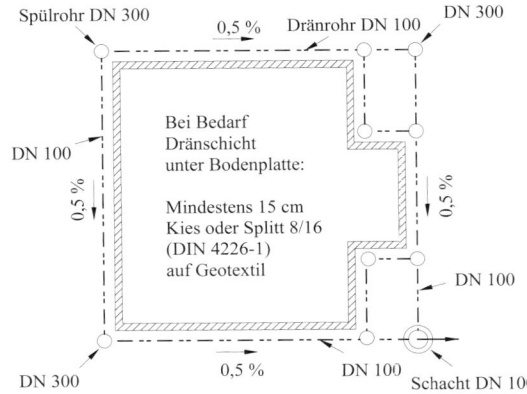

Abb. 2.7b: Anordnung von Dränleitungen im Grundriss, Beispiel

Dränung: DIN 4095

Der Rohrgraben darf nicht tiefer als die Fundamentsohle angeordnet sein, bei Bedarf sind die Fundamente tiefer zu planen. Die Rohrsohle muss am Hochpunkt mindestens 20 cm unter Oberfläche der Rohbodenplatte liegen, in keinem Fall darf der Rohrscheitel höher als OK Rohbodenplatte sein.

Funktionen der Dränschicht (Filterschicht und Sickerschicht) sowie der Perimeterdämmung werden häufig in einer Platte kombiniert.

Filtervliese müssen an Stößen mindestens 10 cm überlappen.

Die Wasserableitung ist in baulicher, ökologischer und wasserrechtlicher Hinsicht zu prüfen.

2.7

Abdichtungen gegen von außen drückendes Wasser und zeitweise aufstauendes Sickerwasser, DIN 18 195-6:

Die Abdichtung muss bei diesen Beanspruchungen das Bauwerk auf der dem Wasser zugekehrten Seite allseitig umschließen oder eine geschlossene Wanne bilden.

Bei stark durchlässigem Boden (siehe Tafel 2.6) ist eine wasserdruckhaltende Abdichtung mindestens 30 cm über den Bemessungswasserstand zu führen.

Bei wenig durchlässigem Boden muss eine wasserdruckhaltende Abdichtung bis 30 cm über OK Gelände reichen.

Mehrlagige Abdichtungen gegen drückendes Wasser erfordern eine sehr hohe Herstellungssorgfalt und umfangreiche Schutzmaßnahmen.

Drückendes Wasser von außen, DIN EN 206-1, DIN 1045-2 (07.2001), Grundwasserabsenkung während der Bauzeit:

DIN 18195 Teil 6
Abdichtungen gegen zeitweise aufstauendes Sickerwasser:
KMB in zwei Arbeitsgängen mit Verstärkungseinlage und Trockenrohdichte ≥ 4 mm oder Bahnenabdichtungen in 1 bzw. 2 Lagen.

Abdichtungen gegen drückendes Wasser:
Nur Bahnenabdichtungen (keine Bitumenschweißbahnen) verwenden, die Anzahl der Lagen ist abhängig von der Eintauchtiefe, dem Material und der Art der Einlage.

Eine alternative Abdichtungsform gegen drückendes Wasser ist die Ausführung mit wasserundurchlässigem Stahlbeton, sie wird als Weiße Wanne bezeichnet.

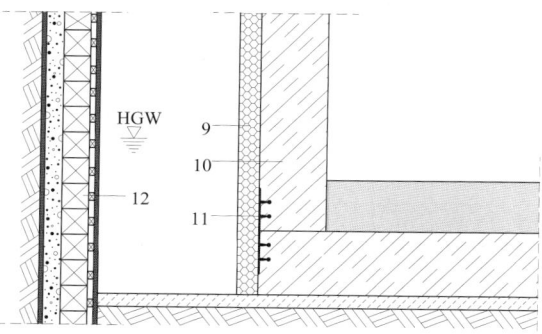

9 Perimeterdämmung
10 Stahlbetonaußenwand
11 Fugenband
12 Trägerbohlverbau

Wasserundurchlässiger Beton und eine sorgfältige Beschränkung der Rissbreiten im Rahmen der Standsicherheitsnachweise sind für Weiße Wannen erforderlich.

Die Abdichtung der Arbeitsfuge erfolgt mit außenliegendem oder innenliegendem Fugenband.

Abb. 2.8: Drückendes Wasser, Abdichtung mit Weißer Wanne

Abdichtungen gegen nichtdrückendes Wasser auf Deckenflächen und in Nassräumen, DIN 18195 Teil 5:

Mäßig beanspruchte Flächen:
- Balkone und ähnliche Flächen im Wohnungsbau;
- unmittelbar spritzwasserbelastete Fußboden- und Wandflächen in Nassräumen des Wohnungsbaus - soweit sie nicht durch andere Maßnahmen, deren Eignung nachzuweisen ist, hinreichend gegen eindringende Feuchtigkeit geschützt sind.

Hoch beanspruchte Flächen:
- Dachterrassen, intensiv begrünte Flächen, Parkdecks, Hofkellerdecken und Durchfahrten, erdüberschüttete Decken;
- durch Brauch- und Reinigungswasser stark beanspruchte Fußboden- und Wandflächen in Nassräumen wie: Umgänge in Schwimmbädern, öffentliche Duschen, gewerbliche Küchen u. a. gewerbliche Nutzungen.

Bei Abdichtungen auf Dämmschichten nur geeignete und druckfeste Dämmstoffe verwenden.

Abdichtungen von Decken überschütteter Bauwerke sind mindestens 20 cm bis unter die Fuge zwischen Decke und Wand zu ziehen.

DIN 18195 Teil 5
Abdichtungen für mäßige Beanspruchungen:

Mindestens 1 Lage Abdichtungsbahn oder KMB in zwei Arbeitsgängen mit Trockenrohdichte ≥ 3mm und Gewebeverstärkungen an Kehlen und Kanten.

Abdichtungen für hohe Beanspruchungen:

Mindestens 2 Lagen bei Bitumen- und Polymerbitumenbahnen oder mindestens 1 Lage bei Kunststoff- und Elastomer-Dichtungsbahnen.

An höher führenden angrenzenden Bauteilen sind waagerechte oder schwach geneigte Abdichtungen im Regelfall mindestens 15 cm über Oberkante Schutzschicht, Belag oder Überschüttung hochzuführen und zu befestigen. Im Einzelfall sind Abweichungen bei Anwendung besonderer Maßnahmen möglich (siehe Punkt 9).

4 Wände

4.1 Grundlagen

Grundsätzlich werden tragende und nichttragende Wände unterschieden. Tragende Konstruktionen (Außen- sowie Innenwände) können aus Mauerwerk, Holz, Beton oder Stahlbeton hergestellt werden. Bei Mauerwerkswänden, sie können auch bewehrt sein, sind Mauerwerksverbände und Überbindemaße besonders zu beachten.

Exemplarisch werden im Rahmen dieses Kapitels für Außenwände nur gemauerte Konstruktionen sowie für Innenwände nur Trockenbauvarianten dargestellt.

4.2 Außenwände

Neben Standsicherheit und Gebrauchstauglichkeit ist der Wärmeschutz bei Außenwänden besonders wichtig. Wärmebrücken sind zu vermeiden bzw. zu minimieren. Luftdichtigkeit wird in der Regel mit Innenputz ohne Fehlstellen erreicht.

DIN 1053
DIN 1045-1 bis 4 (07.2001)
DIN V 18559 (12.1988)
DIN 4102
DIN 18516

Die Verwendung von Leichtmörtel und Leichtputz erhöht bei gemauerten Wänden den Wärmedämmwert der gesamten Konstruktion. Im Stoßfugenbereich verzahnte Ziegel bzw. Steine ermöglichen eine mörtelfreie Fugenausbildung. Der Einsatz von Planziegeln bzw. Plansteinen mit einer Maßgenauigkeit von ± 1 mm bezüglich der Elementhöhe erfolgt mit Dünnbettmörtel.

Mit diesen konstruktiven Lösungen werden Wärmebrücken reduziert, der Mörtelverbrauch verringert und die Produktivität gesteigert.

Bei der Ausführung von Wärmedämmverbundsystemen sind ausschließlich Systeme mit Zulassungen, d. h. alle Komponenten von einem System, zu verwenden.

Dämmplatten können mit mineralischem Kleber oder mit Dübeln an der tragenden Wand befestigt werden, die Auswahl ist vom jeweiligen System und von der Gebäudehöhe abhängig.

Die Anforderungen an die Brennbarkeit der verwendeten Baustoffe sind zu beachten.

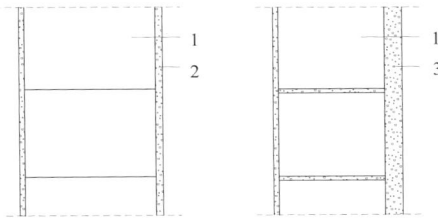

Abb. 2.9a: Einschalige Außenwände

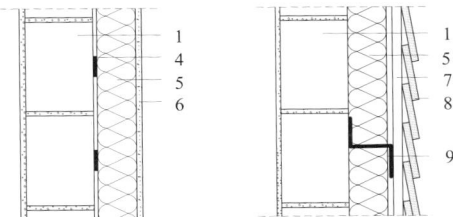

Abb. 2.9b: Einschalige Außenwände mit Dämmung

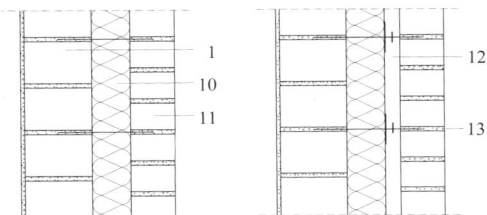

Abb. 2.9c: Zweischalige Außenwände

1 Mauerwerk
2 Außenputz
3 Wärmedämmputz
4 Mineralischer Kleber
5 Wärmedämmung
6 Außenputz, armiert
7 Lattung mit Hinterlüftung
8 Bekleidung
9 Unterkonstruktion
10 Kerndämmung
11 Vormauerschale
12 Luftschicht
13 Edelstahldrahtanker mit Anpressteller und Abtropfscheibe

4.3 Innenwände

Konstruktionen für Innenwände können in Massivbau- oder Leichtbauweise hergestellt werden. Nachstehend sind mögliche Ausführungsformen von Trockenbauwänden dargestellt.

Ständerwandsysteme sind nichttragende Montagewände mit Unterkonstruktionen aus Stahlblechprofilen oder Kanthölzern und oberflächenbildenden Beplankungen. Vorsatzschalen besitzen ebenfalls eine Unterkonstruktion, welche freistehend oder an einer dahinterliegenden Wand direkt befestigt ist. Als Beplankungen werden in der Regel Gips- oder Holzwerkstoffplatten verwendet. Vorsatzschalen werden häufig bei zusätzlichen bauphysikalischen Anforderungen (Wärme-, Schall-, Brandschutz) vorgesehen.

Einfachständerwände bestehen aus einer Unterkonstruktion und einer beidseitigen ein- oder mehrlagigen Beplankung.

DIN 4103
DIN 18183

1 CW-Ständerprofil
2 Hohlwanddose
3 Gipskartonbeplankung
4 Kantenschutzprofil
5 Kunststoffgewebe mit Spachtelung
6 Trennfuge im Estrich
7 Akustisch dichte Fuge

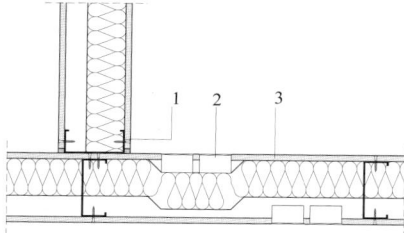

Abb. 2.10a: Einfachständerwand (Horizontalschnitt)

Doppelständerwände bestehen aus zwei parallelen Ständerreihen, die jeweils einseitig ein- oder mehrlagig beplankt sind. Die Ständer können in einem Abstand zueinander stehen, versetzt angeordnet oder über einen weichfedernden Filzstreifen miteinander verbunden sein.

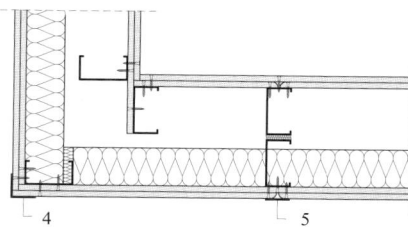

Abb. 2.10b: Doppelständerwand (Horizontalschnitt)

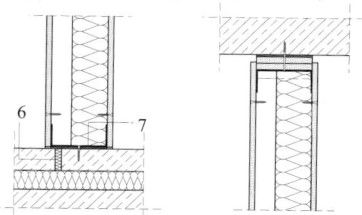

Abb. 2.10c: Boden- und Deckenanschluss (Vertikalschnitte)

Einbau Hohlwanddosen:
- Steck- und Schalterdosen dürfen bei raumabschließenden Wänden nicht unmittelbar gegenüber liegen (Versatz),
- Brandschutztechnisch notwendige Dämmschichten hinter Dosen mindestens 3 cm.

Wandanschluss:
Durchlaufende Beplankung nur bei geringen Schallschutzanforderungen verwenden.
Verbesserung Schallschutz:
- getrennte Ständer,
- mehrlagige Beplankungen (Stöße versetzen).

Doppelte Beplankungen erhöhen die Steifigkeit und verringern die Rissbildung. Weiterhin erbringen sie Vorteile hinsichtlich Brand- und Schallschutz.

Freie Wandecken sind stets mit eingespachtelten Kantenschutzprofilen zu schützen.

Bodenanschluss:
Im schwimmenden Estrich muss eine akustisch wirksame Trennfuge angeordnet werden. Bei sehr hohen Schallschutzanforderungen ist die Unterbrechung des Estrichs notwendig.

Deckenanschluss:
Bei Brandschutzanforderungen müssen die Tragprofile geschützt eingebaut werden.
Deckendurchbiegung > 1 cm erfordert einen gleitenden Anschluss am Wandkopf.

5 Fenster und Türen

5.1 Fenster

Bewegungsrichtung und Öffnungsarten von Fenstern werden in Bauzeichnungen mit nachfolgender Symbolik dargestellt. Durchgehende Symbollinien verwendet man für die Bewegung des Flügels in Richtung des Betrachters, gestrichelte Linien zeigen die Bewegung des Flügels weg vom Betrachter.

DIN EN 12519
DIN 18056

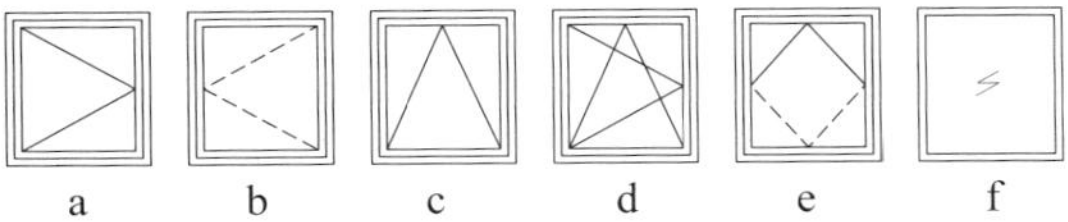

a/b Drehflügel
c Kippflügel
d Drehkippflügel
e Schwingflügel
f Festverglasung

    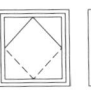 

a b c d e f

Abb. 2.11a: Öffnungsarten von Fenstern

Die Ausführungen dieses Abschnitts beschränken sich auf Anschlüsse in einschaligen Außenwänden mit WDVS.

Bei Neubauten werden Fensteröffnungen in der Regel ohne Anschlag ausgebildet. Die Fenster können entsprechend den gestalterischen Vorgaben außenbündig, innerhalb des Wandquerschnittes oder innenbündig angeordnet werden.

Bezüglich der möglichen Einbauebenen ist zu beachten, dass bei einschaligen Wänden ohne Wärmedämmung der Einbau (zur Vermeidung von Tauwasserbildung an den inneren Leibungsflächen) im mittleren Wandbereich erfolgen sollte.

Bei äußerer Wärmedämmung, wie in den Abbildungen gezeigt, kann der Einbau jedoch fluchtrecht mit der Außenseite des Mauerwerks erfolgen.

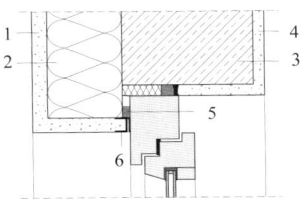

Abb. 2.11b: Oberer Fensteranschluss (Vertikalschnitt)

Zur Montage werden die Blendrahmen in den Wandöffnungen verkeilt und anschließend mit Bandeisen oder Rahmendübeln in der Fensterlaibung befestigt.

Die Befestigungsabstände dürfen bei Holz- und Leichtmetallfenstern 80 cm und bei Kunststofffenstern 70 cm nicht überschreiten.

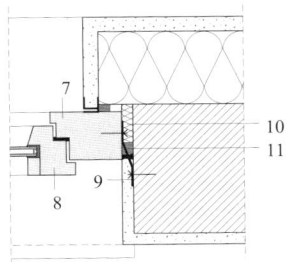

Abb. 2.11c: Seitlicher Fensteranschluss (Horizontalschnitt)

1 Außenputz
2 Wärmedämmung
3 Sturz (Stahlbeton)
4 Innenputz
5 Vorkomprimiertes Dichtband
6 Putzanschlussprofil
7 Blendrahmen
8 Flügelrahmen
9 Befestigung mit Bandeisen und Dübeln
10 Fugenfüllung
11 Abdichtung (Dichtstoff auf Hinterfüllung)
12 Dichtungsbahn
13 Sicherung gegen Abheben durch Wind
14 Dämmstoff
15 Leichtmetallfensterbank

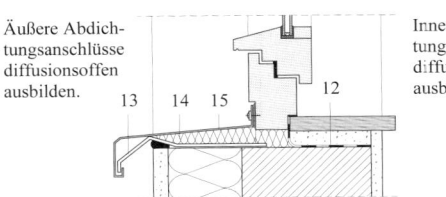

Äußere Abdichtungsanschlüsse diffusionsoffen ausbilden.

Innere Abdichtungsanschlüsse diffusionsdicht ausbilden.

Abb. 2.11d: Unterer Fensteranschluss (Vertikalschnitt)

2.11

5.2 Türen

Für die Ausbildung von Türen gibt es eine Vielzahl unterschiedlicher Kriterien:

Lage und Funktion im Gebäude (Haustürgangstüren, Wohnungsabschlusstüren, Feuerschutztüren, Innentüren), Flügelzahl (ein- oder zweiflügelig), Öffnungsrichtung, Öffnungsart.

Türen müssen der Gesamtheit der gestalterischen, bauphysikalischen und sicherheitstechnischen Anforderungen genügen.

Während Fenstergrößen in der Regel vor Herstellung in der fertigen Außenwand aufgemessen werden, wählt man bei Türen häufig Standardabmessungen.

Übliche Türöffnungsbreiten werden mit den Baurichtmaßen 0,625; 0,75; 0,875; 1,00; 1,125; 1,25; 1,75; 2,00 oder 2,50 m gemessen, übliche Türöffnungshöhen mit den Baurichtmaßen 2,00; 2,125; 2,25 oder 2,50 m.

Für sturzhohe Türöffnungen gelten die genannten Maße, alternativ können auch raumhohe Öffnungen vorgesehen werden. Die lichten Durchgangsmaße der Tür werden wesentlich durch die Wahl der Rahmenkonstruktion beeinflusst.

DIN 18100
DIN 18101
DIN 18111

Befestigung Türrahmen:
- mit Schrauben in Dübeln oder mit angeschraubten und angedübelten Metallteilen,
- mit Klebeschaum bei Futter- und Zargenrahmen (Aussteifung Futter während Aushärtung beachten),
- Befestigung alle 80 cm, Kunststofftüren alle 70 cm, immer in Höhe der Bänder und des Schlosses.

Blendrahmentür: rechteckige Querschnittsform, Befestigung im Anschlag oder auf Wandfläche.
Vorwiegender Einsatz als Hauseingangs- oder Wohnungstür.

Blockrahmentür: rechteckige Querschnittsform, Befestigung an der Laibung. Montagerahmen kann einzeln eingebaut und befestigt werden, der oberflächenfertige Rahmen kann später eingebaut werden.
Verwendung als Hauseingangs-, Wohnungs- oder Innentür.

Zargenrahmentür: Rahmentiefe entspricht mindestens Wanddicke, Befestigung an Laibung, keine Bekleidungen, Abdecken der Anschlussfuge zwischen Putz und Zarge mit Putzschienen oder Deckleisten.
Anwendung als sturzhohe oder raumhohe Innentür.

Futterrahmentür mit Bekleidung: auf Türseite Falzbekleidung, auf Gegenseite Zierbekleidung, dazwischen Futter. Bekleidungen decken die Anschlussfugen ab.
Einbau als sturzhohe Innentür.

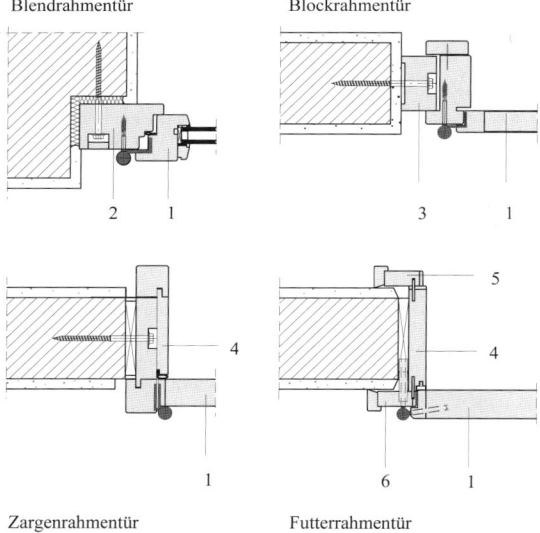

Abb. 2.12: Ausbildung und Befestigung von Türrahmen aus Holz

Alternativ können Türen auch mit Metallzargen aus Stahl, Edelstahl oder Aluminium eingesetzt werden. Die Ausbildung ist als Eckzarge, Blockzarge oder Umfassungszarge möglich. Vorteile von Metallzargen sind Unempfindlichkeit gegenüber Stoß, Feuchtigkeit und Temperaturunterschieden, sowie große Tragfestigkeit und Stabilität.

1 Türblatt
2 Blendrahmen
3 Blockrahmen
4 Futter
5 Zierbekleidung
6 Falzbekleidung

6 Putze

Putze gleichen Unebenheiten in Wandoberflächen aus und werden in Gebäuden zur Feuchteregulierung, zum Schall- und Brandschutz sowie zur Oberflächengestaltung eingesetzt. Im Außenbereich dienen sie dem Feuchte- und Wärmeschutz sowie als Gestaltungselement im Fassadenbereich. Innenputze werden meist in einer Lage 10 mm dick ausgebildet (zwei Lagen bis 15 mm). Außenputze sind mindestens zweilagig auszuführen, sie bestehen aus dem Unterputz als Hauptschicht und dem Oberputz als dekorativer Deckschicht. Übliche Außenputzdicken liegen bei 15 bis 20 mm.

Als Material werden mineralische Putze (Kalk, Zement, Gips) oder Kunstharzputze verwendet. Zur Vermeidung von Rissen infolge Oberflächenspannungen können Putzarmierungen aus Glas- oder Kunstfasergewebe in die Oberfläche des frischen Unterputzes eingedrückt werden.

DIN V 18550
DIN EN 13914
DIN EN 998

Stellt der Untergrund keinen geeigneten Haftgrund bezüglich Rauigkeit oder Saugfähigkeit für den Unterputz dar, muss eine Putzgrundvorbehandlung z. B. mit einem Spritzbewurf durchgeführt werden.

Bei Wärmedämmputzen wird auf einem 20 bis 100 mm dicken Unterputz mit porigen Zuschlägen ein wasserabweisender 10 mm dicker Oberputz aufgebracht.

7 Fassadenbekleidungen

Bei angemörtelten Außenwandbekleidungen können Untergrundvorbehandlungen wie Spritzbewurf oder Unterputz erforderlich sein. Schichten mit mehr als 25 mm Dicke sind mit nichtrostenden verankerten Bewehrungsmatten zu armieren. Mit Mörtel werden die keramischen Wandfliesen, Spaltplatten oder Natursteinplatten angesetzt und verfugt.

Für hinterlüftete Fassadenbekleidungen werden keramische Materialien, Natursteine, Betonwerksteine, Metalle, Holz, Glas oder Faserzementplatten verwendet. Die Unterkonstruktionen aus Metall- oder Holzprofilen müssen einen mindestens 20 mm breiten Lüftungsspalt gewährleisten. Am oberen und unteren Rand der Bekleidung müssen Be- und Entlüftungsöffnungen mit mindestens 50 cm² je 1 m Wandlänge angeordnet werden.

DIN 18515
DIN 18516

Bekleidungen werden durch Eigen- sowie Windlasten beansprucht und sind dementsprechend zu befestigen.

Um Zwängungen, Risse und Absprengungen zu vermeiden sind ausreichende Bewegungsmöglichkeiten (Dehnungsfugen) vorzusehen.

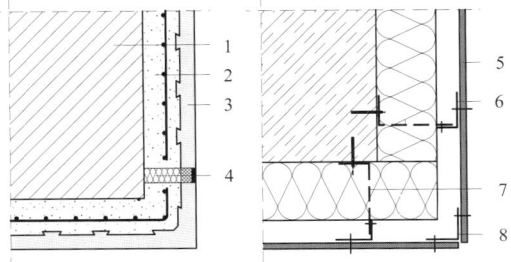

Abb. 2.13: Angemörtelte und hinterlüftete Fassadenbekleidung

Angemauerte Bekleidungen besitzen eine Gesamtdicke von ≥ 55 bis < 90 mm, werden aus keramischen Werkstoffen, Betonwerkstein oder Naturstein auf Fundamentvorsprüngen oder Konsolen aufgesetzt und am Rohbau verankert.

1 Tragende Außenwand, bei Bedarf mit Spritzbewurf
2 Ansetzmörtel (eventuell bewehrt)
3 Bekleidung, z. B. Spaltplatten
4 Elastisches Fugenmaterial mit Hinterfüllstoff und elastischer Abdichtung
5 Fassadenplatte
6 Aluminium-Tragprofil
7 Wandhalter
8 Eckverbinder

Zur horizontalen Sicherung sind bei Anmauerungen mindestens 5 nichtrostende Drahtanker je m² Wandfläche einzubauen.

8 Decken

8.1 Holzdecken

Geschossdecken wurden vor 1945 häufig als Holzkonstruktionen ausgeführt. Sie besitzen ein ungünstiges Brandschutz-, Schallschutz- und Verformungsverhalten. Aufgrund fehlender Querverteilung der Lasten sind hohe Querschnitte erforderlich. Anwendungen finden sich heute vorwiegend im ökologischen Wohnungsbau, welcher auf nachwachsende Rohstoffe besonderen Wert legt.

DIN 1052

Bei Gebäuden in Holzbauweise werden entweder beplankte Balkendecken oder Brettstappeldecken verwendet.

8.2 Massivdecken

Heute übliche Geschossdeckenkonstruktion. Sie wird als Platte überwiegend auf Biegung beansprucht, übernimmt aber auch als Scheibe Funktionen der horizontalen Aussteifung.

Die herkömmliche Stahlbetondecke wird vor Ort betoniert und kann so der Bauwerksgeometrie sehr gut angepasst werden.

DIN 1045-1 bis 4 (07.2001)

Am Randauflager von Decken ist bei einschaligen Außenwänden auf den Einbau einer Dämmschicht zu achten, um dadurch die Wärmebrücke zu minimieren.

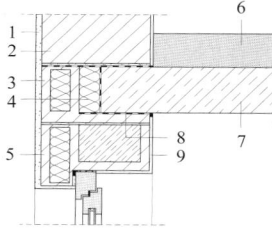

Abb. 2.14a: Randauflager Stahlbetonplattendecke (Ortbeton)

1 Außenputz
2 Mauerwerk
3 WL-Schale
4 Wärmedämmstreifen
5 WU-Schale mit Anschlag
6 Fußbodenaufbau
7 Stahlbetondecke
8 Bitumendachbahn
9 Innenputz

Ausführungstechnisch günstig und Kosten sparend sind teilweise vorgefertigte Elementplattendecken.

$a \leq 4$ cm: trockene Auflagerung
$a > 4$ cm: Mörtelbett erforderlich

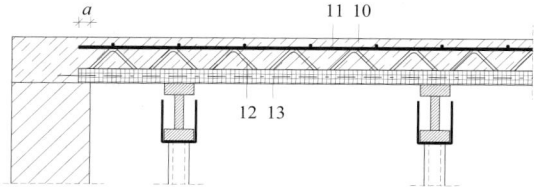

$a < 3{,}5$ cm: Montageunterstützung am Rand notwendig
$a \geq 3{,}5$ cm: ohne Montageunterstützung am Rand

Abb. 2.14b: Elementplattendecke, Aufbau und Montageabstützung

Elementplatten, auch als Gitterträgerplatten bezeichnet, sind in der Regel 5 cm dicke Stahlbetonplatten (Dicken zwischen 4 und 7 cm) mit an der Plattenoberseite herausragenden fachwerkartigen Gitterträgern.

In diese vorgefertigten Platten ist die untere Deckenbewehrung eingebaut, die obere Bewehrungslage wird auf der Baustelle verlegt. Nach der Montage und den Bewehrungsarbei-

Die Lagerung der Deckenplatte sollte bei einschaligen Außenwänden verschieblich ausgebildet werden, um Schäden infolge Zwängungsspannungen auszuschließen.

10 Ortbeton
11 Obere Bewehrung
12 Gitterträger
13 Elementplatte

Die notwendige Steifigkeit für Transport und Montage wird bei Elementplatten durch die Tragwirkung der Gitterträger erzielt. Vor der Montage muss eine temporäre Abstützung aufgestellt werden, welche nach dem Erreichen der Tragfähigkeit des Verbundquerschnittes ausgebaut werden kann.

Elementplattendecken besitzen nach Spachtelung der Fugen (Gewebestreifen wichtig) eine gebrauchsfertige Untersicht.

ten wird der Deckenquerschnitt mit der Ortbetonschicht komplettiert.

Als Beispiele vollständig vorgefertigter Decken sind Spannbetonhohlplattendecken und Decken aus TT-Doppelsteg-Platten zu nennen.

Vorfertigung, relativ geringe Transportgewichte und minimierter Schalungsaufwand auf der Baustelle sind wesentliche Vorteile von Elementplattendecken.

1 Integrierter Ringanker
2 Spannbetonhohlplatte
3 Profilierte Plattenfuge, bewehrt und ausbetoniert

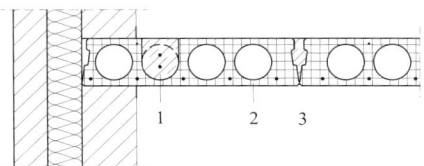

Abb. 2.15a: Spannbetonhohlplattendecke

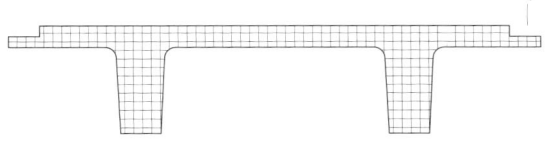

Abb. 2.15b: TT-Doppelsteg-Platte

Decken aus TT-Doppelsteg-Platten werden überwiegend im Skelettbau verwendet. Spannbetonhohlplatten können für Decken von Gebäuden in Skelett- oder in Wandbauweise eingesetzt werden.

Bei Decken aus vorgefertigten Elementen ohne durchgängige Ortbetonschicht muss zur Erzielung einer Scheibenwirkung ein Schubverbund der einzelnen Elemente realisiert werden, dies erfolgt durch den Einbau von Fugenbewehrung und Ringanker.

4 Längsfugenverbindung im Spiegelbereich

Zur Querverteilung der Lasten und zur Sicherstellung einer homogenen Verformung der Decke sind Verbindungen im Bereich der Längsfugen erforderlich.

8.3 Verbunddecken

Das verzinkte Stahlblech kann bei dieser Deckenform tragende Funktionen im Verbundquerschnitt übernehmen. Unterschiedliche Verbindungen schaffen den Verbund zwischen Stahlblech und Stahlbeton. Der Aufbeton bildet die Druckzone, erbringt eine ebene Oberfläche, verteilt die Last gleichmäßig und erzeugt sehr gute brandschutz- und schallschutztechnische Eigenschaften.

DIN 18800
DIN 18807

Mögliche Ausführungen von Stahlblechdecken:
– Decken mit tragendem Stahlblech, Deckschichten nur zur Lastverteilung,
– Decken mit tragender Stahlbetonplatte, Blech nur als verlorene Schalung,
– Verbunddecken, Stahlblech ist Schalung und tragendes Bauteil.

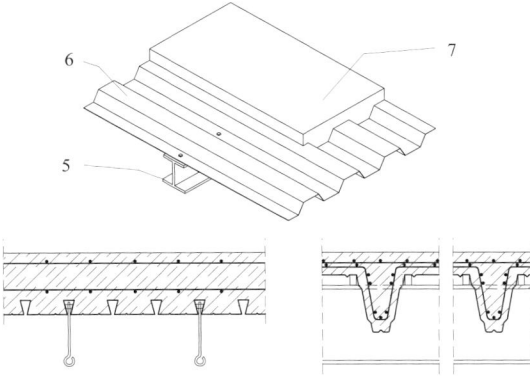

Holorib-Verbunddecke   Hoesch Additiv Decke

Abb. 2.15c: Verbunddecken

5 Profilstahlunterzug
6 Trapezstahlblech
7 Ortbetonschicht

Die Trapezbleche werden an seitlichen Stößen genietet, geschraubt oder gestanzt.

Die Verbindung zur Profilstahlkonstruktion wird durch Schrauben, Setzbolzen oder Punktschweißung hergestellt.

9 Fußbodenaufbauten

Je nach Zweckbestimmung der jeweiligen Räume sowie Art und Intensität ihrer Beanspruchung ist nach baukonstruktiven, bauphysikalischen, wirtschaftlichen und gestalterischen Aspekten der günstigste Fußbodenaufbau zu wählen.

Unter dem Begriff Estrich versteht man ein Bauteil, welches vor Ort auf einem tragenden Untergrund, auf einer Trennschicht oder auf Dämmschichten hergestellt wird. Estriche können nach der Art des verwendeten Bindemittels, nach besonderen Funktionen (z. B. Heizestrich, Industrieestrich) oder nach dem Herstellungsverfahren (geriebener Estrich, Fließestrich, Fertigteilestrich) unterschieden werden.

DIN 18560
DIN 18195-5

Estricharten:

Verbundestrich: direkt mit dem tragenden Untergrund verbunden.

Estrich auf Trennschicht: durch Trennschicht vom tragenden Untergrund getrennt.

Schwimmender Estrich: beweglich auf Trennschicht und Dämmschicht hergestellt.

Zementestrich (CT)
Calciumsulfatestrich (CA)
Gussasphaltestrich (AS)
Kunstharzestrich (SR)
Magnesiaestrich (MA)

Durch Einbau von Randdämmstreifen ist eine unmittelbare Verbindung des Estrichs zu angrenzenden Bauteilen auszuschließen.

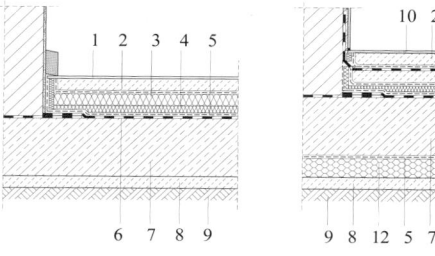

Aufenthaltsraum | Nassraum
Abb. 2.16a: Fußbodenaufbauten an Erdreich grenzend

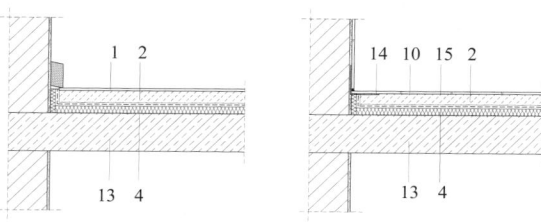

Aufenthaltsraum | Wohnungsbad
Abb. 2.16b: Fußbodenaufbauten auf Geschossdecken

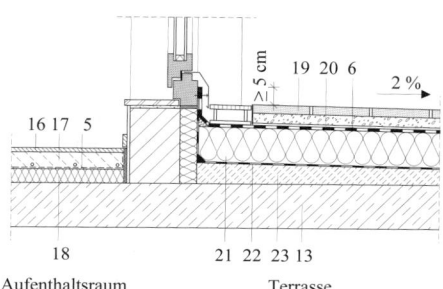

Aufenthaltsraum | Terrasse
Abb. 2.16c: Terrassenaufbau auf Geschossdecke

1 Belag
2 Estrich auf Trennschicht
3 Wärmedämmung
4 Trittschalldämmung
5 Trennschicht
6 Abdichtung
7 Fundamentplatte
8 Betonsauberkeitsschicht
9 Erdreich
10 Bodenbelag (Fliesen)
11 Gefälleestrich auf Trennschicht
12 Perimeterdämmung
13 Geschossdecke
14 Dichtbandeinlage (Schlaufe)
15 Verbundabdichtung
16 Laminat
17 Heizestrich
18 Trittschall-/Wärmedämmung
19 Platten auf Splittbett
20 Dränmatte
21 Wärmedämmung Terrasse
22 Dampfsperre
23 Gefälleestrich im Verbund

10 Treppen

Als Treppen bezeichnet man begehbare Konstruktionen zwischen verschiedenen Geschossebenen. Grundlegend werden sie nach ihrer Lage, ihrem Ziel, ihrer Funktion oder ihrer Form bezeichnet, z. B. Außentreppe, Kellertreppe, Haupttreppe oder Wendeltreppe. Treppen besitzen in brandschutztechnischer Hinsicht eine zentrale Bedeutung, es werden notwendige und nichtnotwendige Treppen unterschieden. Für die Anordnung notwendiger Treppen ist in der Regel ein abgeschlossener Raum, das Treppenhaus, vorgeschrieben.

Ab drei aufeinander folgenden Stufen spricht man von einer Treppe. Die genauere Bezeichnung erfolgt mit Angaben zu Anzahl, Form und Lage der Läufe, dem Vorhandensein von Podesten sowie der Laufrichtung.

DIN 18065

Treppen können aus natürlichen oder künstlichen Steinen, Holz, Stahlbeton, Stahl oder Glas errichtet werden.

Treppenbauarten:
- Wangentreppen
- Holmtreppen
- Laufplattentreppen
- Bolzentreppen
- Kragtreppen
- Spindeltreppen
- Wendeltreppen

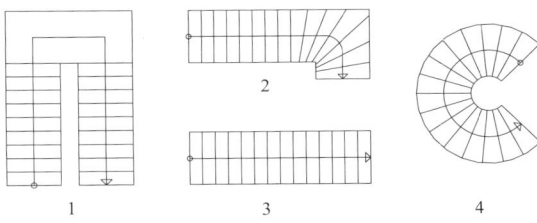

Abb. 2.17a: Treppenformen

Beispiele für Treppenformen:
1. Zweiläufig gegenläufige gerade Treppe mit Zwischenpodest
2. Im Austritt viertelgewendelte Treppe, rechtsläufig
3. Einläufige gerade Treppe
4. Wendeltreppe mit Treppenauge, linksläufig

In Grundrissdarstellungen von Treppen müssen die Lauflinie sowie die Anzahl der Steigungen, die Steigungshöhe und die Auftrittsbreite angegeben werden.

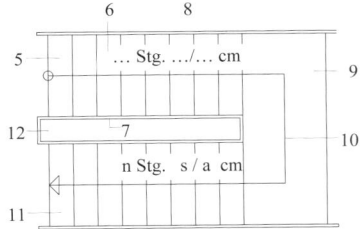

Abb. 2.17b: Bezeichnung von Treppenteilen

Bezeichnung Treppenteile:
5. Antrittsstufe
6. Treppenlauf
7. Innere Treppenwange
8. Äußere Treppenwange
9. Zwischenpodest
10. Lauflinie
11. Austrittsstufe
12. Treppenauge

Schrittmaßregel
$2s + a = 59 \ldots 65$ cm
ideal: 63 cm

Sicherheitsregel
$s + a = 46$ cm (± 1 cm)

Bequemlichkeitsregel
$a - s = 12$ cm

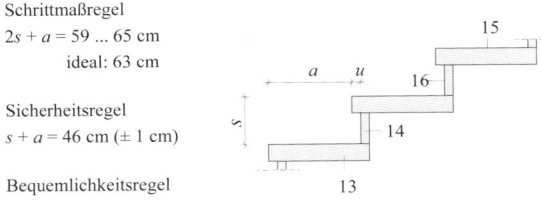

Abb. 2.17c: Konstruktionsregeln

a Auftritt
s Steigung
u Unterschneidung
n Anzahl der Steigungen

13. Trittstufe
14. Setzstufe
15. Trittfläche
16. Stoßfläche

2.17

2A Baukonstruktion Neubau

Baurechtlich notwendige Treppen müssen eine nutzbare Treppenlaufbreite von ≥ 1,00 m besitzen. Die lichte Treppendurchgangshöhe (lotrechtes Fertigmaß) muss an jeder Stelle ≥ 2,00 m betragen.

Die schalltechnische Entkopplung von Treppenkonstruktionen besitzt eine entscheidende Bedeutung für den Nutzungskomfort der Gebäude. Eine konsequente lückenlose Trennung der Bauteile ist erforderlich, um die Übertragung des Trittschalles effektiv zu unterbinden.

Nach ca. 18 Steigungen sollten Podeste oder Zwischenpodeste angeordnet werden.

$L_P = n \cdot 63 \text{ cm} + a \geq B_T$
L_P Länge des Podestes
B_T Breite Treppenlauf

DIN 4109

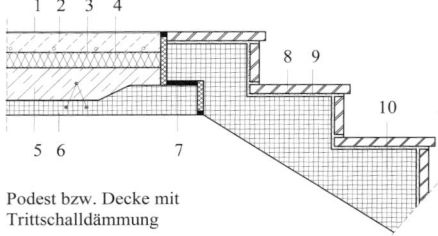

Podest bzw. Decke mit Trittschalldämmung

Abb. 2.18a: Schalltechnische Entkopplung eines Treppenlaufes

1 Textiler Belag
2 Heizestrich
3 Trennlage, Folie
4 Trittschalldämmung
5 Ortbeton
6 Elementplatte
7 Elastomerlager mit anschließender durchgehender Fuge (Entkopplung)
8 Natursteinbelag
9 Mörtelbett
10 Stahlbetonfertigteillauf

Grundsätzlich werden zwei Situationen unterschieden: Entkopplung an den Auflagern des Laufes (auf Podesten) oder Entkopplung an den Auflagern der Podeste (auf den Wänden). Wichtig ist dabei, die Längsseiten der Treppenläufe, einschließlich Belag, gegenüber den angrenzenden Bauteilen, meist Wände, mittels Fugenplatten oder Abständen zu entkoppeln. Bei einer Entkopplung am Lager des Laufes muss im angrenzenden Podestbereich eine Trittschalldämmung vorgesehen werden. Wird das Lager des Podestes entkoppelt, muss das Podest außerhalb des Lagers durchgehend von dem Gebäude getrennt werden.

Abb. 2.20a enthält ein weiteres Beispiel mit einer Lösung für einen entkoppelten Ortbetonanschluss zwischen Treppenlauf und Podest durch ein einbetoniertes Schallentkopplungselement.

Zusätzlich, oder bei Bedarf nachträglich, kann der Trittschall durch den Einbau von textilen Bodenbelägen vermindert werden.

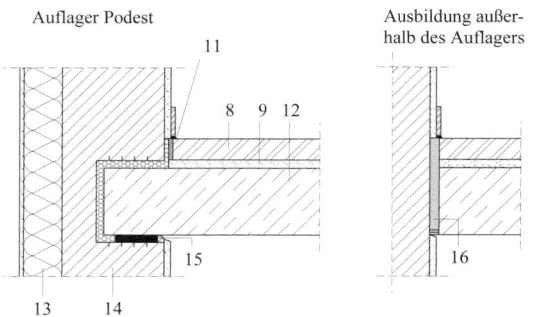

11 Elastische Fuge
12 Podest, Ortbeton
13 WDVS
14 Außenwand
15 Vorgefertigtes schalltechnisch entkoppeltes Auflagerelement
16 Fugenplatte, elastisch

Podest ohne Trittschalldämmung

Abb. 2.18b: Schalltechnische Entkopplung einer Podestplatte

Einbauteile zur schalltechnischen Entkopplung werden von verschiedenen Systemanbietern angeboten.

11 Balkone

Balkon ist eine außerhalb des Gebäudes oberhalb des Geländes angeordnete Nutzfläche im Freien, welche mindestens an der Längsseite oberhalb der Brüstung nicht verschlossen ist. Die außenliegenden Bauteile müssen vom wärmegedämmten Gebäude thermisch entkoppelt sein, Wärmebrücken sind zu minimieren.

DIN 1986-100
Flachdachrichtlinie

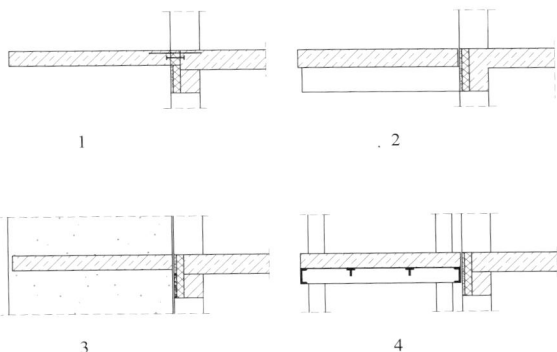

Tragende Bauteile:
1 Kragplatte
2 Kragträger mit Platte
3 Vorgesetzte Konstruktion mit Wandscheiben
4 Vorgesetzte Konstruktion mit freistehenden Stützen oder Stützen und Konsolen

Bei auskragenden Bauelementen sind wärmetechnisch entkoppelnde Einbauteile (Isokorb o. ä.) zu verwenden. Auch für die horizontale Halterung von Stahl- oder Holzkonstruktionen werden entkoppelte Systembauteile angeboten.

Abb. 2.19a: Tragsysteme von Balkonen

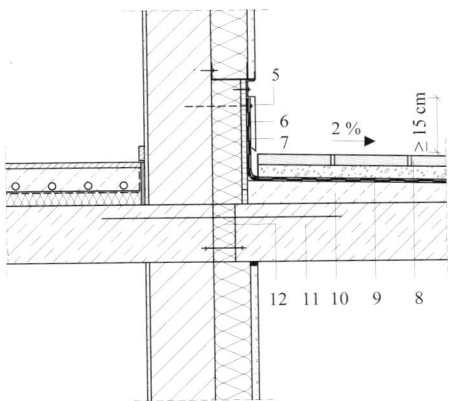

5 Verblechung
6 Abdichtung, befestigt
7 Faserzementplatte
8 Betonwerksteinplatten auf Splittbettung 5/8
9 Dränmatte auf Abdichtung
10 Gefälleestrich
11 Balkonkragplatte
12 Bewehrungs-Isokorb

Abb. 2.19b: Wandanschluss Balkon

Alternativ zur Verlegung im Splittbett können Natur- oder Betonwerksteinplatten als Bodenbelag von Balkonen und Terrassen auch trocken auf Stelzlagern eingebaut werden.

Geländer können bei massiven Balkonplatten an der Ober-, Stirn- oder Unterseite befestigt werden. Bei der Befestigung auf der Oberseite ist auf den Abdichtungsanschluss besonders zu achten.

Die Balkonoberflächen sind so zu entwässern und eventuell abzudichten, dass die Konstruktionsteile und das angrenzende Gebäude keine schädigenden Durchfeuchtungen erfahren.

Bei geschlossener Brüstung muss zusätzlich zu einem Bodenablauf ein Durchlass mit mindestens 40 mm lichter Weite in der Brüstung angeordnet werden.

12 Geländer

Hinweis: Nach Arbeitsschutzrecht sind in Arbeitsstätten Geländer mit einer Höhe von mindestens 1,00 m einzubauen.

Bezüglich Podestaußenfläche:

DIN 18065

Die Mindesthöhen für Geländer sind in den Landesbauordnungen festgelegt.

Mindesthöhen nach DIN 18065, bei Absturzhöhe
≤ 12 m: 0,90 m
> 12 m: 1,10 m

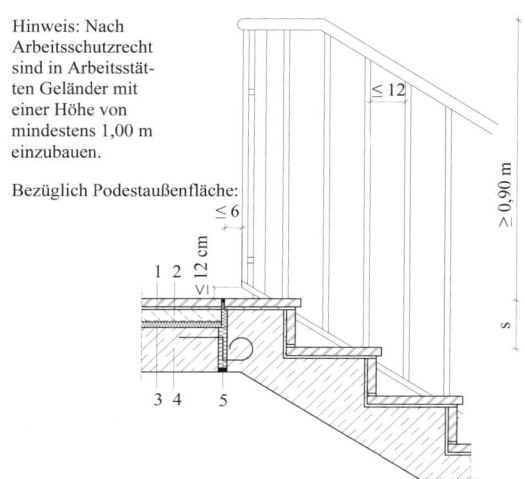

Abb. 2.20a: Beispiel für Treppengeländer

1 Natursteinbelag in Mörtelbett
2 Estrich auf Trennschicht
3 Trittschalldämmung
4 Podest, Ortbeton
5 Schallentkopplungselement mit durchgehender Fuge (elastisch abgedichtet)

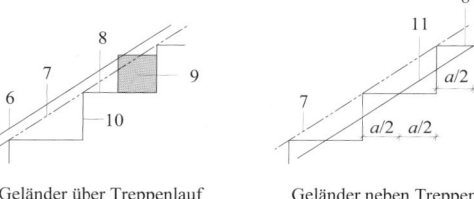

Geländer über Treppenlauf

Geländer neben Treppenlauf
Abstand zum Lauf ≤ 6 cm

Abb. 2.20b: Lage Geländerunterkante

6 Geländerunterkante
7 Messebene Geländerhöhe
8 Auftrittsfläche - a
9 Würfel, 15 x 15 x 15 cm, darf nicht unter Geländer durchpassen
10 Setzstufe
11 Geländerunterkante neben Lauf, Schnittpunkt mit Trittfläche muss bei ≤ $a/2$ bezüglich der oberen Setzstufe liegen

Befestigungstechnik

Aufgabe der Befestigungstechnik ist es, Bauteile in Abhängigkeit vom Baustoff, von der Belastung und von der Konstruktion zu verbinden. Bei der Auswahl der Befestigungsteile müssen die Angaben der bauaufsichtlichen Zulassungen beachtet und eingehalten werden.

Einbauteile:
Ankerschienen, Stahleinbauteile, Gewindehülsen

Dübeltechnik:
Metallspreizdübel, Hinterschnittdübel, Verbunddübel, Kunststoffdübel, Injektionsdübel, Schwerlastdübel

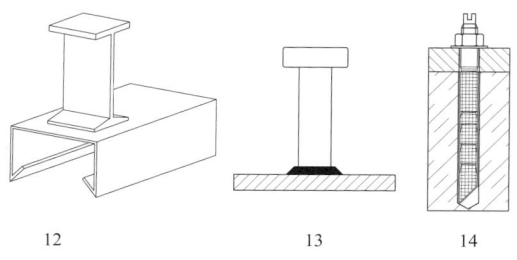

Abb. 2.20c: Beispiele für Befestigungssysteme

12 Ankerschiene mit Ankern, alternativ angedübelt
13 Stahleinbauteil: Stahlplatte mit angeschweißten Kopfbolzen oder Bewehrungsstählen
14 Verbunddübel

13 Geneigte Dächer
13.1 Dachformen

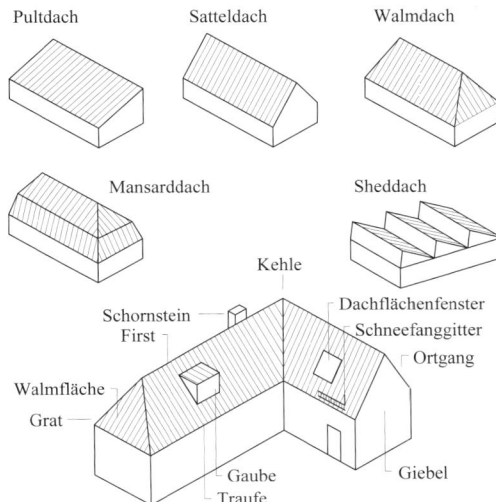

Abb. 2.21a: Dachformen und Begriffe

Das Pultdach besteht aus nur einer geneigten Ebene, diese sollte der Hauptschlagregenrichtung zugewandt sein.

Das Satteldach stellt die häufigste Dachform in Mitteleuropa dar.

Das Walmdach weist an den Giebelseiten ebenfalls geneigte Dachflächen auf.

Das Mansarddach besitzt geknickte Satteldachflächen, es entsteht ein größerer nutzbarer Dachraum.

Das Sheddach ermöglicht eine gute Belichtung von Nutzflächen unter weit spannenden Dachkonstruktionen.

Dachneigungen:
0° bis 5° Flachdach
5° bis 30° Flachgeneigtes Dach
ab 30 °   Steildach

13.2 Dachtragwerke
Sparrendach/Kehlbalkendach

Vorteile: Stützenfreiheit des Dachraumes, relativ geringer Holzverbrauch.

Nachteile: Begrenzte Gebäudebreiten, aufwendige Sparrenauflager, Einschränkungen bei Anordnung von Dachöffnungen.

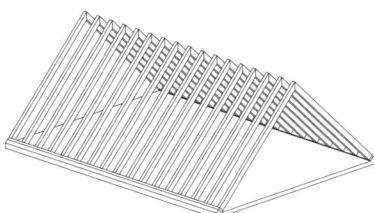

Abb. 2.21b: Sparrendach

Sparrendach
(ca. 25° - 50°)
Sparrenabstände: 60 - 90 cm
Spannweite: bis 10,00 m
Firstpunktausbildung:
Stumpfstoß mit Laschen oder Verblattung
Fußpunktausbildung:
Stahlbetonwiderlager oder Anschluss an Deckenbalken

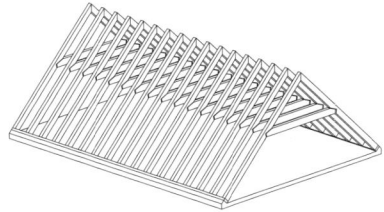

Abb. 2.21c: Kehlbalkendach

Kehlbalkendach
(ca. 25° - 60°)
Kehlbalken verbinden Sparren horizontal miteinander;
verschieblich: ohne Aussteifung in Kehlbalkenebene
unverschieblich: Kehlbalken werden durch horizontalen Verband oder flächige Konstruktion ausgesteift
Kehlbalkenanschluss:
Sparrenquerschnitte möglichst wenig schwächen, Zangenkonstruktion ist günstig

Pfettendach

Bei dieser Dachkonstruktion werden die Sparren überwiegend auf Biegung beansprucht. Im Vergleich zu Sparrendächern sind bei Pfettendächern geringere Dachneigungen möglich. Der Einsatz von Pfettendächern ist auch bei unregelmäßigen Gebäudegrundrissen problemlos möglich. Durch Anordnung mehrerer Pfetten können große Dachkonstruktionen realisiert werden.

Pfettendach
(ca. 12° - 55°)

Sparren liegen auf Längsträgern, den Pfetten, auf.

Pfetten lagern als Biegeträger auf Querwänden oder Stützen (Pfettenstiele).

Ausklinkungen der Sparren am Pfettenauflager möglichst klein ausbilden um Tragfähigkeit nur minimal zu beeinträchtigen.

Anordnung von Dachöffnungen über mehrere Sparrenfelder möglich.

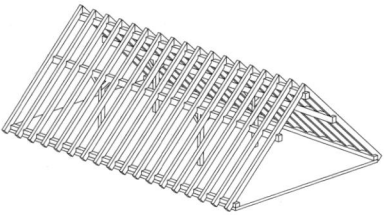

Abb. 2.22a: Pfettendach

In der Abbildung sind die Giebelwände (Auflager der Mittelpfetten am Rand) aus Übersichtsgründen nicht dargestellt.

13.3 Dachdeckungen

Harte Bedachungen sind widerstandsfähige Deckungen gegenüber Flugfeuer und strahlender Wärme. Sie bestehen aus nichtbrennbaren Baustoffen der Baustoffklasse A - DIN 4102.

Beispiele: Dachziegel, Dachsteine, Schiefer, Faserzementplatten, Metalldeckungen;

Weiche Bedachungen bestehen aus brennbaren Stoffen der Baustoffklasse B - DIN 4102.

Beispiele: Kunststoffbahnen, Bitumen- und Polymerbitumenbahnen, Schilf (Reet), Stroh, Holzschindeln;

13.4 Dachausbau

Mindestdachneigungen
$\geq 45°$ Schilf (Reet) und Stroh
$\geq 30°$ Holzschindeln
$\geq 25°$ Faserzementplatten
$\geq 22°$ Schiefer
$\geq 22°$ Dachziegel
    $\geq 22°$ Flachdachpfanne
    $\geq 30°$ Bieberschwanz
$\geq 22°$ Dachsteine
$\geq 7°$ Wellplatten
$\geq 5°$ Metalldeckungen

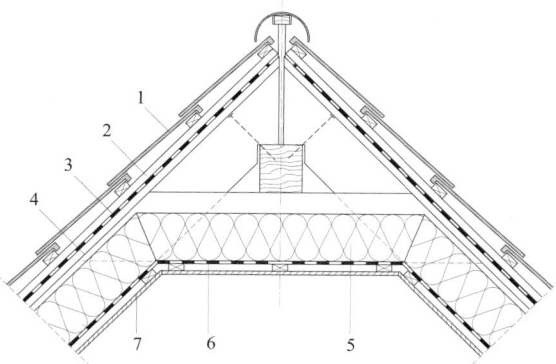

Abb. 2.22b: Pfettendach mit Dachausbau

In Abhängigkeit des gewählten Dachaufbaues ist bei Bedarf eine funktionstüchtige Entlüftung am First oder in den Dachflächen vorzusehen.

Möglichkeiten der Anordnung der Dämmebene bei ausgebautem Dach:
− auf Sparren
− zwischen Sparren
− unter Sparren

Je nach Dichtheit der Dampfsperre muss auf die Hinterlüftung der Dämmschichten geachtet werden.

1 Dachziegel auf Lattung
2 Konterlattung
3 Unterspannbahn
4 Hinterlüftung, Sparren
5 Wärmedämmung
6 Dampfsperre
7 Gipskartonbekleidung auf Zwischenlattung

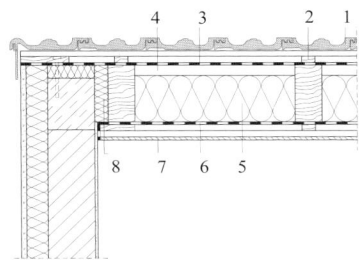

Abb. 2.23a: Ortgang mit Ziegeldeckung

Ortgang

Schichten 1 bis 7 analog Abb. 2.22b Pfettendach mit Dachausbau

8 Wärmedämmung mindestens 6 cm breit

Dichter Anschluss der Dampfsperre mit elastischem Klebeband, Lagesicherung durch Anpresslatte (Alternative: Einputzen der Folie).

Traufe

Bei Pfettendächern sind Dachüberstände problemlos realisierbar.

Lüftungsöffnungen mit Vogelschutzgitter abdecken.

Ableitung der Horizontalkräfte sicherstellen (Stahlbetonbalken, Stahlbetondrempel oder Stahlbetonaußenwand ausbilden).

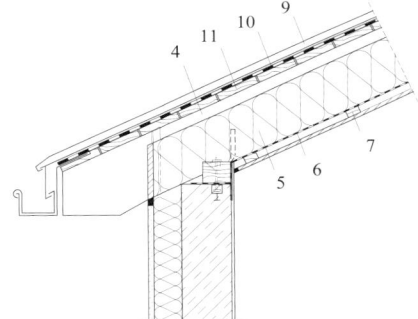

Abb. 2.23b: Traufe Pfettendach mit Metalldeckung

9 Zinkblechdeckung 0,7 mm mit Doppelstehpfalz
10 Trennlage, Bitumenbahn
11 Schalung 2,4 cm dick

14 Flachdächer

14.1 Grundlagen

- Flächen mit Dachabdichtungen mindestens 2% Gefälle,
- Gefälle unter 2 % sind Sonderkonstruktionen,
- bis 5 % Dachneigung ist Pfützenbildung zu erwarten.

Flachdachrichtlinie

Bei Nutzschichten mit Splitt- oder Kiesbettung sollten Schutzschichten auf der Dachabdichtung vorgesehen werden.

Abdichtung an aufgehenden Bauteilen 15 cm über die Oberkante des Belags hochführen (betrifft Bauteilanschlüsse).

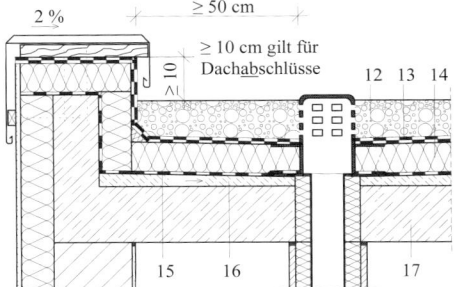

12 Kiesschüttung auf Schutzschicht
13 Dachabdichtung
14 Wärmedämmung
15 Dampfsperre
16 Gefälleestrich
17 Stahlbetondecke

Abb. 2.23c: Nichtbelüftetes Flachdach, Dachfläche ungenutzt

Bei Anordnung einer Attika im Randbereich ist besonders auf die Vermeidung von Wärmebrücken zu achten.

Genutzte Flachdächer sind mit absturzsichernden Brüstungen oder Geländer zu versehen.

14.2 Abdichtungen für Fugen und Anschlüsse

Im Bereich von Bauwerksfugen (Dehnfugen) sollte die Abdichtung aus der „wasserführenden" Ebene herausgehoben und verstärkt werden (Einbau zusätzlicher Dämmstreifen).

Dehnungen quer zur Fuge, Setzungsdifferenzen und Scherbewegungen parallel zur Fuge dürfen die Abdichtung nicht beschädigen. Dies kann durch eine schlaufenförmige Ausbildung einer zusätzlichen Dichtungsbahn im Fugenbereich mit einem elastischen Hohlprofil sichergestellt werden.

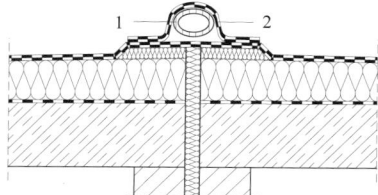

Abb. 2.24a: Abdichtung Bauwerksfuge auf Flachdach

1 Hohlprofil
2 Abdichtungsbahn

Der Abstand zwischen Dachdurchdringungen und Wandanschlüssen oder Dehnfugen muss mindestens 50 cm betragen um Anschlüsse fachgerecht herstellen zu können.

Rohrdurchführung:
Abdichtung an Hüllrohren hochführen und mit Dichtungskragen abschließen.

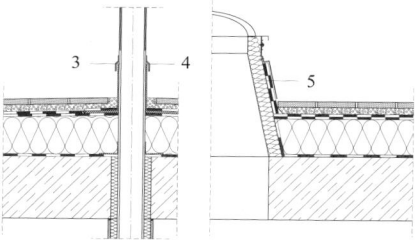

3 Dichtungskragen
4 Hüllrohr

Bauteile für Belichtung und Belüftung sollten wärmegedämmte Aufsatzkränze zur Vermeidung von Wärmebrücken besitzen.

5 Aufsatzkranz

Abb. 2.24b: Anschlüsse an Rohrdurchführung und Lichtkuppel

14.3 Dachbegrünungen

Extensivbegrünung: niedriger pflegearmer Bewuchs, Aufbauhöhe 10 bis 15 cm, begehbar nur für Kontroll- und Wartungszwecke.

Intensivbegrünung: pflegeintensiver Bewuchs (Rasen, Stauden, Gehölze), Aufbauhöhe 20 bis 40 cm, bei entsprechender Ausführung vollwertig als Freifläche nutzbar.

Vorteile Dachbegrünung:
– Schutz der Dachabdichtung vor direkter Sonneneinstrahlung und mechanischer Beanspruchung,
– Besserer Wärme- und Schallschutz im Innenraum.

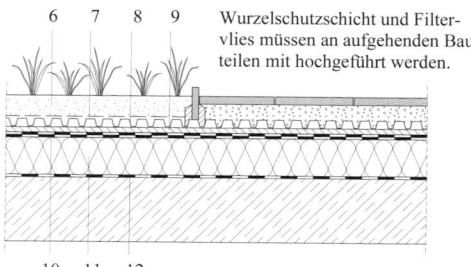

Wurzelschutzschicht und Filtervlies müssen an aufgehenden Bauteilen mit hochgeführt werden.

6 Extensive Vegetationsschicht
7 Filtervlies
8 Drän- und Speicherelement
9 Schutzschicht
10 Abdichtung
11 Gefälledämmplatten
12 Dampfsperre

Umlaufend und an Anschlüssen ist ein 50 cm breiter Kiesrandstreifen anzulegen.

Abb. 2.24c: Flachdach mit Extensivbegrünung und Plattenbelag

15 Schornsteine

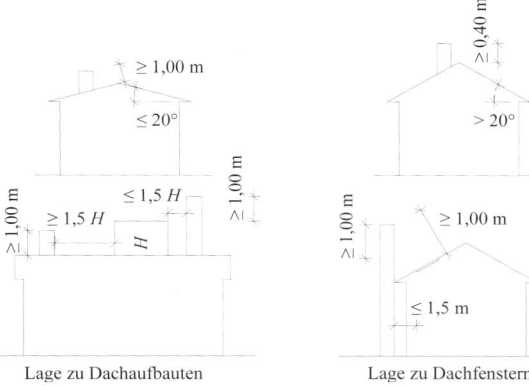

DIN 18160-1

Zulässige Schornsteinhöhen über Dach für ungehindertes Abströmen von Abgasen.

Schornsteine können integriert im Gebäude oder als Einzelbauwerk am Gebäude angeordnet werden.

Abb. 2.25a: Schornsteinhöhen über Dach

Schornsteine können einschalig (Mauerwerk, Betonfertigteile) oder mehrschalig (unterschiedliche Baustoffe) ausgebildet werden.

Schornsteinkopf:
- Abdeckung aus nichtrostendem Stahlblech mit Tropfkante, in Haften beweglich befestigt,
- Stahlbetonringanker als oberer Abschluss.

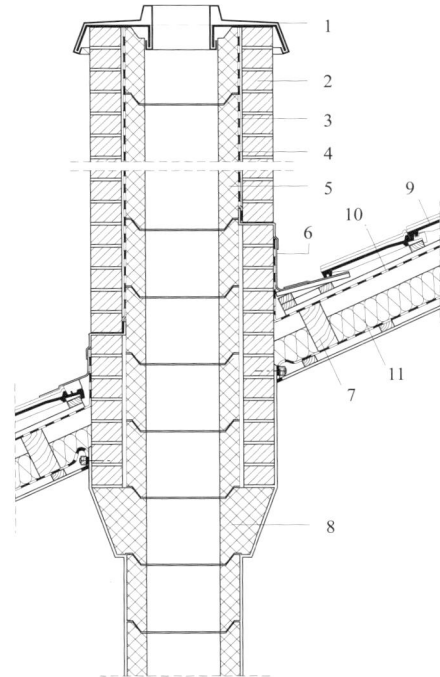

Dachdurchgang:
- vertikal beweglicher Anschlusspunkt, Abdichtung mit Blechverwahrung,
- unterhalb des Daches endet das Sichtmauerwerk auf einer Kragplatte.

Deckendurchgang:
- keine Auflager oder Aussparungen im Schornstein zulassen, keine Lasteinleitung,
- umlaufend mindestens 2 cm Fuge ausbilden und mit nicht brennbarem Dämmstoff (Mineralfaser) dicht ausfüllen.

1 Abdeckblech
2 Sichtmauerwerk
3 Gießmörtelfuge
4 Dichtung
5 Rauchrohr
6 Verwahrung
7 Holzbalken, Wechsel
8 Kragplatte
9 Dachziegel auf Lattung
10 Konterlattung auf Unterspannbahn
11 Wärmedämmung

Abb. 2.25b: Beispielkonstruktion: Einzügiger Schornstein aus Betonfertigteilen, über Dach zweischalig

2.25

Mehlhorn

Grundrissatlas Wohnungsbau SPEZIAL
Lösungen und Projektbeispiele für:
Schwierige Grundstücke, Besondere Lagen.
Erweiterungen, Umnutzung, Aufstockung.

2., umfangreich erweiterte Auflage.
2009. 372 Seiten. 22,5 x 29,7 cm.
Mit zahlreichen Abbildungen, Grundrissen und Zeichnungen.
ISBN 978-3-89932-185-2
EUR 79,–

In diesem Buch werden anhand zahlreicher realisierter Beispiele aus ganz Deutschland und dem Ausland verschiedene Möglichkeiten aufgezeigt, wie scheinbar schlecht nutzbare und deshalb unbebaute Grundstücke als bisher unerschlossenes Baulandpotenzial zur nachhaltigen Entwicklung unserer Städte bebaut werden können. Ohne auf qualitative Anforderungen an Geräumigkeit, Belichtung, Belüftung, Ausblick und Lärmschutz verzichten zu müssen, ist es hier möglich, qualitativ hervorragende Wohnungen zu schaffen.

Die Beispielsammlung stellt viele kreative Lösungen vor, die zu einer ökonomisch sinnvollen und gestalterisch befriedigenden Nutzung von Baulandpotenzialen beitragen. Jedes Projektbeispiel enthält neben Grundrissen und Schnitten auch hinweise auf die Planverfasser, Baujahr und Quellen. Eine große Zahl von Skizzen verdeutlicht die städtebauliche und gestalterische Komponente.

Autor
Prof. Dr.-Ing. Dieter-J. Mehlhorn ist freier Architekt und Stadtplaner SRL in Kiel und Lehrbeauftragter an der Fachhochschule Lübeck. Bis 2007 lehrte er an der Fachhochschule Kiel Städtebau und Stadtplanung.

Interessenten
Architekten und Bauingenieure, Stadtplaner, Studierende der Architektur und des Bauingenieurwesens, Bauträger, Baubehörden.

Aus dem Inhalt
- Wohnen auf schwierig zu bebauenden Grundstücken
  (an der Ecke, in der Lücke, auf Restflächen)
- Wohnen in ungünstiger Lage
  (Verkehrslärm, Besonnung, Ausblick)
- Wohnen über anderen Nutzungen
  (auf dem Dach von Geschäftshäusern, über Erschließungsanlagen wie Eisenbahnlinien oder Parkhäuser)
- Wohnen in Extremsituationen
  (als Teil von Lärmschutzwällen, innerhalb von Brückenbauwerken)
- Wohnen in vorgegebenem Volumen
  (Umnutzung von Kasernen, Wassertürmen, Kläranlagen und Fabriken, Dachausbau, Nutzung von Ruinen)

Bauwerk www.bauwerk-verlag.de

2B Baukonstruktion Altbau

Prof. Dr.-Ing. Bernhard Weller, Dipl.-Ing. Thomas Naumann

Inhaltsverzeichnis

		Seite
1	**Gründungen**	2.28
1.1	Streifenfundamente	2.28
1.2	Einzelfundamente	2.29
1.3	Gründung auf Schüttungen	2.30
1.4	Plattengründungen	2.30
1.5	Pfahl- und Pfahlrostgründungen	2.31
2	**Abdichtungen**	2.32
3	**Wände**	2.33
3.1	Natursteinmauerwerk	2.33
3.2	Ziegelmauerwerk	2.34
3.3	Wandstärken	2.35
3.4	Hohlmauerwerk	2.35
3.5	Blockbau	2.36
3.6	Fachwerkbau	2.36
3.7	Leichte Außenwände	2.38
4	**Putze**	2.38
5	**Schalungen, Bekleidungen**	2.39
6	**Decken**	2.39
6.1	Gewölbte Massivdecken	2.39
6.2	Ebene Massivdecken	2.40
6.3	Holzbalkendecken	2.42
7	**Fußbodenaufbauten**	2.43
7.1	Dielenböden	2.43
7.2	Fußböden gegen Erdreich	2.44
7.3	Badfußböden	2.44
8	**Geneigte Dächer**	2.45
8.1	Dachtragwerke	2.45
8.2	Dachgauben	2.47
8.3	Dachdeckungen	2.48
8.4	Dachgeschossausbauten	2.48

Vorbemerkungen

Der Abschnitt Baukonstruktion Altbau beschreibt in komprimierter Form häufige Konstruktionslösungen an vor 1945 errichteten Bestandsgebäuden. Baukonstruktionen am Altbau weisen eine sehr große Vielfalt auf, die eine vollständige Darstellung in diesem Rahmen nicht möglich macht. Die am Bestand ablesbaren Differenzen werden durch Bauzeit, Region, Nutzungszweck, regionale Baustoff- und Rohstofflage sowie Verarbeitungs- und Transportmöglichkeiten beeinflusst. Innerhalb der zahlreichen Konstruktionsformen ist jeder Zeitabschnitt durch typische Bauformen und Baukonstruktionen geprägt, die einen hohen Erkennungswert aufweisen. Aufgrund ihres großen Anteils am Gebäudebestand werden baukonstruktive Lösungen zwischen 1800 und 1945 hier bevorzugt dargestellt.

1 Gründungen

1.1 Streifenfundamente

Streifenfundamente, auch als Bankette bezeichnet, sind die vor 1945 dominierende Gründungsart und gehören zu den Flachgründungen. Ihre große Verbreitung liegt in ihrer wirtschaftlichen Ausführung begründet, sofern tragfähiger Baugrund in geringer Tiefe ansteht. Als Baustoffe wurden zunächst frostbeständige, ortsnah abgebaute Natursteine eingesetzt. Ab Ende des 19. Jahrhunderts verwendete man parallel dazu hochwertige Ziegel, Klinker sowie Beton und Stahlbeton, zum Teil mit sehr groben Zuschlägen. Mörtel gemauerter Streifenfundamente können, vor allem im ländlichen Umfeld, aus Lehm bestehen. Übliche Bindemittel für Streifenfundamente im Bestand sind Luftkalk, hydraulischer Kalk, Zement oder Trass. Bei älteren massiven Wohngebäuden des 18. und 19. Jahrhunderts besteht die Gründung häufig nur aus tiefer geführten Kelleraußenwänden größeren Querschnitts, so genannten Grundmauern, die als Bindeglied zwischen Sockel und Baugrund fungierten. Nicht unterkellerte Gebäude oder Gebäudeteile wurden nach dem gleichen Prinzip gegründet, indem man die tragenden Wände des Erdgeschosses in den als tragfähig bewerteten Baugrund einband.

Blockbauten wurden vorwiegend an ihren Gebäudeecken punktuell auf größere Natursteine aufgelagert, damit die Grundschwelle weitgehend luftumspült verblieb. Diese Lösung kann noch nicht den Streifenfundamenten zugeordnet werden. Für Fachwerkbauten war eine punktuelle Gründung auf Eckpunkten nicht mehr sinnvoll ausführbar, da hierbei zu starke Durchbiegungen der Grundschwelle auftreten. Deshalb liegen die Grundschwellen der meisten Fachwerkbauten durchgängig auf unterschiedlich tief gegründeten Streifenfundamenten aus Naturstein auf.

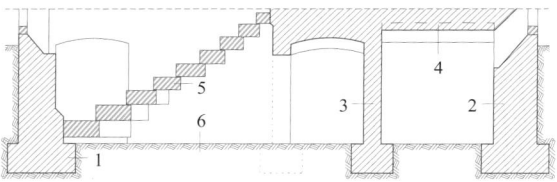

Abb. 2.28: Gründungssituation eines Wohngebäudes um 1881

1 Bankette, Bruchsteinmauerwerk Syenit
2 Kelleraußenwände, Bruchsteinmauerwerk Syenit
3 Kellerinnenwände, Ziegelmauerwerk
4 Kellerdecke, gedrücktes Tonnengewölbe, Ziegelmauerwerk
5 Kellertreppe, viertelgewendelt, Blockstufen aus Werksteinen, Sandstein
6 Fußboden aus Stampflehm

Die Bedeutung einer frostfreien Gründungstiefe für die Fundamentsohle ist seit dem 19. Jahrhundert bekannt. Daraus resultieren die in der Fachliteratur dieser Zeit geforderten frostsicheren Gründungstiefen, die zwischen 0,80 und 1,30 m schwanken. Ungeachtet dieser Empfehlungen und Vorschriften finden sich im Bestand zahlreiche Gebäude oder Gebäudeteile, die nicht frostsicher gegründet sind. Instandsetzungsprobleme entstehen auch durch Differenzen innerhalb eines Gebäudes bezüglich Gründungstiefe, Gründungsart oder Baugrund, die nicht selten zu unterschiedlichen Setzungen führten.

Ungefähr ab 1900 steigt der Anteil der in Ziegelmauerwerk erstellten Grundmauern und Streifenfundamente deutlich an. An Rohdichte, Bestandteile und Frostbeständigkeit der verwendeten Mauerziegel wurden höhere Qualitätsansprüche gestellt, deren Einhaltung oft durch die Signatur "Grundbau" gekennzeichnet ist. In den 1930er Jahren waren Bankette aus Stahlbeton eine verbreitete Gründungskonstruktion. Die als "Haupteisen" bezeichnete Längsbewehrung wurde dabei in starken Durchmessern um 15 mm ausgebildet.

Bereits im 19. Jahrhundert führte man häufig abgestufte Verbreiterungen an Streifenfundamenten aus, um so die Belastung des Baugrundes in der Fundamentsohle zu verringern. Es war bekannt, dass eine Verteilung der Lasten über Fundamentabsätze auf breitere Fundamentquerschnitte, bei den damals üblichen unbewehrten Konstruktionen, nur innerhalb bestimmter Grenzen möglich ist. Die Abhängigkeit des Lastverteilungswinkels von Baustoffen und Bindemitteln im Streifenfundament fand nach 1910 in Tabellenwerten Berücksichtigung, wobei auch für Fundamente aus Beton oder Klinkern keine flacheren Winkel als 45° empfohlen wurden.

[Warth 1903] zum Lastverteilungswinkel: Höhen- und Breitenabmessungen der Fundamentabsätze im Verhältnis $h:l = 1:1$ bis 3:1, $\alpha = 45°$ bis 71,5°

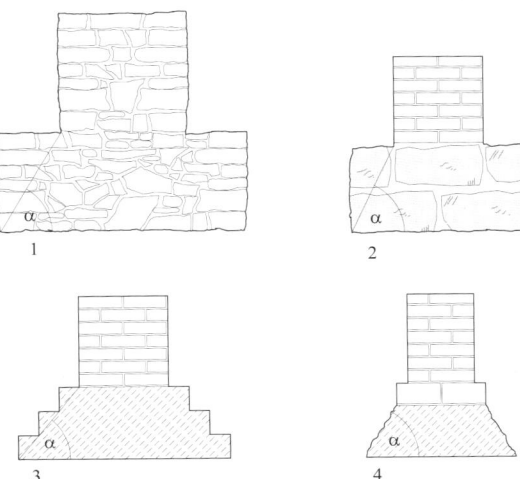

1 Bankett aus Bruchsteinen in Kalkmörtel, $\alpha = 55°$ bis 70°
2 Bankett aus Sandsteinquadern, Kelleraußenwand in Ziegelmauerwerk, $\alpha = 50°$ bis 70°
3 Bankett aus Beton, abgestuft, Kelleraußenwand in Ziegelmauerwerk, $\alpha = 45°$ bis 60°
4 Bankett als Ziegel-Rollschicht auf Beton, $\alpha = 45°$ bis 60°

Abb. 2.29: Typische Querschnitte von Streifenfundamenten

1.2 Einzelfundamente

Einzelfundamente als Flachgründungen wurden in der Regel zur Lastabtragung aus Stützen oder Pfeilern in den Baugrund eingesetzt. Sie sind ein verbreitetes Konstruktionselement bei Industriebauten mit Stützen aus Gusseisen, zwischen 1800 und 1850, oder aus Stahl, ab etwa 1830, sowie früher Stahlbetonskelettbauten. Auch gemauerte Pfeiler und Balkonstützen verschiedener Bauart wurden auf Einzelfundamenten gegründet. Verbreitete Baustoffe für Einzelfundamente waren Stampfbeton, Stahlbeton und seltener Ziegelmauerwerk. Mitunter kamen auch einbetonierte Stahlprofile zum Einsatz. Bei bewehrten Einzelfundamenten des frühen 20. Jahrhunderts wurde beanspruchungsgerecht der Bewehrungsgehalt im mittleren Bereich erhöht.

Auch bei Einzelfundamenten erfolgte die Verbreiterung über Absätze oder Fundamentschrägen. Die angesetzten Lastausbreitungswinkel entsprechen denen für Streifenfundamente.

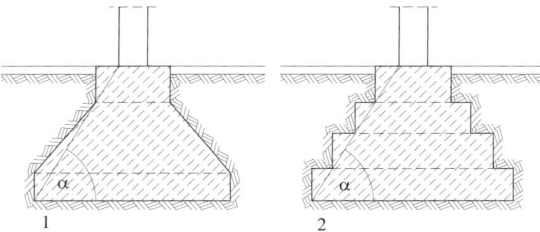

1 Einzelfundament, Verbreiterung als Pyramidenstumpf, $\alpha = 45°$ bis $60°$
2 Einzelfundament, abgetreppt als Staffelfundament, abschnittsweise betoniert, $\alpha = 45°$ bis $60°$

Abb. 2.30a: Einzelfundamente aus Beton unter Stützen

1.3 Gründung auf Schüttungen

Sand-, Kies-, Stein- oder Betonschüttungen als Bodenaustausch oder -verbesserung dienten zur Gründung von Hochbauten auf Baugrund mit geringer Tragfähigkeit. Mit dieser Lösung sollten die Bauwerkslasten auf einer möglichst breiten Sohlfläche auf den Baugrund übertragen werden. Auch für den Ausgleich von Geländeoberflächen, Höhendifferenzen oder Hohlräumen im Baugrund wurden Sand- und Kiesschüttungen eingesetzt. Oberhalb dieser Schüttungen wurden übliche Fundamentarten wie zum Beispiel traditionelle Streifenfundamente errichtet. Ein Problem von Schüttungen und Auffüllungen am Altbau ist ihre aus technologischen Gründen oft ungenügende Verdichtung, die zu Setzungsschäden führen kann

Schüttungen aus Sand oder Kies galten als wirtschaftliche Methode zur Baugrundverbesserung. Sie wurden auch für den Schwankungsbereich des Grundwassers empfohlen, soweit Unterspülungen durch besondere Lösungen, zum Beispiel hölzerne Spundwände, ausgeschlossen waren.

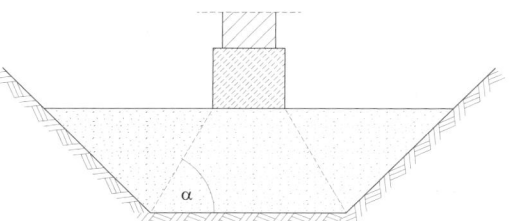

Einbau der Schüttung lagenweise in einer Stärke von jeweils 15 bis 25 cm,

Schichtdicken der Schüttungen 0,80 m bis 2,00 m, abhängig von Bauwerkslasten und Wasserbeanspruchung, $\alpha = 45°$ bis $60°$

Abb. 2.30b: Gründung mit Streifenfundamenten auf Sandschüttung

1.4 Plattengründungen

Plattengründungen aus Stahlbeton ermöglichten bei angemessenem Aufwand Konstruktionen mit großen Sohlflächen, die geringe Bodenpressungen gewährleisten. Die Entwicklung der theoretischen Grundlagen des damals noch so bezeichneten Eisenbetonbaus ermöglichte in den 1920er und 1930er Jahren den verstärkten Einsatz von Stahlbetonplatten als Flachgründungen größerer Gebäude. Bedarfsweise erfuhren die Plattengründungen eine oberseitige oder unterseitige Verstärkung durch bewehrte Rippen. Eine Auflagerung auf Sandschüttungen war möglich, falls der Baugrund dies erforderte.

1.5 Pfahl- und Pfahlrostgründungen

Pfahlgründungen gehören zu den ältesten Tiefgründungen. Man setzte sie ein, wenn tragfähiger Baugrund in größerer, aber erreichbarer Tiefe anstand. Der traditionelle Baustoff für Pfahlgründungen war zunächst ausschließlich Holz, bevor ab Ende des 19. Jahrhunderts zunehmend Beton- oder Stahlbetonpfähle verwendet wurden. Die Einzellängen der Pfähle konnten 15 m und mehr betragen. Gestoßene Pfähle für große Längen waren ebenso möglich. Eine gleichmäßige Verteilung der Lasten auf die Einzelpfähle konnte durch Rostkonstruktionen über den Pfahlköpfen erzielt werden, was allgemein als Pfahlrostgründung bezeichnet wird. Der Vortrieb der Pfähle ins Erdreich erfolgte mittels Rammbär oder vergleichbaren Hilfskonstruktionen.

Für Pfahlgründungen mit Holzpfählen galt der Grundsatz, dass die Pfahloberkanten mindestens 30 cm vom Grundwasser überdeckt sein sollten, um die Verrottungsbeständigkeit zu gewährleisten. Die Durchmesser der Einzelpfähle wurde in Abhängigkeit von ihrer Länge bestimmt. So war um 1930 für 3,00 m lange Holzpfähle ein Mindestdurchmesser von 25 cm angemessen.

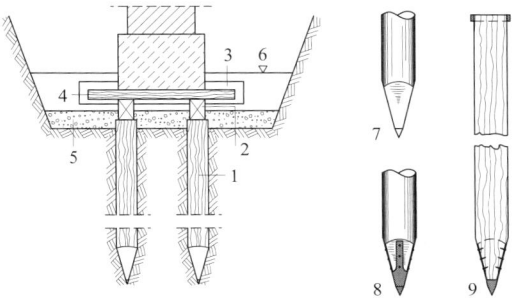

1 Pfahlreihe, Längsabstand jeweils 1 bis 1,50 m
2 Langschwellen, aufgezapft oder aufgeschraubt
3 Querschwellen, aufgekämmt
4 Bohlenbelag
5 Verfüllung mit Schotter oder Beton
6 Grundwasserstand
7 Pfahlspitze in Holz
8 Schmiedeeiserner Pfahlschuh
9 Schmiedeeiserner Pfahlschuh

Abb. 2.31a: Streifenfundament auf Pfahlrostgründung aus Holz

Mit den nach 1910 bevorzugten Stahlbetonpfählen wurde vor allem auf stark wechselnde und unübersichtliche Baugrundverhältnisse reagiert. Auch aus diesen Pfählen wurden rostartige Konstruktionen gebildet. Die Längen der Einzelpfähle konnten bis 20 m und mehr betragen. Ein hinreichendes Eindringen der Pfähle in tragfähigen Baugrund, etwa 2 bis 3 m, wurde gefordert. Durch eine auf die Pfahlköpfe aufbetonierte Stahlbetonplatte oder durch eine Betonschüttung wurde die Rostwirkung gewährleistet. Der Einbau erfolgte entweder als Rammpfahl oder als Ortbetonpfahl.

Stahlbetonrammpfähle wurden in Querschnittsbreiten zwischen 25 und 50 cm gefertigt. Für die Pfahlspitzen verwendete man auch hier zugespitzte Eisenschuhe. Das Einrammen erfolgte mittels eigens dafür konstruierter Maschinen, zum Beispiel Kranrammen.

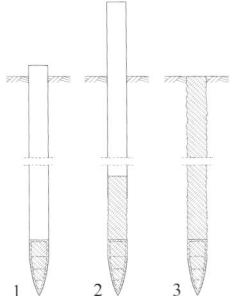

1 Leerrohr und Pfahlspitze aus Stahl werden eingerammt, danach schrittweiser Betoneinbau
2 Pfahlspitze verbleibt als Bauteil im Erdreich, Stahlrohr wird mit Betonierfortschritt gezogen
3 Ortbetonpfahl ist hergestellt, Stahlrohr komplett entfernt

Abb. 2.31b: Ortbetonpfähle als "Simplexpfähle" um 1935

2 Abdichtungen

Die Notwendigkeit, Gebäude vor Feuchtebelastungen aus Baugrund, Hinterfüllung oder Grundwasser zu schützen, war bereits im 19. Jahrhundert bekannt. Wohngebäude dieser Zeit verfügen jedoch selten über weitergehende Abdichtungsmaßnahmen. Wo Natursteine mit dichtem Gefüge vorhanden waren, verwendete man sie als Baustoff für Grundmauern und Sockel, um so deren geringes kapillares Wassertransportvermögen zu nutzen. Horizontalsperren um 1900 können aus den seit 1830 verfügbaren Teerdachpappen, aus Schiefer- oder Bleiplatten bestehen. Nach 1920 nahm die Bedeutung von Asphalt als "Isolierungsmittel" zu. Als Vertikalsperren gegen seitlich eindringende Feuchtigkeit verwendete man vorwiegend so bezeichnete Goudron-Anstriche, die oft aus Asphaltteer bestanden. Bei höherer Beanspruchung kombinierte man diese optional mit dichten Zementputzen mit bitumenhaltigen Zusätzen. Als typische Horizontalsperren dienten Gussasphaltschichten oder getränkte Bitumenpappen mit Deckaufstrich.

Grundsätzlich kann nicht davon ausgegangen werden, dass Gebäude um 1900 stets über Horizontal- bzw. Vertikalabdichtungen verfügen, selbst wenn die Kellerräume ehemals zu Wohn- oder Arbeitszwecken genutzt wurden.

Unter der Bezeichnung Goudron, dem französischen Begriff für Teer, fasste man verschiedene Abdichtungsstoffe zusammen, die auf der Basis von Naturasphalten, Steinkohleteer oder Petroleumdestillaten hergestellt wurden.

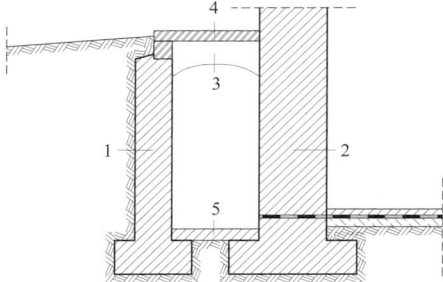

1 Außenwand des Isoliergrabens, Grundbau-Ziegel
2 Kelleraußenwand Ziegel- oder Natursteinmauerwerk
3 Gurtbogen zur Aussteifung
4 Abdeckung des Grabens, Naturstein- oder Betonplatten
5 Grabensohle, geglätteter Beton

Abb. 2.32: Isoliergraben eines Wohnhauses um 1895

So genannte Isoliergräben sind gemauerte Sonderkonstruktionen, die bei umlaufender Anordnung die Kontaktzone zur Bauwerkshinterfüllung von der Kelleraußenwand zur Wand des Isoliergrabens hin verlagern. Aufgrund des hohen Herstellungsaufwandes wurden Isoliergräben vorwiegend an hochwertigeren Wohn- und Verwaltungsgebäuden ausgeführt. Ihr Einsatz ist im Wesentlichen für den Zeitabschnitt zwischen 1870 und 1915 belegt. Teilweise formulierten regionale Bauordnungen um 1900 den Bau von Isoliergräben als Bedingung für die Einrichtung von Souterrain-Wohnungen.

3 Wände

3.1 Natursteinmauerwerk

Natursteine zählen neben Holz und Lehm zu den ältesten Baustoffen des Menschen. Form, Verarbeitung und Festigkeitseigenschaften differieren in Abhängigkeit von der Gesteinsart. Aufgrund eingeschränkter Transportmöglichkeiten wurden, vor allem bis 1850, an Wohngebäuden meist Natursteine aus der näheren Umgebung verarbeitet. Nach ihrer Entstehung unterteilt man Natursteine in Magmatite, Sedimentite und Metamorphite, die alle an Gebäuden verarbeitet wurden.

Typische Magmatite: Granit, Syenit, Basalt, Monzonit
Typische Sedimentite: Sandstein, Kalkstein, Grauwacke
Typische Metamorphite: Gneis, Schiefer

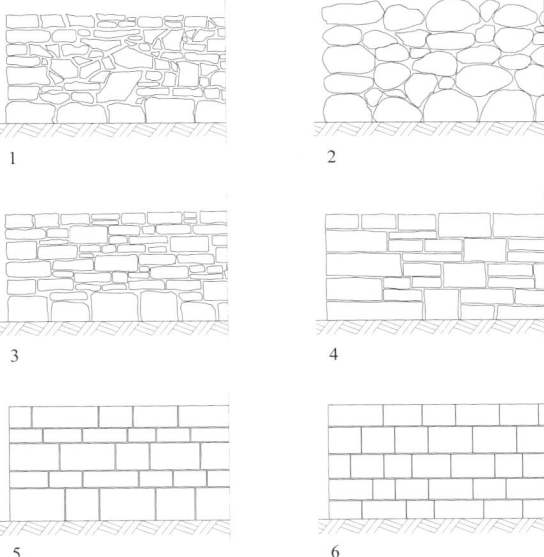

1 Bruchsteinmauerwerk
  Kaum bearbeitete Steine, bei Bedarf zugerichtet, Hohlräume mit Steinen ausgezwickt
2 Feldsteinmauerwerk
  Rundkantige Feldsteine, Hohlräume mit Steinen ausgezwickt
3 Hammerrechtes Schichtenmauerwerk
  Bearbeitungstiefe von Lager- und Stoßfugen mind. 12 cm, Fugen ungefähr rechtwinklig
4 Unregelmäßiges Schichtenmauerwerk
  Bearbeitungstiefe von Lager- und Stoßfugen mind. 15 cm
  Fugen zueinander rechtwinklig
5 Regelmäßiges Schichtenmauerwerk
  Lagerfugen auf ganzer Tiefe bearbeitet, Stoßfugen mind. 15 cm tief bearbeitet
6 Quadermauerwerk
  Lager-, Ansichts- und Seitenflächen flucht- und winkelrecht behauen

Abb. 2.33: Arten von Natursteinmauerwerk

Feldsteine beziehungsweise Findlinge mit unregelmäßiger, rundlicher Form wurden meist ohne weitere Bearbeitung eingesetzt; größere Exemplare spaltete man auf, wodurch auch bessere Lagerflächen entstanden. Bruchsteine stammten aus Steinbrüchen und kamen nicht oder nur wenig bearbeitet zum Einsatz. Wurden Gebäudewände aus Bruchsteinen gemauert, bedurfte es an Gebäudeecken sowie Fenstern und Türen des Einsatzes von Werksteinen. Quader sind in Steinbrüchen vorbereitete und allseitig steinmetzmäßig bearbeitete Natursteine. Ihre Flächen stehen rechtwinklig zueinander. Größere Quader wurden am Bauwerk mit Hebezeugen versetzt. Charakteristisch ist die Verwendung von Sedimentgesteinen für Quadermauerwerk.

3.2 Ziegelmauerwerk

Die Verwendung gebrannter Ziegel als Baustoff ist bereits für vorchristliche Epochen nachgewiesen. In seiner Verwendung über Jahrtausende kann der Ziegel als charakteristischer Baustoff der Zivilisationen angesehen werden. Durch die Römer wurde die Technologie der Ziegelherstellung in Europa verbreitet. In der 2. Hälfte des 19. Jahrhunderts forcierten technologische Innovationen zur Formgebung und zum Brennvorgang sowie wesentlich verbesserte Transportmöglichkeiten die Entwicklung des Ziegels zum industriell hergestellten und flexibel eingesetzten Massenbaustoff. Die um 1850 regional noch sehr unterschiedlichen Ziegelformate wurden, begünstigt durch die Einführung des metrischen Maßsystems in Deutschland, ab 1872 durch das Reichsformat abgelöst. Dieses Format setzte sich weitgehend durch und blieb bis nach dem 2. Weltkrieg verbindlich. Neben dem weitgehend dominanten Ziegelmauerwerk entwickelten sich im 19. Jahrhundert Beton- und Leichtbetonsteine, Kalksandsteine und Schlackensteine. Auch die Ziegelindustrie verbesserte ihre Produkte, so dass zum Beispiel bei Wohngebäuden der 1930er Jahre kleinformatige Hochlochziegel (2 DF) keine Seltenheit sind.

Ausgewählte Ziegelformate am Altbau

Preußisches Format (ab 1793)
26,1 x 12,6 x 6,5 cm

Sächsisches Zollformat (ab 1833)
28,0 x 14,0 x 7,0 cm

Reichsformat (ab 1872)
25,0 x 12,0 x 6,5 cm

Normalformat DIN 105 (seit 1951)
24,0 x 11,5 x 7,1 cm

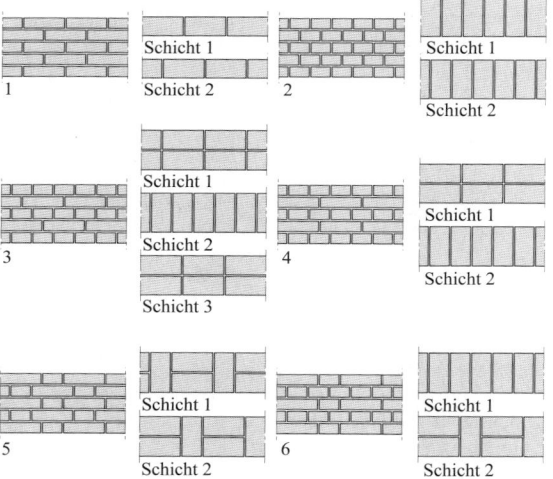

1 Läuferverband
für ½ Stein starke Wände

2 Binderverband
für 1 Stein starke Wände

3 Kreuzverband
Läufer- und Binderschichten wechseln, Schicht 3 gegenüber Schicht 1 um ½ Stein versetzt

4 Blockverband
sehr häufig ausgeführt, Läufer- und Binderschichten wechseln, Schicht 1 = Schicht 3

5 Gotischer/Polnischer Verband
Läufer und Binder wechseln jeweils ab, Binder zwischen den Schichten mittig versetzt

6 Flämischer Verband
Wechsel zwischen gotischen Schichten und reinen Binderschichten

Abb. 2.34: Traditionelle Mauerwerksverbände

Für das Reichsformat galten als Fugenmaße 10 mm für Stoßfugen und 12 mm für Lagerfugen. Damit wurden für 1 m Wandhöhe genau 13 Schichten benötigt. Das Mindestüberbindemaß der einzelnen Steine war auf ¼ Steinlänge festgelegt. Stoßfugen zweier aufeinander folgender Schichten durften sich kreuzen, jedoch nicht übereinander liegen. Die Anzahl ganzer Steine im Verband war zu maximieren.

3.3 Wandstärken

Gemauerte Wände wurden bis weit ins 19. Jahrhundert hinein auf der Basis von Erfahrungswerten und Faustformeln dimensioniert. Seit etwa 1875 wurden in den Bauordnungen der Städte und Länder zunehmend Mindestwandstärken festgelegt, bei deren Einhaltung die Baubehörden auf weitergehende statische Nachweise verzichteten. Diese Mindestwandstärken wurden tabellarisch erfasst oder durch Bemessungsformeln sowie grafische Verfahren bestimmt. Man bemühte sich, die vielfältigen Einflussfaktoren auf die Tragfähigkeit gemauerter Wände angemessen zu berücksichtigen. Nach ihrer Funktion im Gebäude und den daraus resultierenden Beanspruchungen klassifizierte man zum Beispiel Decken tragende Wände in Frontwände, Mittelwände, Giebelwände und Treppenwände.

Als Einflussfaktoren auf die Tragfähigkeit wurden unter anderem benannt: Qualität der vermauerten Materialien und des Mörtels; Gesamthöhe des Gebäudes; Höhe der Stockwerke; Lage und Größe der Wandöffnungen; Deckenlasten und Deckenspannweiten; Schlankheit der Wände und Anschlussbedingungen an aussteifende Wände und Decken.

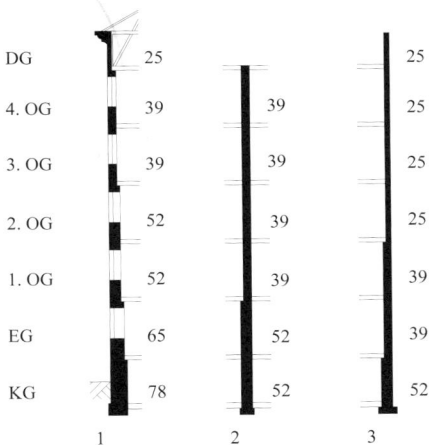

Abb. 2.35: Beispiel für Mindeststärken tragender Wände aus Ziegelmauerwerk in Wohngebäuden um 1905 (cm)

1 Frontwände mit Öffnungen
2 Mittelwände
3 Giebelwände ohne Öffnungen

Falls Giebelwände mit Öffnungen versehen waren, wurden die Tabellenwerte teilweise erhöht.

Für Wände aus Natursteinmauerwerk existieren gleichartige Tabellen. Unter vergleichbaren Randbedingungen werden für Bruchsteinmauerwerk höhere Mindestwandstärken als für Ziegelmauerwerk gefordert, während für Quadermauerwerk ähnliche Tabellenwerte wie für Ziegelmauerwerk galten.

3.4 Hohlmauerwerk

Eine in verschiedenen Regionen Deutschlands verbreitete Konstruktionsart des Ziegelmauerwerks ist das Hohlmauerwerk. Für Wände aus Hohlmauerwerk wurden meist Vollziegel verwendet, die man in speziellen Verbänden so vermauerte, dass im Inneren der Wände definierte Hohlräume entstanden. Diese Hohlräume werden in regelmäßigen Abständen von Bindersteinen durchschnitten. Hohlmauerwerksverbände treten vorzugsweise an Wohnhäusern nach 1850 auf. Die Motive für diese Bauweise lagen vor allem in der Kosteneinsparung durch verringerten Materialeinsatz. Man sprach diesen Verbänden auch bessere Wärmedämmeigenschaften und eine hohe Schlagregensicherheit zu. Im 20. Jahrhundert griff man vor allem bei Siedlungsbauten zwischen 1918 und 1945 verstärkt auf Hohlmauerwerk zurück.

In der Fachliteratur werden Hohlmauerwerksverbände bereits um 1800 erwähnt.

Nach 1918 dokumentiert das Hohlmauerwerk den Versuch, in wirtschaftlich schwierigen Zeiten sparsame Wandquerschnitte zu errichten.

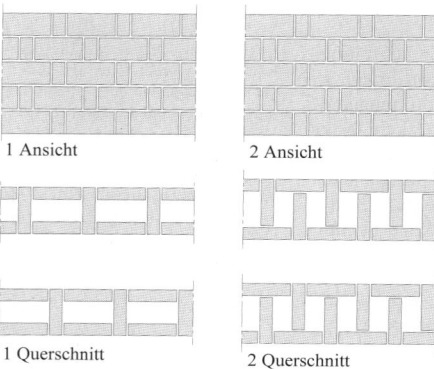

Abb. 2.36a: Typische Hohlmauerwerksverbände zwischen 1850 und 1870 mit hochkant stehenden Ziegeln

1 Hohlmauerwerksverband mit hochkant stehenden Ziegeln, 1 Stein stark, Binder durchgehend

2 Hohlmauerwerksverband mit hochkant stehenden Ziegeln, 1 ¼ Stein stark, Binder wechselseitig in beiden Schalen einbindend

Zur Bauzeit im 19. und 20. Jahrhundert wurden diese Hohlmauerwerksverbände als "Kästelmauerwerk" bezeichnet. Die entstandenen Hohlräume wurden nicht selten mit Schlacke oder einem Gemisch aus Schlacke, Mörtel und Steinresten verfüllt.

3.5 Blockbau

Eine sehr alte Konstruktionsform des Holzbaus in Gegenden mit hohem Nadelholzanteil ist der Blockbau. Er besteht, abgesehen von Fenster- und Türstielen, aus waagerechten Holzquerschnitten unterschiedlichen Bearbeitungsgrades. Diese wurden an den Gebäudeecken überblattet, wobei der Querschnitt etwa 20 cm über die Eckverbindung übersteht. Blockbauten für Wohnnutzungen erforderten eine sorgfältige Fugendichtung. Hier setzte man Lehm und Holzkeilchen ein, wobei innenseitig meist zusätzlich ein Strohlehmputz aufgebracht wurde.

Ab Mitte des 18. Jahrhunderts bevorzugte man bebeilte Halbholzbalken, die mittels Schrotsäge hergestellt wurden. Man verlegte diese Bohlhölzer mit der glatten Seite nach innen und mit der Waldkante nach außen. So ergeben sich Wandstärken um 15 bis 16 cm.

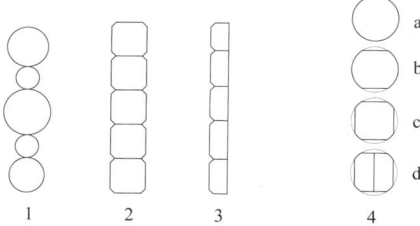

Abb. 2.36b: Wandquerschnitte im Blockbau

1 Blockwand aus Rundhölzern
2 Blockwand aus Blockhölzern
3 Blockwand aus Bohlhölzern

4 Holzquerschnitte für Blockwände
a Rundholz
b Blockholz, zweiseitig bearbeitet
c Blockholz, vierseitig bearbeitet
d Bohlholz, durch Längstrennung mit Schrotsäge

3.6 Fachwerkbau

Vom Fachwerkbau geprägte Landschaften in Deutschland sind das Resultat einer über Jahrhunderte regional dominierenden Bauweise. Die Entwicklung der Fachwerkbauten, etwa zwischen 1000 und 1800, basierte auf zunehmenden konstruktiven Erfahrungen und handwerklichen Verbesserungen. Konstruktionsprinzip des Fachwerks ist ein Holzskelett mit gelenkigen Knotenpunkten, das alle angreifenden Lasten ableitet. Dreieckstrukturen wie Streben, Kopf- und Fußbänder sichern gegen unerwünschte Verschiebungen.

Wände

Holzverbindungen des Zimmererhandwerks, in ihrer Typologie ein Merkmal zur Datierung von Fachwerkkonstruktionen, gewährleisten das Zusammenfügen der Fachwerkhölzer. Die Ausfachungen der einzelnen Felder haben nahezu ausschließlich raumabschließende Funktionen. Sichtbare Fachwerkhölzer sind nicht überall typisch; in Gegenden mit rauer Witterung wurden Fachwerkbauten oft mit Holzschalungen oder Bekleidungen aus Schiefer versehen.

Wichtige zimmermannsmäßige Holzverbindungen sind Verblattungen, Zapfen, Verkämmungen und Versätze.

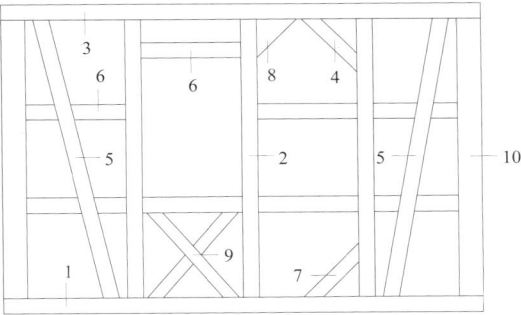

Abb. 2.37a: Konstruktionselemente im Fachwerk

1 Schwelle
2 Ständer, Stiel, Pfosten
3 Rähm
4 Kopfband
5 Strebe
6 Riegel
7 Fußband
8 Kopfwinkelholz
9 Andreaskreuz
10 Eckständer

Die Bezeichnungen für die Konstruktionselemente im Fachwerk weisen innerhalb Deutschlands regionale Differenzen auf.

Traditionelle Lösungen zur Ausfachung der etwa 1 bis 1,5 m² großen Felder beinhalten oft eine senkrechte Unterteilung mittels 3 bis 5 cm dicker Stakhölzer. Auf diesen Staken wurde entweder ein Weidengeflecht befestigt oder man umwickelte sie mit Strohlehmzöpfen. Darauf wurde ein Strohlehmbewurf aufgebracht und abgezogen. Vor Einbau des außenseitigen Kalkputzes wurde die Strohlehmschicht durch Löcher und Kratzlinien aufgeraut. Ausfachungen in Ziegelmauerwerk treten oft bei jüngeren Fachwerkbauten auf.

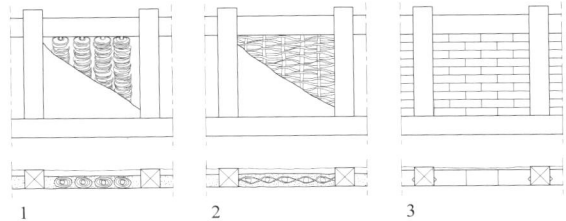

Abb. 2.37b: Ausfachungsvarianten am Fachwerkbau

1 Ausfachung mit Strohlehmzöpfen um Stakhölzer
2 Ausfachung mit Flechtwand, Weidenruten zwischen den Stakhölzern
3 Ausfachung in Ziegelmauerwerk, meist ½ Stein stark im Läuferverband, Befestigung der Ausmauerung durch Dreikantleisten auf den Kanthölzern

2.37

3.7 Leichte Außenwände

Durch die verstärkte Förderung einfacher, sparsam errichteter Wohnhäuser zwischen 1918 und 1940 entwickelten sich in diesem Zeitraum zahlreiche neue Bauweisen für so genannte Sparbauten oder Kleinhäuser. Man experimentierte mit den Baukonstruktionen der Gebäudehülle, um preiswerte Wohnhäuser in Siedlungen errichten zu können. Innerhalb dieser Entwicklung kamen Hohlmauerwerk, Porenbetonsteine, Betonhohlsteine, verschiedene Stahlbeton-Formsteine und Schlackebeton als Wandbaustoffe zum Einsatz. Auch Skelettbauten aus Stahlbeton, Stahl oder Holz wurden als rationelle Bauweisen bevorzugt. Bei der Heraklith-Bauweise griff man zum Beispiel auf ein in den Querschnitten optimiertes Holzskelett zurück, welches beidseitig mit Holzwolle-Leichtbauplatten beplankt wurde.

Ein starker Mangel an Brennstoffen nach dem 1. Weltkrieg förderte die Entwicklung neuer Baustoffe, zu deren Herstellung möglichst wenig Kohlen erforderlich waren.

Heraklith-Platten wurden auch für Stahlbeton- oder Stahlskelette eingesetzt.

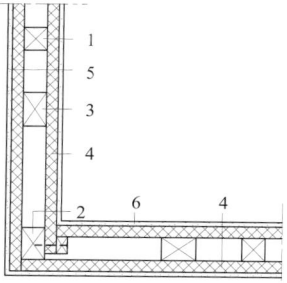

Abb. 2.38a: Leichte Außenwand eines Wohnhauses um 1928 als Heraklith-Wand

1 Ständer des Holzskeletts, 10/10 cm
2 Eckständer des Holzskeletts, 10/14 cm
3 Streben des Holzskeletts, 10/10 cm
4 Wärmedämmung HWL-Platte, Fabrikat "Heraklith", Stärke 5 cm, auf Holzskelett genagelt, im Verband versetzt, Fugen in Zementmörtel, Plattenmaße 2,00 m x 0,50 m
5 Außenputz, Kalkzementputz
6 Innenputz, Kalkputz

4 Putze

Wand- und Deckenputze im Altbau waren auf unterschiedliche Wandbaustoffe abzustimmen. Wo Putzträger erforderlich waren, setzte man Strohlehm, Rohrmatten oder später Ziegeldrahtgewebe ein. Um historische Putzmörtel in ihrer Zusammensetzung zu charakterisieren, bestimmt man die Massenanteile von Bindemittel und Zuschlagstoffen sowie die Art des Bindemittels und die Zuschlagstoffe in ihrer Art und Körnung. Häufig verfügen bestehende Gebäude vor 1945 über speziell strukturierte Putzoberflächen, die sie als Dokument ihrer Bauzeit ausweisen.

Typische Putzgründe waren Ziegel- und Natursteinmauerwerk, Lehm oder Holzlatten.
Neben Sand, Kies, Naturstein- und Ziegelstücken ist auch Schlacke ein verbreiteter Zuschlagstoff.

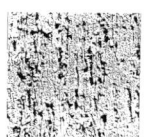 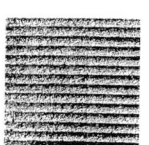

Abb. 2.38b: Beispiele für Putzstrukturen am Altbau

1 Kratzputz, nach Anwurf fest verrieben, später mit Kratzbrett überarbeitet
2 Gezogener Putz (Schleppputz), mit groben Zuschlägen, nach kurzer Abbindezeit von unten nach oben abgezogen
3 Kammputz, feinkörnige Zuschläge, nach kurzer Abbindezeit mit kammförmiger Klinge abgezogen

5 Schalungen, Bekleidungen

Bekleidungen an Außenwänden dienen am Altbau als Witterungsschutz und Gestaltungselement. Im Vergleich zu modernen Baukonstruktionen ist hier eine geringere Vielfalt der Materialien zu verzeichnen. Verbreitete Varianten sind zum Beispiel Bekleidungen aus Naturwerkstein, aus Schiefer oder aus Holz. Holzschalungen waren vor allem in Gegenden mit rauen Klimaverhältnissen sowie in ländlichen Bereichen typisch. Mitunter wurden nur die Giebeldreiecke von Wohnhäusern verschalt.

Es treten sowohl sägeraue als auch gehobelte Schalungsbretter auf. Bei einfachen Bauten dominieren unbesäumte Brettschalungen.

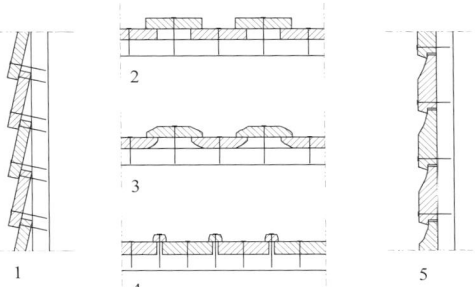

1 Stülpschalung, horizontal
2 Vertikale Brettschalung, besäumte Bretter
3 Vertikale Brettschalung, unbesäumte Bretter
4 Vertikale Deckleistenschalung
5 Horizontale Schalung, überfälzt

Abb. 2.39a: Holzschalungen an Außenwänden

6 Decken
6.1 Gewölbte Massivdecken

Gewölbte Massivdecken, seit Jahrhunderten in vielfältigen Formen bewährt, waren bis zum Ende des 19. Jahrhunderts die vorherrschende Konstruktionsform für Kellerdecken im Wohnungsbau. Typische Baustoffe sind Ziegel oder Natursteine, später verwendete man auch Beton. Die Grundform der Gewölbe, aus der alle anderen Formen entwickelt werden können, ist das halbkreisförmige Tonnengewölbe. Bei diesem beträgt die Pfeilhöhe genau die Hälfte der Spannweite. Somit bildet die Leibung des halbkreisförmigen Tonnengewölbes die Mantelfläche eines halben geraden Zylinders.

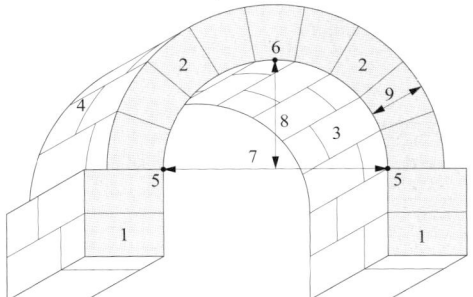

1 Widerlager
2 Gewölbestirn
3 Leibung = innere Fläche
4 Rücken = äußere Fläche
5 Kämpferpunkte
6 Scheitelpunkt
7 Spannweite
8 Pfeilhöhe bzw. Stichhöhe
9 Gewölbedicke

Abb. 2.39b: Begriffe am halbkreisförmigen Tonnengewölbe

Als Kellerdecken in Wohngebäuden nach 1850 kamen sehr häufig Kappengewölbe, zum Beispiel Preußische Kappen, zum Einsatz. Deren Wölblinie beschreibt einen flachen Segmentbogen, so dass die Pfeilhöhe nur 1/6 bis 1/12 der Spannweite beträgt. Die Widerlager für Preußische Kappen werden durch Wände, gemauerte Gurtbögen oder Stahlträger gebildet. Übliche Spannweiten ½ Stein starker Preußischer Kappen liegen unter 3,00 m, oft zwischen 1,00 m und 2,00 m.

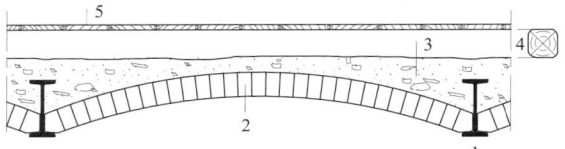

Abb. 2.40a: Preußische Kappe mit Dielenboden um 1870

1 Stahlträger
2 Preußische Kappe in Ziegelmauerwerk, Dicke 1/2 Stein
3 Auffüllung aus Schlacke, Mörtel-, Ziegel- und Natursteinresten
4 Lagerhölzer 12/12 cm
5 Dielung

Gemauerte Preußische Kappen in Wohngebäuden wurden meist erst nach Fertigstellung des Daches ausgeführt, um sie vor Regen und Frost zu schützen und um durch hohe Auflasten den Gewölbeschub der Randfelder schadensfrei aufnehmen zu können.

Der Gewölbeschub bezeichnet die horizontale Komponente der Druckkraft eines Gewölbes, welche das Auflager beansprucht.

6.2 Ebene Massivdecken

Um 1900 wurden in Deutschland die ersten so genannten Stahlsteindecken für den Wohnungsbau zugelassen. Die Vorteile der neuen Massivdecken lagen gegenüber den verbreiteten Holzbalkendecken in einem besseren Brandschutz, der Resistenz gegen Holzschädlinge, einer besseren Dauerhaftigkeit und guten Verankerungsmöglichkeiten mit den Außenwänden. Zwischen 1900 und etwa 1930 fand eine intensive Entwicklung verschiedener ebener Massivdecken statt, aus der neben bewehrten Vollplatten auch Stahlbetonrippendecken, Balkendecken und Decken mit Stahlbeton-Hohldielen hervorgingen. Die Anzahl der Konstruktionsvarianten und Firmenpatente wuchs stark an. Ebene Massivdecken, deren Einsatz zunächst auf Kellerdecken, Treppenhäuser, hochwertige und öffentliche Gebäude beschränkt war, verdrängten zunehmend die Holzbalkendecken aus dem Wohnungsbau, ohne sie bis 1945 vollständig abzulösen. Nach 1945 nahm innerhalb der Massivdecken der Anteil der Stahlbeton-Vollplatten stetig zu.

Bei diesen Stahlsteindecken wurden Hohlziegel mit Flachstählen in den vermörtelten Fugen auf Schalungen vermauert. Ein Beispiel dafür bildet die sehr früh entwickelte und häufig eingesetzte Kleinesche Decke.

Die Gesamtstärken ebener Massivdecken vor 1945 liegen je nach Nutzungsanforderungen zwischen 25 und 35 cm inklusive Fußbodenaufbauten.

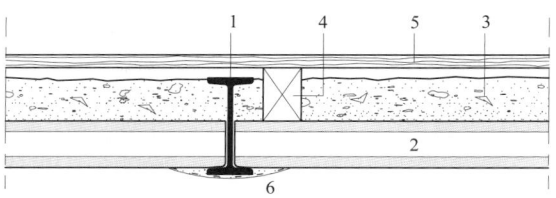

Abb. 2.40b: Kellerdecke um 1935 als Massivdecke mit Hohldielen

1 Stahlträger, Höhe 16 bis 28 cm
2 Stahlbeton-Hohldielen
3 Schüttung aus Schlacke
4 Lagerhölzer 10/12 cm
5 Dielung, 24 mm
6 Putzstreifen auf Ziegeldrahtgewebe (Staußsches Gewebe)

Stahlbeton-Hohldielen, als Zementdielen bezeichnet, wurden in Betonwerken vorgefertigt und vor Ort auf die unteren Flansche von Stahlträgern verlegt. Für den Einbau wurden bei kurzer Bauzeit weder eine Schalung noch versierte Facharbeiter benötigt. Massivdecken mit Hohldielen wurden über mehrere Jahrzehnte häufig eingesetzt, vorzugsweise für Kellerdecken.

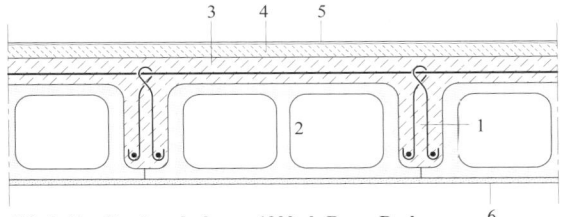

Abb. 2.41a: Geschossdecke um 1930 als Remy-Decke

1 Stahlbetonrippen, Mindestbreite 8 cm
2 Füllkörper aus Bimsbeton, Breite ca. 50 cm
3 Beton, bewehrt, 5 cm
4 Zementestrich als Verbundestrich
5 Bodenbelag Linoleum
6 Deckenputz

Stahlbeton-Rippendecken sind plattenbalkenförmige Tragwerke. Die leichten Füllkörper wurden auf einer Schalung bündig verlegt, bevor man den Beton einbaute. In der Betondruckzone über den Füllkörpern befinden sich lastverteilende Bewehrungsstähle. Je nach Stützweite ordnete man eine oder mehrere Querrippen zur Lastverteilung an. Die Füllkörper der in den 1920er und 30er Jahren häufig hergestellten Remy-Decke bestehen aus Bimsbeton.

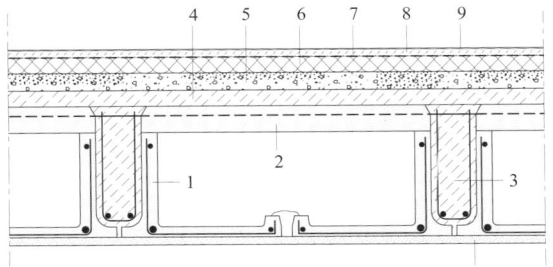

Abb. 2.41b: Geschossdecke um 1960 als Menzel L-Decke

1 Menzel L-Schalen, Höhe 20 cm, Fugen mit Zementmörtel verstrichen
2 Menzel-Abdeckplatte, 5 cm
3 Ortbeton-Rippen, Mindestbreite 8 cm
4 Druckbeton, 3 cm
5 Hochofenschlacke, 3,5 cm
6 HWL-Platten, 3 cm, als Trittschalldämmung
7 Ölpapier als Abdeckung
8 Anhydritestrich, 10 mm
9 PVC-Bahnenbelag, 2 mm
10 Deckenputz, 15 mm

Eine typische Stahlbeton-Rippendecke der 1950er und 60er Jahre ist die Menzel L-Decke, bei der auf eine flächige Schalung während der Bauzeit verzichtet werden konnte. Die L-förmigen Schalkörper und die Abdeckplatten, beide bewehrt, bildeten mit unterseitigen Stützen die Schalung für die Ortbeton-Rippen. Im Endzustand wirken die Bewehrungen von Fertigteilen und Rippen zusammen. Die Bauwerksaussteifung wird bei Stahlbetonrippendecken allgemein in Zusammenwirkung mit umlaufenden Ringankern gewährleistet. Je nach Belastung ist die Druckbetonschicht 3 bis 5 cm stark.

6.3 Holzbalkendecken

Holzbalkendecken sind die vorherrschenden Geschossdecken in Wohngebäuden bis Anfang des 20. Jahrhunderts. Bei diesen Decken handelt es sich um mehrschalige Konstruktionen aus tragenden Deckenbalken, Zwischendecken, Fußböden und Unterdecken. Die Hohlräume verfüllte man mit regional verfügbaren Materialien und konnte so den Wärme- und Schallschutz verbessern.

Zu einer Balkenlage, dem tragenden Konstruktionsteil einer Holzbalkendecke, zählen alle in einer Deckenebene liegenden Balken. Die Achsabstände der Balken liegen zwischen 0,70 m bis 1,20 m und nehmen zwischen 1800 und 1945 tendenziell ab.

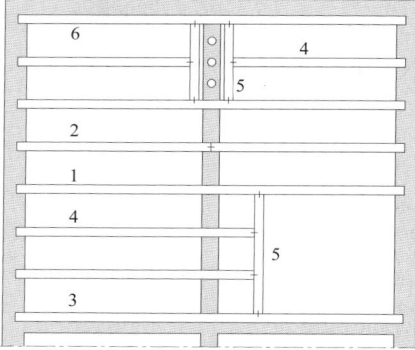

1 Ganzer Balken
2 Gestoßener Balken
3 Streichbalken
4 Stichbalken
5 Wechsel
6 Giebelbalken

Die Balkenlage wurde über Ankereisen mit Ösen und Splinten mit den Decken tragenden Außenwänden verankert. An den Giebelwänden kamen ähnliche Giebelanker zum Einsatz, die über mindestens 3 Balken zu führen waren.

Abb. 2.42a: Auszug aus einer Balkenlage

Die am häufigsten ausgeführten Zwischendecken im 19. Jahrhundert und bis 1945 sind die Einschubdecken. Ihr wichtigstes Merkmal ist eine auf verschiedene Arten eingefügte Zwischenebene, der Einschub. Auf dieser Ebene wurde die Auffüllung eingebracht.

Bei untergeordneten Decken, zum Beispiel in Kehlbalkenlagen, verzichtete man mitunter ganz auf den Einschub und brachte dünnschichtige Auffüllungen direkt auf die Deckenschalung ein.

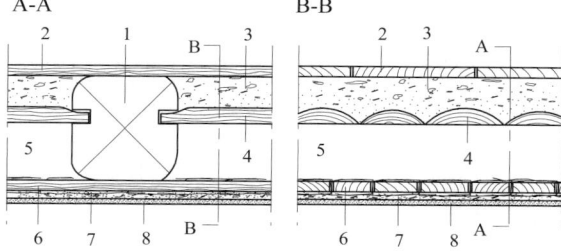

1 Holzbalken, i. M. 20/20 cm
2 Dielung, 25 mm
3 Lehmschlag mit Stroh, Ziegel- und Mörtelresten
4 Einschub aus Schwartenbrettern mit Lehmverstrich
5 Hohlraum
6 Deckenschalung, raue Bretter, mit Stroh umwickelt
7 Strohlehm, aufgeraut
8 Deckenputz als Kalkputz, 10 mm

Abb. 2.42b: Einschubdecke um 1860 mit eingestemmten Nuten

Bis zur Mitte des 19. Jahrhunderts und darüber hinaus wurde der Einschub aus Randbrettern mit Waldkante, so genannten Schwarten, in vorbereitete Balkennuten eingestemmt. Die Auffüllung bestand häufig noch aus einem nass eingebauten Stroh-Lehm-Gemisch. Um einen ebenen Untergrund für die Dielung herzustellen, glich man die Oberseiten der Balken mit schmalen Holzleisten aus. An den annähernd quadratischen Balkenquerschnitten ist oft die Waldkante erkennbar.

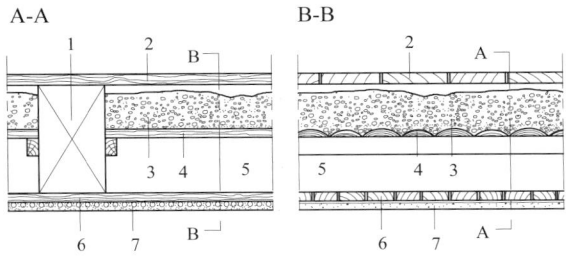

1. Holzbalken, i. M. 12/24 cm
2. Dielung, 24 mm
3. Auffüllung aus Schlacke
4. Einschub aus Schwartenbrettern
5. Hohlraum
6. Deckenschalung aus rauen Brettern oder Latten
7. Deckenputz als Kalkputz auf Rohrmatten, 15 mm

Abb. 2.43a: Einschubdecke um 1930 mit aufgenagelten Latten

Seit Mitte des 19. Jahrhunderts lagerte man den Einschub zunehmend auf seitlich an die Deckenbalken genagelten Latten auf. In industriell geprägten Regionen dominiert Schlacke als Auffüllung. Deckenbalken des 20. Jahrhunderts verfügen über hochrechteckige Querschnitte. Balkenauflager, Giebelbalken und Balkenabschnitte in Bädern wurden oft mit Holzschutzanstrichen versehen. Die Unterdecke wird durch eine raue Bretterschalung von etwa 20 mm Stärke gebildet. Auf dieser Schalung nagelte man vorgefertigte Rohrmatten als Putzträger auf.

Alternativ zu den Einschubdecken kamen Zwischendecken mit Gipsdielen, Hohlziegeln oder HWL-Platten zur Ausführung.

7 Fußbodenaufbauten

7.1 Dielenböden

Bis 1945 waren Dielenfußböden in Wohnräumen ohne besondere Nutzungsansprüche absolut typisch. Raue Dielungen aus besäumten, ungehobelten Brettern kam in Dachböden zum Einsatz. Für Wohnräume verwendete man gehobelte Dielen von 2,5 bis 3,5 cm Stärke, oft aus Kiefernholz. Bei Dielenböden über gewölbten Kellerdecken verlegte man die Lagerhölzer meist rechtwinklig zur Gewölbeachse in der Auffüllung, mit einem Abstand um 80 bis 100 cm, siehe dazu Abb. 8.36a.

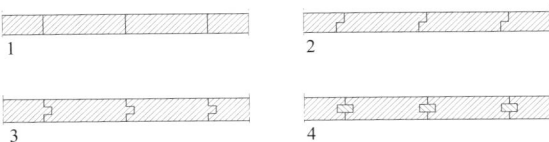

1. Stumpf gestoßene Dielen mit sichtbarer Nagelung
2. Gefalzte Verbindung
3. Gespundete Verbindung
4. Gefederte Verbindung

Abb. 2.43b: Verbindungsvarianten paralleler Dielenbretter um 1920

7.2 Fußböden gegen Erdreich

Aus heutiger Sicht erscheint es ungewöhnlich, dass im Altbau Fußbodenaufbauten von Wohnräumen gegen Erdreich häufig Holzbauteile enthalten. Auch hier wurde das Konstruktionsprinzip mit Lagerhölzern in Auffüllungen angewendet. Bevor verstärkt Bitumenbahnen als Abdichtungslage eingesetzt wurden, ordnete man grobe Packlagen aus Natursteinen als kapillarbrechende Schichten an.

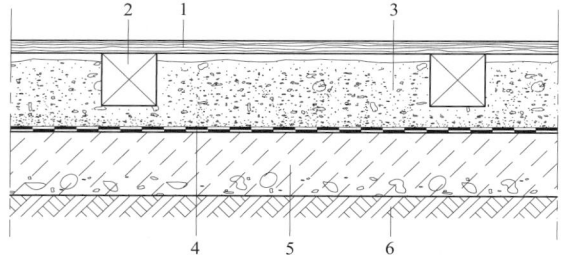

1 Gehobelte Dielung
2 Lagerhölzer 12/12 cm
3 Bettung aus Schlacke
4 Bitumenbahn, in Kaltbitumen verlegt
5 Unterbeton mit großen Zuschlägen
6 Gewachsener Boden

Abb. 2.44a: Fußbodenaufbau Wohnraum gegen Erdreich um 1930

7.3 Badfußböden

Separate Wohnungsbäder gehörten ab etwa 1920 zum Standard moderner Wohnungen. Probleme im Feuchteschutz ergaben sich vor allem dort, wo Badfußböden über Holzbalkendecken konstruiert wurden. Dünnschichtige Steinholzestriche, magnesiagebundene Estriche mit Sägespänen und anderen Zuschlägen, waren als Badfußböden verbreitet. Aufgrund des mangelnden Feuchteschutzes sind die Deckenbalken durch holzschädigende Pilze gefährdet, selbst wenn oft Bitumenbahnen unter Sanitärgegenständen vorhanden sind.

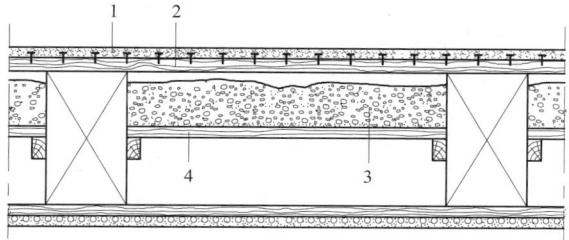

1 Steinholzestrich, 20 mm, Verankerung in Schalung durch Dachpappennägel
2 Schalung aus rauen Brettern, 24 mm
3 Auffüllung aus Schlacke
4 Einschub aus Schwartenbrettern

Weiterer Aufbau siehe Abb. 8.39a.

Abb. 2.44b: Badfußboden über Holzbalkendecke um 1935

8 Geneigte Dächer

8.1 Dachtragwerke

Bis zur industriellen Revolution waren Dachtragwerke aus Holz die absolut vorherrschende Bauart für nahezu alle Anwendungsgebiete. Auch nachdem ab etwa 1850 alternative Baustoffe wie Eisen, Stahl und Stahlbeton für ausgewählte Dächer zum Einsatz kamen, verloren hölzerne Dachtragwerke bis 1945 nicht an Bedeutung. Die Konstruktionsform hing dabei von der Deckungsart, den Gebäudegeometrien und Spannweiten sowie den geplanten Nutzungen ab. Dachformen und Dachdeckungen waren immer wichtige Gestaltungselemente am Gebäude und dokumentieren so Architektursprache und ästhetische Vorstellungen ihrer Bauzeit.

Weitere Informationen zu Dachformen befinden sich im Abschnitt Baukonstruktion Neubau.

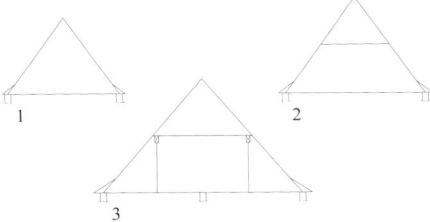

1 Sparrendach,
  Spannweiten bis etwa 8 m
2 Kehlbalkendach,
  Spannweiten bis etwa 10 m
3 Zweifach stehender Kehlbalkendachstuhl,
  Stiele und Kopfbänder unter etwa jedem vierten Gebinde,
  Spannweiten bis 12 m

Abb. 2.45a: Konstruktionsarten für Sparrendächer

Sparren- und Kehlbalkendächer sind typisch für traditionelle Dächer in Nord- und Mitteldeutschland sowie den überwiegenden Teil Mitteleuropas. Dabei weisen sie relativ steile Dachneigungen auf. Zwei Sparren und ein Deckenbalken bilden jeweils ein in Querrichtung unverschiebliches Dreieck, das Gebinde. Die lichte Weite zwischen zwei benachbarten Gebinden liegt selten über 1 m. Bei größeren Spannweiten steifen Kehlbalken über Kopfhöhe aus. Da die Dachdeckung mittels Aufschiebling über den Anschlusspunkt zwischen Sparren und Deckenbalken geführt werden muss, ergibt sich in der Dachfläche der für Sparrendächer charakteristische Knick nahe der Traufe. Bedingt durch die Konstruktion sind weite Dachüberstände an Ortgang oder Traufe untypisch.

Weitere Informationen zu Konstruktionsgrundlagen von Sparren- und Kehlbalkendächern befinden sich im Abschnitt Baukonstruktion Neubau.

Ländliche Gebäude vor 1850 mit Sparren- bzw. Kehlbalkendächern verfügen meist über Dachneigungen von 45° und mehr. Dies resultiert auch aus den ehemals verbreiteten Stroh-, Holz- oder Reetdeckungen.

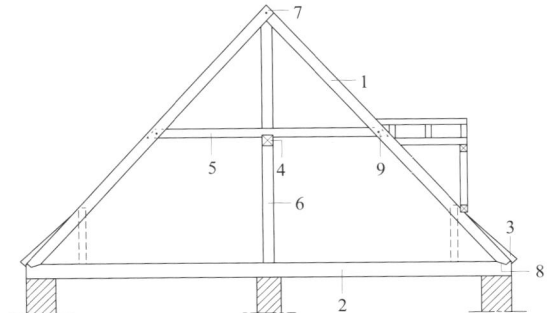

1 Sparren
2 Dachbalken
3 Aufschiebling, keilförmig
4 Rähm
5 Kehlbalken
6 Stiel
7 Firstpunkt, Verblattung
8 Fußpunkt, Stirnversatz
9 Kehlbalken in Sparren eingezapft

Abb. 2.45b: Kehlbalkendach mit einfach stehendem Stuhl, Wohnhaus um 1842, Dachgeschoss teilweise ausgebaut

2.45

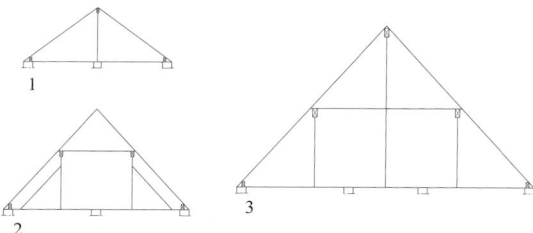

1 Pfettendach mit einfach stehendem Stuhl, Spannweiten bis etwa 8 m
2 Zweifach stehender Pfettendachstuhl, abgestrebt, Spannweiten bis etwa 12 m
3 Dreifach stehender Pfettendachstuhl, Spannweiten bis etwa 16 m

Abb. 2.46a: Konstruktionsarten für Pfettendächer

Pfettendächer waren ursprünglich im Alpengebiet und im Mittelmeerraum verbreitet, bevor sie ab Mitte des 19. Jahrhunderts in vielen Teilen Deutschlands verstärkt eingesetzt wurden. Die Sparren liegen stets auf firstparallelen Balken, den Pfetten, auf. Diese werden durch Stiele unterstützt. Kopfbänder zwischen Stielen und Pfetten dienen der Längsaussteifung. Streben verbessern die Queraussteifung wesentlich, sie wurden vor allem bei steileren Dachneigungen eingesetzt. Charakteristisch für Pfettendächer sind flachere Dachneigungen und größere Gebäudetiefen. Die Konstruktion ermöglicht Dachüberstände an Traufe und Ortgang, die zum Teil relativ weit ausfallen. Ebenso typisch für Pfettendächer sind im Giebeldreieck sichtbare Pfettenköpfe, mitunter verziert.

Weitere Informationen zu Konstruktionsgrundlagen von Pfettendächern befinden sich im Abschnitt Baukonstruktion Neubau.

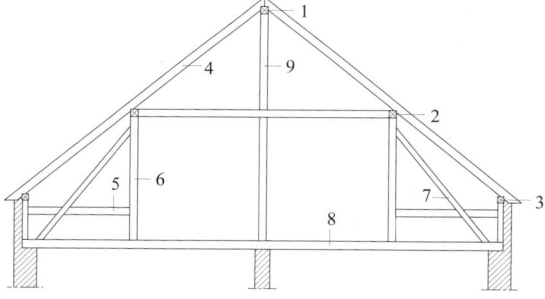

Abb. 2.46b: Pfettendach mit dreifach stehendem Stuhl und Drempel, Wohnhaus um 1876, Dachgeschoss ausgebaut

1 Firstpfette
2 Mittelpfette
3 Fußpfette
4 Sparren
5 Stichbalken zum Drempelstiel
6 Stiel unter Mittelpfette
7 Strebe
8 Dachbalken
9 Firstpfettenstiel

Längsaussteifung durch Kopfbänder zwischen Stielen und Pfetten; Binderebene mit Stielen, Streben, Stichbalken und Dachbalken in jedem vierten Sparrenpaar

1 Detail Drempelbereich mit Sparren, Fußpfette, Drempelstiel, Stichbalken, Strebe und Dachbalken
2 Firstpunkt mit Sparren, Firstpfette und Firstpfettenstiel
3 Kopfbandanschluss an Stiel, halbes schräges Schwalbenschwanzblatt
4 Detail Mittelpfette mit Sparren, Stiel, Strebe und Dachbalken

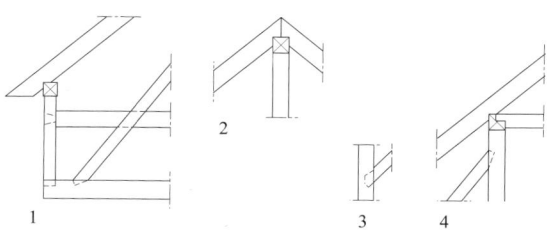

Abb. 2.46c: Detailpunkte im Pfettendach nach Abb. 8.42b

Geneigte Dächer

Eine innovative Dachkonstruktion des frühen 20. Jahrhunderts waren die Zollbau-Lamellendächer. Dabei handelt es sich um einfach gekrümmte Flächentragwerke, die aus typisierten Brett- oder Bohlenstücken zusammengefügt wurden. Die Anordnung der Lamellen erfolgte in gleichen Rauten, das Dachtragwerk wurde auf sehr wenige Einzelkomponenten reduziert. Wichtige Vorteile dieser Bauweise waren ihr geringer Holzverbrauch, ohne dass für die Lamellen hochwertige Rohware erforderlich war, sowie die einfache Herstellung und Montage. Zollbau-Lamellendächer kamen vorwiegend zwischen 1918 und 1945 zum Einsatz. Besonders oft sind sie bei Siedlungshäusern dieser Zeit vorhanden, die über charakteristische Spitzbogendächer verfügen.

Das Zollbau-Lamellendach wurde wurde von Friedrich Zollinger entwickelt und 1910 patentiert. Entwicklungsgrundlage waren die Bohlenbinder-Dächer, bereits im 16. Jh. eingeführt und im frühen 19. Jh. durch David Gillys Bücher gefördert. Erstmals angewendet wurden Zollbau-Lamellendächer nach 1918, als Zollinger Stadtbaurat in Merseburg wurde und dort einfache, effiziente Bauarten protegierte, um die Wohnungsnot zu verringern.

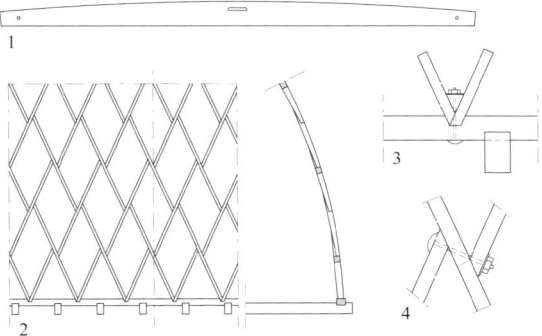

Abb. 2.47a: Konstruktionsmerkmale am Zollbau-Lamellendach

1 Einzellamelle, Länge um 2 m, Höhe 15 bis 30 cm, Stärke 2,5 bis 5 cm, Bolzenlöcher gebohrt
2 Ansicht und Schnitt eines Zollbau-Lamellendachs in Spitzbogenform
3 Detail Fußpunkt, untere Lamellen mittels Schraubbolzen an Fußschwelle befestigt
4 Detail Kreuzungspunkt dreier Lamellen, an eine Lamelle schließen jeweils mittig zwei baugleiche Lamellen an, Anschlussflächen angeschrägt, durchgehende Verbindung mit Schraubbolzen

Die Randbinder am Giebel wurden meist als Bohlenbinder ausgeführt.

8.2 Dachgauben

Dachgauben unterbrechen die Dachflächen, um eine Belüftung des Dachraumes zu gewährleisten oder Wohnräume in Dachgeschossen hinreichend zu belichten. Traditionelle Formen wie Fledermausgauben waren auch bei einfachen Deckungen in Stroh oder Reet ohne komplizierte Anschlüsse ausführbar. Die Ausführung stehender Gauben erfolgte meist in Verbindung mit einem Dachausbau zu Wohnzwecken. Bei breiteren Dachgauben wurden die Sparren ausgewechselt.

Die Gerüste hölzerner Dachgauben werden durch Brüstungsriegel, Eckstiele, Riegel, oberes Rahmholz und Gaubensparren gebildet. Im späten 19. Jh. war es üblich, Eckstiele, Brüstung und oberen Rahmen aus bearbeiteten Werksteingewänden herzustellen.

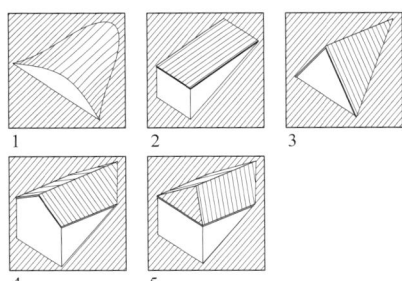

Abb. 2.47b: Formen von Dachgauben

1 Fledermausgaube, gute Einbindung in Deckung des Hauptdaches möglich
2 Schleppgaube, flachere Dachneigung als Hauptdach, auch in größeren Breiten ausführbar
3 Dreiecksgaube, meist zur Belüftung von Kaltdächern, typisches Element 1918 bis 1945
4 Stehende Satteldachgaube, sehr häufig bei ausgebauten Dächern, auch in Mansarden
5 Stehende Gaube, abgewalmt

2.47

8.3 Dachdeckungen

Bei der Auswahl von Deckmaterialien und Deckungsarten spielten Dauerhaftigkeit, Preis, verfügbare Rohstoffe und regionale Besonderheiten eine wichtige Rolle. Prinzipiell dominieren am Altbau geneigte, kleinteilige Dachdeckungen. Bis zum Ende des 18. Jahrhunderts wurden Dachdeckungen an Wohngebäuden oft noch mit traditionellen, einfachen Materialien wie Stroh, Reet oder Holzschindeln ausgeführt. Im 19. Jahrhundert nahm, gefördert durch härtere Bestimmungen zur Feuersicherheit in regionalen Bauordnungen, der Anteil so genannter harter Dachdeckungen wesentlich zu. Es setzten sich vor allem Dachziegel aus Ton, die zuvor nur in einigen Regionen überwogen, und Schieferdeckungen durch.

Zu den Dachziegeln aus Ton gehören vor allem Flachziegel, Pfannen, Falzziegel und Hohlziegel, regional sehr unterschiedlich verbreitet. Unter den Flachziegeln sind die so bezeichneten Biberschwanzziegel bekannt und verbreitet. Während diese um 1850 oft noch von Hand hergestellt wurden, gab es vor 1900 überwiegend industriell gefertigte Biberschwanzziegel in genormten Formaten.

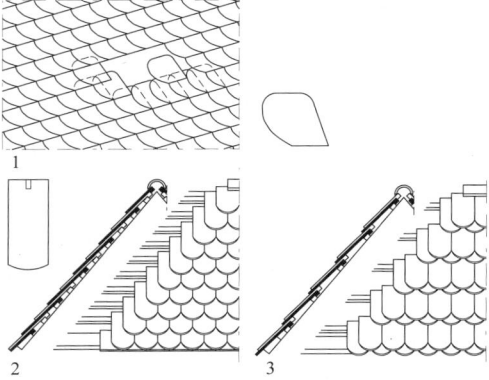

Abb. 2.48a: Dachdeckungen

1 Altdeutsche Schieferdeckung, auf Holzschalung 25 mm dick, trapezförmige, im Rücken abgerundete Schiefer, aufgenagelt
2 Biberschwanz-Doppeldeckung, auf Dachlattung, Ziegelreihen um eine halbe Ziegelbreite versetzt, Doppelschichten an First und Traufe
3 Biberschwanz-Kronendeckung, auf Dachlattung, je zwei Ziegelreihen auf eine Dachlatte, Lattenweite größer als bei 2

Bei 2 und 3 wurden First und Grate mit Hohlziegeln eingedeckt. Auch das Eindecken in Mörtelstreifen war teilweise üblich.

8.4 Dachgeschossausbauten

Der ursprüngliche Ausbau von Dachräumen zu Wohnzwecken war bei Altbauten nicht der Regelfall. Jedoch nutzte man in Zeiten mit hohem Wohnraumbedarf, so zum Beispiel zur Industrialisierung, alle Möglichkeiten zur Schaffung von Dachwohnungen. Die zur Bauzeit verfügbaren Möglichkeiten können heutigen Anforderungen bezüglich Wärmeschutz und Luftdichtheit in keiner Weise gerecht werden.

Etwa zwischen 1870 und 1910 nahm der Anteil der ausbaufreundlichen Mansarddächer in der Dachlandschaft stark zu.

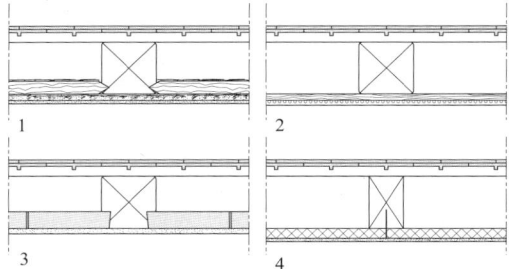

Abb. 2.48b: Dachquerschnitte ursprünglich ausgebauter Dachräume

1 Beispiel um 1858, Schwarten in Sparren eingestemmt, mit Strohlehm umwickelt, Kalkputz zur Raumseite
2 Beispiel um 1870, aufgenagelte Latten, Kalkputz auf Rohrmatten
3 Beispiel um 1877, Nut in Sparren, Zwischenräume mit Ziegelschale 6,5 cm ausgemauert, Kalkputz
4 Beispiel um 1935, Holzwolle-Leichtbauplatten, Kalkputz

2C Baukonstruktion Ausbau

Prof. Dr.-Ing. Uta Pottgiesser [*]

Inhaltsverzeichnis

		Seite
1	**Materialien und Techniken**	2.50
1.1	Plattenbaustoffe	2.50
1.2	Dämmstoffe	2.60
1.3	Putz-, Mauer- und Estrichmörtel	2.61
1.4	Kunststoffe	2.64
1.5	Textile Baustoffe	2.65
1.6	Gefahr-, Schadstoffe und Risikostoffe	2.67
2	**Innenwandsysteme**	2.68
2.1	Trockenputz	2.68
2.2	Vorsatzschalen	2.68
2.3	Ständerwände	2.69
2.4	Umsetzbare Trennwände	2.71
2.5	Bewegliche (mobile) Trennwände	2.72
3	**Deckenbekleidungen und Unterdecken**	2.72
3.1	Leichte Deckenbekleidungen	2.73
3.2	Unterdecken	2.73
3.3	Kühldeckensysteme	2.74
4	**Fußbodensysteme und -beläge**	2.75
4.1	Estrichkonstruktionen	2.75
4.2	Beheizbare Bodensysteme	2.75
4.3	System- und Installationsböden	2.76
4.4	Bodenbeläge	2.77
5	**Türsysteme**	2.78
5.1	Fertigzargen	2.78
5.2	Rauch- und Feuerschutztüren	2.79
6	**Einbauten**	2.80
6.1	Sanitär- und Feuchtraumzellen	2.80
6.2	Bodengleiche Duschelemente	2.80
6.3	Einbauschränke	2.81

Vorbemerkungen

Bei vielen Bauaufgaben spielen funktionale, gebäude- und brandschutztechnische Anpassungen und Verbesserungen bei Umnutzung oder Umbau bestehender Gebäude eine zentrale Rolle. Diese Maßnahmen beschränken sich oft auf den Ausbau, ohne die tragende Konstruktion oder die Gebäudehülle zu beeinträchtigen. In diesem Kapitel werden typische Materialien und Konstruktionen als ausgewählte Themenbereiche dargestellt. Viele der Konstruktionen sind mit Variationen im Gebäudebestand wie im Neubau einsetzbar. Landesspezifische Anforderungen aus dem Baurecht sind dabei individuell zu berücksichtigen.

[*] Unter Mitarbeit von cand. Ing. (FH) Christine Aengeneyndt und cand. Ing. (FH) Julia Kirch.

1 Materialien und Techniken

1.1 Plattenbaustoffe

Mit dem Begriff Plattenbaustoffe werden trockene, plattenartige Materialien für die Herstellung und Beplankung von Ständerkonstruktionen oder Bekleidungen an Wänden, Decken, Stützen oder Trägern bezeichnet. Hierzu gehören Gipsbauplatten, Mineralfaserplatten, Holzwerkstoffplatten, Spezialbrandschutzplatten, Leichtbauplatten und sonstige Plattenwerkstoffe.

1.1.1 Gipsbauplatten (Gipsgebundene Platten)

Gipsbauplatten werden nach Zusammensetzung und Aufbau in Gips-, Gipsfaser- und Gipswandbauplatten unterschieden und nach ihrem Verwendungszweck weiter unterteilt. Gipsplatten sind beidseitig mit Karton ummantelt, Gipsfaserplatten mit Fasern bewehrt und Gipswandplatten sind massive Bauelemente in Wanddicke. Gips- und Gipsfaserplatten können nach dem Anritzen gebrochen werden (Gipsfaserplatten bis 15 mm Dicke) und alle Platten durch Sägen, Fräsen oder Bohren weiterbearbeitet werden. Gipsplatten können gebogen, Gipsfaserplatten geschliffen werden. Beide werden für Wand-, Decken- und Bodensysteme verwendet.

Tafel 2.50: Übersicht verschiedener Gipsbauplatten

Bezeichnung	Aufbau	Kurzzeichen/Farbe Farbe des Kartons	Norm
Gipsplatte [1]	beidseitig mit Karton ummantelte Gipsplatte	Typ A/blau Weiß-gelblich	DIN EN 520
Gips-Akustikplatte	gelochte oder geschlitzte Gipsplatte	Typ A/blau Weiß-gelblich	DIN EN 520
Gips-Feuerschutzplatte	mit Glasfasern bewehrte oder mit Glasfasergewebe kaschierte Gipsplatte	Typ F/rot weiß-gelblich	DIN EN 520 [2]
Gips-Feuchtraumplatte	wie vorgenannte Standardplatten, jedoch mit verzögerter Feuchtigkeitsaufnahme	Typ H/blau Typ HF/rot grünlich	DIN EN 520
Gips-Putzträgerplatte	Verwendung als Putzträger	Typ P/blau grau	DIN EN 520
Gipsplatte beschichtet	Beschichtungen oder Folien aus Kunststoff, Aluminium, Kupferblech oder Blei	- / - - / -	DIN EN 520
Gipsplatte mit Holzspänen	mit Holzspänen (5–15 %) bewehrte Gipsplatte	- / - - / -	DIN EN 520
Gipsfaserplatte	mit Fasern bewehrte Gipsplatte	- / - - / -	DIN EN 15283-2
Gips-Wandbauplatte	massive Wandbauelemente aus Stuckgips mit Fasern und Füllstoffen	- / - - / -	DIN EN 12859 [3]

[1] Der Begriff „Gipskartonplatte" aus DIN 18180 wurde ersetzt durch den Begriff „Gipsplatte" aus DIN EN 520 (Einführung im April 2005;, [2] siehe auch DIN EN 15283-1; [3] Einführung im November 2001.

Mit der DIN EN 520 wurde auch eine neue Typenbezeichnung für Gipsplatten eingeführt.

Tafel 2.51a: Typenbezeichnung von Gipsplatten (nach DIN EN 520)

Bezeichnung	Erläuterung	Alt [1]
Typ A	Normale Gipsplatte (Bauplatte) mit einer Ansichtsseite, die dekoriert werden kann	GKB
Typ H	Gipsplatte mit verzögerter Wasseraufnahme (imprägniert) für den Einsatz in Feuchträumen; Unterteilung in H1 bis H3 [2]	GKBi
Typ E	Hydrophobierte Gipsplatte mit verzögerter Wasseraufnahme und reduzierter Wasserdampfdurchlässigkeit für den Außenbereich	--
Typ F	Feuerschutzplatte mit mineralischen Fasern für verbesserten Gefügezusammenhalt	GKF
Typ P	Putzträgerplatte mit geeigneter Ansichtsseite für Putzauftrag	GKP
Typ D	Gipsplatte mit definierter Dichte	--
Typ R	Gipsplatte mit erhöhter (Bruch-) Festigkeit	--
Typ I	Gipsplatte mit erhöhter Stossfestigkeit/Oberflächenhärte	--
Typ H + F	Imprägnierte Feuerschutzplatten	GKFi

[1] Bezeichnung nach der alten DIN 18180; [2] bezeichnet die Gesamtwasseraufnahme nach 2 Stunden Wasserbelastung: H1 ≤ 5 %, H2 ≤ 10 % und H3 ≤ 25 %; dabei entspricht H2 der früheren Bezeichnung „imprägniert".

Die neue Typenbezeichnung der Gipsplatten erfolgt abhängig von der Wasseraufnahmefähigkeit, von den mechanischen Eigenschaften und dem Verwendungszweck. Die Bezeichnung der Platten wird weiterhin um Angaben zu den Abmessungen und der Kantenausführung ergänzt.

Beispiel: Gipsplatte FH2/EN 520.1250/3000/12,5 halbrunde abgeflachte Kante,

Beispiel: Gipsplatte DFH2/EN 520.1250/3000/12,5 runde Kante.

Nachfolgende Tafeln zeigen die verschiedenen standardisierten Plattenabmessungen und Plattendicken sowie die unterschiedliche Ausbildung der Plattenkanten.

Tafel 2.51b: Liefergrößen und Abmessungen von Gips- und Gipsfaserplatten im Vergleich

Bezeichnung	Breite B (m)	Länge H (m)	Dicke t (mm)
Gipsplatte [1]	1,25 [1]	2,00 bis 3,75 [1]	9,5; 12,5; 15
Gipsplatte [1]	1,25 [1]	2,00 bis 3,25 [1]	18
Gipsplatte [1]	0,60 [1]	2,00 bis 3,25 [1]	20; 25
Spezialgipsplatte [2]	1,20	2,40	6; 15; 20; 25
Gipsfaserplatte	0,62[5]	2,00; 2,60	12,5
Gipsfaserplatte	1,00	1,50	10; 12,5; 15; 18 auf Anfrage
Gipsfaserplatte [3]	1,24[5]	2,00; 2,50; 2,54; 2,75; 3,00	10; 12,5; 15; 18 auf Anfrage
Gips-Wandbauplatte	0,50; 0,66; 1,00 m	0,40; 0,50 m	(25; 40); [4] 60; 80; 100; 140

[1] Regelbreite und Regellängen, Längen jeweils um 0,25 m zunehmend; [2] mit Glasvlieskaschierung oder -einlage für Brandschutz; [3] Sonderabmessungen sind bis maximal $B \times L = 2{,}54 \times 6{,}00$ m möglich; [4] nur in der Schweiz.

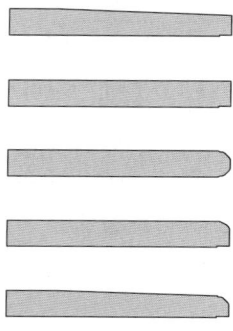

Die abgeflachte Kante (AK) wird vorwiegend bei Verspachtelung der Platten verwendet und dient zur Aufnahme der Fugenverspachtelung.

Die volle Kante (VK) wird vorwiegend bei Trockenmontage ohne Verspachtelung verwendet.

Die runde Kante (RK) wird vorwiegend bei Putzträgerplatten verwendet.

Die halbrunde Kante (HRK) wird vorwiegend bei der Verspachtelung ohne Bewehrungsstreifen verwendet.

Die halbrunde abgeflachte Kante (HRAK) kann zur Verspachtelung mit oder ohne Bewehrungsstreifen verwendet werden.

Abb. 2.52a: Plattenkantenausbildung von Gipsplatten

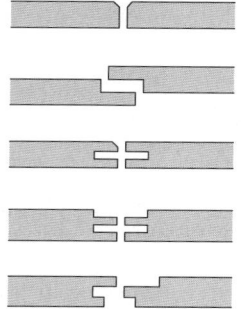

Fase:
bei Plattendicken von 12; 12,5; 15 und 18 mm
Ober- und Unterfalz:
bei Plattendicken von 12; 12,5; 15 und 18 mm
Nut und Falz 1:
bei Plattendicken von 12,5; 15 und 18 mm
Nut und Falz 2:
bei Plattendicken von 15 und 18 mm
Profil für verdeckte Befestigung:
bei Plattendicken von 15 und 18 mm

Abb. 2.52b: Plattenkantenausbildung von Gipsfaserplatten

Die mechanischen Eigenschaften von Gipsplatten sind in Bezug auf die Kartonfaser richtungsabhängig, in Längsrichtung höher als in Querrichtung.

Bei Gipsfaserplatten sind sie richtungsunabhängig und weisen durch die Armierung eine erhöhte Zähigkeit auf. Die bauphysikalischen Eigenschaften sind im Hinblick auf das Sorptionsverhalten ähnlich.

Bei Einsatz im Freien müssen sie gegen dauerhafte Wassereinwirkung geschützt werden.

Tafel 2.52: Bauphysikalische Eigenschaften von Gips- und Gipsfaserplatten (vgl. auch Tafel 1.21)

Eigenschaft	Einheit	Gipsplatte	Gipsfaserplatte
Ausgleichsfeuchte [1]	Masse %	ca. 0,5	ca. 1,0
Wärmeleitfähigkeit [2]	W/mK	0,21	0,32 bis 0,36
Wasserdampfdiffusionswiderstand μ [2]	-	6 bis 10	11 bis 13
Elastizitätsmodul E_{BZ}, E_B, E_Z [3]	N/mm²	2000/2500	ca. 3000 / ca. 4500
Druckfestigkeit D_z, D_x [4]	N/mm²	5 bis 10/5 bis 10	20, 10
Rohdichte	kg/m³	900 bis 1000	1150 bis 1400
Baustoffklasse	-	A2 [7], B1 [8]	A2

[1] 20 °C, 65 % relative Luftfeuchtigkeit, [2] Rechenwert nach DIN 4108 Teil 4, [3] Biegezug quer/parallel zur Faser bzw. Biegung und Zug, [4] Druckfestigkeit quer/in Plattenebene, [7] geschlossene, [8] gelochte Oberfläche.

Materialien und Techniken

1.1.2 Mineralfaserplatten

Mineralfaserplatten bestehen vorwiegend aus Stein- und Schlackefasern und werden in der Regel mit einbaufertigen Abmessungen und Kanten, mit glatter, gelochter, geprägter oder strukturierter Oberfläche geliefert. Für die Anpassung an bestehende Bauteile werden spezielle Plattenmesser und Schleifpapier verwendet. Eingesetzt werden sie als Wand- oder Deckenbekleidungen und als Unterdecken mit akustischen oder brandschutztechnischen Anforderungen. Sie dürfen nicht nass werden und weisen eine hohe Empfindlichkeit gegen Luftfeuchtigkeit sowie eine geringe mechanische Festigkeit auf; größere Formate sollten rückseitig ausgesteift werden.

Tafel 2.53a: Liefergrößen und Abmessungen von Mineralfaser-Deckenplatten

Bezeichnung	Breite B (m)	Länge H (m)	Dicke t (mm)
Quadratraster [1]	0,60; 0,62^5	0,60; 0,62^5	14
Rechteckraster [1]	0,30; 0,31^{25}	1,20; 1,25	14
Quadratraster [1]	0,60; 0,62^5	0,60; 0,62^5	15; 20 [2]
Rechteckraster [1]	0,60; 0,62^5	1,20; 1,25	15; 20
Bandraster [1]	0,30; 0,31^{25}; 0,40	1,20; 1,25; 1,50; 2,00; 2,50	15; 20

[1] Sonderabmessungen auf Anfrage; [2] auch 17 mm Dicke möglich.

Tafel 2.53b: Bauphysikalische Eigenschaften von Mineralfaser-Deckenplatten im Vergleich zu Gipsplatten

Eigenschaft	Einheit	Mineralfaserplatte	Gipsplatte
Wärmeleitfähigkeit [2]	W/mK	0,063	0,21
Wasserdampfdiffusionswiderstand μ [2]	-	5	6 bis 10
Schall-Längsdämmung [3]	dB	30 bis 50	-
mittlere Schallabsorption [4]	%	15 bis 75	-
Rohdichte	kg/m³	300 bis 500	900 bis 1000
Baustoffklasse	-	B1; A2 [5]	A2 [6], B1 [7]

[1] 20 °C, 65 % relative Luftfeuchtigkeit; [2] Rechenwert nach DIN 4108 Teil 4; [3] gegen Schallübertragung über den Deckenhohlraum; [4] Wert bei Mittelfrequenz von 1000 Hertz; [5] Rohdichte ist maßgebend für Baustoffklasse; [6] geschlossene; [7] gelochte Oberfläche.

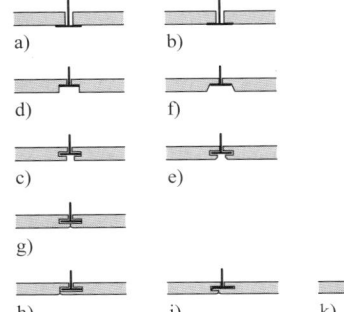

Sichtbare Montage:
a + b) Platten herausnehmbar, Profil aufliegend oder deckenbündig
d + f) Platten herausnehmbar, Schattenfuge, Platten gefalzt
c + e) Platten nicht herausnehmbar, Schattenfuge, Platten genutet und gefalzt

Verdeckte Montage:
g) Platten nicht herausnehmbar, kleine Fuge
h + i + k) Platten herausnehmbar, kleine Fuge

Abb. 2.53: Montagesysteme, Plattenkanten- und Fugenausbildung bei Mineralfaser-Deckenplatten

1.1.3 Holzwerkstoffplatten

Holzwerkstoffplatten werden durch Verpressen von unterschiedlich großen Holzteilen wie Holzspänen oder Holzfasern mit verschiedenen Klebstoffen und Bindemitteln hergestellt und in Lagen-, Verbund-, Holzspan- und Holzfaserwerkstoffen unterschieden und für Möbel, Wand-, Boden- und Deckensysteme verwendet. Kennzeichnend sind eine hohe Beanspruchbarkeit und Dauerhaftigkeit der Verbindung. Insbesondere Holzwerkstoffe auf der Basis von Furnieren wie Brettschichtholz (BSH), Furnierstreifenholz (PSL $\underline{P}$arallel $\underline{S}$trand $\underline{L}$umber PSL), Spanstreifenholz (LSL $\underline{L}$aminated $\underline{S}$trand $\underline{L}$umber) und Massivholzplatten ($\underline{S}$olid $\underline{W}$ood $\underline{P}$anels) weisen hohe Festigkeiten auf und werden auch für tragende und aussteifende Bauteile im konstruktiven Holzbau eingesetzt. Holzwerkstoffe werden durch Sägen, Fräsen oder Bohren bearbeitet und mit Schrauben, Klammern und Nägeln befestigt.

HPL-Platten ($\underline{H}$igh $\underline{P}$ressure decorative $\underline{L}$aminates) werden als dünne Kunststoffplatten auf eine Trägerplatte (z. B. Spanplatte) aufgeleimt oder ab einer Stärke von 5 mm als eigenständige Verkleidungselemente eingesetzt. Sie haben eine harte, kratzfeste Oberfläche und werden in vielen Farben und Dekoren hergestellt. Einsatz für den Möbel- und Innenausbau und für Fassaden.

Tafel 2.54: Übersicht ausgewählter Holzwerkstoffplatten

Bezeichnung [1]	Aufbau	Kurzzeichen	Norm
Kunstharzgebundene Spanplatte	mit Kunstharz verpresste Holzteile bzw. -fasern	P1 bis P7 [2] ES;ET;ESL;ETL [3]	DIN EN 309 DIN EN 312
Zementgebundene Spanplatte	mit Magnesit/Zement verpresste Holzteile/-fasern	P1 bis P7 [2] ES;ET;ESL;ETL [3]	DIN EN 634-1
Sperrholz	kreuzweise verleimte und verpresste Furnierlagen	F/E [4]	DIN EN 12369-2
Baufurniersperrholz	kreuzweise verleimte und verpresste Furnierlagen	BFU [5]	DIN 68705-3 DIN 68705-5
Stab- (Tischlerplatte), Stäbchensperrholz	kreuzweise verleimte und verpresste Stäbe oder Stäbchen	BST BSTAE	DIN 68705-2 DIN 68705-4
Massivholzplatten ($\underline{S}$olid $\underline{W}$ood $\underline{P}$anels)	kreuzweise verleimte Nadelholzlamellen	SWP	DIN EN 13353
Furnierschichtholz ($\underline{L}$aminated $\underline{V}$erneer $\underline{L}$umber)	Furnierverbund > 5 Furniere	LVL/1 bis LVL/3	DIN EN 14279 DIN EN 14374
Dekorative Schichtpressstoffplatten ($\underline{H}$igh $\underline{P}$ressure $\underline{L}$aminates)	Harzimprägnierte unter Druck/Hitze verpresste Zellstoffbahnen	HPL	DIN EN 438-2 ISO 4586
Oriented Strand Bord-Platte	kreuzweise verleimte, verpresste gerichtete Großspäne	OSB/1 bis OSB/4 [6]	DIN EN 300 DIN EN 12369-1
Faserplatte hart ($\underline{H}$ard $\underline{B}$oard)	unter Druck/Hitze nass verpresste verholzte Fasern	HB H;E;LA;HLA1/2 [7]	DIN EN 316 DIN EN 622-1/2
Faserplatte mittelhart ($\underline{M}$edium $\underline{B}$oard)	unter Druck/Hitze nass verpresste verholzte Fasern	MBL/MBH H;E;LA1/2;HLS1/2 [7]	DIN EN 316 DIN EN 622-1/3
Faserplatte porös ($\underline{S}$oft $\underline{B}$oard)	unter Druck/Hitze nass verpresste verholzte Fasern	SB H;E;LS;HLS [7]	DIN EN 316 DIN EN 622-1/3

Materialien und Techniken

Fortsetzung von Tafel 2.54: Übersicht ausgewählter Holzwerkstoffplatten

Faserplatte mitteldicht (**M**edium **D**ensity **B**oard)	unter Druck/Hitze trocken verpresste Fasern	MDF/HDF H;LA;LS;HLS;L;UL [7]	DIN EN 316 DIN EN 622-1/5

[1] Bezeichnung nach aktuellen Europäischen Normen; [2] P3, P5 und P7 sind für den Feuchtbereich zugelassen, P4 bis P7 für tragende Holzkonstruktionen; alte Bezeichnungen V20, V100, V100G galten bis 2004; [3] kennzeichnet Platten im Strangpressverfahren für den Trockenbereich, Anteil an der Spannplattenproduktion 5 %; [4] Angabe von F = Biegefestigkeitsklasse und E = Biegeelastizitätsmodul in Plattenlänge und Plattenbreite: F40/40 E 60/40; [5] BFU: Bau-Furnierschichtholz wurde bis 2004 in DIN 1052 Holzbauwerke verwendet; [6] Klassen OSB/3 + 4 für den Feuchtbereich, OSB/2 + 4 für tragende Holzkonstruktionen zugelassen; [7] die Kürzel gelten jeweils für den Trockenbereich; durch Zusatz werden weitere Anwendungen beschrieben: H = Feuchtbereich; E = Außenbereich, LA = tragend, HLA1 = Feuchtbereich tragend, HLA2 = Feuchtbereich hoch belastbar; LS = Trockenbereich tragend mit sehr kurzer Lasteinwirkung, HLS = Feuchtbereich tragend mit sehr kurzer Lasteinwirkung, U = Leicht-MDF, UL = Ultraleicht-MDF, Kombinationen sind möglich: z. B. HB.H.

Tafel 2.55a: Liefergrößen und Abmessungen von ausgewählten Holzwerkstoffplatten

Bezeichnung	Breite B (m) [1]	Länge H (m) [1]	Dicke t (mm) [1]
Spanplatte	1,70 bis 2,60	03,60 bis 20,00	6, 8, 10, 13, 16, 19, 22, 25, 28, 32, 36, 40, 45, 50, 60, 70
Furniersperrholz BFU	1,22; 1,25; 1,50; 1,53; 1,70; 1,83; 2,05; 2,44; 2,50; 3,05	1,22; 1,25; 1,50; 1,53; 1,83; 2,05; 2,20; 2,44; 2,50; 3,05	4, 5, 6, 8, 10, 12, 15, 18, 20, 22, 25, 30, 35, 40, 45, 50
Stab- und Stäbchensperrholz ST/STAE	2,44; 2,50; 3,50; 5,10; 5,20; 5,40	1,22; 1,53; 1,83; 2,05; 2,50; 4,10	13, 16, 19, 22, 25, 28, 30, 38
Oriented Strand Board OSB [2]	0,60 1,20; max. 2,50 - 2,80	1,64; 2,80, max. 5,00 - 7,50	6 bis 40
Faserplatte hart HB	1,83; 2,05	1,30; 1,73; 2,55; 2,60; 5,10; 5,20	1,2; 2; 2,5; 3,2; 3,5; 4; 5; 6; 8

[1] Vorzugsmaße, Sonderabmessungen auf Anfrage; [2] Abmessungen abhängig vom Hersteller.

Tafel 2.55b: Bauphysikalische Eigenschaften von gebräuchlichen Holzwerkstoffplatten

Eigenschaft	Einheit	P [1]	BFU	OSB	HB
Wärmeleitfähigkeit [2]	W/mK	0,13	0,15	0,13	0,17
Wasserdampfdiffusionswiderstand μ [2]	-	50/100	5	110/260	70
Schwind- und Quellmaß [3] (L/B)	%	0,3 – 0,4	0,01 – 0,02	-	0,15
Dickenquellung [4]	%	-	-	10/12 [8]	18/20 [8]
Elastizitätsmodul E_{BZ}, E_B, E_Z [5]	N/mm²	800 – 3200	400 – 8000	-	1000 – 4000
Biegefestigkeit σ_{Bxy} [6]	N/mm²	8 – 19	15 – 40	18 – 40 [8]	2 – 8 [8]
Rohdichte	kg/m³	550 – 750	-	600 – 650	> 900
Baustoffklasse [7]	-	B2	B2	B2	B2

[1] Werte beziehen sich auf eine mittelschwere Platte; [2] Rechenwert nach DIN 4108 Teil 4; [3] 20 °C, Änderung der relativen Luftfeuchte um 30/60 %; [4] Wert nach 24 h Unterwasserlagerung; [5] Biegezug quer und parallel zur Faser bzw. Biegung und Zug; [6] Biegefestigkeit quer zur Plattenebene; [7] Holzwerkstoffplatten ≥ 400 kg/m³ und einer Dicke > 2 mm oder ≥ 230 kg/m³ und einer Dicke > 5 mm werden der Baustoffklasse B2 zugeordnet; [8] abhängig von der Dicke des Werkstoffes.

1.1.4 Spezialbauplatten für bestimmte Eigenschaften

Unter diesem Begriff werden Platten aufgeführt, die spezielle bauphysikalische Anforderungen erfüllen und sich zumeist durch akustische oder brandschutz- oder feuchtetechnische Eigenschaften auszeichnen. Hierzu gehören vor allem Calciumsilikatplatten und Bauplatten auf mineralischer Basis. Oft handelt es sich auch um Verbundplatten aus den vorgenannten Materialien. Viele dieser Produkte sind nicht über Normen geregelt, sondern durch Allgemeine bauaufsichtliche Zulassungen (AbZ) oder Allgemeine bauaufsichtliche Prüfzeugnisse (AbP) für den Baumarkt zugelassen.

Tafel 2.56a: Übersicht ausgewählter Spezialbauplatten

Bezeichnung	Aufbau	Verwendung	Norm/Nachweis
Calciumsilikatplatte	faserarmiertes Calciumsilikat und mineralische Füllstoffe	Wärme-, Brand-, Feuchteschutz	AbZ
Zementbauplatte	zementgebundene Platte beidseitig mit Glasgittergewebe armiert	Feuchte- und Brandschutz	-
Glasfaserleichtbeton	Leichtbeton mit Blähglasgranulat und Glasfasern	Brandschutz	-
Hartschaumplatte armiert	Hartschaumträgerplatte mit beidseitiger mit Glasfasergewebe armierter Mörtelbeschichtung	Wärme-, Brand-, Feuchteschutz	DIN EN 13166

Tafel 2.56b: Liefergrößen und Abmessungen ausgewählter Spezialbauplatten

Bezeichnung	Breite B (m) [1]	Länge H (m) [1]	Dicke t (mm) [1]
Calciumsilikatplatte [2] Calciumsilikatplatte [3]	1,20; 1,22 1,25	2,50; 1,22 2,50	20 – 60, 6 – 25
Hartschaumplatte armiert	0,60 0,60	1,25 2,50	4, 6, 10, 10, 12, 20, 30, 40, 50, 60, 80, 100
Zementbauplatte	0,90	1,25	12,5
Glasfaserleichtbeton [4] Glasfaserleichtbeton [5]	1,25	2,60	8, 10, 12, 15, 20, 25, 30, 40, 50, 60

[1] Vorzugsmaße, Sonderabmessungen auf Anfrage; [2] leichte Platte; [3] schwere Platte; [4] einschichtig; [5] Sandwich.

Tafel 2.56c: Eigenschaften von Calciumsilikat- und armierten Hartschaumplatten im Vergleich

Eigenschaft	Einheit	CaSi leicht/schwer	Hartschaum armiert
Wärmeleitfähigkeit [1]	W/mK	0,08 – 0,13/0,17	0,035 [2]
Wasserdampfdiffusionswiderstand μ [1]	-	3,2/20	84 –100
Ausgleichsfeuchte [3]	Masse %	3-10	0,01 – 0,02
Elastizitätsmodul E_{BZ}, E_B, E_Z [4]	N/mm²	1300/2900 – 4200	8,6
Biegefestigkeit σ_{Bxy} [5]	N/mm²	2,0 – 3,1/4,8 – 11,2	2,3
Rohdichte	kg/m³	500/900	ca.32
Baustoffklasse	-	A1	B1

[1] Rechenwert nach DIN 4108 Teil 4; [2] Wärmeleitgruppe 040; [3] 20 °C, 65 % relative Luftfeuchtigkeit; [4] Biegezug quer/parallel zur Faser bzw. Biegung und Zug; [5] Biegefestigkeit quer zur Plattenebene; [6] Einschichtplatte.

Materialien und Techniken

1.1.5 Leichtbauplatten (Sandwichplatten)

Im Gegensatz zu Spezialbauplatten zeichnen sich Leichtbauplatten vor allem durch ihr geringes Gewicht aus. Sie sind Werkstoffverbunde, die in der Regel aus einer oberen und unteren Decklage sowie einem dazwischen eingebetteten leichten Kernmaterial besteht. Kernmaterialien sind Waben, Schaumstoffe oder Abstandsgewebe. Wabenkerne bestehen meist aus Holz-, Papier- oder Kunststoffwaben (Balsaholz, Phenolgetränktes Papier, Aramid, Aluminium), Schaumstoffkerne aus Polystyrol, Polyurethan, PVC, Aluminiumschaum und Abstandsgeweben aus 3D-Glas, das durch den Zusatz eines speziellen Klebstoffs aushärtet. Decklagen existieren aus Metall, faserverstärkten Verbundstoffen, Kunststoffen oder Holz. Durch die hohen Festigkeiten dieser kraftaufnehmenden Decklagen sind Leichtbauplatten sehr biege- und beulsteif, so dass sie auch als aussteifende und selbsttragende Konstruktionselemente eingesetzt werden.

Tafel 2.57: Übersicht typischer Leichtbauplatten

Bezeichnung	Aufbau	Verwendung	Norm/Nachweis
Wabenkernplatte	Kern aus Papier-, Holz-, Kunststoff- oder Aluminiumwaben	Leichtbau (Messebau, Möbel)	-
Schaumkernplatte	Kern aus Kunststoff- oder Aluminiumschaum	Leichtbau (Messebau, Möbel)	-
Glasgewebeplatte	Kern und Decklage aus harzgetränktem 3D-Glasgewebe	Leichtbau (Innenausbau)	-

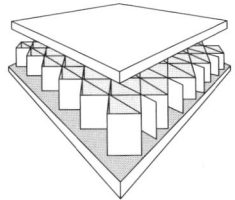 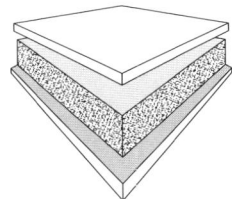 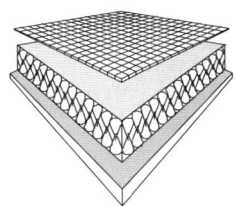

a) Wabenkern　　　　　　　　b) Schaumstoffkern　　　　　　　　c) Abstandsgewebe

Abb. 2.57a: Leichtbauplatten unterteilt nach den eingesetzten Kernmaterialien

Für die Weiterverarbeitung werden die Leichtbauplatten in der Regel seitlich an den Rändern durch Profile aus Metall oder Holz verstärkt und gestalterisch abgeschlossen. Über die Profile sind sie gleichzeitig miteinander verbunden und können befestigt werden. Daneben existieren auch punktförmige – zumeist metallische – Befestigungen, die in das Kernmaterial eingelassen werden und auf einer Seite eine durchgängige Verarbeitung des Plattenwerkstoffs ermöglichen.

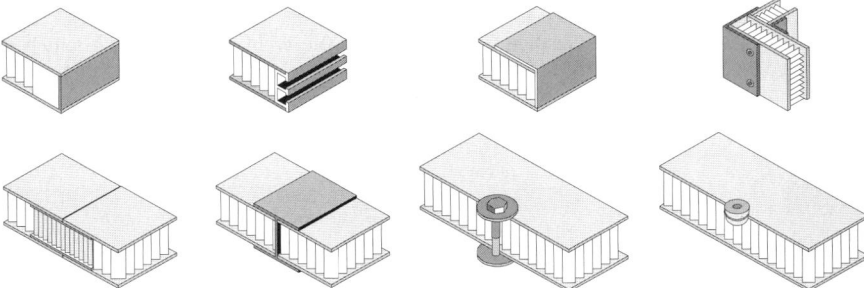

Abb. 2.57b: Linien- und punktförmige Profile, Verbindungs- und Befestigungsmittel für Leichtbauplatten

1.1.6 Unterkonstruktion und Befestigung

Unterkonstruktionen können als Holz- oder Metallprofile ausgeführt werden. In Ständerwänden werden hauptsächlich CW- und UW-Wandprofile aus Metall eingesetzt, die so aufeinander abgestimmt sind, dass die CW-Profile in die UW-Profile eingeschoben werden können. Das Gleiche gilt für die Konstruktion von Unterdecken, bei denen entsprechend CD- und UD-Profile verwendet werden. Die UA-Profile dienen zur Aussteifung für Türöffnungen oder zur Aufnahme von erhöhten hängenden Wandlasten, wie etwa von WC's, Bidet's oder Schränken. Bei unebenen Wänden können die Profile auch direkt mit Ansetzbinder an der Rohwand fixiert werden. Die Befestigung der Beplankung erfolgt dann auf das ausgerichtete Trockenputzprofil. Die Kennzeichnung der Profile lässt einen Rückschluss auf die Profilform und den Montageort zu: Bei den Abkürzungen CW und UW bezeichnet der erste Buchstabe die Profilform (C-, U- oder L-Form), der zweite Buchstabe den Montageort (**W**and, **D**ecke oder **A**ussteifung).

Im Hinblick auf den Korrosionsschutz der Metallunterkonstruktion werden in DIN 18168 verschiedene Einsatzgebiete unterschieden. Für die meisten Konstruktionen in Wohnungen, einschließlich Küche und Bad, Büroräumen, Schulen, Krankenhäuser und Verkaufsstätten gelten die einfachen Anforderungen.

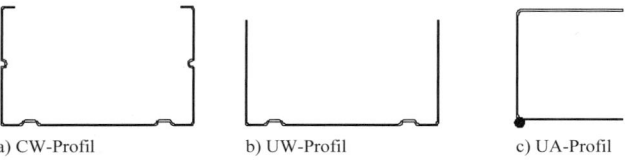

a) CW-Profil b) UW-Profil c) UA-Profil
Abb. 2. 58a: Wandprofile für Metallständerwände

Abgehängte Decken oder Unterdecken werden mit CD- und UD-Profilen hergestellt, wenn eine vollflächige fugenlose Untersicht erwünscht ist. Man unterscheidet den Einfachrost, Doppelrost und höhengleichen Rost. Federschienen sind für Befestigung an Wand und Decke geeignet und erlauben eine schalltechnische Entkopplung. Bei gerasterten Unterdecken kommen vorrangig T-Profile zum Einsatz. (Siehe Kapitel 4 Decken).

a) CD-Profil b) UD-Profil c) Federschiene
Abb. 2.58b: Deckenprofile für abgehängte Decken

An Ständerwänden und Unterdecken können Konsollasten mit standardisierten Befestigungsmitteln an jeder Stelle der Beplankung befestigt werden. Die Wahl des Befestigungsmittels ist abhängig von dem Gewicht der anzubringenden Last und von der Dicke der Beplankung, bei Wänden zusätzlich von der Lastentiefe.

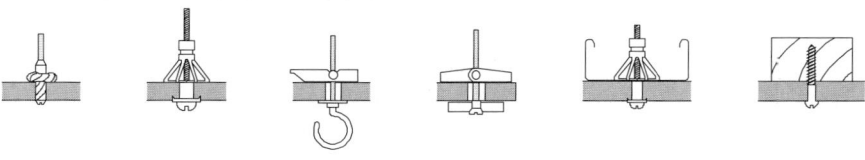

a) Kunststoff b) Metall c) Kippdübel d) Federklappdübel e) Blechplatte f) Holzplatte
Abb. 2.58c: Befestigungsmittel für Lasten an Unterdecken: a + b) Hohlraumdübel, c + d) Kipp- und Federklappdübel für axiale Zugbelastung und e + f) Blech- und Holzhinterlegung zur Lastverteilung

Direktabhänger (a + b) dienen der Befestigung von Traglattung oder CD-Profilen an Deckenbalken oder an der Rohdecke. Sie weisen durch ihre Elastizität erhebliche Schallvorteile gegenüber der direkten Befestigung auf, wie sie bei Deckenbekleidungen üblich ist. Zur weiteren Schallentkopplung können zudem Direktschwinghänger mit Schallschutzgummis eingesetzt werden. Justierbare Direktabhänger ermöglichen in begrenztem Umfang einfachen Höhenausgleich der Profile.

Schnellabhänger (c + d) sind mit einer Spannfeder ausgestattet, welche den an der Rohdecke befestigten Draht hält und gleichzeitig der Höhenjustierung dient.

Noniusabhänger (e) sind drucksteif und deshalb bei größeren Deckenlasten oder größeren Abhängehöhen den Schnellabhängern vorzuziehen. Die Abhängehöhe kann durch die Lochung des Abhängers und den Justierstab exakt eingestellt und gesichert werden.

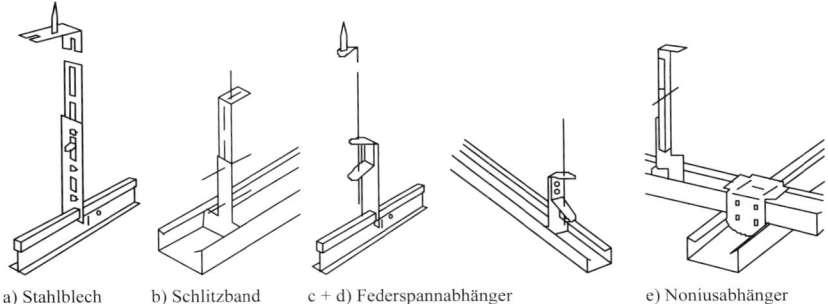

a) Stahlblech   b) Schlitzband   c + d) Federspannabhänger   e) Noniusabhänger

Abb. 2.59c: Abhängesysteme für Unterdecken: Direktabhänger, Schnellabhänger und Noniusabhänger

Diverse Trockenbauprofile aus Metall und Kunststoff dienen zur Herstellung von exakten Anschlüssen oder einer besonders hohen Stoßfestigkeit bei Außenecken. Sie existieren entsprechend der Plattendicken mit unterschiedlichen Schenkellängen und erfüllen besondere Funktionen. Zur Ausbildung von Sockel oder runden Innen- und Außenecken dienen weitere Profile.

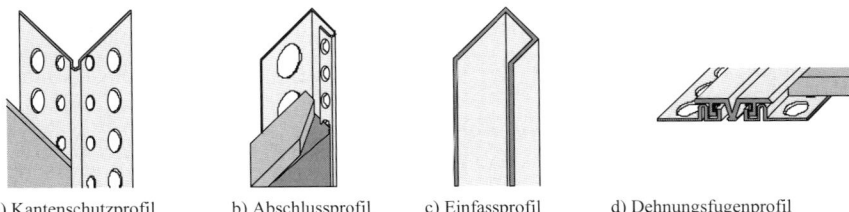

a) Kantenschutzprofil   b) Abschlussprofil   c) Einfassprofil   d) Dehnungsfugenprofil

Abb. 2.59a: Profilleisten für Wand- und Plattenabschlüsse sowie für den Kantenschutz

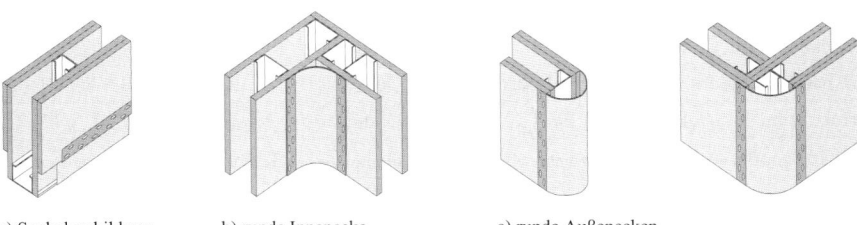

a) Sockelausbildung   b) runde Innenecke   c) runde Außenecken

Abb. 2.59b: Spezial-Trockenbauprofile für die gestalterische Ausbildung von Wandecken und -abschlüssen

1.2 Dämmstoffe

Dämmstoffe sind poröse Baustoffe, die für den Wärme-, Brand- und Schallschutz (Hohlraumdämpfung, Akustik) eingesetzt werden. Entsprechend der Konsistenz und der Ausgangsstoffe werden sie in Faserdämm- und Schaumkunststoffe sowie in Schüttungen unterschieden.

1.2.1 Faserdämmstoffe

Faserdämmstoffe werden nach ihren Ausgangsstoffen in mineralische und pflanzliche Produkte unterteilt und sind aufgrund ihrer weichen Konsistenz besonders gut geeignet, sich an die zu füllenden Hohlräume fugenlos anzupassen.

Mineralfaserdämmstoffe werden aus der Schmelze von Basalt, Kalk- oder Dolomitgestein (Steinwolle) oder aus Altglas (Glaswolle) hergestellt. Sie sind nicht brennbar und werden daher vorrangig bei Bauteilen mit brandschutztechnischen Anforderungen eingesetzt. Pflanzendämmstoffe werden eher für die Luft-, Trittschall- und Wärmedämmung verwendet; sie wirken in der Regel Feuchte regulierend.

1.2.2 Schaumkunststoffe

Schaumkunststoffe sind aus Erdöl gewonnene geschlossenzellige Strukturen mit fester Konsistenz. Die plattenförmigen Formate werden vorrangig als Wärme- oder lastverteilende Trittschalldämmung bei massiven Wänden und Decken verwendet. Im Trockenbau werden sie häufig als Verbundplatten verarbeitet und als Innendämmung eingesetzt.

1.2.3 Lose Dämmstoffe (Schüttungen, Einblasbare Stoffe)

Auch lose Dämmstoffe werden nach ihren Ausgangsstoffen in mineralische und pflanzliche Produkte unterteilt. Die Korngrößen liegen üblicherweise zwischen 0 und 7 mm. Sie werden vor allem im Fußbodenbereich als Wärme- und Trittschalldämmung sowie zum Ausgleich von Bodenunebenheiten eingesetzt.

Tafel 2.60a: Übersicht Dämmstoffe (Bauphysikalische Eigenschaften vgl. Tafel 1.27b)

Bezeichnung	Art/Aufbau	Kurzzeichen	Norm
Mineralwolle (Stein- und Glaswolle)	Faserdämmstoff	MW	DIN EN 13162
Expandiertes Polystyrol-Hartschaum	Schaumkunststoff	EPS	DIN EN 13163
Extrudierter Polystyrol-Hartschaum	Schaumkunststoff	XPS	DIN EN 13164
Polyurethan-Hartschaum	Schaumkunststoff	PUR	DIN EN 13165
Phenolharz-Hartschaum	Schaumkunststoff	PF	DIN EN 13166
Schaumglas (Cellular Glass)	Faserdämmstoff	CG	DIN EN 13167
Holzwolle-Platten (Wood Wool Board)	Faserdämmstoff	WW	DIN EN 13168
Blähperlite oder Expandierte Perlite	Loser Dämmstoff	EPB	DIN EN 13169
Expandierter Kork (Insulat. Cork Board)	Loser Dämmstoff	ICB	DIN EN 13170
Holzfaserdämmstoffe (Wood Fibre)	Loser Dämmstoff	WF	DIN EN 13171

Tafel 2.60b: Übersicht Anwendungsgebiete von Wärmedämmungen (nach DIN V 4108-10, Tabelle 1)

Anwendungsgebiet	Anwendungsbeispiele	Kurzzeichen
Decke Dach	Außendämmung von Dach und Decke, vor Bewitterung geschützt, Dämmung unter Deckungen	DAD

Fortsetzung von Tafel 2.60b: Übersicht Anwendungsgebiete von Wärmedämmungen

Decke Dach	Außendämmung von Dach und Decke, vor Bewitterung geschützt, Dämmung unter Abdichtungen	DAA
	Außendämmung des Daches, der Bewitterung ausgesetzt (Umkehrdach)	DUK
	Zwischensparrendämmung, zweischaliges Dach, nicht begehbare aber zugängliche oberste Geschossdecken	DZ
	Innendämmung der Decke (unterseitig) oder des Daches, Dämmung unter Sparren/Tragkonstruktion, abgehängte Decke usw.	DI
	Innendämmung der Decke oder Bodenplatte (oberseitig) unter Estrich mit Schallschutzanforderungen	DEO
	Innendämmung der Decke oder Bodenplatte (oberseitig) unter Estrich ohne Schallschutzanforderungen	DES
Wand	Außendämmung der Wand hinter Bekleidung	WAB
	Außendämmung der Wand hinter Abdichtung	WAA
	Außendämmung der Wand unter Putz	WAP
	Dämmung von zweischaligen Wänden, Kerndämmung	WZ
	Dämmung von Holzrahmen- und Holztafelbauweise	WH
	Innendämmung der Wand	WI
	Dämmung zwischen Haustrennwänden mit Schallschutzanforderungen	WTH
	Dämmung von Raumtrennwänden	WTR
Perimeter	außen liegende Wärmedämmung von Wänden gegen Erdreich (außerhalb der Abdichtung)	PW
	außen liegende Wärmedämmung unter Bodenplatte gegen Erdreich (außerhalb der Abdichtung)	PB

1.3 Putz-, Mauer- und Estrichmörtel

Außer in der Zusammensetzung und in den Eigenschaften (siehe Kapitel 1A, 5.3 + 9C, 2) unterscheiden sich Mörtel vor allem hinsichtlich ihrer Anwendung und Einsatzgebiete. Mauermörtel dienen zum Ausfüllen und Auspressen von Fugen und Hohlräumen sowie zur Lastabtragung. Putzmörtel sind horizontale und vertikale Beschichtungen auf Decken und Wänden. Sie werden nach DIN EN 98-1 klassifiziert nach Druckfestigkeit, kapillarer Wasseraufnahme und Wärmeleitfähigkeit sowie nach Verwendungszweck in: Normalputzmörtel (GP), Leichtputzmörtel (LW), Edelputzmörtel (CR), Einlagenputzmörtel für außen (OC), Sanierputzmörtel (R) und in Wärmedämmputzmörtel (T).

Die traditionelle Unterscheidung in Putzmörtelgruppen nach DIN V 18550 behält in Deutschland weiter Gültigkeit. Weiterhin werden Putzmörtel nach der Art der Oberflächenbearbeitung und -struktur unterschieden in: Gefilzte oder geglättete Putze (feine Zuschläge von 0,3 – 2,5 mm), Kellenstrichputze (verdichten des Oberputzes mit Kelle), Spritzputze (feinere Zuschläge von 1,5 – 4 mm), geriebene oder gezogene Strukturputze (feinerer Zuschlag von 1,5 – 5 mm), Kellenwurfputze (grober Zuschlag von 6 – 12 mm), Kratz- und Scheibenputze.

Tafel 2.62a: Klassifizierung der wesentlichen Eigenschaften von Putzmörtel (nach Tab. 1 DIN EN 998-1)

Eigenschaft	Einheit	Kategorie	Kennwert [1]
Druckfestigkeit	N/mm^2	CS I	0,4 bis 2,5
		CS II	1,5 bis 5,0
		CS III	3,5 bis 7,5
		CS IV	$\geq 6,0$
Kapillare Wasseraufnahme C [2]	$kg/m^2\ min^{-0,5}$	W 0 [3]	nicht festgelegt
		W 1 [3]	$C \leq 0,40$
		W 2 [3]	$C \leq 0,20$
Wärmeleitfähigkeit [4]	W/m^2K	T 1	$\leq 0,1$
		T2	$\leq 0,2$

[1] Deklarierte Werte; nach 28 Tagen Prüfung; [2] C ist der Koeffizient der kapillaren Wasseraufnahme, Neigung der Geraden nach 10 bzw. 90 min Wasseraufnahme; [3] Vergleichbarkeit mit bisherigen Kennzeichnungen aufgrund anderer Auswertungsverfahren nur bedingt möglich, jedoch entspricht W 0 ≈ nicht wasserabweisend, W 1 ≈ wasserhemmend, W 3 ≈ wasserabweisend (nach alter DIN 18550); [4] Rechenwert nach DIN 4108 Teil 4.

Tafel 2.62b: Übersicht Putzmörtel nach Verwendungszweck (nach DIN 998-1)

Bezeichnung	Eigenschaft	Kurzzeichen
Normalputzmörtel	ohne besondere Eigenschafen	GP
Leichtputzmörtel	Trockenrohdichte $\leq 1300\ kg/m^3$	LW
Edelputzmörtel	farbig durch Pigmente oder Gesteinskörnungen	CR
Einlagenputzmörtel für außen	einlagig, Funktionen wie mehrlagige Putzsysteme	OC
Sanierputzmörtel [1]	Verputzen von feuchtem, salzhaltigem Mauerwerk	R
Wärmedämmputzmörtel [2]	mit spezifischen wärmedämmenden Eigenschaften	T

[1] Mit hoher Porosität und Wasserdampfdiffusion sowie verminderter kapillarer Leitfähigkeit; Druckfestigkeit CS II; [2] Druckfestigkeit CS I bis II, kapillare Wasseraufnahme W 1.

Tafel 2.62c: Klassifizierung in Putzmörtelgruppen (nach DIN V 18550)

Putzmörtelgruppe	Putzmörtelart	Druckfestigkeit N/mm^2
P I	a Luftkalkmörtel; b Wasserkalkmörtel; c Mörtel mit hydraulischem Kalk	1
P II	a Mörtel mit hydraulischem Kalk oder Mörtel oder mit Putz- und Mauerbinder; b Kalkzementmörtel	2,5
P III	a Zementmörtel mit Zusatz von Kalkhydrat; b Zementmörtel	10
P IV	a Gipsmörtel; b Gipssandmörtel; c Gipskalkmörtel; d Kalkgipsmörtel	2
P V	a Anhydritmörtel; b Anhydritkalkmörtel;	2

Materialien und Techniken

Estrichmörtel sind waagerechte Nutzschichten, die die Höhenlage ausgleichen und den Bodenbelag aufnehmen. Sie werden durch die Bindemittelart und die mechanischen Eigenschaften klassifiziert. Für Fliesen und Platten existieren spezielle Klebstoffmörtel. Die Bezeichnung erfolgt mit Kurzzeichen gemäß der Eigenschaften, z.B.: EN 13813 MA-C50-F10-SH150-V15.

Tafel 2.63a: Typisierung von Estrichmörteln (nach DIN EN 13813)

Kurzzeichen	Bindemittel	Bezeichnung	Alt [1]
CT	Zement (CementiTious screed)	Zementestrich	ZE [2]
CA	Calciumsulfat	Calciumsulfatestrich	AE [3]
MA	Magnesiumoxid + Magnesiumsalzlösung (Magnesite screed)	Magnesiaestrich [4]	ME
AS	Bitumen (mastic Asphalt screed)	Gussasphaltestrich	GE
SR	synthetisches Reaktionsharz (Synthetic Resin screed)	Kunstharzestrich	- [5]

[1] Alte Bezeichnung nach DIN 18180; [2] weitere Eigenschaften werden dem Namen als Zusatz hinzugefügt: z.B.: Bitumenemulsionssestrich, kunstharzgebundener Zementestrich, Zementhartstoffestrich; [3] alte Bezeichnung: Anhydritestrich mit Anhydritbinder; [4] hierzu gehört auch der Steinholzestrich mit einer Rohdichte ≤ 1600 kg/m³; [5] neu in die Norm aufgenommen.

Tafel 2.63b: Weitere Kurzzeichen von Estrichmörteln (nach DIN EN 13813)

Kurzzeichen	Bezeichnung	Klassen	Anwendung für
S	Schwimmender Estrich	-	alle Estriche
V	Verbundestrich	-	alle Estriche
T	Estrich auf Trennschicht [4]	-	alle Estriche
C	Druckfestigkeit (Compression)	C5 bis C80 [1]	alle Estriche
F	Biegezugfestigkeit (Flexural)	F1 bis F50 [1]	alle Estriche
A	Verschleißwiderstand (Abrasion) [2]	A22 bis A1,5	alle Estriche
AR	Verschleißwiderstand (Abrasion Resistance) [3]	AR6 bis AR0,5	alle Estriche
RWA	Verschleißwiderstand gegen Rollbeanspruchung (Rolling Wheel Abrasion) [4]	RWA300 bis RWA1	alle Estriche
RWFC	Widerstand gegen Rollbeanspruchung (Rolling Wheel Floor Covering) [5]	RWFC150 bis RWFC550	alle Estriche
IC(H)/IP	Eindringtiefe (Indentation Cube oder Indentation Plate) [6]	IC10 bis IC100 IP10 bis IP70	nur AS
B	Haftzugfestigkeit (Bond) [7]	B0,2 bis B2	alle außer AS
E	Biegezugelastizitätsmodul (Elastizität) [8]	E1 bis E20	alle außer AS
IR	Schlagfestigkeit (Impact Resistance) [9]	C5 bis C80 [1]	nur SR
SH	Oberflächenhärte (Surface Hardness) [10]	SH30 bis Sh300 [1]	nur MA

[1] Druckfestigkeit N/mm²; [2] Klassifizierung nach Böhme, Abriebmenge cm³/50 cm²; [3] Klassifizierung nach BCA, maximale Abriebtiefe in 100 μm; [4] Abriebmenge cm³; [5] Radlast N; [6] Eindringtiefe in 0,1 mm; ICH10: H = Heizestrich; [7] Haftzugfestigkeit N/mm²; [8] Elastizitätsmodul kN/mm²; [9] Schlagfestigkeit Nm; [10] Oberflächenhärte N/mm².

2.63

Bei der Ausführung von schwimmenden Estrichen sind die Nenndicken abhängig von der Nutzlast, der Art des Estrichs und der Zusammendrückbarkeit der Dämmschicht.

Gussasphaltestriche gewährleisten einen sehr guten Trittschallschutz, fungieren als flächige Abdichtung und bringen keine Feuchtigkeit in die Konstruktion ein. Auf bitumengebundenen tragenden Untergründen können sie als Verbundestrich, ansonsten schwimmend auf einer temperaturbeständigen, nicht komprimierbaren Trennschicht (Rohglasvlies) ausgeführt werden. Kunstharzestriche werden als Verbundestriche auf einen entsprechend vorbereiteten Untergrund und mit einer Reaktionskunstharzhaftbrücke oder als schwimmende Estriche auf mindestens 40 mm Dämmung mit einer Druckfestigkeit von 60 N/mm² hergestellt. Magnesiaestriche benötigen als Verbundestrich eine Haftbrücke bzw. einen Haftvermittler. Die Ausführung hochbeanspruchbarer Industrieestriche erfolgt bei zementgebundenen Hartstoffestrichen als ein- oder zweischichtiger Verbundestrich mit Haftbrücke im Frisch-auf-Frischverfahren.

1.4 Kunststoffe

Kunststoffe bestehen aus kettenförmigen Makromolekülen (Polymere), die durch Polymerisation, Polykondensation oder Polyaddition synthetisch aus den Primärstoffen Erdöl, Erdgas, Kohle (Kohlenstoff) oder halbsynthetisch durch Umwandlung aus den Naturstoffen Cellulose, Kautschuk oder Harz hergestellt werden. Als wichtige Gruppen nach ihren Verformungseigenschaften sind Thermoplaste, Duroplaste und Elastomere zu nennen.

Tafel 2.64: Übersicht ausgewählter Kunststoffe (Bauphysikalische Eigenschaften vgl. Tafel 1.27b)

Gruppe	synthetisch			halbsynthetisch
	Polymerisation	Polykondensation	Polyaddition	
Thermo-plaste [1]	Polystyrol (PS) Polyethylen (PE) Polypropylen (PP) Polyvinylchlorid (PVC) Polyacrylate (PMMA) Fluorkunststoffe (ETFE, PTFE)	Polyamide (PA) Polycarbonat (PC) Lineare Polyester (PET)	Lineare Polyuretane (PUR U)	Cellulosenitrat (CN) [2] Celluloseacetat (CA)
Duro-plaste (-mere) [3]		Phenolharz (PF) Harnstoffharz (UF) Melaminharz (MF) Ungesättigte Polyester (P, GFK)	Epoxidharz (EP) Polyuretane (PUR)	-
Elasto-mere [4]	Styrol-Butadien-Kautschuk (SBR)	Siliconkautschuk	Polyester-Urethan-Kautschuk	-

[1] Thermische, plastische Verformung möglich; [2] Vorstufe des Celluloid; [3] nach Aushärtung keine Verformung mehr möglich; [4] elastische Verformung bei Zug- und Druckbelastung möglich.

Als positive Eigenschaften für den Einsatz im Bauwesen lassen sich die einfache Formgebung, die geringe Dichte (Gewicht, Dämmung), die geringe Wasseraufnahme und die einstellbaren elastischen und plastischen Eigenschaften sowie die einstellbare chemische Beständigkeit nennen. Als negativ ist hingegen zu sehen, dass Kunststoffe wegen schlechtem Brandverhalten nicht für tragende Teile geeignet sind, die Festigkeiten abhängig von Kraft, Zeit und Temperatur sind, die Alterungsbeständigkeit abhängig von UV-Bestrahlung ist und dass sie durch das Regelwerk im Bauwesen weitgehend nicht geregelt sind.

Kunststoffe werden im Ausbau vor allem als Beläge, Beschichtungen und Formteile verwendet. Sie finden zunehmende großflächige Anwendung als Membrane, Platten- und Verbundelemente bei tragenden Wand- und Hüllkonstruktionen, Zelten oder Überdachungen. Weit verbreitet sind Steg- und Wellplatten aus Kunststoff. Stegplatten sind eine Sonderform der Leichtbauplatte. Im Gegensatz zu dieser werden sie aber als extrudierte Profile hergestellt und bestehen in Deck- und Kernschicht durchgehend aus einem Material, so dass sie nicht den Sandwichen zugeordnet werden. Durch die unterschiedlichen Zwischenschichten treten sie als transluzente Materialien in Erscheinung. Die Einfärbung, Bedruckung, Strukturierung und Beschichtung von Deck- und/oder Zwischenschicht sowie die Befüllung der Stegplatten zur Gestaltung ist möglich. PMMA hat die höchste Lichtdurchlässigkeit und ist als einziges Material ohne Behandlung witterungsbeständig. Durch die Anzahl der Kammern (b-d), selektive Beschichtungen (b-e), Folien- und Aerogeleinlagen (g-k) kann der Wärmeschutz deutlich verbessert werden.

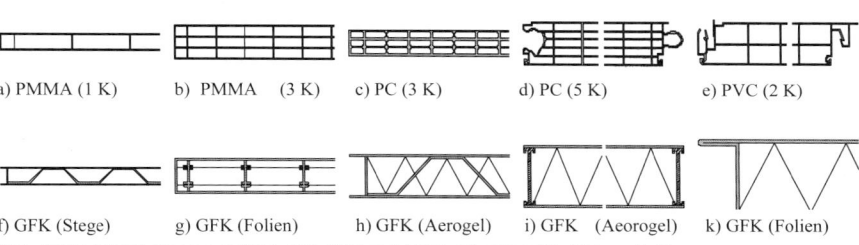

a) PMMA (1 K)   b) PMMA (3 K)   c) PC (3 K)   d) PC (5 K)   e) PVC (2 K)

f) GFK (Stege)   g) GFK (Folien)   h) GFK (Aerogel)   i) GFK (Aerogel)   k) GFK (Folien)

Abb. 2.65a: Stegplatten aus PMMA, PC, PVC und GFK mit unterschiedlichem Aufbau

Wellplatten werden aufgrund ihrer großen Abmessungen vor allem als selbsttragende Dach- und Wandbekleidungen eingesetzt.

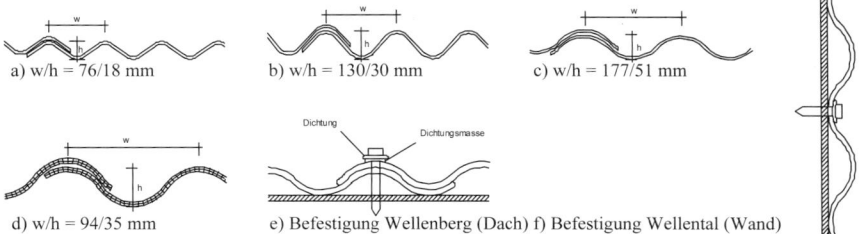

a) w/h = 76/18 mm   b) w/h = 130/30 mm   c) w/h = 177/51 mm

d) w/h = 94/35 mm   e) Befestigung Wellenberg (Dach) f) Befestigung Wellental (Wand)

Abb. 2.65b: Gängige Wellplatten aus PMMA, PC, PVC und GFK mit Überlappung und Befestigung

1.5 Textile Baustoffe

Textile Baustoffe zeichnen sich unabhängig von dem verwendeten Rohstoff durch eine gewebeartige Struktur aus. Als Ausgangsstoffe dienen natürliche, mineralische und metallische Fasern sowie thermoplastische Kunststofffasern, teilweise sind sie aus bauphysikalischen Gründen mit Beschichtungen versehen. Sie finden als Geo-, Bau- und Heimtextilien Anwendung. Während bei den Geo- und Bautextilien bewehrende, raumbildende und konstruktive Eigenschaften im Vordergrund stehen, dienen Heimtextilien vorrangig akustischen und dekorativen Zwecken. Die Eigenschaften sind entsprechend den Anforderungen und Anwendungsgebieten sehr unterschiedlich. Mit den Begriffen „Textiles Bauen", Textile Architektur" und Textile Konstruktion" wird im Allgemeinen der Einsatz von Textilien für zugbeanspruchte und lastabtragende Konstruktionen bezeichnet. Dabei übernimmt der textile Baustoff in der Regel den Raumabschluss und wird auch als Membran bezeichnet (Membranbau). Im Innenbereich finden derartige Konstruktionen insbesondere im Messebau, aber auch als großflächige Deckensegel mit akustischen Funktionen Verwendung.

Tafel 2.66: Übersicht textiler Baustoffe nach Anwendungsgebieten

Art	Geotextilien	Bautextilien	Heimtextilien
Anwendungsgebiete	Armierung Drainagen Abdichtung	Armierung für Beton Isolierung Bedachung Abdichtung Heizsysteme Membranen	Armierung für Formteile Bodenbeläge Sonnen- und Blendschutz Decken- und Wandbekleidung Polsterstoff Bekleidungsstoff

Die Textilien werden in Bezug auf ihr Lastabtragungsverhalten in anisotrope (richtungsabhängige) und isotrope (richtungsunabhängige) Stoffe unterteilt. Nach der Art ihrer Herstellung werden sie in Maschenwaren (Gewirke, Gestricke), Webwaren (Gewebe) und Non-Wovens (Vliese, Filze, Fadengelege) unterschieden. Gewebe eignen sich besonders zur Lastabtragung und sind durch die Art Ihrer Bindung als Leinwand-, Körper- und Atlasbindung gekennzeichnet. Sie finden als Stoffe oder Teppichböden aber auch als verstärkende Unter- und Einlagen im Ausbau Verwendung. Gewirke zeichnen sich durch große Elastizität und Knitterfestigkeit aus, Nachteile sind eine geringere Formstabilität und Festigkeit, so dass Haupteinsatzgebiete die Bekleidungsindustrie sowie Geotextilien sind. Uni-, bi- und multiaxiale Gelege finden besonders als Armierung Verwendung.

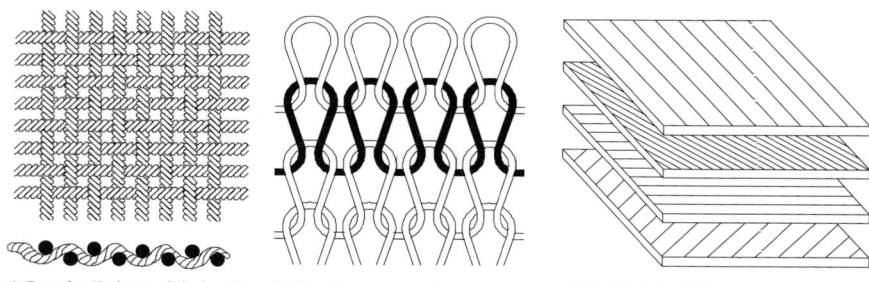

a) Gewebe (Leinwandbindung) b) Gewirk c) Multiaxiales Gelege

Abb. 2.66a: Strukturen textiler Baustoffe nach Herstellungsverfahren

Für die Fügung textiler Baustoffe haben sich im Bereich der lastabtragenden Zelt- und Membrankonstruktionen besondere Verbindungstypen wie Taschen mit eingezogenen Drahtseilen, Platten und Nieten am Geweberand, Zickzackanschlüsse und verstärkte Zwickel bewährt.

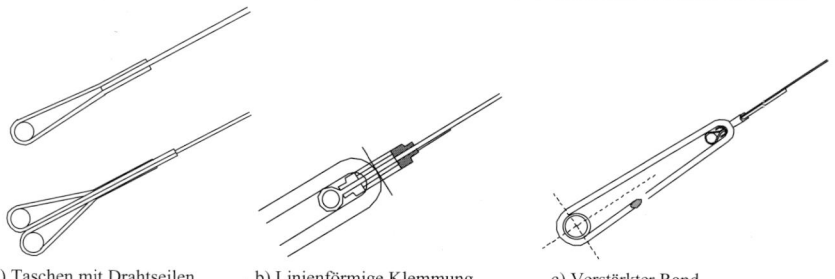

a) Taschen mit Drahtseilen b) Linienförmige Klemmung c) Verstärkter Rand

Abb. 2.66b: Schlaufen- und linienförmige Befestigungssysteme für textile Baustoffe

1.6 Gefahr-, Schadstoffe und Risikostoffe

Die Vermeidung gesundheitsschädigender Beeinträchtigungen ist zunehmend im Bewusstsein von Bauherren und Nutzern verankert und stellt damit einen wichtigen Planungsaspekt dar. Gefahrstoffe sind im Chemikaliengesetz von 1980 definiert. Darüber hinaus sind gesundheitsschädigende Eigenschaften bei Schadstoffen bereits diagnostiziert und nachweisbar, während Risikostoffe eine neue Herausforderung darstellen, weil schädigende Einflüsse zwar vermutet, aber in der Regel noch nicht nachgewiesen sind. Für die ersten beiden Gruppen liegen daher gesetzliche Regelungen vor, die den Einsatz der Gefahr- und Schadstoffe verbieten oder einschränken. Für die dritte Gruppe stehen diese Regelungen weitgehend noch aus. Insbesondere bestehende Gebäude sind im Hinblick auf das Vorhandensein von Schadstoffen zu prüfen, bei baulichen Änderungen und bei Neubauten ist der Einsatz von Risikostoffen zu vermeiden. Bei Abbruch-, Sanierungs- und Instandsetzungsarbeiten sind erhöhte Anforderungen einzuhalten.

1.6.1 Faserartige Schadstoffe

Hierzu gehören insbesondere Asbest und Künstliche Mineralfasern (KMF), die als krebserregend gelten und deren toxische Wirkung von Größe und Geometrie der Fasern abhängig ist. Die Einfuhr, Produktion und Verwendung von Asbest sind daher seit 1991 und die von krebserregenden KMF seit 1995 verboten. Produkte mit schwach gebundenen Asbestfasern und krebserregende KMF sind sofort zu entsorgen. Maßgebend ist der Kanzerogenitätsindex KI: KI < 30 krebserregend; KI 30 – 40 stehen unter Verdacht; KI > 40 nicht krebserregend.

1.6.2 Luftschadstoffe

Luftschadstoffe werden unter dem Begriff VOC zusammengefasst, womit lösliche und damit emissionsfähige organische Substanzen (Volatile Organic Compounds) erfasst werden, die ihre schädigende Wirkung durch erhöhte Konzentration in der Innenraumluft freisetzen. Die Gesamtkonzentration aller löslichen Substanzen (TotalVOC) sollte laut Umweltbundesamt 0,3 mg/m³ nicht überschreiten, für Neubauten im ersten Jahr gilt der Wert von 1 – 2 mg/m³ Innenraumluft. Einzelne Substanzen unterliegen speziellen Regelungen, z. B. Formaldehyd, Naphtalin, Styrol.

Bioorganische Verbindungen (MicrobialVOC) kommen als Stoffwechselprodukte von Schimmelpilzen vor. Sie schädigen äußere Organe, Lungen und Bronchien oder führen zu Kopfschmerzen und sind als Bindemittel oder Zusätze in verschiedenen Produkten enthalten.

Eine große Gruppe von Schadstoffen ist in Bioziden enthalten. Dieser Begriff steht als Sammelbezeichnung für Chemikalien und Mikroorganismen. zur Bekämpfung von tierischen und pflanzlichen Schädlingen. Biozid-Produkte können einen oder mehrere schädigende Wirkstoffe enthalten. Nach dem Biozidgesetz von 2000 werden Desinfektionsmittel und allgemeine Biozid-Produkte (Hygiene), Biozid-Produkte für die Hygiene im Veterinärbereich, Schutzmittel (für unterschiedliche Materialien) und Schädlingsbekämpfungsmittel sowie sonstige Biozid-Produkte unterschieden. Als besonders schädlich galten einzelne Stoffe wie DDT (Dichlordiphenyltrichloräthan), PAK (Polyzyklische aromatische Kohlenwasserstoffe), PCB (Polychlorierte Biphenyle), deren Verwendung in Deutschland verboten ist. Biozide sind grundsätzlich als mögliche Verursacher von Gesundheitsschäden einzustufen, ihre Wirkung kann wegen der großen Anzahl der Stoffe sehr unterschiedlich sein. Sie schädigen Leber, Nieren, Herz, Knochenmark und Nervensystem.

1.6.3 Richtwerte für den Arbeitsplatz

Zur Bewertung von Gefahr- und Schadstoffkonzentrationen am Arbeitsplatz sind die MAK- (Maximale Arbeitsplatzkonzentrationen), BAT- (Biologische Arbeitsplatztoleranzwerte) und die TRK-Werte (Technische Richtkonzentrationen) eingeführt. Seit 2006 werden MAK-/TRK-Werte werden in der TRGS 900, BAT-Werte in der TRGS 903 veröffentlicht. Sie beziehen sich auf eine Reihe von krebserzeugenden und erbgutschädigenden Substanzen.

2C Baukonstruktion Ausbau

Tafel 2.68: Geltende Gesetze, Verordnungen oder Richtlinien für wichtige Schadstoffe

Schadstoff	Vorkommen	Gesetz, Verordnung, Richtlinie
Asbest	schwach gebunden in Dicht- und Dämmstoffen; fest gebunden in Zementprodukten	Asbest-Richtlinie [1], DIBt, 1996 TRGS [2] 519 [3], BMAS, 2001
KMF	Dämmplatten für Brand-, Schall- und Wärmeschutz	TRGS 905 [4], BMAS, 2005
Biozide	Holzschutzmittel, Textilien, Bodenbeläge und Beschichtungen	Biozid-Produkte-Richtlinie BPR 98/98/EG
Dioxine	Flammschutzmittel	Dioxin-Verordnung, 1993 [5] TRGS[2] 557 [6], BMAS, 2000
Formaldehyd [7]	Als Treibmittel in Platten	ChemVerbotsV, 1993, BMJ

[1] Richtlinie für die Bewertung und Sanierung schwach gebundener Asbestprodukte in Gebäuden; [2] Technische Regeln für Gesundheit und Sicherheit; [3] Asbest: Abbruch-, Sanierungs- oder Instandhaltungsarbeiten; [4] Verzeichnis krebserregender, erbgutverändernder oder fortpflanzungsgefährdender Stoffe; [5] Grenzwerte für 17 Substanzen festgelegt; [6] Dioxine (polyhalogenierte Dibenzo-p-Dioxine und Dibenzo-Furane); [7] gehört zu den VOC.

2 Innenwandsysteme

2.1 Trockenputz

Wandbekleidungen aus Gipsbau- oder Verbundbauplatten ohne Unterkonstruktion werden als (Wand-)Trockenputz bezeichnet. Sie werden mit Ansetzbinder (Ansetzgips), mit Hilfe von Plattenstreifen oder im Dünnbett direkt an der Rohwand aus Mauerwerk, Beton oder Fachwerk befestigt. Der Untergrund muss haftfest, tragfähig, trocken, schwind- und frostfrei sein. Systeme aus Gipsbauplatten dienen vorrangig optischen Aspekten, können aber zur Verbesserung des Wärme- und Brandschutzes beitragen. Systeme aus Verbundbauplatten mit Kaschierungen aus Mineralwolle oder Hartschaum verbessern den Wärmeschutz.

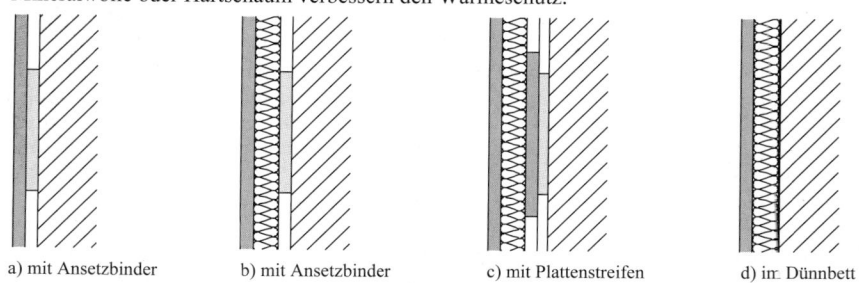

a) mit Ansetzbinder   b) mit Ansetzbinder   c) mit Plattenstreifen   d) im Dünnbett

Abb. 2.68a: Befestigungsvarianten von Trockenputz aus Gipsbauplatte (a) und Verbundbauplatten (b-c)

2.2 Vorsatzschalen

Vorsatzschalen besitzen im Gegensatz zum Wandtrockenputz eine Unterkonstruktion aus Holz oder Metall, welche freistehend vor oder direkt an einer Rohbauwand befestigt ist. Als Beplankungen werden Gipsbau- oder Holzwerkstoffplatten verwendet. Sie werden im Gegensatz zu massiven Vorsatzschalen als leichte, biegeweiche Vorsatzschalen bezeichnet, die bauphysikalische Anforderungen des Wärme-, Schall-, Brandschutzes erfüllen und auch als Installationsraum dienen können. Freistehende Systeme erreichen besonders gute Schalldämmmaße.

Innenwandsysteme

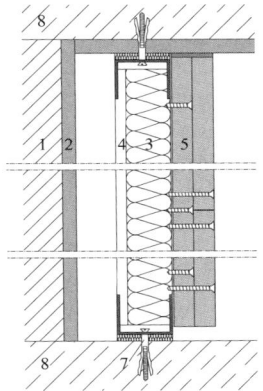
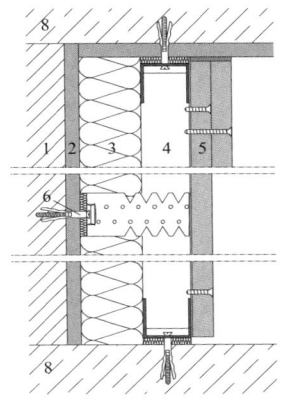

1 Rohbauwand
2 Ausgleichsschicht
3 Dämmschicht
4 Unterkonstruktion
5 Beplankung
6 Direkte Befestigung
7 Indirekte Befestigung
8 Fußboden/Rohdecke

a) freistehend vor massiver Wand

b) direkt befestigt an massiver Wand

Abb. 2.69a: Freistehende und direkt befestigte Vorsatzschalen als Metallständerkonstruktion

2.3 Ständerwände

Die Darstellung von Einfach- und Doppelständerwänden sowie von Decken- und Bodenanschluss findet sich in Kapitel 2A Baukonstruktion Neubau 4.3 Innenwände.

2.3.1 Doppelständerwand als Installationswand

Zur Befestigung hoher Lasten (Waschtische oder WC-Elemente) an Ständerwänden, werden Traversen oder Tragständer im vergrößerten Wandzwischenraum eingebaut. Hierüber werden die Lasten in den Boden und die Decke abgetragen, gleichzeitig ermöglicht ein vergrößerter Zwischenraum die Nutzung als Installationswand. Rohre und Rohrdurchführungen sind schallentkoppelt zu befestigen.

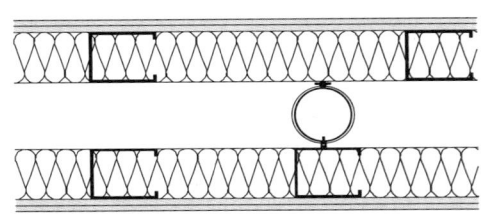
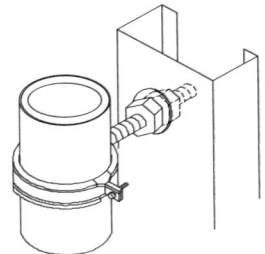

Abb. 2.69b: Installationswand mit schallentkoppelter Rohrbefestigung für vertikale Leitungen

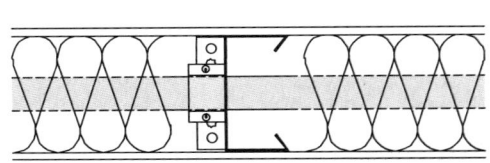
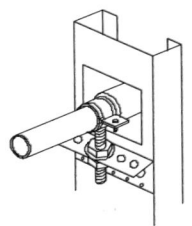

Abb. 2.69c: Installationswand im Sanitärbereich mit schallentkoppelter horizontaler Rohrdurchführung

2.3.2 Schachtwände, Stützen- und Trägerbekleidungen

Schachtwände in Trockenbauweise erfüllen sowohl schall- wie auch brandschutztechnische Anforderungen. Für den Schallschutz können entweder die Rohrleitung ummantelt werden oder die Schachtwände mit Mineralfaserdämmstoffen bekleidet werden. Stützen- und Trägerbekleidungen dienen bei Stahl- oder Holzkonstruktionen in erster Linie dem Brandschutz, können aber auch gestalterisch motiviert sein oder als zusätzlicher Installationsraum dienen.

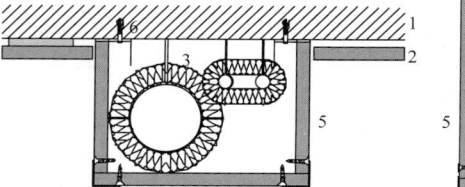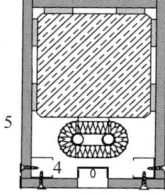

1 Rohbauwand
2 Wandtrockenputz
3 Dämmschicht
4 Unterkonstruktion
5 Beplankung
6 Direkte Befestigung

Abb. 2.70a: Schachtwand und Stützenbekleidung in Verbindung von Trockenputz und Ständerwand

2.3.3 Brandwände

Brandwände nehmen im Brandfall zusätzlich zu den vertikalen Lasten auch horizontale Stoßbeanspruchungen auf, denen sie standhalten müssen. Die Feuerwiderstandsdauer beträgt mindestens 90 Minuten (F 90-A) und einzelne Systeme sind auch als einbruchhemmend zugelassen.

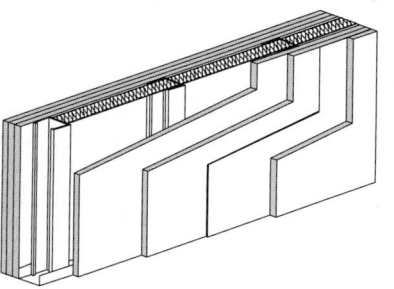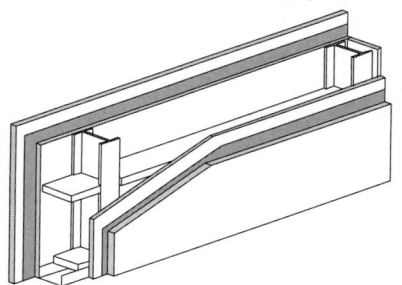

Abb. 2.70b: Brandwand in Trockenbauweise mit Mineralwolledämmung und Stahlblecheinlagen

2.3.4 Strahlenschutzwände

Strahlenschutzwände kommen in Arztpraxen und Krankenhäusern in Räumen mit erhöhter Strahlenbelastung zum Einsatz, um das Austreten der Strahlung zu verhindern. Bei Ständerwänden werden dazu sämtliche Wandflächen, Profile, Fugen und Plattenstöße mit Bleiplatten und -streifen kaschiert und beklebt. Lichtdurchlässige Öffnungen zu diesen Räumen müssen in Bleiglas ausgeführt werden. Die Platten und Streifen werden je nach Strahlenbelastung in Schichtdicken von 0,5 mm bis 20 mm, die Bleiglasscheiben von 3,5 mm bis 11,5 mm benötigt.

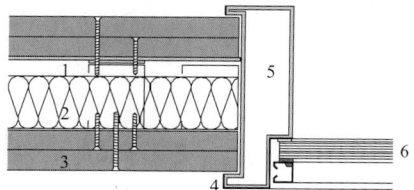

1 Ständerkonstruktion
2 Dämmschicht
3 Beplankung
4 Bleiplatten bzw. -folien 0,5 – 20 mm
5 Fensterprofil
6 Bleiglasscheibe 3,5 – 11,5 cm

Abb. 2.70c: Fensteranschluss in Ständerwand mit durchgehender Bleieinlage als Strahlenschutz (DIN 6812)

2.4 Umsetzbare Trennwände

Umsetzbare Trennwände bestehen aus einzelnen, serienmäßig vorgefertigten Elementen, die einfach demontierbar sind und auf der Baustelle zur Wandkonstruktion zusammengefügt werden. Sie haben eine sichtbare modulare Struktur. Für die Konstruktion ist deshalb eine einfache Montage und Demontage sowie aus Transportgründen ein möglichst geringes Gewicht wichtig. Eine übliche Bauweise ist die Monoblockbauweise, eine andere die Schalenbauweise. Geschlossene Elemente werden nach Bedarf durch Elemente mit Türen oder Verglasungen ersetzt.

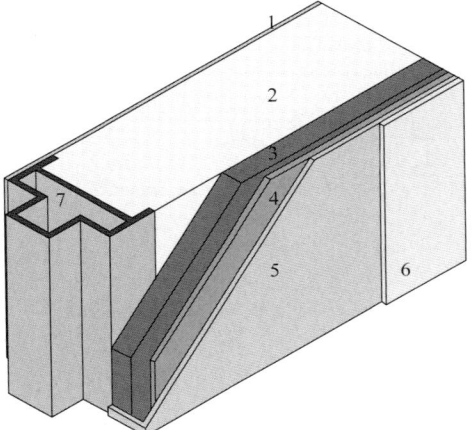

1 Außenschale 1
2 Hartschaum
3 Wabenkernschicht
4 Glasfaser/PU-Gemisch
5 Außenschale 2
6 Oberfläche (z.B. Furnier)
7 Vertikales Anschlussprofil

Abb. 2.71a: Aufbau eines Wandelementes in Monoblockbauweise (früher: Elementwand)

Wand-, Decken- und Fußbodenanschlüsse müssen eine gute Anpassung an die jeweiligen Bauteile ermöglichen. Hierfür existieren zahlreiche spezielle Profile sowie Profile für Eckausbildungen, Fenster- und Türeinbau, Klemm- und Abdeckprofile. Vertikale Plattenstöße werden durch Nut-und-Feder-Systeme, durch Federleisten oder durch Federpfosten geschlossen.

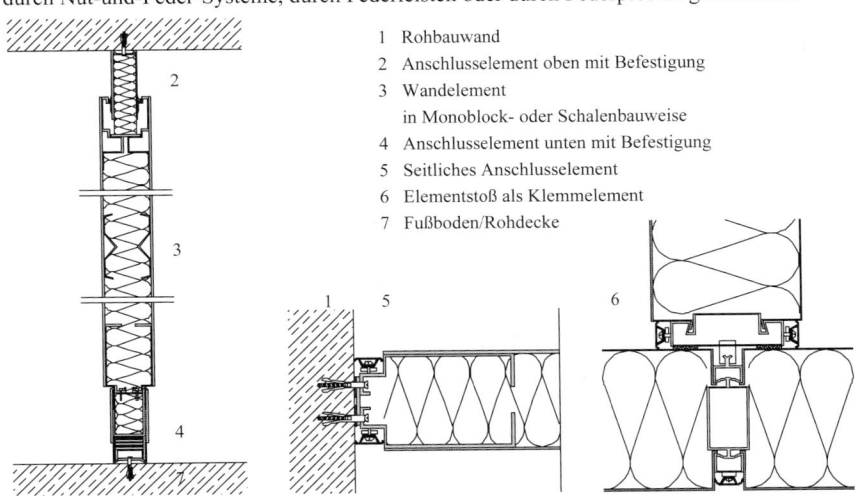

1 Rohbauwand
2 Anschlusselement oben mit Befestigung
3 Wandelement
   in Monoblock- oder Schalenbauweise
4 Anschlusselement unten mit Befestigung
5 Seitliches Anschlusselement
6 Elementstoß als Klemmelement
7 Fußboden/Rohdecke

Abb. 2.71b: Trennwand in Monoblockbauweise als Vertikal- und Horizontalschnitt mit Wandanschluss

2.5 Bewegliche (mobile) Trennwände

Bewegliche Trennwände können in Schalen- oder Monoblockbauweise ausgeführt werden. Sie zeichnen sich durch leicht und kurzfristig verschiebbare Elemente zur Raumteilung aus, die in einem Schienen geführt werden. Es existieren horizontal und vertikal verschiebbare Systeme.

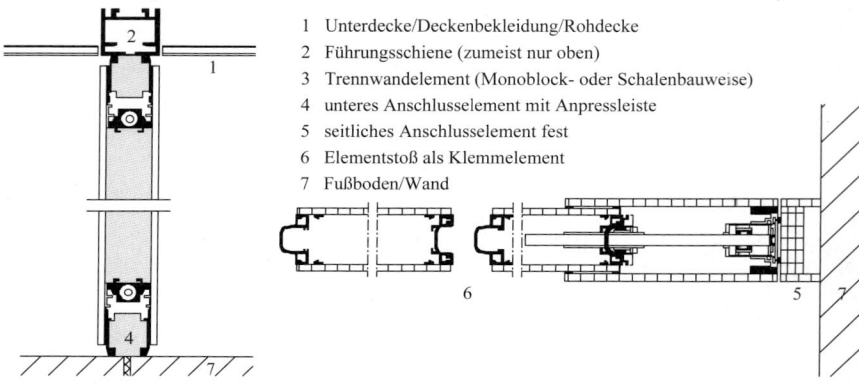

1 Unterdecke/Deckenbekleidung/Rohdecke
2 Führungsschiene (zumeist nur oben)
3 Trennwandelement (Monoblock- oder Schalenbauweise)
4 unteres Anschlusselement mit Anpressleiste
5 seitliches Anschlusselement fest
6 Elementstoß als Klemmelement
7 Fußboden/Wand

Abb. 2.72: Schnitte durch horizontal und vertikal verschiebbare Trennwände mit Schienensystem

3 Deckenbekleidungen und Unterdecken

Leichte Deckenbekleidungen oder Unterdecken nach DIN 18168-1 bilden den oberen Abschluss eines Raumes unter der eigentlichen Geschossdecke. Sie erfüllen funktionale Anforderungen des Wärme-, Brand- und Schallschutzes, der Akustik, bilden einen Installationsraum für gebäudetechnische Installationen (Kabel- und Kanalführung, Lüftung) und integrieren technische Elemente (Leuchten, Sprinkler, Lüftungsauslässe). Sie sind zudem ein wesentliches Element der Raumgestaltung und können entsprechend der Deckengeometrie und -oberfläche, der Bauart sowie der verwendeten Baustoffe in verschiedene Systeme unterteilt werden.

Tafel 2.72: Übersicht Deckensysteme nach Deckengeometrie und Baustoff

Geometrie	Deckenoberfläche	Baustoff
Fugenlose Systeme	durchgehend geschlossen	Putz, Gipsplatte, Mineralfaser
Ebene Systeme mit Fugen	geschlossen und gerastert Plattendecken, Langfeld, Kassette, Lamelle, Bespannung	Gipsplatte, Mineralfaser, Holz, Metall, Kunststoff, Textilien und Folien
Räumliche Systeme mit Fugen	offen und gerastert Waben- und Pyramidendecken	Holz, Metall, Kunststoff, Textilien und Folien
Freie Formen	offen und gerastert Deckensegel bzw. -elemente	Gipsplatte, Metall, Kunststoff, Textilien und Folien
Integrierte Deckensysteme	geschlossen Lichtkanäle, Kühl- und Heizdecken	Putz, Gipsplatte, Metall, Kunststoff

Wesentlichen Einfluss auf den Schall- und Brandschutz haben die Art der Oberfläche (Lochung oder geschlossen), die flächenbezogene Masse, der Schalenabstand, die Art und Dicke der Dämmstoffeinlage, die Ausbildung der Bauteilanschlüsse (Deckenschotts, Anschlussfugen). Für Schallschutz und Raumakustik sind insbesondere die Schallabsorption und -reflektion (Schallschluckung und -leitung) und die Schalldämmung vertikal durch die Decke wie auch die Schall-Längsdämmung im Deckenhohlraum zu beachten. Da sich die vielfältigen Anforderungen auch gegenseitig ausschließen können, sind sie je nach Aufgabenstellung, Nutzung und den konstruktiven Randbedingungen gegeneinander abzuwägen und zu gewichten.

3.1 Leichte Deckenbekleidungen

Leichte Deckenbekleidungen sind unmittelbar an der tragenden Rohdecke befestigt. Zu den Deckenbekleidungen zählen neben Beplankungen aus Trockenbauplatten, die auf einer Unterkonstruktion befestigt sind auch Putze und Spachtelungen. Bei Putzsystemen ist die Vorbereitung des Untergrundes von wesentlicher Bedeutung: Feuchtigkeitsgehalt prüfen, Reste entfernen, trocken und staubfrei.

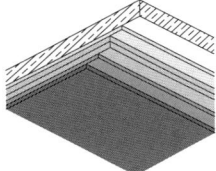
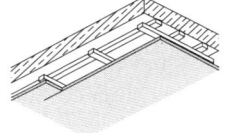
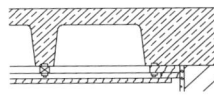

a) mehrlagiger Akustikputz   b) Deckenbekleidung mit Holzunterkonstruktion

Abb. 2.73a: Verschiedene akustisch wirksame Deckenbekleidungen in Nass- und in Trockenbauweise

3.2 Unterdecken

Unterdecken sind mit einer abgehängten Unterkonstruktion an der Rohdecke befestigt. Die Unterkonstruktion besteht zumeist aus der Grund- und der Traglattung, vorzugsweise aus Metall, die abhängig von konstruktiven und bauphysikalischen Anforderungen als höhengleicher (einlagiger) Trägerrost oder als höhenversetzter (zweilagiger) Trägerrost ausgebildet wird.

3.2.1 Fugenlose Decken

Fugenlose Systeme werden vor Ort konfektioniert und verspachtelt und müssen mit speziellen Revisionsöffnungen versehen werden. Die Deckenelemente sind nicht wieder verwendbar.

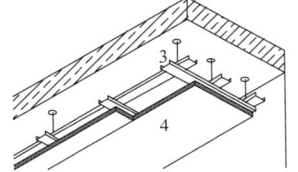
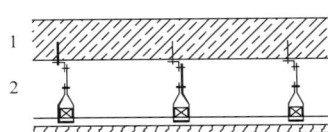

1 Rohdecke
2 Abhängung
3 Trägerrost (ein- oder zweilagig) mit Dämschicht
4 Beplankung mit Spachtelung

Abb. 2.73b: Geschlossene, fugenlose Unterdecke aus Gipsplatten mit höhenversetzter Metallunterkonstruktion

3.2.2 Gerasterte Decken

Rasterdecken zeichnen sich durch einen höheren Vorfertigungsgrad und eine trockene Montage aus, so dass sie vor Ort nur noch eingehängt, eingelegt, eingeklemmt oder demontiert werden.

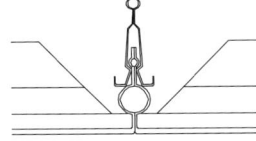
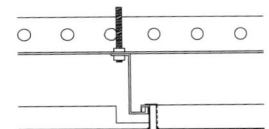

Abb. 2.73c: Geschlossene, gerasterte Unterdecke aus Metallkassetten und Lochblechen

Je nach Baustoff und Kantenausbildung der Deckenelemente ergeben sich unterschiedliche Fugenbilder und Untersichten der Decken (siehe Tafel 2.72). Bei hochwertigen oder aufwändigen Ausbauten sollten daher die geometrischen Elemente und funktionalen Einbauten in einem separaten Deckenplan als Deckenuntersicht mit Material- und Höhenangaben dargestellt werden.

3.3 Kühldeckensysteme

In Verbindung mit zunehmenden Glasflächenanteilen in der Fassade und ansteigenden Kühllasten durch gerätetechnische Ausstattung hat im Büro- und Verwaltungsbau die Nutzung der Deckenfläche für die Abfuhr der Wärmeenergie an Bedeutung gewonnen. Hierzu können die geschlossenen Deckenflächen aktiv als Kühldecken genutzt werden.

3.3.1 Geschlossene Kühldeckensysteme

Bei geschlossenen Deckenflächen wird vor allem der Strahlungsanteil der Kühldecke genutzt. Die Kühlung kann mit geringem Platzbedarf in die Putzdecke, die Deckenbekleidung oder die Unterdecke integriert werden. Damit können Räume auch bei geringeren Deckenhöhen nachgerüstet werden. Abhängig von der Kühllast ist jedoch häufig eine große Kühlfläche erforderlich.

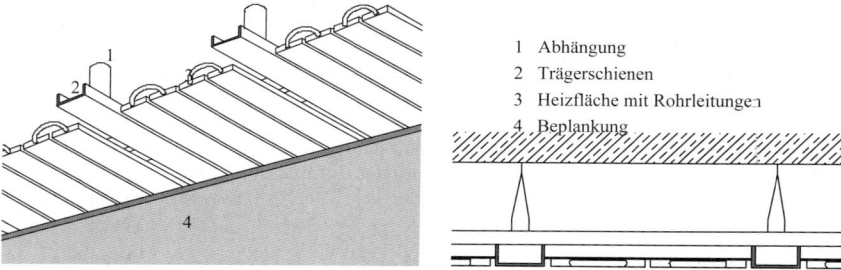

1 Abhängung
2 Trägerschienen
3 Heizfläche mit Rohrleitungen
4 Beplankung

Abb. 2.74a: Geschlossene Kühldeckensysteme sind mit unterschiedlichen Untersichten ausführbar

3.3.2 Offene Kühldeckenelemente

Diese analog zur Elementwand vorgefertigten und leicht montierbaren Flächen werden aufgrund ihrer individuellen Anordnung unter der Rohdecke auch als Deckensegel bezeichnet; sie verkleiden die Rohdecke nicht vollflächig. Dadurch erlauben sie, die thermische Speicherkapazität der Rohdecke und die volle Raumhöhe zu nutzen. Sie eignen sich auch gut für komplizierte Raumgeometrien. In der Regel vereinen die Elemente verschiedene akustische und gebäudetechnische Funktionen wie z. B. Beleuchtung, Heizung, Kühlung und Sprinklerung. Insbesondere für die Kühlung sind die freihängenden Elemente von Interesse, da durch die freie Aufhängung die Luftzirkulation im Raum und damit die Kühlleistung erhöht werden. Auf diese Weise werden im Gegensatz zu den geschlossenen Systemen oft nur 50 – 70 % der Deckenfläche als aktive Kühlfläche benötigt.

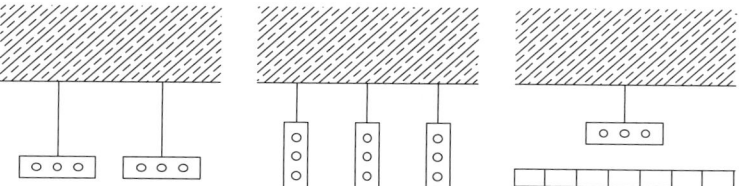

Abb. 2.74b: Offene Kühldeckenelemente mit integrierter Kühlung in unterschiedlicher Deckengeometrie

4 Fußbodensysteme und -beläge

4.1 Estrichkonstruktionen

Estrichkonstruktionen können nach ihrer Herstellungsart in Baustellen- und Fertigteilestriche (Trockenestriche) unterteilt werden. Baustellenestriche bestehen aus feuchten oder heißen Estrichmörteln (siehe Kapitel 2A Baukonstruktion 9 Fußbodenaufbauten). Fertigteilestriche werden aus industriell vorgefertigten Elementen in Trockenbauweise hergestellt. Sie werden trocken, witterungsunabhängig und mit geringem Flächengewicht eingebaut. Sie werden daher besonders in der Sanierung eingesetzt und verfügen über eine verkürzte Bauzeit. Als nachteilig können ein geringerer Trittschallschutz und ein ungünstigeres Trag- und Verformungsverhalten bei einigen Plattentypen angesehen werden. Die Systeme können vollflächig schwimmend, auf Lagerhölzern, vorhandenen Altböden oder mit Fußbodenheizungen verlegt werden.

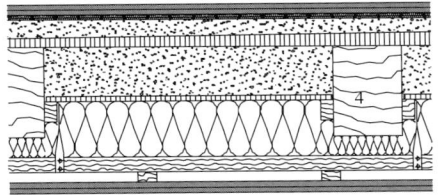

1 Trockenestrich mit Bodenbelag
2 Trägerschicht als Estrich
3 Schüttung
4 Holzbalken mit Einschub
5 Dämmschicht
6 Unterdecke mit Installationsebene

Abb. 2.75a: Fertigteilestrich schwimmend verlegt auf bestehender Holzbalkendecke

4.2 Beheizbare Bodensysteme

Fußbodenheizungen zählen wie Wandheizungen zu den Flächenheizsystemen, die sich durch relative niedrige Oberflächentemperaturen, gleichmäßige Wärmeabgabe und einen hohen Strahlungsanteil auszeichnen. Sie werden nach Art der Heizelemente mit Warmwasser oder elektrisch betrieben. Für die Nassverlegung von Rohrleitungen im Baustellenestrich existieren nach DIN 18560 drei verschiedene Bauarten (A1 bis A3, B und C):

Bauart A1 bis A3: Heizelemente liegen im Estrich; der Abstand der Heizrohre von der Unterfläche der Estrichfläche beträgt bei A1 $\leq$ 5 mm, bei A2 >5 bis 15 mm und bei A3 > 15 mm. Die Höhe der Estrichüberdeckung ist bei A1 $\geq$ 45 mm, bei A2 $\geq$ 35 mm und bei A3 $\geq$ 25 mm.

Bauart B: Heizelemente liegen unter dem Estrich in bzw. auf der Dämmschicht.

Bauart C: Heizelemente liegen in einem Ausgleichsestrich, der mind. 20 mm größer als der Durchmesser der Heizrohre ist. Der darauf auf zweilagiger Trennschicht aufgebrachte Estrich muss $\geq$ 45 mm dick sein.

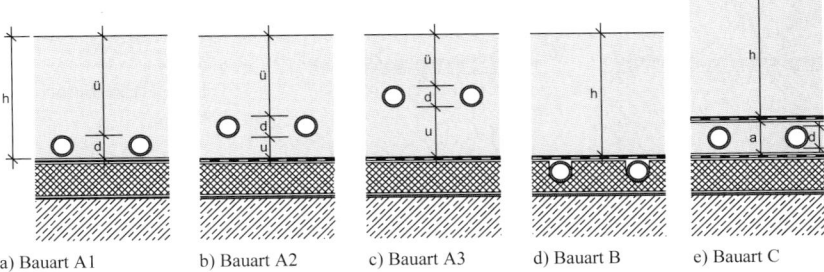

a) Bauart A1   b) Bauart A2   c) Bauart A3   d) Bauart B   e) Bauart C

Abb. 2.75b: Nassverlegung: Lage der Rohrleitungen und davon abhängige Veränderung der Estrichhöhe

Bei der trockenen Verlegung im Fertigestrich liegen die Rohrleitungen in der Dämmebene kurz unterhalb der Beplankungsschicht, elektrische Heizelemente werden als Matten aufgebracht.

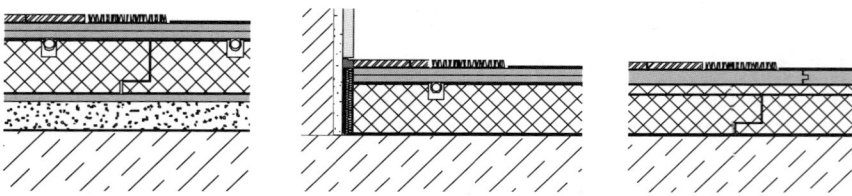

Abb. 2.76a: Trockenverlegung: wasserführende Rohrleitungen in Dämmebene und elektrische Heizelemente

4.3 System- und Installationsböden

System- und Installationsböden haben sich wegen ihrer guten Zugänglichkeit für die problemlose Neu- und Nachinstallation von Kabel- und Rohrsystemen bewährt. Sie können als Unterflurkanalsysteme, Hohl- oder Doppelboden ausgeführt werden, daneben existieren andere sichtbare Kanalsysteme im Brüstungs- und Aufbodenbereich. Unterflurkanalsysteme werden als estrichbündige oder estrichüberdeckte Kanalböden ausgeführt. Sie bieten aufgrund der vorgegebenen Kanalführung eine eingeschränkte Flexibilität und Belegungsdichte. Bündige Systeme mit geringer Konstruktionshöhe ($\geq$ 4 cm) sind von oben zugänglich; überdeckte Systeme benötigen größere Aufbauhöhen ($\geq$ 8 cm) und sind nur über Zugdosen zugänglich.

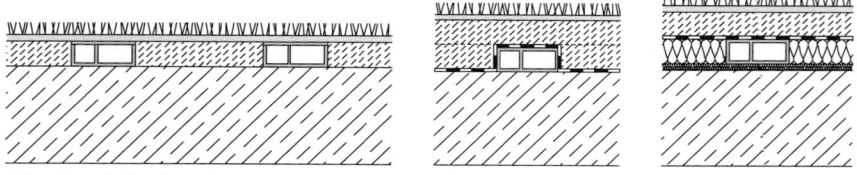

a) Kanäle estrichbündig (offenes System)   b) Kanäle estrichüberdeckt (geschlossenes System)

Abb. 2.76b: Unterflurkanalsysteme mit Verbundestrich, Estrich auf Trennlage und schwimmendem Estrich

Hohlböden (auch Hohlraumböden) werden monolithisch oder mehrschichtig mit Aufbauhöhen von 4 bis 20 cm ausgeführt. Das monolithische System arbeitet mit raumbildenden PVC-Folienschalungen, die mit Calciumsulfatestrich verfüllt werden (Foliensystem). Beim mehrschichtigen Aufbau wird der Estrich auf ebene Gipsfaserplatten aufgebracht, die auf höhenverstellbaren Stützfüßen lagern (Stützfußsystem). Eine Weiterentwicklung des Stützfußsystems setzt anstelle des Estrichs weitere Gipsfaserplatten ein (Plattensystem) und verkürzt damit die Montagezeiten weiter.

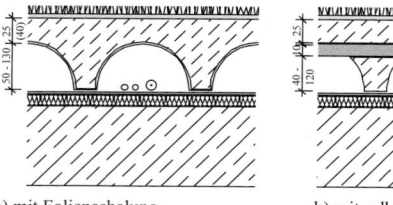

1 Bodenbelag
2 Trägerschicht als Estrich
3 separate Trägerplatte
4 Stützfüße
5 Trittschalldämmschicht
6 Rohdecke

a) mit Folienschalung   b) mit selbsttragenden Formteilen

Abb. 2.76c: Monolithischer Hohlboden und mehrschichtiger Hohlboden als Plattensystem

Doppelböden bestehen aus elementierten, industriell vorgefertigten Bodenplatten, die auf justierbaren Stützfüßen gelagert werden. Das System zeichnet sich durch eine höhere Belastbarkeit und bei Bedarf durch größere Konstruktionshöhen bis 180 cm und die Integration klimatechnischer Funktionen aus. Die Bodenplatten sind in der Regel metallverstärkte Verbundkonstruktionen, die auch mit werkseitig applizierten Belägen ausgestattet werden können. Für Doppelböden sind aufgrund der hohen Installationsdichte und Aufbauhöhe brandschutztechnische Anforderungen definiert. Denkbar ist die kombinierte Verlegung mit Hohlraumböden.

Fußbodensysteme und Bodenbeläge

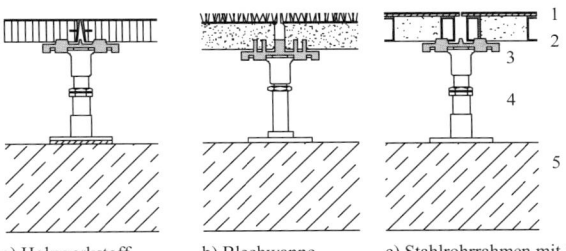

a) Holzwerkstoff   b) Blechwanne   c) Stahlrohrrahmen mit Deckblech

1 Bodenbelag
2 Trägerplatten selbstragend alternativ Estrich in Rahmen
3 Auflager schallentkoppelt
4 höhenverstellbare Stützfüße
5 Rohdecke

Abb. 2.77a: Höhenverstellbare Doppelböden mit unterschiedlichen Bodenplattensystemen

4.4 Bodenbeläge

Bodenbeläge sind die oberste, sichtbare Schicht der Fußbodenkonstruktion. Sie bilden im Hinblick auf konstruktive und bauphysikalische Anforderungen mit der Fußbodenkonstruktion eine Einheit, unterliegen jedoch durch Nutzungsänderungen und Modetrends häufig Veränderungen. Bodenbeläge werden zumeist nach Baustoffen, Herstellungs- und Verlegeverfahren sowie nach dem Erscheinungsbild unterteilt. Sie sind durch unterschiedliche Materialstärken gekennzeichnet und bestimmen damit auch die Gesamthöhe des Fußbodens wesentlich mit. Bei der Auswahl sind konstruktive, physikalische, ökologische, gestalterische und individuelle nutzungsbedingte Kriterien vergleichend zu berücksichtigen.

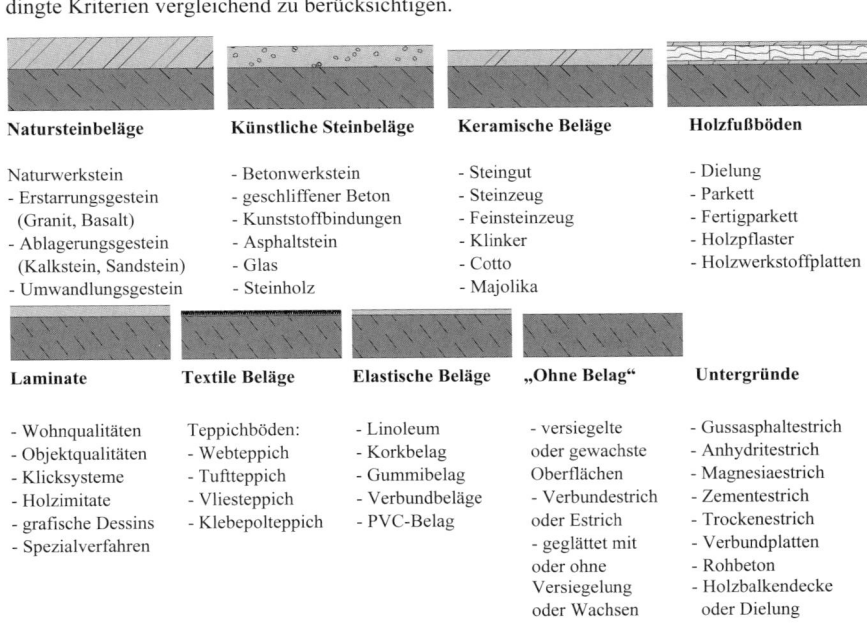

Natursteinbeläge	Künstliche Steinbeläge	Keramische Beläge	Holzfußböden
Naturwerkstein	- Betonwerkstein	- Steingut	- Dielung
- Erstarrungsgestein (Granit, Basalt)	- geschliffener Beton	- Steinzeug	- Parkett
- Ablagerungsgestein (Kalkstein, Sandstein)	- Kunststoffbindungen	- Feinsteinzeug	- Fertigparkett
- Umwandlungsgestein	- Asphaltstein	- Klinker	- Holzpflaster
	- Glas	- Cotto	- Holzwerkstoffplatten
	- Steinholz	- Majolika	

Laminate	Textile Beläge	Elastische Beläge	„Ohne Belag"	Untergründe
- Wohnqualitäten	Teppichböden:	- Linoleum	- versiegelte oder gewachste Oberflächen	- Gussasphaltestrich
- Objektqualitäten	- Webteppich	- Korkbelag		- Anhydritestrich
- Klicksysteme	- Tuftteppich	- Gummibelag		- Magnesiaestrich
- Holzimitate	- Vliesteppich	- Verbundbeläge	- Verbundestrich oder Estrich	- Zementestrich
- grafische Dessins	- Klebepolteppich	- PVC-Belag	- geglättet mit oder ohne Versiegelung oder Wachsen	- Trockenestrich
- Spezialverfahren				- Verbundplatten
				- Rohbeton
				- Holzbalkendecke oder Dielung

Abb. 2.77b: Vergleichende Übersicht von Bodenbelägen nach Baustoffen und Oberflächenbehandlung

2C Baukonstruktion Ausbau

Tafel 2.78: Bodenbeläge: Beurteilungskriterien und Anforderungen

Bezeichnung/Anforderung	Klassen	Anwendung für	Norm/Richtlinie
Gleit- und Trittsicherheit	R 9 bis R 13	Wohnung, Arbeitsstätten	AStättVO
Barrierefreiheit [1]	-	Wohnung, Arbeitsstätten	DIN 18024
Elektrostatisches Verhalten [2]	1 bis 3	Wohnung, Arbeitsstätten	DIN EN 1815
Wärmeableitung/Fußwärme	I bis III [3]	Wohnung, Arbeitsstätten	-
Tritt-/Luftschalldämmung [4]	dB	Wohnung, Arbeitsstätten	DIN 4109
Verwendungsbereiche und Beanspruchungsgruppen	Gering, normal, stark	Wohnen, Gewerbe und Industrie	DIN EN 685 [5]
Verschleißfestigkeit [6]		Wohnen, Gewerbe und Industrie	DIN EN 685 [5]
Brandverhalten [7]		insbes. Rettungswege	DIN EN 13229
Ökologische Bewertung [8]		alle	Gef Stoff V
Haltbarkeit, Reinigung	--	alle	-

[1] Schwellen sind zu vermeiden, Kontraste und Oberflächenbeschaffenheit erlauben auch Sehbehinderten und Blinden Orientierung; [2] gilt vorrangig für textile/elastische Beläge und in Verbund mit dem Klebstoff; [3] besonders/ausreichend/nicht mehr ausreichend fußwarm; [4] gerade textile Bodenbeläge können den Tritt- und Luftschall erheblich verbessern, andere Beläge zumeist nur in Verbindung mit dem Aufbau; [5] gilt für textile, elastische Bodenbeläge und Laminate; [6] Prüfung auf Abrieb, Druck und Säure; [7] neben Brennbarkeit und Rauchentwicklung wir vor allem das brennende Abtropfen bewertet; [8] jeweils für Herstellung, Verarbeitung und Nutzung.

5 Türsysteme

Tür- und Fensterzargen werden für die standardisierten Abmessungen und Wanddicken aus Holzwerkstoffen, Stahl und Aluminium angeboten (siehe Kapitel 2A Baukonstruktion 5.2).

5.1 Fertigzargen

Im Trockenbau finden vor allem einteilige Umfassungszargen (Fertigzarge), die vor oder während der Wandmontage eingebaut werden oder mehrteilige Umfassungszargen (Steckzargen) Verwendung, die nach der Wandmontage eingebaut werden und deshalb gut für Sanierungen geeignet.

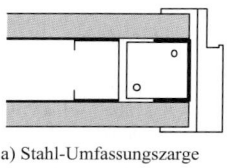

a) Stahl-Umfassungszarge

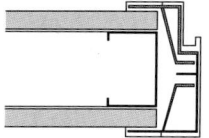

b) einteilige Umfassungszarge (Fertigzarge)

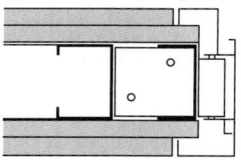

c) zweiteilige Alu-Zarge (Steckzarge)

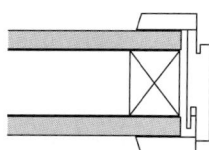

d) zweiteiliges Holzfutter (Holzständerpfosten)

Abb. 2.78: Türzargen für den Einsatz im Trockenbau im Horizontalschnitt

5.2 Rauch- und Feuerschutztüren

Die brandschutztechnische Qualität von Türen wird wesentlich durch die Ausführung von Türdichtung, Türblatt und Rahmenkonstruktion beeinflusst. Hier werden dichtschließende Türen (DST), Rauchschutztüren (RST) und Feuerschutztüren (T30, T90) unterschieden. Alle Konstruktionen sind selbstschließend auszuführen. Dichtschließende Türen verfügen über eine dreiseitig umlaufende Lippendichtung, Rauchschutztüren haben zusätzlich eine Bodenabdichtung. Letztere benötigen eine Zulassung nach DIN 18095 und müssen entsprechend der Zulassung allseitig rauchdicht eingebaut werden.

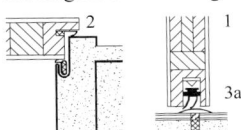 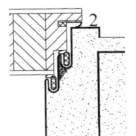 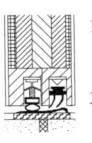

1 Türblatt
2 seitliche Anschlagdichtung
3 untere Abdichtung
   a) Auflaufdichtung
   b) Absenkbare Dichtung

a) Anschlag- und Auflaufdichtung   b) Anschlag- und absenkbare Bodendichtung

Abb. 2.79a: Rauchschutztüren zeichnen sich durch eine allseitig umlaufende Dichtung aus

Feuerschutztüren schützen gegen den direkten Flammendurchtritt und sind durch die Qualität von Rahmen und Türblatt sowie die feuerdichte Ausführung des Bauteilanschlusses gekennzeichnet. Sie werden nach DIN 4102-5 in die Feuerwiderstandsklassen T-30 bis T-180 eingeteilt. Die brandschutztechnischen Anforderungen der Türen liegen in der Regel eine Kategorie unterhalb der Anforderungen an die Wände (außer bei Brandwänden). Sie können zusätzlich rauchdicht ausgeführt werden. Weiterhin ist der Anschluss an eine zentrale Brandmeldeanlage oder die Ausstattung mit integrierten lokalen Rauchmeldern möglich, um das Schließen im Brandfall zu sichern. Nach DIN 18082 werden Feuerschutztüren in die Bauarten A und B unterschieden. Die Bauarten werden wesentlich durch die Türblattdicke bestimmt; die jeweilige Verwendung ist dabei abhängig von der Größe der Wandöffnung und der Wanddicke.

DIN 18082-1: Bauart A

Türblattdicke 54 mm; Wandöffnungen: Breite 62,5 cm bis 100 cm, Höhe 175 cm bis 200 cm; Wanddicke ≥ 11,5 cm bei Mauerwerk, ≥ 10 cm bei Beton

DIN 18082-3 Bauart B

Türblattdicke 62 mm; Wandöffnungen: Breite 75 cm bis 125 cm, Höhe von 175 cm bis 225 cm; Wanddicke ≥ 24 cm bei Mauerwerk, ≥ 14 cm bei Beton

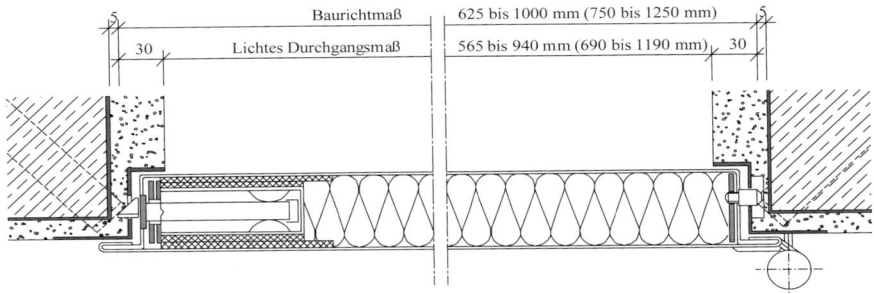

Abb. 2.79b: Feuerschutztür in Bauart A für Türblatt und Bauwerksanschluss

Konstruktionen die wesentlich von der vorgegebenen Bauart und der zugehörigen Zulassung abweichen, sind in der Regel über eine Zustimmung im Einzelfall genehmigen zu lassen. Die betrifft neben der massiven Bauart des Türblattes auch den Einsatz lichtdurchlässiger Elemente.

6 Einbauten

Baukonstruktive Einbauten sind vor allem im Küchen- und Badbereich sowie bei Einbaumöbeln üblich. Sie zeichnen sich generell durch einen hohen Vorfertigungsgrad aus, der zumeist Bauzeit- und Kosteneinsparungen ermöglicht. Hierbei ist die Aufnahme von Bautoleranzen, die schalltechnische und gestalterische Anbindung an bestehende Elemente zu beachten.

6.1 Sanitär- und Feuchtraumzellen

Vorgefertigte Sanitär- und Feuchtraumzellen finden vor allem dort Anwendung, wo eine große Anzahl typengleicher Zellen zum Einsatz kommt, wie in Hotels, Altenheimen oder Krankenhäusern. Sie werden in Beton-, GFK- oder Mischbauweise vollständig oder elementiert erstellt.

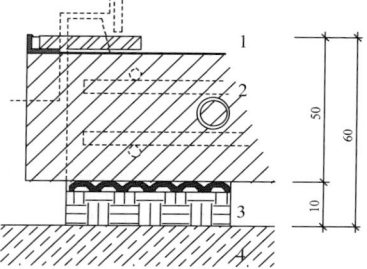

1 Fertige Oberfläche/Fliesenbelag
2 Tragschicht aus Beton, GFK oder Mischbauweise mit Bewehrung und ggf. Leitungsführung
3 Bodenauflager (Elastomer) schallentkoppelt
4 Rohdecke

Abb. 2.80a: Schallentkoppelter unterer Bauteilanschluss einer vorgefertigten Sanitärzelle

6.2 Bodengleiche Duschelemente

Im privaten Wohnungsbau werden in der Regel individuelle Badeinbauten vorgenommen, an Bedeutung gewinnen barrierefreie bodengleiche Duschen. Sie können entweder über ein Gefälle im Estrich oder über ein vorgefertigtes Einbaubodenelement hergestellt werden.

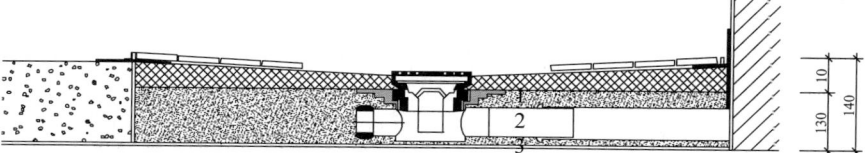

Abb. 2.80b: Fußbodenaufbau eines Bodenduschelements mit waagerechtem Ablauf auf der Massivdecke

1 Fertige Oberfläche/Fliesenbelag
2 Tragschicht aus Beton, GFK oder Mischbauweise
3 Estrich mit Leitungsführung bzw. Dielung oder Holzoberfläche
4 Rohdecke bzw. Holzbalkendecke mit Hohlraum für Leitungsführung

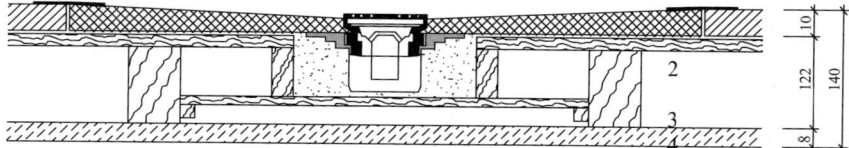

Abb. 2.80c Fußbodenaufbau eines Bodenduschelements mit waagerechtem Ablauf in der Holzbalkendecke

Einbauten

6.3 Einbauschränke

Einbauschränke bieten als feste Einbauten die Möglichkeit bauliche Rest- oder Zwischenräume sinnvoll und in das gestalterische Gebäudekonzept integriert zu nutzen. Sie werden aus Holz- oder Holzwerkstoffen oder aus Trocken- und Leichtbauplatten hergestellt. Konstruktive und gestalterische Bedeutung haben die Bauteilanschlüsse an Wände, Boden und Decke.

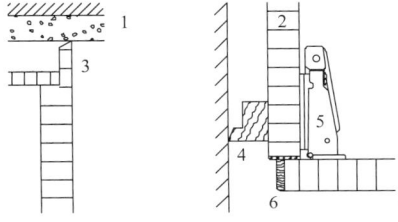

1 Rohbauwand bzw. Putzoberfläche
2 Holz bzw. Holzwerkstoff
3 bündiger Anschluss
4 Schattenfuge
5 innen liegendes Scharnier
6 Kantenschutzprofil

Abb. 2.81a: Seitlicher Wandanschluss als Ausführung in Massivholz oder Holzwerkstoff

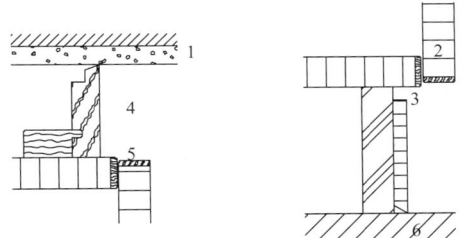

1 Rohbauwand bzw. Putzoberfläche
2 Holz bzw. Holzwerkstoff
3 Schattenfuge mit Passelement
4 Schattenfuge mit Bodensockel
5 Kantenschutzprofil
6 Rohdecke bzw. Fußbodenoberfläche

Abb. 2.81b: Boden- und Deckenanschluss in Massivholz oder Holzwerkstoff

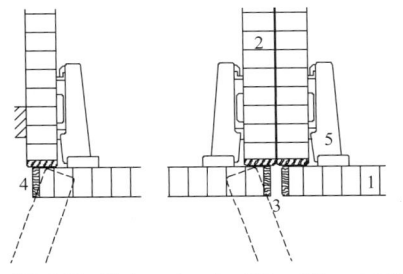

1 Frontür (Holz bzw. Holzwerkstoff)
2 Seitenwand (Holz bzw. Holzwerkstoff)
3 Schattenfuge
4 Kantenschutzprofil
5 innen liegendes Scharnier

Abb. 2.81c: Einbauschrank mit Fronttüren aus Holzwerkstoff: Seitenwand und Elementstoß mit Scharnier

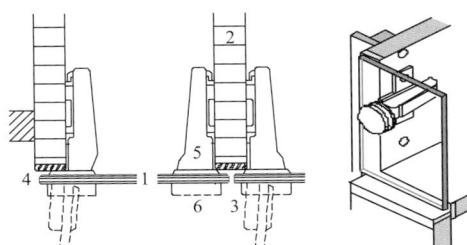

1 Frontür (Glas bzw. Kunststoff)
2 Seitenwand (Holz bzw. Holzwerkstoff)
3 Schattenfuge
4 Kantenschutzprofil
5 innen liegendes Scharnier
6 gebohrter Punkthalter

Abb. 2.81d: Einbauschrank mit Fronttüren aus Glas mit punktgehaltener Befestigung

2.81

Weller / Nicklisch / Thieme / Weimar

Glasbau-Praxis
Konstruktion und Bemessung

2009. 264 Seiten.
17 x 24 cm. Kartoniert.
EUR 39,–
ISBN 978-3-89932-190-6

Dieses Buch ist eine Anleitung für die prüffähige Berechnung von Glaskonstruktionen. Das komplexe Thema wird durch zahlreich Beispiele zur Bemessung nach dem aktuellen Stand der Technik erörtert. Die Sachverhalte sind praxisgerecht und verständlich aufgearbeitet und mit Hilfe von Konstruktionszeichnungen anschaulich dargestellt. Die Beispiele sind mit Lastannahmen nach den aktuellen technischen Baubestimmungen ausgearbeitet.

Aus dem Inhalt:
- Erläuterungen zum materialgerechten Umgang mit Glas und zu den baurechtlichen Grundlagen
- Einführung in die Thematik mit prüffähiger Berechnung und Konstruktionszeichnungen zu:
  - Vertikalverglasung aus Einscheiben-Sicherheitsglas
  - Vertikale Mehrscheiben-Isolierverglasung
  - Absturzsichernde Verglasungen der Kategorie A, B und C
  - Linienförmig gelagerte Überkopfverglasung
  - Punktförmig gelagerte Überkopfverglasung
  - Begehbare Verglasung (TRLV)
  - Begehbare Verglasung (ZiE)
- Berechnungstafeln zur analytischen Lösung
- Abdruck der aktuellen Technischen Regeln

Autoren:
Prof. Dr.-Ing. Bernhard Weller ist Leiter des Instituts für Baukonstruktion der Technischen Universität Dresden.
Dipl.-Ing. Felix Nicklisch, Dipl.-Ing. Sebastian Thieme und Dipl.-Ing. Thorsten Weimar sind wissenschaftliche Mitarbeiter am Institut für Baukonstruktion der Technischen Universität Dresden.

Bauwerk www.bauwerk-verlag.de

2D Glasbau

Prof. Dr.-Ing. Bernhard Weller, Dr.-Ing. Silke Tasche und
Dipl.-Ing. Thorsten Weimar

Inhaltsverzeichnis

		Seite
1	**Glas**	2.84
1.1	Materialeigenschaften	2.84
1.2	Basisprodukte	2.84
2	**Glasbearbeitung**	2.85
2.1	Glaskanten	2.85
2.2	Glasoberflächen	2.85
3	**Glasveredelung**	2.86
3.1	Allgemeines	2.86
3.2	Einscheibensicherheitsglas (ESG)	2.86
3.3	Teilvorgespanntes Glas (TVG)	2.86
3.4	Chemisch vorgespanntes Glas	2.86
4	**Glasprodukte**	2.87
4.1	Verbundglas (VG) und Verbund-Sicherheitsglas (VSG)	2.87
4.2	Mehrscheiben-Isolierglas (MIG)	2.88
5	**Liefergrößen und Querschnittswerte**	2.89
6	**Arten der Scheibenlagerung**	2.91
6.1	Allgemeines	2.91
6.2	Linienförmige Scheibenlagerung	2.91
6.3	Punktförmige Scheibenlagerung	2.92
7	**Konstruktion im Detail**	2.94
7.1	Allgemeines	2.94
7.2	Bemessungsverfahren	2.95
7.3	Vertikalverglasungen	2.98
7.4	Überkopfverglasungen	2.100
7.5	Absturzsichernde Verglasungen	2.102
7.6	Begehbare Verglasungen	2.106
8	**Bauaufsichtliche Regelungen im Glasbau**	2.107

1 Glas

1.1 Materialeigenschaften

Glas ist ein anorganischer nichtmetallischer Werkstoff, der durch kontrolliertes Abkühlen des geschmolzenen Rohmaterials entsteht, ohne eine Kristallgitterstruktur zu bilden. Das Fehlen der kristallinen Struktur ist für die Transparenz des amorphen Materials verantwortlich. Glasarten und Glasgruppen werden nach DIN 1259-1 in ihrer Zusammensetzung unterschieden. Entsprechend der Glasart ergeben sich die chemischen und physikalischen Eigenschaften. Bautechnisch relevante Glasarten sind Kalk-Natronsilicatglas und Borosilicatglas nach Tafel 2.84a. Borosilicatglas wird aufgrund seiner hohen Temperaturwechselbeanspruchbarkeit vorwiegend als Brandschutzverglasung verwendet.

Tafel 2.84a: Eigenschaften von Kalk-Natronsilicatglas und Borosilicatglas

Eigenschaft	Einheit	Kalk-Natronsilicatglas DIN EN 572-1	Borosilicatglas DIN EN 1748-1
Dichte ρ	kg/m³	$2{,}5 \cdot 10^3$	$2{,}2$ bis $2{,}5 \cdot 10^3$
Elastizitätsmodul E	N/mm²	$7{,}0 \cdot 10^4$	$6{,}0$ bis $7{,}0 \cdot 10^4$
Poissonzahl μ	-	0,20	0,20
Spezifische Wärmekapazität c	J/(kg·K)	$0{,}72 \cdot 10^3$	$0{,}8 \cdot 10^3$
Mittlerer thermischer Ausdehnungskoeffizient α (20 °C bis 300 °C)	K⁻¹	$9{,}0 \cdot 10^{-6}$	$3{,}1$ bis $6{,}0 \cdot 10^{-6}$
Wärmeleitfähigkeit λ	W/(m·K)	1,0	1,0

1.2 Basisprodukte

Tafel 2.84b: Basisprodukte

Basisprodukt	Kennzeichen	Norm
Floatglas [1, 4]	plan, durchsichtig, klar/gefärbt	DIN EN 572-2
Gezogenes Flachglas [2, 4]		DIN EN 572-4
Poliertes Drahtglas [3, 4]		DIN EN 572-3
Ornamentglas [3, 4]	plan, durchscheinend, klar/gefärbt	DIN EN 572-5
Drahtornamentglas [3, 4]		DIN EN 572-6
Profilbauglas mit und ohne Drahtnetz [3]	profiliert, durchscheinend, klar/gefärbt	DIN EN 572-7

[1] Hergestellt mit dem Floatverfahren. [2] Hergestellt mit dem Ziehverfahren. [3] Hergestellt mit dem Gussverfahren.
[4] Basisprodukte aus Borosilicatglas nach DIN EN 1748-1.

2 Glasbearbeitung

2.1 Glaskanten nach DIN 1249-11

Glaskanten können als gerade Kante (K), Gehrungskante (GK), Facettenkante (FK) oder runde Kante (RK) ausgeführt werden. Die Genauigkeit und die Kantenfestigkeit der geraden Kante steigen mit der qualitativen Ausführung der Glaskante entsprechend Abb. 2.85. Nach DIN 1249-11 wird unterschieden in geschnittene Kanten (KG), gesäumte Kanten (KGS), maßgeschliffene Kanten (KMG), geschnittene Kanten (KGN) und polierte Kanten (KPO). Eine Bearbeitung der Glaskanten erfolgt grundsätzlich vor einer thermischen Verfestigung nach Abschnitt 3.1. Lediglich chemisch verfestigtes Glas kann unter Verlust der Kantenfestigkeit nachträglich geschnitten werden. Freie Kanten an Glaselementen sollten poliert ausgeführt werden.

Querschnitt   Ansicht

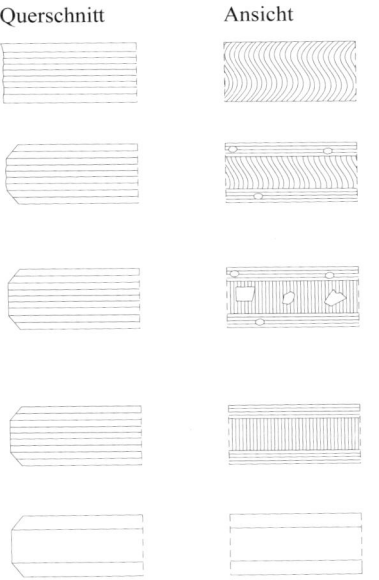

Die geschnittene Kante (KG) ist die beim Schneiden von Glas entstehende, unbearbeitete Glaskante.

Die gesäumte Kante (KGS) entspricht der Schnittkante, deren Ränder mit einem Schleifwerkzeug mehr oder weniger gebrochen (gefast) sind.

Die maßgeschliffene Kante (KMG) wird durch Schleifen der Kantenoberfläche auf das erforderliche Maß gebracht und kann mit gebrochenen Rändern ausgeführt sein. Blanke Stellen oder Ausmuschelungen können sichtbar sein.

Die geschliffene Kante (KGN) wird durch ganzflächiges Schleifen der Kantenoberfläche bearbeitet und kann mit gebrochenen Rändern ausgeführt sein. Sie hat ein schleifmattes Aussehen ohne blanke Stellen und Ausmuschelungen.

Die polierte Kante (KPO) ist eine durch Überpolieren verfeinerte geschliffene Kante.

Abb. 2.85: Ausführungsarten von Glaskanten

2.2 Glasoberflächen

Tafel 2.85: Ausgewählte Arten der Oberflächenbehandlung

Verfahren [1]	Beschreibung	Einfluss auf Oberflächenfestigkeit
Beschichten	Aufbringen einer Beschichtung	Keine Festigkeitsminderung [2]
Bedrucken	Einbrennen einer Emailleschicht	Schädigung der Oberfläche
Ätzen	Mattieren des Glases durch Säure	Keine Festigkeitsminderung [2]
Sandstrahlen	Mattieren des Glases durch Sandstrahlen	Schädigung der Oberfläche

[1] Möglichkeiten der optischen Gestaltung sind herstellerseitig zu erfragen. [2] Zulässige Glasfestigkeiten infolge Oberflächenbehandlung gemäß TRLV.

3 Glasveredelung

3.1 Allgemeines

Beim thermischen Vorspannen werden Basisgläser nach DIN EN 572 auf eine festgelegte Temperatur erhitzt und dann kontrolliert schnell abgekühlt, so dass eine dauerhafte Spannungsverteilung im Glas entsteht. Die Oberflächen von Einscheiben-Sicherheitsglas und teilvorgespanntem Glas erhalten so eine wesentlich höhere Widerstandsfähigkeit gegen mechanische und thermische Beanspruchungen. Beim chemischen Vorspannen entsteht der Eigenspannungszustand durch Austausch kleiner Natrium-Ionen an der Glasoberfläche gegen größere Kalium-Ionen. Nicht vorgespanntes Glas besitzt eine Mindestbiegezugfestigkeit von $\beta_B = 45$ N/mm². Die charakteristische Biegezugfestigkeit vorgespannter Gläser setzt sich dann zusammen aus eingeprägter Oberflächendruckspannung und Eigenfestigkeit des Glases. Die Kurzzeitdruckfestigkeit für Glas beträgt ungefähr 500 N/mm². Für Langzeitbeanspruchungen sollte man diesen Wert etwa um den Faktor 3 abmindern. [Wörner 01/1]

3.2 Einscheiben-Sicherheitsglas (ESG) nach DIN EN 12150

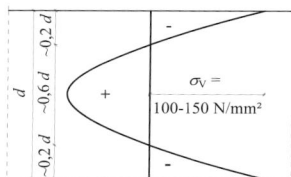 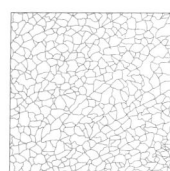

Die Mindestbiegezugfestigkeit beträgt $\beta_B = 120$ N/mm². Aufgrund seiner stumpfkantig krümeligen Bruchstruktur wird ESG als Sicherheitsglas eingestuft. Das Risiko von Spontanbrüchen durch Nickel-Sulfid-Einschluss kann durch die Heißlagerungsprüfung (ESG-H) vermindert werden.

Abb. 2.86a: Eigenspannungszustand und Bruchbild ESG

3.3 Teilvorgespanntes Glas (TVG) nach DIN EN 1863

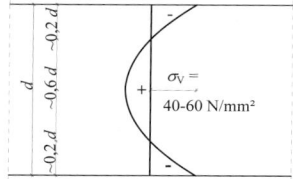 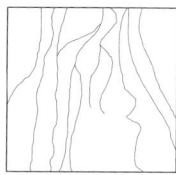

Die Mindestbiegezugfestigkeit beträgt $\beta_B = 70$ N/mm². Kennzeichnend für die Bruchstruktur von TVG sind Radialbrüche von der Schädigungsstelle zur Kante oder von Kante zu Kante.

Abb. 2.86b: Eigenspannungszustand und Bruchbild TVG

3.4 Chemisch vorgespanntes Glas nach DIN EN 12337

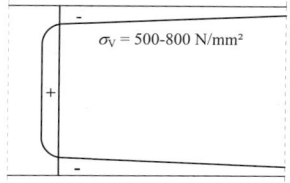 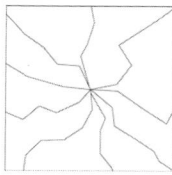

Die Mindestbiegezugfestigkeit beträgt $\beta_B = 150$ N/mm². Chemisch vorgespanntes Glas ist allseitig vorgespannt. Die Bruchstruktur ähnelt der des nicht vorgespannten Glases.

Abb. 2.86c: Eigenspannungszustand und Bruchbild von chemisch vorgespanntem Glas

4 Glasprodukte

4.1 Verbundglas (VG) und Verbund-Sicherheitsglas (VSG)

Verbundglas und Verbund-Sicherheitsglas werden nach DIN EN ISO 12543 geregelt. Verbundglas besteht aus zwei oder mehreren Glasscheiben verbunden mit einer oder mehreren transparenten, transluzenten, opaken oder farbigen Zwischenschichten. Dabei kann der Glasaufbau symmetrisch oder unsymmetrisch sein. Werden erhöhte Sicherheitsanforderungen gestellt, wird Verbund-Sicherheitsglas verwendet. Im Fall eines Bruches hält die Zwischenschicht die Bruchstücke zusammen, begrenzt die Größe von Öffnungen, bietet einen Restwiderstand gegen vollständiges Versagen und reduziert die Gefahr von Schnitt- und Stichverletzungen.

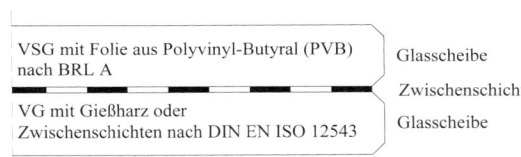

Abb. 2.87a: Verbund- und Verbund-Sicherheitsglas

Die Zwischenschichten wirken als Verbundwerkstoff und Abstandsschicht zwischen den Glasscheiben. Sie können dem Fertigerzeugnis zusätzliche Eigenschaften verleihen, zum Beispiel Widerstand gegen Stoß oder Feuer, Verringerung der Sonneneinstrahlung und Schalldämmung. Übliche Zwischenschichten sind Folien und Gießharze.

Durch Pendelschlagversuche nach DIN EN 12600 wird die Stoßsicherheit ermittelt und Verbundglas von Verbund-Sicherheitsglas unterschieden. An Verbundglas werden nach DIN EN 12600 keine Anforderungen an die Stoßsicherheit gestellt. Bauaufsichtliche Forderungen sind davon jedoch unberührt. Zur Zeit wird Verbund-Sicherheitsglas nach Bauregelliste A nur mit Zwischenschichten aus PVB-Folie als geregeltes Bauprodukt eingestuft.

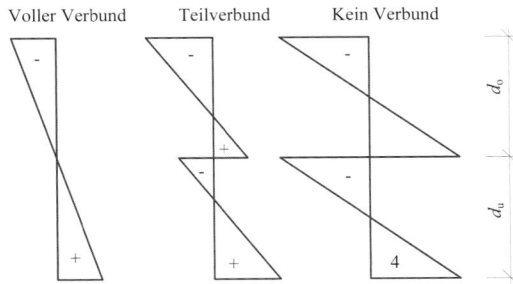

Abb. 2.87b: Spannungsverteilung in zweischichtigem symmetrischen Verbundglas

In Abhängigkeit der Eigenschaften des Verbundmaterials, der Temperatur, der Belastungsdauer und der Glasscheibendicke stellt sich nach Abb. 2.87b eine entsprechende Verbundwirkung ein. Im Bereich niedriger Temperaturen und kurzer Belastungszeiten kann von einer annähernd vollständigen Verbundwirkung ausgegangen werden. Durch gegenteilige Bedingungen kann aufgrund der viskoelastischen Eigenschaften der Zwischenschichten die Verbundwirkung bis auf null absinken. Bei der Bemessung der Glasscheiben darf nach eingeführten Technischen Richtlinien (TRLV, TRPV, TRAV) kein Schubverbund angesetzt werden. Es ist von freier Gleitung der Einzelscheiben untereinander auszugehen. Für Isoliergläser ist der Grenzzustand des vollen Schubverbundes zu berücksichtigen, da die Vernachlässigung zu einer geringeren Klimabelastung und einer kleineren anteiligen Belastung der VSG oder VG-Scheibe führt. Zulässige Festigkeiten sind Abschnitt 7 zu entnehmen. Verbund-Sicherheitsglas wird verwendet als durchwurf-, durchbruch-, durchschuss- und sprengwirkungshemmende Verglasung sowie in Konstruktionen mit geforderter Resttragfähigkeit nach Abschnitt 7. Verbundglas kann unter anderem mit zwischen den Glasscheiben liegenden Solarzellen versehen werden.

4.2 Mehrscheiben-Isolierglas (MIG) nach DIN EN 1279

Als Mehrscheiben-Isolierglas bezeichnet man nach DIN EN 1279 eine Verglasungseinheit, bestehend aus mindestens zwei Glasscheiben, die unter Anwendung verschiedener Kantenabdichtungsarten zusammengefügt wurden. Diese Scheiben werden durch einen oder mehrere hermetisch abgeschlossene Zwischenräume getrennt, in denen sich trockene Luft oder andere Gase, in der Regel Argon, befinden. Ausgangsprodukte für Mehrscheiben-Isolierglas sind die in den Abschnitten 1.2 bis 4.1 beschriebenen Basisprodukte. Die Glasscheiben können oberflächenbehandelt sein. Häufig verwendete Randverbundarten sind Abb. 2.88a zu entnehmen. Randverlötete oder randverschweißte Isoliergläser werden kaum noch hergestellt.

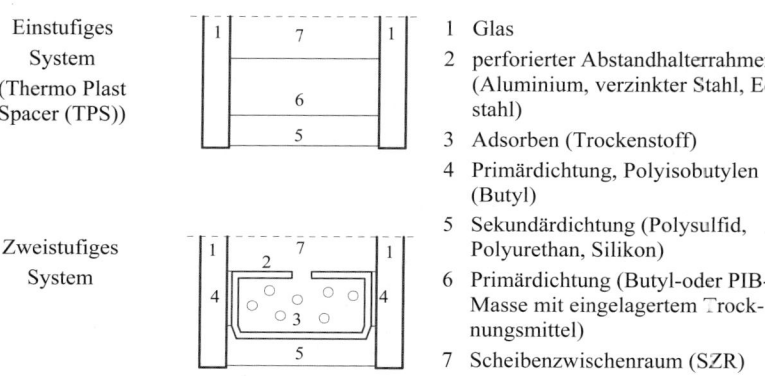

Einstufiges System (Thermo Plast Spacer (TPS))

Zweistufiges System

1 Glas
2 perforierter Abstandhalterrahmen (Aluminium, verzinkter Stahl, Edelstahl)
3 Adsorben (Trockenstoff)
4 Primärdichtung, Polyisobutylen (Butyl)
5 Sekundärdichtung (Polysulfid, Polyurethan, Silikon)
6 Primärdichtung (Butyl-oder PIB-Masse mit eingelagertem Trocknungsmittel)
7 Scheibenzwischenraum (SZR)

Abb. 2.88a: Randverbundarten

Auf Grund der Steifigkeit des Randverbundes kann eine unverschieblich gelenkige Linienlagerung der Glasscheiben angenommen werden. Die Glasscheiben werden infolge der Klimalasten nach Abb. 2.88b als allseitig linienförmig gelagerte Platte beansprucht. Außerdem ist eine mechanische Kopplung der Einzelscheiben durch das eingeschlossene Luft- oder Gasvolumen gegeben. Die der Last zugewandte Scheibe verformt sich in Abhängigkeit ihrer Steifigkeit. Die damit einhergehende Änderung des Drucks im SZR bewirkt eine Verformung der lastabgewandten Scheibe.

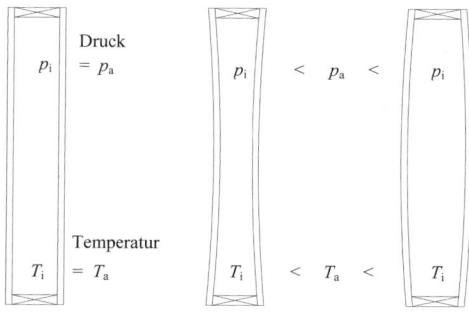

Abb. 2.88b: Klimalasten

Bei Isoliergläsern ist eine Klimabeanspruchung nach Abb. 2.88b zu beachten. Danach ergibt sich für das System eine Flächenlast (Klimalast), die aus isochoren Druckdifferenzen im Scheibenzwischenraum infolge Luftdruck- und Temperaturänderung entsteht. Bemessungshinweise für linienförmig gelagerte Verglasungen sind in der TRLV zu finden. Isoliergläser übernehmen auch zusätzliche bauphysikalische Funktionen, wie beispielsweise Anforderungen an Wärme-, Brand-, Sonnen- und Schallschutz.

5 Liefergrößen und Querschnittswerte

Tafel 2.89a: Liefergrößen von Basisprodukten nach DIN EN 572-1 bis -6

Basisprodukte	Breite B [m]	Länge H [m]	Stärke d [mm]
Floatglas	$3,21^1$	$6,00^1$	2, 3, 4, 5, 6, 8, 10, 12, 15, 19, 25
Poliertes Drahtglas	1,98 bis 2,54	1,65 bis 3,82	6, 10
Gezogenes Flachglas	2,44 bis 2,88	1,60 bis 2,16	2, 3, 4, 5, 6, 8, 10, 12
Ornamentglas	1,26 bis 2,52	2,10 bis 4,50	3, 4, 5, 6, 8, 10
Drahtornamentglas	1,50 bis 2,52	1,38 bis 4,50	6, 7, 8, 9

Tafel 2.89b: Lieferbare Glasstärken d von ESG, TVG und CVG in mm

Veredelungsprodukt	Gezogenes Flachglas	Ornamentglas	Floatglas
ESG ^{1,4,5}	3, 4, 5, 6, 8, 10, 12	3, 4, 5, 6, 8, 10	3, 4, 5, 6, 8, 10, 12, 15, 19, 25
TVG ^{2,4,5}	3, 4, 5, 6, 8, 10, 12		
CVG ^{3,4,5}	2, 3, 4, 5, 6, 8, 10, 12	3, 4, 5, 6, 8, 10	1, 1.3, 1.6, 2, 3, 4, 5, 6, 8, 10, 12

^{1} nach DIN EN 12150-1. ^{2} nach DIN EN 1863-1. ^{3} nach DIN EN 12337-1. ^{4} Maximal- und Minimalmaße sind beim Hersteller zu erfragen. ^{5} Die Scheibendicke ist in genannten Normen nur auszugsweise erfasst. Darüber hinaus lieferbare Scheibenstärken in Anlehnung an DIN EN 572 sind beim Hersteller zu erfragen.

Tafel 2.89c: Querschnittswerte von Flachglas

Plattendicke d [mm]	Fläche A [cm²/m]	Flächenträgheitsmoment I_y [cm⁴/m]	Widerstandsmoment W_y [cm³/m]	Flächenwichte g [kN/m²]
4	40	0,53	2,67	0,100
5	50	1,04	4,17	0,125
6	60	1,80	6,00	0,150
8	80	4,27	10,67	0,200
10	100	8,33	16,67	0,250
12	120	14,40	24,00	0,300
15	150	28,13	37,50	0,375
19	190	57,16	60,17	0,475
25	250	130,21	104,17	0,625

2D Glasbau

Tafel 2.90a: Liefergrößen von Profilbauglas nach DIN EN 572-7

Basisprodukt[1]	Länge H [m]	Breite B [mm]	Flanschhöhe t [mm]	Stegdicke c [mm]
Profilbauglas mit und ohne Drahteinlage	n x 0,25 ≤ 7,00	232 bis 498	41	6
		232 bis 331	60	7

[1] Nicht zustimmungspflichtiges Bauprodukt nach Abschnitt 8, wenn allgemeine bauaufsichtliche Zulassung vorliegt. Liefergrößen sind der jeweiligen Zulassung zu entnehmen.

Tafel 2.90b: Querschnittswerte von Profilbauglas [1,2]

B [mm]	d [mm]	c [mm]	A [mm^2]	I_y [mm^4]	$W_{y\text{-St}}$ [mm^3]	$W_{y\text{-Fl}}$ [mm^3]	e_z [mm]	z_M [mm]	g [kN/m]
232	41	6	18,0	17,4	22,9	5,2	0,76	1,29	0,045
232	60	7	23,6	61,5	48,4	13,0	1,27	2,44	0,059
262	41	6	19,8	17,8	24,7	5,3	0,72	1,19	0,050
262	60	7	25,7	63,3	52,9	13,2	1,12	2,28	0,064
270	40	6	20,2	16,6	24,1	5,0	0,69	1,12	0,051
331	41	6	24,0	18,6	28,6	5,4	0,65	1,02	0,060
331	60	7	30,5	66,4	62,5	13,4	1,06	2,00	0,076
498	41	6	34,0	19,7	36,0	5,5	0,55	0,76	0,085
748	41	6	49,0	20,8	44,2	5,7	0,47	0,55	0,123

[1] Andere Liefermaße und Abmessungen können verfügbar sein. Einzelheiten hierzu sind den Herstellerangaben zu entnehmen. [2] Die angegebenen Querschnittswerte und Längenwichte können in Abhängigkeit der Radien und der Oberflächenbeschaffenheit abweichen. Einzelheiten hierzu sind den Herstellerangaben zu entnehmen.

Nach DIN EN ISO 12543-5 sind die Maße von Verbund- und Verbund-Sicherheitsglas stark vom verwendeten Glas, den Zwischenschichten sowie von der Produktionsanlage abhängig. Die Folienstärken von Polyvinyl-Butyral (PVB) sind ein Vielfaches von 0,38 mm, üblich bis maximal 2,28 mm. Gießharzverbunde sind etwa 1 bis 4 mm stark. Größere Abmessungen als die nach Tafel 2.89a sind bei dem jeweiligen Hersteller anzufragen. Herstellungsbedingte Kantenversätze bei Verbundglasscheiben sind in der Planung zu berücksichtigen. Die Maximal- und Minimalmaße von Mehrscheiben-Isolierglas sind ebenfalls herstellerabhängig.

6 Arten der Scheibenlagerung

6.1 Allgemeines

Die Lagerung von Glasscheiben kann linienförmig oder punktförmig erfolgen. Geklemmte Scheibenbefestigungen sollen die Glasscheiben in der gesamten Dicke umfassen. Die Wahl des Glaseinstandes muss die Standsicherheit der Verglasung langfristig gewährleisten. Grundsätzlich darf an der Lagerungsstelle auch unter Last- und Temperatureinfluss kein Kontakt zwischen Glas und Glas beziehungsweise Glas und harten Materialien erfolgen. Die Lagerung ist dauerhaft, witterungsbeständig und zwängungsarm auszuführen. Die Verglasungen dürfen nur ausfachend angeordnet werden.

Die verwendeten Glasscheiben müssen vor und nach dem Einbau eben sein. Nach TRLV sind Verglasungen an mindestens zwei gegenüberliegenden Seiten durchgehend linienförmig zu lagern. In Abb. 2.91 sind die Anforderungen an die Randabstände von linienförmigen und punktförmigen Glashalterungen nach TRPV angegeben.

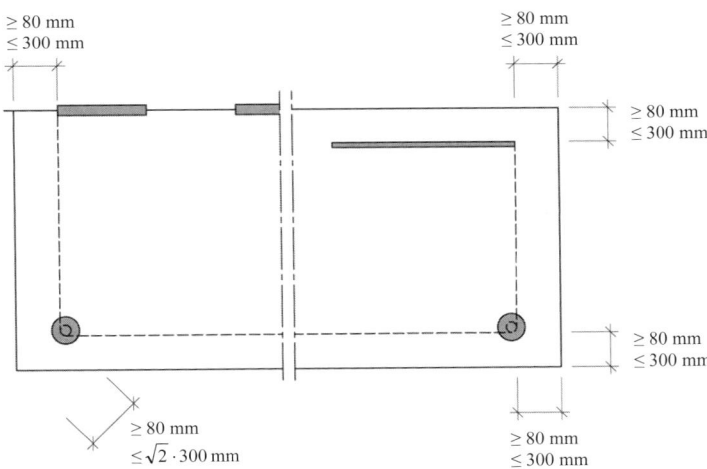

Abb. 2.91: Anforderungen an Randabstände von Glashalterungen nach TRPV

6.2 Linienförmige Scheibenlagerung

Tafel 2.91: Anforderungen an geklemmte linienförmige Scheibenlagerung nach DIN 18516-4 und TRLV

Lagerung [4]		Allseitig gelagert [1, 3]	2- oder 3-seitig gelagert [1, 2, 3]
(Skizze)	1 Glas 2 Distanzklotz 3 Elastomer 4 Klemmhalter	$a \geq 5$ mm $t \geq 10$ mm	$a \geq 5$ mm $t \geq d_{Scheibe} + 1/500 \cdot l_0$ min $t \geq 15$ mm $l_0 = $ Stützweite

[1] Die Scheiben sind über Distanzklötze gegen Verrutschen zu sichern. [2] Vertikalverglasungen mit freier unterer Kante sind unten links und rechts zu unterstützen. Die Glasaufstandsfläche muss rechtwinklig sein und die Fläche $t \cdot d_{Scheibe}$ aufweisen. [3] Bei Verwendung monolithischer Scheiben aus ESG ist eine Heißlagerungsprüfung vorzunehmen. [4] Für Windsoglasten dürfen nach TRLV auch punktförmige Randklemmhalter vorgesehen werden. Die Abstände der Randklemmhalter sind ≤ 300 mm, die Klemmfläche ≥ 1000 mm² und die Glaseinstandstiefe ≥ 25 mm.

6.3 Punktförmige Scheibenlagerung

6.3.1 Punktförmige Scheibenlagerung ohne Durchdringung

Tafel 2.92a: Anforderungen an punktförmige Scheibenlagerung nach DIN 18516-4 [1] und TRPV als Randklemmhalter

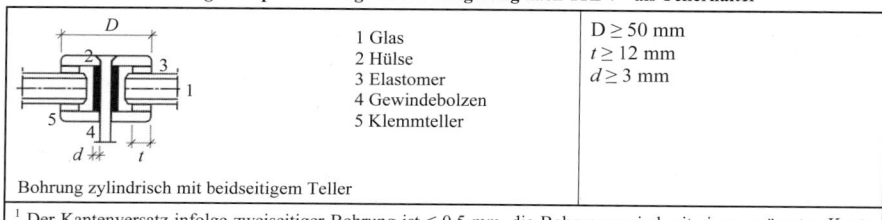

	1 Glas 2 Distanzklotz 3 Elastomer 4 Klemmhalter	$A \geq 1000$ mm² [2] $t \geq 25$ mm $a \geq 5$ mm

[1] Einbauüberwachung bei Punktlagerung über 8 m. [2] Bauteilversuche nach DIN 18516-1 bei kleineren Klemmflächen mit Bezug auf Befestigungsbereich.

6.3.2 Punktförmige Scheibenlagerung mit Durchdringung

Tafel 2.92b: Anforderungen an punktförmige Scheibenlagerung nach TRPV [1] als Tellerhalter

	1 Glas 2 Hülse 3 Elastomer 4 Gewindebolzen 5 Klemmteller	$D \geq 50$ mm $t \geq 12$ mm $d \geq 3$ mm
Bohrung zylindrisch mit beidseitigem Teller		

[1] Der Kantenversatz infolge zweiseitiger Bohrung ist ≤ 0,5 mm, die Bohrungen sind mit einer gesäumten Kante zu versehen.

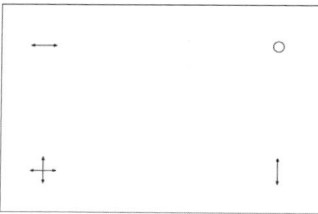

Abb. 2.92a: Lagerung in Scheibenebene

Eine zwängungsfreie Lagerung der Scheibe in der Ebene nach Abb. 2.92a ist während der Ausführung anzustreben. Zwangsbeanspruchungen aus Temperaturänderungen oder Formänderungen der Unterkonstruktion sind im Tragsicherheitsnachweis zu berücksichtigen.

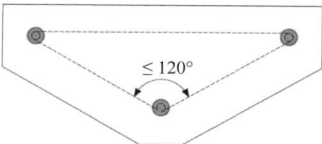

Abb. 2.92b: Winkeldefinition

Die Lagerung von punktförmig gelagerten Verglasungen erfolgt durch mindestens drei Punkthalter. Der größte eingeschlossene Winkel des von drei Punkthaltern eingeschlossenen Dreiecks nach Abb. 2.92b ist kleiner 120°.

Arten der Scheibenlagerung

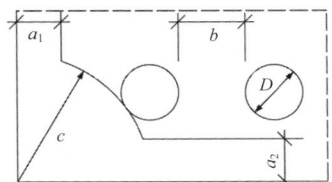

Abb. 2.93a: Begrenzung der Lage der Bohrungen

DIN 18516-4:
$a_i \geq 2d$; $a_i \geq D$;
$a_1 \neq a_2$; $a_2 - a_1 \geq 15$ mm

DIN EN 12150-1:
$D \geq d$; $a_i \geq 2d$;
$b \geq 2d$; $c \geq 6d$

TRPV:
$a_1 \geq 80$ mm; $a_1/a_2 \geq 1{,}25$;
$a_1 \leq 300$ mm; $b \geq 80$ mm

d = Nennglasdicke

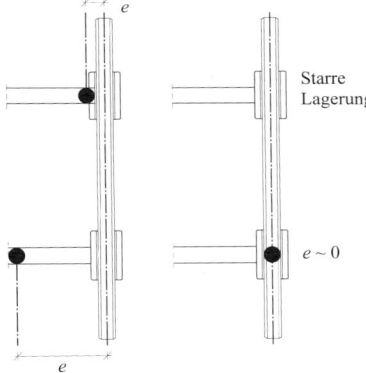

Abb. 2.93b: Gelenklage bei Punkthaltern

Punkthalter werden je nach Hersteller ohne und mit Gelenk angeboten. Die Gelenke können sich nach Abb. 2.93b in der Glasebene, außerhalb der Glasebene oder an der Befestigung des Punkthalters an der Unterkonstruktion befinden. Aus der Lage des Gelenkes resultieren unterschiedliche Beanspruchungen der Glasscheibe. Die Tragsicherheit der Glasscheibe ist unter Berücksichtigung aller Einflüsse aus Geometrie des Punkthalters, statischem System und Belastung mittels einer geeigneten Berechnung, zum Beispiel mit der Finite Elemente Methode, nachzuweisen. Konstruktiv sind Möglichkeiten zum Ausgleich des unvermeidbaren Versatzes bei VSG sowie allgemeiner Toleranzen vorzusehen.

7 Konstruktion im Detail
7.1 Allgemeines

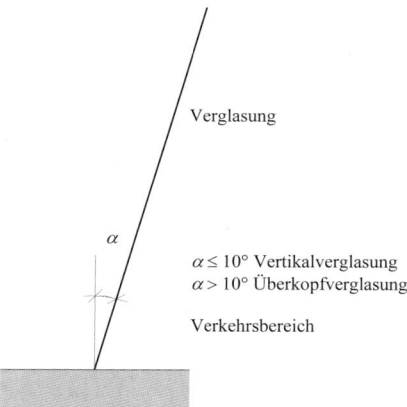

Abb. 2.94: Vertikal- und Überkopfverglasung

$\alpha \leq 10°$ Vertikalverglasung
$\alpha > 10°$ Überkopfverglasung
Verkehrsbereich

Die Technischen Regeln für die Verwendung von linienförmig gelagerten Verglasungen (TRLV) gelten für Verglasungen, die an mindestens zwei gegenüberliegenden Seiten durchgehend linienförmig gelagert sind. Nicht geregelt und zustimmungspflichtig sind geklebte Konstruktionen ohne Zulassung, aussteifende Verglasungen sowie gekrümmte Überkopfverglasungen. Die Technischen Regeln für die Bemessung und die Ausführung punktförmig gelagerter Verglasungen (TRPV) gelten für Verglasungen mit Randklemmhalter sowie Tellerhalter. Aussteifende Verglasungen sind nicht geregelt und zustimmungspflichtig. Des Weiteren gilt für punktförmig geklemmte Scheiben aus ESG an hinterlüfteten Fassaden die DIN 18516-4. Die Lagerung der Glasscheiben wird in Abschnitt 6 behandelt. Zusätzliche Anforderungen sind für absturzsichernde, begehbare und bedingt betretbare Verglasungen zu erfüllen.

Tafel 2.94a: Spezielle Anforderungen an Vertikalverglasungen nach TRLV

Einfachverglasungen aus Floatglas, Ornamentglas oder VG sind allseitig zu lagern.
Für Scheiben aus ESG, die erhöhter Temperaturbeanspruchung oder erhöhter Energieabsorption unterliegen oder die nicht allseitig gelagert sind, ist heißgelagertes ESG-H nach Bauregelliste gemäß Tafel 2.108 zu verwenden.[1]
Bohrungen und Ausschnitte sind in ESG, TVG mit abZ oder VSG zulässig.

[1] Isoliergläser aus ESG sind grundsätzlich vom Heißlagerungstest (Heat-Soak-Test) befreit.

Tafel 2.94b: Spezielle Anforderungen an Vertikalverglasungen nach TRPV

Kombinationen aus linienförmiger Lagerung nach TRLV und punktförmiger Lagerung sind zulässig. Die Verglasungen können zur Befestigung von Klemmleisten durchbohrt werden.[1]

[1] Gilt nicht für Isoliergläser.

Tafel 2.94c: Spezielle Anforderungen an Überkopfverglasungen nach TRLV

Für Einfachverglasungen oder für die untere Scheibe von Isolierglasverglasungen ist Drahtglas, VSG aus Floatglas oder TVG mit abZ zu verwenden.
VSG aus Floatglas oder TVG mit abZ ist allseitig zu lagern, wenn $l_0 > 1{,}20$ m.[1] Das Seitenverhältnis darf nicht größer sein als 3:1.

Für VSG als Einfachverglasung oder als untere Scheibe von Isolierglas ist eine Folienstärke von $t_{Folie} \geq 0{,}76$ mm zu wählen. Eine Folienstärke von $t_{Folie} = 0{,}38$ mm ist zulässig bei allseitiger Lagerung und $l_0 \leq 0{,}80$ m.[1]

Die Auflagerung von zweiseitig gelagerten Verglasungen erfolgt mit Dichtstoffen nach DIN 18545-2, Gruppe E. Für Pressleisten sind Dichtprofile, Gruppe A bis D nach DIN 7863, zulässig.

Drahtglas darf verwendet werden, wenn $l_0 \leq 0{,}70$ m.[1] Der Glaseinstand muss ≥ 15 mm sein.

Abweichende Verglasungen sind zulässig, wenn bei Glasbruch das Herabfallen von Glasteilen durch geeignete Maßnahmen, z. B. Netze mit Maschenweite ≤ 40 mm, vermieden wird.

Bohrungen und Ausschnitte sind nicht zulässig. Abweichung bei VSG aus TVG zur Befestigung von durchgehenden Klemmleisten. Abstand der Bohrungen und vom Rand ≥ 80 mm.

Auskragungen von VSG parallel und senkrecht zur linienförmigen Lagerung sind auf $\leq 0{,}3 \cdot l_{Auflager}$ beziehungsweise ≤ 300 mm beschränkt. Die Auskragung einer Scheibe eines VSG über den Verbundbereich hinaus muss ≤ 30 mm sein.

[1] l_0 = Stützweite

Tafel 2.95a: Spezielle Anforderungen an Überkopfverglasungen nach TRPV

Einfachverglasungen sind mit VSG aus TVG mit Glasscheiben gleicher Dicke (mindestens 2 x 6 mm) und PVB-Folie mit einer Nenndicke $\geq 1{,}52$ mm auszuführen.

Eine Schwächung des von äußeren Punkthaltern eingeschlossenen Innenbereichs mit Bohrungen, Öffnungen oder Ausschnitten ist nicht zulässig. Ausgenommen sind Bohrungen für innenliegende Punkthalter.

Es sind Tellerhalter mit starrer Lagerung zu verwenden. Die Ausführung von Tellerhaltern mit einem Gelenk ist zustimmungspflichtig.

Tafel 2.95b: Spezielle Anforderungen an begehbare Verglasungen nach TRLV

Die Verglasung besteht aus VSG mit mindestens drei Scheiben. Die oberste Scheibe muss aus ESG oder TVG, die unteren Scheiben aus SPG oder TVG bestehen. Die Nenndicke der Zwischenfolie aus PVB beträgt $\geq 1{,}52$ mm.

Die maximalen Abmessungen der Verglasung sind auf 1500 mm x 400 mm beschränkt.

Die Verglasung ist allseitig und durchgehend linienförmig zu lagern und in Scheibenebene durch geeignete mechanische Halterungen in der Lage zu sichern.

Der Glaseinstand muss ≥ 30 mm sein. Die Kanten sind durch die Stützkonstruktion oder angrenzende Scheiben zu schützen.

Es sind keine Bohrungen oder Ausschnitte zulässig.

7.2 Bemessungsverfahren

Die Bemessung von Glas im Bauwesen erfolgt durch den Nachweis der Tragfähigkeit und der Gebrauchstauglichkeit nach dem deterministischen Sicherheitskonzept. Die Werte für die zulässige Beanspruchbarkeit unter Berücksichtigung eines globalen Sicherheitsbeiwertes werden den charakteristischen Werten der Beanspruchungen gegenübergestellt. In Tafel 2.96 ist der schematische Ablauf der Bemessung einer als Platte beanspruchten Glastafel gezeigt.

2D Glasbau

Tafel 2.96: Ablauf einer Bemessung

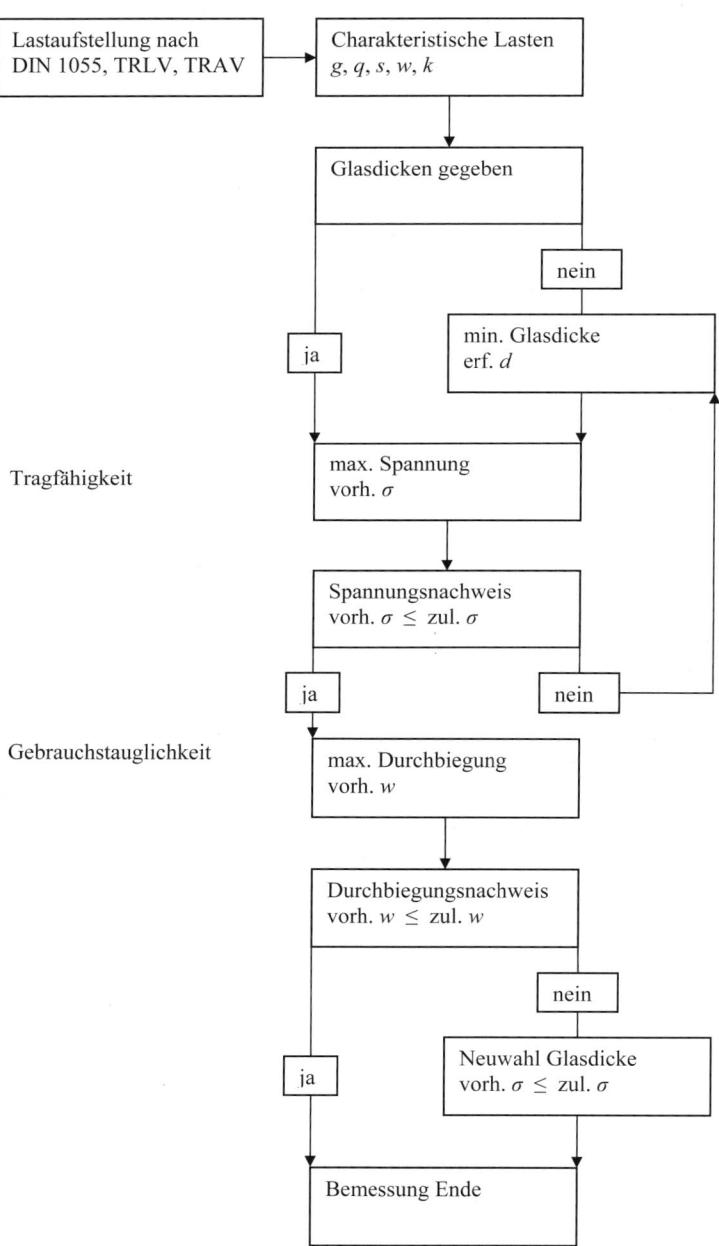

2.96

Konstruktion im Detail

Der Nachweis der Tragfähigkeit wird durch einen Vergleich der zulässigen Spannungen mit den vorhandenen Spannungen im Bauteil erbracht. Der Nachweis der Gebrauchstauglichkeit erfolgt über einen Vergleich der zulässigen Durchbiegung mit der vorhandenen Durchbiegung. Die maximalen Hauptzugspannungen und die maximalen Durchbiegungen können für zweiseitig und allseitig linienförmig gelagerte rechteckige Verglasungen sowie für punktförmig gelagerte rechteckige Verglasungen mit den Beiwerten aus den Tafeln 2.97a und 2.97b ermittelt werden. Die Beiwerte sind auf Grundlage der linearen Plattentheorie nach Kirchhoff unter Berücksichtigung der Querdehnzahl $\mu = 0{,}23$ von Glas angegeben. Die Angaben beziehen sich auf eine konstante Flächenlast, die den häufigsten Lastfällen Eigengewicht g, Verkehrslast p, Schneelast s, Windlast w und Klimalast k entspricht. Die Beiwerte ermitteln sich in Abhängigkeit vom Stützweitenverhältnis l_y/l_x, für zweiseitig linienförmig gelagerte Verglasungen wird das ideelle Stützweitenverhältnis $l_y/l_x = \infty$ angenommen. Die Berechnungsformeln der maximalen Hauptzugspannungen, der erforderlichen Glasdicke und der maximalen Durchbiegung sind unter den Gleichungen 2.97a bis 2.97c angegeben.

Gleichung 2.97a: Maximale Hauptzugspannungen σ_{max}

$$\text{vorh. } \sigma_{max} = \frac{p \cdot l_x^2}{n \cdot d^2}$$

Gleichung 2.97b: Erforderliche Glasdicke d

$$\text{erf. } d = \sqrt{\frac{p \cdot l_x^2}{n \cdot \text{zul.}\sigma}}$$

Gleichung 2.97c: Maximale Durchbiegung w_{max}

$$\text{vorh. } w_{max} = \frac{k \cdot p \cdot l_x^4}{E \cdot d^3}$$

Tafel 2.97a: Beiwerte n und k für linienförmig gelagerte Verglasungen

l_y/l_x	1,0	1,1	1,2	1,3	1,4	1,5	1,6	1,7	1,8	1,9	2,0	∞
n	3,682	3,148	2,768	2,485	2,272	2,103	1,975	1,870	1,787	1,715	1,658	1,333
k	0,046	0,055	0,064	0,072	0,080	0,088	0,094	0,101	0,104	0,111	0,115	0,156

Tafel 2.97b: Beiwerte n und k für punktförmig gelagerte Verglasungen[1]

l_y/l_x [2]	1,0	1,1	1,2	1,3	1,4	1,5	1,6	1,7	1,8	1,9	2,0
n	1,150	0,968	0,830	0,720	0,630	0,555	0,493	0,483	0,393	0,353	0,318
k	0,271	0,329	0,410	0,519	0,667	0,857	1,093	1,386	1,723	2,121	2,575

[1] Die Beiwerte sind für vier jeweils in den Eckbereichen angeordnete Punktlochhalter oder Randklemmhalter angegeben. Es handelt sich um Näherungswerte für eine überschlägige Bemessung. [2] Die Stützweiten l_x und l_y ergeben sich aus den Abständen der Punkthalter. Die Mindest- und Maximalrandabstände sind einzuhalten.

7.3 Vertikalverglasungen

Geregelte Konstruktionen nach TRLV sind ebene und gekrümmte durchgehend linienförmig gelagerte Verglasungen. Verglasungen von Gewächshäusern und Vertikalverglasungen, deren Oberkante nicht mehr als 4 m über einer Verkehrsfläche liegt, bedürfen keines Verwendbarkeitsnachweises nach TRLV.

Tafel 2.98a: Zulässige Biegezugspannungen für Vertikalverglasungen nach TRLV

Glasprodukt [4]	Zulässige Biegezugspannung [N/mm^2] [1]
ESG aus Floatglas	50
ESG aus Gussglas	37
Emailliertes ESG aus Floatglas [2]	30
Floatglas	18
Gussglas	10
VSG aus Floatglas mit PVB-Folie	22,5
TVG aus Floatglas [3]	29
Emailliertes TVG aus Floatglas [2,3]	18

[1] Bei Überlagerung der Einwirkungen nach DIN 1055 mit Klimabeanspruchungen dürfen die zulässigen Biegezugspannungen um 15 % beziehungsweise bei Vertikalverglasungen aus Floatglas mit $A_{Glas} \leq 1{,}6$ m^2 um 25 % erhöht werden. [2] Emaille auf der Zugseite. [3] Nicht zustimmungspflichtiges Bauprodukt, wenn allgemeine bauaufsichtliche Zulassung vorliegt. [4] Zulässige Spannungen für Profilbauglas sind der allgemeinen bauaufsichtlichen Zulassung zu entnehmen.

Tafel 2.98b: Durchbiegungsbegrenzungen für Vertikalverglasungen nach TRLV

Lagerung	Zulässige Durchbiegung
Vierseitig linienförmig	Keine Anforderungen
Zwei- und dreiseitig linienförmig	1/100 der freien Kante [1, 2]
Punktförmig geklemmt nach DIN 18516-4	1/100 des maßgebenden Punktstützungsabstandes

[1] Die Durchbiegung der Auflagerprofile darf nicht mehr als $l_0/200$ oder höchstens 15 mm betragen.
[2] Verzicht auf Begrenzung der Durchbiegung für Einfachverglasungen, wenn Glaseinstand unter Last 5 mm nicht unterschreitet. Für Isoliergläser sind zusätzlich die Durchbiegungsbegrenzungen des Herstellers zu berücksichtigen.

Allseitig gelagerte Isolierverglasungen nach Tafel 2.98c können für Einbauhöhen bis 20 m über Gelände bei normalen klimatischen Bedingungen bei Produktion und Einbau ohne besonderen Nachweis verwendet werden. Sonstige Isolierverglasungen können nach TRLV Anhang A bemessen werden.

Tafel 2.98c: Nachweiserleichterungen für vertikal gelagerte Isolierverglasungen nach TRLV

Glaserzeugnis	Floatglas[1], TVG oder ESG
Fläche	$\leq 1{,}6$ m^2
Scheibendicke	≥ 4 mm
Differenz der Scheibendicken	≤ 4 mm
Scheibenzwischenraum	≤ 16 mm
Windlast w nach DIN 1055	$\leq 0{,}8$ kN/m^2

[1] Erhöhtes Risiko des Glasbruches infolge Klimaeinwirkungen für Floatglasscheiben bei Kantenlänge < 0,50 m.

7.3.1 Beispiel Vertikale Isolierverglasung

Beispiel gekürzt entnommen aus [Weller 09].

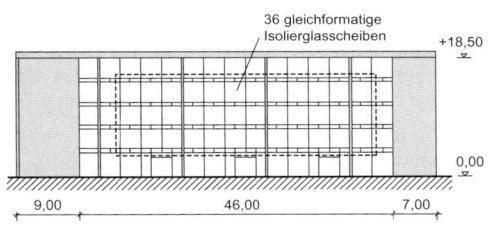

Die Frontfassade eines Gebäudes wurde mit Mehrscheiben-Isolierverglasungen geplant und ausgeführt. Das statische System ist eine Glasplatte mit vierseitig linienförmiger gelenkiger Lagerung. Die Abmessungen sind $l_x = 2977$ mm und $l_y = 2777$ mm.

Isolierglasaufbau der ausgewählten Verglasung:
$d_a = 10$ mm SPG, $d_{SZR} = 16$ mm, $d_i = 6$ mm SPG; $a = 2777$ mm, $b = 2977$ mm

Einwirkungen:
Winddruck: $w_d = c_{pe} \cdot q = 0{,}82 \cdot 0{,}90 = 0{,}74$ kN/m²   DIN 1055-4
Windsog: $w_s = c_{pe} \cdot q = -0{,}45 \cdot 0{,}90 = -0{,}41$ kN/m²
Klimalast: $p_i = \pm\varphi \cdot p_0$ mit $\varphi = \dfrac{1}{1+\left(\dfrac{a}{a^*}\right)^4}$, $a^* = 28{,}9 \cdot \sqrt[4]{\dfrac{d_{SZR} \cdot d_a^3 \cdot d_i^3}{(d_a^3 + d_i^3) \cdot B_V}}$ TRLV, Anhang A

$a/b = 2777/2977 = 0{,}93 \rightarrow B_V = 0{,}0223$ TRLV, Tabelle A1
$p_i = \pm\varphi \cdot p_0 = \pm 0{,}00149 \cdot 16 = \pm 0{,}0238$ kN/m²
Verteilung der Einwirkungen   TRLV, Tabelle A2
$p_{a,ges} = (\delta_a + \varphi \cdot \delta_i) \cdot w_a + \varphi \cdot p_0 + (1 - \varphi)\cdot\delta_a \cdot w_i$ Bemerkung: Winter maßgebend ($+\varphi \cdot p_0$)
$p_{i,ges} = (1 - \varphi) \cdot \delta_i \cdot w_a + \varphi \cdot p_0 + (\varphi \cdot \delta_a + \delta_i) \cdot w_i$ Bemerkung: Sommer maßgebend ($+\varphi \cdot p_0$)

$w_i = 0$, $\delta_a = \dfrac{d_a^3}{d_a^3 + d_i^3} = \dfrac{10^3}{10^3 + 6^3} = 0{,}8224$ und $\delta_i = \dfrac{d_i^3}{d_a^3 + d_i^3} = 1 - \delta_a = 1 - 0{,}8224 = 0{,}1776$

$p_{a,ges} = (\delta_a + \varphi \cdot \delta_i) \cdot w_a + \varphi \cdot p_0 = (0{,}8224 + 0{,}00149 \cdot 0{,}1776) \cdot 0{,}74 + 0{,}00149 \cdot 16 = 0{,}6326$ kN/m²
$p_{i,ges} = (1 - \varphi) \cdot \delta_i \cdot w_a + \varphi \cdot p_0 = (1 - 0{,}00149) \cdot 0{,}1776 \cdot 0{,}41 + 0{,}00149 \cdot 16 = 0{,}0966$ kN/m²

Die maximalen Spannungen werden mit Tafel 2.97a und die maximalen Durchbiegungen mit Tafel 2.97b wie folgt berechnet: $l_y/l_x = 2977/2777 = 1{,}07 \rightarrow n = 3{,}148$ und $k = 0{,}052$

vorh. $\sigma_a = \dfrac{0{,}6326 \cdot 2{,}777^2}{3{,}148 \cdot 10^2} \cdot 10^3 = 15{,}50$ N/mm²

vorh. $\sigma_i = \dfrac{0{,}0966 \cdot 2{,}777^2}{3{,}148 \cdot 6^2} \cdot 10^3 = 6{,}57$ N/mm²

vorh. $w_a = \dfrac{0{,}052 \cdot 0{,}6326 \cdot 2{,}777^4}{70000 \cdot 10^3} \cdot 10^9 = 27{,}95$ mm   TRLV, 5.3.1

vorh. $w_i = \dfrac{0{,}052 \cdot 0{,}0966 \cdot 2{,}777^4}{70000 \cdot 6^3} \cdot 10^9 = 19{,}76$ mm

Die relativ großen Durchbiegungen sind dem Isolierglashersteller zur Kenntnis vorzulegen.

Nachweis:
vorh. $\sigma_a = 15{,}50$ N/mm² < zul. $\sigma = 1{,}15 \cdot 18$ N/mm² = $20{,}7$ N/mm²   TRLV, 5.2.1
vorh. $\sigma_i = 6{,}57$ N/mm² < zul. $\sigma = 1{,}15 \cdot 18$ N/mm² = $20{,}7$ N/mm²

7.4 Überkopfverglasungen

Überkopfverglasungen, die der TRLV oder einer allgemeinen bauaufsichtlichen Zulassung entsprechen, bedürfen keiner Zustimmung im Einzelfall nach Tafel 2.112b. Auf Dachflächenfenster mit einer Fläche $\leq 1{,}60$ m^2 in Wohnungen und Räumen ähnlicher Nutzung sowie auf Überkopfverglasungen mit einer Spannweite $\leq 0{,}80$ m und einer Einbauhöhe $\leq 3{,}50$ m braucht die TRLV nicht angewendet zu werden. Die Bestimmungen für Überkopfverglasungen gelten auch für vertikale Verglasungen, die nicht nur kurzzeitigen veränderlichen Einwirkungen unterliegen.

Tafel 2.100a: Zulässige Biegezugspannungen für Überkopfverglasungen nach TRLV

Glasprodukt[4]	Zulässige Biegezugspannung [N/mm^2][1]
ESG aus Floatglas	50
ESG aus Gussglas	37
Emailliertes ESG aus Floatglas[2]	30
Floatglas	12
Gussglas	8
VSG aus Floatglas	15 (25[3])
TVG aus Floatglas mit abZ	29
Emailliertes TVG aus Floatglas mit abZ[2]	18

[1] Bei der Überlagerung der Einwirkungen nach DIN 1055 mit Klimabeanspruchungen dürfen die zulässigen Biegezugspannungen im Allgemeinen um 15 % erhöht werden. [2] Emaille auf der Zugseite. [3] Nur für die untere Scheibe einer Überkopfverglasung aus Isolierglas beim Szenario "Versagen der oberen Scheibe" zulässig.
[4] Zulässige Spannungen für Profilbauglas sind der allgemeinen bauaufsichtliche Zulassung zu entnehmen.

Tafel 2.100b: Durchbiegungsbegrenzungen für Überkopfverglasungen nach TRLV

Lagerung	Zulässige Durchbiegung [1]
Vierseitig linienförmig	1/100 der Stützweite in Haupttragrichtung [4]
Zwei- und dreiseitig linienförmig	1/100 der Stützweite in Haupttragrichtung [2, 4] 1/200 der freien Kante [3, 4]
Punktförmig geklemmt nach DIN 18516-4	1/100 des maßgebenden Punktstützungsabstandes

[1] Ein Nachweis für die untere Isolierglasscheibe im Szenario "Versagen obere Scheibe" ist nicht notwendig.
[2] Für Einfachverglasungen. [3] Für Isolierverglasungen. [4] Die Durchbiegung der Auflagerprofile darf nicht mehr als $l_0/200$ oder höchstens 15 mm betragen.

An Überkopfverglasungen werden für die Tragfähigkeit bei Glasbruch (Resttragfähigkeit) und für den Splitterschutz im Hinblick auf die Sicherheit von Verkehrsflächen besondere Anforderungen gestellt. Die Glastafeln und die Halterungen sind rechnerisch nachzuweisen. Eine ausreichende Resttragfähigkeit nicht betretbarer Überkopfverglasungen bei Glasbruch unter Einwirkung planmäßiger Lasten ist bei Einhaltung der Regelungen nach TRLV gegeben. Zustimmungspflichtig gemäß Tafel 2.112b sind zu Reinigungs- und Wartungszwecken bedingt betretbare Überkopfverglasungen sowie planmäßig begehbare Überkopfverglasungen, die von den Regelungen nach TRLV abweichen. An Überkopfverglasungen, die zu Reinigungs- und Wartungsarbeiten betretbar sind, werden zusätzliche Anforderungen entsprechend der jeweiligen Landesbaubestimmung, nach GS-Bau-18 und nach DIN 4426 gestellt, wenn die Verkehrsflächen darunter nicht abgesperrt sind. Bei gesperrten Verkehrsflächen sind die Vorschriften der Gewerbeaufsicht sowie der Berufsgenossenschaften zu berücksichtigen.

7.4.1 Beispiel Überkopfverglasung (TRLV)

Beispiel gekürzt entnommen aus [Weller 09].

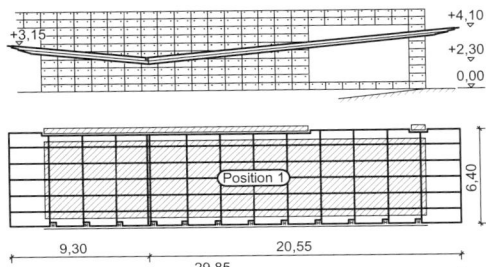

Die Dachverglasung einer Tiefgarageneinfahrt wurde als Überkopfverglasung geplant und ausgeführt. Das statische System ist eine Glasplatte mit vierseitig linienförmiger, gelenkiger Lagerung. Die Abmessungen sind $l_x = 1090$ mm und $l_y = 2190$ mm.

Glasaufbau der ausgewählten Verglasung:
VSG aus TVG; $d_a = 8$ mm, $d_i = 8$ mm,

Einwirkungen:
Windlast: $q = 0{,}59$ kN/m² bis Höhe h ≤ 8 m, Dachneigung $\alpha = 5°$ DIN 1055-4
$w_{Druck} = c_{pe} \cdot q = 1{,}00 \cdot 0{,}59 = +0{,}59$ kN/m²
$w_{Sog} = c_{pe} \cdot q = 0{,}80 \cdot 0{,}59 = -0{,}47$ kN/m²
Schneelast: $s_k = 0{,}85$ kN/m², $A = 112{,}10$ m, Schneelastzone 2 DIN 1055-5
$s_1 = \mu_1 \cdot s_k = 1{,}0 \cdot 0{,}85 = 0{,}85$ kN/m²
Eigenlast: $g = 25 \cdot 2 \cdot 0{,}008$ m $= 0{,}40$ kN/m², $\gamma = 25$ kN/m³

Gesamtlast:
Die einzelnen Lastfälle werden unter Anwendung der entsprechenden Kombinationsbeiwerte nach DIN 1055-100 überlagert (siehe MLTB 2008-02, Anlage 1.1/4).

Lastfallkombination 1:
$p_1 = g \; s \oplus 0{,}60 \cdot w = 0{,}40 + 0{,}85 + 0{,}60 \cdot 0{,}59 = 1{,}604$ kN/m² → maßgebend
Lastfallkombination 2:
$p_2 = g \oplus 0{,}50 \cdot s \oplus w = 0{,}40 + 0{,}50 \cdot 0{,}85 + 0{,}59 = 1{,}415$ kN/m²

Ein günstig wirkender Schubverbund der Zwischenschicht im VSG darf nicht angesetzt werden. Die Einwirkungen werden entsprechend dem Verhältnis zwischen Steifigkeit der Einzelscheibe zur Gesamtsteifigkeit der Verglasung aufgeteilt. Da beide Scheiben gleich dick sind, wird für die Berechnung nur die Hälfte der vorhandenen Einwirkung auf eine Scheibe angesetzt.
$p_a = p_i = 8^3/(8^3 + 8^3) \cdot p_1 = 0{,}5 \cdot p_1$

Die maximalen Spannungen werden nach Tafel 2.97a und die maximalen Durchbiegungen nach Tafel 2.97b ermittelt:

$l_y/l_x = 2190/1090 = 2{,}01$ → $n = 1{,}658$ und $k = 0{,}115$

$$\text{vorh.} \, \sigma = \frac{0{,}5 \cdot 1{,}315 \cdot 1{,}090^2}{1{,}658 \cdot 8^2} \cdot 10^3 = 7{,}36 \text{ N/mm}^2$$

$$\text{vorh.} \, w = \frac{0{,}115 \cdot 0{,}5 \cdot 1{,}315 \cdot 1{,}090^4}{70000 \cdot 8^3} \cdot 10^9 = 2{,}98 \text{ mm}$$

Nachweis:
vorh. $\sigma = 7{,}36$ N/mm² < zul. $\sigma = 29$ N/mm²,
vorh. $w = 2{,}98$ mm < zul. $w = 10{,}9$ mm $= l/100$ TRLV, 5.3.1

7.5 Absturzsichernde Verglasungen

Wenn Konstruktionen aus Glas gegen eine tiefer gelegene Ebene abgrenzen, übernehmen sie absturzsichernde Funktionen. Die Mindesthöhe einer Brüstung ist der jeweiligen Landesbauordnung zu entnehmen. Nach den Technischen Regeln für die Verwendung von absturzsichernden Verglasungen (TRAV) ausgeführte Konstruktionen gelten als geregelt und bedürfen keiner Zustimmung im Einzelfall. Gegen Absturz sichern können Fenster, Zwischenwände, Verglasungen an Aufzugsschächten, Brüstungen und Fassaden. Die Stoßsicherheit von absturzsichernden Verglasungen wird mit dem Pendelschlagversuch nach DIN EN 12600 geprüft. Hinsichtlich der an die Verglasung gestellten Anforderungen werden drei Kategorien A, B und C1 bis C3 unterschieden.

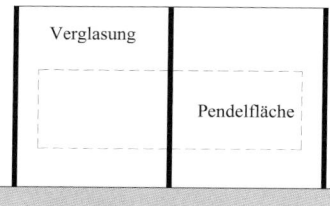

Abb. 2.102a: Kategorie A

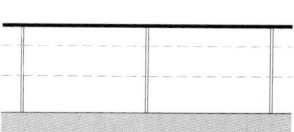

Abb. 2.102b: Kategorie B

In den Geltungsbereich der Kategorie A fallen raumhohe absturzsichernde Verglasungen nach TRLV ohne vorgesetzten Handlauf oder tragenden Brüstungsriegel. Die Kategorie B beschreibt am Fußpunkt linienförmig eingespannte tragende Ganzglasbrüstungen, die durch einen durchgehenden Metallhandlauf verbunden sind.

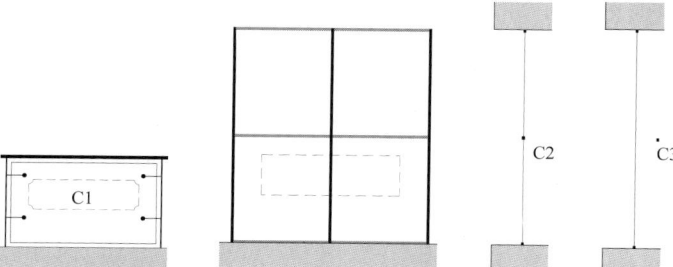

Abb. 2.102c: Kategorie C1 bis C3

Absturzsichernde Verglasungen nach Kategorie C werden nicht zur Abtragung horizontal wirkender Nutzlasten (Holmlasten) herangezogen. Die Geländerausfachung der Kategorie C1 ist an mindestens zwei gegenüberliegenden Stellen linienförmig und/oder punktförmig gelagert. Merkmal der Kategorie C2 ist ein in Holmhöhe angeordneter, lastabtragender Querriegel. Die Verglasung unterhalb des Holms ist entsprechend der TRLV gelagert. Eine Verglasung nach Kategorie C3 entspricht Kategorie A, wobei zusätzlich ein lastabtragender Holm in baurechtlich erforderlicher Höhe, in der Regel zwischen 85 und 115 cm, vorgesetzt wird, der nicht an der Verglasung befestigt ist.

Absturzsichernde Verglasungen sind unter statischer Belastung nach TRAV Abschnitt 5 und unter stoßartiger Einwirkung nach TRAV Abschnitt 6 nachzuweisen. Die Stoßsicherheit nach TRAV Abschnitt 6.2 kann experimentell mit dem Pendelschlagversuch nach

DIN EN 12600 nachgewiesen werden. Tafel 2.103 zeigt Verglasungen mit versuchstechnisch nachgewiesener Stoßsicherheit nach TRAV Anhang C, sofern die unter TRAV Abschnitt 6.3 genannten konstruktiven Bedingungen eingehalten sind.

Verglasungen mit versuchstechnisch nachgewiesener Stoßsicherheit

Tafel 2.103: Glasaufbauten mit nachgewiesener Stoßsicherheit

Kategorie (Fallhöhe)[1]	Typ	Glasaufbau		Lagerung	Glasdicken
		Angriffsseite	Abgewandte Seite		
A (900 mm)	MIG	VSG aus SPG	ESG	allseitig linienförmig	Tabelle 2 TRAV
		ESG	VSG aus SPG		
	Einfachglas	VSG aus SPG		allseitig linienförmig	
B (700 mm)	Einfachglas	VSG aus ESG/TVG		unten eingespannt	Tabelle 4 TRAV
C1 (450 mm)	Einfachglas	VSG		punktförmig über Bohrungen gelagert	Tabelle 3 TRAV
C1/C2 (450 mm)	MIG	VSG aus SPG	ESG	allseitig linienförmig	Tabelle 2 TRAV
		ESG	VSG aus SPG		
		ESG	VSG aus SPG	zweiseitig linienförmig oben und unten	
		VSG aus SPG		allseitig linienförmig	
	Einfachglas	VSG aus SPG/ESG		zweiseitig linienförmig oben und unten	
				zweiseitig linienförmig links und rechts	
C3 (450 mm)	MIG	wie Kategorie A		allseitig linienförmig	
	Einfachglas	wie Kategorie A		allseitig linienförmig	

[1] Pendelfallhöhe für Pendelschlagversuch nach DIN EN 12600.

Der Nachweis der Stoßsicherheit für Einwirkungen nach DIN EN 12600 kann für linienförmig gelagerte rechteckige Einfachverglasungen nach TRAV Abschnitt 6.4 auch mit den Spannungstabellen erbracht werden. Konstruktive Vorgaben nach TRAV Abschnitt 6.4.2 sind einzuhalten. Die mit den Tafeln 2.104a und 2.104b ermittelten maximalen Spannungen dürfen die zulässigen Spannungen nach Tafel 2.104c nicht überschreiten. Eine Interpolation der Werte ist zulässig.

Nachweis der Stoßsicherheit mittels Spannungstabellen

Tafel 2.104a: Maximale Kurzzeitspannungen [N/mm²], allseitig linienförmige Lagerung, Pendelfallhöhe 450 mm [1,2]

L_1 [m] [3]		1,0	1,0	1,5	1,5	1,5	2,0	2,0	2,0
L_2 [m] [3]		1,0	2,0	1,0	2,0	3,0	2,0	3,0	4,0
Glasdicke[4] t [mm]	06	184	188	197	193	194	192	193	192
	08	154	159	163	157	158	151	152	151
	10	133	141	140	134	135	129	129	132
	12	95	106	104	95	97	93	93	95
	14	81	93	91	84	85	82	82	84
	15	74	86	84	81	82	76	76	77
	16	67	79	76	77	79	70	69	71
	20	37	45	44	50	52	48	46	47
	22	33	40	39	45	48	44	44	44
	24	29	36	35	40	43	40	40	41
	27	23	28	28	32	35	33	34	35
	30	17	21	20	24	26	25	27	28

[1] Einbau im Hoch- und Querformat. [2] Die Spannungen bei einer Pendelfallhöhe von 900 mm ergeben sich durch Multiplikation der Tabellenwerte mit dem Faktor 1,4. [3] Seitenlänge der Verglasung. [4] Summe der Einzelscheibendicken bei VSG-Verglasung.

Tafel 2.104b: Maximale Kurzzeitspannungen [N/mm²], zweiseitige Lagerung, Pendelfallhöhe 450 mm [1,2]

L_1 [m] [3]		1,0	1,0	1,5	1,5
L_2 [m] [4]		1,0	$\geq 2,0$	1,0	$\geq 2,0$
Glasdicke[5] t [mm]	06	240	223	226	195
	08	192	183	167	157
	10	159	155	129	126
	12	136	134	110	105
	14	107	105	99	94
	15	96	94	94	89
	16	87	85	89	85
	20	62	60	75	71
	22	52	50	65	61
	24	44	43	58	54
	27	36	34	49	45
	30	29	28	43	39
	38	19	19	31	28

[1] Einbau im Hoch- und Querformat. [2] Die Spannungen bei einer Pendelfallhöhe von 900 mm ergeben sich durch Multiplikation der Tabellenwerte mit dem Faktor 1,4. [3] Länge der freien Kante. [4] Länge der gelagerten Kante. [5] Summe der Einzelscheibendicken bei VSG-Verglasung.

Tafel 2.104c: Zulässige Biegespannungen für stoßartige Einwirkungen [N/mm²] [1]

Floatglas	TVG	ESG
80	120	170

[1] Nur bei kurzzeitiger Einwirkung durch Pendelschlag nach Abschnitt 6.2 TRAV.

7.5.1 Beispiel Absturzsichernde Verglasung der Kategorie B (TRAV)

Beispiel gekürzt entnommen aus [Weller 09].

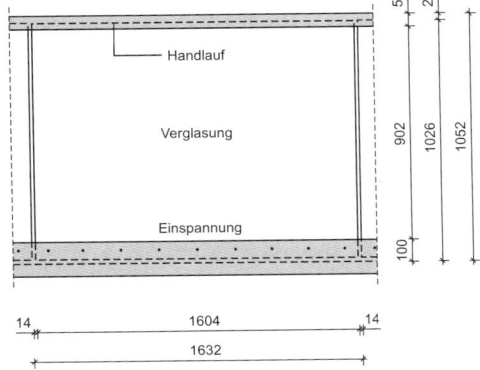

In diesem Beispiel handelt es sich um eine eingespannte Brüstungsverglasung mit einem aufgesetzten, durchgehenden Handlauf aus Edelstahl. Der Handlauf ist mit der Verglasung durch eine Silikonklebung verbunden. Auf diese Weise sichert der Handlauf beim Ausfall einer Glasscheibe gegen Absturz von Personen und überträgt die Holmlasten auf die benachbarten Glasscheiben. Die absturzsichernde Verglasung ist am Fußpunkt zwischen zwei Stahlprofilen eingeklemmt.

Glasaufbau:
VSG aus ESG; d_a = 10 mm, d_i = 10 mm

Einwirkungen aus Holmlast
$h = 1,0$ kN/m   DIN 1055-3, 7.1.2

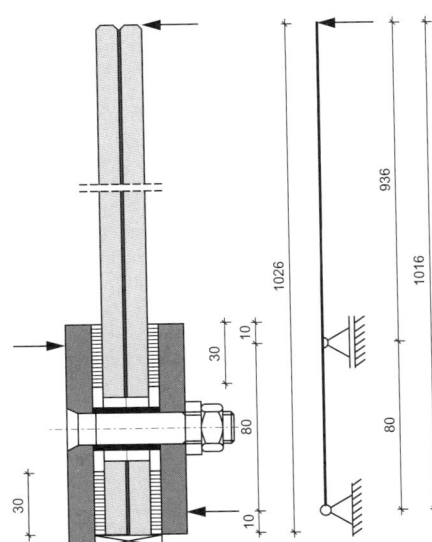

Die Eigenlast der Verglasung wird nicht weiter berücksichtigt, da sie durch eine Klotzung an der Einspannstelle abgetragen wird. Die Nenndicke der beiden Scheiben des VSG ist identisch. Deshalb wird für die Berechnung nur die Hälfte der vorhandenen Einwirkung auf eine VSG-Scheibe angesetzt.

Die maximalen Spannungen und Durchbiegungen werden am vereinfachten statischen Modell analytisch nach der Balkentheorie berechnet.

$M = q_H \cdot l$
$M = 1,00 \cdot 0,936 = 0,936$ kNm/m

$$W = \frac{b \cdot h^2}{6} = \frac{1 \cdot 0,01^2}{6} = 1,67 \cdot 10^{-5} \text{ m}^3/\text{m}$$

Nachweis:

vorh. $\sigma_a = \dfrac{M}{W} = \dfrac{0,5 \cdot 0,936}{1,67 \cdot 10^{-5}} \cdot \dfrac{1}{1000} = 28,08$ N/mm² (analytisch) < zul. $\sigma = 50$ N/mm²

Beim Ausfall einer VSG-Schicht muss die gesamte Holmlast von $h = 1,0$ kN/m durch nur eine 10 mm ESG-Scheibe abgetragen werden. (TRAV 5.5.1)

vorh. $\sigma_a = \dfrac{M}{W} = \dfrac{0,936}{1,67 \cdot 10^{-5}} \cdot \dfrac{1}{1000} = 56,16$ N/mm² (analytisch)

vorh. $\sigma_a = 56,16$ N/mm² < zul. $\sigma = 1,5 \cdot 50$ N/mm² = 75 N/mm²

7.6 Begehbare Verglasungen

Verglasungen, die planmäßig durch Personen im öffentlich zugänglichen Bereich begangen werden, bezeichnet man als begehbare Verglasungen. Typische Anwendungen sind Treppen, Bodenflächen und Glasbrücken. Begehbare Verglasungen sind mit einer allseitig, durchgehend linienförmigen Auflagerung nach TRLV geregelt. Abweichungen sind nach Abschnitt 8 zu betrachten. Werden Gläser nur zeitweise zu Reinigungs- oder Wartungszwecken begangen, bezeichnet man sie als bedingt betretbare Verglasungen. Es gelten hierfür die Regelungen für Überkopfverglasungen nach Abschnitt 7.4.

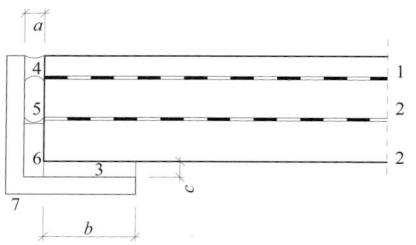

1 Schutzscheibe $t \geq 10$ mm
2 Tragscheiben $t \geq 12$ mm
3 Auflagematerial
  (Silikonprofil oder ähnliches mit Shore A-Härte 60 bis 80)
4 mit PVB-Folie verträgliche Versiegelung (meist Silikon)
5 Vorlegeband (Polyethylen)
6 Distanzklotz
  (Silikonprofil oder ähnliches mit Shore A-Härte 60 bis 80)
7 Rahmenprofil

Anforderungen an begehbare Verglasungen nach AbV und TRLV:

Fugenbreite: $a \geq 8$ mm

Auflagertiefe: $b \geq 30$ mm oder $b \geq 20$ mm (allseitige Lagerung, Stützweite $\leq 0{,}4$ m)

Auflagerstärke: $c \geq 5$ mm

Abmessungen: 400 mm x 1500 mm

Abb. 2.106: Aufbau und Lagerung von begehbarem Glas

Begehbares Glas muss nach TRLV allseitig, durchgehend linienförmig gelagert sein und besteht aus VSG mit mindestens drei Glasebenen. Dabei dient die obere Glasscheibe als Schutzschicht der tragenden Schichten aus mindestens zwei Glasscheiben vor stoßartigen Belastungen und Beschädigungen. Auf Grund seiner Schlagfestigkeit ist ESG oder TVG als Schutzschicht vorgeschrieben. Die Rutschsicherheit ist nach DIN 51097 zu gewährleisten. Für die unteren Glasscheiben ist SPG oder TVG zu verwenden. Die Glasarten sind beliebig zu VSG mit $t_{Folie} \geq 1{,}52$ mm kombinierbar. Ein günstig wirkender Schubverbund zwischen den Einzelscheiben darf nicht berücksichtigt werden. Die oberste Scheibe wird beim Spannungsnachweis nicht berücksichtigt. Ein Aufbau aus Isolierglas ist möglich. Begehbare Gläser sind gegen Verschieben und Abheben konstruktiv zu sichern.

Tafel 2.106a: Rechnerische Nachweise begehbarer Verglasungen

Nachweise unter statischer Last [1,2,5,6]	$g + q^3$; $g + Q^4$; Klimalast bei Isolierglas

[1] Kein günstig wirkender Schubverbund. [2] Oberste Scheibe trägt nicht mit. [3] Verkehrslasten nach DIN 1055-3. [4] Einzellast 1,5 kN in Bereichen mit $q \leq 3{,}5$ kN/m² und 2,0 kN in Bereichen mit $q > 3{,}5$ kN/m² in ungünstigster Laststellung mit Aufstandsfläche 100 mm · 100 mm. [5] Zulässige Spannungen gemäß Abschnitt 7.3. [6] Die zulässige Durchbiegung der vollständig intakten Verglasung beträgt $l_0/200$ in Haupttragrichtung.

Tafel 2.106b: Experimentelle Nachweise begehbarer Verglasungen

Stoßsicherheit, Resttragfähigkeit [1]	Bauteilversuche nach AbV

[1] Nicht erforderlich für begehbare Verglasungen nach den Regelungen der TRLV.

8 Bauaufsichtliche Regelungen im Glasbau

Rechtsgrundlage des Bauordnungsrechtes sind die Bauordnungen der Länder, die auf der Grundlage der Musterbauordnung (MBO) der Bauministerkonferenz (ARGEBAU) zur Vereinheitlichung des Bauordnungsrechtes verfasst wurden. Die Bauordnungen der Länder können sich daher in einzelnen Punkten unterscheiden. Nach § 3 MBO sind bauliche Anlagen sowie ihre einzelnen Teile so anzuordnen, zu errichten und instand zu halten, dass die öffentliche Sicherheit und Ordnung, insbesondere Leben und Gesundheit nicht gefährdet werden. In diesem Sinne wird die Verwendung geeigneter Bauprodukte und Bauarten vorgeschrieben. Um dies sicherzustellen muss nach eingeführten technischen Baubestimmungen gearbeitet und geplant werden. Die MBO unterscheidet gemäß Tafel 2.107 zwischen Bauprodukten und Bauarten.

Tafel 2.107: Bauprodukte und Bauarten nach MBO

	Definition
Bauprodukte § 2 (9) MBO	Bauprodukte sind Baustoffe, Bauteile und Anlagen, die hergestellt werden, um dauerhaft in bauliche Anlagen eingebaut zu werden beziehungsweise aus Baustoffen und Bauteilen vorgefertigte Anlagen, die hergestellt werden, um mit dem Erdboden verbunden zu werden …
Bauarten § 2 (10) MBO	Bauarten bezeichnen das Zusammenfügen von Bauprodukten zu baulichen Anlagen oder Teilen von baulichen Anlagen.

Bauprodukte werden angewendet, Bauarten werden verwendet. Die Anwendbarkeit von Bauprodukten (§ 17 MBO) und in Ausnahmen auch die Verwendbarkeit von Bauarten (§ 21 MBO) wird dokumentiert in der Bauregelliste (BRL), die vom Deutschen Institut für Bautechnik (DIBt) herausgegeben und aktualisiert wird. Die BRL gibt Auskunft über Bauprodukte und Bauarten, an die aus baurechtlicher Sicht Anforderungen bezüglich der Anwendbarkeit beziehungsweise der Verwendbarkeit gestellt werden, sowie über die dazu geltenden technischen Baubestimmungen.

Neben dem Anwendbarkeits- und Verwendbarkeitsnachweis ist vom Anwender auch der Übereinstimmungsnachweis nach MBO zu führen. Es wird vor allem unterschieden in geregelte und nicht geregelte Bauprodukte und Bauarten. Geregelte Bauprodukte im Glasbau sind in der BRL A Teil 1 entsprechend Tafel 2.108 festgehalten. Bauprodukte nach BRL A Teil 2 bedürfen zum Nachweis ihrer Verwendbarkeit nur eines allgemeinen bauaufsichtlichen Prüfzeugnisses (abP) werden in Tafel 2.109 dokumentiert. Im Zuge der europäischen Harmonisierung werden Bauprodukte und Bauarten zunehmend nach Vorschriften der Europäischen Union beurteilt. Diese Bauprodukte und Bauarten finden sich in der BRL B gemäß Tafel 2.110. Für einige Glaskonstruktionen mit untergeordneter Bedeutung der baurechtlichen Anforderungen ist die Anwendung von Bauprodukten nach Liste C sinnvoll.

Außerdem sind für die Planung, Bemessung und Konstruktion baulicher Anlagen und ihrer Teile die eingeführten Technischen Baubestimmungen zu beachten. Die Technischen Baubestimmungen werden durch die einzelnen Länder auf Basis der Musterliste der Technischen Baubestimmungen der ARGEBAU in die Liste der Technischen Baubestimmungen (LTB) eingeführt. Der derzeitige Stand der Musterliste der Technischen Baubestimmungen im Konstruktiven Glasbau ist in Tafel 2.112a dokumentiert. Sind die in einer Konstruktion verwendeten Bauprodukte nicht geregelt im Sinne der BRL beziehungsweise weicht die Bauart wesentlich von den bekannten gemachten Technischen Baubestimmungen ab, so ist die Verwendbarkeit der Konstruktion nach Tafel 2.112b nachzuweisen.

Nach § 21 MBO gelten Bauarten als nicht geregelt, wenn sie von den Technischen Baubestimmungen wesentlich abweichen oder es keine allgemein anerkannten Regeln der Technik gibt. Zur Verwendung in baulichen Anlagen ist eine allgemein bauaufsichtliche Zulassung (abZ) (§ 18 MBO) oder eine Zustimmung im Einzelfall (ZiE) nach § 20 MBO zu beantragen.

2D Glasbau

Für Bauarten nach BRL A Teil 3 mit untergeordneter Bedeutung in Bezug auf die Sicherheit baulicher Anlagen genügt ein allgemein bauaufsichtliches Prüfzeugnis (abP) nach § 19 MBO. Für Bauarten ist ebenfalls ein Übereinstimmungsnachweis erforderlich. Eine Übereinstimmungserklärung ist zu erbringen, jedoch entfällt eine Kennzeichnung mit dem Ü-Zeichen.

Tafel 2.108: Auszug aus der Bauregelliste A Teil 1

Lfd. Nr.	Bauprodukt	Technische Regel	Übereinstimmungsnachweis	Verwendbarkeitsnachweis [1]
1	2	3	4	5
11.9	Vorgefertigte absturzsichernde Verglasung nach TRAV, deren Tragfähigkeit unter stoßartigen Einwirkungen bereits nachgewiesen wurde (Abschnitt 6.3) oder rechnerisch nachweisbar ist (Abschnitt 6.4)	TRAV, Fassung 2003-01, außer Abschnitt 6.2, 6.3.2 b und c	ÜH[1]	Z[4]
11.10	Basiserzeugnisse aus Kalk-Natronsilicatglas nach EN 572-9 - Floatglas - Poliertes Drahtglas - Gezogenes Flachglas - Ornamentglas - Drahtornamentglas - Profilbauglas für die Verwendung nach TRLV, TRAV und für Gewächshäuser nach DIN V 11535-1	Anlage 11.5 der BRL A	ÜH	Z
11.11	Beschichtetes Glas nach EN 1096-4 für die Verwendung nach TRLV, TRAV und für Gewächshäuser nach DIN V 11535-1	Anlage 11.6 der BRL A	ÜH	Z
11.12	Thermisch vorgespanntes Kalk-Natron-Einscheibensicherheitsglas nach EN 12150-2 für die Verwendung nach TRLV, TRAV und für Gewächshäuser nach DIN V 11535-1	Anlage 11.7 der BRL A	ÜH	Z
11.13	Heißgelagertes Kalknatron-Einscheibensicherheitsglas (ESG-H)	Anlage 11.11 der BRL A	ÜZ[3]	Z
11.14	Verbund-Sicherheitsglas mit PVB-Folie nach EN 14449 für die Verwendung nach TRLV, TRAV und für Gewächshäuser nach DIN V 11535-1	Anlage 11.8 der BRL A	ÜHP[2]	Z

Lfd. Nr.	Bauprodukt	Verwendbarkeitsnachweis	Anerkanntes Prüfverfahren nach	Übereinstimmungsnachweis
11.15	Verbundglas nach EN 14449 für die Verwendung nach TRLV, TRAV und für Gewächshäuser nach DIN V 11535-1	Anlage 11.9 der BRL A	ÜH	Z
11.16	Mehrscheiben-Isolierglas nach EN 1279 für die Verwendung nach TRLV, TRAV und für Gewächshäuser nach DIN V 11535-1	Anlage 11.10 der BRL A	ÜH	Z

[1] Übereinstimmungserklärung des Herstellers (§ 23 MBO). [2] Übereinstimmungserklärung des Herstellers nach Prüfung des Bauproduktes durch eine anerkannte Prüfstelle (§ 23 MBO). [3] Übereinstimmungszertifikat durch eine anerkannte Prüfstelle (§ 24 MBO). [4] Allgemeine bauaufsichtliche Zulassung (§ 18 MBO).

Tafel 2.109: Auszug aus der Bauregelliste A Teil 2

Lfd. Nr.	Bauprodukt	Verwendbarkeitsnachweis	Anerkanntes Prüfverfahren nach	Übereinstimmungsnachweis
1	2	3	4	5
2.43	Vorgefertigte absturzsichernde Verglasung nach TRAV, deren Tragfähigkeit unter stoßartigen Einwirkungen experimentell nachgewiesen werden soll	P^2	TRAV, Fassung 2003-01, Abschnitt 6.2, 6.3.2 b und c	ÜH[1]

[1] Übereinstimmungserklärung des Herstellers (§ 23 MBO). [2] Allgemeines bauaufsichtliches Prüfzeugnis (§ 19 MBO).

2D Glasbau

Tafel 2.110: Auszug aus der Bauregelliste B Teil 1

Lfd. Nr.	Bausatz	Zulassungsleitlinie	In Abhängigkeit vom Verwendungszweck erforderliche Stufen und Klassen
1	2	3	4
1.11.1	Basiserzeugnisse aus Kalk-Natronsilicatglas - Floatglas - Poliertes Drahtglas - Gezogenes Flachglas - Ornamentglas - Drahtornamentglas - Profilbauglas	EN 572-9: 2004-10 in Deutschland umgesetzt durch DIN EN 572-9:2005-01	Anlage 01 der BRL B
1.11.2	Beschichtetes Glas	EN 1096-4:2004-10 in Deutschland umgesetzt durch DIN EN 1096-4: 2005-01	Anlagen 01 und 05 der BRL B
1.11.3	Borosilicatgläser: - gefloatetes Borosilicatglas - gezogenes Borosilicatglas - gewalztes Borosilicatglas - gegossenes Borosilicatglas	EN 1748-1-2:2004-10 in Deutschland umgesetzt durch DIN EN 1748-1-2: 2005-01	Anlage 01 der BRL B
1.11.4	Glaskeramik: - gefloatete Glaskeramik - gezogene Glaskeramik - gewalzte Glaskeramik - gegossene Glaskeramik	EN 1748-2-2:2004-10 in Deutschland umgesetzt durch DIN EN 1748-2-2: 2005-01	Anlage 01 der BRL B
1.11.5	Teilvorgespanntes Kalk-Natronglas	EN 1863-2: 2004-10 in Deutschland umgesetzt durch DIN EN 1863-2: 2005-01	Anlage 01 der BRL B
1.11.6	Thermisch vorgespanntes Kalknatron-Einscheibensicherheitsglas	EN 12150-2:2004-10 in Deutschland umgesetzt durch DIN EN 12150-2: 2005-01	Anlage 01 der BRL B
1.11.7	Chemisch vorgespanntes Kalknatronglas	EN 12337-2: 2004-10 in Deutschland umgesetzt durch DIN EN 12337-2: 2005-01	Anlage 01 der BRL B
1.11.8	Thermisch vorgespanntes Borosilikat-Einscheibensicherheitsglas	EN 13024-2: 2004-10 in Deutschland umgesetzt durch DIN EN 13024-2: 2005-01	Anlage 01 der BRL B

Bauaufsichtliche Regelungen im Glasbau

1.11.9	Erdalkali-Silicatglas	EN 14178-2: 2004-10 in Deutschland umgesetzt durch DIN EN 14178-2: 2005-01	Anlage 01 der BRL B
1.11.10	Mehrscheiben-Isolierglas	EN 1279-5:2005-05 in Deutschland umgesetzt durch DIN EN 1279-5:2005-08	Anlagen 01 und 05 der BRL B
1.11.11	Verbundglas und Verbund-Sicherheitsglas	EN 14449:2005-05 in Deutschland umgesetzt durch DIN EN 14449:2005-07	Anlage 01
1.11.12	Heißgelagertes thermisch vorgespanntes Kalknatron-Einscheibensicherheitsglas	EN 14179-2:2005-05 in Deutschland umgesetzt durch DIN EN 14179-2:2005-08	Anlage 01
1.11.13	Thermisch vorgespanntes Erdalkali-Silicat-Einscheibensicherheitsglas	EN 14321-2:2005-08 in Deutschland umgesetzt durch DIN EN 14321-2:2005-10	Anlage 01
2.4.4.13	Silikonklebstoffe für geklebte Glaskonstruktionen	ETAG 002, Teil 1 veröffentlicht im Bundesanzeiger, Jg. 51, Nr. 92a, 20.05.1999	Anlage 01 der BRL B
3.4.4.13	Geklebte Glaskonstruktionen	ETAG 002, Teile 1, 2 und 3 Teil 1 veröffentlicht im Bundesanzeiger, Jg. 51, Nr. 92a, 20.05.1999, Teil 2 veröffentlicht im Bundesanzeiger, Jg. 54, Nr. 132a, 19.06.2002, Teil 3 veröffentlicht im Bundesanzeiger, Jg. 55, Nr. 105a, 07.06.2003	Anlage 01 der BRL B

Tafel 2.112a: Auszug aus der Liste der Technischen Baubestimmungen

Lfd. Nr.	Bezeichnung	Titel	Ausgabe
1	2	3	4
2.6.5	DIN 18516	Außenwandbekleidungen, hinterlüftet	
	...		
	Teil 4 Anlagen 2.6/3, 2.6/6 E und 2.6/9	Einscheiben-Sicherheitsglas; Anforderungen, Bemessung, Prüfung[1]	1990-02
	...		
2.6.6	Richtlinie Anlagen 2.6/1, 2.6/6 E und 2.6/9	Technische Regeln für die Verwendung von linienförmig gelagerten Verglasungen (TRLV)	2006-08
2.6.7	Richtlinie Anlagen 2.6/6 E, 2.6/9 und 2.6/10	Technische Regeln für die Verwendung von absturzsichernden Verglasungen (TRAV)	2003-01
2.6.8	Richtlinie Anlagen 2.6/6 E, 2.6/8 und 2.6/9	Technische Regeln für die Bemessung und Ausführung von punktförmig gelagerten Verglasungen (TRPV)	2006-08
	...		
2.7.9	DIN V 11535-1 Anlagen 2.6/6 E und 2.6/9	Gewächshäuser; Teil 1: Ausführung und Berechnung	1998-02

[1] Abschnitt 3.3.4: In Bohrungen sitzende Punkthalter fallen nicht unter den Anwendungsbereich der Norm.

Tafel 2.112b: Nachweise der Verwendbarkeit für nicht geregelte Bauprodukte und Bauarten

	Allgemeine bauaufsichtliche Zulassung § 18 MBO	Allgemeines bauaufsichtliches Prüfzeugnis § 19 MBO	Zustimmung im Einzelfall § 20 MBO
Zuständige Behörde	Deutsches Institut für Bautechnik (DIBt)	Durch Oberste Bauaufsichtsbehörde baurechtlich anerkannte Prüfstelle § 25 MBO	Oberste Bauaufsichtsbehörde
Antragsgegenstand	Nicht geregelte Bauprodukte und Bauarten mit Verwendbarkeitsnachweis nach § 3 MBO [1]	Nicht geregelte Bauprodukte und Bauarten mit Verwendbarkeitsnachweis nach § 3 MBO [1,2]	Nicht geregelte Bauprodukte und Bauarten mit Verwendbarkeitsnachweis nach § 3 MEO [1,3]
Dauer	In der Regel 5 Jahre	In der Regel 5 Jahre	Einmalig für beantragtes Bauvorhaben

[1] Vergleiche auch BRL A. [2] Bauprodukte, deren Verwendung nicht der Erfüllung erheblicher Anforderungen an die Sicherheit baulicher Anlagen dienen oder Bauprodukte, die nach allgemein anerkannten Prüfverfahren beurteilt werden. [3] Bauprodukte nach BauPG oder sonstigen Vorschriften der EU.

2E Konstruktive Details in der Befestigungstechnik

Prof. Dipl.-Ing. Dr. techn. Dr. phil. Konrad Bergmeister M.Sc.

Inhaltsverzeichnis

		Seite
1	**Einleitung**	2.114
2	**Befestigungen im konstruktiven Betonbau**	2.114
2.1	Hinterschnittdübel	2.115
2.2	Metallspreizdübel	2.115
2.3	Verbunddübel	2.115
2.4	Deckenabhänger	2.116
2.5	Einlegeteile	2.116
2.6	Bemessungskonzept und Teilsicherheitsfaktoren	2.118
2.7	Versagensarten und Bestimmung der charakteristischen Widerstandswerte	2.119
3	**Befestigungen im Mauerwerksbau**	2.121
3.1	Verbundanker	2.121
3.2	Kunststoffdübel	2.122
3.3	Bemessungskonzept für nachträgliche Befestigungen im Mauerwerk	2.122
4	**Glasbefestigungen**	2.122
4.1	Zwischenmaterialien	2.123
4.2	Statische Systeme	2.124
4.3	Bearbeitungsrichtlinien für Punkthalterungen	2.125
4.4	Punktlagerungsarten	2.125
5	**Fassadenbefestigungen**	2.129
5.1	Materialien für Fassadenelemente	2.129
5.2	Befestigungselemente	2.130
6	**Umwelteinflüsse auf die Befestigungselemente**	2.131
6.1	Korrosion	2.131
6.2	Brand- und Temperatureinwirkungen	2.131

Seiten 2.114 bis 2.131 befinden sich auf beiliegender CD.

Schoch

EnEV 2009 und DIN V 18599 Nichtwohnbau

Kompaktdarstellung • Kommentar • Praxisbeispiele

2., aktualisierte und erweiterte Auflage.
2009. 296 Seiten.
17 x 24 cm. Kartoniert.
ISBN 978-3-89932-136-4
EUR 49,–

Autor:
Dipl.-Ing. Torsten Schoch ist Bauingenieur und seit mehreren Jahren in führenden Positionen der Mauerwerksindustrie tätig. Er ist Mitglied in zahlreichen europäischen und nationalen Normausschüssen im Bereich Bauphysik.

Diese Neuerscheinung stellt die EnEV 2009 und die dazugehörigen DIN-Normen in kompakter und verständlicher Form dar – in einer Art Checkliste für den Planungsablauf.

Aus dem Inhalt
- Die Energieeinsparverordnung 2009
  - Novelle des Energieeinsparungsgesetzes (EnEG)
  - Überblick zu den Inhalten der EnEV 2009
  - Energiebedarfsausweis für Nichtwohngebäude
- Beispiel für die Bilanzierung eines Gebäudes nach EnEV 2009 in Verbindung mit DIN V 18599
  - Planungseingaben für das Beispielgebäude
  - U-Werte der opaken Außenbauteile
  - Zonierung des Gebäudes
  - Ermittlung der Flächen und Volumina
  - Längen und Breiten des Gebäudes / der Zonen
  - Berechnung des Nutzenergiebedarfs für die Beleuchtung
  - Berechnung des Heizwärmebedarfs und der Heizlast in den Zonen
- Variationen am Beispielgebäude
  - Einsatz einer Lüftungsanlage mit Wärmerückgewinnung
  - Lüftungsanlage mit Luftaufbereitung
  - Lüftungsanlage zur kompletten Deckung des Kühlbedarfs in der Zone 1

Bauwerk www.bauwerk-verlag.de

3 Bauphysik

		Seite
3A	Bauphysik (Wärme, Feuchte, Schall)	3.1
3B	EnEV 2009	3.107
3C	Baulicher Brandschutz	3.193

3A Bauphysik (Wärme, Feuchte, Schall)

Prof. Dipl.-Ing. Thomas Ackermann

Inhaltsverzeichnis

		Seite
1	**Wärmeschutz**	3.2
1.1	Symbole und Formelzeichen	3.2
1.2	Grundgleichungen	3.3
1.3	Wärmetransport durch Bauteile	3.3
1.4	Wärmedurchlasswiderstand und Wärmedurchgangskoeffizient	3.4
1.5	Wärmeübergangswiderstände R_s	3.8
1.6	Wärmedurchlasswiderstände von Luftschichten	3.9
1.7	Bestimmung der Temperaturverteilung in einem Bauteil	3.12
1.8	Mindestwärmeschutz	3.13
1.9	Sommerlicher Wärmeschutz	3.19
2	**Klimabedingter Feuchteschutz**	3.27
2.1	Symbole und Formelzeichen	3.27
2.2	Grundgleichungen	3.28
2.3	Vermeidung kritischer Oberflächenfeuchte auf Bauteilen	3.28
2.4	Tauwasserausfall im Inneren von Bauteilen	3.31
2.5	Luftdichtheit von Bauteilen	3.43
2.6	Schlagregenschutz von Wänden	3.43
3	**Baustoffkennwerte und U-Werte von Bauteilen**	3.46
3.1	Symbole und Formelzeichen	3.46
3.2	Wärme- und feuchtschutztechnische Kennwerte von Baustoffen	3.46
3.3	Wärmetechnische Angaben von Bauteilen	3.67
4	**Schallschutz**	3.71
4.1	Symbole und Formelzeichen	3.72
4.2	Grundgleichungen	3.72
4.3	Schall	3.72
4.4	Anforderungen	3.73
4.5	Nachweise	3.86
5	**Raumakustik**	3.100
5.1	Raumakustische Ausgestaltung von Räumen	3.101
5.2	Planerische Grundsätze bei Räumen mit akustischen Anforderungen	3.103

1 Wärmeschutz

Hinsichtlich des baulichen Wärmeschutzes sind folgende Problembereiche zu unterscheiden:
- Gesundheitlicher (Mindest-)Wärmeschutz (hygienischer Wärmeschutz)
  ⇨ Ziel: Vermeidung der Bildung von Schimmelpilzen und Tauwasserausfall auf Bauteil-Innenoberflächen
  ⇨ Grundlage: DIN 4108-2
- Sommerlicher Wärmeschutz
  ⇨ Ziel: Vermeidung der Überhitzung in Aufenthaltsräumen von Gebäuden
  ⇨ Grundlage: DIN 4108-2
- Energiesparender Wärmeschutz
  ⇨ Ziel: Verringerung des Energieaufwandes zur Beheizung, Kühlung, Belüftung, Beleuchtung und der Bereitstellung von Trinkwarmwasser
  ⇨ Grundlage: Energieeinsparverordnung unter Verwendung von DIN 4108-6 und DIN V 18599

1.1 Symbole und Formelzeichen

Tafel 3.2: Symbole und Formelzeichen

Größe	Symbol	Einheit
Fugendurchlasskoeffizient	a	$m^3/(mhPa^{2/3})$
spezifische Wärmekapazität	c	$J/(kg\ K)$
Dicke	d	m
Flächenanteil	f	–
Temperaturfaktor	f_{Rsi}	–
Gesamtenergiedurchlassgrad	g	–
Wärmeübergangskoeffizient	h	$W/(m^2K)$
Masse	m	kg
flächenbezogene Masse	m'	kg/m^2
Wärmestromdichte	q	W/m^2
Zeit	t	s
Fläche	A	m^2
Wärmespeicherkapazität	C	J/K
Wärmemenge	Q	J oder Ws
Wärmedurchlasswiderstand	R	m^2K/W
Wärmeübergangswiderstand	R_s	m^2K/W
Wärmedurchgangswiderstand	R_T	m^2K/W
Sonneneintragskennwert	S	–
Thermodynamische Temperatur	T	K
Wärmedurchgangskoeffizient	U	$W/(m^2K)$
Volumen	V	m^3
Wärmeleitfähigkeit	λ	$W/(mK)$
Dichte	ρ	kg/m^3
Celsius-Temperatur	ϑ, θ	°C
Wärmedurchlasskoeffizient	Λ	$W/(m^2K)$
Wärmestrom	Φ	W

Tafel 3.3: Indices

Größe	Symbol
Innen	i
Außen	e
Oberfläche	s
Innere Oberfläche	si
Äußere Oberfläche	se

1.2 Grundgleichungen

$$\Phi = q \cdot A \tag{1}$$

$$q = U \cdot (\theta_i - \theta_e) \tag{2}$$

$$U = \frac{1}{R_T} \tag{3}$$

$$R_T = R_{si} + \sum_{j=1}^{N} R_j + R_{se} \tag{4}$$

$$R = \frac{d}{\lambda} \tag{5}$$

$$\theta_{si} = \theta_i - q \cdot R_{si} \tag{6}$$

$$\theta_{(N-1)N} = \theta_{(N-2)(N-1)} - q \cdot R_{(N-1)} \tag{7}$$

$$\theta_{se} = \theta_{(N-1)N} - q \cdot R_{se} \quad \text{oder} \quad \theta_{se} = \theta_e + q \cdot R_{se} \tag{8}$$

1.3 Wärmetransport durch Bauteile

Jede „Temperatur" ist gekennzeichnet durch eine signifikante Energiemenge. Trennt ein Bauteil Bereiche oder Räume mit unterschiedlichen Temperaturen, grenzt es gleichzeitig auch verschiedene Energien (Wärmemengen) gegeneinander ab. Da Potenzial- oder Konzentrationsunterschiede das Bestreben haben sich auszugleichen, kommt es zu einem Wärmestrom Φ durch das Trennbauteil hindurch in Richtung des Temperaturgefälles. Je größer die Temperaturdifferenz $\Delta\theta$ zwischen den betrachteten Bereichen ist, umso größer ist der daraus resultierende Wärmestrom. Betrachtet man bei der Wärmeübertragung nicht das Bauteil in seiner gesamten Ausdehnung, sondern normiert den Vorgang auf einen Quadratmeter Übertragungsfläche, dann spricht man von der Wärmestromdichte q. Analog zum elektrischen Strom wird auch der Wärmestrom durch einen Widerstand R vermindert.

Wird einem System keine zusätzliche Wärme zugeführt (z. B. Hydratationswärme beim Abbinden mineralischer Baustoffe) und liegen zeitlich konstante, d. h. stationäre Temperaturrandbedingungen vor, dann ist die Wärmestromdichte q durch alle Bauteilschichten gleich.

Der Wärmetransport durch Bauteile erfolgt auf drei Arten:

- Wärmeleitung: Energietransport durch Prozesse oder Gitterschwingungen in Stoffen
- Wärmekonvektion: Energietransport durch Strömungen in Flüssigkeiten und Gasen
- Wärmestrahlung: Energietransport durch elektromagnetische Strahlung in Stoffen und im Vakuum.

Da bei der Betrachtung der im Bauwesen anstehenden Probleme üblicherweise von stationären Temperaturrandbedingungen ausgegangen wird ($\Delta\theta$ = konstant), kann man den Wärmestrom Φ, der durch ein Bauteil hindurchfließt, bzw. die Wärmestromdichte q in Abhängigkeit der Widerstände R ausdrücken. Zahlenmäßige Angaben zum Wärmetransport aus Konvektion und Strahlung erfolgen im Wärmeübergangskoeffizienten R_s, zum Wärmetransport aus Wärmeleitung im Wärmedurchlasswiderstand R. Zur Beschreibung der wärmedämmtechnischen Qualität eines Bauteils werden die Wärmeübergangswiderstände an den Oberflächen und der Wärmedurchlasswiderstand der Bauteilschichten im Wärmedurchgangswiderstand R_T zusammengefasst. Der Kehrwert des Wärmedurchgangswiderstandes wird als Wärmedurchgangskoeffizient U bezeichnet.

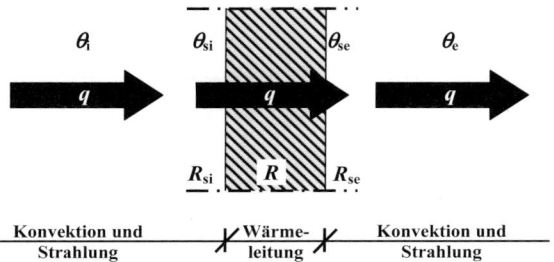

Abb. 3.4a: Wärmetransport

1.4 Wärmedurchlasswiderstand und Wärmedurchgangskoeffizient

Die in DIN EN ISO 6946 dargestellten Verfahren zur Berechnung des Wärmedurchlasswiderstandes R und des Wärmedurchgangskoeffizienten U von Bauteilen gelten nicht für Türen, Fenster und andere verglaste Einheiten sowie für Bauteile, die an das Erdreich grenzen, und Lüftungselemente.

Zur Bestimmung der wärmedämmtechnischen Kennwerte sind die jeweiligen Bemessungswerte der Wärmeleitfähigkeit nach Abschnitt 3.2 oder bei Luftschichten die Wärmedurchlasswiderstände nach Abschnitt 1.6 zu verwenden.

Das Verfahren gilt für Bauteile aus thermisch homogenen Schichten, die auch Luftschichten enthalten können.

Achtung: Der im Folgenden beschriebene Berechnungsmodus für Bauteile aus thermisch homogenen und thermisch inhomogenen Schichten stellt ein Näherungsverfahren dar und gilt nicht für Dämmschichten, die eine Wärmebrücke aus Metall enthalten. In diesem Fall ist die Berechnung nach DIN EN ISO 10211 durchzuführen.

1.4.1 Bauteile aus thermisch homogenen Schichten

Eine Bauteilschicht gilt dann als thermisch homogen, wenn sie eine konstante Dicke mit thermisch einheitlich anzusehenden Eigenschaften aufweist.

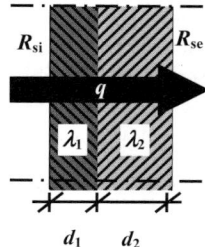

Abb. 3.4b: Thermisch homogenes Bauteil

1.4.1.1 Wärmedurchlasswiderstand R

Bei ebenen, plattenförmigen Schichten mit planparallelen Oberflächen kann der Wärmedurchlasswiderstand R aus dem Quotienten der Schichtdicke d und dem Bemessungswert der Wärmeleitfähigkeit λ wie folgt berechnet werden:

$$R = \frac{d}{\lambda} \quad (9)$$

Bei Bauteilen aus einer Anzahl von N Schichten, die in Richtung des Wärmestroms hintereinander liegen, ergibt sich der Wärmedurchlasswiderstand R aus der Summe der Quotienten der einzelnen Schichten:

$$R = \sum_{i=1}^{N} \frac{d_i}{\lambda_i} \quad (10)$$

Werte von Wärmedurchlasswiderständen müssen in Zwischenrechnungen auf mindestens drei Dezimalstellen berechnet werden.

1.4.1.2 Wärmeübergangswiderstand R_s

Die Wärmeübergangswiderstände R_s kennzeichnen den Widerstand beim Transport der Wärme aus dem Raum zur Bauteiloberfläche bzw. von der Bauteiloberfläche nach außen.

Angaben zu den Wärmeübergangswiderständen innen R_{si} und außen R_{se} sind in Abschnitt 1.5 enthalten.

1.4.1.3 Wärmedurchgangswiderstand R_T

Der Wärmedurchgangswiderstand R_T eines ebenen Bauteils aus N thermisch homogenen Schichten errechnet sich aus der Summe der Wärmeübergangswiderstände und des Wärmedurchlasswiderstandes:

$$R_T = R_{si} + R_1 + R_2 + \ldots + R_N + R_{se} \quad (11)$$

Wird der Wärmedurchgangskoeffizient als Endergebnis angegeben, ist er auf zwei Dezimalstellen zu runden, und es sind Angaben über die für die Berechnung verwendeten Eingangsdaten zu machen.

1.4.1.4 Wärmedurchgangskoeffizient U

Aus dem Kehrwert des Wärmedurchgangswiderstandes R_T, erhält man den Wärmedurchgangskoeffizienten U des betrachteten Bauteils:

$$U = \frac{1}{R_T} \quad (12)$$

1.4.2 Bauteile aus thermisch homogenen und thermisch inhomogenen Schichten

Der im Folgenden beschriebene Berechnungsmodus für Bauteile aus thermisch homogenen und thermisch inhomogenen Schichten stellt ein Näherungsverfahren dar.

Liegen senkrecht zum Wärmestrom Bauteile mit verschiedenen Wärmedurchgangswiderständen nebeneinander, fließen durch die Bereiche unterschiedliche Wärmeströme. Da es darüber hinaus aus den Teilen mit höheren Wärmedurchlasswiderständen Querwärmeströme in Elementen mit niedrigeren Wärmedurchlasswiderständen gibt, würde eine rein flächengewichtete Mittelwertbildung der Wärmedurchgangswiderstände zu einem falschen Ergebnis führen.

Achtung: Die nach diesem Verfahren ermittelten Wärmedurchgangskoeffizienten U dürfen nicht zur Berechnung von Oberflächentemperaturen θ_{si} verwendet werden, mit denen der Nachweis der Schimmelpilzfreiheit geführt wird.

Achtung: Die U-Werte für thermisch inhomogene Bauteile dürfen nur bei der Berechnung des Energieverbrauchs angesetzt werden.

Achtung: Das im Folgenden beschriebene Verfahren gilt nicht für Fälle, bei denen das Verhältnis des oberen Grenzwertes R'_T zum unteren Grenzwert R''_T des Wärmedurchgangswiderstandes mehr als 1,5 beträgt. Wird dieser Grenzwert überschritten, liegt eine Wärmebrücke vor und es sind Berechnungen nach DIN EN ISO 10211 durchzuführen.

Achtung: Das Verfahren gilt nicht für Dämmschichten, die eine Wärmebrücke aus Metall enthalten.

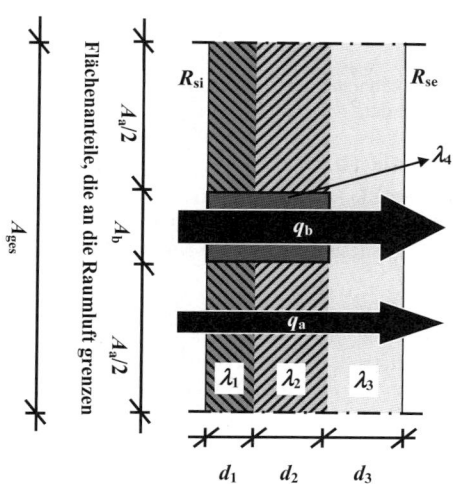

Abb. 3.6: Thermisch inhomogenes Bauteil

1.4.2.1 Wärmedurchgangswiderstand

Der Wärmedurchgangswiderstand R_T einer Komponente aus thermisch homogenen und thermisch inhomogenen Schichte parallel zur Oberfläche wird als arithmetisches Mittel des oberen Grenzwertes R'_T und des unteren Grenzwertes R''_T des Wärmedurchgangswiderstandes berechnet:

$$R_T = \frac{R'_T + R''_T}{2} \tag{13}$$

1.4.2.2 Oberer Grenzwert der Wärmedurchgangswiderstandes R'_T

Der obere Grenzwert des Wärmedurchgangswiderstandes R'_T wird unter der Annahme eines eindimensionalen Wärmestroms senkrecht zu den Oberflächen der Bauteilkomponente bestimmt. Zu diesem Zweck wird die an die Raumluft grenzende Oberfläche in Abschnitte (a, b, c, ..., z) eingeteilt, die die gleiche Wärmestromdichte aufweisen. Die gesamte Innenoberfläche des Bauteils setzt sich aus der Summe der Teilflächen zusammen:

$$A_{ges} = A_a + A_b + A_c + ... + A_z \tag{14}$$

Der Flächenanteil $f_a, f_b, f_c, ..., f_z$ errechnet sich aus dem Quotienten der Teilfläche und der Gesamtfläche:

$$f_a = \frac{A_a}{A_{ges}}; \quad f_b = \frac{A_b}{A_{ges}}; \quad f_c = \frac{A_c}{A_{ges}}; \quad \ldots; \quad f_z = \frac{A_z}{A_{ges}} \tag{15}$$

Es gilt: $f_a + f_b + f_c + \ldots + f_z = 1$.

Den oberen Grenzwert des Wärmedurchgangswiderstandes R_T'' erhält man damit wie folgt:

$$\frac{1}{R_T'} = \frac{f_a}{R_{Ta}} + \frac{f_b}{R_{Tb}} + \frac{f_c}{R_{Tc}} + \ldots + \frac{f_z}{R_{Tz}} \tag{16}$$

mit $R_{Ta}, R_{Tb}, R_{Tc}, \ldots, R_{Tz}$ als Wärmedurchgangswiderstand im betreffenden Abschnitt.

1.4.2.3 Unterer Grenzwert des Wärmedurchgangswiderstandes R_T''

Der untere Grenzwert des Wärmedurchgangswiderstandes R_T'' wird unter der Annahme bestimmt, dass alle Ebenen parallel zu den Oberflächen der Bauteilkomponenten isotherm sind. Mit diesem Ansatz wandelt man den Wärmedurchlasswiderstand R thermisch inhomogener Schichten, d. h. von Schichten, in deren Verlauf Baustoffe mit unterschiedlichen Bemessungswerten der Wärmeleitfähigkeit oder Wärmedurchlasswiderstände auftreten, in „quasi homogene" Schichten mit einem mittleren Wärmedurchlasswiderstand um. Zur Gewichtung der einzelnen Wärmedurchlasswiderstände wird der Flächenanteil des jeweiligen Abschnittes verwendet. Da es sich um die Mittelwertbildung in einer Schicht handelt, bleibt die Dicke d für jede thermisch inhomogene Schicht gleich, nur die Wärmeleitfähigkeit ändert sich entsprechend des Materials im jeweiligen Abschnitt.

Der Wärmedurchlasswiderstand R jeder thermisch inhomogenen Schicht j wird wie folgt berechnet:

$$\frac{1}{R_j} = \frac{f_a}{R_{a,j}} + \frac{f_b}{R_{b,j}} + \frac{f_c}{R_{c,j}} + \ldots + \frac{f_z}{R_{z,j}} \tag{17}$$

Mit den so bestimmten Wärmedurchlasswiderständen der nun „quasi homogenen" Schichten j erhält man den unteren Grenzwert des Wärmedurchgangswiderstand R_T'' analog der Berechnung bei einem Bauteil aus homogenen Schichten:

$$R_T'' = R_{si} + R_1 + R_2 + R_3 + \ldots + R_N + R_{se} \tag{18}$$

Grenzt bei der Berechnung des unteren Grenzwertes eine nicht ebene Fläche an eine Luftschicht, sollte die Berechnung so durchgeführt werden, als wäre sie eben, wobei die schmaleren Abschnitte erweitert anzusehen sind (jedoch ohne Änderung des Wärmedurchlasswiderstandes R der zu vergrößernden Bauteilschicht):

oder die überstehenden Abschnitte entfernt sind (wodurch der Wärmedurchlasswiderstand R der zu verkleinernden Bauteilschicht vermindert wird):

1.5 Wärmeübergangswiderstände R_s

Für ebene Oberflächen gelten die in Tafel 3.8 angegebenen Werte der Wärmeübergangswiderstände R_s, wenn keine besonderen Angaben über Randbedingungen vorliegen. Die Werte unter horizontal gelten für **Richtungen des Wärmestromes** von ± 30 ° zur horizontalen Ebene. Werden Werte des Wärmedurchgangskoeffizienten U von Bauteilen gefordert, die unabhängig sind von der Richtung des Wärmestroms, wird empfohlen, die Werte für einen horizontalen Wärmestrom anzusetzen.

Bei nichtebenen Oberflächen oder bei speziellen Randbedingungen sind besondere Verfahren nach DIN EN ISO 6946 anzuwenden.

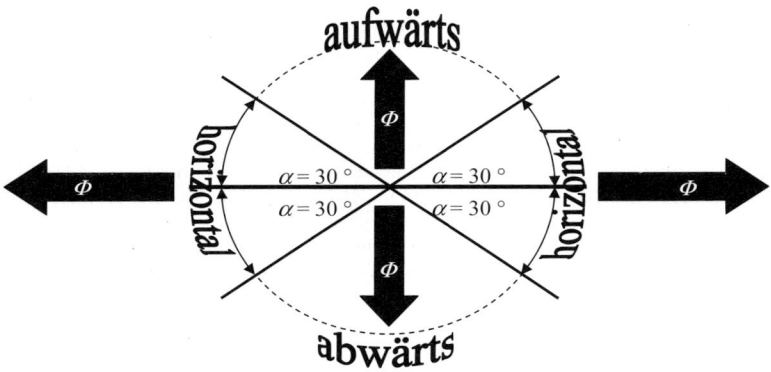

Abb. 3.8: Einteilung der Wärmestromrichtung

Tafel 3.8: Wärmeübergangswiderstände

	Richtung des Wärmestroms		
	Aufwärts	Horizontal	Abwärts
Wärmeübergangswiderstand **innen** R_{si} [m²K/W]	0,10	0,13	0,17
Wärmestrom Φ	 ⬆ Φ	 ➡ Φ	 ⬇ Φ
Wärmeübergangswiderstand **außen** R_{se} [m²K/W]	0,04	0,04	0,04

Beachte: Bei der Berechnung des Wärmedurchgangswiderstandes R_T von Innenbauteilen (d. h. Bauteilen in Bereichen mit normalen Innentemperaturen wie z. B. Wohnungstrennwände, Decken o. Ä.) oder von Bauteilen die Innenräume gegen niedrig beheizte Bereiche oder Bereiche mit wesentlich niedrigeren Innentemperaturen abgrenzen, ist auf beiden Seiten der Wert für R_{si} anzusetzen.

1.6 Wärmedurchlasswiderstände von Luftschichten

Für Luftschichten, die
- von zwei Flächen begrenzt werden, welche parallel zueinander und senkrecht zur Richtung des Wärmestromes verlaufen sowie einen Emissionsgrad von mindestens 0,8 aufweisen,
- eine Dicke (in Wärmestromrichtung gemessen) von weniger als 0,3 m besitzen und
- keinen Luftaustausch mit dem Innenraum aufweisen,

kann der Wärmedurchlasswiderstand nach DIN EN ISO 6946 bestimmt werden. Die Einteilung der Strömungsverhältnisse im Spalt, als ruhende Luftschicht, schwach belüftete Luftschicht oder stark belüftete Luftschicht, erfolgt in Abhängigkeit von der Größe A der vorhandenen Zu- und Abluftöffnungen.

Beachte: Die Differenzierung der verschiedenen Arten von Luftschichten ist abhängig von der Größe der nach den Regeln der Technik zur Gewährleistung einer Be- oder Hinterlüftung erforderlichen Zu- und Abluftöffnungen (z. B. Fachregeln des Dachdeckerhandwerks, DIN 1053-1 o. Ä.). Aufgrund dessen wird nach DIN EN ISO 6946 festgelegt, um welche Art von Luftschicht es sich handelt.

Achtung: Für Bauteile mit einer Luftschicht, die dicker als 0,3 m ist, sollte kein einzelner Wärmedurchgangskoeffizient berechnet werden. Vielmehr sollten Wärmeströme mittels einer Wärmebilanz nach DIN EN ISO 13789 berechnet werden.

Tafel 3.9: Klassifizierung von Luftschichten

	Summe der Be- und Entlüftungsöffnungen A [mm²]	
	je m Länge der vertikalen Luftschicht	je m² Oberfläche für horizontale Luftschichten
Ruhende Luftschicht	$A \leq 500$	$A \leq 500$
Schwach belüftete Luftschicht	$500 < A \leq 1500$	$500 < A \leq 1500$
Stark belüftete Luftschicht	$A > 1500$	$A > 1500$

1.6.1 Ruhende Luftschichten

Eine Luftschicht gilt dann als ruhend, wenn der Luftraum von der Umgebung abgeschlossen ist. Die Bemessungswerte des Wärmedurchlasswiderstandes der Luftschicht sind Tafel 3.10 zu entnehmen. Die Werte für horizontal gelten für Richtungen des Wärmestromes von ± 30 ° zur horizontalen Ebene.

Eine Luftschicht mit kleinen Öffnungen zur Außenumgebung, die keine Dämmschicht zwischen sich und der Außenumgebung besitzt, ist als ruhende Luftschicht zu betrachten, wenn diese Öffnungen so angeordnet sind, dass ein Luftstrom durch die Schicht nicht möglich ist und die Öffnungen

- 500 mm² je m Länge für vertikale Luftschichten
- 500 mm² je m² Oberfläche für horizontale Luftschichten

nicht überschreiten.

Beachte: Entwässerungsöffnungen (Dränageöffnungen) in Form von offenen vertikalen Fugen in der Außenschale eines zweischaligen Mauerwerks werden nicht als Lüftungsöffnungen angesehen. Die damit in Verbindung stehenden Luftschichten gelten als ruhend.

Tafel 3.10: Wärmedurchlasswiderstand ruhender Luftschichten

Dicke der Luftschicht [mm]	Wärmedurchlasswiderstand der Luftschicht R [m²K/W]		
	Richtung des Wärmestroms		
	Aufwärts	Horizontal	Abwärts
0	0,00	0,00	0,00
5	0,11	0,11	0,11
7	0,13	0,13	0,13
10	0,15	0,15	0,15
15	0,16	0,17	0,17
25	0,16	0,18	0,19
50	0,16	0,18	0,21
100	0,16	0,18	0,22
300	0,16	0,18	0,23

Anmerkung: Zwischenwerte können mittels linearer Interpolation ermittelt werden

1.6.2 Schwach belüftete Luftschicht

Schwach belüftet ist eine Luftschicht, wenn die Summe der Zu- und Abluftöffnungen, die mit der Außenumgebung in Verbindung stehen, folgender Maße nicht überschreiten:
- 500 mm² bis 1500 mm² je m Länge für vertikale Luftschichten bzw.
- 500 mm² bis 1500 mm² je m² Oberfläche für horizontale Luftschichten.

Der Bemessungswert des Wärmedurchlasswiderstandes einer schwach belüfteten Luftschicht beträgt die Hälfte des entsprechenden Wertes nach Tafel 3.10.

Beachte: Wenn der Wärmedurchlasswiderstand der Schicht zwischen der betrachteten Luftschicht im Spalt und der Außenluft (z. B. eine Vormauerschale) den Wert $R = 0,15$ m²K/W übersteigt, ist in den weiteren Berechnungen für diese Schicht nicht der tatsächliche Wärmedurchlasswiderstand, sondern ein Höchstwert von 0,15 m²K/W anzusetzen.

1.6.3 Stark belüftete Luftschicht

Eine Luftschicht gilt als stark belüftet, wenn die Öffnungen zwischen Luftschicht und Außenluft
- 1500 mm² je m² Länge für vertikale Luftschichten
- 1500 mm² je m² Oberfläche für horizontale Luftschichten

überschreiten.

Man berechnet den Wärmedurchlasswiderstand eines Bauteils, das aufgrund eines Vergleiches der nach den Regeln der Technik erforderlichen Lüftungsquerschnitte mit den Werten nach Tafel 3.9 als stark belüftet eingestuft werden muss, indem der Wärmedurchlasswiderstand der Luftschicht und aller weiteren Schichten zwischen Luftschicht und Außenumgebung vernachlässigt wird. Abweichend von den bisherigen Festlegungen wird bei diesen Bauteilen ein äußerer Wärmeübergangswiderstand angesetzt, der gleich dem Wert des inneren nach Tafel 3.8 ist. Für diese Bauteile gilt somit: $R_{se} = R_{si}$.

1.6.4 Wärmedurchlasswiderstand unbeheizter Räume

Für Wärmeströme von innen nach außen, die nicht nur durch Trennbauteile und gegebenenfalls darin enthaltene Luftschichten, sondern auch durch unbeheizte Räume mit mehr oder weniger stehenden Luftschichten fließen, enthält DIN EN ISO 6946 auch Angaben, wie der Wärmedurchlasswiderstand R_u einfacher, ungedämmter und unbeheizter Räume zu ermitteln ist.

In diesem Fall wird der Wärmedurchgangswiderstand der Konstruktion, abweichend von Gleichung 11, wie folgt ermittelt:

$$R_T = R_{si} + R + R_u + R_{se} \qquad (19)$$

1.6.4.1 Dachräume

Für den Luftraum im Bereich des Spitzbodens von Dächern mit einer ebenen gedämmten Decke zwischen dem beheizten Inneren und den ungedämmten Flächen des Schrägdaches, also beispielsweise bei Kehlbalkendächern, können für ungedämmte Dachkonstruktionen folgende Wärmedurchlasswiderstände angesetzt werden:

Tafel 3.11: Wärmedurchlasswiderstand unbeheizter Dachräume ohne Wärmedämmung

	Beschreibung des Daches			R_u
	nach DIN EN ISO 6946	nach DIN 4108-3	ergänzende Hinweise	[m²K/W]
1	Dach mit Ziegeleindeckung ohne Unterdach, Schalung oder ähnlichem	Belüftete Dachdeckung: Dachdeckung auf linienförmiger Unterlage, z. B. Lattung und Konterlattung	Dach mit offener Deckunterlage, z. B. Unterspannbahn	0,06
2	Plattendach oder Dach mit Ziegeleindeckung, mit Unterdach oder Schalung oder ähnlichem	Belüftete Dachdeckung: Dachdeckung auf linienförmiger Unterlage, z. B. Lattung und Konterlattung	Dach mit geschlossener Deckunterlage, z. B. Unterdach oder Unterdeckbahn mit verklebten Nähten und Stößen	0,2
3	Wie Zeile 2, aber mit einer Metallschicht, einer Metallfolie oder einer anderen Oberfläche mit einem geringen Emissionsgrad an der Unterseite der Deckunterlage	Belüftete Dachdeckung: Dachdeckung auf linienförmiger Unterlage, z. B. Lattung und Konterlattung	Dach mit geschlossener Deckunterlage, z. B. Unterdach oder Unterdeckbahn mit verklebten Nähten und Stößen	0,3
4	Dach mit Schalung und Unterdach	Nicht belüftete Dachdeckung: Dachdeckung auf flächiger Unterlage, z. B. Schalung		0,3

Anmerkung: Die Werte für R_u enthalten sowohl den Wärmedurchlasswiderstand des belüfteten Raums als auch der (Schräg-) Dachkonstruktion. Sie enthalten nicht den äußeren Wärmeübergangswiderstand R_{se}.

Für genauere Ergebnisse, insbesondere bei gedämmten Konstruktionen, ist R_u nach DIN EN ISO 13789 zu rechnen.

1.6.4.2 Andere Räume

Wenn bei einem Gebäude in Richtung des Wärmestroms zwischen dem beheizten Innenraum und der Außenluft ein Raum liegt, der zwar unbeheizt, aber mit dem normal beheizten Bereich verbunden ist (z. B. Garagen, Lagerräume oder Wintergärten), dann kann der Wärmedurchgangskoeffizient des Trennbauteils zwischen dem Gebäudeinneren und der Außenluft so bestimmt werden, als sei der unbeheizte Raum eine zusätzliche homogene Schicht dieses Bauteils mit folgendem Wärmedurchlasswiderstand:

$$R_u = 0,09 + 0,4 \cdot \frac{A_i}{A_e} \tag{20}$$

Dabei ist:

A_i Gesamtheit der Trennflächen aller Bauteile zwischen dem Innenraum und dem unbeheizten Raum

A_e Gesamtheit der Trennflächen aller Bauteile zwischen dem unbeheizten Raum und der Außenluft

Dies gilt jedoch nur, solange $R_u \leq 0,5$ m²K/W ist. Für größere Werte von R_u ist eine genauere Berechnung der Wärmeverluste nach DIN EN ISO 13789 erforderlich.

1.7 Bestimmung der Temperaturverteilung in einem Bauteil

Unter der Annahme, dass alle Bauteilschichten planparallele Oberflächen aufweisen und stationäre Innen- und Außenlufttemperaturen (θ_i, θ_e) anliegen, kann die Temperatur an den Grenzflächen eines Bauteils aus thermisch homogenen Schichten wie folgt berechnet werden:

$$q = U \cdot (\theta_i - \theta_e) \tag{21}$$

$$U = \frac{1}{R_T} \tag{22}$$

$$R_T = R_{si} + \sum_{j=1}^{N} R_j + R_{se} \tag{23}$$

$$R_1 = \frac{d_1}{\lambda_1}; \quad R_2 = \frac{d_2}{\lambda_2}; \quad \ldots; \quad R_N = \frac{d_N}{\lambda_N} \tag{24}$$

$$\theta_{si} = \theta_i - q \cdot R_{si} \tag{25}$$

$$\theta_{12} = \theta_{si} - q \cdot R_1; \quad \theta_{23} = \theta_{12} - q \cdot R_2; \quad \ldots; \quad \theta_{(N-1)N} = \theta_{(N-2)(N-1)} - q \cdot R_{(N-1)} \tag{26}$$

$$\theta_{se} = \theta_{(N-1)N} - q \cdot R_{se} \quad \text{oder} \quad \theta_{se} = \theta_e + q \cdot R_{se} \tag{27}$$

Für das in Abb. 3.13 dargestellte Bauteil bedeutet dies:

$$q = U \cdot (\theta_i - \theta_e)$$

$$U = \frac{1}{R_T}$$

$$R_T = R_{si} + R_1 + R_2 + R_3 + R_4 + R_{se}$$

$R_1 = \dfrac{d_1}{\lambda_1}$; $R_2 = \dfrac{d_2}{\lambda_2}$; $R_3 = \dfrac{d_3}{\lambda_3}$; $R_4 = \dfrac{d_4}{\lambda_4}$;

$\theta_{si} = \theta_i - q \cdot R_{si}$

$\theta_{12} = \theta_{si} - q \cdot R_1$

$\theta_{23} = \theta_{12} - q \cdot R_2$

$\theta_{34} = \theta_{23} - q \cdot R_3$

$\theta_{se} = \theta_{34} - q \cdot R_4$ bzw. $\theta_{se} = \theta_e + q \cdot R_{se}$

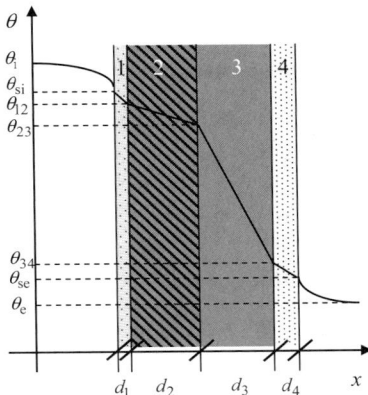

Abb. 3.13: Temperaturverteilung

1.8 Mindestwärmeschutz

Mit den Anforderungen an den Mindestwärmeschutz von flächigen Bauteilen und an Bauteile im Bereich von Wärmebrücken nach DIN 4108-2, DIN 4108-3 und DIN EN ISO 13788 soll erreicht werden, dass sich auf den raumseitigen Oberflächen in Aufenthaltsräumen keine Schimmelpilze bilden (hygienischer Wärmeschutz) und dass die Begrenzungsbauteile nicht durch Tauwasser geschädigt werden.

Voraussetzung hierfür ist jedoch, dass eine

- übliche Nutzung (Wohnungen oder Aufenthaltsräume mit wohnähnlichen Verhältnissen und Büroräume),
- ausreichende Beheizung und Belüftung,
- aus Gründen der Hygiene und zur Begrenzung der Raumluftfeuchte sowie zur eventuellen Zufuhr von Verbrennungsluft entsprechend bauaufsichtlicher Vorschriften (z. B. Feuerungsanlagenverordnung) ein ausreichender Luftwechsel

gegeben ist.

Ein ausreichender Luftwechsel ist – im Sinne des hygienischen Wärmeschutzes – in der Regel dann vorhanden, wenn während der Heizperiode ein auf das Luftvolumen bezogener durchschnittlicher Luftwechsel von $n = 0{,}5\ h^{-1}$ bereits bei der Planung sichergestellt wird.

Beachte: Die Maßgaben an den Mindestwärmeschutz nach DIN 4108-2 gelten für Gebäude mit normalen Innentemperaturen $\theta_i \geq 19\ °C$) und für Gebäude mit niedrigen Innentemperaturen (19 °C > $\theta_i \geq 12\ °C$). Belüftete Nebenräume, die durch angrenzende Aufenthaltsräume indirekt beheizt werden, sind wie Aufenthaltsräume zu behandeln. An Räume mit einer Innentemperatur $\theta_i < 12\ °C$ werden keine Anforderungen gestellt.

1.8.1 Anforderungen

1.8.1.1 Hygienischer Wärmeschutz

Zur Gewährleistung des hygienischen Wärmeschutzes muss an der ungünstigsten Stelle der zulässige Temperaturfaktor $f_{Rsi} \geq 0{,}7$ oder die kritische Oberflächentemperatur $\theta_{si,min} \geq 12{,}6\ °C$ nachgewiesen werden. Bezogen werden diese Anforderungen auf Räume mit üblicher Nutzung. Gemäß Festlegungen in DIN 4108-2 bedeutet dies, dass bei der Nachweisführung als Randbedingungen eine Innenraumtemperatur von $\theta_i = 20\ °C$ und eine relative Feuchte im Raum von

$\phi_i = 50\,\%$ sowie eine Außentemperatur von $\theta_e = -5\,°C$ anzusetzen sind. Weiterhin wird vorausgesetzt, dass in dem zu untersuchenden Raum die relative Feuchte an der Bauteiloberfläche über einen Zeitraum von mehreren Tagen den Wert $\phi_{si} = 0{,}8$ überschreitet.

1.8.1.2 Tauwasserausfall auf Bauteiloberflächen

Soll Tauwasserausfall auf Bauteiloberflächen vermieden werden, muss für den Temperaturfaktor f_{Rsi} die Bedingung $f_{Rsi} \geq 0{,}57$ oder für die kritische Oberflächentemperatur der Wert $\theta_{i,min} \geq 9{,}3\,°C$ eingehalten werden. **Voraussetzung für diese Grenzwerte sind die Normrandbedingungen nach DIN 4108-2.**

Beachte: Nach DIN 4108-2, DIN 4108-3 und DIN EN ISO 13788 ist die vorübergehende Bildung von Tauwasser in kleinen Mengen an Fenstern und Pfosten-Riegel-Konstruktionen zulässig, falls die Oberfläche die Feuchtigkeit nicht absorbiert und entsprechende Vorkehrungen zur Vermeidung eines Kontaktes mit angrenzenden empfindlichen Materialien getroffen wurde. Unter den genannten Maßgaben ist daher Tauwasserausfall zulässig, sofern der hygienische Wärmeschutz davon nicht betroffen wird.

Anforderungen an den Schutz vor Tauwasserausfall bestehen nur dann, wenn die Gefahr einer Schädigung der Konstruktion besteht und damit die Standsicherheit beeinträchtigt wird (siehe LBO / MBO § 3 Absatz 1).

1.8.1.3 Korrosion

Zur Vermeidung einer Schädigung empfindlicher Materialien durch Korrosion darf nach DIN EN ISO 13788 eine relative Feuchte auf der Bauteiloberfläche von $\phi_{si} = 0{,}6$ nicht überschritten werden. Unter Verwendung der Randbedingungen nach DIN 4108-2 bedeutet dies einen zulässigen Temperaturfaktor von $f_{Rsi} \geq 0{,}88$ sowie eine kritische Oberflächentemperatur von $\theta_{si,min} \geq 17{,}1\,°C$. **Voraussetzung für diese Grenzwerte sind die Normrandbedingungen nach DIN 4108-2.**

Anforderungen an den Korrosionsschutz bestehen nur dann, wenn die Gefahr einer Schädigung der Konstruktion besteht und damit die Standsicherheit beeinträchtigt wird (siehe LBO / MBO § 3 Absatz 1).

1.8.2 Nachweise an den hygienischen Wärmeschutz

Für folgende Konstruktionen ist kein gesonderter Nachweis des hygienischen Wärmeschutzes notwendig:

- (zweidimensionale) Ecken von Außenbauteilen mit gleichartigem Aufbau, deren Einzelkomponenten die Anforderungen nach DIN 4108-2 (siehe Abschnitt 1.8.2.1) einhalten,
- alle konstruktiven, formbedingten und stoffbedingte Wärmebrücken, die beispielhaft in DIN 4108 Beiblatt 2 aufgeführt sind.

Achtung: Bei allen davon abweichenden Konstruktionen ist zur Gewährleistung des hygienischen Wärmeschutzes an der ungünstigsten Stelle entweder der zulässige Temperaturfaktor f_{Rsi} oder die kritische Oberflächentemperatur $\theta_{i,min}$ nachzuweisen.

Achtung: Ohne zusätzliche Wärmedämm-Maßnahmen sind auskragende Balkonplatten, Attiken, freistehende Stützen sowie Wände aus Materialien mit $\lambda > 0{,}5$ W/(mK), die in den ungedämmten Dachraum oder ins Freie ragen, unzulässig. (Als freistehende Stützen gelten – in Verbindung mit den Mindestanforderungen nach Tafel 3.15 Zeile 11.1 – auch Stützen in Tiefgaragen. Wände, die in den ungedämmten Dachraum ragen, sind häufig bei Reihen- oder Doppelhäusern mit nicht ausgebauten Dachräumen anzutreffen. Diese Wände sind dann auch auf der dem unbeheizten Raum zugewandten Seite zu dämmen. Diese Anforderung gilt in gleicher Weise für Räume, die „zum Ausbau vorbereitet sind".)

1.8.2.1 Flächige Bauteile und Bauteile im Bereich zweidimensionaler Ecken mit einer flächenbezogenen Masse von $m' \geq 100$ kg/m²

Bei Räumen mit üblicher Nutzung ist kein gesonderter Nachweis des hygienischen Wärmeschutzes notwendig, wenn der Wärmedurchlasswiderstand R flächiger Bauteile und von Bauteilen im Bereich zweidimensionaler Ecken, die eine flächenbezogene Masse von $m' \geq 100$ kg/m² aufweisen, die Mindestwerte der Tafel 3.15 nicht unterschreitet. Betrachtet werden ein- und mehrschichtige nichttransparente Bauteile.

Tafel 3.15: Mindestwerte des Wärmedurchlasswiderstandes R

Spalte	1	2
Zeile	Bauteile	Wärmedurchlasswiderstand R [(m²K)/W]
1	Außenwände; Wände von Aufenthaltsräumen gegen Bodenräume, Durchfahrten, offene Hausflure, Garagen, Erdreich	1,2
2	Wände zwischen fremdgenutzten Räumen; Wohnungstrennwände	0,07
3	Treppenraumwände — zu Treppenräumen mit wesentlich niedrigeren Innentemperaturen (z. B. indirekt beheizte Treppenräume); Innentemperaturen $\theta \leq 10$ °C, aber Treppenraum mindestens frostfrei[2)]	0,25
4	Treppenraumwände — zu Treppenräumen mit Innentemperaturen $\theta_i > 10$ °C (z. B. Verwaltungsgebäuden, Geschäftshäusern, Unterrichtsgebäuden, Hotels, Gaststätten und Wohngebäuden	0,07
Fußnoten s. S. 3.16		

3A Bauphysik (Wärme, Feuchte, Schall)

Spalte		1	2
Zeile		Bauteile	Wärme-durchlass-widerstand R [(m²K)/W]
5		Wohnungstrenndecken, Decken zwischen fremden Arbeitsräumen; Decken unter Räumen zwischen gedämmten Dachschrägen und Abseitenwänden bei ausgebauten Dachräumen	allgemein — 0,35
6			in zentralbeheizten Bürogebäuden — 0,17
7		unterer Abschluss nicht unterkellerter Aufenthaltsräume	unmittelbar an das Erdreich grenzend bis zu einer Raumtiefe von 5 m
8			über einen nicht belüfteten Hohlraum an das Erdreich grenzend
9		Decken unter nicht ausgebauten Dachräumen; Decken unter bekriechbaren oder noch niedrigeren Räumen; Decken unter belüfteten Räumen zwischen Dachschrägen und Abseitenwänden bei ausgebauten Dachräumen, wärmegedämmten Dachschrägen	0,90 (Zeilen 7–9)
10		Kellerdecken; Decken gegen abgeschlossene, unbeheizte Hausflure u. Ä.	
11	11.1	Decken und Dächer, die Aufenthaltsräume gegen die Außenluft abgrenzen	nach unten, gegen Garagen (auch beheizte), Durchfahrten (auch verschließbare) und belüftete Kriechkeller [1] — 1,75
11	11.2		nach oben, z. B. Dächer nach DIN 18530, Dächer und Decken unter Terrassen; Umkehrdächer nach 5.3.3 Bei Umkehrdächern ist in die Berechnung des Wärmedurchgangskoeffizient U nach DIN EN ISO 6946 der Korrekturwert ΔU gemäß Tafel 3.18 einzubeziehen. — 1,20

[1] Erhöhter Wärmedurchlasswiderstand wegen Fußkälte.
[2] Die Anforderungen gelten auch für Wände, die Aufenthaltsräume von fremden, dauernd unbeheizten Räumen, wie z. B. abgeschlossenen Hausfluren, Kellerräumen oder Lagerräumen, trennen.

1.8.2.2 Bauteile mit einer flächenbezogenen Masse $m' < 100$ kg/m²

An Außenwände, Decken unter nicht ausgebauten Dachräumen und Dächern mit einer flächenbezogenen Masse $m' < 100$ kg/m² gelten erhöhte Anforderungen mit einem Mindestwert des Wärmedurchlasswiderstandes von $R \geq 1,75$ (m²K)/W.

Bei Bauteilen in Rahmen- und Skelettbauweise gilt die Anforderungen $R \geq 1,75$ (m²K)/W nur für den Gefachbereich. Allerdings besteht für das gesamte Bauteil eine zweite Maßgabe, nach der der mittlere Wärmedurchlasswiderstand aller Konstruktionselemente $R \geq 1,0$ (m²K)/W nicht unterschritten werden darf.

Diese Anforderung gilt auch für Rollladenkästen. Ergänzend ist ein Grenzwert für den Deckel des Rollladenkastens von $R \geq 0,55$ (m²K)/W einzuhalten.

Werden in Fensterwänden oder Fenstern nichttransparente Ausfachungen mit einem Flächenanteil von mehr als 50 %, der gesamten Ausfachungsfläche eingebaut, gilt für diese Teile ein Grenzwert von $R \geq 1,2$ (m²K)/W. Beträgt der Anteil der Paneele an der gesamten Ausfachungsfläche weniger als 50 %, liegt der einzuhaltende Wärmedurchlasswiderstand bei $R \geq 1,0$ (m²K)/W.

1.8.2.3 Rollladenkästen

Bei Einbau- und Aufsatzkästen ist an der Schnittstelle zwischen Rollladenkasten (unabhängig vom Material) und dem Baukörper (jeweils oben und seitlich des Rollladenkastens) der Temperaturfaktor $f_{Rsi} \geq 0,7$ einzuhalten. Diese Anforderung gilt auch für den oberen Anschluss des Fensterprofils an den Rolladenkasten.

Wenn Vorsatzkästen verwendet werden, ist der Temperaturfaktor $f_{Rsi} \geq 0,7$ an den Schnittstellen zwischen dem Fensterelement (einschließlich des Vorsatzkastens) und dem Baukörper nachzuweisen.

1.8.2.4 Gebäude mit niedrigen Innentemperaturen (19 °C > $\theta_i \geq 12$ °C)

Mit Ausnahme von Außenwänden gelten die Anforderungen an den Mindestwärmeschutz von Bauteilen nach Tafel 3.15 auch für Gebäude mit niedrigen Innentemperaturen. Bei Außenwänden ist ein Mindestwert des Wärmedurchlasswiderstandes von $R \geq 0,55$ (m²K)/W nachzuweisen.

1.8.3 Nachweisführung

Für flächige Bauteile und Bauteile im Bereich zweidimensionaler Wärmebrücken, die die Maßgaben nach Tafel 3.15 nicht einhalten, bzw. für Konstruktionen, die nicht den in DIN 4108 Beiblatt 2 beispielhaft aufgeführten Wärmebrücken entsprechen, ist der kritische Temperaturfaktor f_{Rsi} oder die minimale Oberflächentemperatur $\theta_{si,min}$ zu berechnen.

Achtung: Soll zum Nachweis des hygienischen Wärmeschutzes die minimale Oberflächentemperatur $\theta_{si,min}$ berechnet werden, dann dürfen die erforderlichen Wärmedurchlasswiderstände R und Wärmedurchgangskoeffizienten U nur bei thermisch homogenen Bauteilen nach DIN EN ISO 6946 ermittelt werden. Bei thermisch inhomogenen Bauteilen erfolgt die Bestimmung der minimalen Oberflächentemperatur nach DIN EN ISO 10211 mit Hilfe von Wärmebrückenprogrammen.

Achtung: Für übliche Verbindungsmittel, wie Nägel, Schrauben, Drahtanker, sowie beim Anschluss von Fenstern an angrenzende Bauteile und für Mörtelfugen von Mauerwerk nach DIN 1053-1 braucht kein Nachweis der Wärmebrückenwirkung geführt werden.

Beachte: Gemäß DIN 4108-2 dürfen bei der Berechnung des Wärmedurchlasswiderstandes R nur Bauteilschichten raumseitig der Bauwerksabdichtung bzw. der Dachabdichtung berücksichtigt werden. Ausgenommen davon sind Wärmedämmsysteme als Umkehrdach unter Verwendung von Dämmplatten aus extrudiertem Polystyrolschaum nach DIN EN 13164 und DIN V 4108-4 sowie Wärmedämmsysteme als Perimeterdämmung, wenn Dämmstoffe aus extrudiertem Polystyrolschaum nach DIN EN 13164 und DIN V 4108-4 bzw. aus Schaumglas nach DIN EN 13167 zum Einsatz kommen. Bei der Berechnung des Wärmedurchgangskoeffizienten U eines Umkehrdaches ist dieser um einen Betrag ΔU in Abhängigkeit des prozentualen Anteils des Wärmedurchlasswiderstandes unterhalb der Abdichtung am Gesamtwiderstand nach Tafel 3.18 zu erhöhen. Bei leichten Unterkonstruktionen mit einer flächenbezogenen Masse unter 250 kg/m² muss der Wärmedurchlasswiderstand R unterhalb der Abdichtung mindestens 0,15 m²K/W betragen.

Tafel 3.18: Zuschlagswert ΔU bei Umkehrdächern

Anteil des Wärmedurchlasswiderstandes raumseitig der Abdichtung am Gesamtwiderstand [%]	Zuschlagswert ΔU [W/(m²K)]
unter 10	0,05
von 10 bis 50	0,03
über 50	0,00

Achtung: Liegt die Zulassung für ein Filtervlies vor, welches bei nicht genutzten Umkehrdächern zwischen der Dämmschicht und der Kiesschicht eingebaut wird, die besagt, dass das anfallende Oberflächenwasser im Wesentlichen über der Dämmschicht abgeführt wird, dann kann bei der Berechnung des Wärmedurchgangskoeffizienten auf den Zuschlag ΔU verzichtet werden.

Der Temperaturfaktor f_{Rsi} wird wie folgt berechnet:

$$f_{Rsi} = \frac{\theta_{si} - \theta_e}{\theta_i - \theta_e} \tag{28}$$

Dabei bedeuten:

θ_{si} die Temperatur auf der raumseitigen Oberfläche

θ_i Temperatur der Raumluft

θ_e Temperatur der Außenluft

Der Berechnung von f_{Rsi} bzw. $\theta_{si,min}$ sind folgende – in DIN 4108-2 festgelegte Randbedingungen zugrunde zu legen:

- **Innen**

    Raumlufttemperatur: $\theta_i = 20\ °C$
    relative Raumluftfeuchte: $\phi_i = 50\ \%$
    relative Feuchte auf Bauteil-Innenoberfläche nach DIN EN ISO 13788: $\phi_{si} = 80\ \%$
    Wärmeübergangswiderstand innen: $R_{si} = 0{,}25$ m²K/W bei beheizten Räumen

- **Außen**

    Außenlufttemperatur: $\theta_e = -5\ °C$
    Wärmeübergangswiderstand außen: $R_{se} = 0{,}04$ m²K/W

Wärmeschutz

- **Andere Temperaturbereiche**
  Bei Wärmebrücken von Bauteilen, die beheizte Räume gegen das Erdreich, unbeheizte Kellerräume oder Pufferzonen abgrenzen, sind auf der dem Innenraum abgewandten Seite folgende Wärmeübergangswiderstände R_s und Temperaturen anzusetzen.

  Wärmeübergangswiderstand außen: $R_{se} = 0{,}17$ m²K/W   bei unbeheizten Räumen
  Wärmeübergangswiderstand außen: $R_{s,Erd} = 0{,}00$ m²K/W   bei Erdreich

Tafel 3.19: Temperaturrandbedingungen für unbeheizte Räume und das Erdreich

Gebäudeteile bzw. Umgebung	Temperatur $\theta_{unbeheizt}$ bzw. $\theta_{Erdreich}$ [°C]
Keller	10
Unbeheizter Pufferraum	10
Unbeheizter Dachraum	−5
Erdreich	10

Weitere Angaben zu Randbedingungen bei der Berechnung des Temperaturfaktors f_{Rsi} bzw. der Oberflächentemperatur θ_{si} sind DIN 4108 Beiblatt 2 Abschnitt 7 zu entnehmen.

1.9 Sommerlicher Wärmeschutz

Bei der Berücksichtigung ausreichender Maßnahmen zum sommerlichen Wärmeschutz sind bei Wohngebäuden und Gebäuden mit wohnähnlicher Nutzung sowie bei Gebäuden mit Einzelbüros und vergleichbarer Verwendung Anlagen zur Konditionierung der Raumluft (Kühlung/Trocknung/Befeuchtung) nicht erforderlich.

1.9.1 Grundgleichungen

$$\text{vorh. } S \leq \text{zul. } S \tag{29}$$

$$\text{vorh. } S = \frac{\sum_{i=1}^{n}\left(A_{W,i} \cdot g_{total,i}\right)}{A_G} \tag{30}$$

$$g_{total} = g \cdot F_c \tag{31}$$

$$g_{total,Mittel} = \frac{g_{total,1} \cdot A_{W,1} + g_{total,2} \cdot A_{W,2} + \ldots + g_{total,i} \cdot A_{W,i}}{A_{W,1} + A_{W,2} + \ldots + A_{W,i}} \tag{32}$$

$$\text{zul. } S = \sum S_x \tag{33}$$

$$f_{gew} = \frac{(A_W + 0{,}3 \cdot A_{AW} + 0{,}1 \cdot A_D)}{A_G} \tag{34}$$

$$f_{neig} = \frac{A_{W,\,neig}}{A_G} \tag{35}$$

$$f_{nord} = \frac{A_{W,\,nord}}{A_{W,\,gesamt}} \tag{36}$$

1.9.2 Einflüsse auf den sommerlichen Wärmeschutz

Die Menge an solarer Energie, die über transparente Bauteile wie Fenster oder festverglaste Flächen in einen Raum oder Raumbereich eingestrahlt wird, ist im Wesentlichen von folgenden Parametern abhängig:

- dem Gesamtenergiedurchlassgrad g,
- dem Sonnenschutz,
- ihrem Anteil an der Fläche der Außenbauteile,
- ihrer Orientierung zur Himmelsrichtung,
- der Neigung gegenüber der Horizontalen und damit der Neigung gegenüber der Sonnenbahn.

Die Temperatur, die sich aus der eingestrahlten Energie in Aufenthaltsräumen einstellt, wird von folgenden Randbedingungen beeinflusst:

- der Belüftung (insbesondere während der zweiten Nachthälfte),
- der Klimaregion,
- der Wärmespeicherfähigkeit raumumschließender Bauteile,
- der Fläche von Außenbauteilen zur Wärmeabgabe während der Nachtzeit,
- von den Wärmeleiteigenschaften der nichttransparenten Bauteile bei instationären Randbedingungen (tageszeitlicher Temperaturgang und Sonneneinstrahlung).

Beachte: Räume, deren Fenster nach zwei oder mehr Richtungen orientiert sind, insbesondere solche mit Südost- bzw. Südwestorientierung, sind im Allgemeinen ungünstiger als Räume mit einer Orientierung nach nur einer Himmelsrichtung.

1.9.3 Ziele und Grenzwerte des sommerlichen Wärmeschutzes

Mit den Anforderungen an den sommerlichen Wärmeschutz soll erreicht werden, dass in Gebäuden mit üblicher Nutzung auf Anlagen zur Konditionierung der Raumluft verzichtet werden kann. Bei dem Verfahren nach DIN 4108-2 handelt es sich um Nachweisverfahren mit standardisierten Randbedingungen, so dass es im Einzelfall zu Überschreitungen der vorgegebenen Bemessungswerte der Innentemperaturen kommen kann. Da die Klimasituation bundesweit unterschiedlich ist, wurden die Bemessungswerte der Innenraumtemperatur den verschiedenen Situationen angepasst und das Bundesgebiet in die drei Sommer-Klimaregionen A, B, und C mit unterschiedlichen Bemessungswerten der Raumlufttemperatur unterteilt. Eine solche Vorgehensweise war notwendig, um – basierend auf den Temperaturlasten – die bauliche und gestalterische Freiheit nicht über Gebühr einzuschränken. Als Ergebnis wurden Anforderungen an den sommerlichen Wärmeschutz und Bemessungswerte der Innenraumtemperatur nach Tafel 3.20 in der Weise festgelegt.

Achtung: Die Grenzwerte an den sommerlichen Wärmeschutz wurden unter der Maßgabe festgelegt, dass die Innentemperaturen von Gebäuden in den unterschiedlichen Klimaregionen an maximal 10 % der Aufenthaltszeit (bei Wohngebäude üblicherweise 24 h/d, bei Büroräumen üblicherweise 10 h/d) überschritten werden darf.

Tafel 3.20: Grenzwerte der Innentemperaturen der Sommer-Klimaregionen

Sommer-Klimaregion	Merkmal der Region	Grenzwert der Innentemperatur $\theta_{i,max}$ [°C]	Höchstwert der mittleren monatlichen Außenlufttemperatur $\theta_{e,M}$ [°C]
A	Sommerkühl	25	$\theta_{e,M} \leq 16{,}5$
B	Gemäßigt	26	$16{,}5 < \theta_{e,M} < 18$
C	Sommerheiß	27	$\theta_{e,M} \geq 18$

Wärmeschutz

1.9.4 Nachweispflicht

Gemäß DIN 4108-2 und der Energieeinsparverordnung §§ 3 und 4 ist der Nachweis des sommerlichen Wärmeschutzes sowohl in Wohn- als auch in Nichtwohngebäuden für den ungünstigsten Raum zu führen.

Achtung: Die Anforderungen an den sommerlichen Wärmeschutz sind nach DIN 4108-2 Abschnitt 5.2.4 auch für Gebäude mit niedrigen Innenraumtemperaturen (19 °C > $\theta_i \geq 12$ °C) zu erbringen.

Beachte: Der Nachweis an den sommerlichen Wärmeschutz ist für den ungünstigsten Raum in einem Gebäude zu führen.

Entsprechend DIN 4108-2 kann auf einen Nachweis verzichtet werden, wenn der Fensterflächenanteil f_{AG} nach Gleichung 37 des betrachteten Raums die Werte nach Tafel 3.21 nicht überschreitet.

$$f_{AG} = \frac{A_W}{A_G} \tag{37}$$

Dabei bedeuten:

A_W Fensterfläche über lichtes Rohbaumaß nach Abb. 3.21. Bei Dachflächenfenstern kann das Außenmaß des Blendrahmens als lichtes Rohbaumaß angenommen werden. Dies gilt unabhängig vom Glasanteil und der Rahmenausbildung.

A_G Nettogrundfläche, die von der Sonne beschienen wird. Sie wird mit Hilfe der lichten Raummaße ermittelt. Bei sehr tiefen Räumen ist sie zu begrenzen. Die größte Raumtiefe, die angesetzt werden kann, ergibt sich aus der dreifachen lichten Raumhöhe. Bei Räumen mit gegenüberliegenden Fassaden setzt sich die Nettogrundfläche aus dem Produkt der Fassadenlänge und dem Fassadenabstand zusammen, wenn die Raumtiefe kleiner oder gleich der sechsfachen lichten Raumhöhe ist. Bei Räumen mit einem größeren Abstand von Fassade zu Fassade als der sechsfachen lichten Höhe ist der Nachweis für beide Raumhälften getrennt zu führen. Bei der Ermittlung der wirksamen Speicherfähigkeit sind die raumumschließenden Bauteile nur soweit zu berücksichtigen, wie sie das Volumen bestimmen, das aus der Nettogrundfläche und der lichten Raumhöhe gebildet wird.

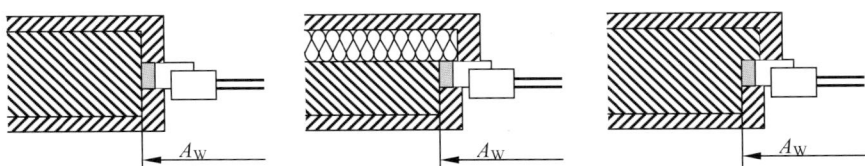

Abb. 3.21: Ermittlung des lichten Rohbaumaßes

Der mögliche Verzicht gilt außerdem bei Ein- und Zweifamilienwohngebäuden, deren ost-, süd- oder westorientierten Fenster mit außenliegenden Sonnenschutzvorrichtungen ausgestattet sind, die einen Abminderungsfaktor $F_C \leq 0{,}3$ aufweisen.

Tafel 3.22: Grenzwerte der Nachweispflicht

Spalte	1	2	3
Zeile	Neigung der Fenster gegenüber der Horizontalen	Orientierung der Fenster [1]	Grundflächenbezogener Fensterflächenanteil [2] f_{AG} [%]
1	Über 60° bis 90°	Nord-West über Süd bis Nord-Ost	10
2		Alle anderen Nordorientierungen	15
3	Von 0° bis 60°	Alle Orientierungen	7

Anmerkung: Den angegeben Fensterflächen liegen Werte der Klimaregion B nach DIN V 4108-5 zugrunde.

[1] Sind beim betrachteten Raum mehrere Orientierungen mit Fenstern vorhanden, ist der kleinere Grenzwert für f_{AG} maßgebend.

[2] Der Fensterflächenanteil f_{AG} ergibt sich aus dem Verhältnis der Fensterfläche zur Grundfläche des betrachteten Raums oder der Raumgruppe. Sind mehrere Fassaden oder beispielsweise ein Erker vorhanden, wird f_{AG} aus dem Verhältnis der Summe aller Fensterflächen zur Nettogrundfläche A_G berechnet.

Nicht geführt werden kann der Nachweis mit dem vereinfachten Verfahren, wenn der zu untersuchende Raum oder Raumbereich an folgende bauliche Einrichtungen grenzt:

- Unbeheizte Glasvorbauten
- Doppelfassaden
- Transparente Wärmedämmung

Beachte: Für Räume, die an unbeheizten Glasvorbauten grenzen, gelten folgende Ausnahmen:

– Wird der zu untersuchende Raum oder Raumbereich nur über den unbeheizten Glasvorbau belüftet, dann gilt der Nachweis als erfüllt, wenn der unbeheizte Glasvorbau einen Sonnenschutz mit einem Abminderungsfaktor $F_C \leq 0{,}30$ aufweist und über Lüftungsöffnungen im obersten und untersten Bereich verfügt, die zusammen mindestens 10 % der Glasfläche ausmachen.

– Wird der zu untersuchende Raum oder Raumbereich nicht über den unbeheizten Glasvorbau belüftet, dann kann der Nachweis des sommerlichen Wärmeschutzes geführt werden, als ob der unbeheizte Glasvorbau nicht existent wäre.

Achtung: Der Nachweis des sommerlichen Wärmeschutzes ist nach DIN 4108-2 Abschnitt 8.2 auch für Gebäude mit raumlufttechnischen Anlagen zur Kühlung zu führen. Dabei sind zunächst vorrangig alle Maßnahmen des baulichen Wärmeschutzes auszuschöpfen, sodass nur die verbleibende Wärmelast mittels einer Klimaanlage abgeführt werden muss.

1.9.5 Nachweisführung

Der Nachweis des sommerlichen Wärmeschutzes ist erfüllt, wenn der vorhandene Sonneneintragskennwert vorh. S kleiner oder gleich dem zulässigen Sonneneintragskennwert zul. S ist.

Zur Berechnung der in den Raum einstrahlenden solaren Energie wird der vorhandene Sonneneintragskennwert vorh. S wie folgt ermittelt:

$$\text{vorh. } S = \frac{\sum_j (A_{w,j} \cdot g_{total,j})}{A_G} \tag{38}$$

Dabei bedeuten:

Wärmeschutz

$A_{w,j}$ Fensterfläche, ermittelt über das lichte Rohbaumaß nach Abb. 3.21. Die Summe bezieht sich auf alle Fenster eines Raumes oder Raumbereichs.

$g_{total,j}$ Gesamtenergiedurchlassgrad der Verglasung einschließlich Sonnenschutz nach Gleichung 39

$$g_{total} = g \cdot F_C \qquad (39)$$

mit:

g Gesamtenergiedurchlassgrad der Verglasung nach DIN EN 410. Der Gesamtenergiedurchlassgrad g kann Herstellerangaben entnommen werden.

F_C Reduktionsfaktor von Sonnenschutzvorrichtungen nach Tafel 3.23.

Sind bei dem nachzuweisenden Raum Verglasungen mit unterschiedlichen Werten des Gesamtenergiedurchlassgrades oder verschiedene Sonnenschutzvorrichtungen vorhanden, ist der flächengewichtete mittlere Gesamtenergiedurchlassgrad $g_{total,mittel}$ nach Gleichung 40 zu ermitteln.

$$g_{total,Mittel} = \frac{g_{total,1} \cdot A_{W,1} + g_{total,2} \cdot A_{W,2} + \ldots + g_{total,j} \cdot A_{W,j}}{A_{W,1} + A_{W,2} + \ldots + A_{W,j}} \qquad (40)$$

Tafel 3.23: Reduktionsfaktoren von Sonnenschutzvorrichtungen

Zeile		Sonnenschutzvorrichtung[1]	F_C
1		Ohne Sonnenschutzvorrichtung	1,00
2		Innenliegend oder zwischen den Scheiben[2]:	
	2.1	weiß oder reflektierende Oberfläche mit geringer Transparenz	0,75
	2.2	helle Farben oder geringe Transparenz[3]	0,80
	2.3	dunkle Farben oder höhere Transparenz	0,90
3		Außenliegend	
	3.1	drehbare Lamellen, hinterlüftet	0,25
	3.2	Jalousien und Stoffe mit geringer Transparenz[3], hinterlüftet	0,25
	3.3	Jalousien, allgemein	0,40
	3.4	Rollläden, Fensterläden	0,30
	3.5	Vordächer, Loggien, freistehende Lamellen[4]	0,50
	3.6	Markisen[4], oben und seitlich ventiliert	0,40
	3.7	Markisen[4], allgemein	0,50

[1] Die Sonnenschutzvorrichtung muss fest installiert sein. Übliche dekorative Vorhänge gelten nicht als Sonnenschutzvorrichtung.

[2] Für innen und zwischen den Scheiben liegende Sonnenschutzvorrichtungen ist eine genaue Ermittlung zu empfehlen, da sich erheblich günstigere Werte ergeben können. Eine Transparenz der Sonnenschutzvorrichtung unter 15% gilt als gering.

[3] Dabei muss näherungsweise sichergestellt sein, dass keine direkte Besonnung des Fensters erfolgt. Dies ist der Fall, wenn
- bei Südorientierung der Abdeckwinkel $\beta \geq 50°$ ist;
- bei Ost- oder Westorientierung der Abdeckwinkel $\beta \geq 85°$ oder $\gamma \geq 115°$ beträgt.

[4] Zu den jeweiligen Orientierungen gehören Winkelbereiche von ± 22,5°. Bei Zwischenorientierungen ist der Abdeckwinkel $\beta \geq 80°$ erforderlich.

Vertikalschnitt durch die Fassade   Horizontalschnitt durch die Fassade

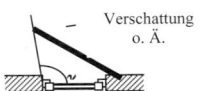

Süd-Orientierung   West-Orientierung   Ost-Orientierung

3A Bauphysik (Wärme, Feuchte, Schall)

Der Grenzwert des Sonneneintragskennwertes zul. S wird aus der Summe der anteiligen Sonneneintragskennwerte nach Tafel 3.24 berechnet. Dabei gilt:

$$\text{zul. } S = \sum_{i=1}^{6} S_{x,i} \tag{41}$$

Dabei sind die einzelnen $S_{x,i}$-Werte nach Tafel 3.24 zu bestimmen.

Tafel 3.24: Anteilige Sonneneintragskennwerte $S_{x,i}$

1	2	3	4
Zeile		Gebäudelage bzw. Bauart, Fensterneigung und Orientierung	Anteilige Sonneneintragskennwerte $S_{x,i}$
1		Klimaregion[1]:	
	1.1	Gebäude in Klimaregion A	0,04
	1.2	Gebäude in Klimaregion B	0,03
	1.3	Gebäude in Klimaregion C	0,015
2		Bauart[2]:	
	2.1	leichte Bauart: ohne Nachweis von C_{wirk}/A_G	$0,06\,f_{gew}$ [3]
	2.2	mittlere Bauart: 50 Wh/(km²) $\leq C_{wirk}/A_G \leq$ 130 Wh/(km²)	$0,10\,f_{gew}$ [3]
	2.3	schwere Bauart: $C_{wirk}/A_G >$ 130 Wh/(km²)	$0,115\,f_{gew}$ [3]
3		Erhöhte Nachtlüftung[4] während der zweiten Nachthälfte n $\geq$ 1,5 h^{-1}:	
	3.1	bei mittlerer[2] und leichter[2] Bauart	+ 0,02
	3.2	bei schwerer Bauart[2]	− 0,03
4		Sonnenschutzverglasung[5] mit $g \leq$ 0,4	+ 0,03
5		Fensterneigung: 0° $\leq$ Neigung $\leq$ 60° (gegenüber der Horizontalen)	$- 0,12\,f_{neig}$ [6]
6		Orientierung: Nord-, Nordost- und Nordwest orientierte Fenster, soweit die Neigung gegenüber der Horizontalen > 60° ist, sowie Fenster, die dauernd vom Gebäude selbst verschattet sind	$+ 0,10\,f_{nord}$ [7]
Fußnoten s. folgende Seite			

Fußnoten für Tafel 3.24

[1] Höchstwerte der mittleren monatlichen Außenlufttemperaturen nach Tafel 3.20;
[2] Im Zweifelsfall kann nach DIN V 4108-6 die wirksame Wärmespeicherfähigkeit für den betrachteten Raum bzw. Raumbereich bestimmt werden, um die Bauart einzuordnen; dabei ist folgende Einstufung vorzunehmen:
- leichte Bauart liegt vor, wenn $C_{wirk}/A_G < 50$ Wh/(km²)
    mit C_{wirk} wirksame Wärmespeicherfähigkeit
         A_G Nettogrundfläche nach Abschnitt 1.9.4;
- mittlere Bauart liegt vor, wenn 50 Wh/(Km²) $\leq C_{wirk}/A_G \leq 130$ Wh/(km²);
- schwere Bauart liegt vor, wenn $C_{wirk}/A_G > 130$ Wh/(km²).

[3] $f_{gew} = (A_W + 0{,}3\, A_{AW} + 0{,}1\, A_D) / A_G$
    mit f_{gew} als gewichtete Außenfläche bezogen auf die Nettogrundfläche; die Gewichtungsfaktoren berücksichtigen die Relation zwischen dem sommerlichen Wärmedurchgang üblicher Außenbauteile
         A_W Fensterfläche (einschließlich Dachfenster) nach Abschnitt 1.9.4
         A_{AW} Außenwandfläche (Außenmaße)
         A_D wärmeübertragende Dach- oder Deckenfläche nach oben oder unten gegen Außenluft, Erdreich und unbeheizte Dach- und Kellerräume (Außenmaße)
         A_G: Nettogrundfläche (lichte Maße) nach Abschnitt 1.9.4

[4] Bei Ein- und Zweifamilienhäusern kann in der Regel von einer erhöhten Nachtlüftung ausgegangen werden.
[5] Als gleichwertige Maßnahme gilt eine Sonnenschutzvorrichtung, die die diffuse Strahlung permanent reduziert und deren $g_{total} \leq 0{,}4$ erreicht.
[6] $f_{neig} = A_{W,neig} / A_G$
    mit $A_{W,neig}$ geneigte Fensterfläche
    A_G Nettogrundfläche nach Abschnitt 1.9.4
[7] $f_{nord} = A_{W,nord} / A_{W,ges}$
    mit $A_{W,nord}$ als Nord-, Nordost- und Nordwest orientierte Fensterflächen, soweit die Neigung gegenüber der Horizontalen > 60° ist, sowie Fensterflächen, die dauernd vom Gebäude selbst verschattet sind;
         $A_{W,ges}$ gesamte Fensterfläche

Achtung: Die Nachweisführung ist bei Bedarf auch mit Hilfe genauerer ingenieurmäßiger Berechnungsverfahren (Simulationsrechnungen) zulässig. Als Randbedingungen sind dabei die Angaben aus DIN 4108-2 Abschnitt 8.4 zu verwenden.

Tafel 3.26: Sommer-Klimaregionen

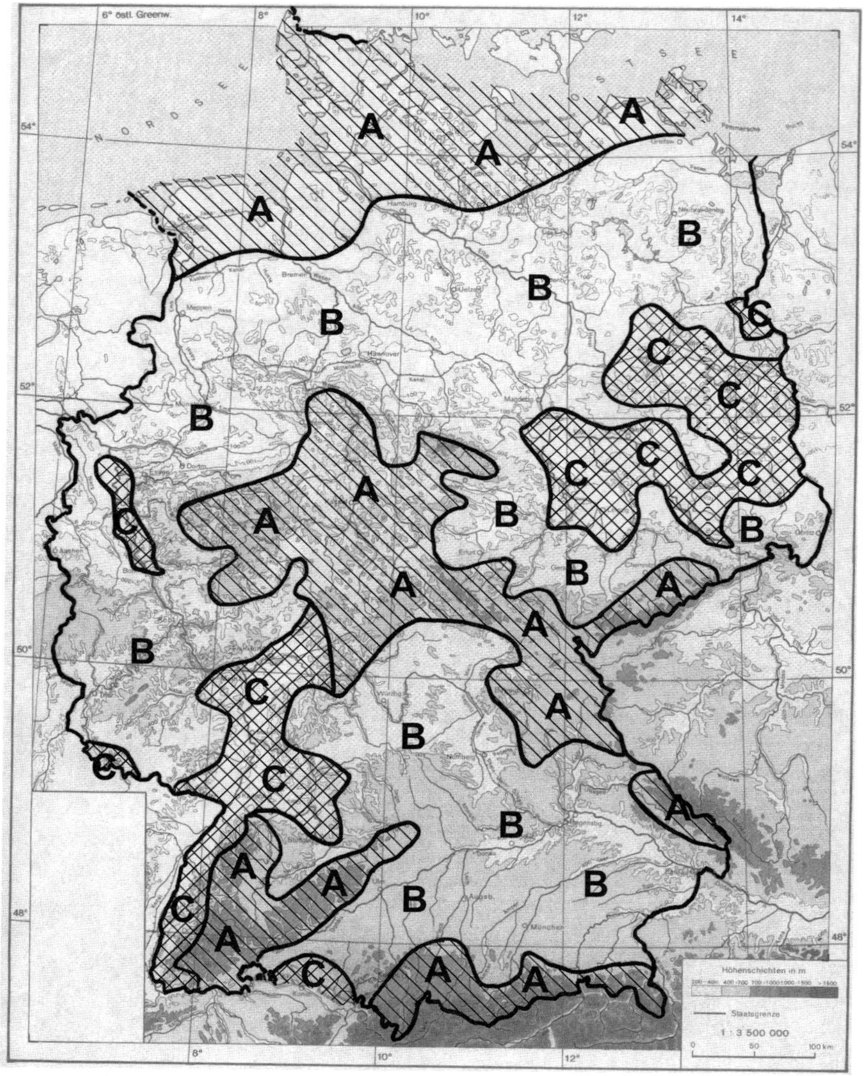

Legende:

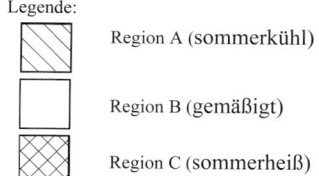
Region A (sommerkühl)

Region B (gemäßigt)

Region C (sommerheiß)

2 Klimabedingter Feuchteschutz

Bei der Untersuchung von Feuchteproblemen im Bauwesen ist zwischen drei Fragestellungen zu unterscheiden:

- Tauwasserausfall auf Bauteiloberflächen,
- Tauwasserausfall in Bauteilen,
- Durchfeuchtung infolge von Schlagregen.

In allen drei Fällen zielen die Untersuchungen bzw. die normativen Festlegungen und Grenzwerte darauf ab, die möglichen Einwirkungen von Tauwasser aus der Raumluft unter winterlichen Bedingungen und die Einwirkungen von Schlagregen auf Baukonstruktionen so zu begrenzen, dass Schäden (z. B. unzulässige Minderung des Wärmeschutzes, Schimmelbildung, Korrosion) vermieden werden. Dabei ist die Möglichkeit der raumseitigen Tauwasserbildung aus einströmender Außenluft in den Innenraum (Sommerkondensation) oder die Umkehrdiffusion bei besonnten Bauteilen im Einzelfall zu beachten.

Der Wasser- oder Wasserdampftransport in Bauteile bzw. durch Bauteile hindurch erfolgt durch Kapillarität, Sorption, Diffusion und Konvektion. DIN 4108-3 enthält vereinfachte Verfahren, mit deren Hilfe kritische Feuchtezustände in Bauteilen durch Kapillarität oder Diffusion vermieden werden sollen.

Achtung: Bei Drucklegung dieses Kapitels war DIN 4108-3:2001-07 in Überarbeitung. Da noch keine gesicherten Erkenntnisse über die endgültigen Inhalte vorlagen, beziehen sich alle folgenden Angaben auf die vorab genannte Ausgabe. Bei einer Verabschiedung des Entwurfs zu DIN 4108-3 werden sich die Randbedingungen der verschiedenen Nachweise deutlich verändern. Im Falle anstehender Berechnungen ist daher stets zu überprüfen, ob eine aktuellere Version dieser Norm verabschiedet wurde.

2.1 Symbole und Formelzeichen

Tafel 3.27: Symbole und Formelzeichen

Größe	Symbol	Einheit
Dicke	d	m
Wasserdampf-Diffusionsstromdichte	g	kg/(m²·s)
Masse	m	kg
Flächenbezogene Tauwassermasse	$m_{W,T}$	kg/m²
Flächenbezogene Verdunstungsmasse	$m_{W,V}$	kg/m²
Wasserdampfteildruck	p	Pa
Wärmestromdichte	q	W/m²
Wasserdampfdiffusionsäquivalente Luftschichtdicke	s_d	m
Zeit	t	s
Massebezogener Feuchtegehalt	u	kg/kg
Wasseraufnahmekoeffizient	w	kg/(m²·h^{0,5})
Wasserdampf-Diffusionskoeffizient	D	m²/h
Wärmedurchlasswiderstand	R	m²K/W
Wärmeübergangswiderstand, innen	R_{si}	m²K/W
Wärmeübergangswiderstand, außen	R_{se}	m²K/W
Wärmedurchgangswiderstand	R_T	m²K/W
Thermodynamische Temperatur	T	K

Größe	Symbol	Einheit
Wärmedurchgangskoeffizient	U	W/(m²K)
Wasserdampf-Diffusionsdurchlasswiderstand	Z	m²·h·Pa/kg
Wasserdampf-Diffusionsleitkoeffizient	δ	kg/(m·s·Pa)
Relative Luftfeuchte	ϕ	-
Wärmeleitfähigkeit	λ	W/(mK)
Wasserdampf-Diffusionswiderstandszahl	μ	-
Dichte	ρ	kg/m³
Celsius-Temperatur	ϑ, θ	°C

2.2 Grundgleichungen

$$p = \phi \cdot p_s \tag{42}$$

$$\varphi = \frac{c}{c_s} = \frac{p}{p_s} \tag{43}$$

$$s_d = \mu \cdot d \tag{44}$$

$$Z = 1{,}5 \cdot 10^6 \cdot \left(\mu_1 \cdot d_1 + \mu_2 \cdot d_2 + \ldots\ldots + \mu_n \cdot d_n\right) \tag{45}$$

$$g = \frac{p_i - p_e}{Z} \tag{46}$$

2.3 Vermeidung kritischer Oberflächenfeuchte auf Bauteilen

2.3.1 Hygienischer Wärmeschutz

Zur Gewährleistung des hygienischen Wärmeschutzes muss an der ungünstigsten Stelle der zulässige Temperaturfaktor $f_{Rsi} \geq 0{,}7$ oder die kritische Oberflächentemperatur $\theta_{si,min} \geq 12{,}6$ °C nachgewiesen werden (siehe Abschnitt 1.8.2). Bezogen werden diese Anforderungen auf Räume mit üblicher Nutzung. Gemäß den Festlegungen in DIN 4108-2 bedeutet dies, dass bei der Nachweisführung als Randbedingungen eine Innenraumtemperatur von $\theta_i = 20$ °C und eine relative Feuchte im Raum von $\phi_i = 50$ % sowie eine Außentemperatur von $\theta_e = -5$ °C anzusetzen sind. Der Rechenwert des inneren Wärmeübergangswiderstandes beträgt bei beheizten Räumen $R_{si} = 0{,}25$ m²K/W. Der äußere Wärmeübergangswiderstand liegt bei $R_{se} = 0{,}04$ m²K/W, bei unbeheizten Räumen $R_{se} = 0{,}17$ m²K/W.

Weiterhin wird vorausgesetzt, dass in dem zu untersuchenden Raum die relative Feuchte an der Bauteiloberfläche über einen Zeitraum von mehreren Tagen den Wert $\phi_{si} = 0{,}8$ überschreitet.

2.3.2 Tauwasserausfall auf Bauteiloberflächen

Soll Tauwasserausfall auf Bauteiloberflächen vermieden werden, muss für den Temperaturfaktor f_{Rsi} die Bedingung $f_{Rsi} \geq 0{,}57$ oder für die minimale Oberflächentemperatur der Wert $\theta_{si,min} \geq 9{,}3$ °C eingehalten werden. Gemäß DIN 4108-3 sind dabei die Normrandbedingungen nach DIN 4108-2 anzusetzen (siehe Abschnitt 2.3.1).

Beachte: Nach DIN 4108-2, DIN 4108-3 und DIN EN ISO 13788 ist die vorübergehende Bildung von Tauwasser in kleinen Mengen an Fenstern und Pfosten-Riegel-Konstruktionen zulässig, falls die Oberfläche die Feuchtigkeit nicht absorbiert und entsprechende Vorkehrungen zur Vermeidung eines Kontaktes mit angrenzenden empfindlichen Materialien getroffen wurde. Unter den genannten Maßgaben ist daher Tauwasserausfall zulässig, sofern der hygienische Wärmeschutz davon nicht betroffen wird.

Klimabedingter Feuchteschutz

Anforderungen an den Schutz vor Tauwasserausfall bestehen nur dann, wenn die Gefahr einer Schädigung der Konstruktion besteht und damit die Standsicherheit beeinträchtigt wird (siehe LBO / MBO § 3 Absatz 1).

2.3.3 Korrosion

Zur Vermeidung einer Schädigung empfindlicher Materialien durch Korrosion darf nach DIN EN ISO 13788 eine relative Feuchte auf der Bauteiloberfläche von $\phi_{si} = 0{,}6$ nicht überschritten werden. Unter Verwendung der Randbedingungen nach DIN 4108-2 bedeutet dies einen zulässigen Temperaturfaktor von $f_{Rsi} \geq 0{,}88$ sowie eine kritische Oberflächentemperatur von $\theta_{si,min} \geq 17{,}1$ °C. Gemäß DIN 4108-3 sind dabei die Normrandbedingungen nach DIN 4108-2 anzusetzen (siehe Abschnitt 2.3.1).

Anforderungen an den Korrosionsschutz bestehen nur dann, wenn die Gefahr einer Schädigung der Konstruktion besteht und damit die Standsicherheit beeinträchtigt wird (siehe LBO / MBO § 3 Absatz 1).

2.3.4 Wasserdampfkonzentration c_{sat} und Taupunkttemperatur θ_{sat}

Bei Untersuchungen, bei denen die Randbedingungen der Temperatur θ und der relativen Feuchte ϕ bekannt sind, können zur Bestimmung der Wasserdampfkonzentration im Sättigungszustand c_s und der Taupunkttemperatur θ_{sat} die Tafeln 3.29 und 3.30 verwendet werden.

Tafel 3.29: Wasserdampfkonzentration in Luft c_{sat} im Sättigungszustand

θ [°C]	-14	-13	-12	-11	-10	-9	-8	-7	-6	-5	-4	-3	-2	-1	±0
c_{sat} [g/m³]	1,52	1,65	1,80	1,96	**2,14**	2,33	2,53	2,75	2,98	**3,23**	3,50	3,81	4,14	4,49	**4,85**
θ [°C]	+1	+2	+3	+4	**+5**	+6	+7	+8	+9	**+10**	+11	+12	+13	+14	**+15**
c_{sat} [g/m³]	5,20	5,57	5,95	6,36	**6,79**	7,25	7,74	8,26	8,81	**9,39**	10,00	10,70	11,30	12,10	**12,80**
θ [°C]	+16	+17	+18	+19	**+20**	+21	+22	+23	+24	**+25**	+26	+27	+28	+29	**+30**
c_{sat} [g/m³]	13,70	14,50	15,40	16,30	**17,30**	18,30	19,40	20,60	21,80	**23,00**	24,40	25,80	27,20	28,80	**30,30**

Weitere Werte der Wasserdampfkonzentration in Luft c_{sat} können nach folgender Näherungsgleichung ermittelt werden:

$$c_s = \frac{p_{sat}}{R_D \cdot (273 + \theta_{Luft})} \tag{47}$$

dabei gilt für die spezifische Gaskonstante des Wasserdampfes: $R_D = 0{,}462$ J/(g·K).

Tafel 3.30: Taupunkttemperatur der Luft in Abhängigkeit von Temperatur und relativer Feuchte

Luft-temperatur θ [°C]	Taupunkttemperatur θ_{sat} [1] [°C] relative Luftfeuchte ϕ [%]												
	30	35	40	45	50	55	60	65	70	75	80	85	90	95
30	10,5	12,9	14,9	16,8	18,4	20,0	21,4	22,7	23,9	25,1	26,2	27,2	28,2	29,1
29	9,7	12,0	14,0	15,9	17,5	19,0	20,4	21,7	23,0	24,1	25,2	26,2	27,2	28,1
28	8,8	11,1	13,1	15,0	16,6	18,1	19,5	20,8	22,0	23,2	24,2	25,2	26,2	27,1
27	8,0	10,2	12,2	14,1	15,7	17,2	18,6	19,9	21,1	22,2	23,3	24,3	25,2	26,1
26	7,1	9,4	11,4	13,2	14,8	16,3	17,6	18,9	20,1	21,2	22,3	23,3	24,2	25,1
25	6,2	8,5	10,5	12,2	13,9	15,3	16,7	18,0	19,1	20,3	21,3	22,3	23,2	24,1
24	5,4	7,6	9,6	11,3	12,9	14,4	15,8	17,0	18,2	19,3	20,3	21,3	22,3	23,1
23	4,5	6,7	8,7	10,4	12,0	13,5	14,8	16,1	17,2	18,3	19,4	20,3	21,3	22,2
22	3,6	5,9	7,8	9,5	11,1	12,5	13,9	15,1	16,3	17,4	18,4	19,4	20,3	21,2
21	2,8	5,0	6,9	8,6	10,2	11,6	12,9	14,2	15,3	16,4	17,4	18,4	19,3	20,2
20	1,9	4,1	6,0	7,7	9,3	10,7	12,0	13,2	14,4	15,4	16,4	17,4	18,3	19,2
19	1,0	3,2	5,1	6,8	8,3	9,8	11,1	12,3	13,4	14,5	15,5	16,4	17,3	18,2
18	0,2	2,3	4,2	5,9	7,4	8,8	10,1	11,3	12,5	13,5	14,5	15,4	16,3	17,2
17	-0,6	1,4	3,3	5,0	6,5	7,9	9,2	10,4	11,5	12,5	13,5	14,5	15,3	16,2
16	-1,4	0,5	2,4	4,1	5,6	7,0	8,2	9,4	10,5	11,6	12,6	13,5	14,4	15,2
15	-2,2	-0,3	1,5	3,2	4,7	6,1	7,3	8,5	9,6	10,6	11,6	12,5	13,4	14,2
14	-2,9	-1,0	0,6	2,3	3,7	5,1	6,4	7,5	8,6	9,6	10,6	11,5	12,4	13,2
13	-3,7	-1,9	-0,1	1,3	2,8	4,2	5,5	6,6	7,7	8,7	9,6	10,5	11,4	12,2
12	-4,5	-2,6	-1,0	0,4	1,9	3,2	4,5	5,7	6,7	7,7	8,7	9,6	10,4	11,2
11	-5,2	-3,4	-1,8	-0,4	1,0	2,3	3,5	4,7	5,8	6,7	7,7	8,6	9,4	10,2
10	-6,0	-4,2	-2,6	-1,2	0,1	1,4	2,6	3,7	4,8	5,8	6,7	7,6	8,4	9,2

[1] Näherungsweise darf geradlinig interpoliert werden

Zusätzliche Angaben zur Taupunkttemperatur der Luft θ_{sat} in Abhängigkeit von Temperatur θ und relativer Feuchte ϕ können wie folgt berechnet werden:

$$\theta_{sat} = \left[\left(\frac{\phi}{100}\right)^{1/n} \cdot (a + \theta_{Luft})\right] - a \qquad (48)$$

Für die Parameter a und n gilt:

Temperaturbereich	Parameter	
	n	a
-20 °C $\leq \theta_{Luft} \leq$ 0 °C	12,3	148,6
0 °C $\leq \theta_{Luft} \leq$ 30 °C	8,02	109,8
Zahlenangaben zur relativen Feuchte ϕ in Prozent		

2.4 Tauwasserausfall im Inneren von Bauteilen

2.4.1 Anwendungsbereich

Das Nachweisverfahren nach DIN 4108-3 zur Überprüfung, ob im Inneren eines Bauteils Tauwasser ausfällt, kann mit den vereinfachten Annahmen bei nichtklimatisierten Wohn- und Büroräumen sowie in Gebäuden mit vergleichbarer Nutzung angewandt werden.

Liegen andere Bedingungen vor, z. B. in Schwimmbädern, in klimatisierten bzw. deutlich anders beaufschlagten Räumen oder bei extremem Außenklima, sind das tatsächliche Raumklima und das Außenklima am Standort des Gebäudes mit deren zeitlichem Verlauf zu berücksichtigen. Es sollten dann Berechnungen unter Berücksichtigung der zeitlich veränderlichen Temperatur- und Feuchtelasten verwendet werden.

Ebenfalls nicht anwendbar ist das Verfahren nach DIN 4108-3 auf begrünte Dachkonstruktionen sowie zur Berechnung des natürlichen Austrocknungsverhaltens, wie z. B. im Fall der Abgabe von Rohbaufeuchte oder von aufgenommenem Niederschlagswasser.

2.4.2 Nachweispflicht

Die Berechnungen der Tauwassermasse infolge von Diffusionsvorgängen sind nach Abschnitt 2.4.5.2 zu führen.

Ein Nachweis des Tauwasserausfalls in Bauteilen ist nicht erforderlich, wenn das betrachtete Bauteil die Bedingungen DIN 4108-3 erfüllt (siehe Abschnitt 2.4.5.1).

2.4.3 Anforderungen

Fällt im Inneren eines Bauteils Tauwasser aus, so führt dies zu einer Erhöhung der Stofffeuchte von Bau- und Wärmedämmstoffen und damit zu einer Materialschädigung oder zur Beeinträchtigungen der Funktionssicherheit. Die Tauwasserbildung im Inneren von Bauteilen ist daher zu vermeiden.

Kommt es trotzdem zum Tauwasserausfall in Bauteilen, dann ist dieser als unkritisch einzustufen, wenn die wesentlichen Anforderungen an Bauteile, Baukonstruktionen und Gebäude, wie z. B. Wärmeschutz, Standsicherheit, sichergestellt sind. Dies ist in der Regel dann gegeben, wenn folgende Maßgaben erfüllt sind:

a) Die Baustoffe, die mit dem Tauwasser in Berührung kommen, dürfen nicht geschädigt werden (z. B. durch Korrosion, Pilzbefall).

b) Das während der Tauperiode im Innern des Bauteils anfallende Wasser muss während der Verdunstungsperiode wieder an die Umgebung abgegeben werden können, d. h. $m_{W,T} \leq m_{W,V}$.

c) Bei Dach- und Wandkonstruktionen darf eine flächenbezogene Tauwassermasse $m_{W,T}$ von insgesamt 1,0 kg/m² nicht überschritten werden. Dies gilt nicht für die Bedingungen nach d).

d) Tritt Tauwasser an Berührungsflächen mit einer kapillar nicht wasseraufnahmefähigen Schicht auf, so darf eine flächenbezogene Tauwassermasse $m_{W,T}$ von 0,5 kg/m² nicht überschritten werden. Festlegungen für Holzbauteile siehe DIN 68800-2:1996-05, 6.4.

e) Bei Holz ist eine Erhöhung des massebezogenen Feuchtegehaltes u_m um mehr als 5 %, bei Holzwerkstoffen um mehr als 3 % unzulässig (Holzwolle-Leichtbauplatten und Mehrschicht-Leichtbauplatten nach DIN EN 13168 sind hiervon ausgenommen).

Achtung: Tritt bei der Nachweisführung nach Abschnitt 2.4.5.2 Tauwasser in mehreren Ebenen auf, ist die Summe der flächenbezogenen Tauwassermassen $m_{W,T}$ für den Vergleich mit den oben genannten Bedingungen maßgebend.

Konvektionsbedingte Tauwasserbildung ist durch luftdichte Konstruktionen nach DIN 4108-2 und DIN V 4108-7 zu vermeiden.

2.4.4 Wasserdampfdiffusionsäquivalente Luftschichtdicke s_d

Die wasserdampfdiffusionsäquivalente Luftschichtdicke s_d kennzeichnet die Dicke einer ruhenden Luftschicht, die den gleichen Wasserdampf-Diffusionswiderstand besitzt wie die betrachtete Bauteilschicht bzw. das aus Schichten zusammengesetzte Bauteil. Sie bestimmt den Widerstand gegen Wasserdampfdiffusion. Die wasserdampfdiffusionsäquivalente Luftschichtdicke ist eine Schicht- bzw. Bauteileigenschaft. Sie ist für eine Bauteilschicht nach Gleichung 49 definiert durch

$$s_d = \mu \cdot d \tag{49}$$

Für mehrschichtige, ebene Bauteile gilt die Addition der einzelnen wasserdampfdiffusionsäquivalenten Luftschichtdicken nach Gleichung 50:

$$s_d = \sum_{j=1}^{n} \mu_j \cdot d_j \tag{50}$$

Dabei ist

μ die Wasserdampf-Diffusionswiderstandszahl
d die Schichtdicke in m

Da die im Bauwesen häufig verwendeten Begriffe der Dampfsperre bzw. der Dampfbremse nirgends definiert sind und teilweise widersprüchlich verwendet werden, erfolgten für diffusionsmindernde Schichten folgende Definitionen:

- diffusionsoffene Schicht: Bauteilschicht mit $s_d \leq 0{,}5$ m
- diffusionshemmende Schicht: Bauteilschicht mit $0{,}5$ m $< s_d < 1500$ m
- diffusionsdichte Schicht: Bauteilschicht mit $s_d \geq 1500$ m

Für diffusionsmindernde Schichten, die außenseitig auf Bauteilen bzw. außenseitig von Wärmedämmungen eingebaut werden und die eine nach E DIN EN ISO 12572 ermittelte wasserdampfdiffusionsäquivalente Luftschichtdicke $s_d < 0{,}1$ m aufweisen, ist in der Berechnung $s_d = 0{,}1$ m anzusetzen.

2.4.5 Nachweisführung

2.4.5.1 Bauteile, für die kein Nachweis des Tauwasserausfalls im Inneren erforderlich ist

Außenwände

- Ein- und zweischaliges Mauerwerk nach DIN 1053-1 (auch mit Kerndämmung), Wände aus Normalbeton nach DIN EN 206-1 bzw. DIN 1045-2, Wände aus gefügedichtem Leichtbeton nach DIN 4219-1 und DIN 4219-2, Wände aus haufwerkporigem Leichtbeton nach DIN 4232, jeweils mit Innenputz und folgenden Außenschichten:
    - Außenputz nach DIN EN 998-1 in Verbindung mit DIN V 18550
    - angemörtelte oder angemauerte Bekleidungen nach DIN 18515-1 und DIN 18515-2, bei einem Fugenanteil von mindestens 5 %
- hinterlüftete Außenwandbekleidungen nach DIN 18516-1 mit und ohne Wärmedämmung; Außendämmungen nach DIN V 4108-10 oder Wärmedämmputz nach DIN EN 998-1 in

Verbindung mit DIN V 18550 bzw. nach bauaufsichtlicher Zulassung oder durch ein nach DIN EN 13499 oder DIN EN 13500 genormtes bzw. bauaufsichtlich zugelassenes Wärmedämmverbundsystem
- Wände mit Innendämmung in den folgenden beiden Konstruktionsvarianten:
  - Wände als ein- oder zweischaliges Mauerwerk, aber mit Innendämmung und einem Wärmedurchlasswiderstand der Wärmedämmschicht $R \leq 1,0$ m²·K/W sowie einem Wert der wasserdampfdiffusionsäquivalenten Luftschichtdicke der Wärmedämmschicht mit Innenputz bzw. Innenbekleidung $s_{d,i} \geq 0,5$ m
  - Wände aus Mauerwerk nach DIN 1053-1 und Wände aus Normalbeton nach DIN EN 206-1 bzw. DIN 1045-2, jeweils mit den bei ein- und zweischaligem Mauerwerk genannten Außenschichten (ohne Außendämmung), mit Innendämmung aus verputzten bzw. bekleideten Holzwolle-Leichtbauplatten nach DIN EN 13168 mit einem Wärmedurchlasswiderstand der Innendämmung $R \leq 0,5$ m²·K/W
- Wände in Holzbauart nach DIN 68800-2:1996-05, 8.2, mit vorgehängten Außenwandbekleidungen, zugelassenen bzw. genormten Wärmedämmverbundsystemen oder Mauerwerk-Vorsatzschalen, jeweils mit raumseitiger diffusionshemmender Schicht mit $s_{d,i} \geq 2,0$ m
- Holzfachwerkwände mit Luftdichtheitsschicht, in den folgenden Konstruktionsvarianten:
  - mit wärmedämmender Ausfachung (Sichtfachwerk)
  - mit Innendämmung (über Fachwerk und Gefach) mit einem Wärmedurchlasswiderstand der Wärmedämmschicht $R \leq 1,0$ m²·K/W und einer wasserdampfdiffusionsäquivalenten Luftschichtdicke (gegebenenfalls einschließlich Luftdichtheitsschicht) mit Innenputz und Innenbekleidung $1,0$ m $\leq s_{d,i} \leq 2,0$ m
  - mit Innendämmung (über Fachwerk und Gefach) aus Holzwolle-Leichtbauplatten nach DIN EN 13168
  - mit Außendämmung (über Fachwerk und Gefach) als Wärmedämmverbundsystem oder Wärmedämmputz, wobei die wasserdampfdiffusionsäquivalente Luftschichtdicke der genannten äußeren Konstruktionsschicht $s_{d,e} \leq 2,0$ m ist, oder mit hinterlüfteter Außenwandbekleidung
- Kelleraußenwände aus einschaligem Mauerwerk nach DIN 1053-1 oder Beton nach DIN EN 206-1 bzw. DIN 1045-2 mit außen liegender Wärmedämmung (Perimeterdämmung nach DIN V 4108-10 oder mit Zulassung) – siehe auch DIN 4108-2.

Dächer

Vor der Auflistung der Dachkonstruktionen, die von einer Nachweispflicht befreit sind, müssen einige wesentliche Punkte dargestellt werden:

> Es sind grundsätzlich folgende Dach-Konstruktionen zu unterscheiden:
> - Nicht belüftete Dächer: Bei nicht belüfteten Dächern ist direkt über der Wärmedämmung keine belüftete Luftschicht angeordnet. **Zu nicht belüfteten Dächern gehören auch solche, die außenseitig im weiteren Dachaufbau angeordnete Luftschichten oder Lüftungsebenen haben.**
> - Belüftete Dächer: Bei belüfteten Dächern ist direkt über der Wärmedämmung eine belüftete Luftschicht angeordnet.

> Bezüglich Deckungen bzw. Abdichtungen gelten folgende Kennzeichnungen:
> - Dachdeckungen:
>   Dachdeckungen müssen regensicher sein. Kennzeichnend für Dachdeckungen sind die sich überlappenden Deckwerkstoffe, z. B. Dachziegel, Dachsteine, Schiefer, Metallbleche. Es werden unterschieden:

- o belüftete Dachdeckungen: Dachdeckungen auf linienförmiger Unterlage, z. B. Lattung und Konterlattung
- o nicht belüftete Dachdeckungen: Dachdeckungen auf flächiger Unterlage, z. B. Schalung

Regensicherheit wird im Normalfall erreicht, wenn die Regeldachneigungen und Werkstoffüberdeckungen eingehalten werden. Bei Dächern mit Wärmedämmung zwischen, unter und/oder über den Sparren müssen in der Regel zusätzliche regensichernde Maßnahmen, z. B. Unterdächer, Unterdeckungen, Unterspannungen, geplant und ausgeführt werden

- Dachabdichtungen:

Dachabdichtungen müssen wasserdicht sein. Kennzeichnend für Dachabdichtungen sind die wasserdicht verbundenen Dachabdichtungswerkstoffe, z. B. Bitumenbahnen, Kunststoffbahnen, Elastomerbahnen, Flüssigdachabdichtungen. Dachabdichtungen müssen bis zur Oberkante der An- und Abschlüsse wasserdicht sein. Dies erfordert auch wasserdichte Anschlüsse an Dachdurchdringungen sowie die Einhaltung bestimmter Anschlusshöhen (siehe auch DIN 18531).

Nicht belüftete Dächer

Der Wärmedurchlasswiderstand der Bauteilschichten unterhalb der diffusionshemmenden Schicht darf bei Dächern ohne rechnerischen Nachweis 20 % des Gesamtwärmedurchlasswiderstandes betragen (bei Dächern mit nebeneinander liegenden Bereichen unterschiedlichen Wärmedurchlasswiderstandes ist der Gefachbereich zugrunde zu legen).

Folgende nicht belüftete Dächer bedürfen keines rechnerischen Nachweises:

- Nicht belüftete Dächer mit Dachdeckungen
  - o Nicht belüftete Dächer mit belüfteter Dachdeckung oder mit zusätzlich belüfteter Luftschicht unter nicht belüfteter Dachdeckung und einer Wärmedämmung zwischen, unter und/oder über den Sparren und zusätzlicher regensichernder Schicht bei einer Zuordnung der Werte der wasserdampfdiffusionsäquivalenten Luftschichtdicken s_d nach Tafel 3.34

Tafel 3.34: Wasserdampfdiffusionsäquivalente Luftschichtdicken

Wasserdampfdiffusionsäquivalente Luftschichtdicke s_d [m]	
außen $s_{d,e}$ [1]	innen $s_{d,i}$ [2]
$\leq 0{,}1$	$\geq 1{,}0$
$\leq 0{,}3$ [3]	$\geq 2{,}0$
$> 0{,}3$	$\geq 6\, s_{d,e}$

[1] $s_{d,e}$ ist die Summe der Werte der wasserdampfdiffusionsäquivalenten Luftschichtdicken aller Schichten, die sich oberhalb der Wärmedämmschicht befinden, bis zur ersten belüfteten Luftschicht.

[2] $s_{d,i}$ ist die Summe der Werte der wasserdampfdiffusionsäquivalenten Luftschichtdicken aller Schichten, die sich unterhalb der Wärmedämmschicht bzw. unterhalb gegebenenfalls vorhandener Untersparrendämmungen befinden, bis zur ersten belüfteten Luftschicht.

[3] Bei nicht belüfteten Dächern mit $s_{d,e} \leq 0{,}2$ m kann auf chemischen Holzschutz verzichtet werden, wenn die Bedingungen nach DIN 68800-2 eingehalten werden.

Klimabedingter Feuchteschutz

- o Nicht belüftete Dächer mit nicht belüfteter Dachdeckung und einer raumseitigen diffusionshemmenden Schicht mit einer wasserdampfdiffusionsäquivalenten Luftschichtdicke $s_{d,i} \geq 100$ m unterhalb der Wärmedämmschicht. Bei nicht belüfteten Dächern mit belüfteter oder nicht belüfteter Dachdeckung und äußeren diffusionshemmenden Schichten mit $s_{d,e} \geq 2,0$ m kann erhöhte Baufeuchte oder später z. B. durch Undichtheiten eingedrungene Feuchte nur schlecht oder gar nicht austrocknen.

- Nicht belüftete Dächer mit Dachabdichtung
  - o Nicht belüftete Dächer mit einer diffusionshemmenden Schicht mit $s_{d,i} \geq 100$ m unterhalb der Wärmedämmschicht, wobei der Wärmedurchlasswiderstand der Bauteilschichten unterhalb der diffusionshemmenden Schicht höchstens 20 % des Gesamtwärmedurchlasswiderstandes betragen darf. Bei diffusionsdichten Dämmstoffen (z. B. Schaumglas) auf starren Unterlagen kann auf eine zusätzliche diffusionshemmende Schicht verzichtet werden.
  - o Nicht belüftete Dächer aus Porenbeton nach DIN 4223 ohne diffusionshemmende Schicht an der Unterseite und ohne zusätzliche Wärmedämmung.
  - o Nicht belüftete Dächer mit Wärmedämmung oberhalb der Dachabdichtung (sogenannte „Umkehrdächer") und dampfdurchlässiger Auflast auf der Wärmedämmschicht (z. B. Grobkies).

Belüftete Dächer

Folgende belüftete Dächer bedürfen keines rechnerischen Nachweises:

- Belüftete Dächer mit einer Dachneigung < 5 ° und einer diffusionshemmenden Schicht mit $s_{d,i} \geq 100$ m unterhalb der Wärmedämmschicht, wobei der Wärmedurchlasswiderstand der Bauteilschichten unterhalb der diffusionshemmenden Schicht höchstens 20 % des Gesamtwärmedurchlasswiderstandes betragen darf.

- Belüftete Dächer mit einer Dachneigung ≥ 5 ° unter folgenden Bedingungen:
  - o Die Höhe des freien Lüftungsquerschnittes innerhalb des Dachbereiches über der Wärmedämmschicht muss mindestens 2,0 cm betragen.
  - o Der freie Lüftungsquerschnitt an den Traufen bzw. an Traufe und Pultdachabschluss muss mindestens 2 ‰ der zugehörigen geneigten Dachfläche betragen, mindestens jedoch 200 cm²/m.
  - o Bei Satteldächern sind an First und Grat Mindestlüftungsquerschnitte von 0,5 ‰ der zugehörigen geneigten Dachfläche erforderlich, mindestens jedoch 50 cm².
    Bei klimatisch unterschiedlich beanspruchten Flächen eines Daches (z. B. Nord/Süd-Dachflächen) ist eine Abschottung der Belüftungsschicht im Firstbereich zweckmäßig. Bei Kehlen sind Lüftungsöffnungen im Allgemeinen nicht möglich. Solche Dachkonstruktionen, auch solche mit Dachgauben, sind daher zweckmäßiger ohne Belüftung auszuführen.
  - o Der s_d-Wert der unterhalb der Belüftungsschicht angeordneten Bauteilschichten muss insgesamt mindestens 2,0 m betragen.

Fenster, Außentüren und Vorhangfassaden

Werden Fenster, Außentüren und Vorhangfassaden ausschließlich aus wasserdampfdiffusionsdichten Elementen gefertigt, ist kein Tauwassernachweis erforderlich.

2.4.5.2 Nachweis des Tauwasserausfalls im Inneren von Bauteilen

Damit es zu einem Wasserdampfdiffusionsstrom durch ein Bauteil kommen kann, muss zunächst in den beiden das Bauteil begrenzenden Bereichen ein unterschiedlich hoher Wasserdampfdruck vorhanden sein. Neben diesen Partialdampfdrücken hängen der Diffusionsstrom und die vorhandene Dampfdruckverteilung auch von den Wasserdampf-Diffusionsdurchlasswiderständen der Bauteilschichten sowie von der Sättigungsdampfdruckverteilung über den Querschnitt ab.

Ist ein Diffusionsstrom vorhanden, kann Tauwasser im Inneren von Bauteilen nur dann ausfallen, wenn der Wasserdampfteildruck den Sättigungszustand (Wasserdampfsättigungsdruck) erreicht. Um festzustellen, ob und an welcher Stelle im Querschnitt Tauwasser ausfällt, ist die Verteilung des Wasserdampfteildrucks mit der Verteilung des Wasserdampfsättigungsdrucks über den gesamten Querschnitt zu vergleichen.

Bei dem grafischen Verfahren nach Glaser zur Bestimmung des Tauwasserausfalls wird zunächst die Temperaturverteilung im Bauteilquerschnitt ermittelt. Anschließend sind in einem Diffusionsdiagramm auf der Abszisse die wasserdampfdiffusionsäquivalenten Luftschichtdicken s_d der einzelnen Baustoffschichten nacheinander von innen nach außen aufzutragen. Die Ordinate gibt den Wasserdampfdruck an. Im Diagramm werden über dem Querschnitt des Bauteils im Maßstab der s_d-Werte der aus der Temperaturverteilung resultierende Wasserdampfsättigungsdruck p_{sat} (höchstmöglicher Wasserdampfdruck) und der vorhandene Wasserdampfteildruck eingetragen. Dabei ergibt sich im Diffusionsdiagramm die Verteilung des Wasserdampfsättigungsdruckes als temperaturabhängiger Kurvenzug (siehe Temperaturabhängigkeit von p_{sat} in Tafel 3.38) und die Verteilung des vorhandenen Wasserdampfteildruckes als Verbindungsgerade der Drücke p_i und p_e an beiden Bauteiloberflächen. Berühren sich die Gerade und die Kurve des Wasserdampfsättigungsdruckes nicht, so fällt kein Tauwasser aus.

Schneidet die Gerade den Kurvenzug des Wasserdampfsättigungsdruckes, sind statt der Geraden von den Drücken p_i und p_e aus die Tangenten an die Kurve des Sättigungsdruckes zu zeichnen. Die Berührungsstellen der Tangenten mit dem Kurvenzug des Wasserdampfsättigungsdruckes bestimmen bzw. begrenzen den Ort bzw. den Bereich des Tauwasserausfalls im Bauteil.

Abb. 3.36: Temperaturverteilung θ in Bezug auf die Schichtdicken d und – für das gleiche Bauteil – Dampfdruckverteilung p in Bezug auf die diffusionsäquivalente Luftschichtdicke s_d

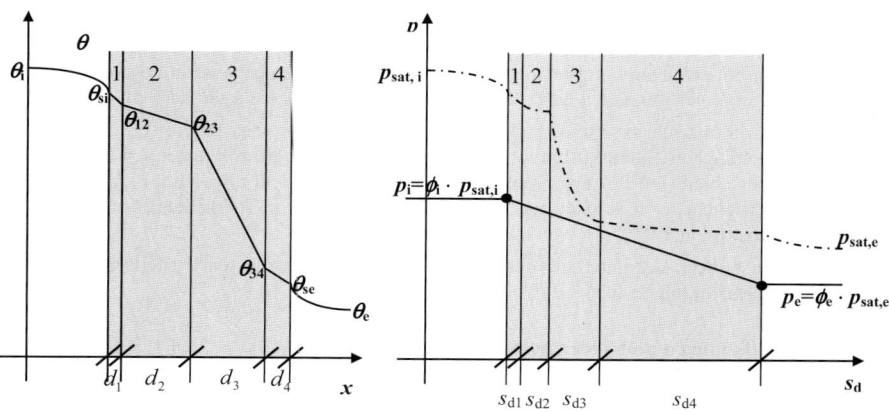

Klimabedingter Feuchteschutz

Tafel 3.37: Tabellarische Vorgehensweise beim Glaserverfahren

1	2	3	4	5	6	7	8	9	10
Schicht	d_j [m]	λ_j [W/(mK)]	d_j / λ_j [(m²K)/W]	$\Delta\theta_j$ [°C]	θ [°C]	p_{sat} [Pa]	μ_j [-]	$s_{d,j}$ [m]	p [Pa]
Wärmeübergangs-widerstand **innen**									
Wärmeübergangs-widerstand **außen**									
			$1/U =$						

Tafel 3.38: Wasserdampfsättigungsdruck p_{sat}

Ganzzahlige Werte	Temperatur θ [°C] Dezimalwerte ,0	,1	,2	,3	,4	,5	,6	,7	,8	,9
	Wasserdampfsättigungsdruck p_{sat} [Pa]									
30	4244	4269	4294	4319	4344	4369	4394	4419	4445	4469
29	4006	4030	4053	4077	4101	4124	4118	4172	4196	4219
28	3781	3803	3826	3848	3871	3894	3916	3939	3961	3984
27	3566	3588	3609	3631	3652	3674	3695	3717	3793	3759
26	3362	3382	3403	3423	3443	3463	3484	3504	3525	3544
25	3169	3188	3208	3227	3246	3266	3284	3304	3324	3343
24	2985	3003	3021	3040	3059	3077	3095	3114	3132	3151
23	2810	2827	2845	2863	2880	2897	2915	2932	2950	2968
22	2645	2661	2678	2695	2711	2727	2744	2761	2777	2794
21	2487	2504	2518	2535	2551	2566	2582	2598	2613	2629
20	2340	2354	2369	2384	2399	2413	2428	2443	2457	2473
19	2197	2212	2227	2241	2254	2268	2283	2297	2310	2324
18	2065	2079	2091	105	2119	2132	2145	2158	2172	2185
17	1937	1950	1963	1976	1988	2001	2014	2027	2039	2052
16	1818	1830	1841	1854	1866	1878	1889	1901	1914	1926
15	1706	1717	1729	1739	1750	1762	1773	1784	1795	1806
14	1599	1610	1621	1631	1642	1653	1663	1674	1684	1695
13	1498	1508	1518	1528	1538	1548	1559	1569	1578	1588
12	1403	1413	1422	1431	1441	1451	1460	1470	1479	1488
11	1312	1321	1330	1340	1349	1358	1367	1375	1385	1394
10	1228	1237	1245	1254	1262	1270	1279	1287	1296	1304
9	1148	1156	1163	1171	1179	1187	1195	1203	1211	1218
8	1073	1081	1088	1096	1103	1110	1117	1125	1133	1140
7	1002	1008	1016	1023	1030	1038	1045	1052	1059	1066
6	935	942	949	955	961	968	975	982	988	995
5	872	878	84	890	896	902	907	913	919	925
4	813	819	825	831	837	843	849	854	861	866
3	759	765	770	776	781	787	793	798	803	808
2	705	710	716	721	727	732	737	743	748	753
1	657	662	567	672	67	682	687	691	696	700
0	611	616	621	626	630	635	640	645	648	653
0	611	605	600	595	592	587	582	577	572	567
−1	562	557	552	547	543	538	534	531	527	522
−2	517	514	509	505	501	496	492	489	484	480
−3	476	472	468	464	461	456	452	448	444	440
−4	437	433	430	426	423	419	415	412	408	405
−5	401	398	395	391	388	385	382	379	375	372
−6	368	365	362	359	356	353	350	347	343	340
−7	337	336	333	330	327	324	321	318	315	312
−8	310	306	304	301	298	296	294	291	288	286
−9	284	281	279	276	274	272	269	267	264	262
−10	260	258	255	253	251	249	246	244	242	239
−11	237	235	233	231	229	228	226	224	221	219
−12	217	215	213	211	209	208	206	204	202	200
−13	198	197	195	193	191	190	188	186	184	182
−14	181	180	178	177	175	173	172	170	168	167
−15	165	164	162	161	159	158	157	155	153	152
−16	150	149	148	146	145	144	142	141	139	138
−17	137	136	135	133	132	131	129	128	127	126
−18	125	124	123	122	121	120	118	117	116	115
−19	114	113	112	111	110	109	107	106	105	104
−20	103	102	101	100	99	98	97	96	95	94

Werte die über die Angaben der Tafel 3.38 hinausgehen, können folgendermaßen berechnet werden.

$$p_{sat} = a \cdot \left(b + \frac{\theta_{Luft}}{100\,°C}\right)^n \tag{51}$$

Es gilt:

Konstante	Temperaturbereich	
	$-20\,°C \leq \theta_{Luft} \leq 0\,°C$	$0\,°C \leq \theta_{Luft} \leq 30\,°C$
a [Pa]	4,689	288,68
b	1,486	1,098
n	12,30	8,02

Die Berechnungen zum Tauwasserausfall im Inneren von Bauteilen nach DIN 4108-3 erfolgen nach dem sogenannten Glaser-Verfahren. Dabei werden die Konstruktionen unter Verwendung normierter und standardisierter Randbedingungen betrachtet. Zeigen diese modellhaften Berechnungen, dass im Inneren des Bauteils kein Tauwasser anfällt bzw. die Anforderungen nach Abschnitt 2.4.3 eingehalten werden, kann davon ausgegangen werden, dass auch unter praktischen Verhältnissen kein Tauwasser im Bauteil anfällt.

Es werden vier Fälle unterschieden:

a) Kein Tauwasserausfall
b) Tauwasser in einer Ebene
c) Tauwasser in zwei Ebenen
d) Tauwasser in einem Bereich

Neben der Feststellung, ob und – wenn ja – wo Tauwasser ausfällt, ist in einem zweiten Durchgang zu ermitteln, wie groß die Menge an Tauwasser ist, die während der Tauperiode auftritt und welche Menge an Wasser während der Verdunstungsperiode wieder austrocknet.

Die Durchführung des Nachweises gliedert sich bei den verschiedenen „Lastfällen" in die Arbeitsschritte I bis IV:

I. Rechnerische Bestimmung der Eingangsgrößen nach Tafel 3.37
   1. Berechnung der Temperaturverteilung im Bauteil, jeweils an den Grenzen der Bauteilschichten
   2. Daraus abgeleitet Bestimmung der Sättigungsdampfdruckverteilung im Bauteil
   3. Ermittlung der wasserdampfdiffusionsäquivalenten Luftschichtdicken s_d der einzelnen Bauteilschichten
   4. Festlegung des Partialdampfdrucks an den Bauteiloberflächen entsprechend der normierten Randbedingungen

II. Zeichnerische Überprüfung ob – und wenn ja – wo Tauwasser im Bauteil ausfällt
   1. Zeichnung eines Diagramms mit s_d [m] auf der Abszisse und p [Pa] auf der Ordinate
   2. Eintrag der Bauteilschichten unter Verwendung der wasserdampfäquivalenten Luftschichtdicke s_d
   3. Festlegung des Sättigungsdampfdrucks p_{sat} der Innen- und Außenluft, auf den Bauteiloberflächen und an den Grenzen der Bauteilschichten

4. Darstellung des Partialdampfdrucks der Innenraumluft p_i und der Außenluft p_e **auf der Bauteiloberfläche**
5. Zeichnung einer direkten Verbindung von p_i und p_e
6. Schneidet die Verbindungsgerade der Partialdampfdrücke nach Ziffer 5. die Sättigungsdampfdruckkurve, dann fällt an den Berührungspunkten Tauwasser aus
7. Zur Festlegung, welcher der oben genannten Fälle vorliegt, zieht man eine Gerade vom Partialdampfdruck p_i auf der Bauteil-Innenoberfläche zum ersten Berührungspunkt mit der Sättigungsdampfdruckkurve. Falls der Versuch, von diesem Punkt aus eine Verbindung zum äußeren Partialdampfdruck p_e zu ziehen, dazu führt, dass die Sättigungsdampfdrucklinie erneut berührt oder geschnitten wird, liegt Tauwasserausfall in zwei Ebenen oder in einem Bereich vor. Welcher der beiden Fälle gegeben ist, zeigt die zeichnerische Darstellung.

III. Berechnung der Tauwasser- und Verdunstungswassermenge

Falls die zeichnerische Untersuchung nach II. ergibt, dass Tauwasser ausfällt, ist die Tauwassermasse $m_{W,T}$ und die Verdunstungswassermasse $m_{W,V}$ entsprechend der Fälle a) bis d) zu berechnen.

IV. Überprüfung der Anforderungen

Zur Überprüfung, ob die Ergebnisse nach III. als kritisch oder unkritisch einzustufen sind, müssen diese Werte mit den Anforderungen nach Kapitel 2.4.3 verglichen werden.

Bei den Berechnungen sind folgende Randbedingungen anzusetzen:

Tafel 3.40: Klima-Randbedingungen nach DIN 4108-3

Zeile	Klima	Temperatur θ [°C]	Relative Feuchte ϕ [%]	Dauer [h]	Dauer [d]
1	Tauperiode				
1.1	Außenklima[1]	−10	80	1440	60
1.2	Innenklima	20	50		
2	Verdunstungsperiode				
2.1	Wandbauteile und Decken unter nicht ausgebauten Dachräumen				
2.1.1	Tauperiode	12	70	2160	90
2.1.2	Außenklima				
2.1.3	Klima im Tauwasserbereich		100		
2.2	Dächer, die Aufenthaltsräume gegen die Außenluft abschließen[2]				
2.2.1	Innenklima	12	70	2160	90
2.2.2	Temperatur auf der Dachoberfläche	20	-		
2.2.3	Außenklima	12	70		

[1] Gilt auch für nicht beheizte belüftete Nebenräume, z. B. belüftete Dachräume, Garagen.
[2] Vereinfachend können bei diesen Dächern auch die Klimabedingungen für Bauteile der Zeile 2.1 zu Grunde gelegt werden

Klimabedingter Feuchteschutz

Bezüglich der Wärmeübergangswiderstände gelten nach DIN 4108-3 folgende Festlegungen:
- Die Wärmeübergangswiderstände zur Berechnung des Tauwasserausfalls im Inneren von Bauteilen sind nach DIN EN ISO 6946 zu ermitteln
  Wärmeübergangswiderstände auf raumseitigen Oberflächen:
  $R_{si} = 0{,}13$ m²K/W für Wärmestromrichtungen horizontal, aufwärts sowie für Dachschrägen;
  $R_{si} = 0{,}17$ m²K/W für Wärmestromrichtungen abwärts
- Wärmeübergangswiderstad auf Bauteil-Außenseiten
  $R_{se} = 0{,}04$ m²K/W für alle Wärmestromrichtungen, wenn die Außenoberfläche an Außenluft grenzt (gilt auch für die Außenoberfläche von zweischaligem Mauerwerk mit Lufschicht nach DIN 1053-1)
  $R_{se} = 0{,}00$ m²K/W für alle Wärmestromrichtungen, wenn die Außenoberfläche an das Erdreich grenzt.
- Bei innen liegenden Bauteilen ist zu beiden Seiten mit demselben Wärmeübergangswiderstand zu rechnen.

Achtung: Die Angabe in DIN 4108-3:2001-07 mit „$R_{se} = 0{,}08$ m²K/W für alle Wärmestromrichtungen, wenn die Außenoberfläche an belüftete Luftschichten grenzt (z. B. hinterlüftete Außenbekleidungen, belüftete Dachräume, belüftete Luftschichten in belüfteten Dächern)" **ist falsch**. Auch bei den Berechnungen zum Glaser-Verfahren gelten für ruhende, schwach belüftete oder stark belüftete Luftschichten die Festlegungen nach DIN EN ISO 6946.

Tafel 3.41: Fallunterscheidungen bei Tauwasserausfall im Inneren von Bauteilen

Kein Tauwasserausfall im Inneren des Bauteils	
Tauperiode	Verdunstungsperiode

Tauwasserausfall in einer Ebene	
Tauperiode	Verdunstungsperiode
$m_{W,T} = \dfrac{t_T}{1{,}5\cdot 10^6}\cdot\left(\dfrac{p_i - p_{sw}}{s_{d,i}} - \dfrac{p_{sw} - p_e}{s_{d,e}}\right)$ (52)	$m_{W,V} = \dfrac{t_V}{1{,}5\cdot 10^6}\cdot\left(\dfrac{p_{sw} - p_i}{s_{d,i}} - \dfrac{p_{sw} - p_e}{s_{d,e}}\right)$ (53)

3.41

Tauwasserausfall in zwei Ebenen

Tauperiode	Verdunstungsperiode
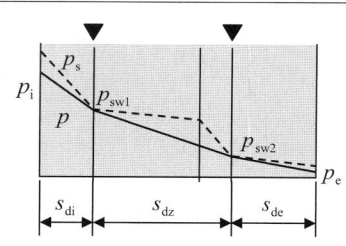	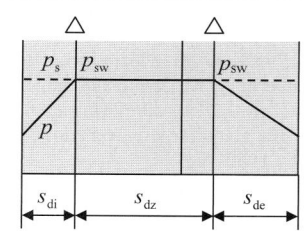

$$t_{V,1} = \frac{m_{W,T,1}}{g_i} \qquad t_{V,2} = \frac{m_{W,T,2}}{g_e} \qquad (57)\ (58)$$

$$m_{W,T,1} = \frac{t_T}{1{,}5 \cdot 10^6} \cdot \left(\frac{p_i - p_{sw,1}}{s_{d,i}} - \frac{p_{sw,1} - p_{sw,2}}{s_{d,z}} \right) \quad (54)$$

für $t_{V,1} < t_{V,2}$ gilt:

$$m_{W,V} = \frac{1}{1{,}5 \cdot 10^6} \cdot \left\{ t_{V,1} \cdot \left(\frac{p_{sw} - p_i}{s_{d,i}} + \frac{p_{sw} - p_e}{s_{d,e}} \right) + \left[(t_V - t_{V,1}) \cdot \left(\frac{p_{sw} - p_i}{s_{d,i} + s_{d,z}} + \frac{p_{sw} - p_e}{s_{d,e}} \right) \right] \right\} \quad (59)$$

$$m_{W,T,2} = \frac{t_T}{1{,}5 \cdot 10^6} \cdot \left(\frac{p_1 - p_{sw,2}}{s_{d,z}} - \frac{p_{sw,2} - p_e}{s_{d,e}} \right) \quad (55)$$

$$m_{W,T} = m_{W,T,1} + m_{W,T,2} \quad (54)$$

für $t_{V,1} > t_{V,2}$ gilt:

$$m_{W,V} = \frac{1}{1{,}5 \cdot 10^6} \cdot \left\{ t_{V,2} \cdot \left(\frac{p_{sw} - p_i}{s_{d,i}} + \frac{p_{sw} - p_e}{s_{d,e}} \right) + \left[(t_V - t_{V,2}) \cdot \left(\frac{p_{sw} - p_i}{s_{d,i}} + \frac{p_{sw} - p_e}{s_{d,e} + s_{d,z}} \right) \right] \right\} \quad (60)$$

Tauwasserausfall in einem Bereich

Tauperiode	Verdunstungsperiode
	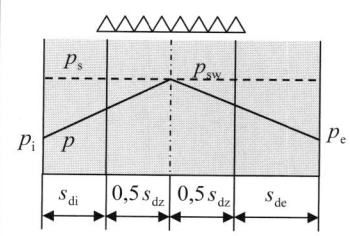

$$m_{W,T} = \frac{t_T}{1{,}5 \cdot 10^6} \cdot \left(\frac{p_i - p_{sw,1}}{s_{d,i}} - \frac{p_{sw,2} - p_e}{s_{d,e}} \right) \quad (61)$$

$$m_{W,V} = \frac{t_V}{1{,}5 \cdot 10^6} \cdot \left(\frac{p_{sw} - p_i}{s_{d,i} + 0{,}5 \cdot s_{d,z}} - \frac{p_{sw} - p_i}{0{,}5 \cdot s_{d,z} + s_{d,e}} \right) \quad (62)$$

Klimabedingter Feuchteschutz

2.5 Luftdichtheit von Bauteilen

Konvektionsbedingte Tauwasserbildung ist durch luftdichte Konstruktionen nach DIN 4108-2 und DIN V 4108-7 zu vermeiden.

Durch thermischen Auftrieb, aber auch durch Druckunterschiede und Windbelastung kann es zur Konvektion von Raumluft in die Umfassungsbauteile beheizter Räume kommen. Wände und Dächer müssen daher luftdicht sein. Damit soll vermieden werden, dass durch das Durchströmen von Bauteilen Raumluftfeuchte mitgeführt wird und zu Tauwasserbildung in der Konstruktion führen kann. Auf die Luftdichtheit von An- und Abschlüssen, von Durchdringungen (z. B. Wand/Dach, Schornstein/Dach) sowie bei Installationen (z. B. Steckdosen) ist besonders zu achten. Auch Querströmungen in Belüftungsschichten innerhalb einer Konstruktion zwischen unterschiedlich beheizten Räumen, aber auch von Dachflächen, die auf Grund unterschiedlicher Orientierungen andere Oberflächentemperaturen aufweisen, sind, z. B. durch Abschottung, zu vermeiden.

Sichtmauerwerk und Holzfachwerk sowie Mauerwerk nach DIN 1053-1 allein sind nicht luftdicht im Sinne dieser Anforderung; diese Wandbauarten müssen auf einer Seite eine Putzschicht nach DIN 18550-2 haben oder es sind sonstige luftdichtende Maßnahmen zu treffen.

Luftdicht in diesem Sinne sind z. B. Betonbauteile nach DIN 1045-1 und DIN 1045-4 oder Putze nach DIN 18550-2 bzw. DIN 18558. Bei anderen Konstruktionen muss gegebenenfalls – bei Holzbauteilen generell – eine Luftdichtheitsschicht nach DIN V 4108-7 angebracht werden.

2.6 Schlagregenschutz von Wänden

Neben Diffusion und Konvektion besteht auch die Gefahr, dass durch Kapillartransport Wasser in Bauteile hinein transportiert wird. Bei erdberührten Bauteilen und flach geneigten Dächern wird diesem Effekt durch Abdichtungen, insbesondere nach DIN 18195, entgegengewirkt. Der Wassereintrag bei Wänden erfolgt im Wesentlichen aus Schlagregenbeanspruchungen. Diese treten in der Regel dann auf, wenn Fassaden durch Niederschläge bei gleichzeitiger Windanströmung beansprucht werden. Das auftreffende Regenwasser kann durch kapillare Saugwirkung der Oberfläche in die Wand eindringen oder infolge des Staudrucks z. B. über Risse, Spalten oder fehlerhafte Abdichtungen, in die Konstruktion gelangen. Die erforderliche Abgabe des aufgenommenen Wassers durch Verdunstung darf nicht unzulässig beeinträchtigt werden.

Der Schlagregenschutz einer Wand zur Begrenzung der kapillaren Wasseraufnahme und zur Sicherstellung der Verdunstungsmöglichkeiten kann durch konstruktive Maßnahmen (z. B. Außenwandbekleidung, Verblendmauerwerk, Schutzschichten im Inneren der Konstruktion) oder durch Putze bzw. Beschichtungen erzielt werden. Die zu treffenden Maßnahmen richten sich nach der Intensität der Schlagregenbeanspruchung, die durch Wind und Niederschlag sowie durch die örtliche Lage und die Gebäudeart bestimmt wird.

Als Materialeigenschaft zum Schlagregenschutz wird der Wasseraufnahmekoeffizient w definiert. Er kennzeichnet die von einem Probekörper je Flächeneinheit und Wurzel aus der Zeit aufgenommene Wassermenge und damit die Intensität der kapillaren Saugfähigkeit z. B. von Putzen oder Oberflächenbeschichtungen im Hinblick auf die Beurteilung der Regenschutzwirkung. Man unterscheidet:

- wassersaugende Schichten mit einer Oberfläche: $w \geq 2{,}0$ kg/m²·h^{0,5}
- wasserhemmende Schichten mit einer Oberfläche: $0{,}5$ kg/m²·h$^{0,5} < w < 0{,}2$ kg/m²·h^{0,5}
- wasserabweisende Schichten mit einer Oberfläche: $w \leq 0{,}5$ kg / m²·h^{0,5}

Zur Berücksichtigung regionaler Unterschiede wird die Bundesrepublik in drei Beanspruchungsgruppen der Schlagregenbelastung nach Tafel 3.45 eingeteilt:

– **Beanspruchungsgruppe I – geringe Schlagregenbeanspruchung**

  In der Regel gilt diese Beanspruchungsgruppe für Gebiete mit Jahresniederschlagsmengen unter 600 mm sowie für besonders windgeschützte Lagen auch in Gebieten mit größeren Niederschlagsmengen.

- **Beanspruchungsgruppe II – mittlere Schlagregenbeanspruchung**

    In der Regel gilt diese Beanspruchungsgruppe für Gebiete mit Jahresniederschlagsmengen von 600 mm bis 800 mm oder für windgeschützte Lagen auch in Gebieten mit größeren Niederschlagsmengen sowie für Hochhäuser oder für Häuser in exponierter Lage in Gebieten, die aufgrund der regionalen Regen- und Windverhältnisse einer geringen Schlagregenbeanspruchung zuzuordnen wären.

- **Beanspruchungsgruppe III – starke Schlagregenbeanspruchung**

    In der Regel gilt diese Beanspruchungsgruppe für Gebiete mit Jahresniederschlagsmengen über 800 mm oder für windreiche Gebiete auch mit geringeren Niederschlagsmengen (z. B. Küstengebiete, Mittel- und Hochgebirgslagen, Alpenvorland) sowie für Hochhäuser oder für Häuser in exponierter Lage in Gebieten, die aufgrund der regionalen Regen- und Windverhältnisse einer mittleren Schlagregenbeanspruchung zuzuordnen wären.

Beispielhaft können die in Tafel 3.44 dargestellten Konstruktionen als schlagregensicher eingestuft werden.

Tafel 3.44: Beispielhafte Übersicht von Wandbauarten und Beanspruchungsgruppen

Zeile	Beanspruchungsgruppe I	Beanspruchungsgruppe II	Beanspruchungsgruppe III
	geringe Schlagregenbeanspruchung	mittlere Schlagregenbeanspruchung	starke Schlagregenbeanspruchung
1	Außenputz nach DIN EN 998-1 in Verbindung mit DIN V 18550 ohne besondere Anforderungen an den Schlagregenschutz auf	Wasserhemmender Außenputz nach DIN EN 998-1 in Verbindung mit DIN V 18550 auf	Wasserabweisender Außenputz nach DIN EN 998-1 in Verbindung mit DIN V 18550 oder Kunstharzputz nach DIN 18558 auf
	– Außenwänden aus Mauerwerk, Wandbauplatten, Beton u. Ä. – verputzten außenseitigen Wärmebrückendämmungen		
2	Einschaliges Sichtmauerwerk nach DIN 1053-1 mit einer Dicke von 31 cm (mit Innenputz)	Einschaliges Sichtmauerwerk nach DIN 1053-1 mit einer Dicke von 37,5 cm (mit Innenputz)	Zweischaliges Verblendmauerwerk nach DIN 1053-1 mit Luftschicht und Wärmedämmung oder mit Kerndämmung (mit Innenputz)
3	Außenwände mit im Dickbett oder Dünnbett angemörtelten Fliesen oder Platten nach DIN 18515-1		Außenwände mit im Dickbett oder Dünnbett angemörtelten Fliesen oder Platten nach DIN 18515-1 mit wasserabweisendem Ansetzmörtel
4	Außenwände mit gefügedichter Betonaußenschicht nach DIN EN 206-1 bzw. DIN 1045-2 sowie DIN 4219-1 und DIN 4219-2		
5	Wände mit hinterlüfteten Außenwandbekleidungen nach DIN 18516-1, DIN 18516-3 und DIN 18516-4[1]		
6	Wände mit Außendämmung durch ein Wärmedämmputzsystem nach DIN EN 998-1 in Verbindung mit DIN V 18550 oder durch ein nach DIN EN 13499 oder DIN EN 13500 genormtes bzw. bauaufsichtlich zugelassenes Wärmedämmverbundsystem		
7	Außenwände in Holzbauart mit Wetterschutz nach DIN 68800-2:1996-05, 8.2		
[1] Offene Fugen zwischen den Bekleidungsplatten beeinträchtigen den Regenschutz nicht.			

Klimabedingter Feuchteschutz

Tafel 3.45: Regionen unterschiedlicher Schlagregenbeanspruchung

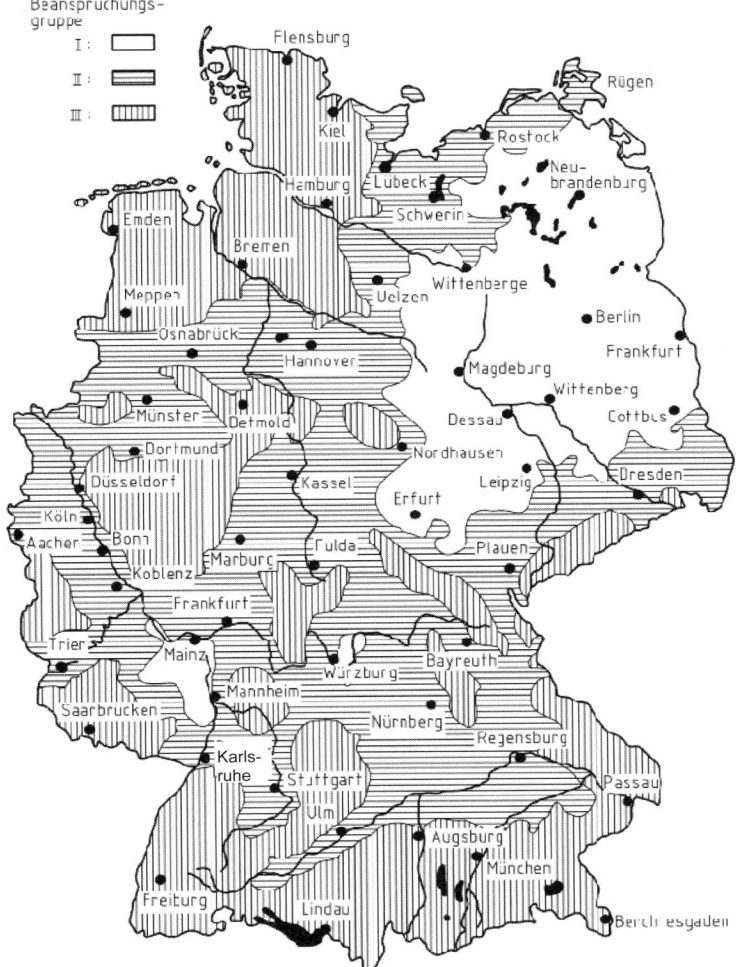

3.45

3 Baustoffkennwerte und U-Werte von Bauteilen

Hinsichtlich der Angabe von Baustoffkennwerten ist zu unterscheiden, ob sich die wärmetechnische Größen damit ermitteln lassen oder ob es sich um ein Bauteil handelt, das sich aus mehreren Einzelkomponenten zusammensetzt (z. B. bei Fenstern der Rahmen und die Verglasung), sodass direkt der Wärmedurchlasswiderstand oder der Wärmedurchgangskoeffizient angegeben wird.

3.1 Symbole und Formelzeichen

Tafel 3.46: Symbole und Formelzeichen

Größe	Symbol	Einheit
Spezifische Wärmekapazität bei konstantem Druck	c_p	J/(kg·K)
Massebezogener Umrechnungsfaktor für den Feuchtegehalt[1]	f_u	kg/kg
Volumenbezogener Umrechnungsfaktor für den Feuchtegehalt[1]	f_ψ	m³/m³
Wasserdampfdiffusionsäquivalente Luftschichtdicke	s_d	m
Massebezogener Feuchtegehalt[2]	u	kg/kg
Wärmedurchlasswiderstand	R	m²K/W
Nennwert des Wärmedurchgangskoeffizienten des Fensters	U_w	W/(m²·K)
Bemessungswert des Wärmedurchgangskoeffizienten des Fensters	$U_{w,BW}$	W/(m²·K)
Korrekturwert zur Berechnung des Bemessungswertes	ΔU_w	W/(m²·K)
Nennwert des Wärmedurchgangskoeffizienten der Verglasung	U_g	W/(m²·K)
Nennwert des Wärmedurchgangskoeffizienten des Rahmens	U_f	W/(m²·K)
Bemessungswert des Wärmedurchgangskoeffizienten des Rahmens	$U_{f,BW}$	W/(m²·K)
Bemessungswert der Wärmeleitfähigkeit	λ	W/(m·K)
Nennwert der Wärmeleitfähigkeit	λ_D	W/(m·K)
Grenzwert der Wärmeleitfähigkeit	λ_{grenz}	W/(m·K)
Wasserdampf-Diffusionswiderstandszahl	μ	-
Dichte	ρ	kg/m³
Volumenbezogener Feuchtegehalt[3]	ψ	m³/m³

[1] Zur Umrechnung der wärmeschutztechnischen Eigenschaften
[2] Quotient aus Masse des verdampfbaren Wassers und Trockenmasse des Baustoffes
[3] Quotient aus Volumen des verdampfbaren Wassers und dem Trockenvolumen des Baustoffes

3.2 Wärme- und feuchtschutztechnische Kennwerte von Baustoffen

Aufgrund der harmonisierten europäischen Normung werden nationale Normen und Normenteile in europäische Dokumente überführt. Da bezüglich der wärme- und feuchtetechnischen Baustoffkennwerte noch nicht alle erforderlichen Angaben in europäischen Normen enthalten sind, gibt es derzeit zwei Normen, die dieses Feld abdecken: DIN V 4108-4 und DIN EN

ISO 12524. In Tafel 3.47 wurden die Angaben aus beiden Normen zusammengestellt. Um eine Unterscheidung zu ermöglichen, welche Kennwerte der nationalen Norm und welche der internationalen Norm entnommen wurden, sind die Felder mit Werten aus DIN EN ISO 12524 grau hinterlegt.

Beachte: Die aufgeführten Bemessungswerte gelten nicht für Wärmedämmstoffe haustechnischer und betriebstechnischer Anlagen.

Tafel 3.47: Wärme- und feuchteschutztechnische Kennwerte von Stoffen

Zeile	Stoff	Rohdichte [1) 2)] ρ [kg/m³]	Bemessungswert der Wärmeleitfähigkeit λ [W/(m · K)]	Richtwert der Wasserdampf-Diffusionswiderstandszahl[3] μ
1	**PUTZE, MÖRTEL UND ESTRICHE**			
1.1	**Putze**			
1.1.1	Putzmörtel aus Kalk, Kalkzement und hydraulischem Kalk	(1 800)	1,00	15/35
1.1.2	Putzmörtel aus Kalkgips, Gips, Anhydrit und Kalkanhydrit	(1 400)	0,70	10
1.1.3	Leichtputz	≤ 1 300	0,56	
1.1.4	Leichtputz	≤ 1 000	0,38	15/20
1.1.5	Leichtputz	≤ 700	0,25	
1.1.6	Gipsputz ohne Zuschlag	(1 200)	0,51	10
1.1.7	Wärmedämmputz nach DIN 18550-3			
	Wärmeleitfähigkeitsgruppe 060	≤ 200	0,060	5/20
	Wärmeleitfähigkeitsgruppe 070		0,070	
	Wärmeleitfähigkeitsgruppe 080		0,080	
	Wärmeleitfähigkeitsgruppe 090		0,090	
	Wärmeleitfähigkeitsgruppe 100		0,100	
1.1.8	Kunstharzputz	(1 100)	0,70	50/200
1.2	**Mauermörtel**			
1.2.1	Zementmörtel	(2 000)	1,60	
1.2.2	Normalmörtel NM	(1 800)	1,20	
1.2.3	Dünnbettmauermörtel	(1 600)	1,00	15/35
1.2.4	Leichtmauermörtel nach DIN 1053-1	≤ 1 000	0,36	
1.2.5	Leichtmauermörtel nach DIN 1053-1	≤ 700	0,21	
1.2.6	Leichtmauermörtel	250	0,10	
		400	0,14	
		700	0,25	5/20
		1 000	0,38	
		1 500	0,69	

[1] Die in Klammern angegebenen Rohdichtewerte dienen nur zur Ermittlung der flächenbezogenen Massen, z. B. für den Nachweis des sommerlichen Wärmeschutzes.
[2] Die bei Steinen genannten Rohdichten entsprechen den Rohdichteklassen der zitierten Stoffnormen.
[3] Es ist jeweils der für die Baukonstruktion ungünstigere Wert einzusetzen. Bezüglich der Anwendung der μ-Werte siehe DIN 4108-3.

Anmerkung: weitere Fußnoten s. S. 3.56

Zeile	Stoff		Rohdichte [1) 2)] ρ [kg/m³]	Bemessungswert der Wärmeleitfähigkeit λ [W/(m · K)]	Richtwert der Wasserdampf-Diffusionswiderstandszahl[3] μ
1.3	**Estriche**				
1.3.1	Asphalt		2 100	0,70	
	Bitumen	als Stoff	1 050	0,17	50000
		Membranen/ Bahnen	1 100	0,23	
1.3.2	Zement-Estrich		(2 000)	1,40	
1.3.3	Anhydrit-Estrich		(2 100)	1,20	15/35
1.3.4	Magnesia-Estrich		1 000	0,47	
			200	0,70	
2	**BETON-BAUTEILE**				
2.1	**Beton nach DIN EN 206**				
	mittlere Rohdichte		1 800	1,15	60/100
			2 000	1,35	
			2 200	1,65	70/120
	hohe Rohdichte		2 400	2,00	
	armiert (mit 1% Stahl)		2 300	2,30	80/130
	armiert (mit 2% Stahl)		2 400	2,50	
2.2	Leichtbeton und Stahlleichtbeton mit geschlossenem Gefüge nach DIN EN 206 und DIN 1045-2, hergestellt unter Verwendung von Zuschlägen mit porigem Gefüge nach DIN 4226-2, ohne Quarzsandzusatz [4]		800	0,39	70/150
			900	0,44	
			1 000	0,49	
			1 100	0,55	
			1 200	0,62	
			1 300	0,70	
			1 400	0,79	
			1 500	0,89	
			1 600	1,00	
			1 800	1,30	
			2 000	1,60	
2.3	Dampfgehärteter Porenbeton nach DIN 4223-1		350	0,11	5/10
			400	0,13	
			450	0,15	
			500	0,15	
			550	0,18	
			600	0,19	
			650	0,21	
			700	0,22	
			750	0,24	
			800	0,25	
			900	0,29	
			1 000	0,31	

Fußnoten s. S. 3.56

Baustoffkennwerte und U-Werte von Bauteilen

Zeile	Stoff	Rohdichte [1)2)] ρ [kg/m³]	Bemessungswert der Wärmeleitfähigkeit λ [W/(m · K)]	Richtwert der Wasserdampf-Diffusionswiderstandszahl[3] μ
2.4	**Leichtbeton mit haufwerkporigem Gefüge**			
2.4.1	mit nichtporigen Zuschlägen nach DIN 4226-1, z. B. Kies	1 600	0,81	3/10
		1 800	1,10	
		2 000	1,40	5/10
2.4.2	mit porigen Zuschlägen nach DIN 4226-2, ohne Quarzsandzusatz[4]	600	0,22	
		700	0,26	
		800	0,28	
		1 000	0,36	
		1 200	0,46	5/15
		1 400	0,57	
		1 600	0,75	
		1 800	0,92	
		2 000	1,20	
2.4.2.1	ausschließlich unter Verwendung von Naturbims	400	0,12	
		450	0,13	
		500	0,15	
		550	0,16	
		600	0,18	
		650	0,19	
		700	0,20	5/15
		750	0,22	
		800	0,24	
		900	0,27	
		1 000	0,32	
		1 100	0,41	
		1 200	0,47	
2.4.2.2	ausschließlich unter Verwendung von Blähton	400	0,13	
		450	0,15	
		500	0,16	
		550	0,18	
		600	0,19	
		650	0,21	
		700	0,23	
		800	0,26	
		900	0,30	5/15
		1 000	0,35	
		1 100	0,39	
		1 200	0,44	
		1 300	0,50	
		1 400	0,55	
		1 500	0,60	
		1 600	0,68	
		1 700	0,76	

3A Bauphysik (Wärme, Feuchte, Schall)

Zeile	Stoff	Rohdichte [1)2)] ρ [kg/m³]	Bemessungswert der Wärmeleitfähigkeit λ [W/(m·K)]	Richtwert der Wasserdampf-Diffusionswiderstandszahl[3] μ
3	**BAUPLATTEN**			
3.1	**Porenbeton-Bauplatten und Porenbeton-Planbauplatten, unbewehrt, nach DIN 4166**			
3.1.1	Porenbeton-Bauplatten (Ppl) mit normaler Fugendicke und Mauermörtel nach DIN 1053-1 verlegt	400	0,20	5/10
		500	0,22	
		600	0,24	
		700	0,27	
		800	0,29	
3.1.2	Porenbeton-Planbauplatten (Pppl), dünnfugig verlegt	350	0,11	5/10
		400	0,13	
		450	0,15	
		500	0,16	
		550	0,18	
		600	0,19	
		650	0,21	
		700	0,22	
		750	0,24	
		800	0,25	
3.2	**Wandbauplatten aus Leichtbeton nach DIN 18162**	800	0,29	5/10
		900	0,32	
		1 000	0,37	
		1 200	0,47	
		1 400	0,58	
3.3	**Wandbauplatten aus Gips nach DIN 18163, auch mit Poren, Hohlräumen, Füllstoffen oder Zuschlägen**	750	0,35	5/10
		900	0,41	
		1 000	0,47	
		1 200	0,58	
3.4	**Gipskartonplatten nach DIN 18180**	800	0,25	8/25
4	**MAUERWERK EINSCHLIESSLICH MÖRTELFUGEN**			
4.1	**Mauerwerk aus Mauerziegeln nach DIN V 105-1 bis DIN V 105-6 bzw. Mauerziegel nach DIN EN 771-1 in Verbindung mit DIN V 20000-401**			
4.1.1	Vollklinker, Hochlochklinker, Keramikklinker		NM/DM[6]	
		1 800	0,81	50/100
		2 000	0,96	
		2 200	1,20	
		2 400	1,40	
4.1.2	Vollziegel, Hochlochziegel, Füllziegel	1 200	0,50	5/10
		1 400	0,58	
		1 600	0,68	
		1 800	0,81	
		2 000	0,96	
		2 200	1,20	
		2400	1,40	

Baustoffkennwerte und U-Werte von Bauteilen

Zeile	Stoff	Rohdichte [1) 2)] ρ [kg/m³]	Bemessungswert der Wärmeleitfähigkeit λ [W/(m·K)]		Richtwert der Wasserdampf-Diffusionswiderstandszahl[3] μ
			LM21/ LM36[6]	NM/ DM[6]	
4.1.3	Hochlochziegel mit Lochung A und B nach DIN V 105-2 bzw. LD-Ziegel nach DIN EN 771-1 in Verbindung mit DIN V 20000-401	550	0,27	0,32	5/10
		600	0,28	0,33	
		650	0,30	0,35	
		700	0,31	0,36	
		750	0,33	0,38	
		800	0,34	0,39	
		850	0,36	0,41	
		900	0,37	0,42	
		950	0,38	0,44	
		1 000	0,40	0,45	
4.1.4	Hochlochziegel HLzW und Wärmedämmziegel WDz nach DIN V 105-2, bzw. LD-Ziegel nach DIN EN 771-1 in Verbindung mit DIN V 20000-401, Sollmaß h = 238 mm	550	0,19	0,22	5/10
		600	0,20	0,23	
		650	0,20	0,23	
		700	0,21	0,24	
		750	0,22	0,25	
		800	0,23	0,26	
		850	0,23	0,26	
		900	0,24	0,27	
		950	0,25	0,28	
		1 000	0,26	0,29	
4.2	Mauerwerk aus Kalksandstein nach DIN V 106-1 Mauerwerk aus Kalksandsteinen nach DIN V 106-2 Mauerwerk aus Kalksandsteinen EN 771-2 in Verbindung mit DIN V 20000-402	1 000	0,50		5/10
		1 200	0,56		
		1 400	0,70		
		1 600	0,79		15/25
		1 800	0,99		
		2 000	1,10		
		2 200	1,30		
4.3	Mauerwerk aus Hüttensteinen nach DIN 398	1 000	0,47		70/100
		1 200	0,52		
		1 400	0,58		
		1 600	0,64		
		1 800	0,70		
		2 000	0,76		
4.4	Mauerwerk aus Porenbeton-Plansteinen (PP) nach DIN V 4165	350	0,11		5/10
		400	0,13		
		450	0,15		
		500	0,16		
		550	0,18		
		600	0,19		
		650	0,21		
		700	0,22		
		750	0,24		
		800	0,25		

3.51

3A Bauphysik (Wärme, Feuchte, Schall)

Zeile	Stoff		Rohdichte [1)2)] ρ [kg/m³]	Bemessungswert der Wärmeleitfähigkeit λ [W/(m·K)]			Richtwert der Wasserdampf-Diffusionswiderstandszahl[3] μ
4.5	**Mauerwerk aus Betonsteinen**						
4.5.1	Hohlblöcke (Hbl) nach DIN V 18151, Gruppe 1[5]			LM21[6] / DM[6),9]	LM36 [6),9]	NM[6]	
			450	0,20	0,21	0,24	
			500	0,22	0,23	0,26	
	Steinbreite, in cm	Anzahl der Kammerreihen	550	0,23	0,24	0,27	5/10
			600	0,24	0,25	0,29	
	17,5	2	650	0,26	0,27	0,30	
	20	2	700	0,28	0,29	0,32	
	24	3/4	800	0,31	0,32	0,35	
	30	4/5	900	0,34	0,36	0,39	
	36,5	5/6	1 000			0,45	
	42,5	6	1 200			0,53	
	49	6	1 400			0,65	
			1 600			0,74	
4.5.2	Hohlblöcke (Hbl) nach DIN V 18151 und Hohlwandplatten nach DIN 18148, Gruppe 2		450	0,22	0,23	0,28	
			500	0,24	0,25	0,29	5/10
			550	0,26	0,27	0,31	
	Steinbreite, in cm	Anzahl der Kammerreihen	600	0,27	0,28	0,32	
			650	0,29	0,30	0,34	
	11,5	1	700	0,30	0,32	0,36	
	15	1	800	0,34	0,36	0,41	
	17,5	1	900	0,37	0,40	0,46	
	24	2					
	30	2/3	1 000			0,52	
	36,5	3/4	1 200			0,60	
	42,5	5	1 400			0,72	
	49	5	1 600			0,76	
4.5.3	Vollblöcke (Vbl, S-W) nach DIN V 18152		450	0,14	0,16	0,18	
			500	0,15	0,17	0,20	
			550	0,16	0,18	0,21	
			600	0,17	0,19	0,22	
			650	0,18	0,20	0,23	5/10
			700	0,19	0,21	0,25	
			800	0,21	0,23	0,27	
			900	0,25	0,26	0,30	
			1 000	0,28	0,29	0,32	

Fußnoten s. S. 3.56

Baustoffkennwerte und U-Werte von Bauteilen

Zeile	Stoff	Rohdichte [1)2)] ρ [kg/m³]	Bemessungswert der Wärmeleitfähigkeit λ [W/(m · K)]			Richtwert der Wasserdampf-Diffusionswiderstandszahl[3] μ
4.5.4	Vollblöcke (Vbl) und Vbl-S nach DIN V 18152 aus Leichtbeton mit anderen leichten Zuschlägen als Naturbims und Blähton	450	0,22	0,23	0,28	5/10
		500	0,23	0,24	0,29	
		550	0,24	0,25	0,30	
		600	0,25	0,26	0,31	
		650	0,26	0,27	0,32	
		700	0,27	0,28	0,33	
		800	0,29	0,30	0,36	
		900	0,32	0,32	0,39	
		1 000	0,34	0,35	0,42	
		1 200			0,49	
		1 400			0,57	
		1 600			0,62	10/15
		1 800			0,68	
		2 000			0,74	
4.5.5	Vollsteine (V) nach DIN V 18152	450	0,21	0,22	0,31	5/10
		500	0,22	0,23	0,32	
		550	0,23	0,25	0,33	
		600	0,24	0,26	0,34	
		650	0,25	0,27	0,35	
		700	0,27	0,29	0,37	
		800	0,30	0,32	0,40	
		900	0,33	0,35	0,43	
		1 000	0,36	0,38	0,46	
		1 200			0,54	
		1 400			0,63	
		1 600			0,74	10/15
		1 800			0,87	
		2 000			0,99	
4.5.6	Mauersteine nach DIN 18153 aus Beton	800	0,60			5/15
		900	0,65			
		1 000	0,70			
		1 200	0,80			
		1 400	0,90			20/30
		1 600	1,10			
		1 800	1,20			
		2 000	1,40			
		2 200	1,70			
		2 400	2,10			
5	**WÄRMEDÄMMSTOFFE, siehe Tafel 3.57**					

3A Bauphysik (Wärme, Feuchte, Schall)

Zeile	Stoff		Rohdichte [1) 2)] ρ [kg/m³]	Bemessungswert der Wärmeleitfähigkeit λ [W/(m·K)]	Richtwert der Wasserdampf-Diffusionswiderstandszahl[3] μ
6	**HOLZ- UND HOLZWERKSTOFFE**				
6.1	**Konstruktionsholz**				
			500	0,13	20/50
			700	0,18	50/200
6.2	**Holzwerkstoffe**				
6.2.1	Sperrholz		300	0,09	50/150
			500	0,13	70/200
			700	0,17	90/220
			1 000	0,24	110/250
6.2.2	Zementgebundene Spanplatte		1 200	0,23	30/50
6.2.3	Spanplatte		300	0,10	10/50
			600	0,14	15/50
			900	0,18	20/50
6.2.4	OSB-Platten		650	0,13	30/50
6.2.5	Holzfaserplatte, einschließlich MDF		250	0,07	2/5
			400	0,10	5/10
			600	0,14	12/10
			800	0,18	20/10
7	**BELÄGE; ABDICHTUNGSSTOFFE UND ABDICHTUNGSBAHNEN**				
7.1	**Fußbodenbeläge**				
	Gummi		1 200	0,17	10 000
	Kunststoff		1 700	0,25	
	Unterlagen, poröser Gummi oder Kunststoff		270	0,10	
	Filzunterlage		120	0,05	15/20
	Wollunterlage		200	0,06	
	Korkunterlage		< 200	0,05	10/20
	Korkfliesen		> 400	0,065	20/40
	Teppich/Teppichböden		200	0,06	5
	Linoleum		1 200	0,17	800/1 000
7.2	**Abdichtstoffe**				
	Asphalt		2 100	0,70	50 000
	Bitumen	als Stoff	1 050	0,17	
		Membranen/Bahnen	1 100	0,23	
7.3	**Dachbahnen, Dachabdichtungsbahnen**				
7.3.1	Bitumendachbahn nach DIN 52128		(1 200)	0,17	10 000/ 80 000
7.3.2	Nackte Bitumenbahnen nach DIN 52129		(1 200)	0,17	2 000/20 000

Fußnoten s. S. 3.56

Zeile	Stoff	Rohdichte [1)2)] ρ [kg/m³]	Bemessungswert der Wärmeleit-fähigkeit λ [W/(m · K)]	Richtwert der Wasser-dampf-Diffusions-widerstands-zahl[3] μ
7.3.3	Glasvlies-Bitumendachbahnen nach DIN 52143	–	0,17	20 000/ 60 000
7.3.4	Kunststoff-Dachbahnen nach DIN 16729 (ECB)	–	–	50 000/ 75 000 (2,0K) 70 000/ 90 000 (2,0)
7.3.5	Kunststoff-Dachbahn nach DIN 16730 (PVC-P)	–	–	100 000/ 30 000
7.3.6	Kunststoff-Dachbahn nach DIN 16731 (PIB)	–	–	400 000/ 1 750 000
7.4	**Folien**		siehe DIN EN 12524	
7.4.1	PTFE-Folien, Dicke $d \geq 0,05$ mm	–	–	10 000
7.4.2	PA-Folien, Dicke $d \geq 0,05$ mm	–	–	50 000
7.4.3	PP-Folien, Dicke $d \geq 0,05$ mm	–	–	1 000
8	**SONSTIGE GEBRÄUCHLICHE STOFFE** [7]			
8.1	**Lose Schüttungen, abgedeckt** [8]			
8.1.1	aus porigen Stoffen:			
	Blähperlit	(≤ 100)	0,060	3
	Blähglimmer	(≤ 100)	0,070	
	Korkschrot, expandiert	(≤ 200)	0,055	
	Hüttenbims	(≤ 600)	0,13	
	Blähton, Blähschiefer	($\leq 4\,00$)	0,16	
	Bimskies	($\leq 1\,000$)	0,19	
	Schaumlava	($\leq 1\,200$)	0,22	
		($\leq 1\,500$)	0,27	
8.1.2	aus Polystyrolschaumstoff-Partikeln	(15)	0,050	3
8.1.3	aus Sand, Kies, Splitt (trocken)	(1 800)	0,70	3
8.2	**Fliesen (Keramik, Porzellan)**	2 300	1,30	∞
8.3	**Glas**			
	Natronglas (einschließlich Floatglas)	2 500	1,00	∞
	Quarzglas	2 200	1,40	
	Glasmosaik	2 000	1,20	
8.4	**Natursteine**			
	Kristalliner Naturstein	2 800	3,50	10 000
	Sediment-Naturstein	2 600	2,30	2
	poröses Gestein, z. B. Lava	1 600	0,55	15
	Naturbims	400	0,12	6

3A Bauphysik (Wärme, Feuchte, Schall)

Zeile	Stoff	Rohdichte [1)2)] ρ [kg/m³]	Bemessungswert der Wärmeleitfähigkeit λ [W/(m · K)]	Richtwert der Wasserdampf-Diffusionswiderstandszahl[3] μ
8.5	**Lehmbaustoffe**	500	0,14	
		600	0,17	
		700	0,21	
		800	0,25	
		900	0,30	
		1 000	0,35	5/10
		1 200	0,47	
		1 400	0,59	
		1 600	0,73	
		1 800	0,91	
		2 000	1,10	
8.6	**Böden, naturfeucht**			
	Ton, Schlick oder Schlamm	≤ 1 800	1,50	50
	Sand und Kies	≤ 2 200	2,00	
8.7	**Metalle**			
	Aluminiumlegierungen	2 800	160	
	Bronze	8 700	65	
	Messing	8 400	120	
	Kupfer	8 900	380	
	Gusseisen	7 500	50	∞
	Blei	11 300	35	
	Stahl	7 800	50	
	Nichtrostender Stahl	7 900	17	
	Zink	7 200	110	

[1)] Die in Klammern angegebenen Rohdichtewerte dienen nur zur Ermittlung der flächenbezogenen Massen, z. B. für den Nachweis des sommerlichen Wärmeschutzes.
[2)] Die bei Steinen genannten Rohdichten entsprechen den Rohdichteklassen der zitierten Stoffnormen.
[3)] Es ist jeweils der für die Baukonstruktion ungünstigere Wert einzusetzen. Bezüglich der Anwendung der μ-Werte siehe DIN 4108-3.
[4)] Bei Quarzsand erhöhen sich die Bemessungswerte der Wärmeleitfähigkeit um 20 %.
[5)] Die Bemessungswerte der Wärmeleitfähigkeit sind bei Hohlblöcken mit Quarzsand für 2 K Hbl um 20 % und für 3 K Hbl bis 6 K Hbl um 15 % zu erhöhen.
[6)] Bezeichnung der Mörtelarten nach DIN 1053-1
  – NM   Normalmörtel;
  – LM21 Leichtmörtel mit λ = 0,21 W/(m·K)
  – LM36 Leichtmörtel mit λ = 0,36 W/(m·K)
  – DM   Dünnbettmörtel
[7)] Diese Stoffe sind hinsichtlich ihrer wärmeschutztechnischen Eigenschaften nicht genormt. Die angegebenen Wärmeleitfähigkeitswerte stellen obere Grenzwerte dar.
[8)] Die Dichte wird bei losen Schüttungen als Schüttdichte angegeben.
[9)] Wenn keine Werte angegeben sind, gelten die Werte der Spalte "NM".

Baustoffkennwerte und U-Werte von Bauteilen

Werden die Bemessungswerte für Dämmstoffe in Zeile 5 der Tafel 3.47 auf der Basis europäisch harmonisierter Normen ermittelt, sind die Angaben nach Tafel 3.57 zu verwenden. Liegen stattdessen Werte aus nationalen Normen vor, gelten für Dämmstoffe die Bemessungswerte nach Tafel 3.64.

Dämmstoffe, deren Kennwerte nach einer europäisch harmonisierten Norm ermittelt wurden und die mit dem CE-Zeichen versehen sind, unterliegen keiner externen Qualitätskontrolle. Wegen der zu erwartenden Streuung der wärmetechnischen Nennwerte λ_D und der damit verbundenen Unsicherheit werden zur Herleitung von Bemessungswerten λ die Nennwerte um 20 % erhöht. Diese Produkte werden in Kategorie I eingestuft. Demgegenüber erfolgt für Dämmstoffe, die auf der Basis einer europäisch harmonisierten Norm in Verkehr gebracht werden und die zusätzlich zum CE-Zeichen über eine nationale bauaufsichtliche Zulassung verfügen (und damit einer externen Qualitätskontrolle unterworfen werden), eine Eingruppierung in Kategorie II. In diesem Fall werden zur Festlegung von Bemessungswerten λ die bei einer Fremdüberwachung einzuhaltenden Grenzwerte λ_{grenz} um 5 % angehoben.

Tafel 3.57: Wärme- und feuchteschutztechnische Kennwerte von Dämmstoffen auf der Basis europäisch harmonisierter Normen

Zeile	Stoffe	Kategorie I		Kategorie II		Richtwert der Wasserdampf-Diffusionswiderstandszahl[1] μ
		Nennwert λ_D	Bemessungswert λ[2]	Grenzwert λ_{grenz}[3]	Bemessungswert λ[4]	
5.1	Mineralwolle (MW) nach DIN EN 13162	0,030	0,036	0,0290	0,030	1
		0,031	0,037	0,0299	0,031	
		0,032	0,038	0,0309	0,032	
		0,033	0,040	0,0319	0,033	
		0,034	0,041	0,0329	0,034	
		0,035	0,042	0,0338	0,035	
		⋮	⋮	⋮	⋮	
		0,050	0,060	0,0480	0,050	
5.2	Expandierter Polystyrolschaum (EPS) nach DIN EN 13163	0,030	0,036	0,0290	0,030	20/100
		0,031	0,037	0,0299	0,031	
		0,032	0,038	0,0309	0,032	
		0,033	0,040	0,0319	0,033	
		0,034	0,041	0,0329	0,034	
		0,035	0,042	0,0338	0,035	
		⋮	⋮	⋮	⋮	
		0,05	0,060	0,0480	0,050	
5.3	Extrudierter Polystyrolschaum (XPS) nach DIN EN 13164	0,026	0,031	0,0252	0,026	80/250
		0,027	0,032	0,0261	0,027	
		0,028	0,034	0,0271	0,028	
		0,029	0,035	0,0280	0,029	
		0,030	0,036	0,0290	0,030	
		⋮	⋮	⋮	⋮	
		0,040	0,048	0,0385	0,040	

Fußnoten s. S. 7.60

Zeile	Stoffe	Kategorie I		Kategorie II		Richtwert der Wasserdampf-Diffusionswiderstandszahl[1] μ
		Nennwert λ_D	Bemessungswert λ[2]	Grenzwert λ_{grenz}[3]	Bemessungswert λ[4]	
5.4	Polyurethan-Hartschaum (PUR) nach DIN EN 13165 [5]	0,020	0,024	0,0195	0,020	40/200
		0,021	0,025	0,0204	0,021	
		0,022	0,026	0,0214	0,022	
		0,023	0,028	0,0223	0,023	
		0,024	0,029	0,0233	0,024	
		0,025	0,030	0,0242	0,025	
		⋮	⋮	⋮	⋮	
		0,040	0,048	0,0428	0,045	
5.5	Phenolharz-Hartschaum (PF) nach DIN EN 13166	0,020	0,024	0,01995	0,020	10/60
		0,021	0,025	0,0204	0,021	
		0,022	0,026	0,0214	0,022	
		0,023	0,028	0,0223	0,023	
		0,024	0,029	0,0233	0,024	
		0,025	0,030	0,0242	0,025	
		⋮	⋮	⋮	⋮	
		0,035	0,042	0,0338	0,035	
5.6	Schaumglas (CG) nach DIN EN 13167	0,038	0,046	0,0366	0,038	[6]
		0,039	0,047	0,0375	0,039	
		0,040	0,048	0,0385	0,040	
		⋮	⋮	⋮	⋮	
		0,055	0,066	0,529	0,055	
5.7	Holzwolle-Leichtbauplatten nach DIN EN 13168					
5.7.1	Holzwolle-Platten (WW)	0,060	0,072	0,0576	0,060	2/5
		0061	0,073	0,0585	0,061	
		0,062	0,074	0,0595	0,032	
		0,063	0,076	0,0604	0,063	
		0,064	0,077	0,0614	0,064	
		0,065	0,078	0,0623	0,065	
		⋮	⋮	⋮	⋮	
		0,10	0,12	0,0957	0,10	
5.7.2	Holzwolle-Mehrschichtplatten nach DIN EN 13168 (WW-C)					
	mit expandiertem Polystyrolschaum (EPS) nach DIN EN 13163	0,030	0,036	0,0290	0,030	20/50
		0,031	0,037	0,0299	0,031	
		0,032	0,038	0,0309	0,032	
		0,033	0,040	0,0319	0,033	
		0,034	0,041	0,0329	0,034	
		0,035	0,042	0,0338	0,035	
		⋮	⋮	⋮	⋮	
		0,050	0,060	0,0480	0,050	

Zeile	Stoffe	Kategorie I		Kategorie II		Richtwert der Wasserdampf-Diffusions-widerstandszahl[1] μ
		Nennwert λ_D	Bemessungswert $\lambda^{2)}$	Grenzwert $\lambda_{grenz}{}^{3)}$	Bemessungswert $\lambda^{4)}$	
5.7.2		Holzwolle-Mehrschichtplatten nach DIN EN 13168 (WW-C)				
	mit Mineral-wolle (MW) nach DIN EN 13162	0,030	0,036	0,0290	0,030	1
		0,031	0,037	0,0299	0,031	
		0,032	0,038	0,0309	0,032	
		0,033	0,040	0,0319	0,033	
		0,034	0,041	0,0329	0,034	
		0,035	0,042	0,0338	0,035	
		⋮	⋮	⋮	⋮	
		0,050	0,060	0,0480	0,050	
	Holzwolledeck-schicht(en) nach DIN EN 13168	0,10	0,12	0,0957	0,10	2/5
		0,11	0,13	0,1090	0,11	
		0,12	0,14	0,1190	0,12	
		0,13	0,16	0,1280	0,13	
		0,14	0,17	0,1380	0,14	
5.8	Blähperlit (EPB) nach DIN EN 13169	0,045	0,054	0,0432	0,045	5
		0,046	0,055	0,0443	0,046	
		0,047	0,056	0,0452	0,047	
		⋮	⋮	⋮	⋮	
		0,065	0,078	0,0624	0,065	
5.9	Expandierter Kork (ICB) nach DIN EN 13170	0,040	0,049	0,0385	0,040	5/10
		0,041	0,050	0,0394	0,041	
		0,042	0,052	0,0404	0,042	
		0,043	0,053	0,0413	0,043	
		0,044	0,054	0,0423	0,044	
		0,045	0,055	0,0428	0,045	
		⋮	⋮	⋮	⋮	
		0,055	0,067	0,0529	0,055	
5.10	Holzfaser-dämmstoff (WF) nach DIN EN 13171	0,032	0,043	0,0309	0,032	5
		0,033	0,044	0,0319	0,033	
		0,034	0,045	0,0329	0,034	
		0,035	0,046	0,0338	0,035	
		0,036	0,047	0,0346	0,036	
		0,037	0,048	0,0356	0,037	
		0,038	0,049	0,0366	0,038	
		0,039	0,052	0,0375	0,039	
		0,040	0,053	0,0385	0,040	
		⋮	⋮	⋮	⋮	
		0,060	0,072	0,0575	0,060	

Fußnoten s. S. 3.60

Fußnoten zur Tabelle 3.57

1)	Es ist jeweils der für die Baukonstruktion ungünstigere Wert einzusetzen. Bezüglich der Anwendung der μ-Werte siehe DIN 4108-3.
2)	$\lambda = \lambda_D \cdot 1{,}2$ (außer für Zeilen 5.9 und 5.10, dort ist zusätzlich die Umrechnung der Feuchte hinzuzurechnen)
3)	Der Wert λ_{grenz} ist im Rahmen der technischen Spezifikation des jeweiligen Dämmstoffs festzulegen.
4)	$\lambda = \lambda_{grenz} \cdot 1{,}05$
5)	Bei der Ermittlung von Bemessungswerten nach der Kategorie II darf abweichend von dem in der Tafel angegebenen Verfahren alternativ wie folgt vorgegangen werden: $\lambda = \lambda_{grenz} \cdot (1+Z)$, der Zuschlagswert Z ist nach der jeweils gültigen Bauregelliste A Teil 1, Anlage 5.2 zu ermitteln.
6)	Praktisch dampfdicht, DIN EN 12086 oder DIN EN ISO 12572: $s_d \geq 1500$ m

Mit Hilfe von DIN V 4108-10 können für verschiedene Anwendungen von werkmäßig hergestellten Wärmedämmstoffen Festlegungen zur Qualitätssicherung getroffen werden. Die Vornorm definiert zu diesem Zweck Anforderungen an Dämmstoffe, die nach einer europäisch harmonisierten Norm produziert werden, und ordnet diesen Materialien Anwendungsgebiete zu, die durch Kurzzeichen dargestellt werden. Auf diese Weise können Planer und Anwender von Wärmedämmstoffen geeignete Wärmedämmstoffe auswählen, ausschreiben und anhand der Kennzeichnung der gelieferten Materialien vor Ort die Übereinstimmung der vereinbarten mit den gelieferten Produkten überprüfen und dokumentieren.

Folgende Anwendungen werden durch DIN V 4108-10 **nicht** geregelt:

- Wärmedämmstoffe für die Haustechnik und betriebstechnische Anlagen
- Vor-Ort-Wärmedämmstoffe, die an der Verwendungsstelle hergestellt werden
- Wärmedämmstoffe, für die keine entsprechende europäische Norm gilt

Anwendungsrichtlinien, Fachregeln, Merkblätter und Anwendungen, die einer allgemeinen bauaufsichtlichen Zulassung oder eines allgemeinen bauaufsichtlichen Prüfzeugnisses bedürfen, sind nicht Gegenstand von DIN V 4108-10.

Es gelten prinzipiell die Bemessungswerte der Wärmeleitfähigkeit nach DIN V 4108-4 (siehe Tafel 3.53).

Die Kurzzeichen der Anwendungsgebiete der Wärmedämmstoffe können Tafel 3.61 entnommen werden und sind ergänzend in den Piktogrammen der Tafel 3.62 dargestellt. Die Kurzzeichen der für den jeweiligen Anwendungsbereich erforderlichen Produkteigenschaften stehen in Tafel 3.63.

Tafel 3.61: Anwendungsgebiete von Wärmedämmungen

Anwendungs-gebiet	Kurz-zeichen	Anwendungsbeispiele
Decke, Dach	DAD	Außendämmung von Dach oder Decke, vor Bewitterung geschützt, Dämmung unter Deckung
	DAA	Außendämmung von Dach oder Decke, vor Bewitterung geschützt, Dämmung unter Abdichtung
	DUK	Außendämmung des Daches, der Bewitterung ausgesetzt (Umkehrdach)[1]
	DZ	Zwischensparrendämmung, zweischaliges Dach, nicht begehbar, aber zugängliche oberste Geschossdecken
	DI	Innendämmung der Decke (unterseitig) oder des Daches, Dämmung unter den Sparren/Tragkonstruktion, abgehängte Decke usw.
	DEO	Innendämmung der Decke oder Bodenplatte (oberseitig) unter Estrich ohne Schallschutzanforderungen
	DES	Innendämmung der Decke oder Bodenplatte (oberseitig) unter Estrich mit Schallschutzanforderungen
Wand	WAB	Außendämmung der Wand hinter Bekleidung
	WAA	Außendämmung der Wand hinter Abdichtung
	WAP	Außendämmung der Wand unter Putz
	WZ	Dämmung von zweischaligen Wänden, Kerndämmung
	WH	Dämmung von Holzrahmen- und HolzTafelbauweise
	WI	Innendämmung der Wand
	WTH	Dämmung zwischen Haustrennwänden mit Schallschutzanforderungen
	WTR	Dämmung von Raumtrennwänden
Perimeter	PW	Außen liegende Wärmedämmung von Wänden gegen Erdreich (außerhalb der Abdichtung)[2]
	PB	Außen liegende Wärmedämmung unter der Bodenplatte gegen Erdreich (außerhalb der Abdichtung)[2]

[1] Es gelten die Festlegungen nach DIN 108-2.
[2] In DIN 4108-2 geregelt.

3A Bauphysik (Wärme, Feuchte, Schall)

Tafel 3.62: Piktogramme für Anwendungstypen

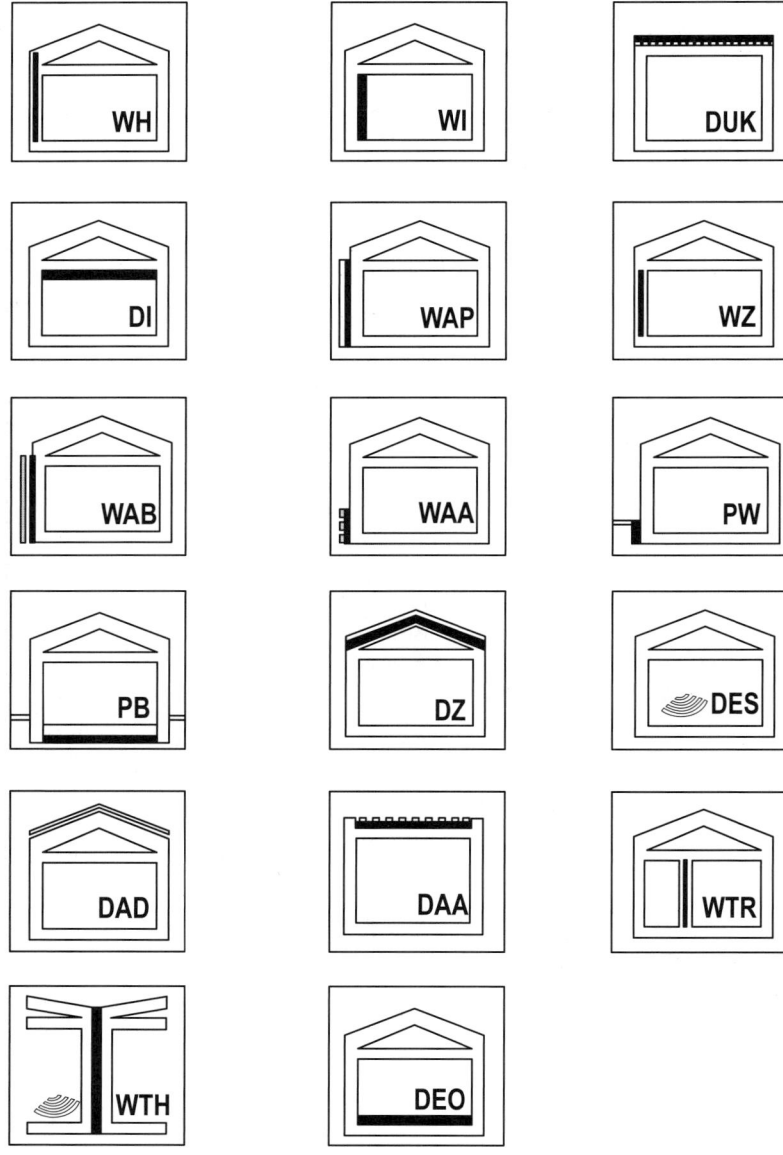

Baustoffkennwerte und U-Werte von Bauteilen

Tafel 3.63: Produkteigenschaften

Produkteigenschaft	Kurzzeichen	Beschreibung	Beispiel
Druckbelastbarkeit	dk	Keine Druckbelastbarkeit	Hohlraumdämmung, Zwischensparrendämmung
	dg	Geringe Druckbelastbarkeit	Wohn- und Bürobereiche unter Estrich
	dm	Mittlere Druckbelastbarkeit	Nicht genutztes Dach mit Abdichtung
	dh	Hohe Druckbelastbarkeit	Genutzte Dachflächen, Terrassen
	ds	Sehr hohe Druckbelastbarkeit	Industrieböden, Parkdeck
	dx	Extrem hohe Druckbelastbarkeit	Hoch belastete Industrieböden, Parkdeck
Wasseraufnahme	wk	Keine Anforderungen an die Wasseraufnahme	Innendämmung in Wohn- und Bürobereichen
	wf	Wasseraufnahme durch flüssiges Wasser	Außendämmung von Außenwänden und Dächern
	wd	Wasseraufnahme durch flüssiges Wasser und/oder Diffusion	Perimeterdämmung, Umkehrdach
Zugfestigkeit	zk	Keine Anforderungen an Zugfestigkeit	Hohlraumdämmung, Zwischensparrendämmung
	zg	Geringe Zugfestigkeit	Außendämmung der Wand hinter Bekleidung
	zh	Hohe Zugfestigkeit	Außendämmung der Wand unter Putz, Dach mit verklebter Abdichtung
Schalltechnische Eigenschaften	sk	Keine Anforderungen an schalltechnische Eigenschaften	Alle Anwendungen ohne schalltechnische Anforderungen
	sh	Trittschalldämmung erhöhte Zusammendrückbarkeit	Schwimmender Estrich, Haustrennwände
	sm	Mittlere Zusammendrückbarkeit	
	sg	Trittschalldämmung, geringe Zusammendrückbarkeit	
Verformung	tk	Keine Anforderungen an die Verformung	Innendämmung
	tf	Dimensionsstabilität unter Feuchte und Temperatur	Außendämmung der Wand unter Putz, Dach mit Abdichtung
	tl	Verformung unter Last und Temperatur	Dach mit Abdichtung

3A Bauphysik (Wärme, Feuchte, Schall)

Für Wärmedämmstoffe, die bislang noch nicht nach einer europäisch harmonisierten Norm hergestellt werden, gelten die nationalen Festlegungen nach Tafel 3.64.

Tafel 3.64: Wärmedämmstoffe nach nationalen Normen

Zeile	Stoff	Rohdichte ρ kg/m³	Bemessungswert der Wärmeleitfähigkeit λ W/(mK)	Richtwert der Wasserdampf-Diffusionswiderstandszahl [1] μ
1	Schaumkunststoffe, an der Verwendungsstelle hergestellt			
1.1	Polyurethan (PUR)-Ortschaum nach DIN 18159-1 (Treibmittel CO2)			
	Wärmeleitfähigkeitsgruppe			
	035	(> 45)	0,035	30/100
	040		0,040	
1.2	Harnstoff-Formaldehyd (UF)-Ortschaum nach DIN 18159-2			
	Wärmeleitfähigkeitsgruppe			
	035	(> 10)	0,035	1/3
	040		0,040	
1.3	Holzfaserdämmstoffe nach DIN 68755			
	Wärmeleitfähigkeitsgruppe			
	035		0,035	
	040		0,040	
	045	110 / 450	0,045	5
	050		0,050	
	055		0,055	
	060		0,060	

[1] Es ist der jeweils für die Baukonstruktion ungünstigere Wert einzusetzen. Bezüglich der Anwendung der μ-Werte siehe DIN 4108-3.

Neben wärmeschutztechnischen Anforderungen sind auch feuchteschutztechnische Anforderungen geregelt.

Tafel 3.65: Feuchteschutztechnische Eigenschaften und spezifische Wärmekapazität von Wärmedämm- und Mauerwerksstoffen

Werkstoff	Rohdichte ρ kg/m³	Feuchtegehalt[1] bei 23 °C, 50 % relativer Luftfeuchte		Feuchtegehalt[1] bei 23 °C, 80 % relativer Luftfeuchte		Umrechnungsfaktor für den Feuchtegehalt		Wasserdampf-Diffusionswiderstandszahl μ		Spezifische Wärmekapazität c_p J/(kg·K)
		u kg/kg	ψ m³/m³	u kg/kg	ψ m³/m³	f_u	f_ψ	trocken	feucht	
Expandierter Polystyrol-Hartschaum	10 bis 50		0		0	4		60	60	1450
Extrudierter Polystyrol-Hartschaum	20 bis 65		0		0	2,5		150	150	1450
Polyurethan Hartschaum	28 bis 55		0		0	3		60	60	1400
Mineralwolle	10 bis 200		0		0	4		1	1	1030
Phenolharz-Hartschaum	20 bis 50		0		0	5		50	50	1400
Schaumglas	100 bis 150	0		0		0		∞	∞	1000
Perliteplatten	140 bis 240	0,02		0,03		0,8		5	5	900
Expandierter Kork	90 bis 140	0,008		0,011		6		10	5	1560
Holzwolle-Leichtbauplatten	250 bis 450	0,03		0,05		1,8		5	3	1470
Holzfaserdämmplatten	150 bis 250	0,1		0,16		1,5		10	5	1400
Harnstoff-Formaldehyd-schaum	10 bis 30	0,1		0,15		0,7		2	2	1400
Polyurethan-Spritzschaum	30 bis 50		0		0	3		60	60	1400
Lose Mineralwolle	15 bis 60		0		0	4		1	1	1030
Lose Zellulosefasern	20 bis 60	0,11		0,18		0,5		2	2	1600
Blähperlite-Schüttung	30 bis 50	0,01		0,02		3		2	2	900
Schüttung aus expandiertem Vermiculit	30 bis 150	0,01		0,02		2		3	2	1080
Blähtonschüttung	200 bis 400	0		0,001		4		2	2	1000
Polystyrol-Partikelschüttung	10 bis 30		0		0	4		2	2	1400
Vollziegel (gebrannter Ton)	1000 bis 2400	0,007		0,012				10	16	1000
Kalksandstein	900 bis 2200	0,012		0,024		10		20	15	1000
Beton mit Bimszuschlägen	500 bis 1300	0,02		0,035		4		50	40	1000

[1] Die angegeben Werte werden allgemein nicht überschritten.

3A Bauphysik (Wärme, Feuchte, Schall)

Werkstoff	Roh-dichte	Feuchte-gehalt[1] bei 23 °C, 50 % relativer Luftfeuchte		Feuchte-gehalt[1] bei 23 °C, 80 % relativer Luftfeuchte		Umrech-nungs-faktor für den Feuchte-gehalt		Wasserdampf-Diffusionswider-standszahl		Spezifi-sche Wär-meka-pazität
	ρ kg/m³	u kg/kg	ψ m³/m³	u kg/kg	ψ m³/m³	f_u	f_ψ	μ trocken	feucht	c_p J/(kg·K)
Beton mit nichtporigen Zuschlägen und Kunststein	1600 bis 2400	0,025		0,04			4	150	120	1000
Beton mit Polystyrolzuschlägen	500 bis 800	0,015		0,025			5	120	60	1000
Beton mit Blähtonzuschlägen	400 bis 700	0,02		0,03			2,6	6	4	1000
Beton überwiegend mit Blähbetonzuschlägen	800 bis 170	0,2		0,03			4	8	6	1000
Beton mit mehr als 70 % geblähter Hochofenschlacke	1100 bis 1700	0,02		0,04			4	30	20	1000
Beton mit vorwiegend aus hochtemperaturbehandeltem taubem Gestein aufbereitet	1100 bis 1500	0,02		0,04			4	15	10	1000
Porenbeton	300 bis 1000	0,026		0,045			4	10	6	1000
Beton mit Leichtzuschlägen	500 bis 2000	0,03		0,05			4	15	10	1000
Mörtel (Mauermörtel und Putz-Mörtel)	250 bis 2000	0,04		0,06			4	20	10	1000

[1] Die angegeben Werte werden allgemein nicht überschritten.

Tafel 3.66: Wasserdampfdiffusionsäquivalente Luftschichtdicke s_d

Produkt / Stoff	Wasserdampfdiffusionsäquivalente Luftschichtdicke s_d [m]
Polyethylenfolie 0,15 mm	50
Polyethylenfolie 0,25 mm	100
Polyesterfolie 0,2 mm	50
PVC-Folie	30
Aluminium-Folie 0,05 mm	1500
PE-Folie (gestapelt) 0,15 mm	8
Bituminiertes Papier 0,1 mm	2
Aluminiumverbundfolie 0,4 mm	10
Unterdeck- und Unterspannbahn für Wände	0,2
Beschichtungsstoff	0,1
Glanzlack	3
Vinyltapete	2

Die Dicke der Produkte nach dieser Tafel wird normalerweise nicht gemessen und kann auf dünne Produkte mit einem Wasserdampfdurchlasswiderstand bezogen werden. Die Werte stellen Dicken-Nennwerte als Hilfe zur Identifizierung von Produkten dar.

3.3 Wärmetechnische Angaben von Bauteilen

Für ausgewählte Bauteile, die sich aus Einzelkomponenten zusammensetzen, z. B. Deckenkonstruktionen oder Fenster, können wärmetechnische Kennwerte wie der Wärmedurchlasswiderstand R oder der Wärmedurchgangskoeffizient U direkt angegeben werden.

Tafel 3.67: Wärmedurchlasswiderstände von Decken

Zeile	Spalte 1 Deckenart und Darstellung	Spalte 2 Dicke s [mm]	Spalte 3 Wärmedurchlasswiderstand R [m²K/W] im Mittel	Spalte 4 Wärmedurchlasswiderstand R [m²K/W] an der ungünstigsten Stelle
1	Stahlbetonrippen- und Stahlbetonbalkendecken nach DIN 1045-1, DIN 1045-2 mit Zwischenbauteilen nach DIN 4158			
1.1	Stahlbetonrippendecke (ohne Aufbeton, ohne Putz)	120	0,2	0,06
		140	0,21	0,07
		160	0,22	0,08
		180	0,23	0,09
		200	0,24	0,10
		220	0,25	0,11
		250	0,26	0,12
1.2	Stahlbetonbalkendecke (ohne Aufbeton, ohne Putz)	120	0,16	0,06
		140	0,18	0,07
		160	0,2	0,08
		180	0,22	0,09
		200	0,24	0,10
		220	0,26	0,11
		240	0,28	0,12
2.1	Ziegel als Zwischenbauteile nach DIN 4160 ohne Querstege	115	0,15	0,06
		140	0,16	0,07
		165	0,18	0,08
2.2	Ziegel als Zwischenbauteile nach DIN 4160 mit Querstegen (ohne Aufbeton, ohne Putz)	190	0,24	0,09
		225	0,26	0,10
		240	0,28	0,11
		265	0,3	0,12
		290	0,32	0,13
3	Stahlsteindecken nach DIN 1045-1, DIN 1045-2 aus Deckenziegeln nach DIN 4159			
3.1	Ziegel für teilvermörtelbare Stoßfugen nach DIN 4159	115	0,15	0,06
		140	0,18	0,07
		165	0,21	0,08
		190	0,24	0,09
		215	0,27	0,10
		240	0,3	0,11
		265	0,33	0,12
		290	0,36	0,13

Zeile	Deckenart und Darstellung	Spalte		
		1	2	3	4
		Dicke s [mm]	Wärmedurchlasswiderstand R [m²K/W]	
			im Mittel	an der ungünstigsten Stelle
3.2	Ziegel für vollvermörtelbare Stoßfugen nach DIN 4159	115	0,13	0,06
		140	0,16	0,07
		165	0,19	0,08
		190	0,22	0,09
		215	0,25	0,10
		240	0,28	0,11
		265	0,31	0,12
		290	0,34	0,13
4	Stahlbetonhohldielen nach DIN 1045-1, DIN 1045-2			
	(ohne Aufbeton, ohne Putz)	65	0,13	0,03
		80	0,14	0,04
		100	0,15	0,05

3.3.1 Bemessungswerte für Fenster, Fenstertüren und Dachflächenfenster

Die Bemessungswerte des Wärmedurchgangskoeffizienten von Fenstern, Fenstertüren und Dachflächenfenstern $U_{w,BW}$ können nach DIN EN ISO 10077 oder vereinfacht nach DIN V 4108-4 berechnet werden.

Bei der Vorgehensweise nach DIN V 4108-4 setzt sich der Bemessungswert des Wärmedurchgangskoeffizienten von Fenstern, Fenstertüren und Dachflächenfenstern $U_{W,BW}$ aus dem Nennwert U_w nach Tafel 3.69 und den Korrekturwerten ΔU_w gemäß Tafel 3.70b wie folgt zusammen:

$$U_{w,BW} = U_w + \sum \Delta U_w \tag{63}$$

Der Nennwert des Fensters U_W wiederum geht aus Tafel 3.69 in Abhängigkeit des Nennwertes der Verglasung U_g und des Bemessungswertes des Rahmens $U_{f,BW}$ hervor.

Achtung: In den Berechnungsnormen und Nachweisen für den baulichen Wärmeschutz und die Energieeinsparung im Hochbau wird der Index BW (für Bemessungswerte) nicht verwendet. Dort gilt $U_{w,BW} = U_w$.

Tafel 3.69: Nennwerte der Wärmedurchgangskoeffizienten von Fenstern und Fenstertüren U_w in Abhängigkeit vom Nennwert des Wärmedurchgangskoeffizienten für Verglasung U_g und vom Bemessungswert des Wärmedurchgangskoeffizienten des Rahmens $U_{f,BW}$

$U_{f,BW}$ [1)] W/(m²K)		0,8	1,0	1,2	1,4	1,8	2,2	2,6	3,0	3,4	3,8	7,0
Art der Verglasung	U_g W/(m²K)	\multicolumn{11}{c}{U_w W/(m²K)}											
Einfachglas	5,7	4,2	4,3	4,3	4,4	4,5	4,6	4,8	4,9	5	5,1	6,1
Zweischeiben-Isolierverglasung	2,0	1,8	1,8	1,9	2,0	2,1	22,0	2,4	2,5	2,6	2,7	3,6
	1,9	1,7	1,8	1,8	1,9	2,0	2,1	2,3	2,4	2,5	2,7	3,5
	1,8	1,6	1,7	1,8	1,8	1,9	2,1	2,2	2,4	2,5	2,6	3,4
	1,7	1,6	1,6	1,7	1,8	1,9	2,0	2,2	2,3	2,4	2,5	3,3
	1,6	1,5	1,6	1,6	1,7	1,8	2,0	2,1	2,2	2,3	2,5	3,3
	1,5	1,4	1,5	1,6	1,6	1,7	1,9	2,0	2,1	2,3	2,4	3,2
	1,4	1,4	1,4	1,5	1,5	1,7	1,8	2,0	2,1	2,2	2,3	3,1
	1,3	1,3	1,4	1,4	1,5	1,6	1,7	1,9	2,0	2,1	2,2	3,1
	1,2	1,2	1,3	1,3	1,4	1,5	1,7	1,8	1,9	2,1	2,2	3,0
	1,1	1,2	1,2	1,3	1,3	1,5	1,6	1,7	1,9	2,0	2,1	2,9
	1,0	1,1	1,1	1,2	1,3	1,4	1,5	1,7	1,8	1,9	2,0	2,9
Dreischeiben-Isolierverglasung	1,5	1,4	1,5	1,6	1,6	1,7	1,9	2,0	2,1	2,3	2,4	3,2
	1,4	1,4	1,4	1,5	1,5	1,7	1,8	2,0	2,1	2,2	2,3	3,1
	1,3	1,3	1,4	1,4	1,5	1,6	1,7	1,9	2,0	2,1	2,2	3,1
	1,2	1,2	1,3	1,3	1,4	1,5	1,7	1,8	1,9	2,1	2,2	3,0
	1,1	1,2	1,2	1,3	1,3	1,5	1,6	1,7	1,9	2,0	2,1	2,9
	1,0	1,1	1,1	1,2	1,3	1,4	1,5	1,7	1,8	1,9	2,0	2,9
	0,9	1,0	1,1	1,1	1,2	1,3	1,4	1,6	1,7	1,8	2,0	2,8
	0,8	0,9	1,0	1,1	1,1	1,3	1,4	1,5	1,7	1,8	19,0	2,7
	0,7	0,9	0,9	1,0	1,1	1,2	1,3	1,5	1,6	1,7	1,8	2,6
	0,6	0,8	0,9	0,9	1,0	1,1	1,2	1,4	1,5	1,6	1,8	2,6
	0,5	0,7	0,8	0,9	0,9	1,0	1,2	1,3	1,4	1,6	1,7	2,5

[1)] Die Bestimmung des U_f-Wertes erfolgt aufgrund von
 – Messungen nach DIN EN ISO 12412-2 oder
 – Berechnungen nach DIN EN ISO 10077-2 oder
 – Ermittlungen nach DIN EN ISO 10077-1, Anhang D.

Bei Verwendung von unterschiedlichen U_f-Werten innerhalb eines Fensters ist der maßgebende U_f-Wert flächengewichtet wie folgt zu ermitteln:
$U_f = (\sum_i U_{f,i} \cdot A_{f,i}) / \sum A_{f,i}$

Die so ermittelten U_f-Werte sind einem $U_{f,BW}$-Bemessungswert nach Tafel 3.70a zuzuordnen.

3A Bauphysik (Wärme, Feuchte, Schall)

Tafel 3.70a: Zuordnung der U_f-Werte von Einzelprofilen zu einem $U_{f,BW}$-Bemessungswert für Rahmen

U_f-Wert für Einzelprofile [W/(m²·K)]		$U_{f,BW}$-Bemessungswert [W/(m²·K)]
	0,90	0,80
$\geq 0,90$	< 1,1	1,0
$\geq 1,10$	< 1,3	1,2
$\geq 1,30$	< 1,6	1,4
$\geq 1,6$	< 2,0	1,8
$\geq 2,0$	< 2,4	2,2
$\geq 2,4$	< 2,8	2,6
$\geq 2,8$	< 3,2	3,0
$\geq 3,2$	< 3,6	3,4
$\geq 3,6$	< 4,0	3,8
	> 4,0	7,0

Tafel 3.70b: Korrekturwerte ΔU_W zur Berechnung der $U_{W,BW}$-Bemessungswerte

Bezeichnung des Korrekturwertes	Korrekturwert ΔU_W [W/(m²·K)]	Grundlage
Korrektur für wärmetechnisch verbesserten Randverbund des Glases[1]	-0,1	Randverbund erfüllt die Anforderung nach DIN V 4108-4 Anhang C
	±0	Randverbund erfüllt die Anforderung nach DIN V 4108-4 Anhang C nicht
Korrekturen für Sprossen[1]		
Aufgesetzte Sprossen	±0	Abweichungen in den Berechnungsannahmen und bei der Messung
Sprossen im Scheibenzwischenraum (einfaches Sprossenkreuz)	0,1	
Sprossen im Scheibenzwischenraum (mehrfache Sprossenkreuze)	0,2	
Glasteilende Sprossen	0,3	

[1] Korrektur entfällt, wenn bereits bei Berechnung oder Messung berücksichtigt.

Für zweischalige und dreischalige Lichtkuppeln mit wärmegedämmten Aufsatzkränzen dürfen, ohne dass ein Nachweis über den Wärmedurchgang geführt zu werden braucht, die Bemessungswerte der Wärmedurchgangskoeffizienten nach Tafel 3.71a angenommen werden.

Tafel 3.71a: Bemessungswerte für Lichtkuppeln

Lichtkuppeln	Bemessungswert des Wärmedurchgangskoeffizienten U [W/(m²·K)]
zweischalig	3,5
dreischalig	2,5

Um zu überprüfen, ob Anforderungen an die Fugendurchlässigkeit außen liegender Fenster, Fenstertüren und Dachflächenfenster beim Nachweis des energiesparenden Wärmeschutzes eingehalten werden, können die in EnEV 2009 Anlage 4 Absatz 1 aufgeführten Klassen nach DIN EN 12207 mit den Konstruktionsmerkmalen nach Tafel 3.71b verglichen werden.

Tafel 3.71b: Konstruktionsmerkmale von Fenstern und Fenstertüren

Konstruktionsmerkmale	Klasse nach DIN EN 12207
Holzfenster (auch Doppelfenster) mit Profilen nach DIN 68121-1, ohne Dichtung	2
Alle Fensterkonstruktionen mit alterungsbeständiger, leicht auswechselbarer, weichfedernder Dichtung, in einer Ebene umlaufend angeordnet	3

4 Schallschutz

Neben dem Wärme- und Feuchteschutz stellt auch der Schallschutz eine der wesentlichen Anforderungen an die Planung und Ausführung von Gebäuden sowie damit verbundener technischer Anlagen und Einrichtungen dar. Beim Schallschutz ist zwischen Maßnahmen

- gegen die Schallentstehung (Primär-Maßnahmen) und
- Schallübertragung von einer Schallquelle zum Hörer zur Verminderung der (Sekundär-Maßnahme)

zu unterscheiden. Primär-Maßnahmen beziehen sich auf die von Körperschall entkoppelte Lagerung von Geräten und Anlagen (z. B. durch Federlagerung) bzw. von haustechnischen Anlagen und Einrichtungen (Rohrleitungen, Armaturen) oder die Einhausung von Maschinen. Bei Sekundär-Maßnahmen stellt sich für den Planer die Frage, ob sich die Schallquelle und der Hörer im selben Raum oder in verschiedenen Räumen befinden. Im ersten Fall kann der Schallschutz durch Schallabsorption im Raum, im zweiten Fall durch ausreichende Schalldämmung der Trennbauteile erreicht werden.

Außerdem ist bei Untersuchungen zum Schallschutz hinsichtlich der unterschiedlichen Verursacher (Emittenten) zu unterscheiden, d. h. die Betrachtungen können sich auf Geräusche beziehen,

- die im Inneren eines Gebäudes entstehen und auf angrenzende Zonen einwirken,
- die aus haustechnischen Anlagen und Einrichtungen,
- die aus Verkehr (Straßenverkehr, Bahn, Flugzeugbewegungen),
- die von Gewerbe- und Industriebetrieben,
- die von Freizeitanlagen und Veranstaltungen reslutieren.

4.1 Symbole und Formelzeichen

Tafel 3.72: Symbole und Formelzeichen

Größe	Symbol	Einheit
Schallgeschwindigkeit	c	m/s
Frequenz	f	Hz, 1/s
Schalldruck	p	Pa
Dynamische Steifigkeit	s'	MN/m³
Schallpegel, Schalldruckpegel	L	dB
A-bewerteter Schallpegel	L_A	dB(A)
Bewerteter Norm-Trittschallpegel	$L'_{n,w}$	dB
Äquivalenter Normtrittschallpegel	$L_{n,w,eq}$	dB
Trittschallverbesserungsmaß	ΔL_W	dB
Schalldämm-Maß	R	dB
Bewertetes Schalldämm-Maß	R'_w	dB
Wellenlänge	λ	m

4.2 Grundgleichungen

$$L = 20 \cdot \lg \frac{p}{p_0} \tag{64}$$

$$m'_{L,\,mittel} = \frac{1}{n} \sum_{i=1}^{n} m'_{L,\,i} \tag{65}$$

$$m'_{L,\,mittel} = \left[\frac{1}{n} \sum_{i=1}^{n} (m'_{L,\,i})^{-2,5} \right]^{-0,4} \tag{66}$$

$$L_{ges} = 10 \cdot \lg \left[\sum_{i=1}^{n} (10^{0,1 \cdot L_i}) \right] \tag{67}$$

$$R'_{w,\,R} = R'_w + K_{L,\,1} + K_{L,\,2} \tag{68}$$

$$L'_{n,\,w,\,R} = L_{n,\,w,\,eq,\,R} - \Delta L_{w,\,R} - K_T \tag{69}$$

$$\text{erf. } L'_{n,\,w,\,R} = L_{n,\,w,\,eq,\,R} - \Delta L_{w,\,R} - K_T - 2 \text{ dB} \tag{70}$$

4.3 Schall

Als Schall werden mechanische Schwingungen und Wellen eines elastischen Mediums bezeichnet, insbesondere im Frequenzbereich des menschlichen Hörens zwischen 16 Hz und 16000 Hz. Schwingungen unter 16 Hz gelten als Infraschall und werden im Wesentlichen als Erschütterungen wahrgenommen, während Wellen über 16000 Hz Ultraschall genannt werden.

Bei einer Schwingung bewegen sich Teilchen um eine Ruhelage, wobei sich die Schallwelle durch Kopplungen mit benachbarten Teilchen fortpflanzt. Breitet sich eine Schwingung in Luft oder einem anderen Gas aus, spricht man von Luftschall. Erfolgt die Ausbreitung in einem festen Stoff, liegt Körperschall vor. Eine Besonderheit des Körperschalls ist der Trittschall. Er entsteht beim Begehen oder ähnlichen Anregungen von Decken und Treppen.

Zum menschlichen Ohr gelangt der Schall durch eine Druckwelle, die sich in der Luft ausbreitet. Die messtechnisch ermittelten Luftdruckschwankungen bezeichnet man als Schalldruck p.

Die vom Menschen wahrnehmbaren Schallereignisse liegen bei einem 1000 Hz Ton zwischen $2 \cdot 10^{-5}$ Pa und $2 \cdot 10$ Pa. Um diesen großen Bereich besser handhaben zu können, wurde der Schalldruckpegel oder auch Schallpegel L eingeführt.

$$L = 20 \cdot \lg \frac{p}{p_0} \tag{71}$$

Die zugehörige Einheit dB (Dezibel) ist keine Einheit im physikalischen Sinne, sondern dient der Kennzeichnung von logarithmischen Verhältnisgrößen und wurde nach Graham Bell, dem Erfinder des Telefons, benannt. p_0 kennzeichnet die Hörgrenze des menschlichen Ohrs bei einem Schalldruckpegel von $p_0 = 2 \cdot 10^{-5}$ Pa. Damit liegt die Hörgrenze bei einem Schallpegel von $L = 0$ dB, wohingegen sich die Schmerzgrenze bei $L = 120$ dB befindet.

Aufgrund des logarithmischen Zusammenhangs erhöht oder vermindert sich der Schallpegel bei einer Veränderung der Anzahl oder Intensität von Schallquellen nicht linear. Der resultierende Gesamtschalldruck L_{ges} wird für mehrere Emittenten wie folgt berechnet:

$$L_{ges} = 10 \cdot \lg \left[\sum_{i=1}^{n} (10^{0,1 \cdot L_i}) \right] \tag{72}$$

Für die Erhöhung oder Verminderung des Gesamtschallpegels aus mehreren Schallquellen gleichen Schalldruckpegels L gilt:

$$L_{ges} = L + 10 \cdot \lg(n) \tag{73}$$

Dabei gibt n die Anzahl der Schallquellen gleichen Schallpegels wieder. Für das additive Glied in Gleichung 73 kann auch Tafel 3.73 verwendet werden.

Tafel 3.73: Pegelerhöhung

Anzahl n der Schallquellen	1	2	3	4	5	8	10	16
Pegelerhöhung [dB]	0	3	5	6	7	9	10	12

Das menschliche Ohr nimmt über den Hörbereich gesehen nicht alle Frequenzen als gleich intensiv wahr. Frequenzen im mittleren Bereich werden als „lauter" empfunden als tiefe Frequenzen. Um Geräusche ohne größeren Aufwand messen und hinsichtlich des menschlichen Hörvermögens miteinander vergleichen zu können, werden die Schalldrücke bei verschiedenen Frequenzen anhand der A-Frequenz-Kurve bewertet, d. h. „korrigiert". Zur Unterscheidung von messtechnisch ermittelten Schallpegeln L gegenüber den „gehörrichtigen" Schallpegeln werden die auf das menschliche Ohr angepassten Werte bei der Einheit mit der Kennzeichnung A versehen. Man schreibt dB(A).

4.4 Anforderungen

Baurechtlich eingeführt und damit für den Schallschutz maßgeblich und bindend ist DIN 4109. Einzuschränken ist, dass sich die gesetzlichen Anforderungen nur auf Bauteile innerhalb von Gebäuden beziehen, d. h. die in DIN 4109 enthaltenen Anforderungen an Bauteile zum Schutz gegen Außenlärm sind baurechtlich nicht relevant. Die Vorgaben an zulässige Geräuschpegel und die daraus resultierenden Schalldämm-Anforderungen sind in weiteren Richtlinien oder Verordnungen wie z. B. TALärm oder Fluglärmrichtlinie verankert.

Achtung: Die Anforderungen an die Luft- und Trittschalldämmung von Bauteilen nach DIN 4109 Tabelle 3 (Tafel 3.75) stellen nur ein Mindestmaß dar. Bei der Einhaltung dieser Werte ist keine Unhörbarkeit von Geräuschen aus angrenzenden fremd genutzten Bereichen gegeben.

Baurechtlich besteht nur Anspruch auf die Mindestanforderungen. Soll in Gebäuden ein höherer Schallschutz als der nach DIN 4109 Tabelle 3 (Tafel 3.75) ausgeführt werden, ist dies nur als gesonderte, privatrechtliche Vereinbarung möglich. Da der Mindestschallschutz in vielen Fällen den heute üblichen Komfortansprüchen nicht mehr genügt, gibt es eine Reihe von Vorschlägen für erhöhten Schallschutz. Hierzu zählt u. a. Beiblatt 2 zu DIN 4109 (Tafel 3.84), VDI 4100 und E DIN 4109-10. Es ist im Einzelfall zu prüfen, ob die Mindestanforderungen oder ein erhöhter Schallschutz zugrunde zu legen ist.

Kennzeichnende Größen des Schallschutzes sind

- das Schalldämm-Maß R
- das bewertete Schalldämm-Maß R'_w
- der bewertete Norm-Trittschallpegel $L'_{n,w}$

Das Schalldämm-Maß R kennzeichnet die Luftschalldämmung von Bauteilen ohne die Schallübertragung über flankierende Bauteile. R wird bei Fenstern und Türen angegeben. Im Gegensatz zum Schalldämm-Maß R bezieht das bewertete Schalldämm-Maß R'_w neben der direkten Schallübertragung über das trennende Bauteil auch die Schallenergie, die über flankierende Bauteile übertragen wird, in die Betrachtungen ein (hochgesetzter Strich). Um bei messtechnischen Untersuchungen von Bauteilen, die sich auf das Frequenzspektrum zwischen 100 Hz bis 3150 Hz beziehen, eine Einzahlangabe zur Schalldämmung machen zu können, erfolgt eine Bewertung der Terz-Schritte anhand der Bezugskurve aus DIN 52210. Das bewertete Schalldämm-Maß R_w ist danach der Wert der Schalldämmung der um ganze dB Schritte verschobenen Bezugskurve bei 500 Hz.

Der Norm-Trittschallpegel L_n kennzeichnet den Schallpegel, der entsteht, wenn das Bauteil Decke oder Treppe mit einem Normhammerwerk zum Schwingen angeregt wird. Analog zum bewerteten Schalldämm-Maß R'_w beinhaltet auch der bewertete Norm-Trittschallpegel $L'_{n,w}$ die Schallübertragung über flankierenden Bauteile und gibt als Einzahlergebnis der Schalldämmung den Wert der verschobenen Bezugskurve nach DIN 52210 bei 500 Hz an.

Beachte: Aufgrund der harmonisierten europäischen Normen liegen derzeit Normen vor, bei deren Anwendung die Schalldämmung von Bauteilen (Luft- und Körperschalldämmung) gänzlich unterschiedlich zur derzeit gebräuchlichen Vorgehensweise bestimmt wird (DIN EN 12354-1 und DIN EN 12354-2). Auch DIN 4109 ist derzeit in Überarbeitung, um einerseits die Anforderungen zu überprüfen und andererseits den Nachweis an das europäisch harmonisierte Regelwerk anzupassen. **Da die Arbeiten an DIN 4109 derzeit noch nicht abgeschlossen sind und keine endgültigen Festlegungen getroffen wurden, wird im Weiteren auf die Behandlung des europäischen Normenwerks verzichtet.**

Schallschutz

Tafel 3.75: Mindestanforderungen an den baulichen Schallschutz

Spalte	1	2	3	4
Zeile	Bauteile	Beschreibung	Anforderungen erf. R'_w [dB]	erf. $L'_{n,w}$ [dB]
1 Geschoßhäuser mit Wohnungen und Arbeitsräumen				
1	Decken	Decken unter allgemein nutzbaren Dachräumen, z. B. Trockenböden, Abstellräumen und ihren Zugängen	53	53

Bemerkungen: Bei Gebäuden mit nicht mehr als 2 Wohnungen betragen die Anforderungen erf. R'_w = 52 dB und erf. $L'_{n,w}$ = 63 dB.

2	Decken	Wohnungstrenndecken (auch -treppen) und Decken zwischen fremden Arbeitsräumen bzw. vergleichbaren Nutzungseinheiten	54	53

Bemerkungen: Wohnungstrenndecken sind Bauteile, die Wohnungen voneinander oder von fremden Arbeitsräumen trennen. Bei Gebäuden mit nicht mehr als 2 Wohnungen beträgt die Anforderung erf. R'_w = 52 dB. Weich federnde Bodenbeläge dürfen bei dem Nachweis der Anforderungen an den Trittschallschutz nicht angerechnet werden; in Gebäuden mit nicht mehr als 2 Wohnungen dürfen weichfedernde Bodenbeläge, z. B. nach Beiblatt 1 zu DIN 4109:1989-11, Tabelle 18, berücksichtigt werden, wenn die Beläge auf dem Produkt oder auf der Verpackung mit dem entsprechenden ΔL_w nach Beiblatt 1 zu DIN 4109:1989-11, Tabelle 18, bzw. nach Eignungsprüfung gekennzeichnet sind und mit der Werksbescheinigung nach DIN 50049 ausgeliefert werden.

3	Decken	Decken über Kellern, Hausfluren, Treppenräumen unter Aufenthaltsräumen	52	53
4	Decken	Decken über Durchfahrten, Einfahrten von Sammelgaragen und ähnliches unter Aufenthaltsräumen	55	53

Bemerkungen: Die Anforderung an die Trittschalldämmung gilt nur für die Trittschallübertragung in fremde Aufenthaltsräume, ganz gleich, ob sie in waagerechter, schräger oder senkrechter (nach oben) Richtung erfolgt. Weich federnde Bodenbeläge dürfen bei dem Nachweis der Abforderungen an den Trittschallschutz nicht angerechnet werden.

5	Decken	Decken unter/über Spiel- oder ähnlichen Gemeinschaftsräumen	55	46

Bemerkungen: Wegen der verstärkten Übertragung tiefer Frequenzen können zusätzliche Maßnahmen zur Körperschalldämmung erforderlich sein.

6	Decken	Decken unter Terrassen und Loggien über Aufenthaltsräumen	-	53

Bemerkungen: Bezüglich der Luftschalldämmung gegen Außenlärm siehe DIN 4109:1989-11 Abschnitt 5.

7	Decken	Decken unter Laubengängen	-	53

Bemerkungen: Die Anforderung an die Trittschalldämmung gilt nur für die Trittschallübertragung in fremde Aufenthaltsräume, ganz gleich, ob sie in waagerechter, schräger oder senkrechter (nach oben) Richtung erfolgt.

3A Bauphysik (Wärme, Feuchte, Schall)

Spalte	1	2	3	4
			\multicolumn{2}{c}{Anforderungen}	
Zeile	Bauteile	Beschreibung	erf. R'_w [dB]	erf. $L'_{n,w}$ [dB]
8	Decken	DeckeN und Treppen innerhalb von Wohnungen, die sich über zwei Geschosse erstrecken	-	53
9		Decken unter Bad und WC ohne/mit Bodenentwässerung	54	53

Bemerkungen: Die Anforderung an die Trittschalldämmung gilt nur für die Trittschallübertragung in fremde Aufenthaltsräume, ganz gleich, ob sie in waagerechter, schräger oder senkrechter (nach oben) Richtung erfolgt. Weich federnde Bodenbeläge dürfen bei dem Nachweis der Anforderungen an den Trittschallschutz nicht angerechnet werden.
Die Prüfung der Anforderungen an das Trittschallschutzmaß nach DIN 52 210 Teil 3 erfolgt bei einer gegebenenfalls vorhandenen Bodenentwässerung nicht in einem Umkreis von $r = 60$ cm. Bei Gebäuden mit nicht mehr als 2 Wohnungen beträgt die Anforderung erf. $R'_w = 52$ dB und erf. $L'_{n,w} = 63$ dB.

| 10 | Decken | Decken unter Hausfluren | - | 53 |

Bemerkungen: Die Anforderung an die Trittschalldämmung gilt nur für die Trittschallübertragung in fremde Aufenthaltsräume, ganz gleich, ob sie in waagerechter, schräger oder senkrechter (nach oben) Richtung erfolgt. Weichfedernde Bodenbeläge dürfen bei dem Nachweis der Abforderungen an den Trittschallschutz nicht angerechnet werden.

| 11 | Treppen | Treppenläufe und -podeste | – | 58 |

Bemerkungen: Keine Anforderungen an Treppenläufe in Gebäuden mit nicht mehr als 2 Wohnungen.

| 12 | Wände | Wohnungstrennwände und Wände zwischen fremden Arbeitsräumen | 53 | – |

Bemerkungen: Wohnungstrennwände sind Bauteile, die Wohnungen voneinander oder von fremden Arbeitsräumen trennen.

| 13 | Wände | Treppenraumwände und Wände neben Hausfluren | 52 | – |

Bemerkungen: Für Wände mit Türen gilt die Anforderung erf. R'_w (Wand) = erf. R_w (Tür) + 15 dB. Darin bedeutet erf. R_w (Tür) die erforderliche Schalldämmung der Tür nach Zeile 16 oder Zeile 17. Wandbreiten ≤ 30 cm bleiben dabei unberücksichtigt.

14	Wände	Wände neben Durchfahrten, Einfahrten von Sammelgaragen u. Ä.	55	–
15		Wände von Spiel- oder ähnlichen Gemeinschaftsräumen	55	–
16	Türen	Türen, die von Hausfluren oder Treppenräumen in Flure und Dielen von Wohnungen und Wohnheime oder von Arbeitsräumen führen	27	–
17		Türen, die von Hausfluren oder Treppenräumen unmittelbar in Aufenthaltsräume - außer Flure und Dielen - von Wohnungen führen	37	–

Bemerkungen: Bei Türen gilt erf. R_w.

Schallschutz

Spalte	1	2	3	4
Zeile	Bauteile	Beschreibung	Anforderungen erf. R'_w [dB]	erf. $L'_{n,w}$ [dB]
2 Einfamilien-Doppelhäuser und Einfamilien-Reihenhäuser				
18	Decken	Decken	-	48
Bemerkungen: Die Anforderung an die Trittschalldämmung gilt nur für die Trittschallübertragung in fremde Aufenthaltsräume, ganz gleich, ob sie in waagerechter, schräger oder senkrechter (nach oben) Richtung erfolgt.				
19	Decken	Treppenläufe und -podeste und Decken unter Fluren	–	53
Bemerkungen: Bei einschaligen Haustrennwänden gilt: Wegen der möglichen Austauschbarkeit von weich federnden Bodenbelägen nach Beiblatt 1 zu DIN 4109:1989-11, Tabelle 18, die sowohl dem Verschleiß als auch besonderen Wünschen der Bewohner unterliegen, dürfen diese bei dem Nachweis der Anforderungen an den Trittschallschutz nicht angerechnet werden.				
20	Wände	Haustrennwände	57	-
3 Beherbergungsstätten				
21	Decken	Decken	54	53
22	Decken	Decken unter/über Schwimmbädern, Spiel- oder ähnlichen Gemeinschaftsräumen zum Schutz gegenüber Schlafräumen	55	46
Bemerkungen: Wegen der verstärkten Übertragung tiefer Frequenzen können zusätzliche Maßnahmen zur Körperschalldämmung erforderlich sein.				
23	Decken	Treppenläufe und -podeste	–	58
Bemerkungen: Keine Anforderungen an Treppenläufe in Gebäuden mit Aufzug. Die Anforderung gilt nicht für Decken, an die in Tabelle 5, Zeile 1, Anforderungen an den Schallschutz gestellt werden.				
24	Decken	Decken unter Fluren	–	53
Bemerkungen: Die Anforderung an die Trittschalldämmung gilt nur für die Trittschallübertragung in fremde Aufenthaltsräume, ganz gleich, ob sie in waagerechter, schräger oder senkrechter (nach oben) Richtung erfolgt.				
25	Decken	Decken unter Bad und WC ohne/mit Bodenentwässerung	54	53
Bemerkungen: Die Anforderung an die Trittschalldämmung gilt nur für die Trittschallübertragung in fremde Aufenthaltsräume, ganz gleich, ob sie in waagerechter, schräger oder senkrechter (nach oben) Richtung erfolgt. Die Prüfung der Anforderungen an das Trittschallschutzmaß nach DIN 52 210 Teil 3 erfolgt bei einer gegebenenfalls vorhandenen Bodenentwässerung nicht in einem Umkreis von $r = 60$ cm.				

3A Bauphysik (Wärme, Feuchte, Schall)

Spalte	1	2	3	4
Zeile	Bauteile	Beschreibung	Anforderungen erf. R'_w [dB]	erf. $L'_{n,w}$ [dB]
26	Wände	Wände zwischen – Übernachtungsräumen, – Fluren und Übernachtungsräume	47	–
27	Türen	Türen zwischen Fluren und Übernachtungsräumen	32	–

Bemerkungen: Bei Türen gilt erf. R_w.

4 Krankenanstalten, Sanatorien

28	Decken	Decken	54	53
29	Decken	Decken unter/über Schwimmbädern, Spiel- oder ähnlichen Gemeinschaftsräumen	55	46

Bemerkungen: Wegen der verstärkten Übertragung tiefer Frequenzen können zusätzliche Maßnahmen zur Körperschalldämmung erforderlich sein.

30	Decken	Treppenläufe und -podeste	–	58

Bemerkungen: Keine Anforderungen an Treppenläufe in Gebäuden mit Aufzug.

31	Decken	Decken unter Fluren	–	53

Bemerkungen: Die Anforderung an die Trittschalldämmung gilt nur für die Trittschallübertragung in fremde Aufenthaltsräume, ganz gleich, ob sie in waagerechter, schräger oder senkrechter (nach oben) Richtung erfolgt.

32	Decken	Decken unter Bad und WC ohne/mit Bodenentwässerung	54	53

Bemerkungen: Die Anforderung an die Trittschalldämmung gilt nur für die Trittschallübertragung in fremde Aufenthaltsräume, ganz gleich, ob sie in waagerechter, schräger oder senkrechter (nach oben) Richtung erfolgt.

Die Prüfung der Anforderungen an das Trittschallschutzmaß nach DIN 52 210 Teil 3 erfolgt bei einer gegebenenfalls vorhandenen Bodenentwässerung nicht in einem Umkreis von $r = 60$ cm.

33	Wände	Wände zwischen – Krankenräumen – Fluren und Krankenräumen – Untersuchungs- bzw. Sprechzimmern – Flure und Untersuchungs- bzw. Sprechzimmern – Krankenräumen und Arbeits- und Pflegeräumen	47	–
34		Wände zwischen – Operations- bzw. Behandlungsräumen, – Fluren und Operations- bzw. Behandlungsräumen	42	–

Schallschutz

Spalte	1	2	3	4
Zeile	Bauteile	Beschreibung	Anforderungen erf. R'_w [dB]	erf. $L'_{n,w}$ [dB]
35	Wände	Wände zwischen – Räumen der Intensivpflege – Fluren und Räumen der Intensivpflege	37	–
36	Türen	Türen zwischen – Untersuchungs- bzw. Sprechzimmern – Fluren und Untersuchungs- bzw. Sprechzimmern	37	–
37		Türen zwischen – Fluren und Krankenräumen, – Operations- bzw. Behandlungsräumen, – Fluren und Operations- bzw. Behandlungsräumen	32	–

Bemerkungen: Bei Türen gilt erf. R_W.

5 Schulen und vergleichbare Unterrichtsbauten

38	Decken	Decken zwischen Unterrichtsräumen oder ähnlichen Räumen	55	53
39		Decken unter Fluren	–	53

Bemerkungen: Die Anforderung an die Trittschalldämmung gilt nur für die Trittschallübertragung in fremde Aufenthaltsräume, ganz gleich, ob sie in waagerechter, schräger oder senkrechter (nach oben) Richtung erfolgt.

40	Decken	Decken zwischen Unterrichtsräumen oder ähnlichen Räumen und „besonders lauten" Räumen (z. B. Sporthallen, Musikräumen, Werkräumen)	55	46

Bemerkungen: Wegen der verstärkten Übertragung tiefer Frequenzen können zusätzliche Maßnahmen zur Körperschalldämmung erforderlich sein.

41	Wände	Wände zwischen Unterrichtsräumen oder ähnlichen Räumen	47	–
42		Wände zwischen Unterrichtsräumen oder ähnlichen Räumen und Fluren	47	–
43		Wände zwischen Unterrichtsräumen oder ähnlichen Räumen und Treppenhäusern	52	–
44		Wände zwischen Unterrichtsräumen oder ähnlichen Räumen und "besonders lauten" Räumen (z. B. Sporthallen, Musikräumen, Werkräumen)	55	–
45	Türen	Türen zwischen Unterrichtsräumen oder ähnlichen Räumen und Fluren	32	–

Bemerkungen: Bei Türen gilt erf. R_W.

Tafel 3.80: Zulässige Werte messtechnisch ermittelter Schalldruckpegel in schutzbedürftigen Räumen von Geräuschen aus haustechnischen Anlagen und Gewerbebetrieben

Spalte	1	2	3
Zeile	Geräuschquelle	Art der schutzbedürftigen Räume	
		Wohn- und Schlafräume	Unterrichts- und Arbeitsräume
		Kennzeichnender Schalldruckpegel dB(A)	
1	Wasserinstallationen (Wasserversorgungs- und Abwasseranlagen gemeinsam)	$\leq 35^{1)}$	$\leq 35^{1)}$
2	Sonstige haustechnische Anlagen	$\leq 30^{2)}$	$\leq 35^{2)}$
3	Betrieb tags 6 bis 22 Uhr	≤ 35	$\leq 35^{2)}$
4	Betrieb nachts 22 bis 6 Uhr	≤ 25	$\leq 35^{2)}$

[1] Einzelne, kurzzeitige Spitzen, die beim Betätigen der Armaturen und Geräte (Öffnen, Schließen, Umstellen, Unterbrechen u. a.) entstehen, sind z. Z. nicht zu berücksichtigen.
[2] Bei lüftungstechnischen Anlagen sind um 5 dB(A) höhere Werte zulässig, sofern es sich um Dauergeräusche ohne auffällige Einzeltöne handelt.

Beachte: Einzelne, kurzzeitige Spitzenwerte des Schalldruckpegels dürfen die Angaben nach Zeile 3 und 4 in Tafel 3.80 um nicht mehr als 10 dB(A) überschreiten.

Als schutzbedürftige Räume im Sinn von DIN 4109 werden Aufenthaltsräume bezeichnet, soweit sie gegen Geräusche zu schützen sind. Dies gilt für

- Wohnräume, einschließlich Wohndielen
- Schlafräume, einschließlich Übernachtungsräumen in Beherbergungsstätten und Bettenräume in Krankenhäusern und Sanatorien
- Unterrichtsräume in Schulen, Hochschulen und ähnlichen Einrichtungen
- Büros (ausgenommen Großraumbüros), Praxisräume, Sitzungsräume und ähnliche Arbeitsräume

Betriebe nach DIN 4109 sind Handwerksbetrieb und Gewerbebetriebe aller Art, d. h. auch Gaststätten und Theater.

Haustechnische Anlagen sind:

- Ver- und Entsorgungsanlagen
- Transportanlagen
- Fest eingebaute betriebstechnische Anlagen
- Gemeinschaftswaschanlagen
- Schwimmanlagen, Saunen und dergleichen
- Sportanlagen
- Zentrale Staubsaugeranlagen
- Müllabwurfanlagen
- Garagenanlagen

Schallschutz

Tafel 3.81: Anforderungen an die Luft- und Trittschalldämmung von Bauteilen zwischen „besonders lauten" und schutzbedürftigen Räumen

Spalte	1	2	3	4	5
			Bewertetes Schalldämm-Maß erf. R'_w [dB]		Bewerteter Norm-Trittschallpegel erf. $L'_{n,w}$ [1)2)] [dB]
Zeile	Art der Räume	Bauteile	Schalldruckpegel L_{AF} = 75 bis 80 dB(A)	Schalldruckpegel L_{AF} = 81 bis 85 dB(A)	
1.1	Räume mit "besonders lauten" haustechnischen Anlagen oder Anlageteilen	Decken, Wände	57	62	–
1.2		Fußböden	–	–	43[3)]
2.1	Betriebsräume von Handwerks- und Gewerbebetrieben, Verkaufsstätten	Decken, Wände	57	62	–
2.2		Fußböden	–	–	43
3.1	Küchenräume der Küchenanlagen von Beherbergungsstätten, Krankenhäusern, Sanatorien, Gaststätten, Imbissstuben und dergleichen	Decken, Wände	55		–
3.2		Fußböden	–	–	43
3.3	Küchenräume wie vor, jedoch auch nach 22 Uhr in Betrieb	Decken, Wände	57[4)]		–
		Fußböden	–	–	33
4.1	Galsträume, nur bis 22 Uhr in Betrieb	Decken, Wände	–	–	–
4.2		Fußböden	–	–	43
5.1	Galsträume (maximaler Schaldruckpegel L_{AF} ≤ 85 dB(A)), auch nach 22 Uhr in Betrieb	Decken, Wände	62		–
5.2		Fußböden	–	–	33 (30)
6.1	Räume von Kegelbahnen	Decken, Wände	67		–
6.2		Fußböden a) Keglerstube b) Bahn	– –	– –	33 13
7.1	Galsträume (maximaler Schalldruckpegel 85 dB(A) ≤ L_{AF} ≤ 95 B(A)), z. B. mit elektroakustischen Anlagen	Decken, Wände	72		–
7.2		Fußböden	–	–	28
Fußnoten s. folgende Seite					

3.81

3A Bauphysik (Wärme, Feuchte, Schall)

Fußnoten zur Tabelle 3.81

[1]) Jeweils in Richtung der Lärmausbreitung.
[2]) Die für Maschinen erforderliche Körperschalldämmung ist mit diesem Wert nicht erfasst; hierfür sind gegebenenfalls weitere Maßnahmen erforderlich - siehe auch Beiblatt 2 zu DIN 4109:1989-11 Abschnitt 2.3. Ebenso kann je nach Art des Betriebes ein niedrigeres erf $L'_{n,w}$ notwendig sein, dieses ist im Einzelfall zu überprüfen.
[3]) Nicht erforderlich, wenn geräuscherzeugende Anlagen ausreichend körperschallgedämmt aufgestellt werden; eventuelle Anforderungen nach DIN 4109:1989-11 Tafel 3 bleiben hiervon unberührt.
[4]) Handelt es sich um Großküchenanlagen und darüber liegende Wohnungen als schutzbedürftige Räume, gilt erf. $R'_w = 62$ dB.

Als besonders laute Räume gelten:

- Räume mit „besonders lauten" haustechnischen Anlagen oder Anlagenteilen, wenn der maximale Schalldruckpegel des Luftschalls in diesen Räumen häufig mehr als 75 dB(A) beträgt
- Aufstellungsräume für Auffangbehälter von Müllabwurfanlagen und deren Zugangsflure zu den Räumen vom Freien
- Betriebsräume von Handwerks- und Gewerbebetrieben einschließlich Verkaufsstätten, wenn der maximale Schalldruckpegel des Luftschalls in diesen Räumen häufig mehr als 75 dB(A) beträgt
- Galerieräume, z. B. Gaststätten, Cafés, Imbissstuben
- Räume von Kegelbahnen
- Küchenräume von Beherbergungsstätten, Krankenhäusern, Sanatorien, Gaststätten; außer Betracht bleiben Kleinküchen, Aufbereitungsküchen sowie Mischküchen
- Theaterräume
- Sporthallen
- Musik- und Werkräume.

Tafel 3.82: Anforderungen an die Luftschalldämmung von Außenbauteilen

Spalte	1	2	3	4	5
			\multicolumn{3}{c}{Raumarten}		
Zeile	Lärmpegelbereich	„Maßgeblicher Außenlärmpegel" [dB(A)]	Bettenräume in Krankenanstalten und Sanatorien	Aufenthaltsräume in Wohnungen, Übernachtungsräumen in Beherbergungsstätten, Unterrichtsräumen und Ähnliches	Büroräume[1]) und Ähnliches
			\multicolumn{3}{c}{erf. $R'_{w,res}$ des Außenbauteils [dB]}		
1	I	bis 55	35	30	-
2	II	56 bis 60	35	30	30
3	III	61 bis 65	40	35	30
4	IV	66 bis 70	45	40	35
5	V	71 bis 75	50	45	40
6	VI	76 bis 80	2)	50	45
7	VII	> 80	2)	2)	50

[1]) An Außenbauteile von Räumen, bei denen der eindringende Außenlärm aufgrund der in den Räumen ausgeübten Tätigkeiten nur einen untergeordneten Beitrag zum Innenraumpegel leistet, werden keine Anforderungen gestellt.
[2]) Die Anforderungen sind hier aufgrund der örtlichen Gegebenheiten festzulegen.

Der „maßgebliche Außenlärmpegel" ist der Pegelwert, der für die Bemessung der erforderlichen Schalldämmung zu benutzen ist. Er soll die Geräuschbelastung außen vor dem betroffenen Objekt repräsentativ unter Berücksichtigung der langfristigen Entwicklung der Belastung (5 bis 10 Jahre) beschreiben.

Zur Berechnung des resultierenden Schalldämm-Maßes $R'_{w,res}$ aus mehreren Bauteilen siehe Abschnitt 4.5.1.7.

Tafel 3.83a: Korrekturwerte für das resultierende Schalldämm-Maß nach Tafel 3.76 in Abhängigkeit vom Verhältnis $S_{(W+F)}/S_G$

Zeile / Spalte	1	2	3	4	5	6	7	8	9	10
1	$S_{(W+F)}/S_G$	2,5	2	1,6	1,3	1	0,8	0,6	0,5	0,4
2	Korrektur	+ 5	+ 4	+ 3	+ 2	+ 1	0	- 1	- 2	-3

$S_{(W+F)}$: Gesamtfläche des Außenbauteils eines Außenbauteils in m²
S_G: Grundfläche eines Aufenthaltsraumes in m²

Die Korrekturwerte nach Tafel 3.83a beziehen sich auf Außenwände (Verhältnis Wand zu Fenster). Raumbegrenzungsflächen von Dächern gehen in die Ermittlung der Korrekturwerte nicht ein.

Tafel 3.83b: Erforderliche Schalldämm-Maße erf. $R'_{w,res}$ bei Kombination von Außenwänden und Fenstern

Spalte	1	2	3	4	5	6	7
Zeile	erf. $R'_{w,res}$ in dB nach Tabelle 8	Schalldämm-Maße für Wand/Fenster [dB/dB] bei folgenden Fensterflächenanteilen [%]					
		10 %	20 %	30 %	40 %	50 %	60 %
1	30	30/25	30/25	35/25	35/25	50/25	30/30
2	35	35/30 40/25	35/30	35/32 40/30	40/30	40/32 50/30	45/32
3	40	40/32 45/30	40/35	45/35	45/35	40/37 60/35	40/37
4	45	45/37 50/35	45/40 50/37	50/40	50/40	50/42 60/40	60/42
5	50	55/40	55/42	55/45	55/45	60/45	-

Diese Tafel gilt nur für Wohngebäude mit üblichen Raumhöhen von etwa 2,5 m und Raumtiefen von etwa 4,5 m oder mehr, unter Berücksichtigung der Anforderungen an das resultierende Schalldämm-Maß erf. $R'_{w,res}$ des Außenbauteils nach Tafel 3.82 und der Korrektur von –2 dB nach Tafel 3.83a, Zeile 2.

Falls die Mindestanforderungen an den Schallschutz als nicht ausreichend angesehen werden, ist auf privatrechtlicher Basis ein höherer als der geforderte Schallschutz zu realisieren. Stellvertretend für die verschiedenen am Anfang dieses Kapitels genannten Quellen werden im Folgenden die Vorschläge des Beiblatts 2 zu DIN 4109 dargestellt.

Tafel 3.84: Vorschläge für erhöhten Schallschutz nach Beiblatt 2 zu DIN 4109

Spalte	1	2	3	4
			Vorschläge für erhöhten Schallschutz	
Zeile	Bauteile	Beschreibung	erf. R'_w [dB]	erf. $L'_{n w}$ [dB]

1 Geschosshäuser mit Wohnungen und Arbeitsräumen

Zeile	Bauteile	Beschreibung	erf. R'_w [dB]	erf. $L'_{n w}$ [dB]
1	Decken	Decken unter allgemein nutzbaren Dachräumen, z. B. Trockenböden, Abstellräumen und ihren Zugängen	≥ 55	≤ 46
2	Decken	Wohnungstrenndecken (auch -treppen) und Decken zwischen fremden Arbeitsräumen bzw. vergleichbaren Nutzungseinheiten	≥ 55	≤ 46

Bemerkungen: Weich federnde Bodenbeläge dürfen für den Nachweis des Trittschallschutzes angerechnet werden.

3		Decken über Kellern, Hausfluren, Treppenräumen unter Aufenthaltsräumen	≥ 55	≤ 46
4		Decken über Durchfahrten, Einfahrten von Sammelgaragen und ähnliches unter Aufenthaltsräumen	-	≤ 46

Bemerkungen: Der Vorschlag für den erhöhten Schallschutz an die Trittschalldämmung gilt nur für die Trittschallübertragung in fremde Aufenthaltsräume, ganz gleich, ob sie in waagerechter, schräger oder senkrechter (nach oben) Richtung erfolgt.

5		Decken unter Terrassen und Loggien über Aufenthaltsräumen	-	≤ 46
6		Decken unter Laubengängen	-	≤ 46

Bemerkungen: Der Vorschlag für den erhöhten Schallschutz an die Trittschalldämmung gilt nur für die Trittschallübertragung in fremde Aufenthaltsräume, ganz gleich, ob sie in waagerechter, schräger oder senkrechter (nach oben) Richtung erfolgt.

7		Decken und Treppen innerhalb von Wohnungen, die sich über zwei Geschosse erstrecken	-	≤ 46

Bemerkungen: Der Vorschlag für den erhöhten Schallschutz an die Trittschalldämmung gilt nur für die Trittschallübertragung in fremde Aufenthaltsräume, ganz gleich, ob sie in waagerechter, schräger oder senkrechter (nach oben) Richtung erfolgt. Weich federnde Bodenbeläge dürfen für den Nachweis des Trittschallschutzes angerechnet werden.

8		Decken unter Bad und WC ohne/mit Bodenentwässerung	≥ 55	≤ 46

Bemerkungen: Bei Sanitärobjekten in Bad oder WC ist für eine ausreichende Körperschalldämmung zu sorgen (siehe Abschnitt 2.3.4).

9		Decken unter Hausfluren	-	≤ 46

Schallschutz

Spalte	1	2	3	4
Zeile	Bauteile	Beschreibung	Vorschläge für erhöhten Schallschutz erf. R'_w [dB]	erf. $L'_{n w}$ [dB]
10	Treppen	Treppenläufe und -podeste	-	≤ 46
11	Wände	Wohnungstrennwände und Wände zwischen fremden Arbeitsräumen	≥ 55	-
12		Treppenraumwände und Wände neben Hausfluren	≥ 55	-

Bemerkungen: Für Wände mit Türen gilt R'_w (Wand) = $R_{W,P}$ (Tür) + 15 dB. Darin bedeutet $R_{W,P}$ (Tür) die erforderliche Schalldämmung der Tür nach Zeile 16 oder Zeile 17. Wandbreiten ≥ 30 cm bleiben dabei unberücksichtigt.

13	Türen	Türen, die von Hausfluren oder Treppenräumen in Flure und Dielen von Wohnungen und Wohnheimen oder von Arbeitsräumen führen	≥ 37	-

Bemerkungen: Bei Türen gilt erf. R_w.

2 Einfamilien-Doppelhäuser und Einfamilien-Reihenhäuser

14	Decken	Decken	-	≤ 38
15		Treppenläufe und -podeste und Decken unter Fluren	-	≤ 46

Bemerkungen: Der Vorschlag für den erhöhten Schallschutz an die Trittschalldämmung gilt nur für die Trittschallübertragung in fremde Aufenthaltsräume, ganz gleich, ob sie in waagerechter, schräger oder senkrechter (nach oben) Richtung erfolgt. Weich federnde Bodenbeläge dürfen für den Nachweis des Trittschallschutzes angerechnet werden.

16	Wände	Haustrennwände	≥ 67	-

3 Beherbungsstätten, Krankenanstalten, Sanatorien

17	Decken	Decken	≥ 55	≤ 46
18	Decken	Decken unter Bad und WC ohne/mit Bodenentwässerung	≥ 55	≤ 46

Bemerkungen: Der Vorschlag für den erhöhten Schallschutz an die Trittschalldämmung gilt nur für die Trittschallübertragung in fremde Aufenthaltsräume, ganz gleich, ob sie in waagerechter, schräger oder senkrechter (nach oben) Richtung erfolgt. Weich federnde Bodenbeläge dürfen für den Nachweis des Trittschallschutzes angerechnet werden. Bei Sanitärobjekten in Bad oder WC ist für eine ausreichende Körperschalldämmung zu sorgen.

19	Decken	Decken unter Fluren	-	≤ 46
20	Treppen	Treppenläufe und -podeste	-	≤ 46

Bemerkungen: Der Vorschlag für den erhöhten Schallschutz an die Trittschalldämmung gilt nur für die Trittschallübertragung in fremde Aufenthaltsräume, ganz gleich, ob sie in waagerechter, schräger oder senkrechter (nach oben) Richtung erfolgt.

Spalte	1	2	3	4
Zeile	Bauteile	Beschreibung	Vorschläge für erhöhten Schallschutz erf. R'_w [dB]	erf. $L'_{n\,w}$ [dB]
21	Wände	Wände zwischen Übernachtungs- bzw. Krankenräumen	≥ 52	-
22	Wände	Wände zwischen Fluren und Übernachtungs- bzw. Krankenräumen	≥ 52	-
Bemerkungen: erf. R'_w gilt für die Wand allein				
23	Türen	Türen zwischen Fluren und Krankenräumen	≥ 37	-
24		Türen zwischen Fluren und Übernachtungsräumen	≥ 37	-
Bemerkungen: Bei Türen gilt erf. R_w.				

4.5 Nachweise

Der Nachweis des Schallschutzes gliedert sich in zwei Bereiche:

- Rechnerische Bestimmung der zu erreichenden Schalldämmung von Trennbauteilen
- Messtechnische Überprüfung eines Bauteils im Labor oder eines Baumusters
- Messtechnische Überprüfung des vorhandenen Schallschutzes am gebrauchsfertig eingebauten Bauteil

Im Folgenden werden nur Möglichkeiten zur rechnerischen Bestimmung des Luftschalldämm-Maßes $R'_{w,R}$ und des Norm-Trittschallpegels $L'_{n,w,R}$ dargestellt. Zur Kennzeichnung, dass es sich bei diesen Angaben um berechnete Werte handelt, wird dem jeweiligen Formelzeichen der Index R beigefügt.

4.5.1 Luftschalldämmung

Bei den Berechnungen des vorhanden Schalldämm-Maßes $R'_{w,R}$ wird zunächst davon ausgegangen, dass die mittlere flächenbezogene Masse der flankierenden Bauteile $m'_{L,Mittel}$ in etwa gleich 300 kg/m² ist. Für Konstruktionen mit abweichenden Massen der Flanken oder schalltechnischer Verkleidung der flankierenden Bauteile sind die Korrekturwerte $K_{L,1}$ und $K_{L,2}$ nach Abschnitt 4.5.1.6 zu berücksichtigen.

4.5.1.1 Einschalige biegesteife Bauteile

Als einschalig bezeichnet man Bauteile, die als Ganzes schwingen. Sie können aus einem einheitlichen Baustoff bestehen (beispielsweise Glas, Beton oder Mauerwerk) oder aus mehreren Schichten. Die verschiedenen Schichten sollten dabei jedoch hinsichtlich ihrer schalltechnischen Eigenschaften ähnlich sein (z. B. Mauerwerk und Putz).

Das Schalldämm-Maß ist sehr stark an die Masse des trennenden Bauteils gekoppelt. Die flächenbezogene Masse von Wänden setzt sich aus der Dicke der Wand, deren Rohdichte (Tafel 3.87a) und gegebenenfalls ein- oder beidseitig aufgebrachter Putzschichten (Tafel 3.87b) zusammen.

Die Rohdichte von Wänden kann Tafel 3.87a entnommen werden. Da sich die Wand aus Stein plus Mörtel zusammensetzt, muss im Bestimmungsfall untersucht werden, ob wärmeschutztechnische Anforderungen an die Wand vorliegen oder nicht und ob Leichtmörtel oder Normalmörtel verwendet wird.

Bei der Bestimmung der flächenbezogenen Masse fugenloser Wände und von Wänden aus geschosshohen Platten ist **bei unbewehrtem Beton und Stahlbeton aus Normalbeton** mit einer Rohdichte $\rho = 2300$ kg/m³ zurechnen.

Werden die zu errichtenden Wände aus Leichtbeton oder Porenbeton oder Plansteinen und -platten im Dünnbettmörtel gefertigt, ist die Wandrohdichte entsprechend Tafel 3.88a abzumindern.

Tafel 3.87a: Wandrohdichten einschaliger Wände aus Steinen und Platten

Spalte	1	2	3
Zeile	Stein-/Plattenrohdichte[1] ρ_N [kg/m³]	Wandrohdichte[2)3] ρ_W Normalmörtel [kg/m³]	Leichtmörtel (Rohdichte ≤ 1000 kg/m³) [kg/m³]
1	2200	2080	1940
2	2000	1900	1770
3	1800	1720	1600
4	1600	1540	1420
5	1400	1360	1260
6	1200	1180	1090
7	1000	1000	950
8	900	910	860
9	800	820	770
10	700	730	680
11	600	640	590
12	500	550	500
13	400	460	410

[1] Werden Hohlblocksteine nach DIN 106 Teil 1, DIN 18151 und DIN 18153 umgekehrt vermauert und die Hohlräume mit Sand oder mit Normalmörtel gefüllt, so sind die Werte der Wandrohdichte um 400 kg/m³ zu erhöhen.
[2] Die angegebenen Werte sind für alle Formate der in DIN 1053 Teil 1 und DIN 4103 Teil 1 für die Herstellung von Wänden aufgeführten Steine bzw. Platten zu verwenden.
[3] Dicke der Mörtelfugen von Wänden nach DIN 1053 Teil 1 bzw. DIN 4103 Teil 1 bei Wänden aus dünnfugig zu verlegenden Plansteinen und -platten siehe DIN 4109:1989-11 Abschnitt 2.2.2.1.

Tafel 3.87b: Flächenbezogene Masse von Wandputzen

Putzdicke [mm]	Flächenbezogene Masse von	
	Kalkgipsputz, Gipsputz [kg/m²]	Kalkputz, Kalkzementputz, Zementputz [kg/m²]
10	10	18
15	15	25
20	-	30

3A Bauphysik (Wärme, Feuchte, Schall)

Tafel 3.88a: Abminderung der Rohdichte von Wänden aus Leichtbeton oder Porenbeton oder Plansteinen und -platten im Dünnbettmörtel

Spalte	1	2	3
Zeile	Rohdichteklasse	Rohdichte [kg/m³]	Abminderung [kg/m³]
1	> 1,0	> 1000	100
2	≤ 1,0	≤ 1000	50

Tafel 3.88b: Bewertetes Schalldämm-Maß $R'_{w,R}$ [1)2)] einschaliger biegesteifer Decken und Wände

m' [kg/m²]	85[3)]	90[3)]	95[3)]	105[3)]	115[3)]	125[3)]	135	150	160	175	190
$R'_{w,R}$ [1)] [dB]	34	35	36	37	38	39	40	41	42	43	44
m' [kg/m²]	210	230	250	270	295	320	350	380	410	450	
$R'_{w,R}$ [1)] [dB]	45	46	47	48	49	50	51	52	53	54	
m' [kg/m²]	490	530	580	630[4)]	680[4)]	740[4)]	810[4)]	880[4)]	960[4)]	1040[4)]	
$R'_{w,R}$ [1)] [dB]	55	56	57	58	59	60	61	62	63	64	

[1)] Gültig für flankierende Bauteile mit einer mittleren flächenbezogenen Masse $m'_{L,Mittel}$ von etwa 300 kg/m²

[2)] Messergebnisse haben gezeigt, dass bei verputzten Wänden aus dampfgehärtetem Porenbeton und Leichtbeton mit Blähtonzuschlag mit Steinrohdichten ≤0,8 kg/dm³ bei einer flächenbezogenen Masse bis 250 kg/m² das bewertete Schalldämm-Maß $R'_{w,R}$ um 2 dB höher angesetzt werden kann. Das gilt auch für zweischaliges Mauerwerk, sofern die flächenbezogene Masse der Einzelschale $m' ≤ 250$ kg/m² beträgt.

[3)] Sofern Wände aus Gips-Wandbauplatten nach DIN 4103 Teil 2 ausgeführt werden, darf das bewertete Schalldämm-Maß $R'_{w,R}$ um 2 dB höher angesetzt werden.

[4)] Diese Werte gelten nur für die Ermittlung des Schalldämm-Maßes zweischaliger Wände aus beigesteifen Schalen mach Abschnitt 4.5.1.2.

Anmerkung: Zwischenwerte flächenbezogener Massen m' sind linear zu interpolieren und auf ganze dB zu runden.

4.5.1.2 Wände aus zwei biegesteifen Schalen

Die flächenbezogene Masse der Einzelschalen (einschließlich eventuell vorhandenem Putz) muss mindestens 150 kg/m², die Dicke der Trennfuge mindestens 30 mm betragen. Bei einer Dicke der Trennfuge von $d ≥ 50$ mm darf die flächenbezogene Masse der Einzelschalen bis auf 100 kg/m² reduziert werden.

Der Fugenhohlraum ist mit vollflächig verlegten und dichtgestoßenen Mineralfaser-Dämmplatten zu verfüllen.

Bei einer flächenbezogenen Masse der Einzelschalen von mindestens 200 kg/m² und einer Dicke der Trennfuge $d ≥ 30$ mm darf auf das Einlegen weich federnder Mineralfaser-Dämmschichten verzichtet werden.

Für Wände aus zwei biegesteifen Schalen mit durchgehender Trennfuge kann das bewertete Schalldämm-Maß $R'_{w,R}$ aus der Summe der flächenbezogenen Masse der beiden Einzelschalen unter Berücksichtigung möglicherweise vorhandener Putzschichten, analog der Vorgehensweise bei einschaligen biegesteifen Wänden, nach Tafel 3.87a bestimmt werden. Zur Berücksichtigung der Zweischaligkeit dürfen auf das so ermittelte Schalldämm-Maß $R'_{w,R}$ **12 db aufgeschlagen** werden.

Schallschutz

4.5.1.3 Wände aus einer biegesteifen Schale mit biegeweicher Vorsatzschale

Wird vor einer biegesteifen Wand eine biegeweiche Vorsatzschale angeordnet und die Fuge zwischen den beiden Schalen mindestens auf einen Teilbetrag des Schalenabstandes mit einem weich federnden Mineralfaser-Dämmstoff verfüllt, kann das Schalldämm-Maß des Bauteils verbessert werden. Entsprechend der Anordnung der biegeweichen Schale vor der biegesteifen Wand ist nach Tafel 3.89b, je nach akustischer Wirksamkeit, zwischen Gruppe A und Gruppe B zu unterscheiden. Bei Gruppe B stehen die Ständer der biegeweichen Vorsatzschale frei vor der Massivwand, während bei einer Ausführung nach Gruppe A die Ständer an der Wand befestigt sind.

Das zu erreichende Schalldämm-Maß $R'_{w,R}$ nach Tafel 3.89a hängt von der Masse der biegesteifen Wand und gegebenenfalls von der Ausbildung der flankierenden Bauteile ab.

Tafel 3.89a: Bewertetes Schalldämm-Maß $R'_{w,R}$ einschaliger biegesteifer Wände mit biegeweicher Vorsatzschale entsprechend Tafel 3.82b

Spalte	1	2
Zeile	Flächenbezogene Masse der Massivwand [kg/m²]	$R'_{w,R}$ [dB] [1) 2)]
1	100	49
2	150	49
3	200	50
4	250	52
5	275	53
6	300	54
7	350	55
8	400	56
9	450	57
10	500	58

[1)] Gültig für flankierende Bauteile mit einer mittleren flächenbezogenen Masse $m'_{L,Mittel}$ von etwa 300 kg/m².
[2)] Bei Wandausführungen nach Tafel 89b, Zeilen 5 und 6 sind diese Werte um 1 dB abzumindern.

Tafel 3.89b: Eingruppierung von biegeweichen Vorsatzschalen vor einschaligen biegesteifen Wänden

Spalte	1	2	3
Zeile	Gruppe[1)]	Wandausbildung	Beschreibung
1	B (Ohne Verbindung bzw. mit federnder Verbindung der Schalen)	≥ 500	Vorsatzschale aus Holzwolle-Leichtbauplatten nach DIN 1101, Dicke ≥ 25 mm, verputzt, Holzstiele (Ständer) mit Abstand ≥ 20 mm vor schwerer Schale freistehend, Ausführung nach DIN 1102
2		≥ 500	Vorsatzschale aus Gipskartonplatten nach DIN 18180, Dicke 12,5 mm oder 15 mm, Ausführung nach DIN 18181 (z. Z. Entwurf), oder aus Spanplatten nach DIN 68763, Dicke 10 mm bis 16 mm, Holzstiele (Ständer) mit Abstand ≥ 20 mm vor schwerer Schale frei stehend[2)], mit Hohlraumfüllung[3)] zwischen den Holzstielen

3.89

Spalte	1	2	3
Zeile	Gruppe[1]	Wandausbildung	Beschreibung
3		(30 bis 50; ≥ 50)	Vorsatzschale aus Holzwolle-Leichtbauplatten nach DIN 1101, Dicke ≥ 50 mm, verputzt, freistehend mit Abstand von 30 mm bis 50 mm vor schwerer Schale, Ausführung nach DIN 1102; bei Ausfüllung des Hohlraumes nach Fußnote 3 ist ein Abstand von 20 mm ausreichend
4		(≥ 40)	Vorsatzschale aus Gipskartonplatten nach DIN 18180, Dicke 12,5 mm oder 15 mm, und Faserdämmplatten[4], Ausführung nach DIN 18181 (z. Z. Entwurf), an schwerer Schale streifen- oder punktförmig angesetzt
5	A (Mit Verbindung der Schalen)	(≥ 60; ≥ 500)	Vorsatzschalen aus Holzwolle-Leichtbauplatten nach DIN 1101, Dicke ≥ 25 mm, verputzt, Holzstiele (Ständer) an schwerer Schale befestigt, Ausführung nach DIN 1102
6		(≥ 60; ≥ 500)	Vorsatzschale aus Gipskartonplatten nach DIN 18180, Dicke 12,5 mm oder 15 mm, Ausführung nach DIN 18181 (z. Z. Entwurf), oder aus Spanplatten nach DIN 68763, Dicke 10 mm bis 16 mm, mit Hohlraumausfüllung[3], Holzstiele (Ständer) an schwerer Schale befestigt[2]

[1] In einem Wand-Prüfstand ohne Flankenübertragung (Prüfstand DIN 52 210-P-W) wird das bewertete Schalldämm-Maß $R_{W,P}$ einer einschaligen biegesteifen Wand durch Vorsatzschalen der Zeile 1 bis 4 um mindestens 15 dB, der Zeilen 5 und 6 um mindestens 10 dB verbessert.

[2] Bei diesen Beispielen können auch Ständer aus C-Wandprofilen aus Stahlblech nach DIN 18182 Teil 1 verwendet werden.

[3] Faserdämmstoffe nach DIN 18165 Teil 1, Nenndicke 20 mm bzw. ≥ 60 mm, längenbezogener Strömungswiderstand $\Xi \geq 5$ kN · s/m^4.

[4] Faserdämmstoffe nach DIN 18165 Teil 1, Anwendungstyp WV-s, Nenndicke ≥ 40 mm, $s' \leq 5$ MN/m³.

4.5.1.4 Zweischalige Wände aus zwei biegeweichen Schalen

Ausführungsbeispiele für zweischalige Wände aus zwei biegeweichen Schalen sind in Tafel 3.91 abgebildet.

Neben der Frage der Ausführung mit gemeinsamem oder getrenntem Ständerwerk, der Anzahl der Beplankungen je Schale, des Schalenabstandes und der Hohlraumverfüllung ist die Ausbildung der flankierenden Bauteile von entscheidender Bedeutung. Die Werte des Schalldämm-Maßes $R'_{w,R}$ in Tafel 3.91 gelten nur beim Vorhandensein flankierender Bauteile mit einer mittleren flächenbezogenen Masse von ca. $m'_{L,Mittel} = 300$ kg/m². Bei einer Abweichung von $m'_{L,Mittel}$ um mehr als ± 25 kg/m² sind Zu- bzw. Abschläge nach Tafel 3.94b vorzunehmen.

Tafel 3.91: Bewertetes Schalldämm-Maß $R'_{w,R}$ von zweischaligen Wänden aus zwei biegeweichen Schalen aus Gipskarton oder Spanplatten

Spalte	1	2	3	4	5
Zeile	Wandausbildung mit Stielen (Ständer), Achsabstand ≥ 600, ein- oder zweilagige Bekleidung[1]	Anzahl der Lagen je Seite	Mindest-Schalenabstand s [mm]	Mindest-Dämmschichtdicke[2], Nenndicke s_D [mm]	$R'_{w,R}$ [3] [dB]
1	(Skizze: ≥600, s_D, s, ≥60)	1	60	40	38
2		2			46
3	wie Zeile 1, jedoch Ständer aus Stahlblech-C-Profilen nach DIN 18182-1	1	50	40	45
4		2			49
5		3	100	80	50
6	(Skizze: ≥600, ≥80, ≥22, s_D, s, ≥60)	1	100	60	44
7[4]	(Skizze: ≥600, ≥60, s_D, s, ≥60)	1	125	2 x 40	49
8[4]	wie Zeile 7, jedoch eine Dämmstoffschicht zwischen den Stiel-(Ständer-) Reihen	1	160	40	49
9[4]		2	200	80 oder 2 x 40	50
Fußnoten siehe nächste Seite

Fußnoten zu Tafel 3.91

[1] Bekleidung aus Gipskartonplatten nach DIN 18180, 12,5 mm oder 15 mm dick, oder aus Spanplatten nach DIN 68763, 13 mm bis 16 mm dick.
[2] Faserdämmstoffe nach DIN 18165 Teil 1, Nenndicke 40 mm bis 80 mm, längenbezogener Strömungswiderstand $\varXi \geq 5$ kN·s/m⁴.
[3] Gültig für flankierende Bauteile mit einer mittleren flächenbezogenen Masse $m'_{L,Mittel}$ von etwa 300 kg/m².
[4] Doppelwand mit über gesamter Wandfläche durchgehender Trennfuge.

4.5.1.5 Decken

In die Bestimmung des Schalldämm-Maßes $R'_{w,R}$ von Massivdecken geht neben deren Masse auch das Vorhandensein etwaiger Unterdecken oder oberseitig aufgebrachter schwimmender Estriche ein. Durch eine Unterdecke oder einen schwimmenden Aufbau wird ein mehrschaliges Bauteil – mit einer entsprechenden Verbesserung der Schalldämmung – gebildet.

Neben der Ausbildung der Decke bestimmt auch die Masse der flankierenden Bauteile das Schalldämm-Maß des trennenden Bauteils mit. Die Werte der Schalldämm-Maße $R'_{w,R}$ in Tafel 3.92 gelten nur beim Vorhandensein flankierender Bauteile mit einer mittleren flächenbezogenen Masse von ca. $m'_{L,Mittel} = 300$ kg/m². Bei einer Abweichung von $m'_{L,Mittel}$ um mehr als ± 25 kg/m² sind Zu- bzw. Abschläge nach Tafel 3.94a vorzunehmen.

Tafel 3.92: Bewertetes Schalldämm-Maß $R'_{w,R}$[1] von Massivdecken

Spalte	1	2	3	4	5
Zeile	Flächenbezogene Masse der Decke[3] kg/m²	\multicolumn{4}{c}{$R'_{w,R}$[2] [dB]}
		Einschalige Massivdecke, Estrich und Gehbelag unmittelbar aufgebracht	Einschalige Massivdecke mit schwimmendem Estrich[4]	Massivdecke mit Unterdecke[5], Gehbelag und Estrich unmittelbar aufgebracht	Massivdecke mit schwimmendem Estrich und Unterdecke[5]
1	500	55	59	59	62
2	450	54	58	58	61
3	400	53	57	57	60
4	350	51	56	56	59
5	300	49	55	55	58
6	250	47	53	53	56
7	200	44	51	51	54
8	150	41	49	49	52

[1] Zwischenwerte sind linear zu interpolieren.
[2] Gültig für flankierende Bauteile mit einer mittleren flächenbezogenen Masse $m'_{L,Mittel}$ von etwa 300 kg/m².
[3] Andere schwimmend verlegte Deckenauflagen, z. B. schwimmend verlegte Holzfußböden, sofern sie ein Trittschallverbesserungsmaß $\Delta L_W \geq 24$ dB haben.
[4] Biegeweiche Unterdecken oder akustischen gleichwertigen Ausführungen.

4.5.1.6 Einfluss flankierender Bauteile, deren mittlere flächenbezogene Masse $m'_{L,Mittel}$ von ca. 300 kg/m² abweicht

Je nach der Masse der flankierenden Bauteile können diese durch mehr oder weniger Schallenergie zum Schwingen angeregt werden und damit mehr oder weniger Schall übertragen. Da im Schalldämm-Maß $R'_{w,R}$ neben der direkten Schallübertragung über das Trennbauteil auch die Schallübertragung über flankierende Bauteile enthalten ist, fließt die Masse der flankierenden Bauteile in $R'_{w,R}$ ein. Die Rechenwerte der Schalldämm-Maße in den Tafeln 3.88, 3.89a, 3.91 und 3.92 beziehen sich jeweils auf eine Masse der flankierenden Bauteile von ca. 300 kg/m². Weicht $m'_{L,Mittel}$ von diesem Wert ab, ist der Korrekturwert $K_{L,1}$ zu berücksichtigen. Dabei kann $K_{L,1}$ in Abhängigkeit von der mittleren flächenbezogenen Masse $m'_{L,Mittel}$ der flankierenden Bauteile den Tafeln 3.94a und 3.94b entnommen werden.

Die Berechnung der mittleren flächenbezogenen Masse der flankierenden Bauteile $m'_{L,Mittel}$ erfolgt, je nach Art des trennenden Bauteils, unterschiedlich:

- **Ermittlung der mittleren flächenbezogenen Masse $m'_{L,Mittel}$ flankierender Bauteile bei biegesteifen Wänden und Decken als trennendes Bauteil**

  Die mittlere flächenbezogene Masse $m'_{L,Mittel}$ wird aus dem arithmetischen Mittel der Einzelwerte $m'_{L,i}$ der massiven Bauteile berechnet:

$$m'_{L,mittel} = \frac{1}{n}\sum_{i=1}^{n} m'_{L,i} \tag{74}$$

Dabei ist:

$m'_{L,i}$ flächenbezogene Masse des i-ten **nicht verkleideten massiven** flankierenden Bauteils

n Anzahl der nicht verkleideten massiven flankierenden Bauteile

Das arithmetische Mittel nach Gleichung 74 ist auf Werte nach Tafel 3.94a zu runden.

- **Ermittlung der mittleren flächenbezogenen Masse $m'_{L,Mittel}$ flankierender Bauteile von Wänden aus biegeweichen Schalen und von Holzbalkendecken**

  Die mittelere flächenbezogene Masse $m'_{L,Mittel}$ wird aus dem arithmetischen Mittel der Einzelwerte $m'_{L,i}$ der massiven Bauteile berechnet:

$$m'_{L,mittel} = \left[\frac{1}{n}\sum_{i=1}^{n}\left(m'_{L,i}\right)^{-2,5}\right]^{-0,4} \tag{75}$$

Dabei ist:

$m'_{L,i}$ flächenbezogene Masse des i-ten **nicht verkleideten massiven** flankierenden Bauteils

n Anzahl der nicht verkleideten, massiven flankierenden Bauteile.

Das arithmetische Mittel nach Gleichung 75 ist auf Werte nach Tafel 3.94b zu runden.

Tafel 3.94a: Korrekturwerte $K_{L,1}$ des bewerteten Schalldämm-Maßes $R'_{w,R}$ biegesteifer Wände und Decken als trennendes Bauteil bei flankierenden Bauteilen mit einer mittleren flächenbezogenen Masse $m'_{L,Mittel}$

Spalte	1	2	3	4	5	6	7	8
Zeile	Art des trennenden Bauteils	\multicolumn{7}{c}{$K_{L,1}$ in dB für mittlere flächenbezogene Massen $m'_{L,Mittel}$[1) [kg/m²]}						
		400	350	300	250	200	150	100
1	Einschalige biegesteife Wände und Decken nach Tafel 3.88b und Tafel 3.92, Spalte 2	0	0	0	0	-1	-1	-1
2	Einschalige biegesteife Wände mit biegeweichen Vorsatzschalen nach Tafel 3.89b	+2	+1	0	-1	-2	-3	-4
3	Massivdecken mit schwimmendem Estrich oder Holzfußboden nach Tafel 3.92, Spalte 3	+2	+1	0	-1	-2	-3	-4
4	Massivdecken mit Unterdecken nach Tafel 3.92, Spalte 4	+2	+1	0	-1	-2	-3	-4
5	Massivdecken mit schwimmendem Estrich und Unterdecken nach Tafel 3.92, Spalte 5	+2	+1	0	-1	-2	-3	-4

[1)] $m'_{L,Mittel}$ ist rechnerisch nach Gleichung 74 zu ermitteln.

Tafel 3.94b: Korrekturwert $K_{L,1}$ des bewerteten Schalldämm-Maßes $R'_{w,R}$ von zweischaligen Wänden aus zwei biegeweichen Schalen und von Holzbalkendecken als trennendem Bauteil bei flankierenden Bauteilen mit einer mittleren flächenbezogenen Masse $m'_{L,Mittel}$

Spalte	1	2	3	4	5	6	7	8
Zeile	$R'_{w,R}$ der Trennwand bzw. -decke für $m'_{L,Mittel}$ von etwa 300 kg/m² dB	\multicolumn{7}{c}{$K_{L,1}$ in dB für mittlere flächenbezogene Massen $m'_{L,Mittel}$[1) [kg/m²]}						
		450	400	350	300	250	200	150
1	50	+4	+3	+2	0	-2	-4	-7
2	49	+2	+2	+1	0	-2	-3	-6
3	47	+1	+1	+1	0	-2	-3	-6
4	45	+1	+1	+1	0	-1	-2	-5
5	43	0	0	0	0	-1	-2	-4
6	41	0	0	0	0	-1	-1	-3

[1)] $m'_{L,Mittel}$ ist rechnerisch nach Gleichung 75 zu ermitteln.

Schallschutz

Neben der Masse der flankierenden Bauteile beeinflussen auch möglicherweise vorhandene biegeweiche Vorsatzschalen auf den flankierenden Bauteilen die Schallübertragung auf diesem Weg. D. h. neben der Masse der Flanken ist auch das Vorhandensein von Vorsatzschalen an den flankierenden Bauteilen bei der Ermittlung des Schalldämm-Maßes des trennenden Bauteils zu berücksichtigen. Voraussetzung allerdings ist, dass die Vorsatzschale auf beiden Seiten des trennenden Bauteils vorhanden ist.

Die Werte für $K_{L,2}$ können in Abhängigkeit der Anzahl der flankierenden biegeweichen Bauteile oder der Anzahl flankierender Bauteile mit einer biegeweichen Vorsatzschale der Tafel 3.95 entnommen werden.

Achtung: Sind flankierende Bauteile mit einer biegeweichen Vorsatzschale vorhanden und wird $K_{L,2}$ berücksichtigt, dann geht die Masse dieser Flanke **nicht** in die Berechnung der mittleren flächenbezogenen Masse $m'_{L,Mittel}$ nach Gleichung 74 bzw. Gleichung 75 ein.

Tafel 3.95: Korrekturwerte $K_{L,2}$ für das bewertete Schalldämm-Maß $R'_{w,R}$ trennender Bauteile mit biegeweicher Vorsatzschale, schwimmendem Estrich/Holzfußboden oder aus biegeweichen Schalen

Spalte	1	2
Zeile	Anzahl der flankierenden biegeweichen Bauteile oder der flankierenden Bauteile mit biegeweicher Vorsatzschale	$K_{L,2}$
1	1	+ 1
2	2	+ 3
3	3	+ 6

4.5.1.7 Resultierendes Schalldämm-Maß $R'_{w,R,res}$ eines aus Elementen verschiedener Schalldämmung bestehenden Bauteils

Setzt sich das zu untersuchende Bauteil aus Elementen unterschiedlicher Schalldämmung zusammen, ist die Schallenergie über die einzelnen Übertragungswege maßgebend. Wenn beispielsweise bei einer Trennwand ein Glasoberlicht oder in einer Außenwand ein Fenster eingebaut wird, setzt sich die Menge an Schallenergie, die übertragen wird, aus den einzelnen Schalldämm-Maßen und deren Flächenanteilen zusammen. Bestimmend ist jedoch, dass der Geräuschpegel im schutzbedürftigen Raum nicht überschritten wird. Daher fließen die Schalldämm-Maße $R'_{w,R,i}$ der verschiedenen Elemente in das resultierende Schalldämm-Maß $R'_{w,R,res}$ wie folgt ein:

$$R'_{w,R,res} = -10 \cdot \lg \left[\frac{1}{S_{ges}} \cdot \sum_{i=1}^{n} \left(S_i \cdot 10^{\frac{-R_{w,R,i}}{10}} \right) \right] \tag{76}$$

Dabei sind:

$S_{ges} = \sum_{i=1}^{n} S_i$ Fläche des gesamten Bauteils

S_i Fläche des i-ten Elements des Bauteils

$R_{w,R,i}$ bewertetes Schalldämm-Maß (Rechenwert) des i-ten Elements des Bauteils

Für Bauteile, die nur aus zwei Elementen zusammengesetzt sind, kann Gleichung 76 wie folgt umgestellt werden:

$$R'_{w, R, res} = R_{w, R, 1} - 10 \cdot \lg \left[1 + \frac{S_2}{S_{ges}} \cdot \left(10^{\frac{R_{w, R, 1} - R_{w, R, 2}}{10}} - 1 \right) \right] \tag{77}$$

Dabei ist:

$S_{ges} = S_1 + S_2$ Fläche der Wand mit Tür oder Fenster

S_1 Fläche der Wand

S_2 Fläche der Tür oder Wand (bei Türen die lichte Durchgangsfläche, bei Fenstern die Fläche des Fensters einschließlich des Rahmens)

$R_{w,R,1}$ bewertetes Schalldämm-Maß der Wand (ohne Fenster oder Tür) als Rechenwert

$R_{w,R,2}$ bewertetes Schalldämm-Maß des Fensters oder Tür als Rechenwert

Statt einer Berechnung nach Gleichung 77 besteht auch die Möglichkeit, das resultierende Schalldämm-Maß für Bauteile aus zwei Elementen mit Hilfe von Abb. 3.96 abzuschätzen.

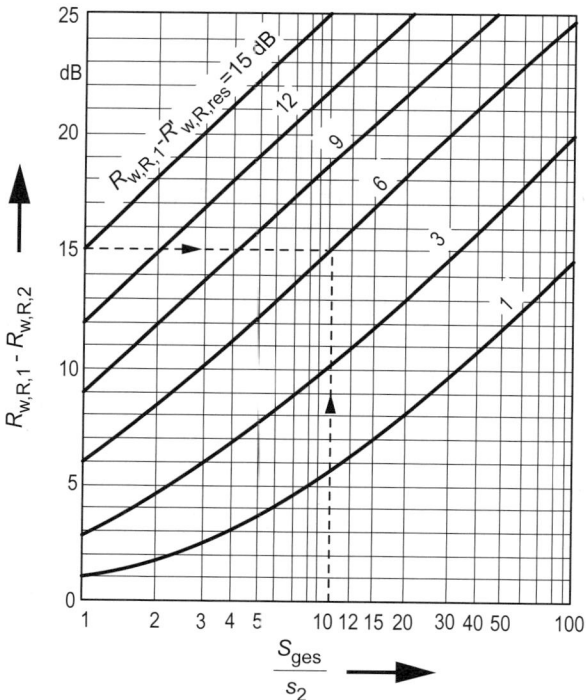

Abb. 3.96 Schalldämm-Maß für Bauteile aus zwei Elementen

4.5.2 Trittschallschutz

Trittschall stellt eine spezielle Anregungsform des Körperschalls dar. Es geht dabei einerseits darum, die Schallübertragung, die aus dem Begehen von Decken resultiert, zu reduzieren, andererseits sollen mit den Anforderungen an den Trittschallschutz auch weitere aus der Nutzung von Gebäuden (außer haustechnische Anlagen und Einrichtungen) resultierende mechanische Anregungen massiver Bauteile vermindert werden.

Ein wesentlicher Unterschied zwischen Schalldämm-Maß eines Bauteils und dem Norm-Trittschallpegel liegt darin, dass R'_w die Schalldämmung beschreibt, während $L'_{n,w}$ einen maximalen im zu schützenden Raum auftretenden Pegel beinhaltet. Während also die Luftschalldämmung möglichst hohe Werte anstrebt, zielt die Trittschalldämmung auf möglichst geringe Pegel ab.

Auch für den Trittschallschutz gilt: Je schwerer das trennende Bauteil ist, umso mehr Schall-(Energie) ist zu dessen Schwingungsanregung erforderlich und umso geringer ist der abzustrahlende Schallpegel. Da die Anforderungen an den Trittschallschutz mit einschaligen Bauteilen nicht zu leisten sind, werden mehrschalige Konstruktionen so ausgeführt, dass entweder auf der Deckenoberseite ein schwimmender Estrich zu Einsatz kommt oder auf der Deckenunterseite eine schalltechnisch entkoppelte Unterdecke montiert wird oder beide Maßnahmen ergriffen werden.

Der Norm-Trittschallpegel $L'_{n,w,R}$ setzt sich wie folgt zusammen:

$$L'_{n,w,R} = L'_{n,w,eq,R} + \Delta L_{w,r} \tag{78}$$

Dabei ist:

$L'_{n,w,eq,R}$ äquivalenter bewerteter Normtrittschallpegel der Massivdecke ohne Deckenauflage als Rechenwert

$\Delta L_{w,R}$ Trittschallverbesserungsmaß der Deckenauflage als Rechenwert

Der äquivalente Norm-Trittschallpegel stellt den Pegel dar, der bei der Anregung einer Decke oder Treppe mit einem Norm-Trittschallhammerwerk in einem direkt unter dem angeregten Bauteil liegenden Raum zu hören wäre. Werte für $L'_{n,w,eq,R}$ können Tafel 3.98 in Abhängigkeit von der flächenbezogenen Masse der Massivdecke und dem möglichen Vorhandensein einer schalltechnisch entkoppelten Unterdecke entnommen werden.

Angaben der Trittschallverbesserung $\Delta L'_{w,R}$ von schwimmenden Estrichen sind, je nach Art des Estrichmaterials und der Nachgiebigkeit der Trittschalldämmschicht (ausgedrückt in der dynamischen Steifigkeit s'), Tafel 3.99 zu entnehmen.

Liegt der zu schützende Raum nicht direkt unter dem lauten Raum, können die Korrekturwerte K_T nach Tafel 3.100a in Ansatz gebracht werden.

Wird der rechnerisch ermittelte Norm-Trittschallpegel $L'_{n,w,R}$ mit den Anforderungen nach DIN 4109 verglichen, müssen die Rechenwerte 2 dB unter den Grenzwerte nach Norm liegen.

Daher gilt:

$$\text{vorh.}\ L'_{n,w,R} = L'_{n,w,eq,R} - \Delta L_{w,R} - K_T + 2dB \leq \text{erf.}\ L'_{n,w} \tag{79}$$

Tafel 3.98: Äquivalenter bewerteter Norm-Trittschallpegel $L_{n,w,eq,R}$ von Massivdecken in Gebäuden in Massivbauart ohne/mit schalltechnisch entkoppelter Unterdecke

Spalte	1	2	3	4
Zeile	Deckenart	Flächenbezogene Masse[1] der Massivdecke ohne Auflage [kg/m²]	$L_{n,w,eq,R}$[2] [dB]	
			ohne Unterdecke	mit Unterdecke[3][4]
1	Massivdecken	135	86	75
2		160	85	74
3		190	84	74
4		225	82	73
5		270	79	73
6		320	77	72
7		380	74	71
8		450	71	69
9		530	69	67

[1] Flächenbezogene Masse einschließlich eines etwaigen Verbundestrichs oder Estrichs auf Trennschicht und eines unmittelbar aufgebrachten Putzes
[2] Zwischenwerte sind linear zu interpolieren und auf ganze dB zu runden.
[3] Biegeweiche Unterdecken oder akustisch gleichwertige Ausführungen
[4] Bei Verwendung von schwimmenden Estrichen mit mineralischen Bindemitteln sind die Tabellenwerte für $L_{n,w,eq,R}$ um 2 dB zu erhöhen (z. B. Zeile 1, Spalte 4: 75 + 2 = 77 dB).

Zur Ermittlung der flächenbezogenen Masse von Massivdecken ohne Hohlräume ist bei Stahlbeton aus Normalbeton mit einer Rohdichte von $\rho = 2300$ kg/m³ zu rechnen. Bei Decken aus Leicht- oder Porenbeton ist die Rohdichte nach Tafel 3.88a abzumindern. Für Massivdecken mit Hohlräumen gilt: Entweder ist die flächenbezogene Masse aus den Rchenwerten nach DIN 1055-1 mit einem Abzug von 15 % oder aus dem vorhandenen Querschnitt mit der Rohdichte $\rho = 2300$ kg/m³ zu ermitteln. Aufbeton und unbewehrter Beton aus Normalbeton ist mit einer Rohdichte von 2100 kg/m³ in Ansatz zu bringen. Die flächenbezogene Masse von Putz ist in Tafel 3.87b enthalten. Die flächenbezogene Masse von Verbundestrichen oder Estrichen auf Trennschicht ist aus den Rechenwerten der Lastannahmen nach DIN 1055-1 mit einem Abzug von 10 % zu ermitteln.

Schallschutz

Tafel 3.99: Trittschallverbesserungsmaß $\Delta L_{w,R}$ von schwimmenden Estrichen und schwimmend verlegten Holzfußböden auf Massivdecken

Zeile	Deckenauflagen; schwimmende Böden		$\Delta L_{w,R}$ [dB]	
			mit hartem Bodenbelag	mit weich federndem Bodenbelag[2)] $\Delta L_{w,R} \geq 20$ dB
Schwimmende Estriche				
1	Gussasphaltestrich nach DIN 18560 Teil 2 mit einer flächenbezogenen Masse $m' \geq 45$ kg/m² auf Dämmschichten aus Dämmstoffen nach DIN 18164 Teil 2 oder DIN 18165 Teil 2 mit einer dynamischen Steifigkeit s' von höchstens	50 MN/m³	20	20
		40 MN/m³	22	22
		30 MN/m³	24	24
		20 MN/m³	26	26
		15 MN/m³	27	29
		10 MN/m³	29	32
2	Estriche nach DIN 18560 Teil 2 (z. Z. Entwurf) mit einer flächenbezogenen Masse $m' \geq 70$ kg/m² auf Dämmschichten aus Dämmstoffen nach DIN 18164 Teil 2 oder DIN 18165 Teil 2 mit einer dynamischen Steifigkeit s' von höchstens	50 MN/m³	22	23
		40 MN/m³	24	25
		30 MN/m³	26	27
		20 MN/m³	28	30
		15 MN/m³	29	33
		10 MN/m³	30	34
Schwimmende Holzfußböden				
3	Unterböden aus Holzspanplatten nach DIN 68771 auf Lagerhölzern mit Dämmstreifen-Unterlage aus Dämmstoffen nach DIN 18165 Teil 2 mit einer dynamischen Steifigkeit s' von höchstens 20 MN/m³; Breite der Dämmstreifen mindestens 100 mm, Dicke im eingebauten Zustand mindestens 10 mm; Dämmstoffe zwischen den Lagerhölzern nach DIN 18165 Teil 1, Nenndicke ≥ 30 mm, längenbezogener Strömungswiderstand $\Xi \geq 5$ kN · s/m⁴		24	-
4	Unterböden nach DIN 68771 aus mindestens 22 mm dicken Holzspanplatten nach DIN 68763, vollflächig verlegt auf Dämmstoffen nach DIN 18165 Teil 2 mit einer dynamischen Steifigkeit s' von höchstens 10 MN/m³		25	-

[1)] Hinsichtlich der Ermittlung der flächenbezogenen Masse von Estrichen siehe Seite 3.98
[2)] Wegen der möglichen Austauschbarkeit von weich federnden Bodenbelägen, die sowohl dem Verschleiß als auch besonderen Wünschen der Bewohner unterliegen, dürfen diese bei dem Nachweis der Anforderungen nach DIN 4109 nicht angerechnet werden.

Tafel 3.100a: Korrekturwert K_T für verschiedene räumliche Zuordnungen besonders lauter Räume zu schutzbedürftigen Räumen

K_T [dB]	Zuordnung der schutzbedürftigen Räume in Bezug zur Lage des lauten Raums (die messtechnische Überprüfung erfolgt mit einem Norm-Hammerwerk) 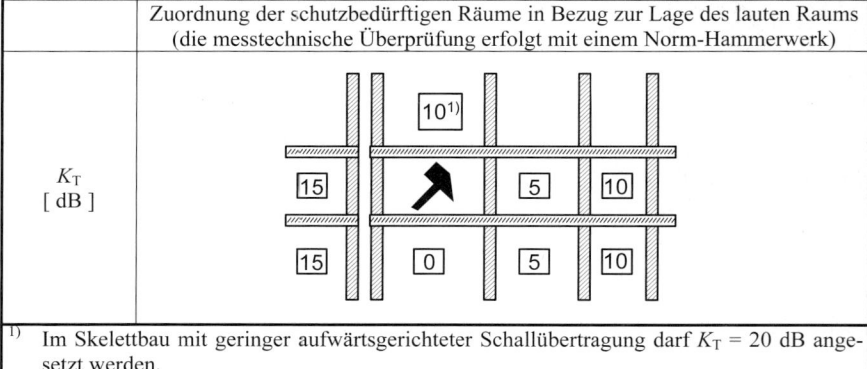

[1]) Im Skelettbau mit geringer aufwärtsgerichteter Schallübertragung darf $K_T = 20$ dB angesetzt werden.

Beachte: Bei Trittschallübertragung, bei der eine Bodenplatte auf Erdreich angeregt wird und der zu schützende Raum sich im Geschoss darüber befindet, ist die Angabe eines K_T-Wertes nicht möglich. Stattdessen gilt: $L'_{n,w,R} = 63$ dB $- \Delta L_{w,R}$ - 15 dB.

Beachte: Die K_T-Werte nach Tafel 3.100a gelten nicht nur bei der Zuordnung besonders lauter Räume zu schutzbedürftigen Räumen, sondern bei der Trittschallübertragung generell.

5 Raumakustik

Treffen Schallwellen auf Oberflächen, werden sie zu einem Teil reflektiert und zu einem Teil absorbiert. Das Verhältnis der absorbierten (nicht reflektierten) Schallenergie zur gesamten auftreffenden Schallenergie bezeichnet man als Schallabsorptionsgrad α.

Im Sinne der Raumakustik wirkt sich die Schallabsorption in zweierlei Weise auf die Verhältnisse in einem Raum aus:

- Durch die teilweise Absorption von Schallenergie an Begrenzungsflächen, Einrichtungsgegenständen oder Personen nimmt die Gesamtschallenergie im Raum und damit der Schalldruckpegel ab.
- Schallabsorption ist auch erforderlich, um in Räumen – entsprechend ihrer Nutzung – ein „angenehmes akustisches Raumklima" zu erzeugen. Zur Wahrung von Sprachverständlichkeit ist es beispielsweise erforderlich, dass Reflexionen an Begrenzungsflächen weitestgehend vermieden wird. Im Gegensatz dazu ist bei Orgelmusik eine Überlagerung von Direktschall mit Reflektionen unerlässlich.

Tafel 3.100b: Symbole und Formelzeichen

Größe	Symbol	Einheit
Äquivalente Absorptionsfläche	A	m²
Oberfläche	S	m²
Nachhallzeit	T	s
Volumen des Raums	V	m³
Schallabsorptionsgrad	α	-

5.1 Raumakustische Ausgestaltung von Räumen

Als Kennzeichnung des Schallabsorptionsvermögens bezeichnet man die Nachhallzeit T. Bei einer messtechnischen Überprüfung kennzeichnet Nachhallzeit die Zeitspanne in Sekunden, die erforderlich ist, bis der Schallpegel (bei einzelnen Frequenzen in Terz- oder Oktavschritten) um 60 dB abgefallen ist. Nach der Gleichung von Sabine gilt:

$$T = 0{,}163 \cdot \frac{V}{A} \tag{80}$$

Stellt man Gleichung 80 um, dann kann man die vorhandene Absorptionsfläche nach Gleichung 81 berechnen.

$$A = 0{,}163 \cdot \frac{V}{T} \tag{81}$$

Dabei ist:

T Nachhallzeit im Raum
V Innenraum-Volumen
A äquivalente Absorptionsfläche

Neben der Ermittlung der äquivalenten Schallabsorptionsfläche A aus Messungen kann diese auch rechnerisch nach Gleichung 82 ermittelt werden:

$$A = \sum_{i=1}^{n} \alpha_i \cdot S_i + \sum_{j=1}^{n} A_j + 4 \cdot m \cdot V \tag{82}$$

Dabei ist:

α_i der Schallabsorptionsgrad der Teilflache S_i
A_j die äquivalente Schallabsorptionsflache nicht flächenhafter Materialien, Gegenstände (z. B. Stühle) und Personen innerhalb des Raumes in m²
m die Dämpfungskonstante der Luft nach DIN EN 12354-6:2002-03, Tab. 1 in m^{-1}
V das gesamte Raumvolumen in m³

Anforderungen an die Nachhallzeit T_{soll} in kleinen bis mittleren Räumen von 30 m³ bis 5000 m³ und bei Sport- und Schwimmhallen ohne Publikum bis 8500 m³ sind in DIN 18041 enthalten und können Abb. 3.102 entnommen werden. Die Werte für T_{soll} nach Abb. 3.102 gelten für die Sollwertkurven Musik, Sprache und Unterricht jeweils im besetzten Zustand.

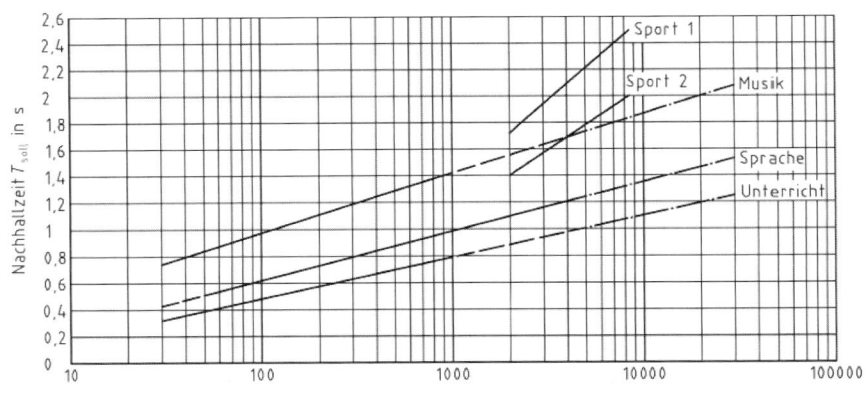

Abb. 3.101: Sollwert T_{Soll} der Nachhallzeit für unterschiedliche Nutzungsarten

Die Nutzungsarten in Bezug auf die Sollwerte nach Abb. 3.102 sind wie folgt:

Musik:
- Musikunterrichtsraum mit aktivem Musizieren und Gesang
- Rats- und Festsaal für Musikdarbietungen

Sprache:
- Gerichts- und Ratssaal
- Gemeindesaal, Versammlungsraum
- Musikproberaum in Musikschulen o. Ä.
- Sport- und Schwimmhalle mit Publikum

Unterricht:
- Unterrichtsraum (außer für Musik)
- Musikunterrichtsraum mit audiovisueller Darbietung
- Gruppenräume in Kindergärten und Kindertagesstätten, Seniorentagesstätten
- Seminarraum, Interaktionsraum
- Hörsaal
- Raum für Tele-Teaching
- Tagungsraum, Konferenzraum
- Darbietungsraum ausschließlich für elektroakustische Nutzung

Sport 1:
- Sport- und Schwimmhallen ohne Publikum für normale Nutzung und/oder einzügigen Unterrichtsbetrieb (eine Klasse oder Sportgruppe, einheitlicher Kommunikationsinhalt)

Sport 2:
- Sport- und Schwimmhallen ohne Publikum für mehrzügigen Unterrichtsbetrieb (mehrere Klassen oder Sportgruppen parallel mit unterschiedlichem Kommunikationsinhalt)

Vergleichbare Räume sind sinngemäß einzuordnen.

Für im Sinne dieser Norm untypische Raumvolumina ist der Sollwertbereich in Abb. 3.101 gestrichelt dargestellt. Richtwerte für Räume mit größeren Volumina sind strichpunktiert gekennzeichnet.

Die anzustrebende Frequenzabhängigkeit der Nachhallzeiten ist für Sprache Abb. 3.103a und für Musik Abb. 3.103b zu entnehmen. Richtwerte (Anhaltswerte) für Frequenzen unterhalb 100 Hz und oberhalb 5 000 Hz sind in Abb. 3.103a für Sprache und in Abb. 3.103b für Musik gestrichelt angegeben.

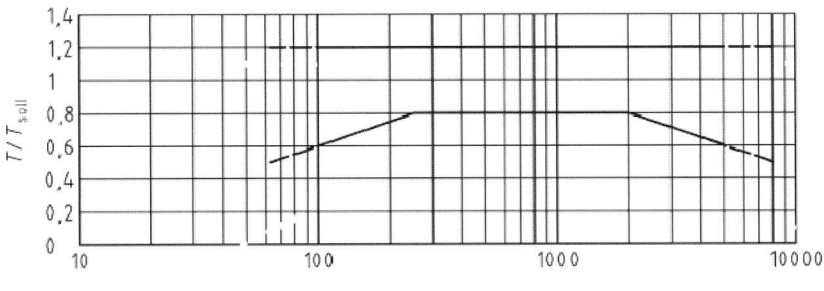

Abb. 3.103a: Anzustrebender Bereich der Nachhallzeit in Abhängigkeit von der Frequenz für Sprache

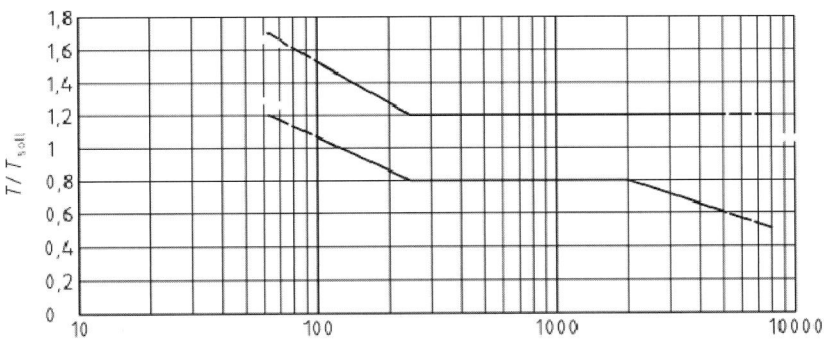

Abb. 3.103b: Anzustrebender Bereich der Nachhallzeit in Abhängigkeit von der Frequenz für Musik

5.2 Planerische Grundsätze bei Räumen mit akustischen Anforderungen

Bereits bei der Planung, d. h. bei der Gestaltung von Grundrissen und Raumformen, sind die Belange der Raumakustik zu berücksichtigen. Wichtig sind die Vermeidung von Reflexionen, sogenannten Flatterechos, und die Hinführung bzw. Umlenkung von Schallenergie zu weiter entfernten Bereichen.

Gemäß DIN 18041 sollten folgende grundsätzliche Aspekte beachtet werden:

- Kreisförmige und elliptische Grundrisse des Raumes sollten ohne ergänzende raumakustische Maßnahmen vermieden werden, Trapezgrundrisse mit in Bezug auf die Darbietungsrichtung konvergierender Seitenwandführung sind denen mit divergierender vorzuziehen.
- Konkav gekrümmte Wand- und Deckenflächen sind akustisch kritisch und deshalb ohne zusätzliche raumakustische Maßnahmen zu vermeiden, wenn der Krümmungsradius zwischen dem halben und dem doppelten Abstand zwischen Darbietendem/Zuhörer und der größten Entfernung zur gekrümmter Fläche liegt (z. B. Raumhöhe bei gekrümmten Decken).
- Balkone, Emporen, Galerien und Ränge sollten mindestens in einer lichten Höhe H über der darunterliegenden Zuschauerebene angeordnet werden, die der einfachen bis halben Tiefe des überragenden Raumbereiches L entspricht.
- Parallele Flächen im Raum ohne zusätzliche raumakustische Maßnahmen (schallabsorbierend, diffus streuend oder mindestens 5° geneigt) sollten vermieden werden.

- Die Begrenzungsflächen der Darbietungszone sind schallreflektierend auszubilden. Für ausschließliche Sprachnutzung auch mittels elektroakustischer Anlagen sollten diese Flächen als Tiefenabsorber ausgebildet werden.

In diesem Sinne sind die folgenden in DIN 18041 enthaltenen Vorschläge zur entsprechenden Ausgestaltung von Räumen zu verstehen.

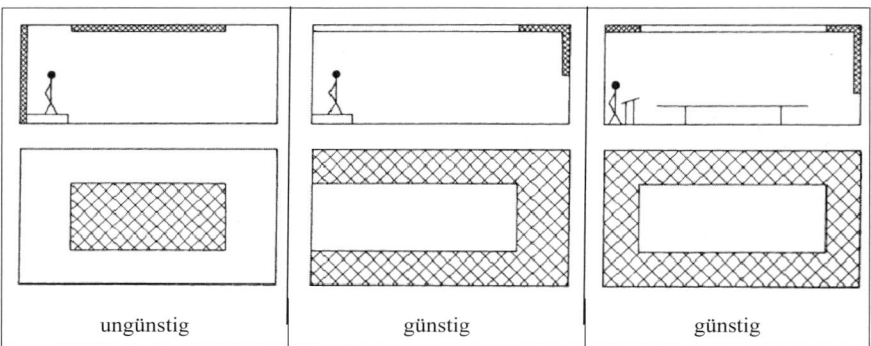

Abb. 3.104a: **Verteilung von Schallabsorptionsflächen für Räume kleiner bis mittlerer Raumgröße, z. B. Unterrichts- und Sitzungsräume**

In Räumen mit einer Länge von mehr als 9 m können von der Rückwand direkt oder über Winkelspiegelreflexionen langverzögert Schallanteile in den vorderen Raumbereich gelenkt werden, die zu einer Minderung der Sprachverständlichkeit führen (siehe Abb. 3.104b). In diesem Fall müssen diese Schallreflexionsflächen entweder schallabsorbierend bekleidet oder so geneigt werden, dass der auftreffende Schall als nützliche Verstärkung zu den von der Schallquelle entfernteren Hörern hin reflektiert wird. Auch stark gegliederte Oberflächen sind zweckmäßig.

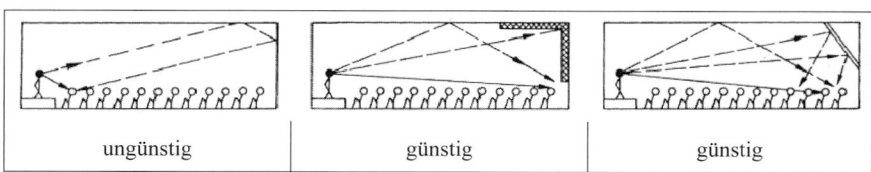

Abb. 3.104b: **Rückwandreflexion**

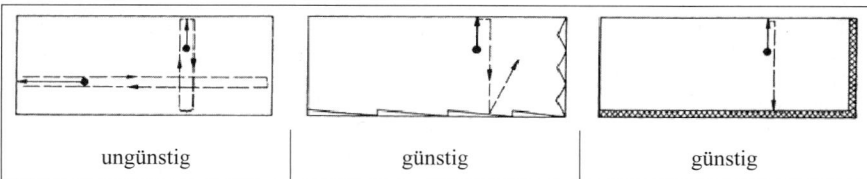

Abb. 3.104c: **Parallele Wände**

Zur Bemessung der Nachhallzeit T in Räumen sind die folgenden Schallabsorptionsgrade α bzw. Schallabsorptionsflächen $A_{ec,O}$ nach DIN EN 12354-6 angegeben.

Tafel 3.105a: Typische Werte für den Schallabsorptionsgrad α von Bauteiloberflächen

Oberfläche	Frequenz[1] [Hz]					
	125	250	500	1000	2000	4000
Beton, verputztes Mauerwerk	0,01	0,01	0,01	0,02	0,02	0,03
Mauerwerk, unverputzt	0,02	0,02	0,03	0,04	0,05	0,07
harter Bodenbelag (z. B. PVC, Parkett) auf massiver Bodendecke	0,02	0,03	0,04	0,05	0,05	0,06
weicher Bodenbelag auf massiver Bodendecke, Dicke $\leq$ 5 mm	0,02	0,03	0,06	0,15	0,30	0,40
weicher Bodenbelag auf massiver Bodendecke, Dicke $\geq$ 10 mm	0,04	0,08	0,15	0,30	0,45	0,55
Holzboden, Parkett auf Leisten	0,12	0,10	0,06	0,05	0,05	0,06
Fenster, Glasfassade	0,12	0,08	0,05	0,04	0,03	0,02
Türen (Holz)	0,14	0,10	0,08	0,08	0,08	0,08
Netz-Vorhang, (0–200) mm Abstand vor einer harten Oberfläche[2]	0,05	0,04	0,03	0,02	0,02	0,02
Vorhang, $m' < 0{,}2$ kg/m^2, (0–200) mm Abstand vor einer harten Oberfläche, typischer Mindestwert[2]	0,05	0,06	0,09	0,12	0,18	0,22
Vorhang, Webstoff $m' \approx 0{,}4$ kg/m^2, in Falten oder gerüscht > 1 : 3, (0–200) mm Abstand vor einer harten Oberfläche, typischer Höchstwert[2]	0,10	0,40	0,70	0,90	0,95	1,00
große Öffnungen (kleinstes Maß > 1 m)	1,00	1,00	1,00	1,00	1,00	1,00
Luftgitter, 50 % offene Fläche	0,30	0,50	0,50	0,50	0,50	0,50

[1] Angaben für Mittenfrequenzen für Oktavbänder.
[2] Vor einem Fenster mit Vorhang kann sich ein höherer Schallabsorptionsgrad ergeben als für das Fenster ohne Vorhang.

Tafel 3.105b: Typische Werte für den Schallabsorptionsgrad α von Objektanordnungen

Objektanordnung	Frequenz[1] [Hz]					
	125	250	500	1000	2000	4000
Stühle in einer Reihe, Holz/Kunststoff	0,06	0,08	0,10	0,12	0,14	0,16
Stühle in einer Reihe, gepolstert, typischer Mindestwert	0,10	0,20	0,30	0,40	0,50	0,50
Stühle in einer Reihe, gepolstert, typischer Höchstwert	0,50	0,70	0,80	0,90	1,0	1,0
Personen in einer Reihe sitzend, typischer Mindestwert	0,20	0,40	0,50	0,60	0,70	0,70
Personen in einer Reihe sitzend, typischer Höchstwert	0,60	0,70	0,80	0,90	0,90	0,90
1 Kind je m^2 Fläche in einem hart möblierten Klassenzimmer	0,10	0,20	0,25	0,35	0,40	0,40

[1] Angaben für Mittenfrequenzen für Oktavbänder

Tafel 3.106: Typische Werte für die äquivalente Absorptionsfläche $A_{eq,O}$ einiger Objekte

Objekt	Frequenz[1] [Hz]					
	125	250	500	1000	2000	4000
einfacher Stuhl, Holz	0,02	0,02	0,03	0,04	0,04	0,04
einfacher Stuhl, gepolstert	0,10	0,20	0,25	0,30	0,35	0,35
eine Person in einer Gruppe (1 Person je m² Fläche), sitzend oder stehend, typischer Mindestwert	0,05	0,10	0,20	0,35	0,50	0,65
eine Person in einer Gruppe (1 Person je m² Fläche), sitzend, typischer Höchstwert	0,12	0,45	0,80	0,90	0,95	1,00
eine Person in einer Gruppe (1 Person je m² Fläche), stehend, typischer Höchstwert	0,12	0,45	0,80	1,20	1,30	1,40

[1] Angaben für Mittenfrequenzen der Oktavbänder

3B EnEV 2009

Dipl.-Ing. Torsten Schoch

Inhaltsverzeichnis

Seite

1	**Anforderungen an den energiesparenden Wärmeschutz von Gebäude nach EnEV 2009**	3.108
1.1	Zielsetzung der EnEV 2009	3.108
1.2	Anforderungen an neu zu errichtende Wohngebäude	3.109
1.3	Berechnungsverfahren zur EnEV 2009 für Wohngebäude	3.115
2	**Primärenergiebedarf nach DIN V 4701-10**	3.122
2.1	Definition	3.122
2.2	Größen und Einheiten	3.122
2.3	Anlagenaufwandszahl	3.123
2.4	Bilanzierungsverfahren	3.124
2.5	Randbedingungen	3.126
3	**Energetische Bilanzierung von Heizungsanlagen**	3.127
3.1	Methodik der Bilanzierung	3.127
3.2	Berechnung der Aufwandszahl für die Wärmeerzeugung	3.129
3.3	Verluste der Wärmeverteilung	3.132
3.4	Verluste der Wärmeübergabe	3.135
3.5	Verluste der Wärmespeicherung	3.136
3.6	Hilfsenergiebedarf	3.137
4	**Energetische Bilanzierung der Trinkwassererwärmung**	3.140
4.1	Methodik der Bilanzierung	3.140
4.2	Berechnung der Aufwandszahl der TWW-Erzeugung	3.142
4.3	Verluste der TWW-Verteilung	3.144
4.4	Verluste der Übergabe des Trinkwarmwassers	3.147
4.5	Verluste aus der Speicherung des Trinkwarmwassers	3.147
4.6	Hilfsenergiebedarf	3.150
5	**Anforderungen an neu zu errichtende Nichtwohngebäude**	3.153
6	**Berechnungsverfahren nach EnEV 2009 für Nichtwohngebäude**	3.159
6.1	Berechnung des Jahres-Primärenergiebedarfs	3.159
6.2	Zonierung von Gebäuden	3.164
6.3	Berechnung des Heizwärmebedarfs	3.169
6.4	Die maximale Heizleistung einer Gebäudezone	3.176
7	**Energetische Bewertung des Heizsystems nach DIN V 18599-5**	3.176
7.1	Energieaufwand der Wärmeübergabe	3.177
7.2	Verluste der Wärmeverteilung	3.178
7.3	Die Wärmeverluste der Erzeugung im Aufstellraum	3.181
7.4	Hilfsenergien	3.186
8	**Erstmaliger Einbau, Ersatz und Erneuerung von Bauteilen**	3.191

1 Anforderungen an den energiesparenden Wärmeschutz von Gebäude nach EnEV 2009

1.1 Zielsetzung der EnEV 2009

Bereits mit der EnEV 2002 ist in Deutschland erstmals ein ganzheitlicher Ansatz für die Beurteilung der Energieeffizienz von Gebäuden „erprobt" worden. Mit der Begrenzung des Primärenergiebedarfs unter Einbeziehung aller Verluste und Gewinne in Gebäuden ist Deutschland der EG-Effizienzrichtlinie schon ein paar Jahre voraus. Nur in den nachfolgend aufgezeigten Schwerpunkten war eine Anpassung des nationalen Rechts erforderlich:

- Die Einbeziehung des Bedarfs an Energie für die Kühlung und Beleuchtung von Nichtwohngebäuden.
- Einführung des Energieausweises für den Gebäudebestand als Pflichtmaßnahmen bei Neuvermietung oder Verkauf des Gebäudes/der Wohnung.
- Aushangpflicht bei öffentlichen Gebäuden.
- Inspektion von Klimaanlagen.
- Besondere Berücksichtigung von regenerativen Energien bei der Planung von Gebäuden ab einer bestimmten Gebäudenutzfläche.

Der sachliche Änderungsbedarf wurde mit der EnEV 2007 umgesetzt, die EnEV 2009 dient vornehmlich der Verschärfung der Anforderungen.

In Tafel 3.108 sind die Gliederung und die wesentlichen Bestandteile der EnEV 2009 als Übersicht dargestellt.

Tafel 3.108: Aufbau und wesentliche Bestandteile der EnEV 2009

Abschnitt 1	Abschnitt 6	Abschnitt 7
Allgemeine Vorschriften Anwendungsbereich, Begriffe	Gemeinsame Vorschriften, Ordnungswidrigkeiten	Schlussvorschriften
	Gemischt genutzte Gebäude, Regeln der Technik, Ausnahmen, Befreiungen, Verantwortliche, Ordnungswidrigkeiten	Allgemeine Übergangsvorschriften Übergangsvorschriften für Energieausweise und Aussteller Übergangsvorschriften zur Nachrüstung bei Anlagen und Gebäuden Inkrafttreten, Außerkrafttreten
Abschnitt 2	Abschnitt 3	Abschnitt 4	Abschnitt 5
Zu errichtende Nichtwohngebäude	Zu errichtende kleine Nichtwohngebäude und bestehende Nichtwohngebäude	Anlagen für Heizung, Warmwasser, Kühlung und RLT	Energieausweise
Anforderungen und Berechnungsverfahren für Nichtwohngebäude			
Anlage 2	Anlage 3	Anlage 5	Anlage 6–11

1.2 Anforderungen an neu zu errichtende Wohngebäude

Die Anforderungen, die sich aus der EnEV 2009 für Wohngebäude ergeben, sind in Tafel 3.109 dargestellt.

Tafel 3.109: Anforderungen an Wohngebäude gemäß § 3 der EnEV 2009

Nr.	Beschreibung	Anmerkung
1	Zu errichtende Wohngebäude sind so auszuführen, dass der Jahres-Primärenergiebedarf für Heizung, Warmwasserbereitung, Lüftung und Kühlung den Wert des Jahres-Primärenergiebedarfs eines Referenzgebäudes gleicher Geometrie, Gebäudenutzfläche und Ausrichtung mit der in Tafel 3.111 angegebenen technischen Referenzausführung nicht überschreitet.	Keine Bilanzierung der Beleuchtung bei Wohngebäuden. $Q_{Pvorh} \leq Q_{Pref}$
2	Zu errichtende Wohngebäude sind so auszuführen, dass die Höchstwerte des spezifischen, auf die wärmeübertragende Umfassungsfläche bezogenen Transmissionswärmeverlusts nach Tafel 3.112a nicht überschritten werden.	$H'_{Tvorh} \leq H'_{Tzul}$
3	Für das zu errichtende Wohngebäude und das Referenzgebäude ist der Jahres-Primärenergiebedarf nach einem der in Anlage 1 der EnEV 2009 genannten Verfahren zu berechnen. Das zu errichtende Wohngebäude und das Referenzgebäude sind mit demselben Verfahren zu berechnen	Grundsatz: Berechnung hat nach DIN V 18599 zu erfolgen, **alternativ nach** DIN V 4108-6/DIN V 4701-10. **Mischungsverbot!**
4	Zu errichtende Wohngebäude sind so auszuführen, dass die Anforderungen an den sommerlichen Wärmeschutz (siehe Abschnitt 7A) eingehalten werden.	$S_{vorh} \leq S_{zul}$ (Nachweis über den zul. Sonneneintragskennwert, Anwendung von Simulationsverfahren zulässig.)
5	Bei zu errichtenden Wohngebäuden sind Bauteile, die gegen die Außenluft, das Erdreich oder Gebäudeteile mit wesentlich niedrigeren Innentemperaturen abgrenzen, so auszuführen, dass die Anforderungen des Mindestwärmeschutzes nach den anerkannten Regeln der Technik eingehalten werden. Ist bei zu errichtenden Gebäuden die Nachbarbebauung bei aneinandergereihter Bebauung nicht gesichert, müssen die Gebäudetrennwände den Mindestwärmeschutz einhalten.	Nachweis der Einhaltung des Mindestwärmeschutzes nach DIN 4108-2 (siehe Abschnitt 7A), Einhaltung des Mindestwärmeschutzes ist unabhängig vom vorhandenen H_T'.
6	Der verbleibende Einfluss von Wärmebrücken bei der Ermittlung des Jahres-Primärenergiebedarfs ist nach Maßgabe des jeweils angewendeten Berechnungsverfahrens zu berücksichtigen. Soweit dabei Gleichwertigkeitsnachweise zu führen wären, ist dies für solche Wärmebrücken nicht erforderlich, bei denen die angrenzenden Bauteile kleinere Wärmedurchgangskoeffizienten aufweisen, als in den Musterlösungen der DIN 4108 Beiblatt 2 : 2006-03 zugrunde gelegt sind.	ΔU_{WB} gemäß DIN V 4108-6 oder DIN V 18599-2 Achtung: Der Einfluss von Wärmebrücken auf den Transmissionswärmeverlust ist **immer** nach DIN V 4108-6 zu ermitteln.

Tafel 3.109: Fortsetzung

Nr.	Beschreibung	Anmerkung
7	Zu errichtende Wohngebäude sind so auszuführen, dass die wärmeübertragende Umfassungsfläche einschließlich der Fugen dauerhaft luftundurchlässig entsprechend den anerkannten Regeln der Technik abgedichtet ist. Die Fugendurchlässigkeit außen liegender Fenster, Fenstertüren und Dachflächenfenster muss den Anforderungen nach Tafel 3.112b genügen. Wird die Dichtheit überprüft, kann der Nachweis der Luftdichtheit bei der Berechnung des Jahres-Primärenergiebedarfs berücksichtigt werden, wenn die Anforderungen nach Tafel 3.112b eingehalten werden.	Außenliegende Fenster, Fenstertüren und Dachflächenfenster müssen den Klassen nach Tafel 3.112b entsprechen.
8	Zu errichtende Gebäude sind so auszuführen, dass der zum Zwecke der Gesundheit und Beheizung erforderliche Mindestluftwechsel sichergestellt ist.	Hinweise auf einzuhaltenden Mindestluftwechsel siehe DIN V 18599, DIN V 4701-10 und DIN 1946

Für das in der EnEV 2009 zugrunde gelegte Referenzgebäude sind für die wärmeübertragenden Umfassungsflächen folgende U-Werte festgelegt.

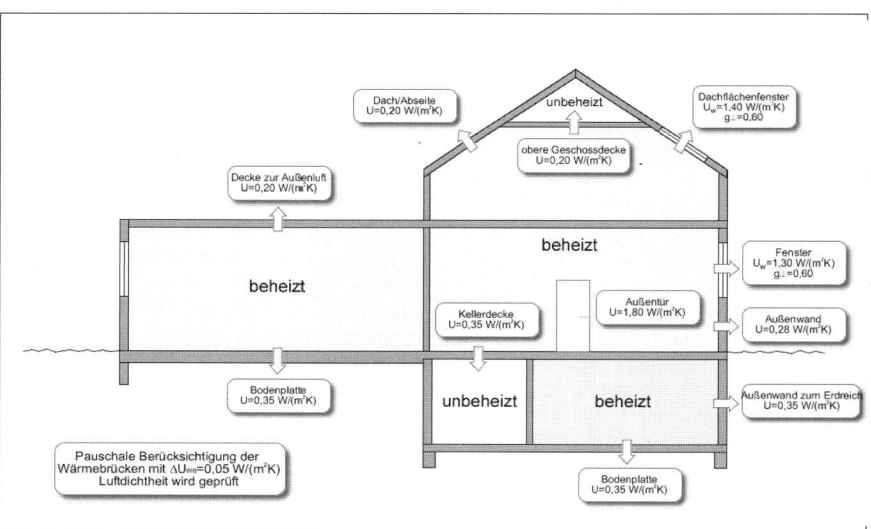

Abb. 3.110 U-Werte der wärmeübertragenden Umfassungsfläche für das Referenzgebäude

Hinweis: Diese U-Werte dienen zur Ermittlung des zulässigen Jahres-Primärenergiebedarfs, sie stellen keine Anforderungswerte im Sinne eines Maximalwertes dar.

Alle sonstigen Annahmen für das Referenzgebäude sind der Tafel 3.111 zu entnehmen.

Tafel 3.111: Ausführung des Referenzgebäudes

Zeile	Bauteil/System	Referenzausführung / Wert (Maßeinheit)	
1	Luftdichtheit der Gebäudehülle	Bemessungswert n_{50}	Bei Berechnung nach • DIN V 4108-6 : 2003-06: mit Dichtheitsprüfung • DIN V 18599-2 : 2007-02: nach Kategorie I
2	Sonnenschutzvorrichtung	keine Sonnenschutzvorrichtung	
3	Heizungsanlage	• Wärmeerzeugung durch Brennwertkessel (verbessert), Heizöl EL, Aufstellung: - für Gebäude bis zu 2 Wohneinheiten innerhalb der thermischen Hülle - für Gebäude mit mehr als 2 Wohneinheiten außerhalb der thermischen Hülle • Auslegungstemperatur 55/45 °C, zentrales Verteilsystem innerhalb der wärmeübertragenden Umfassungsfläche, innen liegende Stränge und Anbindeleitungen, Pumpe auf Bedarf ausgelegt (geregelt, Δp konstant), Rohrnetz hydraulisch abgeglichen, Wärmedämmung der Rohrleitungen gemäß Vorgaben der EnEV • Wärmeübergabe mit freien statischen Heizflächen, Anordnung an normaler Außenwand, Thermostatventile mit Proportionalbereich 1 K	
4	Anlage zur Warmwasserbereitung	• zentrale Warmwasserbereitung • gemeinsame Wärmebereitung mit Heizungsanlage • Solaranlage (Kombisystem mit Flachkollektor) entsprechend den Vorgaben nach DIN V 4701-10 oder DIN V 18599-5 • Speicher, indirekt beheizt (stehend), gleiche Aufstellung wie Wärmeerzeuger, Auslegung nach DIN V 4701-10 oder DIN V 18599-5 als - kleine Solaranlage bei $A_N < 500$ m² (bivalenter Solarspeicher) - große Solaranlage bei $A_N > 500$ m² • Verteilsystem innerhalb der wärmeübertragenden Umfassungsfläche, innen liegende Stränge, gemeinsame Installationswand, Wärmedämmung der Rohrleitungen nach Anlage 5, mit Zirkulation, Pumpe auf Bedarf ausgelegt (geregelt, Δp konstant)	
5	Kühlung	keine Kühlung	
6	Lüftung	zentrale Abluftanlage, bedarfsgeführt mit geregeltem DC-Ventilator	

Die Anforderungen an den spezifischen auf die wärmeübertragende Umfassungsfläche bezogenen Transmissionswärmeverlust ist der Tafel 3.112a zu entnehmen.

Tafel 3.112a: Höchstwerte des spezifischen, auf die wärmeübertragende Umfassungsfläche bezogenen Transmissionswärmeverlusts

Zeile	Gebäudetyp		Höchstwert des spezifischen Transmissionswärmeverlustes
1	Freistehendes Wohngebäude	Mit $A_N \leq 350$ m²	$H'_T = 0{,}40$ W/(m²K)
		Mit $A_N > 350$ m²	$H'_T = 0{,}50$ W/(m²K)
2	Einseitig angebautes Wohngebäude		$H'_T = 0{,}45$ W/(m²K)
3	Alle anderen Wohngebäude		$H'_T = 0{,}65$ W/(m²K)
4	Erweiterung und Ausbauten von Wohngebäuden gemäß § 9 Absatz 4 der EnEV		$H'_T = 0{,}65$ W/(m²K)

Beispiel: freistehendes Einfamilienhaus $A_N < 350$ m²

Bauteil	Fläche in m²	U-Wert in W/(m²K)	F_x-Faktor	H_T in W/K
Außenwand	131,91	0,31	1,0	40,89
Fenster	21,71	1,30	1,0	28,22
Bodenplatte	70,56	0,36	0,6	15,24
Kehlbalken	42,80	0,17	0,8	5,82
Dach	40,20	0,17	1,0	6,83
Abseite	19,00	0,17	0,8	2,45

Wärmebrückenzuschlag: 0,05 W/(m²K) · 326,18   16,31

Summe H_T 115,76

$$H'_T = \frac{115{,}76}{326{,}18} \qquad 0{,}35 < 0{,}40$$

Tafel 3.112b beinhaltet die Anforderungen an Fenster, Fenstertüren und Dachflächenfenster im Sinne der Einhaltung der Anforderungen an die Dichtheit des Gebäudes.

Tafel 3.112b: Klassen der Fugendurchlässigkeit von außenliegenden Fenstern, Fenstertüren und Dachflächenfenstern

Zeile	Anzahl der Vollgeschosse eines Gebäudes	Klasse der Fugendurchlässigkeit nach DIN EN 12207-1
1	bis zu 2	2
2	mehr als 2	3

Eine Auswahl weiterer Anforderungen der EnEV 2009 an neu zu errichtende Wohngebäude enthalten die Tafeln 3.113 und 3.115:

Tafel 3.113 Zusätzliche Anforderungen an die Anlagentechnik und an die Gebäudehülle

Komponente	Anforderungen
Gebäudehülle	Änderungen an der Gebäudehülle dürfen nicht zu einer Verschlechterung der energetischen Qualität führen. **Beispiel**: Der Bauherr entscheidet sich im Nachhinein für einen besseren Sonnenschutz. In diesem Fall ist nachzuweisen, dass die Reduzierung des Kühlbedarfs die Erhöhung des Heizwärmebedarfs kompensiert.
Energiebedarfssenkende Einrichtungen in Anlagen	Diese Einrichtungen sind vom Betreiber betriebsbereit zu halten, im Falle des Abschaltens sind Kompensationsmaßnahmen erforderlich.
Klimaanlagen	Betreiber von in Gebäude eingebauten Klimaanlagen mit einer Nennleistung für den Kältebedarf von mehr als zwölf Kilowatt haben alle zehn Jahre eine energetische Inspektion durch berechtigte Personen durchführen zu lassen.
Heizkessel und sonstige Wärmeerzeugersysteme	Heizkessel sind sachgerecht zu bedienen. Komponenten der Heizkessel, die deren Wirkungsgrad wesentlich beeinflussen, sind regelmäßig zu warten. Es sind nur Heizkessel zu verwenden, die das CE-Kennzeichen auf der Grundlage der veröffentlichten Rechtsvorschriften tragen. Ausgenommen sind z. B. einzeln produzierte Heizkessel oder Heizkessel, die für den Betrieb von nicht marktüblichen Brennstoffen ausgelegt sind. Werden Heizkessel in Gebäude eingebaut, deren Primärenergiebedarf nicht nachgewiesen wird oder werden kann (z. B. kleine Gebäude), so gilt folgende Anforderung: Der Einbau und die Aufstellung zum Zwecke der Inbetriebnahme ist nur zulässig, wenn das Produkt aus Erzeugeraufwandszahl e_g und Primärenergiefaktor f_p nicht größer als 1,30 ist. Die Erzeugeraufwandszahl e_g ist nach DIN V 4701-10 : 2003-08, Tabellen C.3-4b bis C.3-4f zu bestimmen. Der Primärenergiefaktor f_p ist für den nicht erneuerbaren Anteil nach DIN V 4701-10: 2003-08, geändert durch A1: 2006-12, zu bestimmen. Werden Niedertemperatur-Heizkessel oder Brennwertkessel als Wärmeerzeuger in Systemen der Nahwärmeversorgung eingesetzt, gilt die Anforderung des Satzes 1 als erfüllt.

Verteilungseinrichtungen und Warmwasseranlagen	Ausstattungspflicht von Zentralheizungen zur Verringerung und Abschaltung der Wärmezufuhr und der elektrischen Antriebe in Abhängigkeit von der Außentemperatur und der Zeit. Es ist eine Regelung der Raumtemperatur vorzusehen, mehrere Räume können über eine Gruppenregelung zusammengefasst werden. Zentralheizungen mit mehr als 25 kW Nennleistung müssen über eine stufenweise geregelte Umwälzpumpe verfügen. Zirkulationspumpen müssen über eine selbsttätig wirkende Ein- und Ausschaltung verfügen. Die Wärmeabgabe der Rohrleitungen ist nach Tafel 3.115 folgt zu begrenzen.
Klimaanlagen mit einer Nennleistung für den Kältebedarf von mehr als 12 kW und raumlufttechnische Anlagen mit einem stündlichen Luftvolumenstrom von mindestens 4000 m^3.	Diese Anlagen sind so auszuführen, dass die auf das Fördervolumen bezogene elektrische Leistung der Einzelventilatoren (alternativ: der gewichtete Mittelwert aller Zu- und Abluftventilatoren) bei Auslegungsvolumenstrom den Grenzwert der Kategorie SFP 4 nach DIN EN 13 779 : 2007-09 nicht überschreitet. Werden diese Anlagen dazu verwendet, die Raumluftfeuchte zu verändern (Be- oder Entfeuchtung), so ist sicherzustellen, das selbsttätig wirkende Regelungseinrichtungen vorhanden sind. Diese Sollwerte für die Be- und Entfeuchtung müssen getrennt eingestellt werden können und für die als Führungsgröße mind. die Zu- oder Abluftfeuchte dient. Werden Anlagen in Gebäude oder Gebäudezonen mit einem nutzflächenbezogenen Volumenstrom von mehr als 9 m^3 installiert, so sind zusätzlich Einrichtungen zur last- oder zeitabhängigen Einstellung der Volumenströme vorzusehen (sogenannter VVS-variabler Volumenstrom). Auf diese Regelung darf nur verzichtet werden, wenn aufgrund hygienischer Anforderungen oder aus Gründen des Arbeitsschutzes erhöhte Zuluftvolumenströme erforderlich sind.

Tafel 3.115: Erforderliche Wärmedämmung von Wärmeverteilungs-, Warmwasser-, Kälteverteilungs- und Kaltwasserleitungen sowie Armaturen

Zeile	Art der Leitungen/Armaturen	Mindestdicke der Dämmschicht, bezogen auf eine Wärmeleitfähigkeit von 0,035 W/(m·K)
1	Innendurchmesser bis 22 mm	20 mm
2	Innendurchmesser über 22 mm bis 35 mm	30 mm
3	Innendurchmesser über 35 mm bis 100 mm	gleich Innendurchmesser
4	Innendurchmesser über 100 mm	100 mm
5	Leitungen und Armaturen nach den Zeilen 1 bis 4 in Wand- und Deckendurchbrüchen, im Kreuzungsbereich von Leitungen, an Leitungsverbindungsstellen, bei zentralen Leitungsnetzverteilern	1/2 der Anforderungen der Zeilen 1 bis 4
6	Leitungen von Zentralheizungen nach den Zeilen 1 bis 4, die nach dem 31. Januar 2002 in Bauteilen zwischen beheizten Räumen verschiedener Nutzer verlegt werden	1/2 der Anforderungen der Zeilen 1 bis 4
7	Leitungen nach Zeile 6 im Fußbodenaufbau	6 mm
8	Kälteverteilungs- und Kaltwasserleitungen sowie Armaturen von Raumlufttechnik- und Klimakältesystemen	6 mm

Hinweise zur Tafel 3.115. Soweit in Wärmeverteilungs- und Warmwasserleitungen an die Außenluft grenzen, sind diese mit dem Zweifachen der Mindestdicke nach Tafel 3.108 Zeile 1 bis 4 zu dämmen.

Tabelle 3.115 ist nicht anzuwenden, soweit sich Leitungen von Zentralheizungen nach den Zeilen 1 bis 4 in beheizten Räumen oder in Bauteilen zwischen beheizten Räumen eines Nutzers befinden und ihre Wärmeabgabe durch frei liegende Absperreinrichtungen beeinflusst werden kann.

Bei Materialien mit anderen Wärmeleitfähigkeiten als 0,035 W/(m·K) sind die Mindestdicken der Dämmschichten entsprechend umzurechnen. Für die Umrechnung und die Wärmeleitfähigkeit des Dämmmaterials sind die in anerkannten Regeln der Technik enthaltenen Berechnungsverfahren und Rechenwerte zu verwenden.

Bei Wärmeverteilungs- und Warmwasserleitungen sowie Kälteverteilungs- und Kaltwasserleitungen dürfen die Mindestdicken der Dämmschichten nach Tabelle 1 insoweit vermindert werden, als eine gleichwertige Begrenzung der Wärmeabgabe oder der Wärmeaufnahme auch bei anderen Rohrdämmstoffanordnungen und unter Berücksichtigung der Dämmwirkung der Leitungswände.

1.3 Berechnungsverfahren zur EnEV 2009 für Wohngebäude

In diesem Abschnitt wird die öffentlich-rechtliche Nachweisführung für Wohngebäude nach DIN V 4108-6 und DIN V 4701-10 erläutert.

1.3.1 Berechnung des Jahres-Primärenergiebedarfs

nach DIN EN 832 in Verbindung mit DIN V 4108-6 und DIN V 4701-10.

$$Q_p = (Q_h + Q_w) \cdot e_p \tag{1}$$

Q_h Jahres-Heizwärmebedarf
Q_W Jahres-Energiebedarf für Warmwasserbereitung

e_p Anlagen-Aufwandszahl

Wird die Raumluft in Wohngebäuden gekühlt, so ist der nach DIN V 4701-10 berechnete Jahres-Primärenergiebedarf und der Endenergiebedarf mit den Werten nach Tabelle 3.116 zu erhöhen.

Tafel 3.116: Korrekturwerte für Wohngebäude mit Kühlung

Verwendetes Kühlgerät	ΔQ_P in kWh/(m²a)	ΔQ_E in kWh/(m²a)
Fest installiertes Raum-Klimageräte der Energieeffizienzklasse A-C nach der Richtlinie 2002/31/EG sowie bei Kühlung mittels Wohnungslüftungsanlage mit reversibler Wärmepumpe	16,2	6
Bei Einsatz von Kühlflächen im Raum in Verbindung mit Kaltwasserkreisen und elektrischer Kälteerzeugung, z. B. über reversible Wärmepumpen	10,8	4
Bei Deckung des Energiebedarfs für Kühlung aus erneuerbaren Wärmesenken (Wie Erdsonden, Erdkollektoren, Zisternen)	2,7	1
Sonstige Geräte	18,9	7

1.3.2 Berechnung des Jahres-Heizwärmebedarfs von Wohngebäuden

nach dem Monatsbilanzverfahren in DIN EN 832 und den Randbedingungen in Anhang D von DIN V 4108-6.

Der **Jahres-Heizwärmebedarf** Q_h ist die Wärmemenge, die einem Gebäude jährlich zugeführt werden muss, um die mittlere Gebäude-Innentemperatur der beheizten Räume einzuhalten.

$$Q_h = \sum_{M=1}^{12} Q_{h,M,pos} \tag{2}$$

M   Monat, z. B. M=6 für Juni

$Q_{h,M,pos}$ monatlicher Heizwärmebedarf mit positiver Wärmebilanz, d. h. $Q_{h,M} > 0$

$Q_{h,M}$ monatlicher Heizwärmebedarf

$$Q_{h,M} = Q_{l,M} - \eta_M \cdot Q_{g,M} \tag{3}$$

$Q_{l,M}$ monatliche Wärmeverluste

$Q_{g,M}$ monatliche Wärmegewinne

η_M monatlicher Ausnutzungsgrad der Wärmegewinne

Monatliche Wärmeverluste $Q_{l,M}$

$$Q_{l,M} = 0{,}024\text{kh} \cdot H \cdot (\theta_i - \theta_{e,M}) \cdot t_M \tag{4}$$

H spezifischer Wärmeverlust

θ_i Innenlufttemperatur ($\theta_i = 19\ °C$ für Gebäude mit normalen Innentemperaturen)

$\theta_{e,M}$ mittlere Außenlufttemperatur des Monats M
(für Referenzklima in DIN V 4108-6)

t_M Anzahl der Tage des Monats M

$0{,}024\ \text{kh} = 24\ \text{h} = 1\ \text{d}$

Ein Verfahren zur Berücksichtigung des Einflusses der Nachtabschaltung bzw. Nachttemperaturabsenkung von Heizungen auf die Wärmeverluste ist in Anhang C von DIN V 4108-6 dargestellt.

Monatliche Wärmegewinne $Q_{g,M}$

$$Q_{g,M} = 0{,}024\text{kh} \cdot (\Phi_{S,M} + \Phi_{i,M}) \cdot t_M \tag{5}$$

$\Phi_{S,M}$ mittlerer monatlicher solarer Wärmegewinn

$\Phi_{i,M}$ Wärmegewinn aus internen Wärmequellen (mittlere interne Wärmeleistung)

t_M Anzahl der Tage des Monats M

$0{,}024\ \text{kh} = 24\ \text{h} = 1\ \text{d}$

Spezifischer Wärmeverlust H

$$H = H_T + H_V \tag{6}$$

H_T spezifischer Transmissionswärmeverlust

H_V spezifischer Lüftungswärmeverlust

1.3.3 Berechnung des spezifischen Transmissionswärmeverlustes

Im Folgenden wird der vereinfachte Berechnungsansatz mit Temperatur-Korrekturfaktoren dargestellt. Zu berücksichtigen sind alle Bauteile, welche die beheizte Zone begrenzen.

$$H_T = \sum_i F_i \cdot U_i \cdot A_i + H_{WB} + H_{T,FH} \tag{7}$$

F_i Temperatur-Korrekturfaktor für Bauteil i (berücksichtigt Wärmeverlust über Flächen, die nicht an die Außenluft grenzen[1])

U_i Wärmedurchgangskoeffizient des Bauteils i

A_i Fläche des Bauteils i

H_{WB} spezifischer Wärmeverlust durch Wärmebrücken

$H_{T,FH}$ spezifischer Wärmeverlust für Bauteile mit Flächenheizung

[1] Im vereinfachten Monatsbilanzverfahren nach Anhang D von DIN V 4108-6 auch für Bauteile, die ans Erdreich grenzen.

H_{WB} kann folgendermaßen berechnet werden:

$$H_{WB} = \Delta U_{WB} \cdot A \tag{8}$$

$\Delta U_{WB} = 0{,}10\ \text{W m}^{-2}\text{K}^{-1}$ oder $\Delta U_{WB} = 0{,}05\ \text{W m}^{-2}\text{K}^{-1}$ und Anwendung von Planungsbeispielen nach DIN 4108 Bbl. 2

Ebenso ist eine genaue Berechnung nach DIN V 4108-6 möglich.

Die wärmeübertragende Umfassungsfläche A darf bei der Berücksichtigung der Wärmebrücken um die Flächen von Außenbauteilen vermindert werden, bei denen der Wärmebrückeneinfluss bereits im Wärmedurchgangskoeffizienten U enthalten ist.

$H_{T,FH}$ wird nach DIN V 4108-6, für spezielle Systeme nach DIN EN 832 berechnet und ist für eine mindestens 8 cm dicke Wärmedämmung $\lambda \leq 0,04\,\mathrm{Wm^{-1}K^{-1}}$ bzw. $R = 2,0\,\mathrm{m^2 KW^{-1}}$) zwischen der Heizfläche und den Außenbauteilen vernachlässigbar.

Tafel 3.118: Temperatur-Korrekturfaktoren für das Monatsbilanzverfahren nach DIN V 4108-6

Bauteil	F_i [1]					
Außenwand, Fenster, Decke über Außenluft	1,0					
Dach (als Systemgrenze)	1,0					
Dachgeschossdecke (Dachraum nicht ausgebaut)	0,8					
Wände und Decken zu Abseiten (Drempel)	0,8					
Wände und Decken zu unbeheizten Räumen	0,5					
Wände und Decken zu Räumen mit niedrigen Innentemperaturen	0,35					
Wände und Fenster zu unbeheiztem Glasvorbau bei Verglasung des Vorbaus mit – Einfachverglasung – Zweischeibenverglasung – Wärmeschutzverglasung	0,8 0,7 0,5					
unterer Gebäudeabschluss	$B' < 5\,\mathrm{m}$ [2]		$5\,\mathrm{m} \leq B' \leq 10\,\mathrm{m}$ [2]		$B' > 10\,\mathrm{m}$ [2]	
	R_f bzw. R_w in $\mathrm{m^2 KW^{-1}}$ [3]					
	≤ 1	> 1	≤ 1	> 1	≤ 1	> 1
Flächen des beheizten Kellers: – Fußboden des beheizten Kellers – Wand des beheizten Kellers	0,30 0,40	0,45 0,60	0,25 0,40	0,40 0,60	0,20 0,40	0,35 0,60
Fußboden [4] auf dem Erdreich ohne Randdämmung	0,45	0,60	0,40	0,50	0,25	0,35
Fußboden [4] auf dem Erdreich mit Randdämmung [5] – 5 m breit, waagerecht – 2 m tief, senkrecht	0,30 0,25		0,25 0,20		0,20 0,15	
Kellerdecke und Kellerinnenwand: – zum beheizten Keller mit Perimeterdämmung – zum unbeheizten Keller ohne Perimeterdämmung	0,55 0,70		0,50 0,65		0,45 0,55	
aufgeständerter Fußboden	0,9					
Bodenplatte von Räumen mit niedrigen Innentemperaturen	0,20	0,55	0,15	0,50	0,10	0,35

[1] Gelten analog für Bauteile, die Räume mit niedrigen Innentemperaturen begrenzen, außer für Fußböden auf dem Erdreich.

[2] $B' = \dfrac{A_G}{0,5 \cdot P}$, mit Bodengrundfläche A_G und Umfang der Bodengrundfläche P.

[3] Wärmedurchlasswiderstand von Bodenplatte R_f (oben bezeichnet als Fußboden und Bodenplatte) bzw. der Kellerwand R_w, ggf. flächengewichtetes Mittel aus den Wärmedurchlasswiderständen von Bodenplatte und Kellerwand.

[4] Fließendes Grundwasser: Erhöhung von F_i um 15 %.

[5] Randdämmung: $R > 2\,\mathrm{m^2\,K\,W^{-1}}$, Bodenplatte ungedämmt.

1.3.4 Berechnung des spezifischen Lüftungswärmeverlustes

Der **spezifische Lüftungswärmeverlust** H_V ist der auf die Temperaturdifferenz zwischen Innen- und Außenluft bezogene, an Luftströmungen gekoppelte Wärmestrom.

Im Folgenden wird nur die freie Lüftung betrachtet, für maschinelle Lüftung ist H_V nach DIN V 4108-6 zu berechnen.

$$H_V = n \cdot V \cdot \rho_L \cdot c_{p,L} \tag{9}$$

n — Luftwechselrate ($n = 0{,}7\,h^{-1}$, mit Nachweis der Luftdichtheit: $n = 0{,}6\,h^{-1}$)

ρ_L — Dichte der Luft

$c_{p,L}$ — spezifische Wärmekapazität der Luft bei konstantem Druck

$\rho_L \cdot c_{p,L}$ — wirksame Wärmespeicherfähigkeit der Luft je Volumeneinheit

($\rho_L \cdot c_{p,L} = 1{,}2 \cdot 10^3\,\mathrm{J\,m^{-3}\,K^{-1}} = 0{,}34\,\mathrm{Wh\,m^{-3}\,K^{-1}}$)

1.3.5 Berechnung der solaren Wärmegewinne

Nach DIN V 4108-6 müssen Wärmegewinne durch unbeheizte Glasvorbauten und opake (nicht transparente) Bauteile (einschließlich transparenter Wärmedämmung) gesondert berechnet werden. Bei öffentlich-rechtlichen Nachweisen brauchen jedoch solare Wärmegewinne über opake Bauteile nicht berücksichtigt zu werden.

Monatlicher solarer Wärmegewinn $\Phi_{S,M}$

$$\Phi_{S,M} = \sum_{j=1}^{m} I_{s,M,j} \cdot \sum_{i=1}^{n} F_{F,ji} \cdot F_{S,ji} \cdot F_{C,ji} \cdot g_{ji} \cdot A_{ji} \tag{10}$$

i — Bauteil

j — Orientierung (Süd, Ost, West, Nord)

$I_{s,M,j}$ — mittlere monatliche Strahlungsintensität der Sonne, die auf das Bauteil mit der Orientierung j auftrifft (für Referenzklima in DIN V 4108-6)

F_F — Abminderungsfaktor für den Rahmenanteil, Verhältnis der durchsichtigen Fläche zur Gesamtfläche der verglasten Einheit, wenn nicht genauer bekannt: $F_F = 0{,}7$

F_S — Abminderungsfaktor infolge Verschattung, übliche Anwendungsfälle: $F_S = 0{,}9$ [1)]

F_C — Abminderungsfaktor für Sonnenschutzvorrichtungen, nach Anhang D von DIN V 4108-6 ist $F_C = 1$ anzusetzen

g — wirksamer Gesamtenergiedurchlassgrad des Bauteils, berücksichtigt Abminderung durch nicht senkrechten Strahlungseinfall, $g = F_W \cdot g_\perp$

$g_\perp$ — Gesamtenergiedurchlassgrad bei senkrechtem Strahlungseinfall

F_W — Abminderungsfaktor bei nicht senkrechtem Strahlungseinfall, $F_W = 0{,}9$

A — Flächeninhalt der strahlungsaufnehmenden Oberfläche des Bauteils

---

[1)] Bei überwiegend baulicher Verschattung muss F_s nach DIN V 4108-6 berechnet werden. Bei überwiegend verschatteten Fenstern kann vereinfachend Nordorientierung angenommen werden.

Tafel 3.120a: Richtwerte für den Gesamtenergiedurchlassgrad transparenter Bauteile nach DIN V 4108-6 [1]

transparentes Bauteil	$g_\perp$
Einfachverglasung	0,87
Doppelverglasung	0,75
Wärmeschutzverglasung, doppelverglast mit selektiver Beschichtung	0,50 bis 0,70
Dreifachverglasung, normal	0,60 bis 0,70
Dreifachverglasung mit zweifach selektiver Beschichtung	0,35 bis 0,50
Sonnenschutzverglasung	0,20 bis 0,50

[1] Der Gesamtenergiedurchlassgrad kann auch den entsprechend den Landesbauordnungen veröffentlichten Kennwerten für Bauprodukte bestimmt werden.

1.3.6 Berechnung der internen Wärmegewinne

Mittlere interne Wärmeleistung $\Phi_{i,M}$

$$\Phi_{i,M} = q_i \cdot A_N \tag{11}$$

q_i nutzflächenbezogener Wärmegewinn

Tafel 3.120b: Nutzflächenbezogene Wärmegewinne nach Anhang D von DIN V 4108-6

Gebäude	q_i in Wm^{-2}
Wohngebäude	5
Büro- und Verwaltungsgebäude	6
alle anderen Gebäude (falls nicht anderweitig festgelegt)	5

Tafel 3.120c: Strahlungsintensitäten und Außentemperaturen für das Referenzklima Deutschland entsprechend DIN V 4108-6

Orientierung	Neigung in °[1]	$I_{s,M}$ in Wm^{-2}											
		Jan	Feb	Mrz	Apr	Mai	Jun	Jul	Aug	Sep	Okt	Nov	Dez
horizontal	0	33	52	82	190	211	256	255	179	135	75	39	22
	30	51	67	99	210	213	250	252	186	157	93	55	31
Süd	45	57	71	101	205	200	231	235	178	157	97	59	34
	60	60	71	98	190	179	203	208	162	150	95	60	35
	90	**56**	**61**	**80**	**137**	**119**	**130**	**135**	**112**	**115**	**81**	**54**	**33**
	30	45	62	93	203	211	248	251	183	149	87	49	28
Süd-Ost	45	49	64	92	198	200	232	236	175	148	88	51	30
	60	49	62	88	185	182	208	213	161	140	85	51	30
	90	**44**	**52**	**70**	**140**	**132**	**146**	**153**	**120**	**109**	**69**	**44**	**26**
	30	45	62	93	203	211	248	251	183	149	87	49	28
Süd-West	45	49	64	92	198	200	232	236	175	148	88	51	30
	60	49	62	88	185	182	208	213	161	140	85	51	30
	90	**44**	**52**	**70**	**140**	**132**	**146**	**153**	**120**	**109**	**69**	**44**	**26**
	30	33	51	78	181	199	238	240	170	129	72	38	21
Ost	45	32	49	74	172	187	221	224	160	123	69	37	20
	60	30	46	68	160	171	201	205	148	114	65	35	19
	90	**25**	**37**	**53**	**125**	**131**	**150**	**156**	**115**	**90**	**51**	**28**	**15**
	30	33	51	78	181	199	238	240	170	129	72	38	21

Anforderungen an den energiesparenden Wärmeschutz von Gebäude nach EnEV 2009

Orientierung	Neigung in °[1]	$I_{s,M}$ in Wm^{-2}										
		Jan	Feb	Mrz	Apr	Mai	Jun	Jul	Aug	Sep	Okt	Nov	Dez
West	45	32	49	74	172	187	221	224	160	123	69	37	20
	60	30	46	68	160	171	201	205	148	114	65	35	19
	90	25	37	53	125	131	150	156	115	90	51	28	15
Nord-West	30	22	39	63	151	180	222	221	150	105	57	28	16
	45	20	35	56	132	158	194	194	133	91	51	26	14
	60	18	32	49	116	139	168	170	118	81	46	23	13
	90	14	25	38	89	105	124	128	90	62	35	18	10
Nord-Ost	30	22	39	63	151	180	222	221	150	105	57	28	16
	45	20	35	56	132	158	194	194	133	91	51	26	14
	60	18	32	49	116	139	168	170	118	81	46	23	13
	90	14	25	38	89	105	124	128	90	62	35	18	10
Nord	30	20	34	54	137	173	217	214	142	90	49	26	15
	45	19	32	47	101	143	184	180	115	66	45	24	14
	60	17	29	44	79	109	143	139	90	59	41	22	13
	90	14	23	34	64	81	99	100	70	48	33	18	10
$\theta_{e,M}$ in °C		–1,3	0,6	4,1	9,5	12,9	15,7	18,0	18,3	14,4	9,1	4,7	1,3

[1] Neigung des Bauteils gegen die Horizontale.

1.3.7 Berechnung des Ausnutzungsgrades der Wärmegewinne

In die Berechnung des **monatlichen Ausnutzungsgrades** η **der Wärmegewinne** geht auch das Vermögen eines Gebäudes ein, Sonnenenergie zu speichern.

$$\eta_M = \frac{1-\gamma_M^a}{1-\gamma_M^{a+1}} \quad \text{für } \gamma_M \neq 1 \qquad \eta_M = \frac{\alpha}{\alpha+1} \quad \text{für } \gamma_M = 1 \qquad (12), (13)$$

γ_M Verhältnis der Wärmegewinne zu den Wärmeverlusten in einem Monat

$$\gamma_M = \frac{Q_{g,M}}{Q_{l,M}} \qquad (14)$$

$$\alpha = 1 + \frac{\tau}{16\,h} \qquad \tau = \frac{C_{wirk}}{H} \qquad (15), (16)$$

τ Zeitkonstante eines Gebäudes
C_{wirk} in der Heizperiode wirksame Wärmespeicherfähigkeit eines Gebäudes

C_{wirk} kann nach DIN V 4108-6 berechnet werden. Vereinfachend können die Angaben in Tafel 3.121 benutzt werden.

Tafel 3.121 Rechenwerte für die wirksame Wärmespeicherfähigkeit von Gebäuden nach DIN V 4108-6

leichte Gebäude – Gebäude in Holztafelbauart ohne massive Innenbauteile – Gebäude mit abgehängten Decken und überwiegend leichten Trennwänden – Gebäude mit hohen Räumen (Turnhallen, Museen usw.)	$C_{wirk} = 15 \frac{Wh}{m^3 K} \cdot V_e$
schwere Gebäude – Gebäude mit massiven Innen- und Außenbauteilen ohne untergehängte Decken	$C_{wirk} = 50 \frac{Wh}{m^3 K} \cdot V_e$

1.3.8 Berechnung des Jahresenergiebedarfs für Warmwasserbereitung

Der **Energiebedarf für die Erwärmung von Trinkwasser** Q_W muss nach EnEV in die Berechnung des Jahres-Primärenergiebedarfs mit $Q_W = 12{,}5\,\text{kWh}\,\text{m}^{-2}\,\text{a}^{-1}$ eingehen.

1.3.9 Berechnung der Anlagen-Aufwandszahl

Die **primärenergiebezogene Gesamt-Anlagenaufwandszahl** e_p beschreibt das Verhältnis der von der Anlagentechnik aufgenommenen Primärenergie zur abgegebenen Nutzwärme. Sie wird nach DIN V 4701-10 unter Verwendung von DIN V 4701-10 Bbl 1 mit den folgenden Verfahren berechnet:

- Diagrammverfahren: Vorplanungsphase, typische Heizungsanlagenkonfiguration
- Tabellenverfahren: Vorplanungsphase, Heizungsanlagen, für die keine Diagramme vorliegen
- Detailliertes Verfahren: Ausführungsplanung, nahezu alle energetischen Verbesserungen der Anlagentechnik können berücksichtigt werden

Berücksichtigt werden die Funktionen Heizen, Lüften und Trinkwassererwärmung. Der Kühlbedarf ist nach Tafel 3.116 mit pauschalen Zuschlägen zu berücksichtigen. Eine ausführliche Darstellung der energetischen Bewertung der Anlagen der Anlagentechnik von Wohngebäuden befindet sich in [Schoch-01,02 und 04].

2 Primärenergiebedarf nach DIN V 4701-10

2.1 Definition

Unter Primärenergiebedarf wird die Energiemenge verstanden, die zur Deckung des Jahresheizenergiebedarfs Q_H und des Trinkwasserenergiebedarfs Q_{TW} benötigt wird unter Einbeziehung aller zusätzlichen Energiemenge, die durch vorgelagerte Prozesse (Förderung, Transport, Umwandlung der Energie) außerhalb des Gebäudes entstehen.

2.2 Größen und Einheiten

Tafel 3.122: Symbole und Einheiten

Symbol	Bezeichnung	Einheit	Bemerkung
A	Fläche	m²	
α	Deckungsanteil	–	0 bis 1
Q	Energie	kWh/a	Energiemenge pro Jahr
q	flächenbezogene Energiemenge pro Jahr	kWh/(m²a)	ohne Index oder Index „WE" = Wärmeenergie, mit Index „HE" = Hilfsenergie
$\dot{Q}$	Wärmestrom	KW	
Q_{tw}	Trinkwasserwärmebedarf	kW	
e_P	Anlagenaufwandszahl	--	auf Primärenergie bezogen
f_P	Primärenergieumwandlungsfaktor	--	
ϑ	Temperatur	°C	

Primärenergiebedarf nach DIN V 4701-10

$\Delta \vartheta$	Temperatur-differenz	K	
V	Volumen	m³	V_e = Gebäudevolumen: von der wärmeübertragenden Umfassungsfläche des Gebäudes umschlossenes Volumen, Systemgrenze „Außenmaße" nach DIN EN ISO 13789
A_N	Nutzfläche	m²	$A_N = 0{,}32 \cdot V_e$
Q_h	Jahres-Heizwärmebedarf	kWh/a	Jahres-Heizwärmebedarf nach DIN V 4108-6, soweit dort keine Wärmerückgewinnung berücksichtigt wurde ($Q_{WR} = 0$) Summe aus dem Jahres-Heizwärmebedarf nach DIN V 4108-6 und Q_{WR} nach DIN V 4108-6 Gleichung (50), soweit dort Wärmerückgewinnung berücksichtigt wurde ($Q_{WR} \neq 0$)

Hinweis: In der DIN 4701-10 werden alle flächenbezogenen Werte mit „q" und alle absoluten Werte mit „Q" und dem jeweiligen Index bezeichnet. Durch Multiplikation mit der Gebäudenutzfläche A_N kann jeder „q-Wert" auf einen „Q-Wert" umgerechnet werden.

Tafel 3.123: Indizes

Index	Bedeutung	Index	Bedeutung
A	Anlage	l	Lüftung...(Wärmebedarf)
B	Brennstoff	L	Lüftung...(Energiebedarf)
ce	Übergabe im Raum (control + emission)	N	Nutz...
d	Verteilung (distribution)	P	Primärenergie
E	Endenergie	s	Speicher
EWT	Erdwärmetauscher	tw	Trinkwarmwasser (Wärmebedarf)
g	Erzeugung (generation)	TW	Trinkwarmwasser (Energiebedarf)
h	Raumheizung...(Wärmebedarf)	WE	Wärmeenergie (auch ohne Index)
H	Raumheizung...(Energiebedarf)	WÜT	Wärmeübertrager
HE	Hilfsenergie	u	Umgebung
i,j	Allgemeiner Zählindex		
i	Innen		

2.3 Anlagenaufwandszahl

Die primärenergiebezogene Anlagen-Aufwandszahl e_P beschreibt das Verhältnis der von der Anlagentechnik aufgenommenen Primärenergie zur abgegebenen Nutzwärme.

$$e_P = \frac{Q_P}{(Q_h + Q_{tw})} \text{ mit } Q_P = Q_{H,P} + Q_{L,P} + Q_{TW,P} \tag{17}$$

Q_P Primärenergiebedarf
Q_h Heizwärmebedarf

3.123

Q_{tw} Trinkwasserwärmebedarf (nur bei Wohngebäuden)
$Q_{H,P}$ Primärenergiebedarf des Heizstranges
$Q_{L,P}$ Primärenergiebedarf des Lüftungsstranges
$Q_{TW,P}$ Primärenergiebedarf des Trinkwarmwasserstrangs (nur bei Wohngebäuden)

Der Trinkwasserwärmebedarf q_{tw} wird für öffentlich-rechtliche Nachweise grundsätzlich mit 12,5 kWh/a, bezogen auf die Gebäudenutzfläche, angenommen. Dies entspricht etwa einem täglichen Warmwasserbedarf von 23 Litern pro Person bei 50 °C Wassertemperatur.

Der Trinkwasserwärmebedarf wird im öffentlich-rechtlichen Nachweis nach EnEV ausschließlich bei Wohngebäuden berücksichtigt. Bei Nichtwohngebäuden ist q_{tw} mit 0 kWh/m²a anzunehmen.

Die primärenergiebezogene Anlagenaufwandzahl ist für den öffentlich-rechtlichen Nachweis mit folgenden Randbedingungen zu berechnen.

Tafel 3.124: Übersicht der Randbedingungen nach DIN V 4701-10

Kriterium	Größe	Wert		Einheit
Mittlere Gebäudeinnentemperatur	ϑ_i	19		°C
Trinkwasser-Wärmebedarf	q_{tw}	12,5		kWh/ (m²a)
Norm - Anlagenluftwechsel für mechanische Lüftungsanlagen	$n_{A,Norm}$	0,4		1/h
		Monatsbilanzverfahren nach DIN V 4108-6	HP-Verfahren nach EnEV	
Heizgrenztemperatur	t_G	berechnen	10	°C
Dauer der Heizperiode	t_{HP}	berechnen	185	d
Gradtagzahlfaktor	F_{Gt}	berechnen	69,6	kKh/a
Nutzfläche	A_N	berechnen	berechnen	m²

Weitere Formeln für die Berechnung von Aufwandszahlen für Teilabschnitte einer Gesamtanlage (z. B. für Erzeugung, Wärmeübergabe, Verteilung) können DIN V 4701-10 entnommen werden. Sie dienen ausschließlich zur Beurteilung einzelner Teilbereiche, für den öffentlich-rechtlichen Nachweis sind sie ohne Belang.

2.4 Bilanzierungsverfahren

Zur Ermittlung des Primärenergiebedarfs Q_P stehen drei gleichwertige Verfahren zur Auswahl:

Diagrammverfahren:

Grafische Ermittlung der Anlagen-Aufwandszahl e_P und des Endenergiebedarfs anhand von Aufwandszahl-Diagrammen nach DIN V 4701-10 und Beiblatt 1 zu DIN V 4701-10 in Abhängigkeit vom ermittelten flächenbezogenen Heizwärmebedarf q_h und der beheizten Nutzfläche A_N.

Die Verwendung von Aufwandszahl-Diagrammen bietet sich an, wenn die Anlagen mit allen Komponenten (Erzeuger, Verteilung, Übergabe und Speicherung) bereits festgelegt ist und die gewählte Konfiguration in der DIN V 4701-10 enthalten ist.

Tabellenverfahren:

Das Tabellenverfahren basiert auf dem detaillierten Verfahren mit den in der Norm verwendeten Standard-Randbedingungen. Der Anwender hat die Möglichkeit, in der Regel in Abhängigkeit von der Nutzfläche des Gebäudes, für die gegebene Anlagenkonfiguration die Verlust- und Gewinnwerte zu ermitteln und schrittweise in eine Tabelle einzutragen.

Das detaillierte Verfahren:
Für die genaue rechnerische Ermittlung des Primärenergiebedarfs sind in DIN V 4701-10 Formeln enthalten. Das detaillierte Verfahren ist dann zu verwenden, wenn für die gewählten Anlagen vom Hersteller auf der Grundlage der gültigen Prüfnormen Werte zur Verfügung gestellt werden, die von den Standardwerten des Tabellenverfahrens abweichen. Das detaillierte Verfahren ermöglicht in der Regel eine effizientere Auslegung der Anlagen in Relation zu den beiden vorgenannten Verfahren.

Das detaillierte Verfahren und das Tabellenverfahren können miteinander kombiniert werden. Dies wird insbesondere dann der Fall sein, wenn nur für Teile der Anlage (z. B. für den Wärmeerzeuger) Herstellerangaben zur Verfügung stehen und ansonsten auf die Standardrandbedingungen zurückgegriffen werden muss.

Unabhängig vom verwendeten Verfahren folgt die Bilanzierung immer der in Abb. 3.125 dargestellten Bedarfsentwicklung:

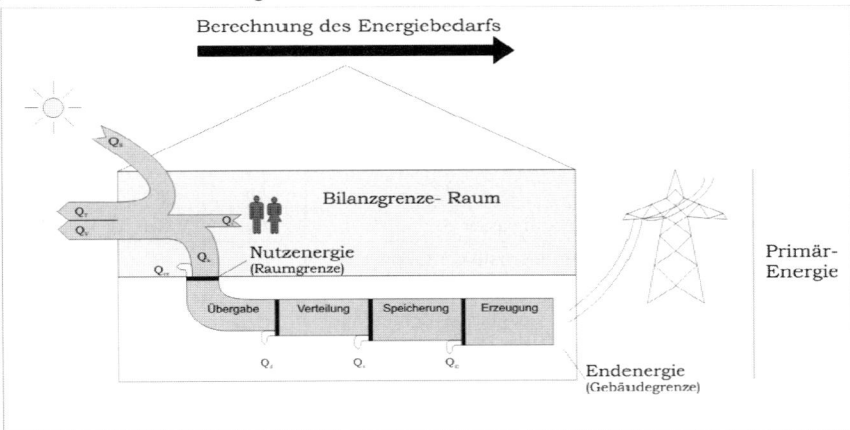

Abb. 3.125: Berechnung des Primärenergiebedarfs

Die Nutzenergie ist nach DIN V 4106-8 [siehe oben] zu berechnen.

Für die Berechnung des Primärenergiebedarfs aus dem Endenergiebedarfs stehen statische Umrechnungsfaktoren (Primärenergiefaktoren) zur Verfügung.

Tafel 3.125: Primärenergiefaktoren für den nicht erneuerbaren Anteil nach DIN V 4701-10

Energieträger		Primärenergiefaktoren f_P
Brennstoffe	Heizöl EL	1,1
	Erdgas H	1,1
	Flüssiggas	1,1
	Steinkohle	1,1
	Braunkohle	1,2
	Holz	0,2

Energieträger		Primärenergie-faktoren f_P
Nah/Fernwärme aus KWK	fossiler Brennstoff	0,7
	erneuerbarer Brennstoff	0,0
Nah/Fernwärme aus Heizwerken	fossiler Brennstoff	1,3
	erneuerbarer Brennstoff	0,1
Strom	Strom-Mix	2,6

Bei Systemen, die mit Nah- und Fernwärme versorgt werden, kann abweichend von Tafel 3.125 der Primärenergiefaktor auch über ein detailliertes Verfahren nach DIN V 4701-10 ermittelt werden.

2.5 Randbedingungen

Die energetische Bewertung der Gebäudetechnik erfolgt nach DIN V 4701-10 unter festgelegten Randbedingungen. Die Einhaltung der Randbedingungen ist für den öffentlich-rechtlichen Nachweis zwingend vorgeschrieben und ermöglicht somit eine Vergleichbarkeit gleicher Gebäudetypen bezüglich ihres Primärenergiebedarfs. Die Auslegung der Anlagen hat nach den gültigen Vorschriften zu erfolgen (zum Beispiel nach DIN V 4701-1).

Tafel 3.126: Allgemeine Randbedingungen

Kenngröße	Zeichen	Einheit	Wert
Dauer der Heizperiode	t_{HP}	d/a	185
Bereitstellungsdauer für Trinkwarmwasser	t_{TW}	d/a	350
Mittlere Umgebungstemperatur innerhalb der thermischen Hülle	$\vartheta_{u,m}$	°C	20
Mittlere Umgebungstemperatur (ganzjähriges Mittel) außerhalb der thermischen Hülle, Keller, Dach	$\vartheta_{u,m}$	°C	13
Mittlere Umgebungstemperatur (nur Heizperiode) außerhalb der thermischen Hülle, Dach	$\vartheta_{u,m}$	°C	5
Mittlere Temperatur des Trinkwarmwassernetzes (mit Zirkulationsleitung)	$\vartheta_{TW,m}$	°C	50
Mittlere Temperatur des Trinkwarmwassernetzes (ohne Zirkulationsleitung)	$\vartheta_{TW,m}$	°C	32
Wärmeverlustfaktor für Komponenten außerhalb der thermischen Hülle	f_a	-	1
Wärmeverlustfaktor für Komponenten innerhalb der thermischen Hülle	f_a	-	0,15
Wärmeverlustfaktor für absperrbare Heizungsrohre Innerhalb der thermischen Hülle	f_a	-	0,1
Teilbeheizungsfaktor für nicht absperrbare/ absperrbare Heizungsrohre	f_b	-	1,0/0,8
Betriebszeit pro Tag eines Heizstranges	z	h/d	24

Tafel 3.127: **Randbedingungen zur Berechnung von Heizkreisen und Wärmeerzeugern**

Mittlere Temperatur:	Auslegungstemperaturen des Heizkreises			
	90°/70 °C Radiatoren	70°/55 °C Radiatoren	55°/45 °C Radiatoren	35°/28 °C Fußbodenheizung
Heizkreis	56 °C	46 °C	38 °C	26 °C
Wärmeerzeuger/Erzeuge – Konstanttemperatur-Kessel	70 °C	70 °C	70 °C	70 °C
Niedertemperatur-Kessel	–	46 °C	38 °C	26 °C
Brennwert-Kessel	–	41 °C	35 °C	24 °C
Wärmepumpe, konstant	–	–	45 °C	31 °C
Wärmepumpe, leistungsgeregelt	–	–	41 °C	28 °C

3 Energetische Bilanzierung von Heizungsanlagen

3.1 Methodik der Bilanzierung

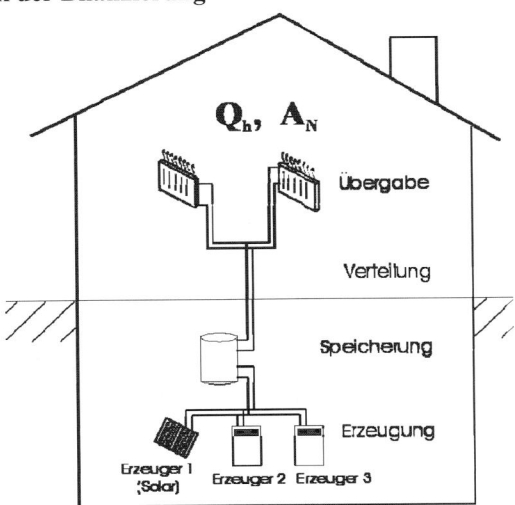

Abb. 3.127: Darstellung eines Heizstranges nach DIN V 4701-10

Die Bilanzierung des Heizstranges erfolgt wie in Abb. 3.128 dargestellt:

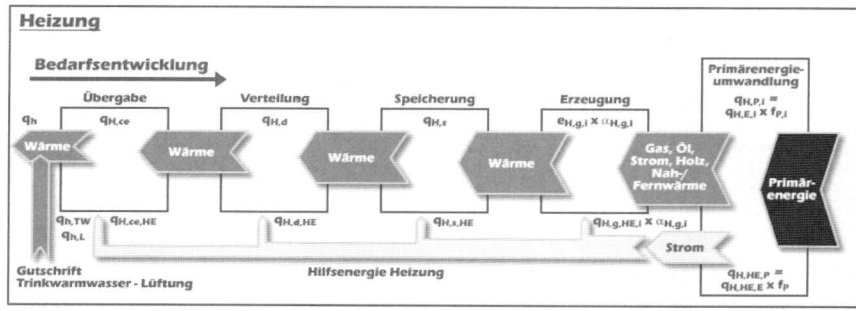

Abb. 3.128: Berechnungsmethodik eines Heizstranges

Der Gesamtaufwand zur Bereitstellung der mit DIN V 4106-8 ermittelten Nutzwärme eines Gebäudes setzt sich zusammen aus dem:
- Aufwand für die Wärmeübergabe an den Raum (z. B. über Thermostatventile),
- Aufwand für die Verteilung der Wärme im Gebäude (Leitungsnetz),
- Aufwand für die Speicherung der Wärme (z. B. Pufferspeicher), und dem
- Aufwand für die Erzeugung der Wärme durch den Wärmeerzeuger.

Zusätzlich ist die benötigte Hilfsenergie (Strom) für alle Anlagenkomponenten zu berücksichtigen (Pumpen, elektrisch betriebene Regelung etc.).

Die Berechnung des Primärenergiebedarfs der Heizungsanlage erfolgt nach Gleichung (18) und (19), hier nutzflächenbezogen dargestellt:

Wärmeenergie:

$$q_{H,WE,P} = \left(q_h - q_{h,TW} - q_{h,L} + q_{H,ce} + q_{H,d} + q_{H,s}\right) \cdot \sum_i \left(e_{H,g,i} \cdot \alpha_{H,g,i} \cdot f_{P,i}\right) \tag{18}$$

$q_{H,WE,P}$ Wärme-Primärenergiebedarf
q_h Heizwärmebedarf des Gebäudes (Nutzwärme) nach DIN V 4108-6
$q_{h,TW}$ Gutschrift aus der Speicherung/Verteilung des Trinkwarmwassers
$q_{h,L}$ Gutschrift aus Wärmerückgewinnung
$q_{H,ce}$ Wärmeverlust Übergabe der Wärme an den Raum
$q_{H,d}$ Wärmeverlust der Wärmeverteilung
$q_{H,s}$ Wärmeverlust der Speicherung
$e_{H,g,i}$ Aufwand der Wärmeerzeugung
$\alpha_{H,g,i}$ Deckungsanteil an der Wärmeerzeugung (max. 1 = 100 %)
$f_{P,i}$ Primärenergiefaktor (siehe Tafel 3.125)

Hinweis: Index „i" = bei mehreren Wärmeerzeugern/Heizsträngen sind diese jeweils getrennt zu bilanzieren.

Hilfsenergie:

$$q_{H,HE,P} = \left(q_{H,ce,HE} + q_{H,d,HE} + q_{H,s,HE} + \sum_i q_{H,g,HE,i} \cdot \alpha_{H,g,i}\right) \cdot f_P \tag{19}$$

$q_{H,HE,P}$ Primär-Hilfsenergiebedarf
$q_{H,ce,HE}$ Hilfsenergiebedarf für die Wärmeübergabe
$q_{H,d,HE}$ Hilfsenergiebedarf der Wärmeverteilung
$q_{H,s,HE}$ Hilfsenergiebedarf der Wärmespeicherung

$q_{H,g,HE,i}$ Hilfsenergiebedarf der Wärmeerzeugung
$\alpha_{H,g,i}$ Deckungsanteil des Wärmeerzeugers
$f_{P,i}$ Primärenergiefaktor der verwendeten Energie (Strom in der Regel 2,6)

Multipliziert mit der Nutzfläche A_N ergibt sich dann der Jahres-Primärenergiebedarf in KWh des Heizstrangs:

$$Q_{H,P} = \left(q_{H,WE,P} + q_{H,HE,P}\right) \cdot A_N \tag{20}$$

mit A_N = Gebäudenutzfläche = $0{,}32 \cdot V_e$

Bei Gebäuden mit mehreren Heizsträngen und/oder Wärmeerzeugern sind die Hinweise in DIN V 4701-10 zu beachten.

3.2 Berechnung der Aufwandszahl für die Wärmeerzeugung

Ausgehend vom Teillast-Wirkungsgrad $\eta_{30\%}$, dem Bereitschaftsverlust $q_{B,70}$ und der Nenn-Wärmeleistung $\dot{Q}_n$ wird die Aufwandszahl $e_{H,g}$ des Kessels in Abhängigkeit von der Kesselbelastung bestimmt. Bei Brennwertkesseln erfolgt zusätzlich eine Anpassung des Wirkungsgrades an die Kesseltemperatur.

Konstant- und Niedertemperaturkessel: $e_{H,g} = 1/(f_\varphi \cdot \eta_K)$ (21)

Brennwertkessel, Gas oder Öl: $e_{H,g} = 1/(f_\varphi \cdot (\eta_K + 0{,}003 \cdot (\vartheta_{30\%} - \vartheta_{km})))$ (22)

$e_{H,g}$ Aufwandszahl, in [-]
f_φ Belastungsfaktor des Kessels (siehe unten), in [-]
η_K Wirkungsgrad des Kessels, in [-]
$\vartheta_{30\%}$ mittlere Rücklauftemperatur bei der Messung des 30%-Teillastwirkungsgrades
ϑ_{km} mittlere Kesseltemperatur, in °C

Hinweis: Für die mittlere Rücklauftemperatur bei der Messung des 30 %-Teillast-Wirkungsgrades sind in DIN V 470-10 keine Standardwerte enthalten. Bei derzeit am Markt üblichen Brennwertkesseln liegt dieser Wert im Bereich zwischen 30 und 35 °C. Sollten keine Herstellerangaben vorliegen, so wird empfohlen, bei einer Heizkreisauslegung von 70°/55 °C den $\vartheta_{30\%}$ mit 35 °C und bei Auslegung von 55°/45 °C mit 30 °C anzunehmen.

Der Kesselwirkungsgrad η_K:

Für Öl-Brennwertkessel: $\eta_K = 1{,}05 \cdot \eta_{30\%} + q_{B,\vartheta} \cdot (1 - f_c)/ \varphi_H$ (23)

Für alle anderen Kessel: $\eta_K = 1{,}00 \cdot \eta_{30\%} + q_{B,\vartheta} \cdot (1 - f_c)/ \varphi_H$ (24)

Hinweis: Die Differenzierung zwischen den Kesselarten wurde vorgenommen, um Öl-Brennwertkessel bei der energetischen Bewertung nicht zu benachteiligen, da die Primärenergiefaktoren f_P einheitlich auf den unteren Heizwert bezogen sind.

η_K Wirkungsgrad des Kessels, in [-]
$\eta_{30\%}$ Wirkungsgrad des Kessels bei 30%-Teillast, in [-]
$q_{B,\vartheta}$ Bereitschaftsverluste des Kessels
f_c Wärmeverlustfaktor, in [-]
φ_H Belastungsgrad des Kessels, in [-]

Ist der 30 %-Teillastwirkungsgrad $\eta_{30\%}$ des Wärmeerzeugers nicht bekannt, so kann er unter Verwendung der nachfolgend aufgeführten Gleichungen berechnet werden. Werden Herstellerangaben verwendet, so ist darauf zu achten, dass diese mindestens den Anforderungen der Richtlinie EWG 92/42 (Heizkesselwirkungsgradrichtlinie) entsprechen.

30%-Teillastwirkungsgrad:

Konstanttemperatur-Heizkessel (bei $\vartheta_{K,m,Prüfung}$= 50 °C bestimmt):

$$\eta_{30\%} = (81{,}5 + 3{,}0 \cdot \log(\dot{Q}_n))/100 \tag{25}$$

Niedertemperatur-Heizkessel (bei $\vartheta_{K,m,Prüfung}$= 40 °C bestimmt):

$$\eta_{30\%} = (89 + 1{,}5 \cdot \log(\dot{Q}_n))/100 \tag{26}$$

Gas-Brennwertkessel (bei $\vartheta_{K,m,Prüfung}$= 30 °C bestimmt):

$$\eta_{30\%} = (98 + 1{,}0 \cdot \log(\dot{Q}_n))/100 \tag{27}$$

Gas-Brennwertkessel „verbessert" (bei $\vartheta_{K,m,Prüfung}$= 30 °C bestimmt):

$$\eta_{30\%} = (103 + 1{,}0 \cdot \log(\dot{Q}_n))/100 \tag{28}$$

Öl-Brennwertkessel (bei $\vartheta_{K,m,Prüfung}$= 30 °C bestimmt):

$$\eta_{30\%} = (98 + 1{,}0 \cdot \log(\dot{Q}_n))/105 \tag{29}$$

mit $\dot{Q}_n$ = Nenn-Wärmeleistung des Kessels in kW

Wärmeverlustfaktor:

$$f_c = 25 \cdot q_{B,\vartheta} \tag{30}$$

f_c Wärmeverlustfaktor, in [-]
$q_{B,\vartheta}$ Bereitschaftsverluste des Kessels

Bei Aufstellung der Wärmeerzeuger außerhalb der gedämmten Gebäudehülle (thermischen Hülle) ist f_c mit 1,0 anzunehmen. Innerhalb der thermischen Hülle des Gebäudes sind nur Geräte möglich, die unabhängig von der Raumluft arbeiten. Der Wärmeverlustfaktor ist hierbei von den Bereitschaftsverlusten abhängig.

Der Belastungsfaktor f_φ ist abhängig von der Kesselbelastung φ_H und $q_{B,\vartheta}$ zu bestimmen:

$$f_\varphi = (1 + (1/0{,}3-1) \cdot q_{B,\vartheta})/(1 + (1/\varphi_H - 1) \cdot q_{B,\vartheta}) \tag{31}$$

f_φ Belastungsfaktor des Kessels, in [-]
$q_{B,\vartheta}$ Bereitschaftsverluste des Kessels, in [-]
φ_H Belastungsgrad des Kessels in [-]

Der Belastungsgrad φ_H des Kessels:

$$\varphi_H = \frac{t_{100\%}}{t_{HP}} = \frac{(q_h + q_{H,ce} + q_{H,d} + q_{H,s} - q_{h,TW} - q_{h,L}) \cdot A_N \cdot \alpha_{H,g}}{(\dot{Q}_n \cdot t_{HP} \cdot 24)} = \frac{Q_H^* \cdot \alpha_{H,g}}{(\dot{Q}_n \cdot t_{HP} \cdot 24)} \tag{32}$$

φ_H Belastungsgrad des Kessels in [-]
$t_{100\%}$ Laufzeit des Kessels zur Beheizung bei Nenn-Wärmeleistung in d/a
t_{HP} Länge der Heizperiode in d/a
q_h Heizwärmebedarf nach DIN V 4108-6 in kWh/(m²a)
$q_{H,ce}$ Wärmeverlust für die Heizwärme-Übergabe, in kWh/(m²a)
$q_{H,d}$ Wärmeverlust für die Heizwärme-Verteilung, in kWh/(m²a)
$q_{H,s}$ Wärmeverlust für die Heizwärme-Speicherung in kWh/(m²a)
$q_{h,TW}$ Heizwärmegewinn aus der Trinkwarmwasserversorgung in kWh/(m²a)
$q_{h,L}$ Heizwärmebeitrag der Lüftungsanlage in kWh/(m²a)
A_N Gebäude-Nutzfläche in m²
$\alpha_{H,g}$ Deckungsanteil des Erzeugers in [-]
$\dot{Q}_n$ Nenn-Wärmeleistung des Kessels in kW
Q_H^* vom Wärmeerzeuger bereitzustellende Heizwärme, in kWh

Ist Q_H^* nicht bekannt (Vorplanungsphase), so kann φ_H mit folgender vereinfachten Annahme berechnet werden:

$$\varphi_H = 0{,}046 \cdot (\dot{Q}_n/0{,}42)^{0{,}286} \tag{33}$$

Bereitschaftswärmeverluste:

$$q_{B,\vartheta} = q_{B,70} \cdot (\vartheta_{km} - 20)/(70-20) \tag{34}$$

$q_{B,\vartheta}$ Bereitschaftsverluste des Kessels
$q_{B,70}$ Bereitschaftswärmeverlust des Kessels bei einer mittleren Kesseltemperatur von 70 °C, in [-]
ϑ_{km} mittlere Kesseltemperatur in °C

Vereinfachte Annahmen für die Bereitschaftswärmeverluste $q_{B,70}$:

Konstanttempertur-Heizkessel: $q_{B,70} = 0{,}12 \cdot (\dot{Q}_n/0{,}42)^{-0{,}4}$ (35)

Niedertemperatur- und Brennwertkessel: $q_{B,70} = 0{,}06 \cdot (\dot{Q}_n/0{,}42)^{-0{,}4}$ (36)

Ist die Kessel-Nennwärmeleistung nicht bekannt, so kann sie mit der Gleichung 37 berechnet werden:

$$\dot{Q}_n = 0{,}42 \cdot A_N^{0{,}7} \tag{37}$$

Unter Anwendung der vorgenannten Gleichungen ergeben sich die nach DIN V 4701-10 für das Tabellenverfahren ermittelten Aufwandszahlen.

Tafel 3.131: Aufwandszahlen der Wärmeerzeugung nach DIN V 4701-10

Beheizte-Nutzfläche	Konstanttemperaturkessel	Niedertemperaturkessel			Brennwertkessel			Gas-Brennwertkessel verbessert ($\eta_{30\%} \geq (103 + \log(\dot{Q}_N))/100$)		
		\multicolumn{9}{c}{Aufstellung außerhalb der thermischen Hülle}									
	alle	70/55	55/45	35/28	70/55	55/45	35/28	70/55	55/45	35/28
A_N in m²	\multicolumn{10}{c}{$e_{H,g}$ [-]}									
100	1,38	1,15	1,14	1,12	1,08	1,05	1,00	1,03	1,00	0,95
150	1,33	1,14	1,13	1,11	1,07	1,05	1,00	1,02	0,99	0,95
200	1,30	1,13	1,12	1,11	1,07	1,04	0,99	1,01	0,99	0,95
300	1,27	1,12	1,12	1,10	1,06	1,04	0,99	1,01	0,98	0,95
500	1,23	1,11	1,11	1,10	1,05	1,03	0,99	1,00	0,98	0,94
750	1,21	1,11	1,10	1,10	1,05	1,03	0,99	1,00	0,98	0,94
1.000	1,20	1,10	1,10	1,09	1,05	1,02	0,99	0,99	0,97	0,94
1.500	1,18	1,10	1,10	1,09	1,04	1,02	0,98	0,99	0,97	0,94
2.500	1,16	1,09	1,09	1,09	1,04	1,02	0,98	0,99	0,97	0,94
5.000	1,14	1,09	1,08	1,08	1,03	1,01	0,98	0,98	0,97	0,93
10.000	1,13	1,08	1,08	1,08	1,03	1,01	0,98	0,98	0,96	0,93

Wird der Wärmeerzeuger innerhalb der thermischen Hülle aufgestellt und ausschließlich raumluftunabhängig betrieben, so ergeben sich die in Tafel 3.132 dargestellten Aufwandszahlen. Diese Annahme gilt allerdings nur bis zu einer Gebäudenutzfläche von maximal 500 m² (übliche Anwendungsgrenze derartiger Kessel).

Tafel 3.132: Aufwandszahl für die Wärmeerzeugung nach DIN V 4701-10 für raumluftunabhängige Betriebsweise

Beheizte Nutzfläche	Aufwandszahl $e_{H,g}$ [–]								
	Konstanttemperaturkessel	Niedertemperaturkessel			Brennwertkessel			Gas-Brennwertkessel verbessert $(\eta_{30\%} \geq (103+\log(\dot{Q}_N))/100)$		
		ausschließlich raumluftunabhängige Betriebsweise								
		Aufstellung innerhalb der thermischen Hülle								
	alle	70/55	55/45	35/28	70/55	55/45	35/28	70/55	55/45	35/28
A_N in m²	$e_{H,g}$ [–]									
100	1,30	1,08	1,09	1,10	1,03	1,01	0,99	0,98	0,97	0,94
150	1,24	1,08	1,09	1,10	1,03	1,01	0,99	0,98	0,96	0,94
200	1,21	1,08	1,08	1,09	1,03	1,01	0,99	0,98	0,96	0,94
300	1,18	1,08	1,08	1,09	1,03	1,01	0,99	0,98	0,96	0,94
500	1,15	1,08	1,08	1,09	1,03	1,01	0,98	0,98	0,96	0,94

Aufwandszahlen für andere Wärmeerzeuger (z. B. Wärmepumpen) sind der DIN V 4701-10 und [Schoch-04] zu entnehmen.

3.3 Verluste der Wärmeverteilung

Wärmeabgabe zentraler Warmwasserheizungs-Rohrnetze

$$Q_{H,d,i} = \frac{1}{1000} \cdot U_i \cdot L_i \cdot \left(\vartheta_{HK,m} - \vartheta_{u,m} \right) \cdot f_a \cdot f_b \cdot t_{HP} \cdot z \tag{38}$$

$Q_{H,d,i}$ Wärmeabgabe eines Rohrabschnitts „i", in kWh/a
U_i längenspezifischer Wärmedurchgangskoeffizient, in W/mK
L_i Länge des Rohrabschnitts i, in m
$\vartheta_{HK,m}$ mittlere Temperatur des Rohrabschnitts „i", in °C
$\vartheta_{u,m}$ mittlere Umgebungstemperatur, in °C
f_a Wärmeverlustfaktor, in [-]
f_b Korrekturfaktor, in [-]
t_{HP} Dauer der Heizperiode, in d/a
z Laufzeit der Pumpe pro Tag, in h/d

Die flächenbezogene Wärmeabgabe eines Rohrnetzes:

$$q_{H,d} = \frac{\Sigma Q_{H,d,i}}{A_N} \tag{39}$$

$q_{H,d}$ flächenbezogene Wärmeabgabe des Heizungsnetzes, in kWh/(m²a)
$Q_{H,d,i}$ Wärmeabgabe eines Rohrabschnitts, in kWh/a
A_N Nutzfläche des Gebäudes, in m²

Energetische Bilanzierung von Heizungsanlagen

Tafel 3.133: Annahmen für das Rohrleitungsnetz nach DIN V 4701-10

Kenngröße	Zeichen	Einheit	Bereich V L_V	Bereich S L_S	Bereich A L_A
Wärmedurchgangskoeffizient	U	W/mK	0,2 bzw. 0,255	0,255	0,255
mittlere Umgebungstemperatur	$\vartheta_{u,m}$	°C	13 bzw. 20	20	20
Wärmeverlustfaktor	f_a	-	1 bzw. 0,15	0,15	0,10
Korrekturfaktor	f_b	-	1	1	0,8
Laufzeit der Pumpe	z	h/d	24	24	24
Leitungslänge bei außen liegenden Strängen	L	m	$28,5 + 0,05 \cdot A_N$	$0,075 \cdot A_N$	$0,55 \cdot A_N$
Leitungslänge bei innen liegenden Strängen	L	m	$27,5 + 0,025 \cdot A_N$	$0,075 \cdot A_N$	$0,55 \cdot A_N$

L_V Leitungslänge zwischen Wärmeerzeuger und vertikalen Steigleitungen. Diese (horizontalen) Leitungen können im unbeheizten Bereich (Keller, Dachgeschoss) oder im beheizten Bereich (im Estrich) liegen.

L_S Strangleitungen (vertikal und ggf. auch horizontal). Diese Leitungen liegen im beheizten Bereich, entweder an den Außenwänden (Außenverteilung) oder überwiegend im Innern des Gebäudes (Innenverteilung). Durchgängige Zirkulation des Heizmediums.

L_A Anbindeleitungen. Absperrbare Leitungen im beheizten Bereich. Verbindung zwischen den zirkulierenden Leitungsabschnitten und den Heizkörpern.

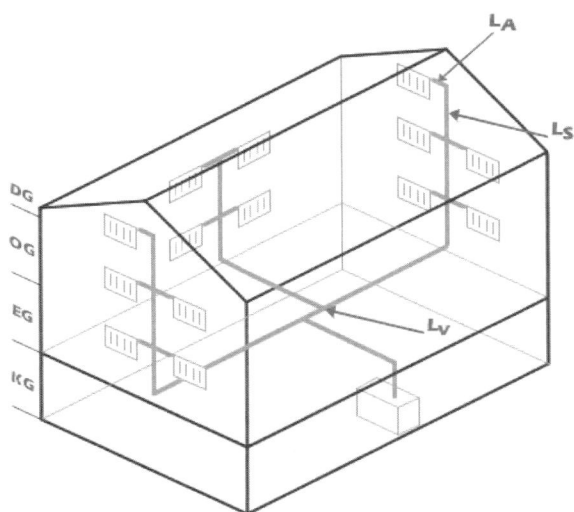

Abb. 3.133: Bezeichnung des Rohrleitungsnetzes nach DIN V 4701-10

Werden die Standardrandbedingungen nach Tafel 3.133 verwendet, so ergeben sich in Abhängigkeit von der Lage der Verteilungsstränge und von der Vor-/Rücklauftemperatur die in den Tafeln 3.134a und 3.134b dargestellten flächenbezogenen Verlustwerte.

3.133

Hinweis: Auch bei Vorhandensein einer Rohrleitungsplanung kann im öffentlich-rechtlichen Nachweis nach EnEV auf die Standardrandbedingungen zurückgegriffen werden, wenn diese zu geringeren Verlustwerten führen.

Tafel 3.134a: Flächenbezogener Wärmeverlust der Wärmeverteilung

Nutz-	flächenbezogener Wärmeverlust der Verteilung q_d in kWh/(m² a)							
fläche	horizontale Verteilung außerhalb der thermischen Hülle							
A_N	Verteilungsstränge außen liegend				Verteilungsstränge innen liegend			
	90/70 °C	70/55 °C	55/45 °C	35/28 °C	90/70 °C	70/55 °C	55/45 °C	35/28 °C
100	15,2	11,4	8,6	4,4	13,8	10,3	7,8	4,0
150	11,5	8,6	6,5	3,2	10,3	7,7	5,8	2,9
200	9,7	7,2	5,4	2,7	8,5	6,3	4,8	2,3
300	7,9	5,8	4,4	2,1	6,8	5,0	3,7	1,8
500	6,4	4,7	3,5	1,7	5,4	3,9	2,9	1,3
750	5,7	4,2	3,1	1,4	4,6	3,4	2,5	1,1
1.000	5,3	3,9	2,9	1,3	4,3	3,1	2,3	1,0
1.500	4,9	3,6	2,7	1,2	3,9	2,9	2,1	0,9
2.500	4,6	3,4	2,5	1,1	3,7	2,7	1,9	0,8
5.000	4,4	3,2	2,4	1,1	3,4	2,5	1,8	0,8
10.000	4,3	3,1	2,3	1,0	3,3	2,4	1,8	0,7

Tafel 3.134b: Flächenbezogener Wärmeverlust der Wärmeverteilung

Nutz-	flächenbezogener Wärmeverlust der Verteilung q_d in kWh/(m² a)							
fläche	horizontale Verteilung innerhalb der thermischen Hülle							
A_N	Verteilungsstränge außen liegend				Verteilungsstränge innen liegend			
	90/70 °C	70/55 °C	55/45 °C	35/28 °C	90/70 °C	70/55 °C	55/45 °C	35/28 °C
100	4,3	3,1	2,2	0,8	4,1	2,9	2,1	0,7
150	3,8	2,7	1,9	0,7	3,6	2,5	1,8	0,6
200	3,5	2,5	1,7	0,6	3,3	2,3	1,6	0,6
300	3,2	2,2	1,6	0,6	3,0	2,1	1,5	0,5
500	2,9	2,1	1,5	0,5	2,8	2,0	1,4	0,5
750	2,8	2,0	1,4	0,5	2,7	1,9	1,3	0,5
1.000	2,8	2,0	1,4	0,5	2,6	1,8	1,3	0,5
1.500	2,7	1,9	1,3	0,5	2,5	1,8	1,3	0,4
2.500	2,7	1,9	1,3	0,5	2,5	1,8	1,2	0,4
5.000	2,6	1,9	1,3	0,5	2,5	1,7	1,2	0,4
10.000	2,6	1,8	1,3	0,5	2,4	1,7	1,2	0,4

Energetische Bilanzierung von Heizungsanlagen

3.4 Verluste der Wärmeübergabe

Die Verluste der Wärmeübergabe berücksichtigen die Tatsache, dass es bei der Übertragung der Wärme von einem Medium auf das andere (Wasser-Luft) zumindest zeitweise zu einer Überhitzung der Raumluft kommen kann. Der Grad der Überhitzung ist dabei vor allem von der Regelgenauigkeit des verwendeten Regelsystems und von seiner Trägheit abhängig.

In Tafel 3.135 sind die Standardwerte für den Übergabeverlust bei Warmwasserheizungen mit freien Heizflächen (Heizkörper) und integrierten Heizflächen (Wand- oder Fußbodenheizungen) dargestellt. In Neubauten werden heute überwiegend freie Heizflächen mit Thermostatventilen und einem Auslegungsproportionalitätsbereich von 2 Kelvin eingesetzt.

Tafel 3.135: Flächenbezogener Verlust der Wärmeübergabe q_{ce} von Warmwasserheizungen für die Übergabe der Wärme im Raum nach DIN V 4701-10

System	Regelung	q_{ce} in kWh/m²a	Bemerkungen
Freie Heizflächen a) überwiegende Anordnung der Heizflächen im Außenwandbereich	Thermostatregelventile und andere P-Regler mit Auslegungsproportionalbereich: 2 Kelvin 1 Kelvin	3,3 1,1	
	elektronische Regeleinrichtung	0,7	zeit- und temperaturabhängig arbeitend, mit PI- oder vergleichbarem Regelverhalten
	elektronische Regeleinrichtung mit Optimierungsfunktion	0,4	mit zusätzlichen Funktionen wie z. B. Fensteröffnungs- oder Präsenzerkennung
b) überwiegende Anordnung im Innenwandbereich		$q_{ce} + 1,1$	
Integrierte Heizflächen Fußbodenheizungen und andere Flächenheizungen	Einzelraumregelung mit Zweipunktregler Schaltdifferenz 2 Kelvin Schaltdifferenz 0,5 Kelvin	3,3 1,1	
	elektronische Regeleinrichtung	0,7	zeit- und temperaturabhängig arbeitend
	elektronische Regeleinrichtung mit Optimierungsfunktion	0,4	mit zusätzlichen Funktionen wie z. B. Fensteröffnungs- oder Präsenzerkennung

Bei elektrischen Heizsystemen siehe DIN V 4701-10.

3.5 Verluste der Wärmespeicherung

In Heizkreisen werden Pufferspeicher vornehmlich zur Verringerung der Taktfrequenz (Häufigkeit des Zuschaltens des Brenners) eingesetzt. Überdies werden mit Pufferspeicher auch solare Wärmeeinträge gespeichert, die dann zu Zeiten geringer Wärmeanforderung vorrangig genutzt werden können. Wärmeverluste des Speichers sind abhängig von:

- seinem Aufstellungsort (innerhalb oder außerhalb der thermischen Hülle),
- der Dämmung des Speichers und
- der Temperatur des Rohrabschnitts.

Herstellerangaben dürfen verwendet werden, wenn diese auf Prüfungen nach [DIN 4753-8] basieren.

$$q_{H,s} = \frac{1{,}2 \cdot \frac{(\vartheta_{HK,m} - \vartheta_{u,m})}{45} \cdot f_a \cdot t_{HP} \cdot q_{B,S}}{A_N} \tag{40}$$

$q_{H,s}$ flächenbezogener Bereitschafts-Wärmeverlust des Speichers, in kWh/(m²a)
$\vartheta_{HK,m}$ mittlere Temperatur des Rohrabschnitts, in °C
$\vartheta_{u,m}$ mittlere Umgebungstemperatur, in °C
f_a Wärmeverlustfaktor, in [-]
t_{HP} Dauer der Heizperiode, in d/a -
$q_{B,S}$ Bereitschafts-Wärmeverlust, in kWh/d
A_N Gebäude-Nutzfläche, in m²

Liegen keine Messwerte für den flächenbezogenen Bereitschafts-Wärmeverlust vor, so kann dieser vereinfacht nach Gleichung (47) bestimmt werden:

$$q_{B,S} = 0{,}5 + 0{,}25 \cdot V^{0{,}4} \tag{41}$$

$q_{B,S}$ Bereitschafts-Wärmeverlust, in kWh/d
V Speicher-Nenninhalt, in l

Ist auch der Nenninhalt noch nicht festgelegt, so kann dieser mit Gleichung (42) oder (43) in Abhängigkeit von der Gebäudenutzfläche A_N berechnet werden.

$V = 4 \cdot A_N^{0{,}7}$ bei Kombination des Speichers mit einer Wärmepumpe (42)

$V = 10{,}5 \cdot A_N^{0{,}7}$ bei Kombination mit Biomassen-Wärmeerzeuger (43)

> Beispiel: Pufferspeicher mit Wärmepumpe
> Gebäude mit einen Volumen von $V_e = 600$ m³
> Gebäudenutzfläche: $A_N = 0{,}32 \cdot 600 = 192$ m²
> Bereitschafts-Wärmeverlust des Pufferspeichers:
> $q_{B,S} = 0{,}5 + 0{,}25 \cdot (4 \cdot 192^{0{,}7})^{0{,}4} = 2{,}40$ kWh/(m²a)

Werden die vereinfachten Annahmen nach Gleichungen 42 und 43 verwendet, so ergeben sich für den Fall einer Kombination des Speichers mit einer Wärmepumpe die in Tafel 3.137 aufgezeigten flächenbezogenen Wärmeverlustwerte.

Tafel 3.137: Flächenbezogener Wärmeverlust der Wärmespeicherung

Nutzfläche A_N in m²	Wärmeverlust $q_{H,s}$ kWh/(m²a)			
	Aufstellung innerhalb der thermischen Hülle		Aufstellung außerhalb der thermischen Hülle	
	55/45 °C	35/28 °C	55/45 °C	35/28 °C
100	0,3	0,1	2,6	1,4
150	0,2	0,1	1,9	1,0
200	0,2	0,1	1,5	0,8
300	0,1	0,0	1,1	0,6
500	0,1	0,0	0,7	0,4
750	0,1	0,0	0,5	0,3
1000	0,0	0,0	0,4	0,2
1500	0,0	0,0	0,3	0,2
2500	0,0	0,0	0,2	0,1
5000	0,0	0,0	0,2	0,1
10000	0,0	0,0	0,2	0,1

3.6 Hilfsenergiebedarf

Bei der Erzeugung, Übergabe, Verteilung und Speicherung der Heizwärme wird Hilfsenergie (Strom) zum Betrieb der Anlagenkomponenten verwendet. Dieser Energiebedarf ist bei der energetischen Bewertung der Heizungsanlage zu berücksichtigen.

Hilfsenergiebedarf Wärmeerzeugung (Kessel):

Der Hilfsenergiebedarf des Wärmeerzeugers (Kessels) ist abhängig von der elektrischen Leistungsaufnahme des Kessels, von der Dauer der Heizperiode und vom Belastungsgrad.

$$q_{H,g,HE} = \frac{\varphi_H}{0,3} \cdot \frac{t_{HP} \cdot 24 \cdot P_{HE}}{A_N} \qquad (44)$$

$q_{H,g,HE}$ flächenbezogener Hilfsenergiebedarf des Kessels, in kWh/(m²a)
P_{HE} elektrischen Leistungsaufnahme des Kessels, in kW
A_N Gebäude-Nutzfläche, in m²
φ_H Belastungsgrad des Kessels, in [-],
t_{HP} Länge der Heizperiode in d/a

Ist die elektrische Leistungsaufnahme des Kessels nicht bekannt, so kann diese unter Beachtung der Nennwärmeleistung des Kessels vereinfacht mit

$$P_{HE} = 0,015 \cdot \dot{Q}_n^{0,48} \qquad (45)$$

berechnet werden.

Bei Verwendung anderer Wärmeerzeuger siehe DIN V 4701-10, [Schoch-02] und [Schoch- 04]. Der Hilfsenergiebedarf, der sich unter Einbeziehung der Standardrandbedingungen ergibt, ist in Tafel 3.138a aufgeführt.

Tafel 3.138a: Hilfsenergiebedarf Wärmeerzeugung (für alle Kesselarten)

A_N in m²	100	150	200	300	500	750	1000	1500	2500	5000	10.000
$q_{g.;HE}$ kWh/(m²a)	0,79	0,66	0,58	0,48	0,38	0,31	0,27	0,23	0,18	0,13	0,09

Hilfsenergiebedarf Wärmeverteilung (Warmwasser-Rohrnetz):

Die Bestimmung des Hilfsenergiebedarfs der Heizungs-Umwälzpumpe in Warmwasser-Rohrnetzen erfolgt auf der Grundlage der Gleichung 46.

$$q_{H,d,HE} = \frac{P_{Pumpe} \cdot t_{HP} \cdot z}{f_p \cdot 1000 \cdot A_N} \tag{46}$$

$q_{H,d,HE}$ flächenbezogener Hilfsenergiebedarf der Pumpe, in kWh/(m²a)
P_{Pumpe} Nennleistungsaufnahme der Pumpe, in W – nach Auslegung
t_{HP} Dauer der Heizperiode, in d/a
z Laufzeit der Pumpe pro Tag, in h/d
f_p Korrekturfaktor für regelbare Pumpen, in [-]
A_N Nutzfläche des Gebäudes, in m²

Ist die Nennleistungsaufnahme nicht bekannt (fehlende Herstellerangaben), so kann sie nach den Gleichungen in Tafel 3.138b in Abhängigkeit von der Vor-/Rücklauftemperatur berechnet werden.

Tafel 3.138b: Elektrische Leistungsaufnahme P_{Pumpe} von Heizungs-Umwälzpumpen bei Verwendung von freien Heizflächen, in W

	Spreizung [K]	P_{Pumpe} [W]
90°/70°-Heizkreis	20	$41 + 0{,}046 \cdot A_N$
70°/55°-Heizkreis	15	$44 + 0{,}059 \cdot A_N$
55°/45°-Heizkreis	10	$45 + 0{,}085 \cdot A_N$

Werden integrierte Heizflächen verwendet (z. B. Fußboden- oder Wandheizungen), so ist für die in diesem Fall übliche Temperaturspreizung von 35 °C/28 °C (7 K) die elektrische Leistungsaufnahme nach Gleichung 47 zu berechnen.

$$P_{Pumpe} = 80 + 0{,}150 \cdot A_N \; [W] \tag{47}$$

Der flächenbezogene Hilfsenergiebedarf wird auch beeinflusst durch die Regelbarkeit der eingesetzten Pumpen. Werden ungeregelte Pumpen verwendet, so ist der Korrekturfaktor f_p immer mit 1 anzusetzen, bei geregelten Pumpen kann dieser nach Gleichung 48 berechnet werden:

$$f_p = \left(1{,}4 - \frac{20}{A_N}\right) \; \text{mit} \; f_p > 1 \tag{48}$$

Unter Verwendung der dargelegten Standardrandbedingungen ergeben sich die in Tafel 3.139 enthalten Bedarfswerte.

Energetische Bilanzierung von Heizungsanlagen

Tafel 3.139: Flächenbezogener Hilfsenergiebedarf $q_{d,HE}$ für 20, 15, 10 und 7 K Temperaturspreizung

Nutzfläche A_N	Geregelte Pumpen				Ungeregelte Pumpen			
	freie Heizflächen			integrierte Heizflächen	freie Heizflächen			integrierte Heizflächen
[m²]	20 K 90/70 °C	15 K 70/55 °C	10 K 55/45 °C	7 K 35/28 °C	20 K 90/70 °C	15 K 70/55 °C	10 K 55/45 °C	7 K 35/28°C
100	1,69	1,85	1,98	3,52	2,02	2,22	2,38	4,22
150	1,12	1,24	1,35	2,40	1,42	1,56	1,71	3,03
200	0,86	0,95	1,06	1,88	1,11	1,24	1,38	2,44
300	0,61	0,68	0,78	1,39	0,81	0,91	1,04	1,85
500	0,42	0,48	0,57	1,01	0,57	0,65	0,78	1,38
750	0,33	0,38	0,47	0,83	0,45	0,52	0,64	1,14
1.000	0,28	0,33	0,42	0,74	0,39	0,46	0,58	1,02
1.500	0,23	0,28	0,37	0,65	0,33	0,39	0,51	0,90
2.500	0,20	0,24	0,33	0,58	0,28	0,34	0,46	0,81
5.000	0,17	0,22	0,30	0,53	0,24	0,30	0,42	0,74
10.000	0,16	0,20	0,28	0,50	0,22	0,28	0,40	0,70

Hinweis: Ist der Hilfsenergiebedarf der Umwälzpumpe bereits in der Berechnung des Hilfsenergiebedarfs des Wärmeerzeugers enthalten (integrierte Umwälzpumpe), so kann $q_{d,HE}$ mit 0 kWh/m²a angenommen werden.

Hilfsenergiebedarf Wärmeübergabe

Wird bei der Wärmeübergabe an den Raum keine Hilfsenergie eingesetzt (Regelfall), so ist $q_{ce,HE}$ ist mit 0 kWh/m²a anzunehmen. Für Systeme mit Ventilatoren (z. B. Luftheizungen) kann der flächenbezogene Hilfsenergiebedarf mit 0,5 kWh/m²a angenommen werden. Bei anderen Systemen (z. B. Thermostatventil mit Stellmotoren) ist der Hilfsenergiebedarf gegebenenfalls abzuschätzen.

Hilfsenergiebedarf Wärmespeicherung (Pufferspeicher)

In manchen Systemen werden die Pufferspeicher mit separaten Umwälzpumpen versorgt. Für diesen Fall ist auch der Hilfsenergiebedarf dieser Umwälzpumpe zu berücksichtigen.

$$q_{H,S,HE} = \frac{P_{Pumpe} \cdot t_P}{1000 \cdot A_N} \tag{49}$$

$q_{H,S,HE}$ flächenbezogener Hilfsenergiebedarf der Pumpe, in kWh/(m²a)
P_{Pumpe} Nennleistungsaufnahme der Pumpe, in W
t_P Betriebsdauer der Umwälzpumpe, in h/a
A_N Nutzfläche des Gebäudes, in m²

Wird die Pumpe gleichzeitig mit dem Wärmeerzeuger benutzt, so ergibt sich eine Betriebsdauer von:

$$t_P = 0{,}33 \cdot 24 \cdot t_{HP} \quad (t_{HP} = \text{Länge der Heizperiode}) \tag{50}$$

Bei separatem Betrieb ist die Betriebsdauer mit 24 h/Heiztag anzunehmen. Die Anzahl der Heiztage ergibt sich aus 24 · Heizperiodendauer.

Die Pumpenleistung, sofern nicht bekannt, kann vereinfachend mit der Gleichung 51 ermittelt werden.

$$P_{\text{Pumpe}} = 40 + 0,03 \cdot A_N \tag{51}$$

P_{Pumpe} Nennleistungsaufnahme der Pumpe, in W
A_N Nutzfläche des Gebäudes, in m²

> Beispiel:
> Gebäude mit $A_N = 192$ m²
> Speicherpumpe, paralleler Betrieb mit Wärmeerzeuger (Kessel)
> $t_P = 0,33 \cdot 24 \cdot 185 = 1465$ h/a
> $P_{\text{Pumpe}} = 40 + 0,03 \cdot 192 = 46$ W
> $q_{H,s,HE} = \dfrac{46 \cdot 1465}{1000 \cdot 192} = 0,35$ kWh/m²a

Werden die Standardrandbedingungen nach DIN V 4701-10 verwendet, so ergeben sich die in der Tafel 3.140 zusammengestellten Bedarfswerte für die Hilfsenergie.

Tafel 3.140: Hilfsenergiebedarf Wärmespeicherung $q_{H,s,HE}$

A_N in m²	100	150	200	300	500	750	1000	1500	2500	5000	10.000
$q_{g,;HE}$ kWh/(m²a)	0,63	0,43	0,34	0,24	0,16	0,12	0,10	0,08	0,07	0,06	0,05

4 Energetische Bilanzierung der Trinkwassererwärmung

4.1 Methodik der Bilanzierung

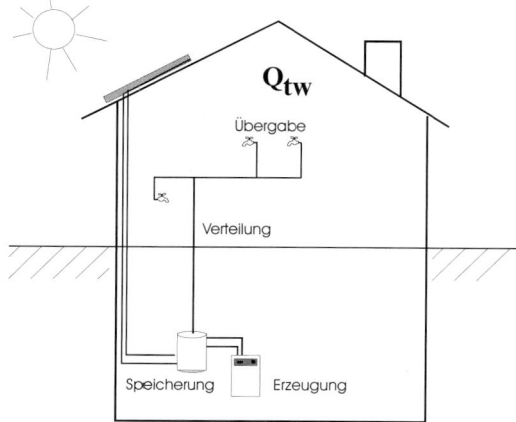

Abb. 3.140: Darstellung eines Trinkwarmwasser-Stranges nach DIN V 4701-10

Die Bilanzierung der Trinkwassererwärmung erfolgt auf der Grundlage des in Abb. 3.141 dargestellten Berechnungsschemas.

Hinweis: Trinkwarmwasser wird in den folgenden Abschnitten mit TWW abgekürzt.

Energetische Bilanzierung der Trinkwassererwärmung

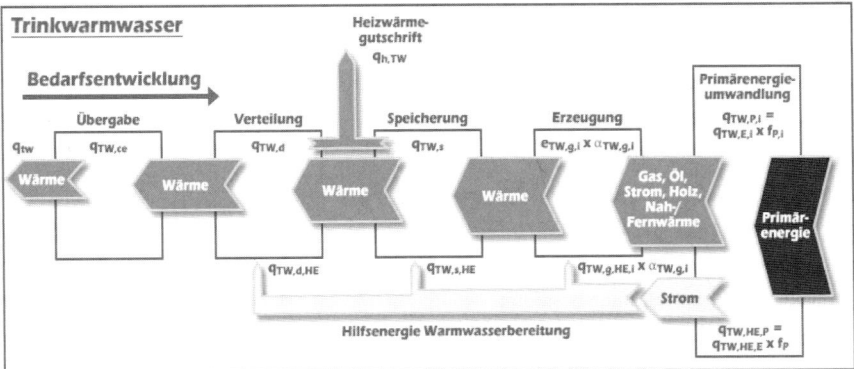

Abb. 3.141: Berechnungsmethodik der Trinkwassererwärmung

Der Gesamtaufwand zur Bereitstellung des Trinkwarmwassers für ein Gebäudes setzt sich zusammen aus dem:

- Aufwand für die Übergabe des Trinkwarmwassers,
- Aufwand für die Verteilung des Trinkwarmwassers (Leitungsnetz),
- Aufwand für die Speicherung des Trinkwarmwassers und dem
- Aufwand für die Erzeugung des Trinkwarmwassers.

Zusätzlich ist die benötigte Hilfsenergie (Strom) für alle Anlagenkomponenten zu berücksichtigen (z. B. Zirkulationspumpen).

Die Berechnung des Primärenergiebedarfs der Trinkwassererwärmung erfolgt nach Gleichung (51) und (52), hier nutzflächenbezogen dargestellt:

Wärmeenergie:

$$q_{TW,WE,P} = \left(q_{tw} + q_{TW,ce} + q_{TW,d} + q_{TW,s}\right) \cdot \sum_{i}\left(e_{TW,g,i} \cdot \alpha_{TW,g,i} \cdot f_{P,i}\right) \tag{51}$$

$q_{TW,WE,P}$ Wärme-Primärenergiebedarf
q_{tw} Trinkwasserwärmebedarf
$q_{TW,ce}$ Wärmeverlust Übergabe TWW
$q_{TW,d}$ Wärmeverlust der TWW-Verteilung
$q_{TW,s}$ Wärmeverlust der Speicherung des TWW
$e_{TW,g,i}$ Aufwand der TWW-Erzeugung (Kehrwert des Wirkungsgrades eines Kessels)
$\alpha_{TW,g,i}$ Deckungsanteil an der TWW-Erzeugung (max. 1 = 100 %)
$f_{P,i}$ Primärenergiefaktor der verwendeten Energie

Hinweis: Index „i" = bei mehreren TWW-Erzeugern/Heizsträngen sind diese jeweils getrennt zu bilanzieren.

Hilfsenergie:

$$q_{TW,HE,P} = \left(q_{TW,ce,HE} + q_{TW,d,HE} + q_{TW,s,HE} + \sum_{i} q_{TW,g,HE,i} \cdot \alpha_{TW,g,i}\right) \cdot f_{P} \tag{52}$$

$q_{TW,HE,P}$ Primär-Hilfsenergiebedarf
$q_{TW,ce,HE}$ Hilfsenergiebedarf für die TWW-Übergabe
$q_{TW,d,HE}$ Hilfsenergiebedarf der TWW-Verteilung
$q_{TW,s,HE}$ Hilfsenergiebedarf der TWW-Speicherung
$q_{TW,g,HE,i}$ Hilfsenergiebedarf der TWW-Erzeugung
$\alpha_{TW,g,i}$ Deckungsanteil des TWW-Erzeugers
$f_{P,i}$ Primärenergiefaktor (für Strom in der Regel = 2,6)

Multipliziert mit der Nutzfläche A_N ergibt sich dann der Jahres-Primärenergiebedarf in kWh für die Bereitstellung des Trinkwarmwassers:

$$Q_{H,P} = (q_{H,WE,P} + q_{H,HE,P}) \cdot A_N \tag{53}$$

mit A_N = Gebäudenutzfläche.

Bei Gebäuden mit mehreren Strängen zur Trinkwarmwasserversorgung und/oder mehreren Trinkwarmwasser-Erzeugern sind die Hinweise nach DIN V 4701-10 zu beachten.

4.2 Berechnung der Aufwandszahl der TWW-Erzeugung

Aufbauend auf dem Nennleistungs-Wirkungsgrad $\eta_{100\%}$, dem Bereitschaftsverlust $q_{B,70}$ und der Nenn-Wärmeleistung $\dot{Q}_n$ wird die Aufwandszahl $e_{TW,g}$ des Kessels unter Berücksichtigung der vorhandenen Kesselbelastung bestimmt.

$$e_{TW,g} = (1 + (1/\varphi_{TW} - 1) \cdot (1 - t_{HP}/t_{TW}) \cdot q_{B,\vartheta}) / \eta_{100\%} \tag{54}$$

$e_{TW,g}$ Aufwandszahl in [-]
$\eta_{100\%}$ Wirkungsgrad des Kessels bei Nennleistung in [-]
$q_{B,\vartheta}$ Bereitschaftsverluste des Kessels bei der mittleren Kesseltemperatur in [-]
φ_{TW} Belastungsgrad des Kessels in [-]
t_{TW} Bereitstellungsdauer für Trinkwarmwasser in d/a
t_{HP} Länge der Heizperiode in d/a

Wir ein Kessel ganzjährig ausschließlich zur TWW-Bereitstellung genutzt, so ist $t_{HP} = 0$.

Der Belastungsgrad des Kessels wird nach Gleichung (55) berechnet:

$$\varphi_{TW} = \frac{t_{100\%}}{t_{TW}} = \frac{(q_{tw} + q_{TW,ce} + q_{TW,d} + q_{TW,s}) \cdot A_N \cdot \alpha_{TW,g}}{(\dot{Q}_n \cdot t_{TW} \cdot 24)} = \frac{Q_{TW}^* \cdot \alpha_{TW,g}}{(\dot{Q}_n \cdot t_{TW} \cdot 24)} \tag{55}$$

φ_{TW} Belastungsgrad des Kessels, in [-]
$t_{100\%}$ Laufzeit des Kessels TW-Erwärmung bei Nenn-Wärmeleistung, in d/a
t_{TW} Bereitstellungsdauer für Trinkwarmwasser, in d/a
q_{tw} Trinkwarmwasserbedarf, in kWh/(m²a)
$q_{TW,ce}$ Wärmeverlust für die Trinkwarmwasser-Übergabe, in kWh/(m²a)
$q_{TW,d}$ Wärmeverlust für die Trinkwarmwasser-Verteilung, in kWh/(m²a)
$q_{TW,s}$ Wärmeverlust für die Trinkwarmwasser-Speicherung, in kWh/(m²a)
A_N Gebäude-Nutzfläche in m²
$\alpha_{TW,g}$ Deckungsanteil des Erzeugers in [-]
$\dot{Q}_n$ Nenn-Wärmeleistung des Kessels, in kW
Q_{TW}^* Wärmebedarf der Trinkwarmwasseranlage

Die Bereitschaftswärmeverluste des Kessels bei mittlerer Kesseltemperatur:

$$q_{B,\vartheta} = q_{B,70} \cdot (\vartheta_{K,m} - 20)/(70-20) \tag{56}$$

$q_{B,\vartheta}$ Bereitschaftsverluste des Kessels bei der mittleren Kesseltemperatur in [-]
$q_{B,70}$ Bereitschaftswärmeverlust des Kessels bei einer mittleren Kesseltemperatur von 70°C in [-]
$\vartheta_{K,m}$ mittlere Kesseltemperatur in °C

Mittlere Kesseltemperatur:

Konstanttemperaturkessel: $\vartheta_{K,m} = 70\ °C$ (57)

Kombikessel: $\vartheta_{K,m} = 35\ °C + 0{,}002 \cdot A_N$ (58)

Niedertemperatur- und
Brennwert-Heizkessel: $\vartheta_{K,m} = 35\ °C + 0{,}002 \cdot A_N$ (59)
(für $A_N > 10.000\ m^2$: $\vartheta_{K,m} = 55\ °C$)

Die Bereitschaftswärmeverluste bei einer mittleren Kesseltemperatur von 70 °C :

Konstanttemperaturkessel: $\qquad q_{B,70} = 0{,}12 \cdot (\dot{Q}_n / 0{,}42)^{-0{,}4}$ (60)

Niedertemperatur- und Brennwert-Heizkessel: $\qquad q_{B,70} = 0{,}06 \cdot (\dot{Q}_n / 0{,}42)^{-0{,}4}$ (61)

Werden Kombikessel (integrierte Trinkwassererwärmung) verwendet, so ist zwischen Kesseln mit Wärmetauscher K_{DL} (Tauschervolumen < 2 Liter) und Kesseln mit Kleinspeicher K_{Sp} (Speichervolumen 2 Liter bis 10 Liter) zu unterscheiden.

K_{DL}: $q_{B,70} = 0{,}012$ (62)
K_{Sp}: $q_{B,70} = 0{,}022$ (63)

Die Nennwärmeleistung kann vereinfachend nach Gleichung (64) berechnet werden:

$\dot{Q}_n = 0{,}42 \cdot A_N^{0{,}7}$ bzw. für Kombikessel $\dot{Q}_n = 24\ kW$ (64)

Nennleistungs-Wirkungsgrad $\eta_{100\%}$ in [-] in Abhängigkeit von der Kessel-Nennwärmeleistungen $\dot{Q}_n$ in [kW] bei einer Prüftemperatur von 70°C:

Konstanttemperaturkessel: $\eta_{100\%} = (85{,}0 + 2{,}0 \cdot \log(\dot{Q}_n))/100$ (65)

Niedertemperaturkessel: $\eta_{100\%} = (88{,}5 + 1{,}5 \cdot \log(\dot{Q}_n))/100$ (66)

Brennwertkessel: $\eta_{100\%} = (92{,}0 + 1{,}0 \cdot \log(\dot{Q}_n))/100$ (67)

Brennwertkessel verbessert: $\eta_{100\%} = (94{,}0 + 1{,}0 \cdot \log(\dot{Q}_n))/100$ (68)

Beispiel:
Gebäudenutzfläche: 192 m², Brennwertkessel
Nennwärmeleistung:
$\dot{Q}_n = 0{,}42 \cdot 192^{0{,}7} = 16{,}65\ kW$
Nennleistungs-Wirkungsgrad:
$\eta_{100\%} = (92{,}0 + 1{,}0 \cdot \log(16{,}65))/100 = 0{,}93\ [-]$

Werden bei der Berechnung der Aufwandszahl für die TW-Erwärmung die vereinfachten Annahmen berücksichtigt, so ergeben sich die in Tafel 3.144 enthaltenen Werte.

Hinweis: Der Belastungsgrad φ_{TW} des Kessels wurde mit einem Trinkwasserwärmebedarf von $Q^*_{TW} = 70{,}56 \cdot A_N^{0{,}7} + 2{,}12 \cdot A_N^{1{,}2}$ ermittelt. Ist der Trinkwasserwärmebedarf des Gebäudes bekannt, so sollte statt dieser Vereinfachung immer der tatsächliche Bedarfswert für die Ermittlung der Aufwandszahl herangezogen werden.

Tafel 3.144: Aufwandszahlen $e_{TW,g}$ der Trinkwassererwärmung für Heizkessel

A_N [m²]	Konstant-temperatur-Kessel (Öl und Gas)	Nieder-temperatur-kessel (NT)	Brenn-wertkessel	Gas-Brenn-wertkessel verbessert	Kombikessel NT DL/KSp	Kombikessel Brennwert DL/KSp
			$e_{TW,g}$ [-]			
100	1,82	1,21	1,17	1,15	1,27/1,41	1,23/1,36
150	1,71	1,19	1,15	1,13	1,22/1,32	1,19/1,28
200	1,64	1,18	1,14	1,12	1,20/1,27	1,16/1,24
300	1,56	1,17	1,13	1,11	1,17/1,22	1,14/1,19
500	1,46	1,15	1,12	1,10	1,15/1,18	1,11/1,15
750	1,40	1,14	1,11	1,09		
1.000	1,36	1,14	1,10	1,08		
1.500	1,31	1,13	1,10	1,07		
2.500	1,26	1,12	1,09	1,07		
5.000	1,21	1,11	1,08	1,06		
10.000	1,17	1,10	1,08	1,05		

Für andere Wärmeerzeuger (z. B. Wärmepumpen, elektrische Trinkwassererzeuger) können die Anlagenaufwandszahlen der DIN V 4701-10 oder [Schoch-04] entnommen werden.

4.3 Verluste der TWW-Verteilung

Die Berechnung der Wärmeabgabe eines Rohrabschnittes „i" mit oder ohne Zirkulationsleitung erfolgt nach Gleichung 69.

Wärmeabgabe des TW-Rohrleitungsnetzes:

$$Q_{TW,d,i} = \frac{1}{1000} \cdot U_i \cdot L_i \cdot \left(\vartheta_{TW,m} - \vartheta_{u,m} \right) \cdot t_{TW} \cdot z \quad (69)$$

$Q_{TW,d,i}$ Wärmeabgabe des Rohrabschnitts, in kWh/a
U_i längenspezifischer Wärmedurchgangskoeffizient, in W/mK
L_i Länge des Rohrabschnitts, in m
$\vartheta_{TW,m}$ mittlere Temperatur des Rohrabschnitts, in °C
$\vartheta_{u,m}$ mittlere Umgebungstemperatur, in °C
t_{TW} Bereitstellungsdauer für Trinkwarmwasser, in d/a
z Laufzeit der Zirkulationspumpe, in h/d

Flächenbezogene Wärmeabgabe:

$$q_{TW,d} = \frac{\Sigma Q_{TW,d,i}}{A_N} \quad (70)$$

$q_{TW,d}$ flächenbezogene Wärmeabgabe des Trinkwarmwassernetzes, in kWh/(m²a)
$Q_{TW,d,i}$ Wärmeabgabe des Rohrabschnitts, in kWh/a
A_N Nutzfläche des Gebäudes, in m²

Laufzeit der Zirkulationspumpe:

$$z = 10 + \frac{1}{0,07 + \frac{50}{A_N}} \tag{71}$$

z Laufzeit der Zirkulationspumpe, in h/d
A_N Nutzfläche des Gebäudes, in m²

Die Leitungslängen der Rohrleitungen können der jeweiligen Hausplanung entnommen werden. Liegt diese noch nicht vor, so sind nach DIN V 4701-10 vereinfachte Annahmen möglich.

Tafel 3.145: Vereinfachte Annahmen für das TW-Leitungsnetz nach DIN V 4701-10

Kenngröße	Zeichen	Einheit	Bereich V L_V	Bereich S L_S	Bereich SL L_{SL}
Wärmedurchgangskoeffizient	U	W/mK	0,2	0,2	0,2
Mittlere Umgebungstemperatur	$\vartheta_{u,m}$	°C	13 bzw. 20	20	20
Wärmeverlustfaktor	f_a	-	1 bzw. 0,15	0,15	0,15
Leitungslänge mit Zirkulation	L	m	$26 + 0,02 \cdot A_N$	$0,075 \cdot A_N$	---
Leitungslänge ohne Zirkulation	L	m	$13 + 0,01 \cdot A_N$	$0,038 \cdot A_N$	---
Stichleitungslänge nur bei Übergabe in angrenzenden Räumen mit gemeinsamer Installationswand	L	m	---	---	$4 \cdot \left(\frac{A_N}{80}\right)$
Stichleitungslänge im Standardfall	L	m	---	---	$6 \cdot \left(\frac{A_N}{80}\right)$

Mit

L_V Leitungslänge zwischen Wärmeerzeuger und vertikalen Steigleitungen. Diese (horizontalen) Leitungen können im unbeheizten Bereich (Keller, Dachgeschoss) oder innerhalb der thermischen Hülle (z. B. im Estrich) liegen.

L_S Strangleitungen (vertikal und ggf. auch horizontal). Diese Leitungen liegen in der thermischen Hülle.

L_{SL} Stichleitungen (Anbindeleitungen). Verbindung zwischen Strangleitung und Zapfstelle. Keine Zirkulation

Die Lage der Leitungen im Gebäude ist in Abb. 3.146 dargestellt.

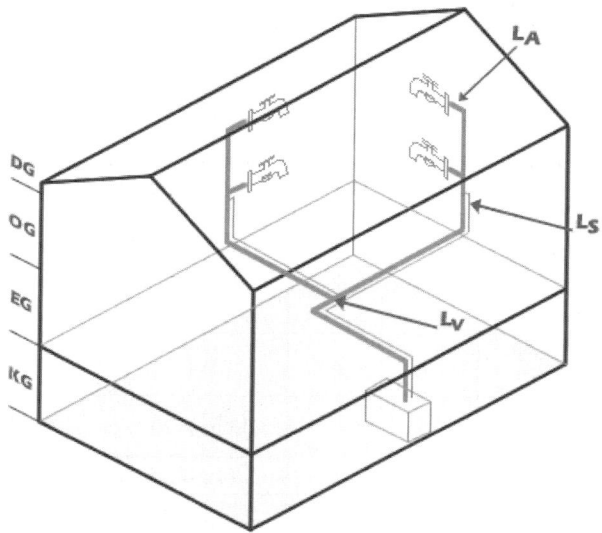

Abb. 3.146: Bezeichnung/Lage des Trinkwarmwasser-Leitungsnetzes

Der Wärmeverlust der Rohrleitungen darf als zusätzlicher Wärmeeintrag für das Gebäude behandelt werden. Dieser Gewinn ist bei der energetischen Bewertung der Heizungsanlage (siehe Abschnitt 3) als Verringerung des Heizwärmebedarfs q_h anzusetzen (Gutschrift).

$$Q_{h,TW,d,i} = \frac{t_{HP}}{t_{TW}} \cdot (1 - f_a) \cdot Q_{TW,d,i} \tag{72}$$

t_{HP} Dauer der Heizperiode, in d/a
t_{TW} Bereitstellungsdauer für Trinkwarmwasser, in d/a
f_a Wärmeverlustfaktor, in [-]
$Q_{TW,d}$ Wärmeabgabe der Rohrabschnitte, in kWh/a

Es ergeben sich die in Tafel 3.147 aufgeführten Verlust- und Gutschriftwerte. Der Gewinn für Anlagenkonfigurationen mit einer außerhalb der thermischen Hülle verlaufenden Verteilung ergibt sich daraus, dass sowohl die Strangleitungen als auch die Anbindeleitungen immer in der thermischen Hülle angeordnet werden.

Energetische Bilanzierung der Trinkwassererwärmung

Tafel 3.147: Flächenbezogener Wärmeverlust der Verteilung $q_{TW,d}$ für Trinkwarmwasser- und Zirkulationsleitungen [kWh/m²a]

A_N [m²]	flächenbezogener Wärmeverlust $q_{TW,d}$ in kWh/(m²a)							
	mit Zirkulation				ohne Zirkulation			
	Verteilung außerhalb der thermischer Hülle		Verteilung innerhalb der thermischen Hülle		Verteilung außerhalb der thermischen Hülle		Verteilung innerhalb der thermischen Hülle	
	Wärmeverlust	Heizwärmegutschrift	Wärmeverlust	Heizwärmegutschrift	Wärmeverlust	Heizwärmegutschrift	Wärmeverlust	Heizwärmegutschrift
	$q_{TW,d}$	$q_{h,TW,d}$	$q_{TW,d}$	$q_{h,TW,d}$	$q_{TW,d}$	$q_{h,TW,d}$	$q_{TW,d}$	$q_{h,TW,d}$
100	14,6	1,7	12,1	5,4	6,7	1,0	5,1	2,3
150	11,6	1,7	9,8	4,4	5,4	1,0	4,2	1,9
200	10,1	1,8	8,7	3,9	4,7	1,0	3,8	1,7
300	8,7	1,8	7,7	3,5	4,0	1,0	3,3	1,5
500	7,6	1,9	6,9	3,1	3,4	1,0	3,0	1,3
750	7,1	2,0	6,6	3,0				
1.000	6,9	2,1	6,5	2,9				
1.500	6,8	2,1	6,4	2,9				
2.500	6,6	2,2	6,3	2,8				
5.000	6,6	2,3	6,3	2,8				
10.000	6,6	2,3	6,3	2,8				

4.4 Verluste der Übergabe des Trinkwarmwassers

Im Rahmen des öffentlich-rechtlichen Nachweises sind hier keine zusätzlichen Verluste zu berücksichtigen, da diese im Trinkwasserwärmebedarf q_{tw} (12,5 kWh/m²a) als so genannte Auslaufverluste schon enthalten sind.

4.5 Verluste aus der Speicherung des Trinkwarmwassers

Die Speicherverluste werden in Abhängigkeit vom Aufstellungsort und vom Bereitschafts-Wärmeverlust berechnet.

Indirekt beheizter Trinkwasserspeicher:

$$q_{TW,s} = \frac{1,2 \cdot \frac{(50 - \vartheta_{u,m})}{45} \cdot t_{TW} \cdot q_{B,S}}{A_N} \quad (73)$$

$q_{TW,s}$ flächenbezogener Bereitschafts-Wärmeverlust in kWh/(m²a)
$\vartheta_{u,m}$ mittlere Umgebungstemperatur, in °C
t_{TW} Bereitstellungsdauer für Trinkwarmwasser, in d/a
$q_{B,S}$ Bereitschafts-Wärmeverlust, in kWh/d
A_N Gebäude-Nutzfläche, in m²

Wird der Speicher innerhalb der thermischen Hülle aufgestellt, so kann ein Teil der abgegebenen Wärme zur Reduzierung des Heizwärmebedarfs q_h herangezogen werden.

Wärmegutschrift:

$$q_{h,TW,S} = \frac{t_{HP}}{t_{TW}} \cdot (1 - f_a) \cdot q_{TW,S} \tag{74}$$

$q_{h,TW,S}$ flächenbezogene, zurückgewonnene Wärme in kWh/(m²a)
t_{HP} Dauer der Heizperiode, in d/a
t_{TW} Bereitstellungsdauer für Trinkwarmwasser, in d/a
$q_{TW,S,}$ flächenbezogener Bereitschafts-Wärmeverlust des Speichers, in kWh/(m²a)
f_a Korrekturfaktor

Liegen keine Angaben zu den gerätespezifischen Bereitschaftswärmeverlusten vor, so können diese vereinfacht nach Gleichung 75 berechnet werden:

$$q_{B,S} = 0{,}4 + 0{,}2 \cdot V^{0,4} \tag{75}$$

$q_{B,S}$ Bereitschafts-Wärmeverlust, in kWh/d
V Speicher-Nenninhalt, in l

Ist der zu erwartende Speichernenninhalt nicht größer als 1000 Liter, so kann er vereinfachend mit $V = 6 \cdot A_N^{0,7}$ abgeschätzt werden.

Beispiel:
Indirekt beheizter Speicher, Aufstellung innerhalb der thermischen Hülle:
Gebäudenutzfläche = 192 m²
Bereitschaftswärmeverlust des Speichers:
$q_{B,S} = 0{,}4 + 0{,}2 \cdot (6 \cdot A_N^{0,7})^{0,4} = 2{,}18$ kWh/d
Flächenbezogener Bereitschafts-Wärmeverlust:

$$q_{TW,S} = \frac{1{,}2 \cdot \frac{(50-20)}{45} \cdot 350 \cdot 2{,}18}{192} = 3{,}18 \, kWh/m²a$$

mit
t_{TW} 350 d/a
$\vartheta_{u,m}$ mittlere Umgebungstemperatur = 20 °C
Zurückgewonnene Wärme (Wärmegutschrift):

$$q_{h,TW,s} = \frac{185}{350} \cdot (1 - 0{,}15) \cdot 3{,}18 = 1{,}42 \, kWh/m²a$$

mit
t_{HP} 185 d/a
t_{TW} 350 d/a
f_a Korrekturfaktor = 0,15

Energetische Bilanzierung der Trinkwassererwärmung

Bei Anwendung der Standardrandbedingungen ergeben sich bei Aufstellung des Speichers in der thermischen Hülle für den indirekt beheizten Trinkwasserspeicher die in Tafel 3.149a aufgeführten Verlust-/Gutschriftwerte. Steht der Speicher außerhalb der thermischen Hülle (z. B. im unbeheizten Keller), so können die Werte der Tafel 3.149b entnommen werden. Wird der Speicher außerhalb der thermischen Hülle aufgestellt, so können die Speicherverluste nicht zur Senkung des Heizwärmebedarfs des Gebäudes beitragen, daher ist für diesen Fall $q_{h,TW,S}$ gleich null.

Tafel 3.149a: Flächenbezogener Wärmeverlust/Wärmegewinn der TWW-Speicherung für indirekt beheizte Speicher (innerhalb der thermischen Hülle)

A_N in m²	100	150	200	300	500	750	1000	1500	2500	5000	10.000
$q_{TW,S}$ [kWh/m²a]	5,3	3,9	3,1	2,3	1,5	1,1	0,9	0,8	0,7	0,5	0,4
$q_{h,TW,S}$ [kWh/m²a]	2,4	1,7	1,4	1,0	0,7	0,5	0,4	0,4	0,3	0,2	0,2

Tafel 3.149b: Flächenbezogener Wärmeverlust/Wärmegewinn der TWW-Speicherung für indirekt beheizte Speicher (außerhalb der thermischen Hülle)

A_N in m²	100	150	200	300	500	750	1000	1500	2500	5000	10.000
$q_{TW,S}$ [kWh/m²a]	6,5	4,8	3,8	2,8	1,9	1,4	1,1	1,0	0,9	0,7	0,5
$q_{h,TW,S}$ [kWh/m²a]	0	0	0	0	0	0	0	0	0	0	0

Gasbeheizter Trinkwarmwasserspeicher:
Flächenbezogener Bereitschafts-Wärmeverlust:

$$q_{TW,S} = \frac{\frac{(55 - \vartheta_{u,m})}{45} \cdot t_{TW} \cdot q_{B,S}}{A_N} \tag{76}$$

Die Berechnung der Speichergewinne erfolgt wie bei indirekt beheizten Speichern.
Liegen keine Angaben zu den gerätespezifischen Bereitschaftswärmeverlusten vor, so können diese vereinfacht nach Gleichung 77 berechnet werden:

$$q_{B,S} = 2,0 + 0,033 \cdot V^{1,1} \tag{77}$$

$q_{B,S}$ Bereitschafts-Wärmeverlust, in kWh/d
V Speicher-Nenninhalt, in l

Ist der zu erwartende Speicher-Nenninhalt nicht größer als 500 Liter, so kann er vereinfachend mit $V = 4 \cdot A_N^{0,7}$ abgeschätzt werden.

Die Werte, die sich bei Verwendung der Standard-Randbedingungen für in der thermischen Hülle aufgestellte Speicher ergeben, sind in Tafel 3.150a enthalten. Bei Aufstellung außerhalb der thermischen Hülle ist Tafel 3.150b zu verwenden. Wird der Speicher außerhalb der thermischen Hülle aufgestellt, so können die Speicherverluste nicht zu Senkung des Heizwärmebedarfs des Gebäudes beitragen, daher ist für diesen Fall $q_{h,TW,S}$ gleich null.

Tafel 3.150a: Flächenbezogener Wärmeverlust/Wärmegewinn der TWW-Speicherung für gasbeheizte Trinkwarmwasserspeicher (innerhalb der thermischen Hülle)

A_N in m²	100	150	200	300	500	750	1000	1500	2500	5000	10.000
$q_{TW,S}$ [kWh/(m²a)]	17,8	15	13,4	11,6	9,9	8,8	8,5	7,2	6,1	5,0	4,1
$qh_{,TW,S}$ [kWh/m²a]	8,0	6,7	6,0	5,2	4,4	3,9	3,8	3,2	2,8	2,3	1,8

Tafel 3.150b: Flächenbezogener Wärmeverlust/Wärmegewinn der TWW-Speicherung für gasbeheizte Trinkwarmwasserspeicher (außerhalb der thermischen Hülle)

A_N in m²	100	150	200	300	500	750	1000	1500	2500	5000	10.000
$q_{TW,S}$ [kWh/(m²a)]	21,3	18	16,1	14	11,9	10,5	10,2	8,6	7,3	6,0	4,9
$qh_{,TW,S}$ [kWh/m²a]	0	0	0	0	0	0	0	0	0	0	0

4.6 Hilfsenergiebedarf

Bei der Erzeugung, der Übergabe und Verteilung des Trinkwarmwassers wird Hilfsenergie (Strom) zum Betrieb der Geräte/Pumpen benötigt. Dieser Energiebedarf ist bei der energetischen Bewertung der Trinkwasserversorgung zu berücksichtigen.

Hilfsenergiebedarf der Trinkwarmwassererzeugung:

$$q_{TW,g,HE} = \frac{t_{100\%} \cdot 24 \cdot P_{HE}}{A_N} = \frac{\varphi_{TW} \cdot t_{TW} \cdot 24 \cdot P_{HE}}{A_N} \tag{78}$$

$q_{TW,g,HE}$ flächenbezogener Hilfsenergiebedarf des Kessels in kWh/(m²a)
$t_{100\%}$ Laufzeit des Kessels bei Nennwärmeleistung in d/a
P_{HE} elektrischen Leistungsaufnahme des Kessels in kW
A_N Gebäude-Nutzfläche in m²
φ_{TW} Belastungsgrad des Kessels in [-]
t_{TW} Bereitstellungsdauer für Trinkwarmwasser in d/a

Liegen keine Herstellerangaben zur elektrischen Leistungsaufnahme des Kessels vor, so kann diese vereinfachend unter Berücksichtigung der Nennwärmeleistung des Kessels mit Gleichung 66 berechnet werden.

$$P_{HE} = 0{,}045 \cdot \dot{Q}_n^{0,48} \tag{79}$$

$\dot{Q}_n$ wird nach Gleichung 64 ermittelt oder den Herstellerangaben zu entnehmen.

Werden die Vereinfachungen nach Gleichung 64 und 79 verwendet, so ergeben sich die in der Tafel 3.150c dargestellten flächenbezogenen Bedarfswerte.

Tafel 3.150c: Hilfsenergiebedarf TWW-Erzeugung (andere Kessel/Kombikessel)

A_N in m²	100	150	200	300	500	750	1000	1000	2500	5000	10000
$q_{g;HE}$ [kWh/m²a]	0,2 / 0,3	0,19 / 0,24	0,18 / 0,21	0,17 / 0,17	0,17 / 0,13	0,11	0,10	0,084	0,069	0,054	0,044

Hinweis: Werte für Kombikessel aufgrund der von DIN V 4701-10 gesetzten Randbedingungen nur bis 500 m² Gebäudenutzfläche (übliche Einsatzgrenze).

Hilfsenergiebedarf der Trinkwarmwasserverteilung:
Der Hilfsenergiebedarf der Trinkwasserverteilung wird bestimmt durch die elektrische Leistungsaufnahme der eingesetzten Zirkulationspumpe und der Laufzeit der Zirkulationspumpe.

$$q_{TW,d,HE} = \frac{P_{Pumpe} \cdot t_{TW} \cdot z}{1000 \cdot A_N} \tag{80}$$

$q_{TW,d,HE}$ flächenbezogener Hilfsenergiebedarf der Pumpe, in kWh/(m²a)
P_{Pumpe} mittlere Leistungsaufnahme der Pumpe, in W
t_{TW} Bereitstellungsdauer für Trinkwarmwasser, in d/a
z Laufzeit der Pumpe pro Tag, in h/d
A_N Nutzfläche des Gebäudes, in m²

Mittlere Leistungsaufnahme der Zirkulationspumpe (vereinfachte Annahme):

$$P_{Pumpe} = 27 + 0{,}008 \cdot A_N \tag{81}$$

Beispiel:
Gebäudenutzfläche: 192 m²
Laufzeit der Zirkulationspumpe: Mittlere Leistungsaufnahme der Pumpe:

$$z = 10 + \frac{1}{0{,}07 + \frac{50}{192}} = 13 \text{ h/d} \qquad P_{Pumpe} = 27 + 0{,}008 \cdot 192 = 28{,}54 \text{ W}$$

Hilfsenergiebedarf:

$$q_{TW,d,HE} = \frac{28{,}54 \cdot 350 \cdot 13}{1000 \cdot 192} = 0{,}67 \text{ kWh/m}^2\text{a}$$

Werden die vereinfachten Annahmen nach DIN V 4701-10 verwendet, so ergeben sich daraus die in Tafel 3.151 enthaltenen Werte des flächenbezogenen Hilfsenergiebedarfs.

Tafel 3.151: Hilfsenergiebedarf TWW-Verteilung

A_N in m²	100	150	200	300	500	750	1000	1000	2500	5000	10000
$q_{TW,d,HE}$ kWh/m²a	1,14	0,82	0,66	0,49	0,34	0,27	0,22	0,18	0,14	0,11	0,09

Wird die Trinkwasserversorgung ohne Zirkulationsleitung betrieben, so wird $q_{TW,d,HE}$ gleich null.

Hilfsenergiebedarf der Trinkwarmwasserübergabe:
Der flächenbezogene Hilfsenergiebedarf wird nach DIN V 4701-10 zu null gesetzt, da das Verfahren nur den Aufwand bis zur Zapfstelle (Wasserhahn) berücksichtigt und die darüber hinaus vorhandenen Bedarfswerte dem Nutzen (Trinkwasserwärmebedarf) zugeordnet werden.

Hilfsenergiebedarf der Trinkwarmwasserspeicherung:

Hilfsenergie (Strom) wird zur Beladung der Speicher benötigt, wenn nicht die im Wärmeerzeuger (Kessel) vorhandene Umwälzpumpe diese Aufgabe übernimmt. Für den letztgenannten Fall ist der Bedarf bereits in Gleichung 78 enthalten und braucht daher nicht noch einmal berücksichtigt zu werden.

$$q_{TW,s,HE} = \frac{P_{Pumpe} \cdot t_P}{1000 \cdot A_N} \tag{82}$$

$q_{TW,s,HE}$ flächenbezogener Hilfsenergiebedarf der Pumpe, in kWh/(m²a)
P_{Pumpe} Nennleistungsaufnahme der Pumpe, in W – nach Auslegung oder Gl. 72
t_P Betriebsdauer der Speicherladepumpe, in h/a
A_N Nutzfläche des Gebäudes, in m²

Die Betriebszeit der Speicherladepumpe:

$$t_p = \frac{(q_{tw} + q_{TW,ce} + q_{TW,d} + q_{TW,s}) \cdot A_N}{Q_n} \cdot \alpha_{TW,g} \tag{83}$$

t_P Betriebszeit der Speicherladepumpe, in h/a
q_{tw} Trinkwasser-Wärmebedarf in kWh/(m²a)
$q_{TW,ce}$ Wärmeverluste für die Trinkwarmwasser-Übergabe nach in kWh/(m²a)
$q_{TW,d}$ Wärmeverluste für die Trinkwarmwasser-Verteilung
$q_{TW,s}$ Wärmeverluste für die Trinkwarmwasser-Speicherung
A_N Gebäude-Nutzfläche in m²
Q_n Nenn-Wärmeleistung des Wärmeerzeugers in kW nach Gl. 64
$\alpha_{TW,g,}$ Deckungsanteil des Wärmerzeugers

Sind die einzelnen Bedarfswerte aus Gleichung 70 noch unbekannt (Vorplanung), so kann die Betriebzeit nach Gleichung 84 abgeschätzt werden mit:

$$t_p = 170 + 5 \cdot A_N^{0,5} \tag{84}$$

Gleiches gilt für die Nennleistungsaufnahme der Pumpe, die vereinfacht nach Gleichung 85 zu ermitteln ist:

$$P_{Pumpe} = 44 + 0,059 \cdot A_N \tag{85}$$

> Beispiel:
> Gebäudenutzfläche: 192 m²
> Nennleistungsaufnahme der Pumpe: Betriebszeit der Pumpe:
> $P_{Pumpe} = 44 + 0,059 \cdot 192 = 55,33\,W$ $\qquad t_P = 170 + 5 \cdot 192^{0,5} = 239\,h/a$
> Flächenbezogener Hilfsenergienbedarf:
> $q_{TW,s,HE} = \dfrac{55,33 \cdot 239}{1000 \cdot 192} = 0,069\,kWh/m^2a$

Für gasbeheizte Trinkwasserspeicher ist gemäß DIN V 4701-10 kein Hilfsenergiebedarf zu berücksichtigen.

Hinweis zur Verwendung der DIN V 18599:

Wird der Primärenergiebedarf auf der Grundlage der DIN V 18599 ermittelt, so sind die dort für Wohngebäude beschriebenen Randbedingungen zu verwenden. Insbesondere bei den pauschalen Ansätzen für den Trinkwarmwasserbedarf und der internen Wärmegewinne ergeben sich zum Teil deutliche Abweichungen zur DIN V 4701-10. Aus diesem Grunde ist im Verordnungstext ein Mischungsverbot für die einzelnen Verfahren enthalten. Im Endergebnis kann der Primärenergiebedarf nach DIN V 4704-10 von den Ergebnissen nach DIN V 18599 deutlich voneinander abweichen.

5 Anforderungen an neu zu errichtende Nichtwohngebäude

Die Anforderungen, die sich aus der EnEV 2009 für Nichtwohngebäude ergeben, sind in Tafel 3.153 dargestellt.

Tafel 3.153: Anforderungen an Nichtwohngebäude gemäß § 3 der EnEV 2009

Nr.	Beschreibung	Anmerkung
1	Zu errichtende Nichtwohngebäude sind so auszuführen, dass der Jahres-Primärenergiebedarf für Heizung, Warmwasserbereitung, Lüftung, Kühlung und eingebaute Beleuchtung den Wert des Jahres-Primärenergiebedarfs eines Referenzgebäudes gleicher Geometrie, Nettogrundfläche, Ausrichtung und Nutzung einschließlich der Anordnung der Nutzungseinheiten mit der Tafel 3.155 angegebenen technischen Referenzausführung nicht überschreitet.	Bilanzierung inkl. Beleuchtung bei Nichtwohngebäuden. $Q_{Pvorh} \leq Q_{Pref}$
2	Zu errichtende Nichtwohngebäude sind so auszuführen, dass die Höchstwerte der mittleren Wärmedurchgangskoeffizienten der wärmeübertragenden Umfassungsfläche nach Tafel 3.158 nicht überschritten werden.	$U_{vorh} \leq U_{max}$
3	Für das zu errichtende Nichtwohngebäude und das Referenzgebäude ist der Jahres-Primärenergiebedarf nach dem Mehrzonen- oder Ein-Zonen-Verfahren zu berechnen. Das zu errichtende Nichtwohngebäude und das Referenzgebäude sind mit demselben Verfahren zu berechnen.	Grundsatz: Berechnung hat nach DIN V 18599 zu erfolgen, Vereinfachungen (Ein-Zonen-Modell) sind unter bestimmten Voraussetzungen möglich.
4	Zu errichtende Nichtwohngebäude sind so auszuführen, dass die Anforderungen an den sommerlichen Wärmeschutz (siehe Abschnitt 7A) eingehalten werden.	$S_{vorh} \leq S_{zul}$ Nachweis über den zul. Sonneneintragskennwert, Anwendung von Simulationsverfahren ist zulässig.
5	Bei zu errichtenden Nichtwohngebäuden sind Bauteile, die gegen die Außenluft, das Erdreich oder Gebäudeteile mit wesentlich niedrigeren Innentemperaturen abgrenzen, so auszuführen, dass die Anforderungen des Mindestwärmeschutzes nach den anerkannten Regeln der Technik eingehalten werden. Ist bei zu errichtenden Gebäuden die Nachbarbebauung bei aneinandergereihter Bebauung nicht gesichert, müssen die Gebäudetrennwände den Mindestwärmeschutz einhalten.	Nachweis der Einhaltung des Mindestwärmeschutzes nach DIN 4108-2 (siehe Abschnitt 7A), Einhaltung des Mindestwärmeschutzes ist unabhängig vom mittleren U-Wert.

Nr.	Beschreibung	Anmerkung
6	Der verbleibende Einfluss von Wärmebrücken bei der Ermittlung des Jahres-Primärenergiebedarfs ist nach Maßgabe des jeweils angewendeten Berechnungsverfahrens zu berücksichtigen. Soweit dabei Gleichwertigkeitsnachweise zu führen wären, ist dies für solche Wärmebrücken nicht erforderlich, bei denen die angrenzenden Bauteile kleinere Wärmedurchgangskoeffizienten aufweisen, als in den Musterlösungen der DIN 4108 Beiblatt 2 : 2006-03 zugrunde gelegt sind.	ΔU_{WB} gemäß DIN V 18599-2 Achtung: Der Einfluss der Wärmebrückenverluste auf den Transmissionswärmeverlust ist **immer** nach DIN V 4108-6 zu ermitteln.
7	Zu errichtende Nichtwohngebäude sind so auszuführen, dass die wärmeübertragende Umfassungsfläche einschließlich der Fugen dauerhaft luftundurchlässig entsprechend den anerkannten Regeln der Technik abgedichtet ist. Die Fugendurchlässigkeit außen liegender Fenster, Fenstertüren und Dachflächenfenster muss den Anforderungen nach Tafel 3.112b genügen. Wird die Dichtheit überprüft, kann der Nachweis der Luftdichtheit bei der Berechnung des Jahres-Primärenergiebedarfs berücksichtigt werden, wenn die Anforderungen nach Tafel 3.112b eingehalten werden.	Außenliegende Fenster, Fenstertüren und Dachflächenfenster müssen den Klassen nach Tafel 3.112b entsprechen.
8	Zu errichtende Gebäude sind so auszuführen, dass der zum Zwecke der Gesundheit und Beheizung erforderliche Mindestluftwechsel sichergestellt ist.	Hinweise auf einzuhaltenden Mindestluftwechsel siehe DIN V 18599 und DIN 1946.

Für das in der EnEV 2009 zugrunde gelegte Referenzgebäude sind für die wärmeübertragenden Umfassungsflächen folgende U-Werte festgelegt.

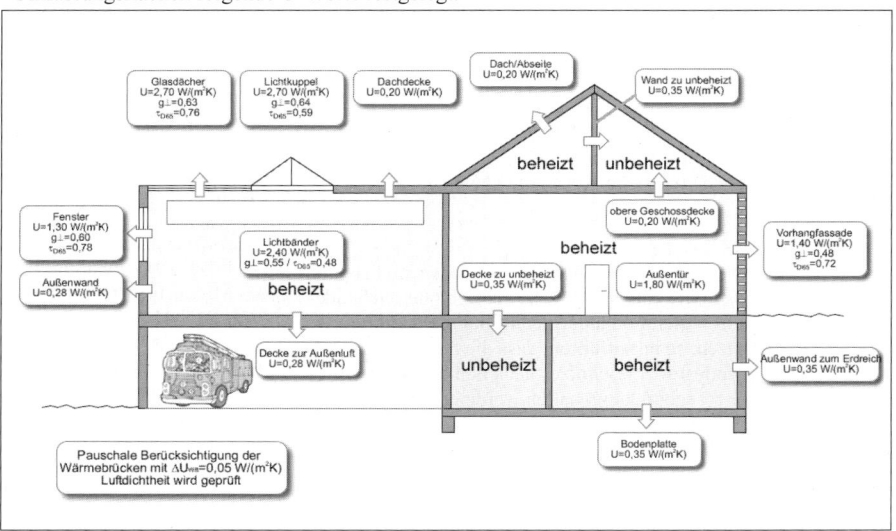

Abb. 3.154: U-Werte der wärmeübertragenden Umfassungsfläche für das Referenzgebäude (≥19 °C)

Anforderungen an neu zu errichtende Nichtwohngebäude

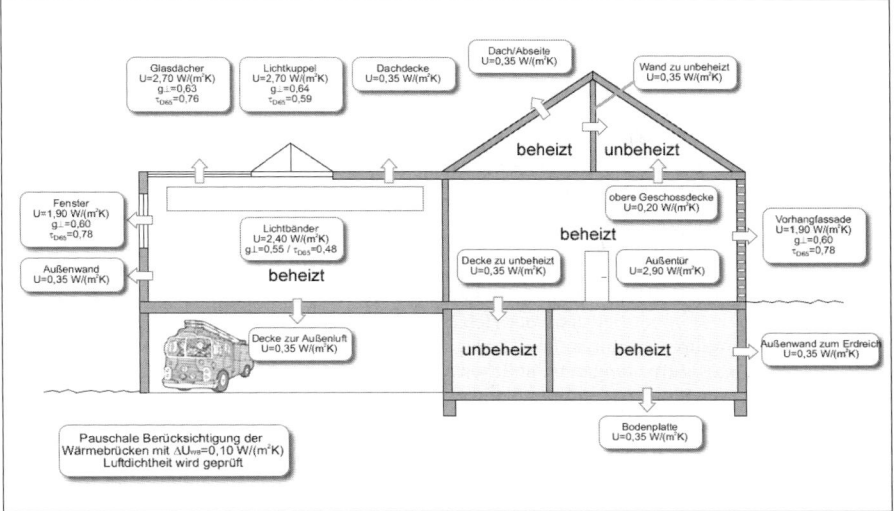

Abb. 3.155: U-Werte der wärmeübertragenden Umfassungsfläche für das Referenzgebäude ($\geq 12°C$ und $< 19°C$)

Hinweis: Diese U-Werte dienen zur Ermittlung des zulässigen Jahres-Primärenergiebedarfs, sie stellen keine Anforderungswerte im Sinne eines Maximalwertes dar.

Tafel 3.155: Ausführung des Referenzgebäudes

Zeile	Bauteil / System Eigenschaft		Referenzausführung / Wert
1	Gebäudedichtheit	Bemessungswert n_{50}	Kategorie I (nach Tabelle 4 der DIN V 18599-2 : 2007-02)
1.1	Tageslichtversorgung bei Sonnen- und/oder Blendschutz	Tageslichtversorgungsfaktor $C_{TL,Vers,SA}$ nach DIN V 185994 : 2007-02	• kein Sonnen- oder Blendschutz vorhanden: 0,70 • Blendschutz vorhanden: 0,15
1.2	Sonnenschutzvorrichtung		Für das Referenzgebäude ist die tatsächliche Sonnenschutzvorrichtung des zu errichtenden Gebäudes anzunehmen; sie ergibt sich ggf. aus den Anforderungen zum sommerlichen Wärmeschutz nach Nr. 4. Soweit hierfür Sonnenschutzverglasung zum Einsatz kommt, sind für diese Verglasung folgende Kennwerte anzusetzen: • anstelle der Werte der Zeile 1.2 - Gesamtenergiedurchlassgrad der Verglasung $g_\perp 0,35$ - Lichttransmissionsgrad der Verglasung $\tau_{D65} 0,58$ • anstelle der Werte der Zeilen 1.8 und 1.9: - Gesamtenergiedurchlassgrad der Verglasung $g_\perp 0,35$ - Lichttransmissionsgrad der Verglasung $\tau_{D65} 0,62$
2.1	Beleuchtungsart		- in Zonen der Nutzungen 6 und 7 nach DIN V 18599-10 wie beim ausgeführten Gebäude - ansonsten: direkt/indirekt jeweils mit elektronischem Vorschaltgerät und stabförmiger Leuchtstofflampe

Zeile	Bauteil / System Eigenschaft	Referenzausführung / Wert
2.2	Regelung der Beleuchtung	Präsenzkontrolle: - in Zonen der Nutzungen 4, 15 bis 19, 21 und 31 mit Präsenzmelder - ansonsten manuell tageslichtabhängige Kontrolle: manuell Konstantlichtregelung - in Zonen der Nutzungen 1 bis 3, 8 bis 10, 28, 29 und 31: mit Präsenzmelder - ansonsten keine
3.1	Heizung - Wärmeerzeuger (Raumhöhe ≤ 4m)	Brennwertkessel „verbessert" nach DIN V 18599-5 : 2007-02, Gebläsebrenner, Heizöl EL, Aufstellung außerhalb der thermischen Hülle, Wasserinhalt > 0,15 l/kW
3.2	Heizung - Wärmeverteilung (Raumhöhe ≤ 4m)	-bei statischer Heizung und Umluftheizung (dezentrale Nachheizung in RLT-Anlage): Zweirohrnetz, außen liegende Verteilleitungen im unbeheizten Bereich, innen liegende Steigstränge, innen liegende Anbindeleitungen, Systemtemperatur 55/45 °C, hydraulisch abgeglichen, Δp konstant, Pumpe auf Bedarf ausgelegt, Pumpe mit intermittierendem Betrieb, keine Überströmventile, für den Referenzfall sind die Rohrleitungslänge mit 70 vom Hundert der Standardwerte und die Umgebungstemperaturen gemäß den Standardwerten nach DIN V 18599-5 : 2007-02 zu ermitteln. -bei zentralem RLT-Gerät: Zweirohrnetz, Systemtemperatur 70/55 °C, hydraulisch abgeglichen, Δp konstant, Pumpe auf Bedarf ausgelegt, für den Referenzfall sind die Rohrleitungslänge und die Lage der Rohrleitungen wie beim zu errichtenden Gebäude anzunehmen.
3.3	Heizung - Wärmeübergabe (Raumhöhe ≤ 4m)	- bei statischer Heizung und Raumhöhen ≤ 4 m: freie Heizflächen an der Außenwand mit Glasfläche mit Strahlungsschutz, P-Regler (1K), keine Hilfsenergie. - bei Umluftheizung (dezentrale Nachheizung in RLT-Anlage): Regelgröße Raumtemperatur, hohe Regelgüte.
3.4	Heizung - Wärmeübergabe (Raumhöhe > 4m)	- Heizsystem: Warmluftheizung mit normalen Induktionsverhältnis, Luftauslass seitlich, P-Regler (1K) nach DIN V 18599-5:2007-02
4.1	Warmwasser - zentrales System	Wärmeerzeuger: Solaranlage nach DIN V 18599-8 : 2007-02 Nr. 6.4.1, mit - Flachkollektor: $A_c = 0,09 \cdot (1,5 \cdot A_{NGF})_{0,8}$ - Volumen des (untenliegenden) Solarteils des Speichers: - $V_{s,sol} = 2 \cdot (1,5 \cdot A_{NGF})_{0,9}$ -bei A_{NGF} > 500 m² „große Solaranlage" (A_{NGF}: Nettogrundfläche der mit zentralem System versorgten Zonen) Restbedarf über den Wärmeerzeuger der Heizung Wärmespeicherung: indirekt beheizter Speicher (stehend), Aufstellung außerhalb der thermischen Hülle, Wärmeverteilung: mit Zirkulation, Δp konstant, Pumpe auf Bedarf ausgelegt, für den Referenzfall sind die Rohrleitungslänge und die Lage der Rohrleitungen wie beim zu errichtenden Gebäude anzunehmen.
4.2	Warmwasser - dezentrales System	elektrischer Durchlauferhitzer, eine Zapfstelle und 6 m Leitungslänge pro Gerät

Anforderungen an neu zu errichtende Nichtwohngebäude

Zeile	Bauteil / System Eigenschaft	Referenzausführung / Wert
5.1	Raumlufttechnik - Abluftanlage	spezifische Leistungsaufnahme Ventilator P_{SFP} = 1,0 kW/(m³/s)
5.2	Raumlufttechnik - Zu- und Abluftanlage ohne Nachheiz- und Kühlfunktion	spezifische Leistungsaufnahme - Zuluftventilator P_{SFP} = 1,5 kW/(m³/s) - Abluftventilator P_{SFP} = 1,0 kW/(m³/s) Zuschläge nach DIN EN 13779 : 2007-04 (Abschnitt 6.5.2) können nur für den Fall von HEPA-Filtern, Gasfiltern oder Wärmerückführungsklassen H2 oder H1 angerechnet werden. - Wärmerückgewinnung über Plattenwärmeübertrager (Kreuzgenstrom), Rückwärmzahl η= 0,6 Druckverhältniszahl f_P = 0,4 Luftkanalführung: innerhalb des Gebäudes
5.3	Raumlufttechnik - Zu- und Abluftanlage mit geregelter Luftkonditionier-ung	spezifische Leistungsaufnahme - Zuluftventilator P_{SFP} = 1,5 kW/(m³/s) -Abluftventilator P_{SFP} = 1,0 kW/(m³/s) Zuschläge nach DIN EN 13779 : 2007-04 (Abschnitt 6.5.2) können nur für den Fall von HEPA-Filtern, Gasfiltern oder Wärmerückführungsklassen H2 oder H1 angerechnet werden - Wärmerückgewinnung über Plattenwärmeübertrager (Kreuzgenstrom), Rückwärmzahl η= 0,6, Zulufttemperatur: 18 °C Druckverhältniszahl f_P = 0,4 Luftkanalführung: innerhalb des Gebäudes
5.4	Raumlufttechnik - Luftbefeuchtung	für den Referenzfall ist die Einrichtung zur Luftbefeuchtung wie beim zu errichtenden Gebäude anzunehmen
5.5	Raumlufttechnik - Nur-Luft-Klimaanlagen	als Variabel-Volumenstrom-System ausgeführt: Druckverhältniszahl f_P = 0,4 Luftkanalführung: innerhalb des Gebäudes
6	Raumkühlung	Kältesystem: Kaltwasser Fan-Coil, Brüstungsgerät Kaltwassertemperatur 14/18 °C; - Kaltwasserkreis Raumkühlung:Überströmung 10%; spezifische elektrische Leistung der Verteilung $P_{d,spez}$ = 30 $W_{el}/kW_{Kälte}$ hydraulisch abgeglichen, geregelte Pumpe, Pumpe hydraulisch entkoppelt, saisonale sowie Nacht- und Wochenendabschaltung
7	Kälteerzeugung	Erzeuger: Kolben/Scrollverdichter mehrstufig schaltbar, R134a, luftgekühlt, Kaltwassertemperatur -bei mehr als 5000 m² mittels Raumkühlung konditionierter Nettogrundfläche, für diesen Konditionierungsanteil 14/18 °C - ansonsten 6/12 °C Kaltwasserkreis Erzeuger inklusive RLT-Kühlung: Überströmung; 30 % spezifische elektrische Leistung der Verteilung $P_{d,spez}$ = 20 $W_{el}/kW_{Kälte}$ hydraulisch abgeglichen, ungeregelte Pumpe, Pumpe hydraulisch entkoppelt, saisonale sowie Nacht-und Wochenendabschaltung, Verteilung außerhalb der konditionierten Zone. Der Primärenergiebedarf für das Kühlsystem und die Kühlfunktion der raumlufttechnischen Anlage darf für Zonen der Nutzungsarten 1 bis 3, 8, 10, 16 bis 20 und 31 nur zu 50 % angerechnet werden.

Tafel 3.158: Höchstwerte der Wärmedurchgangskoeffizienten der wärmeübertragenden Umfassungsfläche von Nichtwohngebäuden

Zeile	Bauteil	Höchstwerte der Wärmedurchgangskoeffizienten, bezogen auf den Mittelwert der jeweiligen Bauteile	
		Zonen mit Raum-Solltemperaturen im Heizfall > 19 °C	Zonen mit Raum-Solltemperaturen im Heizfall von 12 bis < 19 °C
1	Opake Außenbauteile, soweit nicht in Bauteilen der Zeilen 3 und 4 enthalten	$\bar{U} = 0{,}35$ W/(m²·K)	$\bar{U} = 0{,}50$ W/(m²·K)
2	Transparente Außenbauteile, soweit nicht in Bauteilen der Zeilen 3 und 4 enthalten	$\bar{U} = 1{,}90$ W/(m²·K)	$\bar{U} = 2{,}80$ W/(m²·K)
3	Vorhangfassade	$\bar{U} = 1{,}90$ W/(m²·K)	$\bar{U} = 3{,}00$ W/(m²·K)
4	Glasdächer, Lichtbänder, Lichtkuppeln	$\bar{U} = 3{,}10$ W/(m²·K)	$\bar{U} = 3{,}10$ W/(m²·K)

Hinweis: Bei der Berechnung des Mittelwerts des jeweiligen Bauteils sind die Bauteile nach Maßgabe ihres Flächenanteils zu berücksichtigen; die Wärmedurchgangskoeffizienten von Bauteilen gegen unbeheizte Räume oder Erdreich sind zusätzlich mit dem Faktor 0,5 zu gewichten. Bei der Berechnung des Mittelwertes der an das Erdreich grenzenden Bodenplatte dürfen die Flächen unberücksichtigt bleiben, die mehr als 5 m vom äußeren Rand des Gebäudes entfernt sind. Die Berechnung ist für Zonen mit unterschiedlichen Raum-Solltemperaturen im Heizfall getrennt durchzuführen.

Beispiel: Lagerhalle mit Innentemperaturen $\geq 12°C$ und $< 19°C$

U-Wert der Außenwand (1. opakes Bauteil):	0,55 W/(m²K)
Fläche der Außenwand:	695 m²
U-Wert Außentüren (2. opakes Bauteil):	2,90 W/(m²K)
Fläche der Außentüren:	50 m²
U-Wert Bodenplatte (3. opakes Bauteil):	0,60 W/(m²K)
Fläche der Bodenplatte:	1500 m²
U-Wert Dach (4. opakes Bauteil):	0,30 W(m²K)
Fläche des Daches:	1500 m²

Berechnung des mittleren U-Wertes:

$$\bar{U} = \frac{0{,}55 \cdot 695 + 2{,}90 \cdot 50 + 0{,}60 \cdot 1500 \cdot 0{,}5 + 0{,}3 \cdot 1500}{3745} = 0{,}38 < 0{,}50 \text{ W}/(m^2 K)$$

Die in Tafel 3.113 bis 3.115 dargestellten sonstigen Anforderungen gelten auch für Nichtwohngebäude.

6 Berechnungsverfahren nach EnEV 2009 für Nichtwohngebäude

In diesem Abschnitt wird die öffentlich- rechtliche Nachweisführung für Nichtwohngebäude nach DIN V 18599 erläutert. Weitere Erläuterungen siehe [Schoch-09].

6.1 Berechnung des Jahres-Primärenergiebedarfs

Für die im vorangegangen Abschnitt dargestellten Anforderungen ist in der EnEV das zu wählende Bilanzverfahren vorgegeben. Im Kern geht es um den Nachweis, dass der für das zu errichtende Gebäude berechnete Jahres-Primärenergiebedarf nicht höher ist als der Bedarfswert für das Referenzgebäude. Der Bedarfswert ist auf die Nettogrundfläche des Gebäudes zu beziehen und setzt sich wie folgt zusammen:

$$Q_p = Q_{p,h} + Q_{p,c} + Q_{p,m} + Q_{p,w} + Q_{p,l} + Q_{p,aux} \text{ in kWh/(m}^2\text{a)} \tag{86}$$

Dabei bedeuten:

Q_p der Jahres-Primärenergiebedarf, in kWh/(m²a)

$Q_{p,h}$ der Jahres-Primärenergiebedarf für das Heizungssystem und die Heizfunktion der raumlufttechnischen Anlage, in kWh/(m²a)

$Q_{p,c}$ der Jahres-Primärenergiebedarf für das Kühlsystem und die Kühlfunktion der raumlufttechnischen Anlage, in kWh/(m²a)

$Q_{p,m}$ der Jahres-Primärenergiebedarf für die Dampfversorgung, in kWh/(m²a)

$Q_{p,w}$ der Jahres-Primärenergiebedarf für Warmwasser, in kWh/(m²a)

$Q_{p,l}$ der Jahres-Primärenergiebedarf für Beleuchtung, in kWh/(m²a)

$Q_{p,aux}$ der Jahres-Primärenergiebedarf für Hilfsenergien für das Heizungssystem und die Heizfunktion der raumlufttechnischen Anlage, das Kühlsystem und die Kühlfunktion der raumlufttechnischen Anlage, die Befeuchtung, die Warmwasserbereitung, die Beleuchtung und den Lufttransport, in kWh/(m²a).

Die einzelnen Primärenergieanteile sind gemäß EnEV unter folgenden Voraussetzungen zu berücksichtigen:

a)   Der Primärenergiebedarf für das Heizungssystem und die Heizfunktion der raumlufttechnischen Anlage ist zu bilanzieren, wenn die Raum-Solltemperatur des Gebäudes oder einer Gebäudezone für den Heizfall mindestens 12 °C beträgt und eine durchschnittliche Nutzungsdauer für die Gebäudebeheizung auf Raum-Solltemperatur von mindestens vier Monaten pro Jahr vorgesehen ist.

b)   Der Primärenergiebedarf für das Kühlsystem und die Kühlfunktion der raumlufttechnischen Anlage ist zu bilanzieren, wenn für das Gebäude oder eine Gebäudezone für den Kühlfall der Einsatz von Kühltechnik und eine durchschnittliche Nutzungsdauer für Gebäudekühlung auf Raum-Solltemperatur von mehr als zwei Monaten pro Jahr und mehr als zwei Stunden pro Tag vorgesehen sind.

c)   Der Primärenergiebedarf für die Dampfversorgung ist zu bilanzieren, wenn für das Gebäude oder eine Gebäudezone eine solche Versorgung wegen des Einsatzes einer raumlufttechnischen Anlage nach Buchstabe b) für durchschnittlich mehr als zwei Monate pro Jahr und mehr als zwei Stunden pro Tag vorgesehen ist.

d)   Der Primärenergiebedarf für Warmwasser ist zu bilanzieren, wenn ein Nutzenergiebedarf für Warmwasser in Ansatz zu bringen ist und der durchschnittliche tägliche Nutzenergiebedarf für Warmwasser wenigstens 0,2 kWh pro Person und Tag oder 0,2 kWh pro Beschäftigtem und Tag beträgt.

e) Der Primärenergiebedarf für Beleuchtung ist zu bilanzieren, wenn in einem Gebäude oder einer Gebäudezone eine Beleuchtungsstärke von mindestens 75 lx erforderlich ist und eine durchschnittliche Nutzungsdauer von mehr als zwei Monaten pro Jahr und mehr als zwei Stunden pro Tag vorgesehen ist.

f) Der Primärenergiebedarf für Hilfsenergien ist zu bilanzieren, wenn er beim Heizungssystem und der Heizfunktion der raumlufttechnischen Anlage, beim Kühlsystem und der Kühlfunktion der raumlufttechnischen Anlage, bei der Dampfversorgung, bei der Warmwasseranlage und der Beleuchtung auftritt. Der Anteil des Primärenergiebedarfs für Hilfsenergien für Lüftung ist zu bilanzieren, wenn eine durchschnittliche Nutzungsdauer der Lüftungsanlage von mehr als zwei Monaten pro Jahr und mehr als zwei Stunden pro Tag vorgesehen ist.

Die Bilanzierung hat für den öffentlich-rechtlichen Nachweis mit folgenden Randbedingungen zu erfolgen:

Tafel 3.160: Randbedingungen für die Berechnung des Jahres-Primärenergiebedarfs

Zeile	Kenngröße	Randbedingungen
1	Verschattungsfaktor F_S	$F_S = 0{,}9$ soweit die baulichen Bedingungen nicht detailliert berücksichtigt werden.
2	Verbauungsindex I_V	$I_V = 0{,}9$ Eine genaue Ermittlung nach DIN V 18599-4 : 2007-02 ist zulässig.
3	Heizunterbrechung	- Heizsysteme in Raumhöhen ≤ 4 m: Absenkbetrieb mit Dauer gemäß den Nutzungsrandbedingungen in Tabelle 4 der DIN V 18599-10:2007-02 - Heizsysteme in Raumhöhen > 4m: Abschaltbetrieb mit Dauer gemäß den Nutzungsrandbedingungen in Tabelle 4 der DIN V 18599-10:2007-02
4	Solare Wärmegewinne über opake Bauteile	Emissionsgrad der Außenfläche für Wärmestrahlung: $\varepsilon = 0{,}8$ - Strahlungsabsorptionsgrad an opaken Oberflächen: $\alpha = 0{,}5$; für dunkle Dächer kann abweichend $\alpha = 0{,}8$ angenommen werden.
5	Wartungsfaktor der Beleuchtung	Der Wartungsfaktor ist wie folgt anzusetzen: In Zonen der Nutzungen 14, 15 und 22 mit 0,6, ansonsten mit 0,8. Dementsprechend ist der Energiebedarf für einen Berechnungsbereich im Tabellenverfahren nach DIN V 18599-4 : 2007-02, Nr. 5.4.1 Gleichung (10) mit dem folgenden Faktor zu multiplizieren: - für die Nutzungsarten 14,15 und 22 [1]) mit 1,12 - ansonsten mit 0,84.
6	Berücksichtigung von Konstantlichtregelung	Bei Einsatz einer Konstantlichtregelung ist der Energiebedarf für einen Berechnungsbereich nach DIN V 18599-4 : 2007-02, Nr. 5.1 Gleichung (2) mit dem folgenden Faktor zu multiplizieren: - für die Nutzungsarten 14,15 und 22[1]) mit 0,8 - ansonsten mit 0,9.

Um den Primärenergiebedarf eines Gebäudes zu ermitteln, sind zunächst die einzelnen Endenergieanteile je Energieträger zu ermitteln.

$$Q_{f,j} = Q_{h,f,j} + Q_{h^*,f,j} + Q_{c,f,j} + Q_{c^*,f,j} + Q_{m^*,f,j} + Q_{rv,f,j} + Q_{w,f,j} + Q_{l,f,j} + Q_{f,j,aux} \pm Q_{f,j,x} \tag{87}$$

$Q_{f,j}$	die Endenergie eines Energieträgers j
$Q_{h,f,j}$	die Endenergie für das Heizsystem, versorgt über den Energieträger j
$Q_{h^*,f,j}$	die Endenergie für die RLT-Heizfunktion, versorgt über den Energieträger j
$Q_{c,f,j}$	die Endenergie für das Kühlsystem, versorgt über den Energieträger j
$Q_{c^*,f,j}$	die Endenergie für die RLT-Kühlfunktion, versorgt über den Energieträger j
$Q_{m^*,f,j}$	die Endenergie für die Befeuchtung, versorgt über den Energieträger j
$Q_{w,f,j}$	die Endenergie für Trinkwarmwasser, versorgt über den Energieträger j
$Q_{rv,f,j}$	die Endenergie für Wohnungslüftung, versorgt über den Energieträger j
$Q_{l,f,j}$	die Endenergie für Beleuchtung, versorgt über den Energieträger j
$Q_{f,j,aux}$	die Endenergie für Hilfsenergien, versorgt über den Energieträger j
$Q_{f,j,x}$	die Endenergie für andere Prozesse, die als Aufwand angesetzt wird (+) oder im Gebäude erzeugt wird und abgezogen wird (–), je nach Energieträger, im Rahmen der Bilanzierung ist $Q_{f,j,x} = 0$

Die Endenergien der einzelnen Systeme (z. B. Heizung, Lüftung, Trinkwarmwasser) werden, wie aus der Nachweisführung der DIN V 4701-10 bekannt, durch Aufsummierung von Teilverlusten ermittelt, die z. B. bei der Bereitstellung der für das Gebäude erforderlichen Nutzwärme bei der Erzeugung, Speicherung, Verteilung und Übergabe entsteht.

Die Endenergie für das Heizsystem (erster Summand in Gleichung 87) ergibt sich damit folgende Berechnungsformel:

$$Q_{h,f} = Q_{h,outg} + Q_{h,g} - Q_{h,reg} \tag{88}$$

$Q_{h,f}$	die Endenergie für den Heizwärmeerzeuger
$Q_{h,outg}$	die Erzeugernutzwärmeabgabe an das Heizsystem
$Q_{h,g}$	die Verluste der Erzeugung für das Heizsystem
$Q_{h,reg}$	die eingesetzte regenerative Energie

Die Erzeugernutzwärmeabgabe ergibt sich aus der Summe des Nutzwärmebedarfs (früher als Heizwärmebedarf bezeichnet) und den Verlustwerten der Anlagenkomponenten:

$$Q_{h,outg} = Q_{h,b,i} + Q_{h,ce} + Q_{h,d} + Q_{h,s} \tag{89}$$

$Q_{h,outg}$	die Erzeugernutzwärmeabgabe an das Heizsystem
$Q_{h,b,i}$	Nutzwärmebedarf
$Q_{h,ce}$	Verluste der Übergabe für das Heizsystem
$Q_{h,d}$	Verluste der Verteilung für das Heizsystem
$Q_{h,s}$	Verluste der Speicherung für das Heizsystem

Der Nutzwärmebedarf ergibt sich aus im Gebäude/in der Zone vorhandenen Wärmesenken, korrigiert mit den verfügbaren Wärmegewinnen.

$$Q_{h,b} = Q_{sink} - \eta \cdot Q_{source} \tag{90}$$

Q_{sink}	die Summe aller Wärmesenken in der Gebäudezone (eng: heat sinks)
Q_{source}	die Summe aller Wärmequellen in der Gebäudezone (eng: heat sources)
η	der Ausnutzungsgrad der Wärmequellen

Wird die Endenergie nach Gleichung 87 mit dem für den Energieträger typischen Aufwandsfaktor (Primärenergiefaktor) multipliziert, so erhält man den Primärenergiebedarf nach Gleichung 86. Als Primärenergiefaktoren sind die in der Tafel 3.162a enthaltenen nicht erneuerbaren Anteile zu verwenden.

Tafel 3.162a: Primärenergiefaktoren

Energieträger		Primärenergiefaktoren f_p	
		insgesamt	nicht erneuerbarer Anteil
		A	B
Brennstoffe	Heizöl EL	1,1	1,1
	Erdgas H	1,1	1,1
	Flüssiggas	1,1	1,1
	Steinkohle	1,1	1,1
	Braunkohle	1,2	1,2
	Holz	1,2	0,2
Nah-/Fernwärme aus KWK[b]	fossiler Brennstoff	0,7	0,7
	erneuerbarer Brennstoff	0,7	0,0
Nah-/Fernwärme aus Heizwerken	fossiler Brennstoff	1,3	1,3
	erneuerbarer Brennstoff	1,3	0,1
Strom	Strom-Mix	3,0	2,6
Umweltenergie	Solarenergie, Umgebungswärme	1,0	0,0

a Bezugsgröße Endenergie: Heizwert H_i
b Angaben sind typisch für durchschnittliche Nah-/Fernwärme mit einem Anteil der KWK von 70 %.

Da die Endenergiebewertungen gemäß Gleichung 87 sich auf den Brennwert eines Energieträgers beziehen, ist die Endenergie noch auf den Heizwert umzurechnen. Dazu werden die Primärfaktoren nach Tafel 3.162a mit den Korrekturwerten nach Tafel 3.162b abgemindert.

Tafel 3.162b: Umrechnungsfaktoren je Energieträger

Energieträger		Verhältnis Brennwert/Heizwert H_s/H_i (Umrechnungsfaktor für die Endenergie) $f_{HS/HI}$
Brennstoffe	Heizöl	1,06
	Erdgas	1,11
	Flüssiggas	1,09
	Steinkohle	1,04
	Braunkohle	1,07
	Holz	1,08
Nah-/Fernwärme aus KWK	fossiler Brennstoff	1,00
	erneuerbarer Brennstoff	1,00
Nah-/Fernwärme aus Heizwerken	fossiler Brennstoff	1,00
	erneuerbarer Brennstoff	1,00
Strom	Strom-Mix	1,00

Der Primärenergiebedarf je Energieträger wird somit zu:

$$Q_P = \Sigma_j \left(Q_{f,j} \cdot \frac{f_{p,j}}{f_{\frac{HS}{HI},j}} \right) \tag{91}$$

Q_p die heizwertbezogene Primärenergie
$Q_{f,j}$ die Endenergie je nach Energieträger j
f_p der Primärenergiefaktor (siehe Tafel 3.162a)
$f_{HS/HI}$ der Umrechnungsfaktor für die Endenergie (siehe Tafel 3.162b)

Um Nichtwohngebäude bilanzieren zu können, sind die in DIN 18599-1 enthaltenen Begriffe und Definitionen auf das jeweilige Gebäude anzuwenden. Tafel 3.163 enthält die wichtigsten Begriffe und deren Definitionen.

Tafel 3. 163: Begriffe und deren Erläuterungen nach DIN V 18599-1

Begriff	Erläuterung
Bruttovolumen, externes Volumen	Ist das anhand von Außenmaßen ermittelte Volumen eines Gebäudes oder einer Gebäudezone. Dieses Volumen schließt mindestens alle Räume des Gebäudes oder der Zone ein, die direkt oder indirekt durch Raumverbund bestimmungsgemäß konditioniert werden.
Nettoraumvolumen, Luftvolumen	Ist das Volumen einer konditionierten Zone bzw. eines gesamten Gebäudes, das dem Luftaustausch unterliegt. Das Nettoraumvolumen bestimmt sich anhand der inneren Abmessungen und schließt so das Volumen der Gebäudekonstruktion aus. Es wird aus der Nettogrundfläche durch Multiplikation mit der lichten Raumhöhe ermittelt. Die lichte Geschosshöhe ist die Höhendifferenz zwischen der Oberkante des Fußbodens bis zur Unterkante der Geschossdecke bzw. einer abgehängten Decke. Vereinfacht kann es aus dem Bruttovolumen (externes Volumen) mit $V = 0.8 \cdot V_e$ bestimmt werden.
Raumsolltemperatur	Wird die je nach dem Nutzungsprofil (DIN V 18599-10) vorgegebene Temperatur im Innern eines Gebäudes bzw. einer Zone bezeichnet. In der Regel sind unterschiedliche Werte für den Heiz- und den Kühlbetrieb vorgesehen (Divergenz bei den Behaglichkeitskriterien).
Bilanzinnentemperatur	Ist die mittlere Innentemperatur eines Gebäudes bzw. einer Zone unter Berücksichtigung des räumlich oder zeitlich eingeschränkten Heizbetriebes und im Falle der Kühlbedarfsermittlung unter Berücksichtigung von zugelassenen Temperaturschwankungen. Diese Temperaturen werden im Zuge der Ermittlung des Heizwärme- und Kühlbedarfs als tatsächlich vorhanden zugrunde gelegt.
Bilanzzeitraum	Zeitraum für die Bilanzierung der relevanten Energieströme für ein Gebäude. Zur Berechnung des End- und Primärenergiebedarfs ist der Bilanzzeitraum ein Jahr, bei der Berechnung von Teilenergiekennwerten kann er einen Monat oder einen Tag umfassen.
Primärenergiebedarf	Ist die berechnete Energiemenge, die zusätzlich zum Energieinhalt des notwendigen Brennstoffs und der Hilfsenergien für die Anlagentechnik auch die Energiemengen einbezieht, die durch vorgelagerte Prozessketten außerhalb des Gebäudes bei der Gewinnung, Umwandlung und Verteilung der jeweils eingesetzten Brennstoffe entstehen.

Endenergiebedarf	Ist die berechnete Energiemenge, die die Anlagentechnik (z. B. Heizungsanlage, raumlufttechnische Anlage, Warmwasserbereitungsanlage, Beleuchtungsanlage) benötigt, um die festgelegte Rauminnentemperatur, die Erwärmung des Warmwassers und die gewünschte Beleuchtungsqualität über das ganze Jahr sicherzustellen. Diese Energiemenge bezieht die für den Betrieb der Anlagentechnik benötigte Hilfsenergie ein. Die Endenergie wird an der „Schnittstelle" Gebäudehülle übergeben und stellt somit die Energiemenge dar, die der Verbraucher für eine bestimmungsgemäße Nutzung unter normativen Randbedingungen benötigt. Der Endenergiebedarf wird vor diesem Hintergrund nach verwendeten Energieträgern angegeben.
Nutzenergiebedarf	Oberbegriff für Nutzwärmebedarf, Nutzkältebedarf, Nutzenergiebedarf für Trinkwarmwasser, Beleuchtung, Befeuchtung.
Nutzwärmebedarf	Ist der rechnerisch ermittelte Wärmebedarf, der zur Aufrechterhaltung der festgelegten thermischen Raumkonditionen innerhalb einer Gebäudezone während der Heizzeit benötigt wird.
Nutzkältebedarf	Ist der rechnerisch ermittelte Kühlbedarf, der zur Aufrechterhaltung der festgelegten thermischen Raumkonditionen innerhalb einer Gebäudezone benötigt wird in Zeiten, in denen die Wärmequellen eine höhere Energiemenge anbieten als benötigt wird.
Nutzenergiebedarf für die Beleuchtung	Ist der rechnerisch ermittelte Energiebedarf, der sich ergibt, wenn die Gebäudezone mit der im Nutzungsprofil festgelegten Beleuchtungsqualität beleuchtet wird.
Nutzenergiebedarf für Trinkwarmwasser	Ist der rechnerisch ermittelte Energiebedarf, der sich ergibt, wenn die Gebäudezone mit der im Nutzungsprofil nach DIN V 18599-10 festgelegte Menge an Trinkwarmwasser versorgt wird.

6.2 Zonierung von Gebäuden

Werden in Gebäuden einzelne Bereiche unterschiedlich genutzt oder unterscheiden sich Bereiche gleicher Nutzung z. B. in der verwendeten Anlagetechnik voneinander, so werden diese Bereiche als Zonen definiert. Die Zonierung eines Gebäudes kann mit folgenden Schritten vorgenommen werden:

Schritt 1: Bildung von Bereichen gleicher Nutzung

Die Räume werden zu einer Zone zusammengefasst, wenn sie einem gleichen Nutzungsprofil zugeordnet werden können. Dazu sollten alle Räume eines Gebäudes zunächst in eine Tabelle eingetragen werden, danach erfolgt eine vorerst grobe Zuordnung der Nutzungsprofile nach DIN V 18599. Ein Beispiel eines Nutzungsprofils zeigt Tafel 3.165. Kann der tatsächlichen Nutzung kein Nutzungsprofil zugeordnet werden, so stehen zwei Möglichkeiten zur Auswahl:

1. Es kann die Nutzung „sonstige Aufenthaltsräume" verwendet werden.
2. Es wird eine Nutzung auf der Grundlage der DIN V 18599-10: 2007-02 unter Anwendung gesicherten allgemeinen Wissensstandes individuell bestimmt und verwendet.

In Fällen nach 2. sind die gewählten Angaben zu begründen und dem Nachweis beizufügen. Es besteht im öffentlich-rechtlichen Nachweis demnach kein Zwang, eigene Nutzungsprofile aufzustellen. Auch sieht die EnEV nicht vor, wie mancherorts behauptet, die vorgegebenen Nutzungsprofile anzupassen oder gänzlich eigene Nutzungsprofile für z. B. die Büronutzung aufzustellen.

Bei der Zonierung eines Gebäudes sind folgende Vereinfachungen im öffentlich-rechtlichen Nachweis möglich:

1. Bis zu einem Anteil von 3 % der Gesamtfläche eines Gebäudes dürfen Grundflächen anderen Zonen zugeschlagen werden, sofern sich die inneren Lasten dieser Zonen nicht wesentlich unterscheiden.
2. Die Nutzungen Nr. 1 und 2 nach Tabelle 4 der DIN V 18599-10: 2007-02 dürfen zur Nutzung Nr. 1 zusammengefasst werden.

Tafel 3.165: Beispiel für ein Nutzungsprofil nach DIN V 18599-10

Gruppenbüro (zwei bis sechs Arbeitsplätze)			Nr. 2	
Nutzungszeiten			von	bis
tägliche Nutzungszeit	Uhr		7:00	18:00
jährliche Nutzungstage $d_{nutz,a}$	d/a		250	
jährliche Nutzungsstunden zur Tagzeit t_{Tag}	h/a		2543	
jährliche Nutzungsstunden zur Nachtzeit t_{Nacht}	h/a		207	
tägliche Betriebszeit RLT und Kühlung	Uhr		5:00	18:00
jährliche Betriebstage für jeweils RLT, Kühlung und Heizung $d_{op,a}$	d/a		250	
tägliche Betriebszeit Heizung	Uhr		5:00	18:00
Raumkonditionen (sofern Konditionierung vorgesehen)				
Raum-Solltemperatur Heizung $\vartheta_{i,h,soll}$	°C		21	
Raum-Solltemperatur Kühlung $\vartheta_{i,c,soll}$	°C		24	
Minimaltemperatur Auslegung Heizung $\vartheta_{i,h,min}$	°C		20	
Maximaltemperatur Auslegung Kühlung $\vartheta_{i,c,max}$	°C		26	
Temperaturabsenkung reduzierter Betrieb $\Delta\vartheta_{i,NA}$	K		4	
Feuchteanforderung	–		mit Toleranz	
Mindestaußenluftvolumenstrom $\dot{V}_A$				
personenbezogen	m³ je Stunde und Person		40	
flächenbezogen	m³/(h · m²)		4	
mech. Außenluftvolumenstrom bzw. Luftwechsel (Praxis)			von	bis
Luftwechsel (allgemein)	h⁻¹		2	3
Luftwechsel (volle Kühlfunktion über Zuluft)	h⁻¹		4	8
Beleuchtung				
Wartungswert der Beleuchtungsstärke $\bar{E}_m$	lx		500	
Höhe der Nutzebene h_{Ne}	m		0,84	
Minderungsfaktor k_A	–		0,92	
relative Abwesenheit C_A	–		0,3	
Raumindex k	–		1,25	
Minderungsfaktor Gebäudebetriebszeit $F_{t,n}$	–		0,7	
Personenbelegung				
maximale Belegungsdichte		gering	mittel	hoch
	m² je Person	18	14	10
Interne Wärmequellen				
	Vollnutzungs-stunden (h/d)	max. spezifische Leistung (W/m²)		
		tief	mittel	hoch
Personen (70 W je Person)	6	4	5	7
Arbeitshilfen [a]	6	3	7	15
Wärmezufuhr je Tag ($q_{I,p} + q_{I,fac}$)	Wh/(m² · d)	42	72	132

[a] tief/mittel/hoch entspricht 50/100/150 W je Person für Arbeitshilfen

Schritt 2: Prüfung zusätzlicher Zonenkriterien

Tafel 3.166a enthält zusätzliche Zonenteilungskriterien für Bereiche gleicher Nutzung, die über die Nutzungsprofile hinaus zu einer detaillierteren Zuordnung von Räumen bzw. Grundflächenanteilen zu Zonen führt. Die Merkmale sind getrennt anzuwenden, d. h. Räume werden nur dann zu einer Zone zusammengefasst, wenn die Merkmale nach Tafel 3.166a für alle Räume einer nach Schritt 1 gebildeten Zone übereinstimmen.

Tafel 3.166a: Zusätzliche Zonenteilungskriterien nach

	Kriterium	Beschreibung
1	Unterscheidung hinsichtlich der Konditionierung	Räume (bzw. Grundflächenanteile) eines Nutzungsprofils sind zu unterschiedlichen Zonen zusammenzufassen, wenn für sie unterschiedliche Anforderungen hinsichtlich der Konditionierung bestehen. Zusammengefasst werden dürfen Räume (bzw. Grundflächenanteile): – mit gleichen Anforderungen an thermische und beleuchtungstechnische Konditionierung – mit ausschließlicher Anforderung an beleuchtungstechnische Konditionierung – mit ausschließlicher Anforderung an thermische Konditionierung.
2	Unterschiedliche Systeme zur Be- und Entlüftung	Räume (bzw. Grundflächenanteile) sind zu unterschiedlichen Zonen zusammenzufassen, wenn sie mit unterschiedlichen lüftungs- und klimatechnischen Versorgungssystemen ausgestattet sind. Zusammengefasst werden Räume (bzw. Grundflächenanteile): – mit ausschließlich freier Lüftung – mit RLT-/Lüftungsanlagen mit Konstantvolumenstrom – mit RLT-/Lüftungsanlagen mit variablem Volumenstrom – mit Raumklimageräten (Split-, Multisplitgerät) mit RLT-/Lüftungsanlagen mit Luft-/Wasser-System

Werden Zonen gekühlt, so ist eine weitere Unterteilung der Zonen möglich, wenn eines der in Tafel 3.166b dargestellten Kriterien zutrifft.

Tafel 3.166b: Zonenteilungskriterien für die kältetechnische Bilanzierung nach DIN V 18599-1

	Kriterium	Beschreibung
1	Unterschiedliche Funktionen der RLT-Anlage	Räume (bzw. Grundflächenanteile) mit RLT-Anlagen sind unterschiedlichen Zonen zuzuordnen, wenn die Anlagen unterschiedliche Funktionen aufweisen. Zusammengefasst werden Räume (bzw. Grundflächenanteile) mit gleicher Anlagenausstattung hinsichtlich: – Heizen – Kühlen – Be- und Entfeuchten
2	Betriebsbedingter Außenluftvolumenstrom	Räume (bzw. Grundflächenanteile) mit RLT-Anlagen sind unterschiedlichen Zonen zuzuordnen, wenn die Anlagen unterschiedliche betriebsbedingte Außenluftvolumenströme aufweisen. Zusammengefasst zu einer Zone werden Räume (bzw. Grundflächenanteile), deren RLT-Anlage: – mit einem Außenluftvolumenstrom von 5 % oder mehr des Luftvolumenstromes des Gebäudes betrieben wird – eine Kälteleistung von 12 kW oder mehr aufweist – einen Luftvolumenstrom ab 3 000 m3/h aufweist

3	Installierte Leistung Kunstlicht	Räume (bzw. Grundflächenanteile) sind unterschiedlichen Zonen zuzuordnen, wenn sie sich hinsichtlich der installierten Leistung für Kunstlicht unterscheiden. Liegt die installierte spezifische Leistung in einem Bereich um mindestens 20 W/m² über der sonst in der Zone installierten spezifischen Leistung, und beträgt der betroffene Flächenanteil mehr als 10 % der Zonenfläche oder beträgt die installierte Leistung des Bereichs mit der höheren installierten Leistung mehr als 5 kW, so sind die Räume unterschiedlichen Zonen zuzuordnen.
4	Gebäude- und Raumtiefe	Räume (bzw. Grundflächenanteile) sind unterschiedlichen Zonen zuzuordnen, wenn sie sich hinsichtlich der Tageslichtversorgung/Raumluftkonditionierung unterscheiden. Gebäude mit einer Tiefe über 16 m (Außenmaß) sind entlang von mit Fenstern ausgestatteten Fassaden in eine Außenzone sowie eine Innenzone zu unterteilen. Dieses Kriterium gilt z. B. nicht für Hallen und Grundrisse, bei denen zwischen Innen- und Außenzone keine materielle Trennung vorhanden ist.
5	Fassadenausführung und Glasflächenanteile	An Fassaden grenzende Räume (bzw. Grundflächenanteile) sind unterschiedlichen Zonen zuzuordnen, wenn sie sich hinsichtlich des Glasflächenanteils unterscheiden. Zusammenzufassen sind Räume (bzw. Grundflächenanteile) mit folgenden Glasflächenanteilen: – < 0,3 – ≥ 0,3 und < 0,5 – ≥ 0,5 und < 0,7 – ≥ 0,7 Abweichend davon ist eine individuelle Zusammenfassung von Räumen (bzw. Grundflächenanteilen) unterschiedlichen Glasflächenanteils zu einer Zone möglich, wobei sich die Glasflächenanteile innerhalb einer Zone um nicht mehr als 0,2 unterscheiden dürfen.
6	Sonnenschutz und Gebäudeorientierung	An Fassaden grenzende Räume (bzw. Grundflächenanteile) sind unterschiedlichen Zonen zuzuordnen, wenn sie sich hinsichtlich des Sonnenschutzes unterscheiden. Jede der im Folgenden genannten Kategorien führt zur Zuordnung des betroffenen Raumes (bzw. Grundflächenanteiles) zu einer Zone. Ohne Differenzierung nach Orientierung: – permanent verschattete Fassaden – außen liegender Sonnenschutz mit $g_{total} < 0{,}12$ Differenziert nach Süd, Ost, West und Nord: – außen liegender Sonnenschutz mit $g_{total} > 0{,}12$ – innen liegender Sonnenschutz $g_{total} < 0{,}35$ – innen liegender Sonnenschutz $g_{total} \geq 0{,}35$ – ohne Sonnenschutz.

Schritt 3: Berechnung der Flächen für die nach Schritt 1-2 ermittelten Zonen

Als Bezugsmaße zur Bestimmung der wärmeübertragenden Umfassungsfläche (bzw. der Hüllfläche) sowie des Bruttovolumens (externen Volumens) einer Zone gelten nach DIN V 18599-1 folgende Festlegungen:

- bei Außenbauteilen die Außenmaße nach DIN EN ISO 13789, einschließlich eventuell vorhandener außen liegender Wärmedämmung und, sofern vorhanden, einschließlich Putz;

- bei Innenbauteilen zwischen einer temperierten und einer nicht temperierten Zone das Außenmaß (der temperierten Zone);
- bei Innenbauteilen zwischen zwei (auch unterschiedlich) temperierten Zonen das Achsmaß, d. h. die Mitte des Rohbaubauteils, unabhängig von der Lage eventueller Innendämmschichten.

Diese Festlegung gilt auch zur Bestimmung der horizontalen Maße des Gesamtgebäudes sowie von Versorgungsbereichen technischer Gewerke. In der Abb. 3.168 sind die für die Unterteilung eines Gebäudes in 5 Zonen möglichen Maßbezüge dargestellt.

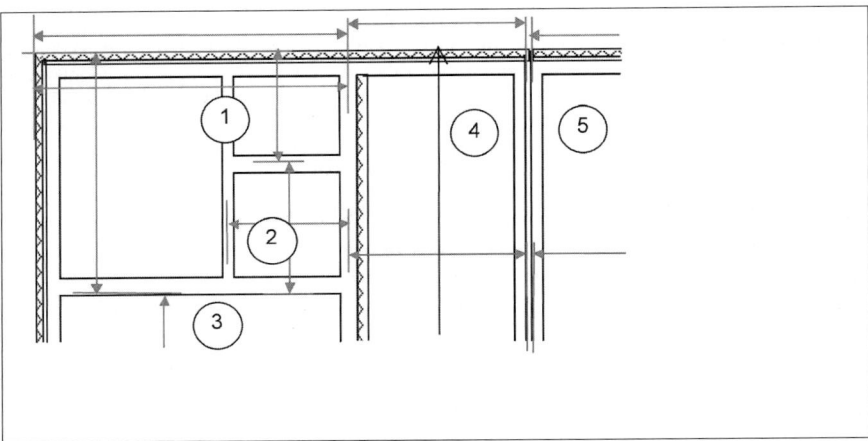

Abb. 3.168: Maßbezüge für die Unterteilung von Zonen nach DIN V 18599-1

Beispiel für die Anwendung von Abb. 3.168:

Zone 1: Innenbegrenzungen (zu Zonen 4 und 2) sowie Außenbegrenzungen (Zone 3 und Außenluft).

Zone 2: Innenbegrenzungen nach oben, links und rechts; nach rechts zur Zone 4 hin gilt das Achsmaß (ohne Berücksichtigung der Dämmung); zur nicht temperierten Zone 3 hin gilt das Außenmaß.

Zonen 4 und 5: es gilt zur Hinterlüftung hin die Oberkante der letzten wärmetechnisch wirksamen Schicht. Zone 3 ist unbeheizt/gekühlt, Zonen 1 und 2 sind beheizt/gekühlt: Es gelten die Außenmaße für die trennenden Innenwände.

Die Festlegungen für die horizontale Begrenzung von Zonen gelten auch für die vertikale. Sind Zonen horizontal versetzt angeordnet, so können unter Umständen mehrere Maßbezüge zur Anwendung kommen. Abb. 3.169 zeigt die grundsätzlichen Festlegungen.

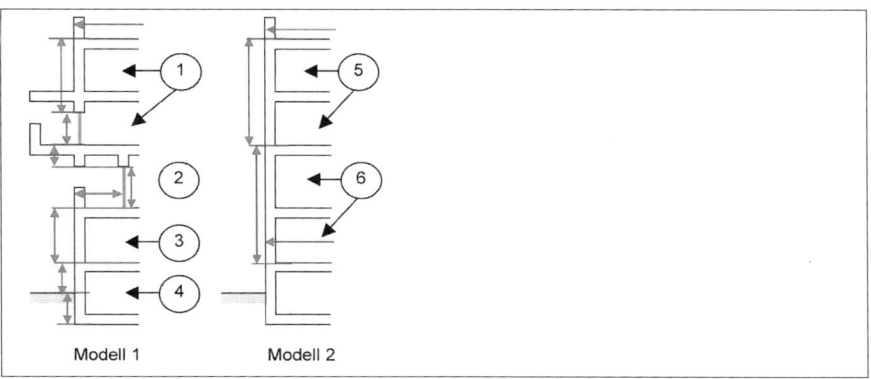

Abb. 3.169: : Vertikale Maßbezüge für die Unterteilung von Zonen nach DIN V 18599-1

Beispiel für die Anwendung von Abb.3.169:

Zonen 1 bis 3, 5 und 6: Obere Begrenzung ist jeweils die Oberkante der Rohdecke des darüber liegenden Geschosses, untere Begrenzung ist die unterste Rohdecke der Zone.
Zone 4 (beheizte an Erdreich grenzende Zone): Untere Begrenzung ist das äußere Erdbodenniveau. Für die Außenflächen unterhalb des äußeren Erdbodenniveaus ist die DIN EN ISO 13370 anzuwenden.

6.3 Berechnung des Heizwärmebedarfs

Die Berechnung des Heizwärmebedarfs (auch als Nutzwärmebedarf bezeichnet) erfolgt nach DIN V 18599-2. Vor der Berechnung des Nutzwärmebedarfs ist die Berechnung des Endenergiebedarfs für die Beleuchtung durchzuführen [Schoch-09], da die Wärmegewinne aus der Beleuchtung die Nutzwärmebilanz der Zone/des Gebäudes beeinflussen, ohne selbst vom Nutzwärmebedarf beeinflusst zu werden. Der Nutzwärmebedarf wird als z. B. Grundlage für die Bilanzierung der Heizungsanlage verwendet, die wiederum auf den Nutzwärmebedarf zurückwirkt.

Die Bilanzgleichung für die Berechnung des Heizwärmebedarfs eines Gebäudes/einer Zone lautet:

$$Q_{h,b} = Q_{sink} - \eta \cdot Q_{source} - \Delta Q_{c,b} \tag{92}$$

$Q_{h,b}$ der Heizwärmebedarf in der Gebäudezone für Nutzungstage $Q_{h,b,nutz}$, für Nichtnutzungstage $Q_{h,b,we}$
Q_{sink} die Summe der Wärmesenken in der Gebäudezone (eng: heat sinks) unter den jeweiligen Randbedingungen
Q_{source} die Summe der Wärmequellen in der Gebäudezone (eng: heat sources) unter den jeweiligen Randbedingungen
$\Delta Q_{C,b}$ die während des reduzierten Betriebs an Wochenend- und Ferientagen genutzte, aus den Bauteilen abgegebene Wärme ($\Delta Q_{C,b} = 0$ für durchgehenden Betrieb bzw. für nicht bilanzierten Betrieb)
η der monatliche Ausnutzungsgrad der Wärmequellen (für Heizzwecke)

Der Jahresheizwärmebedarf wird als Summe der einzelnen Monate des Jahres errechnet.

$$Q_{h,b,a} = \Sigma_{mth} Q_{h,b,mth} \tag{93}$$

$Q_{h,b,a}$ der jährliche Heizwärmebedarf der Gebäudezone

$Q_{h,b,mth}$ der Heizwärmebedarf eines Monats

6.3.1 Wärmetransferkoeffizient für Transmission

Der Wärmetransferkoeffizient beschreibt qualitativ den Wärmedurchgang durch die Bauteile des Gebäudes bei einer anliegenden Temperaturdifferenz von 1K. Je nachdem, an welcher Seite des Bauteils die höhere Temperatur anliegt, führt dieser Wärmestrom ins Gebäude hinein oder aus dem Gebäude heraus, der Transfer wird initiiert – folglich eine Quelle oder eine Senke. Abhängig von der konkreten Gebäudesituation können die nachfolgenden Wärmetransferkoeffizienten auftreten:

1. Der Wärmetransferkoeffizient nach außen $H_{T,D}$
2. Der Wärmetransferkoeffizient zu unbeheizten oder ungekühlten Bereichen/Zonen; $H_{T,iu}$
3. Der Wärmetransferkoeffizient zu angrenzenden beheizten oder gekühlten Bereichen /Zonen; $H_{T,iz}$
4. Der Wärmetransferkoeffizient über das Erdreich $H_{T,s}$

Der Wärmetransferkoeffizient nach außen ist nach Gleichung 94 zu ermitteln:

$$H_{T,D} = \Sigma(U_j \cdot A_j) + \Delta U_{WB} \cdot \Sigma A_j \tag{94}$$

A_j die Fläche eines Bauteils j, das die Gebäudezone zur Außenluft hin begrenzt. Als Maße von Fenstern und Türen werden die lichten inneren Rohbauöffnungen angesetzt

U_j der Wärmedurchgangskoeffizient des Bauteils j der Gebäudehülle, berechnet nach DIN EN ISO 6946 für opake Bauteile oder nach DIN V 4108-4 für transparente Bauteile

ΔU_{WB} der pauschale außenmaßbezogene Wärmebrückenzuschlag

j ein Bauteil

Werden die Wärmebrücken eines Gebäudes detailliert nach DIN EN ISO 10211 ermittelt, so ergibt sich Gleichung 95:

$$H_{T,D} = \Sigma(U_j \cdot A_j) + \Sigma l_j \cdot \Psi_j \tag{95}$$

l_j die Länge der zweidimensionalen Wärmebrücke j

Ψ_j der längenbezogene Wärmedurchgangskoeffizient der Wärmebrücke j, berechnet nach DIN EN ISO 12211-1 unter Verwendung der Randbedingungen nach Beiblatt 2

6.3.2 Berechnung des Wärmetransferkoeffizienten für Lüftung

Der Transport von Wärme über das Medium Luft ist für Gebäude über zwei Wege zu berücksichtigen:

1. Über Infiltration (der Wärmetransferkoeffizient $H_{V,inf}$).
2. Über Fensterlüftung oder mechanische Lüftung ($H_{V,win}$ oder $H_{V,mech}$).

In diesem Abschnitt wird die Berechnung für eine Fensterlüftung erläutert.

Der Wärmetransferkoeffizient für die Infiltration :

$$H_{V,inf} = n_{inf} \cdot V \cdot c_{p,a} \cdot \rho_a \tag{96}$$

n_{inf}	der Tagesmittelwert des Infiltrationsluftwechsels
V	das Nettoraumvolumen
$c_{p,a}$	die spezifische Wärmekapazität von Luft
ρ_a	die Dichte von Luft
$c_{p,a} \rho_a$	ist zu 0,34 Wh/(m3 · K) zu setzen

Der Tagesmittelwert des Infiltrationsluftwechsels für Gebäude ohne mechanische Lüftung:

$$n_{inf} = n_{50} \cdot e_{wind} \tag{97}$$

n_{50}	der Luftwechsel bei 50 Pa Druckdifferenz
—	nach erfolgter Dichtheitsprüfung: gemessener Wert,
—	ohne erfolgte bzw. beabsichtigte Dichtheitsprüfung: Standardwerte, vorgegeben nach Tabelle 91
e_{wind}	der Windschutzkoeffizient, als Standardwert gilt: e_{wind} = 0,07 (entspricht dem Windschutzkoeffizient nach DIN EN ISO 13790 bei halbfreier Lage, mehr als eine Fassade dem Wind ausgesetzt

Tafel 3.171: n_{50}-Bemessungswerte

Kategorien zur pauschalen Einschätzung der Gebäudedichtheit nach DIN V 18599-2	Bemessungswerte n_{50} h^{-1}
I	a) 2; b) 1
II	4
III	6
IV	10

Gebäude/Zonen sind in die nach Tabelle 171 aufgezeigten Kategorien einzuordnen, wenn die nachfolgenden Kriterien erfüllt werden.
- Kategorie I: Einhaltung der Anforderung an die Gebäudedichtheit nach DIN 4108-7:2001-08, 4.4 (d. h., die Dichtheitsprüfung wird nach Fertigstellung durchgeführt)
    a) Gebäude ohne raumlufttechnische Anlage (Anforderung an die Gebäudedichtheit: $n_{50} \leq 3$ h^{-1})
    b) Gebäude mit raumlufttechnischer Anlage (auch Wohnungslüftungsanlagen) (Anforderung an die Gebäudedichtheit: $n_{50} \leq 1,5$ h^{-1})

- Kategorie II: zu errichtende Gebäude oder Gebäudeteile, bei denen keine Dichtheitsprüfung vorgesehen ist
- Kategorie III: Fälle, die nicht den Kategorien I, II oder IV entsprechen
- Kategorie IV: Vorhandensein offensichtlicher Undichtheiten, wie z. B. offene Fugen in der Luftdichtheitsebene der wärmeübertragenden Umfassungsfläche

Der Wärmetransferkoeffizient für die Fensterlüftung:

$$H_{V,\text{win}} = n_{\text{win}} \cdot V \cdot c_{p,a} \cdot \rho_a \tag{98}$$

n_{win} der mittlere tägliche Fensterluftwechsel
V das Nettoraumvolumen
$c_{p,a}$ die spezifische Wärmekapazität von Luft
ρ_a die Dichte von Luft

Der mittlere tägliche Fensterluftwechsel:

$$n_{\text{win}} = 0{,}1\,\text{h}^{-1} + \Delta n_{\text{win}} \cdot \frac{t_{\text{nutz}}}{24\text{h}} \tag{99}$$

Δn_{win} der zusätzliche Fensterluftwechsel in Abhängigkeit vom nutzungsbedingten Mindestluftwechsel
t_{nutz} die tägliche Nutzungsdauer des Gebäudes/der Zone

Der zusätzliche Fensterluftwechsel:
Wenn: $n_{\text{nutz}} < 1{,}2\,\text{h}^{-1}$ und $(n_{\text{nutz}} - (n_{\text{nutz}} - 0{,}2\,\text{h}^{-1})/\text{h}^{-1} \cdot n_{\text{inf}} - 0{,}1\,\text{h}^{-1}) > 0\,\text{h}^{-1}$
Dann gilt: $\Delta n_{\text{win}} = n_{\text{nutz}} - (n_{\text{nutz}} - 0{,}2\,\text{h}^{-1})/\text{h}^{-1} \cdot n_{\text{inf}} - 0{,}1\,\text{h}^{-1}$ (100)
Wenn: $n_{\text{nutz}} \geq 1{,}2\,\text{h}^{-1}$ und $(n_{\text{nutz}} - n_{\text{inf}} - 0{,}1\,\text{h}^{-1}) > 0\,\text{h}^{-1}$
Dann gilt: $\Delta n_{\text{win}} = n_{\text{nutz}} - n_{\text{inf}} - 0{,}1\,\text{h}^{-1}$ (101)
Sonst gilt: $\Delta n_{\text{win}} = 0$

$$n_{\text{nutz}} = \frac{V_A \cdot A_B}{V} \tag{102}$$

V_A der flächenbezogene Mindestaußenluftvolumenstrom
A_B die Bezugsfläche in der Gebäudezone (Nettogrundfläche)
V das Nettovolumen in der Gebäudezone

6.3.3 Berechnung der Bilanztemperatur des Gebäudes/der Zone

$$\vartheta_{i,h} = \max\left(\vartheta_{i,h,\text{soll}} - f_{NA} \cdot (\vartheta_{i,h,\text{soll}} - \vartheta_e),\ \vartheta_{i,h,\text{soll}} - \Delta\vartheta_{i,NA} \cdot \frac{t_{NA}}{24\text{h}}\right) \tag{103}$$

f_{NA} der Korrekturfaktor für eingeschränkten Heizbetrieb während der Nacht nach Gleichung
$\vartheta_{i,h,\text{soll}}$ die Raum-Solltemperatur nach DIN V 18599-10 im normalen Heizbetrieb
ϑ_e der Monatsmittelwert der Außentemperatur
$\Delta\vartheta_{i,NA}$ die zulässige Absenkung der Innentemperatur nach DIN V 18599-10 für den reduzierten Betrieb = 4K
t_{NA} die tägliche Dauer im reduzierten Heizbetrieb (d. h. der Aufheizbetrieb zählt zur Betriebszeit)

$$f_{NA} = 0{,}13 \cdot \frac{t_{NA}}{24h} \exp\left(-\frac{\tau}{250h}\right) \tag{104}$$

τ die Auskühlkonstante des Gebäudes

$$\tau = \frac{C_{wirk}}{H} \tag{105}$$

C_{wirk} die wirksame Wärmespeicherfähigkeit
H der Wärmetransferkoeffizient der Gebäudezone für Lüftung und Transmission

6.3.4 Berechnung der Transmissionswärmesenken und -quellen

Transmissionswärmesenken durch Außenbauteile:

$$Q_{T,y} = H_{T,X} \cdot (\vartheta_i - \vartheta_e) \cdot t \qquad \text{für } \vartheta_i > \vartheta_e \tag{106}$$

Transmissionswärmequellen durch Außenbauteile:

$$Q_{T,y} = H_{T,X} \cdot (\vartheta_e - \vartheta_i) \cdot t \qquad \text{für } \vartheta_i < \vartheta_e \tag{107}$$

$Q_{T,y}$ Transmissionswärmesenke durch Außenbauteile
ϑ_i die Bilanzinnentemperatur
$H_{T,X}$ Transmissionswärmetransferkoeffizient
ϑ_e die Temperatur des angrenzenden Bereiches (z. B. außen, unbeheizt)
t die Dauer des Berechnungsschrittes (24 h)

mögliche Indizes:
$x = D$ Transmissionswärmetransferkoeffizient nach außen
$x = iu$ Transmissionswärmetransferkoeffizient zwischen beheizten und unbeheizten Zonen
$x = s$ Transmissionswärmetransferkoeffizient über das Erdreich
$x = iz$ Transmissionswärmetransferkoeffizient zu angrenzenden beheizten Zonen
$y = e$ Transmissionswärmesenken/-quellen nach außen
$y = u$ Transmissionswärmesenken/-quellen zwischen beheizten und unbeheizten Zonen
$y = s$ Transmissionswärmesenken/-quellen über das Erdreich

6.3.5 Berechnung der Lüftungswärmesenken/-quellen

Lüftungswärmesenken:

$$Q_V = \left(H_{V,inf} + H_{V,win}\right) \cdot (\vartheta_i - \vartheta_e) \cdot t \qquad \text{für } \vartheta_i > \vartheta_e \tag{108}$$

Lüftungswärmequellen:

$$Q_V = \left(H_{V,inf} + H_{V,win}\right) \cdot (\vartheta_e - \vartheta_i) \cdot t \qquad \text{für } \vartheta_i < \vartheta_e \tag{109}$$

$H_{V,inf}$ der Wärmetransferkoeffizient für die Infiltration
$H_{V,win}$ der Wärmetransferkoeffizient für die Fensterlüftung
ϑ_i die Bilanztemperatur der Zone
ϑ_e die durchschnittliche Außentemperatur

6.3.6 Wärmequellen

Folgende Wärmequellen sind zu berücksichtigen:

1. Wärmeeintrag durch Personen
2. Wärmeeintrag durch Geräte /Arbeitshilfen und Maschinen
3. Wärmeeintrag durch die künstliche Beleuchtung
4. Wärmeeintrag durch das Heizsystem
5. Wärmeeintrag durch solare Einstrahlung

Die Wärmeeinträge durch Personen und Arbeitshilfen sind nach Gleichung 110 zu berechnen.

$$Q_{I,source,p} = (q_{I,p} + q_{I,fac}) \cdot A_B \tag{110}$$

$q_{I,p}$ die durchschnittliche tägliche Wärmeabgabe von Personen nach DIN V 18599-10, bezogen auf die Bezugsfläche
$q_{I,fac}$ die durchschnittliche tägliche Wärmeabgabe von Geräten oder Maschinen; bezogen auf die Bezugsfläche
A_B die Bezugsfläche der Gebäudezone (Nettogrundfläche)

Der Wärmeeintrag durch die solare Einstrahlung:

$$Q_{S,tr} = F_F \cdot A \cdot g_{eff} \cdot I_S \cdot t \tag{111}$$

F_F der Abminderungsfaktor für den Rahmenanteil, welcher dem Verhältnis der transparenten Fläche zur Gesamtfläche A des Bauteils entspricht; sofern keine genaueren Werte bekannt sind, wird $F_F = 0{,}7$ gesetzt
A die Fläche des Bauteils, anzusetzen sind die lichten Rohbaumaße (Bruttofläche)
g_{eff} der wirksame Gesamtenergiedurchlassgrad
I_S die mittlere solare Einstrahlung während des Monats
t die Dauer des Berechnungsschritts ($t = 24$ h)

Der wirksame Gesamtenergiedurchlassgrad der Verglasung:
Keine Sonnenschutzvorrichtung:

$$g_{eff} = F_S \cdot F_W \cdot F_V \cdot g_\perp \tag{112}$$

Feststehende Sonnenschutzeinrichtung:

$$g_{eff} = F_S \cdot F_W \cdot F_V \cdot g_{tot} \tag{113}$$

Variable Sonnenschutzeinrichtung:

$$g_{eff} = F_W \cdot F_V \min \begin{cases} a g_{tot} + (1-a) \cdot g_\perp \\ F_s \, g_\perp \end{cases} \tag{114}$$

F_S der Abminderungsfaktor für Verschattung mit Berücksichtigung der Verschattung durch die Umgebung, andere Gebäude oder Gebäudeteile
F_w der Abminderungsfaktor infolge nicht senkrechten Strahlungseinfalls, $F_w = 0{,}9$
F_V der Abminderungsfaktor infolge von Verschmutzung nach DIN V 18599-10

$g_\perp$ der Gesamtenergiedurchlassgrad der Verglasung (ohne Sonnenschutzvorrichtung) nach DIN EN 410 bei senkrechtem Strahlungseinfall

g_{tot} der Gesamtenergiedurchlassgrad einschließlich Sonnenschutzvorrichtung, nach EN 13363-1, DIN EN 13363-2 oder nach objektbezogenem Nachweis des Herstellers (zugesicherte Herstellerangaben) für kalorische und lichttechnische Kennwerte unter gleichen Randbedingungen

a der Parameter zur Bewertung der Aktivierung von beweglichen Sonnenschutzvorrichtungen nach Tafel 3.175b

Tafel 3.175a: Standardwerte für die Kennwerte von Sonnenschutz und Verglasung

Verglasungstyp	Kennwerte, ohne Sonnenschutzvorrichtung				mit außenliegender Sonnenschutzvorrichtung						mit innenliegender Sonnenschutzvorrichtung						
					Außenjalousie[b] (10°-Stellung)		Außenjalousie (45°-Stellung)		vertikale Markise		innenl. Jalousie[b] (10°-Stellung)		innenl. Jalousie (45°-Stellung)		Textil-Rollo		Folie
					weiß	dunkelgrau	weiß	dunkelgrau	weiß[e]	grau	weiß	hellgrau	weiß	hellgrau	weiß	grau[c]	weiß[c]
	U_g^d	$g_\perp$	τ_e	τ_{D65}	g_{tot}	g_{tot}	g_{tot}	g_{tot}	g_{tot}	g_{tot}	g_{tot}	g_{tot}	g_{tot}	g_{tot}	g_{tot}	g_{tot}	g_{tot}
einfach	5,8	0,87	0,85	0,90	0,07	0,13	0,15	0,14	0,22	0,18	0,30	0,40	0,38	0,46	0,25	0,52	0,26
zweifach	2,9	0,78	0,73	0,82	0,06	0,09	0,13	0,10	0,20	0,14	0,34	0,44	0,41	0,49	0,29	0,52	0,30
dreifach	2,0	0,7	0,63	0,75	0,05	0,07	0,11	0,08	0,18	0,11	0,35	0,43	0,40	0,47	0,31	0,50	0,32
MSIV[e] 2fach	1,7	0,72	0,6	0,74	0,05	0,07	0,11	0,07	0,18	0,11	0,35	0,44	0,41	0,48	0,30	0,51	0,32
MSIV[e] 2fach	1,4	0,67	0,58	0,78	0,04	0,06	0,10	0,06	0,17	0,10	0,35	0,43	0,40	0,47	0,31	0,49	0,32
MSIV[e] 2fach	1,2	0,65	0,54	0,78	0,04	0,05	0,10	0,06	0,16	0,09	0,35	0,43	0,40	0,46	0,31	0,48	0,32
MSIV[e] 3fach	0,8	0,5	0,39	0,69	0,03	0,04	0,07	0,04	0,13	0,07	0,32	0,37	0,35	0,39	0,30	0,40	0,31
MSIV[e] 3fach	0,6	0,5	0,39	0,69	0,03	0,03	0,07	0,03	0,12	0,06	0,33	0,37	0,36	0,39	0,30	0,40	0,31
SSV[f] 2fach	1,3	0,48	0,44	0,59	0,04	0,05	0,08	0,06	0,13	0,08	0,31	0,35	0,34	0,37	0,29	0,38	0,30
SSV[f] 2fach	1,2	0,37	0,34	0,67	0,03	0,05	0,07	0,05	0,11	0,07	0,27	0,29	0,29	0,30	0,26	0,31	0,26
SSV[f] 2fach	1,2	0,25	0,21	0,40	0,03	0,05	0,06	0,05	0,09	0,07	0,20	0,21	0,21	0,22	0,20	0,22	0,20

Tafel 3.175b: Parameter a zur Bewertung der Aktivierung von beweglichen Sonnenschutzeinrichtungen (manuell oder zeitgesteuert)

Neigung	Periode	a				
		Nord	NO/NW	Ost/West	SO/SW	Süd
senkrecht 90°	Winter	0,00	0,00	0,34	0,63	0,71
	Sommer	0,00	0,13	0,39	0,56	0,67
60°	Winter	0,00	0,01	0,36	0,63	0,69
	Sommer	0,03	0,33	0,54	0,68	0,76
45°	Winter	0,00	0,02	0,34	0,59	0,66
	Sommer	0,30	0,46	0,61	0,72	0,78
30°	Winter	0,00	0,05	0,32	0,53	0,60
	Sommer	0,55	0,60	0,67	0,74	0,78
		Alle Himmelsrichtungen				
horizontal 0°	Winter	0,24				
	Sommer	0,74				

6.3.7 Ausnutzungsgrad der Wärmegewinne

Für $\gamma \neq 1$ gilt:

$$\eta = \frac{1-\gamma^a}{1-\gamma^{a+1}} \tag{115}$$

Für $\gamma = 1$ gilt:
$$\eta = \frac{a}{a+1} \tag{116}$$

- τ die Zeitkonstante des Gebäudes
- γ das Verhältnis von Wärmequellen und Wärmesenken
- a der numerische Parameter

Der numerische Parameter setzt die Zeitkonstante des Gebäudes ins Verhältnis zu einer „Reaktionszeit" von 16 h.

$$a = 1 + \frac{\tau}{16h} \tag{117}$$

Falls:
$$1 - (\eta \cdot \gamma) < 0{,}01 \ \ dann \ ist \ \eta = \frac{1}{\gamma} \ zu \ setzen; (Q_{h,b} = 0) \tag{118}$$

6.4 Die maximale Heizleistung einer Gebäudezone

$$\dot{Q}_{h,max} = \dot{Q}_{sink,max} = \dot{Q}_{T,max} + \dot{Q}_{V,max} \tag{119}$$

$$\dot{Q}_{T,max} = \sum_j H_{Tj} \cdot (\vartheta_{i,h,min} - \vartheta_{j,h,min}) \tag{120}$$
$$\dot{Q}_{V,max} = \sum_j H_{V,K} \cdot (\vartheta_{i,h,min} - \vartheta_{k,h,min}) \tag{121}$$

- $\dot{Q}_{T,max}$ die maximale Transmissionswärmesenke am Auslegungstag
- $\dot{Q}_{V,max}$ die maximale Lüftungswärmesenke am Auslegungstag
- H_{Tj} der Wärmetransferkoeffizient für Transmission des Bereiches/der Zone
- $H_{V,K}$ der Wärmetransferkoeffizient für Lüftung des Bereiches/der Zone
- $\vartheta_{i,h,min}$ die Innentemperatur am Auslegungstag nach DIN V 18599-10
- $\vartheta_{j,h,min}$ die Temperatur eines angrenzenden Bereiches

Die Innentemperatur am Auslegungstag ist in den Nutzungsrandbedingungen DIN V 18599-10 vorgegeben.

7 Energetische Bewertung des Heizsystems nach DIN V 18599-5

In diesem Abschnitt wird beispielhaft die energetische Bewertung eines brennstoffgespeisten Heizsystems nach DIN V 18599-5 erläutert. Weitere Erläuterungen siehe [Schoch-09].

Erzeugernutzwärmeabgabe an das Heizsystem:

$$Q_{h,outg} = Q_{h,b} + Q_{h,ce} + Q_{h,d} + Q_{h,s} \tag{122}$$

$Q_{h,outg}$	die Erzeugernutzwärmeabgabe an das Heizsystem
$Q_{h,b}$	der Nutzwärmebedarf (Heizwärmebedarf)
$Q_{h,ce}$	der Wärmeverlust der Übergabe an die Umgebung
$Q_{h,d}$	der Wärmeverlust der Verteilung an die Umgebung
$Q_{h,s}$	der Wärmeverlust der Speicherung an die Umgebung

$$Q_{h,f} = (Q_{h,outg} + Q_{h,g}) \cdot f_{g,PM} - Q_{h,reg} \tag{123}$$

$Q_{h,f}$	die Endenergie für den Heizwärmeerzeuger
$Q_{h,outg}$	die Erzeugernutzwärmeabgabe an das Heizsystem
$Q_{h,g}$	die Wärmeverluste der Erzeugung an den Aufstellraum
$f_{g,PM}$	der Korrekturfaktor für Wärmeerzeugung mit integriertem Pumpenmanagement
$Q_{h,reg}$	der regenerative Energieeintrag in das Heizsystem

Der regenerative Energieeintrag in das Heizsystem ist gemäß Gleichung 124:

$$Q_{h,reg} = Q_{h,sol} + Q_{h,in} \tag{124}$$

$Q_{h,reg}$	der regenerative Energieeintrag in das Heizsystem
$Q_{h,sol}$	der solare Energieeintrag im Monat
$Q_{h,in}$	die Umweltwärme im Monat

7.1 Energieaufwand der Wärmeübergabe

Die Berechnung des Energieaufwandes für die Wärmeübergabe an den Raum wird unter Zuhilfenahme der Gleichung 125 vorgenommen.

$$Q_{h,ce} = \left(\frac{f_{Radiant} f_{int} f_{hydr}}{\eta_{h,ce}} - 1 \right) \cdot Q_{h,b} \tag{125}$$

$Q_{h,ce}$	der Verlust der Wärmeübergabe im Monat in kWh
$Q_{h,b}$	der Nutzwärmebedarf im Monat
$f_{Radiant}$	der Faktor für den Strahlungseinfluss = 1
f_{int}	der Faktor für intermittierenden Betrieb (raumweise Temperaturabsenkung =1)
f_{hydr}	der Faktor für den hydraulischen Abgleich = 1
$\eta_{h,ce}$	der Gesamtnutzungsgrad für die Wärmeabgabe an den Raum

$$\eta_{h,ce} = \frac{1}{(4-(\eta_L+\eta_C+\eta_B))} \tag{126}$$

$\eta_{h,ce}$ der Gesamtnutzungsgrad für die Wärmeabgabe an den Raum
η_L der Teilnutzungsgrad für ein vertikales Lufttemperaturprofil
η_C der Teilnutzungsgrad für Raumtemperaturregelung
η_B der Teilnutzungsgrad für spezifische Verluste über Außenbauteile

Tafel 3.178: Nutzungsgrade für freie Heizflächen

Einflussgrößen		Nutzungsgrade		
		η_L	η_C	η_B
Raumtemperatur-regelung	ungeregelt, mit zentraler Vorlauftemperaturregelung Führungsraum P-Regler (2 K) P-Regler (1 K) PI-Regler PI-Regler (mit Optimierungsfunktion, z. B. Präsenzführung, adaptiver Regler)		0,80 0,88 0,93 0,95 0,97 0,99	
		η_{L1}	η_{L2}	
Übertemperatur (Bezug $\vartheta_i = 20\,°C$)	60 K (z. B. 90/70) 42,5 K (z. B.70/55) 30 K (z. B. 55/45)	0,88 0,93 0,95		
Spezifische Wärmeverluste über Außenbauteile (GF = Glasfläche)	HK-Anordnung Innenwand HK-Anordnung Außenwand – GF ohne Strahlungsschutz – GF mit Strahlungsschutz – normale Außenwand		0,87 0,83 0,88 0,95	1 1 1 1

7.2 Verluste der Wärmeverteilung

$$Q_{h,d} = \sum [\frac{1}{1000} U_i \cdot (\vartheta_{HK,m} - \vartheta_i) \cdot L_i \cdot t_{h,rL,i}] \tag{127}$$

$Q_{h,d}$ Verluste des Rohrleitungsnetzes
U_i die längenbezogene Wärmedurchgangszahl, in W/(mK)
$\vartheta_{HK,m}$ die mittlere Temperatur des Heizmediums, in °C
ϑ_i die Umgebungstemperatur, in °C
L_i die Länge der Rohrleitungen, in m
$t_{h,rL,i}$ die monatliche rechnerische Laufzeit des Heizsystems

Grundsätzlich sind für Warmwasserheizungs-Rohrnetze die Abb. 3.179 dargestellten Leitungsarten einzubeziehen.

Energetische Bewertung des Heizsystems nach DIN V 18599-5

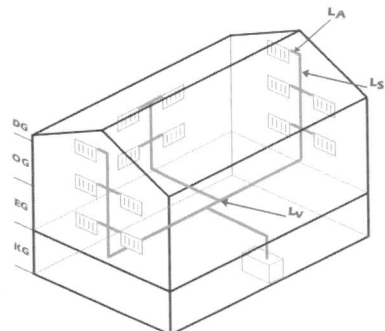

L_V = Verteilungsrohrleitungen
L_S = Strangleitungen
L_A = Anbindeleitungen

Abb. 3.179: Bezeichnung der Leitungen von Warmwasserheizungen

Tafel 3.179: Berechnung der Rohrleitungslängen und zu verwendende Randbedingungen

Kenngröße	Zeichen	Einheit	Bereich V	Bereich S	Bereich A
Umgebungstemperatur	ϑ_i	°C	aus DIN V 18599-2		
Umgebungstemperatur außerhalb der Heizperiode (wenn keine Werte aus DIN V 18599-2 errechnet)	ϑ_i	°C	22 °C		
Umgebungstemperatur in der Heizperiode (wenn keine Werte aus DIN V 18599-2 errechnet)	ϑ_i	°C	13 °C im unbeheizten bzw. 20 °C im beheizten Bereich	20 °C im beheizten Bereich	
Zweirohrheizung					
Leitungslänge bei außen liegenden Strängen	L	m	$2 \cdot L_G + 0{,}01625 \cdot L_G \cdot B^2_G$	$0{,}025 \cdot L_G \cdot B_G \cdot h_G \cdot n_G$	$0{,}55 \cdot L_G \cdot B_G \cdot n_G$
Leitungslänge bei innen liegenden Strängen	L	m	$2 \cdot L_G + 0{,}0325 \cdot L_G \cdot B_G + 6$	$0{,}025 \cdot L_G \cdot B_G \cdot h_G \cdot n_G$	$0{,}55 \cdot L_G \cdot B_G \cdot n_G$
Einrohrheizung					
Leitungslänge bei innen liegenden Strängen	L	m	$2 \cdot L_G + 0{,}0325 \cdot L_G \cdot B_G + 6$	$0{,}025 \cdot L_G \cdot B_G \cdot h_G \cdot n_G + 2 \cdot (L_G + B_G) \cdot n_G$	$0{,}1 \cdot L_G \cdot B_G \cdot n_G$

Die mittlere Temperatur des Heizkreises:

$$\vartheta_{HK,m}(\beta_i) = 0{,}5 \cdot (\vartheta_{VL,m}(\beta_i) + \vartheta_{RL,m}(\beta_i)) \tag{128}$$

- $\vartheta_{HK,m}$ die mittlere Temperatur des Heizkreises
- $\vartheta_{VL,m}$ die mittlere Vorlauftemperatur
- $\vartheta_{RL,m}$ die mittlere Rücklauftemperatur
- β_i die mittlere Belastung im Prozessbereich

Die mittlere Vorlauf- und die mittlere Rücklauftemperatur:

$$\vartheta_{VL,m}(\beta_i) = (\vartheta_{VA} - \vartheta_{i,h,soll}) \cdot \beta_i^{\frac{1}{n}} + \vartheta_{i,h,soll} \tag{129}$$

$$\vartheta_{RL,m}(\beta_i) = (\vartheta_{RA} - \vartheta_{i,h,soll}) \cdot \beta_i^{\frac{1}{n}} + \vartheta_{i,h,soll} \tag{130}$$

ϑ_{VA} die Vorlauftemperatur des Heizmediums bei Auslegungsbedingungen
ϑ_{RA} die Rücklauftemperatur des Heizmediums bei Auslegungsbedingungen
$\vartheta_{i,h,soll}$ die Raumtemperatur während der Nutzungszeit
n der Heizkörperexponent (Standard= 1,3 für Heizkörper, 1,1 für FB-Heizung)

Die mittlere Belastung der Verteilung:

$$\beta_{h,d} = \frac{Q_{h,b} + Q_{h,ce}}{\dot{Q}_{h,max} \cdot t_h} \tag{131}$$

$\beta_{h,d}$ die mittlere Belastung der Verteilung des Heizmediums
$Q_{h,b}$ der Nutzwärmebedarf in kWh
$Q_{h,ce}$ der Wärmeverlust der Übergabe für das Heizsystem
$\dot{Q}_{h,max}$ die maximale Gebäudeheizleistung in kW
t_h die monatlichen Heizstunden

Tafel 3.180: Wärmedurchgangszahlen der Leitungen in W/(mK)

Baualtersklasse	Verteilung	außen liegende Stränge		innen liegende Stränge	
	V	S	A	S	A
Nach 1995	0,200	0,255	0,255	0,255	0,255
1980 bis 1995	0,200	0,400	0,400	0,300	0,400
bis 1980	0,400	0,400	0,400	0,400	0,400
Ungedämmte Leitungen					
$A_{NGF} \leq 200$ m²	1,000	1,000	1,000	1,000	1,000
$200 < A_{NGF} \leq 500$ m²	2,000	2,000	2,000	2,000	2,000
$A_{NGF} > 500$ m²	3,000	3,000	3,000	3,000	3,000
In AW verlegt		gesamt/nutzbar[a]			
AW ungedämmt		1,35 / 0,80			
AW außen gedämmt		1,00 / 0,90			
AW (U = 0,4 W/(m² · K))		0,75 / 0,55			

[a] gesamt = gesamte Wärmeabgabe; nutzbar = im Raum nutzbare Wärmeabgabe.

Monatliche rechnerische Laufzeit der Heizung:

$$t_{h,rL} = t_{h,rL,T} \cdot d_{h,rB} \tag{132}$$

$t_{h,rL}$ die rechnerische Laufzeit im Monat, in h
$t_{h,rL,T}$ die tägliche rechnerische Laufzeit, in h
$d_{h,rB}$ die monatlichen rechnerischen Betriebstage

Die tägliche rechnerische Betriebszeit:

$$t_{h,rL,T} = 24 - f_{L,NA} \cdot (24 - t_{h,op}) \tag{133}$$

$t_{h,rL,T}$ die monatliche rechnerische Heizzeit
$f_{L,NA}$ Laufzeitfaktor Nachtabsenkung/Nachtabschaltung
$t_{h,op}$ die tägliche Heizzeit

Die monatlichen rechnerischen Betriebstage:

$$d_{h,rB} = d_{mth} \cdot \frac{365 - f_{L,WA} \cdot (365 - d_{Nutz,a})}{365} \cdot \frac{t_h}{d_{mth} \cdot 24} \tag{134}$$

$d_{h,rB}$ die monatlichen rechnerischen Betriebstage
d_{mth} die Anzahl der Tage des Monats
$f_{L,WA}$ Laufzeitfaktor Wochenendabsenkung/-abschaltung
$d_{Nutz,a}$ die jährliche Nutzungsdauer in d
t_h die monatlichen Heizstunden

Abminderung der täglichen Laufzeit:

$$f_{L,NA} = 1 - \frac{\vartheta_{NA,Grenz} - \vartheta_e}{\vartheta_{NA,Grenz} - \vartheta_{e,min}} \leq 1 \tag{135}$$

$f_{L,NA}$ der Laufzeitfaktor Nachtabsenkung
$\vartheta_{NA,Grenz}$ die Grenztemperatur Nachtabsenkung = 10 °C
$\vartheta_{e,min}$ die Auslegungstemperatur Heizen = -12 °C
ϑ_e die mittlere Außentemperatur

7.3 Die Wärmeverluste der Erzeugung im Aufstellraum

Der Gesamtverlust der Heizwärmeerzeugung von brennstoffgespeisten Systemen $Q_{h,g}$ bezogen auf den Brennwert beträgt:

$$Q_{h,g} = \Sigma(Q_{h,g,v,i} \cdot d_{h,rB}) \tag{136}$$

$Q_{h,g}$ der Gesamtverlust der Heizwärmeerzeugung im Monat
$Q_{h,g,v,i}$ der Verlust des Kessels pro Tag
$d_{h,rB}$ die rechnerischen Betriebstage im Monat

Die täglichen Verluste des Wärmeerzeugers sind in Abhängigkeit von der mittleren Heizkesselbelastung und den bei der Normprüfung zugrunde gelegten Lastbereichen mit Teillast (bei Öl- und Gaskesseln = 0,3) zu berechnen.

Fall A: Die mittlere Heizkesselbelastung ist kleiner als bei der Normprüfung:

$$Q_{h,g,v,i} = \left(\left(\frac{\beta_{h,i}}{\beta_{K,pl}}\right) \cdot (\dot{Q}_{V,g,pl} - \dot{Q}_{B,h}) + \dot{Q}_{B,h}\right) \cdot (t_{h,rL,T} - t_{w,100\%}) \tag{137}$$

$\beta_{h,g,i}$ der Belastungsgrad des Heizkessels
$\beta_{K,pl}$ der Belastungsgrad des Kessels bei der Normprüfung (hier = 0,3)
$\dot{Q}_{V,g,pl}$ die Verlustleistung des Heizkessels bei Teillast in kW
$\dot{Q}_{B,h}$ die Verlustleistung des Heizkessels im Stillstand
$t_{h,rL,T}$ die täglich rechnerische Laufzeit
$t_{w,100\%}$ die Tageslaufzeit des Kessels für die Trinkwasser-Erwärmung

Fall B: Die mittlere Heizkesselbelastung ist größer als bei der Normprüfung:

$$Q_{h,g,v,i} = \left(\left(\frac{\beta_{h,i}-\beta_{K,pl}}{1-\beta_{K,pl}}\right) \cdot (\dot{Q}_{V,g,100\%} - \dot{Q}_{V,g,pl}) + \dot{Q}_{V,g,pl}\right) \cdot (t_{h,rL,T} - t_{w,100\%}) \tag{138}$$

$\dot{Q}_{V,g,100\%}$ die Verlustleistung des Heizkessels bei Nennleistung

Der Belastungsgrad des Heizkessels im Teilprozess der Erzeugung ist wie bei der Verteilung zu ermitteln, nur dass die Wärmeverluste der Verteilung jetzt hinzuzurechnen sind:

$$\beta_{h,g} = \frac{Q_{h,b}+Q_{h,ce}+Q_{h,d}+Q_{h,s}}{\dot{Q}_{h,max} \cdot t_h} \tag{139}$$

$\beta_{h,g}$ der Belastungsgrad des Heizkessels
$Q_{h,b}$ der Nutzwärmebedarf der Zone
$Q_{h,ce}$ der Wärmeverlust der Übergabe
$Q_{h,d}$ der Wärmeverlust der Verteilung
$Q_{h,s}$ der Wärmeverlust der Speicherung
$\dot{Q}_{h,max}$ die maximale Heizleistung der Zone
t_h die monatlichen Heizstunden

Für das Heizsystems des Beispielgebäudes ist kein Speicherprozess vorgesehen, somit wird $Q_{h,s}$ zu null.

Die Verluste des Heizkessels im Stillstand:

$$\dot{Q}_{B,h} = q_{B,\vartheta} \cdot \left(\frac{\dot{Q}_N}{\eta_{k,100\%}}\right) \cdot f_{Hs,Hi} \tag{140}$$

$\dot{Q}_{B,h}$ die Verluste des Heizkessels im Stillstand
$q_{B,\vartheta}$ die Bereitschaftsverluste bei mittlerer Heizkesseltemperatur
$\dot{Q}_N$ die Heizkesselnennleistung gemäß Herstellerangaben
$\eta_{k,100\%}$ der Heizkesselwirkungsgrad bei 100 %
$f_{Hs,Hi}$ das Brennwert-Heizwert-Verhältnis des verwendeten Brennstoffs (z. B. für Erdgas=1,11, Heizöl = 1,06)

Energetische Bewertung des Heizsystems nach DIN V 18599-5

Bereitschaftswärmeverlust des Kessels:

$$q_{B,\vartheta} = q_{B,70} \cdot (\vartheta_{HK,m} - \vartheta_i)/(70 - 20) \tag{141}$$

$q_{B,\vartheta}$	der Bereitschaftsverlust des Kessels bei mittlerer Heizkesseltemperatur
$q_{B,70}$	der Bereitschaftsverlust gemäß Herstellerangaben
$\vartheta_{HK,m}$	die mittlere Heizkesseltemperatur
ϑ_i	die Bilanzinnentemperatur

Verwendung von Standardwerten:

$$q_{B,70} = (E \cdot (1{,}3 \cdot \dot{Q}_{h,max})^F)/100 \tag{142}$$

$q_{B,70}$	Bereitschaftsverluste des Kessels bei 70 °C
E/F	Faktoren nach Tafel 3.183
$\dot{Q}_{h,max}$	max. Heizleistung je Zone in kW

Tafel 3.183: Beiwerte zur Ermittlung der Bereitschaftsverluste bei 70°C

Heizkesseltyp	Baujahr	Faktor E	Faktor F
Umstell-/Wechselbrandkessel	vor 1987	12,5	–0,28
Feststoffkessel	vor 1978	12,5	–0,28
	1978 bis 1994	10,5	–0,28
	nach 1994	8,0	–0,28
Standard-Heizkessel:			
Gas-Spezial-Heizkessel	vor 1978	8,0	–0,27
	1978 bis 1994	7,0	–0,3
	nach 1994	8,5	–0,4
Gebläsekessel (Öl/Gas)	vor 1978	9,0	–0,28
	1978 bis 1994	7,5	–0,31
	nach 1994	8,5	–0,4
Biomassekessel	nach 1994	14	–0,28
Niedertemperatur-Kessel:			
Gas-Spezial-Heizkessel	bis 1994	6,0	–0,32
	nach 1994	4,5	–0,4
Umlaufwasserheizer (Kombikessel 11 kW, 18 kW und 24 kW)	bis 1994	$q_{B},70\,°C = 0{,}022$	
Kombikessel KSpb	nach 1994	$q_{B},70\,°C = 0{,}022$	
Kombikessel DL[a]	nach 1994	$qB,70\,°C = 0{,}012$	
Gebläsekessel (Öl/Gas)	bis 1994	7,0	–0,37
	nach 1994	4,25	–0,4

Brennwert-Kessel (Öl/Gas)	bis 1994	7,0	–0,37
	nach 1994	4,0	–0,4
Kombikessel KSpb (11 kW, 18 kW und 24 kW)	nach 1994	$q_B, 70°C = 0,022$	
Kombikessel DL^a (11 kW, 18 kW und 24 kW)	nach 1994	$q_B, 70°C = 0,012$	

^{a} DL: Heizkessel mit integrierter Trinkwassererwärmung nach dem Durchlaufprinzip mit Wärmeaustauscher (V < 2 l). b KSp: Heizkessel mit integrierter Trinkwassererwärmung nach dem Durchlaufprinzip mit Kleinspeicher (2 < V < 10 l).

Der Kesselwirkungsgrad:

$$\eta_{k,100\%} = (A + B \cdot \log(1{,}3 \cdot \dot{Q}_{h,max}))/100 \tag{143}$$

$\eta_{k,100\%}$ der Kesselwirkungsgrad bei 100 % Kesselbelastung
$\dot{Q}_{h,max}$ max. Heizleistung je Zone in kW
A/B Wirkungsgradfaktoren nach Tafel 3.184

Tafel 3.184: Wirkungsgradfaktoren

Heizkesseltyp	Baujahr	Faktor A	Faktor B	Faktor C	Faktor D
Umstell-/Wechselbrandkessel	vor 1978	77,0	2,0	70,0	3,0
	1978 bis 1987	79,0	2,0	74,0	3,0
Feststoffkessel (fossiler Brennstoff)	vor 1978	78,0	2,0	72,0	3,0
	1978 bis 1994	80,0	2,0	75,0	3,0
	nach 1994	81,0	2,0	77,0	3,0
Standard-Heizkessel:					
Gas-Spezial-Heizkessel	vor 1978	79,5	2,0	76,0	3,0
	1978 bis 1994	82,5	2,0	78,0	3,0
	nach 1994	85,0	2,0	81,5	3,0
Gebläsekessel	vor 1978	80,0	2,0	75,0	3,0
	1978 bis 1986	82,0	2,0	77,5	3,0
	1987 bis 1994	84,0	2,0	80,0	3,0
	nach 1994	85,0	2,0	81,5	3,0
Brennertausch (nur Gebläsekessel)	vor 1978	82,5	2,0	78,0	3,0
	1978 bis 1994	84,0	2,0	80,0	3,0
Biomassekessel					
Klasse 3	ab 1994	67	6	68	7
Klasse 2	ab 1994	57	6	58	7
Klasse 1	ab 1994	47	6	48	7

Energetische Bewertung des Heizsystems nach DIN V 18599-5

Niedertemperatur-Kessel:					
Gas-Spezial-Heizkessel	1978 bis 1994	85,5	1,5	86,0	1,5
	nach 1994	88,5	1,5	89,0	1,5
Umlaufwasserheizer (11 kW, 18 kW und 24 kW)	vor 1987	$\eta_{100\%} = 86\ \%$		$\eta_{pl} = 84\ \%$	
	1987 bis 1992	$\eta_{100\%} = 88\ \%$		$\eta_{pl} = 84\ \%$	
Gebläsekessel	vor 1987	84,0	1,5	82,0	1,5
	1987 bis 1994	86,0	1,5	86,0	1,5
	nach 1994	88,5	1,5	89,0	1,5

Der Wirkungsgrad unter Teillast:

$$\eta_{k,pl} = (C + D \cdot \log(1{,}3 \cdot \dot{Q}_{h,max}))/100 \tag{144}$$

$\eta_{k,pl}$ der Kesselwirkungsgrad bei Teillast
$\dot{Q}_{h,max}$ max. Heizleistung je Zone in kW
C/D Wirkungsgradfaktoren nach Tafel 3.184

Die Verlustleistung des Kessels bei Teillast sowie die Verlustleistung des Kessels bei Nennleistung sind nach den Gleichungen 145 bzw. 146 zu ermitteln.

$$\dot{Q}_{V,g,pl} = (f_{Hs/Hi} - \eta_{k,pl,Betrieb})/\eta_{k,pl,Betrieb} \cdot \beta_{k,pl} \cdot 1{,}3 \cdot \dot{Q}_{h,max} \tag{145}$$
$$\dot{Q}_{V,g,100\%} = (f_{Hs/Hi} - \eta_{k,100\%,Betrieb})/\eta_{k,100\%Betrieb} \cdot 1{,}3 \cdot \dot{Q}_{h,max} \tag{146}$$

$\dot{Q}_{V,g,pl}$ Verlustleistung bei Teillast
$\dot{Q}_{V,g,100\%}$ Verlustleistung bei 100% Belastung
$\eta_{k,pl,Betrieb}$ Kesselwirkungsgrad unter Teillast
$\eta_{k,100\%,Betrieb}$ Kesselwirkungsgrad bei 100 % Belastung unter Betriebsbedingungen
$f_{Hs,Hi}$ das Brennwert-Heizwert-Verhältnis des verwendeten Brennstoffs (z. B. für Erdgas=1,11, Heizöl = 1,06)

Die Umrechnung der Kesselwirkungsgrade von Prüfbedingungen auf die realen Betriebsbedingungen erfolgt nach Gleichung 147 und 148.

$$\eta_{k,100\%,Betrieb} = \eta_{k,100\%} + G \cdot (\vartheta_{g,Test,100} - \vartheta_{HK,m}) \tag{147}$$
$$\eta_{k,pl,Betrieb} = \eta_{k,1pl} + H \cdot (\vartheta_{g,Test,pl} - \vartheta_{HK,m}) \tag{148}$$

$\eta_{k,pl,Betrieb}$ Kesselwirkungsgrad unter Teillast
$\eta_{k,100\%,Betrieb}$ Kesselwirkungsgrad bei 100 % Belastung unter Betriebsbedingungen
H/G Temperaturkorrekturfaktoren
$\vartheta_{g,Test,100}$ Heizkesseltemperatur-Prüftemperatur bei 100 % Belastung
$\vartheta_{g,Test,pl}$ Heizkesseltemperatur-Prüftemperatur bei Teillast

Tafel 3.186a: Heizkesseltemperaturen

Heizkesseltyp	$\vartheta_{g,Test\,100}$ (Lastfall 100 %) °C	$\vartheta_{g,Test,pl}$ (Lastfall Teillast) °C
Gas/Öl		
Standard	70	50
Niedertemperatur	70	40
Brennwert	70	30[a]
Biomasse		
Standard	70	70

[a] Für Brennwertkessel gilt nach Richtlinie 92/42/EWG die Prüfung bei einer Rücklauftemperatur von 30 °C.

Für den im Beispielgebäude geplanten Brennwertkessel gilt demnach eine Prüftemperatur von 70°C im Lastfall 100% und 30°C im Lastfall Teillast.

Tafel 3.186b: Temperaturkorrekturfaktoren

Heizkesseltyp	Faktor G	Faktor H
Standardkessel	0	0,0004
Niedertemperaturkessel	0,0004	0,0004
Brennwertkessel, gasförmige Brennstoffe	0,002	0,002
Brennwertkessel, flüssige Brennstoffe	0,0004	0,001
Biomasse-Standardkessel	0	0,0004

Strahlungsverluste des Kessels:

$$Q_{l,h,g} = q_{s,\vartheta} \cdot \frac{\dot{Q}_N}{\eta_{k,100\%}} \cdot (t_{h,rL,T} - t_{w,100\%}) \cdot d_{h,rB} \tag{149}$$

$Q_{l,h,g}$ Gesamtsumme der Strahlungsverluste, in kWh
$q_{s,\vartheta}$ der Bereitschaftsverlust des Kessels bei mittlerer Heizkesseltemperatur
$\eta_{k,100\%}$ der Kesselwirkungsgrad bei 100% Kesselbelastung
$\dot{Q}_N$ die Kesselnennwärmeleistung, in kW
$t_{h,rL,T}$ die tägliche rechnerische Laufzeit der Heizung, in h
$t_{w,100\%}$ die Tageslaufzeit des Heizkessels für die Trinkwassererwärmung in h (für dieses Beispiel = 0)
$d_{h,rB}$ die monatlichen rechnerischen Betriebstage

7.4 Hilfsenergien

Der elektrische Aufwand im Monat:

$$Q_{h,d,aux} = W_{h,d,hydr} \cdot e_{h,d,aux} \tag{150}$$

$Q_{h,d,aux}$ der elektrische Aufwand im Monat, in kWh
$W_{h,d,hydr}$ der hydraulische Energiebedarf im Monat, in kWh
$e_{h,d,aux}$ die Aufwandszahl für den Betrieb der Heizungspumpe

Energetische Bewertung des Heizsystems nach DIN V 18599-5

Der hydraulische Energiebedarf:

$$W_{\text{h,d,hydr}} = \frac{P_{\text{hydr}}}{1000} \cdot \beta_{\text{h,d}} \cdot (t_\text{h} \cdot f_{\text{d,PM}}) \cdot f_{\text{Sch}} \tag{151}$$

P_{hydr} die hydraulische Leistung der Pumpe im Auslegungspunkt, in W
$\beta_{\text{h,d}}$ die mittlere Belastung der Verteilung, in [-]
t_h die monatlichen Heizstunden
$f_{\text{d,PM}}$ Korrekturfaktor für Wärmeerzeuger mit integriertem Pumpenmanagement, in [-]
f_{Sch} Korrekturfaktor hydraulische Schaltung, in [-]

Die hydraulische Leistung der Pumpe am Auslegungspunkt:

$$P_{\text{hydr}} = 0{,}2778 \cdot \Delta p \cdot \dot{V} \tag{152}$$

Δp der Differenzdruck im Auslegungspunkt, in kPa
$\dot{V}$ der Volumenstrom im Auslegungspunkt, in m³/h

Der Volumenstrom wird berechnet aus der Relation zwischen der max. Heizlast und der Temperaturspreizung im Auslegungspunkt.

$$\dot{V} = \frac{\dot{Q}_{\text{h,max}}}{\Delta\vartheta_{\text{HK}} \cdot 1{,}15} \tag{153}$$

$\dot{Q}_{\text{h,max}}$ die maximale Heizleistung in der Zone, in kW
$\Delta\vartheta_{\text{HK}}$ die Temperaturspreizung im Auslegungspunkt

Die Temperaturspreizung im Auslegungspunkt:

$$\Delta\vartheta_{\text{HK}}(\beta_\text{d}) = \vartheta_{\text{VL,m}}(\beta_\text{d}) - \vartheta_{\text{RL,m}}(\beta_\text{d}) \tag{154}$$

$\vartheta_{\text{VL,m}}(\beta_\text{d})$ die mittlere Vorlauftemperatur für die mittlere Belastung der Verteilung
$\vartheta_{\text{RL,m}}(\beta_\text{d})$ die mittlere Rücklauftemperatur für die mittlere Belastung der Verteilung

Der Differenzdruck am Auslegungspunkt Δp :

$$\Delta p = 0{,}13 \cdot L_{\max} + 2 + \Delta p_{\text{FBH}} + \Delta p_{\text{WE}} \tag{155}$$

$L_{\max}$ die maximale Rohrleitungslänge, in m
Δp_{FBH} der Differenzdruck der Fußbodenheizung, wenn vorhanden
Δp_{WE} der Differenzdruck des Wärmeerzeugers, in kPa

Die max. Leitungslänge :

$$L_{\max} = 2 \cdot (L_\text{G} + \tfrac{B_\text{G}}{2} + n_\text{G} \cdot h_\text{G} + l_\text{d}) \tag{156}$$

$L_{\max}$ die maximale Rohrleitungslänge
L_G die größte gestreckte Länge des Gebäudes
B_G die größte gestreckte Breite des Gebäudes

3.187

n_G die Anzahl der Geschosse
h_G die mittlere Geschosshöhe
l_d Zuschlag für das verwendete Rohrleitungssystem (Einrohrsystem: 10, Zweirohrsystem: $L_G + B_G$)

Korrekturwert für die hydraulische Schaltung:

$$f_{Sch} = 8{,}6 \cdot \bar{m} + 0{,}7 \tag{157}$$

$\bar{m}$ der anteilige Heizkörpermassenstrom in %.

Die Aufwandszahl für den Betrieb der Umwälzpumpe:

$$e_{h,d,aux} = f_e \cdot (C_{P1} + C_{P2} \cdot \beta_{h,d}^{-1}) \tag{158}$$

Mit:

$e_{h,d,aux}$ die Aufwandszahl für den Betrieb der Umwälzpumpe
C_{P1+2} die Konstanten nach Tafel 3.188
$\beta_{h,d}^{-1}$ der Belastungsgrad für den Prozessbereich Verteilung
f_e der Effizienzfaktor

Tafel 3.188:   Konstanten zur Berechnung der Aufwandszahl

Pumpenregelung	C_{P1}	C_{P2}
ungeregelt	0,25	0,75
Δp_{const}	0,75	0,25
$\Delta p_{variabel}$	0,90	0,10

Der Effizienzfaktor:

$$f_e = (1{,}25 + (\frac{200}{P_{hydr}})^{0,5}) \cdot b \tag{159}$$

$$f_e = \frac{P_{Pumpe}}{P_{hydr}} \tag{160}$$

f_e der Effizienzfaktor, in [-]
b der Überdimensionierungsfaktor, in [-]
P_{Pumpe} die Leistung der Pumpe nach Herstellerangaben
P_{hydr} die hydraulische Leistung der Pumpe

Korrekturfaktor Absenkbetrieb:

$$K = \frac{1{,}03 \cdot t_{h,rL} + f_{P,A} \cdot (t_h - t_{h,rL})}{t_h} \tag{161}$$

$t_{h,rL}$ die monatliche rechnerische Laufzeit, in h
t_h die monatlichen Heizstunden, in h
$f_{P,A}$ Korrektur Absenkung/Abschaltung = 0,6/0

Energetische Bewertung des Heizsystems nach DIN V 18599-5

Hilfsenergiebedarf der Heizwärmeerzeugung:

$$Q_{h,g,aux} = \Sigma(P_{h,gaux,i} \cdot (t_{h,rL} - t_{w,100\%} \cdot d_{mth} \cdot \frac{d_{Nutz,a}}{365}) + P_{aux,SB} \cdot (24 \cdot d_{mth} - t_{h,rL})) \qquad (162)$$

$Q_{h,g,aux}$	die Hilfsenergie der Heizwärmeerzeugung, in kWh
$P_{h,gaux,i}$	die elektrische Leistungsaufnahme des Heizkessels, in kW
$t_{h,rL}$	die rechnerische Laufzeit im Monat, in h
$t_{w,100\%}$	die Tageslaufzeit zur Trinkwassererwärmung, in h
$P_{aux,SB}$	die elektrische Leistungsaufnahme des Kessels im Schlummerbetrieb, in kW
d_{mth}	die Tage eines Monats

Ist der Belastungsgrad des Kessels ≤ als der Belastungsgrad bei Teillast, so ist die elektrische Leistungsaufnahme wie folgt zu berechnen:

$$P_{h,gaux,i} = \left(\frac{\beta_{h,i}}{\beta_{K,pl}}\right) \cdot (P_{aux,pl,i} - P_{aux,SB}) + P_{aux,SB} \qquad (163)$$

$P_{aux,pl,i}$ die elektrische Leistungsaufnahme des Heizkessels bei Teillast, in kW

Ist der Belastungsgrad des Kessels größer als bei Teillast, so wird die elektrische Leistungsaufnahme des Kessels zu:

$$P_{h,gaux,i} = \frac{\beta_{h,i} - \beta_{K,pl}}{1 - \beta_{K,pl}} \cdot (P_{aux,100\%} - P_{aux,pl}) + P_{aux,pl} \qquad (164)$$

$P_{aux,100\%}$ die elektrische Leistungsaufnahme bei 100% Belastung, in kW

Standardwerte:

$$P_{aux} = (G + H \cdot (\dot{Q}_{Nh})^n)/1000 \qquad (165)$$

G/H/n   Hilfsenergiefaktoren nach Tafel 3.189
$\dot{Q}_{Nh}$ die Kesselnennleistung, in kW

Tafel 3.189: Hilfsenergiefaktoren Wärmeerzeugung

Heizkesseltyp	Elektrische Leistungsaufnahme	Faktor G	Faktor H	Faktor n
Ab 1994 Heizkessel mit Gebläsebrenner	$P_{aux,100}$	0	45	0,48
	$P_{aux,pl}$	0	15	0,48
	$P_{aux,SB}$	15	0	0
Heizkessel mit atmosphärischem Brenner bis 250 kW	$P_{aux,100}$	40	0,35	1
	$P_{aux,pl}$	20	0,1	1
	$P_{aux,SB}$	15	0	0
Heizkessel mit atmosphärischem Brenner ab 250 kW	$P_{aux,100}$	80	0,7	1
	$P_{aux,pl}$	40	0,2	1
	$P_{aux,SB}$	15	0	0
Automatisch beschickte Pellet-Zentralheizkessel[a], Anlage mit Pufferspeicher	$P_{aux,100}$	40	2	1
	$P_{aux,pl}$	40	1,8	1
	$P_{aux,SB}$	15	0	0
Automatisch beschickte Hackschnitzel-Zentralheizkessel[a], Anlage mit Pufferspeicher	$P_{aux,100}$	60	2,6	1
	$P_{aux,pl}$	70	2,2	1
	$P_{aux,SB}$	15	0	0

Heizkesseltyp	Elektrische Leistungsaufnahme	Faktor G	Faktor H	Faktor n
Alle anderen Kessel Umstell-/Wechselbrandkessel	$P_{aux,100}$	0	45	0,48
	$P_{aux,pl}$	0	15	0,48
	$P_{aux,SB}$	$20^{b)}$	0	0
Feststoffkessel (fossiler und biogener Brennstoff)	$P_{aux,100}$	0	0	0
	$P_{aux,pl}$	0	0	0
	$P_{aux,SB}$	$15^{b)}$	0	0
Standard-Heizkessel				
Gas-Spezial-Heizkessel	$P_{aux,100}$	40	0,148	1
	$P_{aux,pl}$	40	0,148	1
	$P_{aux,SB}$	15^b	0	0
Gebläsekessel (Öl/Gas)	$P_{aux,100}$	0	45	0,48
	$P_{aux,pl}$	0	15	0,48
	$P_{aux,SB}$	$15^{b)}$	0	0
Niedertemperatur-Heizkessel				
Gas-Spezial-Heizkessel	$P_{aux,\,100}$	40	0,148	1
	$P_{aux,\,pl}$	40	0,148	1
	$P_{aux,\,SB}$	15^b	0	0
Umlaufwasserheizer	$P_{aux,\,100}$	0	45	0,48
	$P_{aux,\,pl}$	0	15	0,48
	$P_{aux,\,SB}$	$15^{b)}$	0	0
Gebläsekessel (Öl/Gas)	$P_{aux,\,100}$	0	45	0,48
	$P_{aux,\,pl}$	0	15	0,48
	$P_{aux,\,SB}$	$15^{b)}$	0	0
Brennwert-Kessel (Öl/Gas)	$P_{aux,\,100}$	0	45	0,48
	$P_{aux,\,pl}$	0	15	0,48
	$P_{aux,\,SB}$	$15^{b)}$	0	0

a) Bei Einsatz gebläseunterstützter Feuerungen erhöhen sich die Werte $P_{aux,100}$; Paux,pl um 40 %.
b) Wenn elektrisch betriebene Kesselregelung vorhanden, sonst $P_{aux,SB} = 0$.

8 Erstmaliger Einbau, Ersatz und Erneuerung von Bauteilen

Werden min. 10 % einer Fläche eines Außenbauteils geändert, so sind die in Tafel 3.191 aufgeführten Maximalwerte der Wärmedurchgangskoeffizienten einzuhalten. Die Maßnahmen sind in Tafel 3.190 beschrieben:

Tafel 3.190: Beschreibung der Maßnahmen

Maßnahmen	Beschreibung
A (alle)	ersetzt, erstmalig eingebaut
B (Außenwände)	Bekleidungen in Form von Platten oder plattenartigen Bauteilen oder Verschalungen sowie Mauerwerks-Vorsatzschalen angebracht werden
C (Außenwände)	Dämmschichten werden eingebaut
D (Außenwand)	bei einer bestehenden Wand mit einem Wärmedurchgangskoeffizienten größer 0,9 W/(m²·K) der Außenputz erneuert wird.
B (Fenster)	zusätzliche Vor- oder Innenfenster eingebaut werden

Maßnahmen	Beschreibung
C (Fenster)	die Verglasung wird ersetzt
B (Dach/Decke)	die Dachhaut bzw. außenseitige Bekleidungen oder Verschalungen werden ersetzt oder neu aufgebaut
C (Dach/Decke)	innenseitige Bekleidungen oder Verschalungen werden aufgebracht oder erneuert
D (Dach/Decke)	Dämmschichten werden eingebaut
E (Dach/Decke)	zusätzliche Bekleidungen oder Dämmschichten an Wänden zum unbeheizten Dachraum werden eingebaut
B (Flachdach)	die Dachhaut bzw. außenseitige Bekleidungen oder Verschalungen werden ersetzt oder neu aufgebaut
C (Flachdach)	innenseitige Bekleidungen oder Verschalungen werden aufgebracht oder erneuert
D (Flachdach)	Dämmschichten werden eingebaut
B (Wände/Decke gegen Erdreich und gegen Außenluft nach unten)	außenseitige Bekleidungen oder Verschalungen, Feuchtigkeitssperren oder Drainagen werden angebracht oder erneuert
C (Wände/Decke gegen Erdreich und gegen Außenluft nach unten)	Fußbodenaufbauten auf der beheizten Seite werden aufgebaut oder erneuert
D (Wände/Decke gegen Erdreich und gegen Außenluft nach unten)	Deckenbekleidungen auf der Kaltseite werden angebracht
E (Wände/Decke gegen Erdreich und gegen Außenluft nach unten)	Dämmschichten werden eingebaut

Tafel 3.191: **Höchstwerte der Wärmedurchgangskoeffizienten bei erstmaligem Einbau, Ersatz und Erneuerung von Bauteilen** (Fußnoten siehe Seite 3.190)

Zeile	Bauteil	Maßnahme nach	Wohngebäude und Zonen von Nichtwohngebäuden mit Innentemperaturen > 19°C	Zonen von Nichtwohngebäuden mit Innentemperaturen von 12 bis < 19°C
			Höchstwerte der Wärmedurchgangskoeffizienten $U_{max}^{1)}$	
	1	2	3	4
1	Außenwände	Nr. 1 a bis d	0,24 W/(m²·K)	0,35 W/(m²·K)
2a	Außen liegende Fenster, Fenstertüren	Nr. 2 a und b	1,30 W/(m²·K) [2)]	1,90 W/(m²·K) [2)]

Zeile	Bauteil	Maßnahme nach	Wohngebäude und Zonen von Nichtwohngebäuden mit Innentemperaturen $> 19°C$	Zonen von Nichtwohngebäuden mit Innentemperaturen von 12 bis $< 19°C$
			Höchstwerte der Wärmedurchgangskoeffizienten $U_{max}^{1)}$	
1		2	3	4
2b	Dachflächenfenster	Nr. 2 a und b	1,40 W/(m²·K)²⁾	1,90 W/(m²·K) ²⁾
2c	Verglasungen	Nr. 2 c	1,10 W/(m²·K)³⁾	keine Anforderung
2d	Vorhangfassaden	Nr. 6 Satz 1	1,50 W/(m²·K)⁴⁾	1,90 W/(m²·K)⁴⁾
2e	Glasdächer	Nr. 2a und c	2,00 W/(m²·K)³⁾	2,70 W/(m²·K)³⁾
3a	Außen liegende Fenster, Fenstertüren, Dachflächenfenster mit Sonderverglasungen	Nr. 2 a und b	2,00 W/(m²·K)²⁾	2,80 W/(m²·K)²⁾
3b	Sonderverglasungen	Nr. 2 c	1,60 W/(m²·K)³⁾	keine Anforderung
3c	Vorhangfassaden mit Sonderverglasungen	Nr. 6 Satz 2	2,30 W/(m²·K)⁴⁾	3,00 W/(m²·K)⁴⁾
4a	Decken, Dächer und Dachschrägen	Nr. 4.1	0,24 W/(m²·K)	0,35 W/(m²·K)
4b	Flachdächer	Nr. 4.2	0,20 W/(m²·K)	0,35 W/(m²·K)
5a	Decken und Wände gegen unbeheizte Räume oder Erdreich	Nr. 5 a, b, d und e	0,30 W/(m²·K)	keine Anforderung
5b	Fußbodenaufbauten	Nr. 5 c	0,50 W/(m²·K)	keine Anforderung
5c	Decken nach unten an Außenluft	Nr. 5 a bis e	0,24 W/(m²·K)	0,35 W/(m²·K)

[1] Wärmedurchgangskoeffizient des Bauteils unter Berücksichtigung der neuen und der vorhandenen Bauteilschichten; für die Berechnung opaker Bauteile ist DIN EN ISO 6946 : 1996-11 zu verwenden.

[2] Bemessungswert des Wärmedurchgangskoeffizienten des Fensters; der Bemessungswert des Wärmedurchgangskoeffizienten des Fensters ist technischen Produkt-Spezifikationen zu entnehmen oder gemäß den nach den Landesbauordnungen bekannt gemachten energetischen Kennwerten für Bauprodukte zu bestimmen. Hierunter fallen insbesondere energetische Kennwerte aus europäischen technischen Zulassungen sowie energetische Kennwerte der Regelungen nach der Bauregelliste A Teil 1 und auf Grund von Festlegungen in allgemeinen bauaufsichtlichen Zulassungen.

[3] Bemessungswert des Wärmedurchgangskoeffizienten der Verglasung; der Bemessungswert des Wärmedurchgangskoeffizienten der Verglasung ist technischen Produkt-Spezifikationen zu entnehmen oder gemäß den nach den Landesbauordnungen bekannt gemachten energetischen Kennwerten für Bauprodukte zu bestimmen. Hierunter fallen insbesondere energetische Kennwerte aus europäischen technischen Zulassungen sowie energetische Kennwerte der Regelungen nach der Bauregelliste A Teil 1 und auf Grund von Festlegungen in allgemeinen bauaufsichtlichen Zulassungen.

[4] Wärmedurchgangskoeffizient der Vorhangfassade; er ist nach anerkannten Regeln der Technik zu ermitteln.

3C   Bautechnischer Brandschutz

Prof. Dr.-Ing. Dietmar Hosser und Dr.-Ing. Ekkehard Richter

Inhaltsverzeichnis

		Seite
1	**Grundlagen des vorbeugenden Brandschutzes**	3.194
2	**Bauordnungsrechtliche Brandschutzanforderungen**	3.196
2.1	Grundsatzanforderungen und Einzelanforderungen	3.196
2.2	Gebäudeklassen	3.197
2.3	Anforderungen an Grundstück und Bebauung	3.198
2.4	Anforderungen an das Brandverhalten von Baustoffen und Bauteilen	3.198
2.5	Anforderungen an die Abschnittsbildung	3.200
2.6	Anforderungen an die Rettungswege	3.201
2.7	Anforderungen an Sonderbauten	3.205
2.8	Nachweise zum Brandverhalten von Baustoffen und Bauteilen	3.207
2.9	Verwendbarkeitsnachweise für Bauprodukte	3.211
3	**Konstruktiver baulicher Brandschutz**	3.212
3.1	Normen, Regeln	3.212
3.2	Begriffe	3.213
3.3	Grundlagen	3.214
3.4	Brandschutztechnische Bemessung von Massivbauteilen	3.215
3.5	Brandschutztechnische Bemessung von Holzbauteilen	3.220
3.6	Brandschutztechnische Bemessung von Stahlbauteilen	3.223
3.7	Brandschutztechnische Bemessung von Verbundbauteilen	3.224

1 Grundlagen des vorbeugenden Brandschutzes

Aufgabe des Brandschutzes ist, das Risiko eines Brandes mit größerem Schaden, insbesondere an Leib und Leben, auf ein vertretbares Restrisiko zu begrenzen. Als Maßnahmen zur Reduzierung des Brandrisikos kommen in Frage:

Reduzierung der Brandhäufigkeit durch
- Vermeidung brennbarer Baustoffe,
- Überwachung notwendiger brennbarer Betriebs- und Lagerstoffe,
- Vermeidung oder Überwachung von Zündquellen.

Reduzierung des Schadensausmaßes durch
- Vorkehrungen zur raschen Branderkennung,
- Vorkehrungen zur unverzüglichen Brandbekämpfung (schon im Entstehungsstadium),
- Ermöglichen der Flucht und Rettung von Personen aus dem Brandbereich,
- Begrenzung der Brandauswirkungen im Falle eines voll entwickelten Brandes durch bauliche Maßnahmen auf den unmittelbar betroffenen Raum bzw. Abschnitt,
- Schutz besonders wertvoller Objekte vor den Brandwirkungen (Temperatur, korrosive Rauchgase),
- Erleichterung einer Sanierung nach dem Brand.

In der folgenden Abbildung 3.194 sind die verschiedenen Aufgabenbereiche, die sich mit der Umsetzung der Brandschutzanforderungen befassen, dargestellt.

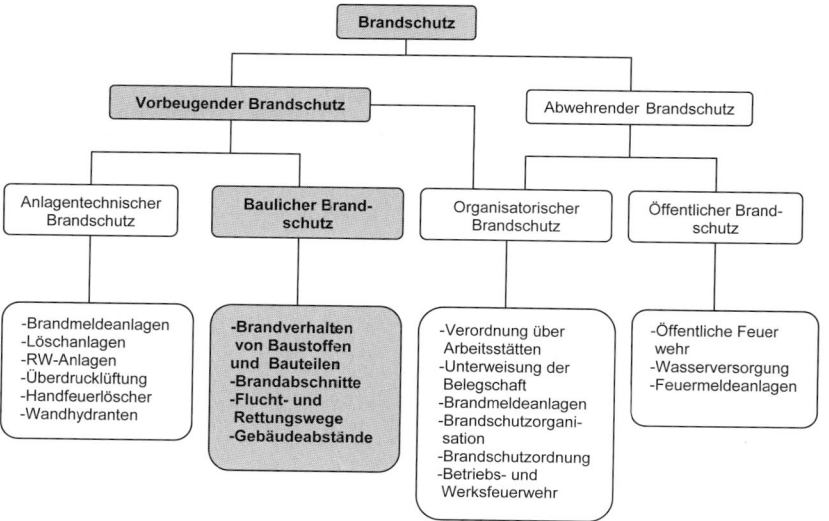

Abb. 3.194: Struktur des Brandschutzes nach [Bock 02]

Grundsätzlich sind vier Bedingungen für die Entstehung eines Brandes zu erfüllen. Es muss ein brennbarer Stoff vorhanden sein, eine ausreichende Menge Sauerstoff und eine ausreichend hohe Zündenergie bzw. Zündtemperatur. Liegt ein ausreichendes Mischungsverhältnis vor, kommt es zur Entzündung.

Damit das Brandverhalten von Baustoffen oder Baukonstruktionen beurteilt werden kann, sind einheitliche Prüf- und Beurteilungsgrundlagen zu schaffen. Voraussetzung ist die allgemeingültige Beschreibung des Brandverlaufs, der in Abb. 3.195 (in Anlehnung an [Schneider 02]) schematisch dargestellt ist.

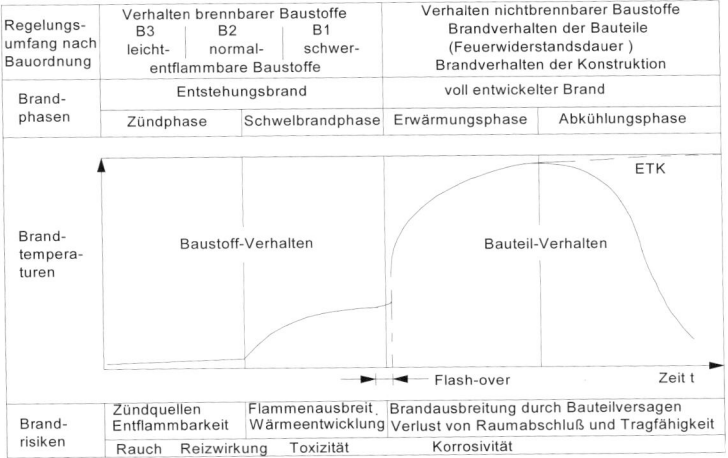

Abb. 3.195: Brandphasen und zugehörige Regelungen der Bauordnung

Vom Beginn des Zündens bis zum vollständigen Abkühlen kann der Brand grundsätzlich in zwei Abschnitte eingeteilt werden:
- den Entstehungsbrand mit der Zündphase und der Schwelbrandphase und
- den vollentwickelten Brand mit der Erwärmungsphase und der Abkühlungsphase.

Abb. 3.195 zeigt, dass in der Phase des Entstehungsbrandes die Zündquellen und die Entflammbarkeit der Baustoffe das Brandrisiko darstellen. In der zweiten Phase liegt das Risiko in der Flammenausbreitung und Wärmeentwicklung sowie in der Brandbeanspruchung der Bauteile.

Folgende Faktoren beeinflussen maßgeblich den Brandverlauf:
- Menge der Brandlast,
- Art der Brandlast,
- Brandlastverteilung im Raum,
- Lagerungsdichte der Brandlast,
- Brandraumgeometrie,
- Wärmeleitfähigkeit der Bauteile,
- Wärmekapazität der Bauteile,
- Ventilationsbedingung für die Sauerstoffzufuhr,
- Löschmaßnahmen.

Mit dem Temperaturanstieg einher geht in der Regel eine starke Rauchentwicklung, die in den meisten Fällen für Personenschäden bei Bränden verantwortlich ist. Einer Ausbreitung des Rauches wird durch geeignete Maßnahmen zur Rauchableitung entgegen gewirkt.

Der von zahlreichen Einflüssen abhängige und deshalb nur schwer vorhersagbare Temperaturzeitverlauf eines vollentwickelten Brandes im Hochbau kann durch die Einheitstemperaturzeitkurve (ETK) nach DIN 4102-2 in der Regel auf der sicheren Seite liegend abgedeckt werden (Abb. 3.196). Die Abkühlungsphase ist hier entfallen und wird ersetzt durch einen abrupten Abbruch der Erwärmung nach einer bestimmten Dauer des Normbrandes, die bei der Prüfung von Bauteilen nach DIN 4102-2 der Feuerwiderstandsdauer entspricht.

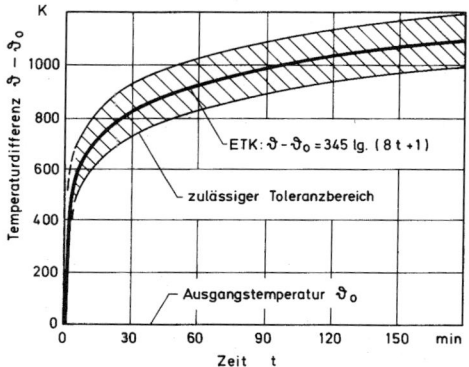

Abb. 3.196: Einheitstemperaturzeitkurve nach DIN 4102-2 [Kordina 81]

2 Bauordnungsrechtliche Brandschutzanforderungen

2.1 Grundsatzanforderungen und Einzelanforderungen

Das Bauordnungsrecht als Sicherheitsrecht wird vom Grundgesetz der Bundesrepublik Deutschland den Bundesländern zugewiesen. Demzufolge gibt es 16 verschiedene Landesbauordnungen. Um gleichgelagerte Fälle in verschiedenen Bundesländern in etwa gleichartig regeln zu können, wurde und wird von der Fachkommission Bauaufsicht der ARGEBAU (Bauministerkonferenz) die Musterbauordnung erarbeitet. Die Bundesländer setzen die Musterbauordnung in ihr jeweiliges Landesrecht um. Die Abweichungen der verschiedenen Landesbauordnungen von der Musterbauordnung sind zum Teil recht umfangreich. In den wesentlichen Grundsatzanforderungen folgen sie aber der Musterbauordnung. Angemerkt sei noch, dass nur die Landesbauordnungen rechtsverbindlich sind.

Im Folgenden wird auf die Musterbauordnung vom November 2002 [MBO 02] (im weiteren MBO genannt) Bezug genommen. Die primären Schutzziele zum Brandschutz ergeben sich aus den allgemeinen Anforderungen in § 3 Abs.1 und § 14 der MBO.

§ 3 Allgemeine Anforderungen

(1) Anlagen sind so anzuordnen, zu errichten, zu ändern und instand zu halten, dass die öffentliche Sicherheit und Ordnung, insbesondere Leben, Gesundheit und die natürlichen Lebensgrundlagen nicht gefährdet werden.

§ 14 Brandschutz

Bauliche Anlagen sind so anzuordnen, zu errichten, zu ändern und instand zu halten, dass der Entstehung eines Brandes und der Ausbreitung von Feuer und Rauch (Brandausbreitung) vorgebeugt wird und bei einem Brand die Rettung von Menschen und Tieren sowie wirksame Löscharbeiten möglich sind.

Aus der Umsetzung der allgemeinen Anforderungen (Grundsatzanforderungen) resultiert eine Vielzahl von Einzelanforderungen, die in vier Hauptgruppen eingeteilt werden können (siehe auch Abb. 3.197 in Anlehnung an [Kordina 81]):

- Lage auf dem Grundstück und zur Nachbarbebauung,
- Brandverhalten von Baustoffen und Bauteilen,
- Größe, Lage und Schutz der Brandabschnitte,
- Lage und Gestaltung der Rettungswege.

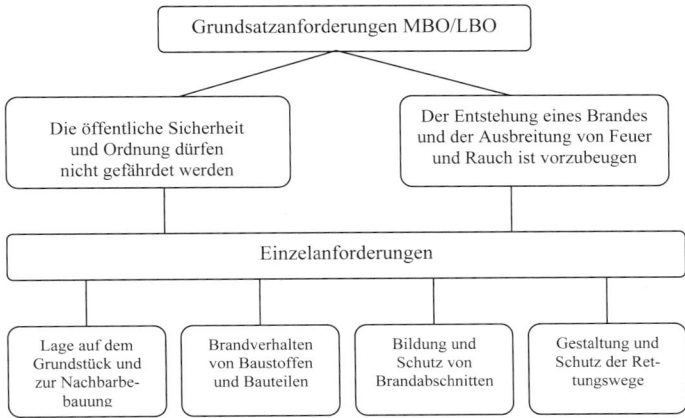

Abb. 3.197: Gliederung der Grundsatzanforderungen und Einzelanforderungen nach der Bauordnung

2.2 Gebäudeklassen

Das Risiko eines Brandes und somit auch das Risiko von Personen, dabei Schaden zu erleiden, hängen von verschiedenen Faktoren ab. Gebäude oder Brandabschnitte mit großer Längenausdehnung und geringer Gebäudetiefe erhöhen das Risiko nicht wesentlich. Der Fluchtweg von Personen und der Angriffs- und Rettungsweg der Feuerwehr sind kurz, da die Außenwand mit Öffnungen an jeder Stelle des Grundrisses relativ nah ist. Die Rauchableitung kann ebenfalls durch die „nahe gelegenen" Öffnungen erfolgen. Weist nun zusätzlich die Gebäudetiefe maximale Ausdehnungen auf, verlängern sie die bereits genannten Wege zur Außenwand bzw. zu Fenstern oder Türen ins Freie. Das Risiko, Schaden zu nehmen, steigt. Was für die Flucht-, Rettungs- und Angriffswege in der Horizontalen zutrifft, gilt auch in vertikaler Richtung. Besonders wird der Angriffs- und Rettungsweg der Feuerwehr mit zunehmender Höhe erschwert. Mit der Höhenlage des Brandraumes steigt das Risiko, Schaden zu nehmen [Klingsohr 02].

In der Musterbauordnung werden unterschiedliche Brandrisiken über die Gebäudeklassen berücksichtigt, die in § 2 Abs. 3 wie folgt definiert sind:

Gebäudeklasse 1:
  a) freistehende Gebäude mit einer Höhe von bis zu 7 m und nicht mehr als zwei Nutzungseinheiten von insgesamt nicht mehr als 400 m² und
  b) freistehende land- oder forstwirtschaftlich genutzte Gebäude,

Gebäudeklasse 2:
  Gebäude mit einer Höhe bis zu 7 m und nicht mehr als zwei Nutzungseinheiten von insgesamt nicht mehr als 400 m²,

Gebäudeklasse 3:
  Sonstige Gebäude mit einer Höhe bis zu 7 m,

Gebäudeklasse 4:
  Gebäude mit einer Höhe bis zu 13 m und Nutzungseinheiten mit jeweils nicht mehr als 400 m²,

Gebäudeklasse 5:
  Sonstige Gebäude einschließlich unterirdischer Gebäude.

Als Höhe ist dabei das Maß der Fußbodenoberkante des höchstgelegenen Geschosses, in dem Aufenthaltsräume möglich sind, über der Geländeoberfläche zu verstehen.

2.3 Anforderungen an Grundstück und Bebauung

Eine wesentliche Voraussetzung für die Rettung von Menschen und Tieren und für wirksame Löscharbeiten sind eine geeignete Zufahrt von der öffentlichen Verkehrsfläche zum Gelände und ein ungehinderter Zugang zu dem Gebäude bzw. den Gebäuden für die Einsatzkräfte der Feuerwehr. Für Einsatzfahrzeuge der Feuerwehr, die für die Rettung oder die Löscharbeiten benötigt werden, müssen Aufstell- und Bewegungsflächen vorhanden sein. Die entsprechenden Anforderungen sind in der Musterbauordnung wie folgt geregelt.

> *§ 5 Zugänge und Zufahrten auf den Grundstücken*
>
> *(1) Von öffentlichen Verkehrsflächen ist insbesondere für die Feuerwehr ein geradliniger Zu- und Durchgang zu rückwärtigen Gebäuden zu schaffen; zu anderen Gebäuden ist er zu schaffen, wenn der zweite Rettungsweg dieser Gebäude über Rettungsgeräte der Feuerwehr führt. Zu Gebäuden, bei denen die Oberkante der Brüstung von zum Anleitern bestimmten Fenstern oder Stellen mehr als 8 m über Gelände liegt, ist in den Fällen des Satzes 1 anstelle eines Zu- oder Durchgangs eine Zu- oder Durchfahrt zu schaffen. Ist für die Personenrettung der Einsatz von Hubrettungsfahrzeugen erforderlich, sind die dafür erforderlichen Aufstell- und Bewegungsflächen vorzusehen. ...*
>
> *(2) Zu- und Durchfahrten, Aufstellflächen und Bewegungsflächen müssen für Feuerwehrfahrzeuge ausreichend befestigt und tragfähig sein; sie sind als solche zu kennzeichnen und ständig frei zu halten; ...*

Technische Detailanforderungen an die Flächen für die Feuerwehr enthält die DIN 14 090, die allerdings nicht in allen Bundesländern bauaufsichtlich eingeführt ist. Wo die Anwendung nicht vorgesehen ist, enthält die Landesbauordnung selbst oder die zugehörige Durchführungsverordnung die notwendigen technischen Details.

Die Verhinderung der Ausbreitung von Feuer und Rauch zwecks Einhaltung der Sicherheit und Ordnung bezieht sich nicht nur auf das einzelne Gebäude, sondern auch auf die Nachbarbebauung. Das Übergreifen des Feuers auf Nachbargebäude ist zu verhindern. Zwei Fälle lassen sich dabei unterscheiden:

- die offene Bauweise
- die geschlossene Bauweise.

Bei der offenen Bauweise haben die Gebäude einen Abstand zueinander, der den Feuerübertritt verhindert. Bei der geschlossenen Bauweise grenzen die Gebäude direkt aneinander an, dort wird der Übertritt des Feuers durch eine Brandwand verhindert.

Die einzuhaltenden Abstände ergeben sich aus § 6 der MBO; zum Teil weichen aber die einzelnen Landesbauordnungen davon ab.

> *§ 6 Abstandsflächen und Abstände*
>
> *....*
>
> *(4) Die Tiefe der Abstandsfläche bemisst sich nach der Wandhöhe; sie wird senkrecht zur Wand gemessen. Wandhöhe ist das Maß von der Geländeoberfläche bis zum Schnittpunkt der Wand mit der Dachhaut oder bis zum oberen Abschluss der Wand. Die Höhe von Dächern mit einer Neigung von weniger als 70 Grad wird zu einem Drittel der Wandhöhe hinzugerechnet. Andernfalls wird die Höhe des Daches voll hinzugerechnet. ...*
>
> *(5) Die Tiefe der Abstandsflächen beträgt 0,4 H, mindestens 3 m. In Gewerbe- und Industriegebieten genügt eine Tiefe von 0,2 H, mindestens 3 m. Vor den Außenwänden von Wohngebäuden der Gebäudeklasse 1 und 2 mit nicht mehr als drei oberirdischen Geschossen genügt als Tiefe der Abstandsfläche 3 m.*

2.4 Anforderungen an das Brandverhalten von Baustoffen und Bauteilen

Die Musterbauordnung 2002 enthält, ebenso wie die Landesbauordnungen, detaillierte Einzelanforderungen an das Brandverhalten der Bauteile und an das Brandverhalten der Baustoffe, die miteinander verknüpft werden.

Die allgemeinen Anforderungen an das Brandverhalten von Baustoffen und Bauteilen werden in der Musterbauordnung geregelt. Dabei werden unbestimmte Rechtsbegriffe verwendet und zum Teil definiert. Wegen der besonderen Bedeutung für die Einzelanforderungen werden die entsprechenden Absätze der MBO hier im Wortlaut zitiert:

> § 26 Allgemeine Anforderungen an das Brandverhalten von Baustoffen und Bauteilen
>
> *(1) Baustoffe werden nach den Anforderungen an ihr Brandverhalten unterschieden in*
>
> *1. nichtbrennbare,*
> *2. schwerentflammbare,*
> *3. normalentflammbare. .....*
>
> *(2) Bauteile werden nach den Anforderungen an ihre Feuerwiderstandsfähigkeit unterschieden in*
>
> *1. feuerbeständige,*
> *2. hochfeuerhemmende,*
> *3. feuerhemmende;*
>
> *die Feuerwiderstandsfähigkeit bezieht sich bei tragenden und aussteifenden Bauteilen auf deren Standsicherheit im Brandfall, bei raumabschließenden Bauteilen auf deren Widerstand gegen die Brandausbreitung.*
>
> *Bauteile werden zusätzlich nach dem Brandverhalten ihrer Baustoffe unterschieden in*
>
> *1. Bauteile aus nichtbrennbaren Baustoffen,*
> *2. Bauteile, deren tragende und aussteifende Teile aus nichtbrennbaren Baustoffen bestehen und die bei raumabschließenden Bauteilen zusätzlich eine in Bauteilebene durchgehende Schicht aus nichtbrennbaren Baustoffen haben,*
> *3. Bauteile, deren tragende und aussteifende Teile aus brennbaren Baustoffen bestehen und die allseitig eine brandschutztechnisch wirksame Bekleidung aus nichtbrennbaren Baustoffen (Brandschutzbekleidung) und Dämmstoffe aus nichtbrennbaren Baustoffen haben,*
> *4. Bauteile aus brennbaren Baustoffen.*
>
> *Soweit in diesem Gesetz oder in Vorschriften aufgrund dieses Gesetzes nichts anderes bestimmt ist, müssen*
>
> *1. Bauteile, die feuerbeständig sein müssen, mindestens den Anforderungen des Satzes 2 Nr. 2,*
> *2. Bauteile, die hochfeuerhemmend sind, mindestens den Anforderungen des Satzes 2 Nr. 3 entsprechen.*

Die Anforderungen an die tragende und aussteifende Konstruktion - Wände, Decken und Dächer - eines Gebäudes richten sich nach dem Brandrisiko, das durch die Gebäudeklassen berücksichtigt wird. Die einzelnen Bauteile werden in mehreren Paragraphen der MBO behandelt:

§ 27   Tragende Wände, Stützen
§ 28   Außenwände
§ 29   Trennwände
§ 30   Brandwände
§ 31   Decken
§ 32   Dächer.

Tafel 3.200 verdeutlicht die Systematik der Anforderungen für einige wesentliche Bauteile.

Abb. 3.200: Brandschutzanforderungen an wesentliche Bauteile nach MBO

Bauteil	Gebäudeklasse				
	1	2	3	4	5
Wand, Stütze	keine Anforderung	feuerhemmend		hochfeuerhemmend	feuerbeständig
in Kellergesch.	feuerhemmend		feuerbeständig		
Trennwand	keine Anforderung		Feuerwiderstandsfähigkeit der tragenden und aussteifenden Bauteile des Geschosses, mindestens feuerhemmend, bei Räumen mit Explosions- oder Brandgefahr feuerbeständig		
Decke	keine Anforderung	feuerhemmend		hochfeuerhemmend	feuerbeständig
in Kellergesch.	feuerhemmend		feuerbeständig		
Brandwand bzw. Wand anstelle einer Brandwand	hochfeuerhemmende Trennwand oder Gebäudeabschlusswand, die von innen nach außen wie tragende Bauteile und von außen nach innen feuerbeständig ist			hochfeuerhemmend, mechanische Festigkeit	feuerbeständig, nichtbrennbar, mechanische Festigkeit

2.5 Anforderungen an die Abschnittsbildung

Um den Schaden durch einen Brand möglichst gering zu halten, ist ein Gebäude grundsätzlich brandschutztechnisch zu unterteilen. Als größte Einheit sind Brandabschnitte zu bilden, die bestimmte Abmessungen nicht überschreiten dürfen. Die Größe der Brandabschnitte ist insbesondere von entscheidender Bedeutung für den Erfolg der Löscharbeiten. Die Musterbauordnung und die Landesbauordnungen regeln die größte Ausdehnung eines Brandabschnittes über die Anforderungen bezüglich der Errichtung von Brandwänden:

§ 30 Brandwände

(1) Brandwände müssen als raumabschließende Bauteile zum Abschluss von Gebäuden (Gebäudeabschlusswand) oder zur Unterteilung von Gebäuden in Brandabschnitte (innere Brandwand) ausreichend lang die Brandausbreitung auf andere Gebäude oder Gebäudeabschnitte verhindern.

(2) Brandwände sind erforderlich

1. als Gebäudeabschlusswand, ...

2. als innere Brandwand zur Unterteilung ausgedehnter Gebäude in Abständen von nicht mehr als 40 m ....

Daraus ergibt sich eine maximale Größe von 1600 m² (40 m x 40 m pro Geschoss). Bei der Festlegung auf 40 m ist ursprünglich von einem üblichen Wohngebäude mit der Tiefe von 12 bis 15 m ausgegangen worden. Wenn innerhalb der 1600 m² die Fläche durch Zellenbauweise weiter unterteilt wird, sind Erleichterungen vertretbar [Klingsohr 02]. Erleichterungen gelten auch für landwirtschaftlich genutzte Gebäude gemäß § 30 Abs. 2, Satz 3 ff.

Besonders kritisch wird gesehen, wenn Gebäude bzw. Brandabschnitte eines Gebäudes über Eck zusammenstoßen. Hierfür fordert § 30 Abs. 6 zusätzliche Vorkehrungen gegen einen Feuerüberschlag:

(6) Müssen Gebäude oder Gebäudeteile, die über Eck zusammenstoßen, durch eine Brandwand getrennt werden, so muss der Abstand dieser Wand von der inneren Ecke mindestens 5 m betragen; das gilt nicht, wenn der Winkel der inneren Ecke mehr als 120 Grad beträgt

oder mindestens eine Außenwand auf 5 m Länge als öffnungslose feuerbeständige Wand aus nichtbrennbaren Baustoffen ausgebildet ist.

Innerhalb der Brandabschnitte werden weitere brandschutztechnische Unterteilungen gefordert, die einer Brandausbreitung wirksam vorbeugen. Dazu dienen Decken und Trennwände, die ausreichend lang standsicher und widerstandsfähig gegen die Brandausbreitung sein müssen.

Für Trennwände gilt nach § 29 MBO:

(2) Trennwände sind erforderlich
1. *zwischen Nutzungseinheiten sowie zwischen Nutzungseinheiten und anders genutzten Räumen, ausgenommen notwendigen Fluren,*
2. *zum Abschluss von Räumen mit Explosions- oder erhöhter Brandgefahr,*
3. *zwischen Aufenthaltsräumen und anders genutzten Räumen im Kellergeschoss.*

(3) Trennwände nach Absatz 2 Nrn. 1 und 3 müssen die Feuerwiderstandsfähigkeit der tragenden und aussteifenden Bauteile des Geschosses haben, jedoch mindestens feuerhemmend sein. Trennwände nach Absatz 2 Nr. 2 müssen feuerbeständig sein.

Eine Nutzungseinheit ist eine definierte Nutzfläche einer Wohnungs-, Büro- oder Verwaltungsnutzung in einem Geschoss. Eine Wohnung kann als abgeschlossene Nutzungseinheit betrachtet werden. Innerhalb der Wohnung werden keine weiteren Abschnittsbildungen gefordert. Hinsichtlich der Abschottung der Wohnungsaußenhülle sind folgende Fälle zu unterscheiden:

– Angrenzung an die Nachbarwohnung,
– Angrenzung an das notwendige Treppenhaus,
– Angrenzung an einen notwendigen Flur,
– Angrenzung an das Freie und
– Angrenzung an das obere und untere Geschoss.

Innerhalb von Nutzungseinheiten sind einzelne Räume, die ein erhöhtes Brand- oder Explosionsrisiko aufweisen, brandschutztechnisch abzuschotten. In einer Nutzungseinheit eines Verwaltungsgebäudes kann dies z. B. der Kopierraum oder der Serverraum sein. In Kellergeschossen kann es z. B. der Technikraum oder Heizölraum sein.

2.6 Anforderungen an die Rettungswege

Bei den allgemeinen Anforderungen des Brandschutzes hat die Rettung von Personen oberste Priorität. Deshalb wird den Anforderungen an die Gestaltung der Rettungswege breiter Raum in den Bauordnungen eingeräumt. Ein Rettungsweg dient im Brandfall als

– Fluchtweg zur Selbstrettung,
– Rettungsweg für die Fremdrettung und
– Angriffsweg für die Feuerwehr.

Daraus ergibt sich, dass der Rettungsweg nicht nur für die Rettung von Personen, sondern auch für die meist anschließend durchzuführenden Löscharbeiten benutzbar sein muss. Die Anforderungen an die Rettungswege werden in mehreren Paragraphen der MBO geregelt:

§ 33   Erster und zweiter Rettungsweg
§ 34   Treppen
§ 35   Notwendige Treppenräume, Ausgänge
§ 36   Notwendige Flure, offene Gänge

Wegen der besonderen Bedeutung wird der § 33 der MBO im Wortlaut zitiert.

§ 33 Erster und zweiter Rettungsweg

(1) Für Nutzungseinheiten mit mindestens einem Aufenthaltsraum wie Wohnungen, Praxen, selbstständige Betriebsstätten müssen in jedem Geschoss mindestens zwei voneinander unabhängige Rettungswege ins Freie vorhanden sein; beide Rettungswege dürfen jedoch innerhalb des Geschosses über denselben notwendigen Flur führen.

(2) Für Nutzungseinheiten nach Absatz 1, die nicht zu ebener Erde liegen, muss der erste Rettungsweg über eine notwendige Treppe führen. Der zweite Rettungsweg kann eine weitere notwendige Treppe oder eine mit Rettungsgeräten der Feuerwehr erreichbare Stelle der Nutzungseinheit sein. Ein zweiter Rettungsweg ist nicht erforderlich, wenn die Rettung über einen sicher erreichbaren Treppenraum möglich ist, in den Feuer und Rauch nicht eindringen können (Sicherheitstreppenraum).

(3) Gebäude, deren zweiter Rettungsweg über Rettungsgeräte der Feuerwehr führt und bei denen die Oberkante der Brüstung von zum Anleitern bestimmten Fenstern oder Stellen mehr als 8 m über der Geländeoberfläche liegt, dürfen nur errichtet werden, wenn die Feuerwehr über die erforderlichen Rettungsgeräte wie Hubrettungsfahrzeuge verfügt. Bei Sonderbauten ist der zweite Rettungsweg über Rettungsgeräte der Feuerwehr nur zulässig, wenn keine Bedenken wegen der Personenrettung bestehen.

Für ebenerdige Gebäude liegt somit ein horizontaler Rettungsweg vor, der notwendige Flur. In mehrgeschossigen Gebäuden kommt zusätzlich ein vertikaler Rettungsweg hinzu, die notwendige Treppe. Der erste Rettungsweg ist immer ein baulicher.

Der Rettungsweg in einem mehrgeschossigen Gebäude setzt sich zusammen aus einem Gang im Raum von der entferntesten Stelle bis zur Tür, von dort über den notwendigen Flur (sofern erforderlich) in den notwendigen Treppenraum mit der notwendigen Treppe und schließlich durch den Ausgang ins Freie auf die öffentliche Verkehrsfläche (Abb. 3.202a).

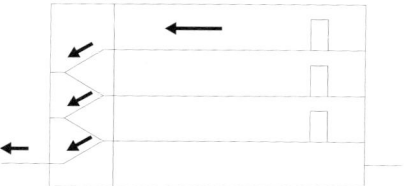

Tafel 3.202a: Beispielhafter Verlauf des ersten Rettungsweges

Die Rettungsweglänge wird in § 35 der MBO geregelt, weil sich in Abhängigkeit davon die Anordnung von Treppenräumen in ausgedehnten Gebäuden ergibt:

(2) Von jeder Stelle eines Aufenthaltsraumes sowie eines Kellergeschosses muss mindestens ein Ausgang in einen notwendigen Treppenraum oder ins Freie in höchstens 35 m Entfernung erreichbar sein.

Die Entfernung von 35 m nach der MBO ist in tatsächlicher Lauflinie zu messen, nicht in Luftlinie (Abb. 3.202b). Für verschiedene Sonderbauten werden in Verordnungen und Richtlinien zum Teil abweichende, sowohl geringere als auch längere Entfernungen, vorgeschrieben. [Klingsohr 02] erläutert dazu (Zitat): „Dieses Maß rührt wohl von der Vorstellung her, dass der Rettungsweg von einer fliehenden Person notfalls mit angehaltenem Atem durcheilt werden kann. Die Entfernung ist erfahrungsgemäß bei starker Verqualmung oder mangelnder Ortskenntnis der Personen nicht mit angehaltenem Atem zurückzulegen, da man sich bei schlechter Sicht wesentlich langsamer vorwärts bewegen kann."

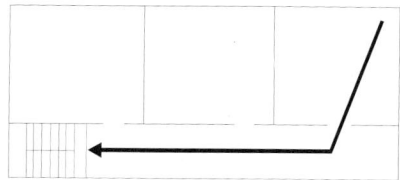

Tafel 3.202b: Beispielhafte Darstellung der Rettungsweglänge von der entferntesten Stelle eines Aufenthaltsraumes bis zum notwendigen Treppenraum

Die Forderung einer notwendigen Treppe findet sich in § 34 der MBO:

(1) Jedes nicht zu ebener Erde liegende Geschoss und der benutzbare Dachraum eines Gebäudes müssen über mindestens eine Treppe zugänglich sein (notwendige Treppe). ...

(3) Notwendige Treppen sind in einem Zuge zu allen angeschlossenen Geschossen zu führen;. ...

Die letzte Forderung gilt nicht für Gebäude in Gebäudeklassen 1 bis 3 und nicht für notwendige Treppen, die ohne eigenen Treppenraum zulässig sind.

Hinsichtlich des Brandverhaltens der Treppen wird gefordert:

(4) Die tragenden Teile der notwendigen Treppe müssen

1. *in Gebäuden der Gebäudeklasse 5 feuerhemmend und aus nichtbrennbaren Baustoffen,*
2. *in Gebäuden der Gebäudeklasse 4 aus nichtbrennbaren Baustoffen,*
3. *in Gebäuden der Gebäudeklasse 3 aus nichtbrennbaren Baustoffen oder feuerhemmend sein. Tragende Teile von Außentreppen ... für Gebäude der Gebäudeklassen 3 bis 5 müssen aus nichtbrennbaren Baustoffen bestehen.*

Die Notwendigkeit eines eigenen Treppenraumes einer notwendigen Treppe ergibt sich aus § 35 Abs.1 der MBO:

(1) Jede notwendige Treppe muss zur Sicherstellung der Rettungswege aus den Geschossen ins Freie in einem eigenen, durchgehenden Treppenraum liegen (notwendiger Treppenraum). Notwendige Treppenräume müssen so angeordnet und ausgebildet sein, dass die Nutzung der notwendigen Treppe im Brandfall ausreichend lang möglich ist. Notwendige Treppen sind ohne eigenen Treppenraum zulässig

1. *in Gebäuden der Gebäudeklassen 1 und 2*
2. *für die Verbindung von höchstens zwei Geschossen innerhalb derselben Nutzungseinheit von insgesamt nicht mehr als 200 m^2, wenn in jedem Geschoss ein anderer Rettungsweg erreicht werden kann,*
3. *als Außentreppe, wenn ihre Nutzung ausreichend sicher ist und im Brandfall nicht gefährdet werden kann.*

Die MBO unterscheidet zwischen außenliegenden und innenliegenden Treppenräumen. Der außenliegende Treppenraum liegt an einer Außenwand mit Fenstern und kann somit die Anforderungen an die Belüftung, Entlüftung (insbesondere Entrauchung) und Belichtung erfüllen. Der innenliegende Treppenraum hingegen kann diese Anforderungen nur durch zusätzliche Maßnahmen erfüllen, die den Raucheintritt im Brandfall behindern.

Die Anforderungen an die Feuerwiderstandsfähigkeit der Umfassungswände des notwendigen Treppenraumes richten sich nach der Gebäudeklasse:

(4) Die Wände notwendiger Treppenräume müssen als raumabschließende Bauteile

1. *in Gebäuden der Gebäudeklasse 5 die Bauart von Brandwänden haben,*
2. *in Gebäuden der Gebäudeklasse 4 auch unter zusätzlicher mechanischer Beanspruchung hochfeuerhemmend und*
3. *in Gebäuden der Gebäudeklasse 3 feuerhemmend*

sein. Dies ist nicht erforderlich für Außenwände von Treppenräumen, die aus nichtbrennbaren Baustoffen bestehen und durch andere an diese Außenwände anschließende Gebäudeteile im Brandfall nicht gefährdet werden können. Der obere Abschluss des notwendigen Treppenraumes muss als raumabschließendes Bauteil die Feuerwiderstandsfähigkeit der Decken des Gebäudes haben; ... (Ausnahme Dachabschluss).

Wegen der großen Bedeutung des Treppenraumes für die Rettung von Personen und den Löschangriff in oberen Geschossen, werden grundsätzlich nichtbrennbare Oberflächenbekleidungen gefordert, lediglich bei Bodenbelägen genügen schwerentflammbare Baustoffe.

Um dem Eintritt von Feuer und Rauch in den Treppenraum durch Türöffnungen vorzubeugen, werden an die Türen Anforderungen gestellt, die nicht von der Gebäudeklasse, sondern von der angrenzenden Nutzung abhängen. Öffnungen zu Kellergeschossen, nicht ausgebauten Dachräumen und größeren Sonderräumen müssen mindestens feuerhemmend, rauchdicht und selbstschließend, zu notwendigen Fluren rauchdicht und selbstschließend und zu sonstigen Räumen und Nutzungseinheiten dicht- und selbstschließend sein.

Die Ableitung von eindringendem Rauch kann bei einem außenliegenden Treppenraum durch die vorhandenen Fenster erfolgen. Dazu muss in jedem oberirdischen Geschoss ein unmittelbar ins Freie führendes Fenster mit einem freien Querschnitt von mindestens 0,5 m² vorhanden sein, das auch geöffnet werden kann. Für innenliegende notwendige Treppenräume und notwendige Treppenräume in Gebäuden mit einer Fußbodenhöhe von Aufenthaltsräumen von mehr als 13 m ist an der obersten Stelle eine Öffnung zur Rauchableitung mit einem freien Querschnitt von mindestens 1m² erforderlich, die sich vom Erdgeschoss und vom obersten Treppenabsatz öffnen lässt.

Der notwendige Flur stellt den horizontalen Teil des ersten Rettungsweges zwischen dem Aufenthaltsraum und dem notwendigem Treppenraum dar. In § 36 der MBO wird dazu ausgeführt:

(1) Flure, über die Rettungswege aus Aufenthaltsräumen oder aus Nutzungseinheiten mit Aufenthaltsräumen zu Ausgängen in notwendige Treppenräume oder ins Freie führen (notwendige Flure), müssen so angeordnet und ausgebildet sein, dass die Nutzung im Brandfall ausreichend lang möglich ist.

Notwendige Flure sind nicht erforderlich

...

3. innerhalb von Wohnungen oder innerhalb von Nutzungseinheiten mit nicht mehr als 200 m²,

4. innerhalb von Nutzungseinheiten, die einer Büro- oder Verwaltungsnutzung dienen, mit nicht mehr als 400 m²; ...

Ein Beispiel für Nr. 3 ist in Abb. 3.204a und für Nr. 4 in Abb. 3.204b gezeigt.

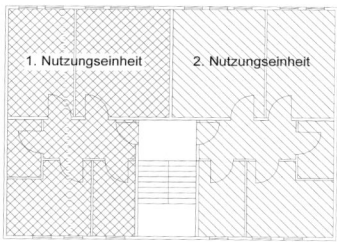

Tafel 3.204a: Beispiel für zwei Wohnungen als getrennte Nutzungseinheiten ohne einen notwendigen Flur

Tafel 3.204b: Beispiel für zwei Nutzungseinheiten in einem Verwaltungsgebäude mit einem nicht notwendigen bzw. einem notwendigen Flur

Da der notwendige Flur Bestandteil des ersten Rettungsweges ist, sind erhöhte Anforderungen an ihn zu stellen. Er muss nicht nur sicher während der Zeit der Selbstrettung und Fremdrettung sein, sondern auch für den Löschangriff der Feuerwehr. Die Flurwand gilt als raumabschließendes Bauteil zwischen Flur und Aufenthaltsraum (bzw. Nutzungseinheit). Sie hat sicherzustellen, dass Feuer und Rauch für eine bestimmte Zeitdauer nicht in den Flur gelangen.

Die Anforderungen an die Flurwände sind für die Gebäudeklassen 3 bis 5 gleich, bei Gebäudeklasse 1 und 2 ist kein notwendiger Flur erforderlich. In § 36 Abs. 4 der MBO heißt es:

(4) Wände notwendiger Flure müssen als raumabschließende Bauteile feuerhemmend, in Kellergeschossen, deren tragende und aussteifende Bauteile feuerbeständig sein müssen, feuerbeständig sein. Die Wände sind bis an die Rohdecke zu führen. Sie dürfen bis an die Unterdecke der Flure geführt werden, wenn die Unterdecke feuerhemmend ist und ein demjenigen nach Satz 1 vergleichbarer Raumabschluss sichergestellt ist.

Auch im notwendigen Flur gilt die grundsätzliche Anforderung, der Ausbreitung von Feuer und Rauch vorzubeugen; insbesondere soll sich eintretender Rauch nicht über den gesamten Verlauf des Rettungsweges ausbreiten. Deshalb wird in § 36 Abs. 3 gefordert, notwendige Flure durch rauchdichte und selbstschließende Abschlüsse in Rauchabschnitte zu unterteilen. Die Rauchabschnitte sollen nicht länger als 30 m sein.

Für Nutzungseinheiten mit mindestens einem Aufenthaltsraum müssen in jedem Geschoss mindestens zwei voneinander unabhängige Rettungswege vorhanden sein und ins Freie führen. Ein zweiter Rettungsweg ist nicht erforderlich, wenn das Gebäude über einen Sicherheitstreppenraum verfügt. In Abhängigkeit von der Gebäudehöhe unterscheidet die MBO, ob der Einsatz von tragbaren Leitern möglich oder das Hubrettungsgerät der Feuerwehr erforderlich ist. Abb. 3.205 stellt den zweiten Rettungsweg mit Hilfe der tragbaren Leiter (Brüstungshöhe max. 8 m) und des Hubrettungsfahrzeuges (Brüstungshöhe max. 23 m) dar. Die Verfügbarkeit einer ausreichend hohen Drehleiter ist mit der Feuerwehr vorab zu klären. Bei Sonderbauten ist der zweite Rettungsweg über Rettungsgeräte der Feuerwehr nur zulässig, wenn keine Bedenken wegen der Personenrettung bestehen (§ 33 Abs. 3 MBO). In Gebäuden mit vielen Personen oder mit eingeschränkt beweglichen Personen (Versammlungsstätten oder Altenheime) ist die Rettung über Leitern zu langwierig, so dass in der Regel zwei bauliche Rettungswege gefordert werden.

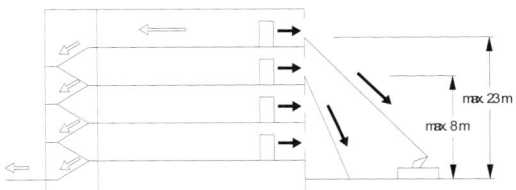

Tafel 3.205: Darstellung des zweiten Rettungsweges durch Rettungsgeräte der Feuerwehr

2.7 Anforderungen an Sonderbauten

Die in den vorangehenden Abschnitten genannten Einzelanforderungen der MBO bzw. der Landesbauordnungen gelten primär für „normale" Hochbauten wie Wohn- oder Bürogebäude. Damit ist eine Vielzahl von Gebäuden bzw. Bauwerken, die einer anderen Nutzung dienen, nicht explizit berücksichtigt. Der Begriff „Sonderbauten" ist in § 2 Abs. 4 der MBO, im Anschluss an die Gebäudeklassen, definiert.

(4) Sonderbauten sind Anlagen und Räume besonderer Art oder Nutzung, die einen der nachfolgenden Tatbestände erfüllen ...

Es folgt eine Aufzählung, die nicht abschließend ist und hier nur mit den praktisch relevanten Beispielen wiedergegeben wird (zur Definition der Höhe siehe Abschnitt 2.2):

- Hochhäuser (mit einer Höhe von mehr als 22 m),
- bauliche Anlagen mit einer Höhe von mehr als 30 m,
- Gebäude mit mehr als 1600 m² Grundfläche des Geschosses mit der größten Ausdehnung, ausgenommen Wohngebäude,

- Verkaufsstätten, deren Verkaufsräume und Ladenstraßen eine Grundfläche von insgesamt mehr als 800 m² haben,
- Gebäude mit Räumen, die einer Büro- oder Verwaltungsnutzung dienen und einzeln eine Grundfläche von mehr als 400 m² haben,
- Gebäude mit Räumen, die einzeln für die Nutzung durch mehr als 100 Personen bestimmt sind,
- Versammlungsstätten mit Versammlungsräumen, die insgesamt mehr als 200 Besucher fassen, wenn diese Versammlungsräume gemeinsame Rettungswege haben,
- Schank- und Speisegaststätten mit mehr als 40 Gastplätzen, Beherbergungsstätten mit mehr als 12 Betten und Spielhallen mit mehr als 150 m² Grundfläche,
- Krankenhäuser, Heime und sonstige Einrichtungen zur Unterbringung oder Pflege von Personen,
- Schulen, Hochschulen und ähnliche Einrichtungen,
- bauliche Anlagen, deren Nutzung durch Umgang oder Lagerung von Stoffen mit Explosions- oder erhöhter Brandgefahr verbunden ist.

Bei den Sonderbauten sind aufgrund der Gebäudeart oder der Nutzung Abweichungen von den materiellen Einzelanforderungen zum Brandschutz entsprechend den vorangehenden Erläuterungen vielfach unvermeidlich. Nach welchen Grundsätzen und Kriterien dann zu verfahren ist, wird in § 51 der MBO beschrieben.

§ 51 Sonderbauten

An Sonderbauten können im Einzelfall zur Verwirklichung der allgemeinen Anforderungen nach § 3 Abs. 1 besondere Anforderungen gestellt werden. Erleichterungen können gestattet werden, soweit es der Einhaltung von Vorschriften wegen der besonderen Art oder Nutzung baulicher Anlagen oder Räume oder wegen besonderer Anforderungen nicht bedarf. Die Anforderungen und Erleichterungen nach den Sätzen 1 und 2 können sich insbesondere erstrecken auf ...

Auch hier werden mögliche Abweichungen beispielhaft und keineswegs abschließend aufgelistet; hier werden nur die wichtigsten wiedergegeben:

- die Anordnung der baulichen Anlagen auf dem Grundstück,
- die Abstände von Nachbargrenzen, von anderen baulichen Anlagen auf dem Grundstück und von öffentlichen Verkehrsflächen sowie die Größe der freizuhaltenden Flächen der Grundstücke,
- die Öffnungen nach öffentlichen Verkehrsflächen und nach angrenzenden Grundstücken,
- die Anlage von Zu- und Abfahrten,
- die Bauart und Anordnung aller für die Stand- und Verkehrssicherheit, den Brand-, Wärme-, Schall- oder Gesundheitsschutz wesentlichen Bauteile und die Verwendung von Baustoffen,
- Brandschutzanlagen, -einrichtungen und -vorkehrungen,
- die Löschwasserrückhaltung,
- die Anordnung und Herstellung von Aufzügen, Treppen, Treppenräumen, Fluren, Ausgängen und sonstigen Rettungswegen,
- die Lüftung und Rauchableitung.

Für die am häufigsten vorkommenden Sonderbauten werden die besonderen Anforderungen in Sonderbauverordnungen oder -richtlinien geregelt, von denen es länderübergreifende Muster der ARGEBAU gibt, die aber in den einzelnen Ländern unterschiedlich in Landesvorschriften umgesetzt werden. Hierzu gehören vor allem:

- Versammlungsstättenverordnung,
- Schulbaurichtlinie,
- Gaststättenbauverordnung,
- Verkaufsstättenverordnung,

- Krankenhausbauverordnung,
- Garagenverordnung,
- Hochhausrichtlinie,
- Industriebaurichtlinie.

2.8 Nachweise zum Brandverhalten von Baustoffen und Bauteilen

Das Brandverhalten von Baustoffen und der Feuerwiderstand von Bauteilen werden in der Bundesrepublik Deutschland bisher in der DIN 4102 geregelt. Mit der Umsetzung der Bauproduktenrichtlinie der Europäischen Kommission und Einführung eines europäischen Klassifizierungssystems kann alternativ die DIN EN 13501 angewandt werden. Nach einer derzeit noch nicht endgültig absehbaren Übergangszeit müssen die nationalen Normen zurückgezogen werden. Bis dahin bleibt in Deutschland die DIN 4102 gültig, so dass sich die nachfolgenden Ausführungen darauf konzentrieren.

Die DIN 4102 "Brandverhalten von Baustoffen und Bauteilen" ist die klassische, den Bauordnungen zugeordnete Norm. Sie regelt die Brennbarkeit der Baustoffe und die Feuerwiderstandsfähigkeit der Bauteile und zeigt auf, wie der von der Bauordnung geforderte bauliche Brandschutz umzusetzen ist. In den 70 Jahren ihres Bestehens wurde sie ständig weiterentwickelt und weist derzeit 22 Teile auf, von denen die Teile 10 und 20 zurückgezogen sind und Teil 22 erst Ende 2004 erschienen ist:

Teil 1 Baustoffe; Begriffe, Anforderungen und Prüfungen

Teil 2 Bauteile; Begriffe, Anforderungen und Prüfungen

Teil 3 Brandwände und nichttragende Außenwände; Begriffe, Anforderungen und Prüfungen

Teil 4 Zusammenstellung und Anwendungen klassifizierter Baustoffe, Bauteile und Sonderbauteile

Teil 5 Feuerschutzabschlüsse, Abschlüsse in Fahrschachtwänden; Begriffe, Anforderungen und Prüfungen

Teil 6 Lüftungsleitungen; Begriffe, Anforderungen und Prüfungen

Teil 7 Bedachungen; Begriffe, Anforderungen und Prüfungen

Teil 8 Kleinprüfstand

Teil 9 Kabelabschottungen; Begriffe, Anforderungen und Prüfungen

Teil 11 Rohrummantelungen, Rohrabschottungen, Installationsschächte und –kanäle sowie Abschlüsse ihrer Revisionsöffnungen; Begriffe, Anforderungen und Prüfungen

Teil 12 Funktionserhalt von elektrischen Kabelanlagen; Begriffe, Anforderungen und Prüfungen

Teil 13 Brandschutzverglasungen; Begriffe, Anforderungen und Prüfungen

Teil 14 Bodenbeläge und Bodenbeschichtungen; Bestimmung der Flammenausbreitung bei Beanspruchung mit einem Wärmestrahler

Teil 15 Brandschacht

Teil 16 Durchführung von Brandschachtprüfungen

Teil 17 Schmelzpunkt von Mineralfaserdämmstoffen; Begriffe, Anforderungen und Prüfungen

Teil 18 Feuerschutzabschlüsse und Rauchschutztüren; Prüfung der Dauerfunktionstüchtigkeit

Teil 19 Wand- und Deckenbekleidungen in Räumen; Versuchsraum für zusätzliche Beurteilungen (Entwurf)

Teil 21 Beurteilung des Brandverhaltens von feuerwiderstandsfähigen Lüftungsleitungen (Vornorm)

Teil 22 Anwendungsnorm zur DIN 4102 Teil 4.

Wie bereits in Abschnitt 2.4 erläutert, unterscheiden die Bauordnungen zwischen nichtbrennbaren und brennbaren Baustoffen sowie zwischen leicht-, normal- und schwerentflammbaren Baustoffen. Die DIN 4102-1 regelt das Prüf- und Klassifizierungsverfahren für diese bauaufsichtlichen Benennungen und ordnet ihnen Baustoffklassen zu (Tafel 3.208).

Tafel 3.208: Zuordnung der Baustoffklassen nach DIN 4102-1 zu den bauaufsichtlichen Benennungen

Bauaufsichtliche Benennung	Baustoffklasse
Nichtbrennbar	A
	A1
	A2
brennbar	B
schwerentflammbar	B1
normalentflammbar	B2
Leichtentflammbar	B3

Die Prüfmethoden werden nicht im Detail beschrieben und können bei Bedarf der DIN 4102-1 entnommen werden. Es soll aber auf einige wesentliche Eigenschaften der Baustoffklassen kurz eingegangen werden.

Baustoffe der Baustoffklasse A1 können nicht entzündet werden und stellen keinen Beitrag zur Brandlast dar, sie besitzen keine brennbaren Bestandteile.

Die Baustoffe der Baustoffklasse A2 besitzen mehr als ein Masseprozent brennbare Bestandteile, ihr Beitrag zum Brandgeschehen kann jedoch auch bei einem vollentwickelten Brand vernachlässigt werden.

Die Bauordnungen sehen keine weitere Unterteilung der nichtbrennbaren Baustoffe vor, so dass bei der Forderung eines nichtbrennbaren Baustoffs wahlweise die Baustoffklasse A1 oder A2 verwendet werden darf.

Ein schwerentflammbarer Baustoff ist dadurch gekennzeichnet, dass er sich unter den Bedingungen eines Entstehungs- oder Schwelbrandes (vergleichbar einem Papierkorbbrand) erst nach längerer Einwirkungsdauer entzündet und nicht vollständig verbrennt.

Normalentflammbare Baustoffe können mit einem brennenden Streichholz nach längerer Einwirkung entzündet werden und brennen danach stetig weiter.

Leichtentflammbare Baustoffe lassen sich sehr leicht entzünden und brennen rasch ab. Sie dürfen deshalb nach § 26 MBO nicht als Baustoffe verwendet werden.

Nach DIN 4102-1 müssen geprüfte Baustoffe ihrem Brandverhalten entsprechend wie folgt gekennzeichnet sein:

$$\text{DIN 4102} - \text{A1}$$
$$\text{DIN 4102} - \text{A2}$$
$$\text{DIN 4102} - \text{B1}$$
$$\text{DIN 4102} - \text{B2}$$
$$\text{DIN 4102} - \text{B3} \quad \text{leichtentflammbar}$$

Die Kenzeichnung ist auf den Baustoffen oder, wenn dies nicht möglich ist, auf oder an der Verpackung deutlich lesbar und dauerhaft anzubringen.

In Bezug auf die Bauteile konkretisiert die DIN 4102-2 die unbestimmten Rechtsbegriffe feuerhemmend, hochfeuerhemmend und feuerbeständig, die in den Bauordnungen verwendet werden. Den Begriffen wird eine Feuerwiderstandsdauer zugeordnet. Zusätzlich werden die Feuerwiderstandsdauern mit den bereits erwähnten Baustoffklassen zu einer Kurzbezeichnung verknüpft. Die folgenden drei Zusatzbezeichnungen sind möglich:

A: Das Bauteil besteht aus nichtbrennbaren Baustoffen, z. B. F 90-A

AB: Das Bauteil besteht in den wesentlichen Teilen aus nichtbrennbaren Baustoffen, wobei unter wesentlich tragende und aussteifende Teile verstanden werden, z. B. F 90-AB.

B: Das Bauteil besteht aus einen Anteil brennbarer Baustoffe, der über die Klassifizierung AB hinausgeht, z. B. F 30-B.

Die Zuordnung der nach DIN 4102-2 geprüften Bauteile zu den Anforderungen der Bauordnung sind in der folgenden Tafel 3.209 aufgeführt (Standardzuordnungen grau hinterlegt).

Tafel 3.209: Zusammenhang zwischen bauaufsichtlicher Benennung und Benennung nach DIN 4102 (nach Anlage 0.1 der Bauregelliste A Teil 1)

Bauaufsichtliche Benennung	Benennung nach DIN 4102	Kurzbezeichnung
feuerhemmend	Feuerwiderstandsklasse F 30	F 30-B
feuerhemmend und in den wesentlichen Teilen aus nichtbrennbaren Baustoffen	Feuerwiderstandsklasse F 30 und in den wesentlichen Teilen aus nichtbrennbaren Baustoffen	F 30-AB
feuerhemmend und aus nichtbrennbaren Baustoffen	Feuerwiderstandsklasse F 30 und aus nichtbrennbaren Baustoffen	F 30-A
hochfeuerhemmend	Feuerwiderstandsklasse F 60	F 60-B
hochfeuerhemmend und in den wesentlichen Teilen aus nichtbrennbaren Baustoffen	Feuerwiderstandsklasse F 60 und in den wesentlichen Teilen aus nichtbrennbaren Baustoffen	F 60-AB
hochfeuerhemmend, in den wesentlichen Teilen aus brennbaren Baustoffen und mit einer brandschutztechnisch wirksamen Bekleidung	Feuerwiderstandsklasse F 60, in den wesentlichen Teilen aus brennbaren Baustoffen und mit einer brandschutztechnisch wirksamen Bekleidung	(F 60-BA)[1]
hochfeuerhemmend und aus nichtbrennbaren Baustoffen	Feuerwiderstandsklasse F 60 und aus nichtbrennbaren Baustoffen	F 60-A
feuerbeständig	Feuerwiderstandsklasse F 90 und in den wesentlichen Teilen aus nichtbrennbaren Baustoffen	F 90-AB
feuerbeständig und aus nichtbrennbaren Baustoffen	Feuerwiderstandsklasse F 90 und aus nichtbrennbaren Baustoffen	F 90-A

1) Die Baustoffbezeichnung -BA ist derzeit nicht offiziell anerkannt.

Höhere Anforderungen als „feuerbeständig", z. B. F 120, F 180, werden nur in Ausnahmefällen bei bestimmten Sonderbauten, z. B. besonders hohen Hochhäusern, oder bei besonders hohem Schutzbedürfnis, z. B. zur Komplextrennung, gestellt und sind deshalb hier nicht aufgeführt.

In Tafel 3.209 ist die Feuerwiderstandsdauer nach DIN 4102-2 mit F xx bezeichnet; diese Bezeichnung gilt für die konstruktiven Bauteile. Bei Sonderbauteilen wie Feuerschutzabschlüssen oder Kabelabschottungen kann die Feuerwiderstandsdauer aber nicht allein nach den Regeln der DIN 4102-2 bestimmt werden, sondern es gelten hierfür andere Teile der Normenreihe DIN 4102. Die entsprechenden Bezeichnungen der Feuerwiderstandsklassen sind aus der nachfolgenden Tafel 3.210 zu ersehen.

3C Bautechnischer Brandschutz

Tafel 3.210: Bezeichnungen der Feuerwiderstandsklassen verschiedener Bauteile und Sonderbauteile

Bauteil	DIN 4102	Feuerwiderstandsklassen entsprechend einer Feuerwiderstandsdauer in Minuten				
		≥ 30	≥ 60	≥ 90	≥ 120	≥ 180
Wände, Stützen, Decken	Teil 2	F 30	F 60	F 90	F 120	F 180
Brandwände	Teil 3	F 90 (F 120, F 180) + Stoßbeanspruchung				
Nichttragende Außenwände, Brüstungen	Teil 3	W 30	W 60	W 90	W 120	W 180
Feuerschutzabschlüsse (Türen, Tore)	Teil 5	T 30	T 60	T 90	T 120	T 180
Brandschutzverglasungen, strahlungsundurchlässig strahlungsdurchlässig	Teil 13	F 30 G 30	F 60 G 60	G 90 G 90	G 120 G 120	G 180 G 180
Rohre, Formstücke f. Lüftungsleitungen	Teil 6	L 30	L 60	L 90	L 120	L 180
Absperrvorrichtungen in Lüftungsleitungen	Teil 6	K 30	K 60	K 90	K 120	K 180
Kabelabschottungen	Teil 9	S 30	S 60	S 90	S 120	S 180
Installationsschächte und -kanäle	Teil 11	I 30	I 60	I 90	I 120	I 180
Rohrdurchführungen	Teil 11	R 30	R 60	R 90	R 120	R 180
Funktionserhalt elektrischer Leitungen	Teil 12	E 30	E 60	E 90	E 120	E 180

An dieser Stelle soll ausdrücklich darauf hingewiesen werden, dass die Baustoffklasse keinen Rückschluss auf die Feuerwiderstandsdauer zulässt. Ein Stahlträger der Baustoffklasse A1 erreicht im ungeschützten Zustand nicht einmal die niedrigste Feuerwiderstandsklasse F 30. Ein Brettschichtbalken der Baustoffklasse B2 kann hingegen ohne weiteres eine Feuerwiderstandsdauer von 60 Minuten erreichen.

Die Funktionen der Bauteile im Brandfall können wie folgt eingeteilt werden:
- tragend und raumabschließend (Trennwände, Außenwände, Decken),
- nichttragend und raumabschließend (Trennwände, Außenwände, obere Raumabschlüsse),
- nichttragend und nichtraumabschließend (Brüstungen),
- Sonderbauteile (Feuerschutzabschlüsse, Lüftungsleitungen, Bedachungen).

Ein tragendes Bauteil darf während der Prüfdauer unter seiner rechnerisch zulässigen Gebrauchslast nicht zusammenbrechen. Wenn es ganz oder überwiegend auf Biegung beansprucht wird, muss zusätzlich die Durchbiegungsgeschwindigkeit begrenzt werden auf

$$\frac{\Delta f}{\Delta t} = \frac{l^2}{9000 \cdot h}$$

l Stützweite in cm
h statische Höhe in cm
Δf Durchbiegungsintervall in cm während eines Zeitintervalls
Δt Zeitintervall von einer Minute.

Ein nichttragendes Bauteil darf während der Prüfdauer unter seiner Eigenlast nicht zusammenbrechen. Ein raumabschließendes Bauteil muss während der geforderten Prüfdauer den Durchtritt des Feuers verhindern (Prüfung mittels Wattebausch). Außerdem darf die Temperatur auf der dem Feuer abgekehrten Seite im Mittel um nicht mehr als 140 K und an keinem Messpunkt um mehr als 180 K über der Anfangstemperatur liegen.

2.9 Verwendung von Bauprodukten

Die Regelung über die Verwendbarkeit von Bauprodukten führt zur Unterscheidung zwischen Bauprodukten, die nach deutschen technischen Spezifikationen geregelt werden, und solchen, die nach dem Bauproduktengesetz bzw. den harmonisierten technischen Spezifikationen Einzug finden. Die Zuordnung findet durch ein Listensystem statt, die Bauregellisten A, B und C. In den Listen wird vorgegeben, welche Nachweise zu führen sind.

Bauprodukte und Bauarten dürfen nur verwendet werden, wenn sie den Anforderungen des Gesetzes entsprechen. Die Anforderungen finden sich in den Bauregellisten wieder, die vom Deutschen Institut für Bautechnik (DIBt) in Zusammenarbeit mit den obersten Bauaufsichtsbehörden (ARGEBAU) herausgegeben werden. Es wird unterschieden zwischen:

- Bauregelliste A mit den Teilen 1, 2 und 3;
  sie beschreibt den nationalen Weg,
- Bauregelliste B mit den Teilen 1 und 2;
  sie beschreibt den europäischen Weg,
- Liste C (keine Bauregelliste);
  sie beinhaltet untergeordnete Bauprodukte.

Die Bauregelliste A, Teil 1 beinhaltet die geregelten Bauprodukte. Dies bedeutet, dass es deutsche technische Regeln gibt und nicht wesentlich davon abgewichen wird und das Bauprodukt somit abschließend bewertet werden kann. Die Umsetzung der Anforderungen aus den Landesbauordnungen wird durch die deutschen technischen Regeln erfüllt. Die Liste nennt das geregelte Bauprodukt, die technischen Regeln selbst, den erforderlichen Übereinstimmungsnachweis und im Falle von Abweichungen den nötigen Verwendbarkeitsnachweis. Bauprodukte nach dieser Liste benötigen keinen Verwendbarkeitsnachweis; die Feststellung der Übereinstimmung mit den technischen Regeln stellt quasi den Verwendbarkeitsnachweis dar. Erforderlich ist allerdings ein Übereinstimmungsnachweis.

Die Bauregelliste A Teil 2 enthält die nicht geregelten Bauprodukte, für die es keine technischen Regeln oder allgemein anerkannte Regeln der Technik gibt und deren Verwendung nicht der Erfüllung erheblicher Anforderungen an die Sicherheit baulicher Anlagen dient, sowie Bauprodukte, für die es technische Regeln oder allgemein anerkannte Regeln der Technik nicht oder nicht für alle Anforderungen gibt und die hinsichtlich dieser Anforderungen nach allgemein anerkannten Prüfverfahren beurteilt werden können. Sie sind somit noch nicht abschließend bewertet. Da keine Feststellung der Übereinstimmung mit den Regeln der Technik getroffen werden kann, ist ein Verwendbarkeitsnachweis erforderlich. Die Liste gibt an, in welcher Form dieser Nachweis zu erbringen ist.

In der Bauregelliste A Teil 3 werden die nicht geregelten Bauarten behandelt. Dies sind Bauarten, die wesentlich von den technischen Baubestimmungen abweichen oder für die es keine allgemein anerkannten Regeln der Technik gibt. Auch hier gibt die Liste Auskunft über die Art des erforderlichen Verwendbarkeitsnachweises und des Übereinstimmungsnachweises. Bauarten nach DIN 4102-4 benötigen nur einen Übereinstimmungsnachweis.

Die Bauprodukte dürfen nach § 17 der MBO für die Errichtung, Änderung und Instandhaltung baulicher Anlagen nur verwendet werden, wenn sie aufgrund des Übereinstimmungsnachweises hinsichtlich ihrer Verwendbarkeit mit dem Ü-Zeichen oder dem CE-Zeichen versehen sind. Weichen die Bauprodukte von den technischen Regeln in der Bauregelliste wesentlich ab oder gibt es für sie keine Technische Baubestimmung oder allgemein anerkannte Regel der Technik, so muss ihre Verwendbarkeit nachgewiesen werden durch:

- eine allgemeine bauaufsichtliche Zulassung (abZ),
- ein allgemeines bauaufsichtliches Prüfzeugnis (abP),
- eine Zustimmung im Einzelfall (ZiE).

Die allgemeine bauaufsichtliche Zulassung wird vom Deutschen Institut für Bautechnik für nicht geregelte Bauprodukte und Bauarten der Bauregelliste A, Teil 2 erteilt.

Das allgemeine bauaufsichtliche Prüfzeugnis wird von einer anerkannten Prüfstelle für Bauprodukte erteilt, an die keine erheblichen Anforderungen an die Sicherheit gestellt sind und die nach allgemein anerkannten Prüfverfahren beurteilt werden können.

Die Zustimmung im Einzelfall wird von der obersten Bauaufsichtsbehörde erteilt für Bauprodukte, die nach dem Bauproduktengesetz in Verkehr gebracht und gehandelt werden dürfen, jedoch die Anforderungen nicht erfüllen, oder für nicht geregelte Bauprodukte oder Bauarten, für die es keine anerkannten Regeln der Technik gibt.

Geregelte und nichtgeregelte Bauprodukte benötigen für ihre Verwendbarkeit einen Nachweis der Übereinstimmung mit den technischen Regeln (die Regeln werden in der Bauregelliste A Teil 1 genannt) oder den Nachweis der Übereinstimmung mit den vorher genannten Verwendbarkeitsnachweisen. Sie müssen deshalb das Übereinstimmungszeichen (Ü-Zeichen) tragen (Abb. 3.212).

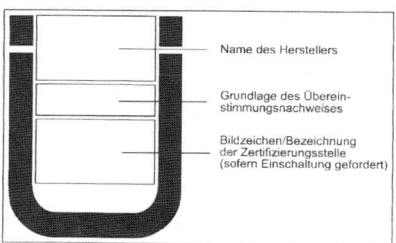

Abb. 3.212: Muster eines Übereinstimmungszeichens

Es gibt drei Möglichkeiten des Übereinstimmungsnachweises, an die Anforderungen nach § 22 der MBO gestellt werden:
- Übereinstimmungserklärung des Herstellers (ÜH),
- Übereinstimmungsnachweis des Herstellers nach vorheriger Prüfung durch eine anerkannte Prüfstelle (ÜHP),
- Übereinstimmungszertifikat (ÜZ).

Die Übereinstimmungserklärung des Herstellers (MBO § 23) als einfachste und unterste Stufe des Übereinstimmungsnachweises ist nur möglich, wenn der Hersteller durch werkseigene Produktionskontrollen die Übereinstimmung mit den technischen Regeln nachweist.

Der Übereinstimmungsnachweis des Herstellers nach vorheriger Prüfung durch eine anerkannte Prüfstelle (MBO § 23) stellt die nächsthöhere Stufe dar. Wenn es zur Sicherung einer ordnungsgemäßen Herstellung des Bauproduktes nötig ist, kann eine Prüfung vor Abgabe der Übereinstimmungserklärung des Herstellers durch eine Prüfstelle vorgeschrieben werden.

Das Übereinstimmungszertifikat (MBO § 24) stellt die höchste Stufe dar. Es bestätigt dem Hersteller, dass die werkseigene Produktionskontrolle und die Erstprüfung des Produkts den Anforderungen entsprechen und eine Fremdüberwachung der Produktion des Bauproduktes erfolgt.

3 Konstruktiver baulicher Brandschutz

3.1 Normen, Regeln

DIN 4102 ist die klassische, den Bauordnungen zugeordnete Norm, in der die Brennbarkeit der Baustoffe und die Feuerwiderstandsfähigkeit der Bauteile definiert wird. Außerdem werden in DIN 4102 die Anforderungen und Prüfbedingungen für brandschutzrelevante Bauteile definiert. Für den konstruktiven baulichen Brandschutz ist Teil 4 der Norm wichtig, denn er enthält katalogartig Angaben über Baustoffe und Bauteile, deren Prototypen die Bedingungen der Normbrandprüfung erfüllt haben und die entsprechend klassifiziert sind. In einfacher Weise bietet DIN 4102-4 die Möglichkeit, mit Hilfe von Tafeln und Bildern die Feuerwiderstandsfähigkeit nicht nur der Bauteile, sondern auch ihrer gegenseitigen Anschlüsse, Verbindungen, Fugen usw. zu ermitteln. Dabei sind alle konstruktiven Bauarten vom Stahlbeton- und Spannbetonbau über Stahl- und Verbundbau bis zum Holz- und Mauerwerksbau im Katalog der DIN 4102-4 enthalten [Richter 03].

Die Bemessungsvorschriften in DIN 4102-4 sind an vielen Stellen eng mit den für die Gebrauchslastfälle geltenden Konstruktionsnormen verbunden. Veränderungen der „kalten" Konstruktionsnormen, die bei der brandschutztechnischen Bemessung mit DIN 4102-4 berücksichtigt werden müssen, sind in DIN 4102 Teil 22 zusammengestellt. Die Anwendung der DIN 4102-22 wird in den folgenden Abschnitten exemplarisch gezeigt.

Parallel zur Norm DIN 4102-22 wurde die Änderung DIN 4102-4/A1 erarbeitet. In dieser Norm wurden die allgemeinen Korrekturen und Berichtigungen zur DIN 4102-4 (03/94) aufgenommen, die bisher als Druckfehlerberichtigung in DIN 4102-4 Blatt 1 bis 3 zusammengefasst waren. Die Änderung DIN 4102-4/A1 wurde zeitgleich mit der Anwendungsnorm DIN 4102-22 Anfang 2005 in die Bauregelliste A Teil 1 aufgenommen und damit bauaufsichtlich eingeführt.

Die Brandschutzteile der Eurocodes sind dem jeweiligen Eurocode für die Bemessung im Kaltzustand als Teil 1-2 angegliedert (Tafel 3.213). Eine Ausnahme stellt der Brandschutzteil des Eurocodes 1 dar, der bauartenübergreifend die Rechenannahmen für die Brandeinwirkungen und die zugehörigen Lastannahmen regelt.

Tafel 3.213: Bezeichnung der Brandschutzteile der Eurocodes im konstruktiven Ingenieurbau

Brandschutzteil vom	Europäische Vornorm[1]	Europäische Norm[2]
Eurocode 1 (Lastannahmen)	ENV 1991 – 2 – 2	EN 1991 – 1 – 2
Eurocode 2 (Betonbauteile)	ENV 1992 – 1 – 2	EN 1992 – 1 – 2
Eurocode 3 (Stahlbauteile)	ENV 1993 – 1 – 2	EN 1993 – 1 – 2
Eurocode 4 (Verbundbauteile)	ENV 1994 – 1 – 2	EN 1994 – 1 – 2
Eurocode 5 (Holzbauteile)	ENV 1995 – 1 – 2	EN 1995 – 1 – 2
Eurocode 6 (Mauerwerksbauteile)	ENV 1996 – 1 – 2	EN 1996 – 1 – 2
Eurocode 9 (Aluminiumbauteile)	ENV 1999 – 1 – 2	EN 1999 – 1 – 2

[1] Bezeichnung der deutsche Fassungen: DIN V ENV ...
[2] Bezeichnung der europäischen Norm (Weißdruck): EN ...

Seit 2006 liegen die Brandschutzteile der Eurocodes in deutscher Übersetzung als DIN EN-Normen (Weißdrucke) vor. Für die Anwendung werden zusätzlich Nationale Anhänge benötigt, in denen sogenannte national festlegbare Parameter und die Anwendbarkeit optionaler Nachweisverfahren (Informative Anhänge der Eurocode-Teile) geregelt werden. Die Nationalen Anhänge wurden im Juni 2009 als Normentwürfe DIN EN 199x-1-2/NA veröffentlicht und sollen im Frühjahr 2010 als Weißdrucke erscheinen. Mit der Aufnahme in die Musterliste der Technischen Baubestimmungen ist nicht vor Ende 2010 zu rechnen. Da sich dann voraussichtlich noch eine relativ lange Übergangsphase bis zur Zurückziehung der nationalen Normen anschließen wird, soll im Folgenden die brandschutztechnische Bemessung noch auf Grundlage der DIN 4102–4 in Verbindung mit DIN 4102-22 erläutert werden.

3.2 Begriffe

Feuerwiderstandsdauer Mindestdauer in Minuten, während der ein Bauteil unter praxisgerechten Randbedingungen und unter Normbrandbeanspruchung die Anforderungen nach DIN 4102 (z. B. Tragfähigkeit und/oder Raumabschluss) erfüllt.

Feuerwiderstandsklasse Einstufung der Bauteile entsprechend ihrer Feuerwiderstandsdauer in die Klassen F 30, F 60, F 90, F 120 und F 180. Für Sonderbauteile gibt es entsprechende Feuerwiderstandsklassen, für Feuerschutzabschlüsse (T ..), Verglasungen (G ..), Lüftungsleitungen (L ..) und Brandschutzklappen (K ..).

Einheitstemperaturzeitkurve (ETK)	Normbrandkurve nach DIN 4102–2 (bzw. DIN EN 1363–1 bzw. EN 1991–1–2) für Bauteilprüfungen. Die Bemessungstabellen in DIN 4102–4 basieren auf Bauteilprüfungen mit ETK-Brandbeanspruchung.
Kritische Temperatur	Die kritische Temperatur crit T des Bewehrungs- oder Baustahls ist die Temperatur, bei der die Bruch- bzw. Streckgrenze des Stahls auf die im Bauteil vorhandene Stahlspannung absinkt (3.1.3.1 und 6.1.1.1)
Achsabstand	Der Achsabstand u der Bewehrung ist der Abstand zwischen der Längsachse der tragenden Bewehrungstäbe (Längsstäbe) oder Spannglieder und der beflammten Betonoberfläche (3.1.4.1)
Mittlerer Achsabstand	Bei einlagig bewehrten Balken mit unterschiedlichen Stabdurchmessern und mehrlagig bewehrten Balken muss der mittlere Achsabstand $u_m = \dfrac{A_1 \cdot u_1 + A_2 \cdot u_2 + ... + A_n \cdot u_n}{\Sigma A_{1...n}}$ eingehalten werden (3.2.4.2/3)
U/A-Wert	Profilfaktor zur Berechnung der Erwärmung von Stahlbauteilen (6.1.2), Umfang U im Verhältnis zur Querschnittsfläche A [1/m] in Abhängigkeit der Beflammung (3– oder 4–seitig) und der Bekleidung (profilfolgend oder kastenförmig).
Schutzbewehrung	Um ein frühzeitiges Abfallen von Betonschichten bei biegebeanspruchten Bauteilen zu vermeiden, ist für Feuerwiderstandsklassen > F 90 bei Betondeckungen c > 50 mm eine Schutzbewehrung mit Bewehrungsstäben $\varnothing \leq 8$ mm, Abstand ≤ 50 mm erforderlich (3.1.5.2).

3.3 Grundlagen

Die Feuerwiderstandsdauer und damit auch die Feuerwiderstandsklasse eines Bauteils hängen im Wesentlichen von folgenden Einflüssen ab:

- Brandbeanspruchung (ein- oder mehrseitig),
- verwendeter Baustoff oder Baustoffverbund,
- Bauteilabmessungen (Querschnittsabmessungen, Schlankheit, Achsabstände usw.),
- bauliche Ausbildung (Anschlüsse, Auflager, Halterungen, Befestigungen, Fugen, Verbindungsmittel usw.),
- statisches System (statisch bestimmte oder unbestimmte Lagerung, einachsige oder zweiachsige Lastabtragung, Einspannung usw.),
- Ausnutzungsgrad der Festigkeiten der verwendeten Baustoffe infolge äußerer Lasten und
- Anordnung von Bekleidungen (Ummantelung, Putz, Unterdecke, Vorsatzschale usw.).

Mit den Tabellen der DIN 4102–4 können Einzelbauteile und Bauwerksausschnitte wie durchlaufende Stahlbetonbalken und –Rippendecken brandschutztechnisch bemessen werden. Die Anwendung der Tabellen setzt voraus, dass die Bauteile, an denen die klassifizierten Bauteile angeschlossen werden, mindestens derselben Feuerwiderstandsklasse angehören. Ein Träger kann nur dann einer bestimmten Feuerwiderstandsklasse zugeordnet werden, wenn auch die Auflager – z. B. Konsolen -, Unterstützungen – z. B. Stützen oder Wände – sowie alle statisch bedeutsamen Aussteifungen und Verbände der entsprechenden Feuerwiderstandsklasse angehören [Kordina 81].

Durch die Tabellenwerte der DIN 4102–4 wird bei brandbeanspruchten Balken und Decken ein Biegebruch ausgeschlossen; ein Schubbruch wird für die Feuerwiderstandsklassen F 30 bis F 90 für alle Schubbereiche nach DIN 1045 (07.88) ausgeschlossen. Bei den Feuerwiderstandsklassen F 120 und F 180 müssen bei Balken im Schubbereich 2 und 3 nach DIN 1045 (07.88) stets ≥ 4schnittige Bügel angeordnet werden.

Zerstörende Abplatzungen, insbesondere bei dünnen Bauteilen (kleine Deckendicken, schmale Stegdicken bei profilierten Balken) werden durch die tabellierten Mindestabmessungen und die Randbedingungen zu den Tabellen der DIN 4102–4 ausgeschlossen.

Die Angaben in DIN 4102–4 gelten nur in brandschutztechnischer Sicht. Aus den für die Bauteile gültigen technischen Baubestimmungen können sich weitergehende Anforderungen ergeben – z. B. hinsichtlich Mindestabmessungen, Betondeckung der Bewehrung usw..

3.4 Brandschutztechnische Bemessung von Massivbauteilen

DIN 4102–4 enthält Tabellen für die brandschutztechnische Bemessung von

- statisch bestimmt und statisch unbestimmt gelagerten Balken,
- Stahlbeton- und Spannbetondecken,
- Stützen und Zuggliedern,
- Stahlbetonwänden und
- Brandwänden.

Die Tabellen für Decken sind in Decken aus Hohldielen, Porenbetonplatten, Fertigteilen, Rippendecken mit und ohne Zwischenbauteilen, Balkendecken mit Zwischenbauteilen, Plattenbalkendecken, Stahlsteindecken und Decken mit eingebetteten Stahlträgern unterteilt.

Für Wände gibt es zusätzlich Tabellen für gegliederte Stahlbetonwände, Wände aus Mauerwerk und Wandbauplatten, Leichtbetonwände mit haufwerksporigem Gefüge und Wände aus bewehrtem Porenbeton.

Die Tabellen enthalten in Abhängigkeit von der Feuerwiderstandsklasse Mindestwerte für die Querschnittsabmessungen und für die Achsabstände der Bewehrung u, wobei für Stützen und belastete Wände als zusätzlicher Parameter der Lastausnutzungsfaktor angegeben ist. In den Tabellen darf zwischen den angegebenen Werten linear interpoliert werden. Die Tabellen gelten für Betonstahl-Bewehrung mit der kritischen Temperatur crit $T = 500\,°C$. Bei Verwendung von Spannstahl muss der in den Tabellen angegebene Mindestachsabstand der Bewehrung an die kritische Temperatur von Spannstahl angepasst werden: bei Verwendung von Spannstahldrähten und –litzen mit crit $T = 350\,°C$ muss der Mindestachsabstand um $\Delta u = 15$ mm und bei Spannstahlstäben mit crit $T = 400\,°C$ um $\Delta u = 10$ mm erhöht werden.

Weitere Rechenvorschriften ermöglichen für statisch bestimmt gelagerte Balken und Decken die individuelle Ermittlung der kritischen Temperatur sowie für Stützen und belastete Wände die Bestimmung des aktuellen Lastausnutzungsfaktors.

In den Tabellen für statisch bestimmt gelagerte Stahlbetonbalken und -decken ist der Achsabstand der Bewehrung so festgelegt, dass für den Bemessungswert der Einwirkungen $E_{fi,d,t} = 0{,}7 \cdot E_d$ die kritische Temperatur in der Betonstahlbewehrung crit $T = 500\,°C$ beträgt. Bei dieser Temperatur und der vorhandenen Stahlspannung $\sigma_{s,fi} = 0{,}6 \cdot f_{yk}\,(20\,°C)$ erreicht der Stahl seine Fließspannung.

Für Einwirkungen $E_{fi,d,t} < 0{,}7 \cdot E_d$ darf die Stahlspannung in der Bewehrung von Zuggliedern und biegebeanspruchten Bauteilen, mit Ausnahme von Bauteilen mit Vorspannung ohne Verbund, aus

$$\sigma_{s,fi} / f_{yk} = E_{fi,d,t} / E_d \cdot 1/\gamma_s \cdot A_{s,erf} / A_{s,vorh}$$

berechnet und dafür die kritische Temperatur $> 500\,°C$ aus den Kurven von Abb. 3.216 bestimmt werden. Für die kritische Temperatur $> 500\,°C$ werden die in den Tabellen angegebenen Mindestachsabstände u um das Maß $\Delta u = 0{,}1 \cdot (500 - \text{crit } T)$ reduziert.

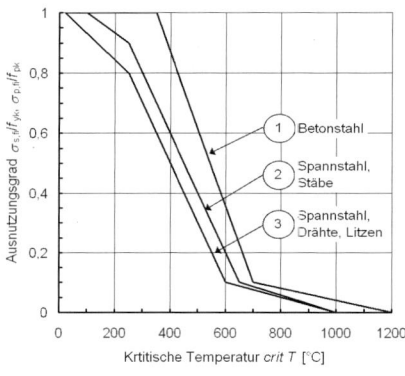

Der kritischen Temperatur von Spannstahl liegt bei Bauteilen mit sofortigem oder nachträglichem Verbund die Stahlspannung
$\sigma_{p,fi} = 0{,}55 \cdot f_{pk}$ (20 °C) und
bei Bauteilen mit Spanngliedern ohne Verbund
$\sigma_{p,fi} = 0{,}5 \cdot f_{pk}$ (20 °C)
zu Grunde.

Abb. 3.216: Kritische Temperatur von Betonstahl und Spannstahl

Beispiel: Spannbetonbalken

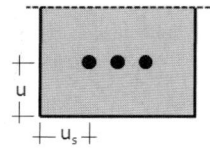

Statisch bestimmt gelagerter Spannbetonbalken, 3seitig beflammt,
$b/h = 200/400$ mm, St 1570/1770: 3 Drähte $\varnothing$ 7,5 mm
vorh $u =$ vorh $u_s = 70$ mm, vorh $\sigma_{p,fi} = 0{,}40 \cdot f_{pk}$
ges.: Nachweis für F 90
crit $T \approx 450$ °C (Abb. 3.216) $\rightarrow \Delta u = 0{,}1 \cdot (500 - 450) = +5$ mm
vorh $b = 200$ mm > erf $b = 170$ mm (DIN 4102-4, Tab. 3)
vorh $u = 70$ mm > erf $u = 45 + 5 = 50$ mm (DIN 4102–4, Tab. 6)
vorh $u_s = 70$ mm > erf $u_s = 55 + 5 = 60$ mm
                      > erf $u_{s,F30} = 10 + 5 = 15$ mm

Die brandschutztechnische Bemessung von Stützen und tragenden Wänden aus Stahlbeton ist vom Ausnutzungsfaktor α_1 abhängig. Zur Erleichterung des Nachweises für Stützen wurde in der Musterliste der Technischen Baubestimmungen, Fassung Februar 2006, eine gegenüber DIN 4102-4 neue Tabelle 31 bauaufsichtlich eingeführt. In ihr ist der Ausnutzungsfaktor α_1 als das Verhältnis des Bemessungswertes der Längskraft im Brandfall $N_{fi,d,t}$ zum Bemessungswert des Bauteilwiderstandes bei Normaltemperatur N_{Rd} nach DIN 1045-1 (07.01) definiert. Für Stahlbetonstützen werden Ausnutzungsfaktoren $\alpha_1 = 0{,}7$, 0,5 und 0,2 vorgegeben, dazwischen darf linear interpoliert werden. Für tragende Wände aus Mauerwerk gilt der Ausnutzungsfaktor α_2, der das Verhältnis der vorhandenen Beanspruchung zur zulässigen Beanspruchung nach DIN 1053–1 (11.96) darstellt. In den Tabellen der DIN 4102–4 werden Mindestwanddicken für $\alpha_2 = 1{,}0$, 0,6 und 0,2 angegeben.

Die tabellierten Stützenquerschnitte in DIN 4102-22 (Tafel 3.218) gelten für unbekleidete Stahlbetonstützen bei mehr- und einseitiger Brandbeanspruchung nach der Einheitstemperaturzeitkurve (ETK) der DIN 4102-2. Hinsichtlich der statisch konstruktiven Randbedingungen müssen die Stützen in ausgesteiften Gebäuden stehen, die Stützenenden müssen, wie in der Praxis üblich, rotationsbehindert gelagert sein, der Beton muss einer Festigkeitsklasse $\leq$ C 50/60 angehören und die Länge der Stützen zwischen den Auflagerpunkten ist für Stützen mit Rechteckquerschnitt auf 2 m $\leq l_{col} \leq$ 6 m und für Stützen mit Kreisquerschnitt auf 1,7 m $\leq l_{col} \leq$ 5 m begrenzt. Zwischen der maximalen und minimalen Stützenlänge darf linear interpoliert werden.

Konstruktiver baulicher Brandschutz

Beispiel: Stahlbeton-Innenstütze [Fingerloos 07]

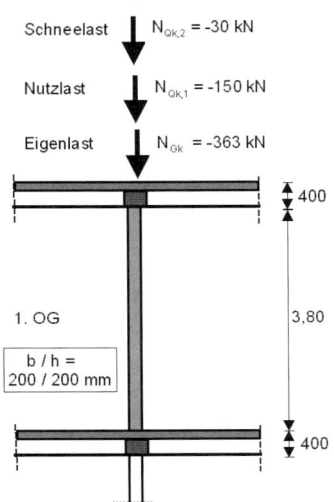

4seitig beflammte Innenstütze eines mehrgeschossigen Bürogebäudes ($\psi_{1,1} = 0{,}5$)
Baustoffe: C 30/37, BSt 500 S (A)
$A_{s,vorh}$: 4 ⌀ 20 (12,57 cm²)
Achsabstand der Längsbewehrung: u = 40 mm
Ersatzlänge $l_{col} = 4{,}20$ m
$N_{Ed} = -[1{,}35 \cdot 363 + 1{,}5 \,(150 + 0{,}5 \cdot 30)] = -738$ kN
$N_{fi,d,t} = -[1{,}0 \cdot 363 + 0{,}5 \cdot 150 + 0] = -438$ kN
ges.: Nachweis der Feuerwiderstandsdauer
a) Nachweis mit e/h-Diagramm [Kordina 01]:
für $A_{s,vorh} = 12{,}57$ cm² wird $\nu_{Rd} \approx -0{,}96$
$N_{Rd} \approx -0{,}96 \cdot 0{,}20^2 \cdot 20 = -768$ kN
$\alpha_1 = N_{fi,d,t} / N_{Rd} = -438 / -768 \approx 0{,}6$

b) Nachweis nach DIN 1045-1, Abschnitt 8.6.1:
Berechnung des Bemessungswertes des Bauteilwiderstandes N_{Rd} mit nichtlinearen Verfahren und Berücksichtigung unterschiedlicher Werkstoffgesetze für die Querschnittsbemessung und die Verformungsberechnung. Damit wird
$N_{Rd} = -884$ kN und $\alpha_1 = -438 / -884 = 0{,}5$.

Für $\alpha_1 = 0{,}5$ und die Feuerwiderstandsklasse R 60 werden in DIN 4102-22, Tab. 31 (siehe 7.134) bei linearer Interpolation zwischen max $l_{col} = 6$ m und min $l_{col} = 2$ m für die Stützenlänge $l_{col} = 4{,}2$ m die Mindestdicke $h_{erf} = 171$ mm $< h_{vorh} = 200$ mm und der zugehörige Mindestachsabstand $u_{erf} = 36$ mm $< u_{vorh} = 40$ mm.
Die Innenstütze kann in die Feuerwiderstandsklasse F 60 eingeordnet werden.

Zur brandschutztechnischen Bemessung von Stahlbeton-Kragstützen für die Feuerwiderstandsklasse F 90 (R 90) wurde in [Hosser 09] ein vereinfachter Nachweis entwickelt. Dafür wurden die programmgesteuert berechneten Traglasten $N_{R,fi,d,90}$ und das Gesamtmoment am Stützenfuß $M_{tot,fi,d,90}$ für vier häufig verwendete Stützentypen in Standard-Diagrammen dargestellt. Die Diagramme gelten für 4-seitig brandbeanspruchte Stahlbeton-Kragstützen mit der Mindestquerschnittsabmessung h = [300 mm, 450 mm, 600 mm und 800 mm], dem bezogenen Achsabstand der Längsbewehrung a/h = 0,10, der Betonfestigkeitsklasse C 30/37 und dem geometrischen Bewehrungsverhältnis ρ = 2 %. Exemparisch ist in Abb. 3.218 das Diagramm für die Querschnittsabmessung h = 450 mm wiedergegeben.

Der Nachweis der Feuerwiderstandsklasse F 90/R 90 erfolgt dadurch, dass in den Standard-Diagrammen für die bezogene Lastausmitte e_1/h und die bezogene Stützenlänge $l_{0,fi}/h$ das bezogene Gesamtmoment am Stützenfuß $\mu_{tot,fi,d,90} = M_{tot,fi,d,90}/(A_c \cdot h \cdot f_{cd})$ und der Bemessungswert der bezogenen Stützentraglast $\nu_{R,fi,d,90} = N_{R,fi,d,90}/(A_c \cdot f_{cd})$ abgelesen werden. Der Nachweis für die Feuerwiderstandsklasse F 90/R 90 ist erbracht, wenn der Bemessungswert der vorhandenen Normalkraft nicht größer ist als der Bemessungswert der Traglast $N_{E,fi,d,t} \leq N_{R,fi,d,90}$.

Für Stahlbeton-Kragstützen, bei denen die Randbedingungen von den Vorgaben der Standard-Diagramme abweichen, wurden einfache Funktionen, die sog. k-Faktoren, entwickelt, mit denen die Abweichungen vom Bemessungswert der Traglast und vom Gesamtmoment am Stützenfuß multiplikativ berücksichtigt werden können. Mit Hilfe der k-Faktoren können eine 1- und 3-seitige Brandbeanspruchung sowie Zwischenwerte des bezogenen Achsabstandes der Längsbewehrung, der Betonfestigkeitsklasse und des geometrischen Bewehrungsverhältnisses erfasst werden.

Das vereinfachte Nachweisverfahren einschließlich der k-Faktoren ist im Nationalen Anhang zum Eurocode 2 Teil 1-2, der DIN EN 1992-1-2/NA, vollständig beschrieben.

Tafel 3.218: Mindestdicke und Mindestachsabstand von Stahlbetonstützen (DIN 4102–22, Tab. 31)

Zeile	Konstruktionsmerkmale	R 30	R 60	R 90	R 120	R 180
1	Mindestquerschnittsabmessungen unbekleideter Stahlbetonstützen bei mehrseitiger Brandbeanspruchung					
1.1	Ausnutzungsfaktor $\alpha_1 = 0{,}2$					
	Länge der Stütze l = 2,0 m					
1.1.1	Mindestdicke d in mm	120	120	150	180	240
1.1.2	zugehöriger Mindestachsabstand u in mm	34	34	34	37	34
1.1.3	Länge der Stütze l = 6,0 m					
1.1.3.1	Mindestdicke d in mm	120	120	180	240	290
1.1.3.2	zugehöriger Mindestachsabstand u in mm	34	34	37	34	40
1.2	Ausnutzungsfaktor $\alpha_1 = 0{,}5$					
	Länge der Stütze l = 2,0 m					
1.2.1	Mindestdicke d in mm	120	160	200	260	350
1.2.2	zugehöriger Mindestachsabstand u in mm	34	34	34	46	40
1.2.3	Länge der Stütze l = 6,0 m					
1.2.3.1	Mindestdicke d in mm	120	180	270	300	400
1.2.3.2	zugehöriger Mindestachsabstand u in mm	34	37	34	40	46
1.3	Ausnutzungsfaktor $\alpha_1 = 0{,}7$					
	Länge der Stütze l = 2,0 m					
1.3.1	Mindestdicke d in mm	120	190	250	320	440
1.3.2	zugehöriger Mindestachsabstand u in mm	34	34	37	40	46
1.3.3	Länge der Stütze l = 6,0 m					
1.3.3.1	Mindestdicke d in mm	120	250	320	360	490
1.3.3.2	zugehöriger Mindestachsabstand u in mm	34	37	40	46	46
2	Mindestquerschnittsabmessungen unbekleideter Stahlbetonstützen bei 1-seitiger Brandbeanspruchung Ausnutzungsfaktor $\alpha_1 = 0{,}7$					
2.1	Mindestdicke d in mm	120	120	190	200	220
2.2	zugehöriger Mindestachsabstand u in mm	34	34	34	34	37

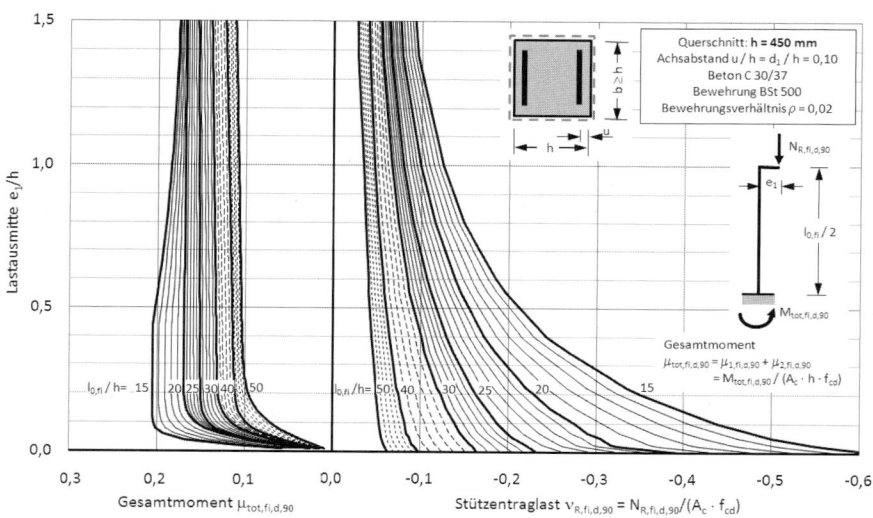

Abb. 3.218: Diagramm zur Ermittlung des Bemessungswerts der Stützentraglast $N_{R,fi,d,90}$ und des Gesamtmoments $M_{tot,fi,d,90}$ für einen Querschnitt mit h = 450 mm

Beispiel: Stahlbeton-Gielbelstütze [Hosser 09]

Die Stahlbeton-Kragstütze steht im Giebelbereich einer Lagerhalle, sie soll für die Feuerwiderstandsklasse F 90 (R 90) nachgewiesen werden. Die Stütze mit den Abmessungen b/h = 36 cm/36 cm und l = 7,0 m wird durch eine Längsdruckkraft infolge Eigengewicht und eine Streckenlast aus Wind belastet. Die Stütze wird 4-seitig brandbeansprucht.

Baustoffe: Beton C 20/25   mit f_{cd} = 17 N/mm², und
Betonstahl BSt 500 S (A)   mit f_{yd} = 435 N/mm²

Bewehrung: Achsabstand der Längsbewehrung: d_1/h = u/h = 55/360 = 0,153
Bewehrungsverhältnis ρ = 1885/360² · 100 = 1,45 %
($\geq$ 50 % der Gesamtbewehrung in den Ecken)

Belastung: $N_{E,fi,d,t}$ = -77,5 kN $\nu_{E,fi,d,t}$ = (-77,5 · 10³)/(360² · 17) = -0,0352
$w_{E,fi,d,t}$ = 1,74 kN/m
Moment nach Theorie I. Ordnung am Stützenfuß infolge Wind:
$M_{E,fi,d,1}$ = 1,74 · 7,0² / 2 = 42,63 kNm
$\mu_{E,fi,d,1}$ = (42,63 · 10⁶)/(360² · 360 · 17) = 0,0537

Schlankheit: $l_{0,fi}/h$ = (2 · 7,0) / 0,36 = 38,9 (Knicklänge im Brandfall: 14 m)

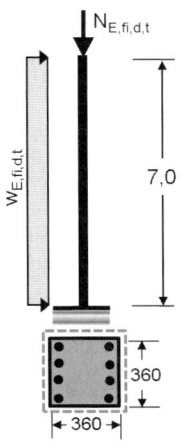

a) Nachweis der bezogenen Stützentraglast nach 90 min Branddauer durch Interpolation zwischen den Standard-Diagrammen für h = 300 mm und h = 450 mm (s. Abb. 3.218) unter Ansatz der bezogenen Lastausmitte e_1/h = (42,63/77,5)/0,36 = 0,55/0,36 = 1,53

h [mm]	Stützentraglast	Gesamtmoment
300	-0,0104	0,0297
360	**-0,0223**	**0,0678**
450	-0,0401	0,1249

Den endgültigen Bemessungswert der bezogenen Stützentraglast erhält man durch Multiplikation mit den k-Faktoren aus [Hosser 09]

für 4-seitige Brandbeanspruchung k_{fi} = 1,0,
für < 50 % der Gesamtbewehrung in den Ecken k_{Bew} = 1,2,
für den Achsabstand der Bewehrung k_u = 1,731,
für die Betonfestigkeit k_C = 0,95 und
für das Bewehrungsverhältnis k_ρ = 0,725:

$|\nu_{R,fi,d,90}|$ = 0,0223 · 1,0 · 1,2 · 1,69 · 0,95 · 0,725
= 0,0319 < $|\nu_{E,fi,d,t}|$ = 0,0352

Die Giebelstütze erfüllt **nicht** Anforderungen für F 90.

b) Nachweis durch Ermittlung der bezogenen Lastausmitte e_1/h, bei der $\mu_{tot,fi,d,90} \geq \mu_{E,fi,d,t}$ und $\nu_{R,fi,d,90} \approx \nu_{E,fi,d,t}$ eingehalten werden. Da das Gesamtmoment $\mu_{tot,fi,d,90}$ und die Stützentraglast $\nu_{R,fi,d,90}$ von der Lastausmitte e_1/h abhängig sind, kann diese nur iterativ, ausgehend von einem geschätzen Wert, ermittelt werden.

Die Iteration ergibt eine Lastausmitte $e_1/h \approx 1,31$, dafür werden die bezogenen Werte für die Stützentraglast und das Gesamtmoment durch Interpolation ermittelt:

h [mm]	Stützentraglast	Gesamtmoment
300	-0,0120	0,0292
360	**-0,0246**	**0,0667**
450	-0,0435	0,1230

Mit den k-Faktoren aus dem Nachweis a) werden der bezogene Bemessungswert der Stützentraglast und das bezogenen Gesamtmoment am Stützenfuß

$|v_{R,fi,d,90}| = 0{,}0246 \cdot 1{,}0 \cdot 1{,}2 \cdot 1{,}69 \cdot 0{,}95 \cdot 0{,}725 = 0{,}0352 < |v_{E,fi,d,t}| = 0{,}0352$

$\mu_{tot,fi,d,90} = 0{,}0667 \cdot 1{,}0 \cdot 1{,}2 \cdot 1{,}69 \cdot 0{,}95 \cdot 0{,}725 = 0{,}0955 > \mu_{E,fi,d,1} = 0{,}0537$

Die Giebelstütze erfüllt die Anforderungen für F 90.

Weitere Angaben zur brandschutztechnischen Bemessung und konstruktiven Ausbildung von Stahlbetonbauteilen enthalten DIN 4102 Teil 4 und Teil 22 sowie [Kordina 81].

3.5 Brandschutztechnische Bemessung von Holzbauteilen

DIN 4102–4 enthält Tabellen zur brandschutztechnischen Bemessung von
- Holzbalkendecken und Decken/Wänden in Holztafelbauart,
- Wänden aus Holzwolle-Leichtbauplatten und Gipskarton-Bauplatten,
- Dächern aus Holz und Holzwerkstoffen und
- Verbindungen.

Für Wände gibt es zusätzliche Tabellen für Fachwerkwände mit ausgefüllten Gefachen und Wände aus Vollholz-Blockbalken. Die Tabellen enthalten Ausführungsvarianten für die Feuerwiderstandsklasse F 30–B und F 60–B, Informationen zu F 90–B Ausführungen sind in [Kordina 94] enthalten. Bei Decken wird zwischen notwendiger und nicht notwendiger Dämmschicht unterschieden. In DIN 4102-4/A1:2004-11 sind die erforderlichen Hinweise zusammengestellt, um die Tabellen aus DIN 4102-4 in Verbindung mit der Kaltbemessung nach DIN 1052:1988-04 einschließlich DIN 1052/A1:1996-10 benutzen zu können.

Die tabellarische brandschutztechnische Bemessung von Holzbalken, -stützen und Zuggliedern wird in DIN 4102-4/A1:2004-11 durch rechnerische Bemessungsverfahren ersetzt. Das eine Verfahren sieht eine Bemessung im Brandfall mit ideellen Restquerschnitten, das andere Verfahren eine Bemessung mit reduzierten Festigkeiten und Steifigkeiten vor.

Bei der Bemessung mit ideellen Restquerschnitten (Abb. 3.220) wird die Tragfähigkeit des ideellen Restquerschnitts unter der Annahme berechnet, dass Festigkeits- und Steifigkeitseigenschaften nicht durch den Brand beeinflusst werden. Der Verlust an Festigkeit und Steifigkeit unter Brandbeanspruchung wird durch eine erhöhte, ideelle Abbrandtiefe

$$d_{ef} = \beta_n \cdot t_f + d_0$$

mit $d_0 = 7$ mm, der Abbrandrate β_n und der geforderten Feuerwiderstandsdauer t_f berücksichtigt.

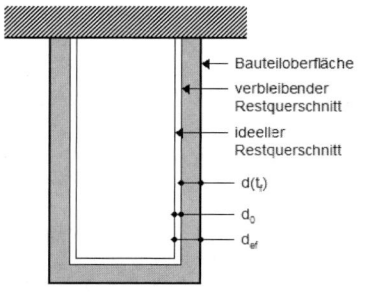

Abbrandraten β_n [mm/min] für Bauholz (Auszug aus DIN 4102-4/A1, Tabelle 74)	
Nadelholz	0,8
Laubholz $290 \leq \rho_k < 450$ kg/m³	0,7
Laubholz $\rho_k \geq 450$ kg/m³ und Eiche	0,5
Furnierschichtholz[1]	0,7
Massivholzplatten[1]	0,9
Sperrholz[1]	1,0
[1] für $\rho_k = 450$ kg/m³, d = 20 mm	

Abb. 3.220: Verbleibender und ideeller Restquerschnitt bei 3seitiger Brandbeanspruchung

Bei der Bemessung mit reduzierten Festigkeiten und Steifigkeiten wird die Tragfähigkeit des Restquerschnitts unter Berücksichtigung der Abnahme der Festigkeit- und Steifigkeitseigenschaften in Abhängigkeit von der mittleren Temperatur des Restquerschnitts ermittelt. Der Restquerschnitt wird durch Reduzierung des Ausgangsquerschnitts um die Abbrandtiefe $d(t_f)$

und die temperaturabhängig reduzierten Festigkeits- und Steifigkeitswerte werde in Abhängigkeit des Faktors u_r/A_r, dem Verhältnis des Restquerschnittsumfangs der beflammten Seiten zur Fläche des Restquerschnitts, festgelegt. Die charakteristischen Werte für die Festigkeit, den Elastizitäts- und Schubmodul bei Normaltemperatur sind in DIN 4102-4/A1 in Tabellen in Abhängigkeit von der Holzart zusammengestellt, die Auswirkung der Temperatur auf die Festigkeit und Steifigkeit wird durch den Modifikationsfaktor $k_{mod,fi}$ berücksichtigt (Abb. 3.221).

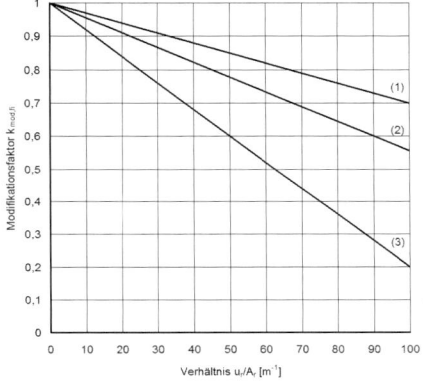

– Zugfestigkeit parallel zur Faser, E-Modul und Schubmodul (1):

$$k_{mod,fi} = 1 - \frac{1}{333} \cdot \frac{u_r}{A_r}$$

– Biegefestigkeit (2):

$$k_{mod,fi} = 1 - \frac{1}{225} \cdot \frac{u_r}{A_r}$$

– Druckfestigkeit parallel zur Faser (3):

$$k_{mod,fi} = 1 - \frac{1}{125} \cdot \frac{u_r}{A_r}$$

Abb. 3.221: Auswirkung der Temperatur auf die Festigkeit und Steifigkeit in Abhängigkeit vom Verhältnis u_r/A_r

Erfolgt die Bemessung der Holzbauteile unter Normaltemperatur nach DIN 1052:2004-08, dann muss der Nachweis im Brandfall nach DIN 4102-4:1993-03 und DIN 4102-22:2004-11 geführt werden. In DIN 4102-22:2004-11 werden die Änderungen bei der brandschutztechnischen Bemessung berücksichtigt, die sich aus der Anwendung des semi-probabilistischen Sicherheitskonzeptes nach DIN 1055-100:2001-03 ergeben. Danach ergibt sich der Bemessungswert der Einwirkungen im Brandfall E_{dA} aus den charakteristischen Werten der ständigen Einwirkung $G_{k,j}$ und einer vorherrschenden veränderlichen Einwirkung $Q_{k,1}$ mit dem Teilsicherheitsbeiwert für ständige Einwirkungen im Brandfall $\gamma_{GA,j} = 1{,}0$ und dem Kombinationsbeiwert $\psi_{1,1}$ zu

$$E_{dA} = E\left\{\sum_{j\geq 1}\gamma_{GA,j} \cdot G_{k,j} \oplus +\psi_{1,1} \cdot Q_{k,1}\right\}$$

Vereinfachend darf für den Bemessungswert der Einwirkungen im Brandfall E_{dA} mit 65 % des Bemessungswertes bei Normaltemperatur

$$E_{dA} = \eta_{fi} \cdot E_d = 0{,}65 \cdot E_d$$

gerechnet werden. Vergleichsrechnungen [Peter 03] ergaben, dass für große Holzquerschnitte in der Regel die „kalte" Bemessung maßgebend wird und deshalb der Brandfall mit dem vereinfachten Ansatz für die Einwirkungen nachgewiesen werden kann; für kleine Holzquerschnitte ist es häufig vorteilhaft, den Brandschutznachweis mit Hilfe der „genau" ermittelten Einwirkungen E_{dA} zu führen. Zum Nachweis von Holzbauteilen unter Brandbeanspruchung wird in DIN 4102-22 und in DIN 4102-4/A1 das Verfahren mit ideellen Restquerschnitten und das Verfahren mit reduzierten Festigkeiten und Steifigkeiten angeboten. Die Werte für die Festigkeiten und Steifigkeiten werden direkt aus DIN 1052:2004-08 übernommen und mit Hilfe von k_{fi}-Werten in 5 %-Fraktilen umgerechnet (Tafel 3.222).

3C Bautechnischer Brandschutz

Tafel 3.222: Werte für k_{fi} (DIN 4102-22 und DIN 4102-4/A1, Tabelle 75)

Produkt	k_{fi}	Produkt	k_{fi}
Vollholz	1,25	auf Abscheren beanspruchte Verbindungen	
Brettschichtholz	1,15	Holz-Holz bzw. Holzwerkstoff-Holz	1,15
Furnierschichtholz	1,1	Stahl-Holz	1,05
Holzwerkstoffplatten	1,15	auf Herausziehen beanspruchte Verbindungen	1,05

Beispiel: Holzbalken [Scheer 05]

Statisch bestimmt gelagerter Balken, Vollholz C 24, b/h = 12/24 cm, Stützweite l = 4,0 m, Balkenabstand e = 0,70 m, 4seitige Brandbeanspruchung;
Lasten: g_k = 3,0 kN/m², q_k = 3,0 kN/m², Kombinationsbeiwert $\psi_{1,1}$ = 0,5
Einwirkungen unter Normaltemperatur: M_{Ed} = 11,98 kNm
Bemessung für den Brandfall nach DIN 4102-22:2004-11; Nachweis für F 30

Einwirkungen im Brandfall mit vereinfachtem Ansatz	Einwirkungen im Brandfall aus „genauer" Berechnung
$M_{Ed,fi}$ = 0,65 · 11,98 = 7,79 kNm	$q_{d,fi}$ = (1,0·3,0 + 0,5·3,0)·0,7 = 3,15 kN/m $M_{Ed,fi}$ = 3,15·4,0²/8 = 6,30 kNm

Baustoffeigenschaften
$f_{m,k}$ = 24 N/mm²
$E_{0,05}$ = 2/3 · $E_{0,mean}$ = 2/3 · 11000 = 7333 N/mm²
G_{05} = 2/3 · G_{mean} = 2/3 · 690 = 460 N/mm²
Ideeller Restquerschnitt für β_n = 0,8 mm/min und t_f = 30 min
d_{ef} = 0,8 · 30 + 7,0 = 31 mm
$W_{y,r}$ = 306,28 mm³

Brandschutznachweis: $\dfrac{\sigma_{m,y,d,fi}}{k_{m,fi} \cdot f_{m,d,fi}} \leq 1,0$

mit $k_{m,fi}$ = 0,78 (nach DIN 1052:2004-08, Gl. (68))
$f_{m,d,fi}$ = $k_{mod,fi}$ · k_{fi} · f_k / $\gamma_{M,fi}$ = 1,0 · 1,25 · 24,0/1,0 = 30 N/mm²

$\sigma_{m,y,d,fi} = \dfrac{M_{Ed,fi}}{W_{y,r}} = \dfrac{7,79 \cdot 10^6}{306,28 \cdot 10^3} = 25,43 N/mm^2$	$\sigma_{m,y,d,fi} = \dfrac{6,3 \cdot 10^6}{306,28 \cdot 10^3} = 20,57 N/mm^2$
$\dfrac{\sigma_{m,y,d,fi}}{k_{m,fi} \cdot f_{m,d,fi}} = \dfrac{25,43}{0,78 \cdot 30} = 1,09 > 1,0$	$\dfrac{\sigma_{m,y,d,fi}}{k_{m,fi} \cdot f_{m,d,fi}} = \dfrac{20,57}{0,78 \cdot 30} = 0,88 < 1,0$
Nachweis <u>nicht</u> erbracht	Nachweis erbracht

Mechanische Verbindungen zwischen Holzbauteilen, die im „Kalten" nach DIN 1052-2:1988-04 einschließlich DIN 1052-2/A1:1996-10 bemessen sind, können brandschutztechnisch nach den Angaben in DIN 4102–4:1994-03 und DIN 4102-4/A1:2004-11 bemessen werden. Liegt der kalten Bemessung DIN 1052:2004-08 zu Grunde, muss die brandschutztechnische Bemessung nach DIN 4102-4:1994-03 und DIN 4102-22:2004-11 durchgeführt werden. Die Angaben gelten für auf Druck, Zug oder Abscheren beanspruchte Verbindungen, bei denen die Kräfte symmetrisch übertragen werden; sie gelten nicht für Verbindungsmittel, die in Axialrichtung beansprucht werden. Für tragende Verbindungen und Verbindungen zur Lagesicherung müssen die Randabstände der Verbindungsmittel aus der kalten Bemessung um 10 mm für F 30 und um 30 mm für F 60 vergrößert werden.

Für Stabdübel und Bolzen mit einem Durchmesser ≥ 20 mm genügt für F 30 der Randabstand aus der kalten Bemessung und für F 60 eine Vergrößerung um 20 mm.

Die Seitenholzdicke im Brandfall $a_{s,f}$ muss bei F 30 mindestens 50 mm und bei F 60 mindestens 100 mm betragen. Für Verbindungen, für die Mindestholzdicken vorgegeben sind, muss für das Seitenholz zusätzlich 10 mm für F 30 und 30 mm für F60 eingehalten werden.

Weitere Angaben zur brandschutztechnischen Bemessung und konstruktiven Ausbildung von Holzbauteilen enthalten DIN 4102 Teil 4, Teil 4/A1 und Teil 22 sowie [Kordina 94].

3.6 Brandschutztechnische Bemessung von Stahlbauteilen

Für die brandschutztechnische Bemessung von Stahlbauteilen muss DIN 4102-4:1994-03 berücksichtigt werden, die Normteile DIN 4102-4/A1 und DIN 4102-22 enthalten keine Angaben zu Stahlbauteilen.

DIN 4102–4 enthält Tabellen zur brandschutztechnischen Bemessung von
- bekleideten Stahlträgern und -stützen einschließlich Konsolen,
- Stahlzuggliedern und
- Stahlträger- und Stahlbetondecken mit Unterdecken.

Maßgebende Parameter für die brandschutztechnische Bemessung von Stahlbauteilen sind die Querschnittsabmessungen, die Bekleidung und der Ausnutzungsgrad des Stahls. Die Tabellen gelten für Stahlbauteile aus St 37 und St 52 nach DIN EN 10 025 mit der Bemessung nach DIN 18 800 Teil 1 (03.81). Die Tabellen enthalten Ausführungsdetails für die Feuerwiderstandsklassen F 30 bis F 180, Bekleidungen aus Putz, Gipskartonplatten und für Stahlstützen zusätzlich aus Beton, Mauerwerk oder Platten.

Um zu erreichen, dass sich Stahlbauteile bei Brandbeanspruchung nur auf eine Stahltemperatur < crit T erwärmen, ist im Allgemeinen die Anordnung einer Bekleidung erforderlich. Ihre Bemessung richtet sich nach dem Verhältniswert U/A in m^{-1} – d. h. nach dem Verhältnis von beflammten Umfang zu der zu erwärmenden Querschnittsfläche. Die Berechnung von U/A kann DIN 4102–4, Abschnitt 6.1.2 und [Stahlbaukalender] zusammen mit zahlreichen Beispielen entnommen werden.

Werden an tragenden oder aussteifenden Stahlbauteilen mit bestimmter Feuerwiderstandsklasse Stahlbauteile angeschlossen, die keiner Feuerwiderstandsklasse angehören, so sind die Anschlüsse und angrenzenden Stahlteile auf einer Länge, gerechnet vom Rand des zu schützenden Stahlbauteils, bei den Feuerwiderstandsklassen
- F 30 bis F 90 von mindestens 30 cm
- F 120 bis F 180 von mindestens 60 cm

in Abhängigkeit vom U/A-Wert der anzuschließenden Stahlbauteile zu bekleiden.

Verbindungsmittel wie Niete, Schrauben und HV-Schrauben müssen in derselben Dicke wie die angeschlossenen Profile bekleidet werden.

Ränder von Aussparungen – z. B. in Stegen von I-Trägern – müssen in derselben Dicke wie die übrigen Profilteile geschützt werden.

Die Mindestdicke der Bekleidungen basiert auf crit $T = 500\,°C$, entsprechend der maximal zulässigen Ausnutzung nach DIN 18 800 (03.81). Sofern bei der Bemessung geringere Ausnutzungen gewählt werden, darf crit T in Abhängigkeit vom Ausnutzungsgrad der Stähle

$$\frac{f_{y,k}(T)}{f_{y,k}(20\,°C) \cdot \alpha_{pl}}$$

vereinfachend nach der Kurve in Abb. 3.224 bestimmt werden. Dabei ist für $f_{yk}(T)$ die vorhandene Stahlspannung vorh σ, für $f_{yk}(20\,°C)$ die Streckgrenze des Stahls β_s (20 °C) und für α_{pl} der Formfaktor nach der Tafel 3.224 einzusetzen.

Die tabellierte Mindestbekleidungsdicke von Putzbekleidung darf bei auf Biegung beanspruchten Trägern für die Feuerwiderstandsklassen F 30 bis F 180 und bei auf Druck beanspruchten Stützen für die Feuerwiderstandsklassen F 30 und F 60 für crit $\Delta T = 100$ K nach den Angaben von DIN 4102–4, Tab. 88 um $\Delta d \leq 5$ mm abgemindert werden.

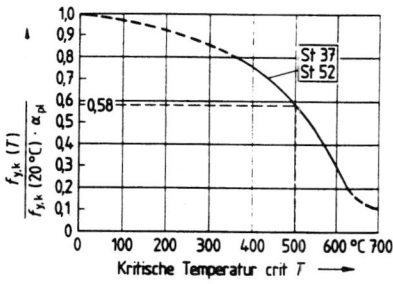

Abb. 3.224: Kritische Temperatur von Baustahl

Tafel 3.224: Formfaktor für Profile bei Biegebeanspruchung

Profil	I	☐1:1	☐1:2	○	▨	⊘
α_{pl}	1,14	1,18	1,26	1,27	1,50	1,70

Beispiel: I-Profil, St 37, $\sigma_{vorh} = 1600$ N/mm²
ges.: Ausnutzungsgrad für LF H

$$\frac{f_{y,k}(T)}{f_{y,k}(20\,°C) \cdot \alpha_{pl}} = \frac{1600}{2400 \cdot 1{,}14} = 0{,}58$$

Weitere Angaben zur brandschutztechnischen Bemessung und konstruktiven Ausbildung von Stahlbauteilen enthalten DIN 4102–4 und [Hass 93].

3.7 Brandschutztechnische Bemessung von Verbundbauteilen

DIN 4102–4 enthält Tabellen (F 30 bis F 180) zur brandschutztechnischen Bemessung von
– Verbundträgern mit ausbetonierten Kammern und
– Verbundstützen.

Die Tabellen für Verbundträger mit ausbetonierten Kammern enthalten Mindestquerschnittsabmessungen und Angaben zur brandschutztechnisch erforderlichen Zulagebewehrung des Kammerbetons in Abhängigkeit vom Ausnutzungsfaktor α_5. In DIN 4102-22 wird der Ausnutzungsfaktor α_5 der Bemessung bei Normaltemperatur nach DIN V 18800-5 angepasst

$\alpha_5 = 1{,}55 \cdot M_{Ed,fi} / M_{Rd}$

$M_{Ed,fi}$ Bemessungswert der Biegemomentenbeanspruchung

$M_{pl,Rd}$ Bemessungswert der Biegemomententragfähigkeit

Die Zulagebewehrung ist eine Brandschutzmaßnahme, die bei der Bestimmung des Ausnutzungsfaktors α_5 nicht in Rechnung gestellt werden darf. In DIN 4102–4 sind zwei Bemessungstabellen für statisch bestimmt gelagerte Verbundträger mit ausbetonierten Kammern enthalten: Tabelle 103 gilt für Verbundträger mit schwacher Querbewehrung in der Platte; in der Tabelle wurde berücksichtigt, dass im Brandfall 1/3 der im Kaltzustand mitwirkenden Plattenbreite mitträgt. Tabelle 104 gilt für Verbundträger mit nachgewiesener Querbewehrung in der Platte, wobei im Brandfall die mitwirkende Plattenbreite der Regelbemessung mitträgt. Die Querbewehrung muss im rechnerischen Bruchzustand den Seitenschub im Anschnitt Balken/ Platte abdecken.

In den Bemessungstabellen für Verbundstützen aus betongefüllten Hohlprofilen, vollständig einbetonierten Stahlprofilen und Stahlprofilen mit ausbetonierten Seitenteilen werden Mindestquerschnittswerte und konstruktive Details in Abhängigkeit von der Feuerwiderstandsklasse und dem Ausnutzungsfaktor α_6 angegeben (Tafel 3.225. In DIN 4102-22 wird der Ausnutzungsfaktor α_6 der Bemessung bei Normaltemperatur nach DIN V 18800-5 angepasst

$\alpha_6 = 1{,}35 \cdot \mathbf{M}_{Ed,fi} / M_{Rd}$

$N_{Ed,fi}$ Bemessungswert der Normalkraftbeanspruchung

N_{Rd} Bemessungswert der Normalkrafttragfähigkeit

Für konstruktiv als Gelenk ausgebildete Stützenenden dürfen die Tabellen nur angewendet werden, wenn die Knicklänge zur Berechnung von N_{Rd} verdoppelt wird.

Tafel 3.225: Mindestquerschnittsabmessungen für Verbundstützen aus Stahlprofilen mit ausbetonierten Seitenteilen (DIN 4102-4, Tabelle 107)

Zeile	Konstruktionsmerkmale	Feuerwiderstandsklasse-Benennung [1)]				
		F 30-A	F 60-A	F 90-A	F 120-A	F 180-A
1	Mindestquerschnittsabmessungen bei gewähltem Ausnutzungsfaktor $\alpha_6 = 0{,}4$					
1.1	Mindestdicken d und b in mm	160	260	300	300	400
1.2	Zugehöriger Mindestachsabstand u der Längsbewehrung in mm	40	40	50	60	60
1.3	Zugehöriges Mindestverhältnis Steg-/Flansch-Dicke s/t	0,6	0,5	0,5	0,7	0,7
2	Mindestquerschnittsabmessungen bei gewähltem Ausnutzungsfaktor $\alpha_6 = 0{,}7$					
2.1	Mindestdicken d und b in mm	200	300	300	—	—
2.2	Zugehöriger Mindestachsabstand u der Längsbewehrung in mm	35	40	50	—	—
2.3	Zugehöriges Mindestverhältnis Steg-/Flansch-Dicke s/t	0,6	0,6	0,7	—	—
3	Mindestquerschnittsabmessungen bei gewähltem Ausnutzungsfaktor $\alpha_6 = 1{,}0$					
3.1	Mindestdicken d und b in mm	250	300	—	—	—
3.2	Zugehöriger Mindestachsabstand u der Längsbewehrung in mm	30	40	—	—	—
3.3	Zugehöriges Mindestverhältnis Steg-/Flansch-Dicke s/t	0,6	0,7	—	—	—

Beispiel: Verbundstütze

4seitig beflammte Verbundstütze in eine mehrgeschossigen Bürogebäude ($\psi_{1,1} = 0{,}5$)
Stahlprofil mit ausbetonierten Seitenteilen: Stahlprofil HE 300 B in S 355, Beton C 30/37, Betonstahl BSt 500 S mit $A_{s,vorh} = 19{,}64\ cm^2$ (4 ⌀ 25), Achsabstand $u_{vorh} = 50$ mm, $A_s/(A_b + A_s) = 2{,}6\%$
Stützenlänge $l = 4{,}0$ m, vollflächige Auflagerung am Kopf- und Fußpunkt.
Lasten: $N_{G,k} = -1.650$ kN, $N_{Q,k} = -700$ kN: $N_{Ed} = -(1{,}35 \cdot 1650 + 1{,}5 \cdot 700) = -3278$ kN
im Brandfall: $N_{Ed,fi} = -(1{,}0 \cdot 1650 + 0{,}5 \cdot 700) = -2000$ kN
ges.: Nachweis für F 90 nach DIN 4102-4, Tab. 107 und DIN 4102-22:

Steg/Flansch-Dicke: $s/t = 0{,}58 \rightarrow$ Interpolation zwischen Zeile 1 und 2:
Ausnutzungsfaktor $\alpha_6 = 0{,}52$: Mindestachsabstand der Längsbew. $u = 50$ mm $= u_{vorh} = 50$ mm
Mindestdicke $d = 300$ mm $= d_{vorh} = 300$ mm.

Nach DIN 18800-5:2007-03: $N_{pl,Rd} = -6.938$ kN, $N_{cr} = -20.536$ kN und $N_{pl,Rk} = -8.523$ kN
$\lambda = 0{,}64$, Knickspannungslinie c: $\kappa = 0{,}761$

Nachweis bei Normaltemperatur: $\dfrac{N_{Ed}}{\kappa \cdot N_{pl,Rd}} = \dfrac{-3.278}{-0{,}761 \cdot 6.938} = 0{,}62 < 1{,}0$

Nachweis im Brandfall: $vorh\ \alpha_6 = 1{,}35 \cdot \dfrac{N_{Ed,fi}}{N_{Rd}} = 1{,}35 \cdot \dfrac{-2.000}{-0{,}761 \cdot 6.938} = 0{,}51 < \alpha_6 = 0{,}52$

$\rightarrow$ Anforderungen für F 90 erfüllt.

Weitere Angaben zur brandschutztechnischen Bemessung und konstruktiven Ausbildung von Verbundbauteilen enthalten DIN 4102 Tei 4 und Teil 22 sowie [Hass 89].

Liersch / Langner

EnEV-Praxis 2009 Wohnbau
leicht und verständlich

3., aktualisierte Auflage.
September 2009. 404 Seiten.
17 x 24 cm. Kartoniert.
ISBN 978-3-89932-191-3
Etwa EUR 35,–

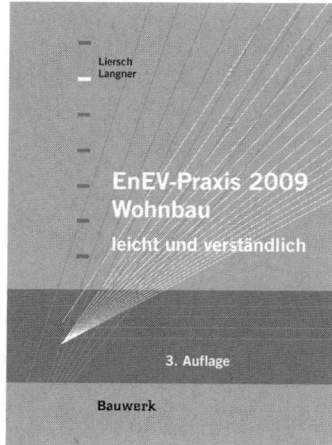

Autoren:
Prof. Dr.-Ing. Klaus W. Liersch lehrte Baukonstruktion und Bauphysik an der BTU Cottbus und ist öffentlich bestellter und vereidigter Sachverständiger für Wärme- und Feuchteschutz.
Dr.-Ing. Normen Langner ist Projektleiter bei der Bilfinger Berger AG, Nachweisberechtigter für Wärmeschutz der Architektenkammer Hessen und von der BBIK zertifizierter Sachverständiger für Schäden an Gebäuden.

Interessenten:
Architekturbüros, Bauingenieurbüros, Baubehörden, Baufirmen, Studierende der Architektur und des Bauingenieurwesens, Technikerschulen Bau.

Dieses Buch stellt die Grundlagen der neuen Energieeinsparverordnung (EnEV 2009) in übersichtlicher und verständlicher Form dar.
Dabei wird ausführlich auf die verschiedenen Norm-Inhalte zur Durchführung des Wärmeschutznachweises für Wohngebäude eingegangen.
Formeln und Formelzeichen werden **Schritt für Schritt** erklärt. In einem Praxisbeispiel wird die korrekte Anwendung der EnEV detailliert erläutert.

Aus dem Inhalt
- **Rechenansätze zur Durchführung des Wärmeschutznachweises für Wohngebäude**
- **Anforderungen der neuen EnEV 2009 an Wohngebäude**
- **Jahres-Heizenergiebedarf und Primärenergiebedarf nach DIN V 4108-6**
- **Energetische Bewertung von Wohngebäude nach DIN V 18599**
- **Sommerlicher Wärmeschutz**
- **Luftdichtheit von Gebäuden**
- **Wärmebrücken**
- **Wirtschaftlichkeit von Wärmeschutzmaßnahmen**
- **Energieausweis**
- **Anhang: Text der Energieeinsparverordnung (EnEV) 2009**

Bauwerk www.bauwerk-verlag.de

4 Objektplanung

Prof. Dipl. Ing. Georg Sahner

Inhaltsverzeichnis

		Seite
1	**Allgemeine Planungsgrundlagen**	4.2
1.1	Menschen und Maße	4.2
1.2	Barrierefreies Bauen	4.3
2	**Wohnungsbau**	4.7
2.1	Geschosswohnungsbau und Haustypologie	4.7
2.2	Geschosswohnungsbau – Beispiele	4.12
3	**Reihenhäuser und Kettenhäuser**	4.13
3.1	Allgemeine Planungsgrundlagen	4.13
3.2	Kettenhaustypologie	4.15
3.3	Reihenhäuser- u. Kettenhäuserbeispiele	4.16
4	**Einfamilienhäuser**	4.18
4.1	Einfamilienhaustypologie	4.18
4.2	Einfamilienhausbeispiele	4.20
5	**Energieeffizientes Bauen**	4.21
6	**Verwaltungsbau**	4.27
6.1	Allgemeine Grundlagen	4.27
6.2	Beispiele Verwaltungsbau	4.31
7	**Schulbau**	4.34
7.1	Schulbau allgemeine Grundlagen	4.34
7.2	Schulbau – Beispiele	4.37

4 Objektplanung

1 Allgemeine Planungsgrundlagen

1.1 Menschen und Maße

Grundsätzlich sind die Maße der Benutzer von Gebäuden für die maßliche, funktionale und gestalterische Ausbildung von Räumen verantwortlich.

Die Dimensionierung der Raumzuschnitte sind von der beabsichtigten Wahl der Funktionen des Raumes und des daraus resultierenden Bedarfs an Bewegungsfreiheit der Benutzer bestimmt.

Tafel 4.2: Körpermaße vom Menschen

	1 Erwachsener Mensch	2 Kinder	3 behinderter Mensch
"stehend" frontal			
mehrere Personen frontal			
Griffhöhen			
Sitzhöhe Schreibtisch			
Sitzhöhe Esstisch		- Größe sitzend = 8/10 G - Augenhöhe sitzend = 7/10 G - Sitzhöhe/- tiefe = 2/ 7 G - Sitzbreite = 1/ 4 G - Schreibtischhöhe = 3/ 7 G - Arbeitstischhöhe = 1/ 2 G	

Allgemeine Planungsgrundlagen

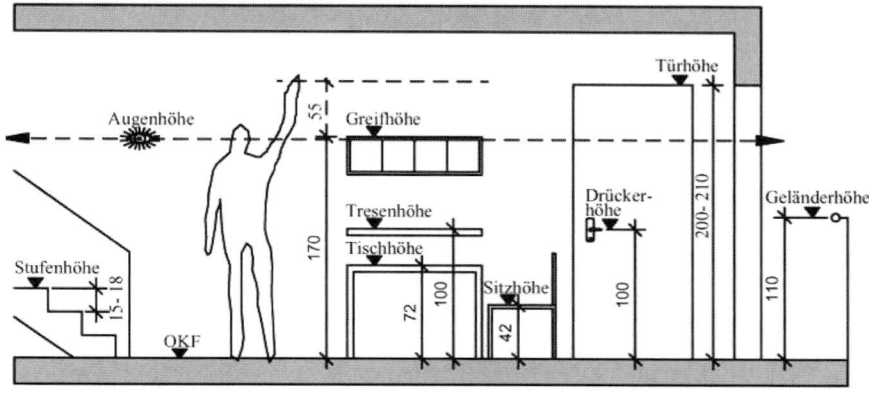

Abb. 4.3: Der Menschliche Maßstab zeichnet sich in der Höhe eigentlich dort ab, wo gewohnte und viel benutzte Höhen einfach ablesbar sind und wieder erkannt werden. Der Weg zur Benutzung ergibt sich wie von selbst.

1.2 Barrierefreies Bauen

nach DIN 18024, DIN 18025, Landesbauordnungen, Heim Mind Bau V.

Gebäude, die von Behinderten, älteren Menschen oder Müttern mit Kindern häufiger aufgesucht werden, müssen von diesen ohne fremde Hilfe genutzt werden können. Straßen, Plätze, öffentliche Verkehrs- und Grünanlagen sowie Spielplätze sind auf Grundlage der DIN 18024 Teil 1 barrierefrei zu planen.

In jeder Sanitäranlage muss mind. 1 rollstuhlgerechte Toilettenkabine vorhanden sein. Links und rechts neben dem Klosett sind Bewegungsflächen von 95 x 70 cm anzuordnen, vor dem Klosett, Waschtisch und dem Handtrockner eine Bewegungsfläche von 150 x 150 cm. Die Höhe des Toilettensitzes ist auf max. 48 cm bis Oberkante WC – Sitz festgelegt.

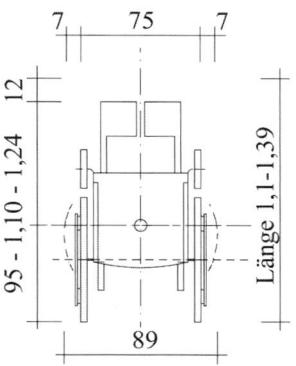

Stuhlart	Länge	Breite
Zimmerrollstuhl	115 cm	75 cm
Selbstfahrer	174 cm	75 cm
Elektro-	90-117	75 cm
Dreirad-	210 cm	75 cm

4.3

4 Objektplanung

Tafel 4.4

	DIN 18025 - Teil 1	DIN 18025 - Teil 2
Bewegungsflächen vor Türen	90 / 150	
Durchfahrtsbreite vor Türen	≥ 90, 210	≥ 80, ≥ 80, 210
Bewegungsfläche vor den Fahrschachttüren	110 × 140, 90/150, 150	Fahrschachttüren müssen mindestens eine lichte Breite von 90 cm haben
PKW-Stellplatz	≥ 150	

4.4

Allgemeine Planungsgrundlagen

Tafel 4.5

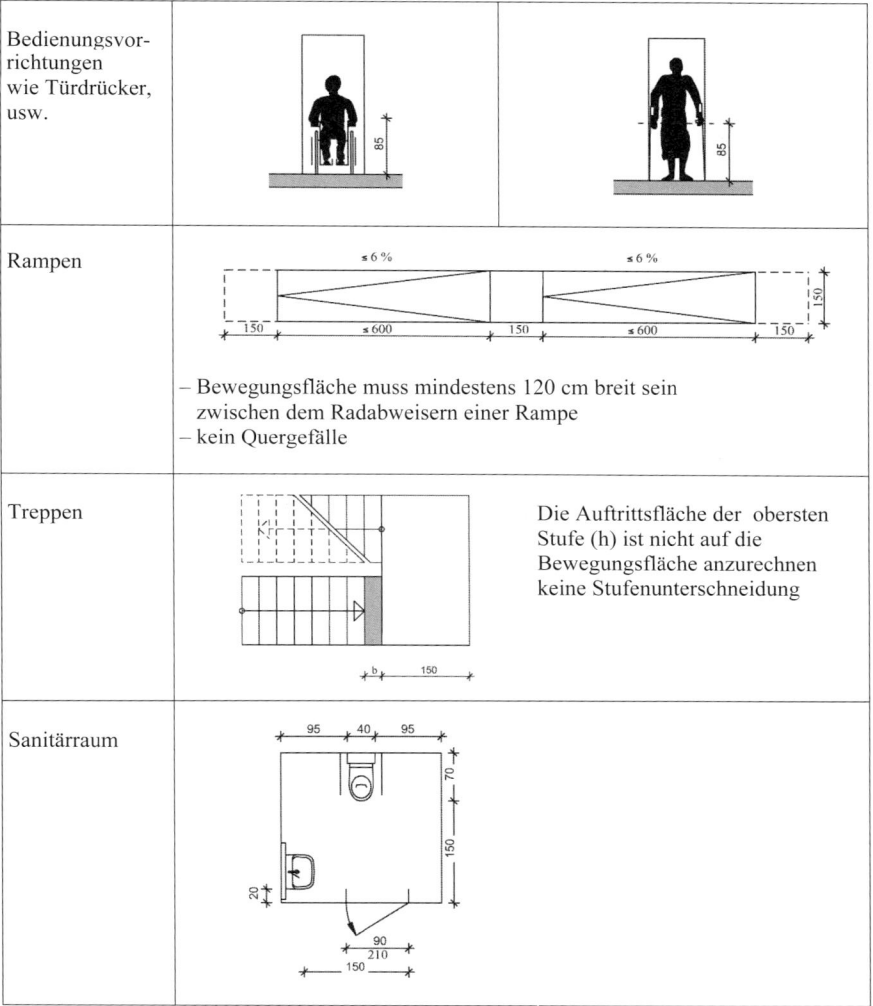

Bedienungsvor-richtungen wie Türdrücker, usw.		
Rampen	– Bewegungsfläche muss mindestens 120 cm breit sein zwischen dem Radabweisern einer Rampe – kein Quergefälle	
Treppen		Die Auftrittsfläche der obersten Stufe (h) ist nicht auf die Bewegungsfläche anzurechnen keine Stufenunterscheidung
Sanitärraum		

4.5

Tafel 4.6: Bewegungsflächen in Wohnungen für Rollstuhlfahrer / Nicht- Rollstuhlfahrer in barrierefreien Wohnungen

	DIN 18025 Teil 1		DIN 18025 Teil 2	
	Breite (cm)	Tiefe (cm)	Breite (cm)	Tiefe (cm)
In jedem Raum Wendemöglichkeit	150	150	120	120
als Duschplatz	150	150	120	120
Vor dem WC	150	150	120	120
Vor dem Waschtisch			120	120
Auf dem Freisitz	150	150	150	150
Vor Schachttüren	150	150	–	–
Am Anfang und Ende einer Rampe	150	150	120	120
Zwischen Wänden außerhalb der Wohnung	150		150	
Neben Treppenauf– und Abgängen (ohne oberste Stufe)	150		150	
An der Längsseite des Bettes		150		120
Vor Küchen– einrichtungen		150		120
Neben Längsseite des KFZ		150		150
Vor Möbeln, Schränken, Regalen, Betten, usw.		150		90
Auf einer Seite eines WC's	95	70	–	–
Entlang Einrichtungen, die der Rollstuhlfahrer anfahren muss	120	–	–	–

2 Wohnungsbau

2.1 Geschosswohnungsbau und Haustypologie

Tafel 4.7a: Mindestraummaße im Geschosswohnungsbau (siehe auch Bestimmungen der Länder)

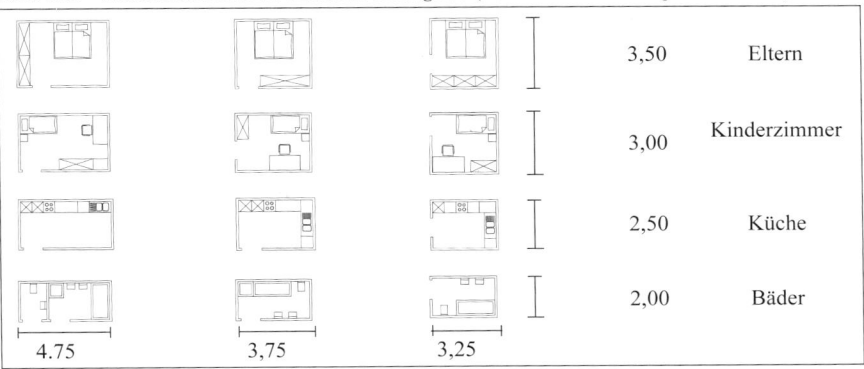

	3,50	Eltern
	3,00	Kinderzimmer
	2,50	Küche
	2,00	Bäder

4,75   3,75   3,25

Tafel 4.7b: Schallschutz im Geschosswohnungsbau (DIN 4109 Auszug)

Mindestforderungen an	R'_w	L'_w
Wohnungstrenndecken (-treppen) und Decken zwischen fremden Arbeitsräumen		
> 2 WE	54	53
≤ 2 WE	52	53
Über Kellern, Hausfluren, Treppenräumen	52	53
Über Durchfahrten, Einfahrten von Sammelgaragen	55	53
Decken und Treppen innerhalb von zweigeschossigen Wohnungen	–	53
Wohnungstrennwände	53	–
Treppenhauswände und Wände neben Hausfluren	52	–
Neben Durchfahrten, Einfahrten und Sammelgaragen	55	–
Türen zwischen Hausfluren oder Treppenräumen und Fluren oder Dielen von Wohnungen	27 (R_w)	–
Zwischen Hausfluren oder Treppenräumen und Aufenthaltsräumen von Wohnungen	37 (R_w)	–
R_w Schalldämmmaß	dB (A) Schalldruckpegel	
R'_w bewertetes Schalldämmmaß		
$L'_{n,w}$ bewerteter Normtrittschallpegel		

4 Objektplanung

Tafel 4.8: Kennwerte von Geschosswohnungsbauten

Haustyp	Größe und Orientierung	Geschosszahl ohne Aufzug	Geschosszahl mit Aufzug	Empfohlene Grundstücksgröße Freistehend/3VG Größe	GRZ	VF/BGF	GFZ	Eingebaut/2VG Größe	GRZ	VF/BGF	GFZ
Zweispänner	N 20,00 (24,00) 10,00 (12,00)	2–3	4–7	580	0,4/0,6	0,047	1,2 (III+D)	465	0,5/0,75	0,047	1,2 (II+D)
Dreispänner	N 20,00 (26,00) 12,00 (14,00)	2–3	4–7	780	0,4/0,6	0,036	1,2 (III+D)	600	0,5/0,75	0,036	1,2 (II+D)
Vierspänner	N 12,00 (14,00) 12,00 (14,00)	2–3	4–7	450	0,4/0,6	0,060	1,2 (III+D)				
Laubengang (Laubengang außen)	N 4,00 (10,00) 8,00 (10,00)	2	4–6	27,5xl	0,4/0,6	0,160	1,2 (III+D)				
Laubengang (Laubengang innen)	N 17,00 (18,00) 4,00 (10,00) 7,50 2,20 7,50	2	4–6	45xl	0,4/0,6	0,130	1,2 (III+D)				

Die Kennwerte hängen jeweils von der gewählten Konstruktion und der inneren Aufteilung ab, die Mindestgrundstücksgrößen von den jeweiligen Abstandsflächenbestimmungen der Länder.

Der Geschosswohnungsbau verfügt über eine Vielzahl von möglichen Varianten. Dabei ist für die Auslegung der Wohnungsgrundrisse wichtig, ob es sich um Miet- oder Eigentumswohnungsbau handelt. Der Mietwohnungsbau unterliegt in seinem Raumprogramm mit exakter Festlegung von Raum- und Wohnungsgrößen den Bestimmungen der Bewilligungsbehörden in den Ländern der BRD. Der Eigentumswohnungsbau dagegen sollte möglichst flexibel einteilbar sein, da die künftigen Hausherrn-/herrinnen sehr unterschiedliche Vorstellungen über die Organisationen der Wohnungen haben.

Die Wohnungen werden zu Zwei-, Drei-, Vier-, oder Mehrspännern bzw. zu Laubenganghäusern kombiniert. Die einzelnen Häuser können als Punkthaus freistehend auftreten oder im Zusammenhang mit einer Zeilen- oder Blockbebauung.

Die vertikale Erschließung durch Treppenhäuser und ab drei Vollgeschossen mit Aufzug wird ergänzt durch die horizontale Erschließung der Wohnungen. Bei Erschließungen direkt über das Treppenhaus entstehen Zwei-, Drei-, Vier-, oder Mehrspännerhaustypen; über einen Flur, Gang oder Laubengang werden die Laubenganghäuser erschlossen. Hierzu mit entscheidend ist oft auch die ökonomische Rentabilität von Aufzügen, die erst ab 12 – 14 Wohnungen die laufenden Betriebskosten akzeptabel machen. Deshalb werden in den Spännertypen selten Aufzüge eingebaut.

Die Parkierungen des ruhenden Verkehrs sind in Sammelgaragen, Stellplätzen oder Tiefgaragen untergebracht. Prinzipiell ist der Raum von Maisonettewohnungen wesentlich interessanter als bei Dachwohnungen. Maisonetten erzeugen den Eindruck von Wohnhäusern. Ein Einsatz im Dachgeschoss und Erdgeschoss hat erschließungstechnische Vorteile für die Optimierung von Verkehrsfläche (VF) zu Bruttogeschossfläche (BGF).

Abb. 4.9: Städtebauliche Kombinationen von Geschosswohnungsbautypen

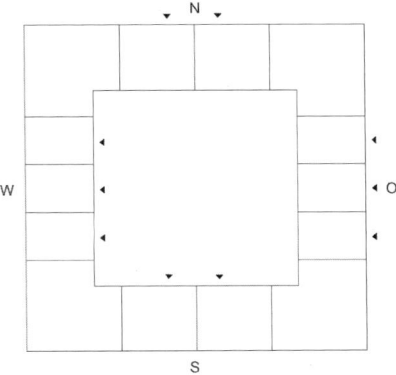

Blockrandbebauung

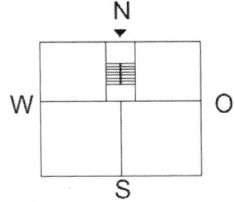

Punktvilla

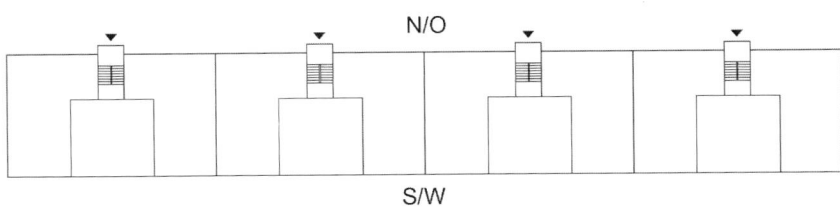

Zeile

4 Objektplanung

Wohnungstypologien

Tafel 4.10: Haustypologie und Wohnungstypen

Wohnungstypologie	Systemschnitt	Systemansicht	Systemgrundriss
Geschosswohnungen auf allen Ebenen im Dreispänner Haustyp			
Geschosswohnungen auf allen Ebenen im Dachgeschoss. Maisonette im Dreispänner- Haustyp			
Maisonetten im Erdgeschoss und Dachgeschoss, dazwischen Geschosswohnungen im Laubenganghaus			
Maisonette im gesamten Haus im Laubengang. Haustyp auch für Lofts geeignet. Laubengang im Gebäude integriert			
Maisonetten im Mittellaubenganghaus Maisonetten wechselseitig erschlossen			
Maisonettenbausteine im Laubenganghaus Laubengang außenliegend			Vielfältige Grundrisstypologie
Geschosswohnungsbau im Terrassenhaus oberste Wohnung Dachmaisonette			

4.10

Wohnungsbau

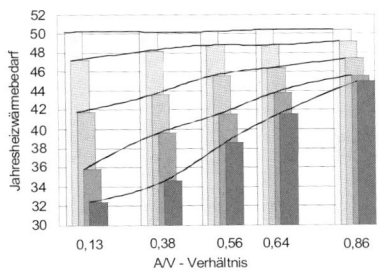
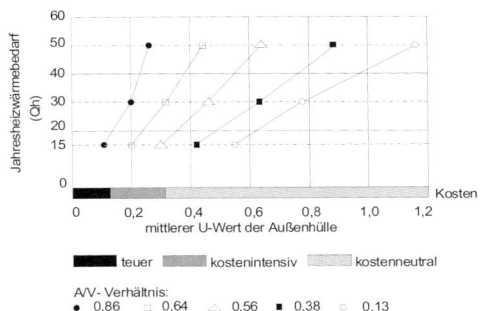

Tafel 4.11

	A/V: 0,56 Gebäude	Zweispänner, II+D Satteldach 45°
	A/V: 0,44 Gebäude 0,13/0,46 Mittelwohnung 0,28/0,64 Endwohnung	Dreispänner, III+D Satteldach 45°
	A/V: 0,38 Gebäude 0,19/0,49 Mittelwohnung	Laubenganghaus, IV+D Pultdach 10°
	A/V: 0,55 Gebäude 0,5/0,86 Mittelwohnung (Mitte, oben, unten)	Terrassenhaus, Flachdach Terrassentiefe $l = 3{,}50$ m

Energetische Kennwerte für Geschosswohnungsbau Haustypologien. Der mittlere U-Wert ist abhängig vom A/V – Wert des Gebäudes und dem gewählten (Q_H). Je geringer der A/V – Wert des Gebäudes, desto ökonomischer ist der Einsatz von großen Südverglasungen.

Die kontrollierte Wohnraumbelüftung nimmt im Wohnungsbau eine immer größer werdende Bedeutung an. Die Zuluft wird über einen Erdwärmetauscher vorerwärmt und durch die Fortluft aus Sanitär- und Küchenräume vorerwärmt. Der Restwärmebedarf wird nachgeheizt z.B. durch eine Wärmepumpe oder eine Heizanlage (z.B. Holzpelletsanlage). Der daraus entstehende Wärmegewinn durch optimierte Lüftung erlaubt größere Freiheiten bzgl. der Offenheit von Südfassaden, da der Transmissionswärmeverlust durch den zusätzlichen Gewinn von Lüftungswärmeverlusten kompensiert wird.

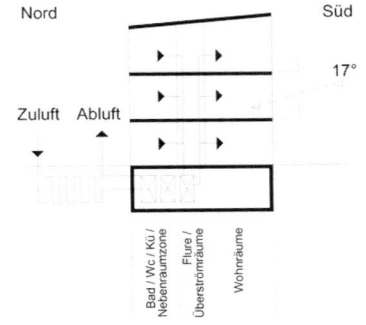

kontrollierte Be- und Entlüftung mit WRG (Wärmerückgewinnung) eines Nord-Süd-orientierten Wohngebäudes

4.11

2.2 Geschosswohnungsbau – Beispiele

Mittelgangtyp in unregelmäßiger Anordnung

Das viergeschossige Ost–West orientierte Wohngebäude ist mit seiner Tiefe von 15 m und seiner Länge von 60 m außerordentlich kompakt. Dadurch entsteht ein sehr günstiges Verhältnis von Bruttogeschossfläche zu Verkehrsfläche und der Anteil der Außenfassade am Volumen des Gebäudes ist sehr klein. Daher ist das Gebäude nicht nur kostengünstig zu erstellen, sondern auch energetisch effizient (ENEV).

Ein im 2. OG befindlicher Mittelflur erschließt die Maisonettwohnungen sowohl nach unten als auch nach oben. Im Erdgeschoss befindet sich eine Etagenwohnung mit Gartenanschluss.

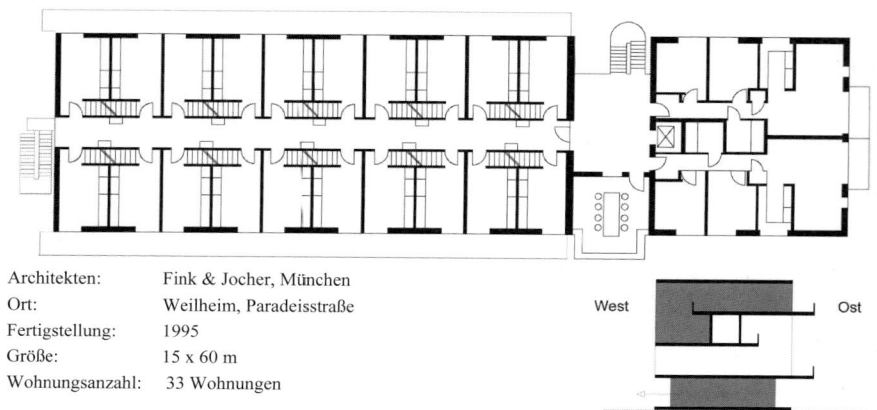

Architekten:	Fink & Jocher, München	
Ort:	Weilheim, Paradeisstraße	
Fertigstellung:	1995	
Größe:	15 x 60 m	
Wohnungsanzahl:	33 Wohnungen	

Zweispännertyp mit flexiblem Grundriss

Jeweils 2 Wohnungen werden von einem sparsamen Treppenhaus erschlossen. Die Grundrisse sind in 3 Zonen gegliedert. Die innere Zone enthält die Nasszellen, einschließlich der Küche, die beiden äußeren die Wohn- und Schlafräume. Diese sind austauschbar und flexibel benutzbar. Untereinander sind sie nur durch Schiebetüren und quer dazu durch raumhohe Falttüren miteinander verbunden, so dass in beiden Richtungen zwei oder drei Räume zusammengefasst werden können. Es ergeben sich hierdurch vielfältige Varianten der Nutzung. Dies ist im Wohnungsbau umso wichtiger, da die Haushaltstypologien sehr vielfältig sind und in ihren funktionalen Anforderungen an Wohnraum sich deutlich abgrenzen.

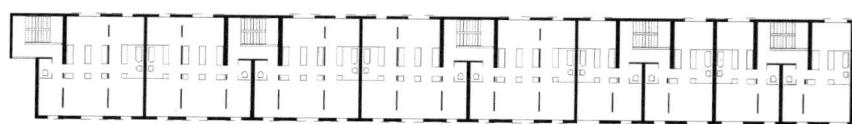

Architekten:	Florian Riegler
	Roger Riewe, Graz
Ort:	Wohnungsanlage in Strassgang
Realisierung:	1994

3 Reihenhäuser und Kettenhäuser
3.1 Reihenhaustypologie

Tafel 4.13: Reihenhaustypologie nach Entwurfsparametern geordnet

	1	2	3	4	5
Typ	4,00 (4,50)	5,50 (6,00)	7,50	8,50	11,00
Orientierung	O / N/S / N/S / W	N/O / S/W	N/O / S/W	N/O / W/O / S/W	N/O / S/W
Parkierung	P	P	P / P	P	P
Maße Haus und Grundstück	6,00 / 12,00 (14,00) / 6,00 / 4,00	6,00 / 10,00 (12,00) / 6,00 / 5,50	6,00 / 10,00 / 6,00 / 7,50	6,00 / 11,50 / 5,50 / 8,50	4,00 / 7,00 (8,00) / 6,00 / 11,00
Max WF/ II+D i. m²	120	≥ 120	160	150	135
Grundstücksgröße i. m²	≥ 105	≥ 135	≥ 165	≥ 195	≥ 160
Grundstück o. Parkierung in	≥ 96	≥ 121	≥ 150	≥ 153	≥ 160
GRZ	0,6/0,75	0,4/0,6	0,5/0,75	0,4/0,6	0,4/0,6
GFZ	1,1	0,8	0,9	0,8	0,8
Lage der Treppe	i	i		i	a
Lage des Bades	i	a	a		i
Lage der Kinderzimmer im 1.OG					
A/V*[1] Mittelhaus	0,44	0,47	0,51	0,82	0,60
A/V*[2] Endhaus	0,66	0,66	0,65	0,88/1,06	0,72

*[1] ohne Keller mit Pultdach 10°
i: innenliegend
a: außenliegend
P: Parkierung

4 Objektplanung

Die Typologie des Reihenhauses ist geprägt durch die Hausbreite und die Anordnung der Treppe als vertikales Erschließungselement.

Aufgrund der hohen Bodenpreise in der BRD sind bei Bauträgern die schmalen Hausvarianten 4,0–4,5–5,5 m beliebter als die breiten. Allerdings besteht bei den schmalen Häusern das Problem zu enger Nachbarschaft auf der Terrasse und im Garten. Daher sind hier durch plastische Ausbildungen des Baukörpers Maßnahmen zu ergreifen, die den geschützten Raum im Freien wieder herstellen.

Die Garagen können bei Reihenhäusern in der Regel nicht im Hauskörper integriert bzw. in der Vorgartenzone untergebracht werden. Daher müssen städtebauliche Carport- oder Sammelgaragen angeboten werden. Reihenhäuser, welche mehr als zwei Vollgeschosse besitzen, werden häufig als Stadthäuser bezeichnet.

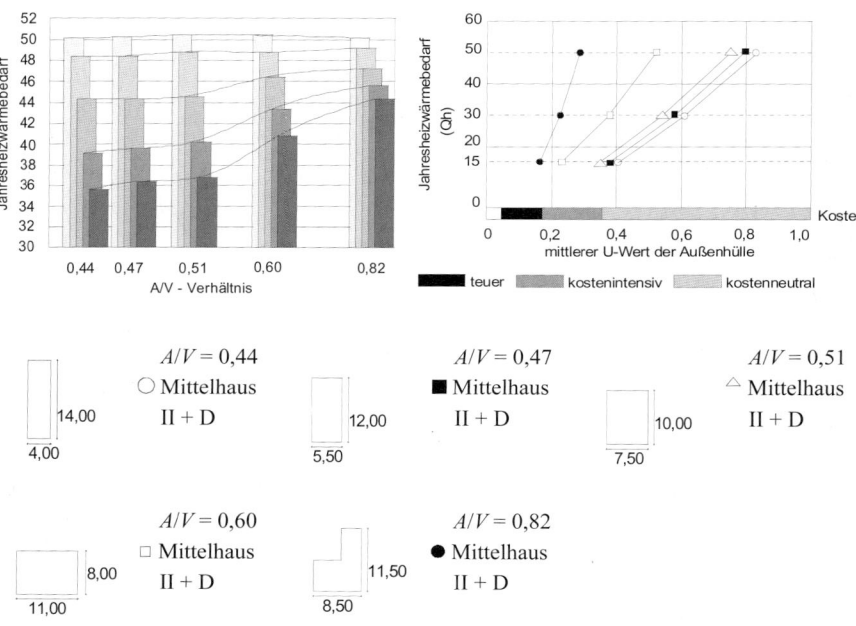

Die energetischen Kennwerte für Reihenhäuser sind sehr stark vom A/V-Verhältnis des Gebäudeentwurfs abhängig. Vollverglasungen nach Süden werden erst bei einem A/V-Verhältnis unter 0,6 interessant.

3.2 Kettenhaustypologie

Kettenhäuser sind Hausreihen mit zwischenliegenden Nebenräumen wie Garagen oder eingeschossigen Wohnräumen. Im Obergeschoss werden die Räume oftmals auch auf der Längsseite belichtet. Daher können Kettenhäuser bei fast jeder Orientierung eingesetzt werden. Durch den differenzierten Baukörper entsteht der Eindruck eines freistehenden Einfamilienhauses. Das A/V-Verhältnis nähert sich diesem an. Bei der konstruktiven Durcharbeitung ist außerdem darauf zu achten, dass die Wärmedämmung der auf der Grenze befindlichen Wand sich nicht auf dem Nachbargrundstück befindet und die Brandschutzanforderungen einer Brandwand erfüllt.

Tafel 4.15: Kettenhaustypologie

	Kettenhaus mit seitlicher Garage Wohnhausty p1 Tafel 6.?	Kettenhaus mit integrierter Garage
Typ		
Orientierung	O	O
Belichtung		
Max. WF in m²	120	(190) 145
Grundstücksgröße in m²	170	189
GRZ	0,6/0,75	0,47/0,70
GFZ	0,8	0,9
A/V	0,83	0,73

Schallschutz in Einfamilienhäusern (DIN 4109 Auszug)

Empfehlungen für normalen Schallschutz	R'_w	$L'_{n,w}$
Decken, ohne Kellerdecken	50	56
Treppenläufe und -podeste		
Decken von Fluren		56
Wände zwischen Räumen	40	
Empfehlungen für erhöhten Schallschutz	R'_w	$L'_{n,w}$
Decken, ohne Kellerdecken	≥55	≤46
Treppenläufe und -podeste		≤53
Decken von Fluren		≤46
Wände zwischen Räumen	≥47	

R'_w bewertetes Schalldämmmaß
$L'_{n,w}$ bewerteter Normtrittschallpegel

Schallschutz für Doppel- und Reihenhäuser (DIN 4109 Auszug)

Mindestforderungen an	R'_w	$L'_{n,w}$
Decken allgemein		48
Treppenläufe und -podeste		53
Decken unter Fluren		53
Haustrennwände	57	

4 Objektplanung

3.3 Reihenhäuser- u. Kettenhäuserbeispiele

3.3.1 Reihenhausbeispiel 1

Architekten: Bäuerle + Lüttin, Konstanz
Ort: Ingolstadt, Permoserstraße
Baujahr: 1. BA 1998, 2. BA 2002

1m

3.3.2 Reihenhausbeispiel 2

Architekten: von Seidlein, Fischer, Konrad, Röhrl, München
Ort: München
Baujahr: 2001

1m

DG

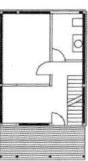 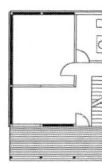

1. OG

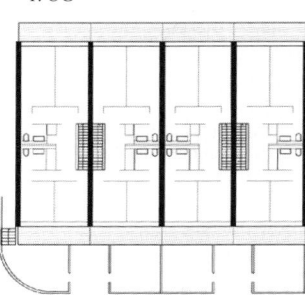

1. OG

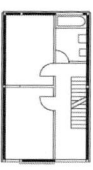 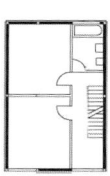

EG

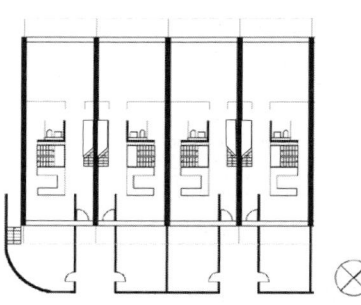

EG

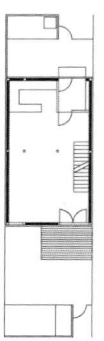 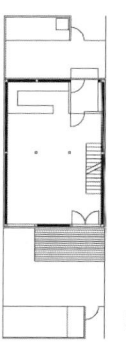

Schnitt

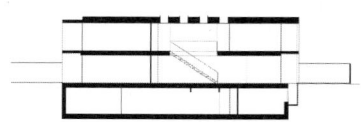

4.16

Reihenhäuser und Kettenhäuser

3.3.3 Kettenhausbeispiel 1

Architekten: Herzog + de Meuron, Basel
Ort: Wien, Pilotengasse
Baujahr: 1992

1m

3.3.4 Kettenhausbeispiel 2

Architekten: Becher + Rottkamp, Berlin
Ort: Berlin, Zehlendorf
Baujahr: 2000

1m

1. OG

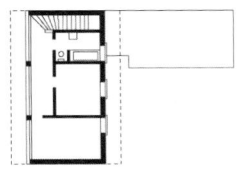

1.OG

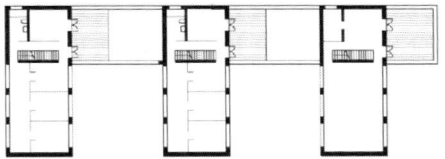

EG

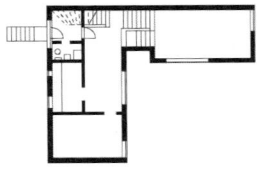

EG

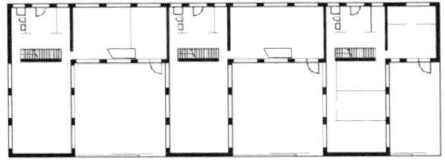

GG

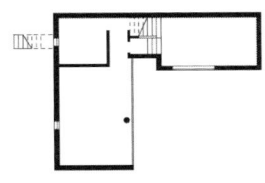

Schnitt

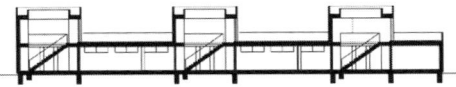

Schnitt

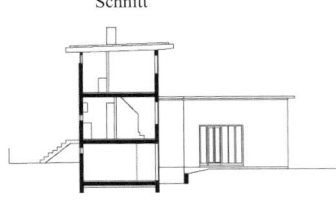

4.17

4 Einfamilienhäuser

4.1 Einfamilienhaustypologie

Tafel 4.18: Einfamilienhaustypologie nach Entwurfsparametern geordnet

	1	2	3	4
Haustyp	Das Querhaus 7-8 11-15	Das Längshaus 16-21 6-6,5	Das Kompakte 9-11 9-11	Das Hofhaus 11-14 12-16
Maße Haus und Grundstück *2	≥2,5 / ≥3,6 / 3 / ≥2,5	≥2,5 / ≥3,6 / >2,5 / 3	≥2,5 / ≥3,6 / ≥2,5 / 3	≥2,5 / ≥3,6 / ≥2,5 / 3
Zonierung	1, 2	1, 2, 3	1, 2, 3	1, 2, 3
Organisation EG	1 EING, NR 2 WO, ESSEN, KÜ	1 RAUM, 2 EING, TR 3 KÜ, WO	1 NR, RAUM, 2 ERSCHL, KÜ 3 WO	1 RAUMZONE, NR 2 EINGANG, TR 3 WO, KÜ
OG	1 BAD, ERSCHL 2 RAUMZONE	1 RAUMZONE 2 BAD, ERSCHL 3 RAUMZONE	1 RAUMZONE 2 ERSCHL, BAD 3 RAUMZONE	1 RAUMZONE 2 ERSCHL, BAD 3 RAUMZONE
Orientierung	N / W / O / S	N/O / W/N / O/S / S/W	N/O / W/N / O/S / S/W	N / W / O / S
Erschließung intern				
Konstruktion				
WF in m²	120 - 200	160 - 250	200 - 250	140 - 240
GRZ	0,35 - 0,41	0,37 – 0,42	0,36 – 0,42	0,30 – 0,36
GFZ	0,70 – 0,82	0,74 – 0,84	0,72 – 0,84	0,6 – 0,72
A/V - Verhältnis	0,71 – 0,80 *1	0,73 – 0,80 *1	0,69 – 0,77 *1	0,8 – 0,92 *1

4.18

Einfamilienhäuser

Haustyp	5 Das Hanghaus 1	6 Das Hanghaus 2	7 Das Passagenhaus	8 Das Solarhaus
Maße Haus und Grundstück *²				
Zonierung	1 2	1 2	1 2 3	1 2 3 (SO)
Organisation HG EG OG	1 TR, BAD 2 RÄUME 1 TR, KÜ 2 WO 1 TR, BAD, 2 ATELIER 2 TERASSE	1 TR, NR, BAD 2 RÄUME 1 TR, NR 2 WO, ESSEN 1 BAD 2 RÄUME 2 TERRASSE	1 RAUM, NR 2 TR, HALLE 3 WO, KÜ, ESSEN 1 RÄUME, BAD 2 TR, HALLE 3 RÄUME, BAD	1 NR, ERSCHL, KÜ 2 WO, ESSEN 3 WINTERGA. 1 ERSCHL, BAD 2 RÄUME 3 WINTERGA.
Orientierung	N/O W/N O/S S/W	N W O S	N/O W/N O/S S/W	N W O S
Erschließung intern				
Konstruktion				
WF in m²	160 – 220	180 – 250	240 - 300	130 - 180
GRZ	0,36 – 0,40	0,35 – 0,39	0,45 – 0,50	0,34 - 0,36
GFZ	1,08 – 1,20	1,05 – 1,17	0,90 – 1,00	0,68 – 0,72
A/V – Verhältnis	0,68 – 0,76 *¹	0,72 – 0,76 *¹	0,61 – 0,66 *¹	0,69 – 0,73 *¹

*¹ ohne Keller mit Flachdach   *² Abstandsflächen Baden-Württemberg ≥ 2,5 m; ansonsten ≥ 3,0 m   Ga: Garage

4 Objektplanung

4.2 Einfamilienhausbeispiele

4.2.1 Das kompakte Einfamilienhaus

Architekt: Rolf Mühlethaler
Ort: Bern
Fertigstellung: 1993

4.2.2 Das Längshaus

Architekt: Dietrich + Untertrifaller
Ort: Bregenz
Fertigstellung: 1995

DG

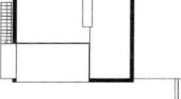

1.OG

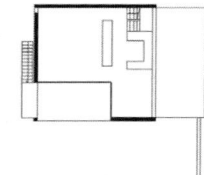

1.OG

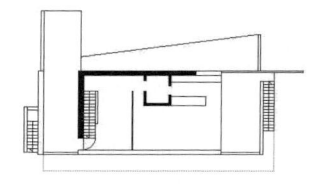

EG

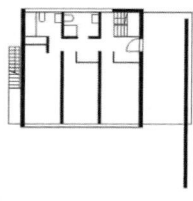

EG

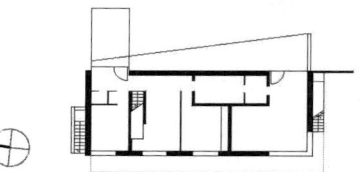

Schnitt

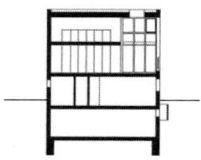

4.20

5 Energieeffizientes Bauen

Energieeffiziente Bauweise im Wohnungsbau - Neubau

Durch die Diskussion über Energieeffizienz sind viele Definitionen von Energiestandards im Bereich Wohnungsbau – Neubau im Umlauf. Die Tabelle 4.21 gibt Auskunft über die Festlegungen, die zur Begrifflichkeit der Standards geführt haben.

Tafel 4.21: Energiestandards im Neubau

Standard	1 EnEV Standard	2 KfW 60 Standard	3 KfW 40 Standard
Definition	Stand Juni 2007 Derzeit gültige Verordnung in Deutschland über energiesparenden Wärmeschutz und energiesparende Anlagetechnik bei Wohngebäuden.	Stand Juni 2007 Definition und Festlegungen der Kreditanstalt für Wiederaufbau (KfW)	Stand Juni 2007 Definition und Festlegungen der Kreditanstalt für Wiederaufbau (KfW)
Festlegung 1 Primärenergiebedarf Q_p'' in [kWh/(m² · a)]	$Q_p'' = 50{,}94 + 75{,}29$ $A/V_e + 2600/(100+A_N)$ * 1 $Q_p'' = 64{,}94 + 75{,}29$ A/V_e * 2	$Q_p'' \leq 60$ kWh/(m²a)	$Q_p'' \leq 40$ kWh/(m²a)
Festlegung 2 Spez. Transmissionswärmeverlust H_T' in [W/(m2 · K)]	$H_T' \leq 0{,}3 + 0{,}15 / A/V_e$	$H_T' \leq H_T'{}_{EnEV} - 30\%$	$H_T' \leq H_T'{}_{EnEV} - 45\%$
Technik	Beheizung mit fossilen Energieträgern	Beheizung mit erneuerbaren Energien vorteilhaft	Beheizung mit erneuerbaren Energien vorteilhaft Lüftungsanlage mit WRG vorteilhaft

* 1 Primärenergiebedarf mit zentraler Warmwasserbereitung
* 2 Wohngebäude mit elektrischer Trinkwassererwärmung

4 Objektplanung

Tafel 4.22a: Energiestandard Typologien Neubau - Wohnungsbau

Standard	4 Passivhaus	5 Sonnenhaus	6 Nullenergiehaus
Definition	Stand Juni 2007 Definition und Festlegungen des Passivhausinstitutes, Darmstadt	Definition und Festlegungen des Sonnenhausinstitutes, Straubing	Bezeichnet eine Gebäudetypoplogie die rechnerisch in der jährlichen Bilanz keine externe Energie (Elektrizität, Gas, Öl usw.) bezieht.
Festlegung 1 Primärenergiebedarf Qp'' in $[kWh/(m^2 \cdot a)]$	$Qp'' \leq 120$ $kWh/(m^2a)$ inkl. Haushaltsstrom	$Qp'' \leq 15\ kWh/(m^2a)$	Keine Festlegung
Festlegung 2 Heizwärmebedarf Qh in $[kWh/(m^2 \cdot a)]$	$Qh \leq 15\ kWh/(m^2a)$	$Qh \rightarrow$ $H_T` \leq H_T`_{EnEV} - 45\%$	$Qh \leq 0\ kWh/(m^2a)$ oder Energieüberschuss
Technik	Lüftungsanlage mit WRG mind. 75% Beheizung und Warmwassererwärmung mit erneuerbaren Energien ist vorteilhaft	Solarer Deckungsgrad zwischen 50% - 100% für Heizung und Warmwasser, regenerative Nachheizung Lüftungsanlage mit WRG ist vorteilhaft	Erzeugung der benötigten Energie mit regenerativen Energieträgern mit KWK- Anlagen sowie Photovoltaikanlagen Lüftungsanlage mit WRG ist vorteilhaft

Tafel 4.22b: EnEV Standard - Wohnungsbau

Haustyp	Einfamilienhaus	Reihenmittelhaus	Mehrfamilienhaus
A/V_e	$1{,}0 - 0{,}7$	$0{,}7 - 0{,}4$	$0{,}4 - 0{,}20$
Nachweis Primärenergiebedarf Qp'' in $[kWh/(m^2 \cdot a)]$ *[1]	$\leq 138 - 114$	$\leq 114 - 85$	$\leq 85 - 68$
Nachweis Spez.Transmissionswärmeverlust H_T' in $[W/(m2 \cdot K)]$	$\leq 0{,}45 - 0{,}51$	$\leq 0{,}51 - 0{,}67$	$\leq 0{,}67 - 1{,}05$

*[1] Primärenergiebedarf mit zentraler Warmwasserbereitung

Energieeffizientes Bauen

Tafel 4.22b veranschaulicht die unterschiedlichen A/V_e - Verhältnisse verschiedener Haustypologien. Das A/V_e - Verhältnis ist das Verhältnis von allen Außenbauteilen zum beheizten Volumen des Gebäudes.

In der EnEV ist die Bezugsfläche A_N als Koeffizient von 0,32 x beheiztes Volumen (Systemgrenze – Außenkante Dämmung) definiert.

In der Definition des Passivhausstandards bezieht sich die Bezugsfläche A_N auf die Wohnfläche nach 2. BV innerhalb der thermischen Hülle.

Der Nachweis des spezifischen Transmissionswärmeverlust H_T' ist im Einfamilienhausbereich wesentlich niedriger wie im Mehrfamilienhausbereich anzusetzen. Dabei sind wie in Tafel 4.24a - 4.25a dargestellt die mittleren U-Werte der Außenhülle bei einem Mehrfamilienmittelhaus sehr hoch. Hier können große Verglasungen oder auch Baustoffe verwendet werden, die eine schlechtere Wärmedämmfähigkeit aufweisen, wie zum Beispiel Wandaufbauten mit WDVS (Wärmedämmverbundsystem) Tafel 4.26a.

Die Tafeln 4.24a – 4.25a dienen zur Ermittlung der mittleren U-Werte verschiedener Haustypologien bei exakter Erfüllung des zulässigen spezifischen Transmissionswärmeverlustes. Aus den Tabellen wird ersichtlich, dass bei Einfamilienhäusern der mittlere U-Wert, je nach Energiestandard auf sehr niedrige Werte sinkt. Dabei ist zu beachten, dass der mittlere U-Wert alle Außenbauteile berücksichtigt. Dadurch ist eine große Verglasung bei sehr niedrigen U-Werten kaum möglich. Bei einem KfW 40 Standard ist diese Abhängigkeit unbedingt beim Entwurf des Gebäudetypus zu berücksichtigen.

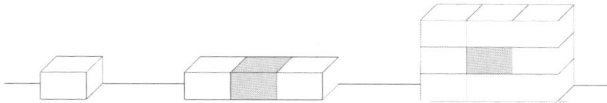

Tafel 4.23: Geometrisches Modell

Haustyp	Einfamilienhaus	Reihenmittelhaus	Mehrfamilienhaus
Länge / Breite / Höhe	10 m / 10 m / 6 m	10 m / 10 m / 6 m	10 m / 10 m / 6m
Volumen	600 m³	600 m³	600 m³
A_n	192 m²	192 m²	192 m²
A/V_e	0,73	0,53	0,20

Fensterflächenanteile: 45% FF Südfassade, 20% FF Ost- und Westfassade, 10% FF Nordfassade

Tafel 4.24a: EnEV Standard Beispiel – Neubau - Wohnungsbau

Haustyp	Einfamilienhaus	Reihenmittelhaus	Mehrfamilienhaus
A/V_e	0,73	0,53	0,20
Primärenergiebedarf Q_p'' in [kWh/(m² · a)] * 1	115	100	75
Spez. Transmissionswärmeverlust H_T' in [W/(m2 · K)]	0,50	0,58	1,05
Heizwärmebedarf Qh [kWh/(m² · a)] * 2	74,5	68,4	47,0
Mittlerer U-Wert der Außenhülle in W/(m²K)	**0,46**	**0,59**	**0,95**
Wärmebrücken ΔU_{WB} in W/(m²K) * 3	0,10	0,10	0,10
Erforderlicher ep- Wert	1,32 * 4	1,23 * 4	1,26 * 4

* 1 Primärenergiebedarf mit zentraler Warmwasserbereitung

* 2 Heizwärmebedarf Qh nach Parametern und Fensterflächenanteile aus Tafel 4.23

* 3 Wärmebrücken ohne Nachweis 0,1W/(m²K); Ausführung nach DIN 0,05W/(m²K); mit Nachweis 0–0,1 W/(m²K)

* 4 ep- Wert bei exakter Erfüllung H_T' (Nachweis der Transmissionswärmeverluste)

Tafel 4.24b: KfW 60 Standard Beispiel – Neubau - Wohnungsbau

Haustyp	Einfamilienhaus	Reihenmittelhaus	Mehrfamilienhaus
A/V_e	0,73	0,53	0,20
Primärenergiebedarf Q_p'' in [kWh/(m² · a)] * 1	60	60	60
Spez. Transmissions-Wärmeverlust H_T' in [W/(m2 · K)]	0,35	0,40	0,73
Heizwärmebedarf Qh [kWh/(m² · a)] * 2	50,7	47,6	33,7
Mittlerer U-Wert der Außenhülle in W/(m²K)	**0,34**	**0,43**	**0,68**
Wärmebrücken ΔU_{WB} in W/(m²K) * 3	0,05	0,05	0,05
Erforderlicher e_p- Wert	0,94 * 4	0,99 * 4	1,29 * 4

* 1 Primärenergiebedarf mit zentraler Warmwasserbereitung

* 2 Heizwärmebedarf Qh nach Parametern und Fensterflächenanteile aus Tafel 4.23

* 3 Wärmebrücken ohne Nachweis 0,1W/(m²K); Ausführung nach DIN 0,05W/(m²K); mit Nachweis 0–0,1 W/(m²K)

* 4 ep- Wert bei exakter Erfüllung H_T' (Nachweis der Transmissionswärmeverluste)

Tafel 4.25a: KfW 40 Standard Beispiel – Neubau - Wohnungsbau

Haustyp	Einfamilienhaus	Reihenmittelhaus	Mehrfamilienhaus
A/V_e	0,73	0,53	0,20
Primärenergiebedarf Qp'' in $[kWh/(m^2 \cdot a)]$ * 1	40	40	40
Spez. Transmissionswärmeverlust H_T' in $[W/(m^2 \cdot K)]$	0,27	0,31	0,57
Heizwärmebedarf Qh $[kWh/(m^2 \cdot a)]$ * 2	39,0	37,6	27,3
Mittlerer U-Wert der Außenhülle in $W/(m^2K)$	**0,25**	**0,32**	**0,52**
Wärmebrücken ΔU_{WB} in $W/(m^2K)$ * 3	0,05	0,05	0,05
Erforderlicher e_p- Wert	0,77 * 4	0,79 * 4	1,0 * 4

* 1 Primärenergiebedarf mit zentraler Warmwasserbereitung
* 2 Heizwärmebedarf Qh nach Parametern und Fensterflächenanteile aus Tafel 4.23
* 3 Wärmebrücken ohne Nachweis $0,1 W/(m^2K)$; Ausführung nach DIN $0,05 W/(m^2K)$; mit Nachweis 0–$0,1 W/(m^2K)$
* 4 e_p- Wert bei exakter Erfüllung H_T' (Nachweis der Transmissionswärmeverluste)

Die Tafel 4.25b des Passivhausstandards zeigt die mittleren U-Werte von opaken und transparenten Wandbauteilen getrennt auf. Das Passivhausinstitut gibt eine Beschränkung bezüglich der U-Werte opaker und transparenter Bauteile vor.

Tafel 4.25b: Passivhaus Standard Beispiel – Neubau - Wohnungsbau

Haustyp	Einfamilienhaus	Reihenmittelhaus	Mehrfamilienhaus
A/V_e	0,73	0,53	0,20
Primärenergiebedarf Qp'' in $[kWh/(m^2 \cdot a)]$ inkl. Haushaltstrom * 1	120	120	120
Luftdichtheit * 1	$\leq 0,6$ m³/h bei 50 Pascal	$\leq 0,6$ m³/h bei 50 Pascal	$\leq 0,6$ m³/h bei 50 Pascal
Heizwärmebedarf Qh $[kWh/(m^2 \cdot a)]$ * 1	15	15	15
Mittlerer U-Wert opaker Bauteile in $W/(m^2K)$	**0,10**	**0,15** * 2	**0,15** * 2
Mittlerer U-Wert transparenter Bauteile in $W/(m^2K)$ * 1	**0,8 / g =0,5**	**0,8 / g =0,5**	**0,8 / g =0,5**
Wärmebrücken ΔU_{WB}	Mit Nachweis	Mit Nachweis	Mit Nachweis

* 1 Festgelegter Wert des Passivhausinstitutes
* 2 Festgelegter maximaler U-Wert des Passivhausinstitutes

4 Objektplanung

Tafel 4.26a: U-Werte von Ziegelmauerwerk mit Wärmedämmverbundsystem (WDVS)

Wärmeleitfähigkeit λR in W/(m·K)		U-Wert in W/(m2·K)					
		Mauerwerksdicke in cm					
		17,5			24		
		Dämmstoffdicke in cm					
Mauerwerk	Dämmstoff	8	12	20	8	12	20
0,45	0,040	0,39	0,28	0,18	0,37	0,27	0,17
	0,035	0,35	0,25	0,16	0,33	0,24	0,15
0,39	0,040	0,38	0,27	0,18	0,36	0,26	0,17
	0,035	0,34	0,24	0,16	0,32	0,23	0,15
0,33	0,040	0,37	0,27	0,17	0,34	0,25	0,17
	0,035	0,33	0,24	0,15	0,31	0,23	0,15
0,27	0,040	0,35	0,26	0,17	0,32	0,24	0,16
	0,035	0,32	0,23	0,15	0,30	0,22	0,15
0,21	0,040	0,33	0,25	0,17	0,30	0,23	0,16
	0,035	0,30	0,22	0,15	0,28	0,21	0,14
0,16	0,040	0,30	0,23	0,16	0,27	0,21	0,15
	0,035	0,28	0,21	0,14	0,25	0,19	0,13
0,14	0,040	0,29	0,22	0,15	0,25	0,20	0,14
	0,035	0,27	0,20	0,14	0,24	0,19	0,13

Tafel 4.26b: Anlagenaufwandszahlen typischer Heizanlagen

Heizanlage inkl. Trinkwassererwärmung	Anlagenaufwandszahl e_P [-]
Niedertemperatur-Kessel 70/55° C mit Horizontal-Verteilung und Kesselaufstellung im Keller	1,4 - 2,0
Niedertemperatur-Kessel 70/55° C komplett im beheizten Bereich aufgestellt	1,3 - 1,8
Brennwert-Kessel 55/45° C komplett im beheizten Bereich aufgestellt und Lüftungsanlage mit Wärmerückgewinnung	1,13 - 1,48
Brennwert-Kessel 55/45° C komplett im beheizten Bereich aufgestellt und solare Trinkwassererwärmung	1,08 - 1,15
Biomasse (z.B. Pellets) – Erzeuger, Kesselaufstellung im Keller	0,5 - 0,6

Die Tafel 4.26b gibt einen groben Überblick über die Größenordnung der Anlagenaufwandszahlen. Sie ist abhängig von vielen Parametern und sind jeweils nach DIN 4701 – 10 zu ermitteln. In den Tafeln 4.24a – 4.25a ist die Anlagenaufwandszahl für die dort definierten Parameter beispielhaft errechnet worden.

6 Verwaltungsbau

6.1 Allgemeine Grundlagen

Tafel 4.27: Verwaltungsbau Typologie LBO, ArStättV, ASR, DIN 4549

Variation	1	2	3	4
Büroraumtypen	Zellenbüro	Gruppenbüro	Großraumbüro	Kombi-Büro
max. Arbeitsplätze pro Raum	4	12	≥ 20	1–2
Raumgröße	14–25 m²	12 m² pro Angestellte	12 m² pro Angestellte	10–18 m²
Einsatzbereich	– sensible Bereiche – Bereiche für besonders konzentriertes Arbeiten	– Kommunikativ flexibler wie 1	– kommunikative und flexible Bereiche	– kreative Bereiche
Raumhöhe	2,75–3,40 m	3,45–4,60 m	3,45–4,60 m	2,75–3,40 m
Erschließungstypen	Einbündig	Zweibündig	Dreibündig	Flurlose Anlage
Erschließungsflächenanteil	30–40 % der Bürofläche	18–25 % der Bürofläche	25–30 % der Bürofläche	Keine separate Erschließungsfläche

4 Objektplanung

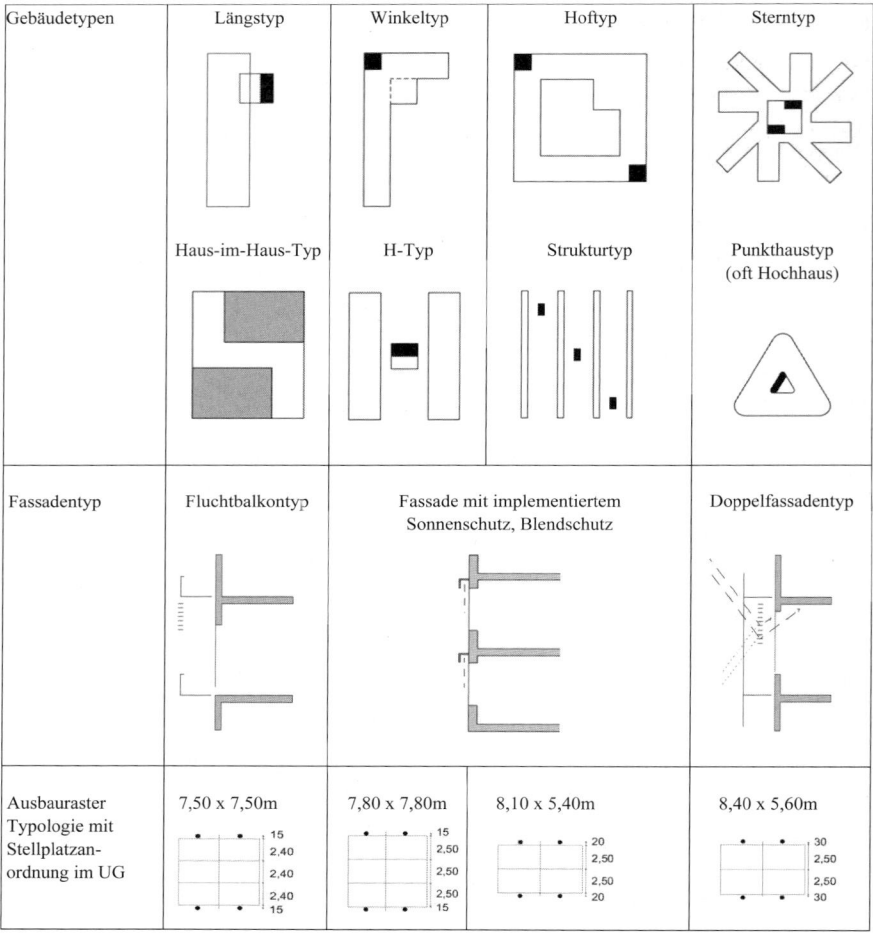

Der Verwaltungsbau ist in seiner Systematik durch vielfältige Kombinationen von Büroraumtypen, Grundriss- und Erschließungstypen und Gebäudetypen geprägt.

Bei dem Entwurf von Verwaltungsgebäuden ist die Lage der notwendigen Versorgungskerne, Rettungswege und Brandabschnitte prägend. Dabei spielt das vorgegebene Raumprogramm und Organisationsprinzip eine große Rolle im Entwurfsprozess. Die Wahl der konstruktiven Ordnungssysteme (Raster, Achsen, etc.) hängt von wirtschaftlichen Aspekten und gegebenenfalls von der vertikalen Schichtung der Büroräume auf einer Stellplatzanordnung im UG ab. Das Ordnungssystem hängt auch entscheidend von dem dem Raumprogramm zugrunde liegenden modularen Raumprogrammsystem der Raumgrößenanforderung ab (z.B. 12–, 18–, 24–, 30– m² Raumgrößen der Zellenbüros).

Der organisatorische Rahmen von Verwaltungsgebäuden ist genau definiert: Multifunktional und flexibel aufteilbar. Dazwischen: Raum für Spontaneität, Privatheit und Selbstbestimmung: Wohnliche Bürowelten als „emotionales Zuhause" der Mitarbeiter.

Verwaltungsbau

Orientierungswerte für das Raumprogramm

1-Personen-Schreibtischzelle	8 – 12 m²
2-Personen-Schreibtischzelle	18 – 24 m²
3-Personen-Schreibtischzelle	27 – 30 m²
4-Personen-Schreibtischzelle	35 – 40 m²
je Person im Gruppenraum	12 m²
je Person im Großraum	12 m²

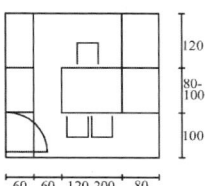

Arbeitsplatz Sachbearbeiter
alle Maße in cm

Besprechungsraum	18 – 36 m²
Sekretariat	14 – 18 m²
Abteilungsleiter	20 – 24 m²
Hauptabteilungsleiter	24 – 30 m²
Hauptabt.leiter-Sekretariat	14 – 18 m²

Vorstandsvorsitzender	60 – 120 m²
Vorstand	40 – 50 m²
pro Vorstandssekretärin	18 m²

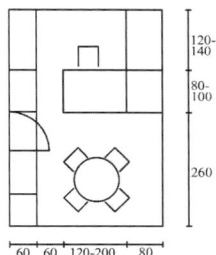

Arbeitsplatz
Bsp. Abteilungsleiter

Tafel 4.29: Wirtschaftlichkeitsvergleich

	Standard - Zellenbüro	Gruppenraum - Büro	Großraum - Büro	Kombi - Büro
Anteil der Fensterflächen an den Gesamtarbeitsflächen	100 %	75 %	38 %	94 %
Büroraumfläche im Normalbüro pro Arbeitsfläche	9,1 m² – 11,9 m²	13,4 m²	13,9 m²	8 m² – 9,4 m²
Gesamtbürofläche inkl. anteiliger Sonder-Verkehrsfläche	18–24 m²	21 m²	21 m²	18–19 m²
Bruttogrundrissfläche bei Einzelraumbelegung pro Arbeitsplatz	33 m²	26 m²	26 m²	23 m²
Kosten für Bauwerk in Tausend € pro Arbeitsplatz	28 Taus. € 100 %	38 Taus. € 134 %	40 Taus. € 140 %	32 Taus. € 115 %

4 Objektplanung

Regelwerke
(Auswahl wichtiger Regelwerke)

A Planungsgrundlagen allgemeiner Verwaltungsbau:
1.1 Verordnung über Arbeitsstätten (ArbStättV = Arbeitsstättenverordnung)
1.2 Arbeitsstättenrichtlinien
2. Sicherheitsregeln für Büroarbeitsplätze
3. Sicherheitsregeln für Bildschirmarbeitsplätze im Bürobereich
4. Energieeinsparungsverordnung (ENEV)
5. Landesbauordnung
6. DIN-Normen
7. Allgemein anerkannte Regeln der Technik
8. DIN 18024/18025 Barrierefreies Bauen

B Regelwerke Büroräume
1. Büroarbeitsplätze, Flächen für die Aufstellung und Benutzung von Büromöbeln
   DIN 4543 Teil 1 + 2, DIN 4549 (Maße)
2. Bildschirmarbeitsplätze
   DIN 66234 (Teil 6 + 7)
3. Verwaltungsberufsgenossenschaft
   ZH 1/535, ZH 1/618
   DIN 4549 Sicherheitstechnische Anforderungen
4. Arbeitsstättenverordnung/ Arbeitsstättenrichtlinie
5. Landesbauordnung
6. Büromöbel
   DIN 4551 Bürostuhl
   DIN 4543 Arbeitstische
   DIN 4545 Ablagen, Regale, etc.
   DIN 4543 Arbeitstische
   DIN 4549 Sicherheitstechnische Anforderungen

C Regelwerke Raumanforderungen
1. Wärmeschutz
   DIN 4108 Wärmeschutz im Hochbau
   ENEV
   Energieeinsparungsverordnung
2. Schallschutz, Raumakustik
   DIN 4109 Schallschutz im Hochbau
   VDI-Richtlinie 2569
3. Beleuchtungsstärke DIN 5035
   Sicherheitsbeleuchtung DIN 5035
4. Fenster/Sonnenschutz
   Arbeitsstättenrichtlinien ASR 7
   ENEV, DIN 4108, DIN 4109
5. Toiletten
   Anzahl der erforderlichen Toiletten:
   DIN 18228
   ASR 37 – Arbeitsstättenrichtlinie
6. Brandschutz
   DIN 4102, Feuerwiderstandsklassen für Wände, Decken, Stützen, ...
   Baustoffklassen für Feuerwiderstand der Baustoffe und Materialien
   Brandabschnitte
   Forderungen der örtlichen Brandschutzbehörde
   Brandmeldeanlagen DIN 14675
7. Barrierefreies Bauen
   DIN 18024/18025
8. Fördertechnik
   Personenaufzüge nach DIN 153

Weiterführende Literatur:
1. Büroräume – Bürohäuser
   Jürgen Knirsch
   Verlagsanstalt Alexander Koch,
   Leinfelden-Echterdingen 1996

2. Zukunftsstrategie Kombi-Büro
   Congena – Gesellschaft für Planung,
   Training und Organisation.
   Callwey, München 1994

3. Verwaltungsbauten
   Hg. Ottomar Gottschalk
   Bauverlag GmbH,
   Wiesbaden und Berlin 1994

6.2 Beispiele Verwaltungsbau

6.2.1 Dreibünder als Längstyp

Obwohl die Grundrissstruktur des sehr kompakten Dreibundes mit überwiegend Zellenbüroräumen eher konventionell wirkt, ist das Konzept durch die energetische Optimierung eines äußerst günstigen A/V-Verhältnisses und einer intelligenten Fassade außerordentlich aktuell.

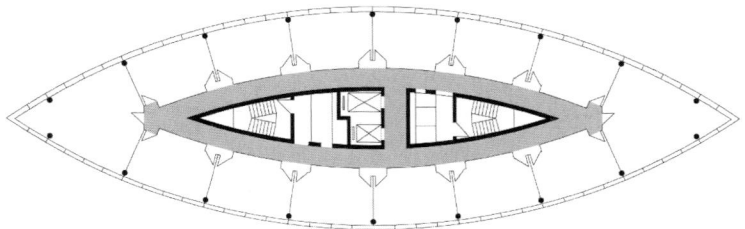

Architekt: Sir Norman Foster und
Partners, London
Haus der Wirtschaftsförderung in
Duisburg

Fertigstellung 1993
Nutzfläche 4000 m² auf 8 Geschossen
Gebäudelänge: 50 m
Gebäudebreite: 0 – 16 m

6.2.2 Haus-im-Haus-Typ

Die Glashülle schützt vor dem Lärm aus dem urbanen Umfeld und lässt intern ein schadstoffarmes Subklima entstehen. Zu Terrassen und Wintergärten lassen sich die Fenster der Büroräume öffnen. Durch eine Doppelfassadenkonzeption kann gegebenenfalls auf eine aufwendige Klimatechnik verzichtet werden. Durch diese Konzeption ist neben dem Vorteil von Wärmeenergieeinsparung ebenfalls ein windunabhängiger Sonnenschutz möglich. Daraus entsteht für das Gebäude ein unterschiedlicher Sommer- und Winterbetrieb für die Art der Lüftung, Kühlung und Beheizung.

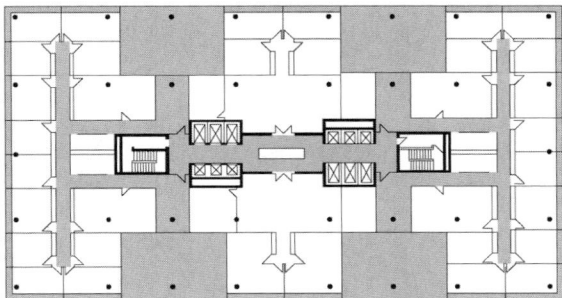

Architekten: Bothe – Richter – Teherani, Hamburg
Bürohochhaus IG Metall, Frankfurt – Wettbewerb 1995/1996

6.2.3 Strukturtyp

Der hochverdichtete Strukturtyp als Alternative zum Bürohochhaus bietet dem Bauherrn eine Grundrissstruktur mit einer sehr flexiblen Aufteilbarkeit in unterschiedliche Raumgrößen.

Bei dem Strukturtyp werden die Nebenraumbereiche, die Treppenhäuser und die Versorgungskerne in Quergebäudeteilen untergebracht. Dadurch dienen sie mehreren Bürobünden und können flächenmäßig wie funktional optimiert werden.

Sonderräume wie Konferenzräume, Tagungscenter, Dokumentation und Archive werden in Nebengebäuden untergebracht.

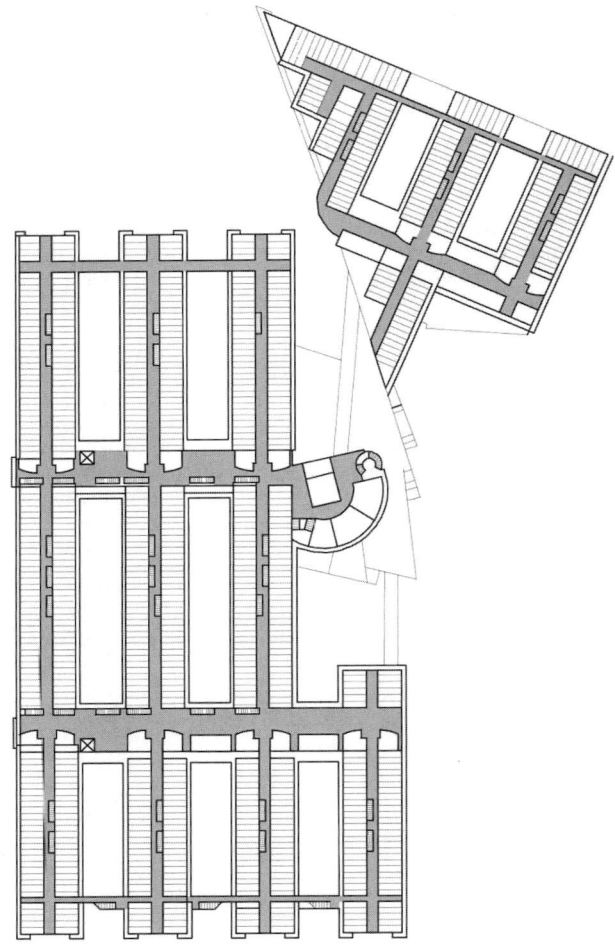

Architekten:
Otto Steidle + Partner, München
Uwe Kiesler + Partner, München

Verlagsgebäude
Gruner + Jahr in Hamburg
Fertigstellung 1990
2000 Arbeitsplätze

Kosten: 150 Mio. Euro
Größe:
165 x 90 m Südbau,
90 x 70 m Nordbau

Tiefgarage mit
500 Stellplätzen
BGF :88.000 m^2

6.2.4 Strukturtyp mit Kombibüro

Das Kombibüro verbindet die Vorteile des Zellenbüros mit denen des interaktiven Arbeitens im Gruppenraum (zwischen den Zellenbünden angeordnet). In den innen liegenden Gemeinschaftsräumen wird alles vorgesehen, was die Gruppe gemeinsam nutzt: Ablagen, Kopierer, Fax, Drucker, Plotter, Gruppenarbeitsplätze, temporäre Arbeitsplätze.

Abgeschlossenheit in der eigenen Bürozelle und Beteiligtsein in der Kombizone sind die Grundbedürfnisse der Menschen, die sich in dieser Form in der Bürostruktur widerspiegeln.

Durch die 2-Geschossigkeit des Gebäudes in Nordkirchen konnten die innen liegenden Kombizonen zusätzlich durch Oberlichter belichtet werden.

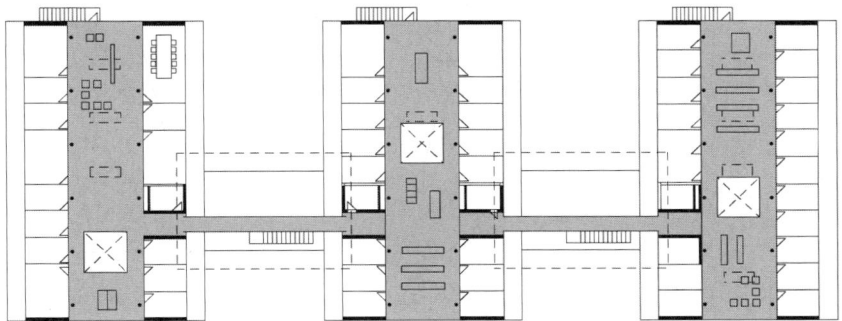

Architekten: Schuster Architekten,
Düsseldorf
Bürohaus Kortmann in Nordkirchen
Fertigstellung 1993

Baukosten: 6,14 Mio. Euro
Größe: 3.490 m² Bruttogeschossfläche
114 Arbeitsplätze
Höhe: 2 Geschosse

6.2.5 Punkthaustyp

Das Punkthaus mit innen liegendem Atrium, Treppenhäusern und Versorgungskernen stellt eine neue Variante des Punkthauses mit verdichteten Versorgungskernen dar.

Die fächerartige Ausbildung der Fassade soll optimale Tageslichtverhältnisse für blendfreie Bildschirmarbeitsplätze herstellen: Nur Nordlicht oder indirektes Licht wird für die Arbeitsplätze verwendet. Die Struktur der Räume besteht überwiegend aus Gruppen- und Großraumstrukturen.

Vorteile des Atriums:
Winter = Vorerwärmung der Luft
Sommer = Kühlung
Belichtungselement für innen liegende
Büroflächen und Kommunikationsbereiche

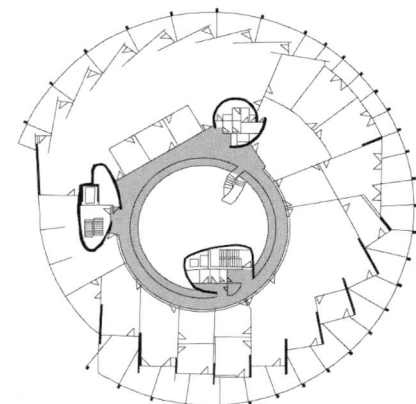

Architekten: Kauffmann, Theilig und Partner,
Ostfildern
Bürohaus in Gniebel bei Tübingen
Fertigstellung 1995
Nutzfläche: ca. 5000 m²
Büroarbeitsplätze: 250
Energiestandard: Niedrigenergie-Bürohaus

4 Objektplanung

7 Schulbau
7.1 Schulbau – allgemeine Grundlagen

Tafel 4.34: Schulbau Typologie

Variation	1	2	3	4
Organisationsform	Klassenverband	Kurssystem		
Raumtypen	Klassenräume (max 9,70 m × max 7,20 m)	Fachräume für – naturwissenschaftl. – Unterricht – Sprachunterricht – Musik – Kunsterziehung – Werken – Labore	Allgemeine Räume – Verwaltung – Pausenhalle – Pausenhof – Mehrzweckraum/ Aula – Cafeteria – Speisesaal – Bibliothek – Mediathek	Sporteinrichtung – Sporthalle – Freisportein–richtungen – Schwimmhalle
Flächenbedarf	2 m² / Schüler	2 - 2,5 m² / Schüler		
Raumhöhe	≥ 3 m			
Schularten	Grund- und Hauptschule	Realschule	Gymnasium	– Berufsschule – Gesamtschule – Förderschule / Sonderschule
Gebäudetypen	Linearer Typ Hallentyp	Kammstruktur Vertikale Schichtung	Atriumtyp Großform Kompakter Baukörper	Hoftyp / Campusidee Struktur aus mehreren Baukörpern (Schule als "Dorf", "Stadt")

4.34

Übersicht über Vorschriften und Normen:
ZNWB (1993) – Arbeitshilfen zum Schulbau

Auswahl:
Energieeinsparungsverordnung (ENEV)
Landesbauordnungen
DIN – Normen
Allgemein anerkannte Regeln der Technik
DIN 58125   Schulbau Bautechnische Anforderungen zur Verhütung von Unfällen
DIN ISO 5970   Stühle und Tische für Bildungseinrichtungen
DIN 18032 Teil 1   Sporthallen; Hallen für Turnen, Spiele und Mehrzwecknutzung
                   Grundsätze für Planung und Bau
ZNWB (1990)   Freiflächen an Schulen, (Gesetze, Richtlinien, Empfehlungen)
GUV 16.3   Richtlinien für Schulen, Bau und Ausrüstung
Schulbaurichtlinien der Bundesländer

Weiterführende Literatur:

1. Schulbau in Bayern

Beispiele von Schulbauten
von 1978 – 1995
Hinweise für Schulbauten
und Ausstattung ab 1995

Herausgegeben vom Bayerischen
Staatsministerium für Unterricht, Kultus,
Wissenschaft und Kunst in Zusammenarbeit
mit der Obersten Baubehörde im
Staatsministerium des Inneren und dem
Bayerischen Staatsministerium der
Finanzen.

Auer Verlag GmbH, Donauwörth, 1996

2. Schulen in Deutschland

Neubau und Revitalisierung
Herausgeber: Wüstenrot Stiftung
Karl Krämer Verlag, Stuttgart + Zürich
Wüstenrot Stiftung, Ludwigsburg, 2004

3. Atlas Gebäudegrundrisse

Entwurfsgrundlagen und Projektbeispiele
vom Reihenhaus bis zu Museum
Band 2

Bauten für Lehre, Forschung und Kultur
Öffentliche Gebäude

Herausgegeben: Walter Meyer-Bohe
Fraunhofer JRB Verlag, Stuttgart 2002

4. AW 193 – Ganztagsschulen

Herausgeber: Karl H. Krämer/
dwb/SRL/förd. Mitglied BDA
Redaktionelle Bearbeitung:
Dipl. Ing. Katharina Svendsen
Karl H. Krämer
Gudrun Krämer

Karl Krämer Verlag GmbH & Co.,
Stuttgart, März 2003

4 Objektplanung

Die Schule ist neben dem Elternhaus ein wichtiger und prägender Ort für Kinder und Jugendliche. Schularchitektur ist und war immer ein Spiegel der Gesellschaft und ihrer jeweiligen Auffassung von Erziehung und Lernen. Unterschiedliche pädagogische Konzepte haben wesentliche Auswirkung auf die Konzeption und Gestaltung von Schulen.

Mit der Einführung der allgemeinen Schulpflicht (1919 in der Weimarer Verfassung) entstanden erste Vorschriften zur Planung und Einrichtung von Schulbauten. Das Schulhaus wurde zum eigenständigen architektonischen Typ. Bis heute hat dieser Bautyp eine hohe Differenzierung erfahren. Schulbau ist eine komplexe Bauaufgabe : Schule wird heute sehr stark als Ort und Umfeld für die persönliche und menschliche Entwicklung verstanden.

Aus den Reform-Diskussionen der 60er-Jahre sind neue übergreifende Konzepte entstanden wie die Integration unterschiedlicher Schularten in einer Anlage, der Gesamtschule. Damit einher ging auch die Einführung neuer Unterrichtsarten wie Kurssystem, Gruppenarbeit usw. Daneben blieben aber weiterhin die Klassenverbände erhalten.

Heute gibt es sehr unterschiedliche Ansätze im Schulbau: freie und offene Grundrisse, aber auch den Trend zu streng rational gegliederten Gebäuden.

Es lassen sich acht prinzipielle Schulbautypen erkennen, wobei viele Schulen Mischformen dieser Typen sind. Wichtige Aspekte für den Bau bzw. die Planung von Schulen sind: Entwicklung sozialer Kompetenz bei den Schülern, individuelle Förderung der Schüler, ökologisches und energetisches Bauen, Kostenaspekte.

Schulbau ist Ländersache, daher gibt es unterschiedliche Ansätze in den einzelnen Bundesländern. In einigen Bundesländern ist die Gesamtschule als Standard eingeführt. Die Raumprogramme basieren auf den Schulbaurichtlinien der Bundesländer und differenzieren sich je nach Schulart.

Trotz Gesamtschule, Kurssystem, zunehmendem Fachunterricht ist das Klassenzimmer immer noch wesentlicher Bestandteil der Schule. Der Platzbedarf für Klassenzimmer wird mit $1,8 - 2,2 \ m^2$ pro Schüler angesetzt, abhängig von der Schulart.

Die Klassengrößen bei Förderschulen betragen 8 – 14 Schüler, und 30 – 35 Schüler bei weiterführenden Schulen. Gruppenräume (in Förderschulen, aber immer mehr auch in Grundschulen) dienen der individuellen Betreuung der Schüler.

Die Ausbildung der Klassenräume ist aufgrund der Schulbaurichtlinien relativ stark definiert : gerichtete Möblierung, Lichteinfall von Links, Blickrichtung frontal zur Tafel, dabei soll der Blickwinkel max. 60° betragen.

Die hier dargestellten Schulbautypen entstehen durch den unterschiedlichen Umgang mit den Zwischenzonen, also Erschließung, Aufenthaltsbereiche, Pausenhalle, Pausenhof, Freibereiche. Diese Bereiche sind Kommunikationszonen. Die Gestaltung dieser Raumbereiche ist grundlegend für die Qualität eines Schulgebäudes.

Die Zuordnung der Funktionen ist wesentlich für den Entwurf, dabei sollen die Klassenräume möglichst gleichwertige Bedingungen haben und von lärmintensiven Bereichen abgeschirmt sein, andererseits möglichst direkte Verbindungen zu den anderen Raumgruppen haben. Die hier dargestellten Gebäudetypen lassen sich für unterschiedliche Schularten umsetzen. Einflussfaktoren für die Entscheidung für einen bestimmten Gebäudetyp sind u.a. die Größe des Raumprogramms, die Grundstücks- bzw. städtebauliche Situation (freies Grundstück oder innerstädtische Situation), pädagogische Zielsetzungen, wirtschaftliche Überlegungen, energetische Aspekte (offene Struktur oder kompakter Baukörper). Die konkreten Schulentwürfe sind oft Mischformen dieser Gebäudetypologien.

4.36

7.2 Schulbau – Beispiele
7.2.1 Linearer Typ

Der lineare Typ ist eher geeignet für kleine Schulen mit geringem Raumprogramm und kleiner Schülerzahl. Ein gewisser Nachteil ist die fehlende Mitte, er hat kein Zentrum. Eine offene Gestaltung der Flurzonen ist allerdings eine Alternative für den nicht vorhandenen Gemeinschaftsbereich. Bei kleinem Raumprogramm, das überwiegend aus den Klassenzimmern besteht, (z.B. bei Grundschulen), in denen der gesamte Unterricht stattfindet, entstehen keine großen Verkehrsströme, so dass dieser Gebäudetyp als Zweibünder sehr gut geeignet ist, um relativ kompakte, somit auch energetisch und wirtschaftlich interessante Lösungen zu erzeugen. Je größer das Raumprogramm, umso länger sind die internen Wege und umso schwieriger wird es, eine gewisse Monotonie zu vermeiden.

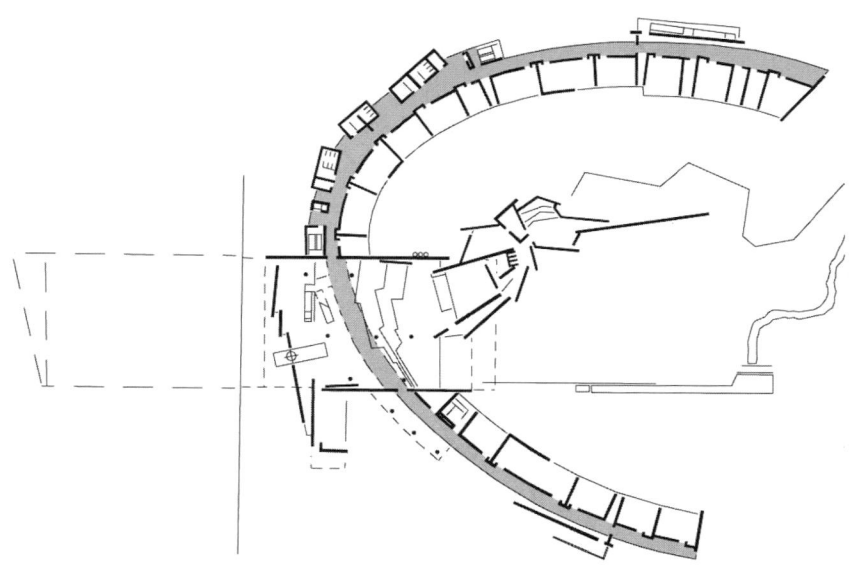

EG

Linearer Typ
Oskar-Maria-Graf-Gymnasium
in Neufahrn

Architekt:
Hein Goldstein, München

7.2.2 Kammstruktur

Die Kammstruktur ist eher für mittlere bis größere Gebäude geeignet. Die Unterrichtsbereiche können eigenständig organisiert werden, trotzdem lassen sich die einzelnen Bereiche gut miteinander verbinden. Man kann gut voneinander unabhängige Raumgruppen organisieren. An den Schnittstellen der Riegel ist eine gute Situation für Gemeinschaftsnutzungen. Auch die Gleichwertigkeit von Raumarten wie Klassenzimmer lässt sich hier gut erreichen. Mit mehrgeschossigen Kammstrukturen lassen sich große Raumprogramme in gut strukturierte Gebäude mit guter Orientierungsmöglichkeit umsetzen. Darüber hinaus entstehen überschaubare Teilbereiche.

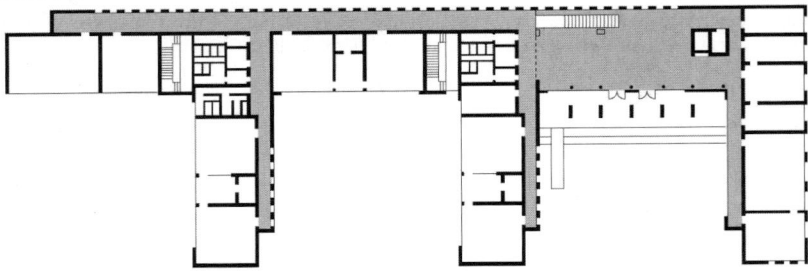

Typ Kammstruktur
Sonderpädagogische Förderschule
Schottenau in Eichstätt

Architekten:
Diezinger & Kramer, Eichstätt

7.2.3 Atriumtyp

Der Atriumtyp ist gewissermaßen die Fortentwicklung der Kammstruktur. Allerdings sollte der Baukörper maximal 2-geschossig sein, um eine gute Belichtung der zu den Atrien orientierten Räume zu erreichen. Die Klassenräume sind introvertiert, es lässt sich auf diese Weise eine sehr konzentrierte, auch lärmgeschützte Atmosphäre erzeugen.

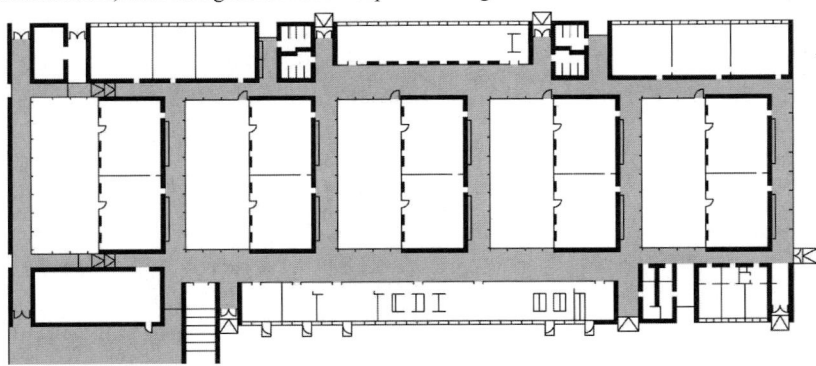

Atriumtyp
Grundschule in Wien

Architekt:
Grundschule in Wien

7.2.4 Hoftyp / Campusidee

Die um den Hof umlaufende Erschließung bewirkt eine gute Erreichbarkeit aller Bereiche. Der zentrale Hof ermöglich gute Orientierung an jeder Stelle des Grundrisses. Der Grundriss ist klar strukturiert, die einzelnen Bereiche sind übersichtlich angeordnet. Auch bei Mehrgeschossigkeit bleiben diese Qualitäten erhalten. Der innen liegende, zentrale Hof thematisiert den Gemeinschaftsgedanken.

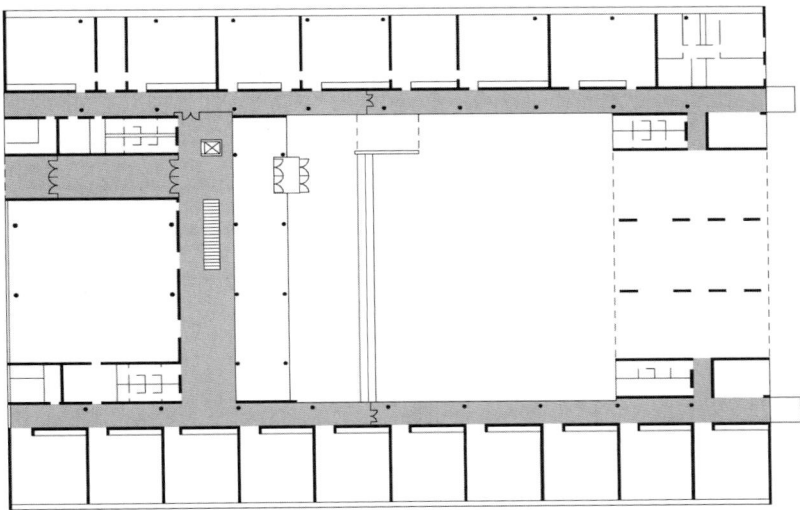

Hoftyp
Hans–Carossa–Gymnasium
in Berlin

Architekten:
Margot Gerke, Wolf v. Horlacher,
Gabriele Ruoff, LINIE 5,
Architekten BDA, Berlin

7.2.5 Hallentyp

Man kann den Hallentyp als Variation des Hoftyps auffassen: Bei diesem Typ ist der Hof teilweise oder ganz überdeckt bzw. umschlossen. Die Halle vermittelt zwischen Innenraum und Außenraum. Sie dient als Aufenthaltsbereich auch in der kalten Jahreszeit.

Hallentyp
Staufer-
Gymnasium in
Pfullendorf
Architektin:
Prof. Christine
Remensperger

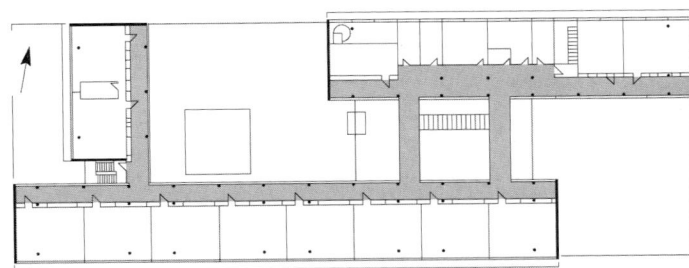

7.2.6 Vertikale Schichtung

Mittels der Gruppierung von sieben Klassenräumen um den innen liegenden Pausenbereich und die Entwicklung in die Höhe wird eine extrem kompakte Kubatur erreicht. Dies wirkt sich günstig auf den Energieverbrauch und die Wirtschaftlichkeit des Gebäudes aus.

Mittels eines Oberlichts und Öffnungen in den Decken gelangt Tageslicht in den ansonsten nicht natürlich belichteten Innenraum, der als Pausenraum dient.

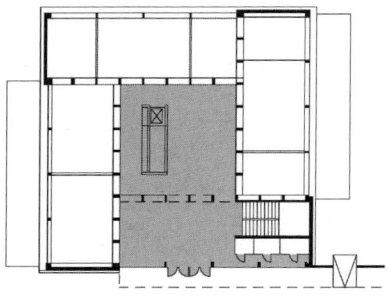
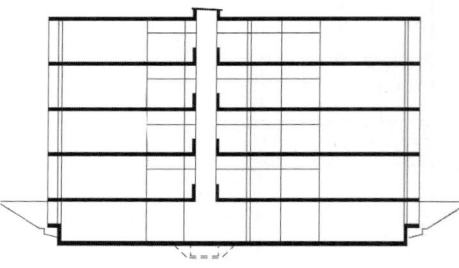

EG   Schnitt

Vertikale Schichtung   Architekten:
Öko-Hauptschule in Mäder/A   Baumschlager & Eberle, Lochau / A

7.2.7 Großform / Kompakter Baukörper

Der streng monolithische Baukörper ist nach innen räumlich stark differenziert. Die Kompaktheit des Baukörpers wirkt sich günstig auf den Energieverbrauch aus. Im kompakten Baukörper kann man auch auf kleinen Grundstücken ein umfangreicheres Raumprogramm organisieren. Dieser Bautyp bietet sich daher vor allem auch für innerstädtische Situationen an.

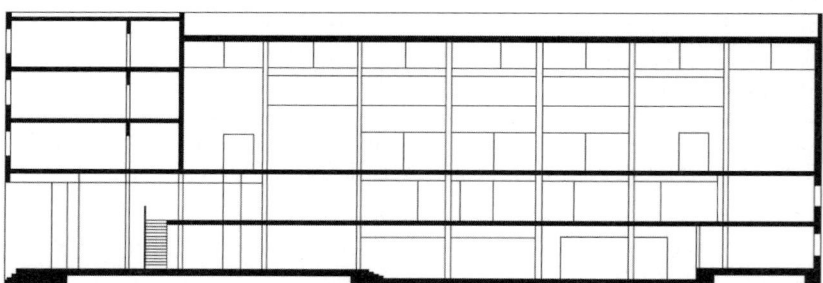

Schnitt

Schulbau

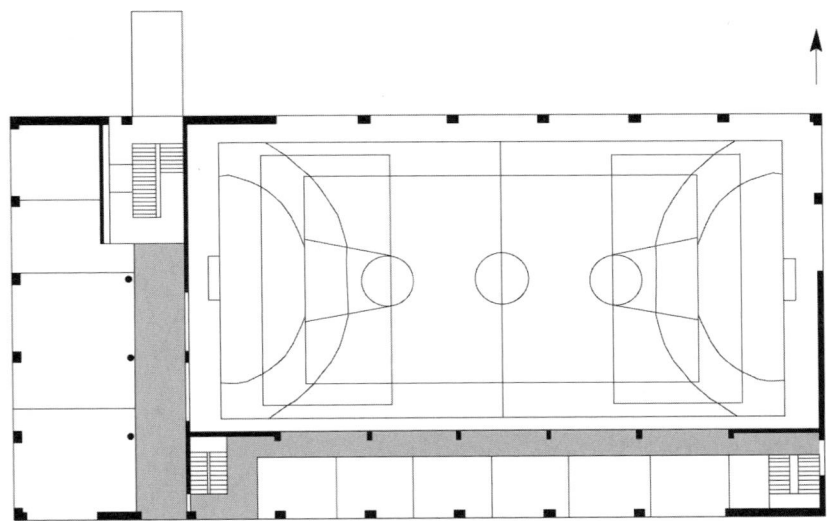

2.OG

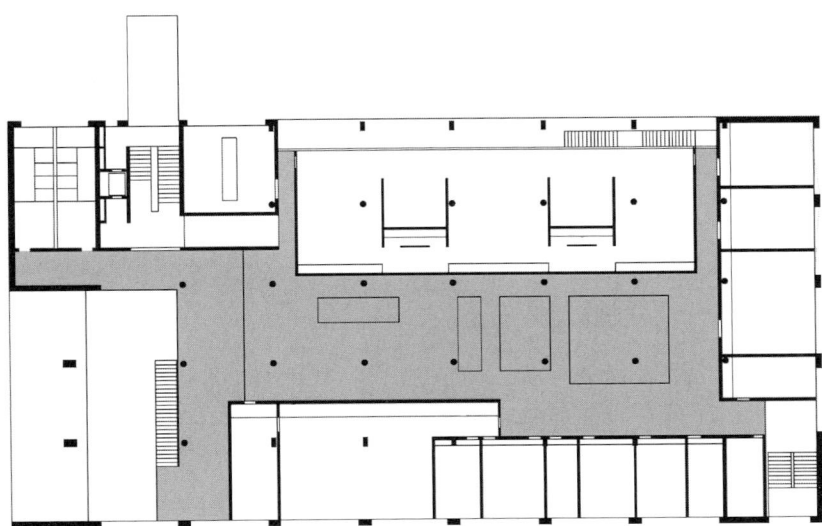

1.OG

Großform – Kompakter Baukörper
Oberstufenzentrum für Sozialversicherungen
in Berlin - Köpenick

Architekten:
Leon Wohlhage Wernik, Berlin

4.41

7.2.8 Strukturen aus mehreren Baukörpern

Aus der Komposition von Einzelbaukörpern entsteht eine Gesamtanlage, die mehr ist als nur die Summe ihrer Teile. Mit dem Prinzip „Schule in der Schule" als Modell einer Gesamtschule wird eine Gebäudegruppierung um einen zentralen Freibereich erzeugt, der die Qualität eines Stadt- oder Dorfplatzes besitzt. Er hat sammelnde Funktion, die einzelnen Schularten sind in den verschiedenen Gebäuden untergebracht, wodurch eine sehr gute Orientierbarkeit erreicht wird. Trotz der Konzentration hoher Schülerzahlen können sich die Schüler mit „ihrer Schule" identifizieren.

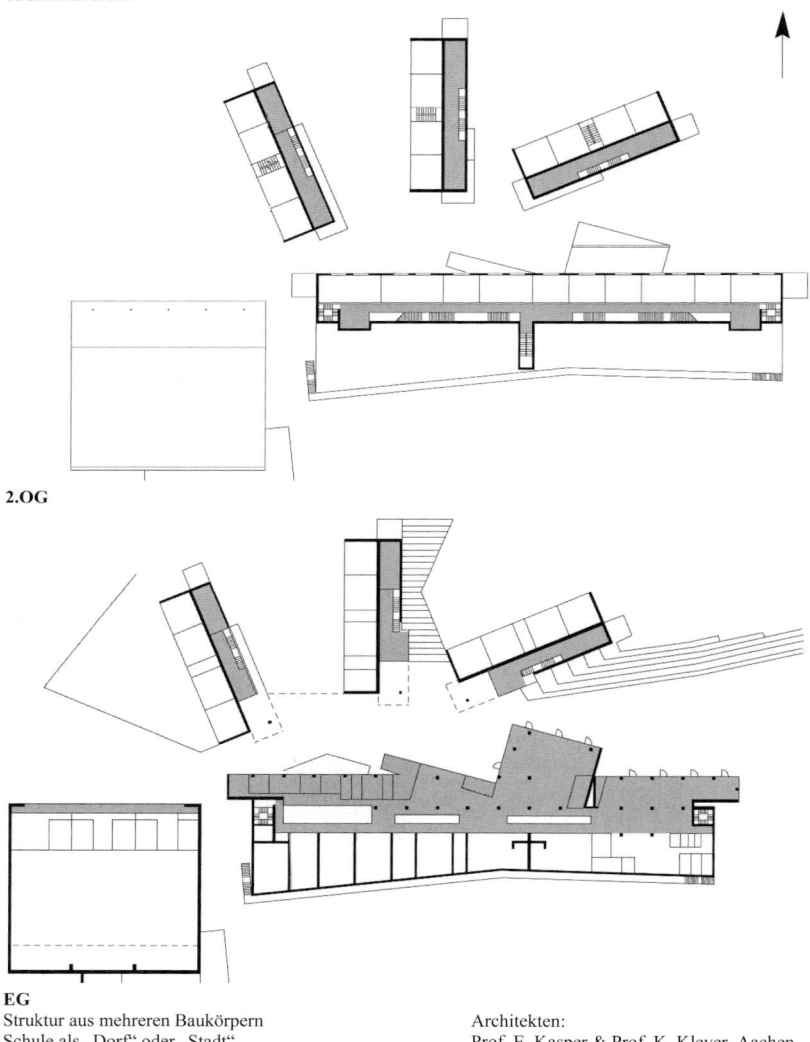

2.OG

EG
Struktur aus mehreren Baukörpern
Schule als „Dorf" oder „Stadt"
Maria-Montessori-Gesamtschule in Aachen

Architekten:
Prof. E. Kasper & Prof. K. Klever, Aachen

5 Baubetrieb, VOB, HOAI, Baurecht

		Seite
5A	Baubetrieb	5.1
5B	VOB (siehe beiliegende CD)	5.21
5C	Ausschreibung, Vergabe und Abrechnung (AVA) (siehe beiliegende CD)	5.35
5D	HOAI	5.47
5E	Architektenrecht (siehe beiliegende CD)	5.61
5F	Öffentliches Baurecht (siehe beiliegende CD)	5.89

5A Baubetrieb

Prof. Dr.-Ing. Michael Jablonski

Inhaltsverzeichnis

		Seite
1	**Baumaschinen und Bauverfahren**	5.3
1.1	Allgemeines	5.3
1.2	Erdbau	5.3
1.3	Baugruben/Verbau/Gründung	5.5
1.4	Stahlbetonbau	5.6
1.5	Mauerwerkbau	5.8
1.6	Baumaschinen und Bauverfahren	5.9
2	**Abwicklungsformen**	5.9
2.1	Allgemeines	5.9
2.2	Übliche Abwicklungsformen	5.10
2.3	Projektleitung/ Projektsteuerung/ Projektmanagement	5.11
3	**Bauverträge**	5.12
3.1	Allgemeines	5.12
3.2	Einheitspreisvertrag	5.12
3.3	Pauschalpreisvertrag	5.12
3.4	Stundenlohnvertrag	5.12
3.5	Selbstkostenerstattungsvertrag	5.13
3.6	Garantierter-Maximal-Preis-Vertrag (GMP)	5.13
3.7	Build-Operate-Transfer-Vertrag (BOT)	5.13
3.8	Public-Private-Partnership-Vertrag (PPP)	5.13
3.9	Risikoverteilung bei den einzelnen Vertragstypen	5.13
4	**Berichtswesen auf der Baustelle**	5.14
4.1	Allgemeines	5.14
4.2	Bautagebuch	5.14
4.3	Bauarbeitsschlüssel (BAS)	5.14
5	**Soll-Ist-Vergleiche auf der Baustelle**	5.14
5.1	Allgemeines	5.14
5.2	Stunden Soll-Ist-Vergleich	5.15
5.3	Kosten Soll-Ist-Vergleich	5.15
5.4	Leistungs Soll-Ist-Vergleich	5.15

5.5	Aufwandswerte Soll-Ist-Vergleich	5.16
5.6	Qualitäts Soll-Ist-Vergleich	5.16
5.7	Vertrags Soll-Ist-Vergleich (Nachtragsmanagement)	5.16
6	**Daten- und Dokumentenmanagement**	5.16
6.1	Allgemeines	5.16
6.2	Dokumentenkennzeichnung/ -handhabung	5.16
6.3	EDV-Unterstützung	5.18
7	**Bürgschaften und Versicherungen im Bauwesen**	5.19
7.1	Allgemeines	5.19
7.2	Bürgschaften	5.19
7.3	Versicherungen	5.19

1 Baumaschinen und Bauverfahren

1.1 Allgemeines

Die Erdarbeiten umfassen den Mutterbodenabtrag, Aushub der Baugrube inklusive der Arbeitsräume, Zwischenlagern des nicht abzufahrenden Bodenaushubs, Abfahren des nicht mehr benötigten Bodenaushubs, Wiedereinbau des Bodenaushubs im Bereich der Arbeitsräume und der Böschung einschl. Verdichtung und den Bodenauftrag des Mutterbodens.

1.2 Erdbau

Generell werden fünf Teilvorgänge im Erdbau unterschieden, die üblicherweise mit den nachfolgenden Baumaschinen/ -geräten erbracht werden:

Tafel 5.3a: Zuordnung Teilvorgänge Erdbau zu Baumaschinen/ -geräten

Teilvorgang:	Baumaschine/ -gerät:
Lösen	Bagger, Lader, Scraper
Laden	Bagger, Lader, Scraper
Transportieren	Scraper, LKW, Muldenkipper, Dumper
Einbauen	Bagger, Lader, Scraper, Raupen, Grader
Verdichten	Walzen, Rüttler

Tafel 5.3b: Kenndaten Hydraulikbagger

(Caterpillar)	Kenngröße: Motorleistung, oftmals auch Schaufelinhalt
	Einsatzbereich: Aushub von Baugruben/ Gräben
	Typische Leistung: zwischen 2 und 200 m³/h
	Ausstattung: Rad- oder Kettenfahrwerk
	Sonstiges: Standardgerät auf vielen Baustellen;

Tafel 5.3c: Kenndaten Seilbagger

(Liebherr)	Kenngröße: Motorleistung, oftmals auch Schürfkübelinhalt
	Einsatzbereich: Materialumschlag, tiefe Baugruben mit leicht lösbaren Böden
	Typische Leistung: zwischen 5 und 300 m³/h
	Ausstattung: Kettenfahrwerk
	Sonstiges: Gerät dient oft als Grundgerät für Bohrgerät, Mäkler, Schlitzwandgreifer/ -fräse

Tafel 5.3d: Kenndaten Radlader

(Liebherr)	Kenngröße: Motorleistung, oftmals auch Schaufelinhalt
	Einsatzbereich: Bodenumschlag auf der Baustelle
	Typische Leistung: zwischen 5 und 300 m³/h
	Ausstattung: oftmals „Knicklenkung"
	Sonstiges: Auf vielen Baustellen als Vorhaltegerät; Grundgerät für verschiedene Anbaugeräte

5A Baubetrieb

Tafel 5.4a: Kenndaten Laderaupe

(Liebherr)

Kenngröße: Motorleistung, oftmals auch Schaufelinhalt
Einsatzbereich: Bodenumschlag in schwerem Gelände
Typische Leistung: zwischen 5 und 250 m³/h
Ausstattung: Kettenfahrwerk
Sonstiges: Anbaugeräte, z.B. Heckaufreißer, Schild

Tafel 5.4b: Kenndaten Kompaktlader

(Bobcat)

Kenngröße: Motorleistung, oftmals auch Schaufelinhalt
Einsatzbereich: für kleinere Aufgaben auf der Baustelle
Typische Leistung: zwischen 2 und 35 m³/h
Ausstattung: Rad- oder Kettenfahrwerk
Sonstiges: Anbaugeräte, z.B. Anbaubagger, Fräsen, Ladegabeln, Hydraulikhämmer

Tafel 5.4c: Kenndaten Scraper (Motorschürfwagen)

(Frutiger)

Kenngröße: Motorleistung, oftmals auch Schürfleistung
Einsatzbereich: bei Großflächigen Erdbaumaßnahmen
Typische Leistung: zwischen 100 und 1200 m³/h
Sonstiges: lediglich bei großen Bodenmengen rentabel

Tafel 5.4d: Kenndaten LKW

(MB)

Kenngröße: Motorleistung, oftmals auch Nutzlast
Einsatzbereich: diverse Transportaufgaben bei unterschiedlichen Transportentfernungen
Typische Leistung: zwischen 2 und 27 Tonnen Nutzlast
Sonstiges: verschiedene Fahrwerke, z.B. Allrad, straßenschonende Bauweise; Hinterkipper, 3-Seitenkipper; mit Anhänger

Tafel 5.4e: Kenndaten Muldenkipper

(Volvo)

Kenngröße: Motorleistung, oftmals auch Nutzlast
Einsatzbereich: Große Transportaufg. auf der Baustelle
Typische Leistung: zwischen 12 und 100 Tonnen Nutzl.
Sonstiges: ggf. ohne Straßenzulassung aufgrund Nutzlast/ Fahrzeugabmessungen

Tafel 5.4f: Kenndaten Dumper

(Neuson)

Kenngröße: Motorleistung, oftmals auch Nutzlast
Einsatzbereich: diverse Transportaufgaben auf der Baustelle
Typische Leistung: zwischen 2 und 40 Tonnen Nutzlast
Sonstiges: fast immer ohne Straßenzulassung

Tafel 5.5a: Kenndaten Planierraupe

(Komatsu)

Kenngröße: Motorleistung, oftmals auch Schildgröße
Einsatzbereich: flächiger Boden Auf- und Abtrag
Typische Leistung: zwischen 20 und 650 m³/h
Sonstiges: verschiedene Anbaugeräte, z.B. Grabenfräse, Heckaufreißer, verschiedene Schilde

Tafel 5.5b: Kenndaten Grader

(CAT)

Kenngröße: Motorleistung, oftmals auch Scharbreite
Einsatzbereich: Herstellung planer Flächen mit hoher Genauigkeit
Typische Leistung: zwischen 15.000 und 80.000 m²/h
Sonstiges: i.A. nur im Straßenbau eingesetzt oder Pflege von großen Baustraßen

Tafel 5.5c: Kenndaten Glattmantelwalze

(Hamm)

Kenngröße: Gewicht, oftmals auch Walzenbreite
Einsatzbereich: großflächige Bodenverdichtung
Typische Leistung: zwischen 150 und 1.800 m²/h
Ausstattung: ggf. mit dynamischer Verdichtung
Sonstiges: nur für geringe Schichtdicken geeignet

Tafel 5.5d: Kenndaten Gummiradwalze

(Bomag)

Kenngröße: Gewicht, oftmals auch Walzenbreite
Einsatzbereich: großflächige Bodenverdichtung
Typische Leistung: zwischen 250 und 4.000 m³/h
Ausstattung: selbst fahrend oder als angehangenes Gerät
Sonstiges: Verdichtung durch „Knetwirkung"

Tafel 5.5e: Kenndaten Handstampfer

(Wacker)

Kenngröße: Gewicht, oftmals auch Schlagenergie
Einsatzbereich: kleinflächige Verdichtung
Typische Leistung: zwischen 5 und 70 m³/h
Sonstiges: nur für kleinste Mengen geeignet

Tafel 5.5f: Kenndaten Rüttelverdichter

(Wacker)

Kenngröße: Motorleistung, oftmals auch Plattenbreite
Einsatzbereich: Baugrube/ Graben
Typische Leistung: zwischen 10 und 200 m³/h
Sonstiges: handgeführt oder ferngesteuert, auch als Anbaugerät für Hydraulikbagger

1.3 Baugruben/Verbau/Gründung

Um die Baugrube ausheben zu können, sind oftmals seitliche Verkleidungen erforderlich. Dieser Verbau richtet sich in seiner Ausstattung, neben den Anforderungen aus dem Baugrund, im

Wesentlichen an die an ihn gestellten Anforderungen bzgl. der Grundwasserverhältnisse, Nachbarbebauung, Verkehrslasten im angrenzenden Bereich, der Platzverhältnisse und der Verformung.

Tafel 5.6a: Auswahlkriterien für die Baugrubensicherung/den Baugrubenverbau

Seitliche Baugrubensicherung			
wasserdurchlässig		**wasserundurchlässig**	
Böschung		**Böschung**	
unterschiedliche Böschungswinkel in Abhängigkeit der Bodenverhältnisse Oberflächenbefestigung ggf. mit z.B. Spritzbeton		unterschiedliche Böschungswinkel in Abhängigkeit der Bodenverhältnisse nur in Kombination mit Abdichtungsmaßnahmen, z.B. mit Dichtwand, Schmaldichtwand oder HDI-Schirm	
Verbau		**Verbau**	
biegeweich	deformationsarm	biegeweich	deformationsarm
Trägerbohlwand mit Ausfachung aus - Holzbohlen - Kanaldielen - Betonplatten - Spritzbeton	Bohrpfahlwand - tangierend - aufgelöst mit oder ohne Spritzbetonausfachung	Spundwand - eingerammt - eingerüttelt - eingepresst HDI-Wand - rückverankert - ausgesteift	Bohrpfahlwand - überschnitten - aufgelöst, Zwickelverpressung ggf. rückverankert Schlitzwand - aus Ortbeton - aus Fertigteilen HDI-Schwergewichtswand

1.4 Stahlbetonbau

Der Stahlbetonbau besteht aus den Teilvorgängen/ Prozessen Betonherstellung, Betontransport, Schalung, Bewehrung, Betoneinbau und Betonnachbehandlung. Einen weiteren Bereich stellen Fertigteile/ Halbfertigteile aus Beton dar.

Tafel 5.6b: Einsatzbereiche verschiedener Wandschalungen

Schalungsart:	Einsatzbereich:	Vorteile:	Nachteile:
Konventionell	wenig Einsätze, für sehr individuelle Bauteile	sehr individuell anpassbar, niedrige Materialkosten, meistens kranunabhängig	Lohnaufw. hoch, nur wenige Einsätze, wenig Wiederverwendg. von Teilen mögl.
Systemschalung	wenig Einsätze, für sehr individuelle Bauteile	wie konventionell, jedoch Teile wiederverwendbar	hoher Lohnaufwand
Rahmenschalung	mittlere bis hohe Anzahl gleicher oder ähnlicher Wände/ Takte	lange Lebensdauer, niedrige Lohnkosten, wiederverwendbar	hohe Anschaffungskosten, kranabhängig
Großflächenschalung	hohe Anzahl gleicher/ ähnlicher Wände/ Takte	lange Lebensdauer, niedrige Lohnkosten, Oberflächenqual. Gut, wiederverwendb.	hohe Anschaffungskosten, kranabhängig, nur für große Wände einsetzbar
Kletterschalung	Vertikalbauteile ab etwa 15m Höhe, z.B. Türme, Kerne, Brückenpfeiler	keine Einrüstung, wenig Schalung, kranunabhängig möglich, hohe Leistung	hohe Anschaffungskosten
Gleitschalung	Vertikalbauteile ab etwa 15m Höhe, z.B. Türme, Kerne, Brückenpfeiler	keine Einrüstung, wenig Schalung, kranunabhängig möglich, sehr hohe Leistung	aufwendige Technik, hohe Anschaffungskosten, mäßige Oberflächenqualität
Doppelwand als FT	häufig für Keller, Schacht und Kernwände eingesetzt	schnell, unabhängig	kranabhängig, nicht alle Formen möglich, hohe Transportkosten

Tafel 5.7a: Einsatzbereiche verschiedener Deckenschalungen

Schalungsart:	Einsatzbereich:	Vorteile:	Nachteile:
Konventionell	wenig Einsätze, für sehr individuelle Bauteile, Beischalarbeiten	sehr individuell anpassbar, niedrige Materialkosten, Montage meistens kranunabhängig	hoher Lohnaufwand, hält nur wenige Einsätze, wenig Wiederverwendung von Teilen mögl.
Systemschalung	Bei mehreren gleichen Abschnitten/ Takten besonders wirtschaftlich	kranunabhängig, niedrige Anschaffungskosten	hoher Lohnaufwand
Fallkopfschalung		kranunabhängige Montage, niedrige Lohnkosten, frühes Ausschalen	hohe Anschaffungskosten
Deckenschaltisch	üblich für gleiche Deckenabschnitte, bei komplexen Grundrissen bereits bei wenigen Einsätzen	geringer Lohnaufwand beim Schalen	kranabhängig, unhandlich, lange durch Ausschalfrist gebunden
Filigranplatten als FT	einfache Grundrisse, geringe Deckendicke	Schalung entfällt (verlorene Schalung)	kranabhängig, nicht alle Grundrisse möglich, Änderung vor Ort kaum möglich

Tafel 5.7b: Einsatzbereiche verschiedener Stützenschalungen

Schalungsart:	Einsatzbereich:	Vorteile:	Nachteile:
Konventionell	geringe Stützenanzahl, individuelle Bauteile	Individuell, jede Form möglich	hoher Lohnaufwand, wenige Einsätze, kaum Wiederverwendung von Teilen mögl.
Systemschalung	geringe Stützenanzahl, individuelle Bauteile	Individuell, jede Form möglich, Teile wieder verwendbar	hoher Lohnaufwand
Rahmenschalung	Für mittlere bis hohe Anzahl gleicher oder ähnlicher Stützen	lange Lebensdauer, niedrige Lohnkosten, wiederverwendbar	Anschaffungskosten hoch, oft kranabhängig
„Pappschalung"	geringe bis mittlere Stützenanzahl, kleinere Durchmesser	Kranunabhängig, Transportkosten gering, einfache Handhabung	nur einmal zu verwenden

Tafel 5.7c: Betoneinbauverfahren

Verfahren:	Anwendungsbereich:	Vorteile:	Nachteile:
Kübel mit TDK	übliche Hochbaubaustelle	preiswert wenn TDK vorhanden, alle Betongüten, kleine Mengen mögl.	geringe Betonierleistung, bindet Kran, An Standort gebunden
Kübel mit Autokran	nur bei geringer Einsatzdauer, wo TDK fehlt	kein TDK erf., alle Betongüten, kleine Mengen möglich, flexibel	geringe Betonierleistung
Autobetonpumpe	große Betonmengen, fehlender/ ausgelasteter TDK	hohe kontinuierliche Betonierleistung, keine Kranbindung, flexibel	teurer als TDK, keine kleinen Mengen, nicht alle Betongüten möglich
Stationärer Verteilermast	bei Hochhäusern	klettert mit, hohe kontinuierliche Betonierleistg.	nur hohe Gebäude und große Betonmengen, Rückbau aufwendig
„Rutsche" am Transportfahrzeug	Fundamente, Bodenplatte	keine Kranbindung, preiswert	nur in geringer Entfernung zum Transportfahrzeug möglich
Förderbänder	große Fundamente/ Bodenplatten die nicht direkt mit dem Transportfahrzeug zu-gängig sind	keine Kranbindung, preiswert, hohe Betonierleistung	aufwendiges verlegen der Transportbänder bei weiten Entfernungen
Kübel mit Helikopter	In den Bergen, schwer erreichbare hohe Arbeitsbereiche	problemlos	teuer, geringe Einbauleistung

Tafel 5.8a: Betonnachbehandlung

Verfahren:	Außentemperatur [C]
Abdecken bzw. Nachbehandlungsfilm aufsprühen *und* benetzen; Holzschalung nässen; Stahlschalung vor Sonnenstrahlung schützen	über 25°
Abdecken bzw. Nachbehandlungsfilm aufsprühen	5° bis 25°
Abdecken bzw. Nachbehandlungsfilm aufsprühen *und* Wärmedämmung; Verwendung wärmedämmender Schalung, z.B. Holzschalung sinnvoll	-3° bis +5°
Abdecken und Wärmedämmung; Umschließen des Arbeitsplatzes (Zelt) oder beheizen (Heizstrahler); zusätzlich Betontemperaturen wenigstens 3 Tage lang auf + 10°C halten	unter - 3°
Durch Benetzen ohne Unterbrechung feuchthalten	10° bis 25°

1.5 Mauerwerkbau

Eine wesentliche Einteilung im Mauerwerkbau ist durch das Steingewicht gegeben (20 kg/Stück). Demnach ist ein Stein noch von Hand zu versetzten oder nicht mehr.

Bei den Kosten sind stets Lohn-, Stoff-, Gerätekosten und Folgekosten anderer Gewerke zu berücksichtigen, z.B. für Putz, da nur insgesamt Kostenvergleiche möglich sind.

Tafel 5.8b: Hilfsgeräte/ Werkzeuge für modernen Mauerwerkbau (Kalksandstein)

| Steinknacker | Steinsäge | Mörtelschlitten | Versetzgerät |

1.6 Hebezeuge

Hebezeuge dienen auf der Baustelle für diverse horizontale und vertikale Transportaufgaben.

Tafel 5.8c: Einsatzbereiche verschiedener Hebezeuge

Gerät:	Einsatzbereich:	Vorteile:	Nachteile:
Turmdrehkran (TDK)	lange Einsatzdauer, Standardgerät auf vielen Baustellen	hohe Lasten möglich, preiswert, vielseitig einsetzbar	Aufbau erfordert oft Hilfskran
Spez. Citykran	kurze Einsatzdauer, kleinere Hubarbeiten	kein Hilfskran für Aufbau erf., schneller Aufbau	geringe Lasten
Autokran	kurze Einsatzdauer, z.B. Fertigteilmontage	sehr hohe Lasten möglich, schneller Aufbau, Straßenzulassung	kann nicht unter Last fahren, ggf. Hilfskran für Aufbau erf.
Mobilkran	kurze Einsatzdauer, hohe Lasten	sehr hohe Lasten möglich, schneller Aufbau	kann nicht unter Last fahren, oft Hilfskran für Aufbau, keine Straßenzul.
Industriekran	kurze Einsatzdauer, Montagearbeiten	sehr beweglich, klein, kann unter Last fahren	ebene Arbeitsfläche erf.
Raupenkran	lange Einsatzdauer, Montagearbeiten	kann unter Last fahren, sehr hohe Lasten möglich	aufwendige Montage, oft hohe Bodenpressung
Gabelstapler	kurze Einsatzdauer, Montagearbeiten	kann unter Last fahren	hohe Aufbauhöhe bei Hub
Litzenhebegerät Hydr. Presse	kurze Einsatzdauer, Montagearbeiten	sehr Preiswert, sehr hohe Lasten möglich	nur geringe Hubhöhen
Bauaufzug	lange Einsatzdauer, Material-/ Personentransport bei hohen Gebäuden	Personenbeförderung mögl., klettert am/ im Gebäude mit	

1.7 Allgemeine Baustelleneinrichtung

Zur Infrastruktur auf der Baustelle sind verschiedene Baustelleneinrichtungsgegenstände für die Aufgaben/ Bereiche Gewerbliches Personal, Verwaltung/ Bauleitung, Lagerung, Vorbereitung, Verkehrsanbindung, Ver- und Entsorgung erforderlich.

Tafel 5.9: Wesentliche Baustelleneinrichtungsgegenstände

Bereich:	BE-Gegenstand:	Platzbedarf:	Bemessung:	Sonstiges:
Gewerbl. Personal	Sanitäreinrichtungen Tagesunterkünfte Schlafunterkünfte Erste-Hilfe-Einricht. Kantine Parkplätze	mittel mittel mittel gering mittel bis hoch hoch	nach ArbStättV und ASR je 3 AK 1 Stellplatz	Schlafunterkünfte nur bei Auslösebaustellen Kantine nur bei großen Baustellen oft Fremdbetrieb
Bauleitung/ Verwaltung	Bürocontainer Parkplätze	mittel hoch	1-2 MA je Raum+ Besprechungsraum + Sekretariat je 1 MA 1 Stellplatz	empfohlen: eigenes WC; Trennung von BL und Polier, da untersch. Aufgaben
Lagerung	Materiallager Magazin Tankstelle	mittel bis hoch mittel gering	je nach Bedarf, keine Materialhortung, ggf. just-in-time Anlieferung	vor Verlust, Diebstahl, Witterung schützen, zum Bau hin anordnen
Vorbereitung	Vorbereitungsplätze Werkstätten	mittel bis hoch mittel bis hoch	je nach Bedarf, Überdimensionierung vermeiden !	nah am Bauwerk und der Lagerfläche
Verkehr/ Absicherung	Bauzaun Baustraßen Stellplätze Baumaschinen Warteplätze Anlief. Ein-/ Ausfahrtsberei.	gering hoch hoch hoch mittel bis hoch	Je nach Grundstücksgegebenheiten, so gering wie möglich jedoch Nutzbarkeit beachten	Baustraßen stellen ggf. einen hohen Kostenfaktor dar; reibungslose Erschl. der Baustelle stets gewährleisten!
Ver-/ Entsorgung	Strom Wasser/ Löschwasser Abwasser/Wasserhlt. (Druckluft) Telefon, Fax, Internt. Briefkasten Entsorg.-kontainer	gering gering gering gering gering gering mittel	Je nach Bedarf und Größe der Baustelle und der restlichen Baustelleneinrichtung	Prüfen, ob vorh. Leitungen auch ausreichend freie Kapazitäten haben; auf Trennung bei Entsorgung achten, sonst hohe Kosten

2 Abwicklungsformen

2.1 Allgemeines

Die Abwicklungsform eines Bauprojektes bestimmt im Wesentlichen den Aufwand, den der Bauherr an den delegierbaren Bauherrenaufgaben selbst erledigt oder an seine „Erfüllungsgehilfen" weiter gibt. In der Praxis haben sich die nachfolgenden Abwicklungsformen von Bauprojekten etabliert.

2.2 Übliche Abwicklungsformen

Tafel 5.10a: Abwicklungsform Einzelplaner/ Einzelunternehmer

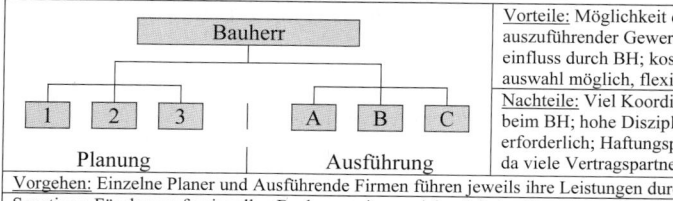

	Vorteile: Möglichkeit der späten Vergabe später auszuführender Gewerke; maximaler Projekteinfluss durch BH; kostengünstig; Spezialistenauswahl möglich, flexibel
Planung / Ausführung	Nachteile: Viel Koordinationsarbeit erforderlich beim BH; hohe Disziplin bei allen Beteiligten erforderlich; Haftungsprobleme bei Mängeln, da viele Vertragspartner

Vorgehen: Einzelne Planer und Ausführende Firmen führen jeweils ihre Leistungen durch.

Sonstiges: Für den professionellen Bauherrn mit ausreichend freien Kapazitäten im Allgemeinen die beste und preiswerteste Möglichkeit.

Tafel 5.10b: Abwicklungsform Generalplaner

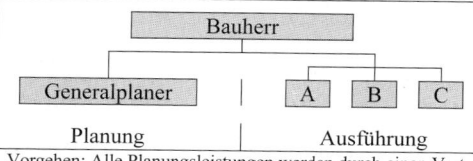

	Vorteile: Planung komplett „in einer Hand", dadurch kein Koordinierungsaufwand für BH; eindeutige Haftung
Planung / Ausführung	Nachteile: Ggf. nicht optimale Planer in allen Disziplinen; teurer, da Planer Koordinationsaufwand haben; wenig Einflussmöglichkeit für den BH auf Planung möglich

Vorgehen: Alle Planungsleistungen werden durch einen Vertragspartner erbracht, der ggf. weitere Büros als Nachunternehmer einschaltet

Sonstiges: Für den Bauherrn mit komplexen Bauvorhaben, insbesondere hohen Anteil an Gebäudetechnik empfehlenswert. Kombinierbar mit den verschiedenen Varianten der Ausführung.

Tafel 5.10c: Abwicklungsform Generalunternehmer/Generalübernehmer

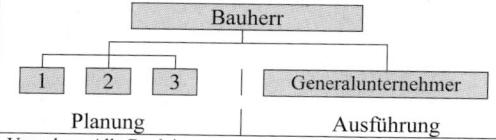

	Vorteile: Keine Koordination für den BH; Haftungsfrage eindeutig; frühe Kostensicherheit
Planung / Ausführung	Nachteile: Ggf. schlechte Nachunternehmer; teurer, da Koordination beim Generalunternehmer/ -übernehmer.

Vorgehen: Alle Bauleistungen werden durch einen Vertragspartner erbracht. Erbringt der Unternehmer die wesentlichen Leistungen mit eigenen Leuten ist er Generalunternehmer; erbringt er selbst die wesentlichen Leistungen mit Nachunternehmern, so ist er Generalübernehmer.

Sonstiges: Für den Bauherr bei komplexen Bauvorhaben, insbesondere hohen Anteil an Gebäudetechnik empfehlenswert. Kombinierbar mit den verschiedenen Varianten der Planung.

Tafel 5.10d: Abwicklungsform Totalunternehmer/ Totalübernehmer

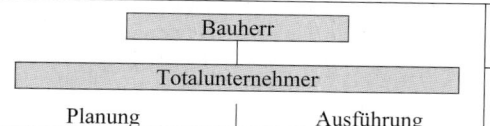

	Vorteile: Gar keine Koordinierung für den BH; eindeutige Haftung; sehr frühe Kostensicherheit
Planung / Ausführung	Nachteile: Sehr geringe Einflussmöglichkeiten auf Planung und Ausführung durch den BH

Vorgehen: Alle Planungs- und Bauleistungen werden durch einen Unternehmer erbracht, der ggf. Planungsbüros und Baufirmen als Nachunternehmer einschaltet. Erbringt der Unternehmer die wesentlichen Leistungen mit eigenen Leuten ist er Totalunternehmer; erbringt er diese Leistungen mit Nachunternehmern, so ist er Totalübern.

Sonstiges: Für den Bauherr interessant, den das Gebäude bzgl. Gestaltung/ Materialien etc. wenig interessiert, sondern lediglich die Nutzung z.B. als Produktionsstätte

Bei der Ausführungsform „Bauträger" übernimmt der Unternehmer zusätzlich zu seiner Tätigkeit als Generalunternehmer/ Generalübernehmer die Bauherrenaufgaben. Dafür, dass eine Bauträgertätigkeit vorliegt sprechen oftmals folgende Eigenschaften/ Gegebenheiten des Projektes: wenn der Unternehmer
- einen bestimmenden Einfluss auf die Planung ausübt,
- einen bestimmenden Einfluss auf den Ablauf des gesamten Bauvorhabens ausübt,
- den Bauantrag im eigenen Namen stellt,
- der Vertragspartner der (übrigen) Bauhandwerker ist und
- der Eigentümer des Baugrundstücks ist.

2.3 Projektleitung/ Projektsteuerung/ Projektmanagement

In der Praxis werden die Begriffe Projektleitung (PL), Projektsteuerung (PS) und Projektmanagement (PM) häufig nicht genau abgegrenzt eingesetzt.

Projektleitung: Wahrnehmung der nicht delegierbaren Bauherrenaufgaben/ -funktionen

Projektsteuerung: Neutrale und unabhängige Wahrnehmung der delegierbaren Bauherrenaufgaben/ -funktionen

Projektmanagement: Projektleitung und Projektsteuerung zusammengefasst

Tafel 5.11: Definition/Aufgaben Projektleitung, -steuerung und –management

Projektleitung (nicht delegierbare Bauherrenaufgaben/ -funktionen): *(gemäß DVP)*
- rechtzeitiges Treffen und Herbeiführen von Entscheidungen bzgl. Funktion, Konstruktion, Standard und Gestaltung hinsichtlich Qualität, Kosten und Terminen
- Durchsetzen der erf. Maßnahmen und Vollzug der Verträge
- Herbeiführen aller erf. Genehmigungen, Einwilligungen etc. bzgl. Genehmigungsreife
- Konfliktmanagement zur Orientierung der unterschiedl. Interessen der Projektbeteiligten
- Leiten von Projektbesprechungen auf GF und Vorstandsebene zur Vorbereitung/ Einleitung/ Durchsetzung von Entscheidungen
- Führen aller Verhandlungen mit projektbezogener vertragsrechtlicher oder öffentlich rechtlicher Bindungswirkung für den Auftraggeber
- Wahrnehmung der zentralen Projektanlaufstelle; Sorge für die Abarbeitung des Entscheidungs-/ Maßnahmenkatalogs
- Wahrnehmung von projektbezogenen Repräsentationspflichten gegenüber dem Nutzer, dem Finanzier, den Trägern öffentlicher Belange und der Öffentlichkeit
Projektsteuerung (delegierbare Bauherrenaufgaben/ -funktionen): *(gemäß HOAI § 31)*
- Klärung der Aufgabenstellung, Programmerstellung/ Koordinierung für Gesamtprojekt
- Klärung der Voraussetzungen für den Einsatz von Planern und anderen an der Planung fachlich Beteiligten (Projektbeteiligte)
- Aufstellung und Überwachung von Organisations-, Termin- und Zahlungsplänen, bezogen auf Projekt und Projektbeteiligte
- Koordinierung/ Kontrolle der Projektbeteiligten ohne die ausführenden Firmen
- Vorbereitung und Betreuung der Beteiligung von Planungsbetroffenen
- Fortschreibung der Planungsziele und Klärung von Zielkonflikten
- Laufende Information des Auftraggebers über die Projektabwicklung und rechtzeitiges Herbeiführen von Entscheidungen des Auftraggebers
- Koordinierung und Kontrolle der Bearbeitung von Finanzierungs-, Förderungs- und Genehmigungsverfahren

3 Bauverträge

3.1 Allgemeines

Generell ist zwischen den VOB-konformen „traditionellen" Vertragsformen (Einheitspreisvertrag, Pauschalpreisvertrag, Stundenlohnvertrag und Selbstkostener-stattungsvertrag) und den ggf. nicht VOB-konformen „neuen" Vertragsformen (Garantierter-Maximal-Preis-Vertrag, Build-Operate-Transfer-Vertrag und dem Public-Private-Partnership-Vertrag) zu unterscheiden.

3.2 Einheitspreisvertrag

Dieses ist der übliche VOB Vertragstyp. Die Bauleistung wird in Einzelleistungen aufgegliedert. Der Einheitspreis wird für eine Maßeinheit dieser Position angegeben. Z.B. 1m³ Mauerwerk d= 49,0 cm ... EP = 193,80 Euro

Zunächst wird im Vertrag eine aus den Plänen ermittelte LV-Menge für jede Position angegeben, die aber noch nicht genau der tatsächlichen Ausführungsmenge entspricht. Das heißt, die genaue Gesamtvergütung steht noch nicht fest, jedoch schon mal die Einheitspreise (EP). Zusammen mit den ausgeschriebenen Mengen ergibt sich der Gesamtpreis (GP). Die Gesamtheit aller Gesamtpreise der verschiedenen Gewerke ergibt die Angebotsendsumme. Die genaue Vergütung ergibt sich erst nach dem Aufmass der Ausgeführten Leistung. Einheitspreis x Menge = Gesamtpreis (GP)

Wichtig ist bei der Ausschreibung, dass die Positionen und Massen hinrechend genau genug bekannt sind, da es sonst zu Nachtragsangeboten kommen kann sowie zu EP-Anpassungen aufgrund von zu starker Veränderungen der LV-Mengen zu den tatsächlich ausgeführten Mengen.

3.3 Pauschalpreisvertrag

Die Vergütung wird – ohne Rücksicht auf ein Aufmass – für eine bestimmte Bauleistung pauschal vereinbart. Mehr- oder Minderleistungen gegenüber der Vertraglichen Leistungsbeschreibung sind ohne Einfluss auf die vereinbarte Pauschal-vergütung. Erst bei erheblichen geänderten Bauleistungen ist eine Änderung der Pauschalsumme möglich.

Häufig ist in der Praxis die Vorgehensweise so, dass zuerst ein Einheitspreisvertrag ausgeschrieben und angeboten wird. Mit dem günstigsten Bieter wird mit den Planunterlagen, Mengen etc. pauschaliert wird, d.h. ein Pauschalpreisvertrag abge-schlossen. Dadurch erhält der Unternehmer das Massenrisiko.

3.4 Stundenlohnvertrag

Es wird nicht gemäß der Menge oder pauschal die Leistung des Unternehmers vergütet, sondern der Aufwand, den er an Lohnstunden dafür eingesetzt hat. Stoffe und Geräte sind ebenso handhabbar. Es ist sind Verträge mit angehängten Stundenlohnarbeiten und selbständige Stundenlohnarbeiten zu unterscheiden.

<u>Angehängte Stundenlohnarbeiten:</u> Stehen im Zusammenhang mit einem anderen Vertrag, z.B. wurden dort 120 Stunden Maurerarbeiten angefragt, die für noch nicht genau definierte Leistungen, wahrscheinlich auf der Baustelle anfallen. Üblicherweise werden diese Arbeiten beim EP-Vertrag für jedes Gewerk mit einer geringen Stundenanzahl als Position ins Leistungsverzeichnis aufgenommen.

<u>Selbständige Stundenlohnarbeiten:</u> Stehen nicht im Zusammenhang mit einem anderen Vertrag, sondern sind selbst eine Vertragsart. Z.B. ist bei Umbauarbeiten oder Bauarbeiten geringen Umfangs oftmals kein LV sinnvoll aufzustellen, da sich die Leistungen nicht genau beschreiben lassen. Die Vertragsform selbständige Stundenlohnarbeiten sollte nur in Ausnahmefällen erfolgen (z.B. Umbauarbeiten mit geringem Umfang), da kein Anreiz für den Bauunternehmer besteht, schnell zu arbeiten. Es empfiehlt sich, ständig diese Leistungen vor Ort zu kontrollieren.

Bauverträge

3.5 Selbstkostenerstattungsvertrag

Es werden dem Unternehmer seine Selbstkosten zzgl. vorher festgelegter Zuschläge vergütet. Es ist festzulegen, wie Löhne, Stoffe, Gerätekosten, Nachunternehmerkosten und Sonstige Kosten nachgewiesen werden. Ebenso sind für den Unternehmer die Baustellengemeinkosten, Geschäftskosten und Gewinn bzgl. einer Vergütung festzulegen, z.B. 10 % auf die obigen Selbstkosten.

Diese Vertragsart wird selten praktiziert. Eingesetzt wird sie bei Arbeiten, die schwer so erschöpfend beschrieben werden können, um einen Preis zu finden. Beispiele dafür sind z.B. neue Bauverfahren, unerprobte Konstruktionen/ Materialien und Gebäude unüblichen Ausmaßes. Der Unternehmer muss zur Abrechnung dabei alle seine Kosten nach dem Prinzip der „gläsernen Taschen" offen legen.

3.6 Garantierter-Maximal-Preis-Vertrag (GMP)

In einer sehr frühen Projektphase plant der Bauherr zusammen mit einem Bauunternehmer das Projekt weiter. Der Bauunternehmer gibt bei einem Planungsstand von etwa 60 bis 70 Prozent ein Angebot mit einem verbindlichen garantierten Maximalpreis ab. Der Bauherr kann nun das Unternehmen beauftragen oder ein anderes Unternehmen. Falls ein anderes unternehmen beauftragt wird, ist das erste Unternehmen für seine Planungsleistungen zu bezahlen. Der Vertragspartner erstellt nun das Projekt zum GMP, auch wenn es für Ihn teurer werden sollte. Eventuell im Projekt entstehende Einsparungen werden unter BH und Bauunternehmen nach einem vorher vereinbarten Schlüssel aufgeteilt.

3.7 Build-Operate-Transfer-Vertrag (BOT)

Der Bauherr überträgt dem Bauunternehmen nicht nur die Erstellung der Bauleistung, sondern auch für einen bestimmten Zeitraum das Betreiberrecht. Ebenso liegt die Finanzierung des Projektes beim Bauunternehmen. Nach Ablauf der Vertragszeit wird das Bauwerk an den Bauherrn kostenfrei übergeben oder das Betreiberrecht verlängert.

3.8 Public-Private-Partnership-Vertrag (PPP)

Hierbei arbeitet die Öffentliche Hand bereits während früher Projektphasen mit der Privatwirtschaft zusammen, die den Bauverpflichtungen der öffentlichen Hand nachkommt. Oftmals werden PPP Projekte als BOT abgewickelt. Der wichtigste Punkt beim PPP ist die Finanzierung durch/ über das Bauunternehmen, welches auf verschiedene Arten geschehen kann.

3.9 Risikoverteilung bei den einzelnen Vertragstypen

Tafel 5.13: Risikoverteilung bei den einzelnen Vertragstypen

Risiko	EP	psch	Std.	SKE	GMP	BOT	PPP
Massenrisiko	BH	U	BH	BH	BH	U	U
Vollständigkeitsrisiko	BH	U	BH	BH	U	U	U
Betriebsrisiko	BH	BH	BH	BH	BH	U	U/BH
Finanzierungsrisiko	BH	BH	BH	BH	BH	U	U

EP = Einheitspreisvertrag
psch = Pauschalpreisvertrag
Std. = Stundenlohnvertrag
SKE = Selbstkostenerstattungsvertr.
GMP = Garantierter-Maximal-Preis-Vertrag
BOT = Build-Operate-Transfer-Vertrag
PPP = Public-Private-Partnership-Vertrag
$U = Unternehmer \quad BH = Bauherr$

4 Berichtswesen auf der Baustelle

4.1 Allgemeines

Dem Berichtswesen auf der Baustelle ist besondere Beachtung zu schenken, da hieraus Strategien, Vorgehensweisen, Kennzahlen etc. für spätere Bauprojekte gewonnen werden. Ebenfalls dient die Dokumentation auch zum Feststellen bzw. Abwehren von Nachträgen, Vertragsstrafen etc.

4.2 Bautagebuch

Das Bautagebuch stellt ein wichtiges Dokument für Auftraggeber und –nehmer dar. Bei Nachträgen aufgrund von Anordnungen, Witterungseinflüsse etc., dient es später oftmals zur Aufklärung im Streitfall. Fast alle Bauherren fordern von der Bauunternehmung sowie von ihrer eigenen Bauleitung, täglich das Bautagebuch zu führen und regelmäßig vorlegen zu lassen (i.a. wöchentlich). Dabei ist das Bautagebuch kein Buch mehr, sondern eine Blattsammlung, oftmals per EDV erstellt. Ein vom Polier gut geführtes Tagebuch wird täglich mit folgendem Inhalt versehen und unterschrieben:

- Baustelle   - Blattnummer   - Datum   - Wetter mit Temperatur und Niederschlag vormittags und nachmittags   - Arbeits- und Aufsichtskräfte   - Alle Baumaschinen/ Geräte mit Einsatzdauer   - Behinderungen   - Planeingänge   - Ausgeführte Leistungen, nach vertraglich und nicht vertraglich geordnet   - Besuche   - Anordnungen   - Besondere Vorkommnisse

4.3 Bauarbeitsschlüssel (BAS)

Um die Leistungen der Baustelle nachkalkulieren zu können oder frühzeitig Abweichungen festzustellen, werden Soll-Ist-Vergleiche erstellt (siehe Abschnitt 5). Um Lohnstunden zuordnen zu können, gibt es den Bauarbeitsschlüssel (BAS). Dieser sollte firmenspezifisch systematisch erstellt werden. Es sollten maximal 10 bis 15 Positionen zugeordnet werden können, da sonst der Arbeitsaufwand auf der Baustelle zu hoch wird und mit ungenauen Zuordnungen zu rechnen ist.

Tafel 5.14:   Möglicher BAS

10 Schalung allgemein	11 Wandschalung	12 Deckenschalung
20 Bewehrung allgemein	21 Bewehrung Wand	22 Bewehrung Decke
31 Betoneinbau Fundamente	32 Betoneinbau Decke	33 Betoneinbau Wand
40 Mauerwerk allgemein	41 Großformatiges MW	42 Kleinformatiges MW
50 Baustelleneinrichtung	60 Sonstiges	

5 Soll-Ist-Vergleiche auf der Baustelle

5.1 Allgemeines

Soll-Ist-Vergleiche stellen ein wichtiges Kontroll- und Steuerungsinstrument in der Bauwirtschaft dar. Eine ständige Kontrolle während der Bauausführung ist erforderlich, um die Ziele, i.A. Leistung, Kosten, Termine und Qualitäten erfüllen bzw. einhalten zu können.

Tafel 5.15: Soll-Istwert Analyse/ Fehler bei der Datenerfassung

Soll-Wert Situation	Maßnahmen:
Die Soll-Werte werden eingehalten	die geplanten Zielen werden erfüllt, keine Maßnahmen erforderlich
Die Ist-Werte sind besser als die Soll-Werte	die geplanten Ziele werden sogar übertroffen, keine Maßnahmen erf. ggf. Leistungsreduzierung bei Kosteneinsparung
Die Ist-Werte erfüllen nicht die Anforderungen der Soll-Werte	Anpassungsmaßnahmen erforderlich, um die Ziele zu erreichen
Mögliche Fehler bei der Feststellung von Soll-Ist-Wert Abweichungen:	
falsche Kostenabgrenzung, z.B. nicht Material auf der Baustelle berücksichtigt	
Anlauf der Baustelle, so dass noch kein richtiger Soll-Ist-Vergleich möglich ist	
falsche Stundenschreibung/ Zuordnung	
Unrealistische Soll-Wert Vorgaben	

Ebenfalls kann natürlich auch die Abweichung der Soll-Ist-Werte durch eine Änderung der Leistung (Nachtrag!) verursacht worden sein oder durch unterlassene Handlungen des Bauherrn zu vertreten sein (Behinderung).

5.2 Stunden Soll-Ist-Vergleich

Der Stunden Soll-Ist-Vergleich ist neben dem Kosten Soll-Ist-Vergleich der am häufigsten durchgeführte Vergleich. Die Soll-Werte stammen aus der Arbeitskalkulation. Die Ist-Werte werden über die Stundenschreibung der Baustelle erfasst. Bei kleineren Bauvorhaben wird oftmals lediglich der Gesamtfortschritt betrachtet. Bei größeren und lohnintensiven Bauvorhaben werden die Stunden auf einzelne Leistungen mittels BAS verteilt.

Bei negativen Abweichungen des Ist-Wertes vom Soll, erhält die Baustelle einen Warnhinweis, dass zu viele Stunden für die Leistungserstellung verbraucht wurden. Es sind folgende Anpassungsmaßnahmen denkbar, wobei dieses im Einzelfall zu prüfen ist:

- Wechsel der Bauverfahren, z.B. Pumpbeton statt Kranbeton, Wechsel des Schalsystems etc.
- Austausch zu langsamer Baumaschinen, die bei den AK Wartezeiten verursachen
- Wechsel der Materialien, z.B. größeres Mauerwerkformat
- Nachunternehmer für eigene Leistungen suchen, der preiswerter die Arbeiten erbringt. => Zwar gleiche Stundenzahl, aber niedrigere Stundenlöhne.
- ggf. leistungssteigernde Maßnahmen wie z.B. Prämien, Akkordlöhne etc.

5.3 Kosten Soll-Ist-Vergleich

Die Soll-Werte stammen ebenfalls aus der Arbeitskalkulation, die Ist-Werte aus den durch den Baukaufmann ermittelten Kosten. Sämtliche Kosten die entstanden sind, beinhalten Rechnungen, Lieferscheine, Lohnzettel etc. Da die damit verbundene Leistung ebenfalls bekannt ist, können die Kosten i.a. eindeutig zugeordnet werden. Bei Abweichungen besteht lediglich die Möglichkeit, die Kosten zu senken, da die Vergütung festgeschrieben ist. Ansätze, frühzeitig erkannte Kostenabweichungen noch beheben zu können müssen individuell am Projekt betrachtet werden, sind aber häufig:

- Erneute Ausschreibung noch nicht beauftragter Nachunternehmerleistungen, in der Hoffnung die Leistung noch günstiger zu bekommen
- Überprüfung, ob die Baustelleneinrichtung nicht reduziert werden kann, rechtzeitige Freimeldung von Baugeräten.

5.4 Leistungs Soll-Ist-Vergleich

Die Soll-Leistung wird aus dem Bauterminplan ermittelt. Die Ist-Leistung mittels Leistungsmeldung auf der Baustelle. Es kann festgestellt werden, ob die Baustelle im Termin liegt, d.h.

die komplette Leistung wahrscheinlich termingerecht fertig gestellt wird. Da es hier nicht in erster Linie um Kosten geht, kann die Leistung, ggf. bei höheren Kosten wie folgt erhöht werden:

- schnellere Geräte
- mehr Geräte
- mehr Personal
- schnellere Bauverfahren.

5.5 Aufwandswerte Soll-Ist-Vergleich

Der Aufwandswerte Soll-Ist-Vergleich stellt fest, ob der geplante Aufwandswert auch eingehalten wird. Hier gehen Lohnstunden und die damit erstellte Leistung ein. Der Ist-Aufwandswert kann dabei durch Zeitstudien oder durch Auswertung der Leistungs-meldung und der zugehörigen Stundenschreibung ermittelt werden. Das Ergebnis des Soll-Ist-Vergleichs legt dar, ob die Leistung mit dem geplanten Stundenansatz durch-geführt werden kann oder ob dazu Anpassungsmaßnahmen erforderlich sind. Da die Aufwandswerte eine Leistungsmenge pro Lohnstunde darstellen, kann lediglich die Leistung als Anpassung erhöht werden. Dieses erfolgt i.a. durch:

- Wechsel der Bauverfahren
- Schnellere Maschinen

5.6 Qualitäts Soll-Ist-Vergleich

Ein regelmäßiger Vergleich der Soll-Ist-Werte sollte auch bei der Qualität erfolgen. Dieses sind z.B.:

- Maßtoleranzen
- Ausstattungsqualitäten der Gewerke
- generelle Verarbeitung im Vergleich zu der vertraglich vereinbarten Qualität

5.7 Vertrags Soll-Ist-Vergleich (Nachtragsmanagement)

Eine Abweichung zwischen der Beauftragten und der ausgeführten Leistung kann festgestellt werden, wenn die ausgeführte Leistung nicht einer Position im Leistungs-verzeichnis zugeordnet werden kann oder bei einem Pauschalpreisvertrag die Leistung nicht Bestandteil der Beschreibung ist und nicht indirekt zu der Leistung gehört.

6 Daten- und Dokumentenmanagement

6.1 Allgemeines

Bei einem Bauprojekt sind zwischen den Beteiligten viele Daten, Informationen und Dokumente auszutauschen. Ein modernes zeitgemäßes Hilfsmittel ist das Internet, welches Kommunikation, Datenaustausch, Datensuche einerseits und kurze Datentransferzeiten, individuelle Zugriffe sowie Zwischenspeichermöglichkeit andererseits bietet.

Die Dokumentenstehung lässt sich auf wenige Beteiligte reduzieren. Diese stellen Dokumente zur Verfügung: Planer, z.B. Architekt, Tragwerksplaner, Fachplaner, Projektsteuerer, Bauherr, weitere Berater, z.B. Vermesser, Bauunternehmer und Behörden.

6.2 Dokumentenkennzeichnung/ -handhabung

Damit die einzelnen Dateien (später) auch wieder gefunden werden, empfiehlt sich eine einheitliche Kennzeichnung durch den Dateinamen.

Daten- und Dokumentenmanagement

Tafel 5.17a: Dateinamenbestandteile

Ersteller:	Inhalt:	Version:	Datum:
Bauherr = BH	z.B.	V1 bis V**	Format =
Architekt = AR	Grundriss		tt.mm.jj
Tragwerksplaner = TK	Schnitt		
Sachverst. Schall- und Wärmeschutz = SW	Lageplan		
Sachverständiger Lüftung = SL	Gebäudeteil/ Etage		
Sachverständiger Brandschutz = SB			
Prüfstatiker = PS	Maßstab		
Fachplaner Ladenbau = PL			
Rohbauunternehmer = U1	Planungsphase		
Ausbauunternehmer = U2			
Baubehörde =BA	oder		
Nutzer/ Mieter = MI	Protokoll Projektbespre-		
Vermesser = VM	chung		
	Notiz		

z.B. Architektenplan Grundriss 1.OG M 1:100 aus der Genehmigungsplanung in der 2. Überarbeitung (3.Version) vom 2.4.05: **ARGenehmigungsplanungGrundriss1OGM1100V3020405.dxf**

Tafel 5.17b: Festzulegende Verantwortlichkeiten/ Vorgehensweisen

a) Wer gibt die Daten ein ?	b) Wer aktualisiert die Daten ?
c) Wann werden Daten eingegeben ?	d) Wie häufig werden Daten aktualisiert ?
e) Was geschieht mit alten Daten ?	f) Wie werden Daten eingegeben ?
g) Wie werden Projektteilnehmer über neue Daten informiert ?	h) Sollen neue Dokumente/ Daten vorher freigegeben werden, falls ja, wie kann dieses abgewickelt werden?
i) Was geschieht wenn Projektteilnehmer sich nicht an das System halten und die Daten anders handhaben ?	

Tafel 5.17c: Bringschuld

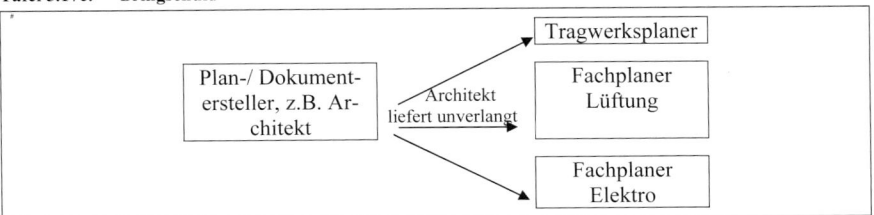

Tafel 5.17d: Holschuld

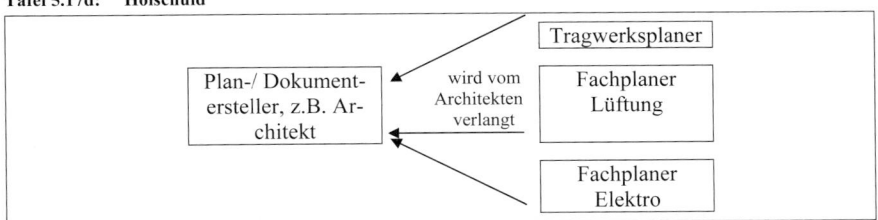

Tafel 5.17e: Empfohlene Dateiformate

Art des Dokumentes/ der Daten	gewählter Dateityp	Größe typischer Dateien	einige alternative Dateitypen
Bilder/ Fotos	.jpg	250 KB	.bmp, .tif
Texte	.doc / .pdf	500 KB	.txt
CAD-Pläne	.dxf	800 KB	.dwg
Tabellen/ Kalkulationen	.xls	200 KB	
Grafiken	.jpg	400 KB	.bmp, .tif
Handzeichnungen/ Skizzen	.pdf	200 KB	.jpg
Videos	.mpg	1.000 KB	.avi

6.3 EDV-Unterstützung

Tafel 5.18a: Leistungsumfang/ Unterstützung von der EDV beim Datenmanagement

Informieren	Kommunizieren	Dokumentieren
- aktueller Stand	- Besprechungstermine	- Planunterlagen mit Indizes
- Bilder, Berichte	- Besprechungsprotokolle	- Besprechungen, Protokolle
- Termine	- Pläne	- Schriftverkehr
- Soll / Ist-Vergleich	- Planfreigaben	- Bautagebuch
- Projektbeteiligte	- Highlighting	- Nachträge
- Projekthandbuch	- Redlining	
- Kommunikationshandbuch	- Dokumentenversand	
- Formblätter		

Tafel 5.18b: Aufbau eines Datennetzwerkes für Datenmanagement

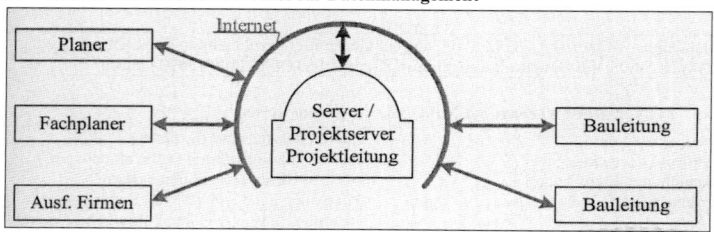

Tafel 5.18c: Nützliche Software für Dokumentenmanagement

Art der Software	Programmname	Downloadmöglichkeit
Packer	Ultimate Zip	http://www.winload.de/download/38909/Utilities/Packer/UltimateZip-3.0.html
Packer	TUG Zip	http://www.winload.de/download/37280/Utilities/Packer/TUGZip-3.2.0.0.html
Packer	Filzip	http://www.winload.de/download/33803/Utilities/Packer/Filzip-3.02.html
.pdf reader	Foxit PDF Reader	http://www.winload.de/download/37248/Office,Business/PDF-Tools/Foxit.PDF.Reader-1.2.Build.0101.html
.pdf reader	Acrobat Reader	http://www.adobe.de/products/acrobat/readstep2.html
.pdf maker	Scan 2 PDF	http://www.winload.de/download/40052/Office,Business/PDF-Tools/Scan2PDF-1.1.html
.pdf maker	Free PDF 4 U	http://www.winload.de/download/37833/Office,Business/PDF-Tools/FreePDF4U-1.0.html
.pdf maker	Win PDF	http://www.winload.de/download/27674/Office,Business/PDF-Tools/WinPDF-1.00.html
CAD Viewer	View 32	http://www.innodata-online.de/
Bild Betrachter	Picolo	http://www.winload.de/download/2672/Grafik,Desktop/Bildviewer/Picolo-1.7.html
Word Dokument Viewer	Word Viewer	http://www.winload.de/download/36809/Office,Business/Sonstiges/Word.Viewer-1.0.html
Excel Dokument Viewer	Excel Viewer	http://www.winload.de/download/36808/Office,Business/Sonstiges/Excel.Viewer.2003-1.0.html
Textverarbeitung, Tabellenkalkulation, Zeichenprogramm, Datenbank	Open Office	http://www.openoffice.org/

Hinweis: Ob die jeweilige Software kostenlos oder gegen eine Gebühr herunter geladen und genutzt werden kann, sollte, wie auch die AGBs, vor dem Herunterladen überprüft werden.

7 Bürgschaften und Versicherungen im Bauwesen

7.1 Allgemeines

Bürgschaften und Versicherungen dienen zur monetären Abdeckung von Risiken/ Schäden für den Begünstigten. Im nationalen, insbesondere im Internationalen Geschäft gehören sie mittlerweile zum Standard bei jedem größerem Bauvorhaben. Teilweise werden sie auch gesetzlich vorgeschrieben, um monetären Schaden Dritter zu vermeiden.

7.2 Bürgschaften

Durch Bürgschaften sichert ein Bürge dem Gläubiger einen möglichen Anspruch zu, falls der Schuldner dieser Verpflichtung nicht erfüllen kann bzw. nicht erfüllt. Diese Bürgschaft ist immer monetärer Art.

Tafel 5.19a: Übliche Bürgschaften im Bauwesen

Bürgschaft:	Abgesichertes Risiko:	Bemerkung:
Bietungsbürgschaft	das der Bieter sein Angebot nicht bis zum Ablauf der Bietungsfrist aufrecht erhält	selten gefordert
Vertragserfüllungsbürgschaft	das der AN seine Leistung nicht vertragsgemäß vollständig erbringt, z.b. durch Insolvenz	regelmäßig gefordert
Gewährleistungsbürgschaft	das der AN die Gewährleistung nicht bis zum Ende der Ge-währleistungspflicht aufrecht erhält, z.b. durch Insolvenz	regelmäßig gefordert
Abschlagszahlungsbürgschaft	das der AN seiner Leistungspflicht, für die er eine Abschlagszahlung erhalten hat, nicht nachkommt	selten gefordert
Vorauszahlungsbürgschaft	das der AN seiner Leistungspflicht, für die er eine Vorauszahlung erhalten hat, nicht nachkommt	regelmäßig gefordert

7.3 Versicherungen

Versicherungen schützen die am Bau Beteiligten vor Vermögensschäden, die aus diversen Risiken entstehen können. Im Schadenfall kommt der Versicherer für den monetären Schaden auf.

Tafel 5.19b: Übliche Versicherungen im Bauwesen

Versicherung:	Abgesichertes Risiko:	Bemerkung:
Bauherrenhaftpflichtversicherung	im wesentlichen Schäden aus Verletzungen von Verkehrssicherungspflichten	
Betriebshaftpflicht-versicherung	Sach- und Personenschäden Dritter, die nicht aus der unternehmerischen Tätigkeit her resultieren, z.B. Unfall im Büro der Baufirma	wie private Haftpflichtversicherung für Firmen
Berufshaftpflichtversicherung	Sach- und Vermögensschäden, Schadenersatzansprüche aus Verstößen bei der Ausübung der Tätigkeit	für Arch. und Ing., sowie für weitere Planer
Bauleistungsversicherung	ungewöhnliche Witterungsverhältnisse, unvorhersehbare Schadenereignisse (Unfälle)	kann durch AN oder AG abgeschlossen werden
Baugeräteversicherung	Zerstörungen/ Beschädigungen von Baugeräten/ -maschinen infolge höherer Gewalt, unvorhergesehener Ereignisse etc.	nur für Kaskoschäden
Hermesversicherung	politische und wirtschaftliche Risiken für deutsche Firmen beim Auslandsgeschäft	

Nagel

Zahlungsforderungen sichern und durchsetzen

16 baupraktische Wege
Handlungsanleitungen, Praxisbeispiele,
Musterbriefe, aktuelle Rechtsprechung

Mit CD-ROM.

2., aktualisierte Auflage.
2008. 180 Seiten. 17 x 24 cm. Kartoniert.
EUR 33,–
ISBN 978-3-89932-028-2

Autor:
Prof. Dr.-Ing. habil. Ulrich Nagel
lehrt Baubetrieb an der FH Mainz
und beschäftigt sich seit vielen
Jahren mit der Sanierung von Bauunternehmen und der Durchsetzung
von Werklohnforderungen.

Interessenten:
Bauunternehmen, Bauhandwerker,
Baukaufleute, Architekten,
Bauingenieure, Baustoffhändler,
Baujuristen

Mit diesem Buch steht allen Baubeteiligten, die unter der schlechten Zahlungsmoral ihrer Auftraggeber leiden, das notwendige Handwerkszeug zu Verfügung, um ihre Zahlungsforderungen zu sichern und durchzusetzen.

Aus dem Inhalt:
- Liquidität im Unternehmen
- Nachträge, Mehrkosten, Beschleunigungskosten
- Vorgehen bei Mängelrügen
- Zinsansprüche
- Erlassfalle
- Tipps im Umgang mit dem Insolvenzrecht
- Vorauszahlungen und Zahlungspläne
- Abschlagszahlungen
- Kündigung durch den Auftragnehmer
- Einbehalte
- Bauhandwerkersicherung und Hypothek
- Mahnung und Mahnbescheid
- Sicherung von Bauforderungen
- Strafanzeige, Zwangsvollstreckung, Klage
- Insolvenzantrag
- Unsicherheitseinrede

Inhalt der CD-ROM:
Die beiliegende CD-ROM enthält zusätzliche Musterbriefe zu den im Buch dokumentierten Musterbriefen. In allen Musterbriefen sind mehrere Handlungs- und Entscheidungsvarianten angegeben.
- Musterbriefe zu Kapitel 1 – Angebotsphase
- Musterbriefe zu Kapitel 2 – Vertragsabschluss
- Musterbriefe für die Baustellenorganisation
  im Bauunternehmen:
  – Schriftverkehr vor Arbeitsaufnahme
  – Schriftverkehr nach Arbeitsaufnahme
  – Schriftverkehr bei Unterbrechung, Kündigung
  – Abnahme/Fertigstellung

Bauwerk www.bauwerk-verlag.de

5B VOB

Prof. Dipl.-Ing. Helmut Meyer-Abich

Der Begriff des Entwurfs im Sinne der VOB (Vergabe- und Vertragsordnung für Bauleistungen)

Inhaltsverzeichnis

		Seite
1	**Einleitung**	5.22
2	**Arten des Entwurfs**	5.22
2.1	Zeichnung	5.22
2.2	Leistungsverzeichnis	5.23
2.3	Vorbemerkungen zum Leistungsverzeichnis	5.25
2.4	Schlussfolgerungen zu den Arten des Entwurfs	5.25
3	**Änderung des Entwurfs**	5.25
3.1	Grundsätzliches (§ 2 VOB/B)	5.25
3.2	Bausoll/Bauist (§ 2.5 VOB/B)	5.28
3.3	Berechnungssystematik der geänderten Leistung	5.30
3.4	Vergütungsanspruch	5.32
3.5	Vergütungsanpassung	5.33

Seiten 5.22 bis 5.33 befinden sich auf beiliegender CD.

Meyer-Abich

Kostenplanung nach DIN 276

Das Handbuch zu den Regelwerken DIN 276-1, DIN 277, DIN 18960, II. Berechnungsverordnung

IV. Quartal 2009. Etwa 200 Seiten.
21 x 29,7 cm. Kartoniert.
ISBN 978-3-89932-197-5
Etwa EUR 70,–

Abdruck der Regelwerke
- DIN 276
- DIN 277
- DIN 18960
- II. Berechnungsverordnung

Aus dem Inhalt
- Die Regelwerke zur Kostenermittlung
- Stufen der Kostenermittlung im zeitlichen Ablauf
- "Todsünden" im Rahmen der Kostenermittlung
- Kostenfallen
- Kostenzuordnung
- Übersichten, Beispiele
- Formulare im PDF-Format und für MS-Excel über den Online-Service zum Buch: www.kostenplanung-digital.de

Autor:
Prof. Dipl.-Ing Helmut Meyer-Abich lehrt Baubetrieb an der FH Giessen und ist öffentlich bestellter und vereidigter Sachverständiger für Baubetrieb.

Bauwerk www.bauwerk-verlag.de

5C Ausschreibung, Vergabe und Abrechnung (AVA)

Prof. Dr.-Ing. Manfred Puche

Inhaltsverzeichnis

		Seite
1	**Einleitung**	5.36
2	**Abschnitte - Anwendungsbereiche**	5.39
2.1	Abschnitte - Anwendungsbereiche	5.36
2.2	Grundlagen der Ausschreibung	5.39
2.3	Vertragsarten	5.40
2.4	Anforderungen an die Ausschreibung	5.40
2.5	Festschreiben vertraglicher Regelungen	5.41
2.6	Ablauf der Vergabe	5.41
2.7	Nebenangebote	5.41
3	**Private Auftraggeber und VOB/A**	5.42
4	**Ausschreibungs- Checkliste**	5.42
5	**Abrechnung**	5.43
5.1	Aufmaß	5.44
5.2	Leistungsbewertung	5.44
5.3	Leistungsänderungen	5.45
5.4	Nachträge	5.45
5.5	Zahlung	5.46

Seiten 5.36 bis 5.46 befinden sich auf beiliegender CD.

Wiemuth (Hrsg.)

HOAI 2009
Texte – Tafeln – Fakten
Erweiterte Textausgabe mit Erläuterungen

2., aktualisierte Auflage.
Oktober 2009. Etwa 200 Seiten.
17 x 24 cm. Kartoniert.
ISBN 978-3-89932-255-2
Etwa EUR 35,–

Autor:
RA Stefan Wiemuth ist Geschäftsführer der HLBS Verlags GmH.

Für diese um erste Erläuterungen erweiterte HOAI-Textausgabe wurden systematisch amtliche Begründungen und Stellungnahmen zur HOAI 2009 zusammengetragen und in einem sinnvollen Kontext – im Rahmen einer Synopse mit dem amtlichen Text und in gesonderten Erläuterungsteilen – abgebildet. So können die allgemeinen Überlegungen des Verordnungsgebers zur HOAI und die **Änderungen der HOAI** im Einzelnen schnell nachvollzogen werden (siehe Teil II bzw. die Synopse im Teil III). Dem besseren Verständnis dienen zudem die Ausführungen zur EU-Dienstleistungsrichtlinie in Teil V. Nicht zuletzt löste diese Richtlinie erhöhten Handlungsbedarf aus und erzeugte den politischen Druck zur Anpassung der HOAI an EU-Recht.

Aus dem Inhalt
- **Die wesentlichen Neuerungen der HOAI 2009**
- **Synopse HOAI 2009 / Erläuterungen anhand amtlicher Begründungen**
- **Die verbindlichen Honorartafeln der HOAI (Flächenplanung / Objektplanung / Fachplanung)**
- **Die einzelnen Anlagen zur HOAI einschließlich der unverbindlichen Honorartafeln – mit Erläuterungen in einem Vorspann**
- **Die neue HOAI und die Dienstleistungsfreiheit innerhalb der Europäischen Union (Stellungnahme des Verordnungsgebers)**

Bauwerk www.bauwerk-verlag.de

5D HOAI

Dipl.-Ing. (FH) Architekt Elmar Kuhlmann

Gliederung von Planungsphasen und -leistungen und deren Vergütung nach der *Honorarordnung für Architekten und Ingenieure – HOAI* am Beispiel der "Objektplanung – Gebäude und raumbildende Ausbauten" gem. HOAI, Teil 3, Abschn. 1, § 32 ff. und der „Fachplanung – Tragwerksplanung" gem. HOAI, Teil 4, Abschn. 1, § 48 ff.

Inhaltsverzeichnis

		Seite
1	**Gegenstand**	5.48
2	**Rechtsgrundlage**	5.48
3	**Aufbau der HOAI**	5.49
3.1	Anwendungsbereich	5.49
3.2	Leistungsspektrum	5.49
4	**Honorargrundlage**	5.53
4.1	Kostenermittlung	5.53
4.2	Kostengliederung	5.54
4.3	Anrechenbare Kosten	5.56
4.4	Honorarzonen	5.57
4.5	Honorarermittlung	5.59
5	**Honoraranspruch**	5.60
5.1	Vertrag	5.60
5.2	Beauftragung	5.60
5.3	Vergütung	5.60

1 Gegenstand

Verordnung über die Honorare für Leistungen der Architekten und Ingenieure (Honorarordnung für Architekten und Ingenieure – HOAI)

in der vom Bundestag mit Datum des 29. April 2009 und vom Bundesrat am 12. Juni 2009 beschlossenen Entwurfsfassung, die am Tage nach der Verkündung in Kraft tritt. Gleichzeitig damit tritt die Verordnung über die Honorarordnung für Architekten und Ingenieure in der Fassung der Bekanntmachung vom 4. März 1991 (BGBl. I S. 533), zuletzt geändert durch Artikel 5 des Neunten EURO-Einführungsgesetz vom 10. November 2001 (BGBl. I S. 2992) außer Kraft.

2 Rechtsgrundlage

Auf Grundlage des "Gesetzes zur Verbesserung des Mietrechts und zur Begrenzung des Mietanstiegs sowie zur Regelung von Ingenieur- und Architektenleistungen" vom 04.11.1971 konnte die Bundesregierung mit Zustimmung des Bundesrates eine verbindliche Honorarordnung für Leistungen der Architekten und Ingenieure (HOAI) erlassen, die schließlich am 17.09.1976 beschlossen wurde. Enthielt diese zunächst nur typische Leistungen der gebäudetechnischen Bau- und Tragwerksplanung von Architekten und Ingenieuren, so wurden durch die folgenden Änderungsverordnungen neben strukturellen Anpassungen weitere Ingenieurleistungen sowie Leistungen der Bereiche Städtebau und Landesplanung in die HOAI aufgenommen.

Die letzte Anpassung wurde mit der 5. Änderungsverordnung vom 21. September 1995 beschlossen, Grundlage für die sechs Jahre später eingeführten Änderungen nach dem 9. EURO-Einführungsgesetz vom 10.11.2001, die bis zur Rechtskraft der HOAI 2009 die Honorargrundlage für Architektur- und Ingenieurleistungen bildet.

Nach der Koalitionsvereinbarung vom 11. November 2005 sollte die Honorarordnung für Architekten und Ingenieure (HOAI) systemkonform vereinfacht sowie transparenter und flexibler gestaltet werden. Außerdem sollten noch stärkere Anreize zum kostengünstigen und qualitätsbewusstem Bauen in ihr verankert werden. Der Bundesrat hat die letzte Novellierung der HOAI im Jahr 1996 mit Prüfaufträgen an die Bundesregierung verbunden und die Bundesregierung in seinem Beschluss vom 6. Juni 1997 in Verbindung mit der Entschließung vom 14. Juli 1995 aufgefordert, die HOAI zu vereinfachen, transparenter zu gestalten und Anreize für kostensparendes Bauen aufzunehmen.

Die HOAI 2009 ist eine Rechtsverordnung der Bundesregierung mit Zustimmung des Bundesrates und ist dem Preisrecht zuzuordnen. Die Verordnung hält die Vorgaben der Verordnungsermächtigung ein, so dass eine Änderung des „Gesetzes zur Regelung von Ingenieur- und Architektenleistungen" vom 4. November 1971, geändert durch Gesetz vom 12. November 1984, nicht notwendig wurde. Sie beruht – unter Berücksichtigung der Vorgaben der Dienstleistungsrichtlinie des europäischen Parlaments und des Rates zum Binnenmarkt vom 12. Dezember 2006 – auf dem Gesetz zur Regelung von Ingenieur- und Architektenleistungen. Zweck der verankerten Mindestsätze für Planungsleistungen ist die Vermeidung eines ruinösen Preiswettbewerbs im Bereich der Architektur- und Ingenieurdienstleistungen, der die Qualität der Planungstätigkeit gefährden würde. Schließlich dient eine hohe Planungsqualität im Bauwesen dem Schutz der Interessen von Bauherren, Nutzern und Eigentümer von Gebäuden aller Art wie auch dem Schutz der Umwelt und der städtischen Umwelt einschließlich deren baukultureller Qualität und ihren erheblichen Auswirkungen auf das gesellschaftliche Zusammenleben der Bürgerinnen und Bürger.

3 Aufbau der HOAI

3.1 Anwendungsbereich

Der **Anwendungsbereich** der *Honorarordnung für Architekten und Ingenieure – HOAI* erstreckt sich gem. § 1 auf die Berechnung der Entgelte für Auftragnehmerleistungen der Architekt/inn/en und der Ingenier/inn/en mit Sitz im Inland; soweit die Leistungen in der Honorarordnung erfasst und vom Inland aus erbracht werden.
Nach den Allgemeinen Vorschriften der HOAI in Teil 1 sowie den Überleitungs- und Schlussvorschriften des Teils 5 werden in den Teilen 2 bis 4 die Bereiche *Flächenplanung*, *Objektplanung* und *Fachplanung* differenziert. Die nachfolgenden Anlagen 1 bis 14 behandeln im Einzelnen:

Anlage 1	Beratungsleistungen		
Anlage 2	Besondere Leistungen	gem. § 3 Absatz 3	
Anlage 3	Objektlisten	gem. § 5 Absatz 4 Satz 2	
Anlage 4	Leistungen	gemäß § 18 Absatz 1	– Leistungsbild Flächennutzungsplan
Anlage 5	Leistungen	gemäß § 19 Absatz 1	– Leistungsbild Bebauungsplan
Anlage 6	Leistungen	gemäß § 23 Absatz 1	– Leistungsbild Landschaftsplan
Anlage 7	Leistungen	gemäß § 24 Absatz 1	– Leistungsbild Grünordnungsplan
Anlage 8	Leistungen	gemäß § 25 Absatz 1	– Leistungsbild Landschaftsrahmenplan
Anlage 9	Leistungen	gemäß § 26 Absatz 1	– Leistungsbild Landschaftspfl. Begleitplan
Anlage 10	Leistungen	gemäß § 27	– Leistungsbild Pflege- und Entwicklungsplan
Anlage 11	Leistungen	gemäß § 33	– Leistungsbild Gebäude und raumb. Ausb.
		gem. § 38 Absatz 2	– Leistungsbild Freianlagen
Anlage 12	Leistungen	gemäß § 42 Absatz 1	– Leistungsbild Ingenieurbauwerke und
		gemäß § 46 Absatz 2	– Leistungsbild Verkehrsanlagen
Anlage 13	Leistungen	gemäß § 49 Absatz 1	– Leistungsbild Tragwerksplanung
Anlage 14	Leistungen	gemäß § 53 Absatz 1	– Leistungsbild Technische Ausrüstung

3.2 Leistungsspektrum

Erforderliche **Leistungen** einer Planungsaufgabe gem. § 3 definiert die HOAI durch *Leistungsbilder 1 – 9* (Gesamtprozess der betreffenden Planung) und unterscheidet darin verschiedene *Leistungsphasen*. In den einzelnen *Leistungsphasen* (§§ 33, 49 HOAI) sind jeweils, in Anlehnung an die zeitliche und organisatorische Abfolge der Realisierung von Bauvorhaben, Art und Umfang der erforderlichen Planungsleistungen aufgeführt.

Auszug 1.1, Beispiel Leistungsbild / Leistungsphasen § 33 HOAI (Gebäude und raumbildende Ausbauten)

	Leistungsbewertung in v. H. der Honorare für	
	Gebäude	Raumbildende Ausbauten
1. Grundlagenermittlung	3	3
2. Vorplanung (Projekt- und Planungsvorbereitung)	7	7
3. Entwurfsplanung (System- und Integrationsplanung)	11	14
4. Genehmigungsplanung	6	2
5. Ausführungsplanung	25	30
6. Vorbereitung der Vergabe	10	7
7. Mitwirkung bei der Vergabe	4	3
8. Objektüberwachung (Bauüberwachung)	31	31
9. Objektbetreuung und Dokumentation	3	3

5D HOAI

Auszug 1.2, Leistungen im Leistungsbild Gebäude und raumbildende Ausbauten sowie im Leistungsbild Freianlagen gem. Anlage 11 zu den §§ 33 und 38 Abs. 2 HOAI

Leistungsphase 1: Grundlagenermittlung

a) Klären der Aufgabenstellung
b) Beraten zum gesamten Leistungsbedarf
c) Formulieren von Entscheidungshilfen für die Auswahl anderer an der Planung fachlich Beteiligter
d) Zusammenfassen der Ergebnisse

Leistungsphase 2: Vorplanung (Projekt- und Planungsvorbereitung)

a) Analyse der Grundlagen
b) Abstimmen der Zielvorstellungen (Randbedingungen, Zielkonflikte)
c) Aufstellen eines planungsbezogenen Zielkatalogs (Programmziele)
d) Erarbeiten eines Planungskonzepts einschließlich Untersuchung der alternativen Lösungsmöglichkeiten nach gleichen Anforderungen mit zeichnerischer Darstellung und Bewertung, zum Beispiel versuchsweise zeichnerische Darstellungen, Strichskizzen, gegebenenfalls mit erläuternden Angaben
e) Integrieren der Leistungen anderer an der Planung fachlich Beteiligter
f) Klären und Erläutern der wesentlichen städtebaulichen, gestalterischen, funktionalen, technischen, bauphysikalischen, wirtschaftlichen, energiewirtschaftlichen (zum Beispiel hinsichtlich rationeller Energieverwendung und der Verwendung erneuerbarer Energien) und landschaftsökologischen Zusammenhänge, Vorgänge und Bedingungen, sowie der Belastung und Empfindlichkeit der betroffenen Ökosysteme
g) Vorverhandlungen mit Behörden und anderen an der Planung fachlich Beteiligten über die Genehmigungsfähigkeit
h) bei Freianlagen: Erfassen, Bewerten und Erläutern der ökosystemaren Strukturen und Zusammenhänge, zum Beispiel Boden, Wasser, Klima, Luft, Pflanzen- und Tierwelt, sowie Darstellen der räumlichen und gestalterischen Konzeption mit erläuternden Angaben, insbesondere zur Geländegestaltung, Biotopverbesserung und -vernetzung, vorhandenen Vegetation, Neupflanzung, Flächenverteilung der Grün-, Verkehrs-, Wasser-, Spiel- und Sportflächen; ferner Klären der Randgestaltung und der Anbindung an die Umgebung
i) Kostenschätzung nach DIN 276 oder nach dem wohnungs-rechtlichen Berechnungsrecht
j) Zusammenstellen aller Vorplanungsergebnisse

Leistungsphase 3: Entwurfsplanung (System- und Integrationsplanung)

a) Durcharbeiten des Planungskonzepts (stufenweise Erarbeitung einer zeichnerischen Lösung) unter Berücksichtigung städtebaulicher, gestalterischer, funktionaler, technischer, bauphysikalischer, wirtschaftlicher, energiewirtschaftlicher (zum Beispiel hinsichtlich rationeller Energieverwendung und der Verwendung erneuerbarer Energie) und landschaftsökologischer Anforderungen unter Verwendung der Beiträge anderer an der Planung fachlich Beteiligter bis zum vollständigen Entwurf
b) Integrieren der Leistungen anderer an der Planung fachlich Beteiligter
c) Objektbeschreibung mit Erläuterung von Ausgleichs- und Ersatzmaßnahmen nach Maßgabe der naturschutzrechtlichen Eingriffsregelung
d) Zeichnerische Darstellung des Gesamtentwurfs, zum Beispiel durchgearbeitete, vollständige Vorentwurfs- und/oder Entwurfszeichnungen (Maßstab nach Art und Größe des Bauvorhabens;
bei Freianlagen: im Maßstab 1 : 500 bis 1 : 100, insbesondere mit Angaben zur Verbesserung der Biotopfunktion, zu Vermeidungs-, Schutz-, Pflege und Entwicklungsmaßnahmen sowie zur differenzierten Bepflanzung; bei raumbildenden Ausbauten: im Maßstab 1 : 50 bis 1 : 20,
insbesondere mit Einzelheiten der Wandabwicklungen, Farb-, Licht- und Materialgestaltung), gegebenenfalls auch Detailpläne mehrfach wiederkehrender Raumgruppen
e) Verhandlungen mit Behörden und anderen an der Planung fachlich Beteiligten über die Genehmigungsfähigkeit
f) Kostenberechnung nach DIN 276 oder nach dem wohnungsrechtlichen Berechnungsrecht
g) Kostenkontrolle durch Vergleich der Kostenberechnung mit der Kostenschätzung
h) Zusammenfassen aller Entwurfsunterlagen

Leistungsphase 4: Genehmigungsplanung

a) Erarbeiten der Vorlagen für die nach den öffentlich-rechtlichen Vorschriften erforderlichen Genehmigungen oder Zustimmungen einschließlich der Anträge auf Ausnahmen und Befreiungen unter Verwendung der Beiträge anderer an der Planung fachlich Beteiligter sowie noch notwendiger Verhandlungen mit Behörden
b) Einreichen dieser Unterlagen
c) Vervollständigen und Anpassen der Planungsunterlagen, Beschreibungen und Berechnungen unter Verwendung der Beiträge anderer an der Planung fachlich Beteiligter
d) bei raumbildenden Ausbauten: Prüfen auf notwendige Genehmigungen,
Einholen von Zustimmungen und Genehmigungen

Honorargrundlage

Leistungsphase 5: Ausführungsplanung

a) Durcharbeiten der Ergebnisse der Leistungsphase 3 und 4 (stufenweise Erarbeitung und Darstellung der Lösung) unter Berücksichtigung städtebaulicher, gestalterischer, funktionaler, technischer, bauphysikalischer, wirtschaftlicher, energiewirtschaftlicher (zum Beispiel hinsichtlich rationeller Energieverwendung und der Verwendung erneuerbarer Energien) und landschaftsökologischer Anforderungen unter Verwendung der Beiträge anderer an der Planung fachlich Beteiligter bis zur ausführungsreifen Lösung
b) Zeichnerische Darstellung des Objekts mit allen für die Ausführung notwendigen Einzelangaben, zum Beispiel endgültige, vollständige Ausführungs-, Detail- und Konstruktionszeichnungen im Maßstab 1 : 50 bis 1 : 1, bei Freianlagen je nach Art des Bauvorhabens im Maßstab 1 : 200 bis 1 : 50, insbesondere Bepflanzungspläne, mit den erforderlichen textlichen Ausführungen
c) Bei raumbildenden Ausbauten: Detaillierte Darstellung der Räume und Raumfolgen im Maßstab 1 : 25 bis 1 : 1, mit den erforderlichen textlichen Ausführungen; Materialbestimmung
d) Erarbeiten der Grundlagen für die anderen an der Planung fachlich Beteiligten und Integrierung ihrer Beiträge bis zur ausführungsreifen Lösung
e) Fortschreiben der Ausführungsplanung während der Objektausführung

Leistungsphase 6: Vorbereitung der Vergabe

a) Ermitteln und Zusammenstellen von Mengen als Grundlage für das Aufstellen von Leistungsbeschreibungen unter Verwendung der Beiträge anderer an der Planung fachlich Beteiligter
b) Aufstellen von Leistungsbeschreibungen mit Leistungsverzeichnissen nach Leistungsbereichen
c) Abstimmen und Koordinieren der Leistungsbeschreibungen der an der Planung fachlich Beteiligten

Leistungsphase 7: Mitwirkung bei der Vergabe

a) Zusammenstellen der Vergabe- und Vertragsunterlagen für alle Leistungsbereiche
b) Einholen von Angeboten
c) Prüfen und Werten der Angebote einschließlich Aufstellen eines Preisspiegels nach Teilleistungen unter Mitwirkung aller während der Leistungsphasen 6 und 7 fachlich Beteiligten
d) Abstimmen und Zusammenstellen der Leistungen der fachlich Beteiligten, die an der Vergabe mitwirken
e) Verhandlung mit Bietern
f) Kostenanschlag nach DIN 276 aus Einheits- oder Pauschalpreisen der Angebote
g) Kostenkontrolle durch Vergleich des Kostenanschlags mit der Kostenrechnung
h) Mitwirken bei der Auftragserteilung

Leistungsphase 8: Objektüberwachung (Bauüberwachung)

a) Überwachen der Ausführung des Objekts auf Übereinstimmung mit der Baugenehmigung oder Zustimmung, den Ausführungsplänen und den Leistungsbeschreibungen sowie mit den allgemein anerkannten Regeln der Technik und den einschlägigen Vorschriften
b) Überwachen der Ausführung von Tragwerken nach § 50 Absatz 2 Nummer 1 und 2 auf Übereinstimmung mit den Standsicherheitsnachweis
c) Koordinieren der an der Objektüberwachung fachlich Beteiligten
d) Überwachung und Detailkorrektur von Fertigteilen
e) Aufstellen und Überwachen eines Zeitplanes (Balkendiagramm)
f) Führen eines Bautagebuches
g) Gemeinsames Aufmass mit den bauausführenden Unternehmen
h) Abnahme der Bauleistungen unter Mitwirkung anderer an der Planung und Objektüberwachung fachlich Beteiligter unter Feststellung von Mängeln
i) Rechnungsprüfung
j) Kostenfeststellung nach DIN 276 oder nach dem wohnungsrechtlichen Berechnungsrecht
k) Antrag auf behördliche Abnahmen und Teilnahme daran
l) Übergabe des Objekts einschließlich Zusammenstellung und Übergabe der erforderlichen Unterlagen, zum Beispiel Bedienungsanleitungen, Prüfprotokolle
m) Auflisten der Verjährungsfristen für Mängelansprüche
n) Überwachen der Beseitigung der bei der Abnahme der Bauleistungen festgestellten Mängel
o) Kostenkontrolle durch Überprüfen der Leistungsabrechnung der bauausführenden Unternehmen im Vergleich zu den Vertragspreisen und dem Kostenanschlag

Leistungsphase 9: Objektbetreuung und Dokumentation

a) Objektbegehung zur Mängelfeststellung vor Ablauf der Verjährungsfristen für Mängelansprüche gegenüber den bauausführenden Unternehmen
b) Überwachen der Beseitigung von Mängeln, die innerhalb der Verjährungsfristen für Mängelansprüche, längstens jedoch bis zum Ablauf von vier Jahren seit Abnahme der Bauleistungen auftreten
c) Mitwirken bei der Freigabe von Sicherheitsleistungen
d) Systematische Zusammenstellung der zeichnerischen Darstellungen und rechnerischen Ergebnisse des Objekts

5D HOAI

Auszug 2.1, Beispiel Leistungsbild / Leistungsphasen § 49 HOAI (Tragwerksplanung)

Leistungsbewertung in v. H. der Honorare

	Tragwerksplanung
1. Grundlagenermittlung	3
2. Vorplanung (Projekt- und Planungsvorbereitung)	10
3. Entwurfsplanung (System- und Integrationsplanung)	12
4. Genehmigungsplanung	30
5. Ausführungsplanung	42
6. Vorbereitung der Vergabe	3
7. Mitwirkung bei der Vergabe	-
8. Objektüberwachung	-
9. Objektbetreuung	-

Auszug 2.2, Leistungen im Leistungsbild Tragwerksplanung gem. Anlage 13 zu § 49 Abs. 1 HOAI

Leistungsphase 1: Grundlagenermittlung

Klären der Aufgabenstellung auf dem Fachgebiet Tragwerksplanung im Benehmen mit dem Objektplaner

Leistungsphase 2: Vorplanung (Projekt- und Planungsvorbereitung)

a) Bei Ingenieurbauwerken nach § 40 Nummer 6 und 7: Übernahme der Ergebnisse aus Leistungsphase 1 der Anlage 12
b) Beraten in statisch-konstruktiver Hinsicht unter Berücksichtigung der Belange der Standsicherheit, der Gebrauchsfähigkeit und der Wirtschaftlichkeit
c) Mitwirken bei dem Erarbeiten eines Planungskonzepts einschließlich Untersuchung der Lösungsmöglichkeiten des Tragwerks unter gleichen Objektbedingungen mit skizzenhafter Darstellung, Klärung und Angabe der für das Tragwerk wesentlichen konstruktiven Festlegungen für zum Beispiel Baustoffe, Bauarten und Herstellungsverfahren, Konstruktionsraster und Gründungsart
d) Mitwirken bei Vorverhandlungen mit Behörden und anderen an der Planung fachlich Beteiligten über die Genehmigungsfähigkeit
e) Mitwirken bei der Kostenschätzung; bei Gebäuden und zugehörigen baulichen Anlagen nach DIN 276

Leistungsphase 3: Entwurfsplanung (System- und Integrationsplanung)

a) Erarbeiten der Tragwerkslösung unter Beachtung der durch die Objektplanung integrierten Fachplanungen bis zum konstruktiven Entwurf mit zeichnerischer Darstellung
b) Überschlägige statische Berechnung und Bemessung
c) Grundlegende Festlegungen der konstruktiven Details und Hauptabmessungen des Tragwerks für zum Beispiel Gestaltung der tragenden Querschnitte, Aussparungen und Fugen; Ausbildung der Auflager- und Knotenpunkte sowie der Verbindungsmittel
d) Mitwirken bei der Objektbeschreibung
e) Mitwirken bei Verhandlungen mit Behörden und anderen an der Planung fachlich Beteiligten über die Genehmigungsfähigkeit
f) Mitwirken bei der Kostenberechnung, bei Gebäuden und zugehörigen baulichen Anlagen: nach DIN 276
g) Mitwirken bei der Kostenkontrolle durch Vergleich der Kostenberechnung mit der Kostenschätzung

Leistungsphase 4: Genehmigungsplanung

a) Aufstellen der prüffähigen statischen Berechnungen für das Tragwerk unter Berücksichtigung der vorgegebenen bauphysikalischen Anforderungen
b) Bei Ingenieurbauwerken: Erfassen von normalen Bauzuständen
c) Anfertigen der Positionspläne für das Tragwerk oder Eintragen der statischen Positionen, der Tragwerksabmessungen, der Verkehrslasten, der Art und Güte der Baustoffe und der Besonderheiten der Konstruktionen in die Entwurfszeichnungen des Objektsplaners (zum Beispiel in Transparentpausen)
d) Zusammenstellen der Unterlagen der Tragwerksplanung zur bauaufsichtlichen Genehmigung
e) Verhandlungen mit Prüfämtern und Prüfingenieuren
f) Vervollständigen und Berichtigen der Berechnungen und Pläne

> **Leistungsphase 5: Ausführungsplanung**
>
> a) Durcharbeiten der Ergebnisse der Leistungsphasen 3 und 4 unter Beachtung der durch die Objektplanung integrierten Fachplanungen
> b) Anfertigen der Schalpläne in Ergänzung der fertig gestellten Ausführungspläne des Objektplaners
> c) Zeichnerische Darstellung der Konstruktionen mit Einbau- und Verlegeanweisungen, zum Beispiel Bewehrungspläne, Stahlbaupläne, Holzkonstruktionspläne (keine Werkstattzeichnungen)
> d) Aufstellen detaillierter Stahl- oder Stücklisten als Ergänzung zur zeichnerischen Darstellung der Konstruktionen mit Stahlmengenermittlung
>
> **Leistungsphase 6: Vorbereitung der Vergabe**
>
> a) Ermitteln der Betonstahlmengen im Stahlbetonbau, der Stahlmengen in Stahlbau und der Holzmengen im Ingenieurholzbau als Beitrag zur Mengenermittlung des Objektplaners
> b) Überschlägiges Ermitteln der Mengen der konstruktiven Stahlteile und statisch erforderlichen Verbindungs- und Befestigungsmittel im Ingenieurholzbau
> c) Aufstellen von Leistungsbeschreibungen als Ergänzung zu den Mengenermittlungen als Grundlage für das Leistungsverzeichnis des Tragwerks

4 Honorargrundlage

Die Grundlage des Honorars gem. § 6 Abs. 1 HOAI richtet sich bei Leistungen für Gebäude und raumbildende Ausbauten ebenso wie bei der Tragwerksplanung gem. § 32 bzw. § 48 HOAI nach dem Leistungsbild (§ 3), den anrechenbaren Kosten des Objekts (§ 4), der dem Objekt zugehörigen Honorarzone (§ 5), sowie den Honorartafeln zu § 34 bzw. § 50 der HOAI. Bei Leistungen im Bestand gelten zusätzlich die §§ 35 und 36.

Liegen zum Zeitpunkt der Beauftragung noch keine Planungen als Voraussetzung für eine Kostenschätzung oder -berechnung vor, können die Vertragsparteien abweichend von Abs. 1 schriftlich vereinbaren, dass das Honorar auf der Grundlage der anrechenbaren Kosten einer Baukostenvereinbarung nach den Vorschriften dieser Verordnung berechnet wird. Dabei werden nachprüfbare Baukosten einvernehmlich festgelegt (**Baukostenvereinbarungsmodell**).

4.1 Kostenermittlung

Die HOAI macht in Anlehnung an die DIN 276-1 „Kosten im Bauwesen - Teil 1: Hochbau" (Ausgabe 2008-12, Abschn. 3.4.2 bzw. 3.4.3) die *Kostenberechnung* zur maßgeblichen Kostenermittlung als Grundlage der Honorarermittlung vor. In § 6 Abs. 1 heißt es, das **Honorar** für Leistungen richte sich für die Objekt- und Fachplanung nach den anrechenbaren Kosten **auf der Grundlage der Kostenberechnung** (Ermittlung der Kosten auf der Grundlage der Entwurfsplanung), solange diese nicht vorliegt, auf der Grundlage der Kostenschätzung. Mit diesem sog. **Kostenberechnungsmodell** wird der gesetzgeberischen Vorgabe einer Honorarabkoppelung von den tatsächlich entstehenden Herstellungskosten Rechnung getragen.

- **Kostenschätzung**: Die HOAI fordert bei der Objekt- und Fachplanung gem. § 32 ff bzw. § 48 ff die Aufstellung bzw. Mitwirkung bei der Aufstellung einer Kostenschätzung in der Leistungsphase 2 *Vorplanung*, worin - hinsichtlich der endgültigen Kosten - Ergebnisabweichungen von 20 – 40 % tolerabel sein können. Die erste Ebene der Kostengliederung nach DIN 276 (Kostengruppen 100-700) muss erstellt werden, die Gesamtkosten werden hinsichtlich der Mengen und Preise anhand dieser Kostengruppen geschätzt.

Die Kostenschätzung dient der überschläglichen Ermittlung der Gesamtkosten und ist erste Basis für Finanzierungsmodelle der Baumaßnahme. Grundlagen der Kostenschätzung bilden möglichst genaue Bedarfsangaben des Bauherrn (Flächen, Standards etc.) und erste Planunterlagen (Skizzen, Vormodelle).

→ Ausnahmsweise Grundlage der Honorarermittlung gem. *Anlage 11, Leistungen gemäß § 33 HOAI* bzw. *Anlage 13, Leistungen gemäß § 49 Absatz 1 HOAI* aus den anrechenbaren Kosten, soweit die Kostenberechnung nicht vorliegt

- **Kostenberechnung**: Die Kostenberechnung dient als Grundlage für Entscheidungen im Rahmen der Entwurfsplanung. Gem. §§ 15 bzw. 64 der HOAI ist sie bzw. die Mitwirkung an ihr in der Leistungsphase 3 zu erbringen und bis zum Kostenanschlag aktualisiert fortzuschreiben.

Die 2. Ebene der Kostengliederung nach DIN 276 (Kostenelemente innerhalb der Kostengruppen 100-700) ist auszuarbeiten, wobei auf Grundlage genauer Bedarfsangaben und fortgeschriebener Planunterlagen (Vorentwurfs- bzw. Entwurfszeichnungen) Flächengrößen und Rauminhalte (nach DIN 277) ermittelt und eine ausführliche Objektbeschreibung mit Definition der Roh- und Ausbaustandards erstellt wird. Der Planung werden Mengen und Massen entnommen, die Preise aber weiterhin geschätzt. Die tolerable Genauigkeitsabweichung der Kostenberechnung kann 20 – 25 % betragen.

→ Grundlage für Honorarermittlung gem. *Anlage 11, Leistungen gemäß § 33 HOAI* bzw. *Anlage 13, Leistungen gemäß § 49 Absatz 1 HOAI*

- **Kostenanschlag**: *(für Honorarermittlung i. d. R. nicht maßgebend)*: Der Kostenanschlag ist gem. Anlage 11, Leistungen gemäß § 33 HOAI in Leistungsphase 7 zu erbringen und dient der genauen Bestimmung voraussichtlich zu erwartender Baukosten durch Zusammenstellung ausgewerteter Unternehmeraufträge und -angebote bzw. entsprechender Eigenberechnungen auf Grundlage der Ausführungsplanung. Die tolerable Genauigkeitsabweichung des Kostenanschlags kann 10 – 15 % betragen. Verwendet werden die ermittelten Mengen und Massen mit den Angebotspreisen. Die Kostengliederung sollte nun die 3. Ebene der Unterelemente umfassen.

Die gem. HOAI vorgeschriebene Kostenkontrolle (Vergleich des Kostenanschlags mit der Kostenberechnung) ist ein wichtiges Element der Kostensteuerung, da potentiell sich abzeichnende Differenzen transparent und korrigierende Eingriffe vorgenommen werden können.

- **Kostenfeststellung**: *(für Honorarermittlung i. D. R. nicht maßgebend)*: Die Kostenfeststellung (gem. § 15 HOAI in Leistungsphase 8 vorzunehmen) ist Grundlage zum Nachweis tatsächlich entstandener Gesamtkosten als bereits angewiesene oder anweisungspflichtige Ist-Kosten und wird anhand geprüfter Abrechnungsbelege, Aufmaßpläne und Abnahmeprotokolle erstellt. Gem. HOAI ist eine Kostenkontrolle (Überprüfen der Leistungsabrechnungen der bauausführenden Unternehmen im Vergleich zu den Vertragspreisen und dem Kostenanschlag) vorzunehmen.

Die gem. HOAI vorgeschriebene Kostenkontrolle (Überprüfen der Leistungsabrechnung der bauausführenden Unternehmen im Vergleich zu den Vertragspreisen und dem Kostenanschlag) dient der abschließenden Ermittlung der tatsächlichen Baukosten.

4.2 Kostengliederung

Die Kostengliederung staffelt sich in drei Ebenen und ist durch dreistellige Ordnungszahlen gekennzeichnet. In der 1. Ebene werden die Gesamtkosten in 7 Kostengruppen gegliedert: Bei Bedarf werden diese Gruppen entsprechend in die zweite oder dritte Ebene zugeordnet.

Auszug 3, DIN 276-1 Kosten im Bauwesen – Hochbau, 2008-12 / Kostengliederung 1. Ebene, Kostengruppen

100 Grundstück
200 Herrichten und Erschließen
300 Bauwerk - Baukonstruktionen
400 Bauwerk - Technische Anlagen
500 Außenanlagen
600 Ausstattung und Kunstwerke
700 Baunebenkosten

Honorargrundlage

Auszug 4, DIN 276-1 Kosten im Bauwesen – Hochbau, 2008-12 / Kostengliederung 2. Ebene

100 Grundstück	460 Förderanlagen
110 Grundstückswert	470 Nutzspezifische Anlagen
120 Grundstücksnebenkosten	480 Gebäudeautomation
130 Freimachen von Belastungen	490 Sonstige Maßnahmen für Technische Anlagen
200 Herrichten und Erschließen	500 Außenanlagen
210 Herrichten	510 Geländeflächen
220 Öffentliche Erschießung	520 Befestigte Flächen
230 Nichtöffentliche Erschließung	530 Baukonstruktionen in Außenanlagen
240 Ausgleichsabgaben	540 Technische Anlagen in Außenanlagen
250 Übergangsmaßnahmen	550 Einbauten in Außenanlagen
	560 Wasserflächen in Außenanlagen
300 Bauwerk - Baukonstruktionen	570 Pflanz- und Saatflächen in Außenanlagen
310 Baugrube	590 Sonstige Maßnahmen für Außenanlagen
320 Gründung	
330 Außenwände	600 Ausstattung und Kunstwerke
340 Innenwände	610 Ausstattung
350 Decken	620 Kunstwerke
360 Dächer	
370 Baukonstruktive Einbauten	700 Baunebenkosten
390 Sonstige Maßnahmen für Baukonstruktionen	710 Bauherrenaufgaben
	720 Vorbereitung der Objektplanung
400 Bauwerk - Technische Anlagen	730 Architekten- und Ingenieurleistungen
410 Abwasser-, Wasser-, Gasanlagen	740 Gutachten und Beratung
420 Wärmeversorgungsanlagen	750 Kunst
430 Lufttechnische Anlagen	760 Finanzierung
440 Starkstromanlagen	770 Allgemeine Baunebenkosten
450 Fernmelde- und informationstechnische Anlagen	

Auszug 5, DIN 276-1 Kosten im Bauwesen – Hochbau, 2008-12 / Kostengliederung 1.- 3. Ebene, Beispiel Kostengruppe 1

1. Ebene	2. Ebene	3. Ebene	Anmerkungen
100 Grundstück			
	110 Grundstückswert		
	120 Grundstücks- nebenkosten		Kosten, die im Zusammen- hang mit dem Erwerb eines Grundstücks entstehen
		121 Vermessungsgebühren	
		122 Gerichtsgebühren	
		123 Notariatsgebühren	
		124 Maklerprovisionen	
		125 Grunderwerbssteuer	
		126 Wertermittlungen	Untersuchungen Wertermitt- lungen, Untersuchungen zu Altlasten und deren Beseiti- gung, Baugrunduntersuchungen und Untersuchungen über die Bebaubarkeit, soweit sie zur Beurteilung des Grund- stückswertes dienen
		127 Genehmigungsgebühren	
		128 Bodenordnung, Grenzregulierung	
		129 Grundstücksnebenkosten, sonstiges	
	130 Freimachen		Kosten, die aufzuwenden sind, um ein Grundstück von Belastungen freizumachen
		131 Abfindungen	Abfindungen und Entschädigungen für bestehende Nutzungsrechte, z. B. Miet- und Pachtverträge
		132 Ablösen dinglicher Rechte	Ablösung von Lasten und Beschränkungen, z. B. Wegerechten
		139 Freimachen, sonstiges	

4.3 Anrechenbare Kosten

In der Regel richtet sich die *Vergütung* von Architektur- und Ingenieurleistungen - neben der *Anzahl der* für die Planungsaufgabe *beauftragten Leistungsphasen* des Leistungsbildes gem. § 33 f bzw. § 49 f HOAI nach dem *Umfang* und dem *Schwierigkeitsgrad* des Bauvorhabens.

Im Bereich der Planung von Gebäuden und raumbildenden Ausbauten sowie bei der Tragwerksplanung wird der Umfang durch die *Anrechenbaren Kosten,* der Schwierigkeitsgrad mittels unterschiedlicher *Honorarzonen* (s. Abschn. 4.4) dargestellt.

Anrechenbare Kosten definiert § 4 der HOAI als Teil der Kosten zur Herstellung, zum Umbau, zur Modernisierung, Instandhaltung oder Instandsetzung von Objekten sowie den damit zusammenhängenden Aufwendungen. Sie sind nach fachlich allgemein anerkannten Regeln der Technik oder nach Verwaltungsvorschriften (Kostenvorschriften) auf der Grundlage ortsüblicher Preise zu ermitteln. Wird die DIN 276 in Bezug genommen, so ist diese in der Fassung vom Dezember 2008 (DIN 276-1:2008-12) bei der Ermittlung der anrechenbaren Kosten zugrunde zu legen. Die auf die Kosten von Objekten entfallende Umsatzsteuer ist nicht Bestandteil der anrechenbaren Kosten.

Auszug 6, Honorargrundlagen gem. HOAI, § 32 Abs. (1) – (3), Gebäude und raumbildende Ausbauten

(1) Anrechenbar sind für Leistungen bei Gebäuden und raumbildenden Ausbauten die Kosten der Baukonstruktion.

(2) Anrechenbar für Leistungen bei Gebäuden und raumbildenden Ausbauten sind auch die Kosten für Technische Anlagen, die der Auftragnehmer nicht fachlich plant oder deren Ausführung er nicht fachlich überwacht,

1. vollständig bis zu 25 Prozent der sonstigen anrechenbaren Kosten und
2. zur Hälfte mit dem 25 Prozent der sonstigen anrechenbaren Kosten übersteigenden Betrag.

(3) Nicht anrechenbar sind insbesondere die Kosten für das Herrichten, die nicht öffentliche Erschließung, sowie Leistungen für Ausstattung und Kunstwerke, soweit der Auftragnehmer sie nicht plant, bei der Beschaffung mitwirkt oder ihre Ausführung oder ihren Einbau fachlich überwacht.

Auszug 7, Honorargrundlagen gem. HOAI, § 48 Abs. (1) – (5), Tragwerksplanung

(1) Anrechenbare Kosten sind bei Gebäuden und zugehörigen baulichen Anlagen 55 Prozent der Bauwerk – Baukonstruktionskosten und 10 Prozent der Kosten der Technischen Anlagen.

(2) Die Vertragsparteien können bei Gebäuden mit einem hohen Anteil an Kosten der Gründung und der Tragkonstruktionen sowie bei Umbauten bei der Auftragserteilung schriftlich vereinbaren, dass die anrechenbaren Kosten abweichend von Absatz 1 nach Absatz 3 Nummer 1 bis 12 ermittelt werden.

(3) Anrechenbare Kosten sind bei Ingenieurbauwerken die vollständigen Kosten für:

1. Erdarbeiten,
2. Mauerarbeiten,
3. Beton- und Stahlbetonarbeiten,
4. Naturwerksteinarbeiten,
5. Betonwerksteinarbeiten,
6. Zimmer- und Holzbauarbeiten,
7. Stahlbauarbeiten,
8. Tragwerke und Tragwerksteile aus Stoffen, die anstelle der in den vorgenannten Leistungen enthaltenen Stoffe verwendet werden,
9. Abdichtungsarbeiten,
10. Dachdeckungs- und Dachabdichtungsarbeiten,
11. Klempnerarbeiten,
12. Metallbau- und Schlosserarbeiten für tragende Konstruktionen,
13. Bohrarbeiten, außer Bohrungen zur Baugrunderkundung,
14. Verbauarbeiten für Baugruben,
15. Rammarbeiten,
16. Wasserhaltungsarbeiten,

einschließlich der Kosten für Baustelleneinrichtungen.

(4) Nicht anrechenbar sind bei Anwendung von Absatz 2 oder Absatz 3 die Kosten für:

1. das Herrichten des Baugrundstücks,
2. Oberbodenauftrag,
3. Mehrkosten für außergewöhnliche Ausschachtungsarbeiten,
4. Rohrgräben ohne statischen Nachweis,
5. nichttragendes Mauerwerk, das kleiner als 11,5 Zentimeter ist,
6. Bodenplatten ohne statischen Nachweis,
7. Mehrkosten für Sonderausführungen,
8. Winterbauschutzvorkehrungen und sonstige zusätzliche Maßnahmen für den Winterbau,
9. Naturwerkstein-, Betonwerkstein-, Zimmer- und Holzbau-, Stahlbau- und Klempnerarbeiten, die in Verbindung mit dem Ausbau eines Gebäudes oder Ingenieurbauwerks ausgeführt werden,
10. die Baunebenkosten.

(5) Anrechenbare Kosten für Traggerüste bei Ingenieurbauwerken sind die Herstellkosten einschließlich der zugehörigen Kosten für Baustelleneinrichtungen. Bei mehrfach verwendeten Bauteilen ist der Neuwert anrechenbar.

Gem. § 7 HOAI kann für **Kostenunterschreitungen**, die unter Ausschöpfung technisch-wirtschaftlicher oder umweltverträglicher Lösungsmöglichkeiten zu einer wesentlichen Kostensenkung ohne Verminderung des vertraglich festgelegten Standards führen, ein Erfolgshonorar schriftlich vereinbart werden, das bis zu 20 Prozent des vereinbarten Honorars betragen kann. In Fällen des Überschreitens der einvernehmlich festgelegten anrechenbaren Kosten kann ein Malus-Honorar in Höhe von bis zu 5 Prozent des Honorars vereinbart werden.

4.4 Honorarzonen

Die verschiedenen Honorarebenen für unterschiedliche **Schwierigkeitsgrade** von Baumaßnahmen teilen sich im Bereich der Objekt- und Tragwerksplanung gem. § 5 HOAI in fünf *Honorarzonen*:

1. Honorarzone I: sehr geringe Planungsanforderungen,
2. Honorarzone II: geringe Planungsanforderungen,
3. Honorarzone III: durchschnittliche Planungsanforderungen,
4. Honorarzone IV: überdurchschnittliche Planungsanforderungen,
5. Honorarzone V: sehr hohe Planungsanforderungen.

Auszug 8, Objektliste gem. Anlage 3 zu § 5 Abs. 4 Satz 2, 3.1 Gebäude

3.1.1. Honorarzone I:
• Schlaf- und Unterkunftsbaracken und andere Behelfsbauten für vorübergehende Nutzung, Pausenhallen, Spielhallen, Liege- und Wandelhallen, Einstellhallen, Verbindungsgänge, Feldscheunen und andere einfache landwirtschaftliche Gebäude, Tribünenbauten, Wetterschutzhäuser;

3.1.2. Honorarzone II:
• Einfache Wohnbauten mit gemeinschaftlichen Sanitär- und Kücheneinrichtungen;
• Garagenbauten, Parkhäuser, Gewächshäuser, geschlossene, eingeschossige Hallen und Gebäude als selbständige Bauaufgabe;
• Kassengebäude, Bootshäuser, einfache Werkstätten ohne Kranbahnen, Verkaufslager, Unfall- und Sanitätswachen, Musikpavillons;

3.1.3. Honorarzone III:
• Wohnhäuser, Wohnheime und Heime mit durchschnittlicher Ausstattung;
• Kinderhorte, Kindergärten, Gemeinschaftsunterkünfte, Jugendherbergen, Grundschulen, Jugendfreizeitstätten, Jugendzentren, Bürgerhäuser, Studentenhäuser, Altentagesstätten und andere Betreuungseinrichtungen, Fertigungsgebäude der metallverarbeitenden Industrie, Druckereien, Kühlhäuser;
• Werkstätten, geschlossene Hallen und landwirtschaftliche Gebäude, soweit nicht in Honorarzone I, II oder IV erwähnt, Parkhäuser mit integrierten weiteren Nutzungsarten, Bürobauten mit durchschnittlicher Ausstattung, Ladenbauten, Einkaufszentren, Märkte und Großmärkte, Messehallen, Gaststätten, Kantinen, Mensen, Wirtschaftsgebäude, Feuerwachen, Rettungsstationen, Ambulatorien, Pflegeheime ohne medizinisch-technische Ausrüstung, Hilfskrankenhäuser;
• Ausstellungsgebäude, Lichtspielhäuser, Turn- und Sportgebäude sowie -anlagen, soweit nicht in Honorarzone II oder IV erwähnt;

3.1.4. Honorarzone IV:
- Wohnungshäuser mit überdurchschnittlicher Ausstattung, Terrassen- und Hügelhäuser, planungsaufwendige Einfamilienhäuser mit entsprechendem Ausbau und Hausgruppen in planungsaufwendiger verdichteter Bauweise auf kleineren Grundstücken, Heime mit zusätzlichen medizinisch-technischen Einrichtungen, Zentralwerkstätten, Brauereien, Produktionsgebäude der Automobilindustrie, Kraftwerksgebäude, Schulen, ausgenommen Grundschulen;
- Bildungszentren, Volkshochschulen, Fachhochschulen, Hochschulen, Universitäten, Akademien, Hörsaalgebäude, Laborgebäude, Bibliotheken und Archive, Institutsgebäude für Lehre und Forschung, soweit nicht in Honorarzone V erwähnt, landwirtschaftliche Gebäude mit überdurchschnittlicher Ausstattung, Großküchen, Hotels, Banken, Kaufhäuser, Rathäuser, Parlaments- und Gerichtsgebäude sowie sonstige Gebäude für die Verwaltung mit überdurchschnittlicher Ausstattung, Krankenhäuser der Versorgungsstufe I und II, Fachkrankenhäuser, Krankenhäuser besonderer Zweckbestimmung, Therapie- und Rehabilitationseinrichtungen, Gebäude für Erholung, Kur und Genesung, Kirchen, Konzerthallen, Museen, Studiobühnen, Mehrzweckhallen für religiöse, kulturelle oder sportliche Zwecke;
- Hallenschwimmbäder, Sportleistungszentren, Großsportstätten;

3.1.5. Honorarzone V:
- Krankenhäuser der Versorgungsstufe III, Universitätskliniken;
- Stahlwerksgebäude, Sintergebäude, Kokereien, Studios für Rundfunk, Fernsehen und Theater, Konzertgebäude, Theaterbauten, Kulissengebäude, Gebäude für die wissenschaftliche Forschung (experimentelle Fachrichtungen).

Auszug 9, Objektliste gem. Anlage 3 zu § 5 Abs. 4 Satz 2, 3.3 Raumbildende Ausbauten

3.3.1. Honorarzone I:
- Innere Verkehrsflächen, offene Pausen-, Spiel- und Liegehallen, einfachste Innenräume für vorübergehende Nutzung;

3.3.2. Honorarzone II:
- Einfache Wohn- Aufenthalts- und Büroräume, Werkstätten;
- Verkaufslager, Nebenräume in Sportanlagen, einfache Verkaufskioske, Innenräume, die unter Verwendung von serienmäßig hergestellten Möbeln und Ausstattungsgegenständen einfacher Qualität gestaltet werden;

3.3.3. Honorarzone III:
- Aufenthalts-, Büro, Freizeit-, Gaststätten-, Gruppen-, Wohn-, Sozial-, Versammlungs- und Verkaufsräume, Kantinen sowie Hotel-, Kranken-, Klassenzimmer und Bäder mit durchschnittlichem Ausbau, durchschnittlicher Ausstattung oder durchschnittlicher technischer Einrichtung, Messestände bei Verwendung von System- oder Modulbauteilen, Innenräume mit durchschnittlicher Gestaltung, die zum überwiegenden Teil unter Verwendung von serienmäßig hergestellten Möbeln und Ausstattungsgegenständen gestaltet werden;

3.3.4. Honorarzone IV:
- Wohn-, Aufenthalts-, Behandlungs-, Verkaufs-, Arbeits-, Bibliotheks-, Sitzungs-, Gesellschafts-, Gaststätten-, Vortragsräume, Hörsäle, Ausstellungen, Messestände, Fachgeschäfte soweit nicht in Honorarzone II oder III erwähnt, Empfangs- und Schalterhallen mit überdurchschnittlichem Ausbau, gehobener Ausstattung oder überdurchschnittlichen technischen Einrichtungen, z.B. in Krankenhäusern, Hotels, Banken, Kaufhäusern, Einkaufszentren oder Rathäusern, Parlaments- und Gerichtssäle, Mehrzweckhallen für religiöse, kulturelle oder sportliche Zwecke, Raumbildende Ausbauten von Schwimmbädern und Wirtschaftsküchen;
- Kirchen, Innenräume mit überdurchschnittlicher Gestaltung unter Mitverwendung von serienmäßig hergestellten Möbeln und Ausstattungsgegenstände gehobener Qualität;

3.3.5. Honorarzone V:
- Konzert- und Theatersäle;
- Studioräume für Rundfunk, Fernsehen und Theater;
- Geschäfts- und Versammlungsräume mit anspruchsvollem Ausbau, aufwendiger Ausstattung oder sehr hohen technischen Ansprüchen, Innenräume der Repräsentationsbereiche mit anspruchsvollem Ausbau, aufwendiger Ausstattung oder mit besonderen Anforderungen an die technischen Einrichtungen.

Anmerkung: Für den Bereich Fachplanung/Tragwerksplanung liegen keine getrennten Objektlisten vor. Die in Auszug 8 und 9 dargestellten Objektlisten gelten sinngemäß.

Honorargrundlage

4.5 Honorarermittlung

Die **Honorarbeträge** einer jeweils vollständigen Planungsbearbeitung (alle Leistungsphasen eines Leistungsbildes gem. § 33 bzw. § 49) sind, stufenweise und nach den *Honorarzonen I - V* gegliedert, in den *Honorartafeln* der HOAI abgebildet.

Im Bereich der Planung von Gebäuden und raumbildenden Ausbauten sind *anrechenbare Kosten* zwischen 25.565,– € und 25.564.594,– € ausgewiesen (Honorartafel zu § 34 Abs. 1).

Auszug 10, Beispiel Honorartafel zu § 34 Abs. 1 HOAI, Gebäude und raumbildende Ausbauten

Anrechenbare Kosten Euro	Honorarzone I		Honorarzone II		Honorarzone III		Honorarzone IV		Honorarzone V	
	von	bis	von	bis	von	bis	vom	bis	von	bis
	Euro		Euro		Euro		Euro		Euro	
25.565	2.182	2.654	2.654	3.290	3.290	4.241	4.241	4.876	4.876	5.348
30.000	2.558	3.109	3.109	3.847	3.847	4.948	4.948	5.686	5.686	6.237
35.000	2.991	3.629	3.629	4.483	4.483	5.760	5.760	6.613	6.613	7.252
40.000	3.411	4.138	4.138	5.112	5.112	6.565	6.565	7.538	7.538	8.264
45.000	3.843	4.657	4.657	5.743	5.743	7.372	7.372	8.458	8.458	9.272
50.000	4.269	5.167	5.167	6.358	6.358	8.154	8.154	9.346	9.346	10.243
100.000	8.531	10.206	10.206	12.442	12.442	15.796	15.796	18.032	18.032	19.708
150.000	12.799	15.128	15.128	18.236	18.236	22.900	22.900	26.008	26.008	28.337
200.000	17.061	19.927	19.927	23.745	23.745	29.471	29.471	33.289	33.289	36.155
250.000	21.324	24.622	24.622	29.018	29.018	35.610	35.610	40.006	40.006	43.305
300.000	24.732	28.581	28.581	33.715	33.715	41.407	41.407	46.540	46.540	50.389
350.000	27.566	32.044	32.044	38.017	38.017	46.970	46.970	52.944	52.944	57.421
400.000	29.999	35.114	35.114	41.940	41.940	52.175	52.175	59.001	59.001	64.116
450.000	32.058	37.820	37.820	45.498	45.498	57.024	57.024	64.702	64.702	70.465
500.000	33.738	40.137	40.137	48.667	48.667	61.464	61.464	69.994	69.994	76.392
1.000.000	60.822	72.089	72.089	87.112	87.112	109.650	109.650	124.674	124.674	135.940
1.500.000	88.184	104.284	104.284	125.749	125.749	157.951	157.951	179.416	179.416	195.516
2.000.000	115.506	136.436	136.436	164.341	164.341	206.201	206.201	234.105	234.105	255.036
2.500.000	142.830	168.598	168.598	202.953	202.953	254.487	254.487	288.842	288.842	314.607
3.000.000	171.226	200.401	200.401	239.295	239.295	297.639	297.639	336.534	336.534	365.708
3.500.000	199.766	232.158	232.158	275.353	275.353	340.143	340.143	383.337	383.337	415.731
4.000.000	228.305	263.920	263.920	311.411	311.411	382.642	382.642	430.133	430.133	465.748
4.500.000	256.840	295.678	295.678	347.465	347.465	425.145	425.145	476.931	476.931	515.769
5.000.000	285.379	327.439	327.439	383.522	383.522	467.649	467.649	523.731	523.731	565.792
10.000.000	570.757	648.805	648.805	752.869	752.869	908.967	908.967	1.013.031	1.013.031	1.091.079
15.000.000	856.136	964.745	964.745	1.109.559	1.109.559	1.326.782	1.326.782	1.471.595	1.471.595	1.580.205
20.000.000	1.141.514	1.275.044	1.275.044	1.453.088	1.453.088	1.720.148	1.720.148	1.898.192	1.898.192	2.031.722
25.000.000	1.426.893	1.586.268	1.586.268	1.798.766	1.798.766	2.117.513	2.117.513	2.330.011	2.330.011	2.489.383
25.564.594	1.459.117	1.621.426	1.621.426	1.837.835	1.837.835	2.162.447	2.162.447	2.378.856	2.378.856	2.541.160

Für anrechenbare Kosten über oder unter den zuvor genannten Summen der Honorartafeln können die Honorare gem. § 7 (1) HOAI frei vereinbart werden. Ändert sich der beauftragte Leistungsumfang auf Veranlassung des Auftraggebers während der Vertragslaufzeit mit der Folge von **Änderungen der anrechenbaren Kosten**, so ist gem. § 7 Abs. 5 die dem Honorar zugrunde liegende Vereinbarung schriftlich anzupassen.

Neben der Honorarvereinbarung auf Grundlage der Honorartafeln können **abweichende Honorarberechnungen** vorgenommen werden, die in §§ 8 und 9 HOAI *Berechnung des Honorars in besonderen Fällen* und *Berechnung des Honorars bei Beauftragung von Einzelleistungen* b*e*schrieben sind (s. Abschn. 5.2).

Im Bereich der Objektplanung gelten weiterhin besondere Regelungen für **Mehrere Vorentwurfs- oder Entwurfsplanungen** (§ 10 HOAI) sowie für **Aufträge für mehrere Gebäude** (§ 11 HOAI*)*.

Für Leistungen bei **Umbauten** und **Modernisierungen** kann für ein Objekt gem. § 35 HOAI Abs. 1 ein Zuschlag bis zu 80 % vereinbart werden. Sofern hier keine schriftliche Vereinbarung vorliegt, fällt für Leistungen ab der Honorarzone II ein Zuschlag von 20 % an.

Für Leistungen bei **Instandhaltungen** und **Instandsetzungen** kann gem. § 36 Abs. 1 HOAI vereinbart werden, den Prozentsatz für die Bauüberwachung um bis zu 50 % zu erhöhen.

5.59

5 Honoraranspruch

5.1 Vertrag

Zwischen Auftraggeber und Auftragnehmer kommt für Planungsleistungen in der Regel ein **Werkvertrag** (Schuldung eines Erfolges) gem. § 631 BGB zustande, in dem die HOAI als Rechtsverordnung angewendet werden muss.

5.2 Beauftragung

Gem. § 7 HOAI Abs. 1 ff richtet sich das Honorar nach der schriftlichen Vereinbarung, die die Vertragsparteien bei **Auftragserteilung** im Rahmen der durch diese Verordnung festgesetzten Mindest- und Höchstsätze treffen; die Mindestsätze können durch schriftliche Vereinbarung in Ausnahmefällen unterschritten, die festgesetzten Höchstsätze nur bei außergewöhnlichen oder ungewöhnlich lange dauernden Leistungen durch schriftliche Vereinbarungen überschritten werden. Die Mindestsätze für beauftragte und bearbeitete Leistungsphasen von Grundleistungen in der zugrunde zu legenden Honorarzone gelten als vereinbart, wenn keine anders lautende schriftliche Vereinbarung zwischen Auftraggeber und Planer vorliegt. Über die Grundleistungen hinaus gehende sog. Besondere Leistungen sind eigens zu vereinbaren.

5.3 Vergütung

Der Zeitpunkt der Teil- oder Gesamtvergütung von Planungsleistungen richtet sich nach § 15 der HOAI, *Zahlungen*: Das Honorar wird – sofern keine andere Zahlungsweise schriftlich vereinbart wurde – fällig, wenn die L*eistung vertragsgemäß erbracht* und *eine prüffähige Honorarschlussrechnung* überreicht worden ist. **Abschlagszahlungen** können vom Auftragnehmer zu den vereinbarten Zeitpunkten oder für nachweislich erbrachte Teilleistungen (z. B. Abschluss einzelner oder mehrerer Leistungsphasen gem. Leistungsbild, s. Abschn. 3.2) in angemessenen zeitlichen Abständen gefordert werden. Gem. § 16 HOAI hat der Auftragnehmer dabei Anspruch auf Ersatz der gesetzlich geschuldeten **Umsatzsteuer**, seiner abrechenbaren Leistungen.

Die bei der Ausführung eines Planungsauftrages entstehenden **Nebenkosten** können gem. § 14 HOAI, abzüglich der nach § 15 Abs. 1 des Umsatzsteuergesetzes abziehbaren Vorsteuern, zusätzlich zu den Honorarsätzen berechnet werden, sofern nichts anderes schriftlich vereinbart wurde. **Auslagen** gehören gem. § 16 Abs. 2 HOAI hingegen nicht zum Entgeld für die Leistung des Auftragnehmers. Sie sind als durchlaufender Posten im umsatzsteuerrechtlichen Sinn einschließlich einer ggf. enthaltenen Umsatzsteuer weiter zu berechnen.

5E Architektenrecht

Vertragsrecht und Haftungsfragen

Dr. Tassilo Eichberger[1]

Inhaltsverzeichnis

		Seite
1	**Rechtsnatur des Architektenvertrages**	5.62
2	**Besondere Vertragstypen**	5.62
2.1	Vor-/Rahmen-/Kooperationsverträge	5.62
2.2	Option und gestufte Beauftragung	5.62
2.3	Generalplanervertrag	5.63
3	**Vertragsschluss und Leistungsumfang**	5.63
3.1	Grundsatz der Formfreiheit und Ausnahmen	5.63
3.2	Unwirksamkeit	5.65
3.3	Leistungsumfang	5.65
4	**Vollmacht des Architekten**	5.67
4.1	Rechtsgeschäftliche Vollmacht	5.67
4.2	Rechtsscheinsvollmachten	5.67
4.3	Rechtsfolgen vollmachtlosen Handelns	5.68
5	**Architektenverträge und Allgemeine Geschäftsbedingungen**	5.68
5.1	Begriff der Allgemeinen Geschäftsbedingungen	5.68
5.2	Kontrolle Allgemeiner Geschäftsbedingungen	5.68
5.3	Einzelfälle	5.69
6	**Vertragsbeendigung**	5.69
6.1	Kündigung des Bauherrn	5.70
6.2	Kündigung des Architekten	5.71
7	**Die Haftung des Architekten**	5.72
7.1	Grundlagen	5.72
7.2	Planungsfehler	5.72
7.3	Koordinierungsfehler	5.75
7.4	Überwachungsfehler	5.75
7.5	Fehler im wirtschaftlichen Bereich	5.80
7.6	Folgen einer Pflichtverletzung des Architekten	5.85

Seiten 5.62 bis 5.87 befinden sich auf beiliegender CD.

---

[1] Der Autor ist Rechtsanwalt bei Norton Rose LLP, München.

Michel-Quapp

Öffentliches Baurecht von A–Z

2009. 288 Seiten.
17 x 24 cm. Kartoniert.
ISBN 978-3-89932-216-3
EUR 35,–

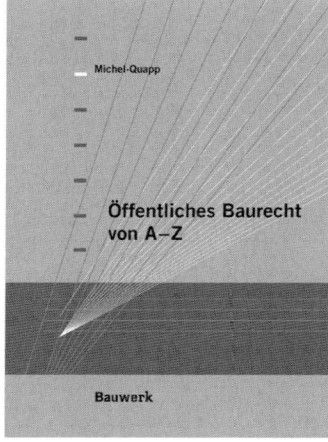

Autorin:
Assessorin iur. Ulrike Michel-Quapp
ist Dekanatsrätin am Fachbereich Bauwesen der HTWK Leipzig Als selbständige Rechtsanwältin war sie mehrere Jahre u.a. auf dem Gebiet des Baurechts tätig.

Dieses Buch bietet, sortiert nach Stichworten, einen Überblick über das gesamte Öffentliche Baurecht. Es ermöglicht das gezielte Auffinden von Begriffen rund um das Öffentliche Baurecht nebst Angabe der einschlägigen gesetzlichen Vorschriften. Da das Bauordnungsrecht Landesrecht ist, erfolgt die Angabe der Fundstellen im Gesetz für die Bauordnungen aller Bundesländer, was das Fachbuch für Ingenieure und Architekten deutschlandweit nutzbar macht. Einer Einführung in die spezielle Problematik des Begriffes folgt, soweit es sich anbietet, ein praktisches Beispiel bzw. die Darstellung einer aktuellen Entscheidung zum Themengebiet.

Bauwerk www.bauwerk-verlag.de

5F Öffentliches Baurecht

RA Dr. iur. Roman J. Brauner, RA Dr. iur. Bernd H. Uhlenhut

Inhaltsverzeichnis

		Seite
1	**Einführung**	5.90
2	**Bauplanungsrecht**	5.92
2.1	Einleitung	5.92
2.2	Bauplanungsrechtliche Zulässigkeit von Bauvorhaben	5.93
2.3	Bauleitplanung	5.96
3	**Bauordnungsrecht**	5.98
3.1	Einleitung	5.98
3.2	Präventives Bauordnungsrecht	5.99
3.3	Repressives Bauordnungsrecht	5.100
3.4	Materielles Bauordnungsrecht	5.102
4	**Nachbarschutz**	5.103

Seiten 5.90 bis 5.104 befinden sich auf beiliegender CD.

Holschemacher / Klug

Lastannahmen nach neuen Normen
Grundlagen, Erläuterungen, Praxisbeispiele

Einwirkungen auf Tragwerke aus:
Eigen- und Nutzlasten,
Wind- und Schneelasten, Erdbebenlasten

2. Auflage.
I. Quartal 2010. Etwa 250 Seiten.
17 x 24 cm. Kartoniert.
ISBN 978-3-89932-232-3
Etwa EUR 40,–

Aus dem Inhalt
- Grundlagen des Sicherheitskonzeptes nach DIN 1055-100
- Eigenlasten von Baustoffen, Bauteilen und Lagerstoffen nach DIN 1055-1
- Nutzlasten für Hochbauten nach DIN 1055-3
- Windlasten nach DIN 1055-4
- Schnee- und Eislasten nach DIN 1055-5
- Einwirkungen aus Erdbeben nach DIN 4149
- Komplexbeispiel

Autoren:
Prof. Dr.-Ing. Klaus Holschemacher lehrt Stahlbetonbau an der HTWK Leipzig.
Dipl.-Ing. (FH) Yvette Klug ist wissenschaftliche Mitarbeiterin am Fachbereich Bauwesen der HTWK Leipzig.
Dr. Eddy Widjaja ist Oberingenieur am Institut für Tragwerksentwurf und -konstruktion der TU Berlin.

Bauwerk www.bauwerk-verlag.de

6 Lastannahmen

		Seite
6A	Lastannahmen nach DIN 1055 neu	6.1
6B	Lastannahmen nach DIN 1055 alt (siehe beiliegende CD)	6.47

6A Lastannahmen nach DIN 1055 neu

Prof. Dr.-Ing. Klaus Holschemacher

Inhaltsverzeichnis

		Seite
1	**Allgemeines**	6.2
2	**Sicherheitskonzept nach DIN 1055-100 (03.2001)**	6.4
2.1	Allgemeines	6.4
2.2	Grundlegende Begriffe	6.4
2.3	Einwirkungen	6.5
2.4	Geometrische Größen	6.7
2.5	Baustoff- und Produkteigenschaften	6.7
2.6	Bemessungswerte der Beanspruchungen	6.7
2.7	Bemessungswert des Tragwiderstandes	6.7
2.8	Grenzzustände der Tragfähigkeit (GZT)	6.7
2.9	Grenzzustände der Gebrauchstauglichkeit (GZG)	6.10
2.10	Vereinfachte Kombinationsregeln für Hochbauten	6.12
3	**Eigenlasten von Baustoffen, Bauteilen und Lagerstoffen nach DIN 1055-1 (06.2002)**	6.15
3.1	Allgemeines	6.15
3.2	Wichten und Flächenlasten von Baustoffen und Bauteilen	6.15
3.3	Wichten und Böschungswinkel von Lagerstoffen	6.20
4	**Nutzlasten nach DIN 1055-3 (03.2006)**	6.26
4.1	Lotrechte Nutzlasten	6.26
4.2	Horizontale Nutzlasten	6.32
5	**Windlasten nach DIN 1055-4 (03.2005)**	6.32
5.1	Allgemeines	6.32
5.2	Ermittlung des Geschwindigkeitsdrucks	6.32
5.3	Angrenzung zwischen schwingungsanfälligen und nicht schwingungsanfälligen Bauwerken	6.34
5.4	Winddruck für nicht schwingungsanfällige Bauteile	6.34
5.5	Windkräfte für nicht schwingungsanfällige Bauwerke	6.40
6	**Schnee- und Eislasten nach DIN 1055-5 (07.2005)**	6.41
6.1	Geltungsbereich	6.41
6.2	Schneelast auf dem Boden	6.41
6.3	Schneelast auf dem Dach	6.42
6.4	Schneeanhäufungen	6.44

1 Allgemeines

Die Sicherheit von Bauwerken wird maßgeblich von der richtigen Einschätzung der auf eine Tragkonstruktion einwirkenden Beanspruchungen beeinflusst. Insofern kommt DIN 1055 „Einwirkungen auf Tragwerke" eine zentrale Bedeutung in der Tragwerksplanung zu, da in dieser Norm sowohl das Sicherheitskonzept als auch die charakteristischen Werte der wichtigsten Einwirkungen geregelt sind. Im Zuge der fortschreitenden europäischen Normung, aber auch wegen der teilweise nicht mehr dem Stand der Technik entsprechenden Reglungen war es erforderlich, die einzelnen Teile der DIN 1055 komplett zu überarbeiten. Während dieses Prozesses, der sich über mehrere Jahre hinzog, wurden zunächst DIN 1055 Teil 1 und Teil 100 neu herausgegeben und im Jahr 2002 bauaufsichtlich eingeführt. Ende 2006/Anfang 2007 folgten die Teile 3 bis 6 und Teil 9; dagegen erfolgte die bauaufsichtliche Einführung der Teile 2 und 10 der DIN 1055 neu bis zum jetzigen Zeitpunkt noch nicht. In diesem Zusammenhang wird darauf hingewiesen, dass die Einführung der neuen Normenteile in den einzelnen Bundesländern ohne Übergangsfrist erfolgt, was bedeutet, dass es keine Phase gibt, in der DIN 1055 alt und DIN 1055 neu parallel angewendet werden können.

Die Umsetzung der in DIN 1055 neu enthaltenen Regelungen bereiten der Baupraxis einige Schwierigkeiten, die verschiedene Ursachen haben. Um ein gegenüber der Vergangenheit gleichmäßigeres Sicherheitsniveau zu erreichen, war es erforderlich, den Umfang der normativen Regelungen drastisch zu vergrößern, was einen erheblichen Einarbeitungsaufwand mit sich bringt. Darüber hinaus waren einzelne Teile der DIN 1055 neu mit einer Reihe von Fehlern behaftet, so dass bereits nach kurzer Zeit – noch vor der bauaufsichtlichen Einführung dieser Normenteile – Neuausgaben bzw. Berichtigungen erforderlich wurden. Weiterhin erschweren unscharfe Formulierungen den Umgang mit der Einwirkungsnorm; Abhilfe können hier vielfach Auslegungsforen schaffen, siehe z.B. www.nabau.din.de.

In DIN 1055 neu ist, entsprechend den Vorgaben der europäischen Normung, das Sicherheitskonzept mit Teilsicherheitsbeiwerten konsequent umgesetzt worden. Allerdings werden in DIN 1055 neu nicht alle Einwirkungen behandelt, die bei der rechnerischen Nachweisführung von Bauteilen eine Rolle spielen können. Daher müssen gegebenenfalls bei bestimmten Bauwerken (z.B. Brücken, siehe DIN Fachbericht 101) oder bei besonderen Einwirkungen (z.B. Erdbeben, siehe DIN 4149) zusätzliche Festlegungen berücksichtigt werden.

Es ist damit zu rechnen, dass DIN 1055 neu bereits in wenigen Jahren (voraussichtlich Anfang 2012) durch die europäischen Einwirkungsnormen abgelöst wird. Der mit der erneuten Normenumstellung zu erwartende Aufwand wird sich jedoch in einem erträglichen Umfang halten, da die einzelnen Teile der DIN 1055 neu bereits weitgehend an die Euronormen angepasst worden sind.

Die DIN 1055 neu besteht aus insgesamt 11 Teilen, von denen gegenwärtig nicht alle zur bauaufsichtlichen Einführung vorgesehen sind. In Tafel 6.3 wird ein Überblick zu der Strukturierung der DIN 1055, dem Stand der bauaufsichtlichen Einführung sowie den entsprechenden europäischen Normen gegeben.

In diesem Zusammenhang ist zu beachten, dass die bauaufsichtliche Einführung einer Norm und die Bekanntmachung der Aufnahme der Norm in die *Liste der Technischen Baubestimmungen* durch die jeweiligen Bundesländer erfolgt. Es kann durchaus vorkommen, dass die Einführung einer Norm in den einzelnen Bundesländern zu verschiedenen Zeitpunkten erfolgt. Im Zweifelsfall empfiehlt sich eine Nachfrage bei den zuständigen Bauaufsichtsbehörden.

Allgemeines

Tafel 6.3: Übersicht zu DIN 1055 neu

Normenteil	Bezeichnung	Ausgabe	Stand der bauaufsichtlichen Einführung	Entsprechende europäische Norm
Teil 100	Grundlagen der Tragwerksplanung, Sicherheitskonzept und Bemessungsregeln	03.2001	eingeführt	DIN EN 1990
Teil 1	Wichte und Flächenlasten von Baustoffen, Bauteilen und Lagerstoffen	06.2002	eingeführt	DIN EN 1991-1-1
Teil 2	Bodenkenngrößen	01.2007	Entwurf	-
Teil 3	Eigen- und Nutzlasten für Hochbauten	03.2006	eingeführt	DIN EN 1991-2-1
Teil 4	Windlasten	03.2005 Berichtig. 03.2006	eingeführt	DIN EN 1991-1-4
Teil 5	Schnee- und Eislasten	07.2005	eingeführt	DIN EN 1991-1-3
Teil 6	Einwirkungen auf Silos und Flüssigkeitsbehälter	03.2005 Berichtig. 02.2006	eingeführt	DIN EN 1991-4
Teil 7	Temperatureinwirkungen	11.2002	keine Einführung vorgesehen, da von bauaufsichtlich untergeordneter Bedeutung	DIN EN 1991-1-5
Teil 8	Einwirkungen während der Bauausführung	01.2003	keine Einführung vorgesehen, da von bauaufsichtlich untergeordneter Bedeutung	DIN EN 1991-1-6
Teil 9	Außergewöhnliche Einwirkungen	08.2003	eingeführt	DIN EN 1991-1-7
Teil 10	Einwirkungen infolge Krane und Maschinen	07.2004	Einführung zurückgestellt bis neue Bemessungsnormen für Kranbahnen vorliegen	DIN EN 1991-3

2 Sicherheitskonzept nach DIN 1055-100 (03.2001)

2.1 Allgemeines

Grundlagen

DIN 1055-100 (03.2001) enthält die grundlegenden bauartübergreifenden Regelungen für die Tragwerksplanung von Bauwerken, die die Anforderungen an Tragwerke und das damit zusammenhängende Sicherheitskonzept betreffen. Darüber hinausgehende Festlegungen sind in den einzelnen bauartspezifischen Normen enthalten.

Das Sicherheitskonzept basiert auf der Anwendung der Methode der Teilsicherheitsbeiwerte in einzelnen Grenzzuständen. Dabei werden unterschieden:
- Grenzzustände der Tragfähigkeit (GZT, englisch: ULS – ultimate limit state),
- Grenzzustände der Gebrauchstauglichkeit (GZG, englisch: SLS – serviceability limit state),
- Anforderungen zur Gewährleistung der Dauerhaftigkeit.

DIN 1055-100 wurde auf der Grundlage der europäischen Vornorm ENV 1991-1 erarbeitet. Letztere ist inzwischen in die europäische Norm EN 1990 überführt worden, welche zukünftig als DIN EN 1990 die gegenwärtig gültige DIN 1055-100 ersetzen soll.

Geltungsbereich

Die in DIN 1055-100 angegebenen Regelungen sind für Hoch- und Ingenieurbauwerke einschließlich deren Gründung in allen maßgebenden Bemessungssituationen (einschließlich Brand und Erdbeben) anzuwenden. Dies gilt auch für die Tragwerksplanung in Bauzuständen und Tragwerke mit befristeter Standzeit, sowie – sofern dafür geeignete Regeln in Übereinstimmung mit dem Sicherheitskonzept zur Verfügung stehen – für die Planung von Verstärkungs-, Instandsetzungs- oder Umbaumaßnahmen.

Sind bei speziellen Bauwerken besondere Sicherheitsanforderungen zu erfüllen (z.B. Kernkraftwerke), reichen die in DIN 1055-100 getroffenen Festlegungen unter Umständen nicht aus, um das notwendige Sicherheitsniveau zu gewährleisten. In derartigen Fällen sind erweiterte, auf die konkreten Sicherheitsbedürfnisse bezogene Nachweisverfahren anzuwenden.

DIN 1055-100 enthält keine Anforderungen an Qualitätssicherungsmaßnahmen. Es gelten jedoch folgende Annahmen/Voraussetzungen, die auch als Maßnahmen zur Vermeidung menschlicher Fehlhaltungen betrachtet werden können:
- die Tragwerksplanung und die Bauausführung erfolgen durch qualifiziertes und erfahrenes Personal,
- unabhängige Prüfung der Tragwerksplanung, Ausnahmen sind gesetzlich zu regeln,
- Durchführung einer sachgerechten Überwachung und Qualitätskontrolle in Herstellwerken, Produktionsstätten und auf der Baustelle,
- Nutzung der Tragwerke entsprechend der Planungsannahmen,
- sachgerechte Instandsetzung der Tragwerke,
- Erfüllung der in den Bauart- und Ausführungsnormen an die Baustoffe gestellten Anforderungen.

2.2 Grundlegende Begriffe

Nachfolgend werden einige Begriffe definiert bzw. erläutert, die die Voraussetzung für das Verständnis der in DIN 1055-100 formulierten Regelungen darstellen.

Prinzip	Angabe bzw. allgemeine Festlegung, die in jedem Fall einzuhalten ist, sowie Anforderungen und Rechenmodelle, von denen keine Abweichungen erlaubt sind.
Anwendungsregel	Allgemein anerkannte Regel, die die Anforderungen des Prinzips erfüllt. Abweichungen sind nur zulässig, wenn sie den maßgebenden Prinzipien folgen. Anwendungsregeln sind in den DIN-Normen kursiv gedruckt.

Sicherheitskonzept nach DIN 1055-100 (03.2001)

Bauart	Zuordnung zum überwiegend verwendeten Baustoff (z.B. Holzbau).
Gebäude	Überdeckte bauliche Anlage, die selbständig benutzbar ist, von Menschen betreten werden kann und für den Schutz von Menschen, Tieren oder Sachen geeignet oder bestimmt ist.
Hochbau	Gebäude mit überwiegend oberirdischer Ausdehnung, z.B. für Wohn-, Büro-, Verkaufs-, Parkzwecke oder öffentliche Nutzung (z.B. Schulen, Krankenhäuser).
Tragwerk	Miteinander verbundene tragende und aussteifende Bauteile, die ein bestimmtes Maß an Tragwiderstand aufweisen.
Tragsystem	Gesamtheit der tragenden Bauteile eines Tragwerks, einschließlich der Art und Weise ihres Zusammenwirkens.
Tragwerksmodell	Idealisierung des Tragsystems für die Nachweisführung.
Grenzzustand	Zustand des Tragwerks, bei dessen Einhaltung die dem Tragwerksentwurf zugrunde liegenden Anforderungen gerade noch erfüllt sind. Es werden Grenzzustände der Tragfähigkeit und Grenzzustände der Gebrauchstauglichkeit unterschieden.
Bemessungssituation	Für den Nachweis der Einhaltung eines Grenzzustandes vorliegende Bedingungen des Tragwerks (maßgebende Lastfälle, Umweltbedingungen usw.). Es werden vorübergehende, ständige und außergewöhnliche Bemessungssituationen unterschieden.
Einwirkung	Auf das Tragwerk einwirkende Kraft- oder Verformungsgrößen.
Auswirkung	Folge einer Einwirkung (z.B. Schnittgröße, Verformung, Rissbreite)
Beanspruchung	Folge gleichzeitig zu betrachtender Einwirkungen bzw. einer Einwirkungskombination (z.B. Schnittgröße, Verformung, Rissbreite).
Tragwiderstand	Mechanische Eigenschaft eines Tragwerks, Bauteils oder Bauteilquerschnitts, bestimmten Beanspruchungen zu widerstehen. Der Tragwiderstand wird durch die verwendeten Baustoffe, deren Anordnung und Verbindung im Bauteil sowie durch die Bauteilabmessungen bestimmt.
Duktilität	Verformungsvermögen von Bauteilbereichen aufgrund einer ausreichenden Verformungskapazität.

2.3 Einwirkungen

Ein Tragwerk kann mechanischen, chemischen, biologischen, thermischen und elektromagnetischen Einflüssen ausgesetzt sein. Daraus resultierende, auf das Tragwerk einwirkende Kraft- oder Verformungsgrößen werden als „Einwirkungen" bezeichnet. Grundsätzlich können die Einwirkungen F unterteilt werden in:

- ständige Einwirkungen G (Konstruktionseigengewicht, Ausbaulast, Vorspannung),
- veränderliche Einwirkungen Q (Nutzlasten, Wind- und Schneelasten, Temperatureinwirkungen, Erd- und Wasserdruck, Baugrundsetzung),
- außergewöhnliche Einwirkungen A (Anpralllasten, Explosionslasten),
- Einwirkungen infolge von Erdbeben A_E.

Die charakteristischen Werte der Einwirkungen können den einzelnen Teilen der Normenreihe DIN 1055 oder anderen Vorschriften entnommen werden. Die charakteristischen Werte der ständigen Einwirkungen werden in der Regel als Mittelwert angegeben, lediglich bei Variationskoeffizienten $V_G > 0,1$ werden 95%-Quantile $G_{k,sup}$ und 5%-Quantile $G_{k,inf}$ festgelegt.

Für veränderliche Einwirkungen wird der charakteristische Wert im Allgemeinen als 98%-Quantilwert mit der Bezugsdauer von einem Jahr festgelegt. Dies entspricht auch einem Wert, der im Durchschnitt einmal in 50 Jahren erreicht oder überschritten wird.

6A Lastannahmen nach DIN 1055 neu

Veränderliche Einwirkungen werden hinsichtlich der Häufigkeit ihres Auftretens in verschiedene repräsentative Werte unterschieden, siehe Tafel 6.6a. Hinsichtlich der Größe der in diesem Zusammenhang anzusetzenden Kombinationsbeiwerte ψ_i gilt:

- Beiwert ψ_0: Bei Verwendung des Kombinationswertes $\psi_0 \cdot Q_k$ wird die angestrebte Zuverlässigkeit des Tragwerks nicht unterschritten.
- Beiwert ψ_1: Der häufige Wert $\psi_1 \cdot Q_k$ wird so festgelegt, dass die Überschreitungshäufigkeit auf 300 mal pro Jahr oder die Überschreitungsdauer auf 5% begrenzt wird.
- Beiwert ψ_2: Der quasi-ständige Wert $\psi_2 \cdot Q_k$ entspricht dem zeitlichen Mittelwert, der eine Überschreitungsdauer von 50% des Bezugszeitraums aufweist.

Kombinationsbeiwerte für Hochbauten sind in DIN 1055-100, Anhang A angegeben, siehe dazu Tafel 6.6b.

Tafel 6.6a: Für die Nachweisführung maßgebliche Einwirkungswerte

Charakteristische Werte der Einwirkungen F_k	– werden in den entsprechenden Normen der DIN 1055 oder anderen Normen, die Angaben zu Einwirkungen enthalten, angegeben – bei ständigen Einwirkungen Angabe eines einzigen Wertes (G_k) oder des unteren ($G_{k,inf}$) und oberen Grenzwertes ($G_{k,sup}$)
Repräsentative Werte veränderlicher Einwirkungen Q_{rep}	Es werden folgende repräsentative Werte unterschieden: – charakteristischer Wert Q_k – Kombinationswert $\psi_0 \cdot Q_k$ – häufiger Wert $\psi_1 \cdot Q_k$ – quasi-ständiger Wert $\psi_2 \cdot Q_k$
Bemessungswerte der Einwirkungen $F_d = \gamma_F \cdot F_k$ bzw. $Q_d = \gamma_Q \cdot Q_{rep} = \gamma_Q \cdot \psi_i \cdot Q_k$	– ergeben sich durch die Multiplikation des charakteristischen Wertes F_k mit dem zugehörigen Teilsicherheitsbeiwert γ_F, – bei veränderlichen Einwirkungen durch die Multiplikation des repräsentativen Wertes Q_{rep} mit dem Teilsicherheitsbeiwert γ_Q – der Teilsicherheitsbeiwert γ_F kann gegebenenfalls mit einem oberen Wert $\gamma_{F,sup}$ und einem unteren Wert $\gamma_{F,inf}$ angegeben werden

Tafel 6.6b: Kombinationsbeiwerte ψ_i für Hochbauten nach DIN 1055-100, Anhang A

Einwirkung	ψ_0	ψ_1	ψ_2
Nutzlasten [a] – Wohn- und Aufenthaltsräume, Büros – Versammlungsräume, Verkaufsräume – Lagerräume	0,7 0,7 1,0	0,5 0,7 0,9	0,3 0,6 0,8
Verkehrslasten – Fahrzeuglast ≤ 30 kN – 30 kN < Fahrzeuglast ≤ 160 kN – Dachlasten	0,7 0,7 0	0,7 0,5 0	0,6 0,3 0
Schnee- und Eislasten – Orte bis NN +1000 m – Orte über NN +1000 m	0,5 0,7	0,2 0,5	0 0,2
Windlasten	0,6	0,2	0
Temperatureinwirkungen (nicht Brand) [b]	0,6	0,5	0
Baugrundsetzungen	1,0	1,0	1,0
Sonstige Einwirkungen [c]	0,8	0,7	0,5

[a] Abminderungsbeiwerte für Nutzlasten in mehrgeschossigen Hochbauten siehe DIN 1055-3.
[b] Siehe DIN 1055-7.
[c] ψ_i-Beiwerte für Flüssigkeitsdruck sind standortbedingt festzulegen.

Sicherheitskonzept nach DIN 1055-100 (03.2001)

2.4 Geometrische Größen

Die charakteristischen Werte a_k und die Bemessungswerte a_d der geometrischen Größen entsprechen im Allgemeinen den bei der Tragwerksplanung als Mittelwerte festgelegten Abmessungen (Nennwerte a_{nom}).

$a_d = a_k = a_{nom}$

Davon abweichende Regelungen können in den bauartspezifischen Bemessungsnormen festgelegt werden.

2.5 Baustoff- und Produkteigenschaften

Für den Bemessungswert X_d einer Baustoff- oder Produkteigenschaft gilt:

$X_d = \eta \cdot X_k / \gamma_M$ bzw. $X_d = X_k / \gamma_M$

X_k charakteristischer Wert der Baustoff- bzw. Produkteigenschaft,
bei Festigkeitswerten in der Regel auf Basis des 5%- bzw. 95%-Quantilwertes,
bei Steifigkeitsgrößen als Mittelwert

η Umrechnungsfaktor, zur Berücksichtigung der Auswirkungen von Lastdauer, Maßstabseffekten, Feuchtigkeits- und Temperaturauswirkungen usw.

γ_M Teilsicherheitsbeiwert für die Baustoff- bzw. Produkteigenschaft

X_k, η und γ_M siehe bauartspezifische Bemessungsnormen

2.6 Bemessungswerte der Beanspruchungen

Bemessungswerte der Beanspruchungen E_d (Schnittgrößen, Dehnungen, Verschiebungen) sind aus den Bemessungswerten der Einwirkungen F_d, der geometrischen Größen a_d und – sofern erforderlich – der Baustoffeigenschaften X_d zu bestimmen:

$E_d = E\left(F_{d,1}, F_{d,2}, \ldots a_{d,1}, a_{d,2}, \ldots X_{d,1}, X_{d,2} \ldots\right)$

Im Fall einer linear-elastischen Berechnung des Tragwerks darf der Bemessungswert der Beanspruchungen E_d durch Überlagerung der Bemessungswerte der voneinander unabhängigen Einwirkungen $E_{Fd,i}$ ermittelt werden:

$E_d = E_{Fd,1}\left(a_{d,1}, a_{d,2}, \ldots X_{d,1}, X_{d,2}, \ldots\right) + E_{Fd,2}\left(a_{d,1}, a_{d,2}, \ldots X_{d,1}, X_{d,2}, \ldots\right) + \ldots$

2.7 Bemessungswert des Tragwiderstandes

Der Bemessungswert des Tragwiderstandes R_d ist entsprechend der Angaben in den einzelnen bauartspezifischen Bemessungsnormen zu bestimmen. Allgemein gilt:

$R_d = R\left(X_{d,1}, X_{d,2}, \ldots a_{d,1}, a_{d,2}, \ldots \right)$ bzw. $R_d = R_k / \gamma_R$

R_d Bemessungswert des Tragwiderstandes
$X_{d,i}$ Bemessungswert der Baustoff- oder Produkteigenschaft i
$a_{d,i}$ Bemessungswert der geometrischen Größe i
R_k charakteristischer Wert des Tragwiderstandes
γ_R Teilsicherheitsbeiwert für den Tragwiderstand

2.8 Grenzzustände der Tragfähigkeit (GZT)

Grenzzustände der Tragfähigkeit sind Zustände, bei deren Überschreitung es rechnerisch zum Einsturz oder ähnlichen Formen des Tragwerksversagens kommt. Dazu gehören:

– Verlust der Lagesicherheit des Tragwerks oder eines seiner Teile (Abheben, Umkippen, Aufschwimmen),
– Versagen des Tragwerks oder eines seiner Teile infolge Bruches, übermäßiger Verformung, Bildung einer kinematischen Kette, Verlustes der Stabilität oder Gleiten,
– Versagen des Tragwerks oder eines seiner Teile durch Materialermüdung oder andere zeitabhängige Auswirkungen.

2.8.1 Nachweisformat

Versagen des Tragwerkes oder eines seiner Teile
(z.B. durch Bruch, übermäßige Verformung, Materialermüdung)

$E_d \leq R_d$

E_d Bemessungswert der Beanspruchung (z.B. Schnittkraft)
R_d Bemessungswert des Tragwiderstandes

Nachweis der Lagesicherheit

Es ist nachzuweisen:

$E_{d,dst} \leq E_{d,stb}$

$E_{d,dst}$ Bemessungswert der Beanspruchungen aus destabilisierenden Einwirkungen
$E_{d,stb}$ Bemessungswert der Beanspruchungen infolge der stabilisierenden Einwirkungen

Für Verankerungen zur Gewährleistung der Lagesicherheit gilt davon abweichend:

$E_{d,dst} - E_{d,stb} \leq R_d$

R_d Bemessungswert des Widerstandes der Verankerung

2.8.2 Kombinationsregeln zur Ermittlung der Beanspruchungen im GZT

Die Ermittlung der Bemessungswerte der Beanspruchungen E_d erfolgt im GZT für folgende Einwirkungskombinationen:

– ständige und vorübergehende Bemessungssituation (Grundkombination), gilt nicht für den Nachweis auf Materialermüdung (siehe dazu bauartspezifische Bemessungsnormen):

$$E_d = E\left\{\sum_{j \geq 1} \gamma_{G,j} \cdot G_{k,j} \oplus \gamma_P \cdot P_k \oplus \gamma_{Q,1} \cdot Q_{k,1} \oplus \sum_{i>1} \gamma_{Q,i} \cdot \psi_{0,i} \cdot Q_{k,i}\right\}$$

– außergewöhnliche Bemessungssituation:

$$E_{dA} = E\left\{\sum_{j \geq 1} \gamma_{GA,j} \cdot G_{k,j} \oplus \gamma_{PA} \cdot P_k \oplus A_d \oplus \psi_{1,1} \cdot Q_{k,1} \oplus \sum_{i>1} \psi_{2,i} \cdot Q_{k,i}\right\}$$

– Bemessungssituation bei Erdbeben:

$$E_{dAE} = E\left\{\sum_{j \geq 1} G_{k,j} \oplus P_k \oplus \gamma_1 \cdot A_{Ed} \oplus \sum_{i \geq 1} \psi_{2,i} \cdot Q_{k,i}\right\}$$

Es bedeuten:

$\oplus$ steht als Symbol für "in Kombination mit ..."
$\gamma_G, \gamma_Q, \gamma_P$ Teilsicherheitsbeiwerte für Einwirkungen nach Taf. 6.9, γ_P siehe DIN 1045-1
γ_{GA}, γ_{PA} Teilsicherheitsbeiwerte für Einwirkungen in der außergewöhnlichen Bemessungssituation, γ_{GA} siehe Tafel 6.9 , γ_{PA} wie γ_P
γ_1 Teilsicherheitsbeiwert für Einwirkungen aus Erdbeben, γ_1 nach DIN 4149
ψ_0, ψ_1, ψ_2 Kombinationsbeiwerte nach Tafel 6.6b
$G_{k,j}, P_k$ charakteristischer Wert der ständigen Einwirkungen / Vorspannung
$Q_{k,1}$ charakteristischer Wert der vorherrschenden unabhängigen veränderlichen Einwirkung
$Q_{k,i}$ charakteristischer Werte der sonstigen unabhängigen veränderlichen Einwirkungen
A_d Bemessungswert einer außergewöhnlichen Einwirkung
A_{Ed} Bemessungswert einer Einwirkung infolge Erdbeben

Als voneinander unabhängig dürfen Einwirkungen nur dann betrachtet werden, wenn sie durch verschiedene Ursachen hervorgerufen werden, bzw. die zwischen ihnen bestehende Korrelation vernachlässigbar ist. Ist nicht von vornherein offensichtlich, welche der unabhängigen verän-

Sicherheitskonzept nach DIN 1055-100 (03.2001)

derlichen Einwirkungen die für den betrachteten Lastfall vorherrschende ist, sollte jede unabhängige veränderliche Einwirkung der Reihe nach als vorherrschend untersucht werden.

Im Fall einer linear-elastischen Berechnung können die Beanspruchungen aus den einzelnen Einwirkungen zunächst getrennt berechnet und anschließend überlagert werden. Bei den auf Seite 6.8 angegebenen Kombinationsregeln dürfen in diesem Fall die Bemessungswerte der unabhängigen Einwirkungen ($G_{k,j}$, P_k, $Q_{k,i}$, A_d, A_{Ed}) durch die zugehörigen Auswirkungen (Schnittgrößen oder Spannungen) $E_{Gk,j}$, E_{Pk}, $E_{Qk,i}$, E_{Ad}, E_{AEd} ersetzt werden. Die vorherrschende veränderliche Auswirkung $E_{Qk,1}$ lässt sich dann für die verschiedenen Kombinationsregeln aus folgenden Bedingungen bestimmen:

– Grundkombination: $\gamma_{Q,1} \cdot (1 - \psi_{0,1}) \cdot E_{Qk,1} = \text{Max.}$
– außergewöhnliche Bemessungssituation: $(\psi_{1,1} - \psi_{2,1}) \cdot E_{Qk,1} = \text{Max.}$

2.8.3 Teilsicherheitsbeiwerte im GZT

Teilsicherheitsbeiwerte für die Ermittlung des Tragwiderstandes

Die für die Ermittlung des Tragwiderstandes erforderlichen Teilsicherheitsbeiwerte sind den bauartspezifischen Bemessungsnormen zu entnehmen.

Teilsicherheitsbeiwerte für Einwirkungen und Beanspruchungen

Teilsicherheitsbeiwerte für Hochbauten siehe Tafel 6.9. Weitere Teilsicherheitsbeiwerte sind in den bauartspezifischen Bemessungsnormen bzw. den Normen für bestimmte Bauwerksarten (z.B. Brücken) angegeben.

Tafel 6.9: Teilsicherheitsbeiwerte für Hochbauten

Versagen des Tragwerkes oder eines seiner Teile (durch Bruch, übermäßige Verformung usw.)			
Einwirkung		Symbol	Ständige und vorübergehende Bemessungssituation	Außergewöhnliche Bemessungssituation
unabhängige ständige Einwirkungen	ungünstig	$\gamma_{G,sup}$	1,35	1,00
	günstig	$\gamma_{G,inf}$	1,00	1,00
unabhängige veränderliche Einwirkungen	ungünstig	γ_Q	1,50	1,00
außergewöhnliche Einwirkungen		γ_A		1,00
Nachweis der Lagesicherheit			
Einwirkung		Symbol	Ständige und vorübergehende Bemessungssituation	Außergewöhnliche Bemessungssituation
ständige Einwirkungen (einschl. Grundwasser und frei anstehendem Wasser)	ungünstig	$\gamma_{G,sup}$	1,10	1,00
	günstig	$\gamma_{G,inf}$	0,90	0,95
bei kleinen Schwankungen der ständigen Einwirkungen (z.B. beim Nachweis der Auftriebssicherheit)	ungünstig	$\gamma_{G,sup}$	1,05	1,00
	günstig	$\gamma_{G,inf}$	0,95	0,95
ungünstige veränderliche Einwirkungen		γ_Q	1,50	1,00
außergewöhnliche Einwirkungen		γ_A		1,00

Beim Nachweis gegen Versagen durch Materialermüdung dürfen die Teilsicherheitsbeiwerte auf Einwirkungsseite zu $\gamma_G = \gamma_Q = 1,0$ angesetzt werden. Ergänzende Angaben sind in den bauartspezifischen Bemessungsnormen enthalten.

2.9 Grenzzustände der Gebrauchstauglichkeit (GZG)

2.9.1 Allgemeines

Grenzzustände der Gebrauchstauglichkeit sind Zustände, bei deren Überschreitung die festgelegten Nutzungsanforderungen eines Tragwerkes oder eines seiner tragenden Teile rechnerisch nicht mehr erfüllt sind. Die Anforderungen an die Gebrauchstauglichkeit können sich dabei auf
- die Funktion des Bauwerkes oder eines seiner Teile,
- das Wohlbefinden von Personen,
- das optische Erscheinungsbild

beziehen.

Folgende Grenzzustände der Gebrauchstauglichkeit sind im Rahmen der Nachweisführung zu betrachten:
- Verformungen und Verschiebungen, die zu einer Beeinträchtigung der Nutzung des Tragwerks, zu Schäden an angrenzenden Bauteilen oder einem nachteiligen Erscheinungsbild führen,
- Schwingungen, die zu Schäden oder Beeinträchtigungen der Funktionsfähigkeit am Tragwerk selbst oder an angrenzenden Bauteilen führen bzw. bei Menschen körperliches Unbehagen hervorrufen,
- Schäden, die Funktionsfähigkeit, Dauerhaftigkeit oder Erscheinungsbild des Tragwerks beeinträchtigen,
- sichtbare Schäden aufgrund von Materialermüdung oder anderen zeitabhängigen Auswirkungen.

2.9.2 Nachweisformat

$E_d \leq C_d$ $\quad E_d$ Bemessungswert der Beanspruchung (z.B. Spannung, Rissbreite, Verformung), der auf der Grundlage einer der nachfolgend angegebenen Kombinationsregeln zu ermitteln ist

$\quad\quad\quad\quad\quad C_d$ Bemessungswert des Gebrauchstauglichkeitskriteriums (z.B. aufnehmbare Spannung, zulässige Rissbreite)

2.9.3 Teilsicherheitsbeiwerte

Die Teilsicherheitsbeiwerte dürfen für Nachweise im Grenzzustand der Gebrauchstauglichkeit sowohl auf Einwirkungs- als auch Widerstandsseite zu 1,0 gesetzt werden. Davon abweichende Regelungen können in den bauartspezifischen Bemessungsnormen enthalten sein.

2.9.4 Kombinationsregeln für Einwirkungen im GZG

Die Bemessungswerte der Einwirkungen sind nach folgenden Kombinationsregeln zu ermitteln:

- Seltene (charakterist.) Kombination: $\quad E_{d,rare} = E\left\{\sum_{j\geq 1} G_{k,j} \oplus P_k \oplus Q_{k,1} \oplus \sum_{i>1} \psi_{0,i} \cdot Q_{k,i}\right\}$

- Häufige Kombination: $\quad E_{d,frequ} = E\left\{\sum_{j\geq 1} G_{k,j} \oplus P_k \oplus \psi_{1,1} \cdot Q_{k,1} \oplus \sum_{i>1} \psi_{2,i} \cdot Q_{k,i}\right\}$

- Quasi-ständige Kombination: $\quad E_{d,perm} = E\left\{\sum_{j\geq 1} G_{k,j} \oplus P_k \oplus \sum_{i\geq 1} \psi_{2,i} \cdot Q_{k,i}\right\}$

Die bauartspezifischen Bemessungsnormen enthalten Angaben, welche Einwirkungskombination für welchen Nachweis maßgebend ist. Zur Bedeutung der Formelzeichen siehe Seite 6.8.

Bei linear-elastischer Schnittgrößenermittlung dürfen in diesen Kombinationsregeln – analog zur auf Seite 6.9 beschriebenen Vorgehensweise im GZT – die Bemessungswerte der unabhängigen Einwirkungen durch die zugehörigen Auswirkungen ersetzt werden.

Sicherheitskonzept nach DIN 1055-100 (03.2001)

Die vorherrschende veränderliche Einwirkung kann für die einzelnen Kombinationsregeln aus folgenden Bedingungen ermittelt werden:
- Seltene (charakteristische) Kombination: $(1-\psi_{0,1}) \cdot E_{Qk,1} = \text{Max.}$
- Häufige Kombination: $(\psi_{1,1} - \psi_{2,1}) \cdot E_{Qk,1} = \text{Max.}$

Beispiel: Stahlbetonbalken mit einer veränderlichen Last
Die Bemessungswerte des Biegemomentes sollen in den Grenzzuständen der Tragfähigkeit und den Grenzzuständen der Gebrauchstauglichkeit bestimmt werden.

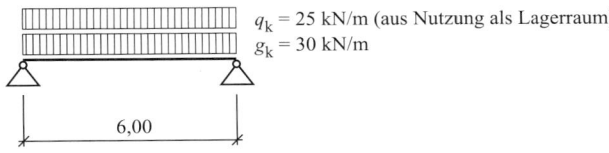

q_k = 25 kN/m (aus Nutzung als Lagerraum)
g_k = 30 kN/m

6,00

Grenzzustände der Tragfähigkeit (Grundkombination):

$$M_{Ed} = \frac{1}{8} \cdot \gamma_G \cdot g_k \cdot l_{eff}^2 + \frac{1}{8} \cdot \gamma_Q \cdot q_k \cdot l_{eff}^2 = \frac{1}{8} \cdot 1{,}35 \cdot 30 \cdot 6{,}00^2 + \frac{1}{8} \cdot 1{,}5 \cdot 25 \cdot 6{,}00^2 = 351{,}0 \text{ kNm}$$

Grenzzustände der Gebrauchstauglichkeit (seltene, häufige und quasi-ständige Kombination):

$$M_{Ed,rare} = \frac{1}{8} \cdot g_k \cdot l_{eff}^2 + \frac{1}{8} \cdot q_k \cdot l_{eff}^2 = \frac{1}{8} \cdot 30 \cdot 6{,}00^2 + \frac{1}{8} \cdot 25 \cdot 6{,}00^2 = 247{,}5 \text{ kNm}$$

$$M_{Ed,frequ} = \frac{1}{8} \cdot g_k \cdot l_{eff}^2 + \frac{1}{8} \cdot \psi_1 \cdot q_k \cdot l_{eff}^2 = \frac{1}{8} \cdot 30 \cdot 6{,}00^2 + \frac{1}{8} \cdot 0{,}9 \cdot 25 \cdot 6{,}00^2 = 236{,}3 \text{ kNm}$$

$$M_{Ed,perm} = \frac{1}{8} \cdot g_k \cdot l_{eff}^2 + \frac{1}{8} \cdot \psi_2 \cdot q_k \cdot l_{eff}^2 = \frac{1}{8} \cdot 30 \cdot 6{,}00^2 + \frac{1}{8} \cdot 0{,}8 \cdot 25 \cdot 6{,}00^2 = 225{,}0 \text{ kNm}$$

Beispiel: Stahlbetonbalken mit mehreren veränderlichen Lasten
Die Bemessungswerte des Biegemomentes sollen in den Grenzzuständen der Tragfähigkeit und den Grenzzuständen der Gebrauchstauglichkeit bestimmt werden.

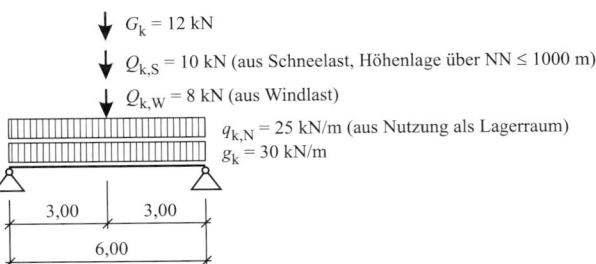

G_k = 12 kN
$Q_{k,S}$ = 10 kN (aus Schneelast, Höhenlage über NN ≤ 1000 m)
$Q_{k,W}$ = 8 kN (aus Windlast)
$q_{k,N}$ = 25 kN/m (aus Nutzung als Lagerraum)
g_k = 30 kN/m

3,00 | 3,00
6,00

– Grenzzustände der Tragfähigkeit (Grundkombination):
Ermittlung der vorherrschenden veränderlichen Einwirkung:
$\gamma_{Q,1} \cdot (1-\psi_{0,1}) \cdot E_{Qk,1} = \text{Max.}$

$\gamma_{Q,N} \cdot (1-\psi_{0,N}) \cdot M_{QNk} = 1{,}5 \cdot (1-1) \cdot 25 \cdot \frac{6{,}00^2}{8} = 0$

$\gamma_{Q,S} \cdot (1-\psi_{0,S}) \cdot M_{QSk} = 1{,}5 \cdot (1-0{,}5) \cdot 10 \cdot \frac{6{,}00}{4} = 11{,}25 \text{ kNm} = \text{Max.}$

$\gamma_{Q,W} \cdot (1-\psi_{0,W}) \cdot M_{QWk} = 1{,}5 \cdot (1-0{,}6) \cdot 8 \cdot \frac{6{,}00}{4} = 7{,}20 \text{ kNm}$

Die Schneelast ist die vorherrschende veränderliche Einwirkung

6.11

Bestimmung des Bemessungsmomentes:

$$M_{Ed} = \sum_{j\geq 1}\gamma_{G,j}\cdot M_{Gk,j} + \gamma_Q \cdot M_{QSk} + \gamma_Q \cdot \psi_{0,N}\cdot M_{QNk} + \gamma_Q \cdot \psi_{0,W}\cdot M_{QWk}$$

$$M_{Ed} = 1{,}35\cdot 30\cdot\frac{6{,}00^2}{8} + 1{,}35\cdot 12\cdot\frac{6{,}00}{4} + 1{,}5\cdot 10\cdot\frac{6{,}00}{4} + 1{,}5\cdot 1{,}0\cdot 25\cdot\frac{6{,}00^2}{8} + 1{,}5\cdot 0{,}6\cdot 8\cdot\frac{6{,}00}{4}$$

$$= 408{,}6\ \text{kNm}$$

– Grenzzustände der Gebrauchstauglichkeit, seltene Kombination:
Die Schneelast ist wie im GZT die vorherrschende veränderliche Einwirkung.

$$M_{Ed,rare} = \sum_{j\geq 1}M_{Gk,j} + M_{QSk} + \psi_{0,N}\cdot M_{QNk} + \psi_{0,W}\cdot M_{QWk}$$

$$M_{Ed,rare} = 30\cdot\frac{6{,}00^2}{8} + 12\cdot\frac{6{,}00}{4} + 10\cdot\frac{6{,}00}{4} + 1{,}0\cdot 25\cdot\frac{6{,}00^2}{8} + 0{,}6\cdot 8\cdot\frac{6{,}00}{4} = 287{,}7\ \text{kNm}$$

– Grenzzustände der Gebrauchstauglichkeit, häufige Kombination:
Ermittlung der vorherrschenden veränderlichen Einwirkung: $(\psi_{1,1}-\psi_{2,1})\cdot E_{Qk,1} = \text{Max}$.

$$(\psi_{1,N}-\psi_{2,N})\cdot M_{QNk} = (0{,}9-0{,}8)\cdot 25\cdot\frac{6{,}00^2}{8} = 11{,}25\ \text{kNm}$$

$$(\psi_{1,S}-\psi_{2,S})\cdot M_{QSk} = (0{,}2-0)\cdot 10\cdot\frac{6{,}00}{4} = 3{,}0\ \text{kNm}$$

$$(\psi_{1,W}-\psi_{2,W})\cdot M_{QWk} = (0{,}2-0)\cdot 8\cdot\frac{6{,}00}{4} = 2{,}4\ \text{kNm}$$

→ Die Nutzlast ist die vorherrschende veränderliche Einwirkung

Bestimmung des häufigen Bemessungsmomentes:

$$M_{Ed,frequ} = \sum_{j\geq 1}M_{Gk,j} + \psi_{1,N}\cdot M_{QNk} + \psi_{2,S}\cdot M_{QSk} + \psi_{2,W}\cdot M_{QWk}$$

$$M_{Ed,frequ} = 30\cdot\frac{6{,}00^2}{8} + 12\cdot\frac{6{,}00}{4} + 0{,}9\cdot 25\cdot\frac{6{,}00^2}{8} + 0 + 0 = 254{,}25\ \text{kNm}$$

– Grenzzustände der Gebrauchstauglichkeit, quasi-ständige Kombination:

$$M_{Ed,perm} = \sum_{j\geq 1}M_{Gk,j} + \psi_{2,N}\cdot M_{QNk} + \psi_{2,S}\cdot M_{QSk} + \psi_{2,W}\cdot M_{QWk}$$

$$M_{Ed,perm} = 30\cdot\frac{6{,}00^2}{8} + 12\cdot\frac{6{,}00}{4} + 0{,}8\cdot 25\cdot\frac{6{,}00^2}{8} + 0 + 0 = 243{,}0\ \text{kNm}$$

2.10 Vereinfachte Kombinationsregeln für Hochbauten

Erfolgt die Schnittkraftermittlung auf der Grundlage der linearen Elastizitätstheorie, dürfen für Hochbauten die in den Abschnitten 2.8.2 und 2.9.4 angegebenen Kombinationsregeln vereinfacht werden. Dazu sind zunächst die charakteristischen Werte der unabhängigen Auswirkungen (Schnittgrößen E_{Gk}, E_{Pk}, $E_{Qk,i}$, E_{Ad}, und E_{AEd}) aus den in Tafel 6.13 angegebenen unabhängigen Einwirkungen (G_k, P_k, $Q_{k,i}$, A_d und A_{Ed}) zu ermitteln. Die einzelnen, voneinander unabhängigen veränderlichen Auswirkungen werden dann durch Kombination ihrer ungünstigen charakteristischen Werte zur repräsentativen Größe $E_{Q,unf}$ zusammengefasst:

$$E_{Q,unf} = E_{Qk,1} + \psi_{0,Q}\cdot \sum_{i>1(unf)}E_{Qk,i}$$

$E_{Qk,1}$ vorherrschende (ungünstigste) unabhängige veränderliche Auswirkung
$E_{Qk,1} = \max E_{Qk,i}$ bzw. $\min E_{Qk,i}$

$E_{Qk,i}$ weitere unabhängige veränderliche Auswirkung

$\psi_{0,Q}$ Kombinationsbeiwert nach Tafel 6.6b, es ist der bauwerks- und belastungsbezogene Größtwert für ψ_0 anzusetzen, der sich aus allen beteiligten Einwirkungen ergibt

Sicherheitskonzept nach DIN 1055-100 (03.2001)

Tafel 6.13: Einteilung der unabhängigen Einwirkungen für Hochbauten

Ständige Einwirkungen		Veränderliche Einwirkungen	$Q_{k,i}$
Eigenlasten	G_k [1]	Nutz- und Verkehrslasten	$Q_{k,N}$
		Schnee- und Eislasten	$Q_{k,S}$
Vorspannung	P_k	Windlasten	$Q_{k,W}$
Erddruck	$G_{k,E}$	Temperatureinwirkungen	$Q_{k,T}$
Ständiger Flüssigkeitsdruck	$G_{k,H}$	Veränderlicher Flüssigkeitsdruck	$Q_{k,H}$
		Baugrundsetzungen	$Q_{k,\Delta}$ [2]
Außergewöhnliche Einwirkungen			A_d
Einwirkungen infolge Erdbeben			A_{Ed}

[1] Das Konstruktionseigengewicht und die Eigengewichte sonstiger nichttragender Teile dürfen in G_k zusammengefasst werden.
[2] Für Baugrundsetzungen dürfen alternativ Bemessungswerte $Q_{d,\Delta}$ angesetzt werden.

Die maßgebenden Beanspruchungen ergeben sich aus den nachfolgenden Kombinationen:

Grenzzustände der Gebrauchstauglichkeit

– Seltene Kombination: $\quad E_{d,rare} = E_{Gk} + E_{Pk} + E_{Q,unf}$

– Häufige Kombination: $\quad E_{d,frequ} = E_{Gk} + E_{Pk} + \psi_{1,Q} \cdot E_{Q,unf}$

– Quasi-ständige Kombination: $\quad E_{d,perm} = E_{Gk} + E_{Pk} + \sum_{i \geq 1} \psi_{2,i} \cdot E_{Qk,i}$

Gegebenenfalls sind die Auswirkungen weiterer unabhängiger ständiger Einwirkungen (z.B. Erddruck $E_{Gk,E}$ oder Wasserdruck $E_{Gk,H}$) zusätzlich zu berücksichtigen.

Grenzzustände der Tragfähigkeit (Tragwerksversagen durch Bruch, übermäßige Verformung usw.)

– Grundkombination: $\quad E_d = \gamma_G \cdot E_{Gk} + E_{Pk} + 1{,}50 \cdot E_{Q,unf}$

Für γ_G ist $\gamma_{G,sup} = 1{,}35$ bei ungünstiger bzw. $\gamma_{G,inf} = 1{,}00$ bei günstiger unabhängiger ständiger Einwirkung einzusetzen.

Für die Weiterleitung der vertikalen Lasten auf andere Bauteile darf – unter der Voraussetzung, dass die ständigen Einwirkungen insgesamt ungünstig sind – diese Grundkombination weiter vereinfacht werden: $\quad \max E_d = 1{,}35 \cdot E_{Gk} + 1{,}50 \cdot E_{Q,unf}$

$$\min E_d = 1{,}00 \cdot E_{Gk}$$

– außergewöhnliche Kombination: $\quad E_{dA} = E_{Ad} + E_{d,frequ}$

– Erdbebenkombination: $\quad E_{dE} = E_{AEd} + E_{d,perm}$

Grenzzustand der Tragfähigkeit – Lagesicherheit

Die ungünstigen ($G_{k,dst,j}$) und günstigen ($G_{k,sbt,j}$) Anteile ständiger Einwirkungen sind gesondert aufzuaddieren:

$$E_{Gk,dst} = \sum_j E_{Gk,dst,j}$$

$$E_{Gk,stb} = \sum_j E_{Gk,stb,j}$$

– Grundkombination:
  - allgemein:
  $$E_{d,dst} = 1{,}10 \cdot E_{Gk,dst} + 1{,}10 \cdot E_{Pk,dst} + 1{,}50 \cdot E_{Q,unf} \leq 0{,}90 \cdot E_{Gk,stb} + 0{,}90 \cdot E_{Pk,stb} = E_{d,stb}$$
  - für den Nachweis der Auftriebssicherheit:
  $$E_{d,dst} = 1{,}05 \cdot E_{Gk,dst} + 1{,}50 \cdot E_{Q,unf} \leq 0{,}95 \cdot E_{Gk,stb} = E_{d,stb}$$

– außergewöhnliche Kombination:
$$E_{dA,dst} = E_{Gk,dst} + E_{Pk,dst} + E_{Ad} + \psi_{1,Q} \cdot E_{Qk,i} \leq 0{,}95 \cdot E_{Gk,stb} + E_{Pk,stb} = E_{dA,stb}$$

– Erdbebenkomb.: $E_{dE,dst} = E_{Gk,dst} + E_{Pk,dst} + E_{AEd} + \sum_{i \geq 1} \psi_{2,i} \cdot E_{Qk,i} \leq E_{Gk,stb} + E_{Pk,stb} = E_{dE,stb}$

Es bedeuten:

E_d	Bemessungswert einer Beanspruchung
$E_{d,rare}$	Bemessungswert einer Beanspruchung in der seltenen Kombination
$E_{d,frequ}$	Bemessungswert einer Beanspruchung in der häufigen Kombination
$E_{d,perm}$	Bemessungswert einer Beanspruchung in der quasi-ständigen Kombination
$E_{d,dst}$	Bemessungswert der destabilisierenden Beanspruchung
$E_{dA,dst}$	Bemessungswert einer Beanspruchung infolge der destabilisierenden Einwirkungen in der außergewöhnlichen Kombination
$E_{dE,dst}$	Bemessungswert einer Beanspruchung infolge der destabilisierenden Einwirkungen in der Erdbebenkombination
$E_{d,stb}$	Bemessungswert der stabilisierenden Beanspruchung
$E_{dA,stb}$	Bemessungswert einer Beanspruchung infolge der stabilisierenden Einwirkungen in der außergewöhnlichen Kombination
$E_{dE,stb}$	Bemessungswert einer Beanspruchung infolge der stabilisierenden Einwirkungen in der Erdbebenkombination

Beispiel: Anwendung der vereinfachten Kombinationsregeln für Hochbauten für die Ermittlung der Bemessungswerte des Biegemomentes in einem Stahlbetonbalken

Für den auf den Seiten 6.11/6.12 berechneten **Stahlbetonbalken mit mehreren veränderlichen Lasten** sollen die Bemessungswerte des Biegemomentes unter Anwendung der vereinfachten Kombinationsregeln für Hochbauten bestimmt werden.

Ermittlung der vorherrschenden veränderlichen Auswirkung:

$$\left. \begin{array}{l} M_{Qk,N} = q_{k,N} \cdot \dfrac{l_{eff}^2}{8} = 25 \cdot \dfrac{6{,}00^2}{8} = 112{,}5 \text{ kNm} \\[4pt] M_{Qk,S} = Q_{k,S} \cdot \dfrac{l_{eff}}{4} = 10 \cdot \dfrac{6{,}00}{4} = 15{,}0 \text{ kNm} \\[4pt] M_{Qk,W} = Q_{k,W} \cdot \dfrac{l_{eff}}{4} = 8 \cdot \dfrac{6{,}00}{4} = 12{,}0 \text{ kNm} \end{array} \right\} \rightarrow \begin{array}{l} \text{Aus der Nutzlast (Lagerraum) ergibt sich die} \\ \text{vorherrschende veränderliche Auswirkung} \end{array}$$

Die Kombinationsbeiwerte ψ_{0Q} bzw. ψ_{1Q} ergeben sich aus den größten ψ_{0i}-Werten bzw. ψ_{1i}-Werten aller veränderlichen Einwirkungen:

$$\left. \begin{array}{l} \psi_{0,N} = 1{,}0 \\ \psi_{0,S} = 0{,}5 \\ \psi_{0,W} = 0{,}6 \end{array} \right\} \rightarrow \psi_{0,Q} = \psi_{0,N} = 1{,}0 \qquad \left. \begin{array}{l} \psi_{1,N} = 0{,}9 \\ \psi_{1,S} = 0{,}2 \\ \psi_{1,W} = 0{,}2 \end{array} \right\} \rightarrow \psi_{1,Q} = \psi_{1,N} = 0{,}9$$

$$M_{Q,unf} = q_{k,N} \cdot \frac{l_{eff}^2}{8} + \psi_{0,Q} \cdot (Q_{k,S} + Q_{k,W}) \cdot \frac{l_{eff}}{4} = 25 \cdot \frac{6{,}00^2}{8} + 1{,}0 \cdot (10 + 8) \cdot \frac{6{,}00}{4} = 139{,}5 \text{ kNm}$$

$$M_{Gk} = g_k \cdot \frac{l_{eff}^2}{8} + G_k \cdot \frac{l_{eff}}{4} = 30 \cdot \frac{6{,}00^2}{8} + 12 \cdot \frac{6{,}00}{4} = 153{,}0 \text{ kNm}$$

GZT (Grundkombination): $M_{Ed} = 1{,}35 \cdot M_{Gk} + 1{,}50 \cdot M_{Q,unf} = 1{,}35 \cdot 153{,}0 + 1{,}50 \cdot 139{,}5 = 415{,}8$ kNm

Grenzzustand der Gebrauchstauglichkeit:

– Seltene Kombination: $M_{Ed,rare} = M_{Gk} + M_{Q,unf} = 153{,}0 + 139{,}5 = 292{,}8$ kNm

– Häufige Kombination: $M_{Ed,frequ} = M_{Gk} + \psi_{1,Q} \cdot M_{Q,unf} = 153{,}0 + 0{,}9 \cdot 139{,}5 = 278{,}6$ kNm

– Quasi-ständige Kombination:

$$M_{Ed,perm} = M_{Gk} + \psi_{2,N} \cdot M_{QNk} + \psi_{2,S} \cdot M_{QSk} + \psi_{2,W} \cdot M_{QWk} = 153{,}0 + 0{,}8 \cdot 25 \cdot \frac{6{,}00^2}{8} + 0 + 0 = 243 \text{ kNm}$$

3 Eigenlasten von Baustoffen, Bauteilen und Lagerstoffen

3.1 Allgemeines

In den folgenden Tabellen werden die charakteristischen Werte der Wichten und Flächenlasten von üblichen Baustoffen und Bauteilen sowie von Lagerstoffen auf der Grundlage der Norm DIN 1055-1 (06.02) angegeben. Lasten für Schüttgüter, die in Silos und Flüssigkeitsbehältern gelagert werden, sind DIN 1055-6 (03.05) zu entnehmen.
Enthalten die bauaufsichtlichen Zulassungen von Baustoffen oder Bauteilen Angaben zu den charakteristischen Werten der Eigenlasten, sind diese maßgebend.

3.2 Wichten und Flächenlasten von Baustoffen und Bauteilen
3.2.1 Beton

Normalbeton				Wichte in kN/m³	24
Stahlbeton				Wichte in kN/m³	25
Schwerbeton				Wichte in kN/m³	> 28

Unbewehrter Leichtbeton (gefügedicht) nach DIN 1045-1, Tabelle 8						
Rohdichteklasse (Trockenrohdichte in g/cm³)	D1,0 (≥ 0,8 - 1,0)	D1,2 (> 1,0 - 1,2)	D1,4 (> 1,2 - 1,4)	D1,6 (> 1,4 - 1,6)	D1,8 (> 1,6 - 1,8)	D2,0 (> 1,8 - 2,0)
Wichte in kN/m³	10,5	12,5	14,5	16,5	18,5	20,5

Bewehrter Leichtbeton (gefügedicht) nach DIN 1045-1, Tabelle 8						
Rohdichteklasse (Trockenrohdichte in g/cm³)	D1,0 (≥ 0,8 - 1,0)	D1,2 (> 1,0 - 1,2)	D1,4 (> 1,2 - 1,4)	D1,6 (> 1,4 - 1,6)	D1,8 (> 1,6 - 1,8)	D2,0 (> 1,8 - 2,0)
Wichte in kN/m³	11,5	13,5	15,5	17,5	19,5	21,5

Bei Frischbeton sind die Werte um 1 kN/m³ zu erhöhen. Angaben zur Wichte von Bauteilen aus Porenbeton siehe Abschnitt 3.2.8.

3.2.2 Mauerwerk

Mauerwerk aus künstlichen Steinen (einschließlich Fugenmörtel und üblicher Feuchte)

Steinrohdichte in g/cm³	0,4	0,5	0,6	0,7	0,8	0,9	1,0	1,2	1,4	1,6	1,8	2,0	2,2	2,4
Wichte in kN/m³ bei Normalmörtel	6	7	8	9	10	11	12	14	16	16	18	20	22	24
Wichte in kN/m³ bei Leicht- u. Dünnbettmörtel	5	6	7	8	9	10	11	13	15					

Bei Zwischenwerten der Steinrohdichten dürfen die Rechenwerte geradlinig interpoliert werden.

Mauerwerk aus natürlichen Steinen

Erstarrungsgesteine	Wichte in kN/m³	Metamorphe Gesteine	Wichte in kN/m³
Rhyolit, Trachyt	26	Quarzit, Serpentin	27
Granit, Porphyr, Syenit	28	Schiefer	28
Basalt, Diabas, Diorit, Gabbro	29	Amphibolit, Gneis	30
Melaphyr	30	Granulit	30
Schichtgesteine			Wichte in kN/m³
Tuffstein			20
Konglomerate, Travertin			26
Grauwacke, Nagelfluh, Sandstein			27
Kalkstein (dicht), Dolomit, Marmor, Muschelkalk			28

3.2.3 Mörtel und Putze

Baustoff	Wichte in kN/m³	Schichtdicke in cm	Flächenlast in kN/m²
Drahtputz (Rabitzdecken und Verkleidungen)			
aus Gipsmörtel	17	3	0,50
aus Kalk-, Gipskalk-, Gipssandmörtel	20	3	0,60
aus Zementmörtel	27	3	0,80
Gipskalkputz			
auf Putzträgern	17	3	0,50
auf Holzwolleleichtbauplatten (Plattendicke = 15 mm)		2	0,35
auf Holzwolleleichtbauplatten (Plattendicke = 25 mm)		2	0,45
Gipsmörtel, -putz (ohne Sand)	12	1,5	0,18
Kalk-, Kalkgips-, Gipssandmörtel	18	2	0,35
Kalkzementmörtel	20	2	0,40
Leichtputz nach DIN EN 998-1	15	2	0,30
Rohrdeckenputz (Gips)	15	2	0,30
Putz aus Putz- und Mauerbindern nach DIN EN 413		2	0,40
Wärmedämmputzsystem (WDPS), Dämmputz		2	0,24
		6	0,32
		10	0,40
Wärmedämmverbundsystem aus 15 mm dickem bewehrtem Oberputz und Schaumkunststoff oder Faserdämmstoff		–	0,30
Zementmörtel, -putz	21	2	0,42

3.2.4 Holz und Holzwerkstoffe

Holz [1]	Wichte in kN/m³	Holzwerkstoffe	Wichte in kN/m³
Nadelholz	5	**Spanplatten** nach DIN EN 312	6
Laubholz		**Baufurniersperrholz**	
D 30 bis D 40	7	nach DIN 68705-3	6
D 60	9	nach DIN 68705-5	8
D 70	11	**Holzfaserplatten**	
[1] Die Wichte von Holz bezieht sich auf einen halbtrockenen Zustand. Zuschläge für kleine Stahlteile, Hartholzteile und Anstriche sind enthalten.		Mittelharte Platten (DIN EN 622-3)	7
		Harte Platten (DIN EN 622-2)	10

3.2.5 Metalle

Baustoff	Wichte in kN/m³	Baustoff	Wichte in kN/m³
Aluminium	27	**Kupfer-Zinn-Legierung**	85
Aluminiumlegierungen	28	**Magnesium**	18,5
Blei	114	**Nickel**	89
Gusseisen	72,5	**Stahl**	78,5
Kupfer	89	**Zink** (gewalzt)	72
Kupfer-Zink-Legierung	85	**Zinn** (gewalzt)	74

3.2.6 Sperr-, Dämm- und Füllstoffe

Lose Dämm- und Füllstoffe

Baustoff	Flächenlast in kN/m² je cm Dicke	Baustoff	Flächenlast in kN/m² je cm Dicke
Bimskies (geschüttet)	0,07	**Hochofenschaumschlacke** (Hüttenbims)	0,14
Blähglimmer (geschüttet)	0,02	**Hochofenschlackensand**	0,10
Blähperlit	0,01	**Kieselgur**	0,03
Blähschiefer, Blähton (geschüttet)	0,15	**Koksasche**	0,14
Faserdämmstoffe (DIN EN 13162)	0,01	**Korkschrot** (geschüttet)	0,02
Faserstoffe (bituminiert, als Schüttung)	0,02	**Magnesia** (gebrannt)	0,10
Gummischnitzel	0,03	**Schaumkunststoffe**	0,01
Hanfscheiben (bituminiert)	0,02	**Steinkohlenschlacke**	0,14

Platten, Matten und Bahnen

Baustoff	Flächenlast in kN/m² je cm Dicke	Baustoff	Flächenlast in kN/m² je cm Dicke
Asbestpappe	0,12	**Mehrschicht-Leichtbauplatten** (DIN 1102)	
Asphaltplatten	0,22	Zweischichtplatten	0,05
Holzwolle-Leichtbauplatten (DIN 1101)		Dreischichtplatten	0,09
Plattendicke ≤ 10 cm	0,06	Ortschaum	
Plattendicke > 10 cm	0,04	Harnstoff-Formaldehyd (DIN 18159-2)	0,002
Kieselgurplatten	0,03	Polyurethan (DIN 18159-1)	0,01
Korkschrotplatten (DIN 18161-1)		**Perliteplatten**	0,02
Imprägnierter Kork, bitumiert	0,02	**Schaumglas**	0,02
Backkork	0,01	**Schaumkunststoffplatten**	0,004

3.2.7 Fußboden- und Wandbeläge

Baustoff	Flächenlast in kN/m² je cm Dicke	Baustoff	Flächenlast in kN/m² je cm Dicke
Asphaltbeläge		**Estriche**	
Asphaltbeton	0,24	Calciumsulfatestrich (Anhydritestrich)	0,22
Asphaltmastix	0,18	Gipsestrich	0,20
Gussasphalt	0,23	Gussasphaltestrich	0,23
Betonwerksteinplatten, Terrazzo	0,24	Industrieestrich	0,24
Glasplatten und -scheiben	0,25	Kunstharzestrich	0,22
Keramische Wandfliesen (einschl. Mörtel)	0,19	Magnesiaestrich nach DIN 272 mit begehbarer Nutzschicht bei ein- oder mehrschichtiger Ausführung	0,22
Keramische Bodenfliesen (einschl. Mörtel)	0,22		
Kunststoff-Fußbodenbelag	0,15	Unterschicht bei mehrschichtiger Ausführung	0,22
Linoleum	0,13	Zementestrich	0,22
Natursteinplatten (einschl. Mörtel)	0,30	Teppichboden	0,03

3.2.8 Bauplatten

Bauplatten aus Porenbeton (einschließlich Fugenmörtel und üblicher Feuchte)

Rohdichteklasse		0,4	0,5	0,6	0,7	0,8
Porenbeton – unbewehrt (DIN 4166)						
Verwendung von Normalmörtel	Wichte in kN/m³	5	6	7	8	9
	Flächenlast in kN/m² je cm Dicke	0,05	0,06	0,07	0,08	0,09
Verwendung von Leicht- oder Dünnbettmörtel	Wichte in kN/m³	4,5	5,5	6,5	7,5	8,5
	Flächenlast in kN/m² je cm Dicke	0,045	0,055	0,065	0,075	0,085
Porenbeton – bewehrt (DIN 4223)						
Verwendung von Normalmörtel	Wichte in kN/m²	5,2	6,2	7,2	8,4	9,5
	Flächenlast in kN/m² je cm Dicke	0,052	0,062	0,072	0,084	0,095

Bauplatten aus Gips und Gipskarton

Art der Bauplatte	Rohdichteklasse	Flächenlast in kN/m² je cm
Porengips-Wandbauplatten	0,7	**0,07**
Gips-Wandbauplatten (DIN EN 12 859)	0,9	**0,09**
Gipskartonplatten (DIN EN 520)	-	**0,09**

3.2.9 Dachdeckungen und Bauwerksabdichtungen

Die nachfolgenden Flächenlasten gelten für 1 m² Dachfläche ohne Sparren, Pfetten sowie Dachbinder und, soweit nicht anders vorgegeben, ohne Vermörtelung, aber einschließlich der Lattung. Bei einer Vermörtelung sind die Lasten um 0,1 kN/m² zu erhöhen.

Deckungen aus Dachziegeln, Dachsteinen und Glasdeckstoffen

Art der Dachdeckung	Flächenlasten in kN/m²
Betondachsteine mit mehrfacher Fußrippung und hoch liegendem Längsfalz	
bis 10 Stück/m²	**0,50**
über 10 Stück/m²	**0,55**
Betondachsteine mit mehrfacher Fußrippung und tief liegendem Längsfalz	
bis 10 Stück/m²	**0,60**
über 10 Stück/m²	**0,65**
Biberschwanzziegel 155 x 375 mm und 180 x 380 mm **sowie ebene Betondachsteine im Biberformat**	
Spließdach (einschließlich Schindeln)	**0,60**
Doppel- und Kronendach	**0,75**
Glasdeckstoffe bei gleicher Dachdeckungsart wie bis hier aufgezählt	siehe entsprechende Zeile
Falzziegel, Reformpfannen, Falzpfannen, Flachdachpfannen	**0,55**
Großformatige Pfannen bis 10 Stück/m²	**0,50**
Kleinformatige Biberschwanzziegel und Sonderformate (Kirchen-, Turmbiber u.a.)	**0,95**
Krempziegel, Hohlpfannen	**0,45**
Krempziegel, Hohlpfannen in Pappdocken verlegt	**0,55**
Mönch- und Nonnenziegel (einschl. Mörtel)	**0,90**
Strangfalzziegel	**0,60**

Eigenlasten von Baustoffen, Bauteilen und Lagerstoffen

Schieferdeckungen

Art der Schieferdeckung	Flächenlasten in kN/m²
Altdeutsche Schiefer- und Schablonendeckung auf 24 mm Schalung, einschl. Vordeckung und Schalung	
in Einfachdeckung	0,50
in Doppeldeckung	0,60
Schablonendeckung auf Lattung, einschl. Lattung	0,45
Englische Schieferdeckung (Rechteckschablonendach) in Doppeldeckung	
auf Schalung (einschl. Lattung)	0,45
auf 22 mm Schalung (einschl. Pappunterlage und Schalung)	0,55

Metalldeckungen

Art der Metalldeckung	Flächenlasten in kN/m²
Aluminiumblechdach	
Aluminium 0,7 mm dick, einschl. 24 mm Schalung	0,25
aus Well-, Trapez- und Klemmrippenprofilen	0,05
Doppelstehfalzdach aus Titanzink oder Kupfer (0,7 mm dick, einschl. Vordeckung und 24 mm Schalung)	0,35
Stahlpfannendach (verzinkte Pfannenbleche)	
einschl. Lattung	0,15
einschl. Vordeckung und 24 mm Schalung	0,30
Stahlblechdach aus Trapezprofilen	siehe Hersteller
Wellblechdach (verzinkte Stahlbleche, einschl. Befestigungsmaterial)	0,25

Faserzement-Dachplatten nach DIN EN 494

Art der Deckung	Flächenlasten in kN/m²
Deutsche Deckung auf 24 mm Schalung, einschl. Vordeckung und Schalung	0,40
Doppeldeckung auf Lattung, einschl. Lattung (Verlegung auf Schalung + 0,1 kN/m²)	0,38
Waagerechte Deckung auf Lattung, einschl. Lattung (Verlegung auf Schalung + 0,1 kN/m²)	0,25
Faserzement-Wellplatten nach DIN EN 494 (einschl. Befestigungsmaterial, ohne Pfetten)	
Faserzement-Kurzwellplatten	0,24
Faserzement-Wellplatten	0,20

Sonstige Deckungen

Art der Deckung	Flächenlasten in kN/m²
Deckungen mit Kunststoffwellplatten (Profilformen nach DIN EN 494), einschl. Befestigungsmaterial, ohne Pfetten	
aus faserverstärkten Polyesterharzen (Rohdichte 1,4 g/cm³), Plattendicke 1 mm	0,03
wie oben, zusätzlich mit Deckkappen	0,06
aus glasartigem Kunststoff (Rohdichte 1,2 g/cm³), Plattendicke 3 mm	0,08
PVC-beschichtetes Polyestergewebe ohne Tragwerk	
Typ I (Reißfestigkeit 3,0 kN, 5 cm Breite)	0,0075
Typ II (Reißfestigkeit 4,7 kN, 5 cm Breite)	0,0085
Typ III (Reißfestigkeit 6,0 kN, 5 cm Breite)	0,01
Rohr- und Strohdach einschl. Lattung	0,70
Schindeldach einschl. Lattung	0,25
Sprossenlose Verglasung	
Profilbauglas, einschalig	0,27
Profilbauglas, zweischalig	0,54
Zeltleinwand, ohne Tragwerk	0,03

Dach- und Bauwerksabdichtungen mit Bitumen-, Kunststoff- sowie Elastomerbahnen

Baustoffe	Flächenlasten in kN/m²
Bahnen im Lieferzustand	
Bitumen- und Polymerbitumen-Dachdichtungsbahn (DIN 52130 und DIN 52132)	0,04
Bitumen- und Polymerbitumen-Schweißbahn (DIN 52131 und DIN 52133)	0,07
Bitumen-Dichtungsbahn mit Metallbandeinlage (DIN 18190-4)	0,03
Nackte Bitumenbahn (DIN 52129)	0,01
Glasvlies-Bitumen-Dachbahn (DIN 52143)	0,03
Kunststoffbahnen, 1,5 mm Dicke	0,02
Bahnen in verlegtem Zustand	
Bitumen- und Polymerbitumen-Dachdichtungsbahn (DIN 52130 und DIN 52132), einschl. Klebemasse bzw. Bitumen- und Polymerbitumen-Schweißbahn (DIN 52131 und DIN 52133), je Lage	0,07
Bitumen-Dichtungsbahn (DIN 18190-4), einschl. Klebemasse, je Lage	0,06
Nackte Bitumenbahn (DIN 52129), einschl. Klebemasse, je Lage	0,04
Glasvlies-Bitumen-Dachbahn (DIN 52143), einschl. Klebemasse, je Lage	0,05
Dampfsperre, einschl. Klebemasse bzw. Schweißbahn, je Lage	0,07
Ausgleichsschicht, lose verlegt	0,03
Dach- und Bauwerksabdichtungen aus Kunststoffbahnen, lose verlegt, je Lage	0,02
Schwerer Oberflächenschutz auf Dachabdichtungen	
Kiesschüttung, Dicke 5 cm	1,00
Besplittung, einschl. Deckenaufstrich	0,05
Schutzbahn, einschl. Klebemasse	0,08

3.2.10 Wände

Nachfolgend werden die Eigenlasten weiterer, nicht unter 3.2.8 aufgeführter Wandbauarten angegeben.

Wände aus Mauerwerk einschließlich Putz (in kN/m²)

Steinrohdichte in kg/dm³		0,5	0,6	0,7	0,8	0,9	1,0	1,2	1,4	1,6	1,8	2,0	2,2
Wandstärke d in cm	11,5	1,36	1,47	1,59	1,70	1,82	1,93	2,16	2,28	2,51	2,62	2,83	3,08
	17,5	1,78	1,95	2,13	2,30	2,48	2,65	3,00	3,18	3,53	3,70	4,05	4,40
	24,0	2,23	2,47	2,71	2,95	3,19	3,43	3,91	4,15	4,63	4,87	5,35	5,83
	30,0	2,65	2,95	3,25	3,55	3,85	4,15	4,75	5,05	5,65	5,95	6,55	7,15
	36,5	3,11	3,47	3,84	4,20	4,57	4,93	5,66	6,03	6,76	7,12	7,85	8,58

Wände aus Glas

Baustoffe	Flächenlasten in kN/m²
Glasbaustein-Wände nach DIN 4242 mit Glasbausteinen nach DIN EN 1051-1	
80 mm dick	1,00
100 mm dick	1,25
Sprossenlose Verglasung mit Profilbauglas als Trenn- oder Lichtwand	
einschalig	0,27
zweischalig	0,54

Trennwände aus Gipskartonplatten nach DIN 18183 Flächenlast in kN/m²

Ständerwände mit Mineralwolleausfachung	
einfache Beplankung	0,35
doppelte Beplankung	0,50

Trennwände aus Gipsstuckbauplatten mit Mineralwolleausfachung (Gipskartonplatten mit Metallriegeln, horizontal) Flächenlast in kN/m²

mit Abspachtelung	0,50
mit Trockenputz	0,70

Eigenlasten von Baustoffen, Bauteilen und Lagerstoffen

3.3 Wichten und Böschungswinkel von Lagerstoffen
3.3.1 Baustoffe als Lagerstoffe
Die Böschungswinkel gelten für lose Schüttungen.

Lagerstoff	Böschungswinkel	Wichte in kN/m³
Bentonit		
lose	40°	8,0
gerüttelt	-	11,0
Blähton, Blähschiefer	30°	15,0
Braunkohlefilterasche	20°	15,0
Flugasche	25°	10,0
Gips gemahlen	25°	15,0
Glas in Tafeln		
Glas		25,0
Drahtglas		26,0
Acrylglas		12,0
Hochofenstückschlacke (Körnungen und Mineralstoffgemische)	40°	17,0
Hochofenschlacke, granuliert (Hüttensand)	30°	13,0
Hütten- und Naturbims	35°	9,0
Kalk		
gebrannt, in Stücken	45°	13,0
gebrannt, gemahlen	25°	13,0
gebrannt, gelöscht	25°	6,0
Kalksteinmehl	27°	16,0
Kesselasche	30°	13,0
Koksasche	25°	7,5
Kies und Sand, trocken oder erdfeucht	35°	18,0
bei nasser Schüttung (nicht unter Wasser)	35°	20,0
Polyethylen, Polystyrol als Granulat	30°	6,5
Polyvinylchlorid als Pulver	40°	6,0
Polyesterharze	-	12,0
Leimharze	-	13,0
Magnesit gemahlen (kaustisch gebrannte Magnesia)	25°	12,0
Stahlwerkschlacke (Körnungen und Mineralstoffgemische)	40°	22,0
Schaumlava gebrochen, erdfeucht	35°	10,0
Trass gemahlen, lose geschüttet	25°	15,0
Zement gemahlen, lose geschüttet	28°	16,0
Zementklinker	26°	18,0
Ziegelsand, -splitt und -schotter erdfeucht	35°	15,0

3.3.2 Gewerbliche und industrielle Lagerstoffe

Lagerstoff	Böschungswinkel	Wichte in kN/m³
Aktenregale und **-schränke** gefüllt	-	6,0
Akten und **Bücher** geschichtet	-	8,5
Bitumen	-	14,0
Eis in Stücken	-	9,0
Eisenerz		
Raseneisenerz	40°	14,0
Brasilerz	40°	39,0
Fasern, Zellulose in Ballen gepresst	0°	12,0
Faulschlamm		
bis 30 % Volumenanteil an Wasser	20°	12,5
über 50 % Volumenanteil an Wasser	0°	11,0
Fischmehl	45°	8,0
Holzspäne lose geschüttet	45°	2,0
Holzmehl		
in Säcken, trocken	-	3,0
lose, trocken	45°	2,5
lose, nass	45°	5,0
Holzwolle		
lose	45°	1,5
gepresst	-	4,5
Karbid in Stücken	30°	9,0
Kleider und **Stoffe** gebündelt oder in Ballen	-	11,0
Kork gepresst	-	3,0
Leder, Häute und **Felle** geschichtet oder in Ballen	-	10,0
Linoleum (DIN EN 548), in Rollen	-	13,0
Papier		
geschichtet	-	11,0
in Rollen	-	15,0
Porzellan oder **Steingut** gestapelt	-	11,0
PVC-Beläge (DIN EN 649), in Rollen	-	15,0
Soda		
geglüht	45°	25,0
kristallin	40°	15,0
Steinsalz		
gebrochen	45°	22,0
gemahlen	40°	12,0
Wolle, Baumwolle gepresst, luftgetrocknet	-	13,0

Wichten von Flüssigkeiten

Flüssigkeit	Wichte in kN/m³	Flüssigkeit	Wichte in kN/m³
Alkohol und **Ether**	8,0	**Öle** pflanzlich und tierisch	10,0
Anilin	10,0	**Petroleum**	8,0
Benzin	8,0	**Salpetersäure**, 91 % Massenanteil	15,0
Benzol	9,0	**Salzsäure**, 40 % Massenanteil	12,0
Bier	10,0	**Schwefelsäure**	
Erdöl, Dieselöl, Heizöl	10,0	30 % Massenanteil	14,0
Faulschlamm über 50 % Vol.anteil an Wasser	11,0	rauchend	19,0
Glycerin	12,5	**Wasser**	10,0
Milch	10,0	**Wein**	10,0

Wichten und Böschungswinkel von Brennstoffen

Brennstoff	Böschungswinkel	Wichte in kN/m³
Braunkohle		
trocken	35°	8,0
erdfeucht	40°	10,0
Briketts geschüttet	40°	8,0
Briketts gestapelt	-	10,0
Braunkohlenstaub	40°	5,5
Braunkohlenfeinkoks	42°	4,5
Braunkohlenfeinstkoks	36°	5,5
Braunkohlenkoksstaub	40°	5,5
Brennholz	45°	4,0
Holzkohle		
lufterfüllt	-	4,0
luftfrei	-	15,0
Steinkohle		
Koks, je nach Sorte	35°... 45°	4,2 ... 5,8
Rohkohle, grubenfeucht	35°	10,0
Staubkohle	45°	6,0
Eierbriketts und alle anderen Arten Steinkohle	35°	8,5
Mittelgut im Zechenbetrieb	35°	12,5
Waschberge im Zechenbetrieb	35°	14,0
Schwarztorf getrocknet, nicht für die Landwirtschaft		
fest gepackt	-	5,0
lose geschüttet	45°	3,0

3.3.3 Landwirtschaftliche Lagerstoffe

Wichten und Böschungswinkel von landwirtschaftlichen Schütt- und Stapelgütern

Lagerstoff	Böschungswinkel	Wichte in kN/m³
Anwelksilage	0°	5,5
Feuchtsilage (Maiskörner)	0°	16,0
Flachs gestapelt oder in Ballen gepresst	-	3,0
Grünfutter lose gelagert	-	4,0
Halmfuttersilage nass	0°	11,0
Heu		
lang und lose oder in niederdruckgepressten Ballen oder lang gehäckselt (über 11,5 cm)	-	0,9
lang und lose oder in niederdruckgepressten Ballen oder lang gehäckselt (über 11,5 cm), drahtgebunden	-	1,7
lang in hochdruckgepressten Ballen oder kurz gehäckselt	-	1,4
Hopfen		
in Säcken	-	1,7
in zylindrischen Hopfenbüchsen	-	4,7
gepresst oder in Tuch eingenäht	-	2,9

Wichten und Böschungswinkel von landwirtschaftlichen Schütt- und Stapelgütern (Fortsetzung)

Kartoffeln, Futter-, Mohr- und Zuckerrüben (lose geschüttet)	30°	7,6
Kartoffelsilage	0°	10,0
Körner		
Braugerste	30°	8,0
Hafer, Weizen, Roggen, Gerste	30°	9,0
Hanfsamen	30°	5,0
Hülsenfrüchte	25°	8,5
Mais	28°	8,0
Ölfrüchte, Lieschgras bespelzt	25°	6,5
Reis	33°	8,0
Zuckerrüben- und Grassamen	30°	3,0
Kraftfutter		
Getreide- und Malzschrot	45°	4,0
Grünfutterbriketts (Durchmesser 50 mm bis 80 mm)	50°	4,5
Grünfuttercops (Durchmesser 15 mm bis 30 mm)	45°	6,0
Grünmehlpellets (Durchmesser 4 mm bis 8 mm)	45°	7,5
Grünmehl- und Kartoffelflocken	45°	1,5
Kleie und Troblako	45°	3,0
Ölkuchen	-	10,0
Ölschrot und Kraftfuttergemische	45°	5,5
Malz	20°	5,5
Sojabohnen	23°	8,0
Spreu	-	1,0
Stroh		
lang und lose oder in Mähdrescherballen	-	0,7
in Niederdruckballen oder kurz gehäckselt (bis 5 cm)	-	0,8
in Hochdruckballen, garngebunden	-	1,1
in Hochdruckballen, drahtgebunden	-	2,7
Tabak gebündelt oder in Ballen	-	5,0
Torf lufttrocken		
geschüttet	-	1,0
eingerüttelt	-	1,5
gepresst, in Ballen	-	3,0
Zuckerrüben		
Nassschnitzel	0°	10,0
Trockenschnitzel	45°	3,0

Wichten und Böschungswinkel von Düngemitteln

Düngemittel	Böschungswinkel	Wichte in kN/m³
Gülle, Jauche, Schwemmmist	0°	10,0
Harnstoffe	24°	8,0
Kalimagnesia	20°	13,0
Kalisulfat	28°	16,0
Kaliumchlorid	28°	12,0
N-Einzeldünger	25°	11,0
NK-Dünger	28°	10,0
NP-Dünger	25°	11,5
NPK-Düngemittel	25°	12,0
P-Dünger (ohne Thomasphosphat)	25°	14,0
PK-Dünger	25°	13,0
Stapelmist	45°	10,0
Thomasphosphat	25°	22,0

Wichten und Böschungswinkel von Nahrungsmitteln

Verkehrswege, die durch feste Einbauten begrenzt werden, dürfen getrennt erfasst werden.

Lagerstoffe	Böschungswinkel	Wichte in kN/m³
Butter verpackt, in Kartons	-	8,0
Fische in Kisten	-	8,0
Gefrierfleisch	-	7,0
Getränke in Flaschen		
gestapelt in Kisten	-	9,0
in Kästen	-	6,0
Kaffee in Säcken	-	7,0
Kakao in Säcken	-	6,0
Konserven aller Art	-	8,0
Mehl		
abgepackt in Tüten auf Paletten und in Säcken	-	5,0
lose (geschüttet)	25°	6,0
Obst		
geschüttet	25°	7,0
in Kisten	-	4,0
Zucker		
fest und abgepackt in Tüten auf Paletten und in Säcken	-	16,0
lose (geschüttet)	35°	10,0

4 Nutzlasten nach DIN 1055-3 (03.2006)

Unter Nutzlasten werden zeitlich veränderliche oder nicht ortsfeste Einwirkungen verstanden, die in Zusammenhang mit dem zweckbestimmten Gebrauch einer baulichen Anlage auftreten. Dazu gehören Einwirkungen durch Personen, Einrichtungsgegenstände, unbelastete leichte Trennwände, Lagerstoffe, Maschinen, Fahrzeuge usw. Es ist zu beachten, dass neben den Nutzlasten weitere Einwirkungen als veränderlich zu betrachten sind, z.b. Windlasten, Schneelasten, aber auch bestimmte Eigenlasten. Zu letzteren zählen die Lasten aus losen Kies- und Bodenschüttungen auf Dächern oder Decken.

Nutzlasten sind in DIN 1055-3 (03.2006) geregelt, welche weitgehend mit der zukünftigen europäischen Norm DIN EN 1991-1-1 übereinstimmt.

Geltungsbereich

Die in DIN 1055-3 enthaltenen Angaben zu Nutzlasten gelten für Tragwerke des üblichen Hochbaus. Für andere Arten von Tragwerken sind gesonderte Vorschriften zu berücksichtigen (z.B. bei Brücken: DIN Fachbericht 101). Ebenso gilt DIN 1055-3 nicht für die Dimensionierung von Ausbausystemen, dazu sind in der Regel zusätzliche Betrachtungen notwendig.

4.1 Lotrechte Nutzlasten

4.1.1 Nutzlasten für Decken, Balkone, Treppen und Dächer

Nach DIN 1055-3 (03.2006) sind in Abhängigkeit von der vorgesehenen Nutzung nicht nur gleichmäßig verteilte Flächenlasten q_k, sondern auch Einzellasten Q_k bei der rechnerischen Nachweisführung zu berücksichtigen. Mit den Einzellasten Q_k wird der Nachweis der örtlichen Mindesttragfähigkeit erbracht, welcher z.B. bei Bauteilen ohne ausreichende Querverteilung der Lasten von Bedeutung sein kann. Dabei ist der charakteristische Wert für die Einzellast Q_k ohne gleichzeitige Überlagerung mit der Flächenlast q_k anzusetzen. Die Aufstandsfläche für Q_k ist ein Quadrat mit der Seitenlänge von 5 cm.

Sind konzentrierte Lasten aus Lagerregalen, Hubeinrichtungen, Tresoren usw. zu erwarten, müssen die Einzellasten für diesen Fall gesondert ermittelt und mit den gleichmäßig verteilten Nutzlasten beim Tragsicherheitsnachweis überlagert werden.

Die charakteristischen Werte der nach DIN 1055-3 (03.2006) bei der Berechnung anzusetzenden lotrechten Nutzlasten für Decken, Treppen, Balkone und Dächer sind in Tafel 6.27 angegeben.

Zusätzlich zu den Festlegungen der Tafel 6.27 gilt:

– Begehungsstege, die Teil eines Fluchtweges darstellen, sind mit einer Nutzlast von 3 kN/m² nachzuweisen.
– Dachlatten sind für 2 Einzellasten von je 0,5 kN in den äußeren Viertelspunkten der Stützweite nachzuweisen. Für hölzerne Dachlatten mit üblichen Querschnittsabmessungen ist bei Sparrenabständen ≤ 1 m kein Nachweis erforderlich. Leichte Sprossen dürfen mit einer an der ungünstigen Stelle angesetzten Einzellast von 0,5 kN berechnet werden, sofern das Dach nur mittels Bohlen oder Leitern begehbar ist.
– Eine Überlagerung der in Tafel 6.27 angegebenen Lasten der Kategorie H, T und Z mit Schneelasten ist nicht erforderlich.
– Die in Tafel 6.27 angegebenen Nutzlasten dürfen als vorwiegend ruhende Lasten betrachtet werden, Ausnahmen siehe Fußnote a) in Tafel 6.27. Unabhängig davon müssen Tragwerke, die durch Menschen zu Schwingungen angeregt werden können, gegen die auftretenden Resonanzeffekte ausgelegt werden.

Zu möglichen Nutzlastabminderungen für im Lastfluss nachfolgende Bauteile siehe Abschnitt 4.1.5.

Nutzlasten nach DIN 1055-3 (03.2006)

Tafel 6.27: Charakteristische Werte der lotrechten Nutzlasten für Decken, Treppen, Balkone und Dächer

Kategorie		Nutzung	Beispiele	q_k in kN/m²	Q_k in kN
A	A1	Wohn- und Aufenthaltsräume	zugänglicher Dachraum bis 1,80 m lichte Höhe (nicht für Wohnzwecke geeignet)	1,0	1,0
	A2		Räume und Flure in Wohngebäuden, Bettenräume in Krankenhäusern, Hotelzimmer einschl. zugehöriger Küchen und Bäder (bei ausreichender Querverteilung der Lasten)	1,5	-
	A3		wie A2, aber ohne ausreichende Querverteilung der Lasten	2,0¹⁾	1,0
B	B1	Büroflächen, Arbeitsflächen, Flure	Flure in Bürogebäuden, Büroflächen, Arztpraxen ohne schweres medizinisches Gerät, Stationsräume, Aufenthaltsräume einschl. der Flure, Kleinviehställe	2,0	2,0
	B2		Flure in Krankenhäusern, Hotels, Altenheimen, Internaten usw.; Küchen und Behandlungsräume in Krankenhäusern einschl. Operationsräume ohne schweres Gerät; Haushaltungskeller bzw. Kellerräume in Wohngebäuden	3,0	3,0
	B3		wie B2, jedoch mit schwerem Gerät	5,0	4,0
C	C1	Räume, Versammlungsräume und Flächen, die der Ansammlung von Personen dienen können	Flächen mit Tischen: z.B. Schulräume, Cafés, Restaurants, Speisesäle, Lesesäle, Empfangsräume	3,0	4,0
	C2		Flächen mit fester Bestuhlung: z.B. Flächen in Kirchen, Theatern oder Kinos, Kongresssäle, Hörsäle, Versammlungsräume, Wartesäle	4,0	4,0
	C3		frei begehbare Flächen: z.B. Museumsflächen, Ausstellungsflächen usw. und Eingangsbereiche in öffentlichen Gebäuden und Hotels, Flure in Schulen, nicht befahrbare Hofkellerdecken	5,0	4,0
	C4		Sport- und Spielflächen: z.B. Tanzsäle, Sporthallen, Gymnastik- und Kraftsporträume, Bühnen	5,0	7,0
	C5		Flächen für große Menschenansammlungen: z.B. Konzertsäle, Terrassen und Eingangsbereiche sowie Tribünen mit fester Bestuhlung	5,0	4,0
D	D1	Verkaufsräume	Flächen von Verkaufsräumen bis 50 m² Grundfläche in Wohn-, Büro- und vergleichbaren Gebäuden	2,0	2,0
	D2		Flächen in Einzelhandelsgeschäften und Warenhäusern	5,0	4,0
	D3		Flächen wie D2, jedoch mit erhöhten Einzellasten infolge hoher Lagerregale	5,0	7,0
E	E1	Fabriken und Werkstätten, Ställe, Lagerräume und Zugänge, Flächen mit erheblichen Menschenansammlungen	Flächen in Fabriken²⁾ und Werkstätten²⁾ mit leichtem Betrieb, Flächen in Großviehställen	5,0	4,0
	E2		Lagerflächen, einschließlich Bibliotheken	6,0³⁾	7,0
	E3		Flächen in Fabriken²⁾ und Werkstätten²⁾ mit mittlerem oder schwerem Betrieb, Flächen mit regelmäßiger Nutzung durch erhebliche Menschenansammlungen, Tribünen ohne feste Bestuhlung	7,5³⁾	10,0

6.27

Tafel 6.27: Charakteristische Werte der lotrechten Nutzlasten für Decken, Treppen, Balkone und Dächer (Fortsetzung)

Kategorie		Nutzung	Beispiele	q_k in kN/m²	Q_k in kN
T [4)]	T1	Treppen und Treppenpodeste	Treppen und Treppenpodeste (einschließlich solcher, die Teil des Rettungswegs sind) der Kategorie A und B1	3,0	2,0
	T2		Treppen und Treppenpodeste (einschließlich solcher, die Teil des Rettungswegs sind) der Kategorie B2 bis E	5,0	2,0
	T3		als Rettungsweg dienende Zugänge und Treppen von Tribünen ohne feste Bestuhlung	7,5	3,0
Z [4)]		Zugänge, Balkone und Ähnliches	Dachterrassen, Laubengänge, Loggien usw., Balkone, Ausstiegspodeste	4,0	2,0
H		nicht begehbare Dächer[5)]		-	1,0

[1)] Für die Weiterleitung der Lasten auf stützende Bauteile darf der angegebene Wert um 0,5 kN/m² abgemindert werden.
[2)] Nutzlasten in Fabriken und Werkstätten gelten als vorwiegend ruhend. Im Einzelfall sind sich häufig wiederholende Lasten je nach Gegebenheit als nicht vorwiegend ruhende Lasten einzuordnen.
[3)] Bei diesen Werten handelt es sich um Mindestwerte, gegebenenfalls sind höhere Lasten zu berücksichtigen.
[4)] Für Einwirkungskombinationen nach DIN 1055-100 sind die Einwirkungen der Nutzungskategorie des jeweiligen Gebäudes oder Gebäudeteils zuzuordnen.
[5)] Begehbar für übliche Erhaltungsmaßnahmen und Reparaturen.

4.1.2 Lasten aus leichten Trennwänden

Die Lasten leichter unbelasteter Trennwände (Wandlast ≤ 5 kN/m Wandlänge) dürfen vereinfacht durch einen gleichmäßig verteilten Zuschlag zur Nutzlast berücksichtigt werden. Davon ausgenommen sind Wände mit einer Last von mehr als 3 kN/m Wandlänge, die parallel zu den Balken von Decken ohne ausreichende Querverteilung stehen.

Tafel 6.28: Trennwandzuschlag

Trennwandzuschlag für Wände (einschließlich Putz) mit einer Last von	≤ 3 kN/m Wandlänge	0,8 kN/m²
	≥ 3 kN/m Wandlänge ≤ 5 kN/m Wandlänge	1,2 kN/m²
bei Nutzlasten von ≥ 5 kN/m² kann der Zuschlag entfallen		

4.1.3 Nutzlasten für Parkhäuser und Flächen mit Fahrzeugverkehr

Parkhäuser und Flächen mit Fahrzeugverkehr sind alternativ für die gleichmäßig verteilte Flächenlast q_k oder die Achslast $2 \cdot Q_k$ nach Tafel 6.29a und Abb. 6.28 nachzuweisen. Eine gleichzeitige Berücksichtigung von Flächenlast und Achslast ist nicht erforderlich.

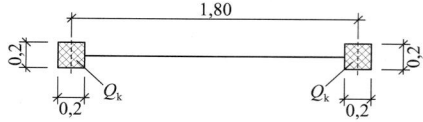

Abb.6.28: Aufstandsfläche für Q_k

Die Flächenlast q_k ist von der Größe der Lasteinzugsfläche A abhängig. Bei Deckenplatten ist die Lasteinzugsfläche des jeweiligen Deckenfeldes unter Ansatz einer durchschnittlichen Stellplatzbreite von 2,50 m zu ermitteln; bei im Lastfluss nachfolgenden Bauteilen (Unterzüge, Stützen, Wände usw.) darf die Lasteinzugsfläche des betreffenden Bauteils zugrunde gelegt werden, wenn sich dadurch ein günstigerer Wert ergibt.

Zufahrten zu Flächen, die für die Kategorie F bemessen wurden, müssen durch entsprechende Vorrichtungen so abgegrenzt werden, dass die Durchfahrt von schwereren Fahrzeugen verhindert wird.

Tafel 6.29a: Charakteristische Werte der lotrechten Nutzlasten für Parkhäuser und Flächen mit Fahrzeugverkehr

Kategorie		Nutzung	Lasteinzugsfläche A in m²	q_k in kN/m²	$2 \cdot Q_k$ in kN
F	F1	Verkehrs- und Parkflächen für leichte Fahrzeuge mit einer Gesamtlast ≤ 25 kN	≤ 20	3,5	20,0
	F2		> 20 ≤ 50	2,5	20,0
	F3		> 50	2,0	20,0
	F4	Zufahrtsrampen	≤ 20	5,0	20,0
	F5		> 20	3,5	20,0
In den Kategorien F2, F3, und F5 kann anstelle der Achslast $2 \cdot Q_k = 20$ kN auch die Einzellast $Q_k = 10$ kN beim Nachweis örtlicher Beanspruchungen maßgebend werden. Dies kann z.B. das Durchstanzen unter einer Radlast oder die Querkrafttragfähigkeit am Plattenrand betreffen.					

4.1.4 Nutzlasten bei nicht vorwiegend ruhenden Einwirkungen

Flächen für den Betrieb mit Gegengewichtsstaplern

Werden Gegengewichtsstapler eingesetzt, sind die betreffenden Decken für die lotrechten Nutzlasten nach Tafel 6.29b zu bemessen. Dazu ist ein Gegengewichtsstapler mit der zugehörigen Achslast $2 \cdot Q_k$ in der ungünstigsten Stellung anzuordnen. Gleichzeitig ist außerhalb der Grundfläche des Gegengewichtsstaplers (siehe Abb. 6.30 und Tafel 6.30) die gleichmäßig verteilte Flächenlast q_k zu berücksichtigen.

Gegebenenfalls ist zu prüfen, ob die Nutzung als Lagerfläche mit Nutzlasten der Kategorie E (siehe Tafel 6.27) zu ungünstigeren Ergebnissen führt. Ist es möglich, dass Decken sowohl von Gegengewichtsstaplern, von Fahrzeugen der Kategorie F (siehe Abschnitt 4.1.3) und von Fahrzeugen entsprechend der Brückenklassen nach DIN 1072 befahren werden, ist die am ungünstigsten wirkende Nutzlast anzusetzen.

Tafel 6.29b: Charakteristische Werte der lotrechten Nutzlasten bei Betrieb mit Gegengewichtsstaplern

Kategorie		Zulässige Gesamtlast [1] in kN	Nenntragfähigkeit in kN	q_k in kN/m²	$2 \cdot Q_k$ in kN
G	G1	31	10	12,5	26,0
	G2	46	15	15,0	40,0
	G3	69	25	17,5	63,0
	G4	100	40	20,0	90,0
	G5	150	60	20,0	140,0
	G6 [2]	190	80	20,0	170,0

[1] Summe von Eigenlast und Nenntragfähigkeit
[2] Kategorie G ist gegenüber DIN 1055-100 auf eine zulässige Gesamtlast von 190 kN erweitert worden.

Tafel 6.30: Abmessungen der Gegengewichtsstapler

Kategorie		Breite b in m	Länge l in m	Radabstand a in m
G	G1	1,00	2,60	0,85
	G2	1,10	3,00	0,95
	G3	1,20	3,30	1,00
	G4	1,40	4,00	1,20
	G5	1,90	4,60	1,50
	G6	2,30	5,10	1,80

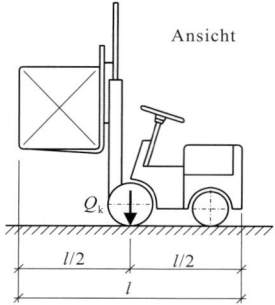 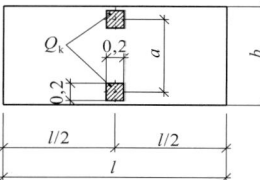

Abb. 6.30: Gegengewichtsstapler

Fahrzeugverkehr auf Hofkellerdecken und planmäßig befahrenen Deckenflächen

Planmäßig von Fahrzeugen befahrene Decken (einschließlich Hofkellerdecken) sind für die Lasten der Brückenklassen 6/6 bis 30/30 nach DIN 1072 nachzuweisen.

Für Hofkellerdecken, die nur im Brandfall von Feuerwehrfahrzeugen befahren werden, ist ein Regelfahrzeug der Brückenklasse 16/16 zugrunde zu legen, auf den umgebenden Deckenbereichen ist die gleichmäßig verteilte Last der Hauptspur vorzusehen. Der in DIN 1072 für die Brückenklasse 16/16 vorgesehene Nachweis mit einer Einzelachse von 110 kN darf entfallen. Die Nutzlasten dürfen als vorwiegend ruhende Beanspruchung angesehen werden.

Schwingbeiwerte

Die für Gegengewichtsstapler und Hubschrauberlandeplätze anzusetzenden Einzellasten Q_k sind mit einem Schwingbeiwert φ zu vervielfachen. Für diesen gilt:

- sofern kein genauerer Nachweis erbracht wird: $\varphi = 1,4$
- für überschüttete Bauwerke: $\varphi = 1,4 - 0,1 \cdot h_\text{ü} \geq 1,0$

$h_\text{ü}$ Höhe der Überschüttung in m

Schwingbeiwerte für Fahrzeugverkehr auf Hofkellerdecken und planmäßig befahrenen Deckenflächen sind entsprechend den Regelungen in DIN 1072 vorzusehen.

4.1.5 Abminderung der Nutzlast für sekundäre Tragglieder

Bei der Lastweiterleitung auf sekundäre Tragglieder (z.B. Stützen, Wände, Unterzüge, Gründungen) dürfen die auf Decken, Balkonen und Treppen vorzusehenden lotrechten, gleichmäßig verteilten Nutzlasten teilweise abgemindert werden. Dabei ist zu unterscheiden zwischen

- der Abminderung über die Lasteinzugsfläche mit dem Abminderungsbeiwert α_A,
- der Abminderung über die Geschosszahl mit dem Abminderungsbeiwert α_n.

Die Abminderungen über die Lasteinzugsfläche und über die Geschosszahl dürfen nicht gleichzeitig, sondern nur alternativ vorgenommen werden. Für die Bemessung darf der günstigere der beiden Werte angesetzt werden.

Bei der Ermittlung der Einwirkungskombinationen nach DIN 1055-100 ist die gesamte Nutzlast aller Geschosse als eine unabhängige veränderliche Einwirkung zu betrachten.

Abminderung über die Lasteinzugsfläche

Die Nutzlasten dürfen in Abhängigkeit von der vorliegenden Nutzlastkategorie für die Lastweiterleitung auf sekundäre Tragglieder wie folgt abgemindert werden:

$$q_k' = \alpha_A \cdot q_k$$

mit

q_k' abgeminderte Nutzlast
q_k Nutzlast nach Tafel 6.27, (der Trennwandzuschlag nach Abschnitt 4.1.2 darf ebenfalls abgemindert werden)
α_A Abminderungsbeiwert nach Tafel 6.31
A Einzugsfläche des betreffenden sekundären Traggliedes in m². Bei mehrfeldrigen statischen Systemen ist die Einzugsfläche für jedes Feld getrennt zu bestimmen. Näherungsweise darf der ungünstigste Abminderungsfaktor für alle Felder angesetzt werden (Abb. 6.31).

Tafel 6.31:   Abminderungsbeiwert α_A

Kategorien A, B, Z	Kategorien C bis E1
$\alpha_A = 0{,}5 + \dfrac{10}{A} \leq 1{,}0$	$\alpha_A = 0{,}7 + \dfrac{10}{A} \leq 1{,}0$

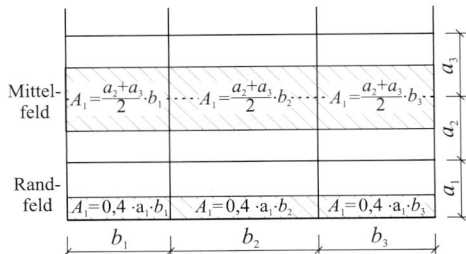
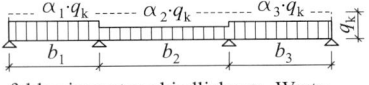
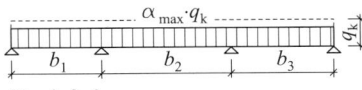

Abb. 6.31:   Einzugsflächen und Belastungen für sekundäre Tragglieder

Abminderung über die Geschosszahl

Summieren sich bei der Bemessung von vertikalen Traggliedern die Einwirkungen aus 3 oder mehr Stockwerken auf, dürfen die gleichmäßig verteilten Nutzlasten der Kategorien A, B, C, D und Z mit dem Faktor α_n abgemindert werden. Wird jedoch bei der Überlagerung mehrerer veränderlicher Einwirkungen im Rahmen der Zusammenstellung der Einwirkungskombinationen nach DIN 1055-100 der charakteristische Wert der Nutzlast mit einem Kombinationsbeiwert ψ abgemindert, darf der Abminderungsbeiwert α_n nicht angesetzt werden.

$$\alpha_n = 0{,}7 + \frac{0{,}6}{n}$$

n Anzahl der Geschosse oberhalb des belasteten Bauteils ($n > 2$)

4.2 Horizontale Nutzlasten

4.2.1 Horizontale Nutzlasten auf Absperrungen

Mit den charakteristischen Werten der gleichmäßig verteilten, horizontalen Nutzlasten nach Tafel 6.32 werden Einwirkungen von Personen auf Brüstungen, Geländer und andere Konstruktionen, die als Absperrung dienen, erfasst. In Absturzrichtung sind diese Lasten in voller Höhe und in Gegenrichtung mit 50 % ($\geq$ 0,5 kN/m), jeweils in Höhe des Handlaufes wirkend, anzusetzen. Eine Überlagerung der horizontalen Nutzlasten auf Absperrungen mit Windlasten ist nicht erforderlich.

Tafel 6.32: Horizontale Nutzlasten q_k

Kategorie der belasteten Fläche	Horizontale Nutzlast q_k kN/m
A, B1, F[1], H, T1, Z[2]	0,5
B2, B3, C1 bis C4, D, E1, E2, G[1], K, T2[2], Z[2]	1,0
C5, E3, T2[2], T3	2,0
[1] Anprall wird durch konstruktive Maßnahmen ausgeschlossen.	
[2] Kategorien T und Z entsprechend der Einstufung in die Gebäudekategorie.	

4.2.2 Horizontallasten zur Erzielung einer ausreichenden Längs- und Quersteifigkeit

Zum Erreichen einer ausreichenden Längs- und Quersteifigkeit sind neben der Windlast und anderen horizontal wirkenden Lasten die folgenden beliebig gerichteten Horizontallasten zu berücksichtigen:

- für Tribünenbauten und ähnliche Sitz- und Steheinrichtungen: 1/20 der lotrechten Nutzlast, in Fußbodenhöhe angreifend,
- bei Gerüsten: 1/100 aller lotrechten Lasten, in Schalungshöhe angreifend,
- bei Einbauten, die innerhalb geschlossener Bauwerke stehen und keiner Windbeanspruchung unterliegen zur Sicherung gegen Umkippen: 1/100 der Gesamtlast, in Höhe des Schwerpunktes anzusetzen.

5 Windlasten nach DIN 1055-4 (03.2005)

5.1 Allgemeines

Windlasten sind in DIN 1055-4 (03.2005) und der zugehörigen Berichtigung 1 (03.2006) geregelt. Die in dieser Norm angegebenen Verfahren zur Berechnung der Windlasten gelten für Hoch- und Ingenieurbauwerke – einschließlich deren einzelner Bauteile und Anbauten – sowie Schornsteine und sonstige vertikale Tragsysteme mit einer Höhe bis zu 300 m. Bauwerke mit besonderen Zuverlässigkeitsanforderungen und Brücken gehören nicht zum Geltungsbereich dieser Norm. Weiterhin können für die Windsogsicherung kleinformatiger, überlappend verlegter Bauteile (z.B. Dachziegel) abweichende Regelungen zu beachten sein.

5.2 Ermittlung des Geschwindigkeitsdrucks

5.2.1 Grundlagen

Zwischen der Windgeschwindigkeit und dem zugehörigen Geschwindigkeitsdruck besteht folgender grundsätzlicher Zusammenhang:

$$q = \frac{v^2}{1600} \quad \text{mit } v \text{ in m/s und } q \text{ in kN/m}^2$$

q Geschwindigkeitsdruck
v Windgeschwindigkeit

Die in DIN 1055-4 für 4 verschiedene Windzonen angegebenen Geschwindigkeitsdrücke sind als charakteristische Werte mit einer jährlichen Überschreitungswahrscheinlichkeit von 2% zu

Windlasten nach DIN 1055-4 (03.2005)

betrachten. Sie beruhen auf Windgeschwindigkeiten, die über einen Zeitraum von 10 Minuten hinweg gemittelt wurden.

Zur Ermittlung des Geschwindigkeitsdrucks für einen konkreten Gebäudestandort bestehen folgende alternative Möglichkeiten:

– vereinfachter Ansatz eines über die Gebäudehöhe konstanten Geschwindigkeitsdrucks für Gebäude bis zu einer Höhe von 25 m nach DIN 1055-4, 10.2 und Anhang A (siehe nachfolgenden Abschnitt 5.2.2),
– Ermittlung eines von der Höhe über dem Gelände abhängigen Geschwindigkeitsdrucks für eine bestimmte Geländekategorie nach DIN 1055-4, 10.3,
– genauere Erfassung des Einflusses von Geländerauigkeit und Topographie sowie der Höhe über dem Gelände auf den Geschwindigkeitsdruck nach DIN 1055-4, Anhang B.

5.2.2 Vereinfachter Geschwindigkeitsdruck für Bauwerke bis 25 m Höhe

Für Bauwerke mit einer Höhe h bis zu 25 m über dem Gelände darf der Geschwindigkeitsdruck vereinfacht konstant über die gesamte Gebäudehöhe angesetzt werden, siehe Tafel 6.33.

Tafel 6.33: Vereinfachte Geschwindigkeitsdrücke für Bauwerke bis zu einer Höhe von 25 m

Windzonenkarte	Windzone		Geschwindigkeitsdruck q in kN/m² für eine Bauwerkshöhe h		
			$h \leq 10\,\mathrm{m}$	$h \begin{cases} > 10\,\mathrm{m} \\ \leq 18\,\mathrm{m} \end{cases}$	$h \begin{cases} > 18\,\mathrm{m} \\ \leq 25\,\mathrm{m} \end{cases}$
	1	Binnenland	0,50	0,65	0,75
	2	Binnenland	0,65	0,80	0,90
		Ostseeküste und -inseln [1]	0,85	1,00	1,10
	3	Binnenland	0,80	0,95	1,10
		Ostseeküste und -inseln [1]	1,05	1,20	1,30
	4	Binnenland	0,95	1,15	1,30
		Ostseeküste und -inseln, Nordseeküste [1]	1,25	1,40	1,55
		Nordseeinseln	1,40	– [2]	– [2]

[1] Zum Küstenbereich zählt ein entlang der Küste verlaufender, in landeinwärtiger Richtung 5 km breiter Streifen.
[2] Auf Nordseeinseln Ansatz des vereinfachten Geschwindigkeitsdrucks nur für Bauwerke bis 10 m Höhe.

Die in Tafel 6.33 angegebenen Werte für den Geschwindigkeitsdruck q_{ref} sind für Bauwerksstandorte mit einer Höhe von mehr als 800 m über NN mit dem Faktor α_H zu erhöhen:

$$\alpha_H = 0{,}2 + \frac{H_S}{1000}$$

H_S Höhe des Bauwerksstandortes über NN in m

Für Bauwerksstandorte mit $H_S > 1.100$ m und für die Kamm- und Gipfellagen der Mittelgebirge sind besondere Überlegungen erforderlich.

5.3 Abgrenzung zwischen schwingungsanfälligen und nicht schwingungsanfälligen Bauwerken

Bauwerke dürfen als nicht schwingungsanfällig eingestuft werden, wenn die Verformungen unter Windeinwirkung durch die Böenresonanz um nicht mehr als 10% erhöht werden.

Ohne weiteren Nachweis dürfen Wohn-, Büro- und Industriegebäude mit einer Höhe bis zu 25 m, sowie diesen in Form und Konstruktion ähnliche Gebäude als nicht schwingungsanfällig betrachtet werden. In anderen Fällen gelten Bauwerke als nicht schwingungsanfällig, wenn nachfolgende Bedingung eingehalten ist:

$$\frac{x_s}{h} \leq \frac{\delta}{\left(\sqrt{\frac{25}{h} \cdot \frac{h+b}{b}} + 0,125 \cdot \sqrt{\frac{h}{25}}\right)^2}$$

x_s Kopfpunktverschiebung in m; zu berechnen unter der Eigenlast, die in Windrichtung wirkend angenommen wird

δ logarithmisches Dämpfungsdekrement nach Tafel 6.34

h Gebäudehöhe, in m

b Gebäudebreite senkrecht zur Windrichtung, in m.

Tafel 6.34: Logarithmisches Dämpfungsdekrement δ für Gebäude

Bauweise	Massiv	Stahl	Gemischt (Beton und Stahl)
Dämpfungsdekrement δ	0,100	0,050	0,080

5.4 Winddruck für nicht schwingungsanfällige Bauteile

5.4.1 Ermittlung des Winddrucks

Grundsätzlich wird zwischen dem an der Außenfläche und dem an der Innenfläche eines Bauwerks wirkenden Winddruck unterschieden:

– Winddruck auf der Außenfläche eines Bauwerks: $w_e = c_{pe} \cdot q(z_e)$

– Winddruck auf der Innenfläche eines Bauwerks: $w_i = c_{pi} \cdot q(z_i)$

Es bedeuten:

c_{pe}, c_{pi} Aerodynamischer Beiwert für den Außen- bzw. Innendruck nach den Abschnitten 5.4.2 bzw. 5.4.3

$q(z_e), q(z_i)$ Geschwindigkeitsdruck nach Abschnitt 5.2

z_e, z_i Bezugshöhe; Höhe der Oberkante der betrachteten Fläche bzw. der Oberkante des betrachteten Abschnittes über dem Gelände

Die Belastung infolge von Winddruck ergibt sich aus der Überlagerung von Außen- und Innendruck, siehe Abb. 6.35. Wenn sich der Innendruck bei der Ermittlung einer Reaktionsgröße entlastend auswirkt, ist er zu null zu setzen.

Windlasten nach DIN 1055-4 (03.2005)

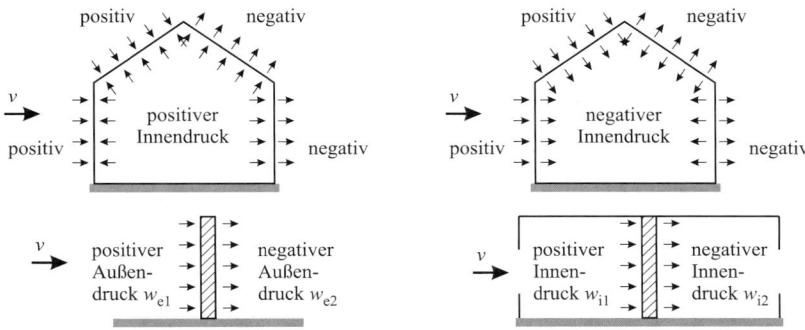

Abb. 6.35: Beispiele für die Überlagerung von Außen- und Innendruck

5.4.2 Aerodynamische Beiwerte für den Außendruck

a) Einfluss der Lasteinzugsfläche

Die im Folgenden angegebenen Außendruckbeiwerte gelten für nicht hinterlüftete Wand- und Dachflächen. Der maßgebende Außendruckbeiwert c_{pe} ist in Abhängigkeit von der Lasteinzugsfläche A zu bestimmen:

$$c_{pe} = \begin{cases} c_{pe,1} & \text{für } A \leq 1\,\text{m}^2 \\ c_{pe,1} + (c_{pe,10} - c_{pe,1}) \cdot \lg A & \text{für } 1\,\text{m}^2 < A \leq 10\,\text{m}^2 \\ c_{pe,10} & \text{für } A > 10\,\text{m}^2 \end{cases}$$

$c_{pe,1}$ Außendruckbeiwert für $A \leq 1\,\text{m}^2$
$c_{pe,10}$ Außendruckbeiwert für $A > 10\,\text{m}^2$
A Lasteinzugsfläche

Die Außendruckbeiwerte für $A < 10\,\text{m}^2$ sind nur für den Nachweis der Verankerungen von unmittelbar durch Windeinwirkungen belasteten Bauteilen einschließlich deren Unterkonstruktion zu verwenden.

b) Vorzeichendefinition

Die allgemeine Bezeichnung „Winddruck" steht sowohl für den Fall einer durch Windlasten auf einer Fläche verursachten Druckbeanspruchung, als auch für den Fall einer Sogbeanspruchung. Die Vorzeichenregelung bei der Angabe von aerodynamischen Beiwerten und damit auch von Winddrücken ist so geregelt, dass ein Druck auf eine Fläche positiv und ein Sog auf eine Fläche negativ ist.

c) Vertikale Wände von Gebäuden mit rechteckigem Grundriss

Wird der vereinfachte Geschwindigkeitsdruck nach Kapitel 5.2.2 zu Grunde gelegt, darf dieser über die gesamte Wandhöhe in gleichbleibender Größe angesetzt werden.

Die Wände sind entsprechend der Windanströmrichtung und der vorliegenden geometrischen Verhältnisse in die Wandbereiche A bis E nach Abb. 6.36 einzuteilen, für die die aerodynamischen Beiwerte in Tafel 6.36a abzulesen sind.

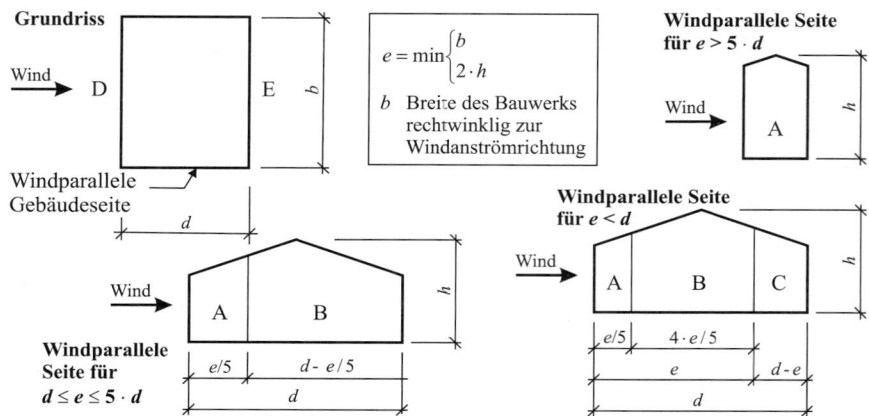

Abb. 6.36: Einteilung der Wandflächen bei vertikalen Wänden

Tafel 6.36a: Aerodynamische Beiwerte für vertikale Wände

h/d	Wandbereich									
	A		B		C		D		E	
	$c_{pe,1}$	$c_{pe,10}$	$c_{pe,1}$	$c_{pe,10}$	$c_{pe,1}$	$c_{pe,10}$	$c_{pe,1}$	$c_{pe,10}$	$c_{pe,1}$	$c_{pe,10}$
≥ 5	−1,7	−1,4	−1,1	−0,8	−0,7	−0,5	+1,0	+0,8	−0,7	−0,5
1	−1,4	−1,2	−1,1	−0,8	−0,5		+1,0	+0,8	−0,5	
$\leq 0,25$	−1,4	−1,2	−1,1	−0,8	−0,5		+1,0	+0,7	−0,5	−0,3

Zwischenwerte dürfen linear interpoliert werden.
Bei einzeln in offenem Gelände stehenden Gebäuden können im Sogbereich auch größere Werte auftreten.
Für $h/d > 5$ ist die Gesamtwindkraft nach DIN 1055-4 (03.2005), 12.4 bis 12.6 und 12.7.1 zu ermitteln.

d) Satteldächer (Dachneigung $\geq 5°$)

Satteldächer sind getrennt nach der Luv- und Leeseite in die Dachbereiche F bis J entsprechend Abb. 6.37 einzuteilen. Als Bezugshöhe gilt $z_e = h$. Im Bereich von Dachüberständen darf für den Unterseitendruck der Wert der anschließenden Wandfläche, auf der Oberseite der Druck der anschließenden Dachfläche angesetzt werden.

Tafel 6.36b: Aerodynamische Beiwerte für Satteldächer (Siehe auch Fußnoten in der Fortsetzung dieser Tafel auf Seite 6.37)

Windanströmrichtung $\theta = 0°$										
Neigungs- winkel α	Dachbereich									
	F		G		H		I		J	
	$c_{pe,1}$	$c_{pe,10}$	$c_{pe,1}$	$c_{pe,10}$	$c_{pe,1}$	$c_{pe,10}$	$c_{pe,1}$	$c_{pe,10}$	$c_{pe,1}$	$c_{pe,10}$
5°	−2,5	−1,7	−2,0	−1,2	−1,2	−0,6	+0,2 / −0,6		+0,2 / −0,6	
10°	−2,2	−1,3	−1,7	−1,0	−0,4		+0,2 / −0,5		+0,2 / −0,8	
15°	−2,0	−0,9	−1,5	−0,8	−0,3		−0,4		−1,5	−1,0
	+0,2		+0,2		+0,2					
30°	−1,5	−0,5	−1,5	−0,5	−0,2		−0,4		−0,5	
	+0,7		+0,7		+0,4					
45°	+0,7		+0,7		+0,6		−0,4		−0,5	
60°	+0,7		+0,7		+0,7		−0,4		−0,5	
75°	+0,8		+0,8		+0,8		−0,4		−0,5	

Tafel 6.36b: Aerodynamische Beiwerte für Satteldächer (Fortsetzung)

Windanströmrichtung $\theta = 90°$

Neigungs-winkel α	Dachbereich							
	F		G		H		I	
	$c_{pe,1}$	$c_{pe,10}$	$c_{pe,1}$	$c_{pe,10}$	$c_{pe,1}$	$c_{pe,10}$	$c_{pe,1}$	$c_{pe,10}$
5°	−2,2	−1,6	−2,0	−1,3	−1,2	−0,7	+0,2 / −0,6	
10°	−2,1	−1,4	−2,0	−1,3	−1,2	−0,6	+0,2 / −0,6	
15°	−2,0	−1,3	−2,0	−1,3	−1,2	−0,6	−0,5	
30°	−1,5	−1,1	−2,0	−1,4	−1,2	−0,8	−0,5	
45°	−1,5	−1,1	−2,0	−1,4	−1,2	−0,9	−0,5	
60°	−1,5	−1,1	−2,0	−1,2	−1,0	−0,8	−0,5	
75°	−1,5	−1,1	−2,0	−1,2	−1,0	−0,8	−0,5	

Sind sowohl positive als auch negative aerodynamische Beiwerte angegeben, so ist der für die betrachtete Beanspruchungssituation ungünstigere Wert zu verwenden.

Für Dachneigungen zwischen den angegeben Werten darf linear interpoliert werden, sofern das Vorzeichen der Druckbeiwerte nicht wechselt.

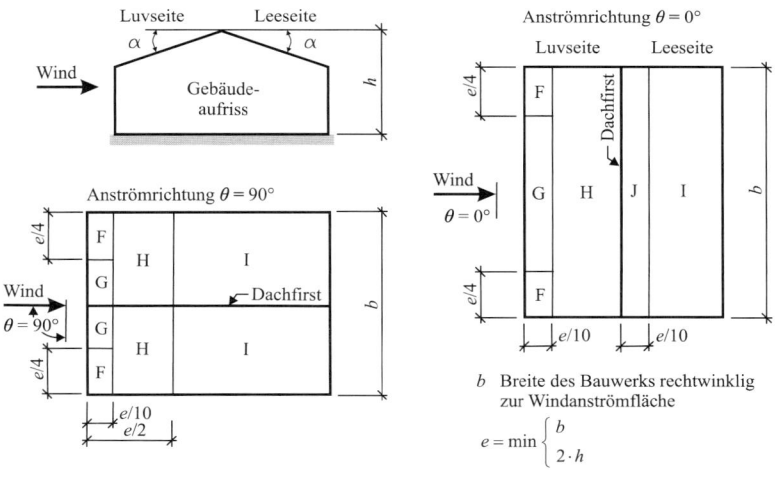

Abb. 6.37: Einteilung der Dachfläche von Satteldächern

e) Flachdächer (Dachneigung ± 5°)

Dächer mit einer geringeren Neigung als ± 5° sind in die Dachbereiche F bis I einzuteilen. Der Dachflächenbereich F darf für sehr flache Baukörper mit $h/d < 0,1$ entfallen; in diesem Fall verläuft der Randbereich G über die gesamte Trauflänge.

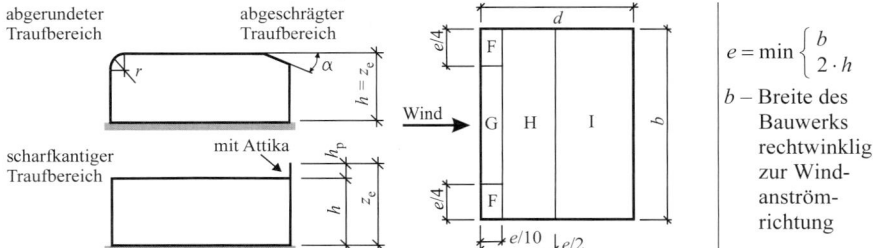

Tafel 6.38: Aerodynamische Beiwerte für Flachdächer [1]

		Dachbereich							
		F		G		H		I [5]	
		$c_{pe,1}$	$c_{pe,10}$	$c_{pe,1}$	$c_{pe,10}$	$c_{pe,1}$	$c_{pe,10}$	$c_{pe,1}$	$c_{pe,10}$
scharfkantiger Traufbereich		−2,5	−1,8	−2,0	−1,2	−1,2	−0,7	+0,2 / −0,6	
mit Attika	$h_p/h = 0,025$	−2,2	−1,6	−1,8	−1,1	−1,2	−0,7	+0,2 / −0,6	
	$h_p/h = 0,05$	−2,0	−1,4	−1,6	−0,9	−1,2	−0,7	+0,2 / −0,6	
	$h_p/h = 0,1$	−1,8	−1,2	−1,4	−0,8	−1,2	−0,7	+0,2 / −0,6	
abgerundeter Traufbereich [2]	$r/h = 0,05$	−1,5	−1,0	−1,8	−1,2	−0,4		± 0,2	
	$r/h = 0,1$	−1,2	−0,7	−1,4	−0,8	−0,3		± 0,2	
	$r/h = 0,2$	−0,8	−0,5	−0,8	−0,5	−0,3		± 0,2	
abgeschrägter Traufbereich [3][4]	$\alpha = 30°$	−1,5	−1,0	−1,5	−1,0	−0,3		± 0,2	
	$\alpha = 45°$	−1,8	−1,2	−1,9	−1,3	−0,4		± 0,2	
	$\alpha = 60°$	−1,9	−1,3	−1,9	−1,3	−0,5		± 0,2	

[1] Zwischenwerte dürfen linear interpoliert werden.
[2] Bei Flachdächern mit abgerundetem Traufbereich ist im unmittelbaren Bereich der Dachkrümmung ein linearer Übergang vom Außendruckbeiwert der Außenwand zu dem des Daches anzusetzen.
[3] Bei Flachdächern mit abgeschrägtem Traufbereich ergeben sich die Druckbeiwerte für den unmittelbaren Bereich der Dachschräge nach Tafel 6.36b ($\theta = 0°$).
[4] Für Flachdächer mit abgeschrägtem Traufbereich darf für $\alpha > 60°$ zwischen den Werten für $\alpha = 60°$ und den Werten für den scharfkantigen Traufbereich linear interpoliert werden.
[5] Positive und negative Werte im Bereich I müssen gleichermaßen berücksichtigt werden.

5.4.3 Innendruck in geschlossenen Baukörpern

Wände mit Öffnungen, bei denen die Öffnungsfläche 30 % der Wandfläche nicht überschreitet, gelten als *durchlässige Wand*. Überschreitet die Öffnungsfläche 30 % der Wandfläche, gilt die betreffende Wand als *offene Wand*. Fenster, Türen und Tore zählen dabei nicht als Wandöffnung, sofern sie bei Sturm nicht betriebsbedingt geöffnet werden müssen. Ein Beispiel für betriebsbedingt zu öffnende Tore stellen in diesem Zusammenhang die Ausfahrten von Rettungsstellen dar.

Bei *geschlossenen Baukörpern mit durchlässigen Wänden* wirkt zusätzlich zum Außendruck ein Innendruck. Die rechnerische Berücksichtigung des Innendrucks ist allerdings im Regelfall nur bei Gebäuden mit nicht unterteiltem Grundriss (z.B. Hallen) notwendig. Bei

- üblichen Wohn- und Bürogebäuden,
- sonstigen Gebäuden, bei denen die Öffnungsfläche 1% der Wandfläche nicht überschreitet und die Öffnungen annähernd gleichmäßig über die Wandfläche verteilt sind,

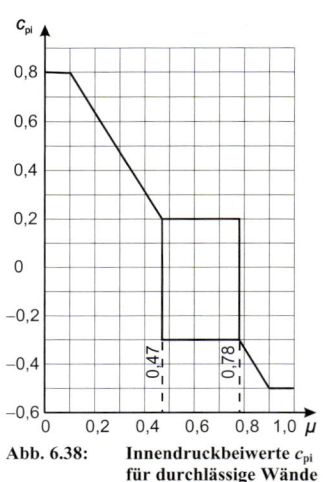

Abb. 6.38: Innendruckbeiwerte c_{pi} für durchlässige Wände

kann auf den Ansatz des Innendrucks verzichtet werden. Die Bestimmung des Innendrucks erfolgt in Abhängigkeit vom Flächenparameter μ mit den Druckbeiwerten nach oben stehender Abbildung. Im Bereich $0,47 \leq \mu \leq 0,78$ können positive und negative Druckbeiwerte gleichzeitig auftreten, der ungünstigere Wert ist dann maßgebend. Der Innendruck wirkt auf alle Umfassungsflächen eines Innenraumes gleichzeitig und in gleicher Größe. Innen- und Außendruck sind gleichzeitig wirkend anzunehmen. Ausnahme: Wirkt der Innendruck bei der Bestimmung einer Reaktionsgröße entlastend, ist er zu Null zu setzen.

Windlasten nach DIN 1055-4 (03.2005)

$$\mu = \frac{A_1}{A_2}$$

A_1 – Gesamtfläche der Öffnungen in den leeseitigen und windparallelen Flächen
A_2 – Gesamtfläche der Öffnungen aller Wände

5.4.4 Aerodynamische Beiwerte für freistehende Dächer

Für Dächer ohne durchgehende Wände, z.B. Tankstellendächer, sind die Druckbeiwerte in Tafel 6.39 zusammengefasst. Die Bezugshöhe $z_e = h$ ergibt sich aus dem höchsten Punkt der Dachkonstruktion. Im Bereich eines umlaufenden Streifens von 1 m Breite ist für den Tragsicherheitsnachweis der Dachhaut eine erhöhte Soglast anzusetzen, die mit dem Beiwert $c_{pe,res} = -2{,}5$ zu ermitteln ist.

Tafel 6.39: Aerodynamische Druckbeiwerte für freistehende Dächer

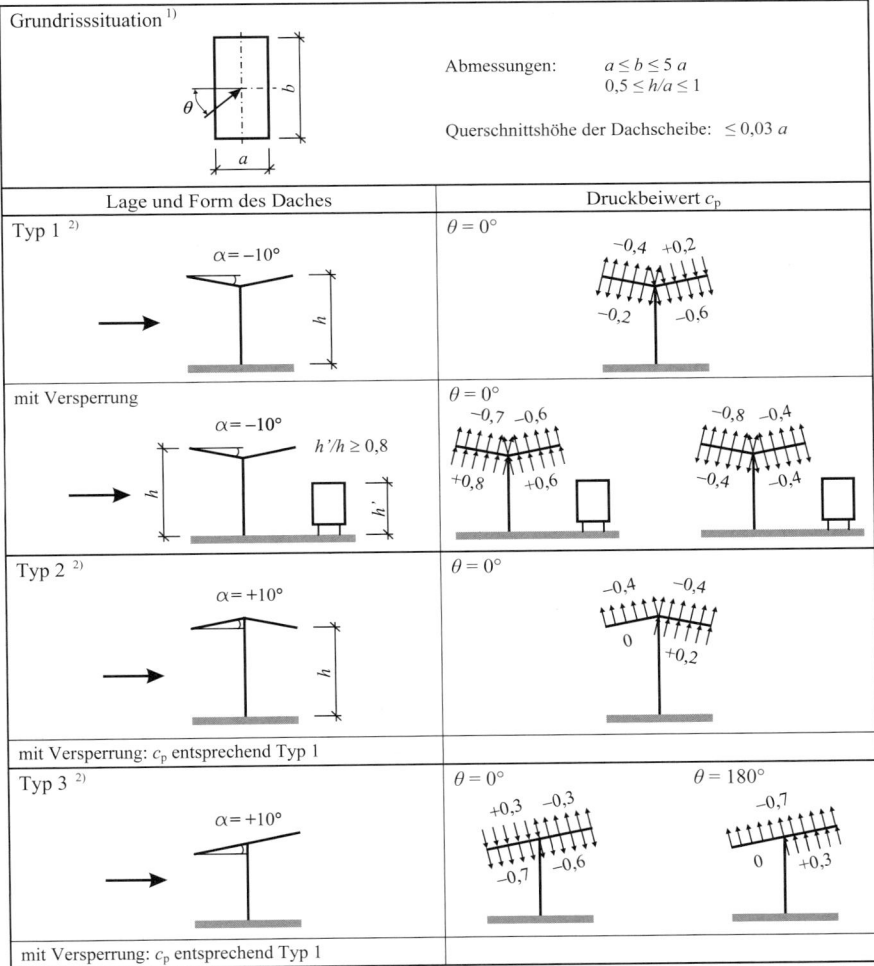

[1] Verläuft die Windanströmrichtung parallel zur Dachlängsachse können tangentiale Windkräfte von Bedeutung sein.
[2] Zwischenwerte der Beiwerte c_p für Dachneigungen $-10° \leq \alpha \leq +10°$ dürfen linear interpoliert werden. Eine mögliche Versperrung in Höhe von bis zu 15 % der durchströmenden Fläche unterhalb des Daches wurde in den Beiwerten berücksichtigt.

Beispiel: Ermittlung des Winddruckes für ein Gebäude mit Satteldach

Nachfolgend wird der Winddruck für ein allseitig geschlossenes Gebäude mit Satteldach ermittelt.

Ermittlung des vereinfachten Geschwindigkeitsdruckes q nach Tafel 6.33 (Binnenland, Windzone 1, $h = 10,80$ m):

$q = 0,65$ kN/m² über die gesamte Gebäudehöhe

Windanströmrichtung: $\theta = 0°$

Wandbereiche:

Einflussbreite: $e = \min \begin{cases} b = 10,00 \text{ m} \\ 2 \cdot h = 21,60 \text{ m} \end{cases}$

$e/d = 10,00 / 9,00 = 1,11$
$\Rightarrow d \leq e \leq 5 \cdot d$

Breite der Fläche A: $b_A = e/5 = 10,00/5 = 2,00$ m

$\dfrac{h}{d} = \dfrac{10,80}{9,00} = 1,20$

$\Rightarrow (c_{pe,10}$ ggf. linear interpolieren)

$w_e = c_{pe} \cdot q$
$w_A = -1,21 \cdot 0,65 = -0,79$ kN/m²
$w_B = -0,80 \cdot 0,65 = -0,52$ kN/m²
$w_D = +0,80 \cdot 0,65 = +0,52$ kN/m²
$w_E = -0,50 \cdot 0,65 = -0,33$ kN/m²

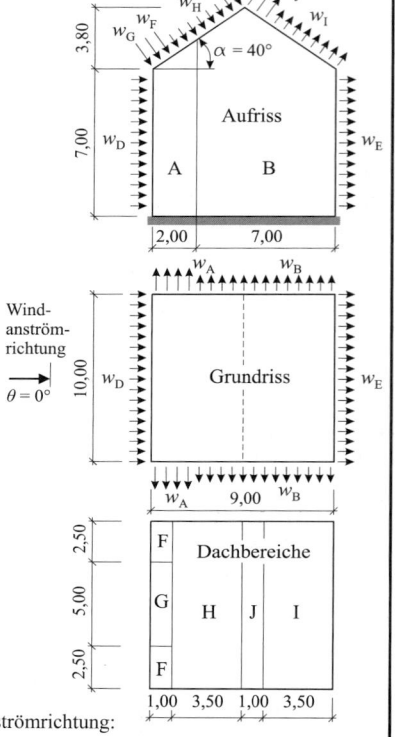

Dachbereiche:

Abmessung der Fläche F rechtwinklig zur Windanströmrichtung:
$b_F = e/4 = 10,00/4 = 2,50$ m

Abmessung der Flächen F und G parallel zur Windanströmrichtung:
$d_F = d_G = e/10 = 10,00/10 = 1,00$ m

$w_F = +0,70 \cdot 0,65 = +0,46$ kN/m²
$w_G = +0,70 \cdot 0,65 = +0,46$ kN/m²
$w_H = +0,53 \cdot 0,65 = +0,34$ kN/m²
$w_J = -0,50 \cdot 0,65 = -0,33$ kN/m²
$w_I = -0,40 \cdot 0,65 = -0,26$ kN/m²

Anmerkung: Für Lasteinzugsflächen $A < 10$ m² sind gegebenenfalls erhöhte Druckbeiwerte für die Berechnung von Ankerkräften zu berücksichtigen. Die Dachbereiche F und G haben eine geringere Fläche als 10 m², bei einer Dachneigung von 40° ergeben sich dafür jedoch keine höheren Druckbeiwerte ($c_{pe,1} = c_{pe,10}$).

Zusätzlich zur der in diesem Beispiel vorgenommenen Ermittlung der Winddrücke für die Windanströmrichtung $\vartheta = 0°$ ist auch die Windanströmrichtung $\vartheta = 90°$ zu untersuchen.

5.5 Windkräfte für nicht schwingungsanfällige Bauwerke

Die auf ein Bauwerk oder ein Bauteil wirkende resultierende Windkraft F_w darf wie folgt ermittelt werden:

$F_w = c_f \cdot q(z_e) \cdot A_{ref}$

$q(z_e)$ Geschwindigkeitsdruck, siehe Abschnitt 5.2
z_e Bezugshöhe
c_f aerodynamischer Kraftbeiwert nach DIN 1055-4
A_{ref} Bezugsfläche, auf welche der Kraftbeiwert bezogen ist

Für den Angriffspunkt der resultierenden Windkraft ist eine Ausmitte e zu berücksichtigen:
$e = b/10$ bzw. $e = d/10$ mit: b Breite des Baukörpers
                                            d Tiefe des Baukörpers

6 Schnee- und Eislasten nach DIN 1055-5 (07.2005)

6.1 Geltungsbereich

In DIN 1055-5 sind die für die rechnerische Nachweisführung von baulichen Anlagen erforderlichen Angaben zu den Rechenwerten der Schneelasten enthalten. Diese gelten für
- Orte mit einer Höhenlage bis zu 1500 m über NN. Für Orte mit einer Höhenlage, die 1500 m über NN übersteigt, sind von den zuständigen Behörden entsprechende Rechenwerte der Schneelasten festzulegen.
- Natürliche (klimatisch bedingte) Schneelastverteilungen und in Abhängigkeit von der Dachgeometrie auftretende Schneelastanhäufungen, einschließlich Verwehungen. Andere (künstlich hervorgerufene) Schneelastverteilungen, z.B. solche, die durch Abräumen bzw. Umverteilen von Schnee entstehen, sind gesondert zu erfassen.

6.2 Schneelast auf dem Boden

6.2.1 Charakteristischer Wert der Schneelast auf dem Boden

Der charakteristische Wert der Schneelast auf dem Boden s_k ist abhängig von der geographischen Lage (Schneelastzone und Geländehöhe über dem Meeresspiegel) und kann nach Tafel 6.41 berechnet werden. Für Orte mit einer Höhenlage > 1500 m über NN und bestimmte Regionen der Schneelastzone 3 (z.B. Oberharz, Hochlagen des Fichtelgebirges, Reit im Winkl, Obernach/Walchensee) können sich höhere Schneelasten ergeben, die von den örtlichen zuständigen Stellen festzulegen sind. Zur genaueren Zuordnung der Schneezonen zu Verwaltungsgrenzen von Gemeinden siehe www.dibt.de oder [Holschemacher/Klug 2007].

Tafel 6.41: Charakteristischer Wert der Schneelast auf dem Boden s_k nach DIN 1055-5 (07.2005)

Schneezonenkarte	Zone	Charakteristischer Wert in kN/m²
(Karte)	1 [1)]	$s_k = \max \left\{ \begin{array}{l} 0{,}65 \\ 0{,}19 + 0{,}91 \cdot \left(\dfrac{A+140}{760} \right)^2 \end{array} \right.$
	2 [1)]	$s_k = \max \left\{ \begin{array}{l} 0{,}85 \\ 0{,}25 + 1{,}91 \cdot \left(\dfrac{A+140}{760} \right)^2 \end{array} \right.$
	3	$s_k = \max \left\{ \begin{array}{l} 1{,}10 \\ 0{,}31 + 2{,}91 \cdot \left(\dfrac{A+140}{760} \right)^2 \end{array} \right.$
	s_k	charakteristischer Wert der Schneelast auf dem Boden
	A	Geländehöhe über dem Meeresspiegel in m
	[1)]	Für die Zonen 1a und 2a muss der charakteristische Wert der Zone 1 bzw. 2 mit dem Faktor 1,25 multipliziert werden.

6.2.2 Außergewöhnliche Schneelast

Im norddeutschen Tiefland treten in seltenen Fällen Schneelasten auf, die die charakteristischen Werte nach Abschnitt 6.2.1 deutlich übersteigen können. In den Einführungsbestimmungen der einzelnen Bundesländer ist geregelt, ob neben dem charakteristischen Wert der Schneelast nach DIN 1055-5 auch eine außergewöhnliche Schneelast anzusetzen ist. Davon betroffen sind innerhalb der Schneelastzonen 1 und 2 befindliche Regionen nördlich des 52. bzw. 52,5. Breitengrades, siehe Tafel 6.41 bzw. [Holschemacher/Klug 2007]. In derartigen Fällen sind die rechnerischen Nachweise in

- der ständigen und vorübergehenden Bemessungssituation mit dem charakteristischen Wert der Schneelast s_k und zusätzlich
- in der außergewöhnlichen Bemessungssituation mit der außergewöhnlichen Schneelast $A_{k,S}$

zu führen.

$$A_{k,S} = 2{,}3 \cdot s_k$$

$A_{k,S}$ außergewöhnliche Schneelast auf dem Boden
s_k charakteristischer Wert der Schneelast auf dem Boden

6.3 Schneelast auf dem Dach

6.3.1 Charakteristischer Wert und außergewöhnliche Schneelast

Der charakteristische Wert der Schneelast auf dem Dach s_i ist abhängig von der Dachform und dem charakteristischen Wert der Schneelast auf dem Boden.

$$s_i = \mu_i \cdot s_k$$

s_i charakteristischer Wert der Schneelast auf dem Dach, auf die Grundrissprojektion der Dachfläche zu beziehen
μ_i Formbeiwert der Schneelast entsprechend der vorliegenden Dachform
s_k charakteristischer Wert der Schneelast auf dem Boden

Die außergewöhnliche Schneelast auf dem Dach $A_{k,Si}$ ist – sofern erforderlich – in analoger Weise zu ermitteln:

$$A_{k,Si} = \mu_i \cdot A_{k,S} = 2{,}3 \cdot \mu_i \cdot s_k$$

6.3.2 Sattel-, Pult-, Shed- und Flachdächer

In Tafel 6.42 sind die Formbeiwerte μ_i für die flachen und geneigten Flächen von Sattel-, Pult-, Shed- und Flachdächern angegeben.

Tafel 6.42: Formbeiwerte μ_i der Schneelast für flache und geneigte Flächen von Sattel-, Pult-, Shed- und Flachdächern

Dachneigung α	μ_1	μ_2
$0° \leq \alpha \leq 30°$	0,8	$0{,}8 + 0{,}8 \cdot \alpha/30°$
$30° < \alpha \leq 60°$	$0{,}8 \cdot (60° - \alpha)/30°$	1,6
$\alpha > 60°$	0	1,6
Für Dächer mit Brüstungen, Schneefanggittern oder anderen Hindernissen an der Traufe ist der Formbeiwert mindestens mit $\mu_i = 0{,}8$ anzusetzen.		

Sattel-, Flach- und Pultdächer

Bei Satteldächern sind 3 verschiedene Lastbilder zu untersuchen, von denen das ungünstigste maßgebend wird, siehe Tafel 6.43a. Das Lastbild a stellt sich ohne Windeinwirkung ein, die Lastbilder b und c erfassen Verwehungs- und Abtaueinflüsse. Letztere werden allerdings nur bei Tragwerken maßgebend, die empfindlich gegenüber ungleichmäßig verteilten Lasten sind. Bei Flach- und Pultdächern ist im Allgemeinen der Ansatz einer auf der gesamten Dachfläche gleichmäßig verteilten Schneelast ausreichend.

Schnee- und Eislasten nach DIN 1055-5 (07.2005)

Tafel 6.43a: Schneelasten und Lastbilder bei Sattel-, Pult- und Flachdächern

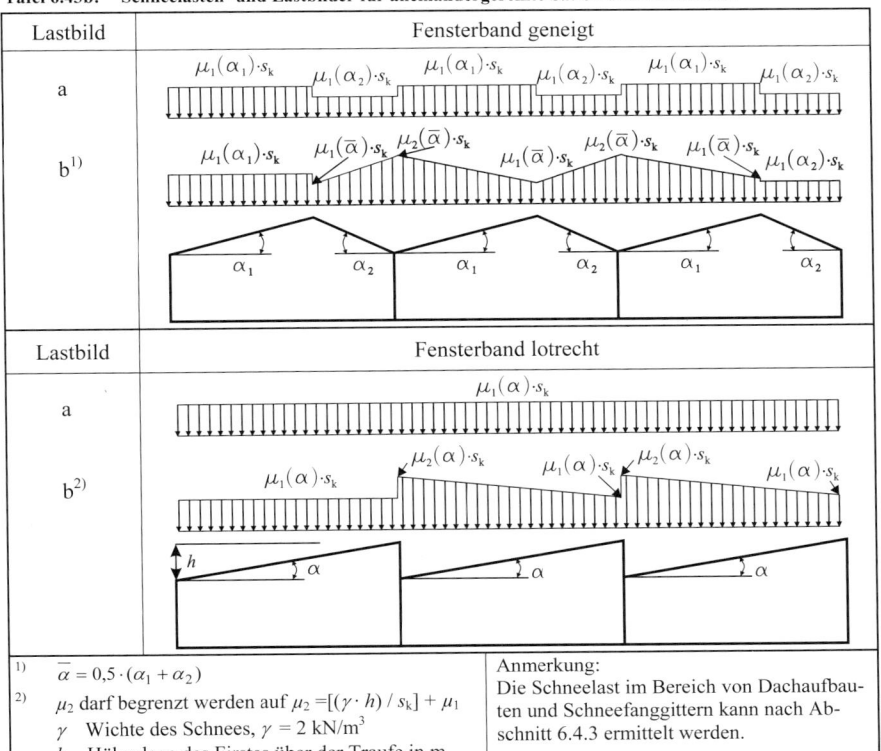

Aneinandergereihte Sattel- und Sheddächer
Bei der Berechnung von aneinandergereihten Sattel- und Sheddächern ist neben dem Schneelastfall ohne Windeinfluss (Lastbild a) auch der Verwehungslastfall (Lastbild b) zu betrachten.

Tafel 6.43b: Schneelasten- und Lastbilder für aneinandergereihte Sattel- und Sheddächer

[1] $\bar{\alpha} = 0{,}5 \cdot (\alpha_1 + \alpha_2)$

[2] μ_2 darf begrenzt werden auf $\mu_2 = [(\gamma \cdot h) / s_k] + \mu_1$
 γ Wichte des Schnees, $\gamma = 2$ kN/m³
 h Höhenlage des Firstes über der Traufe in m

Anmerkung:
Die Schneelast im Bereich von Dachaufbauten und Schneefanggittern kann nach Abschnitt 6.4.3 ermittelt werden.

6.4 Schneeanhäufungen

6.4.1 Höhensprünge an Dächern

Ab einem Höhensprung von 50 cm muss die Anhäufung von Schnee im tiefer liegenden Dachbereich nach Abbildung 6.44 berücksichtigt werden. Das tiefer liegende Dach wird als Flachdach angenommen und erhält eine dreieckförmige Zusatzlast aus Schneeverwehung und abrutschendem Schnee des anschließenden, höher liegenden Daches.

h Höhe des Dachsprunges in m

γ Wichte des Schnees
$\gamma = 2$ kN/m^3

μ_1 Formbeiwert für den tiefer liegenden Dachbereich
$\mu_1 = 0{,}8$

l_s Länge des Verwehungskeils

$$l_s = 2 \cdot h \begin{cases} \geq 5 \text{ m} \\ \leq 15 \text{ m} \end{cases}$$

Für $l_s > b_2$ sind die Lastordinaten am vom Höhensprung entfernten Dachrand abzuschneiden.

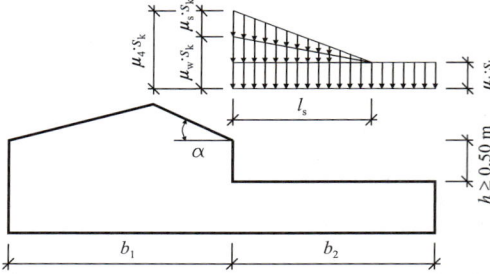

Abb. 6.44: Lastbild der Schneelast an Höhensprüngen mit $h \geq 50$ cm

μ_W Formbeiwert der Schneeverwehung $\mu_W = \min \begin{cases} \dfrac{b_1 + b_2}{2 \cdot h} \\ \dfrac{\gamma \cdot h}{s_k} - \mu_S \end{cases}$

μ_S Formbeiwert des abrutschenden Schnees

- sofern beim höher liegenden Dach $\alpha \leq 15°$: $\mu_S = 0$
- sofern beim höher liegenden Dach $\alpha > 15°$: Die Last aus Abrutschen des Schnees $\mu_S \cdot s_k$ ist aus der Hälfte der größten resultierenden Schneelast zu ermitteln, die auf der angrenzenden Seite des oberen Daches maßgebend ist und auf der Länge l_s dreieckförmig zu verteilen. Dabei ist unabhängig von der Neigung des oberen Daches ein Formbeiwert $\mu_1 = 0{,}8$ anzusetzen.

Der Formbeiwert $\mu_4 = \mu_W + \mu_S$ ist wie folgt zu begrenzen:

- $\mu_4 = \mu_W + \mu_S \begin{cases} \geq 0{,}8 \\ \leq 2{,}0 \end{cases}$ in der ständigen und vorübergehenden Bemessungssituation.

- Bei großen Höhensprüngen ab $\mu_W + \mu_S > 3$ gilt zusätzlich die Begrenzung $3 < \mu_4 = \mu_W + \mu_S \leq 4$, die als außergewöhnliche Beanspruchung nach DIN 1055-100 zu betrachten ist. Bei seitlich offenen und der Räumung zugänglichen Vordächern mit $b_2 \leq 3$ m ist es unabhängig von der Größe des Höhensprunges ausreichend, die ständige/vorübergehende Bemessungssituation zu betrachten.

6.4.2 Schneeverwehungen an Aufbauten und Wänden

Schneeanhäufungen infolge Windverwehungen im Bereich von auf Dachflächen befindlichen Aufbauten oder Wände sind zu berücksichtigen, wenn die Dachaufbauten eine Ansichtsfläche von ≥ 1 m^2 und eine Höhe von ≥ 50 cm aufweisen. Diese Schneelast verteilt sich dreieckförmig über die Länge l_s, wobei die Formbeiwerte wie folgt anzunehmen sind:

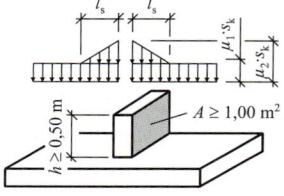

$\mu_1 = 0{,}8$ $\mu_2 = \gamma \cdot h / s_k \begin{cases} \geq 0{,}8 \\ \leq 2{,}0 \end{cases}$

$l_s = 2 \cdot h \begin{cases} \geq 5 \text{ m} \\ \leq 15 \text{ m} \end{cases}$ γ Wichte des Schnees, $\gamma = 2$ kN/m^3

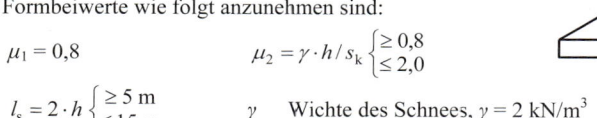

Schnee- und Eislasten nach DIN 1055-5 (07.2005)

6.4.3 Schneelasten auf Aufbauten von Dachflächen

An Dachaufbauten, die abgleitende Schneemassen anstauen, entsteht eine linienförmige Schneelast F_s. Bei der Ermittlung dieser Linienlast ist die Reibung zwischen Dachfläche und Schnee zu vernachlässigen.

$F_s = \mu_i \cdot s_k \cdot b \cdot \sin \alpha$

F_s Schneelast je m Länge
μ_i größter Formbeiwert nach Tafel 6.42 für die betrachtete Dachfläche
b Grundrissabstand zwischen Dachaufbau und einem höher liegenden Hindernis bzw. dem First in m

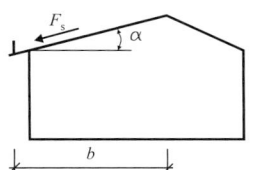

6.4.4 Schneeüberhang an der Traufe

An auskragenden Dachbereichen ist eine zusätzliche Linienlast S_e durch überhängenden Schnee anzusetzen. Diese Linienlast wirkt an der Trauflinie und ist wie folgt zu ermitteln:

$S_e = s_i^2 / \gamma$

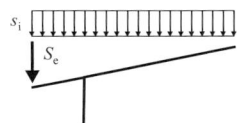

S_e Schneelast des Überhanges in kN je m Trauflänge
s_i Schneelast für das Dach nach Abschnitt 6.3
γ Wichte des Schnees, für diesen Nachweis gilt $\gamma = 3$ kN/m³

Beispiel: Ermittlung der Schneelast für ein Einfamilienhaus mit angebauter Garage
Standort: Hannover, Höhenlage über NN: 50 m → Schneelastzone 2, $A = 50$ m

$s_k = \max \begin{cases} 0{,}85 \text{ kN/m} \\ 0{,}25 + 1{,}91 \cdot \left(\dfrac{50+140}{760}\right)^2 \end{cases} = \max \begin{cases} 0{,}85 \text{ kN/m}^2 \\ 0{,}37 \text{ kN/m}^2 \end{cases}$

Hausdach:
$\mu_1 = 0{,}8 \cdot (60° - 37°)/30° = 0{,}61$
$s_a = 0{,}61 \cdot 0{,}85 = 0{,}52$ kN/m²
$s_{b,1} = s_{c,2} = 0{,}5 \cdot 0{,}61 \cdot 0{,}85 = 0{,}26$ kN/m²
$s_{b,2} = s_{c,1} = 0{,}61 \cdot 0{,}85 = 0{,}52$ kN/m²

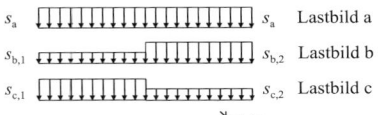

Lastbild a
Lastbild b
Lastbild c

Garagendach:

$l_s = 2 \cdot 2{,}50 = \underline{5{,}00 \text{ m}} \begin{cases} \geq 5{,}00 \text{ m} \\ \leq 15{,}00 \text{ m} \end{cases}$

$0{,}5 \cdot \mu_1 \cdot s_k \cdot b_1/2 = \mu_S \cdot s_k \cdot l_s/2$
→ $\mu_S = 0{,}5 \cdot \mu_1 \cdot b_1/l_s$
$= 0{,}5 \cdot 0{,}8 \cdot 8{,}00/5{,}00$
$= 0{,}64$

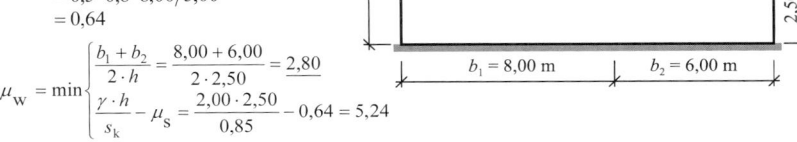

$\mu_W = \min \begin{cases} \dfrac{b_1 + b_2}{2 \cdot h} = \dfrac{8{,}00 + 6{,}00}{2 \cdot 2{,}50} = 2{,}80 \\ \dfrac{\gamma \cdot h}{s_k} - \mu_S = \dfrac{2{,}00 \cdot 2{,}50}{0{,}85} - 0{,}64 = 5{,}24 \end{cases}$

$\mu_4 = \mu_S + \mu_W = 0{,}64 + 2{,}80 = \underline{3{,}44} \begin{cases} \to \mu_4 = 2{,}0 \text{ in der ständigen/vorübergehenden Bemessungssit.} \\ \to \mu_4 = 3{,}44 \text{ in der außergewöhnlichen Bemessungssituation} \end{cases}$

$s_\Delta = \mu_4 \cdot s_k - s_d = 2{,}00 \cdot 0{,}85 - 0{,}68 = 1{,}02$ kN/m² in der ständ./vorübergehenden Bemessungssit.
$s_\Delta = \mu_4 \cdot s_k - s_d = 3{,}44 \cdot 0{,}85 - 0{,}68 = 2{,}24$ kN/m² in der außergewöhnlichen Bemessungssituation

Sofern ein Dachüberstand an der Traufe vorhanden ist, muss eine zusätzliche Linienlast aus Schneeüberhang berücksichtigt werden: $S_e = s_a^2/\gamma = 0{,}52^2/3 = 0{,}09$ kN/m

Bucak / Seiler (Hrsg.)

Praxisbeispiele
für Einwirkungen nach neuen Normen

Eigen- und Nutzlasten
Wind- und Schneelasten
Kranbahnlasten
Lasten auf Straßenbrücken

Juli 2007. 192 Seiten.
17 x 24 cm. Kartoniert.
ISBN 978-3-89932-169-2
EUR 34,–

Das vorliegende Buch erläutert anhand von baupraktischen Zahlenbeispielen die neuen Lastannahmen im Hoch- und Kranbahnbau nach DIN 1055 sowie die Einwirkungen auf Straßenbrücken nach DIN Fachbericht 101. Neben dem zugrunde liegenden Sicherheitskonzept werden auch die Einwirkungskombinationen behandelt, die für eine Bemessung erforderlich sind.

Aus dem Inhalt:
- **Einwirkungskombinationen**
  - Grenzzustand der Tragfähigkeit
  - Grenzzustand der Gebrauchstauglichkeit
- **Nutzlasten**
  - Wohn- und Geschäftsgebäude
  - Bürogebäude
- **Schnee- und Windlasten**
  - Hausdach
  - Stahlhalle
- **Zweifeldrige Kranbahn**
- **Zweistegiger Plattenbalken**

Herausgeber:
Prof. Dr.-Ing. Ömer Bucak lehrt Stahlbau an der FH München.
Prof. Dr.-Ing. Christian Seiler lehrt Stahlbetonbau an der FH München.

Autoren:
Prof. Dr.-Ing. Ömer Bucak, Prof. Dr.-Ing. Peter Gebhard,
Prof. Dr.-Ing. Jürgen Mainz, Prof. Dr.-Ing. Christof Hausser,
Prof. Dr.-Ing. Christoph Seeßelberg, Prof. Dr.-Ing. Christian Seiler
(alle Fachhochschule München).

Bauwerk www.bauwerk-verlag.de

6B Lastannahmen nach DIN 1055 alt

Prof. Dr.-Ing. Klaus Holschemacher[*)]

Inhaltsverzeichnis

		Seite
1	**Allgemeines**	6.48
2	**Lotrechte Verkehrslasten nach DIN 1055-3 (06.71)**	6.48
3	**Windlasten nach DIN 1055-4 (08.86)**	6.49
3.1	Kriterien für nicht schwingungsanfällige Bauwerke	6.49
3.2	Allgemeines zur Berücksichtigung von Windlasten	6.50
3.3	Sicherheit gegen Abheben	6.50
3.4	Gleichzeitige Berücksichtigung von Wind- und Schneelast	6.51
3.5	Rechenwert der Windlast	6.51
3.6	Aerodynamische Beiwerte	6.51
4	**Schnee- und Eislasten nach DIN 1055-5 (06.75) und DIN 1055-5 A1 (04.94)**	6.55
4.1	Regelschneelast	6.55
4.2	Rechenwert der Schneelast	6.56
4.3	Schneeanhäufungen	6.57
4.4	Sonderregelungen	6.57
4.5	Gleichzeitige Berücksichtigung von Wind- und Schneelasten	6.57
4.6	Eislasten	6.57

Seiten 6.2 bis 6.57 befinden sich auf beiliegender CD.

Schneider / Schweda (Hrsg.)

Baustatik kompakt
Statisch bestimmte und statisch unbestimmte Systeme.

6., umfangreich ergänzte und
vollständig überarbeitete Auflage.
2007. 280 Seiten.
17 x 24 cm. Kartoniert.
EUR 20,–
ISBN 978-3-89932-168-5

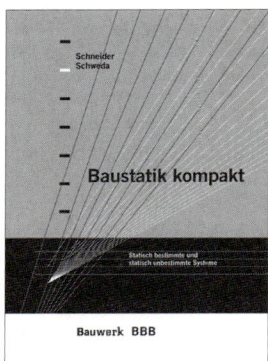

Aus dem Inhalt:
- Grundlagen
- Statisch bestimmte Systeme ohne Nebenbedingungen
- Fachwerk
- Statisch bestimmte Systeme mit Nebenbedingungen
- Ausnutzung von Symmetrieeigenschaften
- Senkrecht zu ihrer Ebene belastete Tragwerke
- Das Prinzip der virtuelen Verrückung, Beziehung aus der Kinematik, Anwendungen
- Einflusslinien
- Kraftgrößenverfahren
- Einblick: Statische Berechnung mit EDV

Autoren:
Prof. Dr.-Ing. Christoph Seeßelberg lehrt Stahlbau, Kranbau und Baustatik an der FH München.
Prof. Dr.-Ing. Christof Hausser lehrt Stahlbau und Baustatik an der FH München.

Bauwerk www.bauwerk-verlag.de

7 Baustatik, Seil- und Membrantragwerke, Vorbemessung, Aussteifung

		Seite
7A	Baustatik	7.1
7B	Seil- und Membrantragwerke	7.35
7C	Vorbemessung	7.45
7D	Aussteifung	7.65
7E	Lastweiterleitung in Tragwerken	7.83
7F	Statische Systeme / Tragwerksidealisierung	7.89

7A Baustatik

Prof. Dr.-Ing. Klaus Berner

Inhaltsverzeichnis

		Seite
1	**Einfeldträger, Kragträger, Gelenkträger**	7.3
1.1	Einfeldträger	7.3
1.2	Einfeldträger mit Kragarm	7.5
1.3	Eingespannte Kragträger	7.5
1.4	Eingespannte Einfeldträger	7.6
1.5	Gelenkträger (Gerberträger)	7.7
1.6	Längsbeanspruchung	7.7
1.7	Geneigte Einfeldträger	7.8
1.8	ω- Zahlen zur Ermittlung von M-Linien und Biegelinien	7.9
1.9	Belastungsglieder	7.10
1.10	Starreinspannmomente	7.11
2	**Durchlaufträger**	7.12
2.1	Zweifeldträger mit Gleichstreckenlast	7.12
2.2	Zweifeldträger mit Kragarm und beliebiger Feld- bzw. Kragarmbelastung	7.13
2.3	Dreifeldträger mit beliebigen Stützweiten, symmetrische Dreifeldträger	7.13
2.4	Statische Größen für Durchlaufträger	7.14
2.5	Ungünstigste Laststellungen	7.17
2.6	Ermittlung von Momentennullpunkten	7.17
2.7	Durchlaufträger mit gleichen Stützweiten und Randmomenten	7.17
2.8	Dreimomentengleichung	7.18
2.9	Durchlaufträger mit gleichen Stützweiten und Gleichlast	7.19
2.10	Durchlaufträger mit gleichen Stützweiten über 2 bis 5 Felder	7.20
3	**Rahmen, Kehlbalkendach, Fachwerke**	7.22
3.1	Zweigelenkrahmen	7.22
3.2	Eingespannter Rahmen	7.23
3.3	Kehlbalkendach	7.24
3.4	Fachwerke	7.25
4	**Durchbiegungen**	7.26
4.1	Einfeldträger, Kragträger	7.27
4.2	Einfeldträger mit Kragarm	7.27

4.3	Durchlaufträger mit gleichen Stützweiten und Gleichstreckenlast	7.27
4.4	Durchlaufträger mit beliebigen Stützweiten und beliebiger Belastung	7.27
5	**Knicklasten**	**7.28**
6	**Querschnittswerte**	**7.29**
6.1	Allgemeine Formeln für Querschnittswerte	7.29
6.2	Tafel Querschnittswerte	7.30
7	**Spannungen infolge M, N, und V**	**7.32**
7.1	Normal- und Schubspannungen	7.32
7.2	Kernweiten	7.33
7.3	Randspannungen bei rechteckigen Querschnitten	7.33

Wichtige Bezeichnungen in diesem Kapitel:

Schnittgrößen:
M, V, N Biegemoment, Querkraft, Normalkraft

Einwirkungsgrößen in allgemeinen baustatischen Formeln:
q, F, M Streckenlast, Einzellast, Lastmoment (z. T. auch M_1 o. Ä.)

Positivdefinition der Schnittgrößen:

$$N_i \; V_i \uparrow \overset{M_i}{(} \overset{q}{\underset{i}{\downarrow\downarrow\downarrow\downarrow\downarrow}} \overset{M_k}{)} \downarrow V_k \; N_k$$

Unterscheidung zwischen ständigen und veränderlichen Einwirkungen in allgemeinen baustatischen Formeln (bei Verwendung der „neuen" Normen):

g, G ständige Einwirkung (Eigenlast): Streckenlast, Einzellast
q, Q veränderliche Einwirkung (Nutz-, Verkehrslast): Streckenlast, Einzellast
r, R Volllast ($r = g + q$; $R = G + Q$) als Streckenlast, Einzellast

Indizes nach Fachnormen:
k   charakteristischer Wert (characteristic value)
d   Bemessungswert (design value)
z. B. für den Grenzzustand der Tragfähigkeit: $r_d = g_d + q_d = \gamma_G \cdot g_k + \gamma_Q \cdot q_k$

Die Formeln dieses Kapitels können i. d. R. auch für die „alte" Normengeneration verwendet werden; die Teilsicherheitsfaktoren sind dann ggf. zu 1,0 anzusetzen.
Es ergeben sich folgende Änderungen der Bezeichnungen:

	neue Normen (Bezeichnung im Kap. Baustatik)	alte Normen
Querkraft	V	Q
veränderliche Einwirkung (Verkehrslast)	q	p
Volllast	$r = g + q$	$q = g + p$

1 Einfeldträger, Kragträger, Gelenkträger
1.1 Einfeldträger [1]   ($\alpha = a/l$, $\beta = b/l$)

		Auflagerkräfte A	Auflagerkräfte B	max M [an der Stelle x]	$EI f_{\text{Mitte}}$ [2]
1		$\dfrac{ql}{2}$	$\dfrac{ql}{2}$	$\dfrac{ql^2}{8}$ $[x=\dfrac{l}{2}]$	$\dfrac{5}{384}ql^4$
2		$\dfrac{3}{8}ql$	$\dfrac{1}{8}ql$	$\dfrac{9}{128}ql^2$ $[x=3/8\,l]$	$\dfrac{5}{768}ql^4$
3		$\dfrac{qa}{l}(l-\dfrac{a}{2})$	$\dfrac{qa^2}{2l}$	$\dfrac{A^2}{2q}$ $[x=A/q]$	$\dfrac{1}{48}ql^4\alpha^2(1,5-\alpha^2)$
4		$\dfrac{qb}{2}$	$\dfrac{qb}{2}$	$\dfrac{qb}{8}(2l-b)$ $[x=l/2]$	$\dfrac{1}{384}ql^4(5-24\alpha^2+16\alpha^4)$
5		$\dfrac{qc(2b+c)}{2l}$	$\dfrac{qc(2a+c)}{2l}$	$\dfrac{A^2}{2q}+A\cdot a$ $[x=a+A/q]$	$\dfrac{1}{384}ql^4(5-12\alpha^2+8\alpha^4-12\beta^2+8\beta^4)$
6		qa	qa	$\dfrac{1}{2}qa^2$ $[a\leq x\leq a+b]$	$\dfrac{1}{24}ql^4\alpha^2(1,5-\alpha^2)$
7		$\dfrac{q}{2}(l-a)$	$\dfrac{q}{2}(l-a)$	$\dfrac{ql^2}{24}(3-4\alpha^2)$ $[x=l/2]$	$\dfrac{1}{1920}ql^4(25-40\alpha^2+16\alpha^4)$
8		$(2q_1+q_2)\dfrac{l}{6}$	$(q_1+2q_2)\dfrac{l}{6}$	$\approx 0,063(q_1+q_2)l^2$ $[x\approx 0,528\,l]$ exakt für $q_1=0,5q_2$	$\dfrac{5}{768}(q_1+q_2)l^4$
9		$\dfrac{1}{6}ql$	$\dfrac{1}{3}ql$	$\dfrac{1}{9\sqrt{3}}ql^2$ $[x=l/\sqrt{3}]$	$\dfrac{5}{768}ql^4$
10		$\dfrac{1}{4}ql$	$\dfrac{1}{4}ql$	$\dfrac{1}{12}ql^2$ $[x=\dfrac{l}{2}]$	$\dfrac{1}{120}ql^4$
11		$\dfrac{1}{4}ql$	$\dfrac{1}{4}ql$	$\dfrac{1}{24}ql^2$ $[x=\dfrac{l}{2}]$	$\dfrac{3}{640}ql^4$
12		$\dfrac{qa}{6}(3-2\alpha)$	$\dfrac{qa}{3}\alpha$	$\dfrac{qa^2}{3}\sqrt{(1-\dfrac{2}{3}\alpha)^3}$ $[x=a\sqrt{1-\dfrac{2}{3}\alpha}]$	$EIf_1=\dfrac{qa^3}{45}(1-\alpha)\cdot(5l-4a)$

[1] Die Durchbiegungsformeln gelten nur für $EI = $ konst.
[2] Bei symmetrischen Belastungen ist $f_{\text{Mitte}} = f_{\max}$, bei unsymmetrischen Belastungen ist $f_{\text{Mitte}} \approx f_{\max}$. Stabenddrehwinkel φ siehe S. 7.10; Funktionswerte $M(x)$ für ausgewählte Systeme siehe S. 7.9.

7A Baustatik

($\alpha = a/l$, $\beta = b/l$)

		Auflagerkräfte		max M [an der Stelle x]	$EI f_{\text{Mitte}}$ [1]
		A	B		
13	Dreieckslast q über Länge a	$\dfrac{qa}{6}(3-\alpha)$	$\dfrac{qa}{6}\alpha$	$\dfrac{qa^2}{6l}\left(l - a + \dfrac{2}{3}a\sqrt{\dfrac{\alpha}{3}}\right)$	$EI f_1 = \dfrac{qa^3}{360}(1-\alpha)$ $\cdot(20l - 13a)$
14	q quadr. Parabel	$\dfrac{ql}{3}$	$\dfrac{ql}{3}$	$\dfrac{5}{48}ql^2$ $[x=l/2]$	$\dfrac{61}{5760}ql^4$
15	q quadr. Parabel	$\dfrac{ql}{2,4}$	$\dfrac{ql}{4}$	$\dfrac{1}{11,15}ql^2$ $[x=0{,}446l]$	$\dfrac{11}{1200}ql^4$
16	F mittig, $l/2$–$l/2$	$\dfrac{F}{2}$	$\dfrac{F}{2}$	$\dfrac{Fl}{4}$ $[x=l/2]$	$\dfrac{1}{48}Fl^3$
17	F bei a, b	$\dfrac{Fb}{l}$	$\dfrac{Fa}{l}$	$\dfrac{Fab}{l}$ $[x=a]$	$\dfrac{1}{48}Fl^3(3\alpha - 4\alpha^3)$ für $a \leq b$
18	F, F symmetrisch a, b, a	F	F	Fa $[a \leq x \leq a+b]$	$\dfrac{1}{24}Fl^3(3\alpha - 4\alpha^3)$
19	$n-1$ gleiche Lasten F, $l=na$	$\dfrac{F(n-1)}{2}$	$\dfrac{F(n-1)}{2}$	Fl/r	max Ml^2/s

n	2	3	4	5	6	7
r	4	3	2	1,66	1,33	1,16
s	12	9,39	10,11	9,25	9,81	9,56

| 20 | n gleiche Lasten F, $a/2 \ldots a/2$, $l=na$ | $\dfrac{Fn}{2}$ | $\dfrac{Fn}{2}$ | Fl/r | max Ml^2/s |

n	2	3	4	5	6	7
r	4	2,4	2	1,54	1,33	1,12
s	8,73	10,19	9,37	9,82	9,49	9,72

		A	B	max M	$EI f_{\text{Mitte}}$
21	Moment M bei a, b	$\dfrac{M}{l}$	$-\dfrac{M}{l}$	$a \geq l/2: Ma/l$ $a \leq l/2: -Mb/l$	
22	M_1, M_2 an den Enden	$\dfrac{M_2 - M_1}{l}$	$-\dfrac{M_2 - M_1}{l}$		$\dfrac{1}{16}l^2(M_1 + M_2)$
23	Temperatur T_o oben, T_u unten	0	0	0	$\dfrac{\alpha_T(T_u - T_o)}{h} \cdot \dfrac{l^2}{8} \cdot EI$
		α_T Temperaturdehnzahl $\quad h$ Querschnittshöhe			
24	F_1, F_1 Abstand c, x	max $M = \dfrac{Fl}{8}\left(2 - \dfrac{c}{l}\right)^2$ für $x = \dfrac{l}{2} - \dfrac{c}{4}$; wenn $\dfrac{c}{l} > 0{,}586$, ist max $M = \dfrac{Fl}{4}$			
25	F_1, $F_2 < F_1$, x, c, R, e	$R = F_1 + F_2$; $\quad e = F_2 \cdot c/R$ max $M = R\dfrac{(l-e)^2}{4l}$ für $x = \dfrac{l-e}{2}$; wenn $c \geq \dfrac{l}{2}$, kann $F_1 \dfrac{l}{4}$ maßgebend sein			

[1] Siehe Fußnoten S. 7.3

Einfeldträger, Kragträger, Gelenkträger

1.2 Einfeldträger mit Kragarm [1]

		Auflagerkräfte A	Auflagerkräfte B	max M_{Feld}	M_B	$EI\,f_{Mitte}$	$EI\,f_1$
1	(gleichmäßige Last q über $l+l_K$)	$\dfrac{q}{2}(l-\dfrac{l_K^2}{l})$	$\dfrac{q}{2}(l+\dfrac{l_K^2}{l}+2l_K)$	$\dfrac{A^2}{2q}$	$-\dfrac{ql_K^2}{2}$	$\dfrac{ql^2}{32}(\dfrac{5}{12}l^2-l_K^2)$	$\dfrac{ql_K}{24}(3l_K^3+4ll_K^2-l^3)$
2	(Last q über l)	$\dfrac{ql}{2}$	$\dfrac{ql}{2}$	$\dfrac{ql^2}{8}$	0	$\dfrac{5}{384}ql^4$	$-\dfrac{1}{24}ql^3 l_K$
3	(Last q über l_K)	$-\dfrac{ql_K^2}{2l}$	$ql_K(1+\dfrac{l_K}{2l})$		$-\dfrac{ql_K^2}{2}$	$-\dfrac{1}{32}ql^2 l_K^2$	$\dfrac{ql_K^3}{24}(4l+3l_K)$
4	(F im Feld, Abstände a, b)	$\dfrac{Fb}{l}$	$\dfrac{Fa}{l}$	$\dfrac{Fab}{l}$	0	$\dfrac{Fl^3}{48}(3\alpha-4\alpha^3)$	$-\dfrac{Fabl_K}{6l}(l+a)$
5	(F am Kragarm)	$-\dfrac{Fa}{l}$	$\dfrac{F(a+l)}{l}$		$-Fa$	$-\dfrac{1}{16}Fl^2 a$	$\dfrac{1}{6}Fa(2ll_K + 3l_K a - a^2)$
6	(Moment M an B)	$-\dfrac{M}{l}$	$\dfrac{M}{l}$		$-M$	$-\dfrac{1}{16}Ml^2$	$\left(\dfrac{l}{3}+\dfrac{l_K}{2}\right)Ml_K$
7	(Temperatur T_o/T_u)	0	0	0	0	$\dfrac{\alpha_T(T_u-T_o)}{h}\cdot\dfrac{l^2}{8}\cdot EI$	$-\dfrac{\alpha_T(T_u-T_o)}{h}\cdot\dfrac{l_K}{2}\cdot(l+l_K)\cdot EI$

1.3 Eingespannte Kragträger [1]

		Auflagerkraft A	Einspannmoment M_E	$EI\,f$	$EI\,\varphi$
1	(Gleichlast q)	ql	$-\dfrac{ql^2}{2}$	$\dfrac{ql^4}{8}$	$\dfrac{ql^3}{6}$
2	(Dreieckslast, max am Einspann)	$\dfrac{ql}{2}$	$-\dfrac{ql^2}{6}$	$\dfrac{ql^4}{30}$	$\dfrac{ql^3}{24}$
3	(Dreieckslast, max am freien Ende)	$\dfrac{ql}{2}$	$-\dfrac{ql^2}{3}$	$\dfrac{11}{120}ql^4$	$\dfrac{ql^3}{8}$
4	(F am freien Ende)	F	$-Fl$	$\dfrac{Fl^3}{3}$	$\dfrac{Fl^2}{2}$
5	(F im Abstand a)	F	$-Fa$	$\dfrac{Fa^2}{2}\left(l-\dfrac{a}{3}\right)$	$\dfrac{Fa^2}{2}$
6	(Moment M am Ende)	0	$-M$	$\dfrac{Ml^2}{2}$	Ml
7	(Temperatur T_o/T_u)	0	0	$-\dfrac{\alpha_T(T_u-T_o)}{h}\cdot\dfrac{l^2}{2}\cdot EI$	$-\dfrac{\alpha_T(T_u-T_o)}{h}\cdot l\cdot EI$

[1] Die Formeln für f und φ gelten nur für EI = konst.

1.4 Eingespannte Einfeldträger

- **Einseitig eingespannte Einfeldträger** (weitere Lastfälle s. S. 7.11)

	Auflagerkräfte	max M_Feld [an der Stelle x]	Einspann-moment M_E	f [an der Stelle x]
1	$A = \dfrac{3}{8}ql$ $B = \dfrac{5}{8}ql$	$\dfrac{9}{128}ql^2$ $[x = 0{,}375 l]$	$-\dfrac{ql^2}{8}$	$\max f = \dfrac{2}{369}\dfrac{ql^4}{EI}$ $[x = 0{,}4215 l]$
2	$A = \dfrac{Fb^2}{2l^3}(a+2l)$ $B = F - A$	$\dfrac{Fab^2}{2l^3}(3a+2b)$	$-\dfrac{Fab}{2l}\left(1+\dfrac{a}{l}\right)$	$f_1 = \dfrac{Fa^2b^3}{12l^2 EI}\left(3+\dfrac{a}{l}\right)$
3	$A = \dfrac{5}{16}F$ $B = \dfrac{11}{16}F$	$\dfrac{5}{32}Fl$	$-\dfrac{3}{16}Fl$	$f_1 = \dfrac{7}{768}\dfrac{Fl^3}{EI}$ $\max f = \dfrac{1}{48\sqrt{5}}\dfrac{Fl^3}{EI}$ $[x = 0{,}447 l]$
4	$A = \dfrac{1}{10}ql$ $B = \dfrac{2}{5}ql$	$\dfrac{ql^2}{33{,}54}$ $[x = 0{,}447 l]$	$-\dfrac{ql^2}{15}$	$\max f = \dfrac{ql^4}{419{,}3 EI}$ $[x = 0{,}447 l]$
5	$A = \dfrac{11}{40}ql$ $B = \dfrac{9}{40}ql$	$\dfrac{ql^2}{23{,}6}$ $[x = 0{,}329 l]$	$-\dfrac{7}{120}ql^2$	$\max f = \dfrac{ql^4}{328{,}1 EI}$ $[x = 0{,}402 l]$
6	$A = -\dfrac{3}{2}\dfrac{M}{l}$ $B = -A$	M $[x = 0]$	$-\dfrac{M}{2}$	$\max f = \dfrac{Ml^2}{27 EI}$ $[x = 0{,}667 l]$

- **Beidseitig eingespannte Einfeldträger** (weitere Lastfälle s. S. 7.11)

	Auflagerkräfte	max M_Feld	M_E	f
6	$A = \dfrac{ql}{2}$ $B = \dfrac{ql}{2}$	$\dfrac{ql^2}{24}$	$-\dfrac{ql^2}{12}$	$\max f = \dfrac{1}{384}\dfrac{ql^4}{EI}$
7	$A = \dfrac{Fb^2}{l^3}(l+2a)$ $B = F - A$	$\dfrac{2Fa^2b^2}{l^3}$	s. S. 7.11	$f_1 = \dfrac{Fa^3b^3}{3l^3 EI}$
8	$A = B = \dfrac{F}{2}$	$\dfrac{Fl}{8}$	$-\dfrac{Fl}{8}$	$f_1 = \dfrac{Fl^3}{192 EI}$
9	$A = \dfrac{3}{20}ql$ $B = \dfrac{7}{20}ql$	$\dfrac{ql^2}{46{,}64}$ $[x = 0{,}548 l]$	s. S. 7.11	$\max f = \dfrac{ql^4}{764{,}2 EI}$ $[x = 0{,}525 l]$

Einfeldträger, Kragträger, Gelenkträger

10		$A = B = \dfrac{ql}{4}$	$\dfrac{ql^2}{32}$	$-\dfrac{5}{96}ql^2$	$\max f = \dfrac{7}{3840}\dfrac{ql^4}{EI}$
11		$A = B = \dfrac{q}{2}(l-a)$	$\dfrac{ql^2}{24}(1-2\alpha^3)$	$-\dfrac{ql^2}{12}(1-2\alpha^2 + \alpha^3)$	$\max f = \dfrac{ql^4}{1920EI} \cdot (5-20\alpha^3 + 17\alpha^4)$

1.5 Gelenkträger (Gerberträger) mit Streckenlast q

	$e = 0,1716\,l$	$A = 0,414\,ql$ $B = 1,172\,ql$	$M_1 = 0,0858\,ql^2$ $M_2 = 0,0858\,ql^2$ $M_b = -0,0858\,ql^2$	$f_1 = \dfrac{ql^4}{130\,EI}$
	$e = 0,22\,l$	$A = 0,414\,ql$ $B = 1,086\,ql$	$M_1 = 0,0858\,ql^2$ $M_2 = 0,0392\,ql^2$ $M_b = -0,0858\,ql^2$	$f_1 = \dfrac{ql^4}{130\,EI}$
	$e = 0,125\,l$	$A = 0,438\,ql$ $B = 1,063\,ql$	$M_1 = 0,0957\,ql^2$ $M_2 = 0,0625\,ql^2$ $M_b = -0,0625\,ql^2$	$f_1 = \dfrac{ql^4}{130\,EI}$
	$e = 0,1716\,l$	$A = 0,414\,ql$ $B = 1,086\,ql$	$M_1 = 0,0858\,ql^2$ $M_2 = 0,0392\,ql^2$ $M_b = -0,0858\,ql^2$	$f_1 = \dfrac{ql^4}{130\,EI}$
	$e_1 = 0,1465\,l$ $e_2 = 0,1250\,l$	$A = 0,438\,ql$ $B = 1,063\,ql$ $C = 1,000\,ql$	$M_1 = 0,0957\,ql^2$ $M_2 = 0,0625\,ql^2$ $M_b = -0,0625\,ql^2$	$f_1 = \dfrac{ql^4}{110\,EI}$

Die Formeln für die Durchbiegung f_1 gelten nur für $EI =$ konstant.

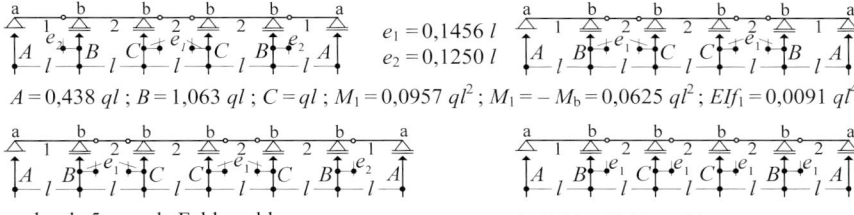

$e_1 = 0,1456\,l$
$e_2 = 0,1250\,l$

$A = 0,438\,ql$; $B = 1,063\,ql$; $C = ql$; $M_1 = 0,0957\,ql^2$; $M_1 = -M_b = 0,0625\,ql^2$; $EI f_1 = 0,0091\,ql^4$

mehr als 5, gerade Felderzahl   beliebige Felderzahl

1.6 Längsbeanspruchung

N-Verlauf, Normalkraft N als Zug positiv $N \longleftarrow \quad \longrightarrow N$

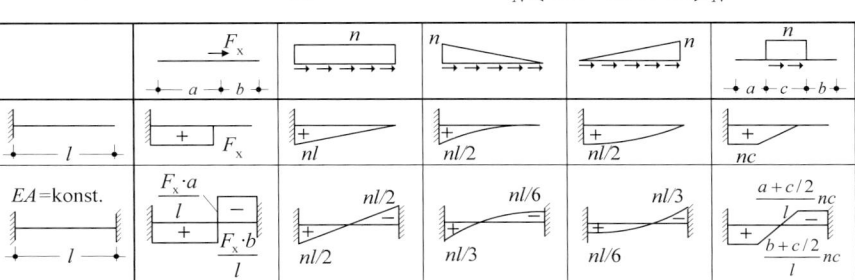

1.7 Geneigte Einfeldträger (z. B. Dachsparren)

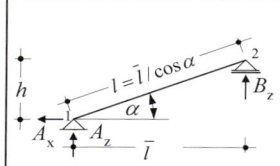

g	Eigenlast, bezogen auf die Dachfläche	Umrechnung:
$\bar{g}$	Eigenlast, bezogen auf die Grundfläche	$\bar{l} = l \cdot \cos\alpha$
s	Schneelast, bezogen auf die Dachfläche	$l = \bar{l}/\cos\alpha$
$\bar{s}$	Schneelast, bezogen auf die Grundfläche	$\bar{g} = g/\cos\alpha$
w	Windlast senkrecht zur Dachfläche	$s = \bar{s} \cdot \cos\alpha$

- **Lastumrechnung**

Eigenlast g	$\bar{g} = \dfrac{g}{\cos\alpha}$	geg.: g	$g_\perp = g\cdot\cos\alpha$ $g_\| = g\cdot\sin\alpha$
Schneelast $\bar{s}$	geg.: $\bar{s}$	$s = \bar{s}\cdot\cos\alpha$	$s_\perp = \bar{s}\cdot\cos^2\alpha$ $s_\| = \bar{s}\cdot\cos\alpha\cdot\sin\alpha$
Windlast w	$\bar{w}_z = w$ $\bar{w}_x = w$		w geg.: w

- **Schnittgrößen**

LF Eigenlast g	$\max M = \overline{gl}^2/8 = g\cos\alpha l^2/8$ $A_z = B_z = gl/2 = \bar{g}\bar{l}/2 \qquad A_x = 0$ $N_1 = -A_z\sin\alpha; \qquad N_2 = B_z\sin\alpha$ $V_1 = A_z\cos\alpha; \qquad V_2 = -B_z\cos\alpha$
LF Schneelast $\bar{s}$	Alle statischen Größen aus dem „Lastfall Eigenlast" sind mit dem Faktor $n = s/g = \bar{s}/\bar{g} = \bar{s}\cos\alpha/g$ zu multiplizieren.
LF Windlast w	$\max M = wl^2/8 = w\bar{l}^2/8 + wh^2/8$ $A_x = wh = w\bar{l}\tan\alpha$ $A_z = w\bar{l}/2 - wh^2/2\bar{l}; \qquad B_z = w\bar{l} - A_z = w\bar{l}/2 + wh^2/2\bar{l}$ $N_1 = -A_z\sin\alpha + A_x\cos\alpha; \qquad N_2 = B_z\sin\alpha$ $V_1 = A_z\cos\alpha + A_x\sin\alpha; \qquad V_2 = -B_z\cos\alpha$

- **Allgemeines Kräftegleichgewicht an Lagern**

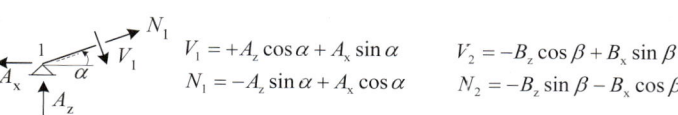

$V_1 = +A_z\cos\alpha + A_x\sin\alpha \qquad V_2 = -B_z\cos\beta + B_x\sin\beta$
$N_1 = -A_z\sin\alpha + A_x\cos\alpha \qquad N_2 = -B_z\sin\beta - B_x\cos\beta$

Die Auflagerkräfte und die Winkel sind vorzeichengerecht einzusetzen.

1.8 ω-Zahlen zur Ermittlung von *M*-Linien und Biegelinien

Belastung	![q gleichmäßig] q ⊢ l ⊣	![q1 Dreieck] q_1 ⊢ l ⊣	![q1 Dreieck mittig] q_1 ⊢ $l/2$ ⊢ $l/2$ ⊣	![q1 Dreieck mittig] q_1 ⊢ $l/2$ ⊢ $l/2$ ⊣	![q1 Dreieck] q_1 ⊢ l ⊣
$M(x)$	$\dfrac{ql^2}{2}\omega_R$	$\dfrac{q_1 l^2}{6}\omega_D$	$\dfrac{q_1 l^2}{12}\omega_\Delta$	$\dfrac{q_1 l^2}{3}\omega_{P1}$	$\dfrac{q_1 l^2}{12}\omega_{P2}$
ω	$\xi - \xi^2$	$(q_{1\text{ links}}: \overline{\xi}-\overline{\xi}^3 = \xi^3 - 3\xi^2 + 2\xi)$ $\xi - \xi^3$	$\xi \le 0{,}5: 3\xi - 4\xi^3$ $\xi \ge 0{,}5: 3\overline{\xi} - 4\overline{\xi}^3$	$\xi - 2\xi^3 + \xi^4$	$\xi - \xi^4$

$\xi = \dfrac{x}{l} \qquad \overline{\xi} = \dfrac{\overline{x}}{l} = 1 - \xi$

$\xi = \dfrac{x}{l} =$	0,1	0,2	0,25	0,3	0,4	0,5	0,6	0,7	0,75	0,8	0,9
ω_R	0,0900	0,1600	0,1875	0,2100	0,2400	0,2500	0,2400	0,2100	0,1875	0,1600	0,0900
ω_D	0,0990	0,1920	0,2344	0,2730	0,3360	0,3750	0,3840	0,3570	0,3281	0,2880	0,1710
ω_Δ	0,2960	0,5680	0,6875	0,7920	0,9440	1,0000	0,9440	0,7920	0,6875	0,5680	0,2960
ω_{P1}	0,0981	0,1856	0,2227	0,2541	0,2976	0,3125	0,2976	0,2541	0,2227	0,1856	0,0981
ω_{P2}	0,0999	0,1984	0,2461	0,2919	0,3744	0,4375	0,4704	0,4599	0,4336	0,3904	0,2439

- **Biegelinien mit der Mohrschen Analogie:**

Bei Belastung des Trägers mit der $1/EI$ - fachen Momentenfläche ist die sich daraus ergebende Momentenfläche $M(x)$ gleich der Biegelinie $w(x)$ des Trägers.

Beispiel: Einfeldträger mit Gleichstreckenlast q
ges.: $M(x)$ im Viertelspunkt, d.h. $\xi = x/l = 0{,}25$

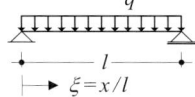

$$M(\xi = 0{,}25) = \dfrac{ql^2}{2}\cdot \omega_R = \dfrac{ql^2}{2}\cdot(\xi - \xi^2) = \dfrac{ql^2}{2}\cdot 0{,}1875 = \dfrac{ql^2}{10{,}667} = 0{,}75 \cdot \dfrac{ql^2}{8}$$

Beispiel: Einfeldträger mit Gleichstreckenlast q
und Randmomenten M_1 und M_2
ges.: $w(x)$ an den Stellen $\xi = x/l = 0{,}25$ und $0{,}5$

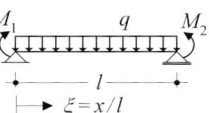

Nach Mohr müssen die aus q folgende Parabel $ql^2/8$ und die Dreiecke M_1 und M_2 als Belastung angesetzt werden und das daraus folgende Moment berechnet werden:

$$EIw(x) = \dfrac{ql^2}{8}\cdot\dfrac{l^2}{3}\cdot(\xi - 2\xi^3 + \xi^4) + M_1\cdot\dfrac{l^2}{6}\cdot(\xi^3 - 3\xi^2 + 2\xi) + M_2\cdot\dfrac{l^2}{6}\cdot(\xi - \xi^3)$$

$$= \dfrac{ql^4}{24}\cdot(\xi - 2\xi^3 + \xi^4) + \dfrac{l^2}{6}\cdot\left(M_1(\xi^3 - 3\xi^2 + 2\xi) + M_2(\xi - \xi^3)\right)$$

Auswertung: $x/l = 0{,}25$: $EIw(x = l/4) = \dfrac{ql^4}{24}\cdot 0{,}2227 + \dfrac{l^2}{6}\cdot(M_1\cdot 0{,}3281 + M_2\cdot 0{,}2344)$

$x/l = 0{,}5$: $EIw(x = l/2) = \dfrac{ql^4}{24}\cdot 0{,}3125 + \dfrac{l^2}{6}\cdot(M_1\cdot 0{,}375 + M_2\cdot 0{,}375) = \dfrac{5ql^4}{384} + \dfrac{l^2}{16}\cdot(M_1 + M_2)$

1.9 Belastungsglieder

$\alpha = a/l;\ \beta = b/l;\ \gamma = c/l$	$\varphi_1 = L \cdot \dfrac{l}{6EI}$	$\varphi_2 = R \cdot \dfrac{l}{6EI}$
Nr. Belastungsfall	**L**	**R**
1 gleichmäßige Streckenlast q über l	$\dfrac{ql^2}{4}$	$\dfrac{ql^2}{4}$
2 Streckenlast q über c am Rand	$qc^2(1-0{,}5\gamma)^2$	$qc^2(0{,}5-0{,}25\gamma^2)$
3 Streckenlast q über c mittig (a, b)	$qbc(1-\beta^2-0{,}25\gamma^2)$	$qac(1-\alpha^2-0{,}25\gamma^2)$
4 Dreieckslast (a, b)	$\dfrac{ql^2}{60}(1+\beta)(7-3\beta^2)$	$\dfrac{ql^2}{60}(1+\alpha)(7-3\alpha^2)$
5 Dreieckslast mittig ($l/2$, $l/2$)	$\dfrac{5}{32}ql^2$	$\dfrac{5}{32}ql^2$
6 Dreieckslast am Rand (steigend) über c	$\dfrac{qc^2}{3}(1-0{,}75\gamma+0{,}15\gamma^2)$	$\dfrac{qc^2}{6}(1-0{,}3\gamma^2)$
7 Dreieckslast am Rand (fallend) über c	$\dfrac{qc^2}{3}(2-2{,}25\gamma+0{,}6\gamma^2)$	$\dfrac{qc^2}{3}(1-0{,}6\gamma^2)$
8 Trapezlast	$\dfrac{ql^2}{4}(1-2\gamma^2+\gamma^3)$	$\dfrac{ql^2}{4}(1-2\gamma^2+\gamma^3)$
9 Einzellast F bei a, b	$\dfrac{Fab}{l}(1+\beta)$	$\dfrac{Fab}{l}(1+\alpha)$
10 Einzellast F mittig	$\dfrac{3}{8}Fl$	$\dfrac{3}{8}Fl$
11 $n-1$ Lasten F	$\dfrac{Fl}{4}\cdot\dfrac{n^2-1}{n}$	$\dfrac{Fl}{4}\cdot\dfrac{n^2-1}{n}$
12 n Lasten F, $a/2\ \ldots\ a/2$	$\dfrac{Fl}{8}\cdot\dfrac{2n^2+1}{n}$	$\dfrac{Fl}{8}\cdot\dfrac{2n^2+1}{n}$
13 Moment M bei a, b	$M(1-3\beta^2)$	$-M(1-3\alpha^2)$
14 Moment M am Rand	$2M$	M
15 Momente M^1, M^2 an Rändern	$2M^1+M^2$	M^1+2M^2
16 Stützensenkung w_{z1}, w_{z2}	$+\dfrac{6EI}{l^2}(w_{z2}-w_{z1})$	$-\dfrac{6EI}{l^2}(w_{z2}-w_{z1})$
17 Temperatur T_o / T_u	$3EI\alpha_\text{T}(T_\text{u}-T_\text{o})/h$ $\alpha_\text{T}=$ Temperaturdehnzahl	$3EI\alpha_\text{T}(T_\text{u}-T_\text{o})/h$ $h=$ Querschnittshöhe

1.10 Starreinspannmomente

M_1	M_2	M (bzw. M_1, M_2)	Nr.
$-\dfrac{ql^2}{12}$	$-\dfrac{ql^2}{12}$	$-\dfrac{ql^2}{8}$	1
$-qc^2(0{,}5-0{,}667\gamma +0{,}25\gamma^2)$	$-qc^2\gamma(0{,}333-0{,}25\gamma)$	$M_1=-0{,}125qc^2(2-\gamma)^2$ $M_2=-0{,}125qc^2(2-\gamma^2)$	2
$-qcl\left(\alpha\beta^2+\dfrac{\gamma^2}{12}(1-3\beta)\right)$	$-qcl\left(\alpha^2\beta+\dfrac{\gamma^2}{12}(1-3\alpha)\right)$	$M_1=-0{,}5qbc(1-\beta^2-0{,}25\gamma^2)$ $M_2=-0{,}5qac(1-\alpha^2-0{,}25\gamma^2)$	3
$-\dfrac{ql^2}{30}(1+\beta+\beta^2-1{,}5\beta^3)$	$-\dfrac{ql^2}{30}(1+\alpha+\alpha^2-1{,}5\alpha^3)$	$M_1=-(ql^2/120)\cdot(1+\beta)(7-3\beta^2)$ $M_2=-(ql^2/120)\cdot(1+\alpha)(7-3\alpha^2)$	4
$-\dfrac{5}{96}ql^2$	$-\dfrac{5}{96}ql^2$	$-\dfrac{5}{64}ql^2$	5
$-\dfrac{qc^2}{6}(1-\gamma+0{,}3\gamma^2)$	$-\dfrac{qc^2}{12}\gamma(1-0{,}6\gamma)$	$M_1=-(qc^2/6)\cdot(1-0{,}75\gamma+0{,}15\gamma^2)$ $M_2=-(qc^2/12)\cdot(1-0{,}3\gamma^2)$	6
$-\dfrac{qc^2}{3}(1-1{,}5\gamma+0{,}6\gamma^2)$	$-\dfrac{qc^2}{4}\gamma(1-0{,}8\gamma)$	$M_1=-(qc^2/6)\cdot(2-2{,}25\gamma+0{,}6\gamma^2)$ $M_2=-(qc^2/6)\cdot(1-0{,}6\gamma^2)$	7
$-\dfrac{ql^2}{12}(1-2\gamma^2+\gamma^3)$	$-\dfrac{ql^2}{12}(1-2\gamma^2+\gamma^3)$	$-\dfrac{ql^2}{8}(1-2\gamma^2+\gamma^3)$	8
$-\alpha\beta^2 Fl$	$-\alpha^2\beta Fl$	$M_1=-(Fab/2l)\cdot(1+\beta)$ $M_2=-(Fab/2l)\cdot(1+\alpha)$	9
$-\dfrac{1}{8}Fl$	$-\dfrac{1}{8}Fl$	$-\dfrac{3}{16}Fl$	10
$-\dfrac{Fl}{12}\cdot\dfrac{n^2-1}{n}$	$-\dfrac{Fl}{12}\cdot\dfrac{n^2-1}{n}$	$-\dfrac{Fl}{8}\cdot\dfrac{n^2-1}{n}$	11
$-\dfrac{Fl}{24}\cdot\dfrac{2n^2+1}{n}$	$-\dfrac{Fl}{24}\cdot\dfrac{2n^2+1}{n}$	$-\dfrac{Fl}{16}\cdot\dfrac{2n^2+1}{n}$	12
$-M\beta(3\alpha-1)$	$M\alpha(3\beta-1)$	$M_1=-M(0{,}5-1{,}5\beta^2)$ $M_2=+M(0{,}5-1{,}5\alpha^2)$	13
$-M$	0	$M_1=-M$ $M_2=-M/2$	14
$-M^1$	$-M^2$	$M_1=-M^1-M^2/2$ $M_2=-M^1/2-M^2$	15
$-\dfrac{6EI}{l^2}(w_{z2}-w_{z1})$	$+\dfrac{6EI}{l^2}(w_{z2}-w_{z1})$	$M_1=-\dfrac{3EI}{l^2}(w_{z2}-w_{z1});\ M_2=-M_1$	16
$-EI\alpha_T(T_u-T_o)/h$	$-EI\alpha_T(T_u-T_o)/h$	$-1{,}5EI\alpha_T(T_u-T_o)/h$	17

2 Durchlaufträger

2.1 Zweifeldträger mit Gleichstreckenlast (EI = konstant)

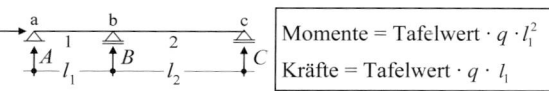

Momente = Tafelwert $\cdot q \cdot l_1^2$
Kräfte = Tafelwert $\cdot q \cdot l_1$

Für $l_1 \neq l_2$ oder nicht tabellierte Stützweitenverhältnisse gilt:
$$M_b = -\frac{q_1 l_1^3 + q_2 l_2^3 \cdot j}{8(l_1 + l_2 j)}; j = \frac{I_1}{I_2}$$

l_1 ist immer die *kleinere* Stützweite

$l_1 : l_2$	M_b	M_1	M_2	A	V_{bl}	V_{b-}	C	M_b	M_1	A	V_{bl}	$V_{br}=-C$
1 : 1,0	−0,125	0,070	0,070	0,375	−0,625	0,625	0,375	−0,063	0,096	0,438	−0,563	0,063
1,1	−0,139	0,065	0,090	0,361	−0,639	0,676	0,424	−0,060	0,097	0,441	−0,560	0,054
1,2	−0,155	0,060	0,111	0,345	−0,655	0,729	0,471	−0,057	0,098	0,443	−0,557	0,047
1,3	−0,174	0,053	0,133	0,326	−0,674	0,784	0,516	−0,054	0,099	0,446	−0,554	0,042
1,4	−0,195	0,047	0,157	0,305	−0,695	0,839	0,561	−0,052	0,100	0,448	−0,552	0,037
1 : 1,5	−0,219	0,040	0,183	0,281	−0,719	0,896	0,604	−0,050	0,101	0,450	−0,550	0,033
1,6	−0,245	0,033	0,209	0,255	−0,745	0,953	0,646	−0,048	0,102	0,452	−0,548	0,030
1,7	−0,274	0,026	0,237	0,226	−0,774	1,011	0,689	−0,046	0,103	0,454	−0,546	0,027
1,8	−0,305	0,019	0,267	0,195	−0,805	1,069	0,731	−0,045	0,104	0,455	−0,545	0,025
1,9	−0,339	0,013	0,298	0,161	−0,839	1,128	0,772	−0,043	0,104	0,457	−0,543	0,023
1 : 2,0	−0,375	0,008	0,330	0,125	−0,875	1,188	0,813	−0,042	0,105	0,458	−0,542	0,021
2,1	−0,414	0,004	0,364	0,086	−0,914	1,247	0,853	−0,040	0,106	0,460	−0,540	0,019
2,2	−0,455	0,001	0,399	0,045	−0,955	1,307	0,893	−0,039	0,106	0,461	−0,539	0,018
2,3	−0,499	0,000	0,435	0,001	−0,999	1,367	0,933	−0,038	0,107	0,462	−0,538	0,017
2,4	−0,545	negat.	0,473	−0,045	−1,045	1,427	0,973	−0,037	0,107	0,463	−0,537	0,015
1 : 2,5	−0,594	negat.	0,513	−0,094	−1,094	1,488	1,013	−0,036	0,108	0,464	−0,536	0,014

M_1 und M_2 sind die größten Feldmomente in dem jeweiligen Feld. $B = V_{br} - V_{bl}$

$l_1:l_2$	M_b	M_2	$V_{bl}=A$	V_{br}	C
1:1,0	−0,063	0,096	−0,063	0,563	0,438
1,1	−0,079	0,114	−0,079	0,622	0,478
1,2	−0,098	0,134	−0,098	0,682	0,518
1,3	−0,119	0,156	−0,119	0,742	0,558
1,4	−0,143	0,179	−0,143	0,802	0,598
1:1,5	−0,169	0,203	−0,169	0,863	0,638
1,6	−0,197	0,229	−0,197	0,923	0,677
1,7	−0,228	0,257	−0,228	0,984	0,716
1,8	−0,260	0,285	−0,260	1,045	0,755
1,9	−0,296	0,316	−0,296	1,106	0,794
1:2,0	−0,333	0,347	−0,333	1,167	0,833
2,1	−0,373	0,380	−0,373	1,228	0,872
2,2	−0,416	0,415	−0,416	1,289	0,911
2,3	−0,461	0,451	−0,461	1,350	0,950
2,4	−0,508	0,488	−0,508	1,412	0,988
1:2,5	−0,558	0,527	−0,558	1,473	1,027

Beispiel: $l_1 = 4,1$ m, $l_2 = 5,33$ m, $l_1 : l_2 = 1:1,3$
$g_k = 5,8$ kN/m, $\gamma_G = 1,35$; $q_k = 3,5$ kN/m, $\gamma_Q = 1,5$

①
max $M_1 = (0,053 \cdot 1,35 \cdot 5,8 + 0,099 \cdot 1,5 \cdot 3,5) \cdot 4,1^2 = 15,7$ kNm
max $A = (0,326 \cdot 1,35 \cdot 5,8 + 0,446 \cdot 1,5 \cdot 3,5) \cdot 4,1 = 20,1$ kN
$M_b = (-0,174 \cdot 1,35 \cdot 5,8 - 0,054 \cdot 1,5 \cdot 3,5) \cdot 4,1^2 = -27,7$ kNm

②
max $M_2 = (0,133 \cdot 1,35 \cdot 5,8 + 0,156 \cdot 1,5 \cdot 3,5) \cdot 4,1^2 = 31,3$ kNm
max $C = (0,516 \cdot 1,35 \cdot 5,8 + 0,558 \cdot 1,5 \cdot 3,5) \cdot 4,1 = 28,6$ kN
$M_b = (-0,174 \cdot 1,35 \cdot 5,8 - 0,119 \cdot 1,5 \cdot 3,5) \cdot 4,1^2 = -33,4$ kNm

③
Volllast $r_d = 1,35 \cdot 5,8 + 1,5 \cdot 3,5 = 13,08$ kN/m
min $M_b = -0,174 \cdot 13,08 \cdot 4,1^2 = -38,2$ kNm
min $V_{bl} = -0,674 \cdot 13,08 \cdot 4,1 = -36,1$ kN
max $V_{br} = 0,784 \cdot 13,08 \cdot 4,1 = 42,0$ kN
max $B = 42,0 - (-36,1) = 78,1$ kN

Kontrolle: min M_b direkt mit der Stützmomentenformel (s. oben)
$$M_b = -\frac{13,08 \cdot 4,1^3 + 13,08 \cdot 5,33^3}{8(4,1 + 5,33)} = -38,2$$

M-Verläufe: kNm

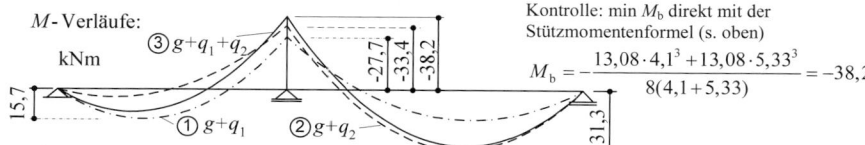

2.2 Zweifeldträger mit Kragarm und beliebiger Feld- bzw. Kragarmbelastung

- **Feldbelastung**

mit Verwendung der Belastungsglieder (s. S. 7.10, R_1: Rechtes Belastungsglied in Feld 1, L_2: Linkes Belastungsglied in Feld 2) gilt:

$$M_b = -\frac{R_1 \cdot l_1' + L_2 \cdot l_2'}{2(l_1' + l_2')}$$

mit $l_i' = l_i \cdot \frac{I_c}{I_i}$; I_c beliebig wählbares Bezugsflächenmoment; für I = konstant $\rightarrow l_i' = l_i$

Beispiel:

a | 15,0 kN $\quad b\quad$ 12,0 kN/m $\quad c$

1,50 — 2,10 — 2,40 — 2,40
l_1=3,60 — l_2=4,80

$$R_1 = \frac{15,0 \cdot 1,5 \cdot 2,1}{3,6} \cdot (1+\frac{1,5}{3,6}) = 18,59; \quad L_2 = \frac{5 \cdot 12,0 \cdot 4,8^2}{32} = 43,20$$

$$M_b = -\frac{18,59 \cdot 3,6 + 43,20 \cdot 4,8}{2 \cdot (3,6+4,8)} = -16,33 \text{ kNm}$$

- **Kragarmbelastung bzw. Kragmomente** $\quad M_a (\overset{a\quad\quad b\quad\quad c}{\underset{l_1\quad\quad l_2}{\triangle\quad\quad\triangle\quad\quad\triangle}}) M_c$

$$M_b = -\frac{M_a \cdot l_1' + M_c \cdot l_2'}{2(l_1' + l_2')}$$

Beispiel: $\quad q$=6,0 kN/m

l_1=3,60 $\quad l_2$=4,80 $\quad$ 1,50

mit $M_c = -\frac{6,0 \cdot 1,5^2}{2} = -6,75$ kNm folgt $M_b = -\frac{-6,75 \cdot 4,8}{2 \cdot (3,6+4,8)} = +1,93$ kNm

Die Berechnung der Querkräfte und max. Feldmomente erfolgt mit den Formeln ab S. 7.14.

2.3 Dreifeldträger mit beliebigen Stützweiten, symmetrische Dreifeldträger

- **Allgemeiner Dreifeldträger mit Streckenlasten bzw. beliebiger Belastung**

$a\ \ l_1\ \ b\ \ l_2\ \ c\ \ l_3\ \ d$

$$K = 4(l_1' + l_2') \cdot (l_2' + l_3') - l_2'^2$$

$$l_i' = l_i \cdot \frac{I_c}{I_i}; \quad \text{für } I = \text{konstant} \rightarrow l_i' = l_i$$

Belastungsglieder R, L siehe S. 7.10.

Belastetes Feld	q		Beliebige Belastung	
	M_b	M_c	M_b	M_c
▬▬▬	$-\dfrac{q_1 l_1^2 l_1'}{2K}(l_2' + l_3')$	$+\dfrac{q_1 l_1^2}{4K} l_1' l_2'$	$-\dfrac{R_1 2l_1'(l_2' + l_3')}{K}$	$+\dfrac{R_1 l_1' l_2'}{K}$
▬▬▬	$-\dfrac{q_2 l_2^2 l_2'}{4K}(l_2' + 2l_3')$	$-\dfrac{q_2 l_2^2 l_2'}{4K}(l_2' + 2l_1')$	$-\dfrac{L_2 2l_2'(l_2' + l_3') - R_2 l_2'^2}{K}$	$-\dfrac{R_2 2l_2'(l_1' + l_2') - L_2 l_2'^2}{K}$
▬▬▬	$+\dfrac{q_3 l_3^2}{4K} l_3' l_2'$	$-\dfrac{q_3 l_3^2 l_3'}{2K}(l_1' + l_2')$	$+\dfrac{L_3 l_3' l_2'}{K}$	$-\dfrac{L_3 2l_3'(l_1' + l_2')}{K}$

7A Baustatik

- **Symmetrischer Dreifeldträger mit symmetrischer Belastung**

$$M_b = M_c = -\frac{R_1 \cdot l_1' + L_2 \cdot l_2'}{2l_1' + 3l_2'}; \quad \text{mit } l_i' = l_i \cdot \frac{I_c}{I_i}; \quad \text{für } EI = \text{konstant} \rightarrow l_i' = l_i$$

Belastung nur q: $M_b = M_c = -\frac{q_1 \cdot l_1^2 \cdot l_1' + q_2 \cdot l_2^2 \cdot l_1'}{4 \cdot (2l_1' + 3l_2')}$ bzw. $M_b = M_c = -\frac{q_1 \cdot l_1^3 + q_2 \cdot l_2^3}{4 \cdot (2l_1 + 3l_2)}$

(EI = konstant)

Beispiel: symmetrischer Dreifeldträger
EI = konstant

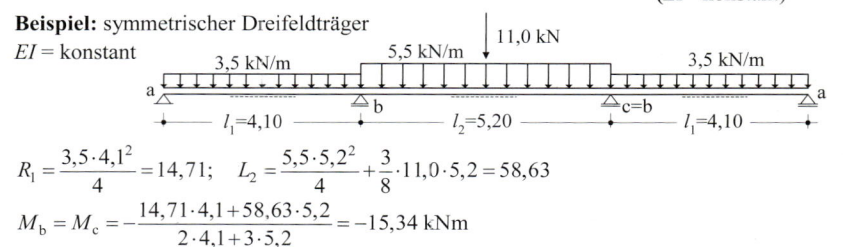

$R_1 = \frac{3,5 \cdot 4,1^2}{4} = 14,71; \quad L_2 = \frac{5,5 \cdot 5,2^2}{4} + \frac{3}{8} \cdot 11,0 \cdot 5,2 = 58,63$

$M_b = M_c = -\frac{14,71 \cdot 4,1 + 58,63 \cdot 5,2}{2 \cdot 4,1 + 3 \cdot 5,2} = -15,34$ kNm

2.4 Statische Größen für Durchlaufträger

- **Dreifeldträger mit Gleichstreckenlast: Querkräfte, maximale Feldmomente**

Es werden die entsprechenden Formeln für einen Dreifeldträger angegeben. Für Durchlaufträger über vier und mehr Felder können diese Formeln ebenfalls sinngemäß angewendet werden. Die Stützmomente werden als bereits berechnet vorausgesetzt.

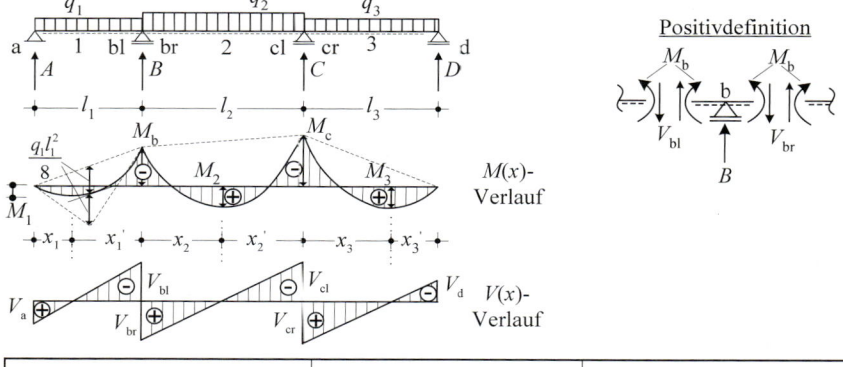

$A = V_a = \frac{q_1 l_1}{2} + \frac{M_b}{l_1}$	$V_{br} = \frac{q_2 l_2}{2} + \frac{M_c - M_b}{l_2}$	$V_{cr} = \frac{q_3 l_3}{2} + \frac{-M_c}{l_3} = \frac{q_3 l_3}{2} - \frac{M_c}{l_3}$
$V_{bl} = -\frac{q_1 l_1}{2} + \frac{M_b}{l_1}$	$V_{cl} = -\frac{q_2 l_2}{2} + \frac{M_c - M_b}{l_2}$	$D = -V_d = \frac{q_3 l_3}{2} + \frac{M_c}{l_3}$
$x_1 = \frac{A}{q_1}; \quad x_1' = -\frac{V_{bl}}{q_1}$	$x_2 = \frac{V_{br}}{q_2}; \quad x_2' = -\frac{V_{cl}}{q_2}$	$x_3 = \frac{V_{cr}}{q_3}; \quad x_3' = \frac{D}{q_3}$
$M_1 = \frac{A^2}{2q_1} = A \cdot \frac{x_1}{2}$ bzw.	$M_2 = \frac{V_{br}^2}{2q_2} + M_b$ bzw.	$M_3 = \frac{V_{cr}^2}{2q_3} + M_c$ bzw.
$M_1 = \frac{V_{bl}^2}{2q_1} + M_b = -V_{bl} \cdot \frac{x_1'}{2} + M_b$	$M_2 = \frac{V_{cl}^2}{2q_2} + M_c$	$M_3 = \frac{D^2}{2q_3}$

Durchlaufträger

- **Auflagerkräfte für Durchlaufträger**

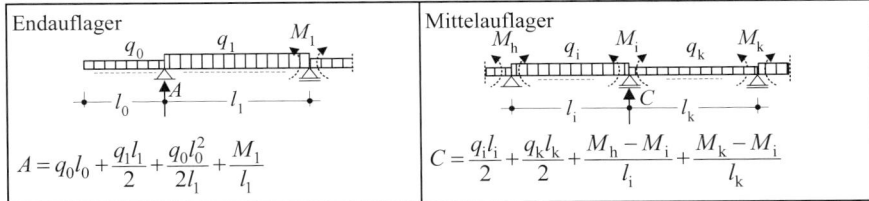

Endauflager	Mittelauflager
$A = q_0 l_0 + \dfrac{q_1 l_1}{2} + \dfrac{q_0 l_0^2}{2 l_1} + \dfrac{M_1}{l_1}$	$C = \dfrac{q_i l_i}{2} + \dfrac{q_k l_k}{2} + \dfrac{M_h - M_i}{l_i} + \dfrac{M_k - M_i}{l_k}$

- **Gerader Stababschnitt: Querkräfte, maximale Feldmomente**

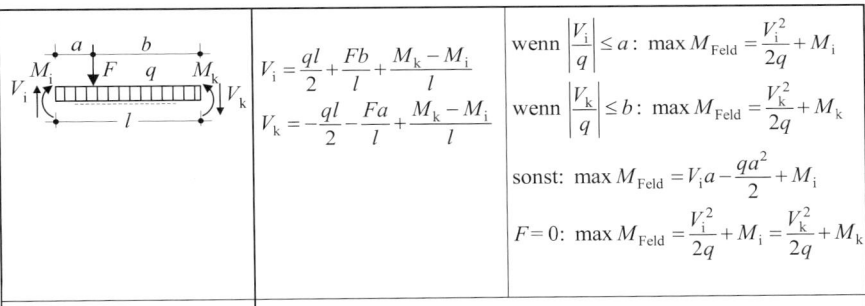

$V_i = \dfrac{ql}{2} + \dfrac{Fb}{l} + \dfrac{M_k - M_i}{l}$

$V_k = -\dfrac{ql}{2} - \dfrac{Fa}{l} + \dfrac{M_k - M_i}{l}$

wenn $\left|\dfrac{V_i}{q}\right| \leq a$: $\max M_{\text{Feld}} = \dfrac{V_i^2}{2q} + M_i$

wenn $\left|\dfrac{V_k}{q}\right| \leq b$: $\max M_{\text{Feld}} = \dfrac{V_k^2}{2q} + M_k$

sonst: $\max M_{\text{Feld}} = V_i a - \dfrac{qa^2}{2} + M_i$

$F = 0$: $\max M_{\text{Feld}} = \dfrac{V_i^2}{2q} + M_i = \dfrac{V_k^2}{2q} + M_k$

$V_i = V_i^* + \dfrac{M_k - M_i}{l}$

$V_k = V_k^* + \dfrac{M_k - M_i}{l}$

V_i^* und V_k^* sind die Querkräfte an den Stellen i und k eines Trägers auf zwei Stützen infolge der gegebenen Last ohne Berücksichtigung der Momente M_i und M_k.

$V_i = \dfrac{q}{6l}(a^2 + 3ab + 3ac + 6bc + 2b^2 + 3c^2) + \dfrac{M_k - M_i}{l}$

$V_k = V_i - \dfrac{q(a+b)}{2} - qc$

wenn $x_n = \sqrt{\dfrac{2aV_i}{q}} \leq a$ [1]: $\max M_{\text{Feld}} = q\dfrac{x_n^3}{3a} + M_i$

wenn $x_n' = \sqrt{\dfrac{2bV_k}{q}} \leq b$ [1]: $\max M_{\text{Feld}} = q\dfrac{x_n'^3}{3b} + M_k$

wenn $x_n = \dfrac{V_i}{q} + \dfrac{a}{2} \begin{Bmatrix} >a \\ \leq (a+c) \end{Bmatrix}$: $\max M_{\text{Feld}} = \dfrac{q}{2}(x_n^2 - \dfrac{a^2}{3}) + M_i$

Sonderfall: Bei Dreieckslast ist $c = 0$ zu setzen.

[1] Wird x_n bzw. x_n' negativ, so tritt in dem Stababschnitt i, k kein Querkraft-Nulldurchgang auf.

7.15

Beispiel:
Berechnungsablauf für einen Dreifeldträger mit ständiger Last g und Verkehrslast q

$l_1 = 4,25$ m; $l_2 = 4,95$ m; $l_3 = 3,80$ m; EI = konstant q (feldweise ungünstigst)
$g_{k1} = g_{k2} = g_{k3} = 5,4$ kN/m
$q_{k1} = q_{k2} = q_{k3} = 2,75$ kN/m
Teilsicherheitsbeiwerte $\gamma_G=1,35$; $\gamma_Q=1,5$

Für eine vollständige Schnittgrößenberechnung sind (für einen einfachen Rechnungsablauf) zunächst die Stützmomente M_b und M_c (z. B. mit den Formeln auf S. 7.13) für die drei Einheitsbelastungen e = 1,0 kN/m zu berechnen (Zeile 1 – 3). Durch Multiplikation und (für g) Addition der entsprechenden Werte mit den charakteristischen Lastordinaten ergeben sich die Stützmomente infolge der charakteristischen Einwirkungen (Zeile 4 – 7). Die zugehörigen Querkräfte werden mit Hilfe der Formeln auf S. 7.14/15 ermittelt. Die Bemessungsschnittgrößen einschl. der maximalen Feldmomente werden in einem weiteren Rechengang mit Berücksichtigung der Teilsicherheitsbeiwerte ermittelt.

Tabellarische Ermittlung der Schnittgrößen

	Schnittgrößen unter Einheitszuständen bzw. charakteristischen Lasten:		M_b [kNm]	M_c [kNm]	V_a [kN]	V_{br} [kN]	V_{bl} ...
1	e_1=1,0 kN/m		–1,13	+0,32			
2	e_2=1,0 kN/m		–1,28	–1,37			
3	e_3=1,0 kN/m		+0,23	–0,85			
4	g_k:		–11,8	–10,3	+8,7	+13,7	...
5	q_{k1}:		–3,1	+0,9	+5,1	+0,8	...
6	q_{k2}:		–3,5	–3,8	–0,8	+6,8	...
7	q_{k3}:		+0,6	–2,3	+0,2	–0,6	...
	Schnittgrößen unter Bemessungslasten:						
8	g_d:		–15,9	–13,9	+11,8	+18,5	
9	g_d, q_{d1}, q_{d3}:		–19,6	–16,0	+19,6	+18,8	
10	g_d, q_{d2}:		–21,2	–19,5	+10,5	+28,7	
11	g_d, q_{d1}, q_{d2}:		–25,8	–18,2	+18,2	+29,8	...
12	g_d, q_{d2}, q_{d3}:		–20,2	–23,0	+10,7	+27,7	...

Zeile 4: $M_b = (-1,13-1,28+0,23) \cdot 5,4 = -11,8$ kNm
$\quad\quad\quad V_a = (-11,8/4,25) + 5,4 \cdot 4,25/2 = 8,7$ kN
Zeile 5: $M_b = (-1,13) \cdot 2,75 = -3,1$ kNm
Zeile 9: max $V_a = 1,35 \cdot 8,7 + 1,5 \cdot (5,1+0,2) = 19,6$ kNm
$\quad\quad\quad$ max $M_1 = 19,6^2 / (2 \cdot (1,35 \cdot 5,4 + 1,5 \cdot 2,75)) = 16,8$ kNm
Zeile 11: min $M_b = 1,35 \cdot (-11,8) + 1,5 \cdot (-3,1-3,5) = -25,8$ kNm
Zeile 10: $V_{br} = 1,35 \cdot 13,7 + 1,5 \cdot 6,8 = 28,70$ kN
$\quad\quad\quad$ max $M_2 = -21,2 + 28,7^2 / (2 \cdot (1,35 \cdot 5,4 + 1,5 \cdot 2,75)) = 14,6$ kNm

Durchlaufträger

2.5 Ungünstigste Laststellungen (Beispiel: 5 Feldträger[1])

Extremale Auflager- und Schnittgrößen	Laststellung	Verkehrslast
M_b V_{bl} V_{br} B		[1]) Diese Tafel ist auch für Durchlaufträger mit geringerer Feldanzahl zu verwenden, indem die entsprechenden hinteren Felder abgedeckt werden.
M_c V_{cl} V_{cr} C		
M_d V_{dl} V_{dr} D		
M_e V_{el} V_{er} E		
M_1 M_3 M_5 A F		
M_2 M_4		

2.6 Ermittlung von Momentennullpunkten
Durchlaufträger mit Gleichstreckenlast

Endfelder: $\quad a_1 = l_1 - \dfrac{2A}{q_1} = -\dfrac{2M_b}{q_1 l_1}$

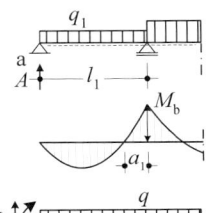

Mittelfelder: $\quad x_{1,2} = \dfrac{V_i}{q} \mp \sqrt{\dfrac{2M_F}{q}}$

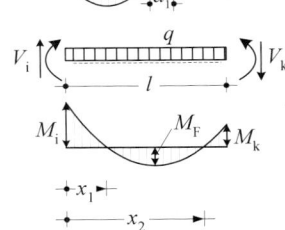

$M_F = \dfrac{V_i^2}{2q} + M_i; \quad V_i = \dfrac{ql}{2} + \dfrac{M_k - M_i}{l}$

(M, V, A mit Vorzeichen einsetzen.)

2.7 Durchlaufträger mit gleichen Stützweiten und Randmomenten

	M_b	M_c	M_d
M_l ⟵─b─⟶ M_r	$-0{,}250 M_l - 0{,}250 M_r$	–	–
M_l ⟵─b─c─⟶ M_r	$-0{,}267 M_l + 0{,}067 M_r$	$+0{,}067 M_l - 0{,}267 M_r$	–
M_l ⟵─b─c─d─⟶ M_r	$-0{,}268 M_l - 0{,}018 M_r$	$+0{,}071 M_l + 0{,}071 M_r$	$-0{,}018 M_l - 0{,}268 M_r$
M_l ⟵─b─c─d─e─⟶ M_r	$-0{,}268 M_l + 0{,}005 M_r$	$+0{,}072 M_l - 0{,}019 M_r$	$-0{,}019 M_l + 0{,}072 M_r$
			$M_e = +0{,}005 M_l - 0{,}268 M_r$

2.8 Dreimomentengleichung

Die Dreimomentengleichung dient zur Berechnung von Durchlaufträgern und von Stabzügen mit unverschieblichen Knoten (z. B. unverschieblichen Rahmen). Sie folgt aus den Elastizitätsgleichungen des Kraftgrößenverfahrens, indem die Knotenmomente als statisch Unbestimmte gewählt werden und die Gleichungen mit $6EI_c$ multipliziert werden.

Es ist für jedes unbekannte Knotenmoment eine Gleichung (mit den beiden benachbarten Knotenmomenten) aufzustellen.

Dreimomentengleichung für den Knoten m:

$$l'_l M_l + 2(l'_l + l'_r) M_m + l'_r M_r = -l'_l R_l - l'_r L_r$$

mit $l'_i = l_i \cdot \dfrac{I_c}{I_i}$; für EI = konstant $\rightarrow l'_i = l_i$

R_l: Rechtes Belastungsglied des Stabes links von m
L_r: Linkes Belastungsglied des Stabes rechts von m.

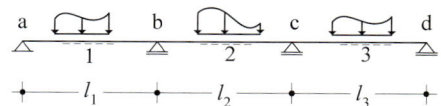

Belastungsglieder gemäß S. 7.10 (die Belastungsglieder sind immer mit den tatsächlichen Stützweiten zu ermitteln).

Dreifeldträger mit allgemeiner Feldbelastung:
EI = konstant, es treten die 2 unbekannten Momente M_b und M_c auf:

$$2(l_1 + l_2) M_b + l_2 M_c = -l_1 R_1 - l_2 L_2$$
$$l_2 M_b + 2(l_2 + l_3) M_c = -l_2 R_2 - l_3 L_3$$

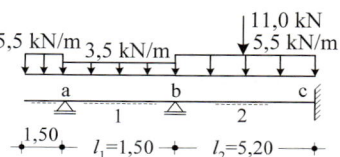

Beispiel: Zweifeldträger mit einseitiger Einspannung und Kragarm (EI = konstant)

Die Momente M_b und M_c sind unbekannt.

Das bekannte Kragmoment M_a ist einzusetzen, die Belastungsglieder (aus M_a) im 1. Feld und die Terme „rechts" der Einspannung c entfallen.

$M_a = -5,5 \cdot 1,5^2/2 = -6,19$; $R_1 = 14,71$; $L_2 = R_2 = 58,63$ (siehe S. 7.10 bzw. Bsp. S. 7.14)

$4,1 \cdot (-6,19) + 2 \cdot (4,1 + 5,2) \cdot M_b + 5,2 \cdot M_c = -4,1 \cdot 14,71 - 5,2 \cdot 58,63$
$5,2 \cdot M_b + 2 \cdot 5,2 \cdot M_c = -5,2 \cdot 58,63$

$18,6 M_b + 5,2 M_c = -339,81$
$5,2 M_b + 10,4 M_c = -304,88$

Lösung: $M_b = -11,71$ kNm; $M_c = -23,46$ kNm

Durchlaufträger

2.9 Durchlaufträger mit gleichen Stützweiten und Gleichlast [1) 2)]

Größtwerte der Biegemomente, Auflager- und Querkräfte   (EI = konstant)

g = konst
q = konst
$r = g + q$

Momente = Tafelwert $\cdot r \cdot l^2$ Kräfte = Tafelwert $\cdot r \cdot l$

Die Tafel kann entweder für charakteristische Lasten oder Bemessungslasten verwendet werden (Index k oder d).

Felder	Kraftgrößen	Verkehrslastanteil: $q:(g+q) = q:r$									
		0,0	0,1	0,2	0,3	0,4	0,5	0,6	0,7	0,8	0,9	1,0
2	M_1	0,070	0,073	0,075	0,078	0,080	0,083	0,085	0,088	0,090	0,093	0,096
	M_b	-0,125	-0,125	-0,125	-0,125	-0,125	-0,125	-0,125	-0,125	-0,125	-0,125	-0,125
	A	0,375	0,382	0,388	0,394	0,400	0,407	0,413	0,418	0,426	0,431	0,437
	B	1,250	1,250	1,250	1,250	1,250	1,250	1,250	1,250	1,250	1,250	1,250
	V_{bl}	-0,625	-0,625	-0,625	-0,625	-0,625	-0,625	-0,625	-0,625	-0,625	-0,625	-0,625
3	M_1	0,080	0,082	0,084	0,086	0,088	0,090	0,092	0,095	0,097	0,099	0,101
	M_2	0,025	0,030	0,035	0,040	0,045	0,050	0,055	0,060	0,065	0,070	0,075
	M_b	-0,100	-0,102	-0,103	-0,105	-0,107	-0,108	-0,110	-0,112	-0,113	-0,115	-0,117
	A	0,400	0,405	0,410	0,415	0,420	0,426	0,429	0,435	0,441	0,444	0,450
	B	1,099	1,110	1,117	1,132	1,141	1,151	1,159	1,172	1,181	1,188	1,202
	V_{bl}	-0,599	-0,602	-0,602	-0,606	-0,606	-0,610	-0,610	-0,613	-0,613	-0,613	-0,617
	V_{br}	0,500	0,508	0,515	0,526	0,535	0,541	0,549	0,559	0,568	0,575	0,585
4	M_1	0,077	0,079	0,081	0,084	0,086	0,088	0,090	0,093	0,095	0,097	0,100
	M_2	0,036	0,041	0,045	0,050	0,054	0,058	0,063	0,067	0,072	0,076	0,081
	M_b	-0,107	-0,108	-0,110	-0,111	-0,113	-0,114	-0,115	-0,117	-0,118	-0,119	-0,121
	M_c	-0,071	-0,075	-0,079	-0,082	-0,086	-0,089	-0,093	-0,096	-0,100	-0,104	-0,107
	A	0,392	0,398	0,403	0,408	0,415	0,420	0,426	0,431	0,435	0,441	0,446
	B	1,141	1,153	1,159	1,166	1,175	1,181	1,188	1,198	1,205	1,216	1,223
	C	0,930	0,948	0,970	0,996	1,016	1,036	1,058	1,082	1,098	1,124	1,142
	V_{bl}	-0,606	-0,610	-0,610	-0,613	-0,613	-0,613	-0,613	-0,617	-0,617	-0,621	-0,621
	V_{br}	0,535	0,544	0,549	0,556	0,562	0,568	0,575	0,581	0,588	0,595	0,602
	V_{cl}	-0,465	-0,474	-0,485	-0,498	-0,508	-0,518	-0,529	-0,541	-0,549	-0,562	-0,571
5	M_1	0,078	0,080	0,082	0,084	0,086	0,089	0,091	0,093	0,095	0,098	0,100
	M_2	0,033	0,038	0,042	0,047	0,052	0,056	0,061	0,065	0,070	0,075	0,079
	M_3	0,046	0,050	0,054	0,058	0,062	0,066	0,070	0,074	0,078	0,082	0,086
	M_b	-0,105	-0,107	-0,108	-0,110	-0,111	-0,112	-0,114	-0,115	-0,117	-0,118	-0,120
	M_c	-0,079	-0,082	-0,085	-0,089	-0,092	-0,095	-0,098	-0,102	-0,105	-0,108	-0,111
	A	0,395	0,400	0,405	0,410	0,415	0,422	0,426	0,431	0,437	0,442	0,447
	B	1,132	1,141	1,151	1,156	1,166	1,175	1,181	1,191	1,202	1,209	1,220
	C	0,974	0,993	1,013	1,031	1,053	1,072	1,091	1,111	1,127	1,146	1,170
	V_{bl}	-0,606	-0,606	-0,610	-0,610	-0,610	-0,613	-0,613	-0,613	-0,617	-0,617	-0,621
	V_{br}	0,526	0,535	0,541	0,546	0,556	0,562	0,568	0,578	0,585	0,592	0,599
	V_{cl}	-0,474	-0,483	-0,495	-0,505	-0,515	-0,526	-0,535	-0,546	-0,556	-0,565	-0,578
	V_{cr}	0,500	0,510	0,518	0,526	0,538	0,546	0,556	0,565	0,571	0,581	0,592

Beispiel:

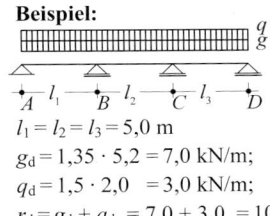

$l_1 = l_2 = l_3 = 5{,}0$ m
$g_d = 1{,}35 \cdot 5{,}2 = 7{,}0$ kN/m;
$q_d = 1{,}5 \cdot 2{,}0 = 3{,}0$ kN/m;
$r_d = g_d + q_d = 7{,}0 + 3{,}0 = 10{,}0$ kN/m; $q:r = 0{,}3$

max M_1 = max $M_3 = 0{,}086 \cdot 10{,}0 \cdot 5{,}0^2 = 21{,}5$ kNm
max M_2 = $0{,}040 \cdot 10{,}0 \cdot 5{,}0^2 = 10{,}0$ kNm
min M_b = min $M_c = -0{,}105 \cdot 10{,}0 \cdot 5{,}0^2 = -26{,}3$ kNm
max A = max $D = 0{,}415 \cdot 10{,}0 \cdot 5{,}0 = 20{,}8$ kN
max B = max $C = 1{,}132 \cdot 10{,}0 \cdot 5{,}0 = 56{,}6$ kN
min V_{bl} = $-$max $V_{br} = -0{,}606 \cdot 10{,}0 \cdot 5{,}0 = -30{,}3$ kN
max V_{br} = $-$min $V_{cl} = 0{,}526 \cdot 10{,}0 \cdot 5{,}0 = 26{,}3$ kN

[1)] Ungünstigste Laststellung siehe S. 7.17. [2)] Fußnote wie S. 7.20 - Ähnliche Tafeln für bel. Stützweiten [Brandt].

2.10 Durchlaufträger mit gleichen Stützweiten über 2 bis 5 Felder[1]

Belastung 1	Belastung 2	Belastung 3	Belastung 4	Belastung 5	Belastung 6
gleichmäßig verteilt q über l	Dreiecklast q, Basis $l/2 + l/2$	Trapezlast q, $0{,}4l + 0{,}4l$	Trapezlast q, $0{,}2l + 0{,}4l + 0{,}2l$	Einzellast F in $l/2 + l/2$	Einzellasten F,F in $l/3 + l/3 + l/3$

Momente = Tafelwert $\cdot q \cdot l^2$
bzw. = Tafelwert $\cdot F \cdot l$

Kräfte = Tafelwert $\cdot q \cdot l$
bzw. = Tafelwert $\cdot F$

Die Feldmomente M_1, M_2 usw. sind die Größtwerte der Feldmomente in den Feldern 1, 2 usw.

Lastfall	Kraftgrößen	Belastung 1	Belastung 2	Belastung 3	Belastung 4	Belastung 5	Belastung 6
$\overset{A\ 1\ B\ 2\ C}{\vdash l \dashv l \dashv}$	M_1	0,070	0,048	0,056	0,062	0,156	0,222
	min M_b	-0,125	-0,078	-0,093	-0,106	-0,188	-0,333
	A	0,375	0,172	0,207	0,244	0,313	0,667
	max B	1,250	0,656	0,786	0,911	1,375	2,667
	min V_{bl}	-0,625	-0,328	-0,393	-0,456	-0,688	-1,333
$A\ 1\ B\ 2\ C$	max M_1	0,096	0,065	0,076	0,085	0,203	0,278
	M_b	-0,063	-0,039	-0,047	-0,053	-0,094	-0,167
	max A	0,438	0,211	0,253	0,297	0,406	0,833
	min C	-0,063	-0,039	-0,047	-0,053	-0,094	-0,167
$A\ 1\ B\ 2\ C\ 3\ D$	M_1	0,080	0,054	0,064	0,071	0,175	0,244
	M_2	0,025	0,021	0,024	0,025	0,100	0,067
	M_b	-0,100	-0,063	-0,074	-0,085	-0,150	-0,267
	A	0,400	0,188	0,226	0,265	0,350	0,733
	B	1,100	0,563	0,674	0,785	1,150	2,267
	V_{bl}	-0,600	-0,313	-0,374	-0,435	-0,650	-1,267
	V_{br}	0,500	0,250	0,300	0,350	0,500	1,000
$A\ 1\ B\ 2\ C\ 3\ D$	max M_1	0,101	0,068	0,080	0,090	0,213	0,289
	M_2	-0,050	-0,032	-0,037	-0,043	-0,075	-0,133
	M_b	-0,050	-0,032	-0,037	-0,043	-0,075	-0,133
	max A	0,450	0,219	0,263	0,307	0,425	0,867
$A\ 1\ B\ 2\ C\ 3\ D$	max M_2	0,075	0,052	0,061	0,067	0,175	0,200
	M_b	-0,050	-0,032	-0,037	-0,043	-0,075	-0,133
	min A	-0,050	-0,032	-0,037	-0,043	-0,075	-0,133
$A\ 1\ B\ 2\ C\ 3\ D$	min M_b	-0,117	-0,073	-0,087	-0,099	-0,175	-0,311
	M_c	-0,033	-0,021	-0,025	-0,029	-0,050	-0,089
	max B	1,200	0,626	0,749	0,871	1,300	2,533
	min V_{bl}	-0,617	-0,323	-0,387	-0,449	-0,675	-1,311
	max V_{br}	0,583	0,303	0,362	0,421	0,625	1,222
$A\ 1\ B\ 2\ C\ 3\ D$	max M_b	0,017	0,011	0,013	0,015	0,025	0,044
	M_c	-0,067	-0,042	-0,050	-0,057	-0,100	-0,178
	max V_{bl}	0,017	0,011	0,013	0,015	0,025	0,044
	min V_{br}	-0,083	-0,053	-0,062	-0,071	-0,125	-0,222
$A\ 1\ B\ 2\ C\ 3\ D\ 4\ E$	M_1	0,077	0,052	0,062	0,069	0,170	0,238
	M_2	0,035	0,028	0,032	0,034	0,116	0,111
	M_b	-0,107	-0,067	-0,080	-0,091	-0,161	-0,286
	M_c	-0,071	-0,045	-0,053	-0,060	-0,107	-0,190
	A	0,393	0,183	0,220	0,259	0,339	0,714
	B	1,143	0,590	0,707	0,822	1,214	2,381
	C	0,929	0,455	0,546	0,638	0,892	1,810
	V_{bl}	-0,607	-0,317	-0,380	-0,441	-0,661	-1,286
	V_{br}	0,536	0,273	0,327	0,381	0,554	1,095
	V_{cl}	-0,464	-0,228	-0,273	-0,319	-0,446	-0,905
$A\ 1\ 2\ C\ 3\ D\ 4\ E$	max M_1	0,100	0,067	0,079	0,088	0,210	0,286
	M_b	-0,054	-0,034	-0,040	-0,046	-0,080	-0,143
	M_c	-0,036	-0,023	-0,027	-0,031	-0,054	-0,095
	max A	0,446	0,217	0,260	0,298	0,420	0,857
$A\ 1\ B\ 2\ C\ 3\ D\ 4\ E$	max M_2	0,080	0,056	0,065	0,071	0,183	0,222
	M_b	-0,054	-0,034	-0,040	-0,046	-0,080	-0,143
	M_c	-0,036	-0,023	-0,027	-0,031	-0,054	-0,095
	min A	-0,054	-0,034	-0,040	-0,046	-0,080	-0,143

[1] EI = konstant; die nachfolgende Tafel kann auch näherungsweise bei ungleichen Stützweiten verwendet werden, wenn min $l > 0{,}8$ max l ist. Die Kraftgrößen an den Innenstützen (Stützmomente, Auflager- und Querkräfte) sind dann mit den Mittelwerten der jeweils benachbarten Stützweiten zu ermitteln.

Durchlaufträger

Lastfall	Kraftgrößen	Belastung 1	Belastung 2	Belastung 3	Belastung 4	Belastung 5	Belastung 6
$\overline{A}\ ^1\ \overline{B}\ ^2\ \overline{C}\ ^3\ \overline{D}\ ^4\ \overline{E}$	min M_b	-0,121	-0,076	-0,090	-0,102	-0,181	-0,321
	M_c	-0,018	-0,012	-0,013	-0,015	-0,027	-0,048
	M_d	-0,058	-0,036	-0,043	-0,049	-0,087	-0,155
	max B	1,223	0,640	0,767	0,889	1,335	2,595
	min V_{bl}	-0,621	-0,326	-0,390	-0,452	-0,681	-1,321
	max V_{br}	0,603	0,314	0,377	0,437	0,654	1,274
$\overline{A}\ ^1\ \overline{B}\ ^2\ \overline{C}\ ^3\ \overline{D}\ ^4\ \overline{E}$	max M_b	0,013	0,009	0,010	0,011	0,020	0,036
	M_c	-0,054	-0,033	-0,040	-0,045	-0,080	-0,143
	M_d	-0,049	-0,031	-0,037	-0,042	-0,074	-0,131
	min B	-0,080	-0,050	-0,060	-0,067	-0,121	-0,214
	max V_{bl}	0,013	0,009	0,010	0,011	0,020	0,036
	min V_{br}	-0,067	-0,042	-0,050	-0,056	-0,100	-0,178
$\overline{A}\ ^1\ \overline{B}\ ^2\ \overline{C}\ ^3\ \overline{D}\ ^4\ \overline{E}$	M_b	-0,036	-0,023	-0,027	-0,031	-0,054	-0,095
	min M_c	-0,107	-0,067	-0,080	-0,091	-0,161	-0,286
	max C	1,143	0,589	0,706	0,820	1,214	2,381
	min V_{cl}	-0,571	-0,295	-0,353	-0,410	-0,607	-1,191
$\overline{A}\ ^1\ \overline{B}\ ^2\ \overline{C}\ ^3\ \overline{D}\ ^4\ \overline{E}$	M_b	-0,071	-0,045	-0,053	-0,060	-0,107	-0,190
	max M_c	0,036	0,023	0,027	0,031	0,054	0,095
	min C	-0,214	-0,134	-0,160	-0,182	-0,321	-0,571
	max V_{cl}	0,107	0,067	0,080	0,091	0,161	0,286
$\overline{A}\ ^1\ \overline{B}\ ^2\ \overline{C}\ ^3\ \overline{D}\ ^4\ \overline{E}\ ^5\ \overline{F}$	M_1	0,078	0,053	0,062	0,069	0,171	0,240
	M_2	0,033	0,026	0,030	0,032	0,112	0,099
	M_3	0,046	0,034	0,040	0,043	0,132	0,123
	M_b	-0,105	-0,066	-0,078	-0,089	-0,158	-0,281
	M_c	-0,079	-0,050	-0,059	-0,067	-0,118	-0,211
	A	0,395	0,185	0,222	0,261	0,342	0,719
	B	1,132	0,582	0,697	0,811	1,197	2,351
	C	0,974	0,484	0,581	0,678	0,960	1,930
	V_{bl}	-0,605	-0,316	-0,378	-0,439	-0,658	-1,281
	V_{br}	0,526	0,266	0,319	0,372	0,540	1,070
	V_{cl}	-0,474	-0,234	-0,281	-0,328	-0,460	-0,930
	V_{cr}	0,500	0,250	0,300	0,350	0,500	1,000
$\overline{A}\ ^1\ \overline{B}\ ^2\ \overline{C}\ ^3\ \overline{D}\ ^4\ \overline{E}\ ^5\ \overline{F}$	max M_1	0,100	0,068	0,079	0,088	0,211	0,287
	max M_3	0,086	0,059	0,070	0,076	0,191	0,228
	M_b	-0,053	-0,033	-0,040	-0,045	-0,079	-0,140
	M_c	-0,039	-0,025	-0,030	-0,034	-0,059	-0,105
	max A	0,447	0,217	0,260	0,305	0,421	0,860
$\overline{A}\ ^1\ \overline{B}\ ^2\ \overline{C}\ ^3\ \overline{D}\ ^4\ \overline{E}\ ^5\ \overline{F}$	max M_2	0,079	0,055	0,064	0,071	0,181	0,205
	M_3	-	-0,025	-0,030	-0,034	-0,059	-0,105
	M_b	-0,053	-0,033	-0,040	-0,045	-0,079	-0,140
	M_c	-0,039	-0,025	-0,030	-0,034	-0,059	-0,105
	min A	-0,053	-0,033	-0,040	-0,045	-0,079	-0,140
$\overline{A}\ ^1\ \overline{B}\ ^2\ \overline{C}\ ^3\ \overline{D}\ ^4\ \overline{E}\ ^5\ \overline{F}$	min M_b	-0,120	-0,075	-0,089	-0,101	-0,179	-0,319
	M_c	-0,022	-0,014	-0,016	-0,019	-0,032	-0,057
	M_d	-0,044	-0,028	-0,033	-0,037	-0,066	-0,118
	M_e	-0,051	-0,032	-0,038	-0,043	-0,077	-0,137
	max B	1,218	0,636	0,761	0,883	1,327	2,581
	min V_{bl}	-0,620	-0,325	-0,389	-0,451	-0,679	-1,319
	max V_{br}	0,598	0,311	0,373	0,432	0,647	1,262
$\overline{A}\ ^1\ \overline{B}\ ^2\ \overline{C}\ ^3\ \overline{D}\ ^4\ \overline{E}\ ^5\ \overline{F}$	max M_b	0,014	0,009	0,011	0,012	0,022	0,038
	M_c	-0,057	-0,036	-0,043	-0,048	-0,086	-0,153
	M_d	-0,035	-0,022	-0,026	-0,030	-0,052	-0,093
	M_e	-0,054	-0,034	-0,040	-0,046	-0,081	-0,144
	min B	-0,086	-0,054	-0,065	-0,072	-0,129	-0,230
	max V_{bl}	0,014	0,009	0,011	0,012	0,022	0,038
	min V_{br}	-0,072	-0,045	-0,053	-0,060	-0,108	-0,191
$\overline{A}\ ^1\ \overline{B}\ ^2\ \overline{C}\ ^3\ \overline{D}\ ^4\ \overline{E}\ ^5\ \overline{F}$	M_b	-0,035	-0,022	-0,026	-0,029	-0,052	-0,093
	min M_c	-0,111	-0,070	-0,083	-0,094	-0,167	-0,297
	M_d	-0,020	-0,013	-0,015	-0,017	-0,031	-0,054
	M_e	-0,057	-0,036	-0,043	-0,048	-0,086	-0,153
	max C	1,167	0,605	0,725	0,841	1,251	2,447
	min V_{cl}	-0,576	-0,298	-0,357	-0,414	-0,615	-1,204
	max V_{cr}	0,591	0,307	0,368	0,427	0,636	1,242
$\overline{A}\ ^1\ \overline{B}\ ^2\ \overline{C}\ ^3\ \overline{D}\ ^4\ \overline{E}\ ^5\ \overline{F}$	M_b	-0,071	-0,044	-0,052	-0,060	-0,106	-0,188
	max M_c	0,032	0,020	0,024	0,027	0,048	0,086
	M_d	-0,059	-0,037	-0,044	-0,050	-0,088	-0,156
	M_e	-0,048	-0,030	-0,035	-0,041	-0,072	-0,128
	min C	-0,194	-0,121	-0,144	-0,163	-0,291	-0,517
	max V_{cl}	0,103	0,064	0,076	0,086	0,154	0,274
	min V_{cr}	-0,091	-0,057	-0,068	-0,077	-0,136	-0,242

7.21

3 Rahmen, Kehlbalkendach, Fachwerke
3.1 Zweigelenkrahmen

Abkürzung: $k = \dfrac{I_R}{I_S} \cdot \dfrac{h}{l}$ ------- M-Linie

bei unbelastetem Stiel:
$M_3 = -H_1 \cdot h; \quad M_4 = -H_2 \cdot h$

1	$A = B = \dfrac{ql}{2}$	$H_1 = H_2 = \dfrac{ql^2}{4h(2k+3)}$
2	$A = \dfrac{Fb}{l}$ $B = \dfrac{Fa}{l}$	$H_1 = H_2 = \dfrac{3}{2} \cdot \dfrac{Fab}{hl(2k+3)}$
3	$A = -B = \dfrac{qh^2}{2l}$ $H_1 = \dfrac{qh}{8} \cdot \dfrac{5k+6}{2k+3}$	$H_2 = H_1 - qh$ $M_4 = -H_2 h - \dfrac{qh^2}{2}$
4	$A = -B = \dfrac{qa^2}{2l}$ $H_1 = -\dfrac{M_3}{h}$	$H_2 = -(qa - H_1) \quad \text{mit } \alpha = a/h$ $M_3 = -\dfrac{qa^2}{4}\left(\dfrac{(2-\alpha^2)k}{2(2k+3)} + 1\right)$
5	$A = -B = \dfrac{Fh}{l}$	$H_1 = -H_2 = \dfrac{F}{2}$
6	$A = -B = \dfrac{Fa}{l}$ $H_1 = \dfrac{3Fak}{2h(2k+3)}\left(1 - \dfrac{a^2}{3h^2} + \dfrac{1}{k}\right)$	$H_2 = H_1 - F$ $M_4 = -H_2 h - F(h-a)$
7	$A = -B = -\dfrac{M}{l}$ $H_1 = H_2 = \dfrac{3M}{2h}\left(1 - \dfrac{a^2}{h^2} + \dfrac{1}{k}\right)\dfrac{k}{2k+3}$	$M_3 = M - H_1 h$
8	gleichmäßige Erwärmung T: $A = B = 0$	$H_1 = H_2 = \alpha_T T \dfrac{EI_R}{h^2} \cdot \dfrac{3}{2k+3}$
9	ungleichmäßige Erwärmung $\Delta T = T_i - T_a$: $\quad d =$ Querschnittshöhe $A = B = 0 \quad H_1 = H_2 = \alpha_T\left(\dfrac{\Delta T_S}{d_S} h + \dfrac{\Delta T_R}{d_R} l\right) \cdot \dfrac{EI_R}{hl} \cdot \dfrac{3}{2k+3}$	

3.2 Eingespannter Rahmen

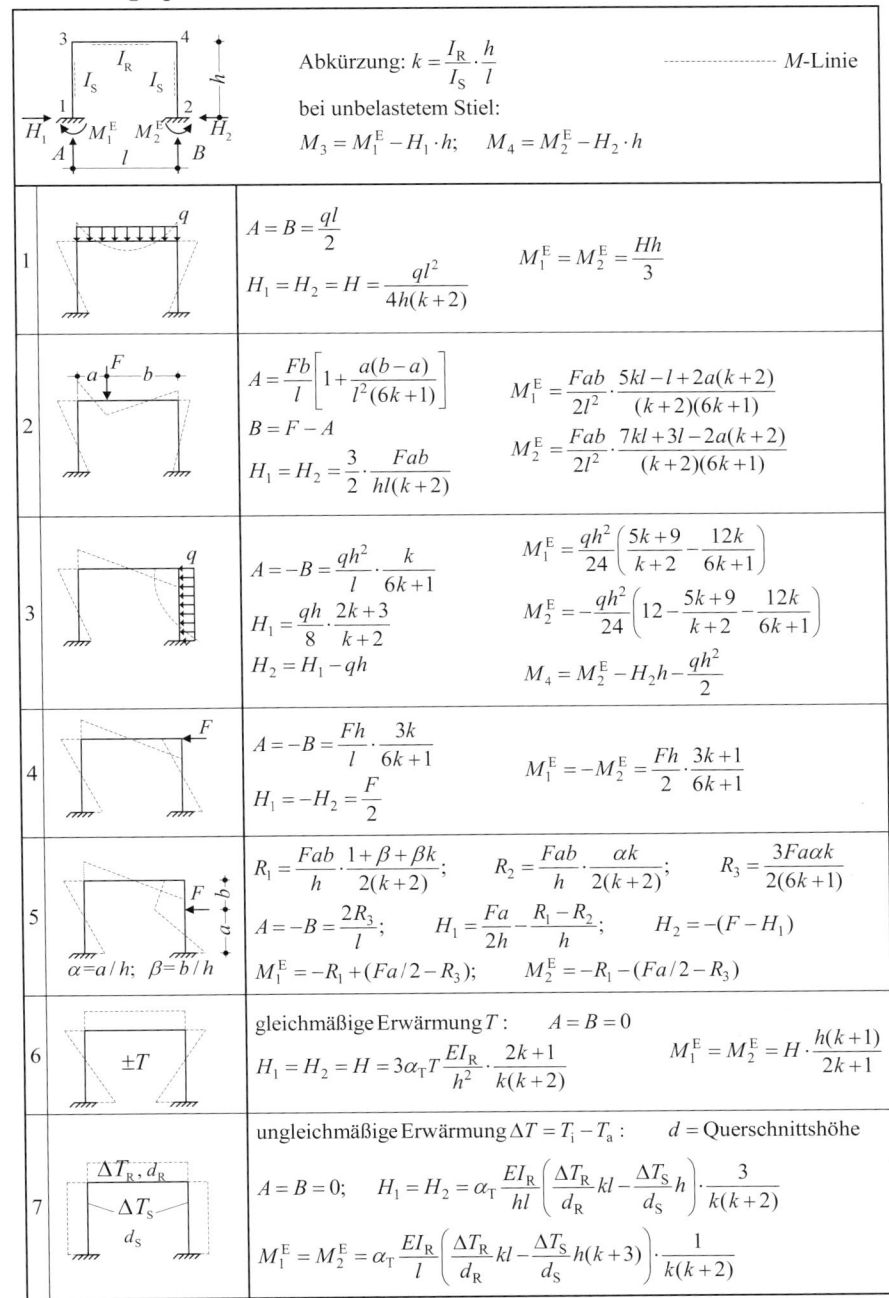

Abkürzung: $k = \dfrac{I_R}{I_S} \cdot \dfrac{h}{l}$

bei unbelastetem Stiel:
$M_3 = M_1^E - H_1 \cdot h; \quad M_4 = M_2^E - H_2 \cdot h$

---- M-Linie

1		$A = B = \dfrac{ql}{2}$ $H_1 = H_2 = H = \dfrac{ql^2}{4h(k+2)}$	$M_1^E = M_2^E = \dfrac{Hh}{3}$
2		$A = \dfrac{Fb}{l}\left[1 + \dfrac{a(b-a)}{l^2(6k+1)}\right]$ $B = F - A$ $H_1 = H_2 = \dfrac{3}{2} \cdot \dfrac{Fab}{hl(k+2)}$	$M_1^E = \dfrac{Fab}{2l^2} \cdot \dfrac{5kl - l + 2a(k+2)}{(k+2)(6k+1)}$ $M_2^E = \dfrac{Fab}{2l^2} \cdot \dfrac{7kl + 3l - 2a(k+2)}{(k+2)(6k+1)}$
3		$A = -B = \dfrac{qh^2}{l} \cdot \dfrac{k}{6k+1}$ $H_1 = \dfrac{qh}{8} \cdot \dfrac{2k+3}{k+2}$ $H_2 = H_1 - qh$	$M_1^E = \dfrac{qh^2}{24}\left(\dfrac{5k+9}{k+2} - \dfrac{12k}{6k+1}\right)$ $M_2^E = -\dfrac{qh^2}{24}\left(12 - \dfrac{5k+9}{k+2} - \dfrac{12k}{6k+1}\right)$ $M_4 = M_2^E - H_2 h - \dfrac{qh^2}{2}$
4		$A = -B = \dfrac{Fh}{l} \cdot \dfrac{3k}{6k+1}$ $H_1 = -H_2 = \dfrac{F}{2}$	$M_1^E = -M_2^E = \dfrac{Fh}{2} \cdot \dfrac{3k+1}{6k+1}$
5	$\alpha = a/h;\ \beta = b/h$	$R_1 = \dfrac{Fab}{h} \cdot \dfrac{1+\beta+\beta k}{2(k+2)};\quad R_2 = \dfrac{Fab}{h} \cdot \dfrac{\alpha k}{2(k+2)};\quad R_3 = \dfrac{3Fa\alpha k}{2(6k+1)}$ $A = -B = \dfrac{2R_3}{l};\quad H_1 = \dfrac{Fa}{2h} - \dfrac{R_1 - R_2}{h};\quad H_2 = -(F - H_1)$ $M_1^E = -R_1 + (Fa/2 - R_3);\quad M_2^E = -R_1 - (Fa/2 - R_3)$	
6	$\pm T$	gleichmäßige Erwärmung T: $A = B = 0$ $H_1 = H_2 = H = 3\alpha_T T \dfrac{EI_R}{h^2} \cdot \dfrac{2k+1}{k(k+2)}$	$M_1^E = M_2^E = H \cdot \dfrac{h(k+1)}{2k+1}$
7	$\Delta T_R, d_R$ ΔT_S d_S	ungleichmäßige Erwärmung $\Delta T = T_i - T_a$: $\quad d$ = Querschnittshöhe $A = B = 0;\quad H_1 = H_2 = \alpha_T \dfrac{EI_R}{hl}\left(\dfrac{\Delta T_R}{d_R} kl - \dfrac{\Delta T_S}{d_S} h\right) \cdot \dfrac{3}{k(k+2)}$ $M_1^E = M_2^E = \alpha_T \dfrac{EI_R}{l}\left(\dfrac{\Delta T_R}{d_R} kl - \dfrac{\Delta T_S}{d_S} h(k+3)\right) \cdot \dfrac{1}{k(k+2)}$	

3.3 Kehlbalkendach

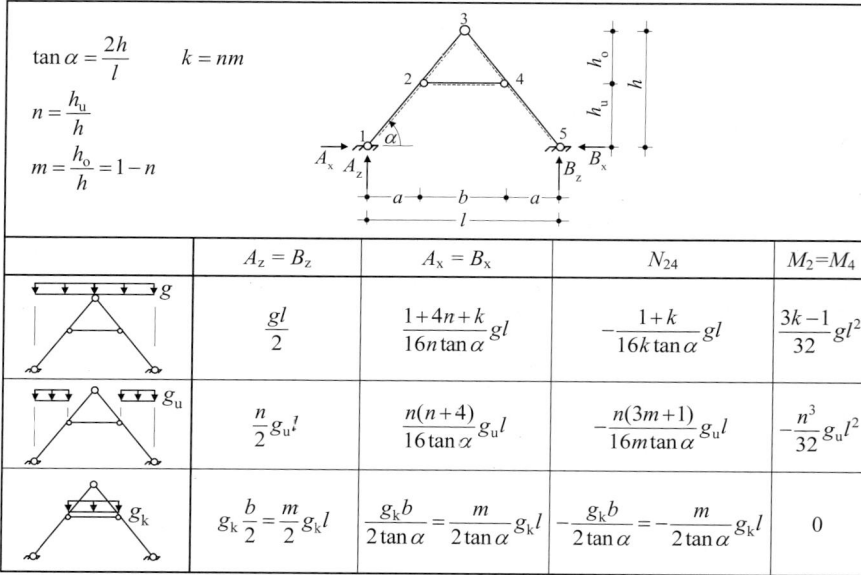

$\tan\alpha = \dfrac{2h}{l}$ $\quad k = nm$

$n = \dfrac{h_u}{h}$

$m = \dfrac{h_o}{h} = 1-n$

	$A_z = B_z$	$A_x = B_x$	N_{24}	$M_2 = M_4$
g	$\dfrac{gl}{2}$	$\dfrac{1+4n+k}{16n\tan\alpha}gl$	$-\dfrac{1+k}{16k\tan\alpha}gl$	$\dfrac{3k-1}{32}gl^2$
g_u	$\dfrac{n}{2}g_u l$	$\dfrac{n(n+4)}{16\tan\alpha}g_u l$	$-\dfrac{n(3m+1)}{16m\tan\alpha}g_u l$	$-\dfrac{n^3}{32}g_u l^2$
g_k	$g_k \dfrac{b}{2} = \dfrac{m}{2}g_k l$	$\dfrac{g_k b}{2\tan\alpha} = \dfrac{m}{2\tan\alpha}g_k l$	$-\dfrac{g_k b}{2\tan\alpha} = -\dfrac{m}{2\tan\alpha}g_k l$	0

	s	F	w (links)	w (rechts)
A_z	$\dfrac{3}{8}sl$	$\dfrac{b+a}{l}F = \left(m+\dfrac{n}{2}\right)F$	$\dfrac{3-\tan^2\alpha}{8}wl$	$\dfrac{1+\tan^2\alpha}{8}wl$
B_z	$\dfrac{1}{8}sl$	$\dfrac{a}{l}F = \dfrac{n}{2}F$	$\dfrac{1+\tan^2\alpha}{8}wl$	$\dfrac{3-\tan^2\alpha}{8}wl$
A_x	$\dfrac{1+4n+k}{32n\tan\alpha}sl$	$\dfrac{F}{2\tan\alpha}$	$\dfrac{k_1}{16}wl$	$\dfrac{k_2}{16}wl$
B_x	$\dfrac{1+4n+k}{32n\tan\alpha}sl$	$\dfrac{F}{2\tan\alpha}$	$\dfrac{k_2}{16}wl$	$\dfrac{k_1}{16}wl$
N_{24}	$-\dfrac{1+k}{32k\tan\alpha}sl$	$-\dfrac{F}{2\tan\alpha}$	$-\dfrac{1+k}{32k}\cdot\dfrac{1+\tan^2\alpha}{\tan\alpha}wl$	$-\dfrac{1+k}{32k}\cdot\dfrac{1+\tan^2\alpha}{\tan\alpha}wl$
M_2	$\dfrac{7k-1}{64}sl^2$	$\dfrac{kl}{4}F$	$\dfrac{k_3}{64}wl^2$	$-\dfrac{k_4}{64}wl^2$
M_4	$-\dfrac{1+k}{64}sl^2$	$-\dfrac{kl}{4}F$	$-\dfrac{k_4}{64}wl^2$	$\dfrac{k_3}{64}wl^2$

$k_1 = \dfrac{2}{\tan\alpha} - 6\tan\alpha + \dfrac{1+k}{2n}\cdot\dfrac{1+\tan^2\alpha}{\tan\alpha}$ $\qquad k_2 = \dfrac{1+\tan^2\alpha}{\tan\alpha}\cdot\left(2+\dfrac{1+k}{2n}\right)$

$k_3 = (1+\tan^2\alpha)(7k-1)$ $\qquad k_4 = (1+\tan^2\alpha)(1+k)$

3.4 Fachwerke

- **Ritterschnitt (rechn. Methode)**

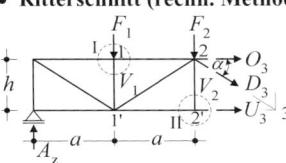

$\sum M_2 = 0:$ $\quad U_3 = (A_z \cdot 2a - F_1 \cdot a) / h = M_2 / h$

$\sum M_3 = 0:$ $\quad O_3 = -(A_z \cdot 3a - F_1 \cdot 2a - F_2 \cdot a) / h = -M_3 / h$

$\sum F_z = 0:$ $\quad D_3 = (A_z - F_1 - F_2) / \sin\alpha$

$\sum F_z = 0$ am Schnitt I: $\quad V_1 = -F_1 \quad D_3 \cdot \cos\alpha$

$\sum F_z = 0$ am Schnitt II: $\quad V_2 = 0 \quad \overset{\alpha}{D_3} D_3 \cdot \sin\alpha$

- **Cremonaplan mit Feldbezeichnungen (grafische Methode)**

1) Umfahrungssinn festlegen (z. B. im Uhrzeigersinn). 2) Bezeichnung der Felder mit a, b, c... (Feld: Jeweils zwischen 2 äußeren Kräften und jedes von Stäben gebildete Dreieck). Jede äußere Kraft und jeder Stab (Stabkraft) liegen zwischen 2 Feldern. 3) Krafteck der äußeren Kräfte zeichnen. Der Anfangspunkt jeder Kraft erhält die Bezeichnung des unter Beachtung des festgelegten Umfahrungssinnes vorhergehenden Feldes, der Endpunkt die des nachfolgenden Feldes (z. B. die Kraft F_1 geht von c nach d). 4) Zeichnen der einzelnen Knotenkraftecke, beginnend bei einem Knoten mit 2 unbekannten Stabkräften (z. B. Knoten 0 des folgenden Beispiels).

Beispiel:

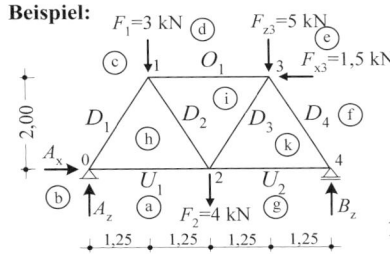

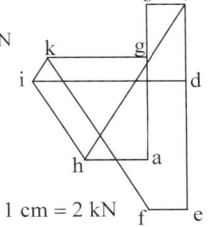

Vorab ermittelt:

$A_x = \quad 1{,}5 \text{ kN}$
$A_z = \quad 6{,}1 \text{ kN}$
$B_z = \quad 5{,}9 \text{ kN}$

Aus dem Cremonaplan:

$D_1 = -7{,}2 \text{ kN}$
$D_2 = \quad 3{,}7 \text{ kN}$
$D_3 = \quad 1{,}1 \text{ kN}$
$D_4 = -7{,}0 \text{ kN}$
$O_1 = -5{,}7 \text{ kN}$
$U_1 = \quad 2{,}3 \text{ kN}$
$U_2 = \quad 3{,}7 \text{ kN}$

1 cm = 2 kN

Konstruktionshinweise:
(die unterstrichenen Kräfte sind jeweils bekannt):
Knoten 0: Krafteck aus: $\underline{A_z}$ (a, b); $\underline{A_x}$ (b, c); D_1 (c, h); U_1 (h, a)
Knoten 1: Krafteck aus: $\underline{D_1}$ (h, c); $\underline{F_1}$ (c, d); O_1 (d, i); D_2 (i, h)
Knoten 2: Krafteck aus: $\underline{F_2}$ (g, a); $\underline{U_1}$ (a, h); D_2 (h, i); D_3 (i, k); U_2 (k, g)
Knoten 3: Krafteck aus: $\underline{D_3}$ (k, i); O_1 (i, d); $\underline{F_{z3}}$ (d, e); $\underline{F_{x3}}$ (e, f); D_4 (f, k)

Ermittlung der Pfeilspitzen: Knoten im festgelegten Umfahrungssinn umfahren. Z. B. liegt D_1 am Knoten 0 zwischen den Feldern c und h. Im Cremonaplan von c nach h gehen und diesen Richtungssinn als Pfeil in D_1 am Knoten 0 des Fachwerks eintragen.

- **Ermittlung von Durchbiegungen bei Fachwerken**

Da bei Lastangriff in den Knotenpunkten k in den Fachwerksstäben nur stabweise konstante Stabkräfte auftreten (M und V sind i. d. R. vernachlässigbar klein), lautet das Prinzip der virtuellen Kräfte (siehe Entwurfs- und Berechnungstafeln für Bauingenieure S. 2.40) zur Ermittlung von Durchbiegungen w_k:

$$w_k = \sum_{i=1}^{n} \frac{S_i \overline{S_i}}{EA_i} l_i + \sum_{i=1}^{n} \overline{S_i} \alpha_T T_i l_i$$

Hinweis: Insbesondere bei Holz-Fachwerken ist bei der Ermittlung von w die Nachgiebigkeit der Verbindungen zusätzlich zu berücksichtigen.

w_k Durchbiegung eines Knotenpunktes k
S_i Stabkräfte des Fachwerks infolge des gegebenen Belastungszustandes
$\overline{S_i}$ Stabkräfte infolge der virtuellen Last $\overline{F}_{zk} = 1$
l_i Stablängen; α_T Temperaturdehnzahl; T_i Temperaturänderungen

4 Durchbiegungen

4.1 Einfeldträger, Kragträger (vgl. auch Tafeln S. 7.3 ff.); EI=konstant

Der obere Wert gilt für Stahl, E=210 000 N/mm²,
der untere Wert gilt für Holz, E bzw. $E_{0,\text{mean}}$ = 10 000 N/mm²,
für andere Holzsorten sind die Ergebnisse durch den Faktor $E_{\text{vorh.}} \cdot 10^{-4}$ (N/mm²) zu dividieren.

Belastungsfall	a für zul $f=$		c	n	Belastungsfall	a für zul $f=$		c	n
	$l/200$	$l/300$				$l/200$	$l/300$		
	9,91	14,9	101	4,96		4,12	6,19	243	2,06
	208	313	4,80	104		86,5	130	11,6	43,3
	9,71	14,6	103	4,84		4,73	7,10	211	2,37
	204	306	4,89	102		99,4	149	10,1	49,7
	9,52	14,3	105	4,76		2,98	4,47	336	1,49
	200	300	5,00	100		62,5	93,8	16,0	31,3
	10,7	16,1	93,2	5,36		3,97	5,95	252	1,98
	225	338	4,44	113		83,3	125	12,0	41,7
	7,95	11,9	126	3,97		23,8	35,7	42	11,9
	167	250	6,00	83,3		500	750	2,0	250
	10,1	15,2	98,7	5,07		19,1	28,6	52,2	9,52
	213	320	4,70	107		400	600	2,5	200
	9,43	14,1	106	4,71		31,8	47,6	31,5	15,9
	198	297	5,05	98,9		667	1000	1,5	333
	5,95*	8,93*	168*	2,98*		47,6	71,4	21	23,8
	125*	188*	8,00*	62,5*		1000	1500	1	500

* **Hinweis**: wirken M_1 und M_2 gleichzeitig, so ist in den folgenden Formeln max M durch $(M_1 + M_2)$ zu ersetzen. Diese Werte gelten für f_{Mitte}.

erf I [cm⁴] = a · max M [kNm] · l [m]	erf I [cm⁴] = a · M_1 [kNm] · l [m]
max f [cm] = n · max M [kNm] · l^2 [m]/I [cm⁴]	max f [cm] = n · M_1 [kNm] · l^2 [m]/I [cm⁴]

Für symmetrische Querschnitte (symmetrisch zur Biegeachse) gilt:

$$\max f [\text{cm}] = \frac{l^2[\text{m}^2] \cdot \max \sigma[\text{N/mm}^2]}{h[\text{cm}] \cdot c} \qquad \max f [\text{cm}] = \frac{l^2[\text{m}^2] \cdot \sigma_1[\text{N/mm}^2]}{h[\text{cm}] \cdot c}$$

4.2 Einfeldträger mit Kragarm (mit Berücksichtigung der ungünstigsten Laststellung)

Kragarm $R_K = G_K + Q_K$; $r_K = g_K + q_K$

Feld

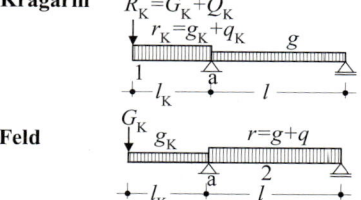

$$\max f_1 = T_1 \cdot l_K [l_K(-M_a - M_{0K}) + l(-M_a - M_{0F})]/I$$
$$\text{erf } I = T_2 \cdot [l_K(-M_a - M_{0K}) + l(-M_a - M_{0F})]$$
$$M_a = -(R_K l_K + r_K l_K^2/2); \quad M_{0K} = r_K l_K^2/8; \quad M_{0F} = gl^2/8$$

$$\max f_2 \approx f_{\text{Mitte}} = T_3 \cdot l^2 (M_{0F} + 0{,}6 M_a)/I$$
$$\text{erf } I \approx T_4 \cdot l(M_{0F} + 0{,}6 M_a)$$

$$M_a = -(G_K l_K + g_K l_K^2/2); \quad M_{0F} = rl^2/8$$

	Stahl				Holz[1]		
	$l_K/200$		$l/300$		$l_K/150$	$l/200$	$l/300$
T_1	T_2	T_3	T_4	T_1	T_2	T_3	T_4
15,9	31,8	4,96	14,9	333	500	104	208	313

l in m, M in kNm, I in cm⁴, f in cm
[1] Siehe Bemerkung zu Holzsorten oben.

Durchbiegungen

4.3 Durchlaufträger mit gleichen Stützweiten und Gleichstreckenlast

System, Lastfall	max. Durchbiegung max f =			erf I =		
	allgemein	Stahl	Holz [1]	Stahl $l/300$	Holz [1] $l/200$	$l/300$
≙—l—≙—l—≙ g	0,0054 g	0,257 g	5,4 g	0,771 g	10,8 g	16,2 g
≙—l—≙ q	0,0092 q	0,438 q	9,2 q	1,314 q	18,4 q	27,6 q
≙—l—≙—2—≙—l—≙ g	0,0068 g	0,324 g	6,8 g	0,971 g	13,6 g	20,4 g
≙—l—≙ q ≙—l—≙	0,0099 q	0,471 q	9,9 q	1,414 q	19,8 q	29,7 q
≙—≙—2—q—≙	0,0068 q	0,321 q	6,8 q	0,964 q	13,5 q	20,3 q
≙—l—≙—2—≙—2—≙—l—≙ g	0,0065 g	0,310 g	6,5 g	0,929 g	13,0 g	19,5 g
≙—l—≙ q ≙—2—q—≙	0,0097 q	0,462 q	9,7 q	1,386 q	19,4 q	29,1 q
	$\cdot l^4/EI$	$\cdot l^4/I$	$\cdot l^4/I$	$\cdot l^3$	$\cdot l^3$	$\cdot l^3$

f in cm; g, q in kN/m; I in cm^4

[1] Für E bzw. $E_{0,\text{mean}}$ = 10 000 N/mm^2; siehe auch Bemerkung auf S. 7.26 oben.

4.4 Durchlaufträger mit beliebigen Stützweiten und beliebiger Belastung

- **Baupraktische Fälle**

In einem beliebigen Feld eines Durchlaufträgers ist die Gesamtdurchbiegung $f = f_0 + f_M$

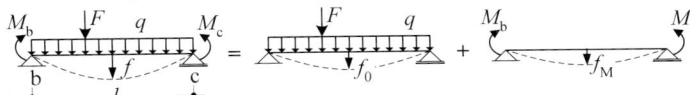

Hierbei ist
f_0 = Durchbiegung eines Trägers auf 2 Stützen infolge seiner Belastung (Werte S. 7.3/4 u. 7.26)
f_M = Durchbiegung infolge der Stützmomente M_b und M_c (Werte S. 7.4 u. 7.26).

Vernachlässigt man die geringfügig unterschiedlichen Stellen der max. Durchbiegung, kann die max. Gesamtdurchbiegung durch Addition der beiden Anteile f_0 und f_M berechnet werden.

Es gilt: $\max f = f_0 + \dfrac{l^2}{16EI}(M_b + M_c)$ für beliebige Innenfelder sowie

$\max f = f_0 + \dfrac{l^2}{16EI} \cdot M_b$ für ein Endfeld mit frei drehbarem Auflager.

Für den häufigen Fall einer Gleichstreckenlast folgt

$\max f = \dfrac{l^2}{384EI}\left(5ql^2 + 24(M_b + M_c)\right)$ für ein Innenfeld bzw.

$\max f = \dfrac{l^2}{384EI}\left(5ql^2 + 24 M_b\right)$ für ein Endfeld.

Beispiel:
Zweifeld-Deckenbalken aus Holz
mit l_1 = 3,60 m und l_2 = 4,20 m
Durchbiegung im Gebrauchszustand für g_k = 1,3 kN/m und q_k = 1,6 kN/m ($\gamma_G = \gamma_Q = 1,0$)
b/d = 8/20 cm; Holz $E_{0,\text{mean}}$ = 10 000 N/mm^2; I_y = 5333 cm^4

Ges.: max. Durchbiegung in Feld 2

Stützmoment (s. S. 7.12) $M_b = -\dfrac{1{,}3 \cdot 3{,}6^3 + 2{,}9 \cdot 4{,}2^3}{8 \cdot (3{,}6 + 4{,}2)} = -4{,}42$ kNm

Für Feld 2 folgt mit der Feldbelastung $r = g + q = 1{,}3 + 1{,}6 = 2{,}9$ kN/m aus der Formel S.

7.27 unten: $\max f_2 = \dfrac{4{,}2^2}{384 \cdot 10^4 \cdot 5333}\left(5 \cdot 2{,}9 \cdot 4{,}2^2 + 24 \cdot (-4{,}42)\right) \cdot 10^7 = 1{,}29$ cm

Alternativ können auch ein Einfeldträger mit Gleichstreckenlast und ein Einfeldträger mit Randmoment nach S. 7.26 oben überlagert werden:
max $M_{0\text{Feld2}} = 2{,}9 \cdot 4{,}20^2/8 = 6{,}39$ kNm
max $f_2 = 104 \cdot 6{,}39 \cdot 4{,}20^2/5333 + 62{,}5 \cdot (-4{,}42) \cdot 4{,}20^2/5333 = 1{,}29$ cm
Die Formeln von S. 7.26 unten können für das Feld ebenfalls verwendet werden, wenn für das Kragmoment M_a der Wert des Stützmoments $M_b = -4{,}42$ kNm eingesetzt wird.

Obige Formeln gelten z.B. auch für die Durchbiegung eines Rahmenriegels, wenn die Riegeleckmomente als Stützmomente eingesetzt werden.

5 Knicklasten

Knicklast N_{Ki} nach Euler: $\quad N_{Ki} = \dfrac{EI\pi^2}{s_k^2} = \dfrac{EI\pi^2}{(\beta l)^2} \qquad s_k = \beta \cdot l$

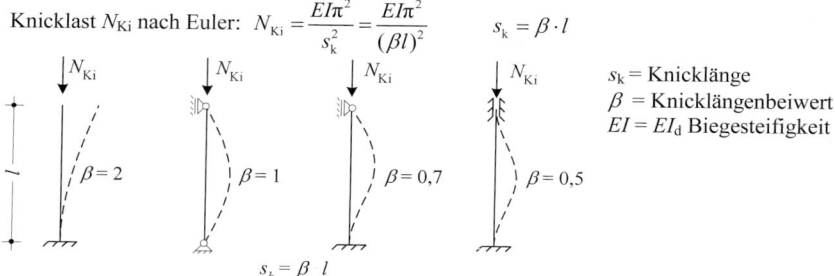

s_k = Knicklänge
β = Knicklängenbeiwert
$EI = EI_d$ Biegesteifigkeit

$s_k = \beta \, l$

Die Knicklänge kann als Abstand der Wendepunkte der Knickbiegelinie interpretiert werden. Bei Anwendung des neuen Normenkonzeptes sind für N und EI stets die Bemessungswerte N_d und EI_d anzusetzen. Voraussetzung für die Euler-Formeln: Gültigkeit des Hookschen Gesetzes, ideal gerade Stabachse, ideal mittiger Lastangriff, homogener und isotroper Werkstoff.
In den Fachnormen und der Literatur sind für viele weitere baupraktische Lagerungen und Belastungen die Lösungen der Knickbedingungen formelmäßig oder grafisch aufbereitet (siehe auch Kap. Holzbau und Stahlbau).
Muss eine eingespannte Kragstütze weitere angehängte Pendelstützen stabilisieren, schlägt sich dies in einer deutlich größeren Knicklänge und damit geringeren Knicklast nieder:

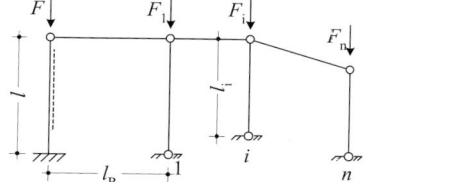

$$\beta = \pi\sqrt{\dfrac{5 + 4\kappa}{12}}$$

mit $\kappa = \dfrac{l}{F}\displaystyle\sum_i^n \dfrac{F_i}{l_i}$

Beispiel: eingespannte Kragstütze mit 3 angehängten Pendelstützen der Länge l, jeweils gleiche Belastung F auf den Stützen

$\kappa = 3, \quad \beta = \pi\sqrt{\dfrac{5 + 4 \cdot 3}{12}} = \pi \cdot 1{,}19 = 3{,}74 \quad (\gg 2!)$; die Knicklast sinkt damit auf ca. 30% der Knicklast der Kragstütze ohne die angehängten Pendelstützen.

6 Querschnittswerte

6.1 Allgemeine Formeln für Querschnittswerte

- **Schwerpunkte**

$i = 1..n$
(hier $n = 2$)

Einzelflächen	$A = \int dA$; siehe S. 7.30
zusammengesetzte Flächen	$\bar{y}_S = \dfrac{\sum_i A_i \bar{y}_{Si}}{\sum_i A_i}$; $\bar{z}_S = \dfrac{\sum_i A_i \bar{z}_{Si}}{\sum_i A_i}$

- **Flächenmomente bezogen auf den Schwerpunkt bzw. die $y-$ und $-z$ Achse**

Flächenmomente 1. Grades	$S_y = \int z \, dA$; $S_z = \int y \, dA$
Flächenmomente 2. Grades	$I_y = \int z^2 \, dA$; $I_z = \int y^2 \, dA$
Flächenzentrifugalmoment	$I_{yz} = \int yz \, dA$; I_y, I_z, I_{yz} siehe S. 7.30
Polares Flächenmoment	$I_p = \int r^2 \, dA = \int (y^2 + z^2) \, dA = I_y + I_z$
Trägheitsradien	$i_y = \sqrt{\dfrac{I_y}{A}}$; $i_z = \sqrt{\dfrac{I_z}{A}}$ Rechteck: $i_y = 0{,}289 \cdot d$; $i_z = 0{,}289 \cdot b$
Sätze von Steiner	$I_y = \sum_i (I_{yi} + A_i z_{Si}^2)$; $I_z = \sum_i (I_{zi} + A_i y_{Si}^2)$ $I_{yz} = \sum_i (I_{yzi} + A_i y_{Si} z_{Si})$

O: beliebiger (sinnvoller) Ursprung
S: Schwerpunkt des Gesamtquerschnitts
hier nur Fläche $i=2$ bemaßt

Fläche $i=2$
$\bar{y}_{S2}$ (hier negativ)

- **Hauptachsen, Hauptflächenmomente** siehe Entwurfs- und Berechnungstafeln für Bauingenieure S. 2.35 ff.

- **Flächenmoment 2. Grades bei unbekannter Lage des Schwerpunktes (einfach symmetrischer Querschnitt)**

$$I_y = \sum_i (I_{yi} + A_i \bar{z}_{Si}^2) - \dfrac{\left(\sum_i A_i \bar{z}_{Si}\right)^2}{\sum_i A_i} \; ; \quad I_z = \sum_i (I_{zi} + A_i \bar{y}_{Si}^2) - \dfrac{\left(\sum_i A_i \bar{y}_{Si}\right)^2}{\sum_i A_i}$$

Beispiel: 2 Rechteckflächen (siehe Abb. oben)

Schwerpunkt: $\bar{y}_S = \dfrac{A_1 \bar{y}_{S1} + A_2 \bar{y}_{S2}}{A_1 + A_2}$; $\bar{z}_S = \dfrac{A_1 \bar{z}_{S1} + A_2 \bar{z}_{S2}}{A_1 + A_2}$

Flächenmoment 2. Grades des Gesamtquerschnitts:

$I_y = I_{y1} + A_1 z_{S1}^2 + I_{y2} + A_2 z_{S2}^2$; $\quad I_z = I_{z1} + A_1 y_{S1}^2 + I_{z2} + A_2 y_{S2}^2 \quad$ mit

I_{y1} Flächenmoment 2. Grades der Teilfläche 1, bezogen auf die Achse y_1
I_{y2} Flächenmoment 2. Grades der Teilfläche 2, bezogen auf die Achse y_2 ...
z_{S1} z-Schwerpunktsabstand vom Schwerpunkt der Fläche 1 zum Gesamtschwerpunkt ...

S_y der Teilfläche A_2 (Abb. oben) bezogen auf die y-Achse: $S_y = A_2 \cdot z_{S2}$

6.2 Tafel Querschnittswerte

	Querschnitt	A	I_y	I_z	W_y	W_z
1	Rechteck	bd	$\dfrac{bd^3}{12}$	$\dfrac{db^3}{12}$	$\dfrac{bd^2}{6}$	$\dfrac{db^2}{6}$
2	I-Profil	$2Bt_1 + t_2h$ $= BH - bh$	$\dfrac{BH^3 - bh^3}{12}$	$\dfrac{ht_2^3 + 2t_1B^3}{12}$	$\dfrac{2I_y}{H}$	$\dfrac{2I_z}{B}$
3	Dreieck	$\dfrac{bh}{2}$	$\dfrac{bh^3}{36}$	$\dfrac{hb^3}{48}$	$W_o = bh^2/24$ $W_u = bh^2/12$	$\dfrac{hb^2}{24}$
4	rechtwinkliges Dreieck	$\dfrac{bh}{2}$	$\dfrac{bh^3}{36}$	$\dfrac{hb^3}{36}$	–	–
5	Kreis	πr^2	$\dfrac{\pi r^4}{4}$		$\dfrac{\pi r^3}{4}$	
6	Kreisring	$\dfrac{\pi}{4}(D^2 - d^2)$	$\dfrac{\pi}{64}(D^4 - d^4)$		$\dfrac{\pi}{32} \cdot \dfrac{(D^4 - d^4)}{D}$	
7	Halbkreis	$\dfrac{\pi}{2}r^2$	$\left(\dfrac{\pi}{8} - \dfrac{8}{9\pi}\right)r^4$	$\dfrac{\pi}{8}r^4$	$W_o = 0{,}191\,r^3$ $W_u = 0{,}259\,r^3$	$\dfrac{\pi}{8}r^3$
8	Ellipse	$\dfrac{\pi}{4}ab$	$\dfrac{\pi}{64}ab^3$	$\dfrac{\pi}{64}a^3b$	$\dfrac{\pi}{32}ab^2$	$\dfrac{\pi}{32}a^2b$
9	Sechseck	$\dfrac{3\sqrt{3}}{2}s^2$	$\dfrac{5\sqrt{3}}{16}s^4$		$\dfrac{5}{8}s^3$	$\dfrac{5\sqrt{3}}{16}s^3$
10	Achteck	$2{,}828\,R^2$	$\dfrac{1+2\sqrt{2}}{6}R^4$		$0{,}6906\,R^3$	
11	Kreuz	$t(a+b-t)$	$\dfrac{tb^3+(a-t)t^3}{12}$	$\dfrac{ta^3+(b-t)t^3}{12}$	$\dfrac{2I_y}{b}$	$\dfrac{2I_z}{a}$
12	L-Profil	$BH - bh$ $= t_1H + bt_2$	$\dfrac{1}{3}(t_1H^3 + bt_2^3)$ $- Ae_2^2$	$\dfrac{1}{3}(ht_1^3 + t_2B^3)$ $- Ae_1^2$	–	–
13	T-Profil	$bd + b_0d_1$	$\dfrac{1}{3}(2b_1d^3 + b_0d_0^3)$ $- Ae_1^2$	$\dfrac{db^3 + d_1b_0^3}{12}$	$W_o = I_y/e_1$ $W_u = I_y/e_2$	$\dfrac{db^3 + d_1b_0^3}{6b}$
14	U-Profil	$t_2a + 2t_1b_1$ $= ab - a_1b_1$	$\dfrac{1}{3}\Big(ae_1^3 -$ $a_1(e_1-t_2)^3 + 2e_2^3t_1\Big)$	$\dfrac{ba^3 - b_1a_1^3}{12}$	$W_o = I_y/e_2$ $W_u = I_y/e_1$	$\dfrac{ba^3 - b_1a_1^3}{6a}$

o Schwerpunkt + Schubmittelpunkt ⬥ Schwerpunkt und Schubmittelpunkt

Querschnittswerte

	I_{yz}	I_T	W_T
1	0	für $b \leq d$: $\alpha b^3 d$	für $b \leq d$: $\beta b^2 d$
2	0	$\frac{1}{3}(2Bt_1^3 + ht_2^3)$	$\min W_T = \frac{I_T}{\max t}$
3	0	für $a = b$: $\frac{h^4}{26}$	für $a = b$: $\frac{h^3}{13}$
4	$-\frac{h^2 b^2}{72}$	–	–
5	0	$\frac{\pi D^4}{32}$	$\frac{\pi D^3}{16}$
6	0	$\pi r_m^3 (D-d)$	$\pi r_m^2 (D-d)$
7	0	–	–
8	0	$\frac{\pi}{16} \cdot \frac{a^3 b^3}{a^2 + b^2}$	$\frac{\pi}{16} \cdot ab^2$
9	0	$0{,}115 D^4$	$0{,}188 D^3$
10	0	$0{,}108 D^4$	$0{,}185 D^3$
11	0	$\frac{t^3}{3}(a + b - 0{,}15t)$	$\frac{I_T}{t}$
12	siehe rechts	$\frac{1}{3}(Ht_1^3 + bt_2^3)$	$\min W_T = \frac{I_T}{\max t}$
13	0	für $b_0 = t_1$ und $d = t_2$: $\frac{1}{3}(bt_2^3 + d_1 t_1^3)$	$\min W_T = \frac{I_T}{\max t}$
14	0	$\frac{1}{3}(2bt_1^3 + a_1 t_2^3)$	$\min W_T = \frac{I_T}{\max t}$

Anmerkungen:

zu Zeile 1:

d/b	α	β
1,00	0,140	0,208
1,25	0,171	0,221
1,50	0,196	0,231
2,00	0,229	0,246
3,00	0,263	0,267
4,00	0,281	0,282
6,00	0,299	
10,00	0,313	
∞	0,333	

zu Zeile 4: $I_{yz} = +\dfrac{h^2 b^2}{72}$

zu Zeile 7: $e_u = \dfrac{4}{3}\dfrac{r}{\pi}$; $\quad e_o = r - e_u$

zu Zeile 9: $D = 1{,}732 \cdot s$

zu Zeile 10: $R = 1{,}3066 \cdot s$; $\quad D = 1{,}8478 \cdot R$

zu Zeile 12: $e_1 = \dfrac{t_2 B^2 + ht_1^2}{2A}$; $\quad e_2 = \dfrac{t_1 H^2 + bt_2^2}{2A}$

$I_{yz} = t_1 H (e_1 - \dfrac{t_1}{2})(e_2 - \dfrac{H}{2}) + bt_2 (e_2 - \dfrac{t_2}{2})(e_1 - t_1 - \dfrac{b}{2})$

Vereinfachung wenn $t_1 = t_2 = t$: $I_{yz} = -\dfrac{HhBbt}{4(B+h)}$

Vorzeichen I_{yz}: ⌊ ⌈ ⌋ ⌉
$\quad\quad\quad\quad\quad\ominus \;\oplus\; \oplus \;\ominus$

zu Zeile 13: $e_1 = \dfrac{2b_1 d^2 + b_0 d_0^2}{2A}$; $\quad e_2 = d_0 - e_1$

zu Zeile 14: $e_1 = \dfrac{a_1 t_2^2 + 2b^2 t_1}{2a_1 t_2 + 4bt_1}$; $\quad e_2 = b - e_1$

dünnwandiger Querschnitt:

$e_m = \dfrac{b_1 + t_2/2}{2 + A_S/(3A_G)} + \dfrac{t_2}{2}$

$A_S = (a_1 + t_1)t_2$; $\quad A_G = (b_1 + t_2/2)t_1$

graue Unterlegung: gültig nur für dünnwandige Querschnitte

7 Spannungen infolge M, N und V

7.1 Normal- und Schubspannungen

Die Bezugsachsen für die Anwendung der Formeln müssen Hauptachsen sein.

- **Einfach- und doppeltsymmetrische Querschnitte**

Die Hauptachsen sind identisch mit den Schwerpunktachsen y und z.

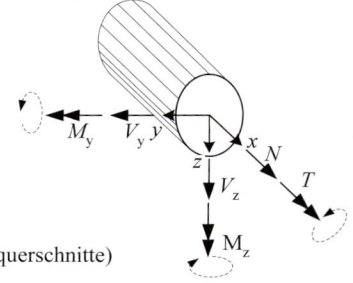

$$\sigma_x = \frac{N}{A} + \frac{M_y}{I_y} z - \frac{M_z}{I_z} y; \quad \sigma_{x\,\text{Rand}} = \frac{N}{A} \pm \frac{M_y}{W_y} \mp \frac{M_z}{W_z}$$

$$\tau_{xz} = \frac{V_z \cdot S_y}{I_y \cdot b}; \quad \tau_{xz} = \tau_{zx}; \quad \max \tau_{xz} \approx \frac{V_z}{A_{\text{Steg}}} \text{ (I-Profile)},$$

$$\max \tau_{xz} = \frac{1{,}5 \cdot V_z}{A} \text{ (Rechteckquerschnitte)}$$

Bedeutung der Fußzeiger bei τ:
1. Fußzeiger: Orientierung der Bezugsfläche (Richtung der Flächennormalen)
2. Fußzeiger: Richtung der Schubspannung τ

Beispiel: Spannungsverteilung bei einem Rechteckquerschnitt ($b/d = 10/18$ cm)
Geg.: Bemessungsschnittgrößen $M_y = 2{,}4$ kNm; $N = -20$ kN; $V_z = 8{,}5$ kN.
Ges.: Spannungsverteilung über die Querschnittshöhe

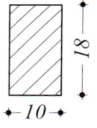

Querschnittskennwerte:
$A = b \cdot d = 180$ cm^2; $W = b \cdot d^2/6 = 540$ cm^3;
$I_y = b \cdot d^3/12 = 4860$ cm^4; max $S_y = b \cdot (d/2) \cdot (d/4) = 10 \cdot 9 \cdot 4{,}5 = 405$ cm^3

Längsspannungen:

$$\sigma_N = \frac{N}{A} = \frac{-20{,}0}{180} = -0{,}11 \text{ kN/cm}^2; \quad \sigma_M = \mp \frac{M}{W} = \mp \frac{2{,}4 \cdot 100}{540} = \mp 0{,}44 \text{ kN/cm}^2$$

$$\sigma_x = -0{,}11 \mp 0{,}44 = \begin{matrix} -0{,}55 \\ +0{,}33 \end{matrix} \text{ kN/cm}^2$$

Schubspannungen:

$$\max \tau_{xz} = \frac{V_z \cdot S_y}{I_y \cdot b} = \frac{8{,}5 \cdot 405}{4860 \cdot 10} = 0{,}07 \text{ kN/cm}^2 \stackrel{!}{=} \frac{1{,}5 \cdot V_z}{A} = \frac{1{,}5 \cdot 8{,}5}{180} = 0{,}07 \text{ kN/cm}^2$$

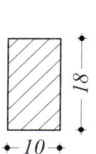
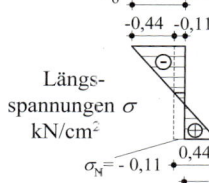
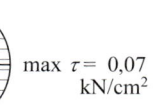

Längsspannungen σ kN/cm^2

Schubspannungen τ kN/cm^2

max $\tau = 0{,}07$ kN/cm^2

- **Unsymmetrische Querschnitte**
  siehe Entwurfs- und Berechnungstafeln für Bauingenieure S. 2.36 ff.

- **Torsion**
  siehe Entwurfs- und Berechnungstafeln für Bauingenieure S. 2.38 ff.

7.2 Kernweiten

Liegt der Lastangriffspunkt der resultierenden Längskraft im Kern des Querschnitts, so treten nur Spannungen *eines* Vorzeichens auf.

Kernweiten:

allgemein	Rechteck	Kreis
$k_{y1} = \dfrac{I_z}{y_2} \cdot \dfrac{1}{A}; \; k_{z1} = \dfrac{I_y}{z_2} \cdot \dfrac{1}{A}$ $k_{y2} = \dfrac{I_z}{y_1} \cdot \dfrac{1}{A}; \; k_{z2} = \dfrac{I_y}{z_1} \cdot \dfrac{1}{A}$	$\dfrac{h}{6}, \dfrac{h}{6}, \dfrac{b}{6}, \dfrac{b}{6}$	$\dfrac{d}{4}$

7.3 Randspannungen bei rechteckigen Querschnitten

(Zugspannungen können nicht aufgenommen werden)

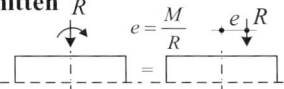

$$e = \frac{M}{R}$$

- **Kantenpressungen bei einachsiger Ausmittigkeit**

	Belastungs- und Spannungsschema	Lage der resultierenden Kraft	Randspannungen
1		$e = 0$ (R in der Mitte)	$\sigma = \dfrac{R}{bd}$
2		$e < \dfrac{d}{6}$ (R innerhalb des Kerns)	$\sigma_1 = \dfrac{R}{bd}\left(1 - \dfrac{6e}{d}\right)$ $\sigma_2 = \dfrac{R}{bd}\left(1 + \dfrac{6e}{d}\right)$
3		$e = \dfrac{d}{6}$ (R auf dem Kernrand)	$\sigma_1 = 0$ $\sigma_2 = \dfrac{2R}{bd}$
4		$\dfrac{d}{6} < e < \dfrac{d}{3}$ (R außerhalb des Kerns)	$\sigma_2 = \dfrac{2R}{3cb}$ $c = d/2 - e$
5		$e = \dfrac{d}{3}$	$\sigma = \dfrac{4R}{bd}$ $c = d/6$

7A Baustatik

- **Max. Eckpressung bei zweiachsiger Ausmittigkeit (μ – Werte); max $\sigma = \mu R / (bd)$**

e_z/b ↓																	
0,32	3,70	3,93	4,17	4,43	4,70	4,99											
0,30	3,33	3,54	3,75	3,98	4,23	4,49	4,78	5,09	5,43								
0,28	3,03	3,22	3,41	3,62	3,84	4,08	4,35	4,63	4,94	5,28	5,66						
0,26	2,78	2,95	3,13	3,32	3,52	3,74	3,98	4,24	4,53	4,84	5,19	5,57					
0,24	2,56	2,72	2,88	3,06	3,25	3,46	3,68	3,92	4,18	4,47	4,79	5,15	5,55				
0,22	2,38	2,53	2,68	2,84	3,02	3,20	3,41	3,64	3,88	4,15	4,44	4,77	5,51	5,57			
0,20	2,22	2,36	2,50	2,66	2,82	2,99	3,18	3,39	3,62	3,86	4,14	4,44	4,79	5,19	5,66		
0,18	**2,08**	2,21	2,35	2,49	2,64	2,80	2,98	3,17	3,38	3,61	3,86	4,15	4,47	4,84	5,28		
0,16	1,96	**2,08**	2,21	2,34	2,48	2,63	2,80	2,97	3,17	3,38	3,62	3,88	4,18	4,53	4,94	5,43	
0,14	1,84	1,96	**2,08**	2,21	2,34	2,48	2,63	2,79	2,97	3,17	3,39	3,64	3,92	4,24	4,63	5,09	
0,12	1,72	1,84	1,96	**2,08**	2,21	2,34	2,48	2,63	2,80	2,98	3,18	3,41	3,68	3,98	4,35	4,78	
0,10	1,60	1,72	1,84	1,96	**2,08**	2,20	2,34	2,48	2,63	2,80	2,99	3,20	3,46	3,74	4,08	4,49	4,99
0,08	1,48	1,60	1,72	1,84	1,96	**2,08**	2,21	2,34	2,48	2,64	2,82	3,02	3,25	3,52	3,84	4,23	4,70
0,06	1,36	1,48	1,60	1,72	1,84	1,96	**2,08**	2,21	2,34	2,49	2,66	2,84	3,06	3,32	3,62	3,98	4,43
0,04	1,24	1,36	1,48	1,60	1,72	1,84	1,96	**2,08**	2,21	2,35	2,50	2,68	2,88	3,13	3,41	3,75	4,17
0,02	1,12	1,24	1,36	1,48	1,60	1,72	1,84	1,96	**2,08**	2,21	2,36	2,53	2,72	2,95	3,22	3,54	3,93
0,00	1,00	1,12	1,24	1,36	1,48	1,60	1,72	1,84	1,96	**2,08**	2,22	2,38	2,56	2,78	3,03	3,33	3,70
	0,00	0,02	0,04	0,06	0,08	0,10	0,12	0,14	0,16	0,18	0,20	0,22	0,24	0,26	0,28	0,30	0,32
	e_y/d →																

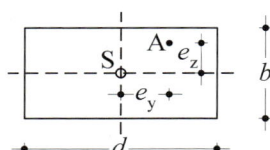

Erläuterungen zur Tafel: Aus dem Angriffspunkt A der resultierenden Längskraft R ergeben sich die Ausmittigkeiten e_y und e_z. Nach Errechnung der Werte e_y/d und e_z/b entnimmt man aus der Tafel den zugehörigen Wert μ. Die max. Eckspannung ist $\sigma = \mu R / (b\,d)$. Liegt die resultierende Kraft R im Kern, so ergeben sich M-Werte unterhalb der Staffellinie. Die μ-Werte oberhalb der Staffellinie ergeben sich bei klaffender Fuge. Bei den Tafelwerten wird die Bedingung eingehalten, dass sich mindestens die Hälfte der Fläche bd an der Druckübertragung beteiligt, d. h., dass im Grenzfall die Nulllinie durch den Schwerpunkt S geht.

Beispiel: Geg. $R = 45$ kN; $d = 49$ cm; $b = 36{,}5$ cm; $e_y = 10$ cm; $e_z = 8$ cm.
$e_y/d = 0{,}20$; $e_z/b = 0{,}22$; → $\mu = 4{,}44$; max $\sigma = 4{,}44 \cdot 45/(49 \cdot 36{,}5) = 0{,}11$ kN/cm² = 1,1 MN/m²

7B Seil- und Membrantragwerke

Prof. Dr.-Ing. Rosemarie Wagner

Inhaltsverzeichnis

		Seite
1	**Grundlagen**	7.36
1.1	Kinematik	7.36
1.2	Versteifung	7.36
1.3	Geometrisch nicht lineares Verhalten	7.37
2	**Gleichgewicht**	7.38
2.1	Gleichgewicht am Seil	7.38
2.2	Gleichgewicht an Seilbindern	7.39
2.3	Gleichgewicht an Seilnetzen	7.39
2.4	Gleichgewicht an Membranen	7.40
2.5	Numerische Berechnung von Gleichgewichtsformen	7.40
3	**Tragsysteme**	7.41
3.1	Seilsysteme	7.41
3.2	Membranen	7.43

1 Grundlagen
1.1 Kinematik

Das Aufrollen von Seilen oder das Zusammenfalten von Membranen zeigen die Kinematik dieser Bauteile. Ein Bauteil oder ein Tragsystem wird dann als kinematisch bezeichnet, wenn es sich unter äußeren Lasten ohne elastische Dehnungen verformt. Anschaulich darstellen, lässt sich die Kinematik an einer gewichtslosen, durch 2 feste Auflager gehaltenen Gelenkkette, deren Länge größer ist als der Abstand der Auflager. Es sind mit derselben Gesamtlänge unendlich viele Geometrien möglich, die sich durch dehnungslose Verformungen ineinander überführen lassen. Diese Verformungen lassen sich auf einachsig gekrümmte Flächen übertragen, wenn die Flächen keine Biegesteifigkeit besitzen und kaum oder nicht vorgespannt sind, ein Beispiel ist das Flattern von Markisen im Wind.

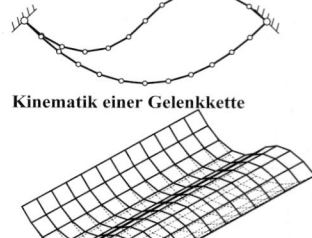

Kinematik einer Gelenkkette

Kinematik einer einachsig gekrümmten Fläche

Netzstrukturen, die aus 4-, 5- oder 6-Ecken aufgebaut sind, besitzen eine Kinematik in ihrer Netzfläche, wenn die Elemente in den Knotenpunkten gelenkig miteinander verbunden sind. Beispielsweise können ebene 4-Eck-Maschen-Netze dehnungslos verzerrt und gekrümmt werden. Diese Kinematik wird bei Seilnetzen und beschichteten Geweben genützt um mit ebenen Netzen oder Membranen aus ebenen Zuschnittsbahnen räumlich gekrümmte Flächen herzustellen. Die Krümmung ist abhängig von der Verzerrung der Maschen.

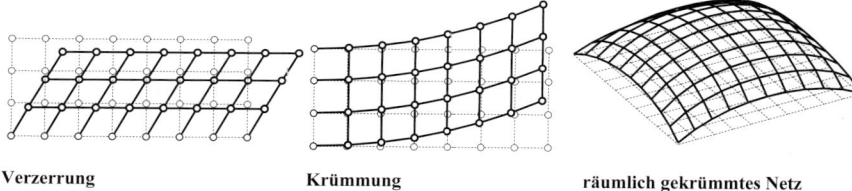

Verzerrung **Krümmung** **räumlich gekrümmtes Netz**

1.2 Versteifung

Kinematische Tragsysteme können mit Vorbelastung und Vorspannung versteift werden. Vorbelastung führt zu Zugkräften oder -spannungen in den Bauteilen und bei zusätzlicher Belastung zu einer Reduzierung der Verformungen. Vorbelastungen können sein:

- das Eigengewicht eines Daches
- der Druck einer Flüssigkeit oder
- der Über- bzw. Unterdruck eines Gases

Die Wirkung einer Vorbelastung wird am Beispiel eines kinematischen 4-Gelenkstabzuges mit 3 Elementen konstanter Länge deutlich. Elastische Dehnungen werden nicht berücksichtigt. Eine Einzellast führt zu großen dehnungslosen Verformungen bis zwischen äußerer Last und inneren Kräften Gleichgewicht erreicht ist.

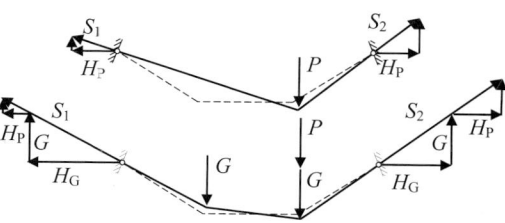

Wird das Tragsystem vorbelastet und anschließend mit einer Einzellast belastet, stellt sich das Gleichgewicht bei geringeren Verformungen ein. Die Verformungen werden mit zunehmender Vorbelastung kleiner. Die Versteifung mittels Eigengewicht bietet sich an, wenn das Eigengewicht zusätzliche Funktionen übernimmt, wie das Gewicht von Betonplatten, Glasscheiben, Dachbegrünungen, Schall- oder Wärmedämmung bei Dachtragwerken.

Mittels Vorspannung werden in einem Tragwerk oder Bauteil bewusst zusätzliche Kräfte eingetragen, um das Tragverhalten zu beeinflussen. Vorspannung kann nur gegen den Widerstand von Bauteilen, des Tragwerks oder des Baugrundes aufgebracht werden, wo weder ausreichende Festigkeit noch Steifigkeit vorhanden sind, ist Vorspannen nicht möglich. Bei kinematischen Tragsystemen wird Vorspannung genutzt um:

- Gleichgewichtsformen zu ermitteln
- Systemveränderungen oder –wechsel zu verhindern, weil infolge einer Druckbeanspruchung biegeweiche Bauteile ausfallen können
- Verschiebungen kinematischer Tragsysteme zu verringern, weil die geometrische Steifigkeit erhöht wird oder
- die Eigenfrequenz und damit das Schwingungsverhalten zu beeinflussen

Der Abbau einer vorhandenen Zugkraft unter Last kann als Übertragung einer Druckkraft verstanden werden. Vorgespannte Elemente beteiligen sich entsprechend ihrer Dehnsteifigkeit durch den Abbau der Vorspannkräfte an der Lastabtragung. An einem einfachen Seilsystem verdeutlicht, heißt dies wenn die Seile nicht gegeneinander vorgespannt sind und am Verbindungspunkt durch eine Einzellast belastet werden, dehnen sich die oberen Seile und die unteren Seile werden kürzer, fallen aus und beteiligen sich nicht an der Lastabtragung.

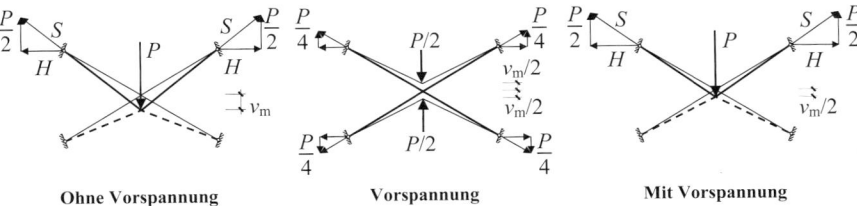

Ohne Vorspannung   Vorspannung   Mit Vorspannung

Werden Seile oder Membranen gegeneinander vorgespannt, ist die Höhe der Vorspannung frei wählbar. Für das dargestellte Beispiel ist die Vorspannung so gewählt, dass unter der angenommenen Belastung die unteren Seile ihre Vorspannung vollständig abgebaut haben. Die Gesamtverformung ist dann um die Hälfte geringer als in dem nicht vorgespannten Seilsystem.

1.3 Geometrisch nicht lineares Verhalten

Die Kinematik der Tragsysteme und die großen elastischen Dehnungen führen unter äußeren Lasten zu Geometrieänderungen, die einen Einfluss auf die Verformungen, die inneren Kräfte und die Spannungen haben. Dieser Einfluss wird durch die Berücksichtigung des Gleichgewichtes im verformten Zustand erfasst. Das geometrisch nichtlineare Verhalten und der Einfluss der Vorspannung auf das Last-Verformungs-Verhalten lassen sich an einem geraden Seil darstellen, das an den Auflagern unverschieblich gehalten ist und mit einer mittigen Einzellast belastet wird. Gleichgewicht ist nur möglich, wenn die Seildehnungen unter Last berücksichtigt werden. Die Vertikalverformung und die zugehörigen Seilkräfte sind von der Dehnsteifigkeit des Seiles abhängig, je geringer die Dehnsteifigkeit ist umso größer sind die Verformungen und umso kleiner die Seilkräfte. Wird das Seil gegen die unverschieblichen Auflager vorgespannt, ist das Gleichgewicht bereits bei einer geringeren Verformung erreicht, [Agyris 86]. Die Horizontalkomponenten der Seilkräfte sind durch die Vorspannung wesentlich größer und die Vertikalkomponenten sind für das nicht vorgespannte und vorgespannte Seil gleich.

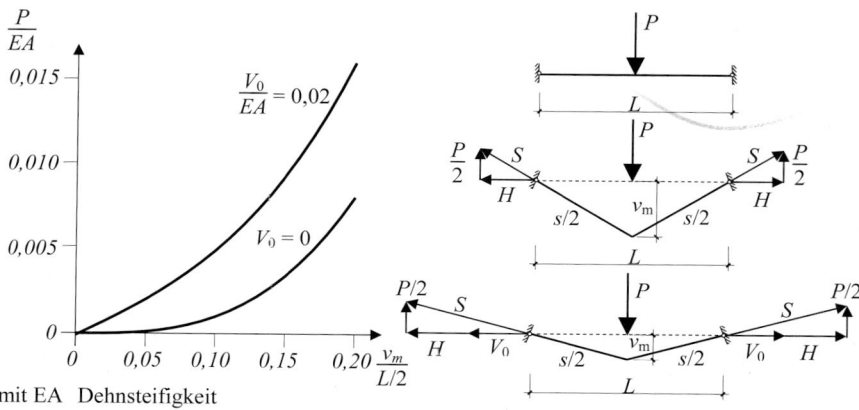

mit EA Dehnsteifigkeit
V₀ Vorspannung im unbelasteten Zustand

2 Gleichgewicht
2.1 Gleichgewicht am Seil

Die Kinematik von Seilen und Membranen und die Versteifung durch eine Vorbelastung oder eine Vorspannung führen zu Gleichgewichtsformen, die dadurch gekennzeichnet sind, dass
- sich die Geometrie in Abhängigkeit zu den einwirkenden Belastungen und inneren Kräften oder Spannungen einstellt und
- keine Werkstoffeigenschaften berücksichtigt werden.

Zur Bestimmung von Gleichgewichtformen werden Festpunkte, Berandungen, Belastungen, innere Kräfte oder Spannungen vorgegeben und die Geometrie des Seilsystems oder der Membran ermittelt, die für die vorgegebenen Randbedingungen ein Gleichgewicht darstellt. Da zur Bestimmung der Gleichgewichtsformen mehr Freiheitsgrade als Gleichungen bestehen, sind zusätzliche Bedingungen notwendig, die eine Lösung erlauben. Die Kinematik oder statische Bestimmtheit sind Gründe für werkstoffunabhängige Ermittlung der Gleichgewichtsflächen.

Am zwischen unverschieblichen Auflagern gehaltenen Seil ist die Abhängigkeit von Belastung und Geometrie analytisch dargestellt. Vereinfachend liegen die Auflager auf einer Höhe.

Belastung konstante Gleichstreckenlast
Seilkurve: Parabel

$$y = \frac{p}{2H}x^2 - \frac{p \cdot L}{2H}x$$

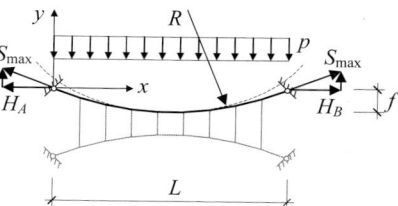

In der Gleichung für die Seilkurve ist die Horizontalkraft H als zusätzliche Unbekannte enthalten und wird durch eine der nachfolgenden Bedingungen bestimmt:

Max. Durchhang $\quad f = \frac{p \cdot L^2}{8H} \text{ oder } R = \frac{L^2}{8f} \text{ mit } H = p \cdot R = H_A = H_B$

Seilkraft $\quad S = H \cdot \sqrt{1 + \left(\frac{p}{H}x - \frac{p \cdot L}{2H}\right)^2}$

Seillänge, Näherung $\quad s \approx L\left[1 + \frac{1}{24}\left(\frac{p \cdot L}{H}\right)^2\right] = L\left[1 + \frac{8}{3}\left(\frac{f}{L}\right)^2\right]$

Gleichgewicht

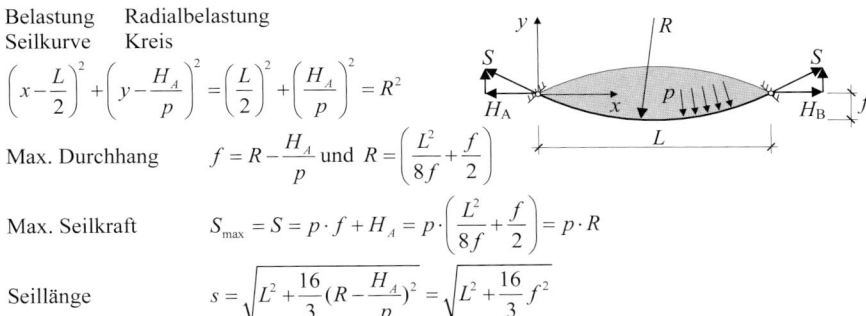

Belastung Seilkurve	Radialbelastung Kreis
	$\left(x - \dfrac{L}{2}\right)^2 + \left(y - \dfrac{H_A}{p}\right)^2 = \left(\dfrac{L}{2}\right)^2 + \left(\dfrac{H_A}{p}\right)^2 = R^2$
Max. Durchhang	$f = R - \dfrac{H_A}{p}$ und $R = \left(\dfrac{L^2}{8f} + \dfrac{f}{2}\right)$
Max. Seilkraft	$S_{max} = S = p \cdot f + H_A = p \cdot \left(\dfrac{L^2}{8f} + \dfrac{f}{2}\right) = p \cdot R$
Seillänge	$s = \sqrt{L^2 + \dfrac{16}{3}(R - \dfrac{H_A}{p})^2} = \sqrt{L^2 + \dfrac{16}{3} f^2}$

Der Kreisradius unterschiedet sich vom Scheitelkrümmungskreis einer Parabel mit derselben Spannweite und demselben Durchhang um den halben Durchhang ($f/2$). Damit können bei geringem Durchhang Kreis- und Parabelgleichung ineinander übergeführt werden.

2.2 Gleichgewicht an Seilbindern

Die Gleichgewichtsform für einen ebenen Seilbinder mit vertikalen Hängern lässt mit den Annahmen bestimmen, dass der horizontale Abstand der vertikalen Hänger und die Kraft in den Hängern konstant sind. Damit werden die Hängerkräfte durch eine konstante Gleichlast ersetzt. Es gelten folgende Gleichgewichtsbedingungen:

$$H_o = \dfrac{u_o \cdot L_o^2}{8 f_o} \Rightarrow u_o = \dfrac{H_o \cdot 8 f_o}{L_o^2}$$

$$H_u = \dfrac{u_u \cdot L_u^2}{8 f_u} \Rightarrow u_u = \dfrac{H_u \cdot 8 f_u}{L_u^2}$$

Die Krümmungsradien im Scheitel sind:

$$R_o = \dfrac{L_o^2}{8 f_o} \quad \text{und} \quad R_u = \dfrac{L_u^2}{8 f_u}$$

Mit der Bedingung, dass in den Hängern $u_o = u_u$ gelten muss, ergibt sich

$$\dfrac{H_o \cdot 8 f_o}{L_o^2} = \dfrac{H_u \cdot 8 f_u}{L_u^2} \Rightarrow \dfrac{H_o}{R_o} - \dfrac{H_u}{R_u} = 0$$

Sind die Geometrien der beiden mit den Umlenkkräften $u_o = u_u$ gegeneinander vorgespannten Seile nicht identisch, erhält das Seil mit dem geringeren Durchhang die größeren Seilkräfte.

2.3 Gleichgewicht an Seilnetzen

Bei doppelt gekrümmten Seilnetzen sind gegensinnig gekrümmte Seilscharen um 90° gegeneinander verdreht. In jedem Seil entstehen an den Kreuzungspunkten der Seilscharen Umlenkkräfte, die als Belastung auf das gegensinnig gekrümmte Seil wirken. Gleichgewicht ist erfüllt, wenn die Umlenkkräfte aus den Seilscharen an den Kreuzungspunkten entgegengesetzt gerichtet und gleich groß sind. Näherungsweise gilt derselbe Zusammenhang wie bei den ebenen Seilbindern, nämlich dass sich die Vorspannkräfte in beiden Richtungen der Seilscharen proportional zu den Krümmungsradien verhalten:

$$\dfrac{S_1}{R_1} - \dfrac{S_2}{R_2} = 0 \quad \text{mit} \quad R_1 = \dfrac{L_1^2}{8 f_1} \quad \text{und} \quad R_2 = \dfrac{L_2^2}{8 f_2}$$

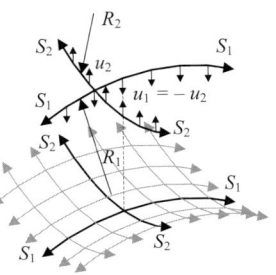

Gegensinnig gekrümmte Seilscharen

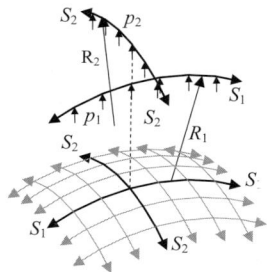

Gleichsinnig gekrümmte Seilscharen

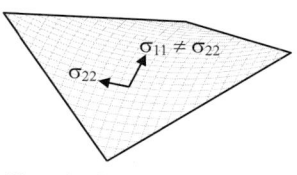

Allgemeine Spannungsverteilung

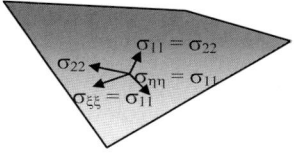

Spannungen einer Minimalfläche

Größere Seilkräfte führen zu größeren Krümmungsradien und damit zu geringeren Krümmungen. Wirkt in jedem Knoten eine äußere Last normal zur Fläche, sind die Seilkräfte mit der äußeren Last ins Gleichgewicht zu setzen und ergeben einem Vorspannzustand infolge Innendrucks. Auch hier sind die Vorspannkräfte proportional zu den Krümmungsradien. Die Flächen besitzen im Allgemeinen eine gleichsinnige oder synklastische Krümmung. Es gilt:

$$\frac{S_1}{R_1} + \frac{S_2}{R_2} = p \text{ mit } R_1 = \frac{S_1}{p_1} \text{ und } R_2 = \frac{S_2}{p_2}$$

2.4 Gleichgewicht an Membranen

Bei Membranen als Kontinuum ist in jedem Punkt der Fläche das Gleichgewicht einzuhalten. Ebenen Spannungszustand vorausgesetzt, lassen sich Gleichgewichtsflächen berechnen. Diese haben im Allgemeinen einen inhomogenen Spannungszustand, die Hauptspannungen ändern sich von Punkt zu Punkt stetig in Richtung und Betrag, [Blum 85].

Ein Grenzfall ergibt sich, wenn in jedem Punkt 2 orthogonale, gleich große Spannungen vorgegeben werden und den hydrostatischen Spannungszustand beschreiben. Die zugehörige Gleichgewichtsfläche ist eine Minimalfläche. Für die Krümmungsradien gilt $R_1 = -R_2$, die mittlere Krümmung ist an jeder Stelle gleich null, wobei die Radien variieren. Die richtungsunabhängige und konstante Spannung in jedem Punkt reduziert die Bestimmung einer Minimalfläche auf die mathematische Berechnung der Fläche als Minimum des Flächeninhaltes zwischen gegebener Berandung.

Werkstoffe, mit denen Minimalflächen hergestellt werden können, dürfen keine Schubsteifigkeit besitzen und müssen homogen sein, damit sich ein hydrostatischer Spannungszustand einstellt. Beispielsweise tritt ein hydrostatischer Spannungszustand in der Oberflächenspannung von Flüssigkeiten auf. Seifenhautmodelle sind eine Möglichkeit Minimalflächen herzustellen.

2.5 Numerische Berechnung von Gleichgewichtsformen

Auch bei der numerischen Berechnung von Gleichgewichtsformen werden in einem Ausgangssystem Belastungen, innere Kräfte oder Spannungen in Größe, Richtung und Verteilung vorgegeben und die Geometrie berechnet, für die das Tragsystem mit den Festpunkten und Berandungen im Gleichgewicht ist. Zur Bestimmung der Gleichgewichtsformen gibt es verschiedene Verfahren, die in [Linkwitz 71, [Schek 74], [Singer 95], [Ströbel 97], [Bletzinger 00] beschrieben sind.

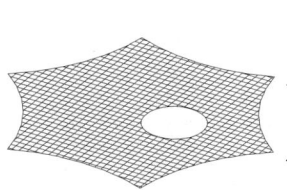

Ebenes Netz mit Spannungen, die orthogonal und jeweils in jede Richtung konstant sind

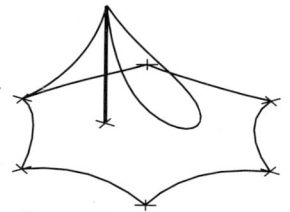

Festpunkte, Randkurven mit Kräften aus den ebenen Netzspannungen

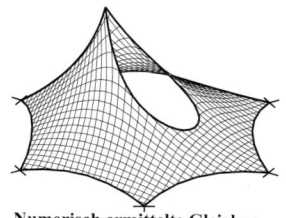

Numerisch ermittelte Gleichgewichtsform

3 Tragsysteme
3.1 Seilsysteme
3.1.1 Gerade Seile

Tragsysteme mit geraden Zugelementen werden in vertikalen Glasfassaden eingesetzt, tragen das Eigengewicht der Glasscheiben und als Seil auch die Windlast auf die Fassade. Die Zugelemente müssen gegen andere Bauteile wie Dachträger, Decken oder Fundamente vorgespannt werden. Die Verformungen infolge Windbelastung sind groß und von der Vorspannung abhängig. Die Befestigung der Glasscheiben und Fugen sind so auszubilden, dass die Verformungen der Seile aufgenommen werden. Bei geraden Seilen kommt es durch Auflagerverschiebungen oder Temperatureinwirkung zu großen Änderungen der Seilkraft und den Verformungen. Die Nachgiebigkeit der Randkonstruktion führt zum Abbau der Vorspannkräfte und folglich zu größeren Verformungen unter Windlast.

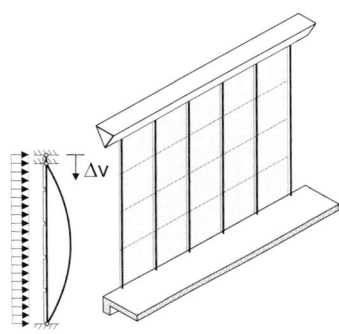

3.1.2 Lineare, gekrümmte Seile

Tragsysteme mit linearen, gekrümmten Zugelementen (Hängebänder oder Spannbänder) werden durch Auflast versteift um die Verformungen infolge Einzellasten oder lokaler Wind- oder Schneebelastung zu begrenzen. Besteht die Auflast aus dem Eigengewicht der Dachkonstruktion, entspricht die Form des Hängebandes einer Kettenlinie. Das Verhältnis von Durchhang/Spannweite liegt zwischen $1/50 < f/L < 1/15$. Mit geringer werdendem Durchhang nehmen die Zugkräfte in den Hängebändern zu, die nicht zusätzlich vorgespannt sind. Die Hängebänder sind aus hochfesten Seilen mit hoher Auflast, aus Stahl- bzw. Holzbändern oder aus Spannbeton. Die Horizontalkraft ist über die Länge des Hängebandes konstant. Ein Hängeband mit der halben Spannweite hat daher dieselben Horizontalkräfte, wenn ein Auflager eine horizontale Tangente besitzt.

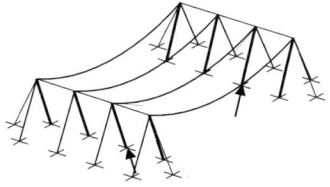

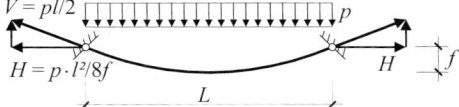
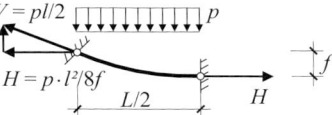

3.1.3 Seilbinder

In Seilbindern werden Seile über Zugelemente, Druckstäbe oder Membranen gegeneinander gespannt um die Verformungen unter einseitiger oder lokaler Belastung zu reduzieren. Für kinematische Seilbinder ergibt sich die Geometrie aus dem Gleichgewicht infolge Vorspannung. Die Kinematik im Aufbau hat zur Folge, dass die Verformungen für eine halbseitige Belastung groß sind und nur über die Höhe der Vorspannung beeinflusst werden. Sind die Seilbinder wie Fachwerkträger aus Dreiecken aufgebaut, ist ihr Verhalten unter Last dem der Fachwerkträger ähnlich. Die Geometrie kann frei gewählt werden, es ist nur darauf zu achten dass unter äußerer Last kein Zugelement schlaff wird. Die Kräfte in Trag- und Spannseil sind unter Vorspannung nicht stetig, an den Knotenpunkten entstehen Differenzkräfte, die über die Knotenpunkte mit den Diagonalen ins Gleichgewicht zu setzen sind. Die Verformungen bei halbseitiger Belastung ergeben sich aus den elastischen Dehnungen der Zugelemente.

Wird der Baugrund für das Gleichgewicht benötigt, ist das Tragsystem rückverankert. Das horizontale Gleichgewicht der Zugkräfte in den vorgespannten Seilbindern wird über Druckkräfte im Baugrund erfüllt. In selbst verankerten Tragsystemen werden die horizontalen Komponenten aus den Tragseilen zum Beispiel über einen geschlossenen Druckring ins Gleichgewicht gesetzt. Das Verhältnis von Durchhang/Spannweite liegt allgemein für Trag- und Spannseil zwischen $1/20 < f/L < 1/8$.

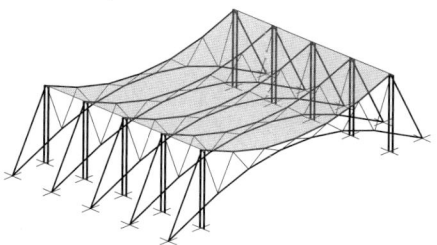

Rückverankert
starrer Aufbau der Binder

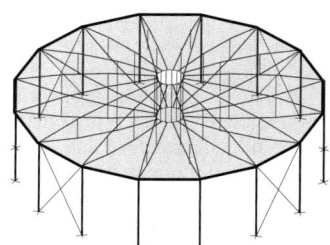

Selbstverankert
kinematischer Aufbau der Binder

3.1.4 Seilnetze

Durch das Vorspannen von 2 oder 3 sich kreuzenden Seilscharen wird die geometrische Steifigkeit in den Seilnetzen erhöht und damit die Verformungen unter äußeren Belastungen reduziert. Das Verhältnis von Durchhang/Spannweite reicht bei Seilnetzen von $0 < f/L < 1/8$, wobei sowohl die Fläche eben als auch die Seilscharen gerade sein können. Seilnetze haben freie Ränder oder sind zwischen biegesteifen Randträgern oder – bögen gespannt, auch die Unterstützung der Netzfläche durch Hoch- bzw. Tiefpunkte ist möglich.

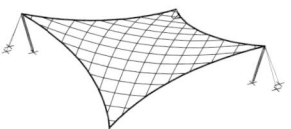 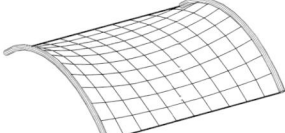 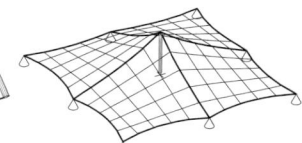

Freier Rand, punkt gestützt in den Eckpunkten der Ränder **Starrer Rand, Linien gelagert entlang der Ränder** **Addition von Teilflächen an den Gratseilen**

Freie Ränder am Seilnetz bestehen aus Randseilen, deren Geometrie durch die Vorspannkräfte im Netz und deren Richtung zum Randseil bestimmt wird. Bei Druckbögen oder Biegeträger bestimmt die Geometrie des starren Randes die Gleichgewichtsform des Seilnetzes. Die Unterstützung in Netzmitte ist möglich, wenn die unterstützten Seile zu Gratseilen werden. Die Gesamtfläche setzt sich dann aus Einzelflächen zusammen, die an den Gratseilen verbunden sind.

Die Abtragung von Gleichlasten wie Schnee oder Wind erfolgt durch den Auf- bzw. Abbau der Zugkräfte in den Seilen und den Verzerrungen der Maschen in der Netzfläche. Die Zunahme bzw. Abnahme der Seilkräfte ist abhängig von:

- Der Höhe der Vorspannung
- Der Orientierung der Seile bezogen auf die Hauptkrümmung der Fläche
- Der Seilkrümmungen
- Den Dehnsteifigkeiten der Seile und
- Der Randausbildung.

Der Ausfall von Seilen beeinflusst die Dauerhaftigkeit der Werkstoffe, indem diese Schwellbeanspruchungen ausgesetzt sind. Die Standsicherheit wird nur dann beeinträchtigt, wenn durch die einachsige Lastabtragung die Seilkräfte in Tragrichtung die Bruchfestigkeit erreichen.

3.2 Membranen

3.2.1 Ebene Membranen

Ebene Membranen sind nur mechanisch vorgespannt herzustellen und die Spannungen in beide Richtungen hängen über die Querkontraktion voneinander ab. Wie gerade Seile tragen ebene Membranen Lasten normal zur Fläche mit großen Verformungen und großen Zugkräften ab.

Spannungszustand   Ebene Dreiecke im Raum   Ebene Vierecke im Raum

In räumlichen Tragsystemen bilden Dreiecke immer ebene Flächen, auch wenn diese räumlich angeordnet sind. Vierecke bilden ebene Flächen, wenn je zwei benachbarte Eckpunkte auf einer Höhe liegen. Erkennbar sind die ebenen Membranflächen am Verlauf von geraden Höhenlinien.

3.2.2 Einfach gekrümmte Membranen

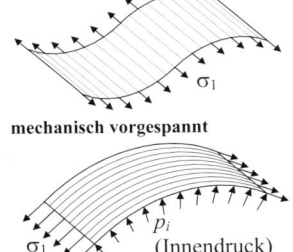

mechanisch vorgespannt

Mit Innendruck vorgespannt

Einfach gekrümmte Membranen sind in die Ebene abwickelbar und können sowohl mechanisch als über Innendruck vorgespannt werden. Für eine mechanisch vorgespannte Fläche wird die gerade Richtung vorgespannt, in der gekrümmten Richtung ist die Spannung Null, da sich sonst eine doppelte Krümmung einstellen würde. Eine mechanisch vorgespannte Fläche trägt damit nur über die gerade Richtung ab und weist unter äußeren Lasten wiederum entsprechend große Verformungen auf. Wird die Membran über Innendruck vorgespannt, ergeben sich Zugspannungen in die gekrümmte Richtung, die Spannungen in der geraden Richtung sind abhängig von der Lagerung der Membran.

3.2.3 Doppelt gekrümmte Membranen

Mechanisch Vorgespannte Membranen

Für zweiachsig gekrümmte Membranen lassen sich bestimmte Grundformen definieren, aus denen weitere Flächen gebildet werden können. Die Sattelfläche ist eine dieser Grundformen. Freie Ränder sind als Gurt- bzw. Seilrand nachgiebig, die Unterstützung erfolgt an den Zwickeln. Feste Ränder sind aus Biegeträgern oder Druckbögen. Unterstützungen in der Fläche können punktförmig oder linear sein. Punktgestützte Membranen haben eine radiale Orientierung der Hauptspannungsrichtungen und besitzen radial angeordnete Zuschnittsbahnen.

Sattelfläche   Hochpunktfläche   Linear gestützte Fläche

Sowohl Sattelflächen als auch Punktgestützte Membranen werden entlang der Ränder addiert. Die Ränder bilden dann Grate oder Kehlen. Wird bei Punktgestützten Membranen auf die Unterteilung durch Seile verzichten, ergeben sich Buckeldächer, die zwischen den Hoch- oder Tiefpunkten Sattelflächen aufweisen. Bedingt durch die Anordnung der Hoch- oder Tiefpunkte können Wendeflächen mit ebenen Bereichen entstehen.

| Sattelflächen, addiert | Hochpunktflächen, addiert | Buckeldach |

Variable Größen zur Ermittlung der Gleichgewichtsformen sind Anzahl, Lage und Höhe der Hoch- bzw. Tiefpunkte, die Krümmung der Randseile oder Randbögen, die Orientierung der Hauptspannungsrichtungen und die Größe der Hauptspannungen.

Mit Innendruck vorgespannte Membranen

Zu den mit Innendruck vorgespannten Membranen gehören Traglufthallen, die große, stützenfreie Überdachungen zulassen. Der gesamte überdachte Innenraum besitzt gegenüber dem Umgebungsdruck (rd. 100 kN/m²) einen geringen Überdruck (0,3 kN/m² bis 1,0 kN/m²). Der gesamte Raumabschluss muss luftdicht ausgebildet sein. Das große Luftvolumen erfordert einen hohen technischen Aufwand zur Regelung des Innendruckes. Kissen-Konstruktionen bilden abgeschlossene Volumen-Einheiten, die für Überdachungen oder Wände eingesetzt werden. Überdachungen können in einer Kammer ausgebildet oder als Luft-Kissen in kleinen Einheiten auf einer Unterkonstruktion aufgebracht sein. Zur Aufnahme der Zugspannungen aus den Membranen sind an den Kissenrändern Biegeträger, Randbögen oder Druckringe erforderlich.

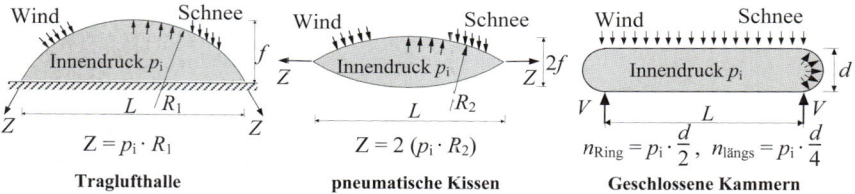

| Traglufthalle | pneumatische Kissen | Geschlossene Kammern |

Für die schlauchförmigen Bauteile gilt, dass sie um ihre Längsachse rotations-symmetrisch sein müssen, die Längsachse selbst kann gekrümmt sein und auch die Durchmesser können stetig variieren. Die schlauchförmigen Bauteile tragen Lasten wie Biegeträger oder Druckbögen ab, d.h. die Zugspannungen in der Membran infolge Innendruck werden durch äußere Last auf- bzw. abgebaut. Für eine ausreichende Tragfähigkeit müssen entweder die Querschnitte große Durchmesser haben oder der Innendruck wird entsprechend hoch.

Für den Innendruck besteht ein Zusammenhang zwischen äußeren Umweltbedingungen (Strahlung, Temperatur, Umgebungsluftdruck, Wind, Regen oder Schnee), den Bedingungen im Inneren der geschlossenen Kammern (Innendruck und Temperatur) und dem Verhalten der Membran. Die Vorspannung der Membran ist vom Innendruck abhängig. Dieser wird von den Umweltbedingungen beeinflusst, verändert sich ständig und erfordert eine Regelung, [*Wagner* 01].

3.2.4 Zuschnitt

Membrantragwerke werden aus zugeschnittenen, ebenen Gewebebahnen zusammengesetzt. Die beschichteten Gewebebahnen werden in Breiten von maximal 5 m gefertigt. Zuschnitt der ebenen Gewebebahnen und die Verzerrung zwischen Kett- und Schussfäden führen im vorgespannten Zustand zu doppelt gekrümmte Flächen und bilden eine ablesbare Struktur der Flächen. Ausgang ist die Gleichgewichtsfläche, die in Streifen geschnitten wird. Jeder Streifen wird in die Ebene abgewickelt und verkürzt (kompensiert) um beim Einbau der aus Streifen zusammengesetzten Membran durch die elastische Dehnungen die Vorspannung aufzubauen.

7C Vorbemessung

Dr.-Ing. Eddy Widjaja

Inhaltsverzeichnis

		Seite
1	**Lastannahmen**	7.46
1.1	Stahlbeton-Geschossdecken	7.46
1.2	Holzbalkendecke für Wohnräume	7.46
1.3	Dächer	7.46
2	**Ersatzstützweite**	7.46
3	**Tragwerke im Geschossbau**	7.47
3.1	Holzdächer	7.47
3.2	Geschossdecken	7.49
3.3	Balken/Träger im Geschossbau	7.52
3.4	Stützen	7.54
3.5	Wände	7.55
3.6	Fundamente	7.56
4	**Tragwerke im Hallenbau**	7.57
4.1	Hallentragwerke aus Stahl	7.57
4.2	Hallentragwerke aus Holz	7.60
5	**Schalen aus Stahlbeton**	7.62
5.1	Rotationsschale	7.62
5.2	Translationsschale	7.62
5.3	Regelfläche	7.62
6	**Glas**	7.63
6.1	Kriterien für die Dimensionierung der Glasdicke	7.63
6.2	Lagerung der Glasscheiben und Vordimensionierung	7.64
7	**Vorbemessungsbeispiel**	7.65

Faustformeln zur Vorbemessung

1 Lastannahmen

1.1.1 Stahlbeton-Geschossdecken

	Gesamtlast in kN/m²
Wohnungsbau	8–9
Büro, Schulräume, Cafes, Lesesäle	10–11
Hörsäle, Konzertsäle, Warenhäuser	12–13

> Gesamtlast = Eigenlast + Nutzlast
>
> $1\,kN \approx 100\,kg$

1.1.2 Holzbalkendecke

	Gesamtlast in kN/m²
Wohnräume	4–5

1.1.3 Flachdächer

	Gesamtlast in kN/m²
Stahlbeton Warmdach	7–8
Stahlbeton mit Gründach	9–11
Stahlkonstruktion	2–3
Holzkonstruktion	2–3

2 Ersatzstützweite l_i nach DIN 1045-1

Maßgebend für die Wahl der Bauteildicke bei Stahlbetondecken ist die Ersatzstützweite l_i.

$l_i = \alpha \cdot l_{eff}$

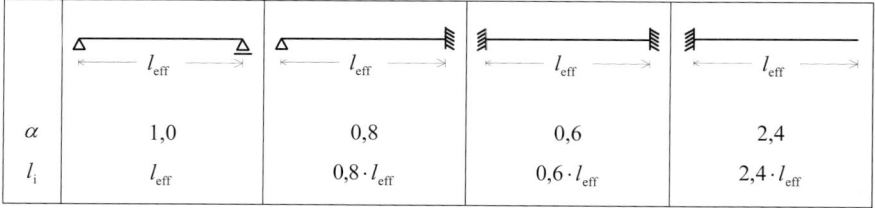

	l_{eff}	l_{eff}	l_{eff}	l_{eff}
α	1,0	0,8	0,6	2,4
l_i	l_{eff}	$0,8 \cdot l_{eff}$	$0,6 \cdot l_{eff}$	$2,4 \cdot l_{eff}$

3 Tragwerke im Geschossbau

3.1.1 Holzdächer

Sparrendach

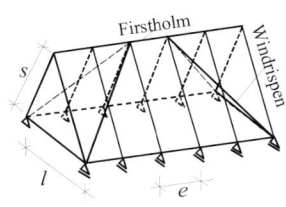

Sparrenabstand
$60 \leq e \leq 90\,\text{cm}$

Sparrenhöhe
$d \approx \dfrac{s}{24} + 2 \;(\text{cm})$
$\geq d_{\text{Dämmung}}$

Sparrenbreite
$b \approx \dfrac{e}{10} \geq 8\,\text{cm}$

Dachneigung $30° \leq \alpha \leq 45°$
Spannweite $l < 10\,\text{m}$ mit Vollholz möglich.
Bei $l > 10\,\text{m}$ Sonderkonstruktion wählen; z.B. DSB (Dreieck-Streben-Bauträger).

Längsaussteifung mittels Windrispen:
Aus Holz 40/100 mm an Unterseite der Sparren genagelt.
Aus Stahl (Windrispenband) 2/40 mm auf die Oberseite der Sparren genagelt.

Kehlbalkendach

verschieblich

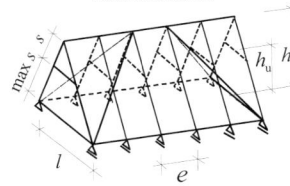

Sparrenabstand
$60 \leq e \leq 90\,\text{cm}$

$\dfrac{h_u}{h} \approx 0{,}6 \cdots 0{,}8$

Sparrenhöhe
$d \approx \dfrac{\max s}{24} + 4\,(\text{cm})$
$\geq d_{\text{Dämmung}}$

Sparrenbreite
$b \approx \dfrac{e}{8} \geq 8\,\text{cm}$

Kehlbalkenhöhe
$d_K \approx \dfrac{l_{\text{Kehlbalken}}}{20}$
(mit Spitzbodenlast)

Kehlbalkenbreite
$b_K \approx \dfrac{e}{8}$ einteilig
bzw.
$b_K \approx \dfrac{e}{16}$
zweiteilig: je Balken

Dachneigung $30° \leq \alpha \leq 45°$
Spannweite $l < 14\,\text{m}$ mit Vollholz möglich.
Bei $l > 14\,\text{m}$ Sonderkonstruktion nötig.

Bei unsymmetrischen Lastfällen, zum Beispiel bei Wind in Querrichtung, ist der Kehlbalken unwirksam (verschiebliches Kehlbalkendach).

Wenn aber die Kehlbalken durch einen horizontalen Verband zu einer Scheibe verbunden werden und diese Scheibe an den Giebelwänden oder an innen liegenden Querwänden in Querrichtung gehalten wird, dann bilden die Kehlbalken ein horizontales Lager (unverschiebliches Kehlbalkendach).

Bei ausgebauten Dachgeschossen sollte man die Kehlbalkenlage stets zur Scheibe ausbilden, um Verformungen klein zu halten und unerwünschte Risse in den Wänden des Ausbaus zu vermeiden.

Die Aussteifung in der Dachlängsrichtung erfolgt analog zum Sparrendach.
Bei großen Öffnungen im Dach oder in der Decke kann der Störbereich z.B. mit beidseitigen Pfetten ausgewechselt werden.

unverschieblich

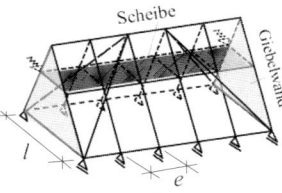

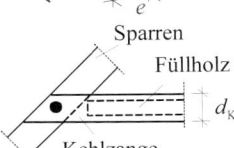

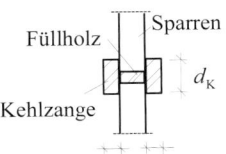

7.47

Strebenloses Pfettendach (zweistielig)

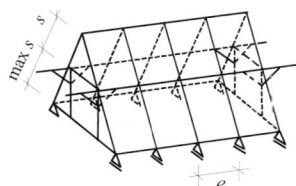

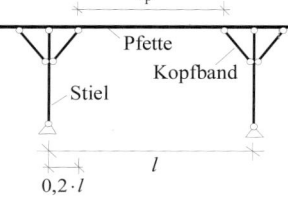

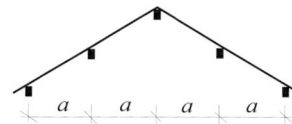

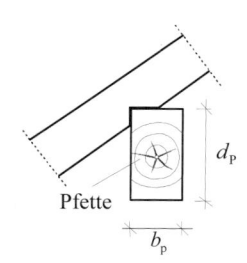

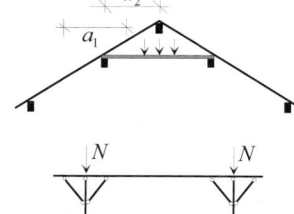

Sparrenabstand
$60 \leq e \leq 90$ cm

Sparrenhöhe
$$d \approx \frac{\max s}{24} \geq d_{\text{Dämmung}}$$

Sparrenbreite
$$b \approx \frac{e}{8} \geq 8 \text{ cm}$$

Pfetten

Last nur aus Dach
Pfettenhöhe ($\alpha \approx 45°$)
$$d_P \approx \frac{l_P}{24} + \frac{a}{30}$$

für $\alpha \approx 15°$
$$d_P \approx \frac{l_P}{24} + \frac{a}{50}$$

Pfettenbreite
$$b_P \approx \frac{l_P}{40} + \frac{a}{50} \quad \text{bzw.}$$

$$b_P \approx 0{,}5 d_P \text{ bis } 0{,}7 d_P$$

Last aus Dach und ausgebautem Spitzboden
Pfettenhöhe
$$d_P \approx \frac{l_P}{24} + \frac{a_1 + a_2}{30}$$

Pfettenbreite
$$b_P \approx \frac{l_P}{24} + \frac{a_1 + a_2}{50}$$

$d_{\text{Stütze}}$

Stiel (quadratisch)
$$d_{\text{Stütze}} \approx \sqrt{6 \cdot N (\text{kN})}$$

Anwendungsbereich:
- bei geringer Dachneigung $\alpha \leq 35°$
- bei großen Öffnungen im Fach und/oder in der darunterliegenden Decke
- die Spannrichtung der darunterliegenden Decke ist beliebig
- große Dachüberstände an Traufe und Giebel sind möglich.

Die gesamte Windbeanspruchung auf die Längsseite des Daches wird beim strebenlosen Pfettendach von der Fußpfette aufgenommen. Die Verankerung dieser Fußpfette und der Sparrenanschluss müssen deshalb sorgfältig erfolgen.

Aussteifung in Querrichtung:
Dreieckgefach aus Sparren, Stielen und Dachbalken.

Aussteifung in Längsrichtung:
Rahmen aus Stielen, Pfetten und Kopfbändern. Allerdings sind solche Systeme vergleichsweise verformungsweich, so dass eine zusätzliche Aussteifung durch Anordnung von Windrispen in der Dachebene erforderlich ist.

3.1.2 Geschossdecken

Vollbetondecken

Ortbeton oder Fertigteile

bei $l_i < 4{,}29$ m

$$h(m) \approx \frac{l_i(m)}{35} + 0{,}03\ m$$

bei Decken mit rissgefährdeten Trennwänden **und** bei $l_i \geq 4{,}29$ m

$$h(m) \approx \frac{l_i^2(m)}{150} + 0{,}03\ m$$

l_i : Ersatzstützweite (s. Abschnitt 2)

Wirtschaftlich $l_i < 6$ m

Wegen Schallschutz $d \geq 16$ cm

Flachdecken

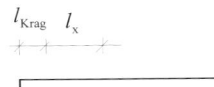

für Beton C20/25 (B25)
$l_i \approx 0{,}9 \cdot l_x$ bzw. $l_i \approx 0{,}9 \cdot l_y$

ab Beton C30/37 (B35)
$l_i \approx 0{,}8 \cdot l_x$ bzw. $l_i \approx 0{,}8 \cdot l_y$

max l_i ist maßgebend für die Berechnung

bei $l_i < 4{,}29$ m

$$h_{Platte}(m) \approx \frac{l_i(m)}{35} + 0{,}03\ m \geq 0{,}20\ m$$

bei Decken mit rissgefährdeten Trennwänden **und** bei $l_i \geq 4{,}29$ m

$$h_{Platte}(m) \approx \frac{l_i^2(m)}{150} + 0{,}03\ m \geq 0{,}20\ m$$

Wirtschaftlich $l_i < 6{,}5$ m

Wegen der Durchstanzgefahr $d_{Stütze} > 1{,}1 \cdot h_{Platte}$

Die Rand- und Eckstützen sollten um mindestens den Stützendurchmesser nach innen gerückt werden, um eine einwandfreie Lasteinleitung zu gewährleisten.

$l_{Krag} > d_{Stütze}$

Durch Vorspannung kann die Plattendicke reduziert werden (wirtschaftlich $l_i < 9{,}6$ m).

Pilzkopfdecken

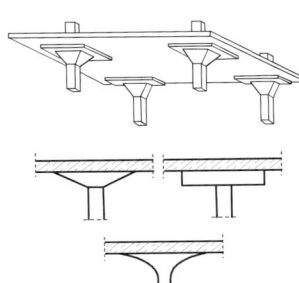

$h_{Platte} \approx 0{,}8 \cdot h_{Flachdecke}$ (s. oben)

Stützenkopfverbreiterung kann schräg, rechteckig oder gerundet ausgebildet werden.

Die hohe Schubspannung im Stützenbereich wird durch Anordnung eines Pilzkopfes abgemindert. Die Deckendicke oder die Stützenabmessung kann somit verringert werden.

Nachteil:
Großer Schalungsaufwand für den Pilzkopf.

Plattenbalkendecken

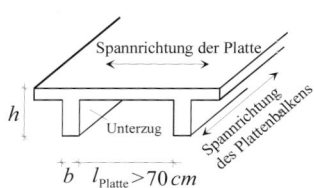

$$h = \frac{l_{i,\text{Unterzug}}}{14} \cdots \frac{l_{i,\text{Unterzug}}}{8}$$

genauer: $h = 1{,}2 \cdot l_i \cdot \sqrt{q}$

$$b = \frac{h}{3} \cdots \frac{h}{2} \geq 20 \text{ cm}$$

h_{Platte} = siehe Vollbetondecken

l_i: Ersatzstützweite (s. Abschnitt 2)
$l_{i,\text{Platte}} < 6$ m wirtschaftlich

Unter rissgefährdeten Trennwänden $\dfrac{l_{i,\text{Unterzug}}}{8}$

$l_{i,\text{Unterzug}} = 6 \cdots 14$ m wirtschaftlich
q = Linienlast in kN/m
h in cm

π-Platten

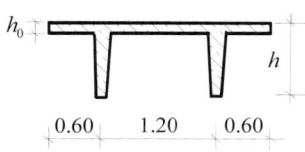

schlaff bewehrt:
$$h = \frac{l_i}{18} \cdots \frac{l_i}{12}$$

vorgespannt:
$$h = \frac{l_i}{24} \cdots \frac{l_i}{18}$$

Fertigteilplatte:
Spannweite bis 20 m möglich

$h_0 \geq 10$ cm aus Transportgründen bei Fertigteildecken

Rippendecken

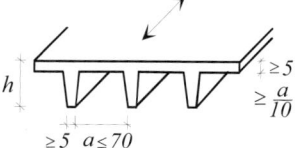

$$h = \frac{l_i}{20} \cdots \frac{l_i}{15}$$

Einachsig gespannt
$6 \leq l_i \leq 12$ m

Nutzlast ≤ 5 kN/m²
Nur einlagige Querbewehrung in der Platte.

Kassettendecken

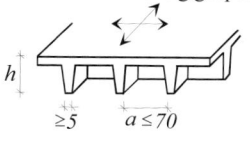

$$h = \frac{l_i}{20}$$

Zweiachsig gespannt

Wirtschaftlich $l_i \leq 9$ m

Hohlsteindecken (mit Gitterträgern)

$h = 0{,}5 \cdot (l_i + 20 \cdot q)$

h in cm
l_i in m
q Nutzlast in kN/m²

Einachsig gespannt

Übliche Dicken:
17 / 19 / 21 / 25 cm

Gitterträgerabstand:
62,5 / 75 cm

Tragwerke im Geschossbau

Stahlsteindecken

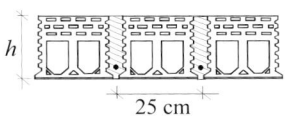

25 cm

zul $l \approx 0{,}2 \cdot h$

Deckenspannweite l in m

Deckendicke h in cm

h in cm : 11,5 14,0 16,5
19,0 21,5 24,0

Stahlsteindecke mit teilvermörtelten Stoßfugen = Einfeldträger

Einachsig gespannt

Keine Betondruckschicht

Spannbeton-Hohlplatten

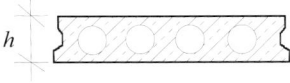

System: Brespa, Variax, etc.

h in cm	Spannweite in m
12	7,20
15	8,10
18	9,00
20	12,40
32	14,90
40	16,00

Gewichtsersparnis durch Anordnung von Hohlkörpern.

Einachsig gespannt

Beton C45/55, Spannstahl St 1570/1770

Stahlverbunddecken

Vordimensionierung wie bei der Vollbetondecke

Einachsig gespannt, Schwalbenschwanzblech = untere Bewehrung

Teilfertigteilplatten

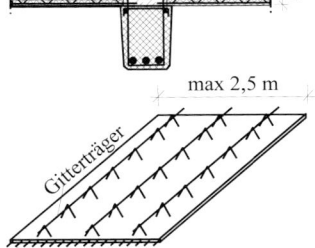

max 2,5 m

Hauptbewehrung

bei $l_i < 4{,}29$ m

$$h(\text{m}) \approx \frac{l_i(\text{m})}{35} + 0{,}03 \text{ m}$$

bei Decken mit rissgefährdeten Trennwänden **und** bei $l_i \geq 4{,}29$ m

$$h(\text{m}) \approx \frac{l_i^2(\text{m})}{150} + 0{,}03 \text{ m}$$

l_i: Ersatzstützweite (s. Abschnitt 2)
In den 4–6 cm dicken Deckenelementen ist die untere Hauptbewehrung enthalten.
Max. Elementbreite 2,5 m. Die Gitterträger dienen zur Verbindung der Platte mit dem später aufzubringenden Ortbeton, zur Aufnahme der Schubkräfte und zur Versteifung der Platten im Montagezustand.

Zweiachsig gespannte Hohlplatten

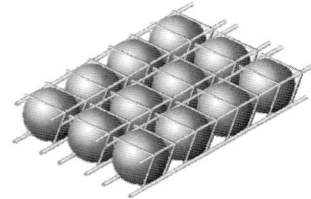

Fabrikat: z.B. Cobiax

Deckenstärke 20 bis > 80 cm

Spannweite bis 20 m

Lastreduzierung zwischen 1,3 kN/m² und 4,77 kN/m²

Kombination mit anderen Bauweisen wie z.B. Vorspannung möglich.

Integrierte Betonkernaktivierung ausführbar.

Die Hohlkörperdecke ist zweiachsig gespannt.
Vorteile:
- geringes Eigengewicht
- große Spannweiten
- keine Unterzüge (vereinfachte Installationsführung)
- reduzierte Fundamente
- Ressourcenschonung
Im Durchstanzbereich werden die Hohlkörper entfernt (Massivbereich).
Ausführung als Ortbeton- und Halbfertigteillösung möglich.

7.51

3.1.3 Balken/Träger im Geschossbau

Stahlbetonbalken (Unterzug)

$$h = \frac{l_i}{12} \dots \frac{l_i}{8}$$

$$b = \frac{h}{3} \dots \frac{h}{2} \geq 20\,\text{cm}$$

l_i: Ersatzstützweite (s. Abschnitt 2)
Aus Ortbeton/Fertigteil

Durch *Vorspannung* kann die Balkenhöhe reduziert werden. $h = \frac{l_i}{17} \dots \frac{l_i}{15}$

Stahlbetonüberzug

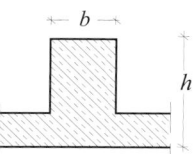

$$h = \frac{l_i}{12} \dots \frac{l_i}{8}$$

$$b = \frac{h}{3} \dots \frac{h}{2} \geq 20\,\text{cm}$$

Überzüge werden i.d.R. an den Plattenrändern als Brüstung oder Attika über Wandöffnungen angeordnet. Sie wirken mit der Platte zusammen. In Türbereichen nicht möglich!

Deckengleicher Unterzug

$$h_{\text{Platte}} \geq \frac{l}{15}$$

l = Spannweite Unterzug

Stahlbetonbalken/Stahlträger innerhalb der Stahlbetondecke

Holzbalkendecke

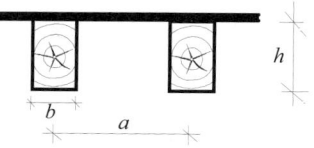

$$h \approx \frac{l}{17}$$

$$b \approx 0{,}6 \cdot h \geq 10\,\text{cm}$$

Zul. Durchbiegung:

$f \leq \dfrac{l}{300}$; häufig für die Bemessung maßgebend.

Balkenabstand: $a \approx 70 - 90\,\text{cm}$

HEB-Träger (= IPB)

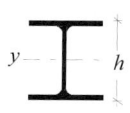

$$h \approx \sqrt[3]{17{,}5 \cdot q \cdot l^2} - 2$$

Trägerhöhe h in cm

Streckenlast q in kN/m

Spannweite l in m

Formel gilt für Biegung um die y-Achse

IPE-Träger

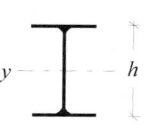

$$h \approx \sqrt[3]{50 \cdot q \cdot l^2} - 2$$

Trägerhöhe h in cm

Streckenlast q in kN/m

Spannweite l in m

Formel gilt für Biegung um die y-Achse

Verbundträger IPE

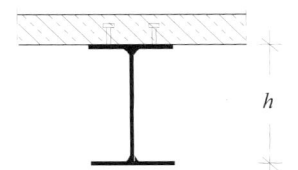

Schubfester Verbund zwischen Träger und Decke erfolgt durch: Kopfbolzendübel, Verbundanker Verbundbügel

für Stahl S235 (St 37)
$$h_{St37} \approx 0{,}064 \cdot q \cdot l^2 + 100$$

für Stahl S355 (St 52)
$$h_{St52} \approx 0{,}8 \cdot h_{St37}$$

Trägerhöhe h in mm
Streckenlast q in kN/m
Spannweite l in m

Für leichte Lasten im Geschossbau sind IPE-Profile üblich.

Trägerabstand 2,0–4,5 m

Spannweiten des Verbundträgers sind bis 15 m (in Grenzfällen bis 20 m) üblich.

Spannverbundträger (Doppelverbundträger)

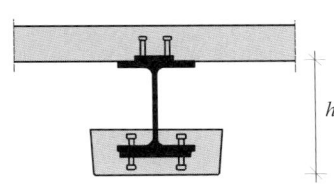

Markenfabrikat: z.B. Preflex

$$h \approx \frac{l}{35}$$

genauer

$$h = \frac{q \cdot l^2}{50} + 100$$

Trägerhöhe h in mm
Streckenlast q in kN/m
Spannweite l in m

Vorteile:
Große Stützweiten, geringe Konstruktionshöhen, geringe Verformung, hoher Feuerwiderstand, günstiges Schwingungsverhalten.

Wabenträger aus IPE

Ausgangszustand

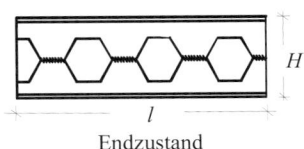

Endzustand

für Stahl S235 (St 37)
$$h \approx \frac{q \cdot l}{2} + 350$$

$$H \approx 1{,}5 \cdot h$$

h in mm $\quad H$ in mm
Streckenlast q in kN/m
Spannweite l in m

$l \leq 12$ m $\quad h \leq 60$ cm

Vorteile: Durchbrüche für Installationen reichlich vorhanden; Tragfähigkeit größer als bei anderen Trägern mit gleichem Stahlgewicht.

Nachteile: Bearbeitungskosten für Schneiden und Schweißen erheblich höher; die exakte statische Berechnung ist schwieriger.

Rahmenträger (Vierendeelträger)

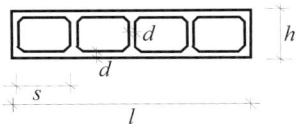

$$h \approx \frac{l}{8} \ldots \frac{l}{6}$$

$$s \approx h$$

$$d \approx \frac{h}{6} \ldots \frac{h}{5}$$

Spannweite l in m

Biegesteife Knotenpunkte
Material: Stahl oder Stahlbeton
Trägerabstand 4 bis 8 m

Vorteil: Durchbrüche für Installationen vorhanden.
Nachteil: hohe Fertigungskosten.

3.1.4 Stützen mit zentrischer Belastung

Holzstützen

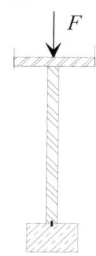

Quadratische Querschnitte

$$\text{zul } F(\text{kN}) \approx \frac{d^2(\text{cm})}{s_k(\text{m})}$$

Grenze: $d \approx 10 \cdots 20 \text{ cm}$
$s_k \leq 40 \cdot d$

Runde Querschnitte

$$\text{zul } F(\text{kN}) \approx \frac{d^2(\text{cm})}{1{,}33 \cdot s_k(\text{m})}$$

d Querschnittsbreite in cm
s_k Knicklänge in m

Voraussetzung:
Gesamtstabilität des Bauwerks ist durch Decken- und Wandscheiben gewährleistet. Stützen sind oben und unten gehalten.

Stahlstützen

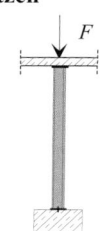

HEA-Profil (IPBl)
$$h(\text{mm}) \approx \sqrt{22 \cdot F(\text{kN}) \cdot s_k(\text{m})}$$

HEB-Profil (IPB)
$$h(\text{mm}) \approx \sqrt{16 \cdot F(\text{kN}) \cdot s_k(\text{m})}$$

HEM-Profil (IPBv)
$$h(\text{mm}) \approx \sqrt{10 \cdot F(\text{kN}) \cdot s_k(\text{m})}$$

F Stützenlast h Profilhöhe
s_k Knicklänge

Voraussetzung:
Gesamtstabilität des Bauwerks ist durch Decken- und Wandscheiben gewährleistet. Stützen sind oben und unten gehalten.

Stahlbetonstützen

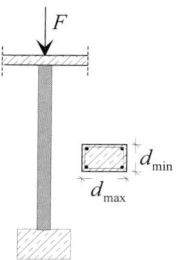

$$A_{\text{Stütze}} = d_{\min} \cdot d_{\max}$$

Beton C20/25 (B 25)
$$A_{\text{Stütze}}(\text{cm}^2) \approx 0{,}7 \cdot F(\text{kN})$$

Beton C30/37 (B 35)
$$A_{\text{Stütze}}(\text{cm}^2) \approx 0{,}6 \cdot F(\text{kN})$$

Beton C80/95 (B 85)
$$A_{\text{Stütze}}(\text{cm}^2) \approx 0{,}32 \cdot F(\text{kN})$$

Für dicke, runde Stützen („umschnürte Säule") mit
$$s_k \leq 5 \cdot d_{\text{Stütze}}$$
gilt:
$$A_{\text{Stütze}}(\text{cm}^2) \approx 0{,}5 \cdot F(\text{kN})$$

Stockwerkshöhe
$h < 13 \cdot d_{\min}$

Bewehrungsgrad hier:
$$\mu = \frac{A_{\text{Stahl}}}{A_{\text{Beton}}} \cdot 100\% \approx 3\%$$

$d_{\min} = 20 \text{ cm}$ (Ortbeton)
$\phantom{d_{\min}} = 12 \text{ cm}$ (Fertigteil)

Voraussetzung:
Gesamtstabilität des Bauwerks ist durch Decken- und Wandscheiben gewährleistet. Stützen sind oben und unten gehalten.

3.1.5 Wände

Mauerwerkswände

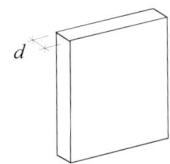

Die Mindestdicke von tragenden Innen- und Außenwänden beträgt $d = 11{,}5$ cm, sofern aus statischen oder bauphysikalischen Gründen nicht größere Dicken erforderlich sind. Aus statisch-konstruktiven Gründen sollte die Mindestdicke jedoch in der Regel 17,5 cm bzw. 24 cm betragen.

Mindestabmessungen von tragenden Pfeilern:
11,5 cm x 36,5 cm
bzw.
17,5 cm x 24 cm

Stahlbetonwände

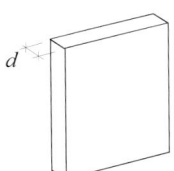

Wanddicke (sofern aus statischen oder bauphysikalischen Gründen nicht größere Dicken erforderlich sind):
Decken über Wänden nicht durchlaufend
$d_{min} = 10$ cm   Fertigteil
$d_{min} = 12$ cm   Ortbeton

Decken über Wänden durchlaufend
$d_{min} = 8$ cm   Fertigteil
$d_{min} = 10$ cm   Ortbeton

Betonfestigkeitsklasse:
$\geq C16/20$

Wandartige Träger (Scheiben) aus Stahlbeton

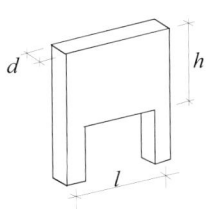

Wanddicke: s. Stahlbetonwände

Wandhöhe: $h > \dfrac{l}{2}$

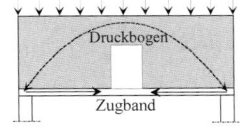

Zur Abfangung großer Lasten

Wandartige Träger wirken nicht wie Balken auf Biegung, die Last wird über einen Druckbogen (Beton) und ein Zugband (Betonstahl) abgetragen.

Öffnungen in wandartigen Trägern dürfen weder das Zugband noch den Druckbogen durchschneiden.

Kragscheibe aus Stahlbeton

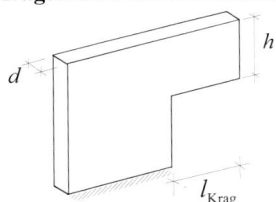

Wanddicke: s. Stahlbetonwände

Wandhöhe: $h > l_{Krag}$

Durch *Vorspannung* der Kragscheibe kann die Wandhöhe reduziert werden.

3.1.6 Fundamente

Quadratisches Einzelfundament

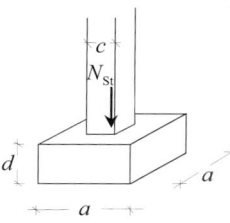

Seitenlänge:
$$a\,(\mathrm{m}) \approx \sqrt{\frac{1{,}2 \cdot N_{St}(\mathrm{kN})}{\mathrm{zul}\,\sigma_B(\mathrm{kN/m^2})}}$$

Ausführung in Beton C20/25 (B 25) **unbewehrt**:
$$d(\mathrm{m}) \approx \frac{a-c}{2} \geq 0{,}5\,\mathrm{m}$$

Ausführung in Beton C20/25 (B 25) **bewehrt**:
$$d(\mathrm{m}) \approx \frac{a-c}{6} \geq 0{,}5\,\mathrm{m}$$

Zentrische Belastung

Angenommen wird eine zulässige Bodenpressung $\mathrm{zul}\,\sigma_B = 250 \cdots 300\,\mathrm{kN/m^2}$

Sohle in frostfreier Tiefe gründen: $\geq 0{,}80\,\mathrm{m}$

Streifenfundament

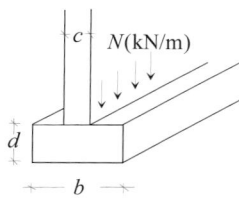

Fundamentbreite:
$$b\,(\mathrm{m}) \approx \frac{1{,}2 \cdot N(\mathrm{kN/m})}{\mathrm{zul}\,\sigma_B(\mathrm{kN/m^2})} \geq 0{,}5\,\mathrm{m}$$

Ausführung in Beton C20/25 (B 25) **unbewehrt**:
$$d(\mathrm{m}) \approx 0{,}6 \cdot (b-c) \geq 0{,}5\,\mathrm{m}$$

Ausführung in Beton C20/25 (B 25) **bewehrt**:
$$d(\mathrm{m}) \approx \frac{b-c}{6} \geq 0{,}5\,\mathrm{m}$$

Zentrische Linienlast

Angenommen wird eine zulässige Bodenpressung $\mathrm{zul}\,\sigma_B = 250 \cdots 300\,\mathrm{kN/m^2}$

Sohle in frostfreier Tiefe gründen: $\geq 0{,}80\,\mathrm{m}$

Sohlplatte einer Wanne

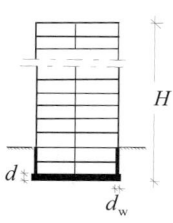

Plattendicke
$$d(\mathrm{cm}) \approx \frac{H(\mathrm{cm})}{30} \geq 30\,\mathrm{cm}$$

oder

$d(\mathrm{cm}) \approx 10 \cdot$ Anzahl der Geschosse

Wanddicke $d_w \geq 30\,\mathrm{cm}$

Durchgehende, bewehrte Gründungsplatte unter dem gesamten Bauwerk:

– zur Vermeidung von Schäden bei unterschiedlicher Baugrundsetzung

– bei hohen Lasten (Hochhäuser)

– bei drückendem Grundwasser, in Verbindung mit Wannenausbildung.

4 Tragwerke im Hallenbau

4.1.1 Hallentragwerke aus Stahl

Vollwandträger

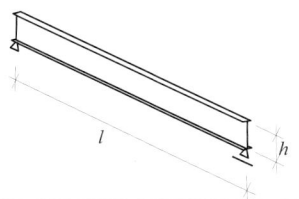

$h = \dfrac{l}{30} \cdots \dfrac{l}{20}$

$3 \leq l \leq 20\,\text{m}$

Bevorzugt werden IPE-Profile.

Bei großen Trägerhöhen wird der Steg oft in der neutralen Zone kreis- oder trapezförmig ausgespart, um das Gewicht zu reduzieren und Installationsführungen in der Trägerebene zu ermöglichen.

Unterspannter Träger aus Stahl

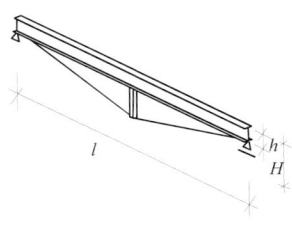

$H \approx \dfrac{l}{12}$

$h = \dfrac{l}{50} \cdots \dfrac{l}{35}$

$6 \leq l \leq 60\,\text{m}$

Beanspruchung:
Untergurt: Zug (kann deshalb als Seil ausgebildet werden)

Obergurt: Biegung + Druck

Spreize(Luftstütze): Druck

Obergurt und Spreize sind gegen seitliches Ausweichen zu sichern (z.B. Abstützung der Spreize gegen die Trägerebene durch Verbände).

Fachwerkträger aus Stahl

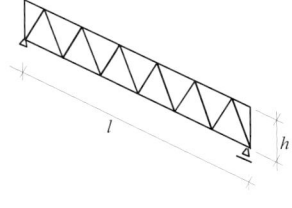

$h = \dfrac{l}{15} \cdots \dfrac{l}{10}$

$8 \leq l \leq 75\,\text{m}$

Die Belastungen sollten in den Fachwerkknoten angreifen.

Vorteile:
Wirtschaftliche Materialauslastung, weitgehende Gestaltungsfreiheit der Form.

Trägerrost aus Stahl

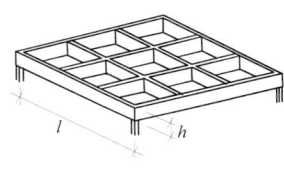

$h = \dfrac{l}{35} \cdots \dfrac{l}{25}$

$10 \leq l \leq 70\,\text{m}$

$\dfrac{l_{max}}{l_{min}} \leq 1{,}5$

Beanspruchung: Biegung, Torsion (bei Torsionsbehinderung)

Spannweiten der Träger sollten in beiden Richtungen annähernd gleich sein.

Trägerroste sind grundsätzlich mit Überhöhung herzustellen, um die vertikale Verformung auszugleichen.

Fachwerkträgerrost aus Stahl

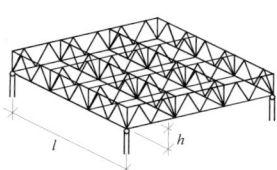

$$h = \frac{l}{20} \ldots \frac{l}{15}$$

$$10 \leq l \leq 90\,\text{m}$$

Beanspruchung: Zug/Druck

Spannweiten der Träger sollten in beiden Richtungen annähernd gleich sein.

$$\frac{l_{max}}{l_{min}} \leq 1,5$$

Fachwerkträgerroste sind grundsätzlich mit Überhöhung herzustellen, um die vertikale Verformung auszugleichen.

Räumliches Fachwerk aus Stahl

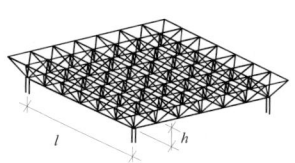

$$h = \frac{l}{30} \ldots \frac{l}{15}$$

$$20 \leq l \leq 120\,\text{m}$$

Beanspruchung: Zug/Druck

Spannweiten der Träger sollten in beiden Richtungen annähernd gleich sein.

$$\frac{l_{max}}{l_{min}} \leq 1,5$$

Räumliche Fachwerke sind grundsätzlich mit Überhöhung herzustellen, um die vertikale Verformung auszugleichen.

Rahmen aus Stahl

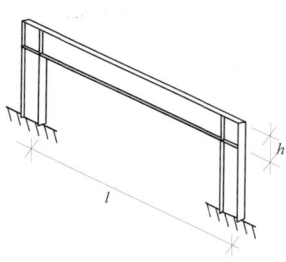

$$h = \frac{l}{40} \ldots \frac{l}{30}$$

$$5 \leq l \leq 45\,\text{m}$$

Biegesteife Eckverbindungen

Bei hohen Hallen mit großen H-Lasten (z.B. Kranseitenstoß), kann ein eingespannter Rahmenfußpunkt von Vorteil sein, da sich die Biegemomente auf alle vier Ecken verteilen. Allerdings müssen die Fundamente größer dimensioniert werden.

Fachwerkrahmen aus Stahl

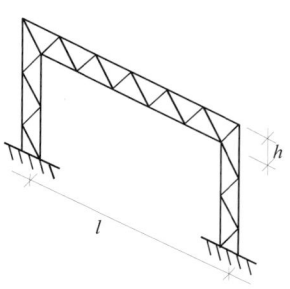

$$h = \frac{l}{20} \ldots \frac{l}{10}$$

$$8 \leq l \leq 60\,\text{m}$$

Die Belastungen sollten in den Fachwerkknoten angreifen.

Vorteile:

Wirtschaftliche Materialauslastung.

Großräumige Öffnungen für die Querdurchführung von Installationstrassen.

Transport in Teilen und einfache Montage auf der Baustelle.

Tragwerke im Hallenbau

Bogen aus Stahl

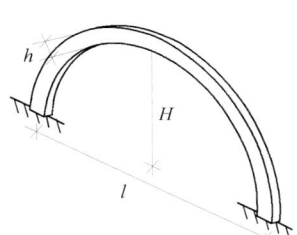

$h = \dfrac{l}{70} \cdots \dfrac{l}{50}$

$25 \leq l \leq 70\,\text{m}$

$\dfrac{H}{l} > \dfrac{1}{8}$

Bevorzugt sind Zweigelenk- und Dreigelenkbögen.
Eingespannte Bögen und Zweigelenkbögen sind steifer als Dreigelenkbögen, sie sind aber empfindlicher gegen ungleiche Auflagerverschiebung und Temperatureinwirkung. Je flacher der Bogen, umso höher die Horizontalkraft am Auflager. Diese Horizontalkräfte können z.B. durch Zugbänder aufgenommen werden.

Fachwerkbogen aus Stahl

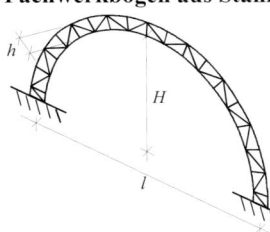

$h = \dfrac{l}{50} \cdots \dfrac{l}{30}$

$40 \leq l \leq 120\,\text{m}$

$\dfrac{H}{l} > \dfrac{1}{8}$

Vorteile:
Großräumige Öffnungen für die Querdurchführung von Installationstrassen.

Transport in Teilen und einfacher Zusammenbau auf der Baustelle.

Seilbinder (Jawerth-Binder)

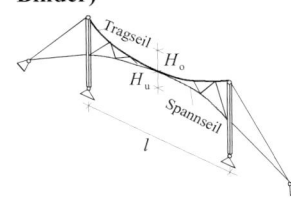

$H_o = H_u = \dfrac{l}{18} \cdots \dfrac{l}{10}$

$40 \leq l \leq 150\,\text{m}$

Das Tragseil wird durch das Spannseil stabilisiert. Die Verbindung der beiden Seile erfolgt durch dreiecksförmig angeordnete Zugstäbe.
Das System muss so vorgespannt sein, dass auch unter der größten Last nur Zugkräfte wirken.
Bei Windsog wechseln Trag- und Spannseil ihre Funktion.

Spreizbinder

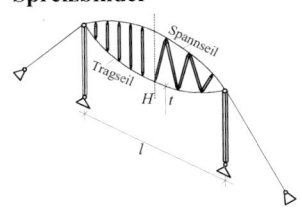

$H = \dfrac{l}{10} \cdots \dfrac{l}{5}$

$20 \leq l \leq 150\,\text{m}$

Seildurchmesser

$t \approx \dfrac{l}{10000} \cdots \dfrac{l}{1000}$

Das Spannseil wird über dem Tragseil angeordnet, als Abstandhalter dienen Druckstäbe.

Die Druckstäbe sind stabilitätsgefährdet und müssen seitlich gehalten werden (z.B. durch Verbände), weil sie sonst um die Trägerachse drehen können.

Seilnetz

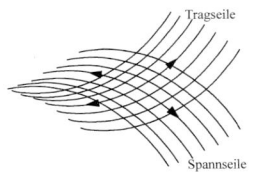

Seildurchmesser

$t = \dfrac{l}{10000} \cdots \dfrac{l}{1000}$

$20 \leq l \leq 150\,\text{m}$

Das Netz besteht aus zwei sich kreuzenden, gegeneinander verspannten Seilscharen, den Tragseilen und den Spannseilen. Die Seilscharen sind gegensinnig gekrümmt und erzeugen unter Vorspannung Umlenkkräfte, die an den Seilkreuzungspunkten im Gleichgewicht stehen.

4.1.2 Hallentragwerke aus Holz

Einfeldträger aus BSH

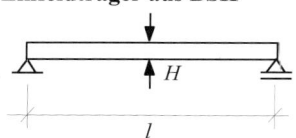

$H \approx \dfrac{l}{17}$

$10 \leq l \leq 35\,\text{m}$

BSH: Brettschichtholz
Baustoffausnutzung nur in Feldmitte.
Unempfindlich gegen Zwängungen, Setzungen.
Weitgespannte Einfeldträger sind grundsätzlich mit Überhöhung herzustellen.

Durchlaufträger aus BSH

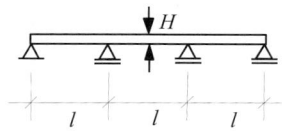

$H \approx \dfrac{l}{20}$

$10 \leq l \leq 30\,\text{m}$

Die Durchbiegung ist kleiner als bei Einfeldträgern mit gleicher Spannweite.
Empfindlich gegen Zwängungen und Setzungen.
Biegesteife Montagestöße sollten im Bereich der Momentennullpunkte angeordnet werden.

Durchlaufträger aus BSH mit Vouten

$H \approx \dfrac{l}{16} \quad h \approx \dfrac{l}{22}$

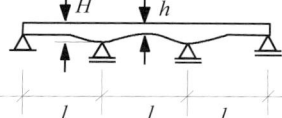

$10 \leq l \leq 30\,\text{m}$

Voutenanstieg $\leq \dfrac{1}{12}$

Vouten ziehen Momente und Querkräfte aus den Feldern zu den Innenstützen.
Die große Konstruktionshöhe im Innenstützenbereich passt sich den dort auch großen Biegemomenten an, die kleineren Feldmomente werden mit der kleineren Konstruktionshöhe im Feld bewältigt.
Hoher Herstellungsaufwand.

Unterspannter Träger

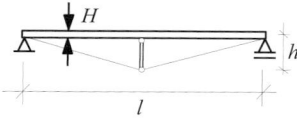

$h = \dfrac{l}{12} \ldots \dfrac{l}{10}$

$H \approx \dfrac{l}{40}$

$5 \leq l \leq 20\,\text{m}$

Beanspruchung:
Unterspannung (Untergurt): Zug (kann deshalb als Seil ausgebildet werden)
Obergurt: Biegung + Druck
Spreize: Druck
Obergurt und Spreize sind gegen seitliches Ausweichen zu sichern (z.B. Verbände).

Kragträger aus BSH

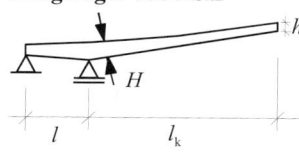

$H \approx \dfrac{l_k}{10}$

$h \approx \dfrac{H}{3}$

$5 \leq l_k \leq 25\,\text{m}$

Nutzung: z.B. für Tribünendach
Die Eigenlast von Kragträgern ist meistens geringer als die auftretenden Windsogkräfte (Auflager sind zugfest zu verankern).
Kippsicherung (Druckzone unten): mittels Kopfband oder durch Gabellagerung des Trägers.

Trägerrost aus BSH

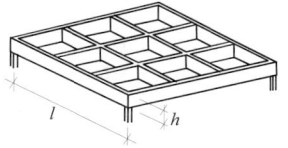

$h = \dfrac{l}{25} \ldots \dfrac{l}{18}$

$10 \leq l \leq 25\,\text{m}$

$\dfrac{l_{max}}{l_{min}} \leq 1{,}5$

Spannweiten der Träger sollten in beiden Richtungen annähernd gleich sein.
Trägerroste sind grundsätzlich mit Überhöhung herzustellen, um die vertikale Verformung auszugleichen.
Trägerrost mit Auskragungen reduziert die Feldmomente bzw. die Durchbiegungen.

Fachwerkbinder aus Kantholz

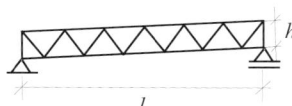

$h \approx \dfrac{l}{9}$

$5 \leq l \leq 20\,\text{m}$

Die oberen Gurtstäbe erhalten Druckkräfte, sie müssen sorgfältig gegen Ausknicken aus der Rahmenebene gesichert werden (z.B. durch Verbände).

Dreigelenkrahmen aus BSH

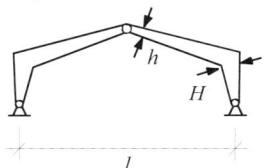

$H \approx \dfrac{l}{18}$ $h \approx \dfrac{l}{50}$

$15 \leq l \leq 60\,\text{m}$

Statisch bestimmt.
Infolge Einwirkungen von Temperatur und Auflagerverschiebung entstehen keine Schnittgrößen.
Firstpunkt: Stahlgelenk (Gelenkbolzen).
Rahmenecke: Keilzinkenverleimung, kreisförmig angeordnete Stabdübel, oder eingelassene Stahlbleche.

Zweigelenkrahmen aus BSH

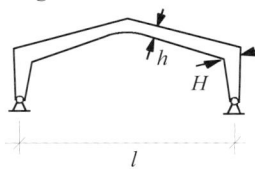

$H \approx \dfrac{l}{20}$ $h \approx \dfrac{l}{30}$

$15 \leq l \leq 40\,\text{m}$

Einfach statisch unbestimmt.
Infolge Einwirkungen von Temperatur und Auflagerverschiebung entstehen Schnittgrößen.
Biegesteife Montagestöße sollten im Bereich der Momentennullpunkte angeordnet werden.

Dreigelenkfachwerkrahmen

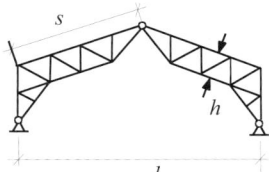

(aus Kanthölzern)

$h \approx \dfrac{s}{10}$

$10 \leq l \leq 50\,\text{m}$

Zweigelenkfachwerkrahmen

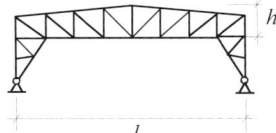

(aus Kanthölzern)

$h \approx \dfrac{l}{10}$

$10 \leq l \leq 50\,\text{m}$

Dreigelenkbogen aus BSH

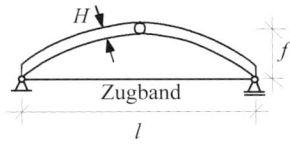

$H \approx \dfrac{l}{40}$

$20 \leq l \leq 100\,\text{m}$

$\dfrac{f}{l} > \dfrac{1}{7}$

Wegen des problemlosen Transports der einzelnen Bogenhälften, wird der Dreigelenkbogen gegenüber dem Zweigelenkbogen bevorzugt.
Je flacher der Bogen, umso höher die Horizontalkraft am Auflager. Diese Horizontalkräfte werden i.d.R. durch Zugbänder aufgenommen.

5 Schalentragwerke aus Stahlbeton

5.1.1 Rotationsschale

Kugelschale

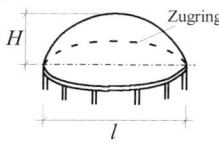

$35 \leq l \leq 60$ m

$H \approx \dfrac{l}{6} \cdots \dfrac{l}{4}$

Schalendicke:

$d \approx 6 \cdots 12$ cm

Eine Rotationsschale entsteht durch Rotation einer beliebigen Meridiankurve um eine Rotations-Achse.

Die Kugelschale ist eine gleichsinnig doppelt gekrümmte Schale.

5.1.2 Translationsschalen

Tonnenschale (einfach gekrümmte Schale)

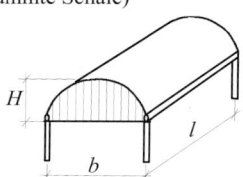

$20 \leq l \leq 45$ m

$b \approx 8 \cdots 15$ m

$H \approx \dfrac{l}{15} \cdots \dfrac{l}{10}$

Schalendicke:

$d \approx 6 \cdots 9$ cm

Eine Translationsfläche entsteht durch Parallelverschiebung einer beliebigen Kurve (Erzeugende) entlang einer anderen beliebigen Raumkurve (Leitkurve).

Die Tonnenschale aus Beton ist einfach herstellbar, weil sie einfach gekrümmt und deshalb abwickelbar ist.

Das Tragverhalten der Tonnenschale wird durch Anordnung von Endaussteifung, z.B. durch Scheiben oder Bogenbinder verbessert.

Translationsschale (zweifach, gleichsinnig gekrümmte Schale)

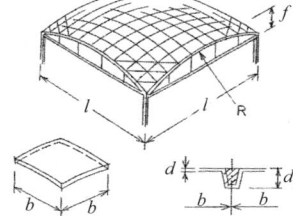

$30 \leq l \leq 50$ m

$f \approx \dfrac{l}{10}$

Schalendicke:

$d \approx \dfrac{l}{1000} \cdots \dfrac{l}{650}$

Fertigteile:

Elementbreite $b = 0{,}08 \cdot l \cdots 0{,}12 \cdot l$

Rippendicke $d_0 = \dfrac{b}{10}$

5.1.3 Regelfäche

Konoidschale

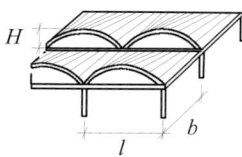

$12 \leq l \leq 20$ m

$b \approx 6 \cdots 12$ m

$H \approx \dfrac{l}{4} \cdots \dfrac{l}{3}$

Schalendicke:

$d \approx 6 \cdots 12$ cm

Eine Regelfläche kann mit geraden Schalungsbrettern hergestellt werden.

Das günstige Tragverhalten der doppelt gekrümmten Fläche wird also mit einfacher Herstellbarkeit kombiniert.

Eine konoide Fläche wird durch eine parallel zu einer festen Ebene verlaufenden Gerade erzeugt. Die verlaufende Gerade schneidet stets zwei Leitlinien – eine Gerade und eine Kurve.

Hyparschale (als Regelfläche)

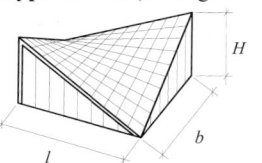

$40 \leq l \leq 60$ m

$b \approx \dfrac{2}{3} l \cdots l$

$H \approx \dfrac{l}{5} \cdots \dfrac{l}{4}$

$d \approx 7 \cdots 10$ cm

Die Hyparschale ist eine gegensinnig doppelt gekrümmte Schale.

Die Fläche kann man als Translationsfläche, aber auch als (durch eine Gerade erzeugte) Regelfläche betrachten.

6 Glas

6.1.1 Kriterien für die Dimensionierung der Glasdicke

Begrenzung der Biegespannung   vorh $\sigma \leq$ zul σ

Zum überschlägigen Dimensionieren können folgende Anhaltswerte als **zulässige Biegespannung** angenommen werden:

Glassorte	zulσ in N/mm²	Bemerkungen
Floatglas/Spiegelglas (SPG)	12	
Einscheibensicherheitsglas (ESG)	50	
Emailliertes ESG	30	Emaille auf der Zugseite
Verbundsicherheitsglas (VSG) aus Spiegelglas	15 25	Nur für die untere Scheibe von Isolierverglasung beim Lastfall „Versagen der oberen Scheiben" zulässig
Teilvorgespanntes Glas (TVG)	29	
Emailliertes TVG	18	

Begrenzung der Durchbiegung

Bauteil	Lagerung	Begrenzung der Durchbiegung w
Einfachverglasung		$w \leq \dfrac{l}{100}$
Isolierverglasung	vierseitig	$w \leq \dfrac{l}{100}$ und $w \leq h$
	zwei- oder dreiseitig	$w \leq \dfrac{l}{100}$; $w \leq h$ und $w \leq 8\,mm$

Dabei ist:
- w die maximale Durchbiegung
- l die Spannweite in Haupttragrichtung
- h die Glasdicke

6.1.2 Lagerung der Glasscheiben und Vordimensionierung

- linienförmig in Rahmen (vierseitig, zweiseitig in Gummi)
- linienförmig rahmenlos auf die Unterkonstruktion geklebt (Structural Glacing)
- punktförmig durch Glashalter

Die linienförmige Halterung ist nicht in der Lage, die VSG-Scheiben nach einem Bruch auf dem Auflager zu halten, die Scheiben ziehen sich heraus. Hierzu sind die punkförmigen Festhalterungen eher in der Lage, weil die Scheiben hierzu durchbohrt werden und damit eine Haltung entsteht (Vernagelung).

7C Vorbemessung

Lagerungsart	Nachweise (linear elastische Berechnung)

Zweiseitig gelenkig gelagerte Glasplatte

$$\text{erf } h = \sqrt{\frac{3 \cdot q \cdot l^2}{4 \cdot \text{zul}\,\sigma}} \quad;\quad \text{vorh } w = \frac{5 \cdot q \cdot l^4}{32 \cdot E \cdot h^3} \leq \text{zul } w$$

Gleichmäßig verteilte Belastung q in $\frac{N}{mm^2}$

Glasdicke h in mm

Spannweite l in mm

Durchbiegung w in mm

Elastizitätsmodul $E = 70000 \frac{N}{mm^2}$

Vierseitig gelenkig gelagerte Glasplatte

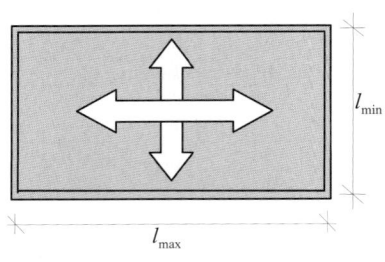

$$\text{erf } h = \sqrt{\frac{k_1 \cdot q \cdot l_{min}^2}{\text{zul }\sigma}} \quad;\quad \text{vorh } w = \frac{k_2 \cdot q \cdot l_{min}^4}{E \cdot h^3} \leq \text{zul } w$$

k_1, k_2 Faktoren in Abhängigkeit von $\frac{l_{min}}{l_{max}}$

$\frac{l_{min}}{l_{max}}$	k_1	k_2
0,2	0,748	0,147
0,3	0,725	0,142
0,4	0,673	0,131
0,5	0,603	0,115
0,6	0,526	0,099
0,7	0,451	0,083
0,8	0,383	0,068
0,9	0,323	0,056
1,0	0,272	0,046

Punktförmig gelagerte Glasplatte

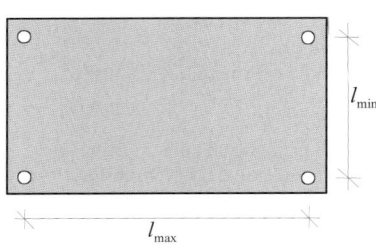

$$\text{erf } h = \sqrt{\frac{k_3 \cdot q \cdot l_{max}^2}{\text{zul }\sigma}} \quad;\quad \text{vorh } w = \frac{k_4 \cdot q \cdot l_{max}^4}{E \cdot h^3} \leq \text{zul } w$$

k_3, k_4 Faktoren in Abhängigkeit von $\frac{l_{min}}{l_{max}}$

$\frac{l_{min}}{l_{max}}$	k_3	k_4
0,5	0,803	0,177
0,6	0,832	0,187
0,7	0,861	0,199
0,8	0,892	0,227
0,9	0,925	0,275
1,0	0,964	0,332

7 Vorbemessungsbeispiel

Wohnhaus mit Kehlbalkendach

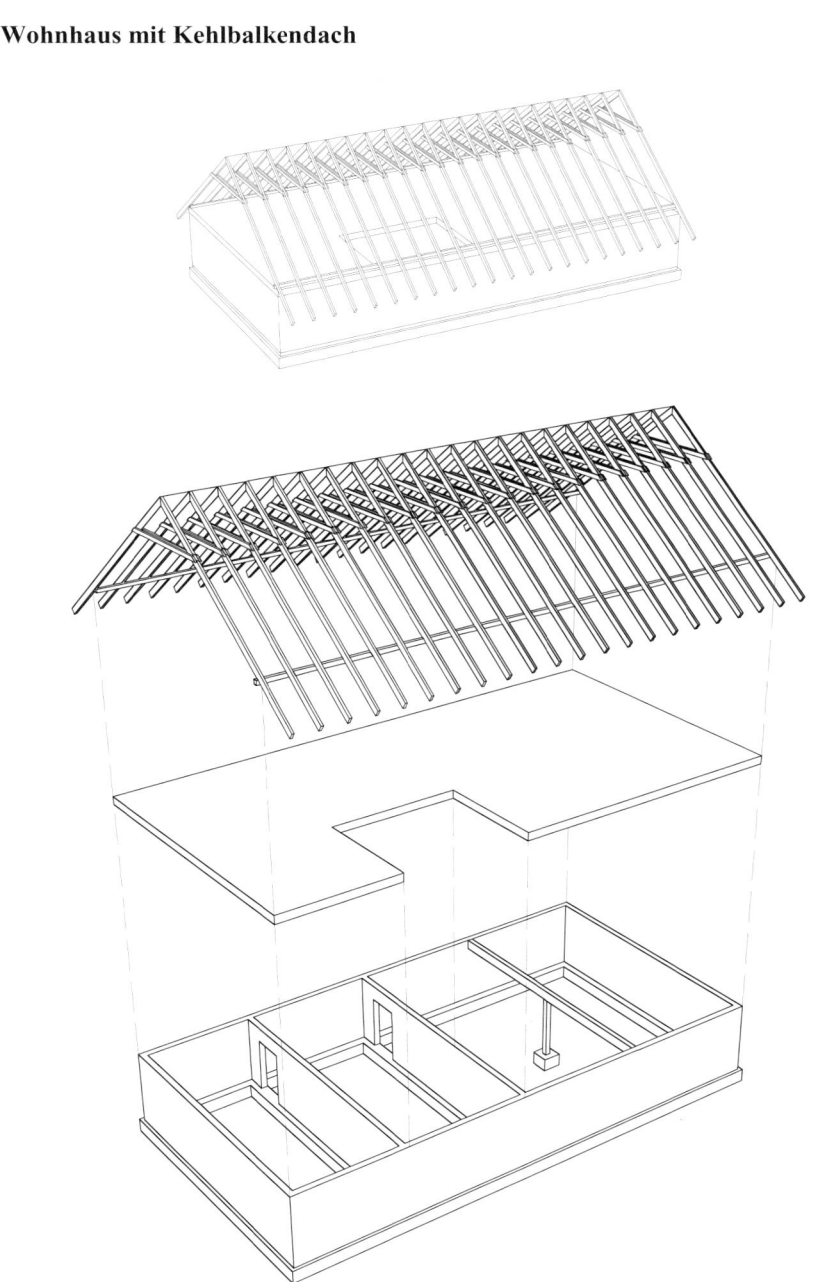

Vorbemessung Kehlbalkendach (s. Abschnitt 3.1)

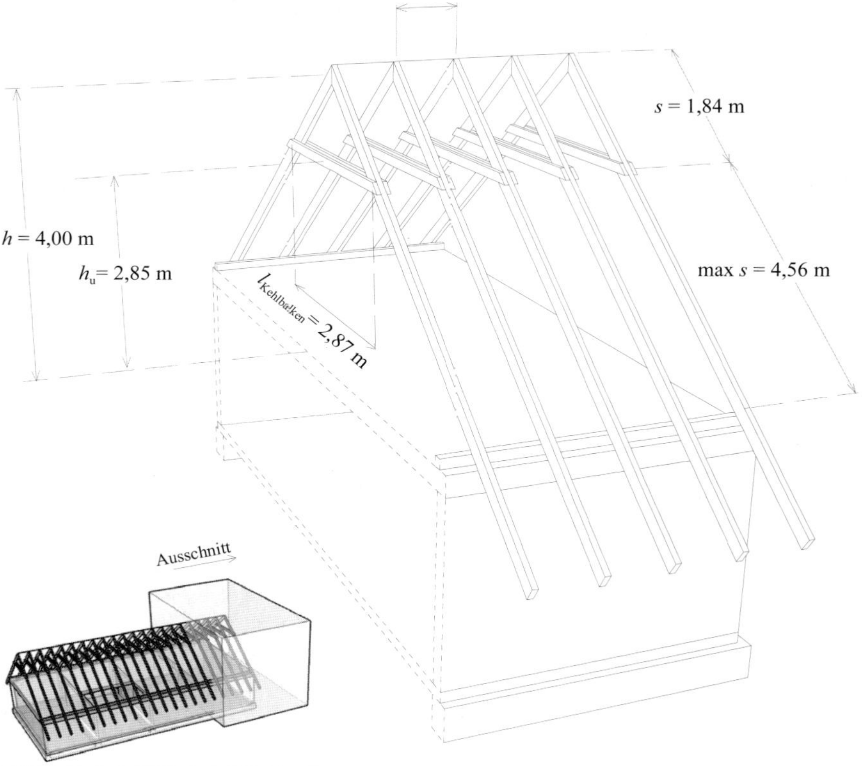

Sparrenabstand $e = 0{,}84$ m

$s = 1{,}84$ m

$h = 4{,}00$ m
$h_u = 2{,}85$ m
$l_{Kehlbalken} = 2{,}87$ m

max $s = 4{,}56$ m

Ausschnitt

Sparrenhöhe	$d \approx \dfrac{\max s}{24} + 4 = \dfrac{456}{24} + 4 = 23$ cm	gewählt $\boxed{b/d = 10/24}$
Sparrenbreite	$b \approx \dfrac{e}{8} = \dfrac{84}{8} = 10{,}50$ cm > 8 cm	
Kehlbalkenhöhe	$d_K \approx \dfrac{l_{Kehlbalken}}{20} = \dfrac{287}{20} = 14{,}35$ cm	gewählt $\boxed{b_K/d_K = 6/14}$
Kehlbalkenbreite	$b_K \approx \dfrac{e}{16} = \dfrac{84}{16} = 5{,}25$ cm	

Vorbemessung Stahlbetondecke (s. Abschnitt 2 und Abschnitt 3.2)

Positionsplan Decke über Erdgeschoss

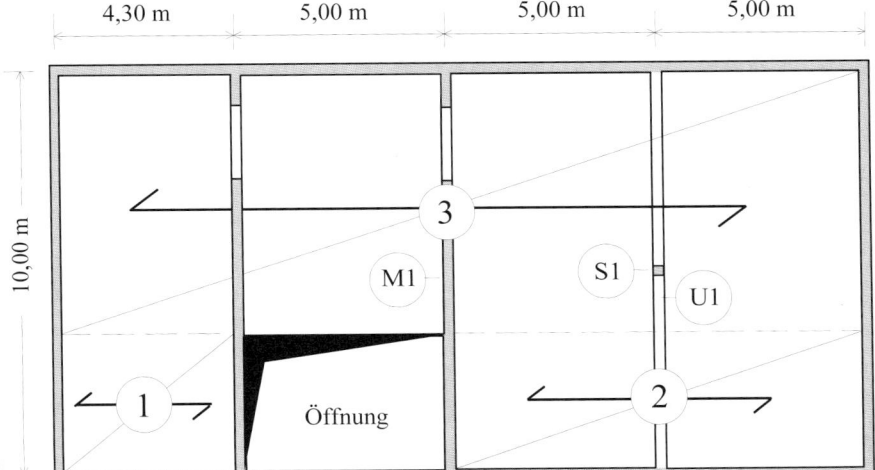

Maßgebend für die Wahl der Bauteildicke bei Stahlbetondecken ist die Ersatzstützweite l_i.

Decke Pos. 1

$l_{eff} = 4{,}30$ m

$l_i = \alpha \cdot l_{eff} = 1{,}0 \cdot 4{,}30 = 4{,}30$ m

Decke Pos. 2

$l_{eff} = 5{,}00$ m $l_{eff} = 5{,}00$ m

$l_i = \alpha \cdot l_{eff} = 0{,}8 \cdot 5{,}00 = 4{,}00$ m

Decke Pos. 3

$l_{eff} = 5{,}00$ m $l_{eff} = 5{,}00$ m $l_{eff} = 5{,}00$ m $l_{eff} = 4{,}30$ m

$l_i = \alpha \cdot l_{eff} = 0{,}8 \cdot 5{,}00 = 4{,}00$ m

Bei der Wahl einer einheitlichen Deckendicke ist die maximale Ersatzstützweite maßgebend.
Wegen max $l_i = 4{,}30$ m $> 4{,}29$ m und vorhandener rissempfindlicher Trennwände

Deckendicke $\boxed{h(m) \approx \dfrac{l_i^2(m)}{150} + 0{,}03 \text{ m} = \dfrac{4{,}30^2}{150} + 0{,}03 = 0{,}152 \text{ m}}$ (s. Abschnitt 3.2)

gewählt: $\boxed{h = 16 \text{ cm}}$

Vorbemessung Stahlbetonunterzug Pos. U1 (s. Abschnitt 2 und Abschnitt 3.2)

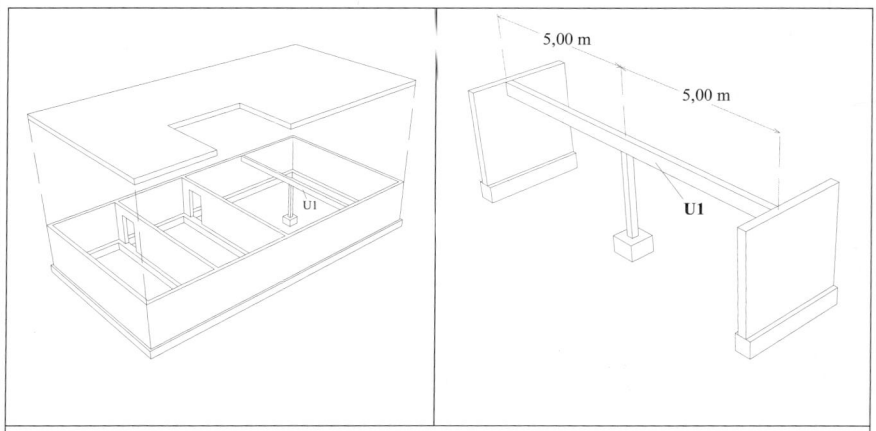

Unterzug (Plattenbalken): Zweifeldträger

$l_{i,\text{Unterzug}} = 0{,}8 \cdot 5{,}00 = 4{,}00$ m (s. Abschnitt 2)

$$\boxed{h_{\text{Unterzug}} = \frac{l_{i,\text{Unterzug}}}{14} \ldots \frac{l_{i,\text{Unterzug}}}{8}} \qquad \text{gewählt:} \quad h_{\text{Unterzug}} = \frac{l_{i,\text{Unterzug}}}{10} = \frac{400}{10} = 40\ \text{cm}$$

$$\boxed{b_{\text{Unterzug}} = \frac{h_{\text{Unterzug}}}{3} \ldots \frac{h_{\text{Unterzug}}}{2} \geq 20\ \text{cm}} \qquad \text{gewählt:} \quad b_{\text{Unterzug}} = \frac{h_{\text{Unterzug}}}{2} = \frac{40}{2} = 20\ \text{cm}$$

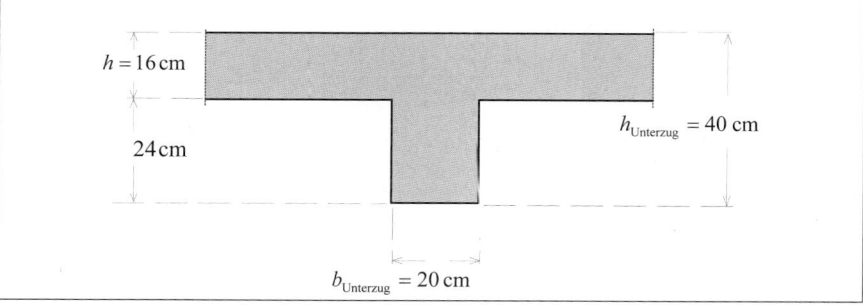

Vorbemessung Stahlbetonstütze Pos. S1 (s. Abschnitt 3.4)

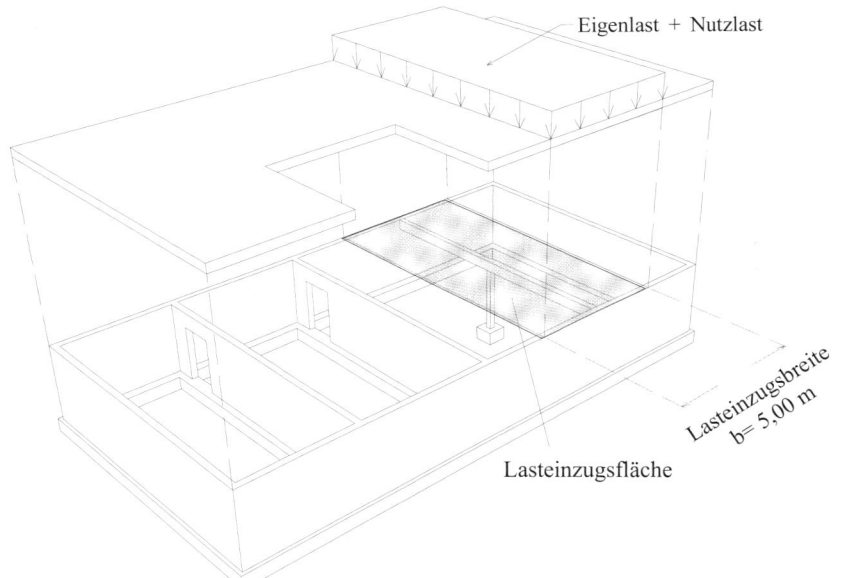

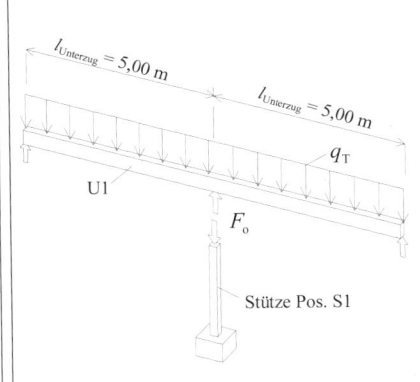

Deckenplatte:
Eigenlast + Nutzlast $= 8{,}00 \, \text{kN/m}^2$
(s. Abschnitt 1.1)

Unterzug U1
linienförmig belastet durch Belastung der Deckenplatte und Eigenlast des Trägers:
$q_T = 8{,}00 \, \text{kN/m}^2 \cdot b \; + \;$ Eigenlast $=$
$8{,}00 \cdot 5 + 0{,}20 \cdot 0{,}24 \cdot 25 = 41{,}20 \, \text{kN/m}$

Stütze S1 aus Beton C20/25 (gewählt)

$F_o = q_T \cdot l_{\text{Unterzug}} \cdot 1{,}25 =$
$= 41{,}20 \cdot 5 \cdot 1{,}25 = 257{,}50 \, \text{kN}$

(Faktor 1,25 berücksichtigt die Durchlaufwirkung des Trägers)

$A_{\text{Stütze}}(\text{cm}^2) \approx 0{,}7 \cdot F(\text{kN}) =$
$0{,}7 \cdot 257{,}50 = 180{,}25 \, \text{cm}^2$

gewählt:
Stahlbetonstütze $\boxed{b/d = 20 \, \text{cm} / 20 \, \text{cm}}$

Vorbemessung Einzelfundament Pos. F1 (s. Abschnitt 3.6)

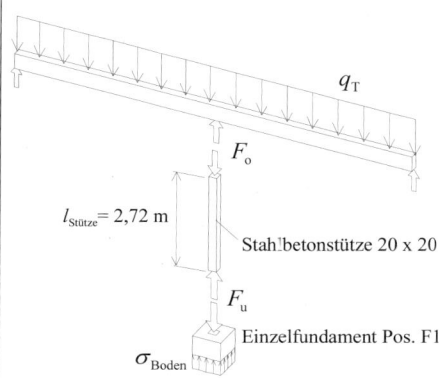

$F_u = F_o +$ Eigenlast Stütze $=$
$257{,}50 + 0{,}2^2 \cdot 2{,}72 \cdot 25 = 260{,}22 \text{ kN}$

Angenommen wird eine zulässige Bodenpressung zul $\sigma_{Boden} = 300 \text{ kN/m}^2$

$$a(\text{m}) \approx \sqrt{\frac{1{,}2 \cdot F_u(\text{kN})}{\text{zul}\,\sigma_{Boden}(\text{kN/m}^2)}} =$$

$$\sqrt{\frac{1{,}2 \cdot 260{,}22}{300}} = 1{,}02 \text{ m}$$

Unbewehrtes Einzelfundament

Ausführung in Beton C20/25:

$$d(\text{m}) \approx \frac{a-c}{2} = \frac{1{,}00 - 0{,}20}{2} = 0{,}40 \text{ m}$$

gewählt:
quadratisches Einzelfundament
$\boxed{a/a/d = 100 \text{ cm} / 100 \text{ cm} / 50 \text{ cm}}$

Alternatives Tragsystem: Holzbalkendecke auf Stahlkonstruktion

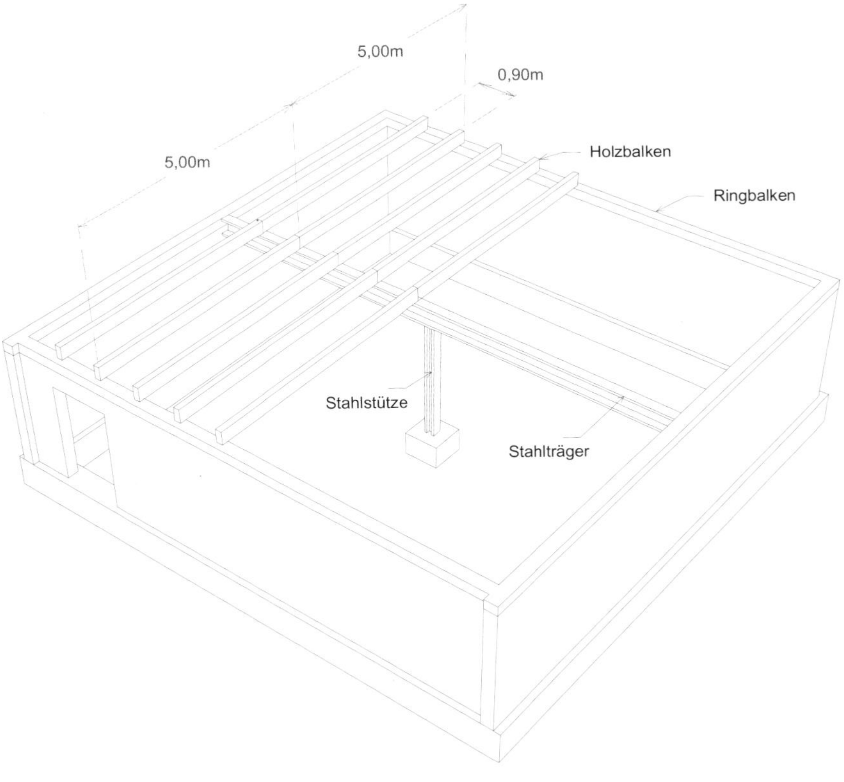

Vorbemessung Holzbalkendecke (s. Abschnitt 3.3)

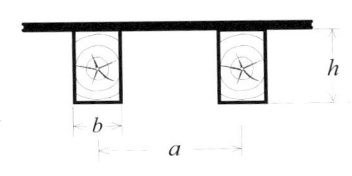

Stützweite des Holzbalkens $l \approx 4{,}9$ m (Einfeldträger)

$$h \approx \frac{l}{17} = \frac{490}{17} = 28{,}82 \text{ cm} \quad \text{(s. Abschnitt 3.3)}$$

$b \approx 0{,}6 \cdot h = 0{,}6 \cdot 28{,}82 = 17{,}29 \text{ cm} > 10 \text{ cm}$

gewählt:
Brettschichtholz $\boxed{b/d = 18 \text{ cm} / 28 \text{ cm}}$

Vorbemessung Stahlträger (s. Abschnitt 3.3)

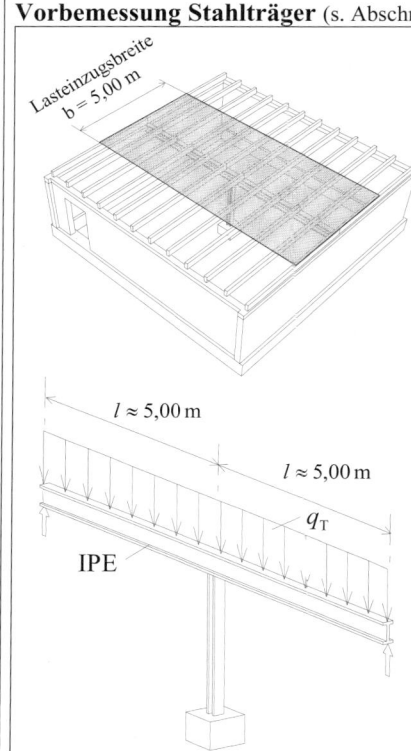

Holzdecke

Eigenlast + Nutzlast $= 5{,}00\,\text{kN/m}^2$

(s. Abschnitt 1.2)

Stahlträger

gewählt: IPE – Profil (s. Abschnitt 3.3)

Stützweite des Stahlträgers $l \approx 5{,}00\,\text{m}$ (Zweifeldträger).

Ersatzstützweite

$l_i = 0{,}8 \cdot 5{,}00 = 4{,}00\,\text{m}$ (s. Abschnitt 2)

Lasteinzugsbreite $b = 5{,}00\,\text{m}$

Gesamtbelastung des Trägers (Linienlast):

$q_T = 5{,}00\,\text{kN/m}^2 \cdot b\ +$ Eigenlast (geschätzt) $=$
$5{,}00 \cdot 5 + \sim 0{,}3 = 25{,}30\ \text{kN/m}$

$h \approx \sqrt[3]{50 \cdot q \cdot l_i^{\,2}} - 2 =$
$\sqrt[3]{50 \cdot 25{,}30 \cdot 4^2} - 2 = 25{,}25\,\text{cm}$

gewählt: $\boxed{\text{IPE-270}\quad h = 27\,\text{cm}}$

Vorbemessung Stahlstütze (s. Abschnitt 3.4)

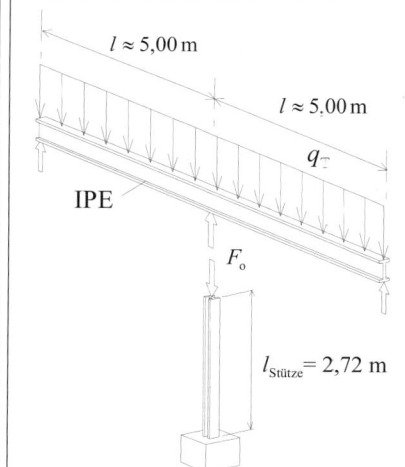

$F_0 = q_T \cdot l \cdot 1{,}25 = 25{,}30 \cdot 5 \cdot 1{,}25 = 158{,}13\,\text{kN}$

(Faktor 1,25 berücksichtigt die Durchlaufwirkung des Trägers)

Knicklänge $s_k \approx l_{\text{Stütze}} = 2{,}72\,\text{m}$ (Pendelstütze)

Stütze aus HEA-Profil (s. Abschnitt 3.4)

$h\,(\text{mm}) \approx \sqrt{22 \cdot F_0(\text{kN}) \cdot s_k(\text{m})} =$
$\sqrt{22 \cdot 158{,}13 \cdot 2{,}72} = 97{,}28\,\text{mm}$

gewählt: $\boxed{\text{HEA-120}\quad h = 114\,\text{mm}}$

Vorbemessung Einzelfundament (s. Abschnitt 3.6)

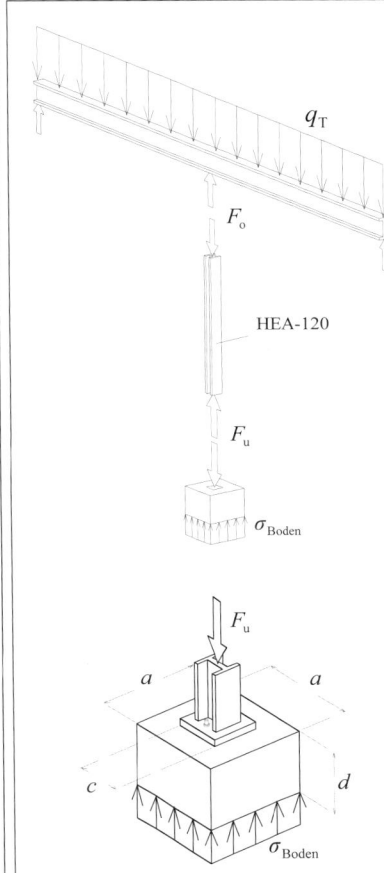

$F_u = F_o$ + Eigenlast HEA-120 =
158,13 + 0,199 = 158,33 kN

Angenommen wird eine zulässige Bodenpressung zul σ_{Boden} = 300 kN/m²

$$a\,(m) \approx \sqrt{\frac{1{,}2 \cdot F_u(kN)}{zul\,\sigma_{Boden}(kN/m^2)}}$$

$$= \sqrt{\frac{1{,}2 \cdot 158{,}33}{300}} = 0{,}8\,m$$

Unbewehrtes Einzelfundament

Ausführung in Beton C20/25:

$$d\,(m) \approx \frac{a-c}{2} = \frac{0{,}8 - 0{,}20}{2} = 0{,}30\,m < 0{,}5\,m$$

gewählt:
quadratisches Einzelfundament
$\boxed{a/a/d = 80\,cm / 80\,cm / 50\,cm}$

7.73

Widjaja

Baustatik – einfach und anschaulich
Baustatische Grundlagen – Faustformeln zur Vorbemessung – Neue Wind- und Schneelasten

2., aktualisierte Auflage.
2009. 192 Seiten. 17 x 24 cm. Kartoniert.
EUR 29,–
ISBN 978-3-89932-223-1
Reihe BBB (Bauwerk-Basis-Bibliothek)

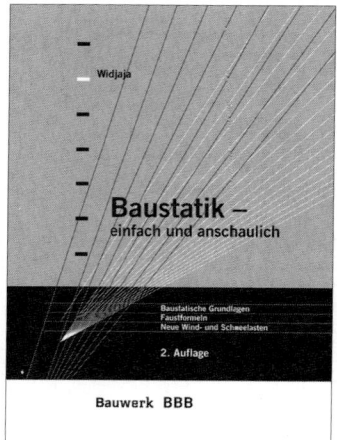

Dieses Buch ist eine ideale Ergänzung für alle, die sich in das Gebiet der Baustatik einarbeiten und dient auch zur „Auffrischung" des Wissens für diejenigen, die nicht jeden Tag mit statischen Problemen konfrontiert werden.

In der 2. Auflage wurde ein ausführliches Praxisbeispiel zum Bereich „Einwirkungen" (neue Wind- und Schneelasten) neu aufgenommen.

Aus dem Inhalt:
- Grundlagen der Statik
- Grundlagen der Festigkeitslehre
- Stabilitätsprobleme
- Ermittlung von Verformungen
- Statisch unbestimmte Systeme
- Statische Systeme / Tragwerksidealisierung / Modellbildung
- Lastweiterleitung in Tragwerken
- Aussteifung von Bauwerken
- Faustformeln zur Vorbemessung
- Neue Wind- und Schneelasten

Herausgeber:
Dr.-Ing. Eddy Widjaja war Oberingenieur am Institut für Tragwerksentwurf und -konstruktion der TU Berlin und Honorarprofessor an der Universität der Künste Berlin.

Autoren:
Prof. Dr.-Ing. Klaus Holschemacher
Prof. Dipl.-Ing. Klaus-Jürgen Schneider
Dr.-Ing. Eddy Widjaja

Bauwerk www.bauwerk-verlag.de

7D Aussteifung von Bauwerken

Dr.-Ing. Eddy Widjaja

Inhaltsverzeichnis

		Seite
1	**Aussteifung von Bauwerken**	7.76
1.1	Allgemeines	7.76
1.2	Grundprinzipien der Aussteifung	7.76
2	**Vertikale Aussteifung**	7.77
2.1	Anordnung von vertikalen Aussteifungselementen	7.77
2.2	Vertikale Aussteifungselemente	7.78
2.3	Eingespannte Stützen als vertikale Aussteifung	7.78
2.4	Rahmen als vertikale Aussteifung	7.79
2.5	Fachwerke (Verbände) als vertikale Aussteifung	7.80
2.6	Wandscheiben als vertikale Aussteifung	7.81
3	**Horizontale Aussteifung**	7.82
3.1	Deckenkonstruktion als Horizontalaussteifung	7.82
3.2	Fachwerke (Verbände) als Horizontalaussteifung	7.83
3.3	Ringbalken	7.83
4	**Beispiel: Aussteifung einer Halle**	7.83
4.1	Horizontalaussteifung in Längsrichtung	7.83
4.2	Horizontalaussteifung in Querrichtung	7.84
5	**Aussteifungskerne**	7.85
5.1	Bauwerke mit klassischen Aussteifungskernen	7.85
5.2	Tragwerkskerne mit Outriggersystem (Auslegersystem)	7.87
5.3	Röhrentragwerke	7.88
6	**Sonderlösungen für Bauwerksaussteifungen**	7.89
6.1	Wandreihe mit Rahmenwirkung	7.89
6.2	Aussteifung mit außen stehenden Verbänden	7.89
6.3	Frei stehendes Mauerwerk mit Vorspannung	7.90
6.4	Wandaussteifung durch Seilabspannungen	7.91
6.5	Anbindung an ein ausgesteiftes Gebäude	7.91
6.6	Bogen-Seilnetz-Symbiose	7.92
6.7	Bogen-Gitterschale-Symbiose	7.92

1 Aussteifung von Bauwerken

1.1 Allgemeines

Ein Bauwerk ist ausgesteift, wenn es horizontal angreifende Lasten sicher und ohne große Verformungen in den Baugrund ableiten kann.

Dies wird erreicht, wenn in einem Bauwerk eine ausreichende Anzahl von vertikalen und horizontalen Aussteifungselementen (z.B. Wandscheiben und Deckenscheiben) vorhanden sind. Es sind mindestens drei vertikale Aussteifungselemente erforderlich, von denen höchstens zwei parallel zueinander verlaufen dürfen. Außerdem dürfen sich die Wirkungslinien der vertikalen Aussteifungselemente nicht in einem Punkt schneiden.

Die horizontalen Lasten werden planmäßig durch Wind, durch einseitigen Erddruck, im Industriebau auch durch Brems- und Beschleunigungskräfte aus Kranbahnen und Anprallasten aus Fahrzeugen verursacht. In bestimmten Gebieten können Horizontalkräfte auch durch Erdbeben hervorgerufen werden.

1.2 Grundprinzip der Aussteifung

Aussteifung von Gebäuden mit vertikalen Aussteifungselementen und horizontaler starrer Scheibe (z.B. Geschossdecke)

Eine Geschossdecke hat primär die Aufgabe, Vertikallasten abzutragen. Als starre Scheibe ausgebildet wirkt sie zusätzlich als horizontales Aussteifungselement. Hierfür muss sie kraftschlüssig mit sämtlichen vertikalen Aussteifungselementen angeschlossen werden. So können die Horizontallasten auf die vertikalen Aussteifungselemente verteilt werden. Bei den im Hochbau üblichen Geschossdecken aus Stahlbeton ist diese Voraussetzung erfüllt. Aber auch Trägerdecken aus Holzbalken oder Stahlträger können z.B. durch Schalung, Diagonalen (Fachwerk), Holzwerkstoffplatten usw. als starre Scheiben ausgebildet werden.

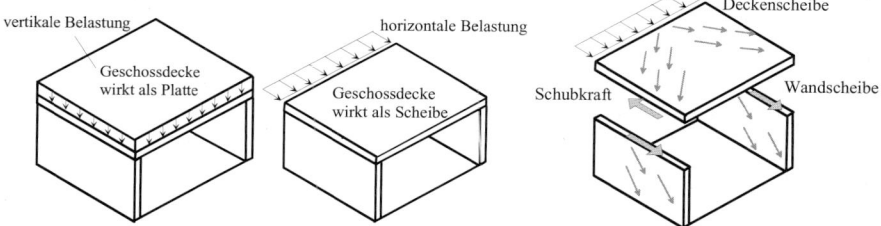

Die Wandscheiben müssen ausreichende **Auflast** erhalten, um dem Kippmoment der Bauteile aus Horizontallasten entgegenzuwirken.

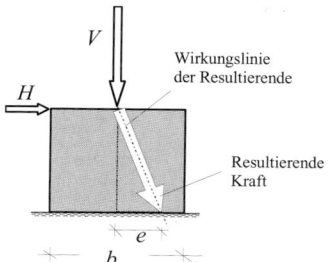

Die Standsicherheit der Scheibe ist gegeben, wenn die Exzentrizität der resultierenden Kraft $e \leq b/3$ ist. Damit ist die vorgeschriebene Kippsicherheit von 1,5 gegeben.

2 Vertikale Aussteifung

2.1 Anordnung von vertikalen Aussteifungselementen

2.1.1 Statisch bestimmtes Aussteifungssystem
- Drei Aussteifungselemente (z.B. Wandscheiben), deren Systemlinien sich nicht in einem Punkt schneiden.
- Die Verteilung der horizontalen Lasten auf die einzelnen Wandscheiben wird mit den drei Gleichgewichtsbedingungen ermittelt.

$\sum F_H = 0; \quad \sum F_V = 0; \quad \sum M = 0$

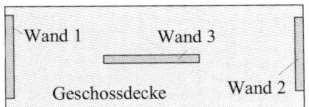

Geschossdecke auf drei Wänden gelagert.
Günstige Anordnung der aussteifenden Wände, keine Exzentrizität und keine Zwängungen.

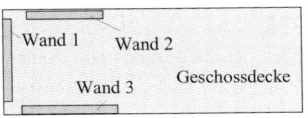

Ungünstige Anordnung der aussteifenden Wände wegen der großen Exzentrizität in Querrichtung. Grundsätzlich jedoch stabil.

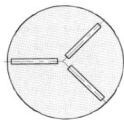

Das dargestellte Gebäude ist wegen des gemeinsamen Schnittpunktes der Wirkungslinien der drei aussteifenden Wände nicht stabil gegen horizontale Lasten.

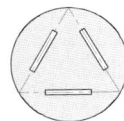

Richtige Lage der aussteifenden Wände. Das Gebäude ist stabil.

2.1.2 Statisch unbestimmtes Aussteifungssystem
- Die Verteilung der horizontalen Lasten auf die einzelnen Wandscheiben wird mit den Gleichgewichtsbedingungen und den Verformungsbedingungen (Verträglichkeitsbedingungen) ermittelt.

Ungünstige Anordnung der aussteifenden Wände wegen zu großer Behinderung der Verformung in Längsrichtung infolge von Schwinden und Temperaturänderungen der Decke. Derartige Zwängungen können zu Rissen in den Wänden oder in den Decken führen.

2.2 Vertikale Aussteifungselemente

Für die Ausbildung der vertikalen Aussteifungselemente stehen verschiedene Möglichkeiten zur Verfügung, z.B.: a) eingespannte Stützen, b) Rahmen, c) Verbände und d) Wandscheibe. Alle Systeme sind in ihrer Ebene stabil.

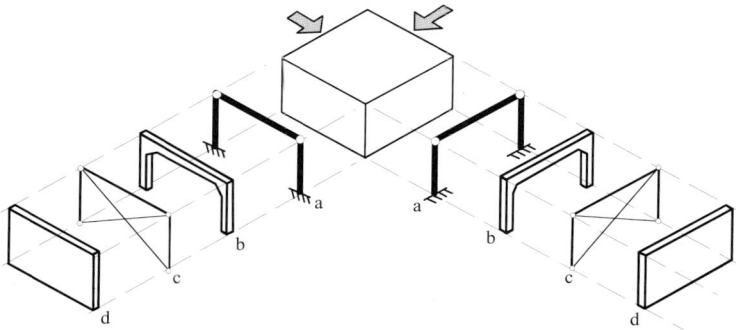

2.3 Eingespannte Stützen als vertikale Aussteifung

Soll ein Bauwerk mittels eingespannter Stützen ausgesteift werden, ist die gesamte Horizontallast auf möglichst viele Stützen zu verteilen.

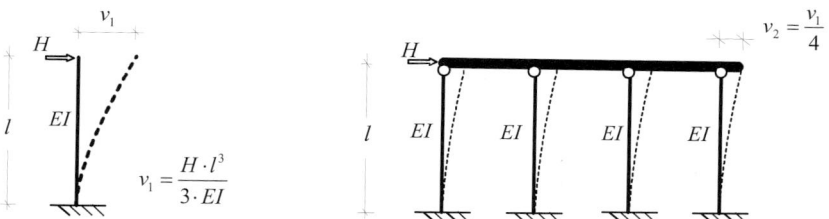

Da die horizontalen Verschiebungen v der Deckenscheiben mit der 3. Potenz der Stützenlänge zunehmen, kommt diese Lösung der Aussteifung mit eingespannten Stützen nur für ein-, höchstens zweigeschossige Bauwerke in Frage.

Beispiel: Die neue Nationalgalerie in Berlin (Architekt: Mies van der Rohe)

Das Dach (Stahlträgerrost) lagert gelenkig auf acht Stahlstützen; die auf die umlaufende Fassade wirkenden Windlasten werden über den Trägerrost an die acht eingespannten Stahlstützen abgegeben.

2.4 Rahmen als vertikale Aussteifung

Grundsätzlich können folgende Grundrahmen zur Aussteifung verwendet werden:
Dreigelenkrahmen, Zweigelenkrahmen und eingespannter Rahmen.

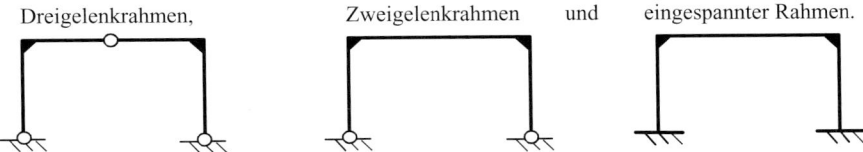

Während Dreigelenkrahmen statisch bestimmt sind, handelt es sich bei Zweigelenk- und eingespannten Rahmen um statisch unbestimmte Systeme. Statisch unbestimmte Rahmen sind steifer als statisch bestimmte Rahmen, zu beachten ist jedoch, dass unterschiedliche Setzungen und Temperaturdifferenzen zu zusätzlichen Beanspruchungen der Konstruktion führen. Bei dem eingespannten Rahmen müssen die Fundamente zur Einleitung von Biegemomenten massiver ausgebildet werden.

Die Wahl des Rahmensystems in statischer Hinsicht hängt also von der Materialwahl, den Baugrundverhältnissen sowie dem Gesamtkonzept des Bauwerks ab. Die Rahmenkonstruktion wird bei mehrgeschossigen Gebäuden sehr massiv ausfallen.

Beispiel: Das UNESCO-Gebäude Paris (Architekt: Pier Luigi Nervi)

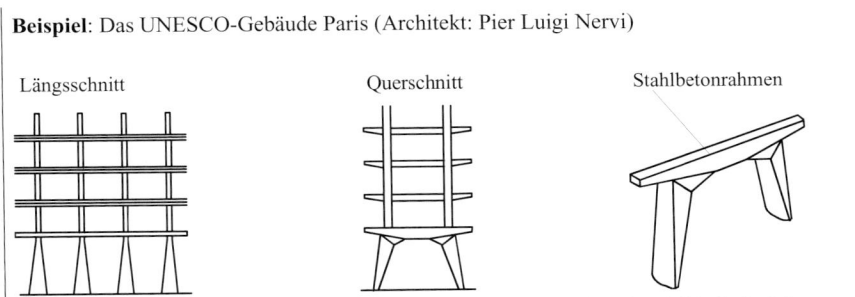

Die Stahlbetonrahmenkonstruktionen des UNESCO-Gebäudes steifen das Gebäude in Längs- und Querrichtung aus.

Beispiel: Stahlhalle

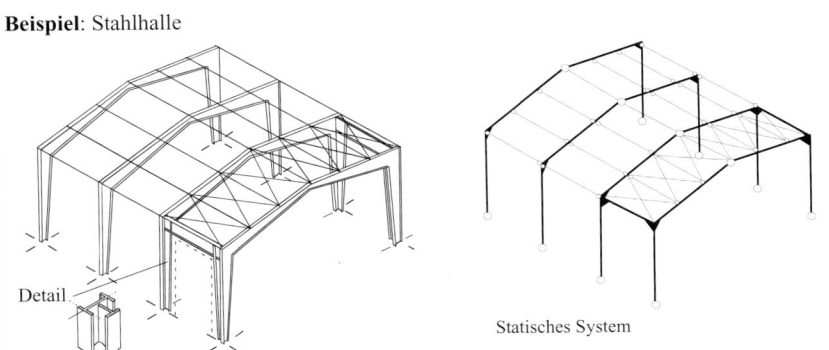

Die Aussteifung in Hallenquerrichtung erfolgt über Dreigelenkrahmen, in Hallenlängsrichtung über Zweigelenkrahmen.

2.5 Fachwerke (Verbände) als vertikale Aussteifung

Nach statischen Gesichtspunkten kann die Anordnung von Diagonalen wie folgt unterschieden werden:

Diagonalen als Auskreuzungen

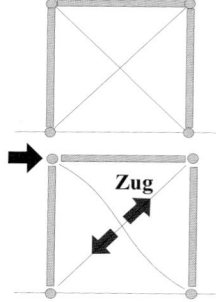

Auskreuzungen werden häufig zur Aussteifung verwendet.

Unter Einwirkung von Horizontallasten wird eine der diagonalen Auskreuzung die Zugkraft aufnehmen, die andere Diagonale wird schlaff. Da die elastischen Verformungen der Zugdiagonalen relativ groß sind, werden bei dieser Aussteifungsvariante auch die Gesamtverformungen dementsprechend groß. Die Zugdiagonalen dürfen bei der elastischen Verformung der Stützen nicht schlaff werden. Hierzu werden die Zugdiagonalen so vorgespannt, dass auch unter maximaler Horizontallast in den beiden Diagonalen noch eine Zugkraft verbleibt. Dadurch wird die Gesamtsteifigkeit des Systems deutlich erhöht, aber in den Stützen und Riegeln werden durch die Vorspannung zusätzliche Druckkräfte erzeugt.

Diagonalen als Streben

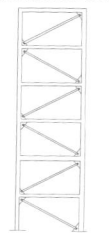

Die Aussteifung mit Streben erzeugt in den Streben, in Abhängigkeit von der Richtung der angreifenden Horizontallasten, Zug- oder Druckkräfte. Entsprechend sind die Streben zur Aufnahme der Druckkräfte auch als Knickstäbe auszubilden.

Eventuell zusätzliche Druckkräfte in den Diagonalen aus der elastischen Verformung der Stützen müssen bei der statischen Berechnung berücksichtigt werden.

Diagonalen aus K- und V- Verbänden

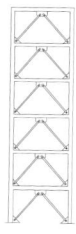 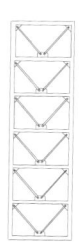

K-Verband   V-Verband

Mithilfe von K- und V-Verbänden lassen sich nicht nur Horizontallasten aufnehmen, sondern diese Verbände reduzieren auch die Biegebeanspruchung in den Rahmenriegeln durch die vorhandenen Riegelunterstützungen.

Bei den K-Verbänden werden die Riegel durch Druckdiagonalen unterstützt.

Im Fall einer Abhängung der Deckenträger (Riegel) durch den V-Verband ergibt sich eine Art Vorspannung der Diagonalen durch die ständigen Lasten, durch welche die bemessungsrelevanten Druckkräfte aus den Horizontallasten reduziert werden.

Auch hier ist bei der Planung die elastische Verkürzung der Stützen zu berücksichtigen. Jedoch ziehen Diagonalen aus K- bzw. V-Verbänden auf Grund der relativen Biegeweichheit der Deckenträger nicht in dem Umfang Vertikallasten an, wie die Stützen sich infolge der vertikalen Belastung verkürzen.

Ein weiterer Vorteil von druckbeanspruchten K- und V-Verbänden gegenüber Diagonalen als Streben ist die geringere Knicklänge.

2.6 Wandscheiben als vertikale Aussteifung

Für die zur Horizontalaussteifung erforderlichen vertikalen Aussteifungselemente können Wandscheiben aus Mauerwerk, Beton, Stahlbeton, ausgesteifte Stahlbleche oder Holztafelelemente verwendet werden.
Wände besitzen nur die für die Aussteifung eines Bauwerks erforderliche Steifigkeit in ihrer Ebene.

Versetzte Vertikalscheiben bei mehrgeschossigen Gebäuden

Eine versetzte Anordnung von aussteifenden Scheiben in Vertikalrichtung ist möglichst zu vermeiden. Schon geringe Exzentrizitäten der Tragelemente sind kostenintensiv und konstruktiv ungünstig.

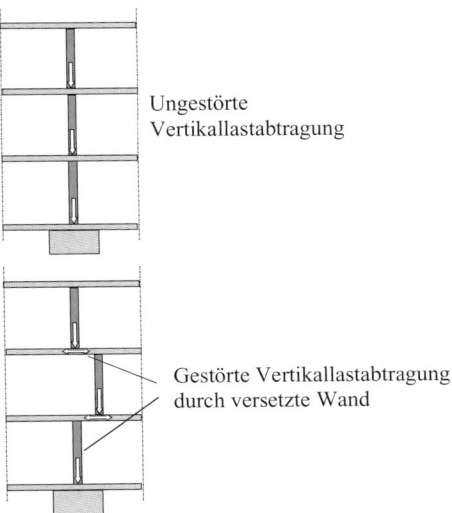

Ungestörte Vertikallastabtragung

Gestörte Vertikallastabtragung durch versetzte Wand

Sind die aussteifenden Wandscheiben entwurfsbedingt in den einzelnen Geschossen **horizontal versetzt,** muss die Horizontallast aus dem obersten Geschoss über Druck- und Zugkräfte in den Geschossdecken bis zum nächstmöglichen Weiterleitungspunkt der Scheiben geführt werden. Diese Lösung ist unwirtschaftlich und kann größere horizontale Verformungen verursachen.

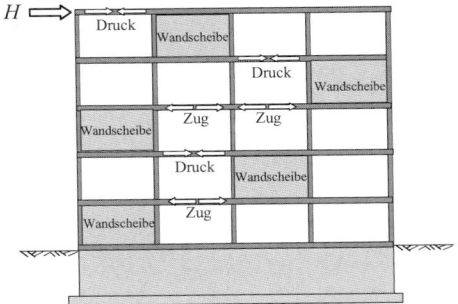

7.81

Öffnungen in den aussteifenden Wandscheiben

Öffnungen für Fenster, Türen sowie für die Durchführung von Ver- und Entsorgungsleitungen sind in den aussteifenden Wandscheiben möglich. Die verbleibenden Teile zwischen den Öffnungen müssen ausreichend steif sein. Die Öffnungen sollten möglichst regelmäßig verteilt sein.

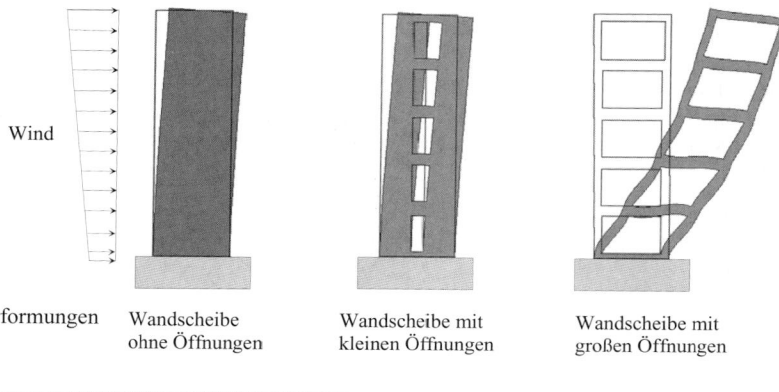

Verformungen | Wandscheibe ohne Öffnungen | Wandscheibe mit kleinen Öffnungen | Wandscheibe mit großen Öffnungen

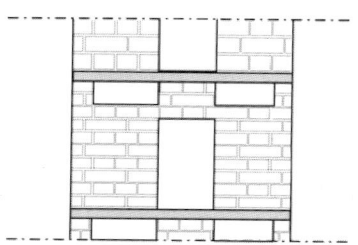

Die nebenstehende Mauerwerkswand ist durch große Tür- und Installationsöffnungen geschwächt. Sie kann deswegen nicht zur Aussteifung herangezogen werden. Eine andere ungeschwächte Wand muss diese Aufgabe übernehmen.

3 Horizontale Aussteifung

3.1 Deckenkonstruktionen als Horizontalaussteifung

Deckenkonstruktionen, die zur Horizontalaussteifung herangezogen werden, müssen als Scheibe wirken. Die klassische Form einer derartigen Scheibenkonstruktion ist eine Stahlbetondecke. Aber auch andere Deckenkonstruktionen können bei entsprechender konstruktiver Ausbildung als Scheiben wirken. Z.B. eine Decke aus aneinandergereihten Stahlbetonfertigteilen kann eine „Scheibenwirkung" ausüben, wenn der sich einstellende Druckbogen ein „Zugband" durch einen Ringanker erhält (vgl. Abb. unten).

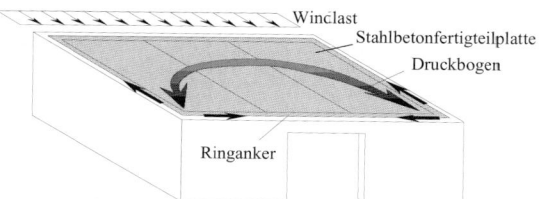

Kräfteverlauf in Deckenscheiben unter Windlast.
Der Ringanker bildet das Zugband (Druckbogen-Zugbandmodell).

3.2 Fachwerke (Verbände) als Horizontalaussteifung

Fachwerke (Verbände) sind ebenfalls als horizontale Aussteifungselemente möglich. Insbesondere bei Hallen finden diese „leichten" Aussteifungselemente Anwendung. Weitere Einzelheiten s. unter 4.1 und 4.2.

3.3 Ringbalken

Unter Decken ohne Scheibenwirkung, wie z.B. Holzbalkendecken, müssen zur horizontalen Wandaussteifung Ringbalken angeordnet werden, weil sonst eine obere Wandhalterung fehlt. Ein Ringbalken ist auch für Mauerwerkswände unter Flachdächern aus Stahlbeton erforderlich, wenn die Decke auf den Außenwänden gleitend gelagert ist, um Schäden infolge des unterschiedlichen Dehnungsverhaltens von Stahlbeton und Mauerwerk zu vermeiden. Ist die Stahlbetondecke durch eine Gleitschicht von der Wand getrennt, kann die Decke nicht mehr die Funktion der horizontalen aussteifenden Scheibe übernehmen, weil eine Reibungskraftübertragung ausgeschlossen wird. **Der Ringbalken ersetzt also die Scheibenwirkung der Decke**.

In der Regel werden Ringbalken aus Stahlbeton ausgeführt. Ausführungen in Holz, Stahl oder bewehrtem Mauerwerk sind auch möglich. Der Ringbalken wird auf Biegung beansprucht.

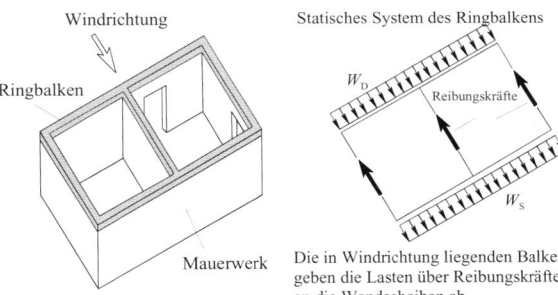

Die in Windrichtung liegenden Balken geben die Lasten über Reibungskräfte an die Wandscheiben ab.

4 Beispiel: Aussteifung einer Halle

4.1 Horizontalaussteifung in Längsrichtung

Beim Entwurf einer Hallenkonstruktion ist zunächst festzulegen, wo Horizontal- und wo Vertikalverbände angeordnet werden sollen. Diese Aussteifungsverbände haben die Aufgabe, die Krafteinwirkungen zu den Fundamenten abzuleiten (z.B. Windlasten auf Giebelwände oder Bremskräfte eines Hallenlaufkrans).

Die Lastableitungswege sollten möglichst kurz gehalten werden. In diesem Zusammenhang muss überlegt werden, ob für die Aussteifung der Halle, ein Hallenfeld mit Längsverband ausreicht oder ob mehrere Verbände erforderlich sind. Das hängt vor allem von ihrer Gesamtlänge ab (im Holzbau ca. alle 25 m, im Stahlbau alle 50 –100 m).

Wenn die Längsstabilität bei zunehmender Hallenlänge die Anordnung *mehrerer Aussteifungsfelder* erfordert, ist Folgendes zu beachten:
- Dehnungsfugen zwischen den Verbandsfeldern vorsehen, um Spannungsausgleich zu ermöglichen.

- Aussteifungsfelder im Mittelbereich anordnen und **nicht** in den Endfeldern (an den Giebelseiten), um eine zwängungsarme Konstruktion zu gewährleisten. Bei Laufkranbetrieb sind die zentralen Aussteifungsverbände günstig, weil die Kranbremskräfte vor allem im Mittelbereich der Hallen auftreten. Diese Verbandsanordnung hat aber auch Nachteile. Die Windlasten, die an den Giebelwänden angreifen, müssen über mehrere Felder hinweg die halbe Hallenlänge durchlaufen, bevor sie über die Mittelverbände abgeleitet werden. Dadurch werden die betroffenen Pfetten und Traufenriegel zusätzlich beansprucht, mit dem Nachteil größerer Stahlprofile und höheren Eigengewichts.

Kostenvergleiche haben gezeigt, dass die zentralen Aussteifungsverbände bei den meisten Hallenkonstruktionen nicht nur die wirtschaftlichste, sondern auch fachlich beste Lösung bieten.

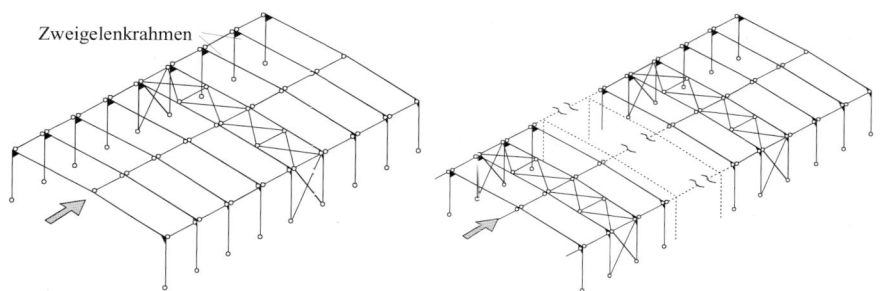

Zweigelenkrahmen mit Mittelverband   Halle mit mehreren Aussteifungsfeldern

4.2 Horizontalaussteifung in Querrichtung

Die Aussteifung einer Hallenkonstruktion in Querrichtung geschieht in der Regel mit Hilfe von Rahmen.

Alternativlösung:

Für kleinere Stahlhallen wählt man häufig eine Konstruktion aus Pendelstützen (d.h. am Stützenkopf und am Stützenfuß gelenkig angeschlossene Stützen). Die angreifenden Horizontallasten werden über Dachlängsverbände auf die beiden Giebelwände abgeleitet.

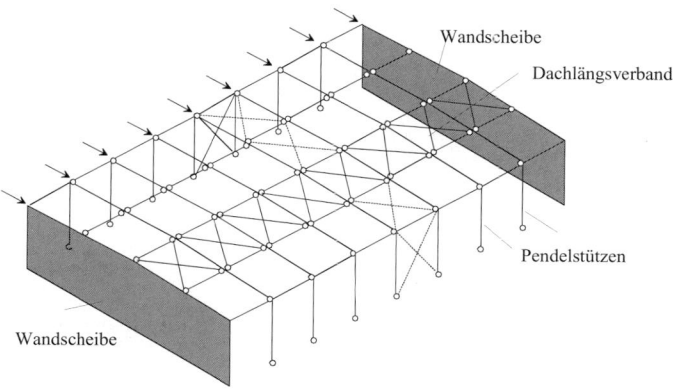

5 Aussteifungskerne

5.1 Bauwerke mit klassischen Aussteifungskernen

Häufig werden mehrere aussteifende Scheiben zu Aussteifungskernen zusammengefasst und mit den vertikalen Erschließungsschächten wie Treppenhäusern, Aufzugs- und Installationsschächten kombiniert. Die Kerne verlaufen vom untersten bis zum obersten Geschoss meist mit konstantem Querschnitt. Sie können als in das Fundament eingespannte Kragträger ausgebildet werden. Aus Brandschutzgründen bilden die Treppenhäuser in der Regel einen Brandabschnitt (Fluchtweg), deshalb sind sie ohnehin mit massiven Wänden zu umschließen.

Schachtartige Kerne bilden im Idealfall einen „Hohlkasten-Querschnitt". Sie sind daher biege- und torsionssteif. Die Geschossdecken wirken dabei als starre Scheibe. Der oft große Anteil an Öffnungen auf einer Kernseite (z.B. durch Aufzugstüren), reduziert die Steifigkeit und den Tragwiderstand erheblich.

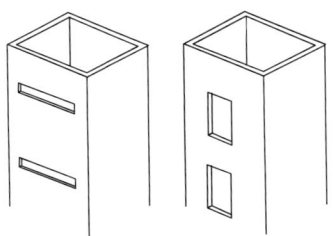
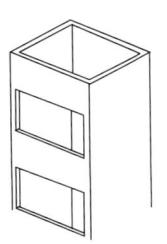

Kleine Öffnungen in der Kernwand vermindern kaum die Torsionssteifigkeit gegenüber Hohlkasten-Querschnitt.

Geringe Torsionssteifigkeit aufgrund großer Wandöffnungen.

Verformungsbild eines Kerns mit großen Wandöffnungen.

Vorgefertigte Tragwerkskerne

Der Vorteil vorgefertigter Tragwerkskerne gegenüber einer Ausführung in Ortbeton liegt hauptsächlich in der Qualität der Oberflächen, der kürzeren Bauzeit und den besseren Möglichkeiten der Organisation der Arbeitsabläufe zur Montage der Fertigteilkonstruktion.

Der Nachteil liegt in den komplizierten Verbindungen der einzelnen Bauelemente. Diese komplizierten Verbindungen können mit einer effizienten Produktion und Montage der Bauelemente in Widerspruch stehen.

Für vorgefertigte Tragwerkskerne gibt es mehrere Lösungen: Am Ort zu verbindende Einzelwände, **C**-, **L**-, **T**- oder **U**-förmige Elemente bzw. Kombinationen davon oder vorgefertigte Raumzellen. Der Einsatz von Raumzellen wird hauptsächlich durch die Kranleistung auf der Baustelle oder durch Transportprobleme beschränkt.

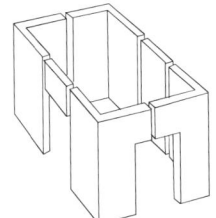
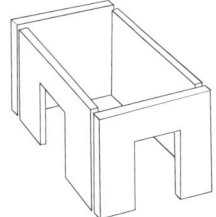

Anordnung der Tragwerkskerne

Grundsätzlich können Tragwerkskerne an verschiedenen Stellen angeordnet werden.

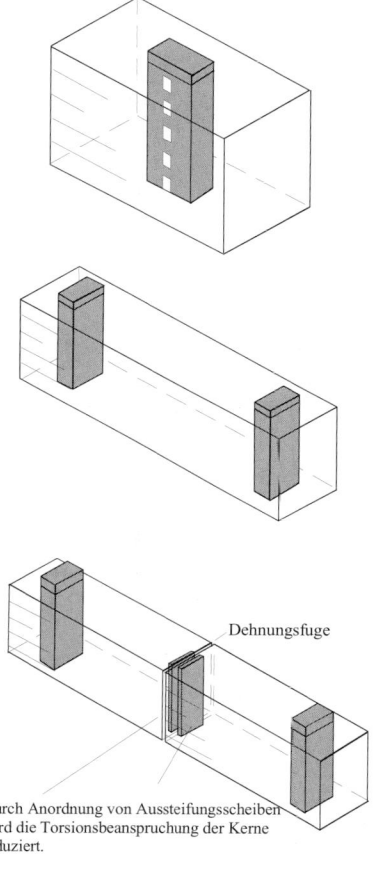

Der Tragwerkskern sollte jedoch möglichst zentral im Gebäudegrundriss liegen, damit Torsionsbeanspruchungen aus der Horizontalbelastung minimiert werden. Darüber hinaus sollte der Massenschwerpunkt der einzelnen Deckenscheiben in der vertikalen Achse des Kerns liegen. So erhält der Aussteifungskern aus den vertikalen Lasten der Deckenscheiben eine ausreichende Auflast.

Zwängungen zwischen Decken und Kernen

Zwangskräfte entstehen vor allem in Decken, deren Verformungen (aus Temperatur- und Schwinddifferenzen) durch zwei oder mehr steife Kerne behindert werden.

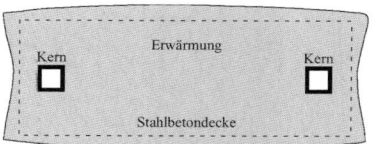

Verformungsbild der Deckenscheibe ohne Dehnungsfuge bei einer Deckenerwärmung (Verformungsbehinderung der Deckenscheibe zwischen den Kernen).

Durch Anordnung von Aussteifungsscheiben wird die Torsionsbeanspruchung der Kerne reduziert.

Dehnungsfugen

Dehnungsfugen haben die Aufgabe, die im Wesentlichen aus Temperaturänderungen (einschließlich Brandeinwirkung) entstehenden Verformungen weitgehend zwangsfrei zu ermöglichen.

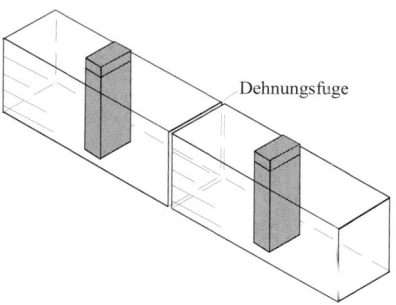

Ist das Bauwerk durch Fugen in mehrere Abschnitte unterteilt, muss jeder Bauwerksabschnitt für sich selbständig ausgesteift sein.

Der Dehnungsfugenabstand beträgt je nach System und Baustoff zwischen 20 und 50 m.

Eine mittige Anordnung der aussteifenden Kerne je Bauwerksabschnitt ist am günstigsten.

5.2 Tragwerkskerne mit Outriggersystem (Auslegersystem)

Eine Steigerung der Leistungsfähigkeit des Tragwerkskerns kann durch eine schubsteife Verbindung des Kerns mit den vertikalen Stützgliedern an den Rändern des Gebäudes ermöglicht werden. Hierbei wird ein steifer Abfangträger, das Outriggersystem, mit dem Kern und den außen liegenden Stützen gelenkig verbunden.

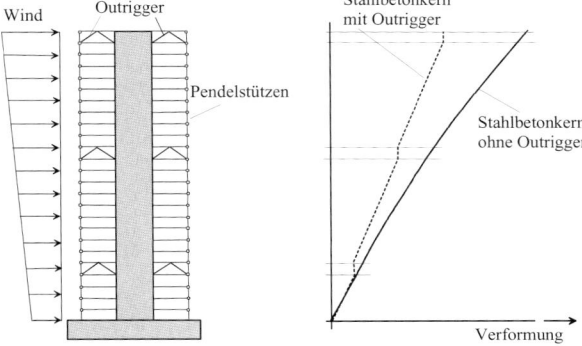

Durch ein Outriggersystem vergrößert sich der innere Hebelarm der Konstruktion und dementsprechend die Effektivität des Aussteifungstragwerks.

Aus architektonischer Sicht beeinflusst das Outriggersystem das Gebäudeinnere und beeinträchtigt damit gegebenenfalls die Nutzung des Gebäudes. Aus diesem Grund werden die Outriggersysteme meistens im Bereich der Technikgeschosse des Gebäudes untergebracht, bei der sich die zur Verfügung stehende größere Geschosshöhe als günstig für die Verbindungskonstruktion erweist. Das Outriggersystem kann auch über mehrere Geschosse ausgebildet werden.

Dies ist statisch besonders sinnvoll, wenn die Outriggersysteme in halber bis zweidrittel Höhe des Gebäudes angeordnet werden.

Tragwerkskern mit Outriggersystem und Randträgern

Zusätzlich zu den direkt mit dem Outriggersystem verbundenen Stützen können bei der Tragverformung weiterhin auch die restlichen Stützen am Rande des Gebäudes aktiviert werden. Dies kann durch einen um das Tragwerk herumlaufenden Randfachwerkträger in der Ebene des Outriggersystems erreicht werden.

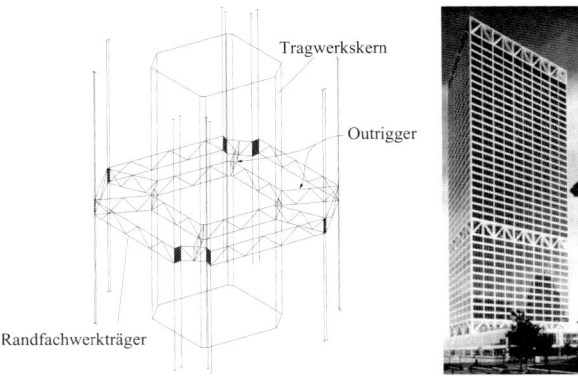

First Wisconsin Center,
Milwaukee, Wisconsin
Architekt: SOM, Chicago

5.3 Röhrentragwerke

Bei einem Röhrentragwerk werden, wie bei einem Tragwerkskern, die **Außenwände** schubsteif miteinander verbunden. Dazu werden die außen liegenden Vertikalelemente (d.h. die Fassadenstützen) möglichst vollständig zur Tragwirkung herangezogen. Röhrentragwerke werden üblicherweise zur Aussteifung von Hochhäusern eingesetzt.

Mögliche Ausführungsformen:

Stockwerksrahmenröhre

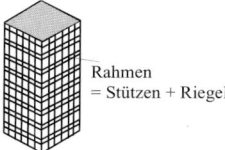

Rahmen = Stützen + Riegel

Eng stehende Fassadenstützen im Abstand des Ausbaurasters sind mit den Trägern im Brüstungsbereich biegesteif zu Rahmen verbunden. Die Geschossdecken wirken als Querscheiben.

Durch Herunterführung der Fassadenstützen von oben bis ins Erdgeschoss werden unzumutbare kleine Öffnungen entstehen. Die Eingänge erfordern deutlich größere lichte Öffnungen und es werden Abfangkonstruktionen notwendig oder die Fassadenstützen müssen gesammelt werden.

Fachwerkröhre

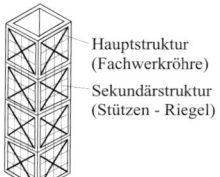

Hauptstruktur (Fachwerkröhre)
Sekundärstruktur (Stützen - Riegel)

Eine andere Möglichkeit zur Erzielung einer hohen Steifigkeit der Fassadenscheiben, ohne bedeutende Reduktion der Fensterflächen, besteht in der Eingliederung eines Fachwerks.

Bei dieser Bauweise werden die Eckstützen sehr stark beansprucht. Der Vorteil dieser Bauweise liegt in der möglichen Trennung in eine Primär- und Sekundär-Struktur. Für letztere besteht eine größere Freiheit in der Gestaltung, weil aus statischen Gründen nur eine leichtere Struktur erforderlich ist.

Gitterröhre

Geschossdecken
Gitterstruktur

Röhren als Gitterstruktur sind effiziente und materialsparende Tragstrukturen. Dies führt allerdings zu einer ungewohnten Ausbildung der Fensterflächen. Die ebenen Gitterstrukturen der Tragebenen können als Fachwerke mit enger Stabvernetzung betrachtet werden. Die Diagonalen des Systems bilden erst durch ihre Verbindung mit den Deckenscheiben bzw. mit horizontalen Randträgern geschlossene Fachwerkdreiecke. Die Diagonalen haben neben der Aussteifung auch stützende Funktion für den Vertikallastabtrag. Bei dieser Bauweise sind stets kräftige Eckstützen erforderlich.

Rohr-in-Rohr

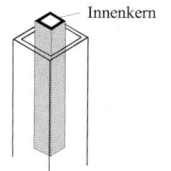

Innenkern

Bei größeren Gebäudebreiten werden zur Aufnahme der Vertikallasten zusätzlich Innenwände angeordnet, die in ihrer Gesamtheit als „Innenkern" wirken. Die Kopplung von einem inneren Kern und einem Röhrentragwerk durch starre Deckenscheiben kann die Effektivität und die Tragfähigkeit des Hochhaussystems steigern.

Wird der Innenkern in Rahmenbauweise ausgebildet, so kann in der Regel dessen Mitwirkung zur Aufnahme von Horizontallasten (aufgrund geringer Schub- und Biegesteifigkeit) vernachlässigt werden.

Gebündelte Röhre

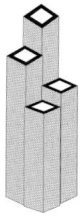

Das gebündelte Röhrentragwerk besteht aus mehreren vertikalen Röhrentragwerken, wobei jedes mindestens eine Tragebene mit einem anderen Tragwerk gemeinsam hat. Durch die Bündelung erhöht sich die horizontale Biegesteifigkeit des Tragwerks erheblich.

Die einzelnen Röhrentragwerke können rechteckig, quadratisch, drei-, vier- oder mehreckig ausgebildet werden. Die quadratischen Querschnittsformen sind statisch am effektivsten, die dreieckigen am wenigsten effektiv.

6 Sonderlösungen für Bauwerksaussteifungen

Sonderlösungen kommen dann zum Einsatz, wenn herkömmliche, wirtschaftliche Aussteifungssysteme der architektonischen Idee entgegenstehen.

6.1 Wandreihe mit Rahmenwirkung

Beispiel: Dreigeschossige Reihenhäuser in Kaiserslautern, 2000 (Planung: AV1 Architekten)

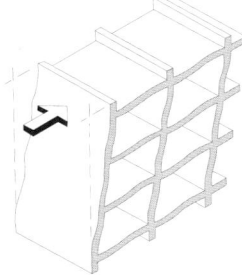

Verformung unter Windbelastung

Durch biegesteife Verbindung zwischen Stahlbetonwänden und Stahlbetondecken kann eine Rahmenwirkung aktiviert werden. Dies ist besonders effektiv, wenn mehrere Wände parallel nebeneinander stehen. Dadurch kann die horizontale Verformung auch ohne Längswände minimiert werden.

6.2 Aussteifung mit außen stehenden Verbänden

Beispiel: Dreigeschossiges Haus in Minato-ku, Tokyo, 2000 (Architekt: Shigeru Ban)

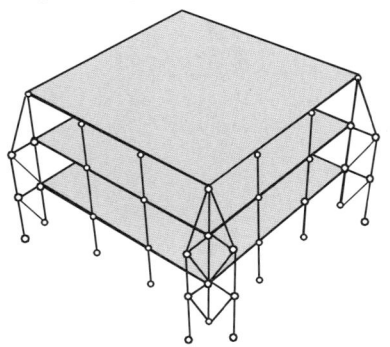

Die Deckenplatten des dreigeschossigen Hauses sind von gelenkig angeschlossenen Träger und Stützen getragen. Die Aussteifung erfolgt durch Anordnung von Verbänden außerhalb der Fassade. Die Deckenplatten wirken als starre Horizontalscheiben.

Die gelenkigen Innenstützen tragen nur die vertikalen Lasten. Die Fassaden sind frei von störenden aussteifenden Elementen.

Die außen stehenden Verbände sollten so angeordnet werden, um zwangsfreie Verformungen der Deckenscheiben infolge von Temperaturveränderungen bzw. Schwinden zu ermöglichen.

6.3 Freistehendes Mauerwerk mit Vorspannung

Mauersteine und Mörtel haben nur eine geringe Zugfestigkeit, Wände aus Mauerwerk, sind daher empfindlich gegen Horizontalbelastung normal zu ihrer Wandebene. Frei stehende, nicht ausgesteifte Mauerwerkswände dürfen deshalb wegen der Kippgefahr nur eine relativ geringe Höhe haben.

Eine Erhöhung der Standfestigkeit kann durch vertikale Vorspannung der Mauerwerkswand erzielt werden.

Vertikale Vorspannung ermöglicht die gezielte Ausnutzung der Druckfestigkeit von Mauerwerk zur Aufnahme sonst nicht möglicher Schub- oder Biegebeanspruchungen in Mauerwerkswänden. Sie ersetzt die fehlende vertikale Auflast und wirkt somit der Rissbildung, bei gleichzeitiger Erhöhung der Biege- und Schubtragfähigkeit des Mauerwerks, entgegen.

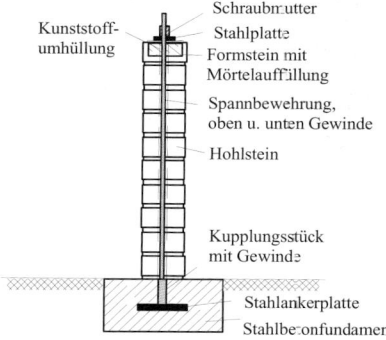

Vorgespannte Mauerwerkswand

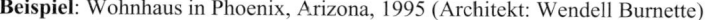

Beispiel: Wohnhaus in Phoenix, Arizona, 1995 (Architekt: Wendell Burnette)

Dach- und Geschossdecken des lang gestreckten Baukörpers sind mit in zwei parallele Reihen von gleichsam aus dem Boden auskragenden vorgespannten Wänden aus Betonformsteinen biegesteif verbunden. Einige Wände stehen aus der Reihe abgerückt und kragen ca. 8 m aus.

Sonderlösungen für Bauwerksaussteifungen

6.4 Gebäudeaussteifung durch Seilabspannung

Beispiel: Haus in Koganei, Tokyo, 1991 (Architekt: Shigeru Ban)

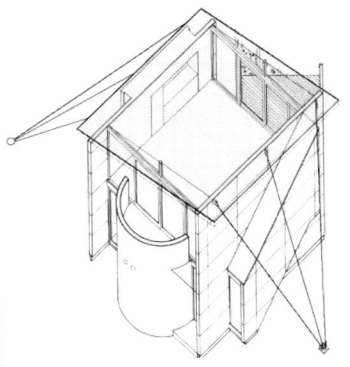

Seilabspannung (beidseitig)

Die Deckenkonstruktionen lagern auf zwei parallel stehenden Wänden. Die Seilabspannungen an den beiden Wandseiten zusammen mit den Deckenscheiben ersetzen die fehlende Aussteifung quer zur Wandfläche.

6.5 Anbindung an ein ausgesteiftes Gebäude

Beispiel: Flugdach des nordischen Botschaftsgebäudes in Berlin, 1999
(Architekt: Berger + Parkkinen)

Detail: Wandbestigung

An der Gebäudewand befestigt

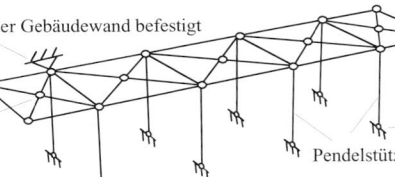

Pendelstützen   Detail: Stützenfußpunkt

Detail: Auskreuzung

Die steife Dachscheibe lagert auf Pendelstützen. Die Aussteifung erfolgt durch Anbindung der Dachscheibe an die Gebäudewände. Das dynamisch geformte Volumen des textilen Flugdaches bildet nachts eine Art "Licht-Wolke" über dem Eingangsbereich.

7.91

6.6 Bogen-Seilnetz-Symbiose

Beispiel: Eissporthalle im Münchener Olympiagelände, 1983
(Architekt: Ackermann und Partner, München   Tragwerk: Schlaich und Partner, Stuttgart)

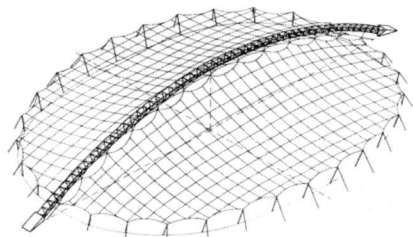 

Die Lastabtragung ist gekennzeichnet durch das interaktive Zusammenwirken der Haupttragwerksteile:
- Der Fachwerkbogen ist ein im Wesentlichen druckbeanspruchtes Element, der durch das Seilnetz seitlich gehalten und stabilisiert wird.
- Das Seilnetz ist ein rein zugbeanspruchtes Element, dessen Geometrie durch Bogen und Randstützen gewährleistet wird.

6.7 Bogen-Gitterschalen-Symbiose

Beispiel: Rotterdam Blaak Station, 1993 (Architekt: Harry C.H. Reijnders)

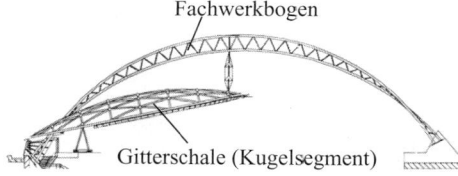 

Das Dach ist eine Gitterschalenkonstruktion (Durchmesser 35 m) aus Stahl, die mit transparenten Scheiben abgedeckt ist. Das Kugelsegment ist an einem Bogen mit 62,5 m Spannweite aufgehängt und lagert an zwei Punkten auf dem Haupttreppenhaus auf.

Das Kugelsegment hängt zwar am Bogen, aber weil der Bogen nahe den Auflagern Torsionsgelenke hat, würde er ohne die Verbindung mit dem Kugelsegment umstürzen. Der Bogen wird also seitlich durch das Kugelsegment gestützt, das als torsionssteife Schalenkonstruktion wirkt.

7E Lastweiterleitung in Tragwerken

Dr.-Ing. Eddy Widjaja

Inhaltsverzeichnis

		Seite
1	**Vertikale Lastweiterleitung**	7.94
2	**Weiterleitung von horizontalen Lasten**	7.96
2.1	Beispiel 1: Horizontallastabtrag bei Belastung durch w_1	7.96
2.2	Beispiel 2: Horizontallastabtrag bei Belastung durch w_2	7.97

7E Lastweiterleitung in Tragwerken

1 Vertikale Lastweiterleitung

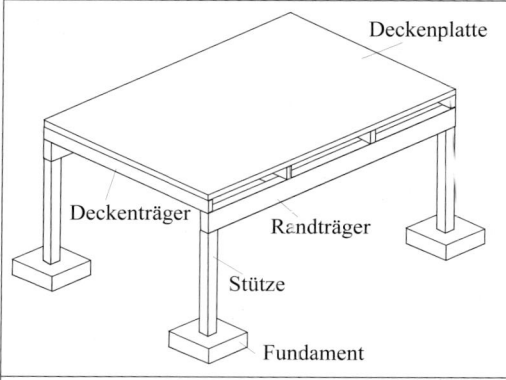

Die vertikale Belastung eines Bauwerks wird durch unterschiedliche Konstruktionsteile von der Dachdecke bis in die Fundamente geleitet.

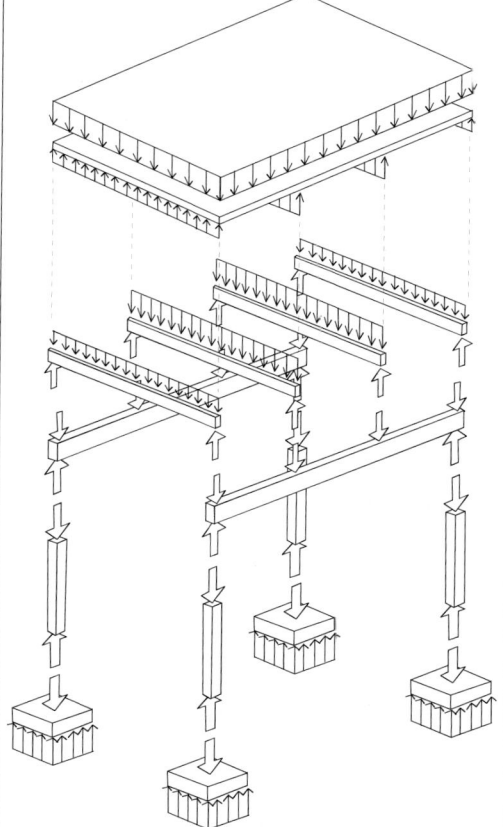

Deckenplatte, flächenbelastet z.B. in kN/m^2 durch Eigenlast und Nutzlast.

Deckenträger, linienbelastet z.B. in kN/m aus Auflager der Deckenplatte.

Die Deckenträger übertragen ihre Linienlasten und Eigenlasten auf die Randträger als Einzellasten z.B. in kN.

Die Randträger leiten ihre Belastungen und Eigenlasten auf die Stützen als Einzellasten z.B. in kN.

Durch die Stützen werden die Einzellasten und Eigenlasten der Stützen in die Fundamente geleitet.

Die Fundamente leiten alle von oben kommenden Lasten in den Baugrund.

Abb. 7.94: Vertikale Lastabtragung

Zahlenbeispiel: Verfolgung von vertikalen Deckenlasten

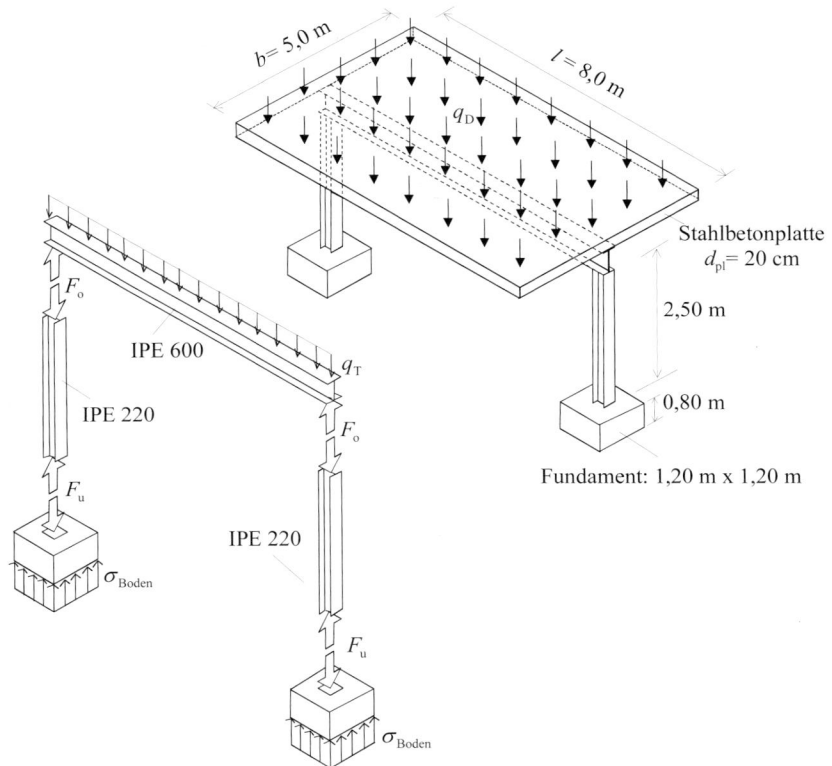

Deckenlast

Aus Eigenlast der Decke $\quad g_D = \gamma_{\text{Stahlbeton}} \cdot d_{pl} = 25 \cdot 0{,}2 = 5{,}00 \text{ kN}/\text{m}^2$

Estrich + Dämmung $\quad\quad\quad\quad\quad\quad\quad\quad\quad\quad\quad\quad\quad\quad\quad\quad\quad\quad 1{,}00\,\text{kN}/\text{m}^2$

Nutzlast $\quad\quad\quad\quad\quad\quad\quad\quad\quad\quad\quad\quad\quad\quad\quad\quad\quad\quad\quad\quad\quad\quad 2{,}00\,\text{kN}/\text{m}^2$

$$q_D = 8{,}00\,\text{kN}/\text{m}^2$$

Deckenträger:
$$q_T = q_D \cdot b + \text{Eigenlast IPE 600} = 8 \cdot 5 + 1{,}22 = 41{,}22 \text{ kN/m}$$

Stütze:
$$F_o = q_T \cdot l/2 = 41{,}22 \cdot 8/2 = 164{,}88 \text{ kN}$$

$$F_u = F_o + \text{Eigenlast IPE 220} = 164{,}88 + 0{,}262 \cdot 2{,}50 = 165{,}54 \text{ kN}$$

Bodenpressung:
$$\sigma_{\text{Boden}} = \frac{F_u}{A_{\text{Fundament}}} + \text{Eigenlast Fundament} = \frac{165{,}54}{1{,}2 \cdot 1{,}2} + 25 \cdot 0{,}8 = 134{,}95 \text{ kN}/\text{m}^2$$

2 Weiterleitung von horizontalen Lasten

Horizontale Lasten werden über horizontale Aussteifungselemente (z.B. Deckenscheiben) in vertikale Aussteifungselemente (z.B. Wände) geleitet. Die Lasten in den Wänden werden weiter in die Fundamente geleitet und somit in den Baugrund. Weitere Details sind den folgenden Beispielen 1 und 2 zu entnehmen.

2.1 Beispiel 1: Horizontallastabtrag bei Belastung durch w_1

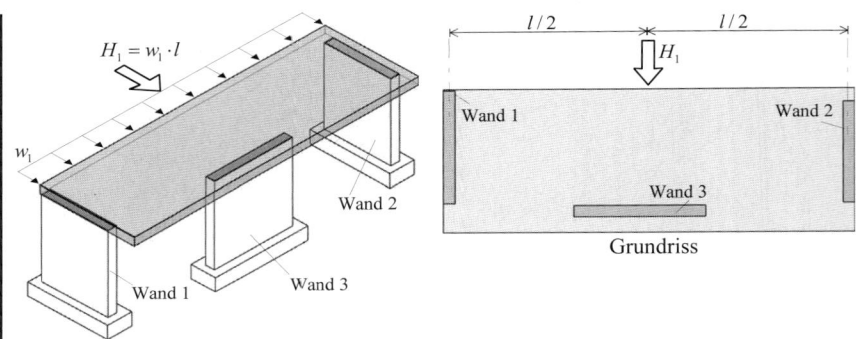

Annahmen für die Berechnung der Horizontallastverteilung:
- Betrachtung der Decken als starre Scheiben
- gelenkige Lagerung zwischen Aussteifungselementen und Deckenscheiben
- Berücksichtigung der Biegesteifigkeiten der Aussteifungselemente nur in der Hauptrichtung
- Vernachlässigung der Schub- und Torsionssteifigkeit in den Aussteifungselementen

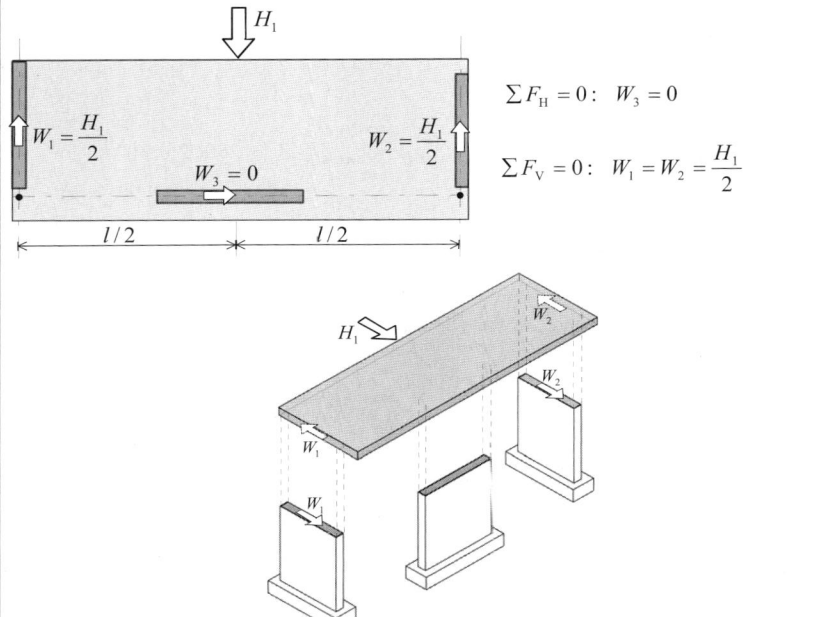

$\sum F_H = 0: \quad W_3 = 0$

$\sum F_V = 0: \quad W_1 = W_2 = \dfrac{H_1}{2}$

2.2 Beispiel 2: Horizontallastabtrag bei Belastung durch w_2

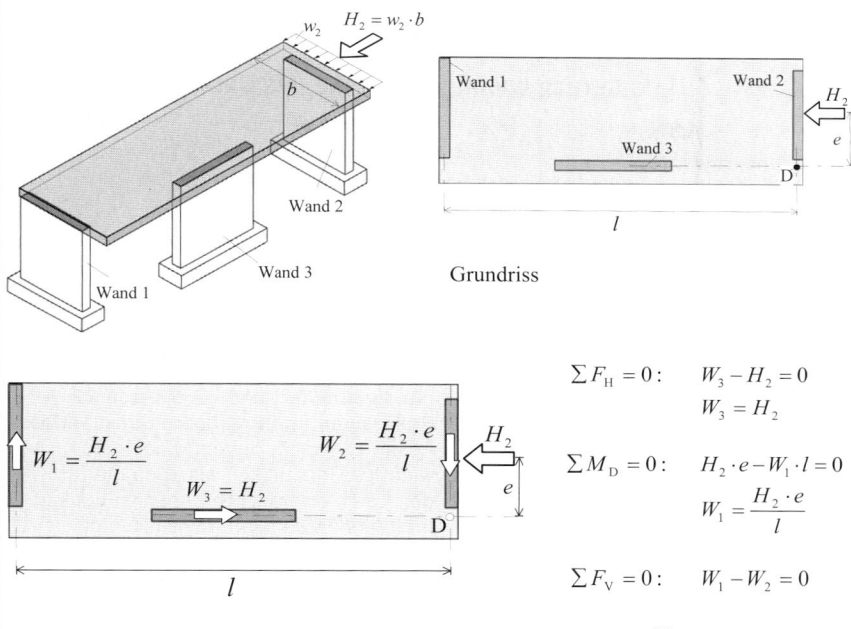

$$\sum F_H = 0: \quad W_3 - H_2 = 0$$
$$W_3 = H_2$$

$$\sum M_D = 0: \quad H_2 \cdot e - W_1 \cdot l = 0$$
$$W_1 = \frac{H_2 \cdot e}{l}$$

$$\sum F_V = 0: \quad W_1 - W_2 = 0$$

$$W_2 = W_1 = \frac{H_2 \cdot e}{l}$$

Die Horizontallast H_2 wird durch die Deckenscheibe in Wand 3 geleitet. Dabei entsteht ein Versetzungsmoment $H_2 \cdot e$. Die Wand 3 führt die Kraft W_3 über die Scheibenbeanspruchung der Wand in den Baugrund ab. Dem entstandenen Versetzungsmoment $H_2 \cdot e$ wirkt das Kräftepaar W_1 und W_2 entgegen. Es bringt die horizontale Deckenscheibe ins Gleichgewicht. Die Kräfte W_1 und W_2 werden durch die Wände 1 und 2 in den Baugrund geleitet.

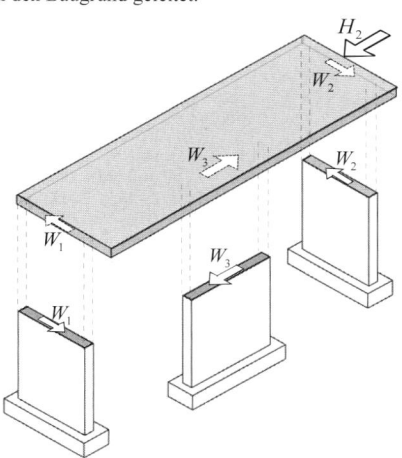

Wormuth / Schneider (Hrsg.)

Baulexikon
Erläuterung wichtiger Begriffe des Bauwesens

2., erweiterte Auflage.
2009. 392 Seiten. 14,8 x 21,5 cm. Gebunden.
Über 5000 Stichworte. Mit zahlreichen Abbildungen.
ISBN 978-3-89932-159-3
EUR 39,–

Herausgeber
Prof. Rüdiger Wormuth und
Prof. Klaus-Jürgen Schneider
sind als Herausgeber und Autoren weiterer Standardbücher des Bauwesens bekannt, wie z.B. „Bautabellen für Architekten", „Bautabellen für Ingenieure", „Mauerwerksbau", „Baukonstruktion" und „Wohnungsbau-Normen".

Dieses Buch ist ein unentbehrliches Nachschlagewerk für alle, die mit dem Bauen im weitesten Sinne zu tun haben. Die Begriffe werden kurz und bündig erläutert und wurden **von 22 Professoren und Praktikern direkt verfasst.** Es bietet sowohl die den Fachleuten wichtige Genauigkeit als auch die für den Laien erforderliche Anschaulichkeit und Verständlichkeit der einzelnen Fachbegriffe.

Themenbereiche
**Abfallwirtschaft • Architekturtheorie
Baubetrieb • Bauinformatik • Baukonstruktion
Bauphysik • Baurecht • Baustatik • Baustoffe
Beton • Brandschutz • Eisenbahnbau
Gebäudetechnik • Geotechnik • Holzbau
Lastannahmen • Mauerwerksbau • Siedlungswasserwirtschaft • Stahlbau • Stahlbetonbau
Straßenbau • Umweltrecht • Verbundbau
Vermessungskunde • Wasserbau**

Autoren
Prof. Dipl.-Ing. Th. Ackermann • Ass. Prof. Dr. techn.
H. Bruckner • Prof. Dr.-Ing. J. Danielzik • RAin S. Faisst •
Prof. Dr.-Ing. J. Falke • Prof. Dr.-Ing. D. Franke •
Prof. Dr.-Ing. R. Gelhaus • Min-Rat a.D. Dipl.-Ing.
E. W. Klauke • Dipl.-Ing. Architekt E. Kuhlmann •
Prof. Dr.-Ing. E. Lattermann • Prof. Dr.-Ing. W. Löther •
Prof. Dipl.-Ing. W. Pistohl • Prof. Dr.-Ing. F. Preser •
Prof. Dipl.-Ing. Dipl.-Wirtsch.-Ing. G. Richter •
Prof. Dr.-Ing. H. Rubin • Prof. Dr.-Ing. Drs. h.c.
J. Schlaich • Prof. Dipl.-Ing. K.-J. Schneider •
Prof. Dr. techn. Dr. h.c. U. Schneider •
Prof. Dipl.-Ing. Th. Schröder • Dr.-Ing. M. Schüller •
Prof. Dr.-Ing. R. Weber • Prof. Dipl.-Ing. R. Wormuth

Bauwerk www.bauwerk-verlag.de

7F Statische Systeme / Tragwerksidealisierung

Dr.-Ing. Eddy Widjaja

Inhaltsverzeichnis

		Seite
1	**Allgemeines**	7.100
2	**Beispiele**	7.100
2.1	Beispiel 1: Bahnsteigüberdachung	7.100
2.2	Beispiel 2: Bühnenüberdachung	7.101
2.3	Beispiel 3: Stahlbetondecke auf drei Stützen	7.101
2.4	Beispiel 4: Träger auf starrer und elastischer Lagerung	7.102
2.5	Beispiel 5: Stahlbetonbrücke mit Zugstangen	7.102
2.6	Beispiel 6: Hallen mit Kranbahn	7.103
2.7	Beispiel 7: Eingespannte Treppenstufen	7.105
2.8	Beispiel 8: Streifenfundament elastisch gelagert	7.105

1 Allgemeines

In der Statischen Berechnung wird das reale Tragwerk durch ein idealisiertes (wirklichkeitsnahes) Modell abgebildet. Man spricht hier von dem "statischen System". Dabei wird z.B. ein Stab durch eine Linie ersetzt, die mit der Stabachse identisch ist.

Die Stabachse ist die Verbindungslinie aller Querschnittsschwerpunkte eines Stabes.

Ein „gutes" statisches System verhält sich in seinem Trag- und Verformungsverhalten ähnlich wie das reale Tragwerk.

Tragwerke sind in Wirklichkeit dreidimensionale Objekte. In vielen Fällen kann jedoch ihr räumliches Tragverhalten auf ebene Tragwerksmodelle reduziert werden, deren zweidimensionales Verhalten entkoppelt voneinander betrachtet werden kann. Mit der Reduktion auf ebene Tragwerksmodelle, kann die Berechnung eines Tragwerks einfacher und schneller durchgeführt werden, die Ergebnisse sind übersichtlicher und leichter zu beurteilen.

2 Beispiele

2.1 Beispiel 1: Bahnsteigüberdachung

Das Haupttragsystem der Bahnsteigüberdachung (Abb. 7.90) besteht aus einer eingespannten Stütze und zwei Kragträgern. Alle drei Tragelemente liegen in einer Ebene.

Statisches System

Biegesteife Verbindung

Eingespannter Stützenfußpunkt

Abb. 7.90: Tragwerk der Bahnsteigüberdachung (S-Bahnhof Humboldthain) in Berlin

Zur Aufnahme des Volleinspannmomentes am Stützenfuß ist ein entsprechend dimensioniertes Fundament erforderlich.

Weiteres Beispiel „eingespannte Stütze" s. Kapitel 7D, Abschnitt 2.1

2.2 Beispiel 2: Bühnenüberdachung

Das Haupttragsystem der Bühnenüberdachung (Abb. 7.91a) besteht aus einer eingespannten Stütze und drei Kragträgern. Die Stäbe liegen nicht in einer Ebene, es handelt sich um ein räumliches statisches System.

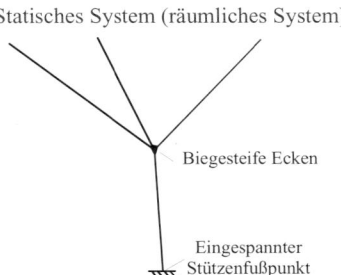

Abb. 7.101a: Tragwerk der Bühnenüberdachung in Chemnitz

2.3 Beispiel 3: Stahlbetondecke auf drei Stützen

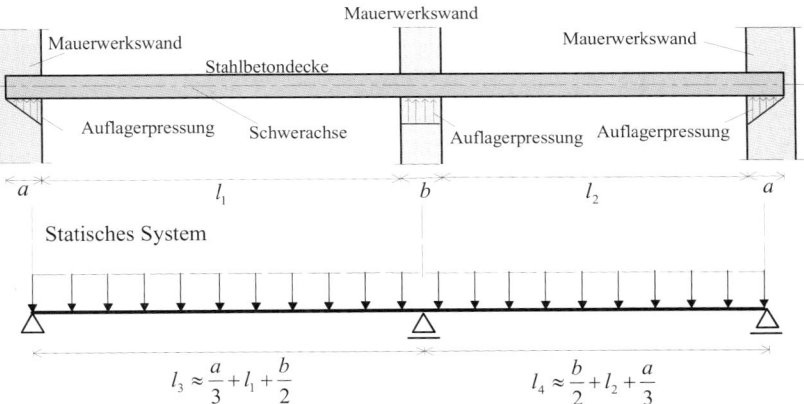

$$l_3 \approx \frac{a}{3} + l_1 + \frac{b}{2} \qquad l_4 \approx \frac{b}{2} + l_2 + \frac{a}{3}$$

Abb. 7.91b: Stahlbetondecke auf Mauerwerkswänden

In Abbildung 7.91b ist ein baupraktisch übliches statisches System für die Bemessung einer auf Mauerwerkswänden gelagerten Stahlbetondecke dargestellt. Hier wird bei der Schnittgrößenermittlung die Einspannwirkung der Decke in die Mauerwerkswände vernachlässigt. Die Einspannwirkung wird durch konstruktive obere Bewehrung abgedeckt (s. Abb. 7.91c).

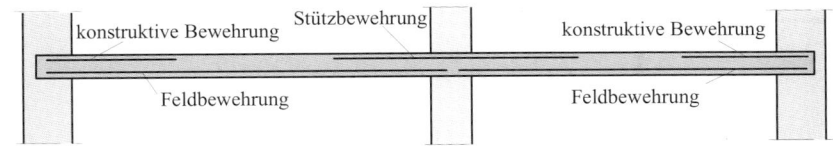

Abb. 7.91c: Bewehrung einer Stahlbetondecke

2.4 Beispiel 4: Träger auf starrer und elastischer Lagerung

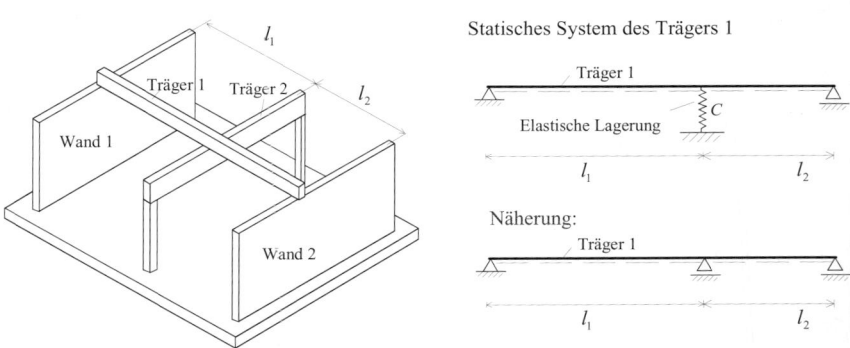

Abb. 7.92a: Träger auf starrer und elastischer Lagerung

Träger1 lagert starr auf den Wänden 1 und 2 auf, aber elastisch auf dem Träger 2, da sich dieser unter Belastung durchbiegt.
Die Berechnung des Trägers 1 kann vereinfacht als ebenes System durchgeführt werden, dafür muss die Ersatzfedersteifigkeit c des Trägers 2 zuerst bestimmt werden.
In der Praxis wird in der Regel ein statisches System mit 3 Lagern (ohne Feder) angenommen. Außerdem nimmt man ein festes Lager und zwei bewegliche (in horizontaler Richtung) an, da bei vertikaler Belastung die horizontalen Auflagerkräfte ohnehin gleich null sind.

2.5 Beispiel 5: Stahlbetonbrücke mit Zugstangen

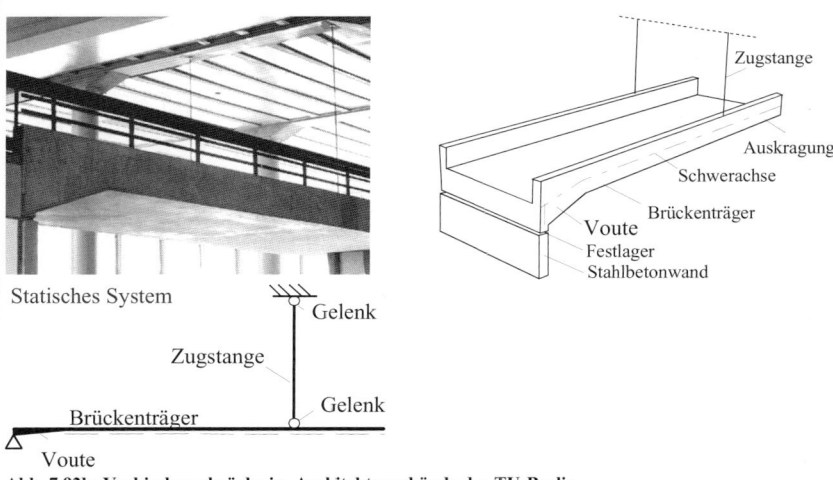

Abb. 7.92b: Verbindungsbrücke im Architekturgebäude der TU-Berlin

Pendelstab
Die Zugstangen sind an beiden Enden gelenkig gelagert (Pendelstäbe). Treten im Bereich der Zugstangen keine Querlasten auf, so werden diese nur durch Zugkräfte beansprucht.

Beispiele

2.6 Beispiel 6: Hallen mit Kranbahn

Bei leichten Kranen werden die Kranbahnen über Konsolen an den Hallenstützen befestigt (Abb.7.93), während bei höheren Lasten eine direkte Einleitung in die Stütze bevorzugt wird (Abb. 7.94).

Beispiel 6a: Rahmen mit Kranbahnträger auf Konsolen

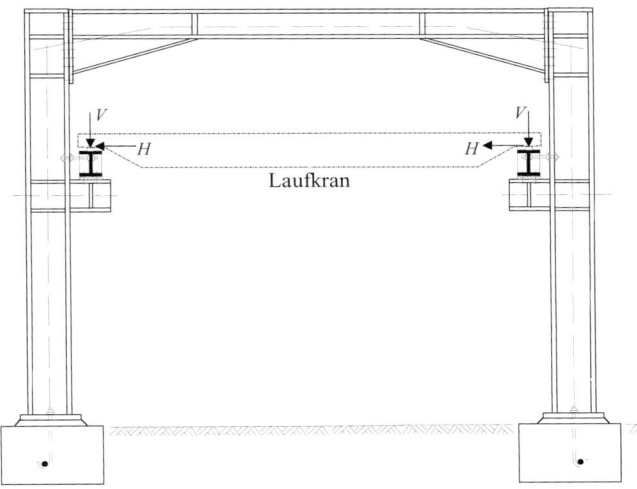

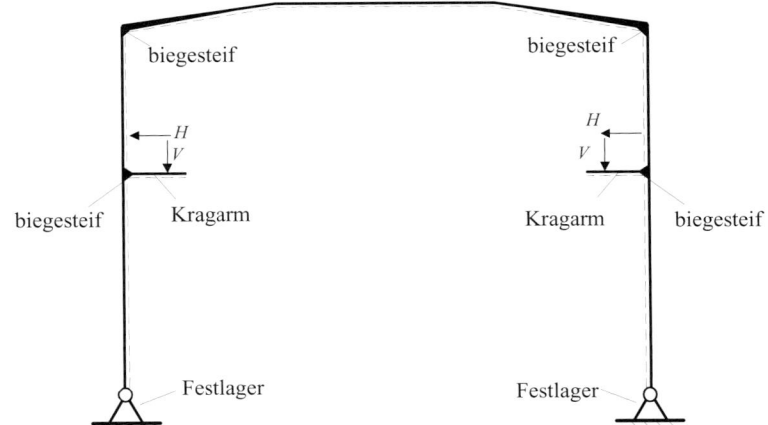

Abb. 7.93: Rahmen mit Kranbahnträger

7.103

Beispiel 6b: Auflagerung der Kranbahn auf abgesetzten Hallenstützen

Bei Krananlagen mit höheren Hublasten stellen manchmal die Beanspruchungen aus Kranbetrieb den überwiegenden Teil der Stützenlast dar. In solchen Fällen kann es zuweilen sinnvoll sein, die Stütze oberhalb der Kranbahn mit einem geringeren Querschnitt weiterzuführen (Abb. 7.104). Die Auflagerung erfolgt dann auf der abgesetzten Stütze.

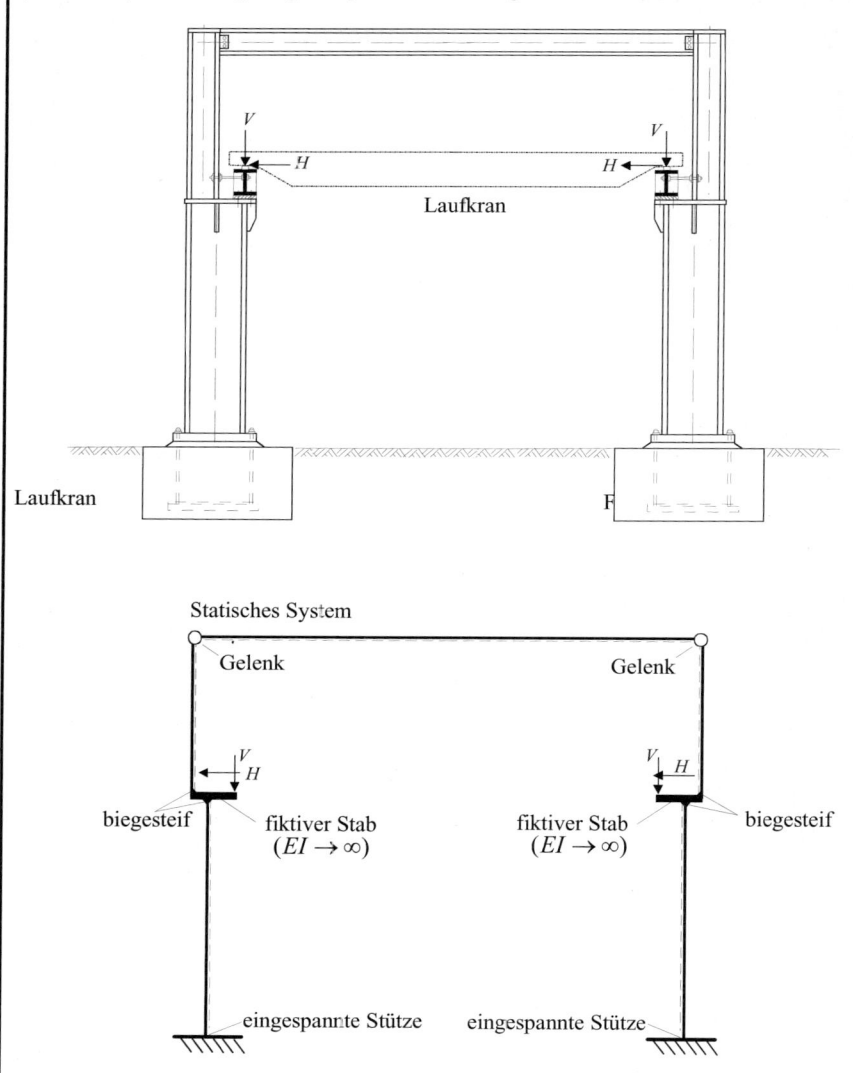

Abb. 7.104: Abgesetzte Kranbahnstützen

2.7 Beispiel 7: Eingespannte Treppenstufen

Abbildung 7.105a zeigt u.a. die Möglichkeit der Übertragung eines Kräftepaares (Einspannmoment).

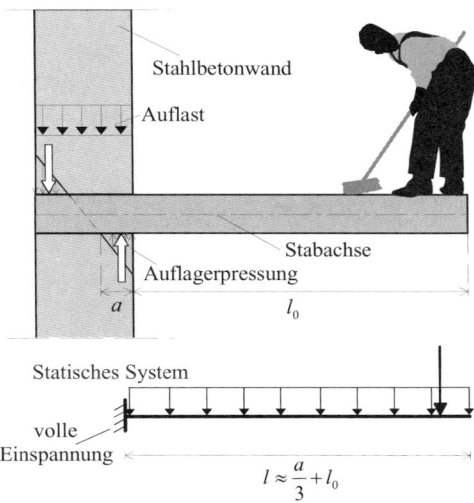

Abb. 7.105a: Eingespannte Treppenstufen

2.8 Beispiel 8: Streifenfundament elastisch gelagert

Das Bettungszifferverfahren ist eine Möglichkeit zur Berechnung des elastisch gelagerten Fundaments.

Bettungszifferverfahren

Beim Bettungszifferverfahren wird der elastische Boden durch eine Vielzahl von Federn ersetzt (Abb. 7.105b). Es wird bei diesem Verfahren angenommen, dass die Setzung s an jeder Stelle des Fundaments proportional ist zu der an der gleichen Stelle vorhandenen Sohlnormalspannung σ_0. Der Proportionalitätsfaktor k_s wird Bettungsziffer genannt.

Die Bettungsziffer k_s ist kein Bodenkennwert, sondern abhängig von den Baugrundeigenschaften, den Bauwerkslasten und der Fundamentgeometrie.

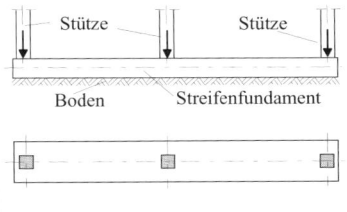
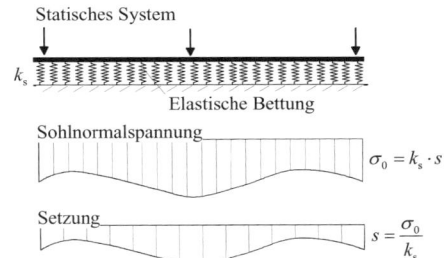

Abb. 7.105b: Streifenfundament als elastisch gebetteter Träger

Steck / Nebgen

Holzbau kompakt
nach DIN 1052 (12.2008)

3., erweiterte und aktualisierte Auflage.
2009. 268 Seiten.
17 x 24 cm. Kartoniert.
Reihe BBB (Bauwerk-Basis-Bibliothek)
ISBN 978-3-89932-258-3
EUR 29,–

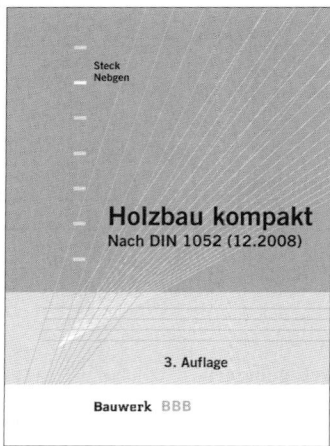

Aus dem Inhalt
- Grundlagen der Bemessung
- Baustoffe
- Dauerhaftigkeit
- Brandschutz
- Konstruieren mit Holz und Holzwerkstoffen
- Schnittgrößen
- Zugstäbe
- Druckstäbe
- Biegeträger
- Scheiben aus Tafeln
- Verbindungen
- Gebrauchstauglichkeit
- Beispiel Wohnhaus
- Beispiel Hallentragwerk

Autoren:
Prof. Dr.-Ing. Günter Steck lehrt Holzbau an der Fachhochschule München.
Prof. Dipl.-Ing. Nikolaus Nebgen lehrt Holzbau an der Fachhochschule Hildesheim.

Interessenten:
Architekten, Bauingenieure, Wirtschaftsingenieure, Bauunternehmen, Bauträger, Baubehörden, Bauämter, Bauherren, Baukaufleute, Investoren, Studierende des Bauingenieur- und Wirtschaftswesens

Bauwerk www.bauwerk-verlag.de

8 Beton, Stahlbetonbau, Stahlbau

		Seite
8A	Beton nach DIN EN 206-1 und DIN 1045-2	8.1
8B	Stahlbetonbau nach DIN 1045-1 (08.2008)	8.15
8C	Stahlbetonbau nach DIN 1045 (07.1988) (siehe beiliegende CD)	8.91
8D	Stahlbau	8.121
8E	Stahlbauprofile	8.145

8A Beton nach DIN EN 206-1 und DIN 1045-2

Prof. Dr.-Ing. Klaus Holschemacher

Inhaltsverzeichnis

		Seite
1	**Allgemeines**	8.2
1.1	Geltungsbereich und normative Grundlagen	8.2
1.2	Begriffe	8.2
2	**Ausgangsstoffe für die Betonherstellung**	8.3
2.1	Zement	8.3
2.2	Gesteinskörnungen	8.4
2.3	Zusatzstoffe	8.4
2.4	Zusatzmittel	8.5
2.5	Zugabewasser	8.5
3	**Frischbeton**	8.5
3.1	Konsistenz	8.5
3.2	Frischbetontemperatur	8.6
3.3	Frischbetonrohdichte und Luftgehalt	8.6
4	**Festbeton**	8.6
4.1	Druckfestigkeit	8.6
4.2	Trockenrohdichte	8.7
5	**Zusammensetzung des Betons**	8.7
5.1	Mehlkorngehalt	8.7
5.2	Anforderungen an die Betonzusammensetzung in Abhängigkeit von den Expositionsklassen	8.8
5.3	Verwendung von Zusatzstoffen	8.9
5.4	Verwendung von Zusatzmitteln	8.10
5.5	Verwendung von Fasern	8.10
6	**Festlegung des Betons**	8.11
7	**Konformitätskriterien und Konformitätskontrolle**	8.12
7.1	Beton nach Eigenschaften	8.12
7.2	Beton nach Zusammensetzung und Standardbeton	8.13
8	**Überwachung**	8.13

1 Allgemeines

1.1 Geltungsbereich und normative Grundlagen

Die Anforderungen an die Festlegung, die Eigenschaften, die Herstellung sowie die Konformität sind für Normalbeton, gefügedichten Leichtbeton und Schwerbeton in der europäischen Norm DIN EN 206-1 (07.2001) geregelt. Die für die Anwendung dieser Norm notwendigen, ergänzenden nationalen Festlegungen sind in DIN 1045-2 (08.2008) enthalten. Davon abweichende oder zusätzliche Regelungen können in anderen Normen angegeben sein. Die Überwachung des Betons ist in DIN 1045-3 (08.2008) festgelegt.

Neben DIN EN 206-1 und DIN 1045-2 sind die Normen zu den Ausgangsstoffen für die Herstellung von Beton, zu Prüfverfahren von Beton sowie besondere Produktnormen zu beachten, siehe Normenverzeichnis am Ende dieses Buches.

Die nachfolgenden Ausführungen beziehen sich auf Beton, der für Ortbetonbauwerke, für vorgefertigte Bauteile oder für Fertigteile für Gebäude und Ingenieurbauwerke zum Einsatz kommt. Die Herstellung des Betons kann dabei grundsätzlich als Baustellenbeton, Transportbeton oder Beton in einem Fertigteilwerk erfolgen.

1.2 Begriffe

Beton nach Eigenschaften	Beton, dessen geforderte Eigenschaften und zusätzlichen Anforderungen gegenüber dem Hersteller festgelegt sind.
Beton nach Zusammensetzung	Beton, dessen Zusammensetzung einschließlich der zu verwendenden Ausgangsstoffe dem Hersteller vorgegeben werden.
Standardbeton	Beton nach Zusammensetzung, für den die Betonzusammensetzung in einer Norm geregelt ist.
Betonfamilie	Gruppe von Betonen mit ähnlicher Zusammensetzung, für die ein verlässlicher Zusammenhang zwischen maßgebenden Eigenschaften und Zusammensetzung festgelegt und dokumentiert ist.
Hersteller	Stelle oder Person, die den Frischbeton herstellt.
Verwender	Stelle oder Person, die den Frischbeton im Rahmen der Herstellung eines Bauwerks oder Bauteils verwendet.
Fließbeton	Beton mit einer Konsistenzbeschreibung sehr weich, fließfähig oder sehr fließfähig (entspricht den Konsistenzklassen F4 bis F6 nach DIN EN 12350-5).
Restwasser	Auf dem Gelände der Betonproduktion anfallendes Wasser, welches nach einer Aufbereitung bei der Betonherstellung wieder verwendet wird.
Wirksamer Wassergehalt	Differenz zwischen der im Frischbeton befindlichen Gesamtwassermenge und der Wassermenge, die von der Gesteinskörnung aufgenommen wird.
Wasserzementwert	Masseverhältnis wirksamer Wassergehalt/Zementgehalt.
Äquivalenter Wasserzementwert	Masseverhältnis des wirksamen Wassergehaltes zur Summe aus Zementgehalt und k-fach anrechenbaren Anteilen von Zusatzstoffen.
Expositionsklasse	Klassifizierung der chemischen und physikalischen Umgebungsbedingungen.
Überwachungsklasse	Einteilung des Betons in Klassen nach Festigkeit, Umgebungsbedingungen und besonderen Eigenschaften mit unterschiedlichen Anforderungen an die Überwachung.

2 Ausgangsstoffe für die Betonherstellung

2.1 Zement

Für die Betonherstellung eignen sich Zemente nach
- DIN EN 197-1 (08.2004): Normalzemente
  - N übliche Anfangsfestigkeit
  - R hohe Anfangsfestigkeit
  - LH niedrige Hydratationswärme
- DIN EN 197-4 (08.2004): Hochofenzement mit niedriger Anfangsfestigk. (Kennzeichen L)
- DIN 1164-10 (08.2004): Normalzement mit besonderen Eigenschaften
  - HS hoher Sulfatwiderstand
  - NA niedriger wirksamer Alkaligehalt
- DIN 1164-11 (11.2003): Zement mit verkürztem Erstarren
  - FE frühes Erstarren
  - SE schnelles Erstarren
- DIN 1164-12 (06.2005): Zement mit erhöhtem Anteil an organischen Bestandteilen (Kennzeichen HO)
- DIN EN 14216 (08.2004): Sonderzement mit sehr niedriger Hydratationswärme
  - VLH III Sonder-Hochofenzement
  - VLH IV Sonder-Puzzolanzement
  - VLH V Sonder-Kompositzement.

Zemente nach DIN EN 197-1/4 und DIN 1164-10/11/12 werden in 3 Festigkeitsklassen (32,5; 42,5 und 52,5) eingeteilt, Zement nach DIN EN 14216 hat die Festigkeitsklasse 22,5.

Tafel 8.3: Arten und Zusammensetzung der Normalzemente nach DIN EN 197-1

Hauptzementart	Bezeichnung	Kurzzeichen	Anteil an Portlandzementklinker in M.-%	weitere Bestandteile Art	Anteil in M.-%
CEM I	Portlandzement	CEM I	95 – 100	-	0
CEM II	Portlandhüttenzement	CEM II/A-S	80 – 94	Hüttensand (S)	6 – 20
		CEM II/B-S	65 – 79		21 – 35
	Portlandsilicastaubzement	CEM II/A-D	90 – 94	Silicastaub (D)	6 – 10
	Portlandpuzzolanzement	CEM II/A-P	80 – 94	natürliches Puzzolan (P)	6 – 20
		CEM II/B-P	65 – 79		21 – 35
		CEM II/A-Q	80 – 94	natürliches getempertes Puzzolan (Q)	6 – 20
		CEM II/B-Q	65 – 79		21 – 35
	Portlandflugaschezement	CEM II/A-V	80 – 94	kieselsäurereiche Flugasche (V)	6 – 20
		CEM II/B-V	65 – 79		21 – 35
		CEM II/A-W	80 – 94	kalkreiche Flugasche (W)	6 – 20
		CEM II/B-W	65 – 79		21 – 35
	Portlandschieferzement	CEM II/A-T	80 – 94	gebrannter Schiefer (T)	6 – 20
		CEM II/B-T	65 – 79		21 – 35
	Portlandkalksteinzement	CEM II/A-L	80 – 94	Kalkstein (L) [1]	6 – 20
		CEM II/B-L	65 – 79		21 – 35
		CEM II/A-LL	80 – 94	Kalkstein (LL) [1]	6 – 20
		CEM II/B-LL	65 – 79		21 – 35

8A Beton nach DIN EN 206-1 und DIN 1045-2

Tafel 8.3: Arten und Zusammensetzung der Normalzemente nach DIN EN 197-1 (Fortsetzung)

CEM II	Portlandkomposit-zement	CEM II/A-M	80 – 94	alle Bestandteile möglich (S, D, P, Q, V, W, T, L, LL)	6 – 20
		CEM II/B-M	65 – 79		21 – 35
CEM III	Hochofenzement	CEM III/A	35 – 64	Hüttensand (S)	36 – 65
		CEM III/B	20 – 34		66 – 80
		CEM III/C	5 – 19		81 – 95
CEM IV	Puzzolanzement	CEM IV/A	65 – 89	Puzzolane (D, P, Q, V)	11 – 35
		CEM IV/B	45 – 64		36 – 55
CEM V	Kompositzement	CEM V/A	40 – 64	Hüttensand (S) und Puzzolane (P, Q, V)	18 – 30
		CEM V/B	20 – 38		31 – 50

[1] Kalkstein (L): TOC Masseanteil ≤ 0,5 %; Kalkstein (LL): TOC Masseanteil ≤ 0,2 %; TOC: Gesamtgehalt an organischem Kohlenstoff nach EN 13639

Beispiel: Normbezeichnung eines Zementes
Hochofenzement mit niedriger Anfangsfestigkeit und niedriger Hydratationswärme
DIN EN 197 – 4 CEM III/C 32,5 L – LH
Bezeichnung eines Hochofenzements mit einem Massenanteil von Hüttensand zwischen 81 % und 95 %, der Festigkeitsklasse 32,5 mit niedriger Anfangsfestigkeit und niedriger Hydratationswärme.

2.2 Gesteinskörnungen

Für den Einsatz im Beton kommen Gesteinskörnungen mit einer Kornrohdichte > 2000 kg/m^3 nach DIN EN 12620, leichte Gesteinskörnungen nach DIN EN 13055-1 (08.2002) sowie rezyklierte Gesteinskörnungen nach DIN 4226-100 (02.2002) in Frage. Festlegungen zur Kornzusammensetzung siehe DIN 1045-2, Anhang L.

Sofern in der Gesteinskörnung alkaliempfindliche Bestandteile enthalten sind, muss die DAfStb-Richtlinie „Alkalireaktion im Beton" beachtet werden.

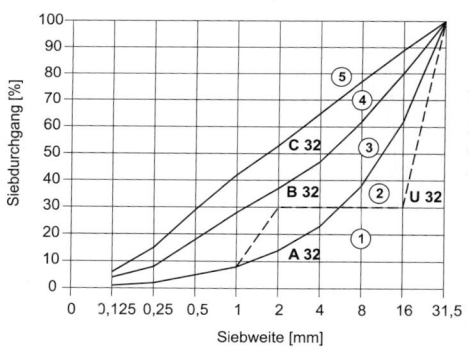

Abb. 8.4: **Sieblinien mit einem Größtkorn von 32 mm**

2.3 Zusatzstoffe

Betonzusatzstoffe sind feinste mineralische oder organische Stoffe, die zur Verbesserung der Frisch- und/oder Festbetoneigenschaften des Betons dienen. Bei der Stoffraumrechnung ist die Erfassung ihres Volumenanteils erforderlich. Die Zusatzstoffe können nach DIN EN 206-1 bzw. DIN 1045-2 in folgende Arten eingeteilt werden:

- inerte Zusatzstoffe (Typ I):
  - Gesteinsmehle nach DIN EN 12620, z.B. Kalksteinmehl
  - Pigmente nach DIN EN 12878
- puzzolanische oder latent-hydraulische Zusatzstoffe (Typ II):
  - Flugasche nach DIN EN 450-1
  - Trass nach DIN 51043
  - Silicastaub nach DIN EN 13263-1.

2.4 Zusatzmittel

Zusatzmittel sind Stoffe, die dem Beton in feinverteilter Form und in geringen Mengen zugegeben werden, um die Frisch- und/oder Festbetoneigenschaften gezielt zu beeinflussen. Zusatzmittel für Beton müssen den Anforderungen der DIN EN 934-2 entsprechen bzw. eine allgemeine bauaufsichtliche Zulassung haben. Die Gesamtmenge an Zusatzmitteln darf in der Regel weder die vom Hersteller empfohlene Höchstdosierung noch 50 g/kg Zement übersteigen. Werden mehrere Zusatzmittel unterschiedlicher Wirkungsgruppen verwendet, dürfen bis zu 60 g/kg Zement zugegeben werden. Ausnahme: Bei Zementen nach DIN 1164-11 und DIN 1164-12 ist die Zusatzmittelmenge stets auf 50 g/kg Zement begrenzt.

Tafel 8.5a: Übersicht über Zusatzmittel für Beton

Wirkungsgruppe	Wirkung
Betonverflüssiger	Verminderung des Wasseranspruchs und/oder Verbesserung der Verarbeitbarkeit
Fließmittel	Erhebliche Verminderung des Wasseranspruchs und/oder Verbesserung der Verarbeitbarkeit
Stabilisierer	Verringerung des Absonderns von Zugabewasser
Erstarrungsbeschleuniger	Verringerung der Zeit bis zum Erstarren des Zementleims
Erhärtungsbeschleuniger	Beschleunigung der Entwicklung der Frühfestigkeit
Verzögerer	Zeitliche Verzögerung der Erstarrung des Zementleims, damit Verlängerung des Verarbeitbarkeitszeitraums
Dichtungsmittel	Verringerung der kapillaren Wasseraufnahme des Festbetons
Luftporenbildner	Einführung einer bestimmten Menge kleiner, gleichmäßig verteilter Luftporen, die im Festbeton verbleiben

2.5 Zugabewasser

Als Zugabewasser ist nach DIN EN 1008 Trinkwasser sowie das in der Natur vorkommende Wasser geeignet, sofern es nicht Bestandteile enthält, die das Erhärten bzw. andere Eigenschaften des Betons oder den Korrosionsschutz der Bewehrung ungünstig beeinflussen. Der Einsatz von Restwasser ist ebenfalls möglich, wobei dann die DAfStb-Richtlinie „Herstellung von Beton unter Verwendung von Restwasser, Restbeton und Restmörtel" zu beachten ist.

3 Frischbeton

3.1 Konsistenz

In DIN EN 12350 werden 4 verschiedene Prüfverfahren zur Einstufung der Konsistenz des Frischbetons in Konsistenzklassen angegeben (Tafel 8.5b und c und Tafel 8.6a und b), wobei diese Konsistenzklassen jedoch nicht direkt vergleichbar sind. Zusätzlich erfolgt eine verbale Beschreibung der Konsistenz für die beiden in Deutschland gebräuchlichsten Messverfahren, dem Ausbreitmaß für weiche sowie dem Verdichtungsmaß für steife Betone.

Tafel 8.5b: Konsistenzklassen, bestimmt mit der Setzmaßprüfung nach DIN EN 12350-2

Klasse	Setzmaß in mm
S1	10 bis 40
S2	50 bis 90
S3	100 bis 150
S4	160 bis 210
S5	≥ 220

Tafel 8.5c: Konsistenzklassen, bestimmt mit der Vebeprüfung nach DIN EN 12350-3

Klasse	Setzzeit in s
V0	≥ 31
V1	21 bis 30
V2	11 bis 20
V3	6 bis 10
V4	3 bis 5

Tafel 8.6a: Konsistenzklassen, bestimmt mit der Ausbreitprüfung nach DIN EN 12350-5

Klasse	Ausbreitmaß d (Durchmesser) in mm	Konsistenzbeschreibung
F1	≤ 340	steif
F2	350 bis 410	plastisch
F3	420 bis 480	weich
F4	490 bis 550	sehr weich
F5	560 bis 620	fließfähig
F6 [1]	≥ 630	sehr fließfähig

Tafel 8.6b: Konsistenzklassen, bestimmt mit der Verdichtungsprüfung nach DIN EN 12350-4

Klasse	Verdichtungsmaß c	Konsistenzbeschreibung
C0	≥ 1,46	sehr steif
C1	1,45 bis 1,26	steif
C2	1,25 bis 1,11	plastisch
C3	1,10 bis 1,04	weich

[1] Bei Ausbreitmaßen > 700 mm ohne Schlag ist die DAfStb-Richtlinie „Selbstverdichtender Beton" zu beachten.

3.2 Frischbetontemperatur

Im Allgemeinen sollte die Frischbetontemperatur zwischen –5 °C und +30 °C liegen, um die Wirksamkeit der Zusatzmittel zu gewährleisten sowie den Erhärtungsprozess nicht negativ zu beeinflussen.

3.3 Frischbetonrohdichte und Luftgehalt

Die Ermittlung der Frischbetonrohdichte erfolgt nach DIN EN 12350-6. Der Luftgehalt von Frischbeton, der mit normalen oder relativ dichten Gesteinskörnungen hergestellt wurde, ist nach DIN EN 12350-7 zu ermitteln. Bei leichten porösen Gesteinskörnungen müssen andere Verfahren verwendet werden.

4 Festbeton

4.1 Druckfestigkeit

4.1.1 Prüfung der Betondruckfestigkeit

Die Prüfung der Betondruckfestigkeit kann nach DIN EN 206-1 entweder an Würfeln mit 150 mm Kantenlänge oder an Zylindern mit 150 mm Durchmesser und 300 mm Länge erfolgen. Sofern keine anderen Vereinbarungen getroffen werden, ist in Deutschland die Betondruckfestigkeit an Probewürfeln zu prüfen, die nach DIN EN 12390-2, Anhang NA einen Tag in der Schalung verbleiben, dann 6 Tage wassergelagert und anschließend bis zur Prüfung bei Normklima an der Luft gelagert werden. Da diese Lagerungsbedingungen vom Referenzverfahren nach DIN EN 12390-2 (Wasserlagerung bis zum Prüftermin) abweichen, müssen die auf diese Weise ermittelten Festigkeiten $f_{c,dry}$ noch umgerechnet werden:

– Normalbeton ≤ C50/60: $f_{c,cube} = 0{,}92 \cdot f_{c,dry}$
– hochfester Normalbeton ≥ C55/67: $f_{c,cube} = 0{,}95 \cdot f_{c,dry}$

Werden anstelle von Würfeln mit einer Kantenlänge von $l = 150$ mm solche mit 100 mm Kantenlänge verwendet, gilt für die Umrechnung der Festigkeitswerte:

$$f_{c,dry\,(150\,mm)} = 0{,}97 \cdot f_{c,dry\,(100\,mm)}$$

Die Prüfung der Betondruckfestigkeit erfolgt im Allgemeinen im Alter von 28 Tagen. In besonderen Fällen kann es erforderlich sein, die Druckfestigkeit auch zu einem früheren oder späteren Zeitpunkt zu bestimmen.

4.1.2 Betondruckfestigkeitsklassen

Beton nach DIN EN 206-1 und DIN 1045-2 wird in Druckfestigkeitsklassen für Normal- und Schwerbeton sowie Leichtbeton eingeteilt, siehe Tafel 8.21. Zur Klassifizierung der Druckfestigkeit eines Betons muss dessen charakteristische Festigkeit (5%-Quantilwert der Grundgesamtheit aller möglichen Festigkeitsmessungen) mindestens so groß wie die minimale charakteristische Festigkeit der festgelegten Druckfestigkeitsklasse ($f_{ck,cube}$ nach Tafel 8.21) sein. Darüber hinaus werden Normal- und Schwerbetone mit einer Festigkeitsklasse über C50/60 und Leichtbetone über LC50/55 als hochfeste Betone bezeichnet. Für hochfesten Beton der Festigkeitsklassen C90/105, C100/115, LC70/77 und LC80/88 ist eine allgemeine bauaufsichtliche Zulassung oder eine Zustimmung im Einzelfall erforderlich.

4.2 Trockenrohdichte

Entsprechend seiner nach DIN EN 12390-7 ermittelten Rohdichte (ofentrocken) wird Beton als Leichtbeton, Normalbeton oder Schwerbeton definiert. Für Leichtbeton erfolgt eine Einteilung in die Rohdichteklassen nach Tafel 8.7a.

Tafel 8.7a: Klassifizierung von Beton nach der Trockenrohdichte

	Leichtbeton						Normalbeton	Schwerbeton
Rohdichteklasse	D1,0	D1,2	D1,4	D1,6	D1,8	D2,0	-	-
Trockenrohdichte in kg/m³	≥ 800 [1] und ≤ 1000	> 1000 und ≤ 1200	> 1200 und ≤ 1400	> 1400 und ≤ 1600	> 1600 und ≤ 1800	> 1800 und ≤ 2000	> 2000 und ≤ 2600	> 2600

[1] Leichtbetone mit einer Trockenrohdichte < 800 kg/m³ sind i.d.R. haufwerksporige Leichtbetone und werden deshalb nicht in diesem Abschnitt behandelt.

5 Zusammensetzung des Betons

5.1 Mehlkorngehalt

Der Gehalt an Mehlkorn setzt sich zusammen aus dem Zement, den möglicherweise zugegebenen Betonzusatzstoffen und dem in der Gesteinskörnung enthaltenen Kornanteil ≤ 0,125 mm.

Tafel 8.7b: Maximal zulässiger Mehlkorngehalt

Betonfestigkeitsklasse		Expositionsklasse	Gehalt an Zement in kg/m³ [1]	Maximal zulässiger Mehlkorngehalt in kg/m³	
Normal- und Schwerbeton	Leichtbeton			Größtkorn 8 mm	Größtkorn 16 ... 63 mm
bis C50/60	bis LC50/55	XF, XM	≤ 300	450 [2]	400 [2]
			≥ 350	500 [2]	450 [2]
		alle sonstigen (außer XF und XM)	-	550	550
ab C55/67	ab LC55/60	alle	≤ 400	550	500
			450	600	550
			≥ 500	650	600

[1] Für Zwischenwerte ist der Mehlkorngehalt geradlinig zu interpolieren.
[2] Diese Werte dürfen um maximal 50 kg/m³ erhöht werden:
 - wenn der Zementgehalt 350 kg/m³ übersteigt, um den über 350 kg/m³ hinausgehenden Zementgehalt,
 - wenn ein puzzolanischer Zusatzstoff des Typs II (z.B. Silicastaub, Flugasche) verwendet wird, um den Gehalt des eingesetzten Betonzusatzstoffes.

5.2 Anforderungen an die Betonzusammensetzung in Abhängigkeit von den Expositionsklassen

Die bei Vorliegen einer bestimmten Expositionsklasse verwendbaren Zemente sind in DIN 1045-2 angegeben.

An unbewehrte Betone der Expositionsklasse X0 (kein Korrosions- und Angriffsrisiko) werden keine Anforderungen an die Betonzusammensetzung gestellt, sie müssen jedoch mindestens der Festigkeitsklasse C8/10 genügen.

Tafel 8.8: Anforderungen an die Zusammensetzung von Beton nach Eigenschaften

Expositionsklasse	Umgebungsbedingung	Höchstzulässiger w/z-Wert [1]	Mindestzementgehalt in kg/m³ [3]	Mindestzementgehalt bei Anrechnung von Zusatzstoffen in kg/m³ [3]	Mindestdruckfestigkeitsklasse [2]
Bewehrungskorrosion, ausgelöst durch Karbonatisierung					
XC1	trocken oder ständig nass	0,75	240	240	C16/20
XC2	nass, selten trocken	0,75	240	240	C16/20
XC3	mäßige Feuchte	0,65	260	240	C20/25
XC4	wechselnd nass und trocken	0,60	280	270	C25/30
Bewehrungskorrosion durch Chloride, ausgenommen Meerwasser					
XD1	mäßig feucht	0,55	300	270	C30/37 [4]
XD2	nass, selten trocken	0,50	320 [3]	270	C35/45 [4][5]
XD3	wechselnd nass und trocken	0,45	320 [3]	270	C35/45 [4]
Bewehrungskorrosion durch Chloride aus Meerwasser					
XS1	salzhaltige Luft, kein direkter Kontakt mit Meerwasser	0,55	300	270	C30/37 [4]
XS2	unter Meerwasser	0,50	320	270	C35/45 [4][5]
XS3	Tide-, Spritzwasser-, Sprühnebelbereiche	0,45	320	270	C35/45 [4]
Frostangriff ohne und mit Taumittel [5]					
XF1	mäßige Wassersättigung, ohne Taumittel	0,60	280	270	C25/30
XF2 [6][11]	mäßige Wassersättigung, mit Taumittel	0,55	300	270	C25/30
		0,50	320	270	C35/45 [5]
XF3 [11]	hohe Wassersättigung, ohne Taumittel	0,55	300	270	C25/30
		0,50	320	270	C35/45 [5]
XF4 [6][11]	hohe Wassersättigung, mit Taumittel	0,50	320	270	C30/37
Betonkorrosion durch chemischen Angriff					
XA1	schwacher chemischer Angriff	0,60	280	270	C25/30
XA2	mäßiger chemischer Angriff	0,50	320	270	C35/45 [4][5]
XA3 [13]	starker chemischer Angriff	0,45	320	270	C35/45 [4]

Zusammensetzung des Betons

Tafel 8.8: Anforderungen an die Zusammensetzung von Beton nach Eigenschaften (Fortsetzung)

Expositonsklasse	Umgebungsbedingung	Höchstzulässiger w/z-Wert [1]	Mindestzementgehalt in kg/m³ [3]	Mindestzementgehalt bei Anrechnung von Zusatzstoffen in kg/m³ [3]	Mindestdruckfestigkeitsklasse [2]
Betonkorrosion durch Verschleißbeanspruchung [7] [8] [12]					
XM1	mäßige Beanspruchung	0,55	300	270	C30/37 [4]
XM2 [9]	starke Beanspruchung	0,55	300	270	C30/37 [4]
XM2	starke Beanspruchung	0,45	320	270	C35/45 [4]
XM3 [10]	sehr starke Beanspruchung	0,45	320	270	C35/45 [4]

[1] Bei Anrechnung von Zusatzstoffen wird der äquivalente Wasserzementwert verwendet.
[2] Gilt für Normal- und Schwerbeton, jedoch nicht für Leichtbeton.
[3] Bei einem Größtkorn der Gesteinskörnung von 63 mm darf der Mindestzementgehalt um 30 kg/m³ vermindert werden.
[4] Bei Verwendung von Luftporenbeton, z.B. aufgrund gleichzeitiger Anforderungen aus der Expositionsklasse XF, eine Festigkeitsklasse niedriger.
[5] Bei langsam und sehr langsam erhärtenden Betonen eine Festigkeitsklasse niedriger.
[6] Anrechnung von Zusatzstoffen des Typs II auf den Mindestzementgehalt und den Wasserzementwert nur bei Verwendung von Flugasche zulässig. Bei gleichzeitiger Verwendung von Flugasche und Silicastaub ist eine Anrechnung auch für die Flugasche ausgeschlossen.
[7] Höchstzementgehalt 360 kg/m³, jedoch nicht bei hochfesten Betonen.
[8] Es sind ausschließlich Gesteinskörnungen nach DIN EN 12620 zu verwenden.
[9] Oberflächenbehandlung des Betons erforderlich, z.B. Vakuumieren und Flügelglätten.
[10] Verwendung von Hartstoffen nach DIN 1100.
[11] Es sind zusätzliche Anforderungen an den mittleren Luftgehalt im Frischbeton in Abhängigkeit vom Größtkorn zu beachten, siehe DIN 1045-2.
[12] Der Höchstzementgehalt beträgt 360 kg/m³. Diese Festlegung gilt nicht bei hochfesten Betonen.
[13] Zusätzlicher Schutz des Betons erforderlich.

5.3 Verwendung von Zusatzstoffen

Zusatzstoffe des Typs II dürfen auf den Mindestzementgehalt angerechnet sowie durch den Ansatz des äquivalenten Wasserzementwertes anstelle des Wasserzementwertes berücksichtigt werden. Diese Regelung gilt bei

- Verwendung von Flugasche für alle Expositionsklassen,
- Verwendung von Silicastaub für alle Expositionsklassen außer XF2 oder XF4,
- gleichzeitige Verwendung von Flugasche und Silicastaub bei allen Expositionsklassen außer XF2 oder XF4.

Sofern Flugasche und Silicastaub als Zusatzstoff verwendet werden, kann der äquivalente Wasserzementwert mit Hilfe des k-Wert-Ansatzes ermittelt werden (Tafel 8.10a).

Für die Reduzierung des Mindestzementgehaltes nach Tafel 8.8 ist bei Verwendung von Flugasche und/oder Silicastaub zu beachten:

- Eine Reduzierung des Mindestzementgehaltes ist nur bei Verwendung bestimmter Zementarten möglich, siehe Fußnoten [1] und [2] der Tafel 8.10a.
- Der Gehalt aus der Summe von Zement z, Flugasche f und Silicastaub s darf insgesamt nicht kleiner als die in Tafel 8.8 in der Spalte "Mindestzementgehalt in kg/m³" angegebene Mindestzementmenge sein.
- Der Zementgehalt darf höchstens auf die in Tafel 8.8 in der Spalte "Mindestzementgehalt bei Anrechnung von Zusatzstoffen" angegebene Menge reduziert werden.

Beim gleichzeitigen Einsatz von Flugasche und Silicastaub ist eine ausreichende Alkalität der Porenlösung sicherzustellen. Dazu ist einzuhalten (in Massenanteilen):
- für Zement CEM I: $f/z = 3 \cdot (0{,}22 - s/z)$
- für die Zemente CEM II-S, CEM II-T,
  CEM II/A-LL, CEM II/A-M (S-T, S-LL, T-LL),
  CEM II/B-M (S-T) und CEM III/A: $f/z = 3 \cdot (0{,}15 - s/z)$
- für sonstige Zemente: Gemeinsame Verwendung von Silicastaub und Flugasche unzulässig.

Tafel 8.10a: Anrechnung von Flugasche und Silicastaub

	Flugasche f [1)]	Silicastaub s [2)]	Flugasche f und Silicastaub s
k-Wert	$k_f = 0{,}4$	$k_s = 1{,}0$	$k_f = 0{,}4$ $k_s = 1{,}0$
äquivalenter Wasserzementwert $(w/z)_{eq}$	$\dfrac{w}{z + 0{,}4 \cdot f}$	$\dfrac{w}{z + 1{,}0 \cdot s}$	$\dfrac{w}{z + 0{,}4 \cdot f + 1{,}0 \cdot s}$
Anrechenbare Höchstmenge des Zusatzstoffes in kg/m³, z - Zementgehalt in kg/m³	$f \leq 0{,}33 \cdot z$ [3)]	$s \leq 0{,}11 \cdot z$	$f \leq 0{,}33 \cdot z$ [3)] $s \leq 0{,}11 \cdot z$

[1)] Anrechenbarkeit nur bei Verwendung von CEM I, CEM II/A-D, CEM II/A-S, CEM II/B-S, CEM II/A-T, CEM II/B-T, CEM II/A-LL, CEM II/A-P, CEM II/A-V, CEM II/A-M mit den Hauptbestandteilen S, D, P, V, T, LL, CEM II/B-M (S-D, S-T, D-T), CEM III/A und CEM III/B bis 70 M.-% Hüttensand.
[2)] Anrechenbarkeit nur bei Verwendung von CEM I, CEM II/A-S, CEM II/B-S, CEM II/A-P, CEM II/B-P, CEM II/A-V, CEM II/A-T, CEM II/B-T, CEM II/A-LL, CEM II/A-M mit den Hauptbestandteilen S, P, V, T, LL, CEM II/B-M (S-T, S-V), CEM III/A und CEM III/B.
[3)] Besondere Einschränkungen gelten für Zemente mit den Hauptbestandteilen P, V und D, siehe DIN 1045-2.

5.4 Verwendung von Zusatzmitteln

Bei der Anwendung flüssiger Zusatzmittel muss die darin enthaltene Wassermenge bei der Berechnung des w/z-Wertes beachtet werden, wenn die Dosiermenge > 3 l/m³ Beton beträgt.

Tafel 8.10b: Mindest- und Höchstzugabemengen von Fließmitteln (in g je kg Zement bzw. ml je kg Zement)

Anwendungsbereich	Mindestzugabe	Höchstzugabe [1)] bei Anwendung	
		eines Zusatzmittels	mehrerer Zusatzmittel
Beton, Stahlbeton	2 [2)]	50	60
Hochfester Beton		70	80

[1)] Zusätzlich ist die vom Zusatzmittelhersteller empfohlene Höchstmenge zu beachten.
[2)] Geringere Zusatzmittelmengen sind möglich, wenn sie in einem Teil des Zugabewassers aufgelöst sind.

5.5 Verwendung von Fasern

Für die Verwendung von Fasern in Beton gilt:
- lose Stahlfasern nach DIN EN 14889-1 sind verwendbar, Ausnahme: verzinkte Stahlfasern dürfen nicht für Spannbeton verwendet werden,
- bei zu Bündeln geklebten Stahlfasern ist die Unschädlichkeit des Klebers durch eine allgemeine bauaufsichtliche Zulassung nachzuweisen,
- Polymerfasern nach DIN EN 14889-2 dürfen nur bei Vorliegen einer allgemeinen bauaufsichtlichen Zulassung verwendet werden.

Soll die Tragwirkung von Stahlfasern bei der rechnerischen Nachweisführung berücksichtigt werden, sind zusätzliche Festlegungen zu beachten.

6 Festlegung des Betons

Unter der Festlegung des Betons versteht man die Zusammenfassung aller für die angestrebten Betoneigenschaften relevanten Anforderungen. Dazu gehören auch Anforderungen an Betoneigenschaften die für den Transport nach der Lieferung, das Einbringen, das Verdichten, die Nachbehandlung oder eventuelle weitere Behandlungen notwendig sind.

Beton kann grundsätzlich als Beton nach Eigenschaften, Beton nach Zusammensetzung oder Standardbeton festgelegt werden. Dabei werden grundlegende Anforderungen, die die Festlegung in jedem Fall enthalten muss und zusätzliche Anforderungen, die Bestandteil der Festlegung sein können, voneinander unterschieden.

Tafel 8.11: Übersicht zu den Anforderungen bei der Festlegung des Betons

	Beton nach Eigenschaften	Beton nach Zusammensetzung	Standardbeton
Grundlegende Anforderungen	– Übereinstimmung mit DIN EN 206-1 und DIN 1045-2 – Druckfestigkeitsklasse – Expositionsklasse – Größtkorn der Gesteinskörnung (Nennwert) – Klasse des Chloridgehaltes oder Art der Verwendung des Betons (unbewehrter Beton, Stahlbeton, Spannbeton) – Rohdichteklasse oder Zielwert der Rohdichte (nur bei Leichtbeton) – Zielwert der Rohdichte (nur bei Schwerbeton) – Konsistenzklasse oder Zielwert der Konsistenz (nur bei Transportbeton und Baustellenbeton)	– Übereinstimmung mit DIN EN 206-1 und DIN 1045-2 – Zementgehalt – Art und Festigkeitsklasse des Zements – Wasserzementwert oder Konsistenzklasse – Art, Kategorie und max. Chloridgehalt der Gesteinskörnung – Nennwert des Größtkorns der Gesteinskörnung, ggf. Beschränkungen der Sieblinie – Art und Menge der Zusatzmittel und -stoffe – Herkunft der Zusatzmittel, -stoffe und des Zements als Ersatz für nicht anders definierbare Eigenschaften	– Druckfestigkeitsklasse – Expositionsklasse – Größtkorn der Gesteinskörnung (Nennwert) – Konsistenzbezeichnung – Festigkeitsentwicklung (wenn erforderlich)
Zusätzliche Anforderungen	– besondere Arten oder Klassen von Zement – besondere Arten oder Klassen von Gesteinskörnungen – erforderliche Eigenschaften für den Widerstand gegen Frosteinwirkung – Anforderungen an die Frischbetontemperatur – Festigkeitsentwicklung – Wärmeentwicklung während der Hydratation – verzögertes Ansteifen – Wassereindringwiderstand – Abriebwiderstand – Spaltzugfestigkeit – sonstige technische Anforderungen (z.B. hinsichtlich der Oberflächenbeschaffenheit)	– zusätzliche Anforderungen an die Gesteinskörnung – Herkunft der Betonausgangsstoffe als Ersatz für nicht anders definierbare Eigenschaften – Anforderungen an die Frischbetontemperatur (falls abweichend von Abschnitt 3.2) – sonstige technische Anforderungen (z.B. hinsichtlich der Oberflächenbeschaffenheit)	Es ist nicht erforderlich, zusätzliche Anforderungen festzulegen. *Bemerkungen zu Standardbeton:* Die Verwendung von Standardbeton ist beschränkt auf: – Normalbeton für unbewehrte und bewehrte Betonbauteile – Druckfestigkeitsklassen ≤ C16/20 – Expositionsklassen X0, XC1, XC2. Für die Zusammensetzung des Standardbetons gelten folgende Einschränkungen: – Verwendung natürlicher Gesteinskörnungen – keine Verwendung von Zusatzstoffen und Zusatzmitteln – Mindestzementgehalt und Zementart nach DIN 1045-2

7 Konformitätskriterien und Konformitätskontrolle

Durch die Konformitätskontrolle wird überprüft, ob der Beton mit den durch die Festlegung definierten Anforderungen übereinstimmt. Sie ist ein integraler Bestandteil der Produktionskontrolle des Herstellers des Betons, wobei hinsichtlich der Durchführung der Konformitätskontrolle zwischen Beton nach Eigenschaften sowie Beton nach Zusammensetzung und Standardbeton zu unterscheiden ist.

7.1 Beton nach Eigenschaften

7.1.1 Konformitätskontrolle für die Druckfestigkeit

Die Konformitätskontrolle kann entweder an einzelnen Betonzusammensetzungen oder an Betonfamilien erfolgen. Als Betonfamilie wird in diesem Zusammenhang eine Gruppe von Betonzusammensetzungen bezeichnet, für die ein verlässlicher Zusammenhang zwischen den maßgebenden Eigenschaften festgelegt und dokumentiert ist. Durch die Zusammenfassung verschiedener Betone in Familien kann der Prüfaufwand reduziert werden, da die einzelnen Betone dann nicht mehr separat überwacht werden müssen. DIN EN 206-1, Anhang K, enthält grundlegende Angaben dazu, welche Betone zu einer Betonfamilie zusammengefasst werden dürfen.

Das Prinzip der Betonfamilien darf bei hochfesten Betonen nicht zur Anwendung kommen. Weiterhin darf Leichtbeton nicht in Betonfamilien einbezogen werden, die Normalbeton enthalten, jedoch kann für Leichtbetone mit nachweisbar ähnlicher Gesteinskörnung eine eigene Betonfamilie gebildet werden.

Probenahme und -häufigkeit

Die Betonproben sind zufällig auszuwählen und entsprechend EN 12350-1 zu entnehmen. Der Ort der Probenahme ist so zu wählen, dass sich die Zusammensetzung und die maßgebenden Eigenschaften des Betons zwischen dem Ort der Probenahme und dem der Übergabe nicht wesentlich ändern. Bei Leichtbeton muss die Probenahme am Ort der Verwendung erfolgen.

Die Probenahme erfolgt nach der Zugabe von Wasser oder von Zusatzmitteln unter der Verantwortung des Herstellers. Zur Mindesthäufigkeit der Probenahme siehe Tafel 8.12.

Tafel 8.12: Mindesthäufigkeit der Probenahme zur Beurteilung der Konformität [1]

Herstellung	Erste 50 m³ der Produktion	Nach den ersten 50 m³ der Produktion [2]	
		Normal- und Schwerbeton $\leq$ C50/60	Normal- und Schwerbeton $\geq$ C55/67 Leichtbeton
Erstherstellung	3 Proben	1 Probe je 200 m³ oder 2 Proben je Produktionswoche	1 Probe je 100 m³ oder 1 Probe je Produktionstag
stetige Herstellung (mind. 35 Prüfergebnisse)		1 Probe je 400 m³ oder 1 Probe je Produktionswoche	1 Probe je 200 m³ oder 1 Probe je Produktionstag
[1] Die Häufigkeit ist maßgebend, welche die größte Probenanzahl ergibt.			
[2] Gleichmäßig Verteilung der Probenahme über die Herstellung, für je 25 m³ Beton höchstens eine Probe.			

Konformitätskriterien

Der Nachweis der Konformität der Betondruckfestigkeit erfolgt an Probekörpern, die im Alter von 28 Tagen geprüft werden. Es dürfen nur solche Prüfergebnisse berücksichtigt werden, deren Prüfung nicht länger als 12 Monate zurückliegt.

Beim Nachweis der Konformität der Betondruckfestigkeit sind zwei Kriterien zu erfüllen, siehe Tafel 8.13a:

– Mittelwert von n aufeinander folgenden Prüfergebnissen f_{cm} (Kriterium 1);
– Einzelwerte der Prüfergebnisse f_{ci} (Kriterium 2).

Tafel 8.13a: Konformitätskriterien für die Druckfestigkeit

Herstellung	Anzahl n der Prüfergebnisse	Kriterium 1: Mittelwert von n Ergebnissen f_{cm} in N/mm²		Kriterium 2: Einzelwert f_{ci} in N/mm²	
		bis C50/60 bis LC50/55	ab C55/67 ab LC55/60	bis C50/60 bis LC50/55	ab C55/67 ab LC55/60
Erstherstellung	3	$\geq f_{ck} + 4$	$\geq f_{ck} + 5$	$\geq f_{ck} - 4$	$\geq f_{ck} - 5$
stetige Herstellung	15	$\geq f_{ck} + 1{,}48 \cdot \sigma$ $\sigma \geq 3$ N/mm²	$\geq f_{ck} + 1{,}48 \cdot \sigma$ $\sigma \geq 5$ N/mm²	$\geq f_{ck} - 4$	$\geq 0{,}9 \cdot f_{ck}$
σ – Standardabweichung					

Zusätzliche Festlegungen hinsichtlich der Konformität von Betonfamilien siehe DIN EN 206-1 und DIN 1045-2.

7.1.2 Konformitätskontrolle anderer Eigenschaften

Zur Konformitätskontrolle anderer Eigenschaften (z.B. Spaltzugfestigkeit, Rohdichte, Konsistenz) siehe DIN EN 206-1, DIN 1045-2 und DAfStb Heft 526.

7.2 Beton nach Zusammensetzung und Standardbeton

Vom Hersteller muss für jede Charge die Konformität mit der festgelegten Betonzusammensetzung (Zementgehalt, Nennwert des Größtkorns, Kornverteilung oder Sieblinie der Gesteinskörnung, Menge und Art von Zusatzmitteln oder Zusatzstoffen) nachgewiesen werden. Dabei sind die zulässigen Toleranzen für die Dosierung von Ausgangsstoffen nach DIN EN 206-1 zu berücksichtigen, der Wasserzementwert darf den festgelegten Wert um nicht mehr als 0,02 übersteigen. Der Umfang und die Häufigkeit der vom Auftraggeber durchzuführenden Nachweise der Eigenschaften des Betons sind in DIN 1045-3, Tabelle A.2 geregelt.

8 Überwachung

Die Einteilung des Betons für die Überprüfung der maßgebenden Frisch- und Festbetoneigenschaften erfolgt in drei Überwachungsklassen (siehe Tafel 8.13b), wobei für die Einordnung eines Betons bei mehreren zutreffenden Überwachungsklassen die höchste maßgebend ist. Umfang und Häufigkeit der durchzuführenden Prüfungen sind in DIN 1045-3, Anhang A, festgelegt.

Tafel 8.13b: Überwachungsklassen für Beton [1]

Überwachungsklasse		1	2	3
Festigkeitsklasse für Normal- und Schwerbeton		$\leq$ C25/30 [1]	$\geq$ C30/37 und $\leq$ C50/60	$\geq$ C55/67
Festigkeitsklasse für Leichtbeton der Rohdichteklassen	D1,0 – D1,4	nicht anwendbar	$\leq$ LC25/28	$\geq$ LC30/33
	D1,6 – D2,0	nicht anwendbar	$\leq$ LC35/38	$\geq$ LC40/44
Expositionsklasse		X0, XC XF1	XS, XD, XA, XM [3], $\geq$ XF2	-

[1] Betone mit besonderen Eigenschaften werden i. Allg. in die Überwachungsklasse 2 eingeordnet.
[2] Spannbeton der Festigkeitsklasse C25/30 ist immer in die Überwachungsklasse 2 einzuordnen.
[3] Gilt nicht für übliche Industrieböden.

Minnert

Stahlbeton-Projekt
5-geschossiges Büro- und Geschäftshaus
Konstruktion und Berechnung nach DIN 1045 neu

BBB (Bauwerk-Basis-Bibliothek)
3., aktualisierte und erweiterte Auflage.
IV. Quartal 2009. Etwa 260 Seiten.
17 x 24 cm. Kartoniert.
ISBN 978-3-89932-231-6
EUR 35,–

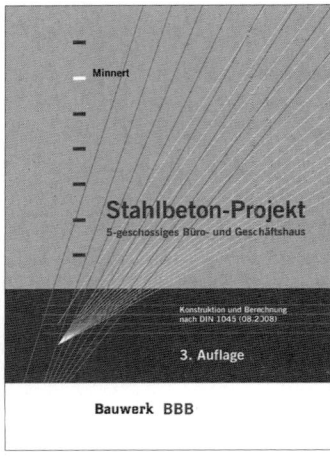

Autor:
Prof. Dr.-Ing. Jens Minnert lehrt Stahlbetonbau, Spannbeton und Baustatik an der FH Gießen. Er ist öffentlich bestellter und vereidigter Sachverständiger für Baustatik und Tragwerksplanung sowie Schäden an Gebäuden.

Interessenten:
Studierende des Bauingenieurwesens, Tragwerksplaner, Prüfingenieure, Prüfbehörden, Baufirmen, Technikerschulen Bau.

In diesem Buch wird anhand eines konkreten Projektes aus dem Hochbau die Anwendung der neuen Normengeneration praxisgerecht aufgezeigt. Hierbei werden die erforderlichen Nachweise nach DIN 1045-1 für die wesentlichen Bauteile geführt und erläutert.

Um den Lesern einen möglichst vollständigen Einblick in die umfangreichen Bemessungs- und Konstruktionsregeln der DIN 1045-1 zu geben, werden die einzelnen Bauteilnachweise ausgehend von der Wahl des statischen Systems bis hin zur Umsetzung der Berechnung in einen Bewehrungsplan für die Bauausführung behandelt. In einer Kommentarspalte werden Ergänzungen und Erläuterungen zu den Nachweisen angegeben.

Die unterschiedlichen Bauteilnachweise sollen dem Praktiker bzw. dem Studenten helfen, die umfangreichen Nachweise der neuen Normengeneration am Beispielprojekt zu verstehen und auf eigene Projekte und Problemstellungen übertragen zu können.

Aus dem Inhalt
- **Einführung in die Norm DIN 1045-1**
- **Lastermittlung und Aussteifung**
- **Bemessung einer Flachdecke**
- **Bemessung einer einachsig gespannten Deckenplatte**
- **Bemessung eines Stahlbetonunterzuges**
- **Nachweis einer Innen- und Randstütze**
- **Bemessung einer Stahlbetontreppenanlage**
- **Bemessung einer Kelleraußenwand**
- **Nachweis der Bodenplatte**

Bauwerk www.bauwerk-verlag.de

8B Stahlbetonbau nach DIN 1045-1 (08.2008)

Prof. Dr.-Ing. Klaus Holschemacher[*)]

Inhaltsverzeichnis

		Seite
1	**Allgemeines**	8.16
1.1	Vorbemerkung	8.16
1.2	Bezeichnungen	8.16
1.3	Grundlegende Bemerkungen zur Bemessung von Stahlbetonbauteilen	8.17
2	**Sicherheitskonzept**	8.18
2.1	Allgemeines	8.18
2.2	Grenzzustände der Tragfähigkeit	8.18
2.3	Grenzzustände der Gebrauchstauglichkeit	8.20
2.4	Dauerhaftigkeit	8.20
3	**Baustoffkennwerte**	8.21
3.1	Beton	8.21
3.2	Betonstahl	8.24
4	**Schnittgrößenermittlung**	8.25
4.1	Vereinfachungen und Idealisierungen	8.25
4.2	Berechnungsverfahren zur Schnittgrößenermittlung	8.28
4.3	Schnittgrößen in Rahmentragwerken	8.29
4.4	Schnittgrößen in Plattentragwerken	8.30
4.5	Aussteifung von Tragwerken	8.35
5	**Nachweise im Grenzzustand der Tragfähigkeit**	8.35
5.1	Biegung und Längskraft	8.35
5.2	Einfluss von Tragwerksverformungen (Stabilitätsnachweis)	8.40
5.3	Querkraft	8.41
5.4	Weitere Nachweise in den Grenzzuständen der Tragfähigkeit	8.45
6	**Nachweise im Grenzzustand der Gebrauchstauglichkeit**	8.45
6.1	Spannungsbegrenzungen	8.45
6.2	Rissbreitenbegrenzung und Nachweis der Dekompression	8.46
6.3	Verformungsbegrenzung	8.50
7	**Bewehrungskonstruktion**	8.51
7.1	Expositionsklassen, Mindestbetondruckfestigkeit, Betondeckung	8.51
7.2	Mindestabstände von Bewehrungsstäben	8.54
7.3	Biegen von Betonstahl	8.55
7.4	Verankerung der Bewehrung	8.55
7.5	Bewehrungsstöße	8.59
8	**Bauteilspezifische konstruktive Regelungen**	8.62
8.1	Überwiegend biegebeanspruchte Bauteile	8.62
8.2	Platten	8.63
8.3	Balken und Plattenbalken	8.64
8.4	Stützen	8.66
8.5	Stahlbetonwände	8.67
8.6	Fundamente	8.68
9	**Hilfsmittel für die Nachweisführung**	8.70

[*)] unter Mitarbeit von M.Sc. Torsten Müller (4. Auflage)

8B Stahlbetonbau nach DIN 1045-1 (08.2008)

1 Allgemeines

1.1 Vorbemerkung

Im Kapitel *8B – Stahlbetonbau nach DIN 1045-1 (08.2008)* – sind die wichtigsten Regelungen zur Bemessung und Konstruktion von Bauteilen aus Beton und Stahlbeton (im Weiteren allgemein als "Betonbauteile" bezeichnet) auf der Grundlage der DIN 1045-1 (08.2008) dargestellt. Die bei der Anwendung dieser Norm zu berücksichtigenden Erläuterungen [DAfStb Heft 525] sowie die vom Normenausschuss Bauwesen (NABau) bis Dezember 2008 getroffenen Auslegungen (siehe www.nabau.din.de) wurden in den nachfolgenden Ausführungen berücksichtigt.

DIN 1045-1 (08.2008) basiert auf dem in DIN 1055-100 geregelten Sicherheitskonzept mit Teilsicherheitsbeiwerten. Für Interessierte sind die Grundlagen der Nachweisführung nach „alter" DIN 1045 (07.1988) in Kapitel 8C dieses Buches dargestellt. Auf Spannbetonbauteile wird im Folgenden nicht eingegangen. Zur Berechnung und Konstruktion von vorgespannten Bauteilen sind in den Entwurfs- und Berechnungstafeln für Bauingenieure die erforderlichen Angaben enthalten.

1.2 Bezeichnungen

Materialkennwerte
Beton:
f_{ck} charakterist. Wert der Betondruckfestigkeit
$f_{ck,cube}$ charakterist. Wert der Würfeldruckfestigkeit
f_{cm} Mittelwert der Betondruckfestigkeit
f_{cd} Bemessungswert der Betondruckfestigkeit
f_{ct} Betonzugfestigkeit
$f_{ctk;0,05}$ charakteristischer Wert des 5 %-Quantils der Betonzugfestigkeit
$f_{ctk;0,95}$ charakteristischer Wert des 95 %-Quantils der Betonzugfestigkeit
f_{ctm} Mittelwert der Betonzugfestigkeit
E_c Elastizitätsmodul des Betons

Betonstahl:
f_{yk} charakteristischer Wert der Streckgrenze
f_{yd} Bemessungswert der Streckgrenze
f_{tk} charakteristischer Wert der Zugfestigkeit
$f_{tk,cal}$ charakteristischer Wert der Zugfestigkeit für die Bemessung
E_s Elastizitätsmodul des Betonstahls

Verbundkennwerte:
f_{bd} Bemessungswert der Verbundspannung

Querschnittswerte
A Querschnittsfläche
A_c Betonquerschnittsfläche
I Flächenmoment 2. Grades
i Trägheitsradius

Schnittgrößen, Ausmitten
N, ν Normalkraft, bezogene Normalkraft
M, μ Biegemoment, bezogenes Biegemoment
M^{II} Moment nach Theorie II. Ordnung
V, v Querkraft, Querkraft je Längeneinheit
e_0 planmäßige Lastausmitte
e_a zusätzliche ungewollte Ausmitte
e_{tot} Gesamtausmitte

Spannungen, Dehnungen
ε_c Betondehnung
ε_s Dehnung des Betonstahls
σ_c Betonspannung
σ_s Spannung im Betonstahl

Abmessungen/geometrische Größen
b Bauteilbreite
b_{eff} mitwirkende Plattenbreite
h Bauteildicke
h_{ges} Gesamtdicke des Bauteils
h_f Gurtplattendicke
d Nutzhöhe
x Druckzonenhöhe
l_{eff} Stützweite
l_n lichte Stützweite
l_0 Ersatzlänge bei Druckgliedern
λ Schlankheit von Druckgliedern

Bewehrungskonstruktion
c_v Verlegemaß der Betondeckung
d_{br} Biegerollendurchmesser
l_b Grundmaß der Verankerungslänge
$l_{b,net}$ Verankerungslänge
l_s Übergreifungslänge

Bewehrungsgrößen
A_s, a_s Querschnittsfläche der Längsbewehrung
A_{sw}, a_{sw} Querschnittsfläche der Querkraftbewehrung
d_s Stabdurchmesser
$d_{sbü}$ Bügeldurchmesser
s Stababstand der Längsbewehrungsstäbe
$s_{bü}$ Bügelabstand
s_{max} maximal zulässiger Stababstand
a_{min} Mindestabstand gleichlaufender Bewehrungsstäbe
ρ_l geometrisches Bewehrungsverhältnis der Längsbewehrung

Allgemeines

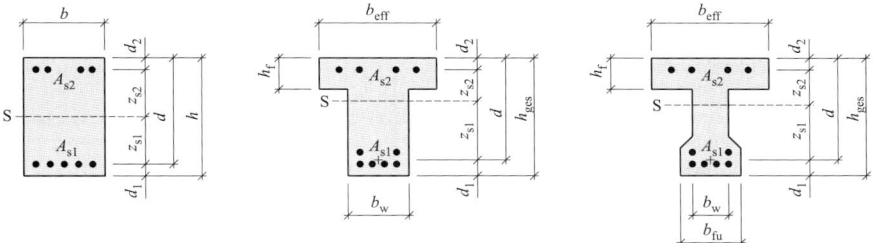

Abb. 8.17a: Bezeichnung der Querschnittsabmessungen für verschiedene Querschnittsformen von Stahlbetonquerschnitten

1.3 Grundlegende Bemerkungen zur Bemessung von Stahlbetonbauteilen

Der Baustoff Beton weist eine im Vergleich zu seiner Druckfestigkeit relativ geringe Zugfestigkeit auf. Unter Biegebeanspruchung ist die Tragfähigkeit von unbewehrten Betonbauteilen daher durch das Entstehen von Rissen in der Betonzugzone begrenzt. Durch die Anordnung von Bewehrungsstäben aus Betonstahl, die die Risse in der Betonzugzone annähernd rechtwinklig überbrücken, entsteht ein Stahlbetonbauteil, welches eine gegenüber unbewehrten Betonbauteilen erheblich vergrößerte Tragfähigkeit besitzt. Bei biegebeanspruchten Stahlbetonbauteilen werden die Beanspruchungen in der Druckzone vom Beton, die Beanspruchungen in der gerissenen Zugzone von den Bewehrungsstäben aufgenommen, siehe Abb. 8.17b. Das Entstehen von Rissen wird dabei bewusst toleriert, die Breite der Risse muss jedoch begrenzt werden.

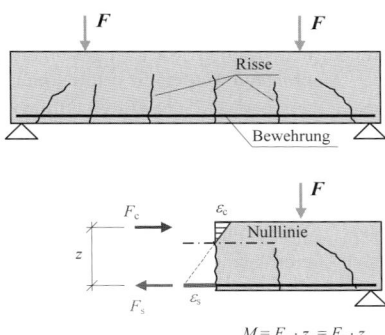

Abb. 8.17b: Rissbildung und innere Kräfte in einem Stahlbetonbalken

Das Versagen von Stahlbetonbauteilen kann grundsätzlich durch das Überschreiten der Betondruckfestigkeit, das Überschreiten der Zugfestigkeit des Betonstahls und/oder das Versagen des Verbundes zwischen der Bewehrung und dem Beton ausgelöst werden. Zur Vermeidung der aufgeführten Versagensmöglichkeiten und zur Gewährleistung der Nutzbarkeit der Stahlbetonkonstruktionen über einen angemessenen Zeitraum hinweg sind zum einen rechnerische Nachweise zu führen, zum anderen Konstruktionsregeln zu beachten.

Die zu führenden rechnerischen Nachweise sind in zwei unterschiedlichen Grenzzuständen zu führen, den Grenzzuständen der Tragfähigkeit (betrifft Fragen der Standsicherheit des Bauteils) und den Grenzzuständen der Gebrauchstauglichkeit (betrifft Fragen der Nutzbarkeit des Bauteils), die sich durch das geforderte Sicherheitsniveau unterscheiden. Durch die Zuordnung der rechnerischen Nachweise zu einem dieser beiden Grenzzustände ist es möglich, die unterschiedlichen Auswirkungen bei einer Überschreitung eines Grenzzustandes (z.B. bei Einsturz des Bauteils oder beim Auftreten zu breiter Risse) zu berücksichtigen.

Beim Neubau von Bauwerken werden für die betreffenden Stahlbetonbauteile zunächst die Querschnittsabmessungen (z.B. Bauteilbreite, Bauteilhöhe) auf der Grundlage einer Vordimensionierung festgelegt. Die Baustofffestigkeiten (z.B. Betonfestigkeitsklasse) werden über wirtschaftliche Überlegungen festgelegt. Im Anschluss werden die aufzunehmenden Einwirkungen und daraus die Schnittgrößen ermittelt, woran sich die rechnerischen Nachweise in den Grenzzuständen der Tragfähigkeit und den Grenzzuständen der Gebrauchstauglichkeit anschließen.

Weiterhin sind Konstruktionsregeln (z.B. Mindest- und Maximalabstände zwischen gleichlaufenden Bewehrungsstäben) zu berücksichtigen. Im Ergebnis wird eine konkrete Bewehrung (Stababstand, Stabdurchmesser) gefunden, die in der Regel aus mehreren Bewehrungselementen besteht (z.B. untere und obere Längsbewehrung, Querbewehrung, Bügel), siehe Abb. 8.18.

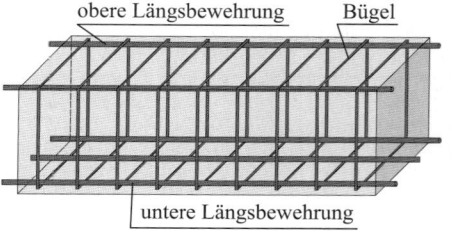

Abb. 8.18: Exemplarische Darstellung der Bewehrung eines Stahlbetonbalkens

2 Sicherheitskonzept

2.1 Allgemeines

Der Berechnung von Bauteilen aus Beton, Stahlbeton und Spannbeton auf der Grundlage der DIN 1045-1 liegt das Sicherheitskonzept mit Teilsicherheitsbeiwerten nach DIN 1055-100 zu Grunde, siehe Kapitel „6A Lastannahmen" in den vorliegenden Entwurfs- und Konstruktionstafeln. Nachfolgend werden die erforderlichen bauartspezifischen Ergänzungen angegeben.

Generell werden bei der Nachweisführung Grenzzustände der Tragfähigkeit, Grenzzustände der Gebrauchstauglichkeit und Anforderungen an die Dauerhaftigkeit unterschieden. Zur Definition dieser Begriffe siehe Seiten 6.4 ff.

2.2 Grenzzustände der Tragfähigkeit

2.2.1 Nachweise

In den Grenzzuständen der Tragfähigkeit sind folgende Nachweise zu führen:

- **Nachweis der Lagesicherheit** (betrifft z.B. Abheben, Umkippen, Aufschwimmen)
  Zum Nachweisformat siehe Seite 6.8.
- **Versagen des Tragwerks oder eines seiner Teile**, verursacht durch Bruch, übermäßige Verformung, Verlust der Stabilität oder Bildung kinematischer Ketten. Im Einzelnen sind dazu folgende Nachweise zu führen:
  - Nachweis der Tragfähigkeit für Biegung mit und ohne Längskraft
  - Nachweis der Sicherheit gegen durch Tragwerksverformungen bedingten Verlust der Tragfähigkeit
  - Nachweis der Querkrafttragfähigkeit
  - Nachweis der Tragfähigkeit bei Torsionsbeanspruchung
  - Nachweis der Durchstanztragfähigkeit.

Nachweisformat: $E_d \leq R_d$

E_d Bemessungswert der Beanspruchung unter Berücksichtigung der in DIN 1055-100 angegebenen Kombinationsregeln, siehe Seiten 6.8 und 6.13.
R_d Bemessungswert des Tragwiderstandes.

Der Bemessungswert des Tragwiderstandes R_d ergibt sich in Abhängigkeit von dem für die Schnittgrößenermittlung gewählten Verfahren:

- bei linear-elastischer Berechnung oder Verfahren auf Basis der Plastizitätstheorie

$$R_d = R\left(\alpha \cdot \frac{f_{ck}}{\gamma_c}; \frac{f_{yk}}{\gamma_s}; \frac{f_{tk,cal}}{\gamma_s}\right)$$

α Abminderungsbeiwert für die Betondruckfestigkeit
f_{ck} charakteristischer Wert der Betonfestigkeit
f_{yk} charakteristischer Wert der Streckgrenze des Betonstahls
$f_{tk,cal}$ charakteristischer Wert der Zugfestigkeit des Betonstahls
γ_c, γ_s Teilsicherheitsbeiwerte für Beton und Betonstahl

- bei nichtlinearen Verfahren der Schnittgrößenermittlung

$$R_d = \frac{1}{\gamma_R} R\left(f_{cR}; f_{yR}; f_{tR}\right)$$

f_{cR} rechnerischer Mittelwert der Betondruckfestigkeit
f_{yR} rechnerischer Mittelwert der Streckgrenze des Betonstahls
f_{tR} rechnerischer Mittelwert der Zugfestigkeit des Betonstahls
γ_R Teilsicherheitsbeiwert für den Systemwiderstand.

– **Nachweis gegen Materialermüdung**
Vereinfacht kann der Nachweis mit den Einwirkungskombinationen des Grenzzustandes der Gebrauchstauglichkeit nach DIN 1045-1, 10.8.4 geführt werden.

– **Sicherstellung eines duktilen Bauteilverhaltens**
Bei der Erstrissbildung muss ein Versagen ohne Vorankündigung vermieden werden. Diese Forderung gilt als erfüllt, wenn folgende Maßnahmen getroffen werden:

• Bauteile aus unbewehrtem Beton:

Bei stabförmigen Bauteilen mit Rechteckquerschnitt ist die Ausmitte der Längskraft e_d in der maßgebenden Einwirkungskombination des Grenzzustandes der Tragfähigkeit auf

$e_d / h < 0{,}4$ mit $e_d = e_{tot} = e_0 + e_a + e_\varphi$

zu begrenzen.

• Stahlbetonbauteile:

Anordnung einer Mindestbewehrung, die für das mit dem Mittelwert der Betonzugfestigkeit f_{ctm} bestimmte Rissmoment und eine Stahlspannung $\sigma_s = f_{yk}$ zu berechnen ist.

2.2.2 Teilsicherheitsbeiwerte in den Grenzzuständen der Tragfähigkeit

Tafel 8.19: Teilsicherheitsbeiwerte für Einwirkungen im GZT – Versagen des Tragwerks oder eines seiner Teile (durch Bruch, übermäßige Verformung usw.)

Auswirkung	Ständige Einwirkungen γ_G	Veränderliche Einwirkungen γ_Q
günstig	1,0	0
ungünstig	1,35	1,5

Ergänzend zu Tafel 8.19 gilt:
– Teilsicherheitsbeiwerte für den Nachweis der Lagesicherheit enthält DIN 1055-100, siehe Seite 6.9.
– Für den Nachweis gegen Ermüdung ist der Teilsicherheitsbeiwert der Einwirkungen mit $\gamma_{F,fat} = 1{,}0$ zu berücksichtigen, der Teilsicherheitsbeiwert für die Modellunsicherheit darf mit $\gamma_{Ed,fat} = 1{,}0$ angesetzt werden.
– Wird bei linear-elastischer Schnittgrößenermittlung mit den Steifigkeiten des ungerissenen Querschnittes sowie dem mittleren Elastizitätsmodul E_{cm} gerechnet, darf für Zwang der Teilsicherheitsbeiwert $\gamma_Q = 1{,}0$ angesetzt werden.
– Für Bauzustände von Fertigteilen darf bei der Nachweisführung für Biegung mit Längskraft mit folgenden Teilsicherheitsbeiwerten gerechnet werden:
  • $\gamma_G = 1{,}15$ für ständige Einwirkungen
  • $\gamma_Q = 1{,}15$ für veränderliche Einwirkungen.
  Dabei sind Einwirkungen aus Krantransport und Schalungshaftung zu berücksichtigen.
– Bei durchlaufenden Bauteilen darf für ein und dieselbe unabhängige ständige Einwirkung entweder der obere oder der untere Teilsicherheitsbeiwert γ_G in allen Feldern gleich angesetzt werden. Ausnahme: Nachweis der Lagesicherheit!

Tafel 8.20: Teilsicherheitsbeiwerte für die Bestimmung des Tragwiderstands im GZT

Bemessungssituation	Beton γ_c	Betonstahl $\gamma_s; \gamma_{s,fat}$	Systemwiderstand bei nichtlinearer Schnittkraftermittlung γ_R
Ständige oder vorübergehende Bemessungssituation	1,5	1,15	1,3
Außergewöhnliche Bemessungssituation	1,3	1,0	1,1
Nachweis gegen Ermüdung	1,5	1,15	1,3

Abweichend bzw. als Ergänzung zu Tafel 8.20 gelten die nachfolgenden Festlegungen:
- Bei Beton der Festigkeitsklassen C55/67 bzw. LC55/60 und höher ist der Teilsicherheitsbeiwert γ_c mit dem Faktor γ_c' zu vervielfachen:

$$\gamma_c' = \frac{1}{1{,}1 - \frac{f_{ck}}{500}} \geq 1{,}0 \quad \text{mit } f_{ck} \text{ in N/mm}^2$$

- Bei Fertigteilen mit einer werksmäßigen und ständig überwachten Herstellung darf γ_c auf 1,35 reduziert werden. Durch Überprüfung der Betonfestigkeit an jedem fertigen Bauteil sind alle Fertigteile mit zu geringer Betonfestigkeit auszusondern. Die in diesem Fall erforderlichen Maßnahmen sind mit den zuständigen Überwachungsstellen abzustimmen und vom Hersteller zu dokumentieren.
- Bei Bauteilen aus unbewehrtem Beton ist eine Erhöhung des Teilsicherheitsbeiwertes für die Betondruck- und -zugfestigkeit erforderlich:

  $\gamma_c = 1{,}8$ in der ständigen und vorübergehenden Bemessungssituation
  $\gamma_c = 1{,}55$ in der außergewöhnlichen Bemessungssituation

2.3 Grenzzustände der Gebrauchstauglichkeit

In den Grenzzuständen der Gebrauchstauglichkeit sind folgende Nachweise zu führen:
- Rissbreitenbegrenzung
- Verformungsbegrenzung
- Spannungsbegrenzung
- gegebenenfalls Schwingungs- und Erschütterungsbegrenzung (nicht in DIN 1045-1 geregelt).

Nachweisformat: $E_d \leq C_d$

E_d Bemessungswert der Beanspruchung (z.B. Spannung, Rissbreite), auf der Grundlage der in DIN 1055-100 angegebenen Kombinationsregeln zu bestimmen, siehe Seite 6.8
C_d Bemessungswert des Gebrauchstauglichkeitskriteriums (z.B. aufnehmbare Spannung, zulässige Rissbreite).

Die Teilsicherheitsbeiwerte dürfen in den Grenzzuständen der Gebrauchstauglichkeit sowohl für Einwirkungen als auch Beanspruchungen zu 1,0 gesetzt werden.

2.4 Dauerhaftigkeit

Unter Dauerhaftigkeit wird die Anforderung verstanden, über einen geplanten Nutzungszeitraum die Tragfähigkeit und die vorgesehenen Gebrauchseigenschaften sicherzustellen. Dazu sind folgende Regeln einzuhalten:

- Mindestbetonfestigkeit entsprechend der vorliegenden Expositionsklasse
- konstruktive Regeln (Mindestbetondeckung, Mindestbewehrung)
- rechner. Nachweise in den Grenzzuständen
- Anforderungen an die Zusammensetzung und Eigenschaften des Betons nach DIN EN 206-1 und DIN 1045-2
- Bauausführung nach DIN 1045-3 (Nachbehandlung, Schutz der Betonoberfläche).

3 Baustoffkennwerte

3.1 Beton

3.1.1 Festigkeits- und Formänderungskennwerte

Betone werden in 15 Festigkeitsklassen für Normalbeton und 11 Festigkeitsklassen für Leichtbeton eingeteilt, siehe Tafel 8.22. Die Bezeichnung der Betonfestigkeitsklassen erfolgt durch die Buchstaben C (für Normalbeton), bzw. LC (für Leichtbeton), an die sich zwei durch einen Schrägstrich voneinander getrennte Zahlen anschließen. Die erste dieser Zahlen entspricht dem charakteristischen Wert der Zylinderdruckfestigkeit f_{ck}, die zweite Zahl dem charakteristischen Wert der Würfeldruckfestigkeit $f_{ck,cube}$. Für die rechnerische Nachweisführung ist der charakteristische Wert der Zylinderdruckfestigkeit f_{ck} maßgebend, dagegen liegt der Konformitätskontrolle nach DIN 1045-2 – sofern nicht anders vereinbart – die Würfeldruckfestigkeit zu Grunde.

Bemessungswert der Betondruckfestigkeit f_{cd}

$$f_{cd} = \alpha \cdot f_{ck} / \gamma_c$$

f_{ck} charakteristischer Wert der Betondruckfestigkeit (Zylinderdruckfestigkeit)

α Abminderungsbeiwert zur Berücksichtigung von Langzeitwirkungen auf die Druckfestigkeit sowie zur Umrechnung zwischen Zylinderdruckfestigkeit und einaxialer Druckfestigkeit des Betons

     Normalbeton: $\alpha = 0{,}85$
     Leichtbeton: $\alpha = 0{,}75$ (bei Anwendung des Parabel-Rechteck-Diagramms oder des Spannungsblocks)
                  $\alpha = 0{,}80$ (bei der bilinearen Spannungs-Dehnungs-Beziehung)

γ_c Teilsicherheitsbeiwert für Beton; für Betone ab den Festigkeitsklassen C55/67 und LC55/60 ist γ_c mit γ_c' zu multiplizieren, siehe Seite 8.20.

Betonzugfestigkeit f_{ct}

Bei rechnerischen Nachweisen ist die einaxiale zentrische Zugfestigkeit f_{ct} nach Tafel 8.22 anzusetzen. Wird davon abweichend die zentrische Zugfestigkeit aus der experimentell bestimmten Spaltzugfestigkeit $f_{ct,sp}$ ermittelt, gilt:

$$f_{ct} = 0{,}9 \cdot f_{ct,sp}$$

3.1.2 Elastische Verformungseigenschaften

Die elastischen Betonverformungen werden von der Betonzusammensetzung stark beeinflusst. Die in DIN 1045-1 angegeben Werte stellen daher nur Richtwerte dar.

– Elastizitätsmodul: Es werden der Tangentenmodul und der Sekantenmodul unterschieden.
  - E_{c0m} Entspricht dem mittleren Tangentenmodul im Ursprung der Spannungs-Dehnungs-Linie, E_{c0m} ist in Tafel 8.22 angegeben.
    E_{c0m} ist bei der Ermittlung von Kriechdehnungen und bei der nichtlinearen Spannungs-Dehnungs-Linie (Seite 8.23) anzuwenden. Zum Einfluss der verwendeten Gesteinskörnung auf die Größe von E_{c0m} siehe [DAfStb Heft 525].
  - E_{cm} Entspricht dem mittleren Sekantenmodul bei einer Spannung $\sigma_{cm} \approx 0{,}4 f_{cm}$. E_{cm} ist maßgebend bei Verformungsberechnungen.

$$E_{cm} = \alpha_i \cdot E_{c0m} \qquad \alpha_i = 0{,}8 + 0{,}2 \cdot \frac{f_{cm}}{88} \leq 1{,}0 \quad \text{mit } f_{cm} \text{ in N/mm}^2$$

– Querdehnzahl: Die Querdehnzahl μ darf näherungsweise zu 0 (überwiegend gerissene Betonzugzone) bzw. 0,2 (keine oder nur geringe Rissbildung) angesetzt werden.

– lineare Wärmedehnzahl: α_T hängt wesentlich von der Art der Gesteinskörnung ab.
       Für Normalbeton gilt $\alpha_T = 10 \cdot 10^{-6} \text{ K}^{-1}$
       Für Leichtbeton gilt $\alpha_T = 8 \cdot 10^{-6} \text{ K}^{-1}$.

8B Stahlbetonbau nach DIN 1045-1 (08.2008)

Tafel 8.22: Festigkeits- und Formänderungskennwerte von Normal- und Leichtbeton

Kenngröße	Festigkeitsklassen für Normalbeton C																Erläuterung
	12/15	16/20	20/25	25/30	30/37	35/45	40/50	45/55	50/60	55/67	60/75	70/85	80/95	90/105	100/115		
f_{ck} in N/mm²	12	16	20	25	30	35	40	45	50	55	60	70	80	90	100		Zylinderdruckfestigkeit
$f_{ck,cube}$ in N/mm²	15	20	25	30	37	45	50	55	60	67	75	85	95	105	115		Würfeldruckfestigkeit
f_{cm} in N/mm²	20	24	28	33	38	43	48	53	58	63	68	78	88	98	108		$f_{cm} = f_{ck} + 8$ [N/mm²]
f_{ctm} in N/mm²	1,6	1,9	2,2	2,6	2,9	3,2	3,5	3,8	4,1	4,2	4,4	4,6	4,8	5,0	5,2		$f_{ctm} = 0{,}30 \cdot f_{ck}^{2/3}$ bis C50/60; $f_{ctm} = 2{,}12 \cdot \ln(1 + f_{cm}/10)$ ab C55/67
$f_{ctk;0,05}$ in N/mm²	1,1	1,3	1,5	1,8	2,0	2,2	2,5	2,7	2,9	3,0	3,1	3,2	3,4	3,5	3,7		5%-Quantil, $f_{ctk;0,05} = 0{,}7 \cdot f_{ctm}$
$f_{ctk;0,95}$ in N/mm²	2,0	2,5	2,9	3,3	3,8	4,2	4,6	4,9	5,3	5,5	5,7	6,0	6,3	6,6	6,8		95%-Quantil, $f_{ctk;0,95} = 1{,}3 \cdot f_{ctm}$
E_{c0m} in N/mm²	25800	27400	28800	30500	31900	33300	34500	35700	36800	37800	38800	40600	42300	43800	45200		$E_{c0m} = 9500 \cdot (f_{ck} + 8)^{1/3}$
E_{cm} in N/mm²	21800	23400	24900	26700	28300	29900	31400	32800	34300	35700	37000	39700	42300	43800	45200		$E_{cm} = \alpha_i \cdot E_{c0m}$
ε_{c1} in ‰	-1,8	-1,9	-2,1	-2,2	-2,3	-2,4	-2,5	-2,55	-2,6	-2,65	-2,7	-2,8	-2,9	-2,95	-3,0		gilt nur für nichtlineare Schnittkraft- und Verformungsberechnungen
ε_{c1u} in ‰					-3,5					-3,4	-3,3	-3,2	-3,1	-3,0	-3,0		
n					2,0					1,8	1,6	1,55					
ε_{c2} in ‰					-2,0					-2,03	-2,06	-2,1	-2,14	-2,17	-2,2		gilt nur für Parabel-Rechteck-Diagramm
ε_{c2u} in ‰					-3,5					-3,1	-2,7	-2,5	-2,4	-2,3	-2,2		
ε_{c3} in ‰					-1,35					-1,35	-1,4	-1,5	-1,6	-1,65	-1,7		gilt nur für bilineare Spannungs-Dehnungs-Linie
ε_{c3u} in ‰					-3,5					-3,1	-2,7	-2,5	-2,4	-2,3	-2,2		

Kenngröße	Festigkeitsklassen für Leichtbeton LC									Erläuterung
	12/13	16/18	20/22	25/28	30/33	35/38	40/44	45/50	50/55	55/60	60/66	
f_{lck} in N/mm²	12	16	20	25	30	35	40	45	50	55	60	Zylinderdruckfestigkeit
$f_{lck,cube}$ in N/mm²	13	18	22	28	33	38	44	50	55	60	66	Würfeldruckfestigkeit
f_{lcm} in N/mm²	20	24	28	33	38	43	48	53	58	63	68	$f_{lcm} = f_{lck} + 8$ [N/mm²]
f_{lctm} in N/mm²						$\eta_1 \cdot f_{ctm}$						f_{lctm} für Normalbeton
$f_{lctk;0,05}$ in N/mm²						$\eta_1 \cdot f_{ctk;0,05}$						$f_{ctk;0,05}$ für Normalbeton
$f_{lctk;0,95}$ in N/mm²						$\eta_1 \cdot f_{ctk;0,95}$						$f_{ctk;0,95}$ für Normalbeton
E_{lc0m} in N/mm²						$\eta_E \cdot E_{c0m}$						E_{c0m} für Normalbeton mit Leichtsand: $k = 1{,}1$; mit Natursand: $k = 1{,}3$
ε_{lc1} in ‰						$-k \cdot f_{lcm}/E_{lc0m}$						Leichtbeton mit Leichtsand: $k = 1{,}1$; mit Natursand: $k = 1{,}3$
ε_{lc1u} in ‰						ε_{lc1}						gilt nur für nichtlineare Schnittkraft- u. Verformungsberechnung
n						2,0				2,0	1,9	
ε_{lc2} in ‰						-2,0				-2,03	-2,06	gilt nur für Parabel-Rechteck-Diagramm
ε_{lc2u} in ‰						$-3{,}5 \cdot \eta_1 \geq \varepsilon_{c2u}$						ε_{c2u} für Normalbeton
ε_{lc3} in ‰						-1,8						gilt nur für bilineare Spannungs-Dehnungs-Linie
ε_{lc3u} in ‰						$-3{,}5 \cdot \eta_1 \geq \varepsilon_{c3u}$						ε_{c3u} für Normalbeton

$\eta_1 = 0{,}40 + 0{,}60 \cdot \rho/2200$; ρ - Rechenwert der Trockenrohdichte in kg/m³

Baustoffkennwerte

3.1.3 Spannungs-Dehnungs-Linien

Spannungs-Dehnungs-Linie für nichtlineare Verfahren der Schnittgrößenermittlung und für Verformungsberechnungen

$$\frac{\sigma_c}{f_c} = -\left(\frac{k \cdot \eta - \eta^2}{1+(k-2)\cdot \eta}\right)$$

$\eta = \varepsilon_c / \varepsilon_{c1}$

$k = E_{c0m} \cdot \varepsilon_{c1} / f_c$

ε_{c1}, E_{c0m} nach Tafel 8.22

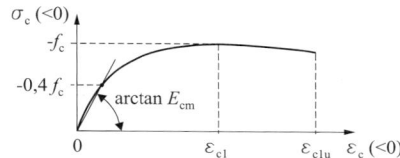

f_c Höchstwert der ertragenen Betondruckspannung, für die Festlegung von f_c gilt:
- bei Verformungsberechnungen: $f_c = f_{cm}$, mit f_{cm} nach Tafel 8.22
- bei nichtlinearer Schnittkraftermittlung für Betone bis C50/60: $f_c = f_{cR} = 0{,}85 \cdot \alpha \cdot f_{ck}$
- bei nichtlinearer Schnittkraftermittlung für Betone ab C55/67: $f_c = f_{cR} = 0{,}85 \cdot \alpha \cdot f_{ck}/\gamma_c'$

Zur Größe von α siehe Seite 8.21.

Spannungs-Dehnungs-Linien für die Querschnittsbemessung

– Parabel-Rechteck-Diagramm

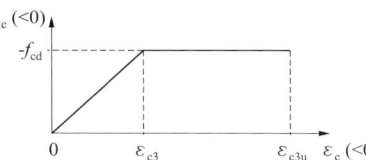
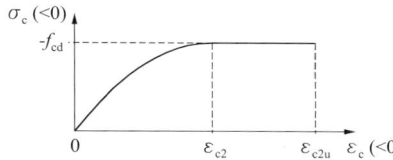

$$\sigma_c = \begin{cases} -f_{cd} \cdot \left[1-\left(1-\dfrac{\varepsilon_c}{\varepsilon_{c2}}\right)^n\right] & \text{für } 0 \geq \varepsilon_c \geq \varepsilon_{c2} \\ -f_{cd} & \text{für } \varepsilon_{c2} \geq \varepsilon_c \geq \varepsilon_{c2u} \end{cases}$$

– Bilineare Spannungs-Dehnungs-Linie   – Spannungsblock

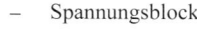
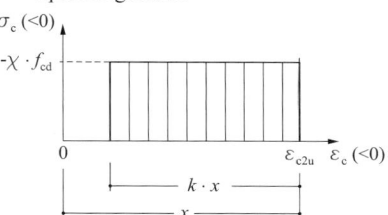

Für die Anwendung des Spannungsblockes gilt:
– die Dehnungsnulllinie muss im Querschnitt liegen

– $\chi = \begin{cases} 0{,}95 & \text{für } f_{ck} \leq 50 \text{ N/mm}^2 \\ 1{,}05 - f_{ck}/500 & \text{für } f_{ck} > 50 \text{ N/mm}^2 \end{cases}$ $k = \begin{cases} 0{,}80 & \text{für } f_{ck} \leq 50 \text{ N/mm}^2 \\ 1{,}00 - f_{ck}/250 & \text{für } f_{ck} > 50 \text{ N/mm}^2 \end{cases}$

– bei zum gedrückten Rand hin abnehmender Querschnittsbreite ist f_{cd} zusätzlich mit dem Faktor 0,9 abzumindern.

3.1.4 Kriech- und Schwindverformungen

Kriechen: Zeitabhängige Zunahme der Betonverformungen unter Dauerlast.
Relaxation: Zeitabhängige Abnahme der Betonspannungen unter einer aufgezwungenen konstanten Verformung.
Schwinden: Zeitabhängige Volumenverringerung des unbelasteten Betons infolge Austrocknens.

Zur Berechnung der Kriech- und Schwindverformungen siehe Entwurfs- und Berechnungstafeln für Bauingenieure.

3.2 Betonstahl

Für die Verwendung als konstruktive (für tragende Zwecke geeignete) Bewehrung in Betonbauteilen stehen schweißgeeignete, gerippte Stähle mit annähernd kreisförmigem Querschnitt zur Verfügung. Hinsichtlich der Verarbeitungsform ist zwischen Stabstahl, Betonstahlmatten und im Ring gelieferten Betonstählen zu unterscheiden. Die Bezeichnung der Betonstähle erfolgt durch die Buchstaben **BSt**, gefolgt von der Angabe der Streckgrenze in N/mm², einem Buchstaben für die Verarbeitungsform (**S** = Stabstahl, **M** = Betonstahlmatte) sowie der in Klammern gesetzten Duktilitätsklasse (**A** = normalduktil, **B** = hochduktil).

Betonstähle müssen entweder den Regelungen der Normenreihe DIN 488 entsprechen oder auf der Grundlage einer bauaufsichtlichen Zulassung eingesetzt werden. Die für die Nachweisführung von Betonbauteilen relevanten Eigenschaften werden in DIN 1045-1, Tab. 11 angegeben.

Tafel 8.24: Eigenschaften von Betonstahl nach DIN 1045-1, Tabelle 11

Bezeichnung		BSt 500 S(A)	BSt 500 M(A)	BSt 500 S(B)	BSt 500 M(B)
Erzeugnisform		Beton-stabstahl	Betonstahl-matten	Beton-stabstahl	Betonstahl-matten
Duktilität		\multicolumn{2}{normal}		
Streckgrenze f_{yk} in N/mm²		\multicolumn{4}{500}			
Verhältnis $(f_t /f_y)_k$		\multicolumn{2}{≥ 1,05}		≥ 1,08	
Verhältnis $(f_y /f_{yk})_{0,90}$		-		≤ 1,3	
Stahldehnung unter Höchstlast ε_{uk} in ‰		25		50	
Kennwert für die Ermüdungs-festigkeit $N = 2 \cdot 10^6$ in N/mm² (mit einer oberen Spannung ≤ 0,6 · f_y)	$d_s \leq 28$	175	100	175	100
	$d_s > 28$	-	-	145	-
f_y Streckgrenze des Betonstahls f_{yk} charakteristischer Wert der Streckgrenze			f_t	Zugfestigkeit des Betonstahls	

Zuordnung der Betonstähle zu Duktilitätsklassen ([DAfStb Heft 525])
- Betonstabstahl nach DIN 488: hochduktil (B)
- tiefgerippte Betonstahlmatten: normalduktil (A)

Spannungs-Dehnungs-Linie des Betonstahls für die Schnittgrößenermittlung

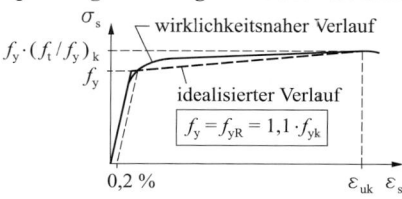

Sofern eine nichtlineare Schnittgrößenermittlung durchgeführt wird, ist dieser eine wirklichkeitsnahe Spannungs-Dehnungs-Linie für den Betonstahl mit $\varepsilon_s \leq \varepsilon_{uk}$ zu Grunde zu legen. Näherungsweise darf auch ein bilinearer Verlauf der Spannungs-Dehnungs-Linie vorausgesetzt werden.

Spannungs-Dehnungs-Linie des Betonstahls für die Bemessung

Es stehen alternativ zwei genäherte Spannungs-Dehnungs-Linien zur Verfügung:
- Spannungs-Dehnungs-Linie mit horizontalem Ast
- Spannungs-Dehnungs-Linie mit Berücksichtigung eines über die Streckgrenze hinausreichenden Festigkeitsanstieges.

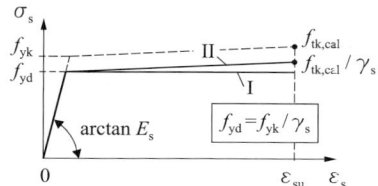

I – Spannungs-Dehnungs-Linie mit horizontalem Ast

II – Spannungs-Dehnungs-Linie mit Berücksichtigung eines Festigkeitsanstieges über die Streckgrenze hinaus

$f_{yd} = f_{yk} / \gamma_s$, $f_{tk,cal} = 525$ N/mm²
$E_s = 200\,000$ N/mm², $\varepsilon_{su} = 25$ ‰

4 Schnittgrößenermittlung

4.1 Vereinfachungen und Idealisierungen

4.1.1 Einteilung der Tragwerke

Tafel 8.25:   Kriterien für die Einteilung in Tragwerksformen

Stabtragwerke		Flächentragwerke		
Balken	Stütze	Platte	Scheibe	wandartiger Träger
vorwiegend biegebeansprucht	vorwiegend druckbeansprucht	durch Kräfte rechtwinklig zur Mittelebene vorwiegend biegebeansprucht	durch Kräfte parallel zur Mittelebene beansprucht	durch Kräfte parallel zur Mittelebene vorwiegend biegebeansprucht
$l_{eff} \geq 2 \cdot h$ $b \leq 4 \cdot h$	$b_y \begin{cases} \geq 0{,}25 \cdot b_z \\ \leq 4 \cdot b_z \end{cases}$	$l_{eff} \geq 2 \cdot h$ $b > 4 \cdot h$	$b_y \begin{cases} < 0{,}25 \cdot b_z \\ > 4 \cdot b_z \end{cases}$	$l_{eff} < 2 \cdot h$

Einachsige/zweiachsige Tragwirkung von Platten
Liniengelagerte Platten dürfen in folgenden Fällen als einachsig gespannt betrachtet werden:
– wenn die Auflagerung lediglich an zwei gegenüberliegenden Plattenrändern erfolgt
– bei anderen Auflageranordnungen, sofern $l_{eff,max} / l_{eff,min} \geq 2$.

4.1.2 Statisches System und Stützweite

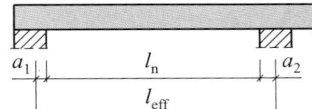

Die effektive Stützweite l_{eff} entspricht dem Abstand zwischen den rechnerischen Auflagerlinien des betreffenden Feldes.

$l_{eff} = l_n + a_1 + a_2$

l_n lichte Stützweite (Entfernung zwischen den Auflagervorderkanten)
a_1, a_2 Abstand zwischen der Auflagervorderkante und der rechnerischen Auflagerlinie

Ist die Lage der rechnerischen Auflagerlinie nicht durch spezielle Lager (Punkt-, Linienlager) vorgegeben, gelten die Festlegungen der Abb. 8.25.

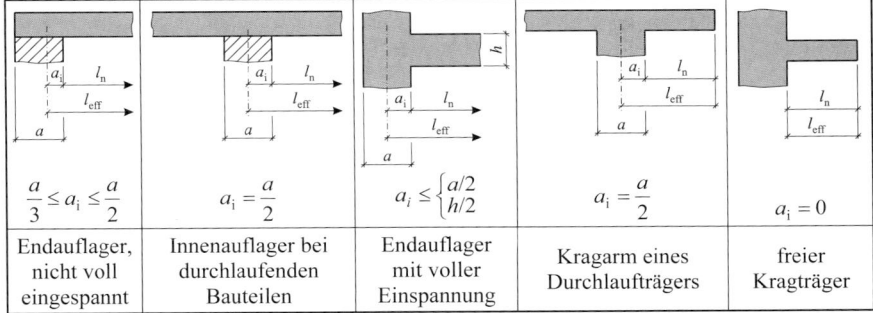

$\dfrac{a}{3} \leq a_i \leq \dfrac{a}{2}$	$a_i = \dfrac{a}{2}$	$a_i \leq \begin{cases} a/2 \\ h/2 \end{cases}$	$a_i = \dfrac{a}{2}$	$a_i = 0$
Endauflager, nicht voll eingespannt	Innenauflager bei durchlaufenden Bauteilen	Endauflager mit voller Einspannung	Kragarm eines Durchlaufträgers	freier Kragträger

Abb. 8.25:   Lage der rechnerischen Auflagerlinie

8.25

4.1.3 Direkte und indirekte Auflagerung

Eine direkte Auflagerung liegt vor, wenn die Auflagerkraft durch Druckspannungen am unteren Querschnittsrand des gestützten Bauteils eingetragen wird. Bei monolithischer Verbindung gilt diese Anforderung als erfüllt, wenn die in Abb. 8.26a dargestellten Abstände eingehalten sind.

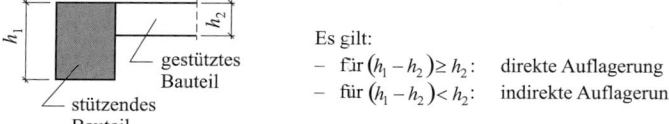

Es gilt:
- für $(h_1 - h_2) \geq h_2$: direkte Auflagerung
- für $(h_1 - h_2) < h_2$: indirekte Auflagerung

Abb. 8.26a: Unterscheidung zwischen direkter und indirekter Auflagerung

4.1.4 Mitwirkende Plattenbreite

Für die Ermittlung der mitwirkenden Plattenbreite b_{eff} kann folgende Näherung genutzt werden:

$$b_{eff} = \sum b_{eff,i} + b_w$$

$$b_{eff,i} = 0{,}2 \cdot b_i + 0{,}1 \cdot l_0 \leq \begin{cases} 0{,}2 \cdot l_0 \\ b_i \end{cases}$$

- l_0 wirksame Stützweite
- b_i tatsächliche Breite des an den Steg angeschlossenen Gurtes, siehe Abb. 8.26b
- b_w Stegbreite

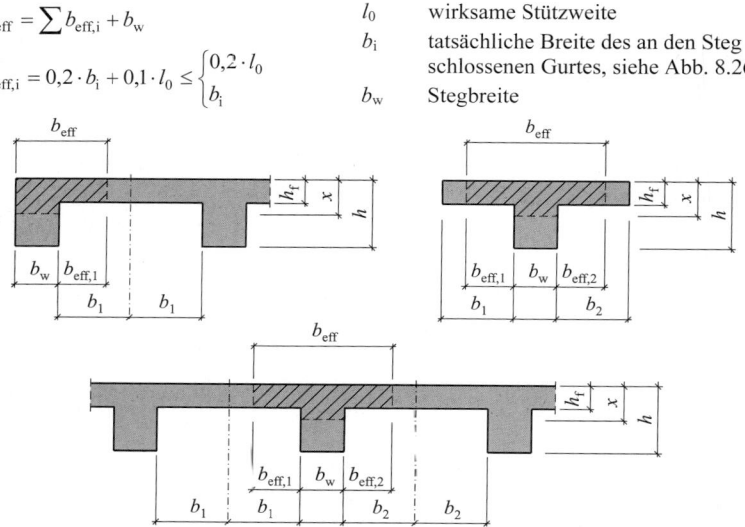

Abb. 8.26b: Mitwirkende Plattenbreite

Die wirksame Stützweite l_0 entspricht dem Abstand der Momentennullpunkte und darf für annähernd gleichmäßig verteilte Einwirkungen und einem Verhältnis der Stützweiten benachbarter Felder $l_{eff,min} / l_{eff,max} \geq 0{,}8$ wie folgt ermittelt werden:
- im Feldbereich von
  - Einfeldträgern: $l_0 = l_{eff}$
  - Endfeldern von Durchlaufträgern: $l_0 = 0{,}85 \cdot l_{eff}$
  - Mittelfeldern von Durchlaufträgern: $l_0 = 0{,}7 \cdot l_{eff}$
- im Stützbereich von
  - Durchlaufträgern: $l_0 = 0{,}3 \cdot l_{eff,m}$
  - Kragträgern: $l_0 = 1{,}5 \cdot l_{eff}$

l_{eff} Stützweite des betreffenden Feldes
$l_{eff,m}$ Mittelwert der benachbarten Stützweiten.

4.1.5 Abminderung der Stützmomente

Der Bemessungswert des Stützmomentes von durchlaufenden Platten oder Balken darf unabhängig vom für die Schnittgrößenermittlung verwendeten Verfahren abgemindert werden, siehe Tafel 8.27.

Tafel 8.27: Stützmomentenabminderung

Ermittlung von Anschnittmomenten am Auflagerrand bei monolithischer Verbindung des durchlaufenden Bauteiles mit der Unterstützung.   Die Bemessung erfolgt für die Anschnittmomente $M_{Ed,I}$ und $M_{Ed,II}$: $\|M_{Ed,I}\| = \|M_{Ed}\| - \|V_{Ed,l}\| \cdot a/2 \geq \min \|M_{Ed}\|$ $\|M_{Ed,II}\| = \|M_{Ed}\| - \|V_{Ed,r}\| \cdot a/2 \geq \min \|M_{Ed}\|$ $\min \|M_{Ed}\|$ Mindestbemessungsmoment, entspricht dem 0,65fachen für Volleinspannung berechneten Anschnittmoment.   Für Gleichstreckenlasten f_d gilt: $\min \|M_{Ed}\| = (1/12) \cdot f_d \cdot l_n^2$ bei Endfeldern $\min \|M_{Ed}\| = (1/18) \cdot f_d \cdot l_n^2$ bei Innenfeldern 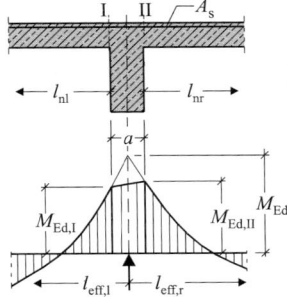
Stützmomentenausrundung bei rechnerisch frei drehbarer Lagerung des durchlaufenden Bauteiles.   Die Bemessung erfolgt für das ausgerundete Moment M_{Ed}': $\|M_{Ed}'\| = \|M_{Ed}\| - \|C_{Ed}\| \cdot \dfrac{a}{8}$ 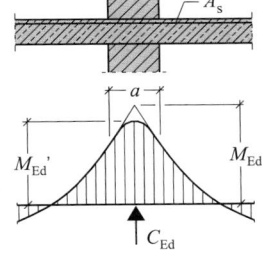
Bei der Berechnung der Anschnittmomente bzw. bei der Stützmomentenausrundung bedeuten: M_{Ed} — Bemessungswerte des Biegemomentes in der rechnerischen Auflagerlinie C_{Ed} — Bemessungswert der Auflagerkraft $V_{Ed,l}$; $V_{Ed,r}$ — Bemessungswert der Querkraft links/rechts von der rechnerischen Auflagerlinie a — Auflagerbreite

4.1.6 Sonstige Vereinfachungen

Bei der Schnittgrößenermittlung darf von folgenden Vereinfachungen Gebrauch gemacht werden:

- *Durchlaufende Platten und Balken* dürfen im üblichen Hochbau als frei drehbar gelagert betrachtet werden.
- *Stützkräfte* von einachsig gespannten Platten, Rippendecken und Balken (auch Plattenbalken) dürfen unter Vernachlässigung der Durchlaufwirkung bestimmt werden. Davon abweichend ist die Durchlaufwirkung stets an der ersten Innenstütze sowie an sonstigen Innenstützen dann zu berücksichtigen, wenn das Stützweitenverhältnis der benachbarten Felder mit annähernd gleicher Steifigkeit außerhalb des Bereiches $0,5 < l_{eff,i} / l_{eff,i+1} < 2$ liegt.
- *Querkräfte* dürfen im üblichen Hochbau für eine Vollbelastung aller Felder berechnet werden, wenn das Stützweitenverhältnis benachbarter Felder mit annähernd gleicher Steifigkeit im Bereich $0,5 < l_{eff,i} / l_{eff,i+1} < 2$ liegt.
- Bei *rahmenartigen Tragwerken* in durch Wandscheiben ausgesteiften Tragsystemen des üblichen Hochbaus dürfen die an den Innenstützen auftretenden Biegemomente aus Rahmentragwirkung vernachlässigt werden, wenn das Stützweitenverhältnis benachbarter Felder mit etwa gleicher Steifigkeit $0,5 < l_{eff,i} / l_{eff,i+1} < 2$ beträgt.

4.2 Berechnungsverfahren zur Schnittgrößenermittlung

Für die Ermittlung der Schnittgrößen stehen in Abhängigkeit vom betrachteten Grenzzustand folgende Berechnungsverfahren zur Verfügung:

- Grenzzustände der Tragfähigkeit
  - linear-elastische Berechnung ohne Umlagerung
  - linear-elastische Berechnung mit Umlagerung
  - Verfahren nach der Plastizitätstheorie
  - nichtlineare Verfahren
- Grenzzustände der Gebrauchstauglichkeit
  - linear-elastische Berechnung ohne Umlagerung
  - nichtlineare Verfahren

4.2.1 Linear-elastische Berechnung

Bei linear-elastischer Schnittgrößenermittlung dürfen die Steifigkeiten im ungerissenen Zustand (Zustand I) angesetzt werden. Alternativ ist es jedoch auch möglich, die Steifigkeiten der gerissenen Querschnitte (Zustand II) zu Grunde zu legen.

Sicherung einer ausreichenden Rotationsfähigkeit

Zur Sicherung einer ausreichenden Rotationsfähigkeit hochbelasteter Querschnitte sollte bei Durchlaufträgern mit einem Stützweitenverhältnis benachbarter Felder von $0{,}5 < l_{\text{eff},i} / l_{\text{eff},i+1} < 2$, Rahmenriegeln und sonstigen vorwiegend biegebeanspruchten Bauteilen, die mit den Bemessungswerten der Einwirkungen und der Baustofffestigkeiten ermittelte bezogene Druckzonenhöhe x/d auf folgende Werte begrenzt werden:

- Beton bis C50/60: $\qquad x/d \leq 0{,}45$
- Beton ab C55/67 und Leichtbeton: $\qquad x/d \leq 0{,}35$.

Bei einer Überschreitung dieser Werte sowie generell bei Durchlaufträgern mit stark unterschiedlichen Stützweiten sind zusätzliche Maßnahmen zur Umschnürung der Druckzone erforderlich (siehe [DAfStb Heft 525]) oder der vereinfachte Nachweis der Rotationsfähigkeit zu führen, siehe Entwurfs- und Berechnungstafeln für Bauingenieure.

4.2.2 Linear-elastische Berechnung mit Umlagerung

Die auf der Grundlage einer linear-elastischen Berechnung bestimmten Biegemomente dürfen in den Grenzzuständen der Tragfähigkeit unter Einhaltung der Gleichgewichtsbedingungen in einem begrenzten Umfang umgelagert werden. Die Auswirkungen dieser Umlagerung auf andere Schnittgrößen (Querkräfte, Auflagerkräfte) sowie die konstruktive Durchbildung (z.B. Zugkraftdeckung) sind zu berücksichtigen.

In Durchlaufträgern mit einem Stützweitenverhältnis benachbarter Felder von $0{,}5 < l_{\text{eff},i} / l_{\text{eff},i+1} < 2$, in Riegeln von unverschieblichen Rahmen sowie in sonstigen vorwiegend biegebeanspruchten Bauteilen gelten folgende Umlagerungsgrenzen für die Abminderung der Stützmomente:

Hochduktiler Stahl		Normalduktiler Stahl	
Beton bis C50/60	Beton ab C55/67 und Leichtbeton	Beton bis C50/60	Beton ab C55/67 und Leichtbeton
$\delta \geq \begin{cases} 0{,}64 + 0{,}8 \cdot x_d / d \\ 0{,}7 \end{cases}$	$\delta \geq \begin{cases} 0{,}72 + 0{,}8 \cdot x_d / d \\ 0{,}8 \end{cases}$	$\delta \geq \begin{cases} 0{,}64 + 0{,}8 \cdot x_d / d \\ 0{,}85 \end{cases}$	$\delta = 1$ (keine Umlagerung)

δ Umlagerungsfaktor, Verhältnis des umgelagerten Moments zum Ausgangsmoment
x_d Druckzonenhöhe im Grenzzustand der Tragfähigkeit nach der Umlagerung

Weiterhin ist zu beachten:

- Für die Eckknoten in unverschieblichen Rahmen ist die Umlagerung auf $\delta = 0{,}9$ begrenzt.
- Bei verschieblichen Rahmen sowie bei Tragwerken aus unbewehrtem Beton ist keine Umlagerung zugelassen.

4.2.3 Berechnungsverfahren auf Grundlage der Plastizitätstheorie

Bei Anwendung von plastizitätstheoretischen Verfahren für die Schnittgrößenermittlung gelten folgende Besonderheiten:
- In stabförmigen Bauteilen und Platten darf kein normalduktiler Stahl eingesetzt werden.
- In Scheiben darf normal- oder hochduktiler Stahl zur Anwendung kommen.

Die Anwendung der Plastizitätstheorie setzt eine ausreichende Verformungsfähigkeit der plastischen Gelenke voraus. Dazu ist für Stabtragwerke und einachsig gespannte Platten der vereinfachte Nachweis der plastischen Rotation zu führen. Bei zweiachsig gespannten Platten darf auf diesen Nachweis verzichtet werden, jedoch sind folgende Bedingungen einzuhalten:
- Begrenzung der Druckzonenhöhe
  - Beton bis C50/60: $x/d \leq 0{,}25$
  - Beton ab C55/67: $x/d \leq 0{,}15$
- das Verhältnis von Stützmomenten zu Feldmomenten muss zwischen 0,5 und 2,0 liegen.

4.2.4 Nichtlineare Schnittkraftermittlung

Siehe DIN 1045-1, 8.5 und [DAfStb Heft 525].

4.3 Schnittgrößen in Rahmentragwerken

Die Einspannmomente in den Randstützen von mehrfeldrigen Rahmensystemen können näherungsweise nach Tafel 8.29 berechnet werden. Das dargestellte Berechnungsverfahren gilt für die Verbindung von Stützen mit Balken sowie die Verbindung von Wänden mit Platten. Für punktgestütze Platten siehe [DAfStb Heft 240].

Tafel 8.29: Näherungsweise Berechnung der Momente in Rahmensystemen nach [DAfStb Heft 240]

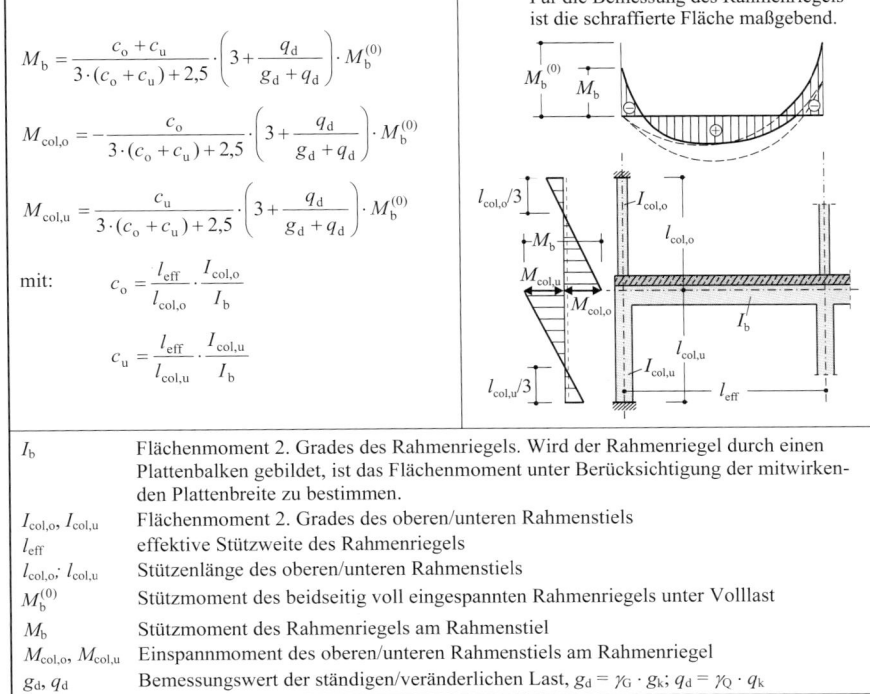

I_b	Flächenmoment 2. Grades des Rahmenriegels. Wird der Rahmenriegel durch einen Plattenbalken gebildet, ist das Flächenmoment unter Berücksichtigung der mitwirkenden Plattenbreite zu bestimmen.
$I_{col,o}$, $I_{col,u}$	Flächenmoment 2. Grades des oberen/unteren Rahmenstiels
l_{eff}	effektive Stützweite des Rahmenriegels
$l_{col,o}$; $l_{col,u}$	Stützenlänge des oberen/unteren Rahmenstiels
$M_b^{(0)}$	Stützmoment des beidseitig voll eingespannten Rahmenriegels unter Volllast
M_b	Stützmoment des Rahmenriegels am Rahmenstiel
$M_{col,o}$, $M_{col,u}$	Einspannmoment des oberen/unteren Rahmenstiels am Rahmenriegel
g_d, q_d	Bemessungswert der ständigen/veränderlichen Last, $g_d = \gamma_G \cdot g_k$; $q_d = \gamma_Q \cdot q_k$

Beispiel: Ermittlung des Einspannmomentes in der Randstütze eines Rahmensystems

Belastung:

$g_k = 35$ kN/m, $q_k = 25$ kN/m

$g_d = \gamma_G \cdot g_k = 1{,}35 \cdot 35 = 47{,}25$ kN/m

$q_d = \gamma_Q \cdot q_k = 1{,}5 \cdot 25 = 37{,}5$ kN/m

$f_d = g_d + q_d = 47{,}25 + 37{,}5 = 84{,}75$ kN/m

Ermittlung des Einspannmomentes:

$M_b^{(0)} = -\dfrac{1}{12} \cdot 84{,}75 \cdot 7{,}20^2 = -366{,}12$ kNm

$c_o = \dfrac{7{,}20}{3{,}80} \cdot \dfrac{0{,}0072}{0{,}0171} = 0{,}798$

$c_u = \dfrac{7{,}20}{4{,}50} \cdot \dfrac{0{,}0072}{0{,}0171} = 0{,}674$

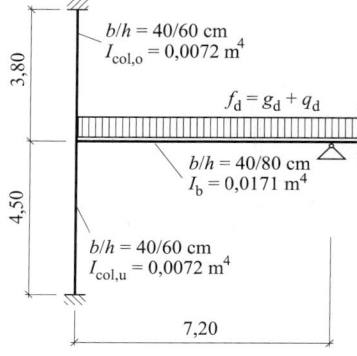

$M_b = \dfrac{0{,}798 + 0{,}674}{3 \cdot (0{,}798 + 0{,}674) + 2{,}5} \cdot \left(3 + \dfrac{37{,}5}{47{,}25 + 37{,}5}\right) \cdot (-366{,}12) = -268{,}25$ kNm

$M_{col,o} = -\dfrac{0{,}798}{3 \cdot (0{,}798 + 0{,}674) + 2{,}5} \cdot \left(3 + \dfrac{37{,}5}{47{,}25 + 37{,}5}\right) \cdot (-366{,}12) = 145{,}43$ kNm

$M_{col,u} = -\dfrac{0{,}674}{3 \cdot (0{,}798 + 0{,}674) + 2{,}5} \cdot \left(3 + \dfrac{37{,}5}{47{,}25 + 37{,}5}\right) \cdot (-366{,}12) = -122{,}83$ kNm

4.4 Schnittgrößen in Plattentragwerken

4.4.1 Rechnerische Lastverteilungsbreite für Punkt-, Linien- und Rechtecklasten bei einachsig gespannten Platten nach [DAfStb Heft 240]

Lasteintragungsbreite t

$t = b_0 + 2 \cdot h_1 + h$

b_0 Lastaufstandsbreite
h_1 lastverteilende Deckschicht
h Plattendicke

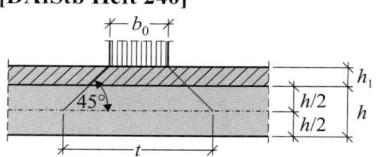

Rechnerische Lastverteilungsbreite b_{eff} (Berechnung von b_{eff} nach Tafel 8.31)

Feldmoment: Stützmoment am Kragarm: bei randnahen Lasten:

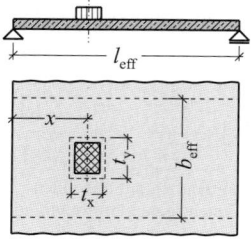 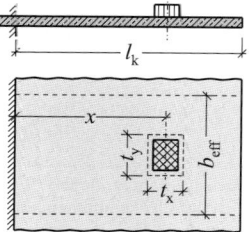 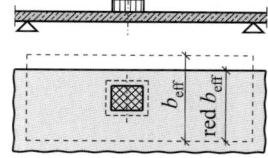

Bei randnahen Lasten ist eine reduzierte mitwirkende Breite red b_{eff} anzusetzen

Plattenschnittgrößen (bezogen auf 1 m Breite)

$m = m_{Gleichlast} + M / b_{eff}$ $v = v_{Gleichlast} + V / b_{eff}$

M größtes Feldmoment M_F bzw. Stützmoment M_S infolge der auf den Längen t_x in Spannrichtung und t_y quer zur Spannrichtung gleichmäßig verteilten Last

V Querkraft am Auflager

b_{eff} rechnerische Lastverteilungsbreite an der Stelle des größten Feldmomentes bzw. am Auflager

Tafel 8.31: Ermittlung der rechnerischen Lastverteilungsbreite b_{eff}

Stat. System Schnittgröße	Rechnerische Lastverteilungsbreite b_{eff}	Gültigkeitsgrenzen			Breite b_{eff} für Linienlast ($t_x = l_{eff}$)	
					$t_y = 0{,}05\, l_{eff}$	$t_y = 0{,}10\, l_{eff}$
m_F	$t_y + 2{,}5 \cdot x \cdot \left(1 - \dfrac{x}{l_{eff}}\right)$	$0 < x < l_{eff}$	$t_y \leq 0{,}8\, l_{eff}$	$t_x \leq l_{eff}$	\multicolumn{2}{c}{$1{,}36\, l_{eff}$}	
q_S	$t_y + 0{,}5 \cdot x$	$0 < x < l_{eff}$	$t_y \leq 0{,}8\, l_{eff}$	$t_x \leq l_{eff}$	$0{,}25\, l_{eff}$	$0{,}30\, l_{eff}$
m_F	$t_y + 1{,}5 \cdot x \cdot \left(1 - \dfrac{x}{l_{eff}}\right)$	$0 < x < l_{eff}$	$t_y \leq 0{,}8\, l_{eff}$	$t_x \leq l_{eff}$	\multicolumn{2}{c}{$1{,}01\, l_{eff}$}	
m_S	$t_y + 0{,}5 \cdot x \cdot \left(2 - \dfrac{x}{l_{eff}}\right)$	$0 < x < l_{eff}$	$t_y \leq 0{,}8\, l_{eff}$	$t_x \leq l_{eff}$	\multicolumn{2}{c}{$0{,}67\, l_{eff}$}	
q_S	$t_y + 0{,}3 \cdot x$	$0{,}2\, l_{eff} < x < l_{eff}$	$t_y \leq 0{,}4\, l_{eff}$	$t_x \leq 0{,}2\, l_{eff}$	$0{,}25\, l_{eff}$	$0{,}30\, l_{eff}$
q_S	$t_y + 0{,}4 \cdot (l_{eff} - x)$	$0 < x < 0{,}8\, l_{eff}$	$t_y \leq 0{,}4\, l_{eff}$	$t_x \leq 0{,}2\, l_{eff}$	$0{,}17\, l_{eff}$	$0{,}21\, l_{eff}$
m_F	$t_y + x \cdot \left(1 - \dfrac{x}{l_{eff}}\right)$	$0 < x < l_{eff}$	$t_y \leq 0{,}8\, l_{eff}$	$t_x \leq l_{eff}$	\multicolumn{2}{c}{$0{,}86\, l_{eff}$}	
m_S	$t_y + 0{,}5 \cdot x \cdot \left(2 - \dfrac{x}{l_{eff}}\right)$	$0 < x < l_{eff}$	$t_y \leq 0{,}4\, l_{eff}$	$t_x \leq l_{eff}$	\multicolumn{2}{c}{$0{,}52\, l_{eff}$}	
q_S	$t_y + 0{,}3 \cdot x$	$0{,}2\, l_{eff} < x < l_{eff}$	$t_y \leq 0{,}4\, l_{eff}$	$t_x \leq 0{,}2\, l_{eff}$	$0{,}21\, l_{eff}$	$0{,}25\, l_{eff}$
m_S	$2 \cdot l_k + 1{,}5 \cdot x$	$0 < x < l_k$	$t_y < 0{,}2\, l_k$	$t_x \leq l_k$	\multicolumn{2}{c}{$1{,}35\, l_{eff}$}	
	$t_y + 1{,}5 \cdot x$	$0 < x < l_k$	$0{,}2\, l_k \leq t_y \leq 0{,}8\, l_k$	$t_x \leq l_k$		
q_S	$0{,}2 \cdot l_k + 0{,}3 \cdot x$	$0{,}2\, l_k < x < l_k$	$t_y < 0{,}2\, l_k$	$t_x \leq 0{,}2\, l_k$	\multicolumn{2}{c}{$0{,}36\, l_{eff}$	$0{,}43\, l_{eff}$}
	$t_y + 0{,}3 \cdot x$	$0{,}2\, l_k < x < l_k$	$0{,}2\, l_k \leq t_y \leq 0{,}4\, l_k$	$t_x \leq 0{,}2\, l_k$		

4.4.2 Vierseitig gestützte Platten nach [Pieper/Martens 1966]

Voraussetzung für die Anwendung:
- $q \leq 2/3 \cdot (g + q)$
- $l_x = \min l_{eff}$
- annähernd gleiche Plattendicken h

Feldmomente:

Platten			
mit voller Drilltragfähigkeit		ohne volle Drilltragfähigkeit	
$m_{fx} = \dfrac{(g+q) \cdot l_x^2}{f_x}$	$m_{fy} = \dfrac{(g+q) \cdot l_x^2}{f_y}$	$m_{fx} = \dfrac{(g+q) \cdot l_x^2}{f_x^0}$	$m_{fy} = \dfrac{(g+q) \cdot l_x^2}{f_y^0}$

Stützmomente:

$$m_{s0,x} = -\dfrac{(g+q) \cdot l_x^2}{s_x} \qquad m_{s0,y} = -\dfrac{(g+q) \cdot l_x^2}{s_y}$$

Die Einspannmomente m_{s0} der angrenzenden Plattenränder sind wie folgt zu mitteln:

- Stützweitenverhältnis $l_1 : l_2 < 5 : 1 \Rightarrow m_s \geq \begin{cases} |0{,}5 \cdot (m_{s0,1} + m_{s0,2})| \\ 0{,}75 \cdot \max(|m_{s0,1}|\, ;\, |m_{s0,2}|) \end{cases}$

- Stützweitenverhältnis $l_1 : l_2 > 5 : 1 \Rightarrow m_s \geq \max(|m_{s0,1}|\, ;\, |m_{s0,2}|)$

    l_1, l_2 Stützweiten der aneinander grenzenden Platten 1 und 2

Krag- und Einspannmomente in Bauteilen mit sehr großer Steifigkeit sind nicht zu mitteln. Die gemittelten Stützmomente m_s gelten unmittelbar als Bemessungsmomente.

Tafel 8.32: Momentenbeiwerte nach Pieper/Martens

Stützungsart	Beiwert	Stützweitenverhältnis l_y / l_x ($l_x = l_{min}$)											
		1,0	1,1	1,2	1,3	1,4	1,5	1,6	1,7	1,8	1,9	2,0	→ ∞
1	f_x	27,2	22,4	19,1	16,8	15,0	13,7	12,7	11,9	11,3	10,8	10,4	8,0
	f_y	27,2	27,9	29,1	30,9	32,8	34,7	36,1	37,3	38,5	39,4	40,3	-
	f_x^0	20,0	16,6	14,5	13,0	11,9	11,1	10,6	10,2	9,8	9,5	9,3	8,0
	f_y^0	20,0	20,7	22,1	24,0	26,2	28,3	30,2	31,9	33,4	34,7	35,9	-
2.1	f_x	32,8	26,3	22,0	18,9	16,7	15,0	13,7	12,8	12,0	11,4	10,9	8,0
	f_y	29,1	29,2	29,8	30,6	31,8	33,5	34,8	36,1	37,3	38,4	39,5	-
	s_y	11,9	10,9	10,1	9,6	9,2	8,9	8,7	8,5	8,4	8,3	8,2	8,0
	f_x^0	26,4	21,4	18,2	15,9	14,3	13,0	12,1	11,5	10,9	10,4	10,1	8,0
	f_y^0	22,4	22,8	23,9	25,1	26,7	28,6	30,4	32,0	33,4	34,8	36,2	-
2.2	f_x	29,1	24,6	21,5	19,2	17,5	16,2	15,2	14,4	13,8	13,3	12,9	10,2
	f_y	32,8	34,5	36,8	38,8	40,9	42,7	44,1	45,3	46,5	47,2	47,9	-
	s_x	11,9	10,9	10,2	9,7	9,3	9,0	8,8	8,6	8,4	8,3	8,3	8,0
	f_x^0	22,4	19,2	17,2	15,7	14,7	13,9	13,2	12,7	12,3	12,0	11,8	10,2
	f_y^0	26,4	28,1	30,3	32,7	35,1	37,3	39,1	40,7	42,2	43,3	44,8	-
3.1	f_x	38,0	30,2	24,8	21,1	18,4	16,4	14,8	13,6	12,7	12,0	11,4	8,0
	f_y	30,6	30,2	30,3	31,0	32,2	33,8	35,9	38,3	41,1	44,9	46,3	-
	s_y	14,3	12,7	11,5	10,7	10,0	9,5	9,2	8,9	8,7	8,5	8,4	8,0
3.2	f_x	30,6	26,3	23,2	20,9	19,2	17,9	16,9	16,1	15,4	14,9	14,5	12,0
	f_y	38,0	39,5	41,4	43,5	45,6	47,6	49,1	50,3	51,3	52,1	52,9	-
	s_x	14,3	13,5	13,0	12,6	12,3	12,2	12,0	12,0	12,0	12,0	12,0	12,0
4	f_x	33,2	27,3	23,3	20,6	18,5	16,9	15,8	14,9	14,2	13,6	13,1	10,2
	f_y	33,2	34,1	35,5	37,7	39,9	41,9	43,5	44,9	46,2	47,2	48,3	-
	s_x	14,3	12,7	11,5	10,7	10,0	9,6	9,2	8,9	8,7	8,5	8,4	8,0
	s_y	14,3	13,6	13,1	12,8	12,6	12,4	12,3	12,2	12,2	12,2	12,2	11,2
	f_x^0	26,7	22,1	19,2	17,2	15,7	14,6	13,8	13,2	12,7	12,3	12,0	10,2
	f_y^0	26,7	27,6	29,2	31,4	33,8	36,2	38,1	39,8	41,4	42,8	44,2	-
5.1	f_x	33,6	28,2	24,4	21,8	19,8	18,3	17,2	16,3	15,6	15,0	14,6	12,0
	f_y	37,3	38,7	40,4	42,7	45,1	47,5	49,5	51,4	53,3	55,1	58,9	-
	s_x	16,2	14,8	13,9	13,2	12,7	12,5	12,3	12,2	12,1	12,0	12,0	12,0
	s_y	18,3	17,7	17,5	17,5	17,5	17,5	17,5	17,5	17,5	17,5	17,5	17,5
5.2	f_x	37,3	30,3	25,3	22,0	19,5	17,7	16,4	15,4	14,6	13,9	13,4	10,2
	f_y	33,6	34,1	35,1	37,3	39,8	43,1	46,6	52,3	55,5	60,5	66,1	-
	s_x	18,3	15,4	13,5	12,2	11,2	10,6	10,1	9,7	9,4	9,0	8,9	8,0
	s_y	16,2	14,8	13,9	13,3	13,0	12,7	12,6	12,5	12,4	12,3	12,3	11,2
6	f_x	36,8	30,2	25,7	22,7	20,4	18,7	17,5	16,5	15,7	15,1	14,7	12,0
	f_y	36,8	38,1	40,4	43,5	47,1	50,6	52,8	54,5	56,1	57,3	58,3	-
	s_x	19,4	17,1	15,5	14,5	13,7	13,2	12,8	12,5	12,3	12,1	12,0	12,0
	s_y	19,4	18,4	17,9	17,6	17,5	17,5	17,5	17,5	17,5	17,5	17,5	17,5

Schnittgrößenermittlung

Sonderfall:
auf zwei Felder mit kleiner Stützweite folgt ein Feld mit großer Stützweite:

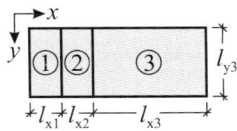

		Feld 1	Feld 2
Feldmomente	$f_{x1} < 10{,}2$	$m_{fx1} = \dfrac{(g+q) \cdot l_{x1}^2}{f_{x1}}$	$m_{fx2} = \dfrac{(g+q) \cdot l_{x2}^2}{12}$
	$f_{x1} > 10{,}2$	Ermittlung der Feldmomente nach Tafel 8.32	
Endauflagerkraft A der Platte 1		$A = \sqrt{2 \cdot (g+q) \cdot m_{fx1}}$	
Stützmoment m_b zwischen den Platten 1 und 2		$m_b = A \cdot l_{x1} - \dfrac{(g+q) \cdot l_{x1}^2}{2}$	

Bei der Bemessung des zweiten Feldes sind bei $f_{x1} < 10{,}2$ das Feldmoment m_{fx2}, das meist positive Stützmoment m_b und auch die Bemessungswerte für beidseitige Einspannung nach Tafel 8.32 zu berücksichtigen.

Tafel 8.33: Momentenbeiwerte f_{x1}

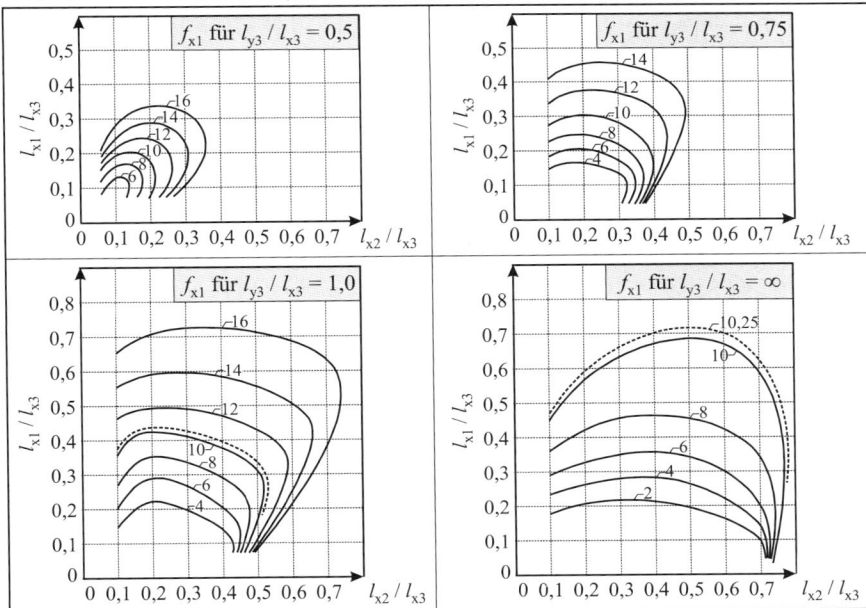

Zwischenwerte innerhalb eines Diagramms und zwischen zwei Diagrammen mit unterschiedlichen l_{y3}/l_{x3}-Werten dürfen linear interpoliert werden. Im Allgemeinen genügt es jedoch, das Diagramm zu verwenden, dessen Seitenverhältnis dem im Feld 3 vorhandenen am nächsten kommt.

Sonderfall Kragarme

Kragarme bewirken in angrenzenden Feldern hinsichtlich der Stützungsart nach Tafel 8.32 nur dann eine Einspannung, wenn das Kragmoment aus Eigenlast größer als das halbe Volleinspannmoment des betreffenden Feldes unter Gesamtlast ist.

4.4.3 Auflager- und Eckabhebekräfte vierseitig gelagerter Platten

Tafel 8.34a: Auflagerkräfte vierseitig gelagerter Platten bei Gleichflächenlasten

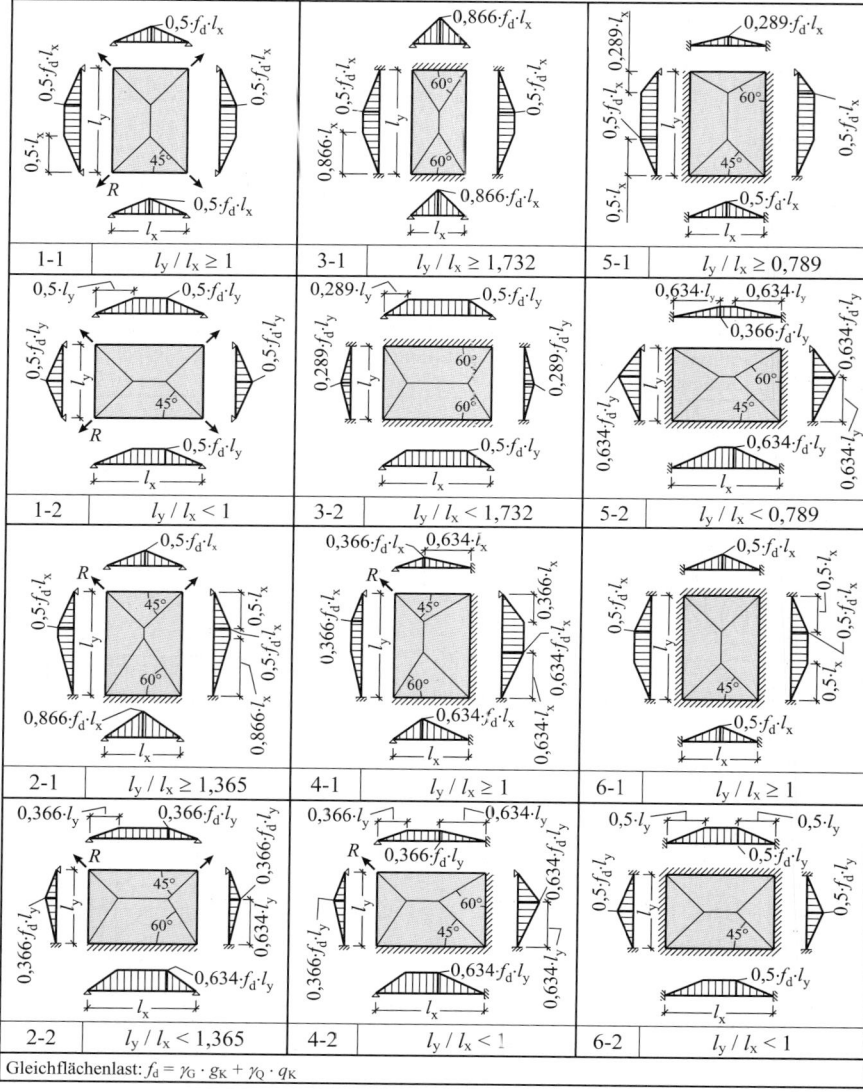

Gleichflächenlast: $f_d = \gamma_G \cdot g_k + \gamma_Q \cdot q_k$

Tafel 8.34b: κ-Werte zur Berechnung der Eckabhebekräfte R, $R = f_d \cdot l_x^2 / \kappa$, $f_d = \gamma_G \cdot g_k + \gamma_Q \cdot q_k$

Lagerungsart der Platte nach Tafel 8.34a	$\varepsilon = l_y / l_x$										
	1,0	1,1	1,2	1,3	1,4	1,5	1,6	1,7	1,8	1,9	2,0
1-1, 1-2	10,8	9,85	9,20	8,75	8,40	8,15	7,95	7,80	7,70	7,65	7,55
2-1	13,1	11,6	10,5	9,70	9,10	8,70	8,40	8,10	7,90	7,80	7,70
2-2	13,1	12,4	12,0	11,7	11,5	11,4	11,3	11,2	11,2	11,2	11,2
4-1, 4-2	13,9	13,0	12,4	12,0	11,7	11,5	11,4	11,3	11,2	11,2	11,2

4.5 Aussteifung von Tragwerken
4.5.1 Begriffe und Festlegungen

Ausgesteiftes Tragwerk	Tragwerk, in dem aussteifende Bauteile vorhanden sind. Ausgesteifte Tragwerke können nach Abschnitt 4.5.2 als verschieblich oder unverschieblich eingestuft werden.
Unausgesteiftes Tragwerk	Tragwerk, in dem keine aussteifenden Bauteile vorhanden sind. Die Aufnahme und Weiterleitung der Horizontallasten erfolgt über Kragstützen und/oder Rahmensysteme, die gegebenenfalls entsprechend Abschnitt 5.2 nach Theorie II. Ordnung nachzuweisen sind.
Verschiebliches Tragwerk	Tragwerk, bei dem für die lotrechten aussteifenden Bauteile die Auswirkungen nach Theorie II. Ordnung berücksichtigt werden müssen.
Unverschiebliches Tragwerk	Tragwerk, bei dem die Auswirkungen nach Theorie II. Ordnung bei den vertikalen aussteifenden Bauteilen nicht berücksichtigt werden müssen.
Aussteifendes Bauteil	Bauteil zur Aufnahme und Weiterleitung von auf das Tragwerk einwirkenden horizontalen Lasten. Aussteifende Bauteile müssen eine ausreichende Steifigkeit aufweisen, unter der maßgebenden Einwirkungskombination sollte die Betonzugspannung den Wert f_{ctm} nicht überschreiten. Es werden waagerechte (Deckenscheiben) und lotrechte aussteifende Bauteile (Wandscheiben, Bauwerkskerne, ggf. auch Rahmensysteme mit hoher Steifigkeit) unterschieden.

4.5.2 Verschieblichkeit/Unverschieblichkeit von ausgesteiften Tragwerken

Ist eine Vielzahl von lotrechten aussteifenden, annähernd symmetrisch im Tragwerk angeordneten Bauteilen vorhanden, kann die Unverschieblichkeit des betreffenden Tragwerks in vielen Fällen ohne weiteren Nachweis vorausgesetzt werden. Ansonsten ist durch einen rechnerischen Nachweis das Tragwerk als verschieblich oder unverschieblich einzustufen, siehe Entwurfs- und Berechnungstafeln für Bauingenieure.

5 Nachweise im Grenzzustand der Tragfähigkeit
5.1 Biegung und Längskraft
5.1.1 Allgemeines

Grenzdehnungen

Der Grenzzustand der Tragfähigkeit wird in Querschnitten unter einer Beanspruchung aus Biegung, Längskraft oder Biegung mit Längskraft rechnerisch dann erreicht, wenn im Beton und/oder Betonstahl bzw. Spannstahl folgende Grenzdehnungen auftreten:

- Betonstahl: $\varepsilon_{su} = 25\,‰$
- Beton: ε_{c2u} bzw. ε_{lc2u} nach Tafel 8.22. Bei vollständig überdrückten Querschnitten darf die Dehnung im Punkt C höchstens ε_{c2} bzw. ε_{lc2} betragen.

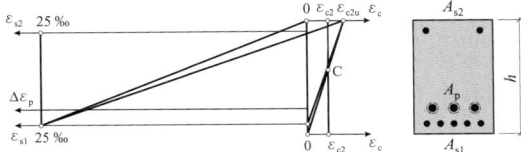

Abb. 8.35: Mögliche Dehnungsverteilungen im Grenzzustand der Tragfähigkeit

Zusätzlich gilt:
- Bei geringer Ausmitte mit $e_d/h \leq 0{,}1$ darf für Normalbeton $\varepsilon_{c2} = -2{,}2\,‰$ angesetzt werden.
- In vollständig überdrückten Platten von gegliederten Querschnitten ist die Dehnung in Plattenmitte auf ε_{c2} bzw. ε_{lc2} nach Tafel 8.22 zu begrenzen. Allerdings muss die Tragfähigkeit des Gesamtquerschnittes nicht geringer angesetzt werden, als diejenige des Stegquerschnittes mit der Höhe h und unter Berücksichtigung der Dehnungsverteilung nach Abb. 8.35.

Duktiles Bauteilverhalten

Maßnahmen zur Sicherstellung eines duktilen Bauteilverhaltens siehe Seite 8.19.

Hinweise zur Nachweisführung

Die Nachweisführung erfolgt entweder in Form der Ermittlung der erforderlichen Querschnittsfläche der Längsbewehrung für eine vorgegebene Einwirkung ("Bemessung") oder durch die Bestimmung des Tragwiderstands für eine vorgegebene Längsbewehrung ("Tragfähigkeitsnachweis"). Die Querschnittsgeometrie und die Baustoffe werden dazu auf der Grundlage einer Vorbemessung bzw. von Erfahrungswerten sinnvoll gewählt oder sind bei vorhandenen Bauteilen bekannt.

Wegen der nichtlinearen Spannungs-Dehnungs-Beziehung des Betons ist – von einfachen Fällen wie mittiger Druckbeanspruchung (Abschnitt 5.1.2) oder Zugkraft mit kleiner Ausmitte (Abschnitt 5.1.3) abgesehen – eine iterative Berechnung erforderlich. Dazu wird zunächst eine Annahme zur Dehnungsverteilung im Querschnitt getroffen, dann der zu dieser Dehnungsverteilung zugehörige Tragwiderstand ermittelt und mit den Einwirkungen verglichen. Die Dehnungsverteilung ist anschließend so lange zu variieren, bis der Tragwiderstand und die Schnittgrößen aus Einwirkungen identisch sind.

Eine Alternative zu iterativen Berechnungen stellen die für ausgewählte Querschnittsformen und Beanspruchungsfälle aufgestellten Bemessungshilfsmittel dar, die in Abschnitt 9 abgedruckt sind.

5.1.2 Mittige Druckbeanspruchung

Bei mittiger Druckbeanspruchung lässt sich der Tragwiderstand eines Querschnitts bei beliebiger Querschnittsform mit Hilfe der *Additionsformel* bestimmen.

$$|N_{Rd}| = |F_{cd}| + |F_{sd}| = A_c \cdot \frac{\alpha \cdot f_{ck}}{\gamma_c} + A_{s,tot} \cdot \frac{f_{yk}}{\gamma_s}$$

$|N_{Rd}|$ Tragwiderstand (im Grenzzustand der Tragfähigkeit aufnehmbare Längskraft)
A_c Betonquerschnittsfläche
$A_{s,tot}$ Gesamtquerschnittsfläche des Betonstahls

Beispiel: Ermittlung des Tragwiderstandes für einen Wandpfeiler

Voraussetzungen:
- mittige Druckbeanspruchung
- ständige/vorübergehende Bemessungssituation
- Einflüsse aus Theorie II. Ordnung sind vernachlässigbar (siehe dazu Abschnitt 5.2)

Bauteilquerschnitt:

$C20/25 \rightarrow f_{ck} = 20\ \text{MN/m}^2$

$A_c = 24 \cdot 124 + 24 \cdot 2 \cdot 25 = 4176\ \text{cm}^2$

$A_{s,tot} = 16 \cdot 1{,}54 = 24{,}64\ \text{cm}^2$

$|N_{Rd}| = 4176 \cdot \dfrac{0{,}85 \cdot 2{,}00}{1{,}5} + 24{,}64 \cdot \dfrac{50}{1{,}15} = 5804\ \text{kN}$

Beton C20/25,
Längsbewehrung: 16 $\varnothing$ 14 BSt 500
Bügelbewehrung nicht dargestellt

5.1.3 Zugkraft mit kleiner Ausmitte

Zugkraft mit kleiner Ausmitte liegt vor, wenn

$$e_d = \left|\frac{M_{Ed}}{N_{Ed}}\right| \leq z_{s1}$$

ist. In diesem Fall wird der gesamte Querschnitt gedehnt, der Beton somit ausschließlich zugbeansprucht und rechnerisch nicht an der Lastabtragung beteiligt. Unter der vereinfachenden Voraussetzung, dass in beiden Bewehrungslagen die Streckgrenze erreicht wird, ergibt sich:

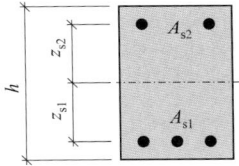 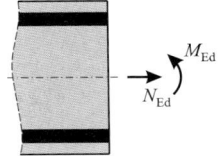

$$A_{s1} = \frac{N_{Ed}}{f_{yd}} \cdot \frac{z_{s2} + e_d}{z_{s1} + z_{s2}} \quad \text{und} \quad A_{s2} = \frac{N_{Ed}}{f_{yd}} \cdot \frac{z_{s1} - e_d}{z_{s1} + z_{s2}}$$

Beispiel: Bemessung einer Behälterwand

Belastung: $n_{Ed} = 200$ kN/m (Zugkraft)
$m_{Ed} = 10$ kNm/m

Betonstahl BSt 500

$$e_d = \frac{10}{200} = 0,05 \text{ m} \leq z_{s1} = 0,10 \text{ m}$$

$$a_{s1} = \frac{200}{50/1,15} \cdot \frac{0,10 + 0,05}{0,10 + 0,10} = 3,45 \text{ cm}^2/\text{m}$$

$$a_{s2} = \frac{200}{50/1,15} \cdot \frac{0,10 - 0,05}{0,10 + 0,10} = 1,15 \text{ cm}^2/\text{m}$$

Wandquerschnitt:

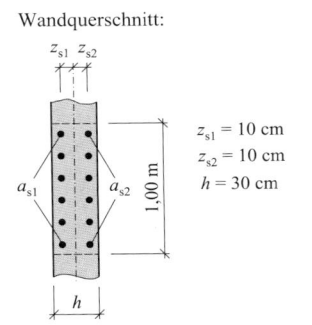

$z_{s1} = 10$ cm
$z_{s2} = 10$ cm
$h = 30$ cm

Anmerkung: Es ist zu prüfen, ob aus konstruktiven Gründen oder wegen der Beschränkung der Rissbreiten größere Querschnittsflächen der Bewehrung erforderlich werden.

5.1.4 Biegung mit und ohne Längskraft

Vorwiegende Biegebeanspruchung

Eine vorwiegende Biegebeanspruchung liegt vor, wenn

$$\frac{e_d}{h} = \left|\frac{M_{Ed}}{N_{Ed} \cdot h}\right| > 3,5$$

ist. Für die häufig vorkommenden Querschnittsformen stehen folgende Bemessungshilfsmittel zur Verfügung (eine Auswahl der Bemessungshilfsmittel enthält Abschnitt 9):
- bei Rechteckquerschnitten (Querschnitte mit rechteckförmiger Betondruckzone):
  - allgemeines Bemessungsdiagramm
  - dimensionsgebundene Bemessungstabelle (k_d-Tafel)
  - Bemessungstabelle mit dimensionslosen Beiwerten
- bei Plattenbalkenquerschnitten:
  - Bemessungstabelle für den Plattenbalkenquerschnitt
- bei Kreis- und Kreisringquerschnitten:
  - μ-ν-Interaktionsdiagramme.

Bei Rechteck- und Plattenbalkenquerschnitten kann zunächst davon ausgegangen werden, dass eine einfache Bewehrung (in der Zugzone) ausreichend ist, die gegebenenfalls in mehreren Lagen übereinander angeordnet wird. Bei sehr großen Beanspruchungen können sich dann aber Nachteile ergeben:
- hohe bezogene Druckzonenhöhen $\xi = x/d$, die Grenzwerte der bezogenen Druckzonenhöhe ξ_{lim} sind vom für die Schnittgrößenermittlung gewählten Verfahren abhängig, siehe Abschnitt 4.2,

– geringe Stahldehnungen ε_{s1} der Zugbewehrung, für $\varepsilon_{s1} < f_{yd}/E_s$ erreicht die Betonstahlspannung rechnerisch nicht mehr die Streckgrenze.

In derartigen Fällen ist die zusätzliche *Anordnung einer Druckbewehrung* ("doppelte Bewehrung") sinnvoll, entsprechende Bemessungshilfsmittel sind in Abschnitt 9 zu finden.

Beispiel: Bemessung eines biegebeanspruchten Plattenquerschnittes

Für den dargestellten Plattenquerschnitt wird die Biegebemessung unter Verwendung verschiedener Bemessungshilfsmittel demonstriert.

Querschnittsabmessungen und Beanspruchung:

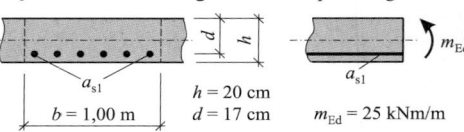

$h = 20$ cm
$b = 1{,}00$ m $d = 17$ cm $m_{Ed} = 25$ kNm/m

Baustoffe:
C25/30, BSt 500 S
$f_{yd} = f_{yk}/\gamma_s = 500/1{,}15 = 435$ MN/m²
$f_{cd} = \alpha \cdot f_{ck}/\gamma_c = 0{,}85 \cdot 25/1{,}5 = 14{,}2$ MN/m² (ständige bzw. vorübergehende Bemessungssituation)

k_d-Tafel

$M_{Eds} = M_{Ed} - N_{Ed} \cdot z_{s1} = 25$ kNm

$k_d = \dfrac{d}{\sqrt{M_{Eds}/b}} = \dfrac{17}{\sqrt{25/1{,}00}} = 3{,}40$

$\to k_s = 2{,}40$

$a_{s1} = k_s \cdot \dfrac{M_{Eds}}{d} + \dfrac{N_{Ed}}{\sigma_{s1d}} = 2{,}40 \cdot \dfrac{25}{17} + 0$

$= 3{,}53$ cm²/m

Bemessungstabelle mit dimensionslosen Beiwerten

$M_{Eds} = M_{Ed} - N_{Ed} \cdot z_{s1} = 25$ kNm

$\mu_{Eds} = \dfrac{M_{Eds}}{b \cdot d^2 \cdot f_{cd}} = \dfrac{25 \cdot 10^{-3}}{1{,}00 \cdot 0{,}17^2 \cdot 14{,}2} = 0{,}061$

$\to \omega = 0{,}0632$ (interpoliert), $\sigma_{s1d} = 457$ MN/m²

$a_{s1} = \dfrac{1}{\sigma_{s1d}} \cdot \left(\dfrac{M_{Eds}}{\varsigma \cdot d} + N_{Ed} \right)$

$= \dfrac{1}{435} \cdot \left(\dfrac{25 \cdot 10^{-3}}{0{,}96 \cdot 0{,}17} + 0 \right)$

$= 3{,}52 \cdot 10^{-4}$ m²/m $= 3{,}52$ cm²/m

Allgemeines Bemessungsdiagramm

$M_{Eds} = M_{Ed} - N_{Ed} \cdot z_{s1} = 25$ kNm

$\mu_{Eds} = \dfrac{M_{Eds}}{b \cdot d^2 \cdot f_{cd}} = \dfrac{25 \cdot 10^{-3}}{1{,}00 \cdot 0{,}17^2 \cdot 14{,}2} = 0{,}061$

$\to$ abgelesen : $\varepsilon_{s1} = 25 \cdot 10^{-3}, \varsigma = 0{,}96$

Für $\varepsilon_{s1} = 25$ ‰ ist $\sigma_{s1d} = f_{yk} = 435$ MN/m²

$a_{s1} = \dfrac{1}{\sigma_{s1d}} \cdot \left(\dfrac{M_{Eds}}{\varsigma \cdot d} + N_{Ed} \right)$

$= \dfrac{1}{435} \cdot \left(\dfrac{25 \cdot 10^{-3}}{0{,}96 \cdot 0{,}17} + 0 \right)$

$= 3{,}52 \cdot 10^{-4}$ m²/m $= 3{,}52$ cm²/m

Anmerkung:
Bei der Bemessungstabelle mit dimensionslosen Beiwerten wird in der Spannungs-Dehnungs-Linie des Betonstahls der Festigkeitsanstieg über die Streckgrenze hinaus berücksichtigt, siehe Abschnitt 3.2. Als Folge wird mit diesem Bemessungshilfsmittel eine geringfügig kleinere Querschnittsfläche der Bewehrung ermittelt.

Beispiel: Rechteckquerschnitt mit Druckbewehrung

Der dargestellte Rechteckquerschnitt soll mit Hilfe der k_d-Tafel bemessen werden.

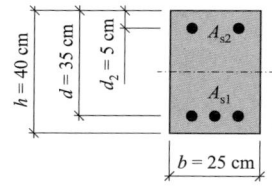

$M_{Ed} = 135$ kNm

Baustoffe:
C20/25, BSt 500 S

Schnittkraftermittlung auf Grundlage einer linear-elastischen Berechnung.

Die Nachweisführung erfolgt für die ständige bzw. vorübergehende Bemessungssituation.

$M_{Eds} = M_{Ed} - N_{Ed} \cdot z_{s1} = 135$ kNm

$k_d = \dfrac{d}{\sqrt{M_{Eds}/b}} = \dfrac{35}{\sqrt{135/0{,}25}} = 1{,}51$ $\to$ keine Ablesung in k_d - Tafel für einfach bewehrte Rechteckquerschnitte möglich, Druckbewehrung anordnen

8.38

Ablesung in k_d-Tafel für Rechteckquerschnitte mit Druckbewehrung:
für $\xi_{lim} = 0,45 \rightarrow k_{s1} = 2,74; k_{s2} = 0,60$
$d_2/d = 5/35 = 0,14 \rightarrow \rho_1 = 1,02; \rho_2 = 1,09$

$$A_{s1} = \rho_1 \cdot k_{s1} \cdot \frac{M_{Eds}}{d} + \frac{N_{Ed}}{\sigma_{s1d}} = 1,02 \cdot 2,74 \cdot \frac{135}{35} + 0 = 10,8 \text{ cm}^2$$

$$A_{s2} = \rho_2 \cdot k_{s2} \cdot \frac{M_{Eds}}{d} = 1,09 \cdot 0,60 \cdot \frac{135}{35} = 2,5 \text{ cm}^2$$

Beispiel: Bemessung eines biegebeanspruchten Plattenbalkenquerschnitts
Für den dargestellten Plattenbalken ist die Biegebemessung (ständige bzw. vorübergehende Bemessungssituation) zu führen.

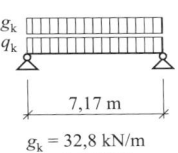
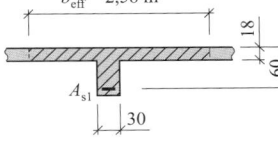

$g_k = 32,8$ kN/m
$q_k = 14,6$ kN/m

Baustoffe:
C20/25, BSt 500 S
$f_{cd} = \alpha \cdot f_{ck} / \gamma_c$
$= 0,85 \cdot 20 / 1,5 = 11,3 \text{ MN/m}^2$
$f_{yd} = f_{yk} / \gamma_s$
$= 500 / 1,15 = 435 \text{ MN/m}^2$

$$M_{Eds} = \frac{1}{8} \cdot (\gamma_G \cdot g_k + \gamma_Q \cdot q_k) \cdot l_{eff}^2 = \frac{1}{8} \cdot (1,35 \cdot 32,8 + 1,5 \cdot 14,6) \cdot 7,17^2 = 425 \text{ kNm}$$

$$M_{Eds} = M_{Ed} - N_{Ed} \cdot z_{s1} = 425 \text{ kNm}$$

$$\mu_{Eds} = \frac{M_{Eds}}{b_{eff} \cdot d^2 \cdot f_{cd}} = \frac{425 \cdot 10^{-3}}{2,58 \cdot 0,60^2 \cdot 11,3} = 0,040$$

Ablesung von ω_1 in der Bemessungstabelle für den Plattenbalkenquerschnitt für:

$\frac{h_f}{d} = \frac{0,18}{0,60} = 0,30$, $\frac{b_{eff}}{b_w} = \frac{2,58}{0,30} = 8,6$ und $\mu_{Eds} = 0,040 : \rightarrow \omega_1 = 0,041$

$$A_{s1} = \frac{1}{f_{yd}} \cdot (\omega_1 \cdot b_{eff} \cdot d \cdot f_{cd} + N_{Ed}) = \frac{1}{435} \cdot (0,040 \cdot 2,58 \cdot 0,60 \cdot 11,3 + 0) = 16,5 \cdot 10^{-4} \text{ m}^2 = 16,5 \text{ cm}^2$$

Vorwiegende Längskraft

Bei vorwiegender Längskraft ($e_d / h \leq 3,5$) wird für die Nachweisführung die Verwendung von μ-ν-Interaktionsdiagrammen empfohlen, die in modifizierter Form auch für den Fall der zweiachsigen Biegung mit Längskraft zur Verfügung stehen, siehe Abschnitt 9.

Beispiel: Bemessung eines Rechteckquerschnitts
Für den dargestellten Rechteckquerschnitt soll die erforderliche Längsbewehrung ermittelt werden. Die Nachweisführung erfolgt für die ständige bzw. vorübergehende Bemessungssituation.

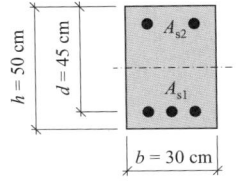
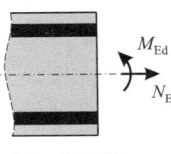

$M_{Ed} = 300$ kNm
$N_{Ed} = -1600$ kN

Baustoffe:
C30/37, BSt 500 S
$f_{cd} = \alpha \cdot f_{ck} / \gamma_c$
$= 0,85 \cdot 30 / 1,5 = 17,0 \text{ MN/m}^2$
$f_{yd} = f_{yk} / \gamma_s$
$= 500 / 1,15 = 435 \text{ MN/m}^2$

$$\frac{e_d}{h} = \left|\frac{M_{Ed}}{N_{Ed} \cdot h}\right| = \left|\frac{300}{(-1600) \cdot 0,50}\right| = 0,375 < 3,5 \rightarrow \text{Bemessung mit } \mu\text{-}\nu\text{-Interaktionsdiagramm}$$

$$\mu_{Ed} = \frac{M_{Ed}}{b \cdot h^2 \cdot f_{cd}} = \frac{0{,}30}{0{,}30 \cdot 0{,}50^2 \cdot 17{,}0} = 0{,}24 \qquad \nu_{Ed} = \frac{N_{Ed}}{b \cdot h \cdot f_{cd}} = \frac{-1{,}60}{0{,}30 \cdot 0{,}50 \cdot 17{,}0} = -0{,}63$$

Die Ablesung von ω_{tot} erfolgt im μ-ν-Interaktionsdiagramm für:
- Rechteckquerschnitte
- $d_1/h = 0{,}05/0{,}50 = 0{,}10$ $\quad\omega_{tot} = 0{,}40$
- Beton C12/15 bis C50/60

$$A_{s,tot} = \omega_{tot} \cdot \frac{b \cdot h}{f_{yd}/f_{cd}} = 0{,}40 \cdot \frac{30 \cdot 50}{435/17{,}0} = 23{,}4 \text{ cm}^2 \qquad A_{s1} = A_{s2} = \frac{A_{s,tot}}{2} = \frac{23{,}4}{2} = 11{,}7 \text{ cm}^2$$

5.2 Einfluss von Tragwerksverformungen (Stabilitätsnachweis)

5.2.1 Allgemeines

Wird bei einem Tragwerk oder Bauteil die Tragfähigkeit infolge von Bauteilverformungen um mehr als 10 % reduziert, sind diese Verformungen bei der Nachweisführung zu berücksichtigen (Nachweis nach Theorie II. Ordnung). Ist ein Nachweis nach Theorie II. Ordnung erforderlich, kann er entweder am Tragwerk als Ganzem oder am Einzelbauteil geführt werden.

Zur Abgrenzung, wann ein Nachweis nach Theorie II. Ordnung zu führen ist, dient bei Tragwerken die Einstufung in verschiebliche bzw. unverschiebliche Systeme (siehe Abschnitt 4.5.2). Überwiegend druckbeanspruchte Einzelbauteile werden entsprechend ihrer Schlankheit (siehe Abschnitt 5.2.2) beurteilt.

5.2.2 Grundlagen für die Nachweisführung von Einzeldruckgliedern

Die nachfolgenden Angaben beziehen sich auf Einzeldruckglieder. Dies können sein:
- einzelne Druckglieder
  - einzeln stehende Stützen (z.B. Kragstütze)
  - gelenkig angeschlossene Druckglieder in unverschieblichen Tragsystemen
- Druckglieder als Teile des Gesamtsystems, die bei der Bemessung als einzelnes Bauteil betrachtet werden
  - schlanke, aussteifende Bauteile, die als Einzeldruckglied betrachtet werden
  - biegesteif angeschlossene Druckglieder in unverschieblichen Tragsystemen.

Ersatzlänge l_0

Die Ersatzlänge l_0 entspricht dem Abstand der Wendepunkte der Knickbiegelinie. Für einfache Fälle kann die Ersatzlänge nach Tafel 8.40 bestimmt werden.

$l_0 = \beta \cdot l_{col}$ $\qquad\beta$ Knickbeiwert

$\qquad\qquad\qquad l_{col}$ Stützenlänge (z.B. Geschosshöhe, Rahmenhöhe usw.)

Tafel 8.40: Knickbeiwerte β für einfache statische Systeme

Statisches System	Pendelstütze unverschiebliches System	Kragstütze verschiebliches System	Rahmenstütze unverschiebliches System	Rahmenstütze unverschiebliches System	Rahmenstütze verschiebliches System
Knickbeiwert β (theoretisch)	1,0	2,0	0,7	0,5	1,0

Schlankheit λ

$\lambda = \dfrac{l_0}{i}$

i Trägheitsradius, $i = \sqrt{\dfrac{I}{A}}$

I Flächenträgheitsmoment
A Querschnittsfläche
l_0 Ersatzlänge

Rechteckquerschnitt	Kreisquerschnitt
$i = 0{,}289 \cdot h$	$i = 0{,}25 \cdot h$
h Querschnittsabmessung in Richtung des Ausweichens	

Imperfektionen

Zur Erfassung geometrischer Ersatzimperfektionen ist beim Nachweis von Einzeldruckgliedern nach Theorie II. Ordnung die aus den einwirkenden Beanspruchungen am unverformten System bestimmte Lastausmitte $e_0 = |M_{Ed0}/N_{Ed}|$ durch eine ungewollte Lastausmitte e_a zu vergrößern.

$e_a = \alpha_{a1} \cdot l_0 / 2$

α_{a1} Schiefstellung des Tragwerkes gegen die Sollachse

$\alpha_{a1} = \dfrac{1}{100 \cdot \sqrt{h_{ges}}} \leq \dfrac{1}{200}$ mit $h_{ges} = l_{col}$

l_{col} Stützenlänge, in m einzusetzen

Abgrenzung zwischen gedrungenen und schlanken Druckgliedern

Entsprechend ihrer Schlankheit λ wird zwischen schlanken und gedrungenen Druckgliedern unterschieden:

$\lambda \leq \lambda_{max} \rightarrow$ gedrungenes Druckglied
$\lambda > \lambda_{max} \rightarrow$ schlankes Druckglied

$\lambda_{max} = \begin{cases} 25 & \text{für } |v_{Ed}| \geq 0{,}41 \\ \dfrac{16}{\sqrt{|v_{Ed}|}} & \text{für } |v_{Ed}| < 0{,}41 \end{cases}$ mit $v_{Ed} = \dfrac{N_{Ed}}{A_c \cdot f_{cd}}$

Die Auswirkungen der Verformungen nach Theorie II. Ordnung müssen nur bei schlanken Druckgliedern berücksichtigt werden. Gedrungene Druckglieder dürfen dagegen am unverformten System mit den Schnittgrößen nach Theorie I. Ordnung nachgewiesen werden („Regelbemessung").

Nachweisführung nach Theorie II. Ordnung bei schlanken Druckgliedern

Siehe Entwurfs- und Berechnungstafeln für Bauingenieure.

5.3 Querkraft

5.3.1 Bemessungswert der einwirkenden Querkraft V_{Ed}

Der Bemessungswert der einwirkenden Querkraft V_{Ed} ist im Allgemeinen in der rechnerischen Auflagerlinie zu bestimmen. Für den Nachweis der Querkrafttragfähigkeit von Bauteilen ohne Querkraftbewehrung nach Abschnitt 5.3.2, die Ermittlung der rechnerisch erforderlichen Querkraftbewehrung nach Abschnitt 5.3.3, jedoch nicht für den Nachweis der Druckstrebentragfähigkeit nach Abschnitt 5.3.3 sind bei direkter Auflagerung folgende weitergehende Abminderungen zulässig:

- bei gleichmäßig verteilter Belastung:
  - direkte Auflagerung: V_{Ed} darf im Abstand d vom Auflagerrand bestimmt werden
  - indirekte Auflagerung: V_{Ed} darf am Auflagerrand bestimmt werden.

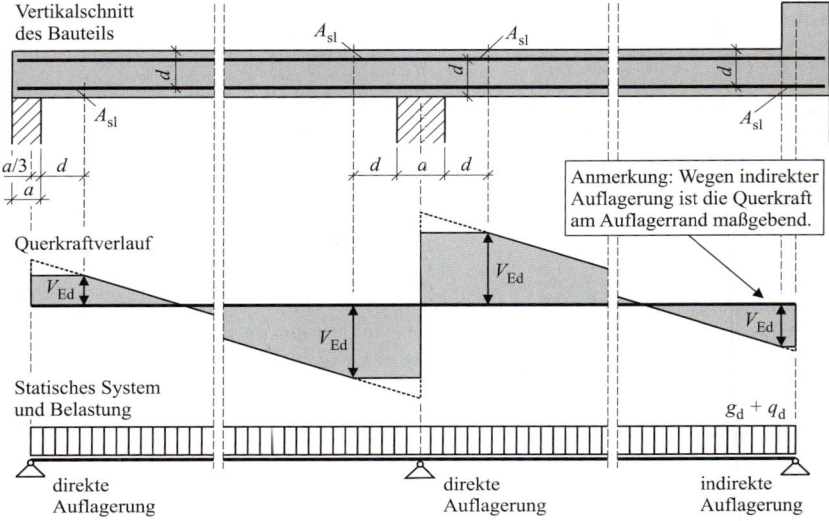

- bei Einzellasten mit einem Abstand $x \leq 2{,}5 \cdot d$ vom Auflagerrand:

  Der Querkraftanteil aus auflagernahen Einzellasten darf mit dem Beiwert β abgemindert werden:

  $$\beta = \frac{x}{2{,}5 \cdot d}$$

  x Abstand zwischen der Wirkungslinie der Einzellast und dem Auflagerrand

  d Nutzhöhe der Biegezugbewehrung

  $V_{Ed}^{(F_d)}$ Querkraftanteil aus auflagernaher Einzellast

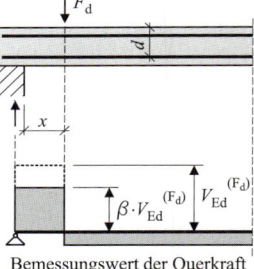

Bemessungswert der Querkraft aus auflagernaher Einzellast F_d

Bei einer über die Bauteillänge veränderlichen Nutzhöhe oder bei geneigtem Spanngliedverlauf gelten zusätzliche Regelungen, siehe Entwurfs- und Berechnungstafeln für Bauingenieure.

5.3.2 Bauteile ohne rechnerisch erforderliche Querkraftbewehrung

In Querschnitten ist rechnerisch keine Querkraftbewehrung erforderlich, wenn nachgewiesen werden kann, dass

$$V_{Ed} \leq V_{Rd,ct}$$

ist. Ungeachtet dessen ist bei Balken und einachsig gespannten Platten mit $b/h \leq 5$ jedoch die Anordnung einer Mindestquerkraftbewehrung nach Abschnitt 8.3.2 notwendig. Für die Ermittlung der Querkrafttragfähigkeit $V_{Rd,ct}$ gilt im Allgemeinen:

$$V_{Rd,ct} = \left[\frac{0{,}15}{\gamma_c} \cdot \kappa \cdot \eta_1 \cdot (100 \cdot \rho_1 \cdot f_{ck})^{1/3} - 0{,}12 \cdot \sigma_{cd}\right] \cdot b_w \cdot d \geq V_{Rd,ct,min} \quad \begin{array}{l} \text{Einheiten in N, N/mm}^2 \\ \text{und mm oder} \\ \text{MN, MN/m}^2 \text{ und m} \end{array}$$

$V_{Rd,ct}$ Querkrafttragfähigkeit von Bauteilen ohne Querkraftbewehrung

γ_c Teilsicherheitsbeiwert für bewehrten Beton, siehe Tafel 8.20

κ Maßstabsfaktor, $\kappa = 1 + \sqrt{\frac{200}{d}} \leq 2{,}0$ (d in mm)

Nachweise im Grenzzustand der Tragfähigkeit

b_w kleinste Querschnittsbreite innerhalb der Zugzone

η_1 für Normalbeton: $\eta_1 = 1{,}0$; für Leichtbeton: η_1 nach Tafel 8.22

ρ_1 Längsbewehrungsgrad, $\rho_1 = \dfrac{A_{sl}}{b_w \cdot d} \leq 0{,}02$

A_{sl} Querschnittsfläche der Zugbewehrung, die mindestens um das Maß d über den betrachteten Querschnitt hinaus geführt und verankert wird

f_{ck} charakteristischer Wert der Betondruckfestigkeit in N/mm²

σ_{cd} Betonlängsspannung in Höhe des Schwerpunktes des Querschnittes $\sigma_{cd} = \dfrac{N_{Ed}}{A_c}$ in N/mm²

N_{Ed} Bemessungswert der Längskraft aus äußerer Einwirkung bzw. Vorspannung (Druckkräfte mit negativem Vorzeichen)

$V_{Rd,ct,min}$ Mindestwert der Querkrafttragfähigkeit, $V_{Rd,ct,min} = [\eta_1 \cdot v_{min} - 0{,}12 \cdot \sigma_{cd}] \cdot b_w \cdot d$

$$v_{min} = \left[\frac{\kappa_1}{\gamma_c} \cdot \sqrt{\kappa^3 \cdot f_{ck}}\right] \quad \text{Einheiten in N, N/mm}^2 \text{ und mm oder MN, MN/m}^2 \text{ und m}$$

$$\kappa_1 = 0{,}0525 - 0{,}015 \cdot \frac{d-600}{200} \begin{cases} \geq 0{,}0375 \\ \leq 0{,}0525 \end{cases} \quad (d - \text{Nutzhöhe in mm})$$

Zur Ermittlung von $V_{Rd,ct}$ bei Bauteilen im ungerissenen Zustand siehe DIN 1045-1, 10.3.3 (2).

5.3.3 Bauteile mit rechnerisch erforderlicher Querkraftbewehrung

Bei Bauteilen mit rechnerisch erforderlicher Querkraftbewehrung ist auf der Grundlage eines Fachwerkmodells folgender Nachweis zu führen:

$$V_{Ed} \leq \begin{cases} V_{Rd,sy} \\ V_{Rd,max} \end{cases}$$

V_{Ed} Bemessungswert der einwirkenden Querkraft, siehe Abschnitt 5.3.1

$V_{Rd,sy}$ Bemessungswert der durch die Tragfähigkeit der Querkraftbewehrung begrenzten Querkraft

$V_{Rd,max}$ Bemessungswert der durch die Druckstrebenfestigkeit begrenzten maximal aufnehmbaren Querkraft

Eine Alternative zum Nachweis $V_{Ed} \leq V_{Rd,sy}$ besteht darin, die erforderliche Querkraftbewehrung a_{sw} nach Tafel 8.43 zu ermitteln.

Tafel 8.43:   Ermittlung von $V_{Rd,sy}$, a_{sw} und $V_{Rd,max}$

Anordnung der Querkraftbewehrung	
rechtwinklig zur Bauteilachse ($\alpha = 90°$)	mit dem Winkel α zur Bauteilachse
$V_{Rd,sy} = \dfrac{A_{sw}}{s_w} \cdot f_{yd} \cdot z \cdot \cot\theta$	$V_{Rd,sy} = \dfrac{A_{sw}}{s_w} \cdot f_{yd} \cdot z \cdot (\cot\theta + \cot\alpha) \cdot \sin\alpha$
$a_{sw} = \dfrac{A_{sw}}{s_w} = \dfrac{V_{Ed}}{f_{yd} \cdot z \cdot \cot\theta}$	$a_{sw} = \dfrac{A_{sw}}{s_w} = \dfrac{V_{Ed}}{f_{yd} \cdot z \cdot (\cot\theta + \cot\alpha) \cdot \sin\alpha}$
$V_{Rd,max} = \dfrac{b_w \cdot z \cdot \alpha_c \cdot f_{cd}}{\cot\theta + \tan\theta}$	$V_{Rd,max} = b_w \cdot z \cdot \alpha_c \cdot f_{cd} \cdot \dfrac{\cot\theta + \cot\alpha}{1 + \cot^2\theta}$

In Tafel 8.43 bedeuten:

θ Neigungswinkel der Druckstreben

$$0{,}58 \leq \cot\theta \leq \frac{1{,}2 - 1{,}4 \cdot \sigma_{cd}/f_{cd}}{1 - V_{Rd,c}/V_{Ed}} \begin{cases} \leq 3{,}0 & \text{für Normalbeton} \\ \leq 2{,}0 & \text{für Leichtbeton} \end{cases}$$

Druckstrebenwinkel größer 45° (cot θ < 1,0) sollten nur in Ausnahmefällen (z.B. bei Anordnung geneigter Querkraftbewehrung) in Ansatz gebracht und bei Längszugbelastung gänzlich vermieden werden.

Näherungsweise darf cot θ bei der Berechnung der erforderlichen Querkraftbewehrung wie folgt angesetzt werden:
- reine Biegung sowie Biegung und Längsdruckkraft: cot θ = 1,2
- Biegung und Längszugkraft: cot θ = 1,0

$V_{Rd,c}$ Betontraganteil bei Bauteilen mit Querkraftbewehrung

$$V_{Rd,c} = \left[c_j \cdot 0{,}48 \cdot \eta_1 \cdot f_{ck}^{1/3} \left(1 + 1{,}2 \cdot \frac{\sigma_{cd}}{f_{cd}}\right)\right] \cdot b_w \cdot z \qquad \begin{array}{l} \text{Einheiten in N, N/mm}^2 \text{ und} \\ \text{mm oder MN, MN/m}^2 \text{ und m} \end{array}$$

$c_j = 0{,}5$

b_w kleinste Querschnittsbreite zwischen den Schwerpunkten des Druck- und Zuggurtes.

z Hebelarm der inneren Kräfte, näherungsweise darf angenommen werden:
$z = 0{,}9 \cdot d \leq d - 2 \cdot c_{v,l}$ ($c_{v,l}$ für die Längsbewehrung in der Betondruckzone)
Es muss kein geringerer Wert als $z = d - c_{v,l} - 30$ mm angesetzt werden.
In vollständig gezogenen Querschnitten darf für z der Abstand der Längszugbewehrungen angesetzt werden, sofern die Bügel diese umfassen.

α_c Abminderungsbeiwert zur Berücksichtigung der infolge Querzugbeanspruchung verminderten Betondruckfestigkeit in den Druckstreben, $\alpha_c = 0{,}75 \cdot \eta_1$

A_{sw}, a_{sw} Querschnittsfläche bzw. bezogene Querschnittsfläche der Querkraftbewehrung

s_w Abstand der Querkraftbewehrung in Richtung der Bauteilachse

η_1, σ_{cd} und f_{ck} siehe Seite 8.43.

5.3.4 Anschluss von Druck- und Zuggurten bei gegliederten Querschnitten

Für an Balkenstege angeschlossene Druck- und Zuggurte ist nachzuweisen:

$$V_{Ed} \leq \begin{cases} V_{Rd,sy} \\ V_{Rd,max} \end{cases}$$

Einwirkende Längsschubkraft V_{Ed}:

$V_{Ed} = \Delta F_d$

ΔF_d Längskraftdifferenz in einem einseitigen Gurtabschnitt der Länge a_v

– beim Anschluss von Druckgurten: $\Delta F_d = \Delta F_{cd} = \dfrac{\Delta M_{Ed}}{z} \cdot \dfrac{F_{ca}}{F_{cd}} \approx \dfrac{\Delta M_{Ed}}{z} \cdot \dfrac{b_a}{b_{eff}}$

– beim Anschluss von Zuggurten: $\Delta F_d = \Delta F_{sd} = \dfrac{\Delta M_{Ed}}{z} \cdot \dfrac{A_{sa}}{A_s}$

ΔM_{Ed} Änderung des Biegemomentes innerhalb des Gurtabschnittes a_v

a_v halber Abstand zwischen Momentennullpunkt und Momentenhöchstwert, bei nennenswerten Einzellasten sollten die jeweiligen Abschnittslängen a_v nicht über die Querkraftsprünge hinausreichen

z Hebelarm der inneren Kräfte, siehe Abschnitt 5.3.3

F_{ca}, F_{cd} Betondruckkraft im anschließenden Flansch, Betondruckkraft insgesamt

A_{sa} Querschnittsfläche der Biegezugbewehrung im anschließenden Querschnittsteil

A_s Querschnittsfläche der gesamten Biegezugbewehrung

Nachweise im Grenzzustand der Gebrauchstauglichkeit

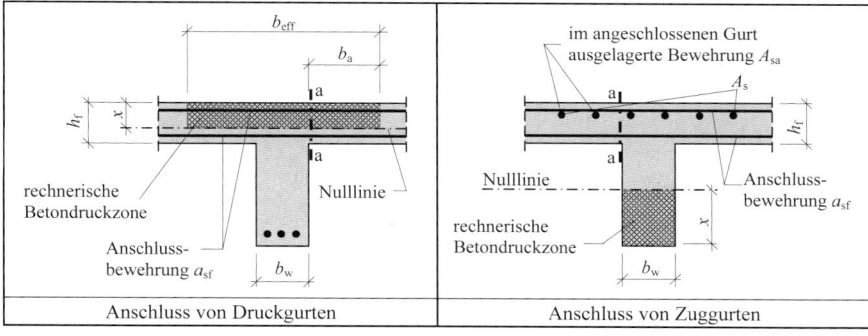

| Anschluss von Druckgurten | Anschluss von Zuggurten |

Tragfähigkeit des Gurtanschlusses

Der Nachweis der Druckstreben- und Zugstrebentragfähigkeit des Gurtanschlusses ist wie für Bauteile mit Querkraftbewehrung (Tafel 8.43) zu erbringen, wobei jedoch in den entsprechenden Nachweisgleichungen $b_w = h_f$ und $z = a_v$ anzusetzen sind. Weiterhin gilt vereinfachend:
- in Zuggurten: $\cot \theta = 1{,}0$ – in Druckgurten: $\cot \theta = 1{,}2$

Unter diesen Voraussetzungen sowie für eine senkrecht zum Balkensteg angeordnete Anschlussbewehrung ($\alpha = 90°$) ergeben sich folgende Nachweisgleichungen:

	Druckgurt	Zuggurt
Zugstrebentragfähigkeit	$V_{Rd,sy} = a_{sf} \cdot f_{yd} \cdot a_v \cdot 1{,}2$	$V_{Rd,sy} = a_{sf} \cdot f_{yd} \cdot a_v \cdot 1{,}0$
Anschlussbewehrung	$a_{sf} = \dfrac{\Delta F_d}{f_{yd} \cdot a_v \cdot 1{,}2}$	$a_{sf} = \dfrac{\Delta F_d}{f_{yd} \cdot a_v}$
Druckstrebentragfähigkeit	$V_{Rd,max} = 0{,}492 \cdot \alpha_c \cdot f_{cd} \cdot h_f \cdot a_v$	$V_{Rd,max} = 0{,}5 \cdot \alpha_c \cdot f_{cd} \cdot h_f \cdot a_v$

Die Anschlussbewehrung ist jeweils zur Hälfte auf der Gurtober- und -unterseite anzuordnen. Tritt gleichzeitig eine Querbiegebeanspruchung im betrachteten Gurt auf, ist es ausreichend, den größeren erforderlichen Stahlquerschnitt aus beiden Beanspruchungsarten vorzusehen.

5.4 Weitere Nachweise in den Grenzzuständen der Tragfähigkeit

In den Grenzzuständen der Tragfähigkeit sind gegebenenfalls weitere Nachweise zu führen, z B. Nachweis der Durchstanztragfähigkeit, Nachweis der Torsionstragfähigkeit, Nachweis gegen Materialermüdung. Auf diese Nachweise wird hier nicht weiter eingegangen, es wird auf die Entwurfs- und Berechnungstafeln für Bauingenieure verwiesen.

6 Nachweise im Grenzzustand der Gebrauchstauglichkeit

6.1 Spannungsbegrenzungen

6.1.1 Allgemeines

In den Grenzzuständen der Gebrauchstauglichkeit sind die Betondruck-, die Betonstahl- und die Spannstahlspannungen so zu begrenzen, dass die Tragfähigkeit, die Gebrauchstauglichkeit und die Dauerhaftigkeit nicht beeinträchtigt werden. Unter den Voraussetzungen, dass
- die Schnittgrößenermittlung nach der Elastizitätstheorie erfolgt und im Grenzzustand der Tragfähigkeit die Umlagerung höchstens 15 % beträgt
- eine Mindestbewehrung nach DIN 1045-1, 13.1.1 vorgesehen wird (siehe Seite 8.62)

dürfen allerdings für nicht vorgespannte Tragwerke des üblichen Hochbaus rechnerische Spannungsnachweise entfallen. Ansonsten sind Nachweise nach den Abschnitten 6.1.3 und 6.1.4 zu führen.

6.1.2 Spannungsermittlung bei Stahlbetonquerschnitten im Zustand II

Biegung ohne Längskraft

– Rechteckquerschnitt ohne Druckbewehrung:

$$x = \frac{(E_s / E_c) \cdot A_s}{b} \cdot \left[-1 + \sqrt{1 + \frac{2 \cdot b \cdot d}{(E_s / E_c) \cdot A_s}} \right] \qquad z = d - x/3$$

$$|\sigma_c| = \frac{2 \cdot M_{Ed}}{b \cdot x \cdot z} \qquad \sigma_s = \frac{M_{Ed}}{z \cdot A_s}$$

Es bedeuten:

σ_{s1} Betonstahlspannung in der Zugbewehrung x Druckzonenhöhe
$|\sigma_c|$ Betrag der Betonspannung am gedrückten z Hebelarm der inneren Kräfte
     Querschnittsrand d Nutzhöhe

Biegung mit Längskraft

Die Spannungsermittlung ist nur iterativ möglich, siehe z.B. [Goris 2008].

6.1.3 Begrenzung der Betondruckspannungen

Die Betondruckspannungen sind auf folgende Werte zu begrenzen:

– für die seltene Einwirkungskombination bei Vorliegen der Expositionsklassen XD1 bis XD3, XF1 bis XF4 und XS1 bis XS3 (Expositionsklassen siehe Seite 8.51 und 8.52):

$\sigma_{c,rare} \leq 0{,}60 \cdot f_{ck}$ Ausnahmeregelungen siehe DIN 1045-1, 11.1.2 (1)

– für die quasi-ständige Einwirkungskombination, falls das Kriechen einen wesentlichen Einfluss auf Tragfähigkeit, Gebrauchstauglichkeit oder Dauerhaftigkeit hat:

$\sigma_{c,perm} \leq 0{,}45 \cdot f_{ck}$.

6.1.4 Begrenzung der Betonstahlspannungen

Für die Begrenzung der Zugspannungen in der Betonstahlbewehrung gilt:

– unter vorwiegender Lastbeanspruchung für die seltene Einwirkungskombination:

$\sigma_{s,rare} \leq 0{,}80 \cdot f_{yk}$

– bei reiner Zwangbeanspruchung: $\sigma_{s,indir} \leq 1{,}00 \cdot f_{yk}$.

6.2 Rissbreitenbegrenzung und Nachweis der Dekompression

6.2.1 Allgemeines

In der Zugzone von Betonbauteilen kann das Entstehen von Rissen in der Regel nicht vermieden werden. Es ist daher notwendig, durch geeignete Maßnahmen die Rissbreiten so zu begrenzen, dass die planmäßige Nutzung des Tragwerks, die Dauerhaftigkeit und das äußere Erscheinungsbild nicht beeinträchtigt werden. Zu derartigen Maßnahmen gehören neben den nachfolgend erläuterten rechnerischen Nachweisen auch betontechnologische Überlegungen, eine ausreichende Nachbehandlung des Betons sowie konstruktive Vorkehrungen zur Reduzierung von Zwangbeanspruchungen.

Zur Gewährleistung der Anforderungen an die Dauerhaftigkeit und das äußere Erscheinungsbild von Stahlbetonbauteilen sind im Rahmen der rechnerischen Nachweisführung die in Tafel 8.46 angegebenen Vorgaben für die Rissbreitenbeschränkung zu erfüllen. Zur Sicherung der Gebrauchstauglichkeit können bei Bauteilen mit besonderen Anforderungen (z.B. Bauteile aus wasserundurchlässigem Beton) strengere Begrenzungen der Rissbreite erforderlich werden. Da eine exakte Vorhersage der Rissbreiten nicht möglich ist, sind die in Tafel 8.47 angegebenen Rechenwerte der Rissbreite nur als Anhaltswerte zu betrachten, deren Überschreitung im Bauwerk nicht vollständig ausgeschlossen werden kann.

Nachweise im Grenzzustand der Gebrauchstauglichkeit

Tafel 8.47: Rechenwert der Rissbreite w_k in mm

Expositionsklasse	Rechenwert der Rissbreite w_k in mm	Einwirkungskombination für den Nachweis der Rissbreitenbeschränkung
XC1	0,3	quasi-ständig
sonstige	0,4	quasi-ständig

Nachweis der Rissbreitenbegrenzung

Die Nachweise zur Begrenzung der Rissbreite umfassen:
- die Anordnung einer Mindestbewehrung, siehe Abschnitt 6.2.2,
- den Nachweis der Rissbreitenbegrenzung, siehe Abschnitt 6.2.3.

Diese Nachweise dürfen für Platten unter folgenden Voraussetzungen entfallen:
- Umgebungsbedingungen entsprechend der Expositionsklasse XC1,
- Gesamtdicke der Platte nicht größer als 200 mm,
- vorwiegende Biegebeanspruchung ohne wesentlichen zentrischen Zug,
- Einhaltung der konstruktiven Festlegungen nach den Abschnitten 8.1 und 8.2.

6.2.2 Mindestbewehrung für die Rissbreitenbegrenzung

Zur Aufnahme von Zwangbeanspruchungen und Eigenspannungen ist eine Mindestbewehrung anzuordnen. Die Berechnung dieser Mindestbewehrung erfolgt unter Berücksichtigung der Anforderungen an die Rissbreitenbeschränkung für die Schnittgrößenkombination, die im betreffenden Bauteil zur Erstrissbildung führt.

Querschnittsfläche der Mindestbewehrung

$$A_s = k_c \cdot k \cdot f_{ct,eff} \cdot A_{ct} / \sigma_s$$

Es bedeuten:

A_s Querschnittsfläche der Betonstahlbewehrung in der Zugzone des betrachteten Querschnitts bzw. Teilquerschnitts. A_s ist überwiegend am gezogenen Querschnittsrand anzuordnen, zur Vermeidung breiter Sammelrisse jedoch auch mit einem angemessenen Anteil über die Zugzonenhöhe zu verteilen.

k_c Beiwert zur Berücksichtigung der vor der Rissbildung vorhandenen Spannungsverteilung innerhalb der Betonzugzone sowie der Änderung des Hebelarms der inneren Kräfte beim Übergang in den Zustand II
- Rechteckquerschnitte und Stege von Plattenbalken und Hohlkästen

$$k_c = 0,4 \cdot \left[1 + \frac{\sigma_c}{k_1 \cdot f_{ct,eff}}\right] \leq 1$$

bei reiner Zugbeanspruchung ergibt sich mit $\sigma_c = f_{ct,eff}$: $k_c = 1,0$
bei reiner Biegebeanspruchung ergibt sich mit $\sigma_c = 0$: $k_c = 0,4$

- Zuggurte von Plattenbalken und Hohlkästen:

$$k_c = 0,9 \cdot \frac{F_{cr,Gurt}}{A_{ct} \cdot f_{ct,eff}}$$

σ_c Betonspannung in Höhe der Schwerlinie des Querschnittes bzw. Teilquerschnittes im ungerissenen Zustand. σ_c ist unter der Einwirkungskombination zu ermitteln, die am Gesamtquerschnitt zur Erstrissbildung führt. Druckspannungen sind mit negativem Vorzeichen einzusetzen.

$F_{cr,Gurt}$ Zugkraft im Zuggurt von gegliederten Querschnitten im Zustand I mit der Randspannung $f_{ct,eff}$

k_1 Beiwert, $k_1 = \begin{cases} 1,5 \cdot h/h' & \text{für Drucknormalkräfte} \\ 0,67 & \text{für Zugnormalkräfte} \end{cases}$

h	Querschnitts- bzw. Teilquerschnittshöhe
h'	$h' = \begin{cases} h & \text{für } h < 1{,}0 \text{ m} \\ 1{,}0 \text{ m} & \text{für } h \geq 1{,}0 \text{ m} \end{cases}$
k	Beiwert zur Berücksichtigung von nichtlinear verteilten Betonzugspannungen – bei innerem Zwang (z.B. Abfließen der Hydratationswärme):

$$k = 0{,}98 - 0{,}6 \cdot h \begin{cases} \geq 0{,}5 \\ \leq 0{,}8 \end{cases} \quad \text{mit } h \text{ in m}$$

– bei äußerem Zwang (z.B. Setzungen): $k = 1{,}0$

A_{ct}	Querschnittsfläche der Betonzugzone bei Erstrissbildung
$f_{ct,eff}$	wirksame Betonzugfestigkeit zum Zeitpunkt der Rissbildung – bei Rissbildung im Betonalter von 3 bis 5 Tagen: $f_{ct,eff} = 0{,}50 \cdot f_{ctm}$ – wenn die Rissbildung nicht mit Sicherheit innerhalb der ersten 28 Tage erfolgt:

$$f_{ct,eff} = f_{ctm} \geq \begin{cases} 3{,}0 \text{ N/mm}^2 & \text{für Normalbeton} \\ 2{,}5 \text{ N/mm}^2 & \text{für Leichtbeton} \end{cases}$$

σ_s	Betonstahlspannung im gerissenen Zustand, σ_s ist unter Berücksichtigung der Anforderungen an die Rissbreitenbeschränkung und in Abhängigkeit vom Grenzdurchmesser der Bewehrung in Tafel 8.49a abzulesen

Für die gewählte Mindestbewehrung ist der Nachweis der Begrenzung der Rissbreite über eine Begrenzung des Stabdurchmessers der Bewehrung zu erbringen:

$$d_{s,vorh} \leq d_{s,lim}$$

$$d_{s,lim} = \max \begin{cases} d_s^* \cdot \dfrac{k_c \cdot k \cdot h_t}{4 \cdot (h-d)} \cdot \dfrac{f_{ct,eff}}{f_{ct,0}} \\ d_s^* \cdot \dfrac{f_{ct,eff}}{f_{ct,0}} \end{cases}$$

$d_{s,vorh}$	größter vorhandener Stabdurchmesser der Betonstahlbewehrung
d_s^*	Grenzdurchmesser nach Tafel 8.49a
h_t	Höhe der Betonzugzone vor der Rissbildung
$f_{ct,0}$	Betonzugfestigkeit, die der Tafel 8.49a zu Grunde liegt, $f_{ct,0} = 3{,}0$ MN/m^2

Sonderfälle

Sind die Schnittgrößen aus Zwang kleiner, als die zur Erstrissbildung führenden Schnittgrößen, darf bei Bauteilen ohne Vorspannung und bei Bauteilen mit Vorspannung ohne Verbund die Mindestbewehrung reduziert werden. Die Mindestbewehrung ist in derartigen Fällen für die Zwangschnittgrößen zu ermitteln.

6.2.3 Nachweis der Rissbreitenbegrenzung

Der Nachweis der Rissbreitenbegrenzung kann
– in indirekter Form über die Einhaltung von Konstruktionsregeln nach DIN 1045-1, 11.2.3
– über die direkte Berechnung der Rissbreite nach DIN 1045-1, 11.2.4

erfolgen. Nachfolgend wird lediglich auf die indirekte Nachweisform (Einhaltung von Konstruktionsregeln in Form zulässiger Stabdurchmesser und Stababstände) eingegangen.

Bei **überwiegender Lastbeanspruchung** ist nachzuweisen:

$$d_{s,vorh} \leq d_{s,lim} \quad \text{oder} \quad s_{vorh} \leq s_{lim}$$

Im Fall einer **überwiegenden Zwangbeanspruchung** ist der Nachweis der Rissbreitenbeschränkung über die Durchmesserbegrenzung $d_{s,vorh} \leq d_{s,lim}$ zu erbringen.

Es bedeuten:

$d_{s,vorh}$ vorhandener Bewehrungsdurchmesser.
Bei Stabbündeln ist an Stelle des Stabdurchmessers der Einzelstäbe der Vergleichsdurchmesser des Stabbündels anzusetzen. Eine Ausnahme stellen Betonstahlmatten mit Doppelstäben dar, für diese ist der Einzelstabdurchmesser maßgebend.

s_{vorh} vorhandener Stababstand

s_{lim} Höchstwert des Stababstandes nach Tafel 8.49b

$d_{s,lim}$ Grenzdurchmesser der Bewehrung

$$d_{s,lim} = \max \begin{cases} d_s^* \cdot \dfrac{\sigma_s \cdot A_s}{4 \cdot (h-d) \cdot b \cdot f_{ct,0}} \\ d_s^* \cdot \dfrac{f_{ct,eff}}{f_{ct,0}} \end{cases}$$

d_s^* Grenzdurchmesser nach Tafel 8.49a

$f_{ct,0}$ Betonzugfestigkeit, für die Tafel 8.49a aufgestellt worden ist, $f_{ct,0} = 3{,}0$ MN/m^2

$f_{ct,eff}$ wirksame Betonzugfestigkeit nach Abschnitt 6.2.2

b Breite der Zugzone

σ_s Betonstahlspannung im Zustand II unter der maßgebenden Einwirkungskombination

$$\sigma_s = \frac{1}{A_s} \cdot \left(\frac{M_s}{z} + N \right)$$

A_s Querschnittsfläche der Betonstahlbewehrung in der Zugzone

$f_{ct,eff}$ wirksame Betonzugfestigkeit, siehe Abschnitt 6.2.2

Tafel 8.49a: Grenzdurchmesser d_s^* in mm

Stahlspannung σ_s in N/mm^2		160	200	240	280	320	360	400	450
Rechenwert der Rissbreite w_k	0,4 mm	56	36	25	18	14	11	9	7
	0,3 mm	42	27	19	14	11	8	7	5
	0,2 mm	28	18	13	9	7	6	5	4

Tafel 8.49b: Höchstwerte der Stababstände s_{lim} in mm

Stahlspannung σ_s in N/mm^2		160	200	240	280	320	360
Rechenwert der Rissbreite w_k	0,4 mm	300	300	250	200	150	100
	0,3 mm	300	250	200	150	100	50
	0,2 mm	200	150	100	50	–	–

8.49

6.3 Verformungsbegrenzung

6.3.1 Allgemeine Hinweise

Verformungen sind so zu begrenzen, dass weder Funktion noch Erscheinungsbild des betroffenen Bauteiles selbst bzw. von angrenzenden Bauteilen beeinträchtigt werden. Die Nachweisführung kann über eine direkte Durchbiegungsberechnung oder vereinfacht über die Begrenzung der Biegeschlankheit erfolgen.

6.3.2 Begrenzung der Biegeschlankheit

Ein vereinfachter Nachweis der Durchbiegungsbegrenzung kann für Deckenplatten des üblichen Hochbaus in indirekter Form über die Begrenzung der Biegeschlankheit nach DIN 1045-1, 11.3.2 erfolgen. Es ist nachzuweisen:

- im Allgemeinen: $\quad l_i/d \leq 35 \quad$ bzw. $\quad d \geq l_i/35$
- bei höheren Anforderungen an die Durchbiegungsbegrenzung:

$$l_i/d \leq 150/l_i \quad \text{bzw.} \quad d \geq \frac{l_i^2}{150} \text{ (mit } d \text{ und } l_i \text{ in m)}$$

Für Leichtbeton gilt $l_i/d \leq 35 \cdot \eta_E^{0,15}$ bzw. $l_i/d \leq 150/l_i \cdot \eta_E^{0,15}$ mit η_E nach Tafel 8.22.

Die Ersatzstützweite l_i kann nach Tafel 8.50 ermittelt werden, sofern das Verhältnis benachbarter Stützweiten im Bereich $0,8 < l_{\text{eff},1}/l_{\text{eff},2} < 1,25$ liegt. Für Stützweitenverhältnisse $l_{\text{eff},1}/l_{\text{eff},2} \geq 1,25$ siehe [DAfStb Heft 240].

Tafel 8.50: Ermittlung der Ersatzstützweite: $l_i = \alpha \cdot l_{\text{eff}}$

Statisches System		$\alpha = l_i / l_{\text{eff}}$ [b]
Einfeldträger		1,0
Einseitig eingespannter Einfeldträger Endfeld von Durchlaufträgern		0,8
Beidseitig eingespannter Einfeldträger Innenfeld von Durchlaufträgern		0,6
Kragträger		2,4
Innenfeld punktförmig gestützter Platten		0,7 [a]
Endfeld punktförmig gestützter Platten		0,9 [a]

[a] Bei Platten mit Betonfestigkeitsklassen $\geq$ C30/37 dürfen diese Werte um 0,1 vermindert werden.
[b] Bei linienförmig gelagerten rechteckigen Platten ist die kleinere der beiden Ersatzstützweiten l_i maßgebend, bei punktförmig gestützten Platten die größere.

7 Bewehrungskonstruktion
7.1 Expositionsklassen, Mindestbetondruckfestigkeit, Betondeckung
7.1.1 Expositionsklassen und Mindestbetonfestigkeit

Die Umgebungsbedingungen eines Bauteils werden entsprechend ihrer Auswirkungen auf die Beton- und Bewehrungskorrosion in Expositionsklassen eingeteilt. Den einzelnen Expositionsklassen sind Mindestbetonfestigkeitsklassen zugeordnet, die nicht unterschritten werden dürfen. Sind mehrere Expositionsklassen gleichzeitig zutreffend, ist die höchste der jeweils zugehörigen Mindestbetonfestigkeitsklassen maßgebend.

Tafel 8.51: Expositionsklassen

Expositionsklassen			Beispiele	Mindestbeton-festigkeitsklasse
Kein Angriffsrisiko	X0	Kein Angriffsrisiko	Unbewehrte Fundamente ohne Frost; Innenbauteile ohne Bewehrung	C12/15
Betonkorrosion durch Frost mit und ohne Taumittel	XF1	Mäßige Wassersättigung ohne Taumittel	Außenbauteile	C25/30
	XF2	Mäßige Wassersättigung mit Taumittel	Bauteile im Sprühnebel- oder Spritzwasserbereich von taumittelbehandelten Verkehrsflächen, sofern nicht XF 4; Bauteile im Sprühnebelbereich von Meerwasser	C25/30 (LP) [d] C35/45 [e]
	XF3	Hohe Wassersättigung ohne Taumittel	Offene Wasserbehälter; Bauteile in der Wasserwechselzone von Süßwasser	C25/30 (LP) [d] C35/45 [e]
	XF4	Hohe Wassersättigung mit Taumittel	Taumittelbehandelte Verkehrsflächen; überwiegend horizontale Bauteile im Spritzwasserbereich von taumittelbehandelten Verkehrsflächen; direkt befahrene Parkdecks [a]; Bauteile in der Wasserwechselzone von Meerwasser; Räumerlaufbahnen von Kläranlagen [h]	C30/37 (LP) [d,f]
Betonkorrosion durch chemischen Angriff der Umgebung [c]	XA1	Chemisch schwach angreifende Umgebung	Behälter von Kläranlagen; Güllebehälter	C25/30
	XA2	Chemisch mäßig angreifende Umgebung und Meeresbauwerke	Bauteile, die mit Meerwasser in Berührung kommen; Bauteile in betonangreifenden Böden	C35/45 [b] oder e]
	XA3	Chemisch stark angreifende Umgebung	Industrieabwasseranlagen mit chemisch angreifenden Abwässern; Futtertische der Landwirtschaft; Kühltürme mit Rauchgasableitung	C35/45 [b]
Betonkorrosion durch Verschleißbeanspruchung	XM1	Mäßige Verschleißbeanspruchung	Tragende oder aussteifende Industrieböden mit Beanspruchung durch luftbereifte Fahrzeuge	C30/37 [b]
	XM2	Starke Verschleißbeanspruchung	Tragende oder aussteifende Industrieböden mit Beanspruchung durch luft- oder vollgummibereifte Gabelstapler	C30/37 [b,g] C35/45 [b]
	XM3	Sehr starke Verschleißbeanspruchung	Tragende oder aussteifende Industrieböden mit Beanspruchung durch elastomerbereifte oder stahlrollenbereifte Gabelstapler; Wasserbauwerke in geschiebebelasteten Gewässern, z.B. Tosbecken; Bauteiloberflächen, die häufig mit Kettenfahrzeugen befahren werden	C35/45 [b]

[a] Ausführung nur mit zusätzlichen Maßnahmen, z.B. rissüberbrückende Beschichtung, siehe [DAfStb Heft 525].
[b] Bei Verwendung von Luftporenbeton eine Betonfestigkeitsklasse niedriger.
[c] Grenzwerte für die Expositionsklassen bei chemischem Angriff siehe DIN EN 206-1 und DIN 1045-2.
[d] Für Luftporenbeton mit Mindestanforderungen nach DIN 1045-2 an den mittleren Luftgehalt im Frischbeton unmittelbar vor dem Einbau.
[e] Bei langsam und sehr langsam erhärtenden Zementen ($r < 0{,}30$ nach DIN EN 206-1) eine Festigkeitsklasse niedriger.
[f] Erdfeuchter Beton mit $w/z \leq 0{,}40$ auch ohne Luftporen.
[g] Nur bei Oberflächenbehandlung des Betons nach DIN 1045-2 (z.B. Vakuumieren und Flügelglätten des Betons).
[h] Räumerlaufbahnen in Beton ohne Luftporen: mind. C40/50.

Tafel 8.51: Expositionsklassen (Fortsetzung)

Expositionsklassen		Beispiele	Mindestbeton-festigkeitsklasse
durch Karbonatisierung ausgelöste Bewehrungskorrosion [k]	XC1	Trocken oder ständig nass	Bauteile in Innenräumen mit üblicher Luftfeuchte (einschl. Küche, Bad und Waschküche in Wohngebäuden); Bauteile, die sich ständig unter Wasser befinden	C16/20
	XC2	Nass, selten trocken	Teile von Wasserbehältern; Gründungsbauteile	C16/20
	XC3	Mäßige Feuchte	Bauteile, zu denen Außenluft häufig oder ständig Zugang hat; Innenräume mit hoher Luftfeuchte	C20/25
	XC4	Wechselnd nass und trocken	Außenbauteile mit direkter Beregnung;	C25/30
durch Chloride ausgelöste Bewehrungskorrosion (ausgenommen Meerwasser)	XD1	Mäßige Feuchte	Bauteile im Sprühnebelbereich von Verkehrsflächen; Einzelgaragen	C30/37 [j]
	XD2	Nass, selten trocken	Solebäder; Bauteile, die chloridhaltigen Industriewässern ausgesetzt sind	C35/45 [j) oder l)]
	XD3	Wechselnd nass und trocken	Teile von Brücken mit häufiger Spritzwasserbeanspruchung; Fahrbahndecken; direkt befahrene Parkdecks [i)]	C35/45 [j]
durch Chloride aus Meerwasser ausgelöste Bewehrungskorrosion	XS1	Salzhaltige Luft, kein unmittelbarer Meerwasserkontakt	Außenbauteile in Küstennähe	C30/37 [j]
	XS2	Unter Wasser	Bauteile in Hafenanlagen, die ständig unter Wasser liegen	C35/45 [j) oder l)]
	XS3	Gezeiten-, Spritz-, Sprühwasserzonen	Kaimauern in Hafenanlagen	C35/45 [j]

[i)] Ausführung nur mit zusätzlichen Maßnahmen, z.B. rissüberbrückende Beschichtung.
[j)] Bei Verwendung von Luftporenbeton eine Betonfestigkeitsklasse niedriger.
[k)] Feuchteangaben beziehen sich auf den Zustand innerhalb der Betondeckung der Bewehrung. Es darf im Allgemeinen angenommen werden, dass die Bedingungen in der Betondeckung den Umgebungsbedingungen des Bauteils entsprechen. Dies ist unter Umständen nicht der Fall, wenn sich zwischen dem Beton und seiner Umgebung eine Sperrschicht befindet.
[l)] Bei langsam und sehr langsam erhärtenden Zementen ($r < 0{,}30$ nach DIN EN 206-1) eine Festigkeitsklasse niedriger.

7.1.2 Betondeckung

Die Bewehrung muss eine Mindestbetondeckung c_{min} aufweisen, um
- den Schutz der Bewehrung von Korrosion sicherzustellen
- die Übertragung der Verbundkräfte zwischen Bewehrung und Beton zu gewährleisten.

Weitergehende Anforderungen an die Betondeckung ergeben sich nach DIN 4102-2, DIN 4102-4 und DIN 4102-22, mit der Zielstellung einen ausreichenden Feuerwiderstand sicherzustellen.

Es ist zwischen der Mindestbetondeckung c_{min}, dem Nennmaß der Betondeckung c_{nom}, dem Vorhaltemaß Δc und dem Verlegemaß c_v zu unterscheiden:

Mindestbetondeckung c_{min}:
– darf an keiner Stelle unterschritten werden
– sichert Korrosionsschutz der Bewehrung, Verbund zwischen Bewehrung und Beton sowie Einhaltung von Brandschutzanforderungen

Nennmaß c_{nom}:
– sichert das Einhalten der Mindestbetondeckung unter Berücksichtigung baustellenbedingter Toleranzen
– es gilt: $c_{nom} = c_{min} + \Delta c$

Vorhaltemaß Δc: – zur Berücksichtigung unplanmäßiger Abweichungen der Betondeckung

Verlegemaß c_v:
– ergibt sich aus der Bedingung, dass für jedes einzelne Bewehrungselement das Nennmaß c_{nom} eingehalten ist
– maßgebend für die statische Berechnung
– maßgebend für die Bewehrungsausbildung, ist daher auf Bewehrungsplänen anzugeben

Mindestbetondeckung zum Schutz vor Bewehrungskorrosion

Tafel 8.53: Mindestbetondeckung c_{min} zum Schutz vor Bewehrungskorrosion und Vorhaltemaß Δc

	Expositionsklasse				
	XC1	XC2 | XC3	XC4	XD1, XD2, XD3 [b]	XS1, XS2, XS3
Mindestbetondeckung c_{min} in mm [a]	10	20	25	40	
Vorhaltemaß Δc in mm	10	15			

[a] Bei Bauteilen, deren Betonfestigkeit die Mindestbetonfestigkeitsklasse entsprechend der Tafel 8.51 um mindestens 2 Festigkeitsklassen überschreitet, darf c_{min} um 5 mm verringert werden. Ausnahme: Für die Expositionsklasse XC1 ist diese Abminderung nicht zulässig.
[b] Im Einzelfall können besondere Maßnahmen zum Korrosionsschutz der Bewehrung erforderlich werden.

Ergänzend gilt:

- Treffen mehrere Umgebungsbedingungen gleichzeitig zu, ist die Expositionsklasse mit den höchsten Anforderungen maßgebend.
- Bei kraftschlüssiger Verbindung von Ortbeton mit einem Fertigteil darf an den der Fuge zugewandten Rändern c_{min} auf 5 mm im Fertigteil und 10 mm im Ortbeton verringert werden. Jedoch sind die Bedingungen zur Sicherstellung des Verbundes einzuhalten, sofern die Bewehrung im Bauzustand ausgenutzt wird. Auf das Vorhaltemaß Δc darf auf beiden Seiten der Verbundfuge verzichtet werden.
- Bei Bauteilen aus Leichtbeton muss c_{min} außer bei Expositionsklasse XC1 mindestens 5 mm größer als der Größtkorndurchmesser der leichten Gesteinskörnung sein.
- Verschleißbeanspruchungen des Betons können durch eine Vergrößerung der Betondeckung um 5 mm für Expositionsklasse XM1, um 10 mm für XM2 und um 15 mm für XM3 berücksichtigt werden.
- Die Werte für Δc dürfen um 5 mm reduziert werden, wenn dies durch eine entsprechende Qualitätskontrolle bei Planung, Entwurf, Herstellung und Bauausführung gerechtfertigt werden kann. Nähere Hinweise siehe in den DBV-Merkblättern "Betondeckung und Bewehrung" und "Abstandshalter".
- Bei Fertigteilen mit einer werksmäßigen und ständig überwachten Herstellung darf Δc um mehr als 5 mm reduziert werden, sofern durch eine Überprüfung von c_{min} am fertigen Bauteil sichergestellt wird, dass Fertigteile mit zu geringer Mindestbetondeckung ausgesondert werden. Eine Verringerung von Δc auf einen Wert geringer als 5 mm ist dabei nicht zulässig.
- Werden bewehrte Bauteile gegen unebene Flächen betoniert, ist Δc zu vergrößern. Die Erhöhung sollte um das Differenzmaß der Unebenheit, zumindest jedoch um 20 mm, bei unmittelbarer Herstellung auf dem Baugrund um 50 mm erfolgen. Ebenso erfordern Bauteile mit strukturierter Oberfläche und Waschbeton eine Vergrößerung des Vorhaltemaßes Δc.

Mindestbetondeckung zur Verbundsicherung

Es ist einzuhalten:

$c_{min} \geq d_s$.

Für den Nachweis der Mindestbetondeckung zur Verbundsicherung darf $\Delta c = 10$ mm angesetzt werden.

Brandschutztechnische Anforderungen an die Betondeckung

Anforderungen an die Betondeckung der Bewehrung aus brandschutztechnischen Gründen ergeben sich aus den jeweils gültigen Landesbauordnungen und der DIN 4102, Brandschutz von Baustoffen. Die in DIN 4102 Teil 4 angegebenen Mindestachsabstände u bzw. u_s (Tafeln 8.54a und 8.54b) sind dem Nennmaß der Betondeckung c_{nom} zuzuordnen. Siehe dazu auch Kapitel *7C Bautechnischer Brandschutz*, Abschnitt 3.4.

Tafel 8.54a: Mindestachsabstände u bzw. u_s sowie Mindeststabanzahl n der Zugbewehrung von 1- bis 4-seitig beanspruchten, statisch bestimmt gelagerten Stahlbetonbalken aus Normalbeton nach DIN 4102 Teil 4

	Feuerwiderstandsklasse							
	F 30 – A				F 90 – A			
	Balkenbreite b in mm				Balkenbreite b in mm			
	80	120	160	≥ 200	≤ 150	200	250	≥ 400
u in mm	25	15	10	10	55	45	40	35
u_s in mm	35	25	20	10	65	55	50	35
n	1	2	2	3	2	3	4	5

Tafel 8.54b: Mindestachsabstände u in mm der Feldbewehrung von frei aufliegenden, unbekleideten Stahlbetonplatten aus Normalbeton

Lagerungsart			Feuerwiderstandsklasse					
			F 30 – A			F 90 – A		
einachsig			$10^{\,1)}$			$35^{\,1)}$		
zwei-achsig	drei-seitig		$l_x/l_y > 1$	$1,0 \geq l_x/l_y \geq 0,7$	$l_x/l_y < 0,7$	$l_x/l_y > 1$	$1,0 \geq l_x/l_y \geq 0,7$	$l_x/l_y < 0,7$
			$10^{\,1)}$	$10^{\,1)}$	$10^{\,1)}$	35	30	$25^{\,1)}$
	vier-seitig		$l_x/l_y \leq 1,5$	$l_x/l_y \geq 3,0$		$l_x/l_y \leq 1,5$	$l_x/l_y \geq 3,0$	
			$10^{\,1)}$	$10^{\,1)}$		$15^{\,1)}$		35

[1] Werte gelten auch für die Feldbewehrung von durchlaufenden, eingespannten oder punktförmig gestützten Stahlbetonplatten aus Normalbeton.

Ermittlung des Verlegemaßes der Bewehrung c_v

Das Verlegemaß c_v wird in der Regel für die am weitesten zur Bauteilaußenseite gelegene Bewehrung angegeben. Aus baupraktischen Gründen (Abstandshalter) sollte die Betondeckung auf halbe Zentimeter aufgerundet werden.

Platten:

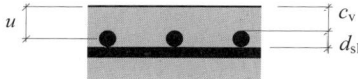

$$c_v \geq \begin{cases} c_{min} + \Delta c & c_{min} \text{ und } \Delta c \text{ nach Tafel 8.53} \\ d_{sl} + 10 \text{ mm} \\ u - d_{sl}/2 & u \text{ nach Tafel 8.54b} \end{cases}$$

Balken:

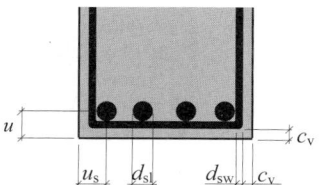

$$c_v \geq \begin{cases} c_{min} + \Delta c & c_{min} \text{ und } \Delta c \text{ nach Taf. 8.53} \\ d_{sw} + 10 \text{ mm} \\ d_{sl} + 10 \text{ mm} - d_{sw} \\ u - d_{sl}/2 - d_{sw} & u \text{ nach Tafel 8.54a} \end{cases}$$

Anmerkung: Gegebenenfalls wird bei Ansatz von u_s anstelle von u eine größere Betondeckung ermittelt.
Bei Stabbündeln beziehen sich die Achsabstände u bzw. u_s auf die Achse des Bündels.

7.2 Mindestabstände von Bewehrungsstäben

Um den Beton sicher einbringen und verdichten zu können, sowie zur Gewährleistung der Verbundwirkung zwischen Bewehrung und Beton sind Mindestwerte für die lichten Abstände zwischen zueinander parallel verlaufenden Bewehrungsstäben einzuhalten. Bei mehrlagiger Bewehrungsanordnung sollten die Stäbe der einzelnen Bewehrungslagen vertikal übereinander angeordnet werden. Falls erforderlich sind Rüttellücken vorzusehen, um das Einbringen und Verdichten des Betons zu ermöglichen.

$a_{min} = \max \begin{cases} d_s \\ 2 \text{ cm} \\ d_g + 5 \text{ mm, wenn } d_g > 16 \text{ mm} \end{cases}$

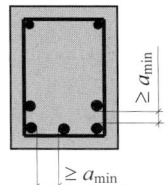

d_s Durchmesser des größten Bewehrungsstabes, bei Stabbündeln ist der Vergleichsdurchmesser d_{sV} anzusetzen

a_{min} lichter Mindestabstand zwischen parallel zueinander verlaufenden Bewehrungsstäben

d_g Größtkorndurchmesser der verwendeten Gesteinskörnung

7.3 Biegen von Betonstahl

7.3.1 Biegerollendurchmesser

Um im Bereich der Biegungen von Betonstählen mögliche Abplatzungen des Betons, Schädigungen des Betongefüges sowie Risse in der Bewehrung zu vermeiden, sind Mindestwerte der Biegerollendurchmesser einzuhalten. Die dazu in Tafeln 8.55a und 8.55b angegebenen Werte beziehen sich immer auf den Krümmungsdurchmesser der Innenseite der gebogenen Bewehrungsstäbe.

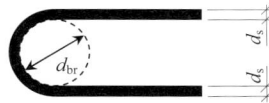

Tafel 8.55a: Mindestwerte der Biegerollendurchmesser d_{br} für Normalbeton

	Haken, Winkelhaken, Schlaufen, Bügel		Schrägstäbe oder andere gebogene Stäbe		
	Stabdurchmesser		Mindestwerte der Betondeckung rechtwinklig zur Krümmungsebene		
	$d_s < 20$ mm	$d_s \geq 20$ mm	>100 mm und > $7 d_s$	> 50 mm und > $3 d_s$	≤ 50 mm oder ≤ $3 d_s$
Mindestwerte der Biegerollendurchmesser d_{br}	$4 d_s$	$7 d_s$	$10 d_s$	$15 d_s$	$20 d_s$

Tafel 8.55b: Mindestwerte der Biegerollendurchmesser d_{br} für nach dem Schweißen gebogene Bewehrung

	vorwiegend ruhende Einwirkungen		nicht vorwiegend ruhende Einwirkungen	
	Schweißung		Schweißung	
	außerhalb des Biegebereiches	innerhalb des Biegebereiches	auf der Außenseite der Biegung	auf der Innenseite der Biegung
für $a < 4 d_s$	$20 d_s$	$20 d_s$	$100 d_s$	$500 d_s$
für $a \geq 4 d_s$	Werte wie für nicht geschweißte Bewehrung			

a – Abstand zwischen dem Anfang der Biegung und der Schweißstelle

7.4 Verankerung der Bewehrung

7.4.1 Verbundbedingungen

Entsprechend der Stablage beim Betonieren wird zwischen guten und mäßigen Verbundbedingungen unterschieden (Abbildung 8.56).

Gute Verbundbedingungen liegen vor für

– alle Stäbe, die während des Betonierens mit einer Neigung von 45° bis 90° zur Waagerechten ausgerichtet sind,

– alle Stäbe, die während des Betonierens mit einer Neigung von weniger als 45° zur Waagerechten ausgerichtet sind, sich jedoch entweder höchstens 300 mm über der Unterkante des Frischbetons befinden oder mindestens 300 mm Frischbetonauflast aufweisen,

- Stäbe in liegend hergestellten stabförmigen Bauteilen, die mit einem Außenrüttler verdichtet werden und deren äußere Querschnittsabmessungen 500 mm nicht überschreiten.

Mäßige Verbundbedingungen sind für alle anderen Fälle anzusetzen, sowie generell in Bauteilen, die im Gleitbauverfahren hergestellt werden.

Abb. 8.56: Zuordnung der Bereiche mit guten und mäßigen Verbundbedingungen

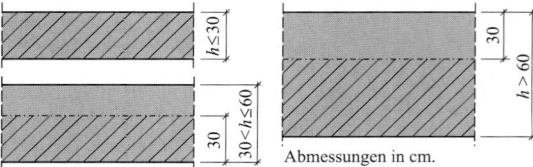

Abmessungen in cm.
Gute Verbundbedingungen werden in den schraffierten Flächen erreicht.

7.4.2 Bemessungswert der Verbundspannung

Bemessungswert der Verbundspannung f_{bd} für gute Verbundbedingungen:

$$f_{bd} = 2{,}25 \cdot \frac{f_{ctk;0{,}05}}{\gamma_c}$$

Bei mäßigen Verbundbedingungen sind diese Werte mit dem Faktor 0,7 zu multiplizieren.

Tafel 8.56: Bemessungswerte der Verbundspannung für gute Verbundbedingungen

	Betonfestigkeitsklasse C													
	12/15	16/20	20/25	25/30	30/37	35/45	40/50	45/55	50/60	55/67	60/75	70/85	80/95	90/105	100/115
f_{bd} in N/mm²	1,6	2,0	2,3	2,7	3,0	3,4	3,7	4,0	4,3	4,4	4,5	4,7	4,8	4,9	4,9

7.4.3 Verankerungslänge

Grundwert der Verankerungslänge l_b

$$l_b = \frac{d_s}{4} \cdot \frac{f_{yd}}{f_{bd}}$$

Distanz, die erforderlich ist, um in einem gerade endenden Bewehrungsstab durch gleichmäßig um den Stabumfang verteilte Verbundspannungen f_{bd} die Stahlspannung von 0 auf f_{yd} zu erhöhen.

Bei Stabbündeln ist der Vergleichsdurchmesser d_{sV} anstelle des Einzelstabdurchmessers d_s anzusetzen.

Verankerungslänge $l_{b,net}$

$$l_{b,net} = \max \begin{cases} \alpha_a \cdot l_b \cdot \dfrac{A_{s,erf}}{A_{s,vorh}} \\ l_{b,min} \end{cases}$$

α_a Beiwert zur Berücksichtigung der Verankerungsausbildung nach Tafel 8.57
$l_{b,min}$ Mindestwert der Verankerungslänge

$A_{s,erf}$ und $A_{s,vorh}$ sind die erforderliche bzw. vorhandene Querschnittsfläche der Bewehrung am Beginn der Verankerung.

– bei Zugstäben: $l_{b,min} = \max \begin{cases} 0{,}3 \cdot \alpha_a \cdot l_b \\ 10 \cdot d_s \end{cases}$

– bei Druckstäben: $l_{b,min} = \max \begin{cases} 0{,}6 \cdot l_b \\ 10 \cdot d_s \end{cases}$

Bei Druckstäben ist eine Verankerung mit Haken, Winkelhaken oder Schlaufen nicht zulässig. Bewehrungsstäbe mit einem Durchmesser von mehr als 32 mm sind mit geradem Stabende oder durch Ankerkörper zu verankern.

7.4.4 Verankerung der Feldbewehrung am Endauflager biegebeanspruchter Bauteile

Verankerungskraft F_{sd}

Die Verankerung der Feldbewehrung ist am Endauflager biegebeanspruchter Bauteile für die Verankerungskraft F_{sd} auszulegen:

Bewehrungskonstruktion

$$F_{sd} = \max \begin{cases} V_{Ed} \cdot \dfrac{a_1}{z} + N_{Ed} \\ V_{Ed}/2 \end{cases}$$

$$A_{s,erf} = \dfrac{F_{sd}}{f_{yk}/\gamma_s}$$

- a_1 Versatzmaß
- z Hebelarm der inneren Kräfte, $z \approx 0{,}9 \cdot d$
- V_{Ed} Bemessungswert der einwirkenden Querkraft in der rechnerischen Auflagerlinie
- N_{Ed} Bemessungswert der einwirkenden Normalkraft
- $A_{s,erf}$ Querschnittsfläche der Bewehrung, die erforderlich ist, um die Verankerungskraft F_{sd} aufzunehmen.

Versatzmaß a_1

Das Versatzmaß a_1 ist wie folgt zu ermitteln:

$$a_1 = \dfrac{z}{2} \cdot (\cot \theta - \cot \alpha) \geq 0$$

- θ Neigungswinkel der Betondruckstrebe nach Abschnitt 5.3.3
- α Neigungswinkel der Querkraftbewehrung

Für Platten ohne Querkraftbewehrung gilt: $a_1 = 1{,}0 \cdot d$

Tafel 8.57:   Verankerungsarten von Betonstahl

Art und Ausbildung der Verankerung			Beiwert α_a Zugstäbe [a]	Druckstäbe
Gerade Stabenden			1,0	1,0
Haken $\alpha \geq 150°$	Winkelhaken $150° > \alpha \geq 90°$	Schlaufen	0,7 [b] (1,0)	–
Gerade Stabenden mit mindestens einem angeschweißten Querstab innerhalb der Verankerungslänge [c]			0,7	0,7
Haken $\alpha \geq 150°$	Winkelhaken $150° > \alpha \geq 90°$	Schlaufen	0,5 (0,7)	–
mit jeweils mindestens einem angeschweißten Stab innerhalb der Verankerungslänge, jedoch vor dem Krümmungsbeginn [c]				
Gerade Stabenden mit mindestens zwei angeschweißten Stäben innerhalb der Verankerungslänge (Stababstand $s < 100$ mm und $\geq 5\,d_s$ und ≥ 50 mm), nur zulässig bei Einzelstäben mit $d_s \leq 16$ mm und bei Doppelstäben mit $d_s \leq 12$ mm [c]			0,5	0,5

[a] Die für Zugstäbe in Klammern angegebenen Werte gelten, wenn im Krümmungsbereich rechtwinklig zur Krümmungsebene die Betondeckung weniger als $3\,d_s$ beträgt oder kein Querdruck oder keine enge Verbügelung vorhanden ist.
[b] Bei Schlaufenverankerungen mit $d_{br} \geq 15\,d_s$ darf der Wert α_a auf 0,5 reduziert werden.
[c] Für aufgeschweißte Querstäbe mit $d_{s,quer}/d_{s,l} \geq 0{,}7$ sind die Verbindungen als tragende Verbindung auszuführen.

Erforderliche Verankerungslänge am Endauflager

Mindestens
- die Hälfte der Feldbewehrung bei Platten
- ein Viertel der Feldbewehrung bei Balken und Plattenbalken

ist in die End- und Zwischenauflager zu führen und entsprechend Abbildung 8.58a zu verankern. Die Verankerungslänge beginnt an der Auflagervorderkante. Die zu verankernde Bewehrung ist zumindest bis über die rechnerische Auflagerlinie hinauszuführen.

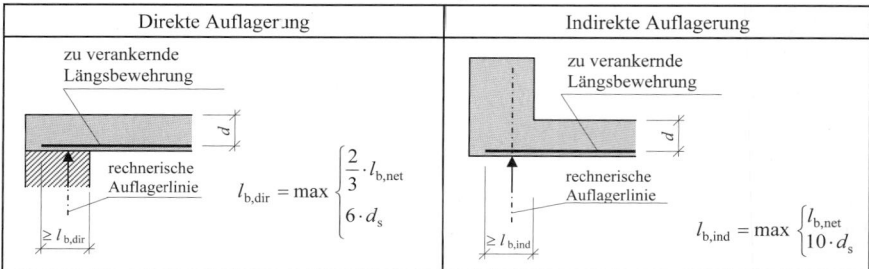

Abb. 8.58a: Verankerung am Endauflager

7.4.5 Verankerung an Zwischenauflagern

An Zwischenauflagern ist die Feldbewehrung mindestens um das Maß $6 \cdot d_s$ hinter die Auflagervorderkante zu führen. Es wird darüber hinausgehend empfohlen, die untere Bewehrung so auszubilden, dass an Zwischenauflagern positive Biegemomente aus außergewöhnlichen Beanspruchungen (Auflagersetzungen, Explosion, Brandfall) aufgenommen werden können.

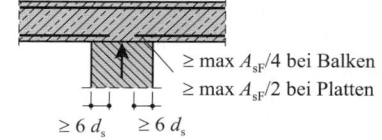

7.4.6 Verankerung von Bügeln und Querkraftbewehrung

Bügel und Querkraftbewehrungen sind durch Haken, Winkelhaken oder angeschweißte Querstäbe zu verankern. Das Schließen der Bügel in der Druck- oder Zugzone von Balken soll nach den Abbildungen 8.58b und 8.59 erfolgen. Die Bügel müssen die Zugbewehrung umfassen. Bei Plattenbalken können die Bügel im Bereich der Platte durch Querstäbe geschlossen werden, sofern die Bedingung $V_{Ed} \leq 0{,}66 \cdot V_{Rd,max}$ erfüllt ist.

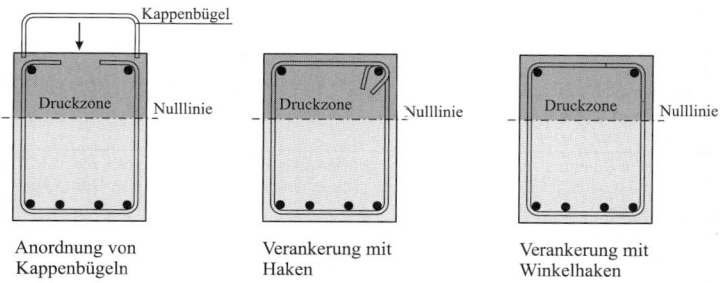

Abb. 8.58b: Schließen von Bügeln in der Druckzone

Bewehrungskonstruktion

Verankerung mit Haken oder Winkelhaken, Ausbildung eines Übergreifungsstoßes erforderlich! Berechnung von l_s mit $\alpha_a = 0{,}7$

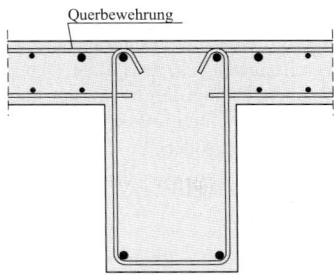

Schließen des Bügels durch die Querbewehrung, in der Druck- und Zugzone von **Plattenbalkenquerschnitten** möglich, sofern die Bedingung

$V_{Ed} \leq 2/3 \cdot V_{Rd,max}$ erfüllt ist

Abb. 8.59: Schließen von Bügeln in der Zugzone

7.5 Bewehrungsstöße

7.5.1 Allgemeines

Die Ausbildung der Stöße von Bewehrungsstäben kann durch mechanische Verbindungen (Schraubstoß, Muffenstoß, jeweils bauaufsichtliche Zulassung erforderlich), Schweißen oder indirekt durch Übergreifen der Betonstähle (Übergreifungsstoß) erfolgen. Druckstäbe mit $d_s \geq 20$ mm dürfen bei Vorliegen besonderer Voraussetzungen auch durch Kontakt der Stabstirnflächen gestoßen werden, siehe DIN 1045-1, 12.8.1 (8). Hinsichtlich der Anordnung von **Übergreifungsstößen** ist zu beachten:

- Übergreifungsstöße sollten versetzt angeordnet werden. Können Vollstöße nicht vermieden werden, sollten sie nicht in hochbeanspruchten Bereichen liegen.
- Bei Schnittgrößenermittlung auf Grundlage der Plastizitätstheorie oder mit nichtlinearen Verfahren dürfen Stöße nicht in plastischen Zonen vorgesehen werden.

7.5.2 Berechnung der erforderlichen Übergreifungslänge l_s

l_s Übergreifungslänge, siehe Abbildung 8.60, $l_s \geq \begin{cases} l_{b,net} \cdot \alpha_1 \\ l_{s,min} \end{cases}$

$l_{b,net}$ Verankerungslänge, siehe Abschnitt 7.4.3

α_1 Beiwert für die Ermittlung der Übergreifungslänge nach Tafel 8.59

$l_{s,min}$ Mindestwert der Übergreifungslänge, $l_{s,min} \geq \begin{cases} 0{,}3 \cdot \alpha_a \cdot \alpha_1 \cdot l_b \\ 15 \cdot d_s \\ 200 \text{ mm} \end{cases}$

Bei der Ermittlung von $l_{s,min}$ darf der Einfluss von angeschweißten Querstäben bei der Festlegung von α_a nach Tafel 8.59 nicht berücksichtigt werden!

Tafel 8.59: Beiwerte α_1 für die Ermittlung der Übergreifungslänge

		Anteil der ohne Längsversatz gestoßenen Stäbe am Querschnitt einer Bewehrungslage	
		$\leq 33\%$	$> 33\%$
Zugstoß	$d_s < 16$ mm	1,2 [a]	1,4 [a]
	$d_s \geq 16$ mm	1,4 [a]	2,0 [b]
Druckstoß		1,0	1,0

[a] Falls $s \geq 10\, d_s$ und $s_0 \geq 5\, d_s$ gilt: $\alpha_1 = 1{,}0$
[b] Falls $s \geq 10\, d_s$ und $s_0 \geq 5\, d_s$ gilt: $\alpha_1 = 1{,}4$

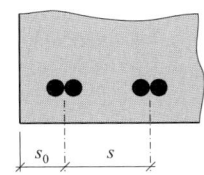

Rand- und Achsabstand von Übergreifungsstößen

Als **in Längsrichtung versetzt**, und damit nicht in einem Schnitt gestoßen, gelten Übergreifungsstöße, wenn der Längsabstand der Stoßmitten mindestens dem 1,3fachen erforderlichen Übergreifungslänge l_s entspricht (Abbildung 8.60). Die zu stoßenden Stäbe sollen möglichst dicht nebeneinander liegen. Ist der lichte Abstand zwischen den gestoßenen Stäben größer als $4 \cdot d_s$, so ist die Übergreifungslänge um die Differenz aus dem vorhandenen lichten Stababstand und $4 \cdot d_s$ zu vergrößern.

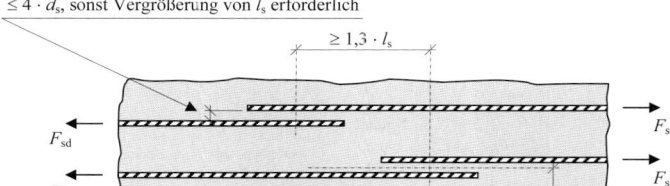

Abb. 8.60: Längsversatz und Querabstand bei Übergreifungsstößen

7.5.3 Querbewehrung im Bereich von Übergreifungsstößen

Zur Aufnahme der im Bereich von Übergreifungsstößen auftretenden Querzugkräfte ist die Anordnung einer Querbewehrung notwendig. Für die erforderliche Querschnittsfläche und die konstruktive Ausbildung der Querbewehrung gelten folgende Regelungen:

- Die allgemein anzuordnende konstruktive Bewehrung (siehe Abschnitt 8) ist als Querbewehrung ohne weiteren rechnerischen Nachweis ausreichend, wenn
  - $d_s < 16$ mm (für Betonfestigkeitsklassen bis C55/67 und LC45/50), oder
  - $d_s < 12$ mm (für Betonfestigkeitsklassen ab C60/75 und LC50/55), oder
  - der Anteil der in einem Schnitt gestoßenen Bewehrungsstäbe höchstens 20 % beträgt.
- In allen anderen Fällen gilt:
  - wenn der lichte Abstand zwischen den gestoßenen Stäben $4 \cdot d_s$ nicht überschreitet:
    Die Querschnittsfläche der Querbewehrung muss mindestens so groß sein, wie die Querschnittsfläche eines gestoßenen Stabes ($\Sigma A_{st} \geq 1,0 \cdot A_s$).
  - wenn der lichte Abstand zwischen den gestoßenen Stäben größer als $4 \cdot d_s$ ist:
    Die Querschnittsfläche der Querbewehrung muss mindestens so groß sein, wie die Querschnittsfläche aller gestoßenen Stäbe ($\Sigma A_{st} \geq \Sigma A_s$).

Für die konstruktive Ausbildung der Querbewehrung gilt:
- Die Querbewehrung ist jeweils am Stoßanfang und -ende innerhalb einer Distanz von $l_s/3$ gleichmäßig zu verteilen und zwischen der gestoßenen Bewehrung und der Bauteiloberfläche anzuordnen.
- Eine bügelartige Ausbildung der Querbewehrung ist in folgenden Fällen erforderlich:
  - In vorwiegend biegebeanspruchten Bauteilen für $s \leq 10\, d_s$.
  - Generell in vorwiegend biegebeanspruchten Bauteilen mit einer Betonfestigkeit $\geq$ C70/85. Die Querschnittsfläche der Bügelschenkel, welche rechtwinklig zur Bauteiloberfläche angeordnet sind, muss dann der erforderlichen Querschnittsfläche von allen im betreffenden Schnitt gestoßenen Längsbewehrungsstäben entsprechen.
  - In flächenartigen Bauteilen, wenn $s \leq 7\, d_s$ ist. Die Querbewehrung darf jedoch gerade sein, wenn die Übergreifungslänge l_s nach Abschnitt 7.5.2 um 30 % vergrößert wird.
  - Sofern bei mehrlagiger Bewehrungsanordnung mehr als die Hälfte des Querschnitts der einzelnen Lagen in einem Schnitt gestoßen wird. Die Bügel sind für die Kraft aller gestoßenen Stäbe zu bemessen.

- In allen anderen Fällen darf die Querbewehrung gerade ausgebildet werden.
- Auf eine bügelartige Ausbildung der Querbewehrung darf auch verzichtet werden, wenn der Abstand der Stoßmitten benachbarter Stöße mit geraden Stabenden ungefähr 0,5 l_s beträgt.

7.5.4 Übergreifungsstöße von Betonstahlmatten in Tragrichtung

Betonstahlmatten mit einem Bewehrungsquerschnitt $a_s \leq 12$ cm²/m dürfen ohne Längsversatz gestoßen werden. Bei größeren Bewehrungsquerschnitten sind Vollstöße nur in der inneren Lage bei mehrlagiger Bewehrungsausführung möglich, dabei dürfen nicht mehr als 60 % des erforderlichen Bewehrungsquerschnitts gestoßen werden. Hinsichtlich der Stoßausbildung ist grundsätzlich zwischen Ein-Ebenen-Stößen und Zwei-Ebenen-Stößen zu unterscheiden.

Ein-Ebenen-Stoß: Die zu stoßenden Tragstäbe liegen in einer Ebene.

Bei Ein-Ebenen-Stößen darf die Übergreifungslänge l_s wie für Stabstahl berechnet werden. Bei Matten mit Doppelstäben geht dabei der Vergleichsdurchmesser d_{sV} an Stelle des Durchmessers der Einzelstäbe in die Berechnung ein.

Zwei-Ebenen-Stoß: Die zu stoßenden Tragstäbe liegen mit einem Versatz übereinander.

Für die Ermittlung der Übergreifungslänge l_s von Zwei-Ebenen-Stößen gilt:

$$l_s \geq \begin{cases} l_b \cdot \alpha_2 \cdot \dfrac{a_{s,erf}}{a_{s,vorh}} \\ l_{s,min} \end{cases}$$

α_2 Beiwert zur Berücksichtigung des Mattenquerschnittes, $\alpha_2 = 0,4 + \dfrac{a_{s,vorh}}{8} \begin{cases} \geq 1,0 \\ \leq 2,0 \end{cases}$

$a_{s,vorh}$ Querschnittsfläche der gestoßenen Betonstahlmatte in cm²/m
$a_{s,erf}$ erforderliche Querschnittsfläche der Bewehrung im Stoßbereich in cm²/m
$l_{s,min}$ Mindestwert der Übergreifungslänge

$$l_{s,min} = 0{,}3 \cdot \alpha_2 \cdot l_b \geq \begin{cases} s_q \\ 200 \text{ mm} \end{cases}$$

l_b Grundwert der Verankerungslänge nach Abschnitt 7.4.3
s_q Abstand der angeschweißten Querstäbe

Die Anordnung einer zusätzlichen Querbewehrung im Übergreifungsbereich ist nicht erforderlich. Bei mehrlagiger Bewehrung sind die Stöße der einzelnen Lagen mindestens um die 1,3fache Übergreifungslänge in Längsrichtung zu versetzen.

7.5.5 Übergreifungsstöße der Querbewehrung von Betonstahlmatten

Die erforderliche Übergreifungslänge der Querbewehrung ergibt sich aus folgenden Anforderungen:
- Einhaltung der Mindestübergreifungslängen nach Tafel 8.61,
- innerhalb von l_s müssen mindestens 2 Stäbe der Längsbewehrung vorhanden sein.

Bei Verwendung von Betonstahlmatten mit Randsparbereichen ist zu beachten, dass sich derartige Matten in Querrichtung mindestens um die Größe des Randsparbereiches übergreifen müssen.

Tafel 8.61: Mindestübergreifungslänge der Querstäbe von Betonstahlmatten

Stabdurchmesser der Querbewehrung d_s in mm	≤ 6	> 6 $\leq 8,5$	$> 8,5$ ≤ 12	> 12
Mindestübergreifungslänge der Querstäbe	$\geq \begin{cases} s_1 \\ 150 \text{ mm} \end{cases}$	$\geq \begin{cases} s_1 \\ 250 \text{ mm} \end{cases}$	$\geq \begin{cases} s_1 \\ 350 \text{ mm} \end{cases}$	$\geq \begin{cases} s_1 \\ 500 \text{ mm} \end{cases}$

8 Bauteilspezifische konstruktive Regelungen

8.1 Überwiegend biegebeanspruchte Bauteile

8.1.1 Mindestbewehrung und Höchstbewehrung von überwiegend biegebeanspruchten Bauteilen

Mindestbewehrung

Die Mindestbewehrung zur Sicherstellung eines duktilen Bauteilverhaltens ist für das mit dem Mittelwert der Betonzugfestigkeit f_{ctm} bestimmte Rissmoment M_{cr} und eine Stahlspannung $\sigma_s = f_{yk}$ zu ermitteln.

$$A_{s,min} = \frac{M_{cr}}{z_{II} \cdot f_{yk}} \quad \text{mit} \quad M_{cr} = \left(f_{ctm} - \frac{N_{cr}}{A_c}\right) \cdot \frac{I_{cI}}{z_{I,cI}}$$

z_{II} Hebelarm der inneren Kräfte im Zustand II (gerissener Zustand), $z \approx 0{,}9 \cdot d$

N_{cr} einwirkende Normalkraft bei Rissbildung (als Druckkraft mit negativem Vorzeichen, als Zugkraft mit positivem Vorzeichen einzusetzen, Vorspannkräfte dürfen nicht berücksichtigt werden)

A_c Querschnittsfläche

I_{cI} Flächenmoment 2. Grades des Querschnittes im Zustand I (ungerissener Zustand)

$z_{I,cI}$ Abstand von der Schwerachse des ungerissenen Querschnittes bis zum gezogenen Bauteilrand

Für die *Anordnung und Verteilung der Mindestbewehrung* gilt:

- Die Mindestbewehrung ist gleichmäßig über die Breite und anteilig über die Höhe der Zugzone zu verteilen.
- Die Mindestbewehrung ist an End- und Innenauflagern mit der Mindestverankerungslänge zu verankern (siehe Abschnitt 7.4.3), Stöße sind so auszubilden, dass die volle Zugkraft übertragen werden kann.
- Die im Feld anzuordnende untere Mindestbewehrung muss zwischen den Auflagern durchlaufen, hochgeführte Spannglieder und Bewehrungen dürfen nicht auf die Mindestbewehrung angerechnet werden.
- Die im Bereich von Innenstützen vorzusehende obere Mindestbewehrung ist in die angrenzenden Felder mit einer Länge von einem Viertel der Stützweite zu führen.
- Bei Kragarmen muss die Mindestbewehrung über die gesamte Kragarmlänge durchlaufen.
- Bei zweiachsig gespannten Platten ist es ausreichend, die Mindestbewehrung in der Hauptspannrichtung anzuordnen.
- Bei Gründungsbauteilen und durch Erddruck belasteten Wänden kann auf die Mindestbewehrung verzichtet werden, wenn durch Umlagerung des Sohl- bzw. Erddrucks ein duktiles Bauteilverhalten sichergestellt werden kann.

Umschnürung der Biegedruckzone

Bei hochbeanspruchten Balken mit Überschreitung der x/d-Werte nach Abschnitt 4.2 ist eine Umschnürung der Biegedruckzone erforderlich. Als dafür geeignet gelten Bügel mit $d_s \geq 10$ mm und einem Abstand:

- in Längsrichtung: $s_l \leq 0{,}25 \cdot h$ bzw.   250 mm
- in Querrichtung: $s_q \leq h$ bzw.   600 mm (für Betone $\leq$ C50/60 bzw. $\leq$ LC50/55)
                 $s_q \leq h$ bzw.   400 mm (für Betone > C50/60 bzw. > LC50/55)

Höchstbewehrung

Für die maximal zulässige Bewehrung eines Querschnittes $A_{s,max}$ gilt (auch im Bereich von Übergreifungsstößen):

$$A_{s,max} = 0{,}08 \cdot A_c$$

8.2 Platten

Die nachfolgenden Angaben gelten für Vollplatten aus Ortbeton. Für vorgefertigte Deckensysteme sind zusätzlich die in DIN 1045-1, 13.4 getroffenen Festlegungen zu beachten.

8.2.1 Mindestdicke

Die Mindestdicke von Vollplatten aus Ortbeton beträgt:
- allgemein: 70 mm
- bei Platten mit Querkraftbewehrung (Aufbiegungen): 160 mm
- bei Platten mit Querkraftbewehrung (Bügel) oder Durchstanzbewehrung: 200 mm.

8.2.2 Biegezugbewehrung

Zugkraftdeckung

Für Platten gelten sinngemäß die gleichen Regeln wie für Balken und Plattenbalken (siehe Abschnitt 8.3.1). Davon abweichend ist jedoch mindestens die Hälfte der Feldbewehrung bis zu den Auflagern zu führen und dort zu verankern.

Bei Platten ohne Querkraftbewehrung darf für das Versatzmaß $a_l = d$ angenommen werden.

Querbewehrung

In Platten ist eine Querbewehrung vorzusehen, deren Querschnittsfläche mindestens 20 % der Querschnittsfläche der Hauptbewehrung beträgt. Bei Verwendung von Betonstahlmatten muss $d_s \geq 5$ mm sein.

Maximale Stababstände

- Hauptbewehrung:
  - für Plattendicken $h \leq 150$ mm: $s_{max} = 150$ mm
  - für Plattendicken $h \geq 250$ mm: $s_{max} = 250$ mm (Zwischenwerte sind zu interpolieren.)
- Querbewehrung: $s_{max} \leq 250$ mm

Bewehrung an freien Plattenrändern

An freien (ungestützten) Plattenrändern ist eine Längs- und Querbewehrung anzuordnen. Ausnahme: Bei innen liegenden Bauteilen und Fundamenten des üblichen Hochbaus ist diese Bewehrung nicht erforderlich.

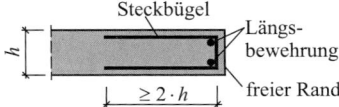

Konstruktive Einspannbewehrung

Wird an Endauflagern im Rahmen der Schnittgrößenermittlung eine frei drehbare Auflagerung angenommen, sind die Auswirkungen von damit vernachlässigten teilweisen Einspannungen durch eine auf der Bauteiloberseite angeordnete konstruktive Einspannbewehrung abzudecken. Die Einspannbewehrung sollte für mindestens 25 % des benachbarten Feldmomentes ermittelt und über die 0,25fache Länge des angrenzenden Endfeldes (vom Auflagerrand gemessen) verlegt werden.

Drillbewehrung

Die Anordnung einer Drillbewehrung in den Plattenecken
- ist erforderlich, wenn die Schnittgrößenermittlung unter Berücksichtigung der Drillsteifigkeit erfolgt,
- wird empfohlen, wenn vierseitig gelagerte Platten als einachsig gespannt oder unter Vernachlässigung der Drillsteifigkeit berechnet werden.

Die Drillbewehrung darf in Form einer parallel zu den Plattenrändern verlaufenden oberen und unteren Netzbewehrung ausgebildet werden, die in jeder Richtung die gleiche Querschnittsfläche wie die entsprechende Feldbewehrung und eine Länge von $0,3 \cdot \min l_{eff}$ aufweist. Davon abweichend gilt:

- In Plattenecken, bei denen ein frei aufliegendes und ein eingespanntes Plattenauflager aufeinander treffen, ist es ausreichend, rechtwinklig zum freien Rand die Hälfte der Feldbewehrung einzulegen.
- Bei einer biegefesten Verbindung der Platte mit benachbarten Plattenfeldern oder einem Randbalken darf auf die Drillbewehrung verzichtet werden.

8.2.3 Querkraftbewehrung

Für die konstruktive Durchbildung querkraftbewehrter Platten gilt Abschnitt 8.3.2 unter Beachtung nachfolgender Änderungen bzw. Ergänzungen:

- bei Platten mit einem Verhältnis $b/h > 5$:
  - für $V_{Ed} \leq V_{Rd,ct}$ ist keine Mindestquerkraftbewehrung erforderlich,
  - für $V_{Ed} > V_{Rd,ct}$ ist der 0,6fache Wert der Mindestquerkraftbewehrung nach Abschnitt 8.3.2 erforderlich,
- bei Platten mit einem Verhältnis $4 \leq b/h \leq 5$:
  - für $V_{Ed} \leq V_{Rd,ct}$ ist eine Mindestquerkraftbewehrung erforderlich, die zwischen 0 (für $b/h = 5$) und der Mindestquerkraftbewehrung nach Abschnitt 8.3.2 (für $b/h = 4$) zu interpolieren ist,
  - für $V_{Ed} > V_{Rd,ct}$ ist eine Mindestquerkraftbewehrung erforderlich, die zwischen der 0,6fachen (für $b/h = 5$) und der einfachen Mindestquerkraftbewehrung nach Abschnitt 8.3.2 (für $b/h = 4$) zu interpolieren ist.
- bei Platten mit einem Verhältnis $b/h < 4$: Es ist die Mindestbewehrung wie für Balken nach Abschnitt 8.3.2 vorzusehen.

Die Querkraftbewehrung darf vollständig aus Schrägstäben oder Querkraftzulagen bestehen, wenn $V_{Ed} \leq 0,30\ V_{Rd,max}$ ist.

Höchstabstände der Querkraftbewehrung in Längs- und Querrichtung

- Längsrichtung:
  - für $V_{Ed} \leq 0,30\ V_{Rd,max}$: $s_{max} = 0,7\ h$
  - für $0,30\ V_{Rd,max} < V_{Ed} \leq 0,60\ V_{Rd,max}$: $s_{max} = 0,5\ h$
  - für $V_{Ed} > 0,60\ V_{Rd,max}$: $s_{max} = 0,25\ h$
- Querrichtung: $s_{max} = h$
- Längsabstand von Schrägstäben: $s_{max} = h$

8.3 Balken und Plattenbalken

8.3.1 Längsbewehrung

Zugkraftdeckung

Der Nachweis der Zugkraftdeckung ist in den Grenzzuständen der Tragfähigkeit, bei nichtlinearer Schnittgrößenermittlung oder Anwendung der Plastizitätstheorie zusätzlich auch in den Grenzzuständen der Gebrauchstauglichkeit zu führen.

Die durch die Anordnung einer Längszugbewehrung abzudeckende Zugkraftlinie kann bestimmt werden, indem die für Biegung und Normalkraft ermittelte F_{sd}-Linie um das Versatzmaß a_l in Längsrichtung verschoben wird, siehe Abbildung 8.65.

$F_{sd}(x)$ an der Stelle x durch Biegemoment und Normalkraft hervorgerufene Zugkraft in der Bewehrung

$$F_{sd}(x) = \frac{M_{Eds}(x)}{z} + N_{Ed}(x)$$

a_l Versatzmaß, $a_l = \frac{z}{2} \cdot (\cot\theta - \cot\alpha) \geq 0$, Erläuterungen siehe auf Seite 8.57

Bauteilspezifische konstruktive Regelungen

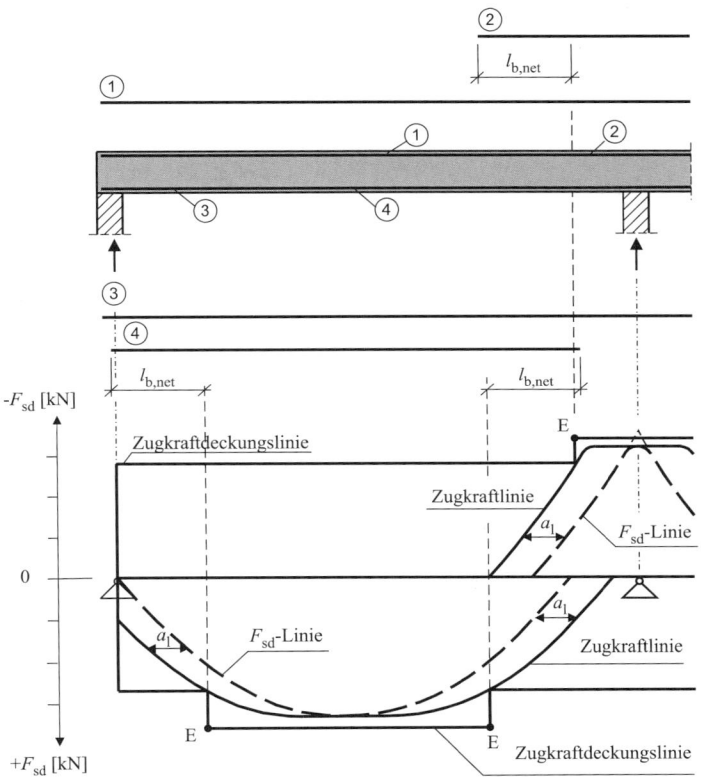

E - rechnerischer Endpunkt, Punkt an dem der betreffende Bewehrungsstab rechnerisch nicht mehr benötigt wird

Abb. 8.65: Nachweis der Zugkraftdeckung

Bewehrung zur Aufnahme rechnerisch nicht berücksichtigter Einspannungen

Es gelten die gleichen Regelungen wie für Platten, siehe Seite 8.63.

Ausgelagerte Bewehrung

Eine Auslagerung der Längszugbewehrung aus dem Steg von Plattenbalken- oder Hohlkastenquerschnitten in die angrenzende Platte darf höchstens auf einer Breite entsprechend der halben mitwirkenden Plattenbreite nach Abschnitt 4.1.4 erfolgen.

8.3.2 Querkraftbewehrung

Allgemeines

Der Winkel zwischen der Querkraftbewehrung und der Bauteilachse sollte zwischen 45° und 90° liegen. Die Querkraftbewehrung kann aus einer Kombination folgender Bewehrungen gebildet werden:

- Bügel (Umfassung der Längszugbewehrung und der Druckzone)
- Schrägstäbe
- Querkraftzulagen (z.B. Körbe, Leitern), die nicht die Längszugbewehrung umfassen, aber ausreichend im Druck- und Zugbereich verankert sind.

Mindestens die Hälfte der erforderlichen Querkraftbewehrung muss durch Bügel abgedeckt werden.

Mindestbewehrung und maximaler Abstand der Querkraftbewehrung

$A_{sw} \geq \min \rho_w \cdot s_w \cdot b_w \cdot \sin \alpha$

A_{sw} Querschnittsfläche eines Elements der Querkraftbewehrung
ρ_w Mindestbewehrungsgrad
– allgemein: $\min \rho_w = 1{,}0 \, \rho$
– für gegliederte Querschnitte mit vorgespanntem Zuggurt: $\min \rho_w = 1{,}6 \, \rho$
ρ nach Tafel 8.66a
s_w Längsabstand der Elemente der Querkraftbewehrung
b_w maßgebende Stegbreite
α Neigungswinkel der Querkraftbewehrung

Tafel 8.66a: Grundwerte ρ für die Ermittlung der Mindest- bzw. Oberflächenbewehrung

	Betonfestigkeitsklasse C													
	12/15	16/20	20/25	25/30	30/37	35/45	40/50	45/55	50/60	55/67	60/75	70/85	80/95	90/105	100/115
ρ in ‰	0,51	0,61	0,70	0,83	0,93	1,02	1,12	1,21	1,31	1,34	1,41	1,47	1,54	1,60	1,66
Bei Leichtbeton sind die ρ-Werte mit η_1 nach Tafel 8.22 zu multiplizieren, für η_1 ist dabei mindestens 0,85 anzusetzen.															

Für die maximal zulässigen Abstände von Schrägstäben gilt:
– Längsabstand: $s_{max} = 0{,}5 \, h \cdot (1 + \cot \alpha)$
– Querabstand: nach Tafel 8.66b
Maximal zulässige Bügelabstände siehe Tafel 8.66b.

Tafel 8.66b: Maximale Längs- und Querabstände s_{max} von Bügeln und Querkraftzulagen

	Längsabstände		Querabstände	
	$\leq$ C50/60 $\leq$ LC50/55	$>$ C50/60 $>$ LC50/55	$\leq$ C50/60 $\leq$ LC50/55	$>$ C50/60 $>$ LC50/55
$V_{Ed} \leq 0{,}30 \, V_{Rd,max}$	$0{,}7 \, h \leq 300$ mm	$0{,}7 \, h \leq 200$ mm	$h \leq 800$ mm	$h \leq 600$ mm
$0{,}30 \, V_{Rd,max} < V_{Ed} \leq 0{,}60 \, V_{Rd,max}$	$0{,}5 \, h \leq 300$ mm	$0{,}5 \, h \leq 200$ mm	$h \leq 600$ mm	$h \leq 400$ mm
$V_{Ed} > 0{,}60 \, V_{Rd,max}$	$0{,}25 \, h \leq 200$ mm			

8.4   Stützen

8.4.1   Mindestabmessungen

Für Stützen sind folgende Mindestabmessungen einzuhalten:
– stehend betonierte Ortbetonstütze: 200 mm
– liegend betonierte Fertigteilstütze: 120 mm.

8.4.2   Längsbewehrung

Mindestdurchmesser: $d_{s,l} \geq 12$ mm

Mindeststabanzahl:
bei Kreisquerschnitten: 6 Stäbe
bei polygonalen Querschnitten: 1 Stab je Ecke

Mindest- und Höchstbewehrung[*]: $A_{s,max} = 0{,}09 \cdot A_c$

[*] Die Regelungen für A_{max} gelten auch im Bereich von Übergreifungsstößen.

$A_{s,min} = 0{,}15 \cdot |N_{Ed}| / f_{yd}$

N_{Ed} Bemessungswert der Längsdruckkraft
A_c Fläche des Betonquerschnittes

Bauteilspezifische konstruktive Regelungen

Maximalabstand: allgemein $s_l \leq 30$ cm, bei Querschnitten mit $b \leq 40$ cm und $h \leq b$ genügt 1 Stab je Ecke

8.4.3 Querbewehrung

Die Querbewehrung in Stützen muss die Längsbewehrung umschließen und ausreichend verankert werden. Als Querbewehrung kommen Bügel, Schlaufen und Wendel in Frage.

Durchmesser der Querbewehrung:

$$d_{sbü} \geq \begin{cases} d_{sl}/4 \\ 6 \text{ mm (bei Verwendung von Stabstahl)} \\ 5 \text{ mm (bei Verwendung von Betonstahlmatten als Bügelbewehrung)} \end{cases}$$

d_{sl} Durchmesser der Längsbewehrung

Werden Stabbündel mit $d_{sV} > 28$ mm als Druckbewehrung der Stütze verwendet, muss darüber hinaus der Durchmesser von Einzelbügeln und Wendeln mindestens 12 mm betragen.

Abstand der Querbewehrung: $\quad s_{bü} \leq \begin{cases} 12 \cdot d_{sl} \\ \min h \\ 30 \text{ cm} \end{cases}$

Eine Reduzierung des maximal zulässigen Querbewehrungsabstandes mit dem Faktor 0,6 ist in folgenden Fällen erforderlich:

- in Stützenbereichen unmittelbar über und unter Balken oder Platten über eine Distanz gleich der größeren Abmessung des Stützenquerschnitts,
- im Bereich von Übergreifungsstößen der Längsbewehrung mit $d_{sl} > 14$ mm.

Querbewehrung im Eckbereich von Stützen:

Je Bügelecke können maximal 5 Längsstäbe gegen Ausknicken gesichert werden. Weitere Längsstäbe und solche, deren Abstand vom Eckstab den 15fachen Bügeldurchmesser übertrifft, sind durch zusätzliche Querbewehrungen (Zwischenbügel) zu sichern. Diese zusätzliche Querbewehrung ist maximal im doppelten Abstand der allgemeinen Querbewehrung (siehe oben) anzuordnen.

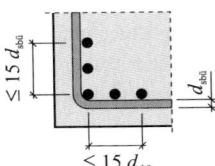

8.5 Stahlbetonwände

Die nachfolgenden Angaben gelten für überwiegend druckbeanspruchte Stahlbetonwände, bei denen die Bewehrung bei der Nachweisführung berücksichtigt wird.

8.5.1 Mindestwanddicke

Tafel 8.67: Mindestwanddicken unbewehrter und bewehrter Wände in cm

Betonfestig-keitsklasse		unbewehrter Beton		bewehrter Beton	
		Decken		Decken	
		nicht durchlaufend	durchlaufend	nicht durchlaufend	durchlaufend
C12/15 LC12/13	Ortbeton	20	14	-	-
≥ C16/20 ≥ LC16/18	Ortbeton	14	12	12	10
	Fertigteil	12	10	10	8

8.67

8.5.2 Lotrechte Bewehrung

Mindestbewehrung

- im Allgemeinen: $\qquad A_{s,tot} \geq A_{s,min} = 0{,}0015 \cdot A_c$
- bei schlanken Wänden oder wenn $|N_{Ed}| \geq 0{,}3 \cdot f_{cd} \cdot A_c$: $\qquad A_{s,tot} \geq A_{s,min} = 0{,}003 \cdot A_c$

$A_{s,tot}$ ist die Summe der lotrechten Bewehrung auf beiden Wandseiten. Alternativ darf die Mindestbewehrung wie folgt berechnet werden:

$$A_{s,min} = \max \begin{cases} 0{,}15 \cdot |N_{Ed}|/f_{yd} \\ 0{,}0015 \cdot A_c \end{cases}$$

Höchstbewehrung $\qquad A_{s,tot} \leq A_{s,max} = 0{,}04 \cdot A_c$

Maximaler Stababstand $\qquad s \leq \begin{cases} 2h \\ 300 \text{ mm} \end{cases}$

Umschließen der lotrechten Bewehrung

Ist die Querschnittsfläche der lastabtragenden lotrechten Bewehrung größer als $0{,}02\,A_c$, muss diese Bewehrung wie bei Stützen (siehe Abschnitt 8.4.3) durch Bügel umschlossen werden.

8.5.3 Waagerechte Bewehrung (Querbewehrung)

Die waagerechte Bewehrung sollte außen liegend, d.h. zwischen der lotrechten Bewehrung und der Wandoberfläche angeordnet werden.

Mindestbewehrung

- im Allgemeinen: 20 % der lotrechten Bewehrung
- bei schlanken Wänden und Wandscheiben oder wenn $|N_{Ed}| \geq 0{,}3 \cdot f_{cd} \cdot A_c$:
  50 % der lotrechten Bewehrung

Mindestdurchmesser

Der Mindestdurchmesser beträgt ein Viertel des Durchmessers der lotrechten Bewehrung.

Maximaler Stababstand

Der maximal zulässige Stababstand der waagerechten Bewehrung beträgt 350 mm.

8.5.4 Konstruktive Bewehrung

Bei Wänden mit einer Bewehrung $A_s \geq 0{,}003 \cdot A_c$ je Wandseite sind die Eckstäbe an freien Rändern durch Steckbügel zu sichern.

Die außen liegende Bewehrung ist je m² Wandfläche durch S-Haken an mindestens 4 versetzt angeordneten Stellen zu sichern. Bei dicken Wänden können alternativ Steckbügel verwendet werden, die im Inneren der Wand mindestens mit $0{,}5\,l_b$ (l_b nach Anschnitt 7.4.3) zu verankern sind. Bei Tragstäben mit $d_s \leq 16$ mm, deren Betondeckung mindestens $2\,d_s$ beträgt, dürfen die S-Haken entfallen. In diesem Fall und bei Verwendung von Betonstahlmatten dürfen die druckbeanspruchten Stäbe außen liegen.

8.6 Fundamente

8.6.1 Unbewehrte Fundamente

Die nachfolgenden Angaben beruhen auf DIN EN 1992-1-1 (12.04) und [Fingerloos/Litzner 2006].

Streifenförmige und flache Einzelfundamente dürfen unbewehrt ausgebildet werden, wenn sie annähernd zentrisch belastet werden und nachfolgende Bedingung erfüllen (siehe auch Tafel 8.69a):

$$0{,}85 \cdot \frac{h_f}{a} \geq \sqrt{\frac{3 \cdot \sigma_{Bd}}{f_{ctd}}}$$

h_f Fundamenthöhe
a seitlicher Fundamentüberstand
σ_{Bd} Bemessungswert der Bodenpressung
f_{ctd} Bemessungswert der Betonzugfestigkeit, $f_{ctd} = f_{ctk;0,05}/\gamma_c$

Fundamente mit $h_f/a \geq 2$ dürfen ohne genauere Nachweise unbewehrt ausgebildet werden.

Tafel 8.69a: Untere Grenze des Verhältnisses h_f/a bei unbewehrten Einzelfundamenten

Beton	Bodenpressung σ_{Bd} in MN/m²						Geometrie und Bezeichnungen
	0,15	0,25	0,35	0,45	0,55	0,65	
C12/15	1,0	1,3	1,5	1,8	1,9	2,0	
C16/20	1,0	1,2	1,4	1,6	1,8	1,9	
C20/25	1,0	1,1	1,3	1,5	1,7	1,8	
C25/30	1,0	1,0	1,2	1,4	1,5	1,7	
C30/37	1,0	1,0	1,1	1,3	1,4	1,6	

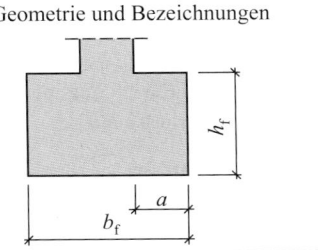

8.6.2 Bewehrte Einzelfundamente

Bei einer gleichmäßig verteilten Bodenpressung dürfen die Biegemomente M_x und M_y vereinfacht nach Tafel 8.69b errechnet werden, wobei das Gesamtmoment rechtwinklig zur betrachteten Richtung auf einzelne Fundamentstreifen aufgeteilt werden darf.

Bei exzentrischer Anordnung der Stütze oder bei Einleitung eines Biegemomentes über die Stütze sind die Momente aus einer trapez- oder dreieckförmig verteilten Bodenpressung zu berechnen.

Die errechnete Biegebewehrung sollte ohne Abstufung bis zum Fundamentrand geführt und sorgfältig verankert werden. Es ist ein Durchstanznachweis und gegebenenfalls ein Nachweis der Verbundspannung zu führen, siehe [DAfStb Heft 240].

Tafel 8.69b: Aufteilung von ΣM_x

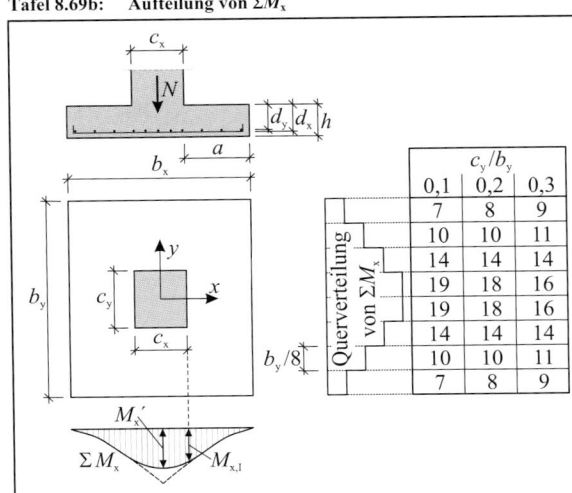

Maximalmoment:

$$M_x = N \cdot \frac{b_x}{8}$$

Ausgerundetes Moment:

$$M_x' = N \cdot \frac{b_x}{8} \cdot \left(1 - \frac{c_x}{b_x}\right)$$

Anschnittmoment:

$$M_{x,I} = N \cdot \frac{b_x}{8} \cdot \left(1 - \frac{c_x}{b_x}\right)^2$$

Bei gedrungenen Fundamenten ($c_y/b_y > 0{,}3$; $h/a > 1{,}0$) darf das Moment gleichmäßig über die Breite angesetzt werden.

Die Momente in y-Richtung errechnen sich in prinzipiell gleicher Weise.

9 Hilfsmittel für die Nachweisführung

9.1 Übersicht

Sämtliche in den Abschnitten 9.2 bis 9.4 dargestellten Bemessungshilfsmittel gelten für:
- die Grundkombination im Grenzzustand der Tragfähigkeit nach DIN 1055-100, also für $\gamma_c = 1{,}5$ und $\gamma_s = 1{,}15$
- die Betonfestigkeitsklassen C12/15 bis C50/60 sowie Betonstahl BSt 500.

Weitere, hier nicht abgedruckte Bemessungshilfsmittel für
- Kreisringquerschnitte
- Rechteckquerschnitte unter zweiachsiger Biegung mit Längsdruckkraft
- Bauteile aus hochfestem Beton $\geq$ C55/67 bzw. $\geq$ LC55/60

sind in den Entwurfs- und Berechnungstafeln für Bauingenieure enthalten.

Tafel 8.70: Übersicht und Hinweise zur Anwendung der Bemessungshilfsmittel

Bemessungshilfsmittel	Querschnittsform	Seite	Bemerkung
Allgemeines Bemessungsdiagramm	Rechteckquerschnitt	8.71	Das Biegemoment ist bei diesen Bemessungshilfsmitteln auf die Schwerachse der Zugbewehrung zu beziehen: $M_{Eds} = M_{Ed} + N_{Ed} \cdot z_{s1}$
Bemessungstabellen mit dimensionslosen Beiwerten	Rechteckquerschnitt, einfache Bewehrung	8.72	
	Rechteckquerschnitt, doppelte Bewehrung	8.73 8.74	
	Plattenbalkenquerschnitt	8.84 8.85	
Dimensionsgebundene Bemessungstabellen (k_d-Tafel)	Rechteckquerschnitt, einfache Bewehrung	8.75	Die Anordnung einer Druckbewehrung kann zur Begrenzung der Druckzonenhöhe bzw. zur Sicherstellung der Auslastung der Zugbewehrung sinnvoll sein, siehe auch Abschnitt 5.1.4.
	Rechteckquerschnitt, doppelte Bewehrung	8.76 8.77	Bei Verwendung der k_d-Tafel sind die vorgeschriebenen Einheiten zu verwenden.
Interaktionsdiagramme für einachsige Biegung mit Längskraft	Rechteckquerschnitt	8.78 bis 8.84	Eingangswerte für die Ablesung im Interaktionsdiagramm: $\mu_{Ed} = \dfrac{M_{Ed}}{b \cdot h^2 \cdot f_{cd}}$ und $\nu_{Ed} = \dfrac{N_{Ed}}{b \cdot h \cdot f_{cd}}$
	Kreisquerschnitt	8.86	Eingangswerte für die Ablesung im Interaktionsdiagramm: $\mu_{Ed1} = \dfrac{M_{Ed1}}{A_c \cdot h \cdot f_{cd}}$ und $\nu_{Ed} = \dfrac{N_{Ed}}{A_c \cdot f_{cd}}$

9.2 Bemessungshilfsmittel für Rechteckquerschnitte
9.2.1 Allgemeines Bemessungsdiagramm

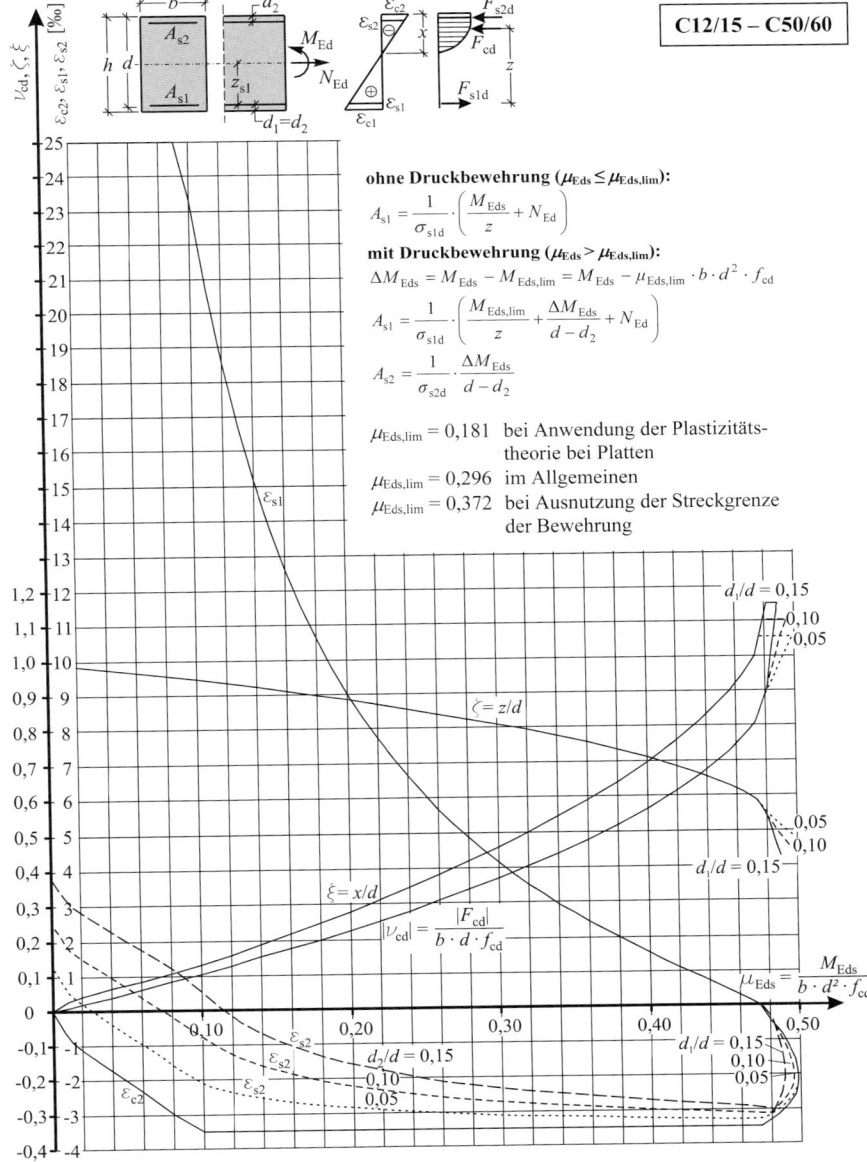

C12/15 – C50/60

ohne Druckbewehrung ($\mu_{Eds} \leq \mu_{Eds,lim}$):

$$A_{s1} = \frac{1}{\sigma_{s1d}} \cdot \left(\frac{M_{Eds}}{z} + N_{Ed} \right)$$

mit Druckbewehrung ($\mu_{Eds} > \mu_{Eds,lim}$):

$$\Delta M_{Eds} = M_{Eds} - M_{Eds,lim} = M_{Eds} - \mu_{Eds,lim} \cdot b \cdot d^2 \cdot f_{cd}$$

$$A_{s1} = \frac{1}{\sigma_{s1d}} \cdot \left(\frac{M_{Eds,lim}}{z} + \frac{\Delta M_{Eds}}{d - d_2} + N_{Ed} \right)$$

$$A_{s2} = \frac{1}{\sigma_{s2d}} \cdot \frac{\Delta M_{Eds}}{d - d_2}$$

$\mu_{Eds,lim} = 0{,}181$ bei Anwendung der Plastizitätstheorie bei Platten
$\mu_{Eds,lim} = 0{,}296$ im Allgemeinen
$\mu_{Eds,lim} = 0{,}372$ bei Ausnutzung der Streckgrenze der Bewehrung

8.71

9.2.2 Bemessungstabellen mit dimensionslosen Beiwerten
Rechteckquerschnitte ohne Druckbewehrung

C12/15 – C50/60, BSt 500, $\gamma_s = 1{,}15$

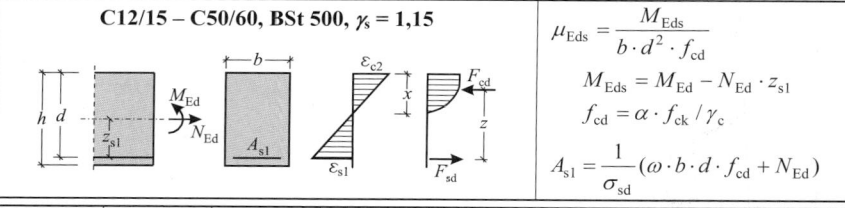

$$\mu_{Eds} = \frac{M_{Eds}}{b \cdot d^2 \cdot f_{cd}}$$

$$M_{Eds} = M_{Ed} - N_{Ed} \cdot z_{s1}$$

$$f_{cd} = \alpha \cdot f_{ck} / \gamma_c$$

$$A_{s1} = \frac{1}{\sigma_{sd}} (\omega \cdot b \cdot d \cdot f_{cd} + N_{Ed})$$

μ_{Eds}	ω	$\xi = x/d$	$\zeta = z/d$	ε_{c2} in ‰	ε_{s1} in ‰	σ_{sd} [1] in N/mm²	σ_{sd} [2] in N/mm²
0,01	0,0101	0,030	0,990	-0,77	25,00	434,8	456,5
0,02	0,0203	0,044	0,985	-1,15	25,00	434,8	456,5
0,03	0,0306	0,055	0,980	-1,46	25,00	434,8	456,5
0,04	0,0410	0,066	0,976	-1,76	25,00	434,8	456,5
0,05	0,0515	0,076	0,971	-2,06	25,00	434,8	456,5
0,06	0,0621	0,086	0,967	-2,37	25,00	434,8	456,5
0,07	0,0728	0,097	0,962	-2,68	25,00	434,8	456,5
0,08	0,0836	0,107	0,956	-3,01	25,00	434,8	456,5
0,09	0,0946	0,118	0,951	-3,35	25,00	434,8	456,5
0,10	0,1057	0,131	0,946	-3,50	23,29	434,8	454,9
0,11	0,1170	0,145	0,940	-3,50	20,71	434,8	452,4
0,12	0,1285	0,159	0,934	-3,50	18,55	434,8	450,4
0,13	0,1401	0,173	0,928	-3,50	16,73	434,8	448,6
0,14	0,1518	0,188	0,922	-3,50	15,16	434,8	447,1
0,15	0,1638	0,202	0,916	-3,50	13,80	434,8	445,9
0,16	0,1759	0,217	0,910	-3,50	12,61	434,8	444,7
0,17	0,1882	0,232	0,903	-3,50	11,55	434,8	443,7
0,18	0,2007	0,248	0,897	-3,50	10,62	434,8	442,7
0,181	0,2024	**0,250**	0,896	-3,50	10,50	434,8	442,7
0,19	0,2134	0,264	0,890	-3,50	9,78	434,8	442,0
0,20	0,2263	0,280	0,884	-3,50	9,02	434,8	441,3
0,21	0,2395	0,296	0,877	-3,50	8,33	434,8	440,6
0,22	0,2529	0,312	0,870	-3,50	7,71	434,8	440,1
0,23	0,2665	0,329	0,863	-3,50	7,13	434,8	439,5
0,24	0,2804	0,346	0,856	-3,50	6,60	434,8	439,0
0,25	0,2946	0,364	0,849	-3,50	6,12	434,8	438,5
0,26	0,3091	0,382	0,841	-3,50	5,67	434,8	438,1
0,27	0,3239	0,400	0,834	-3,50	5,25	434,8	437,7
0,28	0,3391	0,419	0,826	-3,50	4,86	434,8	437,3
0,29	0,3546	0,438	0,818	-3,50	4,49	434,8	437,0
0,296	0,3641	**0,450**	0,813	-3,50	4,28	434,8	436,8
0,30	0,3706	0,458	0,810	-3,50	4,15	434,8	436,7
0,31	0,3869	0,478	0,801	-3,50	3,82	434,8	436,4
0,32	0,4038	0,499	0,793	-3,50	3,52	434,8	436,1
0,33	0,4211	0,520	0,784	-3,50	3,23	434,8	435,8
0,34	0,4391	0,542	0,774	-3,50	2,95	434,8	435,5
0,35	0,4576	0,565	0,765	-3,50	2,69	434,8	435,3
0,36	0,4768	0,589	0,755	-3,50	2,44	434,8	435,0
0,37	0,4968	0,614	0,745	-3,50	2,20	434,8	434,8
0,371	0,4994	0,617	0,743	-3,50	2,17	**434,8**	**434,8**
0,38	0,5177	0,640	0,734	-3,50	1,97	394,5	394,5
0,39	0,5396	0,667	0,723	-3,50	1,75	350,1	350,1

[1] Bilineare Arbeitslinie des Betonstahls mit horizontalem Verlauf des oberen Astes.
[2] Bilineare Arbeitslinie des Betonstahls mit Berücksichtigung des Festigkeitsanstiegs über die Streckgrenze hinaus.

Hilfsmittel für die Nachweisführung

Rechteckquerschnitte mit Druckbewehrung

Zur Sicherstellung einer ausreichenden Rotationsfähigkeit sollte die bezogene Druckzonenhöhe $\xi = x / d$ folgende Grenzwerte nicht überschreiten (siehe Abschnitt 4.2):
- $\xi_{lim} = 0{,}25$ bei Anwendung der Plastizitätstheorie bei Platten
- $\xi_{lim} = 0{,}45$ allgemein bei linear-elastischer Schnittkraftermittlung
- $\xi_{lim} = 0{,}617$ bei Ausnutzung der Streckgrenze der Bewehrung

C12/15 – C50/60, BSt 500, $\gamma_s = 1{,}15$

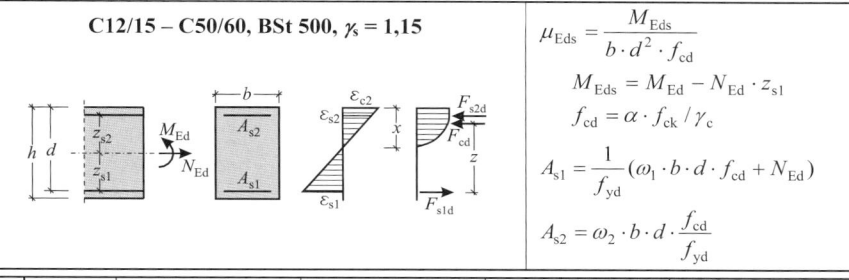

$$\mu_{Eds} = \frac{M_{Eds}}{b \cdot d^2 \cdot f_{cd}}$$

$$M_{Eds} = M_{Ed} - N_{Ed} \cdot z_{s1}$$

$$f_{cd} = \alpha \cdot f_{ck} / \gamma_c$$

$$A_{s1} = \frac{1}{f_{yd}} (\omega_1 \cdot b \cdot d \cdot f_{cd} + N_{Ed})$$

$$A_{s2} = \omega_2 \cdot b \cdot d \cdot \frac{f_{cd}}{f_{yd}}$$

	d_2 / d	0,05		0,10		0,15		0,20	
	$\varepsilon_{s1} / \varepsilon_{s2}$	10,5 ‰	−2,80 ‰	10,5 ‰	−2,10 ‰	10,5 ‰	−1,40 ‰	10,5 ‰	−0,70 ‰
	μ_{Eds}	ω_1	ω_2	ω_1	ω_2	ω_1	ω_2	ω_1	ω_2
	0,19	0,212	0,009	0,212	0,010	0,213	0,016	0,213	0,034
	0,20	0,222	0,020	0,223	0,021	0,224	0,034	0,226	0,072
	0,21	0,233	0,030	0,234	0,033	0,236	0,052	0,238	0,111
	0,22	0,243	0,041	0,245	0,044	0,248	0,071	0,251	0,150
	0,23	0,254	0,051	0,256	0,056	0,260	0,089	0,263	0,189
	0,24	0,264	0,062	0,268	0,067	0,271	0,107	0,276	0,228
	0,25	0,275	0,072	0,279	0,079	0,283	0,125	0,288	0,267
	0,26	0,285	0,083	0,290	0,090	0,295	0,144	0,301	0,305
	0,27	0,296	0,093	0,301	0,102	0,307	0,162	0,313	0,344
	0,28	0,306	0,104	0,312	0,113	0,318	0,180	0,326	0,83
	0,29	0,317	0,114	0,323	0,125	0,330	0,199	0,338	0,422
	0,30	0,327	0,125	0,334	0,136	0,342	0,217	0,351	0,461
	0,31	0,338	0,135	0,345	0,148	0,354	0,235	0,363	0,499
	0,32	0,348	0,146	0,356	0,159	0,366	0,253	0,376	0,538
	0,33	0,359	0,156	0,368	0,171	0,377	0,272	0,388	0,577
	0,34	0,369	0,167	0,379	0,182	0,389	0,290	0,401	0,616
	0,35	0,380	0,178	0,390	0,194	0,401	0,308	0,413	0,655
	0,36	0,390	0,188	0,401	0,206	0,413	0,326	0,426	0,694
$\xi_{lim} = 0{,}25$ ($\varepsilon_{s1} = 10{,}5$ ‰, $\varepsilon_{c2} = -3{,}5$ ‰)	0,37	0,401	0,199	0,412	0,217	0,424	0,345	0,438	0,732
	0,38	0,412	0,209	0,423	0,229	0,436	0,363	0,451	0,771
	0,39	0,422	0,220	0,434	0,240	0,448	0,381	0,463	0,810
	0,40	0,433	0,230	0,445	0,252	0,460	0,399	0,476	0,849
	0,41	0,443	0,241	0,456	0,263	0,471	0,418	0,488	0,888
	0,42	0,454	0,251	0,468	0,275	0,483	0,436	0,501	0,926
	0,43	0,464	0,262	0,479	0,286	0,495	0,454	0,513	0,965
	0,44	0,475	0,272	0,490	0,298	0,507	0,473	0,526	1,004
	0,45	0,485	0,283	0,501	0,309	0,518	0,491	0,538	1,043
	0,46	0,496	0,293	0,512	0,321	0,530	0,509	0,551	1,082
	0,47	0,506	0,304	0,523	0,332	0,542	0,527	0,563	1,121
	0,48	0,517	0,314	0,534	0,344	0,554	0,546	0,576	1,159
	0,49	0,527	0,325	0,545	0,355	0,566	0,564	0,588	1,198
	0,50	0,538	0,335	0,556	0,367	0,577	0,582	0,601	1,237
	0,51	0,548	0,346	0,568	0,378	0,589	0,600	0,613	1,276
	0,52	0,559	0,356	0,579	0,390	0,601	0,619	0,626	1,315
	0,53	0,569	0,367	0,590	0,401	0,613	0,637	0,638	1,354
	0,54	0,580	0,378	0,601	0,413	0,624	0,655	0,651	1,392
	0,55	0,590	0,388	0,612	0,424	0,636	0,673	0,663	1,431

8.73

8B Stahlbetonbau nach DIN 1045-1 (08.2008)

	d_2/d	\multicolumn{2}{c}{0,05}	\multicolumn{2}{c}{0,10}	\multicolumn{2}{c}{0,15}	\multicolumn{2}{c}{0,20}
	$\varepsilon_{s1}/\varepsilon_{s2}$	4,28‰	−3,11‰	4,28‰	−2,72‰	4,28‰	−2,33‰	4,28‰	−1,94‰
	μ_{Eds}	ω_1	ω_2	ω_1	ω_2	ω_1	ω_2	ω_1	ω_2
$\xi_{lim} = 0{,}45\ (\varepsilon_{s1}=4{,}3‰,\ \varepsilon_{c2}=-3{,}5‰)$	0,30	0,368	0,004	0,369	0,004	0,369	0,005	0,396	0,005
	0,31	0,379	0,15	0,380	0,015	0,381	0,016	0,382	0,019
	0,32	0,389	0,025	0,391	0,027	0,392	0,028	0,394	0,033
	0,33	0,400	0,036	0,402	0,038	0,404	0,040	0,407	0,047
	0,34	0,410	0,046	0,413	0,049	0,416	0,052	0,419	0,061
	0,35	0,421	0,057	0,424	0,060	0,428	0,063	0,432	0,075
	0,36	0,432	0,067	0,435	0,071	0,439	0,075	0,444	0,089
	0,37	0,442	0,078	0,446	0,082	0,451	0,087	0,457	0,103
	0,38	0,453	0,088	0,458	0,093	0,463	0,099	0,469	0,117
	0,39	0,463	0,099	0,469	0,104	0,475	0,110	0,482	0,131
	0,40	0,474	0,109	0,480	0,115	0,487	0,122	0,494	0,145
	0,41	0,484	0,120	0,491	0,127	0,498	0,134	0,507	0,159
	0,42	0,495	0,130	0,502	0,138	0,510	0,146	0,519	0,173
	0,43	0,505	0,414	0,513	0,149	0,522	0,158	0,532	0,187
	0,44	0,516	0,151	0,524	0,160	0,534	0,169	0,544	0,201
	0,45	0,526	0,162	0,535	0,171	0,545	0,181	0,557	0,215
	0,46	0,537	0,173	0,546	0,182	0,557	0,193	0,569	0,229
	0,47	0,547	0,183	0,558	0,193	0,569	0,205	0,582	0,243
	0,48	0,558	0,194	0,569	0,204	0,581	0,216	0,594	0,257
	0,49	0,568	0,204	0,580	0,215	0,592	0,228	0,607	0,271
	0,50	0,579	0,215	0,591	0,227	0,604	0,240	0,617	0,285
	0,51	0,589	0,225	0,602	0,238	0,616	0,252	0,632	0,299
	0,52	0,600	0,236	0,613	0,249	0,628	0,263	0,644	0,313
	0,53	0,610	0,246	0,624	0,260	0,639	0,275	0,657	0,327
	0,54	0,621	0,257	0,635	0,271	0,651	0,287	0,669	0,341
	0,55	0,632	0,267	0,646	0,282	0,663	0,299	0,682	0,355
	0,56	0,642	0,278	0,658	0,293	0,675	0,310	0,694	0,369
	0,57	0,653	0,288	0,669	0,304	0,687	0,322	0,707	0,383
	0,58	0,663	0,299	0,680	0,315	0,698	0,334	0,719	0,397
	0,59	0,674	0,309	0,691	0,327	0,710	0,346	0,732	0,411
	0,60	0,684	0,320	0,702	0,338	0,722	0,358	0,744	0,425

	d_2/d	\multicolumn{2}{c}{0,05}	\multicolumn{2}{c}{0,10}	\multicolumn{2}{c}{0,15}	\multicolumn{2}{c}{0,20}
	$\varepsilon_{s1}/\varepsilon_{s2}$	2,17‰	−3,22‰	2,17‰	−2,93‰	2,17‰	−2,65‰	2,17‰	−2,37‰
	μ_{Eds}	ω_1	ω_2	ω_1	ω_2	ω_1	ω_2	ω_1	ω_2
$\xi_{lim} = 0{,}617\ (\varepsilon_{s1}=2{,}17‰,\ \varepsilon_{c2}=-3{,}5‰)$	0,38	0,509	0,009	0,509	0,010	0,510	0,010	0,510	0,011
	0,39	0,519	0,020	0,520	0,021	0,521	0,022	0,523	0,023
	0,40	0,530	0,030	0,531	0,032	0,533	0,034	0,535	0,0365
	0,41	0,540	0,041	0,542	0,043	0,545	0,046	0,548	0,048
	0,42	0,551	0,051	0,554	0,054	0,557	0,057	0,560	0,061
	0,43	0,561	0,062	0,565	0,065	0,569	0,069	0,573	0,073
	0,44	0,572	0,072	0,576	0,076	0,580	0,081	0,585	0,086
	0,45	0,582	0,083	0,587	0,088	0,592	0,093	0,598	0,098
	0,46	0,593	0,093	0,598	0,099	0,604	0,104	0,610	0,111
	0,47	0,603	0,104	0,609	0,110	0,616	0,116	0,623	0,123
	0,48	0,614	0,114	0,620	0,121	0,627	0,128	0,635	0,136
	0,49	0,624	0,125	0,631	0,132	0,639	0,140	0,648	0,148
	0,50	0,635	0,136	0,642	0,143	0,651	0,151	0,660	0,161
	0,51	0,645	0,14	0,654	0,154	0,663	0,163	0,673	0,173
	0,52	0,656	0,157	0,665	0,165	0,674	0,175	0,685	0,186
	0,53	0,666	0,167	0,676	0,176	0,686	0,187	0,698	0,198
	0,54	0,677	0,178	0,687	0,188	0,698	0,199	0,710	0,211
	0,55	0,688	0,188	0,698	0,199	0,710	0,210	0,723	0,223
	0,56	0,698	0,199	0,709	0,210	0,721	0,222	0,735	0,236
	0,57	0,709	0,209	0,720	0,221	0,733	0,234	0,748	0,248
	0,58	0,719	0,220	0,731	0,232	0,745	0,246	0,760	0,261
	0,59	0,730	0,230	0,742	0,243	0,757	0,257	0,773	0,273
	0,60	0,740	0,241	0,754	0,254	0,769	0,269	0,785	0,286

9.2.3 Dimensionsgebundene Bemessungstabellen (k_d-Tafel)

Nachfolgende Tabellen gelten für die bilineare Spannungs-Dehnungs-Linie des Betonstahls mit horizontalem Verlauf des oberen Astes.

Rechteckquerschnitte ohne Druckbewehrung

C12/15 – C50/60, BSt 500, $\gamma_s = 1{,}15$, $\gamma_c = 1{,}5$

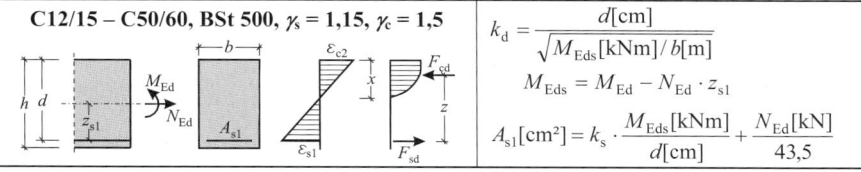

$$k_d = \frac{d[\text{cm}]}{\sqrt{M_{Eds}[\text{kNm}]/b[\text{m}]}}$$

$$M_{Eds} = M_{Ed} - N_{Ed} \cdot z_{s1}$$

$$A_{s1}[\text{cm}^2] = k_s \cdot \frac{M_{Eds}[\text{kNm}]}{d[\text{cm}]} + \frac{N_{Ed}[\text{kN}]}{43{,}5}$$

k_d für Betonfestigkeitsklasse C								k_s	$\xi = x/d$	$\zeta = z/d$	ε_{c2} in ‰	ε_{s1} in ‰
12/15	16/20	20/25	25/30	30/37	35/45	40/50	45/55	50/60				
14,34	12,41	11,10	9,93	9,07	8,39	7,85	7,40	7,02	2,32	0,025	0,991	-0,64	25,00
7,90	6,84	6,12	5,47	5,00	4,63	4,33	4,08	3,87	2,34	0,048	0,983	-1,26	25,00
5,87	5,08	4,54	4,06	3,71	3,44	3,21	3,03	2,87	2,36	0,069	0,975	-1,84	25,00
4,94	4,27	3,82	3,42	3,12	2,89	2,70	2,55	2,42	2,38	0,087	0,966	-2,38	25,00
4,39	3,80	3,40	3,04	2,77	2,57	2,40	2,27	2,15	2,40	0,104	0,958	-2,89	25,00
4,01	3,47	3,10	2,78	2,53	2,35	2,20	2,07	1,96	2,42	0,120	0,950	-3,40	25,00
3,74	3,24	2,90	2,59	2,36	2,19	2,05	1,93	1,83	2,44	0,138	0,943	-3,50	21,87
3,53	3,05	2,73	2,44	2,23	2,06	1,93	1,82	1,73	2,46	0,156	0,935	-3,50	18,88
3,35	2,90	2,60	2,32	2,12	1,96	1,84	1,73	1,64	2,48	0,174	0,927	-3,50	16,56
3,20	2,77	2,48	2,22	2,03	1,88	1,76	1,65	1,57	2,50	0,192	0,920	-3,50	14,70
2,97	2,57	2,30	2,06	1,88	1,74	1,63	1,53	1,46	2,54	0,227	0,906	-3,50	11,91
2,79	2,42	2,16	1,94	1,77	1,64	1,53	1,44	1,37	2,58	0,261	0,891	-3,50	9,92
2,65	2,30	2,06	1,84	1,68	1,55	1,45	1,37	1,30	2,62	0,294	0,878	-3,50	8,42
2,54	2,20	1,97	1,76	1,61	1,49	1,39	1,31	1,24	2,66	0,325	0,865	-3,50	7,26
2,45	2,12	1,90	1,70	1,55	1,43	1,34	1,26	1,20	2,70	0,356	0,852	-3,50	6,33
2,37	2,05	1,83	1,64	1,50	1,39	1,30	1,22	1,16	2,74	0,386	0,839	-3,50	5,57
2,30	1,99	1,78	1,59	1,45	1,35	1,26	1,19	1,13	2,78	0,415	0,827	-3,50	4,93
2,24	1,94	1,74	1,55	1,42	1,31	1,23	1,16	1,10	2,82	0,443	0,816	-3,50	4,40
2,19	1,90	1,70	1,52	1,39	1,28	1,20	1,13	1,07	2,86	0,471	0,804	-3,50	3,94
2,15	1,86	1,66	1,49	1,36	1,26	1,18	1,11	1,05	2,90	0,497	0,793	-3,50	3,54
2,11	1,82	1,63	1,46	1,33	1,23	1,15	1,09	1,03	2,94	0,523	0,782	-3,50	3,19
2,07	1,79	1,60	1,44	1,31	1,21	1,13	1,07	1,01	2,98	0,549	0,772	-3,50	2,88
2,04	1,77	1,58	1,41	1,29	1,19	1,12	1,05	1,00	3,02	0,573	0,762	-3,50	2,61
2,01	1,74	1,56	1,39	1,27	1,18	1,10	1,04	0,99	3,06	0,597	0,752	-3,50	2,36
1,99	1,72	1,54	1,38	1,26	1,17	1,09	1,03	0,98	3,09	0,617	0,743	-3,50	2,17

Anmerkung: Die Strichlinien geben an, bei welchem k_d-Wert die bezogene Druckzonenhöhe ξ die Grenzwerte $\xi_{lim} = 0{,}25$ bzw. $\xi_{lim} = 0{,}45$ überschreitet. Bei einer Überschreitung von ξ_{lim} ist in der Regel die Anordnung einer Druckbewehrung sinnvoll.

Rechteckquerschnitte mit Druckbewehrung

C12/15 – C50/60, BSt 500, $\gamma_s = 1{,}15$, $\gamma_c = 1{,}5$

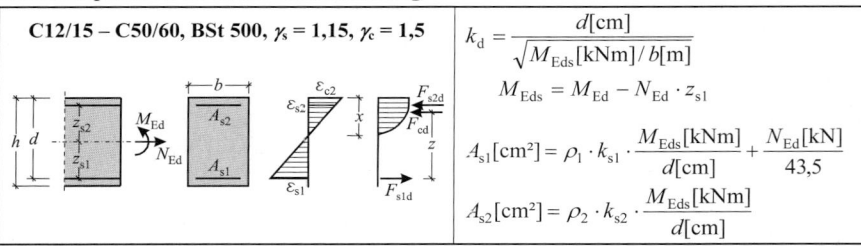

$$k_d = \frac{d[\text{cm}]}{\sqrt{M_{\text{Eds}}[\text{kNm}]/b[\text{m}]}}$$

$$M_{\text{Eds}} = M_{\text{Ed}} - N_{\text{Ed}} \cdot z_{s1}$$

$$A_{s1}[\text{cm}^2] = \rho_1 \cdot k_{s1} \cdot \frac{M_{\text{Eds}}[\text{kNm}]}{d[\text{cm}]} + \frac{N_{\text{Ed}}[\text{kN}]}{43{,}5}$$

$$A_{s2}[\text{cm}^2] = \rho_2 \cdot k_{s2} \cdot \frac{M_{\text{Eds}}[\text{kNm}]}{d[\text{cm}]}$$

Beiwerte k_{s1} und k_{s2}

	k_d für Betonfestigkeitsklasse C									k_{s1}	k_{s2}
	12/15	16/20	20/25	25/30	30/37	35/45	40/50	45/55	50/60		
$\xi_{lim}=0{,}25$ ($\varepsilon_{s1}=10{,}5‰, \varepsilon_{c2}=-3{,}5‰$)	2,85	2,47	2,21	1,97	1,80	1,67	1,56	1,47	1,40	2,57	0,00
	2,79	2,42	2,16	1,93	1,76	1,63	1,53	1,44	1,37	2,56	0,10
	2,73	2,36	2,11	1,89	1,73	1,60	1,49	1,41	1,34	2,56	0,20
	2,67	2,31	2,07	1,85	1,69	1,56	1,46	1,38	1,31	2,55	0,30
	2,60	2,26	2,02	1,80	1,65	1,53	1,43	1,35	1,28	2,55	0,40
	2,54	2,20	1,97	1,76	1,61	1,49	1,39	1,31	1,24	2,54	0,50
	2,47	2,14	1,92	1,71	1,56	1,45	1,36	1,28	1,21	2,54	0,60
	2,41	2,08	1,86	1,67	1,52	1,41	1,32	1,24	1,18	2,53	0,70
	2,34	2,02	1,81	1,62	1,48	1,37	1,28	1,21	1,14	2,53	0,80
	2,26	1,96	1,75	1,57	1,43	1,33	1,24	1,17	1,11	2,52	0,90
	2,19	1,90	1,70	1,52	1,38	1,28	1,20	1,13	1,07	2,52	1,00
	2,11	1,83	1,64	1,46	1,34	1,24	1,16	1,09	1,04	2,51	1,10
	2,03	1,76	1,57	1,41	1,29	1,19	1,11	1,05	1,00	2,51	1,20
	1,95	1,69	1,51	1,35	1,23	1,14	1,07	1,01	0,96	2,50	1,30
	1,86	1,61	1,44	1,29	1,18	1,09	1,02	0,96	0,91	2,50	1,40
$\xi_{lim}=0{,}45$ ($\varepsilon_{s1}=4{,}3‰, \varepsilon_{c2}=-3{,}5‰$)	2,23	1,93	1,73	1,54	1,41	1,30	1,22	1,15	1,09	2,83	0,00
	2,18	1,89	1,69	1,51	1,38	1,28	1,20	1,13	1,07	2,81	0,10
	2,14	1,85	1,65	1,48	1,35	1,25	1,17	1,10	1,05	2,80	0,20
	2,09	1,81	1,62	1,45	1,32	1,22	1,14	1,08	1,02	2,78	0,30
	2,04	1,77	1,58	1,41	1,29	1,19	1,12	1,05	1,00	2,77	0,40
	1,99	1,72	1,54	1,38	1,26	1,16	1,09	1,03	0,97	2,75	0,50
	1,94	1,68	1,50	1,34	1,22	1,13	1,06	1,00	0,95	2,74	0,60
	1,88	1,63	1,46	1,30	1,19	1,10	1,03	0,97	0,92	2,72	0,70
	1,83	1,58	1,42	1,27	1,16	1,07	1,00	0,94	0,90	2,70	0,80
	1,77	1,53	1,37	1,23	1,12	1,04	0,97	0,92	0,87	2,69	0,90
	1,71	1,48	1,33	1,19	1,08	1,00	0,94	0,88	0,84	2,67	1,00
	1,65	1,43	1,28	1,15	1,05	0,97	0,91	0,85	0,81	2,66	1,10
	1,59	1,38	1,23	1,10	1,01	0,93	0,87	0,82	0,78	2,64	1,20
	1,53	1,32	1,18	1,06	0,96	0,89	0,84	0,79	0,75	2,63	1,30
	1,46	1,26	1,13	1,01	0,92	0,85	0,80	0,75	0,71	2,61	1,40
$\xi_{lim}=0{,}617$ ($\varepsilon_{s1}=2{,}17‰, \varepsilon_{c2}=-3{,}5‰$)	1,99	1,72	1,54	1,38	1,26	1,17	1,09	1,03	0,98	3,09	0,00
	1,95	1,69	1,51	1,35	1,23	1,14	1,07	1,01	0,95	3,07	0,10
	1,91	1,65	1,48	1,32	1,21	1,12	1,04	0,98	0,93	3,04	0,20
	1,86	1,61	1,44	1,29	1,18	1,09	1,02	0,96	0,91	3,01	0,30
	1,82	1,58	1,41	1,26	1,15	1,07	1,00	0,94	0,89	2,99	0,40
	1,78	1,54	1,38	1,23	1,12	1,04	0,97	0,92	0,87	2,96	0,50
	1,73	1,50	1,34	1,20	1,09	1,01	0,95	0,89	0,85	2,94	0,60
	1,68	1,46	1,30	1,17	1,06	0,98	0,92	0,87	0,82	2,91	0,70
	1,63	1,41	1,26	1,13	1,03	0,96	0,89	0,84	0,80	2,88	0,80
	1,58	1,37	1,23	1,10	1,00	0,93	0,87	0,82	0,78	2,86	0,90
	1,53	1,33	1,19	1,06	0,97	0,90	0,84	0,79	0,75	2,83	1,00
	1,48	1,28	1,14	1,02	0,93	0,86	0,81	0,76	0,72	2,80	1,10
	1,42	1,23	1,10	0,98	0,90	0,83	0,78	0,73	0,70	2,78	1,20
	1,36	1,18	1,06	0,94	0,86	0,80	0,75	0,70	0,67	2,75	1,30
	1,30	1,13	1,01	0,90	0,82	0,76	0,71	0,67	0,64	2,72	1,40

Beiwerte ρ_1 und ρ_2

	d_2/d	ρ_1 für $k_{s1}=$				ρ_2	ε_{s2} in ‰
		2,57	2,54	2,52	2,50		
$\xi_{lim}=0{,}25$	0,06	1,00	1,00	1,00	1,00	1,00	-2,66
	0,08	1,00	1,00	1,01	1,01	1,02	-2,38
	0,10	1,00	1,01	1,02	1,02	1,08	-2,10
	0,12	1,00	1,01	1,03	1,04	1,28	-1,82
	0,14	1,00	1,02	1,04	1,05	1,54	-1,54
	0,16	1,00	1,02	1,05	1,07	1,93	-1,26
	0,18	1,00	1,03	1,06	1,08	2,54	-0,98
	0,20	1,00	1,03	1,07	1,10	3,65	-0,70

	d_2/d	ρ_1 für $k_{s1}=$				ρ_2	ε_{s2} in ‰
		2,83	2,74	2,69	2,61		
$\xi_{lim}=0{,}45$	0,06	1,00	1,00	1,00	1,00	1,00	-3,03
	0,08	1,00	1,00	1,01	1,01	1,02	-2,88
	0,10	1,00	1,01	1,01	1,02	1,04	-2,72
	0,12	1,00	1,01	1,02	1,04	1,07	-2,57
	0,14	1,00	1,02	1,03	1,05	1,09	-2,41
	0,16	1,00	1,03	1,04	1,06	1,12	-2,26
	0,18	1,00	1,03	1,05	1,08	1,19	-2,10
	0,20	1,00	1,04	1,06	1,09	1,31	-1,94
	0,22	1,00	1,04	1,07	1,11	1,46	-1,79
	0,24	1,00	1,05	1,08	1,13	1,65	-1,63

	d_2/d	ρ_1 für $k_{s1}=$				ρ_2	ε_{s2} in ‰
		3,09	2,94	2,86	2,72		
$\xi_{lim}=0{,}617$	0,06	1,00	1,00	1,00	1,00	1,00	-3,16
	0,08	1,00	1,00	1,01	1,01	1,02	-3,05
	0,10	1,00	1,01	1,01	1,02	1,04	-2,93
	0,12	1,00	1,01	1,02	1,04	1,07	-2,82
	0,14	1,00	1,02	1,03	1,05	1,09	-2,71
	0,16	1,00	1,02	1,04	1,06	1,12	-2,59
	0,18	1,00	1,03	1,05	1,08	1,15	-2,48
	0,20	1,00	1,04	1,06	1,09	1,18	-2,37
	0,22	1,00	1,04	1,06	1,11	1,21	-2,25
	0,24	1,00	1,05	1,07	1,12	1,26	-2,14

9.2.4 Interaktionsdiagramme für einachsige Biegung mit Längskraft

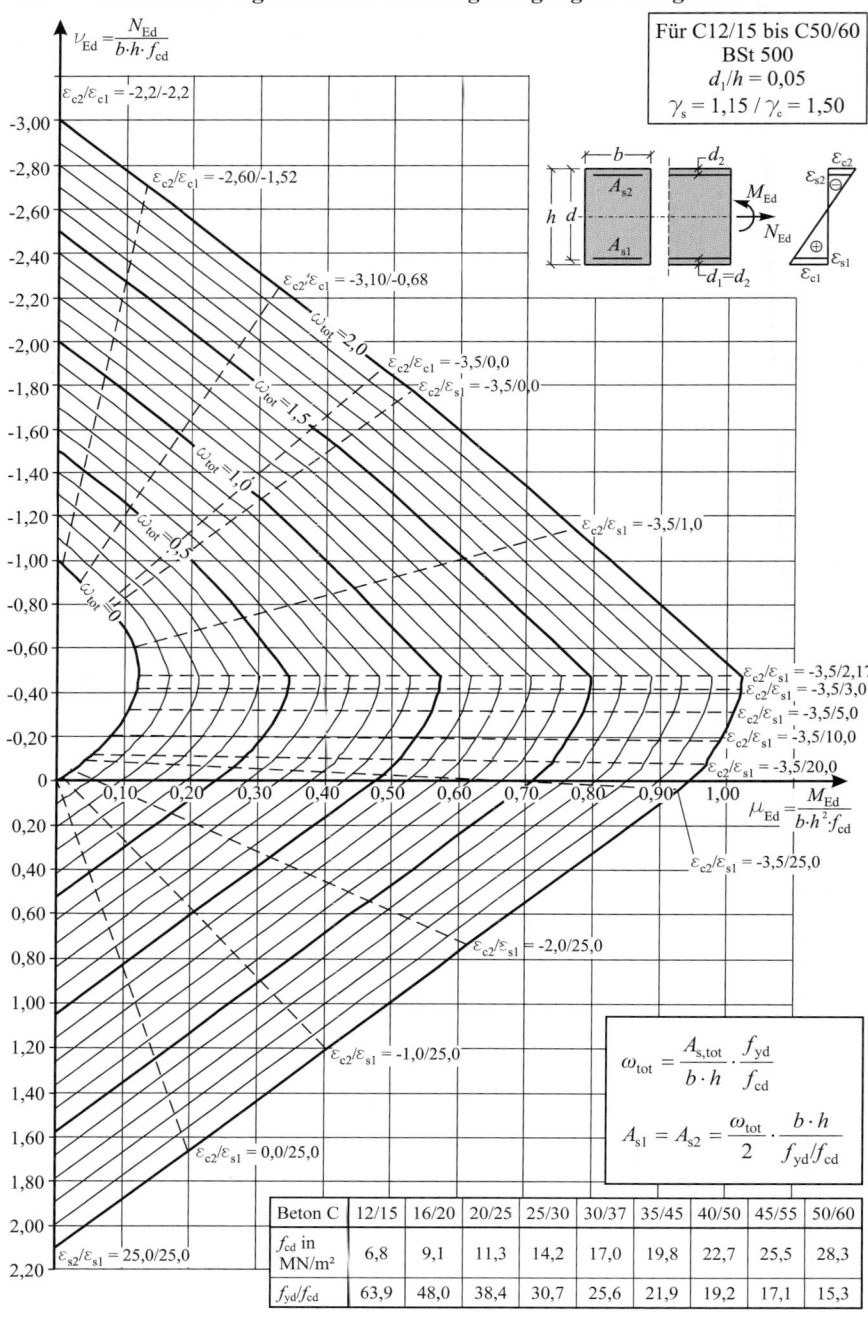

Hilfsmittel für die Nachweisführung

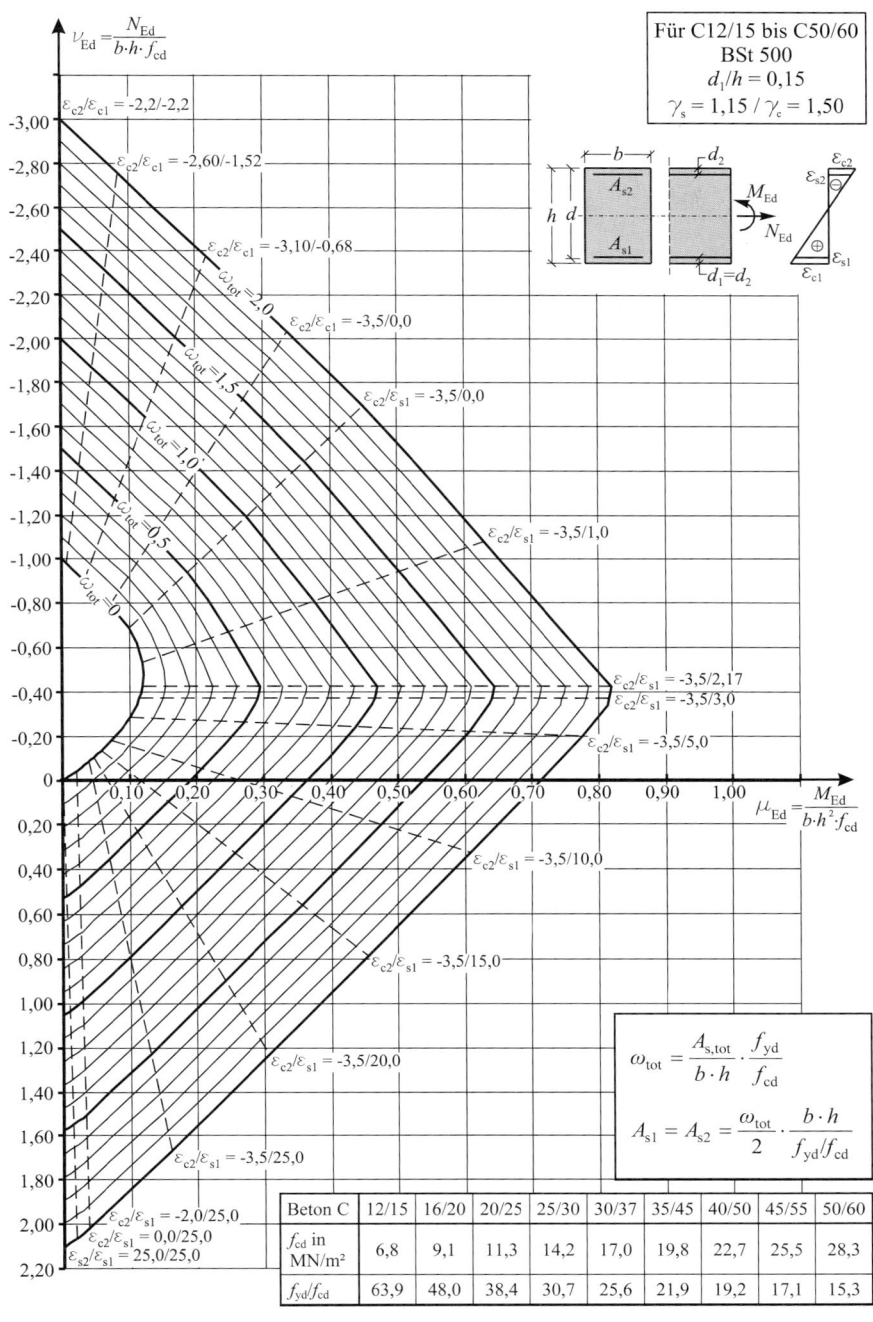

8.79

8B Stahlbetonbau nach DIN 1045-1 (08.2008)

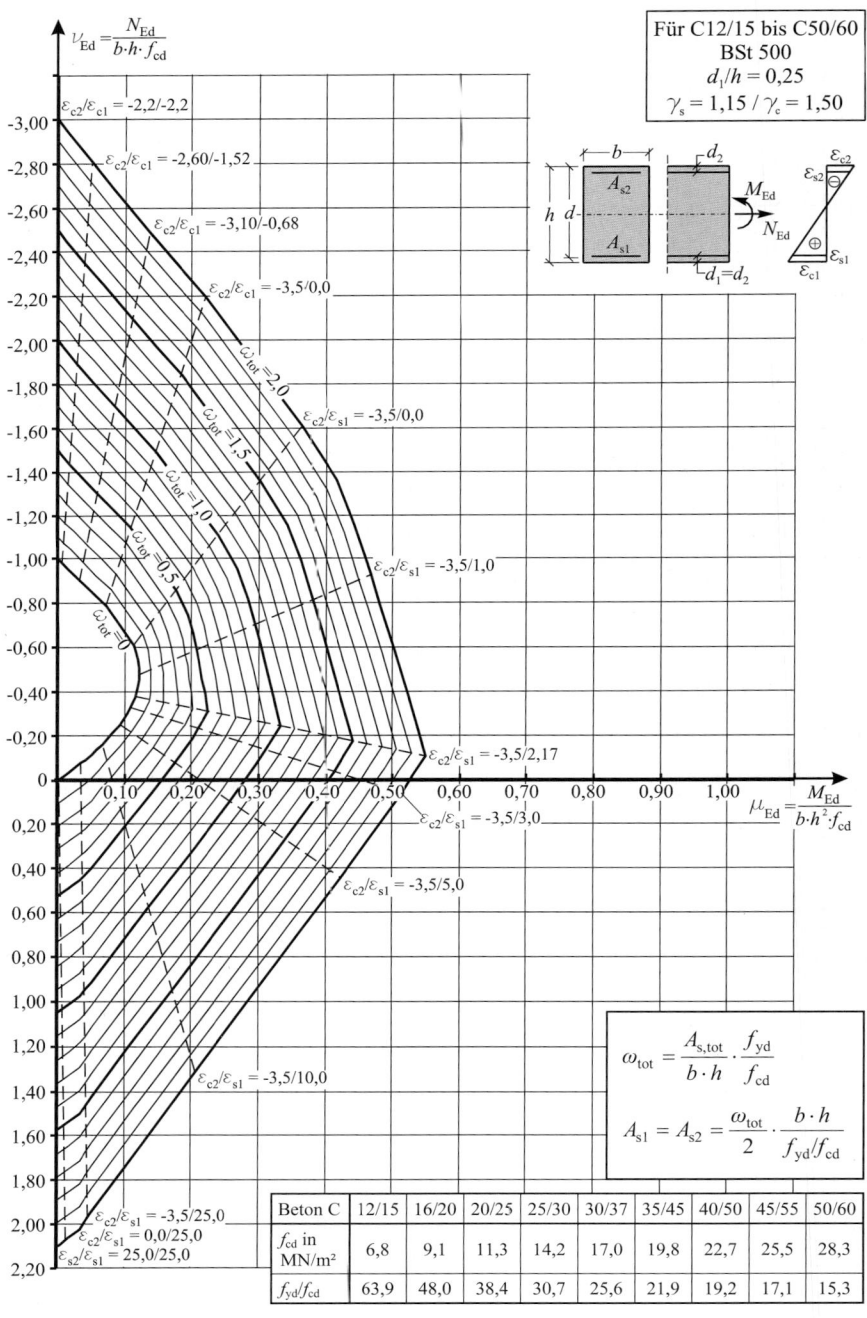

8.80

Hilfsmittel für die Nachweisführung

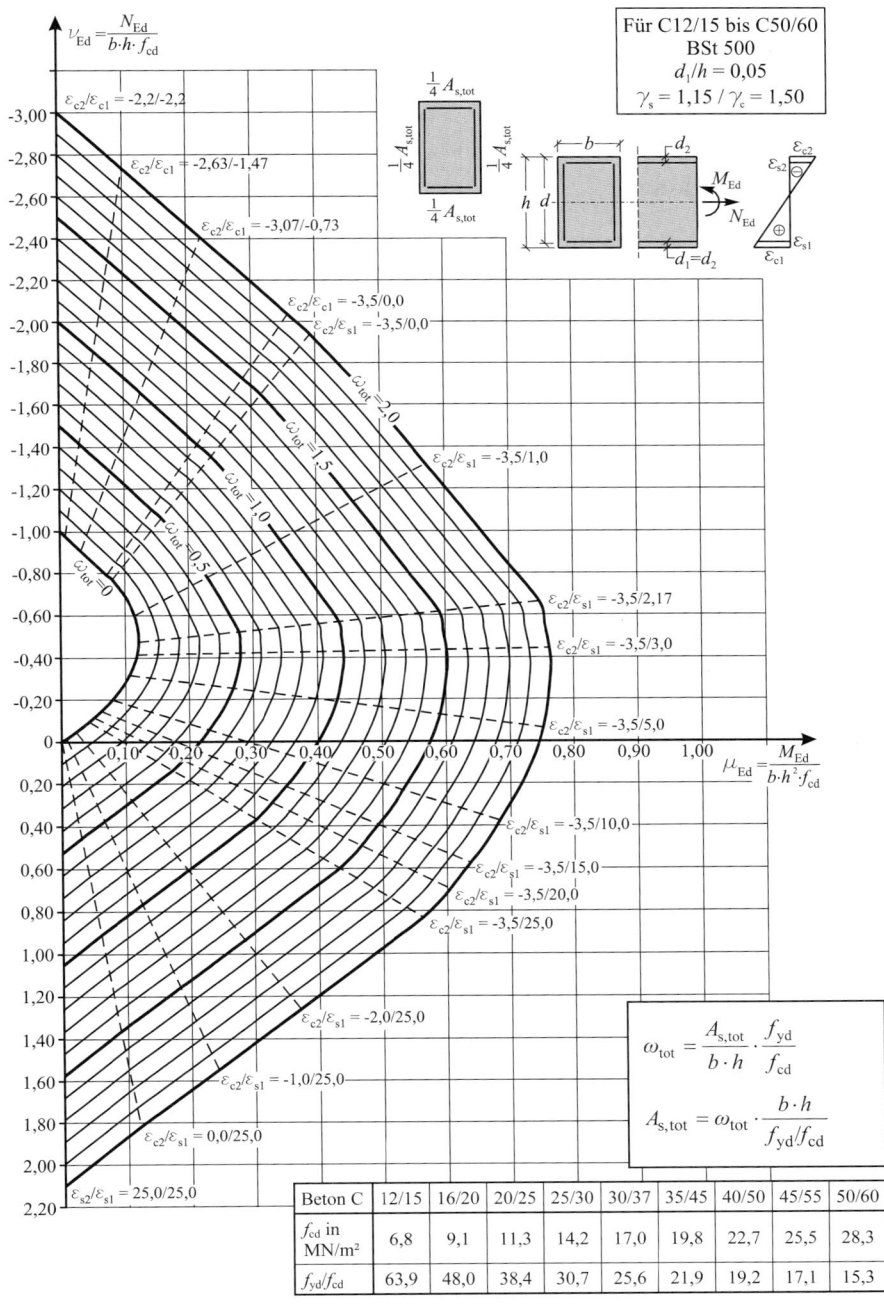

8.81

8B Stahlbetonbau nach DIN 1045-1 (08.2008)

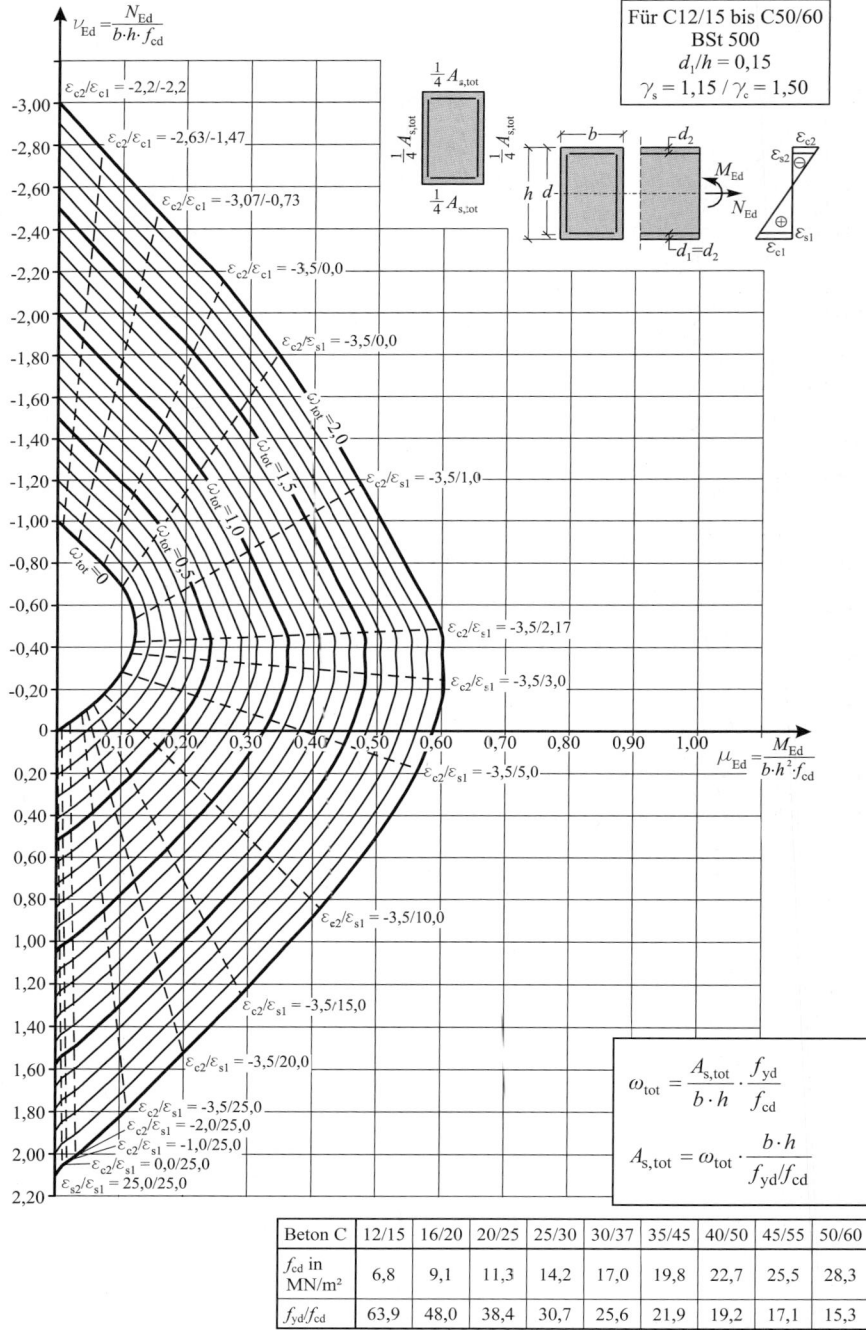

Beton C	12/15	16/20	20/25	25/30	30/37	35/45	40/50	45/55	50/60
f_{cd} in MN/m²	6,8	9,1	11,3	14,2	17,0	19,8	22,7	25,5	28,3
f_{yd}/f_{cd}	63,9	48,0	38,4	30,7	25,6	21,9	19,2	17,1	15,3

8.82

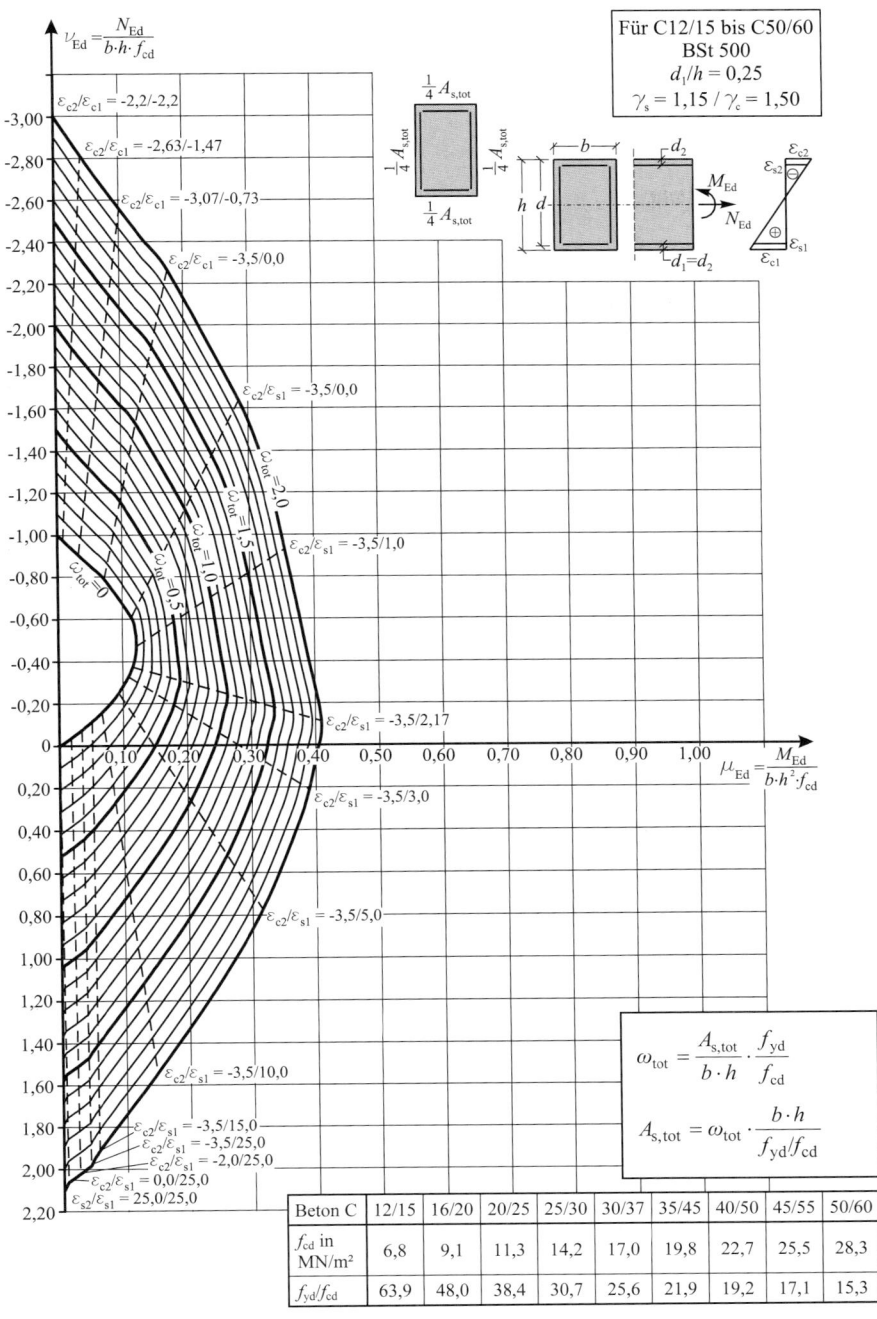

Beton C	12/15	16/20	20/25	25/30	30/37	35/45	40/50	45/55	50/60
f_{cd} in MN/m²	6,8	9,1	11,3	14,2	17,0	19,8	22,7	25,5	28,3
f_{yd}/f_{cd}	63,9	48,0	38,4	30,7	25,6	21,9	19,2	17,1	15,3

9.3 Bemessungstabelle für den Plattenbalkenquerschnitt

Die nachfolgenden Bemessungstabellen für Plattenbalkenquerschnitte gelten für die bilineare Spannungs-Dehnungs-Linie des Betonstahls mit horizontalem Verlauf des oberen Astes.

C12/15 – C50/60, BSt 500, $\gamma_s = 1{,}15$, $\gamma_c = 1{,}5$

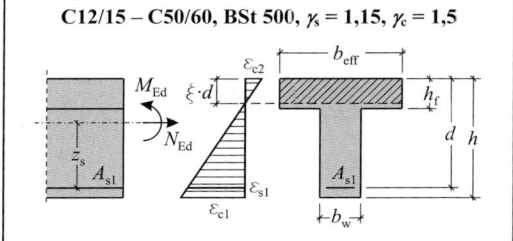

$$M_{Eds} = M_{Ed} - N_{Ed} \cdot z_s$$

$$\mu_{Eds} = \frac{M_{Eds}}{b_{eff} \cdot d^2 \cdot f_{cd}}$$

$$A_{s1} = \frac{1}{f_{yd}}(\omega_1 \cdot b_{eff} \cdot d \cdot f_{cd} + N_{Ed})$$

$h_f / d = 0{,}05$

μ_{Eds}	ω_1 - Werte für b_{eff} / b_w				
	1	2	3	5	≥ 10
0,01	0,0101	0,0101	0,0101	0,0101	0,0101
0,02	0,0203	0,0203	0,0203	0,0203	0,0203
0,03	0,0306	0,0306	0,0306	0,0306	0,0306
0,04	0,0410	0,0410	0,0410	0,0409	0,0409
0,05	0,0515	0,0514	0,0514	0,0514	0,0514
0,06	0,0621	0,0621	0,0622	0,0624	0,0629
0,07	0,0728	0,0731	0,0735	0,742	0,0767
0,08	0,0836	0,0844	0,0852	0,0871	
0,09	0,0946	0,0961	0,0976	0,1014	
0,10	0,1057	0,1082	0,1107		
0,11	0,1170	0,1206	0,1246		
0,12	0,1285	0,1336	0,1396		
0,13	0,1401	0,1470			
0,14	0,1519	0,1611			
0,15	0,1638	0,1757			
0,16	0,1759	0,1912			
0,17	0,1882				
0,18	0,2007				
0,19	0,2134				
0,20	0,2263				
0,21	0,2395				
0,22	0,2529				
0,23	0,2665				
0,24	0,2804				
0,25	0,2946				
0,26	0,3091				
0,27	0,3240				
0,28	0,3391				
0,29	0,3546				
0,30	0,3706				
0,31	0,3870				
0,32	0,4038				
0,33	0,4212				
0,34	0,4391				
0,35	0,4577				
0,36	0,4769				
0,37	0,4969				

$h_f / d = 0{,}10$

μ_{Eds}	ω_1 - Werte für b_{eff} / b_w				
	1	2	3	5	≥ 10
0,01	0,0101	0,0101	0,0101	0,0101	0,0101
0,02	0,0203	0,0203	0,0203	0,0203	0,0203
0,03	0,0306	0,0306	0,0306	0,0306	0,0306
0,04	0,0410	0,0410	0,0410	0,0410	0,0410
0,05	0,0515	0,0515	0,0515	0,0515	0,0515
0,06	0,0621	0,0621	0,0621	0,0621	0,0621
0,07	0,0728	0,0728	0,0728	0,0728	0,0728
0,08	0,0836	0,0836	0,0836	0,0836	0,0836
0,09	0,0946	0,0946	0,0946	0,0946	0,0946
0,10	0,1057	0,1058	0,1058	0,1059	0,1060
0,11	0,1170	0,1173	0,1175	0,1179	0,1192
0,12	0,1285	0,1292	0,1298	0,1311	
0,13	0,1401	0,1415	0,1427	0,1459	
0,14	0,1519	0,1542	0,1565		
0,15	0,1638	0,1674	0,1712		
0,16	0,1759	0,1812			
0,17	0,1882	0,1955			
0,18	0,2007	0,2106			
0,19	0,2134	0,2266			
0,20	0,2263				
0,21	0,2395				
0,22	0,2529				
0,23	0,2665				
0,24	0,2804				
0,25	0,2946				
0,26	0,3091				
0,27	0,3240				
0,28	0,3391				
0,29	0,3546				
0,30	0,3706				
0,31	0,3870				
0,32	0,4038				
0,33	0,4212				
0,34	0,4391				
0,35	0,4577				
0,36	0,4769				
0,37	0,4969				

Hilfsmittel für die Nachweisführung

$h_f / d = 0{,}15$

μ_{Eds}	ω_1 - Werte für b_{eff} / b_w				
	1	2	3	5	≥ 10
0,01	0,0101	0,0101	0,0101	0,0101	0,0101
0,02	0,0203	0,0203	0,0203	0,0203	0,0203
0,03	0,0306	0,0306	0,0306	0,0306	0,0306
0,04	0,0410	0,0410	0,0410	0,0410	0,0410
0,05	0,0515	0,0515	0,0515	0,0515	0,0515
0,06	0,0621	0,0621	0,0621	0,0621	0,0621
0,07	0,0728	0,0728	0,0728	0,0728	0,0728
0,08	0,0836	0,0836	0,0836	0,0836	0,0836
0,09	0,0946	0,0946	0,0946	0,0946	0,0946
0,10	0,1057	0,1057	0,1057	0,1057	0,1057
0,11	0,1170	0,1170	0,1170	0,1170	0,1170
0,12	0,1285	0,1285	0,1285	0,1285	0,1285
0,13	0,1401	0,1400	0,1400	0,1400	0,1400
0,14	0,1519	0,1519	0,1519	0,1519	0,1518
0,15	0,1638	0,1641	0,1642	0,1644	0,1652
0,16	0,1759	0,1766	0,1771	0,1783	
0,17	0,1882	0,1897	0,1909		
0,18	0,2007	0,2032	0,2056		
0,19	0,2134	0,2174	0,2215		
0,20	0,2263	0,2323			
0,21	0,2395	0,2479			
0,22	0,2529				
0,23	0,2665				
0,24	0,2804				
...	...				
0,37	0,4969				

$h_f / d = 0{,}20$

μ_{Eds}	ω_1 - Werte für b_{eff} / b_w				
	1	2	3	5	≥ 10
0,01	0,0101	0,0101	0,0101	0,0101	0,0101
0,02	0,0203	0,0203	0,0203	0,0203	0,0203
0,03	0,0306	0,0306	0,0306	0,0306	0,0306
0,04	0,0410	0,0410	0,0410	0,0410	0,0410
0,05	0,0515	0,0515	0,0515	0,0515	0,0515
0,06	0,0621	0,0621	0,0621	0,0621	0,0621
0,07	0,0728	0,0728	0,0728	0,0728	0,0728
0,08	0,0836	0,0836	0,0836	0,0836	0,0836
0,09	0,0946	0,0946	0,0946	0,0946	0,0946
0,10	0,1057	0,1057	0,1057	0,1057	0,1057
0,11	0,1170	0,1170	0,1170	0,1170	0,1170
0,12	0,1285	0,1285	0,1285	0,1285	0,1285
0,13	0,1401	0,1401	0,1401	0,1401	0,1401
0,14	0,1519	0,1519	0,1519	0,1519	0,1519
0,15	0,1638	0,1638	0,1638	0,1638	0,1638
0,16	0,1759	0,1759	0,1758	0,1758	0,1758
0,17	0,1882	0,1881	0,1881	0,1880	0,1880
0,18	0,2007	0,2007	0,2007	0,2006	0,2006
0,19	0,2134	0,2137	0,2139	0,2141	0,2149
0,20	0,2263	0,2272	0,2278	0,2290	
0,21	0,2395	0,2413	0,2427		
0,22	0,2529	0,2560	0,2589		
0,23	0,2665	0,2715			
0,24	0,2804	0,2879			
...	...				
0,37	0,4969				

$h_f / d = 0{,}30$

μ_{Eds}	ω_1 - Werte für b_{eff} / b_w				
	1	2	3	5	≥ 10
0,01	0,0101	0,0101	0,0101	0,0101	0,0101
0,02	0,0203	0,0203	0,0203	0,0203	0,0203
0,03	0,0306	0,0306	0,0306	0,0306	0,0306
0,04	0,0410	0,0410	0,0410	0,0410	0,0410
0,05	0,0515	0,0515	0,0515	0,0515	0,0515
0,06	0,0621	0,0621	0,0621	0,0621	0,0621
0,07	0,0728	0,0728	0,0728	0,0728	0,0728
0,08	0,0836	0,0836	0,0836	0,0836	0,0836
0,09	0,0946	0,0946	0,0946	0,0946	0,0946
0,10	0,1057	0,1057	0,1057	0,1057	0,1057
0,11	0,1170	0,1170	0,1170	0,1170	0,1170
0,12	0,1285	0,1285	0,1285	0,1285	0,1285
0,13	0,1401	0,1401	0,1401	0,1401	0,1401
0,14	0,1519	0,1519	0,1519	0,1519	0,1519
0,15	0,1638	0,1638	0,1638	0,1638	0,1638
0,16	0,1759	0,1759	0,1759	0,1759	0,1759
0,17	0,1882	0,1882	0,1882	0,1882	0,1882
0,18	0,2007	0,2007	0,2007	0,2007	0,2007
0,19	0,2134	0,2134	0,2134	0,2134	0,2134
0,20	0,2263	0,2263	0,2263	0,2263	0,2263
0,21	0,2395	0,2395	0,2395	0,2395	0,2395
0,22	0,2529	0,2528	0,2528	0,2528	0,2528
0,23	0,2665	0,2664	0,2663	0,2663	0,2662
0,24	0,2804	0,2802	0,2801	0,2800	0,2798
0,25	0,2946	0,2945	0,2944	0,2942	0,2940
0,26	0,3091	0,3095	0,3095	0,3095	
0,27	0,3239	0,3251	0,3256		
0,28	0,3391	0,3416			
0,29	0,3546				
0,30	0,3706				
0,31	0,3870				
0,32	0,4038				
...	...				
0,37	0,4969				

$h_f / d = 0{,}40$

μ_{Eds}	ω_1 - Werte für b_{eff} / b_w				
	1	2	3	5	≥ 10
0,01	0,0101	0,0101	0,0101	0,0101	0,0101
0,02	0,0203	0,0203	0,0203	0,0203	0,0203
0,03	0,0306	0,0306	0,0306	0,0306	0,0306
0,04	0,0410	0,0410	0,0410	0,0410	0,0410
0,05	0,0515	0,0515	0,0515	0,0515	0,0515
0,06	0,0621	0,0621	0,0621	0,0621	0,0621
0,07	0,0728	0,0728	0,0728	0,0728	0,0728
0,08	0,0836	0,0836	0,0836	0,0836	0,0836
0,09	0,0946	0,0946	0,0946	0,0946	0,0946
0,10	0,1057	0,1057	0,1057	0,1057	0,1057
0,11	0,1170	0,1170	0,1170	0,1170	0,1170
0,12	0,1285	0,1285	0,1285	0,1285	0,1285
0,13	0,1401	0,1401	0,1401	0,1401	0,1401
0,14	0,1519	0,1519	0,1519	0,1519	0,1519
0,15	0,1638	0,1638	0,1638	0,1638	0,1638
0,16	0,1759	0,1759	0,1759	0,1759	0,1759
0,17	0,1882	0,1882	0,1882	0,1882	0,1882
0,18	0,2007	0,2007	0,2007	0,2007	0,2007
0,19	0,2134	0,2134	0,2134	0,2134	0,2134
0,20	0,2263	0,2263	0,2263	0,2263	0,2263
0,21	0,2395	0,2395	0,2395	0,2395	0,2395
0,22	0,2529	0,2529	0,2529	0,2529	0,2529
0,23	0,2665	0,2665	0,2665	0,2665	0,2665
0,24	0,2804	0,2804	0,2804	0,2804	0,2804
0,25	0,2946	0,2946	0,2946	0,2946	0,2946
0,26	0,3093	0,3091	0,3091	0,3091	0,3091
0,27	0,3239	0,3239	0,3239	0,3239	0,3239
0,28	0,3391	0,3390	0,3390	0,3390	0,3389
0,29	0,3546	0,3544	0,3543	0,3542	0,3541
0,30	0,3706	0,3701	0,3699	0,3697	0,3695
0,31	0,3870	0,3867	0,3864	0,3861	0,3856
0,32	0,4038	0,4041	0,4039		
...	...				
0,37	0,4969				

9.4 Interaktionsdiagramme für Kreisquerschnitte

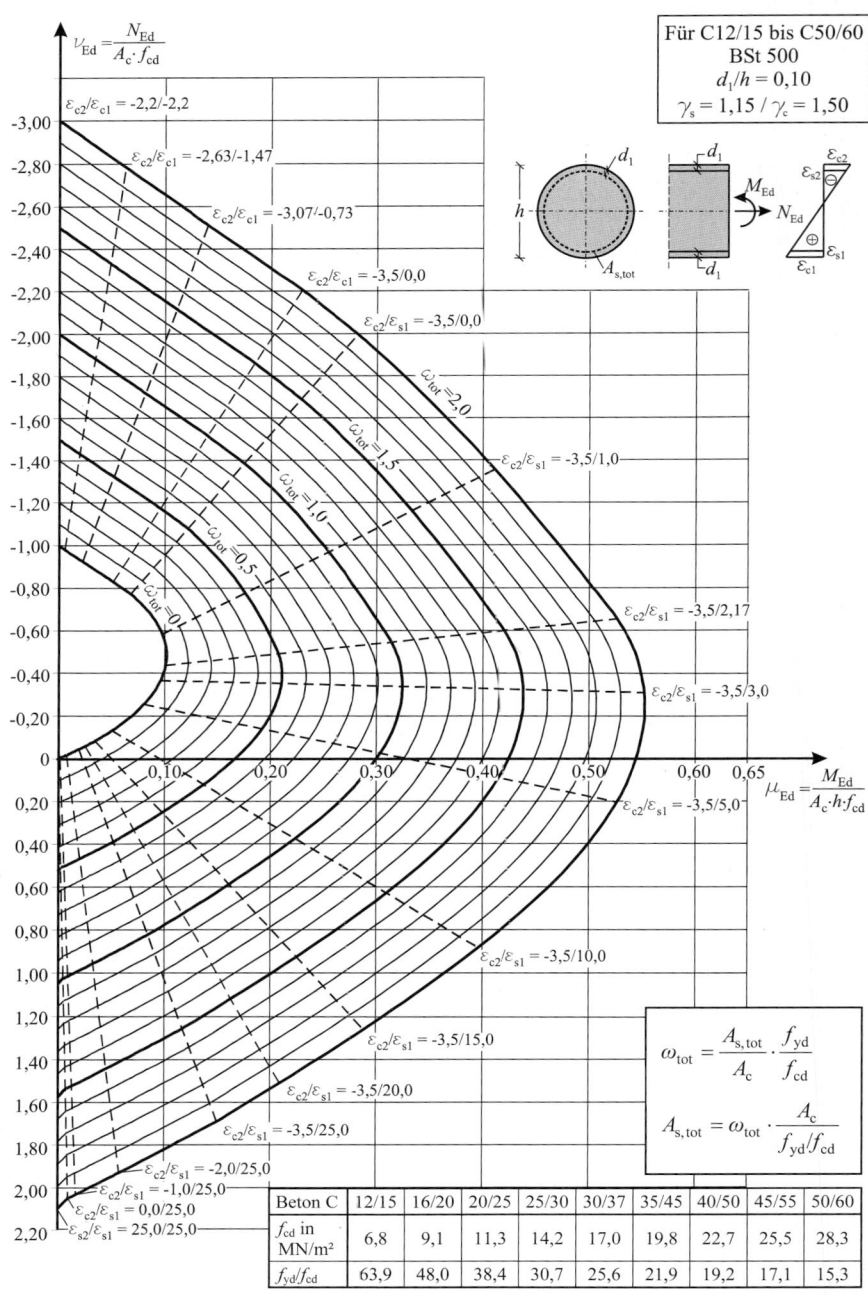

8.86

9.5 Konstruktionstafeln

Abmessung und Gewichte von Betonstahl

Nenndurchmesser d_s in mm	6	8	10	12	14	16	20	25	28	32	36	40
Nennquerschnitt A_s in cm²	0,283	0,503	0,785	1,13	1,54	2,01	3,14	4,91	6,16	8,04	10,18	12,57
Nenngewicht G in kg/m	0,222	0,395	0,617	0,888	1,21	1,58	2,47	3,85	4,83	6,31	7,99	9,87

Querschnitte von Flächenbewehrung a_s in cm²/m

Stababstand s in cm	\multicolumn{8}{c}{Durchmesser d_s in mm}	Stäbe pro m
	6	8	10	12	14	16	20	25	28	
5,0	5,65	10,05	15,71	22,62	30,79	40,21	62,83	98,17		20,00
5,5	5,14	9,14	14,28	20,56	27,99	36,56	57,12	89,25		18,18
6,0	4,71	8,38	13,09	18,85	25,66	33,51	52,36	81,81	102,63	16,67
6,5	4,35	7,73	12,08	17,40	23,68	30,93	48,33	75,52	94,73	15,38
7,0	4,04	7,18	11,22	16,16	21,99	28,72	44,88	70,12	87,96	14,29
7,5	3,77	6,70	10,47	15,08	20,53	26,81	41,89	65,45	82,10	13,33
8,0	3,53	6,28	9,82	14,14	19,24	25,13	39,27	61,36	76,97	12,50
8,5	3,33	5,91	9,24	13,31	18,11	23,65	36,96	57,75	72,44	11,76
9,0	3,14	5,59	8,73	12,57	17,10	22,34	34,91	54,54	68,42	11,11
9,5	2,98	5,29	8,27	11,90	16,20	21,16	33,07	51,67	64,84	10,53
10,0	2,83	5,03	7,85	11,31	15,39	20,11	31,42	49,09	61,58	10,00
10,5	2,69	4,79	7,48	10,77	14,66	19,15	29,92	46,75	58,64	9,52
11,0	2,57	4,57	7,14	10,28	13,99	18,28	28,56	44,62	55,98	9,09
11,5	2,46	4,37	6,83	9,83	13,39	17,48	27,32	42,68	53,54	8,70
12,0	2,36	4,19	6,54	9,42	12,83	16,76	26,18	40,91	51,31	8,33
12,5	2,26	4,02	6,28	9,05	12,32	16,08	25,13	39,27	49,26	8,00
13,0	2,17	3,87	6,04	8,70	11,84	15,47	24,17	37,76	47,37	7,69
13,5	2,09	3,72	5,82	8,38	11,40	14,89	23,27	36,36	45,61	7,41
14,0	2,02	3,59	5,61	8,08	11,00	14,36	22,44	35,06	43,98	7,17
14,5	1,95	3,47	5,42	7,80	10,62	13,87	21,67	33,85	42,47	6,90
15,0	1,88	3,35	5,24	7,54	10,26	13,40	20,94	32,72	41,05	6,67
16,0	1,77	3,14	4,91	7,07	9,62	12,57	19,63	30,68	38,48	6,25
17,0	1,66	2,96	4,62	6,65	9,06	11,83	18,48	28,87	36,22	5,88
18,0	1,57	2,79	4,36	6,28	8,55	11,17	17,45	27,27	34,21	5,56
19,0	1,49	2,65	4,13	5,95	8,10	10,58	16,53	25,84	32,41	5,26
20,0	1,41	2,51	3,93	5,65	7,70	10,05	15,71	24,54	30,79	5,00
21,0	1,35	2,39	3,74	5,39	7,33	9,57	14,96	23,37	29,32	4,76
22,0	1,29	2,28	3,57	5,14	7,00	9,14	14,28	22,31	27,99	4,55
23,0	1,23	2,19	3,41	4,92	6,69	8,74	13,66	21,34	26,77	4,35
24,0	1,18	2,09	3,27	4,71	6,41	8,38	13,09	20,45	25,66	4,17
25,0	1,13	2,01	3,14	4,52	6,16	8,04	12,57	19,63	24,63	4,00

Querschnitte von Balkenbewehrung A_s in cm²

Stabdurchmesser d_s in mm	\multicolumn{10}{c}{Anzahl der Stäbe}
	1	2	3	4	5	6	7	8	9	10
6	0,28	0,57	0,85	1,13	1,41	1,70	1,98	2,26	2,54	2,83
8	0,50	1,01	1,51	2,01	2,51	3,02	3,52	4,02	4,52	5,03
10	0,79	1,57	2,36	3,14	3,93	4,71	5,50	6,28	7,07	7,85
12	1,13	2,26	3,39	4,52	5,65	6,79	7,92	9,05	10,18	11,31
14	1,54	3,08	4,62	6,16	7,70	9,24	10,78	12,32	13,85	15,39
16	2,01	4,02	6,03	8,04	10,05	12,06	14,07	16,08	18,10	20,11
20	3,14	6,28	9,42	12,57	15,71	18,85	21,99	25,13	28,27	31,42
25	4,91	9,82	14,73	19,63	24,54	29,45	34,36	39,27	44,18	49,09
28	6,16	12,32	18,47	24,63	30,79	36,95	43,10	49,26	55,42	61,58

Größte Anzahl von Stäben in einer Lage bei Balken
(gilt für Bügel Ø10 und $c_v = 2$ cm)

Balkenbreite b in cm	Durchmesser d_s in mm						
	10	12	14	16	20	25	28
10	2	1	1	1	1	1	1
15	3	3	3	3	2	2	2
20	5	5	4	4	4	3	3
25	7	6	6	5	5	4	3
30	8	8	7	7	6	5	4
35	10	9	9	8	7	6	5
40	12	11	10	10	9	7	6
45	13	12	12	11	10	8	7
50	15	14	13	12	11	9	8
55	17	15	15	14	12	10	9
60	18	17	16	15	14	11	10

Betonstahl-Lagermatten

Länge / Breite m	Randeinsparung (Längsrichtung)	Typ	Stababstände mm	Mattenaufbau in Längsrichtung / Mattenaufbau in Querrichtung				Querschnitte längs/quer cm²/m	Gewichte je Matte kg	Gewichte je m² kg
				Stabdurchmesser Innenbereich mm	Stabdurchmesser Randbereich mm	Anzahl der Längsrandstäbe links	rechts			
5,00 / 2,15	ohne	Q188 A	150 / 150	6,0 / 6,0				1,88 / 1,88	32,4	3,01
		Q257 A	150 / 150	7,0 / 7,0				2,57 / 2,57	44,1	4,10
		Q335 A	150 / 150	8,0 / 8,0				3,35 / 3,35	57,5	5,37
6,00 / 2,15	mit	Q377 A	150 / 100	6,0 d / 7,0	6,0	/ 4	− 4	3,77 / 3,85	67,6	5,24
		Q513 A	150 / 100	7,0 d / 8,0	7,0	/ 4	− 4	5,13 / 5,03	90,0	6,98
5,00 / 2,15	ohne	R188 A	150 / 250	6,0 / 6,0				1,88 / 1,13	26,2	2,44
		R257A	150 / 250	7,0 / 6,0				2,57 / 1,13	32,2	3,00
		R335A	150 / 250	8,0 / 6,0				3,35 / 1,13	39,2	3,65
6,00 / 2,15	mit	R377A	150 / 250	6,0 d / 6,0	6,0	/ 2	− 2	3,77 / 1,13	46,1	3,57
		R513 A	150 / 250	7,0 d / 6,0	7,0	/ 2	− 2	5,13 / 1,13	58,6	4,54

Grundwert der Verankerungslänge l_b in cm
obere Zeile: gute Verbundbedingungen, untere Zeile: mäßige Verbundbedingungen

d_s in mm	Betonfestigkeitsklasse													
	12/15	16/20	20/25	25/30	30/37	35/45	40/50	45/55	50/60	55/67	60/75	70/85	80/95	90/105	100/115
6	39,5	32,6	28,1	24,2	21,4	19,3	17,7	16,4	15,3	14,8	14,4	13,5	12,9	12,4	11,9
	56,4	46,6	40,1	34,6	30,6	27,6	25,3	23,4	21,9	21,1	20,6	19,3	18,4	17,7	17,0
6d	55,9	46,1	39,7	34,2	30,3	27,4	25,0	23,1	21,6	21,0	20,3	19,2	18,2	17,5	16,8
	79,9	65,9	56,7	48,9	43,3	39,1	35,7	33,0	30,9	30,0	29,0	27,4	26,0	25,0	24,0
7	46,1	38,0	32,8	28,3	25,0	22,6	20,7	19,1	17,8	17,3	16,7	15,8	15,0	14,4	13,9
	65,9	54,3	46,9	40,4	35,7	32,3	29,6	27,3	25,4	24,7	23,9	22,6	21,4	20,6	19,9
7d	65,2	53,8	46,4	40,0	35,4	31,9	29,2	27,0	25,2	24,5	23,7	22,3	21,3	20,4	19,7
	93,1	76,9	66,3	57,1	50,6	45,6	41,7	38,6	36,0	35,0	33,9	31,9	30,4	29,1	28,1
8	52,7	43,5	37,5	32,3	28,6	25,8	23,6	21,8	20,3	19,8	19,1	18,1	17,2	16,5	15,9
	75,3	62,1	53,6	46,1	40,9	36,9	33,7	31,1	29,0	28,3	27,3	25,9	24,6	23,6	22,7
10	65,8	54,3	46,8	40,4	35,7	32,2	29,5	27,3	25,4	24,7	23,9	22,6	21,5	20,6	19,9
	94,0	77,6	66,9	57,7	51,0	46,0	42,1	39,0	36,3	35,3	34,1	32,3	30,7	29,4	28,4
12	79,0	65,2	56,2	48,4	42,9	38,7	35,4	32,7	30,5	29,7	28,7	27,1	25,8	24,7	23,8
	112,9	93,1	80,3	69,1	61,3	55,3	50,6	46,7	43,6	42,4	41,0	38,7	36,9	35,3	34,0
14	92,2	76,1	65,6	56,5	50,0	45,1	41,3	38,2	35,6	34,6	33,5	31,6	30,1	28,8	27,8
	131,7	108,7	93,7	80,7	71,4	64,4	59,0	54,6	50,9	49,4	47,6	45,1	43,0	41,1	39,7
16	105,3	87,0	74,9	64,6	57,2	51,6	47,2	43,6	40,7	39,6	38,3	36,1	34,4	33,0	31,8
	150,4	124,3	107,0	92,3	81,7	73,7	67,4	62,3	58,1	56,6	54,7	51,6	49,1	47,1	45,4
20	131,7	108,7	93,7	80,7	71,5	64,5	59,0	54,5	50,8	49,5	47,8	45,1	43,0	41,2	39,7
	188,1	155,3	133,9	115,3	102,1	92,1	84,3	77,9	72,6	70,7	68,3	64,4	61,4	58,9	56,7
25	164,6	135,9	117,1	100,9	89,3	80,6	73,8	68,2	63,6	61,8	59,8	56,4	53,7	51,5	49,6
	235,1	194,1	167,3	144,1	127,6	115,1	105,5	97,4	90,9	88,3	85,4	80,6	76,7	73,6	70,9
28	184,3	152,2	131,1	113,0	100,1	90,3	82,6	76,4	71,2	69,3	67,0	63,2	60,2	57,7	55,6
	263,3	217,4	187,3	161,4	143,0	129,0	118,0	109,1	101,7	99,0	95,7	90,3	86,0	82,4	79,4

<u>Anmerkung:</u> Die Tabellenwerte sind mit $f_{yd} = f_{yk}/\gamma_s$ und $\gamma_s = 1{,}15$ ermittelt worden. Wird der Betonstahl mit $f_{yd} = f_{tk,cal}/\gamma_s$ sowie $f_{tk,cal} = 525$ N/mm² und $\gamma_s = 1{,}15$ ausgelastet, sind die Tafelwerte mit dem Faktor 1,05 zu vergrößern.

Holschemacher / Peters / Schneider / Steck

Konstruktiver Ingenieurbau kompakt

2., aktualisierte und erweiterte Auflage.
2009. 340 Seiten. 14,8 x 21 cm. Gebunden.
ISBN 978-3-89932-195-1
EUR 29,–

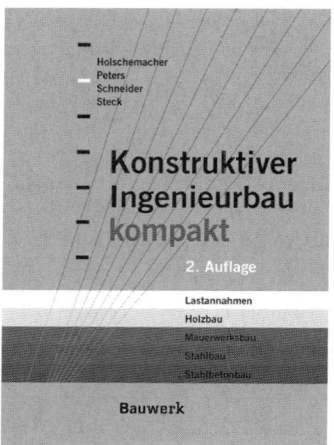

Formelsammlung, Querschnittswerte und Bemessungshilfen zu den Bereichen:
- Lastannahmen
- Holzbau
- Mauerwerksbau
- Stahlbau
- Stahlbetonbau

Die neuen Normen DIN 1045 (08.2008), DIN 18800 (11.2008) und DIN 1052 (11.2008) sind bereits berücksichtigt.

Das handliche Praxisbuch für Baustelle und Büro schließt eine Lücke in der Baufachliteratur. Durch die unterschiedlich farbigen Seiten der Hauptkapitel hat der Leser schnellen Zugriff auf die verschiedenen Themenbereiche.

Autoren
Prof. Dr.-Ing. **Klaus Holschemacher**, HTWK Leipzig.
Prof. Dr.-Ing. **Klaus Peters**, FH Bielefeld/Minden.
Prof. Dipl.-Ing. **Klaus-Jürgen Schneider**, Berlin/Minden.
Prof. Dr.-Ing. **Günter Steck**, Starnberg.

Bauwerk www.bauwerk-verlag.de

8C Stahlbetonbau nach DIN 1045 (07.88)

Prof. Dr.-Ing. Klaus Holschemacher

Inhaltsverzeichnis

		Seite
1	**Baustoffkennwerte**	8.93
1.1	Beton	8.93
1.2	Betonstahl	8.93
2	**Schnittgrößenermittlung**	8.94
3	**Bemessung für Biegung mit und ohne Längskraft**	8.94
3.1	Grundlagen	8.94
3.2	Mittige Druckbeanspruchung	8.95
3.3	Überwiegende Zugbeanspruchung ($e < z_{s2}$)	8.95
4	**Stabilität von Stahlbetondruckgliedern**	8.96
4.1	Einteilung der Druckglieder	8.96
4.2	Ermittlung der Schlankheit	8.96
4.3	Ungewollte Lastausmitte	8.96
4.4	Nachweis bei geringer Schlankheit $\lambda \leq 20$	8.97
4.5	Nachweis bei mäßiger Schlankheit $20 < \lambda \leq 70$	8.97
4.6	Nachweis bei großer Schlankheit $\lambda > 70$	8.98
5	**Bemessung für Querkraft**	8.98
5.1	Maßgebende Querkraft	8.98
5.2	Grundwert der Schubspannung	8.99
5.3	Querkraftbewehrung	8.99
5.4	Anschluss von Druck- und Zuggurten	8.100
6	**Durchbiegungsbegrenzung**	8.101
7	**Beschränkung der Rissbreite**	8.102
7.1	Konstruktionsregeln für die statisch erforderliche Bewehrung	8.102
7.2	Mindestbewehrung bei Zwangbeanspruchung	8.103
8	**Bewehrungskonstruktion**	8.103
8.1	Betondeckung	8.103
8.2	Mindeststababstände	8.105
8.3	Biegerollendurchmesser	8.105
8.4	Verankerung der Bewehrung	8.105
8.5	Übergreifungsstöße	8.108
9	**Bemessungshilfsmittel**	8.109
9.1	Bemessungshilfsmittel für Rechteckquerschnitte	8.109
9.2	Bemessungshilfsmittel für den Plattenbalkenquerschnitt	8.114
10	**Berechnungsbeispiel**	8.116

Seiten 8.91 bis 8.120 befinden sich auf beiliegender CD.

Wagenknecht

Stahlbau-Praxis
nach DIN 18800 (11.2008)
Mit Berechnungsbeispielen

Band 1: Tragwerksplanung – Grundlagen
3., aktualisierte Auflage. 2009. 384 Seiten.
17 x 24 cm. Kartoniert.
EUR 32,–
ISBN 978-3-89932-219-4

Band 1 + 2 (Paket)
EUR 54,–
ISBN 978-3-89932-221-7

Band 2: Verbindungen und Konstruktionen
2., aktualisierte und erweiterte Auflage. 2009. 416 Seiten.
17 x 24 cm. Kartoniert.
EUR 32,–
ISBN 978-3-89932-220-0

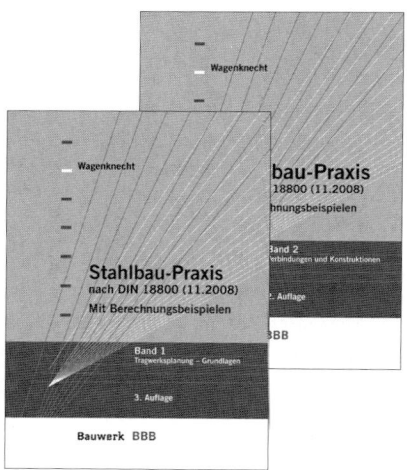

Diese beiden Bände sind für Studierende eine ideale Ergänzung zu den Stahlbauvorlesungen.
Der Inhalt wird in komprimierter Form didaktisch so geschickt aufbereitet, dass der Leser den zum Teil schwierigen Stoff problemlos verstehen kann.
Die neue Norm DIN 18800 (11.2008) wurde bereits eingearbeitet.

Aus dem Inhalt Band 1:
Bemessung • Querschnitt • Zugstab • Druckstab • Fliessgelenktheorie • Torsion • Biegeträger • Rahmenartige Tragwerke • Schubweicher Biegestab • Verbände

Aus dem Inhalt Band 2:
Verbindungen mit Schrauben • Verbindungen mit Schweißnähten • Rippen • Stützenfüße • biegesteife Verbindungen • Fachwerke • Plattenbeulen • Ermüdung

Autor:
Prof. Dr.-Ing. Gerd Wagenknecht lehrt Stahlbau und Verbundbau an der Fachhochschule Gießen.

Interessenten:
Studierende des Bauingenieurwesens und des Stahlbaus, Bauingenieurbüros, Stahlbaufirmen, Technikerschulen Bau.

Bauwerk www.bauwerk-verlag.de

8D Stahlbau

Prof. Dr.-Ing. Klaus Peters

Inhaltsverzeichnis

		Seite
1	**Stähle für den Stahlbau**	8.122
2	**Nachweisumfang**	8.123
3	**Nachweis nach DIN 18800(3.81) und DIN 4114 (7.52) -alt-**	8.123
3.1	Allgemeines	8.123
3.2	Spannungsnachweis für Zug- Druck- und Biegestäbe	8.124
3.3	Knicknachweis für Druckstäbe mit planmäßig mittigem Druck, nur N	8.124
3.4	Knicknachweis für Druckstäbe bei zweiachsiger Biegung, $N + M_y + M_z$	8.124
4	**Nachweis nach DIN 18 800 (11.08) -neu-**	8.126
4.1	Einwirkungen und Widerstandsgrößen	8.126
4.2	Bemessungswerte	8.126
4.3	Nachweise der Tragfähigkeit und Lagesicherheit	8.128
4.4	Nachweis der Gebrauchstauglichkeit	8.131
4.5	Stabilitätsnachweise	8.132
4.6	Bemessungswerte der Tragfähigkeit von Druckstäben	8.136
5	**Schraubverbindungen**	8.138
5.1	Schrauben, Abstände	8.138
5.2	Tragfähigkeit von Schrauben	8.140
6	**Schweißverbindungen**	8.142

8E Stahlbauprofile

1	**Profilübersicht**	8.145
2	**Profiltabellen**	8.149

1 Stähle für den Stahlbau

Bezeichnung der Baustähle

Beispiele: **Stahl EN 10025 – S235JR** = RSt 37-2,   Nationale Bezeichnung nach
           Stahl EN 10025 – S355J0 = St 52-3 U   DIN 18800 alt

S = Hauptsymbol: S = Stähle für den allgemeinen Stahlbau
                     B = Betonstähle
                     GS = Gussstahl
                     C = Kohlenstoffstahl
235 = Mindeststreckgrenze in N/mm^2
J = Kerbschlagarbeit bei
R = Prüftemperatur, hier R = Raumtemperatur 20 °C,   0 = Prüftemperatur 0 °C

Gegebenenfalls zusätzliche Buchstaben, z. B.:
                    N = Normalgeglüht oder normalisierend umgeformt
                    L = Für Niedrigtemperatur
                    M = Thermomechanisch umgeformt
                    C = Mit besonderer Kaltumformbarkeit
                    Mn = Hoher Mn-Gehalt
                    +N = Normalgeglüht oder normalisierend gewalzt

Weitere Zusatzsymbole siehe DIN-EN 10025

Tafel 8.122   Charakteristische Werte für Walzstahl und Stahlguss
                  Festgelegte Werte der DIN 18800(11.08)

Stahl (nationale Bezeichnung)	Erzeugnisdicke t	Streckgrenze $f_{y,k}$	Zugfestigkeit $f_{u,k}$	Elastizitätsmodul E	Schubmodul G	Temperaturdehnzahl α_T
	mm	N/mm^2	N/mm^2	N/mm^2	N/mm^2	K^{-1}
Baustahl S235 (St37)	$t \leq 40$ $40 < t \leq 100$	240 215	360			
Baustahl S355 (St52)	$t \leq 40$ $40 < t \leq 80$	360 335	470			
Feinkornbaustahl S275 N u. NL M u. ML	$t \leq 40$ $40 < t \leq 80$	275 255	370	210 000	81 000	$12 \cdot 10^{-6}$
S460 N u. NL	$t \leq 40$ $40 < t \leq 80$	460 430	550			
Gusswerkstoffe GS200	$t \leq 100$	200	380			
GS-20 Mn5+N	$t \leq 30$	300	480			
Vergütungsstahl C 35 + N	$t \leq 16$ $16 < t \leq 100$	300 270	550 520			

2 Nachweisumfang

Im Stahlbau allgemein zu führende Nachweise unter ständigen Lasten, veränderlichen Lasten und Sonderlasten mit Ansatz von Imperfektionen des Tragwerks, Abschnitt 4.1, nach DIN 18 800 (11.08) für den Hochbau:

- **Tragfähigkeit** Abschnitt 4.3
  Biegenormal-, Schub- und Vergleichsspannungsnachweis, Verfahren Elastisch-Elastisch
  Alternativ: Verfahren Elastisch-Plastisch (E-P) mit Schnittgrößennachweisen und Interaktionsbedingungen, siehe Entwurfs- und Berechnungstafeln für Bauingenieure.

> **Stabilitätsnachweise: Knicken von Stäben**, Abschnitt 4.5.2 und 4.5.3 sowie **Biegedrillknicken** von Stäben (**früher Kippen**), Abschnitt 4.5.4,
> **Beulen** von Platten oder **grenz b/t-**Nachweise für Querschnittsteile, siehe Entwurfs- und Berechnungstafeln für Bauingenieure

Nachweise der Anschlüsse

Gleichgewicht am verformten System: Berechnung der Schnittgrößen nach Theorie II. Ordnung für druckbeanspruchte Bauteile (z. B. Rahmen) aus Sicherheitsgründen, für zugbeanspruchte Bauteile (z. B. Zugbänder) meist aus Wirtschaftlichkeitsgründen.

- **Lagesicherheit**   gegen Kippen, Gleiten, Abheben, Abschnitt 4.3.3
- **Gebrauchstauglichkeit**   Verformungsbegrenzung, Schwingungsverhalten, Abs. 4.4
- **Betriebsfestigkeit**   bei nicht vorwiegend ruhender Beanspruchung, z. B. Eisenbahnbrücken, Gerätebau
- **Bemessung für den Brandfall**
- **Nachweis der Dauerhaftigkeit**   Korrosionsschutz

3 Nachweis nach DIN 18 800 (3.81) und DIN 4114 (7.52) -alt-

3.1 Allgemeines

Die „alten" Stahlbaunormen DIN 18 800 (3.81) und DIN 4114(7.52), nach der die Nachweise mit dem Konzept der zulässigen Spannungen zu führen sind, können zur Berechnung von Anlagen, die nicht der Bauaufsicht unterliegen, und im Maschinenbau angewendet werden. Für den Hochbau ist die Gültigkeit beendet.

Trotzdem kann die „alte" Stahlbaunorm zur Vorbemessung und zur Prüfung älterer Nachweise nach wie vor hilfreich sein. Der Knicknachweis ist sehr viel einfacher und schneller zu führen.

Eingangswerte für den Spannungs- und Knicknachweis

Verfahrensablauf nach aktueller Norm mit Teilsicherheitskonzept siehe Abschnitt 4.

Knicklänge: $s_K = \beta \cdot l$ β: Knicklängenbeiwert l: Stablänge
                                Erläuterungen siehe Seite 8.132

Schlankheitsgrad $\lambda = \dfrac{s_K}{i}$ i Trägheitsradius $\Rightarrow \omega$ in Abhängigkeit von λ
                                                      nach Tafel 8.124b für St 37 (S235)
                                                      oder Tafel 8.125 für St 52 (S355)

Tafel 8.124a   Zulässige Spannungen für Bauteile in N/mm², DIN 18 800 (3.81)

Zeile	Spannungsart		Werkstoff und Lastfall							
			St37 (S235)		St 52 (S355)		StE 460		StE 690	
			H	HZ	H	HZ	H	HZ	H	HZ
1	Druck und Biegedruck für den Knicknachweis nach DIN 4114-1 und -2	zul σ_D	140	160	210	240	275	310	410	460
2	Druck und Biegedruck Zug und Biegezug Vergleichsspannung	zul σ	160	180	240	270	310	350	410	460
3	Schub	zul τ	92	104	139	156	180	200	240	270

H Hauptlasten: Ständige Last, Verkehrslast, Schneelast, Einwirkungen aus wahrscheinlichen Baugrundbewegungen

Z Zusatzlasten: Wind, Kräfte aus Bremsen und Seitenstoß, z. B. von Kranen, Massenkräfte, Wärmewirkungen

3.2   Spannungsnachweis für Zug- Druck- und Biegestäbe

$$\sigma = \frac{N}{A} + \frac{M_y}{W_y} + \frac{M_z}{W_z} \leq \text{zul } \sigma \qquad \text{zul } \sigma \text{ nach Tafel 8.124a, Zeile 2}$$

3.3   Knicknachweis für Druckstäbe mit planmäßig mittigem Druck, nur N

$$\sigma_\omega = \omega \cdot \frac{N}{A} \leq \text{zul } \sigma_D \qquad \text{zul } \sigma_D \text{ nach Tafel 8.124a, Zeile 1}$$

3.4   Knicknachweis für Druckstäbe bei zweiachsiger Biegung, $N + M_y + M_z$

$$\sigma_\omega = \omega \cdot \frac{N}{A} + 0{,}9 \cdot \left(\frac{M_y}{W_y} - \frac{M_z}{W_z} \right) \leq \text{zul } \sigma_D \qquad \text{zul } \sigma_D \text{ nach Tafel 8.124a, Zeile 1}$$

N, M_y und M_z sind die Beträge der maximalen Werte der Normalkraft N, des Biegemoments M_y um die y-Achse und des Biegemomentes M_z um die z-Achse ohne Sicherheitsfaktoren (charakteristische Werte).

W_y und W_z sind die auf den Biegedruck- bzw. Biegezugrand bezogenen Widerstandsmomente des ungeschwächten Querschnitts.

Tafel 8.124b   Knickzahlen ω für Bauteile aus St 37 (S235), Tafel 1, DIN 4114

λ	0	1	2	3	4	5	6	7	8	9	λ
20	1,04	1,04	1,04	1,05	1,05	1,06	1,06	1,07	1,07	1,08	20
30	1,08	1,09	1,09	1,10	1,10	1,11	1,11	1,12	1,13	1,13	30
40	1,14	1,14	1,15	1,16	1,16	1,17	1,18	1,19	1,19	1,20	40
50	1,21	1,22	1,23	1,23	1,24	1,25	1,26	1,27	1,28	1,29	50
60	1,30	1,31	1,32	1,33	1,34	1,35	1,36	1,37	1,39	1,40	60
70	1,41	1,42	1,44	1,45	1,46	1,48	1,49	1,50	1,52	1,53	70

Nachweis nach DIN 18 800 (3.81) und DIN 4114 (7.52) -alt-

Fortsetzung Knickzahlen ω für Bauteile aus St 37 (S235)

λ	0	1	2	3	4	5	6	7	8	9	λ
80	1,55	1,56	1,58	1,59	1,61	1,62	1,64	1,66	1,68	1,69	80
90	1,71	1,73	1,74	1,76	1,78	1,80	1,82	1,84	1,86	1,88	90
100	1,90	1,92	1,94	1,96	1,98	2,00	2,02	2,05	2,07	2,09	100
110	2,11	2,14	2,16	2,18	2,21	2,23	2,27	2,31	2,35	2,39	110
120	2,43	2,47	2,51	2,55	2,60	2,64	2,68	2,72	2,77	2,81	120
130	2,85	2,90	2,94	2,99	3,03	3,08	3,12	3,17	3,22	3,26	130
140	3,31	3,36	3,41	3,45	3,50	3,55	3,60	3,65	3,70	3,75	140
150	3,80	3,85	3,90	3,95	4,00	4,06	4,11	4,16	4,22	4,27	150
160	4,32	4,38	4,43	4,49	4,54	4,60	4,65	4,71	4,77	4,82	160
170	4,88	4,94	5,00	5,05	5,11	5,17	5,23	5,29	5,35	5,41	170
180	5,47	5,53	5,59	5,66	5,72	5,78	5,84	5,91	5,97	6,03	180
190	6,10	6,16	6,23	6,29	6,36	6,42	6,49	6,55	6,62	6,69	190
200	6,75	6,82	6,89	6,96	7,03	7,10	7,17	7,24	7,31	7,38	200
210	7,45	7,52	7,59	7,66	7,73	7,81	7,88	7,95	8,03	8,10	210
220	8,17	8,25	8,32	8,40	8,47	8,55	8,63	8,70	8,78	8,86	220
230	8,93	9,01	9,09	9,17	9,25	9,33	9,41	9,49	9,57	9,65	230
240	9,73	9,81	9,89	9,97	10,05	10,14	10,22	10,30	10,39	10,47	240
250	10,55	Zwischenwerte brauchen nicht eingeschaltet zu werden.									

Tafel 8.125 Knickzahlen ω für Bauteile aus St 52 (S355), Tafel 2, DIN 4114

λ	0	1	2	3	4	5	6	7	8	9	λ
20	1,06	1,06	1,07	1,07	1,08	1,08	1,09	1,09	1,10	1,11	20
30	1,11	1,12	1,12	1,13	1,14	1,15	1,15	1,16	1,17	1,18	30
40	1,19	1,19	1,20	1,21	1,22	1,23	1,24	1,25	1,26	1,27	40
50	1,28	1,30	1,31	1,32	1,33	1,35	1,36	1,37	1,39	1,40	50
60	1,41	1,43	1,44	1,46	1,48	1,49	1,51	1,53	1,54	1,56	60
70	1,58	1,60	1,62	1,64	1,66	1,68	1,70	1,72	1,74	1,77	70
80	1,79	1,81	1,83	1,86	1,88	1,91	1,93	1,95	1,98	2,01	80
90	2,05	2,10	2,14	2,19	2,24	2,29	2,33	2,38	2,43	2,48	90
100	2,53	2,58	2,64	2,69	2,74	2,79	2,85	2,90	2,95	3,01	100
110	3,06	3,12	3,18	3,23	3,29	3,35	3,41	3,47	3,53	3,59	110
120	3,65	3,71	3,77	3,83	3,89	3,96	4,02	4,09	4,15	4,22	120
130	4,28	4,35	4,41	4,48	4,55	4,62	4,69	4,75	4,82	4,89	130
140	4,96	5,04	5,11	5,18	5,25	5,33	5,40	5,47	5,55	5,62	140
150	5,70	5,78	5,85	5,93	6,01	6,09	6,16	6,24	6,32	6,40	150
160	6,48	6,57	6,65	6,73	6,81	6,90	6,98	7,06	7,15	7,23	160
170	7,32	7,41	7,49	7,58	7,67	7,76	7,85	7,94	8,03	8,12	170
180	8,21	8,30	8,39	8,48	8,58	8,67	8,76	8,86	8,95	9,05	180
190	9,14	9,24	9,34	9,44	9,53	9,63	9,73	9,83	9,93	10,03	190
200	10,13	10,23	10,34	10,44	10,54	10,65	10,75	10,85	10,96	11,06	200
210	11,17	11,28	11,38	11,49	11,60	11,71	11,82	11,93	12,04	12,15	210
220	12,26	12,37	12,48	12,60	12,71	12,82	12,94	13,05	13,17	13,28	220
230	13,40	13,52	13,63	13,75	13,87	13,99	14,11	14,23	14,35	14,47	230
240	14,59	14,71	14,83	14,96	15,08	15,20	15,33	15,45	15,58	15,71	240
250	15,83	Zwischenwerte brauchen nicht eingeschaltet zu werden.									

Beispiel siehe Seite 8.134, 8.135.

4 Nachweis nach DIN 18 800 (11.08) -neu-

4.1 Einwirkungen und Widerstandsgrößen

- **Einwirkungen** sind nach ihrer zeitlichen Veränderlichkeit zu unterscheiden:
  - G Ständige Einwirkungen, wahrscheinliche Baugrundbewegungen
  - Q Veränderliche Einwirkungen, Temperaturveränderungen
  - F_A Außergewöhnliche Einwirkungen.

  Lastannahmen nach DIN 1055-1 bis -5. Zusätzlich sind **geometrische Imperfektionen** nach DIN 18 800 für druckbeanspruchte Tragwerke anzusetzen:

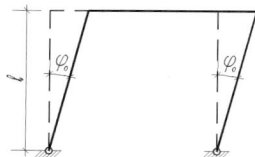

  Vorverdrehung entsprechend der sonstigen horizontalen Belastung ungünstig ansetzen

  $$\varphi_0 = \frac{2}{3} \cdot \frac{1}{200} \cdot r_1 \cdot r_2$$

  └─ Bei hohen horizontalen Einwirkungen größer 1/400 der ungünstig beanspruchenden Vertikallasten und bei mehrteiligen Stäben: $\frac{1}{400}$

  $r_1 = \sqrt{\dfrac{5}{l}} \leq 1{,}0$ Länge l in m   Reduktionsfaktor für Längen $l \geq 5m$,

  $r_2 = \dfrac{1}{2}\left(1+\sqrt{\dfrac{1}{n}}\right)$ Reduktionsfaktor für mehrere unabhängige Ursachen n,

  z. B. n = Anzahl der Stiele

  Vorverdrehungen können durch Ansatz gleichwertiger Ersatzlasten berücksichtigt werden.

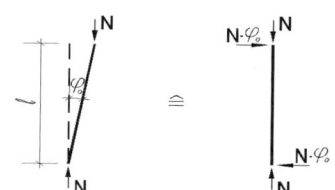

- **Widerstandsgrößen** ergeben sich aus geometrischen Größen und Werkstoffkennwerten, z. B. Festigkeiten und Steifigkeiten.

- **Charakteristische Werte für Einwirkungs- und Widerstandsgrößen** sind die Werte der einschlägigen Normen über Lastannahmen und Festigkeiten, z.B. Streckgrenze $f_{y,k}$ (y [engl.] yieldpoint) und Zugfestigkeit $f_{u,k}$ (u [engl.] ultimate), (Tafel 8.122).

  Charakteristische Werte von Steifigkeiten, z. B. $(EI)_k$ sind mit den Nennwerten der Querschnittswerte und dem charakteristischen Wert für den Elastizitätsmodul E und den Schubmodul G zu berechnen. Index: k

4.2 Bemessungswerte

- **Bemessungswerte** beschreiben einen Fall ungünstiger Einwirkungen auf Tragwerke sowie Widerstandsgrößen. Bemessungswerte werden durch den Index d ([engl.] design) gekennzeichnet.

Die Sicherheitsbeiwerte sind bei Bemessungswerten bereits berücksichtigt.

Nachweis nach DIN 18 800 (11.08) -neu-

- **Bemessungswerte der Einwirkungen** werden nach DIN 18800(11.08) aus den charakteristischen Werten der Einwirkungen durch Multiplikation mit den Teilsicherheitsbeiwerten γ_F und den Kombinationsbeiwerten ψ berechnet:

$$F_d = \gamma_F \cdot \psi \cdot F_k$$

Teilsicherheitsbeiwerte und Kombinationsbeiwerte nach Tafel 8.127a und 8.127b.

Alternativ ist das Sicherheitskonzept nach DIN 1055-100, vergl. Kap. 6, anwendbar.

Tafel 8.127a Teilsicherheitsbeiwerte der Einwirkungen γ_F

γ_F	Anwendung
1,35	Für ständige Einwirkungen G
1,5	Für ungünstig wirkende veränderliche Einwirkungen Q
1,0	Wenn ständige Einwirkungen G Beanspruchungen aus veränderlichen Einwirkungen Q verringern, z. B. beim Tragsicherheitsnachweis von Dächern bei Windsog
1,0	Für den Nachweis der Gebrauchstauglichkeit (Verformung)

Tafel 8.127b Kombinationsbeiwerte ψ

ψ	Anwendung
1,0	Für ständige Einwirkungen
1,0	Bei Berücksichtigung von jeweils nur <u>einer</u> veränderlichen Einwirkung zur Bildung einer Grundkombination
0,9	Bei Berücksichtigung <u>aller</u> ungünstig wirkenden veränderlichen Einwirkungen zur Bildung einer Grundkombination

Die Beanspruchungen werden aus Kombinationen der Bemessungswerte von Einwirkungen berechnet.

> **Beispiel: Einfeldträger unter ständiger und zwei unabhängigen veränderlichen Lasten**
>
>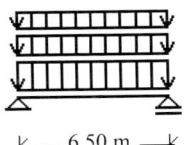
>
> $p_k = 6$ kN/m   Verkehr $- p_k, s_k$ und g_k sind charakteristische
> $s_k = 5$ kN/m   Schnee   Werte der Einwirkungen
> $g_k = 10$ kN/m ständig
>
> Profil: HE-A 260, S 235 (St 37)
>
> Zum Nachweis der Tragfähigkeit:
>
> Einwirkungskombination 1: $\gamma_F = 1,35$ für ständige Einwirkungen
> $\gamma_F = 1,5$ für veränderliche Einwirkungen
> $\psi = 0,9$ bei Berücksichtigung aller veränderl. Einwirkungen
>
> Bemessungswert der Einwirkungen: $q_d = 1,35 \cdot 10 + 1,5 \cdot 0,9 \cdot (6 + 5) = 28,35$ kN/m
>
> Einwirkungskombination 2: γ_F = wie zuvor
> ψ = 1,0 bei Berücksichtigung nur einer veränderlichen Einwirkung
>
> Bemessungswert der Einwirkungen: $q_d = 1,35 \cdot 10 + 1,5 \cdot 1,0 \cdot 6 = 22,5$ kN/m
>
> Einwirkungskombination 1 ist maßgebend: $q_d = 28,35$ kN/m

- **Bemessungswerte der Widerstandsgrößen** sind aus den charakteristischen Werten der Widerstandsgrößen M_k unter Ansatz des Teilsicherheitsbeiwertes γ_M zu berechnen:

$M_d = M_k / \gamma_M$ Teilsicherheitsbeiwert γ_M nach Tafel 8.128

Tafel 8.128 Teilsicherheitsbeiwerte der Widerstandsgrößen γ_M

γ_M	Anwendung
1,1	Zur Berechnung der Bemessungswerte der Festigkeiten des Werkstoffes Stahl beim Nachweis der Tragfähigkeit
1,1	Zur Berechnung der Bemessungswerte der Steifigkeiten beim Nachweis der Tragfähigkeit
1,0	Erlaubt, falls sich eine abgeminderte Steifigkeit weder erhöhend auf die Beanspruchung noch ermäßigend auf die Beanspruchbarkeit auswirkt
1,0	Erlaubt zur Berechnung der Bemessungswerte der Steifigkeiten, falls kein Nachweis der Biegeknick- und Biegedrillknicksicherheit erforderlich ist
1,0	Bei Berechnung von Schnittgrößen aus Zwängungen nach der Elastizitätstheorie, wenn $\gamma_M = 1,1$ die Zwängungsbeanspruchungen reduzieren würde
1,0	Für den Nachweis der Gebrauchstauglichkeit, wenn <u>keine</u> Gefahr für Leib und Leben besteht
1,1	Für den Nachweis der Gebrauchstauglichkeit, wenn Gefahr für Leib und Leben besteht

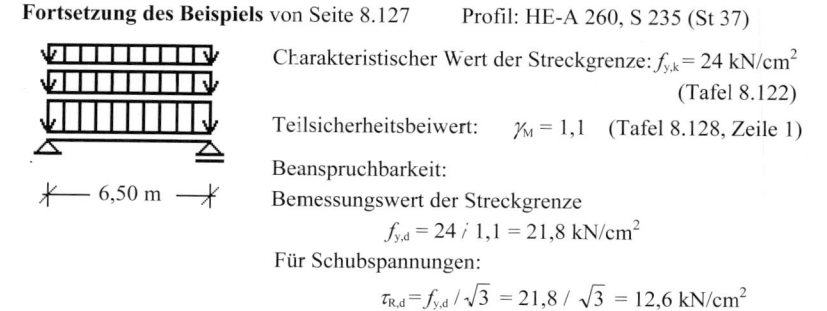

Fortsetzung des Beispiels von Seite 8.127   Profil: HE-A 260, S 235 (St 37)

Charakteristischer Wert der Streckgrenze: $f_{y,k} = 24$ kN/cm²

(Tafel 8.122)

Teilsicherheitsbeiwert: $\gamma_M = 1,1$ (Tafel 8.128, Zeile 1)

Beanspruchbarkeit:

Bemessungswert der Streckgrenze

$f_{y,d} = 24 / 1,1 = 21,8$ kN/cm²

Für Schubspannungen:

$\tau_{R,d} = f_{y,d} / \sqrt{3} = 21,8 / \sqrt{3} = 12,6$ kN/cm²

4.3   Nachweise der Tragfähigkeit und Lagesicherheit

Zur Berechnung der Beanspruchungen S_d aus Einwirkungen sind Einwirkungskombinationen zu bilden. Beanspruchbarkeiten R_d sind die zu den Grenzzuständen zugehörigen Zustandsgrößen. Die Grenzzustände begrenzen den Bereich der Beanspruchung, in dem das Tragwerk tragsicher ist.

$S_d / R_d \leq 1$

4.3.1 Spannungsnachweise

Biegenormalspannung: $\dfrac{\sigma_d}{f_{y,d}} \leq 1{,}0$

Schubspannung: $\dfrac{\tau_d}{\tau_{R,d}} \leq 1{,}0$ mit $\tau_{R,d} = \dfrac{f_{y,d}}{\sqrt{3}}$

Für beide Spannungen gilt: ... $\leq 1{,}1$ wenn Stabilitätsnachweise nicht erforderlich sind.

Vergleichsspannung bei gleichzeitiger Wirkung von Spannungen in x-, y- und z-Richtung:

$$\sigma_v = \sqrt{\sigma_x^2 + \sigma_y^2 + \sigma_z^2 - \sigma_x \cdot \sigma_y - \sigma_x \cdot \sigma_z - \sigma_y \cdot \sigma_z + 3 \cdot \tau_{xy}^2 + 3 \cdot \tau_{xz}^2 + 3 \cdot \tau_{yz}^2} \qquad \dfrac{\sigma_v}{f_{y,d}} \leq 1{,}0$$

Der Vergleichsspannungsnachweis kann entfallen, wenn $\dfrac{\sigma_d}{f_{y,d}} \leq 0{,}5$ oder $\dfrac{\tau_d}{\tau_{R,d}} \leq 0{,}5$ ist.

In Ecken von Querschnitten reicht der gleichzeitige Nachweis aus:

$\dfrac{N}{A} + \dfrac{M_y}{W_y} \leq 0{,}8\, f_{y,d}$ und $\dfrac{N}{A} + \dfrac{M_z}{W_z} \leq 0{,}8\, f_{y,d}$ und $\dfrac{\sigma_v}{f_{y,d}} \leq 1{,}1$

σ_v tritt dann nur in kleinen Bereichen des Querschnitts auf.

Lochschwächungen bei Zugstäben:
Keine Berücksichtigung der Löcher erforderlich wenn $A_{Brutto} / A_{Netto} \leq 1{,}2$ für S235
$\leq 1{,}1$ für S355

Sonst Tragfähigkeit des Zugstabes im Bereich der Löcher: $N_{R,d} = A_{Netto} \dfrac{f_{u,k}}{1{,}25 \cdot \gamma_M}$

Hier Absicherung gegen die Zugfestigkeit des Stahls $f_{u,k}$ Tafel 8.122

A_{Brutto} Bruttoquerschnittsfläche ohne Abzug der Lochschwächungen
A_{Netto} Nettoquerschnittsfläche mit Berücksichtigung der Lochflächen

Winkelprofile: Bei Wahl schenkelparalleler Querschnittswerte ist σ_x um 30 % zu erhöhen.

Nachweis für Winkel, die exzentrisch mit 2 oder mehr Schrauben angeschlossen sind:

$\dfrac{N_d}{N_{R,d}} \leq 0{,}8$

Beim Anschluss mit nur einer Schraube gilt: $N_{R,d} = 2 \cdot A^* \cdot f_{y,d}$

mit $\dfrac{N_d}{N_{R,d}} \leq 1{,}0$

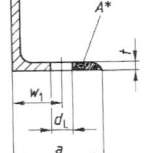

Schubspannungen aus Querkraft

Vereinfachte Berechnung: $\tau = \dfrac{V_z}{A_{Steg}}$ nur für I-Profile mit ausgeprägten Flanschen $\dfrac{A_{Gurt}}{A_{Steg}} \geq 0{,}6$

Stegflächen A_{Steg} der I-Profile mit $\dfrac{A_{Gurt}}{A_{Steg}} < 0{,}6$ sind in den Profiltabellen *kursiv* gekennzeichnet.

Schubspannungen für diese und beliebige andere dünnwandige Querschnitte:

$\tau = \dfrac{V \cdot S_y}{I_y \cdot t}$ S_y = statisches Moment, t = Blechdicke

Schubspannungen aus Torsion

Offene, dünnwandige Querschnitte: $\quad \tau = \dfrac{M_T}{I_T} t_i \quad$ mit $\quad I_T = \dfrac{1}{3} \zeta \sum b_i \cdot t_i^3$

b_i = Breite und $\quad t_i$ = Dicke des Querschnittsteiles
ζ = 1,3 für I-Profile; 1,12 für U- und T-Profile; sonst 1,0

Einzellige geschlossene Kästen: $\quad \tau = \dfrac{M_T}{W_T} \quad$ mit $\quad W_T = 2 \cdot A_m \cdot t$

A_m = die von der Profilmittellinie eingeschlossene Fläche

Fortsetzung des Beispiels von Seite 8.127 und 8.128:

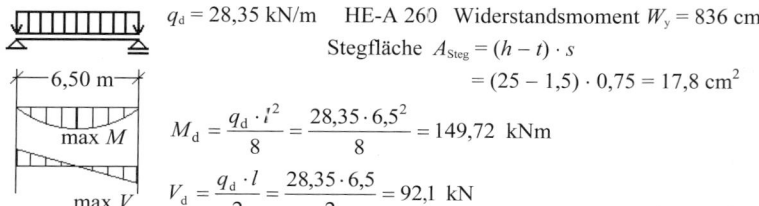

q_d = 28,35 kN/m HE-A 260 Widerstandsmoment W_y = 836 cm³

Stegfläche $A_{Steg} = (h - t) \cdot s$
$= (25 - 1,5) \cdot 0,75 = 17,8$ cm²

$$M_d = \frac{q_d \cdot l^2}{8} = \frac{28,35 \cdot 6,5^2}{8} = 149,72 \text{ kNm}$$

$$V_d = \frac{q_d \cdot l}{2} = \frac{28,35 \cdot 6,5}{2} = 92,1 \text{ kN}$$

Biegenormalspannung: $\quad \sigma_{x,d} = \dfrac{M_d}{W_y} = \dfrac{149,72 \cdot 100}{836} = 17,9 \ \dfrac{\text{kN}}{\text{cm}^2}$

Schubspannung: $\quad \tau_d = \dfrac{V_d}{A_{Steg}} = \dfrac{92,1}{17,8} = 5,2 \ \dfrac{\text{kN}}{\text{cm}^2}$, vereinfacht, da $\dfrac{A_{Gurt}}{A_{Steg}} \geq 0,6$

Nachweise: $\quad \dfrac{S_d}{R_d} = \dfrac{\sigma_{x,d}}{f_{y,d}} = \dfrac{17,9}{21,8} = 0,82 \leq 1,0$ und $\dfrac{\tau_d}{\tau_{R,d}} = \dfrac{5,2}{12,6} = 0,4 \leq 1,0$

Der Vergleichsspannungsnachweis ist beim Einfeldträger unter Gleichstreckenlast nicht erforderlich, da max M und max V nicht am selben Ort auftreten.

4.3.2 Vereinfachter Spannungsnachweis

Für einen vereinfachten Spannungsnachweis kann die Beanspruchung unter Ansatz charakteristischer Einwirkungsgrößen (ohne Teilsicherheitsbeiwerte) σ_k dem durch die Sicherheitsbeiwerte geteilten Wert der Streckgrenze $f_{y,k}$ (Tafel 8.122) gegenübergestellt werden:

$$\sigma_k \leq \frac{f_{y,k}}{\gamma_F \cdot \gamma_M} \quad \text{mit} \quad \gamma_F = 1,5 \ ; \quad \gamma_M = 1,1$$

Fortsetzung des Beispiels (Vereinfachter Spannungsnachweis):

Beanspruchung ohne Sicherheitsbeiwerte: $\quad q = p_k + s_k + g_k = 6 + 5 + 10 = 21$ kN/m
$M = q \cdot l^2 / 8 = 21 \cdot 6,5^2 / 8 = 110,9$ kN/m

Biegenormalspannungen:

$$\sigma_x = \frac{M}{W_y} = \frac{110,9 \cdot 100}{836} = 13,3 \ \frac{\text{kN}}{\text{cm}^2} \leq \frac{f_{y,k}}{\gamma_F \cdot \gamma_M} = \frac{24}{1,5 \cdot 1,1} = 14,5 \ \frac{\text{kN}}{\text{cm}^2}$$

Rechengang für Schubspannung analog zur Biegenormalspannung

4.3.3 Lagesicherheit

Gleiten V_d = Gleitkraft
$V_{R,d} = \mu \cdot N_{z,d} + V_{a,R,d}$ = Grenzgleitkraft   Stahl-Stahl: $\mu = 0{,}2$ Stahl-Beton: $\mu = 0{,}5$
μ = Reibungszahl in der Fuge (Bemessungswert)
$N_{z,d}$ = resultierende Druckkraft normal zur Lagerfuge
$V_{a,R,d}$ = Grenzabscherkraft der mechanischen Schubsicherung, z. B. Schrauben
Reib- und Scherwiderstand dürfen gleichzeitig angesetzt werden.

Abheben Z_d = Zugkraft senkrecht zur Lagerfuge   Nachweis: $\dfrac{Z_d}{Z_{A,R,d}} \leq 1{,}0$
$Z_{A,R,d}$ = Grenzwert des Widerstandes der Verankerung

Für unverankerte Lagerfugen darf keine abhebende Komponente senkrecht zur Fuge auftreten.

Umkippen $Z_A \leq Z_{A,R,d}$ Ankerzugkraft $\leq$ Grenztragfähigkeit des Ankers
Betondruckspannung $\sigma \leq f_{c,d}$ $f_{c,d} = \dfrac{f_{ck}}{1{,}5}$ nach DIN 1045-1

4.4 Nachweis der Gebrauchstauglichkeit

Durchbiegungsbegrenzung

Empfohlene Grenzwerte für lotrechte Verformungen δ_{max} enthält EUROCODE 3 Stahlbauten, keine Angaben in DIN 18 800:

Dächer $\delta_{max} \leq L / 200$ L Stützweite der Decken- / Dachträger
Decken, allgemein $\delta_{max} \leq L / 250$
Decken, die Stützen tragen $\delta_{max} \leq L / 400$

Waagerechte Auslenkungen am oberen Ende von Stützen:
Portalrahmen (ohne Krananlage) $h/150$ h Stützenhöhe
Eingeschossige Gebäude $h/300$
Mehrgeschossige Gebäude   je Stockwerk $h/300$, gesamt $h_{ges}/500$

Schwingungsverhalten

Frequenz in Hz für Einfeldträger, Kragarme und ähnliche statische Systeme $f = \dfrac{5}{\sqrt{f_g}}$

f_g = Durchbiegung in Feldmitte / an der Kragarmspitze unter Eigengewicht in **cm**
bei Wirkung der Gravitation $\perp$ zur Stabachse

Grenzwerte: $f \geq 3\,\text{Hz}$ für Decken von Wohnungen und Büros
$f \geq 5\,\text{Hz}$ für Decken mit rhythmischen Einwirkungen, z. B. Turnhallen, Tanzsäle usw.

4.5 Stabilitätsnachweise

4.5.1 Abgrenzungskriterium

Der Biegeknicknachweis darf entfallen, wenn die maßgebenden Biegemomente nach Theorie II. Ordnung (Berücksichtigung des Gleichgewichts am verformten System) nicht größer sind als die 1,1 - fachen maßgebenden Biegemomente nach Theorie I. Ordnung (Gleichgewicht nur am unverformten System):

$$\frac{N_d}{0{,}1 \cdot N_{ki,d}} \leq 1 \qquad \text{mit der Eulerschen Knicklast:} \qquad N_{ki,d} = \frac{\pi^2 \cdot EI / 1{,}1}{s_k^2}$$

4.5.2 Biegeknicknachweis für planmäßig mittigen Druck (nur N)

Ersatzstabverfahren

Knicklänge: $\qquad s_K = \beta \cdot l$

β : Knicklängenbeiwert
l : Stablänge

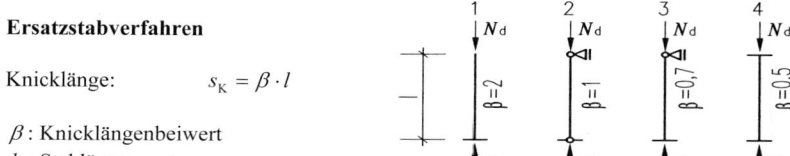

Schlankheitsgrad: $\qquad \lambda_K = \dfrac{s_K}{i}$, $\qquad i$: Trägheitsradius $\qquad$ Euler-Fälle 1 bis 4

Bezogener Schlankheitsgrad: $\qquad \overline{\lambda}_K = \dfrac{\lambda_K}{\lambda_a} \qquad \lambda_a$: Bezugsschlankheit $\qquad \lambda_a = \pi \sqrt{\dfrac{E}{f_{y,k}}}$

$$S235 \qquad t \leq 40\,\text{mm} \Rightarrow \lambda_a = 92{,}9$$

$$S355 \qquad t \leq 40\,\text{mm} \Rightarrow \lambda_a = 75{,}9$$

Zuordnung des Querschnitts zu einer Knickspannungslinie a, b, c oder d nach Tafel 8.133

Abminderungsfaktor κ in Abhängigkeit von der Knickspannungslinie nach Bild 8.134

Plastische Normalkraft (Querschnittstragfähigkeit): $\qquad N_{pl,d} = A \cdot \dfrac{f_{y,k}}{1{,}1}$

Tragfähigkeit des Druckstabs: $\qquad N_{R,d} = \kappa \cdot N_{pl,d} \qquad$ Nachweis: $\qquad \dfrac{N_d}{\kappa \cdot N_{pl,d}} \leq 1$

4.5.3 Biegeknicknachweis für Biegung mit Normalkraft (N + M)

Stäbe mit geringer Normalkraft: $N + M_y + M_z$

Der Biegeknicknachweis ist nicht erforderlich, wenn:

$$\frac{N_d}{\kappa \cdot N_{pl,d}} \leq 0{,}1 \qquad \kappa \quad \text{Abminderungsfaktor für Biegeknicken nach. Abs. 4.5.2}$$

Sonst wird auf die einfache Bemessung nach DIN 18 800 (3.81) verwiesen, s. Abschnitt 3.

Tafel 8.133 Zuordnung der Querschnitte zu den Knickspannungslinien

	1		2	3
	Querschnitt		Ausweichen rechtwinklig zur Achse	Knickspannungslinie
1	Hohlprofile	warm gefertigt	$y-y$ $z-z$	a
		kalt gefertigt	$y-y$ $z-z$	b
2	geschweißte Kastenquerschnitte		$y-y$ $z-z$	b
		dicke Schweißnaht [1]) und $h_y/t_y < 30$; $h_z/t_z < 30$	$y-y$ $z-z$	c
3	gewalzte I-Profile	$h/b > 1{,}2$; $t \leq 40$ mm	$y-y$ $z-z$	a b
		$h/b > 1{,}2$; $40 < t \leq 80$ mm $h/b \leq 1{,}2$; $t \leq 80$ mm	$y-y$ $z-z$	b c
		$t > 80$ mm	$y-y$ $z-z$	d
4	geschweißte I-Querschnitte	$t_i \leq 40$ mm	$y-y$ $z-z$	b c
		$t_i > 40$ mm	$y-y$ $z-z$	c d
5	U-, L- und Vollquerschnitte und mehrteilige Stäbe		$y-y$ $z-z$	c
6	Hier nicht aufgeführte Profile sind sinngemäß einzuordnen. Die Einordnung soll dabei nach den möglichen Eigenspannungen und Blechdicken erfolgen.			

1) Anmerkung: Als dicke Schweißnähte sind solche mit einer vorhandenen Nahtdicke $a \geq \min t$ zu verstehen.

Bild 8.134 Abminderungsfaktoren κ für Biegeknicken, Knickspannungslinien a, b, c, d

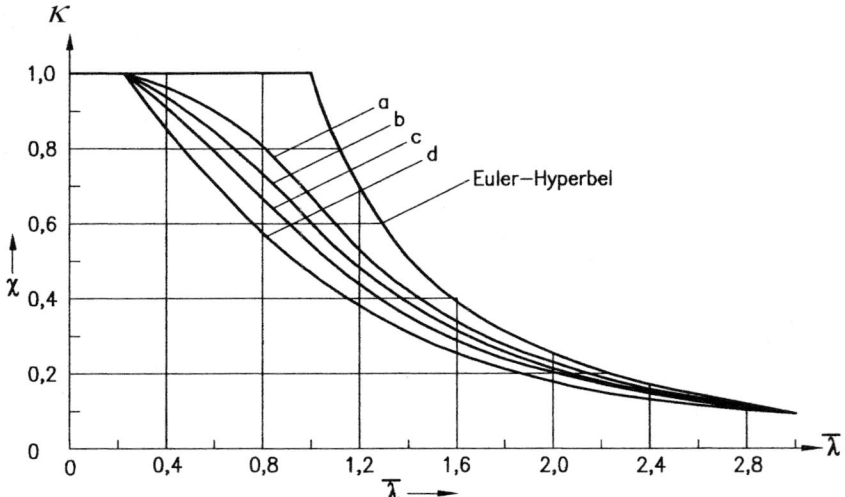

Beispiel: Stütze mit planmäßig mittigem Druck

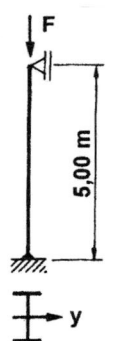

F = 200 kN (ständig) + 300 kN (veränderlich, z. B. Verkehr)

Profil HE-A 200, Werkstoff S235

Knicklänge: $s_K = \beta \cdot l = 0{,}7 \cdot 5{,}00 = 3{,}50$ m
Euler-Fall 3

Querschnittswerte: $A = 53{,}8$ cm², $i_z = 4{,}98$ cm

Nachweis nach DIN 18 800 (11.08)

Beanspruchung: $F_d = N_d = 1{,}35 \cdot 200 + 1{,}5 \cdot 300 = 720$ kN

$$\lambda_K = \frac{s_K}{i} = \frac{350}{4{,}98} = 70{,}3 \qquad \overline{\lambda}_K = \frac{\lambda_K}{\lambda_a} = \frac{0{,}3}{92{,}9} = 0{,}76$$

Maßgebende Knickspannungslinie:

Walzprofil, $h/b = 190/200 = 0{,}95 < 1{,}2$ und $t < 80$ mm
Ausweichen rechtwinklig zur z-Achse
→ Knickspannungslinie „c"

Bild 8.134: $\kappa = 0{,}69$

$$N_{pl,d} = A \cdot \frac{f_{y,k}}{1{,}1} = \frac{53{,}8 \cdot 24}{1{,}1} = 1174 \text{ kN} \qquad \text{Nachweis:} \quad \frac{N_d}{\kappa \cdot N_{pl,d}} = \frac{720}{0{,}69 \cdot 1174} = \frac{720}{810} = 0{,}89 \leq 1$$

Knicken

Nachweis nach DIN 18 800 (3.81) – alt – Zulässig σ-Verfahren

Rechengang siehe Abschnitt 3

Beanspruchung: $F = N = 200 + 300 = 500$ kN (ohne Sicherheitsfaktoren)

Schlankheit: $\lambda_K = \dfrac{s_K}{i} = \dfrac{350}{4,98} = 70,3$

Knickzahl: $\omega = 1,45$ \hspace{2em} Tafel 8.124b

Knickspannungsnachweis: $\sigma_\omega = \omega \cdot \dfrac{N}{A} = 1,45 \cdot \dfrac{500}{53,1} = 13,65 \dfrac{kN}{cm^2} \leq zul\,\sigma_D = 14,0 \dfrac{kN}{cm^2}$ \hspace{1em} LF H

zul σ_D nach Tafel 8.124a, Zeile 1, Lastfall H (ständige Last und Verkehrslast)

Zusätzliche Momentenbeanspruchung M_y um die starke Achse y

$M_y = 10,00$ kNm \hspace{2em} Widerstandsmoment: $W_y = 389$ cm^2

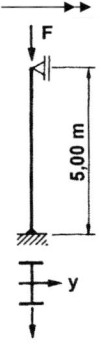

Spannungsnachweis:

$$\sigma = \dfrac{N}{A} + \dfrac{M_y}{W_y} = \dfrac{500}{53,1} + \dfrac{1000}{389} = 11,9 \dfrac{kN}{cm^2} \leq zul\,\sigma = 16,0 \dfrac{kN}{cm^2}$$

zul σ nach Tafel 8.124a, Zeile 2, Lastfall H

Knicknachweis:

$$\sigma_\omega = \omega \cdot \dfrac{N}{A} + 0,9 \cdot \dfrac{M_y}{W_y} = 1,45 \cdot \dfrac{500}{53,1} + 0,9 \cdot \dfrac{1000}{389} = 15,9 \dfrac{kN}{cm^2} \geq zul\,\sigma_D = 14 \dfrac{kN}{cm^2}$$

zul σ_D nach Tafel 8.124a, Zeile 1, Lastfall H,
Der Knicknachweis ist hier <u>nicht</u> erfüllt.

4.5.4 Biegedrillknicken (früher als „Kippen" bezeichnet)

Biegung ohne Normalkraft: Nachweis des Druckgurtes als Druckstab (nur M)

Ein genauer Biegedrillknicknachweis darf für I-förmige Stäbe unter einachsiger Biegung entfallen, wenn der Druckgurt mindestens im Abstand c seitlich unverschieblich gehalten ist:

$$c \leq 0,5 \cdot \dfrac{M_{pl,y,d}}{M_{y,d}} \cdot \dfrac{\lambda_a \cdot i_{z,g}}{k_c}$$

$i_{z,g}$ \hspace{1em} Trägheitsradius um die Stegachse z, der aus Druckgurt und 1/5 des Steges gebildeten Querschnittsfläche

$M_{pl,y,d}$ \hspace{1em} Biegemoment im plastischen Zustand

$M_{y,d}$ \hspace{1em} größter Absolutwert des Biegemoments

Druckkraftbeiwert k_c: Entsprechend dem Normalkraftverlauf im Gurt, der sich meist analog zum Momentenverlauf verhält.

	Normalkraftverlauf	k_c
1	⬜ max N	1,00
2	◣ max N	0,94
3	◢ max N	0,86
4	max N $-1 \leq \psi \leq 1$ ψ max N	$\dfrac{1}{1,33 - 0,33\,\psi}$

8.135

4.6 Bemessungswerte der Tragfähigkeit von Druckstäben

Tafel 8.136 Tragfähigkeit von Druckstäben aus S235 (St 37): $_{max}N_d$ in kN, s_K in m

s_K		3,00	3,50	4,00	4,50	5,00	5,50	6,00	6,50	7,00	7,50	8,00
D	t	Geschweißte Stahlrohre nach DIN EN 10219-2 kaltgefertigt (Auswahl)										
33,7	2,5	5,6	4,2									
42,4	2,5	11,2	8,4	6,5								
48,3	2,5	16,5	12,5	9,8	7,8							
60,3	2,5	31,3	24,1	19,0	15,3	12,6	10,6	9,0				
60,3	4	46,7	35,9	28,3	22,8	18,8	15,7	13,3	11,4			
76,1	2,5	57,4	45,6	36,6	29,9	24,8	20,9	17,8	15,3	13,3	11,7	
76,1	4	87,6	96,3	55,6	45,3	37,6	31,6	26,9	23,2	20,2	17,7	15,7
88,9	3	98,6	80,8	66,2	54,7	45,8	38,8	33,2	28,7	25,0	22,0	19,5
88,9	5	156,3	127,4	104,8	85,9	71,7	60,7	51,9	44,8	39,1	34,4	30,5
101,6	4	171,2	144,9	121,5	101,9	86,1	73,4	63,1	54,8	48,0	42,3	37,6
101,6	6	246,3	207,5	173,4	145,2	122,5	104,3	89,6	77,7	68,0	60,0	53,2
114,3	4	214,4	187,6	161,6	138,2	118,3	101,8	88,1	76,9	67,5	59,7	53,1
114,3	6	310,4	270,3	231,8	197,7	168,9	145,0	125,5	109,3	96,0	84,8	75,5
139,7	4	298,0	273,7	247,4	220,6	195,0	171,7	151,3	133,7	118,5	105,6	94,6
139,7	6	426,2	400,0	359,9	319,8	282,0	247,9	218,0	192,4	170,5	151,8	135,9
168,3	4	385,9	364,9	341,6	316,1	289,5	262,9	237,4	212,8	192,5	173,5	156,8
168,3	8	749,1	706,4	658,7	607,0	553,5	500,5	450,4	404,5	363,3	326,9	294,9
177,8	5	515,2	489,9	461,8	431,0	398,2	364,7	331,9	300,8	272,2	246,4	223,3
177,8	8	808,0	767,0	721,4	671,4	618,6	565,0	512,9	463,9	419,0	378,8	342,9
193,7	6	687,5	658,9	627,1	592,2	554,5	514,8	474,6	435,1	397,6	362,7	330,9
193,7	10	1120	1066	1013	953,7	890,0	823,6	756,7	691,7	630,4	574,0	522,6
219,1	6	802,2	775,6	746,7	715,0	680,4	643,4	604,3	564,2	524,0	484,9	447,8
219,1	10	1306	1261	1213	1159	1101	1038	972,8	905,7	839,2	774,9	714,1
244,5	6	915,8	890,5	863,4	834,1	802,4	768,1	731,5	692,9	653,0	613,0	572,8
244,5	10	1496	1453	1408	1359	1305	1248	1186	1121	1055	988,0	922,0
273,0	6	1040	1016	991,2	963,9	934,7	903,4	869,8	834,0	796,2	757,0	717,0
323,9	6	1265	1242	1218	1193	1166	1139	1109	1077	1044	1008	971,6
355,6	8	1864	1834	1803	1770	1737	1702	1664	1625	1584	1540	1494
406,4	8	2159	2129	2099	2068	2036	2003	1968	1932	1895	1855	1814

s_K	3,00	3,50	4,00	4,50	5,00	5,50	6,00	6,50	7,00	7,50	8,00
	IPE nach DIN 1025-5										
100	29.1	21,8	16,9								
120	49,7	37,4	29,2	23,4							
140	77,9	59	46,1	37,0							
160	115,5	88,1	69,1	55,6	45,7	38,2					
180	164,7	126,7	100	80,8	66,5	55.7	47,3				
200	226,7	176	139,7	113,2	93,4	78,3	66,6	57,3			
220	310,3	224,3	195,4	159,1	131,8	110,8	94,4	81,3	70,7		
240	407,6	325,4	262,4	214,8	178,5	150.4	128,3	110,7	96,4	84,7	
270	554.5	453,6	371,5	307,0	256,7	217.3	186,0	160,8	140,4	123,5	109,5
300	727,8	611,1	509,4	425,9	358,9	305,4	262,4	227,5	199,0	175,4	155,7
330	894,5	763,0	643,5	542,3	459,4	392,3	337,9	293,6	257,1	226,9	201,6
360	1097	952,9	815,2	694,0	592,1	508,1	439,2	382,6	335,7	296,7	264,0
400	1315	1155	997,7	855.5	733,5	631,7	547,4	477,7	419,8	371,5	330,8
450	1583	1405	1225	1059	913,6	789,9	686,6	600,4	528,5	468,2	417,3
500	1911	1715	1512	1318	1145	994,7	867,5	760,6	670,8	595,1	531,0
550	2248	2032	1805	1584	1382	1206	1054	926,5	818,4	726,9	649,2
600	2680	2447	2197	1947	1712	1502	1319	1163	1029	916,3	819,5

Folgeseite: Tafel 8.137 Tragfähigkeit von Druckstäben aus S235: $_{max}N_d$ in kN, s_K in m

Tragfähigkeit von Druckstäben

s_K	3,00	3,50	4,00	4,50	5,00	5,50	6,00	6,50	7,00	7,50	8,00
					Druckstäbe HE-A (IPBl)						
100	183	146	118	96,6	80,6	68,1	58,3	50,4	44,0	38,8	34,4
120	277	227	188	156	132	112	96,5	83,8	73,4	64,8	57,7
140	404	343	290	246	209	180	156	136	120	106	94,4
160	555	484	418	361	311	270	235	207	183	162	145
180	707	633	561	493	433	380	334	296	263	235	210
200	888	810	730	653	581	516	458	408	365	327	294
220	1110	1030	946	860	777	699	628	564	508	458	414
240	1380	1290	1200	1100	1010	919	834	755	684	621	564
260	1600	1510	1420	1320	1220	1120	1030	941	859	785	717
280	1830	1740	1650	1550	1450	1340	1240	1050	1050	969	890
300	2160	2070	1960	1860	1750	1640	1530	1420	1320	1220	1130
320	2390	2280	2170	2060	1940	1810	1690	1570	1460	1350	1240
340	2560	2450	2330	2200	2070	1940	1810	1680	1560	1440	1330
360	2740	2610	2480	2350	2210	2070	1930	1790	1660	1530	1410
400	3160	3050	2930	2800	2650	2500	2340	2170	2010	1860	1710
450	3530	3410	3270	3120	2960	2790	2600	2420	2240	2060	1900
500	3910	3770	3620	3450	3270	3080	2870	2670	2460	2270	2090
					Druckstäbe HE-B (IPB)						
100	227	181	147	120	100	85,0	72,7	62,9	54,9	48,4	42,9
120	377	310	257	214	180	154	132	115	101	89,0	79,1
140	561	478	405	344	293	252	219	191	168	149	133
160	786	688	597	515	446	387	338	297	262	233	209
180	1030	921	817	720	633	556	490	434	386	344	309
200	1300	1190	1070	964	860	765	681	607	543	487	439
220	1590	1470	1350	1230	1120	1010	905	814	733	662	599
240	1910	1790	1660	1540	1410	1280	1170	1060	961	873	794
260	2190	2070	1950	1820	1680	1550	1420	1300	1190	1090	996
280	2490	2360	2240	2110	1970	1830	1700	1570	1440	1330	1220
300	2870	2750	2620	2480	2340	2190	2050	1900	1770	1640	1510
320	3110	2970	2830	2680	2530	2370	2210	2060	1910	1770	1630
340	3290	3140	2990	2830	2670	2500	2330	2170	2010	1860	1720
360	3470	3320	3150	2990	2810	2630	2460	2280	2120	1960	1810
400	3930	3800	3650	3490	3310	3120	2930	2730	2530	2330	2150
450	4330	4180	4010	3830	3630	3420	3200	2980	2760	2540	2340
500	4730	4560	4380	4180	3960	3730	3480	3230	2990	2760	2540
550	5020	4840	4640	4420	4180	3930	3660	3400	3130	2880	2650
600	5320	5120	4910	4670	4410	4130	3850	3560	3280	3010	2760
					Druckstäbe HE-M (IPBv)						
100	515	416	339	280	235	199	171	148	129	114	101
120	788	658	549	461	390	334	288	251	220	194	173
140	1100	949	812	694	596	514	447	391	345	306	273
160	1460	1290	1130	984	856	747	654	576	511	455	407
180	1830	1650	1480	1310	1160	1030	907	805	717	642	577
200	2230	2050	1870	1690	1510	1350	1210	1080	970	873	788
220	2640	2460	2270	2080	1900	1720	1550	1400	1270	1150	1040
240	3660	3450	3230	3000	2770	2540	2320	2120	1930	1760	1610
260	4120	3910	3690	3470	3230	3000	2770	2550	2340	2150	1970
280	4600	4390	4170	3940	3710	3470	3230	3000	2780	2560	2370
300	5920	5680	5430	5170	4900	4630	4350	4070	3800	3540	3290
320	6090	5840	5580	5310	5030	4740	4450	4170	3880	3610	3360
340	6360	6160	5950	5720	5470	5200	4920	4620	4320	4020	3730
360	6410	6210	5990	5760	5500	5220	4930	4630	4320	4010	3720
400	6530	6320	6090	5850	5590	5290	4980	4660	4340	4030	3730
450	6700	6480	6240	5980	5700	5390	5070	4740	4400	4080	3770
500	6860	6630	6370	6100	5790	5470	5130	4780	4440	4100	3780
550	7040	6790	6530	6240	5920	5580	5220	4860	4500	4150	3820
600	7200	6940	6660	6350	6010	5650	5280	4900	4520	4160	3830

8.137

5 Schraubverbindungen

5.1 Schrauben, Abstände

Tafel 8.138a Symbole für Schrauben nach DIN ISO 5261 (2.83)

Schraube	Darstellung in der Zeichenebene				
	senkrecht zu Achse			parallel zu Achse	
	nicht gesenkt	Senkung auf der Vorseite	Senkung auf der Rückseite	nicht gesenkt	Senkung auf einer Seite
in der Werkstatt eingebaut					
auf der Baustelle eingebaut					
auf der Baustelle gebohrt und eingebaut					
Bezeichnung der Schrauben	Die Bezeichnung für eine Gruppe gleicher Schrauben braucht nur an einer äußeren Schraube mit einer Pfeillinie angebracht zu werden.			4 M 16 DIN ...	
Bei Symbolen für Löcher entfällt der Punkt in der Mitte bzw. die senkrechten Striche.					

Schraube, Mutter, Unterlegscheibe

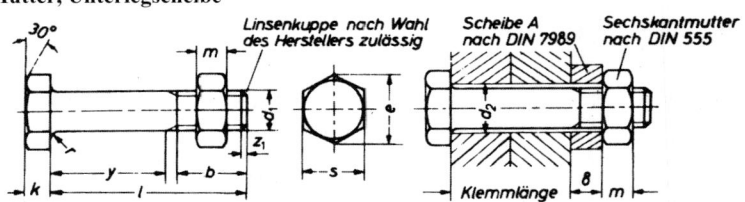

Tafel 8.138b Schraubenmaße in mm für Sechskantschrauben DIN 7990 und DIN 7968

Schraubengröße			M 12	M 16	M 20	M 22	M 24	M 27	M 30	M 36
Gewinde-Ø d_1			12	16	20	22	24	27	30	36
Loch Ø-d_2			13	17	21	23	25	28	31	37
Schaft-Ø	R	HR	= Gewindedurchmesser d_1							
	P	HP	= Lochdurchmesser d_2							
Kopfhöhe k			8	10	13	14	15	17	19	23
Mutterhöhe m			10	13	16	18	19	22	24	29
Schlüsselweite s	R	P	18	24	30	34	36	41	46	55
	HR	HP	22	27	32	36	41	46	50	60
Eckenmaß min e	R	P	19,85	26,17	32,95	37,29	39,55	45,20	50,85	60,79
	HR	HP	23,91	29,56	35,03	39,55	45,20	50,85	55,37	66,44
Scheiben Ø			24	30	37	39	44	50	56	66
Scheibendicke	R	P	8	8	8	8	8	8	8	8
	HR	HP	3	4	4	4	4	5	5	6

R=Rohe Schrauben Festigkeitskl. 4.6, 5.6   P=Passschrauben   H=Hochfeste Schrauben 8.8, 10.9

Bezeichnung der Festigkeitsklasse und zugehörige charakteristische Werte

Beispiel: Festigkeitsklasse **4.6**

Erste Ziffer (hier **4**)   multipliziert mit 100 ergibt:
Zugfestigkeit $f_{u,b,k}$ (hier **400** N/mm²)

Zweite Ziffer (hier **6**)   multipliziert mit 10 % und $f_{u,b,k}$ ergibt:
Streckgrenze $f_{y,b,k}$ (hier **60** % · 400 = 240 N/mm²)

Die Festigkeitswerte der anderen Festigkeitsklassen sind analog zu berechnen.

Bild 8.139   Rand- und Lochabstände: Bezeichnungen und empfohlene Maße

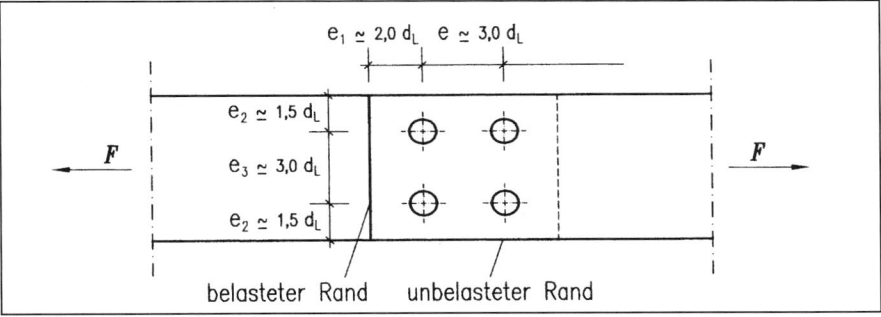

Geringere Abstände sind zulässig, siehe Tafel 8.139

Schraubengröße bei Blechdicke t (Empfehlung): $\varnothing\, d_1 \approx 2 \cdot t$

Tafel 8.139 Grenzwert der Schraubenabstände (von Lochmitte zu Lochmitte gemessen)

d_L = Lochdurchmesser, t = Dicke des dünnsten außen liegenden Teiles der Verbindung Bei den von d_L und t abhängigen Werten ist der jeweils kleinere maßgebend.						
Randabstände e_1, e_2				Lochabstände e, e_3		
Kleinster Randabstand	in Kraftrichtung e_1	1,2 d_L	Kleinster Lochabstand	in Kraftrichtung e	2,2 d_L
	senkrecht zur Kraftrichtung e_2	1,2 d_L		senkrecht zur Kraftrichtung e_3	2,4 d_L
Größter Randabstand	in und senkrecht zur Kraftrichtung e_1 bzw. e_2	3 d_L oder 6 $t^{1)}$	Größter Lochabstand e bzw. e_3	im Druckbereich und für Beulsteifen Sicherung gegen lokales Beulen	6 d_L oder 12 t
				im Zugbereich und für Heftung im Druckbereich	10 d_L oder 20 t

[1)] 8 t statt 6 t, wenn das abstehende Ende eine Versteifung durch die Profilform erfährt. Größere Rand– und Lochabstände sind zulässig, wenn geeignete Maßnahmen einen ausreichenden Korrosionsschutz gewährleisten.

5.2 Tragfähigkeit von Schrauben

Grenzabscherkraft

Nachweis auf Abscheren: $\dfrac{V_{a,d}}{V_{a,R,d}} \leq 1$

Tafel 8.140a Grenzabscherkraft $V_{a,R,d}$ in kN je Scherfuge für einschnittige gestützte und mehrschnittige Verbindungen

Verbindungsart	Festigkeitsklasse	Schraubengröße							
		M 12	M 16	M 20	M 22	M 24	M 27	M 30	M 36
Schaft[1] SL	4.6	24,7	43,9	68,5	82,9	98,6	125	154	222
	5.6	30,8	54,8	85,6	104	123	156	193	278
SL, SLV	10.9	56,5	101	157	190	226	287	354	509
Gewinde[2] SL	4.6	18,4	34,3	53,5	66,1	77,0	100	122	178
	5.6	23,0	42,8	66,8	82,6	96,3	125	153	223
SL, SLV	10.9	33,7	62,8	98,0	121	141	184	224	327
SLP	4.6	29,0	49,5	75,5	90,5	107	134	165	235
	5.6	36,3	61,9	94,4	113	134	168	206	293
SLP, SLVP	10.9	66,5	114	173	208	246	308	378	538

[1] Schaft in der Scherfuge   [2] Gewinde in der Scherfuge

Beanspruchung auf Zug in Richtung der Schraubenachse

Nachweis auf Zug: $\dfrac{N_d}{N_{R,d}} \leq 1$

Tafel 8.140b Grenzzugkräfte $N_{R,d}$ in kN je Schraube

Verbindungsart	Festigkeitsklasse	Schraubengröße							
		M 12	M 16	M 20	M 22	M 24	M 27	M 30	M 36
Sechskant-schrauben	4.6	22,4	39,9	62,3	75,4	89,7	114	140	202
	5.6	28,0	49,8	77,9	94,2	112	142	175	252
	10.9	61,3	114	178	220	257	334	408	594
Sechskant-Passschrauben	4.6	24,5	45,0	68,6	82,3	97,4	122	150	213
	5.6	30,7	56,3	85,8	103	122	153	187	267
	10.9	61,3	114	178	220	257	334	408	594

Beanspruchung auf Zug und Abscheren

Interaktionsnachweis: $\left(\dfrac{N_d}{N_{R,d}}\right)^2 + \left(\dfrac{V_d}{V_{a,R,d}}\right)^2 \leq 1{,}0$

Der Nachweis kann entfallen, wenn $\dfrac{N_d}{N_{R,d}}$ oder $\dfrac{V_d}{V_{a,R,d}} < 0{,}25$.

Für die Berechnung von $N_{R,d}$ ist die in der Scherfuge liegende Querschnittsfläche maßgebend.

Lochleibung

Grenzlochleibungskräfte nach Tafel 8.141. Die Tafel gilt auf der sicheren Seite liegend auch für Passschrauben SLP, SLVP, GVP.   Nachweis: $V_{l,d} / V_{l,R,d} \leq 1$

Schraubverbindungen

Tafel 8.141 Grenzlochleibungskräfte $V_{l,R,d}$ in **kN / 10 mm** Bauteildicke für

SL-, SLV- und GV-Verbindungen, Lochspiel Δd = 2 mm

Abstand mm		Schrauben (alle Festigkeitsklassen)							
		M 12	M 16	M 20	M 22	M 24	M 27	M30	M37
Lochabstand e	e = 30								
	35	50,5							
	40	60,6	56,9						
	45	70,7	67,4						
	50	78,8	77,8	73,5					
	55	78,8	88,3	84,2	81,8				
	60	.	98,8	94,9	92,6	90,2			
	65	.	105	106	103	101	97,2		
	70	78,8	105	116	114	112	108		
	75		.	127	125	123	119	115	
	80		.	131	136	134	130	126	
	85		.	131	144	145	141	137	129
	90		.	.	144	155	152	148	140
	95		105	.	.	158	163	159	152
	100			.	.	158	174	171	163
	105			.	.	.	177	182	174
	110			.	.	.	177	193	185
	115			.	.	.	.	197	196
	120			131	.	.	.	.	207
	125				.	.	.	.	219
	130				.	.	.	.	230
	135				144	158	177	197	236
Randabstand e_1	e_1 = 20	33,3							
	25	43,6	42,9						
	30	53,9	53,5	52,4	51,6				
	35	64,1	64,2	63,3	62,6	61,8	60,5		
	40	74,4	74,9	74,2	73,6	72,9	71,7	70,4	
	45	78,5	85,5	85,1	84,6	84,0	82,9	81,6	
	50	78,5	96,2	96,0	95,6	95,1	94,1	92,9	90,1
	55	.	105	107	107	106	105	104	101
	60	.	105	118	118	117	116	115	113
	65	.	.	129	129	128	128	127	124
	70	78,5	.	131	140	139	139	138	136
	75		.	131	144	150	150	149	147
	80		.	.	144	157	161	160	158
	85		.	.	.	157	172	172	170
	90		.	.	.	.	177	183	181
	95		105	.	.	.	177	194	192
	100			.	.	.	.	196	204
	105			.	.	.	.	196	215
	110			.	.	.	.	.	227
	115			131	144	157	177	196	236

Die Tafelwerte gelten für Blechdicken zwischen 3 mm und 40 mm und S235.

Für **S355** sind die Tafelwerte mit dem **Faktor 1,5** zu multiplizieren.

Mindestschraubenabstände senkrecht zur Kraftrichtung: $e_2 \geq 1,5 \, d_L$ und $e_3 \geq 3 \, d_L$.

8.141

6 Schweißverbindungen

Tafel 8.142 Symbole für Schweißverbindungen,
Beispiele nach DIN EN 22 553 (8.94)

Grundsymbole für Nahtarten			Zusammengesetzte Symbole für Nahtarten		
Benennung	Illustration	Symbol	Benennung	Illustration	Symbol
Kehlnaht		⊿	Doppelkehlnaht		⊳
V-Naht		V	DV-Naht		X
HV-Naht		ⱽ	DHV-Naht		K
Y-Naht		Y	DY-Naht		X
HY-Naht		Ƴ	DHY-Naht		K
Gegennaht (Gegenlage)		⌣	V-Naht mit Gegennaht		⩔
I-Naht		‖	**Bezugszeichen** Pfeillinie $a_w \vee l_w$ Stoß — Strichlinie		

Zusatzsymbole				Ergänzungssymbole	
Oberflächenform		Nahtausführung			
hohl (konkav)	∪	Wurzel ausgearbeitet und gegengeschweißt	●	ringsum verlaufende Naht	
flach	—				
gewölbt (konvex)	⌒	Naht durch zusätzliche Bearbeitung eingeebnet	⩔	Baustellennaht	

Kombinationen			
V-Naht mit ebener Oberfläche, Wurzel ausgearbeitet und gegengeschweißt		ringsum verlaufende Kehlnaht, konkav, auf der Baustelle geschweißt	

Stellung des Bezugszeichens bzw. des Symbols			
		Gegenseite Pfeilseite Gegenseite	

8.142

Nahtdickenbegrenzung für Kehlnähte

$2 \leq a \leq 0{,}7 \min t$	Verbindlich
$a \geq \sqrt{\max t} - 0{,}5$ t in mm	Empfohlen zur Vermeidung von Versprödung und Kaltrissgefahr, die durch den schnellen Wärmeabfluss beim Schweißen entstehen kann

Nahtlängenbegrenzung:

$l \leq 150 \cdot a$	Bei unmittelbaren Laschen- und Stabanschlüssen mit nicht kontinuierlicher Krafteinleitung

Rechnerisch ansetzbar sind nur Nähte mit Längen von $l \geq 30$ mm und $l \geq 6 \cdot a$

Tafel 8.143 Rechnerische Schweißnahtdicken a

		1 Nahtart		2 Bild	3 Rechnerische Nahtdicke a
1	Durch- oder gegengeschweißte Nähte	Stumpfnaht			$a = t_1$
2		D(oppel) HV-Naht (K-Naht)			
3		HV-Naht	Kapplage gegengeschweißt		$a = t_1$
4			Wurzel durchgeschweißt		
5	Kehlnähte	Kehlnaht			Nahtdicke a ist gleich der bis zum theoretischen Wurzelpunkt gemessenen Höhe des einschreibbaren gleichschenkligen Dreiecks
6		Doppelkehlnaht			
7		Kehlnaht	mit tiefem Einbrand		$a = \bar{a} + e$ $\bar{a}$: entspricht Nahtdicke a nach Zeile 5 und 6 e: mit Verfahrensprüfung festlegen (siehe DIN 18 800-7 Ausg. 5.83, Abschnitt 3.4.3.2)
8		Doppelkehlnaht			

8.143

Tragfähigkeitsnachweis der Schweißverbindungen

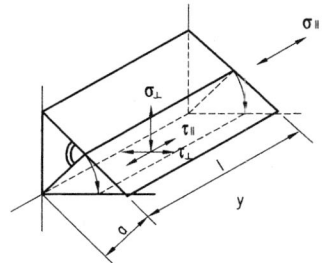

Mögliche Spannungsrichtungen in einer Schweißnaht, dargestellt an einer idealisierten Kehlnaht:

$\sigma_\perp$ Normalspannung
$\tau_\perp$ Schubspannung quer zur Nahtrichtung
$\tau_\parallel$ Schubspannung in Nahtrichtung

Spannungen durch Längskraft, Scherkraft, Querkraft, Biegemoment

a) Beanspruchung durch Normalkraft N: $\quad \sigma_\perp = N / A_w$

b) Beanspruchung durch Scherkraft F: $\quad \tau_\perp$ bzw. $\tau_\parallel = F / A_w$

c) Beanspruchung durch Querkraft V: $\quad \tau_\parallel = (V \cdot S) / (I \cdot \Sigma a)$

Bei Trägeranschlüssen und in Stegblechquerstößen darf die Schubspannung nach Formel b) berechnet werden mit A_w = Schweißnahtfläche des Steges

d) Beanspruchung durch Biegemoment M: $\quad \sigma_\perp = (M / I_w) \cdot z$

Zusammengesetzte Beanspruchung: $\quad \sigma_{w,v} = \sqrt{\sigma_\perp^2 + \tau_\perp^2 + \tau_\parallel^2}$

A_w rechnerische Schweißnahtflächen, siehe Tafel 8.143, $A_w = \Sigma a \cdot l$
I_w Schweißnaht-Flächenmoment 2. Grades (Trägheitsmoment)
Σa Summe der jeweils anzusetzenden Schweißnahtdicken für die angeschlossenen Querschnittsflächen
S Flächenmoment 1. Grades der angeschlossenen Querschnittsflächen (Statisches Moment)
I Flächenmoment 2. Grades des Gesamtquerschnitts (Trägheitsmoment)

Grenzschweißnahtspannung: **Nachweis der Schweißnaht:**

$$\sigma_{w,R,d} = \alpha_w \cdot \frac{f_{y,k}}{\gamma_m} \quad \gamma_m = 1{,}1 \quad\quad \frac{\sigma_{w,v}}{\sigma_{w,R,d}} \leq 1$$

Tafel 8.144 α_w -Werte zur Berechnung der Grenzschweißnahtspannung

Nahtart nach Tafel 8.143	Nahtgüte	Beanspruchungsart	Werkstoff	
			S235	S355
Durch- oder gegengeschweißte Nähte Zeile 1 bis 4	alle Nahtgüten	Druck	$1{,}0^{1)}$	$1{,}0^{1)}$
	Nahtgüte nachgewiesen	Zug		
	Nahtgüte nicht nachgewiesen		0,95	0,80
Nicht durchgeschweißte Nähte Zeile 5 bis 8	alle Nahtgüten	Druck, Zug Schub		

[1] Ein Nachweis ist im Allgemeinen nicht erforderlich, da der Bauteilwiderstand maßgebend ist.

8E Stahlbauprofile

1 Profilübersicht

Dargestellt ist jeweils das kleinste und größte Profil jeder Reihe mit einer Auswahl von Zwischengrößen

Schmale I-Träger

I 80 bis I 600

Höhe 80 bis 600 mm
Breite 42 bis 215 mm

Tafel Seite 8.150

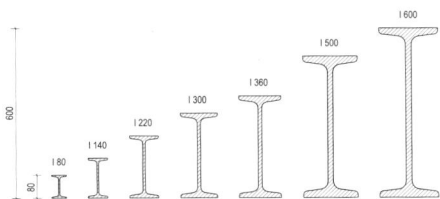

Mittelbreite I-Träger IPE

IPE 80 bis IPE 600

Höhe 80 bis 600 mm
Breite 46 bis 220 mm

Tafel Seite 8.151

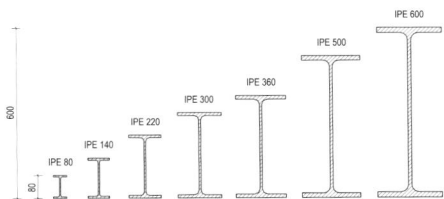

Mittelbreite I-Träger IPEa

IPEa 80 bis IPEa 600

Höhe 78 bis 597 mm
Breite 46 bis 220 mm

Tafel Seite 8.152

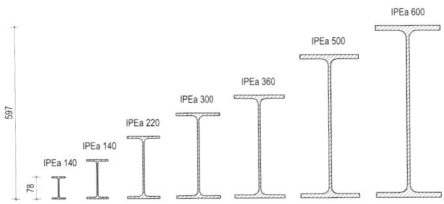

Mittelbreite I-Träger IPEo

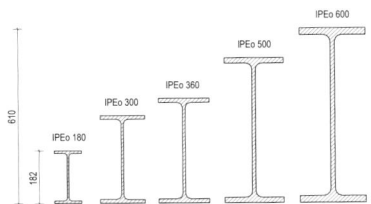

IPEo 180 bis 600,
Tafel Seite 8.153

Höhe 182 bis 610 mm
Breite 92 bis 224 mm

Mittelbreite I-Träger IPEv

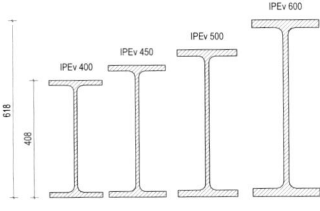

IPEv 400 bis 600,
Tafel Seite 8.154

Höhe 408 bis 618 mm
Breite 182 bis 228 mm

8E Stahlbauprofile

Breitflanschprofile

Breite I-Träger HE-AA, sehr leichte Ausführung IPBll

HE 100 AA bis HE 1000 AA

Höhe 91 bis 970 mm, Breite 100 bis 300 mm

Tafel Seite 8.155

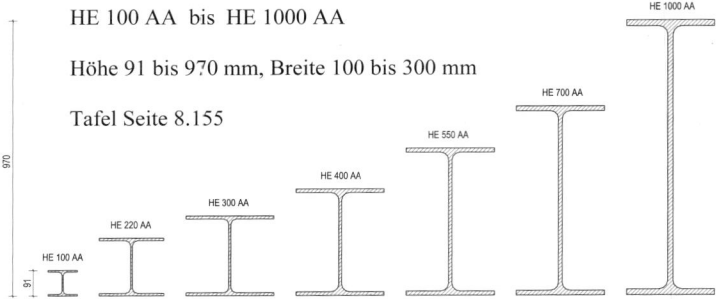

Breite I-Träger HE-A, leichte Ausführung IPBl

HE 100 A bis HE 1000 A

Höhe 96 bis 990 mm, Breite 100 bis 300 mm

Tafel Seite 8.156

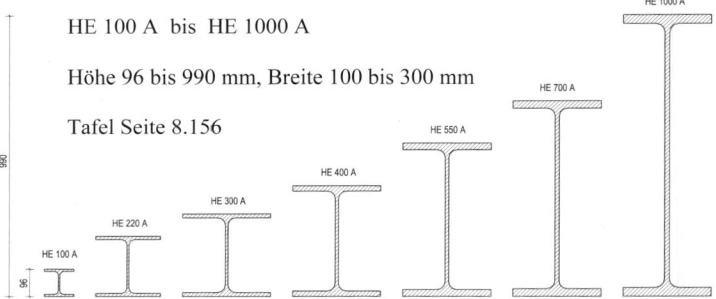

Breite I-Träger HE-B, Breitflanschträger IPB

HE 100 B bis HE 1000 B

Höhe 100 bis 1000 mm, Breite 100 bis 300 mm

Tafel Seite 8.158

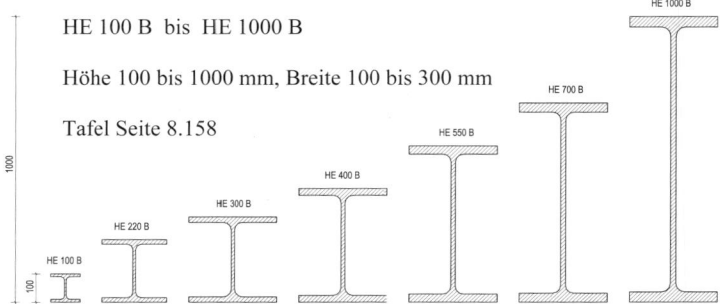

Bis 300 mm Höhe sind Flanschbreite und Höhe ungefähr gleich (quadratische Abmessungen), ab 300 mm Höhe bleibt die Flanschbreite bei 300 mm (schlanker Querschnitt).

8.146

Breite I-Träger HE-M, verstärkte Ausführung IPBv

HE 100 M bis HE 1000 M

Höhe 120 bis 1008 mm, Breite 106 bis 302 mm

Tafel Seite 8.160

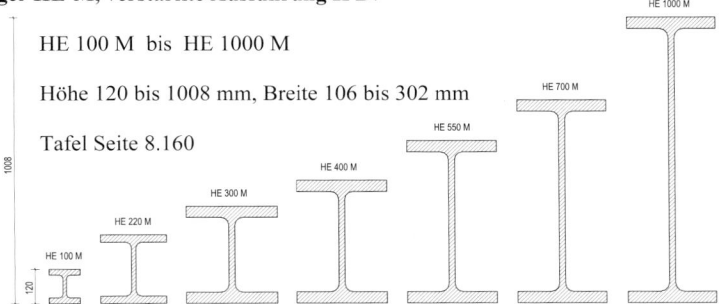

U-Stahl

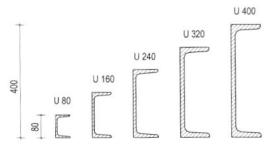

U 30 bis U 400   Tafel Seite 8.162

U-Stahl mit parallelen Flanschflächen UPE

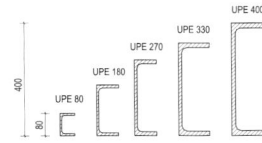

UPE 80 bis 400   Tafel Seite 8.164

(Die Höhe entspricht der Bezeichnung in mm, gilt für alle nachfolgenden Profile)

U-Stahl mit parallelen Flanschflächen UAP

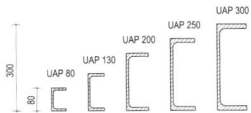

UAP 80 bis 300   Tafel Seite 8.165

Z-Stahl

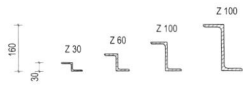

Z 30 bis 160   Tafel Seite 8.170

Gleichschenkliger Winkelstahl

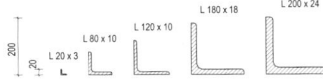

L 20 bis 200   Tafel Seite 8.166

Ungleichschenkliger Winkelstahl

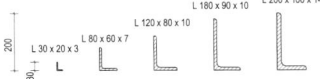

L 30 x 20 x 3 bis L 200 x 100 x 14
Tafel Seite 8.168

Quadratische Hohlprofile

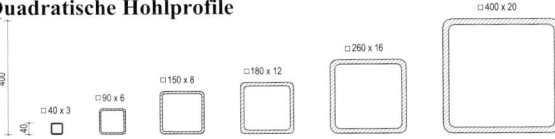

Tafel Seite 8.172 warm- und
Seite 8.173 kaltgefertigt

Außenabmessungen ab □ 20 mm bis □ 400 mm

8E Stahlbauprofile

Rechteckige Hohlprofile

Warmgefertigt, Außenabmessungen ab □ 50 x 25mm bis □ 500 x 300 mm

Tafel Seite 8.174

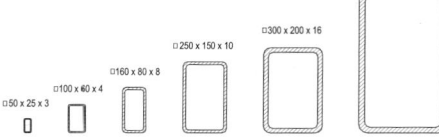

Kaltgefertigt, Außenabmessungen ab □ 40 x 20mm bis □ 400 x 300 mm

Tafel Seite 8.176

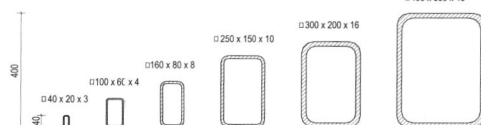

Kreisförmige Hohlprofile

Tafel Seite 8.178, warmgefertigt,
Tafel Seite 8.180 kaltgefertigt

Größere Durchmesser als in den Tafeln aufgeführt sind lieferbar.

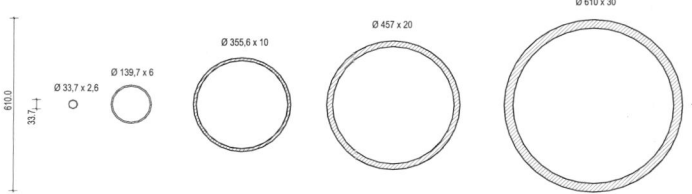

Rundstahl

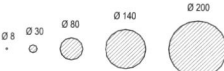

Tafel Seite 8.182

Vierkantstahl

Tafel Seite 8.182

Flachstahl

Tafel Seite 8.182

2 Profiltabellen

Benennungen

Abmessungen

h, b, s, t, ... Profilabmessungen, zulässige Abweichungen siehe DIN EN 10 034
w, w_1, d, ... Anreißmaße und größte Lochdurchmesser für Schrauben in Anlehnung an DIN 997
  Sind für d zwei Werte angegeben, so gilt der kleinere für HV-Schrauben

Normallängen = handelsübliche Längen, Grenzabmessungen s. Seite 8.158

Statische Werte

A	Querschnittsfläche
A_{Steg}	Stegfläche zwischen den Flanschflächen zur Berechnung der Schubspannungen
U	Mantelflächen = Anstrichflächen (Beschichtungsflächen) = Profilabwicklung
G	Masse je Längeneinheit mit $\gamma = 78{,}5$ kN/m³
I_y, I_z	Flächenmomente 2. Grades (Trägheitsmomente) bezogen auf die y- bzw. z-Achse
W_y, W_z	Elastische Widerstandsmomente bezogen auf die y- bzw. z-Achse
i_y, i_z	Trägheitsradien
$i_{z,g}$	Trägheitsradius des Flansches von I-Profilen einschließlich 1/5 der Stegfläche
S_y	Flächenmoment 1. Grades des halben Querschnitts bezogen auf die y-Achse
I_T	Torsionsflächenmoment 2. Grades
W_T	Torsionswiderstandsmoment
I_ω	Wölbflächenmoment 2. Grades bezogen auf den Schubmittelpunkt M

Plastische Tragfähigkeit der Querschnitte, charakteristische Werte für S235

Für die Nachweise sind die Bemessungswerte anzusetzen:

Die Tabellenwerte sind durch $\gamma_M = 1{,}1$ zu teilen.

N_{pl}	Plastische Normalkrafttragfähigkeit des Querschnitts für S235
$M_{pl,y}$ $M_{pl,z}$	Plastische Momententragfähigkeit für S235 um die y- bzw. z-Achse
$V_{pl,z}$ $V_{pl,y}$	Plastische Querkrafttragfähigkeit für S235 in z- bzw. y-Richtung

Für **S355** sind die Werte mit **1,5** zu multiplizieren.

Allgemeines zu den Tabellen

Die Tabellenwerte sind z. T. auf 3 oder 4 benannte Ziffern gerundet.

Vorzugsweise zu wählende Profilgrößen sind fett hervorgehoben (DStV-Liste).

Für *kursive Flächen* A_{Steg} von I-Profilen gilt: $\dfrac{A_{Gurt}}{A_{Steg}} < 0{,}6$ siehe Seite 8.129, Schubspannungsberechnung aus Querkraft

Schmale I–Träger

I – Reihe nach DIN 1025-1, warmgewalzt

Normallängen bei
h < 300 mm: 8-16 m
h ≥ 300 mm: 8-18 m

Kurzzeichen z. B.: I 360 DIN 1025 S235JR

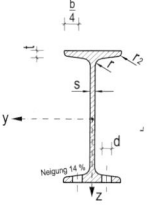
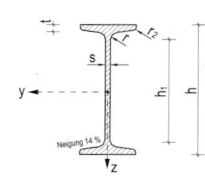

Kurz-zei-chen	Maße					Flächen				Statische Werte		
	h	b	$s=r_1$	t	r_2	h_1	A	A_{Steg}	G	U	I_y	W_y	i_y
I	mm	mm	mm	mm	mm	mm	cm^2	cm^2	kN/m	m^2/m	cm^4	cm^3	cm
80	80	42	3,9	5,9	2,3	59	7,57	2,89	0,0594	0,304	77,8	19,5	3,20
100	100	50	4,5	6,8	2,7	75	10,6	4,19	0,0834	0,370	171	34,2	4,01
120	120	58	5,1	7,7	3,1	92	14,2	5,72	0,111	0,439	328	54,7	4,81
140	140	66	5,7	8,6	3,4	109	18,2	7,49	0,143	0,502	573	81,9	5,61
160	160	74	6,3	9,5	3,8	125	22,8	9,48	0,179	0,575	935	117	6,40
180	180	82	6,9	10,4	4,1	142	27,9	11,7	0,219	0,640	1.450	161	7,20
200	200	90	7,5	11,3	4,5	159	33,4	14,2	0,262	0,709	2.140	214	8,00
220	220	98	8,1	12,2	4,9	176	39,5	16,8	0,311	0,775	3.060	278	8,80
240	240	106	8,7	13,1	5,2	192	46,1	19,7	0,362	0,844	4.250	354	9,59
260	260	113	9,4	14,1	5,6	208	53,3	23,1	0,419	0,906	5.740	442	10,4
280	280	119	10,1	15,2	6,1	225	61,0	26,7	0,479	0,966	7.590	542	11,1
300	300	125	10,8	16,2	6,5	241	69,0	30,7	0,542	1,03	9.800	653	11,9
320	320	131	11,5	17,3	6,9	258	77,7	34,8	0,610	1,09	12.510	782	12,7
340	340	137	12,2	18,3	7,3	274	86,7	39,2	0,680	1,15	15.700	923	13,5
360	360	143	13,0	19,5	7,8	290	97,0	44,3	0,761	1,21	19.610	1.090	14,2
380	380	149	13,7	20,5	8,2	306	107	49,3	0,840	1,27	24.010	1.260	15,0
400	400	155	14,4	21,6	8,6	323	118	54,5	0,924	1,33	29.210	1.460	15,7
450	450	170	16,2	24,3	9,7	363	147	69,0	1,15	1,48	45.850	2.040	17,7
500	500	185	18,0	27,0	10,8	404	179	85,1	1,41	1,63	68.740	2.750	19,6
550	550	200	19,0	30,0	11,9	445	212	98,8	1,66	1,80	99.180	3.610	21,6
600	600	215	21,6	32,4	13	485	254	123	1,99	1,92	139.000	4630	23,4

Kurz-zei-chen	Statische Werte (Fortsetzung)						Lochmaße		Plastische Schnittgrößen (charakt. Werte S235)			
	I_z	W_z	i_z	S_y	$i_{z,g}$	I_T	I_ω	d	w_1	N_{pl}	$V_{pl,z}$	$M_{pl,y}$	$M_{pl,z}$
I	cm^4	cm^3	cm	cm^3	cm	cm^4	cm^6	mm	mm	kN	kN	kNm	kNm
80	6,29	3,00	0,91	11,4	1,02	0,869	87,5	6,4	22	182	40,0	5,45	1,2
100	12,2	4,88	1,07	19,9	1,21	1,60	268	6,4	28	255	58,1	9,54	1,94
120	21,5	7,41	1,23	31,8	1,40	2,71	685	8,4	32	340	79,4	15,2	2,98
140	35,2	10,7	1,40	47,7	1,58	4,32	1.540	11	34	438	104	22,9	4,3
160	54,7	14,8	1,55	68,0	1,76	6,57	3.138	11	40	547	131	32,6	6,0
180	81,3	19,8	1,71	93,4	1,95	9,58	5.924	13	44	669	162	44,8	8,0
200	117	26,0	1,87	125	2,14	13,5	10.520	13	48	802	196	59,7	10,4
220	162	33,1	2,02	162	2,31	18,6	17.760	13	52	948	233	77,5	13,3
240	221	41,7	2,20	206	2,51	25,0	28.730	17/13	56	1.106	274	97,6	16,8
260	288	51,0	2,32	257	2,66	33,5	44.070	17	60	1.280	320	123	20,6
280	364	61,2	2,45	316	2,81	44,2	64.580	17	60	1.464	371	151	24,7
300	451	72,2	2,56	381	2,94	56,8	91.850	21/17	64	1.656	425	183	29,0
320	555	84,7	2,67	457	3,94	72,5	128.800	21/17	70	1.865	482	219	34,3
340	674	98,4	2,80	540	3,22	90,4	176.300	21	74	2.080	544	259	39,8
360	818	114	2,90	638	3,36	115	240.100	23/21	76	2.328	613	306	46,5
380	975	131	3,02	740	3,50	141	318.700	23/21	82	2.567	682	355	53,0
400	1.160	149	3,13	857	3,64	170	419.600	23	86	2.826	755	411	60,7
450	1.730	203	3,43	1.200	3,99	267	791.100	25/23	94	3.527	956	574	82,8
500	2.480	268	3,72	1.620	4,33	402	1.403.000	28	100	4.304	1.180	776	109,4
550	3.490	349	4,02	2.120	4,71	544	2.389.000	28	110	5.089	1.369	1.015	142,1
600	4670	434	4,30	2.730	5,01	813	3.821.000	28	120	6096	1.704	1.137	170,0

Stahlbauprofile

Mittelbreite I-Träger: IPE

IPE – Reihe nach DIN 1025-5 und EURONORM 19-57, warmgewalzt

Normallängen bei
h < 300 mm: 8-16 m
h ≥ 300 mm: 8-18 m

Kurzzeichen z. B.: IPE 360 DIN 1025 S235JR oder Werkstoff-Nr. 1.0038

Bezeichnungen der Anreißmaße und Lochdurchmesser wie bei I-Profilen

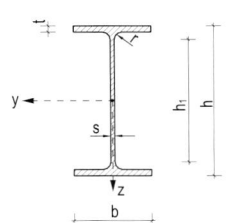

Kurz-zeichen	Maße						Flächen				Statische Werte			
	h	b	s	t	r	h_1	A	A_{Steg}	G	U	I_y	W_y	i_y	I_z
IPE	mm	mm	mm	mm	mm	mm	cm^2	cm^2	kN/m	m^2/m	cm^4	cm^3	cm	cm^4
80	80	46	3,8	5,2	5	59	7,64	2,84	0,060	0,328	80,1	20,0	3,24	8,49
100	100	55	4,1	5,7	7	74	10,3	3,87	0,081	0,400	171	34,2	4,07	15,9
120	120	64	4,4	6,3	7	93	13,2	5,00	0,104	0,475	318	53,0	4,90	27,7
140	140	73	4,7	6,9	7	112	16,4	6,26	0,129	0,551	541	77,3	5,74	44,9
160	160	82	5,0	7,4	9	127	20,1	7,63	0,158	0,623	869	109	6,58	68,3
180	180	91	5,3	8,0	9	146	23,9	9,12	0,188	0,698	1.320	146	7,42	101
200	200	100	5,6	8,5	12	159	28,5	10,7	0,224	0,768	1.940	194	8,26	142
220	220	110	5,9	9,2	12	177	33,4	12,4	0,262	0,848	2.770	252	9,11	205
240	240	120	6,2	9,8	15	190	39,1	14,3	0,307	0,922	3.890	324	9,97	284
270	270	135	6,6	10,2	15	219	45,9	17,1	0,361	1,04	5.790	429	11,2	420
300	300	150	7,1	10,7	15	248	53,8	20,5	0,422	1,16	8.360	557	12,5	604
330	330	160	7,5	11,5	18	271	62,6	23,9	0,491	1,25	11.770	713	13,7	788
360	360	170	8,0	12,7	18	298	72,7	27,8	0,571	1,35	16.270	904	15,0	1.040
400	400	180	8,6	13,5	21	331	84,5	33,2	0,663	1,47	23.130	1.160	16,5	1.320
450	450	190	9,4	14,6	21	378	98,8	40,9	0,776	1,61	33.740	1.500	18,5	1.680
500	500	200	10,2	16,0	21	426	116	49,4	0,907	1,74	48.200	1.930	20,4	2.140
550	550	210	11,1	17,2	24	467	134	59,1	1,06	1,88	67.120	2.440	22,3	2.670
600	600	220	12,0	19,0	24	514	156	69,7	1,22	2,01	92.080	3.070	24,3	3.390

Kurz-zeichen	Statische Werte (Fortsetzung)						Lochmaße		Plastische Schnittgrößen (charakteristische Werte für S235)				
	W_z	i_z	S_y	$i_{z,g}$	I_T	I_ω	d	w_1	N_{pl}	$V_{pl,z}$	$M_{pl,y}$	$V_{pl,y}$	$M_{pl,z}$
IPE	cm^3	cm	cm^3	cm	cm^4	cm^6	mm	mm	kN	kN	kNm	kN	kNm
80	3,69	1,05	11,6	1,18	0,70	118	6,4	26	183	39,4	5,57	66,3	1,40
100	5,79	1,24	19,7	1,40	1,21	351	8,4	30	248	53,6	9,46	86,9	2,19
120	8,65	1,45	30,4	1,63	1,74	890	8,4	36	317	69,3	14,6	112	3,26
140	12,3	1,65	44,2	1,87	2,45	1.980	11	40	394	86,7	21,2	140	4,61
160	16,7	1,84	61,9	2,08	3,62	3.960	13	44	482	106	29,7	168	6,26
180	22,2	2,05	83,2	2,32	4,80	7.430	13	50	575	126	39,9	202	8,30
200	28,5	2,24	110	2,52	7,02	12.990	13	56	684	149	53,0	236	10,7
220	37,3	2,48	143	2,79	9,10	22.670	17	60	801	172	68,5	280	13,9
240	47,3	2,69	183	3,03	12,9	37.390	17	68	939	198	88,0	326	17,7
270	62,2	3,02	242	3,41	16,0	70.580	21/17	72	1.103	238	116	382	23,2
300	80,5	3,35	314	3,79	20,2	125.900	23	80	1.291	285	151	445	30,0
330	98,5	3,55	402	4,02	28,3	199.100	25/23	86	1.503	331	193	510	36,9
360	123	3,79	510	4,25	37,5	313.600	25	90	1.746	385	245	598	45,8
400	146	3,95	654	4,49	51,1	490.000	28/25	96	2.027	461	314	673	54,9
450	176	4,12	851	4,72	67,1	791.000	28	106	2.372	567	408	769	66,2
500	214	4,31	1.100	4,96	89,7	1.249.000	28	110	2.773	684	527	887	80,2
550	254	4,45	1.390	5,15	124	1.884.000	28	120	3.226	819	669	1.001	96,0
600	308	4,66	1.760	5,41	166	2.846.000	28	120	3.744	966	843	1.158	116,6

8.151

Mittelbreite I–Träger: IPEa

IPEa – Reihe, nicht genormt, warmgewalzt

Normallängen bei
h < 300 mm: 8-16 m
h ≥ 300 mm: 8-18 m

Bezeichnungen der Anreißmaße und Lochdurchmesser wie bei I-Profilen

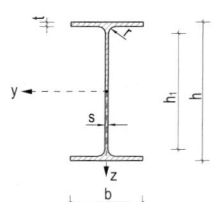

Kurz-zei-chen	Maße					Flächen				Statische Werte			
	h	b	s	t	r	h_1	A	A_{Steg}	G	U	I_y	W_y	i_y	I_z
IPEa	mm	mm	mm	mm	mm	mm	cm²	cm²	kN/m	m²/m	cm⁴	cm³	cm	cm⁴
80	78	46	3,3	4,2	5	59,6	6,38	2,44	0,050	0,325	64,4	16,5	3,18	6,85
100	98	55	3,6	4,7	7	74,6	8,78	3,35	0,0689	0,397	141	28,8	4,01	13,1
120	117,6	64	3,8	5,1	7	93,0	11,0	4,27	0,0866	0,472	257	43,8	4,83	22,4
140	137,4	73	3,8	5,6	7	112	13,4	5,01	0,105	0,547	435	63,3	5,70	36,4
160	157	82	4,0	5,9	9	127	16,2	6,04	0,127	0,619	689	87,8	6,53	54,4
180	177	91	4,3	6,5	9	146	19,6	7,33	0,154	0,694	1.060	120	7,37	81,9
200	197	100	4,5	7,0	12	159	23,5	8,55	0,184	0,764	1.590	162	8,23	117
220	217	110	5,0	7,7	12	177	28,3	10,5	0,222	0,843	2.320	214	9,05	171
240	237	120	5,2	8,3	15	190	33,3	11,9	0,262	0,918	3.290	278	9,94	240
270	267	135	5,5	8,7	15	219	39,1	14,2	0,307	1,04	4.920	368	11,2	358
300	297	150	6,1	9,2	15	248	46,5	17,6	0,365	1,16	7.170	483	12,4	519
330	327	160	6,5	10,0	18	271	54,7	20,6	0,430	1,25	10.230	626	13,7	685
360	357,6	170	6,6	11,5	18	298	64,0	22,8	0,502	1,35	14.520	812	15,1	944
400	397	180	7,0	12,0	21	331	73,1	26,9	0,574	1,46	20.290	1.020	16,7	1.170
450	447	190	7,6	13,1	21	378	85,5	33,0	0,672	1,6	29.760	1.330	18,7	1.500
500	497	200	8,4	14,5	21	426	101	40,5	0,794	1,74	42.930	1.730	20,6	1.940
550	547	210	9,0	15,7	24	467	117	47,8	0,921	1,87	59.980	2.190	22,6	2.430
600	597	220	9,8	17,5	24	514	137	56,8	1,080	2,01	82.920	2.780	24,6	3.120

Kurz-zei-chen	Statische Werte (Fortsetzung)					Lochmaße		Plastische Schnittgrößen (charakteristische Werte für S235)				
	W_z	i_z	S_y	$i_{z,g}$	I_T	I_ω	d	w_1	N_{pl}	$V_{pl,z}$	$M_{pl,y}$	$V_{pl,y}$	$M_{pl,z}$
IPEa	cm³	cm	cm	cm	cm⁴	cm⁶	mm	mm	kN	kN	kNm	kN	kNm
80	2,98	1,04	9,49	1,17	0,42	92,8	6,4	26	153	33,7	4,56	53,5	1,13
100	4,77	1,22	16,5	1,38	0,77	284	8,4	30	211	46,5	7,92	71,6	1,81
120	7,00	1,42	24,9	1,62	1,04	710	8,4	36	265	59,2	12,0	90,5	2,64
140	9,98	1,65	35,8	1,86	1,36	1.580	11	40	321	69,4	17,2	113	3,72
160	13,3	1,83	49,5	2,07	1,96	3.090	13	44	388	83,7	23,8	134	4,97
180	18,0	2,05	67,7	2,31	2,70	5.930	13	50	470	102	32,5	164	6,72
200	23,4	2,23	90,8	2,51	4,11	10.500	13	56	563	118	43,6	194	8,76
220	31,2	2,46	120	2,78	5,69	18.700	17	60	678	145	57,7	235	11,6
240	40,0	2,68	156	3,01	8,35	31.300	17	68	799	165	74,8	276	14,98
270	53,0	3,02	206	3,40	10,3	59.500	21/17	72	940	197	99,0	325	19,7
300	69,2	3,34	271	3,78	13,4	107.000	23	80	1.117	243	130	382	25,7
330	85,6	3,54	351	4,00	19,6	172.000	25/23	86	1.314	286	168	443	31,9
360	111	3,84	453	4,31	26,5	282.000	25	90	1.535	317	218	542	41,3
400	130	4,00	572	4,51	34,8	432.000	28/25	96	1.754	373	275	599	48,5
450	158	4,19	747	4,76	45,7	705.000	28	106	2.053	457	359	690	59,0
500	194	4,38	973	5,00	62,8	1.125.000	28	110	2.426	562	467	804	72,5
550	232	4,55	1.237	5,21	86,5	1.710.000	28	120	2.815	663	594	914	86,6
600	283	4,77	1.571	5,47	119	2.607.000	28	120	3.288	787	754	1.067	106,1

Mittelbreite I-Träger: IPEo

IPEo – Reihe, nicht genormt, warmgewalzt

Normallängen bei
h < 300 mm: 8-16 m
h ≥ 300 mm: 8-18 m

Bezeichnungen der Anreißmaße und Lochdurchmesser wie bei I-Profilen

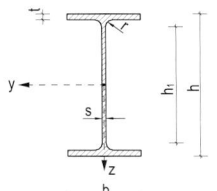

Kurz-zei-chen	Maße						Flächen				Statische Werte			
	h	b	s	t	r	h_1	A	A_{Steg}	G	U	I_y	W_y	i_y	I_z
IPEo	mm	mm	mm	mm	mm	mm	cm²	cm²	kN/m	m²/m	cm⁴	cm³	cm	cm⁴
180	182	92	6,0	9,0	9	146	27,1	10,4	0,213	0,705	1.510	165	7,45	117
200	202	102	6,2	9,5	12	159	32,0	11,9	0,251	0,779	2.210	219	8,32	169
220	222	112	6,6	10,2	12	177	37,4	14,0	0,294	0,858	3.130	282	9,16	240
240	242	122	7,0	10,8	15	190	43,7	16,2	0,343	0,932	4.370	361	10,0	329
270	274	136	7,5	12,2	15	219	53,8	19,6	0,423	1,05	6.950	507	11,4	513
300	304	152	8,0	12,7	15	248	62,8	23,3	0,493	1,17	9.990	658	12,6	746
330	334	162	8,5	13,5	18	271	72,6	27,2	0,570	1,27	13.910	833	13,8	960
360	364	172	9,2	14,7	18	298	84,1	32,1	0,660	1,37	19.050	1.050	15,0	1.250
400	404	182	9,7	15,5	21	331	96,4	37,6	0,757	1,48	26.750	1.320	16,7	1.560
450	456	192	11,0	17,6	21	378	118	48,2	0,924	1,62	40.920	1.790	18,6	2.090
500	506	202	12,0	19,0	21	426	137	58,4	1,07	1,76	57.780	2.280	20,6	2.620
550	556	212	12,7	20,2	24	467	156	68,0	1,23	1,89	79.160	2.850	22,5	3.220
600	610	224	15,0	24,0	24	514	197	87,9	1,54	2,05	118.300	3.880	24,5	4.520

Kurz-zei-chen	Statische Werte (Fortsetzung)						Lochmaße		Plastische Schnittgrößen (charakteristische Werte für S235)				
	W_z	i_z	S_y	$i_{z,g}$	I_T	I_ω	d	w_1	N_{pl}	$V_{pl,z}$	$M_{pl,y}$	$V_{pl,y}$	$M_{pl,z}$
IPEo	cm³	cm	cm³	cm	cm⁴	cm⁶	mm	mm	kN	kN	kNm	kN	kNm
180	25,5	2,08	94,6	2,35	6,76	8.740	13	50	650	144	45,4	229	9,58
200	33,1	2,30	125	2,59	9,41	15.570	13	56	767	165	59,9	269	12,4
220	42,8	2,53	161	2,85	12,3	26.790	17	62	897	194	77,1	317	16,1
240	53,9	2,74	205	3,09	17,3	43.680	17	68	1.049	224	98,5	365	20,2
270	75,5	3,09	287	3,47	24,9	87.640	21/17	72	1.292	272	138	460	28,3
300	98,1	3,45	372	3,88	31,1	157.700	23	80	1.508	323	179	535	36,7
330	119	3,64	471	4,10	42,2	245.700	25/23	86	1.743	377	226	606	44,4
360	145	3,86	593	4,36	55,8	380.300	25	90	2.019	445	285	701	54,5
400	172	4,03	751	4,57	73,3	587.600	28/25	98	2.313	522	361	782	64,5
450	217	4,21	1.020	4,81	109	997.600	28	106	2.824	668	491	936	81,8
500	260	4,38	1.310	5,04	143	1.548.000	28	110	3.281	810	627	1.064	97,9
550	304	4,55	1.630	5,25	188	2.302.000	28	120	3.746	943	783	1.187	115,2
600	404	4,79	2.240	5,56	318	3.860.000	28	120	4.722	1.218	1.073	1.490	153,6

Mittelbreite I–Träger: IPEv

IPEv – Reihe, nicht genormt, warmgewalzt

Normallängen bei
h < 300 mm: 8-16 m
h ≥ 300 mm: 8-18 m

Bezeichnungen der Anreißmaße und Lochdurchmesser wie bei I-Profilen

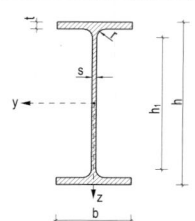

Kurz-zei-chen	Maße						Flächen				Statische Werte				
	h	b	s	t	r	h_1	A	A_{Steg}	G	U	I_y	W_y	i_y	I_z	W_z
IPEv	mm	mm	mm	mm	mm	mm	cm²	cm²	kN/m	m²/m	cm⁴	cm³	cm	cm⁴	cm³
400	408	182	10,6	17,5	21	331	107	41,4	0,840	1,49	30.140	1.480	16,8	1.770	194
450	460	194	12,4	19,6	21	378	132	54,6	1,04	1,64	46.200	2.010	18,7	2.400	247
500	514	204	14,2	23,0	21	426	164	69,7	1,29	1,78	70.720	2.750	20,8	3.270	321
550	566	216	17,1	25,2	24	467	202	92,5	1,59	1,92	102.300	3.620	22,5	4.260	395
600	618	228	18,0	28,0	24	514	234	106,0	1,84	2,07	141.600	4.580	24,6	5.570	489

Kurz-zei-chen	Statische Werte (Fortsetzung)				Lochmaße		Plastische Schnittgrößen (charakteristische Werte für S235)				
	i_z	S_y	$i_{z,g}$	I_T	I_ω	d	w_1	N_{pl}	$V_{pl,z}$	$M_{pl,y}$	$V_{pl,y}$	$M_{pl,z}$
IPEv	cm	cm³	cm	cm⁴	cm⁶	mm	mm	kN	kN	kNm	kN	kNm
400	4,06	841	4,60	99,1	670.300	28/25	98	2.569	574	*404*	883	72,9
450	4,26	1.151	4,88	150	1.156.000	28	106	3.168	757	552	1.053	93,4
500	4,47	1.584	5,13	243	1.961.000	28	110	3.938	966	760	1.300	121,7
550	4,60	2.102	5,34	380	3.095.000	28	120	4.847	1.281	1.009	1.508	151,7
600	4,88	2.662	5,66	512	4.813.000	28	120	5.611	1.472	1.278	1.769	187,2

Breite I–Träger: HE-AA

Sehr leichte Ausführung (IPBII), nicht genormt, warmgewalzt

Kurzzeichen z. B.: HE 360 AA   DIN 1025   S235JR oder Werkstoff-Nr. 1.0038

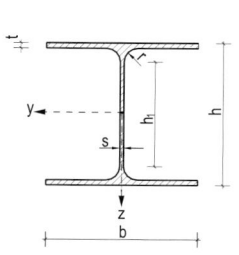
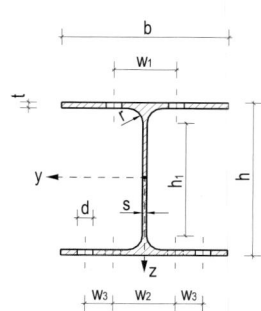

Stahlbauprofile

Kurz-zei-chen	Maße						Flächen		Statische Werte					
	h	b	s	t	r	h_1	A	A_{Steg}	G	U	I_y	W_y	i_y	I_z	W_z
HE-AA	mm	mm	mm	mm	mm	mm	cm^2	cm^2	kN/m	m^2/m	cm^4	cm^3	cm^3	cm^4	cm^3
100	91	100	4,2	5,5	12	56	15,6	3,60	0,122	0,553	237	52,0	3,89	92,1	18,4
120	109	120	4,2	5,5	12	74	18,55	4,35	0,146	0,669	413	75,8	4,72	159	26,5
140	128	140	4,3	6	12	92	23,02	5,25	0,181	0,787	719	112	5,59	275	39,3
160	148	160	4,5	7	15	104	30,36	6,34	0,238	0,901	1.280	173	6,50	479	59,8
180	167	180	5	7,5	15	122	36,53	7,97	0,287	1,02	1.970	236	7,34	730	81,1
200	186	200	5,5	8	18	134	44,13	9,79	0,346	1,13	2.940	317	8,17	1.070	107
220	205	220	6	8,5	18	152	51,46	11,8	0,404	1,25	4.170	407	9,00	1.510	137
240	224	240	6,5	9	21	164	60,38	14,0	0,474	1,36	5.840	521	9,83	2.077	173
260	244	260	6,5	9,5	24	177	69,00	15,2	0,541	1,47	7.980	654	10,8	2.788	214
280	264	280	7	10	24	196	78,02	17,8	0,612	1,59	10.560	800	11,6	3.664	262
300	283	300	7,5	10,5	27	208	88,91	20,4	0,698	1,70	13.800	976	12,5	4.734	316
320	301	300	8	11	27	225	94,58	23,2	0,742	1,74	16.450	1.090	13,2	4.959	331
340	320	300	8,5	11,5	27	243	100,5	26,2	0,789	1,78	19.550	1.220	13,9	5.185	346
360	339	300	9	12	27	261	106,6	29,4	0,837	1,81	23.040	1.360	14,7	5.410	361
400	378	300	9,5	13	27	298	117,7	34,7	0,924	1,89	31.250	1.650	16,3	5.861	391
450	425	300	10	13,5	27	344	127,1	41,1	0,997	1,98	41.890	1.970	18,2	6.088	406
500	472	300	10,5	14	27	390	136,9	48,1	1,07	2,08	54.640	2.320	20,0	6.314	421
550	522	300	11,5	15	27	438	152,8	58,3	1,20	2,17	72.870	2.790	21,8	6.767	451
600	571	300	12	15,5	27	486	164,1	66,7	1,29	2,27	91.870	3.220	23,7	6.993	466
650	620	300	12,5	16	27	534	175,8	75,5	1,38	2,37	113.900	3.680	25,5	7.221	481
700	670	300	13	17	27	582	190,9	84,9	1,50	2,47	142.700	4.260	27,3	7.673	512
800	770	300	14	18	30	674	218,5	105	1,72	2,66	208.900	5.430	30,9	8.134	542
900	870	300	15	20	30	770	252,2	127	1,98	2,86	301.100	6.920	34,6	9.041	603
1000	970	300	16	21	30	868	282,2	152	2,22	3,06	406.500	8.380	38,0	9.501	633

Kurz-zei-chen	Statische Werte (Fortsetzung)					Lochmaße			Plastische Schnittgrößen (charakteristische Werte für S235)				
	i_z	S_y	$i_{z,g}$	I_T	I_ω	d	w_1,w_2	w_3	N_{pl}	$V_{pl,z}$	$M_{pl,y}$	$V_{pl,y}$	$M_{pl,z}$
HE-AA	cm	cm^3	cm	cm^4	kNm	mm	mm	mm	kN	kN	kNm	kN	kNm
100	2,43	29,2	2,60	2,51	1.680	13	60	-	374	49,8	*14,0*	152	6,82
120	2,93	42,1	3,14	2,78	4.240	17	69	-	445	60,2	*20,2*	183	9,74
140	3,45	61,9	3,71	3,54	10.200	21	75	-	552	72,2	*29,7*	233	14,4
160	3,97	95,2	4,23	6,33	23.800	23	88	-	729	87,9	*45,7*	310	21,9
180	4,47	129	4,78	8,33	46.400	25	105	-	877	111	*62,0*	374	29,7
200	4,92	174	5,27	12,7	84.500	25	115	-	1.059	136	*83,3*	443	39,1
220	5,42	223	5,82	15,9	146.000	25	125	-	1.235	163	*107*	518	50,1
240	5,87	285	6,30	23,0	240.000	25	93	35	1.449	194	*137*	599	63,3
260	6,36	357	6,75	30,3	383.000	25	99	40	1.655	211	*171*	685	78,7
280	6,85	437	7,35	36,2	590.000	25	99	50	1.872	246	*210*	776	95,7
300	7,30	533	7,84	49,3	877.000	28	112	50	2.134	283	*256*	873	115,7
320	7,24	598	7,81	55,9	1.041.000	28	112	50	2.270	321	*287*	915	120,0
340	7,18	671	7,80	63,1	1.231.000	28	113	50	2.412	363	*322*	956	127,0
360	7,12	748	7,77	71,0	1.444.000	28	113	50	2.559	408	*359*	998	132,7
400	7,06	912	7,75	84,7	1.948.000	28	114	50	2.825	480	*438*	1.081	144,0
450	6,92	1.092	7,68	95,6	2.572.000	28	114	50	3.049	570	*524*	1.122	149,8
500	6,79	1.288	7,61	108	3.304.000	28	115	50	3.285	666	*618*	1.164	155,7
550	6,65	1.564	7,54	134	4.338.000	28	116	50	3.668	808	*751*	1.247	167,7
600	6,53	1.812	7,47	150	5.381.000	28	116	50	3.937	924	*870*	1.289	173,7
650	6,41	2.080	7,40	168	6.567.000	28	117	49	4.218	1.046	*998*	1.330	180,2
700	6,34	2.420	7,37	195	8.155.000	28	117	49	4.528	1.176	*1.162*	1.413	192,0
800	6,10	3.112	7,20	257	11.450.000	28	124	46	5.244	1.459	*1.494*	1.496	205,7
900	5,99	3.999	7,13	335	16.260.000	28	125	45	6.054	1.767	*1.920*	1.663	229,9
1000	5,80	4.888	7,01	403	21.280.000	28	126	45	6.773	2.104	*2.346*	1.746	243,8

8.155

Breite I–Träger: HE-A (IPBl)

IPBl – Reihe, leichte Ausführung, DIN 1025-3 und EURONORM 53-62, warmgewalzt

Normallängen bei
h < 300 mm: 8-16 m
h ≥ 300 mm: 8-18 m

Kurzzeichen z. B.: HE 360 A oder IPBl 360 DIN 1025 S235JR oder Werkstoff-Nr. 1.0038

Kurz-zei-chen	Maße						Flächen				Statische Werte				
	h	b	s	t	r	h_1	A	A_{Steg}	G	U	I_y	W_y	i_y	I_z	W_z
HE-A	mm	mm	mm	mm	mm	mm	cm^2	cm^2	kN/m	m^2/m	cm^4	cm^3	cm	cm^4	cm^3
100	96	100	5	8	12	56	21,2	4,40	0,167	0,561	349	72,8	4,06	134	26,8
120	114	120	5	8	12	74	25,3	5,30	0,199	0,677	606	106	4,89	231	38,5
140	133	140	5,5	8,5	12	92	31,4	6,85	0,247	0,794	1.030	155	5,73	389	55,6
160	152	160	6	9	15	104	38,8	8,58	0,304	0,906	1.670	220	6,57	616	76,9
180	171	180	6	9,5	15	122	45,3	9,69	0,355	1,02	2.510	294	7,45	925	103
200	190	200	6,5	10	18	134	53,8	11,7	0,423	1,14	3.690	389	8,28	1.340	134
220	210	220	7	11	18	152	64,3	13,9	0,505	1,26	5.410	515	9,17	1.950	178
240	230	240	7,5	12	21	164	76,8	16,4	0,603	1,37	7.760	675	10,1	2.770	231
260	250	260	7,5	12,5	24	177	86,8	17,8	0,682	1,48	10.450	836	11,0	3.670	282
280	270	280	8	13	24	196	97,3	20,6	0,764	1,60	13.670	1.010	11,9	4.760	340
300	290	300	8,5	14	27	208	112	23,5	0,883	1,72	18.260	1.260	12,7	6.310	421
320	310	300	9	15,5	27	225	124	26,5	0,976	1,76	22.930	1.480	13,6	6.990	466
340	330	300	9,5	16,5	27	243	133	29,8	1,048	1,79	27.690	1.680	14,4	7.440	496
360	350	300	10	17,5	27	261	143	33,3	1,121	1,83	33.090	1.890	15,2	7.890	526
400	390	300	11	19	27	298	159	40,8	1,248	1,91	45.070	2.310	16,8	8.560	571
450	440	300	11,5	21	27	344	178	48,2	1,398	2,01	63.720	2.900	18,9	9.470	631
500	490	300	12	23	27	390	198	56,0	1,551	2,11	86.970	3.550	21,0	10.370	691
550	540	300	12,5	24	27	438	212	64,5	1,662	2,21	111.900	4.150	23,0	10.820	721
600	590	300	13	25	27	486	226	73,5	1,778	2,31	141.200	4.790	25,0	11.270	751
650	640	300	13,5	26	27	534	242	82,9	1,897	2,41	175.200	5.470	26,9	11.720	782
700	690	300	14,5	27	27	582	260	96,1	2,045	2,50	215.300	6.240	28,8	12.180	812
800	790	300	15	28	30	674	286	114	2,244	2,70	303.400	7.680	32,6	12.640	843
900	890	300	16	30	30	770	320	138	2,516	2,90	422.100	9.480	36,3	13.550	903
1000	990	300	16,5	31	30	868	347	*158*	2,723	3,10	553.800	11.190	40,0	14.000	934

Stahlbauprofile

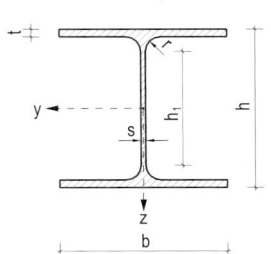 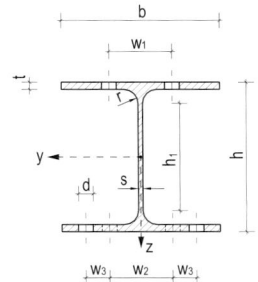

Kurz-zei-chen	Statische Werte (Fortsetzung)						Lochmaße			Plastische Schnittgrößen (charakteristische Werte für S235)				
	i_z	S_y	S_z	$i_{z,g}$	I_T	I_ω	d	w_1, w_2	w_3	N_{pl}	$V_{pl,z}$	$M_{pl,y}$	$V_{pl,y}$	$M_{pl,z}$
HE-A	cm	cm³	cm³	cm	cm⁴	cm⁶	mm	mm	mm	kN	kN	kNm	kN	kNm
100	2,51	41,5	20,6	2,65	5,26	2.581	13	56	-	510	61,0	19,9	221,7	9,86
120	3,02	59,7	29,4	3,21	6,02	6.472	17	66	-	608	73,4	28,7	266,0	14,14
140	3,52	86,7	42,4	3,75	8,16	15.060	21	76	-	754	94,9	41,6	329,8	20,35
160	3,98	123	58,8	4,26	12,3	31.410	23	86	-	931	119	58,8	399,1	28,32
180	4,52	162	78,2	4,82	14,9	60.210	25	100	-	1.086	134	78,0	473,9	37,68
200	4,98	215	102	5,32	21,1	108.000	25	110	-	1.292	162	103	554,3	48,96
220	5,51	284	135	5,88	28,6	193.300	25	120	-	1.544	193	136	670,7	65,04
240	6,00	372	176	6,40	41,7	328.500	25	94	35	1.844	227	179	798,1	84,48
260	6,50	460	215	6,91	52,6	516.400	25	100	40	2.084	247	221	900,7	103,2
280	7,00	556	259	7,46	62,4	785.400	25	110	45	2.334	285	267	1.009	124,3
300	7,49	692	321	7,97	85,6	1.200.000	28	120	45	2.701	325	332	1.164	153,9
320	7,49	814	355	7,99	108	1.512.000	28	120	45	2.985	367	391	1.289	170,4
340	7,46	925	378	7,99	128	1.824.000	28	120	45	3.203	413	444	1.372	181,4
360	7,43	1.040	401	7,98	149	2.177.000	28	120	45	3.426	461	501	1.455	192,5
400	7,34	1.280	436	7,94	190	2.942.000	28	120	45	3.815	565	615	1.580	209,5
450	7,29	1.610	483	7,93	245	4.146.000	28	120	45	4.273	668	772	1.746	231,8
500	7,24	1.970	529	7,91	310	5.643.000	28	120	45	4.741	777	948	1.912	254,1
550	7,15	2.310	553	7,86	353	7.189.000	28	120	45	5.082	894	1.109	1.995	265,7
600	7,05	2.680	578	7,82	399	8.978.000	28	120	45	5.435	1.018	1.284	2.078	277,4
650	6,97	3.070	602	7,77	450	11.027.000	28	120	45	5.799	1.149	1.473	2.162	289,2
700	6,84	3.520	628	7,70	515	13.352.000	28	120	45	6.251	1.332	1.688	2.245	301,7
800	6,65	4.350	656	7,58	599	18.290.000	28	130	40	6.860	1.584	2.088	2.328	314,9
900	6,50	5.410	707	7,49	739	24.962.000	28	130	40	7.693	1.907	2.595	2.494	339,3
1000	6,35	6.410	735	7,41	825	32.074.000	28	130	40	8.324	2.193	3.078	2.577	352,8

Zur Berechnung der plastischen Schnittgrößen

Plastische Normalkraft: $\quad N_{pl} = f_{y,k} \cdot A$

Plastische Momente: $\quad M_{pl} = 2 \cdot S_y \cdot f_{y,k}$ nur für symmetrische Querschnitte, sonst ist die Lage der plastischen Nulllinie zu bestimmen

$\quad M_{pl} = f_{y,k} \cdot W_{pl} \quad W_{pl}$ = plastisches Widerstandsmoment

Plastische Querkraft: $\quad V_{pl,z} = \tau_{y,k} \cdot A_{Steg}, \quad V_{pl,y} = \tau_{y,k} \cdot A_{Flansche}$

Breite I–Träger: HE-B (IPB)

IPB – Reihe, Breitflanschträger, DIN 1025-2 und EURONORM 53-62, warmgewalzt

Normallängen bei
h < 300 mm: 8-16 m
h ≥ 300 mm: 8-18 m

Kurzzeichen z. B.: HE 360 B oder IPB 360   DIN 1025 S235JR oder Werkstoff-Nr. 1.0038

Kurz-zei-chen	Maße						Flächen				Statische Werte				
	h	b	s	t	r	h_1	A	A_{Steg}	G	U	I_y	W_y	i_y	I_z	W_z
HE-B	mm	mm	mm	mm	mm	mm	cm^2	cm^2	kN/m	m^2/m	cm^4	cm^3	cm	cm^4	cm^3
100	100	100	6	10	12	56	26,0	5,40	0.204	0,567	450	89,9	4,16	167	33,5
120	120	120	6,5	11	12	74	34,0	7,08	0,267	0,686	864	144	5,04	318	52,9
140	140	140	7	12	12	92	43,0	8,96	0,337	0,805	1.510	216	5,93	550	78,5
160	160	160	8	13	15	104	54,3	11,8	0,426	0,918	2.490	311	6,78	889	111
180	180	180	8,5	14	15	122	65,3	14,1	0,512	1,04	3.830	426	7,66	1.360	151
200	200	200	9	15	18	134	78,1	16,6	0,613	1,15	5.700	570	8,54	2.000	200
220	220	220	9,5	16	18	152	91,0	19,4	0,715	1,27	8.090	736	9,43	2.840	258
240	240	240	10	17	21	164	106	22,3	0,832	1,38	11.260	938	10,3	3.920	327
260	260	260	10	17,5	24	177	118	24,2	0.93	1,50	14.920	1.150	11,2	5.130	395
280	280	280	10,5	18	24	196	131	27,5	1.03	1,62	19.270	1.380	12,1	6.590	471
300	300	300	11	19	27	208	149	30,9	1,17	1,73	25.170	1.680	13,0	8.560	571
320	320	300	11,5	20,5	27	225	161	34,4	1,27	1,77	30.820	1.930	13,8	9.240	616
340	340	300	12	21,5	27	243	171	38,2	1,34	1,81	36.660	2.160	14,6	9.690	646
360	360	300	12,5	22,5	27	261	181	42,2	1,42	1,85	43.190	2.400	15,5	10.140	676
400	400	300	13,5	24	27	298	198	50,8	1,55	1,93	57.680	2.880	17,1	10.820	721
450	450	300	14	26	27	344	218	59,4	1,71	2,03	79.890	3.550	19,1	11.720	781
500	500	300	14,5	28	27	390	239	68,4	1,87	2,12	107.200	4.290	21,2	12.620	842
550	550	300	15	29	27	438	254	78,1	1,99	2,22	136.700	4.970	23,2	13.080	872
600	600	300	15,5	30	27	486	270	88,3	2,12	2,32	171.000	5.700	25,2	13.530	902
650	650	300	16	31	27	534	286	99,0	2,25	2,42	210.600	6.480	27,1	13.980	932
700	700	300	17	32	27	582	306	114	2,40	2,52	256.900	7.340	29,0	14.400	963
800	800	300	17,5	33	30	674	334	134	2,62	2,71	359.100	8.980	32,8	14.900	994
900	900	300	18,5	35	30	770	371	160	2,91	2,91	494.100	10.980	36,5	15.820	1.050
1000	1.000	300	19	36	30	868	400	*183*	3,14	3,11	644.700	12.890	40,1	16.280	1.090

Grenzabmessungen

Profile Länge	I, IPE, HE-A, HE-B, HE-M	U	UPE, UAP	Winkel
Bei bestellter Länge	± 50 mm	± 50 mm	± 100 mm	± 100 mm
Bei Mindestlänge	+100 / –0	± 5 mm	+100 / –0	+200 / –0

Stahlbauprofile

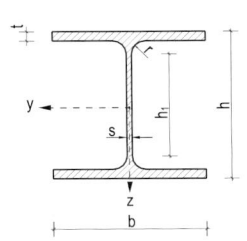
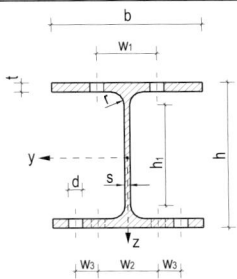

Kurz-zei-chen	Statische Werte (Fortsetzung)					Lochmaße			Plastische Schnittgrößen (charakteristische Werte für S235)				
	i_z	S_y	$i_{z,g}$	I_T	I_ω	d	w_1, w_2	w_3	N_{pl}	$V_{pl,z}$	$M_{pl,y}$	$V_{pl,y}$	$M_{pl,z}$
HE-B	cm	cm³	cm	cm⁴	cm⁶	mm	mm	mm	kN	kN	kNm	kN	kNm
100	2,53	52,1	2,63	9,29	3.375	13	56	-	625	74,8	25,0	277	12,34
120	3,06	82,6	3,24	13,9	9.410	17	66	-	816	98,2	39,7	365	19,44
140	3,58	123	3,80	20,1	22.480	21	76	-	1.031	124	58,9	465	28,8
160	4,05	177	4,31	31,4	47.940	23	86	-	1.302	163	85,0	576	40,8
180	4,57	241	4,87	42,3	93.750	25	100	-	1.566	196	116	698	55,4
200	5,07	321	5,33	59,5	171.100	25	110	-	1.874	231	154	831	73,4
220	5,59	414	5,95	76,8	295.400	25	120	-	2.185	269	198	975	94,5
240	6,08	527	6,47	103	486.900	25	96	35	2.544	309	253	1.130	119,5
260	6,58	641	6,99	124	753.700	25	106	40	2.843	336	308	1.260	144,5
280	7,09	767	7,54	144	1.130.000	25	110	45	3.153	381	368	1.396	172,3
300	7,58	934	8,06	186	1.688.000	28	120	45	3.578	428	448	1.579	208,8
320	7,57	1.070	8,06	226	2.069.000	28	120	45	3.872	477	516	1.704	225,3
340	7,53	1.200	8,05	258	2.454.000	28	120	45	4.102	530	578	1.787	236,6
360	7,49	1.340	8,03	293	2.883.000	28	120	45	4.335	585	644	1.870	247,7
400	7,40	1.620	7,99	357	3.817.000	28	120	45	4.747	703	776	1.995	264,9
450	7,33	1.990	7,97	442	5.258.000	28	120	45	5.231	823	956	2.161	287,5
500	7,27	2.410	7,94	540	7.018.000	28	120	45	5.727	948	1.155	2.327	310,1
550	7,17	2.800	7,89	602	8.856.000	28	120	45	6.097	1.083	1.342	2.411	321,8
600	7,08	3.210	7,84	669	10.965.000	28	120	45	6.479	1.224	1.542	2.494	333,0
650	6,99	3.660	7,80	741	13.363.000	28	120	45	6.872	1.372	1.757	2.577	345,8
700	6,87	4.160	7,73	833	16.064.000	28	126	45	7.353	1.574	1.999	2.660	358,8
800	6,68	5.110	7,61	949	21.840.000	28	130	40	8.020	1.860	2.454	2.743	372,7
900	6,53	6.290	7,52	1.140	29.461.000	28	130	40	8.911	2.217	3.020	2.909	397,9
1000	6,38	7.430	7,43	1.260	37.637.000	28	130	40	9.601	2.538	3.565	2.992	411,8

Weitere nicht aufgeführte Stahlprofile

Gleichschenkliger T-Stahl, DIN EN 10 055, mit um 2 % geneigten Flanschen und Stegflächen. Größe von T30 bis T140 (Angabe Höhe = Breite in mm, Blechstärke ungefähr 10 % der Höhe).

Breitflanschträger: HL nicht genormt mit besonders breiten Flanschen und großen Höhen
                       HP mit gleicher Dicke für Flansch und Steg
                       HD nach amerikanischer Norm, Breitwand-Stützenprofile
                       HE nicht genormt mit größeren Abmessungen als HE-M

Halbierte Träger: Schmale I, mittelbreite I und Breitflanschträger HE

Breite I–Träger: HE-M (IPBv)

IPBv – Reihe, Breitflanschträger, verstärkte Ausführung,

DIN 1025-4 und EURONORM 53-62, warmgewalzt

Normallängen bei
h < 300 mm: 8-16 m
h ≥ 300 mm: 8-18 m

Kurzzeichen z. B.: HE 360 M oder IPBv 360 DIN 1025 S235JR oder Werkstoff-Nr. 1.0038

Kurz-zei-chen	Maße						Flächen				Statische Werte				
HE-M	h	b	s	t	r	h_1	A	A_{Steg}	G	U	I_y	W_y	i_y	I_z	W_z
	mm	mm	mm	mm	mm	mm	cm^2	cm^2	kN/m	m^2/m	cm^4	cm^3	cm	cm^4	cm^3
100	120	106	12	20	12	56	53,2	12,0	0,418	0,619	1.140	190	4,63	399	75,3
120	140	126	12,5	21	12	74	66,4	14,9	0,521	0,738	2.020	288	5,51	703	112
140	160	146	13	22	12	92	80,6	17,9	0,632	0,857	3.290	411	6,39	1.140	157
160	180	166	14	23	15	104	97,1	22,0	0,762	0,970	5.100	566	7,25	1.760	212
180	200	186	14,5	24	15	122	113	25,5	0,889	1,09	7.480	748	8,13	2.580	277
200	220	206	15	25	18	134	131	29,2	1.031	1,20	10.640	967	9,00	3.650	354
220	240	226	15,5	26	18	152	149	33,2	1,173	1,32	14.600	1.220	9,89	5.010	444
240	270	248	18	32	21	164	200	42,8	1,567	1,46	24.290	1.800	11,0	8.150	657
260	290	268	18	32,5	24	177	220	46,3	1,724	1,57	31.310	2.160	11,9	10.450	780
280	310	288	18,5	33	24	196	240	51,2	1,885	1,69	39.550	2.550	12,8	13.160	914
300	340	310	21	39	27	208	303	63,2	2,379	1,83	59.200	3.480	14,0	19.400	1.250
320/305	320	305	16	29	27	208	225	46,6	1.77	1,78	40.950	2.560	13,5	13.740	901
320	359	309	21	40	27	225	312	67,0	2,45	1,87	68.130	3.800	14,8	19.710	1.280
340	377	309	21	40	27	243	316	70,8	2,479	1,90	76.370	4.050	15,6	19.710	1.280
360	395	308	21	40	27	261	319	74,6	2,503	1,93	84.870	4.300	16,3	19.520	1.270
400	432	307	21	40	27	298	326	82,3	2,557	2,00	104.100	4.820	17,9	19.330	1.260
450	478	307	21	40	27	344	335	92,0	2,633	2,10	131.500	5.500	19,8	19.340	1.260
500	524	306	21	40	27	390	344	102	2,703	2,18	161.900	6.180	21,7	19.150	1.250
550	572	306	21	40	27	438	354	112	2,782	2,28	198.000	6.920	23,6	19.160	1.250
600	620	305	21	40	27	486	364	122	2,855	2,37	237.400	7.660	25,6	18.970	1.240
650	668	305	21	40	27	534	374	132	2,934	2,47	281.700	8.430	27,5	18.980	1.240
700	716	304	21	40	27	582	383	142	3,007	2,56	329.300	9.200	29,3	18.800	1.240
800	814	303	21	40	30	674	404	163	3,173	2,75	442.600	10.870	33,1	18.630	1.230
900	910	302	21	40	30	770	424	183	3,325	2,93	570.400	12.540	36,7	18.450	1.220
1000	1.008	302	21	40	30	868	444	*203*	3,487	3,13	722.300	14.330	40,3	18.460	1.220

Stahlbauprofile

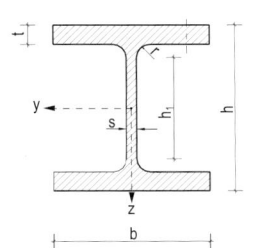
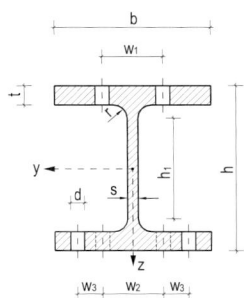

Kurz-zei-chen	Statische Werte (Fortsetzung)				Lochmaße			Plastische Schnittgrößen (charakteristische Werte für S235)				
	i_z	S_y	$i_{z,g}$	I_T	I_ω	d_1	w_1,w_2	w_3	N_{pl}	$V_{pl,z}$	$M_{pl,y}$	$V_{pl,y}$	$M_{pl,z}$
HE-M	cm	cm³	cm	cm⁴	kNm	mm	mm	mm	kN	kN	kNm	kN	kNm
100	2,74	118	2,90	68,5	9.925	13	60	-	1.278	166	56,6	588	27,84
120	3,25	175	3,45	92,0	24.790	17	68	-	1.594	206	84,1	733	41,28
140	3,77	247	4,00	120	54.330	21	76	-	1.933	249	119	890	57,6
160	4,26	337	4,52	163	108.100	23	86	-	2.329	305	162	1.058	78,9
180	4,77	442	5,08	204	199.300	25	100	-	2.718	354	212	1.237	102,0
200	5,27	568	5,61	260	346.300	25	110	-	3.151	405	272	1.427	130,3
220	5,79	710	6,16	316	572.700	25	120	-	3.587	460	341	1.628	162,9
240	6,39	1.058	6,78	630	1.152.000	25/23	100	35	4.790	594	508	2.199	241,4
260	6,90	1.262	7,31	722	1.728.000	25	110	40	5.271	642	606	2.414	286,1
280	7,40	1.483	7,86	810	2.520.000	25	116	45	5.764	710	712	2.634	335,3
300	8,00	2.039	8,47	1.410	4.386.000	25	120	50	7.274	876	979	3.350	459,1
320/305	7,81	1.463	8,29	600	2.903.000	28	120	50	5.402	645	702	2.451	329,8
320	7,95	2.218	8,43	1.510	5.004.000	28	126	47	7.489	928	1064	3.425	468,2
340	7,90	2.359	8,41	1.510	5.585.000	28	126	47	7.580	981	1132	3.425	468,7
360	7,83	2.495	8,36	1.510	6.137.000	28	126	47	7.651	1.033	1197	3.414	466,1
400	7,70	2.785	8,29	1.520	7.410.000	28	126	47	7.819	1.141	1337	3.403	464,1
450	7,59	3.166	8,23	1.530	9.252.000	28	126	47	8.051	1.275	1519	3.403	465,3
500	7,46	3.547	8,15	1.540	11.187.000	28	130	45	8.263	1.408	1703	3.392	463,7
550	7,35	3.966	8,09	1.560	13.516.000	28	130	45	8.505	1.548	1904	3.392	464,9
600	7,22	4.386	8,01	1.570	15.908.000	28	130	45	8.728	1.688	2105	3.381	463,2
650	7,13	4.828	7,96	1.580	18.650.000	28	130	45	8.970	1.827	2318	3.380	464,6
700	7,01	5.269	7,87	1.590	21.398.000	28	130	42	9.192	1.967	2529	3.369	463,0
800	6,79	6.244	7,72	1.650	27.775.000	28	132	42	9.702	2.252	2997	3.358	463,2
900	6,60	7.221	7,60	1.680	34.746.000	28	132	42	10.167	2.532	3466	3.348	463,0
1000	6,45	8.284	7,50	1.710	43.015.000	28	132	42	10.661	2.817	3976	3.348	465,6

Anmerkung zu Außenabmessungen der Profile aus der HE-Reihe

Die HE-Reihe besitzt bis zur Profilgröße 300 ungefähr quadratische Außenabmessungen.

Profile größer als 300 nehmen nur noch in der Höhe zu, die Breite der Flansche bleibt bei 300 mm stehen (Ausnahme HE-M, Breite bis 309 mm).

U–Stahl

DIN 1026-1, warmgewalzt, rundkantig

Normallängen bei
$h \leq 65$ mm: 6-12 m
$h < 300$ mm: 8-16 m
$h \geq 300$ mm: 8-18 m

Neigung der inneren Flanschflächen:
$h \leq 300$ mm: 8 %
$h < 300$ mm: 5 %

Kurzzeichen z. B.: U 200 DIN 1026-1 S235JR oder Werkstoff-Nr. 1.0038

Kurz-zeichen	Maße						Flächen				Statische Werte		
	h	b	s	t=r_1	r_2	h_1	A	A_{Steg}	G	U	I_y	W_y	i_y
U	mm	mm	mm	mm	mm	mm	cm²	cm²	kN/m	m²/m	cm⁴	cm³	cm
30x15	30	15	4	4,5	2	12	2,21	1,02	0,017	0,103	2,53	1,69	1,07
30	30	33	5	7	3,5	14	5,44	1,15	0,043	0,174	6,39	4,26	1,08
40x20	40	20	5	5,5[1]	2,5	18	3,66	1,72	0,029	0,142	7,58	3,79	1,44
40	40	35	5	7	3,5	11	6,21	1,65	0,049	0,199	14,1	7,05	1,50
50x25	50	25	5	6	3	25	4,92	2,20	0,039	0,181	16,8	6,73	1,85
50	50	38	5	7	3,5	20	7,12	2,15	0,056	0,232	26,4	10,6	1,92
60	60	30	6	6	3	35	6,46	3,24	0,051	0,215	31,6	10,5	2,21
65	65	42	5,5	7,5	4	33	9,03	3,16	0,071	0,273	57,5	17,7	2,52
80	80	45	6	8	4	47	11,0	4,32	0,086	0,312	106	26,5	3,10
100	100	50	6	8,5	4,5	64	13,5	5,49	0,106	0,372	206	41,2	3,91
120	120	55	7	9	4,5	82	17,0	7,77	0,134	0,434	364	60,7	4,62
140	140	60	7	10	5	97	20,4	9,10	0,150	0,489	605	86,4	5,45
160	160	65	7,5	10,5	5,5	116	24,0	11,2	0,188	0,546	925	116	6,21
180	180	70	8	11	5,5	133	28,0	13,5	0,220	0,611	1.350	150	6,95
200	200	75	8,5	11,5	6	151	32,2	16,0	0,253	0,661	1.910	191	7,70
220	220	80	9	12,5	6,5	166	37,4	18,7	0,294	0,718	2.690	245	8,48
240	240	85	9,5	13	6,5	185	42,3	21,6	0,332	0,775	3.600	300	9,22
260	260	90	10	14	7	201	48,3	24,6	0,379	0,834	4.820	371	9,99
280	280	95	10	15	7,5	216	53,3	26,5	0,418	0,890	6.280	448	10,9
300	300	100	10	16	8	232	58,8	28,4	0,462	0,950	8.030	535	11,7
320	320	100	14	17,5	8,75	247	75,8	42,3	0,595	0,982	10.870	679	12,1
350	350	100	14	16	8	283	77,3	46,8	0,606	1,05	12.840	734	12,9
380	380	102	13,5	16	8	313	80,4	49,1	0,631	1,11	15.760	829	14,0
400	400	110	14	18	9	325	91,5	53,5	0,718	1,18	20.350	1.020	14,9

[1] $r_1 = 5$ mm

Achtung: U-Profile verdrehen sich, wenn die Last im Bereich des Stegs eingeleitet wird. Der Schubmittelpunkt M liegt nicht in Steghöhe oder der „Mitte" des Profils.

Stahlbauprofile

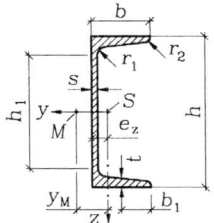 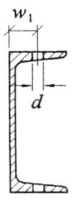

Kurz-zei-chen	Statische Werte (Fortsetzung)					e_z	y_M	Lochmaße		Plastische Schnittgrößen (charakteristische Werte für S235)		
	I_z	W_z	i_z	I_T	I_ω			d	w_1	N_{pl}	$V_{pl,z}$	$M_{pl,y}$
U	cm^4	cm^3	cm	cm^4	cm^6	cm	cm	mm	mm	kN	kN	kNm
30x15	0,38	0,39	0,42	0,165	0,408	0,52	0,74	4,3	10			
30	5,33	2,68	0,99	0,912	4,36	1,31	2,22	8,4	20			
40x20	1,14	0,86	0,56	0,363	2,12	0,67	1,01	6,4	11			
40	6,68	3,08	1,04	1	11,9	1,33	2,32	8,4	20			
50x25	2,49	1,48	0,71	0,878	8,25	0,81	1,34	8,4	16			
50	9,12	3,75	1,13	1,12	27,8	1,37	2,47	11	20			
60	4,51	2,16	0,84	0,939	21,9	0,91	1,50	8,4	18			
65	14,1	5,07	1,25	1,61	77,3	1,42	2,60	11	25			
80	19,4	6,36	1,33	2,16	168	1,45	2,67	13	25	264	59,9	7,11
100	29,3	8,49	1,47	2,81	413	1,55	2,93	13	30	322	76,1	10,9
120	43,2	11,1	1,59	4,15	900	1,60	3,03	17/13	30	407	108	15,9
140	62,7	14,8	1,75	5,68	1.800	1,75	3,37	17	35	488	126	22,5
160	85,3	18,3	1,89	7,39	3.260	1,84	3,56	21/17	35	576	155	30,0
180	114	22,4	2,02	9,55	5.567	1,92	3,75	21	40	670	187	38,9
200	148	27,0	2,14	11,9	9.065	2,01	3,94	23/21	40	772	222	49,2
220	197	33,6	2,30	16,0	14.580	2,14	4,20	23	45	898	259	62,9
240	248	39,6	2,42	19,7	22.070	2,23	4,39	25/23	45	1.014	299	76,9
260	317	47,7	2,56	25,5	33.260	2,36	4,66	25	50	1.158	341	95,1
280	399	57,2	2,74	31,0	48.460	2,53	5,02	25	50	1.281	367	115
300	495	67,8	2,90	37,4	68.970	2,70	5,41	28	55	1.409	394	137
320	597	80,6	2,81	66,7	95.690	2,60	4,82	28	58	1.818	587	175
350	570	75,0	2,72	61,2	113.200	2,40	4,45	28	58	1.853	648	188
380	615	78,7	2,77	59,1	145.600	2,38	4,58	28	60	1.928	681	211
400	846	102	3,04	81,6	220.300	2,65	5,11	28	60	2.195	741	259

S Schwerpunkt
M Schubmittelpunkt
e_z Abstand Schwerpunkt – Profilaußenkante
y_M Abstand Schubmittelpunkt – Schwerpunkt

U–Stahl mit parallelen Flanschflächen UPE

DIN 1026-2, warmgewalzt

Kurzzeichen z. B.: UPE 200

Bezeichnungen der Anreißmaße und Lochdurchmesser wie bei U-Profilen

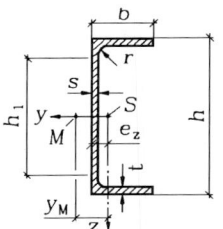

Kurz-zei-chen	Maße						Fläche		Statische Werte					
	H	b	s	t	r	h_1	A	A_{Steg}	G	U	I_y	W_y	i_y	I_z
UPE	mm	mm	mm	mm	mm	mm	cm²	cm²	kN/m	m²/m	cm⁴	cm³	cm	cm⁴
80	80	50	4,0	7,0	10	46	10,1	2,92	0,079	0,343	107	26,8	3,26	25,5
100	100	55	4,5	7,5	10	65	12,5	4,16	0,098	0,402	207	41,4	4,07	38,3
120	120	60	5,0	8,0	12	80	15,4	5,60	0,121	0,460	364	60,6	4,86	55,5
140	140	65	5,0	9,0	12	98	18,4	6,55	0,145	0,520	600	85,6	5,71	78,8
160	160	70	5,5	9,5	12	117	21,7	8,28	0,17	0,579	911	114	6,48	107
180	180	75	5,5	10,5	12	135	25,1	9,32	0,197	0,639	1.350	150	7,34	144
200	200	80	6,0	11,0	13	152	29,0	11,3	0,228	0,697	1.910	191	8,11	187
220	220	85	6,5	12,0	13	170	33,9	13,5	0,266	0,756	2.680	244	8,90	247
240	240	90	7,0	12,5	15	185	38,5	15,9	0,302	0,813	3.600	300	9,67	311
270	270	95	7,5	13,5	15	213	44,8	19,2	0,352	0,892	5.250	389	10,8	401
300	300	100	9,5	15	15	240	56,6	27,1	0,444	0,968	7.820	522	11,8	538
330	330	105	11	16	18	262	67,8	34,5	0,532	1,043	11.010	667	12,7	682
360	360	110	12	17	18	290	77,9	41,2	0,612	1,121	14.830	824	13,8	844
400	400	115	13,5	18	18	328	91,9	51,6	0,722	1,218	20.980	1.050	15,1	1.050

Kurz-zei-chen	Statische Werte (Fortsetzung)					Lochmaße			Plastische Schnittgrößen (charakteristische Werte für S235)		
	W_z	i_z	S_y	I_T	I_ω	e_z	y_M	d	w_1	N_{pl}	$V_{pl,z}$	$M_{pl,y}$
UPE	cm³	cm	cm³	cm⁴	cm⁶	cm	cm	mm	mm	kN	kN	kNm
80	8,00	1,59	15,6	1,44	237	1,82	3,71	13	30	242	40,5	7,12
100	10,6	1,75	24,0	1,99	568	1,91	3,93	13	30	300	57,7	10,9
120	13,8	1,90	35,2	2,84	1.197	1,98	4,12	17/13	35	370	77,6	15,8
140	18,2	2,07	49,4	3,99	2.337	2,17	4,54	17	35	442	90,8	22,2
160	22,6	2,22	65,8	5,17	4.180	2,27	4,76	21/17	40	520	115	29,4
180	28,6	2,39	86,5	7,00	7.158	2,47	5,19	21	40	603	129	38,7
200	34,5	2,54	110,0	8,88	11.570	2,56	5,41	23/21	45	696	157	49,0
220	42,5	2,70	141,4	12,1	18.440	2,70	5,70	23	45	813	187	62,5
240	50,1	2,84	173,0	15,1	27.760	2,79	5,91	25/23	50	924	221	76,7
270	60,7	2,99	226,0	20,0	45.540	2,89	6,14	25	50	1.076	267	99,3
300	75,6	3,08	307,0	31,9	75.460	2,89	6,03	28	55	1.359	375	133
330	89,7	3,17	396,0	45,6	116.300	2,90	6,00	28	60	1.626	479	170
360	105	3,29	491,2	59,3	172.400	2,97	6,12	28	60	1.870	570	210
400	123	3,37	631,0	80,5	266.300	2,98	6,06	28	60	2.206	715	267

Weitere Bezeichnungen siehe U-Stahl Seite 8.155

Stahlbauprofile

U–Stahl mit parallelen Flanschflächen UAP

UAP-Reihe, genormt gemäß französischer Norm NF A 45-255, warmgewalzt
U-Stahl (Arbed)

Kurzzeichen z. B.: UAP 200

Bezeichnungen der Anreißmaße und Lochdurchmesser wie bei U-Profilen

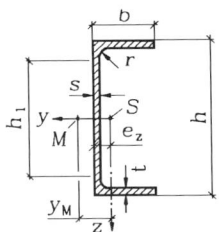

Kurz-zei-chen	Maße						Flächen				Statische Werte			
	h	b	s	t	r	h_1	A	A_{Steg}	G	U	I_y	W_y	i_y	I_z
UAP	mm	mm	mm	mm	mm	mm	cm^2	cm^2	kN/m	m^2/m	cm^4	cm^3	cm	cm^4
80	80	45	5	8	8	48	10,7	3,60	0,084	0,323	107	26,8	3,17	21,3
100	100	50	5,5	8,5	8,5	66	13,4	5,03	0,105	0,382	210	41,9	3,96	32,8
130	130	55	6	9,5	9,5	92	17,5	7,23	0,137	0,460	460	70,7	5,12	51,3
150	150	65	7	10,25	10,25	109	22,8	9,78	0,179	0,537	796	106	5,90	93,3
175	175	70	7,5	10,75	10,75	132	27,1	12,3	0,212	0,606	1.270	145	6,85	126
200	200	75	8	11,5	11,5	154	32,0	15,1	0,251	0,674	1.946	195	7,80	170
220	220	80	8	12,5	12,5	170	36,3	16,6	0,285	0,733	2.710	246	8,64	222
250	250	85	9	13,5	13,5	196	43,8	21,3	0,344	0,810	4.137	331	9,72	295
300	300	100	9,5	16	16	236	58,6	27,0	0,46	0,967	8.171	545	11,8	562

Kurz-zei-chen	Statische Werte (Fortsetzung)				Lochmaße				Plastische Schnittgrößen (charakteristische Werte für S235)		
	W_z	i_z	S_y	I_T	I_ω	e_z	y_M	d	w_1	N_{pl}	$V_{pl,z}$	$M_{pl,y}$
UAP	cm^3	cm	cm^3	cm^4	cm^6	cm	cm	mm	mm	kN	kN	kNm
80	7,38	1,41	15,9	1,94	192	1,61	3,17	13	25	256	49,9	7,23
100	9,95	1,57	24,8	2,70	475	1,70	3,38	13	30	321	69,7	11,1
130	13,8	1,71	41,8	4,22	1.284	1,77	3,56	17/13	30	420	100	18,5
150	21,0	2,02	62,6	6,62	3.136	2,05	4,10	21/17	35	548	136	27,7
175	25,9	2,16	85,7	8,57	5.873	2,12	4,32	21	40	649	171	37,6
200	32,1	2,30	115	11,4	10.400	2,22	4,53	23/21	40	767	209	50,2
220	39,7	2,48	145	14,6	16.510	2,40	4,94	23	45	870	230	63,5
250	48,9	2,60	196	20,7	28.530	2,45	5,04	25/23	45	1.051	295	85,0
300	79,7	3,10	320	36,8	78.230	2,96	6,17	28	55	1.405	374	140

8.165

Gleichschenkliger Winkelstahl

DIN 1028, DIN EN 10056-1 rundkantig, warmgewalzt
Auswahl

Normallängen: 6-12 m

Kurzzeichen z. B.: L 80 x 8 DIN 1028 S235JR

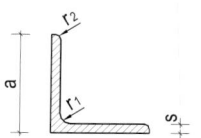

Kurz-zei-chen	Maße				Flächen		Abstände				Statische Werte		
L a x s	a	s	r_1	r_2	A	G	e	w	v_1	v_2	$I_y=I_z$	$W_y=W_z$	$i_y=i_z$
mm	mm	mm	mm	mm	cm^2	kN/m	cm	cm	cm	cm	cm^4	cm^3	cm
20 x 3	20	3	3,5	2	1,12	0,0088	0,60	1,41	0,85	0,70	0,39	0,28	0,59
25 x 3	25	3	3,5	2	1,42	0,0112	0,73	1,77	1,03	0,87	0,79	0,45	0,75
25 x 4	25	4	3,5	2	1,85	0,0145	0,76	1,77	1,08	0,89	1,01	0,58	0,74
30 x 3	30	3	5	2,5	1,74	0,0136	0,84	2,12	1,18	1,04	1,41	0,65	0,90
30 x 4	30	4	5	2,5	2,27	0,0178	0,89	2,12	1,24	1,05	1,81	0,86	0,89
35 x 4	35	4	5	2,5	2,67	0,021	1,00	2,47	1,41	1,24	2,96	1,18	1,05
35 x 5	35	5	5	2,5	3,28	0,0257	1,04	2,47	1,47	1,25	3,56	1,45	1,04
40 x 4	40	4	6	3	3,08	0,0242	1,12	2,83	1,58	1,40	4,48	1,55	1,21
40 x 5	40	5	6	3	3,79	0,0297	1,16	2,83	1,64	1,42	5,43	1,91	1,20
45 x 4	45	4	7	3,5	3,49	0,0274	1,23	3,18	1,75	1,57	6,43	1,97	1,36
45 x 5	45	5	7	3,5	4,3	0,0338	1,28	3,18	1,81	1,58	7,83	2,43	1,35
50 x 5	50	5	7	3,5	4,8	0,0377	1,40	3,54	1,98	1,76	11,0	3,05	1,51
50 x 6	50	6	7	3,5	5,69	0,0447	1,45	3,54	2,04	1,77	12,8	3,61	1,50
50 x 7	50	7	7	3,5	6,56	0,0515	1,49	3,54	2,11	1,78	14,6	4,15	1,49
60 x 5	60	5	8	4	5,82	0,0457	1,64	4,24	2,32	2,11	19,4	4,45	1,82
60 x 6	60	6	8	4	6,91	0,0542	1,69	4,24	2,39	2,11	22,8	5,29	1,82
60 x 8	60	8	8	4	9,03	0,0709	1,77	4,24	2,50	2,14	29,1	6,88	1,80
65 x 7	65	7	9	4,5	8,7	0,0683	1,85	4,60	2,62	2,29	33,4	7,18	1,96
70 x 7	70	7	9	4,5	9,4	0,0738	1,97	4,95	2,79	2,47	42,4	8,43	2,12
70 x 9	70	9	9	4,5	11,9	0,0934	2,05	4,95	2,90	2,50	52,6	10,6	2,10
75 x 7	75	7	10	5	10,1	0,0794	2,09	5,30	2,95	2,63	52,4	9,67	2,28
75 x 8	75	8	10	5	11,5	0,0903	2,13	5,30	3,01	2,65	58,9	11,0	2,26
80 x 6	80	6	10	5	9,35	0,0734	2,17	5,66	3,07	2,80	55,8	9,57	2,44
80 x 8	80	8	10	5	12,3	0,0966	2,26	5,66	3,20	2,82	72,3	12,6	2,42
80 x 10	80	10	10	5	15,1	0,119	2,34	5,66	3,31	2,85	87,5	15,5	2,41
90 x 7	90	7	11	5,5	12,2	0,0961	2,45	6,36	3,47	3,16	92,6	14,1	2,75
90 x 9	90	9	11	5,5	15,5	0,122	2,54	6,36	3,59	3,18	116	18,0	2,74
100 x 8	100	8	12	6	15,5	0,122	2,74	7,07	3,87	3,52	145	19,9	3,06
100 x 10	100	10	12	6	19,2	0,151	2,82	7,07	3,99	3,54	177	24,7	3,04
100 x 12	100	12	12	6	22,7	0,178	2,90	7,07	4,10	3,57	207	29,2	3,02
110 x 10	110	10	12	6	21,2	0,166	3,07	7,78	4,34	3,89	239	30,1	3,36
120 x 12	120	12	13	6,5	27,5	0,216	3,40	8,49	4,80	4,26	368	42,7	3,65
130 x 12	130	12	14	7	30	0,236	3,64	9,19	5,15	4,60	472	50,4	3,97
140 x 13	140	13	15	7,5	35	0,275	3,92	9,90	5,54	4,96	638	63,3	4,27
150 x 12	150	12	16	8	34,8	0,273	4,12	10,6	5,83	5,29	737	67,7	4,60
150 x 15	150	15	16	8	43	0,338	4,25	10,6	6,01	5,33	898	85,3	4,57
160 x 15	160	15	17	8,5	46,1	0,362	4,49	11,3	6,35	5,67	1.100	95,6	4,88
180 x 16	180	16	18	9	55,4	0,435	5,02	12,7	7,11	6,39	1.680	130	5,51
180 x 18	180	18	18	9	61,9	0,486	5,10	12,7	7,22	6,41	1.870	145	5,49
200 x 16	200	16	18	9	61,8	0,485	5,52	14,1	7,80	7,09	2.430	162	6,15
200 x 20	200	20	18	9	76,4	0,599	5,68	14,1	8,04	7,15	2.850	199	6,11
200 x 24	200	24	18	9	90,6	0,711	5,84	14,1	8,26	7,21	3.330	235	6,06

Stahlbauprofile

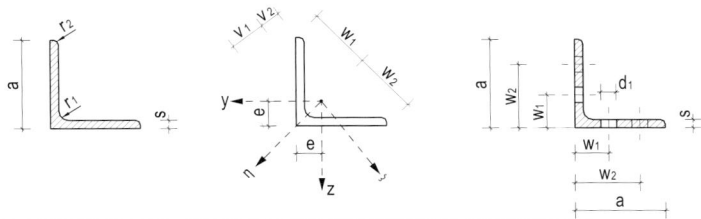

Statische Werte (Fortsetzung)					Lochmaße			Kurzzeichen
I_η	i_η	I_ζ	W_ζ	i_ζ	d_1	w_1	w_2	L a x s
cm^4	cm	cm^4	cm^3	cm	mm	mm	mm	mm
0,62	0,74	0,15	0,18	0,37	4,3	12		**20 x 3**
1,27	0,95	0,31	0,30	0,47	6,4	15		**25 x 3**
1,61	0,93	0,40	0,37	0,47	6,4	15		25 x 4
2,24	1,14	0,57	0,48	0,57	8,4	17		**30 x 3**
2,85	1,12	0,76	0,61	0,58	8,4	17		30 x 4
4,68	1,33	1,24	0,88	0,68	11	18		**35 x 4**
5,63	1,31	1,49	1,10	0,67	11	18		35 x 5
7,09	1,52	1,86	1,18	0,78	11	22		**40 x 4**
8,64	1,51	2,22	1,35	0,77	11	22		40 x 5
10,2	1,71	2,68	1,53	0,88	13	25		45 x 4
12,4	1,70	3,25	1,80	0,87	13	25		**45 x 5**
17,4	1,90	4,59	2,32	0,98	13	30		**50 x 5**
20,4	1,89	5,24	2,57	0,96	13	30		50 x 6
23,1	1,88	6,02	2,85	0,96	13	30		50 x 7
30,7	2,30	8,03	3,46	1,17	17	35		60 x 5
36,1	2,29	9,43	3,95	1,17	17	35		**60 x 6**
46,1	2,26	12,1	4,84	1,16	17	35		60 x 8
53,0	2,47	13,8	5,27	1,26	21	35		65 x 7
67,1	2,67	17,6	6,31	1,37	21	40		**70 x 7**
83,1	2,64	22,0	7,59	1,36	21	40		70 x 9
83,6	2,88	21,1	7,15	1,45	23	40		75 x 7
93,3	2,85	24,4	8,11	1,46	23	40		75 x 8
88,5	3,08	23,1	7,54	1,57	23	45		80 x 6
115	3,06	29,6	9,25	1,55	23	45		**80 x 8**
139	3,03	35,9	10,9	1,54	23	45		80 x 10
147	3,46	38,3	11,0	1,77	25	50		90 x 7
184	3,45	47,8	13,3	1,76	25	50		**90 x 9**
230	3,85	59,9	15,5	1,96	25	55		100 x 8
280	3,82	73,3	18,4	1,95	25	55		**100 x 10**
328	3,80	86,2	21,0	1,95	25	55		100 x 12
379	4,23	98,6	22,7	2,16	25	45	70	**110 x 10**
584	4,60	152	31,5	2,35	25	50	80	**120 x 12**
750	5,00	194	37,7	2,54	25	50	90	130 x 12
1.010	5,38	262	47,3	2,74	28	55	95	140 x 13
1.170	5,80	303	52,0	2,95	28	60	105	150 x 12
1.430	5,76	370	61,6	2,93	28	60	105	**150 x 15**
1.750	6,15	453	71,3	3,14	28	60	115	160 x 15
2.690	6,96	679	95,5	3,50	28	60	135	180 x 16
2.970	6,93	757	105	3,49	28	60/65	135	**180 x 18**
3.740	7,78	943	121	3,91	28	65	150	200 x 16
4.540	7,72	1.160	144	3,89	28	65	150	**200 x 20**
5.280	7,64	1.380	167	3,90	28	65/70	150	200 x 24

y – z Schenkelparalleles Koordinatensystem
$\eta - \zeta$ Hauptachsensystem

8.167

Ungleichschenkliger Winkelstahl

DIN 1029, DIN EN 1056-1, rundkantig, warmgewalzt
Auswahl

Normallängen: 6-12 m

Kurzzeichen z. B.: L 100 x 50 x 8 DIN 1029 S235JR oder Werkstoff-Nr. 1.0038

Kurz-zeichen	Maße					Flächen		Abstände				Schwerpunkt		Hauptachsen
L a x b x s	a	b	s	r_1	r_2	A	G	w_1	w_2	v_1	v_2	e_y	e_z	tan α
mm	mm	mm	mm	mm	mm	cm²	kN/m	cm	cm	cm	cm	cm	cm	-
30 x 20 x 3	30	20	3	3,5	2	1,42	0,0111	2,05	1,50	0,85	1,04	0,99	0,50	0,431
30 x 20 x 4	30	20	4	3,5	2	1,85	0,0145	2,02	1,52	0,90	1,04	1,03	0,54	0,423
40 x 20 x 3	40	20	3	3,5	2	1,72	0,0135	2,60	1,77	0,78	1,19	1,43	0,44	0,259
40 x 20 x 4	40	20	4	3,5	2	2,25	0,0177	2,58	1,79	0,82	1,17	1,47	0,48	0,252
45 x 30 x 4	45	30	4	4,5	2	2,87	0,0225	3,09	2,23	1,21	1,59	1,48	0,74	0,436
45 x 30 x 5	45	30	5	4,5	2	3,53	0,0277	3,05	2,27	1,31	1,58	1,52	0,78	0,430
50 x 30 x 4	50	30	4	4,5	2	3,07	0,0241	3,35	2,36	1,23	1,67	1,68	0,70	0,356
50 x 30 x 5	50	30	5	4,5	2	3,78	0,0296	3,33	2,38	1,27	1,65	1,73	0,74	0,353
50 x 40 x 5	50	40	5	4	2	4,27	0,0335	3,48	2,88	1,73	1,85	1,56	1,07	0,625
60 x 30 x 5	60	30	5	6	3	4,29	0,0337	3,88	2,67	1,20	1,77	2,15	0,68	0,256
60 x 40 x 5	60	40	5	6	3	4,79	0,0376	4,10	3,00	1,67	2,11	1,96	0,97	0,437
60 x 40 x 6	60	40	6	6	3	5,68	0,0446	4,08	3,02	1,72	2,10	2,00	1,01	0,433
65 x 50 x 5	65	50	5	6	3	5,54	0,0435	4,53	3,60	2,08	2,39	1,99	1,25	0,583
70 x 50 x 6	70	50	6	6	3	6,88	0,0540	4,83	3,67	2,11	2,52	2,24	1,25	0,497
75 x 50 x 7	75	50	7	6,5	3,5	8,30	0,0651	5,12	3,75	2,08	2,64	2,48	1,25	0,433
75 x 55 x 5	75	55	5	7	3,5	6,30	0,0495	5,21	3,98	2,25	2,73	2,31	1,33	0,530
75 x 55 x 7	75	55	7	7	3,5	8,66	0,0680	5,18	4,02	2,35	2,72	2,40	1,41	0,525
80 x 40 x 6	80	40	6	7	3,5	6,89	0,0541	5,20	3,54	1,57	2,38	2,85	0,88	0,259
80 x 40 x 8	80	40	8	7	3,5	9,01	0,0707	5,14	3,59	1,65	2,34	2,94	0,95	0,253
80 x 60 x 7	80	60	7	8	4	9,38	0,0736	5,55	4,35	2,54	2,92	2,51	1,52	0,546
80 x 65 x 8	80	65	8	8	4	11,0	0,0866	5,59	4,66	2,79	2,96	2,47	1,73	0,645
90 x 60 x 6	90	60	6	7	3,5	8,69	0,0682	6,16	4,49	2,45	3,18	2,89	1,41	0,442
90 x 60 x 8	90	60	8	7	3,5	11,4	0,0896	6,12	4,53	2,55	3,16	2,97	1,49	0,437
100 x 50 x 6	100	50	6	9	4,5	8,73	0,0685	6,55	4,39	1,90	3,00	3,49	1,04	0,263
100 x 50 x 8	100	50	8	9	4,5	11,5	0,0899	6,48	4,45	1,99	2,96	3,59	1,13	0,258
100 x 50 x 10	100	50	10	9	4,5	14,1	0,111	6,43	4,49	2,07	2,93	3,67	1,20	0,252
100 x 65 x 7	100	65	7	10	5	11,2	0,0877	6,83	4,89	2,63	3,49	3,23	1,51	0,419
100 x 65 x 9	100	65	9	10	5	14,2	0,111	6,79	4,94	2,74	3,46	3,32	1,59	0,415
100 x 75 x 9	100	75	9	10	5	15,1	0,118	6,93	5,44	3,19	3,65	3,15	1,91	0,549
120 x 80 x 8	120	80	8	11	5,5	15,5	0,122	8,23	5,97	3,24	4,23	3,83	1,87	0,441
120 x 80 x 10	120	80	10	11	5,5	19,1	0,150	8,19	6,01	3,35	4,21	3,92	1,95	0,438
120 x 80 x 12	120	80	12	11	5,5	22,7	0,178	8,15	6,04	3,45	4,20	4,00	2,03	0,433
130 x 65 x 8	130	65	8	11	5,5	15,1	0,119	8,51	5,71	2,47	3,90	4,56	1,37	0,263
130 x 65 x 10	130	65	10	11	5,5	18,6	0,146	8,44	5,77	2,57	3,86	4,65	1,45	0,259
150 x 75 x 9	150	75	9	10,5	5,5	19,5	0,153	9,82	6,59	2,85	4,50	5,28	1,57	0,265
150 x 75 x 11	150	75	11	10,5	5,5	23,6	0,186	9,74	6,67	2,95	4,46	5,37	1,65	0,261
150 x 100 x 10	150	100	10	13	6,5	24,2	0,190	10,27	7,48	4,08	5,29	4,80	2,34	0,442
150 x 100 x 12	150	100	12	13	6,5	28,7	0,226	10,23	7,52	4,18	5,28	4,89	2,42	0,439
180 x 90 x 10	180	90	10	14	7	26,2	0,206	11,81	7,89	3,38	5,42	6,28	1,85	0,262
200 x 100 x 10	200	100	10	15	7,5	29,2	0,230	13,15	8,74	3,71	6,05	6,93	2,01	0,266
200 x 100 x 12	200	100	12	15	7,5	34,8	0,273	13,08	8,80	3,81	6,00	7,03	2,10	0,264
200 x 100 x 14	200	100	14	15	7,5	40,3	0,316	13,01	8,86	3,90	5,96	7,12	2,18	0,262

Stahlbauprofile

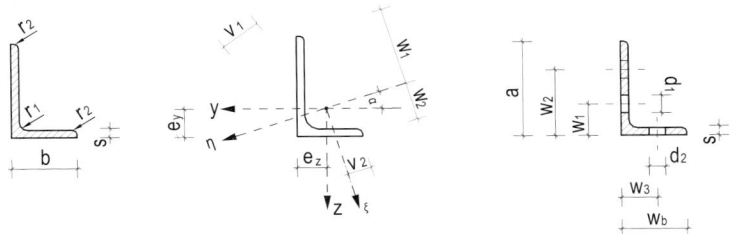

Kurz-zei-chen	Statische Werte										Lochmaße				
L a x b x s	I_y	W_y	i_y	I_z	W_z	i_z	I_η	i_η	I_ς	i_ς	d_1	d_2	w_1	w_2	w_3
mm	cm^4	cm^3	cm	cm^4	cm^3	cm	cm^4	cm	cm^4	cm	mm	mm	mm	mm	mm
30 x 20 x 3	1,25	0,62	0,94	0,44	0,29	0,56	1,43	1,00	0,25	0,42	8,4	4,3	17		12
30 x 20 x 4	1,59	0,81	0,93	0,55	0,38	0,55	1,81	0,99	0,33	0,42	8,4	4,3	17		12
40 x 20 x 3	2,79	1,08	1,27	0,47	0,30	0,52	2,96	1,31	0,30	0,42	11	4,3	22		12
40 x 20 x 4	3,59	1,42	1,26	0,60	0,39	0,52	3,79	1,30	0,39	0,42	11	4,3	22		12
45 x 30 x 4	5,78	1,91	1,42	2,05	0,91	0,85	6,65	1,52	1,18	0,64	13	8,4	25		17
45 x 30 x 5	6,99	2,35	1,41	2,47	1,11	0,84	8,02	1,51	1,44	0,64	13	8,4	25		17
50 x 30 x 4	7,71	2,33	1,59	2,09	0,91	0,82	8,53	1,67	1,27	0,64	13	8,4	30		17
50 x 30 x 5	9,41	2,88	1,58	2,54	1,12	0,82	10,4	1,66	1,56	0,64	13	8,4	30		17
50 x 40 x 5	10,4	3,02	1,56	5,89	2,01	1,18	13,3	1,76	3,02	0,84	13	11	30		22
60 x 30 x 5	15,6	4,04	1,90	2,60	1,12	0,78	16,5	1,96	1,69	0,63	17	8,4	35		17
60 x 40 x 5	17,2	4,25	1,89	6,11	2,02	1,13	19,8	2,03	3,50	0,86	17	11	35		22
60 x 40 x 6	20,1	5,03	1,88	7,12	2,38	1,12	23,1	2,02	4,12	0,85	17	11	35		22
65 x 50 x 5	23,1	5,11	2,04	11,9	3,18	1,47	28,8	2,28	6,21	1,06	21	13	35		30
70 x 50 x 6	33,5	7,04	2,21	14,3	3,81	1,44	39,9	2,41	7,94	1,07	21	13	40		30
75 x 50 x 7	46,4	9,24	2,36	16,5	4,39	1,41	53,3	2,53	9,56	1,07	23	13	40		30
75 x 55 x 5	35,5	6,84	2,37	16,2	3,89	1,60	43,1	2,61	8,68	1,17	23	17	40		30
75 x 55 x 7	47,9	9,39	2,35	21,8	5,52	1,59	57,9	2,59	11,8	1,17	23	17	40		30
80 x 40 x 6	44,9	8,73	2,55	7,59	2,44	1,05	47,6	2,63	4,90	0,84	23	11	45		22
80 x 40 x 8	57,6	11,4	2,53	9,68	3,18	1,04	60,9	2,60	6,41	0,84	23	11	45		22
80 x 60 x 7	59,0	10,7	2,51	28,4	6,34	1,74	72,0	2,77	15,4	1,28	23	17	45		35
80 x 65 x 8	68,1	12,3	2,49	40,1	8,41	1,91	88,0	2,82	20,3	1,36	23	21	45		35
90 x 60 x 6	71,7	11,7	2,87	25,8	5,61	1,72	82,8	3,09	14,6	1,30	25	17	50		35
90 x 60 x 8	92,5	15,4	2,85	33,0	7,31	1,70	107	3,06	19,0	1,29	25	17	50		35
100 x 50 x 6	89,7	13,8	3,20	15,3	3,86	1,32	95,2	3,30	9,78	1,06	25	13	55		30
100 x 50 x 8	116	18,0	3,18	19,5	5,04	1,31	123	3,28	12,6	1,05	25	13	55		30
100 x 50x10	141	22,2	3,16	23,4	6,17	1,29	149	3,25	15,5	1,04	25	13	55		30
100 x 65 x 7	113	16,6	3,17	37,6	7,54	1,84	128	3,39	21,6	1,39	25	21	55		35
100 x 65 x 9	141	21,0	3,15	46,7	9,52	1,82	160	3,36	27,2	1,39	25	21/17	55		35
100 x 75 x 9	148	21,5	3,13	71,0	12,7	2,17	181	3,47	37,8	1,59	25	23	55		40
120 x 80 x 8	226	27,6	3,82	80,8	13,2	2,29	261	4,10	45,8	1,72	25	23	50	80	45
120 x 80x10	276	34,1	3,80	98,1	16,2	2,27	318	4,07	56,1	1,71	25	23	50	80	45
120 x 80x12	323	40,4	3,77	114	19,1	2,25	371	4,04	66,1	1,71	25	23	50	80	45
130 x 65 x 8	263	31,1	4,17	44,8	8,72	1,72	280	4,31	28,6	1,38	25	21/17	50	90	35
130 x 65x10	321	38,4	4,15	54,2	10,7	1,71	340	4,27	35,0	1,37	25	21/17	50	90	35/36
150 x 75 x 9	455	46,8	4,83	78,3	13,2	2,00	484	4,98	50,0	1,60	28	23	60	105	40
150 x 75x11	545	56,6	4,80	93,0	15,9	1,98	578	4,95	59,8	1,59	28	23/21	60	105	40
150x100x10	552	54,1	4,78	198	25,8	2,86	637	5,13	112	2,15	28	25	60	105	55
150x100x12	650	64,2	4,76	232	30,6	2,84	749	5,10	132	2,15	28	25	60	105	55
180 x 90x10	880	75,1	5,80	151	21,2	2,40	934	5,97	97,4	1,93	28	25	60	135	50
200x100x10	1.220	93,2	6,46	210	26,3	2,68	1.300	6,66	133	2,14	28	25	65	150	55
200x100x12	1.440	111	6,43	247	31,3	2,67	1.530	6,63	158	2,13	28	25	65	150	55
200x100x14	1.650	128	6,41	282	36,1	2,65	1.760	6,60	181	2,12	28	25	65	150	55

y – z   Achsenparalleles Koordinatensystem
$\eta - \varsigma$ Hauptachsensystem

8.169

Z – Stahl

DIN 1027, rundkantig, warmgewalzt

Normallängen: 6-12 m

Kurzzeichen z. B.: Z 100 DIN 1027 S235JR oder Werkstoff-Nr. 1.0038

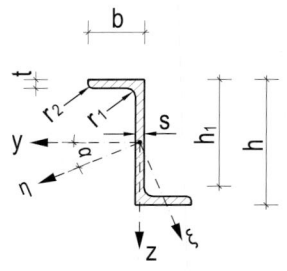

Kurz-zei-chen	Maße					Flächen		Haupt-achsen	Statische Werte						
	h	b	s	t=r_1	r_2	A	G	tan α	I_y	W_y	i_y	I_z	W_z	i_z	I_η
Z	mm	mm	mm	mm	mm	cm^2	kN/m		cm^4	cm^3	cm	cm^4	cm^3	cm	cm^4
30	30	38	4	4,5	2,5	4,32	0,034	1,655	5,96	3,97	1,17	13,7	3,80	1,78	18,1
40	40	40	4,5	5	2,5	5,43	0,043	1,181	13,5	6,75	1,58	17,6	4,66	1,80	28,0
50	50	43	5	5,5	3	6,77	0,053	0,939	26,3	10,5	1,97	23,8	5,88	1,88	44,9
60	60	45	5	6	3	7,91	0,062	0,779	44,7	14,9	2,38	30,1	7,09	1,95	67,2
80	80	50	6	7	3,5	11,1	0,087	0,588	109	27,3	3,13	47,4	10,1	2,07	142
100	100	55	6,5	8	4	14,5	0,114	0,492	222	44,4	3,91	72,5	14,0	2,24	270
120	120	60	7	9	4,5	18,2	0,143	0,433	402	67,0	4,70	106	18,8	2,42	470
140	140	65	8	10	5	22,9	0,180	0,385	676	96,6	5,43	148	24,3	2,54	768
160	160	70	8,5	11	5,5	27,5	0,216	0,357	1.060	132	6,20	204	31,0	2,72	1.180

Kurz-zei-chen	Statische Werte (Fortsetzung)					Lochmaße	
	W_η	i_η	I_ζ	W_ζ	i_ζ	$W^{1)}$	d	w_1
Z	cm^3	cm	cm^4	cm^3	cm	cm^3	mm	mm
30	4,69	2,04	1,54	1,11	0,60	1,26	11	20
40	6,72	2,27	3,05	1,83	0,75	2,26	11	22
50	9,76	2,57	5,23	2,76	0,88	3,64	11	25
60	13,5	2,81	7,60	3,73	0,98	5,24	13	25
80	24,4	3,58	14,7	6,44	1,15	10,1	13	30
100	39,8	4,31	24,6	9,26	1,30	16,8	17	30
120	60,6	5,08	37,7	12,5	1,44	25,6	17	35
140	88,0	5,79	56,4	16,6	1,57	38,0	17	35
160	121	6,57	79,5	21,4	1,70	52,9	21/17	35

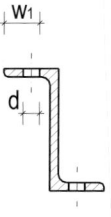

[1)] W   Widerstandsmoment bei lotrechter Belastung und freier Biegung zur Seite

Stahlbauprofile

Kaltprofile

Gleichbleibende Wandstärke in allen Querschnitten des Profils

Nicht genormt

Weitere Kaltprofile lieferbar: als Winkel-, eine Vielzahl von U-, C-, Z- und Hutprofilen, auch unsymmetrische, offene, geschlossene, schiefwinklige.

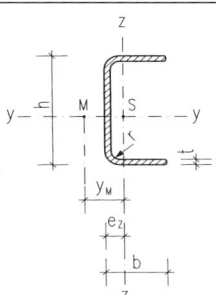

Kurz-zei-chen	Maße in mm				Statische Werte									
	h	b	t	r	A	I_y	W_y	i_y	I_z	W_z	i_z	I_T	e_z	y_M	g
					cm^2	cm^4	cm^3	cm	cm^4	cm^3	cm	cm^4	cm	cm	kN/m
U	U-Profile, Kaltprofile aus Stahl													
20/20x1,5	20	20	1,5	1,5	0,812	0,537	0,537	0,814	0,333	0,269	0,641	0,0059	0,760	1,55	0,637
23/23x1,5	23	23	1,5	1,5	0,947	0,847	0,737	0,946	0,520	0,361	0,741	0,0069	0,859	1,78	0,743
25/25x1,5	25	25	1,5	1,5	1,04	1,11	0,887	1,03	0,676	0,430	0,803	0,0076	0,926	1,93	0,814
28/28x1,5	28	28	1,5	1,5	1,17	1,59	1,14	1,17	0,966	0,544	0,908	0,0086	1,03	2,16	0,920
30/30x1,5	30	30	1,5	1,5	1,26	1,99	1,32	1,25	1,20	0,628	0,974	0,0093	1,09	2,32	0,991
30/30x2	30	30	2	2	1,64	2,49	1,66	1,23	1,53	0,816	0,966	0,0214	1,12	2,32	1,29
40/40x3	40	40	3	3	3,25	8,60	4,30	1,63	5,33	2,15	1,28	0,0947	1,52	3,10	2,55
46/45x3	46	45	3	3	3,73	13,3	5,77	1,89	7,83	2,77	1,45	0,109	1,67	3,46	2,93
50/50x4	50	50	4	4	5,37	22,0	8,79	2,02	13,7	4,44	1,60	0,278	1,91	3,87	4,22
54/45x4	54	45	4	4	5,13	23,8	8,81	2,15	10,6	3,70	1,43	0,265	1,64	3,33	4,03
70/50x4	70	50	4	4	6,17	48,1	13,7	2,79	15,8	4,77	1,60	0,321	1,69	3,54	4,85
80/40x3	80	40	3	3	4,45	43,1	10,8	3,11	6,98	2,45	1,25	0,131	1,15	2,51	3,49
80/50x5	80	50	5	75	7,95	76,5	19,1	3,10	19,7	5,92	1,57	0,646	1,,67	3,40	6,24
90/50x5	90	50	5	7,5	8,45	101	22,5	3,46	20,7	6,06	1,56	0,687	1,59	3,27	6,64
100/50x3	100	50	3	3	5,65	87,2	17,40	3,93	14,0	3,89	1,58	0,167	1,40	3,14	4,43
100/50x5	100	50	5	7,5	8,95	130	26,1	3,82	21,5	6,17	1,55	0,729	1,51	3,15	7,03
120/60x3	120	60	3	3	6,85	154	25,7	4,75	24,7	5,67	1,9	0,203	1,65	3,77	5,38
120/60x6	120	60	6	9	12,9	270	45,1	4,58	44,6	10,7	1,86	1,51	1,82	3,78	10,1
140/60x4	140	60	4	4	9,77	284	40,6	5,39	33,6	7,59	1,85	0,513	1,58	3,55	7,67
140/60x6	140	60	6	9	14,1	392	55,9	5,27	47,2	10,9	1,83	1,66	1,69	3,56	11,1
160/65x7	160	65	7	10,5	18,2	649	81,1	5,96	70,3	15,0	1,96	2,91	1,81	3,77	14,3
200/80x6	200	80	6	9	20,1	1160	116	7,6	120	20,2	2,44	2,38	2,07	4,62	15,8

Warmgefertigte quadratische Hohlprofile

DIN 59 410, DIN EN 10 210-2, nahtlos oder geschweißt

Kurzzeichen z. B.: Hohlprofil 100 x 5 DIN EN 10 210-2 S235JR oder Werkstoff-Nr. 1.0038

r_o Krümmungsradius Rohrkante außen
r_i Krümmungsradius Rohrkante innen

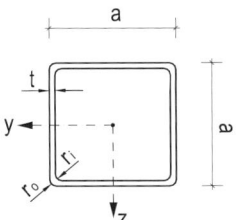

8.171

Warmgefertigte quadratische Hohlprofile
Abbildung s. Seite 8.163, Auswahl

Hohlprofile, warm gefertigt	Maße				Flächen			Statische Werte				Plastische Schnittgrößen (charakteristische Werte für S235)		
□ a x t	a	t	r_o	r_i	U	A	G	I_y	W_y	i_y	I_T	N_{pl}	$V_{pl,z}$	$M_{pl,y}$
mm	mm	mm	mm	mm	m²/m	cm²	kN/m	cm⁴	cm³	cm³	cm⁴	kN	kN	kNm
40 x 3	40	3	4,5	3	0,152	4,34	0,0341	9,78	4,89	1,50	15,7	104,2	25,7	1,433
40 x 4	40	4	6	4	0,150	5,59	0,0439	11,8	5,91	1,45	19,5	134,1	32,2	1,785
50 x 3	50	3	4,5	3	0,192	5,54	0,0435	20,2	8,08	1,91	32,1	133	33,2	2,328
50 x 4	50	4	6	4	0,190	7,19	0,0564	25,0	9,99	1,86	40,4	172,5	42,3	2,946
60 x 3	60	3	4,5	3	0,232	6,74	0,0529	36,2	12,1	2,32	56,9	161,8	40,8	3,44
60 x 5	60	5	7,5	5	0,227	10,7	0,0842	53,3	17,8	2,23	86,4	257,6	63,0	5,255
70 x 3	70	3	4,5	3	0,272	7,94	0,0624	59,0	16,9	2,73	92,2	190,6	48,4	4,768
70 x 5	70	5	7,5	5	0,267	12,7	0,0999	88,5	25,3	2,64	142	305,6	75,6	7,383
80 x 4	80	4	6	4	0,310	12,0	0,0941	114	28,6	3,09	180	287,7	72,6	8,154
80 x 5	80	5	7,5	5	0,307	14,7	0,116	137	34,2	3,05	217	353,6	88,2	9,87
80 x 6.3	80	6,3	9,5	6,3	0,304	18,1	0,142	162	40,5	2,99	262	435,5	107	11,92
90 x 4	90	4	6	4	0,350	13,6	0,107	166	37,0	3,50	260	326,1	82,6	10,47
90 x 5	90	5	7,5	5	0,347	16,7	0,131	200	44,4	3,45	316	401,6	101	12,72
90 x 6.3	90	6,3	9,5	6,3	0,344	20,7	0,162	238	53,0	3,40	382	496	123	15,43
100 x 4	100	4	6	4	0,390	15,2	0,119	232	46,4	3,91	361	364,5	93	13,07
100 x 5	100	5	7,5	5	0,387	18,7	0,147	279	55,9	3,86	439	449,6	113	15,93
100 x 6.3	100	6,3	9,5	6,3	0,384	23,2	0,182	336	67,1	3,80	534	556,5	139	19,41
120 x 5	120	5	7,5	5	0,467	22,7	0,178	498	83,0	4,68	777	545,6	139	23,42
120 x 8	120	8	12	8	0,459	35,2	0,276	726	121	4,55	1.160	843,7	210	35,15
120 x 10	120	10	15	10	0,454	42,9	0,337	852	142	4,46	1.382	1.030	252	42,04
140 x 5	140	5	7,5	5	0,547	26,7	0,21	807	115	5,50	1.253	641,6	164	32,36
140 x 8	140	8	12	8	0,539	41,6	0,326	1.195	171	5,36	1.892	997,3	250	49,04
140 x 10	140	10	15	10	0,534	50,9	0,4	1.416	202	5,27	2.272	1222	302	59,06
150 x 5	150	5	7,5	5	0,587	28,7	0,226	1.002	134	5,90	1.550	689,6	176	37,37
150 x 8	150	8	12	8	0,579	44,8	0,351	1.491	199	5,77	2.351	1.074	270	56,85
150 x 10	150	10	15	10	0,574	54,9	0,431	1.773	236	5,68	2.832	1.318	328	68,65
160 x 6.3	160	6,3	9,5	6,3	0,624	38,3	0,301	1.499	187	6,26	2.333	919,4	234	52,77
160 x 10	160	10	15	10	0,614	58,9	0,463	2.186	273	6,09	3.478	1.414	353	78,96
160x12.5	160	12,5	18,8	12,5	0,608	72,1	0,566	2.576	322	5,98	4.158	1.730	425	94,73
180 x 6.3	180	6,3	9,5	6,3	0,704	43,3	0,34	2.168	241	7,07	3.361	1.040	266	67,52
180 x 10	180	10	15	10	0,694	66,9	0,525	3.193	355	6,91	5.048	1.606	403	101,75
180x12.5	180	12,5	18,8	12,5	0,688	82,1	0,644	3.790	421	6,80	6.070	1.970	488	122,68
200 x 6.3	200	6,3	9,5	6,3	0,784	48,4	0,38	3.011	301	7,89	4.653	1.161	297	84,08
200 x 10	200	10	15	10	0,774	74,9	0,588	4.471	447	7,72	7.031	1.798	453	127,41
200x12.5	200	12,5	18,8	12,5	0,768	92,1	0,723	5.336	534	7,61	8.491	2.210	551	154,22
220 x 6.3	220	6,3	9,5	6,3	0,864	53,4	0,419	4.049	368	8,71	6.240	1.282	329	102,46
220 x 10	220	10	15	10	0,854	82,9	0,651	6.050	550	8,54	9.473	1.990	504	155,95
220x12.5	220	12,5	18,8	12,5	0,848	102	0,801	7.254	659	8,43	11.481	2.450	614	189,37
250 x 6.3	250	6,3	9,5	6,3	0,984	61,0	0,479	6.014	481	9,93	9.238	1.464	377	133,42
250 x 10	250	10	15	10	0,974	94,9	0,745	9.055	724	9,77	14.106	2.278	579	204,16
250 x 16	250	16	24	16	0,959	147	1,15	13.267	1.061	9,50	21.138	3.528	879	307,25
260 x 8	260	8	12	8	1,02	80,0	0,628	8.423	648	10,3	13.006	1.919	492	180,76
260 x 10	260	10	15	10	1,01	98,9	0,777	10.242	788	10,2	15.932	2.374	605	221,68
260 x 16	260	16	24	16	0,999	153	1,2	15.061	1.159	9,91	23.942	3.682	919	334,45
300 x 8	300	8	12	8	1,18	92,8	0,728	13.128	875	11,9	20.193	2.226	572	243,1
300 x 10	300	10	15	10	1,17	115	0,902	16.026	1.068	11,8	24.807	2.758	705	298,92
300 x 16	300	16	24	16	1,16	179	1,41	23.850	1.590	11,5	37.622	4.296	1080	454,79
350x12.5	350	12,5	18,8	12,5	1,37	167	1,31	31.541	1.802	13,7	48.934	4.010	1023	505,58
400 x 10	400	10	15	10	1,57	155	1,22	39.128	1.956	15,9	60.092	3.718	957	542,43
400x12.5	400	12,5	18,8	12,5	1,57	192	1,51	47.839	2.392	15,8	73.906	4.610	1180	667,7
400 x 20	400	20	30	20	1,55	300	2,35	71.535	3.577	15,4	112.489	7.193	1813	1.019

Stahlbauprofile

Kaltgefertigte quadratische Hohlprofile

DIN 59410, DIN EN 10 219-2, geschweißt, Auswahl

Kurzzeichen z. B.: Hohlprofil 100 x 5 DIN EN 10 219-2 S235JR
oder Werkstoff-Nr. 1.0038

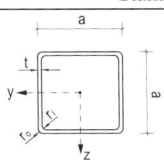

Hohlprofile klalt	Maße				Flächen		Statische Werte				Plast. Schnittgr. (char. Werte für S235)		
□ a x t	a	t	r_o	r_i	A_S	A	G	I_y	W_y	i_y	I_T	N_{pl}	$V_{pl,z}$	$M_{pl,y}$
mm	mm	mm	mm	mm	m²/m	cm²	kN/m	cm⁴	cm³	cm³	cm⁴	kN	kN	kNm
20 x 2	20	2	4	2	0,073	1,34	0,0105	0,692	0,692	0,720	1,21	32,09	8,0	0,2104
30 x 2	30	2	4	2	0,113	2,14	0,0168	2,72	1,81	1,13	4,54	51,3	13,1	0,5290
30 x 3	30	3	6	3	0,110	3,01	0,0236	3,50	2,34	1,08	6,15	72,2	18,1	0,7103
40 x 3	40	3	6	3	0,150	4,21	0,033	9,32	4,66	1,49	15,8	101	25,7	1,374
40 x 4	40	4	8	4	0,146	5,35	0,042	11,1	5,54	1,44	19,4	128,4	32,2	1,684
50 x 3	50	3	6	3	0,190	5,41	0,0425	19,5	7,79	1,90	32,1	129,8	33,3	2,253
50 x 4	50	4	8	4	0,186	6,95	0,0545	23,7	9,49	1,85	40,4	166,8	42,3	2,815
60 x 3	60	3	6	3	0,230	6,61	0,0519	35,1	11,7	2,31	57,1	158,6	40,8	3,348
60 x 4	60	4	8	4	0,226	8,55	0,0671	43,6	14,5	2,26	72,6	205,2	52,4	4,234
60 x 5	60	5	10	5	0,223	10,4	0,0813	50,5	16,8	2,21	86,4	248,5	63,0	5,011
70 x 3	70	3	6	3	0,270	7,81	0,0613	57,5	16,4	2,71	92,4	187,4	48,4	4,66
70 x 4	70	4	8	4	0,266	10,1	0,0797	72,1	20,6	2,67	119	243,6	62,5	5,942
70 x 5	70	5	10	5	0,263	12,4	0,097	84,6	24,2	2,62	142	296,5	75,6	7,094
80 x 3	80	3	6	3	0,310	9,01	0,0707	87,8	22,0	3,12	140	216,2	55,9	6,187
80 x 4	80	4	8	4	0,306	11,7	0,0922	111	27,8	3,07	180	282	72,6	7,937
80 x 5	80	5	10	5	0,303	14,4	0,113	131	32,9	3,03	218	344,5	88,2	9,536
90 x 3	90	3	6	3	0,350	10,2	0,801	127	28,3	3,53	201	245	63,5	7,93
90 x 4	90	4	8	4	0,346	13,3	0,105	162	36,0	3,48	261	320,4	82,6	10,22
90 x 5	90	5	10	5	0,343	16,4	0,128	193	42,9	3,43	316	392,5	101	12,34
100 x 4	100	4	8	4	0,386	14,9	0,117	226	45,3	3,89	362	358,8	92,7	12,79
100 x 5	100	5	10	5	0,383	18,4	0,144	271	54,2	3,84	441	440,5	113	15,5
120 x 5	120	5	10	5	0,463	22,4	0,175	485	80,9	4,66	778	536,5	139	22,91
120 x 8	120	8	20	12	0,446	33,6	0,264	677	113	4,49	1.163	807,4	210	33,08
140 x 5	140	5	10	5	0,543	26,4	0,207	791	113	5,48	1.256	632,5	164	31,75
140 x 10	140	10	25	15	0,517	48,6	0,381	1.312	187	5,20	2.274	1.166	302	55,29
150 x 5	150	5	10	5	0,583	28,4	0,223	982	131	5,89	1.554	680,5	176	36,72
150 x 8	150	8	20	12	0,566	43,2	0,339	1.412	188	5,71	2.364	1.037,8	270	54,23
150 x 10	150	10	25	15	0,557	52,6	0,413	1.653	220	5,61	2.839	1.261,6	328	64,6
160 x 5	160	5	10	5	0,623	30,4	0,238	1.202	150	6,29	1.896	728,5	189	42,04
160 x 8	160	8	20	12	0,606	46,4	0,365	1.741	218	6,12	2.897	1.114,6	290	62,43
160 x 10	160	10	25	15	0,597	56,6	0,444	2.048	256	6,02	3.490	1.357,6	353	74,63
160 x 16	160	16	48	32	0,558	81,2	0,637	2.546	318	5,60	4.799	1.948	516	99,04
180 x 8	180	8	20	12	0,686	52,8	0,415	2.546	283	6,94	4.189	1.268,2	331	80,57
180 x 10	180	10	25	15	0,677	64,6	0,507	3.017	335	6,84	5.074	1.550	403	96,84
200 x 8	200	8	20	12	0,766	59,2	0,465	3.566	357	7,76	5.815	1.422	411	101,01
200 x 10	200	10	25	15	0,757	72,6	0,57	4.251	425	7,65	7.072	1.742	453	121,94
220 x 8	220	8	20	12	0,846	65,6	0,515	4.828	439	8,58	7.815	1.575	411	123,75
220 x 10	220	10	25	15	0,837	80,6	0,632	5.782	526	8,47	9.533	1.934	504	149,92
220 x 16	220	16	48	32	0,798	120	0,939	7.812	710	8,08	13.971	2.870	758	211,4
250 x 8	250	8	20	12	0,966	75,2	0,591	7.229	578	9,80	11.598	1.806	472	162,18
250 x 10	250	10	25	15	0,957	92,6	0,727	8.707	697	9,70	14.197	2.222	579	197,28
260 x 6	260	6	12	6	1,02	60,0	0,471	6.405	493	10,3	9.970	1.441	375	136,51
260 x 8	260	8	20	12	1,01	78,4	0,616	8.178	629	10,2	13.087	1.883	491	176,15
260 x 10	260	10	25	15	0,997	96,6	0,758	9.865	759	10,1	16.035	2.318	605	214,51
300 x 8	300	8	20	12	1,17	91,2	0,716	12.801	853	11,8	20.312	2.190	572	237,76
300 x 10	300	10	25	15	1,16	113	0,884	15.519	1.035	11,7	24.966	2.702	705	290,62
350 x 8	350	8	20	12	1,37	107	0,842	20.681	1.182	13,9	32.557	2.574	673	327,74
350 x 10	350	10	25	15	1,36	133	1,04	25.189	1.439	13,8	40.127	3.182	831	401,96
400 x 10	400	10	25	15	1,56	153	1,2	38.216	1.911	15,8	60.431	3.662	957	531,3
400 x 16	400	16	48	32	1,52	235	1,84	56.154	2.808	15,5	93.279	5.635	1483	797,3

8.173

Warmgefertigte rechteckige Hohlprofile

DIN 59410, DIN EN 10 210-2, nahtlos oder geschweißt
Auswahl

Kurzzeichen z. B.: Hohlprofil 100 x 60 x 6,3 DIN EN 10 210-2 S235JR

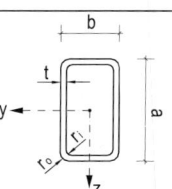

Zeichen	Maße					Flächen			Statische Werte				
□ a x b x t	a	b	t	r_o	r_i	U	A	G	I_y	W_y	i_y	I_z	W_z
mm	mm	mm	mm	mm	mm	m²/m	cm²	kN/m	cm⁴	cm³	cm	cm⁴	cm³
50 x 25 x 2,5	50	25	2,5	3,8	2,5	0,144	3,43	0,0269	10,4	4,16	1,74	3,39	2,71
50 x 25 x 3	50	25	3,0	4,5	3,0	0,142	4,04	0,0317	11,9	4,76	1,72	3,83	3,06
50 x 30 x 3	50	30	3,0	4,5	3,0	0,152	4,34	0,0341	13,6	5,43	1,77	5,94	3,96
50 x 30 x 4	50	30	4,0	6,0	4,0	0,150	5,59	0,0439	16,5	6,60	1,72	7,08	4,72
60 x 40 x 3	60	40	3,0	4,5	3,0	0,192	5,54	0,0435	26,5	8,82	2,18	13,9	6,95
60 x 40 x 4	60	40	4,0	6,0	4,0	0,190	7,19	0,0564	32,8	10,9	2,14	17,0	8,52
80 x 40 x 3	80	40	3,0	4,5	3,0	0,232	6,74	0,0529	54,2	13,6	2,84	18,0	9,00
80 x 40 x 4	80	40	4,0	6,0	4,0	0,230	8,79	0,069	68,2	17,1	2,79	22,2	11,1
80 x 40 x 5	80	40	5,0	7,5	5,0	0,227	10,7	0,0842	80,3	20,1	2,74	25,7	12,9
90 x 50 x 3	90	50	3,0	4,5	3,0	0,272	7,94	0,0624	84,4	18,8	3,26	33,5	13,4
90 x 50 x 4	90	50	4,0	6,0	4,0	0,270	10,4	0,0815	107	23,8	3,21	41,9	16,8
90 x 50 x 5	90	50	5,0	7,5	5,0	0,267	12,7	0,0999	127	28,3	3,16	49,2	19,7
100 x 50 x 4	100	50	4,0	6,0	4,0	0,290	11,2	0,0878	140	27,9	3,53	46,2	18,5
100 x 50 x 5	100	50	5,0	7,5	5,0	0,287	13,7	0,108	167	33,3	3,48	54,3	21,7
100 x 50x6,3	100	50	6,3	9,5	6,3	0,284	16,9	0,133	197	39,4	3,42	63,0	25,2
100 x 60 x 4	100	60	4,0	6,0	4,0	0,310	12,0	0,0941	158	31,6	3,63	70,5	23,5
100 x 60 x 5	100	60	5,0	7,5	5,0	0,307	14,7	0,116	189	37,8	3,58	83,6	27,9
100 x 60x6,3	100	60	6,3	9,5	6,3	0,304	18,1	0,142	225	45,0	3,52	98,1	32,7
120 x 60 x 4	120	60	4,0	6,0	4,0	0,350	13,6	0,107	249	41,5	4,28	83,1	27,7
120 x 60 x 5	120	60	5,0	7,5	5,0	0,347	16,7	0,131	299	49,9	4,23	98,8	32,9
120 x 60 x 10	120	60	10,0	15,0	10,0	0,334	30,9	0,243	488	81,4	3,97	152	50,5
120 x 80 x 4	120	80	4,0	6,0	4,0	0,390	15,2	0,119	303	50,4	4,46	161	40,2
120 x 80 x 5	120	80	5,0	7,5	5,0	0,387	18,7	0,147	365	60,9	4,42	193	48,2
120 x 80 x 10	120	80	10,0	15,0	10,0	0,374	34,9	0,274	609	102	4,18	313	78,1
140 x 80 x 4	140	80	4,0	6,0	4,0	0,430	16,8	0,132	441	62,9	5,12	184	46,0
140 x 80 x 5	140	80	5,0	7,5	5,0	0,427	20,7	0,163	534	76,3	5,08	221	55,3
150 x 100x5	150	100	5,0	7,5	5,0	0,487	23,7	0,186	739	98,5	5,58	392	78,5
150x100x6,3	150	100	6,3	9,5	6,3	0,484	29,5	0,231	898	120	5,52	474	94,8
150 x100x10	150	100	10,0	15,0	10,0	0,474	44,9	0,353	1.282	171	5,34	665	133
160 x 80 x 5	160	80	5,0	7,5	5,0	0,467	22,7	0,178	744	93,0	5,72	249	62,3
160 x 80 x 8	160	80	8,0	12,0	8,0	0,459	35,2	0,276	1.091	136	5,57	356	89,0
180 x 100x5	180	100	5,0	7,5	5,0	0,547	26,7	0,21	1.153	128	6,57	460	92,0
180 x 100x8	180	100	8,0	12,0	8,0	0,539	41,6	0,326	1.713	190	6,42	671	134
180 x100x10	180	100	10,0	15,0	10,0	0,534	50,9	0,4	2.036	226	6,32	787	157
200 x 100x5	200	100	5,0	7,5	5,0	0,587	28,7	0,226	1.495	149	7,21	505	101
200 x 100x8	200	100	8,0	12,0	8,0	0,579	44,8	0,351	2.234	223	7,06	739	148
200 x100x10	200	100	10,0	15,0	10,0	0,574	54,9	0,431	2.664	266	6,96	869	174
200 x100x12	200	100	12,0	18,0	12,0	0,569	64,7	0,508	3.047	305	6,86	979	196
200 x 120x8	200	120	8,0	12,0	8,0	0,619	48,0	0,376	2.529	253	7,26	1.128	188
200 x120x10	200	120	10,0	15,0	10,0	0,614	58,9	0,463	3.026	303	7,17	1.337	223
250x150x6,3	250	150	6,3	9,5	6,3	0,784	48,4	0,38	4.143	331	9,25	1.874	250
250x150x12	250	150	12,0	18,0	12,0	0,769	88,7	0,696	7.154	572	8,98	3.168	422
250x150x16	250	150	16,0	24,0	16,0	0,759	115	0,903	8.873	710	8,79	3.873	516
260x180x8	260	180	8,0	12,0	8,0	0,859	67,2	0,527	6.390	492	9,75	3.608	401
260x180x10	260	180	10,0	15,0	10,0	0,854	82,9	0,651	7.741	595	9,66	4.351	483
260x180x16	260	180	16,0	24,0	16,0	0,839	128	1	11.245	865	9,38	6.231	692
300x200x8	300	200	8,0	12,0	8,0	0,979	76,8	0,603	9.717	648	11,3	5.184	518
300x200x10	300	200	10,0	15,0	10,0	0,974	94,9	0,745	11.819	788	11,2	6.278	628
300x200x16	300	200	16,0	24,0	16,0	0,959	147	1,15	17.390	1.159	10,9	9.109	911
350x250x10	350	250	10,0	15,0	10,0	1,17	115	0,902	20.102	1.149	13,2	11.937	955
350x250x16	350	250	16,0	24,0	16,0	1,16	179	1,41	30.011	1.715	12,9	17.654	1.412

Stahlbauprofile

Kurzzeichen	Maße					Flächen			Statische Werte				
□ a x b x t	a	b	t	r_o	r_i	U	A	G	I_y	W_y	i_y	I_z	W_z
mm	mm	mm	mm	mm	mm	m²/m	cm²	kN/m	cm⁴	cm³	cm	cm⁴	cm³
400 x 200 x 10	400	200	10,0	15,0	10,0	1,17	115	0,902	23.914	1.196	14,4	8.084	808
400 x 200x12,5	400	200	12,5	18,8	12,5	1,17	142	1,12	29.063	1.453	14,3	9.738	974
400 x 200 x 16	400	200	16,0	24,0	16,0	1,16	179	1,41	35.738	1.787	14,1	11.824	1.182
450 x 250 x 8	450	250	8,0	12,0	8,0	1,38	109	0,854	30.082	1.337	16,6	12.142	971
450 x 250x12,5	450	250	12,5	18,8	12,5	1,37	167	1,31	45.026	2.001	16,4	17.973	1.438
500 x 300 x 10	500	300	10,0	15,0	10,0	1,57	155	1,22	53.762	2.150	18,6	24.439	1.629
500 x 300x12,5	500	300	12,5	18,8	12,5	1,57	192	1,51	65.813	2.633	18,5	29.780	1.985
500 x 300 x 16	500	300	16,0	24,0	16,0	1,56	243	1,91	81.783	3.271	18,3	36.768	2.451
500 x 300 x 20	500	300	20,0	30,0	20,0	1,55	300	2,35	98.777	3.951	18,2	44.078	2.939

Kurzzeichen	Statische Werte (Forts.)		Plastische Schnittgrößen (charakteristische Werte für S235)		
□ a x b x t	i_z	I_T	N_{pl}	$M_{pl,y}$	$M_{pl,z}$
mm	cm	cm⁴	kN	kNm	kNm
50 x 25 x 2,5	0,994	8,42	82,39	1,279	0,773
50 x 25 x 3	0,973	9,64	97,04	1,483	0,8904
50 x 30 x 3	1,17	13,5	104,2	1,651	1,142
50 x 30 x 4	1,13	16,6	134,1	2,062	1,411
60 x 40 x 3	1,58	29,2	133,0	2,616	1,966
60 x 40 x 4	1,54	36,7	172,5	3,312	2,472
80 x 40 x 3	1,63	43,8	161,8	4,104	2,496
80 x 40 x 4	1,59	55,2	210,9	5,232	3,168
80 x 40 x 5	1,55	65,1	257,6	6,264	3,768
90 x 50 x 3	2,05	76,5	190,6	5,568	3,672
90 x 50 x 4	2,01	97,5	249,3	7,152	4,704
90 x 50 x 5	1,97	116	305,6	8,64	5,64
100 x 50 x 4	2,03	113	268,5	8,448	5,16
100 x 50 x 5	1,99	135	329,6	10,224	6,192
100 x 50x6,3	1,93	160	405,3	12,312	7,392
100 x 60 x 4	2,43	156	287,7	9,384	6,552
100 x 60 x 5	2,38	188	353,6	11,38	7,896
100 x 60x6,3	2,33	224	435,5	13,75	9,48
120 x 60 x 4	2,47	201	326,1	12,46	7,608
120 x 60 x 5	2,43	242	401,6	15,14	9,216
120 x 60x10	2,21	396	742,2	26,16	15,456
120 x 80 x 4	3,25	330	364,5	14,69	11,064
120 x 80 x 5	3,21	401	449,6	17,9	13,464
120 x 80x10	2,99	688	838,2	31,44	23,352
140 x 80 x 4	3,31	411	402,9	18,5	12,528
140 x 80 x 5	3,27	499	497,6	22,63	15,264
150 x 100x5	4,07	807	569,6	28,56	21,624
150x100x6,3	4,01	986	707,7	35,28	26,4
150x100x10	3,85	1.432	1.078	51,84	38,64
160 x 80 x 5	3,31	600	545,6	27,84	17,064
160 x 80 x 8	3,18	883	843,7	42	25,44
180 x 100x5	4,15	1.042	641,6	37,68	24,96
180 x 100x8	4,02	1.560	997,3	57,36	37,68
180x100x10	3,93	1.862	1.222	69,12	45,12
200 x 100x5	4,19	1.204	689,6	44,4	27,36
200 x 100x8	4,06	1.804	1.074	67,68	41,28
200x100x10	3,98	2.156	1.318	81,84	49,44
200x100x12	3,89	2.469	1.543	94,8	56,88
200x120 x 8	4,85	2.495	1.151	75,12	52,32
200x120x10	4,76	3.001	1.414	90,96	63,12
250x150x6,3	6,22	4.054	1.161	96,48	67,92
250x150x12	5,98	7.088	2.129	171,6	119,28

Kurzzeichen	Statische Werte (Forts.)	
□ a x b x t	i_z	I_T
mm	cm	cm⁴
250 x 150 x 16	5,80	8.868
260 x 180 x 8	7,33	7.221
260 x 180 x 10	7,24	8.798
260 x 180 x 16	6,98	12.993
300 x 200 x 8	8,22	10.562
300 x 200 x 10	8,13	12.908
300 x 200 x 16	7,87	19.252
350 x 250 x 10	10,2	23.354
350 x 250 x 16	9,93	35.325
400 x 200 x 10	8,39	19.259
400 x 200 x12,5	8,28	23.438
400 x 200 x 16	8,13	28.871
450 x 250 x 8	10,6	27.083
450 x 250 x12,5	10,4	40.719
500 x 300 x 10	12,6	52.450
500 x 300 x12,5	12,5	64.389
500 x 300 x 16	12,3	80.329
500 x 300 x 20	12,1	97.447

Kurzzeichen	Plastische Schnittgrößen (charakteristische Werte für S235)		
□ a x b x t	N_{pl}	$M_{pl,y}$	$M_{pl,z}$
mm	kN	kNm	kNm
250 x150 x 16	2.760	217,44	150
260 x 180 x 8	1.612	142,08	110,16
260 x 180 x 10	1.990	173,76	134,40
260 x 180 x 16	3.068	259,44	199,44
300 x 200 x 8	1.842	186,96	141,36
300 x 200 x 10	2.278	229,44	173,04
300 x 200 x 16	3.528	345,84	259,20
350 x 250 x 10	2.758	330	261,84
350 x 250 x 16	4.296	502,8	397,20
400 x 200 x 10	2.758	355,2	218,64
400 x 200x12,5	3.410	435,12	266,64
400 x 200 x 16	4.296	541,44	329,76
450 x 250 x 8	2.610	389,28	259,44
450 x 250x12,5	4.010	589,92	391,44
500 x 300 x 10	3.718	622,8	438,24
500 x 300x12,5	4.610	767,04	538,56
500 x 300 x 16	5.832	961,2	672,96
500 x 300 x 20	7.193	1.172,4	817,92

Kaltgefertigte rechteckige Hohlprofile

DIN 59410, DIN EN 10 219-2, geschweißt, Auswahl

Kurzzeichen z. B.: Hohlprofil 100 x 60 x 6 DIN EN 10 219-2 S235JR

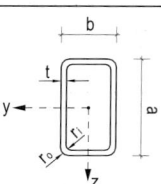

Kurzzeichen	Maße					Flächen			Statische Werte				
□ a x b x t	a	b	t	r_o	r_i	U	A	G	I_y	W_y	i_y	I_z	W_z
mm	mm	mm	mm	mm	mm	m²/m	cm²	kN/m	cm⁴	cm³	cm	cm⁴	cm³
40 x 20 x 2	40	20	2,0	4,0	2,0	0,113	2,14	0,0168	4,05	2,02	1,38	1,34	1,34
50 x 30 x 2	50	30	2,0	4,0	2,0	0,153	2,94	0,0231	9,54	3,81	1,80	4,29	2,86
50 x 30 x 3	50	30	3,0	6,0	3,0	0,150	4,21	0,033	12,8	5,13	1,75	5,70	3,80
50 x 30 x 4	50	30	4,0	8,0	4,0	0,146	5,35	0,042	15,3	6,10	1,69	6,69	4,46
60 x 40 x 3	60	40	3,0	6,0	3,0	0,190	5,41	0,0425	25,4	8,46	2,17	13,4	6,72
60 x 40 x 4	60	40	4,0	8,0	4,0	0,186	6,95	0,0545	31,0	10,3	2,11	16,3	8,14
70 x 50 x 3	70	50	3,0	6,0	3,0	0,230	6,61	0,0519	44,1	12,6	2,58	26,1	10,4
80 x 40 x 3	80	40	3,0	6,0	3,0	0,230	6,61	0,0519	52,3	13,1	2,81	17,6	8,78
80 x 40 x 4	80	40	4,0	8,0	4,0	0,226	8,55	0,0671	64,8	16,2	2,75	21,5	10,7
80 x 60 x 3	80	60	3,0	6,0	3,0	0,270	7,81	0,0613	70,0	17,5	3,00	44,9	15,0
90 x 50 x 3	90	50	3,0	6,0	3,0	0,270	7,81	0,0613	81,9	18,2	3,24	32,7	13,1
90 x 50 x 4	90	50	4,0	8,0	4,0	0,266	10,1	0,0797	103	22,8	3,18	40,7	16,3
100 x 40 x 4	100	40	4,0	8,0	4,0	0,266	10,1	0,0797	116	23,1	3,38	26,7	13,3
100 x 50 x 3	100	50	3,0	6,0	3,0	0,290	8,41	0,066	106	21,3	3,56	36,1	14,4
100 x 50 x 4	100	50	4,0	8,0	4,0	0,286	10,9	0,0859	134	26,8	3,50	44,9	18,0
100 x 50 x 6	100	50	6,0	12,0	6,0	0,279	15,6	0,123	179	35,8	3,38	58,7	23,5
100 x 60 x 3	100	60	3,0	6,0	3,0	0,310	9,01	0,0707	121	24,1	3,66	54,6	18,2
100 x 60 x 4	100	60	4,0	8,0	4,0	0,306	11,7	0,0922	153	30,5	3,60	68,7	22,9
100 x 60 x 5	100	60	5,0	10,0	5,0	0,303	14,4	0,113	181	36,2	3,55	80,8	26,9
100 x 80 x 4	100	80	4,0	8,0	4,0	0,346	13,3	0,105	189	37,9	3,77	134	33,5
120 x 60 x 4	120	60	4,0	8,0	4,0	0,346	13,3	0,105	241	40,1	4,25	81,2	27,1
120 x 60 x 5	120	60	5,0	10,0	5,0	0,343	16,4	0,128	287	47,8	4,19	96,0	32,0
120 x 80 x 4	120	80	4,0	8,0	4,0	0,386	14,9	0,117	295	49,1	4,44	157	39,3
120 x 80 x 5	120	80	5,0	10,0	5,0	0,383	18,4	0,144	353	58,9	4,39	188	46,9
140 x 80 x 4	140	80	4,0	8,0	4,0	0,426	16,5	0,13	430	61,4	5,10	180	45,1
140 x 80 x 5	140	80	5,0	10,0	5,0	0,423	20,4	0,16	517	73,9	5,04	216	54,0
140 x 80 x 8	140	80	8,0	20,0	12,0	0,406	30,4	0,239	708	101	4,82	293	73,3
150 x 100 x 5	150	100	5,0	10,0	5,0	0,483	23,4	0,183	719	95,9	5,55	384	76,8
150 x 100 x 8	150	100	8,0	20,0	12,0	0,466	35,2	0,277	1.008	134	5,35	536	107
160 x 80 x 4	160	80	4,0	8,0	4,0	0,466	18,1	0,142	598	74,7	5,74	204	50,9
160 x 80 x 5	160	80	5,0	10,0	5,0	0,463	22,4	0,175	722	90,2	5,68	244	61,0
160 x 80 x 8	160	80	8,0	20,0	12,0	0,446	33,6	0,264	1.001	125	5,46	335	83,7
180 x 100 x 5	180	100	5,0	10,0	5,0	0,543	26,4	0,207	1.124	125	6,53	452	90,4
180 x 100 x 8	180	100	8,0	20,0	12,0	0,526	40,0	0,314	1.598	178	6,32	637	127
180 x 100 x 10	180	100	10,0	25,0	15,0	0,517	48,6	0,381	1.859	207	6,19	736	147
200 x 100 x 8	200	100	8,0	20,0	12,0	0,566	43,2	0,339	2.091	209	6,95	705	141
200 x 100 x 10	200	100	10,0	25,0	15,0	0,557	52,6	0,413	2.444	244	6,82	818	164
200 x 120 x 5	200	120	5,0	10,0	5,0	0,623	30,4	0,238	1.649	165	7,37	750	125
200 x 120 x 8	200	120	8,0	20,0	12,0	0,606	46,4	0,365	2.386	239	7,17	1.079	180
200 x 120 x 10	200	120	10,0	25,0	15,0	0,597	56,6	0,444	2.806	281	7,04	1.262	210
200 x 120x12,5	200	120	12,5	37,5	25,0	0,576	67,0	0,526	3.099	310	6,80	1.397	233
250 x 150 x 8	250	150	8,0	20,0	12,0	0,766	59,2	0,465	4.886	391	9,08	2.219	296
250 x 150 x 10	250	150	10,0	25,0	15,0	0,757	72,6	0,57	5.825	466	8,96	2.634	351
250 x 150 x 16	250	150	16,0	48,0	32,0	0,718	107	0,838	7.660	613	8,47	3.453	460
260 x 180 x 8	260	180	8,0	20,0	12,0	0,846	65,6	0,515	6.145	473	9,68	3.493	388
300 x 100 x 6	300	100	6,0	12,0	6,0	0,779	45,6	0,358	4.777	318	10,2	842	168
300 x 100 x 8	300	100	8,0	20,0	15,0	0,757	72,6	0,57	7.106	474	9,90	1.224	245
300 x 100 x 12	300	100	12,0	36,0	24,0	0,738	84,1	0,66	7.808	521	9,64	1.343	269
300 x 150 x 6,3	300	150	6,3	15,8	9,5	0,873	53,7	0,422	6.266	418	10,8	2.150	287
300 x 150 x 10	300	150	10,0	25,0	15,0	0,857	82,6	0,648	9.209	614	10,6	3.125	417
300 x 200 x 8	300	200	8,0	20,0	12,0	0,966	75,2	0,591	9.389	626	11,8	5.042	504

Stahlbauprofile

Kurzzeichen	Maße					Flächen		Statische Werte				
□ a x b x t	a	b	t	r_o	r_i	U	A	G	I_y	W_y	i_y	I_z	W_z
mm	mm	mm	mm	mm	mm	m²/m	cm²	kN/m	cm⁴	cm³	cm	cm⁴	cm³
300 x 200 x 10	300	200	10,0	25,0	15,0	0,957	92,6	0,727	11.313	754	11,1	6.058	606
300 x 200 x 12,5	300	200	12,5	37,5	25,0	0,936	112	0,88	13.179	879	10,8	7.060	706
350 x 250 x 8	350	250	8,0	20,0	12,0	1,17	91,2	0,716	16.001	914	13,2	9.573	766
350 x 250 x 10	350	250	10,0	25,0	15,0	1,16	113	0,884	19.407	1.109	13,1	11.588	927
350 x 250 x 12	350	250	12,0	36,0	24,0	1,14	132	1,04	22.197	1.268	13,0	13.261	1.061
400 x 200 x 10	400	200	10,0	25,0	15,0	1,16	113	0,884	23.003	1.150	14,3	7.864	786
400 x 300 x 8	400	300	8,0	20,0	12,0	1,37	107	0,842	25.122	1.256	15,3	16.212	1.081
400 x 300 x 10	400	300	10,0	25,0	15,0	1,36	133	1,04	30.609	1.530	15,2	19.726	1.315
400 x 300 x 12	400	300	12,0	36,0	24,0	1,34	156	1,23	35.284	1.764	15,0	22.747	1.516
400 x 300 x 16	400	300	16,0	48,0	32,0	1,32	203	1,59	44.350	2.218	14,8	28.535	1.902

Kurzzeichen Rechteck-Rohr	Statische Werte (Forts.)		Plastische Schnittgrößen (charakteristische Werte)		
□ a x b x t	i_z	I_T	N_{pl}	$M_{pl,y}$	$M_{pl,z}$
mm	cm	cm⁴	kN	kNm	kNm
40 x 40 x 2	0,793	3,45	51,29	0,626	0,384
50 x 30 x 2	1,21	9,77	70,49	1,138	0,799
50 x 30 x 3	1,16	13,5	101,0	1,577	1,099
50 x 30 x 4	1,12	16,5	128,4	1,932	1,339
60 x 40 x 3	1,58	29,3	129,8	2,52	1,906
60 x 40 x 4	1,53	36,7	166,8	3,168	2,374
70 x 50 x 3	1,99	53,6	158,6	3,696	2,928
80 x 40 x 3	1,63	43,9	158,6	3,96	2,448
80 x 40 x 4	1,59	55,2	205,2	5,016	3,072
80 x 60 x 3	2,40	88,3	187,4	5,088	4,176
90 x 50 x 3	2,05	76,7	187,4	5,424	3,6
90 x 50 x 4	2,00	97,7	243,6	6,912	4,584
100 x 40 x 4	1,62	74,5	243,6	7,272	3,768
100 x 50 x 3	2,07	88,6	201,8	6,408	3,936
100 x 50 x 4	2,03	113	262,8	8,184	5,016
100 x 50 x 6	1,94	154	375,2	11,256	6,84
100 x 60 x 3	2,46	122	216,2	7,104	4,992
100 x 60 x 4	2,42	156	282,0	9,096	6,384
100 x 60 x 5	2,37	188	344,5	10,94	7,656
100 x 80 x 4	3,17	254	320,4	10,94	9,408
120 x 60 x 4	2,47	201	320,4	12,12	7,464
120 x 60 x 5	2,42	242	392,5	14,62	8,976
120 x 80 x 4	3,24	331	358,8	14,35	10,848
120 x 80 x 5	3,20	402	440,5	17,38	13,128
140 x 80 x 4	3,30	412	397,2	18,12	12,312
140 x 80 x 5	3,26	501	488,5	22,03	14,928
140 x 80 x 8	3,10	731	730,6	31,44	21,216
150 x 100 x 5	4,05	809	560,5	28,08	21,192
150 x 100 x 8	3,90	1.206	845,8	40,56	30,72
160 x 80 x 4	3,35	494	435,6	22,30	13,776
160 x 80 x 5	3,30	601	536,5	27,12	16,728
160 x 80 x 8	3,16	882	807,4	39,12	24
180 x 100 x 5	4,14	1.045	632,5	36,96	24,72
180 x 100 x 8	3,99	1.565	961,0	54,24	36
180 x 100 x 10	3,89	1.859	1.166	64,32	42,48
200 x 100 x 8	4,04	1.811	1.038	64,08	39,6
200 x 100 x 10	3,94	2.154	1.262	76,32	46,8
200 x 120 x 5	4,97	1.652	728,5	48,24	33,84
200 x 120 x 8	4,82	2.507	1.115	71,52	50,16
200 x 120 x 10	4,72	3.007	1.358	85,44	60
200 x 120 x 2,5	4,57	3.514	1.609	97,44	68,40

Kurzeichen	Statische Werte	
□ a x b x t	i_z	I_T
mm	cm	cm⁴
250 x 150 x 8	6,12	5.050
250 x 150 x 10	6,02	6.121
250 x 150 x 16	5,69	8.713
260 x 180 x 8	7,29	7.267
300 x 100 x 6	4,30	2.403
300 x 100 x 10	4,11	3.681
300 x 100 x 12	4,00	4.177
300 x 150 x 6,3	6,32	5.234
300 x 150 x 10	6,15	7.879
300 x 200 x 8	8,19	10.627
300 x 200 x 10	8,09	12.987
300 x 200 x 2,5	7,94	15.768
350 x 250 x 8	10,2	19.136
350 x 250 x 10	10,1	23.500
350 x 250 x 12	10,0	27.749
400 x 200 x 10	8,36	19.368
400 x 300 x 8	12,3	31.179
400 x 300 x 10	12,2	38.407
400 x 300 x 12	12,1	45.527
400 x 300 x 16	11,9	58.730

Kurzzeichen	Plast. Schnittgr.(S235)		
□ a x b x t	N_{pl}	$M_{pl,y}$	$M_{pl,z}$
mm	kN	kNm	kNm
250 x 150 x 8	1.422	115,68	81,60
250 x 150 x 10	1.742	139,68	98,16
250 x 150 x 16	2.563	193,2	135,84
260 x 180 x 8	1.575	137,52	107,04
300 x 100 x 6	1.095	98,64	45,12
300 x 100 x 10	1.742	151,44	68,4
300 x 100 x 12	2.017	170,4	77,04
300 x 150 x 6,3	1.290	124,08	77,04
300 x 150 x 10	1.982	186,24	114,96
300 x 200 x 8	1.806	181,68	137,76
300 x 200 x 10	2.222	221,04	167,52
300 x 200 x 2,5	2.689	261,84	198,72
350 x 250 x 8	2.190	262,08	208,56
350 x 250 x 10	2.702	320,40	254,88
350 x 250 x 12	3.169	370,56	294,96
400 x 200 x 10	2.702	344,16	213,12
400 x 300 x 8	2.574	356,88	293,76
400 x 300 x 10	3.182	437,76	360,24
400 x 300 x 12	3.745	509,28	419,28
400 x 300 x 16	4.867	649,92	534,72

Kreisförmige Hohlprofile, warmgefertigt

DIN 59410, DIN EN 10 210-2, nahtlos oder geschweißt
Auswahl

Kurzzeichen z. B.: Rohr 101,6 x 6 DIN EN 10 210-2 S235JR

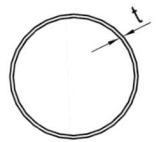

Rundrohr warm	Maße		Flä-che		Statische Werte					Plastische Schnittgrößen (charakteristische Werte für S235)	
Ø D x t	D	t	A	G	I_y	W_y	S_y	i_y	I_T	N_{pl}	M_{pl}
mm	mm	mm	cm²	kN/m	cm⁴	cm³	cm³	cm	cm⁴	kN	kNm
21,3 x 2,3	21,3	2,3	1,37	0,0108	0,629	0,59	0,4	0,677	1,26	32,88	0,192
21,3 x 3,2	21,3	3,2	1,82	0,0143	0,768	0,722	0,5	0,650	1,54	43,68	0,240
26,9 x 2,3	26,9	2,3	1,78	0,014	1,36	1,01	0,7	0,874	2,71	42,72	0,336
26,9 x 3,2	26,9	3,2	2,38	0,0187	1,70	1,27	0,9	0,846	3,41	57,12	0,432
33,7 x 2,6	33,7	2,6	2,54	0,0199	3,09	1,84	1,3	1,10	6,19	60,96	0,624
33,7 x 4	33,7	4,0	3,73	0,0293	4,19	2,49	1,8	1,06	8,38	89,52	0,864
42,4 x 2,6	42,4	2,6	3,25	0,0255	6,46	3,05	2,1	1,41	12,9	78,00	1,008
42,4 x 4	42,4	4,0	4,83	0,0379	8,99	4,24	3,0	1,36	18,0	115,92	1,440
48,3 x 2,6	48,3	2,6	3,73	0,0293	9,78	4,05	2,7	1,62	19,6	89,52	1,296
48,3 x 5	48,3	5,0	6,80	0,0534	16,2	6,69	4,7	1,54	32,3	163,20	2,256
60,3 x 2,6	60,3	2,6	4,71	0,037	19,7	6,52	4,3	2,04	39,3	113,04	2,064
60,3 x 5	60,3	5,0	8,69	0,0682	33,5	11,1	7,7	1,96	67,0	208,56	3,696
76,1 x 2,6	76,1	2,6	6,00	0,0471	40,6	10,7	7	2,60	81,2	144,00	3,360
76,1 x 5	76,1	5,0	11,2	0,0877	70,9	18,6	12,7	2,52	142	268,80	6,096
88,9 x 3,2	88,9	3,2	8,62	0,0676	79,2	17,8	11,8	3,03	158	206,88	5,664
88,9 x 5	88,9	5,0	13,2	0,103	116	26,2	17,6	2,97	233	316,80	8,448
88,9 x 6,3	88,9	6,3	16,4	0,128	140	31,5	21,5	2,93	280	393,60	10,32
101,6 x 3,2	101,6	3,2	9,89	0,0777	120	23,6	15,5	3,48	240	237,36	7,44
101,6 x 6	101,6	6,0	18,0	0,141	207	40,7	27,5	3,39	413	432,00	13,20
101,6 x 10	101,6	10,0	28,8	0,225	305	60,1	42,1	3,26	611	691,20	20,21
114,3 x 3,2	114,3	3,2	11,2	0,0877	172	30,2	19,8	3,93	345	268,80	9,504
114,3 x 6	114,3	6,0	20,4	0,16	300	52,5	35,2	3,83	600	489,60	16,90
114,3 x 10	114,3	10,0	32,8	0,257	450	78,7	54,6	3,70	899	787,20	26,21
139,7 x 4	139,7	4,0	17,1	0,134	393	56,2	36,8	4,80	786	410,40	17,66
139,7 x 8	139,7	8,0	33,1	0,26	720	103	69,5	4,66	1.441	794,40	33,36
139,7x12,5	139,7	12,5	50,0	0,392	1.020	146	101,4	4,52	2.040	1.200,0	48,67
168,3 x 4	168,3	4,0	20,7	0,162	697	82,8	54	5,81	1.394	496,80	25,92
168,3 x6.3	168,3	6,3	32,1	0,252	1.053	125	82,7	5,73	2.107	770,4	36,70
168,3x12,5	168,3	12,5	61,2	0,48	1.868	222	152	5,53	3.737	1.468,8	72,96
177,8 x 5	177,8	5,0	27,1	0,213	1.014	114	74,7	6,11	2.028	650,4	35,86
177,8 x 8	177,8	8,0	42,7	0,335	1.541	173	115,4	6,01	3.083	1.024,8	55,39
177,8x12,5	177,8	12,5	64,9	0,51	2.230	251	171,1	5,86	4.460	1.557,6	82,13
193,7 x 5	193,7	5,0	29,6	0,233	1.320	136	89	6,67	2.640	710,4	42,72
193,7 x 8	193,7	8,0	46,7	0,366	2.016	208	138	6,57	4.031	1.120,8	66,24
193,7 x 16	193,7	16,0	89,3	0,701	3.554	367	253,3	6,31	7.109	2.143,2	121,58
219,1 x 5	219,1	5,0	33,6	0,264	1.928	176	114,6	7,57	3.856	806,4	55,01
219,1 x 8	219,1	8,0	53,1	0,416	2.960	270	178,3	7,47	5.919	1.274,4	85,58
219,1 x 12	219,1	12,0	78,1	0,613	4.200	383	257,6	7,33	8.400	1.874,4	123,65
219,1 x 20	219,1	20,0	125	0,982	6.261	572	397,7	7,07	12.523	3.000	190,90
244,5 x 5	244,5	5,0	37,6	0,295	2.699	221	143,4	8,47	5.397	902,4	68,83
244,5 x6,3	244,5	6,3	47,1	0,37	3.346	274	178,8	8,42	6.692	1.130,4	85,82
244,5 x 10	244,5	10,0	73,7	0,578	5.073	415	275,1	8,30	10.146	1.768,8	132,05
244,5 x 16	244,5	16,0	115	0,902	7.533	616	418,4	8,10	15.066	2.760	200,8
244,5 x 25	244,5	25,0	172	1,35	10.517	860	604,9	7,81	21.034	4.128	290,3

Stahlbauprofile

Rundrohr warm	Maße		Flä-che	Statische Werte					Plastische Schnittgrößen (charakteristische Werte für S235)	
Ø D x t	D	t	A	I_y	W_y	S_y	i_y	I_T	N_{pl}	M_{pl}
mm	mm	mm	cm²					cm²	cm	
				G						
mm	mm	mm	cm²	kN/m	cm⁴	cm³	cm³	cm	cm⁴	kN	kNm
273 x 5	273,0	5,0	42,1	0,33	3.781	277	179,6	9,48	7.562	1.010,4	86,208
273 x 6,3	273,0	6,3	52,8	0,414	4.696	344	224,1	9,43	9.392	1.267,2	107,57
273 x 16	273,0	16,0	129	1,01	10.707	784	529,1	9,10	21.414	3.096	253,97
273 x 25	273,0	25,0	195	1,53	15.127	1.108	771,4	8,81	30.254	4.680	370,27
323,9 x 5	323,9	5,0	50,1	0,393	6.369	393	254,3	11,3	12.739	1.202,4	122,06
323,9 x 8	323,9	8,0	79,4	0,623	9.910	612	399,3	11,2	19.820	1.905,6	191,66
323,9x12,5	323,9	12,5	122	0,96	14.847	917	606,4	11,0	29.693	2.928	291,07
323,9 x 25	323,9	25,0	235	1,84	26.400	1.630	1.119,4	10,6	52.800	5.640	537,31
355,6 x 6	355,6	6,0	65,9	0,517	10.071	566	366,7	12,4	20.141	1.581,6	176,02
355,6 x 8	355,6	8,0	87,4	0,686	13.201	742	483,4	12,3	26.403	2.097,6	232,03
355,6 x 16	355,6	16,0	171	1,34	24.663	1.387	923,3	12,0	49.326	4.104	443,18
355,6 x 25	355,6	25,0	260	2,04	35.677	2.007	1.368,8	11,7	71.353	6.240	657,02
406,4 x6,3	406,4	6,3	79,2	0,622	15.849	780	504,3	14,1	31.699	1.900,8	242,06
406,4 x 12	406,4	12,0	149	1,17	28.937	1.424	933,6	14,0	57.874	3.576	448,13
406,4 x 20	406,4	20,0	243	1,91	45.432	2.236	1.494,4	13,7	90.864	5.832	717,31
406,4 x 40	406,4	40,0	460	3,61	78.186	3.848	2.695,6	13,0	156.373	11.040	1.293,9
457 x 6	457,0	6,0	85,0	0,667	21.618	946	610,2	15,9	43.236	2.040	292,90
457 x 12	457,0	12,0	168	1,32	41.556	1.819	1.188,4	15,7	83.113	4.032	570,43
457 x 20	457,0	20,0	275	2,16	65.681	2.874	1.911	15,5	131.363	6.600	917,28
457 x 40	457,0	40,0	524	4,11	114.949	5.031	3.488,4	14,8	229.898	12.576	1.674,4
508 x 6,3	508,0	6,3	99,3	0,779	31.246	1.230	792,9	17,7	62.493	2.383,2	380,59
508 x 12	508,0	12,0	187	1,47	57.536	2.265	1.476,4	17,5	115.072	4.488	708,67
508 x 20	508,0	20,0	307	2,41	91.428	3.600	2.382,8	17,3	182.856	7.368	1.143,7
508 x 50	508,0	50,0	719	5,65	190.885	7.515	5.264,9	16,3	381.770	17.256	2.527,2
610 x 6	610,0	6,0	114	0,894	51.924	1.702	1.094,5	21,4	103.847	2.736	525,36
610 x 12	610,0	12,0	225	1,77	100.814	3.305	2.145,9	21,1	201.627	5.400	1.030,0
610 x 20	610,0	20,0	371	2,91	161.490	5.295	3.482,3	20,9	322.979	8.904	1.671,5
610 x 50	610,0	50,0	880	6,91	347.570	11.396	7.860,8	19,9	695.140	21.120	3.773,2
660 x 7,1	660,0	7,1	146	1,143	77.608,6	2.351,8	1.513,3	23,08	155..217	3.504	726,38
711 x 6	711,0	6,0	133	1,04	82.568	2.323	1.491,1	24,9	165.135	3.192	715,73
711 x 12	711,0	12,0	264	2,07	160.991	4.529	2.931,9	24,7	321.981	6.336	1.407,3
711 x 25	711,0	25,0	539	4,23	317.357	8.927	5.885,1	24,3	634.715	12.936	2.824,8
711 x 60	711,0	60,0	1.227	9,63	655.583	18.441	12.750	23,1	1.311.166	29.448	6.120
762 x 6	762,0	6,0	143	1,12	101.813	2.672	1.714,6	26,7	203.626	3.432	823,01
762 x 8	762,0	8,0	190	1,49	134.683	3.535	2.274,1	26,7	269.366	4.560	1.091,6
762 x 12	762,0	12,0	283	2,22	198.855	5.219	3.375,3	26,5	397.710	6.792	1.620,1
762 x 25	762,0	25,0	579	4,54	393.461	10.327	6.792,2	26,1	786.922	13.896	3.260,2
762 x 50	762,0	50,0	1.118	8,78	712.207	18.693	12.694,4	25,2	1.424.414	26.832	6.093,3
813 x 8	813,0	8,0	202	1,59	163.901	4.032	2.592,2	28,5	327.801	4.848	1.244,3
813 x 16	813,0	16,0	401	3,14	318.222	7.828	5.082,4	28,2	636.443	9.624	2.439,5
813 x 30	813,0	30,0	738	5,79	566.374	13.933	9.200,8	27,7	1.132.748	17.712	4.416,4
914 x 8	914,0	8,0	228	1,79	233.651	5.113	3.283,4	32,0	467.303	5.472	1.576,0
914 x 12,5	914,0	12,5	354	2,78	359.708	7.871	5.079,7	31,9	719.417	8.496	2.438,2
914 x 30	914,0	30,0	833	6,54	814.775	17.829	11.726,3	31,3	1.629.550	19.992	5.628,6
1.016 x 10	1.016,0	10,0	316	2,48	399.850	7.871	5.060,3	35,6	799.699	7.584	2.428,9
1.016 x 16	1.016,0	16,0	503	3,95	628.479	12.372	8.000,7	35,4	1.256.959	12.072	3.840,3
1.016 x 30	1.016,0	30,0	929	7,29	1.130.352	22.251	14.587,2	34,9	2.260.704	22.296	7.001,9
1.067 x 10	1.067,0	10,0	332	2,61	463.792	8.693	5.586,4	37,4	927.585	7.968	2.681,4
1.067 x 16	1.067,0	16,0	528	4,15	729.606	13.676	8.837,5	37,2	1.459.213	12.672	4.242,0
1.067 x 30	1.067,0	30,0	977	7,67	1.314.864	24.646	16.135	36,7	2.629.727	23.448	7.744,8
1.168 x 10	1.168,0	10,0	364	2,86	609.843	10.443	6.705	40,9	1.219.686	8.736	3.218,4
1.168 x 16	1.168,0	16,0	579	4,55	960.774	16.452	10.617,5	40,7	1.921.547	13.896	5.096,4
1.168 x 25	1.168,0	25,0	898	7,05	1.466.717	25.115	16.333,2	40,4	2.933.434	21.552	7.839,9
1.219 x 10	1.219,0	10,0	380	2,98	694.014	11.387	7.308,6	42,7	1.388.029	9.120	3.508,1
1.219 x 16	1.219,0	16,0	605	4,75	1.094.091	17.951	11.578,4	42,5	2.188.183	14.520	5.557,6
1.219 x 25	1.219,0	25,0	938	7,36	1.671.873	27.430	17.823,1	42,2	3.343.746	22.512	8.555,1

Kreisförmige Hohlprofile, kaltgefertigt

DIN 59410, DIN EN 10 219-2, geschweißt
Auswahl

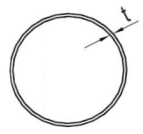

Kurzzeichen z. B.: Rohr 101,6 x 6 DIN EN 10 219-2 S235JR

Rundrohr kalt	Maße		Fläche	Statische Werte					Plastische Schnittgrößen (charakteristische Werte für S235)	
Ø **D x t**	D	t	A	G	I_y	W_y	S_y	i_y	I_T	N_{pl}	M_{pl}
mm	mm	mm	cm²	kN/m	cm⁴	cm³	cm³	cm	cm⁴	kN	kNm
21,3 x 2	21,3	2,0	1,21	0,00952	0,571	0,536	0,4	0,686	1,14	29,04	0,192
26,9 x 2	26,9	2,0	1,56	0,0123	1,22	0,907	0,6	0,883	2,44	37,44	0,288
33,7 x 2	33,7	2,0	1,99	0,0156	2,51	1,49	1	1,12	5,02	47,76	0,48
42,4 x 2	42,4	2,0	2,54	0,0199	5,19	2,45	1,6	1,43	10,4	60,96	0,768
42,4 x 4	42,4	4,0	4,83	0,0379	8,99	4,24	3	1,36	18,0	115,92	1,44
48,3 x 2	48,3	2,0	2,91	0,0228	7,81	3,23	2,1	1,64	15,6	69,84	1,008
48,3 x 3	48,3	3,0	4,27	0,0335	11,0	4,55	3,1	1,61	22,0	102,48	1,488
48,3 x 5	48,3	5,0	6,80	0,0534	16,2	6,69	4,7	1,54	32,3	163,2	2,256
60,3 x 2	60,3	2,0	3,66	0,0288	15,6	5,17	3,4	2,06	31,2	87,84	1,632
60,3 x 3	60,3	3,0	5,40	0,0424	22,2	7,37	4,9	2,03	44,4	129,6	2,352
60,3 x 5	60,3	5,0	8,69	0,0682	33,5	11,1	7,7	1,96	67,0	208,56	3,696
76,1 x 2	76,1	2,0	4,66	0,0365	32,0	8,40	5,5	2,62	64,0	111,84	2,64
76,1 x 4	76,1	4,0	9,06	0,0711	59,1	15,5	10,4	2,55	118	217,44	4,992
76,1 x 6,3	76,1	6,3	0,108	84,8	22,3	15,4	2,48	170	331,2	7,392
88,9 x 2	88,9	2,0	5,46	0,0429	51,6	11,6	7,6	3,07	103	131,04	3,648
88,9 x 4	88,9	4,0	10,7	0,0838	96,3	21,7	14,4	3,00	193	256,8	6,912
88,9 x 6,3	88,9	6,3	16,3	0,128	140	31,5	21,5	2,93	280	391,2	10,32
101,6 x 2	101,6	2,0	6,26	0,0491	77,6	15,3	9,9	3,52	155	150,24	4,752
101,6 x 4	101,6	4,0	12,3	0,0963	146	28,8	19,1	3,45	293	295,2	9,168
101,6 x 6,3	101,6	6,3	18,9	0,148	215	42,3	28,7	3,38	430	453,6	13,78
114,3 x 2,5	114,3	2,5	8,78	0,0689	137	24,0	15,6	3,95	275	210,72	7,488
114,3 x 5	114,3	5,0	17,2	0,135	257	45,0	29,9	3,87	514	412,8	14,35
114,3 x 8	114,3	8,0	26,7	0,21	379	66,4	45,3	3,77	759	640,8	21,74
139,7 x 4	139,7	4,0	17,1	0,134	393	56,2	36,8	4,80	786	410,4	17,66
139,7 x 6	139,7	6,0	25,2	0,198	564	80,8	53,7	4,73	1.129	604,8	25,78
13,7 x 10	139,7	10,0	40,7	0,32	862	123	84,3	4,60	1.724	976,8	40,46
168,3 x 4	168,3	4,0	20,6	0,162	697	82,8	54	5,81	1.394	494,4	25,92
168,3 x 6	168,3	6,0	30,6	0,24	1.009	120	79,1	5,74	2.017	734,4	37,97
168,3 x 10	168,3	10,0	49,7	0,39	1.564	186	125,5	5,61	3.128	1.192,8	60,24
177,8 x 5	177,8	5,0	27,1	0,213	1.014	114	74,7	6,11	2.028	650,4	35,86
177,8 x 6,3	177,8	6,3	33,9	0,266	1.250	141	92,7	6,07	2.499	813,6	44,50
177,8x12,5	177,8	12,5	64,9	0,51	2.230	251	171,1	5,86	4.460	1.557,6	82,13
193,7 x 4	193,7	4,0	23,8	0,187	1.073	111	72	6,71	2.146	571,2	34,56
193,7 x 6,3	193,7	6,3	37,1	0,291	1.630	168	110,7	6,63	3.260	890,4	53,14
193,7x12,5	193,7	12,5	71,2	0,559	2.934	303	205,5	6,42	5.869	1.708,8	98,64
219,1 x 4	219,1	4,0	27,0	0,212	1.564	143	92,6	7,61	3.128	648	44,45
219,1 x 6	219,1	6,0	40,2	0,315	2.282	208	136,3	7,54	4.564	964,8	65,424
219,1 x 10	219,1	10,0	65,7	0,516	3.598	328	218,8	7,40	7.197	1.576,8	105,02
219,1x12,5	219,1	12,5	81,1	0,637	4.345	397	267,1	7,32	8.689	1.946,4	128,21
244,5 x 5	244,5	5,0	37,6	0,295	2.699	221	143,4	8,47	5.397	902,4	68,83
244,5 x 6,3	244,5	6,3	47,1	0,37	3.346	274	178,8	8,42	6.692	1.130,4	85,82
244,5x12,5	244,5	12,5	91,1	0,715	6.147	503	336,7	8,21	12.295	2.186,4	161,62
273 x 5	273	5,0	42,1	0,33	3.781	277	179,6	9,48	7.562	1.010,4	86,21
273 x 6,3	273	6,3	52,8	0,414	4.696	344	224,1	9,43	9.392	1.267,2	107,57
273 x 12,5	273	12,5	102	0,803	8.697	637	424,5	9,22	17.395	2.448	203,8

Stahlbauprofile

Rundrohr kalt	Maße		Fläche	Statische Werte					Plastische Schnittgrößen (charakteristische Werte für S235)	
Ø D x t	D	t	A	G	I_y	W_y	S_y	i_y	I_T	N_{pl}	M_{pl}
mm	mm	mm	cm²	kN/m	cm⁴	cm³	cm³	cm	cm⁴	kN	kNm
323,9 x 5	323,9	5,0	50,1	0,393	6.369	393	254,3	11,3	12.739	1.202,4	122,06
323,9 x 8	323,9	8,0	79,4	0,623	9.910	612	399,3	11,2	19.820	1.905,6	191,67
323,9x12,5	323,9	12,5	122	0,96	14.847	917	606,4	11,0	29.693	2.928	291,07
355,6 x 5	355,6	5,0	55,1	0,432	8.464	476	307,3	12,4	16.927	1.322,4	147,50
355,6 x 8	355,6	8,0	87,4	0,686	13.201	742	483,4	12,3	26.403	2.097,6	232,03
355,6 x 12	355,6	12,0	130	1,02	19.139	1.076	708,7	12,2	38.279	3.120	340,17
355,6 x 20	355,6	20,0	211	1,66	29.792	1.676	1.127,6	11,9	59.583	5.064	541,25
406,4 x 6	406,4	6,0	75,5	0,592	15.128	745	481	14,2	30.257	1.812	230,88
406,4 x 10	406,4	10,0	125	0,978	24.476	1.205	785,8	14,0	48.952	3.000	377,18
406,4x12,5	406,4	12,5	155	1,21	30.031	1.478	970,1	13,9	60.061	3.720	465,65
406,4 x 25	406,4	25,0	300	2,35	54.702	2.692	1.820,9	13,5	109.404	7.200	874,03
457 x 6	457	6,0	85,0	0,667	21.618	946	610,2	15,9	43.236	2.040	292,90
457 x 10	457	10,0	140	1,10	35.091	1.536	999,2	15,8	70.183	3.360	479,62
457 x 16	457	16,0	222	1,74	53.959	2.361	1.556,5	15,6	107.919	5.328	747,12
457 x 30	457	30,0	402	3,16	92.173	4.034	2.739,4	15,1	184.346	9.648	1.314,9
508 x 6	508	6,0	94,6	0,743	29.812	1.174	756,1	17,7	59.623	22.704	362,93
508 x 10	508	10,0	156	1,23	48.520	1.910	1.240,2	17,6	97.040	3.744	595,30
508 x 16	508	16,0	247	1,94	74.909	2.949	1.937,2	17,4	149.818	5.928	929,86
508 x 25	508	25,0	379	2,98	110.918	4.367	2.918,7	17,1	221.837	9.096	1.401,0
610 x 6	610	6,0	114	0,894	51.924	1.702	1.094,5	21,4	103.847	2.736	525,36
610 x 10	610	10,0	188	1,48	84.847	2.782	1.800,2	21,2	169.693	4.512	864,10
610 x 16	610	16,0	299	2,34	131.781	4.321	2.823,4	21,0	263.563	7.176	1.355,2
610 x 30	610	30,0	547	4,29	230.476	7.557	5.050,5	20,5	460.952	13.128	2.424,2
711 x 6	711	6,0	133	1,04	82.568	2.323	1.491,1	24,9	165.135	3.192	715,73
711 x 10	711	10,0	220	1,73	135.301	3.806	2.457,2	24,8	270.603	5.280	1.179,5
711 x 16	711	16,0	349	2,74	211.040	5.936	3.864,9	24,6	422.080	8.376	1.855,2
711 x 30	711	30,0	642	5,04	372.790	10.486	6.960,9	24,1	745.580	15.408	3.341,2
762 x 6	762	6,0	143	1,12	101.813	2.672	1.714,6	26,7	203.626	3.432	823,0
762 x 8	762	8,0	190	1,49	134.683	3.535	2.274,1	26,7	269.366	4.560	1.091,6
762 x 20	762	20,0	466	3,66	321.083	8.427	5.507	26,2	642.166	11.184	2.643,4
762 x 30	762	30,0	690	5,42	462.853	12.148	8.041,9	25,9	925.706	16.560	3.860,1
813 x 8	813	8,0	202	1,59	163.901	4.032	2.592,2	28,5	327.801	4.848	1.244,3
813 x 16	813	16,0	401	3,14	318.222	7.828	5.082,4	28,2	636.443	9.624	2.439,6
813 x 30	813	30,0	738	5,79	566.374	13.933	9.200,8	27,7	1.132.748	17.712	4.416,4
914 x 8	914	8,0	228	1,79	233.651	5.113	3.283,4	32,0	467.303	5.472	1.576,0
914 x 16	914	16,0	451	3,54	455.142	9.959	6.451,9	31,8	910.284	10.824	3.096,9
914 x 30	914	30,0	833	6,54	814.775	17.829	11.726,3	31,3	1.629.550	19.992	5.628,6
1.016 x 10	1.016	10,0	316	2,48	399.850	7.871	5.060,4	35,6	799.699	7.584	2.429,0
1.016 x 16	1.016	16,0	503	3,95	628.479	12.372	8.000,7	35,4	1.256.959	12.072	3.840,3
1.016 x 30	1.016	30,0	929	7,29	1.130.352	22.251	14.587,4	34,9	2.260.704	22.296	7.002,0
1.067 x 10	1.067	10,0	332	2,61	463.792	8.693	5.586,4	37,4	927.585	7.968	2.681,5
1.067 x 16	1.067	16,0	528	4,15	729.606	13.676	8.837,5	37,2	1.459.213	12.672	4.242,0
1.067 x 30	1.067	30,0	977	7,67	1.314.864	24.646	16.135	36,7	2.629.727	23.448	7.744,8
1.168 x 10	1.168	10,0	364	2,86	609.843	10.443	6.705	40,9	1.219.686	8.736	3.218,4
1.168 x 16	1.168	16,0	579	4,55	960.774	16.452	10.617,5	40,7	1.921.547	13.896	5.096,4
1.168 x 25	1.168	25,0	898	7,05	1.466.717	25.115	16.333,2	40,4	2.933.434	21.552	7.839,9
1.219 x 12	1.219	12,0	455	3,57	828.716	13.597	8.741,4	42,7	1.657.433	10.920	4.195,9
1.219 x 16	1.219	16,0	605	4,75	1.094.091	17.951	11.578,4	42,5	2.188.183	14.520	5.557,6
1.219 x 25	1.219	25,0	938	7,36	1.671.873	27.430	17.823,1	42,2	3.343.746	22.512	8.555,1

Flachstahl, Vierkantstahl, Rundstahl

Flachstahl für allgemeine Verwendung, warmgewalzt nach DIN 1017-1

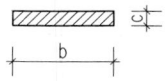

Breiten- und Dickenabstufungen

Dicke c	5	6	6,5	7	8	9	10	11	12	13	14	15
mm	16	18	20	22	25	30	35	40	50	60		

Zugleich lieferbare Blechdicken für andere Blechgrößen

Breite b	10	11	12	13	14	15	16	17	18	19	20	22
mm	25	26	28	30	32	35	38	40	45	50	55	60
	65	70	75	80	90	100	110	120	130	140	150	

Normallängen bis 12 m

Vierkantstahl für allgemeine Verwendung, warmgewalzt nach DIN 1014-1

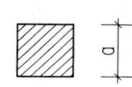

Abstufung der Seitenlängen a in mm:

Seitenlänge a	8	10	12	14	16	18	20	22	25	30	32	35
	40	50	60	70	80	100	120					

Normallängen	unter $a = 70$ mm:	bis 12 m
	unter $a = 120$ mm:	bis 9 m
	$a = 120$ mm:	bis 6 m

Rundstahl für allgemeine Verwendung, warmgewalzt nach DIN 1013-1

Abstufung der Durchmesser ∅ d in mm:

Durchmesser d	8	10	12	14	16	18	20	22	24	25		28
	30	31	32	35	37	38	40	42	44	45	50	52
	55	60	65	70	75	80	90	100	110	120	140	150
	160	180	200									

Normallängen	unter $d = 70$ mm:	bis 12 m
	unter $d = 120$ mm:	bis 9 m
	bis $d = 200$ mm:	bis 6 m

Stahltrapezprofile

Hersteller			
	AB	Arcelor Bauteile GmbH	www.metecno.de
	AC	Arcelor Construction France	10, Rue de Bassin de l'Industrie F-6700 Strasbourg
	CBS	Corus ByggeSystemer A/S	www.corusbyggesystemer.dk
	FI	Fischer Profil GmbH	www.fischerprofil.de
	HA	Haironville Austria Ges.m.b.H.	www.haironville.at
	HR	Holorib (Deutschland) GmbH	www.holorib.de
	PP	Maas GmbH	www.maasprofile.de
	SZBE	Salzgitter Bauelemente GmbH	www.szbe.de
	TKS	ThyssenKrupp Hoesch Bausysteme GmbH	www.tks-bau.com
	WU	Wurzer -Profiliertechnik GmbH	www.wurzer-profile.de

Stahltrapezprofile

Hersteller s.o.	Firmenbezeichnungen	Abmessungen h / b_R mm	Profilquerschnitt Maße in mm / Stützweite bei üblichen Dachlasten *)	Blechdicke t_N mm	Eigenlast g KN/m²
1 AB AC CBS PP SZBE WU	35/207 35/207 35/207 35/207 P-S 35 35/207	35/207	1–2 m	0,63 0,75 0,88 1,00 1,13 1,25 1,50	0,061 0,073 0,085 0,097 0,109 0,121 0,145
2 AB AC FI TKS SZBE WU	40/183 40/183 40/183(A) T40.1(A) P-S40 40/183	40/183 S	1-3 m	0,63 0,75 0,88 1,00 1,25 1,50	0,067 0,082 0,092 0,109 0,137 0,164
3 AB AC FI TKS SZBE	40/183SR 40/183S 40/183S T40.1S P-S40S	40/183 S	1-3 m	0,63 0,75 0,88 1,00 1,25 1,50	0,067 0,082 0,096 0,106 0,137 0,164
4 AB TKS SZBE	85/280 T85.1 P-S85	83/280	2-4 m	0,75 0,88 1,00 1,13 1,25 1,50	0,080 0,094 0,107 0,121 0,134 0,161
5 AB FI SZBE WU	100/275 A 100/275 A P-S100 A 100/275 A	100/275	3-6 m	0,75 0,88 1,00 1,25 1,50	0,090 0,106 0,120 0,150 0,180
6 AB HA WU	135/310 135/310 135/310A	135/310	4-7 m	0,75 0,88 1,00 1,13 1,25 1,50	0,096 0,114 0,129 0,146 0,161 0,194
7 AB HA TKS SZBE WU	150/280A 150/280 T150.1 P-S150A 153/280	153/280	5-8 m	0,75 0,88 1,00 1,13 1,25 1,50	0,107 0,126 0,143 0,162 0,179 0,215

8E Stahlbauprofile

	Hersteller s. o.	Firmenbezeichnungen	Abmessungen h / b_R mm	Profilquerschnitt Maße in mm / Stützweite bei üblichen Dachlasten *)	Blechdicke t_N mm	Eigenlast g KN/m²
8	AB HA TKS SZBE	160/250A 160/250 T160.1A P-S160A	158/250	5-8 m	0,75 0,88 1,00 1,13 1,25 1,50	0,121 0,142 0,161 0,182 0,201 0,242

Stahlwellenprofile

1	FI	Fischer-WELLE Sinus 35			0,60	0,060
	CBS	Wellblech 35/145	1-2 m		0,75	0,075
2	WU	55/177	1-2 m		0,60 0,75 0,88 1,00	0,068 0,082 0,099 0,113

Stahlverbunddeckenprofile

1	AC	Cofrastra 40/150			0,75 0,88 1,00	0,101 0,117 0,141
2	HR	SHR 51			0,75 0,88 1,00 1,25	0,110 0,129 0,147 0,183

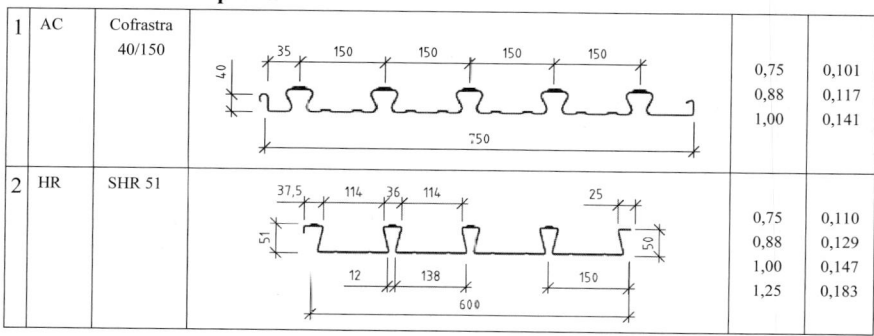

*) Hinweis: Die angegebene Stützweite gilt nur als Anhaltswert. Die zulässigen Werte sind typengeprüften Stützweitentabellen der Hersteller zu entnehmen oder mit Hilfe bauaufsichtlich geprüfter Profilwerte zu berechnen.

9 Holzbau, Mauerwerksbau

		Seite
9A	Holzbau	9.1
9B	Mauerwerksbau	9.55
9C	Holzbau nach DIN 1052 alt (siehe beiliegende CD)	9.91

9A Holzbau

Prof. Dr.-Ing. Karl Rautenstrauch, Prof. Dr.-Ing. Gunnar Möller,

Dr.-Ing. Ralf Hartnack

Inhaltsverzeichnis

		Seite
1	**Allgemeines**	9.2
1.1	Vorbemerkungen	9.2
1.2	Begriffe, Bezeichnungen	9.2
1.3	Baustoffkennwerte	9.3
2	**Grundlagen der Nachweisführung**	9.8
2.1	Grenzzustände der Tragfähigkeit	9.8
2.2	Grenzzustände der Gebrauchstauglichkeit	9.11
3	**Nachweise in den Grenzzuständen der Tragfähigkeit**	9.14
3.1	Querschnittsermittlung	9.14
3.2	Nachweise der Querschnittstragfähigkeit	9.15
3.3	Nachweis für Stäbe nach dem Ersatzstabverfahren	9.18
3.4	Nachweis nach Theorie II. Ordnung	9.20
3.5	Aussteifungen	9.20
4	**Nachweise für Pultdach-, Satteldach- und gekrümmte Träger**	9.20
5	**Nachweise für zusammengesetzte Bauteile (Verbundbauteile)**	9.20
6	**Verbindungen**	9.21
6.1	Einfacher und doppelter Versatz	9.21
6.2	Verbindungen mit stiftförmigen metallischen Verbindungsmitteln	9.22
6.3	Verbindungen mit sonstigen mechanischen Verbindungsmitteln	9.38
7	**Querzug, Ausklinkungen, Durchbrüche und Verstärkungen**	9.43
8	**Bemessungshilfen**	9.44
8.1	Vorzugsmaße	9.44
8.2	Querschnittswerte und Eigenlasten für Rechteckquerschnitte	9.44
8.3	Bemessungswert der Tragfähigkeit einteiliger Stützen	9.45
8.4	Charakteristische Tragfähigkeit von rechteckigen Deckenbalken	9.46
9	**Holzschutz**	9.49
9.1	Transport, Lagerung und Einbau von Holz und Holzwerkstoffen	9.49
9.2	Natürliche Dauerhaftigkeit des Holzes	9.49
9.3	Holzschutzmittel	9.50
9.4	Gefährdungsklassen	9.50
9.5	Hinweise zu vorbeugenden baulichen Maßnahmen	9.51
10	**Einführung in Beispielen**	9.52

1 Allgemeines

1.1 Vorbemerkungen

Das Kapitel 9A Holzbau enthält die grundsätzlichen Regelungen zur Bemessung und Konstruktion von Holzbauwerken auf der Grundlage der DIN 1052:2008-12 (Entwurf, Berechnung und Bemessung von Holzbauwerken – Allgemeine Bemessungsregeln und Bemessungsregeln für den Hochbau). Diese Norm gilt gemäß Liste der Technischen Baubestimmungen bis zum 30. Juni 2009 alternativ zur DIN 1052, Teil 1 bis 3 (April 1988 und Oktober 1996) und danach als verbindlich eingeführt. Auf Grund neuester wissenschaftlicher Erkenntnisse wird empfohlen, Brettschichthölzer der Sortierklassen GL36c und GL36h nicht anzuwenden.

1.2 Begriffe, Bezeichnungen

Große lateinische Buchstaben:
- K Verschiebungsmodul; Federsteifigkeit; Steifigkeit einer Einzelabstützung
- Q Veränderliche Einwirkung; Ersatzlast
- R Widerstand; Tragwiderstand; Tragfähigkeit
- T Torsionsmoment; Schubkraft
- V Querkraft
- X Baustoffeigenschaft allgemein

Fußzeiger:
- G ständige Einwirkung
- H Hirnholz
- M Material; Baustoff; Biegemoment
- Q Veränderliche Einwirkung
- R Tragwiderstand; Rollschub
- V Querkraft
- Z Zapfen
- b Bolzen; Passbolzen
- c Druck; Knicken; Abstand bei Ausklinkungen; Dübel besonderer Bauart
- d Bemessungswert; Durchbruch in Biegestäben
- e Einlasstiefe / Einpresstiefe bei Dübeln besonderer Bauart
- f Gurt
- g Gruppe (von Verbindungsmitteln)
- h Lochleibung
- i i-ter Querschnittsteil
- j Verbindung
- k charakteristischer Wert; Klebfuge; Kraglänge
- l Lastverteilung
- m Biegung; Kippen
- n netto
- o oben
- p Querpressung; Nagelspitze
- r Rippe (bei Tafeln); Reihe (bei Anschlussbildern); Rand
- s Spalte (bei Anschlussbildern)
- t Zug; Torsion
- u Bruchzustand; unten
- v Schub; Verbindungsmittel; Vorholz; Versatz

Kleine lateinische Buchstaben:
- f Festigkeit
- s Schneelast; Abstand von Verbindungsmitteln bei kontinuierlicher Verbindung
- t Dicke allgemein; Lamellendicke bei Brettschichtholz; Eindringtiefe bei Verbindungsmitteln; Einschnitttiefe; Schubfluss
- w Steg
- y Fließgrenze
- ad Haftung; Verankerung
- ap First
- ax in Richtung der Stiftachse
- ef wirksam
- in innerer
- la rechtwinklig zur Stiftachse
- $crit$ kritisch
- def Verformung
- fin Endwert
- inf unterer Wert
- lam Lamelle
- max größter Wert
- min kleinster Wert
- mod Modifikation
- nom Nennwert
- red abgeminderter Wert
- rel bezogen
- req erforderlicher Wert
- ser Gebrauchszustand
- sup oberer Wert
- tor Torsion
- tot gesamt
- $inst$ Anfangswert
- $mean$ mittlerer Wert
- 0 in Faserrichtung; Bezugswert; lastfreier Zustand
- 90 rechtwinklig zur Faserrichtung
- α Winkel zur Faserrichtung
- 05 5%-Quantil

Allgemeines

1.3 Baustoffkennwerte

Tafel 9.3a: Rechenwerte für die charakteristischen Festigkeits-, Steifigkeits- und Rohdichtekennwerte für Nadelholz (Vorzugsklassen sind unterlegt)

Festigkeitsklasse		C 16	C 24	C 30	C 35	C 40
Sortierklasse nach DIN 4074-1 bzw. DIN 4074-2 [4)5)6)7)]		S7/C16 MIII	S10/C24 MII	S13/C30 MI	C35M	C40M
Festigkeitskennwerte in N/mm²						
Biegung[1)]	$f_{m,k}$	16	24	30	35	40
Zug parallel[1)]	$f_{t,0,k}$	10	14	18	21	24
Zug rechtwinklig	$f_{t,90,k}$	0,4	0,4	0,4	0,4	0,4
Druck parallel	$f_{c,0,k}$	17	21	23	25	26
Druck rechtwinklig	$f_{c,90,k}$	2,2	2,5	2,7	2,8	2,9
Schub und Torsion	$f_{v,k}$	2,0	2,0	2,0	2,0	2,0
Rollschub[3)]	$f_{R,k}$	1,0	1,0	1,0	1,0	1,0
Steifigkeitskennwerte in N/mm²						
Elastizitätsmodul parallel[1)2)]	$E_{0,mean}$	8000	11000	12000	13000	14000
Elastizitätsmodul rechtwinklig[2)]	$E_{90,mean}$	270	370	400	430	470
Schubmodul[2)3)]	G_{mean}	500	690	750	810	880
Rohdichtekennwerte ρ_k in kg/m³		310	350	380	400	420

[1)] Bei nur von Rinde und Bast befreitem Nadelrundholz dürfen in den Bereichen ohne Schwächung der Randzone um 20 % erhöhte Werte in Rechnung gestellt werden.
[2)] Für die charakteristischen Steifigkeitskennwerte $E_{0,05}$, $E_{90,05}$ und G_{05} gelten die Rechenwerte:
$E_{0,05} = 2/3 \cdot E_{0,mean}$; $E_{90,05} = 2/3 \cdot E_{90,mean}$; $G_{05} = 2/3 \cdot G_{mean}$
[3)] Der zur Rollschubbeanspruchung gehörende Schubmodul darf mit $G_{R,mean} = 0,10 \cdot G_{mean}$ angenommen werden.
[4)] Diese Zuordnung gilt für trocken sortiertes Holz (TS).
[5)] Vorwiegend hochkant biegebeanspruchte Bretter und Bohlen sind wie Kantholz zu sortieren und entsprechend zu kennzeichnen (k).
[6)] Grundsätzlich kann Nadelholz maschinell in jede gewünschte Festigkeitsklasse sortiert werden.
[7)] Holzarten: Fichte, Tanne, Kiefer, Lärche, Douglasie, Southern Pine, Western Hemlock, Yellow Cedar.

Tafel 9.3b: Rechenwerte für die charakteristischen Festigkeits-, Steifigkeits- und Rohdichtekennwerte für Laubschnittholz

Festigkeitsklasse		D 30 [5)]	D 35 [6)]	D 40 [7)]	D 60 [8)]
Sortierklasse nach DIN 4074-5 [2)3)4)]		LS 10	LS10	LS10/LS13	LS10
Festigkeitskennwerte in N/mm²					
Biegung	$f_{m,k}$	30	35	40	60
Zug parallel	$f_{t,0,k}$	18	21	24	36
Zug rechtwinklig	$f_{t,90,k}$	0,5			
Druck parallel	$f_{c,0,k}$	23	25	26	32
Druck rechtwinklig	$f_{c,90,k}$	8,0	8,4	8,8	10,5
Schub und Torsion	$f_{v,k}$	3,0	3,4	3,8	5,3
Steifigkeitskennwerte in N/mm²					
Elastizitätsmodul parallel[1)]	$E_{0,mean}$	10000	10000	11000	17000
Elastizitätsmodul rechtwinklig[1)]	$E_{90,mean}$	640	690	750	1130
Schubmodul[1)]	G_{mean}	600	650	700	1060
Rohdichtekennwerte ρ_k in kg/m³		530	560	590	700

[1)] Für die charakteristischen Steifigkeitskennwerte $E_{0,05}$, $E_{90,05}$ und G_{05} gelten die Rechenwerte:
$E_{0,05} = 5/6 \cdot E_{0,mean}$; $E_{90,05} = 5/6 \cdot E_{90,mean}$; $G_{05} = 5/6 \cdot G_{mean}$ [2)] Diese Zuordnung gilt für trocken sortiertes Holz (TS). [3)] Vorwiegend hochkant biegebeanspruchte Bretter und Bohlen sind wie Kantholz zu sortieren und entsprechend zu kennzeichnen (k).
[4)] Grundsätzlich kann Laubholz maschinell in jede gewünschte Festigkeitsklasse sortiert werden.
[5)] Holzart: Eiche, Teak, Keruing [6)] Holzart: Buche [7)] Holzart: Buche, Afzelia, Merbau, Angelique (Basralocus)
[8)] Holzart: Azobe (Bongossi), Ipe (Rohdichte mindestens 1000 kg/m³).

Tafel 9.4a: Rechenwerte für die charakteristischen Festigkeits-, Steifigkeits- und Rohdichtekennwerte für homogenes (h) und kombiniertes (c) Brettschichtholz

Festigkeitsklasse des Brettschichtholzes		GL 24		GL 28		GL 32		GL 36	
Frühere Bezeichnung		BS 11		BS 14		BS 16		BS 18	
Homogenes (h) / kombiniertes (c)		h	c	h	c	h	c	h	c
Festigkeitskennwerte in N/mm²									
Biegung[1)2)]	$f_{m,k}$	24		28		32		36	
Zug parallel	$f_{t,0,k}$	16,5	14	19,5	16,5	22,5	19,5	26	22,5
Zug rechtwinklig	$f_{t,90,k}$	0,5							
Druck parallel	$f_{c,0,k}$	24	21	26,5	24	29	26,5	31	29
Druck rechtwinklig	$f_{c,90,k}$	2,7	2,4	3,0	2,7	3,3	3,0	3,6	3,3
Schub und Torsion	$f_{v,k}$	2,5							
Rollschub	$f_{R,k}$	1,0							
Steifigkeitskennwerte in N/mm²									
Elastizitätsmodul parallel[3)]	$E_{0,mean}$	11600		12600		13700		14700	
Elastizitätsmodul rechtwinklig[3)]	$E_{90,mean}$	390	320	420	390	460	420	490	460
Schubmodul[3)4)]	G_{mean}	720	590	780	720	850	780	910	850
Rohdichtekennwerte ρ_k in kg/m³		380	350	410	380	430	410	450	430

[1)] Bei Flachkant-Biegebeanspruchung der Lamellen von Brettschichtholzträgern mit $h \leq 600$ mm darf der charakteristische Festigkeitswert mit dem Beiwert $k_h = (600/h)^{0,14} \leq 1,1$ multipliziert werden.
[2)] Bei Hochkant-Biegebeanspruchung der Lamellen von homogenem Brettschichtholz aus mindestens vier nebeneinander liegenden Lamellen darf der charakteristische Festigkeitswert mit dem Systembeiwert $k_l = 1,2$ multipliziert werden.
[3)] Für die charakteristischen Steifigkeitskennwerte $E_{0,05}$, $E_{90,05}$ und G_{05} gelten die Rechenwerte: $E_{0,05} = 5/6 \cdot E_{0,mean}$; $E_{90,05} = 5/6 \cdot E_{90,mean}$; $G_{05} = 5/6 \cdot G_{mean}$.
[4)] Der zur Rollschubbeanspruchung gehörende Schubmodul darf mit $G_{R,mean} = 0,10 \cdot G_{mean}$ angenommen werden.

Tafel 9.4b: Rechenwerte für die charakteristischen Festigkeits-, Steifigkeits- und Rohdichtekennwerte für Sperrholz der Biegefestigkeits- (F) und Biege-Elastizitätsmodul-Klassen (E) F 40/30 E 60/40, F 50/25 E 70/25 und F 60/10 E 90/10 nach DIN EN 636: 2003-11 mit einer charakteristischen Rohdichte von mindestens 600 kg/m³

Klasse		F 40/30 E 60/40		F 50/25 E 70/25		F 60/10 E 90/10	
Beanspruchung		parallel[1)]	recht-winklig[1)]	parallel[1)]	recht-winklig[1)]	parallel[1)]	recht-winklig[1)]
Festigkeits- und Steifigkeitskennwerte in N/mm²							
Plattenbeanspruchung							
Biegung	$f_{m,k}$	40	30	50	25	60	10
Druck	$f_{c,90,k}$	9				10	
Schub	$f_{v,k}$	2,2				2,5	
Elastizitäts-modul[2)]	E_{mean}	6000	4000	7000	2500	9000	1000
Schubmodul[2)]	G_{mean}	150				200	
Scheibenbeanspruchung							
Biegung	$f_{m,k}$	29	31	36	24	36	24
Zug	$f_{t,k}$	29	31	36	24	36	24
Druck	$f_{c,k}$	21	22	36	17	26	18
Schub	$f_{v,k}$	9,5				11	
Elastizitäts-modul[2)]	E_{mean}	4400	4700	5500	3650	5500	3700
Schubmodul[2)]	G_{mean}	600				700	
Rohdichtekennwerte ρ_k in kg/m³		600					

[1)] Zur Faserrichtung der Deckfurniere.
[2)] Für die char. Steifigkeitskennwerte E_{05} und G_{05} gelten die Rechenwerte $E_{05} = 0,8 \cdot E_{mean}$ und $G_{05} = 0,8 \cdot G_{mean}$.

Tafel 9.5a: Rechenwerte für die charakteristischen Festigkeits-, Steifigkeits- und Rohdichtekennwerte für OSB-Platten der technischen Klassen OSB/2 und OSB/3 nach DIN EN 13986:2005-03

Beanspruchung		Parallel zur Spanrichtung der Deckschicht			Rechtwinklig zur Spanrichtung der Deckschicht		
Nenndicke der Platten in mm		6 bis 10	> 10 bis 18	> 18 bis 25	6 bis 10	> 10 bis 18	> 18 bis 25
Festigkeits- und Steifigkeitskennwerte in N/mm²							
Plattenbeanspruchung							
Biegung	$f_{m,k}$	18,0	16,4	14,8	9,0	8,2	7,4
Druck	$f_{c,90,k}$	10					
Schub	$f_{v,k}$	1,0					
Elastizitätsmodul[1]	E_{mean}	4930			1980		
Schubmodul[1]	G_{mean}	50					
Scheibenbeanspruchung							
Biegung	$f_{m,k}$	9,9	9,4	9,0	7,2	7,0	6,8
Zug	$f_{t,k}$	9,9	9,4	9,0	7,2	7,0	6,8
Druck	$f_{c,k}$	15,9	15,4	14,8	12,9	12,7	12,4
Schub	$f_{v,k}$	6,8					
Elastizitätsmodul[1]	E_{mean}	3800			3000		
Schubmodul[1]	G_{mean}	1080					
Rohdichtekennwerte ρ_k in kg/m³		550					

[1] Für die charakteristischen Steifigkeitskennwerte E_{05} und G_{05} gelten die Rechenwerte $E_{05} = 0,85 \cdot E_{mean}$ und $G_{05} = 0,85 \cdot G_{mean}$.

Tafel 9.5b: Rechenwerte für die charakteristischen Festigkeits-, Steifigkeits- und Rohdichtekennwerte für OSB-Platten der technischen Klasse OSB/4 nach DIN EN 13986:2005-03

Beanspruchung		Parallel zur Spanrichtung der Deckschicht			Rechtwinklig zur Spanrichtung der Deckschicht		
Nenndicke der Platten in mm		6 bis 10	> 10 bis 18	> 18 bis 25	6 bis 10	> 10 bis 18	> 18 bis 25
Festigkeits- und Steifigkeitskennwerte in N/mm²							
Plattenbeanspruchung							
Biegung	$f_{m,k}$	24,5	23,0	21,0	13,0	12,2	11,4
Druck	$f_{c,90,k}$	10					
Schub	$f_{v,k}$	1,1					
Elastizitätsmodul[1]	E_{mean}	6780			2680		
Schubmodul[1]	G_{mean}	60					
Scheibenbeanspruchung							
Biegung	$f_{m,k}$	11,9	11,4	10,9	8,5	8,2	8,0
Zug	$f_{t,k}$	11,9	11,4	10,9	8,5	8,2	8,0
Druck	$f_{c,k}$	18,1	17,6	17,0	14,3	14,0	13,7
Schub	$f_{v,k}$	6,9					
Elastizitätsmodul[1]	E_{mean}	4300			3200		
Schubmodul[1]	G_{mean}	1090					
Rohdichtekennwerte ρ_k in kg/m³		550					

[1] Für die charakteristischen Steifigkeitskennwerte E_{05} und G_{05} gelten die Rechenwerte $E_{05} = 0,85 \cdot E_{mean}$ und $G_{05} = 0,85 \cdot G_{mean}$.

Tafel 9.6a: Rechenwerte für die charakteristischen Festigkeits-, Steifigkeits- und Rohdichtekennwerte für kunstharzgebundene Spanplatten für tragende Zwecke zur Verwendung im Trockenbereich der technischen Klasse P4 nach DIN EN 13986:2005-03

Nenndicke der Platten in mm		> 6 bis 13	> 13 bis 20	> 20 bis 25	> 25 bis 32	> 32 bis 40	> 40 bis 50
Festigkeits- und Steifigkeitskennwerte in N/mm²							
Plattenbeanspruchung							
Biegung	$f_{m,k}$	14,2	12,5	10,8	9,2	7,5	5,8
Druck	$f_{c,90,k}$	10,0	10,0	10,0	8,0	6,0	6,0
Schub	$f_{v,k}$	1,8	1,6	1,4	1,2	1,1	1,0
Elastizitätsmodul[1]	E_{mean}	3200	2900	2700	2400	2100	1800
Schubmodul[1]	G_{mean}	200			100		
Scheibenbeanspruchung							
Biegung	$f_{m,k}$	8,9	7,9	6,9	6,1	5,0	4,4
Zug	$f_{t,k}$	8,9	7,9	6,9	6,1	5,0	4,4
Druck	$f_{c,k}$	12,0	11,1	9,6	9,0	7,6	6,1
Schub	$f_{v,k}$	6,6	6,1	5,5	4,8	4,4	4,2
Elastizitätsmodul[1]	E_{mean}	1800	1700	1600	1400	1200	1100
Schubmodul[1]	G_{mean}	860	830	770	680	600	550
Rohdichtekennwerte ρ_k in kg/m³		650	600	550	550	500	500

[1] Für die charakteristischen Steifigkeitskennwerte E_{05} und G_{05} gelten die Rechenwerte $E_{05} = 0,8 \cdot E_{mean}$ und $G_{05} = 0,8 \cdot G_{mean}$.

Tafel 9.6b: Rechenwerte für die charakteristischen Festigkeits-, Steifigkeits- und Rohdichtekennwerte für Holzfaserplatten der technischen Klassen HB.HLA2 und MBH.LA2 nach DIN EN 13986:2005-03

Technische Klasse		HB.HLA2 (harte Platten)		MBH.LA2 (mittelharte Platten)	
Nenndicke der Platten in mm		> 3,5 bis 5,5	> 5,5	≤ 10	> 10
Festigkeits- und Steifigkeitskennwerte in N/mm²					
Plattenbeanspruchung					
Biegung	$f_{m,k}$	35,0	32,0	17,0	15,0
Druck	$f_{c,90,k}$	12,0		8,0	
Schub	$f_{v,k}$	3,0	2,5	0,3	0,25
Elastizitätsmodul[1]	E_{mean}	4800	4600	3100	2900
Schubmodul	G_{mean}	200		100	
Scheibenbeanspruchung					
Biegung	$f_{m,k}$	26,0	23,0	9,0	8,0
Zug	$f_{t,k}$	26,0	23,0	9,0	8,0
Druck	$f_{c,k}$	27,0	24,0	9,0	8,0
Schub	$f_{v,k}$	18,0	16,0	5,5	4,5
Elastizitätsmodul[1]	E_{mean}	4800	4600	3100	2900
Schubmodul[1]	G_{mean}	2000	1900	1300	1200
Rohdichtekennwerte ρ_k in kg/m³		850	800	650	600

[1] Für die charakteristischen Steifigkeitskennwerte E_{05} und G_{05} gelten die Rechenwerte: $E_{05} = 0,8 \cdot E_{mean}$ und $G_{05} = 0,8 \cdot G_{mean}$.

Allgemeines

Tafel 9.7a: Rechenwerte für die charakteristischen Festigkeits-, Steifigkeits- und Rohdichtekennwerte für zementgebundene Holzspanplatten der technischen Klassen 1 und 2 nach DIN EN 13986:2005-03

Nenndicke der Platten in mm		Alle Dicken von 8 bis 30 mm
Festigkeits- und Steifigkeitskennwerte in N/mm^2		
Plattenbeanspruchung		
Biegung	$f_{m,k}$	9
Druck	$f_{c,90,k}$	12
Schub	$f_{v,k}$	2
Elastizitätsmodul[1]	E_{mean}	4500
Scheibenbeanspruchung		
Biegung	$f_{m,k}$	8
Zug	$f_{t,k}$	2,5
Druck	$f_{c,k}$	11,5
Schub	$f_{v,k}$	6,5
Elastizitätsmodul[1]	E_{mean}	4500
Schubmodul[1]	G_{mean}	1500
Rohdichtekennwerte ρ_k in kg/m^3		1000

[1] Für die charakteristischen Steifigkeitskennwerte E_{05} und G_{05} gelten die Rechenwerte $E_{05} = 0{,}8 \cdot E_{mean}$ und $G_{05} = 0{,}8 \cdot G_{mean}$.

Tafel 9.6b: Rechenwerte für das Schwind- und Quellmaß rechtwinklig zur Faserrichtung des Holzes bzw. in Plattenebene[1] bei unbehindertem Quellen und Schwinden

Baustoff	Schwind- und Quellmaß in % für Änderung der Holzfeuchte um 1 % unterhalb des Fasersättigungsbereiches [2] [3] [4]
Fichte, Kiefer, Tanne, Lärche, Douglasie, Western Hemlock, Afzelia, Southern Pine, Eiche [2]	0,24
Buche [2]	0,30
Teak, Yellow Cedar [2]	0,20
Azobe (Bongossi), Ipe [2]	0,36
Sperrholz	0,02
Brettsperrholz	0,02
Furnierschichtholz ohne Querfurniere	
in Faserrichtung der Deckfurniere	0,01
rechtwinklig zur Faserrichtung der Deckfurniere	0,32
Furnierschichtholz mit Querfurnieren	
in Faserrichtung der Deckfurniere	0,01
rechtwinklig zur Faserrichtung der Deckfurniere	0,03
Kunstharzgebundene Spanplatten und Faserplatten	0,035
Zementgebundene Spanplatten	0,03
OSB-Platten, Typ OSB/2 und OSB/3	0,03
OSB-Platten, Typ OSB/4	0,015

[1] Werte gelten für etwa gleichförmige Feuchteänderung über den Querschnitt.
[2] In Faserrichtung des Holzes gilt ein Rechenwert von 0,01 %.
[3] Die Fasersättigung darf für alle Holzarten rechnerisch bei 30% Holzfeuchte angenommen werden.
[4] Bei behindertem Quellen darf mit den halbierten Quellmaßen gerechnet werden.

2 Grundlagen der Nachweisführung
2.1 Grenzzustände der Tragfähigkeit
2.1.1 Allgemeines
- Es gilt das Sicherheitskonzept nach DIN 1055-100
- Holzbauteile sind beim Transport, bei der Lagerung und bei der Montage vor unzuträglichen Änderungen ihrer Feuchte zu schützen.
- Zwängungen aus Montagezuständen sind zu begrenzen.

2.1.2 Einwirkungen (s. Kap. 6 Lastannahmen)
- Direkte Einwirkungen (Kraft, Last)
- Indirekte Einwirkungen (Zwängungen aus Feuchte, Temperatur, Setzungen)

Einteilung nach ihrer zeitlichen Veränderlichkeit
- Ständige Lasten (Eigengewicht, Ausrüstungen, feste Einbauten)
- Veränderliche Einwirkungen, Einteilung nach Dauer (Nutzlasten, Verkehrslasten, Windlasten, Anprall, Explosion)

Einteilung nach ihrer räumlichen Veränderlichkeit
- Ortsfeste Einwirkungen, z. B. Eigenlasten
- Ortsveränderliche Einwirkungen, z. B. Verkehrslasten, Windlasten, Schneelasten

Bemessungssituationen
- Ständige Situationen, die normalen Nutzungsbedingungen entsprechen
- Vorübergehende, zeitlich begrenzte Situationen (Bauzustand, Instandsetzung)
- Außergew. Situationen infolge außergew. Einwirkungen (Brand, Explosion, Anprall)

Bemessungswert einer Einwirkung: $F_d = \gamma_F \cdot F_k$ (s. Kap. 6 Lastannahmen)

Bemessungswert der Beanspruchungen: $E_d = E(F_d, a_d, X_d ...)$ (s. Kap. 6 Lastannahmen)

Bemessungswert einer Baustoffeigenschaft: $X_d = k_{mod} \cdot \dfrac{X_k}{\gamma_M}$ (s. Kap. 6 Lastannahmen)

X_k charakteristischer Wert der Baustoffeigenschaft

k_{mod} modifizierender Faktor, der den Einfluss der Lasteinwirkungsdauer und der Holzfeuchte auf die Baustoffeigenschaft berücksichtigt (siehe Tafel 9.10)

γ_M Teilsicherheitsfaktor der Baustoffeigenschaft (siehe Tafel 9.9a)

Bemessungswert des Bauteil- / Tragwiderstandes: $R_d = R(X_d, a_d, ...)$ (s. Kap. 6 Lastannahmen)

Nachweis der Grenzzustände der Tragfähigkeit eines Bauteils: $E_d \leq R_d$ (s. Kap. 6 Lastannahmen)

Tafel 9.8: Definition der Nutzungsklassen (NKL)

Nutzungs-klasse	Gleichgewichts-holzfeuchte	Umgebende Luft (bis auf einige Wochen im Jahr)	
1	5 bis 15 % (i. M. 12 %)	20 °C / 65 % rel. Luftfeuchte	z. B. allseitig geschlossene und beheizte Bauwerke
2	10 bis 20 % (i. M.20 %)	20 °C / 85 % rel. Luftfeuchte	z. B. überdachte, offene Bauwerke
3	12 bis 24 %		z. B. Konstruktionen, d. d. Witterung ausgesetzt sind

Tafel 9.9a: Teilsicherheitsbeiwerte γ_M für Festigkeitseigenschaften in ständigen und vorübergehenden Bemessungssituationen

Baustoff	γ_M
Holz und Holzwerkstoffe	1,3
Stahl in Verbindungen: auf Biegung beanspruchte stiftförmige Verbindungsmittel	1,1
auf Zug oder Scheren beanspruchte Teile beim Nachweis gegen die Streckgrenze im Nettoquerschnitt	1,25

Tafel 9.9b: Klassen der Lasteinwirkungsdauer (KLED)

Klasse der Lasteinwirkungsdauer	Größenordnung der akkumulierten Dauer der charakteristischen Lasteinwirkung
ständig	länger als 10 Jahre
lang	6 Monate bis 10 Jahre
mittel	1 Woche bis 6 Monate
kurz	kürzer als eine Woche
sehr kurz	kürzer als eine Minute

Tafel 9.9c: Einteilung der Einwirkungen nach DIN 1055-1 und -3 bis -5 und DIN 1055-9 in Klassen der Lasteinwirkungsdauer (KLED)

Einwirkung		KLED
Wichten und Flächenlasten nach DIN 1055-1		ständig
Lotrechte Nutzlasten für Decken, Treppen und Balkone nach DIN 1055-3		
A	Spitzböden, Wohn- und Aufenthaltsräume	mittel
B	Büroflächen, Arbeitsflächen, Flure	mittel
C	Räume, Versammlungsräume und Flächen, die der Ansammlung von Personen dienen können (mit Ausnahme von unter A, B, D und E festgelegten Kategorien)	kurz
D	Verkaufsräume	mittel
E	Fabriken und Werkstätten, Ställe, Lagerräume und Zugänge, Flächen mit erheblichen Menschenansammlungen	lang
F	Verkehrs- und Parkflächen für leichte Fahrzeuge (Gesamtlast ≤ 25 kN), Zufahrtsrampen zu diesen	mittel lang
G	Flächen für den Betrieb mit Gegengewichtsstaplern	mittel
H	nicht begehbare Dächer, außer für übliche Erhaltungsmaßnahmen, Reparaturen	kurz
K	Hubschrauber Regellasten	kurz
T	Treppen und Treppenpodeste	kurz
Z	Zugänge, Balkone und Ähnliches	kurz
Horizontale Nutzlasten nach DIN 1055-3		
Horizontale Nutzlasten infolge von Personen auf Brüstungen, Geländer und andere Konstruktionen, die als Absperrung dienen		
Horizontallasten zur Erzielung einer ausreichenden Längs- und Quersteifigkeit		[1]
Horizontallasten für Hubschrauberlandeplätze auf Dachdecken		
für horizontale Nutzlasten		kurz
für den Überrollschutz		sehr kurz
Windlasten nach DIN 1055-4		kurz
Schneelast und Eislast nach DIN 1055-5		
Geländehöhe des Bauwerkstandortes über NN ≤ 1000m		kurz
Geländehöhe des Bauwerkstandortes über NN > 1000m		mittel
Anpralllasten nach DIN 1055-9		sehr kurz
Horizontallasten aus Kran- und Maschinenbetrieb nach E DIN 1055-10		kurz

[1] entsprechend den zugehörigen Lasten

Tafel 9.10: Rechenwerte für die Modifikationsbeiwerte k_{mod}

Baustoff und Klasse der Lasteinwirkungsdauer	Nutzungsklasse			Baustoff und Klasse der Lasteinwirkungsdauer	Nutzungsklasse	
	1	2	3		1	2
Vollholz Brettschichtholz Balkenschichtholz Furnierschichtholz Brettsperrholz Sperrholz				Kunstharzgebundene Spanplatten Zementgebundene Spanplatten Faserplatten (Typ HB.HLA2 DIN EN 622-2:2004-07)		
ständig	0,60	0,60	0,50	ständig	0,30	0,20
lang	0,70	0,70	0,55	lang	0,45	0,30
mittel	0,80	0,80	0,65	mittel	0,65	0,45
kurz	0,90	0,90	0,70	kurz	0,85	0,60
sehr kurz	1,10	1,10	0,90	sehr kurz	1,10	0,80
OSB-Platten (Typen OSB/2[1], OSB/3 und OSB/4 nach DIN EN 300: 2006-09)				Faserplatten[1] (Typ MBH.LA2 DIN EN 622-3:2004-07) Gipskartonplatten (Typen GKB[1], GKF[1], GKBI und GKFI nach DIN 18180)		
ständig	0,40	0,30	-	ständig	0,20	0,15
lang	0,50	0,40	-	lang	0,40	0,30
mittel	0,70	0,55	-	mittel	0,60	0,45
kurz	0,90	0,70	-	kurz	0,80	0,60
sehr kurz	1,10	0,90	-	sehr kurz	1,10	0,80

[1] Nur in Nutzungsklasse 1.

2.1.3 Hinweise zur Ermittlung der Schnittgrößen

Allgemeines:

- Schnittgrößen dürfen unter Annahme linear-elastischen Baustoffverhaltens und linearer Last-Verschiebungsbeziehungen der Verbindungen ermittelt werden.
- Schnittgrößen von Stabtragwerken dürfen nach Theorie I. Ordnung ermittelt werden, wenn diese sich durch die Berücksichtigung des geometrisch nichtlinearen Verhaltens nicht mehr als 10 % vergrößern. Ist dieses nicht erfüllt, sind die Schnittgrößen nach Theorie II. Ordnung (Abschnitt 3.4) zu ermitteln oder es ist das Ersatzstabverfahren (Abschnitt 3.3) anzuwenden.
- Kriechen braucht nur im Grenzzustand der Gebrauchstauglichkeit berücksichtigt zu werden, es sei denn, der Einfluss ist auch für den Grenzzustand der Tragfähigkeit von Bedeutung. Dies trifft stets bei Druckstäben in den Nutzungsklassen 2 und 3 zu, deren Bemessungswert des ständigen Lastanteils mehr als 70 % des Bemessungswertes der Gesamtlast beträgt. Zur Berücksichtigung des Kriechens darf eine Abminderung der Steifigkeit mit dem Faktor $1/(1+k_{def})$ erfolgen (k_{def} siehe Tafel 9.13a).
- Der Einfluss des Baugrundverhaltens muss nur berücksichtigt werden, wenn daraus eine Vergrößerung der Schnittgrößen eines Tragwerkes um mehr als 10 % entstehen würde.

- Für Nachweise im Grenzzustand der Tragfähigkeit dürfen die unter den o.a. Anforderungen ermittelten Schnittgrößen aus Beanspruchungen senkrecht zur Stabachse unter Wahrung des Gleichgewichtes am Gesamttragwerk in der Höhe von bis zu 10 % ihres Ausgangswertes umgelagert werden, wenn dies bei der Bemessung des Bauteils sowie der Verbindungen berücksichtigt wird.
- Bei der Bemessung von im gleichen Abstand angeordneten Bauteilen, welche durch ein kontinuierliches Lastverteilungssystem seitlich miteinander verbunden sind, dürfen die Festigkeitskennwerte mit einem Systembeiwert $k_\ell = 1{,}1$ erhöht werden.
- Der Nachweis des Lastverteilungssystems im Grenzzustand der Tragfähigkeit darf unter der Annahme einer kurzen Lasteinwirkungsdauer mit einem Teilsicherheitsbeiwert für die Festigkeitseigenschaften von $\gamma_M = 1{,}0$ erfolgen.

Stabtragwerke und Fachwerke:
Siehe Entwurfs- und Berechnungstafeln für Bauingenieure, Kapitel 4A, Abschnitt 2.1.3

Beanspruchungen und Verformungen im Bereich von Verbindungen
(1) Die Verformungen der Verbindungselemente dürfen vernachlässigt werden.
(2) Im Bereich von Auflagern und Anschlüssen darf der Momentenverlauf durchlaufender Gurte entsprechend der Annahme einer konst. Querlast parabelförmig ausgerundet werden.
(3) In Bereichen, in denen die Verbindungselemente und Verbindungsmittel mindestens 90 % der Stabhöhe abdecken, darf der Nachweis der Schubspannungen in den Stäben entfallen.
(4) Bei Gurten, die am unteren Rand aufgelagert und am oberen Rand belastet sind, darf die Querkraft für den Schubspannungsnachweis der Gurte n. Abschn. 3.2.9 reduziert werden.
(6) Stöße dürfen als drehstarr angenommen werden, wenn die tatsächliche Verdrehung unter einer Belastung keine wesentlichen Auswirkungen auf die Schnittgrößen hat. Diese Bedingung darf als erfüllt angesehen werden:
- für Verbindungen mit einem Bemessungswert der Tragfähigkeit, der mindestens dem 1,5fachen Bemessungswert der maßgebenden Einwirkung entspricht, oder
- für Verbindungen mit einem Bemessungswert der Tragfähigkeit für Momentenbeanspruchung, der mindestens dem 3fachen Bemessungswert des einwirkenden Momentes entspricht, sofern das Tragwerk bei gelenkiger Ausbildung der Verbindung nicht kinematisch wäre.

Flächentragwerke: Siehe DIN 1052.

2.2 Grenzzustände der Gebrauchstauglichkeit

Allgemeines:
- Es gelten die Sicherheiten nach DIN 1055-100 ($\gamma_F = 1{,}0$ und $\gamma_M = 1{,}0$).
- Für die Nachweise sind die charakteristischen Werte der Einwirkungen ($\gamma_F = 1{,}0$) zu verwenden.
- Der Nachweis darf durch eine Begrenzung der Verformungen erbracht werden.
- Der Nachweis mit seltenen Einwirkungen soll Schäden an Trennwänden, Installationen und Verkleidungen vermeiden.
- Der Nachweis mit quasi-ständigen Einwirkungskombinationen soll die allgemeine Benutzbarkeit sowie das Erscheinungsbild gewährleisten.

Bemessungswert einer Einwirkung: $\qquad F_d = 1{,}0 \cdot F_k = F_k$

Nachweis der Grenzzustände der Gebrauchs- $\qquad E_d \leq C_d \qquad$ (s. Kap. 6 Lastannahmen)
tauglichkeit eines Bauteils:
mit: E_d = Bemessungsw. der Lastauswirk. und C_d = Grenzw. der einzuhaltenden Verformung

Grenzwerte der Verformungen

w_0 Überhöhung im lastfreien Zustand
w_G Durchbiegung inf. ständiger Einwirkungen
w_Q Durchbiegung infolge veränderlicher Einwirkungen

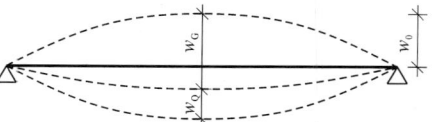

Berechnung der Verformung und empfohlene Grenzwerte für trägerartige Bauteile

Die elastische Anfangsverformung von Bauteilen $w_{G,(Q),inst}$ darf mit den Mittelwerten der Steifigkeitsmodulen E_{mean} und G_{mean} bestimmt werden (siehe auch Kapitel 2.4, S. 2.27). Die Nachweise ergeben ermitteln sich aus nachstehender Übersicht:

1	Charakteristische (seltene) Bemessungssituation	a	$w_{Q,inst} = w_{Q,1,inst} + \sum_{i=2}^{n} \psi_{0,i} \cdot w_{Q,i,inst}$ [2)]	$\leq l/300$ $\leq l_k/150$ [1)]
		b	$w_{fin} - w_{G,inst} = w_{G,irst} \cdot k_{def} + w_{Q,1,inst} \cdot (1 + \psi_{2,1} \cdot k_{def})$ $+ \sum_{i=2}^{n} \psi_{Q,i,inst} \cdot (\psi_{0,i} + \psi_{2,i} \cdot k_{def})$ [2), 3)]	$\leq l/200$ $\leq l_k/100$ [1)]
2	Quasi-ständige Bemessungssituation		$w_{fin} - w_0 = w_{G,inst} \cdot (1 + k_{def})$ $+ \left[\sum_{i=1}^{n} w_{G,i,inst} \cdot \psi_{2,i} \cdot (1 + k_{def}) \right] - w_0$ [2)]	$\leq l/200$ $\leq l_k/100$ [1)]
3	Schwingung		$w_{G,inst} + \psi_2 \cdot w_{Q,inst}$ [2)] (nach Zeile a) (Begrenzung der Durchbiegungen von Decken in Wohngeb. zur Vermeidung von Schwingungen)	$\leq 6\,mm$

[1)] für Kragträger [2)] ψ_0 und ψ_2 siehe Tafel 6.4b
[3)] $w_{Q,1,inst}$ ist die vorherrschende veränderliche Einwirkung, bei $i > 1$ handelt es sich um weitere veränderliche Einwirkungen

- Die Berechnung der Bauteilverformung erfolgt für jeden Lastfall getrennt.
- Die Einzelverformungen der jew. Lastfälle werden zur Gesamtverformung akkumuliert.
- Bei Bauteilen aus Baustoffen mit unterschiedlichen Krucheigenschaften ($k_{def,1}$, $k_{def,2}$) darf das arithmetische Mittel $\frac{1}{2} \cdot (k_{def,1} + k_{def,2})$ verwendet werden.
- Bei Tragwerken aus i Bauteilen mit unterschiedlichen Krucheigenschaften $k_{def,i}$ darf mit der jeweiligen durch $1/(1+k_{def,i})$ dividierten Bauteilsteifigkeit für jedes Bauteil gerechnet werden.

Hinweise zur Berechnung der Bauteilverformungen
Biegeträger mit konstanter Höhe:

einachsige Biegung: $\quad w_{inst} = n \cdot \dfrac{M_{max}[kNm] \cdot l^2[cm^2] \cdot 10^4}{E_{0,mean}[N/mm^2] \cdot I[cm^4]} \quad$ n für Biegeträger siehe Kap. 7A

zweiachsige Biegung: $\quad w_{y,inst} = n \cdot \dfrac{M_{z,max}[kNm] \cdot l_z^2[cm^2] \cdot 10^4}{E_{0,mean}[N/mm^2] \cdot I_z[cm^4]} \quad w_{z,inst} = n \cdot \dfrac{M_{y,max}[kNm] \cdot l_y^2[cm^2] \cdot 10^4}{E_{0,mean}[N/mm^2] \cdot I_y[cm^4]}$

Gesamtbiegeverformung: $\quad w_{m,inst} = \sqrt{w_{y,inst}^2 + w_{z,inst}^2}$

Schubverformung: $\quad w_{V,inst} = \dfrac{M_{max}}{G_{mean} \cdot A_V} \quad$ Stegträger: $A_V = A_{Steg}$
Träger m. Rechteckquerschn.: $A_V = A/1{,}2$

Zusammengesetzte Biegeträger mit konstanter Höhe:
In die vorstehenden Gleichungen ist für die Biegesteifigkeit EI einzusetzen:
bei geleimten Stegträgern: $\quad EI$ nach Kapitel 7A
bei zusammengesetzten Trägern mit nachgiebigem Verbund: $\quad (EI)_{ef}$ nach Abschnitt 4.5

Grundlagen der Nachweisführung

Berechnung der Verformung von Verbindungen

Die elastische Anfangsverformung von Verbindungen $u_{inst} = F_{G,(Q)}/K_{ser}$ darf mit dem Anfangsverschiebungsmodul K_{ser} bestimmt werden. Die Endverformungen ergeben sich zu:

$u_{G,fin} = u_{G,inst} \cdot (1 + k_{def})$	$u_{G,fin} = u_{G,inst} \cdot \sqrt{(1+k_{def,1}) \cdot (1+k_{def,2})}$ [1]
	[1] bei einer Verbindung zwischen Bauteilen mit unterschiedlichen Kriecheigenschaften

Tafel 9.13a: Rechenwerte für die Verformungsbeiwerte k_{def} für Baustoffe und ihre Verbindungen bei ständiger und quasi-ständiger Lasteinwirkung

Baustoff	Nutzungsklasse			Baustoff	Nutzungsklasse	
	1	2	3		1	2
Vollholz[1] Brettschichtholz Furnierschichtholz[2] Balkenschichtholz Brettsperrholz	0,60	0,80	2,00	Kunstharzgebundene Spanplatten Zementgebundene Spanplatten Faserplatten (Typ HB.HLA2 DIN EN 622-2:2004-07)	2,25	3,00
Sperrholz Furnierschichtholz[3]	0,60	1,00	2,50	Faserplatten (Typ MBH.LA2 DIN EN 622 –3:2004-07)	3,00	4,00
OSB-Platten	1,50	2,25	—	Gipskartonplatten		

[1] Die Werte für k_{def} für Vollholz, dessen Feuchte beim Einbau im Fasersättigungsbereich oder darüber liegt und im eingebauten Zustand austrocknen kann, sind um 1,0 zu erhöhen.
[2] Mit allen Furnieren faserparallel.   [3] Mit Querfurnieren.

Tafel 9.13b: Rechenwerte (Mittelwerte) für die Verschiebungsmoduln K_{ser} in N/mm je Scherfuge stiftförmiger Verbindungsmittel und je Dübel besonderer Bauart

Verbindungsmittel	Verbindung Holz-Holz, Holz-Holzwerkstoff, Stahl-Holz
Stabdübel, Passbolzen, Bolzen und Gewindestangen [1]	$\dfrac{\rho_k^{1,5}}{20} \cdot d$
Nägel und Holzschrauben in vorgebohrten Löchern	$\dfrac{\rho_k^{1,5}}{20} \cdot d$
Nägel und Holzschrauben in nicht vorgebohrten Löchern	$\dfrac{\rho_k^{1,5}}{25} \cdot d^{0,8}$
Klammern	$\dfrac{\rho_k^{1,5}}{60} \cdot d^{0,8}$
Ringdübel Typ A1 und Scheibendübel Typ B1	$0,6 \cdot d_c \cdot \rho_k$
Scheibendübel mit Zähnen Typ C1 bis C5	$0,3 \cdot d_c \cdot \rho_k$
Scheibendübel mit Dornen Typ C10, C11	$0,45 \cdot d_c \cdot \rho_k$

[1] Bei mit Übermaß gebohrten Löchern im Holz ist bei Bolzen- und Gewindestangen (nicht bei eingeklebten Gewindestangen und Passbolzen) mit einem zusätzlichen Schlupf von 1 mm zu rechnen. Daher ist zu den mit Hilfe des Verschiebungsmoduls ermittelten rechnerischen Verschiebungen jeweils ein Anteil von 1 mm hinzuzurechnen.

ρ_k charakteristische Rohdichte der miteinander verbundenen Teile in kg/m³,
$\rho_k = \sqrt{\rho_{k,1} \cdot \rho_{k,2}}$ bei unterschiedlichen Werten $\rho_{k,1}$ und $\rho_{k,2}$ der charakteristischen Rohdichte der beiden miteinander verbundenen Teile,
$\rho_k = \rho_{k,Holz}$ bei Stahl-Holz-Verbindungen und bei Holzwerkstoff-Holz-Verbindungen
d Stiftdurchmesser in mm,
d_c Dübeldurchmesser in mm; bei Dübeltyp C3 und C4 ist $d_c = \sqrt{a_1 \cdot a_2}$.

3 Nachweise in den Grenzzuständen der Tragfähigkeit

3.1 Querschnittsermittlung

3.1.1 Allgemeines

- Zur Vermeidung von Schwindrissen und Maßänderungen sollte in den Nutzungsklassen 1 und 2 die mittlere Einbauholzfeuchte der Hölzer höchstens 20 % betragen.
- Ist die Holzfeuchte zum Zeitpunkt des Einbaues wesentlich höher als die in der vorgesehenen Nutzungsklasse zu erwartende Gleichgewichtsholzfeuchte, so darf dieses Holz nur verwendet werden, wenn es nachtrocknen kann und die Bauteile selbst sowie angrenzende Bauteile gegenüber den auftretenden Schwindverformungen nicht empfindlich sind.
- Metallische Bauteile und Verbindungsmittel sind durch Maßnahmen (Metallüberzüge und/oder Beschichtungen) gegen Korrosion zu schützen. Alternativ sind geeignete nicht rostende Metalle zu verwenden. Anforderungen s. Kap. 8D.
- Für Stahlbauteile mit Dicken über 5 mm gelten die Regeln des Stahlhochbaues.

3.1.2 Nennmaße, Querschnittswerte und Anforderungen

Vollholz	Nennmaß $a_{nom} = a$ bei einer Bezugsholzfeuchte von 20 %
	Einzelquerschnitte: Nenndicke $a \geq 24$ mm, Mindestquerschnitt $A \geq 1400$ mm², Toleranzen nach DIN EN 336
BSH	Nennmaß $a_{nom} = a$ bei Bezugsfeuchte von 12 % (DIN EN 390)
KVH	Nennmaß $a_{nom} = a$ bei Bezugsfeuchte von 15 % (s. Glos u.a. 1997)
Balkenschichtholz	Balkenschichtholz
Funierschichtholz	Funierschichtholz
Brettsperrholz	Brettsperrholz
Sperrholz	Anforderungen n. DIN EN 636, (mind. 5 bzw. 3 Furnierlagen), Mindestdicke ≥ 6 mm
OSB-Platten	Anforderungen n. DIN EN 300, (in Nutzungsklasse 1 u. 2)
	Mindestdicke tragende OSB-Platten ≥ 8 mm
	aussteifend ≥ 6 mm
	(bei Holzhäusern in Tafelbauart)
Kunstharzgebundene Spanplatten	Anforderungen n. DIN EN 312:2003-11, Klassen P4 bis P7
	Mindestdicke wie für OSB-Platten, siehe vorstehend
Zementgebundene Spanplatten	Anforderungen n. DIN EN 634-1 und -2
	Mindestdicke ≥ 8 mm
Faserplatten	Anforderungen n. E DIN EN 622-2 und -3,
	(Verwendung in NKL 1, Ausnahme: HB.HLA2 auch in NKL 2)
	Mindestdicke Klasse HB.HLA2 ≥ 4 mm
	Klasse MBH.LA2 ≥ 6 mm
Gipskartonplatten	Anforderungen n. DIN 18180 (GKB u. GKF Verw. nur in NKL 1)
	Mindestdicke $\geq 12,5$ mm

3.1.3 Querschnittsschwächungen

Querschnittsschwächungen sind rechnerisch zu berücksichtigen.

Ausnahmen:
- nicht vorgebohrte Nagellöcher mit $d \leq 6$ mm
- nicht vorgebohrte Holzschrauben mit $d \leq 8$ mm
- Löcher in der Druckzone von Bauteilen, wenn die Löcher mit einem Material ausgefüllt sind, dessen Steifigkeit größer ist als die des Holzes.

Bei der Bestimmung des wirksamen Querschnitts bei Verbindungen mit mehreren Verbindungsmittelreihen sind alle Löcher, die weniger als der **halbe Mindestabstand der Verbindungsmittel in Faserichtung** vom betrachteten Querschnitt entfernt liegen zu berücksichtigen. Die Berechnung des Netto-Flächenmomentes 2. Grades (Netto-Trägheitsmoment) darf hinreichend genau auf die Schwerlinie des ungeschwächten Querschnittes bezogen werden, wenn die **örtlichen Schwächungen höchstens 10 % des Bruttoquerschnitts** betragen.

Nachweise in den Grenzzuständen der Tragfähigkeit

3.2 Nachweise der Querschnittstragfähigkeit

Die Ermittlung der Bemessungswerte der Einwirkungen (Schnittgrößen) und der Bauteilwiderstände (Baustoffeigenschaften) wird nach den Angaben in den Abschnitten 2.1ff vorgenommen.

3.2.1 Zug parallel zur Faser

$$\frac{\sigma_{t,0,d}}{f_{t,0,d}} \leq 1; \qquad \sigma_{t,0,d} = \frac{F_{t,0,d}}{A_n}$$

$f_{t,0,d}$ Bemessungswert der Zugfestigkeit ∥ zur Faser
$F_{t,0,d}$ Bemessungswert der mittigen Zugkraft
A_n Nettoquerschnittsfläche (siehe Abs. 3.1.3)

3.2.2 Zug unter einem Winkel α zur Faser ($\alpha \neq 0$)

Für Sperrholz, Brettsperrholz, OSB-Platten und Furnierschichtholz mit Querlagen:

$$\frac{\sigma_{t,\alpha,d}}{k_\alpha \cdot f_{t,0,d}} \leq 1; \qquad k_\alpha = \frac{1}{\dfrac{f_{t,0,d}}{f_{t,90,d}}\sin^2\alpha + \dfrac{f_{t,0,d}}{f_{v,d}}\sin\alpha\cdot\cos\alpha + \cos^2\alpha}$$

$$\sigma_{t,\alpha,d} = \frac{F_{t,\alpha,d}}{A_n}$$

α Winkel zwischen Beanspruchungsrichtung und Faserrichtung bzw. Spannrichtung der Decklagen ($0 < \alpha < 90°$)
$F_{t,\alpha,d}$ Bemessungswert der Zugkraft
$f_{t,90,d}$ Bemessungswert der Zugfestigkeit ⊥ zur Faserrichtung
$f_{v,d}$ Bemessungswert der Schubfestigkeit

3.2.3 Druck parallel zur Faser

$$\frac{\sigma_{c,0,d}}{f_{c,0,d}} \leq 1; \qquad \sigma_{c,0,d} = \frac{F_{c,0,d}}{A_n}$$

$f_{c,0,d}$ Bemessungswert der Druckfestigkeit ∥ zur Faser
$F_{c,0,d}$ Bemessungswert der mittigen Druckkraft
A_n Nettoquerschnittsfläche

3.2.4 Druck rechtwinklig zur Faserrichtung des Holzes

$$\frac{\sigma_{c,90,d}}{k_{c,90} \cdot f_{c,90,d}} \leq 1; \qquad \sigma_{c,90,d} = \frac{F_{c,90,d}}{A_{ef}}$$

$$A_{ef} = b \cdot l_{ef}$$

$f_{c,90,d}$ Bemessungswert der Druckfestigkeit ⊥ zur Faser
$F_{c,90,d}$ Bemessungswert der Druckkraft ⊥ zur Faser
A_{ef} wirksame Querdruckfläche (mit an jedem Rand in Faserichtung des Holzes um bis zu 30 mm verlängerter Aufstandslänge l_{ef} ($\leq 2 \cdot l$) berechnet)

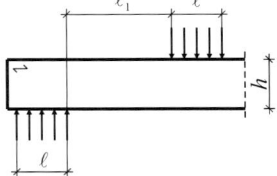

Abb. 9.15a Schwellendruck   Abb. 9.15b Auflagerdruck

Beiwert $k_{c,90}$:
- $k_{c,90} = 1,0$ für Nadelvollholz und Brettschichtholz mit $l_1 < 2\cdot h$ sowie für Laubholz
- $k_{c,90} = 1,25$ für Nadelvollholz mit $l_1 \geq 2\cdot h$ bei Schwellendruck
- $k_{c,90} = 1,5$ für Brettschichtholz mit $l_1 \geq 2\cdot h$ bei Schwellendruck sowie für Nadelholz mit $l_1 \geq 2\cdot h$ bei Auflagerdruck und bei Auflagerknoten von Stabwerken mit indirekten Verbindungen
- $k_{c,90} = 1,75$ für Brettschichtholz mit $l_1 \geq 2\cdot h$ bei Auflagerdruck

3.2.5 Druck unter einem Winkel α zur Faser ($\alpha \neq 0$)

$$\frac{\sigma_{c,\alpha,d}}{k_{c,\alpha} \cdot f_{c,\alpha,d}} \leq 1; \qquad f_{c,\alpha,d} = \frac{f_{c,0,d}}{\sqrt{\left(\frac{f_{c,0,d}}{f_{c,90,d}} \sin^2 \alpha\right)^2 + \left(\frac{f_{c,0,d}}{1{,}5 \cdot f_{v,d}} \sin\alpha \cdot \cos\alpha\right)^2 + \cos^4 \alpha}}$$

α Winkel zw. Beanspruchungs- u. Faserrichtung d. Holzes/Spanrichtung d. Decklagen ($0 < \alpha < 90°$)
$\sigma_{c,\alpha,d} = F_{c,\alpha,d} / A_{ef}$ und $k_{c,\alpha} = 1 + (k_{c,90} - 1) \cdot \sin \alpha$ $k_{c,90}$ s. Abschnitt 3.2.4
Für Nadelvollholz, Brettschichtholz und Balkenschichtholz darf $f_{v,d}$ um 40% erhöht werden.
$f_{c,\alpha,k}$ siehe Tafel 9.17a (NH/LH) und Tafel 9.17c (BSH) $k_{c,\alpha}$ siehe Tafel 9.17b
Ermittlung von A_{ef} :

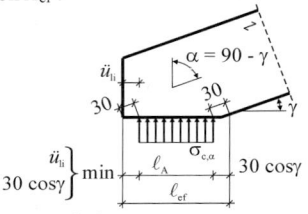 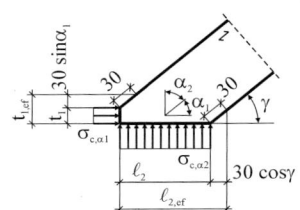

Trägerauflager $A_{ef} = b \cdot l_{ef}$ Kontaktanschluss $A_{1,ef} = b \cdot t_{1,ef}$ und $A_{2,ef} = b \cdot l_{2,ef}$

3.2.6 Biegung (Beim Ersatzstabverfahren wenn $k_m = 1$)

$$k_{red} \frac{\sigma_{m,y,d}}{f_{m,y,d}} + \frac{\sigma_{m,z,d}}{f_{m,z,d}} \leq 1 \qquad \text{und} \qquad \frac{\sigma_{m,y,d}}{f_{m,y,d}} + k_{red} \frac{\sigma_{m,z,d}}{f_{m,z,d}} \leq 1$$

$$\sigma_{m,y,d} = M_{y,d} / W_{y,n} \qquad \sigma_{m,z,d} = M_{z,d} / W_{z,n}$$

$f_{m,y,d}$; $f_{m,z,d}$ Bemessungswert der Biegefestigkeit $\parallel$ zur Faser
$k_{red} = 0{,}7$ für Rechteckquerschnitt mit $h/b \leq 4$ aus Vollholz,
Brettschichtholz und Balkenschichtholz
$k_{red} = 1{,}0$ für andere Querschnitte

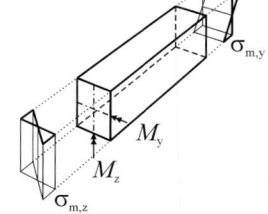

3.2.7 Biegung und Zug

$$\frac{\sigma_{t,0,d}}{f_{t,0,d}} + k_{red} \frac{\sigma_{m,y,d}}{f_{m,y,d}} + \frac{\sigma_{m,z,d}}{f_{m,z,d}} \leq 1 \qquad \text{und} \qquad \frac{\sigma_{t,0,d}}{f_{t,0,d}} + \frac{\sigma_{m,y,d}}{f_{m,y,d}} + k_{red} \frac{\sigma_{m,z,d}}{f_{m,z,d}} \leq 1$$

Bezeichnungen siehe Abschnitte 3.2.1 und 3.2.6.

3.2.8 Biegung und Druck (Beim Ersatzstabverfahren wenn $k_c = k_m = 1$)

$$\left(\frac{\sigma_{c,0,d}}{f_{c,0,d}}\right)^2 + k_{red} \frac{\sigma_{m,y,d}}{f_{m,y,d}} + \frac{\sigma_{m,z,d}}{f_{m,z,d}} \leq 1 \qquad \text{und} \qquad \left(\frac{\sigma_{c,0,d}}{f_{c,0,d}}\right)^2 + \frac{\sigma_{m,y,d}}{f_{m,y,d}} + k_{red} \frac{\sigma_{m,z,d}}{f_{m,z,d}} \leq 1$$

Bezeichnungen siehe Abschnitte 3.2.3 und 3.2.6.

3.2.9 Schub

Schubnachweis bei einachsiger Biegung:	$\dfrac{\tau_d}{f_{v,d}} \leq 1$	$f_{v,d}$	Bem.-wert der Schubfestigkeit; Erhöhung bei NH um 30 % in Bereichen die min. 1,50 m vom Hirnholzende entfernt liegen
Schubspannung aus Querkraft (allgemein):	$\tau_d = \dfrac{V_d \cdot S}{I \cdot b}$	V_d	Bemessungswert der Querkraft
		S	Flächenmoment 1. Grades (Stat. Moment)
Rechteckquerschnitte:	$\tau_d = 1{,}5 \cdot V_d / A$	$S I$	Flächenmoment 2. Grades (Trägheitsmom.)
		b	Querschnittsbreite an der Stelle, an der τ wirkt
Kreisquerschnitte:	$\tau_d = 4/3 \cdot V_d / A$	A	Querschnittsfläche

Tafel 9.17a: $f_{c,\alpha,k}$ für Nadelholz und Laubholz in N/mm²

α	C 24	C 30	C35	D 30	D 35
0°	21,00	23,00	25,00	23,00	25,00
10°	15,94	16,76	17,46	17,58	19,45
20°	10,09	10,42	10,63	12,14	13,59
30°	6,76	7,02	7,16	9,41	10,54
32°	6,29	6,56	6,69	9,06	10,15
34°	5,88	6,14	6,27	8,76	9,80
36°	5,51	5,77	5,90	8,50	9,50
38°	5,18	5,44	5,57	8,28	9,24
40°	4,89	5,14	5,27	8,09	9,02
41°	4,75	5,00	5,13	8,00	8,92
42°	4,62	4,87	5,00	7,93	8,83
43°	4,50	4,75	4,87	7,86	8,74
44°	4,38	4,63	4,75	7,79	8,66
45°	4,27	4,52	4,64	7,73	8,59
46°	4,17	4,41	4,53	7,68	8,52
47°	4,07	4,31	4,43	7,63	8,46
48°	3,98	4,22	4,33	7,59	8,41
49°	3,89	4,13	4,24	7,55	8,36
50°	3,80	4,04	4,15	7,52	8,31
52°	3,64	3,88	3,99	7,47	8,24
54°	3,50	3,73	3,84	7,44	8,18
56°	3,37	3,60	3,71	7,42	8,13
58°	3,25	3,48	3,59	7,41	8,11
60°	3,15	3,37	3,48	7,42	8,09
70°	2,77	2,98	3,08	7,60	8,15
80°	2,56	2,77	2,87	7,87	8,32
90°	2,50	2,70	2,80	8,00	8,40

Tafel 9.17b: $k_{c,\alpha}$ in Abhängigkeit von $k_{c,90}$

α	1,00	1,25	1,50	1,75
0°	1,000	1,000	1,000	1,000
10°	1,000	1,043	1,087	1,130
20°	1,000	1,086	1,171	1,257
30°	1,000	1,125	1,250	1,375
32°	1,000	1,132	1,265	1,397
34°	1,000	1,140	1,280	1,419
36°	1,000	1,147	1,294	1,441
38°	1,000	1,154	1,308	1,462
40°	1,000	1,161	1,321	1,482
41°	1,000	1,164	1,328	1,492
42°	1,000	1,167	1,335	1,502
43°	1,000	1,170	1,341	1,511
44°	1,000	1,174	1,347	1,521
45°	1,000	1,177	1,354	1,530
46°	1,000	1,180	1,360	1,540
47°	1,000	1,183	1,366	1,549
48°	1,000	1,186	1,372	1,557
49°	1,000	1,189	1,377	1,566
50°	1,000	1,192	1,383	1,575
52°	1,000	1,197	1,394	1,591
54°	1,000	1,202	1,405	1,607
56°	1,000	1,207	1,415	1,622
58°	1,000	1,212	1,424	1,636
60°	1,000	1,217	1,433	1,650
70°	1,000	1,235	1,470	1,705
80°	1,000	1,246	1,492	1,739
90°	1,000	1,250	1,500	1,750

Tafel 9.17c: $f_{c,\alpha,k}$ für Brettschichtholz in N/mm²

α	GL24h	GL24c	GL28h	GL28c	GL32h	GL32c	GL36h	GL36c
0°	24,000	21,000	26,500	24,000	29,000	26,500	31,000	29,000
10°	18,835	17,273	19,994	18,835	21,021	19,994	21,770	21,021
20°	11,971	11,257	12,521	11,971	12,984	12,521	13,345	12,984
30°	7,820	7,268	8,291	7,820	8,700	8,291	9,050	8,700
32°	7,247	6,713	7,709	7,247	8,115	7,709	8,467	8,115
34°	6,737	6,220	7,192	6,737	7,595	7,192	7,947	7,595
36°	6,284	5,783	6,730	6,284	7,129	6,730	7,483	7,129
38°	5,881	5,395	6,318	5,881	6,713	6,318	7,066	6,713
40°	5,521	5,050	5,949	5,521	6,339	5,949	6,692	6,339
41°	5,355	4,892	5,779	5,355	6,167	5,779	6,520	6,167
42°	5,199	4,742	5,618	5,199	6,004	5,618	6,356	6,004
43°	5,051	4,601	5,466	5,051	5,849	5,466	6,200	5,849
44°	4,911	4,468	5,321	4,911	5,702	5,321	6,052	5,702
45°	4,778	4,342	5,184	4,778	5,562	5,184	5,911	5,562
46°	4,653	4,223	5,055	4,653	5,429	5,055	5,777	5,429
47°	4,534	4,110	4,931	4,534	5,303	4,931	5,650	5,303
48°	4,421	4,004	4,814	4,421	5,184	4,814	5,529	5,184
49°	4,315	3,903	4,703	4,315	5,070	4,703	5,414	5,070
50°	4,213	3,808	4,598	4,213	4,962	4,598	5,304	4,962
52°	4,026	3,632	4,403	4,026	4,761	4,403	5,100	4,761
54°	3,858	3,474	4,227	3,858	4,579	4,227	4,916	4,579
56°	3,707	3,333	4,068	3,707	4,415	4,068	4,749	4,415
58°	3,571	3,206	3,925	3,571	4,267	3,925	4,597	4,267
60°	3,449	3,092	3,796	3,449	4,133	3,796	4,460	4,133
70°	3,005	2,681	3,326	3,005	3,643	3,326	3,955	3,643
80°	2,773	2,467	3,078	2,773	3,382	3,078	3,685	3,382
90°	2,700	2,400	3,000	2,700	3,300	3,000	3,600	3,300

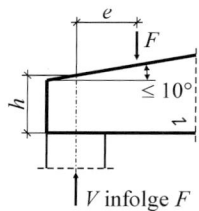

V infolge F

Maßgebende Querkraft V_{red} bei End- und Zwischenauflagern von Biegeträgern (ohne Ausklinkungen und Durchbrüche) mit Lastangriff am oberen Trägerrand:
aus Gleichlast: $V_{red,q}$ im Abstand h vom Auflagerrand
aus auflagernaher Einzellast F: ($e \leq 2 \cdot h$):
$$V_{red,F} = V \cdot e/(2,5 \cdot h)$$
h Trägerhöhe über der Auflagermitte
V Auflagerkraft infolge F

Schubnachweis bei Doppelbiegung:
$$\left(\frac{\tau_{y,d}}{f_{v,d}}\right)^2 + \left(\frac{\tau_{z,d}}{f_{v,d}}\right)^2 \leq 1$$

Schubnachweis bei Torsion:
$$\frac{\tau_{tor,d}}{f_{v,d}} \leq 1$$

Bemessungswert der Schubspannung aus Torsion (für Rechteckquers.):
$$\tau_{tor,d} = \frac{3 \cdot T_d}{h \cdot b^2} \cdot \eta$$
nach (Larsen/Riberholt 1994) für $h \geq b$:
$$\eta = 1 + 0,6 \cdot b/h$$

Schubnachweis bei Querkraft u. Torsion:
$$\frac{\tau_{tor,d}}{f_{v,d}} + \left(\frac{\tau_{y,d}}{f_{v,d}}\right)^2 + \left(\frac{\tau_{z,d}}{f_{v,d}}\right)^2 \leq 1$$

3.3 Nachweis für Stäbe nach dem Ersatzstabverfahren

3.3.1 Knicken von Druckstäben

Zentrischer Druck:

Nachweis:

$$\frac{\sigma_{c,0,d}}{k_c \cdot f_{c,0,d}} \leq 1$$

mit $k_c = min \begin{cases} 1 \\ \frac{1}{k + \sqrt{k^2 - \lambda_{rel,c}^2}} \end{cases}$ oder nach Tafel 9.19a bzw. Tafel 9.19b

$$\sigma_{c,0,d} = \frac{F_{c,0,d}}{A_n}$$

mit $k = 0,5 \cdot \left[1 + \beta_c \cdot (\lambda_{rel,c} - 0,3) + \lambda_{rel,c}^2\right]$

A_n: kleinste Querschnittsfläche im mittleren Drittel der Knicklänge

$\beta_c = 0,2$ für Vollholz und Balkenschichtholz
$\beta_c = 0,1$ für Brettschichtholz und Holzwerkstoffe

Bezogener Schlankheitsgrad

$$\lambda_{rel,c} = \sqrt{\frac{f_{c,0,k}}{\sigma_{c,crit}}} = \frac{\lambda}{\pi} \cdot \sqrt{\frac{f_{c,0,k}}{E_{0,05}}}$$

mit $\lambda = \frac{l_{ef}}{i}$ (Schlankheitsgrad) und $i = \sqrt{\frac{I}{A}}$ (Trägheitsradius)

Kritische Druckspannung:

$$\sigma_{c,crit} = \frac{N_{ki,d}}{A}$$ berechnet mit den 5 %-Quantilen der Steifigkeitskennwerte

Verzweigungslast:

$$N_{ki,d} = \frac{\pi^2 \cdot E_{0,05} \cdot I}{l_{ef}^2}$$

$l_{ef} = \beta \cdot s$ Ersatzstablänge

β Knicklängenbeiwert nach Kapitel 7A, berechnet mit den durch γ_M dividierten Mittelwerten der Steifigkeiten
s Stablänge

Tafel 9.19a: Knickzahlen k_c für Nadelholz und Laubholz

λ	C 16	C 24	C 30	C 35	C 40	D 30	D 35	D 40	D 60
0	1,000	1,000	1,000	1,000	1,000	1,000	1,000	1,000	1,000
10	1,000	1,000	1,000	1,000	1,000	1,000	1,000	1,000	1,000
20	0,987	0,991	0,991	0,991	0,992	0,992	0,989	0,991	0,999
30	0,938	0,947	0,947	0,946	0,949	0,950	0,943	0,948	0,963
40	0,868	0,885	0,885	0,884	0,889	0,891	0,878	0,887	0,916
50	0,763	0,794	0,793	0,792	0,801	0,803	0,781	0,796	0,849
60	0,631	0,673	0,671	0,670	0,683	0,687	0,655	0,677	0,756
70	0,507	0,550	0,548	0,547	0,561	0,565	0,531	0,554	0,645
80	0,408	0,446	0,445	0,444	0,456	0,460	0,429	0,450	0,538
90	0,332	0,365	0,364	0,363	0,374	0,377	0,351	0,368	0,447
100	0,275	0,303	0,302	0,301	0,310	0,313	0,290	0,305	0,374
110	0,230	0,254	0,253	0,253	0,261	0,263	0,244	0,257	0,316
120	0,196	0,216	0,216	0,215	0,222	0,224	0,207	0,218	0,270
130	0,168	0,186	0,185	0,185	0,191	0,193	0,178	0,188	0,232
140	0,146	0,162	0,161	0,161	0,166	0,167	0,155	0,163	0,202
150	0,128	0,142	0,141	0,141	0,146	0,147	0,136	0,143	0,178
160	0,113	0,125	0,125	0,124	0,129	0,130	0,120	0,126	0,157
170	0,101	0,111	0,111	0,111	0,114	0,116	0,107	0,113	0,140
180	0,090	0,100	0,099	0,099	0,103	0,103	0,095	0,101	0,125
190	0,081	0,090	0,090	0,089	0,092	0,093	0,086	0,091	0,113
200	0,073	0,081	0,081	0,081	0,084	0,084	0,078	0,082	0,102
210	0,067	0,074	0,074	0,074	0,076	0,077	0,071	0,075	0,093
220	0,061	0,068	0,067	0,067	0,069	0,070	0,065	0,068	0,085
230	0,056	0,062	0,062	0,062	0,064	0,064	0,059	0,063	0,078
240	0,051	0,057	0,057	0,057	0,059	0,059	0,055	0,058	0,072
250	0,047	0,053	0,053	0,052	0,054	0,055	0,050	0,053	0,066

Tafel 9.19b: Knickzahlen k_c für Brettschichtholz

λ	GL24h	GL24c	GL28h	GL28c	GL32h	GL32c	GL36h	GL36c
0	1,000	1,000	1,000	1,000	1,000	1,000	1,000	1,000
10	1,000	1,000	1,000	1,000	1,000	1,000	1,000	1,000
20	0,998	1,000	0,998	1,000	0,998	0,999	0,998	0,999
30	0,978	0,982	0,977	0,981	0,977	0,980	0,977	0,980
40	0,949	0,958	0,947	0,954	0,947	0,953	0,947	0,952
50	0,898	0,918	0,895	0,911	0,894	0,909	0,895	0,906
60	0,806	0,848	0,800	0,833	0,798	0,828	0,799	0,822
70	0,675	0,736	0,667	0,713	0,664	0,706	0,666	0,697
80	0,548	0,611	0,541	0,587	0,538	0,580	0,539	0,570
90	0,446	0,502	0,440	0,480	0,437	0,474	0,439	0,466
100	0,368	0,416	0,362	0,397	0,360	0,391	0,361	0,384
110	0,307	0,349	0,303	0,332	0,301	0,328	0,302	0,322
120	0,260	0,296	0,256	0,282	0,255	0,278	0,256	0,273
130	0,223	0,254	0,220	0,242	0,218	0,238	0,219	0,234
140	0,193	0,220	0,190	0,210	0,189	0,207	0,190	0,203
150	0,169	0,193	0,167	0,183	0,165	0,181	0,166	0,177
160	0,149	0,170	0,147	0,162	0,146	0,159	0,146	0,156
170	0,133	0,151	0,130	0,144	0,130	0,142	0,130	0,139
180	0,118	0,135	0,117	0,128	0,116	0,127	0,116	0,124
190	0,107	0,121	0,105	0,116	0,104	0,114	0,105	0,112
200	0,096	0,110	0,095	0,104	0,094	0,103	0,095	0,101
210	0,088	0,100	0,086	0,095	0,086	0,094	0,086	0,092
220	0,080	0,091	0,079	0,087	0,078	0,085	0,078	0,084
230	0,073	0,083	0,072	0,079	0,072	0,078	0,072	0,077
240	0,067	0,077	0,066	0,073	0,066	0,072	0,066	0,071
250	0,062	0,071	0,061	0,067	0,061	0,066	0,061	0,065

3.3.2 Kippen von Biegestäben ohne Normalkraft

Siehe Entwurfs- und Berechnungstafeln für Bauingenieure, Kapitel 4A, Abschnitt 3.3.2

3.4 Nachweis nach Theorie II. Ordnung

Anstelle des Nachweises für Druckstäbe nach dem Ersatzstabverfahren kann auch ein Tragsicherheitsnachweis nach der Theorie II. Ordnung geführt werden. Näheres siehe Entwurfs- und Berechnungstafeln für Bauingenieure, Kapitel 4A, Abschnitt 3.4

3.5 Aussteifungen

Aussteifung von Druckstäben

Seitliche Verformungen von Druckstäben können durch Zwischenabstützungen so begrenzt werden, dass als Ersatzstablänge der Abstand a der seitlichen Abstützungen angesetzt werden kann. Die Vorkrümmungen des Stabes zwischen den Abstützungen sind zu begrenzen auf:

$\leq \dfrac{a}{300}$ für Vollholz- und Balkenschichtholz $\leq \dfrac{a}{500}$ für Brett- und Furnierschichtholz

Die Einzelabstützungen sind zu bemessen für:

Vollholz und Balkenschichtholz	Brett- und Furnierschichtholz
$F_d = N_d \cdot \dfrac{(1-k_c)}{50}$	$F_d = N_d \cdot \dfrac{(1-k_c)}{80}$

N_d Bemessungswert der mittleren Normalkraft
k_c Knickbeiwert des nicht ausgesteiften Druckstabes

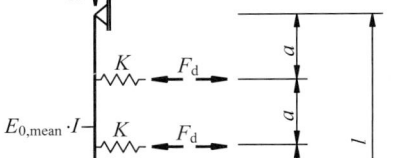

Jede Einzelabstützung muss eine Mindeststeifigkeit aufweisen von: $K_{u,mean} = \dfrac{4 \cdot \pi^2 \cdot E_{0,mean} \cdot I}{a^3}$

Die Aussteifungskonstruktion für die Einzelabstützungen darf für eine gleichmäßig verteilt angenommene Ersatzlast bemessen werden: $q_d = \dfrac{N_d \cdot (1-k_c)}{30 \cdot l}$

Aussteifung von Fachwerk- und Biegeträgern

Aussteifungsverbände von Fachwerkträgern und Biegeträgern sind zusätzlich zu etwaigen horizontalen Lasten, z.B. Wind, für eine gleichmäßig verteilte Seitenlast zu bemessen. Näheres siehe Entwurfs- und Berechnungstafeln für Bauingenieure, Kapitel 4A, Abschnitt 3.5

4 Nachweise für Pultdach-, Satteldach- und gekrümmte Träger

Siehe Entwurfs- und Berechnungstafeln für Bauingenieure, Kapitel 4A, Abschnitt 4

5 Nachweise für zusammengesetzte Bauteile (Verbundbauteile)

Siehe Entwurfs- und Berechnungstafeln für Bauingenieure, Kapitel 4A, Abschnitt 5

6 Verbindungen
6.1 Einfacher und doppelter Versatz
6.1.1 Allgemeines

Die erforderliche Lagesicherung zwischen Strebe und Schwelle erfolgt konstruktiv z. B. durch Bolzen, Sondernägel oder seitlich aufgenagelten Laschen.

Strebenneigungswinkel α	$\leq 50°$	$50° < \alpha < 60°$	$\geq 60°$	Bei zweiseitigem Versatzeinschnitt: $t_V \leq h/6$
Versatztiefe t_V	$\leq h/4$	$\leq h \cdot \left(\dfrac{2}{3} - \dfrac{\alpha°}{120°}\right)$	$\leq h/6$	Bei doppeltem Versatz: $t_{V,1} = 0{,}8 \cdot t_{V,2} \leq t_{V,2} - 10$ mm
Anrechenbare Vorholzlänge (Nachw.) $l_V \leq 8 \cdot t_V$			Auszuf. Mindest-Vorholzlänge: 200 mm	

6.1.2 Tragfähigkeitsnachweis

Nachweis der Aufnahme der Strebenkraft in der Kontaktfläche[1]:

$$\frac{\sigma_{c,\alpha,d}}{f_{c,\alpha,d}} \leq 1 \quad \text{bzw.} \quad \frac{N_{1(2),d}/A_{\text{Kontakt}}}{k_{c\alpha} \cdot f_{c,0,d}} \leq 1$$

Nachweis der erforderlichen Vorholzlänge der Schwelle infolge Abscherbeanspruchung:

$$\frac{N_d \cdot \cos\alpha / (b \cdot l_V)}{f_{v,d}} \leq 1$$

Stirnversatz (S)	Fersenversatz (F)	Doppelter Versatz (D)
$R_{S,d} = b \cdot t_V \cdot f_{c,0,d} \cdot k_S$	$R_{F,d} = b \cdot t_V \cdot f_{c,0,d} \cdot k_F$	$R_{D,d} = R_{S,d} + R_{F,d}$
$l_V \geq \dfrac{N_d \cdot \cos\alpha}{b \cdot f_{v,d}}$	$l_V \geq \dfrac{N_d \cdot \cos\alpha}{b \cdot f_{v,d}}$	$l_{V,1} \geq \dfrac{N_{S(1),d} \cdot \cos\alpha}{b \cdot f_{v,d}}$; $l_{V,2} \geq \dfrac{N_d \cdot \cos\alpha}{b \cdot f_{v,d}}$

$$k_S = \frac{1}{\cos^2(\alpha/2) \cdot \sqrt{\left(\dfrac{f_{c,0,d}}{2 \cdot f_{c,90,d}} \cdot \sin^2(\alpha/2)\right)^2 + \left(\dfrac{f_{c,0,d}}{2 \cdot f_{v,d}} \cdot \sin(\alpha/2) \cdot \cos(\alpha/2)\right)^2 + \cos^4(\alpha/2)}}$$

$$k_F = \frac{1}{\cos\alpha \cdot \sqrt{\left(\dfrac{f_{c,0,d}}{2 \cdot f_{c,90,d}} \cdot \sin^2\alpha\right)^2 + \left(\dfrac{f_{c,0,d}}{2 \cdot f_{v,d}} \cdot \sin\alpha \cdot \cos\alpha\right)^2 + \cos^4\alpha}}$$

Für Nadelvollholz, Brettschichtholz und Balkenschichtholz darf $f_{v,d}$ um 40% erhöht werden.

Tafel 9.21: Werte für Nadelholz C 24

α	15°	20°	25°	30°	35°	40°	45°	50°	55°	60°
$k_S =$	0,926	0,882	0,836	0,793	0,754	0,720	0,692	0,670	0,654	0,643
$k_F =$	0,766	0,677	0,607	0,557	0,522	0,502	0,495	0,501	0,522	0,563

Zwischenwerte dürfen linear interpoliert werden.

---

[1] α ist der ungünstigste Kraft-Faser-Winkel in der Kontaktfläche (s. auch Abschn. 3.2.5, S. 9.16).

Beispiel: Stirnversatz (Neigung $\alpha = 37°$, Kraft $N_d = 23$ kN), $k_{mod} = 0,8$, NH C24
Strebe □ 10/10 cm, Schwelle □ 10/12 cm, Versatztiefe $t_v = 3$ cm, Vorholzlänge $l_v = 20$ cm

$t_V = 3\,cm \leq h/4 = 3\,cm$, $k_S = 0,700$, $R_{S,d} = b \cdot t_V \cdot f_{c,0,d} \cdot k_S = 10 \cdot 3 \cdot 1,292 \cdot 0,700 = 27,13\,kN$

$\dfrac{N_d}{R_{S,d}} = \dfrac{23,0}{27,1} = 0,85 < 1$ $l_V = 20\,cm \begin{cases} \geq \dfrac{N_c \cdot \cos\alpha}{b \cdot f_{v,d}} = \dfrac{23,0 \cdot \cos 37°}{10 \cdot 0,123} = 14,9\,cm \\ \leq 8 \cdot t_V = 8 \cdot 3 = 24\,cm \end{cases}$

6.2 Verbindungen mit stiftförmigen metallischen Verbindungsmitteln
6.2.1 Definitionen

$R_{ax,d} = \dfrac{k_{mod} \cdot R_{ax,k}}{\gamma_M}$ Bemessungswert des Ausziehwiderstandes

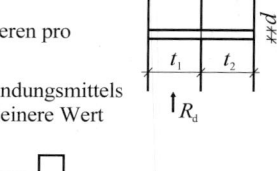

$R_d = \dfrac{k_{mod} \cdot R_k}{\gamma_M}$ Bemessungswert der Tragfähigkeit auf Abscheren pro Scherfuge und Verbindungsmittel

t_1 und t_2 Holz- bzw. HW-dicken/Eindringtiefe d. Verbindungsmittels
Bei zweischnittigen Verbindungen ist t_1 der kleinere Wert aus Seitenholzdicke und Eindringtiefe

einschnittige Verbindung   zweischnittige Verbindung

d Durchmesser des stiftförmigen Verbindungsmittels

$f_{h,1(2),d} = \dfrac{k_{mod} \cdot f_{h,1(2),k}}{\gamma_M}$ Bemessungswert der Lochleibungsfestigkeiten in Teil 1(2)

$\beta = f_{h,2,k} / f_{h,1,k}$ Verhältnis der Lochleibungsfestigkeiten

$M_{y,d} = M_{y,k} / \gamma_M$ Bemessungswert des Fließmomentes des Verbindungsmittels (Stahl $\gamma_M = 1,1$)

$k_{mod} = \sqrt{k_{mod,1} \cdot k_{mod,2}}$ Bei Holz-HW-Verbindungen mit unterschiedlichen k_{mod}, d.h. $k_{mod,1}$ und $k_{mod,2}$

„dicke" Stahlbleche $(t_s \geq d)$ sowie min. 2 mm bei Sondernägeln der Tragfähigkeitsklasse 3

„dünne" Stahlbleche $(t_s < d/2)$

Tafel 9.22: Abstände stiftförmiger Verbindungsmittel (SDü, Bo, Nä, Kl, Sr)

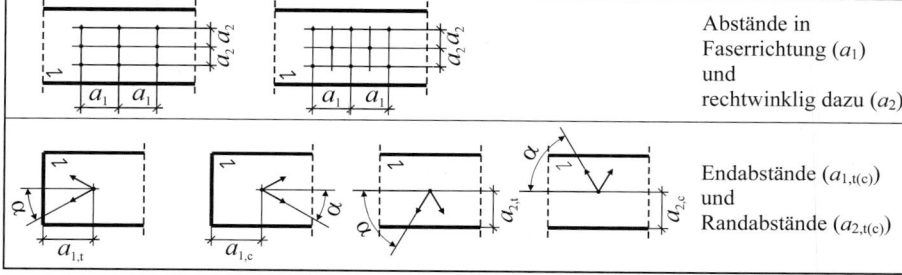

6.2.2 Tragfähigkeit stiftförmiger Verbindungsmittel
Vereinfachter Nachweis

Tragfähigkeit
je Scherfuge: $R_k = k_1 \cdot k_2 \cdot \sqrt{2 \cdot M_{y,k} \cdot f_{h,1,k} \cdot d} + \Delta R_k$

mit $k_1, k_2, M_{y,k}, f_{h,1,k}$ und ΔR_k s. nachfolg. Tabellen
(wenn nicht gesondert angegeben gilt: $\Delta R_k = 0$)

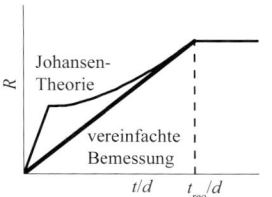

Tafel 9.23a: Charakteristische Werte des Fließmomentes $M_{y,k}$

Stabdübel und **Passbolzen** sowie **Holzschrauben** ($d > 8$ mm), **Bolzen** und **Gewindestangen**	$M_{y,k} = 0{,}3 \cdot f_{u,k} \cdot d^{2,6}$ Nmm d = Stabdübeldurchmesser in mm
Nägel (hergestellt aus Draht mit einer Mindestzugfestigkeit $f_{u,k} = 600$ N/mm²)	
runde glattschaftige Drahtnägel und für Sondernägel	$M_{y,k} = 0{,}3 \cdot f_{u,k} \cdot d^{2,6}$ Nmm d = Nageldurchmesser in mm
Nägel mit rechteckigem oder quadratischem Querschnitt	$M_{y,k} = 0{,}45 \cdot f_{u,k} \cdot d^{2,6}$ Nmm d = kleinste Seitenlänge d. Nagelquers.
Holzschrauben ($d \leq 8$mm) n. DIN 7998, aus Draht m. e. Mindestzugfestigkeit $f_{u,k} = 400$ N/mm²	$M_{y,k} = 0{,}15 \cdot f_{u,k} \cdot d^{2,6}$ Nmm d = Nenndurchmesser d. Schraube in mm
Klammern (Fließmoment für einen Klammerschaft) aus Draht mit einer Mindestzugfestigkeit $f_{u,k} = 800$ N/mm²	$M_{y,k} = 0{,}30 \cdot f_{u,k} \cdot d^{2,6}$ Nmm d = Nenndurchmesser d. Klammer in mm
$f_{u,k}$ charakteristischer Wert der Zugfestigkeit des Stahles in N/mm², Stabdübel siehe Tafel 9.26c	

Tafel 9.23b: Lochleibungsfestigkeit

Verbindungen m. **Stabdübeln, Passbolzen, Bolzen, Gewindestangen (Schrauben** $d > 8$mm)				
	parallel zur Faserichtung	$f_{h,0,k} = 0{,}082 \cdot (1 - 0{,}01 \cdot d) \cdot \rho_k$		
Holz	unter einem Winkel α zur Faserrichtung	$f_{h,\alpha,k} = \dfrac{f_{h,0,k}}{k_{90} \cdot \sin^2 \alpha + \cos^2 \alpha}$		
		$d \leq 8$ mm	$k_{90} = 1$	
		$d > 8$ mm	Nadelhölzer	$k_{90} = 1{,}35 + 0{,}015 \cdot d$
			Laubhölzer	$k_{90} = 0{,}90 + 0{,}015 \cdot d$
Sperrholz		$f_{h,k} = 0{,}11 \cdot (1 - 0{,}01 \cdot d) \cdot \rho_k$		
OSB-Platten		$f_{h,k} = 50 \cdot d^{-0,6} \cdot t^{0,2}$		
Verbindungen mit **Nägeln** ($d \leq 8$mm) und **Schrauben** ($d \leq 8$mm)				
		vorgebohrt	nicht vorgebohrt	
Holz Brettsperrholz		$f_{h,k} = 0{,}082 \cdot (1 - 0{,}01 \cdot d) \cdot \rho_k$	$f_{h,k} = 0{,}082 \cdot \rho_k \cdot d^{-0,3}$	
Sperrholz		$f_{h,k} = 0{,}11 \cdot (1 - 0{,}01 \cdot d) \cdot \rho_k$	$f_{h,k} = 0{,}11 \cdot \rho_k \cdot d^{-0,3}$	
OSB-Platten, kunstharzgebundene Holzspanplatten		$f_{h,k} = 50 \cdot d^{-0,6} \cdot t^{0,2}$	$f_{h,k} = 65 \cdot d^{-0,7} \cdot t^{0,1}$	
Faserplatten HB.HLA2 harte Holzfaserplatten nach DIN EN 622-2			$f_{h,k} = 30 \cdot d^{-0,3} \cdot t^{0,6}$	
Gipskartonplatten			$f_{h,k} = 3{,}9 \cdot d^{-0,6} \cdot t^{0,7}$	

9A Holzbau

Tafel 9.24a: Mindestholzdicken (bzw. Einschlagtiefen) für die volle Tragfähigkeit je Scherfuge

Stabdübel **Passbolzen** (d = 6 bis 30 mm)	Holz- und Holzwerkstoff-Verbindungen	für Seitenholz 1	$t_{1,req} = 1{,}15 \cdot \left(2 \cdot \sqrt{\dfrac{\beta}{1+\beta}} + 2\right) \cdot \sqrt{\dfrac{M_{y,k}}{f_{h,1,k} \cdot d}}$
		für Seitenholz 2	$t_{2,req} = 1{,}15 \cdot \left(2 \cdot \dfrac{1}{\sqrt{1+\beta}} + 2\right) \cdot \sqrt{\dfrac{M_{y,k}}{f_{h,2,k} \cdot d}}$
		für Mittelhölzer	$t_{2,req} = 1{,}15 \cdot \left(\dfrac{4}{\sqrt{1+\beta}}\right) \cdot \sqrt{\dfrac{M_{y,k}}{f_{h,2,k} \cdot d}}$
Schrauben (d > 8 mm) **Bolzen** **Gewindestangen**	Stahlblech-Holz-Verbindungen	außen liegende dicke ($t_s \geq d$) und innen liegende Bleche:	$t_{req} = 1{,}15 \cdot 4 \cdot \sqrt{\dfrac{M_{y,k}}{f_{h,k} \cdot d}}$ (1)
		außen liegende dünne Bleche ($t_s \leq 0{,}5 \cdot d$): Für $0{,}5 \cdot d < t_s < d$ darf geradlinig zwischen Gl.(1) und Gl.(2) interpoliert werden.	2-schnittig beanspr. Mittelhölzer: $t_{req} = 1{,}15 \cdot \left(2 \cdot \sqrt{2}\right) \cdot \sqrt{\dfrac{M_{y,k}}{f_{h,k} \cdot d}}$ (2) für alle anderen Fälle: $t_{req} = 1{,}15 \cdot \left(2 + \sqrt{2}\right) \cdot \sqrt{\dfrac{M_{y,k}}{f_{h,k} \cdot d}}$
Nägel, Schrauben ($d \leq 8$ mm)		Holz-Holz-Verbindungen	$t_{i,req} = 9 \cdot d$
Klammern		Holz- Holz-Verbindungen	$t_{i,req} = 8 \cdot d$

Tafel 9.24b: Werte der erforderlichen Holz- oder Gipswerkstoffdicken t_{req}

	Nagelverbindungen mit Holz- und Gipswerkstoffen		Stahlblech-Holz-Nagelverbind.		
Holzwerkstoff	außen lieg. (1-schn. Verbind.)	innen lieg. (2-schn. Verbind.)	Stahlblech (vorgebohrt)	Mittelholzdicke (2-schn. Verbind.)	alle anderen Fälle
Sperrholz nach Tafel 9.4b F25/10	7·d	6·d	innenliegend oder dick und außen liegend	10·d	10·d
Sperrholz nach Tafel 9.4b sonst.	6·d	4·d			
OSB/2, OSB/3, OSB/4 (DIN EN 300) Kunstharzgeb. Spanplatten (Klasse P4 bis P7) DIN EN 13986	7·d	6·d			
Faserplatten nach Tafel 9.6b HB.HLA2 (DIN EN 13986)	6·d	4·d	dünn und außen liegend	7·d	9·d
Gipskartonplatten (DIN 18180)	10·d	-			

Tafel 9.24c: Werte des Faktors A bei Holzwerkstoffen etc. (siehe auch Tafel 9.25)

Nagelverbindungen mit Holz- und Gipswerkstoffen		Stahlblech-Holz-Nagelverbindungen	
Holzwerkstoff	Faktor A	Stahlblech (vorgebohrt)	Faktor A
Sperrholz nach Tafel 9.4b F25/10	0,9	innen liegend oder dick und außen liegend	1,4
Sperrholz nach Tafel 9.4b sonst. OSB/2, OSB/3, OSB/4 (DIN EN 300) Kunstharzgebundene Spanplatten (Klasse P4 bis P7) DIN EN 13986	0,8		
Faserplatten nach Tafel 9.6b HB.HLA2 (DIN EN 13986)	0,7	dünn und außen liegend	1,0
Gipskartonplatten (DIN 18180)	1,1		

Tafel 9.25: Faktoren k_1 und k_2

Stabdübel Passbolzen	Holz und Holzwerkstoffe		$k_1 = \sqrt{\dfrac{2\cdot\beta}{1+\beta}}$	$k_2 = \min\begin{cases} t_1/t_{1,\text{req}} \\ t_2/t_{2,\text{req}} \end{cases} \leq 1$
Schrauben ($d > 8$ mm) Bolzen Gewindestangen	Stahlblech-Holz-Verbindungen	außen liegende dünne Bleche ($t_s \leq 0{,}5\cdot d$)	$k_1 = 1$	$k_2 = \min\begin{cases} t_1/t_{\text{req}} \\ t_2/t_{\text{req}} \end{cases} \leq 1$
		außen liegende dicke ($t_s \geq d$) und innen liegende Bleche:	$k_1 = \sqrt{2}$	
		Für $0{,}5\cdot d < t_s < d$	k_1 geradl. interpolieren	
Nägel	Holz-Holz		$k_1 = 1$	$k_2 = \min\begin{cases} t_1/t_{1,\text{req}} \\ t_2/t_{2,\text{req}} \end{cases} \leq 1$ [1)]
Klammern	Holzwerkstoff-Holz		$k_1 = A$	
Schrauben ($d \leq 8$ mm)	Stahlblech-Holz-Verbindungen		$k_1 = A$	$k_2 = \min\begin{cases} t_1/t_{\text{req}} \\ t_2/t_{\text{req}} \end{cases} \leq 1$ [1)]

[1)] Nägel mit t_1 bzw. $t_2 \geq 4\cdot d$

6.2.3 Verbindungen mit Stabdübeln, Passbolzen, Bolzen und Gewindestangen

Allgemeines (6 mm $\leq d \leq$ 30 mm)

Stabdübel und Passbolzen:

- Tragende Verbindungen sollten mindestens 4 Scherflächen aufweisen. Dabei sollten mindestens 2 Stabdübel vorhanden sein.
- Verbindungen mit nur einem Stabdübel sind zulässig, dann ist jedoch die charakteristische Tragfähigkeit nur zu 50 % auszunutzen.
- Die Löcher für Stabdübel sind im Holz m. d. Nenndurchmesser des Stabdübels zu bohren.
- Bei symmetrisch ausgeführten Zuganschlüssen mit Stabdübeln darf das Zusatzmoment beim Nachweis der einseitig beanspruchten Bauteile (außenliegende Laschen) durch die Abminderung des Bemessungswertes der Zugtragfähigkeit um 60 % berücksichtigt werden. Die Abminderung kann auf 1/3 reduziert werden, wenn die Verkrümmung der außenliegenden Laschen verhindert wird (z. B. durch Anwendung von Passbolzen).

Bolzen und Gewindestangen:

- Als Bolzen werden alle Schraubenbolzen und Bolzen ähnlicher Bauart bezeichnet. Sie sind mit Kopf und Mutter versehen. Unter dem Kopf und der Mutter der Bolzen müssen Unterlegscheiben mit einer Seitenlänge oder einem Durchmesser von mindestens $3 \cdot d$ und einer Dicke von mindestens $0{,}3 \cdot d$ angeordnet werden.
- Die Bolzenlöcher dürfen bis zu 1 mm größer als der Nenndurchmesser des Bolzens sein.
- Bolzenverbindungen sind nicht in Dauerbauten zu verwenden, bei denen es auf Steifigkeit und Formbeständigkeit der Konstruktion ankommt.
- Bolzen sollten derart angezogen werden, dass die Holzteile eng aneinander liegen; falls zur Sicherung der Tragfähigkeit und Steifigkeit der Konstruktion erforderlich, sollten sie nachgezogen werden, wenn das Holz seine Ausgleichsfeuchte erreicht hat.
- Die Löcher für Gewindestangen dürfen bis zu 1 mm größer sein als der Nenndurchmesser (= Gewindeaußendurchmesser der Gewindestange).
- Für die Berechnung des charakteristischen Wertes des Fließmomentes ist bei Gewindestangen der Mittelwert aus Kern- und Gewindeaußendurchmesser einzusetzen.
- Bei symmetrisch ausgeführten Zuganschlüssen mit Bolzen darf das Zusatzmoment beim Nachweis der einseitig beanspruchten Bauteile (außenliegende Laschen) durch die Abminderung des Bemessungswertes der Zugtragfähigkeit um 1/3 berücksichtigt werden.
-

Stahlblech-Holz-Verbindungen:
- Bei außen liegenden Stahlblechen sind anstelle der Stabdübel Passbolzen zu verwenden.
- Bei Stahlblech-Holz-Verbindungen dürfen die Löcher im Stahlblech 1 mm größer als der Nenndurchmesser gebohrt werden.
- Annahme dicker Stahlbleche: Blechdicke $t_s \geq$ Verbindungsmitteldurchmesser d (sowie Blechdicke min. 2 mm bei Anschlüssen mit Sondernägeln der Tragfähigkeitsklasse 3 und einem Durchmesser $d \leq 2 \cdot t_s$).
- Annahme dünner Stahlbleche: Blechdicke $t_s \leq 0{,}5 \cdot$ Verbindungsmitteldurchmesser d.
- Der Nachweis der Stahlteile erfolgt nach DIN 18800-1.
- Blockscherversagen von Verbindungen (DIN 1052:2008-12, Anhang J) beachten.

Tafel 9.26a: Wirksame Anzahl für mehrere in Kraftrichtung hintereinander angeordnete Stabdübel

ohne Verstärkung gegen Spalten	in Faserrichtung	$n_{ef} = \left[\min \left\{ n\,;\, n^{0{,}9} \cdot \sqrt[4]{a_1/(10 \cdot d)} \right\} \right] \cdot \dfrac{90° - \alpha}{90°} + n \cdot \dfrac{\alpha}{90°}$ n Anzahl der in Kraftrichtung hintereinander angeordneten Stabdübel ($2 \leq n \leq 20$) a_1 min. Wert nach Tafel 9.22 für $\alpha = 0°$ bzw. Tafel 9.27b α Kraft-Faser-Winkel	
	$\perp$ zur Faserrichtung	$n_{ef} = n$	
mit Verstärkung gegen Spalten, in den Fugen nachgiebig verbundener Bauteile u. bei Verbindungen zwischen Rippen u. Beplankungen aussteifender Scheiben			$n_{ef} = n$
bei biegesteifen Verbindungen:	mit einem Dübelkreis:	$n_{ef} = n$	mit mehreren Dübelkreisen: $n_{ef} = 0{,}85 \cdot n$

Tafel 9.26b: Effektive Stabdübelanzahl bei $a_1 = 5 \cdot d$ und $\alpha = 0°$

n	1	2	3	4	5	6	7	8	9	10
n_{ef}	1,000	1,569	2,260	2,928	3,579	4,218	4,845	5,464	6,075	6,679
n	11	12	13	14	15	16	17	18	19	20
n_{ef}	7,278	7,871	8,458	9,042	9,621	10,196	10,768	11,337	11,902	12,464

Tafel 9.26c: Charakteristische Festigkeitskennwerte $f_{u,k}$ für Stabdübel der Stahlsorten nach DIN EN 10025

Stahlsorte:	S 235	S 275	S 355
$f_{u,k}$ [N/mm²]	360	430	510

Tafel 9.26d: Charakteristische Tragfähigkeit je Stabdübel [1) 2)] (pro Scherfuge) für Holz-Holz-Verbindungen

NH BSH	C 24 GL 24c			C 30 GL 24h, GL 28c			GL 28h, GL 32c			GL 32h, GL 36c		
d [mm]	R_k [N]	$t_{1,req}$ [mm]	$t_{2,req}$ [3)] [mm]	R_k [N]	$t_{1,req}$ [mm]	$t_{2,req}$ [3)] [mm]	R_k [N]	$t_{1,req}$ [mm]	$t_{2,req}$ [3)] [mm]	R_k [N]	$t_{1,req}$ [mm]	$t_{2,req}$ [3)] [mm]
6	1.920	33	28	2.001	32	27	2.078	31	26	2.128	30	25
8	3.188	42	35	3.322	41	34	3.451	39	33	3.534	38	32
10	4.712	51	42	4.910	49	41	5.100	47	39	5.223	46	38
12	6.470	60	50	6.742	57	48	7.003	55	46	7.171	54	45
16	10.610	77	64	11.055	74	61	11.483	71	59	11.760	69	58
20	15.472	94	78	16.122	90	75	16.746	87	72	17.150	85	70
24	20.938	112	92	21.817	107	89	22.662	103	85	23.208	101	83

[1)] Für die Stahlsorte S 235 nach DIN EN 10025 sowie einen Kraft-Faser-Winkel $\alpha = 0°$.
[2)] Tragfähigkeitswerte dürfen auch für Passbolzen unter Beachtung von ΔR_k verwendet werden.
[3)] $t_{2,req}$ ist hier für das Mittelholz angegeben, da bei $\beta = 1$ für das Seitenholz 2 gilt: $t_{2,req} = t_{1,req}$

Beispiel: Laschenstoß mit 2 × 3 Stabdübeln je Seite,
$d = 12$ mm, $N_d = 42$ kN, Seitenhölzer: $t_1/h = 6/12$ cm,
NH C24, $k_{mod} = 0{,}8$, $\alpha = 0°$
Tab.wert: $R_{c,0,k} = 6{,}47$ kN, $a_1 = 5 \cdot d = 60$ mm,
$a_2 = a_{2c} = 3 \cdot d \approx 40$ mm, $a_{1t} = 7 \cdot d \approx 85$ mm
Tab.wert: $t_{1,req} = 60$ mm $= t_1$,
$t_{2,req} = 50$ mm $< t_2 = 80$ mm
$n_{ef} = 2{,}26$, $R_{c,0,d} = \dfrac{0{,}8}{1{,}1} \cdot 6{,}47$ kN $= 4{,}71$ kN,
$\dfrac{0{,}5 \cdot N_d}{2 \cdot n_{ef} \cdot R_{c,0,d}} = \dfrac{0{,}5 \cdot 42{,}0}{2 \cdot 2{,}26 \cdot 4{,}71} = 0{,}99 < 1$,

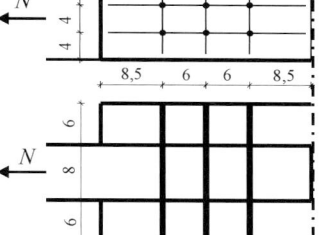

Nachweis Mittelholz: $\dfrac{\dfrac{N_d}{A_n}}{\dfrac{k_{mod} \cdot f_{t,0,k}}{\gamma_M}} = \dfrac{\dfrac{42{,}0}{(8 \cdot 12 - 2 \cdot 1{,}2 \cdot 8)}}{\dfrac{0{,}8 \cdot 1{,}4}{1{,}3}} = 0{,}63 < 1$

Nachweis Seitenholz: $\dfrac{\dfrac{N_d}{A_n}}{0{,}4 \cdot \dfrac{k_{mod} \cdot f_{t,0,k}}{\gamma_M}} = \dfrac{\dfrac{21{,}0}{(6 \cdot 12 - 2 \cdot 1{,}2 \cdot 6)}}{0{,}4 \cdot \dfrac{0{,}8 \cdot 1{,}4}{1{,}3}} = 1{,}06 > 1$ → Klemmb. nötig

$\dfrac{\dfrac{N_d}{A_n}}{\dfrac{2}{3} \cdot \dfrac{k_{mod} \cdot f_{t,0,k}}{\gamma_M}} = \dfrac{\dfrac{21{,}0}{(6 \cdot 12 - 2 \cdot 1{,}2 \cdot 6)}}{\dfrac{2}{3} \cdot \dfrac{0{,}8 \cdot 1{,}4}{1{,}3}} = 0{,}63 < 1$ (mit Klemmbolzen)

Tafel 9.27a: Erhöhung der Tragfähigkeit

für Passbolzen	$\Delta R_k = \min\{0{,}25 \cdot R_k\,;\,0{,}25 \cdot R_{ax,k}\}$ $R_{ax,k}$ Tragfähigkeit des Passbolzens in Richtung der Stiftachse[1]
für einschnittige Holzschrauben	$\Delta R_k = \min\{R_k\,;\,0{,}25 \cdot R_{ax,k}\}$ $R_{ax,k}$ Kleinerer Wert des Ausziehwiderstands der Holzschraube nach Abschnitt 6.2.7

Tafel 9.27b: Mindestabstände für Stabdübel, Passbolzen sowie Bolzen und Gewindestangen

		Stabdübel und Passbolzen	Bolzen u. Gewindestangen
a_1	parallel zur Faserrichtung	$(3 + 2 \cdot \cos \alpha) \cdot d$	$(3 + 2 \cdot \cos \alpha) \cdot d$ (min. $4 \cdot d$)
a_2	rechtwinklig zur Faserrichtung	$3 \cdot d$	$4 \cdot d$
$a_{1,t}$	beanspruchtes Hirnholzende	$7 \cdot d$ (min. 80 mm)	$7 \cdot d$ (min. 80 mm)
$a_{1,c}$	unbeanspruchtes Hirnholzende	$7 \cdot d \cdot \sin \alpha$ (min. $3 \cdot d$)	$7 \cdot d \cdot \sin \alpha$ (min. $4 \cdot d$)
$a_{2,t}$	beanspruchter Rand	$3 \cdot d$	$3 \cdot d$
$a_{2,c}$	unbeanspruchter Rand	$3 \cdot d$	$3 \cdot d$
α ist der Winkel zwischen Kraft- und Faserrichtung.			

---

[1] Für $R_{ax,k}$ kann die über die Pressung $\sigma_{c,90}$ unter der U-Scheibe des Passbolzens aufnehmbare Kraft angesetzt werden (U-Scheibe n. Tafel 9.43).

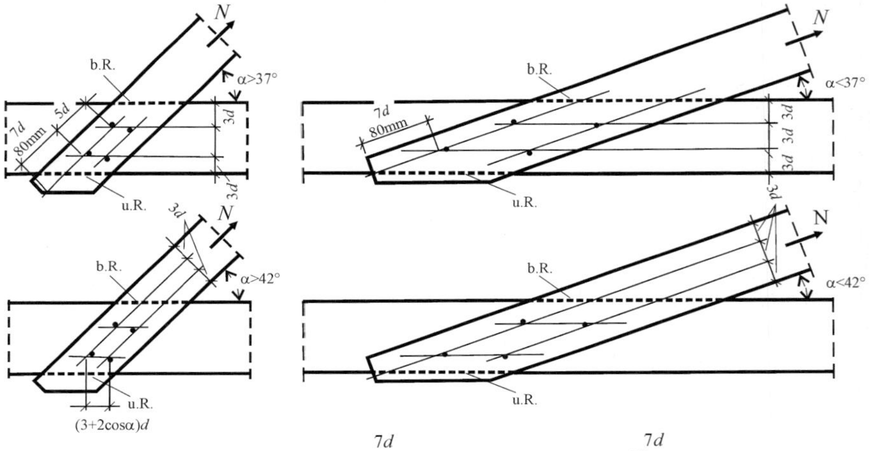

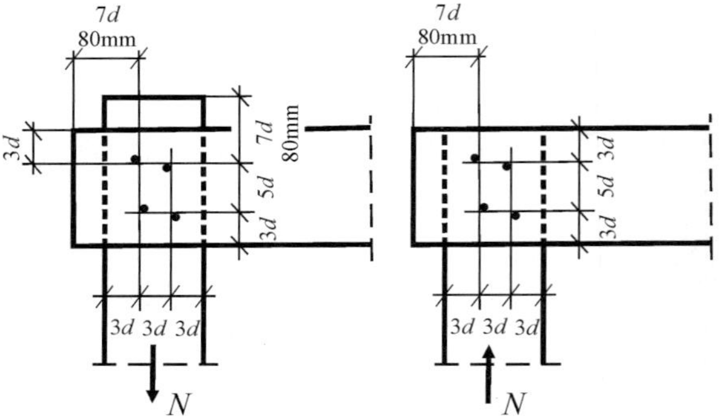

u. R. unbeanspruchter Rand
b. R. beanspruchter Rand

Abb. 9.28: Abstände für Stabdübel und Passbolzen

Vereinfachtes Verfahren
Voraussetzungen:
- Zuganschluss mit zwei außenliegenden Laschen (zweischnittige Verbindung)
- alle angeschlossenen Bauteile sind aus der gleichen Sortierklasse Nadelholz
- Kraftfaserwinkel $\alpha = 0°$
- Bemessungswert der Beanspruchung N_d ist kleiner als 30 kN
- die Mindestholzdicken nach Tafel 9.26d sind eingehalten
- die Mindestabstände nach Tafel 9.27b sind erfüllt
- das symmetrische Bild der Verbindungsmittel hat $n \leq 10$ Spalten und $m \leq 3$ Zeilen

Normalfall: Nadelholz C24, Stabdübel S235, Anordnung von Klemmbolzen, $k_{mod} = 0{,}8$

Nachweis:

$$N_d \leq \min. \begin{cases} k_{\text{Dübel}} \cdot 2 \cdot m \cdot R_{d,\text{Dübel}} \\ k_{\text{Holz}} \cdot b_{\text{Mittelholz}} \cdot R_{d,\text{Mittelholz}} \\ k_{\text{Holz}} \cdot b_{\text{Seitenholz}} \cdot R_{d,\text{Seitenholz}} \end{cases}$$

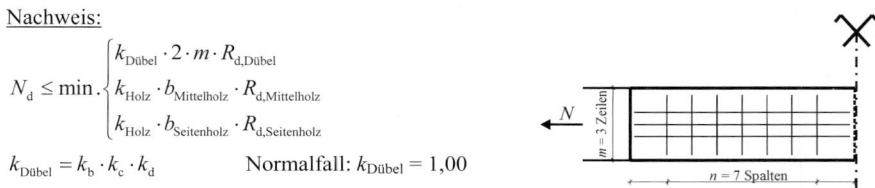

$k_{\text{Dübel}} = k_b \cdot k_c \cdot k_d$ Normalfall: $k_{\text{Dübel}} = 1{,}00$

$k_{\text{Holz}} = k_a \cdot k_d \cdot k_e$ Normalfall: $k_{\text{Holz}} = 1{,}00$

Tafel 9.29a: Tragfähigkeit je Stabdübel und Scherfläche für den Normalfall $R_{d,Dübel}$ [kN]

d [mm]	Anzahl der Spalten n								
	2	3	4	5	6	7	8	9	10
6	2,191	3,156	4,088	4,998	5,889	6,765	7,629	8,483	9,326
8	3,638	5,240	6,789	8,299	9,778	11,234	12,668	14,085	15,486
10	5,377	7,745	10,034	12,266	14,453	16,604	18,725	20,819	22,889
12	7,383	10,635	13,778	16,842	19,846	22,799	25,711	28,586	31,429

Tafel 9.29b: Tragfähigkeit des Mittelholzes für den Normalfall $R_{d,Mittelholz}$ [kN] je cm Holzbreite

d [mm]	m	Querschnittshöhe h des Mittelholzes [cm]							
		6	8	10	12	14	16	18	20
6	1	4,65	6,37	8,09	9,82	11,54	13,26	14,99	16,71
	2	4,13	5,85	7,58	9,30	11,02	12,75	14,47	16,19
	3		5,34	7,06	8,78	10,51	12,23	13,95	15,68
8	1	4,48	6,20	7,92	9,64	11,37	13,09	14,81	16,54
	2		5,51	7,23	8,96	10,68	12,40	14,12	15,85
	3			6,54	8,27	9,99	11,71	13,44	15,16
10	1	4,30	6,03	7,75	9,47	11,20	12,92	14,64	16,36
	2			6,89	8,61	10,33	12,06	13,78	15,50
	3				7,75	9,47	11,20	12,92	14,64
12	1		5,85	7,58	9,30	11,02	12,75	14,47	16,19
	2				8,27	9,99	11,71	13,44	15,16
	3						10,68	12,40	14,12

Tafel 9.29c: Tragfähigkeit eines Seitenholzes für den Normalfall $R_{d,Seitenholz}$ [kN] je cm Holzbreite

d [mm]	m	Querschnittshöhe h des Seitenholzes [cm]							
		6	8	10	12	14	16	18	20
6	1	3,10	4,25	5,39	6,54	7,69	8,84	9,99	11,14
	2	2,75	3,90	5,05	6,20	7,35	8,50	9,64	10,79
	3		3,56	4,70	5,85	7,00	8,15	9,30	10,45
8	1	2,98	4,13	5,28	6,43	7,58	8,73	9,87	11,02
	2		3,67	4,82	5,97	7,12	8,27	9,41	10,56
	3			4,36	5,51	6,66	7,81	8,96	10,10
10	1	2,87	4,02	5,16	6,31	7,46	8,61	9,76	10,91
	2			4,59	5,74	6,89	8,04	9,18	10,33
	3				5,16	6,31	7,46	8,61	9,76
12	1		3,90	5,05	6,20	7,35	8,50	9,64	10,79
	2				5,51	6,66	7,81	8,96	10,10
	3						7,12	8,27	9,41

Tafel 9.29d: Modifikationsfaktoren zur Berücksichtigung der Holzgüte k_a und k_b

	C 24 / GL 24 c	C30	GL 24 h / GL 28 c	C 35	GL 28 h / GL 32 c	GL 32 h / GL 36 c
k_a	1,0000	1,2857	1,1785	1,5000	1,3928	1,6071
k_b	1,0000	1,0419	1,0419	1,0690	1,0823	1,1084

Tafel 9.29e: Modifikationsfaktor zur Berücksichtigung der Nutzungsklasse und KLED k_d

k_{mod}	0,50	0,55	0,60	0,65	0,70	0,80	0,90	1,10
k_d	0,6250	0,6875	0,7500	0,8125	0,8750	1,0000	1,1250	1,3750

Tafel 9.29f: Modifikationsfaktoren zur Berücksichtigung der Stahlsorte k_c und der Klemmbolzen k_e

Stahlsorte	S 235	S 275	S 360		mit Klemmbolzen	ohne Klemmbolzen
k_c	1,0000	1,1944	1,4166	k_e	1,0000	0,6000

6.2.4 Nagelverbindungen

Allgemeines

- Die Festlegungen gelten für Nägel mit glatter, gerauter, angerollter oder geriffelter Schaftform sowie rundem Flachkopf oder flachem Senkkopf mit oder ohne Einsenkung nach DIN EN 10230.
- Davon abweichende Kopfformen sind zulässig, wenn die Kopffläche mindestens $2{,}5 \cdot d^2$ beträgt. Die Länge der Nagelspitze muss die Bedingung $0{,}7 \cdot d \leq l_p \leq 2 \cdot d$ erfüllen.

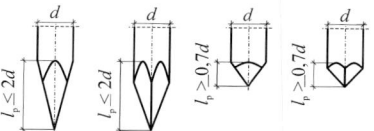

- Bei symmetrisch ausgeführten Zuganschlüssen mit Nägeln darf das Zusatzmoment beim Nachweis der einseitig beanspruchten Bauteile (außenliegende Laschen) durch die Abminderung des Bemessungswertes der Zugtragfähigkeit um 1/3 berücksichtigt werden.
- Bei Einschlagtiefen unter $4 \cdot d$ darf die der Nagelspitze am nächsten liegende Scherfuge nicht berücksichtigt werden.
- Bei Holz mit einer Rohdichte größer als 500 kg/m³ sind Nägel stets über die ganze Nagellänge vorzubohren.
- Ein Anschluss muss mindestens 2 Nägel enthalten (Ausnahmen: s. DIN 1052, Abs. 12.5.2).
- Nägel, die parallel zur Faserrichtung des Holzes eingeschlagen werden, dürfen nicht zur Kraftübertragung herangezogen werden.
- Wegen der Spaltgefahr muss bei Nagelverbindungen ohne Vorbohren die Dicke von Kiefernholzbauteilen mindestens $t = \max\{7 \cdot d\,;(13 \cdot d - 30)\rho_k/400\}$, bei Bauteilen aus Schnittholz $t = \max\{14 \cdot d\,;(13 \cdot d - 30)\rho_k/200\}$ betragen, falls die Nagelabstände rechtwinklig zur Faser bei $\rho_k \leq 420$ kg/m³ $\rightarrow$ $10 \cdot d$
sowie bei 420 kg/m³ $\leq \rho_k \leq 500$ kg/m³ $\rightarrow$ $14 \cdot d$ betragen.
- Beträgt der Mindestnagelabstand zum Rand rechtwinklig zur Faser weniger als $10 \cdot d$ bzw. $14 \cdot d$, muss die Dicke des Holzes mindestens $2 \cdot t$ betragen.

Tafel 9.30: Mindestnagelabstände [1]

		Nicht vorgebohrt		vorgebohrt
		$\rho_k \leq 420$ kg/m³	420 kg/m³ $< \rho_k < 500$ kg/m³	
a_1	parallel zur Faserrichtung	$d < 5$mm: $(5 + 5 \cdot \cos \alpha) \cdot d$ $d \geq 5$mm: $(5 + 7 \cdot \cos \alpha) \cdot d$	$(7 + 8 \cdot \cos \alpha) \cdot d$	$(3 + 2 \cdot \cos \alpha) \cdot d$
a_2	rechtwinklig zur Faserrichtung	$5 \cdot d$	$7 \cdot d$	$3 \cdot d$
$a_{1,t}$	beanspruchtes Hirnholzende	$d < 5$mm: $(7 + 5 \cdot \cos \alpha) \cdot d$ $d \geq 5$mm: $(10 + 5 \cdot \cos \alpha) \cdot d$	$(15 + 5 \cdot \cos \alpha) \cdot d$	$(7 + 5 \cdot \cos \alpha) \cdot d$
$a_{1,c}$	unbeanspruchtes Hirnholzende	$d < 5$mm: $7 \cdot d$ $d \geq 5$mm: $10 \cdot d$	$15 \cdot d$	$7 \cdot d$
$a_{2,t}$	beanspruchter Rand	$d < 5$mm: $(5 + 2 \cdot \sin \alpha) \cdot d$ $d \geq 5$mm: $(5 + 5 \cdot \sin \alpha) \cdot d$	$d < 5$mm: $(7 + 2 \cdot \sin \alpha) \cdot d$ $d \geq 5$mm: $(7 + 5 \cdot \sin \alpha) \cdot d$	$(3 + 4 \cdot \sin \alpha) \cdot d$
$a_{2,c}$	unbeanspruchter Rand	$5 \cdot d$	$7 \cdot d$	$3 \cdot d$

α ist der Winkel zwischen Kraft- und Faserrichtung.
[1] Ausnahmen: z. B. Lattungen (übl. Latten- und Sparrenabst.), Schalungen, Aussteifungen etc.

Fortsetzung der Tafel siehe nächste Seite

- Bei BSH darf für die Bestimmung der Nagelabstände stets von einer Rohdichte $\rho_k = 420 kg/m^3$ ausgegangen werden.
- Für Sperrholz-Holzverbindungen gelten die 0,85fachen obigen Werte.
- Für Gipskartonplatten-Holz-Verbindungen ist der Mindestabstand abweichend zu der obigen Tabelle zu $a_1 = 20 \cdot d$ anzunehmen.
- Bei Stahlblech-Holz-Verbindungen dürfen die 0,5fachen Werte angesetzt werden. Dabei ist für jeden Nagel eine Anschlussfläche $0,5 \cdot a_1 \cdot a_2$ einzuhalten, dies gilt auch für vorgebohrte Nägel.
- Falls $(t_2 - \ell) > 4 \cdot d$ (s. Abb. 9.31), dürfen sich die von beiden Seiten in nicht vorgebohrte Nagellöcher eingeschlagenen Nägel im Mittelholz übergreifen.

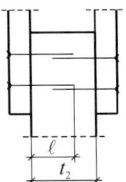

Abb. 9.31: übergreifende Nägel

Tafel 9.31a: Größtabstände [1)]

Allgemein	Gipskarton-Holz-Verbindungen	Werkstoffplatten mit ausschl. aussteifender Funktion
$40 \cdot d$	$60 \cdot d$ ($\leq 150mm$)	$80 \cdot d$

[1)] Ausnahmen: z. B. Lattungen (übl. Latten- und Sparrenabst.), Schalungen, Aussteifungen etc.

Tafel 9.31b: Mindestrandabstände [1)]

Holzwerkstoff	Rand	
	unbeansprucht	beansprucht
Sperrholz	$3 \cdot d$	$4 \cdot d$
OSB-Platten, kunstharzgeb. Holzspanpl., Faserpl. HB.HLA2		$7 \cdot d$
Gipskartonplatten	$7 \cdot d$	-

[1)] Ausnahmen: z. B. Lattungen (übl. Latten- und Sparrenabst.), Schalungen, Aussteifungen etc.

Beispiel: Laschenstoß mit 5 x 7 Nägeln je Seite, nicht vorgebohrt, $d = 3,8$ mm, $\ell = 80$ mm, $N_d = 40$ kN,
Seitenhölzer: $t_1/h = 4/12$ cm, $\alpha = 0°$
Mittelholz: $t_2/h = 8/12$ cm, NH C24, $k_{mod} = 0,8$,

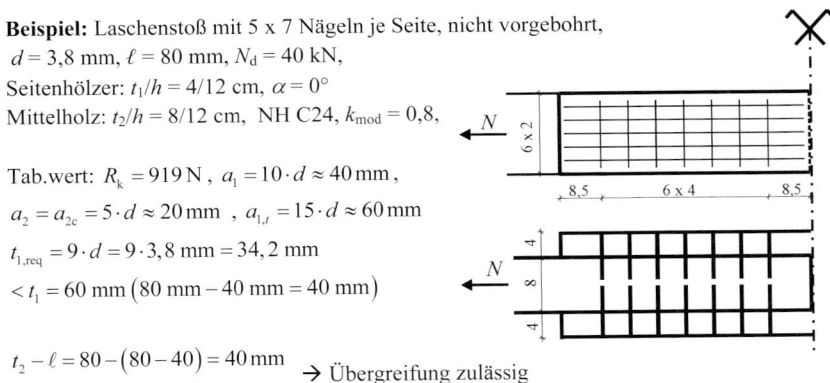

Tab.wert: $R_k = 919$ N, $a_1 = 10 \cdot d \approx 40$ mm,
$a_2 = a_{2c} = 5 \cdot d \approx 20$ mm, $a_{1,t} = 15 \cdot d \approx 60$ mm
$t_{1,req} = 9 \cdot d = 9 \cdot 3,8$ mm $= 34,2$ mm
$< t_1 = 60$ mm $(80$ mm $- 40$ mm $= 40$ mm$)$

$t_2 - \ell = 80 - (80 - 40) = 40$ mm
$> 4 \cdot d = 4 \cdot 3,8 = 15,2$ mm
$\rightarrow$ Übergreifung zulässig

$R_d = \dfrac{0,8}{1,1} \cdot 919$ N $= 668$ N, $\dfrac{0,5 \cdot N_d}{5 \cdot n \cdot R_d} = \dfrac{0,5 \cdot 40,0}{5 \cdot 7 \cdot 0,668} = 0,86 < 1$,

Nachweis Mittelholz: $\dfrac{\dfrac{N_d}{A_n}}{\dfrac{k_{mod} \cdot f_{t,0,k}}{\gamma_M}} = \dfrac{\dfrac{40,0}{8 \cdot 12}}{\dfrac{0,8 \cdot 1,4}{1,3}} = 0,48 < 1$

Nachweis Seitenholz: $\dfrac{\dfrac{N_d}{A_n}}{\dfrac{2}{3} \cdot \dfrac{k_{mod} \cdot f_{t,0,k}}{\gamma_M}} = \dfrac{\dfrac{20,0}{4 \cdot 12}}{\dfrac{2}{3} \cdot \dfrac{0,8 \cdot 1,4}{1,3}} = 0,73 < 1$

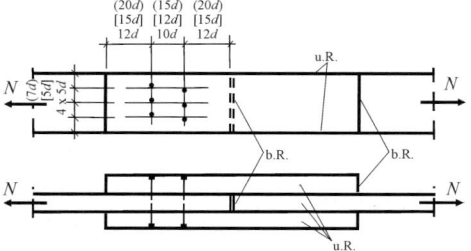

Hinweise:

für $\rho_k \leq 420$ kg/m³:

Werte ohne Klammer für $d < 5$ mm,
Werte in [ ] für $d \geq 5$ mm

für $\rho_k > 420$ kg/m³:

Werte in ( ) für $d < 5$ mm,
Werte in { } für $d \geq 5$ mm

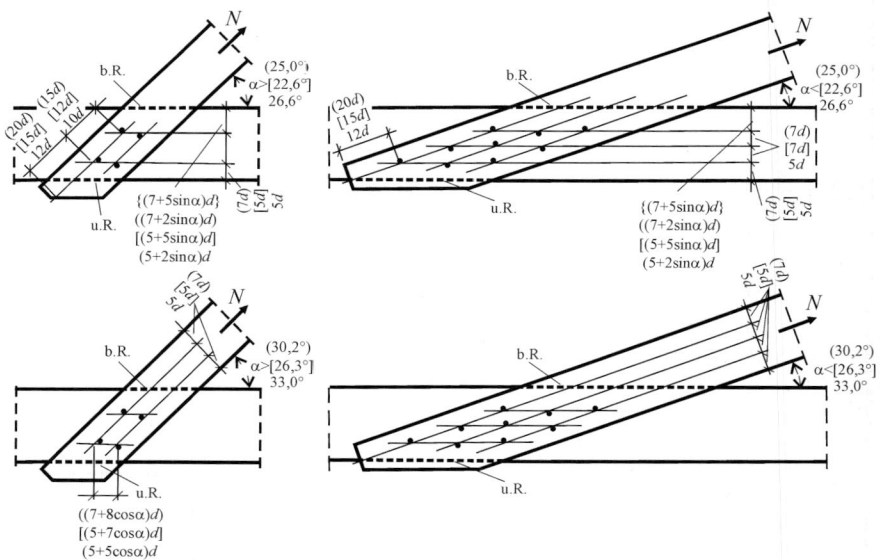

Abb. 9.32: Mindestabstände nicht vorgebohrter Nägel

Tafel 9.33: Charakteristische Tragfähigkeit je Nagel [1] (pro Scherfuge) für Holz/Holz-Verbindungen

NH BSH		C 24 GL 24c		C 30 GL 24h, GL 28c		GL 28h, GL 32c		GL 32h, GL 36c		
d [mm]	ℓ [mm]	R_k(nv) [N]	R_k(vb) [N]	R_k(nv) [N]	R_k(vb) [N]	R_k(nv) [N]	R_k(vb) [N]	R_k(nv) [N]	R_k(vb) [N]	t_{req} [mm]
2,2	30 40 45	373	415	388	432	404	449	413	460	20[2]
2,4	30 40 50	430	485	449	505	466	525	477	538	22[2]
2,7	40 50 60	523	599	545	624	566	648	580	664	25
3,0	50 60 70 80	622	723	648	753	674	782	690	801	27
3,4	60 70 80 90	765	904	797	942	828	978	848	1.002	31
3,8	70 80 90 100	919	1.102	958	1.148	995	1.193	1.019	1.221	35
4,2	90 100 110	1.085	1.317	1.130	1.372	1.174	1.425	1.202	1.459	38
4,6	90 100 120	1.260	1.548	1.313	1.613	1.364	1.675	1.397	1.716	42
5,0	100 120 140	1.446	1.795	1.507	1.870	1.565	1.942	1.603	1.989	45
5,5	140	1.693	2.125	1.764	2.214	1.832	2.300	1.876	2.355	50
6,0	150 160 180	1.954	2.479	2.036	2.583	2.115	2.683	2.166	2.748	54
7,0	200	2.520	3.254	2.626	3.391	2.728	3.522	2.793	3.607	63
8,0	280	3.141	4.116	3.273	4.289	3.400	4.455	3.482	4.562	72

nicht vorgebohrt (nv), vorgebohrt (vb)
[1] Gilt nur für runde glattschaftige Nägel und für Sondernägel mit $f_{u,k}$ = 600 N/mm².
[2] Mindestholzdicke nach DIN 1052 (t = 24 mm) beachten.

Ermittlung der wirksamen Anzahl von Nägeln ($d > 6$ mm): siehe Tafel 9.26a.

Vereinfachtes Verfahren

Voraussetzungen:
- Zuganschluss mit zwei außenliegenden Laschen, aber einschnittige Verbindung
- alle angeschlossenen Bauteile sind aus der gleichen Sortierklasse Nadelholz
- Kraftfaserwinkel $\alpha = 0°$
- Bemessungswert der Beanspruchung N_d ist kleiner als 30 kN
- die Mindestholzdicken nach Tafel 9.33 sind eingehalten
- die Mindestabstände nach Tafel 9.30 sind erfüllt
- das symmetrische Bild der Verbindungsmittel hat $n \leq 10$ Spalten

Normalfall: Nadelholz C24, k_{mod} = 0,8

9A Holzbau

Nachweis:

$$N_d \le \min \begin{cases} k_{\text{Nägel}} \cdot 2 \cdot m \cdot R_{d,\text{Nägel}} \\ k_{\text{Holz}} \cdot b_{\text{Mittelholz}} \cdot R_{d,\text{Mittelholz}} \\ k_{\text{Holz}} \cdot b_{\text{Seitenholz}} \cdot R_{d,\text{Seitenholz}} \end{cases}$$

$k_{\text{Nägel}} = k_b \cdot k_d$ Normalfall: $k_{\text{Nägel}} = 1{,}00$

$k_{\text{Holz}} = k_a \cdot k_d$ Normalfall: $k_{\text{Holz}} = 1{,}00$

Modifikationsbeiwerte siehe 6.2.3 (siehe Seite 9.29).

Tafel 9.34a: Tragfähigkeit je Nagel für den Normalfall $R_{d,\text{Nagel}}$ [kN]

d [mm]	Anzahl der Spalten n								
	2	3	4	5	6	7	8	9	10
2,2	0,543	0,814	1,086	1,357	1,629	1,900	2,172	2,443	2,715
2,4	0,626	0,940	1,253	1,567	1.880	2,193	2,507	2,820	3,134
2,7	0,761	1,141	1,522	1,903	2,283	2,664	3,045	3,425	3,806
3,0	0,905	1,358	1,811	2,264	2,717	3,170	3,623	4,076	4,529
3,4	1,113	1,670	2,227	2,784	3,341	3,897	4,454	5,011	5,568
3,8	1,338	2,007	2,676	3,345	4,014	4,683	5,352	6,021	6,690
4,2	1,578	2,367	3,156	3,945	4,734	5,523	6,313	7,102	7,891
4,6	1,833	2,750	3,667	4,584	5,501	6,418	7,335	8,252	9,169

Tafel 9.34b: Tragfähigkeit des Mittelholzes für den Normalfall $R_{d,\text{Mittelholz}}$ [kN] je cm Holzbreite

h [cm]	6	8	10	12	14	16	18	20
R_d [kN]	5,16	6,89	8,61	10,33	12,06	13,78	15,50	17,23

Tafel 9.34c: Tragfähigkeit eines Seitenholzes für den Normalfall $R_{d,\text{Seitenholz}}$ [kN] je cm Holzbreite

h [cm]	6	8	10	12	14	16	18	20
R_d [kN]	3,44	4,59	5,74	6,89	8,04	9,18	10,33	11,48

Tafel 9.34d: maximale Anzahl der Zeilen m in Abhängigkeit der Holzquerschnittshöhe

d [mm]	Querschnittshöhe h des Mittelholzes [cm]							
	6	8	10	12	14	16	18	20
2,2	4	6	8	9	11	13	15	17
2,4	4	5	7	9	10	12	14	15
2,7	3	4	6	7	9	10	12	13
3,0	3	4	5	7	8	9	11	12
3,4	2	3	4	6	7	8	9	10
3,8	2	3	4	5	6	7	8	9
4,2	1	2	3	4	5	6	7	8
4,6	1	2	3	4	5	5	6	7

6.2.5 Holzschraubenverbindungen

Allgemeines

- Festlegungen gelten für Holzschrauben nach DIN 7998 mit min. 4 mm Nenndurchmesser.
- Nenndurchmesser entspricht dem Außendurchmesser des Schraubengewindes.
- Verwendung a. Schrauben zulässig, wenn eine allg. bauaufsichtliche Zulassung vorliegt.
- Für Gipswerkstoff-Holz-Verbindungen nur Schnellbauschrauben n. DIN 18182-2 zulässig.
- Tragende Schraubenverbindung: min. 2 Holzschrauben (Ausnahmen wie bei Nägeln).
- Bei symmetrisch ausgeführten Zuganschlüssen mit Schrauben darf das Zusatzmoment beim Nachweis der einseitig beanspruchten Bauteile (außenliegende Laschen) durch die Abminderung des Bemessungswertes der Zugtragfähigkeit um 1/3 berücksichtigt werden.

Verbindungen

Nachweisführung

Nenndurchmesser	Nachweis der Tragfähigkeit, wirksame Anzahl, Mindestabstände, etc.
$d \leq 8$ mm	wie Nägel, siehe Abschnitt 6.2.4
$d > 8$ mm	wie Stabdübel, siehe Abschnitt 6.2.3

} Mindestabstände nach Tafel 9.30

Vorbohren für Holzschrauben nach DIN 7998
$d \leq 8$ mm   nicht erforderlich, aber zulässig
$d > 8$ mm   auf die Tiefe des glatten Schaftes mit dem Schaftdurchmesser d,
              auf die Länge des Gewindeteiles mit $0{,}7 \cdot d$
Stets vorbohren bei Holz mit $\rho_k \geq 500$ kg/m³ sowie Douglasienholz über die ganze Schraubenlänge (Bohrlochdurchmesser zwischen $0{,}6 \cdot d$ bis $0{,}8 \cdot d$).
Zementgebundene Spanplatten sind stets vorzubohren.

Tafel 9.35: Charakteristische Tragfähigkeit[1] je Holzschrauben (pro Scherfuge) für Holz/Holz-Verbindungen

NH BSH	C 24 GL 24c			C 30 GL 24h, GL 28c			GL 28h, GL 32c			GL 32h, GL 36c		
d [mm]	R_k [N]	$t_{1,req}$ [mm]	$t_{2,req}$ [mm]	R_k [N]	$t_{1,req}$ [mm]	$t_{2,req}$ [mm]	R_k [N]	$t_{1,req}$ [mm]	$t_{2,req}$ [mm]	R_k [N]	$t_{1,req}$ [mm]	$t_{2,req}$ [mm]
4,0	578	22[2]	18[2]	602	21[2]	17[2]	625	20[2]	17[2]	640	20[2]	16[2]
4,5	701	24	20[2]	731	23[2]	19[2]	759	22[2]	19[2]	778	22[2]	18[2]
5,0	835	27	22[2]	870	26	21[2]	904	25	21[2]	925	24	20[2]
6,0	1.128	32	26	1.175	30	25	1.221	29	24	1.250	29	24
8,0	1.813	41	34	1.890	40	33	1.963	38	32	2.010	37	31
10,0	3.512	38	32	3.660	37	31	3.801	35	29	3.893	35	29
12,0	4.822	45	37	5.025	43	36	5.219	41	34	5.345	40	34
16,0	7.908	57	48	8.240	55	46	8.559	53	44	8.765	52	43
20,0	11.532	70	58	12.016	67	56	12.482	65	54	12.782	63	53

[1] Tragfähigkeitswerte dürfen bei einschnittigen Verbindungen um ΔR_k erhöht werden.
[2] Mindestholzdicke nach DIN 1052 ($t = 24$ mm) beachten.

Ermittlung der wirksamen Anzahl von Holzschrauben: siehe Tafel 9.26a.

Beispiel: Laschenstoß mit 2×4 Holzschrauben
12×100 mm je Seite, $N_d = 40$ kN,
Seitenhölzer: $t_1/h = 5/12$ cm, $\alpha = 0°$
Mittelholz: $t_2/h = 8/12$ cm, NH C24, $k_{mod} = 0{,}8$,
Tab.wert: $R_{c,0,k} = 4{,}82$ kN, $a_1 = 5 \cdot d = 60$ mm,
$a_2 = a_{2c} = 3 \cdot d \approx 40$ mm, $a_{1t} = 12 \cdot d \approx 145$ mm
Tab.wert: $t_{1,req} = 45$ mm $< t_1 = 50$ mm,
$t_{2,req} = 37$ mm $< t_2 = 100$ mm $- 50$ mm $= 50$ mm
$n_{ef} = 2{,}93$, $R_{c,0,d} = \dfrac{0{,}8}{1{,}1} \cdot 4{,}82$ kN $= 3{,}50$ kN,

$$\dfrac{0{,}5 \cdot N_d}{2 \cdot n_{ef} \cdot R_{c,0,d}} = \dfrac{0{,}5 \cdot 40{,}0}{2 \cdot 2{,}93 \cdot 3{,}51} = 0{,}98 < 1,$$

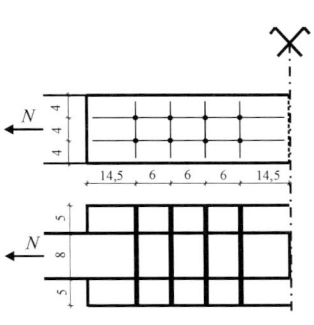

Nachweis Mittelholz: $\dfrac{\dfrac{N_d}{A_n}}{\dfrac{k_{mod} \cdot f_{t,0,k}}{\gamma_M}} = \dfrac{\dfrac{40{,}0}{(8 \cdot 12 - 2 \cdot 1{,}2 \cdot 8)}}{\dfrac{0{,}8 \cdot 1{,}4}{1{,}3}} = 0{,}60 < 1$

9A Holzbau

Nachweis Seitenholz: $\dfrac{N_d}{\dfrac{2}{3} \cdot \dfrac{k_{mod} \cdot f_{t,0,k}}{\gamma_M}} = \dfrac{20,0}{\dfrac{2}{3} \cdot \dfrac{(5 \cdot 12 - 2 \cdot 1,2 \cdot 5)}{1,3}} = 0,73 < 1$

Vereinfachtes Verfahren

Voraussetzungen:
- Zuganschluss mit zwei außenliegenden Laschen, aber einschnittige Verbindung
- alle angeschlossenen Bauteile sind aus der gleichen Sortierklasse Nadelholz
- Kraftfaserwinkel $\alpha = 0°$
- Bemessungswert der Beanspruchung N_d ist kleiner als 30 kN
- die Mindestholzdicken nach Tafel 9.35 sind eingehalten
- die Mindestabstände nach Tafel 9.30 sind erfüllt
- das symmetrische Bild der Verbindungsmittel hat $n \leq 10$ Spalten

Normalfall: Nadelholz C24, $k_{mod} = 0,8$

Nachweis:

$$N_d \leq \min \begin{cases} k_{Schrauben} \cdot 2 \cdot m \cdot R_{d,Schrauben} \\ k_{Holz} \cdot b_{Mittelholz} \cdot R_{d,Mittelholz} \\ k_{Holz} \cdot b_{Seitenholz} \cdot R_{d,Seitenholz} \end{cases}$$

$k_{Schrauben} = k_b \cdot k_d$ Normalfall: $k_{Schrauben} = 1,00$

$k_{Holz} = k_a \cdot k_d$ Normalfall: $k_{Holz} = 1,00$

Modifikationsbeiwerte siehe 6.2.3 (siehe Seite 9.29). Tragfähigkeit für Mittel- und Seitenholz siehe 6.2.4 (siehe Seite 9.34).

Tafel 9.36: Tragfähigkeit je Schraube für den Normalfall $R_{d,Schraube}$ [kN]

d [mm]	Anzahl der Spalten n								
	2	3	4	5	6	7	8	9	10
4,0	0,840	1,261	1,681	2,101	2,522	2,942	3,362	3,783	4,203
4,5	1,021	1,531	2,042	2,552	3,063	3,573	4,084	4,594	5,105
5,0	1,214	1,822	2,429	3,037	3,644	4,252	4,859	5,467	6,074
6,0	1,641	2,462	3,282	4,103	4,924	5,744	6,565	7,386	8,206
8,0	2,638	3,957	5,277	6,596	7,915	9,234	10,554	11,873	13,192

6.2.6 Klammerverbindungen

Allgemeines
- Die Festlegungen gelten für Klammern aus Stahldraht mit einer Mindestzugfestigkeit von 800 N/mm².
- Querschnittsfläche zwischen 1,7 mm² und 3,5 mm².
- Breite des Klammerrückens: mindestens $5,8 \cdot d$.
- Länge ℓ des Klammerschaftes: höchstens $65 \cdot d$.
- Klammern müssen mindestens über die halbe Länge beharzt sein.
- Nenndurchmesser d entspricht Drahtdurchmesser.
- Eignung der Klammern: allgemeines bauaufsichtliches Prüfzeugnis.
- Gipswerkstoff-Holz-Verbindungen: nur Klammern nach DIN 18182-3 zulässig.

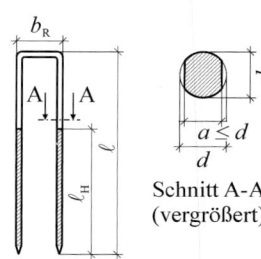

Schnitt A-A (vergrößert)

Verbindungen

- Charakteristischer Wert der Tragfähigkeit R_k einer Klammer darf ebenso groß angenommen werden wie derjenige zweier Nägel mit gleichem Durchmesser, wenn der Winkel β zwischen Klammerrücken und der Faserrichtung des Holzes mindestens 30° beträgt.
- Beträgt der Winkel β weniger als 30°, so ist die Tragfähigkeit m. d. Faktor 0,7 abzumindern.
- Die Eindringtiefe im Bauteil mit der Klammerspitze muss mindestens $8 \cdot d$ betragen.

Tafel 9.37: Mindestklammerabstände

a_1	parallel zur Faserrichtung	$\beta \geq 30°$:	$(10 + 5 \cdot \cos \alpha) \cdot d$	
		$\beta < 30°$:	$(15 + 5 \cdot \cos \alpha) \cdot d$	
a_2	rechtwinklig zur Faserrichtung	$\beta \geq 30°$:	$(5 + 10 \cdot \sin \beta) \cdot d$	
		$\beta < 30°$:	$10 \cdot d$	
$a_{1,t}$	beanspruchtes Hirnholzende		$(15 + 5 \cdot \cos \alpha) \cdot d$	
$a_{1,c}$	unbeanspruchtes Hirnholzende		$15 \cdot d$	
$a_{2,t}$	beanspruchter Rand		$(10 + 5 \cdot \sin \alpha) \cdot d$	
$a_{2,c}$	unbeanspruchter Rand		$(5 + 5 \cdot \sin \beta) \cdot d$	
α	Winkel zwischen Kraft- und Faserrichtung			
β	Winkel zwischen Klammerrücken und Faserrichtung			

6.2.7 Tragfähigkeit bei Beanspruchung in Richtung der Stiftachse (Herausziehen)

Allgemeines

Nägel:

- Glattschaftige Nägel und Sondernägel der Tragfähigkeitsklasse 1 dürfen nur für kurze Lasteinwirkungen (z. B. Windsogkräfte) in Richtung der Stiftachse beansprucht werden. Ausnahme: Nägel in Anschlüssen von Koppelpfetten, welche infolge einer Dachneigung von ≤ 30° dauernd auf Herausziehen beansprucht werden, wenn der Ausziehparameter $f_{1,k}$ für diese Nägel nur mit 60 % in Rechnung gestellt wird.
- Glattschaftige Nägel in vorgebohrter Nagellöchern dürfen nicht auf Herausziehen beansprucht werden.

Sondernägel und Holzschrauben:

- Sondernägel und Holzschrauben werden entsprechend ihrem Widerstand gegen Herausziehen in die Tragfähigkeitsklassen 1, 2 und 3 eingeteilt. Entsprechend ihrem Widerstand gegen Kopfdurchziehen werden diese Verbindungsmittel in die Tragfähigkeitsklassen A, B und C eingeteilt.

Klammern:

- Für einen Klammerschaft gelten die Bestimmungen wie für einen glattschaftigen Nagel. Beträgt der Winkel zwischen Klammerrücken und Faserichtung mindestens 30°, so darf der charakteristische Wert der Tragfähigkeit wie derjenige zweier glattschaftiger Nägel gleichen Durchmessers angenommen werden. Beträgt der vorgenannte Winkel weniger als 30°, so können nur 70 % der Tragfähigkeit in Rechnung gestellt werden.

Charakteristischer Wert des Auszieh- und Kopfdurchziehwiderstandes

Nägel:
(Nagelung ⊥ zur Faserrichtung und bei Schrägnagelung)

$$R_{ax,k} = \min \left\{ f_{1,k} \cdot d \cdot l_{ef} \; ; \; f_{2,k} \cdot d_k^2 \right\}$$

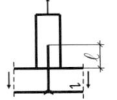

Holzschrauben:
(mit Gewinde nach DIN 7998)

$$R_{ax,k} = 300 \cdot \pi \cdot \frac{d_{kern}^2}{4} \quad \text{in N}$$

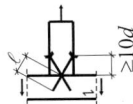

d_{kern} = Kerndurchmesser der Schraube in mm

9A Holzbau

Holzschrauben:
(45°≤ Einschraubwinkel $\alpha \leq 90°$
zur Faserrichtung)

$$R_{ax,k} = \min\left\{\frac{f_{1,k} \cdot d \cdot l_{ef}}{\sin^2\alpha + \frac{4}{3}\cos^2\alpha} \; ; \; f_{2,k} \cdot d_k^2\right\}$$

Hinweise:

- Teilsicherheitsbeiwert $\gamma_M = 1,3$ (bei Holzschrauben mit Gewinde nach DIN 7998 $\gamma_M = 1,25$)
- Bei Bauteilen aus Vollholz mit einer Einbauholzfeuchte > 20 % und der Möglichkeit des Austrocknens im eingebauten Zustand erfolgt bei Nagelverbindungen eine Reduktion des Ausziehwiderstandes auf 2/3.
- Bei Stahlblech-Holz-Verbindungen darf Kopfdurchziehen außer Betracht bleiben.

Tafel 9.38a: Mindesteinschlagtiefen

glattschaftige Nägel, Sondernägel TKL 1	$12 \cdot d$	Sondernägel TKL 2 u. 3	$8 \cdot d$

Tafel 9.38b: Charakteristische Werte für die Auszieh- und Kopfdurchziehparameter

Nageltyp	Nägel[3] $f_{1,k}$	$f_{2,k}$ [1]	Schraubentyp	Holzschrauben[2] $f_{1,k}$	$f_{2,k}$ [1]
glattschaft. Nägel	$18 \cdot 10^{-6} \cdot \rho_k^2$	$60 \cdot 10^{-6} \cdot \rho_k^2$			
Sondernägel der Tragfähigkeitskl.			Tragfähigkeitskl.		
1 bzw. A	$30 \cdot 10^{-6} \cdot \rho_k^2$	$60 \cdot 10^{-6} \cdot \rho_k^2$	1 bzw. A	$60 \cdot 10^{-6} \cdot \rho_k^2$	$60 \cdot 10^{-6} \cdot \rho_k^2$
2 bzw. B	$40 \cdot 10^{-6} \cdot \rho_k^2$	$80 \cdot 10^{-6} \cdot \rho_k^2$	2 bzw. B	$70 \cdot 10^{-6} \cdot \rho_k^2$	$80 \cdot 10^{-6} \cdot \rho_k^2$
3 bzw. C	$50 \cdot 10^{-6} \cdot \rho_k^2$	$100 \cdot 10^{-6} \cdot \rho_k^2$	3 bzw. C	$80 \cdot 10^{-6} \cdot \rho_k^2$	$100 \cdot 10^{-6} \cdot \rho_k^2$
charakteristische Rohdichte ρ_k in kg/m³, jedoch höchstens 500 kg/m³					

[1] Die erforderliche Mindestdicke für Ansatz der o.a. Werte für $f_{2,k}$ beträgt 20 mm bei Brettsperrholz, Sperrholz, OSB-Platten, kunstharzgebundene oder zementgebundene Holzspanplatten. Hierbei ist stets $\rho_k = 380$ kg/m³ in Rechnung zu stellen.
Bei 12 mm ≤ Plattendicke ≤ 20 mm ist anzusetzen $f_{2,k} = 8$ N/mm² und für Plattendicken < 12 mm ist $R_{ax,k} = 400$ N anzunehmen.

[2] Holzschrauben nach DIN 7998 dürfen in Tragfähigkeitsklasse 2A eingestuft werden.

[3] Bei Klammern darf $R_{ax,k}$ nur angesetzt werden, wenn die Mindestdicke von Brettsperrholz, Sperrholz und von Holzfaserplatten ≥ 6 mm und für OSB-Platten oder kunstharzgebundene Holzspanplatten ≥ 8 mm beträgt. Bei versenkter Anordnung der Klammerrücken sind die vorgenannten Mindestdicken um 2 mm zu erhöhen.

6.2.8 Tragfähigkeit kombiniert beanspruchter Nägel, Holzschrauben und Klammern

$$\left(\frac{F_{ax,d}}{R_{ax,d}}\right)^m + \left(\frac{F_{la,d}}{R_{la,d}}\right)^m \leq 1$$

$R_{ax,d}$ Bemessungswert der Tragfähigkeit auf Herausziehen (in Richtung der Stiftachse)

$R_{la,d}$ Bemessungswert der Tragfähigkeit rechtwinklig zur Stiftachse (Abscheren)

$m = 1$ für glattschaftige Nägel, Sondernägel TKL 1 und Klammern

$m = 2$ für Sondernägel TKL 2 und für Holzschrauben

Bei Koppelpfettenanschlüssen mit glattschaftigen Nägeln darf mit $m = 1,5$ gerechnet werden.

6.3 Verbindungen mit sonstigen mechanischen Verbindungsmitteln

6.3.1 Allgemeines

- Dübel besonderer Bauart: nach DIN EN 912 oder allgemeiner bauaufsichtlicher Zulassung.
- Dübel besonderer Bauart dürfen nur in den Nutzungsklassen 1 und 2 verwendet werden.
- Nagelplatten: auf Basis allgemeiner bauaufsichtlicher Zulassung.
- Stahlblechformteile (kaltgeformte Blechteile mit Blechdicken ≤ 4 mm): in Verbindung mit stiftförmigen metallischen Verbindungsmitteln. Rechnerisch nachzuweisen oder auf Basis allgemeiner bauaufsichtlicher Zulassung.

6.3.2 Verbindungen mit Dübeln besonderer Bauart

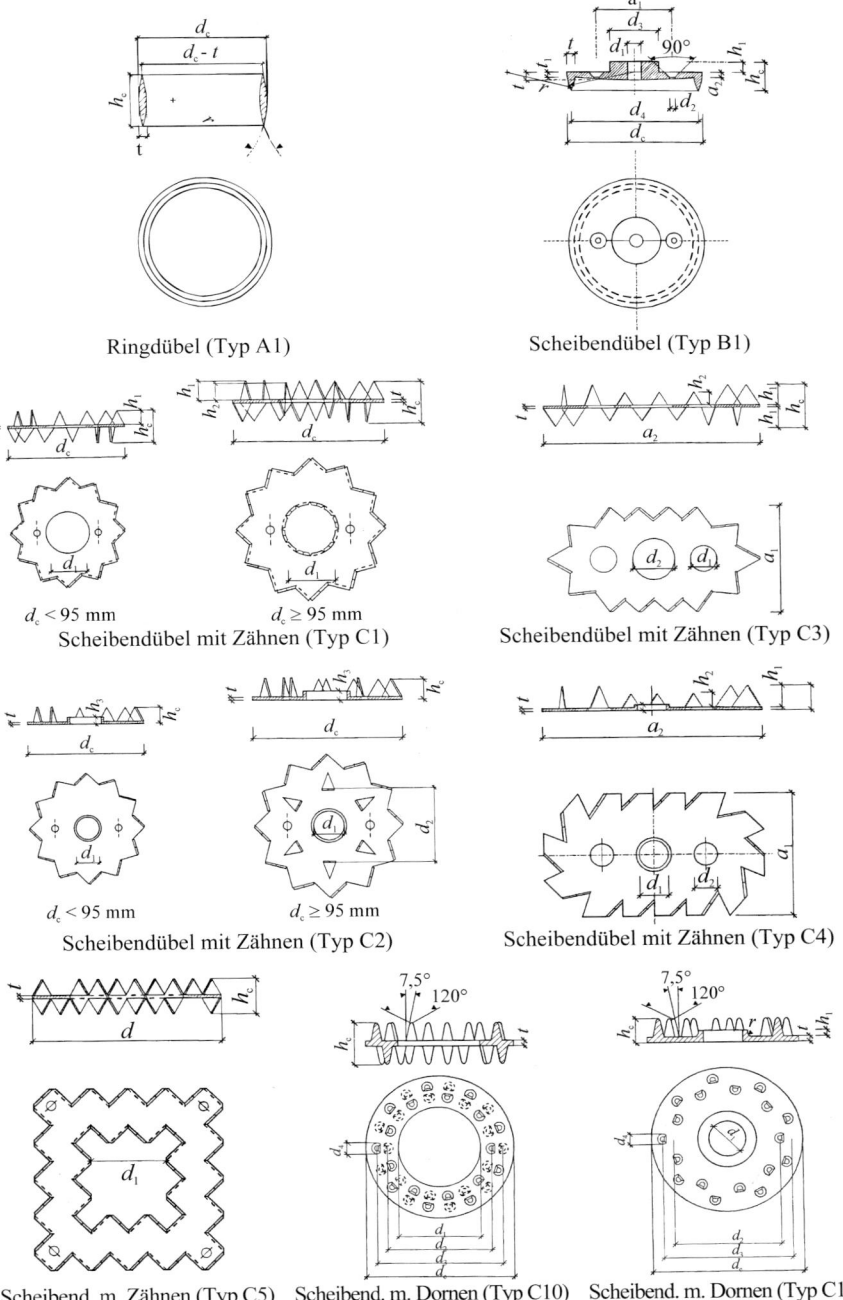

Ringdübel (Typ A1)

Scheibendübel (Typ B1)

Scheibendübel mit Zähnen (Typ C1)

Scheibendübel mit Zähnen (Typ C3)

$d_c < 95$ mm

$d_c \geq 95$ mm

Scheibendübel mit Zähnen (Typ C2)

Scheibendübel mit Zähnen (Typ C4)

$d_c < 95$ mm

$d_c \geq 95$ mm

Scheibend. m. Zähnen (Typ C5) Scheibend. m. Dornen (Typ C10) Scheibend. m. Dornen (Typ C11)

Ringdübel (Typ A), Scheibendübel (Typ B)	**Scheibendübel mit Zähnen (Typ C)**

$$R_{c,0,k} = \min\left\{35 \cdot d_c^{1,5}\,;\,31,5 \cdot d_c \cdot h_e\right\} \quad \text{in N}$$

$$R_{c,k} = \begin{cases} 18 \cdot d_c^{1,5} & \text{C1, C2 und C5} \\ 18 \cdot (a_1 \cdot a_2)^{0,75} & \text{C3 und C4} \\ 25 \cdot d_c^{1,5} & \text{C10 und C11} \end{cases} \quad \text{in N}$$

$R_{j,0,d} = R_{c,d} + R_{b,0,d}$ mit $R_{b,0,d}$ als Bemessungswert der Tragfähigkeit des Bolzen (s. 6.2.3)

$$R_{c,0(\alpha),d} = \frac{k_{\text{mod}}}{\gamma_M} \cdot k_t \cdot k_{a1} \cdot k_\rho \cdot k_\alpha \cdot R_{c,0(\alpha),k}$$

$$R_{\cdot,0(\alpha),d} = k_t \cdot k_{a1} \cdot k_\rho \cdot \left(\frac{k_{\text{mod}} \cdot R_{c,k}}{\gamma_M}\right) + R_{b,0(\alpha),d}$$

Einfluss des Abstandes vom belasteten Hirnholzende:

$a_{1,t} > 2 \cdot d_c \qquad k_{a1} = \min\left\{1,25\,;\,\dfrac{a_{1,t}}{2 \cdot d_c}\right\}$

generell: $a_{1,t} \geq \max(7 \cdot d_b;\,80\,\text{mm})$

$1,5 \cdot d_c < a_{1,t} \leq 2 \cdot d_c \qquad k_{a1} = a_{1,t}/(2 \cdot d_c)$

für $\alpha \leq 30°$:

Einfluss des KF-Winkels:

$\alpha = 0° \quad k_\alpha = 1$

$\alpha > 0° \quad k_\alpha = \dfrac{1}{(1,3 + 0,001 \cdot d_c) \cdot \sin^2\alpha + \cos^2\alpha}$

$\left.\begin{array}{l} 1,1 \cdot d_c \\ 1,1 \cdot a_2 \\ 1,5 \cdot d_c \end{array}\right\} \leq a_{1,t} < \begin{cases} 1,5 \cdot d_c & \text{C1, C2, C3} \\ 1,5 \cdot a_2 & \text{C4, C5} \\ 2,0 \cdot d_c & \text{C10, C11} \end{cases}$

Verbindungen mit nur 1 Verbindungseinheit in Faserricht. d. Holzes u. KF-Winkel $\alpha \leq 30°$:

$R_{c,0,k} = 31,5 \cdot d_c \cdot h_e \quad \text{in N}$

$k_{a1} = \begin{cases} a_{1,t}/(1,5 \cdot d_c) & \text{C1, C2, C3} \\ a_{1,t}/(1,5 \cdot a_2) & \text{C4, C5} \\ a_{1,t}/(2,0 \cdot d_c) & \text{C10, C11} \end{cases}$

Einfluss der Seiten- bzw. Mittelholzdicke:

Seitenholzdicke t_1 Mittelholzdicke t_2

$2,25 \cdot h_e \leq t_1 \leq 3 \cdot h_e$ $3,75 \cdot h_e \leq t_2 \leq 5 \cdot h_e$

$k_t = \min\left\{1\,;\,t_1/(3 \cdot h_e)\,;\,t_2/(5 \cdot h_e)\right\}$

Einfluss der Rohdichte:

$\rho < 350\,\text{kg/m}^3$: $k_\rho = \rho_k/350$

$\rho > 350\,\text{kg/m}^3$: $k_\rho = \min\left\{1,75\,;\,\rho_k/350\right\}$

Bemessungswert der Tragfähigkeit für n in Kraft- und Faserricht. hinterein. angeordnete Dübel

$(2 < n \leq 10)$: $R_{j,d} = n_{ef} \cdot R_{c,0(\alpha),d}$ mit $n_{ef} = \left[2 + \left(1 - \dfrac{n}{20}\right) \cdot (n-2)\right] \cdot \dfrac{90 - \alpha}{90} + n \cdot \dfrac{\alpha}{90} \leq 6$

Tafel 9.40a: Wirksame Anzahl n_{ef} bei Dübeln besonderer Bauart

Verbind.-einheiten n in Kraftricht. hinterein.	2	3	4	5	6	7	8	9	≥10
wirksame Anzahl n_{ef} der Verbindungseinh.	2	2,85	3,60	4,25	4,80	5,25	5,6	5,85	6

Tafel 9.40b: Mindestabstände für Dübel besonderer Bauart

		Dübeltyp A und B	Dübeltyp C1 bis C5[1)]	Dübeltyp C10, C11
a_1	parallel zur Faserricht.	$(1,2 + 0,8 \cdot \cos\alpha) \cdot d_c$	$(1,2 + 0,3 \cdot \cos\alpha) \cdot d_c$	$(1,2 + 0,8 \cdot \cos\alpha) \cdot d_c$
a_2	senkrecht zur Faserricht.	$1,2 \cdot d_c$	$1,2 \cdot d_c$	$1,2 \cdot d_c$
$a_{1,t}$	beanspr. Hirnholzende	$2 \cdot d_c$	$1,5 \cdot d_c$	$2 \cdot d_c$
$a_{1,c}$	unbeanspr. $\alpha \leq 30°$	$1,2 \cdot d_c$	$1,2 \cdot d_c$	$1,2 \cdot d_c$
	Hirnholzende $\alpha > 30°$	$(0,4 + 1,6 \cdot \sin\alpha) \cdot d_c$	$(0,9 + 0,6 \cdot \sin\alpha) \cdot d_c$	$(0,4 + 1,6 \cdot \sin\alpha) \cdot d_c$
$a_{2,t}$	beanspruchter Rand	$(0,6 + 0,2 \cdot \sin\alpha) \cdot d_c$	$(0,6 + 0,2 \cdot \sin\alpha) \cdot d_c$	$(0,6 + 0,2 \cdot \sin\alpha) \cdot d_c$
$a_{2,c}$	unbeanspruchter Rand	$0,6 \cdot d_c$	$0,6 \cdot d_c$	$0,6 \cdot d_c$

[1)] Bei Dübeltyp C3, C4 ist d_c die größte Seitenlänge a_2, bei Dübeltyp C5 die Seitenlänge d.

Tafel 9.41a: Modifikationsbeiwert k_p

	C 16	C 24	C 30	C 35	C 40			
NH	1,00	1,08	1,14	1,20				
	n. z.							
BSH	GL 24h	GL 24c	GL 28h	GL 28c	GL 32h	GL 32c	GL 36h	GL 36c
	1,08	1,00	1,17	1,08	1,22	1,17	1,28	1,22

Tafel 9.41b: Modifikationsbeiwert k_α (gilt nur für die Dübeltypen A und B)

α	d = 65 mm	d = 80 mm	d = 95 mm	d = 126 mm	d = 128 mm	d = 160 mm	d = 190 mm
0°	1,000	1,000	1,000	1,000	1,000	1,000	1,000
10°	0,989	0,989	0,988	0,987	0,987	0,986	0,985
20°	0,959	0,957	0,956	0,953	0,952	0,949	0,946
30°	0,916	0,913	0,910	0,904	0,903	0,897	0,891
40°	0,869	0,864	0,860	0,850	0,850	0,840	0,832
50°	0,824	0,818	0,812	0,800	0,799	0,787	0,777
60°	0,785	0,778	0,771	0,758	0,757	0,743	0,731
70°	0,756	0,749	0,741	0,727	0,726	0,711	0,698
80°	0,739	0,731	0,723	0,708	0,707	0,692	0,678
90°	0,733	0,725	0,717	0,701	0,700	0,685	0,671

Verbindungen mit Dübeln besonderer Bauart in Hirnholzflächen

Ringdübel (Typ A1)

$$R_{c,H,k} = \frac{k_H}{(1{,}3 + 0{,}001 \cdot d_c)} \cdot R_{c,0,k} \quad \text{in N}$$

$k_H = 0{,}65$ bei 1 o. 2 Dübeln hintereinander
$k_H = 0{,}80$ bei 3, 4 o. 5 Dübeln hintereinander

Scheibendübel mit Zähnen (Typ C1, C10)

$$R_{c,H,k} = 14 \cdot d_c^{1,5} + 0{,}8 \cdot R_{b,90,k} \quad \text{in N}$$

mit $R_{b,90,k}$ charakteristischer Wert der Tragfähigkeit des Bolzen (s. 6.2.3)

$$R_{c,H,d} = n_c \cdot \frac{k_{mod} \cdot R_{c,H,k}}{\gamma_M}$$

n_c Anzahl d. Verbindungseinheiten pro Anschluss ($n_c \leq 5$)
γ_M Teilsicherheitsbeiwert für Holz/Holzwerkstoffe ($\gamma_M = 1{,}3$)

Tafel 9.41c: Anforderungen a. d. Holzmaße u. d. Dübelabstände b. Hirnholzanschlüssen (s. DIN 1052)

Dübeltyp	Dübeldurch-messer d_c [mm]	Mindestbreite des anzu-schließenden Trägers [mm]	Mindestrand-abstand [mm]	Mindestabstand der Dübel untereinander a_2 [mm]
A1	65	110	55	80
A1	80	130	65	95
A1	95	150	75	110
A1	126	200	100	145
C1	50	100	50	55
C1	62	115	55	70
C1	75	125	60	90
C1	95	140	70	110
C1	117	170	85	130
C1	140	200	100	155
C10	50	100	50	65
C10	65	115	60	85
C10	80	130	65	100
C10	95	150	75	115
C10	115	170	85	130

Tafel 9.42: Dübel besonderer Bauart

Dübeltyp[1]		Durchmesser/ Seitenlänge	Höhe	Dicke	Einlasstiefe/ Einpresstiefe	Rechenwert Dübelfehlfläche	min.Schrauben -durchm.[2,9]	Min.holzdicke Seitenholz[6]	Min.holzdicke Mittelholz[6]	Mindestholz- breite	erforderlicher Endabstand	char. Wert d. Tragfähigk.[2,3]
		d_c	h_c	t	h_e	ΔA	d_b	t_1	t_2	b	$a_{1,t}$	$R_{c,0,k}$
		[mm]	[mm]	[mm]	[mm]	[cm²]	[mm]	[mm]	[mm]	[mm]	[mm]	[kN]
A1[7]	Ring- dübel	65	30	5	15	9,8	12	45	75	78	130	18,3
		80	30	6	15	12,0	12	45	75	96	160	25,0
		95	30	6	15	14,3	12	45	75	114	190	32,4
		126	30	6	15	18,9	12	45	75	152	252	49,5
		128	45	8	22,5	28,8	12	68	113	154	256	50,6
		160[5]	45	10	22,5	36,0	16	68	113	192	320	70,8
		190[5]	45	10	22,5	42,8	16	68	113	228	380	91,6
B1	Scheiben- dübel	65	23	5	15	9,8	12	45	75	78	130	18,3
		80	23	6	15	12,0	12	45	75	96	160	25,0
		95	23	6	15	14,3	12	45	75	114	190	32,4
		128	32,5	7,5	22,5	28,8	12	68	113	154	256	50,6
		160[5]	34,5	9	22,5	36,0	16	68	113	192	320	70,8
		190[5]	34,5	9	22,5	42,8	16	68	113	228	380	91,6
C1[8]	Scheiben- dübel mit Zähnen zweiseitig	50	13	1	6	1,7	10	18[6]	30	60	75	6,3
		62	16	1,2	7,4	3,0	10	23[6]	37	75	93	8,7
		75	19,5	1,25	9,1	4,2	10	28	46	90	113	11,6
		95	24	1,35	11,3	6,7	10	34	57	114	143	16,6
		117	30	1,5	14,3	10,0	10	43	72	141	176	22,7
		140[5]	31	1,65	14,7	12,4	10	45	74	168	210	29,8
		165[5]	33	1,8	15,6	14,9	10	47	78	198	248	38,1
C2	Scheiben- dübel mit Zähnen einseitig	50	6,6	1	5,6	1,7	10	17[6]	28	60	75	6,3
		62	8,7	1,2	7,5	3,0	12	23[6]	38	75	93	8,7
		75	10,4	1,25	9,2	4,2	12	28	46	90	113	11,6
		95	12,7	1,35	11,4	6,7	16	35	57	114	143	16,6
		117	16	1,5	14,5	10,0	16	44	73	141	176	22,7
C3[5]		73x130	28	1,5	13,25	11,1	10	40	67	156	195	17,3
C4[5]		73x130	14,75	1,5	13,25	11,1	16	40	67	156	195	17,3
C5		100	16	1,35	7,3	4,3	10	22[6]	37	120	150	18,0
		130[5]	20	1,5	9,25	6,9	10	28	47	156	195	26,6
C10[8]	Scheiben- dübel mit Dornen zweiseitig	50	27	3	12	4,6	10	36	60	60	100	8,8
		65	27	3	12	5,9	10	36	60	78	130	13,1
		80	27	3	12	7,5	10	36	60	96	160	17,8
		95	27	3	12	9,0	10	36	60	114	190	23,1
		115	27	3	12	10,4	10	36	60	138	230	30,8
C11	Scheiben- dübel mit Dornen einseitig	50	15	3	12	4,6	12	36	60	60	100	8,8
		65	15	3	12	5,9	16	36	60	78	130	13,1
		80	15	3	12	7,5	20	36	60	96	160	17,8
		95	15	3	12	9,0	24	36	60	114	190	23,1
		115	15	3	12	10,4	24	36	60	138	230	30,8
Fußnoten siehe Seite 9.43												

Fußnoten zu Tafel 9.42:
1) Dübelformen siehe Seite 9.39.
2) Gilt für einen Dübel.
3) Bei Dübeltyp C darf die Tragfähigkeit des Bolzens zusätzlich in Rechnung gestellt werden.
4) Zugehörige Unterlegscheiben siehe Tafel 9.43.
5) Klemmbolzen gemäß nachfolgender Skizze erforderlich.
6) Mindestholzdicke nach DIN 1052 ($t = 24$ mm) beachten.
7) Bei $d_c \leq 95$ mm darf der Bolzen durch Sondernägel oder Holzschrauben ersetzt werden.
8) Bei $d_c \leq 117$ mm darf der Bolzen durch Sondernägel oder Holzschrauben ersetzt werden, jedoch ist zusätzlich die Tragfähigkeit dieser Verbindungsmittel in Rechnung zu stellen.
9) maximaler Schraubendurchmesser siehe DIN 1052

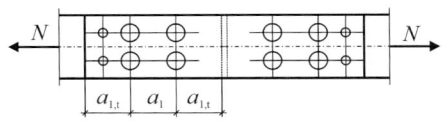

Anordnung von Klemmbolzen erforderlich, wenn alle folgenden Bedingungen eintreten:
- an den Enden von Außenhölzern oder -laschen
- bei zwei oder mehreren Dübeln (in Kraftrichtung hintereinander angeordnet)
- Dübeldurchmesser bzw. –seitenlängen ≥ 130 mm

Tafel 9.43: Vorzugsmaße f. Scheiben a. Stahl für Bolzen und Passbolzen (f. d. Verw. als Unterlegscheiben)

zu verwenden für Schraubenbolzen	Ø (außen) [mm]	Ø (innen) [mm]	t (Scheibe) [mm]	Fläche [cm²]	erw. Fläche [cm²]
M12	58	14	6	24,9	59,7
M16	68	18	6	33,8	74,6
M20	80	22	8	46,5	94,5
M22	92	25	8	61,6	116,8
M24	105	27	8	80,9	143,9

Beispiel:
Laschenstoß mit 2 x 2 Dübeln besonderer Bauart Typ A1, $d = 95$ mm, $N_d = 40$ kN,
Seitenhölzer: $t_1/h = 6/12$ cm,
Mittelholz: $t_2/h = 8/12$ cm, NH C30,
$k_{mod} = 0{,}8$, $\alpha = 0°$, $a_{1,t} = 150$ mm, $k_{a1} = {150}/{(2 \cdot 95)} = 0{,}789$

Tafelwert: $R_{c,0,k} = 32{,}4$ kN, $k_t = \min\left\{1; {60}/{(3 \cdot 15)}; {80}/{(5 \cdot 15)}\right\} = 1$, $k_\rho = 1{,}08$, $k_\alpha = 1$,

$$R_{c,0,d} = \frac{0{,}8}{1{,}3} \cdot 1 \cdot 0{,}789 \cdot 1{,}08 \cdot 32{,}4 \, \text{kN} = 17{,}0 \, \text{kN}, \quad \frac{0{,}5 \cdot N_d}{n_{ef} \cdot R_{c,0,d}} = \frac{0{,}5 \cdot 40{,}0}{2 \cdot 17{,}0} = 0{,}59 < 1,$$

$$\frac{\frac{N_d}{A}}{\frac{k_{mod} \cdot f_{t,0,k}}{\gamma_M}} = \frac{40{,}0}{\frac{(8 \cdot 12 - 1{,}3 \cdot 8 - 14{,}3)}{0{,}8 \cdot 1{,}3}} = 0{,}51 < 1$$
       1,3

6.3.3 Verbindungen mit Nagelplatten
Siehe Entwurfs- und Berechnungstafeln für Bauingenieure, Kapitel 4A, Abschnitt 6.3.3

7 Querzug, Ausklinkungen, Durchbrüche und Verstärkungen
Siehe Entwurfs- und Berechnungstafeln für Bauingenieure, Kapitel 4A, Abschnitt 7

8 Bemessungshilfen

8.1 Vorzugsmaße

Kantholz DIN 4070-1		h [cm]								
		6	8	10	12	14	16	18	20	22	24
b [cm]	6	■	■	■							
	8		■	■	■		■				
	10			■	■				■	■	
	12				■	■	■	■			
	14					■	■				
	16						■	■	■		
	18								■		
	20								■		■

KVH [1]		h [cm]					
		12	14	16	18	20	24
b [cm]	6	●	●	●	●	●	●
	8	●	●	●	●	●	●
	10	●				●	●
	12	●				●	●

[1] Konstruktionsvollholz (Vorzugsmaße nach Überwachungsgemeinschaft Konstruktionsvollholz aus deutscher Produktion e. V.)

8.2 Querschnittswerte und Eigenlasten für Rechteckquerschnitte

$b = 10$ cm
Rechenwerte der Eigenlast: 5 kN/m³

h cm	A cm²	W_y cm³	I_y cm⁴	i_y cm	g kN/m	h cm	A cm²	W_y cm³	I_y cm⁴	i_y cm	g kN/m
6	60	60	180	1,73	0,03	82	820	11.206	459.473	23,67	0,41
8	80	106	426	2,31	0,04	84	840	11.760	493.920	24,25	0,42
10	100	166	833	2,89	0,05	86	860	12.326	530.046	24,83	0,43
12	120	240	1.440	3,46	0,06	88	880	12.906	567.893	25,40	0,44
14	140	326	2.286	4,04	0,07	90	900	13.500	607.500	25,98	0,45
16	160	426	3.413	4,62	0,08	92	920	14.106	648.906	26,56	0,46
18	180	540	4.860	5,20	0,09	94	940	14.726	692.153	27,14	0,47
20	200	666	6.666	5,77	0,10	96	960	15.360	737.280	27,71	0,48
22	220	806	8.873	6,35	0,11	98	980	16.006	784.326	28,29	0,49
24	240	960	11.520	6,93	0,12	100	1.000	16.666	833.333	28,87	0,50
26	260	1.126	14.646	7,51	0,13	102	1.020	17.340	884.340	29,44	0,51
28	280	1.306	18.293	8,08	0,14	104	1.040	18.026	937.386	30,02	0,52
30	300	1.500	22.500	8,66	0,15	106	1.060	18.726	992.513	30,60	0,53
32	320	1.706	27.306	9,24	0,16	108	1.080	19.440	1.049.760	31,18	0,54
34	340	1.926	32.753	9,81	0,17	110	1.100	20.166	1.109.166	31,75	0,55
36	360	2.160	38.880	10,39	0,18	112	1.120	20.906	1.170.773	32,33	0,56
38	380	2.406	45.726	10,97	0,19	114	1.140	21.660	1.234.620	32,91	0,57
40	400	2.666	53.333	11,55	0,20	116	1.160	22.426	1.300.746	33,49	0,58
42	420	2.940	61.740	12,12	0,21	118	1.180	23.206	1.369.193	34,06	0,59
44	440	3.226	70.986	12,70	0,22	120	1.200	24.000	1.440.000	34,64	0,60
46	460	3.526	81.113	13,28	0,23	122	1.220	24.806	1.513.206	35,22	0,61
48	480	3.840	92.160	13,86	0,24	124	1.240	25.626	1.588.853	35,80	0,62
50	500	4.166	104.166	14,43	0,25	126	1.260	26.460	1.666.980	36,37	0,63
52	520	4.506	117.173	15,01	0,26	128	1.280	27.306	1.747.626	36,95	0,64
54	540	4.860	131.220	15,59	0,27	130	1.300	28.166	1.830.833	37,53	0,65
56	560	5.226	146.346	16,17	0,28	132	1.320	29.040	1.916.640	38,11	0,66
58	580	5.606	162.593	16,74	0,29	134	1.340	29.926	2.005.086	38,68	0,67
60	600	6.000	180.000	17,32	0,30	136	1.360	30.826	2.096.213	39,26	0,68
62	620	6.406	198.606	17,90	0,31	138	1.380	31.740	2.190.060	39,84	0,69
64	640	6.826	218.453	18,48	0,32	140	1.400	32.666	2.286.666	40,41	0,70
66	660	7.260	239.580	19,05	0,33	142	1.420	33.606	2.386.073	40,99	0,71
68	680	7.706	262.026	19,63	0,34	144	1.440	34.560	2.488.320	41,57	0,72
70	700	8.166	285.833	20,21	0,35	146	1.460	35.526	2.593.446	42,15	0,73
72	720	8.640	311.040	20,78	0,36	148	1.480	36.506	2.701.493	42,72	0,74
74	740	9.126	337.686	21,36	0,37	150	1.500	37.500	2.812.500	43,30	0,75
76	760	9.626	365.813	21,94	0,38	152	1.520	38.506	2.926.506	43,88	0,76
78	780	10.140	395.460	22,52	0,39	154	1.540	39.526	3.043.553	44,46	0,77
80	800	10.666	426.666	23,09	0,40	156	1.560	40.560	3.163.680	45,03	0,78

Umrechnung auf andere Querschnittsbreiten: $b/10 \cdot$ Tafelwert; z. B. b/h =24/34, I_y = 2,4 · 32.753 cm⁴ = 78.607 cm⁴

Bemessungshilfen

Dachlatten (nach DIN 4070-1) Rechenwert der Eigenlast: 5 kN/m³

b/h mm/mm	A cm²	W_y cm³	I_y cm⁴	W_z cm³	I_z cm⁴	i_y cm	i_z cm	g kN/m
24/48	11,5	9,2	22,1	4,57	5,5	1,39	0,69	0,0058
30/50	15,0	12,5	31,3	7,50	11,3	1,45	0,87	0,0075
40/60	24,0	24,0	72,0	16,0	32,0	1,73	1,16	0,0120

Ungehobelte Bretter und Bohlen aus Nadelholz (Auswahl nach DIN 4071-1)

Brettdicke	mm	16	18	22	24	28	38					
Bohlendicke	mm	44	48	50	63	70	75					
Breite (parallel besäumt)	mm	80	100	120	140	150	160	180	200	220	240	260	280	300

8.3 Bemessungswert der Tragfähigkeit einteiliger Stützen

Quadratstützen aus Nadelholz C 24 (NKL 1 und 2, KLED mittel, $k_{mod} = 0{,}8$)[1]

s cm	A cm²	\multicolumn{10}{c}{max. R_d [kN] bei einer Knicklänge [m] von}
		2,00	2,50	3,00	3,50	4,00	4,50	5,00	5,50	6,00	6,50	7,00
10	100	72,1	50,4	36,4	27,4	21,3	17,0	13,8	11,5	9,76	8,35	7,23
12	144	130	97,7	72,6	55,2	43,2	34,6	28,3	23,6	20,0	17,1	14,8
14	196	202	164	127	98,8	78,1	62,9	51,7	43,2	36,6	31,4	27,2
16	256	284	246	201	161	129	104	86,6	72,5	61,6	52,9	45,9
18	324	375	340	293	243	198	163	135	114	97,3	83,7	72,8
20	400	476	443	398	343	288	240	201	170	145	125	109
22	484	587	556	514	459	397	337	286	244	209	181	158
24	576	709	679	639	586	522	454	391	336	290	252	221
26	676	841	811	773	723	660	588	515	448	390	341	299

Rundstützen aus Nadelholz C 24 (NKL 1 und 2, KLED mittel, $k_{mod} = 0{,}8$)[1]

d cm	A cm²	\multicolumn{10}{c}{max. R_d [kN] bei einer Knicklänge [m] von}
		2,00	2,50	3,00	3,50	4,00	4,50	5,00	5,50	6,00	6,50	7,00
10	78	53,9	36,6	26,1	19,5	15,1	12,0	9,84	8,18	6,90	5,90	5,10
12	113	103	73,0	53,0	39,9	31,0	24,8	20,2	16,8	14,2	12,2	10,5
14	153	168	126	94,2	71,8	56,2	45,0	36,9	30,7	26,0	22,3	19,3
16	201	247	199	154	119	94,3	76,0	62,4	52,1	44,1	37,9	32,8
18	254	334	287	232	184	146	119	98,3	82,3	69,8	60,0	52,0
20	314	431	386	327	267	217	177	147	123	105	90,6	78,7
22	380	536	494	436	369	306	253	211	178	152	131	114
24	452	651	611	556	486	413	347	292	247	212	183	159
26	530	775	736	684	616	537	459	390	333	287	248	217

Quadratstützen aus Brettschichtholz GL 28h (NKL 1 und 2, KLED mittel, $k_{mod} = 0{,}8$)[1]

s cm	A cm²	\multicolumn{10}{c}{max. R_d [kN] bei einer Knicklänge [m] von}
		2,00	2,50	3,00	3,50	4,00	4,50	5,00	5,50	6,00	6,50	7,00
10	100	110	76,8	54,9	40,9	31,6	25,1	20,5	17,0	14,3	12,2	10,5
12	144	193	149	110	83,4	64,8	51,6	42,1	35,0	29,5	25,2	21,8
14	196	287	248	195	150	118	94,5	77,2	64,3	54,3	46,4	40,1
16	256	389	359	307	246	196	158	130	108	91,8	78,6	68,1
18	324	503	479	436	371	304	248	205	172	145	125	108
20	400	629	609	574	516	441	368	307	258	219	188	163
22	484	768	749	720	673	601	517	438	371	317	273	238
24	576	920	902	877	837	775	691	599	514	442	382	333
26	676	1085	1068	1044	1010	958	882	786	687	596	519	454

[1] Umrechnung für andere NKL und KLED mit dem Faktor ($k_{mod}/0{,}8$)

8.4 Charakteristische Tragfähigkeit von rechteckigen Deckenbalken

Voraussetzungen (ersetzt die statische Berechnung nicht!):
- Deckenbalken aus Nadelholz C 24 als Einfeldträger, Einbau ohne Überhöhung
- Gebäudekategorien A (Wohn- und Aufenthaltsräume) und B (Büros) n. DIN 1055-100
- Nutzungsklasse 1
- Belastung nur als Flächenbelastung, keine Einzellasten
- Nutzlast ist die einzig einwirkende nicht ständige Last

Gebäudekategorie A3 bzw. B1 $q_k = 2{,}0$ kN/m²

b/h [cm]	e [m]	\multicolumn{8}{c}{maximale ständige Flächenlast g_k [kN/m²] bei einer Spannweite l [m] von}
		2,00	2,50	3,00	3,50	4,00	4,50	5,00
6/16	0,6	7,00	3,75	1,53	0,55	–	–	–
	0,7	5,77	2,89	1,23	–	–	–	–
	0,8	4,77	2,25	0,88	–	–	–	–
	0,9	4,00	1,76	0,54	–	–	–	–
	1,0	3,37	1,36	0,26	–	–	–	–
8/16	0,6	9,33	5,30	2,24	0,93	0,30	–	–
	0,7	8,00	4,46	1,84	0,71	–	–	–
	0,8	7,00	3,75	1,53	0,55	–	–	–
	0,9	6,07	3,08	1,29	–	–	–	–
	1,0	5,24	2,55	1,09	–	–	–	–
8/18	0,6	11,81	7,56	3,45	1,58	0,68	0,20	–
	0,7	10,12	6,41	2,87	1,27	0,49	–	–
	0,8	8,86	5,33	2,44	1,04	0,36	–	–
	0,9	7,87	4,49	2,10	0,85	–	–	–
	1,0	7,08	3,82	1,83	0,71	–	–	–
8/20	0,6	14,58	9,33	4,96	2,40	1,16	0,49	0,12
	0,7	12,50	8,00	4,16	1,97	0,90	0,34	–
	0,8	10,94	7,00	3,57	1,65	0,72	0,22	–
	0,9	9,72	6,07	3,10	1,40	0,57	–	–
	1,0	8,75	5,24	2,73	1,20	0,45	–	–
10/18	0,6	14,76	9,45	4,46	2,13	1,00	0,40	–
	0,7	12,65	8,10	3,74	1,74	0,77	0,25	–
	0,8	11,07	7,08	3,20	1,45	0,60	–	–
	0,9	9,84	6,17	2,77	1,22	0,46	–	–
	1,0	8,86	5,33	2,44	1,04	0,36	–	–
10/20	0,6	18,23	11,66	6,35	3,15	1,60	0,77	0,30
	0,7	15,62	10,00	5,35	2,61	1,28	0,57	0,17
	0,8	13,67	8,75	4,61	2,21	1,05	0,43	–
	0,9	12,15	7,77	4,03	1,90	0,86	0,31	–
	1,0	10,94	7,00	3,57	1,65	0,72	0,22	–
10/22	0,6	22,06	14,12	8,65	4,39	2,32	1,22	0,59
	0,7	18,91	12,10	7,33	3,68	1,90	0,96	0,42
	0,8	16,54	10,59	6,34	3,14	1,59	0,77	0,29
	0,9	14,70	9,41	5,56	2,73	1,35	0,61	0,19
	1,0	13,23	8,47	4,95	2,39	1,15	0,49	–
12/20	0,6	21,88	14,00	7,74	3,90	2,04	1,04	0,48
	0,7	18,75	12,00	6,55	3,26	1,66	0,81	0,32
	0,8	16,41	10,50	5,65	2,77	1,38	0,63	0,21
	0,9	14,58	9,33	4,96	2,40	1,16	0,49	0,12
	1,0	13,12	8,40	4,40	2,10	0,98	0,38	–
12/22	0,6	26,47	16,94	10,50	5,39	2,91	1,59	0,83
	0,7	22,69	14,52	8,91	4,53	2,41	1,28	0,63
	0,8	19,85	12,70	7,72	3,89	2,03	1,04	0,47
	0,9	17,65	11,29	6,80	3,39	1,74	0,86	0,35
	1,0	15,88	10,16	6,06	2,99	1,50	0,71	0,26
12/24	0,6	31,50	20,16	13,81	7,18	3,96	2,24	1,26
	0,7	27,00	17,28	11,75	6,07	3,31	1,84	1,00
	0,8	23,63	15,12	10,21	5,23	2,82	1,53	0,80
	0,9	21,00	13,44	9,01	4,58	2,44	1,29	0,64
	1,0	18,90	12,09	8,05	4,06	2,13	1,10	0,52

Gebäudekategorie A3 bzw. B1 (Trennwandzuschlag für g ≤ 3 kN/m) $q_k = 2{,}80$ kN/m²

b/h [cm]	e [m]	\multicolumn{7}{c}{maximale ständige Flächenlast g_k [kN/m²] bei einer Spannweite l [m] von}
		2,00	2,50	3,00	3,50	4,00	4,50	5,00
6/16	0,6	6,22	2,86	1,03	–	–	–	–
	0,7	4,89	2,01	0,44	–	–	–	–
	0,8	3,89	1,36	–	–	–	–	–
	0,9	3,11	0,87	–	–	–	–	–
	1,0	2,49	0,47	–	–	–	–	–
8/16	0,6	9,33	4,85	2,00	0,69	–	–	–
	0,7	7,55	3,71	1,60	–	–	–	–
	0,8	6,22	2,86	1,03	–	–	–	–
	0,9	5,18	2,19	0,57	–	–	–	–
	1,0	4,35	1,66	0,20	–	–	–	–
8/18	0,6	11,81	6,97	3,21	1,34	0,44	–	–
	0,7	10,12	5,53	2,63	1,03	–	–	–
	0,8	8,70	4,45	2,14	0,74	–	–	–
	0,9	7,39	3,61	1,55	0,31	–	–	–
	1,0	6,34	2,93	1,08	–	–	–	–
8/20	0,6	14,58	9,33	4,72	2,16	0,92	–	–
	0,7	12,50	7,55	3,92	1,73	0,66	–	–
	0,8	10,94	6,22	3,33	1,41	0,48	–	–
	0,9	9,72	5,18	2,65	1,12	–	–	–
	1,0	8,55	4,35	2,07	0,69	–	–	–
10/18	0,6	14,76	9,45	4,22	1,89	0,76	–	–
	0,7	12,65	7,69	3,50	1,50	0,53	–	–
	0,8	11,07	6,34	2,96	1,21	–	–	–
	0,9	9,84	5,29	2,53	0,98	–	–	–
	1,0	8,70	4,45	2,14	0,74	–	–	–
10/20	0,6	18,23	11,66	6,11	2,91	1,36	0,53	–
	0,7	15,62	10,00	5,11	2,37	1,04	0,33	–
	0,8	13,67	8,55	4,37	1,97	0,81	–	–
	0,9	12,15	7,26	3,79	1,66	0,62	–	–
	1,0	10,94	6,22	3,33	1,41	0,48	–	–
10/22	0,6	22,06	14,12	8,41	4,15	2,08	0,98	0,35
	0,7	18,91	12,10	7,09	3,44	1,66	0,72	0,18
	0,8	16,54	10,59	6,10	2,90	1,35	0,53	–
	0,9	14,70	9,41	5,32	2,49	1,11	0,37	–
	1,0	13,23	8,18	4,71	2,15	0,91	–	–
12/20	0,6	21,88	14,00	7,50	3,66	1,80	0,80	0,24
	0,7	18,75	12,00	6,31	3,02	1,42	0,57	–
	0,8	16,41	10,50	5,41	2,53	1,14	0,39	–
	0,9	14,58	9,33	4,72	2,16	0,92	–	–
	1,0	13,12	8,09	4,16	1,86	0,74	–	–
12/22	0,6	26,47	16,94	10,26	5,15	2,67	1,35	0,59
	0,7	22,69	14,52	8,67	4,29	2,17	1,04	0,39
	0,8	19,85	12,70	7,48	3,65	1,79	0,80	0,23
	0,9	17,65	11,29	6,56	3,15	1,50	0,62	–
	1,0	15,88	10,16	5,82	2,75	1,26	0,47	–
12/24	0,6	31,50	20,16	13,57	6,94	3,72	2,00	1,02
	0,7	27,00	17,28	11,51	5,83	3,07	1,60	0,76
	0,8	23,63	15,12	9,97	4,99	2,58	1,29	0,56
	0,9	21,00	13,44	8,77	4,34	2,20	1,05	0,40
	1,0	18,90	12,09	7,81	3,82	1,89	0,86	0,28

Gebäudekategorie B2 $\quad q_k = 3,0 \text{ kN/m}^2$

b/h [cm]	e [m]	\multicolumn{6}{c}{maximale ständige Flächenlast g_k [kN/m²] bei einer Spannweite l [m] von}					
		2,00	2,50	3,00	3,50	4,00	4,50	5,00
6/16	0,6	6,00	2,64	0,81	–	–	–	–
	0,7	4,66	1,78	0,22	–	–	–	–
	0,8	3,66	1,14	–	–	–	–	–
	0,9	2,89	0,64	–	–	–	–	–
	1,0	2,26	0,25	–	–	–	–	–
8/16	0,6	9,11	4,63	1,94	–	–	–	–
	0,7	7,33	3,49	1,40	–	–	–	–
	0,8	6,00	2,64	0,81	–	–	–	–
	0,9	4,96	1,97	0,35	–	–	–	–
	1,0	4,13	1,44	–	–	–	–	–
8/18	0,6	11,81	6,74	3,15	1,28	–	–	–
	0,7	10,12	5,30	2,57	0,97	–	–	–
	0,8	8,48	4,22	1,91	0,52	–	–	–
	0,9	7,16	3,38	1,33	–	–	–	–
	1,0	6,11	2,71	0,86	–	–	–	–
8/20	0,6	14,58	9,11	4,66	2,10	0,86	–	–
	0,7	12,50	7,33	3,86	1,67	0,60	–	–
	0,8	10,94	6,00	3,14	1,35	–	–	–
	0,9	9,63	4,96	2,42	0,90	–	–	–
	1,0	8,33	4,13	1,85	0,47	–	–	–
10/18	0,6	14,76	9,26	4,16	1,83	0,70	–	–
	0,7	12,65	7,46	3,44	1,44	0,47	–	–
	0,8	11,07	6,11	2,90	1,15	–	–	–
	0,9	9,79	5,06	2,47	0,92	–	–	–
	1,0	8,48	4,22	1,91	0,52	–	–	–
10/20	0,6	18,23	11,66	6,05	2,85	1,30	0,47	–
	0,7	15,62	10,00	5,05	2,31	0,98	–	–
	0,8	13,67	8,33	4,31	1,91	0,75	–	–
	0,9	12,15	7,03	3,73	1,60	0,56	–	–
	1,0	10,94	6,00	3,14	1,35	–	–	–
10/22	0,6	22,06	14,12	8,35	4,09	2,02	0,92	0,29
	0,7	18,91	12,10	7,03	3,38	1,60	0,66	–
	0,8	16,54	10,59	6,04	2,84	1,29	0,47	–
	0,9	14,70	9,21	5,26	2,43	1,05	0,31	–
	1,0	13,23	7,96	4,51	2,09	0,85	–	–
12/20	0,6	21,88	14,00	7,44	3,60	1,74	0,74	0,18
	0,7	18,75	12,00	6,25	2,96	1,36	0,51	–
	0,8	16,41	10,50	5,35	2,47	1,08	0,33	–
	0,9	14,58	9,11	4,66	2,10	0,86	–	–
	1,0	13,12	7,86	4,10	1,80	0,68	–	–
12/22	0,6	26,47	16,94	10,20	5,09	2,61	1,29	0,53
	0,7	22,69	14,52	8,61	4,23	2,11	0,98	0,33
	0,8	19,85	12,70	7,42	3,59	1,73	0,74	–
	0,9	17,65	11,29	6,50	3,09	1,44	0,56	–
	1,0	15,88	10,16	5,76	2,69	1,20	0,41	–
12/24	0,6	31,50	20,16	13,51	6,88	3,66	1,94	0,96
	0,7	27,00	17,28	11,45	5,77	3,01	1,54	0,70
	0,8	23,63	15,12	9,91	4,93	2,52	1,23	0,50
	0,9	21,00	13,44	8,71	4,28	2,14	0,99	0,34
	1,0	18,90	12,09	7,75	3,76	1,83	0,80	0,22

9 Holzschutz

Bei der Planung und Ausführung von Holzkonstruktionen im Hochbau ist die dauerhafte Funktionstüchtigkeit (Dauerhaftigkeit) einer Holzkonstruktion vorrangig durch vorbeugende bauliche Maßnahmen nach DIN 68 800-2 zu gewährleisten. Wenn keine Bedenken bestehen, dass die dazu notwendigen besonderen baulichen Maßnahmen eingehalten werden können, kann auf einen vorbeugenden chemischen Holzschutz nach DIN 68 800-3 verzichtet werden.

9.1 Transport, Lagerung und Einbau von Holz und Holzwerkstoffen

Holz, BS-Holz und Holzwerkstoffe (HW) sind bei Transport im Regen und auch bei kurzzeitiger Lagerung im Freien durch eine Abdeckung vor Feuchtigkeit und intensiver Sonnenbestrahlung zu schützen. Holz und HW sind möglichst mit der Gleichgewichtsfeuchte nach Tafel 9.49a einzubauen. Abweichend hiervon liegt die Gleichgewichtsfeuchte von Holzfaserplatten ca. 3 % unter den Werten in Tafel 9.49a.

Tafel 9.49a: Mittlere Gleichgewichtsfeuchten des Holzes

Exposition	Bauwerk geschlossen		Bauwerk offen, überdeckt	Konstruktion der Witterung ausgesetzt
	mit Heizung	ohne Heizung		
Mittl. Gleichgewichts-feuchte in %	9 ± 3	12 ± 3	15 ± 3	18 ± 6
Nutzungsklasse[1] nach DIN 1052 neu	1		2	3

[1] Siehe auch Tafel 9.8

Der Einbau von Holz mit einem gemessenen Einzelwert der Holzfeuchte $u_1 > 20\,\%$ ist ohne chemischen Holzschutz nur zulässig, wenn sich die Holzfeuchte innerhalb von höchstens sechs Monaten auf $u_1 \leq 20\,\%$ verringert. Die nachträgliche Austrocknung im eingebauten Zustand kann erreicht werden, wenn die Abdeckung des Bauteils an mindestens einer Bauteiloberfläche eine diffusionsäquivalente Luftschichtdicke $s_d \leq 0{,}2$ m aufweist. Kann das nicht sichergestellt werden, ist das Holz der Gefährdungsklasse 2 (siehe Tafel 9.49b) zuzuordnen.

9.2 Natürliche Dauerhaftigkeit des Holzes

In Tafel 9.49b ist das Kernholz der wichtigsten zu Bauzwecken verwendeten Holzarten in die in DIN 68 364 angegebenen Resistenzklassen eingestuft. Das Splintholz aller Holzarten ist stets den Resistenzklassen 4 und 5 zuzuordnen.

Tafel 9.49b Resistenzklassen des Kernholzes verschiedener Holzarten n. DIN 68 364

Resistenzklasse		Holzart	Resistenzklasse		Holzart
1	sehr resistent	Afzelia, Angelique, Azobe (Bongossi), Greenheart, Teak, Yellow Cedar[1]	3	mäßig resistent	Douglasie, Keruing, Lärche
			3-4		Kiefer, Southern Pine[1]
1-2		Merbau	4	wenig resistent	Fichte, Tanne, Western Hemlock[1]
2	resistent	Eiche	5	nicht resistent	Buche

[1] Die Zuordnung erfolgte in Anlehnung an (Mombächer, 1988).

9.3 Holzschutzmittel

Tafel 9.50a: Prüfprädikate für Holzschutzmittel

Prüfprädikat	Wirksamkeit	Für Gefährdungsklasse
Iv	gegen Insekten vorbeugend wirksam	1 bis 4
P	gegen Pilze vorbeugend wirksam	2 bis 4
W	auch für Holz, das der Witterung ausgesetzt ist, jedoch nicht im ständigen Erdkontakt und nicht im ständigen Kontakt mit Wasser	3 und 4
E	auch für Holz, das extremer Beanspruchung ausgesetzt ist (im ständigen Erdkontakt und/oder im ständigen Kontakt mit Wasser sowie bei möglicher Schmutzablagerungen in Rissen und Fugen)	4

Hinweis: Einbringverfahren, Einbringmengen und Kennzeichnung der behandelten Bauteile siehe DIN 68 800-3

Für den chemischen Holzschutz kommen wasserlösliche oder ölige Holzschutzmittel und Präparate für besondere Anwendungsgebiete zum Einsatz. Die zu verwendenden Mittel müssen eine vom Deutschen Institut für Bautechnik (DIBt) erteilte allgemeine bauaussichtliche Zulassung (BAZ) sowie die ihren Eigenschaften entsprechenden amtlichen Prüfprädikate (siehe Tafel 9.50a) erhalten haben. Diese Präparate sind in dem vom DIBt jährlich veröffentlichten Holzschutzmittelverzeichnis (z.B. DIBt, 2004) aufgelistet.

9.4 Gefährdungsklassen

Holzbauteile werden nach DIN 68 800-3 entsprechend der Art der Gefährdung in die Gefährdungsklassen (GK) 0 bis 4 eingestuft. Ein chemischer Holzschutz ist in GK 1 bis GK 4 nicht zwingend erforderlich, wenn Hölzer eingesetzt werden, welche für die jeweilige Gefährdungsklasse ausreichend dauerhaft sind (siehe Abschnitt 9.5).

Tafel 9.50b Durch Niederschläge, Spritzwasser o. ä. nicht beanspruchte Holzbauteile

Gefährdungsklasse	Beanspruchung	Anwendungsbereiche	Erforderliche Prüfprädikate der Holzschutzmittel[3]
0	Innen verbautes Holz, ständig trocken	Wie Gefährdungsklasse 1 unter Berücksichtigung von [1]	–
1[2]	Innen verbautes Holz, ständig trocken	Innenbauteile bei einer mittleren relativen Luftfeuchte bis 70 % und gleichartig beanspruchte Bauteile	Iv
2	Holz, das weder dem Erdkontakt noch direkt der Witterung oder der Auswaschung ausgesetzt ist (eine vorübergehende Befeuchtung ist jedoch zulässig)	Innenbauteile bei einer mittleren relativen Luftfeuchte über 70 % und gleichartig beanspruchte Bauteile. Innenbauteile in Nassbereichen, Holzteile die wasserabweisend abgedeckt sind. Außenbauteile ohne unmittelbare Wetterbeanspruchung	Iv P

[1] Im Bereich der Gefährdungsklasse 1 sind chemische Holzschutzmaßnahmen nicht erforderlich, wenn das Holz in Räumen mit üblichem Wohnklima sowie vergleichbaren Räumen verbaut ist und
  a) gegen Insektenbefall allseitig durch eine geschlossene Bekleidung abgedeckt ist bzw.
  b) zum Raum hin so offen angeordnet ist, dass es kontrollierbar bleibt oder
  c) Farbkernhölzer verwendet werden, die einen Splintholzanteil unter 10 % aufweisen.
[2] Wenn eine Holzfeuchte u < 20 % sichergestellt ist.
[3] Siehe Tafel 9.50a.

Tafel 9.51a: Durch Niederschläge, Spritzwasser oder dergleichen beanspruchte Holzbauteile

Gefähr-dungs-klasse	Beanspruchung	Anwendungsbereiche	Erforderliche Prüfprädikate der Holzschutzmittel siehe Tafel 9.50a
3	Holz der Witterung oder Kondensation ausgesetzt, aber nicht in Erdkontakt	Außenbauteile mit Wetterbeanspruchung ohne ständigen Erd- und/oder Wasserkontakt Innenbauteile in Nassräumen	Iv P W
4	Holz in dauerndem Erdkontakt oder ständiger starker Befeuchtung ausgesetzt [1]	Holzteile mit ständigem Erd- und/oder Süßwasserkontakt, [1] auch bei Ummantelung	Iv P W E

[1] Besondere Bedingungen gelten für Holz im Meerwasser sowie für Kühltürme.

Im Falle von Abweichungen von den Tafeln 9.50b und 9.51a und für andere als in den Tafeln angeführten Anwendungsbereiche ist ein besonderer Verwendbarkeitsnachweis zu führen (siehe (Schulze, 1998)).

9.5 Hinweise zu vorbeugenden baulichen Maßnahmen

Die nachfolgenden Hinweise stellen eine Auswahl dar. Weitere Hinweise sowie Beispiele können z. B. (Lewitzki/Schulze, 1997 sowie Schulze, 1997) entnommen werden.

Allgemeine bauliche Maßnahmen:
- Keine großen Querschnitte ($A > 200$ cm^2) aus Kantholz (mit Kern),
- statt dessen: herzfreie sowie zumindest herzgetrennte Querschnitte oder besser
- KVH, BSH und Querschnitte aus Holzwerkstoffen für große Querschnitte verwenden.
- Für Anstriche auf Holzoberflächen sind diffusionsoffene Anstrichmittel zu verwenden und die Kanten der Hölzer sind abzufasen (Ausrundungsradius ≥ 2 mm).

Tafel 9.51b: Beispiele für die Zuordnung zu den Gefährdungsklassen n. DIN 68 800-3

Außenbauteile	Ausgangszustand	Zusätzliche bauliche Maßnahmen	Neue Zuordnung
Skelettbauten, Fachwerkwände	GK 3	Vorhangschale	GK 2
Stützen im Freien mit Erdkontakt	GK 4	Aufständerung auf Betonsockel Zusätzliche Vorhangschale	GK 3 GK 2

Tafel 9.51c: Verzicht auf Holzschutzmittel bei Einsatz von Holzarten mit ausreichend hoher Resistenz

Gefährdungsklasse	1	2	3	4
Resistenzklasse	3 – 4	3	2	1
Holzarten wie z. B.	Kiefer [1]	Kiefer, Douglasie, Lärche [2]	Eiche [2]	Afzelia, Teak, Azobe [2]

[1] Splintholzanteil unter 10%
[2] Splintholz frei

10 Einführung in Beispielen

Beispiel: Zugstab mit $b/h = 6 / 12$ cm, Baustoff NH C 24
Charakteristische Einwirkungen: $N_{G,k} = 25$ kN, $N_{Q,k} = 17,5$ kN
Nutzungsklasse 2 (offene, überdachte Bauwerke); KLED mittel
Bemessungslast: $\qquad N_d = 1,35 \cdot 25 + 1,5 \cdot 17,5 = 60$ kN

Charakteristische Zugfestigkeit: $\qquad f_{t,0,k} = 14 \dfrac{\text{MN}}{\text{m}^2}$;

Bemessungswert der Zugfestigkeit: $\qquad f_{t,0,d} = k_{mod} \cdot \dfrac{f_{t,0,k}}{\gamma_M} = 0,8 \cdot \dfrac{14}{1,3} = 8,62 \dfrac{\text{MN}}{\text{m}^2}$

Vorhandene Zugspannung: $\qquad \sigma_{t,0,d} = \dfrac{F_{t,0,d}}{A_n} = \dfrac{60}{6 \cdot 12} \cdot 10 = 8,33 \dfrac{\text{MN}}{\text{m}^2}$

Ausnutzungsgrad: $\qquad \dfrac{\sigma_{t,0,d}}{f_{t,0,d}} = \dfrac{8,33}{8,62} = 0,97 \leq 1$

Beispiel: Stiele auf Fußschwelle,
Stiele/Fußschwelle ☐16/16 cm, NH C24, $k_{mod} = 0,8$,
Lagesicherung durch seitliche Laschen
Charakteristische Einwirkung:
$F_{1c,90,k} = 35$ kN , $F_{2c,90,k} = 45$ kN
Bemessungswerte der Einwirkung:
$F_{1c,90,d} = 50$ kN , $F_{2c,90,d} = 65$ kN

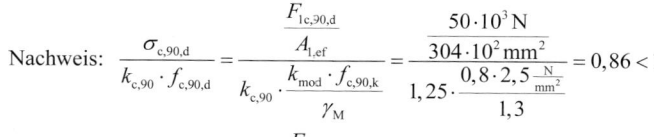

wirksame Querschnittsflächen:
$A_{1,ef} = 16 \text{ cm} \cdot (0 + 16 + 3) \text{ cm} = 304 \text{ cm}^2$
$A_{2,ef} = 16 \text{ cm} \cdot (3 + 16 + 3) \text{ cm} = 352 \text{ cm}^2$

Nachweis: $\dfrac{\sigma_{c,90,d}}{k_{c,90} \cdot f_{c,90,d}} = \dfrac{\dfrac{F_{1c,90,d}}{A_{1,ef}}}{k_{c,90} \cdot \dfrac{k_{mod} \cdot f_{c,90,k}}{\gamma_M}} = \dfrac{\dfrac{50 \cdot 10^3 \text{ N}}{304 \cdot 10^2 \text{ mm}^2}}{1,25 \cdot \dfrac{0,8 \cdot 2,5 \frac{\text{N}}{\text{mm}^2}}{1,3}} = 0,86 < 1$

$\dfrac{\sigma_{c,90,d}}{k_{c,90} \cdot f_{c,90,d}} = \dfrac{\dfrac{F_{2c,90,d}}{A_{2,ef}}}{k_{c,90} \cdot \dfrac{k_{mod} \cdot f_{c,90,k}}{\gamma_M}} = \dfrac{\dfrac{65 \cdot 10^3 \text{ N}}{352 \cdot 10^2 \text{ mm}^2}}{1,25 \cdot \dfrac{0,8 \cdot 2,5 \frac{\text{N}}{\text{mm}^2}}{1,3}} = 0,96 < 1$

Beispiel: Pfette als Einfeldträger, Stützweite 3,50 m, ☐14/24 cm, BSH GL28h, k_{mod} = 0,8
Auflagerlänge a = 12 cm, Char. Einwirkungen: $g_{v,k} + q_{v,k} = 5,00\,\frac{kN}{m}$, $g_{h,k} + q_{h,k} = 2,00\,\frac{kN}{m}$,
Bemessungswert der Belastung: $g_{v,d} + q_{v,d} = 7,35\,\frac{kN}{m}$, $g_{h,d} + q_{h,d} = 3,00\,\frac{kN}{m}$
Biegemomente: $M_{y,d} = 11,25$ kNm, $M_{z,d} = 4,59$ kNm

Querkräfte: $V_{z,d} = 12,86$ kN, $V_{red,z,d} = 12,86\text{ kN} - 7,35\,\frac{kN}{m} \cdot \left(\frac{0,12\text{ m}}{2} + 0,24\text{ m}\right) = 10,66$ kN

$V_{y,d} = 5,25$ kN, $V_{red,y,d} = 5,25\text{ kN} - 3,00\,\frac{kN}{m} \cdot \left(\frac{0,12\text{ m}}{2} + 0,14\text{ m}\right) = 4,65$ kN

Querschnittswerte (vgl. S.9.44): $W_{y,n} = 1,4 \cdot 960\text{ cm}^3 = 1344\text{ cm}^3$,
$W_{z,n} = 2,4 \cdot 326\text{ cm}^3 = 782\text{ cm}^3$, $A = 1,4 \cdot 240\text{ cm}^2 = 336\text{ cm}^2$

Nachweis für Doppelbiegung (maßgebend: reduzierte Biegespannung $\sigma_{m,z,d}$):

$$f_{m,d} = \frac{k_{mod} \cdot f_{m,k}}{\gamma_M} = \frac{0,8 \cdot 28\,\frac{N}{mm^2}}{1,3} = 17,23\,\frac{N}{mm^2}$$

$$\frac{\sigma_{m,y,d}}{f_{m,y,d}} + k_{red} \cdot \frac{\sigma_{m,z,d}}{f_{m,z,d}} = \frac{\frac{11,25 \cdot 10^6\text{ Nmm}}{1344 \cdot 10^3\text{ mm}^3}}{17,23\,\frac{N}{mm^2}} + 0,7 \cdot \frac{\frac{4,59 \cdot 10^6\text{ Nmm}}{782 \cdot 10^3\text{ mm}^3}}{17,23\,\frac{N}{mm^2}} = 0,72 < 1$$

Nachweis für Schub bei Doppelbiegung:

$$f_{v,d} = \frac{k_{mod} \cdot f_{v,k}}{\gamma_M} = \frac{0,8 \cdot 2,5\,\frac{N}{mm^2}}{1,3} = 1,54\,\frac{N}{mm^2}$$

$$\left(\frac{\tau_{y,d}}{f_{v,d}}\right)^2 + \left(\frac{\tau_{z,d}}{f_{v,d}}\right)^2 = \left(\frac{\frac{1,5 \cdot 4,65 \cdot 10^3\text{ N}}{336 \cdot 10^2\text{ mm}^2}}{1,54\,\frac{N}{mm^2}}\right)^2 + \left(\frac{\frac{1,5 \cdot 10,66 \cdot 10^3\text{ N}}{336 \cdot 10^2\text{ mm}^2}}{1,54\,\frac{N}{mm^2}}\right)^2 = 0,11 < 1 \text{ (s. Abs. 3.2.9)}$$

Beispiel: Deckenbalken eines Wohnhauses b/h = 8/22 cm, Balkenabstand e = 62,5 cm
Baustoff NH C 24
Charakteristische Werte der Einwirkungen: g_k = 1,36 kN/m, q_k = 1,72 kN/m
Nutzungsklasse 1; KLED mittel
Stützweite l_{ef} = 3,75 m
Nachweise im Grenzzustand der Tragfähigkeit:
Bemessungswert der Einwirkungen: $g_d + q_d = 1,35 \cdot 1,36 + 1,5 \cdot 1,72 = 4,42$ kN/m

Bemessungsmoment: $M_d = 4,42 \cdot 3,75^2 / 8 = 7,76$ kNm

Bemessungswert der Querkraft: $V_d = \dfrac{4,42 \cdot 3,75}{2} = 8,29$ kN

Charakteristische Festigkeit für Beanspruchung durch Biegung: $f_{m,k} = 24\,\dfrac{MN}{m^2}$;

Charakteristische Festigkeit für Beanspruchung durch Schub: $f_{v,k} = 2,7\,\dfrac{MN}{m^2}$;

Bemessungswert der Festigkeit bei Biegebeanspruchung:
$f_{m,d} = k_{mod} \cdot \dfrac{f_{m,k}}{\gamma_M} = 0,8 \cdot \dfrac{24}{1,3} = 14,76\,\dfrac{MN}{m^2}$

9A Holzbau

Bemessungswert der Festigkeit für Beanspruchung durch Schub:
$$f_{v,d} = 0,8 \cdot \frac{2,7}{1,3} = 1,66 \, \frac{MN}{m^2}$$

Nachweis für einachsige Biegung:

Vorhandene Biegespannung: $\sigma_{m,y,d} = \dfrac{776}{\dfrac{8 \cdot 22^2}{6}} \cdot 10 = 12,02 \, \dfrac{MN}{m^2}$

Ausnutzungsgrad: $\dfrac{\sigma_{m,y,d}}{f_{m,y,d}} = \dfrac{12,02}{14,76} = 0,81 \leq 1$

Nachweis für Querkräfte: (Auf eine Abminderung der Querkraft wird verzichtet.)

Bemessungswert der Schubspannung: $\tau_d = 1,5 \cdot \dfrac{V_d}{A} = 1,5 \cdot \dfrac{8,29}{8 \cdot 22} \cdot 10 = 0,71 \, \dfrac{MN}{m^2}$

Ausnutzungsgrad: $\dfrac{\tau_d}{f_{v,d}} = \dfrac{0,71}{1,66} = 0,43 \leq 1$

Beispiel: Beidseitig gelenkig gelagerte Stütze mit $l = 3,0$ m,
Querschnitt: $b/h = 12/12$ cm, Baustoff: Nadelholz C24
Charakteristischer Wert der einwirkenden Normalkraft: $N_k = 50$ kN
Bemessungswert der einwirkenden Last: $N_d = 70$ kN
KLED mittel, Nutzungsklasse 1: $k_{mod} = 0,8$

Bemessungswerte der Druckfestigkeit parallel zur Faser: $f_{c,0,d} = 0,8 \cdot \dfrac{21}{1,3} = 12,92 \, \dfrac{MN}{m^2}$

Nachweis nach dem Ersatzstabverfahren:

Schlankheit: $\lambda = \dfrac{l_{eff}}{i} = \dfrac{300}{0,289 \cdot 12} = 86,5$

5%-Quantilwert des Elastizitätsmoduls: $E_{0,05} = \dfrac{2}{3} \cdot E_{0,mean} = \dfrac{2}{3} \cdot 11000 = 7333 \, \dfrac{MN}{m^2}$

Bezogener Schlankheitsgrad: $\lambda_{rel,c} = \dfrac{\lambda}{\pi} \cdot \sqrt{\dfrac{f_{c,0,k}}{E_{0,05}}} = \dfrac{86,5}{\pi} \cdot \sqrt{\dfrac{21}{7333}} = 1,473$

Beiwert k mit $\beta_c = 0,2$:
$$k = 0,5 \cdot \left[1 + \beta_c \cdot (\lambda_{rel,c} - 0,3) + \lambda_{rel,c}^2\right] = 0,5 \cdot \left[1 + 0,2 \cdot (1,473 - 0,3) + 1,473^2\right] = 1,70$$

Der Knickbeiwert lautet:
$$k_c = \dfrac{1}{k + \sqrt{k^2 - \lambda_{rel,c}^2}} = \dfrac{1}{1,703 + \sqrt{1,703^2 - 1,473^2}} = 0,391$$

Alternativer Nachweis mit Tabellenwerten:
Knickbeiwert interpoliert aus Tafel 9.19a: $k_c = 0,39$

Nachweis: $\dfrac{\sigma_{c,0,d}}{k_c \cdot f_{c,0,d}} = \dfrac{\dfrac{0,07}{0,12^2}}{0,391 \cdot 12,92} = 0,96 \leq 1$

9B Mauerwerksbau

Prof. Dr.-Ing. Karl Rautenstrauch

Inhaltsverzeichnis

		Seite
1	**Mauersteine**	9.56
2	**Mörtel**	9.59
3	**Mauerwerk aus künstlichen Steinen**	9.60
3.1	Maßordnung im Hochbau nach DIN 4172 (7.55)	9.60
3.2	Vermaßung von Mauerwerk	9.61
3.3	Mauerwerksarten	9.61
4	**Mauerwerkskonstruktionen nach DIN 1053-1 (11.96)**	9.61
4.1	Wandkonstruktionen	9.61
4.2	Weitere Konstruktionen und Konstruktionsdetails	9.65
5	**Standsicherheit nach DIN 1053-1 (11.96)**	9.67
5.1	Räumliche Steifigkeit	9.67
5.2	Standsicherheit einzelner Wände	9.67
6	**Vereinfachtes Berechnungsverfahren nach DIN 1053-1 (11.96)**	9.68
6.1	Anwendungsgrenzen	9.68
6.2	Lastannahmen	9.68
6.3	Wind rechtwinklig zur Wandebene	9.70
6.4	Zwängungen	9.70
6.5	Knicklängen	9.70
6.6	Halterungen zur Knickaussteifung	9.71
6.7	Mitwirkende Breite b_m	9.71
6.8	Bemessung nach dem vereinfachten Verfahren	9.72
7	**Kellerwände nach DIN 1053-1 (11.96)**	9.77
7.1	Allgemeines	9.77
7.2	Berechnung von Kellermauerwerk auf der Basis einer Gewölbewirkung	9.77
7.3	Tafeln für erforderliche Auflast min F bei Kellerwänden	9.79
8	**Genaueres Berechnungsverfahren nach DIN 1053-1 (11.96)**	9.81
9	**Mauerwerksbau nach DIN 1053-100 (09.2007)**	9.82
9.1	Allgemeines	9.82
9.2	Einwirkungen	9.82
9.3	Tragwiderstand	9.82
9.4	Vereinfachtes Bemessungsverfahren	9.83

Hinweise zur Normensituation:

Die dem globalen Sicherheitskonzept entsprechende DIN 1053-1:1996-11 bleibt weiterhin als Technische Baubestimmung eingeführt und ist somit zusammen mit den charakteristischen Lasten, der ab 1.01.2007 eingeführten Normenreihe DIN 1055 Lastannahmen, anzuwenden.
Ebenso kann Mauerwerk nach dem neuen Teilsicherheitskonzept mit der in die Musterliste der Technischen Baubestimmungen aufgenommenen DIN 1053-100:2007-09 bemessen werden.
Bei der Anwendung dieser parallel geltenden Mauerwerksnormen in der Baupraxis ist jedoch das Mischungsverbot für die beiden unterschiedlichen Bemessungskonzepte zu beachten.
Die Planungen sehen vor, zukünftig beide Normenfassungen in der zurzeit in Bearbeitung befindlichen Neufassung der DIN 1053-1 zu vereinen.

1 Mauersteine

Für Mauerwerk aus künstlich hergestellten Mauersteinen werden hauptsächlich folgende vier Mauersteinarten verwendet:
- Mauerziegel
- Kalksandsteine
- Porenbetonsteine sowie
- Leichtbeton- und Betonsteine

Angabe zur Herstellung der Mauersteine und deren wesentlichen Eigenschaften finden sich in (Schubert, Schneider, Schoch 2007).

Grundsätzlich zu unterscheiden sind genormte Mauersteine und Mauersteine, die aufgrund einer allgemeinen bauaufsichtlichen Zulassung verwendet werden dürfen. Je nach dem Anwendungsbereich für das Mauerwerk sind die Mauersteine hinsichtlich unterschiedlicher Eigenschaften - z.B. Druckfestigkeit, Wärmedämmung, Schalldämmung, Witterungswiderstand, Ästhetik - optimiert. Mauersteine, die für Sichtmauerwerk verwendet werden und damit direkt der Witterung ausgesetzt sind, müssen vor allem einen ausreichend hohen Frostwiderstand aufweisen.

In den folgenden Tafeln sind wesentliche Angaben zu den Mauersteinen zusammengestellt:

Mauersteine: Format-Kurzzeichen (Beispiele)

Format-Kurzzeichen	Maße $l^{1)}$	$b^{1)}$	$h^{2)}$
DF	240	115	52
NF	240	115	71
2DF	240	115	113
3DF	240	175	113
4DF	240	240	113
5DF	240 300	300 240	113 113
6DF	240 240 365	365 175 240	113 238 113
8DF	240 490 490	240 115 240	238 238 113
9DF	365	175	238

10DF	240 300 490	300 240 300	238 238 113
12DF	240 365 490	365 240 175	238 238 238
15DF	365	300	238
16DF	240 490	490 240	238 238
18DF	365	365	238
20DF	490	300	238
24DF	365 490	490 365	238 238

DF: Dünnformat; NF: Normalformat

[1)] Bei Mauersteinen mit Nut- und Federausbildung können die Maße 5 bis 7 mm größer sein.
[2)] Bei Plansteinen sind die Maße um 11 mm größer.

Anmerkung:
Die Ziffern des Format-Kurzzeichens geben an, aus wie vielen DF-Steinen - einschließlich zugehöriger Stoß- und Lagerfugen - der betreffende (größere) Mauerstein im Mauerwerk hergestellt werden musste. Beispiel: Ein 10 DF-Stein hat das gleiche Volumen bzw. die gleichen Außenmaße wie 10 vermauerte einzelne DF-Steine.

Tafel 9.57: Kurzbezeichnung von Mauersteinen

Kurzzeichen	Bedeutung
Mauerziegel (DIN 105 bzw. DIN V 105-100)	
Mz	Vollziegel
HLz	Hochlochziegel, Leichthochlochziegel
VMz	Vormauer- Vollziegel
VHLz	Vormauer-Hochlochziegel, -Leichthochlochziegel
KMz	Vollklinker
KHLz	Hochlochklinker
HLzT	Mauertafelziegel, -leichtziegel
KK	Keramik- Vollklinker
KHK	Keramik-Hochlochklinker
Kalksandsteine (DIN 106 bzw. DIN V 106)	
KS	Voll- und Blocksteine
KSL	Loch- und Hohlblocksteine
KSVm	KS- Vormauersteine
KSVb	KS- Verblender
KSVm L	KS- Vormauersteine
KSVb L	KS- Verblender
Porenbetonsteine (DIN 4165 bzw. DIN V 4165-100)	
PB	Porenbeton-Blocksteine
PP	Porenbeton-Plansteine
Leichtbetonsteine (DIN V 18 151-100, 18 152-100)	
Hbl	Hohlblöcke aus Leichtbeton (Vorsatz Kammerzahl, z. B. 3 K Hbl)
V	Vollsteine aus Leichtbeton
Vbl	Vollblöcke aus Leichtbeton
VblS	Vbl aus Leichtbeton mit Schlitzen
VblS-W	Vbl S mit besonderen Wärmedämmeigenschaften
Betonsteine (DIN V 18 153-100)	
Vn	Vollsteine aus Beton
Vbn	Vollblöcke aus Beton
Hbn	Hohlblöcke aus Beton
Tbn	T-Hohlblöcke aus Beton (T-förmig)
Vm	Vormauersteine aus Beton
Vmb	Vormauerblöcke aus Beton

Tafel 9.58: Rohdichten und Festigkeitsklassen gängiger genormter Mauersteine

Darüber hinaus werden weitere genormte, aber weniger gebräuchliche Steine hergestellt.

Bezeichnung		Rohdichte kg/dm³	Festigkeitsklassen MN/m²							G_M *) kN/m³
			2	4	6	8	12	20	28	
Mauerziegel DIN V 105-100 bzw. DIN EN 771-1 und DIN V 20 000-401		0,6	•	•	•					7
		0,65	•	•	•	•				7,5
		0,7	•	•	•	•				9
Mz	Vollziegel (1,6 - 2,0 kg/dm³)	0,8	•	•	•					10
HLz	Hochlochziegel (0,6 - 1,4 kg/dm³)	0,9	•	•	•					11
KMz	Vollklinker (2,0 - 2,2 kg/dm³)	1,0	•	•	•					12
KHLz	Hochlochklinker (1,6 - 1,8 kg/dm³)	1,2					•	•		14
VHLz	Hochlochziegel, frostbeständig (1,0 - 1,4 kg/dm³)	1,4				•	•	•		15
		1,6				•	•	•		17
VMz	Vollziegel, frostbeständig (1,6 - 1,8 kg/dm³)	1,8				•	•	•		18
		2,0				•	•	•		20
Kalksandsteine DIN V 106 bzw. DIN EN 771-2 und DIN V 20 000-402		1,2					•	•		14
		1,4				•	•	•		15
KS	Vollsteine (1,6 - 2,0 kg/dm³)	1,6				•	•	•	•	17
KS L	Lochsteine (1,2 - 1,6 kg/dm³)	1,8				•	•	•	•	18
KS R	Blocksteine (1,6 - 2,0 kg/dm³)	2,0					•	•	•	20
KS LR	Hohlblocksteine (1,2 - 1,6 kg/dm³)									
KS Vm	Vormauersteine (1,8 - 2,0 kg/dm³)	2,2					•	•	•	22
KS Vb	Verblender (1,8 - 2,0 kg/dm³)									
Porenbetonsteine DIN V 4165-100 bzw. DIN EN 771-4 und DIN V 20 000-404		0,35	•							4,5
		0,4	•							5
		0,5	•							6
		0,55		•						6,5
PP	Porenbeton-Plansteine	0,6		•						7
PPE	Porenbeton-Planelemente	0,65			•					7,5
		0,7			•					8
		0,8				•				9
Leichtbetonsteine und Betonsteine		0,45	•							6,5
		0,5	•							7
Hbl	Leichtbeton-Hohlblocksteine DIN V 18151-100 (0,45 - 1,6 kg/dm³)	0,6	•							8
		0,7	•	•						9
Vbl, V	Vollblöcke und Vollsteine aus Leichtbeton DIN V 18152-100 (0,45 - 2,0 kg/dm³)	0,8	•	•	•					10
		0,9	•	•	•	•				11
		1,0	•	•	•					12
Hbn	Mauersteine aus Beton DIN 18 153-100 (0,8 - 2,4 kg/dm³)	1,2	•	•	•	•				14
		1,4		•	•	•				16
Es können auch DIN EN 771-3 und DIN V 20 000-403 verwendet werden		1,6			•	•	•			16
		1,8			•	•	•			18
		2,0					•	•		20
		2,2					•	•		22
		2,4					•	•		24

*) G_M Eigenlast des Mauerwerks.

2 Mörtel

Es dürfen Mörtel verwendet werden, die den Bedingungen des Anhanges A der DIN 1053-1 entsprechen. Für die Anwendung der verschiedenen Mörtelarten gelten folgende Einschränkungen:

Normalmörtel, Mörtelgruppe I
- Nicht zulässig für Gewölbe und Kellermauerwerk[*]
- Nicht zulässig bei mehr als zwei Vollgeschossen und bei Wanddicken kleiner als 240 mm, dabei ist als Wanddicke bei zweischaligen Außenwänden die Dicke der Innenschale maßgebend.
- Nicht zulässig für Vermauern der Außenschale bei zweischaligem Mauerwerk.

Normalmörtel, Mörtelgruppe II und IIa
- Keine Einschränkung.

Normalmörtel, Mörtelgruppe III und IIIa
- Nicht zulässig für Vermauern der Außenschale bei zweischaligem Außenmauerwerk.

Abweichend davon darf MG III zum nachträglichen Verfugen und für diejenigen Bereiche von Außenschalen verwendet werden, die als bewehrtes Mauerwerk nach DIN 1053-3 ausgeführt werden.

Leichtmörtel
- Nicht zulässig für Gewölbe und der Witterung ausgesetztes Sichtmauerwerk.

Dünnbettmörtel
- Nicht zulässig für Gewölbe und für Mauersteine mit Maßabweichungen der Höhe von mehr als 1,0 mm (Anforderungen an Plansteine).

Normalmörtel der nach der folgenden Tafel zusammengesetzt ist, bedarf keiner Eignungsprüfung.

Tafel 9.59: Mörtelzusammensetzung, Mischungsverhältnisse für Normalmörtel in Raumteilen

Mörtel-gruppe	Luftkalk		Hydraulischer Kalk	Hydraulischer Kalk (HL 5) Putz- und Mauerbinder	Zement	Sand [1] aus natürlichem Gestein
	Kalkteig	Kalkhydrat	HL 2	(MC 5)		
I	1	-	-	-	-	4
	-	1	-	-	-	3
	-	-	1	-	-	3
	-	-	-	1	-	4,5
II	1,5	-	-	-	1	8
	-	2	-	-	1	8
	-	-	2	-	1	8
	-	-	-	1	-	3
IIa	-	1	-	-	1	6
	-	-	-	2	1	8
III	-	-	-	-	1	4
IIIa[2]	-	-	-	-	1	4

[1] Die Werte des Sandanteils beziehen sich auf den lagerfeuchten Zustand.
[2] Die größere Festigkeit soll vorzugsweise durch Auswahl geeigneter Sande erreicht werden.

---

[*] Anwendung erlaubt bei Instandsetzung von Natursteinmauerwerk in MG I

3 Mauerwerk aus künstlichen Steinen

3.1 Maßordnung im Hochbau nach DIN 4172 (7.55)

Baunormzahlen

Reihen vorzugsweise für								
den Rohbau				Einzelmaße	den Ausbau			
a	b	c	d	e	f	g	h	i
25	$\frac{25}{2}$	$\frac{25}{2}$	$\frac{25}{4}$	$\frac{25}{10}=\frac{5}{2}$	5	2x5	4x5	5x5
				2,5				
				5	5			
			6¼	10	10	10		
		8⅓		12,5				
	12½		12½	15	15			
		16⅔		17,5				
			18¾	20	20	20	20	
				22,5				
25	25	25	25	25	25			25
				27,5				
			30	30				
		31¼	35	35	30			
				37,5				
	33⅓							
	37½		37½	40	40	40	40	
		41⅔		42,5				
			43¾	45	45			
				47,5				
50	50	50	50	50	50			50

Baunormzahlen sind Zahlen für Baurichtmaße und die daraus abgeleiteten Einzel-, Rohbau- und Ausbaumaße.

Baurichtmaße sind die theoretischen Grundlagen für die Baumaße der Praxis. Sie sind Maße von Bauteilen einschl. ihrer Fugen.

Nennmaße sind Maße, die die Bauten haben sollen. Sie werden in der Regel in die Bauzeichnungen eingetragen. Bei Bauarten ohne Fugen sind die Nennmaße gleich den Baurichtmaßen. Bauarbeiten mit Fugen vgl. unten.

Kleinmaße sind Maße von 2,5 cm und darunter. Sie sind nach DIN 323 wie folgt zu wählen:

2,5; 2; 1,6; 1,25; 1 cm;
8; 6,3; 5; 4; 3,2; 2,5; 2; 1,6; 1,25; 1 mm

Fugen und Verband

Bauteile (Mauersteine, Bauplatten usw.) sind so zu bemessen, dass ihre Baurichtmaße im Verband Baunormzahlen sind.

3.2 Vermaßung von Mauerwerk

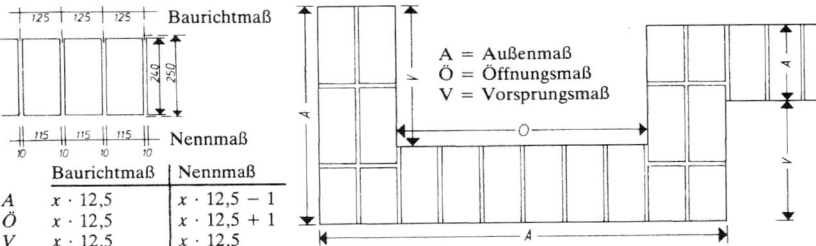

A = Außenmaß
Ö = Öffnungsmaß
V = Vorsprungsmaß

	Baurichtmaß	Nennmaß
A	$x \cdot 12{,}5$	$x \cdot 12{,}5 - 1$
Ö	$x \cdot 12{,}5$	$x \cdot 12{,}5 + 1$
V	$x \cdot 12{,}5$	$x \cdot 12{,}5$

Kopfzahl	Längenmaße in m			Schichten	Höhenmaß in mm bei Ziegeldicken in mm					
	A	Ö	V		52	71	113	155	175	238
1	0,115	0,135	0,125	1	0,0625	0,0833	0,125	0,1666	0,1875	0,250
2	0,240	0,260	0,250	2	0,1250	0,1667	0,250	0,3334	0,3750	0,500
3	0,365	0,385	0,375	3	0,1875	0,2500	0,375	0,5000	0,5625	0,750
4	0,490	0,510	0,500	4	0,2500	0,3333	0,500	0,6666	0,7500	1,000
5	0,615	0,635	0,625	5	0,3125	0,4167	0,625	0,8334	0,9375	1,250
6	0,740	0,760	0,750	6	0,3750	0,5000	0,750	1,0000	1,1250	1,500
7	0,865	0,885	0,875	7	0,4375	0,5833	0,875	1,1666	1,3125	1,750
8	0,990	1,010	1,000	8	0,5000	0,6667	1,000	1,3334	1,5000	2,000
9	1,115	1,135	1,125	9	0,5625	0,7500	1,125	1,5000	1,6875	2,250
10	1,240	1,260	1,250	10	0,6250	0,8333	1,250	1,6666	1,8750	2,500
11	1,365	1,385	1,375	11	0,6875	0,9167	1,375	1,8334	2,0625	2,750
12	1,490	1,510	1,500	12	0,7500	1,0000	1,500	2,0000	2,2500	3,000
13	1,615	1,635	1,625	13	0,8125	1,0833	1,625	2,1666	2,4375	3,250
14	1,740	1,760	1,750	14	0,8750	1,1667	1,750	2,3334	2,6250	3,500
15	1,865	1,885	1,875	15	0,9375	1,2500	1,875	2,5000	2,8125	3,750

3.3 Mauerwerksarten

Rezeptmauerwerk (RM)
Mauerwerk aus Stein/Mörtel-Kombinationen gemäß Tafel 9.86a.

Mauerwerk nach Eignungsprüfung (EM)
Mauerwerk, dessen Grundwerte σ_0 auf Grund von Eignungsprüfungen nach DIN 1053-2 und nach Tafel 9.86b bestimmt werden.

4 Mauerwerkskonstruktionen nach DIN 1053-1 (11.96)

4.1 Wandkonstruktionen

4.1.1 Tragende Wände und Pfeiler (Begriff)

Wände und Pfeiler gelten als tragend, wenn sie
- vertikale Lasten (z. B. aus Decken, Dachstielen) und/oder
- horizontale Lasten (z. B. aus Wind) aufnehmen und/oder
- zur Knickaussteifung von tragenden Wänden dienen.

4.1.2 Mindestabmessungen von tragenden Wänden und Pfeilern

Die Mindestdicke von tragenden Innen- und Außenwänden beträgt $d = 11{,}5$ cm, sofern aus statischen oder bauphysikalischen Gründen nicht größere Dicken erforderlich sind.
Mindestabmessungen von tragenden Pfeilern: 11,5 cm · 36,5 cm bzw. 17,5 cm · 24 cm.

4.1.3 Zweischalige Außenwände

Nach dem Wandaufbau wird unterschieden nach zweischaligen Außenwänden
- mit Luftschicht   – mit Kerndämmung
- mit Luftschicht und Wärmedämmung   – mit Putzschicht.

Maximaler Abstand der Außen- und Innenschale: 15 cm. Bei größerem Abstand ist die Verankerung durch andere Verankerungsarten gemäß DIN 1053-1, 8.4.3.1, Aufzählung e, 4. Absatz, nachzuweisen. Mindestdicke der Luftschicht: 6 cm. Sie darf bis zu 4 cm vermindert werden, wenn der Fugenmörtel mindestens an einer Hohlraumseite abgestrichen wird. Bei der Bemessung ist als Wanddicke nur die Dicke der tragenden Innenschale anzusetzen. In Außenschalen dürfen glasierte Steine oder Steine mit Oberflächenbeschichtungen nur verwendet werden, wenn deren Frostwiderstandsfähigkeit unter erhöhter Beanspruchung geprüft wurde (Mauerziegel nach DIN 55 252-1, Kalksandsteine nach DIN 106-2).

- **Mindestdicken**
  – Tragende Innenschalen: $d = 11{,}5$ cm (vgl. jedoch Abschnitt 6.1)
  – Außenschalen: $d = 9$ cm (dünnere Außenschalen sind Bekleidungen nach DIN 18515)

- **Mindestlänge**
Die Mindestlänge von gemauerten Pfeilern in der Außenschale beträgt 24 cm.

- **Verankerung der Außenschalen**
Die Mauerwerksschalen sind durch Drahtanker aus nicht rostendem Stahl nach DIN 17440, Werkstoff-Nr. 1.4401 oder 1.4571, zu verbinden. Anzahl der Drahtanker siehe Tafel 9.62; Form und Maße siehe Abb. Der vertikale Abstand der Drahtanker soll höchstens 500 mm, der horizontale Abstand höchstens 750 mm betragen.

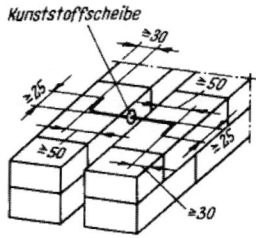

Drahtanker für zweischaliges Mauerwerk für Außenwände

Untere Sperrschichten in zweischaligem Verblendmauerwerk mit Luftschicht (Prinzipskizze)

Tafel 9.62: Mindestanzahl und Durchmesser von Drahtankern je m² Wandfläche

	Drahtanker	
	Mindestanzahl	Durchmesser
mindestens, sofern nicht folgende Zeilen maßgebend	5	3
Wandbereich höher als 12 m über Gelände oder Abstand der Mauerwerksschalen über 7 bis 12 cm	5	4
Abstand der Mauerwerksschalen über 12 bis 15 cm	7 oder 5	4 5
Bei zweischaligen Außenwänden mit Putzschicht genügt grundsätzlich eine Drahtankerdicke von 3 mm.		

An allen freien Rändern (von Öffnungen, an Gebäudeecken, entlang von Dehnungsfugen und an den oberen Enden der Außenschalen) sind zusätzlich zu Tafel 9.62 drei Drahtanker je m Randlänge anzuordnen.
Werden die Drahtanker (s. Abb. vorherige Seite) in Leichtmörtel eingebettet, so ist dafür LM 36 erforderlich. Drahtanker in Leichtmörtel LM 21 bedürfen einer anderen Verankerungsart.

- **Auflagerung und Abfangung der Außenschalen**
  - Die Außenschale soll über ihre ganze Länge und vollflächig aufgelagert sein. Sie darf bis zu 25 mm über ihr Auflager vorstehen.
  - Außenschalen von 11,5 cm Dicke sollen in Höhenabständen von etwa 12 m abgefangen werden. Ist die 11,5 cm dicke Außenschale nicht höher als zwei Geschosse oder wird sie alle zwei Geschosse abgefangen, dann darf sie bis zu einem Drittel ihrer Dicke über ihr Auflager vorstehen.
  - Außenschalen von weniger als 11,5 cm Dicke dürfen nicht höher als 20 m über Gelände geführt werden und sind in Höhenabständen von etwa 6 m abzufangen. Bei Gebäuden bis zwei Vollgeschossen darf ein Giebeldreieck bis 4 m Höhe ohne zusätzliche Abfangung ausgeführt werden. Diese Außenschalen dürfen maximal 15 mm über ihr Auflager vorstehen. Die Fugen der Sichtflächen von diesen Verblendschalen sollen in Glattstrich ausgeführt werden.

4.1.4 Nichttragende Wände (Begriff)

Wände, die überwiegend nur durch ihre Eigenlast belastet sind und nicht zur Knickaussteifung tragender Wände dienen, werden als nichttragende Wände bezeichnet. Sie müssen jedoch in der Lage sein, rechtwinklig auf die Wand wirkende Lasten (z. B. aus Wind) auf tragende Bauteile (z. B. Wand- oder Deckenscheiben) abzutragen.

4.1.5 Nichttragende Außenwände

Nichttragende Außenwände können ohne statischen Nachweis ausgeführt werden, wenn sie vierseitig gehalten sind (z. B. durch Verzahnung, Versatz oder Anker), den Bedingungen der Tafel 9.63 genügen und mindestens Mörtelgruppe IIa oder Dünnbettmörtel bzw. Leichtmörtel LM 36 verwendet wird.
Werden Steine der Festigkeitsklasse 20 verwendet und ist $\varepsilon = h/l \geq 2$ (h Höhe und l Breite der Ausfachungsfläche), so dürfen die entsprechenden Tafelwerte verdoppelt werden.

Tafel 9.63: Zulässige Größtwerte der Ausfachungsfläche von nichttragenden Außenwänden ohne rechnerischen Nachweis

Wand- dicke in cm	Zulässiger Größtwert[1]) der Ausfachungsfläche in m² bei einer Höhe über Gelände von:																	
	bis 8,0 m						8 bis 20m						20 bis 100m					
	$\varepsilon =$						$\varepsilon =$						$\varepsilon =$					
	1,0	1,2	1,4	1,6	1,8	≥2,0	1,0	1,2	1,4	1,6	1,8	≥2,0	1,0	1,2	1,4	1,6	1,8	≥2,0
11,5[2])	12,0	11,2	10,4	9,6	8,8	8,0	8,0	7,4	6,8	6,2	5,6	5,0	6,0	5,6	5,2	4,8	4,4	4,0
17,5	20,0	18,8	17,6	16,4	15,2	14,0	13,0	12,2	11,4	10,6	9,8	9,0	9,0	8,8	8,6	8,4	8,2	8,0
24	36,0	33,8	31,6	29,4	27,2	25,0	23,0	21,6	20,2	18,8	17,4	16,0	16,0	15,2	14,4	13,6	12,8	12,0
≥30	50,0	46,6	43,2	39,8	36,4	33,0	35,0	32,6	30,2	27,8	25,4	23,0	25,0	23,4	21,8	20,2	18,6	17,0

[1]) Zwischenwerte dürfen geradlinig eingeschaltet werden, e ist das Verhältnis der größeren zur kleineren Seite der Ausfachungsfläche.
[2]) Bei Verwendung von Steinen der Festigkeitsklassen ≥12 dürfen die Werte dieser Zeile um 33 % vergrößert werden.

4.1.6 Nichttragende innere Trennwände

Für nichttragende innere Trennwände, die nicht rechtwinklig zur Wandfläche durch Wind beansprucht werden, ist DIN 4103-1 maßgebend.

Abhängig vom Einbauort werden nach DIN 4103-1 zwei unterschiedliche Einbaubereiche unterschieden.

Einbaubereich I:
Bereiche mit geringer Menschenansammlung, wie sie z. B. in Wohnungen, Hotel-, Büro- und Krankenräumen sowie ähnlich genutzten Räumen einschließlich der Flure vorausgesetzt werden können.

Einbaubereich II:
Bereiche mit großen Menschenansammlungen, wie sie z. B. in größeren Versammlungs- und Schulräumen, Hörsälen, Ausstellungs- und Verkaufsräumen und ähnlich genutzten Räumen vorausgesetzt werden müssen.

Aufgrund neuer Forschungsergebnisse hat die Deutsche Gesellschaft für Mauerwerksbau ein Merkblatt über "Nichttragende innere Trennwände aus künstlichen Steinen und Wandbauplatten" herausgegeben. Die folgenden Ausführungen basieren auf diesem Merkblatt. Bei Einhaltung der in den folgenden Tafeln angegebenen Grenzabmessungen ist kein statischer Nachweis erforderlich.

Tafel 9.64a: Grenzabmessungen für vierseitig[1] gehaltene Wände ohne Auflast[2] bei Verwendung von Ziegeln oder Leichtbetonsteinen[2)3)]

d in cm	max. Wandlänge in m (Tabellenwerte) im Einbaubereich I (oberer Wert)/ Einbaubereich II (unterer Wert) bei einer Wandhöhe in m					
	2,5	3,0	3,5	4,0	4,5	≤ 6,0
5,0	3,0	3,5	4,0	-	-	-
	1,5	2,0	2,5	-	-	-
6,0	4,0	4,5	5,0	5,5	-	-
	2,5	3,0	3,5	-	-	-
7,0	5,0	5,5	6,0	6,5	7,0	-
	3,0	3,5	4,0	4,5	5,0	-
9,0	6,0	6,5	7,0	7,5	8,0	-
	3,5	4,0	4,5	5,0	5,5	-
10,0	7,0	7,5	8,0	8,5	9,0	-
	5,0	5,5	6,0	6,5	7,0	-
11,5	10,0	10,0	10,0	10,0	10,0	-
	6,0	6,5	7,0	7,5	8,0	-
17,5	12,0	12,0	12,0	12,0	12,0	12,0
	12,0	12,0	12,0	12,0	12,0	12,0
24,0	12,0	12,0	12,0	12,0	12,0	12,0
	12,0	12,0	12,0	12,0	12,0	12,0

Tafel 9.64b: Grenzabmessungen für vierseitig[1] gehaltene Wände mit Auflast[2] bei Verwendung von Ziegeln oder Leichtbetonsteinen[4]

d in cm	max. Wandlänge in m (Tabellenwerte) im Einbaubereich I (oberer Wert)/ Einbaubereich II (unterer Wert) bei einer Wandhöhe in m					
	2,5	3,0	3,5	4,0	4,5	≤ 6,0
5,0	5,5	6,0	6,5	-	-	-
	2,5	3,0	3,5	-	-	-
6,0	6,0	6,5	7,0	-	-	-
	4,0	4,5	5,0	-	-	-
7,0	8,0	8,5	9,0	9,5	-	-
	5,5	6,0	6,5	7,0	7,5	-
9,0	12,0	12,0	12,0	12,0	12,0	-
	7,0	7,5	8,0	8,5	9,0	-
10,0	12,0	12,0	12,0	12,0	12,0	-
	8,0	8,5	9,0	9,5	10,0	-
11,5	12,0	12,0	12,0	12,0	12,0	12,0
	12,0	12,0	12,0	12,0	12,0	12,0
17,5	12,0	12,0	12,0	12,0	12,0	12,0
	12,0	12,0	12,0	12,0	12,0	12,0
24,0	12,0	12,0	12,0	12,0	12,0	12,0
	12,0	12,0	12,0	12,0	12,0	12,0

Hinweis: Die Stoßfugen sind zu vermörteln, Ausnahmen s. Merkblatt DGfM, Abschnitt 8.

Tafel 9.65: Grenzabmessungen für dreiseitig gehaltene Wände (der obere Rand ist frei) ohne Auflast[2] bei Verwendung von Ziegeln oder Leichtbetonsteinen[3]

d in cm	max. Wandlänge in m (Tabellenwerte) im Einbaubereich I (oberer Wert)/ Einbaubereich II (unterer Wert) bei einer Wandhöhe in m						
	2,0	2,25	2,50	3,0	3,50	4,0	4,50	≤ 6,0
5,0	3,0	3,5	4,0	5,0	6,0	-	-	-
	1,5	2,0	2,5	-	-	-	-	-
6,0	5,0	5,5	6,0	7,0	8,0	9,0	-	-
	2,5	3,0	3,5	3,5	4,0	-	-	-
7,0	7,0	7,5	8,0	9,0	10,0	10,0	10,0	-
	3,5	3,5	4,0	4,5	5,0	6,0	7,0	-
9,0	8,0	8,5	9,0	10,0	10,0	12,0	12,0	-
	4,0	4,0	5,0	6,0	7,0	8,0	9,0	-
10,0	10,0	10,0	10,0	12,0	12,0	12,0	12,0	-
	5,0	5,0	6,0	7,0	8,0	9,0	10,0	-
11,5	8,0	9,0	10,0	12,0	12,0	12,0	12,0	-
	6,0	6,0	7,0	8,0	9,0	10,0	10,0	-
17,5	12,0	12,0	12,0	12,0	12,0	12,0	12,0	12,0
	8,0	9,0	10,0	12,0	12,0	12,0	12,0	12,0
24,0	12,0	12,0	12,0	12,0	12,0	12,0	12,0	12,0
	8,0	9,0	10,0	12,0	12,0	12,0	12,0	12,0

[1] Bei dreiseitiger Halterung (ein freier vertikaler Rand) sind die max. Wandlängen zu halbieren.
[2] „Ohne Auflast" bedeutet, dass der obere Anschluss so ausgeführt wird, dass durch die Verformung der angrenzenden Bauteile keine Auflast entsteht. „Mit Auflast": Durch Verformung der angrenzenden Bauteile entsteht geringe Auflast (starrer Anschluss).
[3] Bei Verwendung von Porenbeton-Blocksteinen und Kalksandsteinen mit Normalmörtel sind die max. Wandlängen zu halbieren. Dies gilt nicht bei Verwendung von Dünnbettmörteln oder Mörteln der Gruppe III. Bei Verwendung der Mörtelgruppe III sind die Steine vorzunässen.

Hinweis: Die Stoßfugen sind zu vermörteln.

4.2 Weitere Konstruktionen und Konstruktionsdetails

4.2.1 Ringbalken

Ringbalken sind in der Wandebene liegende horizontale Balken, die Biegemomente infolge von **rechtwinklig** zur Wandebene wirkenden Last (z. B. Wind) aufnehmen können. Ringbalken können auch Ringankerfunktionen übernehmen, wenn sie als „geschlossener Ring" um das ganze Gebäude herumgeführt werden.

Ausführungsmöglichkeiten: bewehrtes Mauerwerk, Stahlbeton, Stahl, Holz.

4.2.2 Ringanker

In alle Außenwände und in die Querwände, die als lotrechte Scheiben der Abtragung waagerechter Lasten (z. B. Wind) dienen, sind durchlaufende Ringanker zu legen:
- bei Bauten, die insgesamt mehr als 2 Vollgeschosse haben oder länger als 18 m sind,
- bei Wänden mit vielen oder besonders großen Öffnungen, besonders dann, wenn die Summe der Öffnungsbreiten 60 % der Wandlänge oder bei Fensterbreiten von mehr als 2/3 der Geschosshöhe 40 % der Wandlänge übersteigt.
- wenn die Baugrundverhältnisse es erfordern.

Die Ringanker sind in jeder Deckenlage oder unmittelbar darunter anzubringen. Sie können mit Massivdecken oder Fensterstürzen aus Stahlbeton vereinigt werden.

In Gebäuden, in denen die Ringanker nicht durchgehend ausgebildet werden können, ist die Ringankerwirkung auf andere Weise sicherzustellen.

Ringanker aus Stahlbeton sind mit mindestens zwei durchlaufenden Rundstäben zu bewehren, die unter Gebrauchslast eine Zugkraft von mindestens 30 kN aufnehmen können (z. B. 2 ∅ 10, BSt III oder IV). Auf die Ringanker dürfen dazu parallel liegende durchlaufende Bewehrungen mit vollem Querschnitt angerechnet werden, wenn sie in Decken oder in Fensterstürzen im Abstand von höchstens 50 cm von der Mittelebene der Wand bzw. der Decke liegen. Ringanker können auch aus bewehrtem Mauerwerk, Stahl oder Holz ausgeführt werden.

4.2.3 Anschluss der Wände an Decken und Dachstuhl

Umfassungswände müssen an die Decken durch Zuganker oder über Haftung und Reibung angeschlossen werden.

- Zuganker müssen in belasteten Wandbereichen (nicht in Brüstungen) angeordnet werden. Bei fehlender Auflast sind zusätzlich Ringanker anzuordnen. Abstand der Zuganker (bei Holzbalkendecken mit Splinten): 2 m bis 3 m. Bei parallel spannenden Decken müssen die Anker mindestens einen 1 m breiten Deckenstreifen erfassen (bei Holzbalkendecken mindestens 3 Balken). Balken, die mit Außenwänden verankert und über der Innenwand gestoßen sind, müssen untereinander zugfest verbunden sein. Giebelwände sind durch Querwände auszusteifen oder mit dem Dachstuhl kraftschlüssig zu verbinden.
- Haftung und Reibung dürfen bei Massivdecken angesetzt werden, wenn die Decke mindestens 10 cm aufliegt.

4.2.4 Gewölbe, Bogen, gewölbte Kappen

Gewölbe und Bogen sollen möglichst nach der Stützlinie für ständige Last geformt werden. Gewölbe und Bogen mit günstigem Stichverhältnis (f/l > 1/10), voller Hintermauerung oder reichlicher Überschüttungshöhe und mit überwiegend ständiger Last sowie Gewölbe und Bogen mit kleineren Stützweiten dürfen nach dem Stützlinienverfahren berechnet werden.

Für gewölbte Kappen zwischen Trägern, die durch vorwiegend ruhende Belastung nach DIN 1055-3 belastet sind, ist i. Allg. kein statischer Nachweis erforderlich, da die vorhandene Kappendicke erfahrungsgemäß ausreicht.

Für die Konstruktion von gewölbten Kappen sind die folgenden Punkte zu beachten:

- Die Mindestdicke der Kappen beträgt 11,5 cm. Die Kappen sind im Verband zu mauern (Kuff oder Schwalbenschwanz; vgl. z. B. (Schneider, Schubert 1999)).
- Die Stichhöhe f muss mindestens $l/10$ der Kappenstützweite betragen.
- Die auftretenden Horizontalschübe müssen über die Endfelder einwandfrei auf die seitlichen Wandscheiben (parallel zur Spannrichtung der Kappen) übertragen werden. Hierzu sind in den Endfeldern zwischen den Stahlträgern Zuganker anzuordnen, und zwar mindestens in den Drittelspunkten und an den Trägerenden. Die „Endscheiben mit Zugankern" müssen mindestens so breit sein wie $l/3$ ihrer Länge (vgl. Abb.). Es kann also bei schmalen Endfeldern u. U. erforderlich sein, die Zuganker über mehrere Felder zu führen.

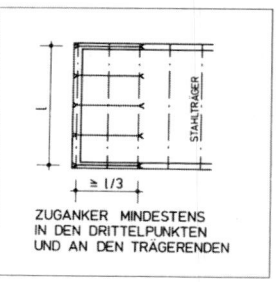

- Die Endfelder als Ganzes müssen seitliche Auflager erhalten, die in der Lage sind, den Horizontalschub der Mittelfelder auch dann aufzunehmen, wenn die Endfelder unbelastet sind. Die Auflager dürfen durch Vormauerung, dauernde Auflast, Verankerung oder andere geeignete Maßnahmen gesichert werden.
- Bei Kellerdecken in Wohngebäuden und Decken in einfachen Stallgebäuden mit einer Kappenstützweite bis zu 1,30 m gilt die Aufnahme des Horizontalschubes unter folgenden Voraussetzungen als gewährleistet: Es müssen mindestens 2 m lange und 24 cm dicke Querwände (ohne Öffnungen) im Abstand ≤ 6 m vorhanden sein. Die Wände müssen mit der Endauflagerwand (meistens Außenwand) im Verband hochgemauert oder – bei Loch- bzw. stehender Verzahnung – kraftschlüssig verbunden werden.

5 Standsicherheit nach DIN 1053-1 (11.96)

5.1 Räumliche Steifigkeit

Auf einen Nachweis der räumlichen Steifigkeit kann verzichtet werden, wenn folgende Bedingungen erfüllt sind:
- Die Decken sind als steife Scheiben ausgebildet, oder es sind stattdessen statisch nachgewiesene Ringbalken vorhanden.
- In Längs- und Querrichtung des Bauwerks ist eine offensichtlich ausreichende Anzahl von aussteifenden Wänden vorhanden.
Diese müssen ohne größere Schwächungen und Versprünge bis auf die Fundamente gehen.

DIN 1053-1 enthält keine Hinweise darüber, was unter „offensichtlich ausreichend" zu verstehen ist. Es wird daher empfohlen, die bewährte Konstruktionsregel der alten DIN 1053 (Norm ist zurückgezogen) sinngemäß anzuwenden, dass bei Mauerwerksbauten bis zu 6 Geschossen auf einen Windnachweis verzichtet werden kann, wenn die Bedingungen der folgenden Tabelle in etwa erfüllt sind:

Tafel 9.67: Dicken und Abstände aussteifender Wände (Tab. 3, DIN 1053 alt)

Zeile	Dicke der auszu-steifenden belaste-ten Wand in cm	Geschosshöhe in m	Aussteifende Wand		Mittenabstand in m
			im 1. bis 4. Vollgeschoss von oben	im 5. u. 6. Vollgeschoss von oben	
1	$\geq 11{,}5 < 17{,}5$	$\leq 3{,}25$	$\leq 11{,}5$ cm	$\leq 17{,}5$ cm	$\leq 4{,}50$
2	$\geq 17{,}5 < 24$				$\leq 6{,}00$
3	$\geq 24 \; < 30$	$\leq 3{,}50$			$\leq 8{,}00$
4	≥ 30	$\leq 5{,}00$			

Ist bei einem Bauwerk nicht von vornherein erkennbar, dass die räumliche Steifigkeit durch genügend vertikale und horizontale Scheiben gewährleistet ist, so muss ein Nachweis gemäß Abschnitt "Stahlbeton" geführt werden.

5.2 Standsicherheit einzelner Wände

Der Nachweis kann nach dem *vereinfachten Berechnungsverfahren* (Abschnitt 6) oder nach dem *genaueren Berechnungsverfahren* (s. z.B. [Jäger, Schneider, Weickenmeier 2004]) durchgeführt werden.
Es wird zwischen einseitig, zweiseitig, dreiseitig und vierseitig gehaltenen Wänden unterschieden. Einseitig gehaltene (frei stehende) Wände sollten nach dem genaueren Verfahren nachgewiesen werden.

6 Vereinfachtes Berechnungsverfahren nach DIN 1053-1

6.1 Anwendungsgrenzen

Das vereinfachte Berechnungsverfahren nach DIN 1053-1 darf nur angewendet werden, wenn folgende Anwendungsgrenzen eingehalten werden:

- Gebäudehöhe < 20 m über Gelände (bei geneigten Dächern darf die Mitte zwischen First- und Traufhöhe zugrunde gelegt werden)
- Verkehrslast $q_k \leq 5{,}0$ kN/m²
- Deckenstützweiten $l \leq 6{,}0$ m [1)]
  (bei zweiachsig gespannten Decken gilt für l die kürzere Seite)
- Innenwände
  Wanddicke 11,5 cm $\leq d <$ 24 cm; lichte Geschosshöhe $h_s \leq 2{,}75$ m
  Wanddicke $d \geq 24$ cm: h_s ohne Einschränkung
- Einschalige Außenwände
  Wanddicke 17,5 cm[2)] $\leq d <$ 24 cm: lichte Geschosshöhe $h_s \leq 2{,}75$ m
  Wanddicke $d \geq 24$ cm: lichte Geschosshöhe $h_s \leq 12d$
- Zweischalige Außenwände und Haustrennwände
  Tragschale 11,5 cm $\leq d <$ 24 cm: $h <$. 2,75 m
  Tragschale $d \geq 24$ cm: $h_s \leq 12d$

  Zusätzliche Bedingungen, wenn $d = 11{,}5$ cm:
  a) Maximal 2 Vollgeschosse zuzüglich ausgebautem Dachgeschoss
  b) Verkehrslast einschließlich Zuschlag für unbelastete Trennwände $q_k \leq 3$ kN/m² [3)]
  c) Abstand der aussteifenden Querwände $e \leq 4{,}50$ m bzw. Randabstand $\leq 2{,}0$ m
- Als horizontale Last darf nur Wind oder Erddruck angreifen.
- Es dürfen keine Lasten mit größeren planmäßigen Exzentrizitäten eingeleitet werden.

6.2 Lastannahmen

Bei Hoch- und Ingenieurbauten gilt DIN 1055, soweit bei Ingenieurbauten keine Sondervorschriften (z. B. DIN 4131 für Kranlasten) maßgebend sind.
Bei Sturz- und Abfangeträgern brauchen nur die Lasten gemäß der folgenden Abb. angesetzt zu werden.

[1)] Es dürfen auch Stützweiten $l > 6$ m vorhanden sein, wenn die Deckenauflagerkraft durch Zentrierung mittig eingeleitet wird (Verringerung des Einflusses des Deckendrehwinkels).
[2)] Bei eingeschossigen Garagen und vergleichbaren Bauwerken, die nicht zum dauernden Aufenthalt von Menschen dienen, ist auch $d = 11{,}5$ cm zulässig.
[3)] Auch wenn in der Norm $q_k \leq 3$ kN/m² festgelegt ist, ist die Anordnung von Balkonen mit $q_k = 3{,}5$ kN/m² vertretbar, da durch Balkone die Exzentrizität der Endauflagerkraft verringert wird.

Vereinfachtes Berechnungsverfahren nach DIN 1053-1

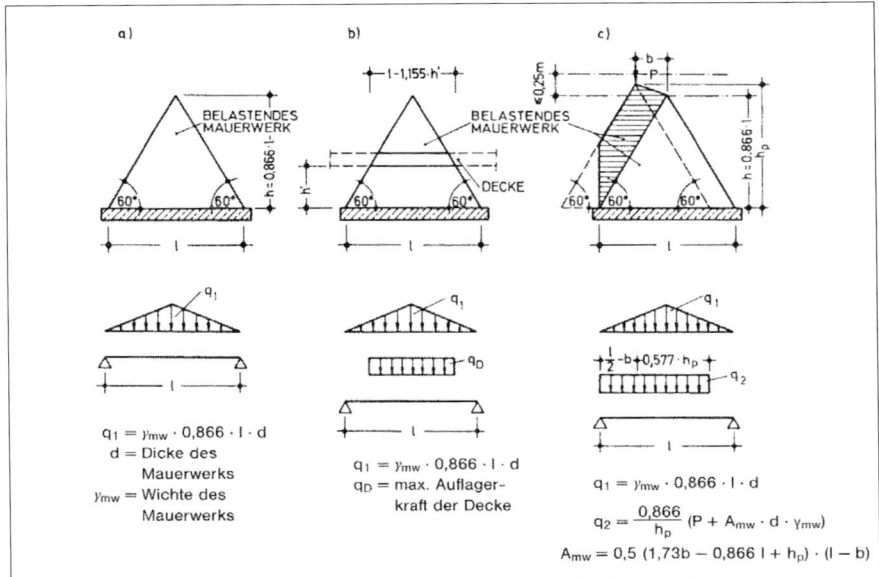

Für Einzellasten, die innerhalb oder in der Nähe des Belastungsdreiecks liegen, darf eine Lastverteilung von 60° angenommen werden. Liegen Einzellasten außerhalb des Belastungsdreiecks, so brauchen sie nur berücksichtigt zu werden, wenn sie noch innerhalb der Stützweite des Trägers und unterhalb einer Waagerechten angreifen, die 25 cm über der Dreiecksspitze liegt. Solchen Einzellasten ist das Gewicht des waagerecht schraffierten Mauerwerks zuzuschlagen.

Man beachte: Die verminderten Belastungsannahmen nach obiger Abb. sind nur zulässig, wenn sich oberhalb und neben dem Träger und der Belastungsfläche ein Gewölbe ausbildet (keine störenden Öffnungen!) und der Gewölbeschub aufgenommen werden kann.

Angaben über erforderliche Abmessungen des ungestörten Mauerwerks neben und über der Öffnung findet man in der Vorschrift 158 (Ausgabe 1985) der Staatl. Bauaufsicht (ehemalige DDR); siehe nebenstehende Abb. und Tabelle.

h/l	n
0,85	0,4
1,2	0,5
1,6	0,6
2,0	0,7
2,5	0,8
3,0	0,9
3,6	1,0

6.3 Wind rechtwinklig zur Wandebene

Ein Nachweis für Windlasten rechtwinklig zur Wand ist in der Regel nicht erforderlich. Voraussetzung ist jedoch, dass die Wände durch Deckenscheiben oder statisch nachgewiesene Ringbalken oben und unten einwandfrei gehalten sind.

6.4 Zwängungen

Bei Baustoffen mit unterschiedlichem Verformungsverhalten und starren Verbindungen kann es infolge von Temperatur, Schwinden und Kriechen zu Zwängungen und somit zu Schäden im Mauerwerk kommen. Verformungskennwerte für Normalmörtel siehe DIN 1053-1 oder (Schneider, Schubert 1999). Zur Vermeidung von Schäden sind konstruktive Maßnahmen zu ergreifen (z. B. ausreichende Wärmedämmung, geeignete Baustoffwahl, zwängungsfreie Anschlüsse, Fugen; vgl. auch (Schneider, Weickenmeier 2000)).

6.5 Knicklängen

a) Zweiseitig gehaltene Wände

- Allgemein:

$$h_k = h_s$$

- Bei Einspannung der Wand in flächig[1] aufgelagerten Massivdecken:

$$h_k = \beta \cdot h_s$$

Für β gilt:

β	Wanddicke d in mm
0,75	≤ 175
0,90	175 < d ≤ 250
1,00	> 250

[1] Als flächig aufgelagerte Massivdecken gelten auch Stahlbetonbalken- und Stahlbetonrippendecken mit Zwischenbauteilen nach DIN 1045, bei denen die Auflagerung durch Randbalken erfolgt.

- Abminderung der Knicklänge nur zulässig, wenn
  - als horizontale Last nur Wind vorhanden ist,
  - folgende Mindestauflagertiefen gegeben sind:

Wanddicke d in mm	Auflagertiefe a in mm
= 240	≤ 175
< 240	= d

b) Drei- und vierseitig gehaltene Wände

- Für die Knicklänge gilt: $h_k = \beta \cdot h_s$
  - wenn $h_s \leq 3{,}50$ m, β nach Tafel 9.85a
  - wenn $b > 30\,d$ bzw. $b' > 15\,d$, Wände wie zweiseitig gehaltene berechnen
  - ein Faktor β größer als bei zweiseitiger Halterung braucht nicht angesetzt zu werden.

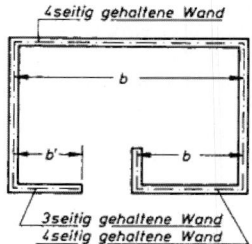

- **Schwächung der Wände durch Schlitz oder Nischen**
  a) vertikal in Höhe des mittleren Drittels:
     d = Restwanddicke oder freien Rand annehmen
  b) unabhängig von der Lage eines vertikalen Schlitzes oder einer Nische Wandöffnung annehmen, wenn Restwanddicke d < halbe Wanddicke oder < 115 mm ist.
- **Öffnungen in Wänden**
  Bei Wänden, deren Öffnungen
  – in ihrer lichten Höhe > 1/4 der Geschosshöhe oder
  – in ihrer lichten Breite > 1/4 der Wandbreite oder
  – in ihrer Gesamtfläche > 1/10 der Wandfläche sind, gelten die Wandteile
    – zwischen der Wandöffnung und der aussteifenden Wand als dreiseitig
    – zwischen den Wandöffnungen als zweiseitig gehalten.

Tafel 9.71a: β-Werte für drei- und vierseitig gehaltene Wände

b' in m	0,65	0,75	0,85	0,95	1,05	1,15	1,25	1,40	1,60	1,85	2,20	2,80
β	0,35	0,40	0,45	0,50	0,55	0,60	0,65	0,70	0,75	0,80	0,85	0,90
b in m	2,00	2,25	2,50	2,80	3,10	3,40	3,80	4,30	4,80	5,60	6,60	8,40

Tafel 9.71b: Grenzwerte für b' und b in m

Wanddicke in cm	11,5	17,5	24	30
max $b' = 15\,d$	1,75	2,60	3,60	-
max $b = 30\,d$	3,45	5,25	7,20	9,00

6.6 Halterungen zur Knickaussteifung

Als unverschiebliche Halterungen von belasteten Wänden dürfen Deckenscheiben und aussteifende Querwände oder andere ausreichend steife Bauteile angesehen werden.

Ist die aussteifende Wand durch Öffnungen unterbrochen, so muss die Bedingung der nebenstehenden Abbildung erfüllt sein. Bei Fenstern gilt die jeweilige lichte Höhe als h_1 und h_2.

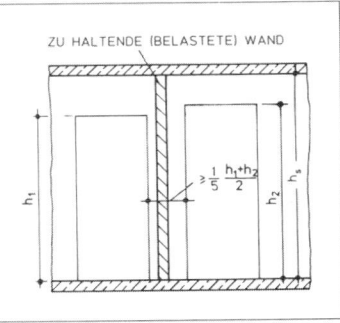

Abb. 9.71: Mindestlänge einer knickaussteifenden Wand bei Öffnungen

6.7 Mitwirkende Breite b_m

b_m = 1/4 der über dem betrachteten Schnitt liegenden Höhe des zusammengesetzten Querschnitts, jedoch nicht größer als die vorhandene Querschnittsbreite.

6.8 Bemessung nach dem vereinfachten Verfahren
6.8.1 Zentrische und exzentrische Druckbeanspruchung

Der Spannungsnachweis ist unter Ausschluss von Zugspannungen zu führen (klaffende Fugen maximal bis zum Schwerpunkt des Querschnitts zulässig).

$$\boxed{\text{zul } \sigma = k \cdot \sigma_0}$$

σ_0 Grundwert der zulässigen Spannung

k Abminderungsfaktor

Tafel 9.72a: Grundwerte der zulässigen Druckspannungen in MN/m^2

Steinfestig-keitsklasse	Normalmörtel mit Mörtelgruppe					Dünnbett-mörtel[2]	Leichtmörtel	
	I	II	IIa	III	IIIa		LM21	LM36
2	0,3	0,5	0,5[1]	-	-	0,6	0,5[3]	0,5[3)4)]
4	0,4	0,7	0,8	0,9	-	1,1	0,7[5]	0,8[6]
6	0,5	0,9	1,0	1,2	-	1,5	0,7	0,9
8	0,6	1,0	1,2	1,4	-	2,0	0,8	1,0
12	0,8	1,2	1,6	1,8	1,9	2,2	0,9	1,1
20	1,0	1,6	1,9	2,4	3,0	3,2	0,9	1,1
28	-	1,8	2,3	3,0	3,5	3,7	0,9	1,1
36	-	-	-	3,5	4,0	-	-	-
48	-	-	-	4,0	4,5	-	-	-
60	-	-	-	4,5	5,0	-	-	-

[1] $\sigma_0 = 0{,}6 \text{ MN/m}^2$ bei Außenwänden mit Dicken ≥ 300 mm. Diese Erhöhung gilt jedoch nicht für den Nachweis der Auflagerpressung nach Abschnitt 6.8.4.
[2] Verwendung nur bei Porenbeton-Plansteinen nach DIN 4165 und bei Kalksand-Plansteinen. Die Werte gelten für Vollsteine. Für Kalksand-Lochsteine und Kalksand-Hohlblocksteine nach DIN 106-1 gelten die entsprechenden Werte bei Mörtelgruppe III bis Steinfestigkeitsklasse 20.
[3] Für Mauerwerk mit Mauerziegeln nach DIN 105-1 bis -4 gilt $\sigma_0 = 0{,}4 \text{ MN/m}^2$.
[4] $\sigma_0 = 0{,}6 \text{ MN/m2}$ bei Außenwänden mit Dicken ≥ 300 mm. Diese Erhöhung gilt jedoch nicht für den Nachweis der Auflagerpressung.
[5] Für Kalksandsteine nach DIN 106-1 der Rohdichteklasse $\geq 0{,}9$ und für Mauerziegel nach DIN 105-1 bis -4 gilt $\sigma_0 = 0{,}5 \text{ MN/m}^2$.
[6] Für Mauerwerk mit den in Fußnote 5 genannten Mauersteinen gilt $\sigma_0 = 0{,}7 \text{ MN/m}^2$.

Tafel 9.72b: Grundwerte der zulässigen Druckspannungen σ_0 für Mauerwerk nach Eignungsprüfung

Nennfestigkeit β_M[1] in MN/m^2	1,0 bis 9,0	11,0 und 13,0	16,0 bis 25,0
σ_0 in MN/m^2 [2]	$0{,}35\,\beta_M$	$0{,}32\,\beta_M$	$0{,}30\,\beta_M$

[1] β_M nach DIN 1053-2.   [2] Abrunden auf $0{,}01 \text{ MN/m}^2$.

Vereinfachtes Berechnungsverfahren nach DIN 1053-1

Ermittlung der Abminderungsfaktoren k_i

- Wände als Zwischenauflager: $\quad k = k_1 \cdot k_2$
- Wände als einseitiges Endauflager:
  Der kleinere Wert ist maßgebend. $\quad k = k_1 \cdot k_2$ oder $k = k_1 \cdot k_3$

a) k_1 für Pfeiler/Wände

Ein Pfeiler im Sinne der Norm liegt vor, wenn $A < 1000$ cm² ist. Pfeiler mit einer Fläche $A < 400$ cm² (Nettofläche) sind unzulässig.

1. Wände sowie *Pfeiler*, die aus einem oder mehreren ungetrennten Steinen bestehen oder aus getrennten Steinen mit einem Lochanteil von < 35 %: $k_1 = 1,0$
2. Alle anderen *Pfeiler*, $k_1 = 0,8$

b) k_2 für Knicken

$h_k/d \leq 10$	$k_2 = 1,0$
$10 < h_k/d \leq 25$	$k_2 = \dfrac{25 - h_k/d}{15}$

h_k Knicklänge

c) k_3 für Deckendrehwinkel (Endauflager)

Geschossdecken

$l \leq 4{,}20$ m	$k_3 = 1{,}0$
$l > 4{,}20$ m	$k_3 = 1{,}7 - l/6$

Bei zweiachsig gespannten Decken:
l kürzere Spannweite

Dachdecken (oberstes Geschoss)

Für alle l:	$k_3 = 0{,}5$

Bei mittiger Auflagerkrafteinleitung (z.B. Zentrierung): $k_3 = 1$

6.8.2 Zusätzlicher Nachweis bei Scheibenbeanspruchung

Sind Wandscheiben infolge Windbeanspruchung rechnerisch nachzuweisen, so ist bei klaffender Fuge außer dem Spannungsnachweis ein Nachweis der Randdehnung $\varepsilon_R \leq 10^{-4}$ zu führen. Der Elastizitätsmodul für Mauerwerk darf zu $E = 3000 \cdot \sigma_0$ angenommen werden.

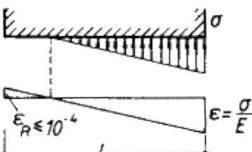

6.8.3 Zusätzlicher Nachweis bei dünnen, schmalen Wänden

Bei zweiseitig gehaltenen Wänden mit $d < 17$ cm und mit Schlankheiten $h_k/d > 12$ und Wandbreiten < 2,0 m ist der Einfluss einer ungewollten horizontalen Einzellast $H = 0{,}5$ kN in halber Geschosshöhe zu berücksichtigen. H darf über die Wandbreite gleichmäßig verteilt werden, zul σ darf hierbei um 33 % erhöht werden.

Zahlenbeispiel 1

Gegeben:
Innenwand: $d = 11{,}5$ cm
lichte Geschosshöhe: $h_s = 2{,}75$ m
Belastung UK Wand: $R = 49{,}6$ kN
Stahlbetondecke
Knicklänge: $h_k = \beta \cdot h_s = 0{,}75 \cdot 2{,}75 = 2{,}06$ m

a) $k_1 = 1$ (Wand)
b) k_2
$h_k/d = 206/11{,}5 = 17{,}9 > 10$

$$k_2 = \frac{25 - h_k/d}{15} = \frac{25 - 17{,}9}{15} = 0{,}47$$

Ermittlung des Abminderungsfaktors k
$k = k_1 \cdot k_2 = 1{,}0 \cdot 0{,}47 = 0{,}47$

Spannungsnachweis

$$\sigma = \frac{49{,}6}{100 \cdot 11{,}5} = 0{,}043 \text{ kN/cm}^2 = 0{,}43 \text{ MN/m}^2$$

gew.: $\boxed{\text{HLz 12/II}}$ $\sigma_0 = 1{,}2$ MN/m²

zul $\sigma = k \cdot \sigma_0 = 0{,}47 \cdot 1{,}2$
$= 0{,}56$ MN/m² $> 0{,}43$

Zahlenbeispiel 2

Gegeben:
Außenwandpfeiler: $b/d = 49/17{,}5$ cm[*)]
lichte Geschosshöhe: $h_s = 2{,}75$ m
Stützweite Decke: $l = 4{,}80$ m
Belastung UK Pfeiler: $R = 68$ kN
Stahlbetondecke
Knicklänge: $h_k = \beta \cdot h_s = 0{,}75 \cdot 2{,}75 = 2{,}06$ m

a) $k_1 = 0{,}8$ (Pfeiler, vgl. Fußnote[*)])
b) $h_k/d = 206/17{,}5 = 11{,}8$

$$k_2 = \frac{25 - h_k/d}{15} = \frac{25 - 11{,}8}{15} = 0{,}88$$

c) $k_3 = 1{,}7 - l/6 = 1{,}7 - 4{,}8/6 = 0{,}9$

Ermittlung des Abminderungsfaktors k
$k = k_1 \cdot k_2 = 0{,}8 \cdot 0{,}88 = 0{,}70$
bzw.
$k = k_1 \cdot k_3 = 0{,}8 \cdot 0{,}9 = 0{,}72$

Spannungsnachweis

$$\sigma = \frac{68}{49 \cdot 17{,}5} = 0{,}079 \text{ kN/cm}^2 = 0{,}79 \text{ MN/m}^2$$

gew.: $\boxed{\text{KS L 12/II}}$ $\sigma_0 = 1{,}2$ MN/m²

zul $\sigma = k \cdot \sigma_0 = 0{,}70 \cdot 1{,}2$
$= 0{,}84$ MN/m² $> 0{,}79$

6.8.4 Teilflächenpressung

- **Belastung in Richtung der Wandebene**

Gleichmäßig verteilte Auflagerpressung mit zul $\sigma = 1{,}3 \; \sigma_0$. Zusätzlich Nachweis in Wandmitte (Lastverteilung unter 60°) erforderlich.

- **Belastung rechtwinklig zur Wandebene**

Ebenfalls gilt zul $\sigma = 1{,}3 \; \sigma_0$. Bei $F \geq 3$ kN ist zusätzlich ein Schubnachweis in den Lagerfugen der belasteten Steine nach Abschn. 6.8.6 zu führen.
Bei Loch- und Kammersteinen muss die Last mindestens über zwei Stege eingeleitet werden (Unterlagsplatten).

6.8.5 Biegezug

Nur zulässig parallel zur Lagerfuge in Wandrichtung.

$\boxed{\text{zul } \sigma_Z = 0{,}4 \cdot \sigma_{0HS} + 0{,}12 \cdot \sigma_D \leq \max \sigma_Z}$ σ_{0HS} und max σ_Z siehe Tafeln auf S. 9.75

zul σ_Z zulässige Biegezugspannung parallel zur Lagerfuge
σ_D zugehörige Druckspannung rechtwinklig zur Lagerfuge

[*)] Getrennte Steine mit Lochanteil > 35% (vgl. S. 9.87 unter a).

Tafel 9.75a: σ_{0HS}

Mörtelgruppe	I	II	IIa	III	IIIa	LM21	LM36	DM
σ_{0HS} MN/m²	0,01	0,04	0,09	0,11	0,11	0,09	0,09	0,11

Bei unvermörtelten Stoßfugen (weniger als die halbe Wanddicke ist vermörtelt) sind die σ_{0HS}-Werte zu halbieren.
DM = Dünnbettmörtel

Tafel 9.75b: max σ_z

Steinfestigkeitsklasse	2	4	6	8	12	20	≥ 28
max σ_z in MN/m²	0,01	0,02	0,04	0,05	0,10	0,15	0,20

6.8.6 Schubbeanspruchung

• Scheibenschub

Ein Schubnachweis ist in der Regel nicht erforderlich, wenn ausreichende räumliche Steifigkeit des Bauwerks gegeben ist. Anderenfalls gilt für Rechteckquerschnitte (andere Querschnittsformen sind nach dem genaueren Verfahren nachzuweisen):

$$\boxed{\tau = c \cdot Q/A \leq \text{zul } \tau}$$ mit $$\boxed{\text{zul } \tau = \sigma_{0HS} + 0,20 \cdot \sigma_{Dm} \leq \text{max } \tau}$$

c Formbeiwert

$\dfrac{H}{L} \geq 2 \;\rightarrow c = 1,5$

$\dfrac{H}{L} \leq 1 \;\rightarrow c = 1,0$

(H Höhe der Mauerwerksscheibe)
(L Länge der Mauerwerksscheibe)
Zwischenwerte für c sind linear zu interpolieren.

A überdrückte Querschnittsfläche
σ_{0HS} aus Tafel 9.75a
σ_{Dm} mittlere zugehörige Druckspannung rechtwinklig zur Lagerfuge im ungerissenen Querschnitt A

max $\tau = n \cdot \beta_{NSt}$

$n = 0,010$ bei Hohlblocksteinen
$n = 0,012$ bei Hochlochsteinen und Steinen mit Grifföffnungen oder –löchern
$n = 0,014$ bei Vollsteinen ohne Grifföffnungen oder -löcher

β_{NSt} Steindruckfestigkeit

• Plattenschub

$$\boxed{\text{zul } \tau = \sigma_{0HS} + 0,30 \cdot \sigma_{Dm} \leq \text{max } \tau}$$

A überdrückte Querschnittsfläche
σ_{0HS} aus Tafel 9.75a
σ_{Dm} Druckspannung rechtwinklig zur Lagerfuge

Nachweis für einen Rechteckquerschnitt:

$$\boxed{\tau = \dfrac{1,5 \cdot Q}{A} \leq \text{zul } \tau}$$

Zahlenbeispiel

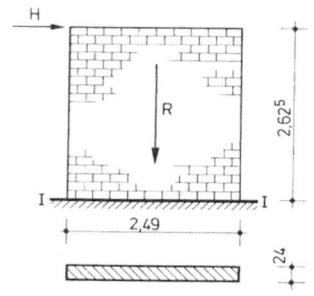
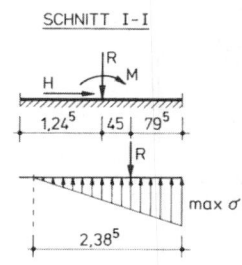

Gegeben:
   Wandscheibe mit Rechteckquerschnitt
   Vertikale Belastung $R = 350$ kN
   Horizontale Last $H = 60$ kN

Biegespannung (vgl. Kap. 7 Baustatik)
Der Nachweis wird in der unteren Fuge I-I geführt.

$M = H \cdot 2{,}625 = 60 \cdot 2{,}625 = 157{,}5$ kNm
$e = M/R = 157{,}5/350 = 0{,}45$ m
    $< d/3 = 2{,}49/3 = 0{,}83$ m
$c = d/2 - e = 2{,}49/2 - 0{,}45 = 0{,}795$ m
$3 \cdot c = 2{,}385$ m
max $\sigma = 2 \cdot 350/(238{,}5 \cdot 24)$
    $= 0{,}122$ kN/cm^2 = 1,22 MN/m^2

Schubspannung
$c \approx 1$
vorh. $\tau \approx Q/A = 60/238{,}5 \cdot 24 = 0{,}01$ kN/cm^2
    $= 0{,}1$ MN/m^2

Zulässige Schubspannung
gew. $\boxed{\text{KS 12/II (Vollsteine)}}$
$\sigma_{0HS} = 0{,}04$ MN/m^2
$\sigma_{Dm} = 1{,}22/2 = 0{,}61$ MN/m^2
max $\tau = n \cdot \beta_{NSt} = 0{,}014 \cdot 12$
    $= 0{,}17$ MN/m^2
zul $\tau = 0{,}04 + 0{,}20 - 0{,}61$
    $= 0{,}16$ MN/m^2

Schubnachweis
$\tau = 0{,}10$ MN/m^2 $< 0{,}16$ MN/m^2 = zul τ

Nachweis der Randdehnung (vgl. 6.8.2)
Im Bereich der max. Spannung ist: $\varepsilon = \dfrac{\sigma}{E} = \dfrac{\sigma}{3000 \cdot \sigma_0} = \dfrac{1{,}22}{3000 \cdot 1{,}2} = 0{,}000339$

Dehnung am Zugrand: (zul $\varepsilon_R = 10^{-4}$)
   vorh $\varepsilon_R = 0{,}000339 \cdot (2{,}49 - 2{,}385)/2{,}385 = 0{,}15 \cdot 10^{-4}$ $< 10^{-4}$ = zul ε_R

7 Kellerwände nach DIN 1053-1 (11.96)

7.1 Allgemeines

Es gibt mehrere Möglichkeiten für die Wahl von Tragmodellen bei durch Erddruck belasteten Kellerwänden:
1. vertikale Lastabtragung (Träger auf 2 Stützen, klaffende Fuge)
2. horizontale Lastabtragung (Träger auf 2 Stützen)
   a) Ausnutzung der Biegezugfestigkeit parallel zur Lagerfuge
   b) bewehrtes Mauerwerk
3. vertikale und horizontale Lastabtragung (zweiachsig gespannte Platte): Kombination der statischen Systeme aus 1 und 2
4. Bei allen Varianten 1 bis 3 kann als statisches System ein Stützlinienbogen gewählt werden. Hierbei muss jedoch in jedem Fall die Aufnahme des Horizontalschubs gewährleistet sein.

zu 1: In DIN 1053-1 sind Formeln für die erforderliche Auflast von Kellermauerwerk angegeben. Die hier geforderten Auflasten liegen auf der sicheren Seite und führen häufig zu unwirtschaftlichen Wanddicken. Im Abschnitt 7.3 sind Tabellen für geringere erf. Auflasten angegeben, die sich durch die Annahme eines günstigeren Tragmodells ergeben.

zu 2: In [Jäger, Schneider, Weickenmeier 2004] findet man Tragfähigkeitstafeln für bewehrtes Mauerwerk (horizontale Lastabtragung).

zu 4: Formeln und ein Zahlenbeispiel s. nachfolgenden Abschnitt 7.2.

7.2 Berechnung von Kellermauerwerk auf der Basis einer [1])

Dem folgenden Zahlenbeispiel liegen die umseitig angeführten Formeln zugrunde.

Zahlenbeispiel: Kellermauerwerk mit Gewölbewirkung
$q = 9,1 \text{ kN/m}^2$
$l_w = 3,385 \text{ m}$
$d = 36,5 \text{ cm}$
Mauerwerk HLz 12/IIa
Vorwert: $l/d = 3,385/0,365 = 9,27$

Maximale Randspannung für Fall 3
$\sigma_D = 0,75 \cdot 9,1 \cdot 9,272^2 = 586 \text{ kN/m}^2 = 0,586 \text{ MN/m}^2$

$\sigma_{Dm} = \dfrac{\sigma_D}{2} = 0,239 \text{ MN/m}^2$

vorh. Hlz 12/IIa mit $\sigma_D = 1,6 \text{ MN/m}^2$

Schubspannungsnachweis für Fall 3
vorh. $\tau = 0,75 \cdot 9,1 \cdot 9,27 = 63,3 \text{ kN/m}^2 = 0,0633 \text{ MN/m}^2$

DIN 1053-1 (vereinfachtes Verfahren) $\boxed{\text{zul } \tau = \sigma_{Z0} + \sigma_{Dm} \leq \text{max } \tau}$
max $\tau = 0,012 \cdot 12 = 0,144 \text{ MN/m}^2$
zul $\tau = 0,09 + 0,20 \cdot 0,293 = 0,149 \text{ MN/m}^2 > 0,144 \text{ MN/m}^2$ (maßgebend)

---

[1]) Auf der Basis einer hochschulinternen Veröffentlichung von Prof. Gerhard Richter, FH Bielefeld, Abt. Minden

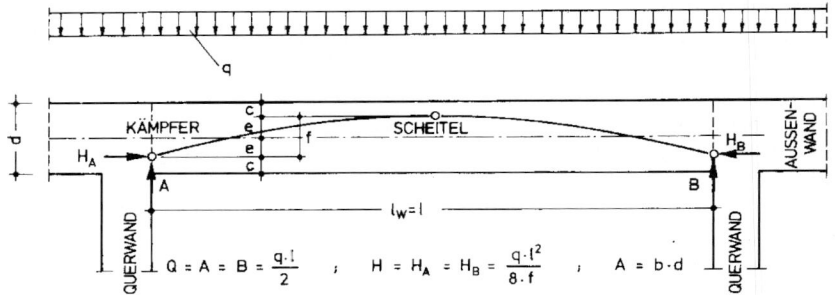

$Q = A = B = \frac{q \cdot l}{2}$; $H = H_A = H_B = \frac{q \cdot l^2}{8 \cdot f}$; $A = b \cdot d$

Bei Untersuchung eines horizontalen Wandstreifens von $b = 1,0$ m ergeben sich folgende Fälle:

	klaffende Fugen reichen bis:		keine klaffenden Fugen – H greift im Kernpunkt an
Fall:	2	3	1
ungerissener wirksamer Querschnitt ($b = 1,0$ m) A_w	$d/2$	$3d/4$	d
e	$\dfrac{d}{3}$	$\dfrac{d}{4}$	$\dfrac{d}{6}$
c	$\dfrac{d}{6}$	$\dfrac{d}{4}$	$\dfrac{d}{3}$
f	$\dfrac{2d}{3}$	$\dfrac{d}{2}$	$\dfrac{d}{3}$
Horizontalschub $H = q \cdot l^2 / (8 \cdot f)$	$0{,}1875 \cdot q \cdot l \left(\dfrac{l}{d}\right)$	$0{,}25 \cdot q \cdot l \left(\dfrac{l}{d}\right)$	$0{,}375 \cdot q \cdot l \left(\dfrac{l}{d}\right)$
max. Randspannung $\sigma_D = 2 \cdot H / (3 \cdot c \cdot b)$	$0{,}75 \cdot q \cdot \left(\dfrac{l}{d}\right)^2$	$0{,}75 \cdot q \cdot \left(\dfrac{l}{d}\right)^2$	$0{,}75 \cdot q \cdot \left(\dfrac{l}{d}\right)^2$
Schubspannung $\tau_S = 1{,}5 \cdot Q / A_w$	$1{,}55 \cdot q \cdot \left(\dfrac{l}{d}\right)$	$1{,}0 \cdot q \cdot \left(\dfrac{l}{d}\right)$	$0{,}75 \cdot q \cdot \left(\dfrac{l}{d}\right)$

7.3 Tafeln für erforderliche Auflast min F bei Kellerwänden[2)]

Zur Arbeitsvereinfachung werden im Folgenden Bemessungstabellen angegeben, die auf einem Verfahren von Prof. Mann (Mauerwerkskalender 1984, „Rechnerischer Nachweis von ein- und zweiachsig gespannten, gemauerten Kellerwänden") beruhen. Die Tabellen geben die erforderlichen Mindestauflasten bei verschiedenen Anschütthöhen, Böschungswinkeln und Verkehrslasten an. Zwischenwerte können interpoliert werden.

Falls am Wandfuß eine Horizontalsperre zwischen Betonfundament und Mauerwerk eingelegt wird, muss die Betonoberfläche rau abgezogen sein, um ausreichende Reibung zu erreichen. Die Tabellen gelten nicht für hydrostatischen Druck (Grundwasser).

(Hinweis: Bei größeren Böschungswinkeln ist vom Statiker zusätzlich der Gleitsicherheitsnachweis in der Sohlfläche zu führen – unabhängig vom Kellerbaustoff!)

Die Tabellen wurden von Dipl.-Ing. Kammes, Aachen, aufgestellt und von Prof. Mann in statischer Hinsicht geprüft (Prüfbericht vom 11.4.1988 kann bei unipor angefordert werden).

Den Tabellen liegen folgende Rechenwerte zugrunde:

- Einachsig gespannte Kellerwände für Rezeptmauerwerk nach DIN 1053-1, d. h. mindestens Ziegelfestigkeitsklasse 6 und Normalmauermörtel MG IIa
- Bodenwichte 19 kN/m^3
- Wandreibungswinkel $\delta = 0°$
- Ziegelrohdichteklasse 0,8 kg/cm^3
- Verkehrslast auf dem Gelände $q_k = 5$ kN/m^2 oder $q_k = 1,5$ kN/m^2. Der niedrigere Wert kann z.B. für Terrassen vor großen Fenstern angesetzt werden, wo sichergestellt ist, dass sich keine Fahrzeuge auf der Freifläche bewegen.
- Mauerwerk im Läuferverband (Einsteinmauerwerk)
- Mörtelgruppe IIa, III, IIIa und Leichtmauermörtel.

Eine Aussteifung der Kelleraußenwände ist rechnerisch nicht in Ansatz gebracht. Die Wände sind also als einachsig gerechnet. Die Wände dürfen deshalb in Stumpfstoßtechnik errichtet werden.

Die Bezeichnungen in den nachfolgenden Tafeln sind in der nebenstehenden Abb. erläutert.

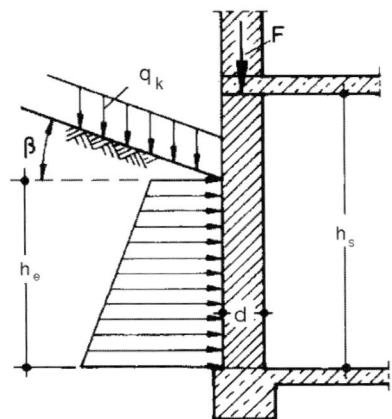

β Böschungswinkel
h_e Einbindetiefe der Kellerwand in das Erdreich
h_s lichte Kellerhöhe
d Wanddicke
F Auflast in Höhe UK Kellerdecke
q_k Flächenverkehrslast auf dem Erdreich

[2)] s. unipor Bericht

Tafel 9.80: Erforderliche Mindestauflast min F in kN/m bei Kellermauerwerk ($h_s = 2,26$ m) mit unvermörtelter[*] Stoßfuge

Lichte Kellerhöhe $h_s = 2,26$ m   Verkehrslast $q_k = 5,00$ kN/m²

Anschütthöhe h_s	Böschungswinkel $\beta = 0°$ Wanddicken d in cm				Böschungswinkel $\beta = 30°$ Wanddicken d in cm			
m	24,00	30,00	36,50	49,00	24,00	30,00	36,50	49,00
1,00	4,21	1,66	-	-	14,17	9,64	6,06	1,08
1,10	6,07	3,20	0,81	-	18,24	12,93	8,81	3,22
1,20	8,08	4,85	2,21	-	22,66	16,51	11,79	5,52
1,30	10,23	6,60	3,69	-	27,40	20,34	14,98	7,96
1,40	12,51	8,46	5,26	0,79	32,44	24,40	18,36	10,54
1,50	14,91	10,41	6,89	2,06	37,74	28,67	21,90	13,25
1,60	17,41	12,43	8,58	3,38	43,28	33,13	25,59	16,05
1,70	19,98	14,52	10,32	4,72	49,01	37,74	29,71	19,04
1,80	22,62	16,65	12,10	6,09	54,89	42,46	33,91	22,39
1,90	25,31	18,82	13,90	7,47	60,87	47,27	38,29	25,69
2,00	28,02	21,01	15,72	8,86	66,93	52,33	42,70	29,22
2,10	30,74	23,20	17,54	10,24	-	57,41	47,12	32,74
2,20	33,45	25,37	19,34	11,61	-	62,46	51,62	36,35
2,30	36,12	27,52	21,11	12,95	-	67,45	56,07	39,91

Lichte Kellerhöhe $h_s = 2,26$ m   Verkehrslast $q_k = 1,50$ kN/m²

Anschütthöhe h_s	Böschungswinkel $\beta = 0°$ Wanddicken d in cm				Böschungswinkel $\beta = 30°$ Wanddicken d in cm			
m	24,00	30,00	36,50	49,00	24,00	30,00	36,50	49,00
1,00	1,80	-	-	-	8,89	5,37	2,50	-
1,10	3,34	0,97	-	-	12,24	8,09	4,78	0,12
1,20	5,04	2,37	0,13	-	15,95	11,10	7,30	2,08
1,30	6,90	3,89	1,42	-	20,02	14,39	10,04	4,20
1,40	8,90	5,53	2,80	-	24,42	17,95	13,01	6,47
1,50	11,03	7,27	4,26	0,02	29,14	21,75	16,17	8,89
1,60	13,29	9,10	5,80	1,23	34,14	25,78	19,51	11,44
1,70	15,66	11,02	7,41	2,48	39,39	30,01	23,01	14,10
1,80	18,12	13,02	9,08	3,77	44,86	34,40	26,65	16,86
1,90	20,76	15,17	10,79	5,09	50,50	38,94	30,71	19,90
2,00	23,36	17,27	12,63	6,43	56,29	43,59	34,85	23,11
2,10	25,99	19,39	14,40	7,78	62,17	48,31	39,15	26,45
2,20	28,65	21,54	16,18	9,23	68,10	53,28	43,48	29,91
2,30	31,31	23,68	17,95	10,58	74,50	58,25	47,92	33,36

[*] Hinweis: Die Tabellenwerte sind weitgehend identisch mit den Tabellenwerten für „vermörtelte Stoßfuge". Nur in Einzelfällen ergeben sich wegen der geringeren zulässigen Schubspannungen etwas höhere Auflasten.

Tafel 9.81: Erforderliche Mindestauflast min F in kN/m bei Kellermauerwerk (h_s = 2,63 m) mit unvermörtelter* Stoßfuge

Lichte Kellerhöhe h_s = 2,63 m   Verkehrslast q_k = 5,00 kN/m²

Anschütthöhe h_s	Böschungswinkel $\beta = 0°$ Wanddicken d in cm				Böschungswinkel $\beta = 30°$ Wanddicken d in cm			
m	24,00	30,00	36,50	49,00	24,00	30,00	36,50	49,00
1,00	3,95	1,10	-	-	14,60	9,62	5,65	0,05
1,10	6,02	2,80	0,10	-	19,11	13,27	8,71	2,42
1,20	8,28	4,66	1,67	-	24,06	17,28	12,05	5,01
1,30	10,72	6,65	3,36	-	29,45	21,63	15,67	7,79
1,40	13,35	8,79	5,16	0,04	35,24	26,31	19,56	10,76
1,50	16,14	11,06	7,07	1,53	41,42	31,29	23,69	13,91
1,60	19,09	13,46	9,07	3,09	47,97	36,56	28,06	17,23
1,70	22,18	15,96	11,16	4,71	54,84	42,08	32,73	20,80
1,80	25,41	18,57	13,33	6,38	62,01	47,85	37,70	24,81
1,90	28,74	21,26	15,58	8,11	69,43	53,82	42,93	28,94
2,00	32,17	24,03	17,88	9,87	69,43	59,96	48,41	33,27
2,10	35,69	26,86	20,23	11,67	77,08	66,25	53,90	37,68
2,20	39,26	29,74	22,62	13,48	-	72,65	59,58	42,25
2,30	42,87	32,65	25,02	15,31	-	79,12	65,32	46,97
2,40	46,50	35,57	27,44	17,15	-	85,64	71,10	51,70
2,50	50,13	38,49	29,86	18,97	-	92,16	76,87	56,53
2,60	53,75	41,39	32,26	20,79	-	98,65	82,72	61,34

Lichte Kellerhöhe h_s = 2,63 m   Verkehrslast q_k = 1,50 kN/m²

Anschütthöhe h_s	Böschungswinkel $\beta = 0°$ Wanddicken d in cm				Böschungswinkel $\beta = 30°$ Wanddicken d in cm			
m	24,00	30,00	36,50	49,00	24,00	30,00	36,50	49,00
1,00	1,35	-	-	-	8,88	5,00	1,80	-
1,10	3,04	0,37	-	-	12,55	7,98	4,30	-
1,20	4,92	1,92	-	-	16,66	11,31	7,09	1,21
1,30	7,00	3,63	0,82	-	21,21	14,99	10,16	3,59
1,40	9,26	5,48	2,38	-	26,19	19,02	13,51	6,16
1,50	11,71	7,47	4,06	-	31,59	23,38	17,14	8,94
1,60	14,33	9,60	5,85	0,60	37,39	28,05	21,01	11,90
1,70	17,11	11,86	7,75	2,08	43,56	33,02	25,13	15,03
1,80	20,05	14,24	9,73	3,62	50,07	38,26	29,47	18,32
1,90	23,12	16,73	11,81	5,22	56,90	43,75	34,12	21,97
2,00	26,32	19,31	13,96	6,88	64,02	49,47	39,05	25,94
2,10	29,62	21,98	16,18	8,58	71,38	55,39	44,34	30,03
2,20	33,02	24,72	18,45	10,32	-	61,48	49,66	34,32
2,30	36,49	27,51	20,77	12,08	-	67,69	55,09	36,68
2,40	40,01	30,35	23,13	13,87	-	74,00	60,71	43,20
2,50	43,47	33,22	25,50	15,67	-	80,39	66,37	47,86
2,60	47,15	36,09	27,88	17,48	-	86,81	72,16	52,53

* Hinweis: Die Tabellenwerte sind weitgehend identisch mit den Tabellenwerten für „vermörtelte Stoßfuge". Nur in Einzelfällen ergeben sich wegen der geringeren zulässigen Schubspannungen etwas höhere Auflasten.

8 Genaueres Berechnungsverfahren nach DIN 1053-1 (11.96)

Siehe z.B. [Jäger, Schneider, Weickenmeier 2004].

9 Mauerwerksbau nach DIN 1053-100 (09.2007)

9.1 Allgemeines

Die folgenden Ausführungen basieren auf der DIN 1053-100, September 2007. Mauerwerk ist danach in der Regel im Grenzzustand der Tragfähigkeit nachzuweisen. In diesem Zustand muss gewährleistet sein, dass der Bemessungswert der Einwirkungen E_d in einem Querschnitt den Bemessungswert des Tragwiderstandes R_d dieses Querschnitts nicht überschreitet.

Die Bemessungswerte des Tragwiderstandes R_d sind die durch den Teilsicherheitsbeiwert γ_M dividierten charakteristischen Festigkeitswerte. Die Bemessungswerte der Einwirkungen E_d ergeben sich aus den charakteristischen Werten E_k multipliziert mit dem Teilsicherheitsbeiwert γ_F. Einzelheiten zum Teilsicherheitsbeiwert γ_F sind im Anhang A der DIN 1053-100 sowie in DIN 1055-100 angegeben.

Die Hinweise auf S. 9.55 zur Normensituation und zum Mischungsverbot sind zu beachten.

9.2 Einwirkungen

Die charakteristischen Werte der Einwirkungen sowie die zugehörigen Teilsicherheitsbeiwerte sind DIN 1055-100 und gegebenenfalls bauaufsichtlichen Ergänzungen und Richtlinien zu entnehmen.

9.3 Tragwiderstand

Grundlage des Tragwiderstandes sind die charakteristischen Werte f_k der Baustofffestigkeiten als 5%-Fraktilwerte. Die Teilsicherheitsbeiwerte γ_M zur Bestimmung des Bemessungswertes des Tragwiderstandes sind der nachfolgenden Tabelle zu entnehmen.

Tafel 9.82: Teilsicherheitsbeiwerte γ_M für Baustoffeigenschaften

	γ_M	
	Normale Einwirkungen	Außergewöhnliche Einwirkungen
Mauerwerk	$1{,}5 \cdot k_o$	$1{,}3 \cdot k_o$
Verbund-, Zug- und Druckwiderstand von Wandankern und Bändern	2,5	2,5

In der Tafel bedeutet:

k_o Faktor zur Berücksichtigung unterschiedlicher Teilsicherheitsbeiwerte γ_M bei Wänden und „kurzen Wänden" (Pfeilern s. auch S. 9.87). Es gilt:

$k_o = 1{,}0$ für Wände

$k_o = 1{,}0$ für „kurze Wände" (1000 cm^2 > A ≥ 400 cm^2), die aus einem oder mehreren ungetrennten Steinen oder aus getrennten Steinen mit einem Lochanteil von weniger als 35 % bestehen und nicht durch Schlitze oder Aussparungen geschwächt sind

$k_o = 1{,}25$ für alle anderen „kurzen Wände"

9.3.1 Begrenzung der planmäßigen Exzentrizitäten

Infolge der planmäßigen Exzentrizität der einwirkenden charakteristischen Lasten (ohne Berücksichtigung der ungewollten Ausmitte und der Stabauslenkung nach Theorie II. Ordnung) dürfen rechnerisch klaffende Fugen höchstens bis zum Schwerpunkt des Gesamtquerschnittes entstehen.

Tafel 9.83: Voraussetzungen für die Anwendung des *vereinfachten Verfahrens*

	Bauteil	Voraussetzungen[*]		
		Wanddicke d mm	Lichte Wandhöhe h_s	Nutzlast q_k kN/m²
1	Innenwände	≥ 115 < 240	$\leq 2{,}75$ m	≤ 5
2		≥ 240	-	
3	einschalige Außenwände	$\geq 175^{a)}$ < 240	$\leq 2{,}75$ m	
4		≥ 240	$\leq 12 \cdot d$	
5	Tragschale zweischaliger Außenwände und zweischaliger Haustrennwände	$\geq 115^{b)}$ $< 175^{b)}$	$\leq 2{,}75$ m	$\leq 3^{c)}$
6		≥ 175 < 240		≤ 5
7		≥ 240	$\leq 12 \cdot d$	

[a)] Bei eingeschossigen Garagen und vergleichbaren Bauwerken, die nicht zum dauernden Aufenthalt von Menschen vorgesehen sind, auch $d \geq 115$ mm zulässig.
[b)] Geschossanzahl maximal zwei Vollgeschosse zuzüglich ausgebautes Dachgeschoss; aussteifende Querwände im Abstand $\leq 4{,}50$ m bzw. Randabstand von einer Öffnung $\leq 2{,}0$ m.
[c)] Einschließlich Zuschlag für nichttragende innere Trennwände.
[*)] Gebäudehöhe < 20 m.

9.4 Vereinfachtes Bemessungsverfahren

9.4.1 Ermittlung der Schnittgrößen

Bei der Ermittlung von Auflagerkräften aus Decken ist für die erste Innenstütze die Durchlaufwirkung stets und für weitere Innenstützen nur bei Verhältnissen benachbarter Stützweiten $< 0{,}7$ zu berücksichtigen. Alle übrigen Stützkräfte dürfen unter der Annahme eines Gelenkes über der Stützung berechnet werden. Knotenmomente und Deckendrehwinkel brauchen nicht berücksichtigt zu werden, da Einfluss im Φ_3 Faktor berücksichtigt ist.

- Wind.
  Der Einfluss von Wind rechtwinklig zur Wandebene darf vernachlässigt werden.
- Räumliche Steifigkeit
  Schrägstellung des Gebäudes $\quad \alpha_{a1} = \pm \dfrac{1}{100\sqrt{h_{ges}}}$

  Die Berücksichtigung des Einflusses der Formänderungen darf entfallen wenn:

  $$h_{ges} \cdot \sqrt{\dfrac{N_k}{EI}} \leq \begin{cases} 0{,}6 & \text{Anzahl der Geschosse } n \geq 4 \\ 0{,}2 + 0{,}1 \cdot n & 1 \leq n < 4 \end{cases}$$

- Zwängungen
  Zwängungen sind durch konstruktive Maßnahmen zu vermeiden.
- Berechnung von Formänderungen Verformungskennwerte nach DIN 1053-100, Tabelle 3 verwenden.
- Aussteifung und Knicklänge h_K von Wänden ($h_k = h_s$ bzw. $h_k = \beta \cdot h_s$)
  Analog zu DIN 1053-1 11/96, s. Abschnitt 6.6.5 und 6.6.6.
- Mitwirkende Breite zusammengesetzter Querschnitte
  Analog zu DIN 1053-1 11/96, s. Abschnitt 6.6.7.
- Schlitze und Öffnungen in Wänden
  Analog zu DIN 1053-1 11/96, (s. auch Abschnitt 6.6.5).

9.4.2 Bemessung mit dem vereinfachten Verfahren – Nachweise in den Grenzzuständen der Tragfähigkeit

- **Nachweise bei zentrischer und exzentrischer Druckbeanspruchung**
Im Grenzzustand der Tragfähigkeit ist nachzuweisen: $N_{Ed} \leq N_{Rd}$

$$N_{Ed} = 1{,}35 \cdot N_{Gk} + 1{,}5 \cdot N_{Qk} \text{ oder}$$

vereinfachend $N_{Ed} = 1{,}4 \cdot (N_{Gk} + N_{Qk})$ (bei Hochbauten mit Stb.-Decken und $q \leq 2{,}5 \text{ kN/m}^2$)

Im Fall größerer Biegemomente M, z.B. bei Windscheiben ist auch der Lastfall
max M_Q + min N zu berücksichtigen. Dabei gilt: min $N_{Ed} = 1{,}0 \cdot N_{Gk}$

Bemessungswert der aufnehmbaren Normalkraft: $N_{Rd} = \Phi \cdot A \cdot f_d$

Bemessungswert der Druckfestigkeit: $f_d = \eta \cdot f_k / \gamma_M$ (im Allgemeinen $\eta = 0{,}85$)[1]

Abminderungsfaktor: $\Phi = \min \begin{cases} \Phi_2 \\ \Phi_3 \end{cases}$; (bzw. $\Phi = \Phi_1$ bei vorwiegender Biegebeanspr.)

mit dem Abminderungsfaktor Φ_2 bzw. Φ_3 bei geschosshohen Wänden

- Knicken: $\Phi_2 = 0{,}85 - 0{,}0011 \cdot (h_k/d)^2$

- Deckendrehwinkel (Endauflager):

    Für Deckenstützweiten:
    $l \leq 4{,}20 \text{ m}$ $\Phi_3 = 0{,}9$
    $4{,}20 < l \leq 6{,}00 \text{ m}$ $\Phi_3 = 1{,}6 - l/6 \leq 0{,}9$ für $f_k \geq 1{,}8 \text{ N/mm}^2$
                           $\Phi_3 = 1{,}6 - l/5 \leq 0{,}9$ für $f_k < 1{,}8 \text{ N/mm}^2$

Dachdecken sowie oberste Geschossdecken (Endauflager): $\Phi_3 = 1/3$
mit Zentrierung $\Phi_3 = 1{,}0$

- **Bei vorwiegend biegebeanspruchten Querschnitten:** $\Phi_1 = 1 - 2 \cdot e/b$

mit $e = M_{Ed}/N_{Ed}$ Exzentrizität der Last im Lastfall max M + min N

$M_{Ed} = \gamma_F \cdot M_{Ek}$ Bemessungswert des Biegemomentes
                 bei Windscheiben gilt $M_{Ed} = 1{,}5 \cdot H_{Wk} \cdot h_W$ evtl. ;vorhandene Exzentritäten der Normalkraft sind zusätzlich zu berücksichtigen

H_{Wk} charakteristischer Wert der resultierenden Windlast bezogen auf den nachzuweisenden Querschnitt
h_W der Hebelarm von H_{Wk} bezogen auf den nachzuweisenden Querschnitt
N_{Ed} Bemessungswert der Normalkraft im nachzuweisenden Querschnitt

Bei Exzentrizitäten $e > b/6$ bzw. $e > d/6$ sind rechnerisch klaffende Fugen vorausgesetzt.

- **Zusätzlicher Nachweis bei Windscheiben:**

$\varepsilon_R \leq 10^{-4}$ (auf der Seite der Klaffung)
$E = 1000 \cdot f_k$ (Annahme für den Nachweis)
b Länge (d = Dicke) der Wandscheibe
σ_D Kantenpressung (linear elastisch)
ε_D rechnerische Randstauchung
$\varepsilon_R = \varepsilon_D \cdot a/3c$ rechnerische Randdehnung

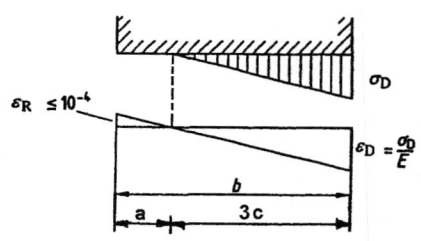

---

[1] Abminderungsbeiwert zur Berücksichtigung von Langzeitwirkung und weiterer Einflüsse; in begründeten Fällen (z.B. Kurzzeitbelastung) $0{,}85 < \eta \leq 1{,}0$; bei außergewöhnlichen Einwirkungen gilt generell $\eta = 1$.

Tafel 9.85a: Charakteristische Werte f_k der Druckfestigkeit von Mauerwerk mit Normalmörtel

Steinfestig-keitsklasse	Mörtelgruppe				
	I N/mm²	II N/mm²	IIa N/mm²	III N/mm²	IIIa N/mm²
2	0,9	1,5	1,5[a]	—	—
4	1,2	2,2	2,5	2,8	—
6	1,5	2,8	3,1	3,7	—
8	1,8	3,1	3,7	4,4	—
10	2,2	3,4	4,4	5,0	—
12	2,5	3,7	5,0	5,6	6,0
16	2,8	4,4	5,5	6,6	7,7
20	3,1	5,0	6,0	7,5	9,4
28	—	5,6	7,2	9,4	11,0
36	—	—	—	11,0	12,5
48	—	—	—	12,5[b]	14,0[b]
60	—	—	—	14,0[b]	15,5[b]

[a] $f_k = 1,8$ N/mm² bei Außenwänden mit Dicken > 300 mm. Diese Erhöhung gilt jedoch nicht für den Nachweis der Auflagerpressung nach Abschnitt 9.4.5.
[b] Die Werte $f_k \geq 11,0$ N/mm² enthalten einen zusätzlichen Sicherheitsbeiwert zwischen 1,0 und 1,17 wegen Gefahr von Sprödbruch.

Tafel 9.85b: Charakteristische Werte f_k der Druckfestigkeit von Mauerwerk mit Dünnbett- und Leichtmörtel

Steinfestigkeitsklasse	Dünnbettmörtel[a] N/mm²	Leichtmörtel	
		LM21 N/mm²	LM36 N/mm²
2	1,8	1,5 (1,2)[b]	1,5 (1,2)[b] (1,8)[c]
4	3,4	2,2 (1,5)[d]	2,5 (2,2)[e]
6	4,7	2,2	2,8
8	6,2	2,5	3,1
10	6,6	2,7	3,3
12	6,9	2,8	3,4
16	8,5	2,8	3,4
20	10,0	2,8	3,4
28	11,6	2,8	3,4

[a] Anwendung nur bei Porenbeton-Plansteinen nach DIN 4165 und bei Kalksand-Plansteinen. Die Werte gelte für Vollsteine. Für Kalksand-Lochsteine und Kalksand-Hohlblocksteine nach DIN 106-1 gelten die entsprechenden Werte der Tafel 4.115a bei Mörtelgruppe III bis Steinfestigkeitsklasse 20.
[b] Für Mauerwerk mit Mauerziegeln nach DIN V 105-1, DIN V 105-2, DIN 105-3 und DIN 105-4 gilt $f_k = 1,2$ N/mm².
[c] $f_k = 1,8$ N/mm² bei Außenwänden mit Dicken > 300 mm. Diese Erhöhung gilt jedoch nicht für den Fall der Fußnote b und nicht für den Nachweis der Auflagerpressung nach Abschnitt 9.4.5.
[d] Für Kalksandsteine nach DIN 106-1 der Rohdichteklasse > 0,9 und Mauerziegel nach DIN V 105-1, DIN V 105-2, DIN 105-3 und DIN 105-4 gilt $f_k = 1,5$ N/mm².
[e] Für Mauerwerk mit den in Fußnote d genannten Mauersteinen gilt $f_k = 2,2$ N/mm².

Zahlenbeispiel 1

Gegeben:
Innenwand: $d = 11{,}5$ cm
lichte Geschosshöhe: $h_s = 2{,}75$ m
Belastung UK Wand: $N_{Ed} = 69{,}4$ kN (je m)
Stahlbetondecke ($q_k \leq 2{,}5$ kN/m^2)
Knicklänge: $h_k = \beta \cdot h_s = 0{,}75 \cdot 2{,}75 = 2{,}06$ m

a) $k_0 = 1$ (Wand) $\quad \gamma_M = 1{,}5 \cdot k_0 = 1{,}5 \cdot 1 = 1{,}5$

b) Φ_2
$h_k/d = 206/11{,}5 = 17{,}9 > 10$
$\Phi_2 = 0{,}85 - 0{,}0011 \cdot 17{,}9^2 = 0{,}498$

c) $\Phi_3 = 1{,}0$ (Zwischenauflager)

Ermittlung des Abminderungsfaktors Φ
$\Phi = \min\{\Phi_2 \, ; \, \Phi_3\} = 0{,}498$

gew.: $\boxed{\text{HLz 12/II}}$ $\quad f_k = 3{,}7$ MN/m^2
$f_d = 0{,}85 \cdot f_k/\gamma_M = 0{,}85 \cdot 3{,}7/1{,}5 = 2{,}097$ MN/m^2

Bemessungswert der aufnehmbaren Normalkraft

$N_{Rd} = \Phi \cdot A \cdot f_d$
$\phantom{N_{Rd}} = 0{,}498 \cdot 0{,}115 \cdot 1{,}0 \cdot 2{,}097 = 0{,}120$ MN

$N_{Ed} = 69{,}4 \text{kN} \leq N_{Rd} = 120 \text{kN}$

Zahlenbeispiel 2

Gegeben:
Außenwandpfeiler: $b/d = 49/17{,}5$ cm
lichte Geschosshöhe: $h_s = 2{,}75$ m
Stützweite Decke: $l = 4{,}80$ m
Belastung UK Pfeiler: $N_{Ed} = 95{,}2$ kN
Stahlbetondecke ($q_k \leq 2{,}5$ kN/m^2)
Knicklänge: $h_k = \beta \cdot h_s = 0{,}75 \cdot 2{,}75 = 2{,}06$ m

a) $k_0 = 1{,}25$ („kurze Wand")
$\gamma_M = 1{,}5 \cdot k_0 = 1{,}5 \cdot 1{,}25 = 1{,}875$

b) $h_k/d = 206/17{,}5 = 11{,}8$
$\Phi_2 = 0{,}85 - 0{,}0011 \cdot 11{,}8^2 = 0{,}697$

c) $\Phi_3 = 1{,}6 - l/6 = 1{,}6 - 4{,}8/6 = 0{,}8$

Ermittlung des Abminderungsfaktors Φ
$\Phi = \min\{\Phi_2 \, ; \, \Phi_3\} = 0{,}697$

gew.: $\boxed{\text{KS L 12/II}}$ $\quad f_k = 3{,}7$ MN/m^2
$f_d = 0{,}85 \cdot f_k/\gamma_M = 0{,}85 \cdot 3{,}7/1{,}875 = 1{,}677$ MN/m^2

Bemessungswert der aufnehmbaren Normalkraft

$N_{Rd} = \Phi \cdot A \cdot f_d$
$\phantom{N_{Rd}} = 0{,}697 \cdot 0{,}175 \cdot 0{,}49 \cdot 1{,}677 = 0{,}100$ MN

$N_{Ed} = 95{,}2 \text{ kN} \leq N_{Rd} = 100 \text{ kN}$

9.4.3 Zusätzlicher Nachweis bei dünnen, schmalen Wänden

Bei zweiseitig gehaltenen Wänden mit Wanddicken < 175 mm und mit Schlankheiten $h_k/d > 12$ sowie Wandbreiten < 2,0 m ist der Einfluss einer ungewollten horizontalen Einzellast $H = 0{,}5$ kN nachzuweisen. Die Horizontalkraft H ist als außergewöhnliche Einwirkung A_d in halber Geschosshöhe anzusetzen und darf als Linienlast auf die vorhandene Wandbreite gleichmäßig verteilt werden. Der Nachweis ist nach DIN 1053-100 Anhang A, Gl. A.3 zu führen: $\quad E_d = \sum_{j \geq} \gamma_{GA,j} \cdot G_{k,j} + A_d + \psi_{1,i} \cdot Q_{k,1} + \sum_{i>1} \psi_{2,i} \cdot Q_{k,i}$

Der Nachweis darf **entfallen** wenn $h_k/d \leq 20 - 1000 \cdot H/(A \cdot f_k)$ eingehalten ist (mit Wandquerschnitt $A = b \cdot d$).

9.4.4 Nachweis der Knicksicherheit bei größeren Exzentrizitäten

Der Faktor Φ_2 nach Abschn. 9.4.2 berücksichtigt im *vereinfachten Verfahren* die ungewollte Ausmitte und die Verformung nach Theorie II. Ordnung. Dabei ist vorausgesetzt, dass in halber Geschosshöhe nur Biegemomente aus der Auflagerung der Stb.-Decken und aus Windlasten auftreten. Werden vertikale Lasten mit größerer planmäßiger Exzentrizität eingeleitet oder greifen größere horizontale Lasten an, so ist der Knicksicherheitsnachweis nach dem *genaueren Verfahren* zu führen. Eine größere Exzentrizität liegt z.B. vor, wenn bei einem Versatz der Wandachsen infolge einer Änderung der Wanddicken der Querschnitt der dickeren tragenden Wand den Querschnitt der dünneren tragenden Wand nicht mehr umschreibt.

9.4.5 Einzellasten und Teilflächenpressung

- **Belastung durch Einzellasten in Richtung der Wandebene**

Die Aufnahme der durch eine Einzellast F_d (z. B. unter Balken, Unterzügen, Stützen usw.) entstehenden Spaltzugkräfte ist konstruktiv sicherzustellen (durch einen sorgfältig ausgeführten Mauerwerksverband oder durch Bewehrung). Dann darf die Druckverteilung unter den konzentrierten Lasten innerhalb des Mauerwerks unter 60° angesetzt werden.

Nachweis der Teilflächenpressung: $\quad \sigma_{1d} = F_d / A_1 \leq \alpha \cdot \eta \cdot f_k / \gamma_M \quad$ mit $\eta = 0{,}85$

A_1 mittig oder ausmittig durch eine Einzellast F_d belastete Teilfläche (Übertragungsfläche)

σ_{1d} Teilflächenpressung $\quad$ allgemein: $\qquad \alpha = 1{,}0$

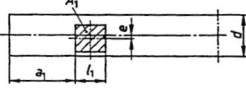

- Teilfläche $A_1 \leq 2d_2$
- $e < d/6 \qquad \alpha = 1{,}3$
- $a_1 > 3l_1$

f_k folgt aus der Tafel 9.85a oder 9.85b, γ_M aus Tafel 9.82, $\quad \eta$ s. Abschn. 9.4.2

Zusätzlicher Knicksicherheitsnachweis der gesamten Wand erforderlich.

- **Teilflächenpressung rechtwinklig zur Wandebene**

Teilflächenpressung rechtwinklig zur Wandebene: $\quad \sigma_{1d} = F_d / A_1 \leq \alpha \cdot \eta \cdot f_k / \gamma_M \quad$ mit $\alpha = 1{,}3$.

Bei $F_d > 4{,}0$ kN ist zusätzlich die Schubspannung in den Lagerfugen der belasteten Steine nach Abschn. 9.4.7 zuführen. Bei Loch- und Kammersteinen muss die Last mindestens über 2 Stege übertragen werden (z. B. durch Unterlagsplatten).

9.4.6 Zug- und Biegezugbeanspruchung

- **Nachweis der Zug- und Biegezugbeanspruchung**

Zug- und Biegezugfestigkeiten rechtwinklig zur Lagerfuge dürfen in tragenden Wänden nicht angesetzt werden. Nachweis für Zug- bzw. Biegezugbeanspruchungen parallel zur Lagerfuge: $\qquad n_{Ed} \leq n_{Rd} = d \cdot f_{x2} / \gamma_M \qquad$ bzw. $\qquad m_{Ed} \leq m_{Rd} = d^2 \cdot f_{x2} / 6 \gamma_M$

n_{Ed}, n_{Rd} Bemessungswert der wirkenden bzw. aufnehmbaren Zugkraft
m_{Ed}, m_{Rd} Bemessungswert des wirkenden bzw. aufnehmbaren Biegemomentes
f_{x2} charakteristische Zug- und Biegezugfestigkeit parallel zur Lagerfuge
γ_M Teilsicherheitsbeiwert

Charakteristische Zug- und Biegezugfestigkeit parallel zur Lagerfuge:

$f_{x2} = 0{,}4 f_{vk0} + 0{,}24 \sigma_{Dd} \leq \max f_{x2} \qquad$ mit $\qquad f_{vk0}$ abgeminderte Haftscherfestigkeit

σ_{Dd} Bemessungswert der zugehörigen Druckspannung rechtwinklig zur Lagerfuge; i.d.R. mit dem geringsten zugehörigen Wert einzusetzen
$\max f_{x2}$ Maximalwert der ansetzbaren Zugfestigkeit parallel zur Lagerfuge

Tafel 9.87a: Abgeminderte Haftscherfestigkeit f_{vk0} in N/mm²

Mörtelart, Mörtelgruppe	NM I	NM II	NM IIa LM 21 LM 36	NM III DM	NM IIIa
f_{vk0} [a]	0,02	0,08	0,18	0,22	0,26

[a] Für Mauerwerk mit unvermörtelten Stoßfugen sind die Werte f_{vk0} zu halbieren. Als vermörtelt in diesem Sinn gilt eine Stoßfuge, bei der etwa die halbe Wanddicke oder mehr vermörtelt ist.

Tafel 9.87b: Höchstwerte der Zugfestigkeit max f_{x2} parallel zur Lagerfuge in N/mm²

Steinfestigkeits-klasse	2	4	6	8	10	12	16	20	>28
max f_{x2}	0,02	0,04	0,08	0,10	0,15	0,20	0,25	0,30	0,40

9.4.7 Schubbeanspruchung

Unterscheidung (je nach Kraftrichtung) zwischen Scheibenschub infolge von Kräften parallel zur Wandebene und Plattenschub infolge von Kräften senkrecht dazu. Der Nachweis der Querkraft-Tragfähigkeit erfolgt nach der technischen Biegelehre bzw. nach der Scheibentheorie für homogenes Material. Querschnittsbereiche mit rechnerisch klaffenden Fugen, dürfen beim Schubnachweis nicht in Rechnung gestellt werden. Dabei darf die Länge l_c der überdrückten Fläche A unter Annahme eines linear-elastischen Werkstoffgesetzes bestimmt werden.

Nachweis im Grenzzustand der Tragfähigkeit: $\quad V_{Ed} \leq V_{Rd}$

Für Rechteckquerschnitte gilt bei Scheibenschub: $\quad V_{Rd} = \alpha_s \cdot f_{vd} \cdot d/c$

mit:
- V_{Ed} der Bemessungswert der Querkraft
- V_{Rd} der Bemessungswert des Bauteilwiderstandes bei Querkraftbeanspruchung
- $f_{vd} = f_{vk}/\gamma_M$ Bemessungswert der charakteristischen Schubfestigkeit
- γ_M Teilsicherheitsbeiwert nach Tafel 9.82
- α_s Schubtragfähigkeitsbeiwert

Wandscheiben unter Windbeanspruchungen $\quad \alpha_s = \min \begin{cases} 1{,}125 \cdot l \\ 1{,}333 \cdot l_c \end{cases}$

in allen anderen Fällen $\quad \alpha_s = \min \begin{cases} l \\ l_c \end{cases}$

- l_c Länge des überdrückten Wandquerschnittes $\quad l_c = 1{,}5 \cdot (l - 2e) \leq l$
- d, l Dicke bzw. Länge der nachzuweisenden Wand, (e Exzentrizität)
- c Faktor zur Berücksichtigung der Schubspannungsverteilung
  Wände mit: $h_W/l \geq 2 \rightarrow c = 1{,}5 \quad$ Zwischenwerte linear interpolieren
  $\qquad\qquad\;\; h_W/l \leq 1 \rightarrow c = 1{,}0 \quad h_W$ Gesamthöhe der Wand
  bei Plattenschub gilt stets $c = 1{,}5$

Bei Plattenschub ist analog zu verfahren.

Charakteristische Schubfestigkeit:

- **Scheibenschub:** $\quad f_{vk} = f_{vk0} + 0{,}4 \cdot \sigma_{Dd} \leq \max f_{vk}$ (seltene Bemessungssituation)

  $\qquad\qquad\qquad\;\; f_{vk} = 0{,}4 \cdot \sigma_{Dd} \leq \max f_{vk}$ (häufige Bemessungssituation)

- **Plattenschub:** $\quad f_{vk} = f_{vk0} + 0{,}6 \cdot \sigma_{Dd}$

  mit:
  - f_{vk0} abgeminderte Haftscherfestigkeit nach Tafel 9.87a
  - σ_{Dd} Bemessungswert der zugehörigen Druckspannung
    (im untersuchten Lastfall an der Stelle max τ)
    Rechteckquerschnitte: $\sigma_{Dd} = N_{Ed}/A$, mit A überdrückter Querschnitt
    Im Regelfall ist die minimale Einwirkung $N_{Ed} = 1{,}0 \cdot N_G$ maßgebend
  - max f_{vk} Höchstwert der Schubfestigkeit nach Tafel 9.88

Tafel 9.88: Höchstwerte der Schubfestigkeit max f_{vk} im vereinfachten Nachweisverfahren

Steinart	max f_{vk} [a]
Hohlblocksteine	$0{,}012 \cdot f_{bk}$
Hochlochsteine und Steine mit Grifflöchern oder mit Grifföffnungen	$0{,}016 \cdot f_{bk}$
Vollsteine ohne Grifflöcher und ohne Grifföffnungen	$0{,}020 \cdot f_{bk}$
[a] f_{bk} ist der charakteristische Wert der Steindruckfestigkeit (Steinfestigkeitsklasse).	

Zahlenbeispiel

Gegeben:

Wandscheibe mit Rechteckquerschnitt

Vertikale Belastung:

min $N_{Ed} = 1,0 \cdot N_{Gk} = R_{Gd} = 350$ kN

Horizontale Last:

$V_{Ed} = H_{Wd} = 1,5 \cdot H_{Wk}$
$= 1,5 \cdot 60 = 90$ kN

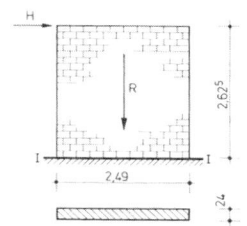
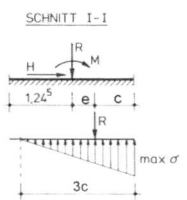

Biegespannung: (vgl. Tafel S. 7.33)

Der Nachweis wird in der unteren Fuge I-I geführt.

$M_{Ed} = H_{Wd} \cdot 2,625 = 90 \cdot 2,625 = 236,3$ kNm
$e = M_{Ed}/N_{Ed} = 236,3/350 = 0,675$ m
$\quad < d/3 = 2,49/3 = 0,83$ m
$c = d/2 - e = 2,49/2 - 0,675 = 0,57$ m
$3 \cdot c = 1,71$ m
max $\sigma = 2 \cdot 350/(171 \cdot 24)$
$= 0,1706$ kN/cm² $= 1,71$ MN/m²
$\sigma_{Dd} = $ max $\sigma/2 = 0,853$ N/mm²

Alternativ:

$l_c = 1,5 \cdot (l - 2e) \leq l$
$= 1,5 \cdot (249 - 2 \cdot 67,5) = 171$ cm ≤ 249 cm
$A = d \cdot l_c = 24 \cdot 171 = 4104$ cm²
$\sigma_{Dd} = (350 \cdot 10/4104) = 0,853$ N/mm²

gew. **KS 12/II (Vollsteine)**

aus Tafel 4.31a → $f_k = 3,7$ N/mm²
$f_d = f_k/\gamma_M = 3,7/1,5 = 2,467$ N/mm²

Bemessungswert der Schubtragfähigkeit

$f_{vk0} = 0,08$ N/mm² (Tafel 9.101a)
$f_{vk} = 0,08 + 0,4 \cdot 0,853 = 0,421$ N/mm²
max $f_{vk} = 0,016 \cdot f_{bk}$
$= 0,016 \cdot 12 = 0,192$ N/mm² $< f_{vk}$
d.h. $f_{vk} = $ max $f_{vk} = 0,192$ N/mm²

$f_{vd} = f_{vk}/\gamma_M = 0,192/1,5 = 0,128$ N/mm²

$h_W/l \approx 2,49/2,625 = 0,95$ → $c \approx 1,0$

$\alpha_s = \min\{1,125 \cdot 249 \; ; \; 1,333 \cdot 171\} = 228$ cm

$V_{Rd} = \alpha_s \cdot f_{vd} \cdot d/c = 228 \cdot 0,128 \cdot 240 \cdot 10^{-3}/1,0$
$= 70,04$ kN

Nachweis der Schubtragfähigkeit

$V_{Ed} = 90$ kN $> V_{Rd} = 70,04$ kN

Schubtragfähigkeitsnachweis nicht erfüllt!

Zugehöriger Bemessungswert der aufnehmbaren Normalkraft[3]

$\Phi = \Phi_1 = 1 - 2e/b = 1 - 2 \cdot 0,675/2,49 = 0,458$
$N_{Rd} = 0,458 \cdot 4104 \cdot 100 \cdot 2,467 \cdot 10^{-3} = 463,64$ kN

Nachweis der Randdehnung (vgl. 9.4.2)

Im Bereich der max. Spannung ist: $\varepsilon_{Rk} = \dfrac{\sigma_{Dk}}{E} = \dfrac{\sigma_{Dk}}{1000 \cdot f_k}$

$e = M_{Ek}/N_{Ek} = 60 \cdot 262,5/350 = 45$ cm
$c = d/2 - e = 2,49/2 - 0,45 = 0,795$ m $\qquad 3 \cdot c = 2,385$ m
max $\sigma_{Dk} = 2 \cdot 350/(238,5 \cdot 24) = 0,122$ kN/cm² $= 1,22$ MN/m²

vorh $\varepsilon_{Rk} = [1,22/(1000 \cdot 3,7)] \cdot (2,49 - 2,385)/2,385 = 0,145 \cdot 10^{-4}$ $< 10^{-4} = $ zul ε_{Rk}

---

[3] Wenn angenommen wird, dass das Ausknicken der Wand senkrecht zur Scheibenebene ausgeschlossen ist.

9.4.8 Kellermauerwerk ohne Nachweis auf Erddruck

Auf einen rechnerischen Erddruck-Nachweis kann verzichtet werden, wenn folgende Bedingungen erfüllt sind:

a) Lichte Wandhöhe $h_s \leq 2{,}60$ m und Wanddicke $d \geq 240$ mm.
b) Die Kellerdecke wirkt als Scheibe, die die aus dem Erddruck entstehenden Kräfte aufnimmt.
c) Im Einflussbereich Erddruck/Kellerwand beträgt die Verkehrslast auf der Geländeoberfläche ≤ 5 kN/m².
d) Die Geländeoberfläche steigt nicht an, und Anschütthöhe $h_e \leq$ lichter Wandhöhe h_s.
e) Die Auflast N_0 der Kellerwand unterhalb der Kellerdecke liegt innerhalb folgender Grenzen:

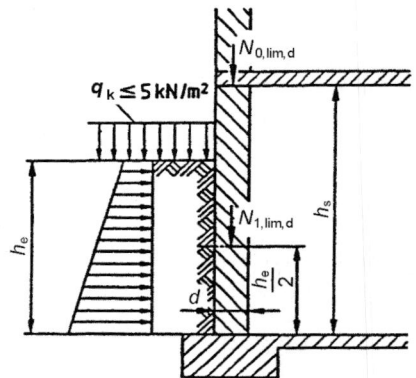

- **Kellerwand ohne Querwände (nur oben und unten gehalten)**

$N_{0,\text{Ed,inf}} \geq N_{0,\text{lim,d}}$	$N_{0,\text{lim,d}}$ siehe Tafel 9.90
$N_{0,\text{Ed,sup}} \leq N_{1,\text{Rd}} = 0{,}33 \cdot d \cdot f_d$	f_d s. Abschn. 9.4.2

- **Kellerwand mit Querwänden**

Ist die durch Erddruck belastete Kellerwand durch Querwände oder statisch nachgewiesene Bauteile im Abstand b ausgesteift, so gelten für $N_{0,\text{Ed,inf}}$ folgende Mindestwerte:

$b \leq h_s$	$N_{0,\text{Ed,inf}} \geq 0{,}5 \cdot N_{0,\text{lim,d}}$	Zwischenwerte dürfen geradlinig interpoliert werden.
$b \leq 2h_s$	$N_{0,\text{Ed,inf}} \geq N_{0,\text{lim,d}}$	

Tafel 9.90: $N_{0,\text{lim,d}}$ für Kellerwände ohne rechnerischen Nachweis

Wanddicke d mm	$N_{0,\text{lim,d}}$ in kN/m bei einer Anschütthöhe h_e			
	1,0 m	1,5 m	2,0 m	2,5 m
240	6	20	45	75
300	3	15	30	50
365	0	10	25	40
490	0	5	15	30
Zwischenwerte sind geradlinig zu interpolieren				

$N_{0,\text{Ed,inf}}$ der untere Bemessungswert der Wandnormalkraft unterhalb der Kellerdecke
$N_{0,\text{Ed,sup}}$ der obere Bemessungswert der Wandnormalkraft unterhalb der Kellerdecke
$N_{0,\text{lim,d}}$ der Grenzwert der Normalkraft für die Gültigkeit des Bogenmodells

Die Gleichungen setzen eine rechnerisch klaffende Fuge voraus.
Eine modifiziert genauere Darstellung befindet sich in DIN 1053-100, 10. bzw. in [Schubert, Schneider, Schoch 2007].

9C Holzbau nach DIN 1052 alt

Prof. Dr.-Ing. Karl Rautenstrauch, Prof. Dr.-Ing. Gunnar Möller, Dr.-Ing. Ralf Hartnack

Inhaltsverzeichnis

		Seite
1	**Begriffe und Bezeichnungen, Baustoffkennwerte**	9.91
1.1	Begriffe, Bezeichnungen	9.91
1.2	Baustoffkennwerte	9.92
2	**Grundlagen der Nachweisführung**	9.93
2.1	Nachweis der Tragfähigkeit	9.93
2.2	Durchbiegungsnachweis	9.93
3	**Nachweise in den Grenzzuständen der Tragfähigkeit**	9.95
3.1	Querschnittsermittlung	9.95
3.2	Nachweise der Querschnittstragfähigkeit	9.96
3.3	Nachweis für Stäbe nach dem Ersatzstabverfahren	9.98
4	**Pultdach-, Satteldach- und gekrümmte Träger (Hinweis)**	9.99
5	**Zusammengesetzte Bauteile (Hinweis)**	9.99
6	**Verbindungen**	9.99
7	**Ausklinkungen, Durchbrüche und Verstärkungen (Hinweis)**	9.99
8	**Bemessungshilfen**	9.100
8.1	Vorzugsmaße	9.100
8.2	Querschnittswerte und Eigenlasten für Rechteckquerschnitte	9.100
8.3	Bemessungswert der Tragfähigkeit einteiliger Stützen	9.101
9	**Holzschutz**	9.102
10	**Beispiele**	9.102

Seiten 9.91 bis 9.104 siehe auf beiliegender CD.

Schubert / Schneider / Schoch (Hrsg.)

Mauerwerksbau-Praxis

2., aktualisierte und erweiterte Auflage.
2009. 428 Seiten.
17 x 24 cm. Kartoniert.
Mit vielen Abbildungen. Mit CD-ROM.
ISBN 978-3-89932-217-0
EUR 39,–

Herausgeber:
Dr.-Ing. **Peter Schubert** ist Autor zahlreicher Fachveröffentlichungen im Bereich Mauerwerksbau und Chefredakteur der Zeitschrift „Mauerwerk".
Prof. Dipl.-Ing. **Klaus-Jürgen Schneider** ist Autor und Herausgeber zahlreicher Fachveröffentlichungen aus den Bereichen Mauerwerksbau und Baustatik und Herausgeber des „SCHNEIDERS" (bis 16. Auflage).
Dipl.-Ing. **Torsten Schoch** ist Autor zahlreicher Fachveröffentlichungen zum Thema Bauphysik und Baukonstruktion und Mitglied in mehreren nationalen und internationalen Normenausschüssen.

Aus dem Inhalt
Baustoffe • Natursteinmauerwerk • Tragverhalten von Mauerwerk • Mauerwerkskonstruktionen unter besonderer Berücksichtigung der Bauphysik und der EnEV 2009 • Fertigteile aus Mauerwerk • Vermeiden von schädlichen Rissen • Berechnung und Konstruktion von Mauerwerk nach DIN 1053-1 • Berechnung von Mauerwerk nach DIN 1053-100 • Bewehrtes Mauerwerk nach DIN 1053-3 • Durch Erdbeben beanspruchte Mauerwerksbauten • Umweltverträglichkeit und Wiederverwertbarkeit von Mauerwerksbaustoffen • Ausführung von Mauerwerk • Statische Berechnung eines mehrgeschossigen Wohnhauses • Technische Baubestimmungen

Inhalt der CD-ROM
Bewehrtes Mauerwerk nach DIN 1053-3 • Durch Erdbeben beanspruchte Mauerwerksbauten • Umweltverträglichkeit und Wiederverwertbarkeit von Mauerwerksbaustoffen • Technische Baubestimmungen • Normentexte: DIN 1053-1 und DIN 1053-100

Bauwerk www.bauwerk-verlag.de

10 Geotechnik, Bauvermessung

		Seite
10A	Geotechnik	10.1
10B	Bauvermessung	10.37

10A Geotechnik

Prof. Dr.-Ing. Gerd Möller

Inhaltsverzeichnis

1	Einführung	10.3
2	Einteilung, Benennung und Erkennung von Böden	10.3
3	Wasser im Baugrund	10.4
4	**Geotechnische Untersuchungen**	10.5
4.1	Untersuchungsziel und -verfahren	10.5
4.2	Geotechnische Kategorien und erforderliche Maßnahmen	10.5
4.3	Geotechnischer Bericht	10.6
4.4	Bodenuntersuchungen im Feld	10.6
4.5	Laborversuche	10.9
5	**Erddruck (DIN 4085)**	10.13
5.1	Allgemeines, Begriffe und erforderliche Unterlagen	10.13
5.2	Aktiver und passiver Erddruck bei ebenen Gleitflächen	10.14
6	**Flach- und Flächengründungen**	10.15
6.1	Allgemeines	10.15
6.2	Unbewehrte Betonfundamente	10.16
6.3	Sohlspannungen und Sohlspannungsnachweise	10.17
6.4	Grundbruchsicherheit nach DIN 4017	10.18
6.5	Gleitsicherheit nach DIN 1054 (11.76)	10.20
6.6	Kippsicherheit nach DIN 1054 (11.76)	10.20
6.7	Auftriebssicherheit nach DIN 1054 (11.76)	10.20
6.8	Setzungen	10.21
7	**Erdbau**	10.23
7.1	Frosttiefen und frostfreie Gründungen	10.23
7.2	Baugrundverbesserung	10.23
8	**Pfahlgründungen**	10.23
8.1	Normen und Einteilung der Pfähle	10.23
8.2	Lastabtragung und Tragfähigkeit axial belasteter Rammpfähle	10.24
9	**Sicherheit gegen Gelände- und Böschungsbruch**	10.25
9.1	Allgemeines, Begriffe und erforderliche Unterlagen	10.25
9.2	Standsicherheit von unbelasteten Böschungen	10.25

10	**Verankerungen mit Verpressankern**	10.26
10.1	Allgemeines, DIN-Normen und Begriffe	10.26
10.2	Entwurfsregeln und Nachweise	10.27
11	**Stützbauwerke**	10.27
11.1	Allgemeines und Regelwerke	10.27
11.2	Nachweise der Tragfähigkeit	10.28
12	**Baugruben und Wasserhaltung**	10.28
12.1	Baugruben	10.28
12.2	Wasserhaltung	10.31
13	**Ausschachtungen und Unterfangungen (DIN 4123)**	10.32
13.1	Allgemeines und Begriffe	10.32
13.2	Bodenaushubgrenzen und Aushubabschnitte	10.33
14	**DIN 1054 (01.05) mit Teilsicherheitsbeiwerten**	10.35
14.1	Einwirkungen und Widerstände	10.35
14.2	Grenzzustände	10.36
14.3	Charakteristische Werte von Bodenkenngrößen	10.36
14.4	Beobachtungsmethode	10.36

1 Einführung

Boden oder Fels ist (Abb. 10.3a)
- *Baugrund*, wenn in ihm Bauwerke gegründet oder eingebettet werden sollen oder wenn er durch Baumaßnahmen beeinflusst wird
- *Baustoff*, wenn er zur Errichtung von Bauwerken oder Bauteilen verwendet wird.

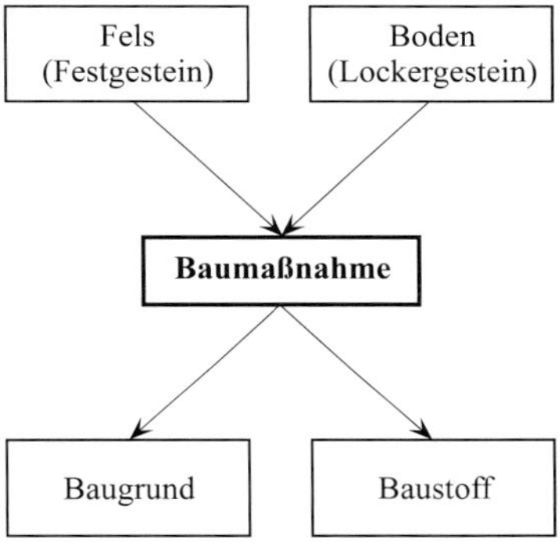

Um die Standsicherheit und die dauerhafte (langfristige) Gebrauchsfähigkeit von Bauwerken zu gewährleisten, sind u. a. all die Eigenschaften und Gegebenheiten des Bodens zu ermitteln, die das in Wechselwirkung mit dem Baugrund stehende Bauwerk in dieser Hinsicht beeinflussen können.

Als typisches Beispiel für Problemstellungen im Bereich der Geotechnik sei eine flach gegründete Halle betrachtet (Abb. 10.3b). Deren Fundamente sind so zu dimensionieren, dass sie ihre geplante Lage nur im Rahmen zulässiger Größen verändern, da sonst Bauwerksschäden und/oder Nutzungseinschränkungen nicht auszuschließen sind. Für die geplante Fundamentkonstruktion sind deshalb Angaben zur Tragfähigkeit des anstehenden Bodens zu erbringen und das zu erwartende Setzungsverhalten im Voraus zu bestimmen. Da diese Angaben in unmittelbarem Zusammenhang stehen mit den Abmessungen und der Anordnung der Fundamente und der über die Fundamente in den Baugrund einzuleitenden Kräfte, ist eine entsprechende Zusammenarbeit zwischen den für die Baugrunduntersuchungen und die Statik zuständigen Fachleuten unerlässlich.

Abb. 10.3a: Veränderungen von Bezeichnungen infolge von Baumaßnahmen

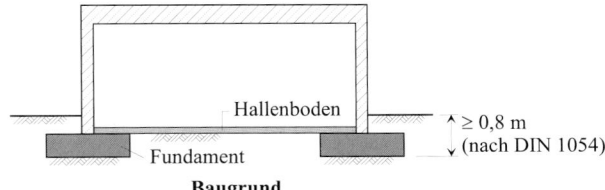

Abb. 10.3b: Flachgründungsbeispiel Halle (Systemskizze)

2 Einteilung, Benennung und Erkennung von Böden

In DIN 4020 (09.03) und DIN 4022-1 (09.87) finden sich nachstehende Bezeichnungen.

Gestein: natürlich entstandenes, fest zusammenhängendes Gemenge einer oder mehrerer Mineralarten.

Boden: aus mineralischen und ggf. organischen Substanzen sowie aus Hohlräumen (Poren) bestehendes Lockergestein im oberen Erdkrustenbereich (z. B. Sand, Kies und Ton).

Fels: Verband gleich- oder ungleichartiger Gesteine (durch Trennflächen mehr oder weniger zerlegt).

Baugrund: Boden oder Fels, in dem Bauwerke gegründet oder eingebettet werden sollen oder der durch Baumaßnahmen beeinflusst wird.

Bei der Einteilung von Böden nach Korngrößen sind generell zu unterscheiden

Grobkörnige Böden (auch *nichtbindige* oder *rollige Böden*): einzelne mineralische Partikel („Körner"), die mit bloßem Auge erkennbar sind (Sande, Kiese, Schotter usw.).

Feinkörnige Böden (auch *bindige* oder *kohäsive Böden*): Einzelkörner, die mit bloßem Auge nicht mehr erkennbar sind (Tone, Schluffe usw.); im Gegensatz zu den grobkörnigen Böden weisen sie plastische Eigenschaften auf.

Weiter sind zu unterscheiden

Reine Bodenarten: Blöcke, Steine, Sande, Kiese, Schluff und Ton (Abb. 10.4).

Zusammengesetzte Bodenarten: Gemische aus reinen Bodenarten (z. B. Geschiebemergel, Geschiebelehm, Lehm, Löss).

Organische Böden: bestehen nur aus organischen Substanzen (physikalisch und chemisch umgewandelte Überreste pflanzlichen und tierischen Lebens) oder besitzen organische Stoffe als Beimengungen (z. B. Humus, Torf, Faulschlamm, Mutterboden, Mudde, Schlick, Klei).

Zu den Feldversuchen, die nach DIN 4022-1 zur Erkennung von Bodenarten dienen, zählen

Reibeversuch (Reiben zwischen Fingern ⇒ Abschätzung der Sand-, Schluff- und Tonanteile).

Trockenfestigkeitsversuch (am Widerstand der Bodenprobe gegen ihre Zerstörung wird die Bodenzusammensetzung nach Art und Menge des Feinkornanteils erkannt).

Schneideversuch (Erkennen als Schluff oder Ton an der Schnittfläche einer erdfeuchten Probe).

Konsistenzbestimmung bindiger Böden (Feststellung der Zustandsformen plastischer Böden durch Bearbeitung mit der Hand).

Ausquetschversuch (Feststellung des Zersetzungsgrades von Torf).

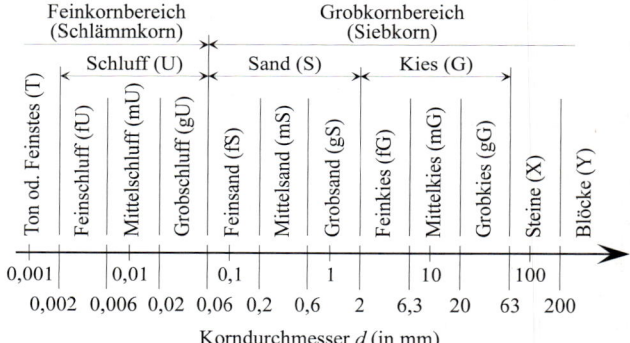

Abb. 10.4: Einteilung und Benennung von Böden nach DIN 4022-1

Bemerkung

Die Konsistenz eines bindigen Bodens lässt sich gemäß DIN 4022-1 durch das per Hand erfolgende Ausrollen des Bodens in 3 mm dicke Walzen feststellen. So ist der Boden z. B. halbfest, wenn er beim Ausrollen zwar bröckelt und reißt, aber dennoch feucht genug ist um erneut zu einem Klumpen geformt werden zu können.

3 Wasser im Baugrund

Wasser ist im Baugrund zu finden als

Sickerwasser: überwiegend infolge Schwerkraft sich abwärts bewegendes Wasser, soweit es kein Grundwasser ist.

Grundwasser: unterirdisches Wasser, das Baugrundhohlräume zusammenhängend ausfüllt. Wasser kann als „freies", „gespanntes" oder „artesisch gespanntes" Grundwasser auftreten.

Kapillarwasser: wird bei nicht vollständig mit Grundwasser gefüllten Bodenporen durch Kapillarkräfte um kapillare Steighöhe über Grundwasserspiegel angehoben.

Porenwinkelwasser: Wasser im Bereich der Kontaktflächen (Porenwinkel) von Körnern feuchter nichtbindiger Böden. Das Aneinanderziehen der Bodenkörner durch Kapillarkräfte dieses Wassers wird als „Kapillarkohäsion" oder „scheinbare Kohäsion" bezeichnet.

Hygroskopisches Wasser: Wasser das von elektrisch negativ geladenen Bodenteilchenoberflächen angezogen und dort in einer verdichteten Schicht angelagert (adsorbiert) wird.

Grundwassermessstellen

Die Planung von in Grundwasser hineinreichenden Bauwerken verlangt u. a. die Kenntnis der Höhenlage des Grundwasserspiegels bzw. der Grundwasserdruckfläche. Deren Ermittlung und insbesondere ihrer Höchst- Mittel- und Tiefstwerte erfolgt durch Messungen in dafür eingerichteten Messstellen ([MÖLLER 07], Abschn. 2.8).

Betonangreifendes Grundwasser

Zur Beurteilung des Angriffsvermögens von Wässern auf erhärteten Beton dienen DIN 4030-1 (06.08) und DIN 4030-2 (06.08) (betonangreifende Wässer, Böden und Gase). Nach ihnen soll insbesondere junger Beton im Allgemeinen mit betonangreifendem Wasser nicht in Kontakt kommen.

Merkmale für betonangreifende Bestandteile des Grundwassers sind z. B. dunkle Färbung des Wassers, Salzausscheidungen, fauliger Geruch oder saure Reaktionen. Die sichere Feststellung vorhandener betonangreifender Bestandteile im Grundwasser liefert eine chemische Analyse gemäß DIN 4030-2.

4 Geotechnische Untersuchungen

4.1 Untersuchungsziel und -verfahren

Geotechnische Untersuchungen dienen zur Ermittlung der Parameter eines Bodenmodells (räumlicher Aufbau und Eigenschaften), das eine einwandfreie Planung und Ausführung des Bauwerks sicherstellt.

Verfahren nach DIN 4020 sind z. B. Ermittlungen geologischer und bautechnischer Vorgeschichte (Einsichtnahme in vorhandene Unterlagen), Ortsbegehungen, Luftaufnahmen, direkte Aufschlüsse (vorgegebene und einsehbare Aufschlüsse, Schürfe, Untersuchungsschächte und -stollen sowie Bohrungen), Sondierungen (z. B. Ramm- und Drucksondierungen), geophysikalische Verfahren, Labor- und Feldversuche, Probebelastungen und Modellversuche.

Für die Standortwahl und Vorplanung eines Bauobjekts sind Voruntersuchungen des Baugrunds erforderlich. Hauptuntersuchungen des Baugrunds müssen durchgeführt werden, wenn es um die Ausführbarkeit geplanter Baumaßnahmen oder ggf. die Klärung von Schadensfällen geht.

Vor der Aufnahme von Aufschlussarbeiten müssen die Ansatzpunkte der Aufschlüsse auf Kampfmittel- und Leitungsfreiheit hin überprüft werden.

4.2 Geotechnische Kategorien und erforderliche Maßnahmen

DIN 4020 gliedert geotechnische Untersuchungen in drei „geotechnische Kategorien". Wachsender Schwierigkeitsgrad von Konstruktion, Baugrundverhältnissen und Wechselwirkungen zwischen Bauwerk und Umgebung verlangt umfangreichere Untersuchungen und den Einsatz höher qualifizierten Personals. Fälle die nicht durch die geotechnischen Kategorien 1 und 3 erfasst werden, gehören automatisch zur Kategorie 2.

4.2.1 Geotechnische Kategorie 1

Einfache Bauobjekte, die auf gutem und übersichtlichem Baugrund stehen und ihre Umgebung (Nachbargebäude, Verkehrswege, Leitungen usw.) nicht beeinträchtigen oder gefährden; auch nicht durch zu ihrer Herstellung erforderliche Arbeiten. Ihre Standsicherheitsbeurteilung muss aufgrund gesicherter Erfahrungen möglich sein. Beispiele sind setzungsunempfindliche Bauwerke mit Stützenlasten ≤ 250 kN und Streifenlasten ≤ 100 kN/m sowie < 2 m hohe Stützmauern und Baugrubenwände, hinter denen keine hohen Auflasten wirken.

Immer erforderlich ist bei der Kategorie das Einholen von Informationen über allgemeine Baugrundverhältnisse und örtliche Bauerfahrungen, die Erkundung der Boden- bzw. Gesteinsarten und ihre Schichtung (z. B. durch Schürfe, Kleinbohrungen und Sondierungen), die Abschätzung der Grundwasserverhältnisse vor und während der Bauausführung und die Besichtigung der ausgehobenen Baugrube.

4.2.2 Geotechnische Kategorie 2

Bei Verhältnissen der Kategorie 2 sind stets direkte Aufschlüsse durchzuführen. Die für Entwurf und Berechnung des Bauobjekts notwendigen Bodenkenngrößen sind versuchstechnisch zu bestimmen bzw. mittels Korrelationen abzuschätzen.

Bezüglich Art und Umfang der Baugrunduntersuchungen sind Vor- und Hauptuntersuchungen zu unterscheiden.

4.2.3 Geotechnische Kategorie 3

Bezüglich Konstruktion und/oder Baugrundgegebenheiten als schwierig einzustufende bauliche Anlagen, die zur Bearbeitung besondere Kenntnisse und Erfahrungen auf speziellen Gebieten der Geotechnik verlangen. Hierzu zählen Bauwerke mit großer Flächenausdehnung, hohen Lasten, sehr uneinheitlichem Baugrund und großer Empfindlichkeit gegen äußere Einflüsse.

Bauwerk bzw. Baugrund der Kategorie 3 verlangt generell Untersuchungen gemäß Abschn. 4.2.2. Besonderheiten von Bauwerk (Abmessungen, Eigenschaften und Beanspruchungen) oder Baugrund (inkl. Grundwasser) bzw. Umgebung erfordern darüber hinausgehende Maßnahmen.

4.2.4 Geotechnischer Sachverständiger

Nach DIN 1054, 4.2 ist bei der geotechnischen Kategorie
- 1 ein geotechnischer Sachverständiger im Zweifelsfall einzuschalten
- 2 durch einen geotechnischen Sachverständigen ein geotechnischer Bericht zu erstellen
- 3 das Mitwirken eines geotechnischen Sachverständigen erforderlich.

4.3 Geotechnischer Bericht

DIN 4020 verlangt schriftlich erstellte Berichte für Baugrunduntersuchungen aller geotechnischer Kategorien sowie für Baustoff- und Grundwasseruntersuchungen. Sie gliedern sich in
- Grundlagen (Aufgabenstellung, Objektangaben, Unterlagen, Felduntersuchungen, Feld- und Laborversuche, lückenlose Darstellung der Untersuchungsergebnisse)
- Aus- und Bewertung der geotechnischen Untersuchungsergebnisse
- Folgerungen, Empfehlungen und Hinweise.

4.4 Bodenuntersuchungen im Feld

4.4.1 Aufschlussarten

Untersuchungszweck: Informationsgewinnung über Bodenschichten, die das Wechselwirkungsverhalten Boden–Bauwerk nennenswert beeinflussen bzw. für Zwecke der Baustoffgewinnung zu untersuchen sind.

Direkte Aufschlüsse: natürliche (z. B. Uferböschungen) oder künstlich geschaffene (Schürfe, Bohrungen sowie Untersuchungsschächte und -stollen) Möglichkeiten zur Besichtigung von Boden in situ, zur Entnahme von Boden- oder Felsproben und zur Durchführung von Feldversuchen.

Indirekte Aufschlüsse: Verfahren, die mittels bekannter Beziehungen zwischen Messgrößen und boden- bzw. felsmechanischen Kenngrößen Rückschlüsse auf Baugrund gestatten (z. B. Sondierungen und geophysikalische Verfahren).

4.4.2 Richtwerte für Aufschlusstiefen und -abstände nach DIN 4020

Mit Bauwerks- oder Bauteilunterkante bzw. Aushub- oder Ausbruchsohle als Bezugsebene für z_a gelten für Hauptuntersuchungen die nachstehenden Richtwerte.

Hoch- und Ingenieurbauten

Für Fundamente gilt größter z_a-Wert aus

$$z_a \geq 3{,}0 \cdot b_F$$
$$z_a \geq 6 \text{ m} \qquad (10\text{-}1)$$

b_F = kleinere Fundamentseitenlänge

Bei Plattengründungen und Bauwerken mit mehreren Gründungskörpern, deren Einfluss sich in tieferen Schichten überlagert, gilt

$$z_a \geq 1{,}5 \cdot b_B \qquad (10\text{-}2)$$

b_B = kleineres Bauwerksmaß

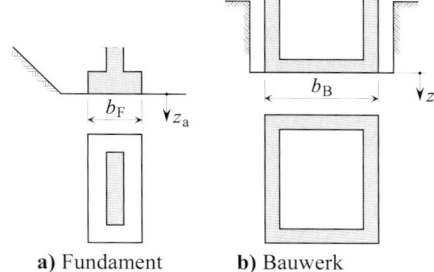

a) Fundament   b) Bauwerk
Abb. 10.7a: Hochbauten, Ingenieurbauten

Linienbauwerke

Ab Aushubsohle abwärts ist der z_a-Wert aus Gleichung (10-3) bzw. (10-4) anzusetzen.

a) Landverkehrswege

$$z_a \geq 2 \text{ m} \qquad (10\text{-}3)$$

b) Kanäle und Leitungen (größter Wert gilt)

$$z_a \geq 2 \text{ m}$$
$$z_a \geq 1{,}5 \cdot b_{Ah} \qquad (10\text{-}4)$$

b_{Ah} = Aushubbreite

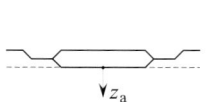

a) Landverkehrsweg   b) Kanal
Abb. 10.7b: Linienbauwerke

Dichtungswände

Ab Oberfläche des Grundwassernichtleiters, in den die Dichtungswand einbindet, gilt

$$z_a \geq 2 \text{ m} \qquad (10\text{-}5)$$

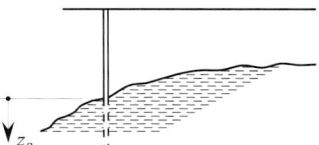

Abb. 10.7c: Dichtungswände

Erdbauwerke

Anzusetzen ist der größte z_a-Wert aus Gleichung (10-6) bzw. (10-7).

a) Einschnitte (h = Einschnitttiefe)

$$z_a \geq 0{,}4 \cdot h$$
$$z_a \geq 2 \text{ m} \qquad (10\text{-}6)$$

b) Dämme (h = Dammhöhe)

$$0{,}8 \cdot h < z_a < 1{,}2 \cdot h$$
$$z_a \geq z(\Delta \sigma_{Damm} < 0{,}2 \cdot \sigma_{insitu}) \qquad (10\text{-}7)$$
$$z_a \geq 6 \text{ m}$$

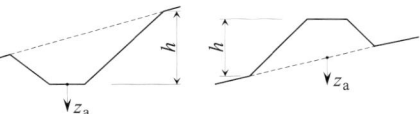

a) Einschnitt   b) Damm
Abb. 10.7d: Erdbauwerke

Baugruben

Maßgebend ist der jeweils größte z_a-Wert.

a) Grundwasserdruckfläche und -spiegel liegen unter der Baugrubensohle

$$z_a \geq 0,4 \cdot h$$
$$z_a \geq t + 2 \text{ m} \qquad (10\text{-}8)$$

h = Baugrubentiefe
t = Einbindetiefe der Umschließung

b) Grundwasserdruckfläche und -spiegel liegen über der Baugrubensohle

$$z_a \geq H + 2 \text{ m}$$
$$z_a \geq t + 2 \text{ m} \qquad (10\text{-}9)$$
$$z_a \geq t + 5 \text{ m}$$

H = Grundwasserspiegelhöhe über Baugrubensohle

Die Letzte der drei Ungleichungen gilt, wenn der Grundwasserhemmer erst unterhalb der Aufschlusstiefen ansteht, die nach den ersten zwei Ungleichungen erforderlich wären.

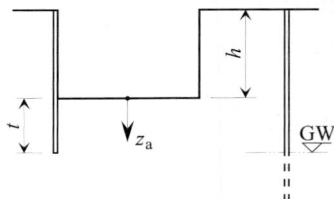

a) Grundwasserspiegel unterhalb der Baugrubensohle

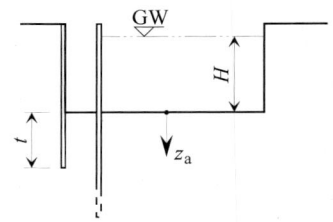

b) Grundwasserspiegel oberhalb der Baugrubensohle

Abb. 10.8a: Baugruben

Pfähle

Bei Pfählen zählen z_a-Werte ab unterer Begrenzung. Folgende Gleichungen gelten für Einzelpfähle mit dem Pfahlfußdurchmesser D_F (Abb. 10.8b) und für Pfahlgruppen. Bei gruppenweise angeordneten Pfählen ist das Maß b_G zu berücksichtigen; es ist das kleine Seitenmaß von dem Rechteck, das die Pfahlgruppe in der Fußebene umschließt (Abb. 10.8b).

Bei Pfahlgruppen gilt

$$z_a \geq b_G \qquad (10\text{-}10)$$

In allen Fällen (Pfahlgruppen und Einzelpfähle)

$$10 \text{ m} \geq z_a \geq 4 \text{ m}$$
$$z_a \geq 3,0 \cdot D_F \qquad (10\text{-}11)$$

Richtwerte für Abstände direkter Aufschlüsse sind nach DIN 4020 für Hauptuntersuchungen

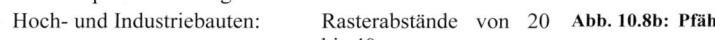
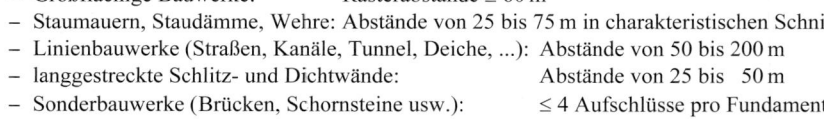

Abb. 10.8b: Pfähle

- Hoch- und Industriebauten: Rasterabstände von 20 bis 40 m
- Großflächige Bauwerke: Rasterabstände ≤ 60 m
- Staumauern, Staudämme, Wehre: Abstände von 25 bis 75 m in charakteristischen Schnitten
- Linienbauwerke (Straßen, Kanäle, Tunnel, Deiche, ...): Abstände von 50 bis 200 m
- langgestreckte Schlitz- und Dichtwände: Abstände von 25 bis 50 m
- Sonderbauwerke (Brücken, Schornsteine usw.): ≤ 4 Aufschlüsse pro Fundament

Anwendungsbeispiel

Gesucht ist die Tiefe der von der Geländeoberfläche aus durchzuführenden Aufschlüsse, die für eine geplante Pfahlgründung erforderlich sind. Die Planung sieht eine 0,4 m dicke Sohlplatte vor, deren Oberkante 2,2 m unter der Geländeoberkante anzuordnen ist und die die

Bauwerkslasten auf 16 m lange Ortbetonpfähle überträgt. Die Pfähle sind im Fußbereich auf Durchmesser der Größe $D_F = 1{,}60$ m auszustampfen.

Lösung

Die Bestimmung der Tiefe, bis zu der der Baugrund für die geplante Gründung aufzuschließen ist, kann nach DIN 4020 erfolgen. Danach ist der Baugrund mindestens bis zu der Tiefe

$z_a \geq 4$ m   bzw. $z_a \geq 3{,}0 \cdot D_F = 3{,}0 \cdot 1{,}6 = 4{,}8$ m

unterhalb der Pfahlfußenden aufzuschließen (es gilt der größere Wert).

Da die Aufschlussarbeiten von der ursprünglichen Geländeoberfläche aus durchgeführt werden, müssen die Aufschlüsse, gemessen von dieser Geländeoberfläche aus, mindestens die Tiefe

$z_A \geq z_a + 16{,}0$ m $+ 0{,}4$ m $+ 2{,}2$ m $= 4{,}8$ m $+ 18{,}6$ m $= 23{,}4$ m

erreichen.

4.5 Laborversuche

4.5.1 Allgemeines

Für alle Laborversuche zur Klassifikation und Bezeichnung von Böden bzw. zur Ermittlung ihrer mechanischen Eigenschaften gilt, dass der Boden aus Festmasse und Poren (Hohlräumen) besteht, die in der Regel mit Wasser und Luft gefüllt sind (Dreiphasensystem). Sonderfälle sind die Zweiphasensysteme „gesättigter Boden" (Poren nur mit Wasser gefüllt) und „trockener Boden" (Poren nur mit Luft gefüllt).

Kenngrößen dieser Systeme sind u. a.

Porenanteil (Anteil von V_p am Gesamtvolumen des Bodens)

Porenzahl (Porenvolumen zu Volumen der Festmasse des Bodens)

Wassergehalt (Verhältnis der Masse des Porenwassers zur Festmasse der Bodenprobe).

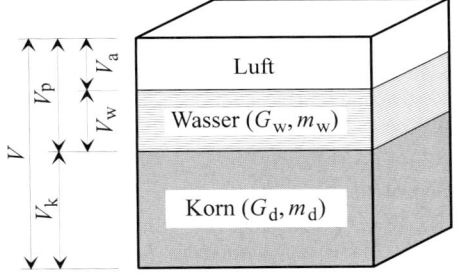

V = Gesamtvolumen der Bodenprobe
V_p = Porenvolumen der Bodenprobe
G = Eigenlast der Bodenprobe = $G_w + G_d$
m = Masse der Bodenprobe = $m_w + m_d$

Abb. 10.9: Bestandteile Festmasse, Wasser und Luft des Bodens im allgemeinen Fall (Dreiphasensystem)

4.5.2 Versuche zur Klassifikation von Böden

Korngrößenverteilung (Sieb- und Schlämmanalyse)

Korngrößenverteilungen („Körnungslinien") von Böden werden mittels Siebung und/oder Sedimentation bestimmt. Ihre Kenntnis lässt u. a. Rückschlüsse zu auf bautechnische Eigenschaften des untersuchten Bodens (z. B. Scherfestigkeit, Verdichtungsfähigkeit, Wasserdurchlässigkeit und Frostempfindlichkeit), die wiederum Beurteilungskriterien für die Eignung des Bodens als Baugrund, Baustoff für Dämme, Baustoff im Straßenbau usw. liefern (siehe hierzu DIN 18196, Tabelle 5). Nach DIN 18196 ist der zur Körnungslinie der Abb. 10.10 gehörende Boden ein weitgestufter Kies (GW) mit sehr großer Scherfestigkeit, sehr guter Verdichtungsfähigkeit und vernachlässigbar kleiner Zusammendrückbarkeit, der als Baugrund für Gründungen, sowie als Baustoff für Erd- und Baustraßen, für Straßen- und Bahndämme und für Stützkörper sehr gut geeignet ist.

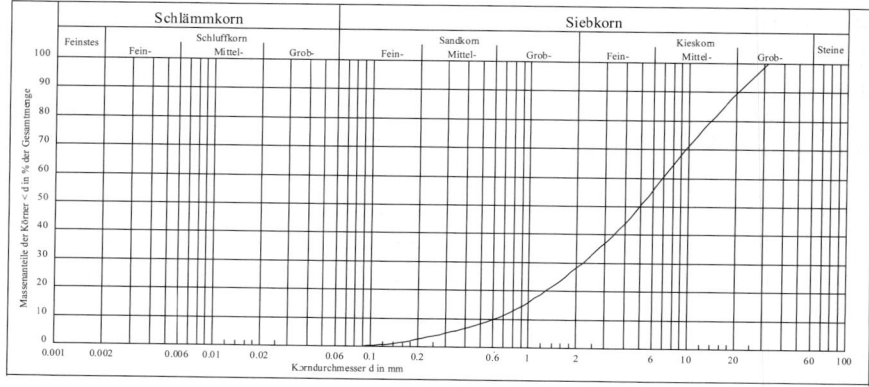

Abb. 10.10: **Körnungslinie einer Trockensiebung**

Korndichte

Die Korndichten von Böden können z. B. mit Hilfe eines Kapillarpyknometers ermittelt werden (vgl. DIN 18124 und [MÖLLER 07], Abschn. 5.5.3). Korndichte-Werte verschiedener Mineralien und Böden sind in Tafel 10.10 zusammengestellt.

Tafel 10.10: **Korndichte ρ_s von Mineralien und Böden**

Korndichte ρ_s in g/cm³			
Mineralien		Böden	
Gips	2,32	Bimsstein	1,40 – 1,60
Feldspat	2,55	Torf	1,50 – 1,80
Kaolinit	2,64	Sand	2,65
Quarz	2,65	Kies	2,60 – 2,70
Na-Feldspat	2,62 – 2,76	Schluff	2,68 – 2,70
Kalzit	2,72	Ton	2,70 – 2,80
Montmorillonit	2,75 – 2,78		

Organische Bestandteile

Organische Bestandteile des Bodens können u. a. dessen Korndichte, dessen Wichte, dessen Festigkeit und insbesondere dessen Zusammendrückbarkeit erheblich beeinflussen.

Die Anteile organischer Bestandteile des Bodens sind mit dem nach DIN 18128 ermittelbarem Glühverlust bestimmbar. Nach DIN 18196, Tabelle 5 sind z. B. nicht brenn- oder schwelbare Böden mit Beimengungen pflanzlicher Art und einem Glühverlust bis etwa 20 % Massenanteil gekennzeichnet durch mittlere Scherfestigkeit, mäßige Verdichtungsfähigkeit, große bis mittlere Zusammendrückbarkeit, mittlere Durchlässigkeit, geringe bis mittlere Erosionsempfindlichkeit und große bis mittlere Frostempfindlichkeit. Solche Böden sind für Erd- und Baustraßen noch brauchbar, als Baugrund für Gründungen sowie als Baustoff für Straßen- und Bahndämme jedoch weniger geeignet. Ungeeignet sind sie als Baustoff für Dichtungen, Stützköper und Dränagen.

Konsistenzgrenzen (Zustandsgrenzen) bindiger Böden nach DIN 18122

Mit Laborversuchen können Zustandsgrenzen nach DIN 18122-1 und DIN 18122-2 ermittelt werden. Nach DIN 4022-1 mit der Hand bearbeiteter Boden zeigt die Zustandsformen

breiig	beim Pressen des Bodens in Faust quillt dieser durch Finger
weich	lässt sich kneten
steif	schwer knetbar, aber in 3 mm dicke, rissfreie Walzen ausrollbar
halbfest	bröckelt und reißt beim Ausrollen in 3 mm dicke Walzen, lässt sich aber erneut zum Klumpen formen

4.5.3 Klassifikation und Bezeichnung von Böden

Bodenklassifikation nach DIN 18196

DIN 18196 dient u. a. zur Klassifizierung von Böden im Hinblick auf bautechnische Zwecke. Die Einteilungen gelten nicht für Fels und nicht für Böden mit einem Massenanteil an Steinen und Blöcken von mehr als 40%.

Die in der Tabelle 5 der DIN 18196 dargestellte Bodenklassifikation für bautechnische Zwecke führt u. a. Einteilungen der Lockergesteine nach Korngrößenbereichen auf und gibt einen guten Überblick über bautechnische Eigenschaften und Eignungen von Böden (vgl. hierzu die Auswertungshinweise zu Abb. 10.10).

Tone (T) und Schluffe (U) sind mit dem Plastizitätsdiagramm der Abb. 10.11 unterscheidbar.

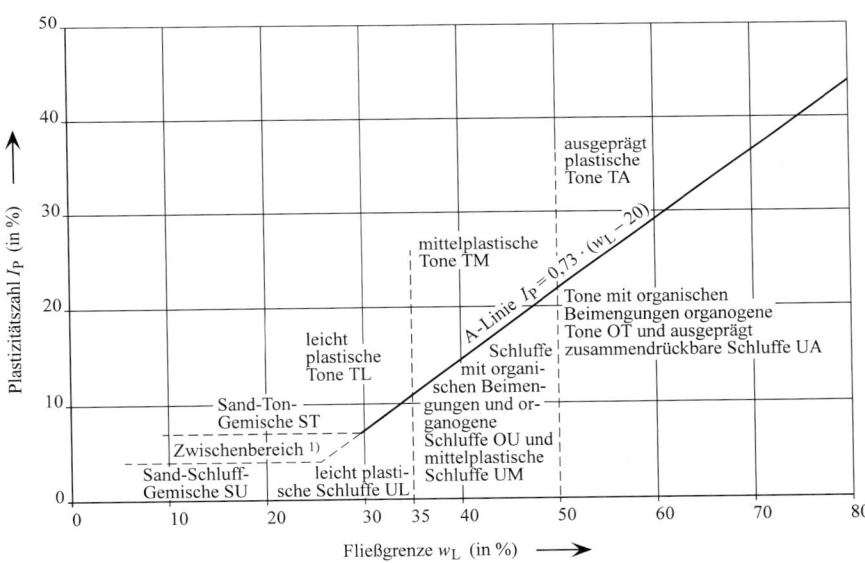

1) Die Plastizitätszahl von Böden mit niedriger Fließgrenze ist versuchsmäßig nur ungenau zu ermitteln. In den Zwischenbereich fallende Böden müssen daher mit anderen Verfahren, z. B. nach DIN 4022-1, Abschnitt 8.5 bis 8.9, dem Ton- und Schluffbereich zugeordnet werden.

Abb. 10.11: Plastizitätsdiagramm mit Bodengruppen (DIN 18196)

Plastische Bereiche und zulässige Bodenpressungen nach DIN 1054

Mit Zustandsformen gemäß Seite 10, werden in DIN 1054 (11.79) für bindige Böden zulässige Bodenpressungen angegeben, wie sie für definierte Regelfälle angesetzt werden dürfen (weitere zulässige Werte für nichtbindige Böden unter setzungsempfindlichen und setzungsunempfindlichen Bauwerken sowie für fetten Ton sind in DIN 1054 tabellarisch zusammengestellt).

Da mit dem Nachweis der Zulässigkeit von Bodenpressungen nach DIN 1054 letztendlich Setzungs- und Grundbruchnachweise für Regelfälle geführt werden, sind die zulässigen Sohlfugenspannungen bindiger Böden u. a. auch ein von der Konsistenz abhängendes Maß für die Scherfestigkeit der Böden.

10.11

Tafel 10.12a: Zulässige Bodenpressungen bindiger Böden nach DIN 1054 (11.76)

Kleinste Einbindetiefe des Fundaments in m	Zul. Bodenpressungen in kN/m² bei Streifenfundamenten mit Breiten b bzw. b' von 0,5 bis 2 m und einer Konsistenz			Kleinste Einbindetiefe des Fundaments in m	Zul. Bodenpressungen in kN/m² bei Streifenfundamenten mit Breiten b bzw. b' von 0,5 bis 2 m und einer Konsistenz		
	steif	halbfest	Fest		steif	halbfest	fest
0,5	150	220	330	0,5	120	170	280
1,0	180	280	380	1,0	140	210	320
1,5	220	330	440	1,5	160	250	360
2,0	250	370	500	2,0	180	280	400
Gemischtkörniger Boden, der Korngrößen vom Ton- bis in den Sand-, Kies- oder Steinbereich enthält ($\overline{SU}$, ST, $\overline{ST}$, GU, $\overline{GT}$ nach DIN 18196; z. B. Sand oder Geschiebemergel)				Tonig schluffiger Boden (UM, TL, TM nach DIN 18196)			

4.5.4 Versuche zur Ermittlung mechanischer Bodeneigenschaften

Wasserdurchlässigkeit

Die Wasserdurchlässigkeit dient u. a. als Grundlage für die Berechnung von Grundwasserströmungen und zur Beurteilung der Durchlässigkeit künstlich hergestellter Dichtungs- und Filterschichten.

Ihre Ermittlung erfolgt nach DIN 18130-1 in Abhängigkeit von der Bodenart mit unterschiedlichen Versuchsanordnungen.

Tafel 10.12b: Erfahrungswerte für den Durchlässigkeitsbeiwert k ([GT, T1 96], Kapitel 1.5)

Bodenart	Durchlässigkeitsbeiwert k in m/s
Sandiger Kies	$2 \cdot 10^{-2}$ bis $1 \cdot 10^{-4}$
Sand	$1 \cdot 10^{-3}$ bis $1 \cdot 10^{-5}$
Schluff-Sand-Gemische	$5 \cdot 10^{-5}$ bis $1 \cdot 10^{-7}$
Schluff	$5 \cdot 10^{-6}$ bis $1 \cdot 10^{-8}$
Ton	$1 \cdot 10^{-8}$ bis $1 \cdot 10^{-12}$

Einaxiale Zusammendrückbarkeit

Wird Bodenmaterial durch Druck belastet, verringert sich sein Volumen. Diese Zusammendrückung beruht praktisch vollständig auf der Verringerung seines Porenraums.

Das Last-Verformungs-Verhalten von Böden wird im Labor mit Hilfe von Kompressionsgeräten untersucht. Der Versuch liefert am Ende eine Drucksetzungskurve (Last-Setzungs-Kurve) des untersuchten Bodenmaterials aus der sich u. a. der Steifemodul E_s als Tangentenmodul ermitteln lässt (Abb. 10.12a).

Scherfestigkeit

Die Scherfestigkeit von Böden hängt ab von der „effektiven Normalspannung" σ' (allein vom Korngerüst getragene Normalspannung) dem Reibungswinkel φ' und von der Kohäsion. Sie hat z. B. großen Einfluss auf die Standsicherheit von Böschungen und Geländesprüngen und kann beim Versagen z. B. in einer ebenen „Gleitfläche" („Gleitfuge" bzw. „Scherfuge") überschritten werden (Abb. 10.12b).

Im Labor erfolgt die Ermittlung der Scherfestigkeit

Abb. 10.12a: Drucksetzungslinie mit Sekante und Tangente

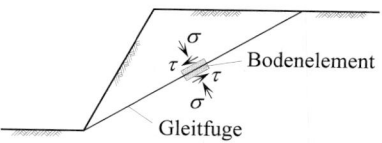

Abb. 10.12b: Böschung mit Gleitkörper (möglicher Versagensmechanismus bei Überschreitung der Scherfestigkeit des Bodens)

des Probekörpers eines Bodens z. B. mit dem Rahmenscher- oder dem Triaxialgerät durch kontrollierte Einwirkung von Spannungen und/oder Verschiebungen. Im Gelände kann die Scherfestigkeit wassergesättigter, bindiger oder organischer Böden bei breiiger bis steifer Konsistenz durch Sondierungen mit der Flügelsonde gemäß DIN 4094-4 (01.02) ermittelt werden.

5 Erddruck (DIN 4085)

5.1 Allgemeines, Begriffe und erforderliche Unterlagen

„Erddruck" sind Spannungen, die in Kontaktflächen von Baukörpern und Baugrund auftreten, soweit diese nicht mindestens ungefähr waagerecht angeordnet sind (in solchen Fällen werden die Spannungen nicht Erddruck, sondern „Sohldruck" genannt).

Grundsätzlich zu unterscheiden sind
aktiver (Index a) *Erddruck* e_a, kleinstmöglicher Erddruck infolge Bodeneigenlast, Auflasten und sonstige Einwirkungen, wenn sich die Wand und der Boden bis zur vollständigen Mobilisierung der Scherfestigkeit des Bodens voneinander weg bewegen.
passiver (Index p) *Erddruck* (*Erdwiderstand*) e_p, größtmöglicher Erddruck, der durch Bodeneigenlast, Auflasten und sonstige Einwirkungen mobilisiert wird, wenn sich Wand und Boden bis zur vollständigen Mobilisierung der Scherfestigkeit des Bodens aufeinander zu bewegen.
Erdruhedruck e_0 (Index 0), durch Bodeneigenlast, Auflasten und sonstige Einwirkungen hervorgerufener Erddruck, der sich einstellt, wenn sich der Baugrund nicht verformt.
Erddrucklast E: Resultierende des Erddrucks.

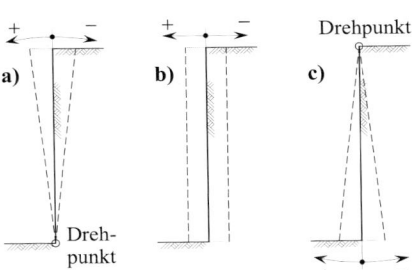

Abb. 10.13a: Grundformen der Wandbewegung mit positivem Drehsinn (+) für aktiven und negativen Drehsinn (−) für passiven Erddruck (nach DIN 4085)
a) Drehung um Fußpunkt
b) Parallele Bewegung (Drehpunkt liegt im Unendlichen)
c) Drehung um Kopfpunkt

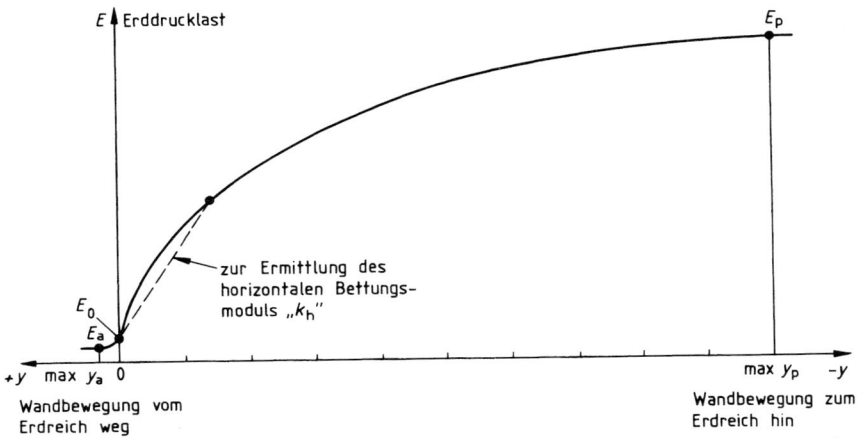

Abb. 10.13b: Beziehung von Erddruckkraft E und Wandbewegung y, mit aktiver (E_a) und passiver (E_p) Erddruckkraft und Erdruhedruckkraft E_0 (Beiblatt 1 zu DIN 4085)

Die Bewegungsmöglichkeiten einer durch Erddruck belasteten starren Wand sind durch Kombination von drei Grundformen erfassbar, durch die passiver oder aktiver Erddruck hervorgerufen wird (Abb. 10.13a). Die Richtung der Wandbewegung bestimmt vor allem die Erddruckgröße (Abb. 10.13b).

Erddruckberechnungen dürfen mit ebenen, gekrümmten oder aus ebenen Abschnitten zusammengesetzten Gleitflächen erfolgen.

Erforderliche Unterlagen

Für die Berechnung von Erddrücken sind nach DIN 4085 Kenntnisse erforderlich über
- Art, Abmessungen und Herstellung des Bauwerks und Geländeverlauf
- Baugrundverhältnisse, Kenngrößen des anstehenden Bodens und/oder des Hinterfüllmaterials sowie die Art des Einbaus und die Art und Beschaffenheit der an den Boden angrenzenden Bauwerkswand
- Art, Größe und Lage von Oberflächenlasten, Fundamentlasten von benachbarten Bauwerken sowie auf das Bauwerk einwirkende nutzungsbedingte Lasten wie etwa Kranlasten, Eisdruck und Pollerzug
- Wasserstände und Strömungsverhältnisse im Umfeld des Bauwerks sowie dynamische Einflüsse aus Maschinen etc.

5.2 Aktiver und passiver Erddruck bei ebenen Gleitflächen

5.2.1 Erforderliche Wandbewegungen

Soll sich bei mitteldicht bis dicht gelagerten nichtbindigen und bei steifen bis halbfesten bindigen Böden der aktive Erddruck einstellen, muss nach DIN 4085, Abschnitt 5.2.1
- der Tangens des Verdrehungswinkels bei einer Fußpunktdrehung (Abb. 10.13a) etwa den Wert 0,002 und bei einer Kopfpunktdrehung den Wert 0,005 erreicht haben
- bei einer Parallelverschiebung (Abb. 10.13a) ein Verschiebungsweg von 1/1000 der Wandhöhe eingetreten sein.

Der bei solchen Böden zu aktivierende passive Erddruck verlangt erforderliche Beträge der Wandbewegungen, die
- bei Fußpunktdrehung und bei Parallelverschiebung etwa das 50fache und
- bei Kopfpunktdrehung ungefähr das 10fache

der als Grenzwert für den aktiven Erddruck angegebenen Bewegungswerte betragen.

Gegenüber den genannten Größen sind die erforderlichen Bewegungen kleiner, wenn bei bindigen Böden die Konsistenz höher liegt oder es sich um nichtbindige Böden mit sehr dichter Lagerung handelt. Größere Wandbewegungen müssen auftreten, wenn es sich um locker gelagerte nichtbindige oder um weiche bindige Bodenarten handelt.

5.2.2 Voraussetzungen für die Berechnungsformeln aus DIN 4085, Abschnitt 5.2

Zur Ermittlung der Grenzwerte für die aktiven und passiven Erddrucklasten werden in Abschnitt 5.2 der DIN 4085 Formeln bereitgestellt, für die vorausgesetzt wird, dass
- die Wand in sich starr ist (Wand mit Verformungsgrößen $\leq$ 0,0002 der Bauwerkshöhe)
- die Wandrückseite (Kontaktfläche zum Baugrund) eben ist
- der hinter der Wand anstehende Baugrund homogen ist und nur durch seine Eigenlast belastet wird
- die Geländeoberfläche eben ist
- die sich einstellenden Gleitflächen eben sind
- diejenige Gleitfläche maßgebend ist, für die die Gesamterddrucklast am größten ist
- die Richtung des Erddrucks durch den Wandreibungswinkel vorgegeben wird
- sich die Wand bei aktivem Erddruck um ihren Fußpunkt oder einen tiefer liegenden Punkt dreht

– sich die Wand bei passivem Erddruck parallel verschiebt.

5.2.3 Verteilung des Erddrucks infolge von Bodeneigenlast

Die Lage der Resultierenden E_a und E_p des aktiven und passiven Erddrucks und somit seine Verteilung ist abhängig von der Wandbewegungsart. Die Erddruckverteilungen aus Abb. 10.15a und Abb. 10.15b sind Vereinfachungen der wirklich zu erwartenden Erddruckverteilungen. Die Erddruckgrößen e_{agh} und e_{pgh} sind die Maximalwerte der horizontalen Erddruckkomponenten bei dreiecksförmigen Verteilungen. Beim aktiven Erddruck gehören sie zur Fußpunktdrehung und beim passiven Erddruck zur Parallelverschiebung der Wand.

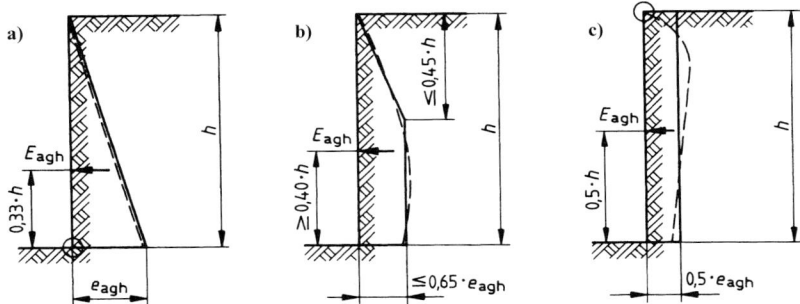

Abb. 10.15a: Aktive Erddrücke aus Bodeneigenlast bei verschiedenen positiven Wandbewegungen aus Beiblatt 1 zu DIN 4085 (——— rechnerische, ------- tatsächliche)
a) Drehung um Fußpunkt b) Parallele Bewegung c) Drehung um Kopfpunkt

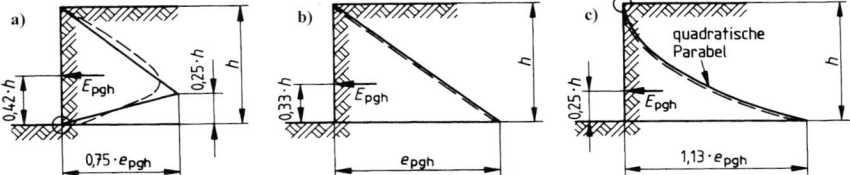

Abb. 10.15b: Passive Erddrücke aus Bodeneigenlast bei verschiedenen negativen Wandbewegungen aus Beiblatt 1 zu DIN 4085 (——— rechnerische, ------- tatsächliche)
a) Drehung um Fußpunkt b) Parallele Bewegung c) Drehung um Kopfpunkt

Bezüglich ausführlicherer Darstellungen des Themas „Erddruck" sei z. B. auf [MÖLLER 07, 07, 08] verwiesen.

6 Flach- und Flächengründungen

6.1 Allgemeines

Flach- und Flächengründungen sind auf tragfähigem gewachsenem oder künstlich hergestelltem Baugrund stehende Einzel- und Streifenfundamente sowie Gründungsplatten und Trägerrostfundamente. Sie übertragen die Gebäudelasten ausschließlich in ihrer Sohlfläche auf den darunter anstehenden Baugrund.

Durch geeignete Maßnahmen ist der Baugrund vor Erosion und Verringerung seiner Festigkeit (z. B. durch strömendes Wasser oder Einwirkungen von Baubetrieb) zu schützen. Zur Sicherstellung der Frostsicherheit der Gründung ständig benutzter Bauwerke muss die Gründungssohle mindestens einen Abstand von 0,8 m zu der dem Frost ausgesetzten Fläche aufweisen.

6.2 Unbewehrte Betonfundamente

Unbewehrte Betonfundamente können direkt auf der ausgehobenen Sohlfläche hergestellt werden, eine Sauberkeitsschicht kann entfallen. Steht hinreichend standfester Boden an, kann direkt gegen die abgestochenen Seitenwände betoniert werden.

Insbesondere als Streifenfundament stellt dieser Gründungstyp für Wände kleinerer Hochbauten die „normale" Gründungsform dar, da bei diesen Bauten die Wandlasten in der Regel klein sind und Fundamentbreiten erfordern, die nicht wesentlich über die Wanddicke hinausgehen.

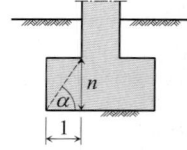

Abb. 10.16a: Normiertes Abmessungsverhältnis bei Einzelfundament

Bei der Dimensionierung annähernd zentrisch belasteter Fundamente aus unbewehrtem Beton ist die Größe des Winkels α, unter dem sich die Last (Bemessungswert gemäß DIN 1054 (01.05)) aus der Konstruktion in das Fundament ausbreitet, von maßgeblicher Bedeutung, da er einerseits die Zugspannungen in der Fundamentunterseite erheblich beeinflusst und andererseits solche Fundamente nur geringe Zugspannungen aufnehmen können. Für Normalbeton der Festigkeitsklassen C12/15 bis C30/37 lässt sich der letztlich zulässige tan-Wert (Verhältnis der Fundamenthöhe zur Auskragungslänge, in Abb. 10.16a für normierte Abmessungen mit n bezeichnet) mit Hilfe von Abb. 10.16b ermitteln (vgl. auch nachstehendes Anwendungsbeispiel). Die Begrenzung auf $n \geq 1$ wird von [LITZNER 96] empfohlen.

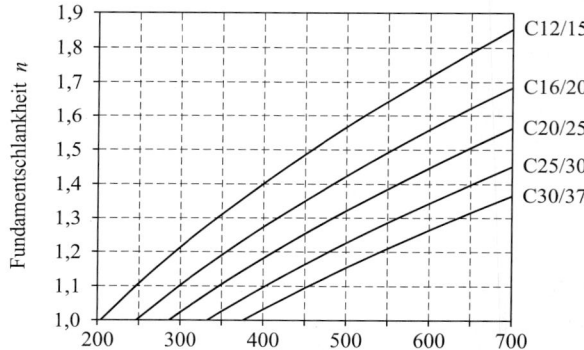

Abb. 10.16b: Zulässige Fundamentschlankheiten n für unbewehrte Einzel- und Streifenfundamente aus Normalbeton

Anwendungsbeispiel

Das unbewehrte Streifenfundament aus Abb. 10.16c ist aus Beton der Festigkeitsklasse C16/20 herzustellen. Mit Hilfe von Abb. 10.16b ist für die Abmessungen $b_F = 1{,}0$ m und $c = 0{,}24$ m die Höhe h_F des Fundaments unter den Voraussetzungen zu ermitteln, dass der Bemessungswert der einwirkenden Belastung $n_d = 417$ kN/lfdm beträgt und dass dazu eine gleichmäßig verteilte Sohlspannung $\sigma_{0,d}$ gehört.

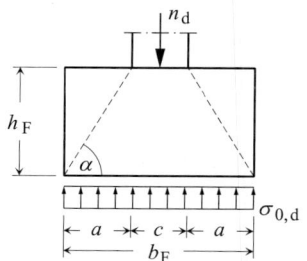

Abb. 10.16c: Streifenfundament (Querschnitt)

Lösung

Zu der Belastung n_d ergibt sich als Bemessungswert der Druckspannung in der Sohlfuge

$$\sigma_{0,d} = \frac{n_{E,d}}{b_F} = \frac{417}{1{,}0} = 417 \text{ kN/m}^2$$

Mit diesem Wert ergibt sich aus Abb. 10.16b für die Festigkeitsklasse C16/20 des zu verwendenden Betons die Größe der zulässigen Fundamentschlankheit $n = 1{,}3$. Damit berechnet sich mit der Länge

Flach- und Flächengründungen

$$a = \frac{b_F - c}{2} = \frac{1{,}0 - 0{,}24}{2} = 0{,}38 \text{ m}$$

die gesuchte Mindesthöhe des Fundaments zu

$$h_F = n \cdot a = 1{,}3 \cdot 0{,}38 = 0{,}50 \text{ m}$$

6.3 Sohlspannungen und Sohlspannungsnachweise

Druckspannungen in der Kontaktfläche von Bauwerk und Baugrund („Sohlfläche") sind Belastungen von Baugrund und Bauwerk. Ihre Verteilung beeinflusst u. a. Größe und Verlauf
- der Baugrundspannungen und -deformationen (besonders im „Nahbereich" der Sohlfuge)
- der Setzungen des Bauwerks
- der Schnittlasten und damit die Bemessung der Gründungskonstruktion.

In einfachen Fällen dürfen mit dem charakteristischen Sohldruck σ_{vorh} und dem aufnehmbaren Sohldruck σ_{zul} zu führenden Nachweis

$$\sigma_{vorh} \leq \sigma_{zul} \tag{10-12}$$

die Grundbruch- und Setzungsnachweise für die Grenzzustände GZ 1B und GZ 2 ersetzt werden. Die Werte für σ_{zul} sind aus den Tabellen der DIN 1054 und Tafel 10.12a zu entnehmen. Sie setzen u. a. voraus, dass
- das betrachtete Fundament ein allein stehendes Fundament ist
- der Baugrund bis zur Tiefe der 2fachen Fundamentbreite bzw. mindestens 2 m unter der Gründungssohle ausreichende Festigkeit aufweist (Näheres siehe DIN 1054, 7.7.1)
- Geländeoberfläche und Schichtgrenzen annähernd waagerecht verlaufen
- das Fundament nicht regelmäßig oder überwiegend dynamisch beansprucht wird.

6.3.1 Charakteristischer Sohldruck

Bei der vereinfachten Ermittlung des charakteristischen Sohldrucks darf dessen Verteilung für
- den Nachweis gemäß Gleichung (10-12) und den Grundbruchnachweis als gleichmäßig
- die Ermittlung der Schnittlasten und den Setzungsnachweis als geradlinig

angenommen werden.

6.3.2 Verteilung nach DIN 1054 (11.76)

Geradlinige Verteilung

Die geradlinige Sohldruckverteilung (Abb. 10.17 a)) gilt für den Setzungsnachweis (DIN 4019-1 (04.79) und DIN 4019-2 (02.81)) bzw. als Belastungsannahme für die Fundamentbemessung.

Für die σ_0-Spannungen bei einfach außermittiger Belastung V mit der Exzentrizität e_x gilt bei der Exzentrizität $e_x = 0$

$$\sigma_0 = \frac{V}{A} = \frac{V}{b_x \cdot b_y} \tag{10-13}$$

der Exzentrizität $e_x < b_x/6$

$$\sigma_{01,0r} = \frac{V}{A} \pm \frac{M}{W} \tag{10-14}$$

mit

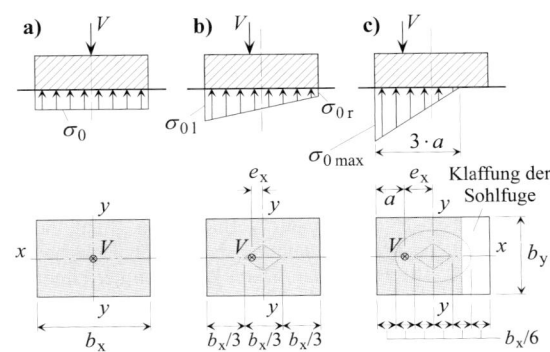

Abb. 10.17: Beispiele für geradlinige Sohlspannungsverläufe und ihre Beeinflussung durch Exzentritäten der Resultierenden V
a) mittige Belastung, b) außermittige Belastung mit Kraftschluss über die gesamte Sohlfläche,
c) außermittige Belastung mit klaffender Sohlfuge

10.17

$$\frac{V}{A} = \frac{V}{b_x \cdot b_y} \quad (10\text{-}15)$$

und

$$\frac{M}{W} = \frac{6 \cdot V \cdot e_x}{b_x^2 \cdot b_y} \quad (10\text{-}16)$$

sowie der Exzentrizität $e_x > b_x/6$

$$\sigma_{0\,max} = \frac{2 \cdot V}{3 \cdot a \cdot b_y} \quad (10\text{-}17)$$

Da Boden keine Zugspannungen aufnimmt, treten bei größeren Exzentrizitäten von V Klaffungen der Sohlfuge auf (Abb. 10.17 c)).

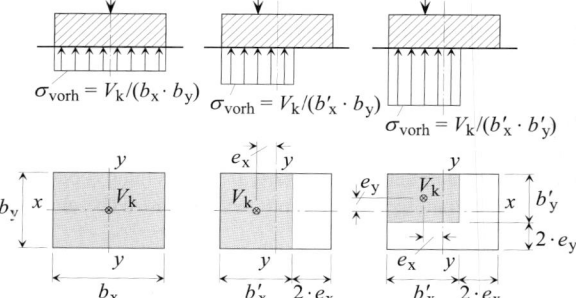

Abb. 10.18a: Gleichmäßig verteilter charakteristischer Sohldruck σ_{vorh} gemäß DIN 1054
a) zentrische Belastung, b) einfach exzentrische Belastung, c) zweifach exzentrische Belastung

Gleichmäßige Verteilung

Der zur charakteristischen Beanspruchung V_k in der Sohlfuge gehörende charakteristische Sohldruck σ_{vorh} (Gleichung (10-12)) entspricht bei rechteckigen Fundamenten einem der Fälle aus Abb. 10.18a. Die Verteilungen sind nicht als wirklichkeitsnah, sondern als rechnerisch vorhanden zu verstehen.

Aufnehmbarer Sohldruck σ_{zul} und sich einstellende Setzungen

Aus den für Streifenfundamente geltenden Tabellen von DIN 1054 und Tafel 10.12a sind als aufnehmbare Sohldrücke die zu der wirksamen Fundamentbreite b' und der kleinsten Einbindetiefe d gehörenden Werte zu entnehmen. Eine Erhöhung der Tabellenwerte um 20 % ist ggf. auch bei Rechteckfundamenten mit einem Seitenverhältnis $b_x/b_y < 2$ bzw. $b'_x/b'_y < 2$ und Kreisfundamenten zulässig.

Die bei mittiger Belastung zu erwartenden Setzungen in nichtbindigen Böden
- können bei Fundamentbreiten bis 1,50 m etwa 2 cm betragen und bei breiteren Fundamenten wesentlich größere Werte annehmen
- betragen bei setzungsempfindlichen Bauwerken und Fundamentbreiten bis 1,5 m nicht mehr als 1 cm und bei größeren Fundamentbreiten nicht mehr als 2 cm.

Bei bindigen Böden ist mit Setzungen mittig belasteter Fundamente von 2 bis 4 cm zu rechnen.

6.4 Grundbruchsicherheit nach DIN 4017

6.4.1 Allgemeines und Begriffe

Beim Aufbringen wachsender Vertikallasten V auf flach gegründete Fundamente können sich Lastsetzungsdiagramme gemäß Abb. 10.18b ergeben. Beim Erreichen der Grenzlasten tritt ein als „Grundbruch" bezeichneter Versagenszustand des Baugrunds ein, bei dem der Boden unter dem Fundament seitlich verdrängt wird (vgl. Abb. 10.19 a)).

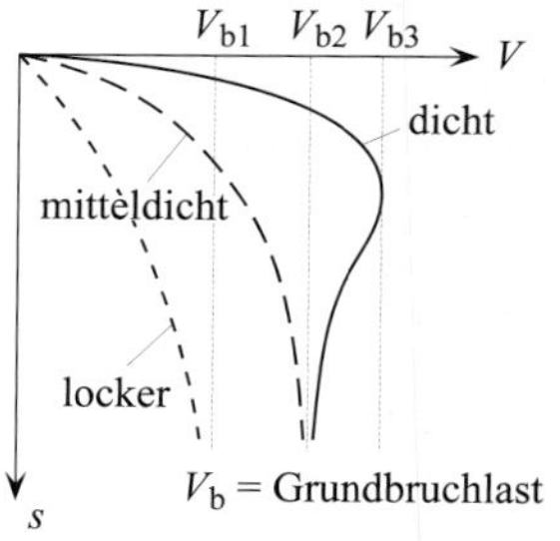

Grundbruch: Durch die Gründungskörperbelastung hervorgerufener Zustand des Baugrunds, in dem in begrenzten Gleitbereichen die Scherfestigkeit des Bodens überwunden wird.

Bruchlast: Belastung in der Sohlfuge, die beim Eintritt des Grundbruchs vom Gründungskörper auf den Baugrund übertragen wird.

Abb. 10.18b: Lastsetzungsverläufe von Fundamenten unter vertikalen Lasten V

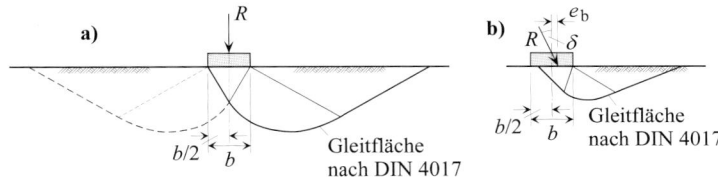

Abb. 10.19: Gleitflächenformen nach DIN 4017
a) mittige, lotrechte Lasteintragung (Ausweichen ist nach beiden Seiten möglich)
b) exzentrisch (e_b) und schräg (δ) eingetragene resultierende Last R

6.4.2 Berechnung der Grundbruchsicherheit nach DIN 4017

Grundbruchberechnungen können für lotrecht und zentrisch belastete Fundamente (Abb. 10.19 a)) gemäß DIN 4017-1 (79.08) sowie für schräg und außermittig belastete Flachgründungen (Abb. 10.19 b)) gemäß DIN 4017-2 (79.08) durchgeführt werden.

Die in DIN 4017-1 bereitgestellte Gleichung für die Grundbruchlast eines im Grundriss rechteckförmigen und zentrisch belasteten Fundaments, das die Seitenlängen a und b besitzt und um das Maß d in den Baugrund eingebunden ist, hat die Form

$$V_b = b \cdot a \cdot \sigma_{0f} = b \cdot a \cdot (\underbrace{c \cdot N_c \cdot \nu_c}_{\text{Kohäsion}} + \underbrace{\gamma_1 \cdot d \cdot N_d \cdot \nu_d}_{\text{Gründungstiefe}} + \underbrace{\gamma_2 \cdot b \cdot N_b \cdot \nu_b}_{\text{Gründungsbreite}}) \tag{10-18}$$

In entsprechender Weise ergibt sich nach DIN 4017-2 für das gleiche aber exzentrisch und schräg belastete Fundament die Grundbruchlast zu

$$V_b = b' \cdot a' \cdot \sigma_{0f} = b' \cdot a' \cdot (\underbrace{c \cdot N_c \cdot \kappa_c \cdot \nu'_c}_{\text{Kohäsion}} + \underbrace{\gamma_1 \cdot d \cdot N_d \cdot \kappa_d \cdot \nu'_d}_{\text{Gründungstiefe}} + \underbrace{\gamma_2 \cdot b' \cdot N_b \cdot \kappa_b \cdot \nu'_b}_{\text{Gründungsbreite}}) \tag{10-19}$$

Die in den Gleichungen (10-18) und (10-19) verwendeten Größen sind

σ_{0f} = mittlere Sohlnormalspannung in der $a \times b$ bzw. der rechnerisch $a' \times b'$ großen Gründungsfuge beim Grundbruch (in kN/m²)
a = Gründungskörperlänge (in m); bei Streifenfundament gilt $a = 1$ lfdm
a' = rechnerische Länge (in m) für den in Richtung der Seite a außermittig belasteten Gründungskörper
b = Gründungskörperbreite mit $b \leq a$ (in m)
b' = rechnerische Breite (in m) für den schräg in der Richtung der Seite b außermittig belasteten Gründungskörper (in m)
d = geringste Gründungstiefe unter Geländeoberfläche bzw. Kellerfußboden bzw. in Lastrichtung oder in Richtung der Außermittigkeit (in m)
c = Kohäsion des Bodens (in kN/m²)
N_c = Tragfähigkeitsbeiwert für den Einfluss der Kohäsion c
N_d = Tragfähigkeitsbeiwert für den Einfluss der seitlichen Auflast $\gamma_1 \cdot d$
N_b = Tragfähigkeitsbeiwert für den Einfluss der Gründungsbreite b
ν_c, ν_d, ν_b = Formbeiwerte für die Einflüsse der Grundrissform (Kohäsionsglied), der Grundrissform (Tiefenglied) und der Grundrissform (Breitenglied)
ν'_c, ν'_d, ν'_b = Formbeiwerte abhängig von $b'/a' < 1$ entsprechend den Beiwerten ν_c, ν_d, ν_b nach DIN 4017-1
$\kappa_c, \kappa_d, \kappa_b$ = Neigungsbeiwerte
γ_1, γ_2 = Wichte des Bodens oberhalb und unterhalb der Gründungssohle (in kN/m³)

Bezüglich der Ermittlung der Tragfähigkeits-, Form- und Neigungsbeiwerte sei auf DIN 4017-1 und DIN 4017-2 (79.08) sowie auf [MÖLLER 07, 08] verwiesen.

6.5 Gleitsicherheit nach DIN 1054 (11.76)

Auf Bauwerke können neben vertikalen auch horizontale Belastungen H (z. B. aus Erddruck oder Wind) wirken. Ihre Abtragung in den Baugrund erfolgt über Scherkräfte H_s in der Sohlfuge des Bauwerks und ggf. über Erdwiderstand E_p, der sich vor dem Bauwerk aufbaut (Abb. 10.20a). Überschreitet die waagerechte Komponente H der Resultierenden Kraft, die in der Sohlfläche abzutragen ist, die aktivierbaren Scher- und Erdwiderstandskräfte, tritt ein Gleiten des Bauwerks auf.

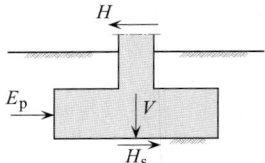

Abb. 10.20a: Gleiten von Fundamenten

Gleiten von Bauwerken beschränkt sich nicht nur auf die Überschreitung der Scherfestigkeit in der Sohlfuge. Es liegt auch dann vor, wenn die durch geringe Scherfestigkeit gekennzeichnete kritische Fuge unterhalb der Fundamentsohle liegt.

Der Nachweis der Gleitsicherheit für Fundamente gehört in den Bereich der Standsicherheitsnachweise von Bauwerken. Nach DIN 1054 liegt eine ausreichende Sicherheit vor, wenn mit dem geltenden η_g-Wert aus Tafel 10.20 die Bedingung

$$H \leq \frac{H_s + E_{pr}}{\eta_g} \qquad (10\text{-}20)$$

für die Resultierende H der horizontalen Aktionskräfte erfüllt ist.

Tafel 10.20: Mindestwerte für die Gleitsicherheit η_g (nach DIN 1054)

Lastfall	1	2	3
η_g	1,5	1,35	1,2

Bezüglich der Ermittlung der Größen des Erdwiderstands E_{pr} und der Sohlwiderstandskraft H_s siehe z. B. DIN 1054 und [MÖLLER 07, 08].

6.6 Kippsicherheit nach DIN 1054 (11.76)

Wie beim Gleiten, können auch beim Kippen von Gründungskörpern die Baugrunddeformationen zu unkontrolliert großen Bewegungen des Bauwerks führen (Stabilitätsproblem).

Beim Kippsicherheitsnachweis für Fundamente ist nach DIN 1054
- die Grundbruchsicherheit gemäß DIN 1054 einzuhalten
- nachzuweisen, dass (Abb. 10.20b)
  - die aus den ständigen Lasten resultierende Kraft die Sohlfläche im Kern schneidet (kein Klaffen der Sohlfuge)
  - die aus der Gesamtlast resultierende Kraft nur in begrenztem Umfang ein Klaffen der Sohlfuge verursacht, und zwar höchstens bis zum Schwerpunkt der Sohlfläche, dabei die Kraft muss dabei die Sohlfläche innerhalb eines Bereiches schneiden, der bei Fundamenten mit der Grundrissform von einem rechteckigen Vollquerschnitt näherungsweise durch die Ellipse mit der Gleichung

$$\left(\frac{x_e}{b_x}\right)^2 + \left(\frac{y_e}{b_y}\right)^2 = \frac{1}{9} \qquad (10\text{-}21)$$

begrenzten Fläche wirkt (Abb. 10.20b).

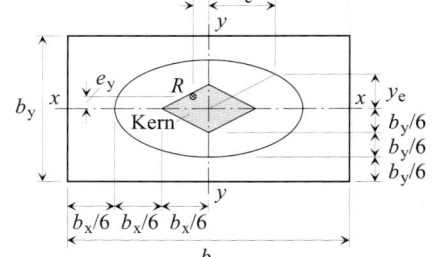

Abb. 10.20b: Grundriss von rechteckigem Fundament; Bezeichnungen bei zweiachsiger Ausmittigkeit (DIN 1054)

6.7 Auftriebssicherheit nach DIN 1054 (11.76)

Bei Gründungskörpern, die in ruhendem Grundwasser stehen, wird die vertikale Gründungslast G nicht nur vom Korngerüst, sondern auch durch den Auftrieb aufgenommen. Der Auftrieb bewirkt eine Verringerung der effektiven Spannungen zwischen Gründungskörper und Baugrund, die bis zum Abheben des Fundaments vom Baugrund (Aufschwimmen) führen kann (Abb. 10.21). Die wirksame Auftriebskraft A ergibt sich mit γ_w (Wichte) und V_w (Volumen des durch den Gründungskörper verdrängten Grundwassers) zu

$$A = \gamma_w \cdot V_w \qquad (10\text{-}22)$$

Da der Auftrieb die Bodenpressungen verkleinert, ist immer zu prüfen, ob er u. U. wegfallen kann und damit höhere Bodenpressungen auftreten können.

Zur Standsicherheit von Bauwerken gehört auch die ausreichende Sicherheit η_a gegen Auftrieb. Sie ist nach DIN 1054 gegeben, wenn mit der Auftriebskraft A, der ständig vorhandenen vertikalen Bauwerkslast G (ohne Verkehrslasten) und dem geltenden η_a-Wert aus Tafel 10.21

$$A \leq \frac{G}{\eta_a} \qquad (10\text{-}23)$$

gilt. Die Größe der Auftriebskraft hängt nicht vom anstehenden Bodentyp ab und ist daher bei allen Bodenarten in voller Größe anzusetzen.

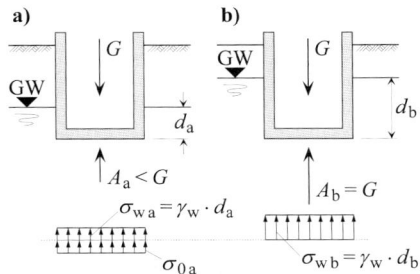

Abb. 10.21: Belastung der Bodenplatte eines Gründungskörpers durch Sohlwasserdruck σ_w und Bodenpressung σ_0
a) σ_w und σ_0 (aus um den Auftrieb A_a verminderter Gründungslast G)
b) Schwimmzustand, nur Sohlwasserdruck und keine Bodenpressung

Tafel 10.21: Mindestsicherheiten η_a eines Gründungskörpers gegen Auftrieb (nach DIN 1054)

Lastfall	1	2	3
η_a	1,1	1,1	1,05

6.8 Setzungen

Setzungen sind Verschiebungen der Baugrundoberfläche in Schwerkraftrichtung, die durch Spannungs- bzw. Deformationszustandsänderungen hervorgerufen werden (z. B. infolge Bauwerkslasten). Ihre Größe und Form werden u. a. beeinflusst durch die Steifemodule E_s der einzelnen Baugrundschichten, die Belastung in der Sohlfuge, die Form und Größe der Sohlfläche sowie die Biegesteifigkeit der Gründungskonstruktion.

Zu den üblichen Methoden der Setzungsberechnung gehören die
- direkte Berechnung mit Hilfe von Setzungsformeln
- indirekte Berechnung mit Hilfe lotrechter Spannungen im Baugrund und einem mittleren Zusammendrückungsmodul E_m oder mit Hilfe des Druck-Stauchungs-Diagramms aus Laborversuchen.

6.8.1 Begriffe

Wird auf nicht vorbelasteten Boden eine Belastung plötzlich aufgebracht und ständig beibehalten, tritt eine zeitabhängige Setzungsentwicklung ein (Abb. 10.22a). Einstellen können sich
- *gleichmäßige Setzungen* (gleich große Setzungen aller Baugrundoberflächenpunkte) und
- *ungleichmäßige Setzungen* (unterschiedlich große Setzungen der einzelnen Baugrundoberflächenpunkte).

Die Setzungen beider Fälle sind

Gesamtsetzung: Summe der Setzungsanteile Sofort-, Konsolidations- und Kriechsetzung

$$s = s_0 + s_1 + s_2 \qquad (10\text{-}24)$$

Konsolidationssetzung s_1: infolge der Auspressung von Porenwasser und Porenluft nach Lastaufbringung (effektive Spannungen nehmen zu) zeitlich verzögert auftretender Setzungsanteil.

Kriechsetzung s_2: Setzungsanteil bindiger Böden infolge plastischen Fließens des Korngerüstes (sind ggf. erst nach vielen Jahren zu Ende).

Grenztiefe d_s: ab der Sohlfläche des Gründungskörpers zählende Tiefe eines Bodenbereichs, von dem unterstellt wird, dass sich Setzungen nur infolge seiner Zusammendrückung ergeben, d. h., dass der unterhalb der Grenztiefe anstehende Baugrund zu den Setzungen nichts mehr beiträgt.

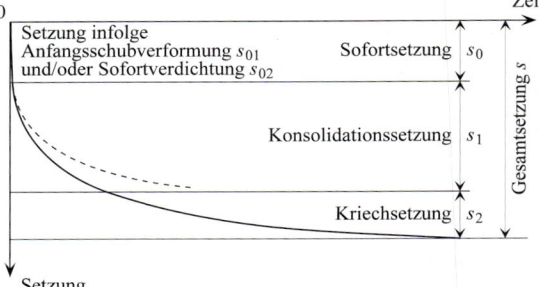

Abb. 10.22a: **Setzungsanteile bei konstanter, plötzlich auf nicht vorbelasteten Boden aufgebrachter Last**

6.8.2 Zulässige Setzungsgrößen

Die zulässige Größe von Setzungen kann z. B. beeinflusst werden durch
- den Grad und die Form der Ungleichmäßigkeit (Verkantung, Mulden- oder Sattellagerung)
- Gebrauchstauglichkeit des Bauwerks (Lagerhalle, Labor mit Präzisionsgeräten)
- Schadensfreiheit (Rissefreiheit) und Standsicherheit des Bauwerks (z. B. bei Türmen)
- verwendetes Baumaterial (Beton, Mauerwerk, ...)
- Konstruktionsformen (Rahmen, Scheiben, Einzelfundamente, Plattengründung, ...)
- vorhandener Baugrund (Ton, Sand, ...).

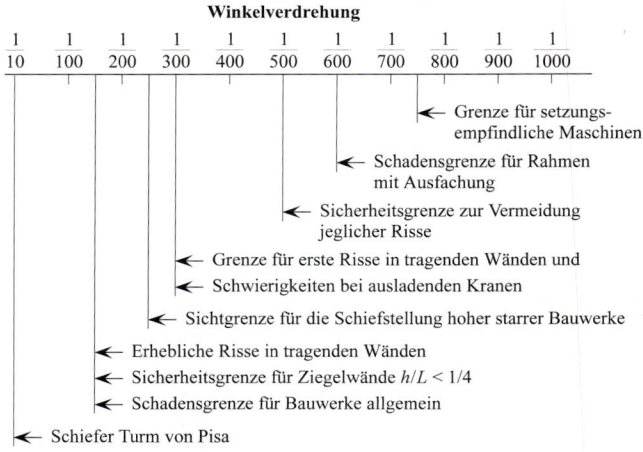

Abb. 10.22b: **Schadenskriterien für Winkelverdrehungen nach BJERRUM (nach SCHULTZE/HORN [GT, T1 96], Kapitel 1.8)**

Bei Setzungsbegrenzungen bezüglich der Schadensfreiheit der Bauwerke sind statt der absoluten Setzungen die Setzungsunterschiede maßgebend, die Teil der Gesamtsetzung sind. Für zulässige Winkelverdrehungen bei Hochbauten kann Abb. 10.22b verwendet werden. Die Zahlenwerte gelten für Setzungen mit Muldenform; bei Sattellagerung treten Risse schon bei halb so großen Winkeldrehungen auf.

Bezüglich der Berechnung von Setzungen sei z. B. auf DIN 4019-1 und DIN 4019-2 sowie auf [MÖLLER 07, 08] verwiesen.

7 Erdbau

7.1 Frosttiefen und frostfreie Gründungen

Messergebnisse zeigen (vgl. z. B. [MÖLLER 06], Tab. 2-2), dass die in DIN 1054 geforderte Sohllagentiefe von mindestens 0,8 m unter Gelände nicht immer zur frostfreien Anordnung der Gründungssohle von Flächengründungen führt. Deshalb sind bei der Festlegung der Sohltiefe örtliche Erfahrungs- oder Messwerte zu beachten.

7.2 Baugrundverbesserung

Erfüllt anstehender Boden nicht die Bedingungen, die sich aus der Forderung nach Standsicherheit, Schadensfreiheit und dauerhafter Funktionstüchtigkeit eines Bauwerks ergeben, ist ggf. eine Baugrundverbesserung nach einem der Verfahren der Abb. 10.23a sinnvoll. Mit ihnen lässt sich die Tragfähigkeit des Baugrunds verbessern und/oder die Durchlässigkeit des Baugrunds verringern.

Methoden zur Baugrundverbesserung sind
- mechanische Verdichtung (Reduzierung des Porenraums)
- Bodenaustauschverfahren
- Injektionsverfahren
- Verfestigung durch Entwässerung
- elektrochemische Bodenverfestigung
- thermische Verbesserung bindiger Böden
- Bodenverbesserung und -verfestigung (Straßenbau).

Ton	Schluff	Sand	Kies
Bodenaustausch			
	Oberflächenverdichtung		
		Tiefenrüttelverdichtung	
	Rüttelstopfverdichtung		
		Dynamische Intensivverdichtung	
	Verfestigung oberflächennaher Böden mit Bindemitteln		
			Zementinjektion
		Chemikalinjektion	
		Hochdruckinjektion (HDI)	
Entwässerungsverfahren			
0,002	0,06	2	60

Korngröße (in mm)

Abb. 10.23a: Einsatzbereiche von Methoden der Baugrundverbesserung (nach [SCHNELL 97])

8 Pfahlgründungen

8.1 Normen und Einteilung der Pfähle

Zu den DIN-Normen mit Angaben zu Pfahlgründungen gehören DIN 1054, DIN 4014 (03.90) (Bohrpfähle), DIN 4026 (08.75) (Rammpfähle), DIN 4128 (04.83) (Verpresspfähle) und DIN EN 12699 (05.01) (Verdrängungspfähle).

Pfähle sind in Gruppen einteilbar, wie z. B. nach
- Art der vorwiegenden Lastabtragung (*Spitzendruck-* und *Reibungspfähle*, Abb. 10.23b)
- dem Baustoff, aus dem sie hergestellt sind (*Holz-, Stahlbeton-, Spannbeton-, Stahlpfähle*)
- ihrer Herstellung und ihrer Einbauart (*Fertig-, Ort-, Ramm-, Bohr-* und *Verpresspfähle*)
- der Art ihrer Beanspruchung (axiale Beanspruchung und/oder Biegebeanspruchung).

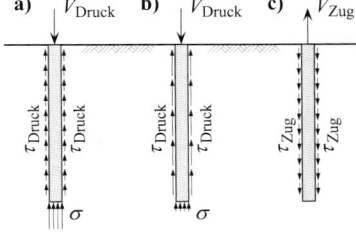

Abb. 10.23b: Pfahlarten (σ = Spitzendruck, τ = Mantelreibung)
a) Spitzendruckpfahl
Reibungspfähle als
b) schwebender Pfahl c) Zugpfahl

Beim *Ortbetonpfahl* wird ein durch verdrängendes Rammen oder durch Bohren erzeugter Hohlraum mit einem Bewehrungskorb versehen und danach ausbetoniert. Ggf. wird der Hohlraum bis zum Betonieren durch eine Verrohrung oder mit einer Stützflüssigkeit gesichert. Mit Schaftdurchmessern von max. 300 mm sind *Verpresspfähle* nach DIN 4128 Ortbeton- und Verbundpfähle. Ihre Lastübertragung in den Baugrund erfolgt vor allem über Mantelreibung und basiert auf der Verpressung des geschaffenen Hohlraums mit Beton oder Zementmörtel.

Die Tragfähigkeit von Pfählen kann durch Pfahlprobebelastungen, durch Näherungsberechnungen (z. B. bei Bohrpfählen) oder auf der Basis von Erfahrungswerten (z. B. bei Rammpfählen) ermittelt werden.

8.2 Lastabtragung und Tragfähigkeit axial belasteter Rammpfähle

Die Abtragung axialer Lasten in den Baugrund erfolgt bei Druckpfählen über Pfahlspitzenwiderstand und Pfahlmantelreibung und bei Zugpfählen nur über Mantelreibung (Abb. 10.23b). Bei auf Biegung beanspruchten Pfählen kann der Boden im Rahmen der Lastabtragungsberechnung z. B. als horizontale Bettung behandelt werden (Bettungsmodulverfahren).

Stehen gerammte Zugpfähle mehr als 5 m tief in mindestens ausreichend tragfähigen nichtbindigen Böden, darf in diesen Schichten nach DIN 4026 mit einer Mantelreibung von 25 kN/m² gerechnet werden. Hierbei wird vorausgesetzt, dass keine nennenswerten Erschütterungen auf den Pfahl einwirken. Erfüllen die jeweiligen Gegebenheiten nicht die genannten Bedingungen, ist die zulässige Belastung anhand der Ergebnisse von Probebelastungen festzulegen.

Als zulässige Druckbelastungen von Rammpfählen können die Werte der Tafel 10.24 verwendet werden, wenn diese Pfähle mindestens 5 m in den Baugrund einbinden und der ausreichend tragfähige Baugrund aus nichtbindigen oder annähernd halbfesten bindigen Böden besteht.

Tafel 10.24: Zulässige Druckbelastungen von Rammpfählen in kN nach DIN 4026 (Zwischenwerte sind geradlinig einzuschalten)

Einbindetiefe in den tragfähigen Boden in m	Holzpfähle $d_{Fuß}$ in cm					Stahl- und Spannbeton (quadratischer Querschnitt) Seitenlänge $a^{1)}$ in cm					Stahlrohre[2] und Stahlkästen[2] d bzw. a in cm [3]		
	15	20	25	30	35	20	25	30	35	40	35 bzw. 30	40 bzw. 35	45 bzw. 40
3	100	150	200	300	400	200	250	350	450	550	350	450	550
4	150	200	300	400	500	250	350	450	600	700	450	600	700
5	–	300	400	500	600	–	400	550	700	850	550	700	850
6	–	–	–	–	–	–	650	800	1000	650	800	1000
7	–	–	–	–	–	–	–	–	–	–	700	900	1100
8	–	–	–	–	–	–	–	–	–	–	800	1000	1200

[1] gilt auch für annähernd quadratische Querschnitte, wobei für a die mittlere Seitenlänge einzusetzen ist.
[2] die Tabellenwerte gelten für Pfähle mit geschlossener Spitze. Bei unten offenen Pfählen dürfen 90 % der Tabellenwerte angesetzt werden, wenn sich mit Sicherheit innerhalb des Pfahls ein fester Bodenpfropfen bildet.
[3] d = äußerer Durchmesser eines Stahlrohrpfahls bzw. mittlerer Durchmesser eines zusammengesetzten, radialsymmetrischen Pfahls.
 a = mittlere Seitenlänge von annähernd quadratischen oder flächeninhaltsgleichen rechteckigen Kastenpfählen.

Ausführlichere Ausführungen zu Pfahlgründungen sind z. B. in [MÖLLER 06, 06] zu finden.

9 Sicherheit gegen Gelände- und Böschungsbruch

9.1 Allgemeines, Begriffe und erforderliche Unterlagen

Übergänge zwischen Geländeoberflächen unterschiedlicher Höhenlage sind z. B. als Böschungen oder durch Stützbauwerke gesicherte Geländesprünge ausführbar (Abb. 10.25a).

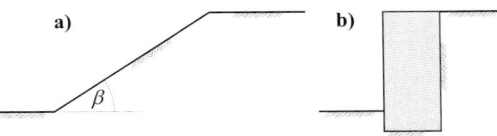

Abb. 10.25a: Formen zur Gestaltung von Übergängen zwischen verschieden hohen Geländeoberflächen
a) Böschung, b) durch Schwergewichtsmauer gesicherter Geländesprung

Diese Konstruktionen verlieren ihre Standsicherheit u. a. dann, wenn ein Böschungs- bzw. Geländebruch eintritt (Abb. 10.25b). Der Nachweis der Sicherheit gegen solche Versagensformen kann gemäß DIN 4084 (07.81) geführt werden.

Geländesprung: natürlich oder künstlich entstandene Stufe im Gelände, mit oder ohne Stützbauwerk.

Böschung: Erdkörper mit durch Abtrag oder Auffüllen künstlich hergestellter geneigter Geländeoberfläche.

Hang: Erdkörper mit natürlich entstandener geneigter Geländeoberfläche.

Abb. 10.25b: Bruchmechanismus beim Böschungsbruch (DIN 4084)

Geländebruch: Abrutschen eines Erdkörpers an einer Böschung, einem Hang oder an einem Geländesprung, ggf. einschließlich des Stützbauwerks und eines Teils des dieses umgebenden Erdreichs infolge Ausschöpfens des Scherwiderstands des Bodens und evtl. vorhandener Bauteile. Der rutschende Erdkörper kann sich dabei selbst verformen oder als annähernd starrer Körper abrutschen.

Böschungsbruch bzw. *Hangrutschung*: Bezeichnungen eines Geländebruchs, wenn es sich um eine Böschung bzw. um einen Hang handelt.

Für Geländebruchberechnungen nach DIN 4084 sind als Unterlagen bereitzustellen:
1. Angaben über die allgemeine Gestaltung und die Maße des Stützbauwerks oder der Böschung, die ungünstigsten Wasserstände sowie die Werte und Arten der Belastungen, die zur Berechnung für die verschiedenen Lastfälle notwendig sind.
2. Baugrundaufschlüsse nach den einschlägigen DIN-Normen im Bereich der möglichen Bruchmechanismen und über bereits existierende Gleitflächen.
3. Bodenmechanische Kenngrößen der im Bereich der Gleitflächen anstehenden Bodenarten, insbesondere die Wichten γ und Scherparameter, Porenwasserüberdruck bei konsolidierenden bindigen Böden und ggf. die Restscherfestigkeit bindiger Böden.

9.2 Standsicherheit von unbelasteten Böschungen

Für den Sonderfall von Böschungen aus einheitlichen nichtbindigen Böden, kann nach DIN 4084 die Böschungsbruchsicherheit mit

$$\eta_r = \frac{\tan\varphi}{\tan\beta} \Rightarrow \text{zul}\,\beta \leq \arctan\frac{\tan\varphi}{\text{erf}\,\eta_r} \qquad (10\text{-}25)$$

Tafel 10.25: Sicherheiten für Gelände- und Böschungsbruchberechnungen (nach DIN 4084)

Lastfall	η	η_r	η_r/η_c
1	1,4	1,3	
2	1,3	1,2	0,75
3	1,2	1,1	

10.25

nachgewiesen werden, wenn die Böschung gerade verläuft und nicht belastet bzw. nicht durchströmt ist. Die Größe des Sicherheitsbeiwertes η_r ist abhängig vom jeweiligen Lastfall (Tafel 10.25), φ steht für den Reibungswinkel des Bodens.

Die Anwendung der Gl. (10-25) ist nicht erlaubt, wenn es sich bei dem Böschungsmaterial um einheitlichen bindigen Boden handelt. In solchen Fällen kann der zulässige Böschungswinkel mit Hilfe des Diagramms aus Abb. 10.26 ermittelt werden.

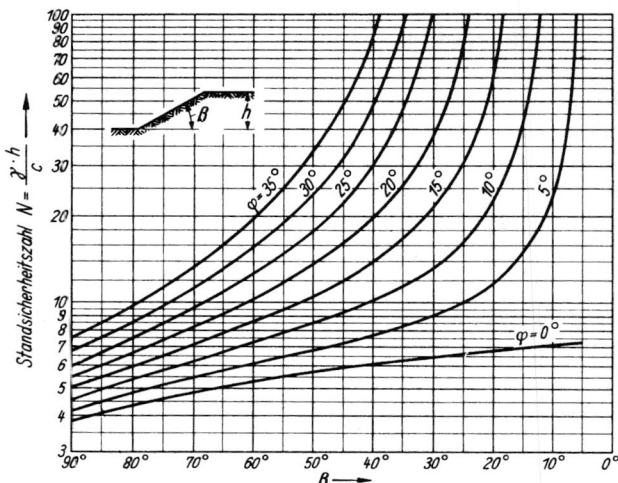

Abb. 10.26: Diagramm zur Bestimmung des Böschungswinkels β bei Böden mit Reibung und Kohäsion [SCHULTZE 82]

Anwendungsbeispiel

Für eine aus steifem mittelplastischem Ton (TM) bestehende Böschung der Höhe $h = 6$ m ist für den Lastfall 1 der zulässige Böschungswinkel zul β zu ermitteln.

Als Kennwerte des Böschungsmaterials sind die Wichte $\gamma = 19$ kN/m³, der Reibungswinkel $\varphi = 26{,}0°$ und die Kohäsion $c = 15$ kN/m² anzusetzen.

Lösung

Als Böschungsbruchsicherheiten η_r und η_c sind für den zu untersuchenden Lastfall 1 gemäß DIN 4084 die Größen $\eta_r = 1{,}3$ (Tafel 10.25) und, da für die Kohäsion $c < 20$ kN/m² gilt, gemäß DIN 4084 und abweichend von Tafel 10.25 $\eta_r/\eta_c = 1{,}0$ ($\Rightarrow \eta_c = \eta_r = 1{,}3$) einzusetzen.

Daraus resultieren die zulässige Kohäsion und die Standsicherheitszahl

$$c_{zul} = \frac{c}{\eta_c} = \frac{15}{1{,}3} = 11{,}54 \text{ kN/m}^2 \quad \text{und} \quad N = \frac{\gamma \cdot h}{c_{zul}} = \frac{19 \cdot 6{,}0}{11{,}54} = 9{,}88$$

sowie der zulässige Reibungswinkel

$$\tan \varphi_{zul} = \frac{\tan \varphi}{\eta_r} = \frac{\tan 26{,}0°}{1{,}3} \quad \Rightarrow \quad \varphi_{zul} = 20{,}57°$$

Mit den Eingangsgrößen $N = 9{,}88$ und $\varphi = 20{,}57°$ ergibt sich durch Ablesung aus dem Diagramm der Abb. 10.26 die gesuchte Größe des zulässigen Böschungswinkels $\beta_{zul} = 62{,}5°$.

10 Verankerungen mit Verpressankern

10.1 Allgemeines, DIN-Normen und Begriffe

Verpressanker sind nur auf Zug beanspruchbar. Sie dienen zur Aussteifung und Verformungsbegrenzung bei Rückverankerungen von Baugruben, Bauwerken und Bauteilen sowie zur Er-

höhung der Sicherheit gegen Aufschwimmen und zur Einzellastaufnahme bei Abspannungen.
Zu Verpressankern gehört DIN 4125 (11.90).

Kurzzeitanker: Verpressanker für den vorübergehenden Gebrauch; in der Regel nicht länger als 2 Jahre (geotechnische Kategorie GK 2).
Daueranker: Verpressanker für dauernden Gebrauch (geotechnische Kategorie GK 3).
Ankerlänge l_A: erfasst den Abstand zwischen dem Ankerkopf und dem Ankerfuß.
Freie Ankerlänge l_{fA}: gibt den Abstand zwischen Ankerkopf und Verpresskörper an.
Krafteintragungslänge l_0: Ankerlängenbereich in dem die Ankerkraft in den Baugrund abgetragen wird.

10.2 Entwurfsregeln und Nachweise

Die Ankeranordnung erfolgt in der Regel abhängig von der Systemgeometrie und auf der Basis der Wirtschaftlichkeit. Die Tragfähigkeit und Verschiebung jedes einzelnen Ankers einer Gruppe sowie ihr Einfluss auf bestehende Bauwerke hängt u. a. ab von der Verpresskörperlänge l_0, dem anstehenden Boden, sowie der Lage und dem gegenseitigen Abstand der Verpresskörper. Einzuhalten sind Entwurfsregeln wie
– freie Ankerlängen l_{fA} (nicht verpresste Teile) ≥ 5 m
– Verpresskörperlagen ≥ 4 m unter Geländeoberfläche
– keine Verpresskörperlage in verschiedenen Bodenschichten
– hinreichend große planmäßige Achsabstände a der Verpresskörper (bei 15 bis 20 m langen Ankern $a \geq 1,5$ m)
– Abstände ≥ 3 m vom Verpresskörper zu bestehendem Bauwerk oder empfindlicher Leitung
– Ankerneigung zur Horizontalen $\geq 10°$ (in Böden mit wechselnden Schichten $\geq 15°$ bis $20°$).

Mit den Tragfähigkeits- und Gebrauchstauglichkeitsnachweisen für einen Anker (Berechnung und Versuch in Form der Abnahmeprüfung) ist sicher zu stellen, dass
– der Verpresskörper nicht unzulässig weit herausgezogen wird
– das Stahlzugglied nicht versagt
– der Anker eine ausreichende Länge besitzt (Nachweis in der tiefen Gleitfuge).

Weitergehende Ausführungen zu Verpressankern sind z. B. in [MÖLLER 06, 06] zu finden.

11 Stützbauwerke

11.1 Allgemeines und Regelwerke

Stützmauern (als Schwergewichtsmauern (Abb. 10.27 a)), Winkelstützmauern, Trockengewichtsmauern), Stützwände (Abb. 10.27 b)) (als Spundwände, Bohrpfahlwände (Abb. 10.28a), Schlitzwände, Trägerbohlwände) und aufgelöste Stützkonstruktionen (als Raumgitterwände, Stützkonstruktionen aus Gabionen, Bewehrte Erde, mit Geotextilien bewehrte Erdkörper, vernagelte Wände) dienen zur Sicherung von Geländesprüngen (z. B. bei Einschnitten und Dämmen.

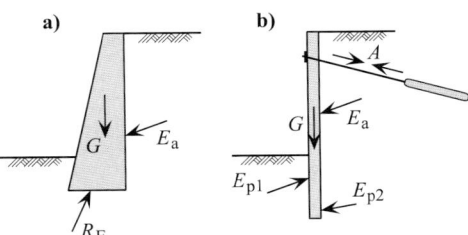

Abb. 10.27: Abtragung der Lasten bei Stützmauern (a)) und Stützwänden (b))

Die dabei auftretenden Belastungen der Stützbauwerke aus Erddruck (E_a in Abb. 10.27), Eigenlast (G in Abb. 10.27), usw. müssen von den Stützmauern über ihre Sohlen (Resultierende R_E in Abb. 10.27 a)) und von den Stützwänden über Ankerkräfte A und Fußauflagerkräfte E_p (Abb. 10.27 b)) auf den Baugrund abgetragen werden.

Beim Entwurf von Stützkonstruktionen ist dafür zu sorgen, dass die auf die Konstruktion einwirkenden Erddrücke möglichst klein bleiben, dass bergseitig anfallendes Wasser die Konstruktion durch hydrostatischen Druck und durch Strömungsdruck möglichst gering belastet (Anordnung von Dränageeinrichtungen) und dass anstehendes Bodenmaterial ggf. auch zur Lastabtragung herangezogen wird.

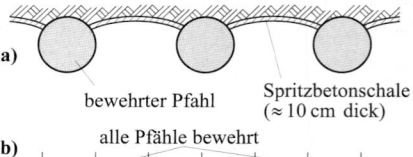

Empfehlungen zur Belastung und zu den Nachweisen der Tragfähigkeit und Gebrauchstauglichkeit sind in den Normen DIN 1054, DIN 4017, DIN 4084 und DIN 4085 zu finden. Bezüglich Hinterfüllungs- und Entwässerungsmaßnahmen kann auf die Ausführungen in den EAB–100, den Richtlinien für die Anlage von Straßen, Teil: Entwässerung [RAS-Ew 87], den ZTVE-StB 94, den ZTV Ew-StB 91 und dem [Merkblatt für die Anwendung von Geotextilien und Geogittern im Erdbau des Straßenbaus 94] sowie dem [Merkblatt über den Einfluss der Hinterfüllung auf Bauwerke 94] zurückgegriffen werden (zu allen Aspekten siehe auch [MÖLLER 06, 06]).

Abb. 10.28a: Bohrpfahlwände im Horizontalschnitt (a) aufgelöst, b) tangierend, c) überschnitten)

11.2 Nachweise der Tragfähigkeit

Im Rahmen der Tragfähigkeitsnachweise ist zu zeigen, dass weder ein Versagen des Bauwerks selbst („innere Standsicherheit") noch der Verlust der Gesamtstandsicherheit („äußere Standsicherheit") eintreten kann. Zur Standsicherheit gehörende Nachweise sind u. a. Nachweise der Sicherheit gegen

- Grundbruch (gemäß Abschn. 6.4) und Gleiten (gemäß Abschn. 6.5) bei flach gegründeten Stützkonstruktionen wie Stützmauern und aufgelösten Stützkonstruktionen
- Versagen des Erdwiderlagers (bei gestützten wandartigen Bauwerken sowie bei in den Boden eingespannten Stützbauwerken ist eine hinreichend tiefe Einbindung in den Boden nachzuweisen)
- Versagen der Lastübertragung durch Zugpfähle (gemäß Abschn. 8) bzw. Ankerverpresskörper (gemäß Abschn. 10.2)
- Versinken von Bauteilen
- Versagen in der tiefen Gleitfuge und Geländebruch (gemäß der Abschnitte 10.2 und 9)
- Versagen des Materials einzelner oder aller Bauteile eines Stützbauwerks.

12 Baugruben und Wasserhaltung

12.1 Baugruben

12.1.1 Allgemeines und Arbeitsraumbreiten

Baugrubenabmessungen sind u. a. abhängig von den Abmessungen des herzustellenden Bauwerks, der Gestaltung der Baugrubenwände (durch Verbau gesichert (Abb. 10.28b) oder geböscht (Abb. 10.29a)) der Arbeitsraumbreite (Abb. 10.29b), der Standsicherheit des anstehenden Bodens (Größe des zulässigen Winkels β der Böschungsneigung, Abb. 10.29a) und, bei ins Grundwasser reichenden

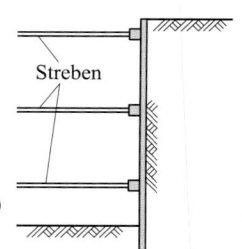

Abb. 10.28b: Mit Verbau gesicherte Baugrube

Baugruben und Wasserhaltung

Bauwerken, der Wahl des Wasserhaltungsverfahrens (Abb. 10.32)).

Geböschte Baugrubenwände gelten als standsicher, wenn der Böschungswinkel β (Abb. 10.29a) kleiner ist als ein durch die anstehende Bodenart, die Böschungshöhe, den Reibungswinkel φ des Bodens, die Böschungsbelastung und die Durchströmung der Böschung beeinflusster Grenzwinkel (Näheres siehe DIN 4124).

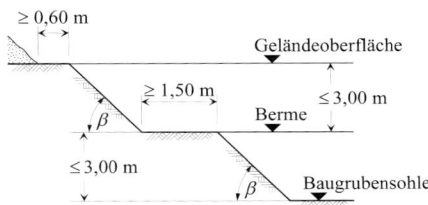

Abb. 10.29a: Geböschte Baugrube mit konstruktiv gestalteter Berme zum Auffangen abrutschender Teile

Übersteile Baugrubenwände sind durch einen Verbau zu sichern. Hierzu geeignete Konstruktionen sind z. B. Spundwände, Trägerbohlwände, Schlitzwände, Pfahlwände und Unterfangungswände, die ggf. zu verankern oder auszusteifen sind (bei Gräben sind z. B. ein waagerechter bzw. senkrechter Grabenverbau oder großflächige Verbauplatten einsetzbar).

Betretbare Arbeitsräume sind im Hinblick auf die Sicherheit des Personals und die einwandfreie Bauausführung mindestens 0,5 m breit herzustellen (Abb. 10.28). Weitere Einzelheiten hierzu sind DIN 4124 zu entnehmen.

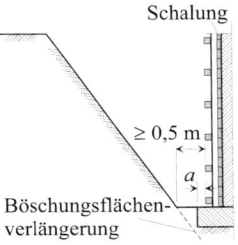

Abb. 10.29b: Arbeitsraumbreite bei geböschter Baugrube (DIN 4124)

Bei Gräben für Leitungen und Kanäle ist die Größe der Arbeitsraumbreite u. a. abhängig von der Regelverlegetiefe, dem äußeren Leitungs- bzw. Rohrschaftdurchmesser, der Frage nach der Betretbarkeit des Arbeitsraums und der Sicherung der Grabenwände (verbaut, nicht verbaut); Tafel 10.29.

Tafel 10.29: Lichte Mindestbreiten b für Gräben mit betretbarem Arbeitsraum (DIN 4124)

äußerer Leitungs- bzw. Rohrschaftdurchmesser	verbaute Gräben (Regelfall)	geböschte Gräben $\beta \leq 60°$	geböschte Gräben $\beta > 60°$	Grabentiefe t_{Graben} (in m)
$d \leq 0{,}4$ m	$b = d + 0{,}40$ m	$b = d + 0{,}40$ m	$b = d + 0{,}40$ m	
$0{,}4$ m $< d \leq 0{,}8$ m	$b = d + 0{,}70$ m	$b = d + 0{,}40$ m	$b = d + 0{,}70$ m	
$0{,}8$ m $< d \leq 1{,}4$ m	$b = d + 0{,}85$ m	$b = d + 0{,}40$ m	$b = d + 0{,}70$ m	
$d > 1{,}4$ m	$b = d + 1{,}00$ m	$b = d + 0{,}40$ m	$b = d + 0{,}70$ m	
für alle Durchmesser (bei senkrechten Grabenwänden)	$b = 0{,}70$ m $b = 0{,}80$ m $b = 1{,}00$ m			$\leq 1{,}75$ $> 1{,}75$ bis $\leq 4{,}0$ $> 4{,}0$

Anwendungsbeispiel

Für eine geplante, 5 m tiefe Baugrube mit der in Abb. 10.29c gezeigten Sohlfläche ist der Mindestaushub (Angabe in m³) unter den Voraussetzungen zu berechnen, dass die Baugrube gemäß DIN 4124
- durch Böschungen so zu sichern ist, dass deren Standsicherheit rechnerisch nicht nachgewiesen werden muss
- ggf. abrutschende Teile durch Bermen aufgefangen werden können
- der auszuhebende Boden als halbfester bindiger Bo-

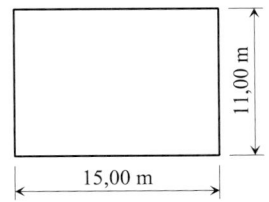

Abb. 10.29c: Sohlfläche der geplanten Baugrube

den ansteht.

Die Aushubsituation ist grafisch darzustellen.

Lösung

Da im vorliegenden Fall ein Baugrubenaushub unter Berücksichtigung der Bestimmungen der DIN 4124 so geplant ist, dass auf den rechnerischen Nachweis der Standsicherheit der Böschungen verzichtet wird, dürfen die zu wählenden Böschungswinkel den für halbfesten bindigen Boden geltenden Wert

$$\beta = 60°$$

der DIN 4124 nicht überschreiten.

Die zur Abfangung ggf. abrutschender Teile geforderten Bermen müssen nach Abb. 10.29a $\geq 1{,}50$ m breit sein und in Stufen von $\leq 3{,}0$ m Höhe angeordnet werden.

Aus diesen Forderungen ergibt sich die in der Abb. 10.30 gezeigte Aushubsituation.

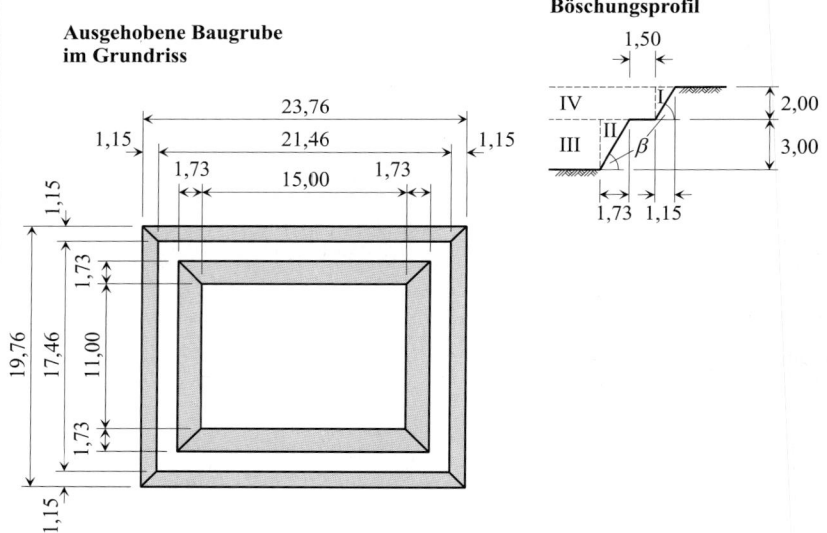

Abb. 10.30: Grundriss und Böschungsprofil für die Aushubsituation der geplanten Baugrube

Der Aushub hat im Bereich III (vgl. Abb. 10.30) die Größe

$$V_{III} = 3{,}0 \cdot 15{,}0 \cdot 11{,}0 = 495 \text{ m}^3$$

im Bereich IV (vgl. Abb. 10.30) die Größe

$$V_{IV} = 2{,}0 \cdot 21{,}46 \cdot 17{,}46 = 749{,}38 \text{ m}^3$$

im Bereich II (vgl. Abb. 10.30) die Größe

$$V_{II} = \frac{1}{2} \cdot \frac{3{,}0^2}{\tan 60°} \cdot (2 \cdot 15{,}0 + 2 \cdot 11{,}0) + 4 \cdot \frac{3{,}0}{\tan 60°} \cdot \frac{3{,}0}{\tan 60°} \cdot 3{,}0 \cdot \frac{1}{3} = 147{,}10 \text{ m}^3$$

und im Bereich I (vgl. Abb. 10.30) die Größe

$$V_I = \frac{1}{2} \cdot \frac{2{,}0^2}{\tan 60°} \cdot (2 \cdot 21{,}46 + 2 \cdot 17{,}46) + 4 \cdot \frac{2{,}0}{\tan 60°} \cdot \frac{2{,}0}{\tan 60°} \cdot 2{,}0 \cdot \frac{1}{3} = 93{,}44 \text{ m}^3$$

Als Gesamtaushub ergibt sich damit

$$V_{ges} = V_I + V_{II} + V_{III} + V_{IV} = 93{,}68 + 147{,}10 + 495{,}00 + 749{,}38 = 1484{,}92 \text{ m}^3$$

12.1.2 Nicht verbaute Baugruben und Gräben

Gemäß 4.2.2 und 4.2.3 der DIN 4124 dürfen nicht verbaute Baugruben und begehbare Gräben (gilt auch für Gräben, von denen eine Gefährdung für Menschen, Leitungen oder andere bauliche Anlagen bzw. Verkehrsflächen, Fahrzeuge Baumaschinen oder Baugeräte ausgeht) ohne besondere Sicherung

– bis zu einer Tiefe von ≤ 1,25 m mit senkrechten Wänden hergestellt werden, wenn die anschließende Geländeoberfläche bei nichtbindigen und weichen bindigen Böden nicht stärker als 1 : 10 und bei mindestens steifen bindigen Böden nicht stärker als 1 : 2 geneigt ist
– bis zur Tiefe von ≤ 1,75 m ausgehoben werden, wenn mindestens steifer bindiger Boden oder Fels ansteht, der mehr als 1,25 m über der Sohle liegende Wandbereich unter $\beta \leq 45°$ geböscht wird (Abb. 10.31a) und die Geländeoberfläche nicht stärker als 1 : 10 geneigt ist.

Nach DIN 4224, 4.2.4 sind Baugruben oder Gräben mit Tiefen von mehr als 1,25 m bzw. 1,75 m mit abgeböschten Wänden herzustellen. Die Böschungswinkelgröße ist dabei abhängig von der Zeitdauer der Offenhaltung von Baugrube oder Graben, den bodenmechanischen Eigenschaften des Böschungsmaterials und den äußeren Einflüssen, die auf die Böschung wirken. Der Winkel darf ohne rechnerischen Nachweis der Standsicherheit die Werte

– $\beta = 45°$, bei nichtbindigen oder weichen bindigen Böden
– $\beta = 60°$, bei mindestens steifen bindigen Böden
– $\beta = 80°$, bei Fels

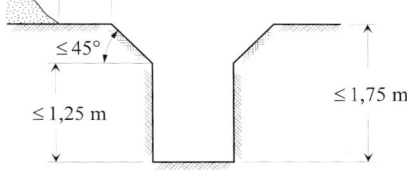

Abb. 10.31a: Graben mit abgeböschten Kanten (DIN 4124)

nicht überschreiten. Zur Anwendungsvoraussetzung obiger Werte siehe DIN 4124, 4.2.5; liegen besonderer Einflüsse vor, wie z. B. Störungen des Bodengefüges (Klüfte oder Verwerfungen), zur Einschnittsohle hin einfallende Schichtung oder Schieferung gelten die Werte nicht mehr.

Bezüglich erforderlicher Standsicherheitsnachweise für nicht verbaute Wände ist auf DIN 4124 hinzuweisen.

12.2 Wasserhaltung

12.2.1 Allgemeines

Wasserhaltungsverfahren sind meist zeitlich begrenzte Baumaßnahmen zur Trockenlegung und -haltung im Grundwasserbereich liegender Baugrubenteile. Dabei wird im Baugrubenbereich vorhandenes und nachfließendes Grundwasser abgepumpt oder abgeleitet.

Abhängig von der Durchlässigkeit des anstehenden Bodens entstehen unter-

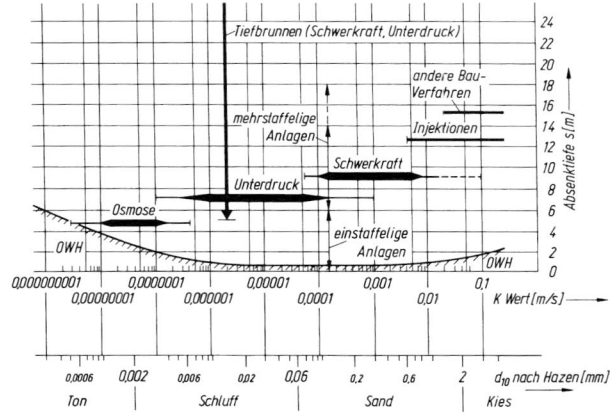

Abb. 10.31b: Anwendungsbereiche der Wasserhaltungsverfahren (aus [HERTH 94])
Beim Schwerkraft-, Unterdruck- und Osmoseverfahren sind die jeweils günstigsten Bereiche hervorgehoben.

schiedlich starke Gefälle zwischen abgesenktem und ungestörtem Wasserspiegel. Zu großem Porenvolumen der durchströmten Bodenart gehört geringer Strömungswiderstand und schwaches Gefälle, zu kleinem Porenvolumen hoher Strömungswiderstand und starkes Gefälle. Daher werden den jeweiligen Gegebenheiten angepasste Verfahren eingesetzt (Abb. 10.31b).

Wasserhaltungsarbeiten mit Grundwasserabsenkung sowie das Einleiten anfallenden Wassers in Kanäle, offene Gewässer oder den Untergrund verlangen eine behördliche Genehmigung.

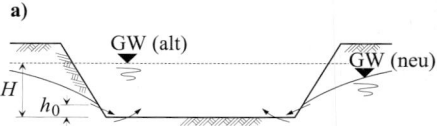

12.2.2 Schwerkraftentwässerung

Charakteristisch für die Schwerkraftentwässerung ist es, dass das Wasser nur infolge der Schwerkraftwirkung und des Gefälles zwischen dem ungestörten und dem abgesenkten Wasserspiegel zur Entnahmestelle hin fließt.

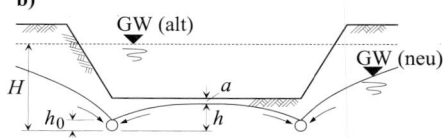

Abb. 10.32 zeigt die zu unterscheidenden Verfahren der Schwerkraftentwässerung
- offene Wasserhaltung
- Wasserabsenkung mit horizontal angeordneten Filtern (Dränrohren)
- Wasserabsenkung mittels vertikal angeordneter Brunnen (Flach- bzw. Tiefbrunnenanlagen)

Ausführlichere Ausführungen zur Wasserhaltung sind z. B. in [MÖLLER 05, 06] zu finden.

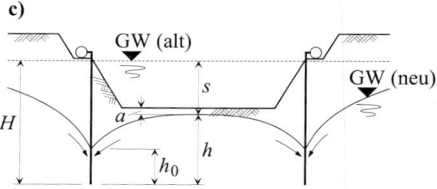

Abb. 10.32: Schwerkraftentwässerungen
a) offene Wasserhaltung
b) horizontale Fassungen
c) Wasserabsenkung mit vertikalen Brunnen

13 Ausschachtungen und Unterfangungen (DIN 4123)

13.1 Allgemeines und Begriffe

Bei der *Ausschachtung* handelt es sich um den Aushub von Boden neben einem bestehenden Gebäude, das durch die Auflast dieses Bodens in seiner Standsicherheit (z. B. Sicherheit gegen Grund- oder Geländebruch) günstig beeinflusst wird. Unter einer *Unterfangung* ist die Umsetzung der Fundamentlast eines flach gegründeten Bauwerks von der bisherigen Gründungsebene auf ein neues Fundament in einer tieferen Gründungsebene zu verstehen.

Im Sinne der DIN 4123 handelt es sich bei einer *Gründung* um die Herstellung neuer Fundamente neben bestehenden Streifenfundamenten oder Fundamentplatten, wenn dies die bisherige Standsicherheit des bestehenden Gebäudes verringert.

Die den Baumaßnahmen zugrunde zu legenden bautechnischen Unterlagen müssen vollständige Angaben enthalten über die bestehenden und die geplanten Gebäude sowie über die Eigenschaften und die Belastungen des Baugrunds.

Wegen der Verminderung der Standsicherheit der vorhandenen Bausubstanz ist es zu empfehlen, im Rahmen eines Beweissicherungsverfahrens vor Beginn der Bauarbeiten und unter Mitwirkung aller Beteiligten, den Zustand der bestehenden Gebäude festzustellen.

Ausschachtungen und Unterfangungen (DIN 4123)

13.2 Bodenaushubgrenzen und Aushubabschnitte

Ein Gebäude darf nach DIN 4123 (09.00) gemäß Abb. 10.33a freigeschachtet werden, wenn
- im Einflussbereich der vorhandenen Fundamente und im stehen bleibenden Erdblock mindestens mitteldicht gelagerte nichtbindige oder mindestens steife bindige Böden anstehen
- nachgewiesen ist, dass in dem Bauzustand, in dem bis zur vorgesehenen Bermenoberfläche (Abb. 10.33a) ausgehoben worden ist, die zulässige Bodenpressung nach DIN 1054 nicht überschritten bzw. die Grundbruchsicherheit nach DIN 4017-1 und DIN 4017-2 gewährleistet ist.

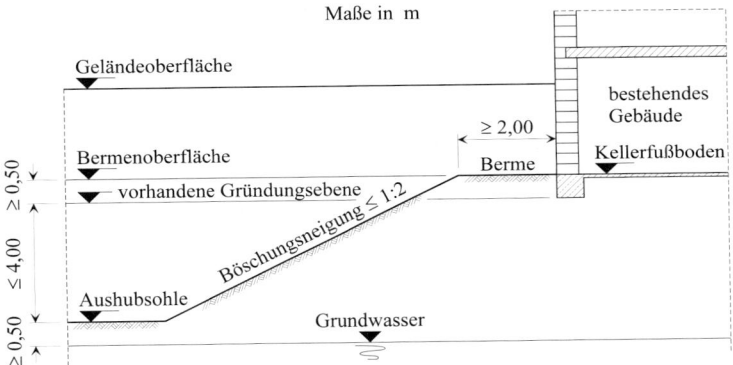

Abb. 10.33a: Bodenaushubgrenzen bei Ausschachtungen (DIN 4123)

Muss der Erdblock vor dem bestehenden Gebäude (Abb. 10.33b) wegen der vorgesehenen Gründung bzw. Unterfangung abgetragen werden, darf dies nur abschnittsweise geschehen, um so das mögliche Eintreten eines Grundbruchs zu verhindern. Der abschnittsweise Abtrag kann durch Stichgräben (bei Gründungen, Abb. 10.33b) bzw. durch Schächte (bei Unterfangungen, Abb. 10.34) erfolgen, deren Wände annähernd senkrecht sind und deren Breite höchstens 1,25 m beträgt. Zwischen gleichzeitig hergestellten Stichgräben bzw. Schächten muss ein Abstand von mindestens der dreifachen Breite eines Stichgrabens bzw. eines Schachtes eingehalten werden. Weitere Stich-

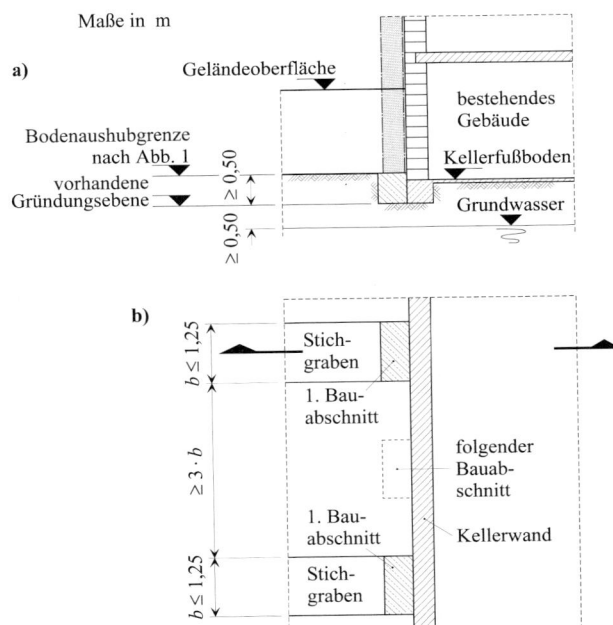

Abb. 10.33b: Gründung mit einem Beispiel für die Abfolge der Bauabschnitte nach DIN 4123
a) senkrechter Schnitt, b) waagerechter Schnitt

gräben bzw. Schächte dürfen erst hergestellt werden, wenn die vorangegangenen neuen Fundamentabschnitte oder Unterfangungen eine ausreichende Festigkeit haben.

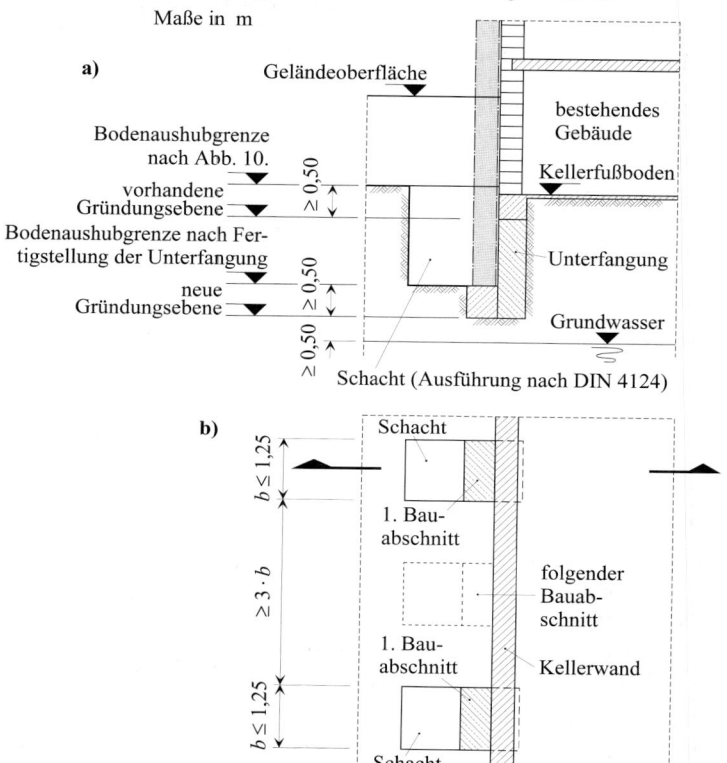

Abb. 10.34: **Unterfangung mit einem Beispiel für die Abfolge der Bauabschnitte nach DIN 4123**
a) senkrechter Schnitt, b) waagerechter Schnitt

Die maximale Aushubbreite von 1,25 m stellt ein lichtes Maß dar und darf für den Verbau nicht vergrößert werden, mit dem der jeweilige Graben bzw. Schacht nach den Regeln der DIN 4124 zu sichern ist (Abschnitt 12.1). Bei der Herstellung der Stichgräben bzw. Schächte sind die Erdwände stets kraftschlüssig gegeneinander abzustützen. Der einzusetzende Verbau muss ohne nennenswerte Erschütterungen, Auflockerungen und Bewegungen im Boden eingebracht werden können.

Stehen im Bereich der Ausschachtungen feinsandige oder bindige Böden an, ist deren Aufweichen zu verhindern. Dies kann z. B. durch Abdeckung mit Planen, das Anlegen von Entwässerungen bzw. durch Filterschichten erfolgen. Bei Frostgefahr sind die Böden ggf. durch wärmedämmende Abdeckungen zu schützen.

Während der Aushubarbeiten, ggf. auch danach, sollten an der bestehenden Bausubstanz Höhenmessungen vorgenommen werden, um so auftretende Setzungen frühzeitig erkennen und evtl. erforderliche Maßnahmen einleiten zu können. Darüber hinaus ist der Zustand des gesamten Gebäudes während der Bauarbeiten zu beobachten. Die Messergebnisse und die Beobachtungen sind zu dokumentieren.

Da das neue und das alte Bauwerk mit dem Baugrund in Wechselwirkung stehen, kann die durch das neue Bauwerk sich vergrößernde Baugrundbelastung Setzungen am neuen wie auch am bestehenden Gebäude hervorrufen. Um unterschiedlich große Setzungen der beiden Gebäude zuzulassen, sind die Gebäude durch eine Bewegungsfuge zu trennen.

Bezüglich zu führender Standsicherheitsnachweise für das bestehende Gebäude, für Bauzustände und für die Unterfangungswand ist auf DIN 4123 zu verweisen.

14 DIN 1054 (01.05) mit Teilsicherheitsbeiwerten

Im Januar 2005 erschien die neueste Fassung der DIN 1054 als nationale Norm. Sie basiert auf dem Konzept der Teilsicherheiten und ersetzt nicht nur die Normversion vom Nov. 1976, sondern auch Normen wie DIN 4014 (03.90) (Bohrpfähle), DIN 4125 (11.90) (Verpressanker), DIN 4026 (11.75) (Rammpfähle) und teilweise auch DIN 4128 (04.83) (Verpresspfähle).

DIN 1054 unterscheidet die Grenzzustände GZ 1 und GZ 2. Für sie sind verschiedene Sicherheitsnachweise zu führen, bei denen Teilsicherheitsbeiwerte verwendet werden, die einerseits zu Einwirkungen und sich daraus ergebenden Beanspruchungen (Schnittgrößen, Spannungen oder auch Verformungen, die durch Einwirkungen in maßgebenden Bauwerksschnitten sowie in Kontaktflächen zwischen Bauwerk und Baugrund hervorgerufen werden) und andererseits zu Widerständen gehören.

14.1 Einwirkungen und Widerstände

14.1.1 Einwirkungen und Einwirkungskombinationen

Bei Einwirkungen ist nach DIN 1054, 6.1.1 (1) zu unterscheiden zwischen
- Gründungslasten aus einem aufliegenden Tragwerk, die sich aus dessen statischer Berechnung ergeben (Eigenlasten, Wind, Schnee, Verkehr, ...),
- grundbauspezifischen Einwirkungen (z. B. Eigenlasten von Grundbauwerken, Erddruck, Wasserdruck, Seitendruck und negative Mantelreibung, auf das Grundbauwerk einwirkende Nutzlasten, Wind, Schnee, Eis und Wellenbewegung oder auch Verformungen infolge Belastung benachbarten Bodens, Hangkriechens oder untertägiger Massenentnahme)
- dynamischen Einwirkungen (auf den Baugrund, auf Verkehrsflächen wirkende Regellasten, aus Baubetrieb, infolge dynamischer Bauwerkslasten, oder auch infolge von Stößen, Druckwellen, Erdbeben, ...).

Einwirkungen werden als Einwirkungskombinationen (EK) unterschieden in Form von
- Regel-Kombination EK 1 (ständige und während der Funktionszeit des Bauwerks regelmäßig auftretende veränderliche Einwirkungen)
- seltene Kombination EK 2 (verbindet Einwirkungen der Regelkombination mit selten sowie einmalig planmäßig auftretenden Einwirkungen)
- außergewöhnliche Kombination EK 3 (beinhaltet Einwirkungen der Regelkombination und gleichzeitig mögliche außergewöhnliche Einwirkungen, wie sie insbesondere bei Katastrophen oder Unfällen auftreten können).

14.1.2 Widerstände und Sicherheitsklassen

Widerstände von Boden und Fels (Schnittgrößen bzw. Spannungen im oder am Tragwerk oder im Baugrund, die sich infolge der Festigkeit bzw. Steifigkeit der Baustoffe oder des Baugrunds ergeben) sind Scherfestigkeiten, Steifigkeiten sowie Sohl-, Erd-, Eindring-, Herauszieh- und Seitenwiderstände. Sie werden unterschieden nach den drei Sicherheitsklassen (SK)
- SK 1 (während der Funktionszeit des Bauwerks vorhandene Zustände)
- SK 2 (bei der Herstellung oder der Reparatur des Bauwerks oder bei Baumaßnahmen neben dem Bauwerk auftretende Zustände; z. B. Baugrubenkonstruktionen)

- SK 3 (während der Funktionszeit des Bauwerks einmalig oder voraussichtlich nie auftretende Zustände).

14.2 Grenzzustände

Für Sicherheitsnachweise sind Grenzzustände der Tragfähigkeit (GZ 1) und der Gebrauchstauglichkeit (GZ 2) zu unterscheiden. GZ 1 untergliedert sich weiter in die Grenzzustände
- des Verlustes der Lagesicherheit (GZ 1A)
- des Versagens von Bauwerken und Bauteilen (GZ 1B)
- des Verlustes der Gesamtstandsicherheit (GZ 1C).

Fälle der Grenzzustände GZ 1A bzw. GZ 1B erfordern den Nachweis der Beziehungen

$$F_{dst,d} \leq F_{stb,d} \quad \text{bzw.} \quad E_d \leq R_d \qquad (10\text{-}26)$$

Der erste Fall (GZ 1A) vergleicht Bemessungswerte (Index d) der günstigen (stabilisierenden; Index stb) und ungünstigen (destabilisierenden; Index dst) Einwirkungen unter der Annahme, dass keine Widerstände auftreten. Der zweite Fall (GZ 1B) stellt Bemessungswerte der Beanspruchung (E) und der Widerstände (R) gegenüber.

Die Lastfälle der Tabellen erfassen mit dem LF 1 die „ständige Bemessungssituation" in Verbindung mit dem Zustand der Sicherheitsklasse SK 1. Die „vorübergehende Bemessungssituation" erfasst der LF 2, wobei die Einwirkungskombinationen (EK) sowohl zur SK 1 als auch zur SK 2 gehören können. Dem Lastfall LF 3 sind „außergewöhnliche Bemessungssituationen" zuzuordnen, deren EK zur SK 2 oder zur SK 3 gehören können.

Bei Gründungen ist der LF 1, abgesehen von den Bauzuständen, maßgebend für alle ständigen und vorübergehenden Bemessungssituationen des aufliegenden Tragwerks. Maßgebend für vorübergehende Beanspruchungen der Gründung in Bauzuständen des aufliegenden Tragwerks ist der LF 2 und für außergewöhnliche Bemessungssituationen des aufliegenden Tragwerks der LF 3, sofern sich diese ungünstig auf die Gründung auswirken.

14.3 Charakteristische Werte von Bodenkenngrößen

Charakteristische Werte von Bodenkenngrößen, die durch Bodenaufschlüsse, Labor- und Feldversuche sowie weitere Informationen gewonnen wurden, sind grundsätzlich so festzulegen, dass die Ergebnisse der damit durchgeführten Berechnungen auf der sicheren Seite liegen.

Falls sich bei der statistischen Auswertung der Ergebnisse von Labor- oder Feldversuchen ein Variationskoeffizient $V_G > 0{,}1$ ergibt, sind obere und untere charakteristische Werte der Bodenkenngrößen festzulegen.

Bodenkenngrößen dürfen von früheren Bodenuntersuchungen übernommen werden, wenn aus örtlicher Erfahrung ausreichend bekannt ist, dass die Untergrundverhältnisse gleichartig sind.

14.4 Beobachtungsmethode

Ist das Baugrundverhalten auf der Basis vorab durchgeführter Baugrunduntersuchungen, nebst entsprechender Berechnungen nicht hinreichend zuverlässig erfassbar, wird der Einsatz der Beobachtungsmethode vorgeschlagen. Diese ist eine Kombination der üblichen geotechnischen Untersuchungen und Berechnungen (Prognosen) mit der laufenden messtechnischen Kontrolle des Baugrunds und des Bauwerks während dessen Herstellung (gegebenenfalls auch in dessen Nutzungszeit). Die Prognoseunsicherheit wird so weitestgehend durch die fortlaufende Anpassung der Prognose an die tatsächlichen Verhältnisse ausgeglichen.

10B Bauvermessung

Prof. Dr.-Ing. Reinhard Richter

Inhaltsverzeichnis

		Seite
1	**Messungselemente**	10.38
1.1	Distanzen	10.38
1.2	Winkel	10.43
2	**Koordinatenbestimmungen und Grundlagenvermessung**	10.46
2.1	Umgang mit Koordinaten	10.46
2.2	Festpunktbestimmung	10.48
3	**Objektvermessung**	10.52
3.1	Flurstücks-, Kanal- und Geländeaufmaß (Stückvermessung)	10.52
3.2	Gebäudeaufmaß	10.54
3.3	Feldbuchführung nach DIN 18702	10.55
4	**Flächenermittlungen**	10.56
4.1	Numerische Verfahren	10.56
4.2	Graphische Verfahren	10.57
5	**Absteckungen**	10.58
5.1	Geradenabsteckung	10.58
5.2	Winkelabsteckung	10.59
5.3	Höhenabsteckung	10.60
5.4	Gebäudeabsteckung	10.60

1 Messungselemente

1.1 Distanzen

1.1.1 Distanzarten

Bauvermessungen unterscheiden 2 Distanzarten (vgl. auch [DIN 18709 Teil 1]):
— Horizontaldistanz als kürzeste Strecke zwischen 2 vertikalen Leitlinien (Lotlinien) für Darstellungen im Grundriss (Lagepläne); Kurzzeichen: s oder s_0 (nach DIN auch S_h), gebräuchliche Verfahren: mechanische, elektronische und optische Distanzmessungen.
— Vertikaldistanz als kürzeste Strecke zwischen 2 horizontalen Leitlinien (Niveaulinien) in einer gemeinsamen Vertikalebene für Höhenangaben, Profile, Vertikalschnitte, Auf- und Seitenrisse; Kurzzeichen: h oder Δh, gebräuchliche Verfahren: geometrische und trigonometrische Höhenmessungen.

1.1.2 Mechanische Distanzmessung

a) Schrägmessung
Das Messband liegt auf; für jede Bandlage ist der Neigungswinkel α oder der Zenitwinkel z zu messen. Horizontierte Teilstrecke:

$$S_{h\,i} = s_{r\,i} \cdot \sin z_i = s_{r\,i} \cdot \cos \alpha_i$$

Gesamtstrecke: $S_{hA,B} = \sum_{i=1}^{n} S_{h\,i}$

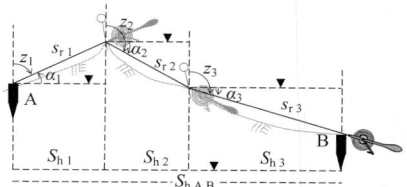

Abb. 10.38 a: Schrägmessung mit Messband

b) Staffel- oder Stufenmessung
Das Messband wird waagerecht gehalten (kürzeste Distanz zwischen den Lotlinien); der tiefer liegende Messpunkt wird hochgelotet. Die horizontierte Teilstrecke S_{hi} wird am Messband direkt abgelesen.

Gesamtstrecke: $S_{hA,B} = \sum_{i=1}^{n} S_{h\,i}$

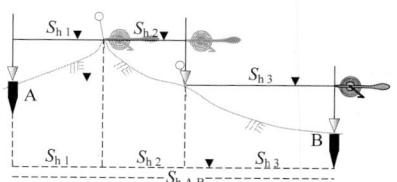

Abb. 10.38b: Staffelmessung mit Messband

1.1.3 Elektronische Distanzmessung

Tafel 10.38: Basisinformationen zur EDM

Informationsträger	Elektromagnetische Welle als Träger des Maßstabs („Trägerwelle")
Wellen-Bereiche	• Mikrowelle mit 0,1 cm $\leq \lambda_M \leq$ 100 cm bzw. 300 GHz $\geq f_M \geq$ 0,3 GHz • Lichtwelle mit 380 nm $\leq \lambda_L \leq$ 900 nm bzw. $8 \cdot 10^{14}$ Hz $\geq f_L \geq 3 \cdot 10^{14}$ Hz
Ausbreitungsgeschwindigkeit für Licht im Vakuum	Lichtgeschwindigkeit mit $c_0 = 299.792.548 \pm 1,2$ ms^{-1} (I.U.G.G. Grenoble 1975 sowie 15. Generalkonferenz für Maße und Gewichte der internationalen Meterkonvention 1975 in Paris)
Ausbreitungsgeschwindigkeit für Licht in der Atmosphäre	Signalgeschwindigkeit $c = \dfrac{c_0}{n} < c_0$, n = Brechungsindex der Luft; nach [Kohlrausch 51] gilt: $n = f(n_{Gr}, \lambda_T, t, p)$, n_{Gr} = Gruppenbrechungsindex, λ_T = Trägerwellenlänge, t = Lufttemperatur, p = Luftdruck
Physikalische Distanz D vom Sender zum Reflektor	Funktion der Signalgeschwindigkeit c und der gemessenen Laufzeit $\widetilde{t}$ (Sender-Reflektor und zurück): $2D = c \cdot \widetilde{t}$. Mit der halben Laufzeit $\widetilde{t} = \tfrac{1}{2}\widetilde{\widetilde{t}}$ ist $D = c \cdot \widetilde{t}$; (Laufzeit für D = 1m: $\widetilde{t}_{1m} \approx 3,3 \cdot 10^{-9} \cdot s$)

Gebrauchsformel für den Brechungsindex (Brechzahl) n_L der Luft für Licht im sichtbaren und infraroten Spektralbereich 400 nm $\geq \lambda_T \geq$ 950 nm

Formel von [Kohlrausch 51]: $n_L = 1 + \dfrac{(n_{Gr}-1) \cdot p[\text{hPa}]}{(1+0{,}00367 \cdot t[°C]) \cdot 1013{,}25}$; Einflussgrößen s.u.

Tafel 10.39a: Bestimmung des Brechungsindexes n

t	Trockentemperatur [°C]
p	Luftdruck [hPa]
n_{Gr} = Gruppenbrechungsindex nach BARREL und SEARS in der Normatmosphäre (für $t = 0°$ und $p = 1013{,}25$ hPa): $(n_{Gr}-1) \cdot 10^7 = 287604 + 3 \cdot \dfrac{16{,}288}{\lambda_T^2} + 5 \cdot \dfrac{0{,}136}{\lambda_T^4} + \ldots$	Gruppenbrechzahlen für gebräuchliche Wellenlängen Quelle λ_T [nm] Fabrikat n_{Gr} IR-Licht 910 WILD/LEICA 1,000293604 IR-Licht 875 ZEISS 1,000294102 Rotlaser 633 AGA / GEODIMETER 1,000300231 grünes L. 565 AGA / GEODIMETER 1,000303578 weißes L. 485 KERN / LEICA 1,000309606
λ_T : Trägerwellenlänge [µm] gemäß Angabe des Instrumentenherstellers. Die Gruppenbrechzahl wird erforderlich, weil die Signal- oder Gruppengeschwindigkeit c von der Wellenlänge (der "Farbe") des Lichts abhängig ist. Die nebenstehende Tabelle zeigt, dass die Gruppengeschwindigkeit des Infrarotlichts nach $c_{Gr} = \dfrac{c_0}{n_{Gr}}$ größer ist als die des sichtbaren Bereiches.	In der o.a. Formel von [Kohlrausch 51] ist der Einfluss des Dampfdrucks e nicht enthalten, weil dieser bei normalen mitteleuropäischen Wetterverhältnissen für Distanzen < 1000 m vernachlässigbar klein ist. Vollständig lautet die Formel: $n_L = 1 + \dfrac{(n_{Gr}-1) \cdot p[\text{hPa}]}{(1+0{,}00367 \cdot t[°C]) \cdot 1013{,}25} - \dfrac{4{,}1 \cdot 10^{-8} \cdot e[\text{hPa}]}{(1+0{,}00367 \cdot t[°C])}$ $e[\text{hPa}] = E'[\text{hPa}] - 0{,}000662 \cdot p[\text{hPa}] \cdot (t[°] - t'[°])$ E = Sättigungsdampfdruck t' = Feuchttemperatur am Assmann-Psychrometer

Praktische Handhabung der EDM für Distanzen < 1000 m

Tafel 10.39b: Praktische Handhabung der EDM

1. Erfassung der Temperatur t und Luftdruck p und Eingabe dieser Größen in den Instrumentencomputer des Distanzmessers	Der Instrumentencomputer berechnet nach der Formel von [Kohlrausch 51] den Brechungsindex n_L der Umgebungsluft und zeigt nach der Distanzmessung die reduzierte Schrägdistanz $D = \dfrac{c_0}{n_L} \cdot \tilde{t}$ auf dem Display an.
2. Berechnung der Neigungsreduktion (entweder manuell oder im Instrumentencomputer) Abb. 10.39: Neigungsreduktion	Horizontalstrecke: $S_h = D \cdot \sin z = D \cdot \cos \alpha$, wobei z = gemessener Zenitwinkel oder α = gemessener Neigungswinkel oder $S_h = D \cdot \sqrt{1 - \left(\dfrac{(H_A + i_A) - (H_E + t_B)}{D}\right)^2}$ H_A = Höhe von A, i_A = Instr.-Höhe über A H_B = Höhe von B, i_B = Instr.-Höhe über B
3. Falls die Distanz im amtlichen Kartenwerk dargestellt werden soll, wird noch eine Reduktion in die Gauß-Krüger-Ebene erforderlich.	Nähere Erläuterungen siehe [Richter 03].

1.1.4 Optische Distanzmessung

Die zu bestimmende Strecke wird mit Hilfe einer relativ kleinen metrischen Basis b durch Winkelmessung indirekt abgeleitet. In aller Regel sind Instrumente und Messverfahren so ausgelegt, dass die Strecke durch einen präzisen parallaktischen Winkel γ – das ist der Winkel, unter dem die Basis gesehen wird – abgeleitet werden kann. Variationsmöglichkeiten s. Tafel 10.40.

Tafel 10.40: Verfahren zur optischen (indirekten) Distanzmessung

1. γ variabel, b variabel Standardausrüstung: Theodolit und Messband; Streckenherleitung durch Dreieckslösungen (Sinus-, Kosinus- oder Tangenssatz) Bei rechtwinkliger Anordnung: $S_{h\,A,B} = b \cdot \cot \gamma$	γ variabel b variabel 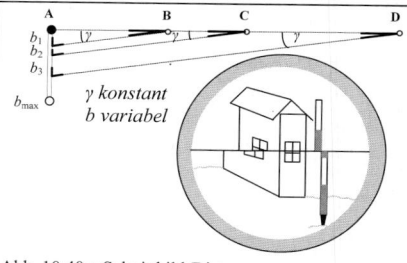 Abb. 10.40a: Indirekte Distanzmessung (allg.)
2. γ variabel, b konstant Standardausrüstung: Präzisions-Theodolit mit normal (rechtwinklig) ausgerichteter Basislatte $$S_h = \frac{b}{2} \cdot \cot \frac{\gamma}{2}$$ Für die 2-m-Basislatte (Standard) gilt: $$S_h = \cot \frac{\gamma}{2}$$	γ variabel b konstant Abb. 10.40b: Distanzmessung mit Basislatte
3. γ konstant, b im Messinstrument variabel Standardausrüstung: Schnittbilddistanzmesser $$S_h = \frac{b}{\tan \gamma}$$ i.a.R.: $\tan \gamma = \frac{1}{200} \Rightarrow S_h = 200 \cdot b$	γ konstant b variabel Abb. 10.40c: Schnittbild-Distanzmessung
4. γ im Messinstrument konstant, b variabel Standardausrüstung: Nivellier- oder Tachymeterlatte sowie Nivellierinstrument mit Distanzfäden im Messfernrohr $S_h = \frac{b}{\tan \gamma}$; i.a.R.: $\tan \gamma = \frac{1}{100} \Rightarrow S_h = 100 \cdot b$ Bei geneigten Visuren mit Theodolit („Kreistachymeter"): $S_h = 100 \cdot b \cdot \cos^2 \alpha = 100 \cdot b \cdot \sin^2 z$ α = Neigungswinkel, z = Zenitwinkel Höhenunterschied: $\Delta H = 100 \cdot b \cdot \cos \alpha \cdot \sin \alpha + i - t$ $ = 100 \cdot b \cdot \sin z \cdot \cos z + i - t$ wobei i = Instrumentenhöhe, t = Tafelhöhe am Mittelhorizontalfaden	γ konstant b variabel 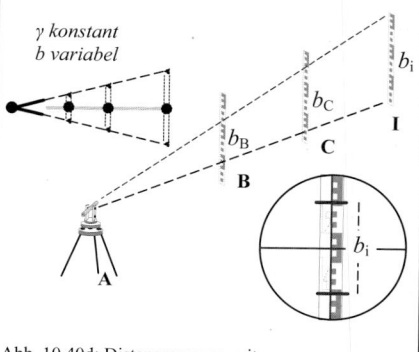 Abb. 10.40d: Distanzmessung mit Messlatten („Tachymeterlatten")

1.1.5 Vertikaldistanzen (Höhenunterschiede)

Bezugsfläche für alle Höhenmessungen ist das Geoid. Es ist die gedachte ruhende Meeresoberfläche auf Höhe des Amsterdamer Pegels. Alle Lote stehen senkrecht auf dieser Fläche.

Verfahrensübersicht zur Ermittlung von Vertikalabständen

Tafel 10.41a: Verfahren zur Höhenbestimmung

Übergeordneter Begriff: Höhenmessung		
Geometrische Höhenmessung	*Trigonometrische Höhenmessung*	*Barometrische Höhenmessung*
Distanzmessung bezogen auf eine horizontale Leitlinie	Bestimmung der Höhendifferenz aus Vertikalwinkel und Distanz (1.2.3)	Herleitung des Höhenunterschiedes über den mit dem Barometer gemessenen Luftdruck, der mit zunehmender Höhe abnimmt

Hydrostatisches Nivellement Hor. Leitlinie mittels Flüssigkeit (z.B. Schlauchwaage)	*(Optisches) Nivellement* Hor. Leitlinie mittels optischer Ziellinie (z.B. Nivellierinstrument)

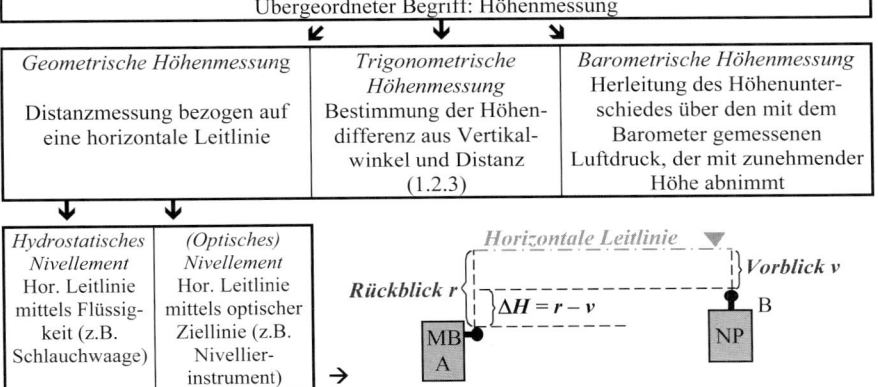

Abb. 10.41a: Geometrische Höhenmessung (Prinzip)

$\Delta H = r - v$

Geometrische Höhenmessung

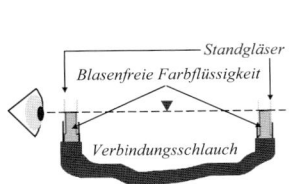

Hydrostatisches Nivellement mit Schlauchwaage

Abb. 10.41b: Geometrische Höhenmessung

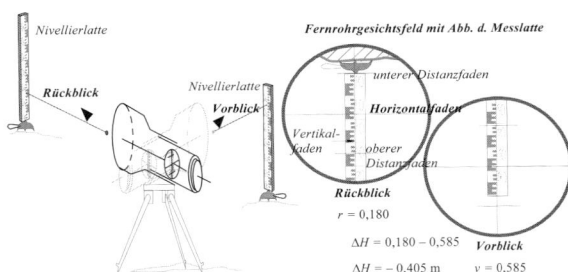

Optisches Nivellement mit horizontiertem Messfernrohr

$r = 0{,}180$
$\Delta H = 0{,}180 - 0{,}585$
$\Delta H = -0{,}405 \text{ m}$
$v = 0{,}585$

a) Hydrostatisches Nivellement mit Schlauchwaage

Tafel 10.41b: Merkmale zum Hydrostatischen Nivellement

Geräteaufbau	Bis zu 30 m langer Verbindungsschlauch aus Kunststoff; Standgläser mit mm-Teilung an den Schlauch-Enden
Einsatz	Gebäude-Innenausbau, Straßen-, Brückenbau, Kanalisation, aber auch Einbau in Industrie- und Kraftwerksanlagen für Deformationsmessungen
Arbeitshinweise	Die eingefüllte Farbflüssigkeit muss bei der Messung blasenfrei sein; Temperaturunterschiede in der Flüssigkeit vermeiden; vor der Messung Standgläser nebeneinander halten und Nullpunktkorrektur feststellen
Genauigkeit	bis zu 2 mm

b) (Optisches) Nivellement
b1) Liniennivellement

Tafel 10.42: Merkmale zum Liniennivellement

Zweck	Erweiterung des Höhenfestpunktfeldes
Erfordernis	für Höhenpunkte, die mehr als 70 m auseinander liegen
Zielweiten	max. 35 m, sie müssen für Rück- und Vorblick gleich lang sein: – Schrittgenauigkeit für Ingenieur-Nivellements, – dm-Genauigkeit für Feinnivellements
Wechselpunkte	vorübergehende Vermarkung durch "Frösche"
Kontrollmöglichkeiten	entweder durch Hin- und Rückmessung zum selben Ausgangspunkt (Nivellementsschleife); Nachteil: Ausgangshöhe nicht kontrolliert! Oder durch Anschluss an zwei verschiedene Höhenfestpunkte (beidseitig eingehängtes Nivellement); Vorteil: Ausgangshöhen werden kontrolliert

Die horizontalen Leitlinien, die das Nivellierinstrument erzeugt, orientieren sich an den Niveauflächen (Gleichgewichtsflächen), die nicht parallel sind. Da das Nivellement wegabhängig ist, sind längere Liniennivellements über 5 km Länge problematisch. Auf kürzeren Linien darf die Parallelität der Niveaulinien unterstellt werden.

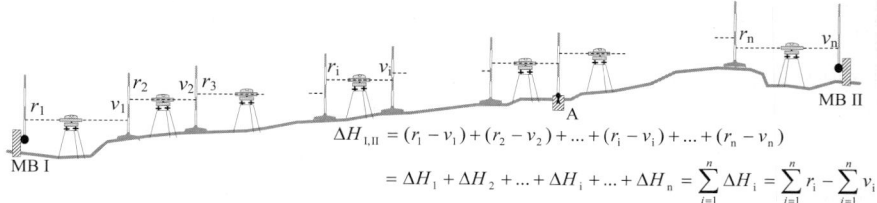

$$\Delta H_{I,II} = (r_1 - v_1) + (r_2 - v_2) + \ldots + (r_i - v_i) + \ldots + (r_n - v_n)$$
$$= \Delta H_1 + \Delta H_2 + \ldots + \Delta H_i + \ldots + \Delta H_n = \sum_{i=1}^{n} \Delta H_i = \sum_{i=1}^{n} r_i - \sum_{i=1}^{n} v_i$$

Abb. 10.42a: Liniennivellement

b2) Nivellement mit Seitenblicken (Allgemeinfall des Nivellements)

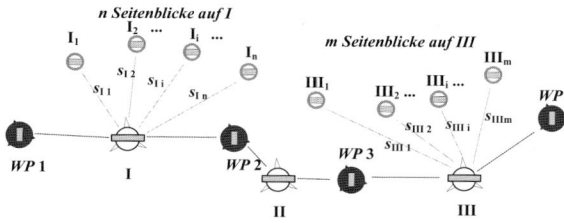

Für das Einwägen zahlreicher Neupunkte auf engem Raum (Profilaufnahmen, Flächennivellements, Rostaufnahmen) ist es zweckmäßig, von einem Instrumentenstandort mehrere Zielpunkte zu beobachten, ohne das Instrument jedes Mal umzubauen.

Abb. 10.42b: Nivellement mit Seitenblicken (Auszug)

Messkontrolle für Seitenblicke: Wiederholungsmessung von einem zweiten Instrumentenstandort.

Feldbuchauswertung: $\Delta H_{ist} = \Sigma \text{Rückbl.} - \Sigma \text{Vorbl.}$; $\Delta H_{soll} = $ Endhöhe H_E − Anfangshöhe H_A. $w_H = \Delta H_{soll} - \Delta H_{ist}$; $w_{H\,i} = w_H / n$, wobei $n = $ Anzahl aller Rück- und Vorblicke; diese werden mit $w_{H\,i}$ gleichmäßig verbessert. Seitenblicke erhalten keine Verbesserung. Nach Korrektur der Rück- und Vorblicke werden die ausgeglichenen Höhenunterschiede ΔH_i berechnet, aus denen sich die endgültigen Höhen (ü. NN) durch fortlaufende Addition herleiten lassen. Schlussprobe: H_E muss am Ende fehlerfrei herauskommen.

Tafel 10.43a: Feldbuchauszug für ein einfaches Nivellement mit Seitenblicken

Zielpunkt	Rückblick r	Seitenblick	Vorblick v	$+\Delta H$	$-\Delta H$	H ü.NN	Bemerkung
9901	+0,001 1,863					76,397	MB Feldstr. 2
(WP 1)	+0,001 2,148		+0,001 (−)1,239	0,626			
Stat. 0^{+000}		1,150		0,999		78,022	Pflock OK
Stat. 0^{+020}		1,045		0,105		78,127	Pflock OK
Stat. 0^{+040}		0,996		0,049		78,176	Pflock OK
Stat. 0^{+060}		0,820		0,176		78,352	Pflock OK
(WP2)	+0,001 1,933		+0,001 (−)0,944		0,123		
9902			+0,001 (−)1,562	0,373		78,602 ✓	PB NO Brücke
Summenprobe und Verteilung der Widersprüche							
Σ-Probe	5,944		3,745	2,328	0,123	$\Delta H_{soll}=$ +2,205	$w_{Hi}=w_H/n$ $= +0,001$
	+2,199		+2,205 = ΔH_{soll} ✓	$w_H=$ +0,006			

1.2 Winkel

1.2.1 Winkelarten

Tafel 10.43b: Winkelarten

Winkelart	Definition	Definitionsbereich	Grund- oder Nullrichtung	Bemerkung
Positionswinkel	Winkel in der schiefen Ebene (ABC)	−200gon < α < 200gon	linker oder rechter Schenkel	Messbar mit Sextanten; für Bauaufmaß nicht von Interesse
Horizontalwinkel	Winkel α zwischen Projektionsgeraden $\overline{A'B'}$ und $\overline{A'C'}$ in der Horizontalebene	0gon ≤ α < 400gon	beliebig	Indirekt messbar am Horizontalkreis d. Theodolits durch Richtungsbeobachtungen; unentbehrlich für Grundrisse
Höhen- oder Neigungswinkel	Winkel β in der Vertikalebene durch $\overline{AB}$ oder $\overline{AC}$	−100gon ≤ β ≤ +100gon (Nadir) (Zenit)	Horizontale	Messbar mit dem Gefällmesser
Zenitwinkel	Winkel z in der Vertikalebene durch $\overline{AB}$ oder $\overline{AC}$	0gon ≤ z ≤ 200gon (Zenit) (Nadir)	Richtung zum Zenit	Messbar auf dem Vertikalkreis des Theodolits
Nadirwinkel	Winkel v in der Vertikalebene durch $\overline{AB}$ oder $\overline{AC}$	0gon ≤ v ≤ 200gon (Nadir) (Zenit)	Richtung zum Nadir (Erdmittelpunkt)	Messbar auf dem Vertikalkreis des Theodolits (im Bergbau üblich)

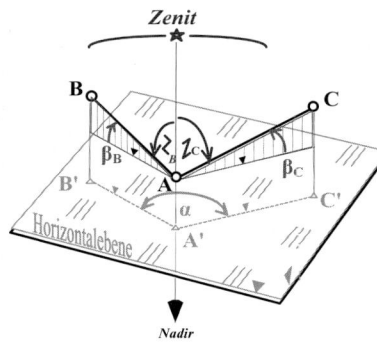

Horizontalwinkel werden aus Richtungsdifferenzen hergeleitet: $\alpha = r_{A,C} - r_{A,B}$
(rechte Richtung minus linke Richtung)

Tafel 10.44: Beziehungen zwischen Vertikalwinkeln

Zenitwinkel $z =$	Neigungswinkel $\beta =$	Nadirwinkel $\nu =$
-	$100 - z$	$200 - z$
$100 - \beta$	-	$100 + \beta$
$200 - \nu$	$\nu - 100$	-

Abb. 10.44a: Winkelarten

1.2.2 Horizontalwinkel

Der über dem Messpunkt zentrierte und horizontierte Teilkreis des Winkelmessers (Theodolit) ist in aller Regel zufällig orientiert (gedreht), somit können Horizontalwinkel ausschließlich aus den Differenzen zwischen den jeweils beobachteten Richtungen[1] auf dem Teilkreis hergeleitet werden. Wegen möglicher langperiodischer Teilungsfehler und zur Vermeidung von Suggestivmessungen sollte der Teilkreis zwischen den Sätzen (das ist eine volle Richtungsbeobachtung in beiden Fernrohrlagen) um $\Delta r_0 = 200/n$ verstellt werden ($n =$ Anzahl der Sätze).

Beispiel zur Herleitung von Horizontalwinkeln aus Richtungsbeobachtungen:

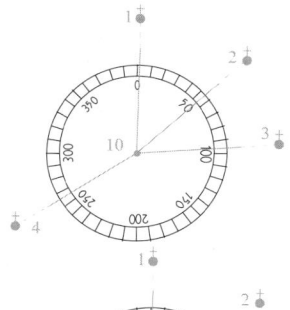

1. Satz, Fernrohrlage I:
Beobachtete Richtungen: $r_{1,1\,I}$ = 0,577 gon
$r_{2,1\,I}$ = 55,618 gon
$r_{2,1\,I}$ = 95,341 gon
$r_{2,1\,I}$ = 266,489 gon

Daraus ergeben sich folgende Horizontalwinkel („reduzierte Richtungen") 1. Satz, Lage I:
$\alpha_{1I} = r_{2,1I} - r_{1,1I}$ = 55,618 − 0,577 = 55,041 gon
$\beta_{1I} = r_{3,1I} - r_{1,1I}$ = 95,341 − 0,577 = 94,764 gon
$\gamma_{1I} = r_{4,1I} - r_{1,1I}$ = 266,489 − 0,577 = 265,912 gon

1. Satz, Fernrohrlage II:
Beobachtete Richtungen: $r_{1,1\,II}$ = 200,579 gon
$r_{2,1\,II}$ = 255,623 gon
$r_{2,1\,II}$ = 295,345 gon
$r_{2,1\,II}$ = 66,491 gon

Reduzierte Richtungen 1. Satz, Lage II:
$\alpha_{1II} = r_{2,1II} - r_{1,1II}$ = 255,623 − 200,579 = 55,044 gon
$\beta_{1II} = r_{3,1II} - r_{1,1II}$ = 295,345 − 200,579 = 94,766 gon
$\gamma_{1II} = r_{4,1II} - r_{1,1II}$ = 66,491 − 200,579 = 265,912 gon

Abb. 10.44b: Horizontalwinkel aus Richtungsbeobachtungen

Gemittelte Horizontalwinkel 1. Satz: $\alpha_1 = 55{,}0425$ gon; $\beta_1 = 94{,}7650$ gon; $\gamma_1 = 265{,}9120$ gon
Vor jedem neuen Satz wird das Fernrohr wieder in Lage I und der Teilkreis um 200gon/n verstellt. Nach Abschluss aller Richtungssätze ist ein arithmetisches Mittel aus allen reduzierten Richtungen getrennt nach α_i, β_i und γ_i zu berechnen und durch Summenproben zu kontrollieren (Winkelsummen nach den Regeln der Winkelrechnung, z. B. 398 gon + 4 gon = 2 gon).

Messungselemente

Tafel 10.45a: Feldbuch für Richtungsbeobachtungen

Std-Pkt.	Ziel-Pkt.	r_I (Lage I)	r_{II} (Lage II)	r_{0I} (Lage I reduziert)	r_{0II} (Lage II reduziert)	Mittel aus r_{0I} und r_{0II}	Mittel aus allen Sätzen
10 (Satz 1)	1	**0,577**	**200,579**	0,000	0,000	0,0000	0,0000
	2	55,618	255,623	55,041	55,044	55,0425	55,0432
	3	95,341	295,345	94,764	94,766	94,7650	94,7648
	4	266,489	66,491	265,912	265,912	265,9120	265,9125
10 (Satz 2)	1	**92,234**	**292,235**	0,000	0,000	0,0000	
	2	147,277	347,280	55,043	55,045	55,0440	
	3	186,996	387,002	94,762	94,767	94,7645	
	4	358,148	158,147	265,914	265,912	265,9130	
				31,436	31,446	31,4410	15,7205
Σ-Proben		2,680	2,702	371,244	371,256		
				2,680✓	2,702✓	31,4410	31,4410✓
Σ-Proben (Regeln)		$s_1 =$ Σ Lage I	$s_2 =$ Σ Lage II	$s_3 = \Sigma r_{0I}$	$s_4 = \Sigma r_{0II}$	$s_5 =$ Σ Mittel	$s_6 =$ Σ GesMittel
				$s_7 =$ $\Sigma s \cdot$(1. Richtung im Satz) Lage I	$s_8 =$ $\Sigma s \cdot$(1. Richtung im Satz) Lage II		
$s =$ Anz. Ziele pro Satz; $n =$ Anz. Sätze				$s_1 = s_3 + s_7$	$s_2 = s_4 + s_8$	$s_5 = \frac{1}{2}(s_3 + s_4)$	$s_5 = n \cdot s_6$

1.2.3 Vertikalwinkel

Der Höhen- oder Vertikalkreis des Theodolits ist rechtwinklig und zentrisch mit der Fernrohr-Kippachse verbunden und macht alle Kippbewegungen des Fernrohres mit. Bei modernen Instrumenten richtet sich die Grundrichtung nach dem Zenit; somit werden am Vertikalkreis sog. Zenitwinkel abgelesen. Instrumentell bedingt ist die Nullrichtung nicht fehlerfrei. Aus diesem Grund ist eine 2-Lagen-Messung empfehlenswert, damit die Indexkorrektion k_z aus den Ablesungen in Lage I und Lage II ermittelt und berücksichtigt wird:

$$k_z = \frac{400 - (\text{Abl.I} + \text{Abl.II})}{2}$$; der verbesserte Zenitwinkel ist dann $z = $ Ablesung I $+ k_z$

Tafel 10.45b: Feldbuch für Zenitwinkelmessungen

Std-Pkt.	Ziel-Pkt.	i	t	Ablesungen Lage I	Ablesungen Lage II	I + II	k_z ±	$z = I + k_z$	z_m (Mittel aus allen Sätzen)
10	1	1,506	1,450	100,124	299,874	399,998	+ 0,0010	100,1250	100,1250
	1			100,123	299,873	399,996	+ 0,0020	100,1250	
10	2	1,506	1.532	100,870	299,130	400,000	± 0,000	100,8700	100,8702
	2			100,871	299,130	400,001	− 0,0005	100,8705	
10	3	1,506	1,485	100,042	299,955	399,997	+ 0,0015	100,0435	100,0430
	3			100,041	299,956	399,997	+ 0,0015	100,0425	
10	4	1,506	1,616	99,954	300,044	399,998	+ 0,0010	99,9550	99,9548
	4			99,955	300,046	400,001	− 0,0005	99,9545	
				1,980	398,008	399,988	0,0060	1,9860	0,9930
Σ-Probe						399,988✓	0,0000✓	1,9860✓	1,9860✓
				$s_1 =$ Σ (Lage I)	$s_2 =$ Σ (Lage II)	$s_3 = \Sigma(I + II)$ $s_3 = s_1 + s_2$	$s_4 = \Sigma k_z$ $2 \cdot s_4 + s_3 = 0$	$s_5 = \Sigma z$ $s_5 = s_1 + s_4$	$s_6 = \Sigma z_m$ $s_5 = n \cdot s_6$
$i =$ Instrumentenhöhe (s.u.), $t =$ (Ziel-)Tafelhöhe (s.u.), $k_z =$ Indexkorrektion, $n =$ Anz. der Sätze

10.45

Trigonometrische Höhenmessung mit Zenitwinkeln und Distanzen

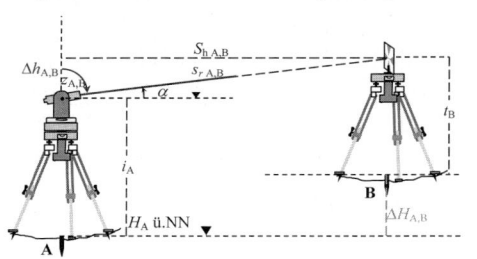

Gegeben: Höhe H_A ü.NN
Gemessen:
- $z_{A,B}$: Zenitwinkel von A nach B
- α: Neigungswinkel (alternativ)
- $s_{rA,B}$: Schrägstrecke
- $S_{hA,B}$: Horizontalstrecke (alternativ)
- i_A: Instrumentenhöhe auf A (vom Stationsnullpunkt (= Pflock OK) bis Kippachse (KA) Theodolit)
- t_B: Tafelhöhe auf B (analog bis Mitte Zieltafel)

Abb. 10.46a: Trigonometrische Höhenmessung

Gesucht:
- $\Delta h_{A,B}$: Höhenunterschied von der (KA) bis Mitte Zieltafel sowie
- $\Delta H_{A,B}$: Höhenunterschied zwischen den Stationsnullpunkten A und B

Lösung: Für Zielweiten < 400 m gilt:

$$\Delta h_{A,B} = s_{rA,B} \cdot \cos z_{A,B} = S_{hA,B} \cdot \cot z_{A,B} = s_{rA,B} \cdot \sin \alpha_{A,B} = S_{hA,B} \cdot \tan \alpha_{A,B}$$

$$\Delta H_{A,B} = \Delta h_{A,B} + i_A - t_B \quad \Rightarrow \quad H_B \text{ ü. NN} = H_A \text{ ü. NN} + \Delta H_{A,B}$$

Bei Zielweiten > 400 m sind die Einflüsse von Erdkrümmung und Refraktion zu berücksichtigen [Richter 03].

2 Koordinatenbestimmungen und Grundlagenvermessung

2.1 Umgang mit Koordinaten

2.1.1 Geodätische Koordinatensysteme

Da das Geoid mathematisch nicht definierbar ist, sind strenge Berechnungen auf dessen Fläche nicht möglich. Aus diesem Grunde wählt man für Lage- (Grundriss-) Bestimmungen je nach Ausdehnung des Bearbeitungsgebietes mathematische Ersatzflächen:

Tafel 10.46: Mathematische Ersatzflächen für das Geoid

Gebietsgröße	Bezugsfläche
Erde und Kontinente	Geoid
mittlere Länder	Rotationsellipsoid („Erdellipsoid") (in Deutschland: Bessel-Ell.)
kleinere Länder (Bundesländer)	Schmiegungskugel (= Kugeloberfläche, die bestmöglich einer begrenzten Oberfläche des Erdellipsoids angepasst wird)
Bau-, Planungsgebiete < 10km · 10km	rechtwinklige Koordinatensysteme auf einer dem Bau-/Planungsgebiet angepassten Tangentialebene (= Horizontalebene)

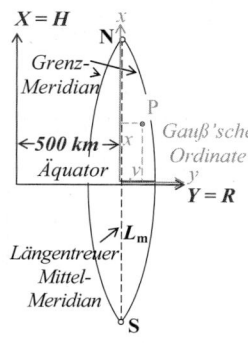

Amtliches Bezugssystem für Kataster- und Ingenieurvermessungen in Deutschland seit 1927: Gauß-Krüger-Koordinaten; ab 2005: Universales Transversales Mercatorsystem (UTM)

Das Erdellipsoid wird in *Meridianstreifen* mit geographischen Längenunterschieden von jeweils $\Delta\lambda = 3°$ eingeteilt. Streifen in dieser Ausdehnung bieten in ihrer ebenen Ausdehnung noch eine hinreichend genaue längen- und winkeltreue Abbildung der Erdoberfläche. Auf jedem der 120 Meridianstreifen (theoretische Anzahl) gibt es ein eigenes ebenes Koordinatensystem. (Ab 2005: 60 Streifen mit $\Delta\lambda = 6°$ Längenunterschied und planquadratorientierter Zoneneinteilung mit Breitenunterschied $\Delta\varphi = 8°$ von $\varphi = 80°$ S bis $84°$ N)

Abb. 10.46b: Gauß-Krüger-Meridianstreifen-System

2.1.2 Geodätische Grundaufgaben

Rechenproben zu allen Grundaufgaben s. [Richter 03].

Einfaches polares Anhängen (1. geodätische Grundaufgabe)

Abb. 10.47a

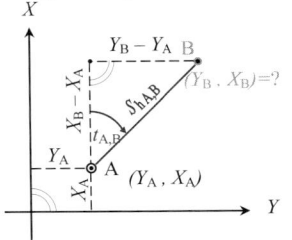

Gegeben:
Koordinaten Y_A, X_A,
Richtungswinkel $t_{A,B}$ sowie
Horizontalstrecke $S_{hA,B}$
Gesucht: Koordinaten Y_B, X_B
Lösungsformeln:
$$Y_B = Y_A + S_{hA,B} \cdot \sin t_{A,B}$$
$$X_B = X_A + S_{hA,B} \cdot \cos t_{A,B}$$

Richtungswinkel[*)] und Strecke aus Koordinaten (2. geodätische Grundaufgabe)

Abb. 10.47b

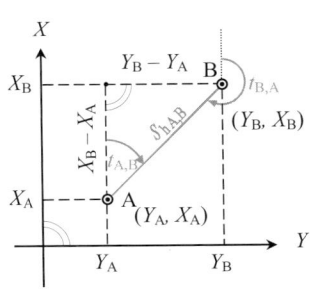

Gegeben:
Koordinaten Y_A, X_A, Y_B, X_B
Gesucht:
Horizontalstrecke $S_{h\,A,B}$,
Richtungswinkel $t_{A,B}$,
Gegenrichtungswinkel $t_{B,A}$

Lösungsformeln:
$$\Delta Y = Y_B - Y_A; \quad \Delta X = X_B - X_A$$
$$S_{hA,B} = \sqrt{\Delta Y^2 + \Delta X^2}$$

$$t_{A,B} = \arctan \tfrac{\Delta Y}{\Delta X} + \left(-0{,}5 \cdot \tfrac{\Delta Y}{|\Delta Y|} - 0{,}5 \cdot \tfrac{\Delta Y}{|\Delta Y|} \cdot \tfrac{\Delta X}{|\Delta X|} + 1\right) \cdot 200 \text{gon}; \quad t_{B,A} = t_{A,B} \pm 200 \text{ gon}$$

[1)] Man unterscheide: Richtung = Winkel mit beliebiger Orientierung (Grund-/Nullrichtung) Richtungswinkel = Winkel mit Grundrichtung parallel zur x-Achse des Koordinatensystems.

Geradenschnitt

Abb. 10.47c

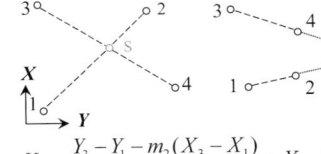

Gegeben: Y_i, X_i ($1 \leq i \geq 4$)
Gesucht: Schnittpkt. S mit Y_S, X_S
$$m_1 = \frac{Y_2 - Y_1}{X_2 - X_1}; \quad m_2 = \frac{Y_4 - Y_3}{X_4 - X_3}$$

$$X_S = \frac{Y_3 - Y_1 - m_2(X_3 - X_1)}{m_1 - m_2} + X_1; \quad Y_S = m_1(X_S - X_1) + Y_1$$

2.1.3 Koordinatentransformationen

Einfache Koordinatentransformation über 2 identische Punkte

Abb. 10.47d

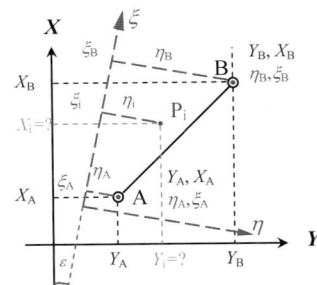

Gegeben:
Zwei Punkte A und B mit ihren Koordinaten in beiden Systemen,
ferner P_i im System (η, ξ) mit η_i, ξ_i
Gesucht: Y_i, X_i
Lösungsformeln:
$\Delta Y = Y_B - Y_A$, analog ΔX, $\Delta \eta$, $\Delta \xi$
$$o = \sin \varepsilon = \frac{\Delta \xi \cdot \Delta Y - \Delta \eta \cdot \Delta X}{\Delta \xi^2 + \Delta \eta^2}$$
$$a = \cos \varepsilon = \frac{\Delta \eta \cdot \Delta Y + \Delta \xi \cdot \Delta X}{\Delta \xi^2 + \Delta \eta^2}$$

$\Delta \eta_{A,i} = \eta_i - \eta_A$; analog $\Delta \xi_{A,i}$; $Y_i = Y_A + o \cdot \Delta \xi_{A,i} + a \cdot \Delta \eta_{A,i}$; $X_i = X_A + a \cdot \Delta \xi_{A,i} - o \cdot \Delta \eta_{A,i}$

10.47

**Koordinaten-
transformation
mit Regressions-
analyse**

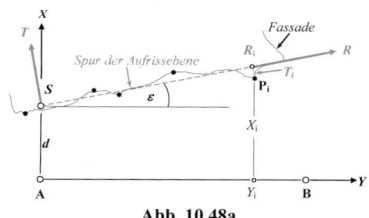

Abb. 10.48a

Gegeben: Punkte P_i auf einer Fläche mit Y_i, X_i
Gesucht: Aufriss- bzw. grundriss-treue Koordinaten R_i, H_i
Lösungsformeln:

$$m = \frac{\Sigma YX - \frac{1}{n}\Sigma Y \cdot \Sigma X}{\Sigma Y^2 - \frac{1}{n}(\Sigma Y)^2}, \quad \varepsilon = \arctan m,$$

$$d = \frac{1}{n}(\Sigma X - m \cdot \Sigma Y),$$

$o = \sin \varepsilon$ und $a = \cos \varepsilon$;
$R_i = o \cdot (X_i - d) + a \cdot Y_i,$
$T_i = a \cdot (X_i - d) - o \cdot Y_i$

**Projektive
Transformation**

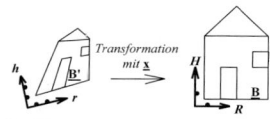

Abb. 10.48b

Gegeben:
4 Passpunkte mit r_i, h_i, R_i, H_i,
ferner Neupunkte mit r_P, h_P
Gesucht: R_P, H_P
Lösungsformeln:

$$A = \begin{Vmatrix} r_1 & h_1 & 1 & 0 & 0 & 0 & -R_1 r_1 & -R_1 h_1 \\ r_2 & h_2 & 1 & 0 & 0 & 0 & -R_2 r_2 & -R_2 h_2 \\ r_3 & h_3 & 1 & 0 & 0 & 0 & -R_3 r_3 & -R_3 h_3 \\ r_4 & h_4 & 1 & 0 & 0 & 0 & -R_4 r_4 & -R_4 h_4 \\ 0 & 0 & 0 & r_1 & h_1 & 1 & -H_1 r_1 & -H_1 h_1 \\ 0 & 0 & 0 & r_2 & h_2 & 1 & -H_2 r_2 & -H_2 h_2 \\ 0 & 0 & 0 & r_3 & h_3 & 1 & -H_3 r_3 & -H_3 h_3 \\ 0 & 0 & 0 & r_4 & h_4 & 1 & -H_4 r_4 & -H_4 h_4 \end{Vmatrix} \quad l = \begin{Vmatrix} R_1 \\ R_2 \\ R_3 \\ R_4 \\ H_1 \\ H_2 \\ H_3 \\ H_4 \end{Vmatrix}; \quad u = x = A^{-1} \cdot l = \begin{Vmatrix} a_1 \\ b_1 \\ c_1 \\ a_2 \\ b_2 \\ c_2 \\ a_3 \\ b_3 \end{Vmatrix}$$

$$R_P = \frac{a_1 \cdot r_P + b_1 \cdot h_P + c_1}{a_3 \cdot r_P + b_3 \cdot h_P + 1}; \quad H_P = \frac{a_2 \cdot r_P + b_2 \cdot h_P + c_2}{a_3 \cdot r_P + b_3 \cdot h_P + 1}$$

Mehr Hinweise zu den Transformationen s.[Richter 03].

2.2 Festpunktbestimmung
2.2.1 Vorwärtseinschnitt

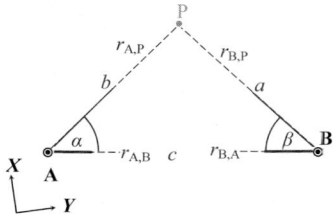

Abb. 10.48c: Vorwärtseinschnitt

Gegeben: Koordinaten Y_A, X_A, Y_B, X_B
Gemessen: Richtungen $r_{A,B}$, $r_{A,P}$, $r_{B,A}$, $r_{B,P}$
Gesucht: Koordinaten Y_P, X_P
Lösungsformeln:
Zunächst 2. geod. Grundaufgabe für $\overline{AB}$ rechnen (s. 2.1.2) → $t_{A,B}$, $S_{h\,A,B} = c$

$\alpha = r_{A,B} - r_{A,P}$; $\beta = r_{B,P} - r_{B,A}$;
$t_{A,P} = t_{A,B} - \alpha$; $t_{B,P} = t_{B,A} + \beta$

Sinussatz: $a = S_{h\,B,P} = \dfrac{c \cdot \sin \alpha}{\sin(\alpha + \beta)}$; $b = S_{h\,A,P} = \dfrac{c \cdot \sin \beta}{\sin(\alpha + \beta)}$

Polares Anhängen (s. 2.1.2):
$Y_P = Y_A + S_{h\,AP} \cdot \sin t_{AP}$; $X_P = X_A + S_{h\,AP} \cdot \cos t_{AP}$
Schleifende Schnitte vermeiden!

10.48

2.2.2 Rückwärtseinschnitt

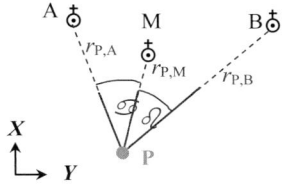

Abb. 10.49a: Rückwärtseinschnitt

Keine Lösung möglich, wenn A, M, B und P auf einem Kreis liegen ("Gefährlicher Kreis")

Rechenprobe:

Gegeben: Koordinaten der Anschlusspunkte A, M, B
  mit Y_A, X_A ; Y_M, X_M ; Y_B, X_B
Gemessen: Richtungen auf P mit $r_{P,A}$, $r_{P,M}$, $r_{P,B}$
$\Rightarrow \alpha = r_{P,M} - r_{P,A}$; $\beta = r_{P,B} - r_{P,M}$
Gesucht: Koordinaten von P mit Y_P, X_P
Lösungsformeln (nach Cassini):
Hilfspunkte:

$Y_C = Y_A + (X_M - X_A) \cdot \cot \alpha$
$X_C = X_A - (Y_M - Y_A) \cdot \cot \alpha$
$Y_D = Y_B - (X_M - X_B) \cdot \cot \beta$; $m_1 = \dfrac{Y_D - Y_C}{X_D - X_C}$; $m_2 = -\dfrac{1}{m_1}$
$X_D = X_B + (Y_M - Y_B) \cdot \cot \beta$

$X_P = \dfrac{Y_M - Y_C - m_1 \cdot (X_M - X_C)}{m_1 - m_2} + X_M$; $Y_P = m_2 (X_P - X_M) + Y_M$

$X_P = \dfrac{Y_M - Y_D - m_1 \cdot (X_M - X_D)}{m_1 - m_2} + X_M$; $Y_P = m_1 (X_P - X_D) + Y_D$

2.2.3 Räumliche Polaraufnahme

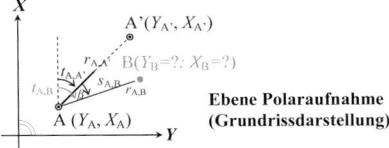

Ebene Polaraufnahme
(Grundrissdarstellung)

Räumliche Polaraufnahme

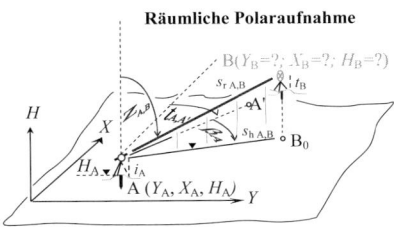

Abb. 10.49b: Polaraufnahmen

Gegeben: A mit Y_A, X_A, H_A und A' mit $Y_{A'}, X_{A'}$
Gemessen: Richtungen $r_{A,A'}$ und $r_{A,B}$
Horizontalstrecke $S_{hA,B}$ oder Schrägdistanz $s_{rA,B}$
Zenitwinkel $z_{A,B}$
Instrumentenhöhe i_A und Tafelhöhe t_B
Gesucht: Koordinaten von B: Y_B, X_B, H_B
Lösungsformeln: $\Delta Y = Y_{A'} - Y_A$; $\Delta X = X_{A'} - X_A$
Richtungswinkel zw. den "Altpunkten":
$t_{A,A'} = \arctan \dfrac{\Delta Y}{\Delta X} + \left(-0{,}5 \cdot \dfrac{\Delta Y}{|\Delta Y|} - 0{,}5 \cdot \dfrac{\Delta Y}{|\Delta Y|} \cdot \dfrac{\Delta X}{|\Delta X|} + 1\right) \cdot 200 \text{gon}$

Richtungswinkel nach B:
$t_{A,B} = t_{A,A'} + (r_{A,B} - r_{A,A'}) = t_{A,A'} + \beta_{A',A,B}$

Horizontalstrecke von A nach B:
$S_{hA,B} = s_{rA,B} \cdot \sin z_{A,B}$ (zulässig bis 1,1 km)

Neupunktkoordinaten durch polares Anhängen:
$Y_B = Y_A + S_{hA,B} \cdot \sin t_{A,B}$; $X_B = X_A + S_{hA,B} \cdot \cos t_{A,B}$

Höhe für B durch trig. Höhenbestimmung:
$H_{B \ddot{u}.NN} = H_{A \ddot{u}.NN} + S_{hA,B} \cdot \cot z_{A,B} + i_A - t_B$
$= H_{A \ddot{u}.NN} + s_{rA,B} \cdot \cos z_{A,B} + i_A - t_B$

2.2.4 Polygonzug

Die polygonometrische Punktbestimmung ("Polygonzug") ist das fortgesetzte polare Anhängen. Sie liefert mit einer An- und Abschlussorientierung ein vorzügliches Bezugssystem für Bau- und Geländeaufnahmen. Normalerweise wird der Polygonzug in ein übergeordnetes Festpunktfeld lage- und richtungsmäßig eingepasst ("beidseitig angehängter und orientierter Polygonzug"). Die Koordinaten des An- und Abschlusspunktes A und B sowie die Koordinaten der zugehörigen An- und Abschlussrichtungspunkte A' und B' müssen bekannt sein. Durch Messung aller Winkel und Strecken des Polygons lassen sich ausgeglichene Koordinaten berechnen.

10B Bauvermessung

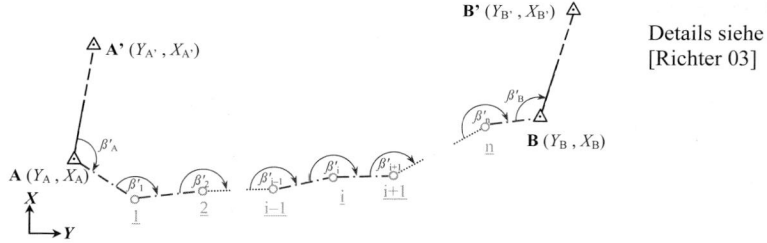

Details siehe
[Richter 03]

Abb. 10.50a: Beidseitig angehängter und orientierter Polygonzug

Häufige Sonderfälle:

a) Freier Polygonzug ohne An- und Abschluss an ein übergeordnetes Festpunktfeld
Ohne Zwang an ein übergeordnetes Festpunktfeld. Der freie Polygonzug wird trotz fehlender Kontrollen i.a.R. für Absteckungen und Trassierungen verwendet.

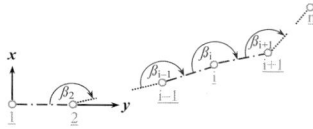

Vorgegeben:
Ausgangskoordinaten $Y_1 = 0$; $X_1 = 0$; $Y_2 = S_{h\,1,2}$; $X_2 = 0$
Gemessen: Brechungswinkel $\beta_2,...,\beta_{i-1},\beta_i,\beta_{i+1},...,\beta_{n-1}$
Polygonseiten $S_{h\,1,2},...S_{h\,i-1,i},S_{h\,i,i+1},...,S_{h\,n-1,n}$
Gesucht: Koordinaten der Polygonpunkte

Abb. 10.50b: Freier Polygonzug

Lösungsansatz: Der erste Richtungswinkel $t_{1,2}$ wird vorgegeben ($t_{1,2} = 100\text{gon}$). Alle anderen werden berechnet: $t_{i,i+1} = t_{i-1,i} + \beta_i \pm 200\text{gon}$
Die Richtungswinkel und gemessenen Polygonseiten führen zu den Koordinatendifferenzen
$\Delta y_{i,i+1} = S_{h\,1,i+1} \cdot \sin t_{i,i+1}$; $\Delta x_{i,i+1} = S_{h\,1,i+1} \cdot \cos t_{i,i+1}$; Rechenprobe: $\Delta x = \Delta y + S_h \cdot \sqrt{2} \cos(t + 50\text{gon})$.
Durch fortlaufende Addition der Koordinatendifferenzen lassen sich schließlich die örtlichen Koordinaten der Neupunkte berechnen. $y_{i+1} = y_i + \Delta y_{i,i+1}$; $x_{i+1} = x_i + \Delta x_{i,i+1}$
☞ Beim freien Polygonzug gibt es keine Messkontrollen.

b) Beidseitig angehängter Polygonzug ohne An- und Abschlussorientierung

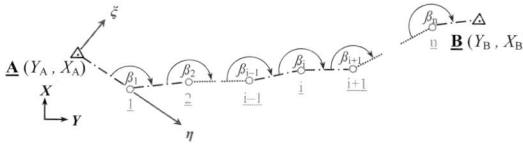

Eine wirksame Messkontrolle für einen Polygonzug liegt vor, wenn er an koordinatenmäßig bekannte Punkte angeschlossen wird.
Gegeben: Y_A, X_A ; ferner Y_B, X_B
Gemessen: Brechungswinkel β_i, ferner Polygonseiten $S_{h\,i,j}$

Abb. 10.50c: Beidseitig angehängter Polygonzug

Gesucht: Ausgeglichene Koordinaten der Polygonpunkte
Lösungsansatz:
Der Polygonzug wird zunächst als freier Polygonzug mit β_i im η-ξ-System gerechnet (siehe a).
Die örtlichen Koordinaten η_i, ξ_i müssen dann mit einer Koordinatentransformation über die beiden identischen Punkte A und B mit

Pkt.	Y	X	η	ξ
A	Y_A	X_A	$\eta_A=0$	$\xi_A=0$
B	Y_B	X_B	η_B	ξ_B

in das Y-X-System überführt werden (siehe Abschnitt 2.1.3).

10.50

2.2.5 Kleinpunktbestimmung

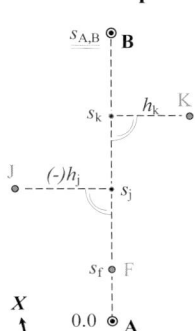

Gegeben: Ausgangskoordinaten Y_A, X_A; Y_B, X_B
Gemessen gemäß Orthogonalaufnahme:
Gesamtstrecke $S_{hA,B} = s_{A,B} = s$ sowie die Abszissen s_i und Ordinaten h_i (im linken Beispiel ist $h_F = 0$)
Gesucht: Ausgeglichene Koordinaten der Neupunkte P_i
Lösungsformeln:
Sollstrecke S aus geg. Koord.: $\Delta Y_{A,B} = Y_B - Y_A$; $\Delta X_{A,B} = X_B - X_A$;

$$S = S_{ger} = S_{A,B} = \sqrt{\Delta Y_{A,B}^2 + \Delta X_{A,B}^2}$$

Vergleich mit gemessener Distanz: $d_s = f_s = S - s$
Vergleich mit amtlicher Fehlergrenze (Beispiel NRW):

$$F_{S(zulässig)} = 0{,}01\sqrt{s} + 0{,}0004s + 0{,}05 \, [\text{Meter}]$$

Abb. 10.51a: Orthogonalaufnahme

Die Messungen sind vor Ort zu überprüfen, falls $f_s > F_S$; in der gängigen Praxis wird das Aufmaß bereits bei $f_s > \frac{1}{3} F_S$ überprüft.

Fehler-ausgleichende Richtungskoeffizienten: $o = \Delta Y_{A,B} / s$; $a = \Delta X_{A,B} / s$
Ausgeglichene Neupunktkoordinaten: $Y_i = Y_A + o \cdot s_i + a \cdot h_i$; $X_i = X_A + a \cdot s_i - o \cdot h_i$

☞ Die Vorzeichen von h_i sind für links liegende Punkte negativ, für rechts liegende positiv.

2.2.6 Freie Standortwahl („Freie Stationierung")

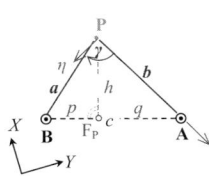

Vorgabe: 2 Festpunkte A und B mit den Koordinaten Y_A, X_A; Y_B, X_B
Gemessen: Horizontalstrecken $S_{h\,P,A} = b$ und $S_{h\,P,B} = a$
und ggf. Richtungen $r_{P,A}$ und $r_{P,B}$
☞ Gemessene Schrägdistanzen $s_{P,A}$ und $s_{P,B}$ mit den zugehörigen Zenitwinkeln $z_{P,A}$ und $z_{P,B}$ auf den Horizont reduzieren:
$S_{h\,P,A} = b = s_{P,A} \cdot \sin z_{P,A}$; $S_{h\,P,B} = a = s_{P,B} \cdot \sin z_{P,B}$
Gesucht: Koordinaten für P

Abb. 10.51b: Freie Standortwahl

Lösungsformeln: Basis $c_{ger} = \overline{AB}$ aus Koordinatendifferenzen: $c_{ger} = \overline{AB} = \sqrt{\Delta Y_{A,B}^2 + \Delta X_{A,B}^2}$ (s.2.2.5)
Eingeschlossener Winkel aus Richtungsdifferenzen: $\gamma = | r_{P,B} - r_{P,A} |$
Örtliche Koordinaten für A, B, P: $\eta_A = 0$; $\xi_A = b$; $\eta_B = \sin \gamma$; $\xi_B = a \cdot \cos \gamma$; $\eta_P = 0$; $\xi_P = 0$
Basis c aus örtlichen Koordinaten: $c = \sqrt{\eta_B^2 + (\xi_B - \xi_A)^2}$
Messungswiderspruch: $f_s = c_{ger} - c$ mit Fehlergrenze (s. 2.2.5) überprüfen!
Die ausgeglichenen Koordinaten für P ergeben sich durch Koordinatentransformation mit den
identischen Punkten A und B mit Y_A, X_A, Y_B, X_B im übergeordneten System und
$\eta_A, \xi_A, \eta_B, \xi_B$ im örtlichen System (s. 2.1.3)
☞Falls γ nicht gemessen: → Einfacher Bogenschnitt mit $c = c_{ger}$ (ohne Messkontrolle)
Lösungsweg hierzu: Höhe h und Höhenfußpunkt F_P mit p und q:

$$p = \frac{a^2 + c^2 - b^2}{2c} ; \quad q = \frac{b^2 + c^2 - a^2}{2c} = c - p; \quad h = \sqrt{b^2 - q^2} = \sqrt{a^2 - p^2}$$

Kleinpunktberechnung: $o = \frac{\Delta Y_{A,B}}{c}$; $a = \frac{\Delta X_{A,B}}{c}$; (nicht mit Dreiecksseite a verwechseln!)

Koordinaten für P: $\quad Y_P = Y_A + o \cdot q_i + a \cdot h_i ; X_P = X_A + a \cdot q_i - o \cdot h_i$
Rechenkontrolle: $\quad Y_P = Y_B - o \cdot p_i + a \cdot h_i ; X_P = X_B - a \cdot p_i - o \cdot h_i$

☞ Lösung auch durch Koordinatentransformation über identische Punkte A und B möglich.
☞ Helmert-Transformation bei Anschluss an mehr als 2 Festpunkte empfohlen [Kahmen 06].

10.51

3 Objektvermessung

3.1 Flurstücks-, Kanal- und Geländeaufmaß (Stückvermessung)

Bei allen Messverfahren wird das Objekt in repräsentative Punkte zerlegt, für die nach ihrer Einmessung Koordinaten ermittelt werden, aus denen die Kartierung angefertigt wird.

Tafel 10.52: Verfahrensübersicht

Verfahren	Minimal-ausrüstung	Messanordnung und Auswertung
Orthogo-nal-aufnahme	Messband, Winkelprisma, Fluchtstäbe, Lot	Koordinatenberechnung mit Kleinpunktberechnung (s. 2.2.5); Flächenermittlung mit Gauß'scher Trapezformel (s. 4.1) Abb. 10.52a: Orthogonalaufnahme
Einbinde-verfahren	Messband, Fluchtstäbe, Lot	Geeignet für manuelle, graphische Auswertung; Koordinatenberechnung über mehrere, nacheinander folgende Kleinpunktberech-nungen (2.2.5) möglich (nach Skizze z.B. 1. für E auf $\overline{AB}$, 2. für F auf $\overline{CD}$, 3. für P auf $\overline{EF}$) Abb. 10.52b: Einbindeverfahren
2-Punkt-Stabmes-sung	Totalstation, Messstab (z.B. "Kanalmess-stab") mit 2 Reflektoren	Koordinatenberechnung: 1. Räumliches polares Anhängen für R_1 und R_2 (2.2.3) 2. Extrapolation der Koordinaten über Stablängen $\overline{R_1P}$ und $\overline{R_2P}$: Mit $d_a = \overline{R_1P}$ und $d_b = \overline{R_2P}$ gilt: Abb. 10.52c: Zwei-Punkt-Stabmessung $$Y_P = Y_B + \frac{\Delta Y_{B,A} \cdot d_b}{d_b - d_a}; \quad X_P = X_B + \frac{\Delta X_{B,A} \cdot d_b}{d_b - d_a}; \quad H_P = H_B + \frac{\Delta H_{B,A} \cdot d_b}{d_b - d_a}$$
Tachyme-ter-aufnahme	Tachymeter, Messlatten oder Totalstation, Reflektorstab	Abb. 10.52d: Tachymeteraufnahme Koordinatenberechnung durch räuml. polares Anhängen (2.2.3)

Objektvermessung

Fortsetzung Tafel 10.52: Verfahrensübersicht zur Stückvermessung

Rostaufnahme	Messband, Fluchtstäbe, Winkelprisma, Vermarkungsmaterial, Nivellierinstrument, Nivellierlatten	*(Abbildung: Rostaufnahme mit Nivellierlatten, Höhen-Hilfspunkt, Nivellierinstrument, Diagonalenprobe, 10·10 m Raster, Grenzstein, Lagebestimmung des Rostes (hier Orthogonalaufnahme))*

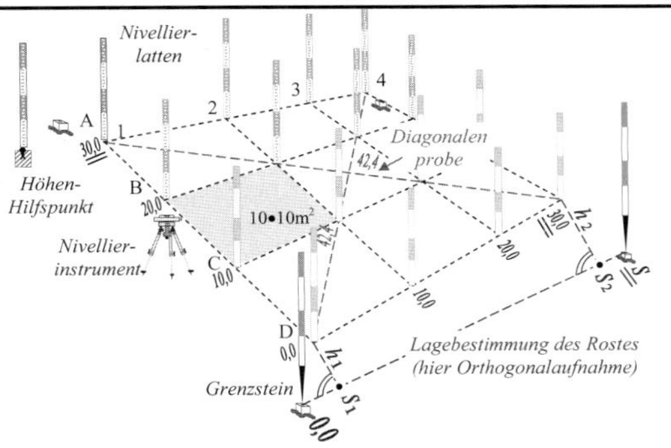

Abb. 10.53a: Rostaufnahme

Rostpunkte lagemäßig einmessen (geeignet: Orthogonalaufnahme (s.o.) mit Kleinpunktberechnung (2.2.5)), um so mit den nivellierten Höhen (1.1.5) ein dreidimensionales Punktfeld zu erzeugen.

Profilaufnahme	Messband, Fluchtstäbe, Winkelprisma, Vermarkungsmaterial, Nivellierinstrument, Nivellierlatten	*(Abbildung: Querprofil, Längsprofil, Stat. 0^{+000}, Stat. 0^{+020}, Stat. 0^{+040}, Stat. $0^{+...}$)*

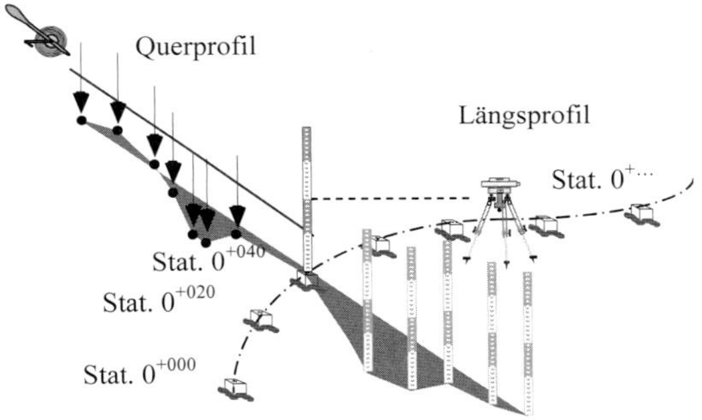

Abb. 10.53b: Längs- und Querprofilaufnahme

Arbeitsablauf für **Längsprofil**:
– Grundrissmäßige Absteckung (Trassierung) der Leitlinie in gleichen runden Abständen (5m, 10m o.Ä.) und bei Neigungswechsel;
– Vermarkung durch bodengleiche Pflöcke (Grundpfahl) mit zugehörigem Nummerpfahl mit Angabe der Stationierung (z.B. 0^{+050}, 1^{+175} oder $2^{+037,15}$, große Zahlen = Kilometerangabe);
– Höhenbestimmung des Stationierungsanfangspunktes durch ein beidseitig angehängtes Anschlussnivellement (1.1.5);
– Einnivellieren der Grundpfähle (Achsnivellement) durch Hin- und Rückmessung (Nivellementsschleife).

Arbeitsablauf für **Querprofile** nach Aufnahme des Längsprofils:
– Festlegung der Querprofilrichtungen in den jeweiligen Stationspunkten $\perp$ zur Leitlinie des Längsprofils;
– Provisorische Vermarkung aller Gefällwechsel in den Querprofilen durch kleine Stöckchen o.Ä. ;
– Einmessen der Gefällwechsel auf Dezimetergenauigkeit mit dem Messband bezüglich des Stationspunktes auf der Leitlinie;
– Nivellement der Gefällwechsel (Querprofilaufnahme);
– Kontrolle durch Nivellement von anderem Instrumentenstandort.

10.53

3.2 Gebäudeaufmaß

Tafel 10.54: Verfahrensübersicht

Verfahren	Minimalausrüstung	Messanordnung und Auswertung	
Additives Aufmaß	Messband Winkelschmiege		Koordinatenberechnung: 1. Freier Polygonzug von A nach B (2.2.4) 2. Koordinatentransformation (2.1.3), über A und B
		Abb. 10.54a: Additives Aufmaß	
Bogenschlag	Messband		Koordinatenberechnung wie freie Stationierung ohne Winkelmessung (2.2.6)
		Abb. 10.54b: Bogenschlag	
3-Punkt-Stabmessung	Theodolit, Messstab mit 3 Zielmarken		Gemessen: Richtungen r_i und Zenitwinkel z_i nach A,B,C Koordinatenberechnung: 1. Positionswinkel in der schiefen Ebene A-B-C-S $\sigma_1 = \arccos(\sin z_a \cdot \sin z_m \cdot \cos(r_m - r_a) + \cos z_a \cdot \cos z_m)$ $\sigma_2 = \arccos(\sin z_m \cdot \sin z_b \cdot \cos(r_b - r_m) + \cos z_m \cdot \cos z_b)$
		Abb. 10.54c: Drei-Punkt-Stabmessung	2. Örtlicher Rückwärtseinschnitt (2.2.2) mit σ_1 und σ_2 mit den Stabkoordinaten $y_A = s_{P,A}$, $y_B = s_{P,B}$, $y_C = s_{P,C}$; $x_A = x_B = x_C = 0$ 3. Schrägdistanzen $s_{S,A}$, $s_{S,B}$, $s_{S,C}$ nach zweiter geodätischer Grundaufgabe (2.1.2) 4. Koordinaten für A, B, C durch räumliches polares Anhängen (2.2.3) 5. Koordinaten für S über Extrapolation der Koordinaten von A, B, C über die bekannten Stablängen (s. 2-Punkt-Stabmessung)
Berührungs-loses Aufmaß	Koaxiale Laser-Totalstation		Koordinatenberechnung für P durch räumliches polares Anhängen (2.2.3) ☞ *Gefahr von Fehlmessungen auf Ecken und Kanten* [Richter 03]
		Abb. 10.54d: Berührungsloses Aufmaß	

Alle Aufnahmeverfahren in diesem Abschnitt sind in [Richter 03] ausführlich beschrieben, so auch die photogrammetrischen Verfahren zur Stück- und Bauvermessung.

Objektvermessung

3.3 Feldbuchführung nach DIN 18702

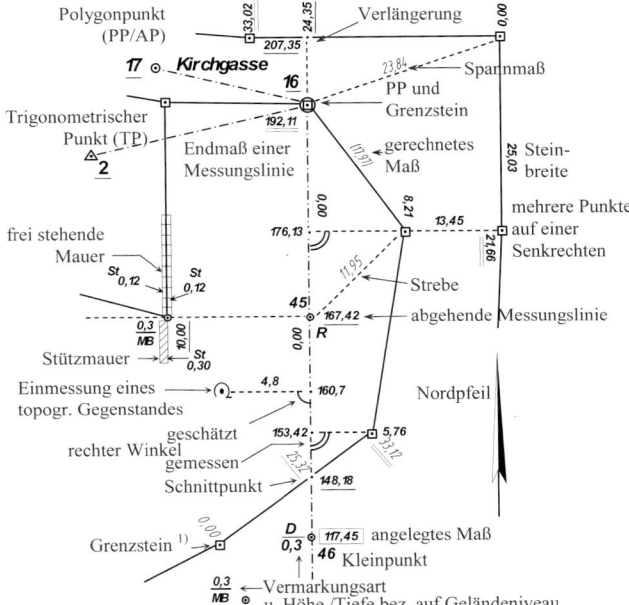

Abb. 10.55a: Muster-Riss nach DIN 18702

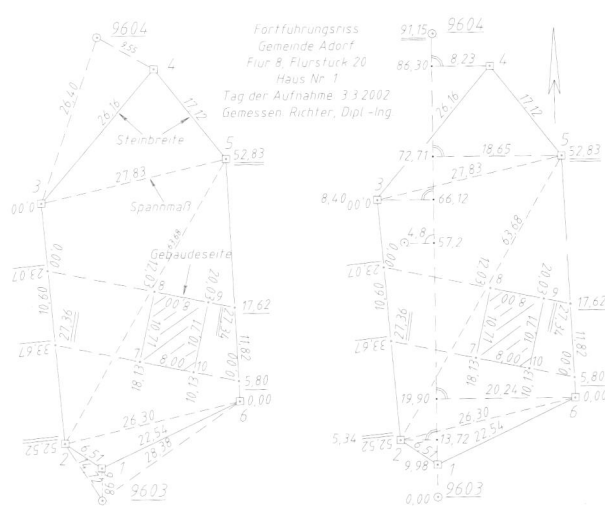

Flurstücksaufnahme und Gebäudeeinmessung ausschließlich nach dem Einbindeverfahren

Praxisübliche Aufnahme desselben Objektes mit Orthogonal- und Einbindeverfahren

Abb. 10.55b: Beispiel für Vermessungsrisse

10.55

4 Flächenermittlungen

Tafel 10.56a: Flächenresultate

Art	Eingangsparameter
Wirtschaftsfläche	Horizontierte Messwerte in Nähe der Erdoberfläche
Kartenfläche	Fläche aus Landeskoordinaten oder auf Kartenebene projizierte Messwerte
Oberfläche	Auf Objektoberfläche gemessene Schrägdistanzen oder Positionswinkel

4.1 Numerische Verfahren

Tafel 10.56b: Verfahrensübersicht

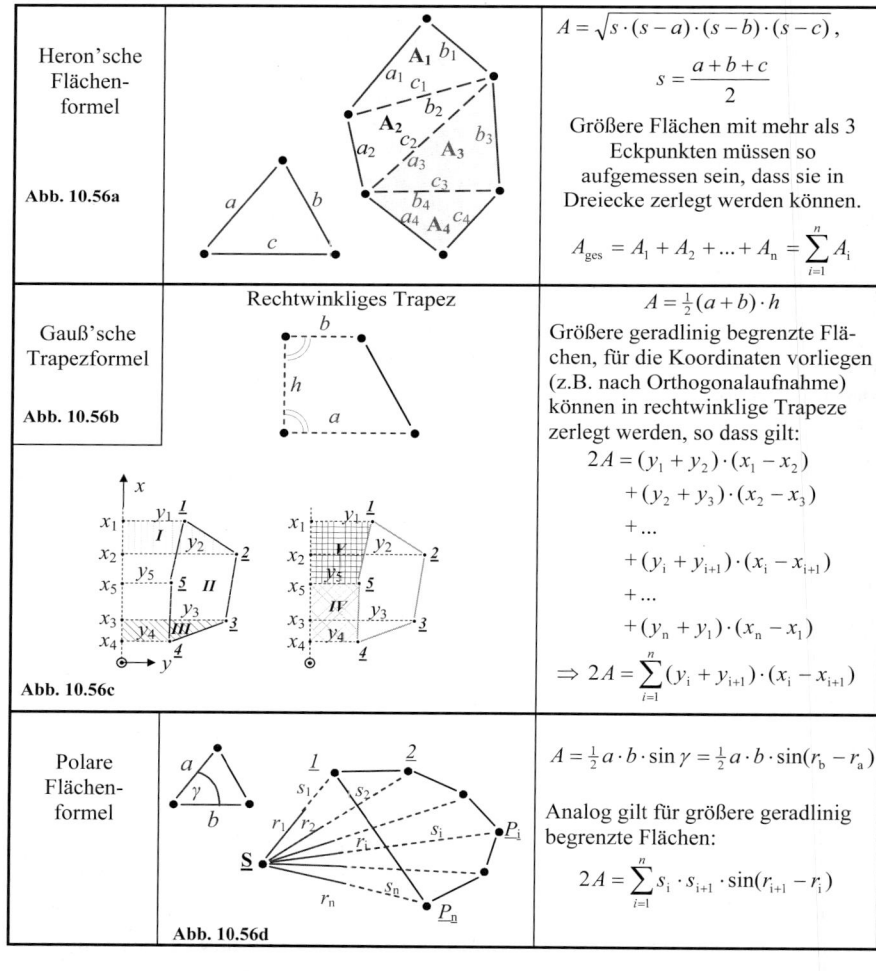

Heron'sche Flächenformel

Abb. 10.56a

$$A = \sqrt{s \cdot (s-a) \cdot (s-b) \cdot (s-c)}, \quad s = \frac{a+b+c}{2}$$

Größere Flächen mit mehr als 3 Eckpunkten müssen so aufgemessen sein, dass sie in Dreiecke zerlegt werden können.

$$A_{ges} = A_1 + A_2 + \ldots + A_n = \sum_{i=1}^{n} A_i$$

Gauß'sche Trapezformel

Abb. 10.56b

Rechtwinkliges Trapez

$$A = \tfrac{1}{2}(a+b) \cdot h$$

Größere geradlinig begrenzte Flächen, für die Koordinaten vorliegen (z.B. nach Orthogonalaufnahme) können in rechtwinklige Trapeze zerlegt werden, so dass gilt:

$$2A = (y_1 + y_2) \cdot (x_1 - x_2)$$
$$+ (y_2 + y_3) \cdot (x_2 - x_3)$$
$$+ \ldots$$
$$+ (y_i + y_{i+1}) \cdot (x_i - x_{i+1})$$
$$+ \ldots$$
$$+ (y_n + y_1) \cdot (x_n - x_1)$$
$$\Rightarrow 2A = \sum_{i=1}^{n}(y_i + y_{i+1}) \cdot (x_i - x_{i+1})$$

Abb. 10.56c

Polare Flächenformel

Abb. 10.56d

$$A = \tfrac{1}{2} a \cdot b \cdot \sin \gamma = \tfrac{1}{2} a \cdot b \cdot \sin(r_b - r_a)$$

Analog gilt für größere geradlinig begrenzte Flächen:

$$2A = \sum_{i=1}^{n} s_i \cdot s_{i+1} \cdot \sin(r_{i+1} - r_i)$$

Flächenermittlungen

4.2 Graphische Verfahren

Flächenermittlung durch Verwandlung eines Polygons in ein flächengleiches Dreieck

Gegeben: Kartiertes Flurstück mit n Grenzpunkten
Gesucht: Fläche A des Flurstücks

Abb. 10.57: Flächenumwandlung

Lösungsansatz:

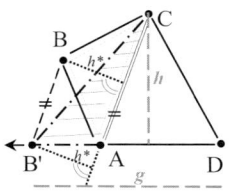

1. Verlängerung einer Polygonseite (z.B. Grundseite) $\overline{AD}$.
2. Verlegung des der verlängerten Grundseite benachbarten Eckpunktes auf die Grundseite (im Beispiel B→B') durch Parallelverschiebung der benachbarten Diagonalen ($\overline{AC}$) durch B. Die Fläche der Ersatzfigur $A_{B'CD}$ (Dreieck) ist dann äquivalent der Fläche A_{ABCD} der ursprünglichen Figur (Viereck), weil die Fläche des „abgeschnittenen" Dreiecks (ABC) gleich der Fläche des Ersatzdreiecks (AB'C) ist.
3. Für Polygone mit n Eckpunkten ist das Verfahren $(n-3)$-mal zu wiederholen.
4. Nach Erhalt des flächengleichen Dreiecks werden Grundseite g und Höhe h mit dem Anlegemaßstab ausgemessen, woraus sich dann die Flurstücksfläche mit $A = \frac{1}{2} g \cdot h$ ergibt.

Flächenermittlung mit Polarplanimeter

Das Polarplanimeter ist ein mechanisches Integrationsgerät mit Pol, Polarm und Fahrarm f mit bemaßter Laufrolle, Zählwerk und Messlupe. Die Naturfläche ergibt sich nach vollständigem Umfahren der auszumessenden Figur aus $A = k \cdot n$, wobei n = Anzahl der „abgewickelten" Rollen- oder Nonieneinheiten und k = relative Nonieneinheit in [m²], die vorab an einer bekannten Fläche auf der Karte zu ermitteln ist. Eine derartige „Probefläche" ist z.B. ein Planquadrat des Gitternetzes: k [m²] = A_0/n_0, wobei A_0 = Größe der Probefläche in [m²] und n_0 = Anzahl der abgewickelten Rolleneinheiten für A_0. Die Konstante k ist wiederum eine Funktion der Fahrarmlänge f und des Planmaßstabes $M = 1/m$. Wird ein runder k-Wert k_0 gewünscht, muss der Fahrarm wie folgt verstellt werden:

1. Die zu k_0 gehörige Abwicklung ergibt sich aus $n_0 = A_0/k_0$.
2. Probefläche mit beliebiger Fahrarmlänge f_1 umfahren; man erhält die Abwicklung n_1.
3. Die neue Fahrarmeinstellung ist dann $f_0 = f_1 + \dfrac{n_1 - n_0}{n_0} \cdot f_1$. Eine Probe ist empfehlenswert.

Wegen der unvermeidbaren Rollenschiefe sind alle Messungen in beiden Lagen durchzuführen!

Flächenermittlung mit Rollenplanimeter

Das elektronische Rollenplanimeter ermittelt indirekt über die Rollen- und Fahrarmbewegungen rechtwinklige Koordinaten der mit der Messlupe erfassten Punkte. Aus diesen Koordinaten berechnet der integrierte Rechner die Kartenfläche nach der Gauß'schen Trapezformel (s. 4.1).

Ermittlung des Flächenmultiplikators am Probequadrat

Bedingt durch Einflüsse von Temperatur und Luftfeuchtigkeit, projektive Umbildung beim Kopieren oder mechanische Belastungen (Rollen, Strecken o.Ä.) kann der Karten- oder Planmaßstab nicht konstant gehalten werden. Daher sollte das Flächenmaß des Planimeters anhand einer bekannten Fläche auf der Karte kalibriert werden. In aller Regel lassen sich aus dem Koordinaten-Gitternetz bekannte Flächen ableiten, indem man aus den Koordinaten der Eckpunkte eines „Probequadrats" die „Sollfläche" A_N [m²] ableitet. Durch Vergleich dieser Sollfläche mit der planimetrischen „Istfläche" A_K [mm²] kann der Umrechnungsfaktor bzw. Flächenmultiplikator, der sich ausschließlich auf die aktuelle Kartierung bezieht, bestimmt werden:

$k \left[\dfrac{m^2}{mm^2} \right] = \dfrac{A_N}{A_K} = \dfrac{\text{Sollfläche}[m^2]}{\text{Istfläche}[mm^2]}$. Die Naturfläche ist dann $A_N [m^2] = k \left[\dfrac{m^2}{mm^2} \right] \cdot A_K [mm^2]$.

10.57

5 Absteckungen
5.1 Geradenabsteckung
a) Direktes Einfluchten

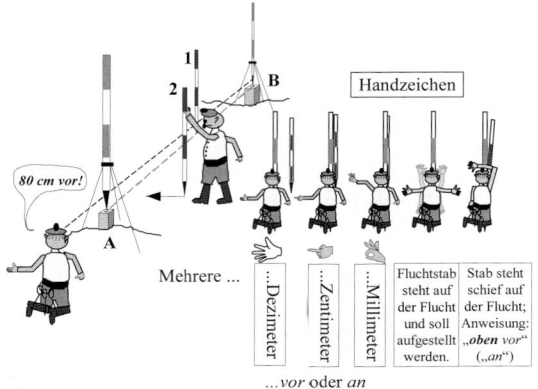

Regeln für den Messtrupp
Endpunkte vertikal und zentrisch signalisieren.

Regeln für den Einweiser
1. Möglichst bodennahe Visierlinie wählen.
2. Visierabstand zum nächsten Fluchtstab $\geq 1{,}50$ m.
3. Zwischenpunkte in der Reihenfolge 1, 2, ... (weit → nah) abstecken.
4. Klare Anweisungen geben: durch Zurufen „vor" oder „an" und einer Maßangabe oder durch Handzeichen.

Abb. 10.58a: Direktes Einfluchten

Regeln für den Einzuweisenden
1. Nicht in die Flucht stellen.
2. Stab weit oben mit Finger und Daumen halten: kurz vertikal hängen lassen, danach Spitze leicht auf den Boden stellen und schließlich auf Zeichen des Einweisers achten.
3. Nach dem Einfluchten Fluchtstab mit Lattenrichter oder Lot vertikal stellen.

b) Einfaches Rückwärtsverlängern

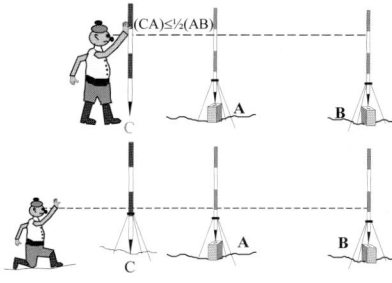

1. Bis zur Hälfte der ursprünglichen Strecke darf mit Fernrohr oder unbewaffnetem Auge rückwärts verlängert werden.

2. Abgesteckte Verlängerung durch Fluchtstab signalisieren und durch längere Visierlinie überprüfen.

Abb. 10.58b: Rückwärtsverlängern

c) Gegenseitiges Einfluchten über eine Kuppe, Mulde oder zwischen zwei Gebäudeecken

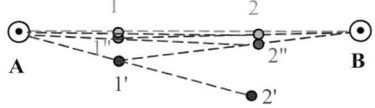

Zwei Personen fluchten sich gegenseitig solange ein, bis eine Korrektur nicht mehr erforderlich ist. Nach Signalisierung der Zwischenpunkte durch Fluchtstäbe ist die gegenseitige Visur zu überprüfen.

Abb. 10.58c: Rückwärtsverlängern

d) Absteckung einer unterbrochenen Flucht

1. Hilfslinie wählen und mit Fluchtstäben abstecken.
2. Achspunkte A und B aufwinkeln, d.h. Fußpunkte A' und B' bestimmen.
3. Abszissen x_A, x_B sowie zugehörige Ordinaten y_A und y_B messen (i.d.R. ist $x_A = 0$).
4. Zwischenpunkte 1', 2',..., i',..., P'$_n$ zwischen A' und B' einfluchten und ihre Ordinaten x_1, x_2, ..., x_i, ..., x_n nachmessen.

Abb. 10.59a: Unterbrochene Flucht

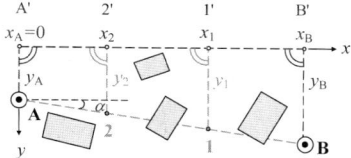

5. Achspunkte 1, 2, ..., i, ..., n mit $y_1, y_2, ..., y_i, ..., y_n$ rechtwinklig von den o.a. Zwischenpunkten absetzen: $m = \dfrac{y_B - y_A}{x_B - x_A} = \tan\alpha;\ y_i = y_A + m \cdot (x_i - x_A)$

Für $x_A = 0$ gilt: $m = \dfrac{y_B - y_A}{x_B}$; $y_i = y_A + m \cdot x_i$. Für $y_A = 0$ und $x_A = 0$ gilt: $y_i = \dfrac{y_B}{x_B} \cdot x$

Sonderfall: Im Falle $y_A = y_B$ liegt eine parallele Hilfslinie vor ⇒ für alle Ordinaten gilt: $y_i = y_A$

e) Geradenabsteckung von einem freien, achsnahen Polygonzug

1. Messung eines achsnahen freien Polygonzuges (2.2.4) mit den Brechungswinkeln β_B, ...β_i, ...β_n sowie den Distanzen $S_{hA,B}$, ... $S_{h,i-1,i}$, $S_{h\,i,i+1}$, ... $S_{h\,n,E}$
2. Koordinatenberechnung für die Polygonpunkte A bis E im örtlichen System mit Ursprung A und x-Achse durch B.
3. Berechnung der Koordinaten für alle Achspunkte (2.1.2), z.B. $y'_j = \overline{AJ} \cdot \sin t_{A,E}$; $x'_j = \overline{AJ} \cdot \cos t_{A,E}$

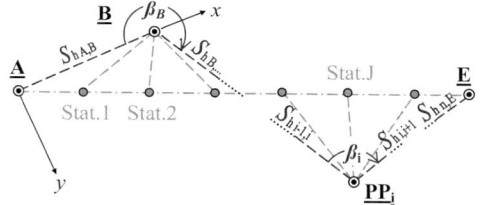

Abb. 10.59b: Achsnaher Polygonzug

4. Berechnung der Polarkoordinaten t und S_h von den Polygonpunkten zu den Achspunkten aus den Koordinatendifferenzen $\Delta y_{A,J} = y_J - y_A$; $\Delta x_{A,J} = x_J - x_A$ (2.1.2).
5. Absteckung der Achspunkte nach den berechneten Polarkoordinaten mit einer auf einem achsnahen Polygonpunkt eingerichteten Totalstation.

5.2 Winkelabsteckung

Abb. 10.59c: Winkelabsteckung

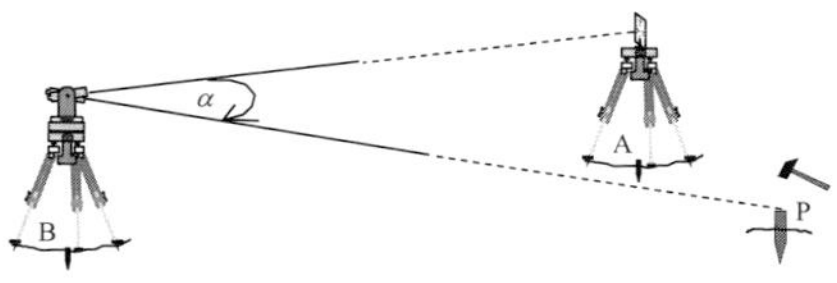

1. Über B den Theodolit aufstellen, Näherungsrichtung nach P absetzen und dort Pflock schlagen.
2. In erster Fernrohrlage Grundrichtung nach A einstellen, Teilkreis auf 0 stellen.
3. Fernrohrträger in gleicher Lage auf geforderten Winkel drehen, so dass der Pflock im Fernrohr sichtbar wird. Auf Pflock-OK einen Nagel einweisen und leicht einschlagen.
4. Je nach Genauigkeitsforderung in beiden Fernrohrlagen mehrere Sätze nach A und P beobachten.
5. Korrektur zum geforderten Winkel berechnen: $\Delta\varphi = \varphi_{soll} - \varphi_{gemessen}$
$v = S_h \cdot \tan\Delta\varphi$ oder $v = \dfrac{S_h \cdot \Delta\varphi \cdot \pi}{200\,\text{gon}}$
6. Mit dem Anlegemaßstab (Zollstock) v in Richtung P absetzen und Nagel schlagen.
7. Kontrolle: den abgesteckten Winkel in mehreren Sätzen nachmessen.

5.3 Höhenabsteckung

Abb. 10.60a: Höhenabsteckung

1. Pflock schlagen.
2. Augenblickliche Höhe einnivellieren.
3. Korrektur zur Sollhöhe berechnen.
4. Den Pflock durch Vergleich am Zollstock grob auf (ΔH_{soll}+1cm) einschlagen.
5. Neue Pflockhöhe präzise einnivellieren.
6. Pflock vorsichtig weiter einschlagen und wiederum die Pflockhöhe einnivellieren, bis Sollhöhe erreicht. Merke: Tiefer schlagen geht immer, höher ziehen ist schlecht!
7. Kontrolle: Nivellierinstrument umbauen und Pflockhöhe erneut bestimmen.

5.4 Gebäudeabsteckung

Amtliche Vorschriften

1. Rechtskräftiger Bebauungsplan (etwa nach §30 Bundesbaugesetz): „Bauvorhaben zulässig, wenn es den Festsetzungen des Planes nicht widerspricht und die Erschließung (Wasserversorgung, Entwässerung, Stromzufuhr u.dgl.) gesichert ist."
2. Einhaltung der Landesbauordnung (Landesgesetz) wie Grenzabstände, Gebäudeabstände, Fensterabstände oder Höhenlage der Bauten.
3. Weitere Auflagen in der Gemeindesatzung zum Bebauungsplan.
4. Das Baugesuch (Lageplan 1:500, Grundrisse und Aufrisse 1:50 oder 1:100 mit exakten Maßangaben sowie Ansichten) vor Baubeginn von Baurechtsbehörde genehmigen lassen.

Vorabsteckung

1. Überprüfung von Lageplan und Bauplänen; sie müssen in Einklang mit den im amtlichen Liegenschaftskataster festgelegten Flurstücksgrenzen stehen. (Evtl. Rücksprache mit Architekt, Bauamt und Vermessungsamt.)
2. Absteckung des Arbeitsraumes zum Zweck des Ausschachtens der Baugrube (auf etwa Gebäudeecken + 2 m je nach Grenzabstand und Bodenbeschaffenheit).
3. Vermarkung und Nivellement eines gesicherten Höhenfestpunktes außerhalb des Baubereichs; Bestimmung einer Höhe ü. NN.

Feinabsteckung

a) Absteckung nach topographischen Merkmalen und Restriktionen

(z.B. anhand von vorgegebenen Abständen zu Ufer-, Böschungs- oder Vegetationskanten)

Grundsatz: Vom Großen ins Kleine, d. h. erst den übergeordneten Rahmen, dann die baulichen Details abstecken.

1. Alle Baufluchten vermarken,
2. Diagonalenproben,
3. Absetzen der Bauwerks-Einbinder,
4. Schlagen der Schnurgerüste.

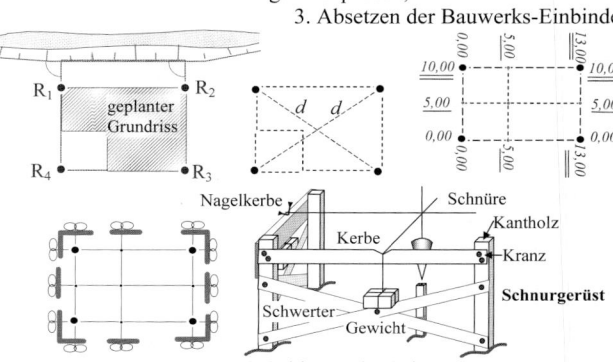

Abb. 10.60b: Gebäudeabsteckung (Prinzip)

Absteckungen

b) Absteckung nach baurechtlichen Vorgaben und Restriktionen (z.B. unter Einhaltung von Mindestabständen, vorgeschriebenen Baufluchtlinien, Grenzabständen u.dgl.).

b1) Einfaches Abstecken nach dem Linearverfahren

Tafel 10.61: Arbeitsablauf für eine Gebäudeabsteckung

Schritt	Abbildung
1. Überprüfung aller Vorgaben (Baufluchten, Grenzabstände...)	
2. Absetzen rechtwinkliger Richtungen mit dem Winkelprisma von der Grundseite aus	
3. Absetzen der parallelen Baufluchten im Linearverfahren	
4. Absteckung des vorgeschriebenen Grenzabstandes	
5. Absetzen des ersten Gebäudepunktes durch wechselseitiges Einfluchten auf der mittleren Bauflucht und dem Grenzabstand zum Nachbargrundstück. Der zweite Gebäudepunkt liegt auf derselben Bauflucht mit einem vorgegebenen Abstand (hier 2,90 m).	
6. Aufwinkeln der beiden Gebäudepunkte auf die benachbarten Baufluchten, auf denen auch die übrigen Punkte abzusetzen sind.	

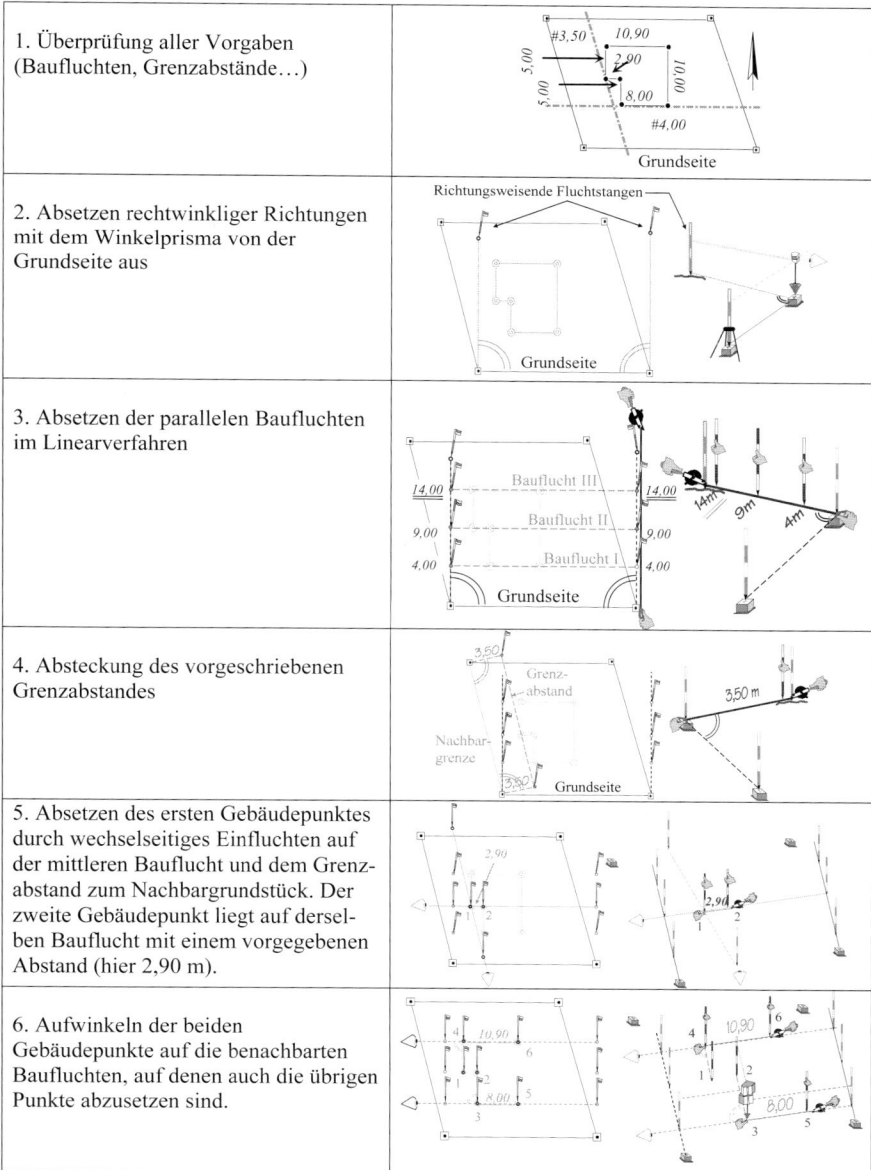

Fortsetzung Tafel 10.61: Arbeitsablauf für eine Gebäudeabsteckung

7. Kontrollen durch Nachmessen der Eckabstände und Diagonalen *Diagonalen:* 1 - 6: *11,99* m 2 - 6: *9,43* m 3 - 6: *12,81* m 4 - 5: *14,19* m	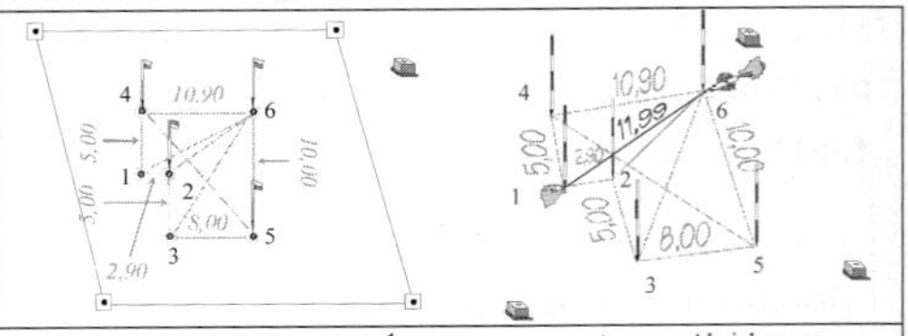
8. Entfernen der Fluchtstäbe, Einschlagen und Sichern der Eckpflöcke	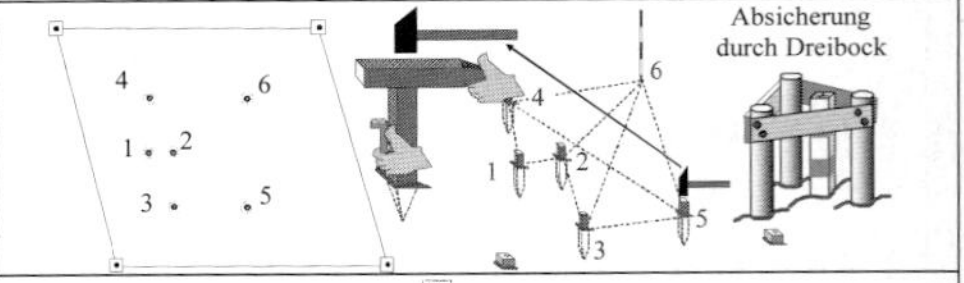 Absicherung durch Dreibock
9. Einnivellieren und Höhenabsteckung	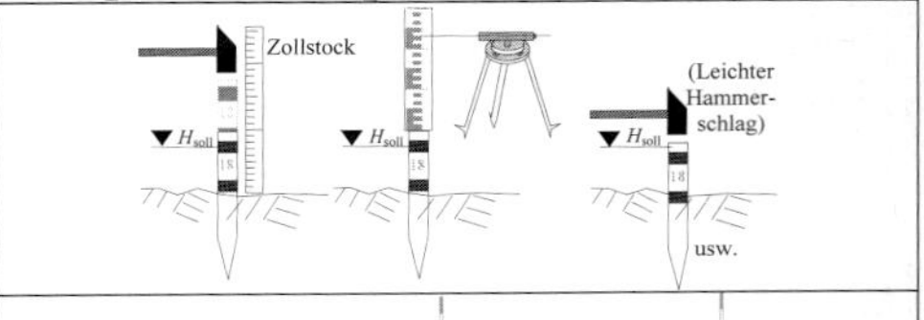 Zollstock (Leichter Hammerschlag) usw.
10. Kontrollaufmaß des abgesteckten Gebäudes mit Nachweis der inneren[1]) und äußeren[2]) Absteckgenauigkeit. [1]) Probe der Eckabstände und rechter Winkel für Bauausführung. [2]) Probe der Baulinien und Grenzabstände für Baubehörde.	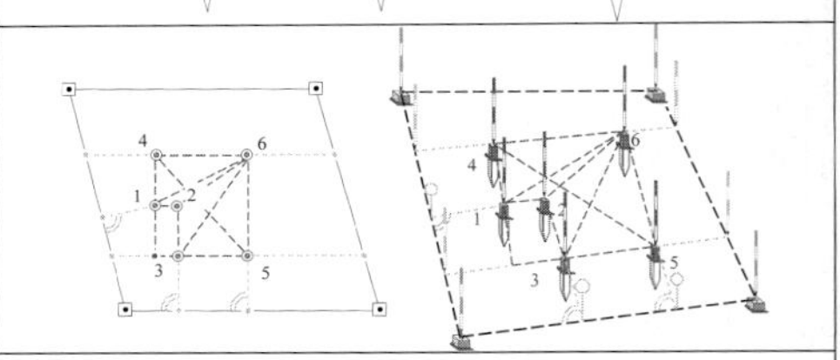
11. Aufstellen der Schnurgerüste	s.o.

b2) Absteckung nach dem Polarverfahren

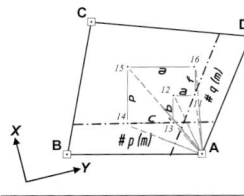

Ausgangswerte: Grenzpunkte A - D mit ihren Koordinaten

ferner: Absteckungsplan mit den Grenzabständen p und q sowie die Eckabstände a - f

Gesucht: Koordinaten der Gebäudeecken P_i (hier i = 11, ..., 16) mit ihren polaren Absteckungselementen $t_{A,i}$, $s_{A,i}$ von einem der Grenzpunkte (z.B. A) (abzusetzen mit einer Totalstation)

Abb. 10.62a: Planungsdaten

Tafel 10.62: Arbeitsablauf Lösungsweg: 1. Polarkoordinaten (Richtungswinkel und Distanzen) zwischen den Grenzpunkten $t_{A,B}$ und $t_{A,D}$ sowie $s_{A,B}$ und $s_{A,D}$ nach 2. geodätischer Grundaufgabe (Abschnitt 2.1.2)	2. Koordinaten der Achspunkte mit Kleinpunktberechnung (Abschnitt 2.2.5) 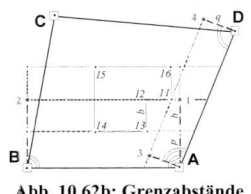 **Abb. 10.62b: Grenzabstände**	3. Geradenschnitt der Grenzabstandslinien (12) mit (34) nach (2.1.2); Koordinaten der Eckpunkte nach (2.2.4) 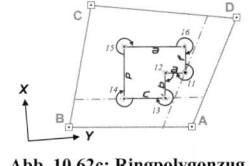 **Abb. 10.62c: Ringpolygonzug**
4. Berechnung der Polarkoordinaten von A zu den Gebäudeeckpunkten nach (2.1.2)		
5. Absteckung der Eckpunkte nach den berechneten Polarkoordinaten von A mit Totalstation		

11 Verkehrswesen, Wasserwesen

		Seite
11A	Verkehrswesen	11.1
11B	Wasserwesen	11.27

11A Verkehrswesen

Prof. Dr.-Ing. Frank Höfler

Inhaltsverzeichnis

		Seite
1	**Grundlagen**	11.2
1.1	Begriffe	11.2
1.2	Mobilitätsdaten	11.2
1.3	Abläufe in der Verkehrsplanung	11.4
2	**Straßennetzbildung**	11.5
3	**Straßen im Außerortsbereich**	11.6
3.1	Geschwindigkeiten	11.6
3.2	Trassierungselemente	11.7
4	**Innerortsstraßen**	11.10
4.1	Entwurfsparameter und Grenzwerte	11.10
4.2	Erschließung und Verkehrsberuhigung	11.13
5	**Knotenpunkte und Sichtbeziehungen**	11.17
5.1	Eckausrundung an Einmündungen und Kreuzungen	11.17
5.2	Sichtweiten an Knotenpunkten	11.17
6	**Anlagen für den ruhenden Verkehr**	11.18
6.1	Nachfrageermittlung	11.18
6.2	Verfahren und Richtwerte zur Angebotsbemessung	11.19
6.3	Anordnung der Stellplätze im Straßenraum	11.21
7	**Anlagen für den Fußgängerverkehr**	11.22
8	**Anlagen für den Radverkehr**	11.23
9	**Öffentliche Verkehrsmittel im Straßenraum**	11.25

1 Grundlagen

1.1 Begriffe

Verkehrsplanung ist die Fachplanung zur Erarbeitung der infrastrukturellen und organisatorischen Rahmenbedingungen zur Abwicklung der Verkehrsnachfrage. Es wird das Ziel verfolgt, in einem geordneten und demokratisch legitimierten Verfahrensablauf die Verkehrsbedürfnisse im gesellschaftlichen Umfeld optimal zu befriedigen.

Eine integrierte Verkehrsplanung erweitert die ingenieurbezogene Sichtweise durch sozioökonomische Gesichtspunkte und Umweltbelange, wobei Verknüpfungen mit anderen Planungsdisziplinen auftreten.

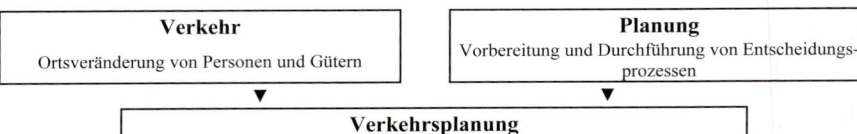

Ortsveränderungen bedingen geeignete Verkehrsmittel und Verkehrswege (Verkehrsinfrastruktur). Als Verkehrswege stehen Straßenräume, Schienen- und Wasserwege sowie Luftverkehrsrouten zur Auswahl.

Die Realisierung der gewünschten oder erforderlichen Ortsveränderungen setzt die Verknüpfung der Verkehrsmittel zu einem Verkehrssystem voraus. Verkehrssysteme erschließen dabei die Siedlungsräume: eine flächenerschließende Wirkung ist über das Fuß- und Radwegenetz sowie das Straßennetz gewährleistet. Die Netze des Schienenverkehrs und die Luftverkehrsverbindungen bilden dagegen Punkt-zu-Punkt-Beziehungen.

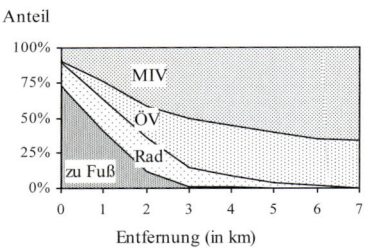

Abb. 11.2: **Verkehrsmittelwahl (Beispieldarstellung)**

Modal Split

Einer Nutzung der verschiedenen verfügbaren Verkehrsmittel sind typische Entfernungsbereiche zuzuordnen. Die entsprechende Aufteilung der Verkehrsmittelwahl wird als *Modal-Split* bezeichnet.

Verkehrsarten

Individualverkehr: motorisierter Individualverkehr (MIV, Kraftfahrzeuge) auf der Straße, Radverkehr im Straßenraum oder auf eigenen Routen sowie Fußwege im öffentlichen Raum.

Öffentlicher Verkehr (ÖV): Fahrten mit schienengebundenen Fahrzeugen (Eisenbahn im Personen- und Güterverkehr, S-/U-Bahn, Stadt-/Straßenbahn) sowie mit Kraftfahrzeugen im öffentlichen Straßenraum oder auf besonders ausgewiesenen Wegen bzw. Fahrspuren (Busse, Taxen). Der ÖV wird nochmals unterteilt in Nah- und Regionalverkehr (ÖPNV) sowie in Fernverkehr.

Umweltverbund: Verkehrsmittel mit besonders günstigen Umwelteigenschaften (öffentliche Verkehrsmittel, Radverkehr und Fußgängerverkehr).

1.2 Mobilitätsdaten

Die Verkehrsleistung in der Bundesrepublik Deutschland beträgt etwa 956 Mrd. Pers.-km (1999). Davon entfallen 80 % auf den motorisierten Individualverkehr (MIV) und 20 % auf den öffentlichen Verkehr (ÖV; davon 40 % öffentlicher *Straßen*personenverkehr). Der MIV wird

Grundlagen

auf dem – überwiegend öffentlichen – Straßennetz abgewickelt. Das Netz teilt sich nach Baulastträgern in Bundesfernstraßen (Autobahnen und Bundesstraßen), Landes- bzw. Staatsstraßen, Kreisstraßen und Gemeindestraßen auf. Die Netzdichte ermöglicht eine flächenhafte Erschließung nahezu aller Zielorte innerhalb Deutschlands.

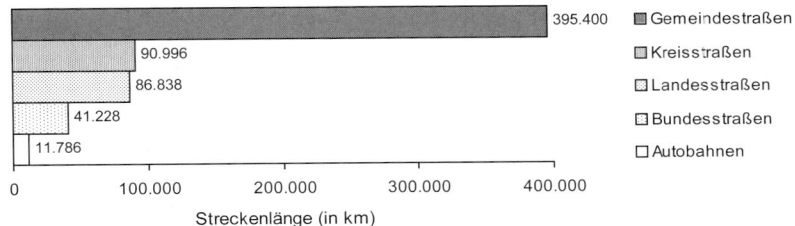

Abb. 11.3: **Länge des Straßennetzes in Deutschland – Unterteilung nach Straßenklassen**

Verkehrsverhalten

– Durchschnittliche Anzahl Wege pro Person und Tag	2,6 – 3,2
– Durchschnittliche Anzahl Wege pro *mobile* Person und Tag	3,5 – 4,0
– Durchschnittliche Anzahl *motorisierter* Wege pro Person und Tag	etwa 1,5
– Anteil der Personen, die an einem Tag das Haus verlassen	etwa 75 %
– Durchschnittliche Anzahl Pkw-Fahrten pro Pkw-Besitzer und Tag	etwa 3,2
– Durchschnittliche Reiseweite pro Weg in km	7 – 10
– Durchschnittliche Reisezeit pro Weg in Minuten	20 – 25

([BMV 95], [DIW 93], [Infas 02])

> Die durchschnittliche Anzahl der Wege und das dazu verfügbare Zeitbudget sind als konstant anzunehmen. Die mittleren Reiseweiten nehmen dagegen langfristig zu. Dies ist bedingt durch veränderte Siedlungsstrukturen und längere Wegstrecken zur Erledigung der täglichen Aktivitäten (Arbeit, Einkauf, Ausbildung, Freizeit) [Prognos 03].

Entwicklung des Kraftfahrzeugbestands in Deutschland

– Der Kfz-Bestand hat sich in den letzten 20 Jahren verdoppelt, in 75 % der Haushalte ist mindestens ein eigener Pkw verfügbar.
– Die durchschnittliche Fahrleistung eines Pkw pro Jahr nimmt leicht ab.
– 84 % der Bevölkerung besitzen eine Fahrerlaubnis, nur 18 % eine Zeitkarte für den ÖPNV.

Tafel 11.3: **Bestand zulassungspflichtiger Kfz in Deutschland (in Millionen)**

	1996	1997	1998	1999	2000	2001	2002
Krafträder	2.247	2.396	2.525	2.708	3.179	3.410	3.557
Pkw, Kombi	40.988	41.372	41.674	42.324	42.423	43.772	44.383
Busse, Obusse	85	84	83	85	85	87	86
Lkw	2.273	2.315	2.371	2.466	2.491	2.611	2.649
Insgesamt	**48.100**	**48.680**	**49.169**	**50.124**	**50.726**	**52.487**	**53.306**

> Die Pkw-Dichte in Deutschland (Stand 11/2002) liegt bei 540 Pkw/1000 Einwohner. Regional sind deutliche Unterschiede erkennbar: Saarland (589), Rheinland-Pfalz (583), Hessen (576), ..., Hamburg (482), Bremen (446), Berlin (366) – jeweils in Pkw/1000

11A Verkehrswesen

Einwohner. Die geringere „Pkw-Orientierung" in den Stadtstaaten ist durch Alternativen zur Pkw-Nutzung (hochwertiges Verkehrsangebot im ÖPNV) nachvollziehbar.

Tafel 11.4a: Pkw-Bestand in Deutschland (Szenarien zur Entwicklung [Deutsche Shell 01])

	Basis	Szenario „One World"				Szenario „Kaleidoskop"			
	2000	2005	2010	2015	2020	2005	2010	2015	2020
Fahrleistung (in Mrd. km)	528	556	581	595	591	535	535	523	494
Pkw-Dichte (in Pkw/1000 Pers.) für Personen > 18 Jahre	643	---	715	---	755	---	696	---	714
Pkw-Bestand (in Mio.)	43,8	46,4	49,0	51,1	52,3	46,0	47,4	47,9	47,8

Szenarien entwerfen künftige Entwicklungstendenzen und bilden somit die Grundlage für eine langfristig angelegte Planung. Der aktuellen Situation in Deutschland kommt das Szenario *Kaleidoskop* nahe.

1.3 Abläufe in der Verkehrsplanung

In den Konzepten der Verkehrsplanung werden Aussagen und Darstellungen erarbeitet, die sich auf eine prognostizierte Entwicklung bzw. einen zukünftigen Zustand beziehen:
- denkbar erscheinende Maßnahmen und Handlungskonzepte,
- mutmaßliche Folgen von Maßnahmen und Handlungskonzepten,
- die Beurteilung der erwarteten Folgen.

Tafel 11.4b: Instrumente der Raum- und Verkehrsplanung (nach: [FGSV 01.1])

Planungsebene	Fachplanung Räumliche Planung	Fachplanung Verkehr
Bund	Bundesraumordnung	Bundesverkehrswegeplan Bedarfspläne
Länder	Landesentwicklungsplan	Landesverkehrswegeplan Bedarfspläne
Regionen	Raumordnungsprogramm	Regionaler Verkehrsplan Nahverkehrsplan
Gemeinden	Flächennutzungsplan Bebauungsplan	Verkehrsentwicklungsplan Sektorale Verkehrskonzepte Nahverkehrsplan

Der übliche Entwurfsablauf für Außerortsstraßen weist eine Eigenständigkeit in den Bearbeitungsabläufen der Elemente *Straßenplanung* und *Landschaftspflegerischer Fachbeitrag* auf.

Tafel 11.4c: Entwurfsablauf für Straßen außerhalb bebauter Gebiete

Straßenplanung	Landschaftspflegerischer Fachbeitrag
Bundesverkehrswegeplanung Bedarfsplan	Prüfung der Unerheblichkeit Umweltrisikoeinschätzung (URE)
Voruntersuchung Linienentwurf Raumordnungsverfahren und Umweltverträglichkeitsprüfung (UVP) Linienbestimmung	Umweltverträglichkeitsstudie (UVS) und FaunaFloraHabitat-Verträglichkeitsprüfung (FFH-VP)
Straßenentwurf Vorentwurf Planfeststellungsunterlagen Planfeststellungsverfahren	Landschaftspflegerischer Begleitplan (LBP) ggf. Aktualisierung der FFH-VP
Bauentwurf Detailplanung	Landschaftspflegerischer Ausführungsplan (LAP)

Der Ablauf der Verkehrsplanungsprozesse innerhalb bebauter Gebiete beruht bereits auf einem ganzheitlichen Verfahren, das auch Umweltbelange direkt in den Planungsprozess integriert.

Straßennetzbildung

Tafel 11.5a: Entwurfsablauf nach ganzheitlichem Verfahrensansatz (innerhalb bebauter Gebiete)

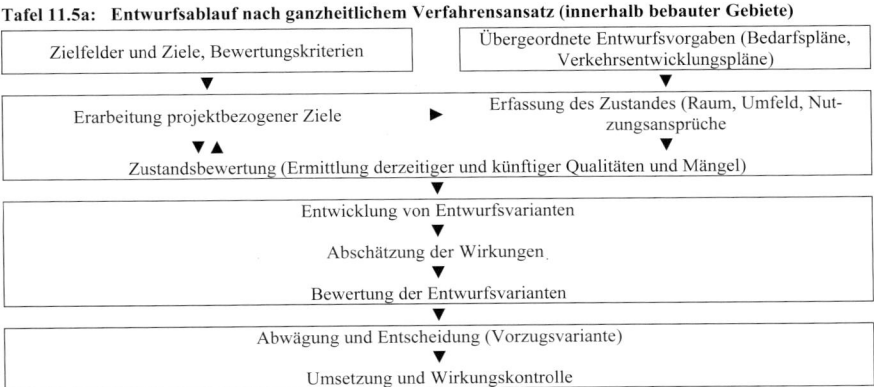

2 Straßennetzbildung

Netze erschließen Standorte, Räume und Siedlungsbereiche und stellen Verbindungen her. Sie entsprechen – unabhängig vom Verkehrssystem, von Nutzern bzw. Betreibern – den Kriterien:
- hierarchische Gliederung der Netzstruktur,
- Wirksamkeit und Qualität bei angemessener Dimensionierung,
- wirtschaftlich in Ausführung und Betrieb,
- sichere Nutzung bzw. sicherer Betrieb,
- Umweltverträglichkeit.

Die Verbindungsfunktion entspricht der Bedeutung der zu verbindenden Orte. Die Netzhierarchie folgt den Prinzipien der Raumordnung (Zentrale-Orte-System). Damit verbinden sich Forderungen zur Erreichbarkeit der Zentren für Arbeit und Erholung.

Straßenkategorien

Nach Lage und Zweckbestimmung wird das Straßennetz in fünf Kategorien eingeteilt. Die Verbindungsfunktion einer Straße in ihrem Netzzusammenhang ist in sieben Stufen dargestellt (siehe Tafel 11.6).

Die Kategorisierung des Straßennetzes beschreibt die planungsrelevanten Funktionen als Ergebnis einer Abwägung der auftretenden Nutzungsansprüche:
- Verbindungsfunktion (Kategoriengruppen A, B, C)
- Erschließungsfunktion (Kategoriengruppe D)
- Aufenthaltsfunktion (Kategoriengruppe E)

Verknüpfungen im Netzzusammenhang

Zur Verknüpfung von Straßen (Knotenpunkte) unterschiedlicher Verbindungsfunktions-Stufen sind die Orientierungswerte nach RAS–N [FGSV 88] zu berücksichtigen.

Tafel 11.5b: Verknüpfung von Straßen unterschiedlicher Verbindungsfunktion (Orientierungswerte)

Verbindungsfunktions-Stufe der anbindenden Straße	übergeordneten Straße					
	I	II	III	IV	V	VI
I	1	---	---	---	---	---
II	1	1	---	---	---	---
III	2	1	1	---	---	---
IV	3	2	1	1	---	---
V	4	3	2	1	1	---
VI	5	4	3	2	1	1

Bewertungsstufen:
1: anzustreben/häufig
bis
5: zu vermeiden/selten

--- : nicht vorgesehen

11A Verkehrswesen

Tafel 11.6: Straßenkategorien (nach RAS–N [FGSV 88], RIN [FGSV 01.2])

Lage	außerhalb bebauter Gebiete	innerhalb bebauter Gebiete und in Übergangsbereichen			
Umfeld	anbaufrei		angebaut		
Funktion	Verbindung			Erschließung	Aufenthalt
Kategorie	A	B	C	D	E
Metropolenverbindung	A 0	B 0	---	---	---
großräumig	A I	B I	C I	---	---
überregional regional	A II	B II	C II	D II	---
zwischengemeindlich	A III	B III	C III	D III	E III
flächenerschließend	A IV	B IV	C IV	D IV	E IV
untergeordnet	A V	---	---	D V	E V
Wegeverbindung	A VI *)	---	---	---	E VI

*) ländliche Wege

problematisch
besonders problematisch
nicht vertretbar
in der Regel nicht vorhanden

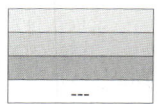

3 Straßen im Außerortsbereich

3.1 Geschwindigkeiten

Straßen außerhalb bebauter Gebiete und anbaufreie Straßen werden nach Parametern und Grenzwerten bemessen, die auf fahrdynamischen Betrachtungen beruhen. Für die Auswahl der Entwurfselemente werden Geschwindigkeitsvorgaben herangezogen.

Entwurfsgeschwindigkeit V_e

Grundlage: Netzfunktion, Qualität des Verkehrsablaufs, Wirtschaftlichkeit und Umwelt.

> Beeinflusst Kurvenmindestradien, maximale Längsneigungen und Ausrundungsradien von Kuppen und Wannen. Anzuwenden bei den Kategoriengruppen A und B (bei den übrigen Kategoriengruppen entspricht V_e allgemein der zulässigen Geschwindigkeit V_{zul}).

Die Entwurfsgeschwindigkeit V_e liegt zwischen 50 km/h und 120 km/h. Für angebaute Straßen mit maßgeblicher Verbindungsfunktion (Kategoriengruppe C) wird bei fahrdynamischer Bemessung eine V_e von 50 km/h angesetzt.

Geschwindigkeit V_{85}

Grundlage: fahrdynamisch begründeter Wert für die Bemessung einzelner Entwurfselemente.

> Die V_{85} entspricht der Geschwindigkeit, die von 85 % der unbehindert fahrenden Pkw auf sauberer, nasser Fahrbahn nicht überschritten wird.

Zweibahnige Querschnitte und 2+1 Fahrbahnen:
$V_{85} = V_e + 20$ km/h bei $V_e < 100$ km/h
$V_{85} = V_e + 10$ km/h bei $V_e \geq 100$ km/h
Einbahnige Querschnitte (Fahrbahnbreiten 6,50 m und 7,50 m) der Kategoriengruppe A:
$V_{85} = 100$ km/h für $KU < 150$ gon/km
$V_{85} = 100 - 0,15 (KU - 150)$ km/h für $KU \geq 150$ gon
Bei Straßen der Kategoriengruppen B und C gilt: $V_{85} = V_{zul}$

> Entwurfshinweise und Grenzwerte der Entwurfsparameter sind in den RAS–L [FGSV 98.1], RAS–K [FGSV 01.3] und RAS–Q [FGSV 96] zusammengestellt (in Vorbereitung sind kategorienbezogene Richtlinien für Autobahnen RAA und für anbaufreie Straßen RAL, welche die genannten Richtlinien ersetzen werden [Schnüll 02]).

3.2 Trassierungselemente

3.2.1 Entwurfselemente im Lageplan

Im Straßenentwurf werden im Lageplan die Elemente Gerade, Klothoide (Übergangsbogen) und Radius (Kreisbogen) verwendet.

Gerade

Höchstlänge in m = 20 · V_e in km/h (nur für Straßen der Kategoriengruppe A),
(siehe auch Tafel 9.9).

Klothoide (Übergangsbogen)

Klothoiden sind bei Straßen der Kategoriengruppen A I bis A V und B I bis B III anzuwenden, in der Kategoriengruppe C ist ihre Anwendung bei fahrdynamischer Bemessung erwünscht. Bei einer Klothoide nimmt die Krümmung linear mit der Bogenlänge zu.

$A^2 = R \cdot L$ (Bildungsgesetz der Klothoide)
A Klothoidenparameter in m^2
R Radius in m
L Länge der Klothoide in m

Ein günstig gewählter Klothoidenparameter liegt im Bereich: $A = R/3$ bis R

Radius (Kreisbogen)

Die Wahl der geeigneten Radien ist von der Entwurfsgeschwindigkeit V_e abhängig (fahrdynamische Bemessung in den Kategoriengruppen A und B, fallweise auch C). Die Elementlänge der Radien soll den Wert min L (Tafel 11.7) nicht unterschreiten.

Tafel 11.7: **Mindestwerte für Radien bei Straßen der Kategoriengruppen A und B I, B II**

V_e in km/h	50	60	70	80	90	100	120
min R in m	80	120	180	250	340	450	720
min L in m	30	35	40	45	50	55	65

(Siehe auch Tafel 11.9 und Tafel 11.11a).

3.2.2 Entwurfselemente im Höhenplan (Gradiente)

Längsneigungen sind erforderlich, um Straßen an das Gelände anzupassen. Zwischen unterschiedlichen Längsneigungen (Neigungswechsel) werden Ausrundungen als Kreisbogen angeordnet (Wanne bzw. Kuppe).

Mindestlängsneigung: min s = 0,5 % (Sicherstellung der Straßenentwässerung).
Kuppen- und Wannenausrundung: Mindestwerte ergeben sich aus fahrdynamischen Betrachtungen und den erforderlichen Haltesichtweiten (Kuppen).

Die zugehörigen Grenz- und Richtwerte können Tafel 11.9 entnommen werden.

3.2.3 Fahrbahnverbreiterung und Fahrbahnaufweitung

Die Fahrgeometrie (Schleppkurve) bedingt eine Aufweitung der Fahrspuren bei der Fahrt durch einen Radius. Ein Wechsel des Querschnitts oder die Anordnung eines Zusatzfahrstreifens verändern die Fahrbahnbreite. Die Fahrbahnränder müssen entsprechend verzogen werden.

Fahrbahnverbreiterung

In engen Radien ist eine Verbreiterung der Fahrspuren um den Wert i erforderlich.

$$i = n \cdot (R_a - \sqrt{R_a^2 - D^2}) \qquad \text{oder vereinfachend}$$

$$i = n \cdot \frac{D^2}{2R} \qquad \text{(für Radien } R > 30 \text{ m)}$$

i Fahrbahnverbreiterung in m
n Anzahl der Fahrstreifen
R_a äußerer Wendekreisradius in m des Dimensionierungsfahrzeugs
R Radius der Fahrbahnachse in m
D Achsstand und vorderer Überhang in m des Dimensionierungsfahrzeugs

Fahrzeugart	Pkw	Lkw	Lastzug	Bus I Standardbus	Bus II Gelenkbus
D in m	4,00	8,00	10,00	8,00	9,00

Verbreiterungen dürfen entfallen für
$i \leq 0,25$ m bei Fahrbahnbreiten $b \leq 6,00$ m
$i \leq 0,50$ m bei Fahrbahnbreiten $b > 6,00$ m

Die Verbreiterung (Verziehung) wird linear im Übergangsbogen (Klothoide) ausgeführt. Der Knick zu Beginn der Verziehung wird über Kreisbögen mit einer Tangentenlänge von 7,50 m ausgerundet.

Für Straßen der Kategoriengruppen D und E wird auf eine Verbreiterung verzichtet, wenn die Mitbenutzung der Gegenfahrspur möglich ist.

Fahrbahnaufweitung

Fahrbahnen werden bei Zusatzfahrstreifen, Abbiegespuren oder Mittelinseln über eine Verziehungslänge L_Z aufgeweitet. Die Aufweitung erfolgt durch das Aneinanderstoßen zweier Parabeläste.

$$L_Z = V_e \cdot \sqrt{\frac{i}{3}}$$

L_Z Verziehungslänge in m
i Fahrbahnverbreiterung in m
V_e Entwurfsgeschwindigkeit in km/h

Straßen im Außerortsbereich

Tafel 11.9: Grenz- und Richtwerte für Straßen (nach RAS–L und RAS–Q)

	Entwurfselemente		Kategoriengruppe	maßgebende Geschwindigkeit	Grenzwerte für V in km/h							
					50	60	70	80	90	100	120	
Lageplan	Geradenlänge	max L in m	A	V_e	---	1200	1400	1600	1800	2000	2400	
	Geradenlänge (gleichgerichtete Kurven)	min L in m	A	V_e	---	360	420	480	540	600	720	
	Kurvenradius $q = 2,5\%$	min R in m	A, B	V_e	320	490	700	980	1400	1700	2700	
	Kurvenradius $q = 7,0\%$	min R in m	A, B	V_e	80	120	180	250	340	450	720	
	Kurvenradius $q = -2,5\%$	min R in m	A, B	V_{85}	---	---	600	950	1400	2100	4100	
	Klothoidenparameter	min A in m	A, B	V_e	30	40	60	80	110	150	240	
	Längsneigung	max s in %	A	V_e	9,0	8,0	7,0	6,0	5,0	4,5	4,0	
			B	V_e	12,0	10,0	8,0	7,0	6,0	5,0	---	
Höhenplan	Längsneigung im Verwindungsbereich	min s in %	A, B	---			0,7			ohne Hochbord: $s - \Delta s \geq 0,2\%$ mit Hochbord: $s - \Delta s \geq 0,5\%$		
	Kuppenhalbmesser	min H_K in m	A, B	V_e	1400	2400	3150	4400	5700	8300	16000	
	Wannenhalbmesser	min H_W in m	A, B	V_e	500	750	1000	1300	2400	3800	8800	
Querschnitt	Querneigung	min q in %	A, B	---				2,5				
	Querneigung in Kurven	max q_K in %	A, B	---				8,0				
	Anrampungslängsneigung $a < 4,0$ m	max Δs in %	A, B	V_e	$0,5 \cdot a$	$0,4 \cdot a$		$0,25 \cdot a$		$0,225 \cdot a$		
	Anrampungslängsneigung $a \geq 4,0$ m		A, B	V_e	2,0	1,6		1,0		0,9		
	(a: Abstand Fahrbahnrand – Drehachse in m)	min Δs in %	A, B	V_e				$0,1 \cdot a$				
Sicht	Haltesichtweite (Strecke)	min S_h in m	A, B	V_{85}	50	65	85	110	140	170	250	
	Überholsichtweite	min $S_\ddot{U}$ in m	A	V_{85}	---	475	500	525	575	625	---	
	Streckenanteil mit Überholsichtweite	min $l_{s\ddot{U}}$ in %	A	---				20				

3.2.4 Querneigungen

Die Anordnung einer Querneigung der Fahrbahn ist zur seitlichen Abführung des Oberflächenwassers erforderlich. Die Mindestquerneigung in der Geraden beträgt min $q = 2,5$ %. Üblich ist die Anordnung einer einseitigen Querneigung. In angebauten Bereichen ist auch ein Dachprofil möglich.

In Radien werden aus fahrdynamischen Gründen höhere Querneigungen zur Kurveninnenseite angeordnet. Die Querneigung bestimmt sich aus dem Radius und der Geschwindigkeit V_{85} (Kategoriengruppen A I bis A V und B I bis B II) bzw. der Entwurfsgeschwindigkeit V_e (anbaufreie Hauptverkehrsstraßen und angebaute Straßen mit Verbindungsfunktion). Bei fahrgeometrischer Bemessung angebauter Straßen gilt max $q = 2,5$ % als Regelfall. Die Tafel 11.9 enthält zugehörige Grenzwerte.

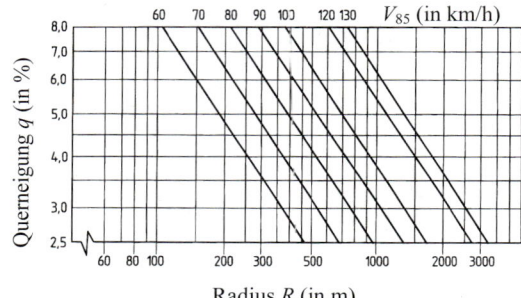

Diagramm zur Bestimmung der erforderlichen Querneigung q für einen vorgegebenen Radius und eine Geschwindigkeit V_{85}.

Das Diagramm ist anzuwenden für Straßen der Kategoriengruppen A I bis A V sowie B I und B II (nach RAS–L).

Abb. 11.10: Querneigung q in Abhängigkeit vom Radius R und der Geschwindigkeit V_{85}

Die Fahrbahn wird zwischen unterschiedlichen Querneigungen verwunden. Im Regelfall liegt die Drehachse der Verwindung in Fahrbahnmitte (mit a: Abstand des Fahrbahnrandes von der Drehachse in m).

4 Innerortsstraßen

4.1 Entwurfsparameter und Grenzwerte

Im Innerortsbereich werden Straßen überwiegend nach fahrgeometrischen Grundlagen angelegt. Für Ortsdurchfahrten (B I und B II) bleibt jedoch die fahrdynamische Trassierung (siehe Außerortsstraßen) maßgeblich. Straßen der Kategoriengruppe C mit maßgeblicher Verbindungsfunktion können fallweise nach fahrdynamischen oder fahrgeometrischen Prinzipien angelegt werden.

4.1.1 Fahrdynamische Trassierung innerorts

Für angebaute und anbaufreie Hauptverkehrsstraßen geben die EAHV [FGSV 98.2] Grenz- und Richtwerte an, die bei fahrdynamischer Trassierung anzuwenden sind. Die zulässige Höchstgeschwindigkeit in angebauten Straßen (Innerortsstraßen) ist allgemein auf 50 km/h (in Ausnahmefällen auch 60 km/h und 70 km/h) begrenzt (siehe Tafel 11.11a).

4.1.2 Entwurfsprinzipien im Nebennetz

In Wohn- und Anliegerbereichen mit überwiegender Erschließungs- und Aufenthaltsfunktion, sowie in Stadtkernlagen mit hohem Fußgängeranteil und intensiv genutzten Seitenräumen sind niedrigere Geschwindigkeiten wünschenswert bzw. aus Sicherheits- und Qualitätsansprüchen geboten. Allgemein durchgesetzt haben sich dazu flächenhafte Maßnahmen.

Innerortsstraßen

Tafel 11.11a: Grenz- und Richtwerte für städtische Hauptverkehrsstraßen (nach EAHV)

	Entwurfselemente		Kategoriengruppe	Grenzwerte bei ...					... fahrgeometrischer Bemessung
				... fahrdynamischer Bemessung					
				maßgebl. Geschw.	V in km/h				
					40	50	60	70	
Lageplan	Kurvenradius	min R in m, $q = 2,5$ %	B	V_e	---	80	125	190	---
			C	V_e	45	80	130	200	10
		bei q_K	C	V_e	40	70	120	175	---
	Kurvenradius (Querneigung zur Kurvenaußenseite)	min R in m	B	V_e	---	250	450	700	---
			C	V_e	---	150	250	400	---
	Klothoidenparameter	min A in m	B, C	V_e	30	50	70	90	---
Höhenplan	Längsneigung (...) Ausnahmewerte	max s in %	B	V_e	---	8,0 (12,0)	7,0 (10,0)	6,0 (8,0)	---
			C	V_e	8,0 (12,0)	7,0 (10,0)	6,0 (8,0)	5,0 (7,0)	8,0 (12,0)
	Längsneigung in Verwindungsstrecken	min s in %	B	---	---	0,7	(ohne Hochbord: $s - \Delta s \geq 0,0 \ldots 0,2$ %)		
			C	---	---	0,5	(mit Hochbord: $s - \Delta s \geq 0,5$ %)		
	Kuppenhalbmesser	min H_K in m	B, C	V_e	459	900	1800	2200	250
	Wannenhalbmesser	min H_W in m	B, C	V_e	250	500	900	1200	150
Querschnitt	Mindestquerneigung	min q in %	B, C	---	2,5				
	Querneigung in Kurven	max q_K in %	B	---	6,0 (7,0)				---
			C	---	2,5 (5,0)				2,5
	Anrampungslängsneigung	max Δs in %	B	V_e	$0,50 \cdot a$; $2,0$ ($a \geq 4,0$ m)		$0,40 \cdot a$; $1,6$ ($a \geq 4,0$ m)		---
		min Δs in %	B, C	---	$0,10 \cdot a$ (mit a: Abstand des Fahrbahnrandes von der Drehachse in m)				
Sicht	Haltesichtweite (für $s = 0,0$ %)	min S_h in m	B, C	V_{zul}	30	43	60	81	20

Tafel 11.11b: Entwurfsprinzipien und maßgebende Funktion im Straßennetz

	maßgebende Funktion:	Einsatzgrenzen:		Entwurfsprinzip:
innerörtliches Hauptnetz				
Hauptverkehrsstraßen anbaufrei (B II, B III)	V			3
Verkehrsstraßen angebaut (C III)	V			3
innerörtliches Nebennetz				
Hauptsammelstraßen (B IV, C IV)	V	≤ 1.500 Kfz/h	$V_{zul} = 50$ km/h	3
	V	≤ 800 Kfz/h	$V_{zul} < 50$ km/h	2
Sammelstraßen (D IV)	E	≤ 500 Kfz/h	$V_{zul} = 30$ km/h	2
Erschließungsstraßen (D V)	E	≤ 250 Kfz/h	$V_{zul} \leq 30$ km/h	2
	E	≤ 150 Kfz/h	$V_{zul} \leq 30$ km/h	1 oder 2
Anliegerstraßen (D V, E V)	E	≤ 120 Kfz/h	$V_{zul} \leq 30$ km/h	1 oder 2
	A	≤ 60 Kfz/h	$V_{zul} < 30$ km/h	1
Anliegerweg (E VI)	A	≤ 20 Kfz/h	$V_{zul} < 30$ km/h	1
maßgebende Funktion V: Verbindung E: Erschließung A: Aufenthalt	Entwurfsprinzip 1: Mischung 2: Trennung mit Geschwindigkeitsdämpfung ($V < 50$ km/h) 3: Trennung ohne Geschwindigkeitsdämpfung ($V = 50$ km/h)			

(1) Mischungsprinzip: Anliegerbereiche mit geringem Verkehrsaufkommen. Innerhalb der Fahrbahnbereiche werden mehrere Nutzungen verträglich zueinander abgewickelt.

(2) Trennungsprinzip mit eingeschränkten Bewegungsspielräumen: Durch Borde oder Rinnen baulich abgetrennte Fahrbahn. Lkw-Begegnungen mit reduzierter Geschwindigkeit. Mischnutzung in den Seitenräumen.

(3) Trennungsprinzip mit uneingeschränkten Bewegungsspielräumen: Durch Borde oder Rinnen baulich abgetrennte Fahrbahn. Begegnung großer Fahrzeuge mit zulässiger Geschwindigkeit (innerorts 50 km/h). Üblich für Straßen mit höherer Verkehrsbedeutung.

Flächenhafte Maßnahmen zur Geschwindigkeitsdämpfung

- Eine Zonenbildung mit einheitlicher Beschränkung der zulässigen Höchstgeschwindigkeit auf 30 km/h (und weniger) durch eine entsprechende Beschilderung,
- die Ausweisung als „verkehrsberuhigter Bereich" mit baulicher Umgestaltung der Straßenräume (zulässige Höchstgeschwindigkeit: Schrittgeschwindigkeit).

Bei flächenhafter Anwendung im Nebennetz verbleibt ein umgebendes Verkehrsstraßennetz (ab Kategorie C IV aufwärts) ohne ergänzende Beschilderung für eine zulässige Höchstgeschwindigkeit von 50 km/h.

4.1.3 Fahrbahnbreiten

Für den Kraftfahrzeugverkehr werden nach EAE [FGSV 95.1] und EAHV [FGSV 98.2] nur die Flächen für Begegnungs- und Überholvorgänge bzw. die Vorbeifahrt des Bemessungsfahrzeuges bei ausreichenden Bewegungsspielräumen beansprucht.

- In Hauptverkehrsstraßen ist in der Regel der Lkw/Lastzug oder der Linienbus maßgebend.
- In Erschließungs- und Anliegerstraßen treten regelmäßige Begegnungen dieser Fahrzeuge selten auf bzw. nicht auf, so dass geringere Anforderungen an die Begegnungsmöglichkeiten gestellt werden können.

Die EAE und EAHV geben Standardfahrbahnbreiten an.

Tafel 11.12: Fahrbahnbreiten und Begegnungsfälle auf Innerortsstraßen

Fahrbahnbreite bzw. Fahrgassenbreite (Maße in m) bei		Einsatzbereiche Kategoriengruppen
unverminderter Geschwindigkeit (50 km/h)	verminderter Geschwindigkeit (≤ 40 km/h)	
Bus/Bus Lkw/Pkw+Rad	nicht üblich (punktuelle Einengungen möglich)	Verkehrsstraßen Hauptsammelstraßen Linienbusverkehr B II – B IV, C III – C IV
Lkw/Pkw Lfw/Lfw	Lkw/Lkw Pkw/Pkw+Rad	Sammelstraßen D IV – D V
Pkw/Pkw Lkw/Rad Pkw+Rad/Rad	Lkw/Lfw Lkw/Pkw	Anliegerstraßen D V, E V
Fahrbahnen in Anliegerbereichen ohne regelmäßige Kfz-Begegnung:		
Lfw/Rad	4,00 m	Pkw/Pkw Lkw/Rad	4,00 m	Anliegerstraßen E V – E VI
Pkw/Rad Feuerwehr/---	3,50 m	Pkw/Rad	3,50 m	Wohnwege E VI
Lkw/---	3,00 m	Feuerwehr/---	3,00 m	Wohnwege E VI

Zweispurige Innerortsfahrbahnen mit Fahrzeugbegegnung oder als Richtungsfahrbahn sind in einer Breite von 6,50 m für alle Begegnungsfälle bzw. Vorbeifahrten nach StVZO ausreichend. Die maximal erforderliche Fahrspurbreite beträgt somit 3,25 m im Regelfall. Die Fahrbahnbreiten im Nebennetz sind an den typischen Begegnungsfällen (Pkw/Lkw, somit 5,50 m bzw. 4,75 m) auszurichten (Ausnahme: bei Linienbusverkehren wird 6,50 m Fahrbahnbreite empfohlen)

4.2 Erschließung und Verkehrsberuhigung
4.2.1 Gebietserschließung für den Kraftfahrzeugverkehr

Tafel 11.13: Erschließungsprinzipien (nach: [ILS 95])

	verkehrsberuhigt	im Prinzip für alle Pkw-Verkehre zugänglich, aber nicht mehr attraktiv für Durchgangsverkehre
		Geschwindigkeitsdämpfung, keine direkten Routen
	autoarm	Routen sind nur für Bewohner und Berechtigte bestimmt, Durchgangsverkehr ist unmöglich
		Parkplätze konzentriert, Durchfahrungen nicht möglich
	autofrei	Kfz-Verkehr ist auf Not- und Bringdienste (Lieferverkehre) beschränkt
		Parkplätze (nur in beschränkter Anzahl) befinden sich außerhalb der Gebietsabgrenzung

P Parken

4.2.2 Elemente zur Geschwindigkeitsdämpfung

In Wohn- und Anliegerquartieren – zum Teil auch in Verkehrsstraßen – finden Elemente und Einbauten im Straßenraum Verwendung, die zur Einhaltung einer reduzierten bzw. angepassten Fahrgeschwindigkeit beitragen. Um eine lineare Wirksamkeit zu gewährleisten, sollten die Elementabstände (auch Elementkombinationen) etwa 60 – 80 m nicht überschreiten.

Straßenbelag und Niveauunterschiede

Ein Wechsel der Fahrbahnbeläge (üblich: Pflasterung von Teilflächen der Fahrbahn) wird zur Verdeutlichung der Straßenhierarchie und als Gestaltungselement im Einmündungsbereich einer untergeordneten Straße eingesetzt (oftmals in Kombination mit weiteren Maßnahmen).

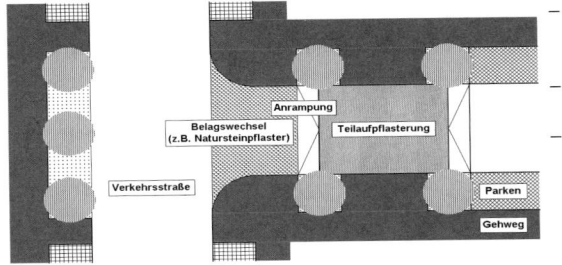

– Kennzeichnung der Einfahrtsituation über einen Belagswechsel im Übergang
– Geschwindigkeitsdämpfung durch Aufpflasterung
– Gestaltung der Seitenräume (in Verbindung mit Parkierung und Baumanpflanzungen).

Abb. 11.13: Einmündung einer untergeordneten Straße (Prinzipskizze)

Fahrbahnversätze

Eine fahrdynamische (geschwindigkeitsdämpfende) Wirksamkeit wird bei Fahrbahnversätzen über eine angepasste Versatzlänge L_V in Abhängigkeit von der Fahrbahnbreite und der Versatztiefe t_V gewährleistet. Dabei ist auch die Befahrbarkeit durch das Bemessungsfahrzeug (grundsätzlich sind dazu Müllfahrzeuge und Feuerwehrfahrzeuge zu berücksichtigen) sichergestellt. Üblich ist eine Ausführung als Linksversatz.

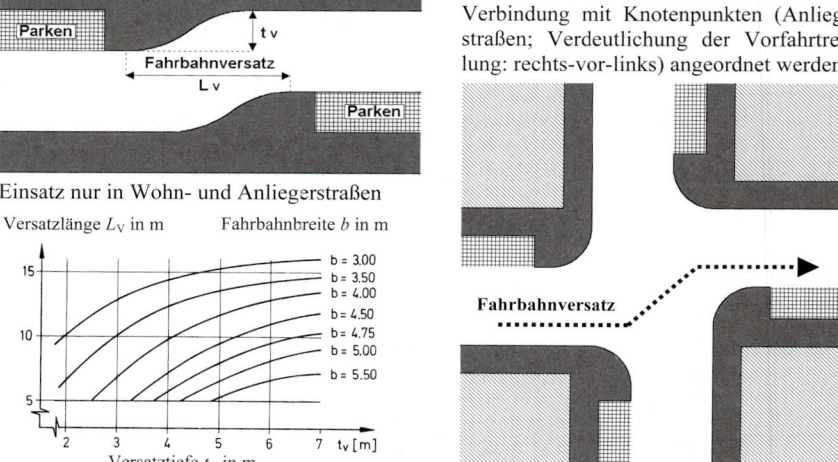

Fahrbahnversätze können auch sinnvoll in Verbindung mit Knotenpunkten (Anliegerstraßen; Verdeutlichung der Vorfahrtregelung: rechts-vor-links) angeordnet werden.

Abb. 11.14a: Anordnung von Fahrbahnversätzen (Prinzipskizzen)

Vorgezogene Seitenräume und Einengungen der Fahrbahn

Die Anordnung vorgezogener Seitenräume dient der Verbesserung der Sichtbeziehung zwischen querenden Fußgängern und dem fließenden Verkehr (siehe auch Abschnitt 7). Ihr Einsatz ist allgemein in Verbindung mit straßenbegleitenden Parkierungseinrichtungen sinnvoll.

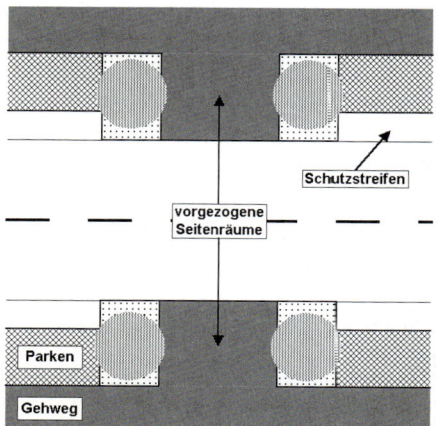

Einsatzbereiche:

– allgemein zur Gliederung und Gestaltung des Straßenraums
– an Stellen mit hohem Querungsbedarf oder an besonders zu schützenden Querungsbeziehungen (z.B. Schulen)
– in Verbindung mit Mittelinseln (Querungshilfen).

In Anlieger- und Wohnstraßen kann mit vorgezogenen Seitenräumen eine punktuelle Einengung der Fahrbahn kombiniert werden (nur bei geringem Begegnungsverkehr; ansonsten sind fallweise erhöhte Geschwindigkeiten zu beobachten, um ein Anhalten vor der Einengung zu vermeiden).

Abb. 11.14b: Vorgezogene Seitenräume (Prinzipskizze)

Innerortsstraßen

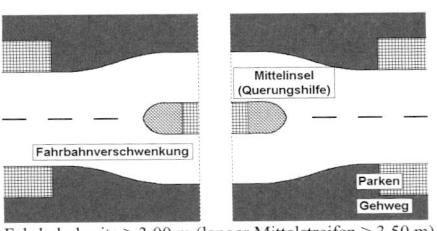

Fahrbahnbreite ≥ 3,00 m (langer Mittelstreifen ≥ 3,50 m)
Mittelinsel ≥ 2,00 m (bei Nutzung als Querungshilfe)

Abb. 11.15a: Verschwenkung (Prinzipskizze)

Fahrbahnverschwenkungen trennen die Fahrspuren in zwei schmale Fahrbahnen mit dazwischen liegender Mittelinsel oder mit einem lang gestreckten Mittelstreifen.

Einsatzbereiche:

– Gliederung/Gestaltung des Straßenraums
– Stellen mit hohem Querungsbedarf (Querungshilfe).

Mittelstreifen werden auch in Kombination mit einer anschließenden Linksabbiegerspur zwischen den Knotenpunkten angeordnet.

Aufpflasterungen

Aufpflasterungen der Fahrbahn (in der Regel auf Gehwegniveau) sind fahrdynamisch wirksame Elemente zur Beeinflussung der Fahrgeschwindigkeit. Die Elemente werden im Straßenverlauf, an Knotenpunkten (siehe Abb. 11.13) und in Kombination mit Einengungen, vorgezogenen Seitenräumen sowie Mittelinseln bzw. Mittelstreifen angeordnet.

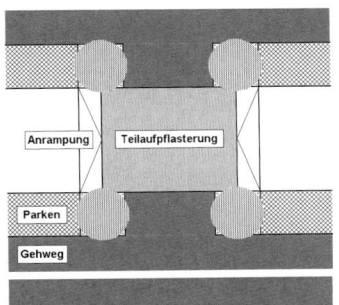

Länge 5...15 m
Höhe 8...10 cm
Anrampung über 60...100 cm

üblich ist eine Ausführung der Anrampungen und der Aufpflasterung in Betonsteinpflaster (farbliche Angleichung an die Seitenräume)

Torwirkung durch Baumpflanzungen (an Querungsstellen müssen Sichtbeziehungen gewährleistet werden)

Länge 3...5 m
Höhe 5...7 cm
Anrampung über 20...35 cm
Mindestbreite 1,70 m
seitlicher Abstand bis 1,00 m

seitliches Vorbeifahren ist für Radfahrer ohne Behinderung möglich
Oberflächenwasserabfluss (Straßenentwässerung) wird nicht unterbrochen

Plateaus in Natursteinpflaster (kissenförmig)
Torwirkung durch seitliche Baumpflanzungen

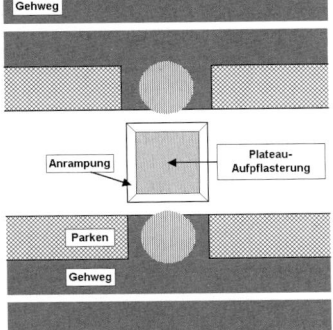

Länge 3...5 m
Höhe 5...7 cm
Anrampung über 20...35 cm
Mindestbreite 1,70 m
seitlicher Abstand bis 1,00 m, Mittenabstand bis 1,20 m

seitliches Vorbeifahren ist für Radfahrer ohne Behinderung möglich
Oberflächenwasserabfluss (Straßenentwässerung) wird nicht unterbrochen
ungehinderte Überfahrung durch Fahrzeuge mit größerer Spurweite (Linienbusse des ÖPNV)
Plateaus in Natursteinpflaster (kissenförmig)
Torwirkung durch seitliche Baumpflanzungen

Abb. 11.15b: Anordnung von Aufpflasterungen in der Fahrbahn (Prinzipskizzen)

4.2.3 Wendeeinrichtungen

Am Ende einer Stichstraße ist eine Wendeanlage anzuordnen, wenn keine anderen Flächen mitbenutzt werden können. Im Anliegerbereich ist eine Ausführung als Wendehammer üblich.

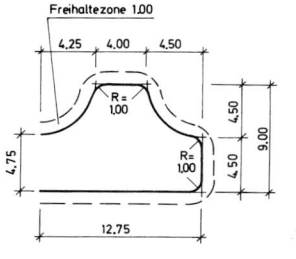

Wendehammer nur für Pkw geeignet
Bemessungsfahrzeug: Pkw
(kann bei Fahrbahnbreiten ab 6,00 m entfallen)

Einsatzbereich:
Anliegerstraßen und Anliegerwege mit Erschließungs- bzw. Aufenthaltsfunktion
Sonderregelung für Müllfahrzeug erforderlich

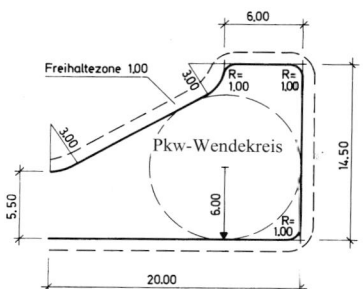

Wendehammer für Lkw bis zu einer Länge von 10,00 m (mit Wendekreis für Pkw)
Bemessungsfahrzeug: 3-achsiges Müllfahrzeug

Einsatzbereich:
Anliegerstraßen mit Erschließungsfunktion, auch für Wohngebiete mit Gewerbedurchmischung

bequeme Wendemöglichkeit für Pkw

Abb. 11.16a: Wendeeinrichtungen

Größere Anlagen (Wendeschleifen) werden an Stichstraßen in Gewerbe- und Industriegebieten (Lastzug) oder als Wendepunkt für Linien des ÖPNV (Linienbus) erforderlich und mit einem äußeren Wendekreisradius von 12,00 m ausgeführt.

4.2.4 Ver- und Entsorgungseinrichtungen im Straßenraum

Leitungen zur Ver- und Entsorgung werden in der Regel im öffentlichen Straßenraum untergebracht. Der Raumbedarf zur Leitungsverlegung kann in Anliegerwegen und Wohnwegen maßgeblich für deren erforderliche (Straßenraum-)Breite sein. Nichtöffentliche Flächen sollen nur in Ausnahmefällen in Anspruch genommen werden.

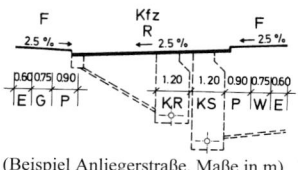

E = Strom (Überdeckung > 0,60 m)
G = Gas (Überdeckung >1,00 m)
P = Fernmeldekabel (Überdeckung > 0,60 m)
KR = Regenwasserkanal (Überdeckung >1,00 m)
KS = Schmutzwasserkanal (Überdeckung >1,00 m)
W = Wasser (Überdeckung >1,00 m)

(Beispiel Anliegerstraße, Maße in m)

hier nicht dargestellt:
FH = Fernheizung (Überdeckung > 1,20 m, Breite 1,00...2,00 m)

Abb. 11.16b: Anordnung der Ver- und Entsorgungsleitungen im Straßenraum (nach: EAE [FGSV 95.1])

Die Abdeckungen für Prüfschächte sind im Straßenquerschnitt möglichst derart anzuordnen, dass sie nicht regelmäßig überfahren werden.

5 Knotenpunkte und Sichtbeziehungen

5.1 Eckausrundung an Einmündungen und Kreuzungen

Die Fahrbahnränder werden an Knotenpunkten durch eine Eckausrundung verbunden. Die Ausrundung wird fahrgeometrisch angelegt, so dass regelmäßig verkehrende Fahrzeuge (Bemessungsfahrzeug) den Knotenpunkt unbehindert befahren können.

> In der einfachsten Form werden Kreisbögen tangential an den Fahrbahnrändern angeschlossen. Dies ist üblich in Anliegerbereichen und an Fahrbahnen mit überwiegend Pkw-Verkehr. Als Ausrundungsradius werden dort in der Regel 4,00 oder 6,00 m (2-achsiges Müllfahrzeug) bzw. 6,00 oder 8,00 m (3-achsiges Müllfahrzeug) gewählt (untere Werte nur bei Mitbenutzung der Gegenfahrspur).
>
> Werden Knotenpunkte regelmäßig von Lkw oder Bussen (Außerortsstraßen, innerorts Verkehrsstraßen und Sammelstraßen) befahren, wird die Eckausrundung als dreiteilige Kreisbogenfolge im Verhältnis $R_1 : R_2 : R_3 = 2 : 1 : 3$ (in Fahrtrichtung) ausgeführt.

In untergeordneten Fahrbeziehungen und an Parkplatzzufahrten sind Radien ab 2,00 m möglich. Treten keine Abbiegeverkehre (Kfz) am Knotenpunkt auf, so kann dort eine Mindestausrundung von $R_{min} = 1,00$ m gewählt werden.

Tafel 11.17: Eckausrundungen mit dreiteiligem Korbbogen (Konstruktionsbeispiel)

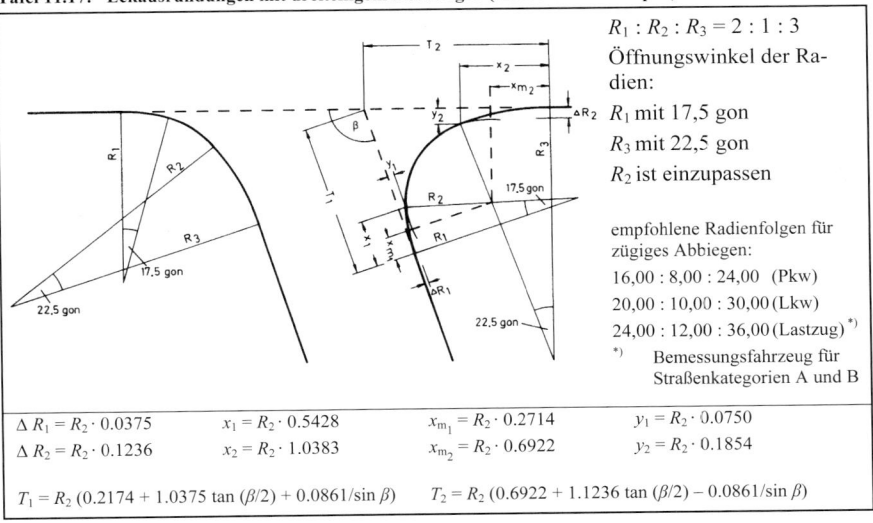

$R_1 : R_2 : R_3 = 2 : 1 : 3$

Öffnungswinkel der Radien:
R_1 mit 17,5 gon
R_3 mit 22,5 gon
R_2 ist einzupassen

empfohlene Radienfolgen für zügiges Abbiegen:
16,00 : 8,00 : 24,00 (Pkw)
20,00 : 10,00 : 30,00 (Lkw)
24,00 : 12,00 : 36,00 (Lastzug) [*]

[*] Bemessungsfahrzeug für Straßenkategorien A und B

$\Delta R_1 = R_2 \cdot 0{,}0375$	$x_1 = R_2 \cdot 0{,}5428$	$x_{m_1} = R_2 \cdot 0{,}2714$	$y_1 = R_2 \cdot 0{,}0750$
$\Delta R_2 = R_2 \cdot 0{,}1236$	$x_2 = R_2 \cdot 1{,}0383$	$x_{m_2} = R_2 \cdot 0{,}6922$	$y_2 = R_2 \cdot 0{,}1854$

$T_1 = R_2 \, (0{,}2174 + 1{,}0375 \tan(\beta/2) + 0{,}0861/\sin\beta)$ $T_2 = R_2 \, (0{,}6922 + 1{,}1236 \tan(\beta/2) - 0{,}0861/\sin\beta)$

Die Befahrbarkeit einer Eckausrundung sollte in allen Fällen mit Hilfe von Schleppkurven der Bemessungsfahrzeuge überprüft werden.

5.2 Sichtweiten an Knotenpunkten

An Knotenpunkten muss eine ausreichende Sichtweite der wartepflichtigen Fahrzeuge auf die bevorrechtigten Verkehrsströme gewährleistet sein. Zum Einordnen einbiegender Fahrzeuge in den übergeordneten Verkehrsstrom bzw. für kreuzende Fahrzeuge wird eine *Anfahrsicht* gefordert. Die Einhaltung einer *Annäherungssicht* ist außerorts erwünscht (in bebauten Gebieten wird darauf allgemein verzichtet). In der Annäherung zu den Knotenpunktzufahrten ist die *Haltesichtweite* grundsätzlich einzuhalten.

11A Verkehrswesen

Tafel 11.18a: Erforderliche Haltesichtweiten S_h (in m) am Knotenpunkt

Straßenkategorie		V_{85} (in km/h)	Straßenlängsneigung s (in %)				
			−8	−4	0	+4	+8
A	anbaufreie Straßen außerhalb bebauter Gebiete	100	240	210	190	170	160
		90	185	165	159	140	130
		80	145	130	120	110	105
		70	110	100	90	85	80
		60	80	70	70	65	60
		50	60	55	50	50	50
B	anbaufreie Straßen im Übergangsbereich und innerhalb bebauter Gebiete	70	95	85	80	75	70
		60	70	65	60	55	55
		50	50	45	40	40	40
C	angebaute Hauptverkehrs- und Hauptsammelstraßen innerhalb bebauter Gebiete, übrige Straßen	50			40		
D		40			25		
E		30			15		

Tafel 11.18b: Schenkellängen L (in m) des Sichtfeldes (Anfahrsicht) am Knotenpunkt

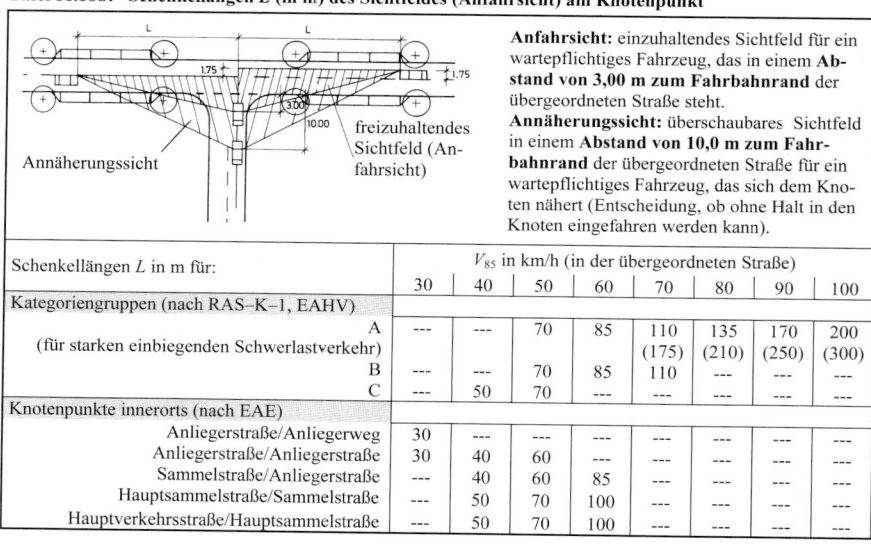

Anfahrsicht: einzuhaltendes Sichtfeld für ein wartepflichtiges Fahrzeug, das in einem **Abstand von 3,00 m zum Fahrbahnrand** der übergeordneten Straße steht.

Annäherungssicht: überschaubares Sichtfeld in einem **Abstand von 10,0 m zum Fahrbahnrand** der übergeordneten Straße für ein wartepflichtiges Fahrzeug, das sich dem Knoten nähert (Entscheidung, ob ohne Halt in den Knoten eingefahren werden kann).

Schenkellängen L in m für:	V_{85} in km/h (in der übergeordneten Straße)						
	30	40	50	60	70	80	90	100
Kategoriengruppen (nach RAS–K–1, EAHV)							
A (für starken einbiegenden Schwerlastverkehr)	---	---	70	85	110 (175)	135 (210)	170 (250)	200 (300)
B	---	---	70	85	110	---	---	---
C	---	50	70	---	---	---	---	---
Knotenpunkte innerorts (nach EAE)								
Anliegerstraße/Anliegerweg	30	---	---	---	---	---	---	---
Anliegerstraße/Anliegerstraße	30	40	60	---	---	---	---	---
Sammelstraße/Anliegerstraße	---	40	60	85	---	---	---	---
Hauptsammelstraße/Sammelstraße	---	50	70	100	---	---	---	---
Hauptverkehrsstraße/Hauptsammelstraße	---	50	70	100	---	---	---	---

An Überquerungsstellen für Fußgänger und Radfahrer sind Sichtfelder aus einem Abstand von 1,00 m zum Fahrbahnrand mit Schenkellängen $L = S_h$ (siehe Tafel 11.18a) einzuhalten.

6 Anlagen für den ruhenden Verkehr

6.1 Nachfrageermittlung

Die Untersuchung der Parkraumnachfrage, die Suche nach Lösungen zur Unterbringung des *ruhenden Verkehrs* und die Bemessung entsprechender Anlagen sind ein maßgeblicher Bestandteil verkehrsplanerischer Aufgabenstellungen.

Einer Parkraumplanung sind zugrunde zu legen:

– die Ansprüche der zu berücksichtigenden Nachfragergruppen,
– die Merkmale des Untersuchungsgebiets (Gebietstyp) und die zentralörtliche Bedeutung,
– das Umfeld eines Standorts für geplante Parkflächen,
– die Vorstellungen der künftigen Betreiber.

Anlagen für den ruhenden Verkehr

Tafel 11.19: Nachfragergruppen und Parkraumansprüche (nach EAR [FGSV 95.2])

		Anwohner	Beschäftigte, Schüler, ...	Kunden	Besucher, Gäste	Dienstleister	Lieferanten
Parkdauer	kurz	A	A	Δ	X	X	Δ
	lang	Δ	Δ	A	X	X	A
Parkzeiten*)	vorm.	X	Δ	Δ	X	Δ	Δ
	nachm.	X	X	Δ	X	X	X
	abd./na.	Δ	A	A	Δ	X	A
nur Parken im öffentlichen Straßenraum		X	X	X	X	X	Δ
alternative Nutzung des ÖPNV möglich		A	Δ	X	X	A	A
langer Fußweg zumutbar		A	Δ	X	X	A	A
Bewirtschaftung zweckmäßig		A	X	Δ	Δ	Δ	A
durch Parkleiteinrichtungen ansprechbar		A	A	Δ	Δ	X	A

A trifft nicht zu
X trifft teilweise zu
Δ trifft zu

*) vormittags: 08.00 – 12.00 Uhr
nachmittags: 12.00 – 18.00 Uhr
abends/nachts: 18.00 – 08.00 Uhr

nach: EAR 91 (Entwurf 2003) [FGSV 95]

Als Gebietstypen mit jeweils typischen Nutzungsprofilen und Nachfragergruppen sind zu unterscheiden:
- Stadtkerngebiete (breite Nutzungsvielfalt; Parkraumnachfrage ist meist nicht vollständig zu befriedigen; Parkraumbewirtschaftung erforderlich)
- stadtkernnahe Altbaugebiete (überlagerte Nutzungen; eingeschränkte Möglichkeit zur Parkraumbereitstellung)
- Wohngebiete (überwiegend Anwohner; Hauptnachfrage in den Abend-/Nachtstunden)
- Gewerbe- und Industriegebiete (Beschäftigte und Lieferanten; überwiegend tagsüber)
- dörfliche Gebiete (alle Nachfragergruppen treten auf; Nachfrage ist in der Regel problemlos abzudecken)
- Erholungsgebiete (Zielverkehre; überwiegend an Wochenenden und in Saisonzeiten; Probleme mit dem Naturschutz).

Die Parkierungseinrichtungen sollen nach Möglichkeit den Schwerpunkten der Nachfrage räumlich zugeordnet werden.

6.2 Verfahren und Richtwerte zur Angebotsbemessung

6.2.1 Schätzverfahren zur überschlägigen Ermittlung des Parkraumbedarfs

Das Verfahren beinhaltet eine nutzungsabhängige Schätzung der Fahrtenhäufigkeit und des nachfragerabhängigen, stellplatzbezogenen Umschlagsgrades. Der motorisierte Individualverkehr (MIV) wird als Anteil am Gesamtverkehrsaufkommen berücksichtigt.

$$\text{erf. } P = \sum_j \frac{BGF_j}{100} \cdot \sum_n \frac{f_n \cdot m_n}{u_n} \qquad \text{nach: EAR [FGSV 95.2]}$$

erf. P: Anzahl der erforderlichen Stellplätze (öffentlich und privat)
BGF: Bruttogeschossflächen (in m² der Nutzungsart j)
f: Anzahl Fahrten pro 100 m² BGF und Tag
m: Anteil des MIV am Gesamtverkehrsaufkommen
u: Umschlagsgrad (Anzahl Parkvorgänge pro Stellplatz und Tag)
j: Arten der Flächennutzung (Nutzungsarten)
n: Parkzwecke (Nachfragergruppen)
Die Parameter f, m und u werden nachfragerbezogen angesetzt (Tafel 11.20a).

Tafel 11.20a: Kennwerte für das nutzungsabhängige Schätzverfahren

Parameter	Parkzweck bzw. Nachfragergruppe				
	Anwohner	Einkauf und Erledigung	Beruf und Ausbildung	Besucher	Liefern und Dienstleister
f	2	6	G: 3,0 M: 2,0 K: 1,5	2	3
m	1		Großstadt (G): 0,6...0,7 Mittelstadt (M): 0,7...0,8 Kleinstadt (K): 0,8...1,0		1
u	2	3 bis 8 [*)]	1	6 bis 8 [*)]	10

[*)] Die höheren Werte sind nur bei Bewirtschaftung anzusetzen.

Umschlagsgrad und Umschlagsziffer

Aus dem Umschlagsgrad u ergibt sich die Umschlagsziffer U. Sie setzt die Summe der über den Tagesverlauf parkenden Fahrzeuge ins Verhältnis zum vorhandenen Parkraumangebot.

$U < 1$ Parkraumangebot wird nicht ausgenutzt
$U = 1...5$ Ausnutzung ist im Mittel gegeben
$U > 5$ hoher Kurzzeitparkeranteil (Parkraumbewirtschaftung ist angebracht).

6.2.2 Stellplatzrichtzahlen

In Abhängigkeit von der Art und dem Maß der baulichen Nutzung (Nutzungsarten) innerhalb eines Gebietes werden Stellplätze für Anwohner, Beschäftigte und Besucher gefordert.

Tafel 11.20b: Stellplatzrichtzahlen (Auszug, nach: EAR [FGSV 95.2])

Verkehrsquelle	Zahl der Stellplätze (Stpl.)	B (in %)
Wohngebäude		
Einfamilienhäuser	1...2 Stpl. je Wohnung	---
Mehrfamilienhäuser	1...1,5 Stpl. je Wohnung	10
Wochenend-/Ferienhäuser	1 Stpl. je Wohnung	---
Studentenwohnheime	1 Stpl. je 2...3 Betten	10
Altenheime	1 Stpl. je 8...15 Betten (mindest. 3 Stpl.)	75
Gebäude mit Büro-, Praxis- oder Verwaltungsräumen		
Büro-/Verwaltungsräume	1 Stpl. je 30...40 m² Nutzfläche	20
dto. mit erheblichem Besucherverkehr	1 Stpl. je 20...30 m² Nutzfläche (mindestens 3 Stpl.)	75
Verkaufsstätten		
Läden, Geschäftshäuser	1 Stpl. je 30...40 m² Verkaufsfläche (mind. 2 Stpl.)	75
Verbrauchermärkte	1 Stpl. je 10...20 m² Verkaufsnutzfläche	90
Versammlungsstätten, Kirchen		
Theater, Konzerthäuser, Mehrzweckhallen	1 Stpl. je 5 Sitzplätze	90
Kino, Schulaulen, Vortragssäle	1 Stpl. je 5...10 Sitzplätze	90
Gemeindekirchen	1 Stpl. je 20...30 Sitzplätze	90
Sportstätten		
Sportplätze/-stadien (mit Besucherparkplätzen)	1 Stpl. je 250 m² Sportfläche (zzgl. 1 Stpl. je 10...15 Besucherplätze)	---
Spiel- und Sporthallen (mit Besucherparkplätzen)	1 Stpl. je 50 m² Hallenfläche (zzgl. 1 Stpl. je 10...15 Besucherplätze)	---
Freibäder, Freiluftbäder	1 Stpl. je 200...300 m² Grundstücksfläche	---
Hallenbäder (mit Besucherplätzen)	1 Stpl. je 10...15 Kleiderablagen (zzgl. 1 Stpl. je 10...15 Besucherplätze)	---
Kegel- und Bowlingbahnen	4 Stpl. je Bahn	---
Gaststätten, Beherbungsbetriebe		
Gaststätten von örtlicher Bedeutung	1 Stpl. je 8...12 Sitzplätze	75
Hotels, Pensionen	1 Stpl. je 2...6 Betten (zzgl. Restaurant)	75
Jugendherbergen	1 Stpl. für 10 Betten	75

Anlagen für den ruhenden Verkehr

Fortsetzung Tafel 11.20b: Stellplatzrichtzahlen (Auszug, nach: EAR [FGSV 95])

Krankenanstalten		
Schwerpunktkrankenhäuser	1 Stpl. je 3...4 Betten	60
Sanatorien, Kuranstalten	1 Stpl. je 2...4 Betten	25
Altenpflegeheime	1 Stpl. je 6...10 Betten	75
Schulen, Einrichtungen der Jugendförderung		
Grundschulen	1 Stpl. je 30 Schüler	---
sonstige Schulen, Berufsschulen	1 Stpl. je 25 Schüler, zzgl. 1 Stpl. je 5...10 Schüler > 18 Jahre	---
Hochschulen	1 Stpl. je 2...4 Studierende	---
Kindergärten, Kindertagesstätten	1 Stpl. je 20...30 Kinder, mindest. 2 Stpl.	---
Gewerbliche Anlagen		
Handwerks- und Industriebetriebe	1 Stpl. je 50...70 m² Nutzfläche oder 1 Stpl. je 3 Beschäftigte	10 bis 30
Lagerräume, Ausstellungsplätze	1 Stpl. je 80...100 m² Nutzfläche oder 1 Stpl. je 3 Beschäftigte	---
Kfz-Werkstätten	6 Stpl. je Wartungs-/Reparaturstand	---
Tankstellen mit Pflegeplätzen	10 Stpl. je Pflegeplatz	---
Verschiedenes		
Kleingartenanlagen	1 Stpl. je 3 Kleingärten	---
Friedhöfe	1 Stpl. je 1000 m² Grundstücksfläche, jedoch mindestens 10 Stpl.	---

B : Anteil für Besucher (in %)

6.3 Anordnung der Stellplätze im Straßenraum

Der ruhende Verkehr soll auf Flächen außerhalb der Fahrbahn untergebracht werden. Die Fahrbahnbreiten sind nach dem maßgebenden Begegnungsfall zu bemessen (siehe Abschnitt 4.1.3).

Tafel 11.21: Parkstandanordnung im Straßenraum (Pkw-Stellplätze)

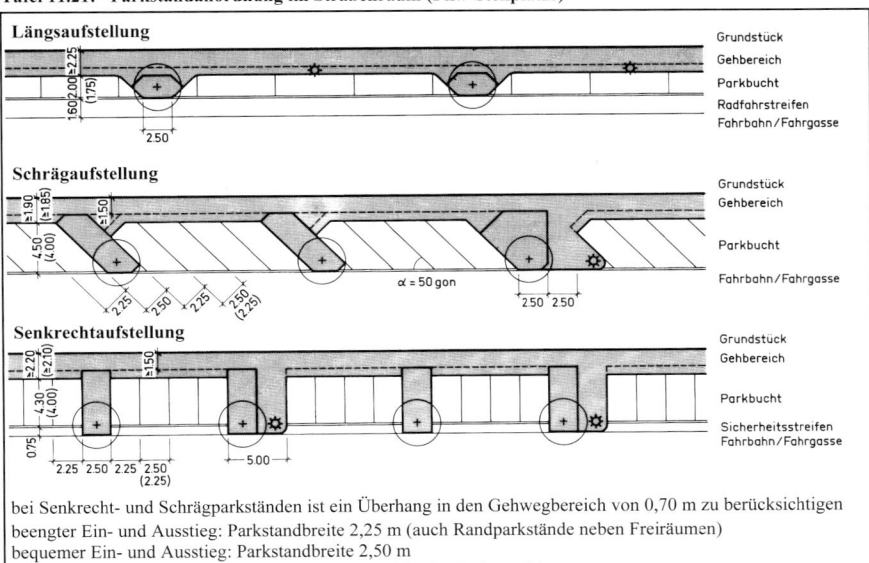

bei Senkrecht- und Schrägparkständen ist ein Überhang in den Gehwegbereich von 0,70 m zu berücksichtigen
beengter Ein- und Ausstieg: Parkstandbreite 2,25 m (auch Randparkstände neben Freiräumen)
bequemer Ein- und Ausstieg: Parkstandbreite 2,50 m
behindertengerecht: Parkstandbreite 3,50 m (etwa 3 % der Parkstände)

Zur gestalterischen Aufwertung des Straßenraums und zur Erleichterung der Fahrbahnquerung sollen durchgängige Parkstreifen durch Baumstandorte und Freiräume gegliedert werden. Die Seitenräume werden dort bis an den Fahrbahnrand vorgezogen (siehe auch Abschnitt 4.2.2).

Tafel 11.22a: Einsatzkriterien für Parkstandanordnung (Pkw-Stellplätze)

Aufstellungsart	Besonderheiten	Straßenfrontlänge (in m)	einsetzbar für Fahrbahnbreiten (in m)
Längsaufstellung	gute Sicht auf den fließenden Verkehr beim Ausparken; besonders geeignet für Verkehrsstraßen und Sammelstraßen; bei engen Straßenräumen anwendbar	6,75 (vorwärts) 5,00 (rückwärts)	ab 2,75 ab 3,50
Schrägaufstellung	einfaches Ein-/Ausparken (bei beidseitiger oder wechselseitiger Anordnung); besonders geeignet für Anliegerstraßen; erschwert spontanes Betreten der Fahrbahn	2,53 2,81 2,81 (jeweils bei 70 gon)	4,60 (beengt) 3,60 (bequem) 2,75 (beengt) (jeweils bei 70 gon)
Senkrechtaufstellung	Parkstände aus beiden Richtungen anfahrbar; nur wenn Ein- und Ausparkvorgänge für den Verkehrsablauf ohne Belang sind	2,25 (Randparkst.) 2,25 (beengt) 2,50 (bequem)	ab 6,50 (vorwärts) ab 4,50 (rückwärts) ab 4,50 (rückwärts)

Die wechselseitige Anordnung von Parkständen ist in Verbindung mit Fahrbahnversätzen und Fahrbahnverschwenkungen zweckmäßig (siehe auch Abschnitt 4.2.2).

7 Anlagen für den Fußgängerverkehr

Der Fußgängerverkehr wird straßenbegleitend auf Gehwegen oder auf unabhängig angelegten Fußwegen geführt.
- Gehbreite mindestens 0,75 m (zuzüglich seitliche Bewegungsspielräume),
- Breite für Fußgängerwege ab 1,50 m (Begegnung zweier Personen bei eingeschränktem Gehkomfort).

Breitenreduzierung nur, wenn sonst keine Räume für Fußgänger geschaffen werden können. Erweiterte Breitenmaße sind anzustreben: zur Erhöhung des Gehkomforts, zur Berücksichtigung „breiterer" Personen (z.B. mit Regenschirm, mit Taschen, mit an der Hand geführten Kindern), bei erhöhtem Fußgängeraufkommen und zunehmender Aufenthaltsfunktion in den Seitenräumen.

Regelmaße: mindestens 2,00 m Breite
 in der Höhe 2,25 m als Verkehrsraum
 lichtes Durchgangsmaß 2,50 m.

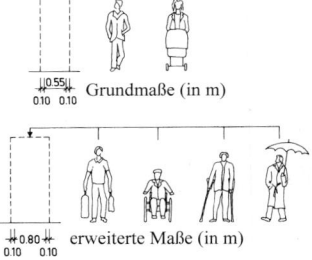

Abb. 11.22: Fußgängerverkehrsraum

Tafel 11.22b: Grundanforderungen an Fußgängerverkehrsanlagen (Empfehlungen nach EFA [FGSV 02])

Straßenraum und Nutzung	DTV in Kfz/24h	Breiten im Straßenraum	Einrichtungen zur Querung (Empfehlungen)
unabhängig geführte Fußwege	---	3,00 m	gegebenenfalls bei Querung von Straßen erforderlich (z.B. Schulwegsicherung)
Wohnwege (befahrbar)	< 500	4,50 m	nicht erforderlich
Wohnstraßen (offene Bebauung) neben Einfriedungen ≤ 0,50 m > 0,50 m	< 5.000	2,10 m 2,30 m	in der Regel nicht erforderlich, ggf. punktuell vorgezogene Seitenräume
geschlossene Bebauung, geringe Dichte (≤ 3 Geschosse)	< 5.000	2,50 m	punktuell vorgezogene Seitenräume sinnvoll
geschlossene Bebauung, mittlere Dichte (3...5 Geschosse)	< 5.000	3,00 m	punktuell vorgezogene Seitenräume, Mittelinseln
Wohn- und Geschäftsnutzung, mittlere Dichte (3...5 Geschosse)	< 5.000	3,30 m	punktuell vorgezogene Seitenräume, Mittelinseln, Teilaufpflasterungen, Fußgängerüberwege (FGÜ)
Wohn- und Geschäftsnutzung, hohe Dichte, ÖPNV-Linie	< 5.000 < 10.000	4,00 m 5,00 m	Mittelinseln, ggf. Mittelstreifen, FGÜ, ggf. LSA Lichtsignalanlage (LSA)
Ortsdurchfahrt, geringe Dichte, ländliche Nutzung	< 15.000 ≥ 15.000	3,30 m 4,00 m	Mittelinseln, FGÜ, ggf. LSA LSA
Geschäftsstraße, hoch frequentierte ÖPNV-Linie	< 15.000 ≥ 15.000	5,00 m 6,00 m	Mittelstreifen, FGÜ LSA

Hauptverkehrsstraßen und Stellen mit besonders starkem oder ausdrücklich zu schützendem Fußgängerquerverkehr (Schulwegsicherung, Senioren) erfordern Querungsstellen
- ohne Vorrang des Fußgängers (Querungshilfe durch vorgezogene Seitenräume, Mittelinseln und Mittelstreifen, Einengungen und kurze Materialwechsel in der Fahrbahn),
- als Fußgängerüberweg (Zeichen 293 StVO "Zebrastreifen" mit Zeichen 350 StVO) mit und ohne Mittelinsel in der Fahrbahn (nur an Straßen mit bis zu zwei Fahrstreifen),
- als lichtsignalgeregelte Furt,
- als Fußgängerüberführung oder Unterführung bei Forderung nach unbehindertem Verkehrsfluss oder an schnell befahrenen und/oder breiten Straßen.

Tafel 11.23a: Anlage von Querungseinrichtungen für Fußgänger

Maßnahmen:		Kfz/Spitzenstunde		
		unter 200	200 ... 400	400...600	über 600
Fußgänger (in Fg/h)	< 100	keine Maßnahme erforderlich	Einengung	Mittelinsel oder Einengung	Mittelinsel
	> 100		Fußgängerüberweg oder Einengung und/oder Mittelinsel		Lichtsignalanlage oder Mittelinsel

Beurteilung der Verkehrsqualität

Insbesondere für Anlagen mit hohem Fußgängeraufkommen (Verbindungswege, Zugänge zu Haltestellen und zu stark frequentierten Zielen, Fußgängerfurten) ist eine Beurteilung der Verkehrsqualität (Möglichkeit zur freizügigen Bewegung) sinnvoll.

Tafel 11.23b: Grenzwerte der Fußgängerverkehrsdichte (nach: HBS [FGSV 01.4])

Fußgängerdichte	Beurteilung der Qualität des Verkehrsablaufs	QSV *)
bis 0,25	weitgehend freizügiger Fußgängerverkehr, bequemes Gehen.	A, B
bis 0,4	erträgliche Dichte bei eingeschränkter Überholmöglichkeit.	C
bis 0,7	eingeengtes Gehen ohne freizügige Bewegung.	D
bis 1,8	größte Leistungsfähigkeit, massive Behinderungen und keine freizügige Bewegung, für öffentliche Gehwege ungeeignet.	E **)
über 1,8	Kapazität ist überschritten, zeitweilig Stillstand, die Anlage ist überlastet	F ***)

Fußgängerdichte in Pers./m² im Einrichtungsverkehr (aus Querschnittszählung im 2-Minuten-Intervall).
*) Qualitätsstufe des Verkehrsablaufs von Fußgängerverkehrsanlagen (nach: HBS [FGSV 01]).
**) Nicht zu empfehlen, da Gefährdungen auftreten.
***) Nicht mehr zulässig.

8 Anlagen für den Radverkehr

Der Radverkehr wird straßenbegleitend auf Radwegen bzw. Radfahrstreifen, auf kombinierten Geh- und Radwegen oder auf unabhängig angelegten Radwegen geführt.

Breite Radfahrer: etwa 0,60 m
Breite Fahrstreifen: 1,00 m (Mindestmaß 0,80 m)
  mit Bewegungsräumen

Radweg (zweistreifig, mit Überholmöglichkeit):
- Regelbreite 2,00 m
- Mindestmaß 1,60 m

Zusätzlich sind Sicherheitsabstände einzuhalten:
- zu Gebäuden, Zäunen usw. mit 0,25 m
- zum Fahrbahnrand mit 0,75 m
- zu parkenden Fahrzeugen mit ≥ 0,75 m (Schutzstreifen).

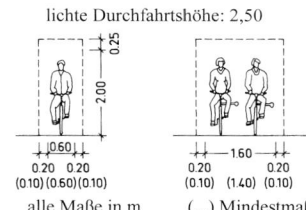

lichte Durchfahrtshöhe: 2,50

alle Maße in m (...) Mindestmaße

Abb. 11.23: Verkehrsraum für Radfahrer

Radverkehr im Innerortsbereich

Die Führung des Radverkehrs auf der Fahrbahn (Mischverkehr) ist in Anliegerbereichen problemlos. Dort sind in der Regel keine gesonderten Radverkehrseinrichtungen vorzusehen. In Verkehrs- und Sammelstraßen ist die Verkehrsbelastung (in Kfz/24h) maßgebend.

Tafel 11.24a: Radverkehr auf der Fahrbahn

Verkehrsstärke (DTV in Kfz/24h)	Geschwindigkeit (V_{85} in km/h)
bis 15.000 *)	40 ... 45
5.000 – 10.000	50
unter 5.000	60

*) mit Angebotsstreifen

Die Einsatzgrenzen für einen Mischverkehr von Fahrrädern und Kraftfahrzeugen auf der Fahrbahn können Tafel 11.24a entnommen werden (nach: ERA [FGSV 95.3]). Oberhalb dieser Grenzen sind gesonderte Anlagen für die sichere Führung des Radverkehrs im Straßenraum erforderlich (siehe dazu Tafel 11.24b).

Tafel 11.24b: Einsatzbereiche für Radverkehrseinrichtungen (Empfehlungen nach ERA [FGSV 95.3])

Führung des Radverkehrs	Voraussetzungen und Einsatzbereiche
Führung des Radverkehrs auf der Fahrbahn ohne weitere Kennzeichnung (Mischverkehr)	– hohe Nutzungsintensitäten (z.B. belebte Geschäftsbereiche) in Seitenräumen – geringes Geschwindigkeitsniveau im Kfz-Verkehr (Tempo-30-Zonen und verkehrsberuhigte Bereiche) – mäßige Verkehrsstärken (bis zu 10.000 Kfz/Tag) – geringe Schwerverkehrsanteile
Angebotsstreifen (Schutzstreifen) auf der Fahrbahn (unterbrochene Schmalstrichmarkierung)	– stark eingeschränkte Flächenverfügbarkeit – Halteverbot im Straßenraum – Breite 1,25...1,60 m (beidseitig) bei Restfahrbahnbreite $\geq 4{,}50$ m – Kfz-Fahrspuren sind ohne Mittelmarkierung auszuführen – $DTV < 10.000$ Kfz/24h, Schwerlastanteil $SV < 5{,}0$ % – Einfärbung und Piktogramm „Radfahrer" möglich
markierter Radfahrstreifen auf der Fahrbahn (rechter Fahrbahnrand) Zeichen 237 StVO	– Breite 1,60 (1,25) m, mit 0,25 m Schmalstrich zur Fahrbahn – Piktogramm „Radfahrer" üblich, Einfärbung möglich – Einhaltung radverkehrsverträglicher Kfz-Geschwindigkeiten ($V_{85} \leq 50$ km/h bzw. $V_{zul} = 50$ km/h) – Kfz-Verkehrsstärke bis zu 1.800 Kfz/h (zweispurige Fahrbahn) bzw. bis zu 2.500 Kfz/h (vierspurige Fahrbahn) – keine widerrechtliche Nutzung im ruhenden Verkehr/durch Lieferverkehr – keine übermäßige Behinderung durch ein- und ausparkende Fahrzeuge
straßenbegleitender Radweg (durch Borde von der Fahrbahn abgetrennt) Bordsteinradweg Zeichen 241 StVO	– Breite 1,60...2,00 (1,20) m, zuzüglich Schutzstreifen – bei regelmäßigen Park- und Ladevorgängen auf der Fahrbahn und/oder häufigem Ein-/Ausparken in Parkstreifen – bei ausreichender Seitenraumbreite und geringen Konflikten mit Fußgängern (Längs- und Querverkehr) – Abgrenzung zum Fußgänger durch unterschiedliche Belagfärbung und/oder durchgehenden Schmalstrich (Ausnahme: gemeinsam geführter Geh- und Radweg, Zeichen 240 StVO bei Radverkehrsanteil bis 50 Radfahrer/h) – Schutzmaßnahmen an Knotenpunkten sinnvoll
Fahrradstraße (mit Zeichen 244/244a StVO) Hauptrouten im Radverkehr	– Anliegerstraßen (Tempo-30-Zonen) – Fahrgasse für den Radverkehr in Fahrbahnmitte (mit unterbrochenem Schmalstrich markiert, Piktogramm „Radfahrer" mit Richtungspfeilen) – Mitnutzung durch Kfz-Anliegerverkehr (Zusatzschild) gestattet – Parken für Kfz am Fahrbahnrand

Radverkehr im Außerortsbereich

Auf Straßen für den allgemeinen Verkehr, die mit einer Entwurfsgeschwindigkeit $V_e \geq 80$ km/h trassiert sind, ist in der Regel ein selbstständig geführter Geh- und Radweg erforderlich, soweit keine alternativen Wege vorhanden sind.

Regelbreiten:

– 2,00 m für einen Radweg an nicht angebauten Straßen
– 2,50 m als kombinierter Geh- und Radweg
– 3,00 m für stark befahrene und selbstständig geführte Radwege.

Radwegeverbindungen können im Außerortsbereich über das Wirtschaftswegenetz geführt werden. Dazu ist dort eine radfahrergerechte Fahrbahnoberfläche – in der Regel als bituminöser Belag – erforderlich.

9 Öffentliche Verkehrsmittel im Straßenraum

Haltestellen sind wichtige Systembestandteile innerhalb der Netze des öffentlichen Verkehrs zum Zu- und Abgang zu den Fahrzeugen. Als Verknüpfungspunkt zwischen mehreren Linien oder Verkehrssystemen dienen Haltestellen dem Umsteigen. Mit zunehmender verkehrlicher Bedeutung im Netz ist eine baulich und gestalterisch aufwändige Ausgestaltung auch wirtschaftlich zu rechtfertigen.

Tafel 11.25: Fußwegentfernung zur Haltestelle (nach: [VDV 97])

Gebiet	Tram/Bus	U-Bahn/Stadtbahn
Innenstadt	bis 300 m	350 ... 500 m
übriges Stadtgebiet	bis 350 m	400 ... 700 m
Außenbereiche	bis 450 m	500 ... 800 m

Allgemein akzeptierte Entfernungsbereiche (Richtwerte).

mittlere Haltestellenabstände
Bus: 200...500 m
Tram: 200...500 m
Stadtbahn: 300 ...500 m (Stadt)
700...1000m (Region)
U-Bahn: 500...1000 m

Als Mindestanforderungen sollte (teilweise systemabhängig) berücksichtigt werden:
- sicherer Zugang und Aufenthalt (Zuwegung, Oberflächenbelag, Beleuchtung),
- ausreichender Witterungsschutz für wartende Reisende mit Sitzgelegenheit,
- Nutzung durch mobilitätsbehinderte Personen (Rampen, Aufzüge, Tast- und Sehhilfen),
- leichte, zügige Anfahrbarkeit durch das Verkehrsmittel (z.B. Bus-Kaps im Straßenraum),
- räumlich zugeordnete Abstellmöglichkeiten für Fahrräder (Bike & Ride) und evtl. Kfz (Park & Ride) sowie Kurzzeitparken für Zubringer (Kiss & Ride).

Ergänzende Ausstattungen sind Fahrkartenautomaten, eine Zeitanzeige, dynamische Informationen zu Abfahrts-, Ankunfts- und Verspätungszeiten, aber auch ein Kiosk und WC-Anlagen.

Anordnung von Haltestellen im Straßenraum (Linienbus) nach EAE

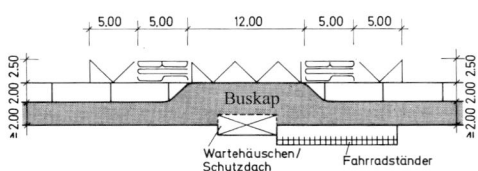

Haltestelle ohne Bushaltebuch (in Anlieger- und Sammelstraßen)

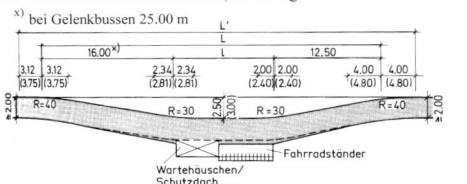

Haltestelle mit Bushaltebucht (bei starker Verkehrsbelastung)

als Einzelhaltestelle:
Gesamtlänge 32.00 m (Standardlinienbus)
Gesamtlänge 38.00 m (bei Gelenkbussen)
als Doppelhaltestelle:
Gesamtlänge 44,5 m (2 Einzelwagen)

An Hauptsammelstraßen, an Straßen mit hoher Verkehrsbelastung, bei dichter Busfolge und bei längeren Aufenthaltszeiten werden Bushaltebuchten empfohlen. Schulbushaltestellen sind in Hauptsammelstraßen in Bushaltebuchten anzuordnen.

	l	L	L'
Einzelwagen	12.00	40.50	47.62 (49.05)
2 Einzelwagen	25.00	53.50	60.62 (62.05)
Gelenkbus	18.00	55.50	62.62 (64.05)

Klammerwert für 3.00 m breite Busbucht.

Abb. 11.25: Beispiele für die Anordnung von Bushaltestellen im Straßenraum (Innerortsstraßen)

Höfler

Verkehrswesen-Praxis

Band 1: Verkehrsplanung

BBB (Bauwerk-Basis-Bibliothek)
2004. 257 Seiten. 17 x 24 cm. Kartoniert.
EUR 25,–
ISBN 978-3-934369-52-8

Band 2: Verkehrstechnik

2006. 254 Seiten. 17 x 24 cm. Kartoniert.
EUR 25,–
ISBN 978-3-934369-53-5

Paket: Band 1 + 2

Band 1: 2004 / Band 2: 2006.
EUR 42,–
ISBN 978-3-89932-015-2

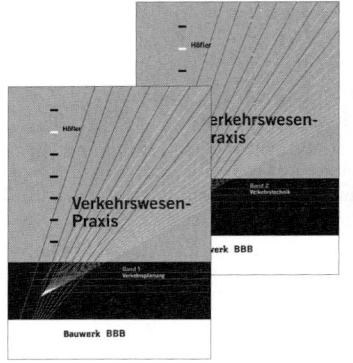

Autor:
Prof. Dr.-Ing. Frank Höfler lehrt Verkehrswesen an der FH Lausitz, Cottbus.

Verkehrswesen-Praxis in zwei Bänden stellt die **wesentlichen Verfahren und Instrumentarien zur Planung, Bemessung und Bewertung von Verkehrsanlagen** zusammen.

Die Bücher bieten ein **praxisnahes Grund- und Aufbauwissen** und geben sowohl dem weniger spezialisierten Praktiker als auch Studenten des Bauingenieurwesens oder verwandter Studienrichtungen einen **anwendungsorientierten Wissensüberblick**.

Aus dem Inhalt Band 1:
- Planungsprozess
- Verkehrsnetze und -systeme
- Maßnahmenbewertung
- Verkehrsentwicklungsplanung
- Integrative Verkehrsplanung

Aus dem Inhalt Band 2:
- Datenerfassung und -aufbereitung
- Fahrzeuge und Strecke
- Modellierung von Verkehrsabläufen
- Leistungsfähigkeit im Kraftfahrzeugverkehr
- Telematikanwendungen im Verkehrswesen
- Umweltverträglichkeit im Verkehrswesen
- Sicherheitsbewertung

Bauwerk www.bauwerk-verlag.de

11B Wasserwesen

Prof. Dr.-Ing. Hubertus Milke

Inhaltsverzeichnis

		Seite
1	**Allgemeines**	11.28
1.1	Formelzeichen und Einheiten	11.28
1.2	Eigenschaften des Wassers	11.31
1.3	Umrechnungen	11.32
2	**Hydrologie**	11.32
2.1	Niederschlag	11.32
2.2	Verdunstung	11.33
2.3	Abfluss	11.34
3	**Hydromechanik und Wasserbau**	11.35
3.1	Hydrostatik	11.35
3.2	Hydrodynamik	11.36
3.3	Gerinnehydraulik	11.37
3.4	Überfall, Wehr und Ausfluss	11.39
3.5	Wasserdurchlässigkeitsbestimmung	11.42
3.6	Fischaufstiegsanlagen [DVWK-232 96]	11.43
4	**Trinkwasserversorgung**	11.44
4.1	Wasserbedarf [DVGW-W410 95]	11.44
4.2	Wassergewinnung	11.45
4.3	Wasserverteilung	11.46
4.4	Wasserspeicherung	11.46
5	**Abwasserableitung**	11.48
5.1	Abwasseranfall und Kanalnetzdimensionierung	11.48
5.2	Hydraulik der Kanalquerschnitte	11.52
5.3	Bemessung von Regenrückhaltebecken und Regenrückhalteräumen	11.66
5.4	Bemessung von dezentralen Versickerungsanlagen	11.67
6	**Abwasser- und Schlammbehandlung**	11.71
6.1	Grundlagen	11.71
6.2	Bemessung von Absetzanlagen, Abwasserteichen und Pflanzenkläranlagen	11.72

7 Allgemeines
1.1 Formelzeichen und Einheiten

Zeichen	Einheit	Bezeichnung
A	m²	Fließquerschnitt, Fläche, Querschnitt
A_E	ha	Einzugsgebietsfläche
$A_{E,b}$	ha	befestigte Fläche
$A_{E,nb}$	ha	nicht befestigte Fläche
a_G	h	Arbeitsstunden in einem Gewerbebetrieb pro Tag
A_{red}	ha	befestigte Fläche
A_s	m²	Versickerungsfläche
$A_{s,M}$	m²	Versickerungsfläche einer Mulde
A_u	ha	undurchlässige Fläche
b_G	d	Produktionstage in einem Gewerbebetrieb pro Jahr
b_M	m	Muldenbreite
b_R	m	Rigolenbreite
$BÜ$	-	Beckenüberlauf
b_w	m	versickerungswirksame Breite
$C_{CSB,S}$	mg/l	mittlere CSB-Konzentration im Schmutzwasser
CSB	-	chemischer Sauerstoffbedarf
D	min	Regendauer bzw. Dauerstufe
d_{10}	mm	Korndurchmesser bei 10 Masse-% Siebdurchgang
d_a	m	Außendurchmesser
d_{hy}	m (mm)	hydraulischer Durchmesser
d_i	m	Innendurchmesser
d_w		wirksame Öffnungsweite Filter
E	N/m²	Elastizitätsmodul des Wassers
ED	E/ha	Siedlungsdichte im Einzugsgebiet
EZ	-	Anzahl der Einwohner
EZG	-	Einzugsgebiet
F	kN	Kraft
f_A	-	Abminderungsfaktor Fließzeit
F_A	kN	Auftriebskraft
FB	-	Fangbecken
Fr	-	*Froude*-Zahl
Fr^*	-	Korn-*Froude*-Zahl
F_W	kN	Wasserdruckkraft
f_Z	-	Zuschlagsfaktor Sicherheit
G	-	Index für "gewerblich"
G	kN	Eigenlast
g	m/s²	Erdbeschleunigung
GW	mNN	Grundwasserstand
H	-	Index für "häuslich"
h_D	m	Druckhöhe
h_E	m	Energiehöhe
h_F	m	Netto-Fallhöhe
h_{geo}	m	geodätische Förderhöhe
h_{gr}	m	Grenztiefe
h_{Gw}	m	Grundwasser-Standrohrspiegelhöhe
HHQ	m³/s	höchster bisher beobachteter Hochwasserabfluss
h_{kap}	m	kapillare Steighöhe
h_M	m	metazentrische Höhe
h_N	mm	Niederschlagshöhe
h_n	m	Nutzdruck- oder Betriebsdruckhöhe, Fließtiefe bei Normaldurchfluss

h_{Na}	mm	langjährige mittlere Jahresniederschlagshöhe
$h_{Na,eff}$	mm	effektive Jahresniederschlagshöhe
HQ	m³/s	Hochwasser-Abfluss
h_S	m	statische Saughöhe
h_{st}	m	statische Druckhöhe
h_T	m	Trennflächenhöhe
$h_ü$	m	Überfallhöhe
h_v	m	Verlusthöhe
i	-	Index für "industriell"
I	%	Gefälle
I_E	%	Energiehöhengefälle
I_G	%	(mittlere) Geländeneigung
I_{So}	%	Sohlgefälle
I_{St}	%	Standrohrspiegelgefälle des Grundwassers
k	m (mm)	absolute Rauheit
KA	-	Kläranlage
k_f	m/s	Durchlässigkeitsbeiwert der gesättigten Zone
$k_{f,u}$	m/s	Durchlässigkeitsbeiwert der ungesättigten Zone
k_{So}	m$^{1/3}$/s	Manning/Strickler-Beiwert der Sohle
k_{St}	m$^{1/3}$/s	Manning/Strickler-Beiwert
k_U	m$^{1/3}$/s	Manning/Strickler-Beiwert der Ufer
$KÜ$	-	Klärüberlauf
L_R	m	Rigolenlänge
l_s	m	Abstand zwischen Anlagensohle und Grundwasseroberfläche
l_u	m	benetzter Umfang
l_U	m	benetzte Uferlinie
m	-	Böschungsneigung (1 : m)
MHq	l/(s·ha)	mittlere Hochwasserabflussspende
MNQ	l/s	mittlerer Niedrigwasserabfluss
MNq	l/(s·ha)	mittlere Niedrigwasserabflussspende
Mq	l/(s·ha)	mittlere Abflussspende
MQ	m³/s	Mittelwasserabfluss
MS, TS	-	Mischsystem, Trennsystem
n	1/a	Häufigkeit (Überschreitungshäufigkeit)
n_f	%	durchflusswirksamer Porenanteil
NG_m	-	mittlere Geländeneigungsgruppe
NQ	m³/s	Niedrigwasserabfluss
P	kW; t/d	Leistung
p	kN/m²	Druck
p_D	bar	Dampfdruck
Q	l/s	Abfluss, Durchfluss, Zufluss
q	l/(s·ha)	Abflussspende
Q_{Dr}	l/s	Drosselabfluss
q_{Dr}	l/(s·ha)	Drosselabflussspende
$q_{Dr,R,u}$	l/(s·ha)	Regenanteil der Drosselabflussspende der undurchlässigen Fläche A_u
Q_F	l/s	Fremdwasserabfluss
q_F	l/(s·ha)	Fremdwasserabflussspende bei Trockenwetter (bezogen auf $A_{E,k}$)
$Q_{F,aM}$	l/s	Fremdwasserabfluss im Jahresmittel
Q_G	l/s	Gewerblicher Schmutzwasserabfluss
q_G	l/(s·ha)	Gewerbliche Schmutzwasserabflussspende (bezogen auf $A_{E,k}$)
$Q_{G,aM}$	l/s	aus dem Jahresmittel errechnetes Tagesmittel des gewerblichen Schmutzwasserabflusses (alt: Q_{g24})
Q_H	l/s	häuslicher Schmutzwasserabfluss

$q_{H,1000E}$	l/(s·10³E)	häusliche Schmutzwasserabflussspende bezogen auf 1000 Einwohner
$Q_{H,aM}$	l/s	aus dem Jahresmittel errechneter häuslicher Schmutzwasserabfluss (alt: Q_{h24})
$Q_{H,d,aM}$	l/s	aus dem Jahresmittel errechnetes Tagesmittel des häuslichen Schmutzwasserabflusses
$Q_{H,max}$	l/s	Spitzenabfluss des häuslichen Schmutzwassers
$Q_{H,d,max}$	l/s	Tagesspitzenabfluss des häuslichen Schmutzwassers
Q_{krit}	l/s	kritischer Mischwasserabfluss
Q_M	l/s	Mischwasserabfluss zur Kläranlage
Q_R	l/s	Regenwetterabfluss
$Q_{R,Tr}$	l/(s·ha)	Regenabfluss aus Trenngebieten (alt: Q_r)
$q_{R,Tr}$	l/(s·ha)	Regenabflussspende aus Trenngebieten
q_s	l/(s·ha)	spezifische Versickerungsrate
$Q_{S,aM}$	l/s	Schmutzwasserabfluss im Tagesmittel (alt: Q_{s24})
$Q_{S,h,max}$	l/s	Tagesspitze des Schmutzwasserabflusses (alt: Q_{sx})
Q_t	l/s	rechnerisches Abflussvermögen bei Teilfüllung
Q_T	l/s	Trockenwetterabfluss
$Q_{T,aM}$	l/s	Trockenwetterabfluss im Tagesmittel (alt: Q_{t24})
$q_{T,aM}$	l/(s·ha)	Trockenwetterabflussspende im Tagesmittel
$Q_{T,h,max}$	l/s	Tagesspitze des Trockenwetterabflusses (alt: Q_{tx})
Q_v	l/s	rechnerisches Abflussvermögen bei Vollfüllung
Q_{zu}	m³/s	Zufluss
r	l/(s·ha)	Regenspende
R	m	Reichweite eines Brunnens
$r_{D,n}$	l/(s·ha)	Regenspende der Dauerstufe D und der Häufigkeit n (Bemessungsregenspende)
Re	-	*Reynolds*-Zahl
r_{hy}	m	hydraulischer Radius
r_{krit}	l/(s·ha)	kritische Regenspende
RRB	-	Regenrückhaltebecken
RRR	-	Regenrückhalteraum
RÜ	-	Regenüberlauf
RÜB	-	Regenüberlaufbecken
S	kN	Stützkraft; Schwerpunkt
s	m	Grundwasserabsenktiefe, Abstand
s_R	-	Speicherkoeffizient des Füllmaterials der Rigole
s_{RR}	-	Gesamtspeicherkoeffizient einer Rigole
T	K	Temperatur
t	°C	Temperatur
t	s	Zeit
t_f	min	rechnerische Fließzeit im Kanalnetz bei Vollfüllung
T_n	a	Wiederkehrzeit
TW	-	Trockenwetter
V	m³	Speichervolumen
v_f	m/s	Filtergeschwindigkeit in der gesättigten Zone
$v_{f,u}$	m/s	Filtergeschwindigkeit in der ungesättigten Zone
V_M	m³	Speichervolumen einer Mulde
V_{MR}	m³	Speichervolumen eines Mulden-Rigolen-Elements
V_R	m³	Speichervolumen einer Rigole
V_s	m³/ha	spezifisches Speichervolumen
v_t	m/s	Fließgeschwindigkeit bei Trockenwetterabfluss
v_v	m/s	Fließgeschwindigkeit bei Vollfüllung
w	m	Wehrhöhe

w_s	l/(E·d)	Wasserverbrauch je Einwohner und Tag					
x	h	Stundenansatz nach DWA-A 118					
z	m	Pfeiler-Stauhöhe, Wasserspiegelhöhe, geodätische Höhe					
z	m	Einstauhöhe in einer Versickerungsanlage					
φ	-	Zeitbeiwert					
γ	N/m³	Wichte					
η	-	Wirkungsgrad					
η	N·s/m²	dynamische Viskosität					
λ	-	Widerstandsbeiwert					
μ	-	Überfallbeiwert					
ν	m²/s	kinematische Viskosität					
ρ	t/m³	Dichte des Wassers					
ρ'	t/m³	relative Feststoffdichte					
ρ_F	t/m³	Feststoffdichte					
σ_{zul}	N/mm²	zulässige Spannung					
τ	N/m²	Schubspannung					
τ_0	N/m²	Sohlenschubspannung					
τ_{cr}	N/m²	Grenzschubspannung					
υ	m/s	Fließgeschwindigkeit					
$\upsilon_0{}^*$	m/s	Schubspannungsgeschwindigkeit an der Sohle					
υ_f	m/s	Filtergeschwindigkeit					
υ_{gr}	m/s	Grenzgeschwindigkeit					
υ_m	m/s	mittlere Fließgeschwindigkeit					
ω_p	1/m	spezifische Vegetationsanströmfl.					
ψ_m	-	mittlerer Abflussbeiwert innerhalb eines definierten Zeitraumes					
ψ_s	-	Spitzenabflussbeiwert(max.Abflussspende/zugehörige Regenspende)					
ζ	-	Verlustbeiwert					

1.2 Eigenschaften des Wassers

Medium	Bemerkung	t °C	ρ t/m³	γ N/m³	η N·s/m²	υ m²/s	p_D bar	E N/m2
Eis	bei atmosphärischem Druck	-30	0,9202	9024				
		-20	0,9186	9008				
		0	0,9167	8990				
Wasser		0	0,9998	9805	1,78·10⁻³	1,78·10⁻⁶	0,0061	2,01·10⁻⁹
		4	1,0000	9807				
		10	0,9996	9803	1,30·10⁻³	1,30·10⁻⁶	0,0123	2,12·10⁻⁹
		20	0,9982	9789	1,00·10⁻³	1,00·10⁻⁶	0,0233	2,20·10⁻⁹
		30	0,9956	9764	8,02·10⁻⁴	8,02·10⁻⁷	0,0425	2,26·10⁻⁹
		40	0,9922	9730	6,52·10⁻⁴	6,57·10⁻⁷	0,0738	2,29·10⁻⁹
		50	0,9880	9689	5,44·10⁻⁴	5,50·10⁻⁷	0,1234	2,29·10⁻⁹
		60	0,9832	9642	4,70·10⁻⁴	4,78·10⁻⁷	0,1992	2,26·10⁻⁹
		80	0,9718	9530	3,56·10⁻⁴	3,66·10⁻⁷	0,4736	2,19·10⁻⁹
		100	0,9583	9398	2,82·10⁻⁴	2,94·10⁻⁷	1,0132	2,08·10⁻⁹
Meerwasser	Salzgehalt:35 ‰ sehr schwebstoffreiches Wasser	10	≈1,027	≈10003				
			≈1,020	≈10073				
Wasserdampf	bei atmosphärischem Druck	100	0,000598	5,864	1,27·10⁻⁵			
		200	0,000467	4,580	1,65·10⁻⁵			
		300	0,000384	3,766	2,03·10⁻⁵			
		400	0,000326	3,197	2,42·10⁻⁵			
		500	0,000284	2,785	2,81·10⁻⁵			

1.3 Umrechnungen

Zeiteinheiten

Bezeichnung Einheit	Jahre a	Tage d	Stunden h	Minuten min	Sekunden s
a	1	365	8760	525600	$31{,}54 \cdot 10^6$
d	$2{,}740 \cdot 10^{-3}$	1	24	1440	86400
h	$1{,}142 \cdot 10^{-4}$	$4{,}167 \cdot 10^{-6}$	1	60	3600
min	$1{,}903 \cdot 10^{-6}$	$6{,}944 \cdot 10^{-4}$	$1{,}667 \cdot 10^{-2}$	1	60
s	$3{,}171 \cdot 10^{-8}$	$1{,}157 \cdot 10^{-5}$	$2{,}788 \cdot 10^{-4}$	$1{,}667 \cdot 10^{-2}$	1

Abflüsse, jährliche Höhen und Spenden

Einheit	m³/s	l/min	hm³/a	mm/a= l/(m²·a)	l/(s·km²)
m³/s	1	$1{,}67 \cdot 10^{-3}$	$3{,}17 \cdot 10^{-2}$	$3{,}17 \cdot 10^{-5} \cdot A_E$	$10^{-6} \cdot A_E$
l/min	$6 \cdot 10^4$	1	$1{,}90 \cdot 10^3$	$1{,}90 \cdot A_E$	$60 \cdot A_E$
hm³/a	31,5	$5{,}26 \cdot 10^{-4}$	1	$10^{-3} \cdot A_E$	$3{,}15 \cdot 10^{-2} \cdot A_E$
mm/a= l/(m²·a)	$3{,}15 \cdot 10^4 / A_E$	$0{,}526 / A_E$	$10^3 / A_E$	1	31,5
l/(s·km²)	$10^3 / A_E$	$1{,}67 \cdot 10^{-2} \cdot A_E$	$31{,}7 / A_E$	$3{,}17 \cdot 10^{-2}$	1

Masse und Lasten

Einheit	g	kg	t	N	kN	MN
g	1	10^{-3}	10^{-6}	10^{-2}	10^{-8}	10^{-6}
kg	10^3	1	10^{-3}	10	10^{-2}	10^{-5}
t	10^6	10^3	1	10^4	10	10^{-2}

2 Hydrologie

2.1 Niederschlag

Tafel 11.32a: Mittlere jährliche Niederschlagshöhen ausgewählter Stationen in Deutschland

Berlin	589 mm	Frankfurt/M.	653 mm	Köln	803 mm
Brocken	1814 mm	Freiburg/Br.	955 mm	Leipzig	511 mm
Cottbus	563 mm	Hamburg	741 mm	München	967 mm
Chemnitz	700 mm	Hannover	645 mm	Zugspitze	2003 mm
Dresden	668 mm	Karlsruhe	770 mm	Deutschland	768 mm
Erfurt	500 mm	Kassel	698 mm	Sachsen	712 mm

Modellregen nach DVWK [DVWK-113 84]

Tafel 11.32b: Vorgehensweise beim Aufstellen eines Modellregens nach DVWK

Regendauer % von D	Niederschlagshöhe % von h_N
0 … 25	20
25 … 50	50
50 … 100	30

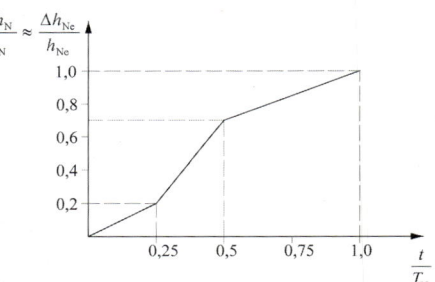

Hydrologie

Effektivniederschlagsberechnung nach dem SCS-Verfahren [DVWK-113 84]

SCS-Verfahren
$$N_{eff} = \frac{\left(N - \frac{5080}{CN} + 50{,}8\right)^2}{N + \frac{20320}{CN} - 203{,}2}$$

(Anmerkung: Insbesondere für Langzeitsimulationen kann das modifizierte SCS-Verfahren nach [Zaiß 98] Anwendung finden)

Bodenklasse A:	Böden mit großem Versickerungsvermögen, auch nach starker Vorbefeuchtung, z.B. tiefe Sand- und Kiesböden
Bodenklasse B:	Böden mit mittlerem Versickerungsvermögen, tiefe bis mäßig tiefe Böden mit mäßig feiner bis mäßig grober Textur, z.B. mitteltiefe Sandböden, Löß, (schwach) lehmiger Sand
Bodenklasse C:	Böden mit geringem Versickerungsvermögen, Böden mit feiner bis mäßig feiner Textur oder mit wasserstauender Schicht, z.B. flache Sandböden, sandiger Lehm
Bodenklasse D:	Böden mit sehr geringem Versickerungsvermögen, Tonböden, sehr flache Böden über nahezu undurchlässigem Material. Böden mit dauernd sehr hohem Grundwasserspiegel.

Tafel 11.33: CN-Werte in Abhängigkeit von Bodenklasse und Bodennutzung für Bodenfeuchteklasse II [DVWK-113 84]

Bodennutzung	CN für Bodenklasse			
	A	B	C	D
Ödland, ohne nennenswerten Bewuchs	77	86	91	94
Hackfrüchte, Wein	70	80	87	90
Wein (Terrassen)	64	73	79	82
Getreide, Futterpflanzen	64	76	84	88
Weide (normal)	49	69	79	84
(karg)	68	79	86	89
Dauerwiese	30	58	71	78
Wald (stark aufgelockert)	45	66	77	83
(mittel)	36	60	73	79
(dicht)	25	55	70	77
Undurchlässige Flächen (versiegelter Anteil von Ortschaften, Straßen usw.)	100	100	100	100

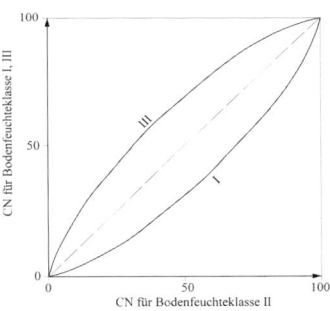

Abb. 11.33: CN für Bodenfeuchteklasse I und III in Abhängigkeit von CN für Bodenfeuchteklasse II [DVWK-113 84]

2.2 Verdunstung

Potentielle Verdunstung ETP

= maximal mögliche Verdunstungshöhe eines Standortes bei einem optimalen Wasserangebot, die das Umsetzen des gesamten Energieangebots ermöglicht, in mm/dt

Reale Verdunstung ETR

= tatsächlich auftretende Verdunstung bei einem vorhandenen Energie- und Wasserangebot in mm/dt

$$ETR < ETP$$

Messung der Verdunstung

Verdunstungsmesskessel (Evaporimeter)

Evapotranspirometer

Lysimeter

mit N – Niederschlag

RO – Oberflächenabfluss

$E_K = N - dS$

$ETP = N + N_z - RO - RU - dS$

$ETR = N - RO - RU - dS$

RU – Versickerungssumme

dS – Speicheränderung

11.33

Berechnung der Verdunstung

reale Verdunstung $\quad ETR = N - R \pm dS \quad$ in mm/a

potentielle Verdunstung

Berechnungsansätze:
1. Energiebilanzverfahren
2. Strahlungskonzept
3. aerodynamisches Konzept

Verfahren nach *Haude*

= Anwendung des aerodynamischen Konzeptes

$$ET_H = f_H \cdot (e_s - e_a) = f_H \cdot e_s \cdot \left(1 - \frac{r}{100}\right) \quad \text{in mm/d}$$

mit r – relative Luftfeuchte in %

Werte des Faktors f_H in mm/hPa·d = mm/mbar·d nach Haude:

Tafel 11.34a: f_H für monatliche Verdunstungsgrößen

Monat	mittlere Werte	Gras	Winterweizen	Zuckerrüben	Mais
März	0,27	0,21	0,19	0,14*	0,14*
April	0,29	0,29	0,26	0,15	0,14*
Mai	0,29	0,29	0,34	0,23	0,18
Juni	0,28	0,28	0,38	0,3	0,26
Juli	0,26	0,26	0,34	0,36	0,26
August	0,25	0,25	0,22	0,32	0,26
September	0,23	0,22	0,21	0,26	0,24
Oktober	0,22	0,22	0,2	0,19	0,21
Nov. bis Feb.	0,22	0,2	0,18	0,14*	0,14*

Tafel 11.34b: f_H für phänologischen Entwicklungsstand nach Vergleichsmessungen mit Lysimetern

phänologische Phase	*Haude*-Faktor f_H in mm/mbar·d für	
	Winter-Gerste	Sommer-Weizen
Ährenschieben	0,36	0,39
Blüte	0,45	0,65
Milchreife	0,45	0,54
Totreife	0,15	0,24

2.3 Abfluss

Abflussspenden

Tafel 11.34c: Abflussspenden-Mittelwerte in m³/s·km² für Nord- und Mitteldeutschland bearbeitet nach [Petschallies 89]

	A_{Eo} in km²	Mq	MNq	MHq
Flachland	< 50	0,01 – 0,008	0,0004	0,01 – 0,05
	50 – 100	0,01 – 0,008	0,0006	0,01 – 0,05
	100 – 500	0,008 – 0,007	0,00125 – 0,001	0,02 – 0,04
	500 – 1000	0,008 – 0,006	0,002 – 0,0015	0,01 – 0,02
	> 1000	0,007 – 0,005	0,003 – 0,0025	0,008 – 0,01
Hügelland	< 50	0,017 – 0,01	0,001 – 0,0003	0,01 – 0,2
	50 – 100	0,017 – 0,01	0,0015 – 0,0006	0,09 – 0,015
	100 – 500	0,017 – 0,01	0,002 – 0,001	0,08 – 0,1
Gebirge		0,035 – 0,017	0,002 – 0,0003	0,2 – 4

$$MNQ = MNq \cdot A_{Eo}$$
$$MQ = Mq \cdot A_{Eo}$$
$$HHQ = 60 \cdot \sqrt{A_E / A_E}\,*$$

$A_E{}^* = 2...4$ km² für Gebirge; = 4...8 km² für Hügelland; = 8...16 km² für Flachland

3 Hydromechanik und Wasserbau
3.1 Hydrostatik
Druck und Druckhöhe

Druck $\quad p = \dfrac{F}{A} = \rho \cdot g \cdot h_D \quad$ in Pa

Druckhöhe $\quad h_D = \dfrac{p}{\rho \cdot g} \quad$ in m

Atmosphärendruck $p_0 = 1013{,}25$ hPa $= 101325$ Pa $\cong 760$ mm Hg $= 10{,}33$ m WS

Barometrische Höhenformel mit $T = 0\ °C =$ const und $\rho_0 = 1{,}29$ kg/m³

$$p_0' = p_0 \cdot e^{\left(\frac{-H_{üNN} \cdot \rho_0 \cdot g}{p_0}\right)} = p_0 \cdot e^{\left(\frac{-H_{üNN}}{8007m}\right)}$$

Tafel 11.35: Siede- bzw. Verdampfungsdruck

Temperatur T in °C	5	10	15	20	40	60	100
Siededruck p_d in kPa	0,87	1,23	1,71	2,33	7,36	19,8	101,3
Entsprechende Druckhöhe h_d in m	0,089	0,125	0,174	0,238	0,75	2,02	10,33

Druck in ruhenden Flüssigkeiten $\quad p = \rho \cdot g \cdot h + C$

mit $C = p_0$, weil der Atmosphärendruck an der Wasseroberfläche herrscht

Kraft auf lotrechte Wand [Schröder u.a. 94], [Bollrich 96]

Einseitige Kraft $\quad F = \dfrac{1}{2} \cdot \rho \cdot g \cdot h^2 \quad$ in kN/m

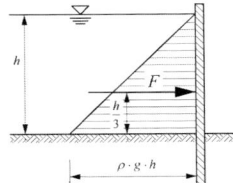

Beidseitige Kraft

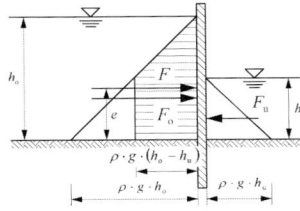

$$F = F_o - F_u = \frac{1}{2} \cdot \rho \cdot g \cdot \left(h_o^2 - h_u^2\right)$$

$$e = \frac{1}{3} \cdot \frac{h_o^2 + h_o \cdot h_u + h_u^2}{h_o + h_u}$$

11.35

3.2 Hydrodynamik
3.2.1 Grundlagen
Durchfluss

Durchfluss $\qquad Q = \dfrac{V}{t} = v \cdot A \quad$ in m³/s

3.2.2 Kontinuitätsgesetz

= Satz von der Erhaltung der Masse $\qquad Q_1 = v_1 \cdot A_1 = Q_2 = v_2 \cdot A_2 = Q = \text{const}$

Bei Medien mit konstanter Dichte (z.B. Wasser) darf sich die Masse m und der von ihr eingenommene Raum nicht ändern.

$\rho_1 = \rho_2 = \rho \qquad\qquad F_1 \cdot v_1 = F_2 \cdot v_2 = \text{const}$

Für die dargestellte Stromröhre gilt: $\qquad \dfrac{v_1}{v_2} = \dfrac{F_2}{F_1} = \dfrac{L_1}{L_2} = \dfrac{d_2^2}{d_1^2}$

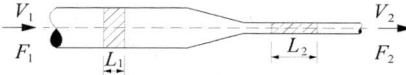

Die mittleren Durchflussgeschwindigkeiten ändern sich umgekehrt proportional zu den Durchflussquerschnitten.

3.2.3 Energieerhaltungsgesetz "Bernoulligleichung"

= Satz von der Erhaltung der Energie

Energieformen

Potentielle Energie (Gewicht) $\qquad W_{pot} = G \cdot h$

Potentielle Energie (Druck) $\qquad W_{pot} = \dfrac{G}{A} \cdot h \cdot A = p \cdot V$

Kinetische Energie (Geschwindigkeit) $\qquad W_{kin} = \dfrac{m \cdot v^2}{2} = \dfrac{\rho \cdot V \cdot v^2}{2}$

Wärmeenergie und weitere Energieformen $W_p \qquad W = W_{pot} + W_{kin} + W_p = \text{const}$

Bernoulligleichung

$$h_{geod} + \dfrac{p}{\rho \cdot g} + \dfrac{v^2}{2 \cdot g} + h_r = H = \text{const}$$

$$H = h_{geod.1} + \dfrac{p_1}{\rho \cdot g} + \dfrac{v_1^2}{2 \cdot g} + h_{r1} = h_{geod.2} + \dfrac{p_2}{\rho \cdot g} + \dfrac{v_2^2}{2 \cdot g} + h_{r2} = h_{geod.3} + \dfrac{p_3}{\rho \cdot g} + \dfrac{v_3^2}{2 \cdot g} + h_{r3}$$

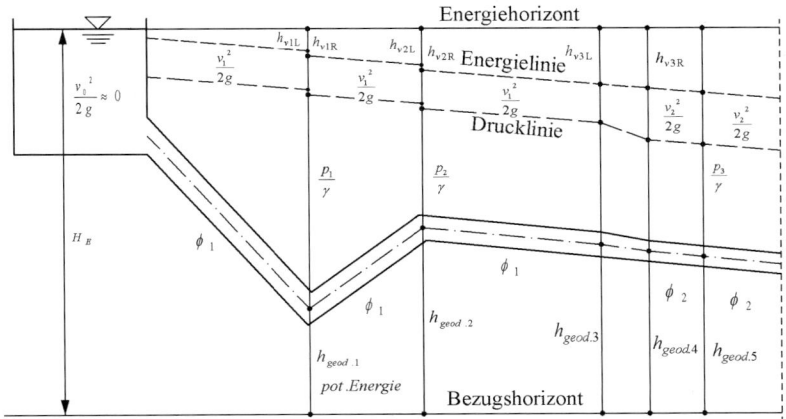

Abb. 11.37a: *Bernoulli – Gleichung am Beispiel eines Behälter – Rohrleitungssystems*

3.3 Gerinnehydraulik

3.3.1 Fließformeln

Empirische Fließformel nach *Manning* und *Strickler*

$$v = k_{St} \cdot r_{hy}^{2/3} \cdot I_E^{1/2} \quad \text{in m/s}$$

Manning-Strickler-Durchschnittsbeiwert k_{St} (in $m^{1/3}/s$) [Schröder u.a. 94]

$$\frac{l_u}{k_{St}^{3/2}} = \sum \left(\frac{l_{ui}}{k_{Sti}^{3/2}} \right)$$

Manning-Strickler-Durchschnittsbeiwert bei erheblich unterschiedlicher Beschaffenheit von Sohle und Ufer [Schröder u.a. 94]

$$k_{St} = \frac{l_u^{2/3} \cdot k_{So} \cdot k_U}{\left(b \cdot k_U^{3/2} + l_U \cdot k_{So}^{3/2} \right)^{2/3}}$$

Gesamtabfluss Q bei gegliederten Profilen

$$Q = \sum Q_i = \sum_{i=1}^{n} \left(A_i \cdot k_{Sti} \cdot r_{hyi}^{2/3} \cdot I_E^{1/2} \right)$$

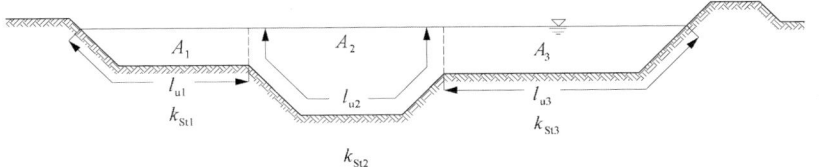

Abb. 11.37b: Dreigliedriges Trapezprofil [Schröder u.a. 94]

$$v_1 = k_{St1} \cdot r_{hy1}^{2/3} \cdot I_E^{1/2} \qquad v_2 = k_{St2} \cdot r_{hy2}^{2/3} \cdot I_E^{1/2} \qquad v_3 = k_{St3} \cdot r_{hy3}^{2/3} \cdot I_E^{1/2}$$

$$r_{hy1} = \frac{A_1}{l_{u1}} \qquad r_{hy2} = \frac{A_2}{l_{u2}} \qquad r_{hy3} = \frac{A_3}{l_{u3}}$$

$$Q = v_1 \cdot A_1 + v_2 \cdot A_2 + v_3 \cdot A_3$$

Hinweis: Der BWK empfiehlt für die stationäre Wasserspiegellagenberechnung die Berücksichtigung von Bewuchsparametern mit dem Rauigkeitsansatz nach Prandtl-Colebrook-White. Hierzu wird auf [BWK-M1 99] und [BWK-Berichte 00] verwiesen. Der vorstehende Ansatz nach Manning-Strickler sollte deshalb nur noch für untergeordnete, einfache Berechnungen genutzt werden.

3.3.2 Reibungsverlustansätze

Umrechnung *Strickler*-Beiwert k_{St} und absolute hydraulische Rauheit k_S

$$k_{St} = \frac{26}{k_S^{1/6}}$$

Tafel 11.38: k_s **für künstliche Gerinne [Martin/Pohl 00]**

	Beschaffenheit der Gerinnewand	k_{St} in m$^{1/3}$/s	k_s m mm
glatt	Glas, Piacryl, NE-Metallflächen poliert		0 ... 0,003
	Kunststoff (PVC, PE)		0,05
	Stahlblech neu, mit sorgfältigem Schutzanstrich; Zementputz geglättet		0,03 ... 0,06
mäßig rau	Stahlblech asphaltiert; Beton aus Stahl- bzw. Vakuumschalung, fugenlos, sorgfältig geglättet; Holz gehobelt, stoßfrei, neu; Asbestzement, neu	90 ... 100	0,1 ... 0,3
	Geglätteter Beton; Glattverputz; Holz gehobelt, gut gefugt	85 ... 90	0,4 ... 0,6
	Beton, gut geschalt, hoher Zementgehalt	70 ... 75	1,5 ... 2,0
	Holze, ungehobelt; Betonrohre	75	1,5
	Klinker, sorgfältig verfugt; Haustein- und Quadermauerwerk bei sorgfältigster Ausführung; Beton aus fugenloser Holzschalung	70 ... 75	1,5 ... 2,0
rau	Walzgussasphaltauskleidung	70	2,0
	Bruchsteinmauerwerk, sorgfältig ausgeführt; Stahlrohre, mäßig inkrustiert; Beton unverputzt; Holzschalung; Steine, behauen; Holz, alt und verquollen; Mauerwerk in Zementmörtel	65 ... 70	3,0
	Beton unverputzt; Holzschalung, alt; Mauerwerk, unverfugt, verputzt; Bruchsteinmauerwerk, weniger sorgfältig; Erdmaterial, glatt (feinkörnig)	60	6,0
	Beton aus Holzschalung, alt, angegriffen	55	10
	Grobes Bruchsteinmauerwerk; gepflasterte Böschungen, Sohle und Sand und Kies; Betonplatten; schlecht verschalter alter Beton mit offenen Fugen	45 ... 50	20
sehr rau	Erdkanäle ohne Geschiebe, mittlerer Kies	40	50
	Feinsand	56	10
	Sand bis Kies	50	20
	Feinkies; sandiger Kies; Feinsand mit Riffel	47	30
rau	Feinkies bis mittlerer Kies; Feinsand mit Riffel und Dünen	43	50
	Mittlerer Kies, Schotter	40	75
	Rasen	38 ... 42	60 ... 100
	Mittlerer bis Grobkies; leicht verkrautete Erdkanäle mit mäßiger Geschiebeführung und Kolken	35	90

Fortsetzung Tafel 11.38

extrem rau	Natürliche Flussbetten mit grobem Geröll; stark geschiebeführende Flüsse; Erdkanäle mit scholligem Lehm; Flussvorland mit Vegetation	30 ... 37	120 ... 300
	Erdmaterial bei mäßiger Geschiebeführung; Grobkies bis Grobschotter, stark verwurzeltes Steilufer	... 34	... 200
	Gebirgsflüsse mit grobem Geröll; stark bewachsene Erdkanäle; Erdmaterial schollig aufgeworfen	... 25	... 400
	Steinwurf, Steinsatz	35	150
	Steinschüttung	34	200
	Grobe Steinschüttung	≤ 20	... 500
	Felsausbruch, nachbearbeitet		(max. 0,4 · r_{hy})
	Gebirgsflüsse mit starker Geschiebeführung; unregelmäßiges Geröll	< 20	... 650 (max. 0,4 · r_{hy})
	Wildbach	< 20	... 900 (max. 1,0 · r_{hy})
	Felsausbruch, mittelgrob	< 20	... 1500 (max. 0.4 · r_{hy})
	Wildbach mit starkem Geschiebetrieb; stärkste Verkrautung von Erdkanälen	< 20	... 1500 (max. 1,0 · r_{hy})
	Felsausbruch roh, äußerst grob	< 20	... 3000 (max. 0,8 · r_{hy})

3.4 Überfall, Wehr und Ausfluss

Abfluss mit vollkommenem Überfall

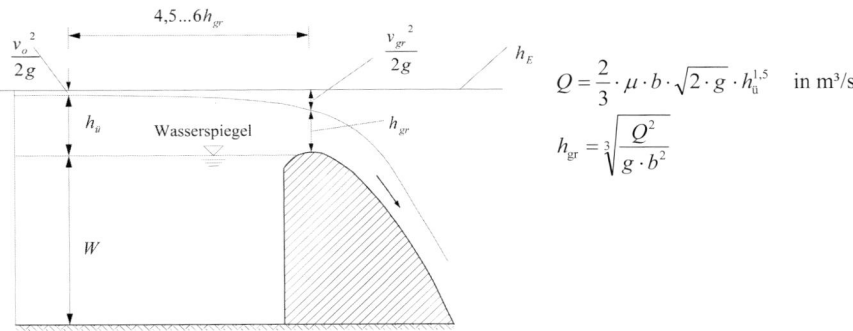

$$Q = \frac{2}{3} \cdot \mu \cdot b \cdot \sqrt{2 \cdot g} \cdot h_{ü}^{1,5} \quad \text{in m}^3/\text{s}$$

$$h_{gr} = \sqrt[3]{\frac{Q^2}{g \cdot b^2}}$$

Abb. 11.39: Definition der Überfallhöhe

Wehre

Tafel 11.40: Überfallbeiwert μ der wichtigsten Wehrkronenformen [Schröder u.a. 94]

	Kronenform	μ
	A Breit, scharfkantig, waagerecht	0,49 bis 0,51
	B Breit, mit gut abgerundeten Kanten, waagerecht	0,50 bis 0,55
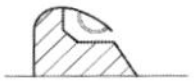	C Vollständig abgerundeter, breiter Überfall, gänzlich umgelegte Klappen bei abgerundeten Kanten des Wehrkörpers	0,63 bis 0,73
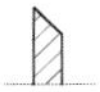	D Scharfkantig, mit Belüftung des Strahls	0,64
	E Abgerundet, mit lotrechter OW- und geneigter UW-Seite	0,75
	F Dachförmig, mit abgerundeter Krone	0,79

Für Messwehre gilt:

$$Q = \left(1{,}782 + 0{,}24 \cdot \frac{h_e}{w}\right) \cdot b \cdot h_e^{3/2} \qquad \text{in m}^3/\text{s}$$

mit $h_e = h_ü + 0{,}0011$ in m

mit $h_ü$ – Überfallhöhe in m
 b – Kronenbreite in m
 w – Wehrhöhe in m

Die Gleichung gilt für $w > 0{,}06$ m und $0{,}01$ m $< h_ü < 0{,}8$ m sowie $h_ü/w < 0{,}65$.

Alternativ:

$$Q = \frac{2}{3} \cdot \mu \cdot b \cdot \sqrt{2 \cdot g} \cdot h_ü^{3/2} \qquad \text{in m}^3/\text{s}$$

mit $\mu = 0{,}62$ scharfkantig ($b \gg h$)
 $\mu = 0{,}69$ rundkronig

Rechteckmesswehr (scharfkantige Krone)

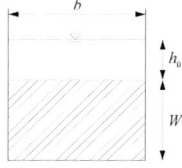

$$Q = \frac{2}{3} \cdot \mu \cdot b \cdot \sqrt{2 \cdot g} \cdot h_e^{3/2} \qquad \text{in m}^3/\text{s}$$

Abb. 11.40a: Rechteck-Messwehre

Dreieckmesswehr (Thomson)

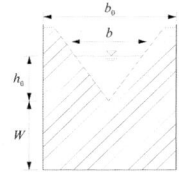

$$Q = \frac{8}{15} \cdot \mu \cdot \tan\left(\frac{\alpha}{2}\right) \cdot \sqrt{2 \cdot g} \cdot h_ü^{5/2} \qquad \text{in m}^3/\text{s}$$

oder für $\alpha = 90°$

$$Q = 1{,}352 \cdot h_ü^{2{,}483} \qquad \text{in m}^3/\text{s}$$

Gültigkeitsgrenzen: 0,05 m $< h_ü <$ ca. 0,4 ;
$h_ü/w < 0{,}4$; $h_ü/b_o < 0{,}2$; $w > 0{,}45$ m

Abb. 11.40b: Thomson-Messwehr

Ausfluss aus Seitenöffnungen mit großer Öffnung

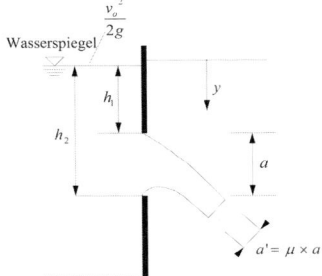

$$Q = \frac{2}{3} \cdot \mu \cdot b \cdot \sqrt{2 \cdot g} \cdot \left(\left(h_2 + \frac{v_0^2}{2 \cdot g} \right)^{1,5} - \left(h_1 + \frac{v_0^2}{2 \cdot g} \right)^{1,5} \right)$$

Tafel 11.41: Ausflussbeiwerte für scharfkantige Öffnungen [Lecher u.a. 01]

a/b	0	0,5	1	1,5	2
μ	0,67	0,64	0,58	0,50	0,44

Bei sehr guter Ausrundung der Öffnung wird $\mu \approx 0,95$.

Abb. 11.41a: Ausfluss aus einer Seitenöffnung [Lecher u.a. 01] $h_ü/w < 0,4$; $h_ü/b_o < 0,2$; $w > 0,45\ m$

Ausfluss aus Seitenöffnungen mit kleiner Öffnung

Abgrenzungskriterium: $a < 0,2 \cdot h$

$Q = \mu \cdot A \cdot \sqrt{2 \cdot g \cdot h_S}$ A – Querschnittsfläche der Öffnung

Ausfluss aus Bodenöffnungen

$Q = \mu \cdot A \cdot \sqrt{2 \cdot g \cdot h}$ in m³/s

Heber

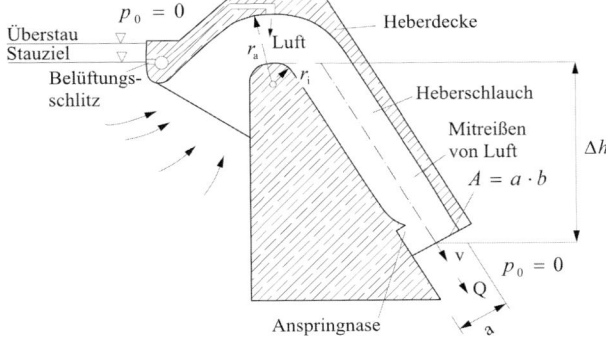

Abb. 11.41b: Heberwehr

$Q = \mu \cdot a \cdot b \cdot \sqrt{2 \cdot g \cdot \Delta h}$ in m³/s

Darin sind Q = Abfluss
μ = 0,7 bis 0,8 je nach Ausbildung
A = $a \cdot b$ = Querschnittsfläche am Auslauf in m²
Δh = Saughöhe = Höhendifferenz zwischen Heberkrone und Heberende in m (max. 7 m)

3.5 Wasserdurchlässigkeitsbestimmung

Tafel 11.42: k_f – Werte für Lockergesteine

	k_f -Werte für Lockergesteine	
	von	bis
Grobkies	$5 \cdot 10^{-1}$	10^{-2}
Fein-/Mittelkies	10^{-2}	$5 \cdot 10^{-4}$
Sandiger Kies	10^{-2}	$2 \cdot 10^{-4}$
Grobsand	$5 \cdot 10^{-3}$	10^{-4}
Mittelsand	10^{-3}	$7 \cdot 10^{-5}$
Feinsand	$5 \cdot 10^{-4}$	$5 \cdot 10^{-6}$
Schluffiger Sand/Sandiger Schluff	$8 \cdot 10^{-5}$	$5 \cdot 10^{-8}$
Schluff	$5 \cdot 10^{-5}$	10^{-9}
Toniger Schluff	10^{-6}	10^{-10}
Schluffiger Ton/Ton	10^{-8}	10^{-11}

***Darcy*-Gesetz für Strömungsvorgänge in porösen Medien im wassergesättigten Zustand**

$$Q = k_f \cdot A \cdot I$$

mit A durchströmte Querschnittsfläche
     I Gefälle

Bestimmung des Durchlässigkeitsbeiwertes bzw. Infiltrationswertes

- Laborversuch

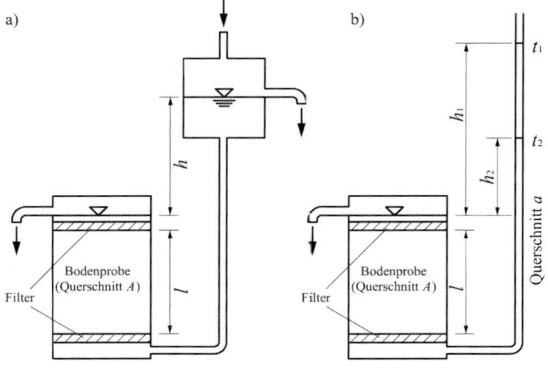

Stationäre Durchströmung nach *Darcy* gilt:

$$k = \frac{Q}{A \cdot I} = \frac{Q \cdot l}{A \cdot h}$$

Instationäre Durchströmung

$$k = \frac{a}{A} \cdot l \cdot \frac{1}{(t_2 - t_1)} \cdot \ln \frac{h_1}{h_2}$$

Abb. 11.42: Laborversuch

- Feldmethoden

  Doppelringinfiltrometer, Beetinfiltrometer

  $$k = \frac{V}{t \cdot A}$$ (V in l; t in s; A in m²; k in m/s)

  mit A – Sickerfläche

  Open-End-Test

  $$k = \frac{Q}{5{,}5 \cdot r \cdot h}$$ (Q in m³/s; r in m; h in m)

  mit r – Radius des Rohres
      h – Wasserstand im Rohr

- Empirische Bestimmungsmethoden

  nach *Hazen* $k_f = 0{,}0116 \cdot d_{10}^2$ in m/s

  (gültig für Sand mit $U < 5$)   mit d_{10} in mm

  nach *Beyer* $k_f = C \cdot d_{10}^2$ mit d_{10} in mm; k_f in m/s

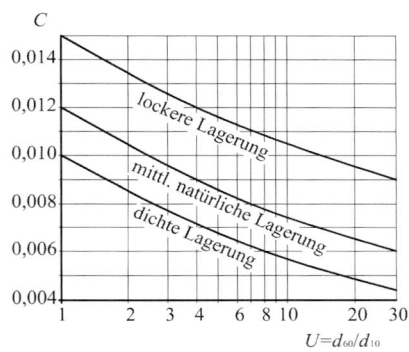

Abb. 11.43a: *C*-Faktor

3.6 Fischaufstiegsanlagen [DVWK-232 96]

Tafel 11.43: Empfohlene Abmessungen für Beckenpässe [DVWK-232 96]

Zu berück-sichtigende Fischarten	Beckenabmessungen in m			Schlupfloch-Abmessungen in m		Kronenaus-schnitte Abmessungen in m		Abfluss im Fisch-pass in m³/s	Max. Wasser-spiegel-differenz Δh in m
	Länge l_b	Breite b	Wasser-tiefe h	Breite b_s	Höhe h_s	Breite b_a	Höhe h_a		
Stör	5,0–6,0	2,5–3,0	1,5–2,0	1,5	1	–	–	2,5	0,20
Lachs, Meerforelle, Huchen	2,5–3,0	1,6–2,0	0,8–1,0	0,4–0,5	0,3–0,4	0,3	0,3	0,20–0,5	0,20
Äsche, Böbel, Blei, Sonstige	1,4–2,0	1,0–1,5	0,6–0,8	0,25–0,35	0,25–0,35	0,25	0,25	0,08–0,2	0,20
Obere Forellen-region	> 1,0	> 0,8	> 0,6	0,2	0,2	0,2	0,2	0,05–0,1	0,20

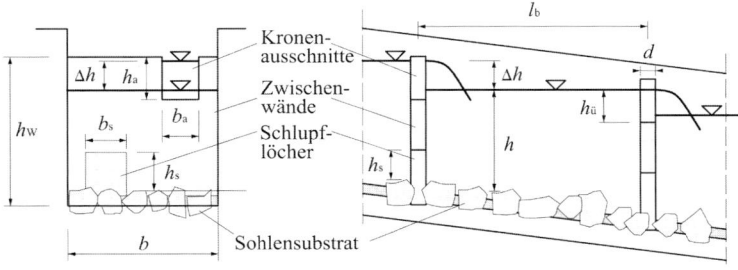

Abb. 11.43b: Bezeichnungen bei Beckenpässen [DVWK-232 96]

4 Trinkwasserversorgung

4.1 Wasserbedarf [DVGW-W410 95]

Definition der Bedarfswerte

Nachfolgend sind die Bedarfsgrößen sowie deren Anwendung bei der Dimensionierung von hydraulischen Anlagen definiert.

Q_d = Mittelwert aller Tagesbedarfswerte eines Jahres bzw. Bezugszeitraumes
Q_h = Mittelwert aller Stundenbedarfswerte am Tag des mittleren Bedarfs Q_d
$Q_{d,max}$ = maximaler Tagesbedarfswert eines Jahres bzw. Bezugszeitraumes
$Q_{h,max}$ = maximaler Stundenbedarfswert am Tag des maximalen Bedarfs ($Q_{d,max}$)
f_d = Spitzenfaktor zur Ermittlung des zu erwartenden maximalen Tagesbedarfs
f_h = Spitzenfaktor zur Ermittlung des zu erwartenden maximalen Stundenbedarfs am Tag des maximalen Bedarfs
$f_{s(10min)}$ = Spitzenfaktor zur Ermittlung des zu erwartenden kurzzeitigen (t = 10 min) Bedarfs am Tag des maximalen Bedarfs

Tafel 11.44a: Bedarfsgrößen und ihre Anwendung [DVGW-W410 95]

Bedarfsgröße	maßgebend für
maximaler Wasserbedarf eines Tages $Q_{d,max} = Q_d \cdot f_d$	Auslegung Hochbehälter
mittlerer stündlicher Bedarf am Tag des mittleren Bedarfs $Q_h = Q_d / 24$	
maximaler stündlicher Bedarf am Tag des maximalen Bedarfs $Q_{h,max} = Q_d \cdot \dfrac{f_h}{24}$	Dimensionierung Rohrnetz
kurzzeitiger Bedarf (t = 10 min) $Q_{k(10min)} = Q_d \cdot \dfrac{f_{s(10min)}}{24}$ $f_{s(10min)} = Q_{k(10min)}$ (m³/h) bei $Q_{d,max} / Q_h$ bei Q_d für Versorgungsgebiete bis ca. 17.000 EW → $f_{s(10min)} = 6,2$	Auslegung Druckerhöhungsstation Druckregler Druckminderer

Für die hydraulische Berechnung des Rohrnetzes ist neben dem Löschwasserbedarf die größte stündliche Wasserabgabe pro Tag bei mittlerem Verbrauch $Q_{h,max}$ (Q_d) zugrunde zu legen. Richtwerte für Löschwasserbedarf siehe Tafel 10.47.

Tafel 11.44b: Spitzenfaktor f_h, f_d in Abhängigkeit von Einwohnern je Versorgungsgebiet. ≤ 5000 bis 1 Mio. Einwohnern [DVGW-W410 95]

Einwohner je Versorgungsgebiet	Spitzenfaktor f_h	Spitzenfaktor f_d
≤ 5.000	5,5	2,2
> 5.000 ≤ 10.000	4,5	2,0
> 10.000 ≤ 20.000	4,0	1,9
> 20.000 ≤ 50.000	3,5	1,8
> 50.000 ≤ 100.000	3,0	1,8
> 100.000 ≤ 200.000	2,7	1,7
> 200.000 ≤ 500.000	2,4	1,6
> 500.000 ≤ 1.000.000	2,2	1,5

Ab 20.000 EW/Versorgungsgebiet ist der Industriebedarf enthalten.

Tafel 11.45: Verbraucherbezogene Wasserbedarfswerte [DVGW-W410 95]

Verbraucher	Einheit	Tagesmittelwerte	Spitzenfaktoren f_d	f_h
Haushalt: Einwohner	l/E·d	140–150* (1998: 127)	siehe Tafel 11.44	siehe Tafel 11.44
Öffentliche Einrichtungen: Schulen	l/SL·d	8	1,7	7,5
Krankenhaus	l/V·d l/BZ·d	340 500	1,3	3,2
Verwaltungsgebäude	l/B·d	47	1,8	5,6
Hotels	l/V·d l/HZ·d l/Bett·d	290 388 241	1,4	4,4
Frei- und Hallenbad	l/Besucher	50–190	-	-
Landwirtschaft: Großviehgleichwert	l/GVGW·d	52	1,5	7,6

*Wert bei Neuanlage ermitteln (ist insbesondere im ländlichen Raum zu hoch)

Legende: SL ... Schüler und Lehrer   BZ ... Bettenzahl   HZ ... Hotelzimmer
          V ... Verbraucher   B ... Beschäftigte

4.2 Wassergewinnung

Brunnenreichweite R

$$R = 3000 \cdot s \cdot \sqrt{k_f}$$

Achtung: Formel ist **nicht** dimensionsecht!
R = Reichweite Brunnen in m
s = Absenkung Brunnenwasserspiegel ($s = H - h_B$) in m
k_f = Durchlässigkeitsbeiwert Grundwasserleiter in m/s

Beschränkung Grundwasserabsenkung

$h_B \geq 0{,}75 \ldots 0{,}95 \cdot H$

h_B = Wasserstand im Brunnen in m
H = Mächtigkeit Grundwasserleiter in m

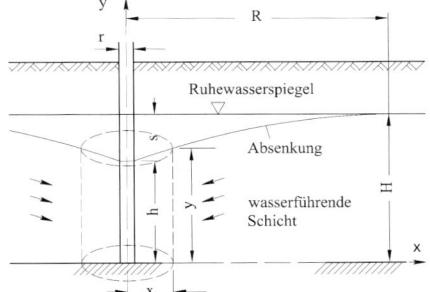

Abb.11.45: Vertikalbrunnen mit Absenktrichter des Grundwassers

Berechnung von Horizontalfilterbrunnen

vertikale Fassung mit Ersatzradius $r = L \cdot 0{,}25^{1/n}$

nach *Falke* $Q_E = \beta \cdot \tan\alpha \cdot s \cdot k_f^{1/3}$ $Q_F = \pi \cdot D \cdot n \cdot L \cdot f \cdot \dfrac{\sqrt{k_f}}{15}$

Vertikale Grundwasserfassungen

allgemeine Brunnenformel für ungespanntes Grundwasser $Q_E = \pi \cdot k_f \cdot \dfrac{(y_2^2 - y_1^2)}{\ln\left(\dfrac{x_2}{x_1}\right)}$

ungespanntes Grundwasser $Q_F = 2\pi \cdot r \cdot h \cdot \dfrac{\sqrt{k_f}}{15}$ $Q_E = \pi \cdot k_f \cdot \dfrac{(H^2 - h^2)}{\ln\left(\dfrac{R}{r}\right)}$

gespanntes Grundwasser

$h \geq m$: $Q_E = 2\pi \cdot k_f \cdot m \cdot \dfrac{(H-h)}{\ln\left(\dfrac{R}{r}\right)}$

$Q_F = 2\pi \cdot r \cdot m \cdot \dfrac{\sqrt{k_f}}{15}$

$h \leq m$: $Q_E = \pi \cdot k_f \cdot \dfrac{(H^2 - h^2) - (H-m)^2}{\ln\left(\dfrac{R}{r}\right)}$

$Q_F = 2\pi \cdot r \cdot h \cdot \dfrac{\sqrt{k_f}}{15}$

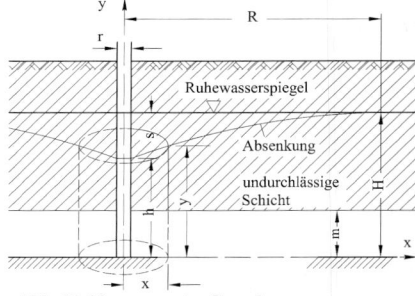

Abb. 11.46: gespanntes Grundwasser

Horizontale Grundwasserfassungen

ungespanntes Grundwasser (einseitige Anströmung)

$Q_E = L \cdot k_f \cdot \dfrac{(H^2 - h^2)}{2 \cdot R}$

$Q_F = L \cdot h \cdot \dfrac{\sqrt{k_f}}{15}$

gespanntes Grundwasser (einseitige Anströmung)

$h \geq m$: $Q_E = L \cdot k_f \cdot m \cdot \dfrac{(H-h)}{R}$

$Q_F = L \cdot m \cdot \dfrac{\sqrt{k_f}}{15}$

$h \leq m$: $Q_E = L \cdot k_f \cdot \dfrac{(H^2 - h^2) - (H-m)^2}{2 \cdot R}$

$Q_F = L \cdot h \cdot \dfrac{\sqrt{k_f}}{15}$

4.3 Wasserverteilung

Versorgungsdruck

Der Versorgungsdruck am obersten Entnahmepunkt einer Hausinstallation soll noch mindestens 1,0 bar betragen.

Tafel 11.46a: Mindestdruck unmittelbar vor dem Wasserzähler für neue und bestehende Netze [DVGW-W302 81]

	Neue Netze	Bestehende Netze
Eingeschossige Gebäude	2,0 bar	2,0 bar
Gebäude mit EG und 1 OG	2,5 bar	2,035 bar
Für jedes weitere Geschoss	0,5 bar zusätzlich	0,35 bar zusätzlich

Die oberste Grenze des Versorgungsdruckes (Ruhedruck im Netz) beträgt 8 bar.

Fließgeschwindigkeit

Tafel 11.46b: Fließgeschwindigkeiten nach [DVGW-W302 81]

	Fließgeschwindigkeit [m/s]
Fernwasserleitungen und Zubringerleitungen (Fernleitungen $L > 25$ km, DN $\geq$ 500)	2,0 ... 3,0 ($\leq$ 3,0)
Hauptleitungen in Verteilernetzen	1,0 ... 2,0
Versorgungsleitungen	0,5 ... 0,8

Die Mindestgeschwindigkeit beträgt: 0,1 ... 0,3 m/s

4.4 Wasserspeicherung

Nutzinhalt V_N des Wasserspeichers

$V_N = V_A + V_{Si}$

V_A = Ausgleichvolumen (fluktuierende Wassermenge) in m³
V_{Si} = Sicherheitsvorrat in m³

Trinkwasserversorgung

Speichervolumen V

$$V = V_N + V_L$$

V_N = Nutzinhalt in [m³] $\qquad V_L$ = Löschwasservorrat in m³

Sicherheitsvorrat V_{Si}

$$V_{Si} = \frac{Q_d}{n_{ZL}} \cdot D_{AUS}$$

V_{Si} = Sicherheitsvorrat in m³ $\qquad Q_d$ = mittlerer Tagesbedarf in m³/d

n_{ZL} = Anzahl der Zuleitungen [-] $\qquad D_{AUS}$ = Dauer der Betriebsstörung in d

Löschwasserreserve

Nach Arbeitsblatt DVGW-W 405 sollte die Löschwasserreserve im Wasserspeicher dem Löschwasserbedarf von 2 Stunden entsprechen.

Richtwerte für die Löschwasserreserve V_L:
- Dorf- und Wohngebiete: $\qquad V_L = 100 - 200$ m³
- Kern-, Gewerbe- und Industriegebiete: $\qquad V_L = 200 - 400$ m³

(Siehe Tafel 11.47)

Tafel 11.47: Löschwasserbedarf unter Berücksichtigung der baulichen Nutzung und der Gefahr einer Brandausbreitung [DVGW-W405 78]

Bauliche Nutzung nach § 17 der Baunutzungsverordnung	Kleinsiedl. (WS)[4] Wochenendhausgebiete (SW)[4]	reine Wohngebiete (WR) allg. Wohngebiete (WA) besondere Wohngeb. (WB) Mischgebiete (MI) Dorfgebiete (MD)[1] Gewerbegebiete (GE)		Kerngebiete (MK) Gewerbegebiete (GE)		Industriegebiete (GI)
Zahl der Vollgeschosse	≤ 2	≤ 3	> 3	1	>1	–
Geschossflächenzahl[2] (GFZ)	≤ 0,4	≤ 0,3 – 0,6	0,7 – 1,2	0,7 – 1,0	1,0 – 2,4	–
Baumassenzahl[3] (BMZ)	–	–	–	–	–	≤ 9
Löschwasserbedarf bei unterschiedlicher Gefahr der Brandausbreitung[6]	m³/h	m³/h	m³/h	m³/h		m³/h
a) klein	24[4]	48	96	96		96
b) mittel	48	96	96	192		192
c) groß	96	96	192	192		192

Überwiegende Bauart

zu a) feuerbeständige [5] oder feuerhemmende [5] Umfassungen, harte Bedachungen [5]
zu b) Umfassungen nicht feuerbeständig oder nicht feuerhemmend, harte Bedachungen oder Umfassungen feuerbeständig oder feuerhemmend, weiche Bedachungen [5]
zu c) Umfassungen nicht feuerbeständig oder nicht feuerhemmend; weiche Bedachungen, Umfassungen aus Holzfachwerk (ausgemauert). Stark behinderte Zugänglichkeit, Häufung von Feuerbrücken usw.

Erläuterungen:
[1]) Soweit nicht unter einem anderen Punkt erwähnt.
[2]) Geschoßflächenzahl = Verhältnis der Geschoßfläche zur Grundstücksfläche.
[3]) Baumassenzahl = Verhältnis gesamter umbauter Raum zur Grundstücksfläche.
[4]) Bei der Planung ist davon auszugehen, dass Kleinsiedlungsgebiete und Wochenendhausgebiete keine hohe Brandempfindlichkeit haben.
[5]) Die Begriffe „feuerhemmend" und „feuerbeständig" sowie „harte Bedachung" und „weiche Bedachung" sind baurechtlicher Art. Sie sind nicht eindeutig definiert. Zur Erläuterung ihres Sinngehaltes wird auf DIN 4102 verwiesen. Hiernach entspricht in etwa „feuerhemmend" der Feuerwiderstandsklasse F30 bis F60 und „feuerbeständig" der Feuerwiderstandsklasse F90 und darüber.
[6]) Begriff nach DIN 14011 Teil 2: „Brandausbreitung ist die räumliche Ausdehnung eines Brandes über die Brandausbruchstelle hinaus in Abhängigkeit von der Zeit". Die Gefahr der Brandausbreitung wird umso größer, je brandempfindlicher sich die überwiegende Bauart eines Löschbereichs erweist.

5 Abwasserableitung

5.1 Abwasseranfall und Kanalnetzdimensionierung

5.1.1 Ermittlung des Trockenwetterabflusses [DWA-A118 06]

Häuslicher Schmutzwasserabfluss

$$Q_H = \frac{q_{H,1000E} \cdot ED \cdot A_{E,K,1}}{1000} \text{ in l/s}$$

$q_{H,1000E}$ = häusliche Schmutzwasserabflussspende bezogen auf 1000 Einwohner (z.B. 4 l/(s · 1000 E))

$$q_{H,aM} = \frac{ED \cdot w_{S,d}}{86400}$$

Einwohnerdichte:
ländliche Gebiete: 20 EW/ha

Stadtzentrum: 300 EW/ha

weitere Richtwerte s.Tafel 11.50

Jahresmittel: $Q_{H,aM} = \frac{EZ \cdot w_{S,d}}{86400}$ in l/s

Tagesspitze: $Q_{H,max} = \frac{24}{x} \cdot Q_{H,aM}$ in l/s

x-stündlicher Spitzenabfluss aus der Auswertung der KA-Richtwerte (Siehe Abb. 10.90)

	x
Bis 5.000 EW	8-13
5.000-20.000 EW	11-17
20.000-100.000 EW	13-20
>100.000 EW	16-20

Gewerblicher Schmutzwasserabfluss

$Q_{G,h,max} = q_G \cdot A_{E,G}$ in l/s

Betriebe mit geringer Wasserabnahme $q_G = 0,5$ l/(s · ha)
Betriebe mit mittlerer Wasserabnahme $q_G = 1,0$ l/(s · ha)
Betriebe mit starker Wasserabnahme $q_G = 1,5$ l/(s · ha)

Jahresmittel: $Q_{G,aM} = \frac{JSM}{365 \cdot 86400}$ in l/s

Spitzenabfluss aus Gewerbe – und Industriebetrieben:

$$Q_{G,max} = Q_{G,aM} \cdot \frac{24}{a_G} \cdot \frac{365}{b_G} \text{ in l/s}$$

JSM = Jahresschmutzwassermenge in m³
a_G = Arbeitsstunden pro Tag in Wh/d
b_G = Produktionstage pro Jahr in Wd/a

Fremdwasserabfluss

$Q_{F,aM} = q_F \cdot A_{E,K}$ in l/s

$q_F \leq 0,15$ l/(s · ha)

Abwasserableitung

$$\text{Fremdwasseranteil (FWA)} = \frac{\text{Fremdwasserabflussvolumen}}{\text{Trockenwetterabflussvolumen}} \cdot 100\%$$

$$FWA = 1 - \frac{1}{FWZ + 1}$$

$$\text{Fremdwasserzuschlag (FWZ)} = \frac{\text{Fremdwasserabflussvolumen}}{\text{Schmutzwasserabflussvolumen}} \cdot 100\%$$

$$FWZ = \frac{1}{1 - FWA} - 1$$

Maximaler Fremdwasserabfluss nach Art des Entwässerungssystems:

Trennsystem: $Q_{F,max} = Q_{F,aM} + Q_{R,Tr,max}$ in l/s

$Q_{R,Tr,max} = q_{R,Tr} \cdot A_{E,Tr}$ in l/s

$q_{R,Tr} = 0{,}2 \text{ bis } 0{,}7 \text{ l/(s} \cdot \text{ha)}$

$Q_{R,Tr,max} = 100 - 300\% \cdot Q_{S,aM}$ in l/s

Mischsystem: $Q_{F,aM} = 30 - 40\% \cdot Q_{S,aM}$ in l/s

Alternativ kann der Fremdwasserabfluss (bei Schmutzwasserkanälen bestehend aus Trocken- und Regenwetteranteil) pauschal als Vielfaches m des Schmutzabflusses abgeschätzt werden:

$Q_{F,max} = m \cdot (Q_{H,h,max} + Q_{G,h,max})$ in l/s

Trockenwetterabfluss

$Q_T = Q_S + Q_F$ $\qquad Q_S = Q_H + Q_G$

$Q_T = Q_H + Q_G + Q_F$ in l/s

Tagesmittelwert Trockenwetter: $Q_{T,aM} = Q_{S,aM} + Q_{F,aM}$

Tagesspitzenwert Trockenwetter: $Q_{T,h,max} = Q_{S,h,max} + Q_{F,aM}$

5.1.2 Ermittlung des Regenabflusses

Regenabfluss

$Q_R = q_R \cdot A_{E,K} = \psi_s \cdot r_{(D,n)} \cdot A_{E;K}$ in l/s

Abflussbeiwert

mittlerer Abflussbeiwert bei Teilflächen: $\psi_m = \dfrac{\sum\limits_{1}^{n} A_i \cdot \psi_i}{\sum\limits_{1}^{n} A_i}$ mit ($0 \leq \psi \leq 1$)

Tafel 11.50a: Empfohlene Spitzenabflussbeiwerte für unterschiedliche Regenspenden bei einer Regendauer von 15 min ($r_{15,n}$) in Abhängigkeit von der mittleren Geländeneigung I_G und dem Befestigungsgrad nach [DWA-A118 06]

Bef.-grad in %	Gruppe 1 $I_G < 1\%$				Gruppe 2 $1\% \leq I_G \leq 4\%$				Gruppe 3 $4\% < I_G \leq 10\%$				Gruppe 4 $I_G > 10\%$			
	\multicolumn{16}{c}{für $r_{15,n}$ in l/(s·ha)}
	100-130	180	225	100	130	180	225	100	130	180	225	100	130	180	225
0*)	0,00	0,10	0,31	0,10	0,15	0,30	0,46	0,15	0,20	0,45	0,60	0,20	0,30	0,55	0,75
10*)	0,09	0,19	0,38	0,18	0,23	0,37	0,51	0,23	0,28	0,50	0,64	0,28	0,37	0,59	0,77
20	0,18	0,27	0,44	0,27	0,31	0,43	0,56	0,31	0,35	0,55	0,67	0,35	0,43	0,63	0,80
30	0,28	0,36	0,51	0,35	0,39	0,50	0,61	0,39	0,42	0,60	0,71	0,42	0,50	0,68	0,82
40	0,37	0,44	0,57	0,44	0,47	0,56	0,66	0,47	0,50	0,65	0,75	0,50	0,56	0,72	0,84
50	0,46	0,53	0,64	0,52	0,55	0,63	0,72	0,55	0,58	0,71	0,79	0,58	0,63	0,76	0,87
60	0,55	0,61	0,70	0,60	0,63	0,70	0,77	0,62	0,65	0,76	0,82	0,65	0,70	0,80	0,89
70	0,64	0,70	0,77	0,68	0,71	0,76	0,82	0,70	0,72	0,81	0,86	0,72	0,76	0,84	0,91
80	0,74	0,78	0,83	0,77	0,79	0,83	0,87	0,78	0,80	0,86	0,90	0,80	0,83	0,87	0,93
90	0,83	0,87	0,90	0,86	0,87	0,89	0,92	0,86	0,88	0,91	0,93	0,88	0,89	0,93	0,96
100	0,92	0,95	0,96	0,94	0,95	0,96	0,97	0,94	0,95	0,96	0,97	0,95	0,96	0,97	0,98

*) Befestigungsgrade kleiner 10% bedürfen i.d.R. einer besonderen Betrachtung.

Tafel 11.50b: Überschlägliche Ermittlung des Spitzenabflussbeiwertes nach der Bebauungsart

Bebauungsart	Abflussklasse	Befestigte Fläche A_{red} in %	Siedlungsdichte ED in E/ha	mittl. Spitzenabflussbeiwert ψ_s
sehr dicht	I	80 bis 100	≥ 350	0,7 bis 0,9
dicht	II	50 bis 70	≈ 300	0,5 bis 0,7
geschlossen	III	30 bis 50	≈ 150	0,3 bis 0,5
weitläufig	IV	20 bis 30	≈ 100	0,2 bis 0,3
sehr weitläufig	V	10 bis 20	≈ 50	0,1 bis 0,2
unbebaut	VI	0	0	
Gärten, Sportplätze				0,05 bis 0,2
Parkanlagen, Wälder				0,0 bis 0,1

Unvermeidbarer Regenabfluss im Schmutzwasserkanal

$$Q_{r,T} = q_{r,T} \cdot A_{E,K} \qquad \text{in l/s}$$

Mindestregendauer

Tafel 11.50c: Maßgebende kürzeste Regendauer in Abhängigkeit der mittleren Geländeneigung und des Befestigungsgrades [DWA-A118 06]

mittlere Geländeneigung	Befestigung	kürzeste Regendauer
< 1%	$\leq 50\%$	15 min
	$> 50\%$	10 min
1% bis 4%		10 min
> 4%	$\leq 50\%$	10 min
	$> 50\%$	5 min

Zeitbeiwert

$$\varphi = \frac{38}{D+9} \cdot \left(n^{-0,25} - 0,369\right) \qquad r_{D,n} = \varphi_{D,n} \cdot r_{15,1} \quad \text{in l/(s·ha)}$$

Annähernd gilt: $\qquad \varphi = \dfrac{24}{n^{0,35} \cdot (D+9)}$

Tafel 11.51: Zeitbeiwert φ

Regendauer/ Fließzeit D in min	Häufigkeit n in a^{-1}				
	$n = 0,1$	$n = 0,2$	$n = 0,3$	$n = 0,5$	$n = 1,0$
5	3,825	3,057	2,666	2,226	1,713
10	2,819	2,253	1,964	1,640	1,262
15	2,231	1,783	1,555	1,299	1,000
20	1,847	1,476	1,287	1,075	0,827
25	1,575	1,259	1,098	0,917	0,705
30	1,373	1,097	0,957	0,799	0,615
40	1,093	0,873	0,762	0,636	0,489
50	0,908	0,725	0,633	0,528	0,406
60	0,776	0,620	0,541	0,452	0,348
70	0,678	0,542	0,472	0,395	0,304
80	0,602	0,481	0,419	0,350	0,269
90	0,541	0,432	0,377	0,315	0,242
100	0,491	0,393	0,342	0,286	0,220
120	0,415	0,332	0,289	0,242	0,186
150	0,337	0,269	0,235	0,196	0,151

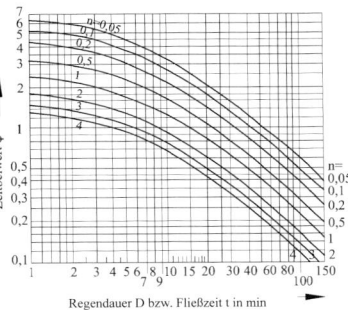

Abb. 11.51: Zeitbeiwertkurve

$\varphi_{D,n}$ drückt den zeitlichen Funktionswert der Regenspendelinien aus, d.h. die Veränderlichkeit von r mit D (bzw. t_f).
$\varphi_{D,n}$ gibt an, um wie viel sich r bei kurzen Regen vergrößert und bei langen Regen vermindert.
Als Grundlage wird dabei der 15 min – Regen mit $\varphi = 1,0$ angenommen

5.1.3 Kanalnetzdimensionierung

Verfahren für kleine Entwässerungsgebiete

Anwendung: bei gleichförmigen, kleinen Netzen (kleine Neubaugebiete) ohne Abminderung, Fließzeit bis ≈ 15 min.

Zeitbeiwertverfahren

Anwendung: bei gleichförmigen, kleinen bis mittelgroßen Netzen, Fließzeit bis ≈ 30 min.

- Maßgeblicher Regenabfluss: $\boxed{Q_R = r_{15,1} \cdot \varphi_{D(n)} \cdot \psi_S \cdot A_{E,k}}$

  $r_{15,1}$ aus örtlichen Regenauswertungen
  $\varphi_{D(n)}$ aus Tafel 10.59c

- Zeitbeiwert $\varphi_{D(n)}$ an Berechnungspunkten:
  bei $t_f \leq D$: $\varphi_{D(n)}$ mit D nach Tafel 10.57c
  bei $t_f > D$: $\varphi_{D(n)} = \varphi_{tf(n)}$

  Das heißt, beim Zeitbeiwertverfahren verwendet man
  Im Fall $t_f \leq D$ einen konstanten Berechnungsregen $r_{D(n)}$ und
  im Fall $t_f > D$ einen mit der Fließzeit t_f veränderlichen Berechnungsregen $r_{tf(n)}$, dessen D mit t_f übereinstimmt.

- Beispiel: Örtliche Regenspende $r_{15(1)} = 100$ l/(s*ha)
  Gewählter Berechnungsregen $r_{D(n)} = r_{10(1)}$
  r bei Fließzeit $t_f \leq D = 10$ min:
  $$r_{D(n)} = r_{10(1)} = r_{15(1)} \cdot \varphi_{10(1)} = 100 \cdot 1{,}262 = 126{,}27 \text{ l/(s*ha)}$$
  r bei Fließzeit $t_f > D = 14$ min > 10 min $= D$:
  $$r_{tf(n)} = r_{14(1)} = r_{15(1)} \cdot \varphi_{14(1)} = 100 \cdot 1{,}043 = 104{,}3 \text{ l/(s*ha)}$$

- Beispiel: Spitzenabflussbeiwert T=3a, I=5%, Befestigungsgrad 80 %
  $$r_{15(0,3)} = 1{,}555 \cdot 100 = 155{,}5 \text{ l/(s*ha)}$$
  $$\psi_S = 0{,}83$$

Tafel 11.52a: In DIN EN 752 empfohlene Häufigkeiten für den Entwurf [DWA-A118 06]

Häufigkeit der Bemessungsregen[1] (1-mal in „n" Jahren)	Ort	Überflutungshäufigkeit (1-mal in „n" Jahren)
1 in 1	Ländliche Gebiete	1 in 10
1 in 2	Wohngebiete	1 in 20
	Stadtzentren, Industrie- und Gewerbegebiete	
1 in 2	– mit Überflutungsprüfung,	1 in 30
1 in 5	– ohne Überflutungsprüfung	entfällt
1 in 10	Unterirdische Verkehrsanlagen, Unterführungen	1 in 50

1) Für Bemessungsregen darf keine Überlastung auftreten.

Tafel 11.52b: Empfohlene Überstauhäufigkeiten für den rechnerischen Nachweis bei Neuplanungen bzw. Sanierung (hier Bezugsniveau Geländeoberkante) [DWA-A118 06]

Ort	Überstauhäufigkeiten Neuplanung bzw. nach Sanierung (1-mal in „n" Jahren)
Ländliche Gebiete	1 in 2
Wohngebiete	1 in 3
Stadtzentren, Industrie- und Gewerbegebiete	seltener als 1 in 5
Unterirdische Verkehrsanlagen, Unterführungen	seltener als 1 in 10[1]

1) Bei Unterführungen ist zu beachten, dass bei Überstau über Gelände i.d.R. unmittelbar eine Überflutung einhergeht, sofern nicht besondere örtliche Sicherungsmaßnahmen bestehen. Hier entsprechen sich Überstau- und Überflutungshäufigkeit mit dem in Tafel 11.52a genannten Wert „1 in 50".

5.2 Hydraulik der Kanalquerschnitte
5.2.1 Grundlagen

Tafel 11.52c: Pauschal-Werte für die betriebliche Rauheit k_b [mm] nach [DWA-A110 06]

Schachtausbildung	Kanalart				
	Transportkanäle	Sammelkanäle ≤ DN 1000	Sammelkanäle > DN 1000	Mauerwerkskanäle, Ortbetonkanäle, Kanäle aus nicht genormten Rohren ohne besonderen Nachweis der Wandrauheit	Drosselstrecken (1), Druckrohrleitungen (1,2,3), Düker (1) und Reliningstrecken ohne Schächte
Regelschächte	0,5	0,75	–	1,5	0,25
Angeformte Schächte	0,5	0,75	0,75	1,5	0,25
Sonderschächte	0,75	1,5	1,5	1,5	0,25

1) Ohne Einlauf-, Auslauf- und Umlenkungsverluste.
2) Ohne Drucknetze.
3) Auswirkungen auf Pumpwerke.

Abwasserableitung

5.2.2 Rohrabmessungen (DWA-A 110 06)

1. Kreisquerschnitt

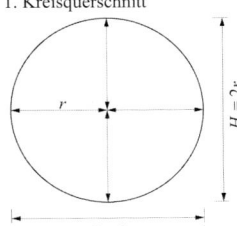

$B = 2r$
$B : H = 2 : 2$
$A = 3,142 \, r^2$
$l_u = 6,283 \, r$
$r_{hy} = 0,500 \, r$

2. Eiquerschnitt

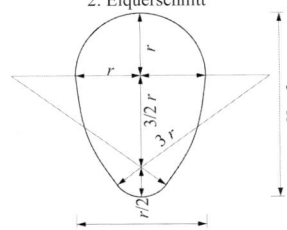

$B = 2r$
$B : H = 2 : 3$
$A = 4,594 \, r^2$
$l_u = 7,930 \, r$
$r_{hy} = 0,579 \, r$

3. Maulquerschnitt

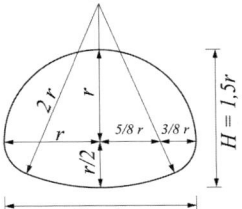

$B = 2r$
$B : H = 2 : 1,5$
$A = 2,378 \, r^2$
$l_u = 5,603 \, r$
$r_{hy} = 0,424 \, r$

Abb. 11.533: Genormte Querschnittsformen [DWA-A110 06]

4. Gestreckter Kreisquerschnitt

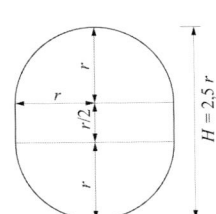

$B = 2r$
$B : H = 2 : 2,5$
$A = 4,142 \, r^2$
$l_u = 7,283 \, r$
$r_{hy} = 0,569 \, r$

5. Überhöhter Kreisquerschnitt

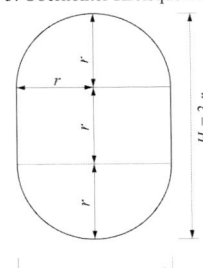

$B = 2r$
$B : H = 2 : 3$
$A = 5,142 \, r^2$
$l_u = 8,283 \, r$
$r_{hy} = 0,621 \, r$

6. Überhöhter Eiquerschnitt

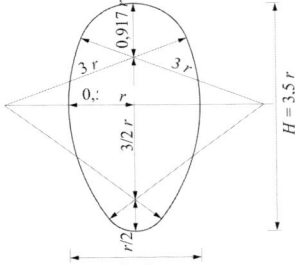

$B = 2r$
$B : H = 2 : 3,5$
$A = 5,492 \, r^2$
$l_u = 8,851 \, r$
$r_{hy} = 0,621 \, r$

7. Breiter Eiquerschnitt

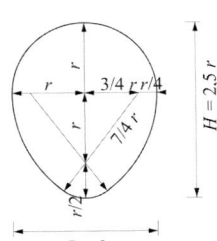

$B = 2r$
$B : H = 2 : 2,5$
$A = 3,822 \, r^2$
$l_u = 7,031 \, r$
$r_{hy} = 0,544 \, r$

8. Gedrückter Eiquerschnitt

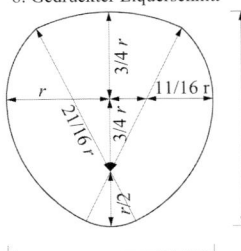

$B = 2r$
$B : H = 2 : 2$
$A = 3,100 \, r^2$
$l_u = 6,283 \, r$
$r_{hy} = 0,493 \, r$

9. Überhöhter Maulquerschnitt

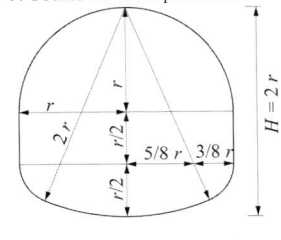

$B = 2r$
$B : H = 2 : 2$
$A = 3,378 \, r^2$
$l_u = 6,603 \, r$
$r_{hy} = 0,512 \, r$

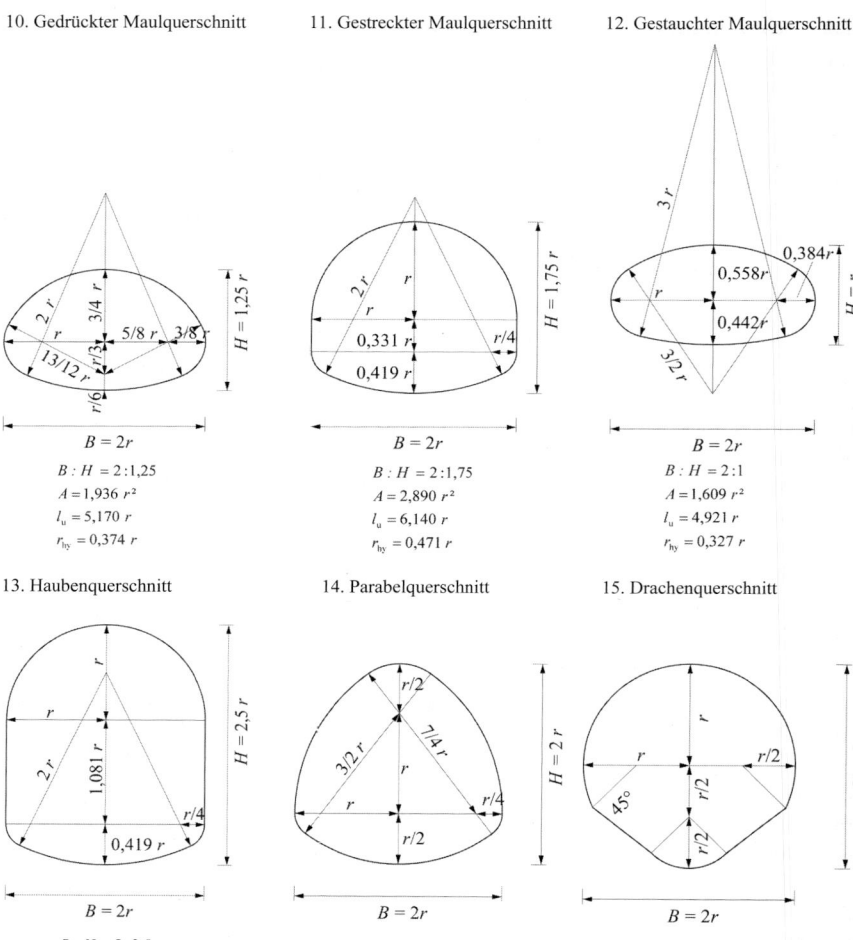

Abb. 11.54: Nicht genormte Querschnittsformen [DWA-A110 06]

5.2.3 Teilfüllungswerte [DWA-A 110 06]

Tafel 11.55: Teilfüllungswerte für Kreisquerschnitte in Abhängigkeit von Q_t/Q_v [DWA-A110 06]

Q_t/Q_v	v_t/v_v	h/d	A_t/A_v	$r_{hy,t}/r_{hy,v}$
0,001	0,171	0,022	0,006	0,059
0,002	0,212	0,032	0,010	0,084
0,003	0,237	0,038	0,012	0,100
0,004	0,258	0,044	0,015	0,114
0,005	0,275	0,049	0,018	0,127
0,006	0,291	0,053	0,021	0,139
0,007	0,305	0,057	0,023	0,149
0,008	0,316	0,061	0,025	0,159
0,009	0,328	0,065	0,028	0,168
0,010	0,337	0,068	0,030	0,176
0,011	0,347	0,071	0,032	0,184
0,012	0,356	0,074	0,034	0,191
0,013	0,365	0,077	0,036	0,199
0,014	0,373	0,080	0,038	0,206
0,015	0,380	0,083	0,039	0,212
0,016	0,387	0,086	0,041	0,219
0,017	0,394	0,088	0,043	0,225
0,018	0,401	0,091	0,045	0,231
0,019	0,406	0,093	0,047	0,237
0,020	0,413	0,095	0,049	0,243
0,021	0,418	0,098	0,050	0,248
0,022	0,424	0,100	0,052	0,253
0,023	0,429	0,102	0,053	0,259
0,024	0,435	0,104	0,055	0,264
0,025	0,440	0,106	0,057	0,269
0,026	0,445	0,108	0,058	0,274
0,027	0,450	0,110	0,060	0,278
0,028	0,455	0,112	0,062	0,283
0,029	0,459	0,114	0,063	0,288
0,030	0,464	0,116	0,065	0,292
0,035	0,484	0,125	0,072	0,314
0,040	0,504	0,134	0,079	0,334
0,045	0,521	0,142	0,086	0,352
0,050	0,537	0,149	0,093	0,369
0,055	0,551	0,156	0,100	0,386
0,060	0,565	0,163	0,106	0,401
0,065	0,578	0,170	0,112	0,416
0,070	0,590	0,176	0,119	0,430
0,075	0,602	0,182	0,125	0,444
0,080	0,613	0,188	0,131	0,457
0,085	0,623	0,194	0,136	0,470
0,090	0,633	0,200	0,142	0,482
0,095	0,644	0,205	0,148	0,493
0,100	0,653	0,211	0,153	0,505
0,105	0,661	0,216	0,159	0,516
0,110	0,670	0,221	0,164	0,527
0,120	0,686	0,231	0,175	0,548
0,130	0,702	0,241	0,185	0,567
0,140	0,716	0,250	0,195	0,580
0,150	0,730	0,259	0,205	0,604
0,160	0,743	0,268	0,215	0,622
0,170	0,756	0,276	0,225	0,639
0,180	0,767	0,285	0,235	0,655
0,190	0,779	0,293	0,244	0,670
0,200	0,790	0,301	0,253	0,685
0,210	0,800	0,309	0,262	0,700
0,220	0,810	0,316	0,272	0,714
0,230	0,820	0,324	0,281	0,728
0,240	0,829	0,331	0,289	0,741
0,250	0,838	0,339	0,298	0,754
0,260	0,847	0,346	0,307	0,767
0,270	0,856	0,353	0,316	0,779
0,280	0,864	0,360	0,324	0,791
0,290	0,872	0,367	0,333	0,803
0,300	0,880	0,374	0,341	0,814
0,310	0,887	0,381	0,349	0,826
0,320	0,894	0,387	0,358	0,837
0,330	0,902	0,394	0,366	0,847
0,340	0,909	0,401	0,374	0,858
0,350	0,915	0,407	0,382	0,868
0,360	0,922	0,414	0,390	0,878
0,370	0,928	0,420	0,399	0,888
0,380	0,935	0,426	0,407	0,898
0,390	0,941	0,433	0,415	0,907
0,400	0,947	0,439	0,422	0,916
0,410	0,953	0,445	0,430	0,925
0,420	0,958	0,451	0,438	0,934
0,430	0,964	0,458	0,446	0,943
0,440	0,970	0,464	0,454	0,952
0,450	0,975	0,470	0,462	0,960
0,460	0,980	0,476	0,469	0,968
0,470	0,985	0,482	0,477	0,977
0,480	0,990	0,488	0,485	0,984
0,490	0,995	0,494	0,492	0,992
0,500	1,000	0,500	0,500	1,000
0,510	1,005	0,506	0,508	1,008
0,520	1,009	0,512	0,515	1,015
0,530	1,014	0,518	0,523	1,022
0,540	1,018	0,524	0,530	1,029
0,550	1,023	0,530	0,538	1,036
0,560	1,027	0,536	0,545	1,043
0,570	1,031	0,542	0,553	1,050
0,580	1,035	0,547	0,560	1,057
0,590	1,039	0,553	0,568	1,063
0,600	1,043	0,559	0,575	1,070
0,610	1,047	0,565	0,583	1,076
0,620	1,051	0,571	0,590	1,082
0,630	1,054	0,577	0,598	1,088
0,640	1,058	0,583	0,695	1,094
0,650	1,061	0,589	0,612	1,100
0,660	1,065	0,595	0,620	1,106
0,670	1,068	0,601	0,627	1,111
0,680	1,071	0,607	0,635	1,117
0,690	1,075	0,613	0,642	1,122
0,700	1,078	0,619	0,650	1,127
0,710	1,081	0,625	0,657	1,132
0,720	1,084	0,631	0,664	1,137
0,730	1,087	0,637	0,672	1,142
0,740	1,090	0,643	0,679	1,147
0,750	1,092	0,649	0,687	1,152
0,760	1,095	0,655	0,694	1,156
0,770	1,098	0,661	0,702	1,161
0,780	1,100	0,667	0,709	1,165
0,790	1,103	0,674	0,717	1,169
0,800	1,105	0,680	0,724	1,173
0,810	1,107	0,686	0,732	1,177
0,820	1,109	0,693	0,739	1,181
0,830	1,112	0,699	0,747	1,184
0,840	1,114	0,706	0,754	1,188
0,850	1,116	0,712	0,762	1,191
0,860	1,117	0,719	0,770	1,194
0,870	1,119	0,726	0,777	1,198
0,880	1,121	0,733	0,785	1,200
0,890	1,123	0,740	0,793	1,203
0,900	1,124	0,747	0,801	1,206
0,910	1,125	0,754	0,809	1,208
0,920	1,127	0,761	0,817	1,210
0,930	1,128	0,769	0,825	1,212
0,940	1,129	0,776	0,833	1,214
0,950	1,129	0,784	0,841	1,215
0,960	1,130	0,792	0,850	1,216
0,970	1,130	0,800	0,858	1,217
0,980	1,131	0,809	0,867	1,217
0,990	1,131	0,818	0,876	1,217
1,000	1,130	0,827	0,885	1,217

Tafel 11.56: Teilfüllungswerte für Eiquerschnitte in Abhängigkeit von Q_t/Q_v [DWA-A110 06]

Q_t/Q_v	v_t/v_v	h/h_{Pr}	A_t/A_v	$l_{u,t}/l_{u,v}$	$r_{hy,t}/r_{hy,v}$	$b_{W,t}/b_{Pr}$	Q_t/Q_v	v_t/v_v	h/h_{Pr}	A_t/A_v	$l_{u,t}/l_{u,v}$	$r_{hy,t}/r_{hy,v}$	$b_{W,t}/b_{Pr}$
0,01	0,385	0,070	0,026	0,120	0,217	0,407	0,51	0,993	0,555	0,514	0,519	0,989	0,981
0,02	0,463	0,100	0,043	0,148	0,292	0,471	0,52	0,997	0,562	0,522	0,524	0,995	0,983
0,03	0,514	0,123	0,058	0,169	0,345	0,518	0,53	1,001	0,568	0,530	0,529	1,001	0,985
0,04	0,553	0,143	0,072	0,187	0,387	0,556	0,54	1,005	0,574	0,538	0,534	1,007	0,987
0,05	0,584	0,161	0,086	0,203	0,423	0,588	0,55	1,008	0,580	0,545	0,538	1,013	0,989
0,06	0,610	0,177	0,098	0,217	0,454	0,616	0,56	1,012	0,586	0,553	0,543	1,019	0,990
0,07	0,633	0,192	0,111	0,230	0,481	0,640	0,57	1,016	0,592	0,561	0,548	1,025	0,992
0,08	0,654	0,206	0,122	0,241	0,507	0,662	0,58	1,019	0,598	0,569	0,552	1,031	0,993
0,09	0,672	0,219	0,134	0,253	0,530	0,682	0,59	1,023	0,604	0,577	0,557	1,036	0,995
0,10	0,689	0,231	0,145	0,263	0,551	0,701	0,60	1,026	0,610	0,585	0,561	1,042	0,995
0,11	0,705	0,243	0,156	0,273	0,572	0,718	0,61	1,029	0,616	0,593	0,566	1,047	0,996
0,12	0,720	0,255	0,167	0,282	0,591	0,733	0,62	1,033	0,622	0,600	0,570	1,053	0,997
0,13	0,733	0,265	0,177	0,291	0,608	0,748	0,63	1,036	0,628	0,608	0,575	1,058	0,998
0,14	0,746	0,276	0,188	0,300	0,625	0,762	0,64	1,039	0,634	0,616	0,579	1,063	0,998
0,15	0,758	0,286	0,198	0,308	0,642	0,774	0,65	1,042	0,640	0,624	0,584	1,068	0,999
0,16	0,769	0,296	0,208	0,317	0,657	0,786	0,66	1,045	0,646	0,631	0,588	1,073	0,999
0,17	0,780	0,306	0,218	0,324	0,672	0,798	0,67	1,048	0,652	0,639	0,593	1,078	1,000
0,18	0,790	0,315	0,228	0,332	0,686	0,808	0,68	1,051	0,658	0,647	0,597	1,083	1,000
0,19	0,800	0,324	0,237	0,399	0,700	0,819	0,69	1,054	0,664	0,655	0,602	1,088	1,000
0,20	0,809	0,333	0,247	0,346	0,713	0,828	0,70	1,057	0,670	0,662	0,606	1,092	1,000
0,21	0,818	0,342	0,257	0,353	0,726	0,837	0,71	1,060	0,676	0,670	0,611	1,097	1,000
0,22	0,827	0,350	0,266	0,360	0,738	0,846	0,72	1,062	0,682	0,678	0,615	1,102	0,999
0,23	0,836	0,359	0,275	0,367	0,750	0,854	0,73	1,065	0,688	0,685	0,620	1,106	0,998
0,24	0,844	0,367	0,285	0,374	0,762	0,862	0,74	1,068	0,693	0,693	0,624	1,110	0,997
0,25	0,851	0,375	0,294	0,380	0,773	0,870	0,75	1,070	0,699	0,701	0,629	1,115	0,995
0,26	0,859	0,383	0,303	0,386	0,784	0,877	0,76	1,073	0,705	0,708	0,633	1,119	0,993
0,27	0,866	0,391	0,312	0,392	0,794	0,884	0,77	1,075	0,711	0,716	0,638	1,123	0,991
0,28	0,873	0,399	0,321	0,398	0,805	0,890	0,78	1,078	0,717	0,724	0,642	1,127	0,988
0,29	0,880	0,406	0,330	0,404	0,815	0,896	0,79	1,080	0,723	0,731	0,647	1,131	0,986
0,30	0,887	0,414	0,338	0,410	0,825	0,902	0,80	1,082	0,729	0,739	0,651	1,135	0,982
0,31	0,893	0,421	0,347	0,416	0,834	0,908	0,81	1,084	0,735	0,747	0,656	1,139	0,979
0,32	0,899	0,428	0,356	0,422	0,844	0,914	0,82	1,087	0,741	0,755	0,661	1,142	0,975
0,33	0,905	0,436	0,365	0,427	0,853	0,919	0,83	1,089	0,747	0,762	0,665	1,146	0,970
0,34	0,911	0,443	0,373	0,433	0,862	0,924	0,84	1,091	0,753	0,770	0,670	1,149	0,966
0,35	0,917	0,450	0,382	0,439	0,870	0,929	0,85	1,093	0,760	0,778	0,675	1,152	0,960
0,36	0,923	0,457	0,390	0,444	0,879	0,933	0,86	1,094	0,766	0,786	0,680	1,155	0,955
0,37	0,928	0,464	0,399	0,449	0,887	0,938	0,87	1,096	0,772	0,794	0,685	1,158	0,949
0,38	0,933	0,471	0,407	0,455	0,896	0,942	0,88	1,098	0,779	0,802	0,690	1,161	0,942
0,39	0,939	0,478	0,416	0,460	0,904	0,946	0,89	1,100	0,785	0,809	0,695	1,164	0,935
0,40	0,944	0,484	0,424	0,465	0,911	0,950	0,90	1,101	0,792	0,817	0,701	1,166	0,927
0,41	0,949	0,491	0,432	0,470	0,919	0,953	0,91	1,102	0,798	0,825	0,706	1,169	0,919
0,42	0,954	0,498	0,440	0,475	0,927	0,957	0,92	1,104	0,805	0,834	0,712	1,171	0,910
0,43	0,955	0,504	0,449	0,480	0,934	0,960	0,93	1,105	0,812	0,842	0,718	1,173	0,900
0,44	0,963	0,511	0,457	0,485	0,941	0,963	0,94	1,106	0,819	0,850	0,724	1,175	0,889
0,45	0,968	0,517	0,465	0,490	0,949	0,966	0,95	1,107	0,826	0,858	0,730	1,176	0,878
0,46	0,972	0,524	0,473	0,495	0,956	0,969	0,96	1,107	0,834	0,867	0,736	1,177	0,865
0,47	0,976	0,530	0,481	0,500	0,962	0,972	0,97	1,108	0,842	0,876	0,743	1,178	0,851
0,48	0,981	0,536	0,489	0,505	0,969	0,974	0,98	1,108	0,850	0,884	0,750	1,179	0,836
0,49	0,985	0,543	0,498	0,510	0,976	0,977	0,99	1,108	0,858	0,893	0,758	1,179	0,819
0,50	0,989	0,549	0,506	0,515	0,982	0,979	1,00	1,108	0,867	0,903	0,766	1,178	0,800

Tafel 11.57: Teilfüllungswerte für Maulquerschnitte in Abhängigkeit von Q_t/Q_v [DWA-A110 06]

Q_t/Q_v	v_t/v_v	h/h_{Pr}	A_t/A_v	$l_{u,t}/l_{u,v}$	$r_{hy,t}/r_{hy,v}$	$b_{w,t}/b_{Pr}$	Q_t/Q_v	v_t/v_v	h/h_{Pr}	A_t/A_v	$l_{u,t}/l_{u,v}$	$r_{hy,t}/r_{hy,v}$	$b_{w,t}/b_{Pr}$
0,01	0,304	0,064	0,033	0,222	0,149	0,611	0,51	0,998	0,471	0,511	0,513	0,996	0,979
0,02	0,372	0,089	0,054	0,262	0,205	0,717	0,52	1,003	0,477	0,519	0,517	1,004	0,977
0,03	0,419	0,107	0,072	0,288	0,248	0,786	0,53	1,007	0,483	0,526	0,520	1,012	0,975
0,04	0,458	0,123	0,087	0,305	0,286	0,827	0,54	1,012	0,489	0,533	0,523	1,020	0,973
0,05	0,491	0,136	0,102	0,318	0,320	0,856	0,55	1,017	0,495	0,541	0,526	1,027	0,970
0,06	0,520	0,149	0,115	0,328	0,351	0,878	0,56	1,022	0,501	0,548	0,530	1,035	0,968
0,07	0,546	0,160	0,128	0,337	0,380	0,896	0,57	1,028	0,507	0,556	0,533	1,042	0,966
0,08	0,570	0,171	0,140	0,345	0,407	0,910	0,58	1,030	0,513	0,563	0,536	1,049	0,963
0,09	0,592	0,181	0,152	0,352	0,432	0,933	0,59	1,035	0,519	0,570	0,540	1,056	0,961
0,10	0,612	0,191	0,163	0,358	0,456	0,933	0,60	1,039	0,525	0,577	0,543	1,063	0,958
0,11	0,631	0,200	0,174	0,364	0,479	0,942	0,61	1,043	0,531	0,585	0,547	1,070	0,655
0,12	0,649	0,209	0,185	0,370	0,500	0,950	0,62	1,047	0,537	0,592	0,550	1,077	0,952
0,13	0,665	0,218	0,195	0,375	0,521	0,957	0,63	1,051	0,543	0,599	0,553	1,083	0,949
0,14	0,681	0,226	0,206	0,380	0,541	0,964	0,64	1,055	0,549	0,607	0,557	1,089	0,946
0,15	0,696	0,234	0,215	0,385	0,560	0,969	0,65	1,059	0,555	0,614	0,560	1,096	0,943
0,16	0,710	0,242	0,225	0,389	0,579	0,974	0,66	1,062	0,561	0,621	0,564	1,102	0,940
0,17	0,724	0,250	0,235	0,394	0,596	0,978	0,67	1,066	0,567	0,628	0,567	1,108	0,936
0,18	0,737	0,257	0,244	0,398	0,614	0,982	0,68	1,070	0,574	0,636	0,571	1,114	0,933
0,19	0,749	0,265	0,254	0,402	0,630	0,986	0,69	1,073	0,580	0,643	0,574	1,119	0,929
0,20	0,761	0,272	0,263	0,406	0,647	0,989	0,70	1,076	0,586	0,650	0,578	1,125	0,925
0,21	0,773	0,280	0,272	0,410	0,662	0,991	0,71	1,080	0,592	0,658	0,582	1,131	0,922
0,22	0,784	0,287	0,281	0,414	0,678	0,993	0,72	1,083	0,598	0,665	0,585	1,136	0,918
0,23	0,795	0,294	0,289	0,418	0,692	0,995	0,73	1,086	0,605	0,672	0,589	1,141	0,913
0,24	0,805	0,301	0,298	0,422	0,707	0,997	0,74	1,089	0,611	0,679	0,593	1,146	0,909
0,25	0,815	0,307	0,307	0,425	0,721	0,998	0,75	1,092	0,618	0,687	0,596	1,151	0,905
0,26	0,825	0,314	0,315	0,429	0,735	0,999	0,76	1,095	0,624	0,694	0,600	1,156	0,900
0,27	0,834	0,321	0,324	0,433	0,748	1,000	0,77	1,098	0,630	0,701	0,604	1,161	0,895
0,28	0,843	0,327	0,332	0,436	0,761	1,000	0,78	1,101	0,637	0,709	0,608	1,166	0,890
0,29	0,852	0,334	0,340	0,440	0,774	1,000	0,79	1,103	0,644	0,716	0,612	1,170	0,885
0,30	0,861	0,341	0,349	0,443	0,787	1,000	0,80	1,106	0,650	0,724	0,616	1,174	0,880
0,31	0,869	0,347	0,357	0,447	0,799	1,000	0,81	1,108	0,657	0,731	0,620	1,179	0,874
0,32	0,877	0,354	0,365	0,450	0,811	1,000	0,82	1,111	0,664	0,738	0,624	1,183	0,869
0,33	0,885	0,360	0,373	0,454	0,822	0,999	0,83	1,113	0,670	0,746	0,629	1,187	0,863
0,34	0,893	0,366	0,381	0,457	0,834	0,999	0,84	1,115	0,677	0,753	0,633	1,190	0,857
0,35	0,900	0,373	0,389	0,460	0,845	0,998	0,85	1,117	0,684	0,761	0,637	1,194	0,850
0,36	0,907	0,379	0,397	0,464	0,856	0,998	0,86	1,119	0,691	0,768	0,642	1,197	0,844
0,37	0,914	0,385	0,405	0,467	0,866	0,997	0,87	1,121	0,699	0,776	0,646	1,201	0,837
0,38	0,921	0,391	0,412	0,470	0,877	0,996	0,88	1,123	0,706	0,784	0,651	1,204	0,829
0,39	0,928	0,398	0,420	0,474	0,887	0,995	0,89	1,125	0,713	0,791	0,656	1,207	0,822
0,40	0,935	0,404	0,428	0,477	0,897	0,994	0,90	1,126	0,721	0,799	0,661	1,210	0,814
0,41	0,941	0,410	0,436	0,480	0,907	0,993	0,91	1,128	0,728	0,807	0,666	1,212	0,805
0,42	0,947	0,416	0,443	0,484	0,917	0,992	0,92	1,129	0,736	0,815	0,671	1,214	0,797
0,43	0,953	0,422	0,451	0,487	0,926	0,991	0,93	1,130	0,744	0,825	0,676	1,217	0,788
0,44	0,959	0,428	0,459	0,490	0,936	0,990	0,94	1,131	0,752	0,831	0,682	1,218	0,778
0,45	0,965	0,434	0,466	0,494	0,945	0,988	0,95	1,132	0,761	0,839	0,688	1,220	0,767
0,46	0,971	0,440	0,474	0,497	0,954	0,987	0,96	1,133	0,769	0,847	0,694	1,221	0,757
0,47	0,976	0,446	0,481	0,500	0,963	0,986	0,97	1,134	0,778	0,856	0,700	1,222	0,745
0,48	0,982	0,452	0,489	0,503	0,971	0,984	0,98	1,134	0,787	0,864	0,707	1,223	0,732
0,49	0,987	0,458	0,496	0,507	0,980	0,982	0,99	1,134	0,797	0,873	0,714	1,223	0,719
0,50	0,992	0,464	0,504	0,510	0,988	0,980	1,00	1,134	0,807	0,882	0,721	1,223	0,704

5.2.4 Vollfüllungstabellen

Tafel 11.58: Vollfüllungstabelle DN 250 bis DN 700-1

$k_b = 0{,}75$ mm

Gefälle		DN 250		DN 300		DN 400		DN 500		DN 600		DN 700	
		Q	v	Q	v	Q	v	Q	v	Q	v	Q	v
1:	‰	[l/s]	[m/s]	[l/s]	[m/s]	[l/s]	[m/s]	[l/s]	[m/s]	[l/s]	[m/s]	[l/s]	[m/s]
20000	0,05	4,3	0,09	7,0	0,10	15,1	0,12	27,4	0,14	44,6	0,16	67,1	0,17
10000	0,10	6,2	0,13	10,1	0,14	21,8	0,17	39,5	0,20	64,1	0,23	96,4	0,25
6667	0,15	7,7	0,16	12,5	0,18	27,0	0,21	48,8	0,25	79,1	0,28	119	0,31
5000	0,20	8,9	0,18	14,6	0,21	31,3	0,25	56,7	0,29	91,8	0,32	138	0,36
4000	0,25	10,1	0,20	16,4	0,23	35,2	0,28	63,6	0,32	103	0,36	155	0,40
3333	0,30	11,1	0,23	18,0	0,25	38,7	0,31	69,9	0,36	113	0,40	170	0,44
2857	0,45	12,0	0,24	19,5	0,28	41,9	0,33	75,6	0,39	122	0,43	184	0,48
2500	0,40	12,9	0,26	20,9	0,30	44,9	0,36	81,0	0,41	131	0,46	197	0,51
2222	0,45	13,7	0,28	22,2	0,31	47,7	0,38	86,0	0,44	139	0,49	209	0,54
2000	0,50	14,4	0,29	23,4	0,33	50,3	0,40	90,8	0,46	147	0,52	221	0,57
1818	0,55	15,2	0,31	24,6	0,35	52,8	0,42	95,4	0,49	154	0,55	232	0,60
1667	0,60	15,9	0,32	25,8	0,36	55,2	0,44	99,7	0,51	161	0,57	242	0,63
1538	0,65	16,5	0,34	26,8	0,38	57,6	0,46	104	0,53	168	0,59	252	0,66
1429	0,70	17,2	0,35	27,9	0,39	59,8	0,48	108	0,55	175	0,62	262	0,68
1333	0,75	17,8	0,36	28,9	0,41	61,9	0,49	112	0,57	181	0,64	271	0,71
1250	0,80	18,4	0,37	29,9	0,42	64,0	0,51	115	0,59	187	0,66	280	0,73
1176	0,85	19,0	0,39	30,8	0,44	66,0	0,53	119	0,61	193	0,68	289	0,75
1111	0,90	19,5	0,40	31,7	0,45	68,0	0,54	123	0,62	198	0,70	298	0,77
1053	0,95	20,1	0,41	32,6	0,46	69,9	0,56	126	0,64	204	0,72	306	0,80
1000	1,00	20,6	0,42	33,5	0,47	71,8	0,57	129	0,66	209	0,74	314	0,82
952	1,05	21,2	0,43	34,3	0,49	73,6	0,59	133	0,68	215	0,76	322	0,84
909	1,10	21,7	0,44	35,2	0,50	75,3	0,60	136	0,69	220	0,78	330	0,86
870	1,15	22,2	0,45	36,0	0,51	77,1	0,61	139	0,71	225	0,79	337	0,88
833	1,20	22,7	0,46	36,8	0,52	78,7	0,63	142	0,72	230	0,81	345	0,90
800	1,25	23,1	0,47	37,5	0,53	80,4	0,64	145	0,74	234	0,83	352	0,91
769	1,30	23,6	0,48	38,3	0,54	82,0	0,65	148	0,75	239	0,85	359	0,93
741	1,35	24,1	0,49	39,0	0,55	83,6	0,67	151	0,77	244	0,86	366	0,95
714	1,40	24,5	0,50	39,8	0,56	85,2	0,68	154	0,78	248	0,88	373	0,97
690	1,45	25,0	0,51	40,5	0,57	86,7	0,69	156	0,80	253	0,89	379	0,99
667	1,50	25,4	0,52	41,2	0,58	88,2	0,70	159	0,81	257	0,91	386	1,00
625	1,60	26,3	0,53	42,6	0,60	91,2	0,73	164	0,84	266	0,94	399	1,04
588	1,70	27,1	0,55	43,9	0,62	94,0	0,75	169	0,86	274	0,97	411	1,07
556	1,40	27,9	0,57	45,2	0,64	96,8	0,77	174	0,89	282	1,00	423	1,10
526	1,40	28,7	0,58	46,5	0,66	99,5	0,79	179	0,91	290	1,03	435	1,13
500	2,00	29,4	0,60	47,7	0,67	102	0,81	184	0,94	297	1,05	446	1,16
476	2,10	30,2	0,61	48,9	0,69	105	0,83	189	0,96	305	1,08	457	1,19
455	2,20	30,9	0,63	50,1	0,71	107	0,85	193	0,98	312	1,10	468	1,22
435	2,30	31,6	0,64	51,2	0,72	110	0,87	197	1,01	319	1,13	479	1,24
417	2,40	32,3	0,66	52,3	0,74	112	0,89	202	1,03	326	1,15	489	1,27
400	2,50	33,0	0,67	53,4	0,76	114	0,91	206	1,05	333	1,18	499	1,30
385	2,60	33,6	0,69	54,5	0,77	117	0,93	210	1,07	340	1,20	509	1,32
370	2,70	34,3	0,70	55,6	0,79	119	0,95	214	1,09	346	1,22	519	1,35
357	2,80	34,9	0,71	56,6	0,80	121	0,96	218	1,11	353	1,25	529	1,37
345	2,90	35,6	0,72	57,6	0,82	123	0,98	222	1,13	359	1,27	538	1,40
333	3,00	36,2	0,74	58,6	0,83	125	1,00	226	1,15	365	1,29	548	1,42

Tafel 11.59: Vollfüllungstabelle DN 250 bis DN 700-2

$k_b = 0{,}75$ mm

Gefälle		DN 250		DN 300		DN 400		DN 500		DN 600		DN 700	
		Q	v	Q	v	Q	v	Q	v	Q	v	Q	v
1:	‰	[l/s]	[m/s]	[l/s]	[m/s]	[l/s]	[m/s]	[l/s]	[m/s]	[l/s]	[m/s]	[l/s]	[m/s]
322,6	3,1	36,8	0,75	59,6	0,84	128	1,01	230	1,17	371	1,31	557	1,45
312,5	3,2	37,4	0,76	60,6	0,86	130	1,03	233	1,19	377	1,33	566	1,47
303,0	3,3	38,0	0,77	61,5	0,87	132	1,05	237	1,21	383	1,36	575	1,49
294,1	3,4	38,5	0,79	62,5	0,88	134	1,06	241	1,23	389	1,38	583	1,52
285,7	3,50	39,1	0,80	63,4	0,90	136	1,08	244	1,24	395	1,40	592	1,54
277,8	3,6	39,7	0,81	64,3	0,91	138	1,09	248	1,26	400	1,42	600	1,56
270,3	3,7	40,2	0,82	65,2	0,92	139	1,11	251	1,28	406	1,44	609	1,58
263,2	3,8	40,8	0,83	66,1	0,94	141	1,12	255	1,30	411	1,46	617	1,60
256,4	3,9	41,3	0,84	67,0	0,95	143	1,14	258	1,31	417	1,47	625	1,62
250,0	4	41,9	0,85	67,8	0,96	145	1,15	261	1,33	422	1,49	633	1,65
243,9	4,1	42,4	0,86	68,7	0,97	147	1,17	265	1,35	427	1,51	641	1,67
238,1	4,2	42,9	0,87	69,5	0,98	149	1,18	268	1,36	433	1,53	649	1,69
232,6	4,3	43,4	0,88	70,4	1,00	150	1,20	271	1,38	438	1,55	657	1,71
227,3	4,4	43,9	0,90	71,2	1,01	152	1,21	274	1,40	443	1,57	664	1,73
222,2	4,5	44,4	0,91	72,0	1,02	154	1,23	277	1,41	448	1,58	672	1,75
217,4	4,6	44,9	0,92	72,8	1,03	156	1,24	280	1,43	453	1,60	679	1,77
212,8	4,7	45,4	0,93	73,6	1,04	157	1,25	283	1,44	458	1,62	687	1,78
208,3	4,8	45,9	0,94	74,4	1,05	159	1,27	286	1,46	463	1,64	694	1,80
204,1	4,9	46,4	0,95	75,2	1,06	161	1,28	289	1,47	468	1,65	701	1,82
200,0	5	46,9	0,95	75,9	1,07	162	1,29	292	1,49	472	1,67	708	1,84
192,3	5,2	47,8	0,97	77,5	1,10	166	1,32	298	1,52	482	1,70	723	1,88
185,2	5,4	48,7	0,99	79,0	1,12	169	1,34	304	1,55	491	1,74	736	1,91
178,6	5,6	49,6	1,01	80,4	1,14	172	1,37	310	1,58	500	1,77	750	1,95
172,4	5,8	50,5	1,03	81,9	1,16	175	1,39	315	1,60	509	1,80	763	1,98
166,7	6	51,4	1,05	83,3	1,18	178	1,42	321	1,63	518	1,83	777	2,02
161,3	6,2	52,3	1,06	84,7	1,20	181	1,44	326	1,66	527	1,86	790	2,05
156,3	6,4	53,1	1,08	86,0	1,22	184	1,46	331	1,69	535	1,89	802	2,08
151,5	6,6	53,9	1,10	87,4	1,24	187	1,49	336	1,71	543	1,92	815	2,12
147,1	6,8	54,8	1,12	88,7	1,26	190	1,51	341	1,74	552	1,95	827	2,15
142,9	7	55,6	1,13	90,0	1,27	192	1,53	346	1,76	560	1,98	839	2,18
138,9	7,2	56,4	1,15	91,3	1,29	195	1,55	351	1,79	568	2,01	851	2,21
135,1	7,4	57,2	1,16	92,6	1,31	198	1,57	356	1,81	576	2,04	863	2,24
131,6	7,6	57,9	1,18	93,8	1,33	201	1,60	361	1,84	583	2,06	875	2,27
128,2	7,8	58,7	1,20	95,1	1,35	203	1,62	366	1,86	591	2,09	886	2,30
125,0	8	59,5	1,21	96,3	1,36	206	1,64	371	1,89	599	2,12	898	2,33
122,0	8,2	60,2	1,23	97,5	1,38	208	1,66	375	1,91	606	2,14	909	2,36
119,0	8,4	60,9	1,24	98,7	1,40	211	1,68	380	1,93	613	2,17	920	2,39
116,3	8,6	61,7	1,26	99,9	1,41	213	1,70	384	1,96	621	2,20	931	2,42
113,6	8,8	62,4	1,27	101	1,43	216	1,72	389	1,98	628	2,22	942	2,45
111,1	9	63,1	1,29	102	1,45	218	1,74	393	2,00	635	2,25	952	2,47
108,7	9,2	63,8	1,30	103	1,46	221	1,76	398	2,02	642	2,27	963	2,50
106,4	9,4	64,5	1,31	104	1,48	223	1,78	402	2,05	649	2,30	973	2,53
104,2	9,6	65,2	1,33	106	1,49	226	1,80	406	2,07	656	2,32	984	2,56
102,0	9,8	65,9	1,34	107	1,51	228	1,81	410	2,09	663	2,34	994	2,58
100,0	10	66,6	1,36	108	1,52	230	1,83	415	2,11	670	2,37	1004	2,61

Tafel 11.60: Vollfüllungstabelle DN 250 bis DN 700-3

$k_b = 0{,}75$ mm

Gefälle		DN 250		DN 300		DN 400		DN 500		DN 600		DN 700	
		Q	v	Q	v	Q	v	Q	v	Q	v	Q	v
1:	‰	[l/s]	[m/s]	[l/s]	[m/s]	[l/s]	[m/s]	[l/s]	[m/s]	[l/s]	[m/s]	[l/s]	[m/s]
95,24	10,5	68,2	1,39	110	1,56	236	1,88	425	2,16	686	2,43	1029	2,67
90,91	11	69,8	1,42	113	1,60	242	1,92	435	2,22	703	2,48	1053	2,74
86,96	11,5	71,4	1,45	116	1,64	247	1,97	445	2,27	718	2,54	1077	2,80
83,33	12	73,0	1,49	118	1,67	252	2,01	454	2,31	734	2,60	1100	2,86
80,00	12,5	74,5	1,52	121	1,71	258	2,05	464	2,36	749	2,65	1123	2,92
76,92	13	76,0	1,55	123	1,74	263	2,09	473	2,41	764	2,70	1146	2,98
74,07	13,5	77,4	1,58	125	1,77	268	2,13	482	2,46	779	2,75	1168	3,03
71,43	14	78,9	1,61	128	1,81	273	2,17	491	2,50	793	2,81	1189	3,09
68,97	14,5	80,3	1,64	130	1,84	278	2,21	500	2,55	807	2,85	1210	3,14
66,67	15	81,7	1,66	132	1,87	282	2,25	508	2,59	821	2,90	1231	3,20
62,50	16,0	84,4	1,72	137	1,93	292	2,32	525	2,67	848	3,00	1271	3,30
58,82	17,0	87,0	1,77	141	1,99	301	2,39	541	2,76	874	3,09	1311	3,41
55,56	18,0	89,5	1,82	145	2,05	310	2,46	557	2,84	900	3,18	1349	3,51
52,63	19,0	92,0	1,87	149	2,11	318	2,53	572	2,92	925	3,27	1386	3,60
50,00	20,0	94,4	1,92	153	2,16	326	2,60	587	2,99	949	3,36	1422	3,70
47,62	21,0	96,7	1,97	157	2,22	335	2,66	602	3,07	972	3,44	1457	3,79
45,45	22,0	99,0	2,02	160	2,27	342	2,73	616	3,14	995	3,52	1492	3,88
43,48	23,0	101	2,06	164	2,32	350	2,79	630	3,21	1018	3,60	1525	3,96
41,67	24,0	103	2,11	168	2,37	358	2,85	644	3,28	1040	3,68	1558	4,05
40,00	25,0	106	2,15	171	2,42	365	2,91	657	3,35	1061	3,75	1591	4,13
38,46	26,0	108	2,19	174	2,47	372	2,96	670	3,41	1082	3,83	1622	4,22
37,04	27,0	110	2,24	178	2,51	380	3,02	683	3,48	1103	3,90	1653	4,30
35,71	28,0	112	2,28	181	2,56	387	3,08	696	3,54	1123	3,97	1684	4,38
34,48	29,0	114	2,32	184	2,61	393	3,13	708	3,61	1143	4,04	1714	4,45
33,33	30,0	116	2,36	187	2,65	400	3,18	720	3,67	1163	4,11	1743	4,53
32,26	31,0	118	2,40	191	2,70	407	3,24	732	3,73	1182	4,18	1772	4,60
31,25	32,0	120	2,44	194	2,74	413	3,29	744	3,79	1201	4,25	1800	4,68
30,30	33,0	121	2,47	197	2,78	420	3,34	755	3,85	1220	4,31	1828	4,75
29,41	34,0	123	2,51	200	2,82	426	3,39	767	3,90	1238	4,38	1856	4,82
28,57	35,0	125	2,55	202	2,86	432	3,44	778	3,96	1256	4,44	1883	4,89
27,78	36,0	127	2,58	205	2,91	439	3,49	789	4,02	1274	4,51	1910	4,96
27,03	37,0	129	2,62	208	2,95	445	3,54	800	4,07	1292	4,57	1936	5,03
26,32	38,0	130	2,66	211	2,99	451	3,59	811	4,13	1309	4,63	1962	5,10
25,64	39,0	132	2,69	214	3,02	457	3,63	821	4,18	1326	4,69	1988	5,17
25,00	40,0	134	2,73	217	3,06	462	3,68	832	4,24	1343	4,75	2013	5,23
23,81	42,0	137	2,79	222	3,14	474	3,77	852	4,34	1377	4,87	2063	5,36
22,73	44,0	140	2,86	227	3,21	485	3,86	873	4,44	1409	4,98	2112	5,49
21,74	46,0	143	2,92	232	3,29	496	3,95	892	4,54	1441	5,10	2160	5,61
20,83	48,0	147	2,99	237	3,36	507	4,03	911	4,64	1472	5,21	2206	5,73
20,00	50,0	150	3,05	242	3,43	517	4,12	930	4,74	1502	5,31	2252	5,85
19,23	52,0	153	3,11	247	3,49	527	4,20	949	4,83	1532	5,42	2296	5,97
18,52	54,0	156	3,17	252	3,56	537	4,28	967	4,92	1561	5,52	2340	6,08
17,86	56,0	158	3,23	256	3,63	547	4,36	985	5,02	1590	5,62	2383	6,19
17,24	58,0	161	3,28	261	3,69	557	4,43	1002	5,10	1618	5,72	2426	6,30
16,67	60,0	164	3,34	265	3,75	567	4,51	1019	5,19	1646	5,82	2467	6,41

Tafel 11.61: Vollfüllungstabelle DN 250 bis DN 700-4

$k_b = 0{,}75$ mm

Gefälle		DN 250		DN 300		DN 400		DN 500		DN 600		DN 700	
		Q	v	Q	v	Q	v	Q	v	Q	v	Q	v
1:	‰	[l/s]	[m/s]	[l/s]	[m/s]	[l/s]	[m/s]	[l/s]	[m/s]	[l/s]	[m/s]	[l/s]	[m/s]
16,13	62,0	167	3,40	270	3,82	576	4,58	1036	5,28	1673	5,92	2508	6,52
15,63	64,0	169	3,45	274	3,88	585	4,66	1053	5,36	1700	6,01	2548	6,62
15,15	66,0	172	3,50	278	3,94	594	4,73	1069	5,45	1727	6,11	2588	6,72
14,29	70,0	177	3,61	287	4,06	612	4,87	1101	5,61	1778	6,29	2665	6,93
13,33	75,0	183	3,74	297	4,20	634	5,04	1140	5,81	1841	6,51	2759	7,17
12,50	80,0	189	3,86	307	4,34	655	5,21	1178	6,00	1901	6,72	2850	7,40
11,76	85,0	195	3,98	316	4,47	675	5,37	1214	6,18	1960	6,93	2938	7,63
11,11	90,0	201	4,09	325	4,60	694	5,53	1249	6,36	2017	7,13	3023	7,85
10,53	95,0	207	4,21	334	4,73	713	5,68	1283	6,54	2072	7,33	3106	8,07
10,000	100,0	212	4,32	343	4,85	732	5,83	1317	6,71	2126	7,52	3187	8,28
9,524	105,0	217	4,42	351	4,97	750	5,97	1349	6,87	2179	7,71	3265	8,49
9,091	110,0	222	4,53	360	5,09	768	6,11	1381	7,03	2230	7,89	3342	8,69
8,696	115,0	227	4,63	368	5,20	785	6,25	1412	7,19	2280	8,07	3418	8,88
8,333	120,0	232	4,73	376	5,32	802	6,38	1443	7,35	2329	8,24	3491	9,07
8,000	125,0	237	4,83	384	5,43	819	6,51	1473	7,50	2378	8,41	3563	9,26
7,692	130,0	242	4,92	391	5,53	835	6,64	1502	7,65	2425	8,58	3634	9,44
7,407	135,0	246	5,02	399	5,64	851	6,77	1530	7,79	2471	8,74	3703	9,62
7,143	140,0	251	5,11	406	5,74	866	6,90	1559	7,94	2516	8,90	3771	9,80
6,897	145,0	255	5,20	413	5,84	882	7,02	1586	8,08	2561	9,06	3838	9,97
6,667	150,0	260	5,29	420	5,94	897	7,14	1613	8,22	2605	9,21	3904	10,14
6,250	160,0	268	5,46	434	6,14	926	7,37	1666	8,49	2690	9,52	4032	10,48
5,882	170,0	276	5,63	447	6,33	955	7,60	1718	8,75	2773	9,81	4157	10,80
5,556	180,0	285	5,80	460	6,51	983	7,82	1768	9,00	2854	10,09	4277	11,11
5,263	190,0	292	5,96	473	6,69	1010	8,04	1816	9,25	2932	10,37	4395	11,42
5,000	200,0	300	6,11	485	6,87	1036	8,24	1863	9,49	3009	10,64	4509	11,72
4,762	210,0	307	6,26	497	7,04	1062	8,45	1910	9,73	3083	10,90	4620	12,01
4,545	220,0	315	6,41	509	7,20	1087	8,65	1955	9,95	3156	11,16	4729	12,29
4,348	230,0	322	6,55	521	7,36	1111	8,84	1999	10,18	3227	11,41	4836	12,57
4,167	240,0	329	6,69	532	7,52	1135	9,03	2042	10,40	3296	11,66	4940	12,84
4,000	250,0	335	6,83	543	7,68	1158	9,22	2084	10,61	3364	11,90	5042	13,10
3,846	260,0	342	6,97	554	7,83	1181	9,40	2125	10,82	3431	12,13	5142	13,36
3,704	270,0	349	7,10	564	7,98	1204	9,58	2166	11,03	3496	12,37	5240	13,62
3,571	280,0	355	7,23	574	8,13	1226	9,76	2205	11,23	3560	12,59	5336	13,87
3,448	290,0	361	7,36	585	8,27	1248	9,93	2244	11,43	3624	12,82	5430	14,11
3,333	300,0	368	7,49	595	8,41	1269	10,10	2283	11,63	3686	13,03	5523	14,35
3,226	310,0	374	7,61	605	8,55	1290	10,27	2321	11,82	3747	13,25	5615	14,59
3,125	320,0	380	7,73	614	8,69	1311	10,43	2358	12,01	3807	13,46	5705	14,82
3,030	330,0	385	7,85	624	8,82	1331	10,59	2394	12,19	3866	13,67	5793	15,05
2,941	340,0	391	7,97	633	8,96	1351	10,75	2430	12,38	3924	13,88	5880	15,28
2,857	350,0	397	8,09	642	9,09	1371	10,91	2466	12,56	3981	14,08	5966	15,50
2,778	360,0	403	8,20	652	9,22	1391	11,07	2501	12,74	4038	14,28	6051	15,72
2,703	370,0	408	8,32	661	9,34	1410	11,22	2536	12,91	4093	14,48	6135	15,94
2,632	380,0	414	8,43	669	9,47	1429	11,37	2570	13,09	4148	14,67	6217	16,15
2,564	390,0	419	8,54	678	9,59	1447	11,52	2603	13,26	4203	14,86	6298	16,37
2,500	400,0	424	8,65	687	9,72	1466	11,66	2636	13,43	4256	15,05	6379	16,57

Tafel 11.62: Vollfüllungstabelle DN 800 bis DN 1800-1

$k_b = 0{,}75$ mm

Gefälle 1:	‰	DN 800 Q [l/s]	v [m/s]	DN 900 Q [l/s]	v [m/s]	DN 1000 Q [l/s]	v [m/s]	DN 1200 Q [l/s]	v [m/s]	DN 1400 Q [l/s]	v [m/s]	DN 1600 Q [l/s]	v [m/s]	DN 1800 Q [l/s]	v [m/s]
20000	0,05	95,7	0,19	131	0,21	173	0,22	280	0,25	420	0,27	597	0,30	814	0,32
10000	0,10	137	0,27	187	0,29	248	0,32	400	0,35	601	0,39	853	0,42	1163	0,46
6667	0,15	169	0,34	231	0,36	305	0,39	493	0,44	739	0,48	1050	0,52	1430	0,56
5000	0,20	196	0,39	268	0,42	354	0,45	571	0,51	857	0,56	1216	0,60	1656	0,65
4000	0,25	220	0,44	300	0,47	396	0,50	640	0,57	960	0,62	1362	0,68	1855	0,73
3333	0,30	242	0,48	330	0,52	435	0,55	703	0,62	1053	0,68	1495	0,74	2035	0,80
2857	0,35	262	0,52	357	0,56	471	0,60	760	0,67	1139	0,74	1617	0,80	2201	0,86
2500	0,40	280	0,56	382	0,60	504	0,64	813	0,72	1219	0,79	1730	0,86	2355	0,93
2222	0,45	297	0,59	405	0,64	535	0,68	864	0,76	1294	0,84	1836	0,91	2500	0,98
2000	0,50	314	0,62	428	0,67	564	0,72	911	0,81	1365	0,89	1937	0,96	2637	1,04
1818	0,55	329	0,66	449	0,71	592	0,75	956	0,85	1433	0,93	2033	1,01	2767	1,09
1667	0,60	344	0,69	469	0,74	619	0,79	999	0,88	1497	0,97	2124	1,06	2891	1,14
1538	0,65	359	0,71	489	0,77	645	0,82	1041	0,92	1559	1,01	2212	1,10	3011	1,18
1429	0,70	372	0,74	508	0,80	670	0,85	1081	0,96	1619	1,05	2297	1,14	3126	1,23
1333	0,75	386	0,77	526	0,83	693	0,88	1119	0,99	1676	1,09	2378	1,18	3237	1,27
1250	0,80	399	0,79	543	0,85	716	0,91	1156	1,02	1732	1,12	2457	1,22	3344	1,31
1176	0,85	411	0,82	560	0,88	739	0,94	1192	1,05	1786	1,16	2533	1,26	3448	1,35
1111	0,90	423	0,84	577	0,91	761	0,97	1227	1,09	1838	1,19	2607	1,30	3549	1,39
1053	0,95	435	0,87	593	0,93	782	1,00	1261	1,12	1889	1,23	2680	1,33	3647	1,43
1000	1,00	446	0,89	608	0,96	802	1,02	1294	1,14	1939	1,26	2750	1,37	3742	1,47
952	1,05	458	0,91	624	0,98	822	1,05	1327	1,17	1987	1,29	2818	0,40	3836	1,51
909	1,10	468	0,93	638	1,00	842	1,07	1358	1,20	2034	1,32	2885	0,44	3927	1,54
870	1,15	479	0,95	653	1,03	861	1,10	1389	1,23	2080	1,35	2951	0,47	4016	1,58
833	1,20	490	0,97	667	1,05	880	1,12	1419	1,25	2125	1,38	3015	0,50	4103	1,61
800	1,25	500	0,99	681	1,07	898	1,14	1449	1,28	2170	1,41	3078	0,53	4188	1,65
769	1,30	510	1,01	695	1,09	916	1,17	1478	1,31	2213	1,44	3139	1,56	4272	1,68
741	1,35	520	1,03	708	1,11	934	1,19	1506	1,33	2256	1,47	3199	1,59	4354	1,71
714	1,40	529	1,05	721	1,13	951	1,21	1534	1,36	2297	1,49	3259	1,62	4434	1,74
690	1,45	539	1,07	734	1,15	968	1,23	1561	1,38	2338	1,52	3317	1,65	4513	1,77
667	1,50	548	1,09	747	1,17	985	1,25	1588	1,40	2379	1,55	3374	1,68	4591	1,80
625	1,60	566	1,13	772	1,21	1017	1,30	1641	1,45	2457	1,60	3485	1,73	4743	1,86
588	1,70	584	1,16	796	1,25	1049	1,34	1692	1,50	2534	1,65	3593	1,79	4890	1,92
556	1,40	601	1,20	819	1,29	1080	1,37	1741	1,54	2608	1,69	3698	1,84	5032	1,98
526	1,40	618	1,23	842	1,32	1110	1,41	1790	1,58	2680	1,74	3800	1,89	5171	2,03
500	2,00	634	1,26	864	1,36	1139	1,45	1836	1,62	2750	1,79	3900	1,94	5306	2,09
476	2,10	650	1,29	885	1,39	1167	1,49	1882	1,66	2818	1,83	3997	1,99	5438	2,14
455	2,20	665	1,32	906	1,42	1195	1,52	1927	1,70	2885	1,87	4091	2,03	5567	2,19
435	2,30	680	1,35	927	1,46	1222	1,56	1970	1,74	2950	1,92	4184	2,08	5693	2,24
417	2,40	695	1,38	947	1,49	1248	1,59	2013	1,78	3014	1,96	4275	2,13	5816	2,29
400	2,50	709	1,41	967	1,52	1274	1,62	2055	1,82	3077	2,00	4363	2,17	5937	2,33
385	2,60	724	1,44	986	1,55	1300	1,65	2096	1,85	3138	2,04	4450	2,21	6055	2,38
370	2,70	738	1,47	1005	1,58	1325	1,69	2136	1,89	3198	2,08	4536	2,26	6171	2,43
357	2,80	751	1,49	1023	1,61	1349	1,72	2176	1,92	3257	2,12	4619	2,30	6285	2,47
345	2,90	765	1,52	1042	1,64	1373	1,75	2214	1,96	3315	2,15	4701	2,34	6397	2,51
333	3,00	778	1,55	1060	1,67	1397	1,78	2253	1,99	3372	2,19	4782	2,38	6507	2,56

Tafel 11.63: Vollfüllungstabelle DN 800 bis DN 1800-2

$k_b = 0{,}75$ mm

Gefälle 1:	‰	DN 800 Q [l/s]	v [m/s]	DN 900 Q [l/s]	v [m/s]	DN 1000 Q [l/s]	v [m/s]	DN 1200 Q [l/s]	v [m/s]	DN 1400 Q [l/s]	v [m/s]	DN 1600 Q [l/s]	v [m/s]	DN 1800 Q [l/s]	v [m/s]
322,6	3,1	791	1,57	1077	1,69	1420	1,81	2290	2,02	3429	2,23	4862	2,42	6615	2,60
312,5	3,2	804	1,60	1095	1,72	1443	1,84	2327	2,06	3484	2,26	4940	2,46	6721	2,64
303,0	3,3	816	1,62	1112	1,75	1466	1,87	2363	2,09	3538	2,30	5017	2,50	6826	2,68
294,1	3,4	828	1,65	1129	1,77	1488	1,89	2399	2,12	3592	2,33	5093	2,53	6929	2,72
285,7	3,50	841	1,67	1145	1,80	1510	1,92	2434	2,15	3644	2,37	5168	2,57	7031	2,76
277,8	3,6	853	1,70	1162	1,83	1531	1,95	2469	2,18	3696	2,40	5241	2,61	7131	2,80
270,3	3,7	865	1,72	1178	1,85	1552	1,98	2503	2,21	3748	2,43	5314	2,64	7230	2,84
263,2	3,8	876	1,74	1194	1,88	1573	2,00	2537	2,24	3798	2,47	5386	2,68	7327	2,88
256,4	3,9	888	1,77	1209	1,90	1594	2,03	2570	2,27	3848	2,50	5456	2,71	7423	2,92
250,0	4	899	1,79	1225	1,93	1615	2,06	2603	2,30	3897	2,53	5526	2,75	7518	2,95
243,9	4,1	910	1,81	1240	1,95	1635	2,08	2636	2,33	3946	2,56	5595	2,78	7612	2,99
238,1	4,2	922	1,83	1255	1,97	1655	2,11	2668	2,36	3994	2,59	5663	2,82	7705	3,03
232,6	4,3	932	1,86	1270	2,00	1674	2,13	2700	2,39	4042	2,63	5731	2,85	7797	3,06
227,3	4,4	943	1,88	1285	2,02	1694	2,16	2731	2,41	4089	2,66	5797	2,88	7887	3,10
222,2	4,5	954	1,90	1300	2,04	1713	2,18	2762	2,44	4135	2,69	5863	2,92	7977	3,13
217,4	4,6	965	1,92	1314	2,07	1732	2,21	2793	2,47	4181	2,72	5928	2,95	8065	3,17
212,8	4,7	975	1,94	1328	2,09	1751	2,23	2823	2,50	4226	2,75	5993	2,98	8153	3,20
208,3	4,8	986	1,96	1343	2,11	1770	2,25	2853	2,52	4271	2,77	6056	3,01	8239	3,24
204,1	4,9	996	1,98	1357	2,13	1788	2,28	2883	2,55	4316	2,80	6119	3,04	8325	3,27
200,0	5	1006	2,00	1370	2,15	1806	2,30	2912	2,58	4360	2,83	6182	3,07	8410	3,30
192,3	5,2	1026	2,04	1398	2,20	1842	2,35	2970	2,63	4447	2,89	6305	3,14	8577	3,37
185,2	5,4	1046	2,08	1424	2,24	1878	2,39	3027	2,68	4532	2,94	6425	3,20	8741	3,44
178,6	5,6	1065	2,12	1451	2,28	1912	2,43	3083	2,73	4615	3,00	6544	3,25	8902	3,50
172,4	5,8	1084	2,16	1477	2,32	1946	2,48	3138	2,77	4697	3,05	6660	3,31	9061	3,56
166,7	6	1103	2,19	1502	2,36	1980	2,52	3192	2,82	4778	3,10	6774	3,37	9216	3,62
161,3	6,2	1121	2,23	1527	2,40	2013	2,56	3245	2,87	4857	3,16	6887	3,43	9369	3,68
156,3	6,4	1139	2,27	1552	2,44	2045	2,60	3297	2,92	4935	3,21	6998	3,48	9519	3,74
151,5	6,6	1157	2,30	1576	2,48	2077	2,64	3348	2,96	5012	3,26	7106	3,53	9668	3,80
147,1	6,8	1174	2,34	1600	2,51	2108	2,68	3399	3,01	5088	3,31	7214	3,59	9813	3,86
142,9	7	1192	2,37	1623	2,55	2139	2,72	3449	3,05	5162	3,35	7319	3,64	9957	3,91
138,9	7,2	1209	2,40	1646	2,59	2170	2,76	3498	3,09	5236	3,40	7424	3,69	10099	3,97
135,1	7,4	1225	2,44	1669	2,62	2200	2,80	3546	3,14	5308	3,45	7526	3,74	10239	4,02
131,6	7,6	1242	2,47	1692	2,66	2230	2,84	3594	3,18	5380	3,49	7628	3,79	10377	4,08
128,2	7,8	1258	2,50	1714	2,69	2259	2,88	3641	3,22	5451	3,54	7728	3,84	10513	4,13
125,0	8	1274	2,54	1736	2,73	2288	2,91	3688	3,26	5520	3,59	7827	3,89	10647	4,18
122,0	8,2	1290	2,57	1757	2,76	2316	2,95	3734	3,30	5589	3,63	7924	3,94	10780	4,24
119,0	8,4	1306	2,60	1779	2,80	2345	2,99	3779	3,34	5657	3,67	8021	3,99	10911	4,29
116,3	8,6	1322	2,63	1800	2,83	2372	3,02	3824	3,38	5724	3,72	8116	4,04	11040	4,34
113,6	8,8	1337	2,66	1821	2,86	2400	3,06	3869	3,42	5791	3,76	8210	4,08	11168	4,39
111,1	9	1352	2,69	1841	2,89	2427	3,09	3913	3,46	5856	3,80	8303	4,13	11295	4,44
108,7	9,2	1367	2,72	1862	2,93	2454	3,12	3956	3,50	5921	3,85	8395	4,18	11420	4,49
106,4	9,4	1382	2,75	1882	2,96	2481	3,16	3999	3,54	5986	3,89	8486	4,22	11544	4,54
104,2	9,6	1397	2,78	1902	2,99	2507	3,19	4042	3,57	6049	3,93	8576	4,27	11667	4,58
102,0	9,8	1411	2,81	1922	3,02	2533	3,23	4084	3,61	6112	3,97	8666	4,31	11788	4,63
100,0	10	1426	2,84	1942	3,05	2559	3,26	4125	3,65	6174	4,01	8754	4,35	11908	4,68

Tafel 11.64: Vollfüllungstabelle DN 800 bis DN 1800-3

$k_b = 0{,}75$ mm Gefälle		DN 800		DN 900		DN 1000		DN 1200		DN 1400		DN 1600		DN 1800	
		Q	v	Q	v	Q	v	Q	v	Q	v	Q	v	Q	v
1:	‰	[l/s]	[m/s]	[l/s]	[m/s]	[l/s]	[m/s]	[l/s]	[m/s]	[l/s]	[m/s]	[l/s]	[m/s]	[l/s]	[m/s]
95,24	10,5	1461	2,91	1990	3,13	2623	3,34	4227	3,74	6327	4,11	8971	4,46	12203	4,8
90,91	11	1496	2,98	2037	3,20	2685	3,42	4327	3,83	6477	4,21	9182	4,57	12491	4,91
86,96	11,5	1529	3,04	2083	3,27	2745	3,50	4425	3,91	6623	4,30	9389	4,67	12772	5,02
83,33	12	1562	3,11	2128	3,34	2804	3,57	4520	4,00	6766	4,40	9592	4,77	13048	5,13
80,00	12,5	1595	3,17	2172	3,41	2862	3,64	4614	4,08	6906	4,49	9790	4,87	13318	5,23
76,92	13	1626	3,24	2215	3,48	2919	3,72	4706	4,16	7043	4,58	9985	4,97	13582	5,34
74,07	13,5	1657	3,30	2257	3,55	2975	3,79	4796	4,24	7177	4,66	10176	5,06	13841	5,44
71,43	14	1688	3,36	2299	3,61	3030	3,86	4884	4,32	7309	4,75	10363	5,15	14096	5,54
68,97	14,5	1718	3,42	2340	3,68	3084	3,93	4971	4,39	7439	4,83	10547	5,25	14346	5,64
66,67	15	1748	3,48	2380	3,74	3137	3,99	5056	4,47	7567	4,92	10727	5,34	14592	5,73
62,50	16,0	1805	3,59	2458	3,86	3240	4,13	5222	4,62	7816	5,08	11080	5,51	15072	5,92
58,82	17,0	1861	3,70	2534	3,98	3340	4,25	5383	4,76	8057	5,23	11422	5,68	15537	6,11
55,56	18,0	1915	3,81	2608	4,10	3437	4,38	5540	4,90	8291	5,39	11754	5,85	15988	6,28
52,63	19,0	1968	3,91	2680	4,21	3532	4,50	5692	5,03	8519	5,53	12077	6,01	16427	6,46
50,00	20,0	2019	4,02	2749	4,32	3624	4,61	5840	5,16	8741	5,68	12391	6,16	16855	6,62
47,62	21,0	2069	4,12	2818	4,43	3713	4,73	5985	5,29	8957	5,82	12698	6,32	17272	6,79
45,45	22,0	2118	4,21	2884	4,53	3801	4,84	6126	5,42	9168	5,96	12997	6,46	17679	6,95
43,48	23,0	2166	4,31	2949	4,64	3887	4,95	6264	5,54	9375	6,09	13290	6,61	18077	7,10
41,67	24,0	2212	4,40	3013	4,74	3970	5,06	6399	5,66	9577	6,22	13577	6,75	18467	7,26
40,00	25,0	2258	4,49	3075	4,83	4053	5,16	6531	5,78	9775	6,35	13857	6,89	18849	7,41
38,46	26,0	2303	4,58	3136	4,93	4133	5,26	6661	5,89	9969	6,48	14132	7,03	19223	7,55
37,04	27,0	2347	4,67	3196	5,02	4212	5,36	6788	6,00	10159	6,60	14402	7,16	19589	7,70
35,71	28,0	2390	4,75	3255	5,12	4289	5,46	6913	6,11	10346	6,72	14667	7,29	19949	7,84
34,48	29,0	2433	4,84	3313	5,21	4366	5,56	7036	6,22	10529	6,84	14927	7,42	20303	7,98
33,33	30,0	2474	4,92	3369	5,30	4440	5,65	7156	6,33	10710	6,96	15182	7,55	20651	8,12
32,26	31,0	2515	5,00	3425	5,38	4514	5,75	7275	6,43	10887	7,07	15434	7,68	20993	8,25
31,25	32,0	2556	5,08	3480	5,47	4586	5,84	7392	6,54	11062	7,19	15681	7,80	21329	8,38
30,30	33,0	2595	5,16	3534	5,56	4658	5,93	7506	6,64	11234	7,30	15925	7,92	21661	8,51
29,41	34,0	2634	5,24	3587	5,64	4728	6,02	7620	6,74	11403	7,41	16165	8,04	21987	8,64
28,57	35,0	2673	5,32	3640	5,72	4797	6,11	7731	6,84	11570	7,52	16401	8,16	22308	8,77
27,78	36,0	2711	5,39	3692	5,80	4865	6,19	7841	6,93	11734	7,62	16634	8,27	22625	8,89
27,03	37,0	2749	5,47	3743	5,88	4932	6,28	7949	7,03	11896	7,73	16864	8,39	22938	9,01
26,32	38,0	2786	5,54	3793	5,96	4999	6,36	8056	7,12	12056	7,83	17091	8,50	23246	9,14
25,64	39,0	2822	5,61	3843	6,04	5064	6,45	8162	7,22	12214	7,93	17315	8,61	23551	9,25
25,00	40,0	2858	5,69	3892	6,12	5129	6,53	8266	7,31	12370	8,04	17535	8,72	23851	9,37
23,81	42,0	2929	5,83	3988	6,27	5256	6,69	8470	7,49	12676	8,23	17969	8,94	24441	9,60
22,73	44,0	2998	5,96	4082	6,42	5380	6,85	8670	7,67	12975	8,43	18393	9,15	25017	9,83
21,74	46,0	3065	6,10	4174	6,56	5501	7,00	8865	7,84	13267	8,62	18807	9,35	25580	10,05
20,83	48,0	3132	6,23	4264	6,70	5620	7,16	9056	8,01	13553	8,80	19212	9,56	26131	10,27
20,00	50,0	3196	6,36	4352	6,84	5736	7,30	9243	8,17	13833	8,99	19609	9,75	26671	10,48
19,23	52,0	3260	6,48	4439	6,98	5849	7,45	9427	8,34	14107	9,16	19997	9,95	27199	10,69
18,52	54,0	3322	6,61	4523	7,11	5961	7,59	9607	8,49	14376	9,34	20379	10,14	27718	10,89
17,86	56,0	3383	6,73	4607	7,24	6071	7,73	9783	8,65	14640	9,51	20753	10,32	28227	11,09
17,24	58,0	3443	6,85	4688	7,37	6178	7,87	9957	8,80	14900	9,68	21121	10,50	28728	11,29
16,67	60,0	3502	6,97	4769	7,50	6284	8,00	10127	8,95	15155	9,84	21483	10,68	29219	11,48

Tafel 11.65: Vollfüllungstabelle DN 800 bis DN 1800 - 4

k_b = 0,75 mm Gefälle		DN 800 Q [l/s]	v [m/s]	DN 900 Q [l/s]	v [m/s]	DN 1000 Q [l/s]	v [m/s]	DN 1200 Q [l/s]	v [m/s]	DN 1400 Q [l/s]	v [m/s]	DN 1600 Q [l/s]	v [m/s]	DN 1800 Q [l/s]	v [m/s]
1:	‰														
16,13	62,0	3560	7,08	4848	7,62	6388	8,13	10295	9,10	15406	10,01	21838	10,86	29703	11,67
15,63	64,0	3617	7,20	4925	7,74	6491	8,26	10460	9,25	15653	10,17	22188	11,04	30179	11,86
15,15	66,0	3673	7,31	5002	7,86	6591	8,39	10622	9,39	15896	10,33	22533	11,21	30647	12,04
14,29	70,0	3783	7,53	5151	8,10	6788	8,64	10940	9,67	16371	10,63	23206	11,54	31563	12,40
13,33	75,0	3916	7,79	5332	8,38	7027	8,95	11324	10,01	16946	11,01	24022	11,95	32673	12,84
12,50	80,0	4045	8,05	5508	8,66	7258	9,24	11696	10,34	17503	11,37	24811	12,34	33745	13,26
11,76	85,0	4170	8,29	5677	8,92	7482	9,53	12057	10,66	18042	11,72	25575	12,72	34785	13,67
11,11	90,0	4291	8,54	5842	9,18	7699	9,80	12407	10,97	18566	12,06	26317	13,09	35794	14,07
10,53	95,0	4408	8,77	6003	9,44	7910	10,07	12747	11,27	19075	12,39	27039	13,45	36776	14,45
10,00	100,0	4523	9,00	6159	9,68	8116	10,33	13079	11,56	19571	12,71	27742	13,80	37733	14,83
9,524	105,0	4635	9,22	6311	9,92	8317	10,59	13402	11,85	20055	13,03	28428	14,14	38665	15,19
9,091	110,0	4744	9,44	6460	10,15	8513	10,84	13718	12,13	20527	13,33	29098	14,47	39576	15,55
8,696	115,0	4851	9,65	6605	10,38	8704	11,08	14026	12,40	20989	13,63	29752	14,80	40466	15,90
8,333	120,0	4955	9,86	6747	10,61	8892	11,32	14329	12,67	21441	13,93	30393	15,12	41337	16,24
8,000	125,0	5058	10,06	6887	10,83	9075	11,55	14624	12,93	21884	14,22	31020	15,43	42190	16,58
7,692	130,0	5158	10,26	7023	11,04	9255	11,78	14914	13,19	22318	14,50	31635	15,73	43027	16,91
7,407	135,0	5256	10,46	7157	11,25	9432	12,01	15199	13,44	22743	14,77	32238	16,03	43847	17,23
7,143	140,0	5353	10,65	7289	11,46	9605	12,23	15478	13,69	23161	15,05	32830	16,33	44652	17,55
6,897	145,0	5448	10,84	7418	11,66	9775	12,45	15752	13,93	23571	15,31	33412	16,62	45443	17,86
6,667	150,0	5541	11,02	7545	11,86	9942	12,66	16022	14,17	23975	15,57	33984	16,90	46221	18,16
6,250	160,0	5723	11,39	7793	12,25	10269	13,07	16548	14,63	24761	16,09	35099	17,46	47738	18,76
5,882	170,0	5899	11,74	8033	12,63	10585	13,48	17057	15,08	25524	16,58	36180	17,99	49208	19,34
5,556	180,0	6071	12,08	8266	12,99	10892	13,87	17552	15,52	26265	17,06	37230	18,52	50636	19,90
5,263	190,0	6237	12,41	8493	13,35	11191	14,25	18034	15,95	26985	17,53	38251	19,02	52024	20,44
5,000	200,0	6399	12,73	8713	13,70	11482	14,62	18503	16,36	27687	17,99	39245	19,52	53377	20,98
4,762	210,0	6558	13,05	8929	14,04	11766	14,98	18960	16,76	28371	18,43	40215	20,00	54696	21,49
4,545	220,0	6712	13,35	9139	14,37	12043	15,33	19406	17,16	29039	18,86	41162	20,47	55984	22,00
4,348	230,0	6863	13,65	9345	14,69	12314	15,68	19843	17,55	29692	19,29	42088	20,93	57243	22,49
4,167	240,0	7011	13,95	9546	15,01	12579	16,02	20270	17,92	30331	19,70	42994	21,38	58475	22,98
4,000	250,0	7156	14,24	9743	15,32	12839	16,35	20688	18,29	30957	20,11	43881	21,82	59681	23,45
3,846	260,0	7298	14,52	9936	15,62	13093	16,67	21098	18,66	31571	20,51	44750	22,26	60864	23,92
3,704	270,0	7437	14,79	10126	15,92	13343	16,99	21501	19,01	32173	20,90	45603	22,68	62024	24,37
3,571	280,0	7573	15,07	10312	16,21	13588	17,30	21896	19,36	32763	21,28	46441	23,10	63163	24,82
3,448	290,0	7707	15,33	10494	16,50	13829	17,61	22283	19,70	33344	21,66	47263	23,51		
3,333	300,0	7839	15,60	10674	16,78	14065	17,91	22665	20,04	33914	22,03	48072	23,91		
3,226	310,0	7969	15,85	10850	17,06	14298	18,20	23039	20,37	34475	22,40	48867	24,30		
3,125	320,0	8097	16,11	11024	17,33	14527	18,50	23408	20,70	35027	22,75	49649	24,69		
3,030	330,0	8222	16,36	11195	17,60	14752	18,78	23772	21,02	35570	23,11				
2,941	340,0	8346	16,60	11364	17,86	14974	19,07	24129	21,33	36106	23,45				
2,857	350,0	8468	16,85	11530	18,12	15193	19,34	24482	21,65	36633	23,80				
2,778	360,0	8588	17,09	11693	18,38	15409	19,62	24829	21,95	37153	24,14				
2,703	370,0	8707	17,32	11855	18,63	15621	19,89	25172	22,26	37666	24,47				
2,632	380,0	8824	17,55	12014	18,88	15831	20,16	25510	22,56	38172	24,80				
2,564	390,0	8939	17,78	12171	19,13	16038	20,42	25844	22,85						
2,500	400,0	9053	18,01	12326	19,38	16243	20,68	26173	23,14						

5.3 Bemessung von Regenrückhaltebecken und Regenrückhalteräumen [DWA-A117 06]

Anwendungsbereich des Vereinfachten Bemessungsverfahrens

Einzugsgebiet < 200 ha oder
Fließzeiten t_f < 15 min
zulässige Überschreitungshäufigkeit $T_n \leq 10a$
Drosselabflussspende $q_{dr,r,u} \geq 2$ l/(s·ha)

Gleichungen

Nicht befestigte Fläche $\quad A_{E,nb} = A_E - A_{E,b}$

Undurchlässige Fläche $\quad A_u = A_{E,b} \cdot \psi_{m,b} + A_{E,nb} \cdot \psi_{m,nb}$

Spezifisches Volumen $\quad V_{s,u} = \left(r_{D,n} - q_{Dr,R,u}\right) \cdot D \cdot f_z \cdot f_A \cdot 0{,}06 \quad$ in m³/ha

Drosselabflussspende $\quad q_{Dr,R,u} = \dfrac{Q_{Dr} - Q_{Dr,v} - Q_{T,d,aM}}{A_u} \quad$ in l/(s·ha)

Erforderliches Volumen $\quad V = V_{s,u} \cdot A_u \quad$ in m³

Tafel 11.66a: Mittlere Abflussbeiwerte ψ_m in Abhängigkeit von Flächentyp und -neigung [DWA-M153 07]

Flächentyp	Art der Befestigung	Mittlerer Abflussbeiwert ψ_m
Schrägdach	Metall, Glas, Schiefer, Faserzement	0,9 bis 1,0
	Ziegel, Dachpappe	0,8 bis 1,0
Flachdach	Metall, Glas, Faserzement	0,9 bis 1,0
Neigung von 3 – 5 %	Dachpappe	0,9
	Kies	0,7
Gründach	humusiert < 10 cm Aufbau	0,5
Neigung 15 – 25 %	humusiert > 10 cm Aufbau	0,3
Straßen, Wege, Plätze	Asphalt, fugenloser Beton	0,9
(flach)	Pflaster mit dichten Fugen	0,8
	fester Kiesbelag	0,6
	Pflaster mit offenen Fugen	0,5
	lockerer Kiesbelag, Schotterrasen	0,3
	Verbundsteine mit Fugen, Sickersteine	0,3
	Rasengittersteine	0,2
Böschungen, Bankette und Gräben mit Regenabfluss in das Entwässerungssystem	toniger Boden	0,5
	lehmiger Sandboden	0,4
	Kies- und Sandboden	0,3
Gärten, Weiden und Kulturland mit Regenwasserabfluss in das Entwässerungssystem	flaches Gelände	0,05 bis 0,1
	steiles Gelände	0,1 bis 0,3

Zuschlagsfaktor f_z

Tafel 11.66b: Zuschlagsfaktor in Abhängigkeit vom Risikomaß nach [DWA-A117 06]

Risikomaß		Zuschlagsfaktor f_Z	Risikomaß		Zuschlagsfaktor f_Z
0 %		1,300	44 %	hoch	1,100
1 %	gering	1,200	50 %		1,093
10 %		1,152	60 %		1,081
11 %	mittel	1,150	70 %		1,069
20 %		1,132	80 %		1,054
30 %		1,118	90 %		1,034
40 %		1,105	100 %		0,950

Abwasserableitung

Abminderungsfaktor f_A

Tafel 11.67: Abminderungsfaktor f_A abhängig von der Drosselabflussspende, der Fließzeit und der Häufigkeit

Drosselab-flussspende	Fließzeit in min											
	5				10				15			
$q_{Dr,R,u}$ in	Häufigkeit n in 1/a				Häufigkeit n in 1/a				Häufigkeit n in 1/a			
l/(s·ha)	0,1	0,2	0,5	1,0	0,1	0,2	0,5	1,0	0,1	0,2	0,5	1,0
2	1,00	1,00	1,00	1,00	1,00	1,00	1,00	1,00	1,00	1,00	1,00	1,00
5	1,00	1,00	1,00	1,00	1,00	1,00	1,00	0,99	0,99	0,99	0,99	0,99
7,5	1,00	1,00	1,00	1,00	1,00	0,99	0,99	0,99	0,99	0,99	0,98	0,98
10	1,00	1,00	1,00	1,00	0,99	0,99	0,99	0,99	0,99	0,98	0,98	0,97
12,5	1,00	1,00	1,00	1,00	0,99	0,99	0,99	0,98	0,98	0,98	0,97	0,96
15	1,00	1,00	1,00	0,99	0,99	0,99	0,98	0,97	0,98	0,97	0,96	0,94
17,5	1,00	1,00	0,99	0,99	0,99	0,98	0,98	0,97	0,97	0,96	0,95	0,93
20	1,00	1,00	0,99	0,99	0,98	0,98	0,97	0,96	0,96	0,96	0,94	0,92
22,5	1,00	0,99	0,99	0,99	0,98	0,98	0,97	0,95	0,96	0,95	0,93	0,90
25	0,99	0,99	0,99	0,99	0,98	0,97	0,96	0,95	0,95	0,94	0,92	0,89
27,5	0,99	0,99	0,99	0,99	0,97	0,97	0,96	0,94	0,94	0,93	0,91	0,87
30	0,99	0,99	0,99	0,98	0,97	0,96	0,95	0,93	0,94	0,93	0,90	0,86
32,5	0,99	0,99	0,99	0,98	0,97	0,96	0,95	0,92	0,93	0,92	0,89	0,84
35	0,99	0,99	0,99	0,98	0,96	0,96	0,94	0,92	0,92	0,91	0,88	0,82
37,5	0,99	0,99	0,98	0,98	0,96	0,95	0,94	0,91	0,91	0,90	0,87	0,81
40	0,99	0,99	0,98	0,98	0,95	0,95	0,93	0,90	0,91	0,89	0,85	0,79
	20				25				30			
	Häufigkeit n in 1/a				Häufigkeit n in 1/a				Häufigkeit n in 1/a			
	0,1	0,2	0,5	1,0	0,1	0,2	0,5	1,0	0,1	0,2	0,5	1,0
2	1,00	1,00	0,99	0,99	1,00	0,99	0,99	0,99	0,99	0,99	0,99	0,98
5	0,99	0,99	0,99	0,98	0,99	0,98	0,98	0,97	0,98	0,98	0,97	0,95
7,5	0,98	0,98	0,98	0,96	0,98	0,97	0,97	0,95	0,97	0,96	0,95	0,92
10	0,98	0,97	0,96	0,95	0,97	0,96	0,95	0,93	0,95	0,94	0,92	0,89
12,5	0,97	0,96	0,95	0,93	0,96	0,95	0,93	0,90	0,93	0,93	0,90	0,85
15	0,96	0,95	0,94	0,91	0,94	0,94	0,91	0,88	0,92	0,91	0,87	0,81
17,5	0,95	0,94	0,92	0,89	0,93	0,92	0,89	0,85	0,90	0,88	0,84	0,77
20	0,94	0,93	0,91	0,87	0,92	0,91	0,87	0,82	0,88	0,86	0,81	0,73
22,5	0,93	0,92	0,89	0,84	0,90	0,89	0,85	0,78	0,86	0,84	0,78	0,69
25	0,92	0,91	0,87	0,82	0,89	0,87	0,83	0,75	0,84	0,82	0,75	0,64
27,5	0,91	0,89	0,86	0,79	0,87	0,86	0,80	0,72	0,82	0,80	0,72	0,60
30	0,90	0,88	0,84	0,77	0,86	0,84	0,78	0,68	0,80	0,77	0,69	0,55
32,5	0,88	0,87	0,82	0,74	0,84	0,82	0,76	0,65	0,78	0,75	0,66	0,51
35	0,87	0,86	0,80	0,72	0,83	0,80	0,73	0,62	0,76	0,73	0,63	0,46
37,5	0,86	0,84	0,79	0,69	0,81	0,79	0,71	0,58	0,74	0,70	0,60	0,42
40	0,85	0,83	0,77	0,67	0,80	0,77	0,69	0,55	0,72	0,68	0,57	0,38

5.4 Bemessung von dezentralen Versickerungsanlagen [DWA-A138 05]

Bemessungsgrundsätze

$A_E \leq 200$ ha oder die Fließzeit bis zum Becken $t_f \leq 15$ min

$n \geq 0,1$/a bzw. $T_n \leq 10$ a

$q_s \geq 2$ l/(s · ha)

Tafel 11.68: Empfehlung für hydrologische Grundlagen zur Bemessung von Versickerungsanlagen [DWA-A138 05]

Kriterium	Dezentrale Versickerung und einfache zentrale Versickerungsanlagen		Zentrale Versickerung / Mulden-Rigolen-System
Verfahren	Lastfallkonzept		Vorbemessung und Nachweis mit Langzeitsimulation
Empfohlene Häufigkeit [1/a]	0,2		$\leq 0{,}1 / \leq 0{,}2$
Maßgebliche Regendauer [min]	Flächenversickerung	Mulden-, Rigolen-, Schachtversickerung	Entfällt
	10 – 15	wird schrittweise bestimmt	
Abflussbildung	Bestimmung der undurchlässigen Fläche A_u unter Berücksichtigung des mittleren Abflussbeiwertes ψ_m		Flächenspezifische Prozessmodellierung
Abflusskonzentration	ohne Berücksichtigung		Übertragungsfunktion

Bemessung

Angeschlossene undurchlässige Fläche $\qquad A_u = \sum (A_{E,i} \cdot \psi_{m,i})$

Zufluss zur Versickerungsanlage $\qquad Q_{zu} = 10^{-7} \cdot r_{D,n} \cdot A_u \qquad$ in m³/s

Filtergeschwindigkeit der gesättigten Zone $\qquad v_f = k_f \cdot I \qquad$ in m/s

Filtergeschw. der ungesättigten Zone $\qquad v_{f,u} = k_{f,u} \cdot I \qquad$ in m/s

$$\text{mit } k_{f,u} = \frac{k_f}{2}$$

Hydraulische Gefälle $I \qquad\qquad I = \dfrac{l_s + z}{l_s + z/2}$

Wenn Versickerung durch die Böschungsfläche gegenüber der Sohlfläche vernachlässigbar ist, dann
$$I = \frac{l_s + z/2}{l_s}$$

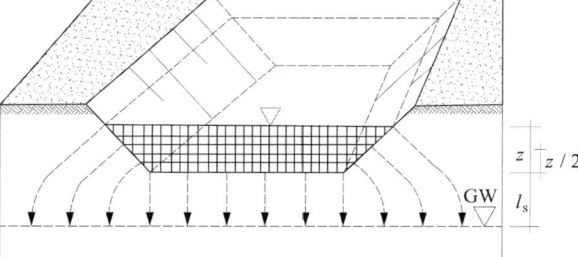

Abb. 11.68: Darstellung des Sickerweges in einer Mulde [DWA-A138 05]

Versickerungsrate $\qquad Q_s = v_{f,u} \cdot A_s = \dfrac{k_f}{2} \cdot A_s \quad$ mit $I=1$ als Näherung

mittlere Versickerungsfläche $\qquad A_{s,\text{mittel}} = \dfrac{A_{s,\min} + A_{s,\max}}{2}$

erforderliches Speichervolumen $\qquad V = (Q_{zu} - Q_s) \cdot D \cdot 60 \cdot f_Z \cdot f_A$

Abwasserableitung

Flächenversickerung

notwendige Fläche A_s
$$A_s = \frac{A_u}{\frac{k_f \cdot 10^7}{2 \cdot r_{D,n}} - 1}$$

mit $k_f \geq 2 \cdot r_{D,n} \cdot 10^{-7}$

Muldenversickerung

Speichervolumen
$$V = \left[(A_u + A_s) \cdot 10^{-7} \cdot r_{D,n} - A_s \cdot \frac{k_f}{2}\right] \cdot D \cdot 60 \cdot f_Z$$

Die erforderliche Versickerungsfläche A_s (= Muldenfläche) ist vorzugeben. Je nach Durchlässigkeit der Bodenart sind folgende Anhaltswerte zu verwenden.

Mittel-/Feinsand $\qquad\qquad erf.\ A_s = 0{,}10 \cdot A_u$
schluffiger Sand, sandiger Schluff, Schluff $\qquad erf.\ A_s = 0{,}20 \cdot A_u$

Es ist zu beachten, dass es sich bei A_s um eine mittlere Versickerungsfläche handelt und die Versickerungsfläche wie folgt ermittelt wird:

$$A_{s,max} = 2 \cdot A_s - A_{s,min}$$

Die maßgebende Dauer des Bemessungsregens ist zunächst unbekannt. Sie ergibt sich durch wiederholte Lösung der Gleichung. Das ermittelte maximale Speichervolumen V ist das erforderliche Speichervolumen.

maximale Einstauhöhe z_M
$$z_M = \frac{V}{A_s}$$

Nachweis der Entleerungszeit $\qquad vorh.\ t_E = 2 \cdot \frac{z_M}{k_f} \leq erf.\ t_E$

Mulden – Rigolen – Versickerung

Erforderliches Volumen für die Rigole $\qquad V_R = V_{MR} - V_M \qquad$ in m³

Erforderliches Muldenvolumen V_M $\qquad$ siehe Muldenversickerung

Volumen des Mulden-Rigolen-Elements

$$V_{MR} = \left[(A_u - A_{s,M}) \cdot 10^{-7} \cdot r_{D,n} - \left(b_R + \frac{h}{2}\right) \cdot L \cdot \frac{k_f}{2} - Q_{dr}\right] \cdot D \cdot 60 \cdot f_Z \qquad \text{in m}^3$$

Länge des Mulden-Rigolen-Elements

$$L = \frac{(A_u - A_{s,M}) \cdot 10^{-7} \cdot r_{D,n} - Q_{dr} - \dfrac{V_M}{D \cdot 60 \cdot f_Z}}{\dfrac{b_R \cdot h \cdot s_{RR}}{D \cdot 60 \cdot f_Z} + \left(b_R + \dfrac{h}{2}\right) \cdot \dfrac{k_f}{2}} \qquad \text{in m}$$

Die Bestimmung der erforderlichen Rigolenlänge eines Mulden-Rigolen-Elements erfolgt durch die schrittweise Anwendung der Gleichung für unterschiedliche Dauerstufen.

Abstimmung der Abmessungen der Mulde auf die Abmessungen der Rigole

$$b_M = \frac{V_M}{L_R \cdot z_M} \quad \text{bzw.} \quad z_M = \frac{V_M}{L_R \cdot b_M}$$

Nachweis $\qquad\qquad vorh.\ A_{s,M} \leq gew.\ A_{s,M}$

Rigolen- und Rohr-Rigolenversickerung

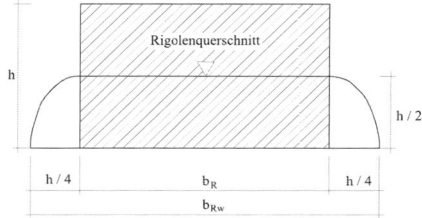

Abb. 11.70: **Wirksame Versickerungsbreite der Rigole [DWA-A138 05]**

Versickerungswirksame Breite der Rigole $\quad b_{R,w} = b_R + \dfrac{h}{2} \quad$ in m

Versickerungsfläche $\quad A_S = b_{R,w} \cdot L \quad$ in m²

Versickerungsrate $\quad Q_s = \left(b_R + \dfrac{h}{2}\right) \cdot L \cdot \dfrac{k_f}{2}$

Notwendiges Speichervolumen einer Rigolen- und Rohr-Rigolenversickerung

$$V = \left[A_u \cdot 10^{-7} \cdot r_{D,n} - \left(b_R \cdot \dfrac{h}{2}\right) \cdot L \cdot \dfrac{k_f}{2}\right] \cdot D \cdot 60 \cdot f_Z$$

Speichervolumen der Rigole $V_R \quad V_R = b_R \cdot h \cdot L \cdot s$

Gesamtspeicherkoeffizient der Rohrrigole $\quad s_{RR} = \dfrac{s_R}{b_R \cdot h} \cdot \left[b_R \cdot h + \dfrac{\pi}{4}\left(\dfrac{1}{s_R} \cdot d_i^2 - d_a^2\right)\right]$

Bei relativ dünnwandigen Kunststoffrohre gilt ($d = d_i \approx d_a$)

$$s_{RR} = \dfrac{s_R}{b_R \cdot h} \cdot \left[b_R \cdot h + \dfrac{\pi \cdot d^2}{4}\left(\dfrac{1}{s_R} - 1\right)\right]$$

Länge $L \quad\quad L = \dfrac{A_u \cdot 10^{-7} \cdot r_{D,n}}{\dfrac{b_R \cdot h \cdot s_{RR}}{D \cdot 60 \cdot f_Z} + \left(b_R + \dfrac{h}{2}\right) \cdot \dfrac{k_f}{2}} \quad$ in m

Die erforderliche Länge L erhält man durch die schrittweise Anwendung der Gleichung für unterschiedliche Dauerstufen.

Schachtversickerung

Versickerungsfläche $\quad A_S = \pi \cdot \dfrac{d_a^2}{4} + \pi \cdot d_a \cdot \dfrac{z}{2}$

Erforderliches Schachtvolumen $\quad V = \left(A_u \cdot 10^{-7} \cdot r_{D,n} - A_S \cdot \dfrac{k_f}{2}\right) \cdot D \cdot 60 \cdot f_Z \quad$ mit $V = \pi \cdot \dfrac{d_i^2}{4} \cdot z$

Einstauhöhe und Bemessungsgleichung für den Versickerungsschacht

$$z = \dfrac{\left(A_u \cdot 10^{-7} \cdot r_{D,n} - \pi \cdot \dfrac{d_a^2}{4} \cdot \dfrac{k_f}{2}\right)}{\dfrac{d_i^2 \cdot \pi}{4 \cdot D \cdot 60 \cdot f_Z} + \dfrac{d_a \cdot \pi \cdot k_f}{4}}$$

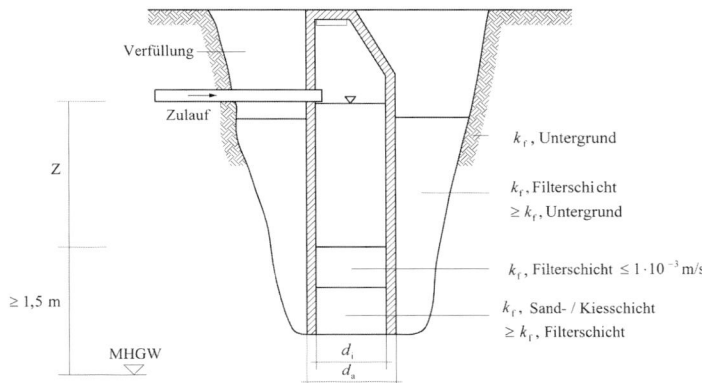

Abb. 11.71: Systemskizze zur Erläuterung der Schachtbemessung [DWA-A138 05]

Die Einstauhöhe erhält man durch die schrittweise Anwendung der Gleichung für unterschiedliche Dauerstufen.

Nachweis Schachttyp B
$$A_{s,Filterschicht} \cdot \frac{k_{f,Filterschicht}}{2} \geq A_{s,Schacht} \cdot \frac{k_{f,Untergrund}}{2}$$

Erforderliche Durchlässigkeit der Filterschicht

$$erf. k_{f,Filterschicht} \geq \frac{d_a^2 + 2 \cdot z \cdot d_a}{d_i^2} \cdot k_{f,Untergrund}$$

6 Abwasser- und Schlammbehandlung
6.1 Grundlagen

Tafel 11.71a: gesetzliche Mindestablaufanforderungen an das Abwasser für Einleitstellen in ein Gewässer

Größenklasse ([kg BSB_5, roh / d])	CSB [mg/l]	BSB_5 [mg/l]	NH4-N [mg/l]	N_{ges} [mg/l]	P_{ges} [mg/l]
1 (< 60)	150	40	-	-	-
2 (> 60 – 300)	110	25	-	-	-
3 (> 300 – 600)	90	20	10	-	-
4 (> 600 – 6000)	90	20	10	18	2
5 (> 6000)	75	15	10	18	1

Tafel 11.71b: Bemessungszufluss zu Kläranlagen nach [ATV-DVWK-A198 03]

Mittlerer Trockenwetterabfluss (Jahresmittel)	$Q_{T,aM} = \dfrac{Q_{T,d,aM}}{86,4}$ in l/s $Q_{T,d,aM}$ ... arith. Mittel aller täglichen Trockenwetterabflüsse [m³/d]
Mittlerer Schmutzwasserabfluss (Jahresmittel)	(1) $Q_{S,aM} = Q_{T,aM} - Q_{F,aM}$ in l/s Fremdwassermenge muss bekannt sein! (2) $Q_{S,aM} = Q_{H,aM} + Q_{G,aM} = \dfrac{EZ \cdot w_{S,d,aM}}{86400} + A_{E,G} \cdot q_G$ in l/s $w_{S,d,aM} = $ spezifischer Abwasseranfall in l/(E · d) $A_{E,G} = $ betriebliche Einzugsfläche (Gewerbe oder/und Industrie) in ha $q_G = $ betriebliche Schmutzwasserabflussspende in l/(s · ha)

Maximaler und minimaler Abfluss bei Trockenwetter als 2-Stunden-Mittel	$Q_{T,2h,max,aM} = \dfrac{Q_{T,d,aM}}{24} \cdot (Q_{T,2h,max}/Q_{T,d})_{aM}$ in m³/h $Q_{T,2h,min,aM} = \dfrac{Q_{T,d,aM}}{24} \cdot (Q_{T,2h,min}/Q_{T,d})_{aM}$ in m³/h
Zulässiger Mischwasserabfluss zur Kläranlage	$Q_M = f_{S,QM} \cdot Q_{S,aM} + Q_{F,aM}$ in l/s $Q_{F,aM}$ = mittlerer jährlicher Fremdwasserabfluss in l/s $f_{S,QM}$ = Spitzenfaktor in ha Der Spitzenfaktor liegt zwischen 6 und 9 für kleine Einzugsgebiete und für Kläranlagen von Großstädten zwischen 3 und 6.
Jahresschmutz-wasserabfluss	$Q_{S,aM} = \dfrac{EZ \cdot w_{S,d}}{86400} + A_{E,G} \cdot q_G$ in l/s $w_{S,d}$ = einwohnerspezifischer tägl. Schmutzwasseranfall in l/(E · d) ($w_{S,d}$ = 100 ... 150 $l/(E \cdot d)$, ATV-DVWK-A198) q_G = betriebliche Schmutzwasserabflussspende in l/s · ha (nicht vergleichbar mit q_g = 0,05 ... 1,5 l/(s · ha) aus der DWA-A 118, da diese Werte Maximalwerte darstellen)
Trockenwetter-abfluss im Jahresmittel	$Q_{T,aM} = Q_{S,aM} + Q_{F,aM}$ in l/s $Q_{F,aM}$ = Fremdwasserabfluss im Jahresmittel in l/s (Annahme: q_f = 0,05 ... 0,15 l/(s · ha) bezogen auf die Fläche des durch die Kanalisation erfassten Einzuggebietes $A_{E,k}$, DWA-A 118)
Spitzenabfluss bei Trockenwetter	$Q_{T,h,max} = \dfrac{24 \cdot Q_{S,aM}}{x_{max}} + Q_{F,aM}$ in l/s

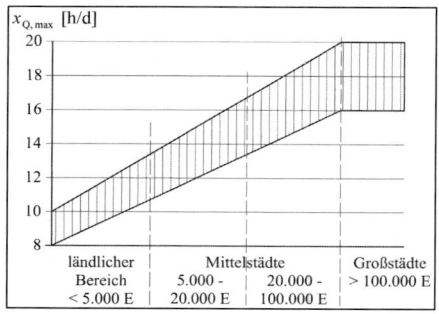

Abb. 11.72: Divisor $x_{Q,max}$ zur Ermittlung des Spitzenabflusses bei Trockenwetter in Abhängigkeit von der Größe des Gebietes [Bild 2 – ATV-DVWK-A198 03]

6.2 Bemessung von Absetzanlagen, Abwasserteichen und Pflanzenkläranlagen

Mehrkammer-absetzgruben	- Nach DIN 4261, Teil 1 - nur Vorbehandlung - ca. 0,3 m³/EW - Mindestgröße 3 m³ - bei größer 4 m³ mindestens 3 Kammern - 1. Kammer sollte Hälfte des Gesamtvolumens betragen - jährlich leeren, sinnvoll bei 50 % Schlammanfall

Abwasser- und Schlammbehandlung

Mehrkammer-ausfaulgruben	- Nach DIN 4261, Teil 1 - anaerobe biologische Behandlung - ca. 1,5 – 3 m³/EW - rechnerische Mindestaufenthaltszeit: 10 d - Mindestgröße 6 m³ - alle 2 Jahre leeren, sinnvoll bei 75 % Schlammanfall - bei guten Ausfaulgruben Schlammspeicherung bis 10 Jahre möglich - anschließende Untergrundverrieselung des vorgereinigten Abwassers
Untergrund-verrieselungsanlagen	- Nach DIN 4261, Teil 1 - Sickerleitung in Tiefe von 50–100cm - 10 m Sickerlänge/EW bei Kies und Sand - 15 m Sickerlänge/EW bei lehmigem Sand - 20 m Sickerlänge/EW bei sandigem Lehm - wichtig: Sickerleitung von Enden her gut belüften - Nachteil: keine Nutzung der aktiven Bodenzone
Unbelüftete Absetzteiche	- 1–1,5 m tief (wegen Oberflächenbelüftung) - Volumen > 0,5 m³/EW (incl. Schlammraum von 0,15 m³/EW - ca. 50 % Verminderung der organischen Belastung - Schlammanfall ca. 0,3 l/(EW·d) - Durchflusszeit >1d
Unbelüftete Abwasserteiche <1000 EW	- Tiefe 1m - Oberfläche ≥ 10 m²/EW (kann auf 8 m²/EW reduziert werden, wenn landwirtschaftliche Abgänge ausgeschlossen werden - Zuschlag bis zu 5 m²/EW bei Regenwasserbehandlung - Durchflusszeit bei TW ≥ 20 d - Gesamtfläche auf mind. 3 Teiche verteilen - eventuell ca. 1m²/EW als bepflanztes Feuchtbiotop am Ablauf nachschalten
Belüftete Abwasserteiche <5000 EW	- 1,5–3,5m tief - Bemessung nach BSB_5- Raumbelastung mit $BR \leq 25 g/(m^3 \cdot d)$ - $BA = BR \cdot h$ mit 60 g/(EW·d) und 150 l/(EW·d) - Durchflusszeit bei TW ≥ 5 d
Schönungsteiche	- 1–2m tief - Bemessung nach der Durchflusszeit bei TW = 1–5 d

Pflanzen-kläranlagen	- Schichtdicke bei horizontaler Durchströmung ≥ 50 cm
	- Schichtdicke bei vertikaler Durchströmung ≥ 80 cm
	- Beetfläche bei horizontaler Durchströmung ≥ 5 m²/EW; Mindestfläche: 20 m²
	- Beetfläche bei vertikaler Durchströmung ≥ 2,5 m²/EW; Mindestfläche: 10 m²
	- max. Flächenbeschickung bei TW;
	    - horizontale Durchströmung: 40 mm/d bzw. 40 l/(m²·d)
	    - vertikale Durchströmung: 60 mm/d bzw. 60 l/(m²·d)
	- Nachweis des Einsickerungsquerschnitts bei Beetlängen >10 m mit um eine Zehnerpotenz verminderten k_f –Wert

Schüler / Schappmann / Röbenack

SiGeKo-Praxis
Kompaktdarstellung
Arbeitshilfen für Sicherheits- und Gesundheitsschutz-Koordinatoren

2., aktualisierte und erweiterte Auflage.
2009. 160 Seiten.
17 x 24 cm. Kartoniert.
ISBN 978-3-89932-155-5
EUR 39,–

Autoren:
Dr.-Ing. Torsten Schüler war am Lehrstuhl für Baubetrieb und Bauverfahren der Bauhaus Universität Weimar tätig und ist Autor zahlreicher Publikationen zu Arbeitsschutzproblemen.
Dipl.-Ing. Ulf-Joachim Schappmann ist Geschäftsführer der SIMEBU Thüringen GmbH, Ingenieurgesellschaft für Arbeitssicherheit, Arbeitsmedizin, Brandschutz und Umweltberatung.
Prof. Dr.-Ing. habil. Karl-Dieter Röbenack lehrte an der Bauhaus-Universität Weimar Baubetrieb und Bauverfahren und war Autor zahlreicher Publikationen zu Arbeitsschutzproblemen.

In diesem Buch werden die wichtigsten fachlichen Themengebiete eines Sicherheits- und Gesundheitsschutzkoordinatoren (SiGeKo) behandelt und Arbeitshilfen und Checklisten zur Verfügung gestellt. Die Autoren verfügen über langjährige Erfahrungen auf dem Gebiet der Unfallforschung im Bauwesen.

Aus dem Inhalt
- Der SiGe-Koordinator – Rechtsgrundlagen, Aufgaben und Verantwortung
- Grundlagen der Erfassung, Beurteilung und Bewertung von Gefährdungen
- Erfassung von Gefährdungen innerhalb technologischer Linien
- Erfassung von Gefährdungen mit prozessübergreifendem Charakter

Mit Online-Dienst zum Buch
Gesetze und Verordnungen • Berufsgenossenschaftliche Vorschriften • Technische Regeln • Checklisten und Tabellen zur Gefährdungsbeurteilung.

Bauwerk www.bauwerk-verlag.de

12 Mathematik, Bauzeichnungen, Freihandzeichnung, Allgemeine Tafeln

		Seite
12A	Mathematik	12.1
12B	Bauzeichnungen (siehe beiliegende CD)	12.9
12C	Die Freihandzeichnung	12.29
12D	Allgemeine Tafeln	12.41

12A Mathematik

Prof. Dr.-Ing. Klaus Peters

Inhaltsverzeichnis

		Seite
1	Mathematische Zeichen	12.1
2	Rechenregeln	12.1
3	Flächen	12.4
4	Volumen und Oberflächen	12.5
5	Matrizen	12.7
6	Ableitungen elementarer Funktionen	12.7
7	Lineare Gleichungssysteme	12.8
8	Statistik	12.8

1 Mathematische Zeichen nach DIN 1302 (12.99)

= / ≠ / ≡	gleich / ungleich / identisch gleich	< / >	kleiner / größer als
~ / ≈	ähnlich, proportional / rund, etwa	≤ / ≥	kleiner gleich / größer gleich als
∥ / ∦	parallel / nicht parallel	%	Prozent, vom Hundert, $1\% = 10^{-2}$
⊥	rechtwinklig zu, senkrecht zu	‰	Promille, vom Tausend, $1‰ = 10^{-3}$

Konstanten

Eulersche Zahl $e = 2{,}718281828...$ $\pi = 3{,}141592654...$ $g = 9{,}807 \text{ m/s}^2$ im Mittel

2 Rechenregeln

Bruchrechnung

Bruch: $\dfrac{a}{b}$, $b \neq 0$ Erweitern mit Faktor c: $\dfrac{a}{b} = \dfrac{a \cdot c}{b \cdot c}$, $c \neq 0$ Kürzen: $\dfrac{a \cdot d}{b \cdot d} = \dfrac{a}{b}$

Addition: $\dfrac{a}{b} + \dfrac{c}{b} = \dfrac{a+c}{b}$ Hauptnenner: $\dfrac{a}{b} + \dfrac{c}{d} = \dfrac{a \cdot d}{b \cdot d} + \dfrac{c \cdot b}{d \cdot b} = \dfrac{a \cdot d + c \cdot b}{b \cdot d}$

Günstigster Hauptnenner = kleinstes gemeinsames Vielfaches von *b* und *d*

Multiplikation: $\dfrac{a}{b} \cdot \dfrac{c}{d} = \dfrac{a \cdot c}{b \cdot d}$ Division: $\dfrac{a}{b} \div \dfrac{c}{d} = \dfrac{\frac{a}{b}}{\frac{c}{d}} = \dfrac{a}{b} \cdot \dfrac{d}{c} = \dfrac{a \cdot d}{b \cdot c}$

Grundregeln für das Rechnen mit reellen Zahlen

Addition: $a + b = b + a$ $a + (b + c) = (a + b) + c$ $a + (-b) = a - b$

Multiplikation: $a \cdot b = b \cdot a$ $a \cdot (b \cdot c) = (a \cdot b) \cdot c = a \cdot b \cdot c = abc$ $a \cdot (-b) = -ab = b \cdot (-a)$

Vorzeichenregel: $(-a) \cdot b = -ab = a \cdot (-b)$ $(-a) \cdot (-b) = ab$ $\dfrac{-a}{b} = -\dfrac{a}{b} = \dfrac{a}{-b}$ $\dfrac{-a}{-b} = \dfrac{a}{b}$

Inverse Zahl: $a^{-1} = \dfrac{1}{a}$ $a \cdot a^{-1} = 1$ Schreibweise: $a \cdot b^{-1} = \dfrac{a}{b} = a \div b$

Distributivgesetz (ausmultiplizieren): $a \cdot (b + c) = a \cdot b + a \cdot c$

Ausklammern eines gemeinsamen Faktors: $d \cdot e + e \cdot h = e \cdot (d + h)$

Mehrere Summanden im Produkt: $(a + b + c) \cdot (d + e) = ad + ae + bd + be + cd + ce$

Multiplikation mit -1: $(-1) \cdot (a + b + c) = -a - b - c$

Klammerregeln

Klammern haben immer Vorrang. Es folgen Exponenten und dann gilt:

Punktrechnung $(\cdot, \div)$ geht vor Strichrechnung $(\pm)$:

$$a + b \cdot c = a + (b \cdot c)$$

Achtung: $a + b \cdot c \neq (a + b) \cdot c$

Binomische Formeln

$$(a \pm b)^2 = a^2 \pm 2ab + b^2 \qquad (a + b) \cdot (a - b) = a^2 - b^2$$

Winkelmessung

Einheit Grad: Vollkreis = 360° $\alpha°$ (Grad) $= \dfrac{360°}{2\pi} \cdot \alpha$ (Bogenmaß)

Einheitenfrei Bogenmaß: Vollkreis $= 2\pi = 2 \cdot 3{,}141592\ldots$

Rechtwinklige Dreiecke

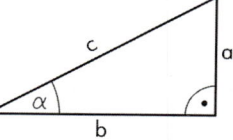

Winkelfunktionen: $\sin \alpha = \dfrac{a}{c}$ $\cos \alpha = \dfrac{b}{c}$ $\tan \alpha = \dfrac{a}{b}$

Satz des Pythagoras: $a^2 + b^2 = c^2$

Kathetensatz des Euklid: $a^2 = c \cdot p$ oder $b^2 = c \cdot q$

Höhensatz des Euklid: $h^2 = p \cdot q$

Rechenregeln

Schreibweise: $\sin^2 x = (\sin x)^2$ $\sin^2 x + \cos^2 x = 1$

Schiefwinklige Dreiecke

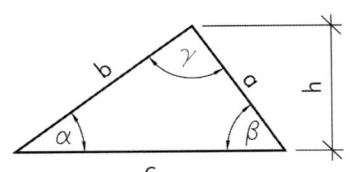

Sinussatz: $a : b : c = \sin\alpha : \sin\beta : \sin\gamma$

$$\frac{a}{\sin\alpha} = \frac{b}{\sin\beta} = \frac{c}{\sin\gamma}$$

Cosinussatz:
$a^2 = b^2 + c^2 - 2\,b\,c\,\cos\alpha$
$b^2 = a^2 + c^2 - 2\,a\,c\,\cos\beta$
$c^2 = a^2 + b^2 - 2\,a\,b\,\cos\gamma$

Potenzen und Wurzeln

(Zweite) Wurzel: $\sqrt{a}$ $\sqrt{a}\cdot\sqrt{a} = a$

n-te Wurzel aus a: $\sqrt[n]{a}$ $\underbrace{\sqrt[n]{a}\cdot\sqrt[n]{a}\cdot\sqrt[n]{a}\cdots\sqrt[n]{a}}_{n\text{ mal}} = a$

Potenzen: $\underbrace{a\cdot a\cdot a\cdots a}_{n\text{ mal}} = a^n$ Zusammenhang: $\sqrt[n]{a^m} = a^{\frac{m}{n}}$

Rechenregeln: $a^n \cdot b^n = (a\cdot b)^n$ $a^n \cdot a^m = a^{n+m}$ $(a^n)^m = a^{n\cdot m}$

$\dfrac{a^n}{b^n} = \left(\dfrac{a}{b}\right)^n$ $\dfrac{a^n}{a^m} = a^{n-m}$

Logarithmen

Definition des Logarithmus von x zur Basis a: $x = a^y \iff y = \log_a x$

Berechnung mit Hilfe des natürlichen Logarithmus $\log_e x = \ln x$ zur Basis $e = 2{,}71828...$ oder des dekadischen Logarithmus $\log_{10} x = \lg x$ (Berechnung mit Taschenrechner)

$$y = \log_a x = \frac{\log_b x}{\log_b a} = \frac{\ln x}{\ln a} = \frac{\lg x}{\lg a}$$

Weitere Rechengesetze:

$\log_a(u\cdot v) = \log_a u + \log_a v$ $\log_a\left(\dfrac{u}{v}\right) = \log_a u - \log_a v$ $\log_a u^n = n\cdot \log_a u$

Lösung von Gleichungen

Lineare Gleichung: $a\cdot x + b = 0 \iff x = -\dfrac{b}{a}$ (eine Lösung)

Quadratische Gleichung: $x^2 + p\cdot x + q = 0 \implies x_{1/2} = -\dfrac{p}{2} \pm \sqrt{\dfrac{p^2}{4} - q}$ (maximal 2 Lösungen)

Gleichungen höherer Ordnung sind geschlossen oft nicht lösbar. Es sind Näherungsverfahren anzuwenden.

3 Flächen

A Fläche
U Umfang

Dreieck, schiefwinklig:

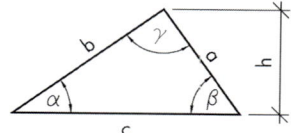

Fläche $A = \dfrac{c \cdot h}{2} = \dfrac{1}{2} ab \sin \gamma$

$= \dfrac{1}{2} ac \sin \beta = \dfrac{1}{2} bc \sin \alpha$

$= \sqrt{s(s-a)(s-b)(s-c)}$

Umfang $U = a + b + c \qquad s = \dfrac{a+b+c}{2}$

Rechtwinklig:

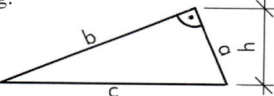

$A = \dfrac{c \cdot h}{2} = \dfrac{a \cdot b}{2}$
$U = a + b + c$

Dreieck, gleichseitig:
$A = \dfrac{ah}{2} = \dfrac{1}{4} a^2 \sqrt{3}$
$= \dfrac{1}{3} h^2 \sqrt{3}$
$U = 3a$

Quadrat
$A = a \cdot a = a^2$
$U = 4a$
Diagonale $d = a \sqrt{2}$

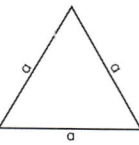

Trapez
$A = \dfrac{h(a+b)}{2}$
$= m \cdot h$
$U = $ Summe aller Seiten

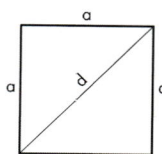

Rechteck
$A = a \cdot b$
$U = 2(a+b)$
$d = \sqrt{a^2 + b^2}$

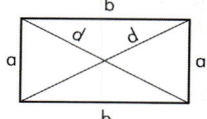

Parallelogramm
$A = g \, h$
$U = 2(g+a)$

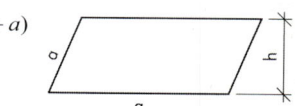

Sehnenviereck
$A = \sqrt{(s-a)(s-b)(s-c)(s-d)}$
$s = \dfrac{a+b+c+d}{2}$
$U = a+b+c+d$

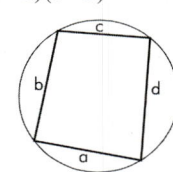

Kreis
$A = r^2 \pi = \dfrac{d^2 \pi}{4}$
$U = d \, \pi = 2 \, r \, \pi$

Kreisring
$A = \dfrac{\pi}{4}(D^2 - d^2) = \pi(R^2 - r^2)$
$= \dfrac{\pi}{4}(D+d)(D-d) \qquad D = 2R, \quad d = 2r$
$= \pi(R+r)(R-r)$,

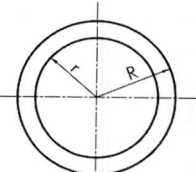

Kreisringstück

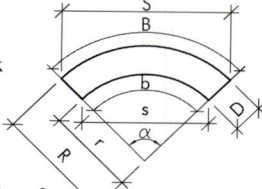

$A = \dfrac{\pi \, \alpha(°)}{360}(R^2 - r^2)$
$= \dfrac{\pi \, b \, \alpha(°)}{180°}\left(\dfrac{R}{2} + \dfrac{r}{2}\right)$

$S = 2\,R \sin\left(\dfrac{\alpha}{2}\right) \qquad s = 2\,r \sin\left(\dfrac{\alpha}{2}\right)$

Kreisausschnitt

$A = \dfrac{1}{2} b\, r$

Bogenlänge
$b = \alpha \cdot r$
$b = \dfrac{\pi\, r\, \alpha(°)}{180°}$

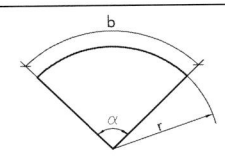

Ellipse
$A = a\, b\, \pi$

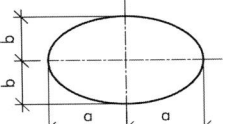

Halbparabel
$A = \dfrac{2}{3} \cdot b \cdot h$

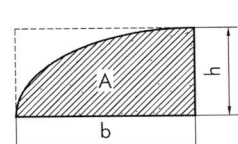

4 Volumen und Oberflächen

V Volumen
O Oberfläche
M Mantelfläche

Prisma
$V = A\, h = a\, b\, h$
$O = 2\,(a\, b + a\, h + b\, h)$
$ = 2\,(a\, h + b\, h) = 2\, h\,(a+b)$
$d = \sqrt{a^2 + b^2 + h^2}$

Würfel = Prisma mit $a = b = h$
$V = a^3 \qquad O = 6\, a^2$
$M = 4\, a^2 \qquad d = \sqrt{3} \cdot a = 1{,}7321\, a$

Zylinder
$V = A\, h = \pi\, r^2\, h$
$O = 2\, \pi\, r\,(r + h)$
$M = 2\, \pi\, r\, h$

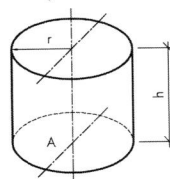

Hohlzylinder
$V = \pi\, h\,(R^2 - r^2)$
$ = \pi\, h\, s\,(2R - s)$
$ = \pi\, h\, s\,(2r + s)$

$s = R - r$

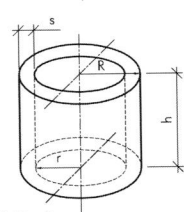

Schräg geschnittener Zylinder
$V = \dfrac{1}{2}\, \pi\, R^2\,(H + h)$
$M = \pi\, R\,(H + h)$
$D = \sqrt{4\, R^2 + (H - h)^2}$

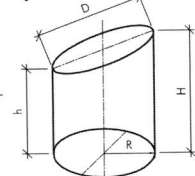

Pyramide
$V = \dfrac{1}{3}\, A\, h$

Pyramidenstumpf
$V = \dfrac{h}{3}\,(A + \sqrt{A \cdot a} + a)$

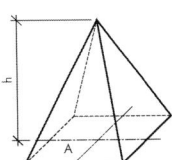

Kreiskegel
$V = \dfrac{1}{3}\, \pi\, R^2\, h$
$M = \pi\, R\, s$

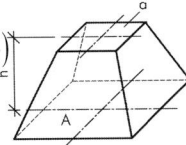

Fass

Kreisförmige Dauben:
$V = \pi\, \dfrac{l}{12}\,(2\, D^2 + d^2)$

Parabolische Dauben:
$V = \pi\, \dfrac{l}{15}\,(2\, D^2 + D\, d + \dfrac{3}{4}\, d^2)$

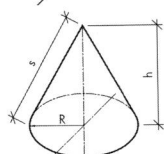

Prismatoid

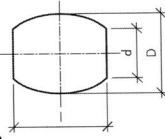

$V = \dfrac{1}{6}\, h \cdot (A + 4\, A_m + f)$

Alle Grundflächen müssen parallel zueinander sein,
A_m befindet sich auf halber Höhe

Keil

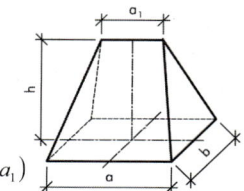

$V = \dfrac{1}{6} h \cdot b \cdot (2a + a_1)$

Rechteckige Grundfläche

Ist die Grundfläche ein Trapez, so ist einzusetzen:
Für a die Mittelparallele,
und b die Trapezhöhe

Obelisk

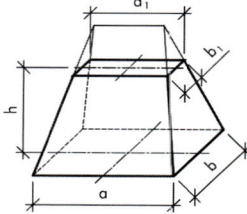

$V = \dfrac{1}{6} h \left[a \cdot b + (a + a_1) \cdot (b + b_1) + a_1 b_1 \right]$

Rechteckige Grundfläche

Ist die Grundfläche ein Trapez, so ist einzusetzen:
Für a und a_1 die Mittelparallelen, für b und b_1 die Trapezhöhen

Kugel

$V = \dfrac{d^3 \pi}{6} = \dfrac{4 \pi r^3}{3} = 0{,}5235988 \, d^3$

$O = 4 \pi r^2 = d^2 \pi$

$r = \sqrt[3]{\dfrac{3V}{4\pi}} = 0{,}62035 \sqrt[3]{V}$

Kugelabschnitt (Kugelkalotte)

$V = \pi h^2 \left(r - \dfrac{h}{3} \right)$

$ = \dfrac{1}{6} \pi h (3 a^2 + h^2)$

$a = \sqrt{h(2r - h)}$;

$O = \pi h (4r - h)$

$M = 2 \pi r h = \pi (a^2 + h^2)$

Kugelschicht

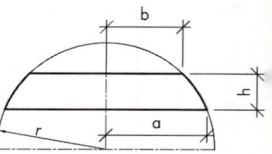

$M = 2 \pi r h$

$V = \dfrac{1}{6} \pi h (3 a^2 + 3 b^2 + h^2)$

$r = \sqrt{a^2 + \left((a^2 - b^2 - h^2)/2h\right)^2}$

für $a = r \Rightarrow V = \dfrac{1}{3} \pi h (3 r^2 - h^2)$

Kugelausschnitt

$V = \dfrac{2}{3} \pi r^2 h = 2{,}094395 \, r^2 h$

$M = \pi a r$

$O = \pi r (2h + a)$

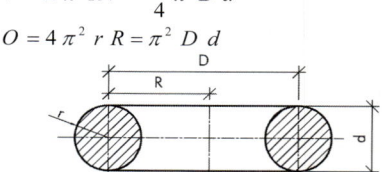

Zylindrischer Ring

$V = 2 \pi^2 R r^2 = \dfrac{1}{4} \pi^2 D d^2$

$O = 4 \pi^2 r R = \pi^2 D d$

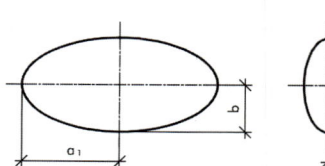

Ellipsoid

$V = \dfrac{4}{3} a_1 a_2 b \pi = 4{,}1888 \, a_1 a_2 b$

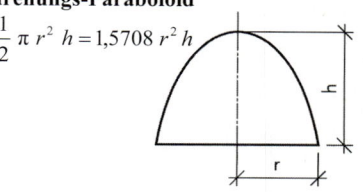

Umdrehungs-Paraboloid

$V = \dfrac{1}{2} \pi r^2 h = 1{,}5708 \, r^2 h$

5 Matrizen

Eine Anordnung von $m \times n$ Elementen a_{ik} aus m Zeilen und n Spalten heißt (m,n)-Matrix A.

$$A = (a_{ik}) = \begin{pmatrix} a_{11} & a_{12} & \cdots & a_{1n} \\ a_{21} & a_{22} & & a_{2n} \\ \vdots & & \ddots & \vdots \\ a_{m1} & a_{m2} & \cdots & a_{mn} \end{pmatrix}$$

Matrizen sind vom gleichen Typ, wenn die Spalten- und Zeilenzahl übereinstimmt.

Addition/Subtrakton A und B vom gleichen Typ. Sonst ist die Addition nicht definiert

$$C = A \pm B \qquad c_{ik} = a_{ik} \pm b_{ik} \qquad \text{für alle } i,k$$

Multiplikation zweier Matrizen

Die Spaltenanzahl von A muss gleich der Zeilenanzahl von B sein. Sonst ist die Multiplikation nicht definiert.

$$C = A \cdot B$$

Matrix A (m,n)
Matrix B (n,p)
Ergebnis: Matrix C (m,p)

$$B = \begin{bmatrix} b_{11} & \cdots & b_{1k} & \cdots & b_{1p} \\ b_{21} & \ddots & b_{2k} & & \vdots \\ \vdots & & b_{3k} & & \\ & & \vdots & \ddots & \\ b_{n1} & \cdots & b_{nk} & \cdots & b_{np} \end{bmatrix}$$

Rechenschema:

$$c_{ik} = \sum_{j=1}^{n} a_{ij} b_{jk}$$

$$A = \begin{bmatrix} a_{11} & a_{12} & \cdots & & a_{1n} \\ \vdots & \ddots & & & \vdots \\ a_{i1} & a_{i2} & a_{i3} & \cdots & a_{in} \\ \vdots & & & \ddots & \\ a_{m1} & \cdots & & & a_{mn} \end{bmatrix} \begin{bmatrix} c_{11} & \cdots & \downarrow & & c_{1p} \\ \vdots & & \downarrow & & \vdots \\ \rightarrow & \rightarrow & c_{ik} & \cdots & \\ \vdots & & & \ddots & \\ c_{m1} & \cdots & & & c_{mp} \end{bmatrix} = C$$

6 Ableitungen elementarer Funktionen

$y = f(x)$	$y' = f'(x)$	$y = f(x)$	$y' = f'(x)$
C	0	$\sqrt[n]{x}$	$1/\left(n \cdot \sqrt[n]{x^{n-1}}\right)$
x	1	e^x	e^x
x^n	$n \cdot x^{n-1}$	a^x	$a^x \cdot \ln a$
$\dfrac{1}{x}$	$-\dfrac{1}{x^2}$	$\ln x$	$\dfrac{1}{x}$
$\sqrt{x}$	$1/(2\sqrt{x})$	$\log_a x$	$\dfrac{1}{x \cdot \ln a}$
$\sin x$	$\cos x$	$\sinh x$	$\cosh x$
$\cos x$	$-\sin x$	$\cosh x$	$\sinh x$
$\tan x$	$1/\cos^2 x$	$\tanh x$	$1/\cosh^2 x$
$\cot x$	$-1/\sin^2 x$	$\coth x$	$-1/\sinh^2 x$
x^x	$x^x(\ln x + 1)$		

7 Lineare Gleichungssysteme

$$a_{11} \cdot x_1 + a_{12} \cdot x_2 + \ldots + a_{1n} \cdot x_n = b_1$$
$$a_{21} \cdot x_1 + a_{22} \cdot x_2 + \ldots + a_{2n} \cdot x_n = b_2$$
$$\ldots\ldots\ldots\ldots\ldots\ldots\ldots\ldots\ldots\ldots\ldots\ldots\ldots\ldots$$
$$a_{n1} \cdot x_1 + a_{n2} \cdot x_2 + \ldots + a_{nn} \cdot x_n = b_n$$

Gegeben: Koeffizienten a_{ik}
Rechte Seite b_i
Gesucht: Lösung x_k
$(i, k = 1, 2, 3 \ldots, n)$

In Matrizenschreibweise:

$$\begin{bmatrix} a_{11} & a_{12} & \cdots & a_{1n} \\ a_{21} & a_{22} & & a_{2n} \\ \vdots & & \ddots & \vdots \\ a_{n1} & a_{n2} & \cdots & a_{nn} \end{bmatrix} \cdot \begin{bmatrix} x_1 \\ x_2 \\ \vdots \\ x_n \end{bmatrix} = \begin{bmatrix} b_1 \\ b_2 \\ \vdots \\ b_n \end{bmatrix}$$

Kurzschreibweise: $A \cdot \vec{x} = \vec{b}$

Alternativschema

	Homogenes lineares Gleichungssystem $\vec{b} = \vec{0}$	Inhomogenes lineares Gleichungssystem $\vec{b} \neq \vec{0}$
$\det A \neq 0$	Es existiert genau eine Lösung: $\vec{x} = 0$, nämlich die triviale Lösung	Es existiert genau eine Lösung
$\det A = 0$	Es existieren unendlich viele Lösungen	Es existieren unendlich viele Lösungen oder es existiert keine Lösung

8 Statistik

Stichprobe n Werte der beobachteten Größe: $\{x_1, x_2, x_3, \ldots x_n\}$

Arithmetischer Mittelwert: $\bar{x} = \dfrac{1}{n} \sum_{i=1}^{n} x_i$

Geometrischer Mittelwert: $\bar{x}_G = \sqrt[n]{x_1 \cdot x_2 \cdot \ldots \cdot x_n}$

Harmonischer Mittelwert: $\bar{x}_H = \dfrac{n}{\sum_{i=1}^{n} \dfrac{1}{x_i}}$

Streuungsmaße einer Stichprobe:

Varianz: $s^2 = \dfrac{1}{n-1} \sum_{i=1}^{n} (x_i - \bar{x})^2$

Standardabweichung: $s = +\sqrt{s^2}$

Normalverteilungsfunktion: $f(x) = \dfrac{1}{s\sqrt{2\pi}} \cdot e^{-\frac{1}{2}\left(\frac{x-\bar{x}}{s}\right)^2}$ Gauß'sche Glockenkurve

Für $s = 1$ und $\bar{x} = 0$ ergibt sich die Standardnormalverteilung

12B Bauzeichnen

Prof. Dr.-Ing. Klaus Holschemacher[*]

Inhaltsverzeichnis

		Seite
1	**Arten und Inhalte von Bauzeichnungen**	12.10
1.1	Objektplanung	12.10
1.2	Tragwerksplanung	12.14
2	**Blattgrößen, Faltungen, Maßstäbe**	12.17
3	**Linienarten und Linienbreiten**	12.17
4	**Kennzeichnung der Schnittflächen geschnittener Stoffe**	12.18
5	**Bemaßung**	12.20
6	**Vereinfachte Darstellungen**	12.20
6.1	Treppen und Rampen	12.20
6.2	Fenster und Türen	12.22
6.3	Aussparungen	12.23
6.4	Abriss und Wiederaufbau	12.23
6.5	Bewehrung	12.24
7	**Beispiele**	12.27

Seiten 12.10 bis 12.28 befinden sich auf beiliegender CD.

[*] unter Mitarbeit von Dipl.-Ing. (FH) Yvette Klug

Heisel

Planungsatlas

Das komapkte Praxishandbuch für den Bauentwurf.
Mit vielen Projektbeispielen.

2., aktualisierte und erweiterte Auflage.
2007. 620 Seiten.
17 x 24 cm. Gebunden.
Mit vielen Abbildungen und Fotos.
EUR 49,–
ISBN 978-3-89932-102-9

Dieses Buch erläutert schnell erfassbar und übersichtlich die wesentlichen Daten für den Bauentwurf. Dargestellt werden u.a. Gebäudetypen, Raumkonzepte, Bauelemente, Einrichtungen, Maße, Normen und Vorschriften.

Mit vielen Zeichnungen illustriert, ist das Buch ein wichtiges Nachschlagewerk für jeden Entwerfer, ob Studierender der Architektur und des Bauingenieurwesens oder Planer in der Baupraxis.

Neu in der 2. Auflage:
• Aktualisierung der Typologien und Regelwerke
• Aufnahme neuer Typen und weiterer Beispiele

Aus dem Inhalt:
• Planungsrecht und Grundstück
• Allgemeine Planungsgrundlagen
• Wohnungsbau
• Barrierefreies Bauen
• Gaststätten
• Verwaltungsbau
• Industrie- und Gewerbebau
• Bauten für den Handel
• Arbeitsstätten
• Bauten für Erziehung und Bildung
• Sport- und Fitnessanlagen
• Verkehrsbauten
• Vorbeugender Brandschutz
• Haustechnik

Autor:
Prof. Dr.-Ing. Joachim P. Heisel ist Architekt und lehrt Baukonstruktion und Entwerfen an der FH Kiel.

Interessenten:
Architekten, Bauingenieure sowie Studierende der Architektur und des Bauingenieurwesens.

Bauwerk www.bauwerk-verlag.de

12C Die Freihandzeichnung

Dr. phil. Christine Petermann

Inhaltsverzeichnis

		Seite
1	**Grundlagen und allgemeine Begriffsbestimmungen**	12.29
1.1	Funktionen der Freihandzeichnung	12.29
1.2	Skizzen und Studien	12.30
2	**Faustregeln räumlicher Freihandzeichnung**	12.30
2.1	Die Standortfaktoren	12.31
2.2	Das Maßvisieren	12.31
2.3	Die Blinzeltechnik	12.32
2.4	Die Bildebene und die Zeichenfläche	12.33
2.5	Das „Als-Fläche-Auffassen"	12.33
2.6	Das Anwenden von Tiefenkriterien	12.33
3	**Die Parallelprojektion in der Freihandzeichnung**	12.35
3.1	Skizzieren eines orthogonalen Aufrisses	12.35
3.2	Anfertigen einer axonometrischen Studie	12.36
4	**Die perspektivische Freihandzeichnung**	12.36
4.1	Elementare perspektivische Techniken	12.37

1 Grundlagen und allgemeine Begriffsbestimmungen

Jede Zeichnung geht zurück auf Abstraktion und Selektion. Beim Zeichnen wird eine Auswahl sichtbarer Eigenschaften eines Gegenstands auf wesentliche visuelle Merkmale reduziert dargestellt. Dreidimensionale Größen-, Lage- und Richtungsverhältnisse sind dabei in zweidimensionale Relationen umzusetzen, die sich auf einem flächigen Zeichengrund visuell abbilden lassen. Dieses *Umsetzungsvermögen* setzt eine intensive Auseinandersetzung mit Techniken, Prinzipien und Mitteln der räumlichen Zeichnung voraus.

Im Zentrum der Überlegungen der folgenden Abschnitte steht nicht die zweckfrei-autonome Künstlerzeichnung, sondern das „gebundene Zeichnen", d.h. die darstellende, erklärende Freihandzeichnung („Sachzeichnung"), die sich durch *Zweckgebundenheit* auszeichnet.

1.1 Funktionen der Freihandzeichnung

Bei der freihändig angefertigten Sachzeichnung geht es primär um analysierendes und erklärendes Darstellen visueller Informationen. Mit der Herstellung einer Sachzeichnung kann es gelingen, Bestandteile und Aufbau eines Gegenstands zu *verstehen*, bauliche Zusammenhänge anschaulich *darzustellen* und/oder diese jemandem zu *erklären*. Mit „Gegenständen" sind hier nicht nur Objekte (z.B. ein Stuhl, ein Gebäude) gemeint. Sachzeichnungen visualisieren auch Informationen über Strukturen, Handlungsabläufe und andere Prozesse.

Freihandzeichnungen, die z.B. räumliche Zusammenhänge darstellen, erfüllen dann *kommunikative Funktionen*, wenn der Betrachter das Bild entsprechend den Darstellungsabsichten des Zeichners interpretieren kann. Freihändig und ad hoc angefertigte Sachzeichnungen sind Medien, die in kommunikativen Situationen, in denen Gegenstände oder Sachverhalte nur schwer oder gar nicht in Worten mitgeteilt werden können, eine zentrale Rolle spielen. Je komplexer die räumliche Struktur des Gegenstands ist, desto effizienter ist die erklärende Zeichnung im

Vergleich zum gesprochenen Wort. Zeichnerische Analysen sind dem Verbalen vorwiegend dann überlegen, wenn es um das Reflektieren oder Kommunizieren von *Raumbezügen, Volumina, Proportionen, Richtungen* sichtbarer Gegenstände geht. Hierfür ist es notwendig, beim Zeichnen einerseits alle überflüssigen visuellen Merkmale wegzulassen. Andererseits sind alle nicht sichtbaren Merkmale, die das Verstehen, Darstellen und Erklären des Gegenstands erleichtern, der Zeichnung hinzuzufügen.

Um diese und andere kommunikativen Funktionen realisieren zu können, werden gewöhnlich Darstellungsmittel verwendet, die einen hohen Grad an Anschaulichkeit und Verständlichkeit aufweisen. Üblich sind u.a. Ansichten, Ausschnittvergrößerungen, Schnittzeichnungen, Explosionszeichnungen, Schemazeichnungen. Bei Bildfolgen und Text-Bild-Kombinationen ist es sinnvoll, kodierte Symbole (z.B. Richtungspfeile) einzufügen. Alle genannten Kategorien der Zeichnung können sowohl in der Qualität einer zügig angefertigten Skizze, einer detailliert gezeichneten Studie oder auch als genormte Bauzeichnung (vgl. Kap. 12B) ausgeführt werden.

1.2 Skizzen und Studien

Am Anfang der meisten Entwurfsprozesse stehen gedankliche Auseinandersetzungen mit dem gestalterisch zu lösenden Problem. Erste Ideen, die u.U. zur Lösung beitragen, werden üblicherweise in *Skizzen* festgehalten. Unter einer *Skizze* versteht man „(…) die früheste zeichnerische Festlegung eines Einfalls, gleich, ob dieser aus der unmittelbaren Naturanschauung, aus der Erinnerung an Gesehenes oder aus der freischaffenden Einbildungskraft kommt. (…) Für die Skizze ist Raschheit erste Bedingung, und eben das nicht mühsam Erarbeitete, sondern das ‚Hingeworfene' macht ihren unvergleichbaren Reiz aus" [Koschatzky 1981: 306].

Beim Anfertigen von *Studien* werden vor allem Fragen zu Details geklärt. Diese Fragen betreffen z.B. Oberflächenstrukturen und Texturen von Materialien, Proportionen und Verbindungen komplexer Bestandteile (z.B. Knotenpunkte des Tragwerks). Das Anfertigen von aufschlussreichen Studien zu Details kann die Voraussetzung dafür sein, dass der Gesamtzusammenhang des zu entwerfenden Objektes später nicht durch deplatzierte oder dysfunktionale Elemente gestört wird.

Skizzen und Studien sind auch als zeichnerische Praktiken einzustufen, die im Rahmen eines größeren Vorhabens zur „Vorarbeit" (Formfindungsprozesse) gehören. Vielen Architekten gelingt es, erste Skizzen in ein Modell zu überführen, aus dem das spätere Bauwerk resultiert.

Da sich ästhetisch anspruchsvolle Skizzen und Studien mit einem Minimum an materieller Ausstattung (Stift und Papier) realisieren lassen – und dieser *geringe Materialaufwand* auch gerade der Reiz der Freihandzeichnung ist – wird an dieser Stelle darauf verzichtet, die ganze Bandbreite der zur Verfügung stehenden Materialien und Utensilien zu beschreiben.

2 Faustregeln räumlicher Freihandzeichnung

Zeichnen wird hier analog zur Handschrift als grundlegende Kulturtechnik verstanden, der spezifische Verfahren, Mittel und Kriterien zuzuordnen sind. Die wichtigsten Maximen der Freihandzeichnung werden im Folgenden dargelegt.

Drei Prinzipien sind generell zu beachten: Erstens ist sowohl der Blickwinkel als auch der Standort des Betrachters beim räumlichen Zeichnen konstant zu halten (*fixierte Ansichtigkeit*)[1].

---

[1] Verändert der Zeichner durch Bewegen (Vorlehnen, Aufrichten, Kopfdrehen o.a.) seinen Standort, dann ändert sich sein Blickwinkel. Bei weit entfernten Gegenständen fällt diese Änderung (*Bewegungsparallaxe*) geringer aus als bei naheliegenden Gegenständen (vgl. Rock 1985: 48).

Zweitens beginnt man nie mit dem Detail, sondern damit, das Ganze zu umreißen (*vom Allgemeinen zum Konkreten*). Drittens ist in Sachen *Auge-Hand-Koordination* zu berücksichtigen, dass eine Linie wesentlich treffsicherer zu ziehen ist, wenn man die entsprechende Strecke zunächst einmal in Gedanken vorzeichnet bzw. mit den Augen nachfährt. Beim anschließenden zügigen Ziehen der Linie sind die Augen nicht auf die zeichnende Hand, sondern auf den Endpunkt der Linie zu richten.

2.1 Die Standortfaktoren

Der Standort, von dem aus der Gegenstand beim Zeichnen betrachtet wird, hat in mehrfacher Hinsicht einen Einfluss auf das Bildprodukt. Der betreffende Standort bestimmt a) den *Abstand* zwischen dem Zeichner und dem Objekt, b) den *Blickwinkel* des Betrachters auf den Gegenstand, c) die Augenhöhe des Betrachters und damit die *Sicht*, die der Betrachter auf den Gegenstand hat. Ein Gegenstand, der sich mit einem Blick erfassen lässt, ist wesentlich müheloser zu zeichnen, als ein Objekt, für das der Blick horizontal oder vertikal schweifen muss, um alle Dimensionen registrieren zu können. Es hängt u.a. von der Größe des Gegenstands ab, welcher Abstand zwischen Zeichner und dem Gegenstand es ermöglicht, diesen mit einem Blick zu erfassen. Der Blickwinkel ist so zu wählen, dass das Problem unerwünschter Randverzerrung (siehe Abschnitt 4.1.2) umgangen werden kann.

Soll sich ein beliebiger Betrachter von dem gezeichneten Gegenstand ein realistisches Bild machen können, dann sind Aspekte alltäglicher Raumwahrnehmung (*Sehgewohnheiten*) der Zeichnung zugrunde zu legen. Gegenstände, die unter alltäglichen Sehbedingungen in Aufsicht betrachtet werden, sollten auch so dargestellt werden. Umgekehrt gilt, dass Gegenstände, zu denen der Mensch seinen Blick im Alltag nach oben richtet, um sie in Augenschein zu nehmen, bevorzugt in Untersicht gezeichnet werden sollten. Der Zeichner sollte seinen Standort also so wählen, dass dem Betrachter der Zeichnung eine schlüssig-nachvollziehbare und keine exotisch-verzerrte Ansicht des Gegenstands präsentiert werden kann. Insbesondere bei der Darstellung von Innenräumen hindern konkrete Standortfaktoren den Zeichner u.U. daran, den Abstand und den Blickwinkel frei zu wählen. Um ungewollte Verzerrungen zu reduzieren, die den räumlichen Gesamteindruck verfälschen würden, werden in diesen Fällen „störende" Wände durchsichtig gezeichnet bzw. weggelassen [vgl. Pütz 1990: 69].

2.2 Das Maßvisieren

Das Maßvisieren ist ein tradiertes Verfahren zum Erfassen der Längen von Strecken, der Ausdehnungen von Flächen, der Größen von Winkeln, die von der konkreten Anschauung in eine Zeichnung umgesetzt werden sollen.

2.2.1 Das Visieren der Höhe

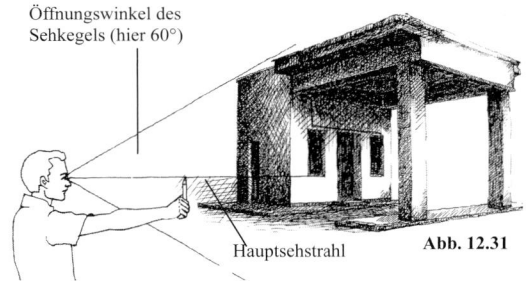

Abb. 12.31

Ein Bleistift wird mit gestrecktem Arm im Blickfeld lotrecht vor den Gegenstand gehalten. Die zu messende Strecke, z.B. die Höhe der unteren Kante eines Fensters, wird mit dem Daumen auf dem Stift markiert. Um den Bleistift zugleich mit dem dahinter liegenden Gegenstand fixieren zu können, ist dabei ein und dasselbe Auge geschlossen zu halten (vgl. Fußnote 2).

Anmerkung: Bei den Zeichnungen und Fotografien, die in diesem Text als Abbildungen zu sehen sind, handelt es sich um Bilder der Verfasserin.

Die Strecke zwischen der Bleistift- und der Daumenspitze wird proportional auf das Zeichenblatt übertragen. Entweder wird die Länge der visierten Strecke im Verhältnis 1:1 aufgezeichnet, d.h. die am Objekt gemessene Höhe fungiert dann als Maßstab für alle weiteren anvisierten Strecken. Oder es wird vorab ein Maßstab auf dem Zeichenblatt festgelegt und alle visierten Längen werden in Relation dazu abgetragen. Das ist dann notwendig, wenn der Gegenstand in Verkleinerung oder Vergrößerung dargestellt werden soll. Misst man z.B. die maximale horizontale Ausdehnung des Gegenstands und stellt beim Visieren fest, dass diese Strecke doppelt so lang ist, wie die zuvor gemessene Höhe, dann ist für das Zeichnen der Breite des Gegenstands die Maßeinheit entsprechend zu verdoppeln. In diesem Fall sollte das Zeichenblatt im Querformat verwendet werden. Variierten die Größen des Abstands zwischen dem Betrachter, dem Stift und dem Gegenstand, dann wäre es nicht möglich, Längen von Strecken maßstabsgetreu abzubilden. Für das Maßvisieren ist es also unerlässlich, den Arm, der den Stift hält, durchzustrecken, um stets auf ein und derselben Bildebene bleiben zu können (vgl. 2.4)[2].

2.2.2 Das Visieren der Neigung (Winkelbestimmung)

Ein Winkel der vorderen, unteren Ecke eines Quaders soll bestimmt werden. Hierfür hält man den Bleistift waagerecht vor bzw. knapp unter den Eckpunkt. Dann schätzt man per Augenmaß die Größe der Winkelfläche zwischen der Kante a (erster Schenkel) und der Kante des Bleistifts (b = zweiter Schenkel des Winkels; s. Abb. 12.32a) und überträgt diesen Winkel auf das Zeichenblatt an die bereits gezeichnete Senkrechte.

Abb. 12.32a

2.3 Die Blinzeltechnik

Beim Zeichnen wechselt der Blick mehrfach zwischen dem Gesamtzusammenhang und markanten Punkten des Objekts hin und her. Die Blinzeltechnik wird hauptsächlich dann angewandt, wenn *Hell-Dunkel-Kontraste und Proportionen* erfasst werden sollen (vgl. die Bleistiftzeichnung einer Walnuss, Abb. 12.32b). Die Augen sind bis auf einen schmalen Spalt zu schließen, anschließend wird der Gegenstand konzentriert eine Weile fixiert. Gelangt weniger Licht in das Auge, dann wird die Kontrastwahrnehmung gesteigert, die hellsten und die dunkelsten Bereiche des Gegenstands kommen sichtbar zum Vorschein. Einzelheiten, die den Blick des Zeichners ablenken können, werden beim Betrachten mit halb geschlossenen Augen bewusst übersehen, dafür treten der Gesamtzusammenhang und die Proportionen auf diese Weise deutlicher hervor.

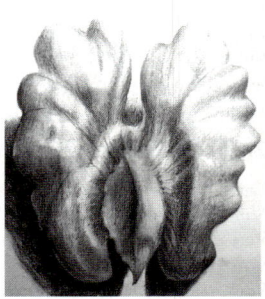

Abb. 12.32b

---

[2] Jedes Auge nimmt einen Gegenstand aus einem anderen Blickwinkel wahr. Die Unterschiede zwischen den „Netzhautbildern" sind durch den Pupillenabstand (durchschnittlich 6,5 cm) bedingt und werden mit zunehmender Entfernung der Gegenstände vom Betrachter größer. Das visuelle System des Großhirns interpretiert diese unterschiedlichen Bilder als Entfernungsindikatoren (vgl. Rock 1985: 46) – die Differenz der Netzhautbilder ist dem Betrachter eines Gegenstands unter gewöhnlichen Sehbedingungen nicht bewusst, da das Großhirn die visuellen Informationen zu einem einheitlichen Bild zusammenfügt. Aus diesem Grund ist es auch schlüssig, wenn in der Theorie der Perspektive von *einem* Projektionszentrum (ein Augpunkt, ein Sehstrahlenbündel, ein Sehkegel) ausgegangen wird. Um die Differenz der Netzhautbilder wahrnehmen zu können, sind normale Sehbedingungen z.B. wie folgt zu manipulieren: Fixiert man den am Arm gestreckten Daumen abwechselnd mit einem der Augen, scheint das Sehbild hin- und herzuspringen (Visualisierung der Querdisparation).

2.4 Die Bildebene und die Zeichenfläche

Ein beim Prozess des Zeichnens generell wichtiges Konzept ist das der sogenannten „Bildebene". Dabei handelt es sich um eine imaginäre transparente Fläche, die man sich wie eine zwischen dem Gegenstand und dem Betrachter senkrecht stehende, unendliche Glastafel vorstellt. Der Betrachter blickt durch diese Bildebene hindurch auf den Gegenstand. Ein Ausschnitt dieser imaginären Bildebene entspricht der konkreten Zeichenfläche (z.B. dem Blatt Papier). Der Blick des Zeichners wechselt zwischen der Bildebene (bzw. dem Gegenstand) und der Zeichenfläche hin und her. Das Zeichnen nach Anschauung wird erleichtert, wenn die Zeichenfläche stehend und nicht liegend betrachtet wird (Einsatz einer Staffelei). Der Begriff „Bildebene" ist der Theorie der Zentralperspektive entnommen, kommt aber auch beim Anwenden nichtperspektivischer Zeichenpraktiken zum Tragen.

2.5 Das „Als-Fläche-Auffassen"

Um dreidimensionale Gegebenheiten in eine zweidimensionale Zeichnung umsetzen zu können, ist es hilfreich, den räumlichen Gegenstand und seine Umgebung als Fläche aufzufassen. Um dieses „Als-Fläche-Auffassen" zu erleichtern, konzentriert sich der Blick auf sichtbare Formen, auf die Positivform (Abb. 12.32a, vgl. 12.31) und die Negativformen (Hintergrund und Zwischenräume) – im Prinzip ist die hierbei auszuführende Augenbewegung vergleichbar mit der Bewegung eines Stiftes, der Umrisse und Zwischenräume von Gegenständen nachzieht, die beim Blick durch die Scheibe eines Fensters fixiert werden. Beim Fixieren *amorpher* Gegenstände ist zu entscheiden, in welche einfachen geometrischen Grundformen (Dreiecke, Vierecke etc.) sich die sichtbaren „Flächen" gedanklich einfassen bzw. umreißen lassen. Die Flächen bzw. Formen treten noch deutlicher hervor, wenn man die „Blinzeltechnik" (s.o.) anwendet.

Abb. 12.33a

2.6 Das Anwenden von Tiefenkriterien

Beim Zeichnen räumlicher Gegenstände werden Kriterien angewandt, die auf Wahrnehmungs- und Sehgewohnheiten sowie Raumkonzepte des Menschen rekurrieren. Mit Hilfe dieser Abbildungsfaktoren ist es für den Betrachter der Zeichnung problemlos möglich, diese als Raumdarstellung zu interpretieren und die vom Zeichner abgebildete Raumkonstellation zu rekonstruieren.

2.6.1 Die Interposition

Bei der Interposition geht es um Richtungs- und Lagebeziehungen dargestellter Gegenstände. Zeichnet man Gegenstände in die untere Hälfte des Blattformates, dann scheinen sie sich im Vordergrund zu befinden. Gegenstände, die in der oberen Hälfte des Blattformats gezeichnet werden, scheinen im Hintergrund zu liegen. „Oben" wird als „hinten", „unten" als „vorn" interpretiert (Bei Objekten wie Wolken, die sich oberhalb des Horizonts befinden, verhält es sich umgekehrt).

Abb. 12.33b

Je weiter der Gegenstand in den Hintergrund verschoben wird, desto größer erscheint die Distanz zwischen dem Betrachter vor Ort und dem Objekt in natura zu sein. Linien, die von der linken unteren zur rechten oberen Bildhälfte verlaufen, werden als „aufsteigend" interpretiert (s Abb. 12.33b), entgegengesetzt verlaufende Linien werden als „absteigend" ausgelegt.

2.6.2 Die Überdeckung und die Überschneidung

Wenn ein Gegenstand so gezeichnet wird, dass er einen zweiten Gegenstand teilweise verdeckt, dann scheint der erste Gegenstand weiter im Vordergrund zu liegen als der zweite (s. Abb. 12.33ff.). Überdecken sich Teilbereiche mehrerer dargestellter Gegenstände, die vom Vordergrund über den Mittelgrund zum Hintergrund als ein „Hintereinander" gedeutet werden, spricht man von Staffelung. Staffelt man frontal dargestellte Ansichten von Häuserreihen, Mauern, Zäunen o.a., dann wird damit eine kulissenhafte Tiefenwirkung erzeugt. Handelt es sich bei den Gegenständen um lichtundurchlässige Körper, dann spricht man von „Überdeckung", geht es um lichtdurchlässige Körper, dann handelt es sich um „Überschneidung".

Abb. 12.34a

2.6.3 Der Größengradient

Je weiter entfernt ein dargestellter Gegenstand wirken soll, desto kleiner wird dieser in Relation zu Gegenständen gezeichnet, die im Vordergrund der Zeichnung abgebildet werden. Um dem Betrachter des Bildes das Dekodieren der Größen in natura zu ermöglichen, wird traditionell ein *Größenindikator* eingefügt. Dabei handelt es sich um einen Gegenstand, dessen Dimensionen als allgemein bekannt gelten (Alltagsgegenstände, z.B. ein gewöhnlicher Stuhl). Verbreitet ist auch das Einzeichnen menschlicher Figuren durchschnittlicher Körpergröße, die für den Bildbetrachter als Maßstab fungieren können. Auch die Größe des Abstands von Linien, die im Grundriss parallel verlaufen, verringert sich mit zunehmender Entfernung. Das Konvergieren von Linien wird dementsprechend als Hinweis auf Raumtiefe gedeutet.

Abb. 12.34b

2.6.4 Der Texturgradient

Die Texturen (Oberflächenstrukturen) der dargestellten Gegenstände werden vom Vorder- zum Hintergrund immer unschärfer gezeichnet. Dafür werden die zeichnerischen Elemente (Striche, Linien, Schraffuren) in der Länge, der Stärke und der Dichte mehr und mehr reduziert. Folglich werden Kontraste (u.a. Hell-Dunkel-Werte) schwächer, Konturen zum Hintergrund des Bildes hin ggf. nach und nach aufgelöst (vgl. Abb. 12.33ff.).

12.34

2.6.5 Die Schattierung

Nuancierte Hell-Dunkel-Werte sind ausschlaggebend für die plastische Wirkung gezeichneter Gegenstände. Gekrümmte Flächen sind nicht durch Konturen zu umreißen, sondern durch Hell-Dunkel-Verläufe von ihrer Umgebung abzugrenzen. Je glänzender die Oberflächenbeschaffenheit z.B. eines Zylinders ist, desto stärker ist der Hell-Dunkel-Kontrast beim Abbilden von Licht und Schatten.

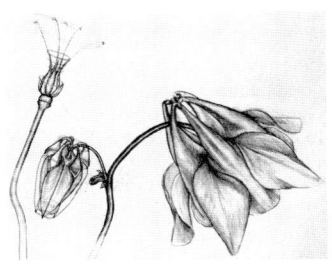

Abb. 12.35a

3 Die Parallelprojektion in der Freihandzeichnung

Mit „Projektion" wird die Abbildung von Punkten auf einer Ebene bezeichnet. Punkte sind das Resultat von Sehstrahlen, die eine Ebene durchstoßen und auf markante Punkte des konkreten Gegenstands treffen. Sind diese Sehstrahlen parallel, dann handelt es sich um eine „Parallelprojektion". Gehen die Sehstrahlen von einem Zentrum aus, dann wird das Abbildungsverfahren „Zentralprojektion" (s. 4) genannt. Parallele Sehstrahlen können eine Ebene senkrecht erreichen (Orthogonale Projektion), sie können die Ebene aber auch schräg durchstoßen (Axonometrie).

3.1 Skizze eines orthogonalen Aufrisses

Die Komposition einer Fassade kann die Wahrnehmung des ganzen Gebäudes maßgeblich beeinflussen. Orthogonalprojektionen sind sehr gut geeignet, um die Gliederung einer bestimmten Fassade zeichnerisch zu analysieren oder zu rekonstruieren. Des Weiteren werden Orthogonalprojektionen traditionell zum Anfertigen von Konstruktionszeichnungen verwendet. Für eine unmissverständliche Darstellung einer Konstruktion werden drei Ansichten bzw. Tafeln gebraucht (Grund-, Seiten- und Aufriss der Dreitafelprojektion).

Im Folgenden wird es um den Aufriss einer Fassade gehen, die Vorgehensweise ist deduktiv (vom Allgemeinen zum Konkreten) strukturiert und wird in Etappen beschrieben (s. Abb. 12.35). Die Maßverhältnisse (Höhe zu Breite der Fassade) werden durch Visieren (s. 2.2) ermittelt. Dann sind die Umrisse der gesamten frontalen Ansicht zu skizzieren. Anschließend sind die Hauptrichtungen der Flächengliederung mit dem gleichen Verfahren festzustellen und linear zu skizzieren. Die Gliederung der Fassade ist nach und nach immer differenzierter darzustellen. Auf Hell-Dunkel-Werte wird verzichtet, die Komposition der Fassade tritt deutlicher hervor, wenn die Skizze auf Konturen beschränkt bleibt.

Abb. 12.35b: Studien zu Schinkels Alter Nazarethkirche, Berlin

3.2 Die axonometrische Studie

Eine Axonometrie ist ein Schrägbild, das so wirkt, als ob der Zeichner den Gegenstand schräg von oben betrachten würde. Verkürzungen werden nicht dargestellt, „(…) was einer Perspektive aus sehr großer Entfernung entspricht" (Thomae 1993: 82). Das Zeichnen eines räumlichen Zusammenhangs ist durch das Arbeiten mit Parallelen und mit definierten Winkeln wesentlich vereinfacht.

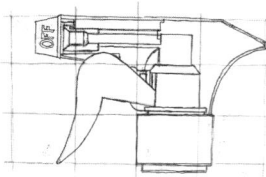

Abb. 12.36a

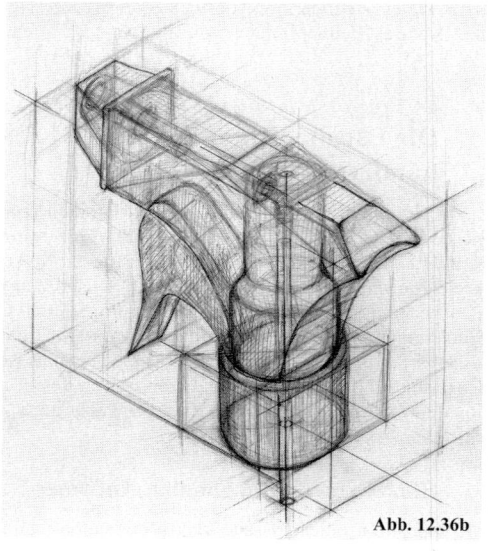

Abb. 12.36b

Für ein Übereck-Schrägbild (Abb. 12.36b) wird der Gegenstand gedanklich in einen Quader eingeschlossen und dann so ausgerichtet, dass der Betrachter auf die vordere Ecke des Quaders blickt (bei großen oder fixierten Gegenständen nimmt der Zeichner eine entsprechende Position ein). Ein Achsenkreuz (Koordinatensystem) wird entsprechend einer Isometrie gezeichnet. Die Achsen werden maßstäblich verlängert und zu einem Hilfsgerüst, das einem Quader entspricht, zusammengeführt. Diagonalkreuze sind Hilfslinien, die zum Einzeichnen der Mittelachsen gebraucht werden. Bei komplex aufgebauten Objekten ist es empfehlenswert, zunächst einen orthogonalen Aufriss (Abb. 12.36a; vgl. 3.1.) zu skizzieren und das hierbei angelegte Raster zum Aufbau des Hilfsgerüstes zu verwenden.

4 Die perspektivische Freihandzeichnung

Beim Freihandzeichnen werden perspektivische Regeln nicht mit der Exaktheit der darstellenden Geometrie angewandt – würden diese Regeln korrekt eingehalten, dann könnte die Interpretation der fertigen Zeichnung eines Gebäudes sich unter Umständen mit der alltäglichen Raumwahrnehmung desselben Gebäudes widersprechen. Aus diesen Gründen werden z.B. vertikale Kanten eines Gebäudes, die in natura zu konvergieren scheinen, senkrecht dargestellt.[3] Diese modifizierte Darstellung nähert sich der alltäglichen visuellen Wahrnehmung an, in der das Phänomen der Formkonstanz eine zentrale Rolle spielt.

---

[3] Kreise und Kugelformen sollten aufgrund des Verzerrungsproblems möglichst in einen Sehkegel von bis zu 30° fallen (Ching 1999: 57). Möglichkeiten zur verzerrfreien räumlichen Darstellung von Kugeln und Zylindern, die sich in den Randbereichen des Sehkegels befinden, siehe Hegewald 1977.

4.1 Elementare perspektivische Techniken

Generell wird zunächst der Maßstab der Zeichnung festgelegt. Um die Proportionen des Gegenstands erfassen zu können, wird die Visiertechnik angewandt. Die so ermittelten Maßverhälnisse werden an das Blattformat angepasst. Im Folgenden wird davon ausgegangen, dass die Übereckperspektive eines Gebäudes gezeichnet werden soll und dass die *Fluchtpunkte sich außerhalb des Blattformates* befinden, was beim Zeichnen konkreter Gebäude dem Normalfall entspricht.

4.1.1 Die Ermittlung des Horizonts vor Ort

Die Augenhöhe des Betrachters entspricht der Horizontlinie der Bildebene. Die Horizontlinie markiert die Trennungslinie zwischen der Unter- und der Aufsicht. Um den Horizont in praxi bestimmen zu können, verwendet man einen ca. DIN-A4 großen, planen Karton. Dieser wird als waagerechte Ebene so vor die Augen gehalten, dass weder eine Unter- noch eine Aufsicht von dem Karton zu sehen ist. Dann wird der zu zeichnende Gegenstand fixiert und darauf geachtet, auf welcher Höhe, die gedanklich verlängerte Ebene der Augenhöhe (identisch mit der Kartonebene) den Gegenstand trifft. Diese Höhe entspricht der des Horizonts und ist als vertikale Linie zu denken. Um diese Höhe nicht wieder aus den Augen zu verlieren, merkt man sich einen Anhaltspunkt (i.d.R. den Hauptpunkt, s. 4.1.2), oder man klebt einen Markierungspunkt auf den Gegenstand, um die eigene Blickrichtung und Körperhaltung daran evtl. auch wieder korrigieren zu können.

Abb. 12.37a

4.1.2 Der Sehkegel und der Hauptpunkt

Das Bündel von Sehstrahlen, das sich im Projektionszentrum „*Augpunkt*" trifft[4], kann räumlich als Sehkegel dargestellt werden. Die Rotationsachse dieses Kegels ist der *Hauptsehstrahl*. Der Hauptsehstrahl trifft lotrecht auf die Bildebene und markiert so den *Hauptpunkt* auf der Horizontlinie. Im Grund- oder Aufriss wird der Sehkegel als Winkel abgebildet (vgl. Abb. 12.31). Dieser Winkel sollte nicht größer als 60° sein, damit starke Randverzerrungen vermieden werden können. Um sich vor Ort ein Bild davon zu machen, welcher Ausschnitt des anvisierten Gegenstands einem 60°-Winkel entspricht, kann der Zeichner ein DIN-A3-Format mit ausgestrecktem Arm, d.h. ca. 45 bis 50 cm Entfernung vom Augpunkt, in sein Blickfeld halten (siehe Abb. 12.37b). Das verwendete Format entspricht ungefähr der Fläche eines Rechtecks, das sich innerhalb der Schenkel des 60°-Winkels einfügen lässt. Randverzerrungen generell zu vermeiden, hieße, mit einem 18°-Sehwinkel zu arbeiten – was für das Freihandzeichnen aufgrund der zu erhöhenden Distanz zum Objekt nicht mehr praxistauglich wäre.

Abb. 12.37b

---

[4] Vgl. Fußnote 2

4.1.3 Konstruieren eines perspektivischen Liniengerüstes

Bei einer Übereckperspektive befindet sich der Hauptpunkt auf der vorderen senkrechten Kante des Gegenstands. Diese ist als Senkrechte zu zeichnen, die zugleich als Messvertikale benutzt wird. Diese Messvertikale ist per Visiertechnik in ihrer Höhe zu bestimmen. Sobald diese Höhe auf dem Zeichenblatt festliegt, ist auch die Frage nach dem Maßstab beantwortet. D.h. bevor diese Strecke in ihrer Höhe und Lage auf dem Zeichenblatt festgelegt wird, sollten per Visieren noch einmal die gesamten Maßverhältnisse des Gegenstands überprüft werden und auf den Bildausschnitt bzw. das Blattformat abgestimmt werden. Anschließend wird die Messvertikale in z.B. vier gleiche Abschnitte geteilt. Dann werden mit Hilfe der Visiertechnik die Neigungen der fluchtenden Objektkanten ermittelt. Hierzu zeichnet man jeweils eine Waagerechte als Hilfslinie an das obere und das untere Ende der Messvertikalen und überträgt dann die visierten Winkel.

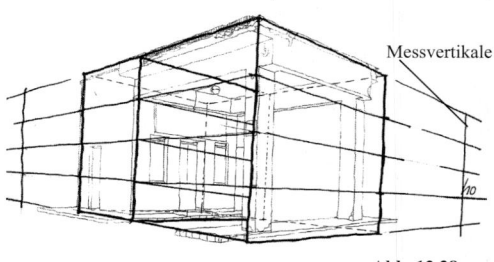

Abb. 12.38a

Am rechten Blattrand wird nun eine zweite Messvertikale mit der gleichen Anzahl von Segmenten gezeichnet. Durch Verlängerung der Schenkel der abgetragenen Winkel erhält man die Schnittpunkte der zweiten Messvertikalen mit den fluchtenden Linien. Am linken Blattrand sind nach dem gleichen Verfahren die dritte Messvertikale und die fluchtenden Linien zu zeichnen. Abschließend sind die vier Schnittpunkte der drei Messvertikalen mit dünnen Linien zu verbinden. Mit dem jetzt vorhandenen Liniengerüst können alle weiteren zu zeichnenden Elemente (z.B. die Fassadengliederung) perspektivisch stimmig in die Zeichnung eingefügt werden.

4.1.4 Aufteilung einer perspektivisch verkürzten Fläche in Abschnitte

Es gibt zwei Verfahren, um Flächen, die bei einer Übereckperspektive in perspektivischer Verkürzung darzustellen sind, in bestimmte Abschnitte zu teilen. Die *Diagonalkreuzmethode* ist geeignet, wenn es darum geht, die perspektivische Mitte einer verkürzten Fläche ausfindig zu machen. Außerdem wird sie verwendet, um sich regelmäßig wiederholende Elemente gleicher Größe (z.B. Fenster, Stützen, Fliesen, Alleebäume) perspektivisch fluchtend abzubilden. Für fluchtende Flächen, deren Gliederung keinem einheitlichen Raster entspricht, ist das *Messpunktverfahren* geeignet.

a) Diagonalkreuzmethode (Abb. 12.38b): Um eine Tür, die sich frontal betrachtet in der Mitte einer Wand befindet, perspektivisch korrekt in die verkürzt darzustellende Wandfläche einzuzeichnen, wird in die trapezförmige Fläche ein Diagonalkreuz eingefügt. Durch den Schnittpunkt der Diagonalen wird eine Mittelsenkrechte gezogen. Die Mitte des Türrahmens ist ebenfalls durch Einzeichnen eines Diagonalkreuzes zu ermitteln. Die Lage der Mittelsenkrechten der Tür stimmt mit jener der Wand überein.[5]

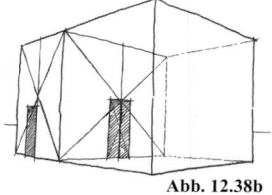

Abb. 12.38b

---

[5] Für jedes Wandsegment einer gleichmäßig gerasterten Fassade können diese Diagonalkreuze eingezeichnet werden. Verlängert man die Strecken der Diagonalen, dann treffen diese sich in einem Punkt. Verbindet man diesen Diagonalfluchtpunkt mit dem Fluchtpunkt der perspektivisch verkürzten Fläche, dann erhält man eine Strecke, die orthogonal auf die Horizontlinie trifft. Der Diagonalfluchtpunkt wird beim Zeichnen von Rampen und Treppen verwendet (vgl. Thomae 1993: 58).

b) **Messpunktverfahren** (Abb. 12.39): Ein Gebäude wird vor Ort in Übereckperspektive dargestellt. Auf einer der perspektivisch verkürzten Wände sind zwei Fenster und eine Tür einzuzeichnen. Die unverkürzten Abstände zwischen den drei Elementen und denen zu den Außenkanten werden ermittelt, indem der Zeichner seinen markierten Standort wechselt und die betreffende Wand frontal betrachtet. Der Zeichenblock wird mit gestrecktem Arm vor die untere Kante der Fenster gehalten, die Senkrechten der beiden Außenkanten, der Fenster und der Tür werden auf dem Rand des Blocks markiert. Diese Abstände werden als *Messpunkte* proportional auf eine Waagerechte, die Messhorizontale, übertragen. Die Messhorizontale wird orthogonal auf die vordere Gebäudekante gelegt. Am Schnittpunkt der beiden Senk- und Waagerechten wird mit dem Abtragen der Messpunkte begonnen. Punkt A (der letzte Messpunkt) wird mit Punkt B durch eine Gerade verbunden. Diese wird verlängert, bis sie die Horizontlinie in Punkt C durchstößt. Jetzt sind die einzelnen Messpunkte auf der Messhorizontalen mit Punkt C zu verbinden. Diese Verbindungslinien durchstoßen die obere Gebäudekante. Durch jeden dieser Durchstoßpunkte werden nun Senkrechte gezogen, die den perspektivisch verkürzten Abständen der Elemente proportional entsprechen. Abschließend sind mit der Visiermethode die Höhen der oberen und unteren Begrenzungslinien zu ermitteln und einzuzeichnen.

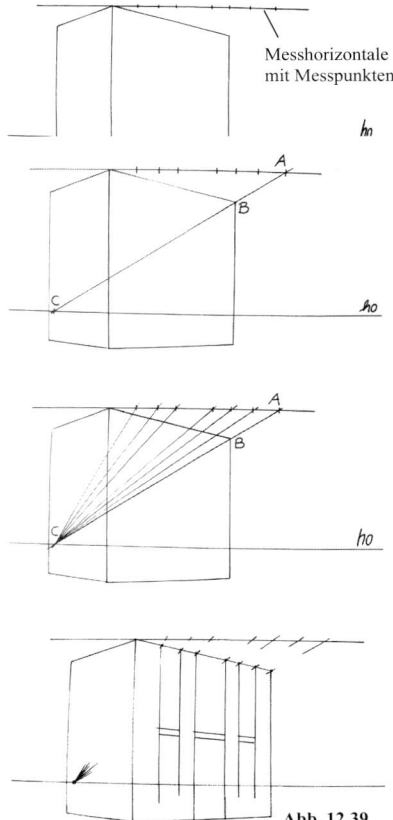

Abb. 12.39

4.1.5 Zeichnen von Kreisbögen in perspektivisch verkürzten Flächen

Mit Hilfe der Diagonalkreuzmethode wird die perspektivisch verkürzte Fläche entsprechend der Anzahl der Bögen in Einzelflächen segmentiert. Die einzelnen Segmente werden mit demselben Verfahren noch einmal halbiert. Anschließend sind an die obere Kante des Einzelsegments jeweils zwei Rahmen einzuzeichnen (s. Abb. 12.40b). Die Rahmen bilden die vorderen Flächen zweier perspektivischer Würfel, d.h. die Rahmen sind zeichnerisch zu fluchtenden Würfeln zu vervollständigen. Die Tiefe der Würfel ist entsprechend der Wanddicke zu zeichnen. In die vordere und die hintere senkrechte Fläche des Würfels werden von Ecke zu Ecke Kurven (diese entsprechen im Grundriss einem Viertelkreis) eingefügt. Abschließend sind die Fensterbögen in ihren Senkrechten noch zu vervollständigen.

Wenn es darum geht, Kreisflächen oder Körper zu zeichnen, die einen kreisförmigen Grundriss oder Querschnitt haben, dann steht immer ein und dasselbe Prinzip im Hintergrund: Kreise lassen sich durch umschreibende oder einschreibende Quadrate darstellen. In ein Quadrat wird das Diagonalkreuz eingepasst. Dann werden die sich kreuzenden Mittelsenkrechten hinzugefügt. Eine Diagonalenhälfte wird per Augenmaß in drei Abschnitte segmentiert. Durch den Punkt, der einer Außenecke am nächsten liegt, wird eine Waagerechte und eine Senkrechte gezogen, diese werden zu einem Quadrat ergänzt. Die Eckpunkte des inneren Quadrats und die Mittelpunkte der Seiten des äußeren Quadrats ergeben insgesamt

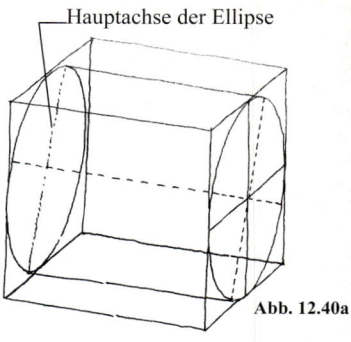

Abb. 12.40a

acht Punkte, die zu einer Kreiskontur zu verbinden sind. Genauso ist zu verfahren, wenn Kreisflächen perspektivisch verkürzt darzustellen sind. Die Kreise sind dann in die Flächen eines perspektivischen Würfels einzuzeichnen und erscheinen annähernd elliptisch. Zu beachten ist, dass die Hauptachse der Ellipse nicht mit dem Diagonalkreuz oder dem Kreuz der Mittelsenkrechten der perspektivischen Würfelflächen kongruent ist (vgl. Abb. 12.40b, dimetrische Darstellung eines Zylinders).

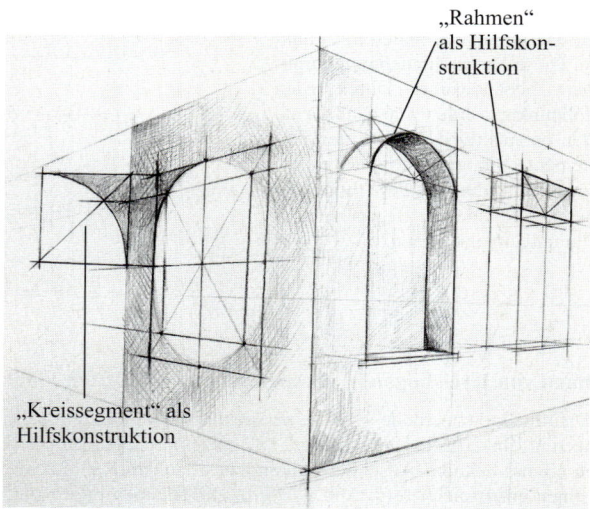

Abb. 12.40b

12.40

12D Allgemeine Tafeln

Prof. Dr.-Ing. Klaus Holschemacher

Griechisches Alphabet

$A\ \alpha$	$B\ \beta$	$\Gamma\ \gamma$	$\Delta\ \delta$	$E\ \varepsilon$	$Z\ \zeta$	$H\ \eta$	$\Theta\ \vartheta$
Alpha	Beta	Gamma	Delta	Epsilon	Zeta	Eta	Theta
$I\ \iota$	$K\ \kappa$	$\Lambda\ \lambda$	$M\ \mu$	$N\ \nu$	$\Xi\ \xi$	$O\ o$	$\Pi\ \pi$
Jota	Kappa	Lambda	My	Ny	Xi	Omikron	Pi
$P\ \rho$	$\Sigma\ \sigma$	$T\ \tau$	$Y\ \upsilon$	$\Phi\ \varphi$	$X\ \chi$	$\Psi\ \psi$	$\Omega\ \omega$
Rho	Sigma	Tau	Ypsilon	Phi	Chi	Psi	Omega

Römische Zahlen

I	II	III	IV	V	VI	VII	VIII	IX	X
1	2	3	4	5	6	7	8	9	10
XI	XII	XIII	XIV	XV	XVI	XVII	XVIII	XIX	XX
11	12	13	14	15	16	17	18	19	20
XXI	XXX	XL	L	LX	LXX	LXXX	XC	IC	C
21	30	40	50	60	70	80	90	99	100
CI	CC	CCC	CD	D	DC	DCC	DCCC	CM	M
101	200	300	400	500	600	700	800	900	1000

Umrechnung Zoll (inch)/cm

Zoll	1/16	1/8	3/16	1/4	3/8	1/2	5/8	3/4	7/8
cm	0,1585	0,3175	0,4761	0,6350	0,9525	1,2700	1,5875	1,9050	2,2225
Zoll	1	2	3	4	5	6	7	8	9
cm	2,540	5,080	7,620	10,160	12,700	15,240	17,780	20,320	22,860

Vorsätze für Einheiten

Bezeichnung	Atto	Femto	Piko	Nano	Mikro	Milli	Zenti	Dezi
Zeichen	a	f	p	n	μ	m	c	d
Faktor	10^{-18}	10^{-15}	10^{-12}	10^{-9}	10^{-6}	10^{-3}	10^{-2}	10^{-1}
Bezeichnung	Deka	Hekto	Kilo	Mega	Giga	Tera	Peta	Exa
Zeichen	da	h	k	M	G	T	P	E
Faktor	10^1	10^2	10^3	10^6	10^9	10^{12}	10^{15}	10^{18}

Umrechnung von Druck- und Spannungseinheiten

		N/mm²	N/cm²	kN/mm²	kN/cm²	kN/m²	MN/cm²	MN/m²
1 N/mm² = 1 MPa	=	1	10^2	10^{-3}	10^{-1}	10^3	10^{-4}	1
1 N/cm²	=	10^{-2}	1	10^{-5}	10^{-3}	10	10^{-6}	10^{-2}
1 kN/mm²	=	10^3	10^5	1	10^2	10^6	10^{-1}	10^3
1 kN/cm²	=	10	10^3	10^{-2}	1	10^4	10^{-3}	10
1 kN/m² = 1 kPa	=	10^{-3}	10^{-1}	10^{-6}	10^{-4}	1	10^{-7}	10^{-3}
1 MN/cm²	=	10^4	10^6	10	10^3	10^7	1	10^4
1 MN/m² = 1 MPa	=	1	10^2	10^{-3}	10^{-1}	10^3	10^{-4}	1
1 kp/mm²	=	10	10^3	10^{-2}	1	10^4	10^{-3}	10
1 kp/cm²	=	10^{-1}	10	10^{-4}	10^{-2}	10^2	10^{-5}	10^{-1}
1 Mp/cm²	=	10^2	10^4	10^{-1}	10	10^5	10^{-2}	10^2
1 Mp/m²	=	10^{-2}	1	10^{-5}	10^{-3}	10	10^{-6}	10^{-2}

Umrechnung von Krafteinheiten

		N	kN	MN	kp	Mp
1 N	=	1	10^{-3}	10^{-6}	10^{-1}	10^{-4}
1 kN	=	10^3	1	10^{-3}	10^2	10^{-1}
1 MN	=	10^6	10^3	1	10^5	10^2

Umrechnung von Zeiteinheiten

		Jahr a	Tag d	Stunde h	Minute min	Sekunde s
Jahr	a	1	365	8 760	525 600	$31{,}54 \cdot 10^6$
Tag	d	$2{,}740 \cdot 10^{-3}$	1	24	1 440	86 400
Stunde	h	$1{,}142 \cdot 10^{-4}$	$4{,}167 \cdot 10^{-2}$	1	60	3 600
Minute	min	$1{,}903 \cdot 10^{-6}$	$6{,}944 \cdot 10^{-4}$	$1{,}667 \cdot 10^{-2}$	1	60
Sekunde	s	$3{,}171 \cdot 10^{-8}$	$1{,}157 \cdot 10^{-5}$	$2{,}778 \cdot 10^{-4}$	$1{,}667 \cdot 10^{-1}$	1

Auswahl nicht genormter Einheiten

Längenmaß	m
britisches Zoll (inch)	0,0254
britischer Fuß (foot)	0,30488
britischer yard	0,914
preußischer Zoll	0,0262
bayerischer Zoll	0,29186

Längenmaß	km
Seemeile	1,85201
britische Meile (statute mile)	1,60934
russischer Werst	1.06678

Flächenmaß	m²
britischer square foot	0,093
britischer square yard	0,836
britische square mile	2 588 881
preußischer Morgen	2 553

Raummaß	m³
amerikanischer barrel	0,159
britische gallon	0,00455
britischer cubic foot	0,0283

Toleranzen im Hochbau nach DIN 18202

Tafel 12.43a: Grenzabmaße für Längen, Breiten, Achs- und Rastermaße in Grundrissen, Aufrissen und Öffnungen

Bezug	Grenzabmaße in mm bei Nennmaßen in m				
	bis 3	über 3 bis 6	über 6 bis 15	über 15 bis 30	über 30
Maße im Grundriss (Längen, Breiten, Achs- und Rastermaße)	±12	±16	±20	±24	±30
Maße im Aufriss (Geschosshöhen, Podesthöhen, Abstände von Abstandsflächen und Konsolen)	±16	±16	±20	±30	±30
Lichte Maße im Grundriss (Maße zwischen Stützen, Pfeilern usw.)	±16	±20	±24	±30	–
Lichte Maße im Aufriss (Maße unter Stützen oder Unterzügen)	±20	±20	±30	–	–
Öffnungen (Fenster, Türen, Einbauelemente)	±12	±16	–	–	–
Öffnungen mit oberflächenfertigen Leibungen	±10	±12	–	–	–

Tafel 12.43b: Ebenheitstoleranzen

Bezug	Stichmaße als Grenzwerte in mm bei Messpunktabständen in m bis				
	0,1	1	4	10	≥15
Nichtflächenfertige Oberflächen von Decken, Unterbeton und Unterböden	10	15	20	25	30
Nichtflächenfertige Oberseiten von Decken, Unterbeton und Unterböden mit erhöhten Anforderungen, z.B. zur Aufnahme von schwimmenden Estrichen, Industrieböden, Fliesen- und Plattenbelägen, Verbundestrichen. Fertige Oberflächen für untergeordnete Zwecke, z.B. in Lagerräumen, Kellern	5	8	12	15	20
Flächenfertige Böden, z.B. Estriche als Nutzestriche, Estriche zur Aufnahme von Bodenbelägen. Bodenbeläge, Fliesenbeläge, gespachtelte und geklebte Beläge	2	4	10	12	15
Flächenfertige Böden und Beläge mit erhöhten Anforderungen	1	3	9	12	15
Nichtflächenfertige Wände und Unterseiten von Rohdecken	5	10	15	25	30
Flächenfertige Wände und Unterseiten von Decken, z.B. geputzte Wände, Wandbekleidungen, untergehängte Decken	3	5	10	20	25
Flächenfertige Wände und Unterseiten von Decken mit erhöhten Anforderungen	2	3	8	15	20

Rau (Hrsg.)

Barrierefrei –
Bauen für die Zukunft

2008. 350 Seiten.
22,5 x 29,7 cm. Farbig. Gebunden.
EUR 69,–
ISBN 978-3-89932-095-4

Herausgeberin:
Dipl.-Ing. Ulrike Rau, Architektin,
Architekturbüro lüling rau architekten
Berlin

Autoren:
Dipl.-Ing. Eckhard Feddersen,
Architekt, Architekturbüro
Feddersen Architekten Berlin
Dipl.-Ing. Insa Lüdtke, Architekturbüro
Feddersen Architekten Berlin
Dipl.-Ing. Ulrike Rau, s.o.
Dipl.-Ing. Ursula Reinold,
Innenarchitektin, Planungsbüro für
barrierefreies Bauen und Wohnen Berlin
Dipl.-Ing. Harms Wulf,
Landschaftsarchitekten Berlin

Interessenten:
Nutzer, Betreiber, Behörden, Planer,
Studenten

Barrierefrei Bauen, „Universal Design" oder „Design for all" – Begriffe, die sich weltweit durchgesetzt haben. Das Ziel ist die integrative Nutzung: Bauen für ALLE an Stelle spezieller, separierender Lösungen für Menschen mit Behinderungen bzw. Fähigkeitseinschränkungen.

Im vorliegenden Buch werden Planungsgrundlagen und im Einzelfall konkret umgesetzte Maßnahmen aufgezeigt. Sie veranschaulichen, wie Barrieren im Voraus vermieden oder bei Bestandsbauten reduziert bzw. abgebrochen werden können.

Aus dem Inhalt
- Mensch und Mobilität – Allgemeine Anforderungen:
  2-Sinne-Prinzip, Visuelle Gestaltung, Taktile Gestaltung, Auditive Gestaltung, Anthropometrie und Ergonomie
- Allgemeine Bauteile:
  Eingang, Türen, Treppen, Rampen, Aufzüge, Fenster, Parkplätze
- Öffentlich zugängliche Gebäude:
  Service, Erschließung, WC-Anlagen, Einrichtung, Verkauf, Gastronomie, Beherbergung, Veranstaltung, Sport
- Wohnen:
  Integration statt Ausgrenzung, Eingang, Treppe, Aufzug, Wohnung, Fenster, Freisitz, Bäder, Sanitärobjekte, Küchen, Einbaugeräte
- Wohnen im Alter:
  Wohnen mit Service, Wohngruppen, Heime, Außenanlagen für Senioren
- Anhang:
  Gesetze und Verordnungen, Fördermöglichkeiten

Bauwerk www.bauwerk-verlag.de

13 Anhang

Inhaltsverzeichnis

Literaturhinweise 13.2

Normen 13.17

Stichwortverzeichnis 13.33

13 Anhang

Literaturhinweise

Zu Kapitel 1A Baustoffe

[Dehn/König/Marzahn 03] Dehn, F.; König, G.; Marzahn, G.: Konstruktionswerkstoffe im Bauwesen. Ernst & Sohn, Berlin 2003.
[Ettel 06] Ettel, W.-P.: Baustoffe gestern und heute, Bauwerk Verlag Berlin, 2006.
[Scholz/ Hiese 07] Scholz, W.; Knoblauch, H.; Hiese, W.: Baustoffkenntnis. 16. Auflage 2007. Werner Verlag, Düsseldorf.

Zu Kapitel 1B Bauschadensvermeidung

[Künzel 73] Künzel, H.: Die thermische Beanspruchung von Fassadenoberflächen. Das Baugewerbe, Heft 7, 1973
[Künzel 74] Künzel, H.: Außenseitige Dämmung und Witterungsschutz. Mitteilung 8 des Instituts für Bauphysik der Fraunhofer-Gesellschaft ,Stuttgart 1974.
[Schlolz/Hiese 07] Scholz, W.; Knoblauch, H.; Hiese, W.: Baustoffkenntnis. 16. Auflage 2007. Werner Verlag, Düsseldorf..
[Stark 97] Stark, J.; Krug, H.: Baustoffkenngrößen. Schriften der Bauhaus-Universität Weimar 1997.
[WTA-Merkblatt 2-4-94] Beurteilung und Instandsetzung gerissener Putze an Fassaden, Wissenschaftlich-Technische Arbeitsgemeinschaft für Bauwerkserhaltung und Denkmalpflege e. V., Baierbrunn 1995.
[3. Bauschadensbericht] Dritter Bericht über Schäden an Gebäuden. Bundesministerium für Raumordnung, Bauwesen und Städtebau 1996.
[Schneider/Sahner/Rast] Schneider, K.-J.; Sahner, G.; Rast, R.: Mauerwerksbau aktuell – Praxishandbuch 2009, Bauwerk Verlag, Berlin 2009.
[Reul 07] Reul, H.: Handbuch Bautenschutz und Bausanierung, Verlagsgesellschaft Rudolf Müller, Köln 2007.

Zu Kapitel 2A Baukonstruktion Neubau

[Achtziger 01] Achtziger, J.; Pfeifer, G.; Ramcke, R.; Zilch, K.: Mauerwerk Atlas; Neuausgabe. Birkhäuser Verlag, 2001.
[Balkow 98] Balkow, D.; Schittich, C.; Schuler, M.; Sobek, W.; Staib, G.: Glasbau Atlas. Birkhäuser Verlag, 1998.
[Barthel 01] Barthel, R.; Kießl, K.; Oster, H.-J.; Schunck, E.: Dachatlas geneigte Dächer. Birkhäuser Verlag, 2001.
[Becker 96] Becker, K.; Pfau, J.; Tichelmann, K.: Trockenbau Atlas - Grundlagen, Einsatzbereiche, Konstruktionen, Details; 1. Auflage. R. Müller-Verlag, 1996.
[Belz 96] Belz, W.; Gösele, K.; Hoffmann, W.; Jenisch, R.: Mauerwerk Atlas; 4. durchgesehene Auflage. R. Müller-Verlag, 1996.
[Brandt 02] Brandt, J.; Kauhsen, B.; Kind-Barkauskas, F.; Polónyi, S.: Beton Atlas; Neuausgabe. Birkhäuser Verlag, 2002.
[von Busse 00] von Busse, H.; Grimme, R.; Mertins, J.; Waubke, N.: Atlas Flache Dächer. Birkhäuser Verlag, 2000.
[Cziesielski 97] Cziesielski, E. (Hrsg.): Lehrbuch der Hochbaukonstruktionen; 3. Auflage. B.G. Teubner Verlag, 1997.
[Cziesielski 01] Cziesielski, E.: Lufsky Bauwerksabdichtung; 5. Auflage. B.G. Teubner Verlag, 2001.
[Dierks 01] Dierks, K.; Schneider, K.-J.; Wormuth, R. (Hrsg.): Baukonstruktion; 5. Auflage. Werner Verlag, 2001.
[Habermann 01] Habermann, K.; Schulitz, H.; Sobek, W.: Stahlbau Atlas; Neufassung. Birkhäuser Verlag, 2001.

Literaturhinweise

[Habermann 02]	Habermann, K.: Treppen. Birkhäuser Verlag, 2002.
[Hart 95]	Hart, F.; Henn, W.; Sontag, H.: Stahlbau Atlas, Geschossbauten; 2. Auflage. R. Müller-Verlag, 1995.
[Herzog 03]	Herzog, T.; Natterer, J.; Schweitzer, R.; Volz, M.; Winter, W.: Holzbau Atlas. Birkhäuser Verlag, 2003.
[Kuhlmann 02]	Kuhlmann, U.: Stahlbau-Kalender 2002. Ernst & Sohn Verlag, 2002.
[Mönck 98]	Mönck, W.: Holzbau Bemessung und Konstruktion unter Beachtung von Eurocode 5; 13. vollständig und neu gefasste Auflage. Verlag für Bauwesen, 1998.
[Neumann 01]	Neumann, D.; Weinbrenner, U.: Frick/Knöll, Baukonstruktionslehre 2; 31. Auflage. B.G. Teubner Verlag, 2001.
[Neumann 02]	Neumann, D.; Weinbrenner, U.: Frick/Knöll, Baukonstruktionslehre 1; 33. Auflage. B.G. Teubner Verlag, 2002.
[Neumann 04]	Neumann, D.; Weinbrenner, U.; Hestermann, U.; Rongen, L.: Frick/Knöll, Baukonstruktionslehre 2; 32. Auflage. B.G. Teubner Verlag, 2004.
[Nutsch 00]	Nutsch, W.: Handbuch der Konstruktion: Innenausbau. Deutsche Verlags-Anstalt, 2000.
[Rybicki 92]	Rybicki, R.: Faustformeln und Faustwerte für Konstruktionen im Hochbau, Teil 1: Geschoßbauten. Werner-Verlag, 1992.
[Schmitt 01]	Schmitt, H.; Heene, A.: Hochbaukonstruktion; 15. Auflage. Vieweg, 2001.
[Schneider 04]	Schneider, K.-J.; Volz, H.: Entwurfshilfen für Architekten und Bauingenieure. Bauwerk Verlag, 2004.
[Unger 00]	Unger, A.: Fußboden Atlas; 1. Auflage. QUO-VADO-Verlag, 2000.

Zu Kapitel 2B Baukonstruktion Altbau

[Ahnert/Krause 00]	Ahnert, R.; Krause, K.-H.: Typische Baukonstruktionen von 1860 bis 1960, Band I, Verlag für Bauwesen, 6. Auflage, 2000.
[Ahnert/Krause 01]	Ahnert, R.; Krause, K.-H.: Typische Baukonstruktionen von 1860 bis 1960, Band II, Verlag für Bauwesen, 6. Auflage, 2001.
[Ahnert/Krause 02]	Ahnert, R.; Krause, K.-H.: Typische Baukonstruktionen von 1860 bis 1960, Band III, Verlag für Bauwesen, 6. Auflage, 2002.
[Bargmann 01]	Bargmann, H.: Historische Bautabellen, Werner Verlag, 3. Auflage, 2001.
[Becker 24]	Becker, W.: Maurer- und Steinhauerarbeiten, Walter de Gruyter & Co., 2. Auflage, 1924.
[Bedal 95]	Bedal, K.: Historische Hausforschung, Fränkisches Freilandmuseum, 2. Auflage, 1995.
[Böttcher 00]	Böttcher, D.: Erhaltung und Umbau historischer Tragwerke, Ernst & Sohn, 2000.
[Daub 1922]	Daub, H.: Hochbaukunde, I. Band, Verlag Franz Deuticke, 4. Auflage, 1922.
[Deutschmann 1959]	Deutschmann, E.: Lausitzer Holzbaukunst, Domowina Verlag, 1959.
[Fiedler 1903]	Fiedler, W.: Das Fachwerkhaus, Verlag von Ernst Wasmuth, 1903.
[Frick/Knöll 1/1923]	Frick, O.; Knöll, K.: Baukonstruktionslehre, Erster Teil, B. G. Teubner, 9. Auflage, 1923.
[Frick/Knöll 2/1923]	Frick, O.; Knöll, K.: Baukonstruktionslehre, Zweiter Teil, B. G. Teubner, 8. Auflage, 1923.
[Gilly 1800]	Gilly, D.: Handbuch der Land-Bau-Kunst, Band 1 und 2, 2. Aufl., Friedrich Vieweg, 1800.
[Jöndl 1840]	Jöndl, J. P.: Unterricht in der Land-Bau-Kunst, Gottlieb Haase Söhne, 1840.

[Manega 1871]	Manega, R.: Die Anlage von Arbeiterwohnungen, Verlag Bernhard Friedrich Voigt, 1., Auflage, 1871.
[Schmidt/Ebinghaus 1930]	Schmidt, P.; Ebinghaus, H.: Handbuch des Hochbaues, Heinrich Killinger Verlagsgesellschaft, 6. Auflage, 1930.
[Stark/Wicht 98]	Stark, J.; Wicht, B.: Geschichte der Baustoffe, Bauverlag, 1998.
[Straub 96]	Straub, H.; Zimmermann, P.: Die Geschichte der Bauingenieurkunst, Birkhäuser Verlag, 4. Auflage, 1996.
[Usemann 97]	Usemann, K. W.: Geschichte der Baukonstruktionen. In: Cziesielski: Lehrbuch der Hochbaukonstruktionen, B. G. Teubner, 3. Auflage, 1997.
[Warth 1903]	Warth, O.: Die Konstruktionen in Stein, J. M. Gebhardt's Verlag, 7. Auflage, 1903.
[Wiel/Deutschmann 55]	Wiel, L.; Deutschmann, E.: Baukonstruktionen, B. G. Teubner Verlagsgesellschaft, 1955.

Zu Kapitel 2D Glasbau

[Petzold 90]	Petzold, A.: Der Baustoff Glas, Verlag für Bauwesen und Verlag Karl Hofmann, 1990.
[Schittich 06]	Schittich, C.: Glasbau Atlas, 2. Auflage. Birkhäuser Verlag, 2006.
[Sedlacek 99]	Sedlacek, G.: Glas im Konstruktiven Ingenieurbau. Ernst & Sohn Verlag, 1999.
[Siebert 01]	Siebert, G.: Entwurf und Bemessung von tragenden Bauteilen aus Glas. Ernst & Sohn Verlag, 2001.
[Wörner 1/01]	Wörner, J.-D.: Glasbau, Grundlagen, Berechnung, Konstruktion. Springer-Verlag, 2001.
[Wörner 2/01]	Wörner, J.-D.: Konstruktiver Glasbau. In: Beton-Kalender 2001. Ernst & Sohn Verlag, 2001.
[Knaack 98]	Knaack, U.: Konstruktiver Glasbau. Köln: Verlagsgesellschaft Rudolf Müller, 1998.
[Knaack 00]	Knaack, U.; Führer, W.; Wurm, J.: Konstruktiver Glasbau 2. Köln: Verlagsgesellschaft Rudolf Müller, 2000.
[Weller 08]	Weller, B.; Härth, K.; Tasche, S.; Unnewehr, S.: Konstruktiver Glasbau. Grundlagen, Anwendung, Beispiele. München: Institut für internationale Architektur-Dokumentation, 2008.
[Weller 09]	Weller, B; Nicklisch, F.; Thieme, S.; Weimar, T.: Glasbau-Praxis. Konstruktion und Bemessung. Berlin: Bauwerk, 2009.
[Wörner 01/1]	Wörner, J.-D.; Schneider, J.; Fink, A.: Glasbau. Grundlagen, Berechnung, Konstruktion. Berlin: Springer, 2001.
[Wurm 07]	Wurm, J.: Glas als Tragwerk. Entwurf und Konstruktion selbsttragender Hüllen. Basel: Birkhäuser, 2007.
[BauPG 1998]	Bauproduktengesetz. Fassung April 1998. In: Bundesgesetzblatt Teil I, Jahrgang 1998, Nummer 25. Bonn: Bundesanzeiger Verlag 1998.
[BRL 2008]	Bauregelliste A, Bauregelliste B und Liste C. Ausgabe 2008/1. DIBt Mitteilungen, Sonderheft 36. Berlin: Ernst & Sohn 2008.
[ETAG 002-1 1999]	ETAG 002, Teil 1, Leitlinie für die Europäische Technische Zulassung für geklebte Glaskonstruktionen (Structural Sealant Glazing Systems – SSGS), Teil 1: Gestützte und ungestützte Systeme. In: Bundesanzeiger, Nummer 92a. Berlin: Bundesanzeiger Verlag 1999.

Literaturhinweise

[ETAG 002-2 2002] ETAG 002, Teil 2, Leitlinie für die Europäische Technische Zulassung für geklebte Glaskonstruktionen (Structural Sealant Glazing Systems – SSGS), Teil 2: Beschichtete Aluminium-Systeme. In: Bundesanzeiger, Nummer 132a. Berlin: Bundesanzeiger Verlag 2002.

[ETAG 002-3 2003] ETAG 002, Teil 3, Leitlinie für die Europäische Technische Zulassung für geklebte Glaskonstruktionen (Structural Sealant Glazing Systems – SSGS), Teil 3: Systeme mit thermisch getrennten Profilen. In: Bundesanzeiger, Nummer 105a. Berlin: Bundesanzeiger Verlag 2003.

[GS-BAU-18 2001] Grundsätze für die Prüfung und Zertifizierung der bedingten Betretbarkeit oder Durchsturzsicherheit von Bauteilen bei Bau- oder Instandsetzungsarbeiten. Ausgabe Februar 2001. Hauptverband der gewerblichen Berufsgenossenschaften. Frankfurt am Main 2001.

[MBO 2002] Musterbauordnung (MBO). Fassung November 2002. Berlin: Informationssystem Bauministerkonferenz 2002.

[MLTB 2008-02] Muster-Liste der Technischen Baubestimmungen (MLTB). Fassung Februar 2008. Berlin: Informationssystem Bauministerkonferenz 2008.

Zu Kapitel 2E Befestigungstechnik

[Bergmeister 03] Bergmeister, K.: Richtlinie über Befestigungen, Autonome Provinz Bozen 2003.

[DIBt 97] Deutsches Institut für Bautechnik: Guideline for European Technical Approval of Metal Anchors for Use in Concrete, Sonderheft Nr. 16, Berlin 1997.

[DIBt 03] Deutsches Institut für Bautechnik: Technische Regeln für die Verwendung von absturzsichernden Verglasungen (TRAV), Fassung Januar 2003.

[Eligehausen 00] Eligehausen, R.; Mallée, R.: Befestigungstechnik im Beton- und Mauerwerksbau, Bauingenieur-Praxis. Ernst & Sohn Verlag, Berlin 2000.

[Grübl 01] Grübl, P.; Weigler, H.; Karl, S.: Beton-Arten, Herstellung und Eigenschaften, Ernst & Sohn Verlag. Berlin 2001.

[Stein 00] Stein, A.: Fassaden aus Natur- und Betonwerkstein – Konstruktion und Bemessung nach DIN 18516, Callwey, München 2000.

Zu Kapitel 3A Bauphysik

[Bauregelliste A] Hrsg. Deutsches Institut für Bautechnik, Berlin.

[FluglärmG] Gesetz zum Schutz gegen Fluglärm vom 30. März 1971, zuletzt geändert am 29.10.2001.

[TA Lärm] Technische Anleitung zum Schutz gegen Lärm, Sechste Allgemeine Verwaltungsvorschrift zum Bundes-Immissionsschutzgesetz vom 11.08.1998.

Zu Kapitel 3B EnEV 2009

[Schoch 01] Schoch, T: Neue Energieeinsparverordnung (EnEV) Kompaktdarstellung 40 Praxisbeispiele zur Berechnung des Primärenergiebedarfs, Band 1: Wohnungsbau, Bauwerk Verlag, Berlin, 2001.

[Schoch 02] Schoch, T: Neue Energieeinsparverordnung (EnEV), Kompaktdarstellung Praxisbeispiele, Band 2: Nichtwohnbau, Bauwerk Verlag, Berlin, 2002.

13 Anhang

[Schoch 04]	Schoch, T: Neue Energieeinsparverordnung (EnEV), mit komplett durchgerechneten Praxisbeispielen, Band 3: Altbauten, Bauwerk Verlag, Berlin 2004.
[Schoch 05]	Schoch, T: Neuer Wärmebrückenkatalog – Beispiele und Erläuterungen nach neuer DIN 4108, Bbl. 2, Bauwerk Verlag Berlin, 2008.
[Schoch 09]	Schoch, T.: EnEV 2009 und DIN V 18599 Nichtwohnbau – Kompaktdarstellung, Praxiskommentar, Praxisbeispiele, Bauwerk Verlag Berlin, 2009.

Zu Kapitel 3C Bautechnischer Brandschutz

[Bock 06]	Bock, H.M.; Klement, E.: Brandschutz-Praxis für Architekten und Ingenieure, Bauwerk Verlag, 2. Auflage 2006.
[Fouad/Schwedler 06]	Fouad N.; Schwedler, A.: Brandschutz-Bemessung auf einen Blick nach DIN 4102, Bauwerk Verlag Berlin, 2006
[Grasser 94]	Grasser, E.: Bemessung von Stahlbetonbauteilen. In Eibl, J. (Hrsg.): Beton-Kalender 1994 Teil I. Ernst & Sohn Verlag, 1994.
[Hass 89]	Hass, R.; Meyer-Ottens, C.; Quast, U.: Verbundbau Brandschutz Handbuch. Ernst & Sohn Verlag, 1989.
[Hass 93]	Hass, R.; Meyer-Ottens, C.; Richter, E.: Stahlbau Brandschutz Handbuch. Ernst & Sohn Verlag GmbH, 1993.
[Hosser 00]	Hosser, D.: Brandschutz in Europa, Beuth-Kommentare, Beuth Verlag, 1. Auflage 2000.
[Hosser 09]	Hosser, D.; Richter, E.; Hollmann, D.: Entwicklung eines vereinfachten Rechenverfahrens zum Nachweis des konstruktiven Brandschutzes bei Stahlbeton-Kragstützen. Forschungsvorhaben im Auftrag des Deutschen Ausschusses für Stahlbeton (DAfStb). Institut für Baustoffe, Massivbau und Brandschutz der Technischen Universität Braunschweig, März 2009.
[Klingsohr 02]	Klingsohr, K.; Messerer, J.: Vorbeugender baulicher Brandschutz, Kohlhammer Verlag, 6. überarbeitete Auflage, 2002.
[Kordina 81]	Kordina, K.; Meyer-Ottens, C.: Beton Brandschutz Handbuch. 1. Auflage, Beton-Verlag GmbH, 1981. 2. Auflage, Verlag Bau+Technik, 1999.
[Kordina 94]	Kordina, K.; Meyer-Ottens, C.: Holz Brandschutz Handbuch, 2. Auflage. Deutsche Gesellschaft für Holzforschung e.V. 1994.
[Peter 03]	Peter, M.; Kubowitz, P.: Brandverhalten von Holzbauteilen, Fortschreibung der DIN 4102-4 und des Eurocodes. Braunschweiger Brandschutz-Tage '03. Institut für Baustoffe, Massivbau und Brandschutz der Technischen Universität Braunschweig, Heft 168, 2003.
[Richter 02]	Richter, E.; Hosser, D.: Brandverhalten von Beton-, Stahlbeton- und Spannbetonbauteilen nach deutschen und europäischen Normen. Bauingenieur, Band 77, Juli/August 2002.
[Richter 03]	Richter, E.: Brandverhalten von Stahlbeton- und Spannbetonbauteilen, Fortschreibung der DIN 4102-4 und des Eurocodes. Braunschweiger Brandschutz-Tage '03. Institut für Baustoffe, Massivbau und Brandschutz der Technischen Universität Braunschweig, Heft 168, 2003.
[Scheer 98]	Scheer, C.; Povel, D.: Brandschutzbemessung im Holzbau. Beuth-Kommentare Brandschutz in Europa – Bemessung nach Eurocode. Beuth Verlag, 1998.
[Schneider 02]	Schneider, U.: Ingenieurmethoden im baulichen Brandschutz, expert Verlag (Band 531), 2. Auflage 2002.

Literaturhinweise

[Schneider/Horvath 06] Schneider, U.; Horvath, A.: Brandschutz-Praxis in Tunnelbauten, Bauwerk Verlag Berlin, 2006.
[Stahlbaukalender] Deutscher Stahlbau-Verband, Köln. Jährliche Neuerscheinung.
[Zilch 02] Zilch, K.; Rogge, A.: Bemessung der Stahlbeton- und Spannbetonbauteile nach DIN 1045-1. In Eibl, J. (Hrsg.): Beton-Kalender 2002 Teil I. Ernst & Sohn Verlag, 2002.

Zu Kapitel 5B HOAI

[Wiemut 09] Wiemuth, St.: HOAI Texte – Tafeln – Fakten, Bauwerk Verlag Berlin, 2009
[Meyer-Abich 03] Meyer-Abich, H.: Fallen in der Baukosten-Praxis von A – Z, Bauerk Verlag, Berlin 2003.
[Lederer 05] Lederer, M.-M.: Honorarmanagement bei Architekten- und Ingenieurverträgen, 2. Auflage. Bauwerk Verlag Berlin, 2005.

Zu Kapitel 7A Baustatik

[Mann 85] Mann, W.: Tragwerkslehre in Anschauungsmodellen. Teubner Verlag, 1985.
[Mann 97] Mann, W.: Vorlesungen über Statik und Festigkeitslehre. 2. Auflage, Teubner Verlag, 1997.
[Rubin/Schneider 02] Rubin, H., Schneider, K.-J.: Baustatik - Theorie I. und II. Ordnung. WIT, 4. Auflage, Werner Verlag, 2002.
[Rubin/Schneider 06] Rubin, H., Schneider, K.-J.: Baustatik. In: Bautabellen für Ingenieure, 15. Auflage, Werner-Verlag, 2006.
[Schneider/Schmidt-Gönner 05] Schneider, K.-J.; Schmidt-Gönner, G.: Baustatik – Zahlenbeispiele, 2. Auflage, Bauwerk Verlag 2005.
[Schneider/Schweda 99] Schneider, K.-J., Schweda, E.: Baustatik - Statisch bestimmte Systeme. WIT, 5. Auflage, Werner Verlag, 1999.
[Schneider/Schweda 07] Schneider, K.-J., Schweda, E.: Baustatik kompakt, Bauwerk Verlag Berlin, 2007.
[Widjaja 06] Widjaja, E.: Baustatik – einfach und anschaulich, Bauwerk Verlag Berlin, 2006.

Zu Kapitel 7B Seil- und Membrantragwerke

[Agyris 86] Agyris, J., Mlejnek, H-P.: Die Methode der finiten Elemente in der elementaren Strukturmechanik, Band 1. Vieweg & Sohn, Braunschweig/ Wiesbaden, 1986.
[Bletzinger 00] Bletzinger, K-U., Ziegler, R.: Theoretische Grundlagen der numerischen Formfindung von Membrantragwerken und Minimalflächen. Beton-Kalender 2000, Ernst & Sohn, Berlin, S. 441 – 456.
[Blum 85] Blum, R.: Beitrag zur nichtlinearen Membrantheorie. SFB 64 Weitgespannte Flächentragwerke, Universität Stuttgart, Mitteilungen 73/1985, Werner-Verlag, Düsseldorf, 1974.
[Linkwitz 71] Linkwitz, K. and Schek, H.-J., (1971), ‚Einige Bemerkungen zur Berechnung von vorgespannten Seilnetzkonstruktionen,' Ingenieur-Archiv 40, 145-158.
[Schek 74:] Schek, H.-J., (1974), 'The force density method for form finding and computation of general networks,' Computer Methods in Applied Mechanics and Engineering 3, 115-134.
[Singer 95] Singer, P.: Die Berechnung von Minimalflächen, Seifenblasen, Membranen und Pneus aus geodätischer Sicht. Dissertation, Universität Stuttgart, Deutsche Geodätische Kommission – Reihe C, Heft Nr. 448, München 1995, Bayerische Akademie der Wissenschaften.

[Ströbel 97]	Ströbel, D.: Die Anwendung der Ausgleichungsrechnung auf elastomechanische Systeme. Dissertation, Universität Stuttgart, Deutsche Geodätische Kommission – Reihe C, Heft Nr. 478, München 1997, Bayerische Akademie der Wissenschaften.
[Wagner 01]	Wagner, R., Raible, T.: Wann trägt Luft wirklich? Bauen mit Textilien, Heft 3, September 2000, S. 4 – 15.

Zu Kapitel 7C Vorbemessung

[Bucak 99]	Bucak, Ö.: Glas im konstruktiven Ingenieurbau. Im Stahlbaukalender 1999. Ernst& Sohn Verlag, Berlin 1999.
[Eggen 96]	Eggen, A.P.; Sandaker, B.N.: Stahl in der Architektur. Deutsche Verlags-Anstalt Stuttgart 1996.
[Hampe 85]	Büttner, O.; Hampe, E.: Bauwerk Tragwerk Tragstruktur. Ernst & Sohn Verlag, Berlin 1985.
[Leicher 02]	Leicher, Gottfried W.: Tragwerkslehre in Beispielen und Zeichnungen. WernerVerlag GmbH, Düsseldorf 2002.
[Natterer 91]	Natterer, J.; Herzog, T.; Volz, M.: Holzbau Atlas Zwei. Arbeitsgemeinschaft Holz e.V. und Institut für internationale Architektur-Dokumentation, München 1991.
[Rickenstorf 89]	Rickenstorf, G.; Berndt, E.: Tragwerke für Hochbauten. BSB B.G. Teubner Verlagsgesellschaft, Leipzig 1989.
[Rybicki 88]	Rybicki, R.: Faustformeln und Faustwerte für Konstruktionen im Hochbau. Werner-Verlag, Düsseldorf 1988.
[Schlaich 96]	Schlaich, J.; Heinle, E.: Kuppeln –alle Zeiten- alle Kulturen. Deutsche Verlag-Anstalt, Stuttgart 1996.
[Schneider 01]	Schneider, Klaus-Jürgen: Baustellen-Tafeln. Bauwerk Verlag GmbH, Berlin 2001.

Zu Kapitel 7D Aussteifung von Bauwerken

[Ackermann 83]	Ackermann, K.; Schlaich, J.: Eislaufhalle Olympiapark München. Institut für internationale Architektur-Dokumentation GmbH, München 1983.
[Ban 01]	Ban, S.: SHIGERU BAN. Laurence King Publishing, London 2001.
[Ching 96]	Ching, Francis D.K.: Bildlexikon der Architektur. Campus Verlag, Frankfurt / New York 1996.
[Dierks 02]	Dierks, K.; Schneider, K.-J.; Wormuth, R.: Baukonstruktion. Werner Verlag, Düsseldorf 2002.
[Dubas 88]	Dubas, P.; Gehri, E.: Stahlhochbau. Springer-Verlag, Berlin, Heidelberg, New York, London, Paris, Tokyo 1988.
[Eisele 02]	Eisele, J.; Kloft, E.: Hochhaus-Atlas. Callwey Verlag, München 2002.
[Grimm 99]	Grimm, F.: Hallen aus Stahl. Dokumentation 534, Herausgeber: Stahl-Informations-Zentrum, Düsseldorf 1997.
[Hampe 85]	Büttner, O.; Hampe, E.: Bauwerk Tragwerk Tragstruktur. Ernst & Sohn Verlag, Berlin 1985.
[Heizel 91]	Heizel, M.: High-Rise Building. Verlag- Europrofil Tecom, München 1991.
[Herget 93]	Herget, H.: Tragwerkslehre. B.G. Teubner Stuttgart 1992.
[König 01]	König, K.; Graubner, Carl-Alexander: Tendenzen im Hochhausbau. Internationale Konferenz in Frankfurt am Main 2001.
[Leicher 02]	Leicher, Gottfried W.: Tragwerkslehre in Beispielen und Zeichnungen. Werner Verlag GmbH, Düsseldorf 2002.
[Natterer 91]	Natterer, J.; Herzog, T.; Volz, M.: Holzbau Atlas Zwei. Arbeitsgemeinschaft Holz e.V. und Institut für internationale Architektur-Dokumentation, München 1991.

[Phocas 01]	Phocas, Marios C.: Tragwerke für den Hochhausbau. Ernst & Sohn Verlag, Berlin 2001.
[Rüter 97]	Rüter, E.: Bauen mit Stahl. Springer-Verlag, Berlin, Heidelberg, New York 1997.
[Schneider 01]	Schneider, Klaus-Jürgen: Baustellen-Tafeln. Bauwerk Verlag GmbH, Berlin 2001.
[Schodek 01]	Schodek, Daniel L.: Structures. Prentice-Hall 2001.
[Schueller 96]	Schueller, W.: The Design of Building Structures. Prentice-Hall 1996.
[Seegy 80]	Seegy, R. : Beitrag zur Didaktik auf dem Gebiet der Tragwerkslehre für Architekturstudenten. Institut für Tragkonstruktionen und konstruktives Entwerfen, Universität Stuttgart 1977.
[Steinle 88]	Steinle, A.; Hahn, V.: Bauen mit Betonfertigteilen im Hochbau. Beton-Kalender 1988. Ernst & Sohn Verlag, Berlin 1988.
[Tietge 92]	Tietge, H.W.; Widjaja, E.: Entwerfen von Tragkonstruktionen. Manuskript TU – Berlin 1992.
[Widjaja 99]	Widjaja, E.: Bauwerksfugen. Manuskript TU - Berlin 1999.

Zu Kapitel 8A, 8B und 8C Beton und Stahlbetonbau

[Avak/Glaser 07]	Avak, R.; Glaser, R.: Spannbetonbau, 2. Auflage, Bauwerk Verlag, Berlin 2007.
[DAfStb Heft 240]	Deutscher Ausschuss für Stahlbeton, Heft 240, Hilfsmittel zur Berechnung von Schnittgrößen und Formänderungen von Stahlbetontragwerken, 2.Aufl. Verlag Ernst & Sohn, Berlin 1978.
[DAfStb Heft 425]	Deutscher Ausschuss für Stahlbeton, Heft 425, Bemessungs-hilfsmittel zu Eurocode 2 Teil 1, Planung von Stahlbeton- und Spannbetontragwerken. Verlag Ernst & Sohn, Berlin 1992.
[DAfStb Heft 525]	Deutscher Ausschuss für Stahlbeton, Heft 525, Erläuterungen zu DIN 1045-1. Beuth Verlag, Berlin 2003.
[Goris 04]	Goris, A.: Stahlbetonpraxis nach DIN 1045 neu. Band 1: Grundlagen – Bemessung – Beispiele. 2.Auflage, Bauwerk Verlag Berlin, 2004.
[Goris 06]	Goris, A.: Stahlbetonpraxis nach DIN 1045 neu. Band 2: Bewehrung – Konstruktion – Beispiele, 2. Auflage. Bauwerk Verlag, Berlin 2006.
[Krüger/Mertzsch 03]	Krüger, W.; Mertzsch, O.: Spannbetonbau-Praxis. Bauwerk Verlag, Berlin 2003.
[Minnert 07]	Minnert, J.: Stahlbeton-Projekt – 5-geschossiges Büro- u. Geschäftshaus, 2. Auflage, Bauwerk Verlag Berlin, 2007
[Pieper/Martens 66]	Pieper, K.; Martens, P.: Näherungsberechnung vierseitig gestützter durchlaufender Platten im Hochbau, Beton und Stahlbetonbau 6/1966 und 6/1967, Verlag Ernst & Sohn, Berlin.
[Wommelsdorf 05]	Wommelsdorff, O.: Stahlbetonbau, Bemessung und Konstruktion. Teil 1: Grundlagen, Biegebeanspruchte Bauteile. 8. Auflage, Werner Verlag, Düsseldorf 2005.

Zu Kapitel 8D Stahlbau

[Kahlmeyer u.a. 03]	Kahlmeyer, E.; Hebestreit, K.; Vogt, W.: Stahlbau nach DIN 18800(11.90). Werner-Verlag Düsseldorf, 2003.
[Hünersen 2001]	Hünersen, G., Fritzsche, E.: Stahlbau in Beispielen. Berechnungspraxis nach DIN 18800-1 bis -3. Werner-Verlag Düsseldorf, 2001.
[Krüger 02]	Krüger, U.: Stahlbau Teil 1. Grundlagen. Verlag Ernst und Sohn, Berlin 2002.

13 Anhang

[Krüger 03]   Krüger, U.: Stahlbau Teil 2. Stabilitätslehre, Stahlhochbau und Industriebau. Verlag Ernst und Sohn, Berlin 2003.
[Lohse 02]   Lohse, W.: Stahlbau 1. Teubner-Verlag Stuttgart, 2002
[Thiel/Lohse 05]   Thiele, A, Lohse, W.: Stahlbau 2. Teubner-Verlag Stuttgart 2005
[Petersen 01]:   Petersen, C.: Stahlbau. Vieweg-Verlag Braunschweig, 1993/2001.
[Schneider-Bürger 04]   Schneider-Bürger, M.: Stahlbau-Profile, Verlag Stahleisen Düsseldorf, 2004.
[Wagenknecht 05]   Wagenknecht, G.: Stahlbau-Praxis. Mit Berechnungsbeispielen. Band 1, 3. Auflage. Tragwerksplanung-Grundlagen. Bauwerk Verlag Berlin, 2009.
[Wagenknecht 05]   Wagenknecht, G.: Stahlbau-Praxis mit Berechnungsbeispielen. Band 2, 2. Auflage. Verbindungen und Konstruktion. Bauwerk-Verlag Berlin, 2009..

Zu Kapitel 9A und 9B Holzbau

[Glos/Petrik/Radovic/Winter 97]   Glos; P.; Petrik, H.; Radovic, B./Winter: Konstruktionsvollholz, Holzbau Handbuch, Reihe 4, Teil 2, Folge 1, Info Holz.
[Larsen/Riberholt 94]   Larsen,H.J.; Riberholt,H.: Traekonstruktioner, Beregning, SBI-Anvisning 135, Statens Byggeforskningsinstitut.
[Möller 01]   Möller: Stabilisierung biegebeanspruchter Bauteile im Holzbau - Vorschlag für ein durchgängig einheitliches Konzept, bauen mit holz 10/2001, S. 36 – 42.
[Möller 02]   Möller: Berücksichtigung der räumlichen Tragwirkung von Windverbänden veränderlicher Steifigkeit mit Hilfe ebener Ersatzsysteme, Bautechnik, 79. Jahrgang, Mai 2002, Heft 5, S. 316 – 322.
[Speich/Möller/Schelling 91]   Speich; Möller; Schelling: Zur Berechnung der Verformung von Wind- und Aussteifungsverbänden im Holzbau; Bautechnik, 68. Jahrgang, Juni 1991, Heft 6, S. 202 – 205.
[Steck/Nebgen 06]   Steck, G.; Nebgen, N.: Holzbau kompakt, Bauwerk Verlag, Berlin 2006.
[Werner/Steck 1/91]   Werner, G.; Steck, G: Holzbau Teil 1, Grundlagen WIT 48, 4. Auflage 1991, Werner Verlag, Düsseldorf.
[Werner/Steck 2/93]   Werner, G.; Steck, G: Holzbau Teil 2, Dach- und Hallentragwerke WIT 53, 4. Auflage 1993, Werner Verlag, Düsseldorf.

Zu Kapitel 9C Mauerwerksbau

[Irmschler/Schubert/Jäger 04]   Irmschler, H.-J.; Schubert, P.; Jäger, W.: Mauerwerk-Kalender 2004, Verlag Ernst & Sohn.
[Schneider/Sahner/Rast 07:   Schneider, K.-J.; Sahner, G.; Rast, R.: Mauerwerksbau aktuell, Praxishandbuch 2007, Bauwerk Verlag Berlin, 2007.
[Schubert/Schneider/Schoch 07]   Schubert, P.; Schneider, K.-J.; Schoch, T..: Mauerwerksbau-Praxis, Bauwerk Verlag Berlin, 2007.

Zu Kapitel 10A Geotechnik

[EAB – 100]   Empfehlungen des Arbeitskreises „Baugruben" auf der Grundlage des Teilsicherheitskonzeptes EAB – 100. Herausgegeben von der Deutschen Gesellschaft für Geotechnik e. V. Ernst & Sohn, 4. Auflage, Berlin 2006.
[EAU 04]   Empfehlungen des Arbeitsausschusses „Ufereinfassungen" Häfen und Wasserstraßen: EAU 2004. Herausgegeben vom Arbeitsausschuss „Ufereinfassungen" der Hafenbautech-nischen Gesellschaft e. V. und der Deutschen Gesellschaft für Geotechnik e. V. 10. Auflage, Ernst & Sohn, Berlin 2005.

Literaturhinweise

[EVB 93]	Empfehlungen „Verformungen des Baugrunds bei baulichen Anlagen" – EVB. Erarbeitet durch den Arbeitskreis „Berechnungsverfahren" der Deutschen Gesellschaft für Erd- und Grundbau e. V. Ernst & Sohn, Berlin 1993.
[Forchheimer]	Forchheimer, P.: Grundwasserspiegel bei Brunnenanlagen. Zeitschrift des österr. Ingenieur- und Architekten-Vereines, L. Jahrgang (1898) Nr. 44, Seite 629–635 und Nr. 45, Seite 645–648.
[GB1/96]	Grundbau-Taschenbuch (Herausgeber und Schriftleiter: Ulrich Smoltczyk). Teil 1, 5. Auflage, Ernst & Sohn, Berlin 1996.
[GB2/96]	Grundbau-Taschenbuch (Herausgeber und Schriftleiter: Ulrich Smoltczyk). Teil 2, 5. Auflage, Ernst & Sohn, Berlin 1996.
[GB1/01]	Grundbau-Taschenbuch (Herausgeber und Schriftleiter: Ulrich Smoltczyk). Teil 1, 6. Auflage, Ernst & Sohn, Berlin 2001.
[Herth/Arndts 94]	Herth, W.; Arndts, E.: Theorie und Praxis der Grundwasserabsenkung. 3. Auflage, Ernst & Sohn, Berlin 1994.
[Hülsdünker 64]	Hülsdünker, A.: Maximale Bodenpressung unter rechteckigen Fundamenten bei Belastung mit Momenten in beiden Achsrichtungen. Bautechnik 41 (1964), Heft 8, Seite 269.
[Kempfert/Raithel 1/07]	Kempfert, H.-G.; Raithel, M.: Grundbau, 2. Auflage, Bauwerk Verlag Berlin, 2009
[Kempfert/Raithel 2/07]	Kempfert, H.-G.; Raithel, M.: Bodenmechanik, 2. Auflage, Bauwerk Verlag Berlin, 2009
[Merkblatt 94/1]	Merkblatt für die Anwendung von Geotextilien und Geogittern im Erdbau des Straßenbaus. Ausgabe 1994, Forschungsgesellschaft für Straßen- und Verkehrswesen e. V., Arbeitsgruppe Erd- und Grundbau, Köln.
[Merkblatt 94/2]	Merkblatt über den Einfluss der Hinterfüllung auf Bauwerke. Ausgabe 1994, Forschungsgesellschaft für Straßen- und Verkehrswesen, Arbeitsgruppe Erd- und Grundbau, Köln.
[Möller 01]	Möller, G.: Geotechnik kompakt, Bodenmechanik. Bauwerk Verlag Berlin, 2006.
[Möller 08]	Möller, G.: Geotechnik-Praxis, Bodenmechanik, 2. Auflage. Bauwerk Verlag Berlin, 2008.
[Möller 06]	Möller, G.: Geotechnik kompakt, Grundbau, 2. Auflage. Bauwerk Verlag Berlin, 2006.
[Pregl 02]	Pregl, O.: Bemessung von Stützbauwerken. Handbuch der Geotechnik, Band 16, Eigenverlag des Instituts für Geotechnik, Universität für Bodenkultur Wien, Wien 2002.
[Richtlinien 87]	Richtlinien für die Anlage von Straßen, Teil: Entwässerung (RAS-Ew). Ausgabe 1987, Forschungsgesellschaft für Straßen- und Verkehrswesen, Arbeitsgruppe Erd- und Grundbau, Köln.
[Schnell/Vahland 97]	Schnell, W.; Vahland, R.: Verfahrenstechnik der Baugrundverbesserung. B. G. Teubner, Stuttgart 1997.
[Sichardt 27]	Sichardt, W.: Das Fassungsvermögen von Rohrbrunnen und seine Bedeutung für die Grundwasserabsenkung, insbesondere für größere Absenkungstiefen. Dissertation, Technische Hochschule zu Berlin, Verlagsbuchhandlung Julius Springer, Berlin 1927.
[Simmer 94]	Simmer, K.: Grundbau. Teil 1, 19. Auflage, B. G. Teubner, Stuttgart 1994.
[Sokolowskii 65]	Sokolovskii, V. V.: Statics of Granular Media. Pergamon Press, Oxford 1965.
[Weber 28]	Weber, H.: Untersuchungen über die Reichweite von Grundwasserabsenkungen mittels Rohrbrunnen. Dissertation, Technische Hochschule zu Berlin, Verlagsbuchhandlung Julius Springer, Berlin 1928.

13 Anhang

[ZTV Ew-StB 91]	Zusätzliche Technische Vertragsbedingungen und Richtlinien für den Bau von Entwässerungseinrichtungen im Straßenbau (ZTV Ew-StB 91). Ausgabe 1991, Herausgeber: Der Bundesminister für Verkehr, Abteilung Straßenbau, Forschungsgesellschaft für Straßen- und Verkehrswesen, Köln.
[ZTVE-StB 94]	Zusätzliche Technische Vertragsbedingungen und Richtlinien für Erdarbeiten im Straßenbau (ZTVE-StB 94). Ausgabe 1994, Herausgeber: Bundesministerium für Verkehr, Abteilung Straßenbau, Forschungsgesellschaft für Straßen- und Verkehrswesen, Köln.

Zu Kapitel 10B Bauvermessung

[Gelhaus/Kolouch 91]	Gelhaus, R.; Kolough, D.: Vermessungskunde für Architekten und Bauingenieure mit praktischen Anwendungen. Werner Verlag, 1991.
[Gruber 95]:	Formelsammlung für das Vermessungswesen. Ferd. Dümmlers Verlag, 1995.
[Kahmen 06]	Kahmen, H.: Angewandte Geodäsie. Vermessungskunde. Walter de Gruyter, 2006.
[Kohlrausch 51]	Kohlrausch, F.: Praktische Physik. Teubner Verlag, 1951.
[Kraus 96]	Kraus, K.: Photogrammetrie (3 Bände). Ferd. Dümmlers Verlag, 1996.
[Krenz/Osterloh 81]	Krenz, A.; Osterloh, H.: Klothoiden-Taschenbuch für Entwurf und Absteckung. Bauverlag GmbH, 1981.
[Matthews 97]	Matthews, V.: Vermessungskunde (2 Bände). B.G. Teubner, 1996 (Teil 1), 1997 (Teil 2).
[Richter 03]	Richter, R.: Bauvermessungspraxis digital Grundlagen der Bauvermessung – leicht und verständlich. Bauwerk Verlag Berlin, 2003.

Zu Kapitel 11A Verkehr

[BMV 95]	Bundesminister für Verkehr (Hrsg.): Verkehr in Zahlen 1995. Bonn, 1995.
[FGSV 88]	Forschungsgesellschaft für Straßen und Verkehrswesen: Richtlinien für die Anlage von Straßen (RAS). Teil: Richt-linien für die funktionale Gliederung des Straßennetzes (RAS–N). Ausgabe 1988. FGSV-Verlag, 1988.
[FGSV 95.2]	Forschungsgesellschaft für Straßen und Verkehrswesen: Empfehlungen für Anlagen des ruhenden Verkehrs (EAR). Berichtigter Nachdruck 1995. FGSV-Verlag, 1995.
[FGSV 96.1]	Forschungsgesellschaft für Straßen und Verkehrswesen: Richtlinien für die Anlage von Straßen (RAS). Teil: Querschnitte (RAS–Q). Ausgabe 1996. FGSV-Verlag, 1996.
[FGSV 98.1]	Forschungsgesellschaft für Straßen und Verkehrswesen: Richtlinien für die Anlage von Straßen (RAS). Teil: Linien-führung (RAS–L). Ausgabe 1995, berichtigter Nachdruck 1998. FGSV-Verlag, 1998.
[FGSV 98.2]	Forschungsgesellschaft für Straßen und Verkehrswesen: Empfehlungen für die Anlage von Hauptverkehrsstraßen (EAHV). Ausgabe 1993, berichtigter Nachdruck 1998. FGSV-Verlag, 1993/1998.
[FGSV 01.1]	Forschungsgesellschaft für Straßen und Verkehrswesen: Leitfaden für Verkehrsplanungen. FGSV-Verlag, 2001.
[FGSV 01.2]	Forschungsgesellschaft für Straßen und Verkehrswesen: Rahmenrichtlinie für die integrative Netzgestaltung (RIN). Entwurf 2001. FGSV-Verlag, o.J.

[FGSV 01.3]	Forschungsgesellschaft für Straßen und Verkehrswesen: Richtlinien für die Anlage von Straßen (RAS). Teil: Knotenpunkte (RAS–K). Abschnitt 1: Plangleiche Knotenpunkte (RAS–K–1). Ausgabe 1988, berichtigter Nachdruck 2001, mit aktuellem Beiblatt 9/2001. FGSV-Verlag, 2001.
[FGSV 01.4]	Forschungsgesellschaft für Straßen und Verkehrswesen: Handbuch für die Bemessung von Straßenverkehrsanlagen (HBS). Ausgabe 2001. FGSV-Verlag, 2001.
[FGSV 01.5]	Forschungsgesellschaft für Straßen und Verkehrswesen: Richtlinien für die Standardisierung des Oberbaues von Verkehrsflächen (RStO 01). Ausgabe 2001. FGSV-Verlag, 2001.
[Höfler 04]	Höfler, F.: Verkehrswesen Praxis. Band I – Verkehrsplanung, Bauwerk Verlag, 2004.
[Höfler 06]	Höfler, F.: Verkehrswesen Praxis. Band II – Verkehrstechnik, Bauwerk Verlag, 2006.
[ILS 95]	Institut für Landes- und Stadtentwicklungsforschung des Landes Nordrhein-Westfalen: Erschließungsprinzipien verkehrsberuhigt, autoarm und autofrei. In: Rundbrief „Autoarme Stadtquartiere". Rundbrief 2. Dortmund, 1995.
[Infas 02]	Infas – Institut für angewandte Sozialwissenschaft, DIW Deutsches Institut für Wirtschaftsforschung: Mobilität in Deutschland – KONTIV 2002. Kontinuierliche Erhebung zum Verkehrsverhalten. Bonn/Berlin, 2002.
[Schnüll 02]	Schnüll, R.: Verkehrsplanung. In: Der Elsner 2003. Handbuch für Straßen- und Verkehrswesen. Teil E, Planung und Entwurf. Elsner Verlagsgesellschaft, 2002.
[VDV 97]	Verband Deutscher Verkehrsunternehmen (Hrsg.): Busse und Bahnen. Mobilität für Menschen und Güter. Alba Fachverlag, 1997.

Zu Kapitel 11B Wasserwesen

[ATV-A118 99]	Abwassertechnische Vereinigung: Hydraulische Bemessung und Nachweis von Entwässerungssystemen, GFA-Verlag, Hennef 1999.
[ATV-DVWK-A110 01]	Abwassertechnische Vereinigung–Deutscher Verband für Wasser- und Kulturbau: Hydraulische Dimensionierung und Leistungsnachweis von Abwasserkanälen und -leitungen, GFA-Verlag, Hennef 2001.
[ATV-DVWK-A117 01]	Abwassertechnische Vereinigung–Deutscher Verband für Wasser- und Kulturbau: Bemessung von Regenrückhalteräumen, GFA-Verlag, Hennef 2001.
[ATV-DVWK-A138 02]	Abwassertechnische Vereinigung–Deutscher Verband für Wasser- und Kulturbau: Planung, Bau und Betrieb von Anlagen zur Versickerung von Niederschlagswasser, GFA-Verlag, Hennef 2002.
[ATV-DVWK-A198 03]	Abwassertechnische Vereinigung–Deutscher Verband für Wasser- und Kulturbau: Vereinheitlichung und Herleitung von Bemessungswerten für Abwasseranlagen, GFA-Verlag, Hennef 2003.
[Bollrich 96]	Bollrich, Gerhard: Technische Hydromechanik 1, Verlag für Bauwesen, Berlin 1996.
[BWK-Berichte 00]	Bund der Ingenieure für Wasserwirtschaft, Abfallwirtschaft und Kulturbau e.V.: Hydraulische Berechnung von naturnahen Fließgewässern – Grundlagen für stationäre, eindimensionale Wasserspiegellagenberechnung – Berichte 1/2000, BWK Eigenverlag, Düsseldorf 1999.

[BWK-M1 99]	Bund der Ingenieure für Wasserwirtschaft, Abfallwirtschaft und Kulturbau e.v.: Hydraulische Berechnung von naturnahen Fließgewässern Teil 1, BWK Eigenverlag, Düsseldorf 1999.
[DVGW-W302 81]	Deutscher Verein des Gas- und Wasserfaches e.v.: Hydraulische Berechnung von Rohrleitungen und Rohrnetzen, Wirtschafts- und Verlagsgesellschaft Gas und Wasser mbH, Bonn 1981.
[DVGW-W405 78]	Deutscher Verein des Gas- und Wasserfaches e.v.: Bereitstellung von Löschwasser durch die öffentliche Trinkwasserversorgung, Wirtschafts- und Verlagsgesellschaft Gas und Wasser mbH, Bonn 1978.
[DVGW-W410 95]	Deutscher Verein des Gas- und Wasserfaches e.v.: Wasserbedarfszahlen, Wirtschafts- und Verlagsgesellschaft Gas und Wasser mbH, Bonn 1995.
[DVWK-113 84]	Deutscher Verband für Wasser- und Kulturbau: Arbeitsan-leitung zur Anwendung von Niederschlag-Abfluss-Modellen Heft 113 Teil 2, Synthese, Verlag Paul Parey, Berlin 1984.
[DVWK-232 96]	Deutscher Verband für Wasser- und Kulturbau: Fischauf-stiegsanlagen – Bemessung, Gestaltung, Funktionskontrolle, GFA-Verlag, Hennef 1996.
[Lattermann 1/05]	Lattermann, E.: Wasserbau-Praxis, Band 1, 2. Aufl., Bauwerk Verlag GmbH, Berlin 2005.
[Lattermann 2/06]	Lattermann, E.: Wasserbau-Praxis, Band 2, 2. Aufl., Bauwerk Verlag GmbH, Berlin 2006.
[Lecher u.a. 01]	Lecher, K.; Lühr, H.-P.; Zanke, U.C.E.: Taschenbuch der Wasserwirtschaft, Parey Buchverlag, Berlin 2001.
[Martin/Pohl 00]	Martin, Helmut; Pohl, Reinhard: Technische Hydromechanik 4, Verlag für Bauwesen, Berlin 2000.
[Petschallies 89]	Petschallies, Gerhard: Entwerfen und Berechnen in Wasserbau und Wasserwirtschaft, Bauverlag GmbH, Gütersloh 1989.
[Schröder u.a. 94]	Schröder, W.; Euler, G.; Schneider, F.K.; Knauf, D.: Grundlagen des Wasserbaus, Werner Verlag GmbH, Düsseldorf 1994.

Zu Kapitel 12A Mathematik

[Bronstein/Semendjajew 00]	Bronstein, Semendjajew: Taschenbuch der Mathematik, Verlag Harri Deutsch Zürich und Frankfurt/Main, 2000.
[Papula 01]	Papula, L.: Mathematik für Ingenieure und Naturwissenschaftler. Band 1 bis 3. Vieweg-Verlag Braunschweig, 2001.
[Papula 04]	Papula, L.: Mathematik für Ingenieure und Naturwissenschaftler, Anwendungsbeispiele. Vieweg-Verlag Braunschweig, 2004.
[Papula 06]	Papula, L.: Mathematische Formelsammlung, Vieweg-Verlag Braunschweig, 2006.

Zu Kapitel 12B Bauzeichnen

[Arnheim 78]	Arnheim, R.: Kunst und Sehen. Eine Psychologie des schöpferischen Auges. Neufassung. De Gruyter Berlin, 1978.
[Bro 83]	Bro, L.: Wie lerne ich Zeichnen. Ein Lehr- und Studienbuch. Aus d. Amerikan. von W. Reinke. Dt. Erstveröff., DuMont Köln, 1983.
[Ching 99]	Ching, F.: Handbuch der Architekturzeichnung. Ergänzte und veränderte Neuauflage. Hatje Canz Stuttgart, 1999.
[Cooper 92]	Cooper, D.: Drawing and Perceiving. Second edition. Van Nostrand Reinhold Company New York, 1992.
[Crowe/Laseau 84]	Crowe, N.; Laseau, P.: Visual Notes for Architects and Designers. Van Nostrand Reinhold Company New York, 1984
[Dames 97]	Dames. K.-H.: Rohbauzeichnungen, Bewehrungszeichnungen. Bauverlag, Wiesbaden, Berlin 1997.
[Ellwanger 01]	Ellwanger, Bernhard: Bauzeichnen in Beispielen. Werner-Verlag, Düsseldorf 2001.

# Literaturhinweise

[Gombrich 94] Gombrich, E. H. : Das forschende Auge. Kunstbetrachtung und Naturwahrnehmung. Campus Frankfurt a.M., 1994.

[Hegewald 77] Hegewald, U.: Verfahren zur verzerrungsfreien Abbildung des Raumes und seine Anwendung bei der anschaulichen Darstellung von Ingenieurkonstruktionen durch die freihändige Zeichnung. Diss. TH Aachen. Veröffentlichung der Fachhochschule Aachen, 1977.

[Kowalski 81] Kowalski, W.: Die Kunst der Zeichnung. Technik, Geschichte, Meisterwerke. 2. Auflage. DTV München, 1981

[Kowalski 92] Kowalski, R.-D.: Schal- und Bewehrungspläne. 4. Auflage, Werner-Verlag, Düsseldorf 1992.

[Maier 87] Maier, M. (hrsg.): Elementare Entwurfs- und Gestaltungsprozesse. Die Grundkurse an der Kunstgewerbeschule, Band 1. 2. Aufl., Basel, Schweiz, 1987

[Petermann 98] Petermann, C.: Die perspektivische Zeichnung. Möglichkeiten und Grenzen eines Zeichensystems. In: Sachs-Hombach, K./ Rehkämper, K. (1998): Bild – Bildwahrnehmung – Bildverarbeitung. Interdisziplinäre Beiträge zur Bildwissenschaft. DUV Wiesbaden, 1998.

[Raynes 06] Raynes, J.: Handbuch künstlerische Perspektive. Für Maler, Zeichner, Architekten und Designer. Aus d. Engl. v. W. Krabbe. Knaur München, 2006.

[Rock 85] Rock, I.: Wahrnehmung. Vom visuellen Reiz zum Sehen und Erkennen. Aus d. Amerikan. von J. Martin u. I. Horn. Spektrum-der-Wissenschaft-Verlagsgesellschaft Heidelberg, 1985.

[Thomae 93] Thomae, R.: Perspektive und Axonometrie. 5. Aufl. Kohlhammer Stuttgart, 1993.

Zu Kapitel 12C Freihandzeichnung

[Hegewald 1977] Hegewald, U.: Verfahren zur verzerrungsfreien Abbildung des Raumes und seine Anwendung bei der anschaulichen Darstellung von Ingenieurkonstruktionen durch die freihändige Zeichnung. Diss. TH Aachen. Veröffentlichung der Fachhochschule Aachen

[Arnheim 1978] Arnheim, R.: Kunst und Sehen. Eine Psychologie des schöpferischen Auges. Neufassung. Berlin: De Gruyter

[Kowalski 1981]: Kowalski, W.: Die Kunst der Zeichnung. Technik, Geschichte, Meisterwerke. 2. Auflage. München: DTV

[Bro 1983] Bro, L.: Wie lerne ich Zeichnen. Ein Lehr- und Studienbuch. Aus d. Amerikan. von W. Reinke. Dt. Erstveröff. Köln: DuMont

[Crowe/Laseau 1984]: Crowe, N./ Laseau, P.: Visual Notes for Architects and Designers. New York: Van Nostrand Reinhold Company

[Rock 1985] Rock, I.: Wahrnehmung. Vom visuellen Reiz zum Sehen und Erkennen. Aus d. Amerikan. von J. Martin u. I. Horn. Heidelberg: Spektrum-der-Wissenschaft-Verlagsgesellschaft.

[Maier 1987] Maier, M. (hrsg.): Elementare Entwurfs- und Gestaltungsprozesse. Die Grundkurse an der Kunstgewerbeschule Basel, Schweiz. Band 1. 2. Aufl.

[Pütz 1990] Pütz, Claus H.: Untersuchungen zur Auswahl von Lehrinhalten des Faches Darstellende Geometrie für die Hochschulausbildung zum Architekten. Dissertation, Rheinisch-Westfälische Technische Hochschule Aachen

[Cooper 1992] Cooper, D.: Drawing and Perceiving. Second edition. New York: Van Nostrand Reinhold Company

[Thomae 1993] Thomae, R.: Perspektive und Axonometrie. 5. Aufl. Stuttgart: Kohlhammer

13 Anhang

[Gombrich 1994] Gombrich, E. H. : Das forschende Auge. Kunstbetrachtung und Naturwahrnehmung. Frankfurt a.M.: Campus

[Petermann 1998] Petermann, C.: Die perspektivische Zeichnung. Möglichkeiten und Grenzen eines Zeichensystems. In: Sachs-Hombach, K./ Rehkämper, K. (1998): Bild – Bildwahrnehmung – Bildverarbeitung. Interdisziplinäre Beiträge zur Bildwissenschaft. Wiesbaden: DUV

[Ching 1999] Ching, F.: Handbuch der Architekturzeichnung. Ergänzte und veränderte Neuauflage. Stuttgart: Hatje Canz

[Raynes 2006] Raynes, J.: Handbuch künstlerische Perspektive. Für Maler, Zeichner, Architekten und Designer. Aus d. Engl. v. W. Krabbe. München: Knaur 2006

Normen

Zu Kapitel 1B Bauschadensvermeidung

DIN	Teil	Ausgabe	Titel
1045	2	08.2008	Tragwerke aus Beton, Stahlbeton und Spannbeton Beton-Festlegung, Eigenschaften, Herstellung und Konformität; Anwendungsregeln zu DIN EN 206-1
1100		05.2004	Hartstoffe für zementgebundene Hartstoffestriche Anforderungen und Prüfverfahren
4030	1	05.2004	Hartstoffe für zementgebundene Hartstoffestriche Anforderungen und Prüfverfahren
V 4108	4	06.2007	Wärmeschutz im Hochbau Wärme- und feuchteschutztechnische Bemessungswerte
18560	7		Estriche im Bauwesen Hochbeanspruchbare Estriche (Industrieestriche)
EN 196	2	05.2005	Prüfverfahren für Zement Chemische Analyse von Zement
EN 206	1	07.2001	Beton Festlegung, Eigenschaften, Herstellung und Konformität
EN ISO 10545		03.1999	Keramische Fliesen und Platten Bestimmung des Widerstandes gegen Oberflächenverschleiß
ZTV-ING		2007	Zusätzliche Technische Vertragsbedingungen und Richtlinien für Ingenieurbauten, Bundesanstalt für Straßenwesen
RL SIB 01		10.2001	Schutz und Instandsetzung von Betonbauteilen (Instandsetzungs-Richtlinie), Deutscher Ausschuss für Stahlbeton

Zu Kapitel 2A Baukonstruktion Neubau

DIN	Teil	Ausgabe	Titel
1986	3	11.2004	Entwässerungsanlagen für Gebäude und Grundstücke. Regeln für Betrieb und Wartung.
	4	02.2003	Verwendungsbereiche von Abwasserrohren und -formstücken verschiedener Werkstoffe.
	30	02.2003	Instandhaltung. Ausgabe
4095		06.1990	Baugrund; Dränung zum Schutz baulicher Anlagen; Planung, Bemessung und Ausführung.
4102	1	05.1998	Brandverhalten von Baustoffen und Bauteilen. Baustoffe. Begriffe, Anforderungen und Prüfungen. Ausgabe
	3	09.1977	Brandwände und nichttragende Außenwände. Begriffe, Anforderungen und Prüfungen.
4102	4	03.1994	Zusammenstellung und Anwendung klassifizierter Baustoffe, Bauteile und Sonderbauteile.
	A1	11.2004	Änderung 4/A1.
	5	09.1977	Feuerschutzabschlüsse, Abschlüsse in Fahrschachtwänden und gegen Feuer widerstandsfähige Verglasungen. Begriffe, Anforderungen und Prüfungen.
	7	07.1998	Bedachungen. Begriffe, Anforderungen und Prüfungen.
	13	05.1990	Brandschutzverglasungen. Begriffe, Anforderungen und Prüfungen.

13 Anhang

DIN	Teil	Ausgabe	Titel
4102	14	05.1990	Bodenbeläge und Bodenbeschichtungen. Bestimmung der Flammenausbreitung bei Beanspruchung mit einem Wärmestrahler.
	18	03.1991	Feuerschutzabschlüsse. Nachweis der Eigenschaft „selbstschließend" (Dauerfunktionsprüfung).
	22	11.2004	Anwendungsnorm zu DIN 4102-4.
4103			Nichttragende innere Trennwände.
	1	07.1984	Anforderungen, Nachweise.
	2	12.1985	Trennwände aus Gips-Wandbauplatten.
	4	11.1988	Unterkonstruktion in Holzbauart.
4124		10.2002	Baugruben und Gräben; Böschungen, Verbau, Arbeitsraumbreiten.
18056		06.1966	Fensterwände; Bemessung und Ausführung.
18065		01.2000	Gebäudetreppen - Definitionen, Messregeln, Hauptmaße.
18100		10.1983	Türen; Wandöffnungen für Türen; Maße entsprechend DIN 4172.
18101		01.1985	Türen; Türen für den Wohnungsbau; Türblattgrößen, Bandsitz und Schlosssitz; Gegenseitige Abhängigkeit der Maße.
18111			Türzargen; Stahlzargen; Standardzargen für gefälzte Türen.
	1	08.2004	Standardzargen für gefälzte Türen in Mauerwerkswänden.
	2	08.2004	Standardzargen für gefälzte Türen in Ständerwerkswänden.
	3	01.2005	Sonderzargen für gefälzte und ungefälzte Türblätter
	4	08.2004	Einbau von Stahlzargen.
18160			Abgasanlagen.
	1	01.2006	Planung und Ausführung.
18195			Bauwerksabdichtungen.
	1	08.2000	Grundsätze, Definitionen, Zuordnung der Abdichtungsarten.
	2	04.2009	Stoffe.
	3	08.2000	Anforderungen an den Untergrund und Verarbeitung der Stoffe.
	4	08.2000	Abdichtungen gegen Bodenfeuchte (Kapillarwasser, Haftwasser) und nichtstauendes Sickerwasser an Bodenplatten und Wänden, Bemessung und Ausführung.
	5	08.2000	Abdichtungen gegen nichtdrückendes Wasser auf Deckenflächen und in Nassräumen; Bemessung und Ausführung.
	6	08.2000	
	7	07.2009	Abdichtungen gegen von außen drückendes Wasser und aufstauendes Sickerwasser; Bemessung und Ausführung.
	8	03.2004	Abdichtungen gegen von innen drückendes Wasser; Bemessung und Ausführung.
	9	03.2004	Abdichtungen über Bewegungsfugen.
	10	03.2004	Durchdringungen, Übergänge, An- und Abschlüsse. Schutzschichten und Schutzmaßnahmen.
	100	06.2003	(Norm-Entwurf) Bauwerksabdichtungen – Teil 100: Vorgesehene Änderungen zu den Normen DIN 18 195 Teil 1 – 6.
18515			Außenwandbekleidungen.
	1	08.1998	Angemörtelte Fliesen oder Platten; Grundsätze für Planung und Ausführung.
	2	04.1993	Anmauerung auf Aufstandsflächen; Grundsätze für Planung und Ausführung.
18516			Außenwandbekleidungen, hinterlüftet.
	1	12.1999	Anforderungen, Prüfgrundsätze.
	3	12.1999	Naturwerkstein; Anforderungen, Bemessung.

13.18

DIN	Teil	Ausgabe	Titel
	4	02.1990	Einscheiben- Sicherheitsglas; Anforderungen, Bemessung, Prüfung.
	5	12.1999	Betonwerkstein; Anforderungen, Bemessung.
V 18550		04.2005	Putz und Putzsysteme – Ausführung.
18550			Putz.
	1	01.1985	Begriffe und Anforderungen.
	2	01.1985	Putze aus Mörteln mit mineralischen Bindemitteln; Ausführung.
	3	03.1991	Wärmedämmputzsysteme aus Mörteln mit mineralischen Bindemitteln und expandiertem Polystyrol (EPS) als Zuschlag.
	4	08.1993	Leichtputze; Ausführung.
V 18559		12.1988	Wärmedämm-Verbundsysteme. Begriffe, Allgemeine Angaben.
18560			Estriche im Bauwesen.
	1	04.2004	Allgemeine Anforderungen, Prüfung und Ausführung.
	2	04.2004	Estriche und Heizestriche auf Dämmschichten (schwimmende).
	3	04.2004	Verbundestriche.
	A1	02.2005	Änderung A1.
	4	04.2004	Estriche auf Trennschicht.
	7	04.2004	Hochbeanspruchbare Estriche (Industrieestriche).
18807			Trapezprofile im Hochbau
	1	06.1987	Stahltrapezprofile. Allgemeine Anforderungen, Ermittlung der Tragfähigkeitswerte durch Berechnung. Ausgabe 06.1987.
	A1	05.2001	Änderung A1.
	3	06.1987	Stahltrapezprofile. Festigkeitsnachweis und konstruktive Ausbildung.
	A1	05.2001	Änderung 3/A1.
	6	09.1995	Aluminium-Trapezprofile und ihre Verbindungen. Ermittlung der Tragfähigkeitswerte durch Berechnung.
	7	09.1995	Aluminium-Trapezprofile und ihre Verbindungen. Ermittlung der Tragfähigkeitswerte durch Versuche.
18807	8	09.1995	Aluminium-Trapezprofile und ihre Verbindungen. Nachweise der Tragsicherheit und Gebrauchstauglichkeit.
	9	06.1998	Aluminium-Trapezprofile und ihre Verbindungen. Anwendung und Konstruktion.
EN 998			Festlegung für Mörtel im Mauerwerksbau.
	1	09.2003	Putzmörtel.
EN 12519		06.2004	Türen und Fenster – Terminologie.
EN 13914			Planung, Zubereitung und Ausführung von Innen- und Außenputzen.
	1	06.2005	Außenputz.
	2	07.2005	Innenputz.

Zu Kapitel 2C Glasbau

DIN	Teil	Ausgabe	Titel
1249			Flachglas im Bauwesen.
	1	09.1981	Fensterglas, Begriff, Maße.
	3	02.1980	Spiegelglas, Begriff, Maße.
	4	08.1981	Gussglas, Begriff, Maße.
	10	08.1990	Chemische und physikalische Eigenschaften.
	11	09.1986	Glaskanten, Begriff, Kantenformen und Ausführung.
	12	09.1990	Einscheiben-Sicherheitsglas – Begriff, Maße, Bearbeitung, Anforderungen.

13 Anhang

DIN	Teil	Ausgabe	Titel
1259			Glas.
	1	09.2001	Begriffe für Glasarten und Glasgruppen.
	2	09.2001	Begriffe für Glaserzeugnisse.
18516			Außenwandbekleidungen, hinterlüftet.
	1	12.1999	Anforderungen, Prüfgrundsätze.
	4	02.1990	Einscheiben-Sicherheitsglas; Anforderungen, Bemessung, Prüfung.
EN 356		02.2000	Glas im Bauwesen – Sicherheitssonderverglasungen – Prüfverfahren und Klasseneinteilungen des Widerstandes gegen manuellen Angriff.
EN 572			Glas im Bauwesen - Basiserzeugnisse aus Kalk-Natronsilicatglas.
	1	09.2004	Definitionen und allgemeine physikalische und mechanische Eigenschaften.
	2	09.2004	Floatglas.
	3	09.2004	Poliertes Drahtglas.
	4	09.2004	Gezogenes Flachglas.
	5	09.2004	Ornamentglas.
	6	09.2004	Drahtornamentglas.
	7	09.2004	Profilbauglas mit und ohne Drahteinlage.
	8	08.2004	Liefermaße und Festmaße.
EN 1063		01.2000	Glas im Bauwesen – Sicherheitssonderverglasungen – Prüfverfahren und Klasseneinteilungen für den Widerstand gegen Beschuss.
EN 1096			Beschichtetes Glas.
	1	07.2009	Definitionen und Klasseneinteilungen.
	2	05.2001	Anforderungen an und Prüfverfahren für Beschichtungen der Klassen A, B und S.
	3	05.2001	Anforderungen an und Prüfverfahren für Beschichtungen der Klassen C und D.
EN 1288			Glas im Bauwesen, Bestimmung der Biegefestigkeit von Glas.
	1	09.2000	Grundlagen.
	2	09.2000	Doppelring-Biegeversuch an plattenförmigen Proben mit großen Prüfflächen.
	3	09.2000	Prüfung von Proben bei zweiseitiger Auflagerung. (Vierschneiden-Verfahren).
	4	09.2000	Prüfung von Profilbauglas.
	5	09.2000	Doppelring-Biegeversuch an plattenförmigen Proben mit kleinen Prüfflächen.
EN 1748			Glas im Bauwesen – Spezielle Basiserzeugnisse.
	1	12.2004	Borosilicatgläser.
	2	12.2004	Glaskeramik.
EN 1863			Teilvorgespanntes Kalknatronglas.
	1	03.2000	Definition und Beschreibung.
EN 12150			Thermisch vorgespanntes Kalknatron-Einscheibensicherheitsglas.
	1	11.2000	Definition und Beschreibung.
EN 12337			Chemisch vorgespanntes Kalknatronglas.
	1	11.2000	Definition und Beschreibung.
EN 12600		04.2003	Glas im Bauwesen – Pendelschlagversuch; Verfahren zur Stoßprüfung und Klassifizierung von Flachglas.
EN 13022			Glas im Bauwesen – geklebte Verglasung; Glasprodukte für SSG-Systeme; Einfach- und Mehrfachverglasung mit und ohne Abtragung des
	1	08.2006	

Normen

DIN	Teil	Ausgabe	Titel
	2	08.2006	Eigengewichtes. Verglasungsvorschriften.
EN 13541		02.2001	Glas im Bauwesen – Sicherheitssonderverglasungen – Prüfverfahren und Klasseneinteilungen des Widerstandes gegen Sprengwirkung.
EN ISO 12543			Verbund- und Verbund-Sicherheitsglas.
	1	08.1998	Definition und Beschreibung von Bestandteilen.
	2	03.2006	Verbund-Sicherheitsglas.
	3	08.1998	Verbundglas.
	4	08.1998	Verfahren zur Prüfung der Beständigkeit.
	5	08.1998	Maße und Kantenbearbeitung.
	6	08.1998	Aussehen.

Zu Kapitel 3A Bauphysik

DIN	Teil	Ausgabe	Titel
1101		06.2000	Holzwolle-Leichtbauplatten und Mehrschicht- Leichtbauplatten als Dämmstoffe für das Bauwesen - Anforderungen, Prüfung.
4108			Wärmeschutz und Energie-Einsparung in Gebäuden
	2	07.2003	Mindestanforderungen an den Wärmeschutz.
	3	07.2001	Klimabedingter Feuchteschutz; Anforderungen, Berechnungsverfahren und Hinweise für Planung und Ausführung.
	Ber. 1	04.2002	Berichtigungen zu DIN 4108-3.
	6	06.2003	Berechnung des Jahresheizwärme- und des Jahresheizenergiebedarfs.
	7	08.2001	Luftdichtheit von Gebäuden, Anforderungen, Planungs- und Ausführungsempfehlungen sowie -beispiele.
V 4108	4	06.2007	Wärme- und feuchteschutztechnische Bemessungswerte.
4109		10.2006	Schallschutz im Hochbau; Anforderungen und Nachweise.
	Bbl. 1	11.1989	Ausführungsbeispiele und Rechenverfahren.
	Bbl.1/A1	09.2003	Änderung A1.
	Bbl.1/A2	02.2006	Änderung A2.
	Bbl. 2	11.1989	Hinweise für Planung und Ausführung; Vorschläge für einen erhöhten Schallschutz; Empfehlungen für den Schallschutz im eigenen Wohn- oder Arbeitsbereich.
	11	09.2003	Nachweis des Schallschutzes; Güte- und Eignungsprüfung.
18005			Schallschutz im Städtebau.
	1	07.2002	Grundlagen und Hinweise für die Planung.
	Bbl. 1	05.1987	Berechnungsverfahren; Schalltechnische Orientierungswerte für die städtebauliche Planung.
18055		10.1981	Fenster; Fugendurchlässigkeit, Schlagregendichtheit und mechanische Beanspruchung; Anforderungen und Prüfung.
18159			Schaumkunststoffe als Ortschäume im Bauwesen;
	1	12.1991	Polyurethan-Ortschaum für die Wärme- und Kältedämmung, Anwendung, Eigenschaften, Ausführung, Prüfung. Achtung! Vorgesehener Ersatz durch DIN EN 14315-1 u. -2 (04.2002), DIN EN 14318-1 u. -2 (04.2002), DIN EN 14319-1 u. -2 (04.2002) und DIN EN 14320-1 und -2 (04.2002).
	2	02.2005	Harnstoff-Formaldehydharz-Ortschaum für die Wärmedämmung, Anwendung und Eigenschaften, Ausführung, Prüfung. Achtung! Vorgesehener Ersatz durch DIN EN 15100-1 (02.2005).
V 18164	1	01.2002	Schaumkunststoffe als Dämmstoffe für das Bauwesen. Dämmstoffe für die Wärmedämmung.

13 Anhang

DIN	Teil	Ausgabe	Titel
18165	2	09.2001	Faserdämmstoffe für das Bauwesen. Dämmstoffe für die Trittschalldämmung.
18174		01.1981	Schaumglas als Dämmstoff für das Bauwesen; Dämmstoffe für die Wärmedämmung.
18550-3		03.1991	Putz; Wärmedämmputzsysteme aus Mörteln mit mineralischen Bindemitteln und expandiertem Polystyrol (EPS) als Zuschlag.
18599	1 bis 10	02.2007	Energetische Bewertung von Gebäuden – Berechnung des Nutz-End- und Primärenergiebedarfs für Heizung, Kühlung, Lüftung, Trinkwasser und Beleuchtung.
45641		06.1990	Mittelung von Schallpegeln.
45642		06.2004	Messung von Verkehrsgeräuschen.
45643			Messung und Beurteilung von Flugzeuggeräuschen.
	1	10.1984	Mess- und Kenngrößen.
	2	10.1984	Fluglärmüberwachungsanlagen im Sinne von § 19a Luftverkehrsgesetz.
	3	10.1984	Ermittlung des Beurteilungspegels für Fluglärmimmissionen.
45645			Ermittlung von Beurteilungspegeln aus Messungen.
	1	07.1996	Geräuschimmissionen in der Nachbarschaft.
52128		03.1977	Bitumendachbahnen mit Rohfilzeinlage; Begriff, Bezeichnung, Anforderungen.
52129		11.1993	Nackte Bitumenbahnen; Begriff, Bezeichnung, Anforderungen.
52143		08.1985	Glasvlies-Bitumendachbahnen; Begriffe, Bezeichnung, Anforderungen.
52219		07.1993	Bauakustische Prüfungen; Messung von Geräuschen der Wasserinstallationen in Gebäuden.
68755	1	06.2000	Holzfaserdämmstoffe für das Bauwesen. Dämmstoffe für die Wärmedämmung.
EN 832		06.2003	Wärmetechnisches Verhalten von Gebäuden – Berechnung des Heizenergiebedarfs – Wohngebäude (enthält Berichtigung AC:2002). Deutsche Fassung EN 832: 1998 + AC: 2002.
EN 12086		08.1997	Wärmedämmstoffe für das Bauwesen – Bestimmung der Wasserdampfdurchlässigkeit. Deutsche Fassung EN 12086: 1997.
EN 12207		06.2000	Fenster und Türen – Luftdurchlässigkeit – Klassifizierung. Deutsche Fassung EN 12207: 1999.
EN 12354			Bauakustik – Berechnung der akustischen Eigenschaften von Gebäuden aus den Bauteileigenschaften.
	1	12.2000	Luftschalldämmung zwischen Räumen. Deutsche Fassung EN 12354-1: 2000.
	2	09.2000	Trittschalldämmung zwischen Räumen. Deutsche Fassung EN 12354-2: 2000.
	3	09.2000	Luftschalldämmung gegen Außenlärm. Deutsche Fassung EN 12354-3: 2000.
	4	04.2001	Schallübertragung von Räumen ins Freie. Deutsche Fassung EN 12354-4: 2000.
	6	04.2004	Schallabsorption in Räumen. Deutsche Fassung EN 12354-6: 2003.
EN 12524		07.2000	Baustoffe und -produkte - Wärme- und feuchteschutztechnische Eigenschaften – Tabellierte Bemessungswerte. Deutsche Fassung EN 12524: 2000.
EN 13162		02.2009	Wärmedämmstoffe für Gebäude – Werkmäßig hergestellte Produkte aus Mineralwolle (MW) – Spezifikation. Deutsche

Normen

DIN	Teil	Ausgabe	Titel
			Fassung EN 13162: 2008.
EN 13163		10.2009	Wärmedämmstoffe für Gebäude - Werkmäßig hergestellte Produkte aus expandiertem Polystyrol (EPS) – Spezifikation. Deutsche Fassung EN 13163: 2008.
EN 13164		02.2009	Wärmedämmstoffe für Gebäude - Werkmäßig hergestellte Produkte aus extrudiertem Polystyrolschaum (XPS) – Spezifikation. Deutsche Fassung EN 13164: 2008.
EN 13165		02.2009	Wärmedämmstoffe für Gebäude – Werkmäßig hergestellte Produkte aus Polyurethan- Hartschaum (PUR) – Spezifikation. Deutsche Fassung EN 13165: 2008.
EN 13166		02.2009	Wärmedämmstoffe für Gebäude – Werkmäßig hergestellte Produkte aus Phenolharzhartschaum (PF) – Spezifikation. Deutsche Fassung EN 13166: 2008.
EN 13167		02.2009	Wärmedämmstoffe für Gebäude – Werkmäßig hergestellte Produkte aus Schaumglas (CG) – Spezifikation. Deutsche Fassung EN 13167: 2008.
EN 13168		02.2009	Wärmedämmstoffe für Gebäude – Werkmäßig hergestellte Produkte aus Holzwolle (WW) – Spezifikation. Deutsche Fassung EN 13168: 2001..
EN 13169		02.2009	Wärmedämmstoffe für Gebäude – Werkmäßig hergestellte Produkte aus Blähperlit (EPB) – Spezifikation. Deutsche Fassung EN 13169: 2008.
EN 13170		02.2009	Wärmedämmstoffe für Gebäude – Werkmäßig hergestellte Produkte aus expandiertem Kork (ICB) – Spezifikation. Deutsche Fassung EN 13170: 2008.
EN 13363		09.2007	Sonnenschutzeinrichtungen in Kombination mit Verglasungen - Berechnung der Solarstrahlung und des Lichttransmissionsgrades Teil 1: Vereinfachtes Verfahren. Deutsche Fassung EN 13363-1: 2003 + A1: 2007.
EN 13829		02.2001	Wärmetechnisches Verhalten von Gebäuden - Bestimmung der Luftdurchlässigkeit von Gebäuden – Differenzdruckverfahren (ISO 9972:1996, modifiziert). Deutsche Fassung EN 13 829: 2000.
EN 20140			Akustik - Messung der Schalldämmung in Gebäuden und von Bauteilen.
	3	05.1995	Messung der Luftschalldämmung von Bauteilen in Prüfständen (ISO 140-3:1995).
EN 60651		05.1994	Schallpegelmesser (IEC 60651:1979 + A1:1993).
EN ISO 140			Akustik – Messung der Schalldämmung in Gebäuden und von Bauteilen.
	1	03.2005	Anforderungen an Prüfstände mit unterdrückter Flankenübertragung (ISO 140-1:1997 + AM 1: 2004). Deutsche Fassung EN 140-1: 1997 + A1: 2004.
	3	03.2005	Messung der Luftschalldämmung von Bauteilen in Prüfständen.
	4	12.1998	Messung der Luftschalldämmung zwischen Räumen in Gebäuden (ISO 140-4: 1998). Deutsche Fassung EN ISO 140-4: 1998.
	6	12.1998	Messung der Trittschalldämmung von Decken in Prüfständen (ISO 140-6:1998). Deutsche Fassung EN ISO 140-6: 1998.
	7	12.1998	Messung der Trittschalldämmung von Decken in Gebäuden (ISO 140-7:1998). Deutsche Fassung EN ISO 140-7: 1998.
	8	03.1998	Messung der Trittschallminderung durch eine Deckenauflage auf einer massiven Bezugsdecke in Prüfständen (ISO 140-

13 Anhang

DIN	Teil	Ausgabe	Titel
	11	08.2005	8:1997). Deutsche Fassung EN ISO 140-8: 1997. Messung der Trittschallminderung durch Deckenauflagen auf leichten Bezugsdecken in Prüfständen (ISO 140-11: 2003). Deutsche Fassung EN ISO 140-11: 2005.
EN ISO 717			Akustik – Bewertung der Schalldämmung in Gebäuden und von Bauteilen.
	1	11.2006	Luftschalldämmung (ISO 717-1:1996). Deutsche Fassung EN ISO 717-1: 1996 + A1: 2006.
	2	11.2006	Trittschalldämmung (ISO 717-2:1996). Deutsche Fassung EN ISO 717-2: 1996 + A1: 2006.
EN ISO 3382			Akustik - Messung von raumakustischen Parametern
	1	10.2007	Aufführungsräume (ISO/DIS 3382-1:2006); Deutsche Fassung prEN ISO 3382-1:2007
	2	04.2008	Nachhallzeit in gewöhnlichen Räumen (ISO 3382-2:2008); Deutsche Fassung EN ISO 3382-2:2008
EN ISO 6946		04.2008	Bauteile - Wärmedurchlasswiderstand und Wärmedurchgangskoeffizient - Berechnungsverfahren (ISO 6946:2007); Deutsche Fassung EN ISO 6946:2007.
EN ISO 10077			Wärmetechnisches Verhalten von Fenstern, Türen und Abschlüssen – Berechnung des Wärmedurchgangskoeffizienten
	1	12.2006	Allgemeines (ISO 10077-1:2006); Deutsche Fassung EN ISO 10077-1:2006
	2	08.2008	Numerisches Verfahren für Rahmen (ISO/FDIS 10077-2:2003). Deutsche Fassung EN ISO 10 077-2: 2003.
EN ISO 10211 SIA 180.075:2007		2007	Wärmebrücken im Hochbau – Wärmeströme und Oberflächentemperaturen – Detaillierte Berechnungen (ISO 10211:2007).
EN ISO 10456 SIA 279.041:2007		2007	Baustoffe und Bauprodukte – Wärme- und feuchtetechnische Eigenschaften – Tabellierte Bemessungswerte und Verfahren zur Bestimmung der wärmeschutztechnischen Nenn- und Bemessungswerte (ISO 10456:2007).
EN ISO 12572		09.2001	Wärme- und feuchtetechnisches Verhalten von Baustoffen und Bauprodukten – Bestimmung der Wasserdampfdurchlässigkeit (ISO 12 572: 2001). Deutsche Fassung EN ISO 12572: 2001.
EN ISO 13788		01.2001	Wärme- und feuchtetechnisches Verhalten von Bauteilen und Bauelementen – Raumseitige Oberflächentemperatur zur Vermeidung kritischer Oberflächenfeuchte und Tauwasserbildung im Bauteilinneren – Berechnungsverfahren (ISO 13 788: 2001). Deutsche Fassung EN ISO 13788: 2001.
EN ISO 13789		04.2008	Wärmetechnisches Verhalten von Gebäuden – Spezifischer Transmissionswärmeverlustkoeffizient – Berechnungsverfahren (ISO 13789:2007). Deutsche Fassung EN ISO 13789: 2007.
EN ISO 61672	1	10.2003	Elektroakustik – Schallpegelmesser; Anforderungen (IEC 61 672-1: 2002). Deutsche Fassung EN 61 672-1: 2003.
ISO 9613			Akustik – Dämpfung des Schalls bei der Ausbreitung im Freien
	2	10.1999	Allgemeines Berechnungsverfahren (ISO 9613-2:1996).

Zu Kapitel 3B EnEV2009

DIN	Teil	Ausgabe	Titel
V 4701			Energetische Bewertung heiz- und raumlufttechnischer Anl.
	10	08.2003	Heizung, Trinkwassererwärmung, Lüftung.
	A1	12.2006	Änderung A1.

13.24

DIN	Teil	Ausgabe	Titel
	Bbl. 1	02.2007	Diagramme und Planungshilfen für ausgewählte Anlagensysteme mit Standardkomponenten.
	12	02.2004	Wärmeerzeuger und Trinkwassererwärmung.
18599	1 bis 10	02.2007	Energetische Bewertung von Gebäuden – Berechnung des Nutz-End- und Primärenergiebedarfs für Heizung, Kühlung, Lüftung, Trinkwasser und Beleuchtung.

Zu Kapitel 3C Bautechnischer Brandschutz

DIN	Teil	Ausgabe	Titel
4102			Brandverhalten von Baustoffen und Bauteilen.
	1	05.1998	Baustoffe; Begriffe, Anforderungen und Prüfungen.
	2	09.1977	Bauteile; Begriffe, Anforderungen und Prüfungen.
	4	03.1994	Zusammenstellung und Anwendung klassifizierter Baustoffe, Bauteile und Sonderbauteile, mit Änderung A1 (11.2004).
	22	11.2004	Anwendungsnorm zu DIN 4102-4 auf der Bemessungsbasis von Teilsicherheitsbeiwerten.
14090		05.2003	Flächen für die Feuerwehr auf Grundstücken.
EN 13501			Klassifizierung von Bauprodukten und Bauarten zu ihrem Brandverhalten.
	2	12.2003	Klassifizierung mit den Ergebnissen aus den Feuerwiderstandsprüfungen.

Zu Kapitel 5B HOAI

DIN	Teil	Ausgabe	Titel
276			Kosten im Bauwesen.
	1	12.2008	Hochbau.
	4	08.2008	Ingenieurbau.
277			Grundflächen und Rauminhalte von Bauwerken im Hochbau.
	1	02.2005	Begriffe, Ermittlungsgrundlagen.
	2	02.2005	Gliederung der Netto-Grundfläche (Nutzflächen, Technische Funktionsflächen und Verkehrsflächen).
	3	04.2005	Mengen und Bezugseinheiten.

Zu Kapitel 6 Lastannahmen

DIN	Teil	Ausgabe	Titel
1055			Einwirkungen auf Tragwerke.
	1	06.2002	Wichten und Flächenlasten von Baustoffen, Bauteilen und Lagerstoffen.
	3	03.2006	Eigen- und Nutzlasten für Hochbauten.
	4	03.2005	Windlasten, mit Berichtigung 1 (03.2006).
	5	07.2005	Schnee- und Eislasten.
	7	11.2002	Temperatureinwirkungen.
	100	03.2001	Grundlagen der Tragwerksplanung – Sicherheitskonzept und Bemessungsregeln.
4149		04.2005	Bauten in deutschen Erdbebengebieten - Lastannahmen, Bemessung und Ausführung üblicher Hochbauten.
Fachbericht 101		03.2009	Einwirkungen auf Brücken.

13 Anhang

Zu Kapitel 8A Beton

DIN	Teil	Ausgabe	Titel
1045			Tragwerke aus Beton, Stahlbeton und Spannbeton.
	1	08.2008	Bemessung und Konstruktion.
	2	08.2008	Beton: Festlegung, Eigenschaften, Herstellung und Konformität. Deutsche Anwendungsregeln zu DIN EN 206-1. Ausgabe 07.2001.
	3	08.2008	Bauausführung.
1164		08.2004	Zement mit besonderen Eigenschaften. Zusammensetzung, Anforderungen, Übereinstimmungsnachweis.
4226			Gesteinskörnungen für Beton und Mörtel.
	100	02.2002	Rezyklierte Gesteinskörnungen.
51043		08.1979	Traß. Anforderungen, Prüfung.
EN 197			Zement.
	1	08.2004	Zusammensetzung, Anforderungen und Konformitätskriterien von Normalzement.
EN 206			Beton.
	1	07.2001	Festlegung, Eigenschaften, Herstellung und Konformität.
	A1	10.2004	Änderung A1.
	A2	09.2005	Änderung A2.
EN 450		01.1995	Flugasche für Beton. Definitionen, Anforderungen und Güteüberwachung.
EN 934			Zusatzmittel für Beton, Mörtel und Einpressmörtel.
	2	04.2008	Betonzusatzmittel; Definitionen und Anforderungen, Konformität, Kennzeichnung und Beschriftung.
EN 12350			Prüfverfahren von Frischbeton.
	1	09.2008	Probenahme.
	2	09.2008	Setzmaß.
	3	09.2008	Vebe-Prüfung.
	4	09.2008	Verdichtungsmaß.
	5	09.2008	Ausbreitmaß.
	6	09.2008	Frischbetonrohdichte.
	7	09.2008	Luftgehalte
EN 12390			Prüfung von Festbeton.
	1	02.2001	Form, Maße und andere Anforderungen für Probekörper und Formen.
	2	08.2009	Herstellung und Lagerung von Probekörpern für Festigkeitsprüfungen.
	3	07.2009	Druckfestigkeit von Probekörpern.
	4	12.2000	Bestimmung der Druckfestigkeit; Anforderungen an Prüfmaschinen
	5	07.2009	Biegezugfestigkeit von Probekörpern.
	6	05.2009	Spaltzugfestigkeit von Probekörpern. (Norm-Entwurf)
	7	07.2009	Dichte von Festbeton.
	8	07.2009	Wassereindringtiefe unter Druck.
EN 12878		09.1999	Pigmente zum Einfärben von zement- und/oder kalkgebundenen Baustoffen. Anforderungen und Prüfung.

Zu Kapitel 8B Beton- Stahlbeton- und Spannbetonbau

DIN	Teil	Ausgabe	Titel
488		08.2009	Betonstahl. Sorten, Eigenschaften, Kennzeichen.

DIN	Teil	Ausgabe	Titel
1045			Tragwerke aus Beton, Stahlbeton und Spannbeton.
	1	08.2008	Bemessung und Konstruktion.
	2	08.2008	Beton: Festlegung, Eigenschaften, Herstellung und Konformität. Deutsche Anwendungsregeln zu DIN EN 206-1.
	3	08.2008	Bauausführung.
	4	07.2001	Ergänzende Regeln für die Herstellung und Konformität von Fertigteilen.
1055			Einwirkungen auf Tragwerke.
	100	03.2001	Grundlagen der Tragwerksplanung – Sicherheitskonzept und Bemessungsregeln.
4102			Brandverhalten von Baustoffen und Bauteilen.
	2	09.1977	Bauteile, Begriffe, Anforderungen und Prüfungen.
	4	03.1994	Zusammenstellung und Anwendung klassifizierter Baustoffe, Bauteile und Sonderbauteile.
	22	11.2004	Anwendungsnorm zu DIN 4102-4 auf der Bemessungsbasis von Teilsicherheitsbeiwerten.
EN 197			Zement.
	1	08.2004	Zusammensetzung, Anforderungen und Konformitätskriterien von Normalzement.
EN 206			Beton.
	1	07.2001	Festlegung, Eigenschaften, Herstellung und Konformität.
	A1	10.2004	Änderung A1.
	A2	09.2005	Änderung A2.

Zu Kapitel 8 D Stahlbau

DIN	Teil	Ausgabe	Titel
4114[1]			Stahlbau; Stabilitätsfälle (Knickung, Kippung, Beulung).
	1	07.1952	Berechnungsgrundlagen, Vorschriften
	2	02.1953	Berechnungsgrundlagen, Richtlinien.
V 4131		09.2008	Antennentragwerke aus Stahl.
4132		02.1981	Kranbahnen.
15018	1 – 2	11.1984	Krane.
18800[1]	1	03.1981	Stahlbauten. Bemessung und Konstruktion.
18800			Stahlbauten.
	1	11.2008	Bemessung und Konstruktion.
	2	11.2008	Stabilitätsfälle, Knicken von Stäben und Stabwerken.
	3	11.2008	Stabilitätsfälle, Plattenbeulen.
	4	11.2008	Stabilitätsfälle, Schalenbeulen.
	7	11.2008	Ausführung und Herstellerqualifikation.
18800[1]	1	03.1981	Stahlbauten; Bemessung und Konstruktion.
18800-1[1]	A1	02.1996	Änderung A1.
18800-2[1]	A1	02.1996	Änderung A1.
18800-3[1]	A1	02.1996	Änderung A1.
18801[2]		09.1983	Stahlhochbau; Bemessung, Konstruktion, Herstellung.
18806	1	03.1984	Verbundkonstruktionen; Verbundstützen.
18807[2]		06.1987	Trapezprofile im Hochbau; Stahltrapezprofile.
	1		Allgemeine Anforderungen, Ermittlung der Tragfähigkeitswerte durch Berechnung.
		05.2001	Änderung A1
	2	06.1987	Durchführung und Auswertung von Tragfähigkeitsversuchen.
		05.2001	Änderung A1

13 Anhang

DIN	Teil	Ausgabe	Titel
	3	06.1987 05.2001	Festigkeitsnachweise und konstruktive Ausbildung. Änderung A1
18808 [2]		02.2005	Warmgewalzte Erzeugnisse aus Baustählen – Teil 1: Allgemeine technische Lieferbedingungen; Deutsche Fassung EN 10025-1:2004.
1993			Bemessung und Konstruktion von Stahlbauten, EUROCODE 3
	1-1	07.2005	Allgemeine Bemessungsregeln und Regeln für den Hochbau
	1-1	05.2006	Berichtigung 1
	1-1/NA	10.2007	Nationaler Anhang, Entwurf
	1-2	10.2006	Tragwerksbemessung für den Brandfall
	1-3	02.2007	Kaltgeformte Bauteile
	1-4	02.2007	Nichtrostende Stähle
	1-5	02.2007	Plattenförmige Bauteile
	1-6	07.2007	Festigkeit und Stabilität von Schalen
	1-7	07.2007	Plattenförmige Bauteile mit Querbelastung
	1-8	07-2005	Bemessung von Anschlüssen
	1-8	03.2006	Berichtigung 1
	1-8/NA	08.2007	Nationaler Anhang, Entwurf
	1-10	07.2005	Stahlsortenauswahl
	1-10	03.2006	Berichtigung 1
	1-10/NA	08.2007	Nationaler Anhang, Entwurf
	1-11	02.2007	Zugglieder
	1-12	07.2007	Stahlsorten bis S700
	2	02.2007	Stahlbrücken
	3-1	02.2007	Türme, Maste
	3-2	02.2007	Schornsteine
	4-1	07.2002	Silos
	4-2	08.2007	Tankbauwerke
	4-3	07.2007	Rohrleitungen
	5	07.2007	Pfähle und Spundwände
	5/NA	08.2007	Nationaler Anhang, Entwurf
	1-9	07.2005	Ermüdung
	1-9	03.2006	Berichtigung 1
	1-9/NA	08.2007	Nationaler Anhang, Entwurf
	6	07-07	Kranbahnen
1994			Bemessung und Konstruktion von Verbundtragwerken aus Stahl und Beton, EUROCODE 4
	1-1		
	1-2	07-06	Hochbau
	2	11.06	Brandfall
		07-06	Brücken
EN 10025	1 – 6	02.2005	Warmgewalzte Erzeugnisse aus unlegierten Baustählen, Technische Lieferbedingungen.
EN 10027			Bezeichnungssysteme für Stähle.
	1	10.2005	Kurznamen; Deutsche Fassung EN 10027-1:2005.
	2	09.1992	Nummernsystem; Deutsche Fassung EN 10027-2:1992.
DASt-Richtlinie	009	01.2005	Ri zur Anwendung von DIN V ENV 1993 Teil 1-1 (DASt-Richtlinien 103).
DASt-Richtlinie	011	02.1988	Hochfeste schweißgeeignete Feinkornbaustähle mit Mindeststreckgrenzwerten von 460 und 690 N/mm2; Anwendung für Stahlbauten

1) Diese Norm ist bis zum Erscheinen einer entsprechenden europäischen Norm neben DIN 18 800 (11.90) nur gültig für Stahlbrückenbauten (DIN 18 809) und Verbundbauten (DIN 18 806 sowie „Richtlinien für Stahlverbundträger").

2) Die Normen basieren auf dem zul. σ-Konzept. Mit der *Anpassungsrichtlinie zu DIN 18 800 (11.90) Ausgabe Juli 1995* wird der Übergang zum aktuellen Sicherheitskonzept hergestellt.

Zu Kapitel 9A und 9B Holzbau

DIN	Teil	Ausgabe	Titel
96		12.1986	Halbrund-Holzschrauben mit Schlitz.
97		12.1986	Senk-Holzschrauben mit Schlitz.
571		12.1986	Sechskant-Holzschrauben.
1052		12.2008	Entwurf, Berechnung und Bemessung von Holzbauwerken. Allgemeine Bemessungsregeln und Bemessungsregeln für den Hochbau.
1074		09.2006	Holzbrücken.
1143		08.1982	Maschinenstifte. Rund, lose.
1151		04.1973	Drahtstifte. Rund.
4070	1 2	01.1958 10.1963	Querschnittsmaße und statische Werte für Schnittholz. Vorratskantholz und Dachlatten. Dimensions- und Listenware.
4071		04.1977	Ungehobelte Bretter und Bohlen aus Nadelholz. Maße.
4074	1 2	12.2008 12.1958	Sortierung von Nadelholz nach der Tragfähigkeit. Nadelschnittholz. Gütebedingungen für Baurundholz (Nadelholz).
68364		11.1979	Kennwerte von Holzarten. Festigkeit, Elastizität, Resistenz.
68705	3	12.1981	Sperrholz. Bau-Furniersperrholz.
68754		02.1976	Harte und mittelharte Holzfaserplatten für das Bauwesen. Holzwerkstoffklasse 20.
68763		09.1990	Spanplatten. Flachpressplatten für das Bauwesen, Begriffe, Eigenschaften, Prüfung, Überwachung.
68800	2 3	05.1996 04.1990	Holzschutz. Vorbeugende bauliche Maßnahmen im Hochbau. Vorbeugender chemischer Holzschutz.
EN 300		09.2006	Spanplatten. Platten aus langen, schlanken, ausgerichteten Spänen (OSB).
EN 312		11.2003	Spanplatten. Anforderungen.
EN 390		03.1995	Brettschichtholz. Maße, Grenzabmaße.

Zu Kapitel 9C Mauerwerksbau

DIN	Teil	Ausgabe	Titel
V 105-100		10.2005	Mauerziegel mit besonderen Eigenschaften.
V 106		10.2005	Kalksandsteine mit besonderen Eigenschaften.
EN 771	1 2 3 4 5 6	2005-05 2005-05 2005-05 2005-05 2005-05 2005-12	Mauerziegel; Deutsche Fassung EN 771-1:2003 + A1:2005 Kalksandsteine; Deutsche Fassung EN 771-2:2003 + A1:2005 Mauersteine aus Beton (mit dichten und porigen Zuschlägen); Deutsche Fassung EN 771-3:2003 + A1:2005 Porenbetonsteine; Deutsche Fassung EN 771-4:2003 + A1:2005 Betonwerksteine; Deutsche Fassung EN 771-5:2003 + A1:2005 Natursteine; Deutsche Fassung EN 771-6:2005
1053	1 2 3 4	11.1996 11.1996 02.1990 02.2004	Mauerwerk. Berechnung und Ausführung. Mauerwerk nach Eignungsprüfung. Bewehrtes Mauerwerk. Mauerwerk; Fertigbauteile.

13 Anhang

DIN	Teil	Ausgabe	Titel
	100	09.2007	Mauerwerk; Berechnung auf der Grundlage des semiprobabilistischen Sicherheitskonzepts.
V 4165-100		10.2005	Porenbetonsteine; Plansteine und Planelemente mit besonderen Eigenschaften.
V 18151-100		10.2005	Hohlblöcke aus Leichtbeton mit besonderen Eigenschaften.
V 18152-100		10.2005	Vollsteine und Vollblöcke aus Leichtbeton mit besonderen Eigenschaften.
V 18153-100		10.2005	Mauersteine aus Beton (Normalbeton) mit besonderen Eigenschaften.
V 20000-401		06.2005	Anwendung von Bauprodukten in Bauwerken; Regeln für die Verwendung von Mauerziegeln nach DIN EN 771-1.
V 20000-402		06.2005	Anwendung von Bauprodukten in Bauwerken; Regeln für die Verwendung von Kalksandsteinen nach DIN EN 771-2.
V 20000-403		06.2005	Anwendung von Bauprodukten in Bauwerken; Regeln für die Verwendung von Mauersteinen aus Beton nach DIN EN 771-3.

Zu Kapitel 10A Geotechnik

DIN	Teil	Ausgabe	Titel
1054		01.2005	Baugrund – Sicherheitsnachweise im Erd- und Grundbau.
4017		03.2006	Baugrund – Berechnung des Grundbruchwiderstands von Flachgründungen.
4018		09.1974	Baugrund; Berechnung der Sohldruckverteilung unter Flächengründungen.
4019	1 2	04.1979 02.1981	Baugrund. Setzungsberechnungen bei lotrechter, mittiger Belastung. Setzungsberechnungen bei schräg und bei außermittig wirkender Belastung.
4020		09.2003	Geotechnische Untersuchungen für bautechnische Zwecke.
4022-1		09.1987	Baugrund und Grundwasser; Benennen und Beschreiben von Boden und Fels; Schichtenverzeichnis für Bohrungen ohne durchgehende Gewinnung von gekernten Proben im Boden und Fels.
4023		02.2006	Geotechnische Erkundung und Untersuchung – Zeichnerische Darstellung der Ergebnisse von Bohrungen und sonstigen direkten Aufschlüssen.
4030	1 2	06.2008 06.2008	Beurteilung betonangreifender Wässer, Böden und Gase; Grundlagen und Grenzwerte. Entnahme und Analyse von Wasser- und Bodenproben.
4084		01.2009	Baugrund – Geländebruchberechnungen.
4085		10.2007	Baugrund – Berechnung des Erddrucks.
4094	4	01.2002	Baugrund – Felduntersuchungen. Flügelscherversuche.
4124		10.2002	Baugruben und Gräben – Böschungen, Verbau, Arbeitsraumbreiten.
18122	1 2	07.1997 09.2000	Baugrund, Untersuchung von Bodenproben – Zustandsgrenzen (Konsistenzgrenzen). Bestimmung der Fließ- und Ausrollgrenze. Bestimmung der Schrumpfgrenze.

Normen

DIN	Teil	Ausgabe	Titel
18123		11.1996	Baugrund; Untersuchung von Bodenproben – Bestimmung der Korngrößenverteilung.
18124		07.1997	Baugrund, Untersuchung von Bodenproben – Bestimmung der Korndichte – Kapillarpyknometer, Weithalspyknometer.
18126		11.1996	Baugrund, Untersuchung von Bodenproben – Bestimmung der Dichte nichtbindiger Böden bei lockerster und dichtester Lagerung.
18127		11.1997	Baugrund – Untersuchung von Bodenproben – Proctorversuch.
18128		12.2002	Baugrund – Untersuchung von Bodenproben – Bestimmung des Glühverlustes.
18129		11.1996	Baugrund, Untersuchung von Bodenproben – Kalkgehaltsbestimmung.
18130	1	05.1998	Baugrund, Untersuchung von Bodenproben; Bestimmung des Wasserdurchlässigkeitsbeiwerts. Laborversuche.
18134		09.2001	Baugrund; Versuche und Versuchsgeräte – Plattendruckversuch.
18136		11.2003	Baugrund, Untersuchung von Bodenproben – Einaxialer Druckversuch.
18137	1	08.1990	Baugrund, Versuche und Versuchsgeräte. Bestimmung der Scherfestigkeit; Begriffe und grundsätzliche Versuchsbedingungen.
	2	12.1990	Bestimmung der Scherfestigkeit; Triaxialversuch.
	3	09.2002	Untersuchung von Bodenproben – Bestimmung der Scherfestigkeit. Direkter Scherversuch.
18196		06.2006	Erd- und Grundbau; Bodenklassifikation für bautechnische Zwecke.
EN 1536		06.1999	Ausführung von besonderen geotechnischen Arbeiten (Spezialtiefbau) – Bohrpfähle; Deutsche Fassung EN 1536:1999.
EN 1537		01.2001	Ausführung von besonderen geotechnischen Arbeiten (Spezialtiefbau) – Verpressanker; Deutsche Fassung EN 1537:1999 + AC:2000.
EN 12699		05.2001	Ausführung spezieller geotechnischer Arbeiten (Spezialtiefbau) – Verdrängungspfähle; Deutsche Fassung EN 12699:2000.
EN 12794		08.2007	Betonfertigteile – Gründungspfähle; Deutsche Fassung EN 12794: 2005+A1: 2007.
EN 14199		05.2005	Ausführung von besonderen geotechnischen Arbeiten (Spezialtiefbau) – Pfähle mit kleinen Durchmessern (Mikropfähle).

Zu Kapitel 10B Bauvermessung

DIN	Teil	Ausgabe	Titel
Taschenbuch 111			Vermessungswesen.

Zu Kapitel 11A Verkehr

DIN	Teil	Ausgabe	Titel
18196		06.2006	Erd- und Grundbau. Bodenklassifikation für bautechnische Zwecke.

13.31

13 Anhang

Zu Kapitel 12B Bauzeichnen

DIN	Teil	Ausgabe	Titel
406	10 11 12	12.1992 12.1992 12.1992	Technische Zeichnungen, Maßeintragung. Begriffe, allgemeine Grundlagen. Grundlagen der Anwendung. Eintragung von Toleranzen für Längen- und Winkelmaße, ISO 406: 1987 modifiziert.
824		03.1981	Technische Zeichnungen, Faltung auf Ablageformat.
1356	1 6	02.1995 05.2006	Bauzeichnungen. Arten, Inhalte und Grundregeln der Darstellung. Bauaufnahmezeichnungen.
18065		01.2000	Gebäudetreppen. Definitionen, Messregeln, Hauptmaße.
ISO 128	1 22 23 30 40 50	09.2003 11.1999 03.2003 05.2002 05.2002 05.2002	Technische Zeichnungen, Allgemeine Grundlagen der Darstellung Einleitung und Stichwortverzeichnis (ISO 128-1:2003). Grund- und Anwendungsregeln für Hinweis- und Bezugslinien (ISO 128-22:1999). Linien in Zeichnungen des Bauwesens (ISO 128-23:1999). Grundregeln für Ansichten (ISO 128-30:2001). Grundregeln für Schnittansichten und Schnitte (ISO 128-40:2001). Grundregeln für Flächen in Schnitten und Schnittansichten (ISO 128-50:2001).
ISO 5455		12.1979	Technische Zeichnungen, Maßstäbe.
ISO 5456	1 2 3	04.1998 04.1998 04.1998	Technische Zeichnungen, Projektionsmethoden Übersicht (ISO 5456-1:1996). Orthogonale Darstellungen (ISO 5456-2:1996). Axonometrische Darstellungen (ISO 5456-3:1996).
ISO 7518		11.1986	Zeichnungen für das Bauwesen, Vereinfachte Darstellung von Abriss und Wiederaufbau.
ISO 7519		09.1992	Zeichnungen für das Bauwesen, Allgemeine Grundlagen für Anordnungspläne und Zusammenbauzeichnungen.
EN ISO 3766		05.2004	Zeichnungen für das Bauwesen, Vereinfachte Darstellung von Bewehrungen (ISO 3766:2003).
EN ISO 4157	1 2 3	03.1999 03.1999 03.1999	Zeichnungen für das Bauwesen, Bezeichnungssysteme. Gebäude und Gebäudeteile (ISO 4157-1:1998). Raum-Namen und Nummern (ISO 4157-2:1998). Raum-Kennzeichnungen (ISO 4157-3:1998).

Stichwortverzeichnis

Abdichtungen, Altbau 2.32
Abdichtungen, Neubau 2.5
Abfluss 11.34
Abflussspenden 11.34
Ableitungen (differenzieren) 12.7
Abschnittsbildung, Anforderungen 3.200
Absturzsicherung, Glas 2.102
Abwasserableitung 11.48
Abwasseranfall 11.48
Abwasserbehandlung 11.71
Abwasserteiche 11.72
Abwicklungsformen 5.9
Anlagenaufwandzahl 3.123
Anrechenbare Kosten 5.52
Aufschlussarten 10.6
Aufschlusstiefen 10.7
Auftriebsicherheit 10.20
Aufwandzahl 3.129, 3.142
Ausschachtungen 10.32
Außenwände 2.9
Außenwände, Altbau 2.38
Aussteifung 8.35

Badfußböden, Altbau 2.44
Balkone 2.19
Barrierefreies Bauen 4.3
Baugruben 2.3
Baugruben 10.28, 10.31
Baugrundverbesserung 10.23
Baukonstruktion, Altbau 2.27
Baukonstruktion, Neubau 2.1
Baulicher Brandschutz, konstruktiver 3.212
Baumaschinen und Bauverfahren 5.3
- Erdbau 5.3
- Mauerwerksbau 5.8
- Stahlbetonbau 5.6

Baustähle 8.122
Baustoffe
- Anforderungen an das Brandverhalten 3.198
- Nachweis zum Brandverhalten 3.207

Baustoffkennwerte
- Bauteile 3.46
- Beton 3.21, 8.21
- Betonstahl 3.27, 8.24
- Holzbau 4.3, 9.3

Baustoffkennwerte, Holz 9.3
Baustoffklassen, Brandschutz 3.208
Bauteile
- U-Werte 3.47
- wärmetechnische Angaben 3.67

Bauverträge 5.12
Beanspruchungen, Abdichtungen 2.5

Begehbare Verglasungen 2.106
Bekleidungen, Altbau 2.39
Belastungsglieder 7.10
Bemessung, Glas 2.95
Bemessungswerte 6.7
Berichtswesen, Baustelle 5.14
Bernoulligleichung 11.36
Beton
- Festlegung 8.11
- Überwachung 8.13

Betondeckung 8.52
Betonfundamente, unbewehrt 10.16
Betonherstellung
- Ausgangsstoffe 8.3
- Gesteinskörnungen 8.4
- Zement 8.3
- Zugabewasser 8.5
- Zusatzmittel 8.5
- Zusatzstoffe 8.4

Betonzusammensetzung 8.7
Bewehrung 8.51
- Verankerung 8.55

Bewehrungsstöße 8.59
Biegedrillknicken 8.135
Biegeknicken 8.132
Biegerollendurchmesser 8.55
Bilanzierungsverfahren 3.124, 3.127, 3.140
Blockbau 2.36
Böden 10.3, 10.11
Bodenbeläge 2.77
Bodenfeuchte 2.5
Bodenpressungen, zul. 10.12
Bodenuntersuchungen im Feld 10.6
Bogen 9.66
Böschungsbruch 10.25
Böschungswinkel 6.26
Brandschutz
- bautechnischer 3.193
- Grundlagen 3.194

Brandschutzanforderungen 3.194
Brandschutztechnische Bemessung
- Massivbauteile 3.215
- Holzbauteile 3.220
- Stahlbauteile 3.223
- Verbundbauteile 3.224

Brandverhalten
- Anforderungen 3.198
- Nachweise 3.207

Brandwände 2.70
Brunnen 11.45
Bürgschaften 5.19

Chemisch vorgespanntes Glas 2.86
Cremonaplan 7.25

Dachausbau 2.22
Dachbegrünung 2.24
Dachdeckungen, Altbau 2.48

13 Anhang

Dachdeckungen, Neubau 2.22
Dächer 2.19, 3.34, 8.21, 8.23, 8.45
Dachformen 2.21
Dachgauben 2.47
Dachgeschossausbauten, Altbau 2.48
Dachtragwerke, Altbau 2.45
Dachtragwerke, Neubau 2.21
Dachtraufe 2.21
Dämmstoffe 2.60
Datenmanagement 5.16
Decken, Altbau 2.39
Decken, Neubau 2.14
Deckenabhänger 2.74
Deckenbalken, Holz 9.46
Deckenbekleidungen 2.72
Detailliertes Verfahren 3.125
Diagrammverfahren 3.124
Dielenböden 2.43
Dokumentenmanagement 5.16
Doppelständerwand 2.10
Dränung 2.7
Dreiecke 12.2
Dreimomentengleichung 7.18
Drückendes Wasser 2.8
Druckstäbe, Stahl
- Tragfähigkeitstafeln 8.136
Durchbiegungen 7.26
Durchlaufträger 7.12, 7.14, 7.19

Ebene Massivdecken 2.40
Eigenlasten 6.15
- Bauplatten 6.18
- Beton 6.15
- Dachdeckungen 6.18
- Holz 6.16
- Holzwerkstoffe 6.16
- Mauerwerk 6.15
- Metalle 6.16
- Mörtel 6.16
- Putze 6.16
- Sperr-, Dämmstoffe 6.17
- Wände 6.20
Einbauschränke 2.81
Einbauten 2.80
Einfachständerwand 2.10
Einfamilienhäuser 4.19
Einfeldträger 7.3, 7.8
Einschalige Außenwände 2.9
Einscheiben-Sicherheitsglas 2.86
Einwirkungen 6.5
Einzelfundamente 2.29, 2.4
Elementplattendecke 2.14
Energieaufwand, Wärmeübergabe 3.177
Energieeffizientes Bauen 4.21
Energieerhaltungsgesetz 10.18
Energieformen 11.36
EnEV 2009 3.108, 3.115, 3.159
Erdbau 10.23

Erddruck 10.13
- aktiver 10.14
- passiver 10.14
Erddruckanteil aus Kohäsion 6.31, 6.36
Ersatzstabverfahren, Holz 9.18
Estriche 2.61
Expositionsklassen 8.51

Fachwerkbau 2.37
Fachwerke 7.25
Fassadenbekleidung 2.13, 2.129
Fenster 2.11
Festbeton 8.6
Feuchteschutz 3.28
Feuchtraumzellen 2.80
Feuerschutztüren 2.79
Feuerwiderstandsdauer 3.213
Feuerwiderstandsklassen 3.209, 3.211, 3.213
Fischaufstiegsanlagen 11.43
Flachdach, Abdichtungen 2.24
Flachdächer 2.23
Flächen 12.4
Flächengründungen 10.15
Flächenmomente 7.29
Fließformeln 11.37
Freihandzeichnung 12.29
- Parallelprojektion 12.35
- Perspektivisch 12.36
Frischbeton 8.5
Frostfreie Gründungen 10.23
Fundamente 2.3
Fundamentplatte 2.4
Fußböden gegen Erdreich 2.44
Fußbodenaufbauten 2.16, 2.43
Fußbodenbeläge 2.77
Fußbodensysteme 2.75

Gaube 2.21
Gebäude, Zonierung 3.164
Gebäudeklassen 3.197
Geböschte Baugruben 2.3
Gebrauchstauglichkeit 9.11
Gebrauchstauglichkeit, Grenzzustand 8.45
Gefahrstoffe 2.67
Geländebruch 10.25
Geländer 2.20
Gelenkträger 7.7
Geneigte Dächer 2.21, 2.45
Geotechnische Untersuchungen 10.5
Gerberträger 7.7
Gerinnehydraulik 11.37
Geschosswohnungsbau 4.12, 4.7
Gewölbe 9.66
Gewölbte Kappen 9.66
Gewölbte Massivdecken 2.39
Gipsbauplatten 2.50
Glas 2.84
Glas, Liefergrößen 2.89

13.34

Stichwortverzeichnis

Glasbau 2.83
Glasbearbeitung 2.85
Glasbemessung 2.95
Glaskanten 2.85
Glaskonstruktionen 2.94
Glasoberflächen 2.85
Glasprodukte 2.87
Glasscheibenlagerung 2.91
Glasveredelung 2.86
Gleichungen, Lösung 12.3, 12.8
Gleitsicherheit 10.20
Grenzzustand der Gebrauchstauglichkeit 8.45
Grenzzustand der Tragfähigkeit 8.35
Grenzzustände
- Gebrauchstauglichkeit 6.10
- Tragfähigkeit 6.9
Grundbruchsicherheit 10.18
Gründung auf Schüttungen 2.30
Gründungen, Altbau 2.28
Gründungen, frostfrei 10.23
Gründungen, Neubau 2.3
Grundwasser 10.5

Heizleistung 3.177
Heizsystem, Bewertung 3.176
Heizungsanlagen, Bilanzierung 3.127
Heizwärmebedarf, Berechnung 3.116, 3.169
Herausziehen, Holzbau 4.65
Hertzsche Pressung 5.7
Hilfsenergiebedarf 3.137, 3.150, 3.189
HOAI, Aufbau 5.48
Hohlmauerwerk 2.35
Holzbalkendecke 2.14, 2.42
Holzdeckenbalken 9.46
Holzschraubenverbindungen 9.34
Holzschutz 9.49
Holzschutzmittel 9.50
Holzwerkstoffplatten 2.54
Honoraranspruch 5.59
Honorarermittlung 5.57
Honorargrundlage 5.50
Honorarzonen 5.55
Hydraulik, Kanalquerschnitte 11.52
Hydraulischer Energiebedarf 3.187
Hydrodynamik 11.36
Hydrologie 11.32
Hydromechanik 11.35

Innenwände 2.10
Innenwandsysteme 2.68
Isolierglas 2.88

Jahresenergiebedarf 3.122
Jahresprimärenergiebedarf, Berechnung 3.115, 3.159

Kanalnetzdimensionierung 11.51
Kanalquerschnitte 11.52

k_d-Tafeln 8.75
Kehlbalkendach 2.21, 2.45, 7.24
Kehlnähte 8.143
Kellerwände 9.77, 9.90
Kernweiten 7.33
Kesselwirkungsgrad 3.184
Kettenhaustypologie 4.15
Kippen, s. Biegedrillknicken
Kippsicherheit 10.20
Klaffende Fuge 7.33
Klammerregeln 12.2
Klammerverbindungen 9.36
Knicklängen 9.70
Knicklasten 7.28
Knickspannungslinien 8.133
Knickzahlen k 9.19
Kombinationsbeiwerte 6.7
Kombinationsregeln 6.8
- vereinfachte 6.12
Konformitätskontrolle 8.12
Konformitätskriterien 8.12
Konstruktionstafeln 8.87
Konstruktiver baulicher Brandschutz 3.212
Kontinuitätsgesetz 11.36
Kopfbolzen 2.117
Korngrößenverteilung, Geotechnik 10.9
Kostenermittlungsarten 5.50
Kostengliederung 5.51
Kragträger 7.5
Kritische Temperatur 3.214
Kühldeckensysteme 2.74
Kunststoffe 2.64

Laborversuche 10.9
Leichtbauplatten 2.57
Leichte Außenwände, Altbau 2.38
Leichte Trennwände, Lasten 6.28
Linienförmige Scheibenlagerung 2.91
Logarithmen 12.3
Luftdichtheit, Bauteile 3.43
Luftschalldämmung 3.86
Luftschichten 3.9
Lüftungswärmesenken, Berechnung 3.173
Lüftungswärmeverlust 3.119

Massivdecken, Neubau 2.14
Mathematische Zeichen 12.1
Matrizen 12.7
Mauermörtel 2.61
Mauersteine 9.56
Mauerwerk nach Eignungsprüfung 9.61
Mauerwerk, Vermaßung 9.61
Mauerwerksbau nach DIN 1053-1 9.67
Mauerwerksbau nach DIN 1053-100 9.82
Mauerwerkskonstruktionen 9.61
Mauerwerksverbände, traditionelle 2.32
Mehrscheiben-Isolierglas 2.88
Mindestwärmeschutz 3.13

13.35

13 Anhang

Mineralfaserplatten 2.53
Mitwirkende Breite, Mauwerk 9.71
Momentennullpunkte 7.17
Mörtel 2.61, 9.59

Nachweisführung, Holz
Nagelverbindungen 9.30
Natursteinmauerwerk 2.33
Nichtbelüftetes Flachdach 2.21
Nichtstauendes Wasser 2.5
Nichttragende Außenwände 9.63
Nichttragende innere Trennwände 9.63
Nichttragende Wände 9.63
Nichtwohngebäude
- Anforderungen nach EnEV 2009 3.153
- Berechnungsverfahren nach EnEV 2009 3.159

Niederschlag 11.32
Nutzlasten 6.26, 6.29
- Abminderung 6.30
- horizontale 6.32
- lotrechte 6.26

Oberflächen 12.5
Oberflächenfeuchte, kritische 3.28
Objektplanung 4.1
Ortgang 2.21

Passbolzen 9.25
Passivhaus 4.25
Pfahlgründungen 2.31, 10.23
Pfettendach 2.22, 2.46
Pflanzenkläranlagen 11.72
Pieper/Martens 8.31
Planerische Grundsätze, Akustik 3.103
Planungsgrundlagen 4.2
Plattenbaustoffe 2.50
Plattenfundamente 2.4
Plattengründungen, Altbau 2.30
Plattenschub 9.75
Potenzen 12.3
Preußische Kappe 2.40
Primärenergiebedarf 3.122, 3.159
Primärenergiefaktoren 3.162
Profiltabellen 8.149
Putze 2.13, 2.38
Putzmörtel 2.61

Querkraftbewehrung 8.42
Querschnittswerte 2.89, 7.29, 7.30
- Holz 9.44

Rahmen 7.22
Randspannungen, klaffende Fuge 7.33
Raumakustik 3.100
Räumliche Steifigkeit 9.67
Raumpfähle 10.24

Rechenregeln 12.1
Referenzgebäude 3.110, 3.111
Regenabfluss 11.49
Regenrückhaltebecken 11.66
Reihenhäuser 4.13, 4.16
Rettungswege 3.201
Rezeptmauerwerk 9.61
Ringanker 9.65
Ringbalken 9.65
Risikostoffe 2.67
Rissbreitenbegrenzung 8.46
Ritterschnitt 7.25

Sandwichplatten 2.57
Sanitärzellen 2.80
Schachtwände 2.70
Schadstoffe 2.67
Schall 3.73
Schallschutz 3.72
- Mindestanforderungen 3.74
Schalungen, Altbau 2.39
Scheibenlagerung, Glas 2.91
Scheibenschub 9.75
Schlagregenbeanspruchung 3.43
Schlagregenschutz 3.44
Schlammbehandlung 11.71
Schneeanhäufungen 6.44
Schneelasten 6.41
- Boden 6.41
- Dächer 6.42
Schnittgrößen 8.25
Schornsteine 2.25
Schraubenverbindungen 8.138
- Tragfähigkeit 8.140
Schubbeanspruchung, Mauerwerk 9.75, 9.88
Schulbau 4.34
Schutzbewehrung 3.214
Schweißverbindungen 8.142
Schwerpunkt 7.29
Schwingbeiwerte 6.30
Setzungen 10.21
Sicherheitskonzept 8.18
Sicherheitskonzept (DIN 1055-100) 6.4
Sicherheitskonzept, Begriffe 6.4
Skizzen 12.30
Sohlspannungen 10.17
Soll-Ist-Vergleiche, Baustelle 5.14
Sommerlicher Wärmeschutz 3.20
Sonderbauten, Brandschutz 3.205
Sonnenschutzvorrichtungen, Reduktionsfaktoren 3.23
Spannungen 7.32
Sparrendach 2.21, 2.45
Stabdübel 9.25
Stabilitätsnachweise 8.40, 8.132
Stahlbau, Gebrauchstauglichkeit 8.131
Stahlbau, Nachweis 8.123, 8.126
Stahlbauprofile 8.145

Stahlbetonbau
- Schnittgrößen 8.25

Stahlbetonkonstruktionen
- Balken 8.64
- Fundamente 8.68
- Platten 8.63
- Plattenbalken 8.64
- Stahlbetonwände 8.67

Stahlbetonplattendecke 2.142
Stähle, Stahlbau 8.122
Ständerwände 2.69
Standsicherheit, Mauerwerk 9.67, 9.82
Starreinspannmomente 7.11
Statistik 12.8
Stoßsicherheit, Glas 2.87, 2.103
Strahlenschutzwände 2.70
Streifenfundamente 2.3, 2.28
Studien 12.30
Stützbauwerke 10.27
Stützen, Holz 9.45

Tabellenverfahren 3.124
Taupunkttemperatur 3.30
Tauwasserausfall 3.14, 3.31
Teilflächenpressung 9.74, 9.87
Teilfüllungswerte 11.55
Teilsicherheitsbeiwerte 6.9
Teilvorgespanntes Glas 2.86
Temperaturverteilung 3.13
Terrassenaufbauten 2.16
Textile Baustoffe 2.65
Tragfähigkeit 9.8, 9.14
Tragfähigkeit, Grenzzustand 8.35
Trapezprofile 8.183
Traufe 2.21
Trennwände 2.71
Treppen 2.17
Treppengeländer 2.18
Trinkwassererwärmung, Bilanzierung 3.140
Trinkwasserversorgung 11.44
Trittschalldämmung, Treppen 2.16
Trittschallschutz 3.97
Trittschallverbesserungsmaß 3.97
Trockenputz 2.68
Türen 2.12, 2.78

Überfall 11.39
Überkopfverglasung 2.100
Umsetzbare Trennwände 2,71
Ungünstigste Laststellungen 7.17
Unterdecken 2.73
Unterfangungen 10.33

Verankerung der Bewehrung 8.55
Verankerungslänge 8.56
Verbaute Baugruben 2.3
Verbindungen 9.21
Verbunddecken 2.15

Verbundglas 2.87
Verdunstung 11.33
Vereinfachtes Berechnungsverfahren 9.68, 9.72, 9.83
- Anwendungsgrenzen 9.68
- Lastannahmen 9.68

Verformungsbegrenzung 8.50
Verkehrslasten s. Nutzlasten
Verkehrsplanung, Abläufe 9.4
Verkehrsverhalten 9.3
Verkleidungen, Altbau 2.39
Verluste, Wärmeverteilung 3.132, 3.178
Vermaßung, Mauerwerk 9.61
Versatz 9.21
Versicherungen 5.19
Versickerungsanlagen 11.67
Vertikalverglasung 2.98
Verwaltungsbau 4.27, 4.31
Vollfüllungstabelle 11.59
Volumen 12.5
Vorbeugender Brandschutz 3.194
Vorgespanntes Glas 2.86
Vorsatzschalen 2.68

Wanddicken, Altbau 2.35
Wände 2.9, 2.33
Wandkonstruktionen 9.61
Wärmedurchgangskoeffizient 3.4, 3.5
Wärmedurchgangswiderstand 3.5, 3.6, 3.7
Wärmedurchlasswiderstand 3.4, 3.9
Wärmegewinn 3.117
- Ausnutzungsgrad 3.176
- intern 3.120
- solar 3.119

Wärmeschutz 3.2, 3.108
- sommerlicher 3.20

Wärmespeicherung 3.136
Wärmetransferkoeffizient, Transmission 3.170
Wärmetransport, Bauteile 3.3
Wärmeübergabe 3.135, 3.139, 3.177
Wärmeübergangswiderstand 3.5, 3.8
Wärmeverlust 3.117, 3.181
Wärmeverteilung, Verluste 3.132
Wasser im Baugrund 10.4
Wasserbau 11.35
Wasserbedarf 11.44
Wasserdampfkonzentration 3.29
Wasserdampfsättigungsdruck 3.38
Wasserdurchlässigkeitsbestimmung 11.42
Wassergewinnung 11.45
Wasserhaltung 10.31
Wasserspeicherung 11.46
Wasserverteilung 11.46
- Fließgeschwindigkeit 11.46
- Versorgungsdruck 11.46

Wehr 11.40
Weiße Wanne 2.8

13.37

13 Anhang

Wichten 6.21
Winddruck 6.34
Windlasten 6.32
- Geschwindigkeitsdruck 6.32
Windnachweis, Mauerwerk 9.70
Winkelmessung 12.2
Wohngebäude, Anforderungen nach
   EnEV 2009 3.108
Wohnungsbau 4.7
Wohnungstypologien 4.10
Wurzeln 12.3

Ziegelmauerwerk, Altbau 2.34
Zonierung, Gebäude 3.164
Zug und Biegung 9.74, 9.87
Zul. Bodenpressungen 10.12
Zweischalige Außenwände 2.9
Zweischalige Außenwände 9.62
Zweispänner 4.12

ω-Zahlen, Momentenflächen,
   Durchlaufträger 7.12, 7.19
   - statische Größen 7.14

Möller

Geotechnik kompakt

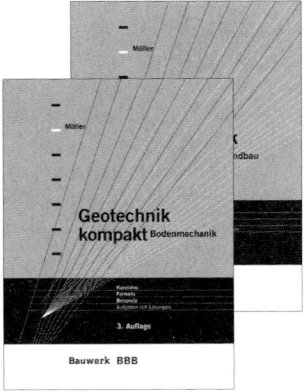

Paket:
Bodenmechanik + Grundbau

September 2009.
ISBN 978-3-89932-250-7
EUR 55,–

Autor:
Prof. Dr.-Ing. Gerd Möller lehrt Grundbau und Bodenmechanik an der Hochschule Neubrandenburg.

Interessenten:
Studierende des Bauingenieurwesens, Bau-ingenieure, Straßenbauämter, Bauunternehmen, Technikerschulen, Fachoberschulen Bau.

Bodenmechanik
Kurzinfos, Formeln, Beispiele, Aufgaben mit Lösungen

3., aktualisierte Auflage.
September 2009. 356 Seiten. 17 x 24 cm. Kartoniert.
ISBN 978-3-89932-248-4
EUR 33,–

Aus dem Inhalt
- Einteilung und Benennung von Böden
- Wasser im Baugrund
- Geotechnische Untersuchungen
- Bodenuntersuchungen im Feld
- Laborversuche
- Spannungen und Verzerrungen
- Berechnungsgrundlagen der DIN 1054
- Sohldruckverteilung
- Setzungen
- Erddruck
- Grundbruch
- Geländebruch
- Aufschwimmen, Gleiten und Kippen

Grundbau
Kurzinfos, Baumethoden, Beispiele, Aufgaben mit Lösungen

3., aktualisierte Auflage.
September 2009. 456 Seiten. 17 x 24 cm. Kartoniert.
ISBN 978-3-89932-249-1
EUR 33,–

Aus dem Inhalt
- Frost im Baugrund
- Baugrundverbesserung
- Flachgründungen
- Pfähle
- Pfahlroste
- Verankerungen
- Wasserhaltung
- Stützmauern
- Spundwände
- Pfahlwände
- Schlitzwände
- Aufgelöste Stützwände
- Europäische Normung in der Geotechnik

Bauwerk www.bauwerk-verlag.de

Reihe BBB (Bauwerk-Basis-Bibliothek)

Besonders preiswerte Fachliteratur für Studium und Praxis

Liersch / Langner
Bauphysik kompakt
3. Aufl. 2008. 328 S. **EUR 28,–**

Widjaja
**Baustatik –
einfach und anschaulich**
2. Aufl. 2009. 192 S. **EUR 29,–**

Schneider / Schweda (Hrsg.)
Baustatik kompakt
6. Aufl. 2007. 264 S. **EUR 19,–**

Schneider / Schmidt-Gönner
Baustatik-Zahlenbeispiele
3. Aufl. 2009. **EUR 17,–**

Kempfert / Raithel
Bodenmechanik und Grundbau
2. Aufl. 2009.
Band 1: Bodenmechanik. 378 S. **EUR 29,–**
Band 2: Grundbau. 472 S. **EUR 29,–**
Band 1 + 2 **Paketpreis: EUR 49,–**

Schweitzer / Gäßler
Bodenmechanik-Praxis
2. Aufl. 2005. 136 S. **EUR 22,–**

Möller
Geotechnik kompakt
3. Aufl.
Band 1: Bodenmechanik. 2009. **EUR 33,–**
Band 2: Grundbau: 2009. **EUR 33,–**
Band 1 + 2 **Paketpreis: EUR 55,–**

Steck / Nebgen
Holzbau kompakt
3. Aufl. 2009. 268 S. **EUR 29,–**

Schubert / Schneider / Schoch
Mauerwerksbau-Praxis
2. Aufl. 2009. 416 S. **EUR 39,–**

Avak / Glaser
Spannbetonbau
2. Aufl. 2007. 372 S. **EUR 36,–**

Krüger / Mertzsch
Spannbetonbau-Praxis
2. Aufl. 2009. 312 S. **EUR 29,–**

Wagenknecht
Stahlbau-Praxis
Band 1: 3. Aufl. 2009. 384 S. **EUR 32,–**
Band 2: 2. Aufl. 2009. 416 S. **EUR 32,–**
Band 1 + 2 **Paketpreis: EUR 54,–**

Goris
**Stahlbetonbau-Praxis
nach DIN 1045 neu**
3. Aufl. 2008.
Band 1: 262 S. **EUR 27,–**
Band 2: 300, teils farbige S. **EUR 27,–**
Band 1 + 2 **Paketpreis: EUR 44,–**

Minnert
Stahlbeton-Projekt
5-geschossiges Büro- und Geschäftshaus
3. Aufl. III. Quartal 2009. **Etwa EUR 35,–**

Minnert / Wagenknecht
Verbundbau-Praxis
2008. 352 Seiten. **EUR 38,–**

Höfler
Verkehrswesen-Praxis
Band 1: 2004. 257 S. **EUR 25,–**
Band 2: 2006. 254 S. **EUR 25,–**
Band 1 + 2 **Paketpreis: EUR 42,–**

Lattermann
Wasserbau-Praxis
Band 1: 2. Aufl. 2004. 214 S. **EUR 25,–**
Band 2: 2. Aufl. 2006. 228 S. **EUR 25,–**
Band 1 + 2 **Paketpreis: EUR 42,–**

www.bauwerk-verlag.de

Werner

Schallschutz und Raumakustik
Handbuch für Theorie und Baupraxis

2009. 456 Seiten.
17 x 24 cm. Gebunden.
ISBN 978-3-89932-203-3
EUR 49,–

Autor
Dr. rer. nat. Ulf-J. Werner, Büro für angewandte Bauphysik Weimar.

Steigende bauphysikalische Anforderungen an Gebäude und zunehmendes Umweltbewusstsein erfordern Lösungen akustischer Probleme, woraus die Notwendigkeit nach umfassenderen Kenntnissen im Schallschutz und der Raumakustik entsteht.

In diesem Buch werden sowohl die wichtigsten Grundlagen zur Akustik als auch praxisrelevante Zusammenhänge zum Schallschutz, der Schallausbreitung und zur Raumakustik dargestellt und mit Zahlenbeispielen erklärt. Normative Regelungen, Verordnungen und Gesetze werden erläutert.

Aus dem Inhalt
- **Rahmenbedingungen und Vorgaben**
- **Grundlagen Akustik**
- **Physiologische Akustik**
- **Schallausbreitung im Freien – Immissionsschutz**
- **Hörsamkeit von Räumen – Raumakustik**
- **Schallschutz von Gebäuden – Bauakustik**
- **Europäische Normung Schallschutz**

Bauwerk www.bauwerk-verlag.de

Inhalt der CD-ROM

Buchkapitel

Kapitel 2E	• Konstruktive Details in der Befestigungstechnik	Prof. Dipl.-Ing. Dr. techn. Dr. phil. Konrad Bergmeister, MSc.
Kapitel 5B	• Der Begriff des Entwurfs im Sinne der VOB (Vergabe- und Vertragsordnung für Bauleistungen)	Prof. Dipl.-Ing. Helmut Meyer-Abich
Kapitel 5C	• Ausschreibung, Vergabe und Abrechnung (AVA)	Prof. Dr.-Ing. Manfred Puche
Kapitel 5E	• Architektenrecht – Vertragsrecht und Haftungsfragen	Dr. Tassilo Eichberger
Kapitel 5F	• Öffentliches Baurecht	RA Dr. iur. Roman J. Brauner, RA Dr. iur. Bernd H. Uhlenhut
Kapitel 6B	• Lastannahmen nach DIN 1055 alt	Prof. Dr.-Ing. Klaus Holschemacher
Kapitel 9C	• Holzbau nach DIN 1052 alt	Prof. Dr.-Ing. Karl Rautenstrauch, Prof. Dr.-Ing. Gunnar Möller, Dr.-Ing. Ralf Hartnack
Kapitel 10B	• Bauvermessung	Prof. Dr.-Ing. Reinhard Richter
Kapitel 12B	• Bauzeichnen	Prof. Dr.-Ing. Klaus Holschemacher

Für Notizen

Für Notizen

Für Notizen

Für Notizen